MANUAL DE PROCESSO PENAL

JusClass

O presente livro possui Material de Apoio para acesso gratuito na plataforma JusClass.

Para acessar o material, siga as instruções a seguir:

1. Entre no site da Editora Juspodivm https://www.editorajuspodivm.com.br/, com seu login e senha;
2. Dentro de "Minha Conta", selecione a opção "Materiais Exclusivos" e clique no ícone de identificação do JusClass;
3. Em caso de dúvidas, esclarecimentos ou sugestões, acesse nossa Central de Atendimento https://www.editorajuspodivm.com.br/central-de-relacionamento

Caso tenha adquirido o seu exemplar em uma de nossas livrarias parceiras:

1. Acesse o QRCode abaixo;
2. Preencha o formulário com os dados solicitados;
3. Localize seu Código de Verificação - PIN, logo abaixo do QR Code;
4. Aguarde o e-mail com as informações de acesso;
5. Aproveite seu material!

PIN: JUS4074

FERNANDO ABREU

MANUAL DE PROCESSO PENAL

3ª edição

Revista, atualizada e ampliada

2025

EDITORA JusPODIVM

www.editorajuspodivm.com.br

EDITORA *Jus*PODIVM
www.editorajuspodivm.com.br

Rua Canuto Saraiva, 131 – Mooca – CEP: 03113-010 – São Paulo – São Paulo
Tel: (11) 3582.5757
• Contato: https://www.editorajuspodivm.com.br/central-de-relacionamento

Diagramação: Futura *(rogerio@futuraeditoracao.com)*

Capa: Maitê Coelho e Cendi Coelho *(cendicoelho@gmail.com)*

R484f Abreu, Fernando
Manual de Processo Penal / Fernando Abreu – 3.ed., rev., atual. e ampl. - São Paulo: Editora JusPodivm, 2025.

1.504 p.

ISBN: 978-85-442-5756-2

1. Direito Processual Penal. I. Abreu, Fernando. II. Título.

CDD 341.43

Bibliotecária responsável:
Ana Carolina Ribeiro Mois – CRB7 – RJ 007348/0

Ao Pai, pelos ensinamentos diários e proteção conferida.
Aos meus pais, Alfredo (in memoriam) e Maria, pelos valores e cuidado.
À minha filha, Nicole, pelo amor incondicional.
À Letícia Balsamão Amorim, pelo amor e carinho verdadeiros.
A Rodrigo Albuquerque e Renato Ourives,
amigos que traduzem o significado da palavra.
Aos meus alunos, razão do desenvolvimento do projeto.

Apresentação

Ao apresentar nosso Direito Penal, Parte Geral, destaquei que desde a formatura, em fevereiro de 2000, nutria o desejo de produzir um livro sobre Direito Penal, tendo alcançado tal objetivo em 2020. A ideia do livro de Processo Penal surgiu mais tarde, em 2011, já no exercício do cargo de promotor de justiça há mais dez anos. Os sonhos se acumularam e ambos os projetos foram adiados.

"Nunca é tarde, às vezes é apenas cedo demais", já dizia o saudoso Caio Fernando Abreu. Quis o destino que após a produção das Partes Geral e Especial do Direito Penal, o desejo pelo Processo Penal brotasse novamente, inspirado pelo complexo e arcaico sistema processual pátrio, "atualizado" por normas assistemáticas e "modelos de precedentes", bem como pelo desafio de tentar sistematizar o processo penal para meus alunos de forma a mesclar a objetividade exigida para provas de múltipla escolha, com a profundidade necessária para as provas discursivas e orais.

Inspirado pelas deficiências verificadas no convívio diário com os alunos e pela oscilante jurisprudência dos Tribunais Superiores, optei, num primeiro momento, por desenvolver uma obra voltada exclusivamente para concursos, com uma linha mais objetiva e sem grandes ponderações. Acreditava que seria capaz de desenvolver uma linha reta para facilitar a aprovação do aluno. E, novamente, repeti o erro inaugural de nosso Direito Penal, posteriormente, a tempo corrigido.

No desenvolver da obra, após avaliar de forma sistemática, por meio de pesquisa junto aos alunos, quais as razões para as inúmeras reprovações, pude constatar que, em Processo Penal, o problema não estava na objetividade das provas de primeira etapa, lineares por essência, mas nas provas subjetivas e orais, que exigiam, especialmente nos concursos mais dogmáticos, construções que transcendiam às águas rasas das primeiras etapas. O aluno tinha a informação suficiente para assinalar a resposta correta, mas por vezes, não era capaz de discorrer sobre o assunto, isto é, não mergulhava nas águas profundas.

A maturidade adquirida ao longo dos anos e a premente necessidade de produção de uma obra conectada com a realidade dos estudantes, contudo, não me permitiu estender o quanto desejava, apesar de, em alguns pontos, o *dolus malus* ter prevalecido, especialmente nos grandes temas do processo penal, a exemplo das "provas".

Assim, a presente obra segue, de forma geral, a linha reta exigida para as provas objetivas, mas faz as curvas necessárias em pontos cruciais do Processo Penal, para permitir ao leitor a compreensão do sistema processual como um todo, trazendo elementos de reflexão, posições críticas e a vasta jurisprudência dos Tribunais Superiores, visando à preparação para as etapas mais avançadas dos concursos.

O livro aborda o processo penal brasileiro em sua estrutura linear e sequencial, trazendo as posições dominantes e minoritárias, sem se afastar do entendimento mais recente dos Tribunais Superiores.

A lei foi amplamente explorada, de forma que todos os dispositivos do Código de Processo Penal foram trabalhados por meio de transcrição e respectivos grifos ou por análise doutrinária e jurisprudencial, sendo o último modelo dominante na obra.

Usamos e abusamos de tabelas e gráficos ao longo da obra, por entendermos que o aspecto visual é importante para reforço do conteúdo, às vezes denso e repleto de detalhes. Igualmente, valemo-nos da inserção de questões no curso do texto em diversos pontos para destacar a importância do conhecimento sobre o assunto.

Ao final de cada capítulo colacionamos questões de concursos para revisão e produzimos assertivas de reforço do conteúdo. Advertimos, contudo, que o leitor não deverá realizar as questões imediatamente após a leitura do capítulo. Resolver exercícios em curto espaço de tempo é se enganar, porque o conteúdo ainda está na sua memória curta e seu índice de acerto será alto, passando a falsa compreensão de que o conteúdo está absorvido por completo. A memória falha e, por isso, deve receber o reforço após o conteúdo estudado adentrar na memória longa, de acesso mais difícil, mas muito mais sólida. Uma vez que o conteúdo ingresse nessa esfera, o leitor será capaz de se lembrar por anos e, nesse ponto, o reforço será importante. Assim, a título de sugestão, resolvam os exercícios com no mínimo um mês da leitura original ou próximos às provas que farão.

Espero contribuir com seu estudo, auxiliando-o em sua jornada de estudante ou profissional, pois não há satisfação maior para um autor, especialmente professor, do que contribuir para a aprovação de um aluno.

Parto da premissa de que a troca professor/aluno é constante, em verdadeira via de mão dupla: ensinar é aprender. Por isso, torço para sua aprovação, para que alcance seus objetivos.

Agradeço pela confiança, pelas críticas e sugestões que esperamos e certamente virão, pelo aprendizado que construiremos juntos em nossas redes sociais e pelo prazer que será poder saber que contribuímos para a realização de seu sonho!

Sua aprovação depende exclusivamente de você!

Forte abraço e fiquem com Deus!

Nota à Terceira Edição

A primeira edição da obra foi amplamente aceita com carinho por nossos leitores, circunstância que nos incentivou a tratar de alguns temas com maior detalhamento na 2ª e, agora, na 3ª edição.

Naturalmente, a obra foi atualizada com a jurisprudência mais atual, porquanto a vasta produção jurisprudencial de nossos Tribunais Superiores assim o exige.

Os assuntos "juiz das garantias", "ANPP", "prisão", "provas" e "nulidades" foram aqueles que mais sofreram modificações, em razão da farta jurisprudência dos Tribunais Superiores. Sob o aspecto legislativo, além das regulares atualizaçoes por força das alterações legislativas, aprofundamentos no estudo da Resolução CNMP 181/17.

Dessa forma, temas extremamente sensíveis sofreram aprofundamento na presente edição, com a apresentação de teorias pouco exploradas pela doutrina nacional e que devem, doravante, frequentar as questões dos concursos.

Além das mencionadas atualizações, outras foram realizadas de forma pontual, seja para acrescentar conteúdo, seja para remover trechos que passamos a entender como desnecessários para a compreensão do conteúdo, haja vista que o propósito da obra é trazer para o leitor o conteúdo mais amplo com o aprofundamento necessário nos temas sensíveis, preservando a objetividade necessária.

Com a graça de Deus, entrego-lhes a terceira edição do nosso *Manual de Processo Penal*, certo de que o conteúdo em muito contribuirá com os estudos e aprovações de todos vocês, razão de ser do livro.

Forte abraço e fiquem com Deus.

Belo Horizonte, 30 de janeiro de 2024.

O autor

Sumário

TÍTULO II

DO JUIZ DAS GARANTIAS E INVESTIGAÇÕES PRELIMINARES

TÍTULO III

AÇÕES PENAIS

TÍTULO VI

MEDIDAS CAUTELARES

TÍTULO VIII

PROCESSO E PROCEDIMENTO

TÍTULO IX

RECURSOS E IMPUGNAÇÕES

INTROITO

Zona quente de questões por carreira

MINISTÉRIO PÚBLICO

	MINISTÉRIO PÚBLICO	QUESTÕES
1	PROCEDIMENTOS	258
2	PROVAS	191
3	AÇÃO PENAL	164
4	RECURSOS	132
5	JÚRI	108
6	PRISÃO E LIBERDADE PROVISÓRIA	100
7	COMPETÊNCIA	96
8	MEDIDAS ASSECURATÓRIAS	85
9	QUESTÕES E PROCESSOS INCIDENTES	71
10	INVESTIGAÇÕES PRELIMINARES	69
11	NULIDADES	64
12	AÇÕES AUTÔNOMAS DE IMPUGNAÇÃO	63
13	PRINCÍPIOS PROCESSUAIS PENAIS	56
14	SENTENÇA	46
15	CITAÇÕES E INTIMAÇÕES	38
16	SUJEITOS PROCESSUAIS	31
17	ANPP	20
18	FUNDAMENTOS DO PROCESSO PENAL	19
19	AÇÃO CIVIL *EX DELICTO*	14
20	SISTEMAS PROCESSUAIS PENAIS	9
21	LEI PROCESSUAL NO TEMPO	7
22	INTERPRETAÇÃO DA LEI PROCESSUAL	4
23	LEI PROCESSUAL NO ESPAÇO	3

O levantamento estatístico, realizado com esteio em provas objetivas, reflete com precisão o contexto dos concursos ministeriais em suas etapas seguintes. Ultimamente, contudo, tem-se verificado uma tendência de aumento de cobrança de forma direta sobre os temas **ANPP e medidas assecuratórias.**

Nitidamente, nas provas de Ministério Público se confere uma primazia processual para fins de cobrança, prestigiando as funções típicas da carreira. O estudo em muito se assemelha aos concursos de Magistratura e Defensoria Pública, modificando-se, tão somente quanto ao apelo mais dogmático.

MAGISTRATURA

	MAGISTRATURA	QUESTÕES
1	PROCEDIMENTOS	249
2	PROVAS	180
3	RECURSOS	115
4	JÚRI	108
5	AÇÃO PENAL	98
6	PRISÃO E LIBERDADE PROVISÓRIA	95
7	COMPETÊNCIA	88
8	AÇÕES AUTÔNOMAS DE IMPUGNAÇÃO	59
9	SENTENÇA	57
10	PRINCÍPIOS PROCESSUAIS PENAIS	53
11	QUESTÕES E PROCESSOS INCIDENTES	52
12	MEDIDAS ASSECURATÓRIAS	50
13	INVESTIGAÇÕES PRELIMINARES	49
14	NULIDADES	49
15	CITAÇÕES E INTIMAÇÕES	46
16	SUJEITOS PROCESSUAIS	27
17	LEI PROCESSUAL NO TEMPO	14
18	AÇÃO CIVIL *EX DELICTO*	14
19	INTERPRETAÇÃO DA LEI PROCESSUAL	10
20	ANPP	8
21	LEI PROCESSUAL NO ESPAÇO	7
22	FUNDAMENTOS DO PROCESSO PENAL	4
23	SISTEMAS PROCESSUAIS PENAIS	2

O levantamento estatístico, realizado com esteio em provas objetivas, reflete parcialmente o contexto dos concursos de magistratura em suas etapas seguintes, vez que o tema **sentença**, obrigatório em segundas etapas, não assume protagonismo na primeira etapa. Ultimamente, contudo, tem-se verificado uma tendência de aumento de cobrança de forma direta sobre o tema prisão.

Nitidamente, nas provas de Magistratura se confere uma primazia processual para fins de cobrança, prestigiando as funções típicas da carreira.

O estudo, em sua maior parte, não se difere dos grandes temas ministeriais, vez que os cinco temas mais cobrados são idênticos, modificando-se somente a ordem de dois assuntos.

DEFENSORIA PÚBLICA

	DEFENSORIA PÚBLICA	QUESTÕES
1	PROCEDIMENTOS	152
2	PROVAS	111
3	PRISÃO E LIBERDADE PROVISÓRIA	99
4	COMPETÊNCIA	82
5	AÇÃO PENAL	74
6	RECURSOS	72
7	JÚRI	66
8	PRINCÍPIOS PROCESSUAIS PENAIS	53
9	CITAÇÕES E INTIMAÇÕES	48
10	AÇÕES AUTÔNOMAS DE IMPUGNAÇÃO	45
11	INVESTIGAÇÕES PRELIMINARES	40
12	SENTENÇA	38
13	NULIDADES	34
14	MEDIDAS ASSECURATÓRIAS	26
15	SUJEITOS PROCESSUAIS	25
16	QUESTÕES E PROCESSOS INCIDENTES	21
17	ANPP	18
18	AÇÃO CIVIL *EX DELICTO*	10
19	FUNDAMENTOS DO PROCESSO PENAL	9
20	SISTEMAS PROCESSUAIS PENAIS	9
21	LEI PROCESSUAL NO TEMPO	8
22	INTERPRETAÇÃO DA LEI PROCESSUAL	2
23	LEI PROCESSUAL NO ESPAÇO	1

O levantamento estatístico, realizado com esteio em provas objetivas, reflete parcialmente o contexto dos concursos de Defensoria Pública em suas etapas seguintes, vez que o tema **recursos**, invariavelmente cobrado em segundas etapas, não assume protagonismo na primeira etapa. Ultimamente, contudo, tem-se verificado uma tendência de aumento de cobrança de forma direta sobre o tema **prisão**, assim como nas provas de Magistratura.

Nitidamente, nas provas de Defensoria Pública se confere uma primazia processual para fins de cobrança, prestigiando as funções típicas da carreira.

O estudo, em sua maior parte, não se difere dos grandes temas ministeriais e de Magistratura, vez que quatro dos cinco temas mais cobrados são idênticos, modificando-se somente a ordem de parte dos assuntos e o aparecimento do tema competência em detrimento de recursos, que assume especial importância na segunda etapa.

DELEGADO DE POLÍCIA

	DELEGADO DE POLÍCIA	QUESTÕES
1	PROVAS	214
2	INVESTIGAÇÕES PRELIMINARES	170
3	PRISÃO E LIBERDADE PROVISÓRIA	168
4	PROCEDIMENTOS	104
5	COMPETÊNCIA	90
6	AÇÃO PENAL	77
7	PRINCÍPIOS PROCESSUAIS PENAIS	71
8	MEDIDAS ASSECURATÓRIAS	35
9	QUESTÕES E PROCESSOS INCIDENTES	26
10	CITAÇÕES E INTIMAÇÕES	26
11	FUNDAMENTOS DO PROCESSO PENAL	24
12	RECURSOS	21
13	AÇÕES AUTÔNOMAS DE IMPUGNAÇÃO	21
14	SUJEITOS PROCESSUAIS	17
15	SISTEMAS PROCESSUAIS PENAIS	16
16	NULIDADES	16
17	JÚRI	15
18	LEI PROCESSUAL NO TEMPO	14
19	SENTENÇA	12
20	ANPP	7
21	INTERPRETAÇÃO DA LEI PROCESSUAL	6
22	AÇÃO CIVIL *EX DELICTO*	2
23	LEI PROCESSUAL NO ESPAÇO	1

O levantamento estatístico, realizado com esteio em provas objetivas, reflete com fidedignidade o contexto dos concursos de Delegado de Polícia em suas etapas seguintes, pois evidencia a preponderância de cobrança sobre temas afetos à atuação da autoridade policial.

Ultimamente, contudo, tem-se verificado uma tendência de aumento de cobrança de forma direta sobre o tema prisão e medidas assecuratórias, assim como nas provas de Magistratura/Defensoria Pública e Ministério Público, respectivamente.

Nitidamente, nas provas de Delegado de Polícia se confere uma primazia a questões extraprocessuais para fins de cobrança, prestigiando as funções típicas da carreira.

O estudo, portanto, deve ser realizado levando-se em considerações os temas mais sensíveis para a carreira.

GERAL

	GERAL	QUESTÕES
1	PROCEDIMENTOS	763
2	PROVAS	676
3	PRISÃO E LIBERDADE PROVISÓRIA	463
4	AÇÃO PENAL	413
5	RECURSOS	340
6	INVESTIGAÇÕES PRELIMINARES	328
7	COMPETÊNCIA	326
8	JÚRI	297
9	PRINCÍPIOS PROCESSUAIS PENAIS	236
10	MEDIDAS ASSECURATÓRIAS	194
11	AÇÕES AUTÔNOMAS DE IMPUGNAÇÃO	188
12	NULIDADES	163
13	QUESTÕES E PROCESSOS INCIDENTES	160
14	CITAÇÕES E INTIMAÇÕES	158
15	SENTENÇA	153
16	SUJEITOS PROCESSUAIS	100
17	FUNDAMENTOS DO PROCESSO PENAL	56
18	ANPP	53
19	LEI PROCESSUAL NO TEMPO	43
20	AÇÃO CIVIL *EX DELICTO*	40
21	SISTEMAS PROCESSUAIS PENAIS	36
22	INTERPRETAÇÃO DA LEI PROCESSUAL	22
23	LEI PROCESSUAL NO ESPAÇO	12

O levantamento foi realizado de forma especial para nossos alunos, mas você, leitor, agora também sabe para quais temas deverá canalizar suas energias, especialmente às vésperas de prova, quando as "escolhas trágicas" são necessárias.

Boa leitura e bons estudos!

TÍTULO I

DOS FUNDAMENTOS, CONCEITOS, PRINCÍPIOS E NORMAS

1

Fundamentos do Processo Penal

1.1 COMO O ASSUNTO É ABORDADO EM PROVAS E CONCURSOS

O assunto não é usual em provas objetivas, sendo poucas as questões verificadas nas provas de Ministério Público, Magistratura, Defensoria Pública e Delegado de Polícia. A compreensão do capítulo é estrutural, vez que o candidato deverá conhecer seu conteúdo com o objetivo de construir a base necessária, especialmente para provas subjetivas e orais, nas quais invariavelmente os temas são cobrados de forma transversal.

1.2 FUNDAMENTOS DO PROCESSO PENAL

O processo penal é o reflexo procedimental das ideias contratualistas de Hobbes, Locke e Rousseau. De Hobbes surgiu a influência do Leviatã para combater a natureza maléfica do homem visando a segurança e preservação da propriedade privada. Locke, ao contrário, de forma mais liberal, partia da premissa da necessidade de uma organização político administrativa apta a regular o exercício dos direitos naturais por meio de processos democráticos representativos. Por fim, de Rousseau, extrai-se o modelo antropocêntrico em seu estágio inicial, repaginado com a necessidade do Estado para garantia das liberdades civis e o caos generalizado.

Dos modelos contratualistas de Estado surgiram os diversos ramos do Direito, dentre os quais, o Processo Penal, com a finalidade precípua de solucionar conflitos sociais derivados de comportamentos criminosos.

O fundamento primordial do Processo Penal deriva do art. 1º, parágrafo único, da Constituição Federal, que apregoa que "todo o poder emana do povo, que o exerce por meio de representantes eleitos ou diretamente, nos termos desta Constituição".

Funda-se, portanto, na Constituição Federal, o poder-dever estatal de apreciar e solucionar as chamas "lides" penais, que colocam em confronto as expectativas normativas e a violação dessas pelos indivíduos.

1.3 O PODER E SEUS LIMITES

Não obstante o Estado ser detentor do monopólio da jurisdição, como decorrência do contrato social, seu poder é limitado pelo próprio Direito, que cria normas e regras que estabelecem barreiras ao arbítrio estatal.

O parâmetro moderno de limitação ao poder estatal é o do *rule of law* (o reinado da lei). Esse reinado, prevalente nas sociedades democráticas e republicanas, é exercido pelos três poderes do Estado – Executivo, Legislativo e Judiciário.

Não se cogita, portanto, um único poder soberano, inquisitivo e absoluto, pois o império da lei norteia as funções estatais como garantia do cidadão, sendo o processo penal um dos instrumentos criados pelo Estado para limitar seu próprio poder, derivado, aliás, da soberania popular.

1.4 A LIMITAÇÃO DO PODER PELO PROCESSO

Com a prática do delito surge para o Estado o *ius puniendi* estatal. Contudo, superadas as fases da vingança privada e do uso do poder inquisitivo, o qual, a despeito de procedimento em sentido amplo, reunia as funções de acusação, defesa e juiz na figura do Estado. Modernamente se concebe o processo como um meio, regulado por normas jurídicas, para que o Estado possa dizer o direito no caso concreto, isto é, exercer a jurisdição.

O processo, concebido como um conjunto de normas ordenadas que se materializam em um procedimento lógico e concatenado, é formado por normas de cunho formal ou adjetivo, também denominadas normas de segundo grau.

1.5 A AUTONOMIA DO PROCESSO

As normas processuais são autônomas, isto é, não se vinculam ao direito material. Todavia, sem o último, razão nenhuma assistirá ao processo. O processo é, portanto, um instrumento pelo qual o direito material é discutido e submetido ao poder jurisdicional do Estado.

Há, dessa forma, autonomia conceitual no processo, pois sem sua existência, o próprio direito material encontrar-se-á desamparado.

Percebe-se, de tal modo, que direito material e o direito processual estão umbilicalmente ligados, pois se um materializa o direito, o outro fornece a instrumentalidade necessária para o asseguramento dos direitos materiais.

Não seria desproporcional afirmarmos que existe uma legitimação constitucional do processo, que lhe confere o *status* legítimo de direito material.

1.6 O PROCESSO PENAL

Vimos que o processo goza de autonomia e se caracteriza por ser um conjunto de normas na perspectiva de Dworkin e Alexy, composto por regras e princípios que norteiam a interpretação ótima sob a luz do dever ser.

Esse "dever ser" materializa-se diante da violação de uma expectativa normativa, isto é, com a quebra da confiança na norma jurídico-penal pela prática do delito. E, como imperativo categórico inerente à lei universal, impõe-se o movimento da máquina estatal por meio do processo penal visando a estabilização da norma e consequente preservação da paz social.

O processo penal é, portanto, um instrumento pelo qual o Estado exerce seu poder punitivo pautando-se no conjunto de normas previamente construídas e, simultaneamente, um instrumento de garantia para o "inimigo do Estado", que supostamente quebra a expectativa normativa, demonstrando sua falta de fidelidade ao Direito, mas que recebe, do próprio Estado, todo um rol de direitos e garantias para que possa exercer sua defesa com paridade de armas.

De igual sorte, revela-se como um procedimento que pressupõe a formação de uma relação jurídico processual – Estado x Réu – que deverá seguir uma sequência ordenada de atos visando a prolação da decisão final.

Estabelecidas as premissas acima, podemos definir o processo penal como o meio normatizado, colocado à disposição do Estado para solução de conflitos de interesses que envolvem o poder punitivo estatal e o indivíduo que supostamente quebra expectativas normativas, demonstrando falta de fidelidade ao direito.

1.7 O PROCESSO PENAL X DIREITO PENAL

A relação entre o Processo Penal e o Direito Penal não se restringe à mera questão procedimental, onde o primeiro atua como meio adjetivo para solução dos conflitos jurídico penais.

Não obstante esse ser o tratamento tradicional, as questões relacionadas ao tipo penal, afetas ao dolo, à conduta, resultado, nexo de causalidade, teoria da imputação objetiva e tipicidade, possuem raízes umbilicalmente associadas ao processo penal.

Nesse sentido, o dolo, concebido pela doutrina tradicional finalista como vontade e conhecimento, recebe de Vivés Antón a contribuição de um dolo normativo, como mera categoria de atribuição. De fato, ao se partir da inegável premissa de que o dolo, como conhecimento e vontade, é indemonstrável, configura-se como mera categoria de atribuição. E, por atribuição, só o concebemos sob a perspectiva do processo penal, sede natural da atribuição do fato típico, ilícito e culpável. Logo, sem medo da heresia e críticas naturais, o dolo deve ser concebido como categoria processual, isto é, como mero fundamento de atribuição de um injusto culpável àquele que viola uma expectativa normativa. Temos, portanto, que o dolo não existe enquanto categoria autônoma, mas como elemento de atribuição, pertencente ao processo penal.

Na mesma esteira, a construção do fato típico como conduta, resultado, nexo de causalidade, tipicidade e imputação objetiva só guarda sentido se o fato se torna conhecido, isto é, dotado de significado social. A prática de um crime, com todos os seus atributos, mas não revelados, isto é, desprovidos de significado social, é um irrelevante penal, pois o crime, enquanto crime, atentatório à norma jurídica, é carente de signos sociais. E, de fato, o desconhecido é um irrelevante penal, pois só apresenta sentido no momento em que a norma se vê violada sob a perspectiva social.

1.8 SÍNTESE GRÁFICA

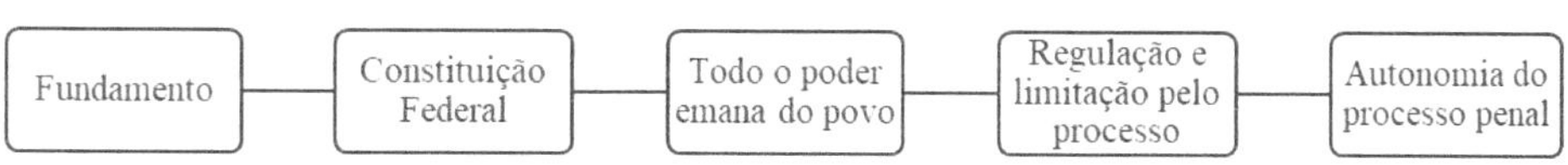

1.9 REVISÃO DO CAPÍTULO POR QUESTÕES DE CONCURSOS E ASSERTIVAS DE REFORÇO

QUESTÕES DE CONCURSO

1. (PC/MS 2021 - PC-MS - DELEGADO DE POLÍCIA). O Direito Processual Penal possui regramento específico para resolver questões sobre qual lei será aplicada no tempo e/ou no espaço. Sobre o tema, marque a assertiva correta.

A. Imagine que o réu Alexander foi condenado a uma pena de 5 (cinco) anos de reclusão, no regime inicial fechado, como incurso no crime de roubo majorado (art. 157, § 2º, do Código Penal). Alexander foi intimado da sentença e, com isso, tem o prazo de 5 (cinco) dias para interpor recurso de apelação. Se, nesse ínterim, nova lei entrar em vigor, alterando esse prazo para 2 (dois) dias, deve ser considerado este prazo, ainda que menor, porque, no Direito Processual Penal, vige regra diversa daquela aplicável ao Direito Penal em tema de retroatividade de leis.

B. As normas híbridas ou mistas devem retroagir para beneficiar o réu, constituindo exceção à regra prevista no art. 2º, *caput*, do Código de Processo Penal.

C. Diversamente do Direito Penal, no processo penal vige apenas o princípio da territorialidade, inexistindo doutrinariamente hipóteses de extraterritorialidade. Isso porque a atividade jurisdicional é um dos aspectos da soberania nacional, logo, não pode ser exercida além das fronteiras do respectivo Estado.

D. Imagine que o Presidente da República esteja sendo processado por suposta prática de crime de responsabilidade. Como regra, em tal processo, deve ser observado e aplicado o Código de Processo Penal, porque é o diploma legal que incide em casos havidos no território nacional.

E. Imagine que um Ministro de Estado esteja sendo processado por suposta prática de crime de responsabilidade. Como regra, em tal processo, deve ser observado e aplicado o Código de Processo Penal, porque é o diploma legal que incide em casos havidos no território nacional.

2. (DPE/SC 2021 - FCC - DEFENSOR PÚBLICO). Fundamento de existência e função de um Processo Penal acusatório e garantista: por que e para que existe o Processo Penal? Mais especificamente "o fundamento é o 'porquê', a razão de ser de algo, enquanto a função (finalidade) diz respeito ao 'para que'. Assim, (...) existe uma relação de prejudicialidade entre tais conceitos: primeiro se analisa o fundamento para depois examinar as possíveis funções, que devem ser compatíveis com aquela premissa previamente estabelecida. (VASCONCELLOS, Vinicius G. Fundamento e função do processo penal. Revista Eletrônica de Direito Processual Penal. Rio de Janeiro, ano 12, v. 19, n. 2, maio-ago. 2018) A partir de tais lições, em um Estado Democrático de Direito, o fundamento de existência do processo penal (sua razão de existir) e sua função são, respectivamente:

A. limitar o poder punitivo estatal e fomentar a Política de Segurança Pública, cujo símbolo maior é o Direito Penal.

B. a pacificação social e autorizar a punição dos infratores da lei através de um procedimento em contraditório.

C. a pacificação social e desvendar a verdade real dos fatos narrados na exordial acusatória.

D. fomentar a Política de Segurança Pública, cujo símbolo maior é o Direito Penal, e permitir a punição dos infratores da lei de maneira célere.

E. limitar o poder punitivo estatal e verificar a acusação penal em uma reconstrução histórica dos fatos a partir de provas produzidas pelas partes.

3. (MP/SC 2021 - CESPE - PROMOTOR DE JUSTIÇA SUBSTITUTO) Julgue o item a seguir, referentes ao direito processual penal.

( ) Na falta de norma expressa na legislação processual penal, seja no Código de Processo Penal, seja nas leis extravagantes, deve-se buscar suplementação normativa no Código de Processo Civil.

4. (DPE/MA 2015 - FCC - DEFENSOR PÚBLICO) O modelo processual acusatório tem sido entendido como o adequado a um Estado Democrático de Direito por ser o mais garantista. Tem-se como um pressuposto estrutural e lógico do modelo a

A. possibilidade de *emendatio libelli* e *mutatio libelli*.

B. existência de uma investigação prévia por delegado de polícia.

C. possibilidade da prova ser colhida pelo próprio juiz.

D. previsão legal de prisões processuais.

E. separação entre juiz e acusação.

5. (PC/PI 2014 - NUCEPE - DELEGADO DE POLÍCIA) Segundo Aury Lopes Junior, "A palavra processo vem do verbo procedere, significando avançar, caminhar em direção a um fim [...]" e POR ISSO envolve a ideia de temporalidade, de um desenvolvimento temporal desde um ponto inicial até alcançar-se o ponto desejado. Analisando a relação proposta entre as duas assertivas acima, assinale a opção CORRETA.

A. As duas assertivas são proposições verdadeiras e a segunda é uma justificativa correta da primeira.

B. As duas assertivas são proposições verdadeiras, mas a segunda não é uma justificativa correta da primeira.

C. A primeira assertiva é uma proposição verdadeira e a segunda é falsa.

D. A primeira assertiva é uma proposição falsa e a segunda é verdadeira.

E. As duas assertivas são proposições falsas.

ASSERTIVAS DE REFORÇO

1. ( ) O processo, concebido como um conjunto de normas ordenadas que se materializam em um procedimento lógico e concatenado, é formado por normas de cunho formal ou adjetivo, também denominadas normas de primeiro grau.

2. ( ) O direito material e o direito processual estão umbilicalmente ligados, pois se um materializa o direito, o outro fornece a instrumentalidade necessária para o asseguramento dos direitos materiais.

3. ( ) Sob uma perspectiva moderna de dolo, esse deve ser concebido como categoria processual, isto é, *como mero fundamento de atribuição de um injusto* culpável àquele que viola uma expectativa normativa.

4. ( ) As normas processuais não são autônomas, isto é, vinculam-se ao direito material.

5. ( ) O processo é um instrumento pelo qual o direito material é discutido e submetido ao poder jurisdicional do Estado

1.9.1 Gabaritos

QUESTÕES DE CONCURSOS

1	2	3	4	5
B	E	C	E	A

ASSERTIVAS DE REFORÇO

1	2	3	4	5
F	V	V	F	V

COMENTÁRIOS ÀS ASSERTIVAS FALSAS E JUSTIFICATIVAS IMPORTANTES

1. F. Normas de segundo grau.

2. V.

3. V.

4. F. As normas processuais são autônomas, isto é, não se vinculam ao direito material.

5. V.

2

Fontes do Processo Penal

2.1 COMO O ASSUNTO É ABORDADO EM PROVAS E CONCURSOS

O assunto não é usual em provas objetivas, sendo poucas as questões verificadas nas provas de Ministério Público, Magistratura, Defensoria Pública e Delegado de Polícia. A compreensão do capítulo é estrutural, vez que o candidato deverá conhecer seu conteúdo com o objetivo de construir a base necessária, especialmente para provas subjetivas e orais, nas quais invariavelmente os temas são cobrados de forma transversal.

A compreensão lógica relacionada à Constituição, lei, tratados e jurisprudência é mais usual em provas objetivas, devendo o candidato estar preparado para distinguir as fontes em imediatas e mediatas, bem como responder questões relacionadas a tratados internacionais em provas de Defensoria Pública, que trazem maior incidência sobre o assunto.

2.2 FONTES DE PROCESSO PENAL

As fontes do direito subdividem-se em fontes materiais, substanciais ou de produção, e formais, de conhecimento ou de cognição.

2.3 FONTES MATERIAIS, SUBSTANCIAIS OU DE PRODUÇÃO

As **fontes materiais, substanciais ou de produção** dizem respeito àqueles que detém a função de elaborar a normal processual penal. No Brasil, cabe à **União**, por força do art. 22, I, da Constituição Federal, a competência para legislar sobre Direito Processual Penal.

Excepcionalmente, poderão os **Estados-membros** legislar sobre matéria processual penal mediante autorização por lei complementar (parágrafo único, do art. 22, da CF).

Os Estados e o Distrito Federal ainda podem legislar sobre direito penitenciário, custas dos serviços forenses, criação, funcionamento e processo do juizado de pequenas causas e procedimentos em matéria processual, conforme previsão constitucional do artigo 24, I, IV, X e XI, da CF.

2.4 FONTES FORMAIS, DE REVELAÇÃO, DE COGNIÇÃO OU DE CONHECIMENTO

Parte da doutrina se vale da expressão "fonte formal" para atribuir ao conjunto de normas que regula a elaboração de normas jurídicas como **normas de superdireito**. Segundo MOUGENOT[1] (2019, p. 61.) "as normas de superdireito, portanto, determinam os sujeitos competentes para a produção das normas jurídicas e o modo pelo qual esses sujeitos podem exercer tais competências".

Não é esse, contudo, o entendimento predominante na doutrina. Segundo essa, as **fontes formais, de revelação, de cognição ou de conhecimento**, por sua vez, revelam como o Direito Processual Penal se materializa no ordenamento jurídico. Subdividem-se em **imediatas e mediatas**.

2.4.1 Fontes formais imediatas

2.4.1.1 Lei

Em nosso sistema, sob a perspectiva formal, o Direito Processual Penal **provém precipuamente da lei**, sendo o Código de Processo Penal e a legislação processual penal extraordinária seus principais veículos.

Registre-se, contudo, que não obstante a doutrina clássica seguir esse entendimento, não há como se desconsiderar a existência de outras fontes formais imediatas do Direito Processual Penal.

2.4.1.2 Constituição

Por sua vez, importante é o papel da **Constituição Federal** como fonte formal imediata, vez que estabelece diversos limites à atuação do Poder Legislativo e impõe diretrizes de atuação a esse.

A Constituição da República, enquanto instrumento de fundação da ordem jurídica, traz em seu bojo princípios capazes de exercer uma função legitimadora-limitadora das normas processuais penais.

Expressamente, a Carta Constitucional prevê, entre outros, a competência do Tribunal do Júri (art. 5º, XXXVIII), impossibilidade de juízos de exceção (art. 5º, XXXVII), impossibilidade de fiança, graça e anistia na prática da tortura, do tráfico ilícito de entorpecentes e drogas afins, o terrorismo e os definidos como crimes hediondos (art. 5º, XLIII), que ninguém será processado nem sentenciado senão pela autoridade competente (art. 5º, LIII), que ninguém será privado da liberdade ou de seus bens sem o devido processo legal (LIV), que aos litigantes, em processo judicial ou administrativo, e aos acusados em geral são assegurados o contraditório e ampla defesa, com os meios e recursos a ela inerentes (LV), que são inadmissíveis, no processo, as provas obtidas por meios ilícitos (LVI), e etc.

2.4.1.3 Os tratados e convenções internacionais de direitos humanos

Os tratados internacionais de direitos humanos, uma vez assinados pelo Brasil, possuem caráter vinculante após a publicação do Decreto-Legislativo que os insere em nosso sistema, quer sejam aprovados com quórum de emenda constitucional e,

1. MOUGENOT, Edílson. **Curso de processo penal**. 13ª ed. São Paulo: Saraiva Educação, 2019.

consequentemente, com *status* constitucional (art. 5º, §3º, CF), ou com *status* supralegal, se aprovados por quórum simples (art. 5º, § 2º, CF).

Parte da doutrina sustenta que, consoante a previsão do art. 5º, §1º, da Constituição Federal, as normas definidoras dos direitos e garantias fundamentais possuem aplicação imediata. Assim, segundo PIOVESAN[2] (2015, p. 156), por terem aplicação imediata, tornar-se-ia automática a incorporação dos tratados internacionais de direitos humanos pelo ordenamento jurídico pátrio, não havendo necessidade de um ato jurídico complementar para implementação do tratado ou convenção. E, a partir da entrada em vigor do tratado internacional, toda norma preexistente que seja com ele incompatível perde automaticamente a vigência.

Segundo MAZZUOLI[3] (2014, p.199):

> a regra que garante aplicação imediata às normas definidoras dos direitos e garantias fundamentais, insculpidas no §1º do art. 5º da Constituição, sequer remotamente induz a pensar que os tratados de direitos humanos só terão tal aplicabilidade imediata (pois eles também são normas definidoras dos direitos e garantias fundamentais) depois de aprovados pelo Congresso Nacional pelo *quorum* estabelecido no §3º do art. 5º. Pelo contrário: a Constituição é expressa em dispor que as normas definidoras dos direitos e garantias fundamentais têm aplicação imediata, não dizendo quais são ou quais devem ser essas normas. A Constituição não especifica se elas devem provir do direito interno ou do direito internacional (por exemplo, dos tratados internacionais de direitos humanos) mencionando apenas que todas elas têm aplicação imediata, independentemente de serem ou não aprovadas por maioria qualificada.

No mesmo sentido, PIOVESAN[4] (2015, p. 162):

> Diante do princípio da aplicabilidade imediata das normas definidoras de direitos e garantias fundamentais, os tratados de direitos humanos, assim que ratificados, devem irradiar efeitos na ordem jurídica internacional e interna, dispensando a edição de decreto de execução. Já no caso dos tratados tradicionais, há a exigência do aludido decreto, tendo em vista o silêncio constitucional acerca da matéria. Logo, defende-se que a Constituição adota um sistema jurídico misto, já que, para os tratados de direitos humanos, acolhe a sistemática da incorporação automática, enquanto para os tratados tradicionais acolhe a sistemática da incorporação não automática.

2.4.2 Fontes formais mediatas

2.4.2.1 Jurisprudência

Ao longo dos anos e das inúmeros reformas no nosso sistema jurídico, a jurisprudência deixou de ser concebida apenas como mero conjunto de decisões dos tribunais para assumir a posição de fonte formal mediata do Processo Penal, especialmente após a inserção das Súmulas Vinculantes no âmbito do ordenamento jurídico pátrio.

À guisa de exemplo, podemos citar a SV 36 do STF, que dispôs sobre regra de competência processual penal: Compete à Justiça Federal comum processar e julgar civil denunciado pelos crimes de falsificação e de uso de documento falso quando se tratar

---

2. PIOVESAN, Flávia. **Direitos Humanos e o Direito Constitucional Internacional**. 15ª. ed. São Paulo: Saraiva, 2015.
3. MAZZUOLI, Valério de Oliveira. **Curso de Direitos Humanos**. São Paulo: Método, 2014.
4. PIOVESAN, Flávia. *op. cit.*

de falsificação da Caderneta de Inscrição e Registro (CIR) ou de Carteira de Habilitação de Amador (CHA), ainda que expedidas pela Marinha do Brasil.

Nesse contexto, discute-se doutrinariamente se as súmulas vinculantes possuem o status de fonte formal imediata do Processo Penal e se o próprio STF não seria concebido como fonte material.

As súmulas vinculantes foram inseridas no sistema jurídico pátrio pelo art. 103-A da CF, que prevê: O Supremo Tribunal Federal poderá, de ofício ou por provocação, mediante decisão de dois terços dos seus membros, após reiteradas decisões sobre matéria constitucional, aprovar súmula que, a partir de sua publicação na imprensa oficial, terá efeito vinculante em relação aos demais órgãos do Poder Judiciário e à administração pública direta e indireta, nas esferas federal, estadual e municipal, bem como proceder à sua revisão ou cancelamento, na forma estabelecida em lei.

Por vincular os órgãos da Administração Pública e instâncias inferiores do Poder Judiciário, parte da doutrina passou a entender que o STF seria uma nova fonte material e as Súmulas Vinculantes nova fonte formal imediata.

Assim, contudo, não entendemos. Não obstante o caráter vinculante das Súmulas, essas não se revelam manifestações provenientes do legítimo representante popular, o Poder Legislativo. Ainda que possuidoras do caráter geral e abstrato, destinam-se ao Estado e não ao indivíduo, não podendo, portanto, serem confundidas com a lei.

2.4.2.2 Princípios

Na definição de ÁVILA[5] (2012, p. 88):

> os princípios são normas imediatamente finalísticas, primariamente prospectivas e com pretensão de complementariedade e de parcialidade, para cuja aplicação se demanda uma avaliação da correlação entre o estado de coisa a ser promovido e os efeitos decorrentes da conduta havida como necessária à sua promoção.

Para ALEXY[6] (1993, p. 83), tanto as regras como os princípios também são normas, porquanto ambos se formulam através de expressões deônticas fundamentais, como mandamento, permissão e proibição, sendo verdadeiros mandados de otimização.

Sendo caracterizados modernamente como espectros normativos, os princípios, naturalmente, compõem o sistema jurídico e, por via de consequência, são hábeis a influir, como fontes formais imediatas que são, na construção e aplicação do Direito Processual Penal, a exemplo do que ocorre com o princípio da proporcionalidade, que proíbe o regresso e combate a proteção deficiente.

2.4.2.3 Atos administrativos

Não é comum, mas o Direito Processual Penal pode se socorrer de outros ramos do Direito para integrar e complementar suas previsões normativas.

---

5. ÁVILA, Humberto. **Teoria dos princípios da definição à aplicação dos princípios jurídicos.** 13ª ed. São Paulo: Malheiros Editores, 2012.

6. ALEXY, Robert. ***Teoría de los derechos fundamentales***. Traducción de Ernesto Garzón Valdés. Madrid: Centro de Estudios Constitucionales, 1993.

Especialmente no caso dos atos administrativos, no Direito Processual Penal podem ser utilizados para complementar normas processuais penais em branco, preceitos incompletos, genéricos, indeterminados ou remetidos, que demandam a complementação por meio de outras normas.

À guisa de exemplo, o art. 74 do CPP dispõe que "a competência pela natureza da infração será regulada pelas leis de organização judiciária, salvo a competência privativa do Tribunal do Júri". Nitidamente, remete a fixação da competência para a Lei de Organização Judiciária Local.

No Estado de Minas Gerais, por exemplo, o art. 84, §6º, da LC 59/01 (Lei de Organização Judiciária), assevera que "o Tribunal de Justiça, por seus órgãos competentes, poderá criar Turmas Recursais, definindo, no ato da criação, sua sede e competência territorial".

Em síntese, temos que a Lei Federal permite que a competência seja fixada por Lei Estadual e essa, por sua vez, que a competência possa ser fixada por ato normativo do Tribunal de Justiça, de sorte que estamos diante de uma hipótese de ato administrativo como fonte mediata do processo penal[7].

Outra hipótese que pode ser levantada é a dos regimentos internos dos tribunais, que, com frequência, valem-se da criação dos chamados **agravos internos**, recursos, portanto, não criados por meio de lei.

2.4.2.4 Costumes

As fontes formais mediatas ou secundárias, segundo a teoria tradicional, são os costumes e os princípios gerais do Direito, sendo que, para a teoria moderna, somente a doutrina seria uma fonte formal mediata, pois os costumes seriam, na realidade, fonte informal do Direito.

Os costumes são caracterizados pela reiteração constante e uniforme de uma regra de conduta, revestida pela convicção de obrigatoriedade. O mero hábito não se confunde com o costume, pois não detém o caráter da obrigatoriedade.

Os costumes possuem somente uma função subsidiária, de elemento de interpretação, vez que algumas questões processuais seguem a famigerada praxe forense.

Analisado sob a perspectiva legal, o costume pode ser classificado como:

a) *secundum legem* ou interpretativo: é o costume que possui amparo legal e que auxilia na interpretação das regras processuais;

b) *praeter legem*: é o costume supletivo ou integrativo, que supre a lacuna legal e somente possui aplicabilidade na hipótese de omissão.

c) *contra legem*: é o costume em sentido contrário ao da lei. Também conhecido por desuetudo, não revoga a lei, mas a contraria.

2.4.2.5 Indulto presidencial

Segundo o STF, o indulto, apesar de passível de controle judicial, revela-se como ato do Poder Executivo, não fazendo parte da doutrina penal:

---

7. Como consequência, o art. 74 do CPP pode dar vazão e ser compreendida com uma norma processual penal em branco ao quadrado.

O Decreto nº 9.246/2017, que concedeu indulto natalino, é constitucional. O indulto é um mecanismo de freios e contrapesos exercido pelo Poder Executivo sobre o Judiciário, sendo consentâneo com a teoria da separação dos poderes. O indulto não faz parte da doutrina penal, não é instrumento consentâneo à política criminal. Trata-se, como já explicado, de legítimo mecanismo de freios e contrapesos para coibir excessos e permitir maior equilíbrio na Justiça criminal. O indulto é considerado um ato discricionário e privativo do Presidente da República. O decreto de indulto não é imune ao controle jurisdicional, no entanto, suas limitações se encontram no texto constitucional (art. 5º, XLIII, da CF/88). É possível a concessão de indulto para crimes de corrupção (em sentido amplo) e lavagem de dinheiro. Isso porque não há vedação na Constituição Federal. O parecer oferecido pelo Conselho Nacional de Política Criminal e Penitenciária (CNPCP) acerca dos critérios de concessão do indulto não vincula o Presidente da República. STF. Plenário. ADI 5874/DF, rel. orig. Min. Roberto Barroso, red. p/ o ac. Min. Alexandre de Moraes, julgado em 9/5/2019.

2.5 SÍNTESE GRÁFICA

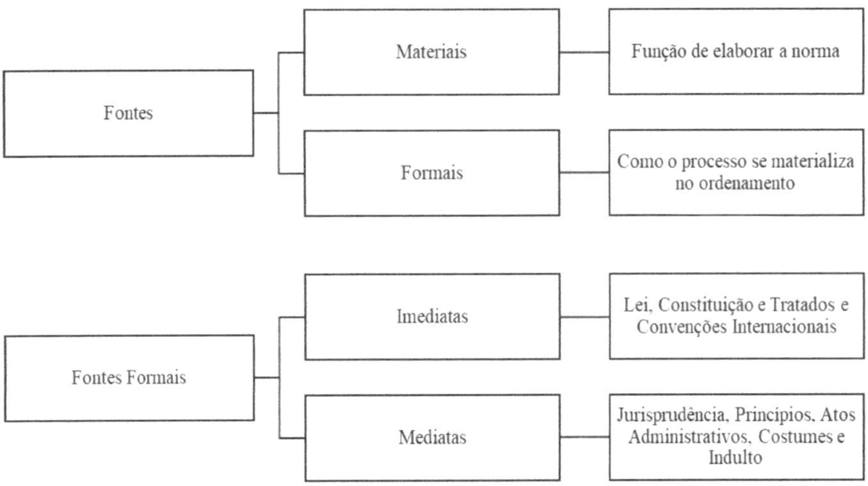

2.6 REVISÃO DO CAPÍTULO POR QUESTÕES DE CONCURSOS E ASSERTIVAS DE REFORÇO

QUESTÕES DE CONCURSO

1. (PC/MS 2021 - PC-MS - DELEGADO DE POLÍCIA). Sobre conceito, finalidade e fontes do processo penal, assinale a alternativa correta:

A. A competência para legislar sobre direito processual penal é concorrente entre a União, os Estados e o Distrito Federal.

B. Direito processual penal é o ramo do direito público que compreende princípios e normas definidoras de condutas criminosas com previsão de determinada sanção.

C. É possível que os Estados legislem sobre questões específicas de direito processual penal, desde que autorizados por lei complementar editada pela União.

D. Os tratados e convenções internacionais são considerados fontes materiais do direito processual penal.

E. O direito processual penal é sub-ramo do Direito Penal. Por isso que é chamado de "Direito Penal adjetivo". Logo, não possui autonomia científica.

2. (PC/MS 2017 - FAPEMS - DELEGADO DE POLÍCIA). As fontes do Direito Processual Penal são classificadas pela doutrina com a distinção daquelas que criam a norma das que a exteriorizam. Sobre esse tema, afirma-se, com exatidão, que

A. os tratados e as convenções internacionais sobre direitos humanos, ratificados pelo Brasil por meio do procedimento exigido pela norma constitucional, são considerados como fontes materiais do Direito Processual Penal, pois equivalem às emendas constitucionais.

B. cabe à União, de forma exclusiva e privativa, a elaboração de normas processuais penais, bem como legislar sobre direito penitenciário. Em questões específicas de direito local, aos Estados-membros pode ser atribuída a competência para legislarem sobre processo penal, através de lei ordinária.

C. o costume, considerado fonte de cognição supletiva, é admitido para afastar ou tornar inaplicável norma processual penal e, com isto, revogar dispositivos legais, principalmente aqueles que não se compatibilizam com o sistema processual democrático inaugurado pela Constituição Federal de 1988.

D. apesar de a lei processual penal não autorizar explicitamente a utilização dos princípios gerais do direito, são constantemente utilizados diversos princípios processuais constitucionais na interpretação dos casos concretos.

E. o Presidente da República, somente por meio de Decreto, pode legislar sobre indulto e comutação de penas. Trata-se de competência privativa instituída pela Constituição Federal vigente, embora possa tal atribuição ser delegada por aquele aos Ministros de Estado, ao Procurador-Geral da República e ao Advogado-Geral da União.

3. (PC/RS 2018 - FUNDATEC - DELEGADO DE POLÍCIA). Considerando a disciplina da aplicação de lei processual penal e os tratados e convenções internacionais, assinale a alternativa correta.

A. A lei processual penal aplica-se desde logo, conformando um complexo de princípios e regras processuais penais próprios, vedada a suplementação pelos princípios gerais de direito.

B. A superveniência de lei processual penal que modifique determinado procedimento determina a renovação dos atos já praticados.

C. A lei processual penal não admite interpretação extensiva, ainda que admita aplicação analógica.

D. Toda pessoa detida ou retida deve ser conduzida, sem demora, à presença de um juiz ou outra autoridade autorizada pela lei a exercer funções judiciais e tem direito a ser julgada dentro de um prazo razoável ou a ser posta em liberdade, sem prejuízo de que prossiga o processo.

E. Em caso de superveniência de leis processuais penais híbridas, prevalece o aspecto instrumental da norma.

ASSERTIVAS DE REFORÇO

1. ( ) Cabe à União a competência para legislar sobre Direito Processual Penal.

2. ( ) Excepcionalmente, poderão os Estados-membros legislar sobre matéria processual penal mediante autorização por lei complementar.

3. ( ) As normas de superdireito determinam os sujeitos competentes para a produção das normas jurídicas e o modo pelo qual esses sujeitos podem exercer tais competências.

4. ( ) Os tratados internacionais de direitos humanos, uma vez assinados pelo Brasil, possuem caráter vinculante após da publicação do Decreto-Legislativo que os insere em nosso sistema somente quando aprovados com quórum de emenda constitucional.

5. ( ) O Supremo Tribunal Federal poderá, de ofício ou por provocação, mediante decisão de maioria absoluta dos seus membros, após reiteradas decisões sobre matéria constitucional, aprovar súmula que, a partir de sua publicação na imprensa oficial, terá efeito vinculante em relação aos demais órgãos do Poder Judiciário e à administração pública direta e indireta, nas esferas federal, estadual e municipal, bem como proceder à sua revisão ou cancelamento, na forma estabelecida em lei.

6. ( ) Os atos administrativos, no Direito Processual Penal, podem ser utilizados para complementar normas processuais penais em branco, preceitos incompletos, genéricos, indeterminados ou remetidos, que demandam a complementação por meio de outras normas.

7. ( ) A Lei Federal permite que a competência seja fixada por Lei Estadual e essa, por sua vez, que a competência possa ser fixada por ato normativo do Tribunal de Justiça.

8. ( ) Os agravos internos não representam um hipótese de ato administrativo como fonte do processo penal, haja vista que previstos na legislação processual penal.

9. ( ) As fontes formais mediatas ou secundárias, segundo a teoria tradicional, são os costumes e os princípios gerais do Direito, sendo que, para a teoria moderna, somente a doutrina seria uma fonte formal mediata.

10. ( ) Desuetudo é a nomenclatura conferida aos costumes *praeter legem*.

2.6.1 Gabaritos

QUESTÕES DE CONCURSOS

1	2	3
C	E	D

ASSERTIVAS DE REFORÇO

1	2	3	4	5	6	7	8	9	10
V	V	V	F	F	V	V	F	V	F

COMENTÁRIOS ÀS ASSERTIVAS FALSAS E JUSTIFICATIVAS IMPORTANTES

1. V.

2. V.

3. V.

4. F. Os tratados internacionais de direitos humanos, uma vez assinados pelo Brasil, possuem caráter vinculante após da publicação do Decreto-Legislativo que os insere em nosso sistema, quer sejam aprovados com quórum de emenda constitucional e, consequentemente, com *status* constitucional (art. 5º, §3º, CF), ou com *status* supralegal, se aprovados por quórum simples (art. 5º, § 2º, CF).

5. F. Mediante decisão de dois terços dos seus membros.

6. V.

7. V.

8. F. Outra hipótese que pode ser levantada é a dos regimentos internos dos tribunais, que, com frequência, valem-se da criação dos chamados agravos internos, recursos, portanto, não criados por meio de lei.

9. V.

10. F. Costumes conhecidos por *contra legem*.

3

Sistemas processuais

3.1 COMO O ASSUNTO É ABORDADO EM PROVAS E CONCURSOS

O assunto tem ganhado relevo em provas objetivas, tendo sido verificado um acréscimo de cobrança nas provas de Ministério Público, Magistratura, Defensoria Pública e Delegado de Polícia, especialmente após a entrada em vigor da Lei do Pacote Anticrime. A compreensão do capítulo é estrutural, vez que o candidato deverá conhecer seu conteúdo com o objetivo de construir a base necessária, especialmente para provas subjetivas e orais, nas quais invariavelmente os temas são cobrados de forma direta ou transversal.

A compreensão acerca dos variados sistemas e sua consequente aplicação prática, especialmente no sentido de identificar o modelo aplicado, é imprescindível.

3.2 SISTEMAS PROCESSUAIS

Os sistemas processuais foram sintetizados e organizados sob três modelos: inquisitório, acusatório e misto.

3.3 SISTEMA INQUISITIVO

O sistema inquisitivo foi adotado pelo Direito canônico por volta do século XIII e se espalhou pela Europa que o empregou até o século XVIII, especialmente em razão dos regimes monárquicos e ditatoriais que predominavam à época.

O modelo baseia-se na concentração dos poderes na pessoa do juiz, concebido como **juiz inquisidor**, que reunia a tríplice função de **acusar, defender e julgar**. Por consequência, não se admitia o contraditório, vez que, de fato, aquele que acusa não guarda interesse em defender, prejudicando a parcialidade em razão do comprometimento com a acusação. A concepção moderna de **paridade de armas**, portanto, era desconhecida no sistema em estudo.

Os processos podiam ser deflagrados **de ofício** pelo magistrado, que igualmente possuía ampla liberdade probatória, tanto na fase investigativa como processual. Estabelecendo um paralelo com o Direito Penal, o magistrado tinha o "**domínio do fato**", isto é, o controle do processo, era a figura central do acontecer processual.

Tratado como mero **objeto do processo** e **não presumidamente inocente**, o acusado podia ser submetido a qualquer espécie de constrangimento ou violência no curso do processo em prol da chamada **verdade real**. Admitia-se, portanto, a tortura como meio de prova, especialmente porque uma das características do sistema inquisitivo era a **sigilosidade**.

3.4 SISTEMA ACUSATÓRIO

O sistema acusatório, adotado na antiguidade grega e romana, e resgatado gradativamente após a Revolução Francesa, ao contrário do inquisitivo, funda-se na **paridade de armas**, vez que **separa as funções processuais** de acusar, defender e julgar da pessoa do juiz. Há, portanto, um órgão acusador, a defesa e o magistrado, que deixa de concentrar todas as funções processuais para ocupar-se, tão somente, da preservação do **contraditório e ampla defesa** para que possa, ao final do processo, promover um **julgamento equidistante e imparcial**.

A perspectiva do *actum trium personarum*, por si só, não garante a existência do sistema acusatório, vez que, em essência, o que o modelo visa é garantir um juízo imparcial, que possa confrontar as teses da acusação e defesa, em paralelo com as provas produzidas pelas partes, de forma livre e sem qualquer espécie de vínculo psicológico, o resultado de seu trabalho. Nesse sentido, no sistema acusatório puro **veda-se qualquer espécie de produção de prova *ex officio*** pelo magistrado, bem como a **decretação de prisões e requisições de instauração de investigações** de ofício, assegurando-se, como regra, a **publicidade** processual.

O **sistema brasileiro é acusatório**, pois o art. 129, I, da Constituição Federal, conferiu ao Ministério Público, de forma privativa, a titularidade da ação penal pública e assegurou, expressamente, o contraditório e ampla defesa no seu art. 5º, LV. Não obstante, prevaleceu, durante vários anos, em razão de previsões do Código de Processo Penal de 1941, em patente confronto ao sistema acusatório, a possibilidade de o magistrado produzir provas, decretar prisões, requisitar a instauração de inquéritos policiais de ofício, entre outras, conforme veremos ao longo da obra.

Reforçando o entendimento acima, a Lei 13.964/19 (Lei do Pacote Anticrime) expressamente consignou em seu art. 3º-A:

> Art. 3º-A. O processo penal terá **estrutura acusatória**, vedadas a iniciativa do juiz na fase de investigação e a substituição da atuação probatória do órgão de acusação.

3.4.1 Sistema Adversarial

Impende destacar que o sistema acusatório assemelha-se, mas não se confunde com o sistema adversarial (*adversarial system*), difundido no Direito Anglo-Saxão. Em linhas gerais, o *adversarial system* é marcado por ser um processo de partes, no qual a atividade probatória é protagonizada exclusivamente pelas partes, devendo o magistrado assumir uma postura passiva e neutra no processo. Há, portanto, a predominância das partes na produção das provas e determinação da marcha processual.

No *adversarial system*, cabe às partes a produção de provas, de forma que o magistrado não possui, em regra, iniciativa probatória.

Verifica-se ainda, no sistema adversarial, o *inquisitorial system*, que não se confunde com o sistema inquisitivo. Apesar das semelhanças, no modelo da *common law* o magistrado não se confunde com a figura do inquisidor, não reunindo as funções de acusação e defesa, A semelhança entre os modelos reside precipuamente na possibilidade de atuação probatória por parte do magistrado.

> Tem-se, portanto que o sistema adversarial aproxima-se, em parte, de nosso sistema acusatório. Ao se analisar a estrutural do sistema acusatório pátrio, podemos verificar uma maior aproximação ao modelo do *inquisitorial system, em razão da possibilidade, por nós bastante questionada, da iniciativa probatória do magistrado, acertada, por maioria de votos, pelo STF no julgamento das ADIs 6.298, 6.299, 6.300 e 6.305, referentes ao juiz das garantias, que fixou o entendimento pela atribuição de* interpretação conforme ao art. 3º-A do CPP, incluído pela Lei nº 13.964/2019, para assentar que o juiz, pontualmente, nos limites legalmente autorizados, pode determinar a realização de diligências suplementares, para o fim de dirimir dúvida sobre questão relevante para o julgamento do mérito.

3.5 SISTEMA MISTO

De origem francesa, consolidado sob o regime de Napoleão Bonaparte no *Code d'Instruction Criminelle* francês, de 1808, o sistema misto representa a mescla dos sistemas inquisitivo e acusatório.

Em síntese, o sistema era composto por **duas etapas**: a primeira, inquisitorial, sem contraditório ou publicidade, presidida pelo juiz, que visava colher provas da autoria e materialidade delitiva; a segunda, por sua vez, possuía o caráter acusatório, contemplando todas as características inerentes ao sistema, como o contraditório e ampla defesa, publicidade, paridade de armas e o direito da defesa manifestar-se após a acusação.

O sistema, também conhecido por **inquisitivo garantista**, em verdadeira *contradictio in adjecto*, não foi adotado pelo Brasil, vez que sua estrutura original previa a figura do juiz inquisidor, inexistente no processo penal brasileiro. As previsões de produção de prova e decretação de prisões cautelares de ofício, por exemplo, não transmudavam o sistema acusatório em misto, mas tão somente mitigavam a estrutura do sistema acusatório.

Parte da doutrina sustenta que o sistema brasileiro, antes da entrada em vigor da Lei 13.964/19, adotava o sistema misto, pois o inquérito policial funcionava como **instrução provisória** conforme item IV da Exposição de Motivos do CPP:

> "IV – ... há em favor do inquérito policial, como instrução provisória antecedendo à propositura da ação penal, um argumento dificilmente contestável: é ele uma garantia contra apressados e errôneos juízos, formados quando ainda persiste a trepidação moral causada pelo crime ou antes que seja possível uma exata visão conjunta dos fatos, nas suas circunstâncias objetivas e subjetivas. (...).

Ocorre que, mesmo antes da entrada em vigor da nova lei, a "instrução provisória", isto é, as provas produzidas no inquérito policial, não podiam servir, exclusivamente, de lastro à condenação. Exigia-se a reprodução, ainda que parcial, dessas em juízo, sob o crivo do contraditório e ampla defesa, para que a prova inquisitorial pudesse ser utilizada.

Em releitura progressiva da denominada "instrução provisória", ainda que antes da entrada em vigor da Lei do Pacote Anticrime, as provas produzidas na investigação preliminar devem ser concebidas como elementos aptos a configurar o **suporte mínimo probatório**, que visa, tão somente, fundamentar a propositura da ação penal.

Em reforço ao entendimento, registramos que o STF, por unanimidade, declarou a inconstitucionalidade, com redução de texto, dos §§ 3º e 4º do art. 3º-C do CPP, incluídos pela Lei nº 13.964/2019, e atribuiu interpretação conforme para entender que os autos que compõem as matérias de competência do juiz das garantias serão remetidos ao juiz da instrução e julgamento.

3.6 SÍNTESE GRÁFICA

Características	Sistema Inquisitivo	Sistema Acusatório	Sistema Misto
Funções	Juiz concentrava as funções de acusar, defender e julgar	Separação das funções entre acusação, defesa e juiz	Separação das funções entre acusação, defesa e juiz. Contudo, assegura-se ao juiz a possibilidade de substituir-se às partes em determinadas situações.
Garantias	O réu não possuía garantias processuais	Assegura o contraditório e ampla defesa	Assegura o contraditório e ampla defesa, mas os mitiga na fase inquisitorial
Igualdade	Sem paridade de armas	Com paridade de armas	Paridade de armas relativizada na fase inquisitorial
Publicidade	Inexistente em regra	Em regra, os atos processuais são públicos	Em regra, os atos processuais são públicos, salvo na fase inquisitorial
Manifestações das partes	Não assegura o direito da defesa se manifestar após a acusação	Assegura o direito da defesa se manifestar após a acusação	Assegura o direito da defesa se manifestar após a acusação
Provas	Produzidas pelo juiz, que concentrava as funções e acusar, defender e julgar	Produzidas pelas partes, sendo vedada qualquer ingerência do juiz na produção de provas ou colhê-las de ofício	Produzidas em regra pelas partes, sendo permitido ao magistrado produzi-las de ofício
Inocência	Não presumida	Presumida	Não se presume a culpa, mas não presume, igualmente, a inocência

3.7 REVISÃO DO CAPÍTULO POR QUESTÕES DE CONCURSOS E ASSERTIVAS DE REFORÇO

QUESTÕES DE CONCURSO

1. (DPE/BA 2021 - FCC - DEFENSOR PÚBLICO). Endossa o sistema inquisitivo a seguinte disposição vigente no Código de Processo Penal:

A. Em qualquer fase da investigação policial ou do processo penal, caberá a prisão preventiva decretada pelo juiz, de ofício, se no curso da ação penal, ou a requerimento do Ministério Público, do querelante ou do assistente, ou por representação da autoridade policial.

B. As perguntas serão formuladas pelas partes diretamente à testemunha, não admitindo o juiz aquelas que puderem induzir a resposta, não tiverem relação com a causa ou importarem na repetição de outra já respondida.

C. O juiz, quando julgar necessário, poderá ouvir outras testemunhas, além das indicadas pelas partes.

D. Ninguém poderá ser preso senão em flagrante delito ou por ordem escrita e fundamentada da autoridade judiciária competente, em decorrência de prisão cautelar ou em virtude de condenação criminal transitada em julgado.

E. O réu não poderá apelar sem recolher-se à prisão, ou prestar fiança, salvo se for primário e de bons antecedentes, assim reconhecido na sentença condenatória, ou condenado por crime que se livre solto.

2. (PC/MG 2021 - FUMARC - DELEGADO DE POLÍCIA). Em relação às características do sistema acusatório, analise as afirmativas:

I. Gestão da prova na mão das partes e não do juiz, clara distinção entre as atividades de acusar e julgar, juiz como terceiro imparcial e publicidade dos atos processuais.

II. Ausência de uma tarifa probatória, igualdade de oportunidades às partes no processo e procedimento é, em regra, oral.

III. O processo é um fim em si mesmo e o acusado é tratado como mero objeto, imparcialidade do juiz e prevalência da confissão do réu como meio de prova.

IV. Celeridade do processo e busca da verdade real, o que faculta ao juiz determinar de ofício a produção de prova.

São **VERDADEIRAS** apenas as afirmativas:

A. I e II.
B. I e IV.
C. I, III e IV.
D. II e III.

3. (DPE/AL 2017 - CESPE - DEFENSOR PÚBLICO). No processo penal, as características do sistema acusatório incluem:

I. clara distinção entre as atividades de acusar e julgar, iniciativa probatória exclusiva das partes e o juiz como terceiro imparcial e passivo na coleta da prova.

II. neutralidade do juiz, igualdade de oportunidades às partes no processo e repúdio à prova tarifada.

III. predominância da oralidade no processo, imparcialidade do juiz e supremacia da confissão do réu como meio de prova.

IV. celeridade do processo e busca da verdade real, o que faculta ao juiz determinar de ofício a produção de prova.

Estão certos apenas os itens

A. I e II.
B. I e IV.
C. II e III.
D. I, III e IV.
E. II, III e IV.

4. (PC/MS 2017 - FAPEMS - DELEGADO DE POLÍCIA). Sobre os sistemas processuais penais, assinale a alternativa correta de acordo com a doutrina majoritária, legislação e jurisprudência vigentes.

A. Pelo estudo e análise histórica dos sistemas processuais penais, é possível constatar que houve uma evolução linear do sistema inquisitório para o acusatório e, ao final, para o misto em compasso com a valorização do réu como sujeito de direitos e não apenas como um objeto do processo.

B. O princípio unificador tem por objetivo proporcionar coerência aos diversos elementos do sistema processual penal, a exemplo do princípio acusatório que decorre dos princípios democrático e republicano e requer um processo em que os sujeitos parciais possuem tratamento igual, com paridade de armas, ao defenderem suas pretensões em juízo.

C. Os modelos de sistemas processuais penais estão diretamente relacionados ao exercício do poder penal estatal, o qual integra um plano político, social e cultural. Dessa forma, as visões históricas e teóricas sobre o sistema processual penal brasileiro permanecem em constante convergência e facilitam a identificação do modelo vigente.

D. A Constituição Federal de 1988 traça um processo penal acusatório, porém diversos dispositivos do Código de Processo Penal apresentam núcleo inquisitivo exigindo uma filtragem constitucional. Nesse contexto, é defeso ao juiz assumir a gestão das provas, auxiliar o Delegado de Polícia na colheita de elementos de informação e fundamentar sua decisão em provas antecipadas.

E. O Código de Processo Penal permite que o inquérito policial, nos crimes de ação pública, seja iniciado mediante requisição da autoridade judiciária; que a autoridade policial realize as diligências requisitadas pelo juiz; e que este realize pessoalmente busca domiciliar. Tais dispositivos são considerados como exceções dentro do sistema acusatório, nos casos de crimes de natureza grave, v.g., crimes hediondos.

5. (MP/MA 2014 - PROMOTOR DE JUSTIÇA SUBSTITUTO). É consentâneo com o sistema inquisitorial de processo penal, **exceto:**

A. Sigilo dos atos processuais;
B. Suscetibilidade de início do processo por meio de denúncia anônima;
C. Incumbência de formular a acusação não individualizada;
D. Arguição de suspeição do juiz
E. Defesa técnica decorativa.

ASSERTIVAS DE REFORÇO

1. ( ) A concepção de paridade de armas, portanto, era desconhecida no sistema inquisitivo.

2. ( ) Apesar de tratado como mero objeto do processo e não presumidamente inocente, o acusado não podia ser submetido a violência no curso do processo.

3. ( ) A perspectiva do *actum trium personarum*, por si só, não garante a existência do sistema acusatório, vez que, em essência, o que o modelo visa é garantir um juízo imparcial, que possa confrontar as teses da acusação e defesa, em paralelo com as provas produzidas pelas partes, de forma livre e sem qualquer espécie de vínculo psicológico o resultado de seu trabalho.

4. ( ) O processo penal possui estrutura acusatória, vedadas a iniciativa do juiz na fase de investigação e a substituição da atuação probatória do órgão de acusação.

5. ( ) O sistema acusatório é também conhecido por sistema inquisitivo garantista.

3.7.1 Gabaritos

QUESTÕES DE CONCURSO

1	2	3	4	5
C	A	A	B	D

ASSERTIVAS DE REFORÇO

1	2	3	4	5
V	F	V	V	F

COMENTÁRIOS ÀS ASSERTIVAS FALSAS E JUSTIFICATIVAS IMPORTANTES

1. V.

2. F. O acusado podia ser submetido a qualquer espécie de constrangimento ou violência no curso do processo em prol da chamada verdade real.

3. V.

4. V.

5. F. O sistema misto era assim conhecido.

4

Princípios regentes do Processo Penal

4.1 COMO O ASSUNTO É ABORDADO EM PROVAS E CONCURSOS

O assunto é um dos mais importantes nas provas de Ministério Público, Magistratura, Defensoria Pública e Delegado de Polícia, vez que sempre são cobrados nas provas. A cobrança não se restringe às provas objetivas, pois a carga doutrinária revelada pelo tema permeia todo o processo penal, sendo imprescindível o conhecimento por parte do aluno e candidato.

A adequada compreensão da base principiológica estrutura o que chamamos de base processual, vez que os princípios são vetores interpretativos para diversas questões. Não há um princípio que possamos destacar para fins de priorização, haja vista que, de certo modo, todos estão conectados e precisam ser compreendidos de forma conjunta.

Ao longo da obra, o leitor perceberá que por inúmeras vezes faremos referências aos princípios, com sua abordagem doutrinária e jurisprudencial, motivo pelo qual a compreensão do assunto é imprescindível.

4.2 PRINCÍPIOS REGENTES DO PROCESSO PENAL

Na definição de ÁVILA[1] (2012, p. 88), "os princípios são normas imediatamente finalísticas, primariamente prospectivas e com pretensão de complementariedade e de parcialidade, para cuja aplicação se demanda uma avaliação da correlação entre o estado de coisa a ser promovido e os efeitos decorrentes da conduta havida como necessária à sua promoção".

1. ÁVILA, Humberto. **Teoria dos princípios: da definição à aplicação dos princípios jurídicos**. 13ª ed. São Paulo: Malheiros Editores, 2012.

Para ALEXY[2] (1993, p. 83), tanto as regras como os princípios também são normas, porquanto ambos se formulam através de expressões deônticas fundamentais, como mandamento, permissão e proibição, sendo verdadeiros mandados de otimização.

Sendo caracterizados modernamente como espectros normativos, os princípios, naturalmente, compõem o sistema jurídico e, por via de consequência, são hábeis a influir, como fontes do Direito, na construção e aplicação do Direito Processual Penal, a exemplo do que ocorre com o princípio da vedação à utilização das provas ilícitas, que norteia, invariavelmente, a construção da jurisprudência pátria.

A análise dos princípios afetos à matéria nos leva à advertência de que praticamente todos os princípios possuem ligações intrínsecas, sendo praticamente impossível sistematizá-los de forma unânime. Suas conexões são evidentes, de forma que o estudo dos princípios processuais penais deve ser realizado de forma sistêmica, conjugando-se todos, simultaneamente, pois compõem um sistema de garantias e diretrizes.

Assim, a sistematização apresentada não objetiva excluir outras possíveis, sendo feita apenas para fins didáticos de acordo com a proposta da obra de estabelecer pontos de conexão entre as normas processuais penais.

No presente momento, preocupamo-nos apenas em apresentar aqueles princípios que se expandem por toda a sistemática processual penal, razão pela qual os demais princípios afetos a temas específicos serão tratados quando da abordagem desses.

4.3 PRINCÍPIO DA BUSCA PELA VERDADE

O princípio da **verdade real**, outrora consagrado pela doutrina, revela-se como um verdadeiro contrassenso, especialmente porque o processo penal trabalha com a reprodução dos fatos, não repetíveis por maior que seja o esforço dos atores processuais.

A verdade pertence ao sujeito que interpreta um fato e sua concepção só interessa ao processo penal quando o fato revelar um significado social. Esse, por sua vez, deriva de interpretações individuais decorrentes de valorações, sujeitas a diferentes compreensões e, naturalmente, conclusões. A verdade, portanto, é inatingível processualmente, porquanto deriva de compreensões que fogem ao processo.

O processo, portanto, revela tão somente uma "verdade" **reproduzida** por meio das provas, que permitem com que o julgador realize uma **prognose póstuma objetiva** para poder realizar o julgamento fático.

Parte da doutrina trabalha com o conceito de **verdade formal**. Entretanto, entendemos que o conceito padece do mesmo vício da incapacidade de repetição da verdade, sendo o adjetivo formal incongruente com o substantivo verdade.

Há, contudo, em que pese intangível, a busca pela verdade, ainda que reproduzida em balizas formais. O julgamento de um fato pressupõe a existência de elementos mínimos de provas, que reflitam a imagem de fatos passados, para permitir ao magistrado a decisão no curso processual. Todavia, consoante asseveramos acima, não obstante a busca pela

2. ALEXY, Robert. **Teoría de los derechos fundamentales**. Traducción de Ernesto Garzón Valdés. Madrid: Centro de Estudios Constitucionales, 1993.

verdade real, o julgamento será realizado com lastro nas provas formalmente produzidas, motivo pelo qual optamos pela denominação do **princípio da busca pela verdade**.

É importante destacar que a busca pela verdade encontra limites de ordem material e processual, não sendo permitido às partes e ao juiz a realização de qualquer espécie de prova e a qualquer tempo.

A Constituição Federal e o próprio Código de Processo Penal trazem **limitações à busca da verdade real** e, por conseguinte, à própria ampla defesa. Nesse sentido vale destacar, entre outras:

a) inadmissibilidade das provas obtidas ilicitamente (art. 5º, LVI da CF);
b) as restrições à prova, existentes no juízo cível, quando ao estado de pessoas (p. único do art. 155 do CPP);
c) os limites para depor de pessoas que, por função, ofício ou profissão, devam guardar segredo (art. 207 do CPP);
d) a não aceitação de exibição de provas no plenário do júri sem prévia comunicação à parte contrária com antecedência mínima de três dias úteis (art. 479 do CPP);
e) a celebração de negócios jurídicos pré-processuais, como a composição civil dos danos (art. 74), transação penal (art. 76), ambos da Lei 9.099/95, e o acordo de não persecução penal (art. 28-A do CPP), bem como os acordos processuais, como a suspensão condicional do processo (art. 89 da Lei 9.099/95), que consubstanciam a chamada **verdade consentida**.

4.4 PRINCÍPIO DEVIDO PROCESSO LEGAL

O princípio tem origem formal na Inglaterra, especificamente na Carta de João Sem-Terra, em 1215. Na Constituição do Estados Unidos da América, passou a ser chamado de *due process of law*, estando previsto nas Emendas V e XIV. Com o espectro americano, passou a integrar diversas constituições por todo o mundo, enriquecendo e ampliando seus contornos, sobretudo com as contribuições da forte escola pública europeia, especialmente a alemã.

Princípio basilar em nosso ordenamento jurídico, o devido processo legal está estampado na Constituição Federal em seu art. 5º, incisos LIV e LV, e estabelece que *ninguém será privado da liberdade ou de seus bens sem o devido processo legal, garantindo aos acusados em processo judicial ou administrativo o contraditório e a ampla defesa, com os meios e recursos a ela inerentes.*

A análise do princípio no âmbito processual penal nos leva à conclusão de que a liberdade é a regra, ao passo que a privação da liberdade, a exceção. Assim, quando nos deparamos com a pretensão punitiva estatal e a pretensão de preservação da liberdade do indivíduo, a solução do conflito de interesses deve pautar-se no devido processo legal.

Em clássico julgado do STJ:

> "O processo penal é complexo de relações jurídicas que têm por objeto a aplicação da lei penal. Não há partes, pedido ou lide, nos termos empregados no processo civil. Juridicamente, acusação e defesa conjugam esforços, decorrência do contraditório e ampla defesa, para esclarecimento da verdade real. Ninguém pode ser condenado sem o devido processo legal" (Resp. 13375/RJ, Rel. Min. Vicente Cernicchiaro, DJ 17.02.92).

Dessa forma, o devido processo legal liga-se diretamente ao direito processual penal em razão de seus fortes laços procedimentais, pois a pretensão punitiva estatal só será solucionada com observância estrita ao procedimento previsto no Código de Processo Penal ou legislação especial, vez que se configura como garantia constitucional.

Não foi por acaso que utilizamos a expressão "**garantia constitucional**" acima, pois a matéria não se reveste apenas de caráter processual, assumindo também contornos efetivamente materiais.

Fala-se, com certo pacifismo, em **substancialização do devido processo legal**, que se traduz na evolução de um conceito meramente processual para uma definição pública, atrelada às liberdades públicas previstas na Constituição Federal.

Na mesma linha, a substancialização do devido processo legal nos remete à necessidade de existência de uma **garantia inominada**, que, além das garantias explícitas, poderá, através das construções pretorianas e doutrinárias, trazer outras garantias não expressas à lume garantista, dando vazão ao disposto no §2º do art. 5º da Carta Magna[3].

O STF, em voto do Min. Celso de Mello, decidiu, no HC 94.601/CE, DJe 11.09.09, que:

> O exame da cláusula referente ao 'due process of law' permite nela identificar alguns elementos essenciais à sua configuração como expressiva garantia de ordem constitucional, destacando-se, dentre eles, por sua inquestionável importância, as seguintes prerrogativas: (a) direito ao processo (garantia de acesso ao Poder Judiciário); (b) direito à citação e ao conhecimento prévio do teor da acusação; (c) direito a um julgamento público e célere, sem dilações indevidas; (d) direito ao contraditório e à plenitude de defesa (direito à autodefesa e à defesa técnica); (e) direito de não ser processado e julgado com bases em leis 'ex post facto'; (f) direito à igualdade entre as partes; (g) direito de não ser processado com fundamento em provas revestidas de ilicitude; (h) direito ao benefício da gratuidade; (i) direito à observância do princípio do juiz natural; (j) direito ao silêncio (privilégio contra a auto-incriminação); (l) direito à prova; e (m) direito de presença e de 'participação ativa' nos atos de interrogatório judicial dos demais litisconsortes penais passivos, quando existentes".

De tal arte, podemos resumir que o devido processo legal assume a seguinte feição:

a) observância estrita à Constituição Federal quanto à elaboração de norma jurídica (procedimento legislativo);

b) releitura constitucional dos dispositivos do Código de Processo Penal;

c) respeito ao procedimento criado em lei, analisado com atenção à releitura constitucional;

d) observância estrita aos direitos e garantias fundamentais em âmbito processual e material;

e) existência de regra de calibração que preveja a garantia inominada.

Além da feição acima, extraem-se dois pilares do princípio do devido processo legal: a **ampla defesa** e o **contraditório**.

---

3. § 2º Os direitos e garantias expressos nesta Constituição não excluem outros decorrentes do regime e dos princípios por ela adotados, ou dos tratados internacionais em que a República Federativa do Brasil seja parte.

4.4.1 Princípio da ampla defesa

Corolário do princípio do devido processo legal, a ampla defesa integra o ordenamento brasileiro trazendo ao indivíduo a possibilidade de defender-se com todos os meios permitidos em direito.

Em linhas gerais, a **ampla defesa pressupõe defesa técnica (processual ou específica) e autodefesa (material ou genérica)**. A primeira decorre da necessidade de defesa por profissional, que exige capacidade postulatória e conhecimento técnico, pois não se pode obrigar o acusado a conhecer o direito e produzir sua própria defesa. A segunda, por outro lado, atribui ao acusado o direito de exercer sua própria defesa no curso do processo, máxime demonstrada pelo interrogatório.

4.4.1.1 Defesa técnica

Pode-se concluir que a defesa técnica é indispensável, não podendo o acusado dispensar a presença de advogado, salvo no caso de o próprio réu ser habilitado para exercer a profissão. Referida exigência decorre da densidade normativa do conceito de ampla defesa, da necessidade de preservação da igualdade das partes no âmbito processual, do dispositivo constitucional que consagra o advogado como essencial à função jurisdicional (art. 133) e das normas infraconstitucionais que dissecam a matéria.

Não foi sem fundamento, portanto, que o legislador ordinário assegurou, no art. 261 do Código de Processo Penal, que "**nenhum acusado, ainda que ausente ou foragido, será processado ou julgado sem defensor**". Igualmente, preservou ao acusado o direito de escolher seu próprio defensor, de defender-se por conta própria se habilitado e proibiu expressamente o causídico de abandonar o processo, salvo por motivo justo, conforme se infere dos artigos 263 e 265 do Código de Processo Penal.

Assim, a defesa técnica precisa ser completa, isto é, perdurar por todas as fases processuais. Igualmente, precisa ser **efetiva**, isto é, materialmente combativa. Deve, portanto, o advogado arrolar testemunhas, formular perguntas, argumentar em alegações finais, recorrer e adotar outras medidas efetivas para assegurar a defesa do acusado, buscando sempre fundamentar suas manifestações, conforme redação do parágrafo único do art. 261 do Código de Processo Penal.

Todavia, não se pode confundir insuficiência com inexistência de defesa. A **súmula 523 do STF** dispõe que "no processo penal, a falta de defesa constitui nulidade absoluta, mas a sua deficiência só o anulará se houver prejuízo para o réu".

A ampla defesa, portanto, pressupõe: **defesa técnica necessária, plena, efetiva e irrenunciável e o direito de escolha do defensor**.

4.4.1.2 Autodefesa

A autodefesa, exercida pelo próprio réu, compreende, em linhas gerais, o direito de audiência, presença e capacidade de postular de forma autônoma.

O **direito de audiência** materializa-se no ato do interrogatório, praticado pessoalmente, na presença física ou virtual do juiz. Implica a oportunidade que o réu possui de contar a sua versão dos fatos à Justiça ao final do processo, vez que se trata o último ato da instrução, não obstante, atualmente, o interrogatório ser concebido, majoritariamente, como ato exclusivo de defesa.

O **direito de presença**, por sua vez, compreende a prerrogativa deferida ao réu de acompanhar, em conjunto com seu defensor, a realização dos atos de instrução. A garantia potencializa a defesa do réu, vez que esse, na audiência, pode constatar, por exemplo, depoimentos falsos por circunstâncias que somente ele seria capaz de saber.

O direito de audiência, contudo, não se confunde com o dever de presença. Trata-se, em regra, de faculdade do réu, e não de dever, tanto que pode, em regra, deixar de comparecer à instrução criminal ou ao próprio ato de interrogatório, pois se a esse é assegurado o direito ao silêncio sem qualquer espécie de prejuízo (art. 5º, LXIII, CF), igualmente se admite o não comparecimento ao ato de exercício da autodefesa, sem que isso possa implicar sua condução coercitiva conforme entendimento sufragado, por maioria de votos, pelo STF nas ADPFs 395 e 444:

> (...) por maioria e nos termos do voto do relator, julgar procedente a arguição de descumprimento de preceito fundamental, **para pronunciar a não recepção da expressão "para o interrogatório"**, constante do art. 260 do CPP, e declarar a **incompatibilidade com a Constituição Federal da condução coercitiva de investigados ou de réus para interrogatório**, sob pena de responsabilidade disciplinar, civil e penal do agente ou da autoridade e de ilicitude das provas obtidas, sem prejuízo da responsabilidade civil do Estado. Destacam, ainda, que esta decisão não desconstitui interrogatórios realizados até a data do presente julgamento, mesmo que os interrogados tenham sido coercitivamente conduzidos para tal ato. (ADPF 395/DF. Rel. Min. Gilmar Mendes. DJe 22.05.19)

Dentre as vertentes da autodefesa, o direito de presença é aquele que mais sofre restrições. Isso porque o réu pode, por exemplo, ser conduzido coercitivamente para participar de ato formal de reconhecimento, sem que isso implique violação ao direito à não incriminação (*nemo tenetur se detegere*), haja vista que a decisão do STF não compreendeu a condução para reconhecimento como não recepcionada, não obstante as manifestações contrárias de parte de doutrina[4].

De igual modo, o art. 217 do CPP prevê que se a presença do réu puder causar humilhação, temor, ou sério constrangimento à testemunha ou ao ofendido, de modo que prejudique a verdade do depoimento, fará a inquirição por videoconferência e, somente na impossibilidade dessa forma, determinará a retirada do réu, prosseguindo na inquirição, com a presença do seu defensor.

Ainda, o STF, no RE 02.543/RG-QO, decidiu que não é nula a audiência de oitiva de testemunha realizada por carta precatória sem a presença do réu, se este, devidamente intimado da expedição, não requer o comparecimento[5].

Por derradeiro, o **direito à capacidade de postular de forma autônoma** compreende a garantia processual de o réu interpor, pessoalmente, recursos (art. 577 do CPP), impetrar HC (art. 654 do CPP), propor a revisão criminal (art. 623 do CPP) ou exercer sua defesa técnica quando devidamente habilitado para tanto.

4. Voltaremos ao tema no capítulo de provas.

5. Pleno, RE 602.543/RG-QO, Rel. Min. Cezar Peluso, DJe 035 25/02/2010.

Do exposto, buscando uma maior sistematização do tema, podemos concluir que o direito à ampla defesa engloba:

1. direito a informação (conhecimento claro da imputação);
2. direito à defesa técnica;
3. direito de constituir seu próprio defensor;
4. direito à defesa técnica eficiente;
5. direito de autodefesa;
6. direito de permanecer em silêncio;
7. direito de participar da produção da prova;
8. direito de manifestar-se pessoalmente no processo;
9. direito à prova legitimamente obtida ou produzida;
10. direito de, salvo as exceções legais, manifestar-se após a acusação;
11. respeito aos direitos e garantias constitucionais previstas no art. 5º da Constituição Federal.

4.4.2 Princípio do contraditório

Decorrente do princípio do devido processo legal, o contraditório afigura-se, ao lado da ampla defesa, como direito essencial do réu para assegurar a paridade de armas e igualdade processual das partes.

Não há devido processo legal sem o contraditório. Não há julgamento justo sem que seja dada à parte contrária oportunidade de apresentar sua versão sobre os fatos inicialmente apresentados. As partes, equidistantes do juiz, confrontam-se em prol das próprias pretensões. Para tanto, narram os fatos com visões diversas, proporcionando ao julgador diversos entendimentos possíveis para formação de sua convicção. É justamente com base nas alegações ofertadas e demais provas produzidas por ambas as partes, isto é, no contraditório estabelecido, que o magistrado poderá proferir a decisão adequada ao caso, abrindo caminho para a efetividade do devido processo legal.

O contraditório é formado pela necessidade de informação, possibilidade e obrigatoriedade de reação, configurando o **trinômio ciência, oportunidade e obrigatoriedade de defesa**.

No processo penal o contraditório deve ser efetivo e pleno. Para que tenhamos a efetividade e plenitude mencionadas, mister se faz que o acusado tenha conhecimento da imputação que lhe é feita (**ciência**). Igualmente, que lhe seja oportunizada a reação defensiva à imputação, permitindo ao acusado escolher seu próprio defensor e produzir sua autodefesa (participação na produção da prova, postular diretamente ao juiz e expor sua versão diretamente para o juiz no interrogatório), sendo certo que esta não é obrigatória (**oportunidade**). Por fim, urge como imperativa a necessidade da defesa técnica, efetuada por profissional habilitado junto a OAB, sendo, nesse caso, irrelevante a vontade do réu, vez que obrigatoriamente existirá defensor atuando no caso (**obrigatoriedade de defesa**).

Dessa forma, não nos parece correto tratar o princípio do contraditório como o princípio da bilateralidade da audiência, pois no primeiro o contraditório efetivo é obrigatório, ao passo que no segundo é obrigatória apenas a ciência, sendo o contraditório efetivo apenas um ônus assumido pela parte. O que se exige, atualmente, é um contraditório **efetivo e equilibrado,** pois parte da premissa de que o contraditório deve assegurar, substancialmente, a paridade de armas.

No sentido de reforçar a necessidade de informação (**ciência**), é o teor da **súmula 707 do STF**, que preconiza que "constitui nulidade a falta de intimação do denunciado para oferecer contrarrazões ao recurso interposto da rejeição da denúncia, não a suprindo a nomeação de defensor dativo".

Podemos destacar, apenas a título ilustrativo, figuras processuais que exemplificam a abrangência do princípio: citações, intimações e notificações (**atos de ciência**); manifestação pessoal do réu em interrogatório acerca dos fatos e participação do acusado na colheita da prova (**atos de oportunidade**); apresentação de resposta à acusação, alegações finais e presença de defensor acompanhando o feito (**atos de obrigatoriedade**).

O contraditório, entretanto, pode ser **diferido ou postergado** (sobre a prova), isto é, permitido após a realização de um ato de natureza processual. À guisa de exemplo, podemos destacar as decretações de prisões preventivas, realização de interceptações telefônicas, sequestro de bens, entre outras.

4.4.3 Princípio da duração razoável do processo

Segundo o art. 5º, LXXVIII, da Constituição Federal, "a todos, no âmbito judicial e administrativo, são assegurados a razoável duração do processo e os meios que garantam a celeridade de sua tramitação".

Nesse sentido, o art. 8º, 1, da CADH, Decreto 678/92, dispõe que: "Toda pessoa tem direito a ser ouvida, com as devidas garantias e dentro de um prazo razoável, por um juiz ou tribunal competente, independente e imparcial, estabelecido anteriormente por lei, na apuração de qualquer acusação penal formulada contra ela, ou para que se determinem seus direitos ou obrigações de natureza civil, trabalhista, fiscal ou de qualquer outra natureza".

Via de regra, o processo penal brasileiro não construiu, objetivamente, limitações legais objetivas à duração do processo e às medidas preventivas, motivo pelo qual a doutrina trabalha com a **teoria do não prazo**. Em síntese, o CPP, ao não prever tempo máximo para a razoável duração do processo, bem como efetivas sanções pelo descumprimento dos prazos estabelecidos, teria dado ensejo à teoria do não prazo.

Não obstante, a doutrina e a própria jurisprudência têm buscado, sobre a trilha dos vetores da proporcionalidade e razoabilidade, construir critérios para coibir a arbitrariedade. O caso *Wemhoff*, do Tribunal Europeu de Direitos Humanos, julgado em 1968, forneceu os seguintes critérios: duração da prisão; a quantidade de pena restante em relação a natureza da ofensa, a pena atribuída ou que eventualmente seja imposta; consequências materiais, morais ou outros em relação a pessoa presa; a conduta do acusado, isto é, se contribuiu com o atraso na investigação ou julgamento; a complexidade do caso; a forma como a investigação foi conduzida; e a conduta das autoridades judiciárias competentes.

No Caso Damião Ximenes Lopes, da Corte Interamericana de Direitos Humanos, julgado em 2006, Corte considerou os seguintes critérios: complexidade do caso; atividade processual do interessado; e conduta das autoridades judiciais.

Visando minimizar os impactos da demora processual, a Lei do Pacote Anticrime previu a revisão das prisões preventivas no prazo de noventa dias. Não obstante, a medida revela-se tímida diante da demora na prestação jurisdicional, que envolve não somente os réus presos, mas principalmente os soltos, haja vista que, inegavelmente, a pendência um processo criminal causa severo prejuízo a qualquer pessoa.

Tem-se, portanto, que a trilha prevalente para aferição da duração razoável do processo é a da **complexidade do caso, cotejada com a atividade processual do interessado e conduta das autoridades judiciais**, norteada pelos vetores da proporcionalidade e razoabilidade.

4.5 PRINCÍPIO DO DUPLO GRAU DE JURISDIÇÃO

O princípio do duplo grau de jurisdição não foi expressamente previsto pela Constituição da República, mas dela decorre de forma implícita nas previsões atinentes aos recursos aos Tribunais Superiores, no caso dos arts. 102, incs. II e III, e 105, incs. II e III.

Trata-se, portanto, da garantia conferida às partes processuais de poderem recorrer das decisões proferidas por juízes ou tribunais. Não obstante, o ordenamento pátrio prevê diversas situações de decisões irrecorríveis, como nos casos de: a) denegação da suspensão do processo por questão prejudicial (art. 93, §2º, CPP); b) admissão ou inadmissão do assistente de acusação (art. 273, CPP), c) improcedência das exceções de incompetência, litispendência, coisa julgada e ilegitimidade de parte, por interpretação sistemática do art. 581, III, CPP, e ainda, d) decisões sobre a inexistência de repercussão geral dos temas constitucionais abordados em sede de recurso extraordinário no STJ, irrecorríveis nos termos do art. 102, §3º, CF, art. 1.035, *caput*, do CPC e art. 326 do Regimento Interno do STF.

4.6 PRINCÍPIO DO *FAVOR REI*

Decorrente da máxima *in dubio pro reo*, o princípio do *favor rei* funciona como diretriz a ser seguida pelo julgador no caso concreto. Dispõe que existindo interpretações diferentes ou contraditórias, deverá optar pela mais benéfica ao acusado.

A aplicação do princípio não viola a independência funcional do magistrado, vez que esse, diante do contexto das provas, proferirá a decisão que reputar mais justa. Trata-se, portanto, de um norte a ser seguido.

Sua incidência não compele o juiz a acolher doutrina jurídica minoritária e desprovida de fundamentos sólidos para beneficiar o acusado, vez que julgará com estribo em sua formação e provas efetivamente produzidas. Não se trata, portanto, de imposição de aceitação de posição doutrinária, mas de conduzir o aplicador do direito quando da fundamentação de sua manifestação.

O próprio Código de Processo Penal, em diversos momentos, reforça a existência do princípio em comento. A absolvição por insuficiência de provas (CPP, art.386, VII); a proibição da *reformatio in pejus* (CPP, art. 617); as vias impugnativas exclusivas da defesa, como, por exemplo, a revisão criminal (CPP, arts. 621 a 631) e os embargos infringentes (CPP, art. 609); e a prevalência da decisão mais favorável ao réu no caso de empate na decisão do tribunal (CPP, art. 615), confirmam a existência do princípio do *favor rei* em nosso ordenamento.

4.7 PRINCÍPIO DO ESTADO DE INOCÊNCIA

ATENÇÃO – ASSUNTO COBRADO NO MPPR – CONCURSO 2016
Discorra sobre o princípio da presunção da inocência, à vista da (a) regra probatória e da (b) regra de tratamento dele derivadas.

De acordo com o art. 5º, LVII, da CF, ninguém será considerado culpado até o trânsito em julgado de sentença penal condenatória.

A consagração constitucional do princípio, para nós, vai além da mera presunção de inocência, haja vista que concretiza um *status* material de caráter subjetivo para o indivíduo. A redação constitucional faz referência à **não culpabilidade**, motivo pelo qual parte da doutrina, em nossa compreensão de forma equivocada, o denomina de presunção de não culpabilidade, olvidando-se que a culpabilidade é apenas um dos estratos do delito ou elementos que podem influenciar na dosimetria da pena no art. 59 do Código Penal.

Preferimos, portanto, tratar o princípio sob a perspectiva de uma **situação jurídica concreta**, isto é, tecnicamente o réu deve ser considerado inocente até que sobrevenha sentença penal condenatória. Isso não afasta, contudo, a circunstância de que, após ser condenado em primeiro grau, possa receber o *status* subjetivo de presumidamente culpado, haja vista que o Estado, ainda que de forma provisória, assim o declarou. Entretanto, conforme asseveramos, mesmo nesse caso, ainda será tecnicamente não culpado e, portanto, considerado inocente, vez que só o atributo definitivo, com o trânsito em julgado da sentença penal condenatória, será capaz de modificar a condição jurídica do agente.

Doutrinariamente, do princípio derivam duas regras fundamentais: regra probatória e regra de tratamento. A **regra probatória** associa-se ao *in dubio pro reo*, que impõe à acusação o dever de provar a responsabilidade penal do agente e não esse demonstrar que é inocente. Trata-se, na lição de BADARÓ[6] (2003, p. 283) de uma disciplina de acertamento penal, uma regra de apreciação de provas que deve ser utilizada na valoração das provas, de forma que, na dúvida, a decisão deve ser em prol do acusado.

Por sua vez, a **regra de tratamento** trata-se de garantia do agente contra o Estado, no sentido de que esse não pode conferir-lhe tratamento de culpado antes do trânsito em julgado da sentença penal condenatória. Nesse sentido, o Min. Celso de Mello, no julgamento do HC 89.501/GO, destacou:

> (...) o princípio constitucional da não culpabilidade, em nosso sistema jurídico, consagra uma regra de tratamento que impede o Poder Público de agir e de se comportar, em relação ao suspeito, ao indiciado, ao denunciado ou ao réu, como se estes já houvessem sido condenados, definitivamente, por sentença do Poder Judiciário[7].

6. BADARÓ, Gustavo Henrique. **Ônus da prova no processo penal**. São Paulo: Editora Revista dos Tribunais, 2003.
7. DJ 16.03.07.

Por consequência, não se admite, como regra, que as prisões cautelares sejam utilizadas, por exemplo, como forma de antecipação do cumprimento de pena[8].

Doutrinariamente, NICOLITT[9] (2016, p. 59), trabalha o princípio sob a luz de um conteúdo axiológico tridimensional da presunção de inocência, que se manifesta como a) norma de tratamento; b) regra probatória; e c) regra de garantia. A decomposição das três dimensões trilha a linha do acusado possuir o direito de ser tratado como inocente no curso do processo (i); conferir à acusação o ônus da prova quanto à prática da infração penal (ii); e da exigência do standard probatório de prova para além de qualquer dúvida razoável para a condenação (iii). Da referida construção, pode se extrair a dimensão principiológica do princípio, como norma de juízo, e sua dimensão material, como fundamento para busca da "verdade real", no sentido de que o acusado não seja condenado sem a efetiva prova de sua responsabilidade penal.

4.8 PRINCÍPIO DA PUBLICIDADE

O princípio da publicidade, concebido de forma parcial por FERRAJOLI[10] (2002, p. 492) como uma **garantia da garantia** ou **garantia de segundo grau** por permitir o controle das chamadas garantias primárias, foi previsto o art. 93, IX, da CF,[11] e foi regulado no âmbito do processo penal no art. 792 do CPP[12].

A regra, portanto, é a publicidade dos atos processuais, que somente pode sofrer restrições quando houver risco à intimidade ou o interesse social exigir (art. 5º, LX, CF), como se verifica, por exemplo, nos crimes contra a dignidade sexual, nos termos do art. 234-B do Código Penal.

4.9 PRINCÍPIO *NE PROCEDAT JUDEX EX OFFICIO* OU INICIATIVA DAS PARTES

O princípio consagra a ideia da inércia da jurisdição, isto é, o magistrado não pode agir de ofício para deflagração da ação penal, que deve ser movida pelo Ministério Público nos casos de ação penal pública incondicionada ou condicionada à representação, e pela vítima ou seu representante legal no caso de ação penal de iniciativa privada.

---

8. Em setembro de 2024, o STF admitiu a execução provisória da pena nas condenações proferidas pelo Tribunal do Júri, independentemente da pena aplicada (Tema de Repercussão Geral nº 1068).

9. NICOLITT, André Luiz. **As subversões da presunção de inocência: violência, cidade e processo penal**. Rio de Janeiro: Lumen Iuris, 2006.

10. FERRAJOLI, Luigi. **Direito e razão**: teoria do garantismo penal. 1ª ed. São Paulo: Editora Revista dos Tribunais, 2002.

11. Todos os julgamentos dos órgãos do Poder Judiciário serão públicos, e fundamentadas todas as decisões, sob pena de nulidade, podendo a lei limitar a presença, em determinados atos, às próprias partes e a seus advogados, ou somente a estes, em casos nos quais a preservação do direito à intimidade do interessado no sigilo não prejudique o interesse público à informação.

12. Art. 792. As audiências, sessões e os atos processuais serão, em regra, públicos e se realizarão nas sedes dos juízos e tribunais, com assistência dos escrivães, do secretário, do oficial de justiça que servir de porteiro, em dia e hora certos, ou previamente designados.
§ 1º Se da publicidade da audiência, da sessão ou do ato processual, puder resultar escândalo, inconveniente grave ou perigo de perturbação da ordem, o juiz, ou o tribunal, câmara, ou turma, poderá, de ofício ou a requerimento da parte ou do Ministério Público, determinar que o ato seja realizado a portas fechadas, limitando o número de pessoas que possam estar presentes.
§ 2º As audiências, as sessões e os atos processuais, em caso de necessidade, poderão realizar-se na residência do juiz, ou em outra casa por ele especialmente designada.

A adoção do princípio afasta a possibilidade de instauração do chamado procedimento judicialiforme, previsto no não recepcionado art. 26 do CPP. De igual modo, dá azo a questionamentos no tocante aos recursos necessários e aplicação do instituto da *mutatio libelli*, conforme estudaremos nos capítulos atinentes ao recursos e sentença, respectivamente, ao qual, para aprofundamento, remetemos o leitor.

4.10 PRINCÍPIO DA PROIBIÇÃO DA UTILIZAÇÃO DE PROVAS ILÍCITAS

O julgamento deve ser justo. Contudo, a justiça da decisão encontra limites nas provas produzidas nos autos. Essas, por sua vez, são limitadas à observância das normas constitucionais e processuais atinentes à produção de provas. A regra, portanto, é que a decisão se funde tão somente em provas lícitas.

Por provas ilícitas o legislador entendeu, no art. 157 do CPP, que são as obtidas em violação a normas constitucionais ou legais.

A licitude da prova é verificada pela observância procedimental, forma e momento de produção. Nesses casos, a doutrina caminha no sentido de denominar as provas produzidas em observância às normas processuais como legítimas. Por via de consequência, as provas produzidas sem atenção às normas processuais são concebidas como ilegítimas, como a realização de perícia por apenas um perito (art. 159, §1º do CPP), a oitiva de testemunha arrolada a destempo, entre outras.

Por outro lado, as denominadas provas ilícitas são tratadas pela doutrina como aquelas produzidas em violação à normas constitucionais, que afrontam direitos de natureza material, como na hipótese de interceptações telefônicas sem autorização judicial (art. 5º, XII, CF), confissão obtida por meio de tortura (art. 5º, III, CF), entre outros.

Em síntese, temos que as provas ilegítimas são aquelas produzidas em violação à normas estritamente processuais, ao passo que as ilícitas aquelas produzidas em confronto com normas de cunho constitucional.

Dada a importância do princípio, o legislador originário consagrou o princípio no próprio texto constitucional:

> Art. 5º. LVI - são inadmissíveis, no processo, as provas obtidas por meios ilícitos.

Logo no início do tópico, sinalizamos a seguinte regra: a decisão deve ser fundar tão somente em provas lícitas. Isso porque, em situações excepcionalíssimas, a defesa poderá valer-se de provas obtidas por meios ilícitos para demonstrar a inocência dos acusados, conforme veremos no capítulo específico de provas. O princípio em comento será analisado, com maior profundidade, no tópico pertinente às provas, ao qual remetemos o leitor.

4.11 PRINCÍPIO DA PARIDADE DE ARMAS OU IGUALDADE PROCESSUAL

Sob a perspectiva processual, as partes devem ser tratadas com isonomia, isto é, sendo-lhes asseguradas as mesmas oportunidades processuais. Diante do confronto entre a pretensão punitiva estatal e a pretensão da defesa, o magistrado, em observância às regras procedimentais, deve zelar pela paridade de armas, permitindo o equilíbrio no jogo processual como decorrência do princípio do contraditório.

Em razão da natureza jurídica da sanção penal, passível de implicação de pena de natureza corporal, o CPP elenca hipóteses que, em tese, contrariam o princípio da paridade de armas, como a possibilidade de revisão criminal exclusivamente pela defesa (art. 621 do CPP).

Não obstante a previsão normativa, de fato **a paridade de armas nunca ocorrerá de forma plena**, sendo apenas um norte processual a ser seguido. Isso ocorre porque, por exemplo, o Ministério Público pode requerer a produção de prova sigilosa, como uma interceptação telefônica, ao alvedrio do conhecimento da defesa, que só terá a oportunidade de se manifestar após a realização do ato. De igual modo, a defesa possui a prerrogativa de por último se manifestar no processo, sempre após a acusação.

Do princípio, pressupõe-se a **imparcialidade do magistrado**, que deve manter-se neutro e equidistante das partes, assegurando-lhe a Constituição direitos como a inamovibilidade, vitaliciedade e irredutibilidade de vencimentos (art. 95) para o pleno e livre exercício da jurisdição. Veda-se, igualmente, juízos ou tribunais de exceção (art. 5º, XXXVII, da CF).

A imparcialidade é concebida sob os aspectos **subjetivo e objetivo**. O primeiro é analisado sob a perspectiva da íntima convicção do magistrado e tem por finalidade evitar que o processo seja conduzido por alguém parcial, ao passo que a segunda se manifesta na **teoria da aparência**, de forma que, externamente, exige-se também a aparência de que o processo está sendo conduzido por alguém imparcial.

Em linhas gerais, consoante destacamos, a paridade de armas é um norte a ser buscado, devendo o magistrado observar não somente as normas reitoras do processo, mas também as situações processuais específicas que demandarão decisões para o restabelecimento de eventual quebra de isonomia.

4.12 PRINCÍPIO DO *NEMO TENETUR SE DETEGERE*

O **direito de não produzir provas contra si mesmo** advém do brocardo latino do *nemo tenetur se detegere*, com fundamento no art. 5º, LXIII, da CF[13], que assegura, dentre outros, o direito ao silêncio no momento da prisão, sendo moldado na sua integralidade pela conjunção do "art. 1º, III (dignidade humana), do art. 5º, LIV (devido processo legal), do art. 5º, LV (ampla defesa), e do art. 5º, LVII (presunção de inocência)[14]".

O princípio consagra a tutela do exercício do direito à **autodefesa** e veda a imposição de que o agente submetido ao sistema penal venha a se manifestar ou participar de ato apto a incriminá-lo. Como nos ensina QUEIJO[15] (2003, p. 55), o princípio "objetiva proteger o indivíduo contra excessos cometidos pelo Estado, na persecução penal, incluindo-se nele o resguardo contra violências físicas e morais, empregadas para compelir o indivíduo a cooperar na investigação e apuração de delitos, bem como contra

13. LXIII - o preso será informado de seus direitos, entre os quais o de permanecer calado, sendo-lhe assegurada a assistência da família e de advogado.

14. TROIS NETO, Paulo Mário Canabarro. **Direito à não autoincriminação e direito ao silêncio**. Porto Alegre: Editora Livraria do Advogado, 2011, p. 104.

15. QUEIJO, Maria Elizabeth. **O direito de não produzir prova contra si mesmo**: (o princípio nemo tenetur se detegere e suas decorrências no processo penal). São Paulo: Saraiva, 2003. p. 55.

métodos proibitivos de interrogatório, sugestões e dissimulações". Por conseguinte, não se considera lícita a prova obtida mediante gravações informais por policiais[16].

Não obstante a redação do texto constitucional referir-se apenas ao preso, a doutrina e os Tribunais Superiores são pacíficos na promoção de interpretação extensiva ao texto da Constituição para contemplar não somente o preso, mas também o indivíduo solto, mas submetido à investigação ou processo criminal. Assegura-se, igualmente, à **testemunha** o direito de não produzir provas contra si mesmo, ainda que tendo essa o dever de dizer a verdade nos termos do art. 203 do CPP, consoante entendimento pacificado no STF:

> O privilégio contra a auto-incriminação - que é plenamente invocável perante as Comissões Parlamentares de Inquérito - traduz direito público subjetivo **assegurado a qualquer pessoa, que, na** *condição* **de** *testemunha*, de indiciado ou de réu, deva prestar depoimento **perante órgãos do Poder Legislativo, do Poder Executivo ou do Poder Judiciário**. - O exercício do direito de permanecer em silêncio não autoriza os órgãos estatais a dispensarem qualquer tratamento que implique restrição à esfera jurídica daquele que regularmente invocou essa prerrogativa fundamental. Precedentes. O direito ao silêncio - enquanto poder jurídico reconhecido a qualquer pessoa relativamente a perguntas cujas respostas possam incriminá-la (*nemo tenetur se detegere*) - impede, quando concretamente exercido, que aquele que o invocou venha, por tal específica razão, a ser preso, ou ameaçado de prisão, pelos agentes ou pelas autoridades do Estado. HC 79812. Rel. Min. Celso de Mello, DJe 16.02.01.

Uma das vertentes positivas do princípio decorre do dever da autoridade de informar o preso sobre seus direitos, dentre os quais se insere o direito ao silêncio não somente durante sua prisão, mas nos interrogatórios prestados durante a persecução penal (art. 186, parágrafo único do CPP). E, nesse sentido, **assegura-se ao indivíduo o direito de fazer cessar o interrogatório quando optar pelo silêncio**, evitando-se constrangimento autoritário, atualmente caracterizado como crime de abuso de autoridade nos termos do art. 15, parágrafo único, inc. I da Lei 13.869/19[17].

De igual forma, a fórmula constitucional do direito de permanecer calado deve ser estendida a todos aqueles, atores principais ou coadjuvantes no processo penal, que possam, de alguma forma, autoincriminar-se, incluindo o investigado ou acusado soltos, e as próprias testemunhas.

O texto constitucional reflete em parte o teor do **Aviso de Miranda**, de origem norte americana, que impõe ao agente de segurança pública o dever de ler para o preso os seus direitos: a) que possui o direito de não responder; b) que tudo o que disser pode vir a ser utilizado contra ele no Tribunal; c) que possui o direito à assistência de defensor escolhido ou nomeado.

Não se aplica o direito ao silêncio, segundo o entendimento do STF[18], nas hipóteses em que o preso concede entrevista voluntariamente à veículo de imprensa confessando a prática delitiva, vez que o princípio se destina ao poder público.

---

16. STF: 1ª Turma, HC 80.949/RJ, Rel. Min. Sepúlveda Pertence, DJ 14/12/2001..
17. Art. 15. Constranger a depor, sob ameaça de prisão, pessoa que, em razão de função, ministério, ofício ou profissão, deva guardar segredo ou resguardar sigilo: Parágrafo único. Incorre na mesma pena quem prossegue com o interrogatório: I - de pessoa que tenha decidido exercer o direito ao silêncio
18. STF: 2ª Turma, HC 99.558/ES, Rel. Min. Gilmar Mendes, j. 14/12/2010

O direito ao silêncio, que assegura a não produção de prova contra si, constitui pedra angular do sistema de proteção dos direitos individuais e materializa uma das expressões do princípio da dignidade da pessoa humana. Como se sabe, na sua acepção originária conferida por nossa prática institucional, o princípio proíbe a utilização ou a transformação do homem em objeto dos processos e ações estatais. O Estado está vinculado ao dever de respeito e proteção do indivíduo contra exposição a ofensas ou humilhações.

Em linhas gerais, o direito de permanecer em silêncio não pode, em hipótese alguma, ser levado em consideração para prejudicar o agente, não podendo ser utilizado pela acusação para fundamentar sua tese (art. 478, I, CPP[19]) ou pelo magistrado para fundamentar condenação ou agravar a pena.

Ao contrário de parte de doutrina, entendemos que o **réu não possui o direito de mentir** no processo penal, não obstante a inexistência do crime de perjúrio no ordenamento pátrio. O direito ao silêncio e de apresentar sua versão não se confunde com o direito à mentira, vez que essa é tão somente tolerada pelo Estado. Podemos, em paralelo com a teoria da tipicidade conglobante de Zaffaroni, asseverar que a conduta do agente que mente no interrogatório não é antinormativa, pois tolerada pelo Estado.

O réu não possui, por exemplo, o direito de incriminar alguém de que sabe inocente em seu interrogatório, caracterizando a conduta crime de denunciação caluniosa (art. 339 do CP). De igual modo, o agente não tem o direito de acusar-se, perante a autoridade, de crime inexistente ou praticado por outrem (crime de autoacusação falsa, art. 341 do CP). Destaque-se, ainda, que a Súmula 22 do STF apregoa que "a conduta de atribuir-se falsa identidade perante autoridade policial é típica, ainda que em situação de alegada autodefesa", caracterizando, portanto, o crime previsto no art. 307 do CP. Assim, temos que, se houvesse o direito à mentira, nenhuma consequência poderia advir do comportamento do intrujão.

O STJ, no julgamento do HC 934126/RS, 6ª Turma, DJe 13.09.23, decidiu que:

> (...) **Não é adequado admitir que haja, propriamente, um "direito de mentir"**. A rigor, **o que existe é uma tolerância jurídica - não absoluta - em relação ao falseamento da verdade pelo réu**, sobretudo em virtude da ausência de criminalização do perjúrio no Brasil, conduta cuja tipificação penal é objeto de alguns projetos de lei em tramitação no Congresso Nacional (por exemplo: PL 3148/21 e PL 4192/2015). 4. Tolerância não absoluta porque, em algumas oportunidades, a própria lei cuida de atribuir relevância penal à mentira ou outras formas de encobrir a verdade. É o que ocorre, por exemplo, nos crimes de autoacusação falsa (art. 341 do CP) e falsa identidade (art. 307 do CP), ainda que praticado este em nome da autodefesa (Súmula n. 522 do STJ: "A conduta de atribuir-se falsa identidade perante autoridade policial é típica, ainda que em situação de alegada autodefesa"). Também é o que sucede nas hipóteses em que, para defender-se, o acusado comete fraude processual (art. 347, parágrafo único, do CP) ou coage testemunhas (art. 344 do CP), a evidenciar que, se, por um lado, o nemo tenetur se detegere é garantia fundamental, por outro, encontra importantes limitações no ordenamento jurídico pátrio. 5. De todo modo, ainda que o falseamento da verdade eventualmente possa - a depender do caso e se cabalmente comprovado - justificar a responsabilização do réu por crime autônomo, isso não significa que essa prática, no interrogatório, autorize a exasperação da pena-base do acusado. (...)

19. Art. 478. Durante os debates as partes não poderão, sob pena de nulidade, fazer referências: I – ao silêncio do acusado ou à ausência de interrogatório por falta de requerimento, em seu prejuízo.

Por outro lado, a questão debatida na doutrina e na jurisprudência quanto à **prática de atos positivos aptos à incriminação** gera certa controvérsia. No que tange, por exemplo, ao não comparecimento à **reconstituição do delito** e à recusa quanto ao **fornecimento de padrões escritos[20] e vocais** para realização de prova pericial, não há qualquer divergência, prevalecendo a compreensão de que o réu não é obrigado a comparecer ou a fornecê-los. A dúvida existe, por exemplo, na questão pertinente ao comparecimento do agente para fins de reconhecimento, vez que o STF, no julgamento da ADPF 444 entendeu que a condução coercitiva para fins de interrogatório[21], prevista no art. 260 do CPP[22], não foi recepcionada pela Constituição Federal de 1988.

Apesar do paralelismo entre os atos, a doutrina majoritária, assim como nós, compreende que a condução para fins de **reconhecimento pessoal** não viola o direito à autoincriminação, haja vista que seu comparecimento revela-se imprescindível para a realização do ato e o agente não pratica qualquer ato autoincriminatório, vez que tão somente se submete ao reconhecimento por parte de vítimas e testemunhas em razão do princípio da cooperação com o Poder Judiciário em busca da verdade dos fatos[23].

No mesmo sentido, predomina na doutrina o entendimento de que a recusa do condutor de veículo em soprar o **bafômetro** ou realizar exame de sangue, prova essencialmente invasiva, não caracteriza o crime de desobediência em razão do princípio do *nemo tenetur se detegere.*

A questão referente à realização de exame dactiloscópico e exame de **DNA** é pacífica quanto às provas não invasivas, isto é, aquelas que não "agridem" o corpo do agente. Assim, a realização da prova num fio de cabelo no encontrado no chão ou na saliva remanescente em um copo não possui qualquer espécie de vedação. Por outro lado, se para a realização da prova o indivíduo tiver que submeter a qualquer espécie de procedimento invasivo, como coleta de material genético diretamente do corpo, poderá se recusar sob o amparo do princípio da não incriminação.

Impende destacar que o STJ, no julgamento do HC 879757 (DJe 23.08.24), decidiu que "não havendo fato definido como crime em apuração, o fornecimento do perfil genético não configura exigência de produção de prova contra o apenado. Tal exigência recrudesce o caráter de prevenção especial negativo da pena". Logo, "a determinação do art. 9º-A da Lei de Execução Penal não constitui violação do princípio da vedação à autoincriminação compulsória (*nemo tenetur se detegere*). Trata-se de procedimento de individualização e identificação possível graças ao avanço da técnica e que pode ser utilizado como elemento de prova para elucidação de crimes futuros". Não há, portanto, ilegalidade na determinação de fornecimento do perfil genético do sentenciado, constituindo falta grave a recusa, nos termos dos arts. 9º-A, § 8º, e 50, VIII, da LEP.

BRASILEIRO[24] (2020, p. 78) destaca, com relação à **radiografia**, que:

---

20. O delegado de polícia não pode intimar o agente para fornecer padrões grafotécnicos sob pena de crime de desobediência (STF: HC 77.135/SP), vez que a conduta pode caracterizar o crime de abuso de autoridade previsto no art. 27 da Lei 13.869/19.
21. A conduta atualmente está prevista como crime de abuso de autoridade (art. 10 da Lei 13.869/19).
22. Voltaremos ao tema no capítulo pertinente ao interrogatório.
23. Voltaremos ao tema no capítulo pertinente ao reconhecimento de pessoas e coisas.
24. LIMA, Renato Brasileiro de. **Manual de processo penal**: volume único. 8ª ed. Salvador: Juspodivm.

> A radiografia também pode ser considerada prova não invasiva, sendo comum sua utilização para constatação de entorpecente no organismo, na forma de pílulas ou cápsulas de drogas. Na verdade, mesmo que se considere o exame de raios-X uma prova invasiva, pensamos que, em casos extremos, como no exemplo da mula que transporta drogas em seu estômago e que, por isso, corre sério risco de morte a partir de determinado tempo em que está com a droga em seu corpo, é possível a realização de exame pericial mesmo contra a vontade do agente, por força do princípio da proporcionalidade, dando-se preponderância à proteção da vida (CF, art. 5º, *caput*).

O STF[25], em 2020, firmou a tese de que o art. 305 do Código de Trânsito Brasileiro (Lei 9.503/97) é "constitucional posto não infirmar o princípio da não incriminação, garantido o direito ao silêncio e ressalvadas as hipóteses de exclusão da tipicidade e da antijuridicidade". O tipo penal prevê como delito a conduta de se afastar o condutor do veículo do local do acidente, para fugir à responsabilidade penal ou civil que lhe possa ser atribuída. Parcela da doutrina sustentava que tipo penal violava o princípio do *nemo tenetur se detegere* por compelir o agente a permanecer no local do delito, circunstância hábil a produzir provas contra si mesmo.

Entretanto, o STF, em longa explanação, à qual nos resumiremos aos pontos mais sensíveis, entendeu, como lastro no princípio da proporcionalidade, que:

> 1. O **princípio da vedação à autoincriminação**, conquanto direito fundamental assegurado na Constituição Federal, **pode ser restringido**, desde que (a) **não seja afetado o núcleo essencial da garantia** por meio da exigência de uma postura ativa do agente na assunção da responsabilidade que lhe é imputada; e que (b) a **restrição decorra de um exercício de ponderação** que viabilize a efetivação de outros direitos também assegurados constitucionalmente, respeitado o cânone da dignidade humana do agente.(...)
>
> (...) 8. d) o paradigmático julgamento do RE 640139 adotou a premissa de que a garantia contra a autoincriminação **não pode ser interpretada de forma absoluta**, admitindo, em consideração a sua natureza principiológica de direito fundamental, a possibilidade de relativização justamente para viabilizar um juízo de harmonização que permita a efetivação, em alguma medida, de outros direitos fundamentais que em face daquela eventualmente colidam. (...)
>
> (...) 10. A garantia do nemo tenetur se detegere no contexto da teoria geral dos direitos fundamentais implica a valoração do **princípio da proporcionalidade** e seus desdobramentos como critério balizador do juízo de ponderação, inclusive no que condiz aos postulados da proibição de excesso e de vedação à proteção insuficiente. (...)
>
> (...) 19. A relativização da máxima nemo tenetur se detegere verificada in casu é admissível, uma vez que atende às duas premissas fundamentais acima estabelecidas. (a) A uma porque não afeta o núcleo irredutível da garantia enquanto direito fundamental, qual seja, jamais obrigar o investigado ou réu a agir ativamente na produção de prova contra si próprio. É que o tipo penal do art. 305 do CTB visa a obrigar que o agente permaneça no local do acidente de trânsito até a chegada da autoridade competente que, depois de identificar os envolvidos no sinistro, irá proceder ao devido registro da ocorrência. Ocorre que a exigência de permanência no local do acidente e de identificação perante a autoridade de trânsito não obriga o condutor a assumir expressamente eventual responsabilidade cível ou penal pelo sinistro e nem, tampouco, ensejará que contra ele seja aplicada qualquer penalidade caso não o faça; (b) A duas porque, em um exercício de ponderação, a referida flexibilização possibilita a efetivação em maior medida de

25. RE 971959, Rel. Min. Luiz Fux, Tribunal Pleno, julgado em 14/11/2018, repercussão geral, DJe. 31-07-2020.

> outros princípios fundamentais com relação aos quais colide no plano concreto, sem que, ademais, acarrete qualquer violação à dignidade da pessoa humana.
>
> 20. O legislador pode conferir preponderância a princípios outros igualmente caros à sociedade, mas cuja efetivação é qualificada como mais necessária no contexto da conduta analisada, tais como a higidez da Administração da Justiça e a efetividade da persecução penal, em detrimento da valoração absoluta da não incriminação.
>
> 21. O princípio da proporcionalidade, in casu, assume relevância não apenas como instrumento de harmonização dos valores em conflito, como também elemento de avalização da legítima opção do legislador de fazer preponderar, no conflito específico analisado, os bens jurídicos tutelados pela norma penal. É, no caso, legítima a referida opção porque adequada, necessária e proporcional à preservação dos aludidos bens jurídicos. (...) (grifamos).

Assim, sintética e graficamente, podemos resumir o princípio que tutela o direito à não autoincriminação, sem a pretensão de esgotamento, da seguinte forma:

Princípio do *nemo tenetur se detegere*	
Fundamentos Constitucionais	
Princípio da dignidade da pessoa humana, art. 1º, III	Devido processo legal, art. 5º, LIV e corolários[26]
Direito ao silêncio, art. 5º, LXIII	Estado/presunção de inocência, art. 5º, LVII
Direitos decorrentes	
Silêncio e advertência sobre o direito	Optar pelo silêncio parcial em interrogatório
Desnecessidade, em regra, de dizer a verdade	Não praticar atos potencialmente incriminatórios
Não fornecer padrões para exame grafotécnico	Não fornecer padrões vocais para perícia
Não participar de reconstituição de crime	Não se submeter ao teste de etilômetro
Não se submeter a provas corporais invasivas	Não ser constrangido a confessar
Consequências	
Ausência de prejuízo pela escolha	Impossibilidade de utilização pela acusação
Descaracterização do crime de desobediência	Impossibilidade de majoração da pena pelo silêncio

4.13 PRINCÍPIO DA PROPORCIONALIDADE

Segundo o princípio, na aplicação do Direito Processual Penal a limitação da liberdade individual só se justifica para concretização de interesse coletivos superiores. Trata-se de princípio constitucional implícito, desdobramento lógico do mandamento da individualização da pena no âmbito do Direito Penal e vinculado ao *due process of law* na esfera processual. O princípio da proporcionalidade deve ser analisado sobre uma dupla face, vez que ao mesmo tempo em que constitui uma **proibição ao excesso**, é uma **vedação a proteção insuficiente dos bens jurídicos**.

26. Ampla defesa art. 5º, LV da CF, por exemplo.

Segundo MENDES[27], o **princípio da proporcionalidade** incide no processo sob dois aspectos: **o formal, de caráter ritual, e o material, direcionado ao legislador**:

> "a cláusula do devido processo legal – objeto de expressão proclamação pelo art. 5º, LIV, da Constituição, e que traduz um dos fundamentos dogmáticos do princípio da proporcionalidade – deve ser entendida, na abrangência de sua noção conceitual, não só sob o aspecto meramente formal, que impõe restrições de caráter ritual à atuação do poder público (procedural *due process of law*), mas, sobretudo, em sua dimensão material (*substantive due process of law*), que atua como decisivo obstáculo à edição de atos normativos revestidos de conteúdo arbitrário ou irrazoável. A essência do substantive due processo of law reside na necessidade de proteger os direitos e as liberdades das pessoas contra qualquer modalidade de legislação ou de regulamentação que se revele opressiva ou destituída do necessário coeficiente de razoabilidade".

Pressupõe o princípio, portanto, a **garantia da legalidade**, a **justificação teleológica** da norma e sua consequente **razoabilidade** como valor interpretativo, a exemplo da decisão do STF no tocante ao crime do art. 305 do CTB, acima resumida.

4.14 PRINCÍPIO DO JUIZ NATURAL

Segundo o art. 5º, inc. LIII, da Constituição Federal, ninguém será processado nem sentenciado senão pela autoridade competente. Por opção do legislador originário, utilizou-se a expressão "**autoridade competente**" e não juízo competente, vinculando o julgamento não somente ao órgão, mas à pessoa investida na função de julgar o caso concreto segundo as regras de competência previstas na CF e CPP.

Assim, temos que a autoridade competente para julgamento de um delito de homicídio doloso, praticado na comarca de Belo Horizonte, será aquela investida em uma das varas do Tribunal do Júri da localidade, sendo a competência fixada por distribuição. Em síntese, não se admite a escolha, ao mero alvedrio do Tribunal de Justiça, da autoridade competente, vez que o princípio do juiz natural vincula a realização de procedimento prévio para fixação da competência. Ainda, a título de exemplo, podemos lembrar que os crimes eleitorais serão julgados pelo juiz eleitoral, os detentores de foro por prerrogativa de função pelos respectivos julgadores competentes segundo as normas de competência e os crimes militares pelo juiz militar, sendo que, em todos os casos, o princípio norteia o respeito às normas processuais de fixação prévia de competência.

De igual sorte, veda-se os tribunais e juízos de exceção (art. 5º, XXXVII, CF), bem como a escolha de um magistrado específico para julgamento do caso. Contudo, conforme entendimentos dos Tribunais Superiores, a convocação de magistrado de primeiro grau para atuar no Tribunal em razão de afastamento de Desembargador[28], a designação de juiz auxiliar para atuar genericamente em varas judiciais[29] e a delegação de atos de instrução pelo tribunal a juiz de primeiro grau não viola o princípio do juiz natural[30].

Predomina na doutrina e na jurisprudência que o princípio, não obstante nortear de forma geral a competência, pode sucumbir quando sua violação prejudicar o réu. Nesse

27. MENDES, Gilmar Ferreira. **Direitos fundamentais e controle de constitucionalidade**: estudos de direito constitucional. 3ª ed. São Paulo: Saraiva, 2004.
28. STJ: HC 137.518/SP, DJ 09.11.2009.
29. STF: HC 89.890/BA, DJ 05.12.2006.
30. STJ: HC 139.850/SC, DJ 19.10.2009

sentido, imaginemos a hipótese de um agente, processado pelo crime de furto qualificado, que foi condenado por juízo incompetente e, portanto, não natural, à pena de mínima de dois anos de reclusão. Descoberto o vício na origem, o processo foi anulado e remetido ao juízo natural do caso. Após a instrução, o agente é condenado à pena de dois anos e seis meses de reclusão, isto é, superior à fixada pelo juízo não natural do caso. Nesses casos, prevalece, tanto no STJ[31] quanto no STF[32], que a segunda condenação é prejudicial ao réu e, portanto, deve remanescer a decisão primeva, proferida pelo juiz incompetente.

Cumpre destacar que a chamada figura do "**juiz sem rosto**", prevista, segundo parte da doutrina, na Lei 12.694/12, que prevê que em processos ou procedimentos que tenham por objeto crimes praticados por organizações criminosas, o juiz poderá decidir pela formação de colegiado para a prática de qualquer ato processual (art. 1º). Tecnicamente, para nós, não se trata da figura do juiz sem rosto originalmente construída na Colômbia para proteger os magistrados que trabalhavam em processos envolvendo o crime organizado. Nesse modelo, não há a identificação civil do juiz, que não tem o nome divulgado. Ao contrário, no modelo brasileiro há tão somente a instauração de colegiado pelo juiz, indicando os motivos e as circunstâncias que acarretam risco à sua integridade física em decisão fundamentada, dando conhecimento ao órgão correicional (§1º do art. 1º), sendo que esse colegiado será formado pelo juiz do processo e por 2 (dois) outros juízes escolhidos por sorteio eletrônico dentre aqueles de competência criminal em exercício no primeiro grau de jurisdição (§2º do art. 1º).

A constituição do colegiado, para nós, não caracteriza violação do princípio do juiz natural, vez que não há escolha de magistrados específicos, pois a designação é realizada por sorteio eletrônico, sem qualquer espécie de direcionamento.

4.15 PRINCÍPIO DO PROMOTOR NATURAL

De acordo com o art. 5º, inc. LIII, da Constituição Federal, ninguém será processado nem sentenciado senão pela autoridade competente. Assim como no princípio do juiz natural, a Constituição optou por se valer da expressão "**autoridade competente**" ao prever que ninguém será **processado** ou sentenciado senão pela autoridade competente.

O princípio veda, portanto, designações específicas para atuação em determinados casos, como, por exemplo, o Procurador-Geral designar "seu melhor" promotor de júri para participar do caso por ser importante, em típico caso de "acusador de exceção". O princípio atinge somente o aspecto processual, não alcançando a fase inquisitorial, vez que nessa ainda não há acusação.

A atuação de promotores em grupos especializados de combate ao crime organizado, por exemplo, conhecidos por **GAECO**, não viola o princípio do promotor natural segundo o entendimento do STJ:

> É consolidado nos Tribunais Superiores o entendimento de que a atuação de promotores auxiliares ou de grupos especializados, como o Grupo de Atuação Especial de Combate ao Crime Organizado (GAECO) não ofende o Princípio do Promotor Natural, uma vez que, nessa hipótese, amplia-se a capacidade de investigação, de modo a otimizar os

31. HC 105.384/SP, DJ 03.11.2009.

32. HC 107731 Extn/PE, DJ 02.03.2012

procedimentos necessários à formação da *opinio delicti* do *Parquet*" (STJ, RHC 80773/MS, DJ 16.04.19).

De igual modo, o STF[33] entende que a **subscrição da denúncia por vários membros** do *parquet* não viola o princípio, sendo tão somente uma reunião de forças para o oferecimento da denúncia. Exige-se, contudo, que o promotor natural do caso subscreva a peça.

4.16 SÍNTESE GRÁFICA

BUSCA PELA VERDADE	DEVIDO PROCESSO LEGAL	AMPLA DEFESA
Verdade inalcançável; Verdade reproduzida; Limitações processuais.	Devido processo lega substantivo: liberdades públicas; Observância à Constituição Federal quanto à elaboração de norma jurídica; Releitura constitucional dos dispositivos do Código de Processo Penal; Respeito ao procedimento criado em lei; Observância estrita aos direitos e garantias fundamentais em âmbito processual e material; Existência de regra de calibração.	Direito a informação (conhecimento claro da imputação); Direito de constituir seu próprio defensor; Direito à defesa técnica eficiente; Direito de autodefesa; Direito de permanecer em silêncio; Direito de participar da produção da prova; Direito de manifestar-se pessoalmente no processo; Direito à prova legitimamente obtida ou produzida; Direito de manifestar-se após a acusação; Respeito aos direitos e garantias constitucionais.
CONTRADITÓRIO	**DUPLO GRAU DE JURISDIÇÃO**	**FAVOR REI**
Ciência, oportunidade e obrigatoriedade de defesa.	Direito ao reexame das decisões judiciais por órgão judiciário diverso.	Existindo interpretações diferentes ou contraditórias, deverá optar pela mais benéfica ao acusado.
ESTADO DE INOCÊNCIA	**PUBLICIDADE**	**INICIATIVA DAS PARTES**
Não culpabilidade; Situação jurídica concreta Regra probatória: *in dubio pro reo;* Regra de tratamento: não pode ser tratado como culpado antes do trânsito em julgado.	Regra: publicidade ampla; Exceções: risco à intimidade social ou o interesse social o exigir.	*Ne procedat judex ex officio;* Inércia da jurisdição.

33. STF: RHC 93.247/GO, FJ 30.04.08.

PROIBIÇÃO DE PROVAS ILÍCITAS	PARIDADE DE ARMAS	*NEMO TENETUR SE DETEGERE*
Inadmissibilidade das provas ilícitas e ilegítimas	Imparcialidade do magistrado; Isonomia entre as partes.	Ninguém pode ser obrigado a produzir provas contra si mesmo; Direito ao silêncio; Recusa de fornecimento de padrões escritos e vocais; Não praticar atos potencialmente incriminatórios; Ausência de prejuízo pela escolha.
PROPORCIONALIDADE	**JUIZ NATURAL**	**PROMOTOR NATURAL**
Adequação e necessidade; Proporcionalidade em sentido estrito; Vedação à proteção deficiente e Proibição ao excesso.	Ninguém será processado nem sentenciado senão pela autoridade competente. Garantia da motivação	Ninguém será processado nem sentenciado senão pela autoridade competente
DURAÇÃO RAZOÁVEL DO PROCESSO		
Toda pessoa tem direito a ser ouvida, com as devidas garantias e dentro de um prazo razoável. Complexidade do caso; Atividade processual do interessado; Conduta das autoridades judiciais; Proporcionalidade e razoabilidade; Teoria do não prazo.		

4.17 REVISÃO DO CAPÍTULO POR QUESTÕES DE CONCURSOS E ASSERTIVAS DE REFORÇO

QUESTÕES DE CONCURSO

1. (PC/MS 2021 - PC-MS - DELEGADO DE POLÍCIA). Em relação aos princípios do direito processual penal abordados pela jurisprudência do Supremo Tribunal Federal, marque a alternativa correta.

A. Viola as garantias do juiz natural, da ampla defesa e do devido processo legal a atração por continência ou conexão do processo do corréu ao foro por prerrogativa de função de um dos denunciados.

B. No processo penal, a falta da defesa constitui nulidade absoluta, mas a sua deficiência só o anulará se houver prova de prejuízo para o réu.

C. A renúncia do réu ao direito de apelação, manifestada sem a assistência do defensor, impede o conhecimento da apelação por este interposta.

D. No mandado de segurança impetrado pelo Ministério Público contra decisão proferida em processo penal, é dispensável a citação do réu como litisconsorte passivo.

E. Constitui nulidade a falta de intimação do denunciado para oferecer contrarrazões ao recurso interposto da rejeição da denúncia, salvo se houver nomeação de defensor dativo.

2. DPE/SC 2021 - FCC - DEFENSOR PÚBLICO). Maria foi denunciada por supostamente ter infringido os artigos 33 e 35 da Lei nº 11.343/2006. Segundo a denúncia, a partir de depoimentos prestados por terceiros, seguidos de interceptações telefônicas, foi possível aferir a participação de Maria no tráfico de drogas no centro de Florianópolis, entre 20 de agosto e 27 de setembro de 2021. Finda a instrução criminal, Maria foi condenada à pena de 8 anos de reclusão, em regime inicial fechado. A Defensoria Pública de Santa Catarina, então, interpôs apelação, tendo o Tribunal de Justiça de Santa Catarina dado provimento para *reconhecer a ilicitude das interceptações telefônicas, anulando o processo*. Com o desentranhamento das interceptações telefônicas, o mesmo magistrado proferiu nova sentença condenatória, aplicando idêntica pena. Em relação ao hipotético caso narrado, especificamente quanto à possibilidade do juiz que teve contato com a prova ilícita proferir novo julgamento, a nova sentença deve ser

A. mantida em respeito à instrumentalidade das formas e ausência de prejuízo à ré, tendo em vista que a pena aplicada foi exatamente a mesma da sentença anterior.

B. anulada, em razão do teor do dispositivo 157, § 5º, do Código de Processo Penal, inovação trazida pelo denominado "Pacote Anticrime", em vigor.

C. mantida, pois o processo acusatório firmado em sede constitucional confere legitimidade ao juiz para proferi-la.

D. anulada, pois a nova atuação judicial do juiz "contaminado" macula sua imparcialidade, que constitui uma garantia do réu.

E. mantida, eis que a contaminação judicial pela prova declarada ilícita deve ser analisada caso a caso, a partir da declaração expressa do próprio julgador antes de proferir nova sentença.

3. (TJ/GO 2021 - VUNESP – JUIZ DE DIREITO) No tocante às garantias constitucionais aplicáveis ao processo penal,

A. todos os julgamentos dos órgãos do Poder Judiciário serão públicos, e fundamentadas todas as decisões, sob pena de nulidade, podendo a lei limitar a presença, em determinados atos, às próprias partes e a seus advogados, mas não somente a estes.

B. o civilmente identificado jamais pode ser submetido a identificação criminal, sob pena de caracterização de constrangimento ilegal.

C. o preso tem direito à identificação do responsável por sua prisão, mas nem sempre por seu interrogatório policial.

D. a razoável duração do processo e os meios que garantam a celeridade de sua tramitação são garantias exclusivamente aplicáveis à ação penal.

E. a garantia do juiz natural é contemplada, mas não só, na previsão de proibição de juízo ou tribunal de exceção.

4. (MP/MG 2021 - PROMOTOR DE JUSTIÇA SUBSTITUTO)

Sobre os princípios constitucionais penais e processuais penais, é **INCORRETO** afirmar:

A. O Princípio da Legalidade veda a criação judicial de tipos penais por decisão judicial, salvo na hipótese em que há mandado expresso de criminalização.

B. Ao lado de direitos e garantias em favor dos acusados, o art. 5º da Constituição da República de 1988 traz mandados expressos de criminalização, conferindo legitimidade à tutela penal.

C. O flagrante de crime permanente permite o ingresso não autorizado em casa alheia, afastando a garantia de inviolabilidade do domicílio, mesmo no período noturno.

D. Textualmente, a Constituição da República de 1988 não dispõe sobre a garantia de não autoincriminação, mas apenas sobre o direito ao silêncio.

5. (MPDFT 2021 - PROMOTOR DE JUSTIÇA SUBSTITUTO). Considerando as afirmativas abaixo, é incorreto afirmar que:

A. O rol de testemunhas deve ser apresentado pela defesa na resposta à acusação, sob pena de preclusão, nos termos do art. 396- A do Código de Processo Penal. Contudo, poderá o magistrado ouvir outras testemunhas além daquelas indicadas pelas partes, desde que julgue necessário, conforme previsão estabelecida no art. 209 do Código de Processo Penal.

B. Compete ao juiz criminal da jurisdição onde tenha sido decretada a falência, concedida a recuperação judicial ou homologado o plano de recuperação extrajudicial, conhecer da ação penal pelos crimes previstos relacionados a essas hipóteses.

C. Tendo havido transação penal e sendo extinta a punibilidade, ante o cumprimento das cláusulas nela estabelecidas, é legítimo o ato judicial que decreta o confisco do bem que teria sido utilizado na prática delituosa.

D. Não viola as garantias do juiz natural, da ampla defesa e do devido processo legal a atração por continência ou conexão do processo do corréu ao foro por prerrogativa de função de um dos denunciados.

E. O princípio do juiz natural não resta violado na hipótese em que lei estadual atribui à Vara especializada competência territorial abrangente de todo o território da unidade federada com fundamento no art. 125 da Constituição Federal, porquanto o tema gravita em torno da organização judiciária, inexistindo afronta aos princípios da territorialidade e do juiz natural.

6. (TJ/PR 2019 - CESPE – JUIZ DE DIREITO). Acerca do princípio da identidade física do juiz, é correto afirmar que

A. a doutrina relaciona esse princípio com os subprincípios da oralidade, da concentração dos atos e da imediatidade.

B. o Código de Processo Penal dispõe expressamente hipóteses de limitação de aplicação desse princípio.

C. o STF restringiu a eficácia desse princípio ao estabelecer o encerramento da instrução processual penal como marco para a prorrogação da competência quanto aos limites do foro por prerrogativa de função.

D. a oposição de embargos declaratórios contra sentença condenatória proferida por juiz substituto é hipótese na qual se prorroga a competência desse magistrado, em obediência ao referido princípio.

7. (DPE/MA 2018 - FCC - DEFENSOR PÚBLICO). *"Um homem acusado de assalto foi morto por* *linchamento pela população em São Luís do Maranhão. Segundo a Polícia Militar (PM), J.F.B agiu com um comparsa na abordagem de um eletricista em uma parada de ônibus, na Avenida Marechal Castelo Branco"* (Portal G1 MA, 10/04/2018). A notícia acima demonstra a NÃO observância do seguinte princípio do processo penal democrático:

A. Contraditório.
B. jurisdicionalidade ou necessidade.
C. imparcialidade.
D. juiz natural.
E. paridade de armas.

8. (TJ/SP 2018 - VUNESP – JUIZ DE DIREITO). São princípios constitucionais processuais penais explícitos e implícitos, respectivamente:

A. intranscendência das penas e motivação das decisões; e intervenção mínima (ou *ultima ratio*) e duplo grau de jurisdição.
B. contraditório e impulso oficial; e adequação social e favor rei (ou *in dubio pro reo*).
C. dignidade da pessoa humana e juiz natural; e insignificância e identidade física do juiz.
D. não culpabilidade (ou presunção de inocência) e duração razoável do processo; e não autoacusação (ou *nemo tenetur se detegere*) e paridade de armas.

9. (TJ/CE 2018 - CESPE – JUIZ DE DIREITO). Acerca dos princípios penais constitucionais e dos direitos fundamentais do cidadão à luz da CF, julgue os itens a seguir.

I São princípios processuais penais expressos na CF a presunção de não culpabilidade, o devido processo legal e o direito do suspeito ou indiciado ao silêncio.

II O direito processual penal compreende o conjunto de normas jurídicas destinadas a regular o modo, os meios e os órgãos do Estado encarregados do exercício do *jus puniendi*.

III A CF determina que o Brasil se submeta à jurisdição do Tribunal Penal Internacional, porém veda absolutamente a entrega de brasileiro naturalizado a jurisdição estrangeira.

IV De acordo com o princípio da irretroatividade da lei processual penal, a regra nova não pode retroagir, mesmo quando eventualmente beneficiar o réu.

Estão certos apenas os itens

A. I e II.
B. I e IV.
C. II e III.
D. I, III e IV.
E. II, III e IV.

10. (PC/MA 2018 - CESPE - DELEGADO DE POLÍCIA). O MP de determinado estado ofereceu denúncia contra um indivíduo, imputando-lhe a prática de roubo qualificado, mas a defesa do acusado negou a autoria. Ao proferir a sentença, o juízo do feito constatou a insuficiência de provas capazes de justificar a condenação do acusado. Nessa situação hipotética, para fundamentar a decisão absolutória, o juízo deveria aplicar o princípio do

A. estado de inocência.
B. contraditório.
C. promotor natural.
D. *ne eat judex ultra petita partium.*
E. *favor rei.*

ASSERTIVAS DE REFORÇO

1. ( ) A busca pela verdade encontra limitações de ordem processual a exemplo da não aceitação de exibição de provas no plenário do júri sem prévia comunicação à parte contrária com antecedência mínima de três dias.

2. ( ) A substancialização do devido processo legal traduz-se na evolução de um conceito meramente processual para uma definição pública, atrelada às liberdades públicas previstas na Constituição Federal.

3. ( ) Nenhum acusado, ainda que ausente ou foragido, será processado ou julgado sem defensor.

4. ( ) Segundo entendimento sumulado do STF, no processo penal, a falta e a deficiência de defesa constituem nulidades absolutas.

5. ( ) Constitui nulidade a falta de intimação do denunciado para oferecer contrarrazões ao recurso interposto da rejeição da denúncia, não a suprindo a nomeação de defensor dativo.

6. ( ) No processo penal, como garantia processual, não existem decisões irrecorríveis.

7. ( ) A incidência do princípio do *favor rei* no processo penal compele o juiz a acolher doutrina jurídica minoritária, haja vista que, existindo doutrina favorável ao réu, deverá ser aplicada.

8. ( ) A licitude da prova é verificada pela observância procedimental, forma e momento de produção.

9. ( ) Doutrinariamente, assinala-se que as provas ilegítimas são aquelas produzidas em violação à normas estritamente processuais, ao passo que as ilícitas aquelas produzidas em confronto com normas de cunho constitucional.

10. ( ) A paridade de armas no processo penal deve ser plena, isto é, os mesmos direitos devem ser assegurados à acusação e defesa.

11. ( ) O aspecto subjetivo da imparcialidade do magistrado é verificado pela aplicação da teoria da aparência.

12. ( ) O privilégio contra a autoincriminação - que é plenamente invocável perante as Comissões Parlamentares de Inquérito - traduz direito público subjetivo assegurado a qualquer pessoa, que, na condição de testemunha, de indiciado ou de réu, deva prestar depoimento perante órgãos do Poder Legislativo, do Poder Executivo ou do Poder Judiciário.

13. ( ) Ao réu é assegurado o direito de fazer cessar o interrogatório quando optar pelo silêncio.

14. ( ) Não se aplica do direito ao silêncio, segundo o entendimento do STF, nas hipóteses em que o preso concede entrevista voluntariamente à veículo de imprensa confessando a prática delitiva, vez que o princípio se destina ao poder público.

15. ( ) O delegado de polícia pode intimar o agente para fornecer padrões grafotécnicos sob pena de crime de desobediência, pois se trata de mero ato de instrução.

16. ( ) A garantia contra a autoincriminação não pode ser interpretada de forma absoluta.

17. ( ) O princípio da proporcionalidade deve ser analisado sobre uma dupla face, vez que ao mesmo tempo em que constitui uma proibição ao excesso, é uma vedação a proteção insuficiente dos bens jurídicos.

18. ( ) Conforme entendimentos dos Tribunais Superiores, a convocação de magistrado de primeiro grau para atuar no Tribunal em razão de afastamento de Desembargador e a designação de juiz auxiliar para atuar genericamente em varas judiciais não caracteriza a violação do princípio do juiz natural, mas a delegação de atos de instrução pelo tribunal a juiz de primeiro grau viola o princípio do juiz natural.

19. ( ) Em processos ou procedimentos que tenham por objeto crimes praticados por organizações criminosas, o juiz poderá decidir pela formação de colegiado para a prática de qualquer ato processual.

20. ( ) É consolidado nos Tribunais Superiores o entendimento de que a atuação de promotores auxiliares ou de grupos especializados, como o Grupo de Atuação Especial de Combate ao Crime Organizado (GAECO) não ofende o Princípio do Promotor Natural, uma vez que, nessa hipótese, amplia-se a capacidade de investigação, de modo a otimizar os procedimentos necessários à formação da *opinio delicti* do *Parquet*.

4.17.1 Gabaritos

QUESTÕES DE CONCURSO

1	2	3	4	5	6	7	8	9	10
B	D	E	A	C	A	B	D	A	E

ASSERTIVAS DE REFORÇO

1	2	3	4	5	6	7	8	9	10
F	V	V	V	V	F	F	V	V	F
11	**12**	**13**	**14**	**15**	**16**	**17**	**18**	**19**	**20**
F	V	V	V	F	V	V	F	V	V

COMENTÁRIOS ÀS ASSERTIVAS FALSAS E JUSTIFICATIVAS IMPORTANTES

1. F. Três dias úteis, art. 479, CPP.

2. V.

3. V.

4. F. Súmula 523: No processo penal, a falta de defesa constitui nulidade absoluta, mas a sua deficiência só o anulará se houver prejuízo para o réu.

5. V.

6. F. O ordenamento pátrio prevê diversas situações de decisões irrecorríveis, como nos casos de denegação da suspensão do processo por questão prejudicial (art. 93, §2º, CPP), da admissão ou inadmissão do assistente de acusação (art. 273, CPP), da improcedência das exceções de incompetência, litispendência, coisa julgada e ilegitimidade de parte, por interpretação sistemática do art. 581, III, CPP, e ainda das decisões sobre a inexistência de repercussão geral dos temas constitucionais abordados em sede de recurso extraordinário no STJ, irrecorríveis nos termos do art. 102, § 3º, CF, art. 1.035, *caput*, do CPC e art. 326 do Regimento Interno do STF, são irrecorríveis.

7. F. Sua incidência não compele o juiz a acolher doutrina jurídica minoritária e desprovida de fundamentos sólidos para beneficiar o acusado, vez que julgará com estribo em sua formação e provas efetivamente produzidas.

8. V.

9. V.

10. F. A paridade de armas não é plena no processo penal, haja vista que existem instrumentos processuais exclusivos da defesa, a exemplo dos embargos infringentes e revisão criminal.

11. F. A teoria da aparência materializa o aspecto objetivo, ao passo que o subjetivo se revela na intima convicção do magistrado, evitando a parcialidade.

12. V.

13. V.

14. V.

15. F. O delegado de polícia não pode intimar o agente para fornecer padrões grafotécnicos sob pena de crime de desobediência (STF: HC 77.135/SP), vez que a conduta pode caracterizar o crime de abuso de autoridade previsto no art. 27 da Lei 13.869/19.

16. V.

17. V.

18. F. Nenhuma das hipóteses viola.

19. V.

20. V.

5

Norma processual no espaço

5.1 COMO O ASSUNTO É ABORDADO EM PROVAS E CONCURSOS

O assunto é pouco cobrado nas provas de Ministério Público, Magistratura, Defensoria Pública e Delegado de Polícia, não apresentando maior complexidade. A cobrança normalmente é restrita a questões objetivas, buscando a regra da territorialidade e suas exceções.

De compreensão relativamente simples, as questões pouco exploram a jurisprudência ou doutrina, pautando-se, na maioria dos casos, na letra da lei.

5.2 NORMA PROCESSUAL NO ESPAÇO

O art. 1º do Código de Processo Penal dispõe:

> Art. 1º O processo penal reger-se-á, em todo o território brasileiro, por este Código, ressalvados:
>
> I - os tratados, as convenções e regras de direito internacional;
>
> II - as prerrogativas constitucionais do Presidente da República, dos ministros de Estado, nos crimes conexos com os do Presidente da República, e dos ministros do Supremo Tribunal Federal, nos crimes de responsabilidade;
>
> III - os processos da competência da Justiça Militar;
>
> IV - os processos da competência do tribunal especial;
>
> V - os processos por crimes de imprensa.
>
> Parágrafo único. Aplicar-se-á, entretanto, este Código aos processos referidos nos. IV e V, quando as leis especiais que os regulam não dispuserem de modo diverso.

O Código de Processo Penal adota o **princípio da territorialidade**, vez que o exercício da jurisdição é uma das vertentes da soberania estatal. Assim, ao contrário do que ocorre no Direito Penal, em que há hipóteses de aplicação da lei nacional em território estrangeiro, a aplicação das normas processuais está restrita ao território nacional (*locus regit actum*).

A regra da *lex fori*, portanto, assegura que os atos processuais a serem realizados no território brasileiro sigam as normas vigentes no país. Assim, por exemplo, o cumprimento de uma carta rogatória oriunda da Espanha, para citação de alguém no Brasil, seguirá as normas afetas à citação vigentes em nosso território. De igual modo, o cumprimento de atos processuais brasileiros, a serem realizados no exterior, seguirão a lei local em razão da reciprocidade.

Doutrinariamente, sustenta-se a possibilidade de aplicação da lei pátria em território estrangeiro nos casos de territórios *nullius*, quando houver autorização do Estado estrangeiro, em caso de guerra, tratando-se de território ocupado, nos casos de jurisdição do Tribunal Penal Internacional[1] (TPI), conforme art. 5º, §4º da CF[2].

5.3 TRATADOS, CONVENÇÕES E REGRAS DE DIREITO INTERNACIONAL

A previsão do art. 1º, inc. I do CPP, contempla as situações nas quais o Brasil se comprometeu, por tratado ou convenção, a se submeter às regras pactuadas ou de direito internacional[3].

À guisa de exemplo, as leis penais e processuais brasileiras não são aplicáveis nas hipóteses de imunidades diplomáticas em razão da necessidade de se conferir especial tratamento aos representantes diplomáticos de outros países, em respeito à soberania desses, para que possam desempenhar suas funções segundo as normas regentes no país de origem.

As imunidades devem ser analisadas sob o prisma da Convenção de Viena sobre Relações Diplomáticas de 1961 e Convenção de Viena sobre as Relações Consulares de 1963, aprovadas pelos Decretos Legislativos 103/64 e 06/67, ratificadas pelos Decretos 56.435/65 e 61.078/67, respectivamente.

5.4 PRERROGATIVAS CONSTITUCIONAIS DO PRESIDENTE DA REPÚBLICA E DE OUTRAS AUTORIDADES

A previsão do inciso II, do art. 1º do CPP, abarca os denominados crimes de responsabilidade ou infrações políticas, nas palavras de PACELLI[4] (2021, p. 50). Contempla, portanto, a jurisdição política que envolve, nos termos do dispositivo legal, o Presidente da República, os Ministros de Estado, nos crimes conexos com os do Presidente da República, e dos Ministros do Supremo Tribunal Federal, nos crimes de responsabilidade.

Assim, segundo o art. 52, I da CF, cabe, privativamente, ao Senado Federal, processar e julgar o Presidente e o Vice-Presidente da República nos crimes de responsabilidade, bem como os Ministros de Estado[5] e os Comandantes da Marinha, do Exército e da Aeronáutica nos crimes da mesma natureza conexos com aqueles. Ainda, de acordo com o inciso II do mesmo dispositivo, compete ao Senado processar e julgar os Ministros do Supremo Tribunal Federal, os membros do Conselho Nacional de Justiça e do Conselho Nacional do Ministério Público, o Procurador-Geral da República e o Advogado-Geral da União nos crimes de responsabilidade.

1. Voltaremos ao tema quando do estudo da competência.
2. § 4º O Brasil se submete à jurisdição de Tribunal Penal Internacional a cuja criação tenha manifestado adesão.
3. Voltaremos ao tema no capítulo referente às normas processuais quanto às pessoas.
4. PACELLI, Eugênio. **Curso de processo Penal**. 25. Ed. São Paulo: Atlas, 2021.
5. Antes do processo, contudo, compete privativamente à Câmara dos Deputados autorizar, por dois terços de seus membros, a instauração de processo contra o Presidente e o Vice-Presidente da República e os Ministros de Estado.

Embora os crimes de responsabilidade não sejam efetivamente delitos sob a perspectiva penal, vez que não impõem penas privativas de liberdade ou multa, constituem, segundo o entendimento dominante, exceção ao princípio da territorialidade, haja vista que os julgamentos são regulados pela Constituição Federal, Lei 1.079/50, e Regimento Interno da Câmara e do Senado.

Não obstante o entendimento amplamente difundido, acreditamos que o dispositivo não afasta o princípio da territorialidade, mas tão somente a aplicação do CPP, haja vista que o julgamento continua a ser realizado em território brasileiro. Há, em nossa compreensão, apenas a aplicação de leis especiais de regência da matéria.

5.5 PROCESSOS DE COMPETÊNCIA DA JUSTIÇA MILITAR

A competência da Justiça Militar foi defina pelo art. 124 da Constituição Federal[6], sendo o procedimento de apuração e julgamento dos crimes militares regulado pelo Código de Processo Penal Militar. Por sua vez, os crimes militares são aqueles que se amoldam à previsão do art. 9º do Código Penal Militar.

Com a alteração promovida pela lei 13.491/17, a Justiça Militar teve sua competência ampliada para julgamento de delitos não previstos apenas no Código Penal Militar, mas em toda a legislação penal comum. Dessa forma, o crime de abuso de autoridade, por exemplo, que antes era submetido à Justiça Comum, passou a ser processado e julgado perante a Justiça Castrense.

5.6 PROCESSOS DA COMPETÊNCIA DO TRIBUNAL ESPECIAL

A previsão legal referia-se à Constituição de 1937, ao antigo Tribunal de Segurança Nacional, extinto pela Constituição de 1946. Tem-se, portanto, que, em razão da impossibilidade de constituição de tribunais de exceção (art. 5º, XXXVII, CF), o dispositivo nao foi recepcionado.

5.7 CRIMES DE IMPRENSA

Assim como o dispositivo anterior, a previsão não foi recepcionada pela Constituição Federal. Segundo o STF, no julgamento da ADPF 130/DF, a Lei 5.250/67 (Lei de Imprensa) não foi recepcionada pela CF, motivo pelo qual não se constitui exceção à aplicação do princípio da territorialidade.

5.8 OUTRAS EXCEÇÕES

Apesar da ausência de previsão, justificável pelo fato de que a Constituição de 1937 não previa a Justiça Eleitoral, os **crimes eleitorais** possuem procedimento próprio, regido pela Lei 4.737/65 (Código Eleitoral). De igual modo, os **crimes de pequeno potencial ofensivo** receberam, pela Lei 9.099/95 (Lei dos Juizados Especiais), tratamento com rito próprio e diverso do previsto no CPP.

6. Art. 124. À Justiça Militar compete processar e julgar os crimes militares definidos em lei.

Registre-se que há normas especiais prevendo **ritos particulares** (Lei de Drogas[7], Lei de Falências[8] e Procedimento de Competência Originária dos Tribunais[9]) e **especificidades procedimentais** diversas das do CPP (Lei Maria da Penha[10], Estatuto da Pessoa Idosa[11] e Lei de Lavagem de Capitais[12], entre outras).

5.9 SÍNTESE GRÁFICA

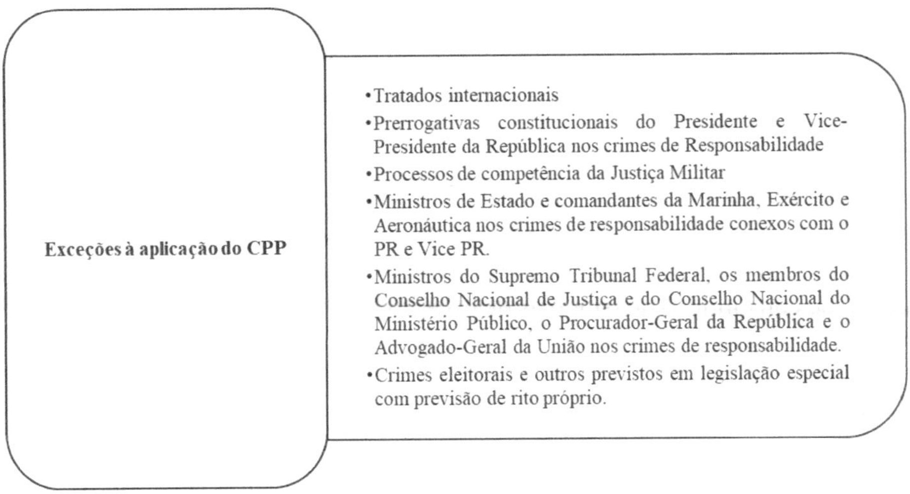

7. Lei 11.343/06. Arts. 48 e seguintes.
8. Lei 11.101/05. Art. 183 a 188.
9. Lei 8.038/90.
10. Lei 11.340/06.
11. Art. 94. Aos crimes previstos nesta Lei, cuja pena máxima privativa de liberdade não ultrapasse 4 (quatro) anos, aplica-se o procedimento previsto na Lei nº 9.099, de 26 de setembro de 1995, e, subsidiariamente, no que couber, as disposições do Código Penal e do Código de Processo Penal.
12. Lei 9.613/98. Art. 2º.

5.10 REVISÃO DO CAPÍTULO POR QUESTÕES DE CONCURSOS E ASSERTIVAS DE REFORÇO

QUESTÕES DE CONCURSO

1. (PC/MS 2021 - PC-MS - DELEGADO DE POLÍCIA). O Direito Processual Penal possui regramento específico para resolver questões sobre qual lei será aplicada no tempo e/ou no espaço. Sobre o tema, marque a assertiva correta.

A. Imagine que o réu Alexander foi condenado a uma pena de 5 (cinco) anos de reclusão, no regime inicial fechado, como incurso no crime de roubo majorado (art. 157, § 2º, do Código Penal). Alexander foi intimado da sentença e, com isso, tem o prazo de 5 (cinco) dias para interpor recurso de apelação. Se, nesse ínterim, nova lei entrar em vigor, alterando esse prazo para 2 (dois) dias, deve ser considerado este prazo, ainda que menor, porque, no Direito Processual Penal, vige regra diversa daquela aplicável ao Direito Penal em tema de retroatividade de leis.

B. As normas híbridas ou mistas devem retroagir para beneficiar o réu, constituindo exceção à regra prevista no art. 2º, *caput*, do Código de Processo Penal.

C. Diversamente do Direito Penal, no processo penal vige apenas o princípio da territorialidade, inexistindo doutrinariamente hipóteses de extraterritorialidade. Isso porque a atividade jurisdicional é um dos aspectos da soberania nacional, logo, não pode ser exercida além das fronteiras do respectivo Estado.

D. Imagine que o Presidente da República esteja sendo processado por suposta prática de crime de responsabilidade. Como regra, em tal processo, deve ser observado e aplicado o Código de Processo Penal, porque é o diploma legal que incide em casos havidos no território nacional.

E. Imagine que um Ministro de Estado esteja sendo processado por suposta prática de crime de responsabilidade. Como regra, em tal processo, deve ser observado e aplicado o Código de Processo Penal, porque é o diploma legal que incide em casos havidos no território nacional.

2. (PC/RS 2018 - PC-MS - DELEGADO DE POLÍCIA). Considerando a disciplina da aplicação de lei processual penal e os tratados e convenções internacionais, assinale a alternativa correta.

A. A lei processual penal aplica-se desde logo, conformando um complexo de princípios e regras processuais penais próprios, vedada a suplementação pelos princípios gerais de direito.

B. A superveniência de lei processual penal que modifique determinado procedimento determina a renovação dos atos já praticados.

C. A lei processual penal não admite interpretação extensiva, ainda que admita aplicação analógica.

D. Toda pessoa detida ou retida deve ser conduzida, sem demora, à presença de um juiz ou outra autoridade autorizada pela lei a exercer funções judiciais e tem direito a ser julgada dentro de um prazo razoável ou a ser posta em liberdade, sem prejuízo de que prossiga o processo.

E. Em caso de superveniência de leis processuais penais híbridas, prevalece o aspecto instrumental da norma.

3. (PC/MS 2017 - PC-MS - DELEGADO DE POLÍCIA). Com relação às regras da lei processual no espaço e no tempo, o Código de Processo Penal vigente adota, respectivamente, os princípios da lex fori e da aplicação imediata. Com base nessa informação, é correto afirmar que:

A. as normas do Código de Processo Penal vigente são inaplicáveis, ainda que subsidiariamente, no âmbito da Justiça Militar e aos processos da competência do tribunal especial.

B. delegado de polícia estadual, que é informado, sobre a prática de crime cometido por promotor de justiça estadual, está autorizado expressamente por lei, a instaurar inquérito policial para a apuração dos fatos.

C. é possível a prisão em flagrante de magistrado estadual por delegado de polícia estadual, quando se tratar de crime inafiançável, sendo obrigatória apenas a comunicação ao presidente do tribunal de justiça a que estiver vinculado para evitar vício do ato.

D. a lei processual penal tem aplicação aos processos em trâmite no território brasileiro, contudo, uma hipótese de exclusão da jurisdição pátria é a imunidade dos agentes diplomáticos e seus familiares que com eles vivam.

E. a lei processual penal atende a regra do tempus regit actum, porém a repetição de atos processuais anteriores é exigida por lei em observância da interpretação constitucional, além disso, não é possível alcançar os processos que apuram condutas delitivas consumadas antes da sua vigência.

ASSERTIVAS DE REFORÇO

1. **( )** Ao contrário do que ocorre no Direito Penal, em que há hipóteses de aplicação da lei nacional em território estrangeiro, a aplicação das normas processuais está restrita ao território nacional sob a ótica do Código de Processo Penal.

2. **( )** As leis penais e processuais brasileiras não são aplicáveis nas hipóteses de imunidades diplomáticas em razão da necessidade de se conferir especial tratamento aos representantes diplomáticos de outros países, em respeito à soberania desses, para que possam desempenhar suas funções segundo as normas regentes no país de origem.

3. ( ) Compete ao Senado processar e julgar os Ministros do Supremo Tribunal Federal, os membros do Conselho Nacional de Justiça e do Conselho Nacional do Ministério Público, o Procurador-Geral da República e o Advogado-Geral da União nos crimes de responsabilidade, aplicando-se, no procedimento, o Código de Processo Penal.

4. ( ) O processo penal reger-se-á, em todo o território brasileiro, pelo Código de Processo Penal, ressalvado, entre outros, os tratados, as convenções e regras de direito internacional.

5. ( ) O processo penal reger-se-á, em todo o território brasileiro, pelo Código de Processo Penal, ressalvado, entre outros, os processos da competência da Justiça Militar.

5.10.1 Gabaritos

QUESTÕES DE CONCURSO

1	2	3
B	D	D

ASSERTIVAS DE REFORÇO

1	2	3	4	5
V	V	F	V	V

COMENTÁRIOS ÀS ASSERTIVAS FALSAS E JUSTIFICATIVAS IMPORTANTES

1. V.

2. V.

3. F. Os julgamentos são regulados pela Constituição Federal, Lei 1.079/50, e Regimento Interno da Câmara e do Senado.

4. V.

5. V.

6

Norma processual no tempo

6.1 COMO O ASSUNTO É ABORDADO EM PROVAS E CONCURSOS

O assunto possui índice de cobrança mediano nas provas de Ministério Público, Magistratura, Defensoria Pública e Delegado de Polícia, não apresentando maior complexidade. A cobrança normalmente é restrita a questões objetivas, pautando-se no princípio do *tempus regit actum*.

É imperativo, contudo, que o leitor seja capaz de identificar a natureza das normas processuais, especialmente para fins de análise acerca de eventual retroatividade ou ultra-atividade. O número de questões sempre tende a aumentar diante de grandes ou relevantes reformas na legislação penal ou processual.

Trata-se de tema de base, pois seu conhecimento pode ser exigido em questões transversais, como ANPP, ação penal, juizados especiais criminais e etc. Importante conhecer a doutrina e a jurisprudência mais atualizada para evitar surpresas em provas.

6.2 INTRODUÇÃO

O art. 2º do Código de Processo Penal dispõe:

> Art. 2º A lei processual penal aplicar-se-á desde logo, sem prejuízo da validade dos atos realizados sob a vigência da lei anterior.

A norma consagra o princípio do ***tempus regit actum***, isto é, os atos processuais são regidos pela norma vigente ao tempo do ato. Também conhecido por **princípio da aplicação imediata**, define a forma e os efeitos do ato processual sob a luz da norma vigente no momento da realização do ato.

À guisa de exemplo, antes da alteração legislativa promovida pela Lei 11.690/08, a inquirição das testemunhas era realizada diretamente pelo juiz, que recebia as perguntas das partes e as repassava para as testemunhas. Após a alteração legislativa, o CPP passou a adotar, no art. 212, o sistema do *cross examination*, permitindo às partes formularem as perguntas diretamente. Tem-se, portanto, que as inquirições realizadas antes da alteração legislação não padecem de nulidade, vez que respeitaram a forma processual vigente ao tempo do ato.

6.3 NORMAS PROCESSUAIS HETEROTÓPICAS

Conforme vimos, o tempo da realização do ato define a norma processual aplicável, de forma que não há retroatividade como um dos seus efeitos. Contudo, é possível que a norma processual seja dotada de conteúdo material, circunstância que a reveste da característica peculiar da **heterotopia**, vez que, não obstante estar inserida em um contexto de normas processuais, seu conteúdo é nítido de direito material.

As normas de direito material são aquelas que asseguram direitos e garantias ao indivíduo, a exemplo daquelas que extinguem um crime do ordenamento jurídico[1] ou reduzem a pena de um determinado delito. Tais normas gozam do atributo da retroatividade da norma penal mais benéfica (art. 5º, XL, CF).

O fato de uma norma estar prevista em uma lei de conteúdo processual não garante, necessariamente, o *status* de norma processual, vez que seu conteúdo pode ser nitidamente de direito material, a exemplo do direito ao silêncio previsto no art. 186 do CPP, que tão somente reflete um dos efeitos materiais do princípio *nemo tenetur se detegere*, ou as normas atinentes às prisões, tipicamente materiais. Dessarte, o fato de ter sido prevista no CPP não lhe assegura a característica de norma processual, revelando o fenômeno da heterotopia, que nada mais é do que a colocação da norma em local não habitual.

6.4 NORMAS PROCESSUAIS HÍBRIDAS OU MISTAS

Ocorre que a leitura interpretativa da norma nem sempre é evidente, vez que além de trazer conteúdo processual, a norma pode possuir também cunho material, revelando-se **mista ou híbrida**.

Consoante estudado acima, as normas processuais possuem vigência imediata, ao passo que as normas penais, caso benéficas ao agente, retroagem para alcançar os fatos passados. Entretanto, não é incomum que vejamos normas que possuem ambas as características, impondo, caso mais benéficas (*novatio legis in mellius*), a retroatividade em razão da prevalência do aspecto material, associado a direitos e garantias do indivíduo.

Entretanto, o tema não é pacifico na doutrina no que tange à cisão da norma. A **primeira corrente** sustenta que o conteúdo material da norma retroage para beneficiar o réu, ao passo que o conteúdo processual tem aplicabilidade imediata. Ainda, se o conteúdo material da norma for prejudicial ao réu, não pode ser aplicado em razão da ultra atividade da norma penal mais benéfica.

Por outro lado, a **segunda corrente** não admite a secção da norma, aduzindo que essa deve ser aplicada por inteiro, isto é, ser for prejudicial ao réu, ainda que tão somente no aspecto material, não poderá ser aplicada de imediato. De igual forma, sendo a norma material mais benéfica, todo o conteúdo da norma retroage para alcançar os fatos passados.

1. *Abolitio criminis.*

Não obstante a prevalência na doutrina e na jurisprudência da compreensão pela impossibilidade de divisão da norma (2ª corrente), filiamo-nos à primeira corrente, vez que a compreensão de uma norma híbrida deve levar em consideração os comandos normativos e não somente o texto legal. Um dispositivo legal, art. 366 do CPP, por exemplo, tem várias normas em seu texto e a interpretação deve ser realizada de forma sistemática, preservando, todavia, a **individualidade normativa anormal**.

Vejamos o dispositivo legal, com grifos normativos nossos:

> Art. 366. Se o acusado, citado por edital, não comparecer, nem constituir advogado, ficarão **suspensos o processo** e o **curso do prazo prescricional**, podendo o juiz determinar a **produção antecipada das provas** consideradas urgentes e, se for o caso, **decretar prisão preventiva**, nos termos do disposto no art. 312.

A suspensão do processo e a produção antecipada de provas são normas estritamente processuais e, portanto, deveriam ter sido aplicadas imediatamente com a entrada em vigor da Lei 9.271/96. Por sua vez, a suspensão do curso do prazo prescricional e a decretação da prisão preventiva são normas de cunho material, sendo a primeira prejudicial ao réu, por envolver causa extintiva da punibilidade e, portanto, não aplicável, e a segunda igualmente prejudicial se aplicada de forma automática.

Assim, temos que seria perfeitamente possível, com a entrada em vigor da referida lei que os magistrados suspendessem o curso dos processos, determinando tão somente a produção de provas passíveis de perecimento no tempo, sem que, todavia, suspendessem o curso do prazo prescricional por correr esse em favor do réu.

Não foi esse, contudo, o entendimento do **STJ[2] e STF[3], que entenderam que o dispositivo deveria ser aplicado na íntegra, sendo impossível sua fragmentação,** de forma que não se aplicaria aos fatos passados. Conforme destacamos, esse ainda é o entendimento prevalente[4].

6.5 RETROATIVIDADE E ULTRA ATIVIDADE DA NORMA PROCESSUAL

As normas processuais puras não gozam de retroatividade ou ultra atividade em razão do princípio do *tempus regit actum*, isto é, são aplicadas de imediato. Naturalmente, as normas heterotópicas ou mistas mais benéficas ao agente gozam de ambos os atributos.

Assim, por exemplo, a Lei 11.689/08 extinguiu do ordenamento jurídico pátrio o instituto do protesto por novo júri, norma essencialmente processual. Enfrentando o assunto, o STJ compreendeu que o marco delimitador para aplicação da lei é o da sentença:

> A jurisprudência pacífica do Superior Tribunal de Justiça é no sentido de que o marco temporal inicial para a aplicação do art. 4º da Lei n. 11.689 de 9/6/2008, que alterou Código de Processo Penal, revogando o capítulo referente ao protesto por um novo júri, é a sentença condenatória. Precedente. STJ: HC 278.145/RJ. DJe 15.02.08.

2. STJ: HC 148.066/GO, DJ 01.08.11.
3. STF HC 83.864. DJ 21.05.04.
4. Veremos outras situações quanto do estudo da ação penal e acordo de não persecução penal.

6.6 SÍNTESE GRÁFICA

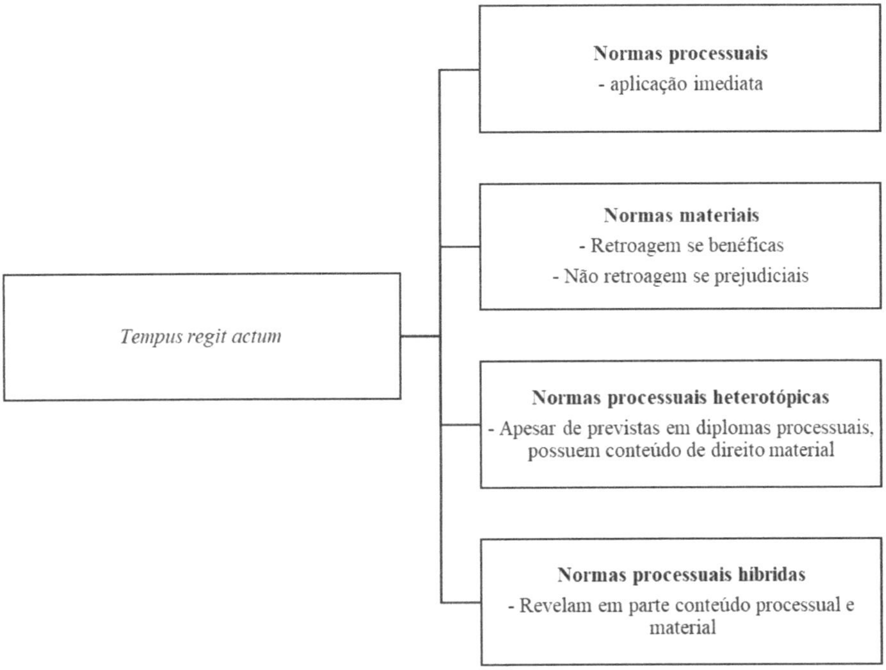

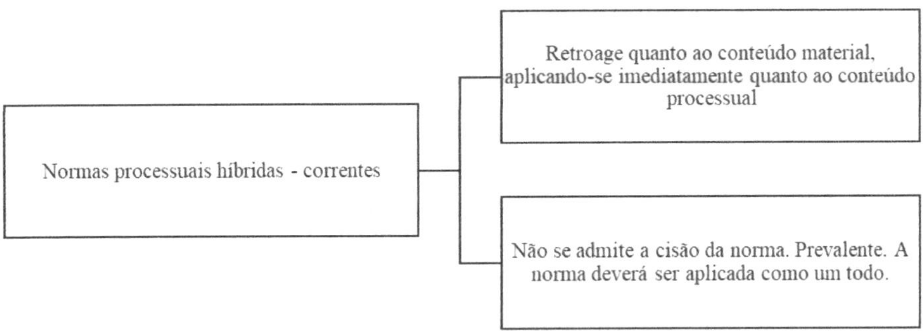

6.7 REVISÃO DO CAPÍTULO POR QUESTÕES DE CONCURSOS E ASSERTIVAS DE REFORÇO

QUESTÕES DE CONCURSO

1. (MP/SC 2021 - CESPE - PROMOTOR DE JUSTIÇA SUBSTITUTO). Julgue o item a seguir, referentes ao direito processual penal De acordo com as normas de direito intertemporal estabelecidas pelo Código de Processo Penal, se sobrevier nova lei processual no curso do processo criminal, deverão ser repetidos os atos processuais praticados antes do início da sua vigência, caso estejam em desconformidade com o novo diploma.

( ) Certo ( ) Errado

2. (PC/GO 2016 - CESPE - DELEGADO DE POLÍCIA). Relativamente à aplicação da lei processual penal no tempo e no espaço e aos princípios processuais penais constitucionais, assinale a opção correta.

A. O Código de Processo Penal normatiza o processamento das relações processuais penais em curso perante todos os juízos e tribunais brasileiros, aplicando-se, em caráter subsidiário, as normas procedimentais que versem sobre matérias especiais.

B. Segundo entendimento expendido pelo STF, a atração por continência ou conexão do processo do corréu ao foro por prerrogativa de função de um dos denunciados constitui violação das garantias do juiz natural e da ampla defesa.

C. A gravação ambiental por meio de fita magnética, de conversa entre presentes, feita por um dos interlocutores sem o conhecimento do outro é considerada prova ilícita, pois viola preceito constitucional.

D. O princípio da extraterritorialidade adotado pelo direito processual penal brasileiro não ofende a soberania de outros Estados, já que os ordenamentos jurídicos de todas as nações convergem para o combate às condutas delitivas.

E. A lei processual penal tem aplicação imediata e é aplicável tanto nos processos que se iniciarem após a sua vigência, quanto nos processos que já estiverem em curso no ato da sua vigência, e até mesmo nos processos que apurarem condutas delitivas ocorridas antes da sua vigência.

3. (PC/SP 2018 - VUNESP - DELEGADO DE POLÍCIA). Tício está sendo processado pela prática de crime de roubo. Durante o trâmite do inquérito policial, entra em vigor determinada lei, reduzindo o número de testemunhas possíveis de serem arroladas pelas partes no procedimento ordinário. A respeito do caso descrito, é correto que

A. não se aplica a lei nova ao processo de Tício em razão do princípio da anterioridade.

B. a lei que irá reger o processo é a lei do momento em que foi praticado o crime, à vista do princípio *tempus regit actum*.

C. em razão do sistema da unidade processual, pelo qual uma única lei deve reger todo o processo, a lei velha continua ultra-ativa e, por isso, não se aplica a nova lei, mormente por ser esta prejudicial em relação aos interesses do acusado.

D. não se aplica a lei revogada ao processo de Tício em razão do princípio da reserva legal.

E. não se aplica a lei revogada porque a instrução ainda não se iniciara quando da entrada em vigor da nova lei.

4. (PC/BA 2018 - VUNESP - DELEGADO DE POLÍCIA). Aplicar-se-á a lei processual penal, nos estritos termos dos arts. 1º, 2º e 3º do CPP,

A. aos processos de competência da Justiça Militar.

B. ultrativamente, mas apenas quando favorecer o acusado.

C. retroativamente, mas apenas quando favorecer o acusado.

D. desde logo, sem prejuízo da validade dos atos realizados sob a vigência da lei anterior.

E. com o suplemento dos princípios gerais de direito sem admitir, contudo, interpretação extensiva e aplicação analógica.

5. (PC/MA 2018 - CESPE - DELEGADO DE POLÍCIA). Na esfera da legislação processual penal, a repristinação

A. somente se aplicará por força de decisão judicial fundamentada.

B. é aplicável somente nos processos de competência originária dos tribunais.

C. somente se aplicará se houver expressa determinação legal.

D. é inaplicável, por suas características.

E. somente se aplicará se apresentar manifesta vantagem para o réu.

6. (PC/MT 2017 - CESPE - DELEGADO DE POLÍCIA). Quando da entrada em vigor da Lei n.º 9.099/1995, que dispõe sobre os juizados especiais cíveis e criminais, foi imposta como condição de procedibilidade a representação do ofendido nos casos de lesão corporal leve ou culposa. Nas ações em andamento à época, as vítimas foram notificadas a se manifestar quanto ao prosseguimento ou não dos feitos. Nesse caso, o critério adotado no que se refere às leis processuais no tempo foi o da

A. interpretação extensiva.

B. retroatividade.

C. territorialidade.

D. extraterritorialidade.

E. irretroatividade.

7. (MP/SP 2015 PROMOTOR DE JUSTIÇA SUBSTITUTO). Assinale a alternativa correta:

A. A lei processual penal que entrar em vigor, alterando as regras de competência, não é aplicável aos processos em curso.

B. Se o ato processual for complexo e iniciar-se sob a vigência de uma lei de natureza processual penal e, antes de se completar, outra for promulgada, modificando-o, devem ser obedecidas as normas da lei antiga.

C. A lei processual penal deverá retroagir se for mais favorável ao acusado.

D. Se a lei nova tiver natureza mista sua aplicação é imediata e irretroativa, posto que prejudicial ao acusado.

E. Todas as alternativas estão incorretas.

ASSERTIVAS DE REFORÇO

1. ( ) A lei processual penal aplicar-se-á desde logo, sem prejuízo da validade dos atos realizados sob a vigência da lei anterior.

2. ( ) O tempo da realização do ato define a norma processual aplicável, de forma que não há retroatividade como um dos seus efeitos. Contudo, é possível que a norma processual seja dotada de conteúdo material, circunstância que a reveste da característica peculiar da heterotopia, vez que não obstante estar inserida em um contexto de normas processuais, seu conteúdo é nítido de direito material.

3. ( ) O fato de uma norma estar prevista em uma lei de conteúdo processual garante o *status* de norma processual.

4. ( ) Segundo o entendimento dos Tribunais Superiores, no caso de normas mistas, não se admite a secção da norma, isto é, deve ser aplicada por inteiro.

5. ( ) A Lei 11.689/08 extinguiu do ordenamento jurídico pátrio o instituto do protesto por novo júri, norma essencialmente processual. Enfrentando o assunto, o STJ compreendeu que o marco delimitador para aplicação da lei é o da sentença.

6.7.1 Gabaritos

QUESTÕES DE CONCURSO

1	2	3	4	5	6	7
E	E	E	D	C	B	B

ASSERTIVAS DE REFORÇO

1	2	3	4	5
V	V	F	V	V

COMENTÁRIOS ÀS ASSERTIVAS FALSAS E JUSTIFICATIVAS IMPORTANTES

1. V.

2. V.

3. F. O fato de uma norma estar prevista em uma lei de conteúdo processual, não garante, necessariamente, o *status* de norma processual.

4. V.

5. V.

7

Interpretação da norma processual penal

7.1 COMO O ASSUNTO É ABORDADO EM PROVAS E CONCURSOS

O assunto, de cunho hermenêutico, não é usual em provas de Ministério Público, Magistratura, Defensoria Pública e Delegado de Polícia, e não apresenta maior complexidade, vez que estudado em praticamente todas as demais disciplinas. A cobrança normalmente é restrita a questões objetivas.

Destacam-se, no conteúdo, a analogia, interpretação analógica, interpretação extensiva e interpretação conforme à Constituição. Apesar de não complexo, é crucial que o leitor saiba distinguir as espécies, especialmente em questões que envolvam conteúdo de direito material.

7.2 INTRODUÇÃO

> Art. 3º A lei processual penal admitirá interpretação extensiva e aplicação analógica, bem como o suplemento dos princípios gerais de direito.

Segundo Carlos Maximiliano[1] (2011, p. 1-7), hermenêutica "é a teoria científica da arte de interpretar", isto é, "de determinar o sentido e o alcance das expressões do Direito". Por sua vez, segundo o mesmo autor, "interpretar é explicar, esclarecer, dar o significado de vocábulo, atitude ou gesto; [...] mostrar o sentido verdadeiro de uma expressão", de forma que o intérprete, deve "procurar e definir a significação de conceitos e intenções, fatos e indícios; porque tudo se interpreta; inclusive o silêncio".

A interpretação da lei processual penal é de crucial importância para o aplicador do Direito, pois norteia o equilíbrio do sistema com os anseios sociais, trazendo uma eficácia ótima da lei processual penal, em paralelo à "eficácia óptima da lei fundamental", preconizada por CANOTILHO[2] (1991, p. 1.151), ou da ótima concretização da norma sustentada por HESSE[3] (1991, p. 22).

---

1. MAXIMILIANO, Carlos. **Hermenêutica e Aplicação do Direito**. 20ª ed. Rio de Janeiro: Forense, 2011.
2. CANOTILHO, José Joaquim Gomes. **Direito Constitucional e teoria da constituição**. 3ª ed. Coimbra: Almedina, 1999.
3. HESSE, Konrad. **A força normativa da Constituição**. Traduzido por Gilmar Ferreira Mendes. Porto Alegre: Sergio Antonio Fabris, 1991.

Em linhas gerais, a interpretação da norma está sujeita a três fases: sujeito, meio e resultado.

7.3 INTERPRETAÇÃO QUANTO AO SUJEITO (ORIGEM)

É realizada sob três modelos:

a) interpretação autêntica (ou legislativa): é aquela produzida pela própria lei penal, ainda que com conteúdo distinto do ramo original, como no conceito de prisão domiciliar apresentado no art. 317 do CPP: "a prisão domiciliar consiste no recolhimento do indiciado ou acusado em sua residência, só podendo dela ausentar-se com autorização judicial". Pode ser *contextual*, quando realizada simultaneamente com a norma definidora (art. 317 do CPP); *posterior*, quando norma diferente e posterior define o objeto da interpretação (art. 362 do CP – citação por hora certa); e *anterior*, quando a lei penal se vale de definição previamente existente em outro diploma legal (arts. 255 do CPP c/c art. 1.511 e seguintes do Código Civil de 2002).

b) interpretação doutrinária ou científica: é aquela realizada pelos estudiosos do Direito, sem qualquer caráter vinculante, a exemplo da exposição de motivos do Código de Processo Penal, porquanto, sem caráter normativo, apresenta os fundamentos doutrinários dos autores do anteprojeto do CPP.

c) interpretação judicial: é aquela realizada pelo Poder Judiciário diante da análise de casos concretos, podendo, hoje, possuir caráter vinculante em razão da adoção do sistema de decisões com efeitos *erga omnes* e vinculante.

7.4 INTERPRETAÇÃO QUANTO AO MODO

A interpretação quanto ao modo pode ser gramatical, teleológica, histórica, sistemática, progressiva, sociológica e lógica (ou racional).

a) gramatical (filológica/literal): neste modelo, verifica-se a semântica dos vocábulos empregados. É premissa natural para todos os demais modos de interpretação, pois todo e qualquer modelo deverá partir da interpretação gramatical.

b) histórica: a compreensão dos institutos demanda, além de uma interpretação realizada sob a perspectiva atual, uma análise de tempo e espaço quando da edição da norma jurídica, como forma de se verificar seu contexto de criação. Trata-se de modo imprescindível para compreensão dos valores sociais fundamentadores da norma jurídica.

c) teleológica: busca identificar a finalidade da edição da norma, isto é, a vontade da lei. À guisa de exemplo, o art. 158 do CPP, p. único, inc. I, estabelece a prioridade na realização de exame de corpo de delito quando o crime envolver violência doméstica e familiar contra a mulher, evidenciando, nitidamente, a finalidade protetiva.

d) sistemática: preconiza que a norma, ao ingressar no sistema jurídico, deve ser interpretada em harmonização com a ordem jurídica vigente, de forma que uma regra não pode contradizer a outra e os princípios devem se harmonizar de sorte a produzir o melhor efeito útil.

e) lógica ou racional: busca descobrir o sentido e o alcance do texto normativo sem o auxílio de elementos externos, valendo-se de processos silogísticos (premissa maior, premissa menor e conclusão) de forma a obter a interpretação correta por meio do método dedutivo-analítico.

f) Sociológica: investigando os motivos e os efeitos sociais da lei, busca conferir aplicabilidade da norma às relações sociais que a originaram, estendendo o sentido da norma às novas relações sociais, não concebidas juridicamente ao tempo de sua criação, com o escopo maior de "atualizá-la" às necessidades reais e atuais da sociedade.

g) progressiva (ou evolutiva): visa atualizar o sentido legal de expressões da norma de acordo com o progresso da ciência e evolução das novas tecnologias, como o conceito de meio eletrônico, que evolui no tempo com as novas tecnologias.

7.5 INTERPRETAÇÃO QUANTO AO RESULTADO

A interpretação é classificada quanto ao seu resultado em: interpretação declarativa, interpretação restritiva ou estrita e interpretação extensiva ou ampliativa;

a) interpretação declarativa: expressa, de forma estrita, o sentido literal do texto, havendo perfeita sintonia entre o resultado da interpretação gramatical e o da lógico-sistemática. Nessa modalidade, há coincidência entre a norma e seu preceito.

b) interpretação restritiva ou estrita: ocorre quando o aplicador do Direito reduz o alcance do texto legal para que efetivamente corresponda à *mens legis*, ou seja aplica-se a interpretação restritiva quando a lei disse mais do que desejava.

c) interpretação extensiva: ocorre quando o intérprete amplia o âmbito de incidência da norma para além daquele contido na literalidade do texto. Ex.: o art. 211 do CPP dispõe que se o juiz, ao pronunciar sentença final, reconhecer que alguma testemunha fez afirmação falsa, calou ou negou a verdade, remeterá cópia do depoimento à autoridade policial para a instauração de inquérito. Nada impede, contudo, que encaminhe as peças ao Ministério Público, conduta, aliás, mais adequada sob a luz do sistema acusatório.

7.6 INTERPRETAÇÃO ANALÓGICA E ANALOGIA

ATENÇÃO – ASSUNTO COBRADO NA PCSP – CONCURSO 2022[4]

No que concerne à interpretação e aplicação da Lei Processual Penal, é correto afirmar que o Código de Processo Penal

A) admite apenas a aplicação da interpretação extensiva.
B) admite a aplicação analógica.
C) admite apenas a aplicação da interpretação analógica.
D) não admite a aplicação da analogia e dos princípios gerais de direito.
E) admite expressamente a interpretação autêntica.

É impossível para o legislador prever todas as situações advindas da realidade dos fatos em norma jurídica. A sociedade de hoje não será a mesma de amanhã e, naturalmente, o Direito deve ser capaz de acompanhar a realidade. Contudo, até que as mudanças sociais se concretizem em normas, o intérprete deve se valer da interpretação para suprir as lacunas legais.

Nesse contexto, tem-se que a interpretação analógica é uma espécie de interpretação extensiva, vez que realizada sob os estritos parâmetros da norma penal.

A **interpretação analógica** é um processo de interpretação determinado previamente por lei, isto é, um meio indicado para integrar o preceito normativo dentro da própria

4. B.

norma, estendendo-o a situações análogas, como ocorre, por exemplo, na alínea "e" do inc. VIII do art. 3º-B do CPP, que após listar quatro espécies de requerimentos, prevê a fórmula genérica: outros meios de obtenção da prova que restrinjam direitos fundamentais do investigado.

Na interpretação analógica, portanto, existe norma aplicável ao caso concreto, razão pela qual é considerado um processo de interpretação.

Por outro lado, a **analogia não se confunde com a interpretação extensiva ou com a interpretação analógica**.

A **analogia** não é uma forma de interpretação, mas de aplicação da norma legal, de modo que assume uma função integrativa da norma, porquanto não existe disciplina jurídica direta sobre o tema. Integra-se, porque há uma lacuna, um vazio jurídico, e não uma mera incerteza ou obscuridade que se busque esclarecer.

Não obstante sua previsão normativa no art. 4º da Lei de Introdução às Normas do Direito Brasileiro (Lei 4.657/42), na seara penal seu uso encontra um limite incontornável nas normas penais incriminadoras, porque, como visam restringir a liberdade do indivíduo por meio da sanção penal, não se admite a ampliação, por meio de integração, da vontade do legislador em respeito ao princípio da reserva legal. Contudo, admite-se perfeitamente o uso da chamada analogia *in bonam partem*, isto é, em benefício do réu, desde que exista uma lacuna legal a ser preenchida.

No âmbito do processo penal, a restrição à analogia é mitigada, conforme se infere, por exemplo, do teor do art. 206 do CPP, que dispõe sobre as testemunhas que podem se recusar a depor. A previsão contempla o cônjuge, ainda que desquitado, mas não faz qualquer espécie de registro à pessoal em união estável. Para nós, é perfeitamente possível a aplicação do dispositivo nos casos de união estável, vez que à época da edição do CPP, não obstante sua existência de fato, o instituto não era reconhecido juridicamente.

7.7 INTERPRETAÇÃO CONFORME A CONSTITUIÇÃO

Segundo BARROSO[5] (1999, p. 182), a interpretação conforme a Constituição não é mero preceito hermenêutico, mas, também, um mecanismo de controle de constitucionalidade pelo qual se declara ilegítima uma determinada leitura da norma legal.

Em essência, trata-se da aplicação da interpretação sistemática como **filtragem constitucional**. Nas lições de BARROSO[6] (2006, p. 324): "a partir da passagem da Constituição para o centro, passou ela a funcionar como a lente, o filtro através do qual se deve olhar para o direito de uma maneira geral. [...] a Constituição condiciona a interpretação de todas as normas do sistema jurídico."

Nesse contexto, o Supremo Tribunal Federal possui julgados conferindo interpretação conforme a Constituição, visando suprimir incoerências legislativas em prol de sua eficácia normativa, ainda que se aplique as normas penais de forma mais rígida.

À guisa de exemplo, no julgamento da ADPF 779, o STF conferiu interpretação conforme à Constituição para afastar a legítima defesa da honra no âmbito da legítima defesa no crime de feminicídio:

---

5. BARROSO, Luís Roberto. **Interpretação e Aplicação da Constituição**. São Paulo: Saraiva, 1999.
6. BARROSO, Luís Roberto. **O novo direito constitucional e a constitucionalização do direito**. In: Diálogos constitucionais: direito, neoliberalismo e desenvolvimento em países periféricos. Rio de Janeiro: Renovar, 2006.

Medida cautelar parcialmente concedida para (i) firmar o entendimento de que a tese da legítima defesa da honra é inconstitucional, por contrariar os princípios constitucionais da dignidade da pessoa humana (art. 1º, III, da CF), da proteção à vida e da igualdade de gênero (art. 5º, *caput*, da CF); (ii) conferir interpretação conforme à Constituição aos arts. 23, inciso II, e 25, *caput* e parágrafo único, do Código Penal e ao art. 65 do Código de Processo Penal, de modo a excluir a legítima defesa da honra do âmbito do instituto da legítima defesa; e (iii) obstar à defesa, à acusação, à autoridade policial e ao juízo que utilizem, direta ou indiretamente, a tese de legítima defesa da honra (ou qualquer argumento que induza à tese) nas fases pré-processual ou processual penais, bem como durante o julgamento perante o tribunal do júri, sob pena de nulidade do ato e do julgamento. Tribunal Pleno, Rel. Min. Dias Toffoli, j. 15.03.21.

7.8 SÍNTESE GRÁFICA

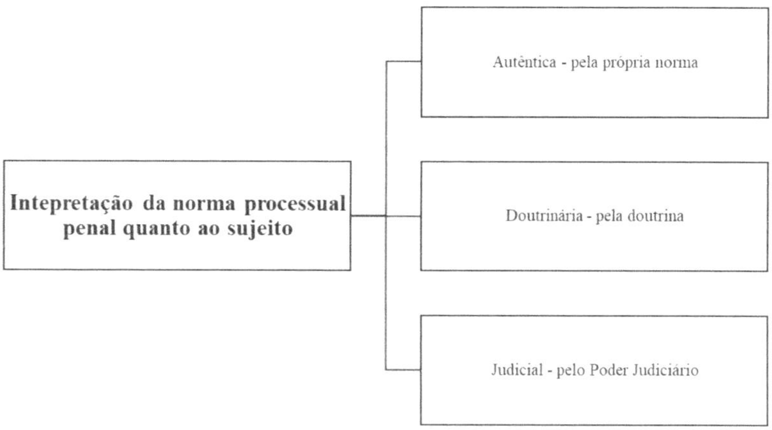

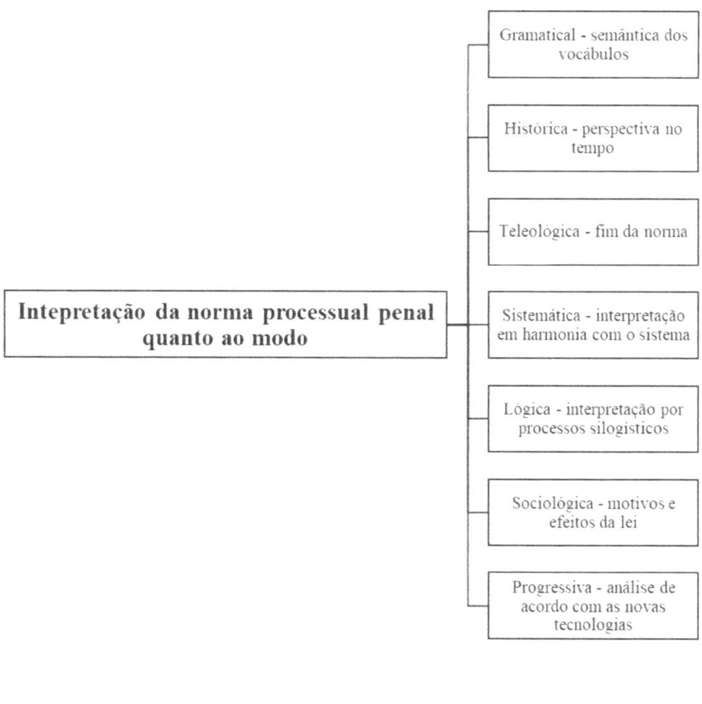

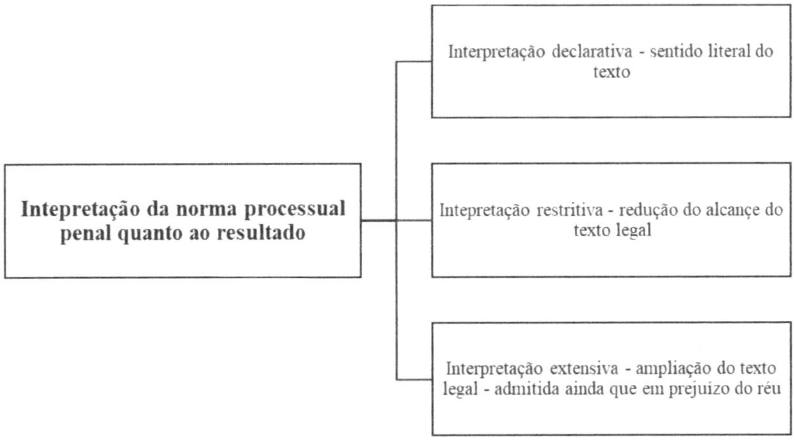

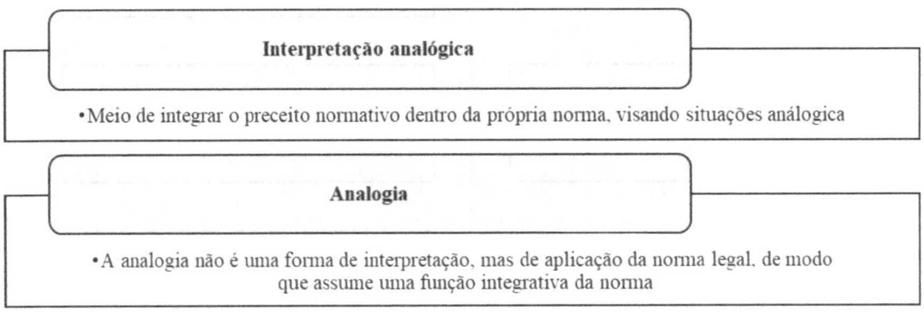

7.9 REVISÃO DO CAPÍTULO POR QUESTÕES DE CONCURSOS E ASSERTIVAS DE REFORÇO

QUESTÕES DE CONCURSO

1. (TJ/SE 2015 - FCC JUIZ SUBSTITUTO). A lei processual penal,

A. não admite aplicação analógica, salvo para beneficiar o réu.

B. não admite aplicação analógica, mas admite interpretação extensiva.

C. somente pode ser aplicada a processos iniciados sob sua vigência.

D. admite o suplemento dos princípios gerais de direito.

E. admite interpretação extensiva, mas não o suplemento dos princípios gerais de direito.

2. (TJ/RR 2015 - FCC - JUIZ SUBSTITUTO). A lei processual penal brasileira

A. admite interpretação extensiva e aplicação analógica, bem como o suplemento dos princípios gerais de direito.

B. aplica-se desde logo, em prejuízo da validade dos atos realizados sob a vigência da lei anterior.

C. retroage no tempo para obrigar a refeitura dos atos processuais, caso seja mais benéfica ao réu.

D. não admite definição de prazo de vacatio legis.

E. será aplicada nos atos processuais praticados em outro território que não o brasileiro, em casos de extraterritorialidade da lei penal.

3. (DP-CE 2014 - FCC - DEFENSORIA PÚBLICA). Em relação à lei processual penal, é correto afirmar que, em regra,

A. admite suplemento dos princípios gerais do direito e aplicação analógica.

B. a lei anterior tem ultratividade para beneficiar o acusado.

C. admite interpretação extensiva, mas não aplicação analógica.

D. os atos realizados sob a vigência da lei anterior devem ser refeitos.

E. tem aplicação imediata, mesmo em período de vacatio legis e ainda que menos benéfica.

ASSERTIVAS DE REFORÇO

1. **( )** O conceito de prisão domiciliar recebe interpretação doutrinária ou judicial para fins de prisão *preventiva*.

2. **( )** O processo penal não admite a interpretação progressiva, haja vista o princípio da tipicidade dos atos processuais.

3. **( )** O art. 211 do CPP dispõe que se o juiz, ao pronunciar sentença final, reconhecer que alguma testemunha fez afirmação falsa, calou ou negou a verdade, remeterá cópia do depoimento à autoridade policial para a instauração de inquérito. Nada impede, contudo, que encaminhe as peças ao Ministério Público, conduta aliás, mais adequada sob a luz do sistema acusatório. Trata-se de hipótese aplicação da analogia.

4. **( )** A interpretação analógica é um processo de interpretação determinado previamente por lei, isto é, um meio indicado para integrar o preceito normativo dentro da própria norma.

5. **( )** O STF conferiu interpretação conforme à Constituição para obstar à defesa, à acusação, à autoridade policial e ao juízo que utilizem, direta ou indiretamente, a tese de legítima defesa da honra (ou qualquer argumento que induza à tese) nas fases pré-processual ou processual penais, bem como durante o julgamento perante o tribunal do júri, sob pena de nulidade do ato e do julgamento.

7.9.1 Gabaritos

QUESTÕES DE CONCURSO

1	2	3
D	A	A

ASSERTIVAS DE REFORÇO

1	2	3	4	5
F	F	F	V	V

COMENTÁRIOS ÀS ASSERTIVAS FALSAS E JUSTIFICATIVAS IMPORTANTES

1. F. Interpretação autêntica: art. 317 do CPP: "a prisão domiciliar consiste no recolhimento do indiciado ou acusado em sua residência, só podendo dela ausentar-se com autorização judicial".

2. F. Admite, como nos casos de comunicações eletrônicas não previstas expressamente no CPP.

3. F. Interpretação extensiva.

4. V.

5. V.

8

Normas processuais em relação às pessoas

8.1 COMO O ASSUNTO É ABORDADO EM PROVAS E CONCURSOS

O assunto não é usual em provas de Ministério Público, Magistratura, Defensoria Pública e Delegado de Polícia, sendo poucas as questões verificadas nos certames. A cobrança normalmente é restrita a questões objetivas. Em linhas gerais, as questões tendem a maior cobrança nos concursos que envolvem área federal.

Destaca-se, no conteúdo, as imunidades dos parlamentares, que devem ser conhecidas pelo leitor, pois a cobrança pode aparecer em conjunto com o tema competência. O tema foi amplamente trabalhado pela jurisprudência do STF, de forma que, além da perspectiva legal, o leitor deve conhecer os julgados.

8.2 INTRODUÇAO

Há pessoas que, em razão da função exercida, afastam a aplicação da lei processual brasileira ou modificam a forma como a lei processual é aplicada, exigindo requisitos outros além dos previstos no Código de Processo Penal.

8.3 IMUNIDADES DIPLOMÁTICAS

A norma processual penal brasileira não é aplicável nas hipóteses de imunidades diplomáticas em razão da necessidade de se conferir especial tratamento aos representantes diplomáticos de outros países, em respeito à soberania desses, para que possam desempenhar suas funções segundo as normas regentes no país de origem.

As imunidades devem ser analisadas sob o prisma da Convenção de Viena sobre Relações Diplomáticas de 1961 e Convenção de Viena sobre as Relações Consulares de 1963, aprovadas pelos Decretos Legislativos 103/64 e 06/67, ratificadas pelos Decretos 56.435/65 e 61.078/67, respectivamente.

As imunidades diplomáticas abrangem a prática de qualquer infração penal e se estendem a todos os agentes diplomáticos[1] e funcionários de organismos internacionais (ONU, OTAN e etc.), quando em serviço.

1. Embaixador, secretários da embaixada, pessoal técnico e administrativo das representações.

Aos familiares dos agentes diplomáticos e funcionários das organizações internacionais igualmente a imunidade é concedida, sendo que havendo o falecimento de um diplomata, os membros de sua família continuarão no gozo dos privilégios e imunidades, até a expiração de um prazo razoável que lhes permita deixar o território do Estado acreditado, conforme artigo 39, § 3º, da Convenção de Viena sobre relações diplomáticas.

Contudo, não há previsão de imunidade aos empregados particulares dos agentes diplomáticos, ainda que originários do Estado representado, a não ser que o Estado acreditante as reconheça.

A inviolabilidade dos diplomatas assegura a inviolabilidade pessoal, pois não podem ser presas nem submetidas a qualquer procedimento sem que o Estado acreditado tenha autorizado. Abarca, igualmente, a residência particular ou oficial dos protegidos.

Funda-se nos princípios da reciprocidade e do interesse da função, de sorte que a imunidade é concedida pelo Brasil em respeito à igual imunidade concedida pelo país estrangeiro aos agentes diplomáticos brasileiros em razão da relevância da função exercida pelo representante estrangeiro, sendo irrenunciável por parte de seu destinatário.

Da mesma forma, estão protegidos pelas imunidades diplomáticas o Chefe do Estado estrangeiro e os membros de sua comitiva que visitam o país.

Por sua vez, consoante os artigos 41 e 43 da Convenção de Viena sobre Relações Consulares, **os cônsules recebem imunidade restrita aos atos de ofício, salvo na existência de tratado dispondo de forma diversa**. Pelas infrações praticadas no exercício de suas funções, respondem perante as autoridades do Estado estrangeiro, ao passo que as infrações penais praticadas sem relação de pertinência com a função exercida serão punidas segundo a lei brasileira. A imunidade dos cônsules não é extensível aos familiares.

Segundo a Convenção de Viena, as sedes diplomáticas são invioláveis como garantia às representações estrangeiras, não podendo ser alvo de busca e apreensão, requisições ou qualquer medida de natureza penal e processual penal.

As sedes diplomáticas, em regra, compõem o território jurídico do país estrangeiro, não obstante estarem situadas no território físico brasileiro. Ocorrendo, em seu interior, a prática de um delito, a identificação do autor da infração é crucial para delimitação da lei penal aplicável. Sendo o infrator uma das pessoas que goza de imunidade, não se aplica a lei brasileira, porquanto ocorre a incidência da imunidade. Por outro lado, sendo o agente uma pessoa que não goza de imunidade, aplicar-se-á a lei brasileira, havendo nesse caso, a prevalência do território físico brasileiro sobre o território jurídico estrangeiro.

Logo, tem-se que as normas processuais nacionais não são aplicáveis quando os atos processuais não forem realizados no Brasil.

8.4 IMUNIDADE PARLAMENTARES

A tutela especial dos parlamentares visa assegurar o fiel e escorreito exercício do mandato, evitando-se ameaças e pressões ao pleno exercício da legislatura. Em seu contexto, ainda se insere a prerrogativa de foro, que será analisada no contexto do capítulo de competência.

Para que o parlamentar possa exercer sua função de forma livre, a Constituição Federal previu as chamadas imunidades parlamentares, classificadas pela doutrina em absolutas e relativas.

Trata-se de garantia e prerrogativa inerente à função exercida, não se confundindo com um mero privilégio. Não é extensível ao corréu sem essa prerrogativa[2]. Engloba, segundo o STF[3], suas opiniões, palavras e votos, desde que relacionadas às funções, não abrangendo manifestações desarrazoadas e desprovidas de conexão com os seus deveres constitucionais.

Foram constituídas no Brasil sob dois modelos: imunidade material e imunidade formal.

8.4.1 Imunidade material (*freedom of speech*)

Também conhecida por imunidade absoluta, substancial, real, inviolabilidade ou indenidade, encontra sua previsão nos artigos 53, *caput*[4], 27, §1º[5] e 29, inc. VIII[6] da Constituição Federal.

Os Deputados Federais e Estaduais, Senadores e Vereadores, gozam da prerrogativa, inerente ao fiel e escorreito exercício da função. No que toca aos vereadores, o Supremo Tribunal Federal entendeu que a imunidade material está restrita aos limites da circunscrição do município e somente será aplicável se guardar pertinência temática com o exercício do mandato[7].

A doutrina diverge quanto à natureza jurídica da imunidade absoluta, tratando-a, consoante o escólio de SANCHES[8] (2016, pg. 130), como causa excludente de crime (Pontes de Miranda, Nélson Hungria e José Afonso da Silva), causa que se opõe à formação do crime (Basileu Garcia), causa pessoal (funcional) de isenção de pena (Aníbal Bruno), causa de irresponsabilidade (Magalhães Noronha), causa de incapacidade processual penal por razões políticas (José Frederico Marques) e causa de atipicidade do fato (Luiz Flávio Gomes).

---

2. Súmula 245 do STF: A imunidade parlamentar não se estende ao corréu sem essa prerrogativa.
3. AP 926/AC, rel. Min. Rosa Weber. 1ª Turma. DJe 02/12/2016. [...] A jurisprudência desta Suprema Corte é firme no sentido de que a inviolabilidade parlamentar material, especialmente com relação a declarações proferidas fora da Casa Legislativa, requer a existência de nexo de implicação entre as declarações e o exercício do mandato[...].
4. Art. 53. Os Deputados e Senadores são invioláveis, civil e penalmente, por quaisquer de suas opiniões, palavras e votos.
5. § 1º Será de quatro anos o mandato dos Deputados Estaduais, aplicando- sê-lhes as regras desta Constituição sobre sistema eleitoral, inviolabilidade, imunidades, remuneração, perda de mandato, licença, impedimentos e incorporação às Forças Armadas.
6. VIII - inviolabilidade dos Vereadores por suas opiniões, palavras e votos no exercício do mandato e na circunscrição do Município.
7. Constitucional. Recurso Extraordinário. Inviolabilidade civil das opiniões, palavras e votos de vereadores. Proteção adicional à liberdade de expressão. Afastamento da reprimenda judicial por ofensas manifestadas no exercício do mandato e na circunscrição do município. Provimento do recurso. 1. Vereador que, em sessão da Câmara, teria se manifestado de forma a ofender ex-vereador, afirmando que este "apoiou a corrupção [...], a ladroeira, [...] a sem-vergonhice", sendo pessoa sem dignidade e sem moral. 2. Observância, no caso, dos limites previstos no art. 29, VIII, da Constituição: manifestação proferida no exercício do mandato e na circunscrição do Município. [...]Provimento do recurso, com fixação, em repercussão geral, da seguinte tese: nos limites da circunscrição do Município e havendo pertinência com o exercício do mandato, os vereadores são imunes judicialmente por suas palavras, opiniões e votos. RE 600063, rel.: Min. Marco Aurélio, Relator(a) p/ Acórdão: Min. Roberto Barroso, Tribunal Pleno, julgado em 25/02/2015.
8. SANCHES CUNHA, Rogério. **Manual de Direito Penal:** parte geral (arts. 1º ao 120), 4ª ed. Salvador: Juspodivm, 2016.

Entendemos, assim como STF, tratar-se de **causa que exclui a tipicidade do fato**[9], porquanto as opiniões, palavras e votos, proferidos no exercício da atividade parlamentar, são condutas inerentes à função e não somente toleradas pelo Estado Democrático de Direito, mas também fomentadas e permitidas por esse. Assim, eventuais opiniões, palavras e votos, que se amoldem formalmente a um tipo penal, não são antinormativas, isto é, não contrariam o Direito, pois encontram expressa permissão legal. Assim, não há lesão à ordem jurídica e, consequentemente, tipicidade material.

A imunidade absoluta, apesar da nomenclatura, para nós deve ser concebida como condicionada, pois somente incidirá quando abranger as manifestações proferidas no interior da casa legislativa, desde que não desarrazoadas e desprovidas de conexão com os seus deveres constitucionais. Contudo, se proferidas fora do recinto, além dos requisitos da razoabilidade, devem guardar relação com o exercício do mandato, sob pena de distorção da essência do instituto. O STF igualmente entendeu que a garantia da imunidade abarca as mensagens postas em redes sociais e aplicativos de troca de mensagens[10].

8.4.2 Imunidade formal

A imunidade parlamentar relativa é também conhecida por imunidade formal, relativa, processual ou adjetiva, estando prevista para os Deputados Federais e Senadores no art. 53, §1º ao §8º da Constituição Federal.

No texto constitucional consta, de forma clara, o asseguramento das imunidades aos parlamentares estaduais, de forma que, afastando qualquer divergência, o STF, no julgamento das ADIs 5823, 5824 e 5825, ao interpretar o art. 27, §1º da CF, entendeu que o aludido dispositivo é expresso ao estender aos Deputados Estaduais as imunidades concedidas aos parlamentares federais. A palavra "imunidades", utilizada no plural pelo texto constitucional, segundo o STF, abrange tanto as imunidades absolutas condicionadas como as relativas, pois se quisesse o legislador afastar a simetria constitucional, o teria feito de forma expressa, a exemplo do que fez com os vereadores no inciso VIII do art. 29.

O texto do informativo 939 do STF, transcrito parcialmente, clarifica bem a questão:

> [...]O Colegiado entendeu que a leitura da Constituição da República revela que, sob os ângulos literal e sistemático, os deputados estaduais têm direito às imunidades formal e material e à inviolabilidade conferidas pelo constituinte aos congressistas, no que estendidas, expressamente, pelo § 1º do art. 27 da CF. Asseverou que o dispositivo não abre campo a controvérsias semânticas em torno de quais imunidades são abrangidas pela norma extensora. A referência no plural, de cunho genérico, evidencia haver-se conferido

9. Pet. 6156, rel. Min. Gilmar Mendes. DJe 28/09/2016. Queixa-crime. Ação penal privada. Competência originária. Crimes contra a honra. Calúnia. Injúria. Difamação. 2. Art. 53 da Constituição Federal. Imunidade parlamentar material. A imunidade é absoluta quanto às manifestações proferidas no interior da respectiva casa legislativa. O parlamentar também é imune em relação a manifestações proferidas fora do recinto parlamentar, desde que ligadas ao exercício do mandato. Precedentes. Possível reinterpretação da imunidade material absoluta, tendo em vista a admissão de acusação contra parlamentar em razão de palavras proferidas no recinto da respectiva casa legislativa, mas supostamente dissociadas da atividade parlamentar – PET 5.243 e INQ 3.932, rel. min. Luiz Fux, julgados em 21.6.2016. Caso concreto em que, por qualquer ângulo que se interprete, as declarações estão abrangidas pela imunidade. Declarações proferidas pelo Deputado Federal querelado no Plenário da Câmara dos Deputados. Palavras proferidas por ocasião da prática de ato tipicamente parlamentar – voto acerca da autorização para processo contra a Presidente da República. Conteúdo ligado à atividade parlamentar. 3. Absolvição por atipicidade da conduta.

10. Pet 6.587, Rel. Min. Ricardo Lewandowski. DJe 18/08/2017.

> a parlamentares estaduais proteção sob os campos material e formal. Se o constituinte quisesse estabelecer estatuto com menor amplitude para os deputados estaduais, o teria feito expressamente, como fez, no inciso VIII do art. 29, em relação aos vereadores. A extensão do estatuto dos congressistas federais aos parlamentares estaduais traduz dado significante do pacto federativo. O reconhecimento da importância do Legislativo estadual viabiliza a reprodução, no âmbito regional, da harmonia entre os Poderes da República. É inadequado, portanto, extrair da Constituição Federal proteção reduzida da atividade do Legislativo nos entes federados, como se fosse menor a relevância dos órgãos locais para o robustecimento do Estado Democrático de Direito. Acrescentou que reconhecer a prerrogativa de o Legislativo sustar decisões judiciais de natureza criminal, precárias e efêmeras, cujo teor resulte em afastamento ou limitação da função parlamentar não implica dar-lhe carta branca. Prestigia-se, ao invés, a Carta Magna, impondo-se a cada qual o desempenho do papel por ela conferido[...]".

Com relação ao Vereador, o texto constitucional não seguiu a mesma linha, pois lhes assegurou, no art. 29, inc. VIII, apenas a inviolabilidade por suas opiniões, palavras e votos no exercício do mandato e na circunscrição do Município, afastando qualquer aspecto das imunidades relativas.

A imunidade relativa abrange regras diferenciadas quanto à **prisão**, ao **processo** e **à condição de testemunha**, além de persistirem durante o Estado de Sítio, na forma do art. 53, §8º da CF[11], somente podendo ser suspensas mediante o voto de dois terços dos membros da Casa respectiva, para abarcar fatos praticados fora do recinto do Congresso Nacional e incompatíveis com a execução da medida. Trata-se de garantia irrenunciável consoante entendimento do STF[12].

8.4.2.1 *Imunidade formal em relação à prisão ou incoercibilidade pessoal dos congressistas* (freedom from arrest)

A imunidade parlamentar relativa relacionada à prisão visa proteger os titulares da garantia de prisões arbitrárias e hábeis a colocar o parlamentar em situação vexatória e desonrosa.

A Constituição Federal, no art. 53, § 2º, dispõe:

> "Desde a expedição do diploma, os membros do Congresso Nacional não poderão ser presos, salvo em flagrante de crime inafiançável. Nesse caso, os autos serão remetidos dentro de vinte e quatro horas à Casa respectiva, para que, pelo voto da maioria de seus membros, resolva sobre a prisão".

O texto constitucional faz expressa menção à hipótese de prisão em flagrante por crime inafiançável, sendo omisso quanto às demais prisões cautelares e prisão decorrente de sentença penal condenatória transitada em julgado.

No que diz respeito à prisão preventiva, inicialmente o STF entendeu por aplicável a Deputados e Senadores no julgamento da AC 4039, utilizando como precedente o julgamento do HC 89417/RO[13].

No julgamento do HC 89417/RO, asseverou a relatora, Min. Cármen Lúcia:

---

11. § 8º As imunidades de Deputados ou Senadores subsistirão durante o estado de sítio, só podendo ser suspensas mediante o voto de dois terços dos membros da Casa respectiva, nos casos de atos praticados fora do recinto do Congresso Nacional, que sejam incompatíveis com a execução da medida.
12. Inq. 510/DF, rel. Min. Celso de Mello, Pleno, j. 01/02/1991.
13. DJe 15.12.2006.

> "[...] os elementos contidos nos autos impõem interpretação que considere mais que a regra proibitiva da prisão de parlamentar, isoladamente, como previsto no artigo 53, parágrafo 2º, da Constituição da República. Há de se buscar interpretação que conduza à aplicação efetiva e eficaz do sistema constitucional como um todo. A norma constitucional que cuida da imunidade parlamentar e da proibição de prisão do membro de órgão legislativo não pode ser tomada em sua literalidade, menos ainda como regra isolada do sistema constitucional[...]
>
> [...] Deve ser acentuado, entretanto, que a) o princípio da imunidade parlamentar permanece íntegro e de aplicação obrigatória no sistema constitucional para garantir a autonomia das instituições e a garantia dos cidadãos que proveem os seus cargos pela eleição dos seus representantes. Cuida-se de princípio essencial para assegurar a normalidade do Estado de Direito; b) a sua não incidência, na espécie, pelo menos na forma pretendida pelo impetrante, deve-se a condição especial e excepcional, em que a sua aplicação gera a afronta a todos os princípios e regras constitucionais que se interligam para garantir a integridade e a unidade do sistema constitucional, quer porque acolher a regra, em sua singeleza, significa tornar um brasileiro insujeito a qualquer processamento judicial, faça o que fizer, quer porque dar aplicação direta e isolada à norma antes mencionada ao caso significa negar aplicação aos princípios fundantes do ordenamento; c) o caso apresentado nos autos é situação anormal, excepcional e não cogitada, ao que parece, em qualquer circunstância pelo constituinte. Não se imagina que um órgão legislativo, atuando numa situação de absoluta normalidade institucional do País e num período de democracia praticada, possa ter 23 dos 24 de seus membros sujeitos a inquéritos e processos, levados adiante pelos órgãos policiais e pelo Ministério Público; d) à excepcionalidade do quadro há de corresponder a excepcionalidade da forma de interpretar e aplicar os princípios e regras do sistema constitucional, não permitindo que para prestigiar uma regra - mais ainda, de exceção e de proibição e aplicada a pessoas para que atuem em benefício da sociedade - se transmute pelo seu isolamento de todas as outras do sistema e, assim, produza efeitos opostos aos quais se dá e para o que foi criada e compreendida no ordenamento. Tal é o que aconteceria se se pudesse aceitar que a proibição constitucional de um representante eleito a ter de submeter-se ao processamento judicial e à prisão sem o respeito às suas prerrogativas seria um álibi permanente e intocável dado pelo sistema àquele que pode sequer não estar sendo mais titular daquela condição, a não ser formalmente.
>
> [...] Tal como a quimioterapia impõe que se agridam células boas para atingir e exterminar células más, a fim de salvar o corpo do doente, assim também, repito o quanto antes afirmei: haverá de haver remédio jurídico, sempre, a garantir que o corpo normativo fundamental não se deixe abater pela ação de uma doença que contraria a saúde ética e jurídica das instituições e que pode pôr a perder todo sistema constitucional."

A questão posta em julgamento perante o Supremo Tribunal Federal, por mais que tenhamos desejado o resultado final como cidadãos, porquanto cansados da impunidade, das altas taxas de criminalidade e da imperativa necessidade combate à corrupção, trouxe um perigoso precedente à nossa ordem jurídica e às garantias primárias do cidadão.

Ao estender a estrita literalidade do art. 53 §2º da Constituição Federal para alcançar e permitir a prisão preventiva de Deputados e Senadores, o Supremo Tribunal Federal restou por trazer uma importante insegurança jurídica ao nosso ordenamento. Não gostamos da redação do aludido dispositivo constitucional, pois hábil a permitir práticas lesivas à sociedade e à ordem jurídica como um todo. Contudo, pouco importa se gostamos ou não da redação, pois o ponto nevrálgico da decisão não envolve a redação legal, literal ao extremo, mas de se fazê-la cumprir porquanto estabelecida pelo poder constituinte derivado pela Emenda Constitucional 35, fruto da soberania popular, inserta no diploma legal fundamentador da nossa ordem jurídica.

Ao utilizar o fundamento da gravidade das condutas para afastar validade de um dispositivo constitucional, o Supremo Tribunal Federal abriu um flanco de subjetividade, perigoso e instável, capaz de fundamentar violações a direitos e garantias individuais do cidadão, à critério de conveniência do órgão Judiciário maior.

Não há dúvidas de que ao Supremo Tribunal Federal compete interpretar os dispositivos constitucionais e transmitir a interpretação ótima da corte sobre nossa Constituição Federal. Todavia, há limites dentro dos quais se insere a inafastabilidade dos direitos e garantias fundamentais. Nesse contexto, por mais que queiramos concordar, como cidadãos, com a decisão do STF, não há como se concebê-la como não teratológica ao afastar uma garantia constitucional da República, conferida a um representante popular de um ente federativo, sem o receio de que idêntica medida seja adotada para as garantias fundamentais do cidadão.

Trata-se, em nosso entendimento, de cristalina hipótese de aplicação do Direito Penal do inimigo, fundamentada na mera gravidade de fatos, com alto grau de subjetividade e alta margem de insegurança jurídica para nosso sistema[14].

Noutro giro, o STF, ainda que forma implícita, manifestou-se quanto à possibilidade de decretação da prisão temporária de Deputados e Senadores, ao permitir a conversão de prisão temporária em prisão preventiva de um Deputado Estadual do Rio de Janeiro[15].

Posteriormente, no julgamento da ADI 5825, o STF modificou seu entendimento para fixar a impossibilidade de prisões cautelares[16]:

> A imunidade formal prevista constitucionalmente somente permite a prisão de parlamentares em flagrante delito por crime inafiançável, sendo, portanto, incabível aos congressistas, desde a expedição do diploma, a aplicação de qualquer outra espécie de prisão cautelar, inclusive de prisão preventiva prevista no artigo 312 do Código de Processo Penal.

Entretanto, merece destaque a sequência da ementa do julgado:

> **Os autos da prisão em flagrante delito por crime inafiançável** ou a decisão judicial de imposição de medidas cautelares que impossibilitem, direta ou indiretamente, o pleno e regular exercício do mandato parlamentar e de suas funções legislativas, **serão remetidos dentro de vinte e quatro horas a Casa respectiva**, nos termos do §2º do artigo 53 da Constituição Federal, **para que**, pelo voto nominal e aberto da maioria de seus membros, **resolva sobre a prisão ou a medida cautelar.**

O julgado traz à tona uma inconsistência sistêmica ao se formular a pergunta: **resolver sobre qual prisão?** A resposta parece óbvia, ao sugerir a prisão em flagrante. Ocorre que a prisão em flagrante não mais se sustenta autonomamente como medida restritiva do direito de liberdade diante da atual concepção da prisão em flagrante como medida administrativa de natureza cautelar ou precautelar. À vista do auto de prisão em flagrante, a autoridade judiciária deverá, nos termos do art. 310 do CPP, relaxar a prisão ilegal; converter a prisão em flagrante em preventiva, quando presentes os requisitos constantes do art. 312 do CPP, e se revelarem inadequadas ou insuficientes as medidas cautelares diversas da prisão; ou conceder liberdade provisória, com ou sem fiança.

Diante da sistemática comum, indaga-se: se o STF fixou o entendimento de que "a imunidade formal prevista constitucionalmente **somente permite a prisão de**

14. Em que pese as considerações apresentadas, indiscutível que, para fins de concursos públicos, há de se reconhecer a possibilidade de decretação da prisão preventiva de Deputados e Senadores conforme o entendimento do Supremo Tribunal Federal.
15. RHC 171840/RJ, rel. Min. Cármen Lúcia, DJe 05.06.19.
16. DJe 16.11.20.

parlamentares em flagrante delito por crime inafiançável, sendo, portanto, incabível aos congressistas, desde a expedição do diploma, **a aplicação de qualquer outra espécie de prisão cautelar**, inclusive de prisão preventiva prevista no artigo 312 do Código de Processo Penal", o que a respectiva casa poderá resolver sobre a prisão, já que a prisão preventiva não poderá ser decretada, mesmo diante da satisfação dos requisitos legais? Se ilegal, em tese já terá sido relaxada pelo STF; se cabível a liberdade provisória, igualmente terá sido concedida pelo STF, porquanto não será caso de preventiva. E, como não cabe prisão preventiva, restará à casa analisar, tão somente, a eventual aplicação de medidas diversas da prisão. Logo, não analisará a prisão.

De fato, há um limbo jurídico na questão, que precisa de enfrentamento específico por meio de emenda constitucional para correção da distorção promovida pela Emenda 35, que somente permitiu a prisão nos casos de flagrante por crime inafiançável, circunstância que impede a aplicação das normas atinentes à prisão e medidas diversas da prisão de forma sistêmica, pois mesmo diante do reiterado descumprimento, por exemplo, das medidas alternativas à prisão, não há a possibilidade de decretação de prisão preventiva.

Em síntese, um deputado, preso em flagrante delito pelo crime de corrupção passiva, não poderá permanecer preso porque não se admite a prisão preventiva, admitindo-se tão somente as medidas alternativas à prisão. Se esse mesmo deputado, fixada, por exemplo, a medida de proibição de contato com as testemunhas (art. 319, III, CPP), ameaçar todas de morte, em flagrante coação no curso do processo (art. 344, CP), sequer poderá ser preso em flagrante delito (art. 322, CPP), e, ainda que fosse possível a prisão, não poderia permanecer preso, porquanto não cabe a prisão preventiva contra congressistas, mesmo diante de um novo delito praticado em descumprimento de medida protetiva que visava evitar sua prática.

Por outro lado, no que tange às prisões definitivas, modifica-se a lógica interpretativa do art. 53, §2º, pois a própria Constituição Federal prescreve a perda do mandato por condenação criminal em sentença transitada em julgado (art. 55. Inc. VI).

O termo inicial da garantia é o ato de diplomação e não o da posse, segundo a redação do dispositivo. Ocorre que, em nossa compreensão, o termo inicial está subordinado à ocorrência de uma condição suspensiva, a posse. Assim, se o parlamentar for diplomado, mas não tomar posse, eventuais delitos praticados no interregno entre a diplomação e a data prevista para a posse não podem ser acobertados pela imunidade, sob pena de desvirtuamento do instituto. Não fosse assim, teríamos uma imunidade válida por oito anos, no caso dos senadores suplentes, sem o exercício da função. Logo, temos um termo inicial com a diplomação, mas condicionados seus efeitos à posse.

O juízo posterior realizado pela Casa respectiva, por maioria absoluta de seus membros, no prazo de 24 (vinte e quatro) horas, é estritamente político, não se impondo a necessidade de avaliação técnica da prisão. Entendemos ser necessária a realização de audiência de custódia perante o Supremo Tribunal Federal, porquanto além do juízo político a ser realizado pela respectiva Casa, há que ser apreciado o aspecto técnico da prisão pelo Judiciário, em razão da reserva de jurisdição.

No que toca à prisão civil por dívida alimentar, não compactuamos com o escólio de MENDES[17] (2012, p. 963), que sustenta o alcance da imunidade inclusive para as

17. MENDES, Gilmar Ferreira. **Curso de Direito Constitucional**. 7ª ed. São Paulo: Saraiva, 2012.

prisões de natureza extrapenal. A prisão civil por dívida alimentar é prevista pela própria Constituição Federal em seu art. 5º, LXVII, e tem por fundamento o princípio da dignidade da pessoa humana do alimentando, isto é, um dos fundamentos da República Federativa do Brasil (art. 1º, inc. III da CF).

A prisão civil alimentar é uma das formas de coerção estatal ao pagamento dos alimentos devidos. Por sua vez, o dever alimentar não guarda qualquer relação com o mandato eletivo. A garantia da não prisão em decorrência de título de natureza penal possui relação direta com o exercício da função pública, de forma que a violação de uma norma penal atinge a sociedade como um todo, ao passo que o descumprimento de uma obrigação alimentar afeta diretamente a vida privada do alimentando, não trazendo repercussões à esfera social.

Com efeito, não se aplica à prisão civil a argumentação tecida quanto a interpretação do art. 53 e parágrafos, pois nitidamente a intenção do legislador constitucional foi de restringir as imunidades aos aspectos penais, haja vista o teor dos parágrafos 3º a 5º, que tratam de denúncia, processo e prescrição.

No tocante à aplicação de medidas cautelares diversas da prisão, o STF decidiu, na ADI 5825, que o Poder Judiciário pode impor medidas cautelares diversas da prisão aos parlamentares, devendo a decisão que a tenha aplicado deverá ser encaminhada à Câmara dos Deputados ou ao Senado no prazo de 24 horas, para que haja deliberação a respeito.

> **O Poder Judiciário dispõe de competência para impor aos parlamentares, por autoridade própria, as medidas cautelares a que se refere o art. 319 do Código de Processo Penal**, seja em substituição de prisão em flagrante delito por crime inafiançável, por constituírem medidas individuais e específicas menos gravosas; seja autonomamente, em circunstancias de excepcional gravidade.
>
> Os autos da prisão em flagrante delito por crime inafiançável ou a decisão judicial de imposição de medidas cautelares **que impossibilitem, direta ou indiretamente, o pleno e regular exercício do mandato parlamentar e de suas funções legislativas**, serão remetidos dentro de vinte e quatro horas a Casa respectiva, nos termos do §2º do artigo 53 da Constituição Federal, para que, pelo voto nominal e aberto da maioria de seus membros, resolva sobre a prisão ou a medida cautelar[18].

8.4.2.2 Imunidade formal em relação ao processo

A **imunidade formal em relação ao processo** está prevista no artigo 53, §§ 3º a 5º da CF[19]. Alcança os crimes praticados pelos parlamentares após a diplomação, não se aplicando às infrações penais praticadas anteriormente.

Recebida a denúncia contra o Senador ou Deputado Federal, por crime ocorrido após a diplomação, o **processo poderá ser suspenso por pedido de partido político**

18. DJe 16.11.20.

19. § 3º Recebida a denúncia contra o Senador ou Deputado, por crime ocorrido após a diplomação, o Supremo Tribunal Federal dará ciência à Casa respectiva, que, por iniciativa de partido político nela representado e pelo voto da maioria de seus membros, poderá, até a decisão final, sustar o andamento da ação.
§ 4º O pedido de sustação será apreciado pela Casa respectiva no prazo improrrogável de quarenta e cinco dias do seu recebimento pela Mesa Diretora.
§ 5º A sustação do processo suspende a prescrição, enquanto durar o mandato.

com representação na Casa, após votação por **maioria absoluta** em até **quarenta cinco dias**, improrrogáveis, após seu recebimento pela Mesa Diretora. Ocorrendo a suspensão, igualmente haverá a **suspensão do curso do prazo prescricional**.

Tratando-se de inquérito policial, o STF[20] entendeu que a prerrogativa extraordinária da imunidade parlamentar em sentido formal não se estende e nem alcança os inquéritos policiais que tenham sido instaurados contra membros do Congresso Nacional.

O Pretório Excelso ainda decidiu que:

> "a garantia da imunidade parlamentar em sentido formal não impede a instauração de inquérito policial contra membro do Poder Legislativo. Desse modo, o parlamentar - independentemente de qualquer licença congressional - pode ser submetido a atos de investigação criminal promovidos pela Polícia Judiciária, desde que tais medidas pré-processuais de persecução penal sejam adotadas no âmbito de procedimento investigatório em curso perante órgão judiciário competente: o Supremo Tribunal Federal, no caso de qualquer dos investigados ser congressista (CF, art. 102, I, "b")[21].

No que toca à instauração de **inquérito policial** contra parlamentares, não se exige a autorização da Câmara dos Deputados ou Senado Federal, vez que a própria propositura da ação penal dispensa autorização.

O STF entendeu, no julgamento da AP 937, que se a competência originária para julgamento for da Suprema Corte, a instauração de investigação criminal deve ser submetida à autorização da corte. No julgamento do Inquérito 2411/MT, assinalou o STF que:

> (...) Se a Constituição estabelece que os agentes políticos respondem, por crime comum, perante o STF (CF, art. 102, I, b), não há razão constitucional plausível para que as atividades diretamente relacionadas à supervisão judicial (abertura de procedimento investigatório) sejam retiradas do controle judicial do STF. A iniciativa do procedimento investigatório deve ser confiada ao MPF contando com a supervisão do Ministro-Relator do STF. 5. **A Polícia Federal não está autorizada a abrir de ofício inquérito policial para apurar a conduta de parlamentares federais ou do próprio Presidente da República** (no caso do STF). No exercício de competência penal originária do STF (CF, art. 102, I, "b" c/c Lei nº 8.038/1990, art. 2º e RI/STF, arts. 230 a 234), a atividade de supervisão judicial deve ser constitucionalmente desempenhada durante toda a tramitação das investigações desde a abertura dos procedimentos investigatórios até o eventual oferecimento, ou não, de denúncia pelo *dominus litis*. 6. Questão de ordem resolvida no sentido de anular o ato formal de indiciamento promovido pela autoridade policial em face do parlamentar investigado. (STF, Inq. 2.411QO/MT, Pleno, *J*. 10.10.07)

Em síntese, as investigações criminais realizadas pela autoridade policial ou pelo Ministério Público deverão ser previamente autorizadas pelo STF, tratando-se, como salienta a doutrina, de **investigação supervisionada**, que conta com a supervisão de Ministro Supremo Tribunal Federal.

Não obstante o entendimento já consolidado, parece-nos bastante questionável, sob a luz do sistema acusatório, que o Poder Judiciário tenha a prerrogativa de autorizar ou não uma investigação criminal realizada, por exemplo, pelo Ministério Público, órgão independente. Condicionar a investigação criminal à autorização do STF remete ao sistema inquisitivo, com a participação do magistrado na investigação.

---

20. RTJ 1661785-786, rel. Min. Celso de Mello.

21. Inq. 1628, rel. Min. Celso de Mello. DJ 16/05/2000.

Independentemente da necessidade de autorização, o Poder Judiciário poderia intervir na investigação por meio de provocação do interessado, trancando-a, por exemplo, por meio de HC, vez que a investigação, por si só, não representa risco de violação dos direitos materiais previstos na Constituição Federal. Entretanto, a exigência a autorização nos parece resquício do sistema inquisitório, que deveria ser extirpada do ordenamento jurídico.

8.4.2.3 Imunidade relativa na condição de testemunha

A **imunidade formal testemunhal** deve guardar relação com o mandato e está prevista no art. 53, § 6º da CF[22]. Em regra, Deputados e Senadores possuem o dever de testemunhar. Contudo, não serão obrigados a prestar testemunho sobre informações recebidas ou prestadas em razão do exercício do mandato, nem sobre as pessoas que lhes confiaram ou deles receberam informações.

8.4.2.4 Parlamentares licenciados e suplentes

Estando o parlamentar licenciado do cargo, será suspensa a garantia constitucional da imunidade relativa prevista no art. 53 da CF, pois essa está associada à função e não a pessoa. Nesse sentido, o STF cancelou a Súmula 4 que prescrevia: "Não perde a imunidade parlamentar o congressista nomeado Ministro de Estado".

De igual forma, o suplente do detentor de cargo eletivo, enquanto mantiver essa condição, não goza de qualquer tipo de imunidade parlamentar.

8.5 IMUNIDADE TEMPORÁRIA DO PRESIDENTE DA REPÚBLICA

O art. 86, §4º da Constituição da República assegura ao Presidente da República, na vigência do mandato, imunidade temporária por atos estranhos ao exercício de suas funções.

Essa irresponsabilidade temporária impede a instauraçao de inquéritos policiais e o andamento de ações penais por fatos praticados antes do exercício da função ou, ainda que praticados no curso do mandato, não guardem relação funcional com o cargo.

De igual forma, conta o Presidente da República com a imunidade relacionada à prisão, prevista no art. 86, § 3º da CF, que assevera que enquanto não sobrevier sentença condenatória, nas infrações comuns, o Presidente da República não estará sujeito a prisão. *In casu*, entendemos que somente após o trânsito em julgado poderá ser efetivada a prisão, não obstante a ausência de previsão expressa no dispositivo. Assim, não estará sujeito, ao contrário dos parlamentares, à possibilidade de prisão em flagrante delito, preventiva ou temporária.

É importante registrar que os Governadores de Estado e do Distrito Federal, bem como os Prefeitos Municipais, não gozam de qualquer espécie de imunidade na seara penal[23].

---

22. § 6º Os Deputados e Senadores não serão obrigados a testemunhar sobre informações recebidas ou prestadas em razão do exercício do mandato, nem sobre as pessoas que lhes confiaram ou deles receberam informações.

23. ADI 978, rel. p/o ac. Min. Celso de Mello. DJ 24/11/1995. O Estado-membro, ainda que em norma constante de sua própria Constituição, não dispõe de competência para outorgar ao governador a prerrogativa extraordinária da imunidade à prisão em flagrante, à prisão preventiva e à prisão temporária, pois a disciplinação dessas modalidades de prisão cautelar submete-se, com exclusividade, ao poder normativo da União Federal, por efeito de expressa reserva

Conforme pacífica jurisprudência da Suprema Corte, "a imunidade temporária à persecução penal contra o Presidente da República, nos termos do art. 86, § 4º, da Constituição, não se comunica a coautor do fato"[24].

8.6 SÍNTESE GRÁFICA

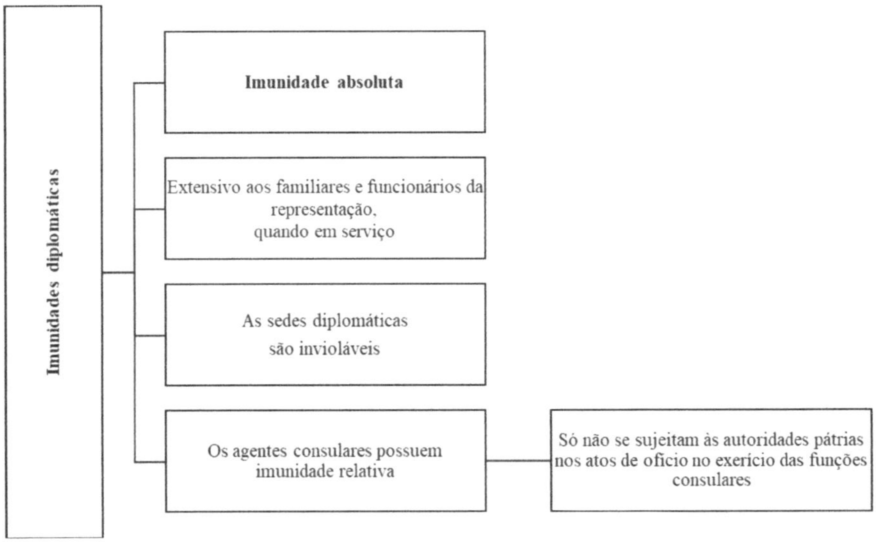

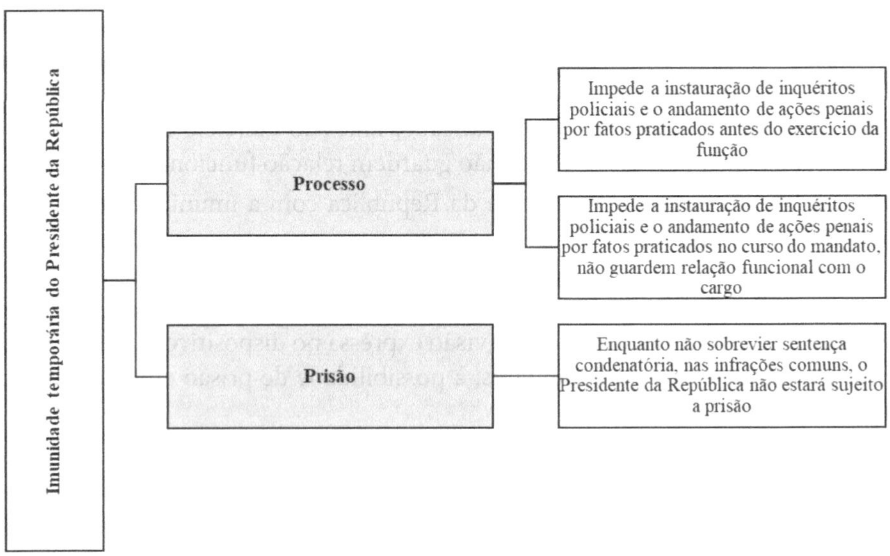

constitucional de competência definida pela Carta da República. A norma constante da Constituição estadual – que impede a prisão do governador de Estado antes de sua condenação penal definitiva – não se reveste de validade jurídica e, consequentemente, não pode subsistir em face de sua evidente incompatibilidade com o texto da CF.

24. Inq 567-QO, rel. Min. Sepúlveda Pertence, RTJ 144/136.

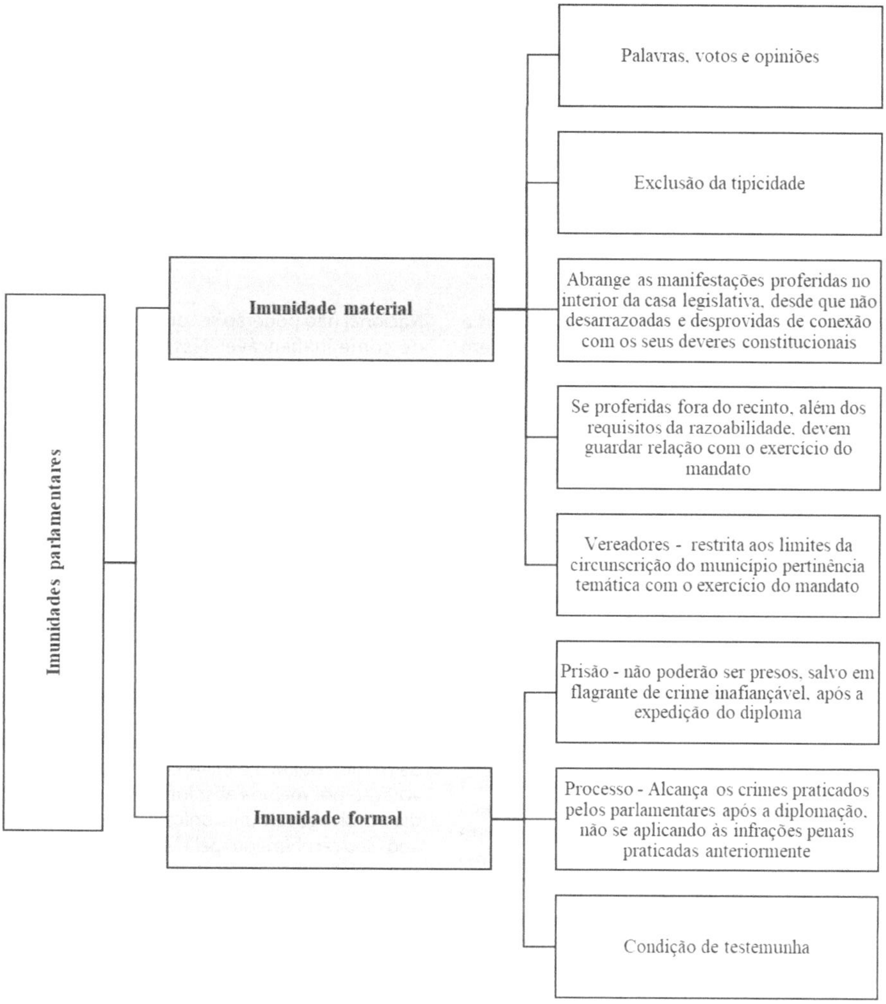

8.7 REVISÃO DO CAPÍTULO POR QUESTÕES DE CONCURSOS E ASSERTIVAS DE REFORÇO

QUESTÕES DE CONCURSO

1. (TJ/BA 2012 - CESPE/CEBRASPE - JUIZ DE DIREITO). Assinale a opção correta considerando a aplicação da lei processual penal.

A. O foro por prerrogativa de função estabelecido exclusivamente pela constituição estadual não prevalece sobre a competência constitucional do tribunal do júri.

B. A lei processual aplica-se de imediato, devendo-se respeitar, entretanto, a data em que o crime foi praticado e observar a pretensão punitiva já estabelecida.

C. Aplica-se às normas processuais penais o princípio da extraterritorialidade, visto que são consideradas extensão do território nacional as embarcações e aeronaves públicas a serviço do governo brasileiro, onde quer que se encontrem.

D. Recebida a denúncia em relação a crime praticado por senador, após a diplomação, o processo deve tramitar perante o juiz natural, inexistindo a sustação do processo com a consequente suspensão da prescrição.

E. Os membros do Congresso Nacional, após a expedição do diploma, só podem ser presos por crimes afiançáveis em situação de flagrância e, em se tratando de crimes inafiançáveis, somente em caso de prisão temporária pautada em crime cometido no exercício ou desempenho das funções parlamentares.

2. (PC/BA 2018 - VUNESP - DELEGADO DE POLÍCIA). De acordo com a jurisprudência sumulada do Supremo Tribunal Federal,

A. a imunidade parlamentar estende-se ao corréu sem essa prerrogativa (Súmula 245).

B. para requerer revisão criminal, o condenado deve recolher-se à prisão (Súmula 393).

C. só é licito o uso de algemas em casos de resistência e de fundado receio de fuga ou perigo à integridade física própria ou alheia, por parte do preso ou terceiros, sem, contudo, necessidade de a autoridade policial justificar a utilização por escrito (Súmula Vinculante 11).

D. é direito do defensor, no interesse do representado, ter acesso amplo aos elementos de prova que, já documentados em procedimento investigatório realizado por órgão com competência de polícia judiciária, digam respeito ao exercício do direito de defesa (Súmula Vinculante 14).

E. a homologação da transação penal prevista no art. 76 da Lei nº 9.099/95 faz coisa julgada material e, descumpridas suas cláusulas, retorna-se à situação anterior, possibilitando ao Ministério Público a continuidade da persecução penal (Súmula Vinculante 35).

ASSERTIVAS DE REFORÇO

1. ( ) As imunidades diplomáticas abrangem a prática de qualquer infração penal e se estendem a todos os agentes diplomáticos e funcionários de organismos internacionais (ONU, OTAN e etc.), quando em serviço.

2. ( ) Os cônsules, pelas infrações praticadas no exercício de suas funções, respondem perante as autoridades do Estado estrangeiro, ao passo que as infrações penais praticadas sem relação de pertinência com a função exercida serão punidas segundo a lei brasileira.

3. ( ) A imunidade dos cônsules é extensível aos familiares.

4. ( ) As sedes diplomáticas são invioláveis como garantia às representações estrangeiras, não podendo ser alvo de busca e apreensão, requisições ou qualquer medida de natureza penal e processual penal.

5. ( ) Segundo o Supremo Tribunal Federal, a imunidade material dos vereadores está restrita aos limites da circunscrição do município e somente será aplicável se guardar pertinência temática com o exercício do mandato.

6. ( ) As imunidades relativas previstas aos congressistas não persistem durante o Estado de Sítio.

7. ( ) De acordo com a Constituição Federal, desde a expedição do diploma, os membros do Congresso Nacional não poderão ser presos, salvo em flagrante de crime inafiançável. Nesse caso, os autos serão remetidos dentro de vinte e quatro horas à Casa respectiva, para que, pelo voto da maioria de seus membros, resolva sobre a prisão.

8. ( ) Segundo o entendimento do STF, o Poder Judiciário dispõe de competência para impor aos parlamentares, por autoridade própria, as medidas cautelares a que se refere o art. 319 do Código de Processo Penal, seja em substituição de prisão em flagrante delito por crime inafiançável, por constituírem medidas individuais e específicas menos gravosas; seja autonomamente, em circunstancias de excepcional gravidade.

9. ( ) Recebida a denúncia contra o Senador ou Deputado Federal, por crime ocorrido após a diplomação, o processo poderá ser suspenso por pedido de partido político com representação na Casa, após votação por maioria absoluta em até quarenta cinco dias, prorrogáveis uma única vez pelo mesmo prazo, após seu recebimento pela Mesa Diretora. Ocorrendo a suspensão, igualmente haverá a suspensão do curso do prazo prescricional.

10. ( ) A Polícia Federal não está autorizada a abrir de ofício inquérito policial para apurar a conduta de parlamentares federais ou do próprio Presidente da República.

8.7.1 Gabaritos

QUESTÕES DE CONCURSO

1	2
A	D

ASSERTIVAS DE REFORÇO

1	2	3	4	5	6	7	8	9	10
V	V	F	V	V	F	V	V	F	V

COMENTÁRIOS ÀS ASSERTIVAS FALSAS E JUSTIFICATIVAS IMPORTANTES

1. V.

2. V.

3. F. Não é extensível.

4. V.

5. V.

6. F. Art. 53, §8º, CF.

7. V.

8. V.

9. F. O prazo é improrrogável.

10. V.

TÍTULO II

DO JUIZ DAS GARANTIAS E INVESTIGAÇÕES PRELIMINARES

9

Juiz das garantias

9.1 COMO O ASSUNTO É ABORDADO EM PROVAS E CONCURSOS

Na primeira edição da nossa obra, o tema encontrava-se suspenso por decisão do STF, razão pela qual sua abordagem ainda não foi verificada, de forma objetiva, em provas e concursos. Não obstante, considerando-se que o STF julgou as ADIs 6.298, 6.299, 6.300 e 6.305, referentes ao juiz das garantias, o tema tende a ser cobrado com grande incidência, razão pela qual o leitor deverá guardar especial atenção quanto ao assunto.

Destaca-se, no conteúdo, a necessidade de conhecimento do texto legal e a jurisprudência sobre o tema.

9.2 OBSERVAÇÃO QUANTO À SUSPENSÃO

A figura do juiz das garantias foi inserida no Código de Processo Penal por intermédio dos artigos 3º-A a 3º-F, incluídos pela Lei do Pacote Anticrime (Lei 13.964/19). Prontamente, o instituto foi alvo das ADIs 6.298, 6.299, 6.300 e 6.305, que culminou com a decisão liminar do Min. Luiz Fux, que **suspendeu,** *sine die*, a **eficácia das normas atinentes ao juiz das garantias**, remetendo ao referendo do plenário, sem prejuízo do andamento regular de inquéritos e processos em andamento.

Todavia, considerando que tais ações foram julgadas pelo STF, em 24.08.23, teceremos, regularmente, os comentários sobre o novel instituto, apontando a decisão proferida e nossas eventuais críticas à decisão. Ressaltamos, contudo, que a análise de temas específicos será realizada nos capítulos próprios para evitarmos repetições, a exemplo dos conceitos de flagrante, insanidade mental, interceptação telefônica etc.

9.3 INTRODUÇÃO

A percepção de um sistema processual penal no qual o magistrado ainda se imiscui na fase investigativa afronta a lógica do sistema acusatório e remonta ao comprometimento da imparcialidade do juiz. Diversos países do mundo, especialmente os europeus, foram, gradativamente, promovendo a transição do sistema inquisitivo para o acusatório, separando claramente as funções de investigar, acusar e julgar.

A Alemanha, em 1975, ao promover a reforma do seu Código de Processo Penal, nitidamente conferiu ao Ministério Público a direção da investigação com auxílio da polícia, preservando ao magistrado a função de zelar pelos direitos individuais dos investigados. Em que pese inexistir o impedimento de que o magistrado que atua na investigação possa julgar o caso, nitidamente o modelo contribuiu para construção do formato atual do juiz de instrução do Direito pátrio.

O modelo português, de 1987, diferencia-se do alemão por vedar que o magistrado da instrução possa julgar eventual caso cuja investigação tenha participado, assemelhando-se ao modelo brasileiro, vez que, não obstante o juiz participar da instrução, o faz apenas a requerimento do órgão investigador, estando impedido de julgar o mérito da causa, funcionamento, portanto, como juiz das liberdades. Entre outros países, o Brasil adotou, em 2019, o sistema do juiz das garantias como forma de sintonizar o modelo investigativo com o sistema acusatório, pois nesse não se admite a figura do juiz como instrutor em substituição às partes.

9.4 JUIZ DAS GARANTIAS – INCONSTITUCIONAL?

As ADIs 6.298, 6.299, 6.300 e 6.305 questionaram diversos pontos da Lei 13.964/19, de forma que resumiremos, de forma tópica, seus principais fundamentos.

a) inconstitucionalidade formal - vício de iniciativa relativo à competência legislativa do Poder Judiciário para alterar a organização e a divisão judiciária: a ADI 6.298 questionou a figura do juiz das garantias por não se tratar de mera "alteração de competência dos Juízos criminais existentes, mas de instituição de um novo juízo (o das Garantias) de forma imediata, sem prever a efetiva criação e instituição por meio das leis de organização judiciária no âmbito da União e dos Estados, estão violando os dispositivos da CF referidos".

O Min. Luiz Fux, ao apreciar o pedido em sede de liminar, decidiu que:

> "a criação do juiz das garantias não apenas reforma, mas refunda o processo penal brasileiro e altera direta e estruturalmente o funcionamento de qualquer unidade judiciária criminal do país. Nesse ponto, os dispositivos questionados têm natureza materialmente híbrida, sendo simultaneamente norma geral processual e norma de organização judiciária, a reclamar a restrição do art. 96 da Constituição".

Não obstante a pertinência da tese, quando da primeira edição da obra, não observávamos vícios de forma, vez que a figura do juiz das garantias é, juridicamente, questão atinente à competência funcional, que se encontra dentro da esfera da competência privativa da União para legislar sobre o assunto (art. 22, I, CF), pois se trata de matéria processual e não organização judiciária pura.

E, nesse sentido, o STF, ao julgar a constitucionalidade do art. 3º-B do CPP, entendeu pela constitucionalidade formal da instituição do juiz das garantias por meio da Lei 13.964/19.

b) inconstitucionalidade formal do art. 3º-D do CPP - vício de iniciativa relativo à competência legislativa do Poder Judiciário para alterar a organização e a divisão judiciária: o art. 3º-D dispõe que "nas comarcas em que funcionar apenas um juiz, os tribunais criarão um sistema de rodízio de magistrados, a fim de atender às disposições deste Capítulo". Originalmente, destacamos em nossa primeira edição que, de fato, parecia-nos inegável que a Lei 13.964/19 disse como os Tribunais deveriam agir nos casos de comarca onde há apenas um magistrado. A questão já nos parecia nitidamente de organização judiciária, pois não cabia ao legislador federal disciplinar a forma como os Tribunais organizariam e disciplinariam as substituições e competências internas. Nesse caso, portanto, entendemos pela nítida violação à autonomia do Poder Judiciário, padecendo o dispositivo, para nós, de inconstitucionalidade formal. E, de fato, o STF, por unanimidade, declarou a inconstitucionalidade formal do parágrafo único do art. 3º-D do CPP, incluído pela Lei nº 13.964/19.

c) inconstitucionalidade material por violação da regra referente à autonomia financeira e administrativa do Poder Judiciário (CF, art. 99, *caput*) e ao regime fiscal da União (ADCT, arts. 104 a 113): a tese sustentava que a Lei do Pacote Anticrime, ao criar a figura do juiz das garantias, violou a previsão da prévia dotação orçamentária para realização de despesas (arts. 169 c/ c art. 99 da CF), bem como contrariou o regime fiscal da União, porquanto criava despesa obrigatória sem prévio impacto orçamentário. Novamente, sob tais argumentos, o Min Luiz Fux concedeu a medida liminar. Preservando a coerência com o tópico anterior, entendemos em nossa primeira edição que, de fato a figura do juiz das garantias é tão somente uma norma de cunho processual fixadora de competência funcional, pois não cria qualquer espécie de estrutura no Poder Judiciário. Logo, por não impor a realização de qualquer despesa, mas tão somente o dever de reorganizar as leis regentes da organização judiciária, não entendemos por maculada materialmente as normas afetas ao juiz das garantias. Referido entendimento, conforme delineado acima, foi o adotado pelo STF.

9.5 VEDAÇÃO DA INICIATIVA DO JUIZ EM ATOS DE INVESTIGAÇÃO E PROBATÓRIOS

Art. 3º-A. O processo penal terá estrutura acusatória, vedadas a iniciativa do juiz na fase de investigação e a substituição da atuação probatória do órgão de acusação.

O dispositivo tão somente reafirma a adoção do modelo acusatório, eleito, para nós, com a Constituição Federal de 1988. Consagra, igualmente, a impossibilidade de iniciativa probatória do juiz na fase investigativa e a substituição da atuação probatória das partes.

De fato, a redação original do CPP, influenciada pelo italiano Código Rocco de 1930, previa diversas formas do magistrado imiscuir-se na função investigativa e probatória, inclusive determinando a realização de provas de ofício, em flagrante atividade violadora da imparcialidade, vez que há inegável vínculo psicológico[1] entre a determinação e a causa.

Parte da doutrina, mesmo no sistema acusatório, sustenta que durante a fase processual o magistrado poderá determinar a produção de provas de ofício visando o esclarecimento da verdade, visando afastar dúvida fundada sobre pontos relevantes. Nesse sentido, BADARÓ[2] (2003, p. 83):

> os poderes instrutórios do juiz não são incompatíveis com a imparcialidade do julgador. Ao determinar a produção de uma prova, o juiz não sabe, de antemão, o que dela resultará e, em consequência a qual parte vai beneficiar. Por outro lado, se o juiz está na dúvida sobre um

1. Discute-se sobre os efeitos da teoria da dissonância cognitiva no magistrado, vez que, segundo a teoria, o ser humano tende a buscar uma zona de conforto e coerência entre suas opiniões e atitudes, de modo que, voluntária ou involuntariamente, caminha no sentido de evitar a dissonância cognitiva, isto é, a incoerência entre atos.
2. BADARÓ, Gustavo Henrique Righi Ivahy. **Ônus da prova no processo penal**. São Paulo: Revista dos Tribunais, 2003.

> fato e sabe que a realização de uma prova poderia eliminar sua incerteza e não determina sua produção, aí sim estará sendo parcial, porque sabe que, ao final, sua abstenção irá beneficiar a parte contrária àquela a quem incumbirá o ônus daquela prova. Juiz ativo não é sinônimo de juiz parcial. É equivocado confundir neutralidade ou passividade com imparcialidade. Um juiz ativo não é parcial, mas apenas um juiz atento aos fins sociais do processo, e que busca exercer sua função de forma a dar ao jurisdicionado a melhor prestação jurisdicional possível.

E, nessa linha de compreensão, perigosa em nossa perspectiva, o STF, por maioria de votos, atribuiu interpretação conforme ao art. 3º-A do CPP, incluído pela Lei nº 13.964/19, para assentar que o juiz, pontualmente, nos limites legalmente autorizados, **pode determinar a realização de diligências suplementares**, para o fim de dirimir dúvida sobre questão relevante para o julgamento do mérito.

Não obstante o entendimento do Pretório Excelso, continuamos a sustentar, pelo menos sob a perspectiva crítica, que a redação do art. 3º-A impediria o magistrado de, por exemplo: a) requisitar a instauração de inquérito policial de ofício (art. 5º, II); b) verificar a falsidade documental de ofício (art. 147); c) ordenar a produção antecipada de provas de ofício (art. 156, I), entre outros, destacando-se os artigos, 168, 196, 225, 242, 404, 497, XI, e 807 do CPP.

Em linhas gerais, a atuação do magistrado como gestor da prova, no sentido de determinar a realização de prova de ofício ou em substituição às partes, para nós, deve ser considerada violadora do princípio acusatório, especialmente quando versar sobre matéria fática, compreendida, em nossa visão, na expressão "questão relevante para o julgamento do mérito", utilizada pelo STF. Isso não significa, contudo, que o magistrado não possua o poder de instrução para clarear uma prova produzida, a exemplo da designação da oitiva de um perito para esclarecimento do laudo pericial.

O dispositivo ainda permite, em nossa compreensão, interpretação perigosa quanto aos limites da atuação do juiz, vez que veda, expressa e tão somente, sua substituição à atuação probatória da acusação, permitindo, em tese e a contrário *sensu*, que atue em substituição à defesa. Não nos parece, todavia, a melhor exegese, sob pena de violação à paridade de armas, pois nitidamente o magistrado estaria a pender para um dos polos.

Não custa lembrar que vigora no processo penal o princípio do *in dubio pro reo*, de sorte que, havendo dúvida, o magistrado deverá absolver o acusado e não buscar realizar provas para esclarecer eventual pondo não esclarecido. O ônus da prova compete às partes e não ao juiz, de forma que entendemos, a despeito do entendimento da Suprema Corte, que não cabe ao magistrado, de ofício, determinar a realização de qualquer prova, ainda que em substituição à defesa.

9.6 COMPETÊNCIA E FUNÇÕES DO JUIZ DAS GARANTIAS

Segundo o *caput* do art. 3º-B do CPP:

> Art. 3º-B. O juiz das garantias é responsável pelo controle da legalidade da investigação criminal e pela salvaguarda dos direitos individuais cuja franquia tenha sido reservada à autorização prévia do Poder Judiciário, competindo-lhe especialmente:

Destacam-se, do dispositivo, a responsabilidade fixada pelo **controle da legalidade da investigação criminal** e a **salvaguarda dos direitos individuais** tutelados por **cláusula de reserva de jurisdição**. Assim, cabe ao juiz, no exercício de **competência funcional**, analisar a legalidade na produção da prova e garantir que eventuais atos atentatórios contra direitos constitucionalmente previstos, como o direito de liberdade, intimidade, sigilo bancário e fiscal, entre outros, não sejam praticados sem prévia e fundamentada ordem judicial. Atua, literalmente, como juiz das garantias.

O STF, por maioria, declarou a constitucionalidade do *caput* do art. 3º-B do CPP, incluído pela Lei nº 13.964/2019, e, por unanimidade, fixou o prazo de 12 (doze) meses, a contar da publicação da ata do julgamento, para que sejam adotadas as medidas legislativas e administrativas necessárias à adequação das diferentes leis de organização judiciária, à efetiva implantação e ao efetivo funcionamento do juiz das garantias em todo o país, tudo conforme as diretrizes do Conselho Nacional de Justiça e sob a supervisão dele. O STF ainda permitiu a prorrogação do prazo, por uma única vez, por no máximo 12 (doze) meses, devendo a devida justificativa ser apresentada em procedimento realizado junto ao Conselho Nacional de Justiça.

No julgamento das ADIs, por unanimidade, foi declarada a inconstitucionalidade parcial, por arrastamento, do art. 20 da Lei 13.964/2019, quanto à fixação do prazo de 30 dias para a instalação dos juízes das garantias.

O art. 3º-B contém dezoito incisos:

I. receber a comunicação imediata da prisão, nos termos do inciso LXII do *caput* do art. 5º da Constituição Federal: a previsão não contempla apenas o aspecto formal da comunicação, vez que se destina a dar ciência ao responsável pela salvaguarda de direitos individuais que o agente foi recolhido à prisão, conferindo-lhe também responsabilidade pela custódia do preso.

II. receber o auto da prisão em flagrante para o controle da legalidade da prisão, observado o disposto no art. 310 deste Código: realizada a prisão, o juiz deve, de imediato, analisar o aspecto formal dessa, sob a luz da modalidade da prisão (preventiva, temporária, flagrante ou cumprimento de mandado de prisão) e, inexistindo vício patente[3], designar audiência de custódia no prazo de até 24h contados da prisão.

III. zelar pela observância dos direitos do preso, podendo determinar que este seja conduzido à sua presença, a qualquer tempo: a previsão tem por objetivo, essencialmente, assegurar a integridade física do preso, vez que o magistrado pode, à vista da comunicação da prisão, suspeitar de eventual violação à sua integridade física ou psicológica.

IV. ser informado sobre a instauração de qualquer investigação criminal: O Supremo Tribunal Federal atribuiu interpretação conforme ao dispositivo para que assinalar todos os atos praticados pelo Ministério Público como condutor de investigação penal se submetam ao controle judicial (HC 89.837/DF, Rel. Min. Celso de Mello) e fixou o prazo de até 90 (noventa) dias, contados da publicação da ata do julgamento, para que os representantes do Ministério Público encaminhem, sob pena de nulidade, todos os PIC e outros procedimentos de investigação criminal, mesmo que tenham outra denominação, ao respectivo juiz natural, independentemente de o juiz das garantias já ter sido implementado na respectiva jurisdição.

Na primeira edição de nossa obra já destacávamos que, não obstante prevista em lei, a medida não guardava pertinência jurídica, vez que, como juiz das garantias, sua função

3. Havendo vício formal evidente, entendemos que o magistrado tem o dever de relaxar a prisão de ofício, independentemente da audiência de custódia.

seria restrita à preservação das garantias, *a priori* não violadas pela simples instauração de qualquer procedimento investigativo. Em nossa compreensão, não obstante prevista em lei, a medida não guarda pertinência jurídica, vez que, como juiz das garantias, a função do magistrado está restrita à preservação das garantias, *a priori* não violadas pela simples instauração de qualquer procedimento investigativo. Assim, não nos parece necessário que a instauração de um inquérito policial para apuração da contravenção penal de perturbação do sossego alheio tenha que ser comunicada ao magistrado. Na expressão de Du Bocage, "pior a emenda que o soneto", pois além de não afastar o conteúdo da norma, o STF impôs sua aplicação de forma retroativa aos procedimentos investigatórios em curso perante o Ministério Público, sob pena da "inexplicável" nulidade em meros atos de investigação, a serem reproduzidos em juízo.

Assim, apesar de nossa compreensão, há que se observar, doravante, a necessidade de comunicação ao magistrado acerca da instauração de qualquer procedimento de investigação criminal.

V. decidir sobre o requerimento de prisão provisória ou outra medida cautelar, observado o disposto no §1º deste artigo: no âmbito da audiência de custódia, prevista no §1º, o magistrado deverá analisar eventual relaxamento de prisão, pedido de conversão da prisão em flagrante em preventiva ou fixação de medidas diversas à prisão, ou conceder liberdade provisória, com ou sem fiança.

VI. prorrogar a prisão provisória ou outra medida cautelar, bem como substituí-las ou revogá-las, assegurado, no primeiro caso, o exercício do contraditório em audiência pública e oral, na forma do disposto neste Código ou em legislação especial pertinente: o juiz das garantias, por atuar na fase inquisitorial, pode, em benefício do agente, substituir ou revogar as medidas cautelares. Pode ainda, a requerimento do Ministério Público, prorrogar a prisão provisória ou medidas cautelas, assegurando-se, nesse caso, o contraditório por meio de audiência pública e oral. Na primeira edição, já entendíamos, não obstante a previsão legal, pela desnecessidade de audiência, bastando a intimação do agente para que apresentasse suas razões por escrito. O STF, ao julgar a constitucionalidade do dispositivo, por unanimidade, atribuiu interpretação conforme para prever que o exercício do contraditório será **preferencialmente** em audiência pública e oral. Em síntese, o STF afastou a obrigatoriedade da audiência.

VII. decidir sobre o requerimento de produção antecipada de provas consideradas urgentes e não repetíveis, assegurados o contraditório e a ampla defesa em audiência pública e oral: o dispositivo confere ao magistrado a prerrogativa de decidir sobre a realização de provas urgentes e não repetíveis, assegurando do contraditório e ampla defesa. Novamente, como já destacávamos em nossa primeira edição, de forma desnecessária previu-se a burocratização por meio da realização de audiência pública e oral, contrária, inclusive, à urgência da prova. Não obstante, o STF, por unanimidade, atribuiu interpretação conforme ao inciso VII do art. 3º-B do CPP, para estabelecer que **o juiz pode deixar de realizar a audiência quando houver risco para o processo, ou diferi-la em caso de necessidade.**

VIII. prorrogar o prazo de duração do inquérito, estando o investigado preso, em vista das razões apresentadas pela autoridade policial e observado o disposto no §2º deste artigo: o dispositivo, para nós, apesar do entendimento do STF, fere o princípio acusatório por conferir ao magistrado a prerrogativa de prorrogar prazo de investigação, atividade que não lhe pertence. A despeito de ser juiz das garantias, não se pode confundir a prisão, instituto de natureza material, com a investigação, de natureza pré-processual. O §2º do art. 3º-B prevê que "se o investigado estiver preso, o juiz das garantias poderá, mediante representação da autoridade policial e ouvido o Ministério Público, prorrogar, uma única vez, a duração do inquérito por até 15 (quinze) dias, após o que, se ainda assim a investigação não for concluída, a prisão será imediatamente relaxada". Cabe-lhe, portanto, a análise da legalidade da prisão, e não o prazo de duração da investigação. Bastaria, para nós, a comunicação do Ministério Público ao magistrado dando ciência da prorrogação.

De toda sorte, firmada a constitucionalidade do dispositivo pela Suprema Corte, foi atribuída interpretação conforme ao inciso VIII do art. 3º-B do CPP, para que todos os atos praticados pelo Ministério Público como condutor de investigação penal se submetam ao controle judicial (HC 89.837/DF, Rel. Min. Celso de Mello) e fixado o prazo de até 90 (noventa) dias, contados da publicação da ata do julgamento, para os representantes do Ministério Público encaminharem, sob pena de nulidade, todos os PIC e outros procedimentos de investigação criminal, mesmo que tenham outra denominação, ao respectivo juiz natural, independentemente de o juiz das garantias já ter sido implementado na respectiva jurisdição.

IX. determinar o trancamento do inquérito policial quando não houver fundamento razoável para sua instauração ou prosseguimento: a previsão contempla as hipóteses de falta de justa causa para a investigação, como nos casos de inquéritos policiais instaurados sem conduta concebida como infração penal ou sem elemento algum de prova. Ao dispositivo, o STF atribuiu, assim como no inciso VIII, interpretação conforme, com os mesmos fundamentos.

X. requisitar documentos, laudos e informações ao delegado de polícia sobre o andamento da investigação: o dispositivo novamente confere ao magistrado prerrogativas que, *a priori*, são típicas do Ministério Público sob a luz do sistema acusatório. Salvo se os documentos ou laudos tiverem interesse para a liberdade do indivíduo, não vemos razões para que o magistrado requisite, por exemplo, um laudo grafotécnico em investigação com agente solto. Se o juiz é das garantias, não deveria, em hipóteses alguma, imiscuir-se na investigação.

XI. decidir sobre os requerimentos de: a) interceptação telefônica, do fluxo de comunicações em sistemas de informática e telemática ou de outras formas de comunicação; b) afastamento dos sigilos fiscal, bancário, de dados e telefônico; c) busca e apreensão domiciliar; d) acesso a informações sigilosas; e) outros meios de obtenção da prova que restrinjam direitos fundamentais do investigado: a previsão assegura direitos materiais do agente, sujeitas à cláusula de reserva da jurisdição, atividade típica do juiz das garantias.

XII. julgar o *habeas corpus* impetrado antes do oferecimento da denúncia: eventual constrangimento ilegal ocorrido na fase investigativa está sujeito à análise do juiz das garantias. Registre-se, contudo, que em se tratando o ato constrangedor de promotor de justiça em sede de Procedimento de Investigação Criminal (PIC), a competência será do Tribunal de Justiça e não do juiz das garantias.

XIII. determinar a instauração de incidente de insanidade mental: tratando-se de medida que pode interferir no juízo de culpabilidade, impondo, no caso de oferecimento de denúncia, a nomeação de curador, a medida visa assegurar a amplitude de defesa.

XIV. decidir sobre o recebimento da denúncia ou queixa, nos termos do art. 399 deste Código: por opção legislativa, entendeu-se originalmente que o juízo de prelibação da denúncia ou queixa deveria ser realizado pelo juiz das garantias. Fundou-se o legislador na premissa de que o juiz-julgador não deve ter contato com a prova inquisitorial, vez que deverá analisar a existência de justa causa para a ação penal. Em nossa primeira edição, criticamos o dispositivo por não nos parecer a melhor opção legislativa, vez que retirava do juiz da instrução a prerrogativa de conhecer da imputação e decidir pelo recebimento ou não da inicial acusatória. Em termos práticos, como poderia o juiz da instrução aplicar o art. 397 do CPP[4] se não tivesse qualquer acesso aos autos da investigação? Ademais, não nos custa lembrar que o recebimento da exordial interrompe o prazo prescricional, que corre em favor do réu e, ao receber a denúncia ou queixa, o juiz das garantias interromperia um prazo que corre a favor do acusado, não nos parecendo que tal medida seja, efetivamente, de garantia. O STF, por maioria, declarou a inconstitucionalidade do dispositivo e atribuiu interpretação conforme para assentar que **a competência do juiz das garantias cessa com o <u>oferecimento</u> da denúncia.** Tem-se, portanto, que **a decisão acerca do recebimento da denúncia ou queixa será realizado pelo juízo natural para o processamento da ação penal.**

XV. assegurar prontamente, quando se fizer necessário, o direito outorgado ao investigado e ao seu defensor de acesso a todos os elementos informativos e provas produzidos no âmbito da investigação criminal, salvo no que concerne, estritamente, às diligências em andamento: não obstante a inexistência, em regra, de contraditório em sede de investigação criminal, assegura-se o direito de ciência, como forma de permitir a ampla defesa e eventual contribuição em sede investigativa.

XVI. deferir pedido de admissão de assistente técnico para acompanhar a produção da perícia: a medida é salutar para preservar o contraditório em prova que normalmente não é repetida durante a instrução criminal.

XVII. decidir sobre a homologação de acordo de não persecução penal ou os de colaboração premiada, quando formalizados durante a investigação: por se tratar de institutos que impactam diretamente em direitos materiais do investigado, conferiu-se o juiz das garantias a competência para realizar o juízo de legalidade em ANPPs e colaborações premiadas.

XVIII. outras matérias inerentes às atribuições definidas no caput deste artigo: em linhas gerais, toda e qualquer matéria relacionada às garantias materiais do agente estarão submetidas à competência do juiz das garantias.

O §1º do art. 3º-B prevê:

> § 1º O preso em flagrante ou por força de mandado de prisão provisória será encaminhado à presença do juiz de garantias no prazo de 24 (vinte e quatro) horas, momento em que se

---

4. Art. 397. Após o cumprimento do disposto no art. 396-A, e parágrafos, deste Código, o juiz deverá absolver sumariamente o acusado quando verificar: I - a existência manifesta de causa excludente da ilicitude do fato; II - a existência manifesta de causa excludente da culpabilidade do agente, salvo inimputabilidade; III - que o fato narrado evidentemente não constitui crime; ou IV - extinta a punibilidade do agente.

realizará audiência com a presença do Ministério Público e da Defensoria Pública ou de advogado constituído, vedado o emprego de videoconferência.

A previsão contempla o instituto da **audiência de custódia**, que será analisada no capítulo pertinente à prisão. Em linha preliminar, assegura-se ao agente o direito de audiência com o magistrado nas 24h seguintes à prisão para verificação da legalidade do ato e eventual constrangimento físico ou psicológico contra o preso.

Consoante destacamos em nossa primeira edição, o dispositivo original vedou, para nós sem motivos, o emprego de **videoconferência**, afastando-se da celeridade e custos inerentes ao deslocamento dos presos. É perfeitamente possível, com a tecnologia atual, que se assegure todos os direitos inerentes ao preso, inclusive o de se evitar eventual constrangimento durante a realização do ato.

Vale lembrar que, durante a **pandemia do COVID19**, o STF autorizou, no julgamento da ADI 6841, que versa sobre a constitucionalidade do dispositivo, a realização de audiências de custódia por meio de videoconferências.

No julgamento definitivo acerca do dispositivo, o STF, por unanimidade, atribuiu interpretação conforme ao § 1º do art. 3º-B do CPP, para estabelecer que o preso em flagrante ou por força de mandado de prisão provisória será encaminhado à presença do juiz das garantias, no prazo de 24 horas, salvo impossibilidade fática, momento em que se realizará a audiência com a presença do Ministério Público e da Defensoria Pública ou de advogado constituído, **cabendo, excepcionalmente, o emprego de videoconferência**, mediante decisão da autoridade judiciária competente, **desde que este meio seja apto à verificação da integridade do preso e à garantia de todos os seus direitos**.

Por sua vez, o §2º dispõe que "se o investigado estiver preso, o juiz das garantias poderá, mediante representação da autoridade policial e ouvido o Ministério Público, prorrogar, uma única vez, a duração do inquérito por até 15 (quinze) dias, após o que, se ainda assim a investigação não for concluída, a prisão será imediatamente relaxada". Enfrentando o dispositivo, o STF, por unanimidade, atribuiu interpretação conforme ao dispositivo, para assentar que: a) o juiz pode decidir de forma fundamentada, reconhecendo a necessidade de **novas prorrogações do inquérito, diante de elementos concretos e da complexidade da investigação**; e b) **a inobservância do prazo previsto em lei não implica a revogação automática da prisão preventiva**, devendo o juízo competente ser instado a avaliar os motivos que a ensejaram, nos termos da ADI nº 6.581.

A decisão do STF representa, em nossa compreensão, um duplo problema: a) possibilidade de prolongamento das investigações e das prisões em sede inquisitorial, vez que a permissão, apesar de vinculada à avaliação de elementos concretos e da complexidade da investigação, pode ensejar uma maior flexibilidade à autoridade policial e ao Ministério Público, com o consequente retardamento em casos não complexos; e b) a contrariedade ao sistema acusatório, pois, conforme defendemos, as questões formais relacionadas à investigação deveriam ficar a cargo das autoridades próprias, e não ao magistrado. Ao juiz das garantias, em nossa perspectiva, caberia tão somente avaliar as questões materiais, como o prazo da prisão, por exemplo, não se imiscuindo no prazo da investigação. Entendendo o magistrado que a prisão ultrapassa o limite do que considera razoável, deveria relaxar a prisão após a oitiva do órgão investigador, mas não estabelecer prazos para conclusão da investigação. Não nos parece seja essa a função de um verdadeiro juiz das garantias.

O art. 3º-C do CPP dispõe:

> Art. 3º-C. A competência do juiz das garantias abrange todas as infrações penais, exceto as de menor potencial ofensivo, e cessa com o recebimento da denúncia ou queixa na forma do art. 399 deste Código.
>
> § 1º Recebida a denúncia ou queixa, as questões pendentes serão decididas pelo juiz da instrução e julgamento.
>
> § 2º As decisões proferidas pelo juiz das garantias não vinculam o juiz da instrução e julgamento, que, após o recebimento da denúncia ou queixa, deverá reexaminar a necessidade das medidas cautelares em curso, no prazo máximo de 10 (dez) dias.
>
> § 3º Os autos que compõem as matérias de competência do juiz das garantias ficarão acautelados na secretaria desse juízo, à disposição do Ministério Público e da defesa, e não serão apensados aos autos do processo enviados ao juiz da instrução e julgamento, ressalvados os documentos relativos às provas irrepetíveis, medidas de obtenção de provas ou de antecipação de provas, que deverão ser remetidos para apensamento em apartado.
>
> § 4º Fica assegurado às partes o amplo acesso aos autos acautelados na secretaria do juízo das garantias.

O *caput* do dispositivo afasta a competência do juiz das garantias nos crimes de pequeno potencial ofensivo, sujeitos à Lei 9.099/95. A redação original contempla, portanto, todos os demais crimes. Não obstante, o STF, interpretando o dispositivo, atribuiu interpretação conforme à primeira parte do *caput* do art. 3º-C do CPP, para esclarecer que as normas relativas ao juiz das garantias não se aplicam às seguintes situações: a) processos de competência originária dos tribunais, os quais são regidos pela Lei nº 8.038/1990; b) processos de competência do tribunal do júri; c) casos de violência doméstica e familiar; e d) infrações penais de menor potencial ofensivo.

Apesar da decisão do STF, juridicamente não vemos qualquer razão para a distinção quanto aos casos que envolvem os processos de competência originária dos Tribunais, inclusive de implementação mais simples e direta, bem como para os casos que envolvem processos de competência do tribunal do júri e violência doméstica e familiar.

O fato do agente ter incorrido nos crimes cuja distinção foi realizada, à exceção da legal, relacionada às infrações penais de menor potencial ofensivo, porquanto não aptas a fundamentar, aprioristicamente, a prisão, não se revela apto a afastar, em nossa perspectiva, a tutela a ser conferida pelo juiz das garantias. Não há, portanto, correlação lógica entre a discriminação e o fator de discrímen, especialmente diante do vetor de regra de tratamento conferido pelo princípio da presunção de inocência.

Normativamente, há delitos mais graves do que os afetos ao tribunal do júri, crimes mais graves praticados contra pessoas dotadas de maior vulnerabilidade não contemplados, como crimes sexuais contra crianças e adolescentes, merecedoras da prioridade absoluta constitucional (art. 227, CF), e há instrumentos suficientes para implementação do instituto no âmbito dos tribunais, nas infrações penais de competência originária. Sob a perspectiva do conteúdo jurídico do princípio da igualmente, o *distinguishing* não se sustenta.

Por outro lado, a segunda parte do *caput* do art. 3º-C, em sua redação original, assinala que após o recebimento da inicial acusatória, cessa competência do juiz das garantias, que deverá remeter os autos para juízo da instrução. Conforme vimos acima, no estudo o inciso XIV do art. 3º-B, o STF entendeu que a competência do juiz das garantias cessa com o oferecimento da denúncia. E, de forma expressa, por maioria, declarou **a inconstitucionalidade da expressão "recebimento da denúncia ou queixa na forma do art. 399 deste Código"** contida na segunda parte do *caput* do art. 3º-C do CPP, e atribuiu **interpretação conforme para assentar que a competência do juiz das garantias cessa com o oferecimento da denúncia**.

O §1º, em sua redação original, previa que as questões pendentes quando do recebimento da denúncia ou queixa, seriam decididas pelo juízo da instrução de julgamento. A título de exemplo, o oferecimento da suspensão condicional do processo, em conjunto com a denúncia, ficará a cargo do juízo competente para julgamento. Preservando a linha de coerência, o STF, por maioria, declarou a inconstitucionalidade do termo "Recebida" contido no § 1º do art. 3º-C do CPP, e atribuiu interpretação conforme ao dispositivo para assentar que, **oferecida a denúncia ou queixa, as questões pendentes serão decididas pelo juiz da instrução e julgamento**.

O §2º, igualmente em sua redação original, assevera que as **decisões** proferidas pelo juiz das garantias **não vinculam o juízo da instrução de julgamento**, impondo a esse o dever de reexaminar a necessidade das medidas cautelares em curso no prazo máximo de dez dias, após o recebimento da denúncia. Novamente, o STF declarou a inconstitucionalidade do termo "recebimento" contido no § 2º do art. 3º-C do CPP, e atribuiu interpretação conforme ao dispositivo para assentar que, **após o oferecimento da denúncia ou queixa**, o juiz da instrução e julgamento deverá reexaminar a necessidade das medidas cautelares em curso, no prazo máximo de 10 (dez) dias.

Conforme destacamos em nossa primeira edição, o §3º, ao afastar do juiz da instrução os autos da investigação, ressalvados os documentos relativos às provas irrepetíveis, medidas de obtenção de provas ou de antecipação de provas, que deverão ser remetidos para apensamento em apartado, em que pese a lógica da previsão de afastar o juiz do julgamento das provas inquisitoriais, afasta-se da prática forense e lógica sistêmica inerente ao próprio juiz das garantias. De fato, a norma prevê, no §2º, que o juiz da instrução deverá reexaminar a necessidade das medidas cautelares em curso no prazo de dez dias. Contudo, como fazê-lo se teria em mãos apenas a inicial acusatória e provas irrepetíveis ou antecipadas? Ainda, como analisaria, na fase do art. 397 do CPP, a absolvição sumária ou rever a necessidade a prisão a cada noventa dias nos termos do art. 316, parágrafo único, do CPP?

Nesse contexto, calha lembrar que a sistemática do juiz das garantias foi extraída do Projeto de Lei do novo CPP (PL 156/09, Senado), o qual previa, expressamente, que os autos de inquérito acompanhariam a denúncia ou queixa. Ocorre que, na aprovação da Lei 13.964/19, não se aprovou dispositivo correlato, deixando, de certo modo, a contradição sistêmica no acautelamento dos autos da investigação na secretaria o juízo.

Duas correntes foram firmadas: a **primeira** aduz que a previsão do art. 3º-C, §3º, é taxativa, não devendo os autos de inquérito acompanharem a inicial acusatória. A **segunda** corrente, por sua vez, sustenta, em interpretação restritiva, que somente as provas irrepetíveis, antecipadas e medidas de obtenção de provas seriam apensadas em apartado, devendo o inquérito acompanhar a inicial acusatória[5].

5. Em posicionamento próximo é a lição de Rodrigo Iennaco: "(...) A análise sistemática dos §§2º e 3º do art. 3º-C, em confronto com o art. 3º-B, em especial o inciso VIII, deixa em evidência a exegese de que os autos que ficarão acautelados na secretaria do juiz das garantias não incluem os autos de inquérito policial propriamente dito, ou seja, limitam-se à autuação dos pedidos de reserva de jurisdição que se incluem nas situações típicas de sua competência, quais sejam, aqueles descritos nos incisos do art. 3º-B. Fosse vontade da lei restringir ao Juiz da instrução o acesso ao conteúdo do inquérito, teria feito referência expressa ao inquérito, como fez no referido inciso VIII". IENNACO, Rodrigo. O juiz de garantias e o conhecimento (a posteriori) do conteúdo da investigação pelo juiz do processo – primeiras impressões. Disponível em: < https://www.

Ambos os modelos apresentam problemas de ordem prática e jurídica. A primeira, à guisa de exemplo, impede a aplicação do art. 3º-C, §2º, que impõe ao magistrado da instrução o dever de reexaminar a necessidade das medidas cautelares em curso no prazo máximo de 10 dias. O reexame pressupõe exame prévio e só pode ser realizado com lastro nas mesmas informações do exame original. Sem os autos de inquérito, o reexame será realizado às cegas. A segunda corrente, por sua vez, permite ao magistrado o acesso à investigação completa, vez que a exceção quanto às provas irrepetíveis, antecipadas e medidas de obtenção de provas, não guarda para nós, coerência sistêmica, vez que serão apensadas aos autos principais da mesma forma.

Em que pese a previsão do art. 3º-C, §2º do CPP, entendemos que solução passa pela interpretação sistemática e lógica do processo penal. O art. 12 do CPP é expresso ao asseverar que os autos de inquérito policial acompanharão a denúncia ou queixa, não tendo recebido qualquer alteração pela Lei do Pacote Anticrime. O juiz, ao proferir sua decisão, vale-se do princípio do livre convencimento motivado, isto é, deverá fundamentar sua decisão e apontar os elementos que a justificaram. Assim, entendemos que a preservação da engrenagem processual pressupõe o acesso aos autos da investigação pelo juiz da instrução. Não obstante a incoerência sistêmica do art. 3º-C, §2º do CPP, serve-nos, contudo, para extrair a *mens legis*: ao fundamentar a decisão, o magistrado não poderá, exclusivamente, valer-se da prova inquisitorial, à exceção das provas irrepetíveis e antecipadas.

E, nesse sentido, o STF declarou a inconstitucionalidade, com redução de texto, dos §§ 3º e 4º do art. 3º-C do CPP, e atribuiu interpretação conforme para entender que os autos que compõem as matérias de competência do juiz das garantias serão remetidos ao juiz da instrução e julgamento.

O art. 3º-E prevê:

> Art. 3º-E. O juiz das garantias será designado conforme as normas de organização judiciária da União, dos Estados e do Distrito Federal, observando critérios objetivos a serem periodicamente divulgados pelo respectivo tribunal.

A previsão legal recebeu interpretação conforme pelo STF, para assentar que o juiz das garantias **será <u>investido</u>, e não designado**, conforme as normas de organização judiciária da União, dos Estados e do Distrito Federal, observando critérios objetivos a serem periodicamente divulgados pelo respectivo tribunal.

O art. 3º-F, por seu turno, assinala que:

> Art. 3º-F. O juiz das garantias deverá assegurar o cumprimento das regras para o tratamento dos presos, impedindo o acordo ou ajuste de qualquer autoridade com órgãos da imprensa para explorar a imagem da pessoa submetida à prisão, sob pena de responsabilidade civil, administrativa e penal[6].
> Parágrafo único. Por meio de regulamento, as autoridades deverão disciplinar, em 180 (cento e oitenta) dias, o modo pelo qual as informações sobre a realização da prisão e a identidade do preso serão, de modo padronizado e respeitada a programação normativa aludida no *caput* deste artigo, transmitidas à imprensa, assegurados a efetividade da persecução penal, o direito à informação e a dignidade da pessoa submetida à prisão.

---

observatoriodajusticamilitar.info/single-post/2020/01/15/O-juiz-de-garantias-e-o-conhecimento-a-posteriori-do-conte%C3%BAdo-da-investiga%C3%A7%C3%A3o-pelo-juiz-do-processo-%E2%80%93-primeiras-impress%C3%B5es> Acesso em: 16/07/2021 às 08:56.

6. **Por unanimidade**, o STF declarou a constitucionalidade do *caput* do art. 3º-F do CPP, incluído pela Lei nº 13.964/2019.

Preocupa-se o legislador, no dispositivo, com a imagem do preso, ao prever que o magistrado deverá assegurar as regras para o tratamento dos presos, impedindo qualquer espécie de acordo de qualquer autoridade com órgãos de imprensa para explorar a imagem da pessoa presa, sob pena de responsabilidade civil, administrativa e penal.

O parágrafo único do dispositivo, em sua redação original, emite ordem para que as autoridades editem regulamento para padronizar a forma de comunicação à imprensa acerca da prisão e identidade do preso, visando preservar a efetividade da persecução penal, o direito à informação e a dignidade da pessoa humana.

O STF, por unanimidade, atribuiu interpretação conforme ao parágrafo único do art. 3º-F do CPP, para assentar que **a divulgação de informações sobre a realização da prisão e a identidade do preso** pelas autoridades policiais, ministério público e magistratura **deve assegurar a efetividade da persecução penal, o direito à informação e a dignidade da pessoa submetida à prisão**.

A decisão, em nossa visão, não afasta a necessidade de expedição do regulamento, que deverá seguir os vetores fornecidos pela Suprema Corte.

9.6.1 Impedimento

Art. 3º-D. O juiz que, na fase de investigação, praticar qualquer ato incluído nas competências dos arts. 4º e 5º deste Código ficará impedido de funcionar no processo.

Parágrafo único. Nas comarcas em que funcionar apenas um juiz, os tribunais criarão um sistema de rodízio de magistrados, a fim de atender às disposições deste Capítulo.

O art. 3º-D do CPP, em sua redação original, dispõe que o magistrado que praticar qualquer ato previsto nas "competências" dos artigos 4º e 5º do CPP ficará impedido de oficiar no processo, criando verdadeira incapacidade objetiva do magistrado. Referidos artigos versam sobre o inquérito policial e não guardam pertinência com a previsão legal. O erro material legislativo, antes da decisão do STF, deveria ser corrigido pelo intérprete para observar que **a competência do juiz das garantias foi** prevista no art. 3º-B e não nos artigos 4º e 5º do CPP.

Não obstante, o STF, por unanimidade, declarou a inconstitucionalidade do *caput* do art. 3º-D do CPP, de forma que não mais caracteriza situação de impedimento.

O parágrafo único do dispositivo originalmente assinalava que nas comarcas onde funcionasse apenas um juiz, os tribunais deveriam criar sistema de rodízio para atender às previsões legais do juiz das garantias. Conforme vimos no tópico atinente à inconstitucionalidade da figura do juiz das garantias, mesmo antes da decisão já alertávamos que o dispositivo padecia de inconstitucionalidade, pois a questão é nitidamente de organização judiciária, não cabendo o legislador federal disciplinar a forma como os Tribunais organizarão e disciplinarão as substituições e competências internas. E, nessa linha de compreensão, o STF, por unanimidade, declarou a inconstitucionalidade formal do parágrafo único do art. 3º-D do CPP.

9.7 APLICAÇÃO DO JUIZ DAS GARANTIAS

Conforme vimos no início do capítulo, o instituto do juiz das garantias foi alvo das ADIs 6.298, 6.299, 6.300 e 6.305, que culminou com a decisão liminar do Min. Luiz

Fux, que **suspendeu**, *sine die*, a **eficácia das normas atinentes ao juiz das garantias**, remetendo ao referendo do plenário, sem prejuízo do andamento regular de inquéritos e processos em andamento.

Entretanto, precisamos destacar que, retomando os dispositivos a sua vigência, por envolverem normas de cunho processual, têm aplicabilidade imediata. Isso significa, por exemplo, que os processos em curso não serão atingidos, vez que já fixada a competência do juiz natural do caso segundo a norma vigente ao tempo da propositura da ação. No que toca às investigações em curso, entendemos que o magistrado atual deverá prosseguir com suas funções na investigação, oficiando como juiz das garantias e, uma vez proposta a ação penal, redistribuir o processo ao seu substituto legal, vez que estará impedido de julgar o feito.

Não obstante a ausência de previsão legal, entendemos que a figura do juiz das garantias deve ser aplicada à Justiça Militar, vez que, em essência, a lógica do instituto não contraria qualquer regramento previsto na Justiça especializada e caminha no sentido da tutela de direitos fundamentais.

No que concerne à Justiça Eleitoral, a Lei 13.964/19 encontra um obstáculo formal, previsto no art. 121 da CF, que prevê que **lei complementar** disporá sobre a organização dos tribunais, dos juízes de direitos e das juntas eleitorais. A questão, portanto, é de forma, vez que a Lei do Pacote Anticrime é ordinária e, por via de consequência, não poderia, em tese, ser aplicada à Justiça Eleitoral, haja vista que o juiz das garantias fixa competência de natureza funcional[7]. Não obstante, o Plenário do Tribunal Superior Eleitoral (TSE) aprovou, em maio de 2024, resolução que regulamenta a figura do juiz das garantias na esfera eleitoral (Resolução 23.740/07[8]), que atuará na fase de inquérito

---

7. Nesse sentido decidiu o Min. Dias Toffoli no julgamento liminar da ADI 6.298/DF.

8. Art. 1º Os Tribunais Regionais Eleitorais implementarão o juiz eleitoral das garantias no prazo de 60 (sessenta) dias, respeitadas as diretrizes desta Resolução.
Parágrafo único. As regras relativas ao juiz eleitoral das garantias previstas na Lei nº 13.964, de 24 de dezembro de 2019, não são aplicáveis às infrações de menor potencial ofensivo, nem aos processos criminais de competência originária dos Tribunais Regionais Eleitorais.
Art. 2º O juiz eleitoral das garantias será instalado de maneira regionalizada, com a criação de um ou mais Núcleos Regionais Eleitorais das Garantias, não necessariamente coincidentes a uma ou várias comarcas, somente com as competências previstas na Lei nº 13.964/2019.
§ 1º A competência territorial, a estrutura e o funcionamento de cada Núcleo Regional Eleitoral das Garantias serão definidos em ato próprio dos Tribunais Regionais Eleitorais, considerando as particularidades demográficas, geográficas, administrativas e financeiras.
§ 2º Os juízes eleitorais serão nomeados para o Núcleo Regional Eleitoral das Garantias pelo Tribunal Regional Eleitoral, com base na Res.-TSE nº 21.009, de 5 de março de 2002, que estabelece as normas relativas ao exercício da jurisdição eleitoral de primeiro grau, nos termos da ADI 6.299/DF.
§ 3º A competência do juiz eleitoral das garantias será exclusivamente a prevista na Lei nº 13.964/2019.
§ 4º Os Tribunais Regionais Eleitorais, de forma obrigatória, encaminharão imediatamente o modelo e estruturas adotados na criação do Núcleo Regional Eleitoral das Garantias ao Tribunal Superior Eleitoral.
Art. 3º A competência do Núcleo Regional Eleitoral das Garantias compreende todos os inquéritos, procedimentos de investigação criminal do Ministério Público e demais procedimentos de investigação das zonas eleitorais componentes da região, encerrando-se com o oferecimento da denúncia ou queixa-crime.
§ 1º Os inquéritos, procedimentos de investigação criminal do Ministério Público e demais procedimentos de investigação em andamento na data da publicação do ato normativo que criar o Núcleo Regional Eleitoral das Garantias serão a este encaminhados, em até 90 (noventa) dias, considerando-se válidos todos os atos anteriormente proferidos.
§ 2º Oferecida a denúncia ou queixa-crime, os autos dos inquéritos, procedimentos de investigação criminal do Ministério Público e demais procedimentos de investigação serão encaminhados ao juízo eleitoral competente, nos termos do Código de Processo Penal e do art. 35, II, do Código Eleitoral, para instrução e julgamento da ação penal, a quem caberá a análise do recebimento da denúncia ou da queixa-crime, bem como de eventual prisão cautelar em curso.

policial, fixando o prazo de 60 dias para implementação do juiz eleitoral das garantias, afastando tão somente sua aplicação às infrações de menor potencial ofensivo, nem aos processos criminais de competência originária dos TREs.

9.8 SÍNTESE GRÁFICA

Competências	• receber a comunicação imediata da prisão
	• zelar pela observância dos direitos do preso
	• decidir sobre o requerimento de prisão provisória ou outra medida cautelar
	• receber o auto da prisão em flagrante para o controle da legalidade da prisão
	• ser informado sobre a instauração de qualquer investigação criminal
	• prorrogar a prisão provisória ou outra medida cautelar, bem como substituí-las ou revogá-las
	• decidir sobre o requerimento de produção antecipada de provas consideradas urgentes e não repetíveis
	• prorrogar o prazo de duração do inquérito
	• determinar o trancamento do inquérito policial quando não houver fundamento razoável para sua instauração ou prosseguimento
	• julgar o *habeas corpus* impetrado antes do oferecimento da denúncia
	• determinar a instauração de incidente de insanidade mental
	• decidir sobre o recebimento da denúncia ou queixa
	• assegurar o direito outorgado ao investigado e ao seu defensor de acesso a todos os elementos informativos e provas produzidos no âmbito da investigação criminal
	• deferir pedido de admissão de assistente técnico para acompanhar a produção da perícia
	• decidir sobre a homologação de acordo de não persecução penal ou os de colaboração premiada, quando formalizados durante a investigação
	• decidir sobre os requerimentos de interceptação telefônica, do fluxo de comunicações em sistemas de informática e telemática ou de outras formas de comunicação
	• decidir sobre os requerimentos de afastamento dos sigilos fiscal, bancário, de dados e telefônico e busca e apreensão domiciliar
	• decidir sobre requerimentos de acesso a informações sigilosas e outros meios de obtenção da prova que restrinjam direitos fundamentais do investigado

§ 3º As audiências de competência do Núcleo Regional Eleitoral das Garantias, inclusive as de custódia, poderão ser realizadas por meio de videoconferência, desde que devidamente justificadas, hipótese em que deverão ser adotados os meios necessários para garantir a aferição da incolumidade física e psicológica do custodiado.
Art. 4º Esta Resolução entra em vigor na data de sua publicação.
Brasília, 7 de maio de 2024.
MINISTRO ALEXANDRE DE MORAES - RELATOR
Sendo o Ministério Público o titular privativo da ação penal pública e não mais se admitindo a atuação acusatória da autoridade policial, por qual razão se autoriza quem não contracena no processo? Não há, para nós, fundamento processual ou material sistêmico que justifique a formulação de pedidos de cunho acessório e processuais diretamente pela autoridade policial.

9.9 REVISÃO DO CAPÍTULO POR QUESTÕES DE CONCURSOS E ASSERTIVAS DE REFORÇO

QUESTÕES DE CONCURSO

Diante da suspensão pelo STF, o tema ainda não foi objeto de cobrança de forma direta.

ASSERTIVAS DE REFORÇO

1. ( ) Sob a luz do sistema do juiz das garantias, o processo penal terá estrutura acusatória, vedadas a iniciativa do juiz na fase de investigação e a substituição da atuação probatória do órgão de acusação.

2. ( ) Cabe ao juiz, no sistema do juiz das garantias e no exercício de competência material, analisar a legalidade na produção da prova e garantir que eventuais atos atentatórios contra direitos constitucionalmente previstos, como o direito de liberdade, intimidade, sigilo bancário e fiscal, entre outros, não sejam praticados sem prévia e fundamentada ordem judicial.

3. ( ) Se o investigado estiver preso, o juiz das garantias poderá, mediante representação da autoridade policial e ouvido o Ministério Público, prorrogar, uma única vez, a duração do inquérito por até 15 (quinze) dias, após o que, se ainda assim a investigação não for concluída, a prisão será imediatamente relaxada.

4. ( ) Cabe ao juiz das garantias julgar o *habeas corpus* impetrado antes do oferecimento da denúncia contra ato do promotor de justiça.

5. ( ) Mesmo com o sistema do juiz das garantias, o recebimento da denúncia ou queixa permaneceu na competência do juiz da instrução.

6. ( ) Cabe ao juiz das garantias decidir sobre a homologação de acordo de não persecução penal, mas não de colaboração premiada, quando formalizados durante a investigação.

7. ( ) De acordo com a previsão do Código de Processo Penal, as decisões proferidas pelo juiz das garantias não vinculam o juiz da instrução e julgamento, que, após o recebimento da denúncia ou queixa, deverá reexaminar a necessidade das medidas cautelares em curso, no prazo máximo de 10 (dez) dias.

8. ( ) O juiz que, na fase de investigação, praticar qualquer ato incluído nas competências do juiz das garantias ficará impedido de funcionar no processo.

9. ( ) Superada a suspensão das disposições do juiz das garantias pelo STF, por serem de normas de cunho processual, terão aplicabilidade imediata, gerando o impedimento de todos os magistrados que atuaram na fase pré-processual.

10. ( ) O instituto do juiz das garantias possui plena aplicação à Justiça Eleitoral.

9.9.1 Gabarito

ASSERTIVAS DE REFORÇO

1	2	3	4	5	6	7	8	9	10
V	F	F	F	V	F	V	F	F	F

COMENTÁRIOS ÀS ASSERTIVAS FALSAS E JUSTIFICATIVAS IMPORTANTES

1. V.

2. F. Competência funcional.

3. F. O **juiz pode decidir de forma fundamentada, reconhecendo a necessidade de novas prorrogações do inquérito, diante de elementos concretos e da complexidade da investigação.**

4. F. A competência é do Tribunal de Justiça.

5. V. O STF entende que a competência do juiz das garantias cessa com o oferecimento da denúncia.

6. F. Ambos são de competência do juiz das garantias.

7. V.

8. F. O STF declarou a inconstitucionalidade do dispositivo.

9. F. Aplica-se a regra do *tempus regit actum*.

10. F. No que concerne à Justiça Eleitoral, a Lei 13.964/19 encontra um obstáculo formal, previsto no art. 121 da CF, que prevê que lei complementar disporá sobre a organização dos tribunais, dos juízes de direitos e das juntas eleitorais. A questão, portanto, é de forma, vez que a Lei do Pacote Anticrime é ordinária e, por via de consequência, não pode ser aplicada à Justiça Eleitoral, haja vista que o juiz das garantias fixa competência de natureza funcional

10

Investigações preliminares

10.1 COMO O ASSUNTO É ABORDADO EM PROVAS E CONCURSOS

O assunto é cobrado com frequência nas provas de Ministério Público, Magistratura, Defensoria Pública e Delegado de Polícia, especialmente em provas objetivas, com ênfase na legislação.

Naturalmente, as provas de delegado de polícia exploram mais o tema, cobrando-o também em provas subjetivas. Em linhas gerais, exige-se o conhecimento acerca das características do inquérito policial, bem como suas formas de instauração.

No tocante ao encerramento do inquérito policial, exige-se a compreensão do instituto da coisa julgada e suas espécies, formal e material. O tema também aparece nas questões de forma cruzada, isto é, com perquirição sobre seu valor probatório e nulidades.

Em síntese, a ênfase no estudo deve ser conferida à legislação, vez que a doutrina, quando exigida, via de regra reside nos pontos acima destacados e sem maior complexidade. A jurisprudência sobre o tema é restrita, não sendo usual sua cobrança, salvo nos casos em envolvem investigações por crimes praticados por agentes detentores de foro por prerrogativa de função.

10.2 INTRODUÇÃO

A regra em nosso ordenamento é de que as investigações sejam realizadas pela polícia judiciária, por meio do inquérito policial. Contudo, nada impede que o Ministério Público também investigue uma infração penal através de PIC (procedimento de investigação criminal), motivo pelo qual analisaremos os dois institutos.

10.3 INQUÉRITO POLICIAL

O inquérito policial é um procedimento administrativo preparatório e em regra inquisitivo, presidido pelo delegado de polícia, que tem por finalidade precípua apurar a prática de infrações penais por meio de realização de provas e diligências.

A lógica de sua existência reside no fato de que o exercício do *ius puniendi* estatal pressupõe o mínimo de elementos informativos para subsidiar a propositura da ação penal. Visa, em segundo plano, portanto, colher a autoria e a materialidade do delito, isto é, a **justa causa** para a ação penal, dando vazão à sua **função garantidora** da inexistência de imputações desprovidas de qualquer elemento probatório.

O inquérito policial **destina-se ao titular da ação penal**, o Ministério Público, nas ações penais públicas, e ao titular do direito de queixa, nas ações penais privadas, vez que, com lastro nesse, deverão formar sua *opinio delicti*, ressaindo desse aspecto sua **função preparatória**.

10.3.1 Natureza jurídica

Trata-se de procedimento instrumental de **natureza administrativa**, destinado, como vimos, à reunião de elementos de prova hábeis a subsidiar a decisão do titular da ação penal. Não obstante ser concebido como procedimento, por possuir uma sequência macro-lógica (instauração, colheita de provas e conclusão), não há um rigor na ordem da realização das provas, ficando a cargo da autoridade policial sua definição, isto é, o delegado de polícia deve respeitar a sequência procedimental lógica, mas no tocante à produção das provas, pode optar, por exemplo, por realizar a prova pericial antes de inquirir as testemunhas ou simplesmente inquiri-las para depois produzir a prova pericial. Existe, portanto, uma **flexibilidade interna na cadeia probatória** do inquérito.

O inquérito policial é mera **peça informativa**, produzida em regra sem o contraditório e ampla defesa, de forma que não se admite como consequência dele qualquer espécie de sanção de **natureza penal**. Assim, não se admite, por exemplo o afastamento de servidor público indiciado em inquérito policial segundo o entendimento do STF:

> É inconstitucional a determinação de afastamento automático de servidor público indiciado em inquérito policial instaurado para apuração de crimes de lavagem ou ocultação de bens, direitos e valores[1].

Conforme vimos, o inquérito possui natureza de procedimento, não podendo ser confundido com processo administrativo ou judicial, que pressupõem sequência ordenada de atos e caráter sancionatório. Como consequência, **eventual vício no inquérito policial em regra não contamina a ação penal**.

Referida conclusão, contudo, não afasta a possibilidade de reconhecimento da ilicitude de uma prova inquisitorial e as dela decorrentes caso tenham sido realizadas em violação a direitos materiais, a exemplo da confissão obtida por tortura. Contudo, o vício de uma prova não contamina o inquérito como um todo, aplicando-se, por analogia, a lógica do **princípio do confinamento das nulidades**, apesar de não existirem nulidades no inquérito policial por não se revestir de caráter processual. Assim, constatado o vício na prova, deverá ser desentranhada do processo criminal e, se for o caso, apurada a responsabilidade administrativa e penal da autoridade policial responsável. De igual forma, as provas derivadas das ilícitas (teoria da árvore dos frutos envenenados) deverão ser desentranhadas, mantendo-se apenas aqueles decorrentes de fontes independentes.

➔ ATENÇÃO – ASSUNTO COBRADO NO MPRJ/35º CONCURSO

Eventuais vícios do inquérito policial se projetam, para efeito de configuração de nulidade, no processo penal? E em hipótese de procedimento de investigação criminal (PIC)?

---

1. A decisão foi proferida na ADI 4.911/DF (j. 20.11.20), que julgou a inconstitucionalidade do art. 17-D da Lei de Lavagem de Capitais (Lei 9.613/98).

10.3.2 Valor probatório do inquérito policial

ATENÇÃO – ASSUNTO COBRADO NO MPPR – CONCURSO 2017

A) Defina o que são provas cautelares, não repetíveis e antecipadas, esclarecendo se a legislação processual penal permite que sejam utilizadas na formação da convicção do julgador (valoração como material probante) quando produzidas na fase de investigação.

O **valor probatório** do inquérito policial, para nós, deve ser concebido sob uma perspectiva diversa da tradicional, que o considera **relativo**. Isso porque o inquérito, enquanto procedimento, é uma conjunção de provas e não produz um resultado próprio em si mesmo, salvo o da formação da convicção da autoridade policial.

Nas ações penais públicas, por exemplo, o inquérito servirá de elementos para formação da convicção do promotor de justiça. Nesse caso, possui **valor probatório cognitivo-valorativo**. Deflagrado o processo penal, o magistrado, ao julgar o caso, não se vale do inquérito em si, mas de elementos informativos ou provas cautelares, não repetíveis e antecipadas nele produzidas. Não obstante, a prova carreada no inquérito é apta a caracterizar a **justa causa para ação penal**, revelando, nesse particular, o mesmo valor cognitivo-valorativo.

Por sua vez, o art. 155, CPP, dispõe que juiz formará sua convicção pela livre apreciação da prova produzida em contraditório judicial, **não podendo fundamentar sua decisão exclusivamente nos elementos informativos colhidos na investigação**, ressalvadas as provas cautelares, não repetíveis e antecipadas.

De fato, não pode o juiz condenar o acusado tão somente com lastro nos elementos informativos inquisitoriais, vez que não sujeitos ao contraditório e ampla defesa. Ao contrário dos casos de provas cautelares, não repetíveis e antecipadas, que dada a natureza precisam ser realizadas durante o trâmite da investigação, o **valor probatório dos elementos informativos é corroborador-instrumental** das provas produzidas em juízo, isto é, tão somente alicerça uma prova judicial, funcionamento como elementos secundários de motivação, nas palavras de AVENA[2] (2020, p. 336).

Temos, por via de consequência, que efetivamente **o valor probatório do inquérito deve visto sob a luz do titular da ação penal e do magistrado para fins de avaliação da justa causa**, isto é, cognitivo-valorativo, pois seus fragmentos probatórios, na seara processual, funcionarão apenas como **elementos secundários de motivação** para o magistrado, salvo nos casos das prova irrepetíveis, que gozam de valor probatório.

10.3.3 Polícia investigativa e presidência do inquérito

O termo "polícia" é amplo e utilizado para designar diversas funções, que perpassam pelo aspecto administrativo, pela investigação, cumprimento de determinações do Poder Judiciário e alcançam até mesmo o Direito Administrativo, quando se estuda o poder de polícia. Compete-nos, contudo, analisarmos a mal designada polícia judiciária pelo CPP.

2. AVENA, Norberto. **Processo penal**. 12ª ed. Rio de Janeiro: Forense; São Paulo: Método, 2020.

A polícia judiciária não se confunde com a polícia investigativa, vez que a primeira alcança as funções de cumprimento das ordens do Poder Judiciário, como os mandados de prisão e de busca e apreensão, ao passo que a segunda abarca a atribuição para apuração das infrações penais. A distinção é nítida no próprio texto constitucional, que expressamente dispõe no art. 144, §4º, que às polícias civis, dirigidas por delegados de polícia de carreira, incumbem, ressalvada a competência da União, as **funções de polícia judiciária** e a **apuração de infrações penais**, exceto as militares[3]. Não obstante, ainda é usual na doutrina e na jurisprudência[4] a referência à polícia investigativa como judiciária.

Segundo o art. 4º do CPP:

> **Art. 4º A polícia judiciária será exercida pelas autoridades policiais no território de suas respectivas circunscrições e terá por fim a apuração das infrações penais e da sua autoria.**
> **Parágrafo único. A competência definida neste artigo não excluirá a de autoridades administrativas, a quem por lei seja cometida a mesma função.**

O dispositivo, de forma não técnica, menciona o termo "competência", atividade tipicamente jurisdicional. Há que se ler o termo, portanto, como **atribuição**.

A presidência do inquérito policial compete ao delegado de polícia, que faz uso da estrutura interna da Polícia Civil ou Federal[5], a depender da natureza da infração, para promover a apuração da infração penal. Logo, temos que a investigação deve ser realizada, de forma originária, pela estrutura da polícia, nada impedindo, todavia, que sejam realizados termos de cooperação técnica ou colaboração entre instituições no tocante a pontos específicos.

Destaque-se que, por ausência de pactuação prévia, o STJ, em 2011, decidiu, nos autos da operação "Satiagraha", que a participação de funcionários da ABIN em investigação conduzida pela Policia Federal foi dotada da irregularidade[6].

Em linhas gerais, cabe ao delegado da Polícia Federal promover a apuração dos crimes cuja competência é da Justiça Federal (art. 144, §1º da CF[7]), ao passo que ao delegado da Polícia Civil[8] a apuração dos crimes de competência da Justiça Estadual, destacando,

---

3. A polícia militar possui cunho administrativo, não sendo incumbida de investigações de infrações penais, salvo as militares. Isso não impede, contudo, que a polícia militar realize serviços de inteligência visando impedir a prática de crimes.

4. É direito do defensor, no interesse do representado, ter acesso amplo aos elementos de prova que, já documentados em procedimento investigatório realizado por órgão com competência de polícia judiciária, digam respeito ao exercício do direito de defesa".

5. No caso das infrações penais militares a apuração é realizada por um encarregado designado para tanto.

6. HC 149.250/SP, DJe 05.09.11.

7. § 1º A polícia federal, instituída por lei como órgão permanente, organizado e mantido pela União e estruturado em carreira, destina-se a: I - apurar infrações penais contra a ordem política e social ou em detrimento de bens, serviços e interesses da União ou de suas entidades autárquicas e empresas públicas, assim como outras infrações cuja prática tenha repercussão interestadual ou internacional e exija repressão uniforme, segundo se dispuser em lei; II - prevenir e reprimir o tráfico ilícito de entorpecentes e drogas afins, o contrabando e o descaminho, sem prejuízo da ação fazendária e de outros órgãos públicos nas respectivas áreas de competência; III - exercer as funções de polícia marítima, aeroportuária e de fronteiras; IV - exercer, com exclusividade, as funções de polícia judiciária da União.

8. A competência para julgamento dos crimes será estudada no capítulo pertinente à competência, ao qual remetemos o leitor.

todavia, que em ambos os casos não há apuração de crimes militares. Há que se destacar a possibilidade de **federalização da investigação** nos termos do art. 1º da Lei 10.446/02:

> Art. 1º Na forma do inciso I do § 1º do art. 144 da Constituição, quando houver **repercussão interestadual ou internacional que exija repressão uniforme**[9]**, poderá o Departamento de Polícia Federal do Ministério da Justiça, sem prejuízo da responsabilidade dos órgãos de segurança pública arrolados no** art. 144 da Constituição Federal, em especial das Polícias Militares e Civis dos Estados, proceder à investigação, dentre outras, das seguintes infrações penais:
>
> I - sequestro, cárcere privado e extorsão mediante sequestro (arts. 148 e 159 do Código Penal), se o agente foi impelido por motivação política ou quando praticado em razão da função pública exercida pela vítima;
>
> II - formação de cartel (incisos I, a, II, III e VII do art. 4º da Lei nº 8.137, de 27 de dezembro de 1990); e
>
> III - relativas à violação a direitos humanos, que a República Federativa do Brasil se comprometeu a reprimir em decorrência de tratados internacionais de que seja parte; e
>
> IV - furto, roubo ou receptação de cargas, inclusive bens e valores, transportadas em operação interestadual ou internacional, quando houver indícios da atuação de quadrilha ou bando em mais de um Estado da Federação.
>
> V - falsificação, corrupção, adulteração ou alteração de produto destinado a fins terapêuticos ou medicinais e venda, inclusive pela internet, depósito ou distribuição do produto falsificado, corrompido, adulterado ou alterado (art. 273 do Decreto-Lei nº 2.848, de 7 de dezembro de 1940 - Código Penal).
>
> VI - furto, roubo ou dano contra instituições financeiras, incluindo agências bancárias ou caixas eletrônicos, quando houver indícios da atuação de associação criminosa em mais de um Estado da Federação.
>
> VII - quaisquer crimes praticados por meio da rede mundial de computadores que difundam conteúdo misógino, definidos como aqueles que propagam o ódio ou a aversão às mulheres.
>
> Parágrafo único. Atendidos os pressupostos do *caput*, o Departamento de Polícia Federal procederá à apuração de outros casos, desde que tal providência seja autorizada ou determinada pelo Ministro de Estado da Justiça.

Os crimes eleitorais são apurados, em regra, pela Polícia Federal, sendo que o TSE já firmou o entendimento de que não havendo estrutura da PF no local, a investigação será realizada pela Polícia Civil.

10.3.3.1 Polícias Legislativas

As Polícias Legislativas, concebidas no âmbito federal como as da Câmara dos Deputados e Senado Federal, são, por regra, de natureza administrativa, cabendo-lhe o policiamento ostensivo no Congresso Nacional. Entretanto, as Polícias Legislativas também possuem atribuições de natureza investigatória para realizar investigações e presidir inquéritos policiais exclusivamente em relação às **infrações penais praticadas nas dependências do Congresso Nacional**. Nesse sentido é a Súmula 397 do STF:

> O poder de polícia da Câmara dos Deputados e do Senado Federal, em caso de crime cometido nas suas dependências, compreende, consoante o regimento, a prisão em flagrante do acusado e a realização do inquérito.

Em síntese, há o poder investigatório, mas restrito às infrações penais praticadas nas dependências do Congresso Nacional. Havendo, por exemplo, mandado judicial a ser cumprido no interior do Congresso, decorrente de investigação externa, não compete

9. Requisitos cumulativos.

à Polícia Legislativa seu cumprimento, pois decorre de investigação não originária do Congresso Nacional, devendo a Polícia Legislativa tão somente acompanhar o ato.

10.3.4 Síntese

Em linhas gerais, podemos, para fins didáticos, diferenciar as funções da atividade policial:

Função Administrativa	Função Judiciária	Função Investigatória
Caráter preventivo por visar impedir a prática de crimes Atividade fiscalizatória Ex. Polícia Militar	Auxiliar a Justiça Cumprimento de mandados de prisão, busca e apreensão e etc. Ex. Polícia Civil e Federal	Realizar a apuração do fato criminoso Ex. Polícia Civil, Federal e Legislativa, resguardas das devidas atribuições.

10.3.5 Características do inquérito policial

O inquérito policial, como procedimento administrativo, ainda que irritual, apresenta características próprias.

10.3.5.1 Procedimento escrito

Art. 9º Todas as peças do inquérito policial serão, num só processado, **reduzidas a escrito ou datilografadas** e, neste caso, rubricadas pela autoridade.

A previsão, de 1941, não mais guarda sintonia com a evolução social e digital. Entendemos, não obstante a expressa consagração da forma escrita, que é perfeitamente possível, senão recomendável, que parte das provas inquisitoriais sejam produzidas por meio de **recursos audiovisuais**, em cotejo **progressivo** com o §1º do art. 405 do CPP[10].

10.3.5.2 Dispensabilidade

Não obstante a irresignação de parte amplamente minoritária da doutrina que sustenta a indispensabilidade do inquérito policial, esse, por ser peça meramente informativa que visa colher elementos de autoria e materialidade das infrações penais, não é peça indispensável à propositura da ação penal.

Isso porque, reunindo o titular da ação penal elementos probatórios suficientes, pode oferecer a denúncia ou queixa independentemente da instauração do inquérito policial. Nesse sentido, o art. 12 do CPP elucida que "o inquérito policial acompanhará a denúncia ou queixa, sempre que servir de base a uma ou outra". Logo, se pode não servir de fundamento para a denúncia, trata-se de instrumento dispensável.

Na mesma esteira, o art. 27 do CPP assinala que qualquer pessoa do povo pode provocar a iniciativa do Ministério Público, nos casos em que caiba a ação pública,

---

10. §1º Sempre que possível, o registro dos depoimentos do investigado, indiciado, ofendido e testemunhas será feito pelos meios ou recursos de gravação magnética, estenotipia, digital ou técnica similar, inclusive audiovisual, destinada a obter maior fidelidade das informações.

fornecendo-lhe, por escrito, informações sobre o fato e a autoria, indicando o tempo, o lugar e os elementos de convicção, isto é, a provocação pode vir instruída com todos os elementos necessários à propositura da denúncia, dispensando-se o inquérito policial.

Ainda, a clareza do § 5º do art. 39 espanca qualquer dúvida ao asseverar a dispensabilidade do inquérito: O órgão do **Ministério Público dispensará o inquérito**, se com a representação forem oferecidos elementos que o habilitem a promover a ação penal, e, neste caso, oferecerá a denúncia no prazo de quinze dias.

Some-se a tais argumentos possibilidade de oferecimento de denúncia com lastro em PIC, procedimentos fazendários, inquéritos civis, procedimentos administrativos disciplinares e etc.

Tem-se, portanto, que não obstante a instauração do inquérito ser a regra verificada na prática, tal fato não lhe confere caráter de indispensável, atributo que pressupõe a análise da expressão "sem o qual não".

10.3.5.3 Sigilosidade

> Art. 20. A autoridade assegurará no inquérito o sigilo necessário à elucidação do fato ou exigido pelo interesse da sociedade.
>
> Parágrafo único. Nos atestados de antecedentes que lhe forem solicitados, a autoridade policial não poderá mencionar quaisquer anotações referentes a instauração de inquérito contra os requerentes.

A apuração de uma infração penal pressupõe o sigilo, sob pena de comprometimento da própria investigação e exposição do suposto autor do fato criminoso. É da essência da investigação a regra do sigilo, consolidada no art. 20 do CPP.

O sigilo, contudo, não se confunde com o segredo da investigação. O sigilo é externo, voltado para evitação da publicidade, não se aplicando ao Ministério Público, ao magistrado e, em regra, ao advogado. Com relação ao último, a Lei 8.906/94 (Estatuto da Advocacia), art. 7º, inc. XIV, prevê como direito do advogado, inclusive em autos eletrônicos (art. 7º, §13), "examinar, em qualquer instituição responsável por conduzir investigação, mesmo sem procuração, autos de flagrante e de investigações de qualquer natureza, findos ou em andamento, ainda que conclusos à autoridade, podendo copiar peças e tomar apontamentos, em meio físico ou digital".

Destaque-se, contudo, que uma vez decretado o sigilo pela autoridade policial, somente o advogado com procuração nos autos poderá exercer os direitos previstos no art. 7º, inc. XIV (art. 7º, §10).

É nesse sentido a SV 14 do STF:

> "É direito do defensor, no interesse do representado, ter acesso amplo aos elementos de prova que, já documentados em procedimento investigatório realizado por órgão com competência de polícia judiciária, digam respeito ao exercício do direito de defesa".

O acesso do defensor, contudo, não é irrestrito, vez que há situações específicas em que o acesso à parte da investigação poderá ser negado ou depender de autorização judicial.

O art. 23 da Lei de Organizações Criminosas (Lei 12.850/13) prevê, por exemplo, a necessidade de autorização judicial em hipótese específica:

Art. 23. O sigilo da investigação poderá ser decretado pela autoridade judicial competente, para garantia da celeridade e da eficácia das diligências investigatórias, assegurando-se ao defensor, no interesse do representado, amplo acesso aos elementos de prova que digam respeito ao exercício do direito de defesa, **devidamente precedido de autorização judicial**, ressalvados os referentes às diligências em andamento.

Parágrafo único. Determinado o depoimento do investigado, seu defensor terá assegurada a prévia vista dos autos, ainda que classificados como sigilosos, no prazo mínimo de 3 (três) dias que antecedem ao ato, podendo ser ampliado, a critério da autoridade responsável pela investigação.

De igual forma, não se permite o acesso às diligências sigilosas em andamento, sob pena de comprometimento da eficiência, eficácia ou finalidade das diligências, a exemplo da interceptação telefônica ou cumprimento de mandados de busca e apreensão. Todavia, uma vez documentadas nos autos, o acesso será inoponível ao advogado. Sendo o negado o acesso aos autos, o advogado poderá valer-se dos instrumentos do mandado de segurança, *habeas corpus* ou mesmo reclamação perante o STF em razão da SV 14, caracterizando a negativa, em tese, o crime de abuso de autoridade previsto no art. 32, *caput*, da Lei 13.869/19.

10.3.5.4 Procedimento inquisitorial

O inquérito policial segue, em linhas gerais, o sistema inquisitivo, isto é, sem contraditório e ampla defesa. Essa perspectiva, tradicional, tem recebido críticas e releituras em razão da alteração promovida pela Lei 13.245/16, a qual conferiu ao advogado o direito de assistir seus clientes investigados durante a apuração de infrações, sob pena de nulidade absoluta do respectivo interrogatório ou depoimento e, subsequentemente, de todos os elementos investigatórios e probatórios dele decorrentes ou derivados, direta ou indiretamente, podendo, inclusive, no curso da respectiva apuração, apresentar razões e quesitos (art. 7º, inc. XXI, "a" da Lei 8.906/94).

A mudança trouxe à baila o argumento de que as investigações preliminares seriam um **procedimento submetido a um contraditório diferido e à ampla defesa**, sob o fundamento de que a expressão "processo administrativo", prevista no art. 5º, LV da CF, deve ser interpretada de forma ampliativa, para compreender as investigações preliminares, de sorte a se permitir a ampla defesa endógena, isto é, no próprio procedimento.

Com a devida vênia, não nos parece razoável sustentar a aplicação do art. 5º, LV da CF, às investigações preliminares pelo fato de que nessas não há qualquer imposição de sanção, vez que se destinam a colher elementos para subsidiar a decisão do titular da ação penal.

Nesse sentido, o STF, no julgamento da Pet. 7.612/DF, decidiu que:

> As alterações promovidas pela Lei 13.245/2016 no art. 7º, XXI, do Estatuto da Ordem dos Advogados representam reforço das prerrogativas da defesa técnica no curso do inquérito policial, **sem comprometer, de modo algum, o caráter inquisitório da fase investigativa preliminar**. 2. Desse modo, a possibilidade de assistência mediante a apresentação de razões e quesitos não se confunde com o direito subjetivo de intimação prévia e tempestiva da defesa técnica acerca do calendário de inquirições a ser definido pela autoridade judicial. 3. Agravo regimental desprovido. (Rel. Min. Edson Fachin, 2ª Turma, DJe 20.02.20).

Nitidamente, não se pode confundir o direito de apresentar quesitos e razões com o direito ao contraditório e ampla defesa. Os quesitos normalmente estão associados às provas periciais, via de regra não repetidas na fase processual, razão pela qual é perfeitamente adequado se permitir sua apresentação pelo advogado em razão da efetividade da prova. As razões, por seu turno, são aptas a trazer elementos que podem permitir a mudança de rumo da investigação, mas não se confundem com o exercício da ampla defesa ou contraditório, pois de fato não há sanção no inquérito.

O que se permite, portanto, é a ciência da investigação e participação voluntária nessa, sem que, contudo, assegure-se os direitos tipicamente processuais, como reinquirição de testemunhas, ciência prévia da prática de atos procedimentais e etc. Conferiu-se ao inquérito, dessa forma, um *status* minimamente garantista de forma a preservar os direitos fundamentais do agente. Nesse sentido, o STJ, em algumas oportunidades, já decidiu que o judiciário pode determinar que a autoridade policial produza provas demandadas pelo investigado, a exemplo de interceptações telefônicas e inquirição de testemunhas[11].

> A lei processual, aliás, permite o requerimento de diligências. Decerto fica a diligência a juízo da autoridade policial, mas isso, obviamente, não impede possa o indiciado bater a outras portas. Se, tecnicamente, inexiste processo, tal não haverá de constituir empeço a que se garantam direitos sensíveis - do ofendido, do indiciado, etc. HC nº 69.405 - SP. J. 23.10.07

Não obstante o entendimento do STJ, entendemos por perigosa a intervenção do Poder Judiciário na determinação da realização de provas em sede de investigação, especialmente sob a luz do sistema acusatório. A possibilidade deveria ser restrita, por analogia ao sistema do juiz das garantias, às provas urgentes e irrepetíveis, sob pena de se transformar a investigação num verdadeiro processo cujo resultado não produz qualquer efeito sancionatório.

Nesse sentido, questionamos, igualmente, a previsão de nulidade absoluta do interrogatório ou depoimento e, subsequentemente, de todos os elementos investigatórios e probatórios deles decorrentes ou derivados (art. 7º, inc. XXI, "a" da Lei 8.906/94). Juridicamente, não há nulidade no curso do inquérito policial, vez que essa é restrita a procedimentos e processos sujeitos ao contraditório e ampla defesa. Há, de fato, a possibilidade de ilicitude na prova, por ser produzida em violação a normas de direito material, como na hipótese de confissão obtida mediante tortura. Todavia, o vício correspondente não é o de nulidade, mas de ilicitude.

10.3.5.4.1 Há contraditório e ampla defesa no caso do art. 14-A do CPP?

> Art. 14-A. Nos casos em que servidores vinculados às instituições dispostas no art. 144 da Constituição Federal figurarem como investigados em inquéritos policiais, inquéritos policiais militares e demais procedimentos extrajudiciais, cujo objeto for a investigação de fatos relacionados ao uso da força letal praticados no exercício profissional, de forma consumada ou tentada, incluindo as situações dispostas no art. 23 do Decreto-Lei nº 2.848, de 7 de dezembro de 1940 (Código Penal), o indiciado poderá constituir defensor.
>
> §1º Para os casos previstos no *caput* deste artigo, o investigado deverá ser citado da instauração do procedimento investigatório, podendo constituir defensor no prazo de até 48 (quarenta e oito) horas a contar do recebimento da citação.

11. CPP, art. 14. O ofendido, ou seu representante legal, e o indiciado poderão requerer qualquer diligência, que será realizada, ou não, a juízo da autoridade.

§2º Esgotado o prazo disposto no § 1º deste artigo com ausência de nomeação de defensor pelo investigado, a autoridade responsável pela investigação deverá intimar a instituição a que estava vinculado o investigado à época da ocorrência dos fatos, para que essa, no prazo de 48 (quarenta e oito) horas, indique defensor para a representação do investigado.
§3º Havendo necessidade de indicação de defensor nos termos do § 2º deste artigo, a defesa caberá preferencialmente à Defensoria Pública, e, nos locais em que ela não estiver instalada, a União ou a Unidade da Federação correspondente à respectiva competência territorial do procedimento instaurado deverá disponibilizar profissional para acompanhamento e realização de todos os atos relacionados à defesa administrativa do investigado.
§4º A indicação do profissional a que se refere o § 3º deste artigo deverá ser precedida de manifestação de que não existe defensor público lotado na área territorial onde tramita o inquérito e com atribuição para nele atuar, hipótese em que poderá ser indicado profissional que não integre os quadros próprios da Administração.
§5º Na hipótese de não atuação da Defensoria Pública, os custos com o patrocínio dos interesses dos investigados nos procedimentos de que trata este artigo correrão por conta do orçamento próprio da instituição a que este esteja vinculado à época da ocorrência dos fatos investigados.
§6º As disposições constantes deste artigo se aplicam aos servidores militares vinculados às instituições dispostas no art. 142 da Constituição Federal, desde que os fatos investigados digam respeito a missões para a Garantia da Lei e da Ordem.

A novidade legislativa, trazida pela Lei 13.964/19, comporta reflexões sob diversos aspectos, especialmente no tocante à existência ou não de contraditório.

A redação legal prevê expressamente sua aplicação aos servidores vinculados às instituições dispostas no art. 144 da CF, quais sejam: integrantes da Polícia Federal, Polícia Rodoviária Federal, Polícias Civis, Polícias Militares e Corpos de Bombeiros Militares, e Polícias Penais Federal, Estaduais e Distrital, evidenciando o **aspecto subjetivo** da previsão.

Por sua vez, a previsão do art. 14-A, *caput*, apenas se aplica quando a investigação envolver fatos decorrentes de **uso de força letal** praticados no exercício profissional, consumados ou tentados, incluído as hipóteses de exclusão de ilicitude (art. 23 do CP), revelando o **aspecto objetivo** e sua respectiva **conexão teleológica** com a função exercida. Vale destacar que, a despeito da previsão, caracterizadora de mera faculdade, o agente poderia constituir defensor independentemente dessa, com lastro na cláusula geral de ampla defesa, inclusive em casos que não envolvam força não letal, haja vista que referido direito ressai da própria instauração da investigação, sendo conferido a todo e qualquer investigado.

Por fim, o **aspecto formal** pressupõe que a investigação seja realizada em inquéritos policiais, inquéritos policiais militares e demais procedimentos extrajudiciais, fórmula genérica que permite a interpretação analógica para, por exemplo, contemplar o PIC.

O §1º do art. 14-A do CPP, de forma não técnica, previu que o investigado será "citado" da instauração do procedimento de investigação, podendo constituir defensor no prazo de até 48h contados da "citação". Por citado, no caso, deve-se compreender **cientificado**, vez que o ato citatório é afeto ao processo, não sendo de atribuição da autoridade investigante. Desse modo, por se tratar de mera cientificação, a comunicação pode ocorrer por qualquer meio, como e-mail, carta, de forma pessoal ou mesmo por aplicativos de mensagens como o *WhatsApp*, entre outros.

O §2º, por seu turno, assinala que esgotado o prazo de 48h, com ausência de nomeação de defensor pelo investigado, a autoridade responsável pela investigação deverá intimar a instituição a que estava vinculado o investigado à época da ocorrência dos fatos, para que essa, no prazo de 48h, indique defensor para a representação do investigado. O dispositivo visa assegurar o acompanhamento da investigação por um defensor, preferencialmente público (§3º) e, na sua falta certificada (§4º), um advogado integrante dos quadros da Administração Pública ou ainda, na falta desse, defensor particular nomeado, cujos custos serão arcados pela instituição à qual o agente estava vinculado à época dos fatos (§5º). Entendemos que a intimação da instituição prevista no art. 144 da CF deve ocorrer de toda a forma, como meio de cientificá-la que um dos seus integrantes se encontra no curso de investigação criminal.

O §6º, por derradeiro, estende a aplicação do dispositivo aos militares da Aeronáutica, Exército e Marina (art. 142 da CF), desde que os fatos investigados digam respeito a missões para Garantia da Lei e Ordem.

O art. 14-A, na realidade, não instaurou o contraditório e a ampla defesa para os agentes previstos nos artigos 142 e 144 da CF, mas tão somente assegurou o direito já previsto a qualquer pessoa, de acompanhar a investigação por meio de defensor, com os mesmos direitos e prerrogativas estudados acima.

10.3.5.5 Discricionariedade

A discricionariedade não diz respeito à instauração do inquérito policial quando diante de um fato criminoso, mas sim quanto à ordem das provas a serem produzidas. Por não existir um rito procedimental, o delegado de polícia deverá, de forma discricionária, eleger a ordem e quais provas previstas nos artigos 6º e 7º do CPP serão realizadas.

> Art. 6º Logo que tiver conhecimento da prática da infração penal, a autoridade policial deverá:
>
> I - dirigir-se ao local, providenciando para que não se alterem o estado e conservação das coisas, até a chegada dos peritos criminais;
>
> II - apreender os objetos que tiverem relação com o fato, após liberados pelos peritos criminais;
>
> III - colher todas as provas que servirem para o esclarecimento do fato e suas circunstâncias;
>
> IV - ouvir o ofendido;
>
> V - ouvir o indiciado, com observância, no que for aplicável, do disposto no Capítulo III do Título VII, deste Livro, devendo o respectivo termo ser assinado por duas testemunhas que lhe tenham ouvido a leitura;
>
> VI - proceder a reconhecimento de pessoas e coisas e a acareações;
>
> VII - determinar, se for caso, que se proceda a exame de corpo de delito e a quaisquer outras perícias;
>
> VIII - ordenar a identificação do indiciado pelo processo datiloscópico, se possível, e fazer juntar aos autos sua folha de antecedentes;
>
> IX - averiguar a vida pregressa do indiciado, sob o ponto de vista individual, familiar e social, sua condição econômica, sua atitude e estado de ânimo antes e depois do crime e durante ele, e quaisquer outros elementos que contribuírem para a apreciação do seu temperamento e caráter.
>
> X - colher informações sobre a existência de filhos, respectivas idades e se possuem alguma deficiência e o nome e o contato de eventual responsável pelos cuidados dos filhos, indicado pela pessoa presa.
>
> Art. 7º Para verificar a possibilidade de haver a infração sido praticada de determinado modo, a autoridade policial poderá proceder à reprodução simulada dos fatos, desde que esta não contrarie a moralidade ou a ordem pública.

Além das provas previstas nos arts. 6º e 7º, poderá o delegado promover a requisição de perícia, informações, documentos e dados que interessem à apuração dos fatos, nos termos do §2º do art. 2º da Lei 12.830/13. Naturalmente, tratando-se de prova sujeita à cláusula de reserva de jurisdição, a realização da prova deverá ser submetida, previamente, a análise do Poder Judiciário após prévia oitiva do Ministério Público. De igual forma, não pode a autoridade policial se olvidar da análise do artigo 14 do CPP, que permite ao ofendido, ou seu representante legal, e ao investigado, requerer diligências conforme vimos acima, mitigando a discricionariedade ao associá-la a razoabilidade.

10.3.5.6 Oficialidade

O inquérito policial é ato privativo do delegado de polícia, integrante de órgão oficial do Estado nos termos do art. 14, §1º, I c/c art. 144, §4º, da CF.

10.3.5.7 Oficiosidade

A autoridade policial, ao tomar ciência da prática de uma infração penal de sua atribuição, sujeita a ação penal pública incondicionada, deverá, de ofício, nos termos do art. 5º, I do CPP, instaurar o inquérito policial.

Nos casos de ação penal pública condicionada à representação e ação penal pública de iniciativa privada, deverá aguardar a manifestação de interesse da vítima ou seu representante legal para instaurar o inquérito policial. Havendo referida manifestação, deverá agir de ofício.

10.3.5.7.1 Aplicação do princípio da insignificância pelo delegado de polícia

Parcela da doutrina sustenta que o delegado de polícia, ao realizar o primeiro juízo de tipicidade, poderá aplicar o princípio da insignificância, conferindo à autoridade policial o status de "autoridade de garantias".

Nesse sentido, HOFFMANN [12] aduz que:

> Mais do que um poder do delegado de Polícia, a aplicação do princípio da insignificância é um dever no desempenho da sua missão de garantir direitos fundamentais, devendo ser repelidas eventuais interferências escusas em detrimento do interesse público. Entendimento diverso reduziria a autoridade Policial a mero instrumento repressivo focado em ninharias, reforçando o viés seletivo do Direito Penal.
>
> Nessa esteira, a autoridade de Garantias não pode relegar a segundo plano: Sua missão institucional de primeiro garantidor da legalidade da persecução penal, a qual foi redimensionada, em boa hora, pelos princípios da Constituição cidadã de 1988, que não se contenta com o singelo exercício de uma atividade investigativa a qualquer custo.

Com a devida vênia, o juízo de tipicidade, sob seu aspecto material, deve ser realizado apenas pelos atores processuais. Se o próprio indiciamento, ato privativo do delegado de polícia, é dispensável segundo o STF (ADI 4.911/DF), não há razões para se conferir ao delegado de polícia a possibilidade de realização de juízo de tipicidade material, valorando

12. CASTRO, Henrique Hoffmann Monteiro de Castro. Delegado pode e deve aplicar o princípio da insignificância. Conjur, https://www.conjur.com.br/2015-ago-18/academia-policia-delegado-aplicar-principio-insignificancia#_ftnref22 . Acesso em 019.07.21, as 06h20min.

a lesão ou ameaça de lesão em juízo que não lhe compete, porquanto referida análise deve ser realizada pelo *dominus litis*. O delegado polícia realiza um juízo de tipicidade meramente sob o aspecto formal, não reunindo atribuições e poderes para retirar do titular da ação penal o juízo valorativo acerca de um fato tipicamente formal.

O juízo de tipicidade somente pode ser realizado por quem detém atribuições para o processo, pois sua realização pressupõe a necessidade de decisão sujeita a duplo grau de jurisdição ou controle interno/externo, circunstância não verificada no "juízo de tipicidade material" realizado pela autoridade policial.

No caso de ação penal pública, o Ministério Público, ao receber o inquérito policial, realiza o primeiro juízo de tipicidade material, promovendo o arquivamento, sujeito a controle interno ou judicial (art. 28 do CPP[13]), que pode ou não ser acatado. Isto é, de seu ato decorre consequências jurídicas, seja o PGJ designando outro membro para oferecer denúncia, seja mantendo a decisão e confirmando a promoção de arquivamento, vinculando o magistrado.

De igual modo, oferecendo o MP a denúncia, em exercício do primeiro juízo de tipicidade material, o magistrado pode não acolher a pretensão ministerial e absolver ou desclassificar a infração penal, realizando, por seu turno, o segundo juízo de tipicidade, o qual, por sua vez, está sujeito à recurso por parte do Ministério Público. Nitidamente, há consequências jurídicas.

Ao contrário, do "juízo de tipicidade" realizado pela autoridade policial não decorrem consequências **jurídico-penais**, podendo, contudo, advir consequências de natureza administrativa como o registro do nome do agente nos sistemas policiais, a potencial inviabilização de aquisição de armas de fogo (art. 4º, II do Estatuto do Desarmamento) e etc.

Por importante, registre-se, que o próprio §6º do art. 2º da Lei 12.830/13, que dispõe sobre a investigação criminal conduzida pelo delegado polícia, não impõe a realização do "juízo de tipicidade", pois exige tão somente que o delegado indique a autoria, a materialidade e suas circunstâncias[14].

Em razão do exposto, não há, para nós e para a doutrina dominante, possibilidade de o delegado de polícia aplicar o princípio da insignificância, vez que esse, por atacar a tipicidade material, pressupõe análise pelo titular da ação penal, isto é, somente o Ministério Público, na fase pré-processual, pode se manifestar pela aplicação do princípio, pois a existência de lesão ou ameaça de lesão deve ser analisada pelo guardião da ordem jurídica (art. 127, *caput*, CF). Superada a fase pré-processual, o Poder Judiciário, na esfera de seu poder de julgar, pode, igualmente, aplicar o princípio da insignificância.

13. No julgamento da ADI 6.305, o STF, por maioria, atribuir interpretação conforme ao *caput* do art. 28 do CPP, alterado pela Lei nº 13.964/2019, para assentar que, ao se manifestar pelo arquivamento do inquérito policial ou de quaisquer elementos informativos da mesma natureza, o órgão do Ministério Público submeterá sua manifestação ao juiz competente e comunicará à vítima, ao investigado e à autoridade policial, podendo encaminhar os autos para o Procurador-Geral ou para a instância de revisão ministerial, quando houver, para fins de homologação, na forma da lei. Remetemos o leitor ao típico pertinente ao arquivamento.

14. O art. 52, I, da Lei de Drogas (Lei 11.343/06), prevê, em nossa compreensão, de forma desnecessária, que a autoridade policial apresente as razões que a levaram a classificar o delito. Apesar da Lei 12.830/13 ser posterior e não prever tal ato, não há óbices à classificação pela autoridade policial, porquanto inexiste qualquer espécie de consequências jurídico-penal.

De igual modo, não nos parece igualmente sustentável o argumento de HOFFMAN[15] de que:

> (...) o procedimento em nada prejudica o controle externo do membro do Ministério Público, que, cumprindo seu dever de visitar a delegacia de Polícia, possui acesso às informações, podendo eventualmente sustentar posição diversa dentro de sua esfera de seu convencimento motivado. Prejuízo tampouco há para o juiz de Direito, cuja livre convicção fundamentada, de igual modo, permanece intacta.

O controle externo da atividade policial por parte do Ministério Público não pode ser compreendido de forma tão singela. O promotor de justiça não é fiscal de Delegacia de Polícia e menos ainda Corregedor de Polícia. Resumir o controle externo à atividade meramente cartorária de varredura de papéis soltos ou procedimentos instaurados em busca de eventuais irregularidades é reduzir a concepção e fins do controle externo.

Desse modo, entendendo a autoridade policial que o fato noticiado pode ensejar a aplicação do princípio da insignificância, deve **encaminhar o procedimento ao Ministério Público** para que esse analise a possibilidade de aplicação e, assim entendendo, o faça segundo a regra legal, não competindo à autoridade policial sua aplicação, até porque uma das características do inquérito policial é a indisponibilidade (art. 17 do CPP).

10.3.5.8 Indisponibilidade

Segundo o art. 17 do CPP:

Art. 17. A autoridade policial não poderá mandar arquivar autos de inquérito.

Recebendo a notícia de uma infração penal, o delegado de polícia pode, antes de instaurar o inquérito policial, para evitar procedimentos de investigação temerários, instaurar a chamada VPI (verificação de procedência de informações), prevista indiretamente no art. 5º, §3º do CPP:

> §3º Qualquer pessoa do povo que tiver conhecimento da existência de infração penal em que caiba ação pública poderá, verbalmente ou por escrito, comunicá-la à autoridade policial, e esta, **verificada a procedência das informações**, mandará instaurar inquérito.

A VPI, em essência, não se confunde com o inquérito policial e não se subordina à regra da indisponibilidade do inquérito policial, porquanto visa tão somente colher elementos mínimos de informação para subsidiar a instauração do inquérito. Assim, diante de uma denúncia anônima, sem lastro algum, deve a autoridade policial colher, em sede de VPI, o mínimo de elementos para fundamentar a abertura do inquérito policial. Não obtendo êxito, poderá arquivar, internamente, a VPI. Entendemos, contudo, que o ato da autoridade policial está sujeito a controle externo por parte do Ministério Público, devendo esse ser cientificado do arquivamento para fins de controle, sendo desnecessário qualquer ato ratificatório caso concorde com a conduta da autoridade policial.

Tratando-se de inquérito policial instaurado, seu arquivamento só pode ser ordenado pelo titular da ação penal, devendo, em alguns casos, ser realizado perante o Poder Judiciário[16].

---

15. *Op.cit.*

16. Hipóteses de declaração de extinção da punibilidade pelo óbito, por exemplo. Veremos o assunto detalhadamente no tópico pertinente ao arquivamento.

10.3.5.9 Síntese

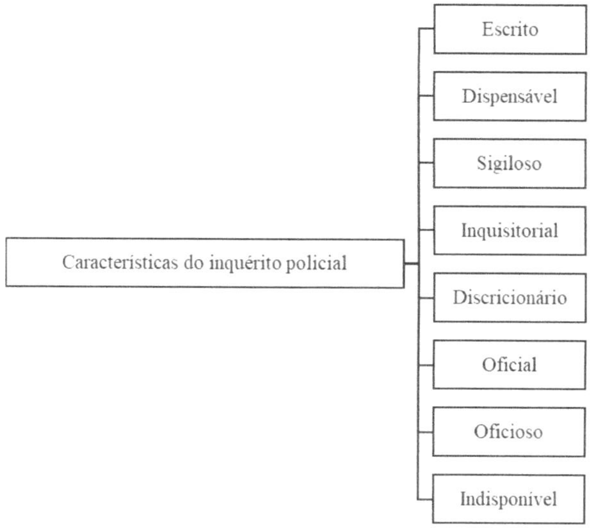

10.3.6 Instauração do inquérito policial

> Art. 5º Nos crimes de ação pública o inquérito policial será iniciado:
>
> I - de ofício;
>
> II - mediante requisição da autoridade judiciária ou do Ministério Público, ou a requerimento do ofendido ou de quem tiver qualidade para representá-lo.
>
> §1º O requerimento a que se refere o nº II conterá sempre que possível:
>
> a) a narração do fato, com todas as circunstâncias;
>
> b) a individualização do indiciado ou seus sinais característicos e as razões de convicção ou de presunção de ser ele o autor da infração, ou os motivos de impossibilidade de o fazer;
>
> c) a nomeação das testemunhas, com indicação de sua profissão e residência.
>
> §2º Do despacho que indeferir o requerimento de abertura de inquérito caberá recurso para o chefe de Polícia.
>
> §3º Qualquer pessoa do povo que tiver conhecimento da existência de infração penal em que caiba ação pública poderá, verbalmente ou por escrito, comunicá-la à autoridade policial, e esta, verificada a procedência das informações, mandará instaurar inquérito.
>
> §4º O inquérito, nos crimes em que a ação pública depender de representação, não poderá sem ela ser iniciado.
>
> §5º Nos crimes de ação privada, a autoridade policial somente poderá proceder a inquérito a requerimento de quem tenha qualidade para intentá-la.

A instauração do inquérito policial pressupõe que a autoridade disponha de **elementos mínimos de prova** acerca do cometimento de uma infração penal. Não pode, portanto, deflagrar uma investigação à esmo e sem objeto certo. Não se exige prova da infração penal, mas ao menos indícios de sua ocorrência.

Não dispondo a autoridade policial desses elementos mínimos, deverá, na forma do art. 5º, §3º do CPP, instaurar a VPI (verificação preliminar de informações), com o escopo de colher o suporte mínimo para instauração do inquérito policial.

10.3.6.1 Formas de instauração do inquérito policial

O inciso I do art. 5º do CPP assinala que o inquérito policial deverá ser instaurado **de ofício**. É, portanto, dever da autoridade policial instaurar o procedimento por meio de portaria quando detiver elementos mínimos de prova ou indícios da prática de uma infração penal sujeita a processamento por meio de ação penal pública incondicionada, independentemente de qualquer espécie de provocação. O conhecimento da prática de uma infração penal pode ocorrer de várias formas, como notícias veiculadas pela imprensa, recebimento de ocorrências etc. É possível, igualmente, nos termos do 3º do art. 5º, que o conhecimento da infração penal decorra de comunicação de **qualquer um do povo**.

Segundo o inciso II do art. 5º do CPP, a autoridade policial também deverá instaurar o inquérito policial quando houver **requisição do Ministério Público ou autoridade judiciária**. A requisição é ato que vincula a autoridade policial, não sendo passível de questionamento, salvo se dotado de abusividade ou ausência de elementos mínimos.

No que tange à requisição ministerial, dúvidas não existem, vez que se trata de atuação do titular da ação penal pública com amparo no **princípio da obrigatoriedade** da ação penal. Entretanto, a possibilidade de requisição pelo magistrado nos parece questionável sob a luz do sistema acusatório, vez que esse não deve se imiscuir na investigação e, por via de consequência, menos ainda deflagrá-la, haja vista que sua requisição vincula a autoridade policial.

Isso não significa que o magistrado, ciente de uma infração penal, deva permanecer inerte. Ao contrário, entendemos que o juiz deva dar **ciência da prática de um delito às autoridades competentes**. Assim, deve comunicar o fato criminoso ao Ministério Público (art. 40 do CPP[17]) ou à autoridade policial sem, contudo, requisitar a instauração do inquérito policial.

Nos termos do inciso II do art. 5º do CPP, o inquérito policial também pode ser instaurado por meio de **requerimento da vítima ou de seu representante legal**. O requerimento, petição endereçada ao delegado de polícia, deverá, sempre que possível, trazer a narração do fato, com todas as suas circunstâncias, a individualização fundamentada do agente apontado como autor da infração e a indicação de testemunhas.

Prevalece, nesse caso, a discricionariedade da autoridade policial para instauração do inquérito policial segundo os elementos oferecidos, não impondo a lei a obrigatoriedade da instauração caso, por exemplo, o requerimento seja desprovido de elementos mínimos. Havendo o indeferimento, o interessado poderá recorrer ao Chefe de Polícia, que pode ser o Delegado-Geral ou Secretário de Segurança Pública, a depender da organização da Polícia em cada Estado. O interessado poderá, ainda, representar ao Ministério Público que, dentro de seu convencimento motivado, deverá avaliar a possibilidade de requisição de instauração de inquérito policial.

Vimos, até o presente momento, hipóteses de instauração de inquérito policial em delitos que se processam por meio de ação penal pública incondicionada. Na esfera das **ações penais públicas condicionadas à representação ou ações penais públicas de iniciativa privada**, a autoridade policial não pode instaurar o inquérito de ofício, vez que a persecução penal está condicionada à manifestação da vítima ou de seu representante

17. Art. 40. Quando, em autos ou papéis de que conhecerem, os juízes ou tribunais verificarem a existência de crime de ação pública, remeterão ao Ministério Público as cópias e os documentos necessários ao oferecimento da denúncia.

legal ou requisição do Ministro da Justiça (art. 5º, §5º do CPP). Deve, portanto, aguardar a representação dos interessados para poder agir.

O inquérito policial ainda pode ser instaurado mediante auto de prisão em flagrante delito (APFD), hipótese que dispensa a portaria, sendo o APFD a peça inaugural do inquérito. Ainda prevalece o burocrático costume de se instaurar inquérito policial em todos APFDs, muitas das vezes conduta desnecessária e contrária à celeridade. Em grande parte dos delitos, não há provas a serem produzidas no inquérito, vez que o próprio APDF traz todos os elementos necessários para o oferecimento denúncia, como num crime de roubo sem lesões à vítima. Por ser o inquérito peça dispensável, entendemos que o *parquet* deve oferecer a denúncia com lastro no próprio APFD, dispensando-se a instauração do inquérito.

É perfeitamente possível que tenhamos um inquérito policial iniciado por APFD no âmbito de crimes de ação penal pública condicionada à representação ou ação penal pública de iniciativa privada. Exige-se, contudo, que até a expedição da nota de culpa, no prazo de 24h da prisão, o interessado se manifeste positivamente pela instauração do inquérito policial, sob pena de relaxamento da prisão e impossibilidade de prosseguimento nas investigações.

Graficamente, podemos sintetizar a instauração do inquérito policial da seguinte forma:

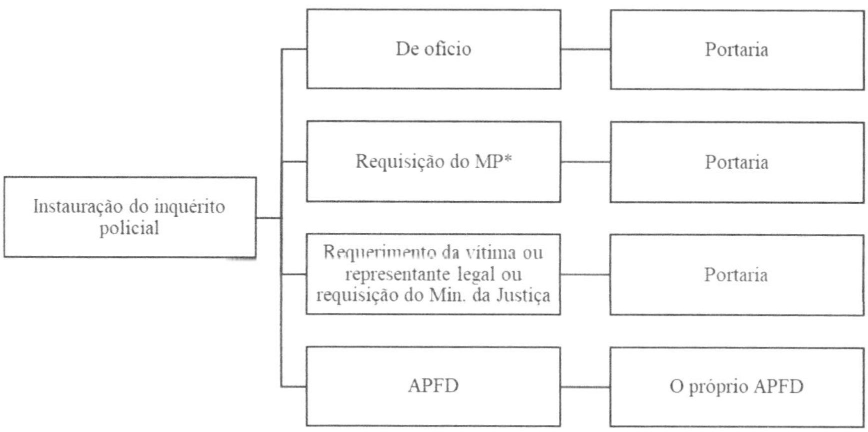

* conforme destacamos acima, entendemos que a requisição pelo magistrado não se coaduna com o sistema acusatório.

10.3.6.2 Notitia criminis

A *notitia criminis* é a forma pela qual a autoridade policial toma ciência da prática de uma infração penal, podendo ser espontânea ou provocada. A doutrina a classifica da seguinte forma:

a) *notitia criminis* de cognição imediata: também conhecida por espontânea, ocorre quando a autoridade policial toma ciência da infração penal meio de suas atividades rotineiras, a exemplo do conhecimento de fatos por meio da imprensa.

b) *notitia criminis* de cognição mediata: conhecida também por provocada, trata-se da hipótese na qual o delegado de polícia toma conhecimento da infração penal por meio de provação de alguém, mediante comunicação, representação ou requisição.

Ocorre, portanto, nas representações da vítima, requisições ministeriais e comunicações por qualquer um do povo[18].

c) ***notitia criminis*** **de cognição coercitiva**: trata-se da situação que envolve a prisão em flagrante delito, na qual a autoridade policial toma conhecimento da infração penal pela apresentação do preso.

A chamada ***notitia criminis*** **inqualificada** é a decorrente de denúncia anônima. Por si só, não constitui fundamento razoável para instauração do inquérito policial, vez que o anonimato, por vezes, revela intenções não democráticas em sua origem. Não por outro fundamento, o STF, no julgamento do HC 84.827/TO[19], decidiu que "não serve à persecução criminal notícia de prática criminosa sem identificação da autoria, consideradas a vedação constitucional do anonimato e a necessidade de haver parâmetros próprios à responsabilidade, nos campos cível e penal, de quem a implemente".

Isso não significa, entretanto, que a notícia anônima não possa ensejar a deflagração de uma investigação, pois em diversas oportunidades o cidadão noticia um delito e opta pelo anonimato por receio de represálias. Nesses casos, deve a autoridade policial instaurar a VPI para apuração preliminar dos fatos de sorte a obter o mínimo de elementos para convertê-la em inquérito policial.

É importante frisar que o direito ao anonimato é preservado pelo art. 1º, inc. II, da Lei 13.608/18, inclusive com previsão de "disque-denúncia" no inciso I. Referida lei ainda assegura ao informante que se identificar, o sigilo dos seus dados no art. 3º.

10.3.7 Diligências

Art. 6º Logo que tiver conhecimento da prática da infração penal, a autoridade policial deverá:

I - dirigir-se ao local, providenciando para que não se alterem o estado e conservação das coisas, até a chegada dos peritos criminais;

II - apreender os objetos que tiverem relação com o fato, após liberados pelos peritos criminais;

III - colher todas as provas que servirem para o esclarecimento do fato e suas circunstâncias;

IV - ouvir o ofendido;

V - ouvir o indiciado, com observância, no que for aplicável, do disposto no Capítulo III do Título VII, deste Livro, devendo o respectivo termo ser assinado por duas testemunhas que lhe tenham ouvido a leitura;

VI - proceder a reconhecimento de pessoas e coisas e a acareações;

VII - determinar, se for caso, que se proceda a exame de corpo de delito e a quaisquer outras perícias;

VIII - ordenar a identificação do indiciado pelo processo datiloscópico, se possível, e fazer juntar aos autos sua folha de antecedentes;

IX - averiguar a vida pregressa do indiciado, sob o ponto de vista individual, familiar e social, sua condição econômica, sua atitude e estado de ânimo antes e depois do crime e durante ele, e quaisquer outros elementos que contribuírem para a apreciação do seu temperamento e caráter.

X - colher informações sobre a existência de filhos, respectivas idades e se possuem alguma deficiência e o nome e o contato de eventual responsável pelos cuidados dos filhos, indicado pela pessoa presa.

18. Parte da doutrina trata essa hipótese como *delatio criminis*.

19. DJe 23.11.07.

O artigo 6º, CPP, prevê, de forma não exaustiva, diligências a serem realizadas pela autoridade policial visando a apuração da infração penal. Trata-se, portanto, de rol exemplificativo e, em regra, não obrigatório, salvo nas provas imprescindíveis à caracterização da materialidade, a exemplo da perícia no crime de falsidade documental.

O **inciso I** do art. 6º dispõe que a autoridade policial deverá, logo que tiver conhecimento da prática da infração penal, dirigir-se ao local, providenciando para que não se alterem o estado e conservação das coisas, até a chegada dos peritos criminais. Naturalmente, a preservação da cena do crime é altamente recomendável para que o estado de coisas não seja alterado (art. 169 do CPP), visando a melhor elucidação dos fatos. Isso não significa, contudo, que havendo vítimas que precisam de socorro médico, não sejam levadas ao nosocômio ou que, havendo colisão entre veículos, esses não possam ser removidos da pista de rolagem para permitir o tráfego, se outra forma não existir (art. 1º da Lei 5.970/83).

O **inciso II** prevê que a autoridade policial deverá apreender os objetos que tiverem relação com o fato, após liberados pelos peritos criminais. Não importa se os objetos apreendidos são lícitos ou ilícitos, bastando que guardem relação com o fato criminoso, vez que, por acompanharem os autos de inquérito (art. 11 do CPP), poderão ser utilizados pelas partes a título de prova ou contraprova, exibidos em plenário do júri e etc. A importância do inciso II foi reforçada com a redação do art. 158-A do CPP, que trata da cadeia de custódia[20], isto é, o conjunto de todos os procedimentos utilizados para manter e documentar a história cronológica do vestígio coletado em locais ou em vítimas de crimes, para rastrear sua posse e manuseio a partir de seu reconhecimento até o descarte.

Na mesma trilha dos incisos anteriores, o **inciso III** assinala que a autoridade policial deverá colher todas as provas que servirem para o esclarecimento do fato e suas circunstâncias. De fato, tendo o inquérito policial a finalidade precípua de apurar a infração penal, toda e qualquer prova que possa guardar conexão probatória deverá ser colhida.

Os **incisos IV e V**, por seu turno, preveem, como diligências, a oitiva do ofendido e "indiciado", sendo que, no caso do último, deverá ser observado o procedimento judicial para interrogatório, devendo o termo ser assinado por duas testemunhas que tiverem ouvido a leitura do depoimento. É inegável que os atores principais do fato criminoso devem ser inquiridos nos autos. A vítima, concebida como informante, nos casos em que houver contato com o infrator, será capaz de trazer elementos que nenhuma outra pessoa poderá. O infrator, por seu turno, poderá, ainda que no inquérito não exista contraditório, iniciar sua autodefesa ou mesmo, no curso dessa, confessar a prática delitiva visando a obtenção da minorante prevista no art. 65, I, "d" do CP, indicar coautores visando a colaboração premiada etc.

Em nossa compreensão, não obstante a divergência doutrinária, não há obrigatoriedade de assistência de advogado no interrogatório do investigado, nada obstante esse ter o **direito de ser acompanhado de advogado**. Trata-se, portanto, de direito conferido ao agente, mas seu exercício não é imprescindível para a realização do ato, vez que não há imposição de sanção do inquérito policial.

20. A cadeia de custódia será estudada no capítulo de provas.

Em reforço ao argumento, a Lei de Abuso de Autoridade assinala que incorrerá no crime de abuso de autoridade, art. 15, p. único, inc. II da Lei 13.869/19, a autoridade policial que **prosseguir** com o interrogatório de pessoa que tenha optado por ser assistida por advogado ou defensor público, sem a presença de seu patrono. Ora, se a tipificação contempla a elementar "prossegue", pressupõe-se a realização de curso procedimental ou ato já deflagrado e, por não ter sido caracterizado como crime "iniciar" o interrogatório sem a presença de defensor, não há como se estender a interpretação para asseverar que a presença de defensor é imprescindível para a realização do interrogatório. O que se exige é a **intimação** do agente para interrogatório constando a **possibilidade de se fazer acompanhar por advogado**.

Conforme vimos anteriormente, não existe rito procedimental a ser seguido no inquérito policial, de forma que nada impede que o suposto infrator seja inquirido antes da vítima, sem que isso represente qualquer irregularidade. Registre-se ainda que o artigo 15 do CPP, que prevê a nomeação de curador "indiciado" menor de 21 de anos, foi tacitamente revogado pelo Código Civil de 2002, que modificou o patamar da menoridade para 18 anos (art. 5º do CC). Tratando-se de pessoa mentalmente incapaz, a autoridade policial deverá nomear curador por analogia ao art. 151 do CPP.

O **inciso VI**, por seu turno, dispõe que a autoridade policial deverá proceder ao reconhecimento de pessoas e coisas e a acareações. De forma sintética, porque voltaremos ao tema no capítulo de provas, o reconhecimento de coisas é aquele que recai sobre instrumentos utilizados para a prática do crime (pistola, faca, veículos e etc.) ou sobre o próprio objeto ou produto do crime (celular, veículo, bolsa e etc.). Deve-se, sempre que possível, aplicar-se o procedimento previsto no art. 227 do CPP.

O reconhecimento de pessoas foi previsto no art. 226 do CPP e se caracteriza pela realização e ato que visa permitir às testemunhas ou ofendido, apontar o autor da infração penal. O STJ entendia, até junho de 2021, como válido o reconhecimento por fotografia. Contudo, no RHC 142.773/PB, a 6ª Turma decidiu que:

> A Sexta Turma desta Corte Superior firmou entendimento de que o reconhecimento do suspeito por simples exibição de fotografia(s) ao reconhecedor, a par de dever seguir o mesmo procedimento do reconhecimento pessoal, há de ser visto como etapa antecedente a eventual reconhecimento pessoal e, portanto, **não pode servir como prova em ação penal**, ainda que confirmado em juízo (HC n. 598.886/SC, Ministro Rogerio Schietti Cruz, Sexta Turma, DJe 18/12/2020). 2. In casu, verifica-se que os indícios de autoria para recebimento da denúncia são fundados exclusivamente no reconhecimento fotográfico e que não foi realizado posterior reconhecimento pessoal, **não sendo viável para sustentar justa causa para prosseguimento da ação penal** em face do ora paciente. DJe 28.06.21.

O STF, todavia, possui entendimento em sentido diverso:

> Frise-se: para a impugnação das declarações da vítima, consubstanciadas no reconhecimento fotográfico, ainda que não juntado aos autos, não era necessário aguardar a prolação da sentença, com todas as licenças. Isso porque tais declarações foram, sim, reproduzidas em Juízo. Ao afirmar, em Juízo, que reconheceu o paciente através de reconhecimento fotográfico, teve a defesa oportunidade de impugnação, motivo por que não há se falar em ofensa ao contraditório ou ampla defesa[21]. AgR ED HC 185.752/BA, DJe 05.08.20.

21. No mesmo sentido: HC 86052, HC 160842 AgR e outros.

Conforme salientamos, voltaremos ao tema no capítulo de provas não, sem antes, assinalarmos que entendemos como válido o reconhecimento fotográfico quando amparado por outras provas.

A **acareação** é o confronto em depoimentos contraditórios e pode ser realizada entre investigados, entre investigado e testemunha, entre testemunhas, entre investigado ou testemunha e o ofendido, e entre os ofendidos, sempre que divergirem, em suas declarações, sobre fatos ou circunstâncias relevantes.

O **inciso VII**, por sua vez, assinala que a autoridade policial deverá determinar, se for caso, que se proceda a exame de corpo de delito e a quaisquer outras perícias. De acordo com o art. 158 do CPP, quando a infração deixar vestígios, será indispensável o exame de corpo de delito, direto ou indireto, não podendo supri-lo a confissão do acusado.

Na linha da identificação, os incisos VIII, IX e X dispõem sobre a identificação civil, antecedentes criminais e sociais e condição familiar.

O **inciso VIII** prevê que a autoridade policial deverá ordenar a identificação do "indiciado" pelo processo datiloscópico, se possível, e fazer juntar aos autos sua folha de antecedentes. Entretanto, há que se ressaltar que a identificação criminal por meio de procedimento datiloscópico (impressões digitais) não pode ser concebida como regra, haja vista que o art. 5º, LVIII da CF prevê que o civilmente identificado não será submetido à identificação criminal, salvo nas hipóteses previstas em lei. E, nesse particular, foi editada a Lei 12.037/09, que será estudada em tópico próprio. Tem-se, portanto, que o inciso VIII do art. 5º do CPP só poderá ser aplicado quando alguma das situações previstas art. 3º da Lei 12.037/09 estiver presente.

Os antecedentes criminais do indivíduo são obtidos de duas formas: folha de antecedentes criminais, emitida pelo órgão de investigação, e certidão de antecedentes criminais, emitida pelo Poder Judiciário. A chamada "folha de antecedentes criminais", na realidade, representa os registros policiais de flagrantes, inquéritos, entrada e saída do sistema carcerário, cumprimento de mandados de prisão, condenações, isto é, ocorrências pregressas de interesse criminal para a investigação.

Segundo a súmula 636 do STJ, "a folha de antecedentes criminais é documento suficiente a comprovar os maus antecedentes e a reincidência". Isso se deve porque a folha de antecedentes é um documento dotado de fé pública e, desde que contenha as informações completas de processos criminais (condenações, trânsito em julgado e etc.), pode servir de fundamento para caracterizar os maus antecedentes e a reincidência.

A folha de antecedentes criminais não se confunde com o mero atestado de antecedentes, previsto no art. 20 CPP. Nesse, emitido por solicitação, a autoridade policial não poderá mencionar quaisquer anotações referentes a instauração de inquérito contra os requerentes.

O **inciso IX**, de outro lado, determina que a autoridade policial averigue a vida pregressa do agente, sob o ponto de vista individual, familiar e social, sua condição econômica, sua atitude e estado de ânimo antes e depois do crime e durante ele, e quaisquer outros elementos que contribuírem para a apreciação do seu temperamento e caráter. A medida visa subsidiar a posterior análise pelo magistrado no âmbito da valoração das circunstâncias judiciais no caso de condenação (art. 59, CP).

Por derradeiro, o **inciso X** assinala que a autoridade deverá colher informações sobre a existência de filhos, respectivas idades e se possuem alguma deficiência e o nome e o contato de eventual responsável pelos cuidados dos filhos, indicado pela pessoa presa.

10.3.7.1 Reconstituição dos fatos

> Art. 7º Para verificar a possibilidade de haver a infração sido praticada de determinado modo, a autoridade policial poderá proceder à reprodução simulada dos fatos, desde que esta não contrarie a moralidade ou a ordem pública.

A reconstituição dos fatos visa clarificar a cena do delito com seus personagens e respectivas condutas. O suposto autor do delito não é obrigado a participar da reconstituição, sob pena de violação do **princípio da vedação à autoincriminação**. Assim, não configura crime de desobediência a recusa do investigado em comparecer ao ato de reconstituição, sendo igualmente vedada a decretação de sua prisão em razão do não comparecimento[22].

10.3.7.2 Diligências em leis especiais

O rol de diligências do art. 5º do CPP, conforme vimos, é meramente exemplificativo, nada impedindo que a autoridade policial realize outras ali não previstas. Entretanto, há possibilidade de leis especiais preverem outras diligências, a exemplo da Lei 11.340/06 (Lei Maria da Penha) e art. 13 da Lei 14.344/22 (Lei Henry Borel).

Nesse sentido, a título exemplificativo, o art. 12 da Lei Maria da Penha prevê:

> Art. 12. Em todos os casos de violência doméstica e familiar contra a mulher, feito o registro da ocorrência, deverá a autoridade policial adotar, de imediato, os seguintes procedimentos, sem prejuízo daqueles previstos no Código de Processo Penal:
> I - ouvir a ofendida, lavrar o boletim de ocorrência e tomar a representação a termo, se apresentada;
> II - colher todas as provas que servirem para o esclarecimento do fato e de suas circunstâncias;
> III - remeter, no prazo de 48 (quarenta e oito) horas, expediente apartado ao juiz com o pedido da ofendida, para a concessão de medidas protetivas de urgência;
> IV - determinar que se proceda ao exame de corpo de delito da ofendida e requisitar outros exames periciais necessários;
> V - ouvir o agressor e as testemunhas;
> VI - ordenar a identificação do agressor e fazer juntar aos autos sua folha de antecedentes criminais, indicando a existência de mandado de prisão ou registro de outras ocorrências policiais contra ele;
> VI-A - verificar se o agressor possui registro de porte ou posse de arma de fogo e, na hipótese de existência, juntar aos autos essa informação, bem como notificar a ocorrência à instituição responsável pela concessão do registro ou da emissão do porte, nos termos da Lei nº 10.826, de 22 de dezembro de 2003 (Estatuto do Desarmamento);
> VII - remeter, no prazo legal, os autos do inquérito policial ao juiz e ao Ministério Público.

A Lei de Drogas (Lei 11.343/06), por seu turno, prevê, para estabelecimento da materialidade, o laudo de constatação da natureza e quantidade de droga (art. 50, §1º).

Tem-se, desse modo, que nada impede que, a depender da peculiaridade do delito ou previsão normativa, o delegado de polícia venha a realizar outras diligências.

---

22. STF: HC 64.354/SP.

10.3.7.3 Identificação criminal

Conforme vimos acima, a identificação criminal do indivíduo só pode ser realizada em circunstâncias certas e específicas. A regra, portanto, é que o agente seja identificado por meio de documentos.

Nesse sentido, segundo o art. 2º da Lei 12.037/09, são documentos hábeis a identificar a pessoa a carteira de identidade, carteira de trabalho, carteira profissional, passaporte, carteira de identificação funcional ou outro documento público que permita a identificação do indiciado como, por exemplo a CNH. Para os fins da lei são equiparados aos documentos de identificação civis os documentos de identificação militares.

Entretanto, mesmo apresentando o documento, poderá ocorrer a identificação quando:

> Art. 3º Embora apresentado documento de identificação, poderá ocorrer identificação criminal quando:
>
> I – o documento apresentar rasura ou tiver indício de falsificação;
>
> II – o documento apresentado for insuficiente para identificar cabalmente o indiciado;
>
> III – o indiciado portar documentos de identidade distintos, com informações conflitantes entre si;
>
> IV – a identificação criminal for essencial às investigações policiais, segundo despacho da autoridade judiciária competente, que decidirá de ofício ou mediante representação da autoridade policial, do Ministério Público ou da defesa;
>
> V – constar de registros policiais o uso de outros nomes ou diferentes qualificações;
>
> VI – o estado de conservação ou a distância temporal ou da localidade da expedição do documento apresentado impossibilite a completa identificação dos caracteres essenciais.
>
> Parágrafo único. As cópias dos documentos apresentados deverão ser juntadas aos autos do inquérito, ou outra forma de investigação, ainda que consideradas insuficientes para identificar o indiciado.

Parece nos questionável a hipótese do inciso VI, porquanto a mera distância da localidade de expedição do documento não justifica a identificação criminal se o documento estiver em perfeita ordem, vez que os documentos de identificação mencionados, via de regra, são de validade em âmbito nacional.

Segundo o art. 5º, a identificação criminal incluirá o processo datiloscópico e o fotográfico, que serão juntados aos autos da comunicação da prisão em flagrante, do inquérito policial ou outra forma de investigação.

O parágrafo único do art. 5º assinala que na hipótese do inciso IV do art. 3º, a identificação criminal poderá incluir a coleta de material biológico para a obtenção do perfil genético. Sobre esse, prevê o art. 5º-A:

> Art. 5º-A. Os dados relacionados à coleta do perfil genético deverão ser armazenados em banco de dados de perfis genéticos, gerenciado por unidade oficial de perícia criminal. (Incluído pela Lei nº 12.654, de 2012)
>
> §1º As informações genéticas contidas nos bancos de dados de perfis genéticos não poderão revelar traços somáticos ou comportamentais das pessoas, exceto determinação genética de gênero, consoante as normas constitucionais e internacionais sobre direitos humanos, genoma humano e dados genéticos.
>
> §2º Os dados constantes dos bancos de dados de perfis genéticos terão caráter sigiloso, respondendo civil, penal e administrativamente aquele que permitir ou promover sua utilização para fins diversos dos previstos nesta Lei ou em decisão judicial.

§3º As informações obtidas a partir da coincidência de perfis genéticos deverão ser consignadas em laudo pericial firmado por perito oficial devidamente habilitado.

Art. 7º-A. A exclusão dos perfis genéticos dos bancos de dados ocorrerá:

I - no caso de absolvição do acusado; ou

II - no caso de condenação do acusado, mediante requerimento, **após decorridos 20 (vinte) anos do cumprimento da pena.**

O tema relacionado ao perfil genético[23] encontra-se sob repercussão geral no STF (Tema 905) e, não obstante, o legislador, através da Lei 13.964/19, inseriu o artigos 7º-C na Lei 12.037/09:

Art. 7º-B. A identificação do perfil genético será armazenada em banco de dados sigiloso, conforme regulamento a ser expedido pelo Poder Executivo.

Art. 7º-C. Fica autorizada a criação, no Ministério da Justiça e Segurança Pública, do Banco Nacional Multibiométrico e de Impressões Digitais.

§1º A formação, a gestão e o acesso ao Banco Nacional Multibiométrico e de Impressões Digitais serão regulamentados em ato do Poder Executivo federal. (Incluído pela Lei nº 13.964, de 2019)

§2º O Banco Nacional Multibiométrico e de Impressões Digitais tem como objetivo armazenar dados de registros biométricos, de impressões digitais e, quando possível, de íris, face e voz, para subsidiar investigações criminais federais, estaduais ou distritais.

§3º O Banco Nacional Multibiométrico e de Impressões Digitais será integrado pelos registros biométricos, de impressões digitais, de íris, face e voz colhidos em investigações criminais ou por ocasião da identificação criminal.

§4º Poderão ser colhidos os registros biométricos, de impressões digitais, de íris, face e voz dos presos provisórios ou definitivos quando não tiverem sido extraídos por ocasião da identificação criminal.

§5º Poderão integrar o Banco Nacional Multibiométrico e de Impressões Digitais, ou com ele interoperar, os dados de registros constantes em quaisquer bancos de dados geridos por órgãos dos Poderes Executivo, Legislativo e Judiciário das esferas federal, estadual e distrital, inclusive pelo Tribunal Superior Eleitoral e pelos Institutos de Identificação Civil.

§6º No caso de bancos de dados de identificação de natureza civil, administrativa ou eleitoral, a integração ou o compartilhamento dos registros do Banco Nacional Multibiométrico e de Impressões Digitais será limitado às impressões digitais e às informações necessárias para identificação do seu titular.

§7º A integração ou a interoperação dos dados de registros multibiométricos constantes de outros bancos de dados com o Banco Nacional Multibiométrico e de Impressões Digitais ocorrerá por meio de acordo ou convênio com a unidade gestora.

§8º Os dados constantes do Banco Nacional Multibiométrico e de Impressões Digitais terão caráter sigiloso, e aquele que permitir ou promover sua utilização para fins diversos dos previstos nesta Lei ou em decisão judicial responderá civil, penal e administrativamente.

§9º As informações obtidas a partir da coincidência de registros biométricos relacionados a crimes deverão ser consignadas em laudo pericial firmado por perito oficial habilitado.

---

23. Conforme vimos no estudo do princípio da não autoincriminação, o STJ, no julgamento do HC 879757, DJe 23.08.24, decidiu que: (...) 4. Não havendo fato definido como crime em apuração, o fornecimento do perfil genético não configura exigência de produção de prova contra o apenado. Tal exigência recrudesce o caráter de prevenção especial negativo da pena. 5. A determinação do art. 9º-A da Lei de Execução Penal não constitui violação do princípio da vedação à autoincriminação compulsória *(nemo tenetur se detegere)*. Trata-se de procedimento de individualização e identificação possível graças ao avanço da técnica e que pode ser utilizado como elemento de prova para elucidação de crimes futuros. 6. Não vislumbro flagrante ilegalidade na determinação de fornecimento do perfil genético do paciente, condenado por delito descrito no art. 217-A do Código Penal, nos termos do art. 9º-A da Lei de Execução Penal, constituindo falta grave a recusa, nos termos dos arts. 9º-A, § 8º, e 50, VIII, do referido marco legal. Precedentes.

§ 10. É vedada a comercialização, total ou parcial, da base de dados do Banco Nacional Multibiométrico e de Impressões Digitais.

§11. A autoridade policial e o Ministério Público poderão requerer ao juiz competente, no caso de inquérito ou ação penal instaurados, o acesso ao Banco Nacional Multibiométrico e de Impressões Digitais.

Doutrinariamente, sustenta-se que em razão do princípio do *nemo tenetur se detegere*, o investigado não é obrigado a se submeter ao procedimento invasivo para coleta de material genético, pois não pode ser compelido a produzir provas contra si mesmo.

De fato, estando o agente sob investigação, não há fundamento para se violar o direito constitucionalmente previsto. Ocorre que a previsão do art. 7º-C, posterior ao RE 973837, não prevê procedimento invasivo de identificação criminal, pois versa sobre registros biométricos, de impressões digitais, de íris, face e voz de presos provisórios e definitivos, elementos de identificação não invasivos.

Assim, no tocante à previsão da Lei 12.037/09, não visualizamos qualquer violação ao núcleo constitucional da não incriminação.

10.3.7.4 Acesso a dados cadastrais de vítimas e suspeitos

Ainda no contexto das diligências investigatórias, à par da previsão do art. 13 do CPP, que prevê que incumbe ao delegado de polícia fornecer às autoridades judiciárias as informações necessárias à instrução e julgamento dos processos, realizar as diligências requisitadas pelo juiz ou pelo Ministério Público e cumprir os mandados de prisão expedidos pelas autoridades judiciárias[24], a Lei 13.344/16 inseriu os artigos 13-A e 13-B no CPP.

O *caput* do art. 13-A assinala que:

Art. 13-A. Nos crimes previstos nos arts. 148, 149 e 149-A, no § 3º do art. 158 e no art. 159 do Decreto-Lei nº 2.848, de 7 de dezembro de 1940 (Código Penal), e no art. 239 da Lei nº 8.069, de 13 de julho de 1990 (Estatuto da Criança e do Adolescente), o membro do Ministério Público ou o delegado de polícia poderá requisitar, de quaisquer órgãos do poder público ou de empresas da iniciativa privada, dados e informações cadastrais da vítima ou de suspeitos.

A previsão abarca os crimes de sequestro e cárcere privado (art. 148 do CP), redução à condição análoga à de escravo (art. 149 do CP), tráfico de pessoas (art. 149-A do CP), extorsão mediante restrição da liberdade da vítima (art. 158, §3º do CP), extorsão mediante sequestro (art. 159 do CP) e promoção ou auxílio para envio de criança ou adolescente ao exterior (art. 239 do ECA).

Nesses delitos, dispôs a norma que o Ministério Público ou delegado de polícia poderão requisitar, de **quaisquer órgãos do poder público** ou **empresas de iniciativa privada** os dados e **informações cadastrais de vítimas e suspeitos**.

Os dados cadastrais são aqueles normalmente utilizados para cadastro, como nome, telefone, endereço, RG, CPF e etc. Apesar da proteção aos dados pessoais ter sido erigido ao *status* de direito fundamental, o inciso LXXIX[25], do art. 5º da CF, incluído pela Emenda

24. O inciso IV ainda prevê: representar acerca da prisão preventiva.

25. É assegurado, nos termos da lei, o direito à proteção dos dados pessoais, inclusive nos meios digitais.

Constitucional 115, revela-se norma de eficácia limitada, circunstância que não colide com a regulamentação e restrição especial fornecida pelo art. 13-A do CPP. Logo, não se exige a reserva de jurisdição nesses casos.

O STJ, por exemplo, entende que a decisão do magistrado que determina à operadora de telefonia que informe o titular de determinado número telefônico não viola o sigilo dos dados cadastrais (HC 190.917/SP). Em síntese, por dados cadastrais deve-se compreender as informações superficiais de registro, não encapando registros telefônicos, movimentações bancárias, sites visitados e etc.

A requisição, que deverá ser atendida no prazo de 24h, deve conter o nome da autoridade requisitante, o número do inquérito policial e a identificação da unidade de polícia judiciária responsável pela investigação. Não obstante a ausência de previsão do PIC no parágrafo único do art. 13-A, a medida é perfeitamente possível no âmbito da investigação ministerial.

Teleologicamente, em razão da natureza dos delitos, a medida tem por escopo incrementar as medidas de tutela de vítimas expostas aos riscos inerentes à privação da liberdade, justificando-se o exíguo prazo legal para cumprimento.

De forma similar, mas com fundamento diverso, as Leis de Organizações Criminosas (art. 15) e Lei de Lavagem de Capitais (art. 17-B), contém previsões semelhantes:

> Lei 12.850/12: Art. 15. O delegado de polícia e o Ministério Público terão acesso, independentemente de autorização judicial, apenas aos dados cadastrais do **investigado** que informem exclusivamente a qualificação pessoal, a filiação e o endereço mantidos pela Justiça Eleitoral, empresas telefônicas, instituições financeiras, provedores de internet e administradoras de cartão de crédito.
>
> Lei 9.613/98: Art. 17-B. A autoridade policial e o Ministério Público terão acesso, exclusivamente, aos dados cadastrais **do investigado** que informam qualificação pessoal, filiação e endereço, independentemente de autorização judicial, mantidos pela Justiça Eleitoral, pelas empresas telefônicas, pelas instituições financeiras, pelos provedores de internet e pelas administradoras de cartão de crédito.

Percebam que enquanto o art. 13-A prevê o acesso aos dados cadastrais de vítimas e testemunhas, as previsões especiais restringem-se aos dados do investigado, justamente porque na previsão do CPP, o objetivo e fundamento residem na liberdade da vítima.

Por outro lado, o art. 13-B do CPP, inicialmente restrito aos crimes relacionados ao tráfico de pessoas, amplia, de certo modo, o alcance da investigação, para atingir dados íntimos que permitam a localização da vítima ou suspeitos do delito em curso. Dispõe o artigo:

> Art. 13-B. Se necessário à prevenção e à repressão dos crimes relacionados ao tráfico de pessoas, o membro do Ministério Público ou o delegado de polícia poderão requisitar, mediante autorização judicial, às empresas prestadoras de serviço de telecomunicações e/ou telemática que disponibilizem imediatamente os meios técnicos adequados – como sinais, informações e outros – que permitam a localização da vítima ou dos suspeitos do delito em curso.
>
> § 1º Para os efeitos deste artigo, sinal significa posicionamento da estação de cobertura, setorização e intensidade de radiofrequência.
>
> § 2º Na hipótese de que trata o *caput*, o sinal:
>
> I - não permitirá acesso ao conteúdo da comunicação de qualquer natureza, que dependerá de autorização judicial, conforme disposto em lei;

II - deverá ser fornecido pela prestadora de telefonia móvel celular por período não superior a 30 (trinta) dias, renovável por uma única vez, por igual período;

III - para períodos superiores àquele de que trata o inciso II, será necessária a apresentação de ordem judicial.

§ 3º Na hipótese prevista neste artigo, o inquérito policial deverá ser instaurado no prazo máximo de 72 (setenta e duas) horas, contado do registro da respectiva ocorrência policial.

§ 4º Não havendo manifestação judicial no prazo de 12 (doze) horas, a autoridade competente requisitará às empresas prestadoras de serviço de telecomunicações e/ou telemática que disponibilizem imediatamente os meios técnicos adequados – como sinais, informações e outros – que permitam a localização da vítima ou dos suspeitos do delito em curso, com imediata comunicação ao juiz.

Os arts. 13-A e 13-B do CPP foram questionados em sede de ADI (5642), tendo o STF julgado a questão em 18.04.24 (DJe 22.08.24), respondendo à seguinte questão: saber se a requisição direta pelo Ministério Público ou pela autoridade policial dos dados cadastrais de vítimas e suspeitos, para apurar a prática dos crimes previstos no art. 13-A e a disponibilização de meios técnicos, com autorização judicial, para a localização de vítimas e suspeitos no contexto da prática do crime disposto no art. 13-B, violam a proteção constitucional da privacidade. Em resposta, como razões decidir, o STF entendeu que:

1. **As normas impugnadas não conferem amplo poder de requisição**, mas um que é instrumentalmente necessário para reprimir as violações de crimes graves que atentam contra a liberdade pessoal e que se destinam a permitir o resgate das vítimas dessas infrações enquanto elas ainda estão em curso.

2. A requisição apresentada pela autoridade policial, exclusivamente para o crimes previstos no art. 13-A do Código de Processo Penal, conquanto possível, deve se restringir apenas à finalidade a que foi fixada, qual seja, a de reprimir e impedir a ocorrência dos delitos descritos no caput, do citado dispositivo.

3. **Em relação à possibilidade de requisição de meios, como prevista no art. 13-B, não há que se falar em violação à reserva de jurisdição, eis que a possibilidade de requisição visa a identificação e localização imediata da vítima**.

4. **Da leitura do art. 13-B, caput, não é possível depreender interpretação que admita a requisição de meios técnicos sem autorização judicial**.

5. **A expressão "dados cadastrais" não abrange a interceptação de voz; a interceptação telemática; os dados cadastrais de usuários de IP, os quais abarcam dados de usuário que em determinado dia, data, hora e fuso fizeram uso de um IP para acessar à internet; os serviços de agenda virtual ofertados por empresas de telefonia; o dado cadastral de e-mail e os extratos de conexão a partir de linha ou IP**.

6. **O disposto no art. 13-B é aplicável aos delitos previstos no art. 13-A, de acordo com decisão da maioria do Tribunal**.

Ao final, a Suprema Corte fixou a seguinte tese:

> São passíveis de requisição sem controle judicial prévio, mas sempre sujeito ao controle judicial posterior, a localização de terminal ou IMEI de cidadão em tempo real por meio de ERB por um período determinado e desde que necessário para os fins de reprimir os crimes contra a liberdade pessoal descritos no art. 13-A do Código de Processo Penal; o extrato de ERB; os dados cadastrais dos terminais fixos não figurantes em lista telefônica divulgável e de terminais móveis; o extrato de chamadas telefônicas; o extrato de mensagens de texto (SMS ou MMS); e os sinais para localização de vítimas ou suspeitos, após o decurso do prazo de 12 horas constante do § 4º do art. 13-B do Código de Processo Penal.

O *caput* prevê, de forma alternativa, não obstante a partícula conjuntiva "e", a necessidade da medida ser fundamentada na **prevenção ou repressão** do crime de tráfico de pessoas. Em razão da decisão do STF, a restrição do art. 13-B ao tráfico de pessoas não se justifica, podendo ser aplicado seu conteúdo aos delitos previstos no art. 13-A do CPP. O caput ainda prevê que o Ministério Público ou o delegado de polícia poderão requisitar, "mediante autorização judicial", às empresas prestadoras de serviço de telecomunicações e/ou telemática que disponibilizem **imediatamente** os meios técnicos adequados – como sinais, informações e outros – que permitam a localização da vítima ou dos suspeitos do delito em curso.

Há quem sustente uma impropriedade no dispositivo, vez que o poder de requisição decorre a própria lei e, portanto, tecnicamente, por envolver situação de quebra de sigilo, a requisição deveria ser realizada pelo magistrado. Assim, contudo, não entendemos. Há, sim, outras impropriedades no artigo, conforme veremos abaixo, mas não essa em especial. Isso porque a norma exige, tão somente, que a requisição ministerial ou policial tenha por lastro a autorização judicial, ou seja, para evitar o burocrático trâmite procedimental, o *parquet* ou a autoridade policial poderão requisitar as informações diretamente, encaminhando a decisão judicial às empresas prestadoras de serviço de telecomunicações ou telemática. E, de acordo com o Pretório Excelso, **da leitura do art. 13-B, *caput*, não é possível depreender interpretação que admita a requisição de meios técnicos sem autorização judicial**.

O §1º dispõe, para os efeitos do artigo, que sinal significa posicionamento da estação de cobertura, setorização e intensidade de radiofrequência. O §2º, por seu turno, assinala que o sinal não permitirá acesso ao conteúdo da comunicação de qualquer natureza, que dependerá de autorização judicial, conforme disposto em lei (inc. I).

Os incisos II e III, do §2º, apresentam certa impropriedade terminológica, pois enquanto o primeiro dispõe que o sinal deverá ser fornecido pela prestadora de telefonia móvel celular por período não superior a 30 (trinta) dias, renovável por uma única vez, por igual período, o inc. III assinala que para períodos superiores àquele de que trata o inciso II, será necessária a apresentação de ordem judicial.

Dois pontos em especial merecem destaque: **a) segundo o *caput*, a disponibilização dos meios técnicos ocorre mediante autorização judicial**. A previsão expressa de "ordem judicial", no inciso III, pode sugerir que a previsão do inciso II não necessita de autorização judicial. O legislador valeu da expressão "autorização judicial" no *caput*, e "ordem judicial" no inciso III.

Não obstante as expressões serem utilizadas como sinônimas, como não existem palavras inúteis na lei, há que se compreender a **autorização judicial como a decisão que defere a medida**, mas não é dirigida à entidade pública ou privada, isto é, tão somente autoriza ao Ministério Público e a autoridade policial que requisitem as informações, sendo que, nesse caso, o período máximo é de 30 dias, renováveis por uma única vez, por igual período. A renovação, para nós, pode ser automática caso a decisão judicial contemple a possibilidade. Não registrando a possibilidade de renovação, deverá ser formulado pedido expresso de prorrogação. A **ordem judicial**, por sua vez, é emitida diretamente pela autoridade judiciária, pois o poder de requisição ministerial ou da autoridade policial, não obstante vinculativos, não se revestem do *status* de ordem judicial;

b) por consequência, tratando de hipótese de autorização judicial, o prazo será de trinta dias prorrogáveis por mais trinta dias; versando o caso sobre ordem judicial, o prazo poderá ser distinto e, inclusive, superior a sessenta dias (inc. III).

O §3º dispõe que o inquérito policial deverá ser instaurado no prazo máximo de 72 horas, contado do registro da respectiva ocorrência policial.

O §4º nos traz uma situação peculiar e passível de questionamento, não obstante o STF ter assentado sua constitucionalidade. O dispositivo prevê que **não havendo manifestação judicial no prazo de 12 horas**, a autoridade competente requisitará às empresas prestadoras de serviço de telecomunicações e/ou telemática que disponibilizem imediatamente os meios técnicos adequados – como sinais, informações e outros – que permitam a localização da vítima ou dos suspeitos do delito em curso, **com imediata comunicação ao juiz**.

O *caput* do artigo expressamente consagra que a requisição deverá ser amparada por autorização judicial, sugerindo, nitidamente, tratar-se a hipótese de reserva de jurisdição por envolver a intimidade. Entretanto, o §4º prevê que, diante da inércia do magistrado, o Ministério Público ou a autoridade policial poderão requisitar os meios técnicos diretamente às empresas mencionadas.

Em termos interpretativos, é possível se valer da vertente da proteção deficiente inerente ao princípio da proporcionalidade para se conferir legalidade à requisição ministerial ou da autoridade policial. E, nessa esteira de compreensão, o STF decidiu na ADI 5642 que são passíveis de requisição **sem controle judicial prévio**, mas sempre sujeito ao controle judicial posterior, **a localização de terminal ou IMEI de cidadão em tempo real por meio de ERB por um período determinado** e **desde que necessário para os fins de reprimir os crimes contra a liberdade pessoal descritos no art. 13-A do Código de Processo Penal**. Por outro lado, são passíveis de requisição "o extrato de ERB; os dados cadastrais dos terminais fixos não figurantes em lista telefônica divulgável e de terminais móveis; o extrato de chamadas telefônicas; o extrato de mensagens de texto (SMS ou MMS); e os sinais para localização de vítimas ou suspeitos, após o decurso do prazo de 12 horas constante do § 4º do art. 13-B do Código de Processo Penal."

Ocorre que não podemos nos olvidar da outra vertente do princípio da proporcionalidade, o da proibição do excesso. Não teria o legislador se excedido ao transferir medidas sujeitas à reserva de jurisdição àqueles que não exercem função jurisdicional?

Em que pese compreendermos a necessidade e urgência da medida, não podemos nos afastar do Estado Democrático de Direito, da separação de poderes, da tutela dos direitos e garantias fundamentais, e do dever a ser cumprido pelo Poder Judiciário.

Nesse sentido, se o legislador conferiu ao magistrado o prazo de 12 horas para analisar o pedido, sua inércia não poderia, em tese, fundamentar a quebra de direitos fundamentais por outros órgãos. Tratando-se de medida sujeita à cláusula de reserva de jurisdição, somente o Poder Judiciário poderia impô-la.

Não podemos conceber, no contexto processual, ainda que no interesse da vítima, que o legislador altere a competência constitucional prevista no art. 5º, XII, da CF[26] para

26. XII - é inviolável o sigilo da correspondência e das comunicações telegráficas, de dados e das comunicações telefônicas, salvo, no último caso, por ordem judicial, nas hipóteses e na forma que a lei estabelecer para fins de investigação criminal ou instrução processual penal.

criar hipótese de "estado de necessidade processual" em razão do perigo atual. A omissão de um órgão não pode fundamentar a quebra do paradigma de que a violação a direitos fundamentais só pode ser autorizada pelo Poder Judiciário. Existem plantões forenses diários e não há justificativa para a omissão judiciária e, menos ainda, para a atuação do Ministério Público ou Polícia em substituição ao juiz. Não obstante, conforme vimos acima, o STF entendeu por constitucional a medida.

Registre-se ainda, nesse contexto, que a Lei Geral de Proteção de Dados, Lei 13.709/18, não é aplicável quando o tratamento dos dados for realizado para fins de segurança pública (art. 4º, III, "a").

10.3.7.5 Incomunicabilidade do preso

O art. 21 do CPP dispõe que a incomunicabilidade do indiciado dependerá sempre de despacho nos autos e somente será permitida quando o interesse da sociedade ou a conveniência da investigação o exigir.

A diligência, que trata o suspeito como mero objeto da prova, para nós não foi recepcionada pela CF. Nesse sentido também é o posicionamento de BRASILEIRO[27] (2020, p. 220):

> A despeito do teor do art. 21 do CPP, tem prevalecido o entendimento de que tal dispositivo não foi recepcionado pela Constituição Federal. A uma porque a Constituição Federal assegura que toda prisão será comunicada imediatamente ao juiz competente e à família do preso ou à pessoa por ele indicada (art. 5º, LXII) e que o preso terá direito à assistência da família e de advogado (art. 5º, LXIII). A duas porque, ao tratar do Estado de Defesa, onde há supressão de várias garantias constitucionais, a própria Constituição Federal estabelece que é vedada a incomunicabilidade do preso (art. 136, § 3º, IV). Ora, se numa situação de exceção como o Estado de Defesa não se admite a incomunicabilidade, o que dizer, então, em um estado de normalidade?

10.3.8 Indiciamento

O indiciamento é um ato privativo do delegado de polícia que será realizado por ato fundamentado, mediante análise técnico-jurídica do fato, que deverá indicar a autoria, materialidade e suas circunstâncias (art. 2º, §6º da Lei 12.8380/13).

Não obstante o legislador, em diversas oportunidades no CPP, referir-se ao suspeito ou investigado como indiciado, tecnicamente são figuras distintas, porquanto o indiciamento exige ato formal da autoridade policial, que pode ocorrer no APFD ou no relatório final conclusivo.

Para realização do ato do indiciamento, a autoridade policial deverá fundamentar seu entendimento, apresentando elementos que evidenciem a materialidade e autoria da infração penal. Por se tratar de ato formal, o indiciado deverá ser cientificado do indiciamento.

O ato de indiciamento tem recebido, nos últimos anos, espetaculosas coberturas da imprensa, trazendo desinformação à sociedade. Isso porque o indiciamento sequer é

27. *op. cit.*

pressuposto para oferecimento da denúncia e, igualmente, não vincula o titular da ação penal. A cobertura midiática submete o indiciado ao julgamento popular com lastro apenas em provas inquisitoriais, em flagrante afronta a direitos e garantias fundamentais.

Por essa e outras razões é que alguns profissionais do Direito sustentam que o indiciamento é o **nada jurídico**. Contudo, assim não entendemos.

Conforme vimos, o indiciamento não produz qualquer efeito quanto à atuação do titular da ação penal, que pode ofertar a denúncia ou queixa independentemente do indiciamento. Ademais, o Ministério Público pode, por exemplo, promover o arquivamento de um inquérito policial cujo indiciamento foi realizado pela autoridade policial.

Apesar do indiciamento não promover qualquer **efeito jurídico-penal** para o indiciado por ser baseado em provas inquisitoriais, isto é, não sofre qualquer consequência de efeitos penais, o indiciamento possui caráter jurídico-formal e, portanto, produz efeitos. A uma porque promove assentamentos de registros policiais e, ainda que esses não possam ser utilizados de forma negativa contra o indiciado, produz o **efeito formal de registro**. A duas, porque, não obstante ser dispensável para propositura da ação penal, é dever do delegado de polícia se manifestar quanto ao indiciamento, podendo, caso se omita, incorrer em **falta funcional**. A três, porque o STF decidiu no HC 85.541-5 que "tem-se no indiciamento o momento procedimental ideal a partir do qual se deve, necessariamente, garantir a oportunidade ou ensejo ao exercício do direito de defesa (...) o indiciado em interesse em demonstrar que não deve ser denunciado em juízo", isto é, o indiciamento deflagra o **encerramento da fase inquisitorial**. A quatro, porque a realização do indiciamento sem fundamentação ou elementos mínimos configura **constrangimento** ao indiciado. E, a cinco, entre **outras consequências administrativas** possíveis de serem estatuídas, o indiciado pode ser impedido de adquirir arma de fogo, nos termos do art. 4º, inc. I, do Estatuto do Desarmamento (Lei 10.823/03).

Conforme destacado acima, a prova inquisitorial não pode, em hipótese alguma, trazer consequências penais para o indiciado, como maus antecedentes[28], fundamentação para caracterização de tráfico de entorpecentes não privilegiado e etc.

O STF, no julgamento da ADI 4.911/DF[29], decidiu que o efeito de afastamento cautelar de servidor indiciado em crime de lavagem de capitais em sede de inquérito policial é inconstitucional:

> "O afastamento do servidor, em caso de necessidade para a investigação ou instrução processual, somente se justifica quando demonstrado nos autos o risco da continuidade do desempenho de suas funções e a medida ser eficaz e proporcional à tutela da investigação e da própria Administração Pública, circunstâncias a serem apreciadas pelo Poder Judiciário.
>
> Reputa-se violado o princípio da proporcionalidade quando não se observar a necessidade concreta da norma para tutelar o bem jurídico a que se destina, já que o afastamento do servidor pode ocorrer a partir de representação da autoridade policial ou do Ministério Público, na forma de medida cautelar diversa da prisão, conforme os arts. 282, § 2º, e 319, VI, ambos do Código de Processo Penal (CPP).
>
> Ademais, a presunção de inocência exige que a imposição de medidas coercitivas ou constritivas aos direitos dos acusados, no decorrer de inquérito ou processo penal, seja amparada

28. STF: RE 591.054, DJe 26.02.15.
29. j. 20.11.20.

> em requisitos concretos que sustentam a fundamentação da decisão judicial impositiva, não se admitindo efeitos cautelares automáticos ou desprovidos de fundamentação idônea.
>
> Por fim, sendo o indiciamento ato dispensável para o ajuizamento de ação penal, a norma que determina o afastamento automático de servidores públicos, por força da opinio delicti da autoridade policial, quebra a isonomia entre acusados indiciados e não indiciados, ainda que denunciados nas mesmas circunstâncias.
>
> Trata-se de ação direta de inconstitucionalidade ajuizada contra o art. 17-D da Lei 9.613/1998, com redação conferida pela Lei 12.683/2012, que prevê o afastamento automático de servidor público em decorrência do indiciamento policial em inquérito instaurado para apurar crimes de lavagem ou ocultação de bens, direitos e valores.
>
> Com base no entendimento exposto, o Plenário, por maioria, julgou procedente o pedido formulado. Vencidos os ministros Edson Fachin (relator) e Cármen Lúcia e, em parte, o ministro Marco Aurélio" ADI 4911/DF, j. 20/11/2020.

A jurisprudência tem admitido a figura do **desindiciamento** por meio de HC: "O indiciamento configura constrangimento quando a autoridade policial, sem elementos mínimos de materialidade delitiva, lavra o termo respectivo e nega ao investigado o direito de ser ouvido e de apresentar documentos" (STJ: HC 43.599/SP, DJe 04.08.08).

10.3.8.1 Quem pode ser indiciado

Em regra, qualquer pessoa submetida à investigação policial pode ser indiciada. Contudo, há exceções legais e jurisprudenciais.

a) Membro do Ministério Público: segundo o art. 41, inc. II, da Lei 8.625/93, o membro do *parquet* não pode ser indiciado em inquérito policial. Isso porque a atribuição para apuração de fatos em tese criminosos praticados por promotores de justiça compete ao Procurador-Geral de Justiça (p. único do art. 41).

b) Parlamentares: na Questão de Ordem 2.411, o pleno o STF entendeu que a autoridade policial não pode promover o indiciamento de parlamentares sem prévia autorização do ministro-relator do inquérito. Sufragou ainda o entendimento que a abertura da investigação está condicionada à autorização do Relator.

c) Demais autoridades com foro por prerrogativa de função: não obstante ausência de previsão legal, pensamos que o entendimento do STF acima exposto deve ser aplicado às demais hipóteses legais de foro por prerrogativa de função, levando-se em consideração simetria e tratamento isonômico.

10.3.9 Encerramento do inquérito policial

> Art. 10. O inquérito deverá terminar no prazo de 10 dias, se o indiciado tiver sido preso em flagrante, ou estiver preso preventivamente, contado o prazo, nesta hipótese, a partir do dia em que se executar a ordem de prisão, ou no prazo de 30 dias, quando estiver solto, mediante fiança ou sem ela.
>
> §1º A autoridade fará minucioso relatório do que tiver sido apurado e enviará autos ao juiz competente.
>
> §2º No relatório poderá a autoridade indicar testemunhas que não tiverem sido inquiridas, mencionando o lugar onde possam ser encontradas.
>
> §3º Quando o fato for de difícil elucidação, e o indiciado estiver solto, a autoridade poderá requerer ao juiz a devolução dos autos, para ulteriores diligências, que serão realizadas no prazo marcado pelo juiz.

O inquérito policial deve ser encerrado no prazo de 10 dias para investigados presos em flagrante ou preventivamente, contado o prazo a partir do momento da efetivamente da prisão. Trata-se, portanto, de prazo de cunho material. Estando solto o agente, o prazo de encerramento será de 30 dias.

No caso de investigado solto, o prazo para conclusão do inquérito policial pode ser prorrogado a pedido da autoridade policial quando o fato for de difícil elucidação (§3º), não se especificando o prazo da prorrogação. Assim, não é incomum vermos prazos de 90 e até 180 dias para conclusão do inquérito policial, haja vista o notório assoberbamento das atividades policiais de investigação. O §3º ainda prevê que a prorrogação do prazo será concedida pelo juiz. Entendemos, contudo, não obstante o julgamento das ADIs 6.298, 6.299, 6.300 e 6.305, pelo Pretório Excelso, que caberia ao Ministério Público, titular da ação penal, manifestar-se quanto ao prazo, vez que a atividade, a *priori*, não interessa ao magistrado. Nos Estados nos quais o trâmite do inquérito policial está restrito à Polícia e Ministério Público, a concessão de prazos sequer passa pelo magistrado, vez que se trata de atividade meramente investigativa.

Tratando-se de investigado preso, o art. 3º-B, §2º do CPP previa, em sua redação original, que o prazo poderia ser prorrogado uma única vez, após oitiva do Ministério Público, pelo prazo de 15 dias. Não obstante a redação legal, o STF, no julgamento das ADIs 6.298, 6.299, 6.300 e 6.305, atribuiu interpretação conforme ao § 2º do art. 3º-B do CPP, para permitir outras prorrogações, assentando que: a) o juiz pode decidir de forma fundamentada, reconhecendo a necessidade de **novas prorrogações do inquérito, diante de elementos concretos e da complexidade da investigação**; e b) **a inobservância do prazo previsto em lei não implica a revogação automática da prisão preventiva**, devendo o juízo competente ser instado a avaliar os motivos que a ensejaram, nos termos da ADI nº 6.581.

Um ponto passível de discussão reside na própria possibilidade de prorrogação do prazo de inquérito de investigado preso preventivamente, pois se há prova da existência do crime e indícios suficientes de autoria (art. 312 do CPP) para decretação da prisão, existem elementos para propositura da ação penal, sendo desnecessária a prorrogação do inquérito. O argumento é válido e possui fundamento, mas se olvida de que, em diversos casos, a prova da existência do crime não conduz à necessária prova da materialidade.

À guisa de exemplo, nos crimes de lesões corporais ou homicídio, a prova da materialidade será realizada pelo exame de corpo de delito e exame necroscópico, respectivamente, sendo certo que, na maioria expressiva dos casos, a prisão preventiva é decretada na audiência de custódia, sem que tais provas tenham sido juntadas ao APFD em razão do tempo. Entretanto, não há dúvidas quanto à existência do crime, mas pende a prova da materialidade.

O prazo para conclusão do inquérito policial é de natureza processual tanto para investigados soltos quanto presos. No caso dos últimos, não se pode confundir o prazo da prisão com o prazo para conclusão do inquérito policial[30]. Sendo prazo processual, não se computa o dia do início, computando-se o do final, nos termos do art. 798 do CPP.

30. Veremos com mais detalhes o tema quando do estudo do prazo para oferecimento da denúncia.

Além do prazo geral previsto no CPP, a legislação especial nos traz prazos especiais, que não foram atacados pela Lei do Pacote Anticrime:

a) Justiça Federal: investigado solto – 30 dias – pela regra geral do CPP; investigado preso – 15 dias prorrogáveis por mais 15 dias – art. 66 da Lei 5.010/66;

b) Justiça Militar: investigado solto – 40 dias prorrogáveis por mais 20 dias – art. 20, p. único, do CPPM; investigado preso – 20 dias – art. 20 do CPPM;

c) Lei de Drogas (Lei 11.343/06): investigado solto – 90 dias com possibilidade de duplicação, art. 51, p. único –; investigado preso – 30 dias com possibilidade de duplicação – art. 51, p. único; por se tratar de norma especial, o prazo prevalece inclusive sobre outros prazos especiais, a exemplo do tráfico de drogas de competência da Justiça Federal.

d) Lei 1.521/51 (crimes contra a economia popular): prazo de 10 dias para investigados soltos ou presos.

e) Presos temporários: a Lei 7.960/89, que regula a prisão temporária, prevê que essa pode ser decretada por 5 dias, prorrogáveis por mais 5 dias, totalizando o máximo de 10 dias de prisão (art. 2º), coincidindo com prazo de conclusão do inquérito policial de investigado preso. No tocante aos crimes hediondos, a Lei 8.072/90 prevê, no art. 2º, §4º, que a prisão temporária poderá ser decretada por 30 dias, prorrogáveis por mais 30 dias. Nesse caso, parece-nos evidente que o prazo para conclusão do inquérito policial será de até sessenta dias, caso tenha havido prorrogação da prisão, vez que a prisão temporária tem por pressuposto sua decretação a imprescindibilidade para investigação criminal.

Vistos os prazos gerais e especiais, precisamos, para fins de coerência, tecer algumas considerações quanto ao prazo, especialmente no caso de investigados presos. Vimos que os prazos do inquérito são processuais e não materiais. Mesmo nos casos de prisão preventiva ou temporária, a natureza do prazo não se altera por questões ontológicas do próprio prazo processual.

Assim, salvo a previsão da Lei dos Crimes Hediondos atinente à prisão temporária, que permite, por razões lógicas, a extensão do prazo do inquérito, o prazo da prisão, de direito material, não interfere no prazo do inquérito policial, de natureza processual. Dessa forma, se o inquérito não estiver concluído no prazo de 60 dias, no caso de prisão temporária por crime hediondo, haverá, tão somente, que se relaxar a prisão ao agente por ter escoado o prazo máximo da prisão por esse fundamento, passando inquérito a seguir a regra de investigados soltos se não for decretada a prisão preventiva.

Natureza	Investigado preso	Investigado solto
Regra geral CPP	10 + 15 dias	30 dias
Regra Geral Justiça Federal	15 + 15 dias	30 dias
Regra Geral Justiça Militar	20 dias	40 + 20 dias
Lei de Drogas	30 + 30 dias	90 + 90 dias
Crimes contra a economia popular	10 dias	10 dias
Prisão temporária crimes hediondos	30 + 30	-

O encerramento do inquérito policial ocorre com o relatório da autoridade policial, não obstante, sob a perspectiva processual, tratar-se de peça dispensável. O relatório, conforme o §1º do art. 10 do CPP, deveria apenas relatar, minuciosamente, o apurado, sem qualquer espécie de juízo valorativo, dada a própria natureza do relatório. Com a edição da Lei 12.830/13, e a consequente previsão do §6º do art. 2º, que impôs a obrigação à autoridade policial de, no indiciamento, normalmente realizado na parte final do relatório, fundamentar, mediante análise técnico-jurídica do fato, a autoria, materialidade e suas circunstâncias, a previsão do art. 10, §1º do CPP deve ser lida em conjunto com o disposto no §6º do art. 2º da Lei 12.830/13.

10.3.9.1 Encaminhamento dos autos – para quem?

A quem se destina o inquérito policial? O art. 10 do CPP dispõe, no §1º, que os autos de inquérito policial serão encaminhados ao juiz. Indagamos: qual a razão? Se sua única função será remetê-lo ao titular da ação penal? O magistrado, salvo nos casos em que é chamado a decidir em razão da cláusula de reserva de jurisdição, não possui qualquer outra função no inquérito policial vez que, pelo sistema acusatório, deve se manter distante das provas inquisitoriais. Com a devida vênia, a previsão do art. 10, §1º, transforma o magistrado em mero cartorário, aumentando a burocracia em detrimento da celeridade[31].

Nos Estados em que há a tramitação direta entre Ministério Público e Polícia, os autos sequer passam pelo magistrado. Sobre o tema, o Conselho da Justiça Federal regulamentou a matéria por meio da Resolução 63/09, disciplinando, no art. 1º, que os autos de inquérito policial somente serão admitidos para registro, inserção no sistema processual informatizado e distribuição às Varas Federais com competência criminal quando houver: a) comunicação de prisão em flagrante efetuada ou qualquer outra forma de constrangimento aos direitos fundamentais previstos na Constituição da República, b) representação ou requerimento da autoridade policial ou do Ministério Público Federal para a decretação de prisões de natureza cautelar; c) requerimento da autoridade policial ou do Ministério Público Federal de medidas constritivas ou de natureza acautelatória; d) oferta de denúncia pelo Ministério Público Federal ou apresentação de queixa crime pelo ofendido ou seu representante legal; e) pedido de arquivamento deduzido pelo Ministério Público Federal; f) requerimento de extinção da punibilidade com fulcro em qualquer das hipóteses previstas no art. 107 do Código Penal ou na legislação penal extravagante.

No caso de inquéritos policiais instaurados para apuração de crimes de ação penal privada, os autos deverão ser encaminhados ao cartório judicial (art. 19 do CPP[32]) ou, para nós, à central de inquéritos ou correspondente, no caso de tramitação direta, para que se aguarde a manifestação do ofendido no prazo legal, em regra de seis meses, sob pena de decadência.

---

31. O STF, na ADI 4.305, decidiu, em 2014, que Lei Estadual não pode estabelecer a tramitação direta. O julgamento teve início em 2005 e possui votos de ministros que não mais exercem a função, de forma que, para nós, especialmente após a entrada em vigor da Lei do Pacote Anticrime, o julgado não serve de paradigma.

32. Art. 19. Nos crimes em que não couber ação pública, os autos do inquérito serão remetidos ao juízo competente, onde aguardarão a iniciativa do ofendido ou de seu representante legal, ou serão entregues ao requerente, se o pedir, mediante traslado.

10.3.10 Arquivamento do inquérito policial

O Ministério Público, ao receber os autos inquérito policial, pode: a) ofertar a denúncia; b) requisitar diligências; c) propor o ANPP; d) declinar de sua atribuição; e) provocar o juízo para que suscite conflito de competência ou suscitar conflito de atribuições perante o PGJ ou CNMP; e f) promover o arquivamento.

As hipóteses "a" a "e" serão estudas no capítulo concernente a ação penal, ao qual remetemos o leitor. Dada a pertinência temática, o arquivamento será estudado neste tópico.

A autoridade policial não pode ordenar o arquivamento dos autos de inquérito policial nos termos do art. 17 do CPP, vez que referida função compete ao titular da ação penal.

O arquivamento das peças de informação, inquéritos policiais ou procedimentos de investigação criminal (PIC), antes da alteração do art. 28 do Código de Processo Penal, era realizado diretamente na Justiça, com a promoção de arquivamento pelo Ministério Público e consequente homologação pelo magistrado.

O STF, no julgamento das ADIs 6.298, 6.299, 6.300 e 6.305, por maioria, atribuiu interpretação conforme ao *caput* do art. 28 do CPP, alterado pela Lei nº 13.964/2019, para assentar que, ao se manifestar pelo arquivamento do inquérito policial ou de quaisquer elementos informativos da mesma natureza, o órgão do Ministério Público **submeterá sua manifestação ao juiz competente** e comunicará à vítima, ao investigado e à autoridade policial, **podendo encaminhar os autos para o Procurador-Geral ou para a instância de revisão ministerial, quando houver, para fins de homologação**, na forma da lei.

Com a alteração da redação legal, o arquivamento, em regra, deve ser realizado no âmbito do Ministério Público, com análise de legalidade por parte do órgão de revisão ministerial. Em regra, porquanto **há situações em que o arquivamento, mesmo antes da decisão do STF, deveria ser realizado perante o magistrado**, nos casos sujeitos à **reserva de jurisdição**, a exemplo da declaração da prescrição e morte do agente, por exemplo.[33]

De acordo com a nova redação conferida ao art. 19 pela Resolução 289/24, se o membro do Ministério Público responsável pelo inquérito policial, procedimento investigatório criminal ou quaisquer elementos informativos de natureza criminal, se convencer da inexistência de fundamento para a propositura de ação penal pública, nos termos do art. 17, decidirá fundamentadamente pelo arquivamento dos autos.

Conforme se extrai do §1º, decidido pelo arquivamento do inquérito policial, do procedimento investigatório criminal ou de quaisquer elementos informativos de natureza criminal, o membro do Ministério Público adotará as providências necessárias para **comunicar ao juízo competente, à vítima, ao investigado e à autoridade policial.**

Objetivamente, o §2º assinala que os bens apreendidos, vinculados a inquéritos policiais, a procedimento investigatório criminal ou de quaisquer elementos informativos de natureza criminal que tenham sido arquivados devem ter a destinação prevista em lei.

33. O requerimento ministerial de arquivamento de inquérito ou procedimento investigatório criminal fundamentado na extinção da punibilidade ou atipicidade da conduta exige do Judiciário uma análise meritória do caso, com aptidão para formação da coisa julgada material com seu inerente efeito preclusivo, não se aplicando as disposições do art. 18 do Código de Processo Penal. Inq 1.721-DF, Rel. Ministro Antonio Carlos Ferreira, Corte Especial, por unanimidade, julgado em 2/10/2024.

O art. 19-A, incluído pela nova Resolução, dispõe que **após a comunicação ao juízo competente**, a decisão de arquivamento será comunicada, preferencialmente por meio eletrônico, às vítimas ou a seus representantes legais, conforme o art. 28, § 1º, do Código de Processo Penal, bem como aos investigados e à autoridade policial, dentro do prazo de 5 (cinco) dias.

De forma objetiva, os §§1º a 5º do art. 19-A preveem as formas de se realizar a comunicação:

§1º No caso de morte da vítima por fatos sem nexo de causalidade com o crime, a ciência será dada ao cônjuge, companheiro ascendente, descendente ou irmão.

§2º Nos crimes praticados em detrimento de entes federativos, a comunicação deverá ser dirigida à chefia do órgão a quem couber a sua representação judicial, nos termos do artigo 28, § 2º, do Código de Processo Penal.

§3º Estando o investigado preso, a comunicação ao juízo competente deverá ser feita no prazo de 24 (vinte e quatro) horas, sem prejuízo do requerimento de revogação da prisão.

§ 4º Não sendo localizada a vítima e/ou investigado, a comunicação poderá feita por edital no Diário Oficial do Ministério Público, na forma de regulamentação própria.

§5º No caso de procedimentos investigativos que não sejam conduzidos por autoridade policial, é dispensável a ciência aos respectivos condutores da investigação.

O § 6º dispõe que apresentado, no prazo legal[34], pela vítima ou seu representante legal o pedido de revisão, que independe de representação por defesa técnica, previsto nos § 1º e §2º do art. 28 do CPP, o membro do Ministério Público deverá remetê-lo, caso não haja reconsideração no prazo de 5 (cinco) dias, ao órgão superior para apreciação, no prazo de 10 (dez) dias, independentemente de a decisão estar em conformidade com súmula, enunciado ou orientação editada pela instância de revisão ministerial.

A norma não prevê, de forma expressa, a instância de revisão ministerial, prevalecendo o entendimento de que, no âmbito dos Ministérios Públicos dos Estados, a instância revisora será o Procurador-Geral de Justiça e, no âmbito do MPF, a 2ª Câmara de Coordenação e Revisão do MPF.

O §7º, por sua vez, prevê que havendo provocação pelo juízo competente para revisão da decisão de arquivamento, em caso de teratologia ou patente ilegalidade, **o membro do Ministério Público poderá exercer o juízo de retratação, no prazo de 5 (cinco) dias, contado da ciência**. Não havendo retratação, o membro do Ministério Público aguardará o fim do prazo para interposição de recurso pela vítima para encaminhar os autos à instância de revisão.

Por fim, o §8º assinala que em caso de retratação pelo membro do Ministério Público, a vítima deverá ser comunicada, no prazo de 5 (cinco) dias.

O art. 19-B, por sua vez, dispõe que havendo provocação ao órgão de revisão ministerial, se esta homologar a decisão de arquivamento, determinará o retorno dos autos ao juízo competente para os fins de direito.

---

34. § 1º Se a vítima, ou seu representante legal, não concordar com o arquivamento do inquérito policial, poderá, **no prazo de 30 (trinta) dias do recebimento da comunicação**, submeter a matéria à revisão da instância competente do órgão ministerial, conforme dispuser a respectiva lei orgânica.

O art. 19-C, tratando da não homologação da promoção de arquivamento realizada pelo membro do Ministério Público, prevê que **rejeitada a homologação** pelo órgão de revisão ministerial, **será designado outro membro do Ministério Público** para a adoção de uma das seguintes providências: I – requisição de diligências úteis e necessárias para a instrução do caso; II – propositura de acordo de não persecução penal; III – ajuizamento da ação penal.

O art. 19-D, reforçando a independência institucional, dispõe que o órgão de revisão ministerial poderá constituir jurisprudência própria, em súmulas, enunciados e orientações, notadamente em matérias repetitivas, cujo conteúdo servirá de fundamento para a decisão de arquivamento pelos órgãos de execução, bem como para estabelecer uma diretriz político-criminal no âmbito de cada Ministério Público.

Em importante recorte, com o espoco de se evitar o arquivamento implícito, o art. 19-E prevê que se aplicam as disposições dos dispositivos anteriores no caso de arquivamento parcial, que se refere a alguns fatos e/ou investigados do procedimento investigatório.

O art. 19-F dispõe que o estabelecido nos dispositivos anteriores é aplicável para **todos os casos de arquivamento de inquérito policial ou procedimento investigatório criminal** ou de quaisquer elementos informativos da mesma natureza previstos na legislação penal e processual penal, **inclusive afetos a justiça eleitoral e militar.**

Segundo o art. 19-G, nos casos de atribuição originária, aplica-se, no que couber, os dispositivos acima, observado o disposto no art. 12, inciso XI, da Lei nº 8.625/93.

O art. 19-H, excepcionando o regramento em razão da natureza procedimental, assinala que **não se aplicam os dispositivos acima para o arquivamento das notícias de fato ou procedimentos não investigativos**, que observarão a Resolução 174, de 04 de julho de 2017, do Conselho Nacional do Ministério Público.

De forma objetiva, o art. 19-I prevê que se observará, no que couber, a Resolução n.º 243, de 18 de outubro de 2021, inclusive no tocante à necessidade de ciência da decisão de arquivamento para, no mínimo, uma vítima indireta, em caso de inexistência da vítima direta, e o art. 19-J que os ramos e unidades ministeriais poderão regulamentar formas automatizadas de comunicação da ciência da decisão de arquivamento à autoridade policial.

O art. 19-K, em importante esclarecimento, na mesma linha que sustentamos desde a primeira edição de nosso Manual de Processo Penal, nos comentários atinentes à figura do juiz das garantias e modificação da sistemática do arquivamento prevista no art. 28 do CPP, prevê que **não se aplica a sistemática de arquivamento prevista nesta Resolução às situações de extinção de punibilidade**." Isso porque não cabe ao *parquet* declarar a extinção da punibilidade, matéria sujeita à **reserva de jurisdição**, a exemplo da declaração da prescrição e morte do agente.

Nos termos do art. 19-L, quando, nos autos de inquérito policial, procedimento investigatório criminal ou de quaisquer elementos informativos da mesma natureza, o membro concluir ser **atribuição de outro Ministério Público**, deverá submeter sua decisão ao respectivo órgão de revisão, **no prazo de 3 (três) dias.** O §1º prevê que deixando o órgão revisor de homologar a declinação de atribuição, designará, desde logo, outro membro para conduzir a investigação. Por sua vez, o §2º assinala que homologada a declinação de atribuição, no prazo de 5 (cinco) dias, o órgão de revisão remeterá os autos ao Ministério Público com atribuição para o caso.

Objetivamente, o art. 20 destaca que se houver notícia da existência de novos elementos de informação, poderá o membro do Ministério Público requerer o desarquivamento dos autos, providenciando-se a comunicação a que se refere o art. 5º desta Resolução.

Ao fim e ao cabo, o art. 21, em reforço à sistemática constitucional, prevê que no procedimento investigatório criminal serão observados os direitos e as garantias individuais consagrados na Constituição da República Federativa do Brasil, bem como as prerrogativas funcionais do investigado, aplicando-se, no que couber, as normas do Código de Processo Penal e a legislação especial pertinente.

Conforme delineado acima, não obstante ter mantido o controle externo, possível de realização por parte da vítima ou de seu representante legal, a autoridade judicial competente também poderá submeter a matéria à revisão da instância superior do órgão ministerial, caso discorde da promoção de arquivamento. Não obstante, a decisão continuará a cargo do Ministério Público, pois o Procurador-Geral poderá, perfeitamente, manter a promoção de arquivamento, decisão que vincula o órgão judicial.

A promoção de arquivamento, em linhas gerais, não apresenta maiores dificuldades. A manifestação deve conter a exposição sucinta das provas carreadas (relatório), a fundamentação e a parte dispositiva.

Nos casos em que a promoção de arquivamento deve ser realizada perante o juiz das garantias, o endereçamento deve guardar pertinência lógica com a competência para apreciação do caso nas hipóteses de arquivamento, de forma que, em se tratando-se de arquivamento realizado por juízo absolutamente incompetente, prevalece na doutrina que não há formação da coisa julgada.

O relatório, por sua vez, não contempla qualquer juízo de valoração, devendo ser restrito às provas produzidas, destacando eventuais perícias, testemunhas inquiridas, documentos etc.

No que toca às testemunhas, não se faz necessário a apresentação de resumo dos depoimentos, bastando a menção às folhas dos autos em que se encontram. Nada impede, contudo, que se apresente, de forma breve, os principais aspectos dos depoimentos.

A fundamentação do arquivamento guarda ressonância com os fatos e com a matéria jurídica. Trata-se do coração da manifestação, vez que nele residem as razões pelas quais não será proposta a ação penal. Nesse ponto, ao contrário da denúncia, pode a fundamentação ser lastreada em conteúdo doutrinário e jurisprudencial.

As questões fáticas estão relacionadas à dinâmica dos acontecimentos ou à existência de uma situação que se correlacione com alguma causa extintiva da punibilidade.

De igual forma, a parte dispositiva deve guardar correlação de pertinência lógica com a fundamentação apresentada, isto é, indicar os dispositivos legais aplicáveis e identificar, expressamente, o motivo pelo qual a ação estaria maculada desde a origem, associando o arquivamento a uma das condições da ação penal (possibilidade jurídica do pedido, interesse de agir, legitimidade das partes ou justa causa para a ação penal).

Assim, por exemplo, o arquivamento pode se fundamentar na inexistência de prova da materialidade a lastrear a imputação de fato típico (falta de possibilidade jurídica de agir), ocorrência de prescrição (falta de interesse de agir), ausência de indícios de autoria (falta de legitimidade passiva) ou provas deficientes a supedanear a ação penal (falta de justa causa). Temos, desse modo, que o fundamento material do arquivamento deve estar associado a uma das condições da ação penal.

De acordo com a antiga redação do art. 28 do CPP, que impunha o arquivamento judicial, dizia-se que o juiz exercia a função anômala do princípio da obrigatoriedade da ação penal. Com a decisão do STF, a discussão sobre a extirpação da referida função perde o sentido, porquanto o juiz continua a poder discordar do pedido de arquivamento feito pelo Ministério Público e provocar o PGJ, ressaindo, desse aspecto, a função de fiscal do princípio da obrigatoriedade.

Assim, **persiste a função do magistrado de fiscal do princípio da obrigatoriedade da ação penal**, vez que pode, por exemplo, provocar o Ministério Público para que se manifeste quanto ao fato X ou Y ou agente A ou B, não mencionados na promoção de arquivamento ou oferecimento da denúncia.

A nova redação do art. 28 do CPP ainda prevê a comunicação à vítima, ao investigado e à autoridade policial, sendo necessário o destaque de que tais comunicações somente serão realizadas após a comunicação ao juízo competente (art. 19-A, Res. 181 CNMP). De forma inovadora, o §1º do art. 28 do CPP previu que se a vítima, ou seu representante legal, não concordar com o arquivamento do inquérito policial, poderá, no prazo de 30 (trinta) dias do recebimento da comunicação, submeter a matéria à revisão da instância competente do órgão ministerial, conforme dispuser a respectiva lei orgânica.

A redação legal não menciona a possibilidade de arrazoado por parte do investigado. Contudo, havendo manifestação da vítima contra o arquivamento, entendemos que o investigado, por ser interessado, deverá ser intimado a exarar sua manifestação. Se a Súmula 707 do STF assegura ao réu o direito de contrarrazoar recurso interposto contra decisão de rejeição da denúncia, por que não teoria o mesmo direito no arquivamento do inquérito policial?

O art. 28 asseverou ainda, no §2º, que nas ações penais relativas a crimes praticados em detrimento da União, Estados e Municípios, a revisão do arquivamento do inquérito policial poderá ser provocada pela chefia do órgão a quem couber a sua representação judicial.

O modelo de arquivamento, no caso de recurso, de **ato complexo** por pressupor a manifestação de pessoas distintas consagra o ***accountability* horizontal e vertical**, pois ao mesmo tempo permite o controle por parte da vítima e interno por parte da instituição.

E se a instância revisora discordar da promoção de arquivamento? O CPP foi omisso quanto à solução, em nossa compreensão, de forma correta, pois se trata de questão interna do Ministério Público. A solução, antes da alteração da Res. 181 CNMP, passava, naturalmente, pela análise das leis orgânicas estaduais dos Ministérios Públicos dos Estados e da União, especialmente no tocante à instância revisora, que pode ser especificada em Lei Orgânica[35]. Por força do princípio da independência funcional, o promotor de justiça que promove o arquivamento dos autos não pode ser compelido a

35. Diante da omissão legal, entende-se que a atribuição é do PGJ por força do art. 10, IX, "d" da Lei 8.625/93. Nada impede, contudo, que a Lei Orgânica discipline de forma distinta, a exemplo do que ocorre no MPU e MPDFT, que confere a atribuição à Câmara de Coordenação e Revisão.

ofertar a denúncia ou realizar diligências. Assim, nos termos do art. 19-C da Res. 181/17, **rejeitada a homologação** pelo órgão de revisão ministerial, **será designado outro membro do Ministério Público** para a adoção de uma das seguintes providências: I – requisição de diligências úteis e necessárias para a instrução do caso; II – propositura de acordo de não persecução penal; III – ajuizamento da ação penal.

No âmbito da **Justiça Eleitoral**, não obstante a previsão do art. 357, §1º, do Código Eleitoral, que dispõe pela remessa do arquivamento ao Procurador Regional Eleitoral, independentemente do art. 28 do CPP, o controle é realizado pela 2ª Câmara de Coordenação e Revisão do Ministério Público Federal, com fundamento no art. 62, IV da LC 75/93, isto é, entendendo contrariamente o juiz do pedido de arquivamento, deverá remeter os autos à 2ª Câmara.

No âmbito dos **processos criminais de competência originária**, apesar da previsão do art. 19-G da Res. 181 do CNMP, não existe, ainda, qualquer espécie de controle pelo Judiciário ou por qualquer outro órgão, isso porque, sendo promovido o arquivamento pelo PGR, por exemplo, no STF, ainda que órgão máximo do Judiciário discorde da posição, nada poderá fazer em relação à insurgência, vez que o arquivamento foi promovido por aquele que diz a última palavra sobre a *opinio delicti* ministerial. Do mesmo modo, no âmbito do STJ, a atuação dos procuradores da república na esfera da corte ocorre por delegação do PGR, de forma que não haverá, igualmente, controle judicial pelo mesmo fundamento.

Na esfera dos **crimes de competência originária dos Tribunais de Justiça**, a situação recebe tratamento distinto, vez que a possibilidade de recurso por parte da vítima, prevista na nova redação do art. 28 do CPP, impõe a análise do recurso por parte do Colégio de Procuradores nos termos do art. 12, XI, da Lei 8.625/93, devendo ser observada a Resolução 181, no que for cabível (art. 19-G). Não obstante, mantido o arquivamento, a promoção desse deverá ser realizada âmbito dos Tribunais de Justiça, que possuem o dever de homologar a decisão do PGJ.

10.3.10.1 O arquivamento do inquérito faz coisa julgada?

O instituto da coisa julgada, previsto constitucionalmente, visa, por essência, trazer segurança jurídica às decisões proferidas pelo Poder Judiciário. Sob a perspectiva penal, além da segurança jurídica, no caso de arquivamento do inquérito policial, protege o indivíduo ora suspeito da perseguição estatal, assumindo verdadeira posição e garantia às liberdades individuais.

Sucintamente, pode se afirmar que ocorre a coisa julgada formal quando a decisão não estiver sujeita a recurso, isto é, seus efeitos estão restritos ao processo. Por outro lado, ocorre a coisa julgada material quando ocorrer a própria coisa julgada formal e seus efeitos forem projetados para fora do processo, ou seja, passam a ser oponíveis a terceiros.

Nesse contexto, precisamos, inicialmente, analisar a natureza da decisão do Judiciário que homologa o arquivamento promovido pelo Ministério Público, nas hipóteses de extinção da punibilidade.

A doutrina majoritária sustenta, não sem certa razão, que o ato homologatório da promoção de arquivamento goza do *status* de decisão judicial, sendo, portanto, decorrente da função jurisdicional. Entretanto, há que se indagar: e a decisão que rejeita a promoção de arquivamento e remete os autos ao PGJ nos termos do art. 28 do CPP, é decorrente do exercício de função jurisdicional? A compreensão é relevante por um simples motivo: a decisão do PGJ, de cunho essencialmente administrativo, vincula o magistrado. Logo, estaríamos diante de uma hipótese na qual o ato administrativo superpõe-se a uma decisão judicial decorrente do exercício de função jurisdicional.

Não seria, portanto, a decisão judicial que analisa a promoção do arquivamento, meramente administrativa?

JARDIM[36] (2000, p. 166) entende que o arquivamento do inquérito policial tem natureza de decisão judicial, vez que originária do Poder Judiciário. Entretanto, com pertinência, aduz tratar-se de decisão administrativa em sentido lato, pois não se trata de despacho, nem de sentença, vez que nesse momento não há processo e, consequentemente, exercício de jurisdição.

TOURINHO FILHO[37] (1999, p. 400), por outro lado, entende que a decisão possui a natureza de mero despacho de expediente, nos termos do art. 800, inc. III do CPP, e que a redação original do art. 28 do CPP é inconstitucional por conferir ao PGJ "competência jurisdicional".

Entendemos, assim como Afrânio da Silva Jardim, que a decisão de arquivamento é meramente administrativa, ainda que dotada de cunho judicial, eis que proferida por magistrado, vez que a recusa ao arquivamento remete a decisão final para o PGJ, que a exarará por meio de ato administrativo que vincula o magistrado. Logo, se um ato administrativo possui a força de se sobrepor à decisão judicial, é porque essa também goza de natureza administrativa.

Superado o assunto da natureza jurídica, a questão atinente à coisa julgada não gera maiores controvérsias, vez que as decisões administrativas também fazem coisa julgada na seara administrativa, não obstante parte da doutrina assim não entender. O importante, contudo, é analisar a extensão da coisa julgada para conferir-lhe o status de formal ou material.

A regra do art. 18 do CPP dispõe que depois de ordenado o arquivamento do inquérito pela autoridade judiciária, por falta de base para a denúncia, a autoridade policial poderá proceder a novas pesquisas, se de outras provas tiver notícia. Do dispositivo se infere, por dedução lógica, que **a coisa julgada não atinge o arquivamento lastreado em falta de elementos para a denúncia**. Ocorre que, com a alteração promovida no art. 28 do CPP, aludido arquivamento será realizado internamente pelo Ministério Público, não passando pelo crivo do Poder Judiciário.

Assim, temos que o arquivamento, por falta de identificação da autoria ou de elementos mínimos de prova para a deflagração da ação penal, pode ser desconstituído diante do surgimento de novas provas, observando-se a lógica do art. 20 da Res. CNMP 181/18: Se houver notícia da existência de novos elementos de informação, poderá o membro do Ministério Público requerer o desarquivamento dos autos, providenciando-se a comunicação a que se refere o art. 5º desta Resolução.

---

36. JARDIM, Afrânio Silva. **Direito Processual Penal**. 9ª ed. Rio de Janeiro: Forense, 2000.

37. TOURINHO FILHO, Fernando da Costa. Processo Penal. Vol. 1, 20 ª ed. São Paulo: Saraiva, 1999.

Nesse sentido, inclusive, é o teor da Súmula 524 do STF, a ser adaptada para a nova sistemática do arquivamento: arquivado o inquérito policial, por despacho do juiz, a requerimento do Promotor de Justiça, não pode a ação penal ser iniciada sem novas provas.

O tema torna-se tormentoso em situações peculiares, que demandam maior digressão:

a) atipicidade da conduta: o arquivamento por atipicidade parte da premissa da ausência de toque ao tipo penal, seja por não realização de elementares típicas, seja por ausência lesão ou ameaça de lesão ao bem jurídico penalmente protegido (princípio da insignificância). Prevalece na doutrina que a decisão, nesse caso, faz coisa julgada formal e material, não sendo passível de revisão. Contudo, deve-se esclarecer a afirmação, vez que há situações em que novas provas podem ser descobertas e evidenciar, por exemplo, a realização de uma elementar típica, circunstância que se amolda à Súmula 524 do STF e ao art. 20 da Res. CNMP 181/17. Logo, há que se analisar o fundamento material da decisão e não somente o fundamento formal. Assim, deve se ter cautela quando da análise do fundamento "atipicidade", pois se essa tiver como base a falta de provas, haverá possibilidade de reabertura das investigações (coisa julgada formal). Ao contrário, se tiver por lastro a ausência de lesão ou ameaça de lesão, por exemplo, haverá o enfrentamento do mérito administrativo na decisão, não podendo a investigação ser reaberta (coisa julgada material).

b) causa excludente de ilicitude: prevalece no âmbito da doutrina que o arquivamento fundado na existência manifesta de causa excludente de ilicitude produz coisa julgada formal e material, ainda que surjam novas provas. Não obstante o entendimento, parece-nos discutível o posicionamento, pois nada impede, por exemplo, que a comprovação da "manifesta" causa excludente de ilicitude decorra de fraude ou coação no curso do processo. Assim, entendemos que, sendo demonstrado, com novas provas, que o titular da ação penal e o magistrado tenham sido levados a erro por vício na prova, nada impediria a restauração das investigações. Registre-se que **as duas Turmas do STF possuem posicionamentos no sentido da inexistência de coisa julgada material** (HC 95.211/ES e HC 125.101/SP).

c) causa excludente de culpabilidade: assim como na hipótese anterior, prevalece no âmbito da doutrina que o arquivamento baseado em existência manifesta de causa excludente de culpabilidade produz coisa julgada formal e material. Apesar do entendimento, igualmente nos parece discutível o posicionamento, pois nada impede, por exemplo, que a comprovação da "manifesta" causa excludente de culpabilidade decorra de fraude ou coação no curso do processo. Assim, entendemos que, sendo demonstrado, com novas provas, que o titular da ação e o magistrado tenham sido levados a erro por vício na prova, nada impediria a reabertura das investigações.

d) ocorrência de causa extintiva de punibilidade: a doutrina majoritária entende que o arquivamento fundado em causa extintiva da punibilidade produz coisa julgada formal e material, ressalvando apenas a situação de declaração de extinção da punibilidade pela morte com base em documento falso[38]. Nesse sentido, igualmente já se posicionou o STF: [...] a extinção da punibilidade em razão da morte do agente seria

38. STJ: REsp 791.471/RJ.

fato observado independentemente de qualquer decisão judicial e, nesse sentido, aduziu que o formalismo da coisa julgada haveria de ser superado, tendo em vista que uma decisão meramente declarativa não poderia existir se o seu pressuposto fosse falso" (HC 104998/SP, rel. Min. Dias Toffoli, j. 14.12.2010). Ocorre que, para nós, há outras situações que permitem o desarquivamento do inquérito policial. Exemplos: prescrição em abstrato decretada com fundamento na redução de metade do art. 115 do CP com base em certidão de nascimento falsa e renúncia ao direito de queixa e concessão de perdão com comprovação de coação para tais fins. Nesses casos, entendemos que pode haver a desconstituição da coisa julgada.

10.3.10.2 Desarquivamento

Consoante vimos acima, as investigações podem ser reabertas quando surgirem novas provas. Da afirmação surgem dois pontos importantes: **o que são novas provas e quem pode determinar a reabertura das investigações?**

Novas provas são aquelas que já existiam ao tempo do arquivamento, mas eram desconhecidas da autoridade policial, como uma testemunha presencial, que foi descoberta após o arquivamento, ou a arma do crime, encontrada posteriormente. Logo, não se trata de mudança de opinião ou compreensão sobre os fatos, mas de elementos concretos a evidenciar que o arquivamento por falta de provas pode ter sido um erro.

A doutrina promove a distinção entre **provas substancialmente novas**, isto é, aquelas inéditas ou desconhecidas, mas já existentes ao tempo do arquivamento, e **provas formalmente novas**, ou seja, aquelas existentes, mas que ganham uma nova roupagem, como o depoimento de uma testemunha ameaçada que posteriormente retrata seu depoimento.

O STJ, no RHC 18.561/ES, entendeu que três são os requisitos necessários à caracterização da prova como autorizadora do desarquivamento:

> a) que seja formalmente nova, isto é, sejam apresentados novos fatos, anteriormente desconhecidos; b) que seja substancialmente nova, isto é, tenha idoneidade para alterar o juízo anteriormente proferido sobre a desnecessidade da persecução penal; c) seja apta a produzir alteração no panorama probatório dentro do qual foi concebido e acolhido o pedido de arquivamento. Preenchidos os requisitos – isto é, tida a nova prova por pertinente aos motivos declarados para o arquivamento do inquérito policial, colhidos novos depoimentos, ainda que de testemunha anteriormente ouvida, e diante da retificação do testemunho anteriormente prestado –, é de se concluir pela ocorrência de novas provas, suficientes para o desarquivamento do inquérito policial e o consequente oferecimento da denúncia.

Por outro lado, parte da doutrina sustenta que a autoridade policial é responsável pela reabertura das investigações na forma do art. 18 do CPP. Contudo, não nos parece entendimento o mais adequado, vez que somente o titular da ação penal, detentor da *opinio delicti*, será capaz de dizer se a "nova prova" será capaz de interferir no seu posicionamento.

A autoridade policial possui o dever de ofício de instaurar o inquérito policial diante do conhecimento de uma infração penal, mas não o dever ou a prerrogativa de, administrativamente, atacar a coisa julgada formal ou material. Em síntese, apesar de não poder agir de ofício para realização das investigações, a autoridade policial tem o dever de provocar o Ministério Público.

10.3.10.3 Cabe recurso contra o arquivamento e desarquivamento?

De acordo com a redação original do art. 28 do CPP, contra a decisão judicial que homologa o arquivamento da investigação não há previsão de recurso voluntário. Há, contudo, no art. 7º da Lei 1.521/51, a previsão de recurso de ofício, meramente confirmatório, por parte do magistrado nos crimes contra a economia popular ou saúde pública.

Nos crimes de atribuição originária do PGJ, a Lei 8.625/93 prevê a possibilidade de recurso para o Colégio de Procuradores nos termos do art. 12, XI.

A nova redação do art. 28 do CPP, ao contrário, expressamente consigna a possibilidade de recurso por parte da vítima no prazo de 30 dias. Assim, entendemos que a hipótese de recurso de ofício da Lei 1.521/51 está tacitamente revogada.

Ocorrendo o desarquivamento, a lei não traz qualquer previsão quanto à possibilidade de recurso pelo agente investigado. Eventualmente, pode se cogitar da impetração de HC em casos excepcionais que apontem, por exemplo, uma nova prova falsa que fundamenta o desarquivamento.

10.3.11 Trancamento do inquérito policial

O chamando trancamento do inquérito policial é o seu **encerramento anômalo,** via de regra realizado por meio de HC impetrado pelo investigado. O instituto visa, essencialmente, tutelar o indivíduo de abusos na investigação e atinge, diretamente, o cerne da investigação.

Contudo, **não é qualquer circunstância de ensejará o trancamento do inquérito policial**, vez que não obstante a investigação gerar constrangimento ao paciente, trata-se de um constrangimento em regra legal, pois deriva do *ius puniendi* estatal. Assim, não será trancado o inquérito quando, por exemplo, o delegado de polícia determinar a realização de uma prova pericial que visa o esclarecimento dos fatos ou designa data para oitiva de testemunhas, provas que o investigado acredita que possam lhe prejudicar.

A finalidade do trancamento é evitar o constrangimento ilegal, como no caso de **atipicidade** da conduta investigada, como no caso da instauração de um inquérito policial para apurar o revogado crime de sedução ou um crime de furto de um real, nitidamente insignificante. De igual modo, caberá o trancamento quando existir **causa extintiva de punibilidade**, instauração de inquérito policial em ação penal pública condicionada à representação **sem que essa tenha sido ofertada** ou nos casos de ação penal privada **sem requerimento do ofendido**.

10.4 PODER DE INVESTIGAÇÃO CRIMINAL PELO MINISTÉRIO PÚBLICO

O poder de investigação criminal do Ministério Público foi consagrado implicitamente pela Constituição Federal no âmbito da **teoria dos poderes implícitos**, de origem norte-americana (*Mc CulloCh vs Maryland* (1819), pois se cabe ao *parquet* a propositura da ação penal de forma privativa (art. 129, I da CF), igualmente lhe assiste o direito de obter elementos de prova para formar a *opinio delicti*.

O poder investigatório criminal **não viola o sistema acusatório ou afronta a paridade de armas**, vez que no PIC não se impõe sanções e o contraditório será instaurado durante o processo criminal, não se podendo conceber a investigação de um fato praticado como violadora da isonomia. Fosse assim, o agente, ao praticar delito, também estaria quebrando a paridade de armas.

Registre-se, igualmente, que a CF **não conferiu exclusividade às instituições policiais para realização de investigações**, mas tão somente a de Polícia Judiciária, circunstância que, como vimos acima, não se confunde com a realização de investigações.

E, nesse sentido, não obstante a crítica de parcela da doutrina, o STF fixou, em 2015, a tese de repercussão geral no julgamento do RExt 593.727:

> "O MP dispõe de competência para promover, por autoridade própria, e por prazo razoável, investigações de natureza penal, desde que respeitados os direitos e garantias que assistem a qualquer indiciado e qualquer pessoa sob investigação do Estado, observadas, sempre, por seus agentes, as hipóteses de reserva constitucional de jurisdição e, também, as prerrogativas profissionais de que se acham investidos, em nosso país, os advogados (lei 8906/94, artigo 7º, incisos I, II, III, XI, XIII, XIV e XIX), sem prejuízo da possibilidade - sempre presente no Estado Democrático de Direito - do permanente controle jurisdicional dos atos, necessariamente documentados (súmula vinculante 14), praticados pelos membros dessa instituição."

Contudo, é de se registrar que ainda pende o julgamento da ADI 3.034, que versa sobre o mesmo tema.

Superada a questão preliminar, a investigação criminal pelo Ministério Público foi regulada pela Resolução 181 do CNMP que, em linhas gerais, aproxima-se das regras do inquérito policial, contendo, todavia, algumas peculiaridades.

Vale destacar que o STF, no julgamento acerca da constitucionalidade do juiz das garantias, por unanimidade, atribuiu interpretação conforme aos incisos IV, VIII e IX do art. 3º-B do CPP, incluídos pela Lei nº 13.964/2019, para que todos os atos praticados pelo Ministério Público como condutor de investigação penal se submetam ao controle judicial (HC 89.837/DF, Rel. Min. Celso de Mello) e fixou o <u>prazo de até 90 (noventa) dias</u>, contados da publicação da ata do julgamento, para os representantes do Ministério Público encaminharem, <u>sob pena de nulidade</u>, todos os PIC e outros procedimentos de investigação criminal, mesmo que tenham outra denominação, ao respectivo juiz natural, independentemente de o juiz das garantias já ter sido implementado na respectiva jurisdição. Da decisão se extrai o reforço à aplicação do teor do inciso IV do art. 3º-B do CPP, de forma que, instaurado o PIC, o promotor de justiça deverá comunicar sua instauração ao juízo das garantias.

Por se tratar-se de diploma único, trataremos do tema de modo diferente, pois sua construção nos permite comentá-lo de forma sequencial, diferentemente do inquérito policial, que possui dispositivos espalhados, por vezes sem sequência lógica.

10.4.1 Procedimento de Investigação Criminal (PIC)

A Resolução CNMP 181/17 regula, dentre outras questões, o procedimento de investigação criminal pelo Ministério Público.

Em razão da importância da matéria e necessidade de análise, analisaremos a Resolução em formato de comentários aos artigos, quando necessários, destacando em negrito, na própria redação, trechos importantes para fins de fixação.

Vejamos, portanto, os aspectos procedimentais da Resolução com os comentários pertinentes a pontos sensíveis e destaques na legislação.

10.4.1.1 Definição e finalidade

O art. 1º prevê que o procedimento investigatório criminal é **instrumento sumário e desburocratizado de natureza administrativa e investigatória**, instaurado e presidido pelo membro do Ministério Público com atribuição criminal, e terá como **finalidade** apurar a ocorrência de **infrações penais de iniciativa pública**, servindo como preparação e embasamento para o juízo de propositura, ou não, da respectiva ação penal.

O STF, enfrentando o dispositivo no julgamento da ADI 5793, DJe. 01.07.24, declarou a inconstitucionalidade das expressões "sumário" e "desburocratizado" constantes do art. 1º, *caput*, da Resolução n. 181/2017 do Conselho Nacional do Ministério Público.

Segundo o §1º, o procedimento investigatório criminal **não é condição de procedibilidade ou pressuposto processual** para o ajuizamento de ação penal e **não exclui a possibilidade de formalização de investigação** por outros órgãos legitimados da Administração Pública.

O PIC, portanto, não se revela imprescindível para o ajuizamento da ação penal, não sendo concebido como condição de procedibilidade ou pressuposto processual.

Conforme o §2º a regulamentação do procedimento investigatório criminal prevista nesta Resolução não se aplica às autoridades abrangidas pela previsão do art. 33, parágrafo único, da Lei Complementar nº 35, de 14 de março de 1979[39].

O art. 2º prevê que em poder de quaisquer peças de informação, o membro do Ministério Público poderá:

> I – promover a ação penal cabível;
>
> II – instaurar procedimento investigatório criminal;
>
> III – encaminhar as peças para o Juizado Especial Criminal, caso a infração seja de menor potencial ofensivo;
>
> IV – promover fundamentadamente o respectivo arquivamento[40];
>
> V – requisitar a instauração de inquérito policial, indicando, sempre que possível, as diligências necessárias à elucidação dos fatos, sem prejuízo daquelas que vierem a ser realizadas por iniciativa da autoridade policial competente.

O art. 3º, por seu turno, dispõe que o procedimento investigatório criminal poderá ser **instaurado de ofício**, por membro do Ministério Público, no âmbito de suas atribuições criminais, ao tomar conhecimento de infração penal de iniciativa pública, por qualquer meio, ainda que informal, ou mediante provocação.

Em sequência, o §1º assinala que o procedimento investigatório criminal deverá tramitar, comunicar seus atos e transmitir suas peças, preferencialmente, por **meio eletrônico**, isto é, assinala a preferência pelo meio eletrônico para trâmite do PIC, visando assegurar a proteção das informações e reduzir o acesso a pessoas indeterminadas. Conforme o §2º, a distribuição de peças de informação deverá observar as regras internas previstas no sistema de divisão de serviços.

O §3º dispõe que no caso de instauração de ofício, o procedimento investigatório criminal será distribuído livremente entre os membros da instituição que tenham atribuições para apreciá-lo, incluído aquele que determinou a sua instauração, observados os

39. Magistrados.

40. O arquivamento será visto mais adiante, de forma específica.

critérios fixados pelos órgãos especializados de cada Ministério Público e respeitadas as regras de competência temporária em razão da matéria, a exemplo de **grupos específicos criados para apoio e assessoramento e de forças-tarefas devidamente designadas pelo Procurador-Geral** competente, e as relativas à conexão e à continência. O dispositivo contempla a previsão de atuação de grupos específicos criados para apoio e de forças tarefas designadas pelo Procurador-Geral, a exemplo dos GAECOS.

Por fim, o §4º dispõe que o membro do Ministério Público, no exercício de suas atribuições criminais, **deverá dar andamento, no prazo de 30 (trinta) dias a contar de seu recebimento**, às representações, requerimentos, petições e peças de informação que lhe sejam encaminhadas, **podendo este prazo ser prorrogado**, fundamentadamente, por até **90 (noventa) dias**, nos casos em que sejam necessárias diligências preliminares. A previsão do §4º identifica-se com o regulamento das notícias de fato no âmbito dos Mistérios Públicos, que possuem o prazo inicial de 30 dias, prorrogáveis por mais noventa dias.

10.4.1.2 Formalização

No que toca à formalização, o art. 4º prevê que o procedimento investigatório criminal será instaurado por **portaria fundamentada**, devidamente registrada e autuada, com a **indicação dos fatos a serem investigados** e deverá conter, sempre que possível, o nome e a qualificação do autor da representação e a determinação das diligências iniciais. Conforme o parágrafo único, se, durante a instrução do procedimento investigatório criminal, for constatada a necessidade de investigação de outros fatos, o membro do Ministério Público **poderá aditar a portaria inicial ou determinar a extração de peças para instauração de outro procedimento**.

Por seu turno, o art. 5º dispõe que da instauração do procedimento investigatório criminal far-se-á **comunicação imediata** e, preferencialmente, eletrônica ao **Órgão Superior** competente, sendo **dispensada** tal comunicação **em caso de registro em sistema eletrônico**.

10.4.1.3 Das investigações conjuntas

O art. 6º disciplina as investigações conjuntas, assinalando que o procedimento investigatório criminal poderá ser instaurado **de forma conjunta**, por meio de **força tarefa ou por grupo de atuação especial composto por membros do Ministério Público**, cabendo sua presidência àquele que o ato de instauração designar. Conforme se extrai do §1º, poderá também ser instaurado procedimento investigatório criminal, por meio de **atuação conjunta entre Ministérios Públicos dos Estados, da União e de outros países**. O §2º, que detalharemos mais adiante, prevê que o arquivamento do procedimento investigatório deverá ser objeto de **controle e eventual revisão em cada Ministério Público**, cuja apreciação se limitará ao âmbito de atribuição do respectivo Ministério Público. Por fim, o §3º prevê que nas hipóteses de investigações que se refiram a temas que abranjam atribuições de mais de um órgão de execução do Ministério Público, os procedimentos investigatórios deverão ser objeto de arquivamento e controle respectivo com observância das regras de atribuição de cada órgão de execução.

Em linhas gerais, portanto, o art. 6º prevê a possibilidade de atuação conjunta entre os Ministérios Públicos dos Estados e Federal, bem como o órgão correlato de outros países, por força da cooperação internacional.

10.4.1.4 Instrução

A instrução do PIC foi disciplinada nos arts. 7º a 13.

Segundo o art. 7º, o membro do Ministério Público, **observadas as hipóteses de reserva constitucional de jurisdição** e sem prejuízo de outras providências inerentes a sua atribuição funcional, poderá:

> I – fazer ou determinar vistorias, inspeções e quaisquer outras diligências, inclusive em organizações militares;
>
> II – requisitar informações, exames, perícias e documentos de autoridades, órgãos e entidades da Administração Pública direta e indireta, da União, dos Estados, do Distrito Federal e dos Municípios;
>
> III – requisitar informações e documentos de entidades **privadas, inclusive de natureza cadastral**;
>
> IV – notificar testemunhas e vítimas e **requisitar sua condução coercitiva**, nos casos de ausência injustificada, ressalvadas as prerrogativas legais;
>
> V – acompanhar buscas e apreensões deferidas pela autoridade judiciária;
>
> VI – acompanhar cumprimento de mandados de prisão preventiva ou temporária deferidas pela autoridade judiciária;
>
> VII – expedir notificações e intimações necessárias;
>
> VIII – realizar oitivas para colheita de informações e esclarecimentos;
>
> IX – **ter acesso incondicional a qualquer banco de dados de caráter público** ou relativo a serviço de relevância pública;
>
> X – requisitar auxílio de força policial.

Conforme se extrai do §1º **nenhuma autoridade pública ou agente de pessoa jurídica no exercício de função pública** poderá opor ao Ministério Público, sob qualquer pretexto, **a exceção de sigilo**, sem prejuízo da subsistência do caráter sigiloso da informação, do registro, do dado ou do documento que lhe seja fornecido, **ressalvadas as hipóteses de reserva constitucional de jurisdição**.

Por seu turno, o §2º prevê que as respostas às requisições realizadas pelo Ministério Público deverão ser encaminhadas, sempre que determinado, em **meio informatizado** e apresentadas em arquivos que possibilitem a migração de informações para os autos do processo sem redigitação.

O §3º assinala que as requisições do Ministério Público serão feitas fixando-se **prazo razoável de até 10 (dez) dias úteis** para atendimento, prorrogável mediante solicitação justificada. Em sequência, o §4º dispõe que ressalvadas as hipóteses de **urgência**, as notificações para comparecimento devem ser efetivadas com antecedência mínima de **48 horas**, respeitadas, em qualquer caso, as prerrogativas legais pertinentes.

O §5º, de forma objetiva, assinala que a notificação deverá mencionar o fato investigado, salvo na hipótese de decretação de sigilo, e a faculdade do notificado de se fazer acompanhar por defensor.

O §6º, em estrita observância às regras de competência por prerrogativa por foro, prevê que as correspondências, notificações, requisições e intimações do Ministério Público quando tiverem como destinatário o **Presidente da República, o Vice-Presidente da República, membro do Congresso Nacional, Ministro do Supremo Tribunal Federal, Ministro de Estado, Ministro de Tribunal Superior, Ministro do Tribunal de Contas da União ou chefe de missão diplomática de caráter permanente** serão encaminhadas e levadas a efeito pelo **Procurador-Geral da República** ou outro órgão do Ministério Público a quem essa atribuição seja delegada.

Na mesma linha do parágrafo anterior, o §7º prevê que as notificações e requisições previstas neste artigo, quando tiverem como destinatários **o Governador do Estado, os membros do Poder Legislativo e os desembargadores**, serão encaminhadas **pelo Procurador-Geral de Justiça** ou outro órgão do Ministério Público a quem essa atribuição seja delegada, e o § 8º que as autoridades referidas nos §§ 6º e 7º poderão fixar data, hora e local em que puderem ser ouvidas, se for o caso.

O §9º trata da responsabilidade do promotor de justiça, asseverando que o membro do Ministério Público será responsável pelo uso indevido das informações e documentos que requisitar, inclusive nas hipóteses legais de sigilo e de documentos assim classificados.

Em nossa compreensão, os principais destaques do art. 7º residem na impossibilidade de oposição de sigilo, salvo no caso de reserva de jurisdição, no prazo para cumprimento das notificações ministeriais, ordinários de **10 dias úteis e, no caso de urgência, 48 horas**; na possibilidade de requisição de condução coercitiva de vítimas e testemunhas, e as particulares notificações e requisições às pessoas mencionadas nos §§6º e 7º , a serem cumpridas pelo PGR ou PGJ.

Na linha da produção da prova, o art. 8º prevê que a colheita de informações e depoimentos deverá ser feita **preferencialmente de forma oral**, mediante a **gravação audiovisual, com o fim de** obter maior fidelidade das informações prestadas. Objetivamente, os §§1º a 8º do art. 8º preveem:

> § 1º Somente em **casos excepcionais e imprescindíveis deverá ser feita a transcrição dos depoimentos colhidos na fase investigatória.**
>
> § 2º O membro do Ministério Público poderá **requisitar** o cumprimento das diligências de oitiva de testemunhas ou informantes **a servidores da instituição, policiais civis, militares ou federais, guardas municipais** ou a **qualquer outro servidor público** que tenha **como atribuições fiscalizar atividades cujos ilícitos possam também caracterizar delito.**
>
> § 3º A requisição referida no parágrafo anterior deverá ser comunicada ao seu destinatário pelo meio mais expedito possível, e a oitiva deverá ser realizada, sempre que possível, no local em que se encontrar a pessoa a ser ouvida.
>
> § 4º O funcionário público, no cumprimento das diligências de que trata este artigo, após a oitiva da testemunha ou informante, deverá imediatamente elaborar relatório legível, sucinto e objetivo sobre o teor do depoimento, no qual deverão ser consignados a data e hora aproximada do crime, onde ele foi praticado, as suas circunstâncias, quem o praticou e os motivos que o levaram a praticar, bem ainda identificadas eventuais vítimas e outras testemunhas do fato, sendo dispensável a confecção do referido relatório quando o depoimento for colhido mediante gravação audiovisual.
>
> § 5º O Ministério Público, sempre que possível, deverá fornecer formulário para preenchimento pelo servidor público dos dados objetivos e sucintos que deverão constar do relatório.

§ 6º O funcionário público que cumpriu a requisição deverá assinar o relatório e, se possível, também o deverá fazer a testemunha ou informante.

§ 7º O **interrogatório de suspeitos** e a oitiva das **pessoas referidas nos §§ 6º e 7º do art. 7º** deverão **necessariamente** ser realizados pelo membro do Ministério Público.

§ 8º As testemunhas, informantes e suspeitos ouvidos na fase de investigação serão informados do dever de comunicar ao Ministério Público qualquer mudança de endereço, telefone ou e-mail.

O registro para o art. 8º é para a possibilidade de requisição de funcionários públicos que atuam, *lato sensu*, na área de segurança pública, para apoio nas oitivas e a necessidade do interrogatório e oitiva das pessoas mencionadas nos §§6º e 7º do art. 7º serem produzidas diretamente pelo membro, impossibilitando sua delegação.

O art. 9º, tratando da questão defensiva, assinala que o autor do fato investigado poderá apresentar, querendo, as informações que considerar adequadas, facultado o acompanhamento por defensor. Por sua vez, o §1º, em reforço às prerrogativas do advogado, dispõe que o defensor poderá examinar, **mesmo sem procuração**, autos de procedimento de investigação criminal, findos ou em andamento, ainda que conclusos ao presidente, podendo copiar peças e tomar apontamentos, em meio físico ou digital. Não obstante, o §2º ressalva que para os fins do parágrafo anterior, o defensor **deverá apresentar procuração, quando decretado o sigilo das investigações**, no todo ou em parte.

Na mesma trilha do asseguramento da lisura procedimental, o §3º prevê que o órgão de execução que presidir a investigação velará para que o defensor constituído nos autos assista o investigado durante a apuração de infrações, de forma a evitar a alegação de nulidade do interrogatório e, subsequentemente, de todos os elementos probatórios dele decorrentes ou derivados, nos termos da Lei nº 8.906, de 4 de julho de 1994.

Por fim, o §4º prevê, na linha de entendimento da Súmula Vinculante 14 do STF, que o presidente do procedimento investigatório criminal **poderá delimitar o acesso do defensor aos elementos de prova relacionados a diligências em andamento e ainda não documentados nos autos**, quando houver risco de comprometimento da eficiência, da eficácia ou da finalidade das diligências.

Objetivamente, o art. 10 dispõe que as diligências serão documentadas em autos de modo sucinto e circunstanciado.

O art. 11, por seu turno, dispõe que as inquirições que devam ser realizadas fora dos limites territoriais da unidade em que se realizar a investigação serão feitas, sempre que possível, por meio de videoconferência, podendo ainda ser deprecadas ao respectivo órgão do Ministério Público local. Em sequência, o §1º prevê que nos casos referidos no *caput* deste artigo, o membro do Ministério Público poderá optar por realizar diretamente a inquirição com a prévia ciência ao órgão ministerial local, que deverá tomar as providências necessárias para viabilizar a diligência e colaborar com o cumprimento dos atos para a sua realização.

Por fim, o §2º prevê que a deprecação e a ciência referidas neste artigo poderão ser feitas por qualquer meio hábil de comunicação, e o §3º que o disposto neste artigo **não obsta a requisição de informações, documentos, vistorias, perícias a órgãos ou organizações militares sediados em localidade diversa** daquela em que lotado o membro do Ministério Público.

Ainda quanto à questão probatória, o art. 12 prevê que a pedido da pessoa interessada, será fornecida comprovação escrita de comparecimento.

Por seu turno, o art. 13 assinala que o procedimento investigatório criminal deverá ser **concluído no prazo de 90 (noventa) dias, permitidas, por igual período, prorrogações sucessivas**, por decisão fundamentada do membro do Ministério Público responsável pela sua condução. Entende-se implicitamente derrogado o prazo em questão, na medida em que o STF (ADIs 2.943, 3.309, 3.318) decidiu que a investigação ministerial deve seguir os mesmos prazos e os mesmos regramentos da investigação policial, de modo que o prazos de conclusão do PIC passaram a ser aqueles do art. 10, CPP (10 dias para investigado preso, 30 para solto), sendo que as prorrogações devem ser requeridas e deferidas pelo Judiciário que poderá, inclusive, fixar prazo diverso (art. 10, §3º, CPP).

O § 1º prevê que cada unidade do Ministério Público manterá, para conhecimento dos órgãos superiores, controle atualizado, preferencialmente por meio eletrônico, do andamento de seus procedimentos investigatórios criminais, observado o nível de sigilo e confidencialidade que a investigação exigir, nos termos do art. 15 da Resolução. O §2º, por derradeiro, prevê que o controle referido no parágrafo anterior poderá ter nível de acesso restrito ao Procurador-Geral da República, ao Procurador-Geral de Justiça, ao Procurador-Geral de Justiça Militar e ao respectivo Corregedor-Geral, mediante justificativa lançada nos autos.

Em breve síntese, o art. 9º repete as previsões do CPP e da Lei 8.906/94 no tocante às prerrogativas do advogado. O §3º do art. 11 contém uma peculiaridade no tocante à possibilidade de requisição de informações, documentos, vistorias, perícias a órgãos ou organizações militares sediados em localidade diversa daquela em que lotado o membro do Ministério Público, isto é, ao contrário da atuação jurisdicional do magistrado que depreca a realização de atos cuja competência seja distinta, o *parquet* pode, no curso do PIC, requisitar diretamente ainda que fora de sua área territorial de atuação. Parece-nos pertinente o questionamento da constitucionalidade do dispositivo, quando analisado de forma sistêmica com as regras de competência jurisdicional.

10.4.1.5 Persecução patrimonial

Conforme se extrai do teor do art. 14, a **persecução patrimonial** voltada à localização de qualquer benefício derivado ou obtido, direta ou indiretamente, da infração penal, ou de bens ou valores lícitos equivalentes, com vistas à propositura de medidas cautelares reais, confisco definitivo e identificação do beneficiário econômico final da conduta, **será realizada em anexo autônomo do procedimento investigatório criminal**.

O §1º expressamente consigna que proposta a ação penal, a instrução do procedimento tratado no *caput* poderá prosseguir até que ultimadas as diligências de persecução patrimonial. Em síntese, o dispositivo permite a continuidade da investigação específica relacionada à persecução penal, porquanto, dada a complexidade de apuração, nem sempre será possível, sem prejuízo da observância do prazo de tramitação do PIC, finalizar a investigação patrimonial.

E nesse sentido, o §2º prevê que caso a investigação sobre a materialidade e autoria da infração penal já esteja concluída, sem que tenha sido iniciada a investigação tratada neste capítulo, procedimento investigatório específico poderá ser instaurado com o objetivo principal de realizar a persecução patrimonial.

O art. 14-A, inserido pela Resolução CNMP 289/24, que se associa, entre outras, à figura do confisco alargado, prevista no art. 91-A do CP, prevê que a persecução patrimonial dirigida à indicação dos bens correspondentes à **diferença entre o valor do patrimônio do investigado e aquele que seja compatível com o seu rendimento lícito**, com vistas à decretação do **confisco alargado**, será realizada em **anexo autônomo do procedimento investigatório criminal** e, salvo legislação específica, compreenderá bens de titularidade do investigado, ou em relação aos quais ele tenha o domínio e o benefício direto ou indireto, e aqueles transferidos a terceiros a título gratuito, mediante contraprestação irrisória ou, ainda, dolosamente e com culpa grave.

A previsão atinente à "culpa grave" não guarda qualquer sentido em nossa compreensão, não somente porque o Direito Penal não promove a distinção de graus de culpa, mas principalmente porque a responsabilidade patrimonial é *ex-lege*, que poderia, inclusive, ser apurada em procedimento relacionado à investigação de lavagem de capitais.

Conforme se extrai do §1º, a instrução do procedimento tratado no *caput* poderá prosseguir até que ultimadas as diligências de persecução patrimonial para detalhamento da indicação lançada na ação penal. Por fim, o §2º dispõe que a investigação mencionada no caput poderá ser instaurada **inclusive após o oferecimento da ação penal**, para detalhamento dos bens sujeitos a confisco alargado.

10.4.1.6 Publicidade

No que pertine à publicidade, o art. 15 prevê que os atos e peças do procedimento investigatório criminal **são públicos**, nos termos desta Resolução, **salvo disposição legal em contrário ou por razões de interesse público ou conveniência da investigação**.

Conforme o parágrafo único, a publicidade consistirá:

> I – na expedição de certidão, mediante requerimento do investigado, da vítima ou seu representante legal, do Poder Judiciário, do Ministério Público ou de terceiro diretamente interessado;
>
> II – no deferimento de pedidos de extração de cópias, com atenção ao disposto no § 1º do art. 3º desta Resolução e ao uso preferencial de meio eletrônico, desde que realizados de forma fundamentada pelas pessoas referidas no inciso I, pelos seus procuradores com poderes específicos ou por advogado, independentemente de fundamentação, ressalvada a limitação de acesso aos autos sigilosos a defensor que não possua procuração ou não comprove atuar na defesa do investigado;
>
> III – no deferimento de pedidos de vista, realizados de forma fundamentada pelas pessoas referidas no inciso I ou pelo defensor do investigado, **pelo prazo de 5 (cinco) dias ou outro que assinalar fundamentadamente** o presidente do procedimento investigatório criminal, com atenção à restrição de acesso às diligências cujo sigilo tenha sido determinado na forma do § 4º do art. 9º desta Resolução;
>
> IV – na prestação de informações ao público em geral, a critério do presidente do procedimento investigatório criminal, observados o princípio da presunção de inocência e as hipóteses legais de sigilo.

Nos termos do art. 16, o presidente do procedimento investigatório criminal **poderá decretar o sigilo das investigações, no todo ou em parte**, por decisão fundamentada, quando a elucidação do fato ou interesse público exigir, **garantido o acesso aos autos ao investigado e ao seu defensor**, desde que munido de procuração ou de meios que comprovem atuar na defesa do investigado, cabendo a ambos preservar o sigilo sob pena de responsabilização.

Por sua vez, o parágrafo único assinala que em caso de pedido da parte interessada para a expedição de certidão a respeito da existência de procedimentos investigatórios criminais, é vedado fazer constar qualquer referência ou anotação sobre investigação sigilosa.

Em linhas gerais, portanto, o art. 15 **consagra a regra da publicidade das investigações**, registrando, contudo, a possibilidade de decretação do sigilo. Do dispositivo extrai, portanto, uma das três diferenças basilares[41] entre o PIC e o inquérito policial, a regra da publicidade, sendo as demais verificadas na natureza escrita do IP e eletrônica do PIC, além da presidência dos instrumentos de apuração, autoridade policial no IP e membro do MP com atuação criminal no PIC.

10.4.1.7 Dos direitos das vítimas

O art. 17 inaugura o tópico relacionado ao direito das vítimas e dispõe que o membro do Ministério Público que preside o procedimento investigatório criminal **esclarecerá a vítima sobre seus direitos materiais e processuais**, devendo tomar todas as medidas necessárias para a preservação dos seus direitos, a reparação dos eventuais danos por ela sofridos e a preservação da intimidade, vida privada, honra e imagem.

Nos termos do §1º, o membro do Ministério Público **velará pela segurança de vítimas e testemunhas que sofrerem ameaça** ou que, de modo concreto, **estejam suscetíveis a sofrer intimidação** por parte de acusados, de parentes deste ou pessoas a seu mando, **podendo, inclusive, requisitar proteção policial em seu favor**.

O §2º, por seu turno, dispõe que o membro do Ministério Público que preside o procedimento investigatório criminal, no curso da investigação ou mesmo após o ajuizamento da ação penal, deverá providenciar o encaminhamento da vítima ou de testemunhas, caso presentes os pressupostos legais, para inclusão em Programa de Proteção de Assistência a Vítimas e a Testemunhas ameaçadas ou em Programa de Proteção a Crianças e Adolescentes Ameaçados, conforme o caso.

O §3º, em especial previsão, assinala que em caso de medidas de proteção ao investigado, as vítimas e testemunhas, o membro do Ministério Público **observará a tramitação prioritária do feito**, bem como providenciará, se for o caso, a oitiva antecipada dessas pessoas ou pedirá a antecipação dessa oitiva em juízo.

Na linha do parágrafo anterior, o § 4º prevê que o membro do Ministério Público que preside o procedimento investigatório criminal providenciará o encaminhamento da vítima e outras pessoas atingidas pela prática do fato criminoso apurado à rede de assistência, para atendimento multidisciplinar, especialmente nas áreas psicossocial, de assistência jurídica e de saúde, a expensas do ofensor ou do Estado.

O §5º, por sua vez, dispõe que nos procedimentos de acolhimento, oitiva e atenção à vítima, o membro do Ministério Público diligenciará para que a ela seja assegurada

41. Outras existem quanto ao procedimento, arquivamento, (des)necessidade de relatório etc.

a possibilidade de prestar declarações e informações em geral, eventualmente sugerir diligências, indicar meios de prova e deduzir alegações, que deverão ser avaliadas fundamentadamente pelo Ministério Público.

Objetivamente, o §6º assinala que os procedimentos previstos nesse artigo poderão ser estendidos aos **familiares da vítima**[42], **e o § 7º que o membro do Ministério Público deverá diligenciar para a comunicação da vítima ou, na ausência desta, dos seus respectivos familiares sobre o oferecimento de ação penal.**

Por fim, o §8º prevê que nas investigações que apurem notícia de violência manifestada por agentes públicos em desfavor de vítimas negras, em atenção ao disposto no art. 53 da Lei nº 12.288/2010, o membro do Ministério Público deve levar em consideração, para além da configuração típico-penal, eventual hipótese de **violência sistêmica, estrutural, psicológica, moral**, entre outras, para fins dos encaminhamentos previstos no presente artigo.

10.5 COMISSÕES PARLAMENTARES DE INQUÉRITO (CPI)

Segundo o art. 58, §3º, da CF, as comissões parlamentares de inquérito possuem poderes de investigação próprios das autoridades judiciais, além de outros previstos nos regimentos das respectivas Casas.

As chamadas CPIs não decorrem um de poder de investigação geral, pois sua existência está vinculada a um fato específico, de forma que deverão ser criadas, por prazo certo, pela Câmara dos Deputados e pelo Senado Federal, em conjunto ou separadamente, mediante requerimento de um terço de seus membros, para apuração do fatos e eventuais responsabilidades, sendo suas conclusões encaminhadas ao Ministério Público no caso de possível prática de infração penal.

A investigação realizada pela CPI possui cunho nitidamente político, especialmente após a ampla cobertura que a mídia realiza sobre seus atos. A CPI é um procedimento administrativo que não se destina a apurar, *a priori*, infrações penais, nada obstando que eventual infração penal venha a aparecer no curso das investigações. Por não ser a CPI uma investigação criminal, não possui poder geral de investigação.

As CPIs, como qualquer órgão de investigação, estão sujeitas a limitações e prerrogativas. Segundo o texto constitucional (art. 58, §3º) as comissões parlamentares de inquérito possuem poderes de investigação próprios das autoridades judiciais, além de outros previstos nos regimentos das respectivas casas.

A Lei 1.579/52, alterada pela Lei 13.367/16, regulamenta a atuação das CPIs para prever, por exemplo, que: a) as comissões possuem poderes de investigação próprios das autoridades judiciais, além de outros previstos nos regimentos da Câmara dos Deputados e do Senado Federal, com ampla ação nas pesquisas destinadas a apurar fato determinado e por prazo certo (art. 1º); e b) que no exercício de suas atribuições, poderão as Comissões Parlamentares de Inquérito determinar diligências que reputarem necessárias e requerer a convocação de Ministros de Estado, tomar o depoimento de quaisquer autoridades federais, estaduais ou municipais, ouvir os indiciados, inquirir testemunhas sob compromisso, requisitar da

42. O art. 2º, §1º da Lei 9.807/99 prevê a extensão ao cônjuge ou companheiro, ascendentes, descendentes e dependentes que tenham convivência habitual com a vítima ou testemunha, conforme o especificamente necessário em cada caso.

administração pública direta, indireta ou fundacional informações e documentos, e transportar-se aos lugares onde se fizer mister a sua presença (art. 2º).

Por serem dotadas de poderes próprios da autoridade judiciária, entende-se que as CPIs podem determinar a quebra de sigilo bancário, fiscal, de dados, entre outros. Entretanto, os poderes da CPI encontram obstáculos nas chamadas cláusulas de reserva de jurisdição, que dispõe que compete exclusivamente ao Judiciário a restrições a direitos e garantias individuais, como a decretação de interceptação telefônica (art. 5º, inciso XII, CF); violação ao domicílio no período diurno (art. 5º, inciso XI, CF); decretação de prisão preventiva (art. 5º, inciso LXI, CF); e afastamento de sigilo de processos judiciais[43].

Nesse sentido é a jurisprudência do STF:

> o princípio constitucional da reserva de jurisdição – que incide sobre as hipóteses de busca domiciliar (CF, artigo 5º, XI), de interceptação telefônica (CF, artigo 5º, XII) e de decretação da prisão, ressalvada a situação de flagrância penal (CF, artigo 5º, LXI) – não se estende ao tema da quebra de sigilo, pois, em tal matéria, e por efeito de expressa autorização dada pela própria Constituição da República (CF, artigo 58, §3º), assiste competência à Comissão Parlamentar de Inquérito, para decretar, sempre em ato necessariamente motivado, a excepcional ruptura dessa esfera de privacidade das pessoas (MS 23.851/DF, DJ 21.06.02).

No tocante à quebra de sigilo, o STF igualmente firmou posição de que as CPIs podem quebrá-lo, por ato fundamentado, nos termos do art. 58, §3º da CF, desde que presentes indícios e existência de causa provável legitimadora[44]. A possibilidade de quebra de sigilo não se confunde, todavia, com a possibilidade de decretação de interceptação telefônica, sujeita à cláusula de reserva de jurisdição (STF: MS 23.851). A CPI não pode, igualmente, decretar medidas coercitivas de bens, vez que tais atos não são instrutórios.

Às Comissões Parlamentares impõe-se os mesmos limites impostos ao juiz, vez que, por serem detentoras do mesmo poder instrutório, também possuem os mesmos limites formais e materiais. Nesse sentido, A CPI não pode, por exemplo, atropelar o direito ao silêncio do investigado, nomeando-o falsamente como testemunha, para constrangê-lo a depor.

Nesse particular, apenas de forma exemplificativa, pois o procedimento abaixo descrito é usual nas CPIs pátrias, independentemente do governo eleito, vale o registro acerca da chamada "CPI dos Atos Golpistas", iniciada em 2023, após os ataques à sede dos Três Poderes, ocorridos em Brasília no dia 08.01.23.

Em diversas oportunidade, presenciamos "testemunhas/investigados", amparadas por *habeas corpus* preventivo para exercerem o direito ao silêncio serem severamente constrangidas pelos congressistas que, mesmo diante do exercício do direito ao silêncio, continuaram a formular perguntas, em flagrante violação à norma insculpida no parágrafo único do art. 15 da Lei 13.869/19 (Lei de Abuso de Autoridade:

Art. 15 (...).

Parágrafo único. Incorre na mesma pena quem prossegue com o interrogatório:

I - de pessoa que tenha decidido exercer o direito ao silêncio; ou

43. Comissão Parlamentar de Inquérito não é dotada do poder jurídico de obter, mediante requisição, a operadoras de telefonia, de cópias de decisão nem de mandado judicial de interceptação telefônica, quebrar sigilo imposto a processo sujeito a segredo de justiça. Este é oponível à Comissão Parlamentar de inquérito, representando expressiva limitação aos seus poderes constitucionais. (STF, Pleno, MS 27.483 REF-MC/DF, Rel. Min. Cezar Peluso, j. 14/08/2008, DJe 192 09/10/2008).

44. MS 23.639/DF, DJ 16.02.01.

Não obstante os congressistas federais serem amparados pela chamada imunidade material, não nos parece que a *mens legis* constitucional tenha dado suporte para que deputados e senadores abusem de sua autoridade, típica, *in casu*, dos poderes de investigação próprios das autoridades judiciais, para "autorizar" a prática de crimes em pleno Congresso Nacional. Um ponto é o exercício de sua liberdade e gozo da imunidade quanto às palavras, opiniões e votos, outro é se valer de prerrogativas estendidas, fechadas para fins investigatórios, para abusar da autoridade como forma de utilizar CPI como palanque midiático, em detrimento do constitucional direito ao silêncio.

Feito o registro e a crítica, em especial pela omissão estatal quanto a tais fatos, impende lembrar que a testemunha intimada pela CPI não pode deixar de comparecer quando intimada e, igualmente, não pode se recusar a depor, salvo nos casos em que lei permite[45]. Ninguém pode recusar-se a depor.

10.6 INVESTIGAÇÃO MILITAR

As investigações militares são realizadas nos casos de competência da Justiça Militar, por meio do inquérito policial militar (IPM). Em linhas gerais, o IPM assemelha-se ao inquérito instaurado pela polícia de investigação, distinguindo-se, num primeiro momento, pela ausência de cargo específico para apuração das infrações penais militares. A investigação compete ao Comandante da Organização Militar da localidade da infração penal, que pode delegar a presidência do IPM para um oficial da ativa, chamado de encarregado.

Distingue-se do inquérito comum, outrossim, pelo prazo assinalado para a conclusão: investigado solto - 40 dias prorrogáveis por mais 20 dias - art. 20, p. único, do CPPM; e investigado preso - 20 dias - art. 20 do CPPM.

Nos demais pontos, como a produção de provas, segue a linha geral do inquérito policial comum, observadas eventuais peculiaridades do Código de Processo Penal Militar.

10.7 TERMO CIRCUNSTANCIADO DE OCORRÊNCIA

Tecnicamente o termo circunstanciado de ocorrência (TCO) não é inquérito policial, mas tão somente um termo lavrado pela autoridade que o encaminhará imediatamente ao Juizado Especial, com o autor do fato e a vítima, providenciando-se as requisições dos exames periciais necessários (art. 69 da Lei 9.099/95)[46].

10.8 INVESTIGAÇÕES JUDICIAIS

O tema é tormentoso e suscita amplos debates. Registre-se, de antemão, que, para nós, em nenhuma hipótese o Poder Judiciário deveria poder instaurar inquérito para apuração de infrações penais. O motivo parece-nos simples: adoção do sistema acusatório pelo Direito brasileiro. Contudo, assinale-se, o STF entende de maneira diversa consoante veremos abaixo.

Antes, precisamos informar que o antigo **inquérito falimentar**, presidido pelo juiz de direito, não foi previsto na nova Lei de Falências (Lei 11.101/05), de forma que não trabalha com a hipótese de investigação criminal falimentar presidida pelo magistrado.

45. Vide artigos 206 a 208 do CPP.

46. Voltaremos ao tema quando o estudo dos procedimentos.

No caso de infrações penais praticadas por magistrados, segundo o art. 33, parágrafo único da LC 35/79, a autoridade policial, civil ou militar, remeterá os respectivos autos ao Tribunal ou Órgão Especial competente para o julgamento, a fim de que se prossiga na investigação. Ocorre que, sob a luz do sistema acusatório, não cabe ao juiz realizar investigações criminais, de modo que, não obstante a previsão legal, a investigação deverá ser realizada pelo Ministério Público, vez que a autoridade policial não detém atribuições para investigar magistrados.

O tribunal tão somente deverá receber a comunicação para ciência e eventuais providências de natureza administrativo-correicionais, não podendo, em hipótese alguma, prosseguir com a investigação por interpretação conforme à Constituição (art. 129, I).

Segundo a lógica acima exposta, o STF, guardião da Constituição Federal, igualmente não deveria, ou melhor, poderia instaurar inquérito para apuração de infrações penais de ofício ou a requerimento. Entretanto, o art. 43 do Regimento Interno do STF (RISTF) dispõe:

> Art. 43. Ocorrendo infração à lei penal na sede ou dependência do Tribunal, o Presidente instaurará inquérito, se envolver autoridade ou pessoa sujeita à sua jurisdição, ou delegará esta atribuição a outro Ministro.

Com lastro no referido artigo, o STF instaurou, de ofício, os Inquéritos 4.828 e 4.781, para apurar atos antidemocráticos de ataques ao STF e seus ministros por meio de notícias falsas (*fake news*) e ameaças, ampliando a redação do art. 43 do RISTF para abranger qualquer crime cometido em face do STF e seus membros em todo território nacional. No curso dos inquéritos, foram determinadas buscas e apreensões, bloqueio de redes sociais, quebra de sigilo bancário e fiscal de ofício. Em 2021, o inquérito que versa sobre aos atos antidemocráticos foi arquivado, mas o Ministro Relator, Alexandre de Moraes, determinou, de ofício, a instauração de novo inquérito para apurar a existência de organização criminosa que operaria divulgando *fake news*.

Não obstante a previsão regimental, essa não guarda qualquer fundamento sob a luz do sistema acusatório, que impõe a separação das funções investigar, acusar e julgar. À guisa de exemplo sobre a teratologia da previsão, o inquérito apurado para apuração de organização criminosa que divulga *fake news* sequer encontra fundamento no §1º do art. 1º da Lei 12.850/13, que prevê que organizações criminosas são aquelas formas pela associação de 4 (quatro) ou mais pessoas estruturalmente ordenada e caracterizada pela divisão de tarefas, ainda que informalmente, com objetivo de obter, direta ou indiretamente, vantagem de qualquer natureza, mediante a prática de infrações penais cujas penas máximas sejam superiores a 4 (quatro) anos, ou que sejam de caráter transnacional. Nitidamente, percebe-se que a divulgação de *fake news* amolda-se aos crimes contra a honra e mesmo com a previsão da aplicação da pena em triplo (art. 141, §2º), não se enquadra no conceito de organização criminosa, salvo no crime de calúnia.

Dessa forma, entendemos por inconstitucional o art. 43 do RISTF por violação do sistema acusatório, não obstante o STF ter decidido, em 2020, pela legalidade do inquérito das *fake news*. Nesse contexto cumpre-nos indagar: se o TJ/SP, por exemplo, contivesse previsão idêntica em seu regimento, o STF entenderia por constitucional a previsão?

Soa mais estranha ainda a decisão quando se verifica o teor da decisão proferida na ADI 1.570, julgada em 12.02.04, que decidiu pela inconstitucionalidade do art. 3º da revogada Lei 9.034/95 no tocante à impossibilidade de quebra de ofício do sigilo eleitoral e de dados fiscais, sob o fundamento da violação da imparcialidade e devido processo legal. Vejamos trecho do voto do Min. Relator:

> (...) observa-se que o art. 3º da Lei nº 9.034/95 efetivamente cria procedimento excepcional, não contemplado na sistemática processual contemporânea, dado que permite ao juiz colher pessoalmente as provas que poderão servir, mais tarde, como fundamento fático-jurídico de sua própria decisão. Indaga-se, por isso mesmo, se o magistrado está imune de influências psicológicas, de tal sorte que o dinamismo de seu raciocínio lógico-jurídico fique comprometido por ideias preconcebidas, pondo em risco a imparcialidade de sua decisão?! Penso que não. Evidente que não há como evitar a relação de causa e efeito entre as provas coligidas contra o suposto autor do crime e a decisão a ser proferida pelo juiz. Ninguém pode negar que o magistrado, pelo simples fato de ser humano, após realizar pessoalmente as diligências, fique envolvido psicologicamente com a causa, contaminando sua imparcialidade. (...)
>
> Em verdade, a legislação atribuiu ao juiz as funções investigador e inquisidor, atribuições essas conferidas ao Ministérios Públicos e às Polícias Federal e Civil (CF, artigos 129, I e VIII e §2º; e art. 144, §1º, I e IV e §4º). **Tal figura revela-se incompatível com o sistema acusatório** atualmente em vigor, que veda a atuação de ofício do órgão julgador. Min. Maurício Corrêa.

10.9 OUTRAS INVESTIGAÇÕES

10.9.1 Investigação criminal defensiva

O Projeto do novo CPP (PL 156/09) prevê, em seu art. 13, a chamada investigação criminal defensiva, que permite ao investigado, por meio de seu advogado, a coleta de provas por meio de identificação de fontes em favor de sua defesa, inclusive com a possibilidade de entrevista de pessoas.

Em linhas gerais, visando assegurar a paridade de armas, o projeto prevê a possibilidade de o defensor colher elementos de prova de sorte a subsidiar a defesa em juízo e antecipar, em sede de investigação, a produção dessa, sem se confundir, contudo, com a possibilidade de participação do advogado no inquérito ou PIC.

10.9.2 Investigação realizada por detetive particular

A Lei 13.432/17 previu a atuação do detetive particular, afastando, expressamente a possibilidade de investigação de natureza criminal no art. 2º.

O art. 5º, entretanto, permite que o detetive particular possa colaborar com investigação policial em curso, desde que expressamente autorizado pelo contratante e que o aceite da colaboração ficará a critério do delegado de polícia, que poderá admiti-la ou rejeitá-la a qualquer tempo.

Em síntese, a lei veda a realização de investigação criminal, mas permite que o detetive particular, com aceite do delegado de polícia, possa colaborar com a investigação.

10.10 CONTROLE EXTERNO DA ATIVIDADE POLICIAL

Ao Ministério Público foi conferido o controle externo da atividade policial no art. 129, VII, da Constituição Federal. O sistema de controle é um modelo normativo que regula a atividade ministerial na fiscalização do exercício da atividade policial.

O controle externo não representa hierarquia ou subordinação das Polícias ao Ministério Público, pois se justifica pela necessidade de controle realizado por órgão distinto, a exemplo do que ocorre com a própria atividade do CNMP sobre o Ministério Público.

Em linhas gerais, o controle externo permite, nos termos da LC 75/03 (art. 9º) que o Ministério Público da União possa ter livre ingresso em estabelecimentos policiais ou prisionais (inc. I); ter acesso a quaisquer documentos relativos à atividade-fim policial (inc. II); representar à autoridade competente pela adoção de providências para sanar a omissão indevida, ou para prevenir ou corrigir ilegalidade ou abuso de poder (inc. III); requisitar à autoridade competente para instauração de inquérito policial sobre a omissão ou fato ilícito ocorrido no exercício da atividade policial (inc. IV); promover a ação penal por abuso de poder (inc. V).

A matéria foi regulamentada pela Resolução CNMP 20/07, merecendo destaque o art. 2º:

> **Art. 2º O controle externo da atividade policial pelo Ministério Público tem como objetivo manter a regularidade e a adequação dos procedimentos empregados na execução da atividade policial, bem como a integração das funções do Ministério Público e das Polícias voltada para a persecução penal e o interesse público, atentando, especialmente, para:**
>
> **I – o respeito aos direitos fundamentais assegurados na Constituição Federal e nas leis;**
>
> **II – a preservação da ordem pública, da incolumidade das pessoas e do patrimônio público;**
>
> **III – a prevenção da criminalidade;**
>
> **IV – a finalidade, a celeridade, o aperfeiçoamento e a indisponibilidade da persecução penal;**
>
> **V – a prevenção ou a correção de irregularidades, ilegalidades ou de abuso de poder relacionados à atividade de investigação criminal;**
>
> **VI – a superação de falhas na produção probatória, inclusive técnicas, para fins de investigação criminal;**
>
> **VII – a probidade administrativa no exercício da atividade policial.**

O art. 3º da Resolução prevê duas espécies de controle: a) **controle difuso**, realizado por todos os membros do Ministério Público com atribuição criminal, quando do exame dos procedimentos que lhes forem atribuídos; b) **controle concentrado**, realizado através de membros com atribuições específicas para o controle externo da atividade policial, conforme disciplinado no âmbito de cada Ministério Público.

10.11 SÍNTESE GRÁFICA

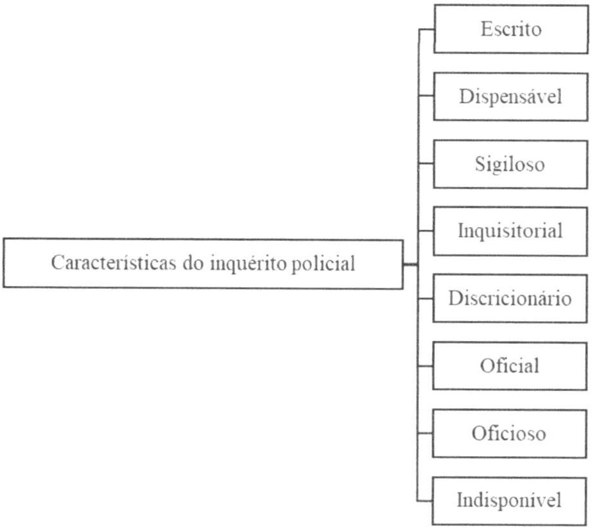

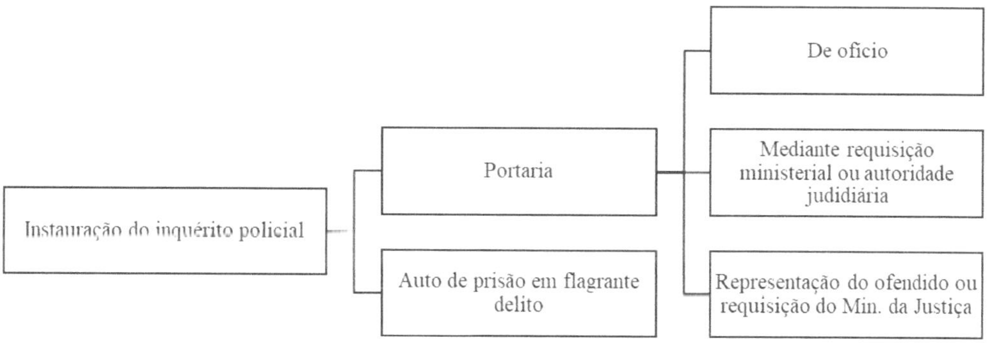

Prazos		
Natureza	**Investigado preso**	**Investigado solto**
Regra geral CPP	10 + 15 dias	30 dias
Regra Geral Justiça Federal	15 + 15 dias	30 dias
Regra Geral Justiça Militar	20 dias	40 + 20 dias
Lei de Drogas	30 + 30 dias	90 + 90 dias
Crimes contra a economia popular	10 dias	10 dias
Prisão temporária crimes hediondos	30 + 30	-

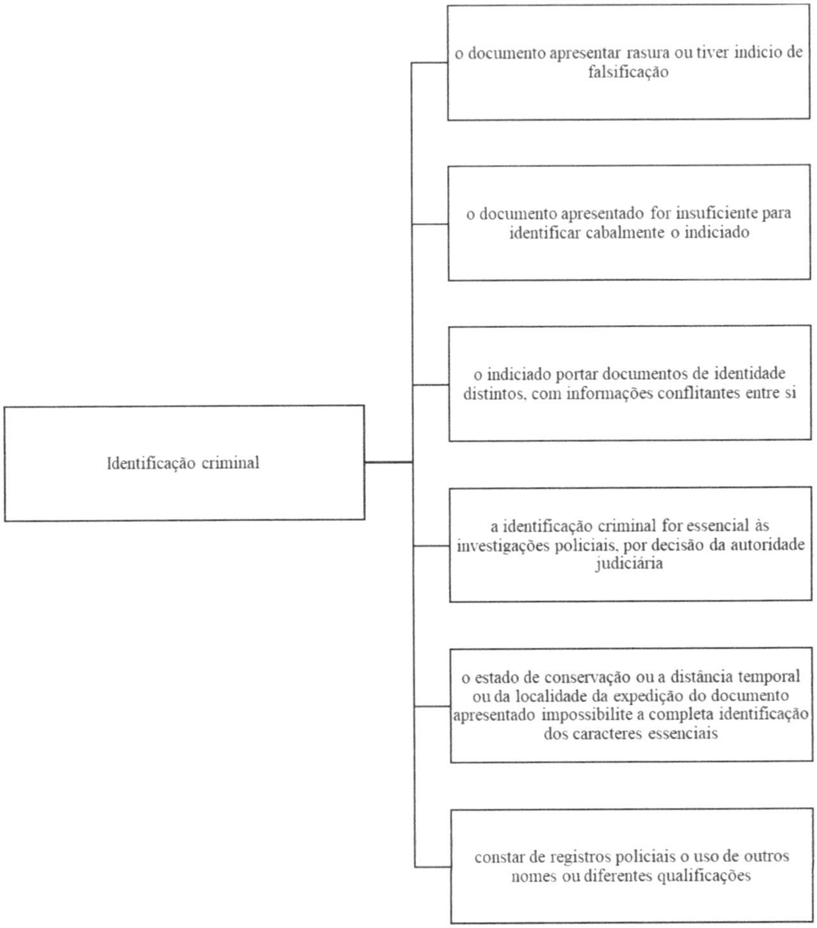
Identificação criminal
o documento apresentar rasura ou tiver indício de falsificação
o documento apresentado for insuficiente para identificar cabalmente o indiciado
o indiciado portar documentos de identidade distintos, com informações conflitantes entre si
a identificação criminal for essencial às investigações policiais, por decisão da autoridade judiciária
o estado de conservação ou a distância temporal ou da localidade da expedição do documento apresentado impossibilite a completa identificação dos caracteres essenciais
constar de registros policiais o uso de outros nomes ou diferentes qualificações

10.12 REVISÃO DO CAPÍTULO POR QUESTÕES DE CONCURSOS E ASSERTIVAS DE REFORÇO

QUESTÕES DE CONCURSO

1. (MPE/PE 2022 - FCC – PROMOTOR DE JUSTIÇA). O inquérito policial, nos crimes em que a ação pública depender de representação

A. não poderá ser arquivado pelo Ministério Público.
B. não poderá ser instaurado sem a queixa.
C. depende da iniciativa do Ministério Público.
D. não poderá sem ela ser iniciado.
E. exige a manifestação prévia do Ministério Público.

2. (DPE/PR 2022 - AOCP - DEFENSOR PÚBLICO). Analise as assertivas a seguir e assinale a alternativa correta.

I. O indiciamento, ato privativo da autoridade policial, é a atribuição da provável autoria de uma infração penal a determinada pessoa, sendo incabível o indiciamento de magistrados e membros do Ministério Público.
II. Em obediência aos princípios da presunção de inocência e do devido processo legal, não se admite o início da investigação criminal com base puramente em reportagem jornalística.
III. Tendo em vista que o inquérito policial é mera peça informativa e dispensável, eventuais vícios ocorridos no curso da investigação criminal não repercutem no processo penal, inclusive em se tratando de meios de obtenção de prova.
IV. Segundo a jurisprudência do Supremo Tribunal Federal, a prerrogativa do membro da Defensoria Pública de acompanhar o inquérito policial não alterou sua característica inquisitorial, razão pela qual não haverá nulidade à falta de intimação do Defensor Público para a oitiva de testemunha a ser inquirida pela autoridade policial.
V. A autoridade policial não poderá realizar, sem autorização do Ministério Público, acordo de colaboração premiada.

A. Apenas as assertivas I, II, III e V estão corretas.
B. Apenas as assertivas II e IV estão corretas.
C. Apenas as assertivas I e IV estão corretas.
D. Apenas as assertivas II e V estão corretas.
E. Apenas as assertivas I e III estão corretas.

3. (PC/AM 2022 – FGV – DELEGADO DE POLÍCIA). Ao chegar a um "local de fato", ainda não sabendo que se trata de um local de crime, de acordo com o Art. 6º do CPP, a primeira providência da Autoridade Policial deve ser a de

A. apreender objetos que tiverem relação com o fato, evitando a perda de objetos potencialmente importantes.
B. ouvir o indiciado, a fim de decidir sobre a necessidade de sua detenção imediata.
C. prender o suspeito, a fim de evitar sua fuga.
D. preservar o local.
E. ouvir o ofendido, para que se defina a área a ser isolada.

4. (DPE/TO 2022 – CESPE – DEFENSOR PÚBLICO). No que se refere ao inquérito policial e a temas correlatos, assinale a opção correta.

A. Não é possível desarquivar o inquérito policial quando o arquivamento ocorrer por ausência de pressuposto ou condição da ação penal.
B. Confirmada a suspeição da autoridade policial, a irregularidade prejudica as conclusões do inquérito policial e inviabiliza a ação penal.
C. O delegado poderá requisitar de empresa privada, de transporte de passageiros, por exemplo, dados cadastrais da vítima ou de suspeitos do crime de tráfico de pessoas.
D. Segundo entendimento do STF, ainda que indispensável o meio de prova, há restrição legal ao número de renovações de autorização de interceptação das comunicações telefônicas durante uma investigação.
E. O arquivamento do inquérito policial por atipicidade da conduta impede a propositura de ação civil indenizatória pela vítima do crime.

5. (TJ/MG 2022 – FGV – JUIZ DE DIREITO). Acerca do inquérito policial, com base no Código de Processo Penal, nas normas processuais penais especiais e na jurisprudência atualizada do Superior Tribunal de Justiça, assinale a afirmativa correta.

A. A Lei nº 11.343/2006 (Lei de Tóxicos) prevê o prazo de 30 (trinta) dias, improrrogáveis, para a conclusão do inquérito policial, caso o indiciado esteja preso.
B. Nos crimes previstos na Lei nº 11.101/2005 (Lei de Falências), o prazo para oferecimento da denúncia regula-se pelo Código de Processo Penal, salvo se o Ministério Público, estando o réu solto ou afiançado, decidir aguardar a apresentação da exposição circunstanciada de que trata o Art. 186 da Lei nº 11.101/2005, devendo, em seguida, oferecer a denúncia em 15 (quinze) dias.
C. Como regra geral, o prazo para a conclusão do inquérito policial é de 10 (dez) dias, caso o indiciado esteja preso, e de 20 (vinte) dias, se o indiciado estiver solto.
D. A participação de membro do Ministério Público na fase investigatória criminal acarreta seu impedimento ou suspeição para o oferecimento da denúncia.

6. (PC/MS 2021 - FAPEC - Delegado de Polícia). Considerando a legislação processual penal, assinale a alternativa INCORRETA.

A. Nos casos em que servidores vinculados às instituições dispostas no art. 144 da Constituição Federal figurarem como investigados em inquérito policial, cujo objeto for a investigação de fatos relacionados ao uso de força letal praticado no exercício profissional, de forma consumada ou tentada, o investigado deverá ser citado da instauração do procedimento investigatório, podendo constituir defensor no prazo de até 48 (quarenta e oito) horas a contar do recebimento da citação.

B. Instaurado inquérito policial para apurar o crime de tráfico de drogas, as investigações deverão ser concluídas no prazo de 30 (trinta) dias, caso o investigado esteja preso, ou no prazo de 90 (noventa) dias, quando solto. Ambos os prazos poderão ser duplicados mediante pedido justificado.

C. Se necessário à prevenção e à repressão dos crimes previstos nos arts. 148, 149 e 149-A, no § 3º do art. 158, e no art. 159 do Decreto-Lei nº 2.848, de 7 de dezembro de 1940 (Código Penal), e no art. 239 da Lei nº 8.069, de 13 de julho de 1990 (Estatuto da Criança e do Adolescente), o membro do Ministério Público ou o Delegado de Polícia poderão requisitar, mediante autorização judicial, às empresas prestadoras de serviço de telecomunicações e/ou telemática que disponibilizem imediatamente os meios técnicos adequados – como sinais, informações e outros – que permitam a localização da vítima ou dos suspeitos dos delitos em curso. Não havendo manifestação judicial no prazo de 12 (doze) horas, a autoridade competente requisitará às empresas prestadoras de serviço de telecomunicações e/ou telemática que disponibilizem imediatamente os meios técnicos adequados – como sinais, informações e outros – que permitam a localização da vítima ou dos suspeitos do delito em curso, com imediata comunicação ao juiz.

D. Qualquer pessoa do povo poderá provocar a iniciativa do Ministério Público, nos casos em que caiba a ação pública, fornecendo-lhe, por escrito, informações sobre o fato e a autoria e indicando o tempo, o lugar e os elementos de convicção.

E. Incumbe à autoridade policial fornecer às autoridades judiciárias as informações necessárias à instrução e julgamento dos processos.

7. (MP/RS 2021 - PROMOTOR DE JUSTIÇA SUBSTITUTO) Assinale a assertiva correta.

A. Segundo o Conselho Nacional do Ministério Público, o procedimento investigatório criminal é instrumento sumário e desburocratizado de natureza administrativa e inquisitorial, instaurado e presidido pelo membro do Ministério Público com atribuição criminal, e terá como finalidade apurar a ocorrência de infrações penais de iniciativa pública, servindo como preparação e embasamento para o juízo de propositura, ou não, da respectiva ação penal.

B. De acordo com a Resolução nº 181/2017, atualizada pela Resolução nº 183/2018, ambas do Conselho Nacional do Ministério Público, o membro do Ministério Público, nos crimes de ação penal pública, ao receber peças de informação encaminhadas por qualquer pessoa do povo, poderá, dentre outras possibilidades, determinar a verificação da procedência das informações, de modo a, só após sua confirmação, determinar instauração do procedimento investigatório criminal.

C. A regulamentação do procedimento investigatório criminal, criada pelo Conselho Nacional do Ministério Público, não prevê expressamente a possibilidade de o membro do Ministério Público determinar a reprodução simulada dos fatos, tendo ido em sentido oposto ao Código de Processo Penal, quando trata das possibilidades de atuação do Delegado de Polícia na condução do inquérito policial.

D. Da instauração do procedimento investigatório criminal, o membro do Ministério Público fará comunicação imediata à Corregedoria-Geral à qual está vinculado, a fim de que ela possa fiscalizar os trâmites e prazos daquela apuração.

E. De modo a manter a simetria com as disposições do Código de Processo Penal, o Conselho Nacional do Ministério Público estabeleceu que o procedimento investigatório criminal deverá ser concluído no prazo de 10 (dez) dias para as hipóteses de investigado preso, e de 30 (trinta) dias para as hipóteses de investigado solto, permitidas, por igual período, prorrogações sucessivas, por decisão fundamentada do membro do Ministério Público responsável pela sua condução.

8. (MP/AP 2021 - CESPE - PROMOTOR DE JUSTIÇA SUBSTITUTO) Considerando a hipótese de que decisão judicial transitada em julgado tenha homologado o arquivamento de inquérito policial a pedido do Ministério Público estadual, assinale a opção correta, de acordo com as disposições processuais penais em vigor.

A. O arquivamento do inquérito policial por insuficiência de provas produz coisa julgada material.

B. O acolhimento do pedido pelo juiz possibilita ao ofendido ou a seu representante legal o manejo da queixa subsidiária.

C. O oferecimento de denúncia, pelo mesmo crime, devido a novas provas caracteriza, em regra, violação do princípio que veda a revisão *pro societate*.

D. A decisão judicial de arquivamento por insuficiência probatória possui efeitos de coisa julgada formal.

E. Da sentença homologatória do arquivamento caberá recurso em sentido estrito.

9. (MP/PR 2019 - PROMOTOR DE JUSTIÇA SUBSTITUTO). Sobre o **inquérito policial, controle externo da atividade policial** e **poder investigatório do Ministério Público**, analise as assertivas abaixo e assinale a alternativa ***incorreta***:

A. O inquérito policial pode ser instaurado de ofício, por requisição do Ministério Público e a requerimento do ofendido em casos de crime de ação penal pública incondicionada.

B. O membro do "Parquet", com atuação na área de investigação criminal, pode avocar a presidência do inquérito policial, em sede de controle difuso da atividade policial.

C. No exercício do controle externo da atividade policial, o membro do "Parquet", pode requisitar informações, a serem prestadas pela autoridade, acerca de inquérito policial não concluído no prazo legal, bem assim requisitar sua imediata remessa ao Ministério Público ou Poder Judiciário, no estado em que se encontre.

D. O membro do Ministério Público pode encaminhar peças de informação em seu poder diretamente ao Juizado Especial Criminal, caso a infração seja de menor potencial ofensivo.

E. No inquérito policial, a autoridade policial assegurará o sigilo necessário à elucidação do fato ou exigido pelo interesse da sociedade e, no procedimento investigatório criminal, os atos e peças, em regra, são públicos.

10. (MP/PB 2018 - FCC - PROMOTOR DE JUSTIÇA SUBSTITUTO) Nos crimes em que não couber ação penal de iniciativa pública, concluído o inquérito policial, o delegado deverá

A. remeter os autos ao juízo competente, onde aguardarão a iniciativa do ofendido.

B. remeter os autos ao Ministério Público, pois é o titular constitucional da ação penal.

C. arquivar os autos na repartição policial, onde aguardarão a iniciativa do ofendido.

D. intimar o ofendido do prazo decadencial para a propositura de ação penal.

E. entregar os autos ao ofendido ou seu representante legal, comunicando o juízo competente.

ASSERTIVAS DE REFORÇO

1. ( ) É inconstitucional a determinação de afastamento automático de servidor público indiciado em inquérito policial instaurado para apuração de crimes de lavagem ou ocultação de bens, direitos e valores.

2. ( ) Não é possível ser reconhecer a ilicitude de provas no inquérito policial, haja vista que os vícios do inquérito não maculam a ação penal.

3. ( ) O juiz formará sua convicção pela livre apreciação da prova produzida em contraditório judicial, não podendo fundamentar sua decisão exclusivamente nos elementos informativos colhidos na investigação, ressalvadas as provas cautelares, não repetíveis e antecipadas.

4. ( ) As infrações penais eleitorais devem ser apuradas pela Polícia Federa, não se admitindo, em nenhuma hipótese, a investigação pela Polícia Civil.

5. ( ) O poder de polícia da Câmara dos Deputados e do Senado Federal, em caso de crime cometido nas suas dependências, compreende, consoante o regimento, a prisão em flagrante do acusado e a realização do inquérito.

6. ( ) Havendo mandado judicial a ser cumprido no interior do Congresso, ainda que decorrente de investigação externa, compete à Polícia Legislativa seu cumprimento.

7. ( ) Por ser peça meramente informativa que visa colher elementos de autoria e materialidade das infrações penais, não é peça indispensável à propositura da ação penal.

8. ( ) É direito do advogado examinar, em qualquer instituição responsável por conduzir investigação, mesmo sem procuração, autos de flagrante e de investigações de qualquer natureza, findos ou em andamento, ainda que conclusos à autoridade, podendo copiar peças e tomar apontamentos, em meio físico ou digital.

9. ( ) Nos casos de organizações criminosas, o sigilo da investigação poderá ser decretado pela autoridade judicial competente, para garantia da celeridade e da eficácia das diligências investigatórias, assegurando-se ao defensor, no interesse do representado, amplo acesso aos elementos de prova que digam respeito ao exercício do direito de defesa, devidamente precedido de autorização judicial, ressalvados os referentes às diligências em andamento.

10. ( ) Nos casos em que servidores vinculados às instituições dispostas no art. 144 da Constituição Federal figurarem como investigados em inquéritos policiais, inquéritos policiais militares e demais procedimentos extrajudiciais, cujo objeto for a investigação de fatos relacionados ao uso da força letal, ainda que não letal, praticados no exercício profissional, de forma consumada ou tentada, incluindo as situações dispostas de legítima defesa, o agente poderá constituir defensor.

11. ( ) O inquérito policial é ato privativo do delegado de polícia.

12. ( ) A autoridade policial, ao tomar ciência da prática de uma infração penal de sua atribuição, sempre deverá, de ofício, instaurar inquérito policial.

13. ( ) Na esfera das ações penais públicas condicionadas à representação, a autoridade policial poderá instaurar o inquérito de ofício, em razão da natureza pública da ação, diferentemente das ações penais de iniciativa privada, cuja instauração está condicionada à manifestação da vítima ou de seu representante legal.

14. ( ) Conhecida também por provocada, a *notitia criminis* de cognição imediata versa sobre a hipótese na qual o delegado de polícia toma conhecimento da infração penal por meio de provação de alguém, mediante comunicação, representação ou requisição.

15. ( ) Não há obrigatoriedade de assistência de advogado no interrogatório do investigado no curso do inquérito policial, nada obstante esse ter o direito de ser acompanhado de advogado.

16. ( ) A folha de antecedentes criminais é documento suficiente a comprovar os maus antecedentes e a reincidência.

17. ( ) Não configura crime de desobediência a recusa do investigado em comparecer ao ato de reconstituição, sendo igualmente vedada a decretação de sua prisão em razão do não comparecimento.

18. ( ) Embora apresentado documento de identificação, poderá ocorrer identificação criminal quando o documento apresentar rasura ou tiver indício de falsificação.

19. ( ) Embora apresentado documento de identificação, poderá ocorrer identificação criminal quando houver distância da localidade da expedição do documento apresentado.

20. ( ) Nos crimes de cárcere privado, extorsão mediante sequestro e promoção ou auxílio para envio de criança ou adolescente ao exterior, o Ministério Público ou delegado de polícia poderão requisitar, de quaisquer órgãos do poder público ou empresas de iniciativa privada os dados e informações cadastrais de vítimas e suspeitos.

21. ( ) No âmbito da Lei de Lavagem de Capitais, a autoridade policial e o Ministério Público terão acesso, exclusivamente, aos dados cadastrais do investigado que informam qualificação pessoal, filiação e endereço, independentemente de autorização judicial, mantidos pela Justiça Eleitoral, pelas empresas telefônicas, pelas instituições financeiras, pelos provedores de internet e pelas administradoras de cartão de crédito.

22. ( ) O indiciamento é um ato privativo do delegado de polícia que será realizado por ato fundamentado, mediante análise técnico-jurídica do fato, que deverá indicar a autoria, materialidade e suas circunstâncias.

23. ( ) Sendo a infração penal afiançável, o membro do Ministério Público pode ser indiciado em inquérito policial.

24. ( ) O pleno o STF entendeu que a autoridade policial pode promover o indiciamento de parlamentares, independentemente de prévia autorização do ministro-relator do inquérito.

25. ( ) A autoridade policial não pode ordenar o arquivamento dos autos de inquérito policial.

26. ( ) Tratando-se de arquivamento realizado por juízo absolutamente incompetente, prevalece na doutrina que há formação da coisa julgada em razão da impossibilidade de reabertura da investigação em favor da sociedade.

27. ( ) Arquivado o inquérito policial, por despacho do juiz, a requerimento do Promotor de Justiça, não pode a ação penal ser iniciada sem novas provas.

28. ( ) Para fins de desarquivamento do inquérito policial, considera-se nova prova aquela formalmente nova, isto é, sejam apresentados novos fatos, anteriormente desconhecidos; que seja substancialmente nova, isto é, tenha idoneidade para alterar o juízo anteriormente proferido sobre a desnecessidade da persecução penal; e seja apta a produzir alteração no panorama probatório dentro do qual foi concebido e acolhido o pedido de arquivamento.

29. ( ) Determinado o desarquivamento do inquérito policial, o investigado poderá apelar da decisão.

30. ( ) O procedimento investigatório criminal é instrumento sumário e desburocratizado de natureza administrativa e investigatória, instaurado e presidido pelo membro do Ministério Público com atribuição criminal, e terá como finalidade apurar a ocorrência de infrações penais de iniciativa pública e privada, servindo como preparação e embasamento para o juízo de propositura, ou não, da respectiva ação penal.

31. ( ) O procedimento investigatório criminal não é condição de procedibilidade ou pressuposto processual para o ajuizamento de ação penal e não exclui a possibilidade de formalização de investigação por outros órgãos legitimados da Administração Pública.

32. ( ) O procedimento investigatório criminal deverá tramitar, comunicar seus atos e transmitir suas peças, preferencialmente, por meio escrito.

33. ( ) O membro do Ministério Público, no exercício de suas atribuições criminais, deverá dar andamento, no prazo de 30 (trinta) dias a contar de seu recebimento, às representações, requerimentos, petições e peças de informação que lhe sejam encaminhadas, podendo este prazo ser prorrogado, fundamentadamente, por até 90 (noventa) dias, nos casos em que sejam necessárias diligências preliminares.

34. ( ) Se, durante a instrução do procedimento investigatório criminal, for constatada a necessidade de investigação de outros fatos, o membro do Ministério Público oficiará o Procurador-Geral de Justiça dando ciência e solicitando autorização para aditar a portaria inicial.

35. ( ) O procedimento investigatório criminal poderá ser instaurado de forma conjunta, por meio de força tarefa ou por grupo de atuação especial composto por membros do Ministério Público, cabendo sua presidência àquele que o ato de instauração designar.

36. ( ) O membro do Ministério Público, observadas as hipóteses de reserva constitucional de jurisdição e sem prejuízo de outras providências inerentes a sua atribuição funcional, poderá ter acesso incondicional a qualquer banco de dados de caráter público ou relativo a serviço de relevância pública.

37. ( ) O presidente do procedimento investigatório criminal poderá delimitar o acesso do defensor aos elementos de prova relacionados a diligências em andamento e ainda não documentados nos autos, quando houver risco de comprometimento da eficiência, da eficácia ou da finalidade das diligências.

38. ( ) O procedimento investigatório criminal deverá ser concluído no prazo de 60 (sessenta) dias, permitidas, por igual período, prorrogações sucessivas, por decisão fundamentada do membro do Ministério Público responsável pela sua condução.

39. ( ) A persecução patrimonial voltada à localização de qualquer benefício derivado ou obtido, direta ou indiretamente, da infração penal, ou de bens ou valores lícitos equivalentes, com vistas à propositura de medidas cautelares reais, confisco definitivo e identificação do beneficiário econômico final da conduta, será realizada em anexo autônomo do procedimento investigatório criminal.

40. ( ) De acordo com a Constituição Federal, as comissões parlamentares de inquérito possuem poderes de investigação próprios das autoridades judiciais.

41. ( ) As CPIs podem determinar a quebra de sigilo bancário, fiscal, de dados, entre outros. Entretanto, os poderes da CPI encontram obstáculos nas chamadas cláusulas de reserva de jurisdição, que dispõe que compete exclusivamente ao Judiciário a restrições a direitos e garantias individuais, como a decretação de interceptação telefônica (art. 5º, inciso XII, CF); violação ao domicílio no período diurno (art. 5º, inciso XI, CF); decretação de prisão preventiva (art. 5º, inciso LXI, CF); e afastamento de sigilo de processos judiciais.

42. ( ) Ad CPIs podem decretar medidas coercitivas de bens.

43. ( ) Conforme o Regimento Interno do Supremo Tribunal Federal, ocorrendo infração à lei penal na sede ou dependência do Tribunal, o Presidente instaurará inquérito, se envolver autoridade ou pessoa sujeita à sua jurisdição, ou delegará esta atribuição a outro Ministro.

44. ( ) A chamada investigação criminal defensiva permite ao investigado, por meio de seu advogado, imponha à autoridade policial a coleta de provas por meio de identificação de fontes em favor de sua defesa, inclusive com a possibilidade de entrevista de pessoas.

45. ( ) O detetive particular pode colaborar com investigação policial em curso, desde que expressamente autorizado pelo contratante, sendo irrelevante a admissão por parte do delegado de polícia.

46. ( ) O controle externo da autoridade policial exercido pelo Ministério Público permite, nos termos da LC 75/03, que o Ministério Público da União possa ter livre ingresso em estabelecimentos policiais ou prisionais.

47. ( ) O controle externo da autoridade policial exercido pelo Ministério Público permite, nos termos da LC 75/03, que o Ministério Público da União ter acesso a quaisquer documentos relativos à atividade-fim policial.

48. ( ) O controle externo da autoridade policial exercido pelo Ministério Público permite, nos termos da LC 75/03, que o Ministério Público da União representar à autoridade competente pela adoção de providências para sanar a omissão indevida, ou para prevenir ou corrigir ilegalidade ou abuso de poder.

49. ( ) O controle externo da autoridade policial exercido pelo Ministério Público permite, nos termos da LC 75/03, que o Ministério Público da União requisitar à autoridade competente para instauração de inquérito policial sobre a omissão ou fato ilícito ocorrido no exercício da atividade policial.

50. ( ) Segundo a normativa do CNMP, o controle externo da autoridade policial pelo Ministério Público só pode ser realizado de forma concentrada, isto é, realizado através de membros com atribuições específicas para o controle externo da atividade policial, conforme disciplinado no âmbito de cada Ministério Público.

10.12.1 Gabaritos

QUESTÕES DE CONCURSO

1	2	3	4	5	6	7	8	9	10
D	C	D	C	B	C	C	D	B	A

ASSERTIVAS DE REFORÇO

1	2	3	4	5	6	7	8	9	10
V	F	V	F	V	F	V	V	V	V
11	**12**	**13**	**14**	**15**	**16**	**17**	**18**	**19**	**20**
V	F	F	F	V	V	V	V	F	V
21	**22**	**23**	**24**	**25**	**26**	**27**	**28**	**29**	**30**
V	V	F	F	V	F	V	V	F	F
31	**32**	**33**	**34**	**35**	**36**	**37**	**38**	**39**	**40**
V	F	V	F	V	V	V	F	V	V
41	**42**	**43**	**44**	**45**	**46**	**47**	**48**	**49**	**50**
V	F	V	F	F	V	V	V	V	F

COMENTÁRIOS ÀS ASSERTIVAS FALSAS E JUSTIFICATIVAS IMPORTANTES

1. V.

2. F. Eventual vício no inquérito policial em regra não contamina a ação penal. Contudo, não se afasta a possibilidade de reconhecimento da ilicitude de uma prova inquisitorial e as dela decorrentes caso tenham sido realizadas em violação a direitos materiais, a exemplo da confissão obtida por tortura.

3. V.

4. F. O TSE já firmou o entendimento de que não havendo estrutura da PF no local, a investigação será realizada pela Polícia Civil.

5. V.

6. F. Por decorrer de investigação não originária do Congresso Nacional, deve a Polícia Legislativa tão somente acompanhar o ato.

7. V.

8. V.

9. F. Aplica-se a regra do *tempus regit actum*.

10. V. Apesar do art. 14-A do CPP não se referir à força não letal, não há óbice algum quanto à constituição de defensor, porquanto o dispositivo traz uma faculdade inerente a qualquer indivíduo.

11. V.

12. F. Nos casos de ação penal pública condicionada à representação e ação penal pública de iniciativa privada, deverá aguardar a manifestação de interesse da vítima ou seu representante legal para instaurar o inquérito policial. Havendo referida manifestação, deverá agir de ofício.

13. F. Em ambos os casos, exige-se a manifestação do ofendido ou seu representante legal. No caso de ação penal pública condicionada à requisição do Ministério da Justiça, igualmente se exige a provocação.

14. F. O conceito fornecido envolve a *notitia criminis* de cognição mediata.

15. V.

16. V.

17. V.

18. V.

19. F. Inc. VI do art. 3º da Lei 12.037/09: o estado de conservação ou a distância temporal ou da localidade da expedição do documento apresentado impossibilite a completa identificação dos caracteres essenciais. Exige-se a conjugação com a impossibilidade de completa identificação dos caracteres essenciais, não bastando a mera distância.

20. V.

21. V.

22. V.

23. F. Segundo o art. 41, inc. II, da Lei 8.625/93, o membro do *parquet* não pode ser indiciado em inquérito policial. Isso porque a atribuição para apuração de fatos em tese criminosos praticados por promotores de justiça compete ao Procurador-Geral de Justiça (p. único do art. 41).

24. F. O pleno o STF entendeu que a autoridade policial não pode promover o indiciamento de parlamentares sem prévia autorização do ministro-relator do inquérito.

25. V.

26. F. Não há formação da coisa julgada.

27. V.

28. V.

29. F. Não há recurso previsto. No entanto, será possível o manejo do *habeas corpus*.

30. F. Além do STF ter declarado a inconstitucionalidade da expressão "sumário e desburocratizado", aplica-se somente às ções penais de iniciativa pública.

31. V.

32. F. Meio eletrônico.

33. V.

34. F. Poderá aditar a portaria inicial ou determinar a extração de peças para instauração de outro procedimento, independentemente de provocação ao PGJ.

35. V.

36. V.

37. V.

38. F. Noventa dias.

39. V.

40. V.

41. V.

42. F. Não podem, vez que tais atos não são instrutórios.

43. V.

44. F. De acordo com o projeto de lei, a investigação criminal defensiva permite ao investigado, por meio de seu advogado, a coleta de provas por meio de identificação de fontes em favor de sua defesa, inclusive com a possibilidade de entrevista de pessoas, independentemente da participação da autoridade policial.

45. F. O delegado de polícia poderá admitir ou rejeitar.

46. V.

47. V.

48. V.

49. V.

50. F. O art. 3º da Resolução prevê duas espécies de controle: a) controle difuso, realizado por todos os membros do Ministério Público com atribuição criminal, quando do exame dos procedimentos que lhes forem atribuídos; b) controle concentrado, realizado através de membros com atribuições específicas para o controle externo da atividade policial, conforme disciplinado no âmbito de cada Ministério Público.

TÍTULO III

AÇÕES PENAIS

11

Ação penal

11.1 COMO O ASSUNTO É ABORDADO EM PROVAS E CONCURSOS

O assunto é cobrado com frequência nas provas de Ministério Público, Magistratura, Defensoria Pública e Delegado de Polícia. Em regra, pelo menos uma das questões das provas versa sobre o tema.

O assunto é tratado em todas as etapas do certame, vez que possui rica carga legal, doutrinária e jurisprudencial. Nesse sentido, o estudo do capítulo é fundamental.

As condições da ação são exploradas em todas as etapas e mescla a legislação, doutrina e jurisprudência. A parte principiológica das ações é um dos tópicos mais exigidos nas provas, de forma que o candidato deve compreendê-las de forma adequada segundo cada espécie.

As diversas espécies de classificações e particularidades, igualmente devem ser conhecidas, pois normalmente as questões, quando diretas sobre o tema, pressupõem o conhecimento.

As causas extintivas da punibilidade exigem, outrossim, especial atenção no âmbito das ações penais que demandam atuação do ofendido, sendo, nesse particular, importante o reforço no estudo da legislação.

O leitor deve-se ater, por fim, as especialidades das ações nos principais crimes, a exemplo dos crimes contra a honra e estelionato, bem como, para os concursos mais dogmáticos, a exemplo do MPPR, MPMG e MPGO, conhecer conceitos como imputação alternativa e denúncia geral.

11.2 CONCEITO

A ação penal é o instrumento processual por meio do qual o titular da ação penal submete ao Estado a pretensão de resolução de um conflito que envolve a aplicação do Direito Penal.

Assume a **vertente positiva** quando pretende a imposição de uma sanção a alguém pela prática de um fato típico, ilícito e culpável. Reveste-se da **vertente negativa** quando se busca o arquivamento das peças de investigação em casos sujeitos à reserva de jurisdição ou quando se almeja a homologação de um acordo impeditivo da deflagração do processo penal acusatório.

A expressiva maioria da doutrina trata a ação penal somente sob a perspectiva positiva, olvidando-se que o arquivamento do inquérito policial, quando realizado na Justiça, é também uma manifestação do exercício do direito de ação, assim como o acordo de não persecução penal e a transação penal.

Assim, o *parquet*, ao promover o arquivamento dos autos perante o Judiciário, exerce o direito de ação ao manifestar a falta de interesse de agir estatal e pleitear que o magistrado exerça a jurisdição declarando, por exemplo, extinta a punibilidade do agente. Mesmo para quem defende que o arquivamento, a exemplo de nós, é um ato meramente administrativo por parte do magistrado, o é porque detém o poder da jurisdição e não se pode negar a existência de uma pretensão estatal que demanda declaração para que produza efeitos. Efeitos, aliás, que não se restringem à mera esfera do suposto fato criminoso, vez que podem atingir, por exemplo, direitos de terceiros, como a reparação do dano à vítima.

De igual sorte, o juiz, ao homologar a transação penal ou o acordo de não persecução penal, por exemplo, exerce também a tutela jurisdicional que, diga-se, só pode ocorrer mediante provocação. A essa provocação, atribui-se o nome de ação, ação de natureza penal.

11.3 CONDIÇÕES DA AÇÃO

Para que o direito de ação seja exercido de forma regular, ainda que essa seja dotada da característica da abstração, isto é, seu manejo não se vincula ao resultado, deve a ação satisfazer certas condições legalmente previstas, indiretamente, pelo art. 395 do CPP, que assinala que a denúncia será rejeitada quando for manifestamente inepta, faltar pressuposto processual ou condição para o exercício da ação penal ou faltar-lhe justa causa.

11.3.1 Possibilidade jurídica do pedido

A condição, no processo penal, é restrita à questão da tipicidade formal. Analisa-se tão somente se o fato imputado na denúncia ou queixa subsome-se a algum tipo penal. Não importam as provas e as circunstâncias do fato, matérias de mérito, mas apenas que a imputação formulada encontre respaldo em alguma norma penal incriminadora. Parte da doutrina sustenta que a ausência de decisão final do procedimento administrativo de lançamento nos crimes materiais contra a ordem tributária e a denúncia contra menor de 18 anos são exemplos de falta de possibilidade jurídica do pedido. Não obstante a transversalidade dos temas, entendemos que a questão relacionada ao lançamento do crédito tributário afasta o interesse jurídico de agir e a relacionada à denúncia contra menor de 18 anos é afeta à legitimidade, pois o menor é parte ilegítima para figurar no polo passivo da demanda.

Parcela da doutrina, com arrimo no novo CPC, sustenta que a condição não mais existe no processo penal, pois o acusado se defende dos fatos e não do pedido. BRASILEIRO[1] (2020, p. 299), por exemplo, aduz que:

> A transposição da possibilidade jurídica do pedido como condição da ação penal ignora, por completo, uma premissa básica do processo penal, segundo a qual o *pedido* é de todo irrelevante numa ação penal condenatória, já que o acusado defende-se dos fatos que lhe

1. *op.cit.*

> são imputados, pouco importando o pedido formulado pelo acusador. Exemplificando, ainda que conste da peça acusatória o pedido de imposição de uma pena vedada pelo ordenamento jurídico, a exemplo da pena de morte para crime comum (CF, art. 5º, XLVII, "a"), tal vício não terá o condão de ensejar a rejeição da peça acusatória.

Não discordamos do entendimento de Brasileiro, vez que coerente com a perspectiva trazida pelo novo CPC. Contudo, conforme assinalamos, entendemos que a possibilidade jurídica do pedido persiste enquanto afeta à tipicidade, sendo o pedido, de fato, irrelevante quando analisado sob a perspectiva material. Ocorre que, no recebimento da denúncia, o magistrado deverá analisar as condições da ação sob a perspectiva processual, dissociando-se dos fatos, de forma que o pedido, nesse particular processual, parece-nos relevante. Isso porque a imputação, por exemplo, de subtração de coisa própria para si, é um irrelevante penal. Irrelevante porquanto o crime de furto pressupõe que a coisa seja alheia. Logo, temos que o pedido de condenação, sob a perspectiva processual, é impossível, pois ainda que ao magistrado seja facultada a aplicação da *emendatio* e *mutatio libelli* (arts. 383 e 384 do CPP, respectivamente), não o poderá fazê-lo nesse caso porque o processo sequer deve ser iniciado.

Assim como os estratos do delito devem ser analisados sequencialmente – tipicidade, ilicitude e culpabilidade – as condições da ação também seguem uma lógica sequencial. O exemplo, por nós dado, poderia ser atacado também pela falta de interesse de agir, mas nos parece desnecessário buscar normativamente o interesse de agir estatal diante de uma flagrante hipótese de pedido processualmente impossível, o próprio pedido de recebimento da inicial acusatória, antecedente ao pedido de condenação.

De igual forma, apesar de entendermos que o debate carece de maior utilidade prática, vale destacar que os defensores do afastamento da possibilidade jurídica do pedido sustentam que, no processo civil, a decisão que extingue o processo por ausência de pedido juridicamente possível dá ensejo a uma sentença terminativa por carência de ação (art. 485, VI, CPC) e, portanto, não faz coisa julgada. E, de fato, no processo penal também não faz coisa julgada quando se analisa a tipicidade formal.

Sob a luz do Direito Penal, a tipicidade formal é a mera subsunção da conduta a um fato típico, desprovida de qualquer análise material. Então, se o promotor de justiça oferece a denúncia por fato atípico, subtrair para si coisa própria móvel, por exemplo, essa decisão não faz coisa julgada, tanto que a exceção de coisa julgada, prevista nos artigos 95, V e 110, §2º do CPP, pressupõe o recebimento da denúncia, vez que oposta como matéria defensiva. E, se sua oposição só pode ser realizada após o recebimento da inicial, há que se pressupor que presente a possibilidade jurídica como uma das condições da ação, pois sequer chegaríamos ao estágio de deflagração da defesa com o recebimento da denúncia.

Vale destacar que nos casos de não recebimento da denúncia por atipicidade material, com lastro, por exemplo, no princípio da insignificância, há coisa julgada material porquanto o magistrado adentra no mérito da imputação.

11.3.2 Legitimidade das partes

A condição liga-se ao aspecto subjetivo do processo. Perquire se o autor detém autorização estatal para o manejo da ação e se o agente reúne as características necessárias para ser réu. Sua vertente ativa não é de difícil perquirição, pois as ações de iniciativa pública são de titularidade do Ministério Público por força constitucional (art. 129, I da CF), ao passo que as ações penais públicas de iniciativa privada foram conferidas à vítima, representante legal ou seus sucessores. Por outro lado, a legitimidade passiva analisa se o agente a quem se imputa o fato criminoso reúne as condições legais e mínimas para responder aos termos do processo. Afasta-se, nessa condição, por exemplo, a imputação de fato típico e ilícito a um inimputável menor de dezoito anos.

Atualmente não existem mais dúvidas quanto à legitimidade da pessoa jurídica para figurar tanto no polo ativo como passivo da demanda, vez que, podendo ser sujeito ativo de delito (crimes ambientais), poderá figurar como ré no processo. De igual modo, reunindo a capacidade de ser vítima[2], pode, nos crimes de ação penal privada, mover a ação penal privada e, ainda, nas ações penais públicas, ser autora de queixa subsidiária caso o Ministério Público se omita quanto ao oferecimento da denúncia (art. 29 do CPP).

Registre-se, por oportuno, que a anterior discussão atinente à aplicação da **teoria da dupla imputação ou sistema paralelo de imputação**, que pressupunha a necessidade da propositura da ação penal contra a pessoa jurídica e administrador, foi afastada pelos Tribunais Superiores, conforme se infere da decisão abaixo colacionada:

> Conforme orientação da 1ª Turma do STF, "O art. 225, § 3º, da Constituição Federal não condiciona a responsabilização penal da pessoa jurídica por crimes ambientais à simultânea persecução penal da pessoa física em tese responsável no âmbito da empresa. A norma constitucional não impõe a necessária dupla imputação." (RE 548181, Relatora Min. ROSA WEBER, Primeira Turma, julgado em 6/8/2013, acórdão eletrônico DJe-213, divulg. 29/10/2014, public. 30/10/2014). 2. Tem-se, assim, que é possível a responsabilização penal da pessoa jurídica por delitos ambientais independentemente da responsabilização concomitante da pessoa física que agia em seu nome. Precedentes desta Corte. 3. A personalidade fictícia atribuída à pessoa jurídica não pode servir de artifício para a prática de condutas espúrias por parte das pessoas naturais responsáveis pela sua condução. 4. Recurso ordinário a que se nega provimento. (RMS 39.173/BA, Rel. Ministro REYNALDO SOARES DA FONSECA, QUINTA TURMA, julgado em 06/08/2015, DJe 13/08/2015).

11.3.2.1 Legitimidade ordinária e extraordinária

A regra no processo penal, acompanhando o processo civil (art. 18 do CPC), é que a alegação do direito só poderá ser realizada pelo seu titular em nome e interesse próprio. Trata-se da hipótese de **legitimação ordinária**, conferida no processo penal ao Ministério Público nos termos do art. 129, I da Constituição Federal[3]. Logo, ainda que órgão independente, o Ministério Público é órgão do Estado, de forma que sua legitimidade é ordinária.

A **legitimidade extraordinária**, ao contrário, verifica-se quando alguém pleiteia, em nome próprio, direito alheio, consoante se verifica nas ações penais privadas, nas quais o ofendido ou representante legal a move em nome próprio, mas defendendo interesse alheio, o *ius puniendi* estatal.

O Código de Defesa do Consumidor (CDC) nos traz uma interessante situação de "**legitimação extraordinariamente extraordinária**", se é que podemos assim nomeá-la,

---

2. Crime de difamação, por exemplo.
3. Art. 129. São funções institucionais do Ministério Público: I - promover, privativamente, a ação penal pública, na forma da lei.

porquanto o adjetivo extraordinário já contempla a fuga da regra. Os arts. 80 c/c art. 82, III da Lei 8.078/90, conferem legitimidade às entidades e órgãos da Administração Pública, direta ou indireta, **ainda que sem personalidade jurídica**, especificamente destinados à defesa dos interesses e direitos protegidos pelo CDC, para que possam, nos crimes previstos no CDC, bem como a outros crimes e contravenções que envolvam relações de consumo, propor ação penal subsidiária, se a denúncia não for oferecida no prazo legal. Temos, portanto, a hipótese em que um legitimado extraordinário, que atua em substituição processual, poder, eventualmente, substituir o legitimado ordinário (MP) na tutela penal relacionada às relações de consumo, caracterizando a "legitimação extraordinariamente extraordinária".

Parte da doutrina ainda cita a legitimidade do Ministério Público nas ações civis *ex delicto* (art. 68 do CPP) como exemplo de legitimidade extraordinária, ainda que reconhecida inconstitucionalidade progressiva do dispositivo pelo STF e STJ em diversas oportunidades:

> Reparação de danos. Ação indenizatória 'ex delicto'. Legitimidade do Ministério Público para intentá-la na qualidade de substituto processual. Art. 68 do CPP. Inconstitucionalidade progressiva reconhecida pelo C. STF. Não implementada ainda a defensoria pública no estado de origem, admite-se a legitimidade do Ministério Público para propor a ação civil ex delicto, nos termos do art. 68 do CPP. Precedentes da Eg. Quarta Turma. Recurso especial conhecido e provido" (STJ, REsp 94070/SP; REsp 1996/0025077-4, Rel. Min. Barros Monteiro, j. 1-4-1997, 4ª Turma).

Assim, todavia, não entendemos, vez que há, no caso, mera representação processual, pois a vítima pode, perfeitamente, ser assistida por advogado ou pela própria Defensoria Pública, sem necessitar da representação processual do órgão ministerial. Ademais, a declaração de inconstitucionalidade progressiva do art. 68 do CPP reforça a compreensão de que se trata de mera representação processual, pois se fosse substituição processual, não haveria razão para se declarar a inconstitucionalidade do dispositivo e afastar a legitimidade do *parquet*.

11.3.3 Interesse de agir

O interesse de agir no processo penal decorre expressamente da Constituição Federal, que dispõe, no art. 5º, LIV, que "ninguém será privado da sua liberdade ou de seus bens sem o devido processo legal". O Estado, para exercer o *ius puniendi*, precisa, necessariamente, de se valer da ação penal, pois não pode impor a pena sem que essa seja amparada por um procedimento contraditório e sujeito à ampla defesa. Revela-se, nesse aspecto, o elemento da necessidade do interesse de agir.

De igual sorte, a movimentação da máquina estatal precisa revelar-se útil, isto é, que a sentença a ser proferida ao final caminhe nos fins da concretização do direito estatal. Logo, o interesse revela a **necessidade e a utilidade** do processo. A prescrição, por exemplo, atinge diretamente o interesse de agir, vez que ataca o direito de punir, evidenciando a desnecessidade e falta de utilidade do processo.

Não basta, contudo, a demonstração da necessidade e utilidade, porquanto se exige também a adequação da via eleita, isto é, o autor deve movimentar o Judiciário de forma própria. Assim, o "querelante" que oferece representação, tratando-a como queixa-crime, não cumpre o elemento adequação processual.

11.3.4 Justa causa para ação penal

Consagrada por Afrânio Silva Jardim, a justa causa foi erigida à condição de ação penal no art. 395, III, do CPP, não obstante ter sido destacada do inciso II do mesmo dispositivo[4]. Pressupõe a condição que o exercício do direito ação exige um suporte mínimo probatório a lastrear a imputação, isto é, que a denúncia ou queixa seja acompanhada de elementos hábeis a fundamentar os fatos alegados, revelando o *fumus comissi delicti*, que se caracteriza pela plausibilidade da acusação.

Normalmente, o fundamento da denúncia decorre do inquérito policial, nada impedindo, entretanto, que advenha de outras fontes investigativas como o PIC. Visa, portanto, evidenciar, para o magistrado, que não se trata de denúncia temerária, sem qualquer sustentação quanto à autoria ou materialidade.

11.3.4.1 Justa causa duplicada

A justa causa duplicada é um fenômeno processual verificado nos chamados **crimes de fusão, acessórios ou parasitários**, que dependem, para sua configuração, da ocorrência de uma infração penal antecedente.

À guisa de exemplo, os crimes de receptação (art. 180 do CP) e de lavagem de capitais (art. 1º da Lei 9.613/98) exigem, para sua caracterização, a ocorrência de crime anterior, na receptação, e infração penal anterior na lavagem de capitais. Partem, dessa forma, da necessidade da ocorrência de um evento típico e ilícito prévio a justificar o enquadramento típico.

E, nesse sentido, doutrinariamente fala-se em justa causa duplicada[5], pois a ação penal deve trazer elementos mínimos comprobatórios da ocorrência de um injusto penal antecedente. Não se exige, contudo, condenação ou mesmo julgamento do fato anterior, de forma que basta o apontamento com elementos mínimos de prova de sua ocorrência.

11.3.5 Condições específicas da ação penal

Além das condições genéricas acima vistas, há situações no processo penal nas quais o legislador exige condições específicas ou de procedibilidade para a ação penal, sendo que sua ausência macula o processo na origem. Vários são os casos previstos na legislação processual:

a) representação do ofendido: a condição é exigida nos crimes de ação penal pública condicionados à representação, a exemplo dos crimes de ameaça (147, §2º, CP) e lesões corporais leves (art. 129, *caput*, c/c art. 88 da Lei 90.99/95)[6].

b) requisição do Ministro da Justiça: é exigida, por exemplo, nos crimes a honra do Presidente da República (art. 145, p. único do CP), condicionados à requisição do Ministro da Justiça.

c) rescisão do acordo de não persecução penal: prevista no ar. 28-A, §10, do CPP, condiciona o oferecimento da denúncia à prévia rescisão do ANPP.

---

4. Art. 395. A denúncia ou queixa será rejeitada quando: I - for manifestamente inepta; II - faltar pressuposto processual ou condição para o exercício da ação penal; ou III - faltar justa causa para o exercício da ação penal.

5. No mesmo sentido, trabalha-se com a chamada justa causa triplicada nos crimes de lavagem sucessiva de capitais, vez que deverá ser demonstrada a justa causa da lavagem objeto do processo (1), que por sua vez pressupõe a demonstração da justa causa da lavagem anterior (2) e, ainda, a justa causa do crime antecedente à primeira lavagem (3).

6. As hipóteses de representação, requisição do Ministro da Justiça e ANPP serão melhor estudadas em tópicos próprios, na sequência.

d) laudo pericial nos crimes contra a propriedade imaterial: segundo o art. 525 do CPP, nas infrações penais contra a propriedade imaterial que deixam vestígios a ação penal não será recebida se não for instruída com o laudo pericial que caracterize o corpo de delito.

e) autorização da Câmara dos Deputados, por dois terços de seus membros, para instauração de processo contra ao Presidente e Vice-Presidente da República e os Ministros de Estado (art. 51, inc. I, CF).

f) trânsito em julgado da sentença que, por motivo de erro ou impedimento, anule o casamento.

BRASILEIRO[7] (2020, p. 308) ainda traz como exemplos o surgimento de novas provas quando inquérito tiver sido arquivamento com lastro na ausência de elementos probatórios e o surgimento de novas provas após a preclusão da decisão de impronúncia como hipóteses de condições de procedibilidade. Não obstante compreensível a lógica dos exemplos, entendemos que as situações expostas se distinguem das demais, porquanto não são passíveis de avaliação formal, dependendo de análise de conteúdo meritório.

Naturalmente, as situações não deixam de ser condicionantes, conforme se verifica do teor da súmula 524 do STF[8] e ar. 414, p. único, do CPP[9]. Por essa razão distinguimos as **condições de procedibilidade de aspecto formal**, passíveis de análise sem apreciação do mérito, das **condições de procedibilidade de aspecto material**, que demandam análise meritória por parte do magistrado, dentro das quais incluímos as hipóteses da súmula 524 do STF e do art. 414, p. único, do CPP.

11.3.6 Condições de prosseguibilidade

As condições de prosseguibilidade não se confundem com as condições da ação ou condições de procedibilidade, vez que atingem o processo já em concurso e tão somente condicionam a continuidade da marcha processual.

A legislação processual nos traz várias hipóteses de condições de prosseguibilidade. O art. 366 do CPP assinala que "se o acusado, citado por edital, não comparecer, nem constituir advogado, ficarão suspensos o processo e o curso do prazo prescricional, podendo o juiz determinar a produção antecipada das provas consideradas urgentes e, se for o caso, decretar prisão preventiva, nos termos do disposto no art. 312". Verifica-se, nitidamente, que uma vez suspenso o processo pelos motivos expostos no dispositivo, a marcha processual só poderá ser retomada quando o acusado citado por edital comparecer no processo por meio de constituição de advogado, comparecimento espontâneo na secretaria do juízo ou for preso, afastando a hipótese de desconhecimento da acusação.

No mesmo sentido é o art. 152, *caput*, do CPP, que trata da hipótese de superveniência de doença mental à infração penal, que impõe a suspensão do processo até que o acusado se restabeleça, gerando a chamada **crise de instância**.

Fenômeno interessante ocorreu com a entrada em vigor da Lei 9.099/95, que passou a prever a representação para os delitos de lesões corporais leves e culposas. Conforme vimos acima, o art. 88 da referida lei assinalou a necessidade de representação, funcionando essa, para os delitos praticados após a entrada em vigor da lei, como **condição de procedibilidade**. Entretanto, o art. 91 da lei dispôs que "nos casos em que esta Lei passa a exigir representação para a propositura da ação penal pública, o ofendido ou seu

7. *op. cit.*

8. Arquivado o inquérito policial, por despacho do juiz, a requerimento do promotor de justiça, não pode a ação penal ser iniciada, sem novas provas.

9. Enquanto não ocorrer a extinção da punibilidade, poderá ser formulada nova denúncia ou queixa se houver prova nova.

representante legal será intimado para oferecê-la no prazo de trinta dias, sob pena de decadência", criando uma verdadeira hipótese de **decadência temporária**. Percebe-se, portanto, que o legislador construiu uma suspensão processual indireta ao passar a exigir uma **condição de prosseguibilidade** para ação penal, qual seja, a representação do ofendido ou seu representante legal no prazo de trinta dias, sendo que o prazo ordinário da representação, previsto no art. 38 do CPP, é de seis meses. Logo, temos que a mesma situação pode funcionar como condição de procedibilidade e condição de prosseguibilidade.

11.3.7 Condições objetivas de punibilidade e escusas absolutórias

Conforme destacamos em nosso Direito Penal, Parte Geral, as condições objetivas de punibilidade são elementos que condicionam de forma positiva a estruturação e a caracterização da punibilidade, tratada, segundo CEREZO MIR[10] (1998, p. 20) como um instituto residual e alheio à estrutura do delito. Destarte, o delito revela-se como um fenômeno independentemente da existência de uma condição objetiva de punibilidade, que somente interfere na aplicação da lei penal e, consequentemente, da pena. Nesse particular, é importante destacar que as chamadas condições objetivas de punibilidade e escusas absolutórias, apesar de serem fenômenos materiais, interferem no aspecto processual.

Entre nós, PRADO[11] (2004, p. 580) assevera que:

> A presença ou não das condições de punibilidade é indiferente para a consumação do crime. Consuma-se, pois, o delito independentemente do advento da condição. Todavia, não se verificando a condição objetiva de punibilidade, o delito não será punível, nem sequer como tentado. Como decorrência lógica, tampouco a participação poderá ser punida, em razão da não satisfação da condição de punibilidade exigível pelo delito.

Nesse contexto, entendemos, por exemplo, que as condições previstas nas alíneas "b" (ser o fato punível também no país em que foi praticado) e "c" (estar o crime incluído entre aqueles pelos quais a lei brasileira autoriza a extradição), previstas no art. 7º, §2º do CP, são condições objetivas de punibilidade, pois sua verificação é realizada em abstrato e com fundamento estritamente no Direito positivado, ligando-se apenas à punibilidade do crime, sem qualquer interferência na configuração do delito.

Segundo JIMÉNEZ DE ASÚA[12] (1954, p. 455), havendo exigência de reciprocidade para castigar certos delitos que afetam outro Estado, estaríamos de diante de uma autêntica condição objetiva de punibilidade.

No que toca às demais condições, previstas nas alíneas "d" e "e", faz-se necessário realizarmos um recorte doutrinário de aprofundamento para estabelecer a distinção entre as condições objetivas de punibilidade e as escusas absolutórias.

As chamadas escusas absolutórias, condições objetivas de punibilidade negativamente consideradas ou causas pessoais de exclusão da pena, não deixam de ser condições de punibilidade do delito, ainda que com um viés negativo, conforme ensinamento de SOLER[13] (1992, p. 198/199).

Segundo PRADO[14] (2004, p. 582), sua existência não interfere na estruturação do crime. Somente a possibilidade de aplicação da pena é sobrestada por considerações político-criminais.

---

10. CEREZO MIR, José. **Curso de Derecho Penal Español**. T. II. Parte General. 6ª ed. Madrid: Tecnos, 1998.
11. PRADO, Luiz Régis. **Curso de Direito Penal Brasileiro**: Vol. 1. 4ª Ed., São Paulo: Revista dos Tribunais, 2004
12. JIMÉNEZ DE ASÚA, Luis. **La Ley y el Delito**: Principios de Derecho Penal. México-Buenos Aires: Ed. Hermes, 1954.
13. SOLER, Sebastián. **Derecho Penal argentino**: T. II: Buenos Aires: TEA, 1992
14. *op. cit.*

Não obstante o Código Penal brasileiro utilizar a expressão "escusa absolutória", de origem francesa, entendemos, na mesma linha da doutrina alemã, que a expressão é confusa e desprovida de técnica.

A doutrina alemã a substituiu pelas expressões *causas de exclusão da pena* (Strafausschliessungsgründe) e *causas de cancelamento ou afastamento da pena* (Strafaufhebungsgründe). A primeira deve ser verificada concomitantemente à prática do delito, ao passo que a segunda após sua consumação, sendo de interesse para nós, no momento, apenas as causas de levantamento ou afastamento da pena.

De acordo com FARALDO CABANA[15] (2000. p. 45), as causas de levantamento ou afastamento da pena incidem após a consumação do delito. São hipóteses de comportamentos pós-delitivos que ab-rogam uma punibilidade existente, impedindo a aplicação da pena. Por essa perspectiva, todas condutas posteriores praticadas pelo agente que sejam capazes de afastar a punibilidade são causas de afastamento da pena.

Ocorre que há situações em que a conduta posterior do agente é indiferente para caracterização da punibilidade, porquanto podem advir de situações externas. Nesse sentido, as hipóteses previstas nas alíneas "d" e "e", §2º, art. 7º do CP, referem-se a circunstâncias estritamente pessoais que, sendo verificadas, afastam a aplicação da lei penal brasileira. Percebam que as normas referidas diretamente atacaram a punibilidade, referindo-se expressamente *às causas de extinção da punibilidade, a absolvição e ao princípio do ne bis in idem*. Estabeleceu, portanto, *causas pessoais de não aplicação da lei brasileira* a crimes cometidos no exterior.

A distinção é importante, não somente por questões doutrinárias, mas em razão de seus efeitos práticos. Sendo tratadas como hipóteses de *condições objetivas de punibilidade*, como sustenta parte da doutrina, teríamos um problema estrutural sem solução de cunho prático-jurídico no que concerne ao concurso de agentes, pois sendo *objetivas*, segundo MIR[16] (2001, p. 281), *comunicar-se-iam aos coautores e partícipes*, ao passo que as causas pessoais de afastamento da pena não se comunicariam automaticamente aos coautores e partícipes por reunirem o caráter pessoal.

Assim, ao se tratar as hipóteses previstas nas alíneas "d" e "e" do §2º do art. 7º do Código Penal como condições objetivas de punibilidade, por coerência sistêmica à teoria, dever-se-ia estender os efeitos da absolvição, cumprimento de pena ou extinção da punibilidade aos demais agentes, conclusão evidentemente contrária à *mens legis*.

Outro argumento que pode ser trazido ao debate envolve a prescrição dos delitos praticados no exterior. Segundo MESTIERI[17]:

> O termo inicial da prescrição nos delitos de punibilidade condicionada, porém, não começa a correr a partir do dia em que o crime se consumou (art. 111, I, CP), mas sim com o implemento da condição objetiva. E isso porque, sendo a prescrição causa extintiva da punibilidade, uma vez não configurada esta não há falar em extinção.

Destarte, entendemos que as hipóteses previstas nas alíneas "d" e "e" do §2º do art. 7º do Código Penal devem ser compreendidas como condições pessoais ou subjetivas de punibilidade e não como condições objetivas de punibilidade, em paralelo com as causas pessoais de exclusão da pena do Direito Penal alemão.

---

15. FARALDO CABANA, Patrícia. **Las causas de levantamiento de la pena**. Valencia: Tirant lo Blanch, 2000.
16. CEREZO MIR, José. **Curso de Derecho Penal Español**: Parte General, T.III. Madrid: Tecnos, 2001.
17. MESTIERI, João. **Teoria Elementar do Direito Criminal**: Parte Geral. Rio de janeiro: Edição do Autor, 1990 *apud* PRADO, *op. cit.*, p.580.

Por sua vez, no que toca à entrada do agente em território nacional, compactuamos com o posicionamento majoritário de que se trata de condição de procedibilidade.

A interferência no aspecto processual deriva do fato de que, não verificadas as condições objetivas de punibilidade, apesar de seu aspecto material, sua ausência ataca diretamente o a condição da ação do interesse de agir de estatal, de sorte que o processo sequer deve ser iniciado. No âmbito das chamadas escusas absolutórias, as quais preferimos chamá-las de *causas de exclusão da pena* e *causas de cancelamento ou afastamento da pena*, há, igualmente, o ataque ao interesse de agir estatal.

Logo, para nós, temos que as referidas condições, apesar de materiais, atacam **o interesse de agir estatal**, devendo ser concebidas como **fenômenos materiais com repercussões processuais no âmbito das condições da ação**, a exemplo da própria prescrição, concebida pela doutrina processual como afastadora do interesse agir, sem que contudo, exista o mesmo tratamento processual, e da constituição definitiva do crédito tributário nos crimes tributários materiais, *ex vi* o teor da SV 24 do STF: "não se tipifica crime material contra a ordem tributária, previsto no art. 1º, incisos I a IV, da Lei nº 8.137/90, antes do lançamento definitivo do tributo".

11.4 PRINCÍPIOS GERAIS APLICÁVEIS A TODAS AS ESPÉCIES DE AÇÕES CONDENATÓRIAS

Do princípio da inércia da jurisdição e do sistema acusatório derivam **o princípio do *ne procedat iudex ex officio*[18]**, conhecido por **princípio da iniciativa das parte**. Em síntese, dispõe que a propositura da ação penal é imprescindível para deflagração do processo penal, afastando qualquer hipótese de procedimentos judicialiforme, isto é, aqueles iniciados por pessoas não afetas ao processo penal, consoante se verificava na redação anterior dos artigos 26 e 532 do CPP.

Outro princípio de cunho geral é o do ***ne bis in idem***, que impede que a pessoa seja processada duas ou mais vezes pelo mesmo fato já apreciado ou em apreciação pelo Poder Judiciário. Conhecido no direito norte-americano por ***double jeopardy***, o princípio ataca, por meio da chamada exceção de litispendência - fenômeno que pressupõe e imputação do mesmo fato contra a mesma pessoa por múltiplas vezes - o prosseguimento do segundo processo conforme veremos mais adiante. De igual forma, o princípio incide por meio da exceção coisa julgada - fenômeno processual que impede a propositura de nova ação - de sorte a impedir que o agente seja submetido a processo idêntico ao qual já foi responsabilizado ou absolvido[19].

O **princípio da intranscendência**, por sua vez, assevera que a ação penal e suas consequências não podem passar da pessoa do autor da infração penal, isto é, se a pena não pode passar da pessoa do condenado, nos termos do art. 5º, XLV da CF, a ação penal, por via de consequência, não pode atingir aquele senão o autor da infração penal. Por consectário lógico do princípio da responsabilidade subjetiva do Direito Penal, o princípio da intranscendência afasta, por exemplo, ações penais movidas contra os herdeiros do condenado falecido, nada impedindo, todavia, a propositura de ação contra o espólio para fins de reparação do dano, limitada ao patrimônio deixado pelo *de cujus* (art. 1.997 do CC).

18. O princípio não consta expressamente da Constituição Federal, mas consta do art. 8º, 4, do Dec. 678/92, que promoveu o ingresso da Convenção Americana sobre Direitos Humanos no sistema jurídico pátrio.

19. Veremos outros detalhes no estudo das exceções mencionadas.

O **princípio da suficiência** da ação dispõe que, como regra, a ação penal, salvo nos casos de questão prejudicial ligada ao estado das pessoas, é suficiente para solucionar todas as questões relacionados ao crime, ainda que prejudiciais, de forma que não se faz necessário aguardar a soluções dessas questões no juízo cível (art. 93 e parágrafos do Código de Processo Penal).

11.5 CLASSIFICAÇÕES PECULIARES DA AÇÃO PENAL

Assim como no processo civil, o processo penal possui ações de conhecimento, cautelares e de execução. No âmbito das ações de conhecimento, temos as ações constitutivas, declaratórias e condenatórias, que veremos na sequência de forma pormenorizada. Na esfera das ações cautelares, não obstante parte da doutrina entender pela sua inadmissibilidade no processo penal, sustentamos sua possibilidade na esfera das medidas assecuratórias previstas no CPP e legislação especial, a exemplo das Leis de Drogas, Lavagem de Capitais e Lei de Organizações Criminosas, que veremos oportunamente no capítulo provas e medidas assecuratórias. Por fim, dúvidas não existem quanto às ações executivas no processo penal, representadas pelos processos de execução de pena.

11.5.1 Ação penal positiva e negativa

No contexto das ações de conhecimento, sustentamos a necessidade de uma subdivisão entre ações penais positivas e negativas, sendo que, sob a perspectiva positiva, há ainda a necessidade de outra subdivisão, entre ações com viés condenatório (modelo clássico de jurisdição contenciosa) e ações consensuais, típicas de jurisdição voluntária.

Chamamos de **ações penais negativas** aquelas que, objetivamente, provocam o Poder Judiciário visando a obtenção de uma decisão que firme a ausência do interesse jurídico estatal. Consoante vimos no estudo do inquérito policial, com a decisão do STF nas ADIs 6.398, 6.399, 6.300 e 6.305, há casos (extinção de punibilidade), em que o inquérito deverá ser arquivado na Justiça.

Assim, partindo dessa premissa, a qual, se afastada, nega o ponto de partida das ações penais negativas, temos que o arquivamento do inquérito policial em juízo caracteriza verdadeira ação penal negativa, pois é o Estado dizendo para o próprio Estado-Juiz que não precisa da tutela jurisdicional positiva por ausência de interesse de agir. E como nos casos de extinção de punibilidade o inquérito não pode ser arquivado internamente pelo Ministério Público, levando-se em consideração a nova compreensão quanto ao art. 28 do CPP, obrigatoriamente deverá propor a ação penal – arquivamento do inquérito policial ou PIC – visando o encerramento da fase investigativa.

Se o juiz é chamado a decidir, só poderá fazê-lo no exercício da jurisdição. E, portanto, em razão do princípio da inércia dessa, igualmente **só poderá fazê-lo diante de uma ação penal**, seja ela de cunho homologatório ou de caráter judicial com caráter meramente administrativo, como o arquivamento.

Não conceber a promoção de arquivamento perante o magistrado como ação penal equivale a admitir que o juiz poderá ser chamado a decidir em instrumento diverso da ação penal, contrariando o art. 2º do CPC, que assinala que o processo começa por iniciativa das partes, e o art. 19, inc. I, do CPC, que prevê, no título da Jurisdição e da Ação, que o interesse do autor pode limitar-se à declaração da inexistência de uma relação jurídica.

11.5.2 Ações penais homologatórias

Do mesmo modo, mas sob fundamento diverso, há no processo penal as **ações penais constitutivas de natureza homologatória** decorrentes de acordos de não persecução penal, composições dos danos civis e transações penais, via de regra realizados de forma preliminar ao processo.

É fato que nesses institutos, o Ministério Público entabula acordo com o investigado e, após acertar os seus termos, submete o pacto para análise da legalidade e homologação pelo magistrado. A composição dos danos civis tem sua previsão no art. 74 da Lei 9.099/95 e a necessidade de homologação no *caput* do mesmo artigo, sendo admitida também nas ações penais privadas na forma parágrafo único do dispositivo, sendo que, nesse caso, deverá ser realizada pelo legitimado para a ação penal.

A transação penal, por sua vez, foi prevista no art. 76 da Lei 9.099/95, e prevê, igualmente, a homologação judicial conforme se infere dos §§ 3º, 4º e 5º. O ANPP, previsto no art. 28-A do CPP, segue a mesma lógica, exigindo sua homologação judicial no §6º.

Percebam que em todos os casos o legislador exigiu a homologação judicial. Diante desse fato, indagamos: pode o magistrado homologar algum acordo em procedimento processual penal diverso da ação penal? Entendemos que não, pois a jurisdição só pode atuar quando provocada e sua provocação ocorre, no processo penal, por meio da ação penal, seja ela de qualquer natureza. Assim, entendemos que a **submissão de acordo realizados em institutos despenalizantes revelam-se verdadeira ação penal**, haja vista que o exercício da jurisdição pressupõe a propositura de ação penal.

11.5.3 Classificação geral das ações penais condenatórias

Toda ação penal é pública, vez que exercida sob o pálio do *ius puniendi* estatal. A ação penal condenatória é aquela que revela uma pretensão estatal de imposição de pena ou medida de segurança, que submete ao Estado-Juiz uma demanda que imputa a prática de um fato típico, ilícito e culpável a alguém.

Divide-se em duas grandes modalidades: a) ação penal de iniciativa pública; e b) ação penal pública de iniciativa privada.

a) ação penal de iniciativa pública: movida pelo Ministério Público, pode ser condicionada ou incondicionada. Será incondicionada quando a lei não impuser qualquer condição específica para seu exercício. Será condicionada quando a lei contiver previsão de situações especiais para seu exercício, como a representação do ofendido ou a requisição do Ministro da Justiça, entre outras.

b) ação penal pública de iniciativa privada: movida pela vítima, representante legal ou seus sucessores. Pode ser personalíssima, quando somente o ofendido detém legitimidade, subsidiária da pública, quando decorrente de inércia do *parquet*, ou privada propriamente dita.

Vejamos as espécies separadamente, em macrotópicos próprios.

11.6 AÇÃO PENAL DE INICIATIVA PÚBLICA

De acordo com o art. 129, I, da Constituição da República, é função institucional do Ministério Público promover, **privativamente**, a ação penal pública, na forma da lei.

O art. 100 do Código Penal igualmente dispõe que a ação penal é pública, salvo quando a lei expressamente a declara privativa do ofendido. Do §1º do mesmo dispositivo, extrai-se que "a ação pública é promovida pelo Ministério Público, dependendo, quando a lei o exige, de representação do ofendido ou de requisição do Ministro da Justiça".

A ação penal de iniciativa pública divide-se em incondicionada e condicionada, conforme veremos oportunamente.

11.6.1 Princípios reitores da ação penal de iniciativa pública

A ação penal pública de inciativa pública é disciplinada pelos seguintes princípios:

11.6.1.1 Oficialidade ou autoritariedade

De acordo com o princípio, a persecução penal deve ser realizada por órgãos públicos, oficiais, vez que pressupõe atuação em nome do Estado, detentor do *ius puniendi*.

11.6.1.2 Obrigatoriedade

Presentes os requisitos legais e elementos suficientes para propositura da ação penal – prova da materialidade, indícios suficientes de autoria e satisfação das condições da ação – deve o Ministério Público exercer o direito/dever de ação, não se tratando de mero ato discricionário.

A doutrina majoritária sustenta que o princípio da obrigatoriedade é mitigado pela previsão da transação penal, acordo de não persecução penal e outros institutos.

Apesar de amplamente predominante o entendimento pela adoção do princípio da **obrigatoriedade mitigada**, compreendemos que não há mitigação alguma ao princípio pelos institutos em questão, uma vez que representam **espectros diferentes da ação penal**.

Estando satisfeitas as condições da ação penal e existindo prova da materialidade e indícios suficientes de autoria, o Ministério Público deve agir, seja para oferecer a denúncia ou propor os institutos despenalizantes. **A obrigatoriedade da denúncia pode ser mitigada, mas não da ação penal**.

Existe obrigatoriedade na atuação e, necessariamente, a materialização desse dever demanda a intervenção do Judiciário. Os institutos da transação penal e acordo de não persecução penal, por exemplo, demandam homologação judicial e não nos parece razoável que essa homologação seja realizada em algo distinto de uma ação penal, especialmente porque fundada na prática de fato típico, ilícito e culpável. Logo, há o exercício da ação penal e, portanto, ausência de mitigação ao princípio da obrigatoriedade.

Na mesma linha, a nova roupagem conferida à colaboração premiada pela Lei 13.964/19, ao prever a possibilidade do "perdão ministerial", no §4º do art. 4º da Lei 12.850/13, dispôs que o Ministério Público pode deixar de oferecer a denúncia ao colaborador nas hipóteses legais. A previsão, naturalmente acompanhada da necessidade de sentença homologatória (art. 4º-A, §11), evidencia que, no sistema acusatório, qualquer medida de cunho restritivo ou que produza efeitos aptos a afetar o *ius puniendi* estatal por meio de solução consensual deve passar pelo crivo do Judiciário. E, como o processo começa por iniciativa das partes, não vemos como conceber a homologação de um acordo despenalizador senão por meio de uma ação de natureza penal.

A perspectiva do conceito de ação penal ainda difundida emerge do Código Penal de 1940 e Código de Processo Penal de 1941, época distante dos novos institutos despenalizantes, pelo que é merecedora de uma nova construção.

A doutrina ainda cita as hipóteses de acordo de leniência (arts. 86 e 87 da Lei 12.529/11[20]), o parcelamento do débito tributário (art. 83, §1º da Lei 9.430/96[21]) como

---

20. Art. 86. O Cade, por intermédio da Superintendência-Geral, poderá celebrar acordo de leniência, com a extinção da ação punitiva da administração pública ou a redução de 1 (um) a 2/3 (dois terços) da penalidade aplicável, nos termos deste artigo, com pessoas físicas e jurídicas que forem autoras de infração à ordem econômica, desde que colaborem efetivamente com as investigações e o processo administrativo e que dessa colaboração resulte: I - a identificação dos demais envolvidos na infração; e II - a obtenção de informações e documentos que comprovem a infração noticiada ou sob investigação.
§ 1º O acordo de que trata o *caput* deste artigo somente poderá ser celebrado se preenchidos, cumulativamente, os seguintes requisitos:
I - a empresa seja a primeira a se qualificar com respeito à infração noticiada ou sob investigação;
II - a empresa cesse completamente seu envolvimento na infração noticiada ou sob investigação a partir da data de propositura do acordo;
III - a Superintendência-Geral não disponha de provas suficientes para assegurar a condenação da empresa ou pessoa física por ocasião da propositura do acordo; e
IV - a empresa confesse sua participação no ilícito e coopere plena e permanentemente com as investigações e o processo administrativo, comparecendo, sob suas expensas, sempre que solicitada, a todos os atos processuais, até seu encerramento.
§ 2º Com relação às pessoas físicas, elas poderão celebrar acordos de leniência desde que cumpridos os requisitos II, III e IV do § 1º deste artigo.
§ 3º O acordo de leniência firmado com o Cade, por intermédio da Superintendência-Geral, estipulará as condições necessárias para assegurar a efetividade da colaboração e o resultado útil do processo.
§ 4º Compete ao Tribunal, por ocasião do julgamento do processo administrativo, verificado o cumprimento do acordo: I - decretar a extinção da ação punitiva da administração pública em favor do infrator, nas hipóteses em que a proposta de acordo tiver sido apresentada à Superintendência-Geral sem que essa tivesse conhecimento prévio da infração noticiada; ou II - nas demais hipóteses, reduzir de 1 (um) a 2/3 (dois terços) as penas aplicáveis, observado o disposto no art. 45 desta Lei, devendo ainda considerar na gradação da pena a efetividade da colaboração prestada e a boa-fé do infrator no cumprimento do acordo de leniência.
§ 5º Na hipótese do inciso II do § 4º deste artigo, a pena sobre a qual incidirá o fator redutor não será superior à menor das penas aplicadas aos demais coautores da infração, relativamente aos percentuais fixados para a aplicação das multas de que trata o inciso I do art. 37 desta Lei.
§ 6º Serão estendidos às empresas do mesmo grupo, de fato ou de direito, e aos seus dirigentes, administradores e empregados envolvidos na infração os efeitos do acordo de leniência, desde que o firmem em conjunto, respeitadas as condições impostas.
§ 7º A empresa ou pessoa física que não obtiver, no curso de inquérito ou processo administrativo, habilitação para a celebração do acordo de que trata este artigo, poderá celebrar com a Superintendência-Geral, até a remessa do processo para julgamento, acordo de leniência relacionado a uma outra infração, da qual o Cade não tenha qualquer conhecimento prévio.
§ 8º Na hipótese do § 7º deste artigo, o infrator se beneficiará da redução de 1/3 (um terço) da pena que lhe for aplicável naquele processo, sem prejuízo da obtenção dos benefícios de que trata o inciso I do § 4º deste artigo em relação à nova infração denunciada.
§ 9º Considera-se sigilosa a proposta de acordo de que trata este artigo, salvo no interesse das investigações e do processo administrativo.
§ 10. Não importará em confissão quanto à matéria de fato, nem reconhecimento de ilicitude da conduta analisada, a proposta de acordo de leniência rejeitada, da qual não se fará qualquer divulgação.
§ 11. A aplicação do disposto neste artigo observará as normas a serem editadas pelo Tribunal.
§ 12. Em caso de descumprimento do acordo de leniência, o beneficiário ficará impedido de celebrar novo acordo de leniência pelo prazo de 3 (três) anos, contado da data de seu julgamento.
Art. 87. Nos crimes contra a ordem econômica, tipificados na Lei nº 8.137, de 27 de dezembro de 1990 , e nos demais crimes diretamente relacionados à prática de cartel, tais como os tipificados na Lei nº 8.666, de 21 de junho de 1993, e os tipificados no art. 288 do Decreto-Lei nº 2.848, de 7 de dezembro de 1940 - Código Penal, a celebração de acordo de leniência, nos termos desta Lei, determina a suspensão do curso do prazo prescricional e impede o oferecimento da denúncia com relação ao agente beneficiário da leniência.
Parágrafo único. Cumprido o acordo de leniência pelo agente, extingue-se automaticamente a punibilidade dos crimes a que se refere o *caput* deste artigo.

21. Art. 83. A representação fiscal para fins penais relativa aos crimes contra a ordem tributária previstos nos arts. 1º e 2º da Lei nº 8.137, de 27 de dezembro de 1990, e aos crimes contra a Previdência Social, previstos nos arts. 168-A e 337-A do Decreto-Lei nº 2.848, de 7 de dezembro de 1940 (Código Penal), será encaminhada ao Ministério Público depois de proferida a decisão final, na esfera administrativa, sobre a exigência fiscal do crédito tributário correspondente.

hipóteses de mitigação ao princípio. Assim, contudo, não entendemos, pois em ambos os casos o legislador criou hipóteses materiais de suspensão da prescrição e condições de procedibilidade para a ação penal, não mitigando a obrigatoriedade da ação penal pública, vez que, descumpridos os acordos, o Ministério Público **deverá** promover a ação penal.

A obrigatoriedade da ação penal de iniciativa pública, todavia, não impõe ao Ministério Público o dever de sustentar o pedido de condenação até o final, pois pode, perfeitamente, pleitear a absolvição do acusado no processo.

11.6.1.3 Indivisibilidade

A doutrina diverge sobre o princípio, sendo que parte sustenta sua indivisibilidade e a outra a divisibilidade, sendo que o STF já se manifestou pela aplicação do princípio da divisibilidade[22].

Em nossa compreensão, conforme vimos acima, a ação penal deve ser concebida de forma ampla, não podendo ser confundida com a denúncia. Nesse particular, há que se compreender, portanto, que se houver a compreensão de que a expressão ação penal é sinônimo de denúncia, de fato a ação penal de iniciativa pública será divisível, conforme entendimento do STF. Entretanto, caso se compreenda, como nós, pela amplitude da expressão, a ação penal será, de fato, indivisível.

Independente da opção doutrinária, **não cabe ao Ministério Público escolher quem irá processar**. Estando satisfeitas as condições da ação e presentes os elementos necessários para propositura da denúncia, deve a acusação ofertá-la, indiscriminadamente, contra todos os autores do delito. Decorre a indivisibilidade, portanto, do princípio da obrigatoriedade.

Circunstâncias fáticas e jurídicas podem conduzir à separação do processo, como a celebração de transação penal com um dos agentes, o desmembramento decorrente de suspensão do prazo prescricional por citação editalícia, entre outros. Tais circunstâncias, todavia, não são a regra, de forma que definir, em caráter principiológico, que a ação penal pública é divisível não nos parece o melhor caminho, pois trilha a conclusão de regra.

---

§ 1º Na hipótese de concessão de parcelamento do crédito tributário, a representação fiscal para fins penais somente será encaminhada ao Ministério Público após a exclusão da pessoa física ou jurídica do parcelamento.

§ 2º É suspensa a pretensão punitiva do Estado referente aos crimes previstos no *caput*, durante o período em que a pessoa física ou a pessoa jurídica relacionada com o agente dos aludidos crimes estiver incluída no parcelamento, desde que o pedido de parcelamento tenha sido formalizado antes do recebimento da denúncia criminal.

§ 3º A prescrição criminal não corre durante o período de suspensão da pretensão punitiva.

§ 4º Extingue-se a punibilidade dos crimes referidos no *caput* quando a pessoa física ou a pessoa jurídica relacionada com o agente efetuar o pagamento integral dos débitos oriundos de tributos, inclusive acessórios, que tiverem sido objeto de concessão de parcelamento.

§ 5º O disposto nos §§ 1º a 4º não se aplica nas hipóteses de vedação legal de parcelamento.

§ 6º As disposições contidas no *caput* do art. 34 da Lei nº 9.249, de 26 de dezembro de 1995, aplicam-se aos processos administrativos e aos inquéritos e processos em curso, desde que não recebida a denúncia pela juiz.

22. O Supremo Tribunal Federal tem se posicionado pela divisibilidade da ação penal pública: "Também não procede a alegação de que a ausência de acusação contra dois supostos envolvidos - beneficiados por acordo de delação premiada – conduziria à rejeição da denúncia, por violação ao princípio da indivisibilidade da ação penal. A jurisprudência do Supremo Tribunal Federal é pacífica no sentido da inaplicabilidade de tal princípio à ação penal pública, o que, aliás, se depreende da própria leitura do art. 48 do Código de Processo Penal". Inq. 2.245/MG, rel. Min. Joaquim Barbosa, Tribunal Pleno, j. 28.08.2007

Na realidade, temos, como princípio, a indivisibilidade, pois a essência do princípio reside na imposição ao *parquet* da propositura da ação penal contra todos os envolvidos, no sentido de se buscar o exercício do *ius puniendi* estatal. E, nessa esteira, o uso de instrumentos diversos – denúncia ou ANPP – por exemplo, para solução de um caso que envolve dois agentes, não descaracteriza o fato de que em ambas as hipóteses o *parquet* exercerá o direito de ação, fragmentada, apenas, em instrumentos diversos em razão das particularidades do caso.

A divisibilidade, portanto, é de instrumentos, mas não da ação penal, pois em todas as situações haverá necessidade de análise pelo Poder Judiciário. Logo, há, **na prática**, uma indivisibilidade material e uma divisibilidade processual, segundo a perspectiva que se confere ao princípio.

11.6.1.4 Indisponibilidade

Proposta a ação, não pode dela desistir o Ministério Público. Trata-se da norma do art. 42 do Código de Processo Penal[23], reforçada pela indesistibilidade do recurso interposto (art. 576 do CPP). Pode, contudo, pedir a absolvição sem qualquer impedimento. Não concebemos a propositura da suspensão condicional do processo, como parte da doutrina o faz, como mitigação ao princípio, vez que o acordo celebrado nos termos do art. 89 da Lei dos Juizados Especiais, se cumprido, conduz à declaração da extinção da punibilidade do agente, que deve ser expressamente declarada por sentença. Não se trata de desistência da ação, mas de uma forma consensual de encerramento do processo. O *parquet* não desiste da ação penal, essa é extinta porque o acusado cumpre as condições impostas no curso da própria ação penal.

11.6.1.5 Oficiosidade

Salvo nos casos de ação penal pública condicionada, deve o Ministério Público agir de ofício, isto é, sem necessidade de provocação.

11.6.2 Ação penal pública incondicionada e condicionada

A propositura da ação penal pública compete ao Ministério Público, independentemente da existência de condicionamentos. Será pública incondicionada quando a lei não estabelecer qualquer condição ou fizer referência à espécie de ação (art. 100 do CP).

Não existe critério outro além do legal. Referindo-se à existência de condição, será pública condicionada. Atribuindo a titularidade ao ofendido, será privada. Não sendo feita qualquer menção, será pública incondicionada.

11.6.2.1 Ação penal pública incondicionada

A regra geral, como vimos, é que a ação penal é pública incondicionada, isto é, não se subordina a qualquer condição para sua propositura. A despeito da nomenclatura consagrada, não podemos nos olvidar que toda e qualquer ação, para ser proposta, deve satisfazer as condições da ação sob a perspectiva processual. O "incondicionamento", portanto, deriva do aspecto da inexigência legal da satisfação das chamadas condições de procedibilidade, e não ao aspecto macroprocessual decorrente da teoria geral do processo.

23. Art. 42. O Ministério Público não poderá desistir da ação penal.

Tem-se, dessa forma, que a regra para identificação da ação da natureza legal da ação é por demais simples: se o legislador permaneceu em silêncio quanto à natureza da ação, essa será pública incondicionada.

O legislador criou uma **única exceção à regra geral** no art. 29 do CPP, que prevê a possibilidade de ação penal de iniciativa privada subsidiária da pública, quando o Ministério Público deixar de ofertar a denúncia no prazo legal[24].

11.6.2.2 Ação penal pública condicionada

A ação pública condicionada, conforme vimos acima, é aquela que subordina o exercício da ação penal ao cumprimento de determinadas condições. Dentre as várias existentes, trabalhadas no tópico "condições específicas da ação penal", enfatizaremos as mais usuais na doutrina e prática: a) representação do ofendido; b) requisição do Ministro da Justiça; c) rescisão do acordo de não persecução penal.

11.6.2.2.1 Representação do ofendido

> Art. 39. O direito de representação poderá ser exercido, pessoalmente ou por procurador com poderes especiais, mediante declaração, escrita ou oral, feita ao juiz, ao órgão do Ministério Público, ou à autoridade policial.
>
> § 1º A representação feita oralmente ou por escrito, sem assinatura devidamente autenticada do ofendido, de seu representante legal ou procurador, será reduzida a termo, perante o juiz ou autoridade policial, presente o órgão do Ministério Público, quando a este houver sido dirigida.
>
> § 2º A representação conterá todas as informações que possam servir à apuração do fato e da autoria.
>
> § 3º Oferecida ou reduzida a termo a representação, a autoridade policial procederá a inquérito, ou, não sendo competente, remetê-lo-á à autoridade que o for.
>
> § 4º A representação, quando feita ao juiz ou perante este reduzida a termo, será remetida à autoridade policial para que esta proceda a inquérito.
>
> § 5º O órgão do Ministério Público dispensará o inquérito, se com a representação forem oferecidos elementos que o habilitem a promover a ação penal, e, neste caso, oferecerá a denúncia no prazo de quinze dias.

A representação do ofendido é a manifestação inequívoca da vítima, representantes legais ou sucessores, do desejo de que o réu seja processado. Funda-se, em nossa compreensão, na **oportunidade e conveniência** conferidas pelo Estado aos legitimados para decidirem sobre a necessidade ou conveniência da movimentação da Justiça Criminal. Logo, o particular pode deixar de representar para evitar o *strepitus iudicci* (escândalo do processo) ou por simplesmente entender que não lhe convém, por razões inúmeras, ofertar a representação.

A representação possui a **natureza jurídica de condição específica da ação penal** e não exige qualquer forma especial, podendo ser manifestada perante a autoridade policial ou membro do Ministério Público. Apesar do art. 39, §1º, afirmar que a representação pode ser ofertada ao magistrado, não nos parece que o juiz, figura inerte sob a perspectiva processual, deva ser o destinatário da representação em razão do sistema acusatório, vez que a única providência possível será remetê-la ao Ministério Público,

24. Veremos a espécie em separado, no tópico da ação penal privada.

pois sequer poderá, para nós, requisitar a instauração de inquérito policial. Admitir a representação ao magistrado como possível, seria transformá-lo em mero despachante. Não obstante as considerações acima, recebendo o magistrado a representação, conforme afirmado, deverá remetê-la ao Ministério Público ou autoridade policial sem qualquer análise de mérito ou forma.

A **representação não exige forma especial**, bastando que seja documentada nos autos, que seja por escrito ou reduzida a termo (art. 39 do CPP), podendo, inclusive, ser realizada no próprio boletim de ocorrência.

A representação, por si só, pode embasar o oferecimento da denúncia caso contenha todos os elementos necessários nos termos do §5º do art. 39 do CPP. Contudo, a cautela nesses casos deverá ser redobrada, pois, via de regra, na representação não consta a oitiva do suposto autor da infração penal.

11.6.2.2.1.1 Legitimidade para a representação

O direito de representação poderá ser exercido **pessoalmente, pelos representantes legais ou sucessores** e, ainda, por **procurador com poderes especiais**, devendo conter todas as informações necessárias para apuração do fato e da autoria (art. 39, §§1º e 2º). Sendo maior de 18 anos e capaz, somente pode ser realizada pela vítima ou procurador, afastando-se a hipótese de representação legal.

O art. 34 do CPP, ainda mantido no texto processual, admite a representação pelo representante legal do maior de 18 e menor de 21 anos. Contudo, com a entrada em vigor do Código Civil de 2002, não mais se fala em representação para o maior de 18 anos, vez que plenamente capaz sob a luz da lei civil. Assim, entendemos o dispositivo por incompatível com o ordenamento jurídico pátrio[25].

Assim, **pode ser exercida por meio de representante legal** quando o ofendido for menor de 18 anos ou mentalmente enfermo, ou por curador especial, quando não tiver representante legal ou os interesses desse colidirem com os daquele (art. 24 do CPP c/c art. 33 do CPP). Sendo a vítima maior de 16 e menor de 18 anos, **emancipada** ou não, **prevalece o entendimento** de que a representação só poderá ser efetuada pelo representante legal.

No que tange ao **emancipado**, sequer se cogita de representação legal, criando a norma um paradoxo insuperável, porquanto inexiste a figura do representante legal. A espera do alcance da maioridade pode prejudicar a investigação, porquanto a produção de provas distancia-se dos fatos. Não obstante, prevalece o entendimento linear e decorrente da lei, com o qual não concordamos, de que o emancipado deverá aguardar o alcance da maioridade penal para ofertar a representação.

Outro ponto que merece destaque no caso da representação atinente aos menores de 18 anos ou aos mentalmente enfermos é o relacionado à **decadência do direito de representação**. Parcela da doutrina sustenta que, nos casos de incapacidade, o prazo decadencial, em regra de seis meses, não corre contra o incapaz, pois a decadência não pode atingir um direito que não pode ser exercido. Dessa forma, a inércia do representante legal não

25. O entendimento torna superada a súmula 594 do STF: Os direitos de queixa e de representação podem ser exercidos, independentemente, pelo ofendido ou por seu representante legal.

prejudicaria o incapaz que poderia ofertar a representação ao alcançar a maioridade. Há, todavia, entendimento distinto, ao qual aderimos, pois o prazo decadencial, que passa a correr, em regra do conhecimento da autoria da infração penal, é uno, e se a lei confere ao representante legal a prerrogativa de cumpri-lo, sua inércia não pode ser ignorada, especialmente porque o prazo decadencial flui em favor do suposto autor do delito.

No caso de **morte do ofendido ou declaração de ausência**, o direito de representação é repassado aos seus sucessores (cônjuge ou companheiro, ascendente, descendente ou irmão), na forma do art. 24, §1º do CPP. A ordem, segundo o entendimento dominante, é sequencial, de forma que em primeiro lugar gozará do direito o cônjuge ou companheiro, depois os ascendentes, e assim sucessivamente.

Nesse ponto, **dois registros precisam ser observados**: a) a norma processual não menciona qualquer espécie de preferência para o exercício do direito, não obstante esse ser o entendimento dominante em razão de interpretação equivocada do art. 36 do CPP, que pressupõe o comparecimento de mais de um legitimado. Não nos parece haver sentido no estabelecimento de preferência por duas razoes: 1) o prazo decadencial é único e corre em favor do suposto autor da infração penal; 2) havendo colisão de interesses entre os legitimados, prevalecerá a vontade daquele que deseja exercer o direito de representação. Logo, **não há razões para a preferência**; b) no que tange ao companheiro(a), parte da doutrina sustenta que esse não possui legitimidade, porquanto caracterizaria analogia *in malam partem*. Contudo, **o STJ, via Corte Especial**, sufragou o seguinte entendimento:

> A companheira, em união estável reconhecida, goza do mesmo status de cônjuge para o processo penal, podendo figurar como legítima representante da falecida. Vale ressaltar que a interpretação extensiva da norma processual penal tem autorização expressa no art. 3.º do CPP ("A lei processual penal admitirá interpretação extensiva e aplicação analógica, bem como o suplemento dos princípios gerais de direito"). Corte Especial. Min. Relatora Laurita Vaz, DJe 22.08.19.

Na esfera das **pessoas jurídicas, fundações, associações ou sociedades legalmente constituídas**, a representação deverá ser ofertada por seu representante legal por quem os respectivos contratos ou estatutos designarem ou, no silêncio destes, pelos seus diretores ou sócios-gerentes (art. 37 do CPP).

11.6.2.2.1.2 Prazo

O **prazo para o oferecimento da representação** é, em regra, de **seis meses, contados da data do conhecimento da autoria do delito** na forma do art. 38 do CPP[26]. Trata-se de prazo de direito material e improrrogável, devendo se contar o dia do início, excluindo-se o dia do final na forma do art. 10 do Código Penal. O prazo, igualmente, em razão da sua natureza, não se suspende ou interrompe, de forma que, vencendo, por exemplo, em um domingo, não haverá prorrogação para o próximo dia útil. Nesse sentido, no caso de sucessão processual (art. 31 do CPP), por exemplo, decorrente do óbito do ofendido, tendo transcorrido o prazo de três de meses da decadência, dos seis

26. Art. 38. Salvo disposição em contrário, o ofendido, ou seu representante legal, decairá no direito de queixa ou de representação, se não o exercer dentro do prazo de seis meses, contado do dia em que vier a saber quem é o autor do crime, ou, no caso do art. 29, do dia em que se esgotar o prazo para o oferecimento da denúncia.

previstos, os sucessores legais só gozarão do prazo remanescente de três meses após o conhecimento da autoria.

A regra geral de seis meses, contados do conhecimento da autoria do fato, eventualmente pode ser excepcionada pela lei, conforme assinala o art. 103 do Código Penal, a exemplo da não recepcionada[27] Lei de Imprensa (Lei 5.250/67), que previa o prazo de três meses da publicação ou transmissão.

Decorrido o prazo legal, sem representação, ocorrerá a extinção da punibilidade do agente (art. 107, IV, do CP).

11.6.2.2.1.3 Retratação da representação

A **representação não vincula o Ministério Público**, vez que apenas confere "autorização" para esse atue no caso concreto. A decisão sobre a propositura da ação penal continua afeta exclusivamente ao órgão ministerial.

É possível que o ofendido venha a se retratar da representação formulada. Contudo, para que exerça seu direito, deve fazê-lo **até o oferecimento da denúncia** nos termos do art. 102 do CP e art. 25 do CPP. Logo, uma vez que o Ministério Público cumpra sua missão, oferecendo a denúncia, não mais se admite a retratação da representação, sendo indiferente o momento do recebimento da denúncia, marco interruptivo da prescrição.

A **Lei Maria da Penha** (Lei 11.340/16), contudo, **excepciona** a regra no art. 16, ao prever que nas ações penais públicas condicionadas à representação da ofendida só será admitida a renúncia à representação perante o juiz, em audiência especialmente designada com tal finalidade, **antes do recebimento da denúncia** e ouvido o Ministério Público. Apesar da norma referir-se à renúncia, trata-se de hipótese de retratação da representação.

Sobre a necessidade de audiência para tal fim, o STJ, no julgamento do Tema Repetitivo 1.167, DJe 29.03.23, decidiu que:

> "A audiência prevista no art. 16 da Lei 11.340/2006 tem por objetivo confirmar a retratação, não a representação, e não pode ser designada de ofício pelo juiz. Sua realização somente é necessária caso haja manifestação do desejo da vítima de se retratar trazida aos autos antes do recebimento da denúncia".

Ainda sobre o tema, o STF, no julgamento da ADI 7267, DJe 11.09.23, reconheceu a inconstitucionalidade da designação, de ofício, da audiência prevista no art. 16, assim como a inconstitucionalidade do reconhecimento de que eventual não comparecimento da vítima de violência doméstica implica retratação tácita ou renúncia tácita ao direito de representação. Em linhas gerais, a Suprema Corte fixou o entendimento de que o juiz não poderá designar a audiência sem manifestação expressa da ofendida e que o não comparecimento da vítima à audiência designada não caracteriza retratação tácita ou renúncia tácita ao direito de representação.

É possível, segundo o entendimento dominante, a **retratação da retratação**, isto é, a situação na qual a vítima, após representar e se retratar, retrata-se do último ato, mantendo válida a representação inicialmente ofertada. Exige-se, contudo, que a retratação da retratação ocorra dentro do prazo original de seis meses, vez que esse não se interrompe por qualquer ato.

11.6.2.2.1.4 Irrenunciabilidade da retratação

A representação, em regra, é **irrenunciável**, vez que sua renúncia implicaria a criação de causa extintiva de punibilidade não prevista em lei. A doutrina assevera que a

27. ADPF 130-7.

regra é excepcionada, contudo, pelo disposto no art. 74, p. único, da Lei 9.099/95, que dispõe que em se tratando de ação penal de iniciativa privada ou de ação penal pública condicionada à representação, o **acordo homologado acarreta a renúncia** ao direito de queixa ou **representação**.

Ocorre que, para nós, trata-se novamente de hipótese de retratação quando celebrada a composição civil em juízo durante a audiência preliminar, pois para que o Judiciário venha a ser chamado a intervir, pressupomos a existência de representação prévia, ou sequer se chegaria à audiência preliminar.

Não nos olvidamos do art. 75 da Lei 9.099/95, que prevê: "não obtida a composição dos danos civis, será dada imediatamente ao ofendido a oportunidade de exercer o direito de representação verbal, que será reduzida a termo" e de seu parágrafo único, que assinala que "o não oferecimento da representação na audiência preliminar não implica decadência do direito, que poderá ser exercido no prazo previsto em lei."

A previsão legal é por demais clara no que toca ao seu conteúdo. Contudo, não nos parece sistematicamente adequada sob a luz do sistema acusatório e tratamento não isonômico quanto aos demais casos que exigem a representação.

A se seguir a literalidade do art. 75 da Lei 9.099/95, o sujeito autor de uma infração de pequeno potencial ofensivo será compelido a comparecer ao Juizado Especial sem que a vítima tenha efetivamente manifestado seu desejo de vê-lo processado. Por outro lado, tratando-se de indivíduo autor de crime de estelionato, mais gravoso, sequer será submetido a qualquer espécie de comparecimento caso a vítima não exare a intenção de vê-lo processado de forma prévia. Em síntese, o autor de crime mais gravoso receberia um tratamento mais brando do que o autor de crime de pequeno potencial ofensivo.

Ademais, conforme destacamos acima, o art. 75 prevê o oferecimento da representação para o magistrado, figura processual não conectada com a investigação. Todavia, não obstante nossa crítica, a literalidade legal ainda está preservada na prática e predomina na doutrina. E, nesse sentido, nada obsta que autor e vítima venham a entabular acordo civil mesmo sem representação e o submetam a homologação pelo magistrado, sendo que, nesse caso, haverá verdadeira hipótese de renúncia ao direito de representação.

11.6.2.2.1.5 Eficácia objetiva da representação

A representação goza de **eficácia objetiva**, isto é, formulada contra um dos agentes, alcança a todos, independentemente da vontade da vítima. De igual sorte, a **retratação** da representação realizada contra um dos agentes, igualmente aproveita aos demais.

A expressão **eficácia objetiva**, em nossa compreensão, pode induzir a erro, de forma que preferimos chamá-la de **eficácia objetiva de efeitos subjetivos**, pois na realidade, a representação cinge-se aos fatos representados (eficácia objetiva), mas seus efeitos são produzidos com relação aos autores da infração penal.

Assim, por exemplo, ofertada a representação por um funcionário público, vítima de difamação e injúria, apenas com relação ao crime de difamação e apenas contra um dos agentes, o Ministério Público[28] não poderá ofertar a denúncia pelo crime de injúria

28. Sobre o tema, vale menção à Súmula 714 do STF: É concorrente a legitimidade do ofendido, mediante queixa, e do ministério público, condicionada à representação do ofendido, para a ação penal por crime contra a honra de servidor público em razão do exercício de suas funções.

por ausência expressa de representação, mas deverá mover a ação penal contra todos os autores quanto ao crime de difamação, independentemente de a representação ter sido formulada apenas contra um. Logo, a eficácia é objetiva porquanto se restringe ao fato, mas seus efeitos são subjetivos pois alcançam todos os autores da infração penal.

11.6.2.2.2 Requisição do Ministro da Justiça

São poucas as hipóteses previstas em lei em que a condição de procedibilidade é exigida. Verifica-se nos crimes contra a honra, praticados contra o Presidente da República ou Chefe de Governo estrangeiro (art. 141, I, c/c art. 145 do CP) e, crimes cometidos por estrangeiro contra brasileiro fora do Brasil (art. 7º, §3º, "b", do CP).

A requisição, a despeito do termo, não vincula o Ministério Público ao oferecimento da denúncia e, assim como a representação, possui eficácia objetiva. Trata-se, na realidade, de uma representação/autorização para processamento do agente. Ao contrário da representação, a "requisição" pode ser formulada a qualquer tempo, desde que, obviamente, o delito não esteja fulminado pela existência de uma causa extintiva de punibilidade, como a prescrição por exemplo. Não se subordina, portanto, ao prazo decadencial de seis meses previsto para a representação.

A doutrina diverge quanto à possibilidade de retratação por parte do Ministro da Justiça. Entendemos que por se revestir de ato natureza política, não comporta retratação. Ademais, há que se esperar da referida figura pública a prudência necessária antes de exarar a "requisição", de forma que, externado o ato, não mais admite a retratação.

11.7 AÇÃO PENAL PÚBLICA DE INICIATIVA PRIVADA

Conforme vimos, toda ação penal é pública, vez que movida sob o fundamento do *ius puniendi* estatal. Na hipótese, o Estado, entendendo que o direito violado guarda maior relação com a esfera privada do ofendido, confere a esse, por substituição processual, a legitimidade para a propositura da ação penal, que se materializa por meio da queixa-crime. Para que a ação seja concebida como de iniciativa privada, é imprescindível que a lei preveja, expressamente, referida natureza (ex. art. 145 do CP), pois, consoante assinalado anteriormente, a omissão legal quanto à natureza da ação implica a natureza pública incondicionada.

A lógica reside na circunstância de que, nos casos de ação penal pública de iniciativa privada, o Estado, levando em consideração o princípio da oportunidade e conveniência, confere ao particular o direito de optar por promover ou não a ação penal, vez que a deflagração dessa pode implicar uma série de fatores para o legitimado, como o *strepitus judicii* (escândalo processual), gastos não desejados com advogado caso não seja assistido pela Defensoria Pública, o tempo despendido com o processo e outros fatores pessoais que podem levar o ofendido e não desejar propor a ação penal, apesar de existente o *ius puniendi* estatal. Não podemos, ainda, falar em privatização da Justiça Criminal, mas em mitigação do interesse público em prol do interesse privado.

A queixa-crime deve ser intentada, em regra, no prazo legal de **seis meses, contados do conhecimento da autoria**. Por se tratar de prazo decadencial, não se prorroga e sua contagem inclui o dia do começo e exclui o do final.

São conhecidas três espécies de ação penal privada: a exclusivamente privada, personalíssima e subsidiária da pública.

11.7.1 Princípios

É regida pelos seguintes princípios:

11.7.1.1 Oportunidade ou conveniência

Cabe ao ofendido decidir pela propositura ou não da queixa-crime. Ao contrário da ação penal de iniciativa pública, que compele o *parquet* a propô-la quando presentes as condições legais, na ação penal privada o ofendido guarda discricionariedade quanto à sua propositura. Admite, portanto, a renúncia ao direito de queixa (art. 104 do CP), e o seu não exercício no prazo legal implica a decadência, isto é, a perda do direito de queixa após o decurso do prazo, em regra, de seis meses.

11.7.1.2 Disponibilidade

O ofendido, após ingressar com a ação penal, pode desistir de seu andamento a qualquer tempo, desde que antes do trânsito em julgado da decisão. Admite, como consequência do princípio da oportunidade, o perdão do ofendido (art. 106 do CP), a perempção (art. 60 do CPP) e a pactuação em conciliação pela reconciliação nos crimes contra a honra não sujeitos ao rito sumaríssimo dos Juizados Especiais, na forma do art. 522 do CPP[29].

11.7.1.3 Indivisibilidade

Segundo o art. 48 do CPP, "a queixa contra qualquer dos autores do crime obrigará ao processo de todos, e o Ministério Público velará pela sua indivisibilidade". A mensagem sistêmica do dispositivo é por demais clara: respeita-se a oportunidade de conveniência na propositura da ação penal, mas caso o ofendido ou seu representante legal decida propô-la, deverá ofertar a queixa contra todos os autores, não lhe assistindo o direito de escolher quem irá processar.

Reforçando a opção legislativa, o art. 49 do CPP dispõe que a renúncia ao exercício do direito de queixa, em relação a um dos autores do crime, a todos se estenderá, e o art. 51, do mesmo Código, prevê que o perdão concedido a um dos querelados aproveitará a todos, sem que produza, todavia, efeito em relação ao que o recusar.

Assim, ao contrário da polêmica existente na ação penal pública, na esfera das ações penais de iniciativa privada, a queixa-crime proposta contra qualquer dos autores do crime obriga ao processo de todos. Assim, o não oferecimento da queixa-crime contra um dos autores acarreta a extinção da punibilidade de todos em razão da renúncia tácita. Há que se ressaltar, contudo, que somente a não propositura infundada implicará a consequência mencionada. Não reunindo a vítima elementos para propositura contra um dos agentes, o efeito não se estende aos demais[30].

---

29. Art. 522. No caso de reconciliação, depois de assinado pelo querelante o termo da desistência, a queixa será arquivada.

30. A não inclusão de eventuais suspeitos na queixa-crime não configura, por si só, renúncia tácita ao direito de queixa. Com efeito, o direito de queixa é indivisível, é dizer, a queixa contra qualquer dos autores do crime obrigará ao

O art. 48 do CPP ainda dispõe que o Ministério Público[31] velará pela indivisibilidade da ação penal de iniciativa privada. Velar pela indivisibilidade não significa deter o direito de aditar a queixa-crime como sustenta parte da doutrina, porquanto o interesse público cede, nesses casos, ao interesse privado.

Cabe ao *parquet*, dessa forma, como fiscal da ordem jurídica, apenas analisar o cumprimento do aspecto material do princípio da indivisibilidade, isto é, se o querelante moveu a ação penal contra todos os autores do fato criminoso. E, não tendo sido observada a indivisibilidade, entendemos que o Ministério Público deve pugnar pela intimação do querelante para que adite a queixa-crime no prazo de três dias, por analogia ao §2º do art. 46 do CPP, sob pena de caracterização da omissão voluntária, que implicará a renúncia ao direito de queixa (art. 49, CPP), gerando a extinção da punibilidade de todos os agentes.

11.7.2 Síntese comparativa principiológica

<table>
<tr><th colspan="2">Princípios comuns às ações</th></tr>
<tr><td colspan="2">Princípio do ne procedat iudex ex officio (iniciativa das partes)</td></tr>
<tr><td colspan="2">Princípio ne bis in idem (vedação à dupla responsabilização pelo mesmo fato)</td></tr>
<tr><td colspan="2">Princípio da intranscendência: a ação penal e suas consequências não podem passar da pessoa do autor da infração penal</td></tr>
<tr><td colspan="2">Princípio da suficiência da ação penal</td></tr>
<tr><th>Ação penal pública</th><th>Ação penal de iniciativa privada</th></tr>
<tr><td>Princípio da obrigatoriedade: parcela da doutrina trabalha com o conceito de obrigatoriedade mitigada</td><td>Princípio da oportunidade ou conveniência</td></tr>
<tr><td>Princípio da indisponibilidade</td><td>Princípio da disponibilidade</td></tr>
<tr><td>Princípio da indivisibilidade: há divergência doutrinária</td><td>Princípio da indivisibilidade</td></tr>
<tr><td>Princípio da oficialidade</td><td>Sem correlação</td></tr>
<tr><td>Princípio da oficiosidade</td><td>Sem correlação</td></tr>
</table>

processo de todos (art. 48 do CPP). Dessarte, o ofendido não pode limitar a este ou aquele autor da conduta tida como delituosa o exercício do *jus accusationis*, tanto que o art. 49 do CPP dispõe que a renúncia ao direito de queixa, em relação a um dos autores do crime, a todos se estenderá. Portanto, o princípio da indivisibilidade da ação penal privada torna obrigatória a formulação da queixa-crime em face de todos os autores, coautores e partícipes do injusto penal, sendo que a inobservância de tal princípio acarreta a renúncia ao direito de queixa, que de acordo com o art. 107, V, do CP, é causa de extinção da punibilidade. Contudo, para o reconhecimento da renúncia tácita ao direito de queixa, exige-se a demonstração de que a não inclusão de determinados autores ou partícipes na queixa-crime se deu de forma deliberada pelo querelante. RHC 55.142/MG, rel. Min. Felix Fischer. 5ª Turma, j. 12.05.2015.

31. Veremos outras funções do Ministério Público nas ações penais de iniciativa privada em tópico próprio na sequência.

11.7.3 Espécies

11.7.3.1 Ação penal de iniciativa exclusivamente privada ou privada propriamente dita

Nas ações penais de iniciativa privada propriamente dita, a legitimidade é conferida ao ofendido, seus representantes legais quando menor de 18 anos ou mentalmente incapaz e a seus sucessores na linha de preferência do art. 31 do CPP: cônjuge ou companheiro, ascendente, descendente ou irmão. Assim como a representação, pode ser manejada por curador especial, quando não tiver representante legal ou os interesses desse colidirem com os daquele (art. 24 do CPP c/c art. 33 do CPP).

11.7.3.2 Ação penal de iniciativa privada personalíssima

Ao contrário da ação penal de inciativa exclusivamente privada, a espécie só admite a propositura pela vítima, não admitindo transferência mesmo no caso de morte do ofendido. Temos, portanto, nessa última hipótese, uma situação em que a morte do ofendido causa a extinção da punibilidade, porquanto fulminará a ação penal pela perempção (art. 60 do CPP), pois não há sucessão processual.

Existindo alguma circunstância legal que impeça o ofendido de propor a queixa-crime, deverá aguardar sua cessação para que exerça seu direito. A lei penal pátria só prevê um delito sujeito à espécie, o do crime previsto no art. 236 do Código Penal (induzimento a erro essencial e ocultação de impedimento de casamento).

Segundo a linha doutrinária dominante, o fato do agente ser emancipado pelo casamento não interfere na capacidade penal, vez que essa, nesse particular, não sofre interferência da capacidade civil.

11.7.3.3 Ação penal de iniciativa privada subsidiária da pública

Trata-se da ação penal proposta pelo ofendido em razão da inércia do Ministério Público (art. 5º, LIX, da CF, art. 100, §3º, do CP e art. 29 do CPP). O não oferecimento da denúncia pelo órgão ministerial no prazo legal confere ao ofendido o direito de, em substituição ao titular da ação penal, promover a queixa-crime substitutiva. A previsão legal possui natureza dúplice: direito fundamental previsto no art. 5º da CF e de *accountability* vertical, pois se trata de controle exercício pelo indivíduo sobre a atuação ministerial.

A inércia se caracteriza pela omissão quando as peças de informação reunirem elementos suficientes para o oferecimento da denúncia. Assim, o ato de requerer diligências imprescindíveis ou promover o arquivamento do inquérito policial não se reveste do atributo da omissão.

O ofendido dispõe do prazo de seis meses (art. 38 do CPP), contados do encerramento do prazo de manifestação do Ministério Público, para intentar a queixa-crime. Decorrido o prazo, opera-se a "decadência" para o ofendido. Ocorre que, na realidade, trata-se de preclusão temporal do direito de ação e não decadência, vez que o direito ainda pode ser exercido por meio de denúncia por parte do *parquet*, razão pela qual não concordamos com a classificação doutrinária de **decadência imprópria** caso o ofendido não a mova no prazo legal, pois o Ministério Público poderá ofertar a denúncia a qualquer tempo, desde o delito não esteja prescrito. Assim, por ser a decadência uma causa extintiva de punibilidade (art. 107, IV, CP), não nos parece adequado adjetivá-la de imprópria.

FEITOSA[32] (2010, p. 289) sustenta que se o delito não tiver uma vítima determinada, como nos crimes que atingem bens jurídicos supraindividuais, como a saúde pública ou meio ambiente, nos quais não há vítima determinada, não há possibilidade de propositura da ação supletiva, vez que os indivíduos prejudicados não são identificados.

Não obstante a lógica do raciocínio, entendemos de forma diferente, pois, consoante aduzimos acima, a ação supletiva reveste-se também de forma de controle externo, a exemplo da ação popular.

Assim, dada a omissão legal quanto à situação, entendemos que deve prevalecer o interesse público advindo o *ius puniendi* estatal. Da mesma forma que o legislador conferiu ao cidadão o direito de mover ação popular nos casos previstos na Lei 4.717/65, todos passíveis de atuação também pelo Ministério Público por meio de ação civil pública, há que se conferir àqueles prejudicados pelo delito, ainda de que forma difusa, legitimidade para promover a ação penal de iniciativa privada subsidiária da pública. O silêncio legal deve ser interpretado sob a luz do princípio da legalidade para o particular, isto é, se a norma não o proíbe ou regula de forma distinta, há que se admitir como possível a propositura da ação.

Vale destacar, em corroboração ao nosso entendimento, que a Lei de Drogas previu, no art. 60, a legitimidade do assistente da acusação para pleitear medidas assecuratórias, sugerindo, para nós, em razão da natureza da assistência da acusação, a possibilidade de atuação supletiva por legitimado difuso.

A pessoa jurídica pode, igualmente, nos casos em que for vítima do delito, promover a ação subsidiária. Conforme vimos no estudo da legitimidade nas condições da ação, o Código de Defesa do Consumidor (CDC) previu uma situação de "**legitimação extraordinariamente extraordinária**" nos arts. 80 c/c art. 82, III da Lei 8.078/90, que conferem a legitimidade às entidades e órgãos da Administração Pública, direta ou indireta, ainda que sem personalidade jurídica, especificamente destinados à defesa dos interesses e direitos protegidos pelo CDC, para que possam, nos crimes previstos no CDC, bem como a outros crimes e contravenções que envolvam relações de consumo, propor ação penal subsidiária se a denúncia não for oferecida no prazo legal.

A Lei 11.101/05 (Lei de Falências) prevê, no art. 184, p. único do CPP, que o credor habilitado ou administrador judicial poderá, diante da inércia do Ministério Público, mover a ação penal subsidiária.

Movida a ação penal privada supletiva, nos termos do art. 29 do CPP, caberá ao Ministério Público, como **interveniente adesivo obrigatório ou parte adjunta,** aditar a queixa, repudiá-la e oferecer denúncia substitutiva quando reputar conveniente, devendo intervir em todos os termos do processo. Pode, ainda, fornecer elementos de prova, interpor recurso e, a todo tempo, no caso de negligência do querelante, retomar a ação como parte principal. Assim, atua como verdadeiro fiscal da ordem jurídica.

Nesse sentido, o Ministério Público pode, por exemplo: a) manifestar-se pela rejeição da queixa subsidiária por ausência das condições da ação; b) aditar a queixa-crime para incluir novos fatos ou agentes, ofertando a chamada **denúncia substitutiva**; c) repudiar a queixa até o seu recebimento sob o argumento de ausência de omissão na sua atuação;

32. FEITOZA, Denílson. **Direito processual penal**: teoria, crítica e práxis. 7ª edição. Niterói/RJ: Editora Impetus, 2010.

e d) retomar a ação como parte principal nos casos de inércia ou negligência do querelante, fenômeno ao qual a doutrina nomeia como **ação penal indireta**.

Apesar de receber a nomenclatura de ação penal de iniciativa privada, trata-se de ação penal pública, não se subordinando, por exemplo, ao princípio da disponibilidade.

11.7.3.4 Ação penal privada concorrente com a pública

Nos crimes contra a honra praticados contra funcionário público em razão das suas funções, ao ofendido é assegurado o direito de escolher entre ajuizar a ação penal de iniciativa privada ou ofertar a representação ao Ministério Público.

O STF editou a súmula 714 nesse sentido: "É concorrente a legitimidade do ofendido, mediante queixa, e do Ministério Público, condicionada à representação do ofendido, para a ação penal por crime contra a honra de servidor público em razão do exercício de suas funções".

11.7.3.5 Ação penal popular

A chamada "ação penal popular", prevista na Lei 1.079/1950, contempla a possibilidade de qualquer cidadão oferecer "denúncia" nos crimes de responsabilidade praticados pelo Presidente da República, Ministros de Estado, Ministros do STF, Procurador-Geral da República, Governadores dos Estados e seus secretários.

Não se trata, verdadeiramente, de denúncia no sentido estrito, mas no sentido amplo da palavra, vez que não materializa o exercício de ação penal propriamente dita. A "denúncia", portanto, deve ser concebida como mera notícia da infração, objetivando a sua apuração e o julgamento político dos eventuais envolvidos.

11.8 AÇÃO PENAL ADESIVA

Parte da doutrina, baseada no Direito Processual alemão, traz a hipótese da chamada ação adesiva, fenômeno que ocorre quando o interesse evidenciado na ação penal de iniciativa privada também é público e, dada sua natureza predominante, permite que o Ministério Público assuma a titularidade da demanda.

Naturalmente, a previsão não é contemplada pelo Direito pátrio, vez que não permite a atuação do *parquet* como legitimado ativo nas ações penais de iniciativa privada, salvo as subsidiárias, de iniciativa pública por natureza.

Não obstante, parcela da doutrina[33] sustenta que nas hipóteses em que há conexão ou continência, isto é, reunião de processos para fins de julgamento de uma ação de iniciativa pública e outra de iniciativa privada, haveria a chamada ação penal adesiva[34], pois haveria uma dupla legitimação em razão dos interesses conexos.

Com a devida vênia, não nos parece que o fenômeno processual da conexão ou continência possa interferir na classificação das ações a ponto de criar uma nomenclatura

33. TÁVORA, Nestor; ALENCAR, Rosmar Rodrigues. **Curso de direito processual penal**. 4ª ed. Salvador: Editora Juspodivm, 2010, p. 174.

34. O tema foi cobrado no MP/MT 2014: Ação penal adesiva é a possibilidade de figurar no polo ativo o Ministério Público e o querelante, nas hipóteses em que houver conexão e continência entre crimes de ação penal pública e ação penal privada.

própria, especialmente porque a reunião dos processos não interfere na legitimidade individual os autores. Ademais, havendo a conexão ou continência, como regra os processos deverão ser reunidos, diferentemente do chamado recurso adesivo do processo civil, que se revela como um meio subsidiário de interposição de recurso, que poderia ter sido proposto de forma independente.

11.9 AÇÃO PENAL SECUNDÁRIA

A doutrina ainda trabalha o conceito de ação penal secundária, quando circunstâncias especiais modificarem a natureza da ação, a exemplo do que ocorre no crime de estelionato, que prevê, por exemplo, a regra da ação penal pública condicionada à representação, mas nos incisos I a IV, do §5º do art. 171 do CP, prevê as exceções, que a transformam em ação penal pública incondicionada.

Não há, para nós, qualquer espécie de transformação ou mesmo hipótese de classificar a ação como secundária nessas situações, pois a norma incide sobre as circunstâncias do fato, definindo a natureza da ação desde seu momento inicial.

Poder-se-ia, todavia, compreender a ação penal de iniciativa privada subsidiária da pública como secundária, haja vista que sua existência depende da inércia ministerial, verdadeiro legitimado primário para a ação penal pública.

11.10 AÇÃO PENAL PREVENTIVA

A chamada ação penal preventiva, na lição de Tourinho Filho, é aquela que se destina à aplicação de medida de segurança, após a verificação da incapacidade do agente.

Assim, constatando-se que o agente, em virtude de doença mental ou de desenvolvimento mental incompleto ou retardado, era, ao tempo da ação ou omissão, absolutamente incapaz de entender o caráter ilícito do fato ou de determinar-se de acordo com esse entendimento (art. 26, *caput*, CP), deve ser proferida sentença de absolvição imprópria, aplicando-se a medida de segurança.

Haveria, dessa forma, uma bifurcação da ação:

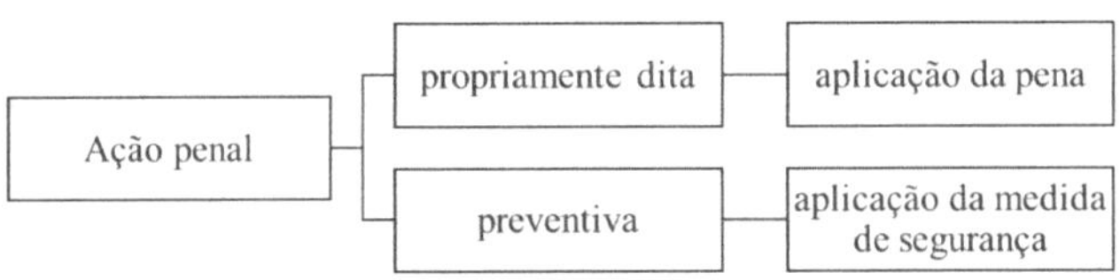

11.11 AÇÃO PENAL EM SITUAÇÕES ESPECIAIS

O Código Penal prevê, no art. 101, que "quando a lei considera como elemento ou circunstâncias do tipo legal fatos que, por si mesmos, constituem crimes, cabe ação pública em relação àquele, desde que, em relação a qualquer destes, se deva proceder por iniciativa do Ministério Público". A regra, que versa sobre os crimes complexos, é completamente desnecessária, vez que o crime complexo é tratado como tipo próprio e segue sua própria norma regente para a ação penal.

Entretanto, há situações nas quais o legislador disciplinou a matéria de forma distinta, exigindo uma conjugação maior de dispositivos.

11.11.1 Crimes contra a honra

> CP: Art. 145. Nos crimes previstos neste Capítulo somente se procede mediante queixa, salvo quando, no caso do art. 140, § 2º, da violência resulta lesão corporal.
>
> Parágrafo único. Procede-se mediante requisição do Ministro da Justiça, no caso do inciso I do *caput* do art. 141 deste Código, e mediante representação do ofendido, no caso do inciso II do mesmo artigo, bem como no caso do § 3º do art. 140 deste Código.

A ação penal nos crimes contra honra é, em regra, privada. No entanto, há situações que modificam a natureza da ação conforme se extrai do art. 145 do Código Penal. Vejamos:

Natureza da ação			
Ação penal	**Regra**	**Fundamento**	**Comentários**
Ação penal privada	Regra geral	Art. 145, *caput*	
Ação penal pública condicionada	Crime contra a honra do Presidente da República ou chefe de governo estrangeiro. Injúria real*	Art. 145, p. único c/c art. 141, I, CP *Art. 145, *caput*, c/c Art. 140, §2º, CP	Há doutrina que sustenta tratar-se de ação penal pública incondicionada. Contudo, entendemos que por ser o crime de lesões corporais leves apurado por ação penal pública condicionada, o crime de injúria real também deverá sê-lo.
	Se a injúria consiste na utilização de elementos referentes a religião, a condição de pessoa idosa ou portadora de deficiência	Art. 145, p. único c/c art. 140, §3º, CP.	
Ação penal privada ou pública condicionada	Crime praticado contra funcionário público, em razão de suas funções	Art. 145, p. único c/c art. 141, II, CP	Súmula 714 do STJ: "É concorrente a legitimidade do ofendido, mediante queixa, e do Ministério Público, condicionada à representação do ofendido, para a ação penal por crime contra a honra de servidor público em razão do exercício de suas funções."
Ação penal pública incondicionada	Injúria real praticada contra mulher no contexto de violência doméstica	Art. 145, *caput*, c/c Art. 140, §2º, CP e art. 41 da Lei 11.340/06	Súmula 542 do STJ: "A ação penal relativa ao crime de lesão corporal resultante de violência doméstica contra a mulher é pública incondicionada". Na hipótese, se a ação pela violência (lesões corporais ou vias de fato) será processada por ação penal pública incondicionada, ação penal pelo crime de injúria real também deverá sê-lo.

11.11.2 Violência doméstica contra a mulher

O art. 16, da Lei 11.340/06, prevê que nas ações penais públicas condicionadas à representação da ofendida de que trata a Lei Maria da Penha, só será admitida a renúncia à representação perante o juiz, em audiência especialmente designada com tal finalidade, antes do recebimento da denúncia e ouvido o Ministério Público. Por outro lado, o art. 41 do mesmo diploma legal dispõe que aos crimes praticados com violência doméstica e familiar contra a mulher, independentemente da pena prevista, não se aplica a Lei 9.099/95.

A conjugação dos dispositivos nos permite concluir que em se tratando de lesões corporais leves e culposas, cuja representação foi exigida pelo art. 88 da Lei 9.099/95, a ação penal é pública incondicionada, vez que a previsão da representação consta de lei não aplicável à violência doméstica e familiar contra a mulher. Nesse sentido decidiu o STF no julgamento da ADI 4.424

> (...)acordam os Ministros do Supremo Tribunal Federal em julgar procedente a ação direta para, dando interpretação conforme aos artigos 12, inciso I, e 16, ambos da Lei nº 11.340/2006, assentar a natureza incondicionada da ação penal em caso de crime de lesão corporal, pouco importando a extensão desta, praticado contra a mulher no ambiente doméstico (...). Pleno, j. 09.02.12.

No mesmo sentido é a súmula 542 do STJ: A ação penal relativa ao crime de lesão corporal resultante de violência doméstica contra a mulher é pública incondicionada.

Ocorre que nem todo delito praticado contra mulher no âmbito de violência doméstica e familiar contra a mulher é de ação pública incondicionada, vez que a Lei Maria da Penha tão somente afasta a aplicação da Lei 9.099/95, de forma que os delitos previstos no Código Penal, com regramento próprio quanto à ação, seguem a previsão legal, a exemplo do crime de injúria (art. 140, CP), processável por ação penal pública de iniciativa privada.

Entretanto, no que toca às lesões culposas, apesar da previsão do art. 41 da Lei 11.340/06, o art. 5º, *caput*, assinala que "para os efeitos desta Lei, configura violência doméstica e familiar contra a mulher qualquer ação ou omissão baseada no gênero que lhe cause morte, lesão, sofrimento físico, sexual ou psicológico e dano moral ou patrimonial". A redação pressupõe que a ação ou omissão seja baseada no gênero, isto é, que seu fundamento tenha na origem um comportamento que exige, no mínimo, o conhecimento quanto ao fato de que a lesão ou ameaça de lesão seja apoiado no gênero. E, nesse sentido, não nos parece que os crimes culposos reúnam tal característica, pois estamos diante de crimes cujo resultado é involuntário e, portanto, não suscetíveis de se fundarem no gênero. Assim, a melhor compreensão, nos parece, é a de que os crimes culposos devem seguir a regra da Lei 9.099/95, exigindo a representação.

11.11.3 Crime de estelionato

O Código Penal foi alterado pela Lei 13.964/19 para modificar a natureza da ação penal no crime estelionato (art. 171). A regra geral, após a alteração legislativa, é de que a natureza da ação é pública condicionada à representação. Entretanto, o §5º do art. 171 do CP dispôs que:

§ 5º Somente se procede mediante representação, salvo se a vítima for:
I - a Administração Pública, direta ou indireta;
II - criança ou adolescente;
III - pessoa com deficiência mental; ou
IV - maior de 70 (setenta) anos de idade ou incapaz.

A modificação legal possui dois pontos que merece destaque: a) a falta de técnica ou parâmetro legislativo; b) a retroatividade da norma.

No que tange à falta de técnica, é de se destacar que o §4º do art. 171 do CP[35] prevê uma causa especial de aumento de pena quando o crime for praticado contra idoso ou vulnerável. Percebam que no §4º o legislador fez menção ao idoso, tratando-se, nesse particular, de norma penal em branco, vez que o conceito de idoso foi trazido pelo art. 1º da Lei 10.741/03 – idade igual ou superior a sessenta anos. Todavia, apesar da maior gravidade do delito, o legislador optou, sem razão, em nossa compreensão, pela fixação da idade superior a setenta anos para fins de regramento da ação penal. Assim, temos:

Estelionato praticado contra idoso com idade igual ou inferior a 70 anos	Estelionato praticado contra idoso com idade superior a 70 anos ou incapaz
Pode incidir a causa de aumento de pena	Pode incidir a causa de aumento de pena
Ação penal pública **condicionada à representação**	Ação penal pública **incondicionada**

A mesma incongruência existe nos casos de vulneráveis, previstos no §4º do art. 171 do CP. Isso porque o §5º do art. 171 tão somente menciona crianças, adolescentes e pessoas com deficiência mental, olvidando-se que outras pessoas podem ser concebidas como vulneráveis, como na hipótese da vulnerabilidade temporária decorrente do uso de medicamentos.

Por outro lado, a questão relacionada à retroatividade da norma tem suscitado amplos debates. Nos parece evidente que a norma que regula a ação penal possui natureza mista e, portanto, deve retroagir para alcançar os fatos anteriormente praticados em razão da retroatividade da norma penal mais benéfica.

Logo, entendemos que a norma deve retroagir para alcançar os fatos praticados antes da entrada em vigor da Lei do Pacote Anticrime, atingindo os fatos ainda sob investigação, não havendo divergência quanto a esse ponto. Na hipótese de processos criminais já iniciados, não podemos nos olvidar do fato de que o oferecimento da denúncia pelo *parquet* reúne o atributo de ato jurídico perfeito, vez que à época da propositura da ação penal nenhuma condição era exigida. Logo, a atuação do Ministério Público deu-se em consonância com o regramento legal.

Não obstante nossa compreensão, sufragada pelos Ministros Alexandre de Moraes e Dias Toffoli, o Pleno do STF, no julgamento do AgRg no HC 208.817, DJe 02.05.23, entendeu que a regra da representação deve retroagir a todos os casos de estelionato,

35. § 4º A pena aumenta-se de 1/3 (um terço) ao dobro, se o crime é cometido contra idoso ou vulnerável, considerada a relevância do resultado gravoso.

inclusive na fase processual, quando da entrada em vigor da Lei do Pacote Anticrime, tendo a vítima um prazo de 30 dias para manifestar-se sob pena de decadência e não importando a fase em que o procedimento se encontre.

Apesar do entendimento da Suprema Corte, parece-nos que a divergência existe em razão da natureza da norma atinente à ação penal, pois seu aspecto material de poder caracterizar a decadência possui natureza material. Ocorre que o instituto da decadência, não obstante seu aspecto material, é efêmero, cuja vida só existe pelo prazo decadencial de seis meses ou até o oferecimento da representação. E, como vimos anteriormente, a representação é instituto pré-processual por se tratar de condição de procedibilidade. Logo, não nos parece razoável a exigência de representação em processos já em curso, vez que o procedimento teria o condão ressuscitar ou fazer nascer instituto que nunca teve vida, pois a ação penal, anteriormente, era pública incondicionada.

Pode se argumentar que o mesmo fenômeno ocorreu quando da entrada em vigor da Lei 9.099/95, que alterou a natureza da ação nos crimes de lesões leves e culposas. Ocorre que, nessa hipótese específica, o legislador estabeleceu regra própria no art. 91, dispondo que "nos casos em que esta Lei passa a exigir representação para a propositura da ação penal pública, o ofendido ou seu representante legal será intimado para oferecê-la no prazo de trinta dias, sob pena de decadência".

No âmbito do STF, conforme vimos, o Pleno entendeu pela retroatividade irrestrita, ou seja, alcançando também os processos em curso.

A divergência persistia também no âmbito do STJ entre a 5ª e 6ª Turmas, sendo que a primeira entendia por inaplicável a retroatividade aos processos em curso e a segunda pela retroatividade. A 3ª Seção do STJ, contudo, havia pacificado a questão no âmbito da corte no julgamento do HC 610.201[36], seguindo a trilha da irretroatividade para alcançar os processos em curso. Não obstante, à vista da decisão do Supremo Tribunal Federal, houve mudança de entendimento no âmbito do STJ (HC 836158/SP, j. 05.07.23), para determinar sua aplicação de forma irrestrita, na mesma esteira do STF.

11.11.4 Ação penal nos crimes contra a dignidade sexual

A Lei 13.718/18 alterou a natureza da ação penal nos crimes contra a dignidade sexual, encerrando a divergência então existente. A partir de 25 de setembro de 2018, todos os crimes contra a dignidade sexual passaram a ser processados por ação penal pública incondicionada em razão da nova redação do art. 225 do CP.

Contudo, há que se atentar para o fato de que os fatos praticados anteriormente à alteração legislativa seguem a regra anterior determinada pela Lei 12.015/09, que estabelecia como regra a ação penal pública condicionada à representação, salvo nos casos de crimes sexuais contra menores de 18 anos e vulneráveis[37], processáveis por ação penal pública incondicionada.

11.11.5 Ação penal no crime de invasão de dispositivo informático

O art. 154-B do CP dispõe que "nos crimes definidos no art. 154-A, somente se procede mediante representação, salvo se o crime é cometido contra a administração

36. DJe 08.04.21.

37. Sendo a vulnerabilidade temporária o STJ entendeu, no HC 276.510, que a natureza da ação é pública condicionada à representação.

pública direta ou indireta de qualquer dos Poderes da União, Estados, Distrito Federal ou Municípios ou contra empresas concessionárias de serviços públicos".

Por sua vez, o art. 154-A do CP prevê dois delitos, consagrados no *caput* e §1º. No que tange à figura típica do *caput*, não existe qualquer espécie de dúvida, vez que o tipo pressupõe vítima certa e determinada, passível, portanto, de representação.

A figura do §1º, contudo, nos traz um problema por se tratar de crime de perigo abstrato. Vejamos o dispositivo:

> § 1º Na mesma pena incorre quem produz, oferece, distribui, vende ou difunde dispositivo ou programa de computador com o intuito de permitir a prática da conduta definida no *caput*.

A previsão típica, de fato, contempla um crime de perigo abstrato, que não possui vítima determinada, circunstância que exige a realização de interpretação sistêmica.

BRASILEIRO[38] (2020, p. 373), não sem coerência, analisando a questão, destaca que:

> Apesar de o art. 154-B do CP não fazer qualquer ressalva em relação ao crime do art. 154, § 1º, do CP, como o fez, por exemplo, em relação aos crimes cometidos contra a administração pública direta ou indireta, parece-nos que, em tal hipótese, a ação penal também será pública incondicionada. Se o crime do art. 154-A, § 1º, do CP, não possui vítima determinada, não haveria ninguém para oferecer a representação. Se dissermos, então, que tal crime depende de representação, teríamos que chegar à conclusão (absurda) de que o legislador teria criado um crime cuja persecução penal é impossível. O direito deve ser interpretado de maneira inteligente, não de modo que a ordem legal envolva um absurdo, conclusões inconsistentes ou impossíveis.

Ocorre que a natureza da ação penal, na hipótese, pública condicionada à representação, é capaz de gerar a extinção da punibilidade do agente pela decadência e, afastar a previsão legal do art. 154-B do CP, ainda que em flagrante erro legislativo, significaria realizar interpretação desfavorável ao réu, em violação aos princípios reitores do processo penal.

Há necessidade, portanto, de compatibilização das normas para que, harmonicamente, possam subsistir no ordenamento jurídico sem que se realize interpretação desfavorável ao réu e, simultaneamente, crie-se uma situação de impossibilidade de deflagração do processo penal.

Nos crimes vagos, em que não há vítima certa e determinada, a vítima é a coletividade. Não nos parece incorreto dizer que sendo a vítima a coletividade, todos aqueles que se sentem prejudicados com a conduta são vítimas aptas a representar. Ainda que se fuja da compreensão tradicional dos crimes vagos ou de perigo abstrato, acreditamos ser a única solução apta a preservar as duas normas sem conflito, vez que se assegura a possibilidade de ocorrência da decadência, favorável ao réu, e, simultaneamente, se permite o processamento do delito, de interesse da sociedade.

11.12 EXTINÇÃO DA PUNIBILIDADE NAS AÇÕES PENAIS DE INICIATIVA PRIVADA

O art. 107 do Código Penal, em seus incisos IV e V, prevê três causas que fulminam o *ius puniendi estatal*: **decadência, renúncia, perdão do ofendido**. Não obstante terem sido previstos no Código Penal, seu estudo passa pelo Código de Processo Penal, que prevê diversas regras sobre os temas.

38. *op.cit.*

11.12.1 Decadência

Art. 38. Salvo disposição em contrário, o ofendido, ou seu representante legal, decairá no direito de queixa ou de representação, se não o exercer dentro do prazo de seis meses, contado do dia em que vier a saber quem é o autor do crime, ou, no caso do art. 29, do dia em que se esgotar o prazo para o oferecimento da denúncia.

A decadência, prevista no art. 107, inc. IV do CP, é a perda do direito de propor a ação penal de iniciativa privada ou representação em razão do seu não exercício no prazo legal.

O art. 38 do CPP é expresso ao assinalar a decadência, cujo efeito foi previsto no art. 107, IV do CP, em razão do não oferecimento da queixa no prazo legal de 6 (seis) meses (art. 103, CP), contados do dia em que o ofendido veio a saber quem é o autor do crime.

Por se tratar de regra de **direito material**, a contagem do prazo inclui o dia do início e exclui o do final (art. 10, CP). Igualmente, **o prazo, preclusivo, é improrrogável**. Tratando-se de hipótese de **continuidade delitiva**, não se considera a ficção jurídica para contagem do prazo, devendo ser realizada individualmente sobre cada fato integrante da cadeia criminosa. Por outro lado, existindo **coautoria**, a contagem do prazo se inicia na primeira data de conhecimento de qualquer um dos autores. No caso de oferecimento da queixa crime após o decurso do prazo decadencial, o ônus da prova de demonstrar que o conhecimento da autoria não ocorreu na data do fato é do querelante.

Situação peculiar ocorre nos casos em que a investigação é realizada por intermédio de inquérito policial não finalizado no prazo decadencial. Nesses casos, ainda assim o querelante deverá oferecer a queixa-crime se tiver conhecimento da autoria, com o escopo de impedir a ocorrência da decadência. Processualmente, nos parece que, não obstante oferecida a queixa-crime, o magistrado não poderá recebê-la ou rejeitá-la se faltarem elementos essenciais de prova, devendo suspender a análise do ato, praticado tão somente para impedir a ocorrência da decadência.

No caso das ações penais privadas subsidiárias da pública, o prazo é contado do dia em que se encerra prazo para o Ministério Público intentar a ação penal. Nesse caso, contudo, não se opera o efeito da extinção da punibilidade, pois o *parquet* pode oferecer a denúncia enquanto existir o interesse de agir, isto é, não tiver ocorrido a prescrição.

Outra exceção à regra do início da contagem do prazo decorre do art. 236 do CP, que prevê o crime de induzimento a erro essencial e ocultação de impedimento de casamento. Nesse caso, a contagem do prazo decadencial de seis meses começa a fluir da data do trânsito em julgado da sentença que, por motivo de erro ou impedimento, anule o casamento.

Ocorrendo a morte do ofendido, o prazo decadencial não é reaberto para os sucessores, de forma que terão disponível apenas o prazo remanescente para o ofendido. Assim, se ocorre a morte da vítima quando já havia decorrido dois meses do prazo, os sucessores deverão, caso queiram, propor a ação penal dentro dos quatro meses remanescentes, contados a partir do momento que tiverem conhecimento da autoria.

No tocante os crimes contra a propriedade imaterial que deixam vestígios, a previsão legal do art. 529 do CPP assinala que nos crimes de ação privativa do ofendido, não será admitida queixa com fundamento em apreensão e em perícia, se decorrido o prazo de 30 (trinta) dias, após a homologação do laudo.

Nesse sentido, conforme entendimento do STJ, é possível e adequado conformar os prazos previstos nos arts. 38 e 529, ambos do CPP, de modo que, em se tratando de crimes contra a propriedade imaterial que deixem vestígio, a ciência da autoria do fato delituoso dá ensejo ao início do prazo decadencial de 6 meses, sendo tal prazo reduzido para 30 dias se homologado laudo pericial nesse ínterim[39].

11.12.2 Renúncia ao direito de queixa

> Art. 49. A renúncia ao exercício do direito de queixa, em relação a um dos autores do crime, a todos se estenderá.
>
> Art. 50. A renúncia expressa constará de declaração assinada pelo ofendido, por seu representante legal ou procurador com poderes especiais.

A renúncia é o ato unilateral, **expresso ou tácito[40], pelo qual a vítima desiste de exercer o direito de ação, isto é, demonstra sua vontade anteriormente à propositura da ação penal. A renúncia expressa é aquela manifesta, assinada pelo ofendido, por seu representante legal ou procurador com poderes especiais** (art. 50, *caput*, CPP). A renúncia tácita, por sua vez, configura-se com a prática de algum ato incompatível com a vontade de exercer o direito de queixa. Não se configura, contudo, com o fato de o ofendido receber o valor da indenização causado pelo crime[41]. Pode ser comprovada por qualquer meio de prova, não se exigindo manifestação direta da vítima em juízo (art. 57, CPP).

Trata-se de causa extintiva de punibilidade prevista no art. 107, V do Código Penal, de forma que, restando evidenciada a renúncia, deverá ser declarada a extinção da punibilidade no âmbito das ações penais de iniciativa privada, salvo a subsidiária da pública, vez que nessa, ocorrendo a renúncia, continua a possibilidade de oferecimento da denúncia pelo Ministério Público.

No âmbito dos crimes de **competência do juizado especial**, a composição dos danos civis, realizada nos delitos de ação penal pública condicionada à representação e ação penal privada, acarreta a renúncia ao direito de queixa ou representação (art. 74, p. único, Lei 9.099/95).

Os legitimados para renunciar são aqueles que dispõem de legitimidade ativa para promoção da ação penal, conforme vimos no tópico próprio. Nesse sentido, tem-se que o teor do parágrafo único do art. 50 do CPP foi revogado tacitamente em razão da entrada em vigor do novo Código Civil, pois ainda prevê a renúncia por parte de representante legal de pessoa maior e capaz.

A renúncia ao exercício do direito de queixa em relação a um dos autores do crime estende-se a todos os concorrentes para o crime (art. 49 do CPP), dando vazão à chamada **extensibilidade da renúncia.** O STJ consagrou o entendimento de que uma vez oferecida a queixa, não mais se admite renúncia, posto que não há mais o que se renunciar.

---

39. REsp 1762142, Rel. Min. Sebastião Reis Júnior, j. 13.04.21.

40. Art. 104, CP. O direito de queixa não pode ser exercido quando renunciado expressa ou tacitamente.

41. Art. 104, CP. Parágrafo único - Importa renúncia tácita ao direito de queixa a prática de ato incompatível com a vontade de exercê-lo; não a implica, todavia, o fato de receber o ofendido a indenização do dano causado pelo crime.

A renúncia a que alude o art. 104 do CP diz respeito ao direito de queixa, não influindo no prosseguimento da ação penal já promovida. Então, oferecida a queixa-crime, não será mais cabível a renúncia. A pretensão do querelante de obstar o prosseguimento da ação penal pode ser acolhida pelo perdão do ofendido (arts. 105 e 106 do CP), a depender, contudo, da aceitação do querelado[42], ou ainda, pela possibilidade de dar causa à perempção.

Ocorrendo a morte do ofendido, o direito de queixa é transmitido ao cônjuge, ascendente, descendente ou irmão[43] (art. 31, CPP). A renúncia efetivada por qualquer um dos colegitimados não impede o direito dos demais de promover a competente ação penal.

11.12.3 Perdão do ofendido

O perdão do ofendido só tem sede nas ações penais privadas e obsta ao prosseguimento da ação (art. 105, CP). Trata-se de ato bilateral, que pressupõe a concessão do perdão pelo ofendido ou seu representante legal, e aceitação do autor da infração penal.

O perdão pode ser **expresso ou tácito** (art. 106, *caput*, CP) e deve ocorrer no curso da ação penal, até o trânsito em julgado da sentença condenatória (art. 106, §2º, CP). Assim como na renúncia tácita, o perdão tácito pode ser verificado com a prática de algum ato incompatível com a vontade de prosseguir na ação.

De acordo com os incisos do art. 106 do CP: se concedido a qualquer dos querelados, a todos aproveita; se concedido por um dos ofendidos, não prejudica o direito dos outros; se o querelado o recusa, não produz efeitos.

Extrai-se dos dispositivos que a extensão do perdão atinge todos os querelados, ainda que o querelante não o tenha desejado. Observa-se, também, que o direito é individual, pois não atinge o direito dos coquerelantes.

No que tange à necessidade de aceitação do perdão, entendemos que, não obstante a expressa previsão legal, o querelado até pode recusar o perdão, mas sua recusa não pode afastar a extinção da punibilidade. O argumento de que ao réu é conferido o direito de provar sua inocência é válido, mas tal direito não é absoluto. O *ius puniendi* pertence ao Estado e o processo penal é movido com o objetivo de salvaguardar os interesses estatais em preservar a norma jurídica e a confiança na norma. O fim do processo penal é apurar a imputação de um fato criminoso e não provar a inocência do réu, ainda que esse possa ser um dos seus efeitos.

O querelado é presumidamente inocente até prova e condenação em contrário. É, portanto, inocente até o trânsito em julgado da sentença penal condenatória. Prosseguir com o processo penal até o final para que se declare um *status* jurídico já existente e não controverso nos parece algo sem sentido prático e jurídico, pois não há interesse jurídico de agir. Entendimento contrário pode conduzir à conclusão de que o indivíduo possui interesse de agir em uma "ação declaratória de inocência".

O argumento de que a natureza da coisa julgada pode trazer impactos no cível não procede, posto que os assuntos discutidos na seara cível possuem cunho privado e não

---

42. Parece-nos um excessivo e desnecessário apego à forma, pois basta ao querelante abandonar a ação, isto é, dar causa à perempção, que os efeitos serão os mesmos para o réu.

43. Salvo nos casos de ação penal privada personalíssima.

interessam ao Estado de forma primária. O processo penal não pode ser movido ou ter continuidade somente porque o réu deseja a produção de coisa julgada para evitar ação cível de reparação de danos ou mover ação indenizatória. Os fins do processo penal são diversos e seu uso deve ser restrito à busca da verificação de existência e concretização do *ius puniendi* estatal.

Ademais, como salientamos na renúncia, ainda que o réu recuse o perdão do ofendido e tenha o desejo de provar sua inocência, basta ao querelante dar causa à perempção para que seja extinta a punibilidade do agente, motivo pelo qual a aceitação ou não do perdão não deve interferir na declaração da extinção da punibilidade. De toda sorte, o entendimento esposado não é dominante.

Registramos ainda, retomando a linha da doutrina dominante, que, de acordo com o art. 58 do CPP, intimado o querelado para se manifestar quanto ao perdão concedido, seu silêncio, após três dias, será concebido como aceitação. Trata-se do **efeito positivo do silêncio no processo penal**. O art. 59 do CPP ainda dispõe que a aceitação do perdão fora do processo constará de declaração assinada pelo querelado, por seu representante legal ou procurador com poderes especiais.

De acordo com o art. 53 do CPP, se o querelado for mentalmente enfermo ou retardado mental e não tiver representante legal, ou colidirem os interesses deste com os do querelado, a aceitação do perdão caberá ao curador que o juiz lhe nomear. Por sua vez, o art. 54 prevê que se o querelado for menor de 21 anos, observar-se-á, quanto à aceitação do perdão, a regra da renúncia ao direito de queixa. Conforme destacamos, não se cogita da figura da representação legal de maior capaz com menos de 21 anos.

11.12.3.1 Quadro comparativo

Renúncia	**Perdão do ofendido**
Distinções	
Ato unilateral	Ato bilateral
Concedido antes do oferecimento da queixa	Concedido no curso do processo
Não depende de aceitação	Depende de aceitação[44]
Fundamenta-se no princípio da conveniência e oportunidade	Fundamenta-se no princípio da disponibilidade
Características comuns	
Causas extintivas da punibilidade	
Concedidas a um dos agentes, estende-se aos demais	

44. Destacamos no texto que a necessidade de aceitação do perdão é inócua.

11.12.4 Perempção

> Art. 60. Nos casos em que somente se procede mediante queixa, considerar-se-á perempta a ação penal:
> I - quando, iniciada esta, o querelante deixar de promover o andamento do processo durante 30 dias seguidos;
> II - quando, falecendo o querelante, ou sobrevindo sua incapacidade, não comparecer em juízo, para prosseguir no processo, dentro do prazo de 60 (sessenta) dias, qualquer das pessoas a quem couber fazê-lo, ressalvado o disposto no art. 36;
> III - quando o querelante deixar de comparecer, sem motivo justificado, a qualquer ato do processo a que deva estar presente, ou deixar de formular o pedido de condenação nas alegações finais;
> IV - quando, sendo o querelante pessoa jurídica, esta se extinguir sem deixar sucessor.

A perempção é a sanção processual imposta ao querelante ou a seus sucessores em razão de negligência processual, que produz efeitos de natureza formal para o querelante e material para o querelado. Sob o aspecto formal, a inércia do querelante conduz à extinção do processo, e sob a perspectiva material, a omissão gera a necessidade de decretação da extinção da punibilidade do agente.

A perempção só ocorre nas ações penais de iniciativa privada propriamente ditas ou personalíssimas, não se aplicando às ações subsidiárias da pública, vez que além do Ministério Público poder assumir o polo ativo nesses casos, o *caput* do art. 60 do CPP expressamente restringe a aplicação do instituto na expressão "nos casos em que **somente se procede mediante queixa**".

A matéria foi regrada nos incisos I a IV do art. 60 do CPP:

I. quando, iniciada esta, o querelante deixar de promover o andamento do processo durante 30 dias seguidos: a inércia processual por período de trinta dias seguidos conduz à perempção. Contudo, o querelante deve ser intimado a dar andamento ao processo sob pena de não caracterização da perempção, vez que o impulso é oficial e há um rito a ser observado. Assim, se o juiz não despacha no processo, permanecendo esse paralisado, não há razões para se punir o querelante. Desse modo, a perempção só ocorrerá se o querelado, após ter ciência do andamento processual, deixar de se manifestar.

II. quando, falecendo o querelante, ou sobrevindo sua incapacidade, não comparecer em juízo, para prosseguir no processo, dentro do prazo de 60 (sessenta) dias, qualquer das pessoas a quem couber fazê-lo, ressalvado o disposto no art. 36: a previsão legal guarda, de certo modo, conexão com o art. 611 do novo CPC, que prevê a abertura do processo de inventário no prazo de dois meses. Em linhas gerais, os sucessores legais no processo penal – cônjuge, ascendentes, descendentes e irmãos – possuem o prazo de 60 dias para adotar todos os procedimentos relacionados à abertura da sucessão, dentre os quais se insere a continuidade do processo criminal. Não obstante o paralelo, aplica-se igualmente o mesmo prazo no caso de incapacidade do querelante. Segundo entendimento dominante, a legitimidade dos sucessores previstos no art. 36 do CPP é sequencial, sendo desnecessária a intimação dos sucessores, pois se trata de dever/direito previsto em lei.

III. quando o querelante deixar de comparecer, sem motivo justificado, a qualquer ato do processo a que deva estar presente, ou deixar de formular o pedido de condenação nas alegações finais: conforme a redação legal, a ausência do querelante, para caracterizar a perempção, precisa ser injustificada. Caracteriza-se, portanto, com sua ausência na audiência de instrução e julgamento ou ato de reconhecimento pessoal em juízo, entre outras. Há que se destacar, todavia, que não ocorre a perempção pela ausência do querelante na audiência de conciliação no âmbito dos crimes contra a honra de competência do juiz singular (art. 520 do CPP), vez que, tecnicamente, nessa fase ainda não há processo porquanto a queixa ainda não foi recebida. No tocante ao pedido de condenação, esse não precisa ser expresso, mas deve ressair, logicamente, da conclusão da leitura dos memoriais finais caso sejam apresentados por escrito. Ao contrário das ações penais pública iniciadas pelo Ministério Público, nas quais o magistrado tem liberdade de condenar mesmo com o *parquet* pleiteando a absolvição, no âmbito das ações de iniciativa privada o pedido de absolvição, em nossa compreensão, vincula o magistrado, pois caracteriza a perempção.

IV. quando, sendo o querelante pessoa jurídica, esta se extinguir sem deixar sucessor: trata a hipótese de situação de ausência de legitimado ativo, condição da ação que deve ser preservada não somente na fase da propositura da ação, mas em todo o processo.

11.13 PAPEL DO MINISTÉRIO PÚBLICO NA AÇÃO PENAL DE INICIATIVA PRIVADA

De acordo com o art. 29 do CPP, caberá ao Ministério Público aditar a queixa, repudiá-la e oferecer denúncia substitutiva, intervir em todos os termos do processo, fornecer elementos de prova, interpor recurso e, a todo tempo, no caso de negligência do querelante, retomar a ação como parte principal.

O prazo para o *parquet* aditar a queixa subsidiária é de 3 dias (art. 46, § 2º, do CPP). Contudo, este prazo não é preclusivo, pois pode proceder ao aditamento enquanto não encerrada a instrução.

No âmbito das ações penais privadas em geral, o Ministério Público atua como fiscal da ordem jurídica.

De acordo como o art. 46, §2º do CPP, "o prazo para o aditamento da queixa será de 3 dias, contado da data em que o órgão do Ministério Público receber os autos, e, se este não se pronunciar dentro do tríduo, entender-se-á que não tem o que aditar, prosseguindo-se nos demais termos do processo".

O dispositivo, contudo, não permite que o Ministério Público adite a denúncia para incluir corréu ou inove quanto aos fatos imputados[45]. As omissões do querelante referentes à omissão de eventual corréu ou imputação deficiente sofrem consequências próprias e inerentes ao regramento da ação penal privada, como a renúncia tácita por exemplo.

Sua função está restrita à verificação do respeito às normas regentes da ação penal privada e manifestação de mérito final, consoante entendimento majoritário. Para nós, sequer deveria exarar parecer meritório ao final, vez que eventual intervenção ministerial nesse sentido pode influir no julgamento pelo magistrado, quebrando a isonomia.

O Estado, quando conferiu ao ofendido a legitimidade para exercício do direito de ação, o fez de forma plena, sendo desnecessária a intervenção ministerial quanto ao mérito do processo. Sua atuação deve ser restrita à aplicação da lei penal como um todo, observando as formalidades típicas da ação penal privada e eventual aplicação de institutos despenalizadores, causas de extinção da punibilidade, entre outros.

---

45. "Nos termos do artigo 45 do CPP, a queixa poderá ser aditada pelo Ministério Público, ainda que se trate de ação penal privativa do ofendido, desde que não proceda é inclusão de coautor ou participe, tampouco inove quanto aos fatos descritos, hipóteses, por sua vez, inocorrentes na espécie" (STJ: HC 85.039/SP, rel. Min. Felix Fischer, 5ª Turma, J. 05.03.2009).

11.14 DENÚNCIA

Conforme destacamos em nosso Direito Penal - Parte Geral[46] – , a denúncia talvez seja a peça mais simples e ao mesmo tempo mais complexa de todas que permeiam a atuação do Ministério Público. Deve ser objetiva e simultaneamente trazer todas as circunstâncias do fato criminoso.

A denúncia é a petição inicial do processo penal acusatório litigioso, movida pelo Ministério Público contra o réu, na qual se imputa a prática de uma infração penal e pede, ao Estado-Juiz, a aplicação da sanção penal.

O Código de Processo Penal prevê os requisitos da denúncia no art. 41:

> Art. 41. A denúncia ou queixa conterá a exposição do fato criminoso, com todas as suas circunstâncias, a qualificação do acusado ou esclarecimentos pelos quais se possa identificá-lo, a classificação do crime e, quando necessário, o rol das testemunhas.

No entanto, a despeito da previsão legal, há regras ocultas que não foram contempladas pelo art. 41 do CPP e se encontram no art. 319 do Código de Processo Civil.

A exordial acusatória, como antecipamos acima, deve observar as normas dos art. 41 do CPP e art. 319 do CPC naquilo que for pertinente. Em linhas gerais, a denúncia, baseada na prova da existência do crime (materialidade) e indícios suficientes de autoria (PEC + ISA), será composta pelo endereçamento, qualificação das partes, exposição do fato criminoso com todas as suas circunstâncias, qualificação do crime, pedido com suas especificações, requerimento de provas a serem produzidas e rol de testemunhas, quando necessário.

O aditamento da denúncia preserva a mesma estrutura da denúncia, sendo apenas o meio pelo qual o Ministério Público acrescenta novos fatos criminosos ou indivíduos ao processo penal, podendo ainda ser utilizada para correção de imprecisões na imputação.

Para facilitar a compreensão, trataremos da estrutura da denúncia em três corpos: a) formal; b) substancial; e c) imputação e pedido ou final.

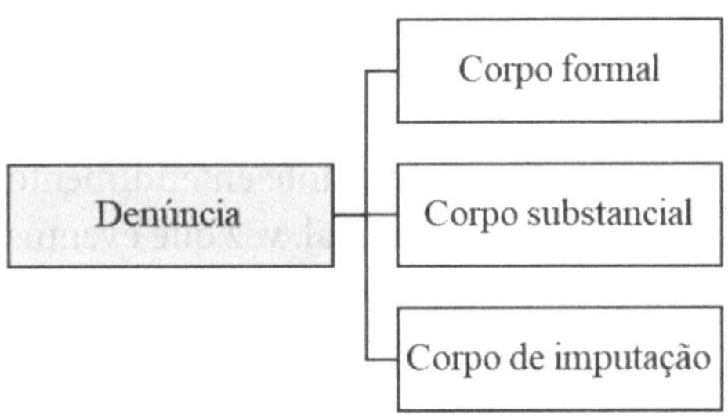

11.14.1 Corpo formal (1º Corpo)

No chamado corpo formal, registra-se o endereçamento, número dos autos e qualificação das partes. Engloba a indicação do juízo competente, da condição da ação da legitimidade das partes e indicação de satisfação da justa causa para a ação penal.

---

46. ABREU, Fernando. **Direito Penal para concursos**. 2ª ed. São Paulo, 2022, ed. Juspodivm.

11.14.1.1 Endereçamento

Tratando-se a denúncia de espécie de ação, naturalmente deverá ser endereçada ao juízo competente. Por sua vez, esse será definido pelas regras de competência previstas nos arts. 70 a 91 do CPP, devendo ainda serem observados os diversos posicionamentos jurisprudenciais que afastam a aplicação das regras gerais.

Um crime de furto, praticado na cidade de São Paulo, deve ter seu processamento realizado perante o juízo competente na comarca de São Paulo, segundo as normas de organização judiciária local. Portanto, ao descrever as circunstâncias do fato, que ainda veremos, deverá ser preservada a correlação lógica entre o local dos fatos e o endereçamento.

Segundo a melhor técnica, a denúncia deve ser endereçada ao juízo competente e não ao juiz, consoante se infere do inc. I do art. 319 do CPC:

> Art. 319. A petição inicial indicará:
>
> I - o juízo a que é dirigida;

Entretanto, na prática forense ainda predomina amplamente o endereçamento ao magistrado, por meio da fórmula "Excelentíssimo senhor juiz de direito da ___vara criminal da comarca de...".

11.14.1.2 Número dos autos

Após o endereçamento deverá ser registrado o número dos autos, como forma de se vincular a manifestação ao respectivo procedimento. Normalmente o registro é realizado após o endereçamento, não obstante na prática não ser incomum antes do endereçamento.

O registro do número se vincula à condição da justa causa da ação penal, uma das condições da ação.

11.14.1.3 Qualificação das partes

Expressamente prevista no art. 41 do CPP e art. 319 do CPC, a qualificação das partes liga-se à condição da ação da legitimidade das partes. Trata-se do momento em que o autor se apresenta e qualifica o agente ao Poder Judiciário como responsável pela prática de um ilícito culpável.

11.14.1.4 Qualificação do autor

A legitimidade ativa para o oferecimento da denúncia é conferida ao Ministério Público e, portanto, deve ser expressamente consignada na inicial acusatória. Por outro lado, a legitimidade passiva é conferida ao acusado pela prática da infração penal, impondo a lei o dever à acusação de qualificá-lo.

Pode ocorrer, todavia, de não serem reunidos os dados de qualificação do agente, seja por ausência de elementos de identificação ou uso de várias identidades. Nesses casos, chamados pela doutrina de **qualificação indireta**, deve o *parquet* apresentar esclarecimentos pelos quais o agente possa ser identificado.

É comum a inserção da expressão "por seu promotor de justiça abaixo assinado, no uso de suas atribuições legais", sendo igualmente corriqueira a substituição de "promotor de justiça" por "órgão de execução" ou a inserção da palavra "presentado" como indicativa do órgão de execução denunciante. Todas estão corretas, vez que não há forma exigida em lei. Ainda que comum no meio forense, o uso da expressão "representante legal" não é correto. O representante legal do *parquet*, por força de lei, é o Procurador-Geral de Justiça e não o promotor de justiça.

O importante é que se destaque a instituição, Ministério Público do respectivo Estado, e que sejam indicados os dispositivos legais fundamentadores da legitimidade e da denúncia. Nesse sentido, existem os fundamentos de natureza constitucional, atinentes ao devido processo legal (art. 5º inciso LIV, CF) e à ação penal em si (artigo 129, inciso I, CF), bem como os previstos na legislação infraconstitucional, art. 24 e 41 do CPP, art. 100, §1º do CP, e Lei 8.625/93.

Tratando-se de **ação penal pública condicionada à representação da vítima ou requisição do Ministro da Justiça**, deverá ser registrado também o art. 24 do CPP, bem como ser realizada **menção expressa à representação da vítima ou requisição do Ministro da Justiça**, haja vista que o direito de ação nesses casos é condicional e, portanto, há que se demonstrar a satisfação da condição de procedibilidade.

11.14.1.5 Qualificação do acusado

O acusado deverá ser qualificado de forma mais ampla possível, devendo o autor inserir todas as informações reunidas.

O inc. II do art. 319 do CPC indica que deverão ser registrados o nome, os prenomes, o estado civil, a existência de união estável, a profissão, o número de inscrição no Cadastro de Pessoas Físicas ou no Cadastro Nacional da Pessoa Jurídica, o endereço eletrônico, o domicílio e a residência do réu.

No âmbito do processo penal, a indicação do número do documento de identidade é de crucial importância, vez que os sistemas de registros policiais ainda se valem do referido documento para fins de identificação.

De igual sorte, a indicação da filiação e dos apelidos conhecidos é fundamental, pois não é incomum que as testemunhas refiram-se ao autor da infração penal pela alcunha[47].

Não existindo os dados de qualificação, deverá ser realizada a qualificação indireta quando não se obtém a correta qualificação do acusado ou demais elementos que possam identificá-lo juridicamente. Nesses casos, é imprescindível que se promova a identificação física com a maior riqueza de detalhes possível, indicando tatuagens, características físicas, local onde pode ser encontrado, apelidos etc.

11.14.1.6 Contra ou em face de?

Não há consenso doutrinário quanto ao uso da palavra "contra" ou da expressão "em face de", sendo verificadas ambas as hipóteses na prática. Observa-se, igualmente, o uso da palavra "em desfavor" de forma cotidiana.

47. Nesse sentido está o Manual de Atuação Funcional do Ministério Público do Estado de São Paulo, art. 47, inc. I: mencionar todos os nomes e apelidos usados pelo denunciado e as folhas dos autos em que se encontra sua qualificação, ou esclarecimentos pelos quais se possa identificá-lo e individualizá-lo.

Sabemos que a pretensão é deduzida contra o Estado para que esse imponha a sanção contra o réu. O autor não propõe a ação diretamente contra o réu, mas em face desse.

A melhor técnica processual sugere que o uso das expressões "em face de" ou "em desfavor de" seja o mais adequado, não obstante prevalecer na prática forense o uso do "contra".

De toda forma, por não existir consenso doutrinário e por todas as hipóteses estarem consagradas na *praxis*, tem se admitido o uso indiscriminado na prática forense. Não obstante, preferimos o uso das expressões "em face de" ou "em desfavor de", conforme verificado, por exemplo no espelho da peça prática do 59º Concurso para ingresso na carreira do Ministério Público do Estado de Goiás.

11.14.1.7 Síntese construtiva de modelo sugerido

Ao juízo da ___vara criminal da comarca de São Paulo/SP

Autos nº ____

O Ministério Público do Estado de____, com fulcro no artigo 5º, inciso LIV, artigo 129, inciso I, ambos da Constituição da República Federativa do Brasil, artigo 25, inciso III, da Lei 8.625/93, art. 100, §1º do CP, artigo 24, *caput*, artigo 41, ambos do Código de Processo Penal, com base nos inclusos autos de inquérito policial nº __/__, vem, respeitosamente, à presença de Vossa Excelência, oferecer denúncia em desfavor de:

João da Silva, alcunhado por "Joãozinho", brasileiro, vendedor, casado, nascido em 13/02/78, filho de Maria Silva e Pedro Silva, portador do documento de identidade nº 123.456/SP e CPF 123.000.000-00, residente e domiciliado na Rua das Flores, nº 123, bairro Centro, São Paulo/SP, qualificação a fls. 02 dos autos de inquérito policial,

pela prática do seguinte fato delituoso:

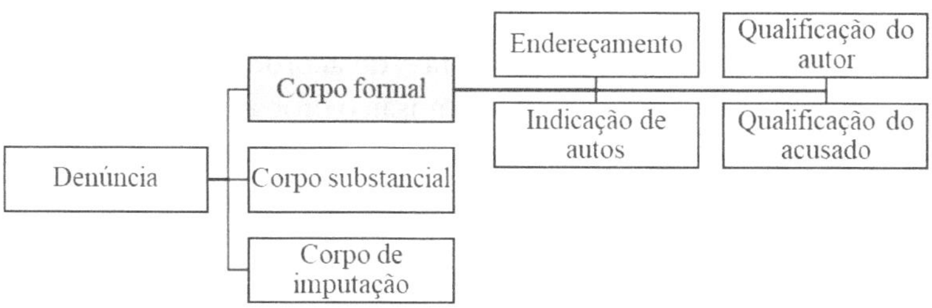

11.14.2 Corpo substancial (2º Corpo)

O segundo corpo da denúncia abrange a exposição do fato criminoso, com todas as suas circunstâncias (art. 41 do CPP), isto é, o fato e os fundamentos jurídicos do pedido (art. 319, III, do CPC).

Nessa parte da estrutura, devem ser registrados, com maior precisão possível, **o fundamento material da imputação, o tempo e lugar do crime, a subsunção da conduta à**

norma (tipicidade formal), inclusive das qualificadoras e causas de aumento de pena. Há Ministérios Públicos, como MPSP e MPGO, por exemplo, que orientam o registro das circunstâncias agravantes também no corpo da denúncia, conforme veremos mais adiante. Denominamos essa estrutura, para fins didáticos, de **parágrafo técnico**.

Além do aspecto formal a ser observado no parágrafo técnico, a denúncia deve conter a descrição dos fatos de forma sucinta, isto é, a história de como ocorreu o delito deve ser contada. Nomeamos essa estrutura, também para fins didáticos apenas, de **parágrafo fático**.

Não existe fórmula legal dizendo o que deve ou não constar nos parágrafos, de forma que a descrição dos fatos, realizada sob a perspectiva das normas citadas, é correta, independentemente de seu fracionamento. Em termos didáticos, a separação auxilia na compreensão e, em termos práticos, a análise da peça pelo magistrado, defesa e examinador do certame.

Vejamos as estruturas de forma separada.

11.14.2.1 Parágrafo técnico

No parágrafo técnico reside o coração da imputação, o ponto de ligação entre o Direito Penal e o Processo Penal. Está nele a residência da tipicidade.

O parágrafo técnico deve ser construído da forma mais **objetiva** possível, pautando-se na descrição objetiva dos fatos e adequado enquadramento típico, com uso de **todas as elementares típicas aplicáveis**. Pode ser desenvolvido tanto no início como na parte final da descrição fática, não obstante ser recomendável, para fins de aprendizado, sua estruturação no início.

O primeiro ponto a ser observado é o da indicação do **fundamento probatório da imputação**, isto é, o registro de que o fato a ser imputado na sequência encontra-se amparado documentalmente por prova da materialidade e indícios suficientes de autoria, requisitos da denúncia. Materializa-se, nesse ponto, a justa causa para a ação penal.

São usuais as expressões: "segundo consta", "de acordo com", "extrai-se" dos autos de inquérito policial (caderno investigativo, mosaico probatório, apuração inquisitorial e etc.). Não existe certo e errado nesse aspecto. O fundamental é que se mencione a existência de provas pré-constituídas da existência do crime e indícios suficientes de autoria (PEC + ISA).

O segundo estágio do parágrafo técnico é o da fixação do **tempo e local do crime**, circunstâncias imprescindíveis por diversos aspectos.

O tempo do crime delimita a prescrição e pode influir na caracterização de causas de aumento de pena (furto durante o repouso noturno, por exemplo) ou circunstâncias agravantes, como no caso de delito praticado durante o período de calamidade pública (art. 61, II, "j" do CP).

O lugar do crime fixa as regras de competência e, consequentemente, estabelece o juízo competente para a apreciação do caso. Dessa forma, o local do crime deve guardar relação de pertinência lógica entre a imputação e o endereçamento realizado no corpo formal, observando-se as regras de competência e a jurisprudência consolidada. Quando mais precisa a indicação, melhor a imputação e respeito ao direito de defesa.

Pode ocorrer de **não estar claro o horário em que o delito foi praticado**, havendo tão somente a indicação de período de tempo, como repouso noturno, no final de semana, no mês de julho ou no período compreendido entre duas datas.

De fato, num furto à residência praticado durante a ausência dos moradores, que se encontravam em viagem, não se saberá exatamente, salvo se registrado por câmeras de segurança, o horário ou o dia exato da subtração. Nesses casos, como o tempo do crime fixa a prescrição e essa deve ser interpretada em prol do acusado, deve ser considerado o primeiro dia possível da caracterização do fato criminoso para fins de prescrição. Na denúncia, contudo, pode ser registrado, sem problema algum, o período de tempo compreendido como possível para a subtração.

Percebam que ainda que não exista a informação concreta, é imprescindível a menção ao período de tempo, posto que exigida para o substancial exercício do direito de defesa e fixação da prescrição em abstrato.

A mesma construção deve ser realizada quanto ao lugar do crime. **Por vezes, não é possível identificar com precisão o local onde o agente deu início à conduta ou onde o delito se consumou**, regras adotadas pelo Código de Processo Penal no art. 70. Num crime de homicídio, por exemplo, a vítima pode ter sido atingida em um local e falecer somente no hospital. Para fins de imputação, ainda que o resultado tenha ocorrido no nosocômio, há que se perquirir o lugar da prática da conduta, pois as provas ali devem ser colhidas.

Nesses casos, de impossibilidade identificação do lugar exato do delito, deve-se construir a imputação da forma mais aproximada possível. Se o delito foi praticado na rua, indicar a via e o número defronte ou aproximado, se praticada no bairro, sem identificação da via, especificar algum ponto de referência ou bairro e assim sucessivamente até se chegar ao limite da competência territorial da comarca. Lembrando sempre que, independentemente da ausência de identificação, a informação deverá ser registrada.

O terceiro e último estágio do parágrafo técnico refere-se ao **enquadramento típico**. Trata-se do momento em que o **fato apontado como criminoso, como uma mão, veste-se com a luva da tipicidade**. Assim como a luva deve cobrir todos os dedos, o fato deve contemplar todas as elementares típicas, trazendo-os para concretude dos fatos.

É imprescindível que o **verbo núcleo** do tipo seja utilizado, **não se admitindo substituições**, ainda que com o mesmo significado. Assim, no crime de homicídio, por exemplo, deve ser utilizado o verbo matar. Trata-se de erro crasso não se valer da conduta nuclear.

Ainda vemos na prática algumas denúncias que descrevem "efetuou disparos de arma de fogo que foram a causa eficiente da morte da vítima". Com a devida vênia, o erro é ululante, vez que a tipicidade do crime de homicídio não se perfaz com a realização do verbo "efetuar", mas sim com a concretização da elementar típica nuclear "matar".

De igual forma, no terceiro estágio do parágrafo técnico devem ser realizadas as **substituições do tipo abstrato pelo fato praticado**. Assim, a "coisa alheia móvel" do crime de furto transforma-se no veículo de propriedade da vítima João, o "alguém" do crime do crime de homicídio transforma-se na Maria, vítima do feminicídio. Não segue a melhor técnica de imputação o uso abstrato do tipo penal.

É também nesse momento que devem ser indicadas e detalhadas as **qualificadoras e as causas de aumento e diminuição de pena de aplicação obrigatória**. As primeiras por integrarem um novo fato típico, qualificado, e as demais por impactarem, com patamares fixos de aumento e diminuição, a possível pena e, consequentemente, os institutos despenalizadores. Expressiva parte da doutrina e dos manuais de atuação funcional dos Ministérios Públicos dos Estados também recomendam a descrição das agravantes genéricas, não obstante serem matérias afeta à segunda fase da dosimetria da pena.

Vejamos a construção com um modelo-base.

11.14.2.1.1 Modelo-base

Vejamos as hipóteses de furto simples consumado, tentado, qualificado e agravado com causa de aumento de pena e circunstâncias agravantes.

Dispositivos aplicáveis às hipóteses:

> Art. 155 - Subtrair, para si ou para outrem, coisa alheia móvel:
>
> Pena - reclusão, de um a quatro anos, e multa.
>
> § 1º - A pena aumenta-se de um terço, se o crime é praticado durante o repouso noturno.
>
> § 2º - Se o criminoso é primário, e é de pequeno valor a coisa furtada, o juiz pode substituir a pena de reclusão pela de detenção, diminuí-la de um a dois terços, ou aplicar somente a pena de multa.
>
> § 3º - Equipara-se à coisa móvel a energia elétrica ou qualquer outra que tenha valor econômico.
>
> Furto qualificado
>
> § 4º - A pena é de reclusão de dois a oito anos, e multa, se o crime é cometido:
>
> I - com destruição ou rompimento de obstáculo à subtração da coisa;
>
> II - com abuso de confiança, ou mediante fraude, escalada ou destreza;
>
> III - com emprego de chave falsa;
>
> IV - mediante concurso de duas ou mais pessoas.
>
> Art. 14 - Diz-se o crime:
>
> II - tentado, quando, iniciada a execução, não se consuma por circunstâncias alheias à vontade do agente.

➔ Furto simples consumado

Narram as peças informativas do incluso inquérito policial que, no dia dois de julho de 2022, por volta de 14h30min, na Rua das Pétalas, nº 91, bairro Centro, cidade e comarca de São Paulo/SP, o denunciado subtraiu, para si, o veículo Gol, placa AAA-1234, de propriedade da vítima Tício, avaliado em trinta mil reais conforme laudo de avaliação indireto a fls.___.

➜ Furto simples tentado

Narram as peças informativas do incluso inquérito policial que, no dia dois de julho de 2022, por volta de 14h30min, na Rua das Pétalas, nº 91, bairro Centro, cidade e comarca de São Paulo/SP, o denunciado tentou subtrair, para si, o veículo Gol, placa AAA-1234, de propriedade da vítima Tício, avaliado em trinta mil reais conforme laudo de avaliação indireto a fls.___, não obtendo êxito por circunstâncias alheias à sua vontade.

Narram as peças informativas do incluso inquérito policial que, no dia dois de julho de 2022, por volta de 14h30min, na Rua das Pétalas, nº 91, bairro Centro, cidade e comarca de São Paulo/SP, o denunciado tentou subtrair, para si, o veículo Gol, placa AAA-1234, de propriedade da vítima Tício, não obtendo êxito por circunstâncias alheias à sua vontade, **vez que foi impedido por populares**.

A descrição da circunstância impeditiva pode ser realizada no parágrafo técnico sem qualquer problema. Adverte-se apenas para que não se estenda por demais, uma vez que o detalhamento completo será realizado no parágrafo fático.

➜ Furto qualificado consumado

Narram as peças informativas do incluso inquérito policial que, no dia dois de julho de 2022, por volta de 14h30min, na Rua das Pétalas, nº 91, bairro Centro, cidade e comarca de São Paulo/SP, o denunciado subtraiu, para si, mediante rompimento de obstáculo, o veículo Gol, placa AAA-1234, de propriedade da vítima Tício, avaliado em trinta mil reais conforme laudo de avaliação indireto a fls.___.

Narram as peças informativas do incluso inquérito policial que, no dia dois de julho de 2022, por volta de 14h30min, na Rua das Pétalas, nº 91, bairro Centro, cidade e comarca de São Paulo/SP, o denunciado subtraiu, para si, o veículo Gol, placa AAA-1234, de propriedade da vítima Tício, avaliado em trinta mil reais conforme laudo de avaliação indireto a fls.___, **mediante o rompimento do cadeado que travava o volante do automóvel**.

Narram as peças informativas do incluso inquérito policial que, no dia dois de julho de 2022, por volta de 14h30min, na Rua das Pétalas, nº 91, bairro Centro, cidade e comarca de São Paulo/SP, o denunciado, **em concurso com terceira pessoa não identificada**, subtraiu, para si, o veículo Gol, placa AAA-1234, de propriedade da vítima Tício, avaliado em trinta mil reais conforme laudo de avaliação indireto a fls.___.

Assim como na hipótese da tentativa, não há óbices à realização de breve descrição contextual das circunstâncias do fato.

➜ Furto consumado com causa de aumento de pena

Narram as peças informativas do incluso inquérito policial que, no dia dois de julho de 2022, por volta de 22h30min, na Rua das Pétalas, nº 91, bairro Centro, cidade e comarca de São Paulo/SP, o denunciado subtraiu, durante o repouso noturno, uma televisão LCD, marca X, de propriedade da vítima Tício, avaliada em dois mil reais conforme laudo de avaliação indireto a fls.____.

Consolidemos a construção de nosso modelo-base até o presente momento:

Ao juízo da ___vara criminal da comarca de São Paulo/SP

Autos nº _____

O Ministério Público do Estado de São Paulo, com fulcro no artigo 5º, inciso LIV, artigo 129, inciso I, ambos da Constituição da República Federativa do Brasil, artigo 25, inciso III, da Lei 8.625/93, art. 100, §1º do CP, artigo 24, *caput*, artigo 41, ambos do Código de Processo Penal, com base nos inclusos autos de inquérito policial nº __/__, vem, respeitosamente, à presença de Vossa Excelência, oferecer denúncia em desfavor de:

João da Silva, alcunhado por "Joãozinho", brasileiro, vendedor, casado, nascido em 13/02/78, filho de Maria Silva e Pedro Silva, portador do documento de identidade nº 123.456/SP e CPF 123.000.000-00, residente e domiciliado na Rua das Flores, nº 123, bairro Centro, São Paulo/SP, qualificação a fls. 02 dos autos de inquérito policial,

pela prática do seguinte fato delituoso:

Narram as peças informativas do incluso inquérito policial que, no dia dois de julho de 2022, por volta de 14h30min, na Rua das Pétalas, nº 91, bairro Centro, cidade e comarca de São Paulo/SP, o denunciado subtraiu, para si, o veículo Gol, placa AAA-1234, de propriedade da vítima Tício, avaliado em trinta mil reais conforme laudo de avaliação indireto a fls.____.

11.14.2.2 Parágrafo fático

O parágrafo fático visa esclarecer as circunstâncias da prática delitiva. Nesse, ao contrário do parágrafo técnico, não se exige a estrita vinculação aos termos do tipo penal, não obstante ser recomendável a preservação da técnica de imputação. Pode ser desenvolvido no início da imputação, apesar de ser recomendável sua construção após a imputação formal.

Visa, essencialmente, contextualizar a prática do delito, trazendo informações úteis e essenciais ao magistrado e à defesa. É, em nossa compreensão, o momento adequado para se especificar eventuais circunstâncias agravantes por não interferirem no tipo penal base, mas possuírem a capacidade de contextualizar o fato criminoso. Ao contrário das causas especiais de aumento e diminuição de pena, que interferem na pena com patamares fixos legalmente previstos, as circunstâncias agravantes não reúnem tal característica, não interferindo, portanto, na avaliação dos benefícios despenalizadores como a transação penal, acordo de não persecução penal e suspensão condicional do processo.

Não obstante a existência de liberdade na descrição dos fatos, deve-se ater àqueles fatos que efetivamente contribuem para o esclarecimento do crime. **Afasta-se, dessa forma, os dados acessórios e irrelevantes para a caracterização e contextualização do fato.**

O agente que, por exemplo, subtrai uma bicicleta e emprega fuga, consuma o crime de furto. Assim, salvo no caso de eventuais crimes de favorecimento pessoal ou real, se foge para a residência da tia ou do pai é circunstância irrelevante para caracterização do crime. Da mesma forma, é irrelevante o fato do agente, após ter estuprado a vítima, ter comparecido normalmente ao trabalho.

Há que se ter, portanto, a capacidade de contextualizar o fato de sorte a trazer somente os dados que reúnem capacidade de interferir no teor da decisão final, isto é, relevantes para caracterização do fato em si e do elemento subjetivo por de trás da conduta.

A objetividade é fundamental, especialmente em provas que envolvem a confecção da peça prática, vez que o examinador estará incumbido da correção de diversas provas e o excesso de informações desnecessárias pode ser prejudicial.

Não se deve, em hipótese alguma, fazer referência à doutrina e a jurisprudência no corpo da peça, vez que nessa se imputa a prática do delito. A convicção do órgão ministerial é formada de acordo com seu livre convencimento, como fruto da independência funcional e não precisa ser demonstrada por citações no corpo da peça.

De igual forma, não é recomendável menções às causas especiais de diminuição de pena previstas na Parte Especial ou às atenuantes da Parte Geral do Código Penal, pois tratam de matérias de defesa não relacionadas à imputação típica. Isso não significa que o *parquet* não as possa reconhecer em sede de análise de suspensão condicional do processo ou memoriais finais, por exemplo. Apenas não guardam relação com a imputação típica e devem ser sobremaneira evitadas na denúncia.

Segundo nosso modelo-base, vejamos exemplos de parágrafos fáticos:

Extrai-se dos autos que o denunciado, após perceber que a vítima havia deixado o portão aberto, ingressou na garagem da residência e subtraiu o automóvel do ofendido.

Obs. no contexto, para onde foi com o veículo é dado acessório e irrelevante.

Extrai-se dos autos que o denunciado, ao perceber que a vítima havia deixado a chave do veículo sobre a mesa, apoderou-se dessa e furtou o automóvel. (O uso do verbo furtou não representa prejuízo à técnica, posto que o verbo nuclear, "subtrair", já foi utilizado no parágrafo técnico).

Consolidamos, assim, nosso segundo corpo da denúncia:

Ao juízo da ___vara criminal da comarca de São Paulo/SP

Autos nº ____

O Ministério Público do Estado de São Paulo, com fulcro no artigo 5º, inciso LIV, artigo 129, inciso I, ambos da Constituição da República Federativa do Brasil, artigo 25, inciso III, da Lei 8.625/93, art. 100, §1º do Código Penal, artigo 24, *caput*, artigo 41, ambos do Código de Processo Penal, com base nos inclusos autos de inquérito policial nº __/__, vem, respeitosamente, à presença de Vossa Excelência, oferecer denúncia em desfavor de:

João da Silva, alcunhado por "Joãozinho", brasileiro, vendedor, casado, nascido em 13/02/78, filho de Maria Silva e Pedro Silva, portador do documento de identidade nº 123.456/SP e CPF 123.000.000-00, residente e domiciliado na Rua das Flores, nº 123, bairro Centro, São Paulo/SP, qualificação a fls. 02 dos autos de inquérito policial, pela prática do seguinte fato delituoso:

Narram as peças informativas do incluso inquérito policial que, no dia dois de julho de 2022, por volta de 14h30min, na Rua das Pétalas, nº 91, bairro Centro, cidade e comarca de São Paulo/SP, o denunciado subtraiu, para si, o veículo Gol, placa AAA-1234, de propriedade da vítima Tício, avaliado em trinta mil reais conforme laudo de avaliação indireto a fls.___.

Extrai-se dos autos que o denunciado, após perceber que o ofendido havia deixado o portão aberto, ingressou na garagem da residência e subtraiu o automóvel da vítima.

Obs. A técnica de imputação normativa ao final pode ser utilizada perfeitamente. Há casos em que seu uso facilita o enquadramento normativo. Vejamos o mesmo exemplo acima com a imputação invertida:

Narram as peças informativas do incluso inquérito policial que, no dia dois de julho de 2022, por volta de 14h30min, na Rua das Pétalas, nº 91, bairro Centro, cidade e comarca de São Paulo/SP, o denunciado, após perceber que a vítima havia deixado o portão aberto, ingressou na garagem da residência e subtraiu o automóvel do ofendido Tício, avaliado em trinta mil reais conforme laudo de avaliação indireto a fls.___.

Assim agindo, subtraiu, para si, o veículo Gol, placa AAA-1234, de propriedade da vítima Tício.

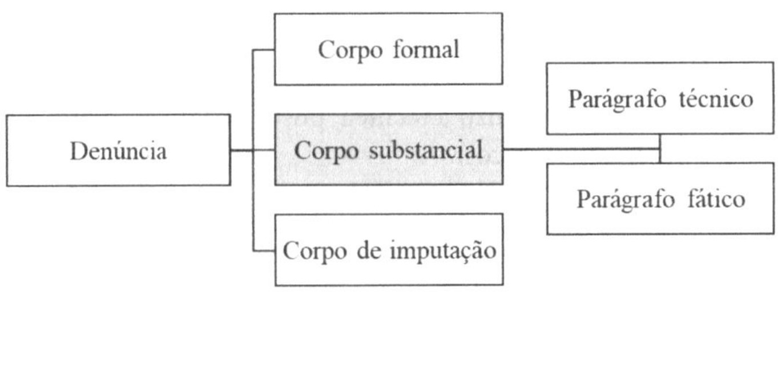

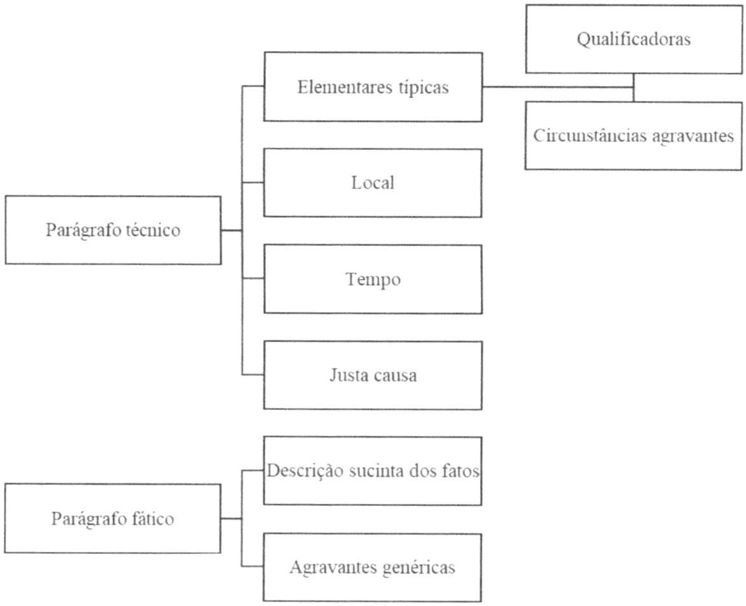

11.14.3 Corpo de imputação e pedido (corpo final)

A parte final da denúncia contempla a imputação formal no dispositivo legal adequado, o pedido de produção de provas e o pedido de condenação.

Em nosso exemplo, a conduta do denunciado amolda-se ao tipo penal previsto no art. 155, *caput*, do Código Penal. E, portanto, a imputação normativa deve indicar exatamente o tipo penal praticado pelo agente.

Sabemos que o acusado defende-se dos fatos imputados e não da capitulação apresentada ao final da denúncia, de forma que eventual erro material de tipificação não causará prejuízos na prática forense. Contudo, em provas de segunda etapa, certamente o examinador descontará preciosos pontos pela indicação errônea.

Vejamos, portanto, o enquadramento normativo:

Posto isso, o Ministério Público do Estado de São Paulo denuncia João da Silva pela prática do crime previsto no art. 155, *caput*, do Código Penal...

Em razão do exposto, denúncia João da Silva como incurso no art. 155, *caput*, do Código Penal...

Atenção no último exemplo para preservação da concordância nominal. Se, ao iniciar a peça, for registrado o Ministério Público como autor, o "denuncia" deve concordar nominalmente com o autor, o MP.

Deve-se evitar, sobremaneira, o uso da primeira pessoa.

Eventuais regras de concurso de crime, causas de aumento e diminuição e agravantes devem ser registradas no momento da imputação normativa.

Realizada a imputação normativa, ingressa-se na seara procedimental, com o requerimento recebimento da denúncia, citação, observância do rito adequado e requerimento de provas.

Em tese não seria necessário indicar o rito a ser seguido, pois o juiz conhece o Direito. Contudo, é usual na prática forense e nos certames a indicação, especialmente quando houver necessidade de atendimento da prioridade na tramitação, a exemplo do art. 394-A do CPP, que prevê a prioridade nos procedimentos por crimes hediondos e que envolvam violência contra a mulher.

De igual sorte, é imprescindível a realização do pedido de produção de provas, consoante se infere do art. 41 do CPP e art. 319, VI do CPC[48]. Ainda que não existam testemunhas a serem ouvidas, o pedido, ainda que genérico de produção de provas, deverá ser formulado em razão do princípio da oportunidade.

Especificamente no que toca ao rol de vítimas e testemunhas, é de crucial importância que se observe a posição jurídica da pessoa a ser inquirida, pois, em se tratando de vítima, por exemplo, não será computada para o número máximo de oito testemunhas do procedimento ordinário.

Outro detalhe de suma importância para nós, em que pese usual na prática forense e diversos espelhos de provas de segunda etapa trazerem um modelo diferente, reside na posição do rol de vítimas e testemunhas. Não é incomum que as bancas examinadoras tragam o rol após o registro do nome, cargo e local para assinatura. O procedimento, apesar de corriqueiro, é inadequado. O **rol integra a peça e a subscrição dessa deve ser realizada após o rol e não antes**.

O **rol apresentado após a assinatura é apócrifo**. Subscreve-se todo o teor da peça e não somente o corpo da denúncia.

Por fim, deve ser formulado o pedido de condenação de forma expressa[49], registrando-se igualmente o pedido de reparação do dano à vítima, se houver, na forma do art. 387, IV do Código de Processo Penal, e o pedido de aplicação dos efeitos não automáticos da condenação aplicáveis ao caso.

48. VI - as provas com que o autor pretende demonstrar a verdade dos fatos alegados;
Art. 41. [...] e, quando necessário, o rol das testemunhas

49. Art. 319, IV do CPC: o pedido com as suas especificações.

<table>
<tr><th colspan="3">Efeitos da Condenação</th></tr>
<tr><td>Principal</td><td colspan="2">✓ Imposição da sanção penal e sua execução forçada</td></tr>
<tr><td rowspan="5">Secundários</td><td colspan="2">Penais</td></tr>
<tr><td colspan="2">✓Induz a reincidência (art. 83, do CP);
✓Maus antecedentes (art. 59, do CP);
✓Regime mais grave para a pena privativa de liberdade se for praticado novo delito (art. 33, §2º, do CP);
✓Impedimento de concessão do sursis, art. 77, I, do CP;
✓Revogação obrigatória ou facultativa do sursis, (art. 81, I e §1º, do CP);
✓Impedimento de concessão do livramento condicional (Art. 112, VI, "a", da LEP, Art. 112, VIII, da LEP e art. 2º, §9º, da Lei 12.850/13);
✓Revogação obrigatória ou facultativa do livramento condicional (art. 86, caput, e art. 87, do CP);
✓Aumento ou interrupção do prazo da prescrição da pretensão executória (arts. 110, caput, e 117, VI, do CP), em razão da reincidência quando da prática de novo crime;
✓Revogação da reabilitação, como consequência do reconhecimento da reincidência (art. 95 do CP);
✓Possibilidade de conversão da pena restritiva de direitos em pena privativa de liberdade (art. 44, §5º, do CP);
✓Repercussões na legislação especial e Parte Especial do Código Penal quando o tipo penal ou circunstâncias exigem a primariedade ou fazem referência à reincidência (art. 149, §2º, art. 155, §2º, art. 168-A, §3º, 171, §1º, art. 180, §5º e art. 337-A, §2º, todos do CP);
✓Impedimento de concessão de transação penal, suspensão condicional do processo e acordo de não persecução penal (art. 76, §1º e 89, caput, da Lei nº 9.099/95 e art. 28-A, §2º, II, do CPP).</td></tr>
<tr><td colspan="2">Extrapenais</td></tr>
<tr><td>Genéricos</td><td>Específicos – não automáticos (em regra, art. 92 §1º)</td></tr>
<tr><td>✓Tornar certa a obrigação de indenizar o dano causado pelo crime (art. 91, I do CP); automático;
✓A perda em favor da União dos instrumentos e produto do crime (art. 91, II do CP); automático;
✓Perda, como produto ou proveito do crime, dos bens correspondentes à diferença entre o valor do patrimônio do condenado e aquele que seja compatível com o seu rendimento lícito (somente para crimes cuja pena máxima cominada seja superior a seis anos de reclusão (art. 91-A do CP); não automático;
✓Suspensão dos direitos políticos (art. 15, III, da CF) automático[50].</td><td>✓Perda de cargo, função pública ou mandato eletivo quando aplicada pena privativa de liberdade por tempo igual ou superior a um ano, nos crimes praticados com abuso de poder ou violação de dever para com a Administração Pública (art. 92, I, "a", do CP) (automático nos crimes praticado contra a mulher por razões da condição do sexo feminino, inc. III do §2º do art. 92, CP);
✓Perda do cargo, função pública ou mandato eletivo quando for aplicada pena privativa de liberdade por tempo superior a 4 (quatro) anos nos demais casos (art. 92, I, "b", do CP) (automático nos crimes praticado contra a mulher por razões da condição do sexo feminino, inc. III do §2º do art. 92, CP);
✓a incapacidade para o exercício do poder familiar, da tutela ou da curatela nos crimes dolosos sujeitos à pena de reclusão cometidos contra outrem igualmente titular do mesmo poder familiar, contra filho, filha ou outro descendente, tutelado ou curatelado, bem como nos crimes cometidos contra a mulher por razões da condição do sexo feminino, nos termos do § 1º do art. 121-A deste Código (automático nos casos de crime praticado contra a mulher por razões da condição do sexo feminino);
✓Inabilitação para dirigir veículo, quando utilizado como meio para a prática de crime doloso (art. 92, III, do CP).</td></tr>
</table>

50 RExt 61.182.

	Efeitos especiais
Secundários	✓ Vedação a nomeação, designação ou diplomação em qualquer cargo, função pública ou mandato eletivo entre o trânsito em julgado da condenação até o efetivo cumprimento da pena para os condenados por crime praticado contra a mulher por razões da condição do sexo feminino (art. 92, §2º, II, CP); ✓ Pode ensejar a demissão por justa causa (art. 482, "d" da CLT); ✓ Interdição para exercício de cargo, função ou emprego público pelo dobro do prazo da pena aplicada (§ 5º, do art. 1º da Lei de Tortura); ✓ Inabilitação para o exercício de atividade empresarial, impedimento para o exercício de cargo ou função em conselho de administração, diretoria ou gerência das sociedades sujeitas à Lei de Falências e a impossibilidade de gerir empresa por mandato ou por gestão de negócio (art. 181 da Lei de Falências); ✓ Expropriação de propriedades rurais e urbanas utilizadas para cultura ilegal de plantas psicotrópicas (art. 243 da CF); ✓ Expropriação de veículos, embarcações, aeronaves e outros meios de transporte utilizados para prática dos crimes previstos na Lei de Drogas (art. 62, §4º); ✓ Suspensão do funcionamento do estabelecimento particular por prazo não superior a três meses (art. 16 da Lei de Preconceito Racial); ✓ Interdição para o exercício de função ou cargo público pelo prazo de 8 (oito) anos subsequentes ao cumprimento da pena (art. 2º, §6º, da Lei de Organizações Criminosas); ✓ Perda, em favor da União – e dos Estados, nos casos de competência da Justiça Estadual –, de todos os bens, direitos e valores relacionados, direta ou indiretamente, à prática dos crimes previstos nesta Lei, inclusive aqueles utilizados para prestar a fiança (art. 7º, I, da Lei de Lavagem de Capitais); ✓ Interdição do exercício de cargo ou função pública de qualquer natureza e de diretor, de membro de conselho de administração ou de gerência das pessoas jurídicas referidas no art. 9º, pelo dobro do tempo da pena privativa de liberdade aplicada (art. 7º, II, da Lei de Lavagem de Capitais); ✓ Inabilitação para o exercício de cargo, mandato ou função pública, pelo período de 1 (um) a 5 (cinco) anos, desde que reincidente específico. Efeito não automático. (art. 4º, II, §2º da Lei de Abuso de Autoridade); ✓ Perda, em favor da Agência, ressalvado o direito do lesado ou de terceiros de boa-fé, dos bens empregados na atividade clandestina, sem prejuízo de sua apreensão cautelar (art. 4º da Lei nº 9.472/97); ✓ Impedimento de Casamento (art. 1521, VII, do CC); ✓ Impedimento de administração (art. 1011, §1º, do CC); ✓ Impossibilidade do exercício da tutela (art. 1.735, IV, do CC); ✓ Possibilidade de revogação de doação (art. 557, I, do CC); ✓ Exclusão da sucessão (art. 1814, I, do CC); ✓ Indignidade (1815-A, CC).

O STJ tem entendimento fixado[51] no sentido de que a falta de pedido expresso de condenação não macula a denúncia, não se tratando de requisito essencial à validade dessa. Não obstante a brecha jurídica criada pelo guardião da lei federal, não nos parece

51. RHC 15542/CE.

o melhor caminho, especialmente para fins de provas de concurso. O autor deve sempre evidenciar o que pede ao magistrado.

Os pedidos acessórios não relacionados ao mérito, como prisão, juntada de certidões para análise de satisfação dos requisitos da suspensão condicional do processo, expedição de ofícios e etc., não devem ser realizados no corpo da denúncia. Não que possamos dizer que esteja errado fazê-lo, o procedimento apenas não guarda a melhor técnica, vez que a denúncia deve ser mais limpa possível, voltada para o pedido final.

Normalmente, a doutrina recomenda que os pedidos acessórios de cunho instrumental, à exceção da oitiva de testemunhas, sejam realizados na "cota de oferecimento da denúncia". De fato, é que se tem verificado nas provas de segunda etapa e nos manuais de atuação funcional.

A inserção de pedidos acessórios na denúncia acaba por prejudicar a clareza e o objetivo precípuo da inicial acusatória de trazer a imputação.

Vejamos um exemplo de construção, seguindo nosso modelo-base:

[...] pelo que requer o Ministério Público o recebimento da denúncia, a citação do denunciado para apresentar resposta à acusação, observando-se o rito definido nos art. 394, §1º, inc. I e seguintes do Código de Processo Penal, a produção de provas admitidas em direito, especificamente a oitiva das testemunhas e vítima a seguir arroladas e, ao final, seja o denunciado condenado à sanção na medida de sua culpabilidade e ao ressarcimento do dano à(s) vítima(s) (e sucessores)[52], com fixação de valor mínimo de indenização, na forma do art. 387, IV do Código de Processo Penal.

Rol de pessoas a serem ouvidas

Vítima(s)

1 – nome, qualificação;

Testemunha(s)

1 - nome, qualificação;

2 - nome, qualificação[53];

São Paulo/SP, 15 de julho de 2022.

Promotor(a) de justiça

Desenvolvida de forma construtiva nossa denúncia modelo, vejamos o texto completo:

Ao juízo da ___vara criminal da comarca de São Paulo/SP

Autos nº ____

52. Se for o caso.

53. Até 8 testemunhas no procedimento ordinário para cada fato imputado.

O **Ministério Público do Estado de São Paulo, com fulcro** no artigo 5º, inciso LIV, artigo 129, inciso I, ambos da Constituição da República Federativa do Brasil, artigo 25, inciso III, da Lei 8.625/93, art. 100, §1º do CP, artigo 24, *caput*, artigo 41, ambos do Código de Processo Penal, com base nos inclusos autos de inquérito policial nº __/__, vem, respeitosamente, à presença de Vossa Excelência, **oferecer denúncia em desfavor** de:

João da Silva, alcunhado por "Joãozinho", brasileiro, vendedor, casado, nascido em 13/02/78, filho de Maria Silva e Pedro Silva, portador do documento de identidade nº 123.456/SP e CPF 123.000.000-00, residente e domiciliado na Rua das Flores, nº 123, bairro Centro, São Paulo/SP, qualificação a fls. 02 dos autos de inquérito policial,

pela prática do seguinte fato delituoso:

Narram as peças informativas do **incluso inquérito policial** que, **no dia** dois de julho de 2022, **por volta** de 14h30min, **na** Rua das Pétalas, nº 91, bairro Centro, cidade e **comarca de São Paulo/SP**, o denunciado **subtraiu, para si**, o **veículo** Gol, placa AAA-1234, de **propriedade da vítima** Tício, avaliado em trinta mil reais conforme laudo de avaliação indireto a fls.____.

Extrai-se dos autos que o denunciado, após perceber que a vítima havia deixado o portão aberto, ingressou na garagem da residência e subtraiu o automóvel da vítima.

Em razão do exposto, **denuncia** João da Silva como incurso no art. 155, *caput*, do Código Penal, pelo que requer o Ministério Público o **recebimento da denúncia**, a **citação** do denunciado para apresentar resposta à acusação, observando-se **o rito** definido nos art. 394, §1º, inc. I e seguintes do Código de Processo Penal, a **produção de provas** admitidas em direito, especificamente a **oitiva das testemunhas e vítima** a seguir arroladas e, ao final, seja o denunciado **condenado** à sanção na medida de sua culpabilidade, bem como ao **ressarcimento do dano** à vítima, com fixação de valor mínimo de indenização, na forma do art. 387, IV do Código de Processo Penal.

Rol de pessoas a serem ouvidas

Vítima(s)

1 – Tício, qualificação;

Testemunha(s)

1 - nome, qualificação;

2 - nome, qualificação[54];

São Paulo/SP, 15 de julho de 2022.

Promotor de justiça

54. Até 8 testemunhas no procedimento ordinário para cada fato imputado.

Negritamos, apenas para fins didáticos, alguns itens que obrigatoriamente devem constar da peça, independentemente do Estado para fins de provas.

As palavras e expressões utilizadas de forma instrumental podem ser substituídas perfeitamente. Não existe um vernáculo oficial para a produção da peça. Deve-se preservar, contudo, o enquadramento típico.

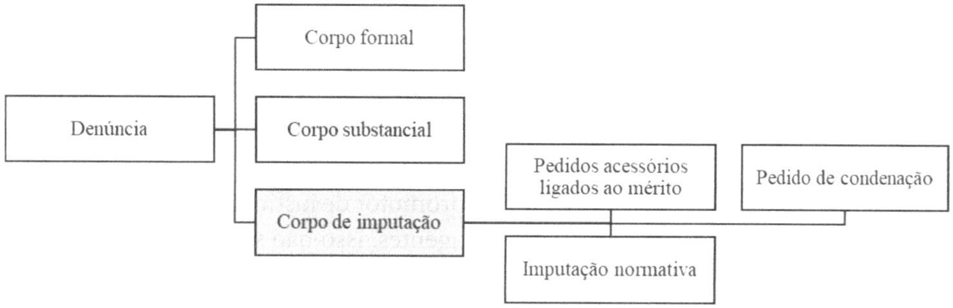

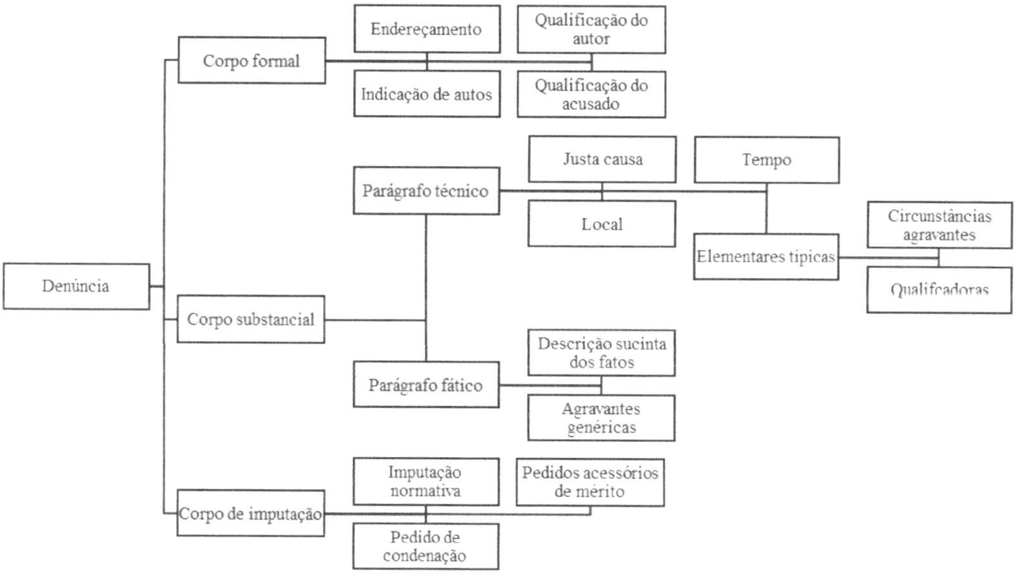

O modelo apresentado é objetivo e busca preservar a melhor técnica no oferecimento da inicial acusatória. Compreendida a lógica da construção, qualquer outro delito pode ser submetido ao presente modelo.

11.15 ADITAMENTO À DENÚNCIA

O aditamento à denúncia é a modificação da acusação inicial para inclusão de novos fatos (infrações penais, qualificadoras ou causas de aumento de pena) ou corréus, ou ainda para retificar o teor da acusação com lastro na prova carreada na instrução (art. 384 do CPP).

Ocorre o aditamento, portanto, quando se descobre, no curso da instrução que o furto simples originalmente imputado na realidade era qualificado, vez que praticado em concurso de pessoas. Assim, para que o magistrado possa condenar o agente pela figura qualificada, deverá o Ministério Público aditar a denúncia para incluir a circunstância qualificadora, vez que o magistrado não poderá condenar o agente pelo delito qualificado caso não exista o aditamento. Ainda, pode o aditamento quando se conhece, na instrução, o coautor do delito ou, também quando se descobre uma nova infração penal conexa.

O aditamento pode ser realizado a qualquer tempo, desde que anterior à sentença. Proferida a decisão, cabe ao Ministério Público ofertar nova denúncia quanto aos novos delitos ou agentes, vez que inviável se torna o aditamento de algo que já foi objeto de decisão.

O adiantamento não é obrigatório, pois o promotor de justiça pode optar por ofertar nova denúncia em razão dos novos fatos ou agentes. Isso não significa, contudo, que a faculdade processual o exima de observar o princípio da obrigatoriedade da ação penal, isto é, deverá agir de qualquer forma, seja aditando ou ofertando nova denúncia.

O aditamento da denúncia não interrompe novamente a prescrição, vez que essa foi interrompida com o recebimento da denúncia. Contudo, tratando-se de aditamento que inclui novo fato criminoso, haverá a interrupção da prescrição tão somente quanto a esse fato, vez que, na prática, o aditamento equivale a uma nova denúncia pelo novo fato.

No que toca ao aditamento para inclusão de novo réu, a doutrina diverge quanto a interrupção da prescrição. Renato Brasileiro entende que a prescrição se refere ao fato e não agente, sustentando que não há interrupção da prescrição com o aditamento, vez que essa foi interrompida com o recebimento da denúncia. Aury Lopes Jr., por outro lado, sustenta a interrupção da prescrição, aduzindo que

> se não fossem as regras da continência e da conexão, haveria a abertura de um novo processo, com a prescrição correndo até o momento do recebimento dessa (nova) denúncia. Assim, para o corréu que não havia sido acusado, o aditamento marca o seu ingresso no processo e não pode ele ser prejudicado – pelo efeito retroativo do marco interruptivo da prescrição – pelo recebimento de uma denúncia que não era contra ele[55].

De fato, o aditamento da denúncia para inclusão de corréu ou partícipe equivale ao oferecimento de nova denúncia, sendo que o recebimento desse produz o efeito de interrupção da prescrição quanto ao novo réu. Entendimento contrário teria o condão de prejudicar o agente que sequer foi denunciado originariamente com a interrupção da prescrição pelo fato imputado a outrem.

11.15.1 Espécies de aditamento

O aditamento da denúncia é classificado pela doutrina em próprio e impróprio.

a) **aditamento próprio**: verifica-se quando há a inclusão de novos fatos ou agentes no processo por serem desconhecidos no momento do oferecimento da denúncia.

55. LOPES JR., Aury. **Direito processual penal e sua conformidade constitucional**. Vol. II. Rio de Janeiro: Editora Lumen Juris, 2009, p. 381.

Subdividimos o aditamento próprio em formal, objetivo primário ou secundário e subjetivo: a) o **aditamento próprio formal** é aquele que tão somente retifica ou inclui dispositivo legal na peça acusatória; b) o **aditamento objetivo primário** é aquele que acrescenta circunstância qualificadora ou causa de aumento de pena ao fato já denunciado; c) **aditamento objetivo secundário** é aquele que inclui nova infração penal ao processo; e d) o **aditamento próprio subjetivo** é aquele que inclui no polo passivo da demanda um novo agente, até então desconhecido.

b) **aditamento impróprio**: é concebido pela doutrina na hipótese de retificação de algum **erro material** constante na denúncia, como a qualificação equivocada, local do crime diverso do narrado, indicação do dispositivo no qual o acusado encontra-se incurso e etc. Não há alteração fática, mas tão somente retificação ou **eventual esclarecimento** necessário.

Classifica-se ainda o aditamento segundo sua voluntariedade, sendo espontâneo quando realizado de ofício pelo promotor justiça após verificar a necessidade de aditar a denúncia, ou provocado, quando o próprio magistrado aponta para o Ministério Público a necessidade de aditamento conforme se verifica nas hipóteses de *mutatio libelli* (art. 384, §1º do CPP), da provocação constante do art. 417 do CPP, referente à fase de pronúncia, e 419 do CPP, quando ocorre a desclassificação pelo juízo sumariamente para crime não doloso contra a vida, vez que ao magistrado não cabe classificar o delito. Nesse sentido é a lição de LIMA[56] (2009, P. 203):

> não podem, tanto o juiz que operou a desclassificação, quanto o juiz que se tornou competente, classificar o novo delito a ser imputado, senão em tese ou genericamente na decisão desclassificatória, devendo ser, assim, oferecido aditamento pelo *parquet*, que importará verdadeira retificação, aduzindo novos fatos ou modificando o especial fim de agir, sendo que, em regra, será imputado delito menos grave em vista da desclassificação perada (v.g., tentativa de homicídio para lesões corporais)

11.16 QUEIXA-CRIME

A queixa crime segue a mesma lógica da denúncia, modificando-se tão somente quanto ao legitimado ativo e particularidades processuais para seu oferecimento, como a exigência de procuração com poderes específicos e outros detalhes conforme se infere do art. 44 do CPP, sendo que eventuais deficiências da procuração[57], para nós, podem ser supridas até o fim o prazo decadencial[58][59]:

> Art. 44. A queixa poderá ser dada por procurador com poderes especiais, devendo constar do instrumento do mandato o nome do querelante e a menção do fato criminoso, salvo quando tais esclarecimentos dependerem de diligências que devem ser previamente requeridas no juízo criminal.

---

56. LIMA, Marcellus Polastri. **Manual de processo penal**. 2ª ed. Rio de Janeiro: Editora Lumen Juris, 2009.

57. Não se exige o reconhecimento de firma nos termos do art. 105 do CPC e art. 5, §2º da Lei 8.906/94, apesar do STJ possui julgado em sentido contrário (REsp 616.435/PE).

58. STF: RHC 105.920/RJ.

59. Predomina a doutrina que as deficiências da procuração podem ser sanadas a qualquer tempo. O STF possui posicionamento nesse sentido, desde que o querelante também tenha assinado a petição inicial (HC 83.412/GO).

11.16.1 Aditamento da queixa-crime

O aditamento da queixa-crime diferencia-se, de forma substancial, do aditamento da denúncia. Apesar da queixa-crime poder ser aditada até a sentença, há regras específicas que limitam o exercício do aditamento.

Nesse sentido, ao contrário do que ocorre com a denúncia, que permite ao Ministério Público o aditamento a qualquer tempo até a sentença, o querelante só poderá aditar a queixa-crime para incluir novo fato dentro do prazo decadencial, desde que não o conheça antes da propositura da ação penal original, pois nesse caso, haverá a renúncia tácita quanto a tal fato. Assim, o querelante não pode, por exemplo, aditar a queixa para incluir um novo fato do qual teve conhecimento após o oferecimento da queixa a qualquer tempo, vez que igualmente terá que observar o prazo decadencial de seis meses.

É perfeitamente possível, para nós, que o querelante venha a aditar a queixa-crime para incluir elementares ou circunstâncias descobertas no curso da instrução processual, nos termos do art. 384, *caput*, do CPP.

De igual modo, não pode o querelante aditar a queixa-crime para incluir corréu quando se evidencie que o conhecia como autor da infração penal desde o primeiro momento, tendo optado por ofertar a queixa somente contra um dos agentes. Nesse caso, opera-se a renúncia tácita ao direito de queixa em razão do princípio da indivisibilidade na forma do art. 49 do CPP, de sorte que o aditamento deverá ser rejeitado e o processo original deverá ser extinto, com a consequente declaração de extinção da punibilidade do réu originalmente processado.

A redação do art. 45 do CPP induz à interpretação equivocada ao dizer que "a queixa, ainda quando a ação penal for privativa do ofendido, poderá ser aditada pelo Ministério Público, a quem caberá intervir em todos os termos subsequentes do processo". Não obstante a deficiente redação legal, o Ministério Público não pode, em hipótese alguma, aditar a queixa-crime referente a delito de ação de iniciativa privada. Ao contrário, deverá zelar pelos princípios reitores da ação penal de iniciativa privada como fiscal da ordem jurídica, pedindo, por exemplo, a rejeição queixa por violação do princípio da indivisibilidade quando o querelante ofertar a ação penal apenas contra um dos agentes. Conforme vimos no estudo da ação penal privada subsidiária da pública, somente nessa hipótese o *parquet* poderá aditar a queixa-crime, vez que legitimado originário para propositura da ação.

11.17 PRAZO PARA OFERECIMENTO DA INICIAL ACUSATÓRIA

> Art. 46. O prazo para oferecimento da denúncia, estando o réu preso, será de 5 dias, contado da data em que o órgão do Ministério Público receber os autos do inquérito policial, e de 15 dias, se o réu estiver solto ou afiançado. No último caso, se houver devolução do inquérito à autoridade policial (art. 16), contar-se-á o prazo da data em que o órgão do Ministério Público receber novamente os autos.
>
> § 1º Quando o Ministério Público dispensar o inquérito policial, o prazo para o oferecimento da denúncia contar-se-á da data em que tiver recebido as peças de informações ou a representação.
>
> § 2º O prazo para o aditamento da queixa será de 3 dias, contado da data em que o órgão do Ministério Público receber os autos, e, se este não se pronunciar dentro do tríduo, entender-se-á que não tem o que aditar, prosseguindo-se nos demais termos do processo.

O prazo para oferecimento da inicial acusatória para nós possui natureza processual, não se confundindo com o prazo da prisão, de natureza material, de forma que não se conta o dia do início, mas se inclui o dia do final, podendo haver prorrogação do prazo quando esse tenha seu vencimento em dia não útil (art. 798 do CPP).

O prazo geral, de **cinco dias para réus presos e quinze dias para soltos**, pode sofrer alterações nos termos da legislação especial. Vejamos as hipóteses legais:

Norma	Prazo
Regra geral	05 dias para réus presos e 15 dias para soltos
Lei de Drogas - Lei 11.343/06 - art. 54	10 dias para réu preso ou solto
Crimes contra a economia popular - Lei 1.521/51 - art. 10, §2º	2 dias para réu preso ou solto
Código de Processo Penal Militar	5 dias para réu preso e 15 dias para réu solto (poderá ser prorrogado prazo ao dobro e, até o triplo, por situação excepcional e se o acusado não estiver preso) (art. 79, §1º, do CPPM)
Código Eleitoral - Lei 4.737/65 - art. 357	10 dias para réu preso ou solto

11.18 CONCEITOS E TEMAS DIVERSOS SOBRE A AÇÃO PENAL

11.18.1 Criptoimputação

A chamada criptoimputação, nomenclatura utilizada por Mazzili e Scarance Fernandes, representa a situação na qual a denúncia possui uma grave deficiência na descrição dos fatos, tornando incompreensível seu conteúdo de forma lógica. Seu conteúdo, portanto, em analogia à criptografia, revela se de modo codificado, truncado, prejudicando a compreensão.

11.18.2 Denúncia geral e crimes societários

No processo penal, o acusado defende-se dos fatos descritos na inicial. Esses fatos, dessa forma, devem ser pormenorizados à medida do possível para permitir o amplo direito de defesa.

No âmbito da doutrina e jurisprudência, realiza-se a distinção entre denúncia geral e denúncia genérica. O Min. Edson Fachin, no julgamento do HC 22.265/BA[60], valendo-se

60. Cumpre assinalar, por relevante, a diferenciação entre denúncia genérica (fato incerto e imprecisamente descrito) e geral. Na última, tem-se a acusação da prática de fato específico atribuído a diversas pessoas, ligadas por circunstâncias comuns, mas sem a indicação da responsabilidade individual do fato. A título de esclarecimento, trago a seguinte lição sobre denúncia geral (sem grifo no original): "Ocorre, entretanto, que quando o órgão de acusação imputa a todos, indistintamente, o mesmo fato delituoso, independentemente das funções exercidas por eles na empresa ou sociedade (e, assim, do poder de gerenciamento ou de decisão sobre a matéria), a hipótese não será nunca de inépcia da inicial, desde que seja certo e induvidoso o fato a eles atribuídos. A questão relativa à efetiva comprovação de eles terem agido da mesma maneira é, como logo se percebe, matéria de prova, e não pressuposto de desenvolvimento válido e regular do processo. Com efeito, quando se diz que todos os sócios da determinada sociedade, no exercício da sua gerência e administração, com poderes de mando e decisão, em data certa, teriam deixado de recolher, no prazo

das lições de Eugênio Pacelli, em síntese, destacou que a denúncia geral somente será cabível em casos excepcionais, onde todos os envolvidos tenham praticado a mesma conduta, de forma que se revele impossível identificar os atos praticados pelos agentes de forma isolada, mas num contexto de acordo de vontades, gerenciamento ou poder decisório. Por outro lado, a denúncia genérica, inadmissível segundo o STF, ocorre quando na peça acusatória for apontada a existência de várias condutas diferentes na realização do crime (ou crimes), praticadas por vários agentes, sem especificação da correspondência concreta entre uma (conduta) e outro (agente), de forma a se constatar a dificuldade tanto para o exercício amplo da defesa quanto para a individualização das penas.

Ocorre que nem sempre é possível a descrição completa e individualizada dos comportamentos praticados, especialmente nos casos de coautoria, quando os agentes fracionam os comportamentos utilizando máscaras ou capuzes que não permitem a identificação, como num crime de extorsão mediante sequestro ou roubo a um banco. Nesses casos, torna-se impossível a individualização do comportamento, de forma que o comportamento típico pode ser atribuído a todos de forma geral, no sentido da não individualização do comportamento, vez que essa é, de fato, impossível.

Na esfera dos crimes societários, praticados por sócios, mandatários, administradores ou responsáveis por uma pessoa jurídica, os Tribunais Superiores têm admitido a denúncia geral, a exemplo do julgamento do HC 85.579/MA pelo STF:

> (...) tratando-se de crimes societários, não é inepta a denúncia em razão da mera ausência de indicação individualizada da conduta de cada indiciado. Configura condição de admissibilidade da denúncia em crimes societários a indicação de que os acusados sejam de algum modo responsáveis pela condução da sociedade comercial sob a qual foram supostamente praticados os delitos. (...) No caso concreto, a denúncia é apta porque comprovou, de plano, que todos os denunciados eram, em igualdade de condições, solidariamente responsáveis pela representação legal da sociedade comercial envolvida. (2ª Turma, Rel. Min. Gilmar Mendes, DJ 24.06.05)

A jurisprudência mais recente tem caminhado no sentido de não se admitir a denúncia genérica nos crimes societários, exigindo-se que se estabeleça o vínculo do administrador

---

legal, contribuição ou outra importância destinada à previdência social que tenha sido descontada de pagamento efetuado a segurados, a terceiros (...) (atual art. 168-A, CP), está perfeitamente delimitado o objeto da questão penal, bem como a respectiva autoria. Não há, em tais situações, qualquer dificuldade para o exercício da defesa ou para a correta capitulação do fato imputado aos agentes. A hipótese não seria de acusação genérica, mas geral. Acaso seja provado que um ou outro jamais teriam exercido qualquer função de gerência ou administração na sociedade, ou que cumpriam função sem qualquer poder decisório, a solução será de absolvição, mas nunca de inépcia. É nesse sentido a decisão da Suprema Corte, no julgamento do HC nº 85.579/MA, Rel. Min. Gilmar Mendes, 24.5.2005 (Informativo STF nº 389, 1.6.2005). Questão diversa poderá ocorrer quando a acusação, depois de narrar a existência de vários fatos típicos, ou mesmo várias condutas que contribuem ou estão abrangidas pelo núcleo de um único tipo penal, imputá-las, genericamente, a todos os integrantes da sociedade, sem que se possa saber, efetivamente, quem teria agido de tal ou qual maneira. Nesse caso, e porque na própria peça acusatória estaria declinada a existência de várias condutas diferentes na realização do crime (ou crimes), praticadas por vários agentes, sem especificação da correspondência concreta entre uma (conduta) e outro (agente), seria possível constatar a dificuldade tanto para o exercício amplo da defesa quanto para a individualização das penas. A hipótese seria de inépcia da inicial, por ausência de especificação da medida da autoria ou participação, por incerteza quanto à realização dos fatos. O que deve ser observado, pois - e insistimos nisso - é o preenchimento, pela peça acusatória, das exigências relativas à tutela da efetividade do processo (correta classificação do fato, pelo juiz) e da ampla defesa. Somente sob tal perspectiva explica-se a orientação jurisprudencial no sentido de que, tratando-se de crimes de autoria coletiva, é admitida uma imputação geral aos acusados, reservando-se à fase instrutória a delimitação precisa de cada uma delas. (HC nº 22.265/BA STF DJ, I, 17.2.2003). (OLIVEIRA, Eugênio Pacelli de. Curso de Processo Pena l. Lumen Juris. 10. ed., 2008. p. 153-154).

com o fato imputado, de forma que a descrição, de forma direta e objetiva, da ação ou omissão do agente tem sido imprescindível.

Não obstante o entendimento, correto em nossa compreensão, há que se levar em consideração a natureza dos crimes societários e a dificuldade de descrever comportamentos praticados às ocultas, sem vítimas diretas, e normalmente praticados com sensível interregno entre o fato, a descoberta do fato e a imputação.

Não se pode olvidar, no âmbito dos crimes societários, das teorias do domínio do fato, dos aparatos verticalizados de poder e autoria de escritório, sendo as duas primeiras consagradas por Roxin e a terceira por Zaffaroni. De igual modo, a teoria da cegueira deliberada assume importante papel na seara dos crimes societários, de forma que seus conceitos podem ser utilizados como meio de descrever as condutas dos agentes, vez que, via de regra, a objetivação da descrição comportamental não será possível.

A utilização dos conceitos de tais teorias não confere à denúncia o status de genérica, pois evidenciam a posição de poder, emissão de ordem ou omissão deliberada, circunstâncias hábeis a apontar a responsabilidade penal, razão pela qual se amoldam à formatação de denúncia geral.

11.18.3 Imputação alternativa

Segundo JARDIM[61] (2000, p. 149):

> "diz-se alternativa a imputação quando a peça acusatória vestibular atribui ao réu mais de uma conduta penalmente relevante, asseverando que apenas uma delas efetivamente terá sido praticada pelo imputado, embora todas se apresentem como prováveis, em face da prova do inquérito. Desta forma, fica expresso, na denúncia ou queixa, que a pretensão punitiva se lastreia nesta *ou* naquela ação narrada".

A imputação alternativa não é admitida no sistema processual, vez que a acusação deve ser certa e determinada, exigência natural do direito de defesa. Assim, o fato de o agente ter sido encontrado na posse de um veículo furtado caracteriza o crime de receptação, ainda que possa ter sido o autor do delito do furto. Dessarte, ainda que exista probabilidade de que tenha sido o autor da infração penal antecedente, não existindo elementos de prova suficientes para imputar o furto ao sujeito, a imputação deverá ser fundada no crime previsto no art. 180 do CP.

Não se admite, portanto, que na denúncia conste que o agente subtraiu para si o veículo **ou** adquiriu coisa que sabia produto de crime. O órgão acusador deve, sobremaneira, expor sua *opinio delicti* na inicial acusatória, indicado sua convicção por apenas um dos possíveis comportamentos.

Afrânio Silva Jardim ainda diferencia a **imputação alternativa em objetiva ampla**, quando recai sobre o crime em si (furto ou receptação, por exemplo), e **imputação alternativa objetiva restrita**, quando a alternatividade incide sobre uma qualificadora (rompimento de obstáculo ou escalada no furto, por exemplo).

No que tange à **imputação alternativa subjetiva**, relacionada à sujeito passivo da ação penal, a doutrina a subdivide em **simples**, quando há dúvida sobre a autoria do delito, como nos casos de lesões corporais recíprocas nas quais ambos os agentes alegam

---

61. *op.cit.*

legítima defesa, e **complexa**, quando há divergência não só quando ao sujeito ativo da infração penal, mas também quanto ao próprio crime, como nos casos de corrupção ativa e passiva, quando não se sabe, precisamente, se o funcionário público solicitou a vantagem indevida entregue pelo particular, autor da corrupção ativa.

11.19 SÍNTESE GRÁFICA

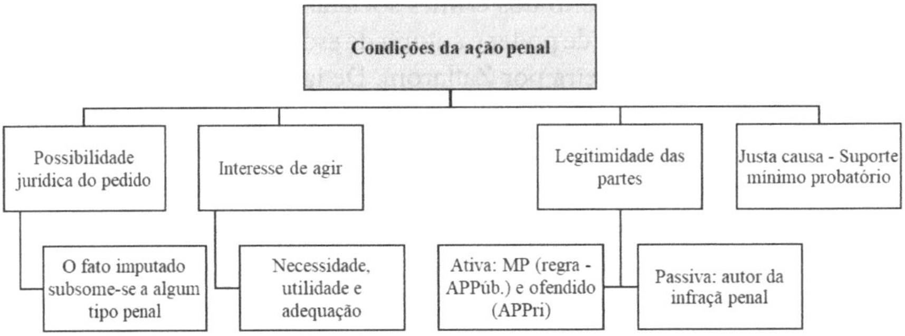

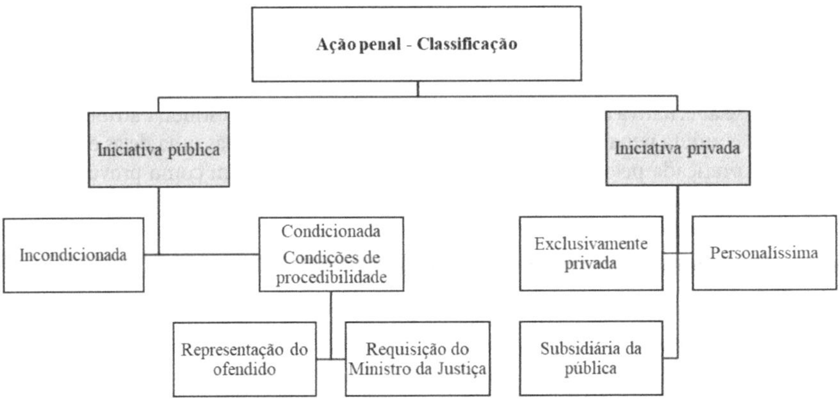

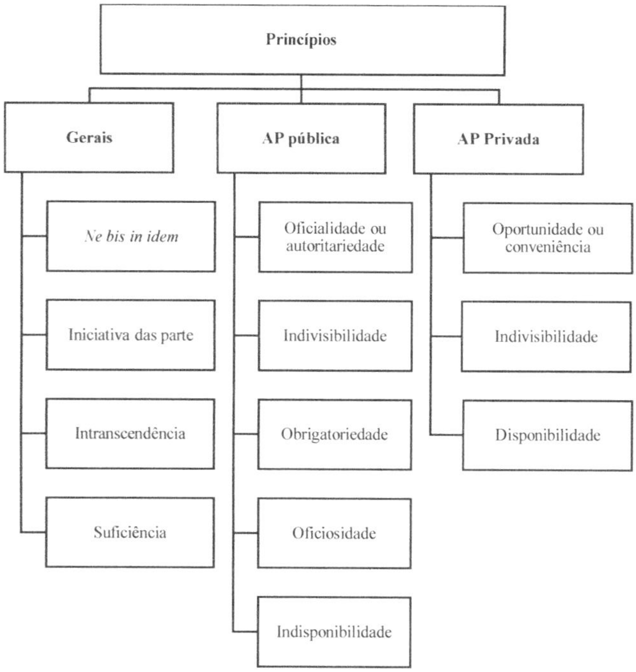
Princípios
Gerais
AP pública
AP Privada
Ne bis in idem
Iniciativa das parte
Intranscendência
Suficiência
Oficialidade ou autoritariedade
Indivisibilidade
Obrigatoriedade
Oficiosidade
Indisponibilidade
Oportunidade ou conveniência
Indivisibilidade
Disponibilidade

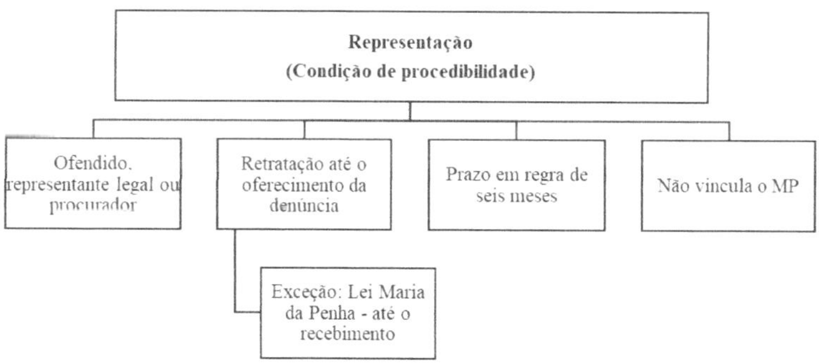
Representação
(Condição de procedibilidade)
Ofendido, representante legal ou procurador
Retratação até o oferecimento da denúncia
Prazo em regra de seis meses
Não vincula o MP
Exceção: Lei Maria da Penha - até o recebimento

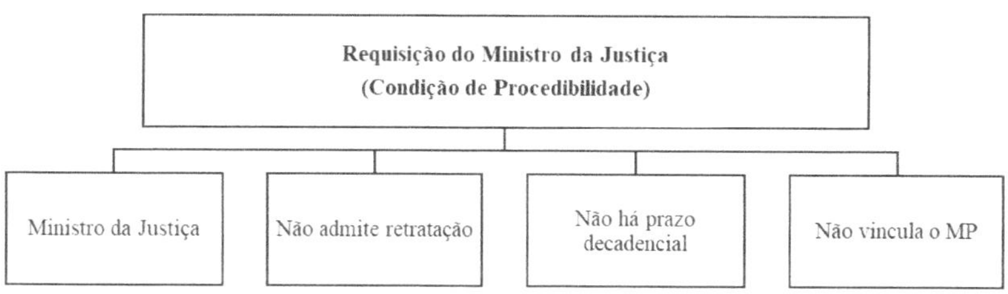
Requisição do Ministro da Justiça
(Condição de Procedibilidade)
Ministro da Justiça
Não admite retratação
Não há prazo decadencial
Não vincula o MP

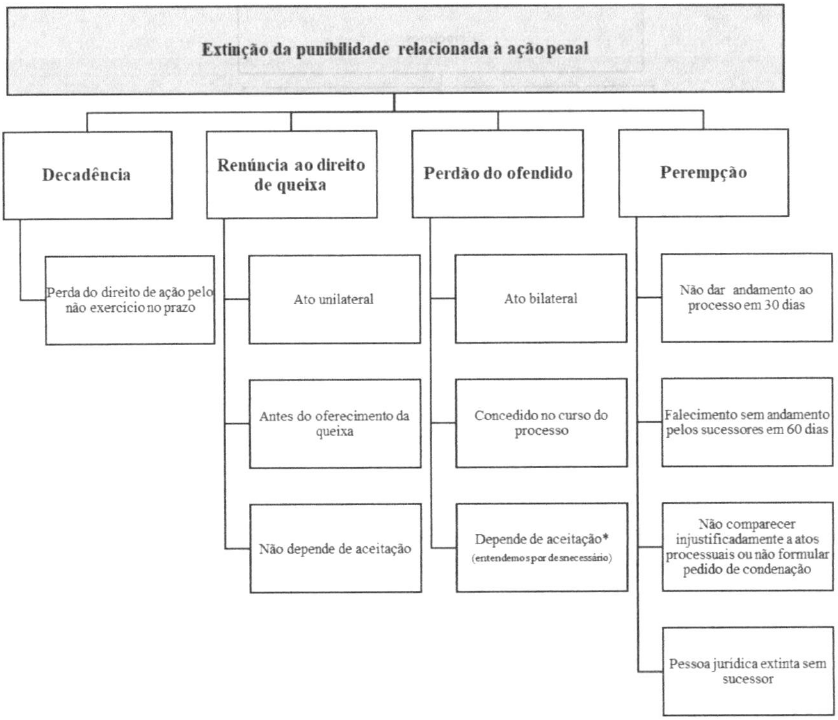

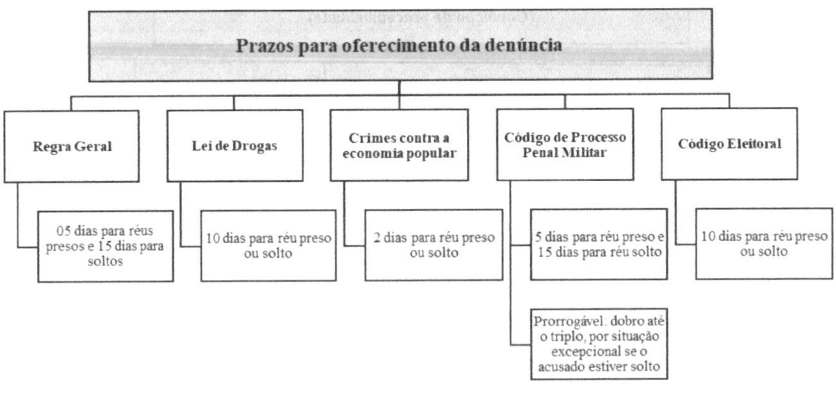

11.20 REVISÃO DO CAPÍTULO POR QUESTÕES DE CONCURSOS E ASSERTIVAS DE REFORÇO

QUESTÕES DE CONCURSO

1. (MP/PR 2012 – PROMOTOR DE JUSTIÇA). Sobre a perempção é incorreto afirmar que: Alternativas

A. É causa extintiva da punibilidade, relacionada ao princípio da disponibilidade da ação penal;

B. Não incide na ação penal pública, exceto quando cabível a queixa subsidiária da pública;

C. Materializa-se quando o querelante, em exclusiva ação penal privada, deixa de comparecer, sem motivo justificado, à audiência de reconhecimento pessoal do executor material do crime;

D. É uma consequência da morte do querelante da ação penal personalíssima já recebida pelo juiz;

E. Não ocorre, se sobrevindo incapacidade do querelante, em exclusiva ação privada, o cônjuge comparece em juízo para prosseguir no processo antes de transcorrido 30 (trinta) dias.

2. (DPE/SE 2022 - CESPE – DEFENSOR PÚBLICO). A legitimidade para oferecimento de ação penal por crime contra a honra de servidor público em razão do exercício de suas funções é do

A. ofendido, mediante queixa, e do Ministério Público, condicionada à representação, de forma cumulativa.
B. ofendido, exclusivamente, mediante queixa.
C. Ministério Público, exclusivamente, mediante representação.
D. Ministério Público, exclusivamente, mediante ação penal pública incondicionada.
E. ofendido e do Ministério Público nesse caso, independentemente de representação.

3. (DPE/PI 2022 - CESPE – DEFENSOR PÚBLICO). Consoante a jurisprudência do Supremo Tribunal Federal e a do Superior Tribunal de Justiça, em regra, no caso de crime de lesão corporal resultante de violência doméstica contra a mulher, a ação penal será

A. pública incondicionada.
B. pública condicionada.
C. privativa da ofendida.
D. privada personalíssima.
E. pública, mediante representação.

4. (DPE/PI 2022 - CESPE – DEFENSOR PÚBLICO). Sabendo que a pretensão punitiva estatal, realizada por meio do processo penal, perpassa a fase pré-processual e a ação penal, assinale a opção correta.

A. O ofendido estará autorizado a ingressar com a ação penal privada subsidiária da pública quando, após o prazo do oferecimento da denúncia, estando o réu solto, o Ministério Público requisitar novas diligências manifestamente protelatórias à autoridade policial.
B. Após o ingresso da ação penal de iniciativa privada subsidiária da pública, por atuar como litisconsórcio ativo, o Ministério Público, ao se manifestar em repúdio à queixa subsidiária, poderá determinar o arquivamento do inquérito policial.
C. Haverá arquivamento implícito quando o juiz, por discordar do pedido do Ministério Público de declinação de competência, determinar a remessa do inquérito policial ao arquivo, ante o conflito de atribuições entre o juiz e o promotor.
D. O Ministério Público não poderá promover o arquivamento das peças informativas provenientes de comissão parlamentar de inquérito, pois, por não se tratar de inquérito policial, não possui atribuição legal para essa manifestação.
E. A promoção de arquivamento de inquérito policial diante da existência de provas suficientes acerca da inexigibilidade de conduta diversa faz coisa julgada formal, mas não material, de modo que poderá ser revista se novas provas surgirem.

5. (DPE/PI 2022 - CESPE – DEFENSOR PÚBLICO). Acerca do abandono da ação penal, assinale a opção correta.

A. Havendo três querelantes dentro de uma só ação penal privada, a ausência injustificada de um deles à audiência de instrução e julgamento ocasiona a perempção da queixa, prejudicando-se o direito de todos.
B. Após a apresentação da queixa, mas antes de seu recebimento, caso o querelante não compareça injustificadamente à audiência preliminar, visando apenas a composição civil, estará configurada hipótese de perempção, diante do abandono da ação penal.
C. Caso o advogado particular do querelante não compareça nem justifique a ausência à audiência de instrução e julgamento, deve ocorrer a nomeação, pelo juiz, de defensor público para atuar junto com querelante e evitar a perempção.
D. Haverá perempção da ação penal exclusivamente privada quando o defensor do querelante não comparecer à sessão plenária de júri na hipótese de julgamento simultâneo do crime de ação penal privada em conexão com o crime contra a vida.
E. O não comparecimento injustificado do defensor à sessão de julgamento da ação penal privada subsidiária da pública será causa de perempção, de modo que deverá ser arquivada em decorrência do abandono.

6. (TJ/MG 2022 – FGV – JUIZ DE DIREITO). À luz do princípio da obrigatoriedade da ação penal pública, o Ministério Público tem o poder-dever de oferecer a denúncia, quando reunidos os requisitos e condições que determinem autoria, coautoria ou participação e existência de uma infração penal. Essa obrigatoriedade persiste mesmo com o exercício da ação penal. Assim, abre-se ao titular da ação penal pública um poder-dever de aditar a denúncia quando reunidos elementos de prova ou de informação que indiquem uma divergência com a proposição inicial. No que concerne ao aditamento da denúncia, é correto afirmar que:

A. o recebimento do aditamento da denúncia, que traz modificação fática substancial, enseja a interrupção da prescrição;
B. o recebimento do aditamento da denúncia, para inclusão de corréu, constitui causa interruptiva da prescrição para os demais imputados;
C. o recebimento da denúncia, na sua versão original, pode ser considerado termo inicial para efeito de contagem prescricional relativamente aos imputados incluídos posteriormente por aditamento;
D. admite-se o aditamento da denúncia a qualquer tempo, enquanto não transitado em julgado o processo, desde que observados o contraditório e a ampla defesa;
E. constitui requisito para o oferecimento de aditamento da denúncia a existência de novas provas, desde que até o final da instrução probatória.

7. (MP/PR 2021 - PROMOTOR DE JUSTIÇA SUBSTITUTO). Considerando o exposto pela doutrina sobre o conceito de condições específicas para o exercício da ação penal, assinale a alternativa ***incorreta***:

A. É considerada condição específica para o exercício da ação penal a representação do ofendido nos crimes de ação penal pública condicionada à representação.

B. É considerada condição específica para o exercício da ação penal a requisição do Ministro da Justiça nos crimes de ação penal pública condicionada à requisição.

C. É considerada condição específica para o exercício da ação penal o laudo pericial nos crimes contra a propriedade imaterial, no caso de haver o crime deixado vestígios.

D. É considerada condição específica para o exercício da ação penal o surgimento de prova nova após a preclusão da decisão de impronúncia em se tratando de crimes dolosos contra a vida.

E. É considerada condição específica para o exercício da ação penal a prova nova quando o inquérito policial tiver sido arquivado com base no reconhecimento de uma excludente de antijuridicidade.

8. (MP/RS 2021 - PROMOTOR DE JUSTIÇA SUBSTITUTO). Custódio Custos, Promotor de Justiça, instaurou procedimento investigatório criminal voltado à apuração do crime de tráfico de drogas em sua Comarca. Após tomar alguns depoimentos, ele requereu e obteve autorização para interceptar as ligações telefônicas feitas e recebidas pela pessoa que estava sendo investigada. Em uma das ligações, foi possível identificar o dia, hora e local em que um carregamento de droga seria entregue à pessoa investigada, razão pela qual Custódio Custos, juntamente com sua equipe de apoio, realizaram todos os preparativos para efetuar a prisão em flagrante da pessoa investigada e de quem mais estivesse presente no local e envolvido no crime apurado. Visualizando movimentação anômala na residência da pessoa investigada, e de posse de um mandado de busca e apreensão domiciliar judicialmente expedido, Custódio Custos e sua equipe ingressaram no local, presenciaram várias pessoas empilhando diversos invólucros de droga em um quarto daquela residência e, de pronto, prenderam em flagrante todas aquelas pessoas pela prática dos crimes de tráfico de drogas e associação ao tráfico. Diante da narrativa acima, assinale a alternativa correta.

A. Custódio Custos não poderá ajuizar a ação penal pública, mas atuará no processo de conhecimento como fiscalizador da execução da lei, a teor do que diz o Código de Processo Penal.

B. Custódio Custos deverá ser o membro do Ministério Público a ajuizar a ação penal pública, a teor do que prevê a Resolução nº 181, de 2017, do Conselho Nacional do Ministério Público.

C. Custódio Custos não poderá ser o firmatário da ação penal pública, em razão de estar impedido, segundo vedação constante expressamente no Código de Processo Penal, pelo fato de ele haver testemunhado o fato investigado.

D. Custódio Custos não poderá ser o firmatário da ação penal pública, em razão de ser considerado suspeito, segundo vedação constante expressamente no Código de Processo Penal, pelo fato de ele haver testemunhado o fato investigado.

E. Nenhuma das alternativas anteriores está correta.

9. (MP/AP 2021 - CESPE - PROMOTOR DE JUSTIÇA SUBSTITUTO). A respeito da aplicação dos princípios norteadores do processo penal na ação penal, assinale a opção correta.

A. O princípio da indivisibilidade afasta a possibilidade de aditamento da queixa-crime.

B. Na ação penal pública, o oferecimento de denúncia em relação a um dos agentes, mas não aos outros, impõe a instauração de novo processo.

C. O princípio da obrigatoriedade da ação penal pública não comporta mitigação.

D. A ação penal privada subsidiária da pública caracteriza exceção ao princípio da oficialidade.

E. O pedido de absolvição do réu pelo Ministério Público encontra embasamento no princípio da disponibilidade da ação penal.

10. (MP/CE 2020 - CESPE - PROMOTOR DE JUSTIÇA SUBSTITUTO). Em ação penal privada, pedido de suspensão condicional do processo

A. não é cabível, assim como a transação penal, porque tanto esse pedido quanto a transação penal são exclusivos de ações penais públicas.

B. é cabível, desde que oferecido pelo Ministério Público, por ser um direito público subjetivo do acusado.

C. não é cabível, diferentemente da transação penal, haja vista expressa disposição legal.

D. é cabível, desde que oferecido pelo ofendido.

E. é cabível somente em favor do réu, haja vista a possibilidade de ofensa ao princípio da indivisibilidade da ação penal privada.

ASSERTIVAS DE REFORÇO

1. ( ) A condição da possibilidade jurídica do pedido, no processo penal, é restrita à questão da tipicidade formal. Analisa-se tão somente se o fato imputado na denúncia ou queixa subsome-se a algum tipo penal.

2. ( ) A Constituição Federal não condiciona a responsabilização penal da pessoa jurídica por crimes ambientais à simultânea persecução penal da pessoa física em tese responsável no âmbito da empresa.

3. ( ) No âmbito da responsabilidade penal da pessoa jurídica, norma constitucional não impõe a necessária dupla imputação.

4. ( ) No processo penal não existe legitimação extraordinária, haja vista que, tanto nos casos de ações penais de iniciativa pública ou privada, a legitimidade é expressa. Logo, é sempre ordinária.

5. ( ) A justa causa para a ação penal pressupõe a condição que o exercício do direito ação exige um suporte mínimo probatório a lastrear a imputação, isto é, que a denúncia ou queixa seja acompanhada de elementos hábeis a fundamentar os fatos alegados, revelando o *fumus comissi delicti*, que se caracteriza pela plausibilidade da acusação.

6. ( ) A justa causa duplicada é um fenômeno processual verificado nos chamados crimes de fusão, acessórios ou parasitários, que dependem, para sua configuração, da ocorrência de uma infração penal antecedente.

7. ( ) A prévia rescisão do acordo de não persecução penal é condição de procedibilidade para propositura da ação penal quando o acordo tiver sido previamente homologado.

8. ( ) Nos crimes contra propriedade imaterial que deixa vestígios a denúncia poderá ser recebida ainda que não instruída com o laudo pericial que caracterize o corpo de delito.

9. ( ) A crise de instância caracteriza uma hipótese de falta de condição de procedibilidade, que trata da hipótese de superveniência de doença mental à infração penal, que impõe a suspensão do processo até que o acusado se restabeleça.

10. ( ) É possível, no ordenamento jurídico pátrio, uma que determinada condição criada por lei para o exercício da ação penal venha a funcionar como condição de procedibilidade e condição de prosseguibilidade.

11. ( ) Conhecido no direito norte-americano por *double jeopardy*, o princípio do *ne bis in idem* ataca, por meio da chamada exceção de litispendência – fenômeno que pressupõe e imputação do mesmo fato contra a mesma pessoa por múltiplas vezes – o prosseguimento do segundo processo.

12. ( ) O princípio da suficiência da ação penal assinala que somente por meio da ação penal, poderá ser imputada uma pena ao agente.

13. ( ) De acordo com o art. 129, I, da Constituição da República, é função institucional do Ministério Público promover, exclusivamente, a ação penal pública, na forma da lei.

14. ( ) Por força do princípio da obrigatoriedade da ação penal, o Ministério não poderá, no processo, manifestar-se contra seu pedido inicial.

15. ( ) O direito de representação poderá ser exercido, pessoalmente ou por procurador com poderes especiais, mediante declaração, escrita ou oral, feita ao juiz, ao órgão do Ministério Público, ou à autoridade policial.

16. ( ) A representação do ofendido exige a satisfação da forma legal, devendo ser apresentada por advogado com poderes específicos.

17. ( ) A companheira, em união estável reconhecida, goza do mesmo status de cônjuge para o processo penal, podendo figurar como legítima representante da falecida.

18. ( ) O prazo para o oferecimento da representação é, em regra, de seis meses, contados da data do conhecimento da autoria do delito. Trata-se de prazo de direito material e improrrogável, devendo se contar o dia do início, excluindo-se o dia do final.

19. ( ) O prazo para oferecimento da representação, vencendo, por exemplo, em domingo, prorroga-se para o próximo dia útil.

20. ( ) O exercício do direito de representação vincula o Ministério Público quanto ao oferecimento da denúncia.

21. ( ) É possível que o ofendido venha a se retratar da representação formulada. Contudo, para que exerça seu direito, deve fazê-lo, em regra, até o oferecimento da denúncia.

22. ( ) No âmbito da Lei Maria da Penha (Lei 11.340/16), nas ações penais públicas condicionadas à representação da ofendida só será admitida a retratação da representação perante o juiz, em audiência especialmente designada com tal finalidade, antes do recebimento da denúncia e ouvido o Ministério Público.

23. ( ) A representação goza de eficácia objetiva, isto é, formulada contra um dos agentes, alcança a todos, independentemente da vontade da vítima.

24. ( ) Nas ações penais públicas condicionadas à requisição do Ministro da Justiça, não sendo manifesta no prazo decadencial de seis meses, ocorrerá a decadência.

25. ( ) A queixa-crime deve ser intentada, em regra, no prazo legal de seis meses contados da data do fato.

26. ( ) O ofendido, após ingressar com a ação penal, pode desistir de seu andamento a qualquer tempo, desde que antes do trânsito em julgado da decisão.

27. ( ) A queixa contra qualquer dos autores do crime obrigará ao processo de todos, e o Ministério Público velará pela sua indivisibilidade.

28. ( ) Nas ações penais de iniciativa privada, o não oferecimento da queixa-crime contra um dos autores acarreta a extinção da punibilidade de todos em razão da renúncia tácita.

29. ( ) O não oferecimento da denúncia pelo órgão ministerial no prazo legal confere ao ofendido o direito de, em substituição ao titular da ação penal, promover a queixa-crime substitutiva, a qual passará a ser regida integralmente pelos princípios da ação penal de iniciativa privada.

30. ( ) O credor habilitado ou administrador judicial poderá, diante da inércia do Ministério Público, mover a ação penal subsidiária.

31. ( ) É concorrente a legitimidade do ofendido, mediante queixa, e do Ministério Público, condicionada à representação do ofendido, para a ação penal por crime contra a honra de servidor público em razão do exercício de suas funções.

32. ( ) O STF assentou a natureza incondicionada da ação penal em caso de crime de lesão corporal, pouco importando a extensão desta, praticado contra a mulher no ambiente doméstico.

33. ( ) Todos os delitos praticados contra mulher no âmbito de violência doméstica e familiar contra a mulher são de ação pública incondicionada.

34. ( ) A regra geral, no crime de estelionato, é de que a natureza da ação é pública condicionada à representação.

35. ( ) O crime de estelionato praticado contra o idoso é processado por ação penal pública incondicionada.

36. ( ) Tratando-se de hipótese de continuidade delitiva, considera-se a ficção jurídica para contagem do prazo para fins de decadência.

37. ( ) Existindo coautoria, a contagem do prazo para fins de decadência inicia-se com o conhecimento de qualquer um dos autores.

38. ( ) A renúncia ao exercício do direito de queixa, em relação a um dos autores do crime, a todos se estenderá.

39. ( ) Opera-se a renúncia tácita com o recebimento da indenização decorrente da prática do delito.

40. ( ) No âmbito dos crimes de competência do juizado especial, a composição dos danos civis, realizada nos delitos de ação penal pública condicionada à representação e ação penal privada, acarreta a renúncia ao direito de queixa ou representação.

41. ( ) No caso de morte do ofendido, a renúncia efetivada por qualquer um dos colegitimados impede o direito dos demais de promover a competente ação penal.

42. ( ) O perdão do ofendido, se concedido a qualquer dos querelados, a todos aproveita; se concedido por um dos ofendidos, não prejudica o direito dos outros; se o querelado o recusa, não produz efeitos.

43. ( ) Nos casos de ação penal de iniciativa privada propriamente dita, a inércia processual por período de trinta dias seguidos conduz à perempção. Contudo, o querelante deve ser intimado a dar andamento ao processo sob pena de não caracterização da perempção, vez que o impulso é oficial e há um rito a ser observado.

44. ( ) Ocorre a perempção pela ausência do querelante na audiência de conciliação no âmbito dos crimes contra a honra de competência do juiz singular.

45. ( ) A queixa poderá ser dada por procurador com poderes especiais, devendo constar do instrumento do mandato o nome do querelante e a menção do fato criminoso, salvo quando tais esclarecimentos dependerem de diligências que devem ser previamente requeridas no juízo criminal.

46. ( ) O querelante poderá aditar a queixa-crime para incluir novo fato em qualquer tempo, até a sentença.

47. ( ) O prazo para oferecimento da denúncia nos crimes eleitoral é de cinco dias para réus presos e dez dias para réus soltos.

48. ( ) Ocorre a chamada criptoimputação quando a denúncia possuir uma grave deficiência na descrição dos fatos, tornando incompreensível seu conteúdo de forma lógica. Seu conteúdo, portanto, em analogia à criptografia, revela-se de modo codificado, truncado, prejudicando a compreensão.

49. ( ) A denúncia geral somente será cabível em casos excepcionais, onde todos os envolvidos tenham praticado a mesma conduta, de forma que se revele impossível identificar os atos praticados pelos agentes de forma isolada, mas num contexto de acordo de vontades, gerenciamento ou poder decisório.

50. ( ) A imputação alternativa é admitida no sistema processual penal brasileiro nos casos em que a prova carreada não é capaz de evidenciar se o agente foi autor da subtração ou se tão somente receptou a coisa produto de furto.

11.20.1 Gabaritos

QUESTÕES DE CONCURSO

1	2	3	4	5	6	7	8	9	10
B	A	A	A	D	A	E	E	D	D

ASSERTIVAS DE REFORÇO

1	2	3	4	5	6	7	8	9	10
V	V	F	F	V	V	V	F	F	V
11	**12**	**13**	**14**	**15**	**16**	**17**	**18**	**19**	**20**
V	F	F	F	V	F	V	V	F	F
21	**22**	**23**	**24**	**25**	**26**	**27**	**28**	**29**	**30**
V	V	V	F	F	V	V	V	F	V
31	**32**	**33**	**34**	**35**	**36**	**37**	**38**	**39**	**40**
V	V	F	V	F	F	V	V	F	V
41	**42**	**43**	**44**	**45**	**46**	**47**	**48**	**49**	**50**
F	V	V	F	V	F	F	V	V	F

COMENTÁRIOS ÀS ASSERTIVAS FALSAS E JUSTIFICATIVAS IMPORTANTES

1. V.

2. V.

3. F. RE 548181, Rel. Min. ROSA WEBER, Primeira Turma, DJe 30/10/2014.

4. F. A legitimidade extraordinária verifica-se quando alguém pleiteia, em nome próprio, direito alheio, consoante se verifica nas ações penais privadas, nas quais o ofendido ou representante legal a move em nome próprio mas defendendo interesse alheio, o *ius puniendi* estatal.

5. V.

6. V.

7. V.

8. F. Art. 525, CPP.

9. F. Caracteriza falta de condição de prosseguibilidade.

10. V.

11. V.

12. A despeito de verdadeira a lógica da assertiva, o princípio da suficiência da ação dispõe que, como regra, a ação penal, salvo nos casos de questão prejudicial ligada ao estado das pessoas, é suficiente para solucionar todas as questões relacionados ao crime, ainda que prejudiciais, de forma que não se faz necessário aguardar a soluções dessas questões no juízo cível (art. 93 e parágrafos do Código de Processo Penal).

13. F. Privativamente.

14. F. A obrigatoriedade da ação penal de iniciativa público não impõe ao Ministério Público o dever de sustentar o pedido de condenação até o final, pois pode, perfeitamente, pleitear a absolvição do acusado no processo.

15. V.

16. F. A representação não exige forma especial, bastando que seja documentada nos autos, que seja por escrito ou reduzida a termo (art. 39 do CPP), podendo, inclusive, ser realizada no próprio boletim de ocorrência.

17. V.

18. V.

19. F. O prazo, em razão da sua natureza, não se suspende ou interrompe, de forma que, vencendo, por exemplo, em um domingo, não haverá prorrogação para o próximo dia útil.

20. F. Não vincula.

21. V.

22. V.

23. V.

24. F. Não se subordina ao prazo decadencial de seis meses previsto para a representação.

25. F. A queixa-crime deve ser intentada, em regra, no prazo legal de seis meses contados do conhecimento da autoria.

26. V.

27. V.

28. V.

29. F. A despeito de chamada de "privada", a ação não perde sua natureza pública, sendo regida pelos princípios da ação penal pública.

30. V.

31. V.

32. V.

33. F. Nem todo delito praticado contra mulher no âmbito de violência doméstica e familiar contra a mulher é de ação pública incondicionada, vez que a Lei Maria da Penha tão somente afasta a aplicação da Lei 9.099/95, de forma que os delitos previstos no Código Penal, com regramento próprio quanto à ação, seguem a previsão legal, a exemplo do crime de injúria.

34. V.

35. F. Somente contra os idosos maiores de setenta anos ou incapaz.

36. F. Tratando-se de hipótese de continuidade delitiva, não se considera a ficção jurídica para contagem do prazo, devendo ser realizada individualmente sobre cada fato integrante da cadeia criminosa.

37. V.

38. V.

39. F. Não se configura com o fato de o ofendido receber o valor da indenização causado pelo crime.

40. V.

41. F. A renúncia efetivada por qualquer um dos colegitimados não impede o direito dos demais de promover a competente ação penal.

42. V.

43. V.

44. F. Não ocorre a perempção pela ausência do querelante na audiência de conciliação no âmbito dos crimes contra a honra de competência do juiz singular (art. 520 do CPP), vez que, tecnicamente, nessa fase ainda não há processo porquanto a queixa ainda não foi recebida.

45. V.

46. F. O querelante só poderá aditar a queixa-crime para incluir novo fato dentro do prazo decadencial, desde que o não conheça antes da propositura da ação penal original, pois nesse caso, haverá a renúncia tácita quanto a tal fato.]

47. F. 10 dias para ambas as hipóteses (art. 357, Código Eleitoral).

48. V.

49. V.

50. F. A imputação alternativa não é admitida no sistema processual, vez que a acusação deve ser certa e determinada, exigência natural do direito de defesa.

12

Ação civil *ex delicto*

12.1 COMO O ASSUNTO É ABORDADO EM PROVAS E CONCURSOS

O assunto, em razão da baixa densidade normativa, é pouco cobrado nas provas de Ministério Público, Magistratura, Defensoria Pública e Delegado de Polícia. Quando exigido, pauta-se na letra da lei e jurisprudência correlata, que vem ganhando força, especialmente no tocante à fixação do dano moral.

O tema demanda maior atenção quanto aos efeitos civis das sentenças penais, estudado em capítulo próprio. Não obstante, é importante a construção mental de paralelos sobre as diversas espécies de efeitos e respectiva natureza das decisões, sendo esse o ponto de maior complexidade do capítulo.

É assaz importante o conhecimento das questões relacionadas à legitimidade para propositura da ação civil, especialmente com relação à atuação do Ministério Público e o atual posicionamento jurisprudencial.

12.2 INTRODUÇÃO

A prática de um delito pressupõe a existência de lesão ou ameaça de lesão ao bem jurídico sob a luz da tipicidade material. Como é cediço, o art. 186 do Código Civil dispõe que "aquele que, por ação ou omissão voluntária, negligência ou imprudência, violar direito e causar dano a outrem, ainda que exclusivamente moral, comete ato ilícito". No mesmo sentido, o art. 927 do CC preceitua que "aquele que, por ato ilícito (arts. 186 e 187), causar dano a outrem, fica obrigado a repará-lo". Logo, se o delito pressupõe a existência de lesão ou ameaça de lesão ao bem jurídico penalmente protegido, um de seus efeitos é o da reparação do dano, conforme previsão do art. 91, I do Código Penal, que assinala o efeito de tornar certa a obrigação de indenizar o dano causado pelo crime.

Segundo a doutrina majoritária, o sistema adotado pelo Processo Penal brasileiro é o da **independência**, que parte da premissa que as ações penais e cíveis podem ser propostas de forma independente nos respectivos juízos, vez que a ação penal se destina a preservar o *ius puniendi* estatal e a ação cível a reparação dos danos sofridos. Afasta, portanto, o **sistema da confusão**, que exige duplicidade no polo ativo da ação (vítima e acusador) para efetivação da reparação do dano e o **sistema da cumulação**, que assim como o da confusão, exige a duplicidade de autores, mas em ações distintas, mas conexas.

Não obstante o entendimento consagrado pela adoção do sistema da independência, assim não entendemos, vez que modernamente se trabalha com conceito de terceira via do Direito Penal. Nesse sentido, Roxin assinala que a reparação dos danos, legitimada pela subsidiariedade do Direito Penal, à par da pena e medida de segurança, é uma medida penal independente que cumpre com os fins da pena.

Nessa esteira, não podemos nos olvidar que o juiz, obrigatoriamente, deverá fixar o valor mínimo de reparação dos danos na sentença na forma do art. 387, IV do CPP. Registre-se, igualmente, que o art. 28-A do CPP, incluído pela Lei 13.964/19, diferentemente da transação penal, datada de 1995 (art. 76 da Lei 9.099/76), expressamente consignou no inciso I a reparação do dano como uma das condições do ANPP.

Além das situações jurídicas mencionadas, podemos lembrar da reparação do dano para fins de progressão de regime nos crimes contra a administração pública (art. 33, §4º do CP), a pena alternativa de prestação pecuniária com destinação à vítima (art. 45, §1º do CP), a revogação obrigatória do *sursis* diante da reparação do dano sem motivo justificado (art. 81, III do CP), entre outras.

Percebe-se, dessa forma, que a evolução para a terceira via do Direito Penal tem trazido consequências para o Processo Penal, de forma que não podemos, em nossa compreensão, valer-nos da singela postura pela adoção do sistema da independência. Há, na realidade, um compromisso/dever estatal de buscar a reparação do dano à vítima, de forma que preferimos um modelo de **sistema da obrigatoriedade, mitigado pela subsidiariedade facultativa conferida à vítima**. Obrigatório porquanto é dever do Estado buscar a reparação do dano, subsidiário porque permite à vítima buscar a complementação da indenização no juízo cível ou optar por executar o título executivo penal.

Em reforço a tal entendimento, consigne-se o teor do parágrafo único do art. 64 do CPP, que dispõe que "intentada a ação penal, o juiz da ação civil poderá suspender o curso desta, até o julgamento definitivo daquela". De fato, se a ação penal tem como premissa a reparação do dano após a verificação da presença de um fato típico, ilícito e culpável, não se justifica a continuidade da ação cível até a decisão final do processo penal, que poderá reconhecer o dever de indenizar. Trata-se de uma hipótese, ainda que tecnicamente não precisa, de conexão probatória, cujo efeito da decisão criminal pode impactar na ação cível.

No âmbito das ações penais de iniciativa privada, vigora o sistema da **livre escolha**, vez que o ofendido pode optar somente por propor a ação penal, ação civil ou ambas em conjunto.

12.3 FORMAS DE SE BUSCAR A REPARAÇÃO DO DANO

A busca pela reparação do dano pelo ofendido pode ocorrer de duas formas:

a) ação de execução *ex delicto*: segundo o Art. 63 do CPP: Transitada em julgado a sentença condenatória, poderão promover-lhe a execução, no juízo cível, para o efeito da reparação do dano, o ofendido, seu representante legal ou seus herdeiros. Parágrafo único. Transitada em julgado a sentença condenatória, a execução poderá ser efetuada pelo valor fixado nos termos do inciso IV do *caput* do art. 387 deste Código sem prejuízo da liquidação para a apuração do dano efetivamente sofrido. A modalidade pressupõe a existência de título executivo decorrente de sentença penal condenatória (art. 515, VI do CPC) e decorre do dever de indenizar consubstanciado no art. 91, I do CP.

b) ação civil *ex delicto*: segundo o art. 64 do CPP, o ofendido, seu representante legal ou sucessores podem promover, no âmbito cível, a ação de conhecimento visando a condenação e consequente formação de um título executivo para fins de reparação do dano. Tal prerrogativa independe da propositura da ação penal contra o suposto autor da infração penal. Proposta a ação indenizatória no cível, o juiz poderá determinar a suspensão do processo em razão da propositura ou existência da ação penal na forma do art. 64, parágrafo único do CPP. Não obstante o termo "poderá" e a divergência doutrinária existente, entendemos que o **juiz deverá suspender** o curso da ação cível até o julgamento definitivo da ação penal por três razões: a) risco de decisões conflitantes; b) o valor da indenização fixado no juízo criminal pode vir a ser superior ao fixado no juízo cível; c) nos termos do art. 65 do CPP, "faz coisa julgada no cível a sentença penal que reconhecer ter sido o ato praticado em estado de necessidade, em legítima defesa, em estrito cumprimento de dever legal ou no exercício regular de direito".

12.4 EFEITOS DA DECISÃO PENAL

Conforme vimos acima, a condenação transitada em julgado torna certa a obrigação de reparar o dano. Entretanto, os efeitos civis da decisão absolutória variam de acordo com a natureza e fundamento da decisão.

12.4.1 Efeitos civis da absolvição

Via de regra, a absolvição no processo penal não produz efeitos no processo civil em razão da independência das instâncias nos termos do art. 935 do Código Civil[1]. No mesmo sentido é o teor do art. 66 do CPP: "Não obstante a sentença absolutória no juízo criminal, a ação civil poderá ser proposta quando não tiver sido, categoricamente, reconhecida a inexistência material do fato". Ocorre que, a depender do fundamento da decisão absolutória, a ação cível pode sofrer impactos, de forma que necessário se faz a análise do art. 386 do CPP. Vejamos.

a) estar provada a inexistência do fato: art. 386, I do CPP. Reconhecendo o juízo criminal que o fato não ocorreu, a decisão **faz coisa julgada no cível** nos termos do art. 66 do CPP e 935 do CC. Não se trata de decisão de absolvição por ausência de provas quanto ao fato, mas sim de decisão que reconhece provado que o fato não ocorreu.

b) não haver prova da existência do fato: art. 386, II do CPP. Nesta hipótese, ao contrário da anterior, o magistrado absolve o agente, com base no princípio do *in dubio pro reo*, por falta de provas quando a existência, mas não reconhece sua inexistência. Nesse caso, **a decisão criminal não impacta na ação cível**.

c) não constituir o fato infração penal: art. 386, III do CPP. A menção à infração penal, ainda que genérica, restringe-se à inexistência de tipicidade, seja formal ou material. Ainda que excluída a tipicidade nos crimes dolosos, a **decisão não faz coisa julgada no cível**, vez que o ilícito cível, apto a ter o dano reparado, não se confunde com o ilícito

1. Art. 935. A responsabilidade civil é independente da criminal, não se podendo questionar mais sobre a existência do fato, ou sobre quem seja o seu autor, quando estas questões se acharem decididas no juízo criminal.

penal. A mera exclusão da tipicidade não afasta, portanto, a possibilidade do fato configurar lesão a interesse civilmente tutelado. No tocante aos crimes culposos, destacamos que suas formas de manifestação, negligência, imprudência e imperícia, integram o tipo penal culposo, sendo que parte da doutrina sustenta que o reconhecimento de que o fato culposo não constitui infração penal teria o condão de repercutir na esfera cível. Parece-nos, entretanto, que a questão deve ser avaliada caso a caso, por não ser passível de fórmula genérica, haja vista que em determinados temas há a responsabilidade objetiva na esfera cível, como nos casos relacionados a consumidor e meio ambiente, de modo que a eventual exclusão da negligência, imperícia ou imprudência não afasta a responsabilidade civil ou administrativa.

d) estar provado o fato que o acusado não concorreu para a infração penal: art. 386, IV do CPP. Reconhecendo-se na sentença que há provas de que o acusado não concorreu para a prática da infração penal, seja como autor, coautor ou partícipe, a decisão produz efeitos no civil. De fato, havendo elementos seguros a evidenciar que o agente não poderia ter praticado o delito, como, por exemplo, provas de que se encontrava em outra cidade no dia do delito de furto, a decisão criminal torna-se definitiva também no cível por reconhecer circunstância de fato, insusceptível de prova contrária.

e) não existir prova de ter o acusado concorrido para a infração penal: art. 386, V do CPP. Ao contrário da situação anterior, nesta hipótese o magistrado não reconhece a existência de provas de que o agente não concorreu para a infração penal, mas tão somente assinala que não existem provas de que concorreu para a infração penal, absolvendo-o com lastro no princípio do *in dubio pro reo*. Nessa hipótese, portanto, a decisão não produz efeitos na seara cível.

f) existirem circunstâncias que excluam o crime ou isentem o réu de pena (arts. 20, 21, 22, 23, 26 e § 1º do art. 28, todos do Código Penal), ou mesmo se houver fundada dúvida sobre sua existência: art. 386, VI do CPP. A hipótese contempla as situações de causas excludentes de ilicitude e culpabilidade, circunstâncias que produzem a absolvição do agente. No tocante às repercussões na esfera cível, há que distinguir a solução em quatro hipóteses:

Provada a existência de causa excludente de ilicitude real	Art. 65 do CPP: Faz coisa julgada no cível a sentença penal que reconhecer ter sido o ato praticado em estado de necessidade, em legítima defesa, em estrito cumprimento de dever legal ou no exercício regular de direito. A redação do art. 65 do CPP só se aplica se quem deu causa à excludente for o ofendido, vez que há situações, como no estado de necessidade agressivo, nas quais o ofendido é terceiro inocente e, portanto, pode buscar a reparação do dano no cível.
Provada a existência de causa de justificação putativa e erro na execução	A absolvição com lastro em justificantes putativas, para nós, não afasta a responsabilidade civil em qualquer hipótese, pois o erro de compreensão de uma causa de justificação tem o condão, segundo a teoria limitada da culpabilidade, de afastar o dolo e culpa, no caso de erro sobre os pressupostos fáticos; e a culpabilidade, no caso de erro sobre a existência ou limites da justificadora. Logo, a absolvição funda-se em erro, o qual não pode ser atribuído ao ofendido.

Provada a existência de causa excludente da culpabilidade	A absolvição por exclusão da culpabilidade não afasta a responsabilidade civil, vez que há o reconhecimento da existência de fato típico e ilícito, ensejando, portanto a possibilidade de indenização no cível.
Fundada dúvida acerca de causa excludente da ilicitude ou da culpabilidade	Nesta hipótese, a absolvição tem por fundamento a ausência de provas (*in dubio pro reo*), circunstância inábil a afastar a responsabilidade civil

g) não existir prova suficiente para a condenação: art. 386, VII, do CPP. Naturalmente, sendo o réu absolvido por falta de provas, a decisão não produz efeitos no cível, pois a análise atinente à responsabilidade civil é distinta da responsabilidade criminal, que exige prova segura para a condenação.

12.4.2 Efeitos civis decorrentes de decisões penais diversas

Além das hipóteses acima estudadas, outras decisões penais, de cunho diverso, precisam ser analisadas para compreensão geral do assunto.

a) *Abolitio criminis*: a ocorrência da *abolitio criminis*, não obstante afastar a possibilidade de cumprimento de pena por exclusão da infração do ordenamento jurídico, não afasta a responsabilidade civil, de forma que tendo havido prévia condenação, o título executivo formado com o trânsito em julgado dessa goza de *status* independente, não sendo atingido pelo fenômeno. De igual forma, ocorrendo a *abolitio criminis* durante o processo, apesar da consequente da extinção desse, o ofendido poderá mover a ação civil *ex delicto*.

b) Anistia: assim com a *abolitio criminis*, a anistia, concedida pelo Congresso Nacional, afasta os efeitos penais da condenação, mas não repercute na seara cível.

c) Graça e indulto: seguindo a lógica da *abolitio criminis* e anistia, a graça, concebida como indulto individual concedida pelo Presidente da República, diretamente ou por delegação, e o indulto, de natureza coletiva, também concedido pelo Chefe do Executivo Federal, diretamente ou por delegação, não afastam os efeitos cíveis da condenação. Nesse sentido é o teor da Súmula 631 do STJ: "O indulto extingue os efeitos primários da condenação (pretensão executória), mas não atinge os efeitos secundários, penais ou extrapenais".

d) Arquivamento do inquérito policial, PIC ou peças de informação: a hipótese foi expressamente prevista no art. 67, inc. I do CPP, no sentido da ausência de repercussão cível do arquivamento.

e) Transação penal e ANPP: a celebração da transação penal (art. 76 da Lei 9.099/95) e acordo de não persecução penal (art. 28-A do CPP) não impedem a propositura da ação cível de reparação do dano. No caso da transação penal, o §6º do art. 76 expressamente consigna que a imposição de "pena restritiva de direitos e multa" não terá efeitos civis, podendo o ofendido mover a ação de reparação no cível. Por outro lado, no caso do ANPP, o art. 28-A, inc. I, expressamente exige, como requisito, a reparação do dano à vítima, exceto na impossibilidade e fazê-lo. A redação, a *priori*, sugere que a reparação do dano afastaria a possibilidade de propositura da ação no cível, pois o próprio acordo foi condicionado a esse. Ocorre que quem propõe e celebra o ANPP é o Ministério Público e não o ofendido. Desse modo, pode ocorrer de o Ministério Público entender que o valor X é suficiente para a reparação do dano e a vítima, ao contrário, entendê-lo como insuficiente ou compreender que os danos morais, normalmente não contemplados em sede de ANPP, são devidos. Assim, entendemos que a celebração do ANPP não traz repercussões civis no sentido de se impedir a propositura de ação reparatória. Registre-se, por oportuno, que a decisão que homologa o ANPP, para nós, não é passível de execução no cível pela vítima, pois seu descumprimento ensejará a rescisão do acordo e propositura da ação penal, cuja decisão condenatória poderá ser executada no cível.

f) Sentença de absolvição imprópria: a absolvição imprópria ocorre quando se reconhece a existência de fato típico e ilícito, mas se afasta a culpabilidade do agente. Não obstante ser o agente tecnicamente absolvido, não há o afastamento da responsabilidade civil, especialmente pelo reconhecimento da prática de um ato ilícito. Contudo, por se tratar de absolvição, apesar de imposta medida de segurança, não há a formação de título executivo passível de execução.

g) Decisão absolutória no júri: o julgamento realizado pelo Tribunal do Júri é marcado pelo sigilo das votações de desnecessidade de motivação das decisões dos jurados, vigorando o sistema da íntima convicção. Desse modo, não há como se saber, de fato, qual o fundamento material da absolvição, razão pela qual a absolvição no plenário do júri não produz efeitos no cível.

h) Extinção da punibilidade pela morte do agente: ocorrendo a morte após o trânsito em julgado da sentença condenatória, o título executivo continua válido para fins de execução contra o espólio, respeitado o limite do patrimônio. Por outro lado, ocorrendo a morte antes do trânsito em julgado da condenação ou no curso do processo, a decisão de extinção da punibilidade impede a formação de título executivo, não afastando, todavia, a possibilidade da vítima mover a ação de reparação no cível contra o espólio.

i) Extinção da punibilidade pela prescrição: sendo a decisão proferida de reconhecimento da prescrição da pretensão punitiva, não gera qualquer repercussão cível (art. 67, II do CPP), vez que a reparação do dano no cível segue prazos prescricionais próprios. Por sua vez, sendo a extinção da punibilidade decretada no tocante à pretensão executória, seus efeitos atingem somente os efeitos penais relacionados ao cumprimento da pena, mantendo-se intactos os efeitos secundários penais e extrapenais, podendo, portanto, ser o título executivo ser executado no cível.

j) Perdão judicial: a decisão que concede o perdão judicial é meramente declaratória nos termos da Súmula 18 do STJ, não havendo qualquer efeito condenatório. Assim, não há formação de título executivo, devendo o ofendido, caso queira, mover ação *ex delicto*.

12.5 ASPECTOS PROCESSUAIS

A obrigação de reparar o dano decorre do art. 91, I, do CP, que estabelece a obrigação como um dos efeitos da condenação. Trata-se, portanto, de efeito genérico da condenação, passível de ser exigido em juízo.

Transitada em julgado a sentença condenatória, constitui-se o título executivo judicial, na forma do art. 515, VI do CPC. O prazo prescricional para sua execução é de três anos, contados da data do trânsito em julgado da decisão condenatória, nos termos do art. 206, §3º, V, c/c art. 200, ambos do CC.

12.5.1 Legitimidade

De acordo com o art. 63 do CPP, a legitimidade para propositura da ação penal *ex delicto* é do ofendido, seu representante legal e eventuais herdeiros. Ainda, dispõe o art. 68 do CPP que a execução da sentença condenatória ou a ação civil poderão ser promovidas, a requerimento da vítima pobre, pelo Ministério Público.

O STF, analisando o dispositivo do art. 68 do CPP, entendeu que o mesmo é eivado de **inconstitucionalidade progressiva (temporária)**, vez que missão ali conferida ao Ministério Público não se revela de natureza de tutela de direitos individuais indisponíveis (art. 127, *caput*, CF), sendo típica função da Defensoria Pública. Nesse sentido, o STF[2] sufragou o entendimento de que se preserva a possibilidade de atuação do Ministério Público nas comarcas não dotadas de Defensoria Pública.

Conforme destacamos na análise das condições da ação, parte da doutrina cita a legitimidade do Ministério Público nas ações civis *ex delicto* como exemplo de legitimidade extraordinária, defendendo que a atuação do *parquet* se funda na substituição processual:

> Reparação de danos. Ação indenizatória 'ex delicto'. Legitimidade do Ministério Público para intentá-la na qualidade de substituto processual. Art. 68 do CPP. Inconstitucionalidade progressiva reconhecida pelo C. STF. Não implementada ainda a defensoria pública no estado de origem, admite-se a legitimidade do Ministério Público para propor a ação civil ex delicto, nos termos do art. 68 do CPP. Precedentes da Eg. Quarta Turma. Recurso especial conhecido e provido" (STJ, REsp 94070/SP; REsp 1996/0025077-4, Rel. Min. Barros Monteiro, j. 1-4-1997, 4.ª Turma).

Assim, todavia, não entendemos, vez que há, no caso, mera representação processual, pois a vítima pode, perfeitamente, ser assistida por advogado ou pela própria Defensoria Pública, sem necessitar da representação processual do órgão ministerial.

A substituição processual diferencia-se da representação pelos fatos de que o substituto não necessita de consentimento do substituído para ingressar com a demanda e pleiteia, em seu nome, direito alheio, ao passo que na representação o representante não é parte, agindo em nome do representado.

Ademais, a declaração de inconstitucionalidade progressiva do art. 68 do CPP reforça a compreensão de que se trata de mera representação processual, pois se fosse substituição processual não haveria razão para se declarar a inconstitucionalidade do dispositivo e afastar a legitimidade do *parquet*.

Por outro turno, o legitimado passivo para ação é o réu condenado no processo criminal de forma definitiva e, eventualmente, seu espólio, no caso de óbito.

2. RE 135.328/SP, entre outros.

12.5.1.1 Crime praticado por servidor público e a teoria da dupla garantia

Questão interessante pode ser extraída do art. 37, §6º, da CF[3], no tocante à prática de infração penal por parte de servidor público. Referido dispositivo trata da teoria da dupla garantia que, em síntese, constitui, em primeiro lugar, a **garantia em favor do particular** lesado, permitindo o ajuizamento de ação de indenização contra o Estado, **sem ter a necessidade de demonstrar que o agente público agiu com dolo ou culpa**. A segunda garantia, por seu turno, correlaciona-se com a primeira de forma invertida, pois assegura ao agente público que causou o dano que a **ação seja proposta diretamente contra o Estado e não contra sua pessoa**.

E no caso de crime? Vimos que a responsabilidade criminal é pessoal e o título executivo só será oponível contra o condenado. Como compatibilizar a teoria da dupla garantia e a ação civil *ex delicto*, no caso de agente público que, no exercício de suas funções, dá causa a um crime?

Com o trânsito em julgado da decisão condenatória, surge o dever de reparar o dano. No caso, um dano praticado por um servidor público no exercício de suas funções. É inegável que a responsabilidade criminal é exclusiva do agente, mas nesse particular, entendemos que a ação civil *ex delicto*, no caso de sentença não transitada em julgado, deve ser proposta contra o Estado em razão da teoria da dupla garantia.

Por outro lado, a lógica processual penal aponta para, no caso de liquidação e execução do título executivo judicial, após o trânsito em julgado da sentença penal condenatória, a propositura da ação contra o servidor público condenado. Contudo, a concepção tradicional colide com o §6º do art. 37 da CF, de forma que entendemos que o título executivo não é passível de execução, pois a propositura da execução contra o servidor público, ainda que condenado criminalmente por delito praticado no exercício de suas funções, violaria a teoria da dupla garantia, de matriz constitucional. Logo, temos uma exceção à regra da legitimidade passiva nesses casos.

12.5.2 Natureza e valor do dano

O juiz, ao proferir a sentença condenatória, obrigatoriamente deve fixar o valor mínimo de reparação do dano à vítima na forma do art. 387, IV, do CPP. Todavia, o valor fixado não necessariamente poderá corresponder ao dano efetivamente sofrido pelo ofendido, de forma que, nos termos do parágrafo único do art. 63 do CPP, a vítima poderá, além de executar o valor já fixado, promover a liquidação para apuração do dano efetivamente sofrido, posto que a sentença fixa tão somente o valor mínimo de reparação.

Nesse contexto, há que se perquirir a natureza do dano indenizável que pode ser fixado pelo magistrado na decisão. Dúvidas não existem quanto à possibilidade do ofendido, à par dos danos materiais, buscar a reparação pelos danos morais na ação civil *ex delicto*. A indagação reside, portanto, no tocante à possibilidade de fixação de danos morais e lucros cessantes em sede de sentença condenatória.

---

3. § 6º As pessoas jurídicas de direito público e as de direito privado prestadoras de serviços públicos responderão pelos danos que seus agentes, nessa qualidade, causarem a terceiros, assegurado o direito de regresso contra o responsável nos casos de dolo ou culpa.

A previsão do art. 387, IV do CPP, é de cunho genérico, pois somente menciona "danos causados pela infração, considerando os prejuízos sofridos pelo ofendido". Logo, a previsão legal não cria qualquer obstáculo para a fixação de danos morais ou lucros cessantes, vez que espécies de prejuízos. Nesse sentido tem se manifestado o STJ e STF[4]:

> Considerando que a norma não limitou e nem regulamentou como será quantificado o valor mínimo para a indenização e considerando que a legislação penal sempre priorizou o ressarcimento da vítima em relação aos prejuízos sofridos, o juiz que se sentir apto, diante de um caso concreto, a quantificar, ao menos o mínimo, o valor do dano moral sofrido pela vítima, não poderá ser impedido de fazê-lo. Ao fixar o valor de indenização previsto no artigo 387, IV, do CPP, o juiz deverá fundamentar minimamente a opção, indicando o 'quantum' que refere-se ao dano moral. (REsp *1585684*/DF, Rel. Ministra Maria Thereza de Assis Moura, 6ª Turma, julgado em 09/08/2016, DJe 24/08/2016).

A 3ª Turma do STJ ainda decidiu, no REsp 1.643.051/MS, sob o rito dos recursos repetitivos, que:

> "nos casos de violência contra a mulher praticados no âmbito doméstico e familiar, é possível a fixação de valor mínimo indenizatório a título de dano moral, desde que haja pedido expresso da acusação ou da parte ofendida, ainda que não especificada a quantia, e independentemente de instrução probatória".

12.6 SÍNTESE GRÁFICA

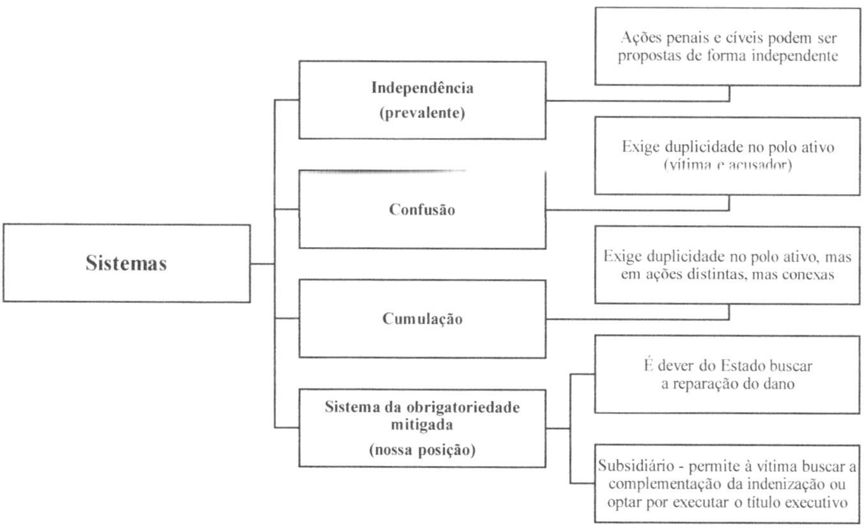

4. ARE 1170919/MS. DJe 08.11.18.

Efeitos civis da absolvição
Produzem coisa julgada
Estar provada a inexistência do fato
Estar provado o fato que o acusado não concorreu para a infração penal
Provada a existência de causa excludente de ilicitude real
Não produzem coisa julgada
Não haver prova da existência do fato
Não constituir o fato infração penal
Não existir prova suficiente para a condenação
Provada a existência de causa excludente da culpabilidade
Provada a existência de causa de justificação putativa e erro na execução

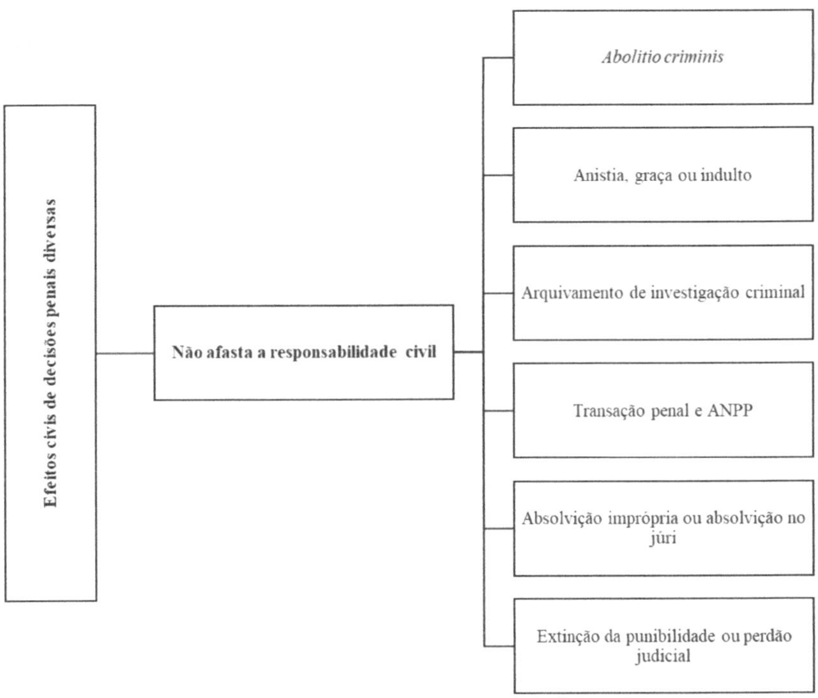
Efeitos civis de decisões penais diversas
Não afasta a responsabilidade civil
Abolitio criminis
Anistia, graça ou indulto
Arquivamento de investigação criminal
Transação penal e ANPP
Absolvição imprópria ou absolvição no júri
Extinção da punibilidade ou perdão judicial

12.7 REVISÃO DO CAPÍTULO POR QUESTÕES DE CONCURSOS E ASSERTIVAS DE REFORÇO

QUESTÕES DE CONCURSO

1. (MP/RJ 2022 - PROMOTOR DE JUSTIÇA SUBSTITUTO). Tício e outras três pessoas foram denunciadas pelo Ministério Público, pela prática, em tese, do crime de estelionato. A denúncia foi ofertada quando o crime de estelionato ainda era processável por ação penal pública incondicionada. A vítima, que lavrou o Boletim de Ocorrência, na audiência de instrução, expressamente manifestou o desejo de processar os acusados, muito embora não tenha, formalmente, representado. Encerrada a fase de instrução, o Juiz proferiu sentença condenatória. Além de condenar Tício e os demais acusados por crime de estelionato, o Juiz sentenciante também os condenou pelo crime de associação criminosa, perfeitamente narrado na denúncia. Na sentença, o Juiz também fixou a reparação do dano material no montante do prejuízo suportado pela vítima, acrescido de juros e correção monetária a partir da data dos fatos, a despeito de ausência de pedido expresso do Ministério Público. Tendo em vista a situação hipotética e levando em conta os preceitos contidos no Código de Processo Penal e a jurisprudência dos Tribunais Superiores, assinale a alternativa correta.

A. Na esteira do entendimento dos Tribunais Superiores, que consagra o caráter informal da representação, tendo a vítima manifestado o desejo inequívoco de processar os acusados, a ausência de documento formal não inviabiliza a condenação dos acusados.

B. Encerrada a instrução, tendo o juiz entendido pela prática de crime não capitulado na denúncia, ainda que narrado, não poderia proferir, desde logo, sentença condenatória, sendo necessário remeter os autos ao Ministério Público, para fins de *emendatio libelli*.

C. Na esteira de entendimento sumulado pelo Superior Tribunal de Justiça, ainda que a denúncia tenha sido oferecida na vigência da legislação anterior, há retroatividade da lei posterior que passa a exigir representação, em vista do caráter misto da norma.

D. Na esteira do entendimento dos Tribunais Superiores, a ausência de pedido expresso, na denúncia, de fixação de valor de reparação do dano não impede que o Juiz o fixe quando em causa crimes patrimoniais, em que o montante do prejuízo experimentado pela vítima é narrado na exordial acusatória.

E. Na esteira de entendimento sumulado pelo Supremo Tribunal Federal, tendo a denúncia sido oferecida na vigência da legislação anterior, não há retroatividade da lei posterior que passa a exigir representação, em respeito à teoria do ato perfeito.

2. (MP/PR 2021 - PROMOTOR DE JUSTIÇA SUBSTITUTO). De acordo com a legislação processual penal brasileira, assinale a alternativa correta.

A. A legitimidade ativa do Ministério Público, para o ajuizamento da ação civil "ex delicto", depende de três fatores, quais sejam, que o titular do direito à reparação seja pessoa pobre, que ele requeira a atuação do Ministério Público e não haja Defensoria Pública na comarca onde a ação deverá ser ajuizada.

B. Faz coisa julgada no cível a sentença penal que reconhecer ter sido o ato praticado em estado de necessidade, em legítima defesa, em estrito cumprimento de dever legal ou em estado de violenta emoção.

C. Intentada a ação penal, o juiz da ação civil poderá suspender o curso desta, pelo prazo de 01 (um) ano.

D. Transitada em julgado a sentença condenatória para a acusação, poderão promover-lhe a execução, no juízo cível, para o efeito da reparação do dano, o ofendido, seu representante legal ou seus herdeiros.

E. Nenhuma das alternativas anteriores está correta.

3. (DPE/RS 2018 - FCC – DEFENSOR PÚBLICO). Pedro, plenamente capaz, apresentou queixa-crime contra Paulo, igualmente capaz, alegando ter sido vítima de injúria. No juízo criminal, realizada audiência preliminar, não concordaram as partes em conciliar. Ato contínuo, foi oferecida representação por parte de Pedro e apresentada, pelo Ministério Público, proposta de transação penal, a qual foi integralmente aceita por Paulo. Assim, ante a transação penal realizada, restou Paulo obrigado a pagar o valor correspondente a uma cesta básica em favor de entidade de cunho assistencial, a ser designada pelo juízo. Nesse caso,

A. a transação penal realizada por Paulo gera presunção absoluta de culpa em eventual ação de reparação de dano civil proposta por Pedro.

B. a transação penal realizada por Paulo gera presunção relativa de culpa em eventual ação de reparação de dano civil proposta por Pedro.

C. poderá Paulo, em relação à ação que tenha por objeto apurar a responsabilidade civil pelo ocorrido, questionar a existência do fato ou sobre quem seja o seu autor.

D. Paulo não poderá, quando da ação de reparação civil, questionar a existência do fato ou sobre quem seja o seu autor, uma vez que essas questões já se acham decididas no juízo criminal.

E. a impossibilidade de Pedro provar o prejuízo material sofrido em razão da injúria é óbice para que seja indenizado na esfera cível.

4. (TJ/CE 2018 - CESPE – JUIZ DE DIREITO) Considerando a doutrina e a jurisprudência dos tribunais superiores, assinale a opção correta, acerca da ação civil *ex delicto*, da competência, da jurisdição e dos processos incidentes.

A. A sentença que concede o perdão judicial depois de reconhecida a culpa do réu enseja reparação civil *ex delicto*.

B. A sentença absolutória do juízo criminal que declare a inexistência do fato ou que o réu não tenha concorrido para o crime faz coisa julgada no juízo cível, obstando a reparação civil *ex delicto*.

C. A distinção entre competência absoluta, que é improrrogável, e competência relativa, que é prorrogável, decorre de expressa disposição legal.
D. As exceções de suspeição, de ilegitimidade da parte e de incompetência do juízo são exemplos de exceções peremptórias que ocasionam a extinção do processo.
E. No processo penal, somente os juízes e os promotores de justiça poderão ser alvo de impugnações de atuação por meio de exceção de suspeição.

5. (MP/SP 2017 PROMOTOR DE JUSTIÇA SUBSTITUTO). Faz coisa julgada no cível:

A. a decisão que julga extinta a punibilidade do réu.
B. a sentença que reconhece ter sido o ato praticado em estado de necessidade, em legítima defesa, em estrito cumprimento do dever legal ou no exercício regular de direito.
C. o despacho que determina o arquivamento do inquérito policial.
D. a sentença absolutória que decide que o fato imputado não constitui crime.
E. a sentença absolutória em razão de insuficiência probatória.

ASSERTIVAS DE REFORÇO

1. ( ) No âmbito das ações *ex delicto*, o sistema da confusão exige duplicidade no polo ativo da ação (vítima e acusador) para efetivação da reparação do dano e o sistema da cumulação, que assim como o da confusão, exige a duplicidade de autores, mas em ações distintas, mas conexas.

2. ( ) Transitada em julgado a sentença condenatória, poderão promover-lhe a execução, no juízo cível, para o efeito da reparação do dano, o ofendido, seu representante legal ou seus herdeiros.

3. ( ) Proposta a ação indenizatória no cível, em razão da independência das instâncias, o processual civil tramitará sem qualquer possibilidade de suspensão em razão da propositura ou existência de ação penal.

4. ( ) Reconhecendo o juízo criminal que o fato não ocorreu, a decisão faz coisa julgada no cível.

5. ( ) Aplicando o magistrado o princípio do *in dubio pro reo* e absolvendo o acusado por falta de provas quando a existência do fato, a decisão criminal faz coisa julgada no cível.

6. ( ) A exclusão da tipicidade afasta a possibilidade do fato configurar lesão a interesse civilmente tutelado, produzindo coisa julgada no cível.

7. ( ) Reconhecendo-se na sentença que há provas de que o acusado não concorreu para a prática da infração penal, seja como autor, coautor ou partícipe, a decisão não produz efeitos no civil, haja vista que nos casos de direito do consumidor, por exemplo, a responsabilidade civil é objetiva.

8. ( ) a ocorrência da *abolitio criminis* afasta a responsabilidade civil, de forma que tendo havido prévia condenação, o título executivo formado com o trânsito em julgado perde seu efeito.

9. ( ) O indulto extingue os efeitos primários da condenação (pretensão executória), mas não atinge os efeitos secundários, penais ou extrapenais.

10. ( ) A decisão que homologa o ANPP é passível de execução no cível pela vítima, pois seu descumprimento ensejará a rescisão do acordo e propositura da execução.

11. ( ) No caso de absolvição imprópria, apesar de imposta medida de segurança, não há a formação de título executivo passível de execução.

12. ( ) A absolvição no plenário do júri não produz efeitos no cível.

13. ( ) Sendo decretada a extinção da punibilidade no tocante à pretensão executória, seus efeitos atingem somente os efeitos penais relacionados ao cumprimento da pena, mantendo-se intactos os efeitos secundários penais e extrapenais, podendo, portanto, ser o título executivo ser executado no cível.

14. ( ) A decisão que concede o perdão judicial, por reconhecer a existência de fato típico, ilícito e culpável, afasta tão somente a pena, motivo pelo qual é passível de execução no cível.

15. ( ) O prazo prescricional para a execução da sentença criminal é de quatro anos, contados da data do trânsito em julgado da decisão condenatória.

16. ( ) A legitimidade para propositura da ação penal *ex delicto* é do ofendido, seu representante legal, eventuais herdeiros e Ministério Público. O STF, ao analisar a legitimidade do Ministério Público, entendeu que a norma que prevê a legitimação ministerial é eivada de inconstitucionalidade progressiva (temporária), vez que missão ali conferida ao Ministério Público não se revela de natureza de tutela de direitos individuais indisponíveis (art. 127, *caput*, CF), sendo típica função da Defensoria Pública.

17. ( ) O juiz, ao proferir a sentença condenatória, obrigatoriamente deve fixar o valor mínimo de reparação do dano à vítima.

18. ( ) Fixada a reparação do dano na sentença penal condenatória, a vítima não poderá, além de executar o valor fixado, promover a liquidação para apuração do dano efetivamente sofrido, devendo, se for o caso, recorrer da sentença penal condenatória.

19. ( ) Considerando que a norma não limitou e nem regulamentou como será quantificado o valor mínimo para a indenização e considerando que a legislação penal sempre priorizou o ressarcimento da vítima em relação aos prejuízos sofridos, o juiz que se sentir apto, diante de um caso concreto, a quantificar, ao menos o mínimo, o valor do dano moral sofrido pela vítima, não poderá ser impedido de fazê-lo.

20. ( ) Nos casos de violência contra a mulher praticados no âmbito doméstico e familiar, é possível a fixação de valor mínimo indenizatório a título de dano moral, desde que haja pedido expresso da acusação ou da parte ofendida, ainda que não especificada a quantia, e independentemente de instrução probatória.

12.7.1 Gabaritos

QUESTÕES DE CONCURSO

1	2	3	4	5
A	E	C	B	B

ASSERTIVAS DE REFORÇO

1	2	3	4	5	6	7	8	9	10
V	V	F	V	F	F	F	F	V	F
11	**12**	**13**	**14**	**15**	**16**	**17**	**18**	**19**	**20**
V	V	V	F	F	V	V	F	V	V

COMENTÁRIOS ÀS ASSERTIVAS FALSAS E JUSTIFICATIVAS IMPORTANTES

1. V.

2. V.

3. F. Proposta a ação indenizatória no cível, o juiz poderá determinar a suspensão do processo em razão da propositura ou existência da ação penal na forma do art. 64, parágrafo único do CPP.

4. V.

5. F. Nesta hipótese, o magistrado absolve o agente, com base no princípio do *in dubio pro reo*, por falta de provas quando a existência, mas não reconhece sua a inexistência. Nesse caso, a decisão criminal não impacta na ação cível.

6. F. A mera exclusão da tipicidade não afasta, portanto, a possibilidade do fato configurar lesão a interesse civilmente tutelado,

7. F. Reconhecendo-se na sentença que há provas de que o acusado não concorreu para a prática da infração penal, seja como autor, coautor ou partícipe, a decisão produz efeitos no civil.

8. F. a ocorrência da *abolitio criminis*, não obstante afastar a possibilidade de cumprimento de pena por exclusão da infração do ordenamento jurídico, não afasta a responsabilidade civil, de forma que tendo havido prévia condenação, o título executivo formado com o trânsito em julgado dessa goza de *status* independente, não sendo atingido pelo fenômeno.

9. V.

10. F. A decisão que homologa o ANPP não é passível de execução no cível pela vítima, pois seu descumprimento ensejará a rescisão do acordo e propositura da ação penal, cuja decisão condenatória poderá ser executada no cível.

11. V.

12. V.

13. V.

14. F. A decisão que concede o perdão judicial é meramente declaratória nos termos da Súmula 18 do STJ, não havendo qualquer efeito condenatório. Assim, não há formação de título executivo, defendo o ofendido, caso queira, mover ação *ex delicto*.

15. F. O prazo prescricional para a execução da sentença criminal é de três anos, contados da data do trânsito em julgado da decisão condenatória, nos termos do art. 206, §3º, V, c/c art. 200, ambos do CC.

16. V.

17. V.

18. F. A vítima poderá, além de executar o valor já fixado, promover a liquidação para apuração do dano efetivamente sofrido, posto que a sentença fixa tão somente o valor mínimo de reparação.

19. V.

20. V.

13

Acordo de não persecução penal

13.1 COMO O ASSUNTO É ABORDADO EM PROVAS E CONCURSOS

O ANPP é, certamente, um dos temas mais pulsantes na história recente dos concursos, cenário que deverá se manter pelos próximos anos. A "novidade" legislativa ainda tende a ser objeto de novas construções jurisprudenciais e doutrinárias, sendo um tema de altíssimo relevo para as provas em geral, especialmente as de Ministério Público, Magistratura e Defensoria Pública, com menor destaque para as provas de Delegado de Polícia.

A cobrança legal passa pela análise dos requisitos para o ANPP, de imprescindível memorização. Não se pode olvidar das hipóteses de não cabimento do instituto, igualmente importantes. Os efeitos do ANPP tendem a maior cobrança em futuro próximo, haja vista que a primeira onda de questões foi pautada no texto legal.

Há que se acompanhar, por imprescindível, a jurisprudência quanto ao momento e oportunidade para propositura do instituto.

13.2 INTRODUÇÃO

Introduzido originalmente no ordenamento jurídico pátrio pela Resolução CNMP 181/17, o acordo de não persecução penal (ANPP) foi devidamente previsto em lei por meio da Lei do Pacote Anticrime (Lei 13.964/19), que inseriu o art. 28-A no CPP.

Em linhas gerais, trata-se de um negócio jurídico processual que se materializa pela pactuação entre o titular da ação penal e o confesso autor de uma infração penal. Trata-se, para nós, de uma vertente de ação penal, pois seus efeitos dependem de homologação judicial, conforme veremos detalhadamente abaixo.

13.3 NATUREZA JURÍDICA

AVENA[1] (2020, p. 595) e BRASILEIRO[2] (2020, p. 273), entre outros, tratam o ANPP como negócio jurídico de natureza extrajudicial de cunho pré-processual, por ser celebrado extrajudicialmente e em fase anterior à processual. Com a devida vênia, compreendemos o instituto de forma diferente.

1. *op.cit.*
2. *op.cit.*

Negócio jurídico de natureza extrajudicial é aquele que produz efeitos independentemente de judicialização, isto é, aquele pactuado entre as partes e apto a produzir **efeitos completos** desde imediato, sendo desnecessária a homologação judicial. O termo de ajustamento de conduta, por exemplo, celebrado entre o Ministério Público e uma mineradora produz efeitos intrapartes e de imediato, não precisando da satisfação de qualquer outra condição.

O ANPP, ao contrário, exige a **homologação judicial** para produção de efeitos plenos, de forma que não podemos concebê-lo puramente como um negócio jurídico de natureza extrajudicial, pois seus efeitos estão condicionados à homologação judicial. Logo, o pacto prévio entre o *parquet* e o autor da infração penal é um **mero protocolo de intenções**, sem caráter vinculativo até que seja homologado judicialmente, não obstante ser apto a produzir efeitos intrapartes.

Reforçando essa compreensão, o §10 do art. 28-A do CPP estabelece que descumprido o acordo por parte do autor da infração penal, o Ministério Público deverá comunicar ao juízo para fins de rescisão e posterior oferecimento da denúncia, ou seja, o oferecimento da denúncia está condicionado à rescisão do acordo, condição de procedibilidade como vimos anteriormente, de sorte que não há como se concebê-lo como negócio extrajudicial, pois seu descumprimento antes da homologação não gera qualquer consequência.

De igual forma, a concepção do ANPP como **negócio jurídico pré-processual** precisa ser analisada sob dois prismas. Enquanto ato celebrado pelas partes, apenas com a produção de efeitos internos, não deixa de ser um negócio jurídico pré-processual, porquanto sua entabulação vincula as partes. Submetido à homologação, condição de eficácia, destina-se obrigatoriamente à formação de um processo, revestindo-se, portanto, de **natureza processual**, pois vincula os celebrantes e o juízo aos seus termos somente quando homologado em ação judicial. Logo, **se sua validade externa pressupõe a homologação, após a avaliação da legalidade e voluntariedade pelo magistrado, só pode ser concebido como processual**, não obstante as tratativas tenham ocorrido na fase pré-processual.

Aproveitando o ensejo crítico-construtivo, a mesma doutrina, majoritária por sinal, entende que o ANPP caracteriza uma mitigação ao princípio da obrigatoriedade da ação penal. Não obstante predominante o entendimento pela adoção do princípio da **obrigatoriedade mitigada**, compreendemos que não há mitigação alguma ao princípio pelo ANPP, uma vez que representa um **espectro diferente da ação penal**.

Estando satisfeitas as condições da ação penal e existindo prova da materialidade e indícios suficientes de autoria, o Ministério Público deve agir, seja para oferecer a denúncia ou propor os institutos despenalizantes, como o ANPP. **A obrigatoriedade da denúncia pode ser mitigada, mas não da ação penal.**

Existe obrigatoriedade na atuação e, necessariamente, a materialização desse dever demanda a intervenção do Judiciário. Os institutos da transação penal e acordo de não persecução penal, por exemplo, demandam homologação judicial, e não nos parece razoável que essa homologação seja realizada em algo distinto de uma ação penal, especialmente porque fundada na prática de fato típico, ilícito e culpável. Logo, há o exercício da ação penal e, portanto, ausência de mitigação ao princípio da obrigatoriedade.

A perspectiva do conceito de ação penal ainda difundida emerge do Código Penal de 1940 e Código de Processo Penal de 1941, época distante dos novos institutos despenalizantes, pelo que é merecedora de uma nova construção.

Segundo BRANDALISE[3] (2019, p. 226), o ANPP funciona como uma ferramenta de política criminal, diversificando a resolução dos conflitos penais de forma distinta da do oferecimento da denúncia. E, nesse sentido, a diversificação[4] pode ser classificada da seguinte forma: **a) diversificação simples**, quando ocorre o arquivamento sem qualquer imposição de obrigações ao agente (inaplicável ao ANPP), como, *mutatis mutandis*, a remissão simples no Estatuto da Criança e do Adolescente; **b) diversificação encoberta**, que prescreve a extinção da punibilidade a partir da determinação em razão da realização de atos que impedem a deflagração do processo penal, como a composição civil dos danos (art. 74, p. único da Lei 9.099/95); **c) diversificação com intervenção**, quando se pactua com o agente o cumprimento de determinadas condições, como nos casos do ANPP, transação penal e suspensão condicional do processo.

Por outro lado, **não nos parece correto dizer que o ANPP caracterize direito público subjetivo do investigado**, vez que a recusa fundamentada do Ministério Público impede a atuação supletiva do magistrado. Trata-se, para nós, de **faculdade ministerial, discricionária, regrada e necessariamente fundamentada**, porquanto só será admitido o acordo quando preenchidos todos os requisitos previstos no art. 28-A, *caput*, e parágrafos do CPP, além da satisfação de, ao menos, conforme analisaremos abaixo, de duas condições previstas nos incisos I a V.

Sobre o tema, o **Enunciado 19** do Conselho Nacional de Procuradores-Gerais dos Ministérios Públicos dos Estados e da União (CNPG) e do Grupo Nacional de Coordenadores de Centro de Apoio Criminal (GNCCRIM) prenunciou: "O acordo de não persecução penal é faculdade do Ministério Público, que avaliará, inclusive em última análise (§14), se o instrumento é necessário e suficiente para a reprovação e prevenção do crime no caso concreto".

O Plenário do STF, no julgamento do HC 185.913, dentre outras questões, ficou a seguinte tese: "Compete ao membro do Ministério Público oficiante, motivadamente e no exercício do seu **poder-dever**, avaliar o preenchimento dos requisitos para negociação e celebração do ANPP, sem prejuízo do regular exercício dos controles jurisdicional e interno". Assentou, portanto, que a faculdade ministério é, na realidade, um poder-dever a ser observado.

13.4 REQUISITOS, CONDIÇÕES E VEDAÇÕES

A celebração do ANPP foi amplamente disciplinada pelo art. 28-A do CPP, que traz, no *caput*, incisos e parágrafos, requisitos, condições positivas e negativas (vedações).

13.4.1 Requisitos

Art. 28-A. Não sendo caso de arquivamento e tendo o investigado confessado formal e circunstancialmente a prática de infração penal sem violência ou grave ameaça e com pena mínima inferior

---

3. BRANDALISE, Rodrigo da Silva. O consenso processual penal analisado a partir de hipóteses negociais colombianas. Revista do Ministério Público do Estado do Rio de Janeiro, nº 71, jan/mar. 2019. http://www.mprj.mp.br/documents/20184/1287128/Rodrigo_da_Silva_Brandalise.pdf. Acesso em 21.08.2021, as 17h34min.

4. A doutrina tem preferido o termo "diversão" em consideração à doutrina portuguesa, para evitar a confusão com a língua espanhola (*diversion*), conforme explica Brandalise. Contudo, dada a natureza do assunto, típico de diversificação do instituto da ação penal, preferimos o termo diversificação.

a 4 (quatro) anos, o Ministério Público poderá propor acordo de não persecução penal, desde que necessário e suficiente para reprovação e prevenção do crime, mediante as seguintes condições ajustadas cumulativa e alternativamente:

a) Não ser caso de arquivamento: por razões óbvias, sendo o caso de arquivamento, não há que se cogitar na aplicação da regra do ANPP, vez que sua propositura violaria um pressuposto fundamental atinente ao interesse de agir. O §2º do art. 18 da Resolução CNMP 181/17, com a redação conferida pela Res. 289/24, reforça tal compreensão ao assinalar que "não se proporá o acordo de não persecução penal quando o membro do Ministério Público não verificar, desde logo, a **justa causa** para o ajuizamento da ação penal".

a) Não ser caso de arquivamento: por razões óbvias, sendo o caso de arquivamento, não há que se cogitar na aplicação da regra do ANPP, vez que sua propositura violaria um pressuposto fundamental atinente ao interesse de agir.

b) Confissão formal e circunstancial: não basta, como na transação penal, que exista prova da materialidade e indícios suficientes de autoria. No ANPP, o legislador expressamente exigiu a confissão formal, no sentido de ser documentada (por escrito ou vídeo), e circunstancial, isto é, que traga elementos esclarecedores de como foi praticada a infração penal, não se exigindo, todavia, todos os detalhes da infração penal, mas tão somente aqueles que seriam, por exemplo, objeto de descrição fática na denúncia, nos termos do art. 41 do CPP.

c) Infração penal à qual seja cominada pena mínima inferior a quatro anos: o requisito, analisado objetivamente, deve levar em consideração as qualificadoras e eventuais causas de aumento ou diminuição de pena, a exemplo da tentativa, concurso de crimes etc., tomando-se por parâmetro §1º do art. 28-A do CPP[5] e as Súmulas 243 do STJ[6] e 723 do STF[7]. Em reforço ao tema, o §3º do art. 18 da Res. CNMP 181/17 prevê que além das hipóteses previstas no art. 28-A, §2º, do Código de Processo Penal, também não se admitirá a proposta de acordo de não persecução penal nas infrações penais cometidas em concurso material, concurso formal ou em continuidade delitiva em que a pena mínima cominada, seja pelo somatório, seja pela incidência de majorantes, ultrapasse o limite de 4 (quatro anos).

Assim, o cálculo da pena mínima pressupõe a realização em abstrato da dosimetria da pena levando-se em consideração tão somente as circunstâncias que possuem patamares fixos de aumento e diminuição da pena, afastando-se, portanto, as circunstâncias judiciais do art. 59 do CP e as causas agravantes e atenuantes previstas nos artigos 61 a 66 do CP. Aplica-se, igualmente, a **teoria do melhor cenário possível**, isto é, no cálculo abstrato soma-se o menor aumento possível e reduz-se o maior patamar previsto, vez que o parâmetro legal envolve a construção de pena mínima. Nesse sentido é o teor do §4º do art. 18 da Resolução CNMP 181/17: Para fins de aferição da pena mínima cominada

5. §1º Para aferição da pena mínima cominada ao delito a que se refere o *caput* deste artigo, serão consideradas as causas de aumento e diminuição aplicáveis ao caso concreto.

6. O benefício da suspensão do processo não é aplicável em relação às infrações penais cometidas em concurso material, concurso formal ou continuidade delitiva, quando a pena mínima cominada, seja pelo somatório, seja pela incidência da majorante, ultrapassar o limite de um (01) ano.

7. Não se admite a suspensão condicional do processo por crime continuado, se a soma da pena mínima da infração mais grave com o aumento mínimo de um sexto for superior a um ano.

à infração penal, serão consideradas as causas de aumento e diminuição aplicáveis ao caso concreto, devendo-se operar abstratamente a maior diminuição e o menor aumento, uma vez que o parâmetro legal é o piso punitivo.

Não obstante a previsão legal, é possível, em situações extraordinárias, o oferecimento do acordo de não persecução penal em caso de delito cuja pena mínima seja igual ou ultrapasse o patamar legal de quatro anos. Conforme se extrai o §4º do art. 4º da Lei 12.850/13, "nas mesmas hipóteses do caput deste artigo[8], o Ministério Público poderá deixar de oferecer denúncia se a proposta de acordo de colaboração referir-se a infração de cuja existência não tenha prévio conhecimento e o colaborador: I - não for o líder da organização criminosa; II - for o primeiro a prestar efetiva colaboração nos termos deste artigo".

De fato, se a própria norma admite o não oferecimento da denúncia na colaboração premiada, admite, certo modo, a possibilidade de uma espécie de acordo de não persecução penal, ainda que regido por outras condições. Não se trata, contudo, de **ANPP atípico**, na acepção estrita da palavra, posto que previsto em lei.

d) Infração penal cometida sem violência ou grave ameaça à pessoa: o requisito, para nós, só tem aplicação aos crimes dolosos, vez que nos crimes culposos com resultado violento, há um desvalor preponderante do resultado e não da conduta. De fato, impedir o ANPP a um resultado não desejado, mas ocorrido em razão de negligência, imprudência ou imperícia, seria ir de encontro com a *mens legis*, que visou afastar o benefício de agressões que dirigiram sua ação à produção de um resultado lesivo. Nesse sentido, inclusive, é o **Enunciado 23** do Conselho Nacional de Procuradores-Gerais dos Ministérios Públicos dos Estados e da União (CNPG) e do Grupo Nacional de Coordenadores de Centro de Apoio Criminal (GNCCRIM): "É cabível o acordo de não persecução penal nos crimes culposos com resultado violento, uma vez que nos delitos desta natureza a conduta consiste na violação de um dever de cuidado objetivo por negligência, imperícia ou imprudência, cujo resultado é involuntário, não desejado e nem aceito pelo agente, apesar de previsível".

e) O ANPP deverá ser necessário e suficiente para reprovação e prevenção do crime: a previsão conjuga dois fatores: a necessidade e suficiência. A necessidade decorre da prevenção geral e especial, como resposta ao indivíduo pela prática da infração penal, e à sociedade, como comando de que as normas penais devem ser respeitadas. Por sua vez, a suficiência associa-se ao princípio da proporcionalidade, cotejando a vedação da proteção insuficiente dos bens jurídico-penais e a proibição do excesso, no sentido da adequação da resposta penal à conduta praticada.

---

8. Art. 4º O juiz poderá, a requerimento das partes, conceder o perdão judicial, reduzir em até 2/3 (dois terços) a pena privativa de liberdade ou substituí-la por restritiva de direitos daquele que tenha colaborado efetiva e voluntariamente com a investigação e com o processo criminal, desde que dessa colaboração advenha um ou mais dos seguintes resultados:
I - a identificação dos demais coautores e partícipes da organização criminosa e das infrações penais por eles praticadas;
II - a revelação da estrutura hierárquica e da divisão de tarefas da organização criminosa;
III - a prevenção de infrações penais decorrentes das atividades da organização criminosa;
IV - a recuperação total ou parcial do produto ou do proveito das infrações penais praticadas pela organização criminosa;
V - a localização de eventual vítima com a sua integridade física preservada.

13.4.2 Condições positivas

Além dos requisitos acima expostos, o art. 28-A do CPP traz, nos seus incisos e parágrafos, uma série **condições** para propositura do acordo, que deverão, nos termos do *caput*, serem fixadas alternativa e cumulativamente. De antemão, registramos a impropriedade redacional em razão a previsão alternativa e cumulativamente, incompatíveis entre si. Desse modo, entendemos que as condições estabelecidas nos incisos I a V podem ser aplicadas cumulativa ou alternativamente, segundo a necessidade e suficiência a ser analisada no caso concreto de forma fundamentada.

Nesse sentido, a LC 95/98, regulamentada pelo Decreto 12.002/24, dispõe sobre a redação, a alteração e a consolidação das leis. O art. 14, "g", do referido Decreto, dispõe que:

> Art. 14. As disposições normativas serão redigidas com clareza, precisão e ordem lógica, e observarão o seguinte: I - para obtenção da clareza: usar no penúltimo inciso, alínea, item ou subitem: 1. a conjunção "e", se a sequência de dispositivos for cumulativa ou enumerativa; ou 2. a conjunção "ou", se a sequência de dispositivos for alternativa.

Logo, há que se compreender que a partícula conjuntiva "ou", lançada no inciso IV do art. 28-A do CPP, emprega alternatividade a todos os incisos. Contudo, não podemos nos afastar da previsão do *caput* que também se vale da cumulatividade, de sorte que, não obstante a alternatividade nos incisos, precisamos de pelo menos dois incisos para caracterização da cumulatividade, sob pena de afastarmos a partícula aditiva "e" prevista no *caput*.

Assim, em conclusão, entendemos que o Ministério Público deverá propor o ANPP valendo-se de pelo menos **três condições** dentre as previstas nos incisos I a V do art. 28-A, na busca da satisfação da necessidade e suficiência para a reprovação e prevenção do crime. E, nesse particular, dois incisos, em especial, para nós, devem ser contemplados no ANPP de forma obrigatória, naturalmente, quando exigíveis sob a luz do caso concreto.

Os incisos I e II versam, respectivamente, sobre a reparação do dano ou restituição da coisa à vítima, salvo a impossibilidade de fazê-lo, e da renúncia voluntária de bens e direitos indicados pelo Ministério Público como instrumentos, produtos ou proveito do crime.

A obrigatoriedade, para nós, decorre de uma interpretação sistemática do processo penal, vez que tanto o Ministério Público como o magistrado (art. 384, IV do CPP) devem zelar pelos direitos das vítimas, buscando a reparação do dano, de forma que emerge da interpretação sistemática a reparação do dano ou devolução da coisa, salvo diante da impossibilidade de fazê-lo, como condição obrigatória.

No mesmo sentido, não nos parece razoável que, caracterizada a infração penal, permita-se que o agente permaneça na propriedade de bens concebidos como produto ou proveito do crime (art. 91, CP), bem como que continue a ser proprietário do instrumento do crime. A obrigatoriedade, portanto, decorre da natureza da medida, que só poderá ser afastada caso não exista produto, proveito ou instrumento do crime.

De igual sorte, pelo menos uma das situações previstas nos incisos III a V deve ser imposta, sob pena do ANPP ser restrito ao óbvio (incisos I e II), formando, como salientamos, três condições.

Para fins didáticos, procuraremos associar as condições aos efeitos de uma sentença penal condenatória, quando possível, para evidenciar a razão de ser do instituto.

Art. 28-A.(...)

I - reparar o dano ou restituir a coisa à vítima, exceto na impossibilidade de fazê-lo;

II - renunciar voluntariamente a bens e direitos indicados pelo Ministério Público como instrumentos, produto ou proveito do crime;

III - prestar serviço à comunidade ou a entidades públicas por período correspondente à pena mínima cominada ao delito diminuída de um a dois terços, em local a ser indicado pelo juízo da execução, na forma do art. 46 do Decreto-Lei nº 2.848, de 7 de dezembro de 1940 (Código Penal);

IV - pagar prestação pecuniária, a ser estipulada nos termos do art. 45 do Decreto-Lei nº 2.848, de 7 de dezembro de 1940 (Código Penal), a entidade pública ou de interesse social, a ser indicada pelo juízo da execução, que tenha, preferencialmente, como função proteger bens jurídicos iguais ou semelhantes aos aparentemente lesados pelo delito; ou

V - cumprir, por prazo determinado, outra condição indicada pelo Ministério Público, desde que proporcional e compatível com a infração penal imputada.

I. reparar o dano ou restituir a coisa à vítima, exceto na impossibilidade de fazê-lo: um dos efeitos penais da sentença condenatória é tornar certa a obrigação de reparar o dano (art. 91, I, CP). A condição legal do inciso I do art. 28-A integra o chamado **Direito Penal premial** e se caracteriza como uma das formas de manifestação da **terceira via do Direito Penal**, nas palavras de Roxin, corrente que trilha o caminho da reparação do dano. Logo, seus fundamentos de política criminal são o incentivo ao arrependimento do agente e a proteção patrimonial da vítima com a reparação do dano. Discute-se, no âmbito do Direito Penal, na esfera do arrependimento posterior, sobre a **integralidade** da reparação do dano, isto é, se o benefício pode ser concedido se a reparação for parcial. Nesse particular, **os Tribunais Superiores[9] e a doutrina divergem** sobre a possibilidade. Entendemos que o objetivo da norma é salvaguardar os interesses da vítima. Ainda que não exista a reparação integral, há que se reconhecer a possibilidade do ANPP no caso de reparação parcial, minimamente razoável, como forma de se fomentar uma conduta positiva do agente nesse sentido e reduzir o prejuízo experimentado pela vítima. Da mesma sorte, é indiferente a aceitação da reparação por parte da vítima, porquanto a norma não fez menção a tal requisito. Na eventualidade da vítima não aceitar a reparação, deverá o agente restituir a coisa ou reparar o dano em juízo por meio de deposito judicial.

II. renunciar voluntariamente a bens e direitos indicados pelo Ministério Público como instrumentos, produto ou proveito do crime: o art. 91, inciso II, prevê como efeitos da condenação, a perda em favor da União, ressalvado o direito do lesado ou de terceiro de boa-fé: a) dos instrumentos do crime, desde que consistam em coisas cujo fabrico, alienação, uso, porte ou detenção constitua fato ilícito; b) do produto do crime ou de qualquer bem ou valor que constitua proveito auferido pelo agente com a prática

---

9. [...]O acórdão embargado assentou que, nos termos da orientação desta Corte, **para que se configure o arrependimento posterior, mostra-se indispensável a reparação integral do dano ou a restituição da coisa antes do recebimento da denúncia**, devendo o ato ser realizado de forma voluntária, o que não ocorreu no caso concreto. STJ: EDcl no AgRg no REsp 1540140/RS, julgado em 22/11/2016. '
A incidência do arrependimento posterior, contido no art. 16 do CP ("Nos crimes cometidos sem violência ou grave ameaça à pessoa, reparado o dano ou restituída a coisa, até o recebimento da denúncia ou da queixa, por ato voluntário do agente, a pena será reduzida de um a dois terços") prescinde da reparação total do dano e o balizamento, quanto à diminuição da pena decorrente da aplicação do instituto, está na extensão do ressarcimento, bem como na presteza com que ele ocorre. STF: HC 98658/PR, rel. orig. Min. Cármen Lúcia, red. p/ o acórdão Min. Marco Aurélio, 9.11.2010. (HC-98658).

do fato criminoso. Percebam que a previsão do inciso II do art. 28-A do CPP caminha no sentido de uma "antecipação dos efeitos da tutela penal" ao impor, como condição, a renúncia voluntária a bens e direitos que foram instrumentos do crime ou são produto ou proveito do delito, efeitos naturais da condenação.

III. prestar serviços à comunidade ou a entidades públicas: o agente deverá prestar serviço à comunidade ou a entidades públicas por período correspondente à pena mínima cominada ao delito, diminuída de um a dois terços, em local **a ser indicado pelo juízo da execução**, na forma do art. 46 do Código Penal. Novamente, há que se registrar o paralelo com a sentença na hipótese em comento. Um dos requisitos do ANPP, conforme vimos acima, é que a infração penal tenha pena mínima inferior a quatro anos. Logo, temos que, em tese, a expressiva maioria dos delitos previstos no Código Penal admitem o ANPP. De igual forma, vale lembrar o teor do art. 44, inciso I do CP, que admite a substituição de pena quando essa for aplicada em patamar não superior a quatro anos e o crime não for cometido com violência ou grave ameaça à pessoa ou, qualquer que seja a pena aplicada, se o crime for culposo. Diante desse cenário, ainda que não possa ser concebido como regra, pois o ANPP leva em consideração a pena mínima inferior a quatro anos e a substituição de pena a pena máxima não superior a quatro anos, temos que, na maioria dos casos, o campo de aplicação da pena mínima do ANPP e pena máxima da substituição será coincidente, posto que o conjunto formado pelos delitos com pena mínima inferior a quatro anos e pena máxima não superior a quatro anos é consideravelmente maior do que aqueles que ultrapassam a pena de quatro anos, especialmente porque em grande parte dos casos em que o CP previu pena mínima ou superior a quatro anos, estamos diante de infrações penais praticadas com violência ou grave ameaça à pessoa, afastando tanto o ANPP como a substituição da pena.

IV. pagar prestação pecuniária: o pagamento de prestação pecuniária, a ser estipulada nos termos do art. 45 do CP, a entidade pública ou de interesse social, a ser **indicada pelo juízo da execução**, que tenha, preferencialmente, como função proteger bens jurídicos iguais ou semelhantes aos aparentemente lesados pelo delito, é outra condição que se associa à sentença, nos termos da argumentação do item acima, pois a prestação pecuniária é uma das formas de se substituir a pena privativa de liberdade (art. 43, I do CP).

V. cumprir, por prazo determinado, outra condição indicada pelo Ministério Público, desde que proporcional e compatível com a infração penal imputada: de igual modo, a previsão associa-se à sentença na medida em que o rol de penas substitutivas contempla várias outras além da prestação pecuniária e prestação de serviços. Assim, pode o *parquet*, por exemplo, pactuar a limitação de final de semana, interdição temporária de direitos, entre outras, adequadas ao caso específico, como frequentar grupos de apoio a alcoólatras, comparecer mensalmente ao juízo para informar suas atividades e etc.

13.4.3 Condições negativas (vedações)

§ 2º O disposto no *caput* deste artigo não se aplica nas seguintes hipóteses:

I - se for cabível transação penal de competência dos Juizados Especiais Criminais, nos termos da lei;

II - se o investigado for reincidente ou se houver elementos probatórios que indiquem conduta criminal habitual, reiterada ou profissional, exceto se insignificantes as infrações penais pretéritas;

III - ter sido o agente beneficiado nos 5 (cinco) anos anteriores ao cometimento da infração, em acordo de não persecução penal, transação penal ou suspensão condicional do processo; e

IV - nos crimes praticados no âmbito de violência doméstica ou familiar, ou praticados contra a mulher por razões da condição de sexo feminino, em favor do agressor.

I. se for cabível transação penal de competência dos Juizados Especiais Criminais, nos termos da lei: podemos dizer, sem receio de equívoco, que o ANPP é o gênero do qual a transação penal é uma espécie, vez que em ambos os casos há o afastamento do oferecimento da denúncia e um pacto visando a despenalização. Nitidamente, o legislador entendeu que a transação penal é mais benéfica ao agente, não somente por impor menos requisitos e condições, mas por trazer consequências de menor impacto ao indivíduo, como, por exemplo, o fato de que a celebração da transação penal não impede, objetivamente, uma futura suspensão condicional do processo ou que essa não impede a celebração da transação penal, ao passo que os institutos despenalizantes citados impedem a pactuação do ANPP na forma do inciso III do §2º do art. 28-A do CPP. Dessa forma, tem-se que cabendo a transação penal, essa deverá ser oferecida em detrimento do ANPP.

II. se o investigado for reincidente ou se houver elementos probatórios que indiquem conduta criminal habitual, reiterada ou profissional, exceto se insignificantes as infrações penais pretéritas: o dispositivo enceta, para nós, uma das maiores excrescências jurídico-penais do ordenamento jurídico pátrio. Não no tocante à reincidência, porquanto essa é regulada e recebe tratamento jurídico próprio pelo CP, podendo ser erigida à condicionante negativa, mas no tocante às demais previsões do dispositivo. Compreendemos, apesar de discordarmos, a *mens legis* no que concerne à indicação de conduta criminal habitual, reiterada ou profissional. Visou o legislador afastar o ANPP daquele que faz do crime o seu modo de vida. Não obstante a hipótese ser passível de enquadramento no *caput*, especialmente no que toca ao requisito "necessário e suficiente para reprovação e prevenção do crime", o legislador valeu-se de fórmula que caminha no sentido da aplicação do famigerado Direito Penal do autor e, quiçá, Direito Penal do inimigo, apesar do eufemismo redacional decorrente da expressão "conduta criminal". De fato, o legislador referiu-se ao criminoso habitual, não como aquele que pratica crime habitual, mas que faz do crime um hábito. Por criminoso reiterado, referiu-se ao reincidente (hipótese já prevista na primeira parte do dispositivo) e ao portador de maus antecedentes. E, por criminoso profissional, àquele que tem o crime por profissão, de onde retira seu sustento, não obstante desconhecermos, com a devida vênia, regulamentação legal para a "profissão" de criminoso em observância ao tecnicismo da palavra previsto no art. 5º, XIII da CF.

Apesar das críticas acima expostas, todas superáveis com um pouco de parcimônia à falta de técnica, a parte final do dispositivo revela talvez uma das maiores teratologias legais já consagradas em lei.

O §2º do art. 28-A, inc. II, dispõe que não é aplicável o acordo quando o investigado for reincidente, ou se houver elementos probatórios que indiquem conduta criminal habitual, reiterada ou profissional, **exceto se insignificantes as infrações penais pretéritas. Ocorre**

que a previsão traz uma *contradictio in adjecto* insuperável, pois se a "infração penal" é insignificante, não pode ser concebida como infração penal. O princípio da lesividade é consagrado pelo ordenamento jurídico e se materializa na lesão ou ameaça de lesão a bem jurídico penalmente protegido. De igual forma, o princípio da insignificância atua como corretivo do tipo penal, justamente para equilibrar a força da norma penal no seu aspecto formal com a necessária análise da lesividade, seu aspecto material. Como, portanto, podemos conceber a insignificância de uma infração penal, se as condutas e resultados insignificantes são afastados pela ausência de lesão ou ameaça de lesão a bem jurídico penalmente protegido? De fato, se a infração for insignificante não há como ser infração penal. Entendimento contrário conduziria à excrescência de termos, doravante, as infrações penais classificadas como crime, contravenção e insignificantes.

O **Enunciado 21,** do Conselho Nacional de Procuradores-Gerais dos Ministérios Públicos dos Estados e da União (CNPG) e do Grupo Nacional de Coordenadores de Centro de Apoio Criminal (GNCCRIM), visando corrigir a questão, dispõe que: "Não caberá o acordo de não persecução penal se o investigado for reincidente ou se houver elementos probatórios que indiquem conduta criminal habitual, reiterada ou profissional, exceto se insignificantes as infrações penais pretéritas, **entendidas estas como delitos de menor potencial ofensivo**" (grifo nosso).

Apesar do enunciado, seguimos firmes na necessidade de afastamento da redação legal em razão da teratologia, sob pena de, com lastro no princípio de que não existem palavras inúteis na lei, caminharmos no sentido da interpretação de que as infrações penais de pequeno potencial ofensivo são insignificantes, abrindo campo para um desnecessário e infrutífero debate.

III. ter sido o agente beneficiado nos 5 (cinco) anos anteriores ao cometimento da infração, em acordo de não persecução penal, transação penal ou suspensão condicional do processo: o requisito, de ordem objetiva, poderia ter esclarecido o marco inicial dos cinco anos para evitar divergências interpretativas. A redação legal registra "ter sido o agente beneficiado nos cinco anos anteriores" sem, no entanto, referir-se ao cumprimento da transação penal, suspensão condicional do processo ou ANPP. Embora o ideal fosse considerar como marco inicial do prazo quinquenal o efetivo cumprimento das condicionantes que aperfeiçoam os benefícios, esta data quase nunca se revela de forma objetiva nos registros criminais, exigindo, em abono à segurança jurídica, que se opte pela data da concessão do benefício (quando há uma decisão judicial homologatória) ou da extinção da punibilidade (quando se declara o cumprimento). Cabendo ambas na moldura interpretativa da expressão "ter sido o agente beneficiado", a primeira opção encontra-se em consonância com o princípio do *favor rei*.

IV. nos crimes praticados no âmbito de violência doméstica ou familiar, ou praticados contra a mulher por razões da condição de sexo feminino, em favor do agressor: seguindo a linha do impedimento da concessão de institutos despenalizadores nos casos de violência doméstica ou familiar, ou praticados contra a mulher por razões da condição de sexo feminino, o legislador, preservando a coerência legal e com o entendimento dos Tribunais Superiores, afastou a aplicação do ANPP a referidos delitos. Ressaltamos, conforme destacamos anteriormente, que em se tratando de lesões culposas, não vemos qualquer espécie de obstáculo dada a natureza involuntária no tocante ao resultado dos crimes dolosos.

Aos incisos legais, soma-se o entendimento sufragado pelos Tribunais Superiores (STF RHC 222.599, j. 07.02.23; e STJ AResp 2.607.962/GO, j. 13.08.24), que vedou o ANPP aos chamados crimes raciais, incluindo as condutas resultantes de atos homofóbicos.

13.4.3.1 Outras condições possíveis

A Resolução CNMP 181/17 trazia no artigo 18 a vedação atinente à possibilidade de ocorrência de prescrição como fator impeditivo do ANPP. Com a entrada em vigor da Lei 13.964/19, perdeu sentido a previsão, vez que foi inserido inciso IV do art. 116 do CP para prever que **não corre a prescrição enquanto não cumprido ou rescindido o ANPP**.

No que toca aos crimes hediondos, o legislador foi, inexplicavelmente, omisso ao não dispor sobre a vedação expressa. Entretanto, parece-nos solucionável a omissão com lastro no *caput* do art. 28-A, que impede o ANPP nos crimes com pena mínima inferior a quatro anos ou praticados com violência ou grave ameaça à pessoa, fatores que afastarão a maioria dos crimes hediondos e, caso não haja o afastamento, parece-nos que o ANPP em crimes hediondos não se revela meio hábil, necessário e suficiente para a reprovação e prevenção do crime.

Nesse sentido é o teor do **Enunciado 22** do Conselho Nacional de Procuradores-Gerais dos Ministérios Públicos dos Estados e da União (CNPG) e do Grupo Nacional de Coordenadores de Centro de Apoio Criminal (GNCCRIM): "Veda-se o acordo de não persecução penal aos crimes praticados no âmbito de violência doméstica ou familiar, ou praticados contra a mulher por razões da condição de sexo feminino, bem como aos crimes hediondos e equiparados, pois em relação a estes o acordo não é suficiente para a reprovação e prevenção do crime".

Com a entrada em vigo da Lei 14.344/22, Lei Henry Borel, entendemos por inaplicável o ANPP aos crimes praticados com violência contra crianças e adolescentes (objeto da norma), dada a sistematização analógica com a vedação referente à Lei Maria da Penha.

No que toca aos crimes militares SANCHES[10] (2020, p. 135), anteviu com clareza a divergência:

> A Res. 181/17 do CNMP vedava o ANPP nos crimes militares que afetassem a hierarquia e a disciplina. Nos demais, autorizava. A Lei 13.964/19 não trata do assunto. Silencia. O que interpretar do seu silêncio? Consigo antever a divergência. Uma primeira corrente dirá que o silêncio nos permite concluir que o ANPP, agora, está autorizado para qualquer crime militar. Outros, não sem razão, dirão que o silêncio indica que o legislador julgou o ANPP incompatível com os crimes militares, próprios ou impróprios. É que Lei 13.964/19 fez algumas alterações no CPPM, buscando, ao que tudo indica, espelhar seus dispositivos com os do CPP comum, e nele, o CPPM, não tratou do ANPP. Silêncio eloquente, portanto.

O Superior Tribunal Militar tem, contudo, reiteradamente afastado o ANPP no âmbito da Justiça Castrense, tendo, inclusive, sumulado o entendimento[11]:

> "(...) O instituto do acordo de não persecução penal, previsto no art. 28-A do CPP, não se aplica aos crimes militares previstos na legislação penal militar, tendo em vista sua evidente incompatibilidade com a Lei Adjetiva castrense, opção que foi adotada pelo legislador ordinário, ao editar a Lei nº 13.964, de 2019, e propor a sua incidência tão somente em relação

10. CUNHA, Rogério Sanches. **Pacote Anticrime - Lei 13.964/2019**: Comentários às Alterações no CP, CPP e LEP. Salvador: Juspodivm, 2020.

11. O Art. 28-A do Código de Processo Penal Comum, que dispõe sobre o Acordo de Não Persecução Penal, não se aplica à Justiça Militar da União.

ao Código de Processo Penal comum" STM, HC 7000374-06.2020.7.00.0000, Tribunal Pleno, Rel. Min. Péricles Aurélio Lima de Queiroz, julg. em 26/8/2020.

Por fim, destacamos que o **Enunciado 26** do Conselho Nacional de Procuradores-Gerais dos Ministérios Públicos dos Estados e da União (CNPG) e do Grupo Nacional de Coordenadores de Centro de Apoio Criminal (GNCCRIM) dispôs que: "Deverá constar expressamente no termo de acordo de não persecução penal as consequências para o descumprimento das condições acordadas, bem como o compromisso do investigado em comprovar o cumprimento das condições, independentemente de notificação ou aviso prévio, devendo apresentar, imediatamente e de forma documentada, eventual justificativa para o não cumprimento de qualquer condição, sob pena de imediata rescisão e oferecimento da denúncia em caso de inércia (§10)".

13.5 NORMAS REGENTES E CONTROLE

Segundo o §3º, "o acordo de não persecução penal será formalizado por escrito e será firmado pelo membro do Ministério Público, pelo investigado e por seu defensor". A norma estabelece a **forma escrita de forma taxativa**, não se admitindo, portanto, outro meio de formalização. De igual forma, consagra a necessidade do contraditório e ampla defesa ao exigir a participação de defensor do investigado.

Em termos procedimentais, o art. 18-A da Resolução CNMP 181/17, alterada pela Resolução 289/24, previu que sendo cabível o acordo de não persecução penal, **independentemente da existência de confissão anterior no curso do procedimento investigatório prestada perante a autoridade policial**, o investigado será notificado para comparecer em local, dia e horário determinados, devendo constar expressamente da notificação que o ato pressupõe a confissão formal e circunstanciada da prática da infração penal, bem como a necessidade de o investigado se fazer acompanhar por advogado ou defensor público. Seguindo orientação jurisprudencial (STJ, HC 657.165/RJ), reconheceu-se distinção procedimental entre a proposta e a celebração do acordo, apenas esta condicionada à confissão que, portanto, será incluída como objeto das tratativas.[12]

Segundo o §1º, os atos dispostos no *caput* poderão ser realizados por meio de videoconferência ou outro recurso tecnológico de transmissão de sons e imagens em tempo real.

O §2º dispõe que o não comparecimento injustificado na data e no horário fixados poderá ser considerado como desinteresse do investigado no acordo.

O §3º prevê que a confissão detalhada dos fatos e as tratativas do acordo serão registrados pelos meios ou recursos de gravação audiovisual, destinados a obter maior fidelidade das informações, e o investigado deve estar sempre acompanhado de seu defensor.

Em reforço à tutela da vítima, o §4º dispõe que na forma do art. 17 da Resolução, o membro do Ministério Público deverá diligenciar para que a **vítima ou, na ausência desta, seus respectivos familiares participem do acordo de não persecução penal**

12. Consta do voto do Ministro Relator, Rogério Schietti Cruz: "Não há como simplesmente considerar ausente o requisito objetivo da confissão sem que, no mínimo, o investigado tenha ciência sobre a existência do novo instituto legal (acordo de não persecução penal) e possa, uma vez equilibrada a assimetria técnico-informacional, refletir sobre o custo-benefício da proposta."

com vistas à reparação dos danos causados pela infração, não se exigindo, contudo, sua aquiescência como requisito de validade ou eficácia do acordo, observando-se o seguinte:

> I – antes da apresentação da proposta ao investigado, o Ministério Público providenciará a notificação da vítima para informar sobre os danos decorrentes da infração penal e apresentar, sempre que possível, documentos ou informações que permitam estimar o dano suportado e a capacidade econômica do investigado;
>
> II – a vítima, sempre que possível acompanhada de advogado ou defensor público, poderá figurar como interveniente no ANPP, no que diz respeito à reparação dos danos civis;
>
> III – o não comparecimento da vítima ou a sua discordância em relação à composição civil dos danos, por si só, não obstará a celebração do ANPP;
>
> IV – na hipótese de não comparecimento da vítima ou da sua discordância em relação à composição civil dos danos, o montante a ser pactuado pelo Ministério Público nos termos do art. 28-A, I, do CPP, **deverá ser expressamente ressalvado como valor mínimo**, não impedindo a busca da reparação integral pelo ofendido por meio das vias próprias;
>
> V – a cláusula relativa à composição de danos civis poderá ser pactuada com caráter de irrevogabilidade, constituindo título executivo de natureza cível apto à execução, mesmo na hipótese de posterior rescisão do ANPP; e
>
> VI – para o cumprimento das providências indicadas nos incisos anteriores o órgão de execução ministerial poderá requisitar à Autoridade Policial responsável pela investigação que traga aos autos, documentalmente, elementos de convicção que permitam estimar o dano suportado pela vítima e a capacidade econômica do investigado, sem prejuízo de a própria vítima complementar ou modificar tal documentação antes da celebração do acordo com o investigado.

O art. 18-A da Resolução 181/17, a despeito da discutível legitimidade do CNMP para consolidar em ANPP um título executivo cível, a despeito da possibilidade de contorno pelas regras contratuais gerais, trouxe um inegável avanço para tutela da vítima. Ao prever no inciso II que **a vítima poderá figurar como interveniente no ANPP**, no que diz respeito à reparação dos danos civis, e no inciso V a **possibilidade de constituição de cláusula relativa à composição de danos civis com caráter de irrevogabilidade, constituindo título executivo de natureza cível apto à execução, mesmo na hipótese de posterior rescisão do ANPP**, trouxe importante segurança na tutela da vítima, especificamente quanto à reparação do dano.

Na prática, em nossa compreensão, o pactuado entre o autor do fato e a vítima ou seus representantes legais, no tocante à reparação do dano, **foge à esfera de atribuição do Ministério Público para fins de execução**, isto é, a despeito da cláusula reparatória ser inserida em instrumento firmado pelo *parquet*, somente os titulares do direito à reparação poderão mover a ação executiva, que se revestirá da forma de ação executiva *ex-delicto*.

Por sua vez, o art. 18-B da Res. 181/17, inserido pela Res. 289/24, prevê que o acordo de não persecução penal será formalizado nos autos, por escrito, **vinculará toda a instituição**, e deverá conter as seguintes cláusulas:

> I – qualificação completa do investigado, principalmente quanto ao endereço, número de telefone, e-mail, data de nascimento e número de inscrição no cadastro de pessoas físicas da Receita Federal do Brasil;
>
> II – exposição do fato criminoso, com todas as suas circunstâncias e sua adequação típica;
>
> III – estipulação clara das condições ajustadas e o prazo para seu cumprimento;

IV – indicação das entidades beneficiárias das medidas ajustadas ou de que estas serão indicadas no juízo competente pela execução do acordo;

V – a obrigação do investigado em informar, prontamente, qualquer alteração de endereço, número de telefone ou e-mail;

VI – a obrigação do investigado em comprovar, mensalmente, o cumprimento das condições acordadas, independente de notificação ou aviso prévio;

VII – as consequências para o descumprimento das condições acordadas;

VIII – o prazo para apresentar, por iniciativa própria, a justificativa de eventual descumprimento de quaisquer das condições ajustadas;

IX – declaração formal do investigado de que não foi condenado a prisão, não tem antecedentes criminais, não foi beneficiado por acordos semelhantes ou transação penal, com advertência de que se faltar com a verdade sobre esses fatos o acordo será rescindido e a denúncia oferecida de imediato.

Celebrado o acordo, o §4º prevê que "para a homologação do acordo de não persecução penal, será realizada audiência na qual o juiz deverá verificar a sua voluntariedade, por meio da oitiva do investigado na presença do seu defensor, e sua legalidade". O dispositivo estabelece, ao nosso ver, a **desnecessária obrigatoriedade de controle judicial acerca da voluntariedade** do investigado na presença de seu defensor por meio de audiência designada para sua oitiva, burocratizando o processo de despenalização.

Além da burocratização, a previsão coloca em dúvida a atuação ministerial, afastando inclusive sua presença à audiência, e do próprio defensor, ao exigir que o magistrado confirme se o ato foi voluntário, não obstante a voluntariedade estar estampada em documento escrito firmado por um agente da lei e por defensor constituído. Vale destacar que eventual abuso por parte do Ministério Público deve ser comunicado à Corregedoria ministerial ou CNMP, de sorte que o papel do magistrado, na atuação específica, seria de mero agente de comunicação aos órgãos correicionais, agindo em substituição ao próprio defensor, devidamente habilitado para tanto.

Ademais, com a devida vênia, pouco importa para nós a voluntariedade sob a perspectiva subjetiva do indivíduo, pois pode perfeitamente ter assinado o ANPP por estratégia por entender que o "mal seria menor" do que a condenação, mesmo não querendo, internamente, assinar o documento. O excesso de apego ao elemento subjetivo verificado em expressões como "confissão espontânea", "ato voluntário", previstas como atenuante e causa de diminuição de pena no arrependimento posterior, deve ser repensado no sistema jurídico-penal.

De mais a mais, o ANPP não comporta execução forçada, de modo que, não satisfeito o acordante com seus termos, por qualquer razão, pode resolvê-lo por descumprimento injustificado, sem que disso derive qualquer consequência distinta daquela que decorreria da recusa. A voluntariedade, portanto, é condição não só da celebração, como do cumprimento do ANPP, sendo, por isso, despicienda a fiscalização judicial a pretexto de preservar direitos fundamentais do investigado.

No que toca ao controle de legalidade, previsto no §4º, o magistrado deverá avaliar o cabimento do acordo (é ilegal, por exemplo, o acordo ofertado ao réu reincidente ou pela prática de crime com violência) e sua regularidade formal, assim como da confissão.

A despeito do inconformismo de parcela significativa do Ministério Público nacional, o §5º, claramente, estabelece um controle de mérito exercido sobre os termos do acordo, um juízo de adequação entre meios e fins. Com efeito, embora o Magistrado não possa revisar, reescrever, repactuar ou modificar qualquer cláusula, ele deverá, por expressa disposição legal, verificar se as condições são necessárias e suficientes (naturalmente, tanto para a preservação dos direitos fundamentais do investigado quanto para a prevenção e reprovação do crime, finalidade expressa no *caput*). Consagra-se, assim e mais uma vez, a vedação à proteção deficiente, do que decorre que um acordo qualquer, com condições lenientes, celebrado apenas para por fim ao processo, sem cumprir a finalidade político-criminal do instituto, pode (e deve) ser rejeitado.

Segundo o dispositivo legal, se o juiz considerar inadequadas, insuficientes ou abusivas as condições dispostas no acordo de não persecução penal, devolverá os autos ao Ministério Público para que seja reformulada a proposta de acordo, com concordância do investigado e seu defensor, o que parece ser entendido majoritariamente como devolução ao próprio órgão de execução que celebrou o acordo e requereu a homologação.

Ora, como reforçado, no controle de mérito (de adequação), o acordo que não merece homologação, pode não merecer tanto por abusividade da cláusula quanto por insuficiência, ou seja, o acordo que onera excessivamente o indiciado ou o acordo que é viciado por proteção deficiente dos bens jurídicos a serem tutelados pela resposta estatal. Tudo isso em face do crime cometido (reforçando a natureza de resposta estatal, legitimidade da confissão, princípio da culpabilidade, etc.).

Em ambos os casos, mas especialmente no segundo (acordo insuficiente), a solução que parece, à primeira vista, a do texto legal, além de ineficaz, ignora que toda a decisão estatal não colegiada – e daí a importância de compreender a natureza jurídica do ANPP – precisa ser passível de controle e revisão (princípio da recorribilidade das decisões estatais ou do duplo grau que não é apenas de jurisdição, *ex vi* do art. 5º, LV, CR/88 – dos litigantes em processo).

Isso, sobretudo, considerando, como visto, que o Magistrado não pode revisar diretamente as cláusulas (hipótese em que o próprio judiciário seria a "instância recursal").

Vale lembrar que, nesta fase, as cláusulas que o Magistrado pode entender como abusivas já foram aceitas pelo indiciado, o que sugere, de um lado, a remota disposição do Promotor de Justiça ou Procurador da República para revisá-las e, de outro, que o indicado pode preferir submeter-se a elas (ainda que as considere abusivas ou, tanto mais, se não considerar) que submeter-se à ação penal que virá se, aplicado o §5º, a proposta não for reformulada e a solução for o §7º.

Por outro lado, o acordo com cláusulas insuficientes pode igualmente encontrar resistência das partes em reformulação, não apenas por um possível vício de origem (do que a reformulação representaria confissão), como por uma divergência jurídica em que as duas partes acordantes discordam da decisão judicial. Imagine-se, aqui, o Magistrado devolvendo o acordo ao membro do MP que o propôs, qual a chance de revisão? E, se não houver revisão, haverá denúncia? E, pior, imposta (indiretamente) pelo Magistrado num caso em que todos os envolvidos – MP, indiciado e Magistrado – concordam com o cabimento do acordo, havendo divergência apenas quanto às suas cláusulas.

A solução, portanto, exige uma releitura do texto legal, como feita por Vinícius Gomes de VASCONCELOS:

> se o juiz entender que as condições definidas são excessivamente lenientes, deve ensejar controle interno no próprio órgão ministerial (com base no art. 28, caput, por analogia) em respeito ao sistema acusatório e à imparcialidade judicial.

A solução não ofende o texto legal, pois ao dizer que "devolverá os autos ao Ministério Público", não fala o órgão, mas a Instituição. Até o verbo escolhido - devolver - admite um sentido recursal (basta lembrar do efeito devolutivo dos recursos).

Uma outra solução seria, num segundo momento, ou seja, depois de devolvido o acordo ao próprio órgão proponente, equiparar a recusa em reformular a proposta (prevista no §5º) à recusa em propor o acordo, autorizando a aplicação do §14, ou seja, viabilizando o recurso à instância superior do Ministério Público pela Defesa. Entretanto, tal solução enfraquece o controle judicial, o que não parece ser a *mens legis*, além de só valer para a hipótese de cláusulas abusivas, não para a hipótese de cláusulas insuficientes.

Com efeito, a única hipótese expressamente prevista na lei de remessa a "órgão superior" (controle interno) é da "não oferta" (art. 28-A, §14, CPP), em que o "recurso" é do investigado.

Há, ainda, o problema do acordo com cláusula abusiva que, exatamente por isso, seja recusado[13]. É certo que, nesses casos, *a priori*, não há controle judicial, mas é preciso que tal hipótese também enseje recurso ao PGJ ou às câmaras de revisão do MPF, sob pena de obrigar o indiciado a aceitar o acordo entendido como abusivo para, talvez, revertê-lo a partir da intervenção judicial ou perder a chance de acordo. A oferta de acordo leonino, aí sim, deve ser equiparada com a não oferta, para fins de legitimar recurso ao segundo grau e, se o órgão de primeiro grau não promover o envio, é possível manejar uma ação constitucional para forçá-lo, colocando-o na condição de autoridade coatora.

Por tudo isso, a oferta do acordo precisa estar nos autos, independente de sua efetiva celebração, assim como o motivo da recusa, recomendando-se, inclusive, apresentar o racional das cláusulas precisa para viabilizar o controle (princípio geral das fundamentações).

13.6 EXECUÇÃO E RESCISÃO DO ANPP E EXTINÇÃO DA PUNIBILIDADE

Superada a questão quanto à recusa à homologação, dispõe o § 6º que "homologado judicialmente o acordo de não persecução penal, o juiz devolverá os autos ao Ministério Público para que inicie sua execução perante o juízo de execução penal", sendo que a vítima deverá ser intimada da homologação e eventual descumprimento nos termos do §9º.

Sobre o tema, o art. 18-C da Res. 181/17 prevê que homologado o acordo pelo juiz competente, o membro celebrante extrairá dos autos os arquivos necessários e iniciará a sua execução e fiscalização ou encaminhará as aludidas peças ao órgão de execução com

13. Aqui, o membro do MP que eventualmente não concorde com a política criminal materializada na regulamentação do ANPP (em resumo, com a própria existência do instituto) e não dispondo de argumentos dogmáticos ou jurisprudenciais para afastar seu cabimento no caso concreto, oferece-o para se desincumbir do ônus, mas condiciona a medidas desproporcionais, forçando o indicado, na prática, a recusar o acordo.

a respectiva atribuição. O parágrafo único do dispositivo, por sua vez, prevê que se as condições estipuladas no acordo consistirem em **obrigações que podem ser cumpridas instantaneamente, não se mostra necessário o ajuizamento de ação de execução perante a Vara de Execuções Penais, podendo as obrigações serem cumpridas perante o órgão jurisdicional responsável pela homologação do acordo**, desde que exista a concordância deste, que ficará responsável pela posterior declaração da extinção de punibilidade pelo cumprimento integral do acordado.

O CPP expressamente conferiu ao **juízo da execução penal** a competência para fiscalização dos termos do acordo, retirando a competência do juízo das garantias ou criminal. Entretanto, com a inclusão do art. 18-C na Resolução 181/17, apesar da discutível legitimidade do órgão por estender a competência jurisdicional fixada por lei ao juízo da homologação, admitir-se-á, não sem nosso registro contrário, a possibilidade de, no caso de cumprimento de obrigação imediata e anuência do juízo da homologação, a efetiva execução do acordo perante o juízo homologatório.

Ainda nesse particular, surge uma divergência diante do descumprimento do ANPP: **compete a qual juízo a rescisão do acordo?**

O §10 assinala que "descumpridas quaisquer das condições estipuladas no acordo de não persecução penal, o Ministério Público deverá comunicar ao juízo, para fins de sua rescisão e posterior oferecimento de denúncia". Não obstante a omissão legal, parece-nos claro que a competência para apreciação do pedido de rescisão é do juízo da execução penal, vez que se a esse compete a fiscalização, também competirá apreciar seus incidentes. Não fosse assim, a competência fixada para o juízo da execução penal para fins de fiscalização seria inócua em termos de jurisdição, sendo meramente instrumental-cartorária.

Entretanto, há divergência doutrinária sobre o tema. Rogério Sanches[14] e Rodrigo Cabral[15], **assim como nós, entendem que o juízo competente é o da execução penal**, ao passo que Renato Brasileiro[16] compreende que a competência é do juízo da homologação. O CNPG, na linha de Brasileiro, entendeu, por meio do enunciado 28/CNPG/GNCCRIM, que "caberá ao juízo competente para a homologação rescindir o acordo de não persecução penal, a requerimento do Ministério Público, por eventual descumprimento das condições pactuadas, e decretar a extinção da punibilidade em razão do cumprimento integral do acordo de não persecução penal".

Não obstante, ainda que não tenha de forma explícita afastado a divergência, o STJ deixou claro, no julgamento do CC n. 192.158/MT, Rel. Min. Laurita Vaz, Terceira Seção, DJe 18.11.22, que **"o art. 28-A, § 6.º, do Código de Processo Penal, ao determinar que o acordo de não persecução penal será executado no juízo da execução penal, implicitamente, estabeleceu que o cumprimento das condições impostas no referido acordo deverá observar, no que forem compatíveis, as regras pertinentes à execução das penas".**

14. *op.cit.*

15. CABRAL, Rodrigo Leite Ferreira. **Manual do acordo de não persecução penal**. Salvador: 2020, Juspodivm.

16. *op.cit.*

Em termos práticos, a se seguir o entendimento do CNPG, teremos, no caso de descumprimento ou novações no acordo, perfeitamente possíveis por se tratar de instrumento negocial, uma verdadeira peregrinação processual sem sentido: fiscaliza-se no juízo da execução, mas as decisões seriam proferidas pelo juízo da homologação. De toda sorte, parece-nos que o procedimento para fins de rescisão impõe a observância do contraditório e ampla defesa[17].

Por sua vez, dispõe o §14 que, "no caso de recusa, por parte do Ministério Público, em propor o acordo de não persecução penal, o investigado poderá requerer a remessa dos autos a órgão superior, na forma do art. 28 deste Código". Não obstante a literalidade legal, o STJ, no julgamento do REsp 2.038.947-SP, Rel. Ministro Rogerio Schietti Cruz, Sexta Turma, julgado em 17/9/2024, entendeu que "a recusa injustificada ou ilegalmente motivada do Ministério Público em oferecer o acordo de não persecução penal autoriza à rejeição da denúncia, por falta de interesse de agir para o exercício da ação penal".

A decisão do STJ contraria a lógica do sistema acusatório e confunde o interesse de agir, verdadeira condição da ação penal, com o mérito do processo. No caso concreto, o Ministério Público recusou-se a oferecer acordo de não persecução penal sob o único fundamento de que o tráfico de drogas era crime hediondo, tendo a defesa requerido a remessa dos autos à Procuradoria-Geral de Justiça, o que foi negado pelo Magistrado, com o argumento de que houve apreensão de dois tipos de drogas e dinheiro.

Nesse ponto, vale o destaque processual, atinente ao *error in procedendo* pelo magistrado, que não poderia ter negado seguimento ao pleito defensivo, porquanto a decisão sobre o cabimento do ANPP compete ao Ministério Público conforme se extrai, por inferência lógica, do teor do art. 129, I, da Constituição Federal, e §14 do art. 28-A do CPP. Logo, seria perfeitamente possível, no momento processual, a oposição de correição parcial para que o Tribunal determinasse o encaminhamento dos autos à Chefia do Ministério Público. Verifica-se, igualmente, *error in procedendo* por parte do órgão ministerial, que deveria, de ofício, ter encaminhado os autos ao Procurador-Geral de Justiça, nos termos §4º do art. 18-G da Resolução CNMP 181/17: "Apresentado o pedido acima junto ao órgão que recusou o acordo, o membro do Ministério Público deverá remetê-lo, caso não haja reconsideração, no prazo de 3 (três) dias, juntamente com cópia das principais peças da fase pré-processual e da decisão impugnada ao órgão superior para apreciação".

Em breve, mas relevante recorte, gize-se: em momento algum se pode cogitar em falta de interesse ministerial, haja vista que com o acusado foram apreendidos dois tipos de drogas e dinheiro (justa causa para a ação penal), revelando, independentemente do enquadramento típico na Lei de Drogas (art. 33, *caput*, ou art. 33, §4º), a necessidade de deflagração da ação penal (sancionatória – denúncia – ou consensual homologatória – ANPP).

---

17. "Muito embora seja possível a rescisão do acordo de não persecução penal (§10 do art. 28-A do CPP), necessário, para preservação dos princípios constitucionais do contraditório e da ampla defesa, oportunizar à defesa a manifestação acerca do pedido formulado pelo Ministério Público". STJ, HC n. 615.384/SP, Rel. Min. Reynaldo Soares da Fonseca, 5ª Turma, DJe 11.02.21.

No caso em análise, verifica-se outro *error in procedendo* por parte do magistrado, fruto de um erro também do parquet. O Ministério Público, antes de requerer a aplicação da minorante prevista no art. 33, § 4º, da Lei n. 11.343/2006, em sede de alegações finais, deveria, pelo afastamento por própria convicção do fundamento inicial para não propositura do ANPP (crime hediondo), ter ofertado o ANPP em razão da "emendatio libelli" promovida pela própria acusação, porquanto, juridicamente, o Ministério Público entendeu que os fatos imputados ao acusado amoldavam-se à figura privilegiada do tráfico, afastando a hediondez do delito, com reflexos desde o oferecimento da denúncia.

Novamente, destaque-se: ainda que modificado o contorno jurídico pelo *parquet*, o interesse de agir não foi afetado, posto que, mesmo no caso de propositura do ANPP, impõe-se a satisfação das condições da ação penal. Não fosse assim, concebida como adequada a falta de interesse de agir reconhecida pelo STJ, sequer haveria base normativa para a propositura do ANPP. Sob a lógica da teoria geral do processo, a decisão da Corte encontra severa resistência.

Ainda que não seja o ponto específico da crítica à decisão, atinente ao interesse de agir, parece-nos importante registrar o sinal de alerta, ainda que contraditório, emitido pela Sexta Turma do STJ, ao assinalar que "não cabe ao Ministério Público nem ao Poder Judiciário, salvo excepcionalmente em caso de inconstitucionalidade – como, por exemplo, reconheceu a Segunda Turma do STF em relação aos crimes raciais –, deixar de aplicar mecanismos consensuais legalmente previstos em favor do averiguado **com base, apenas, na natureza abstrata do delito ou em seu caráter hediondo**. Isso significaria criar, em prejuízo do investigado, novas vedações não previstas pelo legislador, o qual já fez a escolha das infrações incompatíveis com a formalização de acordo".

Ao que parece, a Corte se afasta da lógica da interpretação sistemática para trilhar a linha do positivismo casuístico. Não tivesse a Suprema Corte reconhecido a impropriedade do ANPP para os crimes raciais, estaria o STJ a impor sua aplicação? Não caberia ao próprio órgão reconhecer a incompatibilidade sistêmica do ANPP com tais delitos?

Não como se compreender como razoável o adjetivo "vagueza semântica" conferido pelo STJ à expressão legal "necessário e suficiente para reprovação e prevenção do crime". "Vago", é incerto, indeterminado, impreciso. Se a Corte não compreende, de forma sistêmica, a "necessidade e suficiência" como conceitos palatáveis, aceitáveis pelo espírito Hegeliano, talvez não devesse se valer dos conceitos de "necessidade e utilidade" para fundamentar, equivocadamente, a rejeição da denúncia.

Ademais, a Corte, ao se valer do fundamento de que "não altera essa conclusão o fato de o art. 28, § 14, do CPP estabelecer que 'No caso de recusa, por parte do Ministério Público, em propor o acordo de não persecução penal, o investigado poderá requerer a remessa dos autos a órgão superior, na forma do art. 28 deste Código'", incorre em flagrante erro procedimental, porque, conforme acima delineado, caberia a reavaliação do ANPP, porque patente o interesse de agir, no momento anterior ao da sentença, que poderia ter sido provocado pelo Ministério Público, pela Defesa ou magistrado.

13.7 EFEITOS DO ANPP

Os efeitos do ANPP e eventual descumprimento foram previstos nos §§11 a 13 do art. 28-A, além de outros já detalhados acima, como a necessidade de rescisão do acordo para oferecimento da denúncia, verdadeira condição de procedibilidade.

O §11 dispõe que "o descumprimento do acordo de não persecução penal pelo investigado também poderá ser utilizado pelo Ministério Público como justificativa para o eventual não oferecimento de suspensão condicional do processo". Em síntese, o dispositivo conferiu caráter subjetivo à análise do descumprimento do ANPP, que pode servir de fundamento para a não propositura da suspensão condicional do processo, pautado na quebra da confiança.

Nesse sentido, o art. 18-F da Res. 181/17, incluído pela Res. 289/24, prevê que havendo descumprimento de qualquer das condições do acordo, **a denúncia a ser oferecida poderá utilizar como suporte probatório a confissão formal e circunstanciada do investigado**, prestada voluntariamente na celebração do acordo.

Por sua vez, o §12 dispõe que "a celebração e o cumprimento do acordo de não persecução penal não constarão de certidão de antecedentes criminais, exceto para os fins previstos no inciso III do § 2º deste artigo", isto é, por não envolver condenação ou qualquer outro efeito similar, a celebração do ANPP impede qualquer espécie de registro, salvo, obviamente para impedimento de novo ANPP no prazo de cinco anos contados o cumprimento do anterior.

O §13 assinala que "cumprido integralmente o acordo de não persecução penal, o juízo competente decretará a extinção de punibilidade". Por juízo competente, conforme expomos acima, consideramos o juízo da execução penal. Registre-se que a norma expressamente consigna o cumprimento do acordo, de forma que não basta o mero decurso do prazo previsto.

O art. 18-D da Res. 181/17, incluído pela Res. 289/24, prevê que a celebração do acordo de não persecução penal não impede que o beneficiário seja chamado para prestar declaração em juízo sobre as imputações deduzidas em desfavor dos corréus, respeitadas as regras próprias da chamada de corréu.

Por sua vez, o art. 18-E, igualmente incluído pela Res. 289/24, dispõe que sem prejuízo da fiscalização do juízo competente pela execução do acordo, poderá o Ministério Público manter, para fins de controle, cadastro com as medidas pactuadas e os prazos de cumprimento, o que se dará no próprio sistema informatizado vinculado ao processo judicial correspondente.

Por fim, o art. 18-H prevê que a celebração do acordo de não persecução penal não afasta a eventual responsabilidade administrativa ou cível pelo mesmo ato.

13.8 VALOR PROBATÓRIO DA CONFISSÃO NA AÇÃO PENAL DECORRENTE DE ANPP RESCINDIDO

Em obra conjunta sobre o tema, Shirmer Albuquerque lembra, com propriedade, que a confissão, formal e **circunstancial (não circunstanciada)**, requisito não para a oferta, mas para a celebração do ANPP, não se confunde com o acordo. Segundo o entendimento dominante, ela não pode sequer ser uma cláusula dele, mas um ato que o precede.

Diante disso, a primeira pergunta que se coloca – e não é nem simples, nem de pouca relevância quanto parece – é: essa confissão é apresentada ao Juiz juntamente com o próprio acordo para homologação?

A resposta deve ser positiva, embora não decorra da literalidade do texto do CPP. Aliás, a regulamentação do ANPP parece muito mais completa do que realmente é. De toda forma, se a Lei não impõe expressamente que a confissão seja confirmada em juízo na audiência de homologação, tampouco proíbe.

E, de todo recomendado que o juiz, na oportunidade do §4º, é dizer, na "oitiva do indiciado para verificar a voluntariedade", questione sobre a confissão, colhendo sua ratificação. A uma, porque insere-se dentro da macro-análise da voluntariedade que deve ser não só do acordo, como da confissão e é preocupação da Lei que nem o acordo, nem a confissão que lhe antecede, sejam extraídos mediante coação; a duas, porque negada a confissão, o acordo perde um de seus requisitos (todos os quais devem ser analisados pelo Magistrado na apreciação da legalidade) e, por isso, não pode ser homologado.

O tema ganha especial relevância na hipótese de ação penal subsequente à rescisão do acordo descumprido, quando se colocará em pauta o valor probatório da confissão em análise.

A doutrina em síntese, apresenta os seguintes argumentos para que a confissão seja, nessa hipótese, desconsiderada:

> "As reservas do juiz penal, quanto a qualquer confissão (arts. 158 e 197, do CPP), remanescem em relação à confissão específica do ANPP; (...) diferente da colaboração premiada (...), o ANPP constitui mera medida despenalizadora, que não impõe ao autor do fato nenhum compromisso de colaboração; (...) o ANPP possui natureza jurídica de ajuste consensual penal e não deve ser encarado como meio de obtenção de provas; (...) cuida-se de confissão extrajudicial, declarada no bojo de negociação, e nada mais. Depende, pois, de provas submetidas a contraditório indisponível para se lhe aquilatar o valor" (PITOMBO, Antônio Sérgio Altieri de Moraes. Coord. Colaboração Premiada e Outros Acordos. São Paulo: Singular, 2022).

Esses quatro pontos sintetizam o entendimento doutrinário dominante de que a confissão, porque feita com objetivo de obter o acordo extrajudicial, não pode ser utilizada para sustentar condenação na hipótese de descumprimento do acordo.

Observe-se que a Jurisprudência do Superior Tribunal de Justiça embora pareça dizer o mesmo na ementa do HC 756.907/SP, cuidou, naquela oportunidade do uso da confissão como suporte probatório exclusivo para a condenação de corréu e não do acordante que descumpriu a avença, oportunidade em que a Corte fez distinção – ali pertinente – entre o ANPP e o Acordo de Colaboração premiada, que exige elementos de corroboração justamente porque imputa fatos criminosos a terceiros em troca de benefícios.

Significa dizer que este problema especificamente: valor probatório da confissão requisito de ANPP em face do acordante – ainda não foi resolvido pelos Tribunais Superiores, menos ainda de modo vinculante.

Do ponto de vista dogmático, a nosso sentir, não só é possível utilizar a confissão para a condenação – nos moldes do art. 197, CPP – como isso é essencial para garantir o sucesso do ANPP enquanto política criminal.

E isso, sem que se fira qualquer garantia fundamental ou princípio de Direito Processual Penal e por uma razão muito simples: a confissão em questão é judicializada.

Por certo, a confissão é um compromisso probatório (em relação a si, não a terceiros) que, embora não seja imposto ao autor pelo ANPP (não seja derivado dele, portanto), é assumido pelo indiciado para viabilizar o acordo, sobretudo considerando o entendimento (absolutamente correto) de que a oferta prescinde da confissão, mas a celebração não. Ou seja, do acordo não deriva um compromisso probatório, mas para o acordo, se exige.

O fato de a confissão ser requisito para o acordo e não compromisso derivado dele, tampouco interfere no valor probatório que se lhe dê, se necessário, ou seja, se houver processo. O mesmo se diga em relação às mencionadas "reservas" que valem para qualquer confissão, inclusive judicial.

Por certo, diferente da colaboração premiada (que a prova que se faz por elementos de corroboração é em relação a terceiro, não ao próprio colaborador), o ANPP não é um "meio de obtenção de prova", inclusive porque a confissão não se obtém após o acordo, mas antes dele. A confissão que antecede o ANPP, cuja natureza jurídica não se confunde com a natureza do próprio acordo, segue sendo o que é, meio de defesa e meio de prova. A verdadeira discussão aqui é, em sendo meio de prova, qual seu valor probatório, seu peso e, sobretudo, sua qualificação, já que desde a reforma processual de 2008, a prova extrajudicial não pode, como regra, sustentar condenação, em restrição à aplicação plena da persuasão racional. E, isso, em razão do expressamente contido no art. 155, CPP, precisamente porque, dadas as características do inquérito policial (e das investigações em geral) essa prova não seria produzida perante julgador imparcial, sob o crivo do contraditório e com garantia de ampla defesa.

Ora, o fato de a confissão para o ANPP ser produzida no contexto de uma negociação já é algo que a diferencia da confissão produzida em ambiente investigatório. **Ali, ela é proferida, após oferta de acordo, muito mais em interesse do investigado que da investigação**. Remore-se, para que o MP possa oferecer ANPP, ele precisa estar com *opinio delicti* formada no sentido do oferecimento da denúncia ("não sendo o caso de arquivamento"), o que significa investigação concluída e com prova. Não há – ou não pode haver – qualquer interesse probatório do MP na confissão.

Por outro lado, o que faz da confissão uma confissão "judicial"? É o fato dela ser proferida em ação penal ou o fato dela ser proferida perante o juiz?

A confissão, juntamente com o acordo, é (ou pode ser) homologada em juízo, nos termos do § 4º do art. 28-A. Isso a torna diferente da confissão extrajudicial; sua ratificação perante a Autoridade Judiciária e o exercício inequívoco da garantia de ampla defesa desde a resposta a oferta, até a audiência de homologação, até por respeito a tais princípios e como garantia da seriedade do acordo enquanto instrumento de política criminal efetiva (é dizer, acordos celebrados em alternativa à judicialização e cumpridos), exigem que se lhe confira um valor probatório de confissão judicial, sob pena de se dar ao investigado se não um novo mecanismo de atrasar o julgamento.

Seguindo uma perspectiva de análise econômica do direito, importante para o sucesso do ANPP enquanto política criminal, e já demonstrado que nenhum direito fundamental é violado ou restringido pelo reconhecimento do caráter judicializado da confissão, não se pode conceber que o sujeito, depois de aceitar o acordo ponderando a perspectiva de condenação, ainda possa jogar com a perspectiva de, descumprido o acordo, não recair sobre ele nenhum ônus além daquele que recairia se recusasse a oferta, o de ser processado e submetido à mesma instrução, com mais chance de absolvição, no mínimo, pelo decurso do tempo que prejudica a prova.

Portanto, a confissão condicionante do ANPP precisa ter por consequência a possibilidade de abreviação da instrução criminal, assumindo-lhe como confissão judicial (ainda que passível de retratação, a que o juiz aquilatará o valor de convencimento pertinente), após homologação, em situação análoga à produção antecipada de provas, que permite a judicialização, por razões cautelares, de prova judicial produzida fora ou antes da ação penal.

13.9 MOMENTO E OPORTUNIDADE DE PROPOSITURA DO ANPP

O art. 18-G da Res. 181/17, incluído pela Res. 289/24, prevê que não sendo o caso de proposição do acordo de não persecução penal, a recusa, que sempre será fundamentada, deverá constar nos autos do procedimento investigatório ou na cota da respectiva denúncia.

Conforme se extrai do §1º, em caso de recusa em propor o acordo de não persecução penal, é cabível o **pedido de remessa dos autos ao órgão superior** previsto no § 14 do art. 28-A do Código de Processo Penal, **no prazo de 10 (dez) dias**.

O §2º, por sua vez, assinala que, no caso de recusa ao oferecimento do acordo de não persecução penal indicada na cota da denúncia, o prazo para o pedido de remessa ao órgão superior contará da citação para resposta à acusação.

Ainda na linha da recusa à proposta, o §3º prevê que havendo recusa em propor o acordo de não persecução penal nos autos de procedimento investigatório, o prazo para o pedido de remessa ao órgão superior contará da comunicação da recusa ao interessado.

Por sua vez, o §4º, regendo o "recurso" e prevendo o **efeito iterativo**, prevê que apresentado o pedido de revisão junto ao órgão que recusou o acordo, **o membro do Ministério Público deverá remetê-lo, caso não haja reconsideração, no prazo de 3 (três) dias**, juntamente com cópia das principais peças da fase pré-processual e da decisão impugnada ao órgão superior para apreciação.

Por fim, o §5º assinala que o denunciado poderá pleitear diretamente ao órgão superior a revisão da decisão que recusou o oferecimento do acordo de não persecução penal, obedecido o prazo mencionado no § 1º deste artigo.

Superada a questão da recusa e retomando o estudo do CPP, segundo a lógica do *caput* do art. 28-A do CPP, o ANPP deve ser proposto **antes do oferecimento da denúncia**, sob pena de se frustrar um dos objetivos do instituto, o de evitar a persecução penal em juízo. Essa é, portanto, a regra normativa.

Ocorre que o instituto inegavelmente possui conteúdo híbrido e, dessa forma, diversas correntes doutrinárias surgiram para delimitar o alcance da retroatividade. A primeira corrente, sustentada por Renato Brasileiro e pelo CNPG (Enunciado 20) entende que, em razão da natureza, a regra do ANPP é passível de retroação até o recebimento da denúncia, isto é, enquanto não instaurado o processo sob o crivo do contraditório e ampla defesa.

A **segunda corrente** sustenta a retroatividade do ANPP até o momento anterior à sentença, e havia sido adotada, por exemplo, pelo TJMG e MPMG por meio da portaria conjunta 20/20. A **terceira corrente**, por sua vez, entende que o ANPP pode ser aplicado a qualquer momento, até o trânsito em julgado da decisão condenatória, conforme entendimento de Guilherme Madeira e Luciano Anderson[18]. Há, ainda, entendimento no sentido de possibilidade de aplicação aos **processos transitados em julgado**, por se tratar de norma de cunho híbrido.

O tema encontrava-se afetado ao Plenário do STF no HC 185.913/DF, com as seguintes divergências:

> a) O ANPP pode ser oferecido em processos já em curso quando do surgimento da Lei 13.964/19? Qual é a natureza da norma inserida no art. 28-A do CPP? É possível a sua aplicação retroativa em benefício do imputado?
>
> b) É potencialmente cabível o oferecimento do ANPP mesmo em casos nos quais o imputado não tenha confessado anteriormente, durante a investigação ou o processo?

Em 18.09.24, o Pleno do STF fixou a seguinte tese:

> "1. Compete ao membro do Ministério Público oficiante, motivadamente e no exercício do seu poder-dever, avaliar o preenchimento dos requisitos para negociação e celebração do ANPP, sem prejuízo do regular exercício dos controles jurisdicional e interno;
>
> 2. É cabível a celebração de Acordo de Não Persecução Penal em casos de processos em andamento quando da entrada em vigência da Lei nº 13.964, de 2019, mesmo se ausente confissão do réu até aquele momento, desde que o pedido tenha sido feito antes do trânsito em julgado;
>
> 3. Nos processos penais em andamento na data da proclamação do resultado deste julgamento, nos quais, em tese, seja cabível a negociação de ANPP, se este ainda não foi oferecido ou não houve motivação para o seu não oferecimento, o Ministério Público, agindo de ofício, a pedido da defesa ou mediante provocação do magistrado da causa, deverá, na primeira oportunidade em que falar nos autos, após a publicação da ata deste julgamento, manifestar-se motivadamente acerca do cabimento ou não do acordo;
>
> 4. Nas investigações ou ações penais iniciadas a partir da proclamação do resultado deste julgamento, a proposição de ANPP pelo Ministério Público, ou a motivação para o seu não oferecimento, devem ser apresentadas antes do recebimento da denúncia, ressalvada a possibilidade de propositura, pelo órgão ministerial, no curso da ação penal, se for o caso".

Em síntese, o STF firmou o entendimento de que a retroatividade do ANPP deve ser respeitada para os processos em andamento quando da entrada em vigor da Lei do Pacote Anticrime, considerando por desnecessária a circunstância da ausência de confissão do réu até aquele momento, desde que o pedido de propositura do ANPP tenha sido efetivado antes do trânsito em julgado.

Outro ponto que merece destaque envolve a possibilidade de oferecimento do ANPP na **audiência de custódia**. Não obstante a manifestação contrária de diversos juristas, não vemos qualquer obstáculo à propositura do ANPP durante a audiência de custódia, desde que, obviamente, exista competência pré-fixada nesse sentido. Apesar da audiência de custódia não se destinar a tal fim, nada impede que o investigado, devidamente assistido por seu defensor, venha a pactuar com o Ministério Público o ANPP como forma de se

18. DEZEM, Guilherme Madeira. SOUZA, Luciano Anderson de. **Comentários ao pacote anticrime**. São Paulo: RT, 2020.

solucionar, de forma célere, os interesses do agente e do Estado. Nesse sentido está o §3º do art. 19 da Resolução CNJ 329/2020: § 3º A participação do Ministério Público deverá ser assegurada, com intimação prévia e obrigatória, podendo propor, inclusive, o acordo de não persecução penal nas hipóteses previstas no artigo 28-A do Código de Processo Penal.

13.10 DIREITOS DAS VÍTIMAS A SEREM OBSERVADOS NO ANPP

Sobre os direitos das vítimas na seara do ANPP, vale a menção à nomeada Carta de Araxá, firmada pelos Ministérios Públicos da Região Sudeste, que traz, em síntese, os seguintes enunciados:

3. Os órgãos do Ministério Público deverão zelar pela efetiva promoção dos direitos das vítimas, informando-as dos seus direitos, notadamente sobre a reparação do dano causado pela infração, salvo impossibilidade.

4. Buscando efetivar a reparação dos danos civis causados às vítimas hipossuficientes, o Ministério Público, quando necessário, deve encaminhá-las, mediante comunicação formal, a serviços gratuitos de atendimento jurídico.

9. Quando presente dano material suportado por vítima(s) certa(s) e determinada(s), a sua reparação deve constar do ajuste celebrado entre o Ministério Público e o (a) investigado (a), salvo quando demonstrada a impossibilidade de fazê-lo, incumbindo ao investigado a prova cabal de sua vulnerabilidade financeira, não bastando a mera alegação.

10. Considerando que a norma do art. 28-A, do CPP não limitou o ressarcimento da vítima em relação aos prejuízos sofridos, o órgão de execução do Ministério Público pode, diante do caso concreto, fixar o valor mínimo do dano moral.

12. Com fundamento nos arts. 8º., 141, 356, 492 e 515, III, todos do Código de Processo Civil, aplicados ao Código de Processo Penal (art. 3º.), o capítulo do acordo de não persecução penal relativo à composição de danos civis poderá ser pactuado com caráter de autonomia, constituindo título executivo de natureza cível apto à execução, mesmo na hipótese de posterior rescisão do ajuste.

13. No caso de ter havido fixação de fiança e esta ter sido efetivamente paga pelo investigado (a), mostra-se possível pactuar como cláusula do ajuste, considerando o disposto no art. 336 do CPP, que o valor depositado judicialmente seja revertido a título de reparação de danos civis.

13.11 SÍNTESE GRÁFICA

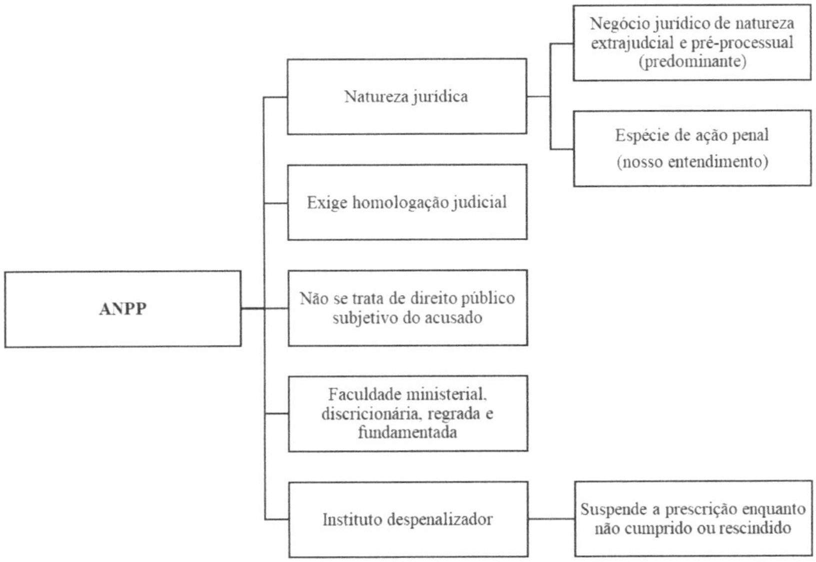

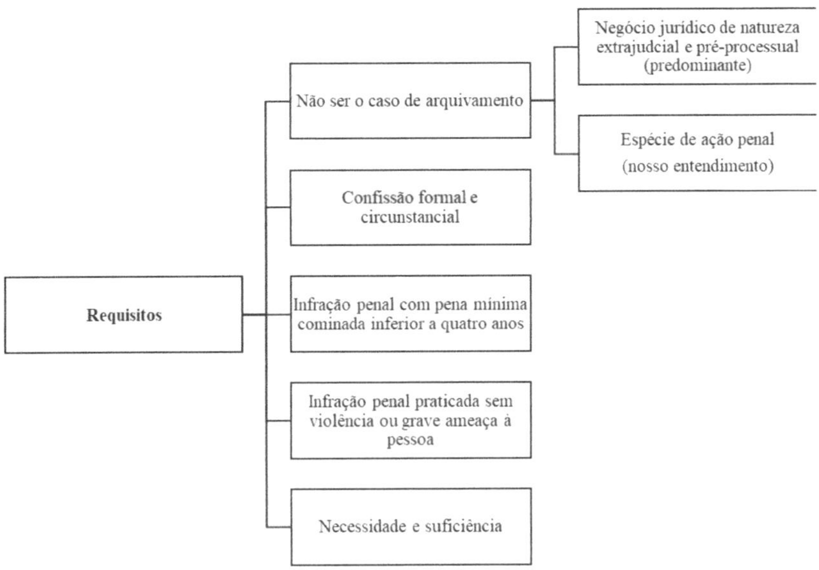

Condições legais positivas

- Reparar o dano ou restituir a coisa à vítima, exceto na impossibilidade de fazê-lo — Obrigatório
- Renunciar voluntariamente a bens e direitos indicados pelo MP como instrumentos, produto ou proveito do crime — Obrigatório
- Prestar serviços à comunidade ou a entidades públicas — Alternativo
- Pagar prestação pecuniária — Alternativo
- Cumprir, por prazo determinado, outra condição indicada pelo Ministério Público — Alternativo

Alternatividade e cumulatividade - impropriedade — Necessidade e suficiência para a reprovação e prevenção do crime — Entendemos que pelo menos três condições deve ser propostas

Condições legais negativas
(Não cabimento)

- Cabimento de transação penal
- Reincidente
- Conduta criminal habitual, reiterada ou profissional, exceto se insignificantes as infrações penais pretéritas
- Nos crimes praticados no âmbito de violência doméstica ou familiar, ou praticados contra a mulher por razões da condição de sexo feminino, em favor do agressor
- Ter sido beneficiado com transação penal, suspensão condicional do processo ou ANPP nos 5 (cinco) anos anteriores ao cometimento da infração

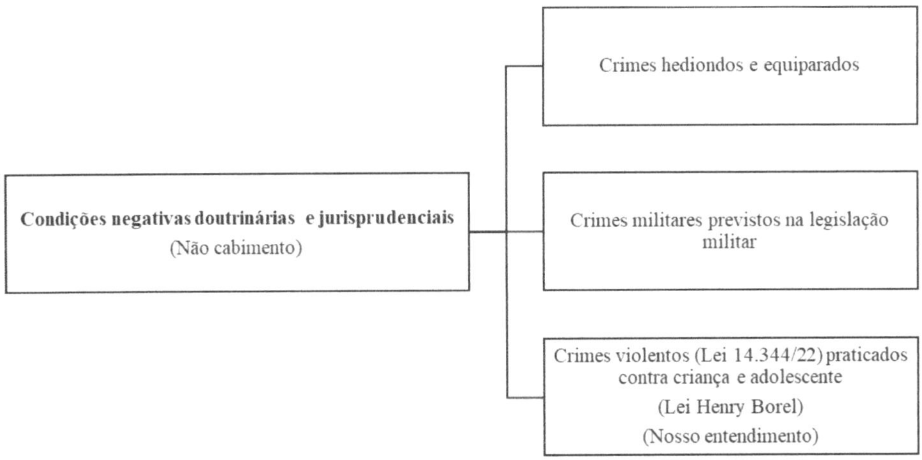

13.12 REVISÃO DO CAPÍTULO POR QUESTÕES DE CONCURSOS E ASSERTIVAS DE REFORÇO

QUESTÕES DE CONCURSO

1. (DPE/CE 2022 - FCC – DEFENSOR PÚBLICO). O acordo de não persecução penal

A. reforça o sistema acusatório ao permitir que o Ministério Público proponha acordo antes mesmo da análise do arquivamento da acusação ou oferecimento da denúncia.

B. não será cabível se o agente tiver realizado outro acordo de não persecução penal no período de 5 (cinco) anos anteriores ao cometimento da infração.

C. não será cabível em crimes praticados contra o meio ambiente devido ao âmbito de proteção constitucional do bem jurídico penalmente tutelado.

D. será cabível em crimes culposos com resultado violento, exceto no crime de homicídio culposo na direção de veículo automotor.

E. deverá contar com a anuência da vítima nos casos em que a reparação de dano ou restituição da coisa for condição do acordo e o investigado estiver impossibilitado de fazê-lo.

2. (MP/PE 2022 - FCC - PROMOTOR DE JUSTIÇA SUBSTITUTO). Considere abaixo as causas que impedem o acordo de não persecução penal:

I. Se for cabível a suspensão condicional da pena, nos termos da lei.

II. Se o investigado for reincidente ou se houver elementos probatórios que indiquem conduta criminal habitual, reiterada ou profissional, exceto se insignificantes as infrações penais pretéritas.

III. Ter sido o agente beneficiado nos 2 anos anteriores ao cometimento da infração, em acordo de não persecução penal, transação penal ou suspensão condicional do processo.

IV. Crimes praticados no âmbito de violência doméstica ou familiar, ou praticados contra a mulher por razões da condição de sexo feminino.

Está correto o que se afirma APENAS em

A. II e III

B. I e IV.

C. I, II e III.

D. I, III e IV.

E. II e IV.

3. (MP/AC 2022 - CESPE - PROMOTOR DE JUSTIÇA SUBSTITUTO). Na hipótese de o juiz recusar homologação à proposta de acordo de não persecução penal (ANPP), cabe interposição de

A. apelação.

B. agravo.

C. recurso inominado dirigido ao órgão superior do Ministério Público.

D. recurso em sentido estrito.

E. carta testemunhável.

4. (MP/AC 2022 - CESPE - PROMOTOR DE JUSTIÇA SUBSTITUTO). Em relação ao acordo de não persecução penal (ANPP), assinale a opção correta.

A. O Ministério Público é obrigado a notificar o investigado no caso de recusa do oferecimento do ANPP.

B. O magistrado pode determinar compulsoriamente que o Ministério Público ofereça o acordo, caso verifique a presença dos requisitos legais para tanto.

C. Não é cabível o ANPP na prática de crime cometido com grave ameaça, ainda que a pena mínima seja inferior a quatro anos.

D. O ANPP constitui direito subjetivo do investigado.

E. O ANPP só se aplica aos fatos ocorridos posteriormente à entrada em vigor da Lei n.º 13.964/2019.

5. (DPE/PB 2022 - FCC - DEFENSOR PÚBLICO). Leandro, menor de 21 anos e com passagens na vara da infância e juventude, foi preso pela primeira vez após maioridade. Para conseguir dinheiro para alimentar sua filha recém-nascida, estava vendendo maconha na comunidade, sozinho, fazia 5 dias. Preso em flagrante, ficou em silêncio em seu interrogatório policial. Sua família procura a Defensoria Pública para orientação. Com base nos entendimentos jurisprudenciais,

A. o fato de ter passagens pela vara da infância e juventude impede que lhe seja oferecido acordo de não persecução penal.

B. é cabível o oferecimento do acordo de não persecução penal por se tratar de crime de tráfico privilegiado, oportunizando momento e local correto para Leandro confessar os fatos.

C. a venda de drogas por mais de 4 dias configura habitualidade, o que impede o oferecimento de acordo de não persecução penal.

D. não terá direito ao acordo de não persecução penal porque não consta confissão formal e circunstanciada dos fatos, devendo esta ser prévia à análise do Promotor de Justiça.

E. não terá direito ao acordo de não persecução penal por se tratar de crime hediondo com pena mínima superior a 4 anos.

6. (DPE/PB 2022 - FCC - DEFENSOR PÚBLICO). A prescrição NÃO corre

A. durante o cumprimento do acordo de transação penal.

B. enquanto não cumprido ou não rescindido o acordo de não persecução penal.

C. com a decisão confirmatória da pronúncia até o julgamento em plenário do Tribunal do Júri.

D. entre o recebimento da denúncia e a sentença condenatória.

E. enquanto o agente é processado penalmente no exterior.

7. (MP/SP 2022 PROMOTOR DE JUSTIÇA SUBSTITUTO). Assinale a alternativa incorreta em relação ao acordo de não persecução penal.

A. A confissão formal e circunstanciada do investigado é uma das condições legais impostas no acordo de não persecução penal.

B. Exige-se a realização de audiência para homologação, devendo o magistrado aferir a existência de voluntariedade, através da oitiva do investigado e legalidade.

C. Quanto à natureza jurídica da decisão judicial que homologa o acordo de não persecução penal, trata-se de uma decisão apenas declaratória, que se limitará a aferir a voluntariedade e a legalidade do acordo, não se permitindo adentrar-se ao mérito.

D. Não cabe o acordo de não persecução penal se for cabível a transação penal.

E. O acordo de não persecução penal é cabível no caso de infrações penais sem violência ou grave ameaça, e com pena mínima igual ou inferior a 4 (quatro) anos.

8. (DPE/SE 2022 - CESPE – DEFENSOR PÚBLICO). Não sendo oferecido o Acordo de Não Persecução Penal pelo promotor de justiça, quando, em uma primeira análise, ele é cabível, deve o defensor público

A. requerer ao juiz que ofereça o acordo.

B. requerer a remessa dos autos ao órgão superior do Ministério Público, para que decida se é caso ou não de oferecimento do acordo e cuja decisão permitirá que se ajuíze outro recurso ao Tribunal de Justiça.

C. requerer ao juiz que obrigue o promotor de justiça a oferecer o referido acordo.

D. requerer a remessa dos autos ao órgão superior do Ministério Público, para que decida se é caso ou não de oferecimento do acordo, sendo irrecorrível essa decisão do órgão superior.

E. interpor embargos de declaração da decisão do promotor de justiça.

9. (MP/RS 2021 - PROMOTOR DE JUSTIÇA). De acordo com o Código de Processo Penal, assinale a alternativa correta.

A. Formalizado o acordo de não persecução penal por escrito, ele será firmado pelo juiz, pelo membro do Ministério Público, pelo investigado e por seu defensor.

B. O descumprimento do acordo de não persecução penal pelo investigado também poderá ser utilizado pelo Ministério Público como justificativa para inviabilizar a suspensão condicional da pena.

C. Homologado judicialmente o acordo de não persecução penal, o juiz devolverá os autos ao Ministério Público para que inicie sua execução perante o juízo competente para conhecer a ação penal, em caso de seu descumprimento.

D. Para a homologação do acordo de não persecução penal, será realizada audiência na qual o juiz deverá verificar a sua voluntariedade, por meio da oitiva do investigado na presença do seu defensor, dela não sendo obrigatoriamente intimado o Ministério Público; ademais, o juiz também deverá verificar a legalidade do acordo.

E. Cumprido integralmente o acordo de não persecução penal, o juízo competente decretará a extinção de punibilidade e determinará o arquivamento da investigação criminal.

10. (DPE/PR 2022 - AOCP - DEFENSOR PÚBLICO). Acerca do acordo de não persecução penal, assinale a alternativa correta.

A. O acordo de não persecução penal é admitido para crimes cometidos antes da vigência da Lei n.º 13.964/2019, desde que não tenha sido proferida sentença penal condenatória.

B. Por se tratar de direito público subjetivo do investigado, a recusa do Ministério Público em ofertar o acordo de não persecução penal poderá ser suprida pelo juiz, que fixará suas condições uma vez atendidos os requisitos para a concessão.

C. Descumpridos os termos do acordo de não persecução penal, o oferecimento da denúncia dependerá da rescisão do negócio jurídico, sendo indispensável a prévia manifestação do investigado.

D. Não se admite a celebração do acordo de não persecução penal no crime de injúria cometido contra mulher no contexto de violência doméstica e familiar. Por outro lado, se a injúria for proferida contra o homem durante uma desavença doméstica, será cabível o acordo.

E. Em razão do princípio da paridade, o acordo de não persecução penal poderá ser oferecido pelo querelante, devendo o Ministério Público fiscalizar o cumprimento de seus requisitos e condições.

ASSERTIVAS DE REFORÇO

1. ( ) No âmbito das ações *ex delicto*, o sistema da confusão exige duplicidade no polo ativo da ação (vítima e acusador) para efetivação da reparação do dano e o sistema da cumulação, que assim como o da confusão, exige a duplicidade de autores, mas em ações distintas, mas conexas.

2. ( ) A doutrina majoritária trata o ANPP como negócio jurídico de natureza extrajudicial de cunho pré-processual, por ser celebrado extrajudicialmente e em fase anterior à processual.

3. ( ) O acordo de não persecução penal é faculdade do Ministério Público, que avaliará, inclusive em última análise, se o instrumento é necessário e suficiente para a reprovação e prevenção do crime no caso concreto.

4. ( ) Não sendo caso de arquivamento e tendo o investigado confessado formal e circunstancialmente a prática de infração penal sem violência ou grave ameaça e com pena não superior a 4 (quatro) anos, o Ministério Público poderá propor acordo de não persecução penal, desde que necessário e suficiente para reprovação e prevenção do crime, mediante o cumprimento de condições ajustadas.

5. ( ) No ANPP, não basta, como na transação penal, que exista prova da materialidade e indícios suficientes de autoria. No ANPP, o legislador expressamente exigiu a confissão formal, no sentido de ser documentada (por escrito ou vídeo), e circunstancial, isto é, que traga elementos esclarecedores de como foi praticada a infração penal, não se exigindo, todavia, todos os detalhes da infração penal, mas tão somente aqueles que seriam, por exemplo, objeto de descrição fática na denúncia, nos termos do art. 41 do CPP.

6. ( ) Na análise do requisito objetivo pena, deve-se levar em consideração tão somente o tipo base, desconsiderando-se as qualificadoras e eventuais causas de aumento ou diminuição de pena, a exemplo da tentativa, concurso de crimes e etc.

7. ( ) É cabível o acordo de não persecução penal nos crimes culposos com resultado violento.

8. ( ) Para entabulação do ANPP, o agente deverá renunciar voluntariamente a bens e direitos indicados pelo Ministério Público como instrumentos, produto ou proveito do crime.

9. ( ) No caso de prestação de serviços, o agente deverá prestar serviço à comunidade ou a entidades públicas por período correspondente à pena mínima cominada ao delito, diminuída de um a dois terços, em local a ser indicado pelo Ministério Público.

10. ( ) Nitidamente, o legislador entendeu que a transação penal é mais benéfica ao agente, não somente por impor menos requisitos e condições, mas por trazer consequências de menor impacto ao indivíduo.

11. ( ) O fato do agente ter sido o agente beneficiado nos 5 (cinco) anos anteriores ao cometimento da infração, em acordo de não persecução penal e suspensão condicional do processo impedem o ANPP. Não obstante, ter-se beneficiado com a transação penal no mesmo prazo não impede a concessão do ANPP.

12. ( ) Não cabe ANPP nos crimes praticados no âmbito de violência doméstica ou familiar, ou praticados contra a mulher por razões da condição de sexo feminino.

13. ( ) Não corre a prescrição enquanto não cumprido ou rescindido o ANPP.

14. ( ) O Art. 28-A do Código de Processo Penal Comum, que dispõe sobre o ANPP, não se aplica à Justiça Militar da União.

15. ( ) O recurso cabível contra a não homologação do ANPP é a apelação.

16. ( ) Homologado judicialmente o acordo de não persecução penal, o juiz devolverá os autos ao Ministério Público para que inicie sua execução perante o juízo da homologação.

17. ( ) Verificado o descumprimento das condições do ANPP pelo agente, o juiz poderá rescindi-lo de ofício, encaminhando os autos ao Ministério Público para oferecimento da denúncia.

18. ( ) O descumprimento do acordo de não persecução penal pelo investigado poderá ser utilizado pelo Ministério Público como justificativa para o eventual não oferecimento de suspensão condicional do processo.

19. ( ) Cumprido integralmente o acordo de não persecução penal, o juízo competente decretará a extinção de punibilidade.

20. ( ) Segundo o CNJ, nas audiências de custódia, a participação do Ministério Público deverá ser assegurada, com intimação prévia e obrigatória, podendo propor, inclusive, o acordo de não persecução penal nas hipóteses previstas no artigo 28-A do Código de Processo Penal.

13.12.1 Gabaritos

QUESTÕES DE CONCURSO

1	2	3	4	5	6	7	8	9	10
B	E	D	C	B	B	E	D	D	C

ASSERTIVAS DE REFORÇO

1	2	3	4	5	6	7	8	9	10
V	V	V	F	V	F	V	V	F	V
11	**12**	**13**	**14**	**15**	**16**	**17**	**18**	**19**	**20**
F	F	V	V	F	F	F	V	V	V

COMENTÁRIOS ÀS ASSERTIVAS FALSAS E JUSTIFICATIVAS IMPORTANTES

1. V.

2. V.

3. V.

4. F. Com pena mínima inferior a 4 (quatro) anos.

5. V.

6. F. O requisito, analisado objetivamente, deve levar em consideração as qualificadoras e eventuais causas de aumento ou diminuição de pena, a exemplo da tentativa, concurso de crimes e etc.

7. V.

8. V.

9. F. Indicada pelo juízo da execução.

10. V.

11. F. Todos impedem.

12. V.

13. V.

14. V.

15. F. Recurso em sentido estrito, art. 581, XXV, CPP.

16. F. Homologado judicialmente o acordo de não persecução penal, o juiz devolverá os autos ao Ministério Público para que inicie sua execução perante o juízo de execução penal.

17. F. Muito embora seja possível a rescisão do acordo de não persecução penal (§10 do art. 28-A do CPP), necessário, para preservação dos princípios constitucionais do contraditório e da ampla defesa, oportunizar à defesa a manifestação acerca do pedido formulado pelo Ministério Público". STJ, HC n. 615.384/SP, Rel. Min. Reynaldo Soares da Fonseca, 5ª Turma, DJe 11.02.21.

18. V.

19. V.

20. V

TÍTULO IV

COMPETÊNCIA

14

Jurisdição e competência

14.1 COMO O ASSUNTO É ABORDADO EM PROVAS E CONCURSOS

O tema "jurisdição e competência" é sempre cobrado nos certames de Magistratura, Ministério Público, Defensoria Pública e Delegado de Polícia. Em razão da riqueza de conteúdo, não é incomum sua cobrança em todas as etapas do concurso.

A adequada compreensão do assunto exige não somente um bom conhecimento do texto legal, mas também a vasta jurisprudência sobre o tema, construída, em parte, sobre a doutrina.

O leitor deverá ser capaz, ao final do capítulo, de solucionar casos práticos envolvendo a matéria, comuns em provas objetivas, e instrumentais em provas discursivas que exigem peças. Nesse sentido, é imprescindível conceber, de forma adequada, as hipóteses de competência absoluta e relativa, bem como identificar as hipóteses de foro por prerrogativa de função.

O conhecimento da competência das diversas espécies de Justiça, da distribuição das regras em razão do lugar e dos critérios secundários de fixação da competência, é crucial para a solução de questões.

O capítulo, portanto, deve ser lido com a maior atenção e sistematização possível, pois sofre alterações com frequência. Logo, além do registrado no presente capítulo, o leitor deverá observar, com certa regularidade, a jurisprudência no âmbito dos Tribunais Superiores, especialmente no tocante aos novos crimes praticados por meio virtual, ainda suscetíveis de variações.

14.2 INTRODUÇÃO

Os conceitos de jurisdição e competência não se confundem, não obstante estarem associados. A jurisdição é o poder/dever de dizer o direito no caso concreto, conferido com exclusividade ao Poder Judiciário. A competência, por sua vez, é o emaranhado de normas que define, dentre todos os juízes, qual o juízo apto para apreciar o caso submetido à análise estatal. Assim, enquanto a jurisdição é abstrata e subjetiva, a competência é concreta e objetiva, isto é, a competência caracteriza-se como uma limitação à própria jurisdição.

14.3 PRINCÍPIOS

A jurisdição é regida pela seguinte base principiológica:

a) juiz natural: segundo o art. 5º, inc. LIII, da Constituição Federal, ninguém será processado nem sentenciado senão pela autoridade competente. Por opção do legislador originário, utilizou-se a expressão "**autoridade competente**" e não juízo competente, vinculando o julgamento não somente ao órgão, mas à pessoa investida na função de julgar o caso concreto segundo as regras de competência previstas na CF e CPP. De igual sorte, veda-se os tribunais e juízos de exceção (art. 5º, XXXVII, CF), bem como a escolha de um magistrado específico para julgamento do caso. Contudo, conforme entendimentos dos Tribunais Superiores, a convocação de magistrado de primeiro grau para atuar no Tribunal em razão de afastamento de Desembargador[1], a designação de juiz auxiliar para atuar genericamente em varas judiciais[2], e a delegação de atos de instrução pelo tribunal a juiz de primeiro grau não viola o princípio do juiz natural[3].

b) inércia da jurisdição: a deflagração de qualquer processo depende de iniciativa das partes, daí porque se confere à jurisdição o atributo da inércia. O princípio veda, portanto, a instauração de ofício de ação judicial.

c) investidura: o princípio assinala que o exercício da jurisdição pressupõe a investidura como juiz de direito por meio de concurso público ou outras formas de investidura excepcionais, como o quinto constitucional.

d) indeclinabilidade: a jurisdição é um poder/dever estatal e, como tal, é indeclinável à medida em que o Estado trouxe para si o monopólio da jurisdição. Dessa forma, funda-se o princípio no art. 5º, XXXV da CF, que assinala que a lei não excluirá da apreciação do Poder Judiciário lesão ou ameaça a direito.

e) indelegabilidade: como decorrência do princípio do juiz natural, a jurisdição não é passível de delegação, isto é, de transferência do múnus a órgão distinto. Parte da doutrina sustenta que no caso de cartas precatórias ou de ordem para oitiva de pessoas, por exemplo, haveria uma exceção ao princípio. Ocorre que, na realidade, não há delegação de poderes, mas tão somente a cooperação entre juízes mediante solicitação.

f) improrrogabilidade: concebida como princípio, a improrrogabilidade consiste na impossibilidade de invasão de competência por parte de outro magistrado. Não obstante sua tratativa principiológica, caracteriza-se, por essência, como uma consequência do juiz natural.

g) irrecusabilidade: segundo o princípio, as partes não podem recusar, salvo nos casos de impedimento, suspeição e recusas peremptórias no júri, a atuação de um determinado juiz ou jurado.

h) unidade: a jurisdição é una, no sentido de compete ao Poder Judiciário aplicar o direito, sendo irrelevante sua classificação como cível ou criminal.

---

1. STJ: HC 137.518/SP, DJ 09.11.2009.
2. STF: HC 89.890/BA, DJ 05.12.2006.
3. STJ: HC 139.850/SC, DJ 19.10.2009

14.4 LEI QUE ALTERA A COMPETÊNCIA

A norma que altera a competência tem cunho processual e, portanto, possui aplicabilidade imediata nos termos do art. 2º do CPP, sem prejuízo da validade dos atos já praticados sob a égide da lei anterior.

À guisa de exemplo, a Lei 13.491/17 modificou a competência da Justiça Militar para abranger não somente os crimes militares previstos no Código Penal Militar, mas também os crimes previstos em outros diplomas legais que se amoldem às disposições do art. 9º do CPM. Essa alteração atingiu os processos em curso, sem violação do princípio do juiz natural, deslocando a competência para a Justiça Castrense.

Contudo, o marco definitivo para deslocamento da competência é o da prolação da sentença, isto é, decidido o processo, aplica-se a regra da *perpetuatio jurisdictionis*, inclusive para fins recursais.

14.5 CRITÉRIOS DE FIXAÇÃO DA COMPETÊNCIA

Art. 69. Determinará a competência jurisdicional:
I - o lugar da infração:
II - o domicílio ou residência do réu;
III - a natureza da infração;
IV - a distribuição;
V - a conexão ou continência;
VI - a prevenção;
VII - a prerrogativa de função.

A competência é fixada segundo quatro critérios, que promovem sua classificação em:

a) **em razão da matéria (*ratione materiae*)**: é fixada em razão da natureza da infração penal nos termos do art. 69, III do CPP, a exemplo do que ocorre com os crimes eleitorais e militares. Indaga-se, portanto, **qual o crime praticado pelo agente?**

b) **em razão da função (*ratione funcionae*)**: também conhecida por *ratione personae*, a competência em razão da função associa-se às hipótese de foro por prerrogativa de função, motivo pelo qual preferimos a nomenclatura ***ratione funcionae***, em detrimento de *ratione personae*. Dentre outros exemplos, podemos citar as hipóteses de Deputados Federais e Senadores, julgados pelo Supremo Tribunal Federal (art. 102, I, "b", CF); Governadores de Estado e Desembargadores, julgados pelo Superior Tribunal de Justiça (art. 105, I, "a", CF); e juízes de direito e promotores de justiça dos Estados, que são processados e julgados perante o respectivo Tribunal de Justiça, à exceção dos crimes eleitorais (art. 96, III, CF). Indaga-se, portanto, **quem praticou o delito?**

c) **competência territorial (*ratione loci*)**: definida a Justiça competente, necessário se faz a definição do local do julgamento. Nesse sentido, fixa-se a competência territorial pelo lugar da infração, domicílio ou residência do réu (art. 69, I e II do CPP) e, em situações excepcionais, pelo domicílio da vítima (art. 70, §4º do CPP), entre outras situações tratadas pela jurisprudência conforme veremos mais adiante. Indaga-se, portanto, **onde o delito foi praticado?**

d) **competência funcional**: nos diversos possíveis estágios da persecução penal, a norma pode fixar a competência a juízos distintos, de acordo com a função específica exercida, como, por exemplo, a competência do juízo sumariante nos procedimentos do Tribunal do Júri, nem sempre coincidente com a competência para prolação da sentença. A competência funcional pode ser subdividida em três espécies:

d.1) competência funcional por grau de jurisdição: trata-se da subdivisão entre órgãos de primeiro e segundo grau, primeira instância e instâncias superiores, cada qual com competência pré-fixada segundo o estágio ou natureza do processo (recursos ou competência originária). Trata-se de espécie **competência funcional vertical** em razão da hierarquia.

d.2) competência funcional por fase processual: trata-se da competência em razão do estágio ou fase do processo, conforme se verifica no procedimento bifásico do Tribunal do Júri (juízo sumariante e juízo de julgamento), nos processos de execução penal, os quais, afastando a competência do juízo da condenação, são submetidos ao juízo da execução penal e, ainda, no caso da figura do juiz das garantias, que reúne competência para apreciação dos pedidos durante da fase de investigação, até o oferecimento da denúncia, segundo o entendimento do STF (arts. 3º-A a 3º-F do CPP). Trata-se de espécie **competência funcional horizontal** em razão da inexistência de hierarquia.

d.3) competência funcional por objeto do julgamento: nos casos de julgamentos realizados por colegiados heterogêneos, a exemplo do julgamento nos processos afetos ao Tribunal do Júri, nos quais os jurados reúnem a competência para julgamento e o magistrado para prolação da decisão, a competência funcional por objeto delimita, especificamente, o objeto da decisão e o órgão competente. Trata-se de espécie **competência funcional horizontal** em razão da inexistência de hierarquia.

14.6 COMPETÊNCIA ABSOLUTA E RELATIVA

A competência pode ser firmada por questões de preponderante interesse público quando se funda, por exemplo, em normas constitucionais, ou em questões cujo interesse particular é preponderante, alicerçando-se em normas infraconstitucionais. À primeira confere-se a nomenclatura de absoluta e à segunda de relativa.

É difícil pensarmos em preponderância de interesse particular no processo penal, haja vista que o art. 5º, LIII, da CF, dispõe que ninguém será processado nem sentenciado senão pela autoridade competente. Entretanto, o interesse particular a que fazemos referência associa-se à possibilidade de prorrogação da competência e delimitação de marco processual para sua alegação.

Vejamos as características e peculiaridades das competências absoluta e relativa, separadamente, para, ao final, compararmos as modalidades.

14.6.1 Competência absoluta

A competência absoluta é **improrrogável e imodificável**, opondo-se às partes e ao magistrado de forma cogente, não admitindo, portanto, deliberações pactuadas ou omissão quanto à sua deliberação de ofício.

As competências em razão da matéria, da função, *ratione materiae* e *ratione personae*, respectivamente, e a funcional, são absolutas, vez que a normatização se funda no interesse público e normas de cunho constitucional. Assim, como regra, podem ser analisadas de ofício pelo magistrado, em qualquer tempo e grau de jurisdição, inclusive após o trânsito em julgado de decisão condenatória.

As consequências da incompetência absoluta no juízo criminal guardam certa particularidade em razão do bem jurídico liberdade. À guisa de exemplo, a Súmula 160 do STF, aplicável às nulidades absolutas e relativas, dispõe que "é nula a decisão do tribunal que acolhe, contra o réu, nulidade não arguida no recurso da acusação, ressalvados os casos de recurso de ofício". A sentença proferida por juiz absolutamente incompetente no processo penal não é concebida como inexistente, posto que carece que desconstituição. Entretanto, conforme o teor da súmula, havendo recurso da acusação, sem ataque à incompetência absoluta, o tribunal não poderá, de ofício, declarar a nulidade do processo em prejuízo ao réu. A contrário senso da súmula, sendo o caso de acolhimento do recurso da acusação em prejuízo ao réu, entendemos que o Tribunal poderá declarar, em sede preliminar, a incompetência absoluta, sob pena de reformar uma decisão favorável ao réu, ainda que proferida por juízo absolutamente incompetente. Entendimento contrário não somente chancelaria a incompetência absoluta, como imporia ao réu prejuízo pela reforma da decisão.

Como decorrência da caracterização de nulidade absoluta, a incompetência absoluta pode ser arguida a **qualquer momento**, até o trânsito em julgado da decisão, em razão da presunção de prejuízo[4]. Após o trânsito em julgado, em se tratando de sentença condenatória ou absolutória imprópria, a questão poderá ser atacada por revisão criminal ou *habeas corpus*, ambos no interesse do réu, vez que não se admite revisão criminal *pro societate*.

14.6.2 Competência relativa

A competência relativa, ao contrário da absoluta, é **prorrogável e modificável**, vez que fixada por normas infraconstitucionais que visam melhor atender os interesses das partes. Não se nega, à competência relativa, o interesse público, marcante em todo o processo penal em razão dos bens jurídicos em jogo, permitindo, por consequência, que a incompetência relativa possa ser declarada de ofício segundo o entendimento predominante na doutrina, não obstante o teor da Súmula 33 do STJ[5] e decisões em sentido contrário por parte do STJ[6]. Contudo, caso não alegada no momento oportuno, o da resposta à acusação (art. 396-A do CPP), o juízo abstratamente incompetente tornar-se-á competente para o julgamento em razão da preclusão[7].

Tem-se, dessa forma, que a competência territorial, por prevenção[8], por distribuição e conexão ou continência, são hipóteses de competência relativa.

14.7 FIXAÇÃO DA COMPETÊNCIA

A ordem de análise dos critérios de fixação da competência não foi prevista em norma, restringindo-se o legislador a apontar os critérios legais no art. 69 do CPP. Contudo, a doutrina e jurisprudência nos fornecem elementos para construção de uma ordem sequencial para a adequada fixação do juízo competente.

4. Veremos o prejuízo presumido e suas particularidades com maiores detalhes no capítulo de nulidades, ao qual remetemos o leitor.
5. A incompetência relativa não pode ser declarada de ofício.
6. CC 134272/RO, 3.ª Seção, DJe 02.12.2015.
7. STF: 2ª Turma, HC 98.205 AgR/RJ, Rel. Min. Ellen Gracie, DJe 10.12.09; 1ª Turma, HC 95.139/ SP, Rel. Min. Cármen Lúcia, DJe 07.05.09.
8. Súmula 706 do STF: é relativa a nulidade decorrente da inobservância da competência penal por prevenção.

O primeiro passo a ser dado segue a análise da competência em **razão da função**, isto é, a verificação se o agente reúne alguma peculiaridade que o submeta ao foro especial por prerrogativa de função, a exemplo dos Deputados e Senadores, entre outros, vez que o foro especial, independentemente na natureza da infração, atrai o julgamento para o órgão especialmente competente.

Superada a fase anterior, há que se perquirir **qual a Justiça competente**, analisando-se a natureza da infração penal para tal fim. Assim, a natureza da infração penal será capaz de definir se o julgamento estará afeto à Justiça Federal, Militar, Eleitoral e, residualmente, à Estadual, em observância à competência em **razão da matéria**.

Definida a Justiça competente, deve-se buscar o foro competente em **razão do lugar**, isto é, a comarca na Justiça Estadual, a seção/subseção na Justiça Federal, a zona eleitoral na Justiça Eleitoral e o Conselho de Justiça, na Justiça Militar.

Pode ocorrer, contudo, que realizada operação, ainda assim persista a dúvida sobre o juízo competente. Nesses casos, devem ser utilizados os critérios secundários e alternativos para fixação da competência, previstos no art. 69 do CPP.

Não sendo conhecido o lugar do fato, a competência será firmada pelo **domicílio do réu**, como critério alternativo. Em se tratando de ação penal privada, mesmo sendo conhecido o local dos fatos, permite-se ao querelante ofertar a queixa-crime no lugar do fato ou domicílio do réu, como **critério facultativo**.

Sendo certo o local do fato e havendo, em tese, dois ou mais juízos competentes, aplica-se a regra da **prevenção** (art. 69, VI) do CPP, que assinala, nos termos do art. 83 do mesmo Código, que concorrendo dois ou mais juízes igualmente competentes ou com jurisdição cumulativa, se um deles tiver antecedido aos outros na prática de algum ato do processo ou de medida a este relativa, ainda que anterior ao oferecimento da denúncia ou da queixa, será competente em razão da prevenção.

Há, ainda, que se observar as normas de organização judiciária (art. 74 do CPP), pois essas podem criar varas especializadas para julgamento em razão da matéria, como as varas especializadas em violência doméstica, crimes de trânsito, tributários, entre outros.

Não se tratando de aplicação das hipóteses anteriores, a competência será firmada pela **distribuição** (art. 69, IV do CPP), critério utilizado para fixação da competência quando no mesmo foro houver mais de um juízo competente.

Por fim, cumpre destacar que a ocorrência da conexão ou continência[9] (art.69, V c/c arts. 76 e 77 do CPP) são hábeis a modificar a competência.

Vejamos um caso para definição da competência, estabelecendo, sequencial e graficamente, as diretrizes. Caio, domiciliado em São Paulo, em uma viagem realizada a Belo Horizonte para visitar a namorada, acaba por agredi-la durante uma festa no município vizinho de Contagem, causando-lhe lesões corporais. Qual o juízo competente?

A primeira pergunta a ser feita é se Caio exerce alguma função que lhe confira prerrogativa de foro. Em sendo positiva a resposta, o julgamento estará afeto ao Tribunal competente. Sendo negativa a resposta, passa-se à segunda indagação: a natureza da infração penal atrai a competência de alguma Justiça especializada?

---

9. Serão estudadas mais adiante, ainda neste capítulo.

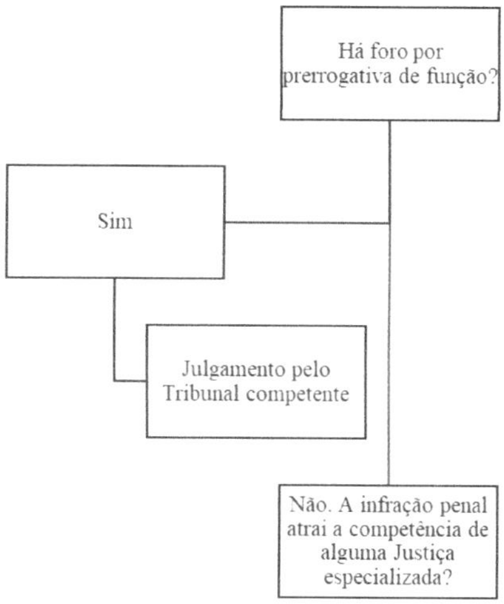

Os crimes de violência doméstica ou familiar não receberam, em regra[10], tratamento próprio a ensejar o julgamento pelas Justiças especializadas (Militar, Eleitoral ou Federal), razão pela qual, definida a competência da Justiça Estadual, passa-se para a indagação seguinte: onde ocorreu a infração penal?

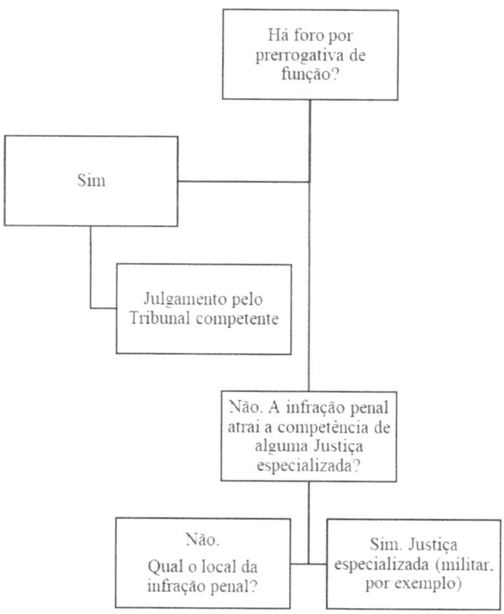

No exemplo, a infração penal ocorreu em Contagem/MG, de forma que o foro competente será um dos juízos criminais da comarca, mas qual? Como se define o juízo específico para o exemplo?

10. Tratando de violência doméstica familiar praticada por militar contra militar, o julgamento será realizado pela Justiça Castrense nos termos do art. 9º, II, "a", do CPM.

No caso em análise, afasta-se a fixação pelo domicílio do réu, vez que o local do delito é certo e determinado. Indaga-se, na sequência, se a comarca possui vara especializada em violência doméstica (Lei de Organização Judiciária). Imaginemos que sim, que Contagem possui duas varas especializadas em violência doméstica ou familiar. Qual dos dois juízos será competente? O primeiro passo para a definição é saber se o fato criminoso é conexo com algum outro processo, porque nessa hipótese, havendo conexão, o novo fato praticado deverá ser julgado pelo juízo responsável pelo caso ensejador da conexão. Não havendo conexão ou continência, verifica-se se algum dos juízos praticou atos no exercício de jurisdição, como a concessão de medidas preventivas, por exemplo. Inexistindo qualquer ato prévio, a competência será firmada pela distribuição, isto é, sorteio regrado entre os dois juízos.

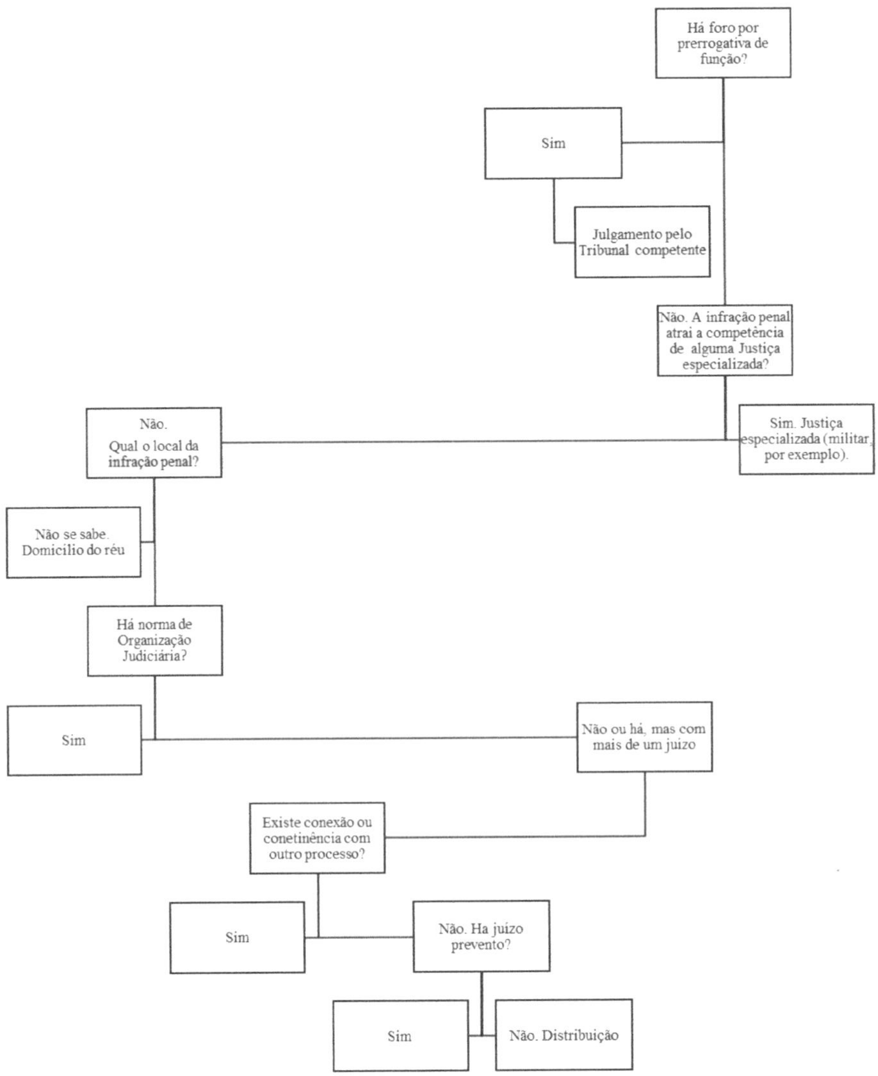

14.8 REGRAS DE COMPETÊNCIA EM RAZÃO DA FUNÇÃO OU DA PESSOA (*RATIONE PERSONAE*)

Conforme vimos acima, há situações funcionais temporárias, exercidas por determinados agentes, que atraem a competência especial fixada normativamente. A chamada competência em razão da função, da pessoa ou por prerrogativa de função, está vinculada à condição jurídica do agente e não à sua pessoa, motivo pelo qual a expressão foro privilegiado não guarda a melhor técnica, não obstante ter caído no gosto popular.

O art. 84, *caput*, do CPP, dispõe que "a competência pela prerrogativa de função é do Supremo Tribunal Federal, do Superior Tribunal de Justiça, dos Tribunais Regionais Federais e Tribunais de Justiça dos Estados e do Distrito Federal, relativamente às pessoas que devam responder perante eles por crimes comuns e de responsabilidade". Por sua vez, a Súmula Vinculante 46 do STF prevê que "a definição dos crimes de responsabilidade e o estabelecimento das respectivas normas de processo e julgamento são da competência legislativa da União".

Como regra, as previsões de foro por prerrogativa de função devem advir da Constituição Federal. Todavia, o art. 125 da CF[11] admite a possibilidade de fixação de competência por meio da Constituição do Estado, desde que observados os princípios estabelecidos na Constituição Federal. Nesse sentido, aplica-se o princípio da simetria como limite, não podendo, por exemplo, a Constituição Estadual criar foro especial para função não correlata na Constituição Federal. Pode, portanto, à guisa de exemplo, fixar o foro por prerrogativa de função para o Vice-Governador do Estado, vez que a CF prevê foro especial para o Vice-Presidente da República junto ao STF. De igual modo e por razões óbvias, o foro criado por Constituição Estadual não pode colidir com eventual regra de competência prevista na Carta Magna para os membros de poderes estaduais.

Nesse cenário, a própria Constituição Federal trouxe diversas hipóteses de competência por prerrogativa de função. Vejamos de forma esquemática:

STF	**Infrações penais comuns**: o Presidente da República, o Vice-Presidente, os membros do Congresso Nacional, seus próprios Ministros e o Procurador-Geral da República (art. 102, I, b, da CF). **Infrações penais comuns e de responsabilidade**: Ministros de Estado e Comandantes da Marinha, do Exército e da Aeronáutica, ressalvado o disposto no art. 52, I (estabelece a competência do Senado Federal para julgar os comandantes das forças armadas em crimes de responsabilidade conexos com os do Presidente da República e Vice), membros dos Tribunais Superiores, do Tribunal de Contas da União e chefes de missão diplomática em caráter permanente (art. 102, I, c, da CF).
STJ	**Infrações penais comuns**: Governadores dos Estados e do Distrito Federal (art. 105, I, a, da CF). **Infrações penais comuns e de responsabilidade**: Desembargadores dos Tribunais de Justiça dos Estados e do Distrito Federal, membros dos Tribunais de Contas dos Estados e do Distrito Federal, dos Tribunais Regionais Federais, dos Tribunais Regionais Eleitorais e do Trabalho, membros dos Conselhos ou Tribunais de Contas dos Municípios e do Ministério Público da União que oficiem perante Tribunais.

11. Art. 125. Os Estados organizarão sua Justiça, observados os princípios estabelecidos nesta Constituição. § 1º A competência dos tribunais será definida na Constituição do Estado, sendo a lei de organização judiciária de iniciativa do Tribunal de Justiça.

TRFs	**Infrações penais comuns e de responsabilidade**: Juízes Federais sob sua jurisdição, incluídos os da Justiça Militar e da Justiça do Trabalho, e os membros do Ministério Público da União, ressalvada a competência da Justiça Eleitoral (art. 108, I, a, da CF). Prefeitos Municipais que praticarem crimes submetidos à Justiça Federal (Súmula 702 do STF).
TJs	**Infrações penais comuns e de responsabilidade**: Juízes Estaduais e do Distrito Federal, e membros do Ministério Público, ressalvada a competência da Justiça Eleitoral (art. 96, III, da CF). Prefeitos Municipais que praticarem crimes submetidos à Justiça Estadual (art. 29, X, da CF).

14.8.1 Foro especial – absoluto ou relativo?

Durante anos prevaleceu o entendimento de que o foro por prerrogativa de função era absoluto, isto é, praticada a infração penal pelo agente detentor do foro especial, **independentemente de sua natureza ou permanência na função**, fazia jus ao processo e julgamento no foro especialmente previsto.

A revogação da Súmula 394 do STF e a entrada em vigor da Lei 10.628/02 levaram o STF, em 2018, no julgamento da Ação Penal 937, a fixar o seguinte entendimento, com relação aos **parlamentares federais**:

a) O foro por prerrogativa de função alcança somente os crimes praticados no exercício do cargo ao qual foi previsto o foro especial, considerando-se o momento da diplomação, e não da posse do parlamentar federal[12], como o marco inicial do exercício do mandato eletivo.
b) O foro por prerrogativa de função alcança somente os crimes praticados que guardem relação com o exercício do cargo ao qual foi previsto o foro especial.
c) Encerrada a instrução processual e publicado o despacho de intimação das partes para apresentação de alegações finais, afasta-se a possibilidade de deslocamento da competência para o julgamento, prorrogando-se a competência do STF.

Fixado o entendimento, cumpre indagar: quais as consequências práticas da decisão?

1. Tramitando o processo judicial em primeira instância, havendo a diplomação do acusado como parlamentar federal, o processo seguirá o trâmite original, não havendo deslocamento da competência para o STF;
2. Praticado o delito no curso do mandato, mas não guardando qualquer relação com esse, como lesões corporais no âmbito da Lei Maria da Penha, por exemplo, não se aplica o foro por prerrogativa de função;
3. Findo o mandato no curso da instrução criminal, o STF deverá deslocar a competência para julgamento para o foro originalmente competente, afastando-se o foro por prerrogativa de função;
4. Encerrado o mandato após o encerramento da instrução criminal com a intimação das partes para manifestações finais, mantém-se a competência por prerrogativa de função para fins de julgamento.

12. Art. 53, §1º, CF.

A decisão proferida na AP 937 foi restrita aos **parlamentares federais**, existindo decisão no mesmo sentido, em razão do art. 27, §1º da CF[13], também para os **Deputados Estaduais[14], Governadores[15], Ministros de Estado[16] e Conselheiros de Tribunais de Contas[17]. No que toca aos promotores de justiça e juízes de direito**, manteve-se a prerrogativa de foro, independentemente da natureza da infração ou sua relação com o exercício do cargo no âmbito da AP 937. Tratando-se de **pessoa licenciada** em cargo com prerrogativa de foro, prevalece ainda o entendimento no STF (Inq 3375/PR) que se mantém o foro por prerrogativa de função.

14.8.2 Marco inicial

Nos casos de Deputados Federais, Estaduais e Senadores, o foro por prerrogativa de função passa a viger a partir da diplomação, nos termos do art. 53, §1º da CF (c/c art. 27, §1º no caso dos Deputados Estaduais). Nos demais casos de mandatos eletivos, como Presidente da República, Governadores e etc., a ausência de previsão legal sugere o marco inicial do foro especial com a posse. Contudo, esse não é o entendimento dominante no âmbito dos Tribunais Superiores, que entendem que o marco inicial é o da diplomação[18].

Nos demais casos, como não há diplomação, o marco inicial do foro por prerrogativa de função será o da posse.

14.8.3 Princípio da vinculação

Segundo o princípio da vinculação, o foro por prerrogativa de função afasta o local do crime como critério definidor da competência, para impor o julgamento pelo Tribunal ao qual o agente detentor do foro especial está vinculado ou exerce suas funções. Naturalmente, tratando-se competência do STF e STJ não há qualquer dificuldade de compreensão, dada a competência nacional.

Tem-se, portanto, que o juiz de direito de São Paulo ou o promotor de justiça do Rio de Janeiro, que cometem um delito em Salvador/BA, não serão julgados pelo Tribunal baiano, mas sim pelos respectivos Tribunais de Justiça: juiz pelo TJSP e promotor pelo TJRJ. A mesma lógica é aplicável à esfera federal, sendo a competência delimitada pela Região de exercício do cargo.

A conclusão decorre da literalidade dos art. 96, III e 108, I, "a" da CF:

> Art. 96. Compete, privativamente:
>
> III - aos Tribunais de Justiça julgar os juízes estaduais e do Distrito Federal e Territórios, bem como os membros do Ministério Público, nos crimes comuns e de responsabilidade, ressalvada a competência da Justiça Eleitoral.

13. §1º Será de quatro anos o mandato dos Deputados Estaduais, aplicando- sê-lhes as regras desta Constituição sobre sistema eleitoral, inviolabilidade, imunidades, remuneração, perda de mandato, licença, impedimentos e incorporação às Forças Armadas.
14. Inq. 4204 Agr/DF, DJe 19.09.18.
15. STJ: APn 857, DJe 28.02.19.
16. STF: Inq 4703 QO/DF, DJ 01.10.18. STJ: AP Originária 866/DF.
17. STJ: APn 857, DJe 28.02.19.
18. STF: RHC 120.356/DF, DJe 30.10.2014; STJ: HC 233.832/PR, DJe 18.09.2012 e HC 384.184/SP, decisão monocrática, j. 15.02.2017, DJe 20.02.2017.

> Art. 108. Compete aos Tribunais Regionais Federais:
> I - processar e julgar, originariamente:
> a) os juízes federais da área de sua jurisdição, incluídos os da Justiça Militar e da Justiça do Trabalho, nos crimes comuns e de responsabilidade, e os membros do Ministério Público da União, ressalvada a competência da Justiça Eleitoral;

A peculiaridade da questão reside no afastamento da competência *ratione materiae* também nessas hipóteses, à exceção dos crimes eleitorais. Tem-se, portanto, que a fixação da competência em razão da função (pessoa) é independente da natureza do delito, seja ele estadual, federal, doloso contra a vida ou militar. Temos, portanto, uma hipótese na qual o Tribunal de Justiça pode, por exemplo, ser chamado a proferir decisão em crime cuja competência primária era da Justiça Federal.

Conforme destacamos, a própria norma jurídica afasta a competência dos Tribunais de Justiça ou Regionais Federais quando o delito praticado for de competência de Justiça Eleitoral. Nesse caso, o julgamento, independentemente de onde foi praticado o delito, será de competência do Tribunal Regional Eleitoral ao qual o membro do Ministério Público ou juiz de direito estiverem vinculados.

No que tange aos **prefeitos municipais**, a regra da competência em razão da função deve ser associada com a regra da competência em razão da matéria. Nos termos do art. 29, X, da CF, cabe os Tribunais de Justiça o julgamento dos prefeitos municipais. Apesar da Constituição Federal não ter feito qualquer espécie de ressalva, o STF entendeu, por meio da **Súmula 702**, que:

> A competência do Tribunal de Justiça para julgar Prefeitos restringe-se aos crimes de competência da Justiça comum estadual; nos demais casos, a competência originária caberá ao respectivo tribunal de segundo grau.

Logo, dada a claridade da Súmula, temos que se o prefeito praticar um crime de competência da Justiça Estadual, será julgado pelo Tribunal de Justiça; sendo o crime federal, pelo Tribunal Regional Federal; e, por fim, sendo eleitoral o delito, pelo Tribunal Regional Eleitoral. Não obstante, cumpre indagar: qual Tribunal, o do local da infração ou do local onde exerce o mandato? Segundo o entendimento dominante, o correspondente àquele onde exerce o mandato.

Por se tratar de agente político eleito, além da peculiaridade inerente à associação das regras de competência, há que se aplicar a disciplina da conexão com o exercício da função acima delineada, nos mesmos moldes dos parlamentares.

14.8.4 Foro por prerrogativa de função x competência do Tribunal do Júri

Via de regra, o foro por prerrogativa de função tem previsão na Constituição Federal, mesma sede de nascimento da competência do tribunal popular (art. 5º, XXXVIII). Nesses casos, há a prevalência do foro por prerrogativa de função, de forma que, por exemplo, se um promotor de justiça pratica um delito de homicídio doloso em Belo Horizonte, será julgado pelo Tribunal de Justiça de Minas Gerais e não pelo Tribunal do Júri da capital.

Ocorre que nem sempre o foro especial tem sede na Constituição Federal, pois pode ter previsão da Constituição dos Estados. Nesses casos, havendo colisão entre o foro previsto na Constituição Federal – Tribunal do Júri – e o previsto na Constituição Estadual – Tribunal de Justiça – prevalecerá a competência prevista na CF. Nesse sentido é o teor da **Súmula Vinculante 45** do STF:

> A competência constitucional do Tribunal do Júri prevalece sobre o foro por prerrogativa de função estabelecido exclusivamente pela Constituição Estadual.

Logo, se um Vice-Governador pratica um crime doloso contra a vida, mesmo que a Constituição Estadual o tenha assegurado foro especial de julgamento no Tribunal de Justiça, será julgado pelo tribunal popular em razão da supremacia da Constituição Federal.

14.8.5 Exceção da verdade

O crime de calúnia, por trazer como uma de suas elementares a imputação falsa da prática de crime, admite a *exceptio veritatis*, exceção da verdade, que representa a possibilidade que o sujeito ativo do suposto crime de calúnia tem de provar a veracidade da imputação. Por sua vez, o crime de difamação admite a exceção da verdade no parágrafo único do art. 139 do CP apenas quando a vítima for funcionário público e o fato ofensivo estiver relacionado à sua atuação funcional.

O instituto é um incidente processual, uma forma de defesa indireta por meio da qual o sujeito ativo do crime tenta demonstrar que não praticou a calúnia ou a difamação na forma do parágrafo único do art. 139 do CP. Naturalmente, por se tratar de incidente processual, a exceção da verdade não interfere na tipicidade ou ilicitude da conduta, vez que tão somente pode trazer à tona elementos comprobatórios da prática da conduta por parte da suposta vítima. E, como tal, apenas pode revelar a real situação fática do momento da conduta.

No que toca à **competência para julgamento da exceção da verdade** quando o fato imputado for atribuído à autoridade com foro por prerrogativa de função, o STF, analisando o art. 85 do CPP, entendeu que o trâmite da exceção deve ser realizado perante do juízo original da ação penal pelo crime contra a honra e, somente na fase do julgamento, remetido ao Tribunal competente para decisão final[19].

Nesse sentido, o STJ firmou a tese "juízo de admissibilidade, o processamento e a instrução da exceção da verdade oposta em face de autoridades públicas com prerrogativa de foro devem ser feitos pelo próprio juízo da ação penal originária que, após a instrução dos autos, admitida a *exceptio veritatis*, deve remetê-los à instância decorrente da prerrogativa de função para julgamento do mérito"[20].

Nos parece, contudo, que tal entendimento, apesar de adotado por maioria do Tribunal Pleno, contraria a lógica processual do julgamento conexo da exceção com a ação penal.

O CPP dispõe, no art. 85, que "nos processos por crime contra a honra, em que forem querelantes as pessoas que a Constituição sujeita à jurisdição do Supremo Tribunal Federal e dos Tribunais de Apelação, àquele ou a estes caberá o julgamento, quando oposta e admitida a exceção da verdade".

19. Inq. 1754/ES. Rel. Min. Sydney Sanches, DJe 14/12/2001.
20. HC 311623/RS. Jurisprudência em teses 130, STJ.

Não obstante o entendimento consolidado e amparado, de certo modo, pela literalidade do art. 85 do CPP, há que analisar a premissa do julgamento da exceção pelo Tribunal e seu respectivo impacto no processo criminal.

A exceção da verdade é proposta nos próprios autos da ação penal movida pelo querelante detentor de foro por prerrogativa de função[21]. Logo, por ser proposta nos próprios autos da ação penal, é dirigida ao processo original e, por via de consequência, ao juiz da causa maior, que, contudo, somente analisará o aspecto formal da exceção da verdade. Segundo a lógica do entendimento dominante, finda a instrução após instaurado o contraditório sobre a exceção da verdade, o juiz encaminhará os autos ao tribunal competente para decisão.

É justamente nesse particular que reside o paradoxo: o tribunal, ao julgar a exceção, pode, de certa forma, antecipar-se ao julgamento do mérito da ação penal, ferindo a independência funcional do magistrado ao vinculá-lo ao uma decisão proferida por órgão colegiado. Isso porque o tribunal pode, por exemplo, reconhecer a existência de provas da inveracidade da imputação ou a existência de provas que evidenciem não ser o querelado autor da infração penal, circunstâncias que vinculam o magistrado de primeiro grau.

Assim, temos que o tribunal de justiça, ao julgar a exceção, de certa maneira pode estar decidindo o processo original ao fixar entendimento pela comprovação contrária à imputação, quebrando a lógica da decisão em primeiro grau. Parece-nos, portanto, que melhor seria o deslocamento da competência integral para julgamento da ação penal e exceção para o órgão de segundo grau, pois soa no mínimo estranho a formação de "coisa julgada oponível no primeiro grau" quando a decisão for favorável ao excipiente e não gozar do mesmo efeito quando for favorável ao querelante. Não é esse, contudo, conforme destacamos acima, o entendimento predominante.

O contexto narrado até o presente momento refere-se única e exclusivamente ao crime de calúnia, vez que nesse há a imputação na ação de um **fato definido crime**, atraindo a competência do foro especial. O crime de difamação, por outro lado, não provoca, em regra, a modificação da competência para julgamento da exceção da verdade, haja vista que nesse não se imputa a prática de crime, mas de fato ofensivo à reputação, não sujeito à apreciação do foro superior. Registre-se que dissemos em regra, vez que em **uma única situação** admite-se a atração da competência pelo foro especial, no caso do crime de difamação, quando houver, na ação penal, a imputação de fato definido como **contravenção**, espécie de infração penal que não se confunde com crime e, portanto, não realiza a tipicidade do crime de calúnia (art. 138 do CP), subsumindo-se ao delito de difamação (art. 139 do CP).

14.8.6 Impossibilidade de aplicação por ato de improbidade administrativa

O STF, ao julgar a ADI 2797, entendeu, em 2005, pela inconstitucionalidade dos §§1º e 2º do art. 84 do CPP, inseridos pela Lei 10.628/02, que previram o foro especial para os atos de improbidade administrativa[22].

---

21. Admite-se, também, a exceção da verdade nos crimes contra a honra movidos por meio de ação penal pública.

22. Segundo entendimento dominante, o Presidente da República não se submete ao sistema do duplo sistema sancionatório (penal e cível), não se aplicando as sanções da Lei de Improbidade Administrativa, mas tão somente o

Não obstante o entendimento do STF, proferido em sede de ADI, o STJ, em algumas poucas oportunidades, sufragou a posição de que o foro por prerrogativa de função deve ser aplicado às **ações de improbidade administrativa** quando houver a **possibilidade da autoridade investigada perder o cargo ou mandato**[23]. Contudo, não é o entendimento prevalente no âmbito do STF, que reforçou, por 10x1, a tese da impossibilidade de aplicação do foro especial às ações de improbidade administrativa:

> Não existe foro por prerrogativa de função em ação de improbidade administrativa proposta contra agente político. O foro por prerrogativa de função é previsto pela Constituição Federal apenas para as infrações penais comuns, não podendo ser estendida para ações de improbidade administrativa, que têm natureza civil. STF. Plenário. Pet 3240/DF, Rel. para acórdão Min. Roberto Barroso, julgado em 10/05/2018.

14.9 REGRAS DE COMPETÊNCIA EM RAZÃO DA MATÉRIA (*RATIONE MATERIAE*)

Superada a etapa da verificação da inexistência de competência em razão da função, analisa-se, como vimos anteriormente, as regras da competência em razão da matéria, isto é, aquelas que buscam identificar, com lastro na natureza da infração penal, qual a Justiça competente: Estadual e Federal, concebidas como "Comum", e Eleitoral ou Militar, tratadas como especiais. Não obstante a maioria dos delitos praticados estarem afetos à Justiça Estadual, iniciaremos o estudo pelas Justiças especializadas, vez que a competência da Justiça Comum é definida por exclusão.

14.9.1 Justiça Militar

A competência da Justiça Militar foi prevista na Constituição Federal, arts. 122 a 124, sendo dividida em Justiça Militar Federal e Justiça Militar Estadual. A Justiça Castrense reúne competência para julgamento dos **crimes militares definidos em lei**.

Antes da entrada em vigor da Lei 13.491/17, somente eram concebidos como crimes militares os previstos no Código Penal Militar. Com a nova redação do art. 9º do CPM, ampliou-se a competência da Justiça Militar para abranger não somente os crimes militares previstos no CPM, mas também os previstos no Código Penal comum e legislação penal especial.

> Art. 9º Consideram-se crimes militares, em tempo de paz:
>
> I - os crimes de que trata este Código, quando definidos de modo diverso na lei penal comum, ou nela não previstos, qualquer que seja o agente, salvo disposição especial;
>
> II – os crimes previstos neste Código e os previstos na legislação penal, quando praticados:
>
> a) por militar em situação de atividade ou assemelhado, contra militar na mesma situação ou assemelhado;
>
> b) por militar em situação de atividade ou assemelhado, em lugar sujeito à administração militar, contra militar da reserva, ou reformado, ou assemelhado, ou civil;
>
> c) por militar em serviço ou atuando em razão da função, em comissão de natureza militar, ou em formatura, ainda que fora do lugar sujeito à administração militar contra militar da reserva, ou reformado, ou civil;

---

sancionamento dos crimes de responsabilidade.

23. Rcl 4.927/DF, DJe 29.06.11, AgRg na Sd 208/AM, DJe 12.05.10.

d) por militar durante o período de manobras ou exercício, contra militar da reserva, ou reformado, ou assemelhado, ou civil;

e) por militar em situação de atividade, ou assemelhado, contra o patrimônio sob a administração militar, ou a ordem administrativa militar;

f) revogada.

III - os crimes praticados por militar da reserva, ou reformado, ou por civil, contra as instituições militares, considerando-se como tais não só os compreendidos no inciso I, como os do inciso II, nos seguintes casos:

a) contra o patrimônio sob a administração militar, ou contra a ordem administrativa militar;

b) em lugar sujeito à administração militar contra militar em situação de atividade ou assemelhado, ou contra funcionário de Ministério militar ou da Justiça Militar, no exercício de função inerente ao seu cargo;

c) contra militar em formatura, ou durante o período de prontidão, vigilância, observação, exploração, exercício, acampamento, acantonamento ou manobras;

d) ainda que fora do lugar sujeito à administração militar, contra militar em função de natureza militar, ou no desempenho de serviço de vigilância, garantia e preservação da ordem pública, administrativa ou judiciária, quando legalmente requisitado para aquele fim, ou em obediência a determinação legal superior.

§ 1º Os crimes de que trata este artigo, quando dolosos contra a vida e cometidos por militares contra civil, serão da competência do Tribunal do Júri.

§ 2º Os crimes de que trata este artigo, quando dolosos contra a vida e cometidos por militares das Forças Armadas contra civil, serão da competência da Justiça Militar da União, se praticados no contexto:

I – do cumprimento de atribuições que lhes forem estabelecidas pelo Presidente da República ou pelo Ministro de Estado da Defesa;

II – de ação que envolva a segurança de instituição militar ou de missão militar, mesmo que não beligerante; ou

III – de atividade de natureza militar, de operação de paz, de garantia da lei e da ordem ou de atribuição subsidiária, realizadas em conformidade com o disposto no art. 142 da Constituição Federal e na forma dos seguintes diplomas legais:

a) Lei nº 7.565, de 19 de dezembro de 1986 - Código Brasileiro de Aeronáutica;

b) Lei Complementar nº 97, de 9 de junho de 1999;

c) Decreto-Lei nº 1.002, de 21 de outubro de 1969 - Código de Processo Penal Militar; e

d) Lei nº 4.737, de 15 de julho de 1965 - Código Eleitoral.

Art. 10. Consideram-se crimes militares, em tempo de guerra:

I - os especialmente previstos neste Código para o tempo de guerra;

II - os crimes militares previstos para o tempo de paz;

III - os crimes previstos neste Código, embora também o sejam com igual definição na lei penal comum ou especial, quando praticados, qualquer que seja o agente:

a) em território nacional, ou estrangeiro, militarmente ocupado;

b) em qualquer lugar, se comprometem ou podem comprometer a preparação, a eficiência ou as operações militares ou, de qualquer outra forma, atentam contra a segurança externa do País ou podem expô-la a perigo;

IV - os crimes definidos na lei penal comum ou especial, embora não previstos neste Código, quando praticados em zona de efetivas operações militares ou em território estrangeiro, militarmente ocupado.

Com a modificação da norma, à clássica definição de crimes militares próprios, como aqueles previstos exclusivamente no CPM, e impróprios, previstos no CPM e também no Código Penal comum, somam-se os crimes militares por extensão, que abrangem os previstos no Código Penal e legislação penal especial, observada ao menos uma das condições do art. 9, II do CPM.

Não obstante a redação do art. 9º do CPM, o STF tem entendido que o critério norteador da definição de crime militar é o da **natureza do bem jurídico atacado**, de forma que, havendo ofensa aos bens jurídicos pertencentes às Polícias Militares ou Bombeiros Militares, a competência será da Justiça Militar Estadual e, por sua vez, ocorrendo a lesão a bem jurídico cujos titulares sejam as Forças Armadas, a competência será da Justiça Militar Federal[24].

Registre-se que, havendo conexão ou continência entre crimes comuns e militares, antes havia a cisão do processo nos termos do art. 79, I do CPP e **Súmula 90 do STJ:** Compete à Justiça Militar Estadual processar e julgar o policial militar pela prática do crime militar, e à Comum pela prática do crime comum simultâneo àquele. Contudo, referida súmula encontra-se superada em razão das alterações promovidas no CPM.

Especificamente no que tange à Justiça Militar Federal, prevista no art. 124 da CF, a definição da competência é realizada pautando-se em dois critérios objetivos: a) realização de conduta tipificada como crime militar sujeito à competência federal; b) realização da conduta por integrante das forças armadas ou civil, pois o art. 124 da CF não estabeleceu qualquer espécie de restrição ao julgamento de civis.

Por sua vez, no tocante à Justiça Militar Estadual, regrada no art. 125, §4º da CF, a definição da competência é realizada pautando-se também em dois critérios objetivos: a) realização de conduta tipificada como crime militar sujeito à competência estatual; b) realização da conduta por integrante da Polícia ou Bombeiros Militares, não se aplicando ao civil, pois o art. 125, §4º da CF expressamente consigna a expressão "processar e julgar os militares dos Estados".

Tratando-se de crime doloso contra a vida, é importante diferenciar a natureza da vítima. Tratando-se de vítima civil de conduta praticada por militar estadual, a competência para processo e julgamento será do Tribunal do Júri (art. 125 §4º, CF). Por outro lado, tratando-se o caso de crime doloso contra a vida praticado por militar contra militar, prevalece a competência da Justiça Castrense, vez que a norma não fez qualquer ressalva nesse sentido, como a realizada com o civil.

Sob outra perspectiva, há que se analisar o sujeito ativo do delito doloso contra a vida de civil, pois sendo esse militar das Forças Armadas, a competência será da Justiça Militar quando o crime for praticado no contexto: I – do cumprimento de atribuições que lhes forem estabelecidas pelo Presidente da República ou pelo Ministro de Estado da Defesa; II – de ação que envolva a segurança de instituição militar ou de missão militar, mesmo que não beligerante; ou III – de atividade de natureza militar, de operação de paz, de garantia da lei e da ordem ou de atribuição subsidiária, realizadas em conformidade com o disposto no art. 142 da Constituição Federal e na forma dos seguintes diplomas legais: a) Lei nº o 7.565, de 19 de dezembro de 1986 – Código Brasileiro de Aeronáutica; b) Lei Complementar nº 97, de 9 de junho de 1999; c) Decreto-Lei nº 1.002, de 21 de

24. RHC 157.308/MS, j. 14.08.18.

outubro de 1969 - Código de Processo Penal Militar; e d) Lei nº 4.737, de 15 de julho de 1965 - Código Eleitoral.

14.9.2 Justiça Eleitoral

A Constituição Federal restringiu-se, no âmbito da competência da Justiça Eleitoral, a dispor, no art. 121, que "lei complementar disporá sobre a organização e competência dos tribunais, dos juízes de direito e das juntas eleitorais". Entretanto, referida lei ainda não foi editada, sendo utilizado o art. 35, II, do Código Eleitoral, para nortear a questão. Nesse sentido, estabelece o artigo que compete aos juízes eleitorais processar e julgar os crimes eleitorais e os comuns que lhe forem conexos. Os crimes eleitorais são aqueles definidos pela legislação eleitoral e não podem ser confundidos com crimes políticos, voltados contra a segurança nacional, ordem política e social.

À regra do art. 35, II, do Código Eleitoral, soma-se a prevista no art. 78, IV, do CPP, que assinala que nos casos de conexão e continência, prevalece a competência da Justiça especializada, no caso, a eleitoral[25], salvo, para nós[26], na hipótese de crime doloso contra a vida, que ensejará a cisão dos processos para que os crimes eleitorais sejam julgados pela Justiça Eleitoral e os crimes dolosos contra a vida pelo Tribunal do Júri.

A Justiça Eleitoral, por natureza, é um braço da Justiça Federal, de forma que aqueles que atuam em função eleitoral, como juízes e promotores, exercem, por via de consequência, funções federais. Não obstante, conforme vimos anteriormente, a competência para julgar juízes e promotores de justiça, mesmo nos crimes federais, será do tribunal de Justiça do seu Estado, vez que a competência do tribunal, prevista no art. 96, III, CF, prevalece a sobre competência federal, prevista nos artigos 108 e 109, CF. Entretanto, tratando-se de crime eleitoral, inciso III, do art. 96 da Constituição Federal ressalva a competência da Justiça Eleitoral e, por nada dizer sobre a federal, prevalece que os crimes federais são julgados pelos TJs[27].

Nesse sentido, eventual delito eleitoral praticado por juízes e promotores serão julgados, respeitadas as regras do foro por prerrogativa de função, pela Justiça Eleitoral (TRE).

No caso de recursos, a Justiça Eleitoral possui uma peculiaridade no sentido de não caber recurso especial para o STJ, vez que o art. 105, III, CF, assinala que o STJ possui competência para apreciar recursos oriundos dos TJs e TRFs, não trazendo a previsão de recursos decorrentes de decisões dos TREs. Nesse sentido, os recursos das decisões dos Tribunais Regionais Eleitorais deverão ser interpostos no TSE.

14.9.3 Justiça Federal

A competência criminal da Justiça Federal foi fixada pelo art. 109, incisos IV, V, V-A, VI, VII, IX, X e, eventualmente, o XI, todos da Constituição Federal, e tem recebido, ao longo dos anos, contribuições da jurisprudência no sentido interpretativo, modificando a leitura fria do art. 109 da CF.

---

25. O STF, no julgamento do Inq 4435, em 14.03.19, decidiu que no conflito entre a Justiça Eleitoral e Federal, em razão da conexão, prevalece a especialidade da Justiça Eleitoral.

26. Há divergência doutrinária.

27. STJ: CC 12.633/RJ, Rel. Min. Edson Vidigal, 3ª Seção, j. em 07.12.95.

Vejamos, separadamente, cada dispositivo:

IV. os crimes políticos e as infrações penais praticadas em detrimento de bens, serviços ou interesse da União ou de suas entidades autárquicas ou empresas públicas, excluídas as contravenções e ressalvada a competência da Justiça Militar e da Justiça Eleitoral:

a) crimes políticos: os crimes políticos são aqueles previstos no Título XII do CP, anteriormente tipificados na revogada Lei de Segurança Nacional (Lei. 7.170/83). O art. 102 da CF traz uma peculiaridade que merece atenção no que diz respeito ao recurso a ser interposto das decisões que envolvem os crimes políticos, vez que prevê, no inciso II, alínea "b", que cabe ao STF julgar, em recurso ordinário, os crimes políticos. Tem-se, portanto, que descabe apelação nos referidos crimes, devendo o recurso, ordinário, ser interposto diretamente no STF.

b) as infrações penais praticadas em detrimento de bens, serviços ou interesse da União ou de suas entidades autárquicas ou empresas públicas: a previsão constitucional contempla um aspecto objetivo – bens e serviços – e um subjetivo – interesse – da União ou de suas entidades autárquicas ou empresas públicas. Os bens caracterizam o patrimônio da União ou de suas entidades autárquicas ou empresas públicas, ao passo que os serviços são aqueles prestados, em linha de funcionalidade, pelos entes previstos, à sociedade como um todo. No que tange ao interesse, a abertura conceitual permite interpretações diversas, devendo ser analisado no caso concreto. Não obstante a ausência de previsão legal, entende-se, de forma majoritária na doutrina, que os crimes praticados contra as fundações públicas federais também atraem a competência da Justiça Federal.

Temos, portanto, que a subtração de um notebook, praticado no interior de um Ministério ou contra a Caixa Econômica Federal, empresa pública, não atrai, por si só, a competência da Justiça Federal. Há que se indagar se o bem pertencia à União ou a Caixa Econômica para análise da competência. Sendo de propriedade dos entes mencionados, nenhuma dúvida resta quanto à competência da Justiça Federal. Sendo os bens particulares, há que se indagar sobre eventual interesse federal, que pode advir das circunstâncias do fato, sujeito ativo ou mesmo sujeito passivo.

Destaque-se o teor da **Súmula 147 do STJ**: "compete à Justiça Federal processar e julgar os crimes praticados contra funcionário público federal, quando relacionados com o exercício da função". Logo, à evidência, o homicídio praticado contra um policial rodoviário federal, no exercício ou em razões de sua função, deverá ser processado e julgado pela Justiça Federal. AVENA[28] (2020, p. 1317), ao tratar do erro na execução, destaca que:

> E se o agente, desejando matar um policial federal no exercício da função, por erro na execução, atinge e mata um terceiro que passava nas proximidades? Em tal caso, qual é a Justiça competente para o processo e julgamento? A despeito de algumas divergências, tem-se compreendido que a situação de erro na execução ou de erro sobre a pessoa não implica modificação da competência. Logo, na espécie, sendo atingido terceiro, a competência é da Justiça Estadual, ainda que a pessoa inicialmente visada fosse o policial federal. Evidentemente, se este último fosse o atingido, a jurisdição competente seria a Federal.

Assim, contudo, não entendemos, vez que a figura do erro na execução, prevista no art. 73 do CP, segue a regra do erro quanto à pessoa, previsto no art. 20§3º do CP, que

28. *op.cit.*

assinala, categoricamente, que não se consideram, neste caso, as condições ou qualidades da vítima, senão as da pessoa contra quem o agente queria praticar o crime. Se a norma material considera o delito praticado contra a vítima virtual, não há razões para se considerar a vítima real como parâmetro para fixação da competência, haja vista que a competência da Justiça Federal não é fixada somente pela condição pessoal do sujeito passivo, mas pela conexão entre o fato praticado com o exercício da função desempenhada pela vítima virtual, circunstância que, por si só, atrai a competência da Justiça Federal, vez que nítido o interesse da União.

Logo, para nós, não guarda razoabilidade o entendimento contrário, pois o alvo do delito, um homicídio por exemplo, era um agente federal em razão de suas funções. O fato do autor do delito ter errado na execução não retira o interesse federal, pois o bem jurídico atacado, nos termos do art. 20, §3º, do CP, era de interesse da União.

c) situações especiais: Nos casos de crimes praticados contra **sociedades de economia mista**, como o Banco do Brasil, por exemplo, por ausência de previsão legal no art. 109, IV, da CF, o processo e julgamento estará afeto, em regra, à Justiça Federal. Nesse sentido é a **Súmula 42 do STJ**:

> Compete à Justiça Comum Estadual processar e julgar as causas cíveis em que é parte sociedade de economia mista e os crimes praticados em seu detrimento.

Os crimes ambientais, não obstante sua perspectiva macro com possibilidade de impacto em mais de um local, não atraem, tão somente pela natureza, a competência da Justiça Federal[29], conforme se depreende da revogação da Súmula 91 do STJ[30]. Pode ocorrer, contudo, de a natureza do delito vir a atrair a competência da Justiça Federal em situações excepcionais, quando revelado o interesse da União.

Com relação às **contravenções penais**, o art. 109, IV, da CF expressamente afastou a competência dos juízes federais para seu o processo e julgamento. Analisando a matéria, **o STJ fixou a Súmula 38**, reforçando o conteúdo da norma:

> "compete à Justiça Estadual Comum, na vigência da Constituição de 1988, o processo por contravenção penal, ainda que praticada em detrimento de bens, serviços ou interesse da União ou de suas entidades".

Ocorre que a norma expressamente faz menção tão somente aos juízes federais e não aos Tribunais Regionais Federais. E, em razão disso, há que se indagar sobre a competência em eventual recurso e processos de competência originária do TRF.

No caso dos recursos contra as decisões proferidas pela Justiça Estadual no caso de contravenções penais, o órgão competente para julgamento são as Turmas Recursais no âmbito dos Juizados Especiais Criminais na forma do art. 41 da Lei 9.099/95. Ocorre que tais turmas são compostas por juízes federais, excluídos da competência para julgamento das contravenções penais pelo art. 109, IV da CF. Logo, não se pode afirmar a competência das Turmas Recursais Federais para julgamento dos recursos proferidos pela Justiça Estadual no caso de contravenções penais.

Estabelecida a primeira premissa, da exclusão das Turmas Recursais Federais, cumpre indagar: e se o julgamento da contravenção penal tiver trâmite perante a Justiça Estadual,

29. CC 154859/SP, DJ 29.11.2017 e 154889/ES, DJ 29.11.2017.

30. Compete à Justiça Federal processar e julgar crimes praticados contra a fauna.

em vara distinta da do Juizado Especial, por exemplo, diante da ocorrência da hipótese do parágrafo único do art. 66 da Lei 9.099/95[31]? Nesses casos, diante da lacuna legal, parece-nos que melhor solução passa pela aplicação analógica do §4º do art. 109 da CF, para que eventual recurso interposto seja processado perante o TRF, vez que a taxativa exclusão dos juízes federais para julgamento das contravenções penais não se aplica aos TRFs. A conclusão decorre do fato de que a regra constitucional do art. 109, IV da CF, é de exceção ao reduzir competência em razão da matéria por afastar as contravenções penais e, como tal, deve ser interpretada restritivamente, não afastando a competência dos TRFs para análise dos recursos.

Por esse mesmo fundamento, entendemos que nos casos de processos por competência originária, nas hipóteses de foro por prerrogativa de função não especificados como de competência exclusiva dos Tribunais de Justiça ou Tribunal Regional Eleitoral (conexão), o processo e julgamento das contravenções penais que ataquem bens, serviços ou interesse da União e suas autarquias, empresas públicas e fundações públicas, deverão ser realizados pelo Tribunal Regional Federal.

Havendo conexão entre crime e contravenção, em tese sujeitos à competência da Justiça Federal, deverá ocorrer a **separação do processo**, para que o delito seja julgado pela Justiça Federal e a contravenção pela Justiça Estadual nos termos do entendimento do **STJ**:

> 1. Apesar da existência de conexão entre o crime de contrabando e contravenção penal, mostra-se inviável a reunião de julgamentos das infrações penais perante o mesmo Juízo, uma vez que a Constituição Federal expressamente excluiu, em seu art. 109, IV, a competência da Justiça Federal para o julgamento das contravenções penais, ainda que praticadas em detrimento de bens, serviços ou interesse da União. Súmula nº 38/STJ. Precedentes. 2. Firmando-se a competência do Juízo Federal para processar e julgar o crime de contrabando conexo à contravenção penal, impõe-se o desmembramento do feito, de sorte que a contravençao penal seja julgada perante o Juízo estadual" (CC 120.406/RJ, j. 12/12/2012).

Há, ainda, sobre o tema competência da Justiça Federal, duas outras súmulas pertinentes no âmbito do STJ:

> **Súmula 224 do STJ**: excluído do feito o ente federal, cuja presença levara o Juiz Estadual a declinar da competência, deve o Juiz Federal restituir os autos e não suscitar conflito.
>
> **Súmula 254 do STJ**: a decisão do Juízo Federal que exclui da relação processual ente federal não pode ser reexaminada no Juízo Estadual.

O registro da Súmula 224 do STJ, não obstante sua clareza, reside no fato de que não se impede a suscitação de conflito de jurisdição por parte do magistrado da Justiça Estadual, mas tão somente pelo juiz federal. De fato, a decisão do juiz federal que exclui do feito ente federal afasta sua competência, não gerando qualquer espécie de conflito, conforme se infere da essência da Súmula 254 do STJ. Há, tão somente, uma decisão no tocante ao interesse processual em jogo, que reverbera na questão da competência. Assim, não há conflito entre as Justiças Federal e Estadual. Ressalte-se, entretanto, que o magistrado da Justiça Estadual, apesar de não poder reexaminar a decisão da Justiça

31. Art. 66. A citação será pessoal e far-se-á no próprio Juizado, sempre que possível, ou por mandado. Parágrafo único. Não encontrado o acusado para ser citado, o Juiz encaminhará as peças existentes ao Juízo comum para adoção do procedimento previsto em lei.

Federal, pode suscitar o conflito de jurisdição caso, não obstante a exclusão do ente federal, remanesça o interesse da União por alguma razão.

V. os crimes previstos em tratado ou convenção internacional, quando, iniciada a execução no País, o resultado tenha ou devesse ter ocorrido no estrangeiro, ou reciprocamente:

A hipótese legal prevê duas condicionantes para incidência da Justiça Federal: a) crimes previstos em tratado ou convenção internacional assinados pelo Brasil, observando-se a dupla tipicidade (previsão como crime no estrangeiro também); b) projeção internacional do delito com o início da execução no Brasil ou exterior, mas cujo resultado produzido ou projetado devesse ser produzido no exterior ou Brasil, respectivamente. Como exemplos da aplicação do dispositivo, podemos destacar os crimes previstos no art. 149-A do Código Penal e 239 do ECA.

Não é, portanto, qualquer crime praticado por brasileiro no estrangeiro que atrairá a competência da Justiça Federal, vez que se exige a projeção internacional ou dimensão externa do delito para caracterização da competência. Logo, o crime de tráfico de drogas, por exemplo, só atrairá a competência federal quando destinado ao exterior, caracterizando o tráfico internacional de drogas, nos termos da **Súmula 522 do STJ**:

> Salvo ocorrência de tráfico para o exterior, quando então a competência será da Justiça Federal, compete à Justiça dos Estados o processo e julgamento dos crimes relativos a entorpecentes.

No sentido da súmula, há que se destacar que o simples fato da droga ter sido importada ilegalmente com posterior comercialização no Brasil não implica a competência da Justiça Federal, vez que a hipótese caracteriza o tráfico interno. E se imputada a prática de tráfico internacional o magistrado entender que se trata de tráfico interno durante o processo? Nesse caso, o juiz deverá reconhecer sua incompetência para julgar o caso e remetê-lo para a Justiça Estadual[32].

Ainda sobre o crime de tráfico internacional, o STJ flexibilizou o teor da Súmula 528 para reconhecer como competente o foro do destinatário da droga:

> (...) 4. Conforme **Súmula n. 528/STJ, "Compete ao Juiz Federal do local da apreensão da droga remetida do exterior pela via postal processar e julgar o crime de tráfico internacional"**. (...)
>
> (...) 5. "Em situações excepcionais, a jurisprudência desta Corte tem admitido a fixação da competência para o julgamento do delito no local onde tiveram início os atos executórios, em nome da facilidade para a coleta de provas e para a instrução do processo, tendo em conta os princípios que atendem à finalidade maior do processo que é a busca da verdade real" (CC 151.836/GO, Rel. Min. Reynaldo Soares da Fonseca, TERCEIRA SEÇÃO, DJe 26/6/2017). (...)
>
> (...) 7. A fixação da competência no local de destino da droga, quando houver postagem do exterior para o Brasil com o conhecimento do endereço designado para a entrega, proporcionará eficiência da colheita de provas relativamente à autoria e, consequentemente, também viabilizará o exercício da defesa de forma mais ampla. Em suma, **deve ser estabelecida a competência no Juízo do local de destino do entorpecente, mediante flexibilização da Súmula n. 528/STJ, em favor da facilitação da fase investigativa, da**

32. STJ: CC 91.639/MT, DJ 10.02.2009.

busca da verdade e da duração razoável do processo (...). CC 177.882/PR Min. Joel Ilan Paciornik, DJe 05.06.21. (grifos nossos).

V-A. as causas relativas a direitos humanos a que se refere o § 5.º deste artigo;

O §5º do art. 109 da CF, inserido pela Emenda Constitucional 45/04, dispõe:

> Nas hipóteses de grave violação de direitos humanos, o Procurador-Geral da República, com a finalidade de assegurar o cumprimento de obrigações decorrentes de tratados internacionais de direitos humanos dos quais o Brasil seja parte, poderá suscitar, perante o STJ, em qualquer fase do inquérito ou processo, incidente de deslocamento de competência para a Justiça Federal.

A previsão contempla a hipótese de **federalização dos crimes praticados em grave violação a direitos humanos**. Por ter o Brasil assumido o compromisso internacional, por meio da União, ao assinar tratados e convenções internacionais de combate a violações de direitos humanos, por coerência sistêmica, o julgamento estará afeto à Justiça Federal.

Não é, contudo, qualquer delito praticado em violação a direitos humanos que enseja a competência da Justiça Federal, vez que o §5º do art. 109 da CF expressamente consigna o adjetivo "grave" à violação dos direitos humanos. Inegável que toda e qualquer violação a direitos humanos deve ser concebida como grave, sendo infeliz a previsão legal nesse sentido. Contudo, a *mens legis* caminha no sentido de que somente quando o crime ultrapassar os limites dos fins de proteção da norma, assumindo características que o revestem de atributos especiais, como a repercussão, forma pela qual o delito foi praticado, valores afetados pelo crime, entre outros, poderá ocorrer o deslocamento da competência para a Justiça Federal quando houver risco de descumprimento de tratados internacionais.

Não se trata, contudo, de hipótese imediata de atração da competência da Justiça Federal, pois o deslocamento da competência pressupõe pedido do Procurador-Geral da República ao STJ, por meio do **incidente de deslocamento de competência**, quando houver **risco de descumprimento das obrigações** assumidas pelo Brasil diante dos pares internacionais.

É **incorreta**, portanto, a assertiva que os **crimes praticados em grave violação a direitos humanos são de competência da Justiça Federal**, pois essa só será ativada quando houver **risco de descumprimento das obrigações** assumidas pelo Brasil diante dos pares internacionais, circunstância que não ocorre, por exemplo, quando a Justiça Estadual atua adequadamente no caso concreto, a exemplo do ocorrido no homicídio da missionária americana Dorothy Stang, no Pará:

> "empenhadas na apuração dos fatos que resultaram na morte da missionária norte-americana Dorothy Stang, com o objetivo de punir os responsáveis, refletindo a intenção de o Estado do Pará dar resposta eficiente à violação do maior e mais importante dos direitos humanos, o que afasta a necessidade de deslocamento da competência originária para a Justiça Federal, de forma subsidiária, sob pena, inclusive, de dificultar o andamento do processo criminal e atrasar o seu desfecho, utilizando-se o instrumento criado pela aludida norma em desfavor de seu fim, que é combater a impunidade dos crimes praticados com grave violação de direitos humanos" (STJ – IDC 01/PA – 2005/0029378-4, j. 08.06.05).

No mesmo sentido foi o julgamento do caso do homicídio da vereadora Marielle Franco, no Rio de Janeiro:

> (...) 2. Desde os primeiros julgamentos dos Incidentes de Deslocamento de Competência, ficaram estabelecidas as diretrizes para o acolhimento do pedido, quais sejam, excepcionalidade, necessidade, imprescindibilidade, razoabilidade e proporcionalidade da medida, observada a exigência de se reunir os seguintes pressupostos para o seu deferimento: (1) a existência de grave violação a direitos humanos; (2) o risco de responsabilização internacional decorrente do descumprimento de obrigações jurídicas assumidas em tratados internacionais; e (3) a incapacidade das instâncias e autoridades locais de oferecer respostas efetivas. (...)
>
> (...) 9. A condução das investigações pelas autoridades locais, até o momento, repele a alegação de inércia, ressaltando que já foram ouvidas mais de 230 pessoas, dentre elas, testemunhas, informantes e indiciados, e realizadas diversas medidas cautelares, como interceptação telefônica, quebra de sigilo de dados telemáticos, interceptação ambiental, buscas e apreensões no curso da investigação. (...)
>
> (...) 10. No transcorrer das investigações realizadas pela Polícia Civil do Estado em conjunto com o Ministério Público, houve encontro fortuito de crimes graves, envolvendo grupos armados e perigosos, justamente aqueles que são apontados como resistentes ao bom andamento do trabalho investigatório, o que denota efetiva reação do Estado contra o crime organizado. (...)
>
> (...) 14. Pedido de deslocamento de competência julgado improcedente.
>
> (IDC 24/DF - 2019/0280084-4, DJe 01.07.20).

VI. os crimes contra a organização do trabalho e, nos casos determinados por lei, contra o sistema financeiro e a ordem econômico-financeira;

Os **crimes contra a organização do trabalho** são aqueles que atingem, de forma coletiva, direitos dos trabalhadores. Assim, a lesão a direito individual, por si só, não atrai a competência da Justiça Federal, conforme entendimento predominante jurisprudencial, preservando-se a competência da Justiça Estadual.

Nesse sentido, discute-se sobre a competência para julgamento do delito de redução à condição análoga de escravo, previsto no art. 149 do CP. Nesse sentido, no julgamento do RE 398.041/PA, o STF entendeu, acolhendo o voto do Min. Joaquim Barbosa, que a competência para julgamento do delito, quando a ofensa atingir órgãos e instituições que preservem, coletivamente, os direito e deveres dos trabalhadores, **a competência será da Justiça Federal**. Registre-se, contudo, que, em nossa perspectiva, referida decisão deve ser lida em consonância a decisão proferida pelo próprio STF, no RE 90.042, o qual fixou a competência da Justiça Estadual quando a violação praticada atingir um único trabalhador por não atingir efetivamente a organização do trabalho.

De fato, não obstante o entendimento mais recente do STF, parece-nos o posicionamento mais adequado, pautado no fim de proteção da norma, aquele que sustenta que, havendo interesse coletivo, a competência será da Justiça Federal. Descaracterizado esse, em razão do reduzido número de trabalhadores atingidos, a competência será da Justiça Estadual.

No que concerne aos **crimes contra o sistema financeiro e contra a ordem econômico-financeira**, a redação do texto constitucional, para nós, não é feliz, vez que expressamente consigna a competência da Justiça Federal **nos casos determinados em lei**, olvidando-se da regra geral do interesse da União. Assim, a leitura desconectada do inc. VI, do art. 109 da CF, tem conduzido, por exemplo, à conclusão de que os crimes contra o sistema financeiro nacional, previstos na Lei 7.492/86, são de competência da Justiça Federal em razão do teor do art. 26 da referida lei[33], ao passo que os delitos previstos nas Leis 1.521/51, 8.137/90 e 8.176/91 não atraem a competência da Justiça Federal por ausência de previsão expressa.

Ocorre que, inegavelmente, as leis mencionadas trazem tipos penais que, acaso praticados, **podem** atrair o interesse da União como, por exemplo, o previsto no art. 3º, inciso I da Lei 1.521/51:

> Art. 3º. São também crimes desta natureza:
>
> I - destruir ou inutilizar, intencionalmente e sem autorização legal, com o fim de determinar alta de preços, em proveito próprio ou de terceiro, matérias-primas ou produtos necessários ao consumo do povo;

Imaginemos, por exemplo, a destruição de matéria prima destinada ao craqueamento catalítico do petróleo, fato que pode implicar o aumento de preço dos combustíveis, produto essencial ao consumo do povo, com impacto em toda a economia. Não haveria, nesse caso, interesse da União? Não obstante a inexistência de monopólio, a Petrobrás produz 98% do combustível consumido no país[34], e a elevação geral de preços tem o condão de reverberar severamente na economia. Assim, a competência da Justiça Federal nesses casos não nos parece fora do contexto constitucional. A se seguir referida compreensão, teríamos duas hipóteses de fixação a competência da Justiça Federal: a) previsão expressa em lei; b) não obstante a ausência de previsão legal, ressaindo o interesse da União nos crimes contra a ordem econômico-financeira, sistema financeiro e economia popular, a fixação da competência da Justiça Federal impor-se-ia pela regra do art. 109, IV, da CF.

Entretanto, frise-se, **não é esse o atual entendimento dos Tribunais Superiores**, que se ancora na **Súmula 498 do STF**:

> Compete à Justiça dos Estados, em ambas as instâncias, o processo e o julgamento dos crimes contra a economia popular.

Um tema conexo e relativamente recente que suscitou debates na doutrina e recebeu posicionamento do STJ, é o relacionado às pirâmides financeiras, tendo o STJ decidido, em mais de uma oportunidade[35], pela competência da Justiça Estadual:

> Conforme jurisprudência desta Corte Superior de Justiça, "a captação de recursos decorrente de 'pirâmide financeira' não se enquadra no conceito de 'atividade financeira', para fins da incidência da Lei n. 7.492/1986, amoldando-se mais ao delito previsto no art. 2º, IX, da Lei 1.521/1951 (crime contra a economia popular) (CC 146.153/SP, Rel. Ministro Reynaldo Soares da Fonseca, 3ª Seção, DJe 17/5/2016).

VII. os *habeas corpus*, em matéria criminal de sua competência ou quando o constrangimento provier de autoridade cujos atos não estejam diretamente sujeitos a outra jurisdição;

A regra constitucional prevê a competência da Justiça Federal para julgamento dos *habeas corpus* impetrados em razão de atos praticados por autoridades que atuam no

33. Art. 26. A ação penal, nos crimes previstos nesta lei, será promovida pelo Ministério Público Federal, perante a Justiça Federal.

34. Dados de 2021, fonte: https://www.cnnbrasil.com.br/business/por-que-a-petrobras-quase-nao-tem-concorrentes-na-producao-de-combustivel/ acesso em 02.09.21, as 01h43min.

35. CC 170.392 – SP, Rel. Min. Joel Ilan Paciornik, DJe 16.06.20.

contexto da competência da Justiça Federal, como os delegados federais, por exemplo. Preserva-se, portanto, a regra da Justiça Estadual, de forma que o *habeas corpus* impetrado contra ato do juiz de direito estadual ou promotor de justiça será julgado pelo Tribunal de Justiça, ao passo que o *habeas corpus* impetrado contra ato do juiz federal ou procurador da república será julgado pelo Tribunal Regional Federal.

A norma, simétrica ao art. 650, §1º do CPP, ainda prevê a competência da Justiça Federal para apreciação de *habeas corpus* fundado em ato de constrangimento proveniente de agente não submetido à sua jurisdição. A hipótese contempla, por exemplo, o *habeas corpus* impetrado contra ato do juiz do trabalho, porquanto a Justiça Trabalhista, braço da Justiça Federal, não possui competência criminal. De igual forma, a redação legal afasta a competência da Justiça Federal no julgamento do *habeas corpus* impetrado contra ato inerente à função eleitoral, vez que a Justiça Eleitoral possui competência criminal e, portanto, é competente para apreciação de *habeas corpus*.

IX. os crimes cometidos a bordo de navios ou aeronaves, ressalvada a competência da Justiça Militar;

Sendo o crime cometido a bordo de navios ou aeronaves, é irrelevante o fato de estarem em movimento ou estacionados em portos ou aeroportos, ensejando a competência da Justiça Federal. Assim, eventual crime doloso contra a vida praticado no interior de um navio ou aeronave estará sujeito a julgamento perante o Tribunal Júri, organizado pela Justiça Federal.

De igual modo, aprioristicamente, será irrelevante nacionalidade do sujeitos ativo ou passivo do crime. Isso porque, sendo o autor pessoa detentora de foro por prerrogativa de função, haverá a atração para o foro especial, assim como, sendo o delito concebido como militar, o julgamento será afeto à Justiça Castrense.

Segundo o STJ, a análise do porte da embarcação se faz necessária para definição da competência:

> A expressão 'a bordo de navio', constante do art. 109, inciso IX, da CF/1988, significa interior de embarcação de grande porte. Realizando-se uma interpretação teleológica da locução, tem-se que a norma visa abranger as hipóteses em que tripulantes e passageiros, pelo potencial marítimo do navio, possam ser deslocados para águas territoriais internacionais. Se à vítima não é implementado este potencial de deslocamento internacional, inexistindo o efetivo ingresso no navio, resta afastada a competência da Justiça Federal. STJ, CC 43.404/SP, DJ 02.03.2005.

O mesmo debate tem surgido no tocante ao conceito de aeronaves, prevalecendo atualmente na doutrina entendimento similar ao da concepção de navios, isto é, só se aplica a competência da Justiça Federal se a aeronave for de grande porte.

Não obstante a legislação pátria não excepcionar de forma expressa, quando um delito é praticado em uma embarcação que tão somente utiliza o mar territorial brasileiro como rota de passagem contínua e rápida para seu destino (**princípio da passagem inocente**[36]), sem qualquer pretensão de atracar, eventual delito praticado em seu interior,

---

36. Lei 8.617/93. Art. 3º É reconhecido aos navios de todas as nacionalidades o direito de passagem inocente no mar territorial brasileiro.
§ 1º A passagem será considerada inocente desde que não seja prejudicial à paz, à boa ordem ou à segurança do Brasil, devendo ser contínua e rápida.

que não seja prejudicial à paz, à boa ordem ou à segurança do Brasil, não fará incidir a lei pátria, por total ausência de interesse jurídico.

No que toca às aeronaves, não existe previsão do direito passagem, consoante se infere da lição de REZEK[37] (2016, p. 394). Não há, no espaço aéreo, um direito de passagem inocente que seja fruto de princípio geral ou norma costumeira, pois Estado "só o libera à aviação de outros países mediante a celebração de tratados ou permissões avulsas".

Por sua vez, o espaço cósmico, por não pertencer a qualquer país, não pode ser objeto de apropriação nacional por proclamação de soberania, por uso ou ocupação, nem por qualquer outro meio[38], de sorte que a competência deverá seguir a regra geral do CPP.

X. os crimes de ingresso ou permanência irregular de estrangeiro, a execução de carta rogatória, após o *exequatur*, e de sentença estrangeira, após a homologação, as causas referentes à nacionalidade, inclusive a respectiva opção, e à naturalização;

O dispositivo tem aplicação aos crimes previstos nos artigos 309 e 338 do Código Penal, que versam, respectivamente, sobre o ingresso ou permanência de estrangeiro com utilização de nome falso ou atribuição de falsa qualidade e de reingresso de estrangeiro expulso, respectivamente. Logo, os demais crimes praticados por estrangeiros, em regra, não atraem a competência da Justiça Federal.

XI. a disputa por direitos indígenas.

Segundo a Súmula 140 do STJ:

> Compete à justiça comum estadual processar e julgar crime em que o indígena figure como autor ou como vítima.

Ocorre que, não obstante o entendimento sumulado, há situações em que o delito envolve a disputa por direitos indígenas, atraindo a competência da Justiça Federal. Nesse sentido, reconhece-se a competência da Justiça Federal nos casos, por exemplo, de homicídios contra silvícolas praticados por produtores rurais da mesma região em razão da disputa pela posse de terras tradicionalmente ocupadas por comunidade indígena de que fazem parte as vítimas[39] e crimes de racismo praticados contra indígenas que envolvam ataque à cultura da comunidade indígena[40].

Estabelecida a competência da Justiça Federal, cumpre indagar: e se o local do fato não for sede de Justiça Federal? Nesses casos, não há o deslocamento para a Justiça Estadual, vez que a organização judiciária da Justiça Federal estabelece Subseções Judiciárias, compreendendo os municípios que não são sede da Justiça especializada. Assim, caso delito seja praticado em cidade que não é sede da Justiça Federal, o julgamento será realizado na sede da Subseção Judiciária Federal à qual o município pertence.

37. REZEK, Francisco. **Direito Internacional Público**. 16ª ed. São Paulo: Saraiva, 2016.
38. Art. 2º do Decreto 64.392/69.
39. STF: HC 81.827/MT, DJ 23.08.2002 e RHC 85.737, DJ 30.11.2007.
40. STF: RHC 117.097/DF, DJe 03.02.2014.

14.9.3.1 Casuística

a) pedofilia por meio da internet: compete à Justiça Federal processar e julgar os crimes consistentes em disponibilizar ou adquirir material pornográfico envolvendo criança ou adolescente [artigos 241, 241-A e 241-B da Lei 8.069/1990] quando praticados por meio da rede mundial de computadores. STF. Plenário. RE 628624/MG, Rel. Orig. Min. Marco Aurélio, Red. p/ o acórdão Min. Edson Fachin, julgado em 28 e 29/10/2015 (repercussão geral).

b) uso de passaporte falso: Súmula 200 do STJ: "o juízo federal competente para processar e julgar acusado de crime de uso de passaporte falso é o do lugar onde o delito se consumou".

c) contrabando ou descaminho: Súmula n 151 do STJ, "a competência para o processo e julgamento por crime de contrabando ou descaminho define-se pela prevenção do juízo federal do lugar da apreensão dos bens".

d) crimes previstos em tratados ou convenções internacionais: a mera previsão do crime em tratado ou convenção internacional não atrai a competência da Justiça Federal, com base no art. 109, inciso V, da CF/88, sendo imprescindível que a conduta tenha ao menos potencialidade para ultrapassar os limites territoriais. CC 144072/PR, Rel. Ministro Reynaldo Soares da Fonseca, 3ª Seção, julgado em 25/11/2015.

e) crimes praticados pela internet: o fato de o delito ser praticado pela internet não atrai, automaticamente, a competência da Justiça Federal, sendo necessário demonstrar a internacionalidade da conduta ou de seus resultados. Julgados: AgRg no CC 118394/DF, Rel. Ministro Ribeiro Dantas, 3ª Seção, DJe 22/08/2016.

f) crime não eleitoral contra juiz ou promotor eleitoral: tratando-se de crime não eleitoral praticado por um indivíduo contra juiz ou promotor no exercício de função eleitoral, a exemplo de um delito de desacato, a competência será da Justiça Federal, pois o desacato não é crime eleitoral, nada obstante ter sido praticado contra um agente que atua no exercício de função eleitoral.

g) Racismo por rede social. A fixação da competência da Justiça Federal para o julgamento do crime de racismo mediante divulgação de conteúdo em rede social exige a demonstração da natureza aberta do perfil que realizou a postagem, a fim de possibilitar a verificação da potencialidade de atingimento de pessoas para além do território nacional. AgRg no HC 717.984-SC, Rel. Ministro Otávio de Almeida Toledo (Desembargador convocado do TJSP), Sexta Turma, por unanimidade, julgado em 2/9/2024, DJe 4/9/2024.

14.9.4 Justiça Estadual

A definição da competência da Justiça Estadual é realizada de forma **residual**, isto é, será competente a Justiça Estadual quando não se verificar qualquer circunstância que fixe a competência da Justiça Militar, Eleitoral ou Federal.

14.9.5 Organograma estrutural

Vejamos, de forma resumida, o organograma das Justiças estudas com suas respectivas competências e estruturas:

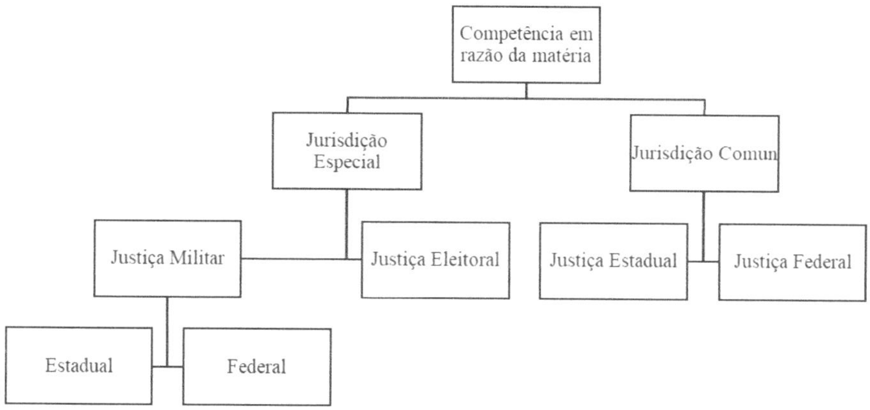

<table>
<tr><th colspan="2">Competência em razão da matéria</th></tr>
<tr><th colspan="2">Jurisdição Especial</th></tr>
<tr><th>Justiça Militar</th><th>Justiça Eleitoral</th></tr>
<tr><td>Processo e julgamento dos crimes militares, salvo os crimes dolosos contra vida praticados por militar contra civil</td><td>Processo e julgamento dos crimes eleitorais e comuns que lhe forem conexos</td></tr>
<tr><th colspan="2">Jurisdição Comum</th></tr>
<tr><th>Justiça Federal</th><th>Justiça Estadual</th></tr>
<tr><td>Processo e julgamento dos crimes federais (arts. 108 e 109 da CF)</td><td>Competência residual</td></tr>
</table>

<table>
<tr><th colspan="2">Estrutura</th></tr>
<tr><td>Justiça Militar Federal</td><td>Auditoria Militar – órgão de 1º grau
Superior Tribunal Militar – órgão de 2º grau
Recurso para o STF</td></tr>
<tr><td>Justiça Militar Estadual</td><td>Auditoria Militar – órgão de 1º grau.
Tribunal de Justiça e Tribunal de Justiça Militar (nos Estados que houver) – órgão de 2º grau
Recursos para o STJ e STF</td></tr>
<tr><td>Justiça Eleitoral</td><td>Juízes Eleitorais vinculados às Zonas Eleitorais– órgão de 1º grau
Tribunal Regional Eleitoral – órgão de 2º grau com Recurso Especial para o Tribunal Superior Eleitoral e Extraordinário para o STF</td></tr>
<tr><td>Justiça Federal</td><td>Juízes Federais vinculados a Varas – órgão de 1º grau
Tribunais Regionais Federais – órgão de 2º grau
Recursos para o STJ e STF</td></tr>
<tr><td>Justiça Estadual</td><td>Juízes Estaduais vinculados a Varas – órgão de 1º grau
Tribunais de Justiça – órgão de 2º grau
Recursos para o STJ e STF</td></tr>
</table>

14.10 REGRAS DE COMPETÊNCIA EM RAZÃO LUGAR – COMPETÊNCIA TERRITORIAL

Seguindo a trilha até então traçada, de verificação da competência, não sendo o caso de aplicação das regras de competência em razão da função, e definida a Justiça competente dentre as comuns e especiais, necessário se faz a análise da competência territorial afeta a cada Justiça, isto é, o local onde o delito será processado. Em síntese, verificar-se-á a comarca na Justiça Estadual, a Subseção ou Circunscrição Judiciária na Justiça Federal, a Zona Eleitoral na Justiça Eleitoral e a Auditoria Militar, no âmbito da Justiça Militar, tomando-se por parâmetro, inicialmente, o lugar da infração nos termos do art. 69, I do CPP.

O lugar do crime, sob a perspectiva processual, é distinto do local da infração previsto no Direito Penal, trazendo uma **suposta antinomia** à questão. Isso porque no Direito Penal, o lugar do crime é o lugar da ação, aplicando-se a teoria da atividade, ao passo que no Processo Penal o lugar do crime é concebido como o local da produção do resultado, aplicando-se a teoria do resultado. Ocorre que a regra penal destina sua aplicação no caso de crimes que envolvam a jurisdição de mais de um país, ao passo que a norma processual rege a competência para julgamentos dos delitos praticados integralmente no território nacional, de forma que as normas convivem de forma harmônica no sistema jurídico.

Antes, contudo, precisamos ver as três teorias que visam explicar o lugar do crime sob a lógica processual:

a) teoria do resultado: segundo o art. 70 do CPP: "A competência será, de regra, determinada pelo lugar em que se consumar a infração, ou, no caso de tentativa, pelo lugar em que for praticado o último ato de execução". O CPP adota como regra, portanto, o local da consumação ou, no caso da tentativa, o lugar do último ato de execução. Entretanto, não obstante a regra, inexplicável em nosso entendimento, porquanto a colheita da prova do fato deve ser feita no local da conduta em linhas gerais, a jurisprudência e a própria lei nos trazem diversas exceções à aplicação da regra[41]:

a.1) domicílio da vítima - estelionato por meio de cheque ou transferência de valores: §4º do art. 70, incluído pela Lei 14.155/21, dispõe que: "Nos crimes previstos no art. 171 do Decreto-Lei nº 2.848, de 7 de dezembro de 1940 (Código Penal), quando praticados mediante depósito, mediante emissão de cheques sem suficiente provisão de fundos em poder do sacado ou com o pagamento frustrado ou mediante transferência de valores, **a competência será definida pelo local do domicílio da vítima**, e, em caso de pluralidade de vítimas, a competência firmar-se-á pela prevenção". Afasta-se, portanto, o teor das Súmulas 521 do STF e 244 do STJ, que previam a competência da local da recusa do pagamento.

a.2) lugar da obtenção da vantagem ilícita – estelionato cometido mediante falsificação de cheque: de acordo com a Súmula 48 do STJ: Compete ao juízo do local da obtenção da vantagem ilícita processar e julgar crime de estelionato cometido **mediante falsificação de cheque**. Conforme vimos acima, no caso de frustração de pagamento ou transferência de valores, a competência para julgamento será do lugar do domicílio da

41. Além das quatro hipóteses mencionadas, veremos outras no tópico casuística.

vítima. Contudo, a hipótese sumulada é distinta, porquanto versa sobre a consumação do delito que não guarda relação com qualquer comportamento da vítima, pois se trata de cheque falsificado.

a.3) lugar em que foi prestado o depoimento - falso testemunho praticado em cumprimento de carta precatória: Sobre o tema, o STJ possui dois entendimentos contraditórios:

> 1. Firma-se a competência, em regra, pelo lugar em que o delito é consumado, nos termos do art. 70 da Lei Processual Penal. O crime de falso testemunho consuma-se com o encerramento do depoimento prestado pela testemunha, quando a mesma profere afirmação falsa, nega ou cala a verdade, razão pela qual, **para a sua apuração, sobressai a competência do Juízo do local onde foi prestado o depoimento, sendo irrelevante o fato de ter sido realizado por intermédio de carta precatória**. Conflito conhecido para se declarar competente, para o processamento e julgamento do feito, o Juízo de Direito da 3ª Vara de Registro/SP, o suscitado. CC 30309 / PR. Min. Gilson Dipp, 3ª Seção, DJ 11/03/02. p. 163.
>
> 2. (...) II. Não obstante o delito de falso testemunho consume-se com o encerramento do depoimento prestado, quando se faz afirmação falsa, nega ou cala a verdade, **tem-se que, no caso dos autos, depoimento destinava-se à produzir prova em processo no qual se apura a prática de crime perante o Juízo Federal, produzindo, as declarações falsas, efeitos no julgamento da causa principal**. De se considerar, ainda, que o depoimento foi prestado a autoridade com competência delegada pelo Juízo Federal. III. Conflito conhecido para, reconhecendo a competência da Justiça Federal, determinar o retorno dos autos o Tribunal Regional Federal da Quarta Região, o suscitado, para julgar o mérito do recurso de apelação ali interposto. CC 115314 / RS. Rel. Min. Gilson Dipp, 3ª Seção, DJe 17/11/11.

As decisões apontadas não geram dúvidas quanto ao momento consumativo do delito: o encerramento do depoimento prestado pela testemunha. Contudo, não agiu com o costumeiro acerto o STJ ao, no primeiro julgado, definir pela competência do julgamento do crime de falso no local onde esse foi praticado (juízo deprecado).

O crime de falso testemunho, para nós, possui vida própria e restrita, sob o aspecto criminal, ao processo no qual foi praticado e, portanto, a ele está vinculado. O fato de o falso ter se materializado no juízo deprecado, tão somete cumpridor do ato, não produz qualquer efeito contra a administração da Justiça no local do depoimento. Ao contrário, **todos os seus efeitos estão vinculados ao processo cujo depoimento foi praticado**. A própria falsidade, em si, dependerá de análise pelo juízo deprecante, e não pelo deprecado, vez que esse desconhece a integralidade dos autos.

Dessa forma, tomando-se por parâmetro o princípio da lesividade e a natureza do delito, crime contra a administração da Justiça, parece-nos mais razoável que a falsidade do depoimento seja aferida pelo juízo destinatário da prova em razão da conexão instrumental.

De igual forma, como a norma admite a retratação até a sentença, é natural que a retratação seja oferecida ao juízo do caso principal, pois nesse produzirá seus efeitos. Ao se admitir o juízo deprecado como competente para apuração do falso, haver-se-ia também que reconhecer a possibilidade de retração perante o juízo deprecado, além do fato de que a instrução do crime previsto no art. 342 do CP dependeria da colheita de elementos probatórios em juízo diverso do juízo deprecante, conferindo maior dificuldade à instrução probatória sem motivo razoável para tanto.

Assim, entendemos que a competência para julgamento do falso testemunho praticado perante o juízo deprecado é do **juízo deprecante**, sede natural da produção dos efeitos do falso. Ressaltamos, contudo, que o **entendimento dominante na doutrina caminha no sentido do processamento do falso perante o juízo deprecado**.

Tratando-se de audiência virtual realizada por meio de videoconferência, por não existir a figura do juiz deprecado, dúvidas não existem quanto à competência do juízo que realiza o ato.

a.4) lugar da conduta - crimes contra a vida: no caso de crimes contra a vida (dolosos ou culposos), a competência para julgamento será a do local onde foi praticada a conduta, independentemente do fato da consumação ter ocorrido em outro local.

> (...) Nos termos do art. 70 do CPP, a competência para o processamento e julgamento da causa, será, de regra, determinada pelo lugar em que se consumou a infração.
>
> 2. Todavia, a jurisprudência tem admitido exceções a essa regra, nas hipóteses em que o resultado morte ocorrer em lugar diverso daquele onde se iniciaram os atos executórios, determinando-se que a competência poderá ser do local onde os atos foram inicialmente praticados.
>
> 3. Tendo em vista a necessidade de se facilitar a apuração dos fatos e a produção de provas, bem como garantir que o processo possa atingir à sua finalidade primordial, qual seja, a busca da verdade real, a competência pode ser fixada no local de início dos atos executórios. (...)
>
> (STJ: HC 95.853/RJ, Rel. Min. Og Fernandes, Sexta Turma, julgado em 11/09/2012).

Aplica-se, à hipótese, o chamado **princípio do esboço do resultado**. Em breve síntese, referido princípio parte da premissa de que o lugar do resultado será o mesmo da conduta, de forma que a realização do comportamento prenuncia ou esboça o local do resultado, que só ocorre em outro local por acidente ou casualidade.

b) teoria da atividade: a teoria da atividade, adotada no âmbito dos Juizados Especiais Criminais, sufraga o entendimento de que o local da conduta é o mais apropriado para processamento do caso, vez que nele se encontra a maioria das provas. Conforme salientado acima, o CPP adota a teoria do resultado, mas a jurisprudência tem flexibilizado a regra para afirmar que em determinados fatos a competência deverá ser a do local da conduta (teoria da atividade), a exemplo dos crimes contra a vida, justamente pela melhor produção probatória, condizente com a busca da verdade real.

> "a jurisprudência tem admitido exceções a essa regra, nas hipóteses em que o resultado morte ocorrer em lugar diverso daquele onde se iniciaram os atos executórios, determinando-se que a competência poderá ser do local onde os atos foram inicialmente praticados. Tendo em vista a necessidade de se facilitar a apuração dos fatos e a produção de provas, bem como garantir que o processo possa atingir a sua finalidade primordial, qual seja, a busca da verdade real, a competência pode ser fixada no local de início dos atos executórios" STJ: HC 95.853/RJ, DJe 04.10.12.

c) teoria da ubiquidade: também conhecida por mista, a teoria considera o lugar do crime tanto o local da conduta, ação ou omissão, como de ocorrência do resultado, ou onde esse deveria ter sido produzido.

Segundo o art. 6º do Código Penal, "Considera-se praticado o crime no lugar em que ocorreu a ação ou omissão, no todo ou em parte, bem como onde se produziu ou deveria produzir-se o resultado". Verifica-se, portanto, que a lei penal adotou a chamada teoria da ubiquidade ou mista.

A questão relacionada ao local do crime para fins penais só interessa em relação aos crimes a distância (crimes de espaço máximo), ou seja, àqueles nos quais a conduta é praticada em um país e o resultado vem a ser produzido em outro (aplicação da lei brasileira).

De fato, não se discute acerca do lugar do crime, para efeitos penais, nos chamados **delitos plurilocais**, porquanto a regra a ser aplicada é a prevista no art. 70, *caput*, do Código de Processo Penal[42].

Assim, temos que se um agente prepara um artefato com explosivos no Brasil e o remete para os Estados Unidos para que lá produza seu resultado, estreamos diante de um exemplo de crime a distância ou de espaço máximo, ao qual se aplica a regra da teoria da ubiquidade, isto é, serão competentes tanto a justiça brasileira como a americana para julgamento da infração penal.

Nesse sentido, o §1º do art. 70 do CPP prevê que: "Se, iniciada a execução no território nacional, a infração se consumar fora dele, a competência será determinada pelo lugar em que tiver sido praticado, no Brasil, o último ato de execução". Percebam, portanto, que nesse particular adota-se a teoria da atividade.

Por outro lado, o §2º dispõe que: "Quando o último ato de execução for praticado fora do território nacional, será competente o juiz do lugar em que o crime, embora parcialmente, tenha produzido ou devia produzir seu resultado". Adota-se, na hipótese, a teoria do resultado.

Por esses motivos, nas hipóteses dos §§1º e 2º do art. 70 do CPP, afirma-se que nos crimes à distância aplica-se a teoria da ubiquidade, em razão da natureza do caso concreto. Não nos parece, contudo, a melhor construção, haja vista que os referidos parágrafos regulam hipóteses distintas, sendo taxativos quanto à hipótese de incidência. Entendemos, portanto, que no §1º há a aplicação da teoria da atividade e, no §2º, da teoria do resultado, afastando a alternatividade proposta pela teoria da ubiquidade.

Por outro lado, exemplificando a hipótese de crime plurilocal, se o mesmo agente produz o artefato explosivo em São Paulo e o envia a Belo Horizonte, por desejar que o resultado ocorra nessa última, não se discute em termos penais o local do crime, pois a questão estará restrita ao tema competência, regido pelo Código de Processo Penal. No exemplo, há que se buscar o resultado final – realização do dano com a explosão ou tão somente o envio do artefato – para definição correta da competência.

Logo, temos que a regra do art. 70 do CPP envolve os chamados crimes plurilocais.

14.11 DISPOSIÇÕES ESPECIAIS

E se o delito tiver seus atos executórios e resultado produzidos integralmente no exterior, mas caracterizar hipótese de aplicação da penal brasileira? Nesses casos excepcionais, o legislador conferiu tratamento especial nos artigos 88 a 91 do CPP.

A resposta à indagação acima pode ser extraída do art. 88 do CPP: "No processo por crimes praticados fora do território brasileiro, será competente o juízo da Capital

42. Art. 70. A competência será, de regra, determinada pelo lugar em que se consumar a infração, ou, no caso de tentativa, pelo lugar em que for praticado o último ato de execução.

do Estado onde houver por último residido o acusado. Se este nunca tiver residido no Brasil, será competente o juízo da Capital da República".

Logo, temos duas hipóteses: a) juízo da capital do Estado onde houver por último residido no Brasil; b) juízo da Capital da República se nunca tiver residido no Brasil.

No caso de crimes praticados em qualquer embarcação nas águas territoriais da Brasil, ou nos rios e lagos fronteiriços, bem como a bordo de embarcações nacionais, em alto-mar, o processo e julgamento deverão ser realizados pela Justiça do primeiro porto brasileiro em que tocar a embarcação, após o crime, ou, quando se afastar do País, pela do último em que houver tocado. A conclusão decorre do teor do art. 89 do CPP.

Por outro lado, segundo o art. 90 do CPP, "os crimes praticados a bordo de aeronave nacional, dentro do espaço aéreo correspondente ao território brasileiro, ou ao alto-mar, ou a bordo de aeronave estrangeira, dentro do espaço aéreo correspondente ao território nacional, serão processados e julgados pela justiça da comarca em cujo território se verificar o pouso após o crime, ou pela da comarca de onde houver partido a aeronave".

Por fim, dispõe o art. 91 do CPP que "quando incerta e não se determinar de acordo com as normas estabelecidas nos arts. 89 e 90, a competência se firmará pela prevenção".

Em síntese, podemos extrair cinco regras:

1) sendo o crime praticado a bordo embarcação ou aeronave, nacional ou estrangeira, atracada em porto ou aeroporto brasileiro, será competente o foro do local em que localizado o porto ou aeroporto.

2) sendo o crime praticado a bordo de navio ou aeronave brasileira, atracado em porto ou aeroporto estrangeiro, será competente o foro da Capital do Estado onde por último residiu o acusado ou, se nunca residiu no Brasil, o foro da Capital da República (art. 88, CPP).

3) sendo o crime praticado a bordo de navio ou aeronave brasileiros em viagem, com destino ao Brasil, será competente o foro do primeiro porto ou aeroporto em que atracar a embarcação ou a aeronave.

4) sendo o crime praticado a bordo de navio ou aeronave brasileiros em viagem, com partida do Brasil, será competente o foro do último porto ou aeroporto no qual a embarcação ou a aeronave esteve em contato com o território físico nacional.

5) não havendo certeza dos critérios anteriores, aplicar-se-á a regra da prevenção (art. 91, CPP).

14.12 CASUÍSTICA

Antes de iniciarmos a apresentação dos posicionamentos jurisprudenciais, advertimos que há constantes modificações de entendimentos no âmbito da jurisprudência pátria, de forma que, não obstante termos buscado sempre os posicionamentos mais recentes, aqueles que buscam a aprovação em concursos públicos devem conferir, sempre que possível, eventuais mudanças de entendimento, especialmente porque a obra delimita o marco temporal de sua atualização.

a) Crimes qualificados pelo resultado cujo resultado agravador ocorre em outra comarca: Os crimes qualificados pelo resultado, ou preterdolosos, são aqueles em que o agente pratica dolosamente a conduta criminosa, mas o resultado ocorre a título de culpa, como na hipótese da lesão corporal seguida de morte, em que o agente possui a intenção de somente lesionar a vítima, mas por inobservância do cuidado objetivo, resta por causar-lhe a morte. Diz-se, portanto, que há dolo no antecedente e culpa no consequente. À guisa de exemplo, imagine-se que a vítima fora agredida em São Bernardo do Campo/SP, mas o socorro a levara para um hospital localizado na cidade de São Paulo/SP, vindo o óbito ocorrer nesta última localidade.

Entendemos que, no caso, o processo e julgamento deveria ocorrer na comarca de São Bernardo do Campo/SP, local de encerramento dos atos de execução e mais adequado para a colheita das provas. Não é esse, contudo, o **entendimento predominante do STJ**, que entende por aplicável a regra do art. 70 do CPP, impondo o processo e julgamento no local da ocorrência do **resultado agravador**[43].

A lógica formal apresentada pelo STJ parece-nos desconectada da compreensão sistêmica que envolve a investigação e o processo, além de **conferir ao elemento acessório não obrigatório** – morte – **preferência ao elemento principal** – consumação da conduta primária e desejada – lesões corporais.

b) Juizados Especiais Criminais: segundo o art. 63 da Lei 9.099/95: "a competência do Juizado será determinada pelo lugar em que foi praticada a infração penal". A doutrina diverge[44] quanto ao conteúdo material do termo "praticada", prevalecendo, contudo, que o termo se refere à teoria da atividade.

c) Crimes praticados em divisas territoriais: a hipótese foi tratada no §3º do art. 70 do CPP: "Quando incerto o limite territorial entre duas ou mais jurisdições, ou quando incerta a jurisdição por ter sido a infração consumada ou tentada nas divisas de duas ou mais jurisdições, a competência firmar-se-á pela prevenção". Analisando a previsão legal, não nos parece adequado o termo "incerto" no tocante aos limites territoriais, vez que esses são definidos pelas leis de organização judiciária e buscam complemento nas normas que fixam os limites territoriais de cada município. Logo, temos que a melhor leitura passa pelo desconhecimento exato do local do lugar do crime, apto a fixar a competência. O local é certo e, como tal, fixa a competência. O desconhecimento exato do local, todavia, pode ensejar a dúvida, motivo pelo qual o legislador optou pela fixação da competência pela prevenção.

d) Crimes materiais e formais plurilocais: Os **crimes materiais ou causais** são aqueles em que o resultado naturalístico integra o tipo penal, de forma que a consumação do delito depende da ocorrência da modificação no mundo exterior (resultado naturalístico). Ex.: homicídio, furto etc. Por sua vez, os **crimes formais, de consumação antecipada ou de resultado cortado**, são aqueles que, não obstante o resultado naturalístico integrar o tipo penal, sua realização não é imprescindível para a caracterização do crime. O crime, portanto, consuma-se com a realização do verbo núcleo do tipo, isto é, conduta e resultado jurídico são concomitantes, de forma que o resultado naturalístico é desnecessário para configuração do crime. Assim, no crime de extorsão mediante sequestro (art. 159 do CP), por exemplo, basta a privação da liberdade da vítima visando a obtenção de vantagem futura indevida para a consumação do delito, sendo irrelevante o pagamento ou não do resgate. Por fim, os **crimes de mera conduta ou de simples atividade** são aqueles em

43. STJ: RHC 22.295/MS, DJ 17.12.07.

44. Tourinho Filho entende que o termo é sinônimo de consumação, ao passo que Nucci aduz tratar-se de hipótese de aplicação da teoria da ubiquidade por contemplar tanto a atividade como o resultado.

que a previsão típica não prevê qualquer resultado naturalístico, configurando-se com a mera prática da conduta descrita no tipo penal, como na forma simples do crime de omissão de socorro (art. 135, *caput*, do CP) ou porte ilegal de arma de fogo.

Estabelecidas as diferenças, conforme a regra geral do art. 70 do CPP, os crimes materiais serão julgados e processados local da realização do resultado. Por sua vez, por ilação lógica, nos crimes formais e de mera conduta, por produzirem somente resultados normativos, sem modificações necessárias no mundo exterior, a consumação/resultado normativo ocorrerá no local da conduta, devendo ali serem processados e julgados.

Não obstante, há situações que merecem destaque, vejamos:

d.1) Crime de "falso sequestro": "(...) 2. O núcleo da controvérsia consiste em saber se a competência para apurar suposta conduta criminosa de comunicação por telefone de falso sequestro com exigência de resgate por meio de sucessivos depósitos bancários seria do Juízo do local onde a vítima teria sofrido a ameaça por telefone e depositado as quantias exigidas; ou o Juízo do local onde está situada a agência bancária da conta beneficiária do valor extorquido. (...)

> (...) 4. Conforme jurisprudência do Superior Tribunal de Justiça - STJ, a conduta de simulação de sequestro com o objetivo de ameaçar a vítima amolda-se ao delito de extorsão tipificado no art. 158 do Código Penal - CP. Isso porque, no crime de extorsão, a vítima entrega seus bens com medo de o agente cumprir suas ameaças, ao passo que, no estelionato, a vítima sofre o prejuízo por ser induzida a erro, mediante meio ardiloso e sem ameaças. Precedentes: CC 129.275/RJ, Rel. Ministra Laurita Vaz, 3ª Seção, DJe 3/2/2014 e CC 115.006/RJ, Rel. Ministra Maria Thereza de Assis Moura, 3ª Seção, DJe 21/3/2011).
>
> 5. No caso concreto, constata-se que o agente praticou ameaças, as quais aterrorizaram a vítima que temeu pela morte de sua filha. Nesse contexto, configurada a prática, em tese, do delito de extorsão, incide na espécie a Súmula 196 do STJ, segundo a qual "o crime de extorsão consuma-se independentemente da obtenção da vantagem indevida". 6. Destarte, o crime em análise se consumou no município de Santo Antônio das Missões - RS, onde a vítima se encontrava no momento em que sofreu a primeira ameaça e realizou o primeiro depósito, de forma que o recebimento da vantagem indevida pelo meliante, em agência bancária situada no Rio de Janeiro, caracteriza mero exaurimento do delito". (STJ: HC 412.298/BA, DJe 20.02.19).

d.2) Crimes permanentes: crimes permanentes são aqueles cuja consumação se protrai no tempo, permitindo inclusive a prisão em flagrante delito, não obstante o resultado normativo já ter ocorrido. Trata-se, por exemplo, da hipótese do crime de extorsão mediante sequestro (art. 159, CP), que se consuma com privação da liberdade da vítima com a finalidade de obtenção de vantagem. *In casu*, apesar da consumação ter ocorrido com o sequestro, em razão da natureza permanente do delito, entende-se que o resultado se prolonga no tempo, de forma que ocorrendo a privação da liberdade em uma comarca e o cativeiro em outro, a competência será firmada pela prevenção nos termos do art. 71 do CPP[45].

d.3) Crimes permanentes em conexão: "reconhecida a conexão entre delitos envolvendo jurisdições de mesma categoria, a regra geral a ser observada, na fixação da competência, é a do art. 78, II, do CPP. Isso não obstante, se a conexão envolve pelo menos um delito de natureza permanente, que sinaliza a produção de resultados em

45. Art. 71. Tratando-se de infração continuada ou permanente, praticada em território de duas ou mais jurisdições, a competência firmar-se-á pela prevenção.

locais diferentes, deve ser observada regra mais especial que conjuga as disposições dos arts. 71 e 83 do CPP, segundo as quais a competência se define pela prevenção". (STJ: HC 63.722/SP, DJe 22.04.16).

d.4) Crimes falimentares: segundo o art. 183 da Lei 11.101/05, o foro competente para a apuração será o do lugar onde foi decretada a quebra, concedida a recuperação judicial ou homologado o plano de recuperação extrajudicial.

d.5) Crime continuado: a figura do crime continuado é uma ficção jurídica criada pelo legislador para promover um tratamento diferenciado para os agentes que praticam diversos crimes da mesma espécie que, pelas condições de tempo, lugar, maneira de execução e outras semelhantes, são concebidos como continuação do primeiro. O agente, portanto, realiza diversos crimes que, em tese, caracterizariam o concurso material, mas o legislador considera como se tivesse praticado apenas um para fins de aplicação da pena. É perfeitamente possível que a cadeia criminosa envolva o território de mais de uma comarca, sem que, com isso, se afaste a continuidade delitiva, especialmente nos casos de comarcas contíguas em regiões metropolitanas. Nesses casos, sendo parte da cadeia criminosa praticada em um local e a outra parte em outra comarca, a competência será firmada pela prevenção, nos termos do art. 71 do CPP.

d.6) Furto qualificado pela fraude eletrônica por meio da internet: o furto mediante fraude eletrônica, previsto no art. 155, §4º-B do CP, tem seu processamento no local onde ocorre a consumação do delito, isto é, no lugar da sede da agência bancária. O delito, a despeito de crime patrimonial, possui dupla subjetividade passiva – o banco – pela violação do sistema de dados, vítima da fraude, e o correntista, vítima direta e prejudicado com a subtração. CC 67.343/GO, J. 28.08.07.

d.7) Apropriação indébita: o crime previsto no art. 168 do CP, para nós, revela uma certa peculiaridade quanto à natureza da conduta. **A efetiva consumação ocorre apenas na mente do agente** que, em dado momento, passa a se sentir ou agir como dono da coisa alheia. A inversão da posse, portanto, é verificada de acordo com estado anímico do agente, circunstância imperceptível aos olhos externos. O agir como dono revela tão somente um comportamento subsequente à decisão já tomada de inversão do título.

De igual forma, o não restituir, conduta omissiva, traduz-se no comportamento natural à decisão já tomada internamente. Temos, portanto, que a **ação ou omissão apenas revelam a consumação do delito**, efetivamente consumado anteriormente na mente do sujeito ativo. Logo, os atos subsequentes de disposição da coisa são verdadeiros **indicadores externos** da decisão tomada contra o bem jurídico e podem ser comissivos ou omissivos.

Nesse sentido, o STJ tem entendido a competência para julgamento será a do local em for possível ser verificar, objetivamente, a prática de atos típicos do domínio (CC 102.103-PR, Rel. Min. Maria Thereza de Assis Moura, julgado em 12/8/2009).

d.8) Pedofilia por meio da internet: compete à Justiça Federal processar e julgar os crimes consistentes em disponibilizar ou adquirir material pornográfico envolvendo criança ou adolescente [artigos 241, 241-A e 241-B da Lei 8.069/1990] quando praticados por meio da rede mundial de computadores. STF. Plenário. RE 628624/MG, Rel. Orig. Min. Marco Aurélio, Red. p/ o acórdão Min. Edson Fachin, julgado em 28 e 29/10/2015 (repercussão geral). Contudo, o STJ, restringindo a amplitude da decisão do STJ, tem decidido que a competência para julgamento será da Justiça Estadual quando envolver a troca de imagens ou chats por meio de ambientes privados de comunicação, a exemplo dos aplicativos de troca de mensagens e redes sociais:

> (...) 3. Situação em que os indícios coletados até o momento revelam que as imagens da vítima foram trocadas por particulares via WhatsApp e por meio de chat na rede social Facebook. 4. Tanto no aplicativo WhatsApp quanto nos diálogos (chat) estabelecido na rede social Facebook, a comunicação se dá entre destinatários escolhidos pelo emissor da mensagem. Trata-se de troca de informação privada que não está acessível a qualquer pessoa. 5. Diante de tal contexto, no caso concreto, não foi preenchido o requisito estabelecido pela Corte Suprema de que a postagem de conteúdo pedófilo-pornográfico tenha sido feita em cenário propício ao livre acesso. 6. A possibilidade de descoberta de outras provas e/ou evidências, no decorrer das investigações, levando a conclusões diferentes, demonstra não ser possível firmar peremptoriamente a competência definitiva para julgamento do presente inquérito policial. Isso não obstante, tendo em conta que a definição do Juízo competente em tais hipóteses se dá em razão dos indícios coletados até então, revela-se a competência do Juízo Estadual. (CC 150.564/MG, Rel. Ministro Reynaldo Soares da Fonseca, 3ª Seção, DJe 02.05.17).

No tocante à competência territorial, o julgamento deverá ocorrer no local onde o réu publicou as fotos, não importando o Estado onde se localize o servidor do site[46].

d.9) Roubo em casa lotérica: cinge-se a questão em saber se a Justiça Federal é a competente para o processo e julgamento do feito relativo ao delito de roubo em casa lotérica. A Seção conheceu do conflito e declarou competente o juízo de Direito, o suscitado, por entender que o roubo ocorrido em casa lotérica, estabelecimento de pessoa jurídica de direito privado permissionária de serviço público, não caracteriza hipótese de competência da Justiça Federal, pois inexiste detrimento de bens, serviços ou interesses da União e suas entidades. Precedente citado: CC 40.771-SP, DJ 9/5/2005. CC 100.740-PB, Rel. Min. Maria Thereza de Assis Moura, julgado em 12/8/2009.

d.10) Conexão ou interesse federal em crime doloso contra a vida: Compete ao Tribunal do Júri Federal julgar causa na qual há demonstração de interesse federal específico em relação ao crime doloso contra a vida, ou quando há conexão deste com crime federal. Tema: Conflito negativo de competência. Homicídios qualificado, consumado e tentado. Contrabando. Conexão instrumental. Delitos dolosos contra a vida praticados para assegurar a impunidade em crime contra a administração. Interesse federal específico. Competência do Tribunal do Júri Federal. *Overruling* da orientação firmada no CC 153.306/RS. CC 194.981/SP, Rel. Min. Laurita Vaz, 3ª Seção, J. 24.05.23.

d.11) Conflito entre aplicação da Lei Maria da Penha e Estatutos específicos: 1 - A condição de gênero feminino é suficiente para atrair a aplicabilidade da lei Maria da Penha em caso de violência doméstica e familiar, prevalecendo sobre a questão etária. 2- A lei Maria da Penha prevalece quando suas aplicações conflitarem com as de estatutos específicos, como o da criança e do adolescente. Tema 1186, j. 06.02.2025, REsp 2.015.598.

14.13 DOMICÍLIO DO RÉU

Não obstante as regras de competência em razão do lugar, pode ocorrer de o local exato do delito não ser identificado, a exemplo do encontro de cadáver em um rio, em circunstância que não se permita identificar o local do crime. Nesses casos, havendo incerteza quanto ao local do delito, a competência será fixada pelo local do domicílio ou residência do réu, nos termos do art. 72 do CPP.

46. STJ. CC 29.886/SP, julgado em 12.12.07.

Art. 72. Não sendo conhecido o lugar da infração, a competência regular-se-á pelo domicílio ou residência do réu.

§1º Se o réu tiver mais de uma residência, a competência firmar-se-á pela prevenção.

§2º Se o réu não tiver residência certa ou for ignorado o seu paradeiro, será competente o juiz que primeiro tomar conhecimento do fato.

Não obstante na hipótese parecer que o domicílio é sinônimo de residência, os termos não se confundem. O domicílio pressupõe a fixação do local com *animus* de fixação de morada, ao passo que a residência não exige tal finalidade. Logo, a regra prima pelo domicílio, mas admite o processo e julgamento no local de residência.

Segundo o §1º do art. 72, se o agente tiver mais de uma residência, a competência será firmada pela prevenção. De igual sorte, prevê o §2º que se o réu não tiver residência certa ou for ignorado o seu paradeiro, será competente o juiz que primeiro tomar conhecimento do fato.

O art. 73 do CPP traz uma exceção às regras do art. 70 e 72 do CPP, ao prever que "nos casos de exclusiva ação privada, o querelante poderá preferir o foro de domicílio ou da residência do réu, ainda quando conhecido o lugar da infração". O dispositivo, portanto, confere ao querelante o direito de escolher o local onde o delito será processado.

14.14 DOMICÍLIO DA VÍTIMA

A lei 14.155/21 inovou ao prever a fixação da competência pelo domicílio da vítima, afastando da regra geral do lugar da consumação. Nesse sentido, o §4º do art. 70 dispôs:

§4º. Nos crimes previstos no art. 171 do Decreto-Lei nº 2.848, de 7 de dezembro de 1940 (Código Penal), quando praticados mediante depósito, mediante emissão de cheques sem suficiente provisão de fundos em poder do sacado ou com o pagamento frustrado ou mediante transferência de valores, a competência será definida pelo local do domicílio da vítima, e, em caso de pluralidade de vítimas, a competência firmar-se-á pela prevenção.

Conforme vimos anteriormente, a previsão legal afastou o teor das Súmulas 521 do STF e 244 do STJ, que previam a competência da local da recusa do pagamento no caso de cheques. A novidade da redação envolve, além do domicílio da vítima, a contemplação das hipóteses de depósito e transferência de valores, expressões que abarcam as transferências eletrônicas de qualquer sorte, como DOCs, TEDs e PIX.

14.15 CRITÉRIOS SECUNDÁRIOS DE FIXAÇÃO DA COMPETÊNCIA

Não obstante a existência das regras supracitadas para fixação da competência, pode ocorrer de, ainda assim, mais de um juízo ser, em tese, competente para o processo e julgamento do delito, como nas hipóteses, entre outras, de crimes praticados em fronteiras entre as comarcas, pluralidade de vítimas no estelionato praticado por meio de transferência de valores e etc.

Nesses casos, cabe ao intérprete se valer das regras secundárias de fixação da competência: **prevenção, normas de organização judiciária, distribuição e conexão ou continência**.

14.15.1 Prevenção

Art. 83. Verificar-se-á a competência por prevenção toda vez que, concorrendo dois ou mais juízes igualmente competentes ou com jurisdição cumulativa, um deles tiver antecedido aos outros na prática de algum ato do processo ou de medida a este relativa, ainda que anterior ao oferecimento da denúncia ou da queixa (arts. 70, § 3º, 71, 72, § 2º , e 78, II, c).

Três são as hipóteses previstas no art. 83 do CPP:

a) juízes igualmente competentes: a hipótese trata da situação na qual há mais de um juiz com competência em tese fixada, tanto em razão da matéria, quanto em razão do lugar, a exemplo de dois juízes criminais de uma mesma comarca onde o fato foi praticado, sendo que, nesses casos, a competência será firmada pela distribuição.

b) juízes com jurisdição cumulativa: a hipótese trata da situação na qual os juízes oficiam em comarcas distintas e as circunstâncias do fato apontam para a competência múltipla, a exemplo do crime continuado praticado no território de mais de uma comarca. Ex.: crimes de furto praticados nas comarcas de Belo Horizonte e Contagem, em continuidade delitiva. Nesses casos, a competência será firmada seguindo as regras da prevenção – distribuição ou prática de atos de jurisdição.

c) prática de atos de jurisdição: a hipótese versa sobre a prática de **atos decisórios**, com aspecto material, como a decretação de prisão preventiva, fixação de medidas cautelares diversas da prisão, decretação de quebra de sigilo telefônico e etc. Nesses casos, é indiferente que não tenha sido proposta a ação penal, pois são medidas de cunho cautelar-instrumental de conteúdo material que impactam na fixação da competência, por ensejarem a necessidade de decisão judicial. Assim, proferida a decisão judicial, o juízo estará prevento para a ação penal. Registre-se que as decisões de urgência proferidas em plantão forense não tornam prevento o juízo do magistrado. Caso não tenha ocorrido distribuição prévia, por alguma razão, circunstância que já fixaria a competência, proferida a decisão pelo juiz plantonista, na sequência deverá ser promovida a distribuição para fins de fixação da competência.

A parte final do art. 83 do CPP ainda prevê as hipóteses legais nas quais a prevenção seja utilizada como critério para fixação da competência:

1. art. 70, §3º: Quando incerto o limite territorial entre duas ou mais jurisdições, ou quando incerta a jurisdição por ter sido a infração consumada ou tentada nas divisas de duas ou mais jurisdições, a competência firmar-se-á pela prevenção: extrai-se da redação os critérios da **incerteza quanto a limitação territorial entre as jurisdições** (hipótese pouco provável), **incerteza quanto ao local exato dos fatos**, e **infração praticada no território de mais de uma jurisdição**.

2. Art. 71: Tratando-se de infração continuada ou permanente, praticada em território de duas ou mais jurisdições, a competência firmar-se-á pela prevenção: conforme vimos anteriormente, crime permanente é aquele cuja consumação se protrai no tempo, ao passo que o crime continuado é aquele praticado em condições semelhantes de tempo, lugar e execução, mas que, por ficção jurídica, o legislador confere o tratamento de crime único (art. 71 do CP). No crime permanente, tocando a consumação o território de mais de uma jurisdição, todas serão em tese competentes para julgamento do fato, sendo fixada a competência pela prevenção. No delito continuado, igualmente, todas as jurisdições tocadas com a prática de atos integrantes da cadeia criminosa serão, em tese, competentes para julgamento do crime continuado. Chamamos atenção, contudo, para o disposto o art. 78, II, "b", do CPP, que prevê que prevalecerá a do lugar em que houver ocorrido o maior número de infrações, se as respectivas penas forem de igual gravidade, de forma que o critério da prevenção só deverá ser utilizado caso o número de infrações seja idêntico.

3. Art. 72, §2º: Não sendo conhecido o lugar da infração, a competência regular-se-á pelo domicílio ou residência do réu. §2º. Se o réu não tiver residência certa ou for ignorado o seu paradeiro, será competente o juiz que primeiro tomar conhecimento do fato. A previsão contempla a situação de fixação da competência pelo domicílio do réu, isto é, quando desconhecido o lugar da infração – critério prevalente – quando esse não tiver residência certa ou ignorada ou seu paradeiro for desconhecido.

4. Art. 78, II, "c": Na determinação da competência por conexão ou continência, serão observadas as seguintes regras: II. no concurso de jurisdições da mesma categoria: c) firmar-se-á a competência pela prevenção, nos outros casos: a regra do art. 78 do CPP deve ser lida de forma sequencial, de forma que a prevenção só será utilizada como critério de fixação da competência quando: a) não houver conexão com crime doloso contra a vida (inc. I); b) existindo duas ou mais infrações penais, todas possuírem a mesma gravidade (inc. II, "a"); e c) o número de infrações praticadas for idêntico nas distintas jurisdições (inc. II, "b").

5. Art. 91: Quando incerta e não se determinar de acordo com as normas estabelecidas nos arts. 89 e 90, a competência se firmará pela prevenção. Os artigos 89 e 90, conforme estudado anteriormente, preveem as situações de crimes cometido a bordo de navio ou aeronave, de forma que, não sendo possível definir o último ponto de partida nem o próximo destino depois do crime, estando o transporte aproximando-se do Brasil, é competente o foro do primeiro porto ou aeroporto em que atracar a embarcação ou a aeronave. Por outro lado, caso estejam se distanciando do território físico nacional, será competente o foro do último porto ou aeroporto brasileiro em que estiveram atracadas antes do crime (arts. 89 e 90, CPP). Não se podendo identificar a situação específica, a competência será fixada pela prevenção (art. 91, CPP).

14.15.2 Normas de organização judiciária

Art. 74. A competência pela natureza da infração será regulada pelas leis de organização judiciária, salvo a competência privativa do Tribunal do Júri.

§ 1º Compete ao Tribunal do Júri o julgamento dos crimes previstos nos arts. 121, §§ 1º e 2º, 122, parágrafo único, 123, 124, 125, 126 e 127 do Código Penal, consumados ou tentados.

§ 2º Se, iniciado o processo perante um juiz, houver desclassificação para infração da competência de outro, a este será remetido o processo, salvo se mais graduada for a jurisdição do primeiro, que, em tal caso, terá sua competência prorrogada.

§ 3º Se o juiz da pronúncia desclassificar a infração para outra atribuída à competência de juiz singular, observar-se-á o disposto no art. 410; mas, se a desclassificação for feita pelo próprio Tribunal do Júri, a seu presidente caberá proferir a sentença (art. 492, § 2º).

Definida a Justiça competente em razão da matéria e o local de processamento, necessário se faz a definição de qual o juízo competente dentre os possíveis vários existentes na localidade. Nesse sentido, confere a Lei Federal às normas de organização judiciária o poder de fixar a competência, sem limitar a atuação do Poder Judiciário, salvo na hipótese de crimes de competência do Tribunal do Júri.

Assim, a competência pode ser firmada pela matéria (crimes previstos em leis especiais), pela natureza da pena, pela especialidade (crimes contra o patrimônio ou administração pública) e vários outros critérios possíveis, ressalvando-se, tão somente, a competência do Tribunal do Júri para o julgamento dos crimes dolosos contra a vida, prevista no art. 5º, XXXVIII, "d", da CF.

O §2º, do art. 74, CPP, assinala que se iniciado o processo perante um juiz, houver desclassificação para infração da competência de outro, a este será remetido o processo. O dispositivo visa preservar a competência originariamente prevista pelas Leis de Organização Judiciária e traz, para nós, uma medida não muito salutar para o processo, que vai de encontro com a razoabilidade e celeridade.

Prevalece o entendimento na jurisprudência de que o magistrado, que no momento da sentença, entender que o delito a ser julgado não se enquadra na sua esfera de competência, por desclassificação, por exemplo, deverá remetê-lo ao juízo competente. Assim, tratando-se, *v. g.*, de imputação pelo crime de furto, sujeito à Vara Criminal comum residual e, operando o magistrado a desclassificação para o delito de violação de domicílio, afeto à competência do Juizado Especial Criminal, deverá remeter os autos ao JECRIM para julgamento. Em síntese, na hipótese, após realizar toda a instrução criminal e se inteirar por completo das provas produzidas, por entender pela necessidade de desclassificação, deverá declinar da competência e remeter os autos para julgamento por outro juízo, que terá que buscar o completo conhecimento das provas para, tão somente após, proferir a decisão, em detrimento da celeridade processual e melhor proveito das provas.

O §2º, do art. 74 do CPP, ainda excepciona referida regra quando houver desclassificação para infração da competência de outro, a este será remetido o processo, salvo se mais graduada for a jurisdição do primeiro, que, em tal caso, terá sua competência prorrogada. Ocorre que só há graduação de uma jurisdição quando o órgão for hierarquicamente superior, como um Tribunal de Justiça em relação aos juízes de primeiro grau, de forma que a suposta prorrogação de competência não subsiste em termos sistêmicos, vez que a competência originária dos Tribunais, não relacionada à competência em razão da matéria e fixada por foro por prerrogativa de função, não engloba a competência do magistrado de primeiro grau. Logo, como bem destaca AVENA[47] (2020, p. 1354)

> não existe a possibilidade jurídica de que a desclassificação da infração penal no âmbito de ação penal originária (deduzida diretamente no Tribunal) possa importar em fixação da competência de um Juiz singular, de modo a incidir a regra do art. 74, §2º, 2ª parte, do CPP, autorizando a jurisdição mais graduada a prorrogar sua competência para o julgamento do feito.

A desclassificação do delito nos processos afetos ao Tribunal do Júri implica duas situações distintas. Sendo a desclassificação operada na fase da pronúncia, que encerra a primeira etapa do procedimento biforme, o juiz deverá a aplicar a regra do §3º do art. 74 do CPP, julgando o fato caso possua competência para tanto, como nas hipóteses

47. *op.cit.*

de varas não especializadas, ou remetendo os autos para o juízo competência para que profira a decisão, nos termos do art. 419 do CPP[48]. Assim, se o magistrado entender que a tentativa de homicídio imputada, na realidade se tratava de lesões corporais dolosas, promoverá a desclassificação. Nesse particular, é importante a atecnia legislativa que impõe consequências práticas dignas de registro.

O magistrado, na fase da pronúncia, ao desclassificar o delito, se não for o competente para julgá-lo após a desclassificação, deverá tão somente fundamentar e desclassificar o delito, sem adentrar na parte dispositiva no tocante à pena, gerando uma "decisão capada" que vincula o magistrado que receberá os autos para julgamento, pois não poderá suscitar conflito de competência no caso em razão da regra que impede a *reformatio in pejus*. Em síntese, mesmo discordando da desclassificação promovida, nada poderá fazer, salvo julgar o fato conforme a desclassificação operada. Melhor seria que, operada a desclassificação, o próprio magistrado proferisse a sentença completa.

Registre-se ainda, como advertência, que a regra primordial nos crimes dolosos contra a vida é o julgamento pelo tribunal popular, de forma que a desclassificação só deve ser operada pelo magistrado sumariante quando houver substantiva prova quanto à inexistência de crime doloso contra a vida, sob pena de se irrogar na função constitucional de julgamento dos crimes dolosos contra a vida. Em suma, havendo qualquer espécie de dúvida, deverá o magistrado pronunciar o acusado e submetê-lo à segunda fase do procedimento do júri.

Por outro lado, ocorrendo a desclassificação pelos jurados, deverá o magistrado aplicar o disposto no §1º do art. 492 do CPP[49], que determina que esse profira a sentença, sendo que, se a decisão dos jurados for de desclassificação para crime de pequeno potencial ofensivo, o magistrado deverá observar a possibilidade de aplicação dos institutos da composição civil, transação penal e suspensão condicional do processo. Entendemos que, nao obstante a ausência de previsão legal, por analogia o magistrado também deverá analisar a possibilidade de propositura do acordo de não persecução penal, não oferecido pelo impedimento da imputação inicial de crime doloso contra a vida.

14.15.3 Distribuição

> Art. 75. A precedência da distribuição fixará a competência quando, na mesma circunscrição judiciária, houver mais de um juiz igualmente competente.
> Parágrafo único. A distribuição realizada para o efeito da concessão de fiança ou da decretação de prisão preventiva ou de qualquer diligência anterior à denúncia ou queixa prevenirá a da ação penal.

A regra da distribuição, prevista no art. 75 do CPP, destina-se à fixação da competência no mesmo foro, quando duas ou mais varas forem igualmente competentes. Normalmente a distribuição é realizada por sorteio através de sistema que fixa internamente parâmetros para a realização de uma distribuição equânime entre os juízos em tese competentes.

48. O art. 74, §3º do CPP faz menção ao art. 410. Contudo, com as alterações promovidas pela Lei 11.689/08, o conteúdo material encontra-se atualmente no art. 419 do CPP.

49. A redação do art. 74, §2º, remete ao §2º, mas em razão da alteração promovida pela lei 11.689/08, a remissão correta atualmente é ao §1º.

Visa a regra, dessa forma, não somente a realização da distribuição de forma proporcional, mas também evitar que a parte venha a "escolher" o juízo para julgamento do processo.

O parágrafo único, do art. 75 do CPP, estabelece que a distribuição realizada para fins de concessão de fiança ou decretação de prisão preventiva fixam a competência pela prevenção quanto aos autos principais. De forma aberta, a parte final do dispositivo permite a interpretação extensiva ao prever a prevenção também nos casos de distribuição de qualquer diligência anterior à denúncia ou queixa. Por diligência há que se compreender aquelas que demandam decisão judicial, pois uma simples comunicação de instauração de inquérito não é apta a fixar a competência pela prevenção.

14.15.4 Conexão e continência

Os institutos da conexão e continência foram previstos nos arts. 76 e 77 do CPP, respectivamente, e tratam de situações, cada qual ao seu modo, de necessidade de reunião dos processos para julgamento, tendo por premissa maior o risco de decisões conflitantes.

Sinteticamente, a diferença basilar entre os institutos reside no fato de que na conexão há pluralidade de condutas, ao passo que na continência apenas uma, que produz um ou mais resultados. Vejamos os institutos separadamente.

14.15.4.1 Conexão

> Art. 76. A competência será determinada pela conexão:
> I - se, ocorrendo duas ou mais infrações, houverem sido praticadas, ao mesmo tempo, por várias pessoas reunidas, ou por várias pessoas em concurso, embora diverso o tempo e o lugar, ou por várias pessoas, umas contra as outras;
> II - se, no mesmo caso, houverem sido umas praticadas para facilitar ou ocultar as outras, ou para conseguir impunidade ou vantagem em relação a qualquer delas;
> III - quando a prova de uma infração ou de qualquer de suas circunstâncias elementares influir na prova de outra infração.

A conexão foi classificada pela doutrina em três espécie: intersubjetiva (art. 76, I, CPP), objetiva (art. 76, II, CPP) e probatória ou instrumental (art. 76, III, CPP).

14.15.4.1.1 Conexão intersubjetiva

A conexão intersubjetiva parte da premissa da configuração de dois requisitos: duas ou mais infrações e mais de um agente, independentemente de estarem em concurso ou não. Funda-se, portanto, na **pluralidade de fatos e agentes**. Doutrinariamente foi subdivida em três espécies:

a) conexão intersubjetiva por simultaneidade ou ocasional (art. 76, I, 1ª parte): ocorre quando os agentes praticam diversas infrações penais no mesmo contexto fático, sem que exista, entre elas, qualquer vinculação, a exemplo de saques coletivos ocorridos em lojas de departamento em situações de protesto ou aglomeração de pessoas.

b) conexão intersubjetiva por concurso (art. 76, I, 2ª parte): ocorre quando duas ou mais pessoas, em concurso, praticam duas ou mais infrações penais, ainda que diversos o tempo e local, a exemplo dos crimes praticados por organizações criminosas, nos quais há a divisão funcional de tarefas, como na hipótese da subtração de armas por parte alguns agentes do grupo e subtração de veículos por outra parte, sendo ambas as condutas conectadas por se destinarem à prática de crimes de roubos.

c) conexão intersubjetiva por reciprocidade (art. 76, I, 3ª parte): ocorre quando duas ou mais pessoas praticam infrações penais, umas contra as outras, a exemplo das lesões corporais recíprocas. O crime de rixa não se enquadra na espécie, pois há uma única infração penal praticada por diversas pessoas, tratando-se de exemplo de continência.

14.15.4.1.2 Conexão objetiva

Prevista no inciso II do art. 76, a conexão objetiva associa-se ao resultado almejado que fundamenta a prática da infração penal. Subdivide-se em duas espécies:

a) conexão objetiva teleológica (art. 76, II, 1º verbo): ocorre quando há a prática de um crime meio visando assegurar a facilitação da ocorrência do crime fim, isto é, há a prática de um delito voltada para a prática de outro. Exs.: subtração de um veículo para facilitar o transporte de produtos subtraídos em outra oportunidade; matar o segurança para assegurar a facilitação do crime de sequestro; falsificar o documento para praticar diversos crimes de estelionato e etc.

b) conexão objetiva consequencial (art. 76, II, demais hipóteses): ao contrário da hipótese anterior, que pressupõe a prática de um delito visando a facilitação de outro, na conexão objetiva consequencial, a prática da nova infração penal destina-se a assegurar a ocultação, impunidade ou vantagem de um crime já praticado. Ex.: o pai do assaltante mata a testemunha para assegurar a impunidade do crime de roubo anteriormente praticado pelo filho; o homicida oculta o cadáver visando ocultar a prática do delito e etc.

A doutrina diverge quanto à hipótese do exemplo anterior, relacionado ao crime de homicídio e ocultaçao de cadáver, por parte dela entender que a expressão, "se no mesmo caso", refere-se ao inciso I, que pressupõe fatos envolvendo várias pessoas. Assim, todavia, não entendemos, vez que a obviedade, mencionada por AVENA[50] (2020, p. 1360), não nos parece tão óbvia assim. Isso porque a expressão "se no mesmo caso", para nós, com a devida vênia, permite a interpretação de referência ao contexto e não somente à hipótese completa, anteriormente prevista no inciso I. Nesse sentido, a expressão não pode ser conectada ao inciso anterior na sua integralidade, vez que trata de hipótese autônoma e distinta no tocante ao número de agentes em razão da ausência de referência expressa. Ao dizer, "se, no mesmo, houverem sido umas praticadas para facilitar ou ocultar as outras, ou para conseguir impunidade ou vantagem em relação a qualquer delas", o inciso II se refere às infrações penais e não ao número de agentes, não obstante a expressão "se, no mesmo caso".

Embora o raciocínio apresentado pela doutrina majoritária seja perfeitamente defensável, parece-nos que a interpretação do inciso II deve levar em consideração o sistema e se valer dos modelos fornecidos pelo legislador diante da divergência interpretativa. Nesse ponto, o crime de homicídio qualificado, previsto no art. 121, §2º, inc. V do CP (para assegurar a execução, a ocultação, a impunidade ou vantagem de outro crime),

50. *op.cit.*

nos fornece um parâmetro associativo/interpretativo para a questão, vez que a figura qualificada revela um tipo penal próprio que integra, em seu contexto, a conexão consequencial e teleológica como elementos especializantes que, associada à *vis atrativa* do Tribunal do Júri, reforça a tese de que os crimes objetivamente conectados devem ser julgados por um único juízo. E, de fato, dúvidas não existem quanto ao julgamento único, porquanto acaso não se entenda pela conexão objetiva, haverá a conexão instrumental, conforme veremos na sequência.

14.15.4.1.3 Conexão instrumental ou probatória

O inciso III do art. 76 do CPP assinala que haverá conexão quando a prova de uma infração ou de qualquer de suas circunstâncias elementares influir na prova de outra infração. A previsão visa assegurar ao magistrado uma ampla visão contextualizada dos fatos para permitir a realização de um julgamento adequado. De fato, melhor será que o magistrado julgue o crime de receptação, parasitário por excelência, em conjunto com o furto, infração penal antecedente, vez que a prova do segundo está associada à do primeiro.

A modalidade associa-se, portanto, à toda e qualquer modalidade de prova, envolvendo os instrumentos, produto e proveito do crime, bem como àquelas que, no círculo criminoso, estejam dentro do conjunto maior conectado aos menores – outras infrações penais.

14.15.4.2 Continência

Art. 77. A competência será determinada pela continência quando:

I - duas ou mais pessoas forem acusadas pela mesma infração;

II - no caso de infração cometida nas condições previstas nos arts. 51, §1º, 53, segunda parte, e 54 do Código Penal[51].

A continência subdivide-se em duas modalidades:

a) continência concursal ou por cumulação subjetiva – inc. I: nessa modalidade, o legislador entende por caracterizada a continência quanto houver a acusação de duas ou mais pessoas pela prática da mesma infração penal. A hipótese não se confunde com a conexão por concurso, que pressupõe a prática de várias infrações penais por vários agentes. Na hipótese estudada, há apenas uma infração penal que foi praticada por mais de um agente, como um roubo praticado em concurso de pessoas ou o próprio crime que rixa, que pressupõe o concurso necessário para a própria caracterização do crime.

b) conexão por cumulação objetiva – inc. II: a previsão legal contempla as hipóteses de condutas únicas, com resultados múltiplos, apontando diretamente para o concurso formal (art. 70 do CP), *aberratio ictus* com resultado duplo (art. 73, 2ª parte, CP) e resultado diverso do pretendido com resultado duplo (*aberratio delicti* – art. 74, 2ª parte, CP).

No **concurso formal**, ao contrário do material, o agente, com apenas uma conduta, dá causa a dois ou mais resultados. Logo, tem como requisitos a ***unidade de conduta e***

51. Os arts. 51, 53 e 54 do CP, correspondem aos atuais arts. 70, 73, 2.ª parte, e 74, 2.ª parte, do CP.

a pluralidade de crimes. A concepção de única conduta não deve ser interpretada de forma restrita e fenomênica, mas na acepção jurídica. Logo, o agente que, no mesmo contexto, desfere vários tiros contra a vítima, realiza vários microatos que caracterizam a conduta de matar alguém. É essa conduta, macrocomportamental, que deve ser analisada.

O **erro na execução com unidade complexa ou com resultado duplo** ocorre quando o agente, além de atingir pessoa diversa da pretendida, atinge também a vítima alvo, produzindo dois resultados com uma única conduta. Nesse particular, aplica-se a parte final do art. 73 do Código Penal, que determina a aplicação da regra do concurso formal, previsto no art. 70 do mesmo diploma legal, aplica-se a pena do crime mais grave, aumentando-a de 1/6 até a metade. No exemplo mencionado, Caio descarrega sua arma contra Tício e o acerta, mas, por erro na execução, atinge também Mévio, matando-o.

Por fim, a norma do art. 74 do CP assevera que, não se tratando da hipótese típica do art. 73 (erro na execução), o agente deverá responder pelo **resultado diverso do pretendido** a título de culpa se houver previsão legal, em concurso formal (art. 70 do CP), com o delito inicialmente representado. Percebe-se, portanto, que assim como na espécie do erro na execução, o resultado diverso do pretendido comporta a distinção entre unidade simples, com a produção de um único resultado, e unidade complexa, com a produção de dois ou mais resultados.

A lógica de tratamento é similar, ou seja, no resultado diverso do pretendido com unidade simples o agente atinge somente o bem jurídico não pretendido, como no exemplo do agente que lança uma pedra numa vidraça e acaba por atingir um pedestre. Em razão disso, responde somente pelo resultado produzido a título de culpa, isto é, lesões corporais culposas.

De igual sorte, na hipótese de resultado diverso do pretendido com resultado complexo, o sujeito realiza seu intento criminoso produzindo o resultado desejado, mas vai além, e dá causa a outro resultado não desejado. No exemplo, o agente quebra a vidraça com a pedra, mas os estilhaços do vidro ferem um pedestre. *In casu*, segundo o art. 74, o agente responderá pelo crime de dano doloso consumado e lesões corporais culposas se, obviamente, a conduta for objetivamente previsível. Aplica-se, portanto, a regra do concurso formal de crimes prevista no art. 70 do CP, aplicando-se a pena do crime mais grave, aumentada de 1/6 (um sexto) até 1/2 (metade).

14.15.4.3 Síntese esquemática

- **Conexão**

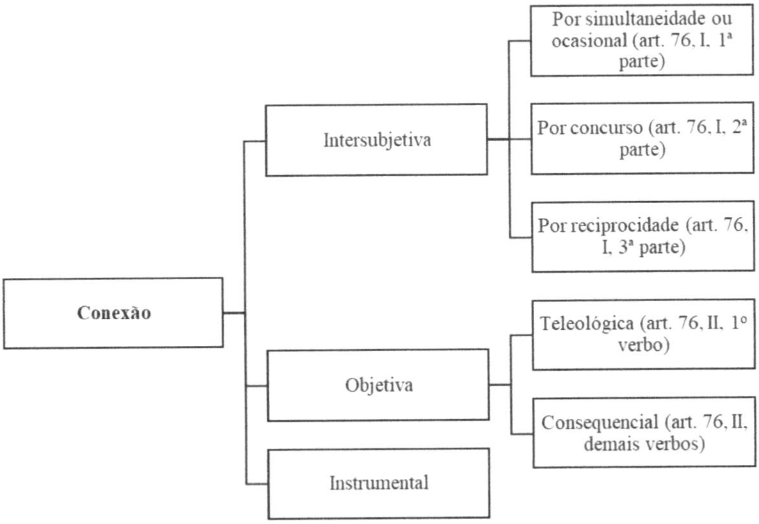

Conexão		
Intersubjetiva	**Por simultaneidade ou ocasional**	Art. 76. I - **se, ocorrendo duas ou mais infrações, houverem sido praticadas, ao mesmo tempo, por várias pessoas reunidas**, ou por várias pessoas em concurso, embora diverso o tempo e o lugar, ou por várias pessoas, umas contra as outras
	Por concurso	Art. 76. I - **se, ocorrendo duas ou mais infrações, houverem sido praticadas, ao mesmo tempo, por várias pessoas reunidas**, ou por várias pessoas em concurso, **embora diverso o tempo e o lugar**, ou por várias pessoas, umas contra as outras
	Por reciprocidade	Art. 76. I - **se, ocorrendo duas ou mais infrações, houverem sido praticadas, ao mesmo tempo, por várias pessoas reunidas**, ou por várias pessoas em concurso, embora diverso o tempo e o lugar, **ou por várias pessoas, umas contra as outras**
Objetiva	**Teleológica**	Art. 76. II - **se, no mesmo caso, houverem sido umas praticadas para facilitar** ou ocultar **as outras**, ou para conseguir impunidade ou vantagem em relação a qualquer delas
	Consequencial	Art. 76. II - **se, no mesmo caso, houverem sido umas praticadas para** facilitar ou **ocultar as outras, ou para conseguir impunidade ou vantagem em relação a qualquer delas**
Instrumental		Art. 76. III - quando a prova de uma infração ou de qualquer de suas circunstâncias elementares influir na prova de outra infração

- **Continência**

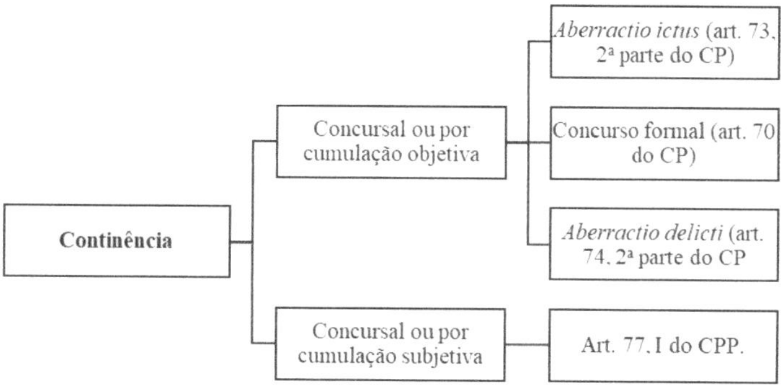

Continência	
Por cumulação objetiva	Art. 77, II do CPP Concurso formal (art. 70 do CP) *Aberractio ictus* (art. 73, 2ª parte do CP) *Aberractio delicti* (art. 74, 2ª parte do CP)
Por cumulação subjetiva	Art. 77. I - duas ou mais pessoas forem acusadas pela mesma infração

14.15.4.4 As regras da atração

Caracterizada a conexão ou continência, necessário se faz a identificação das forças prevalentes, isto é, aquelas aptas a dizer qual situação jurídica atrairá o julgamento por conexão ou continência. Em síntese, qual exercerá a chamada *vis attractiva* sobre os demais casos, ensejando o julgamento conjunto.

O artigo 78 do CPP, nesse sentido, estabelece as forças prevalentes, autorizando não somente a prorrogação da competência, mas, simultaneamente, o deslocamento da competência.

> Art. 78. Na determinação da competência por conexão ou continência, serão observadas as seguintes regras:
>
> I - no concurso entre a competência do júri e a de outro órgão da jurisdição comum, prevalecerá a competência do júri;
>
> II - no concurso de jurisdições da mesma categoria:
>
> a) preponderará a do lugar da infração, à qual for cominada a pena mais grave;
>
> b) prevalecerá a do lugar em que houver ocorrido o maior número de infrações, se as respectivas penas forem de igual gravidade;
>
> c) firmar-se-á a competência pela prevenção, nos outros casos;
>
> III - no concurso de jurisdições de diversas categorias, predominará a de maior graduação;
>
> IV - no concurso entre a jurisdição comum e a especial, prevalecerá esta.

a) no concurso entre a competência do júri e a de outro órgão da jurisdição comum: nesses casos, **prevalece a competência do Tribunal do Júri**, que exercerá a *vis attractiva* quanto aos demais casos conexos, à exceção dos crimes militares e eleitorais.

Assim, o agente que pratica um crime de estelionato e posteriormente mata a vítima para assegurar a impunidade, será julgado por ambos os crimes, em razão da conexão objetiva ou, como prefere a maioria da doutrina, instrumental, pelo Tribunal do Júri em razão da prevalência legal. Tratando-se, contudo, de crime doloso contra a vida praticado em concurso por um agente detentor de foro por prerrogativa de função, um promotor de justiça, por exemplo, e um indivíduo não detentor do foro especial, prevalece o entendimento, ao nosso sentir, com razão, de que deverá ocorrer a cisão dos processos, sendo o promotor de justiça julgado pelo Tribunal de Justiça de seu Estado e o outro agente pelo Tribunal do Júri, não se aplicando o teor da Súmula 704, vez que as competências especiais – Tribunal de Justiça no foro por prerrogativa de função e Tribunal do Júri no crime doloso contra a vida – possuem **berço constitucional**. Situação diversa ocorre quando o crime praticado em concurso não for doloso contra a vida, isto é, sujeito, para o agente não detentor do foro por prerrogativa de função, ao juízo comum. Nessa hipótese, haverá a atração para julgamento conjunto, isto é, ambos os agentes – promotor de justiça e indivíduo não detentor do foro por prerrogativa de função – serão julgados pelo Tribunal de Justiça, aplicando-se o teor da **Súmula 704 do STF**: Não viola as garantias do juiz natural, da ampla defesa e do devido processo legal a atração por continência ou conexão do processo do corréu ao foro por prerrogativa de função de um dos denunciados.

b) no concurso de jurisdições da mesma categoria, preponderará a do lugar da infração, à qual for cominada a pena mais grave: a definição de pena mais grave é conferida indiretamente pela legislação penal, especificamente no art. 69, *caput*, segunda parte do CP, que dispõe que no caso de aplicação cumulativa de penas de reclusão e de detenção, executa-se primeiro aquela. Sendo de igual natureza, passa-se à análise do *quantum* de pena, primeiro pela pena máxima em abstrato cominada ao delito e, na sequência, caso idênticas, à pena mínima.

c) no concurso de jurisdições da mesma categoria, prevalecerá a do lugar em que houver ocorrido o maior número de infrações, se as respectivas penas forem de igual gravidade: sendo as infrações de igual gravidade, busca-se o local onde foi praticado o maior número de infrações.

d) no concurso de jurisdições da mesma categoria, firmar-se-á a competência pela prevenção nos demais casos: o critério subsidiário será utilizado quando as demais regras não forem capazes de solucionar a competência.

Logo, temos que o inciso II do art. 78 pode ser espelhado da seguinte forma:

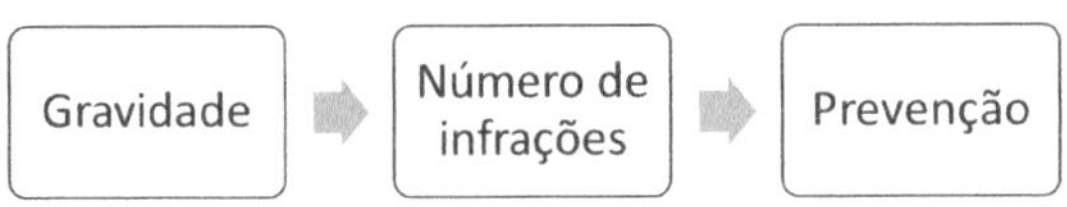

14.15.4.4.1 Concurso de jurisdições de diversas categorias

De acordo com o art. 78, III do CPP, no caso de concurso de jurisdições de diversas categorias, predominará a de maior graduação. A previsão contempla a hipótese de hierarquia jurisdicional, a exemplo do que se verifica entre o Tribunal de Justiça e os juízes de primeiro grau, vez que os primeiros gozam do poder de reforma das decisões dos segundos.

A hipótese, em parte, é regida pela Súmula 704 do STF que assinala que "não viola as garantias do Juiz natural, da ampla defesa e do devido processo legal a atração por continência ou conexão do processo do corréu ao foro por prerrogativa de função de um dos denunciados". Com lastro na Súmula, se o magistrado pratica um delito de peculato, em concurso com o escrivão, em razão da continência, ambos serão julgados pelo Tribunal de Justiça em razão do foro especial conferido aos juízes, jurisdição de maior graduação.

À mesma conclusão não chega a doutrina e jurisprudência dominantes quando o delito praticado envolver duas jurisdições de natureza constitucional, a exemplo da competência do Tribunal do Júri[52]. Assim, no mesmo exemplo, se trocarmos o crime de peculato por um delito de homicídio, haverá a cisão dos processos, devendo o magistrado ser julgado pelo Tribunal de Justiça (art. 96, III, CF) e o escrivão pelo Tribunal do Júri (art. 5º, XXXVIII, "d", CF), afastando-se a aplicação da Súmula 704 do STF[53].

Imaginemos, contudo, que se ofertada a denúncia junto ao Tribunal de Justiça, esse venha a rejeitar a denúncia contra o magistrado, agente provocador da competência do Tribunal. Prevalece a competência especial para o coautor? Não, nessa hipótese, afastado fundamento da jurisdição especial, os autos deverão ser remetidos ao juízo de primeiro grau. A mesma conclusão deve ser imposta caso os coautores possuam foro por prerrogativa de função, mas em jurisdições diferentes, prevalecendo a de maior graduação, a exemplo de um delito praticado em concurso por um juiz e um desembargador, no qual o julgamento estará afeto ao STJ em razão do foro especial do desembargador.

A matéria, contudo, não está pacificada no âmbito dos Tribunais Superiores. O STF, o julgamento do HC 83583, em 20.04.04, decidiu de forma isolada que:

> COMPETÊNCIA. CRIME DOLOSO CONTRA A VIDA. ATRACÃO POR CONEXÃO DO CO-RÉU AO FORO POR PRERROGATIVA DE FUNÇÃO. 1. Tendo em vista que um dos denunciados por crime doloso contra a vida é desembargador, detentor de foro por prerrogativa de função (CF, art. 105, I, *a*), todos os demais co-autores serão processados e julgados perante o Superior Tribunal de Justiça, por força do princípio da conexão. Incidência da Súmula 704/STF. A competência do Tribunal do Júri é mitigada pela própria Carta da República. Precedentes. 2. HC indeferido.

Por outro lado, o STJ, na Rcl 2.125, julgada em 03.12/08, decidiu que:

> Em caso de coautoria em crime doloso contra a vida, o privilégio de foro ostentado por um dos agentes, porque desembargador, não atrai para competência do Superior Tribunal de Justiça o julgamento do outro envolvido, que deve ser julgado pelo Tribunal do Júri, seu juiz natural. Precedentes do STF e do STJ.

Some-se à celeuma o teor da **Súmula Vinculante 45**, que expressamente menciona tão somente a Constituição Estadual: A competência constitucional do tribunal do júri prevalece sobre o foro por prerrogativa de função estabelecido exclusivamente pela Constituição Estadual.

52. Capez entende de forma diversa, sustentando que ambos devem ser julgados pelo Tribunal de Justiça.

53. Posição de Edilson Mougenot Bonfim, Tourinho Filho, Guilherme Nucci, entre outros.

A mesma lógica deve ser concretizada quando o delito for de pequeno potencial ofensivo, cuja competência também foi fixada pela Constituição Federal no art. 98, inc. I. Soa, de fato, estranha a circunstância do legislador ter feito a opção de fixar na Constituição Federal a competência para os crimes de pequeno potencial ofensivo, matéria típica de lei ordinária. Tem-se, dessa forma, o seguinte modelo conclusivo, destacando que **há divergência doutrinária** conforme salientado acima.

Entretanto, conforme destacamos acima, entendemos que deverá ocorrer a cisão processual em razão da paridade no caso de competência fixada pela Constituição Federal.

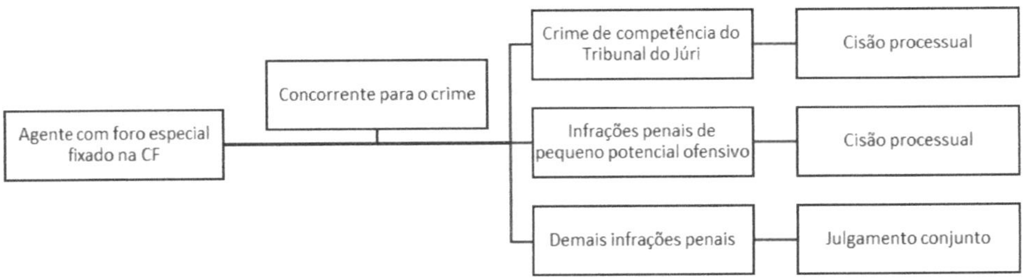

Não nos custa lembrar ainda que, com base no entendimento fixado pelo STF na APn 937, o foro por prerrogativa de função, salvo nos casos de magistrados e membros do Ministério Público, só terá aplicação se o crime for praticado **no exercício da função pública e em razão dela**.

14.15.4.4.2 Concurso entre a jurisdição comum e especial

O art. 78, IV, do CPP, assinala que no concurso entre a jurisdição comum e a especial, prevalecerá essa. Conforme vimos, jurisdição especial é a exercida pelas cortes eleitorais e militares, ao passo que a comum é aquela de incumbência da Justiça Comum Federal ou Estadual. A previsão, contudo, aplica-se somente à Justiça Eleitoral a título de fundamento, vez que a regra referente à Justiça Militar foi expressamente prevista no art. 79, I do CPP.

Não obstante a clareza do enunciado, a doutrina diverge na solução quando a conexão envolver crimes de competência do júri e eleitorais. A primeira corrente, capitaneada por Tourinho Filho, aduz que o julgamento dos delitos estará afeto à Justiça Eleitoral que, por ser especial, atrairá o julgamento do crime doloso contra a vida, crime concebido como comum. A segunda corrente, predominante na doutrina e à qual nos filiamos, sustenta que, apesar de crimes comuns, os delitos dolosos contra a vida têm sua competência fixada pela Constituição Federal, não podendo a lei ordinária alterar a *mens legis* fundadora da ordem jurídica.

Ressalte-se que no caso de crimes conexos, nos quais um deles estará afeto à competência da Justiça Federal, a Súmula 122 do STJ assinala que "compete à Justiça Federal o processo e julgamento unificado dos crimes conexos de competência Federal e Estadual, não se aplicando a regra do art. 78, II, "a", do Código de Processo Penal". Isso porque não se trata de competência especial, mas comum, sujeita à regra da fixação em razão da matéria.

14.15.4.5 Separação dos processos

Conforme vimos, a regra geral, nos casos de conexão e continência, é a da reunião dos processos para julgamento conjunto. Contudo, há situações em que a própria lei impõe a separação. Tais casos foram previstos no art. 79 do CPP:

> Art. 79. A conexão e a continência importarão unidade de processo e julgamento, salvo:
>
> I - no concurso entre a jurisdição comum e a militar;
>
> II - no concurso entre a jurisdição comum e a do juízo de menores.
>
> § 1º Cessará, em qualquer caso, a unidade do processo, se, em relação a algum réu, sobrevier o caso previsto no art. 152.
>
> §2º § A unidade do processo não importará a do julgamento, se houver corréu foragido que não possa ser julgado à revelia, ou ocorrer a hipótese do art. 461.

a) Concurso entre a jurisdição comum e militar (inc. I): antes da alteração promovida pela Lei 13.491/17, a hipótese contemplava tanto o concurso entre crimes militares e crimes comuns, quanto as hipóteses de concurso de agentes no mesmo crime, comum ou militar. Como a referida Lei alterou o art. 9º do CPM para a prever que os crimes, mesmo não abrangidos pelo Código Penal Militar, quando praticados nas circunstâncias do art. 9º do CPM, seriam de competência da Justiça Militar, temos que, atualmente, salvo no caso de júri, somente as hipóteses de concurso de pessoas no mesmo crime, seja ele comum ou militar, ensejará a separação dos processos, vez que os crimes comuns praticados nas hipóteses do art. 9º do CPM são também caracterizadoras de crimes militares. Destacamos a peculiaridade do júri, porquanto há previsão especial não somente no art. 5º, XXXVIII, "d", da CF, mas também no art. 82 do Código de Processo Penal Militar, de forma que sendo o delito doloso contra a vida, ainda que praticado por militar em concurso com terceiro, não haverá a cisão dos processos devendo ambos serem julgados pelo tribunal popular. Registre-se, todavia, que sendo o crime doloso contra a vida praticado por militar contra militar, a competência para julgamento será da Justiça Castrense.

b) Concurso entre a jurisdição comum e a do juízo de menores: trata a hipótese da prática de ato infracional por crianças e adolescentes, não sujeitos à jurisdição penal. Assim, o maior será julgado pela jurisdição comum, ao passo que o menor pela Justiça da Infância e Juventude pela prática do ato infracional.

c) Insanidade mental de corréu: o §1º do art. 79 do CPP assinala que cessará, em qualquer caso, a unidade do processo, se, em relação a algum corréu, sobrevier o caso previsto no art. 152. O art. 152 do CPP prevê a hipótese da ocorrência de doença mental após a prática da infração penal, determinando que o processo fique suspenso até que o acusado se restabeleça. De fato, não há razões para se interromper o processo contra o corréu em perfeitas condições mentais tão somente porque o outro acusado foi acometido de doença mental. Nesses casos, havendo superveniência da doença mental, o processo será suspenso quanto ao agente acometido da moléstia até que se restabeleça ou ocorra a prescrição, enquanto o corréu será processado regularmente em processo distinto.

d) Separação do julgamento no júri por ausência de estabelecimento de juízo consensual: a instituição do júri prevê a possibilidade de cada uma das partes recusar, imotivadamente, até três jurados (art. 468 do CPP). As recusas devem ser realizadas primeiro pela defesa e posteriormente pela acusação. Dessa forma, havendo mais de um réu, cada defensor deverá aceitar ou recusar os jurados à medida em forem sendo sorteados, seguidos da acusação. E, nesse contexto, pode ocorrer da combinação de recusas e aceitações impedir de se chegar a sete jurados aceitos por todas as partes, impondo a separação do processo. Nesse caso, ocorre a separação dos julgamentos nos termos do art. 469, §1º do CPP, devendo ser julgado em primeiro lugar aquele a quem se atribui a autoria do fato para, posteriormente, promover-se o julgamento do partícipe (art. 469, §2º). Tratando-se, contudo, de coautoria, o critério a ser aplicado é o do art. 429 do CPP: a) os acusados presos; b) dentre os acusados presos, aqueles que estiverem há mais tempo na prisão; c) em igualdade de condições, os precedentemente pronunciados. Se todos estiverem na mesma condição, entendemos que deverão ser julgados em primeiro lugar aqueles se encontrarem na situação do art. 115 do CP: menores de 21 anos e maiores de 70 anos. Estando todos nas mesmas condições, os mais idosos para evitar a prescrição. Caso nenhum dos critérios acima seja aplicável, prevalece a escolha discricionária do magistrado.

14.15.4.5.1 Separação facultativa dos processos

> **Art. 80. Será facultativa a separação dos processos quando as infrações tiverem sido praticadas em circunstâncias de tempo ou de lugar diferentes, ou, quando pelo excessivo número de acusados e para não lhes prolongar a prisão provisória, ou por outro motivo relevante, o juiz reputar conveniente a separação.**

A previsão legal visa assegurar a efetividade do processo, que pode ser comprometida pela ausência de pertinência espacial ou temporal, excesso de acusados, risco de constrangimento à liberdade ou outro motivo relevante que o juiz considerar conveniente a separação.

A questão temporal ou espacial, em que pese prevista na norma, afigura-se desconectada da lógica da conexão e continência, justificando-se, ao nosso sentir, apenas quando se tratar de delito conexo praticado no exterior sujeito à jurisdição brasileira.

O excessivo número de acusados pode, de fato, comprometer a celeridade processual, implicando o risco de prescrição. À guisa de exemplo, o STJ, na APO 514/PR, determinou o desmembramento do feito com relação aos corréus não sujeitos ao foro especial para que fossem julgados pela instância originalmente competente em razão da ausência de foro por prerrogativa de função, considerando que não haveria violação ao princípio do juiz natural, mantendo no STJ somente o denunciado detentor do foro especial.

De igual forma, é perfeitamente razoável a separação dos processos quando um agente se encontra preso e outro não, visando assegurar a celeridade processual. Outra hipótese comum de desmembramento ocorre na hipótese do art. 366 do CPP, que impõe a suspensão do processo contra o agente citado por edital que não comparece ou constitui advogado.

14.15.4.6 Impossibilidade de reunião dos processos

> **Art. 82. Se, não obstante a conexão ou continência, forem instaurados processos diferentes, a autoridade de jurisdição prevalente deverá avocar os processos que corram perante os outros juízes,**

salvo se já estiverem com sentença definitiva. Neste caso, a unidade dos processos só se dará, ulteriormente, para o efeito de soma ou de unificação das penas.

O art. 82 do CPP reforça a regra da avocação dos processos pelo foro prevalente e destaca a impossibilidade de sua ocorrência quando houver, naturalmente, sentença definitiva. Ocorre que, *in casu*, não se trata de sentença com trânsito em julgado, mas decisão definitiva no sentido de esgotamento da competência do juízo prolator da decisão. É o que se extrai do teor da **Súmula 235 do STJ: "A conexão não determina a reunião dos processos, se um deles já foi julgado"**.

Assim, a unidade processual só ocorrerá em momento posterior, para fins de soma das penas nos casos de concurso material ou formal imperfeito (arts. 69 e 70, 2ª parte, do CP, respectivamente), ou unificação de pena nas demais hipóteses, concurso formal próprio e crime continuado (arts. 70, 1ª parte e 71 do CP, respectivamente).

14.15.4.7 Perpetuação da jurisdição

Art. 81. Verificada a reunião dos processos por conexão ou continência, ainda que no processo da sua competência própria venha o juiz ou tribunal a proferir sentença absolutória ou que desclassifique a infração para outra que não se inclua na sua competência, continuará competente em relação aos demais processos.

Parágrafo único. Reconhecida inicialmente ao júri a competência por conexão ou continência, o juiz, se vier a desclassificar a infração ou impronunciar ou absolver o acusado, de maneira que exclua a competência do júri, remeterá o processo ao juízo competente.

A chamada ***perpetuatio jurisdictionis*** ocorre quando um juiz, competente para o julgamento das causas conexas, preserva sua competência para julgamento dos crimes conexos mesmo diante da ocorrência de situações como absolvição, desclassificação ou reconhecimento da extinção da punibilidade quanto ao crime prevalente que deu origem à conexão. À guisa de exemplo, imagine que Caio esteja sendo processo em Belo Horizonte por um crime de roubo praticado na comarca e dois outros delitos de furto, conexos ao roubo, praticados em Contagem. A competência, nos termos do art. 78, II, "b", foi firmada em razão da gravidade da pena. Entretanto, sendo Caio absolvido ou mesmo sendo o crime de roubo desclassificado para o crime de furto, o juízo de Belo Horizonte continuará competente para julgado dos crimes de furto praticados na comarca de Contagem em razão da *perpetuatio jurisdictionis.*

O mesmo ocorre, em regra, nas hipóteses de conexão envolvendo crimes conexos de competência da Justiça Federal e Estadual, que deverão ser julgados pela Justiça Federal. Isto é, ainda que o juízo federal absolva o agente do crime que marcou a competência da Justiça Federal, continuará competente para apreciar o delito conexo, de competência primária da Justiça Estadual.

Tratando-se de decisão que reconhece a extinção da punibilidade do agente pelo crime federal, o STJ entende que haverá o afastamento do interesse da União, de forma que cessaria, por completo, a competência da Justiça Federal, devendo o julgamento dos crimes conexos de competência da Justiça Estadual ser realizado pela última. Nesse sentido é a jurisprudência do STJ:

> "a Justiça Federal, por mais que se enquadre no conceito de justiça comum, é especial diante da Justiça Estadual. Logo, dado o seu caráter excepcional, cessada a razão de sua existência, e, não tendo sobrevindo julgamento de mérito, de rigor é o deslocamento do feito para que seja processado e julgado pelo Juiz natural, na espécie, a Justiça Estadual". STJ, CC 110.998/MS, DJ 04.06.2010.

Não obstante, a 2ª Turma do STF, no julgamento do RHC 177243/MG, decidiu, no caso de competência primária da Justiça Eleitoral, que a mesmo operada a prescrição quanto ao crime eleitoral, subsiste a competência da Justiça Eleitoral:

> Penal e processual penal. Competência da Justiça Eleitoral para o processamento de crimes eleitorais conexos a crimes comuns (Inq. 4.435 AgR-Quarto). Denúncia que narra fatos indicativos de crime eleitoral. Extinção da punibilidade declarada em relação ao crime eleitoral. Mesmo operada a prescrição quanto ao crime eleitoral, subsiste a competência da Justiça Eleitoral. Jurisprudência do TSE e aplicação lógica do art. 81 do CPP. Provimento ao recurso em *habeas corpus* para declarar a incompetência da Justiça comum estadual e determinar a remessa dos autos à Justiça Eleitoral, nos termos do voto. Rel. Min. Gilmar Mendes, DJe 21.10.21.

A decisão do STF, em nossa compreensão, seria adequada se aplicada a processo em curso, isto é, com denúncia recebida quanto ao crime prevalente, o eleitoral. Não obstante, conforme se extrai do complexo caso do INQ. 2.280/MG, que deu origem, futuramente, ao RHC 177243/MG, acima mencionado, **o crime eleitoral prevalente**, art. 350 do Código Eleitoral, foi arquivado quando do recebimento da denúncia por outros crimes pela ocorrência da prescrição[54], isto é, em momento algum o processo versou sobre crimes eleitorais, em tese aptos a fixar a competência da Justiça Eleitoral. Do voto do Min. Gilmar Mendes, extrai-se que:

> Creio que, analisando o mérito da questão impugnada neste RHC, o ponto essencial diz respeito à competência da Justiça Eleitoral para fatos conexos a crime eleitoral, tendo em vista o arquivamento em relação ao crime eleitoral por sua prescrição.
>
> Neste caso concreto, em 2009, no Inq. 2.280/MG, quando do recebimento da denúncia por este Tribunal, determinou-se o arquivamento em relação ao crime previsto pelo art. 350 do Código Eleitoral, ao reconhecer-se a extinção da punibilidade pela prescrição da pretensão punitiva. (eDOC 1, p. 131)

Logo, é nítida a contradição operada pelo próprio STF que, em 2009, arquivou a imputação por crime eleitoral pela prescrição, porquanto competente, à época, em razão da condição de deputado federal de um dos réus, dando prosseguimento ao processo tão somente pela imputação dos crimes de peculato e lavagem de capitais. Contudo, após uma série de ocorrências processuais, que envolveram a renúncia do parlamentar ao mandato para afastar a competência do STF para evitar condenação[55], o processo teve sua competência fixada na Justiça Comum Estadual de Minas Gerais, haja vista que o arquivamento do crime eleitoral pela prescrição afastou a competência da Justiça especializada.

54. Plenário do STF, j. em 03.12.09.

55. Quando da denúncia, em 2014, ainda não havia sido fixado o precedente na APn 937, ocorrido apenas em 2018, estabelecendo que: a) "o foro por prerrogativa de função aplica-se apenas aos crimes cometidos durante o exercício do cargo e relacionados às funções desempenhadas; b) após o final da instrução processual, com a publicação do despacho de intimação para apresentação de alegações finais, a competência para processar e julgar ações penais não será mais afetada em razão de o agente público vir a ocupar outro cargo ou deixar o cargo que ocupava, qualquer que seja o motivo".

Entretanto, doze anos depois, diante do precedente fixado no INQ 4.435 AgR-quarto[56], **não aplicável ao caso**, haja vista que nesse havia processo por crime eleitoral em curso, o próprio STF, contradizendo a decisão anterior que promoveu o arquivamento do INQ 2.280/MG quanto ao crime eleitoral, fixou a competência da Justiça Eleitoral para julgamento dos crimes de peculato e lavagem de capitais por uma suposta conexão com crime eleitoral arquivado na origem pelo STF, sendo que o próprio Tribunal, anteriormente, pelo afastamento do crime eleitoral, já havia declinado a competência para a Justiça Comum Estadual. Em síntese, o STF fixou a competência da Justiça Estadual e, doze anos depois, a modificou para Justiça Eleitoral por conta de crime eleitoral nunca processado.

Diante do imbróglio e objetivando sistematizar o assunto, extraindo da lógica das decisões do STF uma mínima coerência, entendemos que a *perpetuatio jurisdictionis* somente prevalece quando o processo pelo crime prevalente tiver início com o recebimento da denúncia, marco processual delimitador da conexão. Não tendo sido recebida a denúncia ou promovido o arquivamento, não há razões para firmar a conexão. Logo, ainda que ocorra a prescrição no curso do processo, a Justiça Especializada manterá sua competência para julgamento dos crimes conexos.

A regra da *perpetuatio jurisdictionis* é excepcionada pelo parágrafo único do art. 81 do CPP, que assinala que "reconhecida inicialmente ao júri a competência por conexão ou continência, o juiz, se vier a desclassificar a infração ou impronunciar ou absolver o acusado, de maneira que exclua a competência do júri, remeterá o processo ao juízo competente".

Conforme vimos anteriormente, a desclassificação do delito nos processos afetos ao Tribunal do Júri implica duas situações distintas. Sendo a desclassificação operada na fase da pronúncia, que encerra a primeira etapa do procedimento biforme, o juiz deverá a aplicar a regra do §3º do art. 74 do CPP, julgando o fato caso possua competência para tanto, como nas hipóteses de varas não especializadas, ou remetendo os autos para o juízo competente para que profira a decisão, nos termos do art. 419 do CPP[57]. Assim, se o magistrado entender que a tentativa de homicídio imputada, na realidade se tratava de lesões corporais dolosas, promoverá a desclassificação e remeterá para o juízo competente.

Coerentemente, o parágrafo único do art. 81 do CPP assinala que o julgamento dos crimes conexos igualmente deverá seguir a mesma sorte, e ser realizado pelo novo juízo competente para apreciação do caso.

A regra, contudo, não se aplica somente à hipótese de desclassificação (art. 419 do CPP), alcançando também as hipóteses de impronúncia (art. 414 do CPP) e absolvição sumária (art. 415 do CPP). Em síntese, portanto, podemos asseverar que a *vis attractiva* do júri só permanecerá intacta quando o juiz pronunciar o agente, remetendo o julgamento do crime doloso contra a vida para julgamento em plenário, ou quando o próprio juiz sumariante for o competente para julgamento dos demais casos.

---

56. Compete à Justiça Eleitoral julgar os crimes eleitorais e os comuns que lhe forem conexos – inteligência dos artigos 109, inciso IV, e 121 da Constituição Federal, 35, inciso II, do Código Eleitoral e 78, inciso IV, do Código de Processo Penal. DJe 21.08.19, Tribunal Pleno.

57. O art. 74, §3º, do CPP, faz menção ao art. 410. Contudo, com as alterações promovidas pela Lei 11.689/08, o conteúdo material encontra-se atualmente no art. 419 do CPP.

Vale frisar que o rol do art. 81 do CPP não pode ser concebido como taxativo, pois há outras situações hábeis a justificar a distinção. De acordo com o STJ:

> 1. As hipóteses previstas no parágrafo único do art. 81 do CPP - impronúncia, absolvição sumária e desclassificação - são circunstâncias que afastam a competência do Tribunal do Júri na primeira fase do julgamento (juízo de acusação), consubstanciando clara exceção ao princípio da perpetuatio jurisdictionis, de modo que, verificada quaisquer delas ainda na primeira fase do procedimento, tem-se por afastada a competência do Tribunal do Júri para o julgamento do crime conexo (comum). 2. Esse rol não pode ser tido como taxativo, pois se o corréu, a quem foi imputado a prática de crime contra a vítima, falece ainda na primeira fase do procedimento - como verificado no caso dos autos -, não há justificativa razoável para submeter o crime conexo comum (denunciação caluniosa) a julgamento perante o Tribunal popular, sendo certo que essa hipótese se assemelha àquelas previstas no dispositivo em comento, na medida em que afasta a competência do Tribunal do Júri ainda na fase do juízo de acusação. Resp 2131258, Rel. Min. Sebastião Reis, 6ª Turma, DJe 29.04.24.

Há que se atentar, contudo, para a fixação do novo juízo competente. Isso porque, por exemplo, o crime de tentativa de homicídio pode ter sido desclassificado para lesões corporais leves, de competência do Juizado Especial Criminal, mas ser conexo a um crime mais grave, como um furto, por exemplo. Nesse caso, a competência será firmada pela regra do art. 78, II, "b", do CPP – pena mais grave – e não pela sorte do, em tese, crime principal, lesões corporais, vez que não há mais que se trabalhar com a tese da *vis attractiva*. Logo, temos uma hipótese na qual o acessório se torna o principal, delineador da competência, e o principal o acessório.

Por outro lado, ocorrendo a desclassificação pelos jurados, deverá o magistrado aplicar o disposto no §1º do art. 492 do CPP[58], que determina que esse profira a sentença, sendo que, se a decisão dos jurados for de desclassificação para crime de pequeno potencial ofensivo, o magistrado deverá observar a possibilidade de aplicação dos institutos da composição civil, transação penal e suspensão condicional do processo. Entendemos que, não obstante a ausência de previsão legal, por analogia o magistrado também deverá analisar a possibilidade de propositura do acordo de não persecução penal, não oferecido pelo impedimento da imputação inicial de crime doloso contra a vida.

14.16 SITUAÇÕES ESPECIAIS

Não obstante o estruturado regramento acerca da fixação da competência, ainda existem situações passíveis de debate e divergência.

14.16.1 Genocídio

A primeira delas diz respeito ao **crime de genocídio**, previsto no art. 1º da Lei 2.889/56. Trata-se de crime contra a humanidade, atentatório a bens de natureza coletiva, que se caracteriza pelas condutas de: a) matar membros do grupo; b) causar lesão grave à integridade física ou mental de membros do grupo; c) submeter intencionalmente o grupo a condições de existência capazes de ocasionar-lhe a destruição física total ou

58. A redação do art. 74, §2º, remete ao §2º, mas em razão da alteração promovida pela lei 11.689/08, a remissão correta atualmente é ao §1º.

parcial; d) adotar medidas destinadas a impedir os nascimentos no seio do grupo; e e) efetuar a transferência forçada de crianças do grupo para outro grupo.

Em regra, o crime em questão não atrai a competência do Tribunal do Júri, por não se tratar, necessariamente, de crime doloso contra a vida. Contudo, uma das formas de se praticar o delito é por meio da conduta de "matar alguém", de forma que, nesses casos, havendo o concurso formal entre genocídio e homicídio doloso, caberá ao Tribunal do Júri da Justiça Federal[59] o julgamento dos crimes de homicídio e genocídio, quando cometidos no mesmo contexto fático, conforme entendimento do STF:

> COMPETÊNCIA CRIMINAL. Ação penal. Conexão. Concurso formal entre genocídio e homicídios dolosos agravados. Feito da competência da Justiça Federal. Julgamento cometido, em tese, ao tribunal do júri. Inteligência do art. *5º*, *XXXVIII*, da *CF*, e art. *78*, *I*, cc. Art. *74*, *§ 1º*, do *Código de Processo Penal*. Condenação exclusiva pelo delito de genocídio, no juízo federal monocrático. Recurso exclusivo da defesa. Improvimento. Compete ao tribunal do júri da Justiça Federal julgar os delitos de genocídio e de homicídio ou homicídios dolosos que constituíram modalidade de sua execução. (STF, *RE 351.487/RR*, Plenário, Rel. Min. Cezar Peluso, 03/08/2006).

O STJ, contudo, entendeu, no julgamento do REsp 222.653/RR, que "o crime de genocídio tem objetividade jurídica, tipos objetivos e subjetivos, bem como sujeito passivo, inteiramente distintos daqueles arrolados como crimes contra a vida. Assim, a ideia de submeter tal crime ao Tribunal do Júri encontra óbice no próprio ordenamento processual penal, porquanto não há em seu bojo previsão para este delito, sendo possível apenas e somente a condenação dos crimes especificamente nele previstos, não se podendo neles incluir, desta forma, qualquer crime que haja morte da vítima, ainda que causada dolosamente".

Referida decisão foi objeto de RExt junto ao STF (351.487/RR), culminando na manutenção da decisão do STJ, porquanto, no caso em análise, os réus foram condenados somente pelo crime de genocídio e eventual reconhecimento do homicídio caracterizaria *reformatio in pejus*.

Apesar da divergência jurisprudencial, predomina, doutrinariamente, o entendimento de que a fixação da competência deve levar em consideração a natureza do bem jurídico diretamente afetado pela conduta do agente, avaliando-se se a conduta envolve crime doloso ou não doloso contra a vida. Assim, seria da competência do Tribunal do Júri os crimes de homicídio e aborto dolosos, conexos ao crime de genocídio.

14.16.2 Remoção de órgãos

A 1ª Turma do Supremo Tribunal Federal, em setembro de 2021, no julgamento do RE 1.313.494, afastou a competência do Tribunal do Júri para julgar crime de remoção ilegal de órgãos que resultam em morte. O delito em questão, previsto no art. 14, §4º da Lei 9.434/97, prevê que:

> **Art. 14. Remover tecidos, órgãos ou partes do corpo de pessoa ou cadáver, em desacordo com as disposições desta Lei:**

59. Apesar da regra geral caminhar no sentido da competência da Justiça Estadual, entendemos que a natureza do delito, caracterizada como crime contra a humanidade, enseja a atração da Justiça Federal com lastro no art. 109, §5º da CF.

TÍTULO IV • COMPETÊNCIA

§ 4.º Se o crime é praticado em pessoa viva e resulta morte:
Pena - reclusão, de oito a vinte anos, e multa de 200 a 360 dias-multa.

A decisão do STF, tomada de forma majoritária, em sede de repercussão geral, envolveu o caso de uma criança de 10 anos que, após cair de uma altura de 10 metros, foi levado ao hospital e, durante cirurgia, ainda vivo, teve retirados seus dois rins, visando ao comércio ilegal de órgãos, circunstância que o levou à morte.

A Suprema Corte entendeu pela fixação da competência do juízo singular criminal em razão da finalidade da remoção e que o bem jurídico protegido, no caso, seria a incolumidade pública, a ética e a moralidade no contexto da doação de órgãos e tecidos, além da preservação da integridade física das pessoas e do respeito à memória dos mortos.

Não obstante o entendimento sufragado pelo STF, adotado em sede de repercussão geral, entendemos que a fixação da competência deve levar em consideração a potencialidade lesiva e não somente a finalidade da remoção dos órgãos e a natureza do bem jurídico protegido. Isso porque, no caso julgado, a conduta dos agentes necessariamente conduziria à morte da vítima, vez que o ser humano não consegue viver sem os dois rins, salvo se conectado diretamente a máquinas de hemodiálise.

A conduta, portanto, não obstante o fim colimado – remoção de órgãos – tinha como premissa a causação da morte dolosa da vítima. Poder-se-ia, por raciocínio análogo, sustentar que a conduta seria de competência do juízo singular na mesma linha do crime de latrocínio. Ocorre que o crime matriz – roubo – pode ser praticado sem que, necessariamente, ocorra a morte da vítima. No caso em comento, ao contrário, a morte da vítima era consequência necessária, amoldando-se ao chamado dolo direto de segundo grau ou dolo de consequências necessárias, circunstância peculiar que, para nós, atrairia a competência do Tribunal do Júri, sob pena de importante inversão de valores, porquanto o crime de remoção de órgãos, além de tutelar a ética e a moralidade na doação de órgãos, tutela a vida.

Contudo, conforme destacamos acima, o Supremo Tribunal Federal entendeu pela fixação da competência do juízo singular.

14.16.3 Conflito de atribuições entre membros do Ministério Público

O STF, no julgamento da Pet 4.891, ocorrido em junho de 2020, encerrou a celeuma até então existente no caso de conflito de atribuições entre os membros do Ministério Público de Estados diferentes e entre esses e o Ministério Público Federal, decidindo que cabe ao Conselho Nacional do Ministério Público analisar a questão.

Assim, ficaram superados os entendimentos anteriores de solução pelo Procurador-Geral da República e Supremo Tribunal Federal.

Consolidou-se, assim, a seguinte esquematização:

Conflito		
Interno entre membros do MPE		Via de regra PGJ (Lei Orgânica pode definir de forma diferente)
Interno entre membros do MPF		Câmara de Coordenação e Revisão
MPE	**MPE**	CNMP
MPE	**MPF**	CNMP
MPT	**MPF**	PGR

14.17 SÍNTESE GRÁFICA

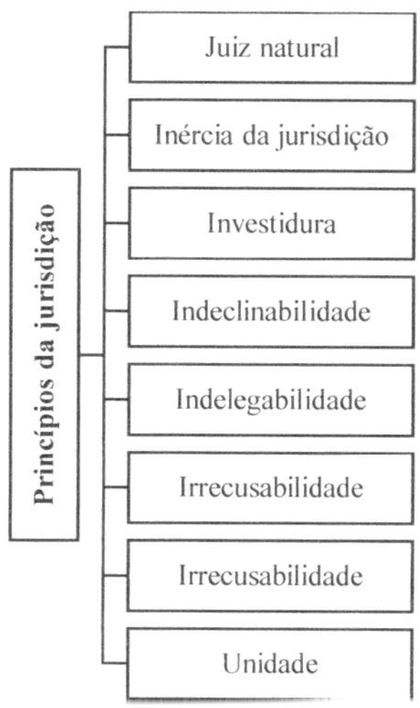

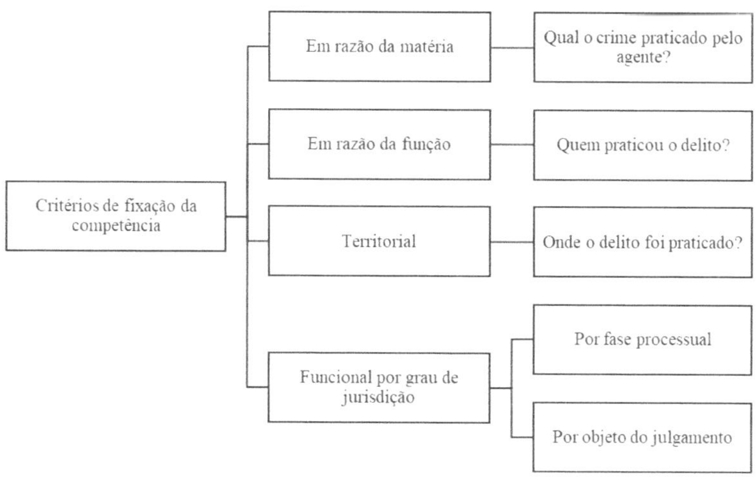

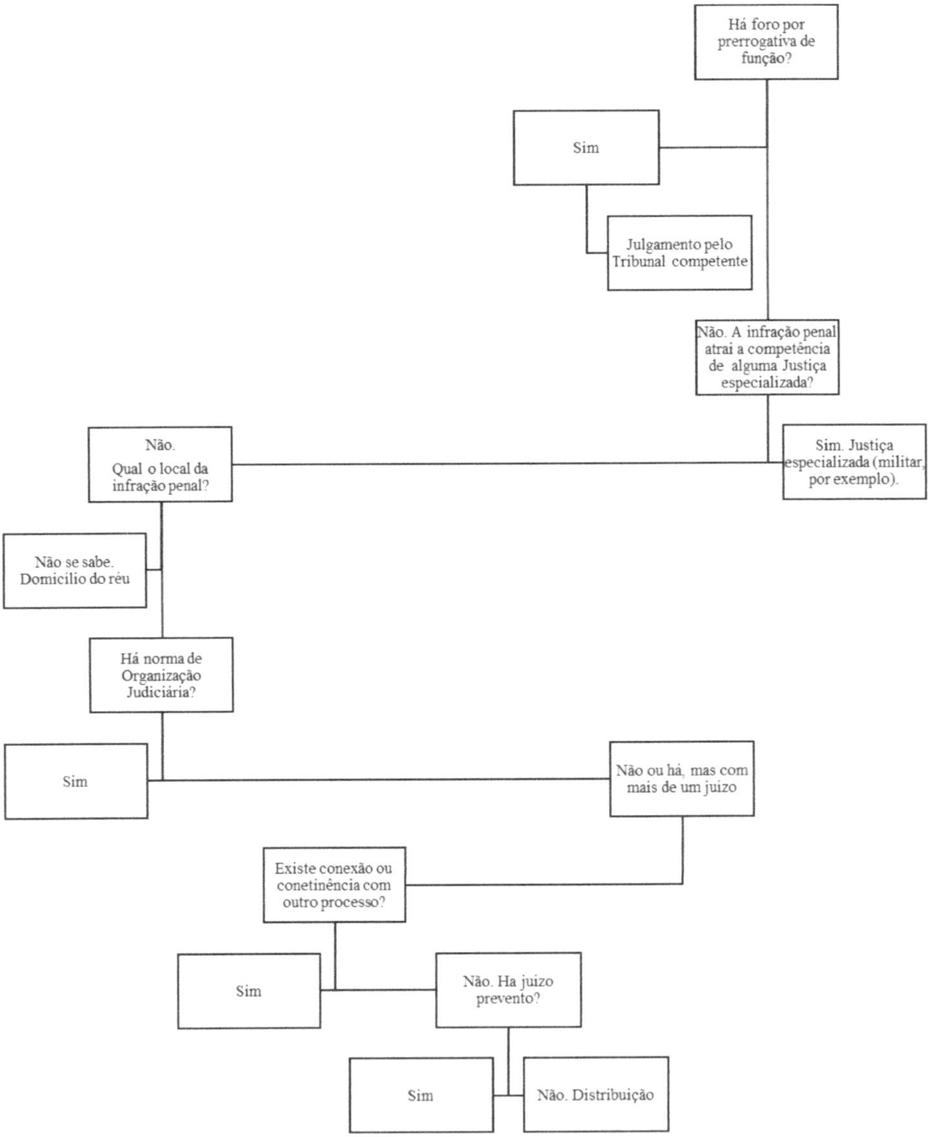
Há foro por prerrogativa de função?
Sim
Julgamento pelo Tribunal competente
Não. A infração penal atrai a competência de alguma Justiça especializada?
Sim. Justiça especializada (militar, por exemplo).
Não.
Qual o local da infração penal?
Não se sabe. Domicilio do réu
Há norma de Organização Judiciária?
Sim
Não ou há, mas com mais de um juizo
Existe conexão ou conetinência com outro processo?
Sim
Não. Ha juizo prevento?
Sim
Não. Distribuição

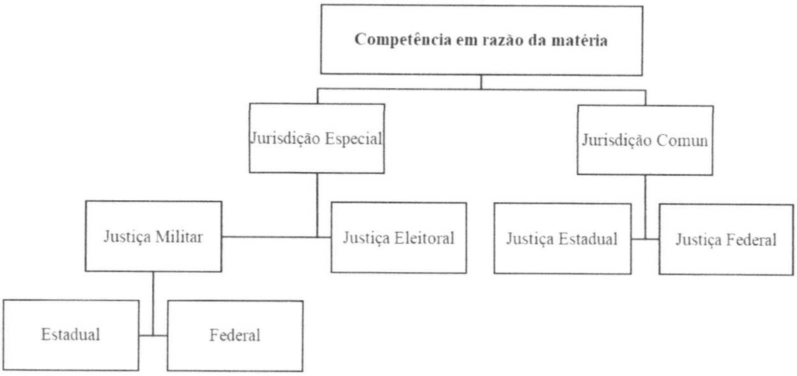
Competência em razão da matéria
Jurisdição Especial
Jurisdição Comun
Justiça Militar
Justiça Eleitoral
Justiça Estadual
Justiça Federal
Estadual
Federal

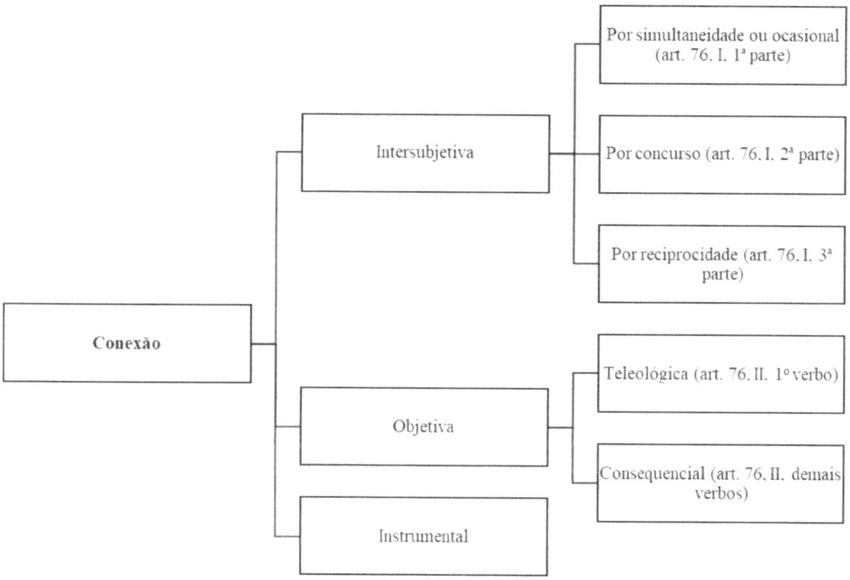
Conexão
Intersubjetiva
Objetiva
Instrumental
Por simultaneidade ou ocasional (art. 76, I, 1ª parte)
Por concurso (art. 76, I, 2ª parte)
Por reciprocidade (art. 76, I, 3ª parte)
Teleológica (art. 76, II, 1º verbo)
Consequencial (art. 76, II, demais verbos)

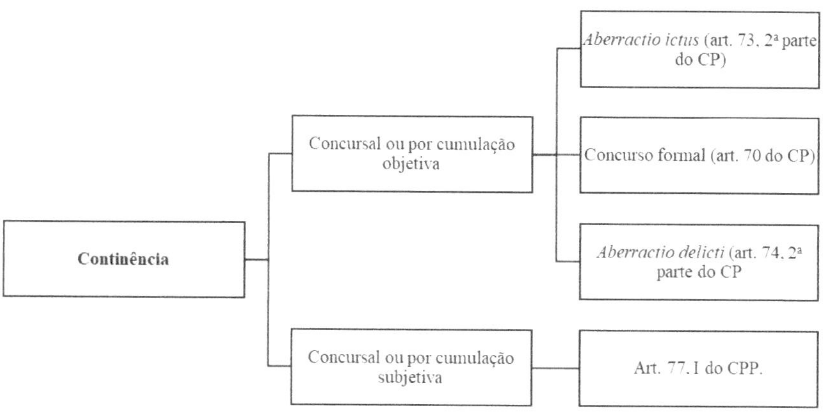
Continência
Concursal ou por cumulação objetiva
Concursal ou por cumulação subjetiva
Aberractio ictus (art. 73, 2ª parte do CP)
Concurso formal (art. 70 do CP)
Aberractio delicti (art. 74, 2ª parte do CP
Art. 77, I do CPP.

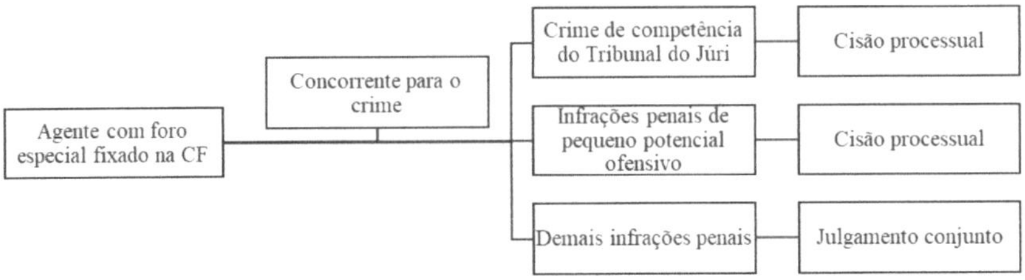

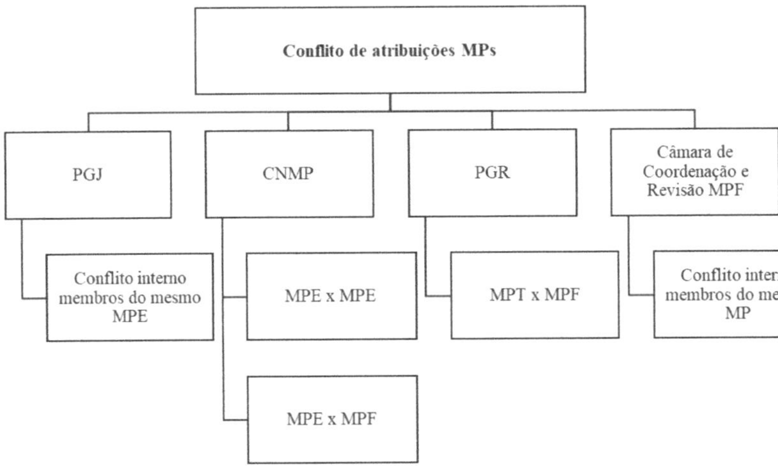

14.18 REVISÃO DO CAPÍTULO POR QUESTÕES DE CONCURSOS E ASSERTIVAS DE REFORÇO

QUESTÕES DE CONCURSO

1. (PC/SP 2022 - VUNESP - DELEGADO DE POLÍCIA). Nos termos do Código de Processo Penal, é correto afirmar que a competência será,

A. na hipótese, entre outros, do crime de estelionato, quando praticados mediante emissão de cheques sem suficiente provisão de fundos em poder do sacado, definida pelo local do domicílio da vítima.
B. na hipótese de infração continuada, praticada em território de duas ou mais jurisdições, firmada pelo lugar do último ato de execução.
C. em regra, determinada pelo lugar da infração ou do domicílio ou residência do réu, ou, no caso de tentativa, pelo lugar em que for praticado o último ato de execução.
D. em regra, determinada pelo domicílio ou residência do réu, ou, no caso de tentativa, pelo lugar em que for praticado o último ato de execução.
E. na hipótese de infração permanente, praticada em território de duas ou mais jurisdições, firmada pelo lugar do último ato de execução.

2. (MP/AC 2022 - CESPE - PROMOTOR DE JUSTIÇA SUBSTITUTO). A., residente em Xapuri-AC, praticou injúria contra B., residente em Cruzeiro do Sul – AC, local em que tomou conhecimento das ofensas, que ocorreram por via de aplicativo de mensagens diretas da Internet. O servidor de Internet de ambos está sediado na capital do estado, Rio Branco, e, conforme apurado, a mensagem foi enviada diretamente, não tendo sido feita por nenhum meio de divulgação pública. Nesse caso, a competência para julgar o ato delituoso será a justiça

A. federal, em Cruzeiro do Sul – AC.
B. federal, em Rio Branco – AC.
C. estadual, em Xapuri – AC.
D. estadual, em Cruzeiro do Sul – AC.
E. estadual, em Rio Branco – AC.

3. (DPE/PR 2022 - AOCP - DEFENSOR PÚBLICO). Acerca da jurisdição e da competência no processo penal, assinale a alternativa correta.

A. Classifica-se a competência como absoluta e relativa. No primeiro caso, sua inobservância gera nulidade absoluta e pode ser reconhecida de ofício; no segundo caso, sua inobservância gera nulidade sanável, podendo ser prorrogada. Nesse sentido, a incompetência territorial não poderá ser reconhecida de ofício por ser relativa.

B. A competência para julgamento do crime de estelionato praticado mediante cheque sem fundos será o domicílio da vítima, sendo irrelevante que a recusa tenha se operado na agência do emitente localizada em cidade diversa.

C. A exceção da verdade ofertada em processo crime que apura a prática de calúnia deverá ser julgada em primeiro grau, ainda que o querelante seja autoridade com foro por prerrogativa de função, pois se trata de competência funcional pelo objeto do juízo.

D. A competência para julgamento de crime de abuso de autoridade praticado por Policia Militar em serviço será da Justiça Comum.

E. Em caso de crimes cometidos em concurso formal, haverá continência por cumulação subjetiva e a competência para julgamento será firmada pela prevenção.

4. PC/SP 2022 - VUNESP - DELEGADO DE POLÍCIA). Nos termos do Código de Processo Penal, é correto afirmar que a competência será,

A. na hipótese, entre outros, do crime de estelionato, quando praticados mediante emissão de cheques sem suficiente provisão de fundos em poder do sacado, definida pelo local do domicílio da vítima.

B. na hipótese de infração continuada, praticada em território de duas ou mais jurisdições, firmada pelo lugar do último ato de execução.

C. em regra, determinada pelo lugar da infração ou do domicílio ou residência do réu, ou, no caso de tentativa, pelo lugar em que for praticado o último ato de execução.

D. em regra, determinada pelo domicílio ou residência do réu, ou, no caso de tentativa, pelo lugar em que for praticado o último ato de execução.

E. na hipótese de infração permanente, praticada em território de duas ou mais jurisdições, firmada pelo lugar do último ato de execução.

5. (PC/AM 2022 - FGV - DELEGADO DE POLÍCIA). Luiz, vereador na cidade de Natal/RN, incorreu na prática do Art. 1º, incisos I, II e IV, c/c. os artigos 11 e 12, inciso I, todos da Lei nº 8.137/90, consubstanciada em fraude tributária consistente na redução de ICMS devido ao Estado do Amazonas, praticado no âmbito de filial da sucursal da Refinaria de Petróleo de Manguinhos, situada em Comarca de Careiro da Várzea/AM.

Quando do comportamento delitivo do Luiz, havia pedido de recuperação judicial da Refinaria de Petróleo de Manguinhos processado na Comarca de Careiro da Várzea/AM. Posteriormente o TJAM, em sede de exceção de incompetência, acolheu o pedido defensivo e determinou que o processamento da recuperação judicial da Refinaria de Petróleo de Manguinhos passasse para a competência da Comarca do Rio de Janeiro/RJ, em razão deste ser o local da sede do principal estabelecimento comercial da referida empresa.

A competência para o processo e o julgamento do crime tributário será

A. da Vara Única da Comarca de Careiro da Várzea/AM.

B. do Tribunal de Justiça do Amazonas.

C. de uma das Varas Criminais da Comarca do Rio de Janeiro/RJ.

D. do Tribunal de Justiça do Rio de Janeiro.

E. do Tribunal de Justiça do Rio Grande do Norte.

6. (PC/RJ 2022 - CESPE - DELEGADO DE POLÍCIA). Passando-se por funcionária de certa instituição financeira, Helena usou um aplicativo de mensagens para fazer contato com a idosa Abigail, informando-lhe falsamente que o cartão bancário desta fora clonado e pediu que a idosa fornecesse seus dados qualificativos e senha do cartão para cancelamento. Abigail, confiando na suposta funcionária, repassou os dados. Em seguida, Helena disse para Abigail cortar seu cartão ao meio e entregar ambas as partes a outra funcionária, que iria até sua casa para buscá-las. A própria Helena, então, usando camiseta da instituição financeira e um crachá falso, foi até a casa de Abigail, em Niterói, e pegou as duas partes do cartão. Como o *chip* se encontrava preservado, Helena o utilizou para a confecção de um novo cartão, com o qual transferiu dinheiro da conta de Abigail, sediada em uma agência de São Gonçalo, para conta diversa, com agência em Rio Bonito. Além disso, Helena fez compras em uma loja virtual, tendo recebido as mercadorias adquiridas em sua casa, em Maricá. Considerando essa situação hipotética, assinale a opção que indica o local em que se consumaram os crimes patrimoniais decorrentes da transferência bancária e da aquisição de mercadorias, respectivamente.

A. São Gonçalo e Niterói

B. Rio Bonito e São Gonçalo

C. São Gonçalo e Maricá

D. Ambos em Niterói

E. Rio Bonito e Maricá

7. (TJ/MG 2022 – FGV – JUIZ DE DIREITO). Considerando os dispositivos legais e constitucionais que regem o processo penal e a jurisprudência atualizada dos Tribunais Superiores, as afirmativas a seguir estão corretas, *à exceção de uma*. Assinale-a.

A. Compete aos tribunais de justiça estaduais processar e julgar os delitos comuns, apenas os relacionados com o cargo, praticados por Promotores de Justiça.

B. É concorrente a legitimidade do ofendido, mediante queixa, e do Ministério Público, condicionada à representação do ofendido, para a ação penal por crime contra a honra do servidor público em razão do exercício de suas funções.

C. Segundo o Código de Processo Penal, a lei processual penal admite interpretação extensiva e aplicação analógica, bem como o suplemento dos princípios gerais do direito.

D. Considere que um crime de estupro fora praticado a bordo de uma embarcação mercantil brasileira fundeada no porto Mudra, na Índia. Mesmo sendo o autor do delito e a vítima de nacionalidade brasileira, não será aplicada a lei processual penal do Brasil por se considerar, no caso, que o delito fora cometido em solo estrangeiro.

8. (TJ/MG 2022 – FGV – JUIZ DE DIREITO). A respeito da competência no Processo Penal, considerando as disposições do Código de Processo Penal, da Constituição da República, das leis processuais penais especiais e da jurisprudência atualizada do Superior Tribunal de Justiça, analise as afirmativas a seguir e assinale (V) para a verdadeira e (F) para a falsa.

( ) Leônidas, policial militar lotado no Estado do Rio Grande do Sul, cometeu um crime militar no Estado de São Paulo. Desse modo, compete à Justiça Militar do Estado de São Paulo julgá-lo.

( ) Compete à Justiça Estadual julgar a conduta delituosa de divulgar pelo *Facebook* mensagens de cunho discriminatório contra o povo judeu.

( ) Um índio que comete furto a um estabelecimento comercial deverá ser julgado pela Justiça Federal.

( ) A competência para julgar crimes contra agência franqueada dos Correios é da Justiça Estadual.

As afirmativas são, na ordem apresentada, respectivamente,

A. F – F – F – V.
B. F – V – V – V.
C. V – F – V – F.
D. V – V – F – F.

9. (DPE/PA 2022 - CESPE – DEFENSOR PÚBLICO). Sobre a competência em matéria penal, assinale a opção correta.

A. Verificar-se-á a competência por prevenção toda vez que, concorrendo dois ou mais juízes igualmente competentes ou com jurisdição cumulativa, um deles tiver antecedido aos outros na prática de algum ato do processo ou de medida a este relativa, salvo se anterior ao oferecimento da denúncia ou da queixa.

B. A competência será, de regra, determinada pelo lugar em que se consumar a infração, ou, no caso de tentativa, pelo lugar em que for praticado o último ato de execução. Se, iniciada a execução no território nacional, a infração se consumar fora dele, a competência será determinada pelo lugar em que tiver sido praticado, no Brasil, o último ato de execução.

C. Nos crimes previstos no art. 171 do CP, quando estes forem praticados mediante a emissão de cheques sem suficiente provisão de fundos, a competência será definida pelo local em que houver a recusa de pagamento.

D. A competência será determinada pela conexão quando duas ou mais pessoas forem acusadas pela mesma infração.

E. Deverá haver a separação dos processos quando as infrações tiverem sido praticadas em circunstâncias de tempo ou de lugar diferentes, ou, quando pelo excessivo número de acusados e para não lhes prolongar a prisão provisória, ou por outro motivo relevante, o juiz reputar conveniente a separação.

10. (MP/TO 2022 - CESPE - PROMOTOR DE JUSTIÇA SUBSTITUTO). Segundo o atual entendimento do STJ, no caso de um policial militar de folga promover a fuga de preso de estabelecimento penal estadual de natureza civil, e tendo o fugitivo posteriormente se evadido para outro estado, a competência para o julgamento do crime cometido pelo policial será da

A. justiça militar da União.
B. vara de crimes militares da Justiça federal.
C. justiça estadual comum.
D. justiça militar estadual.
E. justiça federal comum.

ASSERTIVAS DE REFORÇO

1. ( ) De acordo com o princípio da investidura, o exercício da jurisdição pressupõe a investidura como juiz de direito apenas por meio de concurso público.

2. ( ) A norma que altera a competência tem cunho processual e, portanto, possui aplicabilidade imediata nos termos do art. 2º do CPP, sem prejuízo da validade dos atos já praticados sob a égide da lei anterior.

3. ( ) A competência absoluta é improrrogável e imodificável, opondo-se às partes e ao magistrado de forma cogente, não admitindo, portanto, deliberações pactuadas ou omissão quanto à sua deliberação de ofício.

4. ( ) As competências em razão da matéria, da função, *ratione materiae* e *ratione personae*, respectivamente, e a funcional, são absolutas, vez que a normatização se funda no interesse público e normas de cunho constitucional.

5. ( ) Como decorrência da caracterização de nulidade absoluta, a incompetência absoluta pode ser arguida a qualquer momento, somente até a sentença, em razão da presunção de prejuízo.

6. ( ) A competência territorial, por prevenção, por distribuição e conexão ou continência, são hipóteses de competência relativa.

7. ( ) O foro por prerrogativa de função alcança somente os crimes praticados no exercício do cargo ao qual foi previsto o foro especial, considerando-se o momento da posse do parlamentar federal, como o marco inicial do exercício do mandato eletivo.

8. ( ) O foro por prerrogativa de função, no caso de parlamentares federais, alcança somente os crimes praticados que guardem relação com o exercício do cargo ao qual foi previsto o foro especial.

9. ( ) No que toca aos promotores de justiça e juízes de direito, o STF manteve a prerrogativa de foro, independentemente da natureza da infração ou sua relação com o exercício do cargo.

10. ( ) Tratando-se de pessoa licenciada em cargo com prerrogativa de foro, prevalece o entendimento no STF que se mantém o foro por prerrogativa de função.

11. ( ) Segundo o princípio da vinculação, o foro por prerrogativa de função afasta o local do crime como critério definidor da competência, para impor o julgamento pelo Tribunal ao qual o agente detentor do foro especial está vinculado ou exerce suas funções

12. ( ) A competência do Tribunal de Justiça para julgar Prefeitos restringe-se aos crimes de competência da Justiça comum estadual; nos demais casos, a competência originária caberá ao respectivo tribunal de segundo grau.

13. ( ) O foro por prerrogativa de função alcança os atos de improbidade administrativa quanto esse também caracterizarem crime.

14. ( ) Compete à Justiça Comum Federal processar e julgar as causas cíveis em que é parte sociedade de economia mista e os crimes praticados em seu detrimento.

15. ( ) Compete à Justiça Estadual Comum, na vigência da Constituição de 1988, o processo por contravenção penal, ainda que praticada em detrimento de bens, serviços ou interesse da União ou de suas entidades.

16. ( ) Os crimes praticados em grave violação a direitos humanos são de competência da Justiça Federal.

17. ( ) Conforme entendimento do STF, compete à Justiça Federal processar e julgar os crimes consistentes em disponibilizar ou adquirir material pornográfico envolvendo criança ou adolescente [artigos 241, 241-A e 241-B da Lei 8.069/1990] quando praticados por meio da rede mundial de computadores.

18. ( ) A competência para o processo e julgamento por crime de contrabando ou descaminho define-se pela prevenção do juízo estadual do lugar da apreensão dos bens.

19. ( ) Nos crimes previstos no art. 171 do Código Penal, quando praticados mediante depósito, mediante emissão de cheques sem suficiente provisão de fundos em poder do sacado ou com o pagamento frustrado ou mediante transferência de valores, a competência será definida pelo local do domicílio da vítima, e, em caso de pluralidade de vítimas, a competência firmar-se-á pela prevenção.

20. ( ) Ocorre a conexão intersubjetiva por simultaneidade quando os agentes praticam diversas infrações penais no mesmo contexto fático, sem que exista, entre elas, qualquer vinculação, a exemplo de saques coletivos ocorridos em lojas de departamento em situações de protesto ou aglomeração de pessoas.

21. ( ) Ocorre a conexão intersubjetiva por reciprocidade quando duas ou mais pessoas praticam infrações penais, umas contra as outras, a exemplo das lesões corporais recíprocas, a exemplo do crime de rixa.

22. ( ) Há conexão objetiva consequencial na hipótese de subtração de um veículo para facilitar o transporte de produtos subtraídos em outra oportunidade.

23. ( ) Na continência concursal ou por cumulação subjetiva, o legislador entende por caracterizada a continência quanto houver a acusação de duas ou mais pessoas pela prática da mesma infração penal.

24. ( ) Em regra, no concurso entre a competência do júri e a de outro órgão da jurisdição comum, prevalece a competência do Tribunal do Júri, que exercerá a *vis attractiva* quanto aos demais casos conexos, à exceção dos crimes militares e eleitorais.

25. ( ) No concurso de jurisdições da mesma categoria, preponderará a do lugar da infração, à qual for cominada a pena mais grave.

26. ( ) A conexão não determina a reunião dos processos, se um deles já foi julgado.

27. ( ) A chamada *perpetuatio jurisdictionis* ocorre quando um juiz, competente para o julgamento das causas conexas, preserva sua competência para julgamento dos crimes conexos mesmo diante da ocorrência de situações como absolvição, desclassificação ou reconhecimento da extinção da punibilidade quanto ao crime prevalente que deu origem à conexão.

28. ( ) O crime de genocídio sempre atrai a competência do Tribunal do Júri.

29. ( ) O conflito de atribuições entre membros do Ministério Público Estadual e Ministério Público Federal será dirimido pelo Procurador-Geral da República.

30. ( ) O conflito de atribuições entre membros do Ministério Público do Trabalho e Ministério Público Federal será dirimido pelo CNMP.

14.18.1 Gabaritos

QUESTÕES DE CONCURSO

1	2	3	4	5	6	7	8	9	10
A	D	B	A	A	C	A	A	B	C

ASSERTIVAS DE REFORÇO

1	2	3	4	5	6	7	8	9	10
F	V	V	V	F	V	F	V	V	V
11	**12**	**13**	**14**	**15**	**16**	**17**	**18**	**19**	**20**
V	V	F	F	V	F	V	F	V	V
21	**22**	**23**	**24**	**25**	**26**	**27**	**28**	**29**	**30**
F	F	V	V	V	V	V	F	F	V

COMENTÁRIOS ÀS ASSERTIVAS FALSAS E JUSTIFICATIVAS IMPORTANTES

1. F. o princípio assinala que o exercício da jurisdição pressupõe a investidura como juiz de direito por meio de concurso público ou outras formas de investidura excepcionais, como o quinto constitucional

2. V.

3. V.

4. V.

5. F. Como decorrência da caracterização de nulidade absoluta, a incompetência absoluta pode ser arguida a **qualquer momento**, até o trânsito em julgado da decisão, em razão da presunção de prejuízo

6. V.

7. F. O foro por prerrogativa de função alcança somente os crimes praticados no exercício do cargo ao qual foi previsto o foro especial, considerando-se o momento da diplomação, e não da posse do parlamentar federal[60], como o marco inicial do exercício do mandato eletivo.

8. V.

9. V.

10. V.

11. V.

12. V.

13. F. Não existe foro por prerrogativa de função em ação de improbidade administrativa proposta contra agente político. O foro por prerrogativa de função é previsto pela Constituição Federal apenas para as infrações penais comuns, não podendo ser estendida para ações de improbidade administrativa, que têm natureza civil. STF. Plenário. Pet 3240/DF, Rel. para acórdão Min. Roberto Barroso, julgado em 10/05/2018.

14. F. Compete à Justiça Comum Estadual processar e julgar as causas cíveis em que é parte sociedade de economia mista e os crimes praticados em seu detrimento.

15. V.

16. F. É **incorreta** a assertiva que os **crimes praticados em grave violação a direitos humanos são de competência da Justiça Federal**, pois essa só será ativada quando houver **risco de descumprimento das obrigações** assumidas pelo Brasil diante dos pares internacionais, circunstância que não ocorre, por exemplo, quando a Justiça Estadual atua adequadamente no caso concreto.

17. V.

18. F. a competência para o processo e julgamento por crime de contrabando ou descaminho define-se pela prevenção do juízo federal do lugar da apreensão dos bens.

19. V.

20. V.

21. F. O crime de rixa não se enquadra na espécie, pois há uma única infração penal praticada por diversas pessoas, tratando-se de exemplo de continência.

22. F. Exemplo de conexão objetiva teleológica.

23. V.

24. V.

25. V.

26. V.

27. V.

28. F. Em regra, o crime em questão não atrai a competência do Tribunal do Júri, por não se tratar, necessariamente, de crime doloso contra a vida.

29. F. Será dirimido pelo CNMP.

30. F. Será dirimido pelo PGR.

60. Art. 53, §1º, CF.

TÍTULO V

DAS QUESTÕES, INCIDENTES E EXCEÇÕES

15

Questões e processos incidentes

15.1 COMO O ASSUNTO É ABORDADO EM PROVAS E CONCURSOS

O tema "questões e processos incidentes" não apresenta cobrança reiterada nos certames de Magistratura, Ministério Público, Defensoria Pública e Delegado de Polícia. O baixo número de dispositivos que regulam o tema, apesar de não serem ignorados pelas bancas, não costuma ser concebido como certo em provas.

Típico de prova objetiva, as questões exigem a compreensão do candidato sobre as distinções legais entre questões prejudiciais penais e extrapenais obrigatórias e facultativa, de forma que conhecimento legal via de regra soluciona as questões, normalmente associadas às questões relacionadas ao juízo, suspensão obrigatória ou facultativa, e suspensão da prescrição.

No tocante aos incidentes de insanidade mental e de falsidade documental, segue-se a mesma trilha, de cobrança em provas objetivas e com lastro na legislação.

Assim, temos que os assuntos abordados no presente capítulo merecem uma ênfase normativa, especialmente nas proximidades das provas.

15.2 INTRODUÇÃO

As questões e processos incidentes são assuntos que, não obstante apresentarem certo grau de acessoriedade com o processo principal, podem interferir em diversos aspectos da ação penal. Nesse sentido, conforme veremos de forma separada, as questões prejudiciais e as exceções possuem o condão de interferir não somente na própria formação do processo, mas também no próprio julgamento de mérito.

15.3 QUESTÕES PREJUDICIAIS

O tema foi tratado nos artigos 92 a 94 do Código de Processo Penal e abarca, como o próprio nome sugere, assuntos que precisam ser solucionados antes do julgamento do mérito, por serem prejudiciais a esse, a exemplo da validade do casamento anterior no crime de bigamia (art. 235 do CP), que pressupõe a validade do primeiro casamento.

As questões prejudiciais podem assumir natureza penal ou extrapenal e atacam o fato típico, em especial a tipicidade, não guardando, portanto, relação integral com o fenômeno jurídico do crime, constituído por tipicidade, ilicitude e culpabilidade. Assim, no exemplo citado, o crime de bigamia só estará configurado se o primeiro casamento for válido segundo a lei civil, de forma que, havendo questionamento no juízo cível quanto à validade desse, estaremos diante de uma questão prejudicial que precisa ser definida antes do julgamento do processo criminal. Isso porque, considerado nulo ou inválido o primeiro casamento, o pressuposto típico do crime de bigamia não existirá no cenário jurídico.

O mesmo podemos afirmar quanto ao crime de lavagem de capitais, que pressupõe a prática de uma infração penal antecedente. Inexistindo ao menos fato típico e ilícito, em razão da adoção da teoria da acessoriedade limitada, não haverá o crime de lavagem de capitais.

Fala-se, portanto, em três características para formação de uma questão prejudicial:

a) anterioridade lógica: a questão maior depende da menor, isto é, a questão prejudicada - crime de bigamia - depende da análise prévia da validade do casamento anterior - questão prejudicial - numa relação umbilical de dependência.

b) necessariedade: diretamente associada à anterioridade lógica, a necessariedade pressupõe a prejudicialidade no sentido de imprescindibilidade, isto é, o juízo criminal depende da solução da controvérsia para própria caracterização da tipicidade.

c) autonomia: a questão prejudicial posta pode ser objeto de processo autônomo, cível ou criminal, independentemente da repercussão na seara penal principal, ou seja, o processo de declaração de invalidade do primeiro casamento pode ser movido independentemente da existência do processo criminal por bigamia ou, ainda, o crime antecedente, na lavagem de capitais ou receptação, por exemplo, pode ser apurado em processo próprio, sem que seja analisado, ainda, como questão prejudicial em outro processo.

15.3.1 Questões preliminares

As questões preliminares são aquelas de natureza processual que atacam a regularidade processual, de forma que não interferem no mérito processual no tocante a eventual absolvição ou condenação. Logo, **não se confundem com questões prejudiciais**, que atingem o mérito do processo de modo adstringente.

À guisa de exemplo, a suspeição do juiz é uma questão preliminar apta a macular toda a prova produzida (ar. 564, I, CPP) e, portanto, deve ser analisada de forma antecedente para assegurar o efetivo devido processo legal. Por outro lado, a validade do casamento anterior, pressuposto do crime de bigamia, é uma questão prejudicial porquanto apta a atacar a própria tipicidade e, consequentemente, o mérito da causa.

15.4 CLASSIFICAÇÃO DAS QUESTÕES PREJUDICIAIS

Doutrinariamente, as questões prejudiciais são classificadas, em linhas gerais, em **totais**, quando impactam no fato típico em sua forma primária, e **parciais**, quando atingem o tipo penal derivado, formado, por exemplo, por qualificadoras.

De igual forma, as questões prejudiciais são classificadas em **penais (homogêneas, imperfeitas, comuns ou não devolutivas)**, quando pertencem ao mesmo ramo do Direito da questão prejudicada, e **extrapenais (heterogêneas, perfeitas, jurisdicionais ou devolutivas)**, quando a origem derivar de ramos distintos, como o Direito Civil, Administrativo e etc.

Ainda nesse contexto, as questões prejudiciais extrapenais subdividem-se em **devolutivas absolutas ou obrigatórias**, quando impõem ao juiz a suspensão do processo criminal até que sejam elas decididas de forma definitiva no juízo competente, e **devolutivas relativas ou facultativas**, quando criam a faculdade de suspensão do processo criminal para o juízo criminal.

15.4.1 Questões prejudiciais penais (homogêneas, imperfeitas, comuns ou não devolutivas)

As questões prejudiciais penais não foram tratadas diretamente pelo CPP. São aquelas que se relacionam diretamente com a própria existência da infração penal e, portanto, devem ser resolvidas pelo próprio juízo criminal, razão pela qual são denominadas não devolutivas, justamente por não devolver a questão a juízo distinto.

À guisa de exemplo, o reconhecimento do crime de falso testemunho pressupõe falsidade do depoimento prestado, sendo, portanto, uma questão prejudicial a ser resolvida pelo próprio juízo criminal na sentença. De igual forma, o crime de receptação pressupõe no tipo penal que a coisa adquirida, recebida, transportada, conduzida ou ocultada, seja produto de crime, isto é, exige-se a prática de uma infração penal antecedente, circunstância prejudicial à própria configuração da tipicidade penal do delito de receptação. Isso não significa, todavia, que o juízo competente para apreciação do crime de receptação deva julgar o crime antecedente, mas tão somente julgar como existente o delito.

15.4.2 Questões prejudiciais extrapenais (heterogêneas, perfeitas, jurisdicionais ou devolutivas)

Assim como as questões prejudiciais penais, as extrapenais interferem na caracterização da infração penal. Contudo, a solução dessas não passa pelo Direito Penal, mas por outros ramos do Direito. Doutrinariamente são classificadas em absolutas e relativas.

15.4.2.1 Questões prejudiciais extrapenais devolutivas absolutas (ou obrigatórias)

> Art. 92. Se a decisão sobre a existência da infração depender da solução de controvérsia, que o juiz repute séria e fundada, sobre o estado civil das pessoas, o curso da ação penal ficará suspenso até que no juízo cível seja a controvérsia dirimida por sentença passada em julgado, sem prejuízo, entretanto, da inquirição das testemunhas e de outras provas de natureza urgente.
>
> Parágrafo único. Se for o crime de ação pública, o Ministério Público, quando necessário, promoverá a ação civil ou prosseguirá na que tiver sido iniciada, com a citação dos interessados.

As questões prejudiciais extrapenais devolutivas absolutas ou obrigatórias foram regulamentadas no art. 92 do CPP. Seu objeto é restrito às questões relacionadas ao estado civil das pessoas, concebido em sentido amplo para contemplar não somente os estados de solteiro, divorciado ou viúvo, mas todos aqueles que se relacionam ao *status* de personalidade, como os pessoais (idade, sexo, eventual incapacidade, etc.), familiares (pai, mãe, filho, casado, solteiro, etc.) e políticos (nacionalidade, cidadania e etc.).

A nomenclatura "questões prejudiciais devolutivas absolutas ou obrigatórias" relaciona-se ao efeito delas decorrente, pois configurada a questão prejudicial, o juiz deverá suspender o curso da ação penal até que no juízo cível seja dirimida a controvérsia. Exige-se, consoante a redação do art. 92 do CPP, a satisfação de dois requisitos: **1) questão séria e fundada sobre o estado civil (*lato sensu*) das pessoas; 2) a existência da infração depender da solução da controvérsia**.

Satisfeitos os requisitos, o juiz, **de ofício ou a requerimento das partes[1], deverá suspender o processo criminal até que a controvérsia seja dirimida, definitivamente, no juízo civil, podendo, contudo, determinar, a requerimento das partes[3], a produção de provas de natureza urgente. A suspensão do processo ocorrerá por prazo indeterminado**, ou seja, até que ocorra a solução da questão no juízo cível, ficando, por coerência, suspenso o curso do prazo prescricional nos termos do art. 116, I do CP.

Mas o que podemos conceber como **questão séria e fundada**? A lei não define o que seja uma questão séria e fundada, mas nos parece evidente que seja aquela cuja caracterização do delito dependa. Os adjetivos, mal-empregados em nossa compreensão, devem ser lidos sob a luz da essência de um processo penal garantista no sentido da tutela do direito de liberdade, observando-se os requisitos de possibilidade de apreciação da questão pelo juízo cível. Logo, séria e fundada, para nós, é a **questão passível de análise pelo juízo não penal**.

Assim, em um processo-crime por bigamia, por exemplo, se o réu alega nulidade do casamento anterior, há que se analisar se ainda não decorreu o prazo prescricional para propositura da ação anulatória, sob pena da questão sequer ser conhecida. Isso porque, decorrido o prazo da ação anulatória, há um status jurídico consolidado, o qual o magistrado criminal não poderá afastar.

Ainda no tocante à suspensão do processo e curso do prazo prescricional, vale destacar que **a decisão pela suspensão não depende da existência da ação solucionadora da controvérsia no juízo cível**. Nesse sentido, o parágrafo único do art. 92 do CPP assinala que se for o crime de ação pública, o Ministério Público, quando necessário, promoverá a ação civil ou prosseguirá na que tiver sido iniciada, com a citação dos interessados. A questão é: em que momento se verifica a satisfação da expressão "**quando necessário**"?

Trazemos o debate porque há situações que, em regra, o Ministério Público não terá legitimidade no cível para propositura da ação, como na hipótese em que dois maiores alegam a propriedade do bem, circunstância prejudicial para caracterização dos crimes de furto ou apropriação indébita, *v.g.*, resolvidas pelo art. 93 do CPP.

Diante da questão, parece-nos que o termo "necessário" deve ser compreendido sob a luz da inércia do interessado em mover a ação. É inegável que, em se tratando de ação pública, existe o interesse ministerial, mas sua legitimidade nos parece condicionada à

---

1. Art. 94. A suspensão do curso da ação penal, nos casos dos artigos anteriores, será decretada pelo juiz, de ofício ou a requerimento das partes.

3. Com a adoção do sistema acusatório entendemos que o magistrado não poderá fazê-lo de ofício.

omissão. E, nesse sentido, valemo-nos do parâmetro fornecido pelo art. 60, I do CPP, que trata da perempção, ou seja, do abandono, descuido com a causa privada iniciada pelo querelante. Apesar do dispositivo versar sobre a ação penal pública de iniciativa privada, a norma considera o querelante e, portanto, interessado, como negligente para com a causa após o decurso do prazo de trinta dias sem dar o devido andamento. Assim, parece-nos possível entender que, igualmente, a não propositura da ação pelo interessado no juízo cível no prazo de trinta dias à alegação no juízo criminal satisfaz o requisito do "necessário" para legitimar a atuação ministerial.

Por outro lado, tratando-se de crime de ação penal pública de iniciativa privada, entendemos que o *parquet* não possui legitimidade para a propositura da ação cível, salvo se a hipótese versar sobre situação que a própria legislação cível reconhece a legitimidade da instituição. Isso porque, não obstante o interesse público decorrente da atuação criminal ministerial, nada impede que, a qualquer tempo, o querelante venha a desistir da ação penal privada, compelindo o *parquet* a continuar em ação cível para qual não possui legitimidade segundo a égide da legislação civil[4].

15.4.2.2 Questões prejudiciais extrapenais devolutivas relativas (ou facultativas)

> Art. 93. Se o reconhecimento da existência da infração penal depender de decisão sobre questão diversa da prevista no artigo anterior, da competência do juízo cível, e se neste houver sido proposta ação para resolvê-la, o juiz criminal poderá, desde que essa questão seja de difícil solução e não verse sobre direito cuja prova a lei civil limite, suspender o curso do processo, após a inquirição das testemunhas e realização das outras provas de natureza urgente.
>
> § 1º O juiz marcará o prazo da suspensão, que poderá ser razoavelmente prorrogado, se a demora não for imputável à parte. Expirado o prazo, sem que o juiz cível tenha proferido decisão, o juiz criminal fará prosseguir o processo, retomando sua competência para resolver, de fato e de direito, toda a matéria da acusação ou da defesa.
>
> § 2º Do despacho que denegar a suspensão não caberá recurso.
>
> § 3º Suspenso o processo, e tratando-se de crime de ação pública, incumbirá ao Ministério Público intervir imediatamente na causa cível, para o fim de promover-lhe o rápido andamento.

O art. 93 do CPP trata das demais hipóteses de causas prejudiciais **não relacionadas ao "estado civil" das pessoas**. Versa, portanto, sobre questões atinentes à posse ou propriedade, tributos e etc.

Ao contrário das previstas no art. 92 do CPP, apesar da possibilidade de devolução da matéria para o juízo cível, o juízo criminal não é obrigado a fazê-lo, pois se trata de mera faculdade, razão pela qual a devolutividade ou remessa é relativa. De igual modo, ao contrário das questões prejudiciais devolutivas absolutas, o magistrado não é obrigado a suspender o curso do processo, hipótese em que decidirá a prejudicial na própria sentença com efeitos restritos ao processo penal, isto é, nesse caso, os efeitos da decisão relacionada à prejudicial não são oponíveis a terceiros, em flagrante risco à segurança jurídica, pois há, de fato, o risco de decisões conflitantes entre as esferas penal e cível. Evidenciando a questão, AVENA[5] (2020, p. 690), exemplifica:

---

4. Há entendimento contrário no sentido da possibilidade de propositura da ação por parte do Ministério Público.
5. *op.cit.*

> Denunciado o acusado por estelionato, sob a forma de venda de coisa alheia como própria, alega ele ter adquirido a propriedade do bem alienado pelo decurso do tempo, tanto que já era existente ação de usucapião ajuizada. Nesse caso, o juízo criminal terá a faculdade de suspender ou não o processo penal, já que o objeto da questão prejudicial não concerne ao estado das pessoas. Imagine-se, pois, que o magistrado criminal resolva não suspender o processo penal, decidindo na própria sentença penal a questão pertinente a ser ou não o réu o proprietário da coisa. Ora, se o réu for condenado no juízo penal e mais tarde for julgada procedente a ação de usucapião (reconhecendo-se a sua propriedade em relação ao bem), deverá ele ingressar com revisão criminal para a desconstituição da sentença penal transitada em julgado (art. 621, III, do CPP). Agora, se tiver sido absolvido e, posteriormente, for prolatada no juízo cível sentença de improcedência da ação de usucapião (não se reconhecendo, portanto, a propriedade do réu em relação ao bem), nada poderá fazer o Ministério Público, tendo em vista a inexistência de revisão criminal contra sentença absolutória própria.

A leitura do art. 93 do CPP, portanto, nos indica a existência de **quatro requisitos** para sua aplicação:

1) **existência de ação anterior proposta no juízo cível para solução da questão prejudicial;**
2) **a questão seja de difícil solução e não verse sobre direito cuja prova a lei civil limite;**
3) **encerramento da instrução criminal com oitiva de testemunhas e realização de provas de natureza urgente; e,**
4) **a suspensão[6] deverá ser realizada por prazo determinado nos termos do §1º.**

Por questão de difícil solução há que se compreender aquela que demanda dilação probatória não adequada à questão criminal em si, a exemplo da posse mansa e pacífica para fins de usucapião nos processos em que se discute a propriedade da coisa. De igual modo, a questão não pode versar sobre direito cuja prova a lei civil estabeleça limites, a exemplo do casamento, cuja prova deverá ser realizada por meio de documento.

O prazo de suspensão deverá ser certo e determinado, podendo ser prorrogado por prazo razoável. A norma não restringe o número de prorrogações, exigindo tão somente a razoabilidade na decisão. E, nesse contexto, a razoabilidade deve levar em consideração fatores como a moderação na suspensão da prescrição (art. 116, I, CP), efetividade do processo e o próprio *strepitus judicii* para os envolvidos no processo.

Decorrido o prazo da suspensão e eventuais prorrogações, sem que o juízo cível tenha decidido a questão, o juiz criminal deverá seguir a marcha processual, retomando sua competência para resolver, de fato e de direito, toda a matéria da acusação ou da defesa.

A atuação do Ministério Público segue a mesma trilha das questões prejudiciais absolutas, devendo intervir no feito cível para o fim de promover a celebridade processual, caso a ação penal seja de iniciativa pública. Tratando-se de ação penal de iniciativa privada, não obstante os entendimentos contrários, entendemos que a intervenção do Ministério

6. A suspensão não atinge a fase das investigações preliminares.

Público só deverá ocorrer se houver previsão legal sob a luz da própria legislação cível, sob pena de indevida interferência em matéria que foge às suas funções constitucionais.

O §2º do art. 93 do CPP ainda assinala que do **despacho que denegar a suspensão não caberá recurso**, ao passo que o art. 581, XVI do CPP dispõe que **cabe recurso em sentido estrito (RSE) da decisão que ordenar a suspensão do processo**. Não obstante a previsão legal, há que se diferenciar as hipóteses ante a possibilidade de suspensão obrigatória e facultativa.

A decisão que suspende o processo em hipótese de suspensão obrigatória (art. 92 do CPP) é atacável por RSE, não no tocante à suspensão em si, obrigatória por força legal, mas por seus fundamentos, isto é, nada impede que o magistrado venha a se equivocar quanto à natureza da prejudicial (estado civil *lato sensu*) ou mesmo quanto a independência do reconhecimento da infração para a configuração do delito.

Por outro lado, denegada a suspensão, não há como se negar a possibilidade de impetração de HC, caso o delito seja punido com pena privativa de liberdade, ou mandado de segurança nas demais hipóteses, nos termos da Súmula 693 do STF[7]. Possível ainda a correição parcial caso da decisão advenha inversão tumultuária do processo.

Registre-se, por fim, que em se tratando de hipótese de denegação de suspensão facultativa, para a doutrina majoritária não cabe qualquer espécie de recurso ou impugnativos diversos constitucionais, pois a decisão funda-se no livre-arbítrio do magistrado. Entendemos, contudo, que não obstante o livre-arbítrio, esse deverá ser fundamentado por meio de decisão e, portanto, a despeito da ausência de previsão recursal (§2º), parece-nos possível o ataque por meio de HC ou mandado de segurança nos termos da Súmula 693 do STF.

Questão interessante envolve a hipótese de suspensão do processo criminal em razão da existência que ação que discuta a constitucionalidade da norma. A matéria foi enfrentada pelo STJ no julgamento do HC 91.020/RS[8], oportunidade em que se decidiu que "a existência de ação em que se discute a constitucionalidade da exação do tributo já definitivamente constituído, ainda que já iniciado julgamento pelo STF, com forte tendência, pelos votos até então proferidos, ao reconhecimento de sua inconstitucionalidade, não configura questão prejudicial a justificar o sobrestamento da ação penal, nos termos do art. 93 do CPP".

Por outro lado, a ação de descumprimento de preceito fundamental (ADPF) pode conduzir à suspensão dos processos criminais como ocorrido nos processos referentes à não recepcionada Lei de Imprensa (Lei. 5.250/67), ADPF 130.

7. Não cabe *habeas corpus* contra decisão condenatória a pena de multa, ou relativo a processo em curso por infração penal a que a pena pecuniária seja a única cominada.

8. DJ 20.10.08.

15.5 SÍNTESE ESQUEMÁTICA

Diferenças	
Absolutas	**Relativas**
A suspensão do processo criminal é obrigatória	A suspensão do processo criminal é facultativa
A suspensão pode ocorrer a qualquer tempo.	A suspensão poderá ocorrer apenas após a oitiva das testemunhas
A suspensão do processo criminal ocorre independentemente da propositura da ação cível	A suspensão somente poderá ocorrer quando já houver ação civil em andamento
O indeferimento da suspensão do processo criminal pode ser impugnado por meio de HC, mandado de segurança e correição parcial	Não cabe qualquer espécie de recurso ou impugnativos diversos constitucionais, pois a decisão funda-se no livre-arbítrio do magistrado (entendimento majoritário)[9]

Semelhanças
✓ Devem ser apreciadas antes da sentença ✓ Atacam a tipicidade da conduta ✓ Suspenso o processo, suspendem a prescrição (art. 116, I do CP), permitindo a produção de provas urgentes ✓ O Ministério Público poderá mover a ação cível quando a ação penal for de iniciativa pública ✓ Admitem RESE (art. 571, XVI) contra a decisão que ordena a suspensão

15.6 INCIDENTE DE FALSIDADE DOCUMENTAL

Art. 145. Arguida, por escrito, a falsidade de documento constante dos autos, o juiz observará o seguinte processo:
I - mandará autuar em apartado a impugnação, e em seguida ouvirá a parte contrária, que, no prazo de 48 horas, oferecerá resposta;
II - assinará o prazo de três dias, sucessivamente, a cada uma das partes, para prova de suas alegações;
III - conclusos os autos, poderá ordenar as diligências que entender necessárias;
IV - se reconhecida a falsidade por decisão irrecorrível, mandará desentranhar o documento e remetê-lo, com os autos do processo incidente, ao Ministério Público.
Art. 146. A arguição de falsidade, feita por procurador, exige poderes especiais.
Art. 147. O juiz poderá, de ofício, proceder à verificação da falsidade.
Art. 148. Qualquer que seja a decisão, não fará coisa julgada em prejuízo de ulterior processo penal ou civil.

O incidente de falsidade documental foi regulado nos arts. 145 a 148 do CPP. Visa, por essência, verificar a autenticidade de um documento físico (art. 232, CPP[10]) ou eletrônico (art. 11, Lei 11.419/06[11]) juntado aos autos do processo criminal. À par da definição legal de documento, consubstanciada no art. 232 do CPP, considera-se **documento todo elemento material ou virtual, perceptível pelos sentidos, apto a ser reproduzível materialmente, ainda que por mídias digitais, e que seja capaz de reproduzir um**

9. Entendemos que o indeferimento da suspensão do processo criminal pode ser impugnado por meio de HC, mandado de segurança e correição parcial.

10. Art. 232. Consideram-se documentos quaisquer escritos, instrumentos ou papéis, públicos ou particulares. Parágrafo único. À fotografia do documento, devidamente autenticada, se dará o mesmo valor do original.

11. Art. 11. Os documentos produzidos eletronicamente e juntados aos processos eletrônicos com garantia da origem e de seu signatário, na forma estabelecida nesta Lei, serão considerados originais para todos os efeitos legais.

fato ocorrido. Assim, não somente o papel que espelha um contrato ou uma fotografia são concebidos como documentos, pois arquivos de mídias em áudio, vídeo, e-mails e documentos armazenados em nuvens, imateriais em um primeiro momento, podem ser considerados documentos, porquanto aptos a refletirem um evento passado.

Há certa divergência doutrinária no tocante à caracterização da possibilidade do incidente quando a falsidade alegada recair sobre o conteúdo do documento, isto é, sobre seu aspecto ideológico. Quando a doutrina faz referência à falsidade material, restringe o objeto documento, que pode ser falso na íntegra, a exemplo dos documentos falsos produzidos, ou adulterados, com o acréscimo ou supressão do conteúdo de documento verdadeiro anteriormente existente. Por outro lado, quando se refere ao conteúdo intelectual do documento, isto é, o que ele efetivamente expressa, a falsidade ideológica revela uma mentira aposta em um documento materialmente verdadeiro.

Nos parece perfeitamente possível que a falsidade ideológica ocorra quando seu conteúdo for descritivo-fático, isto é, quando seu conteúdo revelar materialmente atestados ou certificações, como na hipótese do agente que, em cartório, declara que o autor do delito se encontrava em sua companhia e em lugar diverso do fato criminoso no dia do evento. Percebam que o documento cartorário é verdadeiro, vez que produzido em serventia pública, mas seu conteúdo ideológico é falso. E, nesses casos, não nos parece haver óbices quando ao incidente de falsidade, vez que o conteúdo material possui cunho objetivo, não revelando qualquer subjetivismo.

A falsidade documental pode ser apurada tanto na fase inquisitorial como na processual. Contudo, como incidente, regulado pelos artigos 145 a 148 do CPP, somente possui sede na fase processual, porquanto na fase inquisitorial basta o delegado de polícia apurar sua falsidade em inquérito próprio.

O incidente, em regra, deve ser arguido em primeira instância, não sendo cabível em grau recursal segundo o entendimento dominante. A questão, em nossa compreensão, passa pela análise do art. 231 do CPP, que assinala que "salvo os casos expressos em lei, as partes poderão apresentar documentos em qualquer fase do processo". Nesse contexto, em sendo admitida a possibilidade de juntada de documentos em qualquer fase do processo, salvo nas exceções legais, não há razões para se negar a possibilidade do incidente se o documento for apresentado em grau recursal. Isso porque admitir a entrada do documento no processo e não admitir a arguição da falsidade violaria a própria lógica do devido processo legal. O que não nos parece admissível é a arguição do incidente em segundo grau, quando a parte já detinha o conhecimento da suposta falsidade antes do julgamento pelo juízo "a quo". Sendo o conhecimento posterior, como na hipótese de se descobrir que o autor do documento juntado aos autos em primeiro grau era falecido ao suposto tempo de sua produção, nada impede, para nós, a instauração do incidente[12].

15.6.1 Procedimento

Havendo suspeita quanto à falsidade documental, cabe à parte interessada arguir a falsidade. Nesse sentido, podem requerer a instauração do incidente o Ministério Público, querelante, ofendido – habilitado ou não como assistente de acusação –, acusado e

12. Em sentido contrário, Avena, Brasileiro e outros.

seu defensor. Nos termos do art. 147 do CPP, o magistrado igualmente pode, de ofício, proceder à verificação da falsidade. Entendemos que, nesse caso, não há violação ao sistema acusatório em razão do princípio da cooperação e do poder geral de cautela do magistrado, vez que esse, ao apreciar a prova documental, pode ter dúvidas quanto à sua autenticidade, e nos parece perfeitamente natural que, como destinatário final da prova, possa determinar a abertura do incidente sem que tal medida caracterize subversão de sua posição neutra no processo, pois a prova, em si, já foi produzida pelas partes.

Segundo o art. 145 do CPP, arguida por escrito a falsidade, o juiz mandará autuar em apartado a impugnação, e em seguida ouvirá a parte contrária, que, no prazo de 48 horas, oferecerá resposta (inc. I). Tratando-se de documento eletrônico, a arguição da falsidade será processada eletronicamente (art. 11, §2º da Lei 11.419/06). Em sequência, assinará o prazo de três dias, sucessivamente, a cada uma das partes, para prova de suas alegações (inc. II). Apesar do art. 145 prever a arguição por escrito, nada impede, para nós, que seja formulada oralmente em audiência de instrução, porquanto a forma prevista deve sucumbir aos interesses maiores do processo. Tratando-se de arguição de falsidade, feita por procurador, exige-se poderes especiais (art. 146 do CPP), porquanto poderá estar caracterizado o delito de uso de documento falso, crime contra a honra ou mesmo denunciação caluniosa.

Parte da doutrina sustenta a possibilidade de provocação do incidente pelo próprio autor da juntada do documento falso, quando perceber, por exemplo, que o referido possui o condão de prejudicá-lo em sua estratégia. Em razão do princípio da cooperação e da comunhão das provas, não nos parece razoável impedir, de plano, essa remota possibilidade, vez que o próprio magistrado poderia determinação a instauração do incidente de ofício. Há que se ater, contudo, para a existência de possível manobra para atrasar a marcha processual, de forma que, apesar da possibilidade em tese, a situação deve ser avaliada sob a luz do mosaico probatório, de forma contextualizada.

Realizada a apuração, conclusos os autos, o juiz poderá ordenar as diligências que entender necessárias (inc. III do art. 145, CPP). Reconhecida a falsidade por decisão irrecorrível, o juiz mandará desentranhar o documento e remetê-lo, com os autos do processo incidente, ao Ministério Público (art. 145, IV do CPP), o qual deverá apurar a responsabilidade penal pelo uso do documento falso. Ao contrário, sendo reconhecida a autenticidade do documento, esse permanecerá no processo regularmente. De ambas as decisões caberá recurso em sentido estrito nos termos do art. 581, XVIII do CPP, que prevê a possibilidade do RSE quanto à decisão que "decidir o incidente de falsidade", sendo incorreta a interpretação pela irrecorribilidade com lastro no art. 145, IV do CPP, diante da previsão "se reconhecida a falsidade por decisão irrecorrível...". *In casu*, o legislador não previu a irrecorribilidade, mas tão somente assinalou que, "após o trânsito em julgado..." serão aplicadas as consequências legais (desentranhamento ou manutenção).

O incidente **não suspende o curso processual ou a prescrição**, podendo os atos que dele não dependerem serem produzidos regularmente. Inclusive a sentença pode ser proferida sem a finalização do incidente, desde que o objeto da falsidade seja irrelevante para fins de mérito e o magistrado expressamente consigne sua desnecessidade na decisão por se tratar, por exemplo, de fato acessório e não relevante para formação de sua convicção.

Segundo o art. 148 do CPP, "qualquer que seja a decisão, não fará coisa julgada em prejuízo de ulterior processo penal ou civil". Isso significa que os efeitos da decisão ficam restritos ao processo penal no qual foi decidido o incidente, não reverberando para outra seara ou processo, tanto que em eventual processo criminal por uso de documento falso, esse pode vir a ser considerado verdadeiro. Imaginemos que no processo original da juntada do documento o incidente seja julgado improcedente, reconhecida sua autenticidade e absolvido o réu. Contudo, em outro processo, apura-se a falsidade do documento. Nesse caso, tendo havido o trânsito em julgado da decisão, nada poderá ser feito, diante da impossibilidade de revisão criminal *pro societate*.

15.6.2 Quadro esquemático

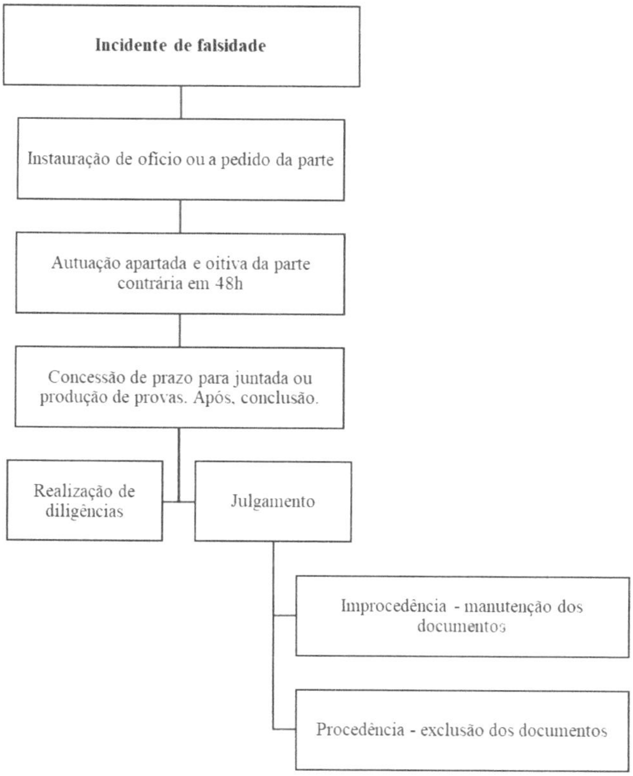

15.7 INCIDENTE DE INSANIDADE MENTAL

Art. 149. Quando houver dúvida sobre a integridade mental do acusado, o juiz ordenará, de ofício ou a requerimento do Ministério Público, do defensor, do curador, do ascendente, descendente, irmão ou cônjuge do acusado, seja este submetido a exame médico-legal.

§ 1º O exame poderá ser ordenado ainda na fase do inquérito, mediante representação da autoridade policial ao juiz competente.

§ 2º O juiz nomeará curador ao acusado, quando determinar o exame, ficando suspenso o processo, se já iniciada a ação penal, salvo quanto às diligências que possam ser prejudicadas pelo adiamento.

Art. 150. Para o efeito do exame, o acusado, se estiver preso, será internado em manicômio judiciário, onde houver, ou, se estiver solto, e o requererem os peritos, em estabelecimento adequado que o juiz designar.

§ 1º O exame não durará mais de quarenta e cinco dias, salvo se os peritos demonstrarem a necessidade de maior prazo.

§ 2º Se não houver prejuízo para a marcha do processo, o juiz poderá autorizar sejam os autos entregues aos peritos, para facilitar o exame.

Art. 151. Se os peritos concluírem que o acusado era, ao tempo da infração, irresponsável nos termos do art. 22 do Código Penal, o processo prosseguirá, com a presença do curador.

Art. 152. Se se verificar que a doença mental sobreveio à infração o processo continuará suspenso até que o acusado se restabeleça, observado o § 2º do art. 149.

§ 1º O juiz poderá, nesse caso, ordenar a internação do acusado em manicômio judiciário ou em outro estabelecimento adequado.

§ 2º O processo retomará o seu curso, desde que se restabeleça o acusado, ficando-lhe assegurada a faculdade de reinquirir as testemunhas que houverem prestado depoimento sem a sua presença.

Art. 153. O incidente da insanidade mental processar-se-á em auto apartado, que só depois da apresentação do laudo, será apenso ao processo principal.

Art. 154. Se a insanidade mental sobrevier no curso da execução da pena, observar-se-á o disposto no art. 682.

A realização do exame de insanidade mental por vezes se faz necessária porquanto a capacidade cognitiva do agente pode impactar no processo de várias formas, seja no tocante ao aspecto processual em si, seja interferindo no mérito processual. Isso porque a condição mental no momento do fato pode impactar na culpabilidade e condição atual pode trazer reflexos processuais, conforme veremos na sequência.

Segundo o art. 149 do CPP, quando houver dúvida sobre a integridade mental do acusado, o juiz ordenará, de ofício ou a requerimento do Ministério Público, do defensor, do curador, do ascendente, descendente, irmão ou cônjuge do acusado, seja este submetido a exame médico-legal. Apesar da redação restringir ao acusado, nada impede que o incidente seja instaurado no curso do inquérito policial, conforme previsão do §1º do mesmo art. 149 do CPP.

A doutrina e a jurisprudência divergem quanto à possibilidade de instauração do incidente em grau recursal. Parece-nos que dada a natureza do instituto, não há qualquer impossibilidade para que o Tribunal, de ofício ou a requerimento, diante de um quadro de fundado receio quanto à capacidade cognitiva do agente, converta o julgamento em diligência para que se realize o exame de insanidade mental. O ponto de divergência, todavia, reside na hipótese de recurso exclusivo da defesa, vez que o STF editou a Súmula 525, que assinala que a medida de segurança, medida típica nos casos de insanidade mental, não será aplicada em segunda instância, quando somente o réu tenha recorrido.

O STF, em 2012, decidiu pela aplicação da Súmula no julgamento do HC 111.769, DJe 26.25.13, ao passo que o STJ possui entendimento contrário, conforme se verifica no julgamento do HC 187.051, DJe 14.10.11.

Como síntese de fundamentos, trazemos à colação a decisão do STJ:

> "não constitui reformatio in pejus o fato de o Tribunal substituir a pena privativa de liberdade por medida de segurança, com base em laudo psiquiátrico que considerou o acusado inimputável, vez que a medida de segurança é mais benéfica do que a pena, vez que objetiva a proteção da saúde do acusado. Não se aplica a Súmula 525/STF ao caso, vez que a referida Súmula foi editada quando vigia o sistema duplo binário, isto é, quando havia possibilidade de aplicação simultânea de pena privativa de liberdade e de medida de segurança. A reforma penal de 1984, autoriza a substituição da pena privativa de liberdade por medida de segurança ao condenado semi-imputável que necessitar de especial tratamento curativo, aplicando-se o mesmo regramento da medida de segurança para inimputáveis (art. 97 e 98)".STJ, HC 187.051/SP, DJe 14.10.2011.

Apesar da divergência, parece-nos dotada de sentido a Súmula 525 do STF, haja vista que, em primeiro momento, não se pode desconsiderar a possibilidade de absolvição pelo Tribunal diante do recurso exclusivo da defesa, circunstância que desnaturaria o incidente de insanidade, porquanto a absolvição naturalmente é mais benéfica que eventual absolvição imprópria, possível consequência da incapacidade. Um segundo ponto a ser considerado é o fato de que a medida de segurança, apesar de não concebida como pena de forma direta, possui também natureza sancionatória e, como tal, pode perdurar até o limite máximo da pena cominada ao delito, podendo, portanto, ser mais gravosa do que a própria pena em si, fixada em concreto. Por fim, o terceiro ponto a ser levado em cotejo é a própria possibilidade de, no juízo da execução penal, com lastro no art. 183 da LEP, converter-se a pena privativa de liberdade em medida de segurança.

Superada a questão, vale registrar que, no tocante à legitimidade, o incidente poderá ser instaurado de ofício pelo juiz na fase processual, não se admitindo, por respeito ao sistema acusatório, que esse se imiscua na seara investigativa, especialmente de ofício. A determinação de ofício no âmbito processual, por seu turno, não viola o sistema acusatório, pois nesse caso o magistrado não ingressa na produção de provas em substituição a qualquer das partes, pois visa, tão somente, aferir a capacidade de compreensão e autodeterminação do réu, para fins de assegurar a correta representação processual e assegurar-lhe a possibilidade de avaliação adequada acerca do estrato da culpabilidade.

Além da determinação de ofício pelo magistrado, o incidente pode ser provocado pelo Ministério Público, defensor, curador, do ascendente, descendente, irmão ou cônjuge do acusado, conforme a redação do art. 149 do CPP. Ainda, o §1º prevê a possibilidade de a autoridade policial representar pelo incidente, caso o inquérito ainda não tenha sido encaminhado ao juízo. Diante da ampla legitimidade, chama a atenção o fato de que o querelante e o assistente da acusação não terem sido contemplados na previsão. Quanto ao primeiro, a doutrina e a jurisprudência não apresentam óbices, porquanto a posição do querelante é similar à do Ministério Público, podendo-se aplicar a interpretação extensiva. Por outro lado, a doutrina não é pacífica quanto à legitimidade do assistente da acusação, porquanto prevalece o entendimento de que o rol de atribuições do assistente, previsto no art. 271 do CPP, seria taxativo.

A questão, para nós, deve ser interpretada sob a luz da essência da atuação do assistente da acusação e não somente sob a égide do suposto rol taxativo. Segundo o entendimento predominante do STF e STJ, o assistente da acusação **possui dúplice escopo no processo**: **interesse econômico na reparação do dano e interesse na realização da Justiça**. Partindo dessa premissa, parece-nos que impedir o assistente de acusação de formular o requerimento de instauração do incidente de insanidade mental caminha no sentido do alijamento de seus interesses processuais, porquanto é inegável que a capacidade mental do agente influencia diretamente não somente na realização da Justiça, mas também no interesse econômico a ser alcançado pela reparação do dano. E, nesse sentido, deixá-lo de fora do amplo rol de legitimados pode, eventualmente, trazer-lhe prejuízos, especialmente se já tramita ação civil *ex delicto* no cível, cuja pauta defensiva, por exemplo, é a incapacidade mental do agente, curatelado. Isso porque a incapacidade para a prática de atos da vida civil em nada interfere na responsabilidade penal em razão da independência das instâncias.

Ainda no tocante à legitimidade, há que compreender o companheiro na previsão do "cônjuge" e restringir o termo curador àquele assim designado pelo juízo cível em processo de curatela, pois a figura do curador prevista ao acusado maior de 18 e menor de 21 anos, prevista no art. 194 do CPP, não mais subsiste no ordenamento jurídico.

O Código de Processo Penal não prevê recurso específico para decisão que denega a instauração do incidente. Nesses casos, a decisão pode ser atacada por *habeas corpus*, por envolver potencial violação do direito de liberdade, e por mandado de segurança, quando o delito for passível de pena privativa de liberdade nos termos da Súmula 693 do STF. Não se nega, igualmente, a possibilidade de correição parcial.

O STF decidiu, no julgamento do HC 133.078/RJ[13], que o **exame de insanidade mental é prova pericial constituída em favor da defesa, não sendo possível determiná-la compulsoriamente quando a defesa se opõe**.

Em que pese a compreensão da decisão, há que se questioná-la em dois pontos. O primeiro guarda pertinência com a **natureza da prova**, porquanto a se compreendê-la como favorável à defesa, impossível seria sua determinação de ofício pelo magistrado sem que violássemos o sistema acusatório. O segundo, por seu turno, associa-se com a **tutela do processo e do indivíduo** que se faz com o incidente de insanidade mental. Isso porque, sendo incapaz de compreender o caráter ilícito do fato ou de se autodeterminar, caso não seja realizado o exame pericial, a produção probatória estará fadada à nulidade, porquanto o processo tramitará sem curador. Vale lembrar que caso o agente tenha constituído procurador, o próprio ato em si de constituição poderá ser questionado, porquanto a falta de capacidade pode atingir também a seara cível. Registre-se, ainda, que **a existência de defensor nomeado não supre a necessidade de curador, porquanto a representação processual não se confunde com a capacidade processual**.

Assim, temos que a questão ultrapassa o mero interesse privado da defesa para alcançar o interesse público derivado da fiel observância das normas processuais, especialmente porque, caso não aceitemos a realização da prova, independentemente da vontade da defesa, poderemos avançar para a condenação de um inimputável, submetendo-o ao sistema carcerário comum, sem qualquer espécie de tratamento, circunstância apta a colocar em risco não somente os demais agentes submetidos ao cárcere, mas principalmente o próprio apenado. Trata-se, portanto, em nossa compreensão, de prova que interessa ao processo comum um todo, e não somente à defesa.

15.7.1 Procedimento

Nos termos do art. 153 do CPP, o incidente da insanidade mental deverá ser processado em autos apartados e, somente após a apresentação do laudo, será apensado ao processo principal.

Instaurado o procedimento, nos termos do §2º do art. 149 do CPP, o juiz nomeará curador ao acusado[14], quando determinar o exame, ficando suspenso o processo[15], se já iniciada a ação penal, salvo quanto às diligências que possam ser prejudicadas pelo

13. O incidente de insanidade mental, que subsidiará o juiz na decisão sobre a culpabilidade ou não do réu, é prova pericial constituída em favor da defesa, não sendo possível determiná-la compulsoriamente quando a defesa se opõe. STF, HC 133.078/RJ, DJe 22.09.2016.

14. Repetimos, nesse ponto, a necessidade de se diferenciar a função da curatela com a de representação processual.

15. Não haverá suspensão se o exame for determinado em sede de inquérito policial.

adiamento. Há, portanto, a suspensão do processo, mas não a suspensão do curso do prazo prescricional por ausência de previsão expressa. De igual forma, admite-se a produção de provas urgentes, conforme se infere da parte final do dispositivo.

Segundo o art. 150 do CPP, para realização do exame, o acusado, se estiver preso, será internado em manicômio judiciário, onde houver, ou, se estiver solto, e o requererem os peritos, em estabelecimento adequado que o juiz designar. Essa internação, contudo, não se confunde com prisão, pois, a depender da natureza do caso, exames mais acurados precisam ser realizados, razão pela qual não compactuamos com a parcela da doutrina que sustenta a não recepção do dispositivo pela Constituição da República. À guisa de exemplo, exames que envolvem sonambulismo exigem que o agente permaneça internado durante a noite para monitoramento polissonográfico.

Conforme o §1º, o exame não durará mais de quarenta e cinco dias, salvo se os peritos demonstrarem a necessidade de maior prazo, podendo, se não houver prejuízo para a marcha do processo, o juiz autorizar sejam os autos entregues aos peritos para facilitar o exame (§2º). Não obstante a ausência de previsão expressa no dispositivo, parece-nos inafastável a necessidade de se facultar ao Ministério Público, ao assistente de acusação, ao ofendido, ao querelante e ao acusado a formulação de quesitos e indicação de assistente técnico, conforma a regra geral do art. 159, §3º do CPP.

Iniciada a perícia, essa terá como objeto aspectos: **a capacidade cognitiva do agente no momento da prática do ato e no momento atual**. O art. 151 do CPP contém uma impropriedade técnica, pois prevê que se os peritos concluírem que o acusado era, ao tempo da infração, irresponsável nos termos do art. 26 do Código Penal[16], o processo prosseguirá, com a presença do curador. A impropriedade reside no fato de que o magistrado não está vinculado ao resultado da perícia e, portanto, pode, fundamentadamente, afastar o seu resultado[17] (art. 182 do CPP). Tem-se, portanto, que a figura do curador só passa a existir com sua nomeação pelo juízo, não decorrendo, automaticamente como sugere o art. 151 do CPP, do resultado da perícia.

AVENA[18] (2020, p. 859), com precisão, destaca que:

> Tratando-se de hipótese em que **diversos crimes estejam sendo apurados no mesmo processo**, deverá o incidente apurar as condições mentais do acusado no momento atual e, se for suscitada a incapacidade em relação a todos os crimes, também na oportunidade de cada prática delituosa. Exemplo: determinado indivíduo estupra a vítima e, após consumado o ato, desfere um tiro contra ela, matando-a. Tratando-se de crimes conexos, serão apurados no mesmo processo. Instaurado o incidente, pode acontecer que, quanto ao estupro, constate o perito que o agente não possuía nenhuma capacidade de autodeterminação, sendo, portanto, inimputável em face de psicopatia sexual, mas que, relativamente ao crime contra a vida, encontrava-se ele imbuído de plena capacidade mental, tendo-o praticado para garantia da impunidade.

Não obstante, tratando-se de diversos processos criminais relacionados a crimes distintos, deverão ser instaurados incidentes de insanidade distintos, porquanto a condição mental do agente pode variar de fato para fato, a depender da psicopatia existente.

16. A redação original prevê o antigo art. 22.

17. No júri, igualmente, caso quesitada a questão relacionada à incapacidade do agente, os jurados poderão, em razão da íntima convicção, afastar o resultado da perícia.

18. *op.cit.*

Um cleptomaníaco, por exemplo, pode vir a ser considerado inimputável para um crime de furto, mas sua condição psíquica, por exemplo, não fundamenta um estupro ou homicídio. Assim, eventual exame de insanidade mental realizado em um processo não serve, em regra, como prova emprestada para outro.

15.8 SOLUÇÕES

a) Laudo que atesta a capacidade: Concluído o incidente, sendo verificada a **capacidade do agente**, o processo seguirá seu fluxo natural, sem qualquer intercorrência, até a prolação de sentença condenatória ou absolutória.

b) Laudo que atenta a incapacidade superveniente: o art. 152 do CPP dispõe que se verificado que a **doença mental sobreveio à infração, o processo continuará suspenso até que o acusado se restabeleça**, observando-se o disposto no §2º do art. 149, isto é, nomeação de curador e realização de provas urgentes. Registre-se, novamente, que a incapacidade não suspende a prescrição, isto é, o processo permanecerá suspenso até que ocorra uma das causas extintivas da punibilidade do agente (art. 107 do CP), que não sofrem impacto com o incidente, ou recuperação do réu.

O §1º do art. 152 do CPP assinala que o juiz poderá, no caso de incapacidade ou irresponsabilidade, ordenar a internação do acusado em manicômio judiciário ou em outro estabelecimento adequado. O dispositivo **não contempla a natureza de medida de segurança provisória**, inexistente em nosso ordenamento jurídico, pois a medida de segurança só pode ser aplicada após o trânsito em julgado da sentença que a impuser (art. 171 da LEP).

De igual modo, não se confunde com a medida cautelar diversa da prisão prevista no art. 319, VII do CPP: "internação provisória do acusado nas hipóteses de crimes praticados com violência ou grave ameaça, quando os peritos concluírem ser inimputável ou semi-imputável (art. 26 do Código Penal) e houver risco de reiteração". Isso porque a previsão do art. 319, VII do CPP restringe-se à hipótese de incapacidade "ao tempo da ação ou omissão", haja vista a expressa referência ao art. 26 do Código Penal. Em síntese, a redação legal não contempla a incapacidade superveniente.

Enfrentando a questão, o STJ decidiu que:

> A prisão preventiva é a medida adequada para assegurar que o acusado, doente mental, fique segregado, quando presentes os requisitos do art. 312 do Código de Processo Penal, como na hipótese, uma vez que não existe em nosso ordenamento jurídico, desde a reforma penal de 1984, a medida de segurança provisória. Não há falar em constrangimento ilegal quando o decreto de custódia preventiva foi bem fundamentado, sobretudo na garantia da ordem pública, para evitar a reiteração criminosa e acautelar o meio social, dada a periculosidade do agente. RHC 22.666/PR, DJe 13.10.2008.

Entendeu o STJ, portanto, que a medida será aplicável a título de prisão preventiva, quando estiverem presentes seus pressupostos. Nesse particular, realizamos o efetivo recorte para reiterar que, tratando-se da hipótese de incapacidade ao tempo da ação ou omissão (art. 319, VII, CPP), o teor da decisão não se aplica, de forma que a análise a seguir pauta-se na incapacidade superveniente. O ponto omitido, contudo, encontra-se no prazo. Por qual prazo o agente poderá ficar preso? A pergunta é pertinente porquanto a suspensão do processo pode perdurar por um lapso considerável de tempo, até o alcance da prescrição, por exemplo. E, nesse sentido, poderíamos admitir uma prisão preventiva sem a menor perspectiva de tempo razoável para encerramento?

Sob a luz da proporcionalidade, a decisão não se sustenta, pois não se revela razoável a efetivação da prisão preventiva com o processo permanecendo suspenso por tempo indefinido. Some-se, a tal fato, a necessária consideração de que nos casos irreversíveis, a prisão preventiva perdurará por mais tempo do que a prisão por uma eventual condenação. Na prática, trata-se de medida de segurança provisória, travestida de preventiva, sem as cautelas inerentes à medida de segurança.

A solução que se apresenta possível, para nós, é reformular, por hermenêutica, a referência ao art. 26 do CP prevista no art. 319, VII, CPP, para concebê-la tão somente como inimputabilidade ou semi-imputabilidade, para permitir sua aplicação às hipóteses de incapacidade superveniente.

A Lei 10.216/01 prevê, no art. 6º, inc. III, a internação compulsória, isto é, aquela determinada pela Justiça. Ocorre que os fins da internação prevista na Lei 10.216/01, ou mesmo na Lei 11.343/06, são distintos daquele que envolve a periculosidade do agente na seara criminal. Estamos diante, portanto, de uma situação sem definição legal e apta a caracterizar constrangimento ilegal por ausência de fundamento. Isso porque nos parece inadmissível, conforme destacamos, que a prisão preventiva ou medida cautelar, pouco importando a natureza jurídica, dure até a ocorrência da prescrição. Na prática, consoante salientamos, trata-se de medida de segurança travestida de prisão preventiva ou de medida cautelar.

A solução, para nós, passa pela edição de legislação específica, que não perca de vista a necessidade de garantia da ordem pública, mas assegure o efetivo tratamento ao inimputável ou semi-imputável, porquanto a prisão preventiva, por si só, possui fundamentos específicos que não se voltam ao agente, mas às situações previstas no art. 312 do CPP, sem que se atente, minimamente, para o escopo de tratamento conferido pela medida de segurança.

Pode ocorrer, contudo, que **nos casos de incapacidade superveniente, o acusado venha a restabelecer**. Nesses casos, segundo o §2º do art. 152 do CPP, o **processo retomará o seu curso**, assegurando-se ao acusado a faculdade de reinquirir as testemunhas que houverem prestado depoimento sem a sua presença.

c) Laudo conclui pela incapacidade ao tempo do fato: a solução passa pela aplicação do art. 151 do CPP, que dispõe que o processo prosseguirá, com a presença do curador. Caminhará o feito, portanto, para a prolação de sentença, que poderá ser absolutória própria, absolutória imprópria (aplicação de medida de segurança) ou condenatória, caso o juiz afaste, fundamentadamente, as conclusões do laudo pericial.

c.1) Se a incapacidade ao tempo do fato for total, aplica-se a regra do art. 26, *caput*, do CP, isto é, será absolvido de forma própria, pela ocorrência, por exemplo, de uma causa excludente de ilicitude ou reconhecimento de negativa de autoria, ou imprópria, oportunidade em que o magistrado imporá a medida de segurança nos termos do art. 386, III, do CPP.

c.2) por outro lado, tratando a hipótese de semi-imputabilidade ao tempo do fato, a solução passa pelo parágrafo único do art. 26 do CP, ou seja, será absolvido de forma própria, pela ocorrência, por exemplo, de uma causa excludente de ilicitude ou reconhecimento de negativa de autoria, ou será condenado, com a redução de pena no patamar de 1/3 a 2/3, podendo essa ser substituída por medida de segurança se houver indicativo de periculosidade (art. 98, CP).

Tratando-se de incidente de insanidade instaurado no curso de inquérito policial, pode ocorrer de a conclusão do laudo só ser realizada após o oferecimento da denúncia. Entretanto, a solução será idêntica, pois independentemente da conclusão anterior ao oferecimento da denúncia, sendo a incapacidade superveniente, haverá a suspensão do processo em qualquer hipótese. De igual modo, caracterizada a incapacidade à época do fato, o juiz deverá nomear curador ao acusado para dar prosseguimento ao processo, devendo-se ater, contudo, para eventual renovação dos atos processuais anteriormente praticados sem a presença do curador para evitar nulidade.

15.8.1 Quadro esquemático

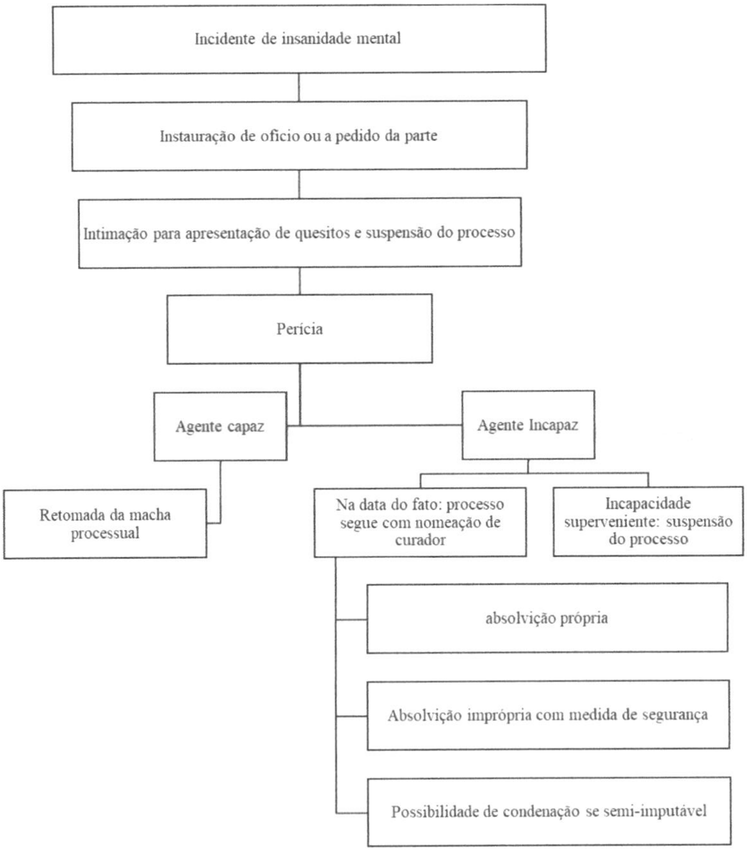

15.8.2 Incapacidade mental no procedimento do Tribunal do Júri

O procedimento do Tribunal do Júri, por ser bifásico, possui algumas peculiaridade com relação ao procedimento ordinário[19]. Sem adentrarmos nas especificidades do

19. As peculiaridades serão vistas no capítulo pertinente ao Tribunal do Júri, com maior detalhamento e as respectivas explicações dos motivos atinentes à quesitação, bem como as diferenças relacionadas às decisões no encerramento da primeira fase do Tribunal do Júri.

procedimento especial, que serão vistas no capítulo próprio, procuramos, de forma esquemática, trazer as possíveis situações e soluções.

<table>
<tr><th>Momento</th><th>Situação pericial</th><th colspan="2">Consequência</th></tr>
<tr><td rowspan="3">Antes da fase da pronúncia</td><td>Agente capaz à época do fato, mas com incapacidade superveniente.</td><td colspan="2">Suspensão do processo até o restabelecimento ou ocorrência de causa extintiva de punibilidade.</td></tr>
<tr><td>Agente totalmente incapaz à época do fato (inimputável).</td><td colspan="2">Não sendo o caso de impronúncia:
Pronunciar o acusado caso a inimputabilidade não seja a única tese defensiva.
Absolver sumariamente, de forma imprópria (medida de segurança), quando a única tese defensiva for a inimputabilidade.</td></tr>
<tr><td>Agente parcialmente incapaz à época do fato (semi-imputável).</td><td colspan="2">Não sendo o caso de impronúncia ou absolvição sumária própria:
Pronunciar o acusado, sendo quesitada aos jurados a causa de diminuição de pena do p. único do art. 26 do CP.</td></tr>
<tr><td rowspan="5">Após a fase da pronúncia</td><td>Agente capaz à época do fato, mas com incapacidade superveniente.</td><td colspan="2">Suspensão do processo até o restabelecimento ou ocorrência de causa extintiva de punibilidade.</td></tr>
<tr><td rowspan="3">Agente totalmente incapaz à época do fato (inimputável).</td><td colspan="2">O processo segue com curador, com a realização do julgamento pelo Tribunal do Júri. A quesitação do art. 483, III do CPP – o jurado absolve o acusado? – propiciou duas correntes, porquanto havendo mais de uma tese defensiva, sua literalidade não indica o motivo, imprescindível para se saber se estaremos diante de uma absolvição própria ou imprópria (com medida de segurança).</td></tr>
<tr><td>1ª corrente</td><td>2ª corrente</td></tr>
<tr><td>A quesitação será fracionada, individualizada, para que os jurados se manifestem sobre cada uma das teses de forma isolada. Primeiro as excludentes de ilicitude, depois as de culpabilidade e, posteriormente, as de punibilidade.</td><td>A quesitação será única – o jurado absolve o acusado?- sendo positiva a resposta, o réu estará absolvido, independentemente do motivo interno dos jurados, sem possibilidade de aplicação da medida de segurança.</td></tr>
<tr><td>Agente parcialmente incapaz à época do fato (semi-imputável).</td><td colspan="2">O processo segue com curador, com a realização do julgamento pelo Tribunal do Júri. A quesitação acerca da semi-imputabilidade é obrigatória caso superado o quesito do art. 483, III do CPP – o jurado absolve o acusado?, por se tratar de causa de diminuição de pena.</td></tr>
<tr><td>Em plenário</td><td>–</td><td colspan="2">Dissolução do Conselho de Sentença e instaurar o incidente de insanidade mental.</td></tr>
</table>

15.8.3 Incapacidade mental no curso da execução penal

Segundo o art. 154 do CPP, "se a insanidade mental sobrevier no curso da execução da pena, observar-se-á o disposto no art. 682".

O dispositivo deve ser lido sob a luz do art. 183 da LEP, vez que o art. 682 do CPP foi tacitamente revogado pela Lei de Execuções Penais, que regula os incidentes da execução:

> Art. 183. Quando, no curso da execução da pena privativa de liberdade, sobrevier doença mental ou perturbação da saúde mental, o Juiz, de ofício, a requerimento do Ministério Público, da Defensoria Pública ou da autoridade administrativa, poderá determinar a substituição da pena por medida de segurança.

Tem-se, portanto, que a pena privativa de liberdade, em razão da incapacidade de compreensão do agente, deve ser substituída por medida de segurança. Contudo, não se trata de conversão automática, eis que, não obstante a ausência de previsão expressa, deve ser realizada prova pericial para constatação da incapacidade, como forma de trazer subsídio ao magistrado. Entendemos que, no caso, ante a ausência de regramento específico, deve ser aplicado o procedimento previsto nos arts. 194 a 197 da LEP[20], valendo-se dos parâmetros fornecidos pelo procedimento previsto nos arts. 175 a 179 da LEP, em especial, a realização de laudo psiquiátrico e nomeação de curador de forma prévia.

15.9 SÍNTESE GRÁFICA

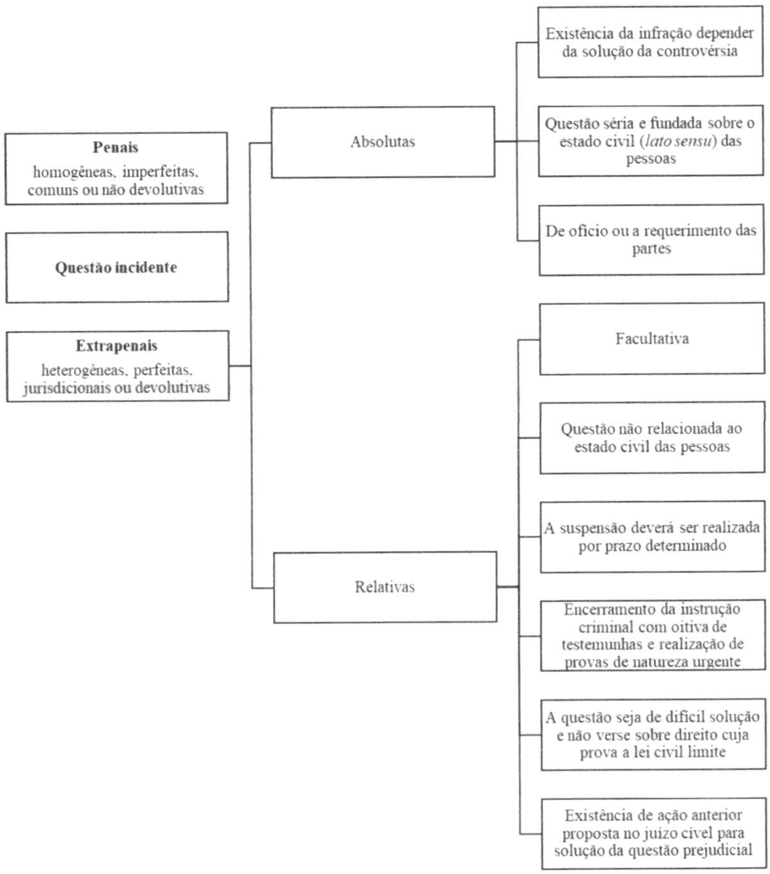

20. Art. 194. O procedimento correspondente às situações previstas nesta Lei será judicial, desenvolvendo-se perante o Juízo da execução.
Art. 195. O procedimento judicial iniciar-se-á de ofício, a requerimento do Ministério Público, do interessado, de quem o represente, de seu cônjuge, parente ou descendente, mediante proposta do Conselho Penitenciário, ou, ainda, da autoridade administrativa.
Art. 196. A portaria ou petição será autuada ouvindo-se, em 3 (três) dias, o condenado e o Ministério Público, quando não figurem como requerentes da medida.

Diferenças	
Absolutas	**Relativas**
A suspensão do processo criminal é obrigatória	A suspensão do processo criminal é facultativa
A suspensão pode ocorrer a qualquer tempo.	A suspensão poderá ocorrer apenas após a oitiva das testemunhas
A suspensão do processo criminal ocorre independentemente da propositura da ação cível	A suspensão somente poderá ocorrer quando já houver ação civil em andamento
O indeferimento da suspensão do processo criminal pode ser impugnado por meio de HC, mandado de segurança e correição parcial	Não cabe qualquer espécie de recurso ou impugnativos diversos constitucionais, pois a decisão funda-se no livre-arbítrio do magistrado (entendimento majoritário)[21]
Semelhanças	
✓Devem ser apreciadas antes da sentença ✓Atacam a tipicidade da conduta ✓Suspenso o processo, suspendem a prescrição (art. 116, I do CP), permitindo a produção de provas urgentes ✓O Ministério Público poderá mover a ação cível quando a ação penal for de iniciativa pública ✓Admitem RESE (art. 571, XVI) contra a decisão que ordena a suspensão	

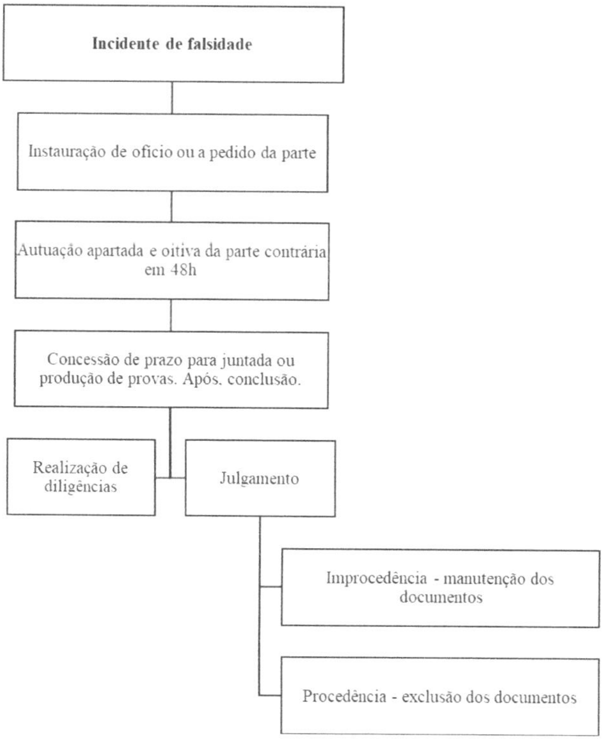

§ 1º Sendo desnecessária a produção de prova, o Juiz decidirá de plano, em igual prazo.

§ 2º Entendendo indispensável a realização de prova pericial ou oral, o Juiz a ordenará, decidindo após a produção daquela ou na audiência designada.

Art. 197. Das decisões proferidas pelo Juiz caberá recurso de agravo, sem efeito suspensivo.

21. Entendemos que o indeferimento da suspensão do processo criminal pode ser impugnado por meio de HC, mandado de segurança e correição parcial.

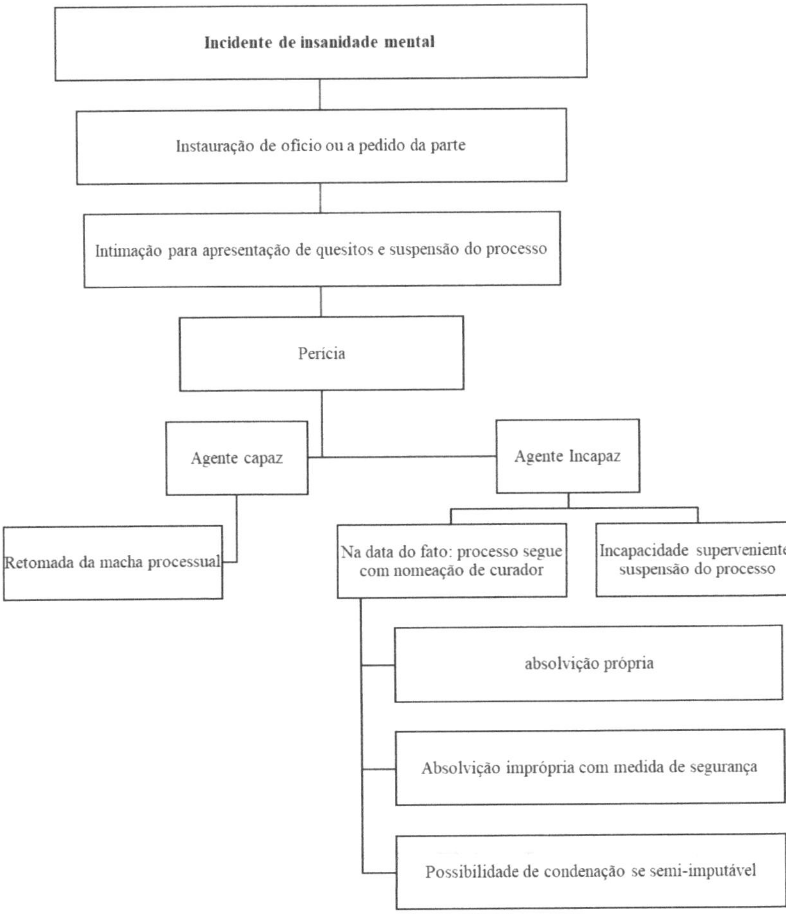

Momento	Situação pericial	Consequência
Antes da fase da pronúncia	Agente capaz à época do fato, mas com **incapacidade superveniente**.	Suspensão do processo até o restabelecimento ou ocorrência de causa extintiva de punibilidade.
	Agente **totalmente incapaz** à época do fato (inimputável).	Não sendo o caso de impronúncia: Pronunciar o acusado caso a inimputabilidade não seja a única tese defensiva. Absolver sumariamente, de forma imprópria (medida de segurança), quando a única tese defensiva for a inimputabilidade.
	Agente **parcialmente incapaz** à época do fato (semi-imputável).	Não sendo o caso de impronúncia ou absolvição sumária própria: Pronunciar o acusado, sendo quesitada aos jurados a causa de diminuição de pena do p. único do art. 26 do CP.

<table>
<tr><th>Momento</th><th>Situação pericial</th><th colspan="2">Consequência</th></tr>
<tr><td rowspan="5">Após a fase da pronúncia</td><td>Agente capaz à época do fato, mas com incapacidade superveniente.</td><td colspan="2">Suspensão do processo até o restabelecimento ou ocorrência de causa extintiva de punibilidade.</td></tr>
<tr><td rowspan="3">Agente totalmente incapaz à época do fato (inimputável).</td><td colspan="2">O processo segue com curador, com a realização do julgamento pelo Tribunal do Júri. A quesitação do art. 483, III do CPP – o jurado absolve o acusado? – propiciou duas correntes, porquanto havendo mais de uma tese defensiva, sua literalidade não indica o motivo, imprescindível para se saber se estaremos diante de uma absolvição própria ou imprópria (com medida de segurança).</td></tr>
<tr><td>1ª corrente</td><td>2ª corrente</td></tr>
<tr><td>A quesitação será fracionada, individualizada, para que os jurados se manifestem sobre cada uma das teses de forma isolada. Primeiro as excludentes de ilicitude, depois as de culpabilidade e, posteriormente, as de punibilidade.</td><td>A quesitação será única – o jurado absolve o acusado?- sendo positiva a resposta, o réu estará absolvido, independentemente do motivo interno dos jurados, sem possibilidade de aplicação da medida de segurança.</td></tr>
<tr><td>Agente parcialmente incapaz à época do fato (semi-imputável).</td><td colspan="2">O processo segue com curador, com a realização do julgamento pelo Tribunal do Júri. A quesitação acerca da semi-imputabilidade é obrigatória caso superado o quesito do art. 483, III do CPP – o jurado absolve o acusado?, por se tratar de causa de diminuição de pena.</td></tr>
<tr><td>Em plenário</td><td>—</td><td colspan="2">Dissolução do Conselho de Sentença e instaurar o incidente de insanidade mental.</td></tr>
</table>

15.10 REVISÃO DO CAPÍTULO POR QUESTÕES DE CONCURSOS E ASSERTIVAS DE REFORÇO

QUESTÕES DE CONCURSO

1. (PC/RJ 2022 - CESPE/CEBRASPE - DELEGADO DE POLÍCIA). Tício está sendo processado criminalmente pela prática de crime de apropriação indébita. Em sua resposta à acusação, Tício alega ser improcedente a imputação, tendo em vista que discute, em ação civil por ele proposta, a legitimidade da posse da coisa móvel. Acerca dessa situação, assinale a opção correta.

A. O juiz poderá suspender a ação penal a depender tão somente da prévia propositura da ação cível pelo acusado.

B. A resolução da questão prejudicial pelo juiz criminal faz coisa julgada.

C. Não há possibilidade de suspensão da ação penal movida contra Tício.

D. O juiz criminal pode resolver, incidenter tantum, a questão da posse sem que seja necessária a suspensão da ação penal.

E. O juiz deverá suspender a ação penal até que se dirima no juízo cível a questão da legitimidade da posse.

2. (MP/GO 2019 - PROMOTOR DE JUSTIÇA). Sobre as questões e processos incidentes previstos no Código de Processo Penal, é incorreto afirmar:

A. Se a decisão sobre a existência da infração depender da solução de controvérsia, que o Juiz repute séria e fundada, sobre o estado civil das pessoas, o curso da ação penal ficará suspenso por até 1 (um) ano. Expirado o prazo, sem que o Juiz cível tenha proferido decisão, o Juiz criminal fará prosseguir o processo.

B. Arguida a suspeição do órgão do Ministério Público, o Juiz, depois de ouvi-lo, decidirá, sem recurso, podendo antes admitir a produção de provas no prazo de 3 (três) dias.

C. A suspeição dos jurados deverá ser arguida oralmente, decidindo de plano o presidente do Tribunal do Júri, que a rejeitará se, negada pelo recusado, não for imediatamente comprovada.

D. Em caso de dúvida sobre quem seja o verdadeiro dono das coisas apreendidas, o Juiz remeterá as partes para o juízo cível, ordenando o depósito das coisas em mãos de depositário ou do próprio terceiro que as detinha, se for pessoa idônea.

3. (MPM 2021 - PROMOTOR DE JUSTIÇA MILITAR). Na temática das questões prejudiciais no processo penal, dentre as opções abaixo assinale a opção correta.

A. As questões prejudiciais heterogêneas não admitem a suspensão do processo.

B. O Juiz da ação deve ser também o Juiz da exceção, sejam as questões prejudiciais devolutivas ou não devolutivas.

C. As questões prejudiciais devolutivas absolutas devem obrigatoriamente ser apreciadas no juízo extrapenal.

D. Não cabe suscitar questão prejudicial após a distribuição de Apelação no juízo "ad quem".

4. (TRF/5ª REGIÃO 2014 - CESPE/CEBRASPE - JUIZ FEDERAL). No que se refere às questões prejudiciais, assinale a opção correta.

A. De acordo com o CPP, as questões prejudiciais, obrigatórias ou facultativas, podem ser reconhecidas, de ofício, pelo juiz da causa principal, sendo prescindível, em qualquer dos casos, a produção antecipada de provas.

B. Considere que um indivíduo, maior e capaz, tenha feito afirmação falsa, na condição de testemunha, em uma reclamação trabalhista em curso na justiça especializada. Considere, ainda, que, ao final da audiência, o magistrado do trabalho tenha encaminhado as peças ao MPF, e que este tenha ofertado denúncia. Nessa situação, a caracterização do crime de falso testemunho ficará pendente até o encerramento definitivo do processo de reclamação trabalhista, sendo, portanto, uma questão prejudicial heterogênea, e facultativa a suspensão do processo criminal.

C. As questões prejudiciais submetem-se a juízo de prelibação, no qual o juiz criminal faz a análise da necessidade de suspensão do processo e remessa dos autos ao juízo competente, para que seja dirimida a controvérsia incidental. Caso o magistrado rejeite o pedido de suspensão do processo, caberá recurso em sentido estrito da decisão que ordene o seguimento da ação penal.

D. As questões prejudiciais homogêneas cominam a obrigatoriedade da suspensão do processo criminal principal e devem ser necessariamente solucionadas pelo juiz da causa principal.

E. Se, no curso de uma ação penal contra servidor público federal por suposta prática de peculato, na modalidade de apropriação ou desvio de recursos públicos, a defesa apresentar resposta à acusação, alegando regularidade das contas declaradas pelo TCU e idêntico posicionamento encontrado na ação de improbidade administrativa em curso, admitir-se-á a objeção apresentada pela defesa como questão prejudicial heterogênea, o que autoriza a suspensão da ação principal.

5. (TJ/SP 2018 - VUNESP - JUIZ DE DIREITO). Sobre a questão prejudicial, é correto afirmar que

A. contra a decisão que reconhece a existência de questão prejudicial, suspendendo ou não o curso da ação penal, cabe recurso em sentido estrito.

B. a suspensão do processo em decorrência de questão prejudicial é de exclusiva discricionariedade do magistrado, em juízo de prelibação, não cabendo recurso em sentido estrito em caso de denegação.

C. o curso da ação penal ficará suspenso até a sentença transitar em julgado no juízo cível, sem prejuízo de produção das provas de natureza urgente, cabendo contra essa decisão recurso em sentido estrito.

D. para a suspensão do curso da ação penal em decorrência de questão prejudicial, é imprescindível requerimento das partes, vedada decisão de ofício.

ASSERTIVAS DE REFORÇO

1. ( ) As questões prejudiciais podem assumir natureza penal ou extrapenal e atacam o fato típico, em especial a tipicidade, não guardando, portanto, relação integral com o fenômeno jurídico do crime, constituído por tipicidade, ilicitude e culpabilidade.

2. ( ) Questões preliminares e questões prejudiciais são expressões sinônimas no processo penal.

3. ( ) As questões prejudiciais são classificadas em penais (homogêneas, imperfeitas, comuns ou não devolutivas), quando pertencem ao mesmo ramo do Direito da questão prejudicada, e extrapenais (heterogêneas, perfeitas, jurisdicionais ou devolutivas), quando a origem derivar de ramos distintos, como o Direito Civil, Administrativo e etc.

4. ( ) Se a decisão sobre a existência da infração depender da solução de controvérsia, que o juiz repute séria e fundada, sobre o estado civil das pessoas, o curso da ação penal ficará suspenso até que no juízo cível seja a controvérsia dirimida por sentença passada em julgado, sem prejuízo, entretanto, da inquirição das testemunhas e de outras provas de natureza urgente.

5. ( ) A nomenclatura "questões prejudiciais devolutivas absolutas ou obrigatórias" relaciona-se ao efeito delas decorrente, pois configurada a questão prejudicial, o juiz poderá suspender o curso da ação penal até que no juízo cível seja dirimida a controvérsia.

6. ( ) Satisfeitos os requisitos, o juiz, de ofício ou a requerimento das partes, deverá suspender o processo criminal até que a controvérsia seja dirimida, definitivamente, no juízo civil, podendo, contudo, determinar, a requerimento das partes, a produção de provas de natureza urgente. A suspensão do processo ocorrerá por prazo indeterminado, ou seja, até que ocorra a solução da questão no juízo cível. Entretanto, por ausência de previsão legal, o curso do prazo prescricional não se suspende.

7. ( ) Se o reconhecimento da existência da infração penal depender de decisão sobre questão diversa do estado de pessoa, da competência do juízo cível, e se neste houver sido proposta ação para resolvê-la, o juiz criminal poderá, desde que essa questão seja de difícil solução e não verse sobre direito cuja prova a lei civil limite, suspender o curso do processo, após a inquirição das testemunhas e realização das outras provas de natureza urgente.

8. ( ) No caso das questões prejudiciais extrapenais devolutivas relativas, do despacho que denegar a suspensão caberá recurso em sentido estrito, ao passo não cabe recurso em sentido estrito da decisão que ordenar a suspensão do processo.

9. ( ) A existência de ação em que se discute a constitucionalidade da exação do tributo já definitivamente constituído, ainda que já iniciado julgamento pelo STF, com forte tendência, pelos votos até então proferidos, ao reconhecimento de sua inconstitucionalidade, não configura questão prejudicial a justificar o sobrestamento da ação penal, nos termos do art. 93 do CPP.

10. ( ) Apesar do objeto, a ação de descumprimento de preceito fundamental (ADPF) não pode promover a suspensão dos processos criminais.

11. ( ) Arguida, por escrito, a falsidade de documento constante dos autos, o juiz mandará autuar em apartado a impugnação, e em seguida ouvirá a parte contrária, que, no prazo de três dias, oferecerá resposta.

12. ( ) A arguição de falsidade documental, feita por procurador, exige poderes especiais.

13. ( ) Tratando-se de documento eletrônico, a arguição da falsidade será processada fisicamente.

14. ( ) A decisão do incidente de falsidade faz coisa julgada para fins de ulterior processo penal ou civil.

15. ( ) Quando houver dúvida sobre a integridade mental do acusado, o juiz ordenará, de ofício ou a requerimento do Ministério Público, do defensor, do curador, do ascendente, descendente, irmão ou cônjuge do acusado, seja este submetido a exame médico-legal.

16. ( ) O Código de Processo Penal não prevê recurso específico para decisão que denega a instauração do incidente. Nesses casos, a decisão pode ser atacada por *habeas corpus*, por envolver potencial violação do direito de liberdade, e por mandado de segurança, quando o delito for passível de pena privativa de liberdade.

17. ( ) Segundo o STF, o exame de insanidade mental é prova pericial constituída em favor da defesa, não sendo possível determina-la compulsoriamente quando a defesa se opõe.

18. ( ) A existência de defensor nomeado supre a necessidade de curador.

19. ( ) Por economia processual, tratando-se de diversos processos criminais relacionados a crimes distintos, basta a realização de um incidente de insanidade.

20. ( ) Constatada a incapacidade do agente, não haverá a suspenção da prescrição, isto é, o processo permanecerá suspenso até que ocorra uma das causas extintivas da punibilidade do agente (art. 107 do CP), que não sofrem impacto com o incidente, ou recuperação do réu.

15.10.1 Gabaritos

QUESTÕES DE CONCURSO

1	2	3	4	5
D	A	C	E	B

ASSERTIVAS DE REFORÇO

1	2	3	4	5	6	7	8	9	10
V	F	V	V	F	F	V	F	V	F
11	**12**	**13**	**14**	**15**	**16**	**17**	**18**	**19**	**20**
F	V	F	F	V	V	V	F	F	V

COMENTÁRIOS ÀS ASSERTIVAS FALSAS E JUSTIFICATIVAS IMPORTANTES

1. V.

2. F. As questões preliminares são aquelas de natureza processual que atacam a regularidade processual, de forma que não interferem no mérito processual no tocante a eventual absolvição ou condenação. Logo, não se confundem com questões prejudiciais, que atingem o mérito do processo de modo adstringente.

3. V.

4. V.

5. F. Deverá conforme art. 92 do CPP.

6. F. O curso da prescrição é suspenso por força do art. 116, I, do CP.

7. V.

8. F. O §2º do art. 93 do CPP ainda assinala que do despacho que denegar a suspensão não caberá recurso, ao passo que o art. 581, XVI do CPP dispõe que cabe recurso em sentido estrito (RSE) da decisão que ordenar a suspensão do processo.

9. V.

10. F. A ação de descumprimento de preceito fundamental (ADPF) pode conduzir à suspensão dos processos criminais como ocorrido nos processos referentes à não recepcionada Lei de Imprensa (Lei. 5.250/67), ADPF 130.

11. F. 48h.

12. V.

13. F. Tratando-se de documento eletrônico, a arguição da falsidade será processada eletronicamente.

14. F. Segundo o art. 148 do CPP, "qualquer que seja a decisão, não fará coisa julgada em prejuízo de ulterior processo penal ou civil". Isso significa que os efeitos da decisão ficam restritos ao processo penal no qual foi decidido o incidente, não reverberando para outra seara ou processo, tanto que em eventual processo criminal por uso de documento falso, esse pode vir a ser considerado verdadeiro.

15. V.

16. V.

17. V.

18. F. A existência de defensor nomeado não supre a necessidade de curador, porquanto a representação processual não se confunde com a capacidade processual.

19. F. Tratando-se de diversos processos criminais relacionados a crimes distintos, deverão ser instaurados incidentes de insanidade distintos, porquanto a condição mental do agente pode variar de fato para fato, a depender da psicopatia existente.

20. V.

16

Exceções

16.1 COMO O ASSUNTO É ABORDADO EM PROVAS E CONCURSOS

O tema é normalmente cobrado em conjunto com o assunto "questões e processos incidentes", sendo, assim como o referido, de cobrança não reiterada nos certames de Magistratura, Ministério Público, Defensoria Pública e Delegado de Polícia.

Típico de prova objetiva, o tema compreende questões que exigem o conhecimento prioritariamente legal. Dentre as exceções, a de suspeição ganha maior destaque, não somente pelo regramento próprio, mas pelo seu tratamento jurisprudencial, motivo pelo qual o leitor deve dedicar maior atenção aos seus dispositivos legais.

Assim, temos que os assuntos abordados no presente capítulo merecem uma ênfase normativa, especialmente na proximidade das provas.

16.2 INTRODUÇÃO

Concebidas como meio de defesa indireta, as exceções foram previstas no art. 95 do CPP. Atacam, em linhas gerais, as condições da ação e pressupostos processuais, criando barreiras para o enfrentamento do mérito, tanto que autuadas em apartado sem suspender, em regra, o andamento da ação principal nos termos do art. 111 do CPP[1].

Expressamente, o CPP previu cinco exceções no art. 95:

> Art. 95. Poderão ser opostas as exceções de:
> I - suspeição;
> II - incompetência de juízo;
> III - litispendência;
> IV - ilegitimidade de parte;
> V - coisa julgada.

Além das expressamente consignadas no art. 95 do CPP, não se pode olvidar das exceções de incompatibilidade e impedimento, previstas no art. 112 do CPP, que seguem

1. Art. 111. As exceções serão processadas em autos apartados e não suspenderão, em regra, o andamento da ação penal.

o trâmite da exceção de suspeição[2], de forma que podemos, portanto, registrar **seis espécies de exceções.**

As exceções, **em regra, podem ser declaradas de ofício pelo magistrado**, não obstante a celeuma existente no tocante à incompetência em razão do lugar, que estudaremos detalhadamente mais à frente.

Doutrinariamente, são concebidas como **peremptórias** quando aptas a extinguir o processo, como a exceção de coisa julgada, e **dilatórias**, quanto tão somente atingem aspectos de cunho processual, como a exceção de incompetência do juízo.

16.3 EXCEÇÃO DE SUSPEIÇÃO

Segundo o art. 254 do CPP:

> Art. 254. O juiz dar-se-á por suspeito, e, se não o fizer, poderá ser recusado por qualquer das partes:
> I - se for amigo íntimo ou inimigo capital de qualquer deles;
> II - se ele, seu cônjuge, ascendente ou descendente, estiver respondendo a processo por fato análogo, sobre cujo caráter criminoso haja controvérsia;
> III - se ele, seu cônjuge, ou parente, consanguíneo, ou afim, até o terceiro grau, inclusive, sustentar demanda ou responder a processo que tenha de ser julgado por qualquer das partes;
> IV - se tiver aconselhado qualquer das partes;
> V - se for credor ou devedor, tutor ou curador, de qualquer das partes;
> VI - se for sócio, acionista ou administrador de sociedade interessada no processo.

Ocorrendo qualquer das hipóteses legais, haverá a suspeição do magistrado, que deverá, de ofício, reconhecê-la. Contudo, caso não o faça, assegura os artigos 96 a 107 do CPP, o direito das partes de argui-la, não somente contra o magistrado, mas contra outras autoridades consoante ainda veremos.

A exceção de suspeição **deverá ser autuada em apartado e possui natureza dilatória**. Possui, nos termos do art. 96 do CPP, **prevalência sobre qualquer outra exceção**, salvo se fundada em motivo superveniente[3]. A precedência para julgamento funda-se no possível comprometimento da imparcialidade do magistrado, evitando-se que as demais exceções venham a ser analisadas anteriormente por juiz suspeito.

Conforme destacamos, ocorrendo a suspeição, o juiz deve afirmá-la de ofício, fazendo-o por escrito, de forma fundamentada, remetendo os autos para o substituto legal nos termos do art. 97 do CPP[4]. Não o fazendo de ofício, nos termos do art. 98 do CPP, **qualquer das partes** que pretender recusar o juiz, deverá fazê-lo em petição **assinada por ela própria ou por procurador com poderes especiais**, aduzindo as suas razões acompanhadas de prova documental ou do rol de testemunhas. Discute-se, doutrinariamente, acerca da possibilidade de o assistente da acusação opor a exceção. Particularmente, **não**

2. Art. 112. O juiz, o órgão do Ministério Público, os serventuários ou funcionários de justiça e os peritos ou intérpretes abster-se-ão de servir no processo, quando houver incompatibilidade ou impedimento legal, que declararão nos autos. Se não se der a abstenção, a incompatibilidade ou impedimento poderá ser arguido pelas partes, seguindo-se o processo estabelecido para a exceção de suspeição.

3. Art. 96. A arguição de suspeição precederá a qualquer outra, salvo quando fundada em motivo superveniente.

4. Art. 97. O juiz que espontaneamente afirmar suspeição deverá fazê-lo por escrito, declarando o motivo legal, e remeterá imediatamente o processo ao seu substituto, intimadas as partes.

vemos qualquer óbice à atuação do assistente, vez que esse, por ser mais próximo da vítima ou seus familiares, pode dispor de informações desconhecidas do Ministério Público. Não obstante, a doutrina majoritária, seguindo a linha interpretativa dos Tribunais Superiores[5], entende que o rol do art. 271 do CPP é taxativo, não admitindo a exceção.

Assinala-se, portanto, a legitimidade de qualquer das partes e necessidade de produção de provas que pode ser meramente documental ou testemunhal, sendo que, nesse caso, o rol deverá a acompanhar a exceção[6]. O número de testemunhas a ser arrolado não foi declinado pelo legislador, motivo pelo qual a doutrina majoritária tem-se valido, por analogia, da previsão do art. 357, §6º do CPC, que prevê que o número de testemunhas arroladas não pode ser superior a 10, sendo 3, no máximo para a prova de cada fato.

Oposta a exceção, nos termos do art. 99 do CPP[7], o magistrado poderá, independentemente da instrução, reconhecer a suspeição, determinando a sustação da marcha processual e juntada aos autos da petição do recusante com os documentos que a instruíram e, por despacho, declarará sua suspeição, ordenando a remessa dos autos ao substituto legal.

Ocorre que o magistrado pode não reconhecer a exceção e não se dar por suspeito. Nesses casos, nos termos do art. 100 do CPP[8], deverá mandar autuar em apartado a petição, dando sua resposta dentro em três dias, podendo instruí-la e oferecer testemunhas, e, em seguida, determinar sejam os autos da exceção remetidos, em vinte e quatro horas, ao tribunal competente para o julgamento.

Segundo o §1º do art. 100 do CPP, reconhecida, preliminarmente, a relevância da arguição, o tribunal[9], com citação das partes, marcará dia e hora para a inquirição das testemunhas, seguindo-se o julgamento, independentemente de mais alegações. Estabelece-se, portanto, um juízo sumário de cognição no Tribunal para análise das alegações, sendo que antes, nos termos do §2º do mesmo artigo, se o relator entender a suspeição como de manifesta improcedência, a rejeitará liminarmente.

Realizada instrução, julgada procedente a suspeição, serão considerados, nos termos do art. 101 do CPP[10], nulos os atos do processo principal, sendo o juiz suspeito responsável pelo pagamento das custas no caso de erro inescusável. Por outro lado, rejeitada a exceção e verificada a malícia do excipiente, a este será imposta a multa.

---

5. STJ, REsp 604.379, DJ 06.03.2006.

6. Art. 98. Quando qualquer das partes pretender recusar o juiz, deverá fazê-lo em petição assinada por ela própria ou por procurador com poderes especiais, aduzindo as suas razões acompanhadas de prova documental ou do rol de testemunhas.

7. Art. 99. Se reconhecer a suspeição, o juiz sustará a marcha do processo, mandará juntar aos autos a petição do recusante com os documentos que a instruam, e por despacho se declarará suspeito, ordenando a remessa dos autos ao substituto.

8. Art. 100. Não aceitando a suspeição, o juiz mandará autuar em apartado a petição, dará sua resposta dentro em três dias, podendo instruí-la e oferecer testemunhas, e, em seguida, determinará sejam os autos da exceção remetidos, dentro em 24 vinte e quatro horas, ao juiz ou tribunal a quem competir o julgamento.

9. Apesar da lei prever o julgamento por juiz, cabe ao órgão superior analisar a exceção conforme se verifica das Leis de Organização Judiciárias dos Estados.

10. Art. 101. Julgada procedente a suspeição, ficarão nulos os atos do processo principal, pagando o juiz as custas, no caso de erro inescusável; rejeitada, evidenciando-se a malícia do excipiente, a este será imposta a multa de duzentos mil-réis a dois contos de réis.

Em regra, o procedimento de exceção de suspeição não suspende o curso do processo principal. Contudo, nos termos do art. 102 do CPP, quando a parte contrária reconhecer a procedência da arguição, esse poderá ser sustado, a seu requerimento, até que se julgue o incidente da suspeição.

16.3.1 Peculiaridades da exceção de suspeição

A **exceção pode ser proposta ainda na fase do inquérito policial**, haja vista a possibilidade da formulação de pedidos cautelares, que fixam a competência do magistrado após a distribuição. E, nesses casos, sendo o juiz suspeito, naturalmente a imparcialidade para apreciação dos pedidos cautelares estará prejudicada, sendo atacável pela exceção.

Salvo nas hipóteses de medidas cautelares antecedentes, a exceção de suspeição deve ser oposta na primeira oportunidade que as partes tiverem para se manifestar. Ao autor da ação penal, portanto, no momento do oferecimento da denúncia ou queixa; ao réu, na resposta à acusação. Contudo, descoberto o motivo da exceção durante a instrução processual, poderá ser **oposta a qualquer tempo, até a sentença**.

O Supremo Tribunal Federal admitiu a possibilidade de julgamento da suspeição de magistrado no caso do ex-juiz Sérgio Moro por meio de ***habeas Corpus***, reconhecendo a suspeição do então magistrado no HC 164.493, atacando a própria lógica da exceção ser julgada antes da prolação da sentença. No caso, a decisão de primeiro grau, proferida pelo juiz considerado suspeito, já havia sido confirmada em sede de recurso pelo Tribunal Regional Federal, esgotando-se a análise da matéria de fato. Entretanto, o STF, em precedente, para nós, perigoso à segurança jurídica, restou por anular o processo ao reconhecer a suspeição, ignorando que a decisão anterior já havia sido confirmada pelo Tribunal Regional Federal da 4ª Região. Registre-se, ainda, que a doutrina admite a possibilidade de análise da suspeição após o trânsito em julgamento também pelo instituto da **revisão criminal**.

Segundo o art. 256 do CPP, "a suspeição não poderá ser declarada nem reconhecida, quando a parte injuriar o juiz ou de propósito der motivo para criá-la". Em síntese, **afasta a lei a possibilidade de provocação da suspeição por conduta deliberada da parte** através de discussões e criação de animosidades.

O acolhimento da suspeição diretamente pelo magistrado não implica, necessariamente, a nulidade dos atos praticados. Isso porque, nesses casos, de reconhecimento da própria suspeição, presume-se a boa-fé do magistrado que a reconhece e remete os autos ao substituto legal. O procedimento, todavia, não impede que a parte venha, no novo juízo, alegar a nulidade dos atos processuais demonstrando o efetivo prejuízo (nulidade relativa), pugnando pela renovação dos atos processuais. Registre-se, que nesse caso, entendemos que deverá fazê-lo na primeira oportunidade que se manifestar nos autos, sob pena de preclusão como decorrência do princípio da boa-fé processual.

Por outro lado, não reconhecendo o magistrado a suspeição e deflagrado o procedimento da exceção no Tribunal, **a nulidade dos atos processuais será concebida como absoluta caso reconhecida a suspeição**. Ressalte-se, que não obstante o entendimento acerca da configuração de nulidade absoluta, a doutrina tem entendido que, ainda assim, deverá ser evidenciado o prejuízo[11]. Naturalmente, sendo a causa originária da suspeição superveniente, não há motivo para se considerar os atos processuais já praticados como nulos.

11. Voltaremos ao tema no estudo das nulidades.

16.3.2 Procedimento esquematizado

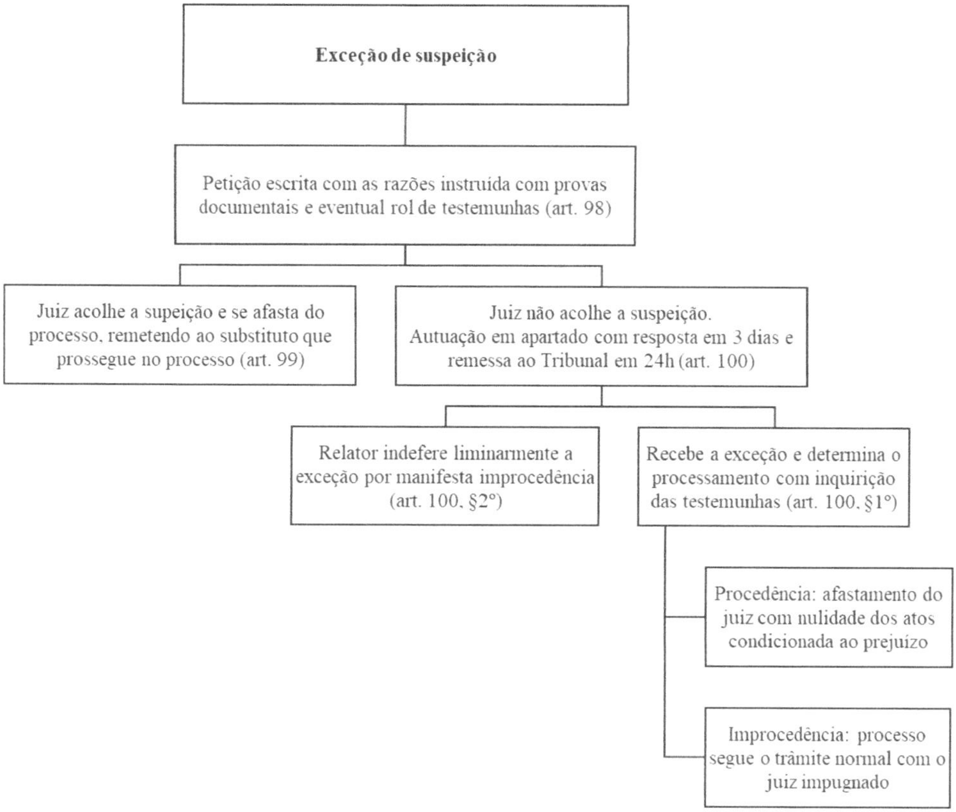

16.4 EXCEÇÃO DE IMPEDIMENTO E INCOMPATIBILIDADE

Apesar de não previstas no art. 95 do CPP, as exceções de impedimento e incompatibilidade foram previstas no art. 112 do CPP:

> Art. 112. O juiz, o órgão do Ministério Público, os serventuários ou funcionários de justiça e os peritos ou intérpretes abster-se-ão de servir no processo, quando houver incompatibilidade ou impedimento legal, que declararão nos autos. Se não se der a abstenção, a incompatibilidade ou impedimento poderá ser arguido pelas partes, seguindo-se o processo estabelecido para a exceção de suspeição.

A **suspeição**, conforme veremos no capítulo dos sujeitos processuais, ocorre quando o vínculo subjetivo entre o magistrado e qualquer das partes ou daquele com a causa, for passível de comprometer sua a imparcialidade. As hipóteses legais foram previstas no art. 254, em rol meramente exemplificativo. Não se exige, portanto, o perfeito enquadramento às hipóteses legais, bastando que existam evidências de que o magistrado possa ter sua imparcialidade comprometida para o julgamento, à exemplo da amizade íntima com uma das partes (art. 254, I, CPP), circunstância que pode conduzir à nulidade absoluta ou relativa, a depender do caso concreto (art. 564, I, CPP).

O **impedimento**, por sua vez, foi contemplado pelo rol taxativo do art. 252 do CPP, sendo de baixíssima subjetividade, porquanto, salvo na parte final do inciso IV, as demais hipóteses abarcam situações objetivas, que, se violadas, implicam a caracterização de inexistência do ato, penalidade mais severa do que a própria nulidade absoluta.

Por fim, a **incompatibilidade**, instituto não regulamentado no CPP, segundo o entendimento majoritário, caracteriza-se por situações que não se amoldam, diretamente, nas hipóteses dos artigos 252 e 254 do CPP, a exemplo da alegação de incompatibilidade por foro íntimo por parte do magistrado.

Havendo, portanto, hipótese de impedimento ou incompatibilidade, o magistrado deverá, de ofício, dar-se por impedido ou registrar sua incompatibilidade, a exemplo da suspeição, conforme interpretação lógica dos arts. 97 e 112 do CPP, comunicando, no caso de incompatibilidade, à Corregedoria de Justiça na forma do art. 1º da Resolução 82/09 do CNJ.

E se o juiz, de ofício, assim não agir? Responderá funcionalmente pela violação do dever legal de dar-se por impedido, respondendo pelas custas nos termos do art. 101 do CPP, aplicável por analogia.

16.4.1 Suspeição e impedimento de outros atores processuais

Não somente o magistrado pode revelar-se suspeito ou impedido no processo, haja vista que todos aqueles que exercem função pública no processo podem registrar alguma condição especial apta a comprometer o escorreito andamento processual.

Nesse sentido, assim como aos magistrados de primeiro grau, as hipóteses de suspeição, impedimento e eventuais situações de incompatibilidade **podem atingir as pessoas que atuam, com função judicante, em segundo grau ou instâncias superiores**.

O art. 103 do CPP regula, expressamente, a situação no âmbito do Supremo Tribunal Federal e Tribunais de Justiça, devendo a regra, contudo, ser aplicada, de forma analógica, às instâncias recursais não previstas expressamente, haja vista que não existe razões para distinção.

Consoante o art. 103 do CPP, o membro de instância revisora, desembargador, ministro e etc., nas hipóteses de suspeição deverá julgar-se suspeito, declarando expressamente a suspeição nos autos. Tratando-se de relator, deverá apresentar os autos em mesa para nova distribuição. Sendo o revisor, deverá passar o feito ao seu substituto na ordem da precedência.

Conforme o §1º, se não for relator nem revisor, o magistrado que houver de dar-se por suspeito, deverá fazê-lo verbalmente, na sessão de julgamento, registrando-se na ata a declaração. O §2º, por sua vez, dispõe que se o Presidente do Tribunal se der por suspeito, competirá ao seu substituto designar dia para o julgamento e presidi-lo.

O §3º assinala que, no tocante à arguição de suspeição pela parte, deverá ser observado o disposto nos arts. 98 a 101 do CPP, no que lhe for aplicável, atendido, se o magistrado a reconhecer, o que estabelece o disposto no art. 103 do CPP. Em sequência, conforme o §4º, não sendo reconhecida a suspeição, o julgamento será realizado pelo tribunal pleno, funcionando como relator o presidente, sendo que, se o recusado for o próprio Presidente do Tribunal, nos termos do 5º, o relator será o Vice-Presidente.

As hipóteses de suspeição e impedimento, bem como de eventual incompatibilidade, também atingem os **membros do Ministério Público**, do mesmo modo que os magistrados. Seja na atuação como parte ou *custus iuris*, exige-se do *parquet* a imparcialidade de seus membros no tocante ao aspecto subjetivo do processo. Não por outro motivo, o art. 258 do CPP assinala que "os órgãos do Ministério Público não funcionarão nos processos em que o juiz ou qualquer das partes for seu cônjuge, ou parente, consanguíneo ou afim, em linha reta ou colateral, até o terceiro grau, inclusive, e a eles se estendem, no que lhes for aplicável, as prescrições relativas à suspeição e aos impedimentos dos juízes".

Nesse caso, o procedimento segue a forma prevista no art. 104 do CPP, que prevê que se arguida a suspeição do órgão do Ministério Público, o juiz, depois de ouvi-lo, decidirá, sem recurso, podendo antes admitir a produção de provas no prazo de três dias.

Não obstante a redação legal e o entendimento do STJ[12], não compactuamos com a defesa do dispositivo, vez que viola frontalmente a autonomia ministerial e a sistemática processual vigente, sendo eivado, para nós, de patente inconstitucionalidade. Não nos parece que o magistrado reúna competência para promover julgamento sobre a suspeição do promotor de justiça, vez que referida análise deve ser realizada pela própria instituição, preservando-se o paralelo com a própria magistratura.

Nesse sentido, caso o magistrado não se dê por suspeito, sua suspeição não será julgada por um par de primeiro grau, mas pelo Tribunal de Justiça, em observância às prerrogativas institucional, dentre as quais se insere a do juiz natural. Ao se conferir a possibilidade do juiz analisar a suspeição do promotor de justiça, a norma avançou sobre a autonomia ministerial, reforçada pela Constituição de 88.

Maior estranheza ainda causa o dispositivo quando o Ministério Público for parte no processo, porquanto a decisão do magistrado pode violar o princípio do promotor natural. Tratando-se de atuação do *parquet* como *custus iuris*, a eventual suspeição apresenta pouca relevância em primeiro grau, pois o poder decisório é afeto ao magistrado e eventual parecer de um promotor suspeito pode perfeitamente não ser acolhido pelo juiz. Sendo o parecer acolhido, parece-nos óbvia a ausência de suspeição. Retomando à questão do promotor de justiça natural, princípio garantidor da própria imparcialidade do órgão de execução, a análise normativa nos aponta que somente a própria instituição, em razão de sua autonomia, pode ser capaz de afastar sua aplicação, sob pena de se conferir ao magistrado o poder de afastar a aplicação de um princípio de viés constitucional, conferido a uma parte processual.

Assim, entendemos que, independentemente do promotor de justiça atuante no caso, a parte é o Ministério Público e, como tal, parte processual, cabe a esse o poder de analisar eventual suspeição do promotor natural do caso. Em reforço a referido entendimento, mas sob linha argumentativa diversa, parte da doutrina lembra, com absoluta razão, que o magistrado não dispõe de competência para julgar HC contra atos de promotores de justiça, por não existir qualquer espécie de hierarquia do magistrado sobre o promotor. E, se não há competência para julgar a prática de um ato caracterizador de abuso no exercício da função, menos ainda se justificaria a competência para julgar a suspeição.

12. STJ RHC 15351 e RHC 60172.

A ingerência, no caso, nos parece nítida, não obstante, conforme salientamos, **o STJ não sufragar tal entendimento**.

Superado o debate acima, cumpre-nos lembrar o teor da Súmula 234 do STJ, que assevera que "a participação de membro do Ministério Público na fase investigatória criminal não acarreta o seu impedimento ou suspeição para o oferecimento da denúncia".

Noutra linha, o art. 105 do CPP prevê que as partes poderão arguir a suspeição de peritos, intérpretes e dos serventuários ou funcionários de Justiça, decidindo o juiz de plano e sem recurso, à vista da matéria alegada e prova imediata. *In casu*, diferentemente do Ministério Público, são funções vinculadas ao Poder Judiciário. O **perito**, conforme art. 275 do CPP, ainda que não oficial, está sujeito à disciplina judiciária. Os **intérpretes**, segundo o art. 281 do CPP, são, para todos os efeitos, equiparados aos peritos, aplicando-se, portanto, a norma do art. 275 do CPP. Os **serventuários ou funcionários da Justiça** estão vinculados, por carreira ou nomeação comissionada, ao Poder Judiciário, sendo subordinados ao magistrado. Logo, tem-se por justificável que a análise da suspeição seja realizada pelo próprio magistrado.

Os **jurados**, igualmente, podem ser alvo de arguição de suspeição, conforme previsão do art. 106 do CPP: "A suspeição dos jurados deverá ser arguida oralmente, decidindo de plano o presidente do Tribunal do Júri, que a rejeitará se, negada pelo recusado, não for imediatamente comprovada, o que tudo constará da ata". A previsão legal não é alvo, em regra, de grandes debates doutrinários. Contudo, pensamos que a previsão legal pode ser foco de nulidades e, portanto, merecedora de alteração legal.

A instalação de sessão de julgamento ocorre com a presença de no mínimo quinze jurados, sendo exigido o número de sete jurados para formação do Conselho de Sentença. Cada parte possui o direito a recusar, imotivadamente, até três jurados e pode, sem qualquer limitação, recusar fundamentadamente os jurados por situações de suspeição ou impedimento. Até presente momento, não há qualquer espécie de questionamento e nem há razões para tanto. O ponto crucial, em nossa compreensão, reside no procedimento de arguição da suspeição e suas consequências, especialmente porque a decisão do júri é tomada com base no sistema da íntima convicção, isto é, sem necessidade de motivação.

Imaginemos uma situação na qual a defesa venha, na forma do art. 106 do CPP, arguir oralmente, na sessão de julgamento, a suspeição do jurado, o qual, após ser ouvido pelo magistrado, nega o motivo da suspeição. Em síntese, o jurado recebe a pecha de parcial pela defesa e, caso essa não comprove a suspeição ainda no curso da sessão, o jurado não será considerado suspeito.

Nesse particular, há que se indagar, será que sua parcialidade não estaria comprometida após ser, publicamente, "acusado" de suspeito? Obviamente, não podemos asseverar que sim, mas podemos, naturalmente, lançar a dúvida. E, nesse ponto, prosseguindo o julgamento, caso a defesa não disponha mais de recusas peremptórias para afastar o jurado imputado como suspeito, o procedimento prosseguirá, dando ensejo para uma futura alegação de nulidade.

Logo, parece-nos que, para efetiva preservação da imparcialidade, melhor seria que, ocorrendo caso de suspeição, a alegação seja realizada após o sorteio dos sete jurados, em reunião reservada com o presidente do Tribunal do Júri para que o recusado não conheça a origem da alegação da suspeição. E, recusando a suspeição, a breve instrução seja realizada pelo magistrado, sem a participação efetiva das partes a fim de evitar a possível quebra da imparcialidade do jurado. E, caso acolhida a suspeição, que se retome ao sorteio do jurado restante, seguindo o mesmo procedimento descrito.

A adoção do referido procedimento impediria, igualmente, que qualquer das partes viesse a provocar uma nulidade processual ao promover, por exemplo, um verdadeiro espetáculo ao arguir a suspeição infundada de um jurado, tão somente para plantar a semente de uma futura alegação de quebra da imparcialidade.

Por fim, o art. 107 do CPP dispõe sobre a suspeição das autoridades policiais, assinalando que não é cabível a oposição de suspeição às autoridades policiais nos atos do inquérito, mas que essas devem declarar-se suspeitas quando ocorrer motivo legal. A contradição no dispositivo é evidente, pois ao mesmo tempo que enceta o dever para a autoridade policial de autodeclaração de suspeito, impede ao interessado de alegar a suspeição.

A norma não prevê sanção caso a autoridade policial suspeita não se declare suspeito e, igualmente, não previu a possibilidade de seu afastamento pelo magistrado. Nesses casos, parece-nos que o único recurso possível seja a provocação do Chefe da Polícia Civil, que poderá promover a alteração da presidência do inquérito policial, nos termos da Lei 12.830/13, sem que isso venha a afastar o princípio do delegado natural, sustentado por parte da doutrina nacional.

16.5 EXCEÇÃO DE INCOMPETÊNCIA DO JUÍZO

> Art. 108. A exceção de incompetência do juízo poderá ser oposta, verbalmente ou por escrito, no prazo de defesa.
>
> §1º Se, ouvido o Ministério Público, for aceita a declinatória, o feito será remetido ao juízo competente, onde, ratificados os atos anteriores, o processo prosseguirá.
>
> §2º Recusada a incompetência, o juiz continuará no feito, fazendo tomar por termo a declinatória, se formulada verbalmente.
>
> Art. 109. Se em qualquer fase do processo o juiz reconhecer motivo que o torne incompetente, declará-lo-á nos autos, haja ou não alegação da parte, prosseguindo-se na forma do artigo anterior.

A exceção de incompetência foi prevista no art. 108 do CPP. Seu procedimento, de **natureza dilatória**, contempla tão somente as hipóteses de **incompetência relativa**, haja vista que as alegações de incompetência absoluta, funcional ou em razão da matéria, podem ser suscitadas diretamente nos autos por meio de simples petição ou oralmente no curso de audiência.

A hipótese do art. 108 do CPP deflagra um **procedimento apartado** na forma do art. 111 do CPP, e **pode ser provocada por escrito ou verbalmente, no prazo da defesa**. A doutrina majoritária assinala que a exceção de incompetência pressupõe a existência de denúncia ou queixa-crime ajuizadas, com o que concordamos sob a perspectiva da previsão legal como exceção e suas consequências. Ocorre que não é incomum que venhamos a ter pedidos cautelares antecedentes à própria propositura da ação penal, fixadores da prevenção, nos termos do art. 83 do CPP. E, uma vez prevento o juízo, nada impede, para nós, a alegação de incompetência relativa de juiz prevento antes da propositura da ação penal, vez que não haveria sentido em se exigir a propositura da ação penal para tão somente após alegar a incompetência, circunstância, inclusive, paradoxal à previsão do art. 565 do CPP, que assinala que a incompetência, causa de nulidade (art. 564, I, CPP), não pode ser alegada por quem a causou.

Assim, temos que, em regra, tratando-se de **ação penal pública** já instaurada, à defesa caberá suscitar a nulidade por meio de exceção, haja vista que o oferecimento da denúncia por parte do Ministério Público o impede de opor a exceção, ensejadora de nulidade por ele mesmo causada no caso de distribuição prévia. Tratando-se, todavia, de **ação de iniciativa privada**, poderá o Ministério Público opor a exceção, vez que atua como *custus iuris*.

O **assistente da acusação**, não obstante a divergência doutrinária e o entendimento contrário da jurisprudência dominante, por ausência de previsão no art. 271 do CPP, pode, para nós, opor a exceção, pois possui interesse jurídico na escorreita tramitação processual como forma de se evitar eventual nulidade.

No tocante ao **momento de sua oposição**, o art. 108 do CPP prevê que a exceção de incompetência deve oposta no **prazo da defesa**, concebido esse como a primeira oportunidade defensiva assegurada nos autos. Em regra, portanto, o prazo da defesa será o da resposta à acusação, prevista no art. 396-A do CPP. Nos procedimentos que possuem etapa preliminar, a exemplo do previsto no art. 55 da Lei de Drogas (Lei 11.343/06), a oposição deverá ser apresentada ainda nessa etapa, sob pena de preclusão, vez que se trata da primeira oportunidade de apresentação de defesa.

Não oposta a exceção, haverá a prorrogação da competência como decorrência da preclusão, não ensejando qualquer espécie de violação ao princípio do juiz natural, vez que tal princípio deita raízes em normas constitucionais e não em dispositivos infraconstitucionais, hipótese das situações de competência territorial. Não por outro motivo que a exceção de incompetência somente contempla as hipóteses de incompetência relativa, vez que as absolutas podem ser alegadas a qualquer tempo, não se subordinando ao regime da preclusão ou forma de exceção.

A oposição da exceção **não suspende o processo principal** (art. 111 do CPP). O Ministério Público deverá ser ouvido na exceção e, sendo aceita a oposição, os autos deverão ser remetidos ao juízo competente, o qual poderá:

a) acatar a decisão, situação em que ratificará os atos anteriores e prosseguirá com o processo (art. 108, §1º, CPP). No caso, o juízo competente somente poderá ratificar os atos instrutórios, devendo renovar os atos de cunho decisório, concebidos esses, para nós, como aqueles que detenham expressiva carga meritória[13] (absolvição ou condenação) ou sejam aptos a deflagar ou encerrar uma etapa processual após realização de juízo de prelibação ou delibação, como nas decisões de pronúncia, impronúncia, absolvição sumária ou desclassificação no rito do júri. Assim, o juízo poderá ratificar os atos decisórios que não guardem relação de mérito direta, como as decretações de prisão preventiva, medidas de constrição de bens, homologação dos incidentes de insanidade mental e julgamento

13. A doutrina não é pacífica quanto ao tema. Há posicionamentos no sentido de que somente as decisões que impactem na prescrição, que promovam alguma espécie de sucumbência às partes ou que enfrentem o mérito, ainda que superficialmente.

de procedência dos incidentes de falsidade documental, entre outros, inclusive realizados por juízo absolutamente incompetente, conforme entendimento do STF (HC 94.372/SP).

b) Não acatar a decisão proferida e suscitar conflito negativo de competência perante o Tribunal de Justiça.

No contexto da incompetência relativa, **indaga-se se o magistrado pode, de ofício, reconhecer sua incompetência**. Não há dúvidas quanto à sua prerrogativa quando a matéria envolver hipótese de incompetência absoluta, que dispensa, inclusive, a oposição da exceção. Nesse sentido, predomina que o disposto na primeira parte do art. 109 do CPP[14] aplica-se tão somente às situações de incompetência absoluta.

No que concerne à incompetência relativa, a doutrina dominante, à qual nos filiamos, entende que o magistrado não pode declarar-se incompetente sem que tenha sido provocado pelas partes, nos termos da **Súmula 33 do STJ: A incompetência relativa não pode ser declarada de ofício.**

16.6 EXCEÇÃO DE LITISPENDÊNCIA

A exceção de litispendência visa atacar a existência de duas ou mais ações penais idênticas em trâmite por juízos distintos, podendo, inclusive, ser declarada **de ofício** pelo magistrado por envolver questão afeta a nulidade absoluta. A identidade entre ações envolve a análise da:

a) identidade do sujeito passivo: as ações penais, para caracterização da litispendência, precisam ter sido movidas contra o mesmo réu. Sendo distintos os réus, haverá conexão ou continência, a depender do caso concreto, implicando a reunião dos processos sem que, contudo, se provoque a extinção de um dos feitos. A falta de identidade no polo ativo da demanda, para nós, não afasta a possibilidade de caracterização da litispendência, haja vista que o legitimado ativo, nas questões afetas ao processo penal, será sempre o Estado, detentor do *ius puniendi* estatal. O fato da ação ter sido proposta pelo Ministério Público ou querelante, não é apto a afastar a titularidade do poder punitivo do Estado, de forma que é perfeitamente possível a caracterização da litispendência, como se verifica nas hipóteses de aplicação da Súmula 714 do STJ[15].

b) identidade da causa de pedir: as ações penais devem ter por fundamento o mesmo fato, ainda que a capitulação seja diversa. Se o agente, por exemplo, é processado na comarca de Belo Horizonte pelo crime de furto mediante fraude de energia elétrica e na comarca de Contagem, pelo mesmo fato, mas capitulado como estelionato, não será a capitulação fator decisivo para caracterização da identidade, mas sim a efetiva descrição dos fatos e imputação fática para se verificar se as duas denúncias envolvem a mesma situação jurídica, no mesmo contexto fático.

c) identidade do pedido: o pedido em uma ação penal caminha, por regra, no sentido da condenação, salvo nos casos em que há inimputabilidade, gerando o pedido de absolvição imprópria com aplicação de medida de segurança. Há, contudo, outros pedidos possíveis no âmbito do processo penal, que não interferem na essência da caracterização

14. Art. 109. Se em qualquer fase do processo o juiz reconhecer motivo que o torne incompetente, declará-lo-á nos autos, haja ou não alegação da parte, prosseguindo-se na forma do artigo anterior.

15. É concorrente a legitimidade do ofendido, mediante queixa, e do Ministério Público, condicionada à representação do ofendido, para a ação penal por crime contra a honra de servidor público em razão do exercício de suas funções.

da litispendência, como os da reparação do dano, perda do cargo, suspensão de poder familiar, entre outros previstos nos arts. 91 e 92 o CP. O art. 91-A, incluído no CP, que versa sobre a imputação patrimonial, não obstante as críticas que tecemos sobre sua inconstitucionalidade em nossa obra de Parte Geral de Direito de Penal, insere-se nesse contexto, pois, por estar vinculado à denúncia, deve seguir a sorte do principal, vez que não há previsão de procedimento próprio de imputação patrimonial. E, nesse contexto, surge, novamente, um obstáculo intransponível sob a perspectiva processual, pois uma das consequências da litispendência é a extinção do processo deflagrado posteriormente. Assim, pode ocorrer de, somente nesse, ter sido realizada a imputação patrimonial. Logo, temos que a extinção do segundo processo, litispendente, põe termo à imputação patrimonial, não obstante essa não ser objeto do pedido no processo original, circunstância que implicará ao titular da ação penal do processo original o dever de analisar a necessidade de aditamento da denúncia para incluir a imputação patrimonial, sendo certo que não podemos nos olvidar que titular do caso pode, perfeitamente, no âmbito de sua independência funcional, entender por incabível a imputação patrimonial. Caso venha a promover o aditamento, ocorre o fenômeno que chamamos de **efeito espiritual da litispendência ou *post mortem* do processo**, cuja extinção, por litispendência, produz efeitos em outro processo criminal.

A litispendência, que atinge apenas o processo e, portanto, não se configura nos inquéritos policiais[16], pode ser arguida por **qualquer parte processual**, observando-se o procedimento previsto para a exceção de competência (art. 110 do CPP[17]), pois envolve, juridicamente, uma dupla imputação por um único fato.

A questão, todavia, deixa der pacífica quando se analisa o processo no qual deve ser oposta a competência.

A primeira corrente, adotada pelo STF e por nós seguida, aduz que **a exceção de litispendência deve ser oposta no segundo processo iniciado**, sendo independente o local em que se encontra. Segundo o STF[18], "os institutos da litispendência e da coisa julgada direcionam à insubsistência do segundo processo e da segunda sentença proferida, sendo imprópria a prevalência do que seja mais favorável ao acusado".

A segunda corrente, ao contrário, sustenta que a oposição da litispendência deve ocorrer no juízo originalmente prevento, isto é, naquele em que, primeiro, tenha sido praticado qualquer ato de jurisdição, máxime caracterizado pela citação, de forma que a oposição, pela prevenção quanto à matéria, deve ser alegada no juízo original, ou seja, no primeiro iniciado com a prática de atos jurisdicionais.

A litispendência, ao contrário da exceção de incompetência relativa, **não se subordina a prazos preclusivos até a sentença**, haja vista que sua mácula fulmina o processo de nulidade absoluta, pois, em qualquer situação, não se pode admitir duas sentenças válidas sobre o mesmo fato. Entretanto, pode ocorrer de a situação de litispendência ser desconhecida do réu, como na hipótese de, processado pelo crime de lavagem de capitais

---

16. Havendo duplicidade de investigação, a solução jurídica passa pelo trancamento de uma das investigações por meio de *habeas corpus* ou mandado de segurança.
17. O juiz determina sua autuação em apartado e decide após a oitiva da parte contrária.
18. HC 101.131/DF.

na comarca de São Paulo, desconhecer a circunstância de estar sendo processado pelo mesmo fato no Rio de Janeiro por ter sido citado por edital, prosseguindo o processo na forma do art. 2º, §2º da Lei 9.613/98, que determina a não suspensão do processo. Todavia, para nós, não obstante a ausência preclusão, caso estejamos diante de situação na qual, inequivocamente, o réu conhece a existência do segundo processo e opta por deixá-los seguir como estratégia de defesa, deverá ser punido pela má-fé processual, pois a ampla defesa não admite a violação dos deveres de cooperação processual.

Ocorre que o conhecimento da litispendência pode se dar apenas após a sentença, divergindo em parte a doutrina e a jurisprudência. Parece-nos prudente a lógica que, proferida a sentença por um juízo originalmente incompetente pela existência de outro processo anterior sobre o mesmo fato, esta, independentemente de seu resultado, deve ser considerada nula, não produzindo qualquer espécie de efeito.

Entretanto, a solução jurisprudencial não tem se revelado tão simples. Descoberta a sentença proferida pelo juízo incompetente, caso seja condenatória, deverá o réu impugná-la por HC ou revisão criminal (art. 648, VI do CPP), vez que não mais se comporta a exceção de litispendência caso já tenha ocorrido o trânsito em julgado ou a prolação de sentença. Estando ainda no curso do prazo recursal, a matéria deverá ser alegada em preliminar de apelação.

Sendo absolutória a sentença, a doutrina sustenta que deverá o réu validar a decisão perante o juízo original, ainda em curso, por se tratar de coisa julgada.

Nessa mesma linha de raciocínio, o STJ tem entendido que, na hipótese de litispendência caracterizada em processos com trânsito em julgado, sendo uma das decisões absolutórias, deverá essa prevalecer, independentemente do juízo pelo qual foi proferido.

Por outro lado, sendo as decisões condenatórias, o Tribunal diverge quanto à solução. No julgamento do HC 281.101/SP, DJ 24.11.2017, o STJ entendeu que deveria prevalecer aquela que impôs a menor pena ao acusado. Contudo, no julgamento do RHC 69.586/PA, e, 27.11.2018, o STF entendeu, ao nosso sentir de forma correta, pela **prevalência da primeira decisão transitada em julgado, independentemente da pena aplicada**.

16.7 EXCEÇÃO DE ILEGITIMIDADE

A legitimidade é uma das condições da ação penal e sua falta macula o processo na origem. A condição liga-se ao aspecto subjetivo do processo. Perquire se o autor detém autorização estatal para o manejo da ação e se o agente reúne as características necessárias para ser réu. Sua vertente ativa não é de difícil perquirição, pois as ações de iniciativa pública são de titularidade do Ministério Público por força constitucional (art. 129, I da CF), ao passo que as ações penais públicas de iniciativa privada foram conferidas à vítima, representante legal ou seus sucessores. Por outro lado, a legitimidade passiva analisa se o agente a quem se imputa o fato criminoso reúne as condições legais e mínimas para responder aos termos do processo. Afasta-se, nessa condição, por exemplo, a imputação de fato típico e ilícito a um inimputável menor de dezoito anos.

Nesse sentido, temos que a ilegitimidade de parte, que segue o mesmo rito das exceções de incompetência (art. 110 do CPP), pode ser arguida a qualquer tempo pelas partes ou declarada de ofício pelo juiz, não se sujeitando a prazos preclusivos. Verifica a ilegitimidade de parte, entre outras, nas seguintes hipóteses:

a) propositura de ação penal pelo Ministério Público em crime de ação penal privada;
b) queixa-crime ofertada pelo querelante em caso de ação penal de iniciativa pública, salvo nos casos de ação penal de iniciativa privada subsidiária da pública;
c) ação penal movida contra menor de dezoito anos à data do fato;
d) ação penal proposta contra agente inocente cujos documentos, extraviados ou objeto de crime, comprovadamente, foram utilizados por criminoso para fins de qualificação.

Apesar da melhor técnica distinguir a **legitimidade *ad causam*** da **legitimidade *ad processum***, a exceção de ilegitimidade de parte tem sido aceita pela doutrina majoritária nas hipóteses de violação da capacidade processual, a exemplo da outorga de procuração por menor para oferecimento da queixa-crime ou representação formulada por pessoa não representante legal da vítima nos crimes de ação penal pública condicionada. Não obstante a inexistência de vício formal na utilização do método, ante a ausência de previsão expressa, melhor seria que a exceção, nessas hipóteses, fosse tratada como **inominada prejudicial**, com o escopo de se preservar a técnica processual.

Isso porque as exceções de legitimidade de parte são **peremptórias**, isto é, conduzem à nulidade *ab initio* do processo, ao passo que as exceções que impugnam a legitimidade *ad processum* podem ser dilatórias, nos termos do art. 568 do CPP[19], ou peremptórias, como na hipótese de procuração ofertada por menor de idade, nulidade de caráter insanável.

16.8 EXCEÇÃO DE COISA JULGADA

ATENÇÃO – ASSUNTO COBRADO NO MPPR – CONCURSO 2016

Discorra sobre a exceção de coisa julgada, quanto a seus limites objetivos e subjetivos, e nas hipóteses de concurso formal de crimes e crime continuado.

A coisa julgada é o fenômeno que torna definitiva uma solução dada pelo Poder Judiciário à determinada controvérsia posta à sua apreciação. Subdivide-se em duas espécies, a coisa julgada formal e a coisa julgada material. A **coisa julgada formal** estará caracterizada quando, proferida a decisão que encerra o processo, não cabe qualquer espécie de recurso. Trata-se, portanto, do fenômeno da imutabilidade do *decisum* no âmbito do processo em que foi prolatada a decisão. Por outro lado, a **coisa julgada material** é a qualidade de **imutabilidade e indiscutibilidade**, isto é, a **autoridade que reveste a decisão de mérito**, tornando-a oponível para além dos limites do processo no qual foi constituída.

Naturalmente, **a exceção de coisa julgada tem por fundamento a existência de coisa julgada material, não atingindo a coisa julgada formal**. Em razão da natureza peremptória lastreada na impossibilidade de dupla punição pelo mesmo fato (*double jeopardy* ou *ne bis in idem*), a exceção de coisa julgada, que segue o rito das exceções de

19. Art. 568. A nulidade por ilegitimidade do representante da parte poderá ser a todo tempo sanada, mediante ratificação dos atos processuais.

incompetência, **pode ser declarada de ofício pelo magistrado e não se sujeita à preclusão**, podendo ser alegada até a sentença[20]. Dada a natureza processual, não pode ser oposta contra **inquéritos policiais**, que podem ser atacados nessas situações por meio de HC ou mandado de segurança, observado o teor da Súmula 693 do STF.

Nos mesmos termos da litispendência, embrião da exceção da coisa julgada, essa pressupõe:

a) identidade do sujeito passivo: a ação penal precisa ter sido movida contra o mesmo réu, sendo indiferente que o autor seja distinto.

b) identidade da causa de pedir: a ação penal deve ter por fundamento o mesmo fato já apreciado, ainda que a capitulação seja diversa.

c) identidade do pedido: o pedido em uma ação penal caminha, por regra, no sentido da condenação, salvo nos casos em que há inimputabilidade, gerando o pedido de absolvição imprópria com aplicação de medida de segurança. Logo, caso a ação penal contenha o mesmo pedido, seja de condenação ou de absolvição imprópria com aplicação de medida de segurança, haverá a coisa julgada. Conforme destacamos quando do estudo da exceção de litispendência, há outros pedidos possíveis no âmbito do processo penal, que não interferem na essência da caracterização também da coisa julgada, como os da reparação do dano, perda do cargo, suspensão de poder familiar, entre outros previstos nos arts. 91 e 92 o CP. O art. 91-A, incluído no CP, que versa sobre a imputação patrimonial, insere-se nesse contexto pois, por estar vinculado à denúncia, deve seguir a sorte do principal, vez que não há previsão de procedimento próprio de imputação patrimonial. E, nesse contexto, surge, novamente, um obstáculo intransponível sob a perspectiva processual, pois uma das consequências da coisa julgada é a impossibilidade de discussão do tema em processo deflagrado posteriormente.

Logo acima destacamos que **a exceção de coisa julgada tem por fundamento a existência de coisa julgada material, não atingindo a coisa julgada formal**. Isso ocorre porque a coisa julgada formal, ainda que possa tocar superficialmente o mérito, como nas decisões proferidas no encerramento da primeira etapa do procedimento do júri (pronúncia e impronúncia, por exemplo), seus efeitos são restritos ao processo no qual foram proferidas. No caso da impronúncia (art. 414, CPP), por exemplo, há um julgamento no sentido da ausência de indícios de autoria ou de prova da materialidade do fato. Isso não significa, contudo, que a decisão, de natureza terminativa e sem cunho meritório, não obstante analisar o mérito probatório em si, repercuta para além do processo a ponto de fundamentar a exceção de coisa julgada. Conforme veremos com maior detalhamento no estudo do rito do júri, a decisão de impronúncia pode ter seu mérito atacado diante do surgimento de novas provas, que ensejará a propositura de uma nova ação penal, não atacável por exceção de coisa julgada.

A doutrina ainda nos brinda com o conceito de **coisa soberanamente julgada** como aquela irrescindível, isto é, dotada da força da coisa julgada material e não passível de ataque por revisão criminal, ainda que diante de nulidade, como nas sentenças absolutórias criminais com trânsito em julgado para a acusação ou nas sentenças condenatórias transitadas em julgado para a acusação, no aspecto de agravamento da situação do

20. Proferida a sentença, poderá ser alegada em preliminar de recurso.

condenado. Naturalmente, assim como na coisa julgada material, a coisa soberanamente julgada poderá servir de lastro para a oposição da exceção de coisa julgada.

16.8.1 Os limites objetivos e subjetivos da exceção de coisa julgada

Os limites objetivos e subjetivos da exceção de coisa julgada não se confundem com os mesmos limites da coisa julgada, vez que enquanto os primeiros revelam verdadeiros aspectos processuais, os segundos são repercussões do instituto da coisa julgada cujos efeitos não se restringem às exceções.

É inegável, todavia, que os efeitos da coisa julgada fazem parte do contexto meritório das exceções e, por isso, merecem ser estudados nesse momento[21]. Dentre os efeitos da coisa julgada, destacam-se seus **limites objetivos**, isto é, ao seu objeto. Para fins de exceção de coisa julgada, o §2º do art. 110 do CPP assinala que **a exceção só poderá ser oposta em relação ao fato principal que tiver sido objeto de sentença**. Mas o que podemos compreender como fato principal?

O fato principal é aquele que pode ser extraído do princípio da correlação, isto é, aquele imputado pelo acusador e objeto de sentença por parte do Poder Judiciário. Logo, os dados periféricos da acusação, por exemplo, sem influência no mérito ou objeto de análise da decisão, não fazem coisa julgada. Ex.: o agente foi processado e absolvido pela prática do crime de furto, transitando em julgado a decisão. Na acusação, constou que, após o furto, dirigiu-se para o trabalho. O dado é irrelevante para fins de caracterização do delito, pois poderia ter ido para casa, para o parque ou para a gafieira. Logo, a decisão que o absolve não atesta e, portanto, não faz coisa julgada quanto à direção posterior do agente por não ser fato principal, de forma que não poderá se opor a coisa julgada, por exemplo, no processo que lhe é movido por ter, na sequência ao primeiro fato pelo qual foi processado e absolvido, subtraído bens de pessoa diversa sob a alegação de que a decisão anterior reconheceu que fora para o parque, não podendo estar no local do segundo crime.

Por outro lado, no que tange aos **limites subjetivos da coisa julgada**, a regra é no sentido de que a coisa julgada só produz efeitos entre as partes envolvidas no processo. Contudo, no âmbito penal, o polo ativo deve ser compreendido sob uma perspectiva ampla, observando-se não o legitimado ativo, mas o titular do direito alegado. Isso porque, na seara penal, o *ius puniendi* pertence ao Estado, que o exerce por meio do Ministério Público ou particular, a depender da natureza da ação. Contudo, é possível, em determinadas hipóteses, que tenhamos uma legitimidade concorrente ou mesmo supletiva, a exemplo da Súmula 714 do STJ[22] e ação penal privada subsidiária da pública (art. 29 do CPP), respectivamente. Nesses casos, independentemente de quem tenha sido o autor da ação originária, os efeitos da coisa julgada alcançam o poder punitivo estatal, impedindo que outro legitimado venha a propor nova ação penal mesmo fato. E, nesse sentido, é perfeitamente possível a oposição da exceção de coisa julgada.

A regra, como vimos, é que a coisa julgada não pode ensejar qualquer espécie de prejuízo ao réu. Contudo, pode trazer benefícios ao agente que sequer foi réu na primeira

---

21. O assunto será analisado em maiores detalhes no capítulo pertinente à sentença e coisa julgada.
22. É concorrente a legitimidade do ofendido, mediante queixa, e do Ministério Público, condicionada à representação do ofendido, para a ação penal por crime contra a honra de servidor público em razão do exercício de suas funções.

demanda, pois o art. 580 do CPP, interpretado de forma sistemática, reflete sua consequência também para o processo *ab ovo*. Referido dispositivo assinala que no caso de concurso de pessoas, a decisão do recurso interposto por um dos réus, desde que não fundado em motivos exclusivamente pessoais, aproveitará aos demais. Logo, o recurso que reconhece a inexistência do fato alcança não somente o recorrente, mas a todos os demais réus e pessoas que recebam contra si a imputação da prática do fato, reconhecido juridicamente como inexistente.

Assim, temos que a *mens legis* do art. 580 do CPP deve ser compreendida de forma ampla, para ser aplicada, independentemente da existência de recurso, como supedâneo da exceção de coisa julgada, valendo-se o agente do transporte *in utilibus* da coisa julgada, interpretando-se, em verdadeiro diálogo das fontes, o art. 580 do CPP, com o art. 103, §§3º e 4º do CDC.

16.8.2 A exceção de coisa julgada no concurso de crimes

O concurso de infrações penais, previsto nos arts. 69 a 71 do CP, versa sobre regras de aplicação da pena, não interferindo em regra, para nós, ao contrário de grande parte da doutrina, na exceção de coisa julgada. O ponto crucial, em nossa compreensão, **reside na qualidade da imputação objetiva do comportamento, fator decisivo para o estabelecimento da conexão**.

A exceção de coisa julgada ataca, como dispõe o §2º do art. 110 do CPP, o fato principal. Conforme vimos, fato principal é aquele que possui abrigo no princípio da correlação entre a imputação e a sentença. Logo, no caso de concurso de crimes, há diversos "fatos principais", que demandam, isoladamente, análise meritória no tocante à conduta e ao resultado. Nas hipóteses de concurso de infrações penais há, portanto, tão somente matérias conexas, que devem ser apreciadas num único contexto da exceção.

No caso de concurso formal de crimes, por exemplo, no qual Caio desfere disparos de arma de fogo contra Tício, matando-o, mas um dos projéteis destinados a Tício vem a acertar também Mévio, ceifando-lhe a vida, há, nitidamente, um único comportamento com resultado duplo. Destrinchemos o exemplo para melhor construirmos a hipótese.

Imagine que Caio tenha agido amparado por legítima defesa e venha a ser absolvido quanto à agressão praticada contra Tício e, igualmente, absolvido quanto à morte de Mévio por se enquadrar o resultado na esfera de proteção da excludente de ilicitude como decorrência de um único comportamento. Nesse caso, é inegável que a decisão proferida analisa um único agir – efetuar disparo de arma de fogo – e dois resultados morte, sob perspectivas distintas – legítima defesa e resultado involuntário. Logo, reconhecido o segundo resultado como consequência natural e não desejada do primeiro resultado – doloso voltado para a repulsa de injusta agressão – tem-se que há um desdobramento consequencial do curso de causalidade, cujo resultado não pretendido dele não pode ser destacado. A exceção de coisa julgada, portanto, contempla todos os resultados derivados de forma consequencial de um único comportamento.

Situação diversa ocorre, no mesmo exemplo, quando o segundo resultado não é imputado diretamente a Caio em conexão com a conduta realizada a título de legítima defesa, sendo o óbito de Mévio tratado, inicialmente, como decorrente de "bala perdida". O julgamento original de Caio, pela morte de Tício, não contempla a análise das circunstâncias da morte de Mévio e transpor seu resultado para resultado morte de Mévio, ainda que pareça algo natural, não pode ser automático e concebido como efeito da coisa julgada. Isso porque no processo original não houve apreciação fática do resultado causado em Mévio e por mais que se afigure plausível o reconhecimento da morte de Mévio como fatalidade advinda do exercício da legítima defesa, há tão somente análise de um resultado amparado pela coisa julgada.

Conforme destacamos logo no início do tópico, o ponto fulcral da análise **reside na qualidade da imputação objetiva do comportamento, fator decisivo para o estabelecimento da conexão**. E, nesse particular, há que se indagar: o segundo resultado morte foi imputado objetivamente a Caio? A resposta, obviamente, será negativa. Passamos à segunda indagação: o segundo resultado, não imputado objetivamente a Caio, pode ser concebido como decorrência do comportamento que deflagrou o primeiro resultado? A resposta, para nós, é: depende. E, por depender, há que se afastar a exceção de coisa julgada, simplesmente porque o resultado não foi contemplado pela decisão primeva e pelo fato de a exceção, questão incidente, não permitir o estabelecimento de um rito apto a, inclusive, afastar a competência constitucional do Tribunal do Júri.

Aos defensores da tese de que o concurso formal pode ser invocado em sede de exceção de coisa julgada, cumpre-nos indagar: e se o Caio, mesmo diante de uma situação de legítima defesa, aproveitando-se dessa, venha a efetuar os disparos de arma de fogo também em direção a seu desafeto Mévio, matando-o? Não teríamos, nessa situação, uma hipótese de legítima defesa e crime de homicídio? Admitir que a regra de aplicação da pena do concurso formal, perfeito ou imperfeito, seja alegada em sede de exceção de coisa julgada, afronta o princípio da correlação e fere o princípio do contraditório, pois se abrirá um contraditório de mérito em questão incidental cuja análise deveria pautar-se em apenas dois fatores primordiais: imputação e sentença.

Assim, entendemos que o concurso formal não caracteriza fundamento para a exceção de coisa julgada, mas tão somente os fatos imputados que foram objeto da decisão caracterizadora da coisa julgada. Nada impede que a exceção de coisa julgada venha a apreciar situações de concurso formal, mas seu fundamento não será o concurso formal, mas a imputação fática e a sentença. Não fosse assim, haveria uma subversão da própria lógica do concurso de crimes, afeto à aplicação da pena.

O mesmo raciocínio deve ser aplicado às hipóteses de concurso material e crime continuado[23], pois em todos, mesmo nas hipóteses de crime continuado, o magistrado deverá proferir a decisão, condenando ou absolvendo, analisando imputação por imputação, de forma que o princípio da correlação pressupõe, efetivamente, que cada fato imputado receba análise individualizada. Uma imputação com três crimes equivale a "três denúncias" e pressupõe, *mutatis mutandis*, "três sentenças", que devem, obviamente, ser condensadas em apenas uma em razão da conexão e consequente aplicação da regra do concurso de crimes. Logo, temos que o concurso de crimes, para nós, não pode ser objeto da exceção de coisa julgada como único fundamento.

23. Tratando-se de concurso que crimes que enseja a necessidade de unificação da pena, como o crime continuado, por exemplo, as penas por condenações por fatos distintos deverão ser unificadas, aplicando-se as regras do art. 71 do CP no juízo da execução penal. A continuidade delitiva, não obstante se tratar, por ficção jurídica, de crime único, não afasta a necessidade de apreciação dos fatos individualizados pelo magistrado.

Contudo, **não é esse o entendimento do STJ**, que analisando um crime de roubo praticado a agência bancária, entendeu que a subtração patrimonial de bens de terceiro encontra-se no mesmo contexto fático do crime de roubo perpetrado contra a agência:

> (...) III - Não obstante as nuances constantes dos decretos condenatórios relativamente aos bens subtraídos pelo paciente, é evidente que as condenações incidiram sobre o mesmo fato criminoso, implicando em indevido *bis in idem* em desfavor do paciente.
>
> IV - Malgrado o roubo cometido contra a vítima Paulo José de Oliveira, gerente do estabelecimento bancário, não tenha sido apreciado na primeira ação, vindo à tona apenas no segundo processo, ele também se encontra sob o âmbito de incidência do princípio *ne bis in idem*, **porque fora praticado no mesmo contexto fático da primeira ação**, podendo ser levado ao conhecimento do juízo de origem já naquela oportunidade, o que não ocorreu.
>
> V - Não há se falar em arquivamento implícito, rechaçado pela doutrina e pela jurisprudência pátria, porque **não se cuida, *in casu*, de fatos diversos, mas sim de um mesmo fato com desdobramentos diversos e apreciáveis ao tempo da instauração da primeira ação penal**. (grifos nossos). HC 285.589/MG, Rel. Ministro Félix Fischer, 5ª Turma, DJe 17/09/2015.

O julgado, em nossa compreensão, incide em dois erros técnicos: 1) tratar o mesmo contexto fático como fato principal, fugindo da concepção da imputação fática; 2) desconsiderar a prática de um crime de roubo, não apurado, permitindo o locupletamento ilícito e ausência de reparação do dano à vítima, relegada ao juízo comum cível. Diante dos fundamentos apresentados pelo STJ, indagamos: se a vítima do roubo, não processado originalmente no contexto do roubo ao banco, tivesse sofrido lesões corporais graves, ensejando a aplicação do disposto no art. 157, §3º, I, CP, teria o STJ considerado como fato como já apreciado? A indagação faz-se importante porquanto, ontologicamente, a expressão "mesmo contexto fático da primeira ação", lançada pelo STJ, contempla os demais resultados, frustrando, para nós, a *mens legis* por dizer além do que dito pela norma.

16.9 RECURSOS

Nos termos do art. 581, inciso III do CPP, julgados procedentes os pedidos nas exceções de incompetência, litispendência, ilegitimidade de parte e coisa julgada, **o recurso em sentido estrito será o meio adequado para impugnação**. Sendo de improcedência o pedido nas referidas exceções, por ausência de previsão legal, o *habeas corpus* e o mandado de segurança, observado o teor da Súmula 693 do STF, serão os meios disponíveis para impugnação da decisão, desde que, naturalmente, exista fundamento jurídico a subsidiar o pedido por meio dos aludidos instrumentos.

Por outro lado, no que toca à hipótese de reconhecimento de ofício de incompetência do juízo, o recurso cabível será o recurso em sentido estrito, não sob o fundamento do inc. III, acima mencionado, mas o previsto no inc. II do art. 581 do CPP. A diferença reside, portanto, no fundamento jurídico do recurso. Reconhecida de ofício a incompetência, o fundamento do RSE será do inc. II, ao passo que reconhecida a incompetência via exceção, o fundamento será o do inc. III do art. 581 do CPP.

No tocante às demais hipóteses de exceções reconhecidas de ofício – litispendência, ilegitimidade de parte e coisa julgada – há duas posições: a) cabimento de apelação com fundamento no art. 593, II do CPP, por se tratar de decisão definitiva ou com força definitiva não previstas no capítulo pertinente ao recurso em sentido estrito; b) recurso em sentido estrito com fundamento no art. 581, XIII, CPP, pelo fato da decisão que reconhece as exceções implicar nulidade absoluta do processo no qual reconhecidas. Não obstante a aceitação das duas possibilidades, parece-nos que mais adequada a solução proposta pela apelação (art. 593, II, CPP), haja vista que tendo o legislador a opção de inserir a hipótese no rol do art. 581 do CPP, não o fez expressamente.

16.10 SÍNTESE GRÁFICA

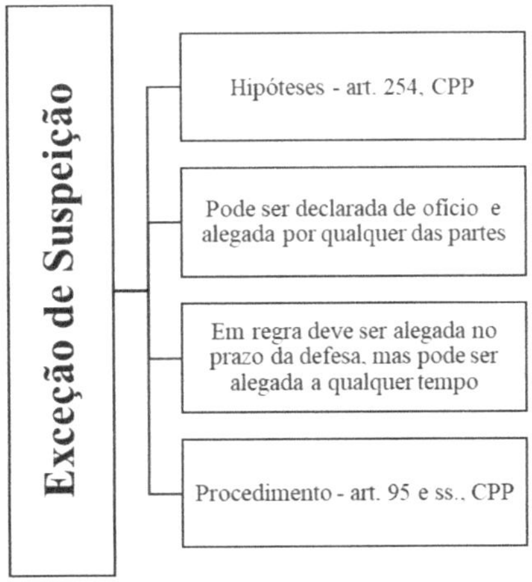

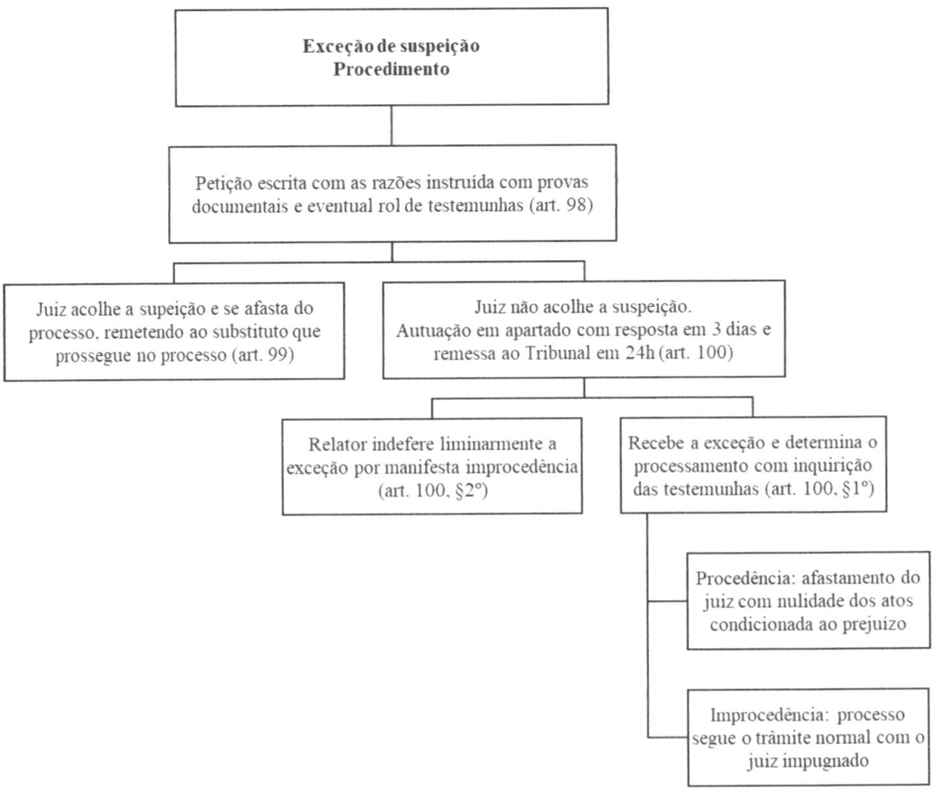

Exceção de Coisa Julgada e Litispendência

- Pode ser declarada de ofício e alegada por qualquer das partes
- Em regra deve ser alegada no prazo da defesa, mas pode ser alegada a qualquer tempo
- Procedimento - art. 110., CPP

Exceção de Incompetência

- Hipóteses - art. 108, CPP
- Pode ser declarada de ofício e alegada por qualquer das partes
- Em regra deve ser alegada no prazo da defesa, mas pode ser alegada a qualquer tempo
- Procedimento - art. 95 e ss., CPP

Alegação de impedimento e incompatibilidade

- Hipóteses - art. 252 e 253, CPP
- Pode ser declarada de ofício e alegada por qualquer das partes
- Em regra deve ser alegada no prazo da defesa, mas pode ser alegada a qualquer tempo
- Procedimento - art. 112, CPP.

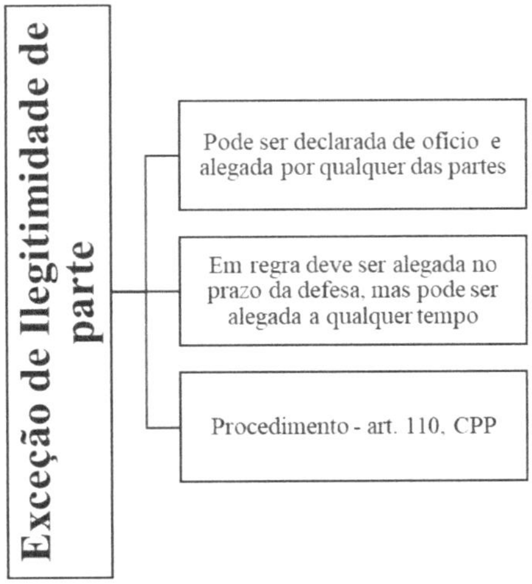

16.11 REVISÃO DO CAPÍTULO POR QUESTÕES DE CONCURSOS E ASSERTIVAS DE REFORÇO

QUESTÕES DE CONCURSO

1. (TRF/4ª REGIÃO 2014 - JUIZ FEDERAL). Com relação às exceções, em direito processual penal:

A. Para a arguição da suspeição do juiz, é indispensável a capacidade postulatória.

B. São dilatórias as exceções de ilegitimidade de parte, incompetência do juízo, suspeição, impedimento, incompatibilidade; são peremptórias as exceções de litispendência e coisa julgada.

C. Julgada procedente a exceção de suspeição, o processo continuará com a designação de outro juiz, mantidos os atos praticados pelo primeiro juiz antes do afastamento.

D. Recebida a exceção de coisa julgada, o processo ficará suspenso até que seja definitivamente julgada.

E. A jurisprudência predominante é no sentido de que a exceção de suspeição deve ser arguida na primeira oportunidade em que o réu se manifestar nos autos, sob pena de preclusão.

2. (DPE/TO 2013 - CESPE/CEBRASPE - DEFENSOR PÚBLICO). No que diz respeito às questões e aos processos incidentes, assinale a opção correta.

A. O oferecimento da exceção de suspeição, por tutelar a imparcialidade do julgador, tem como efeito imediato a suspensão do processo, como regra geral, até a decisão final de mérito que autorize o relator a ordenar a prática de atos processuais urgentes.

B. A arguição de suspeição deve preceder a qualquer outra, admitindo-se a oposição a qualquer tempo ou grau de jurisdição, inclusive por meio da ação de *habeas corpus*, consoante entendimento dos tribunais superiores.

C. Admitida questão prejudicial obrigatória, suspende-se o curso da ação penal, sendo vedada a inquirição de testemunhas e a produção de outras provas, ainda que consideradas urgentes, e interrompe-se o prazo prescricional.

D. Tratando-se de questões prejudiciais facultativas, a suspensão do processo fica condicionada, entre outras circunstâncias, à prévia existência de ação civil ajuizada para resolver controvérsia considerada de difícil solução, desde que não verse sobre direito cuja prova a lei civil limite, garantidas a oitiva das testemunhas e a realização das provas de natureza urgente.

E. A exceção de suspeição, assim como a revisão criminal, pode ser intentada apenas pela parte, ou conjuntamente com o seu defensor, em face da necessidade de preservar a imparcialidade do julgador, consoante disposição expressa do CPP.

3. (TJ/BA 2019 - CESPE/CEBRASPE - JUIZ DE DIREITO). A respeito de questões prejudiciais e processos incidentes, assinale a opção correta.

A. Subsistindo questão prejudicial sobre o estado civil do réu, o juiz criminal deverá continuar o trâmite processual e decidir a questão como preliminar de mérito por ocasião da prolação da sentença.

B. As causas de suspeição do juiz serão arguidas em exceção própria, por petição assinada por advogado, independentemente de esse poder especial constar na procuração.

C. No caso de bem imóvel adquirido com o provento de crime, poderá ser determinado o sequestro do bem, ressalvada a hipótese de sua transferência a terceiro de boa-fé.

D. O sequestro é medida cautelar de indisponibilidade de bens em que o exercício do contraditório poderá ser postergado para evitar a dissipação do patrimônio.

E. O exame médico-legal realizado no incidente de insanidade mental é prova constituída em favor da defesa, podendo o juiz, de ofício, determinar a sua realização compulsória quando o réu recusar submeter-se a ele.

ASSERTIVAS DE REFORÇO

1. ( ) As exceções são concebidas como peremptórias quando aptas a extinguir o processo, como a exceção de coisa julgada, e dilatórias, quanto tão somente atingem aspectos de cunho processual, como a exceção de incompetência do juízo.

2. ( ) O juiz, quando não se der por suspeito, poderá ter sua suspeição alegada apenas pela parte a quem interesse a suspeição.

3. ( ) O juiz, quando não se der por suspeito, poderá ser recusado por qualquer das partes, se for credor ou devedor, tutor ou curador, de qualquer das partes.

4. ( ) A exceção de suspeição possui prevalência sobre qualquer outra exceção, salvo se fundada em motivo antecedente, devendo ser autuada em apartado.

5. ( ) Realizada instrução no procedimento de exceção de suspeição, julgada procedente a suspeição, serão considerados nulos os atos do processo principal.

6. ( ) Em regra, o procedimento de exceção de suspeição não suspende o curso do processo principal. Contudo, quando a parte contrária reconhecer a procedência da arguição, esse poderá ser sustado, a seu requerimento, até que se julgue o incidente da suspeição.

7. ( ) A exceção de suspeição não pode ser proposta na fase do inquérito policial.

8. ( ) A exceção de suspeição, quando descoberta durante a instrução processual, poderá ser oposta a qualquer tempo, até a sentença.

9. ( ) Havendo recurso processual adequado, a exceção de suspeição, não se admite a arguição por meio de *habeas corpus*.

10. ( ) A exceção de incompetência do juízo poderá ser oposta, verbalmente ou por escrito, no prazo de defesa.

11. ( ) O procedimento da exceção de incompetência, de natureza dilatória, contempla tão somente as hipóteses de incompetência relativa, haja vista que as alegações de incompetência absoluta, funcional ou em razão da matéria, podem ser suscitadas diretamente nos autos por meio de simples petição ou oralmente no curso de audiência.

12. ( ) A exceção de litispendência visa atacar a existência de duas ou mais ações penais idênticas em trâmite por juízos distintos, podendo, inclusive, ser declarada de ofício pelo magistrado por envolver questão afeta a nulidade absoluta.

13. ( ) A falta de identidade no polo ativo da demanda necessariamente afasta a possibilidade de caracterização da litispendência.

14. ( ) A ilegitimidade de parte segue o mesmo rito das exceções de incompetência e pode ser arguida a qualquer tempo pelas partes ou declarada de ofício pelo juiz, não se sujeitando a prazos preclusivos.

15. ( ) A exceção de coisa julgada segue o rito das exceções de incompetência e pode ser declarada de ofício pelo magistrado, não se sujeitando à preclusão.

16. ( ) Os limites objetivos e subjetivos da exceção de coisa julgada não se confundem com os mesmos limites da coisa julgada, vez que enquanto os primeiros revelam verdadeiros aspectos processuais, os segundos são repercussões do instituto da coisa julgada cujos efeitos não se restringem às exceções.

17. ( ) A exceção de coisa julgada poderá ser oposta em relação aos fatos principais e acessórios que tiverem sido objeto de sentença.

18. ( ) Julgados procedentes os pedidos nas exceções de incompetência, litispendência, ilegitimidade de parte e coisa julgada, o recurso em sentido estrito será o meio adequado para impugnação.

19. ( ) Nas exceções de litispendência, ilegitimidade de parte e coisa julgada, será observado, no que lhes for aplicável, o disposto sobre a exceção de incompetência do juízo.

20. ( ) As exceções serão processadas em autos apartados e suspenderão, em regra, o andamento da ação penal.

16.11.1 Gabaritos

QUESTÕES DE CONCURSO

1	2	3
E	D	D

ASSERTIVAS DE REFORÇO

1	2	3	4	5	6	7	8	9	10
V	F	V	F	V	V	F	V	F	V
11	**12**	**13**	**14**	**15**	**16**	**17**	**18**	**19**	**20**
V	V	F	V	V	V	F	V	V	F

COMENTÁRIOS ÀS ASSERTIVAS FALSAS E JUSTIFICATIVAS IMPORTANTES

1. V.

2. F. A suspeição pode ser alegada por qualquer das partes.

3. V.

4. F. Salvo se fundada em motivo superveniente.

5. V.

6. V.

7. F. A exceção pode ser proposta ainda na fase do inquérito policial, haja vista a possibilidade da formulação de pedidos cautelares, que fixam a competência do magistrado após a distribuição. E, nesses casos, sendo o juiz suspeito, naturalmente a imparcialidade para apreciação dos pedidos cautelares estará prejudicada, sendo atacável pela exceção.

8. V.

9. F. O Supremo Tribunal Federal admitiu a possibilidade de julgamento da suspeição de magistrado no caso do ex-juiz Sérgio Moro por meio de *Habeas Corpus*, reconhecendo a suspeição do então magistrado no HC 164.493, atacando a própria lógica da exceção ser julgada antes da prolação da sentença.

10. V.

11. V.

12. V.

13. F. O fato da ação ter sido proposta pelo Ministério Público ou querelante, não é apto a afastar a titularidade do poder punitivo do Estado, de forma que é perfeitamente possível a caracterização da litispendência, como se verifica nas hipóteses de aplicação da Súmula 714 do STJ.

14. V.

15. V.

16. V.

17. F. A exceção só poderá ser oposta em relação ao fato principal que tiver sido objeto de sentença.

18. V.

19. V.

20. F. Não suspenderão, em regra.

17

Conflito de competência

17.1 COMO O ASSUNTO É ABORDADO EM PROVAS E CONCURSOS

O tema é normalmente cobrado em conjunto com o assunto "competência", sendo, assim como o referido, de cobrança frenética nos certames de Magistratura, Ministério Público, Defensoria Pública e Delegado de Polícia.

A adequada compreensão do assunto exige não somente um bom conhecimento do texto legal, mas também a vasta jurisprudência sobre o tema.

O leitor deverá ser capaz, ao final do capítulo, de solucionar casos práticos envolvendo a matéria, comuns em provas objetivas, e instrumentais em provas discursivas que exigem peças. Nesse sentido, é imprescindível conceber, de forma adequada, as hipóteses de competência absoluta e relativa, para fins de aplicação do instituto.

O conhecimento da competência das diversas espécies de Justiça, distribuição das regras em razão do lugar e dos critérios secundários de fixação da competência, é crucial para a solução de questões.

O capítulo, portanto, deve ser lido com a maior atenção e sistematização possível, pois sofre alterações com frequência. Logo, além do registrado no presente capítulo, o leitor deverá observar, com certa regularidade, a jurisprudência no âmbito dos Tribunais Superiores, especialmente no tocante aos novos crimes praticados por meio virtual, ainda suscetíveis de variações.

17.2 INTRODUÇÃO

O conflito de competência, tratado pelo CPP como de jurisdição, foi previsto nos artigos 113 a 117 do CPP. Ocorre o conflito quando duas autoridades judiciárias derem-se por competentes – **conflito positivo** – ou por incompetentes – **conflito negativo** – para julgar o mérito do processo.

A doutrina sustenta que há o conflito de competência quando a divergência ocorrer entre dois órgãos das mesma justiça, como na hipótese do juízo de Curitiba e o de Foz do Iguaçu, pertencentes à Justiça Estadual do Paraná, entenderem não serem competentes ou competentes para apreciarem o mesmo caso. Por outro lado, doutrinariamente, aduz-se que haverá o conflito de jurisdição quando duas justiças distintas se afirmarem competentes ou incompetentes para apreciação do mesmo fato, a exemplo da Justiça Federal e Estadual, Estadual de São Paulo e Rio de Janeiro, e similares.

Não entendemos por correta a distinção, vez que **a jurisdição é una**, não podendo, portanto, haver conflito. O juiz é investido de jurisdição e dotado de competência. Logo, não há como existir, juridicamente, conflito de jurisdição, pois o magistrado que, por exemplo, declina sua competência, exerce e esgota sua função jurisdicional no caso por exercê-la dizendo não ser o competente para apreciação da matéria. O conflito, portanto, acaso existente, não versa sobre a jurisdição, investida em todos os magistrados, mas sobre a competência para julgamento.

Doutrinariamente, quando se faz referência à expressão ***Kompetenz Kompetenz***, assinala-se que essa estampa a possibilidade conferida a todo magistrado de analisar sua própria competência, de forma que nenhum juiz seria totalmente incompetente, pois ao verificar sua incompetência – absoluta, por exemplo – possui competência para reconhecê-la. E, o exercício desse reconhecimento, deriva da investidura na jurisdição, a qual nunca pode estar em conflito.

Logo, temos que o conflito entre magistrados será de competência e não jurisdição. Tratando-se, contudo, de conflito entre autoridades judiciárias e administrativas ou apenas entre essas, o **conflito será de atribuições**.

17.3 LEGITIMIDADE, FORMA E PROCEDIMENTO

> Art. 115. O conflito poderá ser suscitado:
> I - pela parte interessada;
> II - pelos órgãos do Ministério Público junto a qualquer dos juízos em dissídio;
> III - por qualquer dos juízes ou tribunais em causa.

A legitimidade para suscitar o conflito de competência foi conferida às partes processuais (autor e réu), ao Ministério Público[1] quando atuar na função de *custus iuris*, e ao próprio magistrado ou Tribunal.

Entendemos que o assistente da acusação, figura processual acessória, não possui legitimidade para suscitar o conflito de competência, haja vista que sua atuação deve acompanhar a postura do Ministério Público. Assim, se o *parquet* entende por não existir conflito, descabe ao assistente suscitá-lo, sob pena de se inverter a lógica de que o acessório segue o principal, não obstante seja perfeitamente possível a divergência de mérito quanto a outros assuntos, conforme ainda veremos em tópico próprio.

Segundo o art. 114 do CPP, haverá conflito de jurisdição[2]: I - quando duas ou mais autoridades judiciárias se considerarem competentes, ou incompetentes, para conhecer do mesmo fato criminoso; e II - quando entre elas surgir controvérsia sobre unidade de juízo, junção ou separação de processos.

O art. 116 do CPP assinala que quando o conflito for levantado por juízes ou tribunais, a forma será a de representação, mero instrumento de provocação da instância competente para apreciar o conflito posto. Advindo da parte ou Ministério Público como

1. A possibilidade de arguição tem por fundamento o inciso I, parte interessada.
2. Para nós, de competência.

custus iuris, a forma será de requerimento. Em ambos os casos, exige-se a apresentação de razões escritas e circunstanciadas do conflito expondo os fundamentos e juntando os documentos comprobatórios para análise do Tribunal competente. **Representação e requerimento**, portanto, distinguem-se tão somente pela origem do provocador.

Provocado o conflito, deverão ser formados, em regra, autos em apartado, submetendo-os à apreciação do Tribunal competente. Tratando-se, contudo, de conflito de negativo, será suscitado por meio de provocação nos próprios autos do processo criminal.

Sendo o fundamento da representação, requerimento ou provocação a **incompetência absoluta** do juízo, não sujeito à preclusão, a matéria pode ser levantada ao órgão competente até o trânsito em julgado da decisão, nos termos da Súmula 59 do STJ: "não há conflito de competência se já existe sentença com trânsito em julgado, proferida por um dos juízos conflitantes". Ao contrário, sendo a **incompetência relativa** o fundamento, deverão ser alegadas nos prazos previstos no art. 571 do CPP, segundo o entendimento majoritário. Entendemos, contudo, que o conflito deve sempre ser suscitado na primeira oportunidade em que os legitimados tiverem que se manifestar nos autos após o inequívoco conhecimento da causa que possa ensejar o conflito, por se tratar de matéria sujeita à preclusão.

O exposto evidencia, para nós, a falta de sistemática processual do CPP, pois mistura a exceção de incompetência com o conflito de competência. Para que exista o conflito positivo, pressupõe-se, necessariamente, que dois juízos tenham sido provocados a se manifestar sobre o caso, seja pela propositura de duas ações distintas, seja pela existência de pedidos de cunho cautelar que foram distribuídos a juízos diferentes. Não se instaura o conflito positivo porque o magistrado da comarca de São Paulo descobriu, pela imprensa, que o juízo de Belo Horizonte tem proferido decisões versando sobre o mesmo caso.

O conflito positivo pressupõe o diálogo processual prévio para sua configuração, isto é, ambos os juízes devem se declarar competentes nos autos de forma positiva e expressa, ou não teremos, efetivamente, o conflito. A simples prolação de decisões fixadoras da competência pela prevenção não induz ao conflito. **O conflito só existirá quando ambos, diante conhecimento do conjunto das decisões, ainda assim se declararem por competentes**.

E, nesse particular, vale lembrar que a parte ré e o Ministério Público, como *custus iuris*, podem promover a exceção de incompetência do juízo na forma do art. 108 do CPP. Surge, portanto, um possível paradoxo, pois se existe o instituto da exceção de incompetência, não nos parece razoável se admitir a provocação do conflito pela parte de forma direta, pois o conflito, juridicamente, só existirá se o juízo não reconhecer a exceção de incompetência. Tem-se, portanto, que o conceito de "parte interessada", previsto no art. 115, I, CPP, deve ser lido como parte cuja pretensão demonstrada na exceção de incompetência tenha sido afastada.

Assim como o conflito positivo, o conflito negativo pressupõe o diálogo processual prévio para sua configuração, isto é, ambos os juízes devem se declarar por incompetentes nos autos de forma positiva e expressa, dando ensejo à existência do conflito.

E, nesse particular, parece-nos que a questão deve ser provocada, **por meio de representação e de ofício**, pelo segundo juízo, que recebe os autos em razão de declinação prévia da competência por outro juízo. Isso porque, estando o segundo magistrado diante de uma decisão judicial reconhecedora da incompetência do juízo, deverá, caso não comungue do mesmo entendimento, provocar o órgão competente, suscitando o conflito negativo. Em nossa compreensão, **trata-se de dever do magistrado e não mera faculdade**, pois não há como se conceber um processo sem juízo definido. Por essa razão, não obstante a previsão legal, parece-nos dotada de pouco sentido a possibilidade de provocação do conflito negativo pelas partes ou Ministério Público.

Suscitado o conflito, há que se observar o disposto nos parágrafos do art. 116 do CPP. Segundo o §2º, distribuído o feito, se o conflito for positivo, o relator poderá determinar imediatamente que se suspenda o andamento do processo. A medida visa evitar a prática de atos desnecessários pelo juízo futuramente declarado como incompetente.

De acordo com o §3º, expedida ou não a ordem de suspensão, o relator deverá requisitar informações às autoridades em conflito, assinalando-lhes prazo (§4º) e remetendo-lhes cópia do requerimento ou representação.

Em sequência, conforme o §5º, recebidas as informações, e depois de ouvido o Procurador-Geral, o conflito será decidido na primeira sessão, salvo se a instrução do feito depender de diligências. Como decorrência, dispõe o §6º que, proferida a decisão, as cópias necessárias serão remetidas, para a sua execução, às autoridades contra as quais tiver sido levantado o conflito ou que o houverem suscitado.

17.3.1 Conflito de competência x conflito de atribuições

Fixadas as premissas do conflito de competência, não podemos nos olvidar que outras situações podem ocorrer a ensejar maior aprofundamento. É o que ocorre, por exemplo, quando o promotor de justiça de Belo Horizonte/MG, na fase inquisitorial, pugna pela remessa do inquérito policial para a comarca de Vitória/ES, por entender que não possui atribuições para atuar no feito por se tratar de crime de estelionato praticado por meio de jornal em circulação na comarca capixaba.

Há, no caso, a manifestação do titular da ação penal que, se acolhida pelo magistrado, ensejará a necessidade do promotor de justiça de Vitória/ES analisar sua atribuição. Concluindo, ao contrário, que a competência para apreciação do caso deve ser do juízo de Belo Horizonte/MG, haverá, num primeiro momento, o conflito de atribuições entre membros de Ministérios Públicos distintos. Ocorre que se essa manifestação do *parquet* capixaba for acolhida pelo magistrado, há, em tese, o conflito de competência, dando ensejo ao chamado **conflito virtual de competência**, haja vista que o magistrado de Belo Horizonte, ao acolher a manifestação do *parquet* mineiro, implicitamente disse não ser competente para julgamento do fato.

O STF, em decisão de 2008 (Pet. 3.631/SP[3]), quando ainda se atribuía o poder de julgar os conflitos de atribuição entre membros de Ministérios Públicos diversos, decidiu que quando o magistrado se limita a remeter os autos a outro juízo, não há conflito de competência, pois tecnicamente não há decisões jurisdicionais em conflito.

A questão, contudo, merece ser revista, pois não dotada de qualquer sentido prático ao se considerar a natureza das decisões judiciais como meros despachos de remessa.

---

3. Atribuições do Ministério Público. Conflito negativo entre MP de dois Estados. Caracterização. Magistrados que se limitaram a remeter os autos a outro juízo a requerimento dos representantes do Ministério Público. Inexistência de decisões jurisdicionais. Oposição que se resolve em conflito entre órgãos de Estados diversos. Feito da competência do Supremo Tribunal Federal. Conflito conhecido. Precedentes. Inteligência e aplicação do art. 102, I, "f", da CF (...).

Isso porque, imaginemos, que sigamos o entendimento do STF e o conflito de atribuições entre os Ministérios Públicos diversos venha a ser dirimido pelo CNMP. A decisão do Conselho Nacional não vincula o magistrado no que toca à competência, sob pena de subverter a lógica da própria competência.

Caso o CNMP, por exemplo, decida pela atribuição do promotor de justiça de Vitória/ES, isso não significa que o magistrado de Vitória/ES esteja vinculado à decisão administrativa do órgão. A atribuição do promotor de justiça deriva da competência em tese do juízo e não o contrário. Logo, parece-nos no mínimo estranho reconhecer que as decisões dos magistrados de remessa dos autos sejam desprovidas de caráter decisório, vez que relega, para um segundo momento, a decisão do eventual conflito, que deverá, necessariamente, nesse caso, ser dirimido pelo Superior Tribunal de Justiça caso ambos os juízos se decidam por incompetentes.

Nos parece, a *priori*, que o tema da discussão versa sobre o "sexo dos anjos" no tocante à atribuição ministerial, pois o juízo pode não concordar com a solução do conflito e declinar da competência para outro juízo.

A questão pode ser verificada em caso simples e sem conflito inicial entre os magistrados. Imagine-se que o promotor de justiça diga nos autos que não possui atribuições e requer ao magistrado que remeta os autos para a comarca à qual o *parquet* entenda deva o feito tramitar e o juiz não compactua com referido entendimento, negando a pretensão ministerial. Temos, no caso, o titular da ação penal dizendo-se sem atribuições e o juízo asseverando sua competência, dando ensejo ao denominado arquivamento indireto provocando a manifestação do PGJ, nos termos do art. 28 do CPP.

Conforme destacamos, a competência, em tese, define a atribuição do órgão ministerial em razão do princípio do promotor natural nos casos cuja demanda necessariamente precisa ser judicializada. Em nosso exemplo, a decisão parece-nos não ser atacável meio de recurso em sentido estrito, ante a ausência de previsão legal, cabendo, em nossa compreensão, correição parcial, vez que a previsão genérica do art. 593, II do CPP pressupõe a instauração do contraditório e, no caso, eventual decisão concebida como definitiva teria o condão de afastar a possibilidade de o réu alegar posteriormente a incompetência do juízo por meio de exceção.

Imaginemos, em sequência, que o Tribunal não acolha a pretensão ministerial, inclusive manifesta pelo PGJ, e decida que o juízo recorrido possui competência para oficiar no feito. Poderá o Ministério Público, após o trânsito em julgado, questionar a competência? Judicialmente não, mas poderá provocar o Ministério Público do outro Estado para que tome ciência do caso e, caso se julgue com atribuições, provoque o juízo respectivo para que, caso igualmente se entenda por competente, suscite o conflito de competência perante o STJ.

Logo, a definição acerca da competência sempre passa pelo Poder Judiciário, sendo a discussão acerca da atribuição do órgão do Ministério Público irrelevante para a decisão.

17.4 COMPETÊNCIA PARA JULGAMENTO DOS CONFLITOS DE COMPETÊNCIA E ATRIBUIÇÕES

A solução do conflito de competência pressupõe a **inexistência de vínculo hierárquico entre órgãos**, de forma que não se admite, portanto, conflito entre o STF e o STJ, entre o STJ e Tribunais Estaduais ou Regionais Federais quando em atuação de segunda instância, entre Tribunais e juízes ou entre Tribunais e Turmas Recursais[4], vez que cabe ao Tribunal hierarquicamente superior definir a competência.

O art. 117 do CPP, apesar da restrita redação legal ao STF, **permite que tanto o STJ quanto o STF avoquem o julgamento de causas que tramitam em instâncias inferiores**. Isso significa que, identificando causas de sua competência que tramitam indevidamente em Tribunais Estaduais ou Federais ou em primeira instância, podem avocar, ou seja, trazer para si o julgamento da causa.

O conflito de competência ainda pressupõe que a solução do conflito deve se dar por órgão hierarquicamente superior e no primeiro ponto comum de competência entre os juízos conflitantes, em forma piramidal. Identifica-se, portanto, qual o primeiro ponto superior de contato comum entre os juízos conflitantes para decisão do conflito, a exemplo da divergência competencial entre o TJMG e TRF1, cujo ponto de contato inicial será o STJ.

Diante desse cenário, há várias situações possíveis, sejamos:

a) STF: segundo o art. 102, I, "o", da CF, cabe ao STF processar e julgar originariamente os conflitos de competência entre o Superior Tribunal de Justiça e quaisquer tribunais, entre Tribunais Superiores[5], ou entre estes e qualquer outro tribunal[6]. Em linhas gerais, pode-se afirmar que, havendo um Tribunal Superior envolvido, a competência será sempre do STF. Ex. conflito entre juiz federal e STM.

b) STJ: de acordo com o art. 105, I, "d", da CF, cabe ao STJ processar e julgar originariamente os conflitos de competência entre quaisquer tribunais, ressalvado o disposto no art. 102, I, "o", bem como entre tribunal e juízes a ele não vinculados e entre juízes vinculados a tribunais diversos. A hipótese prevê a solução pelo STJ dos conflitos entre Tribunais não superiores, entre Tribunais e juízes vinculados a outros Tribunais e entre juízes de Tribunais distintos. Tratando-se de conflito atinente a Tribunais de Justiça Militar, a competência para julgamento, conforme visto, será do STJ. Contudo, não havendo Tribunal de Justiça Militar, nos termos da Súmula 555 do STF, é competente o Tribunal de Justiça para julgar conflito de jurisdição entre juiz de direito do Estado e a Justiça Militar local.

c) Tribunais de Regionais Federais: segundo art. 108, I, "e" da CF) cabe ao TRF processar e julgar os conflitos de competência entre juízes federais vinculados ao Tribunal. Nesse sentido deve ser compreendido o teor da Súmula 428 do STJ "Compete ao Tribunal Regional Federal decidir os conflitos de competência entre juizado especial federal e juízo federal *da mesma seção judiciária*", para que seja lida com a advertência referente à expressão "mesma seção judiciária", vez que o fator e ponto de encontro não reside nas seções judiciárias, mas sua vinculação à jurisdição do respectivo TRF.

d) Tribunais de Justiça Estaduais e do Distrito Federal: caberá aos tribunais decidir o conflito de competência entre os juízes vinculados. Assim, o conflito de competência

4. STJ: 3ª Seção, CC 140.322/PR, DJe 24.02.16.
5. STJ, STM, TSE e TST.
6. Quando o conflito envolver o STF, apesar de ser concebido como Tribunal Superior, aplica-se a regra da avocatória (art. 117, CPP).

entre os juízos de Campinas/SP e Ribeirão Preto/SP, por exemplo, deve ser dirimido pelo TJSP.

e) TSE: nos termos do art. 22, I, "b" do Código Eleitoral, cabe ao TSE dirimir os conflitos de competência ente os TREs e juízes eleitorais de Estados distintos. Caracterizado o conflito entre juízes eleitorais vinculados ao mesmo TRE, cabe a esse o processo e julgamento conflito. Sendo, contudo, o conflito afeto ao juízo eleitoral e federal, a competência será do STJ.

f) STM: de acordo com o art. 6º, II, "g" da Lei 8.457/92, cabe ao STM julgar os conflitos de competência entre Conselhos de Justiça, entre juízes federais da Justiça Militar, ou entre estes e aqueles, bem como os conflitos de atribuição entre autoridades administrativas e judiciárias militares. A regra, portanto, não se aplica às hipóteses de conflito entre Tribunais Militares Estaduais ou juízos militares de Estados diversos, vez que, nesses casos, a competência será do STJ. O ponto fulcral, portanto, reside na vinculação dos órgãos à Justiça Militar da União para caracterização da competência do STM.

O conflito de atribuições entre membros do Ministério Público, a exemplo do conflito de competência, ocorre quando mais de um membro, do mesmo órgão ou não, dizem-se sem atribuições (conflito negativo) ou com atribuições para atuação no caso concreto (conflito positivo).

Tratando-se de conflito entre membros da mesma instituição, ex. MPSP, o conflito será dirigido pelo PGJ (art. 10, X, da Lei 8.625/93). No caso de conflito entre membros do MPF, o conflito é solucionado pela Câmara de Coordenação e Revisão, com recurso para o PGR (art. 49, VIII e art. 62, VII da LC 75/93)[7].

Ocorrendo o conflito, contudo, entre membros do Ministério Público Estadual e Federal ou entre MPE e MPE distintos, o tema foi pacificado pela competência do CNMP para decisão, afastando-se os entendimentos anteriores de decisão pelo STF e PGR. Tratando-se, todavia de conflito existente entre membros de Ministérios Públicos de ramos diferentes, mas vinculados ao Ministério Público da União, a decisão compete ao PGR.

Tratando-se de conflito afeto à atuação do Ministério Público Eleitoral, a decisão cabe ao PGR nos termos do art. 75, III da LC 75/93, sendo normalmente delegada aos Procuradores Regionais Eleitorais quando envolvem membros de uma única região.

A situação atual, portanto, pode ser assim esquematizada:

CONFLITO	
Origem	**Competência para dirimir**
MPE x MPE (ambos do mesmo Estado)	PGJ
MPF x MPF	CCR, com recurso ao PGR
MPE x MPF	CNMP
MPE x MPE (Estados diferentes)	CNMP
MPU x MPU (ramos diferentes)	PGR

7. O conflito entre membro do MPM segue a mesma linha, sendo dirimido pela Câmara de Coordenação e Revisão do MPM (art. 136, VI da LC 75/93). No caso de conflito entre membros do

17.5 SÍNTESE GRÁFICA

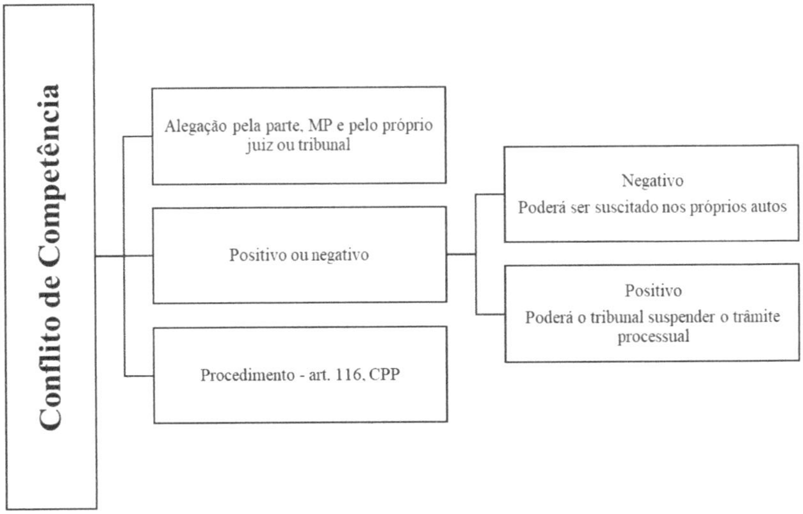

17.6 REVISÃO DO CAPÍTULO POR QUESTÕES DE CONCURSOS E ASSERTIVAS DE REFORÇO

QUESTÕES DE CONCURSO

1. **(TJ/DFT 2007 - JUIZ DE DIREITO)**. Assinale a alternativa correta nas questões a seguir: Lavrado termo circunstanciado em que é imputada a Mevius pela autoridade policial a conduta do artigo 331 do Código Penal (crime de desacato, a que é cominada pena de detenção de 6 meses a 2 anos, ou multa), há o encaminhamento ao 2º Juizado Especial Criminal de Brasília. O promotor de justiça que neste atua entende, todavia, também caracterizado, em concurso material, o crime do artigo 330 do Código Penal (desobediência, a que é cominada a pena de detenção de 15 dias a 6 meses e multa) e, em seu pronunciamento, conclui pela incompetência do Juizado Especial Criminal, em face de, somadas as penas máximas, conduzirem à pena privativa de liberdade superior a 2 anos. O juiz do 2º Juizado Especial Criminal de Brasília endossa tal entendimento e declina da competência para uma das Varas Criminais de Brasília. Feita a distribuição à 4ª Vara Criminal, o promotor de justiça que nesta atua, discordando do seu colega, entende caracterizado, apenas, o crime de desacato, pois absorvido por este estaria o de desobediência, e assim oficia, indicando competente o 2º Juizado Especial Criminal de Brasília, por não caber pena privativa de liberdade superior a 2 anos. O juiz da 4ª Vara Criminal, endossando a posição do promotor de justiça que nela atua, afirma-se, também, incompetente e suscita conflito de competência perante a Câmara Criminal do Tribunal de Justiça do Distrito Federal. De acordo com a posição prevalente nesta, no Superior Tribunal de Justiça e no Supremo Tribunal Federal:

A. está caracterizado um conflito positivo de competência;
B. está caracterizado um conflito negativo de competência;
C. está caracterizado um conflito positivo de atribuições;
D. está caracterizado um conflito negativo de atribuições.

2. **(MP/PR 2016 - PROMOTOR DE JUSTIÇA)**. Com relação à exceção de incompetência, assinale a alternativa correta:

A. É cabível o recurso em sentido estrito da decisão que reconhece a incompetência do juízo ou que rejeita a exceção de incompetência oposta;
B. A oposição de exceção de incompetência do juízo, a ser apresentada no prazo da defesa, interromperá o curso do processo, de modo a evitar o prejuízo para as partes pelo proferimento de manifestações judiciais capazes de gerar sucumbência ou decisões que realizem o enfrentamento do mérito;
C. De acordo com o entendimento do Supremo Tribunal Federal e do Superior Tribunal de Justiça, a ratificação é viável tanto em relação a atos instrutórios como decisórios, seja relativa ou absoluta a incompetência verificada, salvo quando se tratar de sentença de mérito;
D. Encaminhados os autos para o juízo indicado como competente por força da procedência da exceção de incompetência oposta, e havendo discordância do magistrado quanto à atribuição da competência ao juízo perante o qual atua, deverá

remeter imediatamente os autos para o juízo de origem, abstendo-se de praticar qualquer ato instrutório ou decisório;

E. A exceção de incompetência deverá ser necessariamente oposta por escrito, procedendo-se à sua autuação em apartado, dando-se continuidade ao trâmite do processo principal.

ASSERTIVAS DE REFORÇO

1. ( ) Doutrinariamente, quando se faz referência à expressão *Kompetenz Kompetenz*, assinala-se que essa estampa a possibilidade conferida a todo magistrado de analisar sua própria competência, de forma que nenhum juiz seria totalmente incompetente, pois ao verificar sua incompetência – absoluta, por exemplo – possui competência para reconhecê-la.

2. ( ) Quando o conflito de competência for levantado por juízes ou tribunais, a forma será a de representação, mero instrumento de provocação da instância competente para apreciar o conflito posto. Advindo da parte ou Ministério Público como *custus iuris*, a forma será de requerimento.

3. ( ) Provocado o conflito de competência, deverão ser formados, em regra, autos em apartado, submetendo-os à apreciação do Tribunal competente. Tratando-se, contudo, de conflito de negativo, será suscitado por meio de provocação nos próprios autos do processo criminal.

4. ( ) A simples prolação de decisões fixadoras da competência pela prevenção induz ao conflito de competência.

5. ( ) Distribuído o conflito de competência, se for positivo, o relator poderá determinar imediatamente que se suspenda o andamento do processo.

6. ( ) A solução do conflito de competência pressupõe a existência de vínculo hierárquico entre órgãos.

7. ( ) É possível o estabelecimento de conflito de competência entre o Tribunal e a Turma Recursal.

8. ( ) É possível que o STJ e o STF avoquem o julgamento de causas que tramitam em instâncias inferiores.

9. ( ) Cabe ao STF processar e julgar originariamente os conflitos de competência entre o Superior Tribunal de Justiça e quaisquer tribunais, entre Tribunais Superiores, ou entre estes e qualquer outro tribunal.

10. ( ) Tratando-se de conflito atinente a Tribunais de Justiça Militar, a competência para julgamento será do STJ. Contudo, não havendo Tribunal de Justiça Militar, nos termos da Súmula 555 do STF, é competente o Tribunal de Justiça para julgar conflito de jurisdição entre juiz de direito do Estado e a Justiça Militar local.

17.6.1 Gabaritos

QUESTÕES DE CONCURSO

1	2
B	C

ASSERTIVAS DE REFORÇO

1	2	3	4	5	6	7	8	9	10
V	V	V	F	V	F	F	V	V	V

COMENTÁRIOS ÀS ASSERTIVAS FALSAS E JUSTIFICATIVAS IMPORTANTES

1. V.

2. V.

3. V.

4. F. A simples prolação de decisões fixadoras da competência pela prevenção não induz ao conflito.

5. V.

6. F. A solução do conflito de competência pressupõe a inexistência de vínculo hierárquico entre órgãos.

7. F. Não é possível.

8. V.

9. V.

10. V.

18

Restituição de coisas apreendidas

18.1 COMO O ASSUNTO É ABORDADO EM PROVAS E CONCURSOS

O tema é normalmente cobrado em conjunto com os assuntos "questões e processos incidentes" e "medidas assecuratórias", sendo pouco usual a específica cobrança de questões puras sobre o assunto nos certames de Magistratura, Ministério Público, Defensoria Pública e Delegado de Polícia.

Típico de prova objetiva e maior incidência nas carreiras policiais e provas de Ministério Público, o tema compreende questões que exigem o conhecimento prioritariamente legal. Nas provas relacionadas às carreiras policiais, o tema por vezes é cobrado em provas discursivas.

Assim, temos que o assunto abordado no presente capítulo merece uma ênfase normativa, especialmente nas proximidades das provas.

18.2 INTRODUÇÃO

As coisas apreendidas são aquelas de relevância para esclarecimento do fato que foram recolhidas em poder de alguém ou no local do crime pelas autoridades competentes ou por meio de diligência, em estrita observância à forma legal.

Ocorre que nem todo objeto apreendido guarda relevância para fins de prova ou sua manutenção em poder da autoridade investigante se faz necessária, devendo ser restituídos aos seus legítimos proprietários ou possuidores aqueles cuja preservação não seja relevante ou justificável pelo Estado.

Nesse sentido é o teor do art. 118 do CPP, que assinala que "antes de transitar em julgado a sentença final, as coisas apreendidas não poderão ser restituídas enquanto interessarem ao processo". Por razões óbvias o fundamento do "interesse ao processo" contempla não somente ou já instaurado, mas também as investigações que visam subsidiar futuros processos.

18.3 COISAS QUE NÃO PODERÃO SER RESTITUÍDAS

> Art. 119. As coisas a que se referem os arts. 74 e 100 do Código Penal não poderão ser restituídas, mesmo depois de transitar em julgado a sentença final, salvo se pertencerem ao lesado ou a terceiro de boa-fé.

A referência aos artigos 74 e 100 do CP, direcionadas à antiga Parte Geral do CP, atualmente está consolidada no art. 91, II, "a" e "b" do CP, que dispõe sobre os efeitos da condenação. Além do dispositivo, há outras normas que estabelecem parâmetros distintos, vejamos:

a) dos instrumentos do crime, desde que consistam em coisas cujo fabrico, alienação, uso, porte ou detenção constitua fato ilícito (art. 91, II, "a", CP): A previsão abarca as coisas concebidas como instrumentos do crime, ou seja, objetos utilizados para a prática do delito cuja fabricação, alienação, uso, porte ou detenção sejam caracterizados como fatos ilícitos, a exemplo das armas de fogo de fabricação caseira, chaves mixa e etc. A norma, nesse particular, não exigiu que o comportamento seja definido como infração penal, de forma que a ilicitude do fato pode contemplar, por exemplo, ilícitos administrativos, como na hipótese de um veículo com documentação irregular.

b) produto do crime (art. 91, II, "b", 1ª parte, CP): a hipótese trata do bem diretamente obtido pela prática do delito, como o celular roubado ou o veículo furtado. Por razões óbvias, tais bens não podem ser restituídos ao autor da infração penal, nada impedindo, contudo, que cessado interesse processual do bem, venha a ser restituído ao seu legítimo proprietário ou possuidor.

c) qualquer bem ou valor que constitua proveito auferido pelo agente com a prática do fato criminoso (art. 91, II, "b", 1ª parte, CP): a previsão legal visa afastar que o autor da infração penal locuplete-se do ilícito penal, caracterizando como ilícita, por exemplo, a renda obtida pela venda dos bens subtraídos ou recebidos a título de propina, estejam em espécie ou tenham sido transformados em outros bens (art. 121 do CPP), operando-se o confisco, precedido ou não, da observância do procedimento do sequestro[1], conforme veremos mais adiante.

d) existência de dúvida quanto ao direito do reclamante: segundo o art. 120 do CPP, "a restituição, quando cabível, poderá ser ordenada pela autoridade policial ou juiz, mediante termo nos autos, **desde que não exista dúvida quanto ao direito do reclamante**". Caracterizada a dúvida, instaurar-se-á incidente apartado para que o requerente apresente provas do alegado direito em cinco dias (§1º, art. 120, CPP) e, após a oitiva do Ministério Público (§3º, art. 120, CPP), o juiz poderá decidir o incidente. Se, contudo, persistir a dúvida sobre quem seja o verdadeiro dono, o juiz remeterá as partes para o juízo cível, ordenando o depósito das coisas em mãos de depositário ou do próprio terceiro que as detinha, se for pessoa idônea (§4º, art. 120, CPP). Por outro lado, segundo o §5º, "tratando-se de coisas facilmente deterioráveis, serão avaliadas e levadas a leilão público, depositando-se o dinheiro apurado, ou entregues ao terceiro que as detinha, se este for pessoa idônea e assinar termo de responsabilidade".

e) instrumentos utilizados para a prática de crimes por organizações criminosas (art. 91-A, §5, CP): segundo o dispositivo: "os instrumentos utilizados para a prática de crimes por organizações criminosas e milícias deverão ser declarados perdidos em favor da União ou do Estado, dependendo da Justiça onde tramita a ação penal, ainda que não ponham em perigo a segurança das pessoas, a moral ou a ordem pública, nem ofereçam sério risco de ser utilizados para o cometimento de novos crimes". A hipótese

1. Vide, por hora, os artigos 122, 124-A, 125 e 133 do CPP.

não dispõe, diretamente, ao contrário da previsão do art. 91, II, "a" do CP, acerca da ilicitude do bem, permitindo, na situação do chamado confisco alargado (art. 91-A, CP), a perda em favor da União ou Estado. É possível, portanto, que um veículo licitamente adquirido por um dos integrantes da organização criminosa ou milícia venha a ser declarado perdido caso tenha sido utilizado, com o conhecimento do proprietário, para a prática de crimes praticados por organizações criminosas ou milícias.

f) veículos, embarcações, aeronaves e quaisquer outros meios de transporte e maquinários, utensílios, instrumentos e objetos de qualquer natureza utilizados para a prática dos crimes definidos na Lei de Drogas (art. 61 da Lei 11.343/06): referidos bens deverão ser apreendidos e estão sujeitos ao confisco, motivo pelo qual a restituição não será possível no curso do processo.

Constatado que os bens apreendidos não gozam de ilicitude, isto é, não se amoldem às previsões acima, o Estado igualmente não poderá se locupletar dos referidos por meio do confisco. Nesses casos, nos termos do art. 123 do CPP, o magistrado deverá aguardar o prazo de 90 dias, contados da data do trânsito em julgado da sentença, condenatória ou absolutória, para dar a devida destinação ao bem. Não havendo pedido de restituição, os objetos apreendidos que não forem reclamados ou não pertencerem ao réu serão vendidos em leilão, depositando-se o saldo à disposição do juízo de ausentes.

Poderá, ainda, nos termos do art. 124 do CPP, determinar que os instrumentos do crime, cuja perda em favor da União for decretada, e as coisas confiscadas, de acordo com o disposto no art. 100 do Código Penal, serão inutilizadas ou recolhidas **a museu criminal**, se houver interesse na sua conservação. Tratando-se, contudo, de **obras de arte ou bens de relevante valor cultural ou artístico**, na hipótese de decretação de perdimento, se o crime não tiver vítima determinada, poderá haver destinação dos bens a **museus públicos** (art. 124-A, CPP).

18.4 FORMA DO PEDIDO E INCIDENTE DE RESTITUIÇÃO

Tratando-se de coisa de propriedade inconteste (art. 120 CPP) e sem interesse processual (art. 118, CPP), e não existam óbices legais à restituição (art. 119, CPP), o **pedido de restituição simples** poderá ser formulado ao delegado de polícia no curso do inquérito policial, Ministério Público, nas hipóteses de PIC, ou para o juiz caso o processo já esteja judicializado.

Por outro lado, caracterizada a dúvida, instaurar-se-á **incidente apartado** para que o requerente apresente provas do alegado direito em cinco dias (§1º, art. 120, CPP) e, após a oitiva do Ministério Público (§3º, art. 120, CPP), o juiz poderá decidir o incidente. Se, contudo, persistir a dúvida sobre quem seja o verdadeiro dono, o juiz remeterá as partes para o juízo cível, ordenando o depósito das coisas em mãos de depositário ou do próprio terceiro que as detinha, se for pessoa idônea (§4º, art. 120, CPP). Por outro lado, segundo o §5º, "tratando-se de coisas facilmente deterioráveis, serão avaliadas e levadas a leilão público, depositando-se o dinheiro apurado, ou entregues ao terceiro que as detinha, se este for pessoa idônea e assinar termo de responsabilidade".

O **incidente de restituição somente pode ser instaurado pelo magistrado diante de um pedido de restituição** formulado que gere dúvida quanto ao direito de quem pleiteia restituição ou quando os bens reclamados tiverem sido apreendidos na posse de terceiro de boa-fé. No primeiro caso, o procedimento não é dotado de maior complexidade, pois basta, no caso de inquérito policial, o delegado de polícia desentranhar o pedido e provocar o magistrado para que instaure o incidente de restituição.

Na segunda hipótese, não obstante a confusa redação do art. 120, §2º do CPP, o incidente deverá ser autuado em apartado, intimando-se o terceiro de boa-fé para, se quiser, alegar seu direito opondo-se ao pedido de restituição. A norma, nesse caso, não assinala prazo para o terceiro alegar seu direito, de forma que o prazo será fixado pelo magistrado. Decorrido o prazo, o reclamante será intimado para, no prazo de dois dias, apresentar suas razões e, sucessivamente, em igual prazo, o terceiro de boa-fé, finalizando a breve instrução para que o magistrado profira a decisão.

Sendo a matéria de alta indagação, isto é, sujeita a maior dilação probatória, na forma do 4º do art. 120 do CPP, o juiz remeterá as partes para o juízo cível, ordenando o depósito das coisas em mãos de depositário ou do próprio terceiro que as detinha, se for pessoa idônea.

Conforme vimos, sendo perecível a coisa, deverão ser avaliadas e levadas a leilão público, depositando-se o dinheiro apurado, ou entregues ao terceiro que as detinha, se este for pessoa idônea e assinar termo de responsabilidade.

Em todos os casos, mesmo nos pedidos de restituição formulados ao delegado de polícia, a oitiva prévia do Ministério Público se faz necessária, vez que, como titular da ação penal, somente a esse compete dizer se a coisa apreendida guarda pertinência processual. Ocorre que, na prática, nos pedidos de restituição formulados perante a autoridade policial referido procedimento não é adotado, especialmente nos casos em que a prova da propriedade é induvidosa e permanência da coisa apreendida não revele qualquer espécie de interesse processual, como na hipótese da restituição da carteira da vítima de um roubo contendo seus documentos e dinheiro, apreendidos no flagrante. Em que pese a redação legal, não nos parece necessária oitiva prévia do Ministério Público, sob pena de prejudicar os interesses da própria vítima. Nesses casos, entendemos que a norma deve ser flexionada para permitir à autoridade policial a restituição, comunicando imediatamente o Ministério Público a decisão, como forma de se flexibilizar a norma, e se evitar a revitimização.

Deferida ou indeferida a restituição, o recurso aceito pelos Tribunais tem sido a apelação, nos termos do art. 593, II do CPP. Entendemos, todavia, perfeitamente cabível o mandado de segurança, pois a generalidade da Súmula 267 do STF[2] deve ser interpretada sob a luz do art. 5º, II, da Lei 12.016/09, que veda o *mandamus* apenas contra a decisão judicial da qual caiba recurso com efeito suspensivo, efeito, em regra, não existente na apelação.

Na mesma esteira, tratando-se de pedido de restituição formulado perante o delegado de polícia, parece-nos cristalina a possibilidade da impetração do mandado de segurança, haja vista a inexistência de remédio processual recursal.

2. Não cabe mandado de segurança contra ato judicial passível de recurso ou correição.

18.5 SÍNTESE GRÁFICA

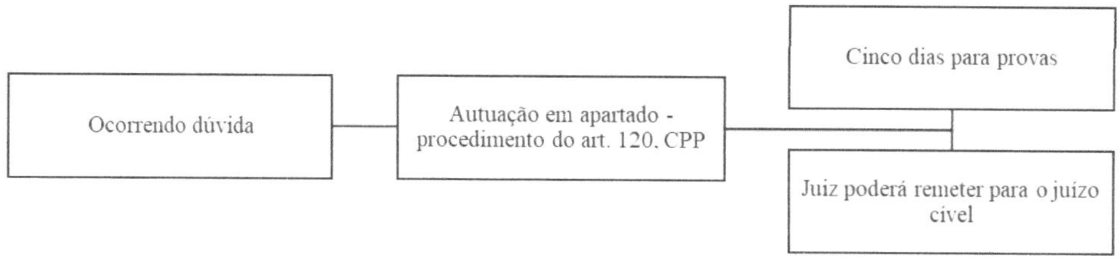

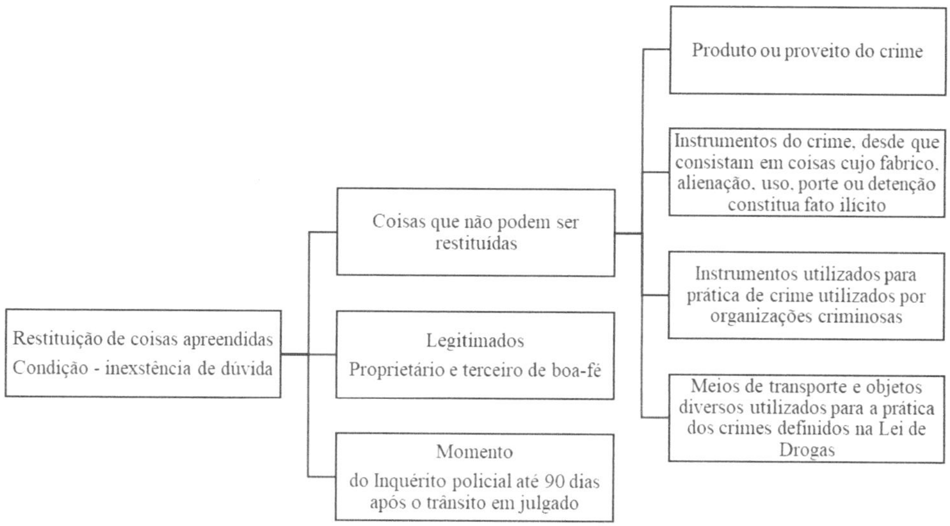

18.6 REVISÃO DO CAPÍTULO POR QUESTÕES DE CONCURSOS E ASSERTIVAS DE REFORÇO

QUESTÕES DE CONCURSO

1. (MP/MG 2013 - PROMOTOR DE JUSTIÇA). Assinale a alternativa FALSA:

A. Insatisfeita a parte com a solução do incidente de restituição, ela deverá procurar o juízo cível para provar o seu direito.

B. Duvidoso ou não o direito existente sobre o objeto apreendido, haverá a prévia manifestação do Ministério Público.

C. Independentemente do direito do possuidor, deixarão de ser devolvidos os instrumentos do crime cujo porte constitua crime por si

D. A coisa apreendida em decorrência da prática criminosa pode ser devolvida ao proprietário pela autoridade policial ou pelo juiz.

2. (MP/PE 2014 - FCC - PROMOTOR DE JUSTIÇA). A restituição de coisas apreendidas

A. poderá ser ordenada pela autoridade policial, se encontradas em poder de terceiro de boa-fé e não houver dúvida quanto ao seu direito.

B. só pode ser ordenada pelo juiz, desde que não exista dúvida quanto ao direito do reclamado.

C. não pode ocorrer antes do trânsito em julgado enquanto interessarem ao processo.

D. dispensa a prévia manifestação do Ministério Público no respectivo incidente.

E. será decidida pelo juiz criminal no incidente próprio, se houver dúvida sobre quem seja o verdadeiro dono.

3. (TJ/PB 2015 - CESPE/CEBRASPE - JUIZ DE DIREITO). A respeito da restituição de coisas apreendidas, assinale a opção correta

A. Os instrumentos do crime, se a perda for decretada em favor da União, bem como as demais coisas confiscadas, deverão ser inutilizados, sendo vedado que tais instrumentos ou coisas recebam qualquer outra destinação.

B. A restituição, quando cabível, poderá ser ordenada pela autoridade policial ou pelo juiz, mediante termo nos autos, desde que não haja dúvida quanto ao direito do reclamante.

C. Após ter sido formulado o pedido de restituição de bens apreendidos, o juiz poderá dispensar a oitiva do MP e decidir o pleito de imediato.

D. Caso seja facilmente deteriorável, a coisa apreendida deverá ser avaliada e, em seguida, deverá ser vendida, sem que seja necessário realizar leilão público.

E. As coisas apreendidas, ainda que deixem de ser diretamente importantes ao processo, não poderão ser restituídas antes do trânsito em julgado da sentença final.

ASSERTIVAS DE REFORÇO

1. ( ) Antes de transitar em julgado a sentença final, as coisas apreendidas não poderão ser restituídas enquanto interessarem ao processo.

2. ( ) A restituição, quando cabível, poderá ser ordenada pela autoridade policial ou juiz, mediante termo nos autos, desde que não exista dúvida quanto ao direito do reclamante. Caracterizada a dúvida, instaurar-se-á incidente apartado para que o requerente apresente provas do alegado direito em dez dias e, após a oitiva do Ministério Público, o juiz poderá decidir o incidente.

3. ( ) Tratando-se, contudo, de obras de arte ou bens de relevante valor cultural ou artístico, na hipótese de decretação de perdimento, se o crime não tiver vítima determinada, poderá haver destinação dos bens a museus públicos.

4. ( ) O incidente de restituição somente pode ser instaurado pelo magistrado diante de um pedido de restituição formulado que gere dúvida quanto ao direito de quem pleiteia restituição ou quando os bens reclamados tiverem sido apreendidos na posse de terceiro de boa-fé.

5. ( ) Deferida ou indeferida a restituição, o recurso aceito pelos Tribunais tem sido o recurso em sentido estrito.

18.6.1 Gabaritos

QUESTÕES DE CONCURSO

1	2	3
A	C	B

ASSERTIVAS DE REFORÇO

1	2	3	4	5
V	F	V	V	F

COMENTÁRIOS ÀS ASSERTIVAS FALSAS E JUSTIFICATIVAS IMPORTANTES

1. V.

2. F. Cinco dias.

3. V.

4. V.

5. F. Apelação, nos termos do art. 593, II do CPP.

TÍTULO VI

MEDIDAS CAUTELARES

19

Medidas cautelares patrimoniais

19.1 COMO O ASSUNTO É ABORDADO EM PROVAS E CONCURSOS

O tema "medidas cautelares patrimoniais" é, certamente, um dos mais cobrados nos certames de Magistratura, Ministério Público, Defensoria Pública e Delegado de Polícia, com especial destaque para as provas do *parquet*. A riqueza legal dos dispositivos regulamentadores, apta a propiciar questões que cruzam e comparam os institutos, torna o assunto um dos mais cobrados, especialmente em provas objetivas.

Na seara das provas subjetivas, o tema vem, geralmente, associado a peças ou questões práticas, sendo imprescindível a compreensão adequada de cada um dos institutos. Dentre os temas mais sensíveis, encontra-se o sequestro, campeão de cobrança.

De forma mais recente, foram verificadas questões relacionadas ao Decreto 3.240/41 e medidas assecuratórias previstas na legislação especial, de forma seu estudo é crucial. Por serem típicos de prova objetiva, uma boa preparação passa pela sistematização comparativa entre os institutos, motivo pelo qual, em diversas oportunidades no capítulo, valemo-nos do modelo de comparação.

Assim, temos que o assunto abordado no presente capítulo merece uma ênfase normativa, especialmente na proximidade das provas.

19.2 INTRODUÇÃO

As medidas cautelares ou assecuratórias de natureza patrimonial, de cunho cautelar, foram previstas no CPP nos artigos 125 a 144-A e visam preservar as coisas para assegurar os efeitos patrimoniais da condenação para impedir o locupletamento ilícito, garantir a indenização ou reparação à vítima da infração penal e assegurar o pagamento das despesas processuais ou das penas pecuniárias.

Além da previsão geral do CPP, a legislação ordinária, em diversos diplomas legais, trouxe regulamentação específica, conforme veremos adiante, especialmente destinada a impedir a circulação de ativos que envolvem crimes como lavagem de capitais, organizações criminosas, drogas, entre outros. Isso porque, em determinados delitos, a mera constrição cautelar da liberdade dos infratores acaba por não ser suficiente para coibir a prática dos delitos ou sua continuidade.

19.3 CARACTERÍSTICAS E PRESSUPOSTOS

As medidas assecuratórias são dotadas da característica da **jurisdicionalidade**, porquanto só podem ser deferidas sob o crivo do devido processo legal, por se tratar de medidas constritivas de bens (art. 5º, LIV, CF). Afasta-se, portanto, a possibilidade das CPIs decretarem-nas, pois não são medidas de instrução[1].

Da característica da jurisdicionalidade surge, segundo o entendimento dominante, a impossibilidade **de decretação de ofício** pelo magistrado ante à sistemática do sistema acusatório, corroborada pela Lei do Pacote Anticrime, pois não há como se admitir que o magistrado possa, de ofício, impor limitações patrimoniais quando deve se manter equidistante das partes.

Além dos **pressupostos** específicos atinentes à cada uma das medidas, que ainda analisaremos, de forma geral exige-se a existência do *fumus boni iuris* e do *periculum in mora.*

O ***fumus boni iuris*** demanda a análise da plausibilidade da medida, isto é, se tem por fundamento, com lastro na prova produzida, a prática de uma infração penal com probabilidade de deflagrar uma ação penal ou potencial condenação. A verossimilhança da alegação, portanto, é imprescindível para o deferimento da medida.

O ***periculum in mora***, por sua vez, revela-se na possibilidade de ineficácia da medida caso deferida somente ao final do processo. O "perigo na demora" do processo, portanto, no aspecto patrimonial, pode ensejar a frustração da satisfação dos fins da medida, de forma que a necessidade de se garantir a preservação dos bens, direitos ou valores visa evitar a dilapidação patrimonial pelo agente. Ao contrário do *fumus boni iuris*, que se funda na análise cruzada de ***fatos x norma***, o *periculum in mora*, para nós, não pressupõe a demonstração inequívoca de tentativa de atos de dilapidação patrimonial, bastando o mero risco de sua ocorrência[2].

A entrada em vigor da Lei 12.403/11, que modificou a redação do art. 282, §3º do CPP, trouxe à tona o debate sobre a necessidade de contraditório quanto às medidas cautelares patrimoniais, vez que o dispositivo previu, expressamente, **salvo nos casos de urgência ou de perigo de ineficácia da medida**, a intimação da parte contrária, estabelecendo o contraditório nas medidas cautelares de natureza pessoal, de forma que, com maior fundamento, haver-se-ia de institui-lo nas patrimoniais.

Por regra, o contraditório é fundamental, mas não pode, quando preservado de forma prévia, ter o condão de frustrar a medida. Por se tratar de questão patrimonial, medida de menor impacto se comparada à liberdade do indivíduo, parece-nos que a opção pelo contraditório diferido apresenta-se como mais razoável, isto é, aprecia-se liminarmente o pedido e intima-se o agente para apresentar defesa, sendo que o magistrado poderá, a qualquer tempo, revisar a decisão. Em síntese, diminui-se o risco de frustração da medida e preserva-se a possibilidade de revisão da decisão.

Não podemos nos olvidar que as medidas cautelares patrimoniais são **instrumentais**, dotadas, portanto, de **acessoriedade** e **provisoriedade**, aferidas por um **juízo de cognição**

1. STF: MS 23.466/DF, DJ 06.04.00.
2. A posição reflete o atual posicionamento da 1ª Turma do STF: Pet. 7.069/DF, j. 13.03.19.

sumária, pois a manutenção dessas pressupõe a preservação dos motivos determinantes, aferidos de forma sumária pelo magistrado.

Do princípio da proporcionalidade decorre a **referibilidade**, no sentido que a medida cautelar deve se referir a uma situação concreta de risco a um direito tutelado. Logo, referibilidade é a correlação lógica entre o fator de risco e o direito a ser protegido, de forma que não evidenciada tal correlação, não haverá razoabilidade para decretação da medida. Revela-se, igualmente nesse particular, a característica da **preventividade**.

19.4 SEQUESTRO

O **sequestro** é uma medida constritiva patrimonial de indisponibilidade, de natureza cautelar e, portanto, assecuratória, que atinge bens móveis ou imóveis adquiridos pelo agente com o proveito da infração penal. Funda-se, portanto, no interesse estatal de assegurar o posterior perdimento dos bens como efeito da condenação e no interesse do ofendido na reparação do dano.

Nada impede que o sequestro recaia sobre bens móveis ou imóveis em poder de terceiros ou ainda sobre bens e valores de origem lícita, caso o produto ou proveito do crime não seja encontrado ou se localize no exterior na forma dos §1º e 2º do art. 91 do CP[3].

Da narrativa se extrai, portanto, que o sequestro pode incidir sobre bens móveis, imóveis e valores e sobre bens de origem ilícita e lícita, a depender do caso concreto. Verifica-se, portanto, que o termo sequestro é criticado pela doutrina, vez que esse, na acepção primária e técnica da palavra, significa a retenção da coisa até a final discussão sobre a titularidade da coisa ou risco de perecimento. Visa, dessa forma, assegurar que o valor inerente à coisa seja preservado até o final do processo.

Não obstante a tradicional crítica, que se funda no conceito romano de sequestro, é inegável que o legislador restou por, de certo modo, misturar os conceitos de arresto e sequestro, tratando-os como sequestro no CPP, isso porque, quando se observa do teor do art. 125 do CPP, verifica-se que a medida, embora recaia sobre bem determinado, reflui-se como arresto, porquanto visa o interesse estatal no asseguramento posterior do perdimento dos bens como efeito da condenação e no interesse do ofendido na reparação do dano.

19.4.1 Requisitos

> Art. 126. Para a decretação do sequestro, bastará a existência de indícios veementes da proveniência ilícita dos bens.

A decretação do sequestro pressupõe a existência de indícios veementes da proveniência ilícita dos bens. Contudo, **o que são indícios veementes?**

O art. 239 do CPP assinala que indício é a circunstância conhecida e provada que, tendo relação com o fato, autorize, por indução, concluir-se a existência de outra ou outras circunstâncias. Logo, indícios veementes são aqueles que possuem tamanha

---

3. §1º Poderá ser decretada a perda de bens ou valores equivalentes ao produto ou proveito do crime quando estes não forem encontrados ou quando se localizarem no exterior.
§ 2º Na hipótese do § 1º, as medidas assecuratórias previstas na legislação processual poderão abranger bens ou valores equivalentes do investigado ou acusado para posterior decretação de perda.

intensidade que permitem uma indução próxima à certeza sem que, contudo, caracterize-se como prova plena.

19.4.2 Legitimidade

Art. 127. O juiz, de ofício, a requerimento do Ministério Público ou do ofendido, ou mediante representação da autoridade policial, poderá ordenar o sequestro, em qualquer fase do processo ou ainda antes de oferecida a denúncia ou queixa.

A legitimidade para pleitear a medida de sequestro é conferida ao titular da ação penal, Ministério Público ou ofendido e eventuais representantes legais ou sucessores no caso de morte. Entendemos que, não obstante a ausência de previsão expressa, o assistente da acusação possa formular o requerimento de sequestro, porquanto ofendido, vez que detentor de interesse jurídico na reparação do dano e legitimado a requerer medidas cautelares diversas da prisão nos termos do art. 311 do CPP, não havendo motivo para se impedir que pugne por medidas cautelares meramente patrimoniais. Na fase inquisitorial, permite-se ao delegado de polícia pugnar pela medida, cuja análise deve ser precedida de manifestação do *parquet*. A Lei 13.367/16, que modificou a Lei 1.579/52, passou a permitir, com a inserção do art. 3º-A na última, que a Comissão Parlamentar de Inquérito apresente o pedido de sequestro.

A redação original do art. 127 do CPP contempla a possibilidade de decretação do sequestro de ofício pelo magistrado, em violação ao sistema acusatório, em nossa compreensão. No tocante à decretação do sequestro de ofício **na fase inquisitorial**, mesmo antes das alterações promovidas pela Lei do Pacote Anticrime, que sufragou o sistema acusatório em texto de lei, a doutrina já trilhava o caminho de sua impossibilidade, ante ao necessário afastamento do magistrado da fase inquisitorial por possibilidade de quebra da imparcialidade e a teratológica possibilidade de decretação da sequestro sem que o titular da ação penal tenha demonstrado seu convencimento. Parece-nos, portanto, que os princípios reitores do sistema acusatório afastam do magistrado a possibilidade de imiscuir-se na investigação criminal.

Do mesmo modo, mas com fundamento um pouco diverso, entendemos que mesmo na fase judicial não cabe ao magistrado decretar a medida de ofício. AVENA[4] (2020, p. 785/786), contudo apresenta posicionamento distinto:

> Já na fase judicial, vale dizer, depois ou simultaneamente ao recebimento da inicial acusatória, não vemos impedimento à decretação do sequestro *ex officio*. Não vislumbramos, enfim, neste caso, afrontamento ao modelo acusatório, tampouco que esteja o juiz substituindo-se ao papel da acusação no processo criminal.
>
> Isto porque, existindo ação penal em andamento, afigura-se plausível a superveniência de sentença condenatória, decisão esta que tem como um de seus efeitos obrigatórios o confisco dos bens adquiridos pelo réu com o proveito da infração penal. Ora, o sequestro é medida que, incidindo sobre esta ordem de bens, tem como um de seus objetivos viabilizar que se efetive esse confisco. Logo, a determinação *ex officio* da medida, aqui, não visa primordialmente ao interesse da acusação, mas sim à efetividade do processo criminal caso reconhecida a responsabilidade penal do acusado.

Não obstante a lógica do raciocínio, entendemos que o magistrado, mesmo na fase judicial, não deve se imiscuir no papel de parte, vez que seu poder geral de cautela, no

4. *op.cit.*

processo penal, não possui o mesmo alcance do processo civil em razão da natureza da demanda posta em apreciação. O fundamento da efetividade do processo é sedutor, mas cede diante do princípio da isonomia entre as partes, porquanto o titular da ação penal dispõe do direito de petição, o qual não precisa ser suplementado pelo magistrado. Ademais, soa por demais estranho que o juiz, de ofício, reconheça a existência de veementes indícios da proveniência ilícita dos bens de ofício e decida, sem a participação das partes, decretar a medida de sequestro. Sua finalidade é presidir o processo, preservando a isonomia entre as partes, mantendo-se equidistante.

19.4.3 Procedimento – Sequestro de bens imóveis

Art. 125. Caberá o sequestro dos bens imóveis, adquiridos pelo indiciado com os proventos da infração, ainda que já tenham sido transferidos a terceiro.

Formulado o pedido de sequestro, deverá ser **atuado em apartado** (art. 129, CPP). Deferida a medida, nos termos do art. 128 do CPP, esse deverá ser **inscrito no Registro de Imóveis** para evitar que o imóvel venha a ser vendido para terceiros de boa-fé. O sequestro não modifica a propriedade do bem ou impede seu uso pelo agente, de forma que a indisponibilidade registrada atinge apenas os atos de disposição, não impedindo o uso ou mesmo a fruição de aluguéis, os quais também por ser objeto de medida cautelar específica.

No sequestro de bens imóveis, ainda que se trate de bem de família, o bem não é protegido pela impenhorabilidade prevista na Lei 8.009/90, porquanto o art. 3º, VI, da referida lei, assinala que a impenhorabilidade é oponível em qualquer processo de execução civil, fiscal, previdenciária, trabalhista ou de outra natureza, salvo se movido por ter sido adquirido com produto de crime ou para execução de sentença penal condenatória a ressarcimento, indenização ou perdimento de bens.

Consoante se extrair do art. 125 do CPP, o sequestro pode recair sobre bem de terceiro recebido a **título oneroso**, que poderá embargar a decisão sob o fundamento de tê-lo **adquirido de boa-fé** (art. 130, II, CPP).

19.4.3.1 Defesa – Embargos

Deferido o sequestro, o meio defensivo assegurado ao acusado e terceiros são os embargos nos termos dos arts. 129 e 130 do CPP.

O inciso I do art. 130 do CPP assinala que o sequestro pode ser **embargado pelo acusado** sob o fundamento de não terem os bens sido adquiridos com os proventos da infração. Por acusado há que se compreender igualmente o investigado, vez que inegavelmente detém interesse defensivo. Conforme assinalado no dispositivo, os embargos admitem um único fundamento: **não terem os bens sido adquiridos com os proventos da infração**. Tem-se, portanto, que o acusado deverá fazer prova das alegações, operando-se, em tese, uma inversão probatória. Em tese, pois, a alegação de ilicitude do bem funda-se na veemência dos indícios e não em prova real, vez que essa, cautelarmente, está muito mais próxima do acusado do que da acusação.

O inciso II do dispositivo, por sua vez, prevê a possibilidade de **embargos por terceiro**, a quem houver os bens sido transferidos a título oneroso, sob o fundamento de tê-los adquirido de boa-fé. A redação legal, assim com a prevista no inciso I, restringe o fundamento para oposição dos embargos, limitando-o à **existência de boa-fé na aquisição onerosa**. Não serão admitidos, portanto, embargos de terceiro que receberam o bem a título gratuito. Nessa hipótese, diferentemente da anterior, a prova da má-fé compete à acusação, haja vista a presunção de boa-fé nos negócios jurídicos.

Há, ainda, com lastro no art. 129 do CPP, a possibilidade de oposição de **embargos de terceiro que não realizou qualquer espécie de negócio com acusado**, mas se encontra juridicamente vinculado ao bem, como cônjuge meeiro, sócio, condômino e etc.

Nas duas primeiras hipóteses, o julgamento dos embargos está condicionado ao trânsito em julgado da sentença penal condenatória, nos termos do parágrafo único do art. 130 do CPP, ficando os bens com restrição até o trânsito em julgado, salvo se, na hipótese do art. 130, II (terceiro de boa-fé), houver a prestação de caução nos termos do inciso II do art. 131 do CPP. Na última hipótese, de embargos de terceiro estranhos a qualquer negócio jurídico com o acusado, o julgamento dos embargos não está condicionado à prolação de decisão judicial de mérito, devendo ser o julgamento realizado com a maior brevidade possível.

Noutra linha, é importante destacar que o CPP foi **omisso quanto ao prazo para a oposição dos embargos**. Diante da omissão, duas correntes surgiram: a **primeira** aduz que os embargos previstos no art. 130 do CPP podem ser opostos até o trânsito em julgado da sentença condenatória, pois o julgamento só poderá ocorrer posteriormente. A **segunda** corrente, por sua vez, sustenta que, após a citação do titular do bem, realizada após a inscrição do sequestro, esse terá o prazo de cinco dias para opor os embargos, por analogia ao art. 306 do CPC, equiparando-se a uma verdadeira contestação.

Filiamo-nos ao segundo entendimento em razão da segurança jurídica e no fato de que os embargos admitem produção probatória, circunstância que colide com a efetividade processual caso venham a ser opostos na véspera do trânsito em julgado, prejudicando a reparação do dano à vítima.

No tocante aos embargos de terceiro que não realizaram qualquer espécie de negócio com acusado, na forma do art. 129 do CPP, segue-se, sem divergência, a regra do art. 675, *caput*, do CPC, que prevê a oposição "a qualquer tempo no processo de conhecimento enquanto não transitada em julgado a sentença e, no cumprimento de sentença ou no processo de execução, até 5 (cinco) dias depois da adjudicação, da alienação por iniciativa particular ou da arrematação, mas sempre antes da assinatura da respectiva carta".

Além da figura típica dos embargos, a doutrina e a jurisprudência têm admitido o mandado de segurança e a apelação (art. 593, II do CPP) como forma de se impugnar o sequestro. Nesse sentido, o uso do *mandamus* tem sido admitido quando houver flagrante violação de direito líquido e certo do titular do bem, como na hipótese do bem ter sido adquirido antes da suposta infração penal praticada à qual se imputa o acréscimo patrimonial como decorrência. O remédio constitucional não contraria o disposto no art. 5º, II da Lei 12.016/09, vez que o recurso cabível, apelação, não é dotado de efeito suspensivo em regra.

A opção pela apelação funda-se na existência de provas da aquisição lícita do bem, mas cuja análise não encontra amparo no rito restrito do *mandamus*, como na hipótese da transferência do bem para o patrimônio do investigado no curso da investigação ou processo criminal, mas cuja aquisição ocorreu anteriormente, como decorrência da somatória de recursos financeiros pré-existentes à infração penal, como os decorrentes de uma sucessão aberta, mas ainda não finda, ou depositados em fundos de investimentos anteriormente existentes.

Logo, temos as seguintes opções:

Embargos	Inexistência de prova pré-constituída da aquisição lícita do bem, a qual poderá ser provada no curso da instrução dos embargos
Mandado de segurança	Prova pré-constituída e inequívoca quanto a aquisição lícita e anterior à infração penal
Apelação	Existência de provas da aquisição lícita do bem, mas cuja análise não encontra amparo no rito restrito do *mandamus.*

19.4.3.2 Procedimento

Protocolizado o pedido de sequestro, a autuação será realizada em apartado, sendo conclusos os autos ao magistrado que deverá, em regra, *inaudita altera pars*, analisar o pedido proferindo decisão que poderá ser de indeferimento por ausência e indícios veementes ou de procedência. Há, ainda, a possibilidade de designar audiência de justificação para que o requerente produza prova oral sobre o fundamento do pedido.

Deferido o sequestro, o juiz ordenará a inscrição no Registro Imobiliário, determinando a citação do titular do bem sequestrado que poderá, segundo nossa compreensão, no prazo de cinco dias[5], opor os embargos, por analogia ao art. 306 do CPC[6], equiparando-se a uma verdadeira contestação. Tratando-se de embargos de terceiro que não realizaram qualquer espécie de negócio com acusado, na forma do art. 129 do CPP, segue-se a regra do art. 675, *caput*, do CPC, que prevê a oposição dos embargos até 5 (cinco) dias depois da adjudicação, da alienação por iniciativa particular ou da arrematação, mas sempre antes da assinatura da respectiva carta.

O julgamento dos embargos, com fundamento no art. 129 do CPP, deverá ser realizado imediatamente após sua apresentação, ao passo que os opostos com lastro no art. 130 do CPP permanecerão suspensos até o julgamento da ação penal, sem prejuízo da possibilidade de análise anterior por meio de mandado de segurança em situações excepcionais.

Sendo proferida sentença absolutória, o sequestro será levantado (art. 131, III, CPP), prejudicando seu julgamento. Ao contrário, transitada em julgado a sentença penal condenatória, os embargos serão julgados pelo juízo criminal que, no caso de procedência dos embargos, liberará o bem, ao passo que, julgados improcedentes os embargos, deverá se seguir o caminho do art. 133 do CPP: "transitada em julgado a sentença condenatória, o juiz, de ofício ou a requerimento do interessado ou do Ministério Público, determinará a avaliação e a venda dos bens em leilão público cujo perdimento tenha sido decretado".

19.4.3.3 Levantamento do sequestro

O levantamento do sequestro é o ato judicial que afasta a eficácia da medida, liberando o bem constrito. O levantamento ocorre nas quatro hipóteses previstas no art. 131 do CPP ou com a procedência dos embargos, vejamos:

5. O CPP não prevê rito específico.
6. Há divergência doutrinária conforme visto anteriormente.

a) se a ação penal não for intentada no prazo de sessenta dias, contado da data em que ficar concluída a diligência (art. 131, I): a exemplo das cautelares antecedentes cíveis, o CPP exige que a ação principal seja promovida no prazo determinado de 60 dias, contados da efetivação do registro imobiliário da constrição, nos termos do art. 128 do CPP.

b) se o terceiro, a quem tiverem sido transferidos os bens, prestar caução que assegure a aplicação do disposto no art. 74, II, b, segunda parte, do Código Penal[7] (art. 131, II): a norma permissiva da caução contempla somente o terceiro de boa-fé, afastando a possibilidade do acusado prestá-la. Contudo, entendemos que, a depender do caso concreto, não há razões para se afastar a possibilidade do acusado ou terceiro, ainda que de má-fé, prestarem a caução, especialmente se essa for suficiente para assegurar a completa eficácia dos fins aos quais o sequestro se destina, bem como traga maior facilidade na reparação do dano, como na hipótese de caução em dinheiro, que dispensará, inclusive a aplicação do procedimento previsto no art. 133, atinente à alienação dos bens em leilão público.

c) se for julgada extinta a punibilidade por sentença transitada em julgado (art. 131, III): as causas extintivas da punibilidade foram previstas no art. 107 do CP e outros dispositivos da legislação especial. Entretanto, a leitura desavisada do dispositivo pode implicar a conclusão de que o reconhecimento de todas as causas extintivas de punibilidade promove o levantamento do sequestro, o que não é verdade. Somente as causas extintivas da punibilidade que atacam os efeitos extrapenais da sentença condenatória implicam o levantamento do sequestro.

d) se for absolvido o réu, por sentença transitada em julgado (art. 131, III): ocorrendo a absolvição, independentemente do fundamento legal, opera-se o levantamento do sequestro, porquanto o fim a que se destina perde seu fundamento de reparação do dano.

e) procedência dos embargos: não obstante a omissão do CPP, é questão óbvia que a procedência dos embargos também acarreta o levantamento do sequestro ou não haveria sentido a existência dos embargos. Assim, consoante a lição de AVENA[8] (2020, p. 794), à falta de demonstração de que "o terceiro adquirente do bem comprado pelo réu com os proventos do ilícito agiu de má-fé, a procedência de seus embargos (art. 130, II, do CPP), tal como dos embargos opostos pelo réu sob o argumento de aquisição com verbas lícitas (art. 130, I, do CPP) e dos embargos do terceiro não adquirente (art. 129 do CPP), importará em levantamento do sequestro, restando à vítima, neste caso, buscar ressarcir o seu prejuízo mediante a constrição de outros bens do réu, com uso da medida própria – hipoteca legal (art. 134 do CPP) ou arresto (art. 137 do CPP)".

19.4.3.4 Destinação final do sequestro

Caso o sequestro não seja levantado no curso do processo penal, a medida de sequestro perderá sua natureza cautelar para se tornar definitiva, sendo absorvida pela decisão, haja vista que o art. 387, §1º, do CPP, assinala que o magistrado deverá decidir sobre as medidas cautelares, de forma que, no momento da decisão, deverá fazer menção à destinação dos bens objeto do sequestro.

---

7. Atual art. 91, II, "b".

8. *op.cit.*

Segundo o art. 133, *caput*, do CPP, transitada em julgado a sentença condenatória, o juiz, de ofício ou a requerimento do interessado ou do Ministério Público, determinará a avaliação e a venda dos bens em leilão público cujo perdimento tenha sido decretado. Trata-se, portanto, de medida a ser adotada pelo juízo criminal, que deverá processar e julgar todo e qualquer incidente relacionado à hasta pública.

Realizado o leilão, o recurso apurado será destinado, primariamente, à reparação do dano à vítima ou sucessores, bem como ao terceiro de boa-fé e, na sequência, ao pagamento das despesas processuais e penas pecuniárias conforme a redação do art. 140 do CPP. Havendo saldo remanescente como decorrência do confisco, esse deverá ser recolhido ao Fundo Penitenciário Nacional, salvo se houver disposição legal em contrário, *ex vi* §§1º e 2º do art. 133 do CPP.

Não obstante a redação do §1º do art. 133 do CPP, entendemos, como forma de se assegurar a efetiva reparação do dano à vítima, que essa seja intimada, antes da efetivação do confisco pelo Estado, para que se manifeste quanto à propositura da ação civil *ex delicto*, vez que o juiz, na sentença, tão somente fixa o valor mínimo para reparação do dano, podendo o valor ser insuficiente para tutela da vítima ou sucessores. Assim, parece-nos razoável que, antes de se transferir o dinheiro para o Estado, que se assinale um prazo razoável de trinta dias, em paralelo à previsão do art. 60, I, do CPP, para que a vítima se manifeste quanto à propositura da ação civil buscando a completa reparação do dano.

19.4.4 Procedimento – Sequestro de bens móveis

Ao sequestro de bens móveis aplicam-se as mesmas regras do sequestro de bens imóveis, à exceção da necessidade da inscrição da medida no registro imobiliário, que deve ser substituída, quando possível, pelo registro em órgãos aos quais o bem esteja vinculado, a exemplo dos veículos, cujo indisponibilidade deve ser registrada no Detran, ou semoventes, os quais o registro deve ser realizado no órgão competente.

É importante frisar que o sequestro não se confunde com a apreensão, medida cabível para as coisas obtidas diretamente por meios criminosos e instrumentos do crime. Assim, o veículo produto do furto deverá ser apreendido por ser produto direito do ilícito. Ao contrário, se o agente, com o proveito de um crime, adquire um veículo, o sequestro do bem será a medida adequada.

19.4.5 Procedimento – Sequestro de bens ou valores equivalentes

Nem sempre o produto direto da infração penal estará na posse do agente, vez que, na maioria dos casos, a coisa é repassada adiante, ficando com o autor do delito o proveito do crime. Nesses casos, de não localização dos bens ou estarem esses no exterior, o juiz poderá deferir a medida assecuratória para alcançar bens ou valores equivalentes do investigado ou acusado, visando a posterior decretação da perda.

Exige-se, em síntese, indícios veementes de que o agente tenha feito uso do proveito do crime de forma que a localização do bem original seja desconhecida ou que esse esteja no exterior, circunstâncias que permitem ao magistrado decretar o sequestro de bens ou valores equivalentes do agente, na forma dos arts. 125 a 133 do CPP, atingindo, inclusive os bens adquiridos licitamente.

19.5 HIPOTECA LEGAL

A hipoteca legal, sob a perspectiva do processo penal, é aquela que decorre da lei e **atinge bens imóveis lícitos** do réu por meio da especialização e registro, visando assegurar o cumprimento de uma dívida eventual decorrente de uma infração penal. Logo, é indiferente que a aquisição do bem imóvel tenha ocorrido anteriormente à prática da infração penal e tenha origem licita, **diferentemente do sequestro,** que pressupõe bens ilicitamente adquiridos[9], pois o fim da hipoteca legal é assegurar a reparação do dano que se funda não somente na responsabilidade penal, mas também na civil.

Decorre daí o **caráter de *ultima ratio*** da especialização da hipoteca legal, porquanto a reparação do dano pode ocorrer de outras formas, devendo ser utilizada somente quando houver risco de que as outras medidas assecuratórias possam ser insuficientes para reparar o dano imposto à vítima.

A hipoteca legal deriva da própria norma insculpida no art. 1.489 do CC, que assinala seu asseguramento ao "ofendido, ou aos seus herdeiros, sobre os imóveis do delinquente, para satisfação do dano causado pelo delito e pagamento das despesas judiciais". Verifica-se, portanto, que o CPP não disciplina por completo a hipoteca legal nos arts. 134 e 135 do CPP, mas tão somente prevê a possibilidade de o ofendido requerer sua especialização e registro ao magistrado como forma de garantir a reparação do dano em toda a sua extensão. Apesar da norma processual penal fazer uso do termo inscrição no §4º do art. 135, tecnicamente o ato é caracterizado como registro.

Estabelece-se, portanto, três premissas: 1) a hipoteca legal decorre da própria norma, independentemente da vontade do ofendido ou seus sucessores; 2) atinge somente os bens imóveis lícitos do suposto autor da infração penal; 3) a hipoteca legal alcança somente o dano causado à vítima e despesas processuais impostas à vítima (art. 1489, III, CC).

Por consequência, tem-se que a hipoteca legal não alcança as penas pecuniárias e as despesas processuais suportadas pelo Estado, haja vista que o Código Civil de 2002 não consignou a hipótese como de hipoteca legal, revogando, inclusive, a previsão do CC de 1916, que previa expressamente as hipóteses no art. 827, incisos VI e VII. Logo, o regramento do art. 140 do CPP não se aplica, na integralidade, à hipoteca legal.

Há que se destacar, novamente, que a hipoteca legal prevista no CPP tão somente tem o condão de formalizar a especialização e registro no cartório, pois materialmente o direito foi assegurado pelo Código Civil, operando-se, portanto, interesses meramente privados, **ao contrário do sequestro**, que satisfaz também o interesse público diante da possibilidade do confisco, inaplicável à hipoteca legal.

A hipoteca legal, **ao contrário do sequestro e arresto**, atinge somente bens do suposto autor da infração penal, não podendo alcançar, em regra, o patrimônio de terceiros. Em regra, porque, excepcionalmente, a especialização da hipoteca legal pode recair sobre imóvel de pessoa jurídica da qual o suposto autor do delito seja sócio proprietário e esteja configurada a confusão patrimonial, caracterizando a hipótese de aplicação da teoria da

---

9. O sequestro pode recair sobre bens e valores de origem lícita quando: art. 91, CP: § 1º Poderá ser decretada a perda de bens ou valores equivalentes ao produto ou proveito do crime quando estes não forem encontrados ou quando se localizarem no exterior. § 2º Na hipótese do § 1º, as medidas assecuratórias previstas na legislação processual poderão abranger bens ou valores equivalentes do investigado ou acusado para posterior decretação de perda.

desconsideração da personalidade jurídica às avessas. De fato, havendo a confusão patrimonial, não há como se negar a propriedade dos bens ao suposto autor do delito, que se vale de ente jurídico para afastar a responsabilidade penal.

Nesse sentido é o entendimento do STJ:

> (...) 2. Não se afigura demonstrado, de plano, a existência do direito líquido e certo da ora Recorrente, uma vez que presentes na espécie os pressupostos autorizadores da medida assecuratória deferida (hipoteca legal), consubstanciados, além da existência da materialidade delitiva e de indícios da autoria do delito de apropriação indébita, na confusão patrimonial dos bens particulares do suposto autor do delito e da empresa ora Recorrente.
>
> 3. No caso em tela, nada mais fez o Juízo do feito do que assegurar o patrimônio do réu - constituído nas suas ações da empresa ora Recorrente -, para satisfazer o ressarcimento dos possíveis danos ocasionados à vítima do crime de apropriação indébita, em ação civil ex delicto.
>
> 4. Não prospera a alegação de responsabilidade penal atribuída à terceiros da relação jurídica, a ponto de ensejar violação ao princípio da pessoalidade, já que esse "terceiro", nada mais é do que a própria empresa do réu, que, conforme já ressaltado, confunde-se com o seu próprio patrimônio particular.
>
> 5. Não restou caracterizada, em sua verdadeira essência, a aplicação da teoria da desconsideração da personalidade jurídica, uma vez que, na presente hipótese, houve apenas a determinação da hipoteca legal dos bens do réu, bem como dos bens de sua própria empresa (que, ressalte-se, confunde-se com o seu patrimônio particular), para a garantia do ressarcimento dos danos ocasionados à vítima do delito, denominado pelo Tribunal a quo de "teoria da desconsideração da pessoa jurídica, às avessas" (fl. 488).(...) RMS 13.675/PR, 5ª Turma, DJ 23.05.05.

Frise-se, ainda, que assim como o sequestro, a impenhorabilidade do bem de família não se aplica à hipótese, nos termos do inc. VI da Lei 8.009/90.

19.5.1 Requisitos

A especialização e registro da hipoteca legal somente possuem sede na esfera judicial[10], sendo incompatível com a fase investigativa porquanto, por atingir o patrimônio lícito do acusado, não se pode impor a medida com lastro apenas em elementos existentes em procedimentos informativos como o inquérito policial ou PIC.

Nesse sentido é o teor do art. 134 do CPP, que assinala que "a hipoteca legal sobre os imóveis do indiciado poderá ser requerida pelo ofendido **em qualquer fase do processo**, desde que haja certeza da infração e indícios suficientes da autoria". Da redação legal, extrai-se, além dos manifestos equívocos com a utilização dos termos *indiciado* e *hipoteca legal*[11], os **pressupostos** da especialização da hipoteca legal: **certeza da infração e indícios suficientes da autoria**.

O termo **certeza da infração** parece-nos por demais forte se interpretado literalmente, pois, de fato, essa só existirá com o julgamento e efetivo trânsito em julgado. O que podemos ter, durante o trâmite processual, é prova da materialidade ou da existência do crime, requisito, aliás exigido para o próprio oferecimento da denúncia. Temos, portanto, que há necessidade de demonstração tão somente do *periculum in mora*, consubstanciado

10. Nucci entende em sentido diverso.

11. Há tão somente o requerimento de especialização e registro conforme vimos, pois a hipoteca decorre da própria lei.

no receio de futura insolvência do autor da infração penal, pois o *fumus boni iuris* resta demonstrado com próprio oferecimento da denúncia, que pressupõe prova da existência do crime e indícios suficientes de autoria.

19.5.2 Legitimidade

A lógica da especialização da hipoteca legal caminha no sentido de que somente o ofendido e eventuais representantes legais ou sucessores possam promovê-la, vez que o instituto tutela interesses privados.

O art. 142 do CPP, contudo, excepcionalmente prevê a atribuição do Ministério Público para promoção das medidas previstas nos arts. 134 e 137 (especialização de hipoteca legal e arresto, respectivamente) **se houver interesse da Fazenda Pública ou se o ofendido for pobre e o requerer**. Não obstante a previsão legal, entendemos que a primeira parte do dispositivo não foi recepcionada pela Constituição de 88, haja vista que ao *parquet* não cabe a representação judicial de entidades de direito público (art. 129, IX da CF). Ademais, CC/02 sequer previu a hipoteca legal em prol da Fazenda Pública para o cumprimento das penas pecuniárias e o pagamento das custas.

Entretanto, apesar da lógica argumentativa, o STF continua a entender que o Ministério Público é legitimado para utilização das medidas assecuratórias para reparação dos danos causados por atos de corrupção, bem como do pagamento da eventual pena de multa, seja no interesse da Fazenda Pública, seja no interesse da sociedade[12], tanto que reforçou a legitimidade ministerial para execução das penas pecuniárias no julgamento da ADI 3.150[13].

No que concerte ao ofendido pobre, a atuação ministerial encontra-se na mesma esteira da inconstitucionalidade progressiva da legitimidade do *parquet* para propositura da ação civil *ex delicto* (art. 68, CPP), de forma que somente se justificará a atuação do Ministério Público como substituto processual quando não houver Defensoria Pública instalada na comarca.

Consoante visto, em todos os casos, exige-se requerimento por parte do interessado, não podendo, portanto, ser promovida de ofício ou por provocação da autoridade policial.

19.5.3 Procedimento

A especialização da hipoteca legal deverá ser realizada em autos apartados (art., 138, CPP), iniciados por requerimento da parte interessada, a qual, nos termos do art. 135, *caput*, CPP, estimará o valor da responsabilidade civil, e designará e estimará o imóvel ou imóveis que terão de ficar especialmente hipotecados.

Conforme o §1° do art. 135 do CPP, a petição deverá ser instruída com as provas ou indicação das provas em que se fundar a estimativa da responsabilidade, com a relação dos imóveis que o responsável possuir, se outros tiver, além dos indicados no requerimento, e com os documentos comprobatórios do domínio.

Cumpridas as formalidades da petição, o juiz deverá proceder ao arbitramento da responsabilidade e a avaliação dos bens imóveis indicados por meio de perito nomeado pelo juiz, onde não houver avaliador judicial, sendo-lhe facultada a consulta dos autos do processo respectivo (art. 135, §2°, CPP).

---

12. STF, 1ª Turma, Pet 7.069/DF, Rel. Min. Luís Roberto Barroso, j. 13/03/2019.

13. J. 13.12.18.

Apresentado o laudo pericial, nos termos do 3º do art. 135 do CPP, o juiz promoverá a oitiva das partes no prazo de dois dias, que deverá correr em cartório, podendo corrigir o arbitramento do valor da responsabilidade, se lhe parecer excessivo ou deficiente. Tratando-se, contudo, de especialização realizada pelo Ministério Público ou Defensoria Pública, entendemos que o prazo não poderá correr em cartório, transmudando-se em sucessivo. Antes de proferir a decisão, deverá ouvir o Ministério Público, caso esse não seja o autor do requerimento.

Cumprido o procedimento e assegurado o contraditório, o juiz, por meio de decisão, especializará o bem ou os bens objeto da hipoteca legal, determinando seu registro em cartório para garantia da responsabilidade (§4º, art. 135, CPP), sendo cabível o recurso de apelação, nos termos do art. 593, II do CPP[14], sendo igualmente possível a utilização do mandado de segurança no caso de direito líquido e certo.

Realizado o registro de indisponibilidade, o bem ou bens objeto da medida assecuratória tornam-se garantidores do resultado do processo, podendo, portanto, ser oponível contra terceiros caso o bem seja alienado no curso do processo. Conforme o §5º do art. 135 do CPP, o valor da responsabilidade somente será liquidado definitivamente após a condenação transitada em julgado, podendo ser requerido novo arbitramento se qualquer das partes não se conformar com o arbitramento anterior à sentença condenatória.

19.5.3.1 Defesa

Ao contrário do sequestro, o legislador foi silente quanto aos meios de defesa no procedimento de especialização da hipoteca legal. Contudo, a ausência de previsão não afasta a possibilidade do uso de meios defensivos pelo acusado e terceiros.

Nesse contexto, a própria norma prevê a possibilidade de impugnação da perícia e valor do dano arbitrado a título de reparação do dano no prazo de dois dias, oportunidade em que toda matéria defensiva relacionada ao aspecto formal poderá também ser alegada. Além da manifestação referida, admite-se:

a) embargos de terceiro: o terceiro estranho à relação acusado/vítima que teve seu patrimônio como alvo integral ou parcial da especialização da hipoteca legal poderá manejar os embargos de terceiro com fundamento nos arts. 674 e seguintes do CPC[15].

b) substituição da hipoteca legal por caução: conforme o §6º do art. 135 do CPP, se o réu oferecer caução suficiente, em dinheiro ou em títulos de dívida pública, pelo valor de sua cotação em Bolsa, o juiz poderá deixar de mandar proceder à inscrição da hipoteca legal. Como a especialização da hipoteca legal visa garantir o resultado útil do processo, apesar da previsão restrita do §6º, direcionada ao momento anterior ao do registro, nada impede, para nós, que realizado o registro da hipoteca legal, venha o acusado a prestar caução segura o suficiente para garantir o juízo, substituindo a garantia.

19.5.3.2 Finalização

Encerrada a breve instrução e o realizado o registro, o procedimento instrumental permanecerá suspenso até o trânsito em julgado do processo principal ou outra causa que afaste o registro.

14. REsp 258.167/MA, DJ 10.06.02.
15. STJ, 6ª Turma, RMS 23.189/PR, Rel. Min. Jane Silva, j. 06.02.2009, DJe 02.03.2009.

Segundo o art. 143 do CPP, passada em julgado a sentença condenatória, serão os autos de hipoteca ou arresto remetidos ao juiz do cível que aguardará a iniciativa do interessado, evidenciando, nesse ponto, **outra distinção com o sequestro**, cuja solução patrimonial tem início e fim no juízo criminal. Por outro lado, sendo absolvido definitivamente o acusado ou julgada extinta a punibilidade nos casos que se afasta a possibilidade de existência do título executivo judicial, a hipoteca legal deverá ser cancelada por determinação do juízo criminal, nos termos do art. 141 do CPP.

Interessante questão relaciona-se ao prazo de permanência da constrição judicial. Parte da doutrina sustenta que a hipoteca legal deverá permanecer até o prazo da prescrição executória no juízo cível, ao passo que uma segunda corrente, à qual nos filiamos, defende a aplicação analógica do prazo de noventa dias previsto no art. 123 do CPP, sem que isso implique, posteriormente, impossibilidade de outras medidas constritivas no juízo cível.

19.6 ARRESTO PRÉVIO OU PREVENTIVO

O arresto prévio ou preventivo é uma espécie de medida cautelar, de natureza preparatória, que tem por escopo tornar inalienáveis os bens do réu durante o trâmite do pedido de inscrição de hipoteca legal. Por ser o processo de especialização de hipoteca legal burocrático e relativamente longo, a despeito de exigir o *periculum in mora*, o legislador conferiu a possibilidade do arresto prévio para assegurar a tutela patrimonial enquanto é realizada a perícia para avaliação dos bens a serem hipotecados e a estimativa do dano indenizável. De igual forma, a exigência de que os bens a serem especializado estejam em nome do réu e a impossibilidade de concessão da especialização da hipoteca legal ser deferida *inaudita altera pars* justificam a existência do arresto prévio.

Nesse sentido é o teor do art. 136 do CPP: O arresto do imóvel poderá ser decretado de início, revogando-se, porém, se no prazo de 15 (quinze) dias não for promovido o processo de inscrição da hipoteca legal.

Exige-se, portanto, a demonstração do *periculum in mora* para que qualquer dos legitimados para a hipoteca legal possa pedir o arresto preventivo, evidenciando-se a prática de atos tendentes à dilapidação patrimonial imobiliária, sendo desnecessário, nesse momento, a estimação do valor dos bens e do dano.

A medida será revogada, todavia, se o interessado não promover, no prazo de quinze dias após a efetivação do arresto, o processo de hipoteca legal.

19.7 ARRESTO

O arresto, medida de natureza cautelar, foi previsto no art. 137 do CPP e, de forma similar à hipoteca legal, atinge bens do réu, diferenciando-se dessa por afetar **bens móveis de origem lícita de propriedade do réu**. Dispõe o art. 137 que "se o responsável não possuir bens imóveis ou os possuir de valor insuficiente, poderão ser arrestados bens móveis suscetíveis de penhora, nos termos em que é facultada a hipoteca legal dos imóveis".

19.7.1 Requisitos

Frise-se, de antemão, que o arresto previsto no art. 137 do CPP não se confunde com o arresto prévio previsto no art. 136 do CPP, destinado à preparação para a especialização da hipoteca legal.

Em linhas gerais, por força do teor do art. 137 do CPP, **os requisitos, legitimidade e procedimento do arresto seguem a mesma trajetória da hipoteca legal, itens aos quais remetemos o leitor para evitarmos repetições**, razão pela qual destacaremos apenas a ideia central de forma tópica, pois a fundamentação encontra-se nos tópicos mencionados.

✓ Somente possuem sede da esfera judicial[16].
✓ Incompatível a fase investigativa.
✓ Pode ser requerida pelo ofendido **em qualquer fase do processo (art. 134),** desde que haja certeza da infração e indícios suficientes da autoria.
✓ Necessidade de demonstração tão somente do *periculum in mora*, pois o *fumus boni iuris* restou demonstrado com próprio oferecimento da denúncia.

19.7.2 Legitimidade

✓ Ofendido e eventuais representantes legais ou sucessores.
✓ Ministério Público se houver interesse da Fazenda Pública (STF) ou se o ofendido for pobre e o requerer (inconstitucionalidade progressiva).

19.7.3 Procedimento

✓ O arresto deverá ser realizado em autos apartados (art., 138, CPP), iniciados por requerimento da parte interessada, a qual, estimará o valor da responsabilidade civil, e designará e estimará os móveis a serem arrestados.
✓ A petição deverá ser instruída com as provas ou indicação das provas em que se fundar a estimação da responsabilidade, com a relação dos bens móveis que o responsável possuir e com os documentos comprobatórios do domínio.
✓ O juiz deverá proceder ao arbitramento da responsabilidade e a avaliação dos bens móveis indicados por meio de perito nomeado pelo juiz.
✓ Apresentado o laudo pericial, nos termos do 3º do art. 135 do CPP, o juiz promoverá a oitiva das partes no prazo de dois dias, que deverá correr em cartório, podendo corrigir o arbitramento do valor da responsabilidade, se lhe parecer excessivo ou deficiente. Tratando-se, contudo, de especialização realizada pelo Ministério Público ou Defensoria Pública, entendemos que o prazo não poderá correr em cartório, transmudando-se em sucessivo. Antes de proferir a decisão, deverá ouvir o Ministério Público, caso esse não seja o autor do requerimento.
✓ Cumprido o procedimento e assegurado o contraditório, o juiz, por meio de decisão determinará o arresto indicando os bens objeto de indisponibilidade.
✓ Decretada a indisponibilidade, o bem ou bens objeto da medida assecuratória tornam-se garantidores do resultado do processo, podendo, portanto, ser oponível contra terceiros caso o bem seja alienado no curso do processo.

16. Nucci entende em sentido diverso.

19.7.4 Peculiaridades do arresto

a) Residual: o arresto é residual com relação à hipoteca legal, de forma que só caberá o primeiro quando o réu não possuir bens imóveis passíveis de hipoteca ou se o patrimônio imobiliário hipotecado for insuficiente para cobrir responsabilidade civil projetada (art. 137 do CPP).

b) Depósito e alienação de bens fungíveis e facilmente deterioráveis: os bens móveis arrestados submetem-se ao regime de depósito, podendo ser encaminhados à guarda de terceiros nomeados pelo juízo ou em poder do próprio réu, submetendo-se ao regime processual civil (art. 139 do CPP c/c arts. 159 a 161 do CPC). Conforme o § 1º do art. 137 do CPP, "se esses bens forem coisas fungíveis e facilmente deterioráveis, proceder-se-á na forma do § 5º do art. 120", isto é, serão avaliados e levados a leilão público, depositando-se o dinheiro apurado. Nada impede, contudo, que o bem arrestado possa receber impedimento em órgão próprio, como na hipótese de veículos, que admite o lançamento de impedimento de transferência administrativo.

c) Fornecimento de recursos para subsistência do acusado e sua família: o §2º do art. 137 do CPP assinala que "das rendas dos bens móveis poderão ser fornecidos recursos arbitrados pelo juiz, para a manutenção do indiciado e de sua família".

d) Bens penhoráveis: o arresto, segundo o teor do art. 137 do CPP, só pode recair sobre bens penhoráveis[17]. Isso significa que, ao contrário das medidas cautelares anteriores que não preveem a penhorabilidade, não pode recair sobre os bens que guarnecem bem de família (art. 1º, p. único da Lei 8.009/90), afastando-se, portanto, a regra do art. 3º, VI da Lei 8.009/90.

e) Arresto prévio de arresto: a doutrina diverge quanto à possibilidade de aplicação da regra do art. 136 do CPP ao arresto previsto no art. 137 do CPP. A primeira corrente sustenta a impossibilidade do arresto preventivo com fundamento na literalidade legal, pois o art. 136 CPP prevê tão somente o arresto prévio do imóvel e a posição topográfica do artigo, anterior no CPP, evidenciaria a intenção de excluir o arresto previsto no art. 137 do CPP. A doutrina majoritária, posição à qual nos filiamos, contudo, caminha em sentido oposto. Nesse sentido, é a lição de AVENA[18] (2020, p. 815):

> Outros, contudo, aduzem que não há nenhum sentido em limitar a tutela preventiva do art. 136 à hipoteca, quanto mais se o procedimento do arresto, seguindo os mesmos nortes do rito da hipoteca, pode ser tão lento quanto este último. Além disso, quando se trata de bens móveis, pela facilidade de transferência do domínio – que se dá pela simples tradição, normalmente –, o risco de alienação antes da conclusão do procedimento do arresto é ainda maior do que aquele existente em relação a bens imóveis. Concordamos, plenamente, com esse último pensamento, acrescentando, ainda, a circunstância de que, se por um lado há previsão do arresto preventivo apenas em relação à hipoteca, por outro, o art. 137 é explícito ao mencionar que se aplicam ao arresto de bens móveis as mesmas regras atinentes à hipoteca dos imóveis. Deste modo, por que excluir o arresto da possibilidade da cautela preventiva, possibilitando-se ao réu frustrar os objetivos da medida por meio da alienação prematura e fraudulenta de seus bens móveis?

---

17. Os bens impenhoráveis foram previstos no art. 833 do Código Civil.

18. *op.cit.*

19.8 MEDIDAS ASSECURATÓRIAS NA LEGISLAÇÃO ESPECIAL

19.8.1 Lei 9.613/98 – Lavagem de Capitais

> Art. 4º. O juiz, de ofício, a requerimento do Ministério Público ou mediante representação do delegado de polícia, ouvido o Ministério Público em 24 (vinte e quatro) horas, havendo indícios suficientes de infração penal, poderá decretar medidas assecuratórias de bens, direitos ou valores do investigado ou acusado, ou existentes em nome de interpostas pessoas, que sejam instrumento, produto ou proveito dos crimes previstos nesta Lei ou das infrações penais antecedentes.

A redação do dispositivo indica, *a priori*, que somente os bens de origem ilícita podem ser objeto de medidas assecuratórias, restringindo-as, portanto, ao **sequestro e apreensão**. Contudo, o §4º da lei assinala que: §4º Poderão ser decretadas medidas assecuratórias sobre bens, direitos ou valores para reparação do dano decorrente da infração penal antecedente ou da prevista nesta Lei ou para pagamento de prestação pecuniária, multa e custas.

Assim, tem-se que, não obstante o *caput* prever as medidas assecuratórias incidentes sobre "instrumento, produto ou proveito dos crimes previstos nesta Lei ou das infrações penais antecedentes", o **§4º estende o objeto** para os "bens, direitos ou valores para reparação do dano decorrente da infração penal antecedente ou da prevista nesta Lei ou para pagamento de prestação pecuniária, multa e custas", prevendo, portanto, a **hipoteca legal e o arresto** prévio como admissíveis nos processos por crimes de lavagem de capitais.

Registre-se que o STJ admite a homologação de sentença estrangeira que determina o perdimento de bem imóvel caso se trate de produto de crime de lavagem de capitais: "por força do art. 9º, I, do CP, bem como da Convenção das Nações Unidas contra o Crime Organizado Transnacional (Convenção de Palermo), **é possível a homologação de sentença penal estrangeira que determine o perdimento de imóvel situado no Brasil em razão de o bem ser produto do crime de lavagem de dinheiro**" (SEC 10.612-FI, Rel. Min. Laurita Vaz, DJe 28.06.16).

19.8.2 Lei 11.343/06 – Drogas

> Art. 60. O juiz, a requerimento do Ministério Público ou do assistente de acusação, ou mediante representação da autoridade de polícia judiciária, poderá decretar, no curso do inquérito ou da ação penal, a apreensão e outras medidas assecuratórias nos casos em que haja suspeita de que os bens, direitos ou valores sejam produto do crime ou constituam proveito dos crimes previstos nesta Lei, procedendo-se na forma dos arts. 125 e seguintes do Decreto-Lei nº 3.689, de 3 de outubro de 1941 - Código de Processo Penal.

A redação do art. 60 da Lei de Drogas, a exemplo da previsão do *caput* do art. 4º da Lei de Lavagem de Capitais[19], contempla somente os bens, direitos ou valores sejam **produto do crime ou constituam proveito dos crimes previstos na Lei de Drogas**, restringindo-se, portanto, ao sequestro e apreensão. A compreensão é reforçada pelo disposto no §4º do art. 60[20], que menciona, tão somente, referidos institutos.

19. Vide especificidade nos comentários sobre a Lei de Lavagem de Capitais.
20. §4º A ordem de apreensão ou sequestro de bens, direitos ou valores poderá ser suspensa pelo juiz, ouvido o Ministério Público, quando a sua execução imediata puder comprometer as investigações.

Conforme sustentamos anteriormente, entendemos pela possibilidade de reconhecimento de dano moral coletivo na ação penal. Vale registrar que o STF, no julgamento da AP 1.002/DF, DJe 26.04.21, a 2ª Turma, por maioria de votos, decidiu pela possibilidade de fixação de danos morais coletivos no processo penal.

Nesse sentido, trazemos à colação trecho do voto do Relator, Min. Edson Fachin:

> Tais circunstâncias são aptas a demonstrar o necessário nexo causal entre as condutas praticadas pelos acusados e o dano moral coletivo ocasionado à sociedade brasileira, razão pela qual reputo configurados os pressupostos da responsabilidade civil que lhes obriga ao dever de indenizar, nos termos do art. 927 do Código Civil. Diante da ofensa a direitos difusos, ou seja, pertencentes a titulares indeterminados, os danos morais coletivos, no caso em análise, têm função eminentemente punitiva, razão pela qual a sua quantificação deve ser guiada primordialmente pelo seu caráter pedagógico, que acolhe tanto a prevenção individual como a geral. Por tal razão, **fixo como valor mínimo indenizatório a título de danos morais coletivos** a quantia de R$ 6.085.075,33 (seis milhões, oitenta e cinco mil, setenta e cinco reais e trinta e três centavos), a ser adimplido de forma solidária pelos condenados em favor do fundo a que alude o art. 13 da Lei 7.357/1985. A referida soma deverá ser corrigida monetariamente a contar do dia da proclamação do resultado do julgamento colegiado, incidindo juros de mora legais a partir do trânsito em julgado deste acórdão.

Assim, partindo-se da premissa da possibilidade e fixação dos danos extrapatrimoniais de cunho coletivo, ao menos em tese seria admitida a especialização da hipoteca legal na Lei de Drogas, além dos casos específicos previstos arts. 38 e 39 (com vítimas determinadas ou determináveis), porquanto apta a atingir o patrimônio lícito do agente. De fato, o legislador ordinário, no inciso III do art. 1.489 do CC, não promoveu qualquer restrição ao prever a hipoteca para o ofendido, sobre os imóveis do delinquente, para satisfação do dano causado pelo delito e pagamento das despesas judiciais.

19.8.3 Lei 13.344/16 – Tráfico de pessoas

> Art. 8º O juiz, de ofício, a requerimento do Ministério Público ou mediante representação do delegado de polícia, ouvido o Ministério Público, havendo indícios suficientes de infração penal, poderá decretar medidas assecuratórias relacionadas a bens, direitos ou valores pertencentes ao investigado ou acusado, ou existentes em nome de interpostas pessoas, que sejam instrumento, produto ou proveito do crime de tráfico de pessoas, procedendo-se na forma dos arts. 125 a 144-A do Decreto-Lei nº 3.689, de 3 de outubro de 1941 (Código de Processo Penal).
>
> § 1º Proceder-se-á à alienação antecipada para preservação do valor dos bens sempre que estiverem sujeitos a qualquer grau de deterioração ou depreciação, ou quando houver dificuldade para sua manutenção.
>
> § 2º O juiz determinará a liberação total ou parcial dos bens, direitos e valores quando comprovada a licitude de sua origem, mantendo-se a constrição dos bens, direitos e valores necessários e suficientes à reparação dos danos e ao pagamento de prestações pecuniárias, multas e custas decorrentes da infração penal.
>
> § 3º Nenhum pedido de liberação será conhecido sem o comparecimento pessoal do acusado ou investigado, ou de interposta pessoa a que se refere o *caput*, podendo o juiz determinar a prática de atos necessários à conservação de bens, direitos ou valores, sem prejuízo do disposto no § 1º.
>
> § 4º Ao proferir a sentença de mérito, o juiz decidirá sobre o perdimento do produto, bem ou valor apreendido, sequestrado ou declarado indisponível.

O dispositivo traz um equívoco no *caput* ao relacionar os instrumentos ou produtos do crime com os artigos 125 e 144-A do CPP, porquanto esses se referem ao sequestro, hipoteca legal e arresto, sendo o primeiro associado a bens, direitos e valores que constituam proveito de práticas criminosas e os demais ao patrimônio lícito do agente. Nesse sentido, como bem adverte AVENA[21] (2020, p. 839/840).

> Na verdade, em relação a **instrumentos** ou **produtos de crime** a medida cabível é a busca e apreensão, que não se submete ao rito dos arts. 125 e seguintes do CPP, mas sim ao regramento dos arts. 240 a 250 do mesmo diploma. Já o **proveito do crime**, este sim, sujeita-se ao sequestro disciplinado nos mencionados arts. 125 e seguintes do CPP. Sem embargo de tudo isto, é certo que o apontado lapso legislativo não acarreta qualquer prejuízo no tocante ao alcance dos objetivos tutelados pela Lei 13.344/2016, já que, assim como o *sequestro*, também a *busca e apreensão* possui caráter assecuratório dos efeitos da condenação transitada em julgado previstos no art. 91, II, a e b, do Código Penal (confisco do produto do crime e dos instrumentos ilícitos empregados na prática da infração penal) e no art. 8.º da Lei 13.344/2016 (perda do produto, bem ou valor apreendido, sequestrado ou declarado indisponível).

As peculiaridades da previsão especial residem no §2º e §3º. No tocante ao primeiro, para nós, o dispositivo não pode ser aplicado sem condições, vez que a manutenção da constrição pressupõe o respaldo em determinação concomitante de hipoteca legal, aos bens imóveis lícitos, ou arresto, bens móveis lícitos, na forma dos artigos 134 e seguintes do CPP.

Por sua vez, o §3º exige para o pedido de liberação o comparecimento pessoal ou acusado, investigado ou de interpostas pessoa prevista no *caput*. A medida visa dificultar pedidos formulados por terceiros e a incidência do art. 366 do CPP, que impõe a suspensão do processo e do curso do prazo prescricional ao réu citado por edital que não comparece ou não constitui defensor no processo.

19.8.4 Decreto-Lei nº 3.240/41 – Sequestro por crimes contra a Fazenda Pública (sequestro especial)

O Decreto-Lei nº 3.240/41, ainda aplicado pelo STJ, traz em seu contexto dispositivos de duvidosa constitucionalidade. O sequestro previsto no referido diploma legal é distinto do sequestro previsto no CPP, pois, enquanto o primeiro restringe seu objeto aos bens de origem ilícita, o segundo permite a incidência sobre todo e qualquer bem lícito do acusado. Apesar da aporia semântica, o Decreto-Lei prevê o sequestro de bens de autores de crimes que resultam prejuízo para a Fazenda Pública.

O primeiro ponto de questionamento reside na redação do art. 1º, quando analisado em conjunto com os arts. 4º e 8º:

> Art. 1º Ficam sujeitos a sequestro os bens de pessoa indiciada por crime de que resulta prejuízo para a fazenda pública, ou por crime definido no Livro II, Títulos V, VI e VII da Consolidação das Leis Penais desde que dele resulte locupletamento ilícito para o indiciado.
>
> Art. 4º O sequestro pode recair sobre todos os bens do indiciado, e compreender os bens em poder de terceiros desde que estes os tenham adquirido dolosamente, ou com culpa grave.

21. *op.cit.*

Os bens doados após a prática do crime serão sempre compreendidos no sequestro.

> Art. 8º Transitada em julgado, a sentença condenatória importa a perda, em favor da fazenda pública, dos bens que forem produto, ou adquiridos com o produto do crime, ressalvado o direito de terceiro de boa-fé.

Extrai-se do art. 1º dois requisitos materiais: **prejuízo para a Fazenda Pública e locupletamento ilícito para o indiciado**. Nesse particular, nenhuma consideração objetiva merece destaque, porquanto o prejuízo revela o dano e o locupletamento ilícito o proveito do crime, circunstâncias que serão objeto de análise na sentença.

Analisando o art. 4º, chama-nos atenção que o nominado "sequestro" pode recair sobre **todos os bens do agente**, sem restrição aos bens ilícitos, circunstância que, em nossa compreensão, ultrapassa os limites de uma medida acautelatória, especialmente porque o art. 1º expressamente consigna o binômio prejuízo-locupletamento ilícito.

Some-se a tal circunstância o fato de que o art. 8º prevê que a sentença condenatória implica a perda, em favor da Fazenda, dos bens que foram produto ou adquiridos com o produto do crime (proveito).

Temos, portanto, a seguinte situação: O Decreto-Lei permite o acautelamento de todos os bens, inclusive os lícitos, mas restringe, na sentença, a perda do produto ou proveito do crime, isto é, a medida cautelar é mais ampla do que o resultado final do processo. Em comparação, seria admitir a prisão provisória por tempo superior àquele previsto como pena definitiva.

O art. 9º, por sua vez, de forma genérica e complementar, prevê que:

> Art. 9º Se do crime resulta, para a fazenda pública, prejuízo que não seja coberto na forma do artigo anterior, promover-se-á, no juízo competente, a execução da sentença condenatória, a qual recairá sobre tantos bens quantos bastem para ressarci-lo.

O dispositivo, em tese, afasta a crítica acima apontada, porquanto confere um "cheque em branco" para a Fazenda Pública, permitindo que a sentença seja executada no cível para alcançar bens lícitos, caso o produto ou proveito do crime sequestrado não seja suficiente para reparar o dano.

Não há dúvidas de que a Fazenda Pública possui o direito à reparação integral do dano e que, dessa forma, possa vir a buscar o patrimônio lícito do condenado. A questão, para nós, restringe-se à amplitude da medida cautelar do sequestro especial, vez que seus parâmetros foram fixados no art. 1º, com duas condicionantes: **crime que resulta prejuízo para a fazenda pública desde que dele resulte locupletamento ilícito**.

A expressa vinculação ao locupletamento ilícito, em nossa compreensão, é fator restritivo à amplitude da medida cautelar, pois nitidamente o legislador estabeleceu laços de conexão entre o prejuízo e a vantagem obtida para fins de sequestro. Logo, se o vínculo legal foi estabelecido, não nos parece razoável que o sequestro possa alcançar, na seara criminal, todos os bens do agente, incluindo os lícitos. Nesse sentido, a previsão do art. 4º, que contempla tal possibilidade, ultrapassa os limites do art. 1º, ainda que seja possível, posteriormente, a Fazenda Pública buscar a reparação integral do dano no juízo cível.

O ponto de crítica reside, portanto, na não observância da correlação lógica entre prejuízo e locupletamento ilícito previsto no art. 1º. Entendemos, dessa forma, que o sequestro especial deve ser limitado ao produto e proveito do crime – bens ilícitos – caracterizadores do locupletamento ilícito, nada impedindo que o dano fixado na sentença, caso ultrapasse o produto ou proveito do crime, seja alvo de outras medidas constritivas no juízo cível em sede de execução.

Vale lembrar que o sequestro previsto no CPP é uma medida constritiva patrimonial de indisponibilidade, de natureza cautelar e, portanto, assecuratória, que atinge **bens móveis ou imóveis adquiridos pelo agente com o proveito da infração penal**. Funda-se, portanto, no **interesse estatal de assegurar o posterior perdimento dos bens como efeito da condenação e no interesse do ofendido na reparação do dano**. Em que pese o sequestro especial também ter por escopo tais fins, a amplitude da medida precisa ser modulada para aplicação dos requisitos do sequestro previsto no CPP, sob pena de violação do princípio da proporcionalidade.

Frise-se, conforme destacamos, que o STJ ainda confere validade ao sequestro especial[22]:

> Mostra-se prescindível para a decretação do sequestro regulado pelo Dec. Lei 3.240/41, o exame em torno da licitude da origem dos bens passíveis de constrição, sendo necessário apenas que haja indícios veementes de que os bens pertençam a pessoa acusada da prática de crime que tenha causado prejuízo à Administração Pública. Precedentes. RCDESP no Inq 561/BA, DJe 27.08.09.

Outro ponto que merece atenção é o previsto no §2º do art. 2º:

> Art. 2º O sequestro é decretado pela autoridade judiciária, sem audiência da parte, a requerimento do ministério público fundado em representação da autoridade incumbida do processo administrativo ou do inquérito policial.
>
> § 1º A ação penal terá início dentro de noventa dias contados da decretação do sequestro.
>
> § 2º O sequestro só pode ser embargado por terceiros.

O primeiro ponto de destaque é a legitimidade. No sequestro previsto no CPP, a legitimidade para pleitear a medida de sequestro é conferida ao titular da ação penal, Ministério Público ou ofendido e eventuais representantes legais ou sucessores no caso de morte. Na fase inquisitorial, permite-se ao delegado de polícia pugnar pela medida, cuja análise deve ser precedida de manifestação do *parquet*. Por sua vez, a Lei 13.367/16, que modificou a Lei 1.579/52, passou a permitir, com a inserção do art. 3º-A na última, que a Comissão Parlamentar de Inquérito apresente o pedido de sequestro. Contudo, no sequestro especial, a legitimidade foi expressamente conferida somente ao Ministério Público, com fundamento em representação da autoridade policial.

O segundo ponto é a distinção do prazo para oferecimento da denúncia. No sequestro do CPP, **o prazo é de 60 dias (art. 131, I), contados da efetivação**, sob pena de levantamento do sequestro, ao passo que no sequestro especial, o **prazo é de 90 dias, contados da decretação do sequestro**.

---

22. O STF ainda não enfrentou diretamente a temática.

O terceiro e último ponto de destaque é a ausência de previsão de defesa para o acusado, em franca violação aos princípios do contraditório e ampla defesa. Isso porque no sequestro previsto no CPP, a medida pode ser embargada pelo acusado (art. 130, I), ao passo que no sequestro especial, os embargos somente foram previstos para terceiro (art. 2º, §2º). Com o advento da Constituição de 1988, parece-nos inafastável a aplicação do art. 5º, LIV da CF, que assinala que ninguém será privado de seus bens sem o devido processo legal. E, *in casu,* não há qualquer espécie de previsão nesse sentido. Ainda que se possa cogitar a possibilidade e impetração de mandado de segurança, ação autônoma de impugnação, a simples ausência de previsão defensiva evidencia o choque com a Constituição da República.

O último aspecto que merece destaque envolve as causas de levantamento do sequestro ou hipoteca, previstos no Decreto-Lei 3.240/41. Vejamos o comparativo com o CPP:

Sequestro (CPP)	Hipoteca Legal (CPP)	Sequestro especial (DL 3.240/41)
Se a ação penal não for intentada no prazo **de sessenta dias, contado da data em que ficar concluída a diligência** (art. 131, I); Se o terceiro, a quem tiverem sido transferidos os bens, prestar caução que assegure a aplicação do disposto no art. 91, II, "b", do Código Penal (art. 131, II); Se for julgada extinta a punibilidade por sentença transitada em julgado (art. 131, III); Se for absolvido o réu, por sentença transitada em julgado (art. 131, III); e Por procedência dos embargos.	Sendo absolvido definitivamente o acusado ou julgada extinta a punibilidade nos casos que se afasta a possibilidade de existência do título executivo judicial, a hipoteca legal deverá ser cancelada por determinação do juízo criminal, nos termos do art. 141 do CPP. A superveniência de caução e ausência de adoção de providências por parte da vítima no tocante à liquidação e execução civil no prazo de 90 dias após o trânsito em julgado também podem gerar o cancelamento.	Se a ação penal não é iniciada, ou reiniciada, no prazo de **noventa dias contados da decretação do sequestro**; Se, por sentença, transitada em julgado, é julgada extinta a ação ou o réu absolvido.

19.9 UTILIZAÇÃO DOS BENS POR ÓRGÃOS DE SEGURANÇA

Art. 133-A. O juiz poderá autorizar, constatado o interesse público, a utilização de bem sequestrado, apreendido ou sujeito a qualquer medida assecuratória pelos órgãos de segurança pública previstos no art. 144 da Constituição Federal, do sistema prisional, do sistema socioeducativo, da Força Nacional de Segurança Pública e do Instituto Geral de Perícia, para o desempenho de suas atividades.

O art. 133-A do CPP foi incluído pela Lei 13.964/19, permitindo a utilização de bens que foram objeto de constrição judicial por parte do Estado, reforçando o entendimento jurisprudencial anteriormente sufragado pelo STJ, que admitia a utilização de bens objeto de medidas cautelares no contexto do poder geral de cautela do magistrado e analogia com os arts. 61 e 62 da Lei de Drogas. A salutar previsão visa assegurar o interesse social e conferir destinação lícita aos bens.

Do dispositivo, extrai-se os seguintes requisitos para sua utilização:

a) Autorização judicial com lastro no interesse público;

b) Autorização recaia sobre bem sequestrado, apreendido ou sujeito a qualquer medida assecuratória: é indiferente que o bem tenha sido constrito por ordem judicial ou mera apreensão por parte da autoridade policial: Exige-se, tão somente, que a autorização recaia sobre bem sequestrado, apreendido ou sujeito a qualquer medida assecuratória. No tocante à previsão genérica atinente à *qualquer medida assecuratória*, conforme bem salienta AVENA[23] (2020, p. 818), "a interpretação liberal do dispositivo permite a ideia de que podem ser objeto da autorização para uso também os bens de origem lícita que tiverem sido objeto de constrição". Isso porque o art. 133-A encontra-se situado topograficamente antes das medidas assecuratórias referentes aos bens lícitos, isto é, a hipoteca legal (art. 134), arresto provisório (art. 136) e o arresto de bem móvel (art. 137). É preciso destacar que o §4º do art. 133-A prevê a possibilidade de transferência definitiva do bem para o órgão público após a decretação do perdimento de bens e, nesse contexto, vale lembrar que o escopo primário dos bens lícitos retidos é o de garantir adimplemento futuro da obrigação de ressarcir o dano causado pela prática do delito. E nesse sentido, o dispositivo deve ser interpretado sob a luz de outras normas de cunho excepcional, a exemplo do confisco de bens lícitos, previsto no art. 91-A, § 5º, do CP, que propugna o perdimento dos "instrumentos utilizados para a prática de crimes por organizações criminosas e milícias". Neste contexto, parece-nos que a ideal interpretação do art. 133-A do CPP passa pela sua limitação de incidência apenas a bens, lícitos ou ilícitos, passíveis da confisco como efeito da sentença penal condenatória, isto é, os instrumentos, o produto e o proveito da infração penal, nos termos previstos no art. 91, II, a e b, e no art. 91-A, § 5º, ambos do Código Penal, ressalvando a possibilidade de outras previsões existentes na legislação especial;

c) Utilização pelos órgãos de segurança pública previstos no art. 144 da Constituição Federal, do sistema prisional, do sistema socioeducativo, da Força Nacional de Segurança Pública e do Instituto Geral de Perícia, para o desempenho de suas atividades.

O § 1º do art. 133-A assinala que "o órgão de segurança pública participante das ações de investigação ou repressão da infração penal que ensejou a constrição do bem terá prioridade na sua utilização", ao passo que o § 2º prevê que "fora das hipóteses anteriores, demonstrado o interesse público, o juiz poderá autorizar o uso do bem pelos demais órgãos públicos". A norma estabelece, portanto, a priorização temática como regra, prevendo a subsidiariedade em prol do interesse público. A norma não impõe o momento para sua utilização, de forma que nada impede que seja determinada em fase investigatória ou judicial.

O § 3º, por sua vez, assinala que "se o bem a que se refere o *caput* deste artigo for veículo, embarcação ou aeronave, o juiz ordenará à autoridade de trânsito ou ao órgão de registro e controle a expedição de certificado provisório de registro e licenciamento em favor do órgão público beneficiário, o qual estará isento do pagamento de multas, encargos e tributos anteriores à disponibilização do bem para a sua utilização, que deverão ser cobrados de seu responsável". Do exposto, extrai-se que não há impedimento

23. *op. cit.*

para que a utilização recaia sobre bens imóveis, como na hipótese de utilização do bem como base operacional.

O § 4º estabelece que "transitada em julgado a sentença penal condenatória com a decretação de perdimento dos bens, ressalvado o direito do lesado ou terceiro de boa-fé, o juiz poderá determinar a transferência definitiva da propriedade ao órgão público beneficiário ao qual foi custodiado o bem". O dispositivo estabelece, de certo modo, o paralelo com os arts. 122 e 133, §§ 1º e 2º do Código de Processo Penal, que preveem a venda dos bens em leilão público após o trânsito em julgado do perdimento fixado em sentença penal condenatória.

A distinção ocorre, contudo, na forma alternativa, pois nos termos do §4º, o magistrado poderá determinar a transferência definitiva da propriedade ao órgão público beneficiário ao qual foi custodiado o bem, sem a necessidade de leilão. Registre-se, todavia, conforme assinalamos anteriormente, que a prioridade da constrição que recai sobre os bens lícitos retidos é o de garantir adimplemento futuro da obrigação de ressarcir o dano causado pela prática do delito. Logo, há que se ater primeiro à eventual reparação do dano para se analisar a viabilidade de transferência direta para o Estado, sob pena de se frustrar a essência da medida cautelar.

De igual modo, nada impede que a norma venha a estabelecer regramento distinto na legislação especial, como na hipótese dos arts. 61 e 62 da Lei 11.343/06 (Lei de Drogas).

19.10 VENDA ANTECIPADA DOS BENS

Art. 144-A. O juiz determinará a alienação antecipada para preservação do valor dos bens sempre que estiverem sujeitos a qualquer grau de deterioração ou depreciação, ou quando houver dificuldade para sua manutenção.

§ 1º O leilão far-se-á preferencialmente por meio eletrônico.

§ 2º Os bens deverão ser vendidos pelo valor fixado na avaliação judicial ou por valor maior. Não alcançado o valor estipulado pela administração judicial, será realizado novo leilão, em até 10 (dez) dias contados da realização do primeiro, podendo os bens ser alienados por valor não inferior a 80% (oitenta por cento) do estipulado na avaliação judicial.

§ 3º O produto da alienação ficará depositado em conta vinculada ao juízo até a decisão final do processo, procedendo-se à sua conversão em renda para a União, Estado ou Distrito Federal, no caso de condenação, ou, no caso de absolvição, à sua devolução ao acusado.

§ 4º Quando a indisponibilidade recair sobre dinheiro, inclusive moeda estrangeira, títulos, valores mobiliários ou cheques emitidos como ordem de pagamento, o juízo determinará a conversão do numerário apreendido em moeda nacional corrente e o depósito das correspondentes quantias em conta judicial.

§ 5º No caso da alienação de veículos, embarcações ou aeronaves, o juiz ordenará à autoridade de trânsito ou ao equivalente órgão de registro e controle a expedição de certificado de registro e licenciamento em favor do arrematante, ficando este livre do pagamento de multas, encargos e tributos anteriores, sem prejuízo de execução fiscal em relação ao antigo proprietário.

§ 6º O valor dos títulos da dívida pública, das ações das sociedades e dos títulos de crédito negociáveis em bolsa será o da cotação oficial do dia, provada por certidão ou publicação no órgão oficial.

§ 7º (VETADO).

O art. 144-A do CPP regula a venda antecipada dos bens, exigindo a fundamentação em um dos seguintes elementos: preservação do valor dos bens sempre que estiverem sujeitos a qualquer grau de deterioração ou depreciação, ou quando houver dificuldade para sua manutenção. Apesar do dispositivo não contemplar a legitimidade para a medida, que abrange sistematicamente o titular da ação penal (Ministério Público ou querelante), assistente da acusação ou ofendido, terceiro interessado e o próprio acusado, nos parece perfeitamente possível que seja decretada de ofício pelo magistrado, pois essa visa assegurar seu resultado útil.

Não obstante a redação sugira sua aplicação aos bens móveis, mais propensos à deterioração, nada impede que recaia sobre bens imóveis sequestrados ou hipotecados. A medida de alienação antecipada, diferentemente da previsão da autorização de uso, que pressupõe a possibilidade de incidência em bens sujeitos à decretação de perdimento (art. 91, II, a e b, e art. 91-A, do Código Penal), pode recair sobre qualquer bem, isto é, tanto os bens sujeitos ao perdimento como aqueles cuja constrição visa garantir a efetividade da reparação do dano.

Cumpre registrar que a previsão do art. 144-A do CPP é mais ampla do que a prevista no art. 137, §1º do CPP, vez que a última pressupõe sua aplicação apenas aos bens móveis objeto de arresto e que os bens sejam fungíveis. E, dada a amplitude e, principalmente, finalidade, nos parece perfeitamente possível a aplicação do art. 144-A do CPP às hipóteses do art. 137 do CPP.

Nos termos do §1º do art. 144-A do CPP, o leilão deverá ser realizado preferencialmente pelo meio eletrônico. O §2º previu o regramento de que a venda deverá ser realizada pelo valor fixado na avaliação judicial ou por valor maior. Contudo, não alcançado o valor estipulado pela administração judicial, deverá ser realizado novo leilão, em até 10 (dez) dias contados da realização do primeiro, podendo os bens ser alienados por valor não inferior a 80% (oitenta por cento) do estipulado na avaliação judicial.

Consoante a previsão do §3º, "o produto da alienação ficará depositado em conta vinculada ao juízo até a decisão final do processo, procedendo-se à sua conversão em renda para a União, Estado ou Distrito Federal, no caso de condenação, ou, no caso de absolvição, à sua devolução ao acusado". Conforme o §4º, "quando a indisponibilidade recair sobre dinheiro, inclusive moeda estrangeira, títulos, valores mobiliários ou cheques emitidos como ordem de pagamento, o juízo determinará a conversão do numerário apreendido em moeda nacional corrente e o depósito das correspondentes quantias em conta judicial".

Nos termos do § 5º, "no caso da alienação de veículos, embarcações ou aeronaves, o juiz ordenará à autoridade de trânsito ou ao equivalente órgão de registro e controle a expedição de certificado de registro e licenciamento em favor do arrematante, ficando este livre do pagamento de multas, encargos e tributos anteriores, sem prejuízo de execução fiscal em relação ao antigo proprietário". E, por fim, o § 6º assinala que "o valor dos títulos da dívida pública, das ações das sociedades e dos títulos de crédito negociáveis em bolsa será o da cotação oficial do dia, provada por certidão ou publicação no órgão oficial".

Apesar do §3º do art. 144-A sugerir que a alienação antecipada somente possa ocorrer no curso do processo judicial em razão da expressão "decisão final do processo", por envolver a alienação antecipada o risco de deterioração ou depreciação, ou dificuldade de manutenção, não nos parece desprovida de sentido a possibilidade de alienação na fase investigatória, haja vista que a medida visa preservar o valor patrimonial para assegurar a finalidade específica de cada medida. E, nesse sentido, nada impede a restituição do valor obtido ao titular da coisa alienada no caso de não propositura ação penal.

19.11 SÍNTESE GRÁFICA

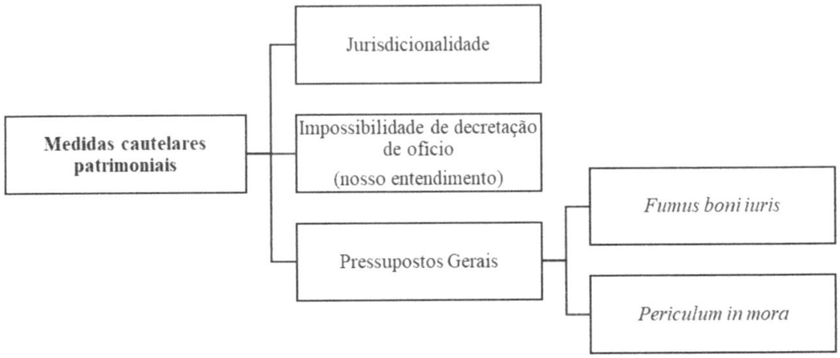

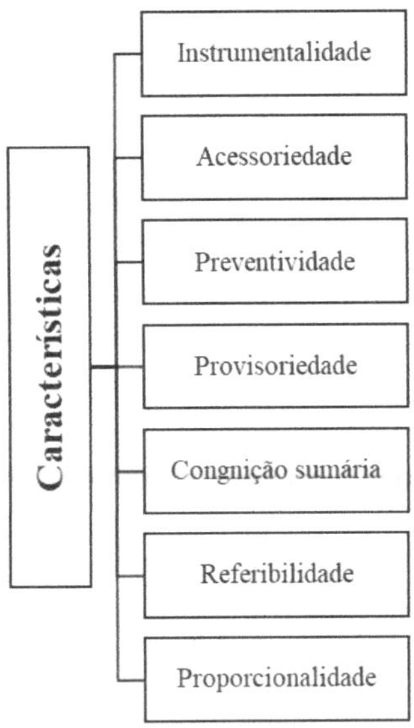

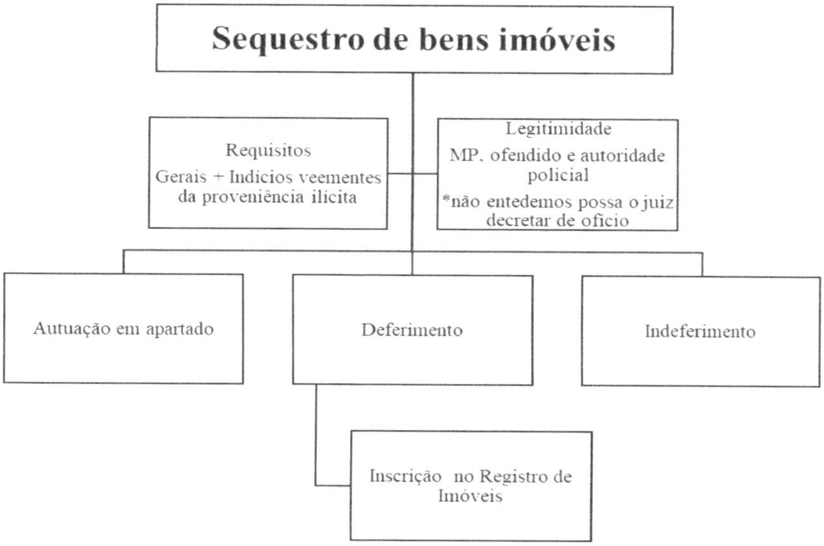
Sequestro de bens imóveis
Requisitos
Gerais + Indícios veementes da proveniência ilícita
Legitimidade
MP, ofendido e autoridade policial
*não entedemos possa o juiz decretar de ofício
Autuação em apartado
Deferimento
Indeferimento
Inscrição no Registro de Imóveis

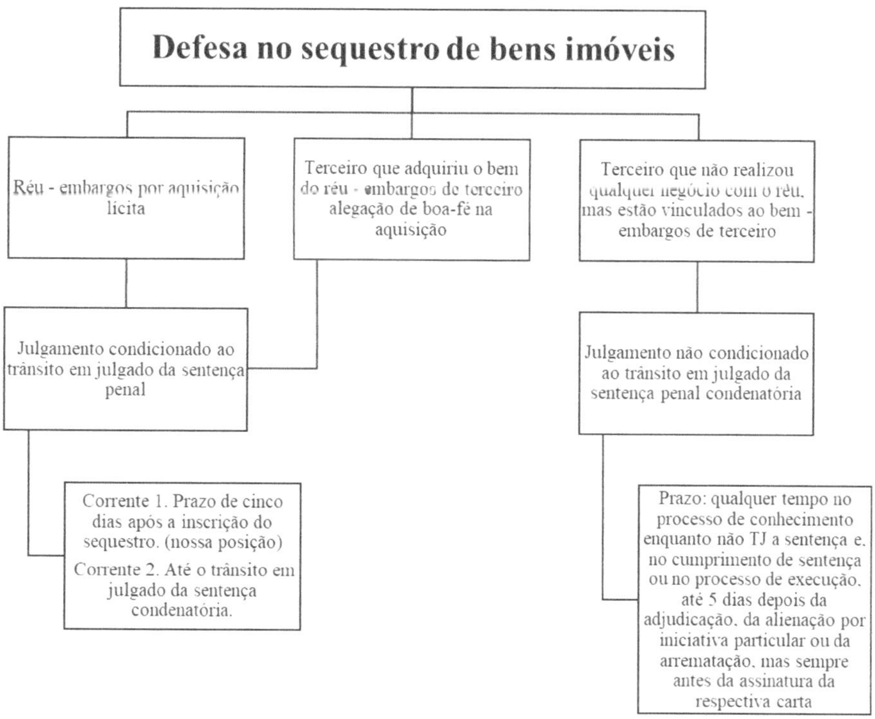
Defesa no sequestro de bens imóveis
Réu - embargos por aquisição lícita
Terceiro que adquiriu o bem do réu - embargos de terceiro alegação de boa-fé na aquisição
Terceiro que não realizou qualquer negócio com o réu, mas estão vinculados ao bem - embargos de terceiro
Julgamento condicionado ao trânsito em julgado da sentença penal
Julgamento não condicionado ao trânsito em julgado da sentença penal condenatória
Corrente 1. Prazo de cinco dias após a inscrição do sequestro. (nossa posição)
Corrente 2. Até o trânsito em julgado da sentença condenatória.
Prazo: qualquer tempo no processo de conhecimento enquanto não TJ a sentença e, no cumprimento de sentença ou no processo de execução, até 5 dias depois da adjudicação, da alienação por iniciativa particular ou da arrematação, mas sempre antes da assinatura da respectiva carta

Levantamento do Sequestro

- Se a ação penal não for intentada no prazo de 60 dias, contado da data em que ficar concluída a diligência
- Se o terceiro, a quem tiverem sido transferidos os bens, prestar caução
- Se for julgada extinta a punibilidade ou o réu absolvido por sentença transitada em julgado
- Procedência dos embargos

Hipoteca Legal - Características

- Decorre da própria norma, independentemente da vontade do ofendido ou seus sucessores
- Atinge somente os bens imóveis lícitos do suposto autor da infração penal (regra)
- Alcança somente o dano causado à vítima e despesas processuais impostas à vítima
- Caráter de *ultima ratio*

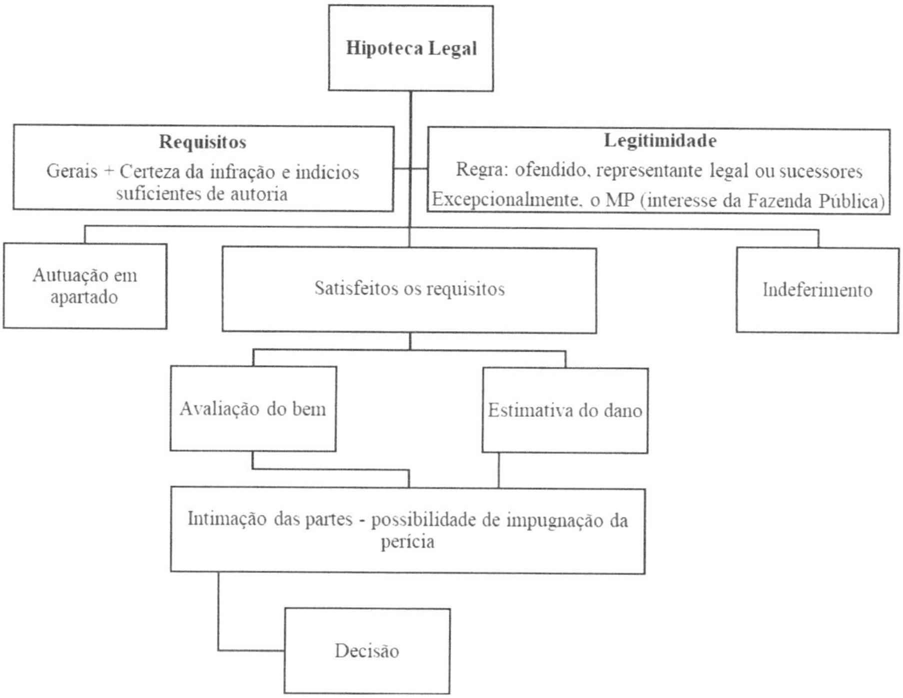
Hipoteca Legal
Requisitos
Gerais + Certeza da infração e indícios suficientes de autoria
Legitimidade
Regra: ofendido, representante legal ou sucessores
Excepcionalmente, o MP (interesse da Fazenda Pública)
Autuação em apartado
Satisfeitos os requisitos
Indeferimento
Avaliação do bem
Estimativa do dano
Intimação das partes - possibilidade de impugnação da perícia
Decisão

Sequestro (CPP)	Hipoteca Legal (CPP)	Sequestro especial (DL 3.240/41)
Se a ação penal não for intentada no prazo **de sessenta dias, contado da data em que ficar concluída a diligência** (art. 131, I); Se o terceiro, a quem tiverem sido transferidos os bens, prestar caução que assegure a aplicação do disposto no art. 91, II, "b", do Código Penal (art. 131, II); Se for julgada extinta a punibilidade por sentença transitada em julgado (art. 131, III); Se for absolvido o réu, por sentença transitada em julgado (art. 131, III); e Por procedência dos embargos.	Sendo absolvido definitivamente o acusado ou julgada extinta a punibilidade nos casos que se afasta a possibilidade de existência do título executivo judicial, a hipoteca legal deverá ser cancelada por determinação do juízo criminal, nos termos do art. 141 do CPP. A superveniência de caução e ausência de adoção de providências por parte da vítima no tocante à liquidação e execução civil no prazo de 90 dias após o trânsito em julgado também podem gerar o cancelamento.	Se a ação penal não é iniciada, ou reiniciada, no prazo de **noventa dias contados da decretação do sequestro**; Se, por sentença, transitada em julgado, é julgada extinta a ação ou o réu absolvido.

COMPARATIVO

	Sequestro de bens móveis e imóveis	Hipoteca legal e arresto do art. 137 do CPP
Natureza dos bens	Bens adquiridos com os proventos da infração penal. Não incidem as regras da impenhorabilidade.	Bens adquiridos de forma lícita. Não incidem as regras da impenhorabilidade quanto à hipoteca legal, mas essas se aplicam quanto ao arresto.
Pressupostos	Indícios veementes da proveniência ilícita dos bens.	Certeza da infração e indícios suficientes da autoria. *Periculum in mora*
Titularidade dos bens	Recai sobre bens do autor da infração penal ou de terceiros que os tenham adquirido do autor da infração penal, inclusive a título oneroso	Recai sobre bens de titularidade do réu (regra). Pode atingir patrimônio de empresa caso haja confusão patrimonial.
Momento	Fase investigativa ou judicial	Fase judicial[24]
Legitimidade	De ofício pelo juiz em processo criminal em andamento. Juiz, a requerimento do MP, vítima (representante legal ou herdeiros) e autoridade policial. Presidente de CPI, por deliberação dessa (art. 3º-A da 1.579/52).	Juiz, a requerimento da vítima (representante legal ou herdeiros). Juiz, a requerimento do MP quando a vítima for pobre e o requerer ou quando houver interesse da Fazenda Pública.

24. Nucci entende possível na fase investigativa.

	Sequestro de bens móveis e imóveis	Hipoteca legal e arresto do art. 137 do CPP
Defesa	Por meio de embargos	Sem previsão legal específica. Contudo, há previsão de impugnação da perícia e valor do dano arbitrado a título de reparação do dano no prazo de dois dias e se admite a possibilidade de embargos de terceiro e substituição da hipoteca legal por caução.
Levantamento e cancelamento	Se a ação penal não for intentada no prazo de sessenta dias, contado da data em que ficar concluída a diligência (art. 131, I); Se o terceiro, a quem tiverem sido transferidos os bens, prestar caução que assegure a aplicação do disposto no art. 91, II, "b", do Código Penal (art. 131, II); Se for julgada extinta a punibilidade por sentença transitada em julgado (art. 131, III); Se for absolvido o réu, por sentença transitada em julgado (art. 131, III); e Por procedência dos embargos.	Sendo absolvido definitivamente o acusado ou julgada extinta a punibilidade nos casos que se afasta a possibilidade de existência do título executivo judicial, a hipoteca legal deverá ser cancelada por determinação do juízo criminal, nos termos do art. 141 do CPP. A superveniência de caução e ausência de adoção de providências por parte da vítima no tocante à liquidação e execução civil no prazo de 90 dias após o trânsito em julgado também podem gerar o cancelamento.
Decisão	*Inaudita altera pars*	Após contraditório prévio. Admite-se o arresto prévio *inaudita altera pars*
Reparação do dano à vítima	Conduz à reparação do prejuízo sofrido pela vítima se não levantado, independentemente de ação de execução. Basta, portanto, a liquidação da sentença condenatória.	Não conduz à reparação do prejuízo sofrido pela vítima. Exige a liquidação e execução da sentença condenatória no cível.

19.12 REVISÃO DO CAPÍTULO POR QUESTÕES DE CONCURSOS E ASSERTIVAS DE REFORÇO

QUESTÕES DE CONCURSO

1. (PC/AM 2022 - FGV - DELEGADO DE POLÍCIA). Assinale a opção que apresenta uma exigência para a realização do sequestro criminal do Art. 126 do CPP.

A. Indícios veementes da proveniência ilícita dos bens, demonstração do nexo causal, a fumaça e a probabilidade de que os bens tenham sido adquiridos com os proventos do crime.

B. Indícios suficientes da proveniência ilícita dos bens, demonstração do nexo causal, a fumaça e a probabilidade de que os bens tenham sido adquiridos com os proventos do crime.

C. Fundadas razões da proveniência ilícita dos bens, demonstração do nexo causal, a fumaça e a probabilidade de que os bens tenham sido adquiridos com os proventos do crime.

D. Indícios suficientes da proveniência ilícita dos bens, demonstração do nexo causal, a fumaça e a possibilidade de que os bens tenham sido adquiridos com os proventos do crime.

E. Fundadas razões da proveniência ilícita dos bens, demonstração do nexo causal, a fumaça e a possibilidade de que os bens tenham sido adquiridos com os proventos do crime.

2. (MP/GO 2022 - FGV - PROMOTOR DE JUSTIÇA). Segundo orientação do Superior Tribunal de Justiça, a constrição de bens (medidas assecuratórias penais) pode alcançar:

A. apenas os réus imputados em ação penal;
B. apenas os réus imputados em ação penal e investigados;
C. terceiros não investigados ou denunciados;
D. réus, investigados, pessoas jurídicas e familiares não denunciados;
E. apenas os réus imputados ou investigados e as pessoas jurídicas a eles ligadas.

3. (MP/GO 2022 - FGV - PROMOTOR DE JUSTIÇA). Russel teve instaurada contra si medida cautelar de alienação antecipada de veículo automotor, de sua propriedade, em procedimento investigatório em que se apura sua responsabilidade criminal pela suposta prática dos delitos previstos nos Arts. 333, 317 e 288 do Código Penal e o Art. 1º da Lei nº 9.613/1998. Acolhendo as medidas requeridas pelo Parquet, o juízo criminal competente, ao argumento de que o bem estaria exposto às intempéries em irreversível processo de degradação, reconheceu a alienação antecipada como medida indispensável e urgente, asseverando que a referida decisão não acarretaria prejuízo ao investigado porquanto, em caso de arquivamento da inquisa, haveria a possibilidade de devolução do equivalente pecuniário apurado em leilão. O investigado argumenta que, conforme indica o Certificado de Registro de Veículo apresentado, o referido bem é de sua propriedade muito antes da ocorrência dos fatos investigados, não havendo que se falar em suposta proveniência ilícita dos valores para sua aquisição. Sobre o cabimento da medida cautelar de alienação antecipada, à luz da orientação do Superior Tribunal de Justiça, é correto afirmar que a venda antecipada do bem é:

A. incabível, pois o proprietário tem direito à manutenção dos bens até o trânsito em julgado;
B. cabível, com posterior depósito do valor arrecadado em conta do juízo criminal competente;
C. cabível, com posterior depósito do valor arrecadado em conta do proprietário;
D. incabível, devendo aguardar o julgamento definitivo sobre o incidente de restituição de coisa apreendida;
E. incabível, pois o proprietário pode manifestar interesse em permanecer como fiel depositário.

4. (MP/PE 2022 - FCC - PROMOTOR DE JUSTIÇA). A sentença penal condenatória decretou o perdimento das obras de arte, de relevante valor artístico, adquiridas pelo condenado com os proventos do crime e que foram apreendidas no curso da ação penal. Nos termos do Código de Processo Penal, as obras de arte poderão ser destinadas

A. aos órgãos de segurança pública.
B. a museus públicos.
C. ao fundo de reparação dos interesses difusos e coletivos.
D. às instituições culturais privadas.
E. às repartições públicas interessadas.

5. (MP/SC 2021 - CESPE/CEBRASPE - PROMOTOR DE JUSTIÇA). A partir das disposições do ordenamento processual penal em vigor, julgue os próximos itens.

O sequestro de bens previsto no Decreto-lei n.º 3.240/1941 pode alcançar até mesmo bens que não tenham qualquer relação conhecida com a prática dos crimes em apuração.

( ) Certo ( ) Errado

6. (MP/PR 2021 - PROMOTOR DE JUSTIÇA). Considerando o disposto no Código de Processo Penal, assinale a alternativa correta:

A. Caberá o sequestro dos bens imóveis, adquiridos pelo indiciado com os proventos da infração, desde que ainda não tenham sido transferidos a terceiro.
B. O arresto do imóvel poderá ser decretado de início, revogando-se, porém, se no prazo de 15 (quinze) dias não for promovido o processo de inscrição da hipoteca legal.
C. Para a decretação do sequestro, há a necessidade de prova da proveniência ilícita dos bens.
D. Não cabe o sequestro de bens móveis.
E. O arresto será levantado se a ação penal não for intentada no prazo de 45 dias, contado da data em que ficar concluída a diligência.

7. (PC/RN 2021 - FGV - DELEGADO DE POLÍCIA). Em 28/11/2020, foi aberto inquérito policial para investigar a prática do crime de comércio ilegal de armas por parte de Flávio. No curso da investigação, foram obtidos indícios veementes de que Flávio adquiriu um imóvel com o dinheiro proveniente do crime, posteriormente alienado a seu sogro. Sendo esse o único bem que constava em nome do investigado antes da alienação, o seu sequestro:

A. não poderá ser requerido pela autoridade policial ao juiz, pois o bem já se encontra em nome de terceiro;
B. poderá ser requerido pela autoridade policial ao juiz, mesmo antes do oferecimento da denúncia;
C. não poderá ser requerido pela autoridade policial ao juiz, por se tratar de bem imóvel;
D. poderá ser requerido pela autoridade policial ao juiz, sem a possibilidade de oposição de embargos de terceiro;
E. não poderá ser requerido pela autoridade policial ao juiz, dado não haver condenação a demonstrar a prova efetiva da proveniência ilícita do bem.

8. (MP/PR 2019 - PROMOTOR DE JUSTIÇA). Sobre medidas assecuratórias e incidentes processuais, nos termos do Código de Processo Penal, analise as assertivas abaixo e assinale a alternativa correta:

A. Contra o sequestro cabem embargos pelo acusado sob o fundamento de não terem os bens sido adquiridos com os proventos da infração e, pelo terceiro, a quem houverem os bens sido transferidos a título oneroso, sob o fundamento de tê-los adquirido de boa-fé.

B. Cabe ao Ministério Público prover a hipoteca legal somente se houver interesse da Fazenda Pública.

C. Não havendo bens imóveis a serem sequestrados podem ser arrestados, do responsável, bens móveis suscetíveis de penhora, nos termos em que é facultado o sequestro.

D. Havendo dúvida acerca da autenticidade de documento acostado aos autos, o juiz ou relator do recurso, poderá, de ofício ou a pedido da parte, determinar a instauração de incidente de falsidade.

E. Homologado judicialmente o laudo que, no incidente de insanidade mental, reconhece a incapacidade do acusado por inimputabilidade decorrente de doença mental à época do fato criminoso, este deverá ser imediatamente absolvido no processo principal, com imposição de medida de segurança.

9. (DPE/MT 2016 - UFMT - DEFENSOR PÚBLICO). Em relação às medidas assecuratórias, analise as assertivas abaixo.

I - Sequestro é a retenção da coisa, para que se disponha do bem e a decisão que o decreta é apelável.

II - De forma diversa da hipoteca legal, o sequestro recai sobre bens que compõem o patrimônio lícito do autor da infração.

III - O levantamento do sequestro ocorre se a ação penal não for ajuizada no prazo de 90 (noventa) dias, a contar da data em que for concluída a diligência.

IV - A especialização da hipoteca pode ser requerida pelo ofendido, seu representante legal ou herdeiros, bem como pelo Ministério Público.

Estão corretas as assertivas

A. I e IV, apenas.

B. I, II e IV, apenas.

C. I, II e III, apenas.

D. I e III, apenas.

E. II, III e IV, apenas.

10. (MP/MG 2014 - PROMOTOR DE JUSTIÇA). Sobre as medidas assecuratórias, assinale a alternativa INCORRETA:

A. A hipoteca legal sobre os imóveis do indiciado poderá ser requerida pelo ofendido em qualquer fase do processo, desde que haja certeza da infração e indícios suficientes da autoria.

B. Caberá ao Ministério Público promover a hipoteca legal e o arresto se o ofendido for pobre e o requerer.

C. A medida assecuratória de sequestro não é cabível em bens móveis.

D. O juiz determinará a alienação antecipada dos bens quando houver dificuldade para sua manutenção.

ASSERTIVAS DE REFORÇO

1. ( ) As medidas assecuratórias são dotadas da característica da jurisdicionalidade, porquanto só podem ser deferidas sob o crivo do devido processo legal, por se tratar de medidas constritivas de bens.

2. ( ) As CPIs, por gozarem das mesma prerrogativa de instrução do juiz, podem decretar medidas assecuratórias patrimoniais.

3. ( ) O sequestro é uma medida constritiva patrimonial de indisponibilidade, de natureza cautelar e, portanto, assecuratória, que atinge bens móveis ou imóveis adquiridos pelo agente com o proveito da infração penal. Funda-se, portanto, no interesse estatal de assegurar o posterior perdimento dos bens como efeito da condenação e no interesse do ofendido na reparação do dano.

4. ( ) O sequestro não pode recair sobre bens móveis ou imóveis em poder de terceiros.

5. ( ) O sequestro não pode recair sobre bens e valores de origem lícita.

6. ( ) No tocante à legitimidade, o pedido de sequestro pode ser formulado pelo Ministério Público, pelo ofendido ou seu representante legal ou sucessor, pelo assistente da acusação, pela autoridade policial e pelas Comissões Parlamentares de Inquérito.

7. ( ) O pedido de sequestro tramitará no curso do próprio processo criminal, sem a necessidade de autuação em apartado.

8. ( ) O sequestro não modifica a propriedade do bem ou impede seu uso pelo agente, de forma que a indisponibilidade registra atinge apenas os atos de disposição, não impedindo o uso ou mesmo a fruição de aluguéis, os quais também por ser objeto de medida cautelar específica.

9. ( ) Deferido o sequestro, o meio defensivo assegurado ao acusado e terceiros é o recurso em sentido estrito.

10. ( ) Sendo proferida sentença absolutória, o sequestro será levantado, prejudicando seu julgamento.

11. ( ) O sequestro será levantado se a ação penal não for intentada no prazo de trinta dias, contado da data em que ficar concluída a diligência.

12. ( ) Declarada extinta a punibilidade do agente, por qualquer motivo, o sequestro deverá ser levantado.

13. ( ) Realizado o leilão, o recurso apurado do sequestro será destinado, primariamente, à reparação do dano à vítima ou sucessores, bem como ao terceiro de boa-fé e, na sequência, ao pagamento das despesas processuais e penas pecuniárias.

14. ( ) A hipoteca legal, sob a perspectiva do processo penal, é aquela que decorre da lei e atinge bens imóveis lícitos do réu por meio da especialização e registro, visando assegurar o cumprimento de uma dívida eventual decorrente de uma infração penal.

15. ( ) A hipoteca legal não decorre da própria norma, pois depende da vontade do ofendido ou seus sucessores.

16. ( ) A hipoteca legal atinge somente os bens imóveis lícitos do suposto autor da infração penal.

17. ( ) A hipoteca legal alcança somente o dano causado à vítima e despesas processuais impostas à vítima.

18. ( ) A hipoteca legal serve de instrumento para satisfação das penas pecuniárias e as despesas processuais suportadas pelo Estado.

19. ( ) O STF entende que o Ministério Público é legitimado para utilização das medidas assecuratórias para reparação dos danos causados por atos de corrupção, bem como do pagamento da eventual pena de multa, seja no interesse da Fazenda Pública, seja no interesse da sociedade.

20. ( ) Cumprido o procedimento e assegurado o contraditório, o juiz, por meio de decisão, especializará o bem ou os bens objeto da hipoteca legal, determinando seu registro em cartório para garantia da responsabilidade, sendo cabível o recurso em sentido estrito contra a decisão.

21. ( ) O arresto do imóvel poderá ser decretado de início, revogando-se, porém, se no prazo de 15 (quinze) dias não for promovido o processo de inscrição da hipoteca legal.

22. ( ) \o arresto é residual com relação à hipoteca legal, de forma que só caberá o primeiro quando o réu não possuir bens imóveis passíveis de hipoteca ou se o patrimônio imobiliário hipotecado for insuficiente para cobrir responsabilidade civil projetada.

23. ( ) o arresto, segundo o teor do art. 137 do CPP, só pode recair sobre bens penhoráveis. Isso significa que, ao contrário das medidas cautelares anteriores que não preveem a penhorabilidade, não pode recair sobre os bens que guarnecem bem de família.

24. ( ) Segundo a Lei de Lavagem de Capitais, o juiz, de ofício, a requerimento do Ministério Público ou mediante representação do delegado de polícia, ouvido o Ministério Público em 24 (vinte e quatro) horas, havendo indícios suficientes de infração penal, poderá decretar medidas assecuratórias de bens, direitos ou valores do investigado ou acusado, ou existentes em nome de interpostas pessoas, que sejam instrumento, produto ou proveito dos crimes previstos nesta Lei ou das infrações penais antecedentes.

25. ( ) Na Lei de Lavagem de Capitais, somente o sequestro e apreensão são admitidos, haja vista que somente bens ilícitos podem ser alcançados.

26. ( ) Não é possível a homologação de sentença penal estrangeira que determine o perdimento de imóvel situado no Brasil em razão de o bem ser produto do crime de lavagem de dinheiro.

27. ( ) No sequestro do CPP, o prazo para propositura da ação penal é de 60 dias, contados da efetivação, sob pena de levantamento do sequestro, ao passo que no sequestro especial, previsto no Decreto-Lei 3.240/41, o prazo é de 30 dias, contados da decretação do sequestro.

28. ( ) O sequestro especial de bens, além dos indícios veementes da responsabilidade, pressupõe ter sido praticado crime contra a Administração Pública, a demonstração do enriquecimento ilícito dos agentes infratores e a indicação dos bens.

29. ( ) O sequestro comum poderá ser embargado pelo acusado, sob o fundamento de não terem os bens sido adquiridos com os proventos da infração.

30. ( ) O sequestro será processado nos próprios autos e admitirá embargos de terceiro.

19.12.1 Gabaritos

QUESTÕES DE CONCURSO

1	2	3	4	5	6	7	8	9	10
A	D	B	B	C	B	B	A	A	C

ASSERTIVAS DE REFORÇO

1	2	3	4	5	6	7	8	9	10
V	F	V	F	F	V	F	V	F	V
11	**12**	**13**	**14**	**15**	**16**	**17**	**18**	**19**	**20**
F	F	V	V	F	V	V	F	V	F
21	**22**	**23**	**24**	**25**	**26**	**27**	**28**	**29**	**30**
V	V	V	V	F	F	F	V	V	V

COMENTÁRIOS ÀS ASSERTIVAS FALSAS E JUSTIFICATIVAS IMPORTANTES

1. V.

2. F. Afasta-se a possibilidade das CPIs decretarem-nas, pois não são medidas de instrução.

3. V.

4. F. Nada impede que o sequestro recaia sobre bens móveis ou imóveis em poder de terceiros.

5. Nada impede que o sequestro recaia sobre bens e valores de origem lícita, caso o produto ou proveito do crime não seja encontrado ou se localize no exterior na forma dos §1º e 2º do art. 91 do CP.

6. V.
7. V. Autuação em apartado (art. 129, CPP).
8. V.
9. F. Deferido o sequestro, o meio defensivo assegurado ao acusado e terceiros são os embargos nos termos dos arts. 129 e 130 do CPP.
10. V.
11. F. Sessenta dias.
12. F. Somente as causas extintivas da punibilidade que atacam os efeitos extrapenais da sentença condenatória implicam o levantamento do sequestro.
13. V.
14. V.
15. F. A hipoteca legal decorre da própria norma, independentemente da vontade do ofendido ou seus sucessores.
16. V.
17. V.
18. F. A hipoteca legal não alcança as penas pecuniárias e as despesas processuais suportadas pelo Estado, haja vista que o Código Civil de 2002 não consignou a hipótese como de hipoteca legal, revogando, inclusive, a previsão do CC de 1916, que previa expressamente as hipóteses no art. 827, incisos VI e VII. Logo, o regramento do art. 140 do CPP não se aplica, na integralidade, à hipoteca legal.
19. V.
20. F. Apelação, nos termos do art. 593, II do CPP.
21. V.
22. V.
23. V.
24. V.
25. F. Não obstante o *caput* do art. 4º prever as medidas assecuratórias incidentes sobre "instrumento, produto ou proveito dos crimes previstos nesta Lei ou das infrações penais antecedentes", o §4º estende o objeto para os "bens, direitos ou valores para reparação do dano decorrente da infração penal antecedente ou da prevista nesta Lei ou para pagamento de prestação pecuniária, multa e custas", prevendo, portanto, a hipoteca legal e o arresto prévio como admissíveis nos processos por crimes de lavagem de capitais.
26. F. É possível a homologação de sentença penal estrangeira que determine o perdimento de imóvel situado no Brasil em razão de o bem ser produto do crime de lavagem de dinheiro. (SEC 10.612-FI, Rel. Min. Laurita Vaz, DJe 28/6/2016).
27. F. O prazo previsto sequestro especial é de noventa dias.
28. V.
29. V.
30. V.

20

Medidas cautelares pessoais – Parte geral

20.1 COMO O ASSUNTO É ABORDADO EM PROVAS E CONCURSOS

O tema "medidas cautelares pessoais" é, certamente, um dos mais cobrados nos certames de Magistratura, Ministério Público, Defensoria Pública e Delegado de Polícia. A riqueza legal dos dispositivos regulamentadores e a farta jurisprudência sobre o tema dão vazão a uma enorme quantidade de questões, cobradas em todas as etapas dos concursos.

Na seara das provas subjetivas, o tema vem, geralmente, associado a peças ou questões práticas, sendo imprescindível a compreensão adequada de cada um dos institutos que formam o microuniverso da prisão/liberdade. Dentre os temas mais sensíveis, encontra-se a prisão preventiva, temporária e fiança. É imprescindível, para um bom aproveitamento em provas, que o candidato consiga sistematizar as espécies de prisão sob a luz da norma e jurisprudência dos Tribunais Superiores, bem como todo o regramento legal pertinente à fiança, típico de prova objetiva.

Assim, temos que o assunto abordado no presente capítulo merece uma ênfase normativa e jurisprudencial, de acompanhamento constante.

20.2 INTRODUÇÃO

O processo penal, para alcançar sua finalidade e efetividade, pode precisar de medidas de natureza urgente, sob pena de comprometimento do resultado. Não é incomum nos depararmos com situações nas quais uma medida cautelar se faz necessária para preservação de coisas, pessoas e provas.

O Código de Processo Penal e a legislação especial nos brindam com um emaranhado de normas, não sistematizadas, que abordam as tutelas cautelares de diversas espécies, sendo que já estudamos várias dessas medidas no capítulo pertinente às medidas assecuratórias.

No momento, cumpre-nos o estudo das medidas cautelares que reúnem potencial para atingir a liberdade do indivíduo, notadamente a prisão e, após as alterações promovidas pela Lei 12.403/11, as diversas medidas alternativas à prisão previstas pelo CPP e legislação especial.

Referida Lei encerrou a vigência do chamado sistema da **bipolaridade cautelar**, marcado por apenas duas situações: prisão e liberdade provisória, independentemente da espécie. A mudança consagrou a prisão como medida de *ultima ratio*, pois atinge bem jurídico de natureza fundamental, que só deve ser restringido quando outra, de menor impacto, revelar-se insuficiente para alcançar o objetivo desejado. A mudança pátria segue a tendência mundial, inspirada nas Regras das Nações Unidas sobre medidas não privativas de liberdade, conhecidas como Regras de Tóquio, de 1990.

As medidas cautelares, a partir da alteração legislativa, passaram a ser admitidas de **forma autônoma**, isto é, sem qualquer vínculo com prisão anterior. Havendo prisão anterior à aplicação da medida, essa assume a posição de **contracautela**, como forma de substituição à prisão.

20.3 PRINCÍPIOS REITORES E CARACTERÍSTICAS

20.3.1 Jurisdicionalidade

As medidas cautelares pessoais constritivas somente podem ser decretadas diante de ordem judicial fundamentada, isto é, qualquer espécie de constrição à liberdade deve ser fundada em decisão judicial. A afirmação não colide com a prisão em flagrante ou mesmo com excepcionalíssima e discutível possibilidade de afastamento do lar por parte do delegado de polícia ou policial, prevista no art. 12-C da Lei 11.340/06[1]. Em ambos os casos, há tão somente uma medida pré-cautelar que precisa da chancela e controle do órgão jurisdicional, que efetivamente emprestará a juridicidade à medida.

As medidas cautelares pessoais extraem seu fundamento maior no texto constitucional, especificamente nos incisos LIV, LXI, LXII, LXV e LXVI do art. 5º, que assinalam:

> LIV - ninguém será privado da liberdade ou de seus bens sem o devido processo legal;
>
> LXI - ninguém será preso senão em flagrante delito ou por ordem escrita e fundamentada de autoridade judiciária competente, salvo nos casos de transgressão militar ou crime propriamente militar, definidos em lei;
>
> LXII - a prisão de qualquer pessoa e o local onde se encontre serão comunicados imediatamente ao juízo competente; e
>
> LXV - a prisão ilegal será imediatamente relaxada pela autoridade judiciária; e
>
> LXVI - ninguém será levado à prisão ou nela mantido, quando a lei admitir a liberdade provisória, com ou sem fiança.

A regra, portanto, é a liberdade. A prisão, a exceção maior que pode, igualmente, ser substituída por outras medidas previstas em lei. E, por fugirem à regra, atingindo direito fundamental, as medidas cautelares pessoais exigem ordem fundamentada prévia ou posterior da autoridade judiciária competente para se sustentarem juridicamente.

No sentido do texto constitucional, o §2º do art. 282 do CPP dispõe que as medidas cautelares serão decretadas pelo juiz a requerimento das partes ou, quando no curso da investigação criminal, por representação da autoridade policial ou mediante

1. Veremos em tópico próprio.

requerimento do Ministério Público. Corroborando a previsão constitucional, o art. 321 do CPP assinala que, ausentes os requisitos que autorizam a decretação da prisão preventiva, o juiz deverá conceder liberdade provisória, impondo, se for o caso, as medidas cautelares previstas no art. 319 do CPP, observando-se os critérios do art. 282, do mesmo diploma legal.

Em razão da jurisdicionalidade, **não se admite a decretação de prisão por parte de Comissão Parlamentar de Inquérito (CPI)** por não serem dotadas de poderes de cautela, apesar do poder de investigação judicial. Em razão da exceção constitucional, firmada na parte final do inciso LXI, parte da doutrina admite, na forma do art. 225 do CPPM, que o encarregado do inquérito policial militar expeça mandado de prisão nos casos de crimes propriamente militares.

Não obstante a predominância do entendimento, acreditamos que a excepcionalidade construída pelo próprio texto constitucional deve ser compreendida de forma sistêmica, admitindo-se a expedição do mandado de prisão pelo encarregado, mas se impondo a comunicação imediata ao juízo competente (inc. LXII), que deverá realizar o duplo juízo de valoração acerca da legalidade e necessidade de prisão, ao receber a comunicação e durante a audiência de custódia, de forma que a hipótese, para nós, não se revela uma verdadeira exceção à jurisdicionalidade, pois o título cautelar será, ao final, emitido pelo juízo competente.

Não obstante a jurisdicionalidade seja a regra, há uma exceção prevista na legislação que merece destaque. O art. 322 do CPP preconiza que a autoridade policial poderá conceder fiança nos casos de infração cuja pena privativa de liberdade máxima não seja superior a 4 (quatro) anos. A fiança, consoante ainda veremos, é uma espécie de medida cautelar que, apesar de afastar a prisão, é igualmente restritiva, porquanto impõe ao afiançado o dever cumprir as obrigações fixadas, tanto que passível de quebra, na forma do art. 341 do CPP.

A previsão legal trilha a linha da liberdade do agente desde o momento de sua prisão, em hipóteses nas quais se admite a substituição da pena privativa de liberdade previstas no art. 44 do Código Penal. Logo, permite ao delegado de polícia que, ao tomar ciência da prisão para lavratura do auto de prisão em flagrante delito, antecipe a liberdade do agente para evitar maiores riscos à liberdade do indivíduo, concedendo a fiança.

Apesar do caminho seguido pelo legislador, não se pode olvidar que mesmo permitida a fiança pela autoridade policial, há a necessidade de comunicação ao Ministério Público para ciência e eventual controle, vez que, apesar da previsão legal estar contemplada pelo texto constitucional no inciso LXVI do art. 5º, o controle externo da atividade policial pelo Ministério Público também encontra fundamento constitucional no art. 129, VII da CF, c/c art. 3º, "c" da Lei Complementar 75/93.

Outra hipótese concebida pela doutrina como exceção é a prevista no art. 12-C da Lei Maria da Penha[2], que admite a possibilidade de afastamento imediato do agressor do lar, domicílio ou local de convivência com a ofendida, quando verificada a existência

2. A Lei 14.344/22, Lei Henry Borel, inseriu dispositivo similar: Art. 14. Verificada a ocorrência de ação ou omissão que implique a ameaça ou a prática de violência doméstica e familiar, com a existência de risco atual ou iminente à vida ou à integridade física da criança e do adolescente, ou de seus familiares, o agressor será imediatamente afastado do lar, do domicílio ou do local de convivência com a vítima: I - pela autoridade judicial; II - pelo delegado de polícia,

de risco atual ou iminente à vida ou à integridade física ou psicológica da mulher em situação de violência doméstica e familiar, ou de seus dependentes: I - pela autoridade judicial; II - pelo delegado de polícia, quando o Município não for sede de comarca; ou III - pelo policial, quando o Município não for sede de comarca e não houver delegado disponível no momento da denúncia. Conforme o §1º, nas hipóteses dos incisos II e III, o juiz será comunicado no prazo máximo de 24 (vinte e quatro) horas e decidirá, em igual prazo, sobre a manutenção ou a revogação da medida aplicada, devendo dar ciência ao Ministério Público concomitantemente.

O STF, na ADI 6.138[3], julgou constitucional o dispositivo, ainda que apreciando somente a redação original, conferida pela Lei 13.827/19, alterada, posteriormente, pela Lei 14.188/21, que inseriu a possibilidade de afastamento por risco à integridade psicológica.

Não há dúvidas de que a mulher envolta em situação de violência doméstica ou familiar mereça a tutela do Estado como forma de se preservar sua integridade física. Não temos dúvidas, igualmente, de que qualquer pessoa, em situação de risco, seja criança, idoso, homem ou mulher, que esteja em situação de risco, merece a tutela estatal. Não por menos, a Lei Henry Borel inseriu no ordenamento pátrio a previsão expressa quanto às crianças e adolescentes no seu art. 14.

Ao julgar constitucional o dispositivo, o STF deu um importante passo na tutela da mulher, mas, para nós, retrocedeu de forma sensível na tutela dos direitos fundamentais ao permitir que o delegado de polícia e policiais possam vir a emitir ordem de fazer, em franca violação a direito fundamental. O controle judicial obrigatório posterior mitiga o problema, mas não o afasta.

O argumento trazido à tona pelo Min. Rel. Alexandre de Moraes, atinente ao número de casos nos três anos de vigência da norma, ao contrário de reforçar a compreensão do STF, para nós evidencia a desproporcionalidade da medida. Segundo o relator, embora 1.464 municípios brasileiros não tenham delegacia de polícia, nos três anos de vigência da regra, o afastamento foi aplicado pela autoridade policial apenas 642 vezes, das quais 344 foram confirmadas pelo juiz responsável e 298 revogadas. Logo, mais de 40% das medidas impostas por agentes policiais não foram confirmadas judicialmente. O percentual é altíssimo e revela um severo risco aos direitos fundamentais. Se, por um lado, pode se argumentar que 344 mulheres tiveram sua integridade física preservada, pode-se, por outro, afirmar que 298 pessoas tiveram o direito de permanecer em seu domicílio violado.

De outro lado, em plena era da tecnologia, de audiências virtuais e fácil comunicação, não há justificativa para que a vítima não possa ter tutelado seu direito por um juiz de direito, no curso de procedimento regular, submetido à reserva de jurisdição. De toda forma, apesar da nossa compreensão, trilhada na tutela dos direitos fundamentais e fundada no risco de possibilidade de expansão da medida por outras normas, o art. 12-C da Lei Maria da Penha caracteriza uma hipótese de medida pré-cautelar pessoal, submetida a posterior validação judicial.

---

quando o Município não for sede de comarca; III - pelo policial, quando o Município não for sede de comarca e não houver delegado disponível no momento da denúncia.

3. j. 23.03.22.

20.3.2 Excepcionalidade e provisoriedade

Conforme vimos acima, a regra é a liberdade, a prisão ou a restrição à liberdade plena, a exceção. Para que se admita a violação do direito fundamental de liberdade é necessário que exista uma situação fática e concreta que a fundamente, isto é, que traga elementos justificadores que permitam a realização de um juízo de risco/proporcionalidade. A construção de um processo silogístico de premissa maior, premissa menor e conclusão é imperativa.

Com isso, afasta-se a possibilidade de prisões cautelares *ex lege*, isto é, aquelas que decorrem diretamente da lei, sem vinculação a algum evento fático justificante ou manifestação judicial, a exemplo das revogadas previsões de prisões automáticas decorrente de decisões de pronúncia e sentenças condenatórias.

Não obstante, a Lei do Pacote Anticrime, reacendendo o debate sobre a execução provisória da pena, incluiu a alínea "e" no inciso I do art. 492 do CPP, prevendo que o juiz presidente, na sentença, mandará o acusado recolher-se ou recomendá-lo-á à prisão em que se encontra, se presentes os requisitos da prisão preventiva, **ou, no caso de condenação a uma pena igual ou superior a 15 (quinze) anos de reclusão, determinará a execução provisória das penas**, com expedição do mandado de prisão, se for o caso, sem prejuízo do conhecimento de recursos que vierem a ser interpostos.

A execução provisória da pena, após diversas guinadas na própria jurisprudência do STF, foi reconhecida como inconstitucional quando fundada apenas em título provisório originado de decisão colegiada no julgamento das ADCs 43, 44 e 45. A prisão obrigatória imposta pelo art. 492, I, "e", CPP, caracteriza uma hipótese de prisão *ex lege* e, para nós, contraria frontalmente a lógica do sistema das medidas restritivas de liberdade. Não obstante, o STF, no julgamento do RE 1.235.340, sob a sistemática de repercussão geral (Tema 1068), por maioria de votos, entendeu pela **possibilidade de imediata execução da condenação nos crimes submetidos a julgamento pelo júri popular,** independentemente da pena fixada, em razão da soberania dos vereditos, mesmo sem o trânsito em julgado da decisão, fixando a seguinte tese: **"A soberania dos veredictos do Tribunal do Júri autoriza a imediata execução de condenação imposta pelo corpo de jurados, independentemente do total da pena aplicada".**

Apesar do entendimento do STF, entendemos que a execução provisória da pena é uma medida de natureza cautelar, porquanto não ostenta título definitivo. Admiti-la como possível tão somente em razão da existência de um critério objetivo, julgamento realizado perante o Tribunal do Júri, revela um risco à sistemática das medidas privativas de liberdade e, portanto, aos direitos fundamentais.

O ponto, para nós, não está no *quantum* de pena estabelecido (incompatível com a CF segundo o STF) ou na (des)necessidade da prisão em determinados casos, mas na ausência de fundamentação efetiva a justificar a prisão. O agente que, em 1990, ainda com 21 anos de idade, mata alguém, mas é julgado somente em 2024, em razão da morosidade da Justiça e subsequentes interrupções da prescrição, que vem a ser condenado a uma pena de 16 anos, deve ser preso de forma obrigatória?

Imagine que este tenha sido seu único crime, que tenha trabalho regular, família constituída e não represente risco à sociedade, no auge dos seus 54 anos. Seria razoável prendê-lo, de forma automática, sem o trânsito em julgado da decisão? Inegavelmente terá que cumprir sua pena, porquanto violador de uma norma. Contudo, impô-lo a obrigatoriedade da execução provisória tão somente em razão da natureza do delito não nos parece adequada, especialmente porque o latrocida, sujeito a uma pena mínima maior e que igualmente produz um resultado morte, não recebe o mesmo tratamento.

Vale destacar que, ao contrário do que a expressiva maioria da doutrina sustentava e a mídia noticiava, a execução provisória da pena não havia sido proibida no Brasil. A partir do momento em que qualquer dia de prisão pode ser computado para fins de detração penal, estaremos diante de "execuções provisórias da pena". Entretanto, essa cautelaridade precisa ser fundamentada em fatos que se subsomem a normas justificantes. Não somos contra, em hipótese alguma, à "execução provisória da pena" ou às prisões por delitos com maior gravidade. Entretanto, defendemos que, em todos os casos, exista uma fundamentação legal justificante.

O sistema normativo das prisões, no Brasil, é falho e incompleto, pois deixa de prever situações de ataque à vigência e validade das normas penais e ignora a repercussão social do delito. Uma sociedade que se espanta com a prática de um crime, igualmente se espanta com a impunidade. Um Estado que liberta, sucessivamente, agentes criminosos, age contra a própria norma e quebra uma expectativa social, que não pode ser desconsiderada no contexto da temática prisão.

Compreendemos, portanto, que as medidas cautelares pessoais devem se submeter ao princípio da excepcionalidade, porquanto a liberdade é a regra, que só pode ser excepcionada em situações especiais previstas na norma e, igualmente, ao princípio da provisoriedade, pois seu fundamento é de cautela e asseguramento de algum resultado previsto na norma, não podendo ser travestida de medida definitiva sob o pálio de cautelar.

20.3.3 Proporcionalidade

Na linha a doutrina alemã, o princípio da proporcionalidade é construído sob o prisma de três subprincípios: adequação, necessidade e proporcionalidade em sentido estrito.

A adequação, nas palavras de BARROSO[4] (2010, p. 260), revela-se na "idoneidade da medida para produzir o resultado visado". Busca, portanto, avaliar se a medida adotada é apta para o alcance da finalidade desejada.

Na seara das medidas cautelares pessoais, a avaliação da adequação passa pela conjugação do fim normativo e pela previsão legal, isto é, se a prisão, por exemplo, encontra previsão legal e se a sua eleição como meio de assegurar a ordem pública ou qualquer outra previsão contida no art. 312 do CPP. Sendo idônea a medida para produção do resultado colimado, a medida será adequada.

Contudo, não somente o juízo de adequação deve ser realizado. É preciso, igualmente, buscar-se a necessidade de medida, pois, na seara cautelar, impõe-se o respeito ao princípio da menor ingerência possível, de forma que o meio eleito, apesar de adequado, deve ser o menos gravoso.

4. BARROSO, Luís Roberto. **Curso de Direito Constitucional Contemporâneo**. 2ª edição. São Paulo: Saraiva, 2010.

A previsão de novas medidas alternativas à prisão no art. 319 do CPP, traçada em 2011, trilha a linha da aferição da necessidade, ou seja, permite ao magistrado avaliar, diante da gravidade do crime, circunstâncias do fato e condições pessoais do agente, qual medida será adequada ao caso concreto. Nesse sentido, inclusive, é o teor do art. 282, §6º, do CPP:

> §6º A prisão preventiva somente será determinada quando não for cabível a sua substituição por outra medida cautelar, observado o art. 319 deste Código, e o não cabimento da substituição por outra medida cautelar deverá ser justificado de forma fundamentada nos elementos presentes do caso concreto, de forma individualizada.

O reforço aos dois subprincípios acima destacados pode ser extraído do art. 282, *caput*, e incisos, que, não obstante seguirem uma linha levemente distinta da concepção tradicional alemã, refletem a essência do princípio da proporcionalidade, porquanto se prevê também a realização de uma ponderação de interesses, caracterizada como proporcionalidade em sentido estrito, a ser realizada no caso concreto:

> Art. 282. As medidas cautelares previstas neste Título deverão ser aplicadas observando-se a:
>
> I - **necessidade** para aplicação da lei penal, para a investigação ou a instrução criminal e, nos casos expressamente previstos, para evitar a prática de infrações penais;
>
> II - **adequação** da medida à gravidade do crime, circunstâncias do fato e condições pessoais do indiciado ou acusado.

Realiza-se, portanto, nas lições do Ministro Barroso, a ponderação entre o ônus imposto e o benefício trazido, para constatar se a medida é legítima.

E, nesse contexto macro, o magistrado deve sopesar todas as circunstâncias que envolvem o crime, as condições do sistema carcerário, a repercussão social, as condições pessoais do agente, os interesses sociais e da persecução penal para definir, de forma proporcional e razoável, pelo deferimento ou não da medida cautelar, bem como qual delas melhor se aplica ao caso concreto, dando vazão, dessa forma, ao duplo espectro do princípio da proporcionalidade: de proteção contra o excesso e vedação da proteção deficiente.

Nesse contexto, insere-se o **princípio da homogeneidade**, de construção jurisprudencial, que apregoa a análise da proporcionalidade da medida diante da possível pena a ser aplicada, isto é, a medida cautelar de natureza pessoal aplicada não pode ser mais gravosa do que a eventual pena a ser aplicada. Referido princípio segue a linha hermenêutica da denominada "prescrição virtual" ou hipoteticamente considerada, vedada pela Súmula 438 do STJ. A aplicação do princípio da homogeneidade, no âmbito do STJ, tem sido restrita às hipóteses nas quais a medida cautelar tem sido fixada em situações em abstrato, isto é, quando a medida não satisfaz o requisito objetivo.

> (...) a jurisprudência do STJ é firme em salientar a inviabilidade da análise da tese de ofensa ao princípio da homogeneidade na aplicação de medidas cautelares, por ocasião de sentença condenatória no âmbito do processo que a prisão objetiva acautelar, ante a impossibilidade de vislumbrar qual pena será eventualmente imposta ao réu, notadamente o regime inicial de cumprimento." (HC 507.051/PE, Rel. Min. Rogério Schietti Cruz, 6ª Turma, DJe 28.10.19).

20.4 CARACTERÍSTICAS

Dos princípios reitores das medidas cautelares pessoais podemos extrair diversas características.

Dos princípios da excepcionalidade e provisoriedade ressaem a **revogabilidade ou variabilidade das medidas**, porquanto a manutenção dessas pressupõe a preservação dos motivos determinantes. Ausentes os fundamentos, perde a cautelar sua razão de existir, motivo pelo qual é revogável e, portanto, não definitiva.

Do princípio da proporcionalidade decorre a **referibilidade**, no sentido que a medida cautelar deve se referir a uma situação concreta de risco a um direito tutelado. Logo, referibilidade é a correlação lógica entre o fator de risco e o direito a ser protegido, de forma que não evidenciada tal correlação, não haverá razoabilidade para decretação da medida. Revela-se, igualmente nesse particular, a característica da **preventividade**.

De forma externa aos princípios, por não serem as medidas cautelares de natureza pessoal dotadas de autonomia, isto é, estarem necessariamente associadas a um processo ou investigação criminal, podemos extrair as características da **acessoriedad**e e **instrumentalidade** das medidas cautelares pessoais. Merece destaque, contudo, a análise no âmbito da Lei Maria da Penha, porquanto existem medidas protetivas de urgência que obrigam o agressor e que não necessariamente estão associadas a um processo criminal por diversos fatores, nas quais se pode suscitar eventual autonomia, a exemplo da medida de proibição de contato com a ofendida, prevista no art. 22, III, "b", com o correlato previsto no art. 319, inc. III do CPP.

Referidas medidas, por exemplo, podem ser concedidas pelo juízo cível ou criminal, sem que isso interfira em sua natureza híbrida, apesar da lógica de uma preponderância penal. E, nesse particular, assumia especial importância a compreensão da lógica das medidas protetivas como acessórias e não autônomas. Segundo o STJ:

> I - Dentre as medidas previstas no art. 22 da Lei 11.340/06, evidencia-se que **as constantes dos incisos I, II e III têm natureza eminentemente penal**, visto que objetivam, de um lado, conferir proteção à vida e à integridade física e psicológica da vítima e, de outro, impõem relevantes restrições à liberdade e ao direito de locomoção do agressor, bens jurídicos esses merecedores da maior proteção do direito penal.
>
> II - Ademais, **as medidas protetivas possuem natureza apenas cautelar, restringindo-se a sua aplicação a casos de urgência, de forma preventiva e provisória**.
>
> III - Esta Corte Superior de Justiça firmou entendimento de que "as medidas protetivas fixadas na forma do art. 22, incisos I, II e III, da Lei 11.340/2006 possuem caráter penal e, por essa razão, **deve ser aplicado o procedimento previsto no Código de Processo Penal**" (AgRg no REsp n. 1.441.022/MS, Quinta Turma, Rel. Min. Gurgel de Faria, DJe de 2/2/2015). AgRg no AREsp 176375/MG, DJe 22.03.21.

Ocorre que a Lei 14.550/23 incluiu novos parágrafos no art. 19 da Lei Maria da Penha, dentre os quais, para o momento, destacamos os §§5º e 6º:

> § 5º As medidas protetivas de urgência serão concedidas independentemente da tipificação penal da violência, do ajuizamento de ação penal ou cível, da existência de inquérito policial ou do registro de boletim de ocorrência.
>
> § 6º As medidas protetivas de urgência vigorarão enquanto persistir risco à integridade física, psicológica, sexual, patrimonial ou moral da ofendida ou de seus dependentes.

Antes da alteração legislativa, havíamos destacado, em nossa primeira edição, que a se compreender pela natureza cível da medida por desconexão com o processo criminal, por não oferecimento da representação de um crime de ameaça (com a entrada em vigor da Lei 14.994/24, a ação penal passou a ser pública incondicionada quando praticada contra a mulher por razões da condição do sexo feminino), por exemplo, deveríamos seguir a trilha processual civil das tutelas cautelares, cogitando-se, inclusive, de eventual estabilização da coisa julgada. Nesse sentido, o próprio STJ[5] havia reconhecido, em 2016, a correção das lições de Maria Berenice Dias, promovendo, contudo, o *distinguishing* em razão da existência de vínculo com processo criminal:

> 2. "**A própria Lei Maria da Penha não dá origem a dúvidas, de que as medidas protetivas não são acessórias de processos principais e nem a eles se vinculam**. Assemelham-se aos writs constitucionais que, como o *habeas corpus* ou o mandado de segurança, não protegem processos, mas direitos fundamentais do indivíduo. São, portanto, medidas cautelares inominadas, que visam garantir direitos fundamentais e "coibir a violência" no âmbito das relações familiares, conforme preconiza a Constituição Federal (art. 226, § 8º)". (DIAS. Maria Berenice. A Lei Maria da Penha na justiça. 3 ed. São Paulo: Editora Revista dos Tribunais, 2012, p. 149).
>
> 3. In casu, **em que pese a escorreita consideração da doutrina**, verifica-se que a aplicação das medidas protetivas guarda relação com a ação penal (crime de ameaça), tendo em vista os termos do decisum que as estabeleceu, na qual foi proferida sentença absolutória. De fato, não soa adequado manter medidas protetivas que foram decretadas em juízo cautelar e no início da processo penal, se já há sentença absolutória em favor do paciente, não sendo razoável aguardar o julgamento do recurso de apelação.

De fato, parecia-nos adequada a compreensão atual do STJ, acerca da acessoriedade das medidas protetivas de urgência, porquanto, apesar de tutelarem a vítima, estariam vinculadas a um processo criminal, de forma que seus efeitos não poderiam, em tese, ultrapassar os limites daquele que, de fato, tutelam o bem jurídico. Conforme destacamos em nossa primeira edição, "não fosse assim, teríamos que admitir medidas protetivas vitalícias, amparadas pela coisa julgada, ainda que formal. Poderíamos nos deparar com situações de cumprimento da pena e, ainda assim, preservadas as medidas protetivas deferidas no início do processo condenatório".

5. HC 340624/SP, DJe 02.03.16. Em julgamento posterior realizado em 2017, o STJ manteve referido posicionamento: Uma decisão proferida no dia 24 de novembro pelo Superior Tribunal de Justiça, tendo como relator o ministro Felix Fischer, reiterou entendimento anterior da corte de que a medida protetiva de urgência concedida a mulher vítima de violência doméstica e familiar é de natureza autônoma e independente, portanto, da existência, presente ou potencial, de processo-crime ou ação principal contra o agressor. O recurso especial foi interposto pelo Ministério Público da Bahia contra acórdão prolatado pelo Tribunal de Justiça da Bahia que, a pedido da defesa do agressor, revogou as medidas protetivas concedidas em desfavor do acusado.
O relator decidiu pelo restabelecimento das medidas protetivas de urgência, que foram deferidas pelo juízo de primeiro grau no dia 16/05/2012, expondo que a decisão do TJ-BA contraria entendimento já adotado pelo STJ no julgamento do HC n.º 340.624/SP, da relatoria da ministra Maria Thereza de Assis Moura, de 02/03/2016, no qual se depreende que "A própria Lei Maria da Penha não dá origem a dúvidas de que as medidas protetivas não são acessórias de processos principais e nem a eles se vinculam. Assemelham-se aos writs constitucionais que, como o *habeas corpus* ou o mandado de segurança, não protegem processos, mas direitos fundamentais do indivíduo. São, portanto, medidas cautelares inominadas que visam garantir direitos fundamentais e "coibir a violência" no âmbito das relações familiares, conforme preconiza a Constituição Federal".
A decisão também citou o julgamento de outro recurso especial, da data de 07/04/2014, de relatoria do ministro Luis Felipe Salomão, em que se reitera que as medidas de urgência são de natureza de cautelar cível satisfativa, não dependentes de processo cível ou criminal, não havendo, portanto, a necessidade de se garantir a eficácia prática da tutela principal. Uma vez que as medidas protetivas têm como objetivo proteger direitos fundamentais e fazer com que a violência cesse, as mesmas visam a proteger pessoas, e não processos. Em conformidade com tais decisões, foi dado provimento ao recurso especial interposto pelo MP-BA e foi restabelecida a sentença que mantinha a medida protetiva e vigor. https://direito.mppr.mp.br/2017/12/19869,37/STJ-reitera-entendimento-de-que-medida-protetiva-no-ambito-da-Lei-Maria-da-Penha-tem-natureza-autonoma.html. Acesso em 16.05.22, as 19h39min.

E, de fato, com as alterações promovidas pelos §§5º e 6º do art. 19 da Lei Maria da Penha, há que se rever a compreensão anterior do STJ, à qual aderíamos. O §5º, ao assinalar que "as medidas protetivas de urgência serão concedidas independentemente da tipificação penal da violência, do ajuizamento de ação penal ou cível, da existência de inquérito policial ou do registro de boletim de ocorrência", **afastou a necessidade de vínculo da medida protetiva com a seara criminal**.

Por sua vez, o §6º, ao afirmar que "as medidas protetivas de urgência vigorarão enquanto persistir risco à integridade física, psicológica, sexual, patrimonial ou moral da ofendida ou de seus dependentes", sem vinculá-las à existência de um processo, confere, quando interpretado em conjunto com o §5º, uma perigosa **autonomia às medidas protetivas**, porquanto parte do pressuposto do risco, mas não impõe qualquer prazo para reavaliação da medida, a exemplo do que ocorre com a prisão preventiva no âmbito do CPP.

O STJ, ao julgar o TEMA 1249 (REsp 2070717/MG, REsp 2070857/MG, REsp 2070863/MG – relator para o acórdão Ministro Rogerio Schietti Cruz, Julgado 13/11/2024), fixou as seguintes teses:

> 1) As medidas protetivas de urgência têm natureza jurídica de tutela inibitória e sua natureza jurídica não se subordina existência atual ou vindoura de boletim de ocorrência, inquérito policial, processo cível ou criminal.
>
> 2) A duração das medidas protetivas de urgência vincula-se persistência da duração de risco da mulher, razão pela qual deve ser fixada por prazo temporalmente indeterminado.
>
> 3) Eventual reconhecimento de causa de extinção de punibilidade, arquivamento do inquérito ou absolvição do acusado não origina necessariamente a extinção da medida protetiva de urgência. Máxime pela possibilidade de persistência da situação de risco ensejadora da concessão da medida.
>
> 4) Não se submete a prazo obrigatório de revisão periódica, mas devem ser avaliadas pelo magistrado de ofício ou a pedido do interessado quando constatado concretamente o esvaziamento da situação de risco. A situação deve ser sempre precedida de contraditório, com as oitivas da vítima e do suposto agressor.

Em linhas gerais, a decisão fixou a **natureza jurídica das medidas protetivas como de tutela inibitória**, desvinculando, assim como o §5º do art. 19 da Lei da Maria da Penha, da existência atual ou futura de boletim de ocorrência, inquérito policial, processo cível ou criminal. Como decorrência lógica, assentou a decisão a compreensão de que **o reconhecimento de causa de extinção de punibilidade, arquivamento do inquérito ou absolvição do acusado não gera, necessariamente, a extinção da medida protetiva de urgência**, vez que tais circunstâncias, por si sós, não afastam a possibilidade de persistência da **situação de risco** ensejadora da concessão da medida.

Ainda, preservou a lógica do §5º do art. 19, ao assentar que **a duração das medidas protetivas de urgência vincula-se persistência da duração de risco mulher**, devendo ser fixada por **prazo indeterminado**. E, por tal razão, não se submete a prazo obrigatório de revisão periódica, mas devem ser avaliadas pelo magistrado de ofício ou a pedido do interessado quando constatado concretamente o esvaziamento da situação de risco, devendo o procedimento ser submetido ao contraditório, com as oitivas da vítima e do suposto agressor.

Vale destacar que a Lei 14.344/22, Lei Henry Borel, previu normas de conteúdo similar em seu art. 21, que não foi objeto, contudo, de alterações legislativas pela Lei 14.550/23:

> Art. 21. Poderá o juiz, quando necessário, sem prejuízo de outras medidas, determinar:
> I - a proibição do contato, por qualquer meio, entre a criança ou o adolescente vítima ou testemunha de violência e o agressor;
> II - o afastamento do agressor da residência ou do local de convivência ou de coabitação;
> III - a prisão preventiva do agressor, quando houver suficientes indícios de ameaça à criança ou ao adolescente vítima ou testemunha de violência;
> IV - a inclusão da vítima e de sua família natural, ampliada ou substituta nos atendimentos a que têm direito nos órgãos de assistência social;
> V - a inclusão da criança ou do adolescente, de familiar ou de noticiante ou denunciante em programa de proteção a vítimas ou a testemunhas;
> VI - no caso da impossibilidade de afastamento do lar do agressor ou de prisão, a remessa do caso para o juízo competente, a fim de avaliar a necessidade de acolhimento familiar, institucional ou colação em família substituta;
> VII - a realização da matrícula da criança ou do adolescente em instituição de educação mais próxima de seu domicílio ou do local de trabalho de seu responsável legal, ou sua transferência para instituição congênere, independentemente da existência de vaga.
> § 1º A autoridade policial poderá requisitar e o Conselho Tutelar requerer ao Ministério Público a propositura de ação cautelar de antecipação de produção de prova nas causas que envolvam violência contra a criança e o adolescente, observadas as disposições da Lei nº 13.431, de 4 de abril de 2017.
> § 2º O juiz poderá determinar a adoção de outras medidas cautelares previstas na legislação em vigor, sempre que as circunstâncias o exigirem, com vistas à manutenção da integridade ou da segurança da criança ou do adolescente, de seus familiares e de noticiante ou denunciante.

Outras duas características que podem ser extraídas das medidas cautelares pessoais são as da **substitutividade** e **cumulatividade**. A primeira pode ser encontrada no art. 282, §§4º e 5º, do CPP, que permitem a substituição da medida por outra nos casos de descumprimento ou decaimento do motivo anterior para a decisão. A segunda, por seu turno, está prevista no §1º e §4º do mesmo artigo, que assinalam que as medidas cautelares podem ser aplicadas de forma isolada ou cumulativa ou, no caso de substituição, impor outra em cumulação.

20.5 PRESSUPOSTOS DAS MEDIDAS CAUTELARES PESSOAIS – JUSTA CAUSA

Analisada a estrutura principiológica e parte da base normativa, impende destacar que as medidas cautelares se submetem a um regime, ainda que não sistematizado, que pressupõe a satisfação de requisitos, que serão vistos separadamente, e pressupostos.

Como pressupostos, a doutrina assinala a necessidade de satisfação do ***fumus comissi delicti*** e ***periculum libertatis***, aos quais devemos acrescer a **contemporaneidade**, situados por alguns ora na seara principiológica, ora como requisito, sem que exista qualquer comprometimento sistêmico.

O ***fumus comissi delicti*** demanda a análise da plausibilidade da medida, isto é, se tem por fundamento, com lastro na prova produzida e em cognição sumária, a prática de uma infração penal com probabilidade de deflagrar uma ação penal ou potencial condenação. A verossimilhança da alegação, portanto, é imprescindível para o deferimento da medida a título de cognição sumária. Nesse sentido, atribuímos à norma do art. 314 do CPP, que prevê que a prisão preventiva em nenhum caso será decretada se o juiz verificar pelas provas constantes dos autos ter o agente praticado o fato amparado por causas excludentes de ilicitude, o **efeito de vetor interpretativo expansivo** para abranger as situações de potencial ausência de plausibilidade quanto ao direito de punir ou reconhecimento de fato criminoso.

O art. 312 do CPP, por exemplo, ao exigir **prova da existência do crime e indício suficiente de autoria** para decretação da prisão preventiva, estampa o *fumus comissi delicti*, materializando, em conjunto com o indício de perigo gerado pelo estado de liberdade do imputado, o *standard* probatório mínimo para sua decretação.

No tocante ao ***periculum libertatis***, há, na realidade, um ***periculum in actio***, vez que, de fato, não é somente a liberdade do agente que pode implicar a necessidade da medida, mas sim o seu comportamento, ainda que esse decorra daquela na maioria dos casos.

Com a construção das novas medidas alternativa à prisão, o fundamento do *periculum libertatis* revelar-se-ia insuficiente como pressuposto a justificar, por exemplo, a suspensão do exercício de função pública. Isso porque, no exemplo, o afastamento da função pública de um funcionário público acusado de peculato, por si só, tem o condão de tutelar o patrimônio público e atender à finalidade da necessidade prevista no art. 282, I do CPP. Logo, não seria o *periculum libertatis* o fundamento para aplicação da medida, porque livre estará, mas sim o perigo decorrente da conduta do servidor ao ser mantido no exercício de suas funções.

Nesse sentido, o ***periculum libertatis*** revela-se na possibilidade de frustração dos fins do processo caso a medida não seja deferida ou imposta somente ao final do processo. O "perigo na demora" do processo, no aspecto pessoal, assume o viés de ***periculum in actio***, e pode ensejar a frustração na satisfação dos fins do processo, de forma que a necessidade de se garantir a preservação da ordem pública, instrução criminal e aplicação da lei penal, por exemplo (art. 312, CPP), podem ensejar o deferimento da medida.

A não decretação da medida cautelar pode, por exemplo, permitir que o agente criminoso continue a delinquir e ameaçar testemunhas, ou mesmo empreenda fuga, circunstâncias aptas a tornar o ineficaz resultado final do processo. Ao contrário do *fumus comissi delicti*, que se funda na análise cruzada de ***fatos x norma***, o *periculum libertatis*, para nós, não pressupõe a demonstração inequívoca, bastando o mero risco de sua ocorrência, conforme se infere da parte final do art. 312 do CPP, que prevê a demonstração apenas do perigo gerado pelo estado de liberdade do imputado, perfeitamente possível de demonstração por meros indícios.

Consoante se infere das decisões do STJ e STF anteriores à Lei do Pacote Anticrime, os Tribunais Superiores já trilhavam o caminho da satisfação do pressuposto da contemporaneidade do risco para fins de decretação das medidas cautelares pessoais. Nesse sentido, a linha da contemporaneidade já se fazia presente, tendo sido consolidada no §2º do art. 312: "A decisão que decretar a prisão preventiva deve ser motivada e fundamentada em receio de perigo e **existência concreta de fatos novos ou contemporâneos** que justifiquem a aplicação da medida adotada".

Exige-se, portanto, que além do *fumus comissi delicti* e *periculum libertatis*, a medida guarde relação de atualidade fática para avaliação do binômio risco/necessidade. Pela lógica legal, não se justifica a decretação da prisão preventiva de um agente que, uma vez tendo se evadido e na sequência capturado, se, posteriormente, no curso do processo recebeu a liberdade provisória e compareceu regularmente a todos os atos processuais. A revogação da liberdade provisória e consequente decretação da prisão preventiva demandaria a ocorrência de um novo evento justificador ou se fundamentar em fatos contemporâneos ao pleito da medida.

Cumpre registrar que a ausência de contemporaneidade ou de novos fatos deve ser avaliada no momento da decretação da medida, **não sendo exigida durante sua vigência**. Assim, a prisão preventiva decretada em razão da fuga não perde sua efetividade com o passar do tempo. O simples fato do agente decidir apresentar-se espontaneamente não gera o direito de revogação da medida por ausência de contemporaneidade. O risco passado, observado pelo retrovisor, constitui fundamento relevante para preservação da medida. Por esse motivo, optamos por não seguir o caminho do **princípio da atualidade** traçado por Aury Lopes Jr.[6], e outros, mas o da **historicidade fática associada à contemporaneidade**.

20.5.1 Causa provável

A chamada "causa provável", cujo conceito não foi definido expressamente no Direito pátrio, é um requisito da Quarta Emenda da Constituição Americana, que prevê que "(...) nenhum mandado deve ser emitido, exceto por causa provável, apoiado por juramento ou afirmação, e particularmente descrevendo o local a ser investigado e as pessoas ou objetos a serem apreendidos". Em síntese, trata-se de uma base razoável apta a permitir a suposição de que uma acusação é bem fundamentada, isto é, uma quantidade razoável de suspeita, apoiada por circunstâncias suficientemente fortes para justificar a crença de uma pessoa prudente e cautelosa de que certos fatos são provavelmente verdadeiros[7].

A lógica da Quarta Emenda, em seu berço de origem, vincula a "causa provável" às medidas restritivas de direitos fundamentais, de forma que, em tese, não exige verificação, isto é, a superação de qualquer *standard* probatório se o escopo da diligência não tender à superação de tais direitos. No modelo americano, ainda que não uniformemente, a fundada suspeita permite apenas a chamada "***Terry Stop***", nomenclatura utilizada pela Suprema Corte Americana, no caso Terry vs Ohio, reveladora da conduta de **parar a revistar**, como na hipótese em que um policial norteia sua abordagem com lastro em suspeita razoável de que o agente está armado, envolvido ou prestes a se envolver em uma conduta criminosa.

No Direito Norte-Americano, verifica-se a ocorrência da causa provável quando: a) existirem informações/elementos de prova razoavelmente confiáveis; e b) que tais informações/elementos probatórios permitam a conclusão, ainda que não definitiva, acerca da prática de um delito. Ainda, vale o registro de que no Direito Norte-Americano, assim como no pátrio, exige-se que a informação apresentada remonte a fatos recentes (para nós, contemporâneos).

Estaremos diante de uma informação presumidamente confiável, por exemplo, quando essa partir de um agente policial ou outra autoridade estatal ou mesmo de um cidadão comum. Por outro lado, se a fonte for um criminoso, a exemplo da colaboração

6. *op.cit.* p. 918/919.

7. https://hmn.wiki/pt/Probable_cause.

premiada, são exigidos outros elementos de prova a corroborar as informações para que se possa conferir a necessária confiabilidade.

Por sua vez, o requisito relacionado à conclusão primária acerca da prática de um delito, conhecida no ordenamento pátrio como *fumus comissi delicti*, decorre do fato que a informação da fonte se baseia em observação pessoal. Assim, para a expedição de um mandado de prisão, sob a perspectiva da autoria e participação formadoras do *fumus comissi delicti*, o reconhecimento do agente como provável autor do delito, por parte de uma testemunha, pode ter por suficiente a observação pessoal que faça parecer provável que a pessoa a ser detida tenha praticado o delito.

Não obstante a ausência de definição expressa do conceito de causa provável em nosso ordenamento jurídico, a jurisprudência utiliza o conceito, ainda que sem o preciosismo técnico, como o ***standard* probatório mínimo** apto a deflagrar a diligência, como uma espécie de "**justa causa legitimadora**", de "**fundada suspeita**" justificadora para a medida.

Não nos parece incabível, portanto, associar o conceito de causa provável à definição de prova semiplena ou não plena, como aquela que ataca circunstâncias e que podem ser utilizadas pelo magistrado ou autoridade com atribuições, mas **sem um juízo de certeza, mas apta a trazer credibilidade ou probabilidade**, como os indícios (art. 239 do CPP) e a fundada suspeita (art. 240, §2º do CPP).

Na esfera das buscas pessoais, por exemplo, nos termos do §2º do art. 240 do CPP, poderá ser realizada a busca pessoal quando houver **fundada suspeita** de que alguém oculte consigo arma proibida ou objetos mencionados nas letras *b* a *f* e letra *h* do §1º do art. 240, CPP.

A fundada suspeita mencionada pela norma depende de um **fato prévio e concreto que a fundamente**, não podendo ser justificada tão somente pelo aspecto subjetivo do agente, como na hipótese do agente usar agasalho com capuz, porque apto a ocultar armas e dificultar identificação.

No julgamento do RHC 158580, o STJ entendeu que se exige "em termos de *standard* probatório para busca pessoal ou veicular sem mandado judicial, a existência de fundada suspeita (justa causa) – baseada em um **juízo de probabilidade, descrita com a maior precisão possível, aferida de modo objetivo e devidamente justificada pelos indícios e circunstâncias do caso concreto** – de que o indivíduo esteja na posse de drogas, armas ou de outros objetos ou papéis que constituam corpo de delito, evidenciando-se a urgência de se executar a diligência".

Em destaque:

> É preciso, também, que esteja relacionada à "posse de arma proibida ou de objetos ou papéis que constituam corpo de delito". Vale dizer, **há uma necessária referibilidade da medida, vinculada à sua finalidade legal probatória, a fim de que não se converta em salvo-conduto para abordagens e revistas exploratórias (fishing expeditions), baseadas em suspeição genérica existente sobre indivíduos**, atitudes ou situações, sem relação específica com a posse de arma proibida ou objeto (droga, por exemplo) que constitua corpo de delito de uma infração penal.

A decisão do STJ ainda assinala que, para a realização da busca pessoal, exigem-se elementos "sólidos, objetivos e concretos", que se fundam em três razões principais, além da intuição policial:

a) evitar o uso excessivo desse expediente e, por consequência, a restrição desnecessária e abusiva dos direitos fundamentais à intimidade, à privacidade e à liberdade (art. 5º, *caput*, e X, da Constituição Federal), porquanto, além de se tratar de conduta invasiva e constrangedora – mesmo se realizada com urbanidade, o que infelizmente nem sempre ocorre –, também implica a detenção do indivíduo, ainda que por breves instantes;

b) garantir a sindicabilidade da abordagem, isto é, permitir que tanto possa ser contrastada e questionada pelas partes, quanto ter sua validade controlada *a posteriori* por um terceiro imparcial (Poder Judiciário), o que se inviabiliza quando a medida tem por base apenas aspectos subjetivos, intangíveis e não demonstráveis;

c) evitar a repetição – ainda que nem sempre consciente – de práticas que reproduzem preconceitos estruturais arraigados na sociedade, como é o caso do perfilamento racial, reflexo direto do racismo estrutural.

Ainda segundo a decisão:

> O art. 244 do CPP não autoriza buscas pessoais praticadas como "rotina" ou "praxe" do policiamento ostensivo, com finalidade preventiva e motivação exploratória, mas apenas buscas pessoais com finalidade probatória e motivação correlata. 3. Não satisfazem a exigência legal, por si sós, meras informações de fonte não identificada (e.g. denúncias anônimas) ou intuições e impressões subjetivas, intangíveis e não demonstráveis de maneira clara e concreta, apoiadas, por exemplo, exclusivamente, no tirocínio policial. Ante a ausência de descrição concreta e precisa, pautada em elementos objetivos, a classificação subjetiva de determinada atitude ou aparência como suspeita, ou de certa reação ou expressão corporal como nervosa, não preenche o standard probatório de "fundada suspeita" exigido pelo art. 244 do CPP.

Em outro julgado, a 6ª Turma do STJ entendeu que

> "Não satisfazem a exigência legal "para se realizar a busca pessoal e/ou veicular, por si sós, meras informações de fonte não identificada (e.g. denúncias anônimas) ou intuições e impressões subjetivas, intangíveis e não demonstráveis de maneira clara e concreta, apoiadas, por exemplo, exclusivamente, no tirocínio policial. Ante a ausência de descrição concreta e precisa, pautada em elementos objetivos, a classificação subjetiva de determinada atitude ou aparência como suspeita, ou de certa reação ou expressão corporal como nervosa, não preenche o standard probatório de 'fundada suspeita' exigido pelo art. 244 do CPP" (RHC n. 158.580/BA, relator Ministro ROGERIO SCHIETTI CRUZ, SEXTA TURMA, julgado em 19/4/2022, DJe 25/4/2022).

Registre-se, ainda, que Corte entende que a denúncia anônima, não confirmada por outros elementos ou pela existência de flagrante delito, é inapta a ensejar a busca pessoal:

> [...] I - No tocante à busca pessoal, este Superior Tribunal de Justiça tem se posicionado, mais atualmente e de forma reiterada, pela impossibilidade de configuração da fundada suspeita para abordagem policial com base apenas em denúncia anônima (não confirmada por outros elementos colhidos ou pela existência de flagrante delito) ou em pura e simples intuição policial (desprovida de demais indicativos do cometimento de crime). Nesse contexto, o mero nervosismo do acusado ou a simples fuga também não configuram atitude suspeita, tudo o que deve ser aferido no caso concreto. Precedentes.[...] AgRg 760775/SP, 5ª Turma, Rel. Min. Messod Azulay Neto, DJe 25.09.23

Nítida, portanto, a importância do assunto quando analisado no contexto das chamadas provas ilícitas, em especial as decorrentes da famigerada **pescaria probatória** (fishing expedition).

Sob outra vertente, momento e atribuições, por exemplo, ao final da instrução do APFD, a autoridade policial deverá realizar uma análise preliminar quanto ao evento, de forma que, verificando, nos termos do art. 304, §1º, CPP, que das respostas trazidas pelos inquiridos, há **fundada suspeita** contra o conduzido, a autoridade mandará recolhê-lo à prisão, exceto no caso de livrar-se solto ou de prestar fiança, e prosseguirá nos atos do inquérito, enviando os autos à autoridade competente. Logo, constatando a "causa provável" durante a instrução do APDF, a autoridade policial deverá mandar recolher o agente à prisão, ratificando a prisão em flagrante.

Ainda exemplificativamente, sob a perspectiva da materialidade, no âmbito da Lei de Drogas vale destacar que nos fatos que envolvem apreensão de drogas, tipificados pela Lei 11.343/06, o art. 50, §1º dispõe que "para efeito da lavratura do auto de prisão em flagrante e estabelecimento da materialidade do delito, **é suficiente o laudo de constatação da natureza e quantidade da droga**, firmado por perito oficial ou, na falta deste, por pessoa idônea". Em síntese, a norma impõe, como requisito de validade do APFD, a realização do laudo de constatação da natureza e quantidade da droga, trazendo à lume, a lógica da "causa provável" acerca da materialidade delitiva.

Ponto importante a ser analisado na lógica da "causa provável" envolve a competência/atribuição para sua valoração, vez que dela podemos extrair diversos espectros.

As medidas probatórias ou constritivas primárias, por exemplo, podem ser realizadas por agentes públicos sem que se caracterize qualquer ilicitude procedimental. O policial militar pode, perfeitamente, realizar uma abordagem policial (busca pessoal) por ter presenciado o agente em atitude suspeita, tipicamente associada à prática do tráfico de drogas, como, por exemplo, entrando e saindo, reiteradamente, de um terreno baldio (local de depósito) após conversar com transeuntes (consumidores da droga).

Nesses e outros casos similares, como nas hipóteses de violação de domicílio[8] para fins de prisão em flagrante delito, é possível que se confira ao policial a valoração primária acerca da configuração da causa provável. Entretanto, parece-nos **inafastável a necessidade de demonstração/justificação a *posteriori***, conforme se extrai da essência do Tema de Repercussão Geral, nº 280 do STF: "A entrada forçada em domicílio sem mandado judicial só é lícita, mesmo em período noturno, quando amparada em fundadas razões, devidamente justificadas a posteriori" (RE n. 603.616/RO, Rel. Ministro Gilmar Mendes, DJe 8/10/2010).[9]

O delegado de polícia, em sua esfera da atribuição, conforme vimos acima, poderá ratificar a prisão em flagrante realizada, determinado o recolhimento do agente à prisão, com lastro na causa provável verificada no APFD. Não caberá à autoridade policial, conteúdo, o julgamento sobre o que se considera "fundada a suspeita" nos casos, por exemplo, de prisões em flagrante de promotores ou magistrados, porquanto, pelo foro por prerrogativa de função, tal avaliação deverá ser realizada pelo Tribunal competente. De fato, permitir a realização de juízo valorativo ao delegado de polícia quanto à conduta de magistrado ou promotor de justiça caracterizaria uma expressa violação às suas

8. São lícitas as provas oriundas de diligência policial, sem mandado de busca e apreensão, realizada no interior de imóvel desabitado, caracterizado como bunker, e destinado ao armazenamento de drogas e armas. HC 860.929-SP, Rel. Ministro Antonio Saldanha Palheiro, Sexta Turma, por unanimidade, julgado em 27/8/2024, DJe 2/9/2024.

9. No mesmo sentido lógico está o STJ: HC 598051/SP, Rel. Min. Rogério Schietti Cruz, 6ª Turma, DJe 02.03.21.

prerrogativas. Em segundo lugar, em hipótese alguma poderá determinar o recolhimento à prisão, cuja determinação compete expressamente ao Tribunal do Justiça.

Não podemos nos olvidar, igualmente, das Comissões Parlamentares de Inquérito, às quais se impõe os mesmos limites impostos ao juiz, vez que, por serem detentoras do mesmo poder instrutório, também possuem os mesmos limites formais e materiais. A título exemplificativo, no tocante à quebra de sigilo, o STF firmou posição de que as CPIs podem quebrá-lo, por ato fundamentado, nos termos do art. 58, §3º da CF, desde que presentes **indícios e existência de causa provável legitimadora**[10]. A possibilidade de quebra de sigilo não se confunde, todavia, com a possibilidade de decretação de interceptação telefônica, sujeita à cláusula de reserva de jurisdição (STF: MS 23.851). A CPI não pode, igualmente, decretar medidas coercitivas de bens, vez que tais atos não são instrutórios.

Por fim, tratando-se de medidas sujeitas à cláusula de reserva de jurisdição, como a decretação de prisão preventiva e interceptações telefônicas, por exemplo, somente caberá ao magistrado competente a valoração acerca da existência de causa provável legitimadora.

A lógica da causa provável, a despeito de outro contexto, ainda pode ser inferida nas hipóteses de a) uso de algemas, permitida pelo STF "com a finalidade de impedir, prevenir ou dificultar a fuga ou reação indevida do preso, desde que haja **fundada suspeita ou justificado receio** de que o fato venha a ocorrer, ou com o fim de evitar agressão do preso contra os próprios policiais, contra terceiros ou contra si mesmo[11]; b) realização de interrogatório por meio virtual, para **prevenir risco à segurança pública, quando exista fundada suspeita de que o preso integre organização criminosa ou de que, por outra razão, possa fugir durante o deslocamento (art. 185, §2º, CPP); c) na revisão criminal,** meio de impugnar uma sentença penal transitada em julgado, sobre a qual paira **fundada suspeita de erro judiciário**, especialmente na hipótese de descoberta de novas provas de inocência do condenado ou de circunstância que determine ou autorize diminuição especial da pena (art. 621, III, CPP); d) existência de indícios veementes da proveniência ilícita de dos bens para fins de sequestro (art. 126, CPP), entre outros.

20.6 DEVIDO PROCESSO LEGAL

Tratando-se de medidas assessórias, as medidas cautelares de natureza pessoal devem seguir a lógica das condições da ação penal, que envolvem a possibilidade jurídica, o interesse de agir, a legitimidade e a justa causa.

A possibilidade jurídica será analisada no contexto de cada uma das medidas cautelares previstas, vez que os fundamentos variam de acordo com a natureza. A justa causa, de certa maneira, foi analisada no contexto dos pressupostos para decretação das medidas.

Dessa forma, analisaremos a legitimidade e o interesse, abordando as alterações promovidas pela Lei do Pacote Anticrime, especialmente no tocante à possibilidade de atuação de ofício pelo magistrado.

---

10. MS 23.639/DF, DJ 16.02.01.
11. HC 89.429/RO, 1ª Turma, DJ 02.02.07. O tema, posteriormente, foi materializado na Súmula Vinculante nº 11, preservando a expressão "fundado receio".

20.6.1 Interesse de agir

O interesse de agir no processo penal decorre expressamente da Constituição Federal, que dispõe, no art. 5º, LIV, que "ninguém será privado da sua liberdade ou de seus bens sem o devido processo legal". O Estado, para exercer o *ius puniendi*, precisa, necessariamente, de se valer da ação penal, pois não pode impor a pena sem que essa seja amparada por um procedimento contraditório e sujeito à ampla defesa. Revela-se, nesse aspecto, o elemento da necessidade do interesse de agir.

De igual sorte, a movimentação da máquina estatal precisa revelar-se útil, isto é, que a sentença a ser proferida ao final caminhe para fins da concretização do direito estatal. Logo, o interesse revela a **necessidade e a utilidade** do processo.

No âmbito das medidas cautelares pessoais, o interesse também deve ser evidenciado, vez que a decretação das medidas pressupõe sua necessidade de utilidade ao processo ou a algum fim relacionado à persecução penal.

20.6.2 Legitimidade

Nos termos do art. 129, I, CF, o Ministério Público é o titular da ação penal pública e, como tal, é, em regra[12], o único ente autorizado a atuar, em prol da persecução penal, no curso do processo criminal.

Fixada a inafastável baliza, reforçada com o sistema acusatório, a preservação da integridade do sistema acusatório pressupõe que os atos processuais sejam praticados pelos atores processuais. Se o processo é um teatro que conta a história de um crime, somente os atores processuais deveriam contracenar - Acusação - Defesa - Estado-Juiz.

Ocorre que o Código de Processo Penal, construído sob égide de uma Constituição que ainda admitia a atuação do delegado de polícia para deflagração da ação penal (art. 26, não recepcionado pela CF/88), ainda prevê a possibilidade da autoridade policial formular requerimentos diretamente ao magistrado, sem que se exija a oitiva do Ministério Público.

Nesse sentido estão, por exemplo, os artigos 282, §2º e o art. 311, modificado pela Lei do Pacote Anticrime:

> Art. 282 (...) § 2º As medidas cautelares serão decretadas pelo juiz a requerimento das partes ou, quando no curso da investigação criminal, por representação da autoridade policial ou mediante requerimento do Ministério Público.
>
> Art. 311. Em qualquer fase da investigação policial ou do processo penal, caberá a prisão preventiva decretada pelo juiz, a requerimento do Ministério Público, do querelante ou do assistente, ou por representação da autoridade policial.

Sendo o Ministério Público o titular privativo da ação penal pública e não mais se admitindo a atuação acusatória da autoridade policial, por qual razão se autoriza quem não contracena no processo? Não há, para nós, fundamento processual ou material sistêmico que justifique a formulação de pedidos de cunho acessório e processuais diretamente pela autoridade policial.

---

12. Ressalva-se a excepcionalidade da ação penal subsidiária da pública.

A atuação da polícia de investigação é essencial para a apuração das infrações penais, sendo seu papel de fundamental importância na primeira fase do *ius persequendi* estatal. Contudo, não se afigura razoável a preservação do diálogo processual direto, no curso do processo, entre a autoridade policial e o magistrado por uma série de razões.

A primeira delas funda-se na figura do juiz das garantias que, nos traz diversos vetores interpretativos. O art. 3º-A abre o tópico asseverando que o processo penal terá **estrutura acusatória, vedadas** a iniciativa do juiz na fase de investigação e **a substituição da atuação probatória do órgão de acusação.** Mesmo com a decisão do STF, proferida por maioria, no julgamento das ADIs 6.298, 6.299, 6.300 e 6.305, que assinalou que o juiz, pontualmente, nos limites legalmente autorizados, pode determinar a realização de diligências suplementares, para o fim de dirimir dúvida sobre questão relevante para o julgamento do mérito, houve o reforço da estrutura acusatória, razão pela qual o vetor interpretativo atinente ao sistema acusatório faz-se presente.

O art. 3º-B, por exemplo, dispõe que o juiz das garantias é responsável pelo **controle da legalidade da investigação criminal** e pela salvaguarda dos direitos individuais cuja franquia tenha sido reservada à autorização prévia do Poder Judiciário, competindo-lhe especialmente: VIII - **prorrogar o prazo de duração do inquérito**, estando o investigado preso, em vista das razões apresentadas pela autoridade policial e observado o disposto no § 2º do artigo, que recebeu interpretação conforme pelo STF nas ADIs mencionadas para assentar que: a) o juiz pode decidir de forma fundamentada, reconhecendo a necessidade de novas prorrogações do inquérito, diante de elementos concretos e da complexidade da investigação (superando o texto legal que admitia uma única prorrogação); e b) a inobservância do prazo previsto em lei não implica a revogação automática da prisão preventiva, devendo o juízo competente ser instado a avaliar os motivos que a ensejaram, nos termos da ADI nº 6.581 (superando a previsão de que se ainda assim a investigação não for concluída, a prisão deveria ser imediatamente relaxada).

A estrutura acusatória, independentemente do art. 3º-A, está consolidada na Constituição Federal, sendo imperativa sua observância. O CPP, ao tratar da figura do juiz das garantias, nitidamente tratou de temas relacionados a direitos fundamentais e sua tutela pelo Poder Judiciário, que pode ser provocada pelas partes.

A segunda razão funda-se em questão de lógica e prática. Ao se admitir a possibilidade de a autoridade policial formular pedidos relacionados a produção de prova, em franca violação ao sistema acusatório, pois incorre na **substituição da atuação probatória do órgão de acusação**, ou requerimentos de prisão ou outras medidas cautelares diretamente ao magistrado, em sendo negada sua "pretensão", o que poderá fazer? Poderá interpor recurso perante o Tribunal? A resposta, extraída de toda a sistemática processual, é negativa, pois a autoridade policial não detém legitimidade processual.

Outra razão, a terceira, que antes da entrada em vigor das Leis 12.850/13 e 13.964/19, trazia poucos debates, relacionada à celebração dos negócios jurídicos da colaboração premiada e do acordo de não persecução penal, merece especial atenção. Imagine que a autoridade policial formule requerimento de decretação de prisão preventiva diretamente ao magistrado envolvendo fato no qual o Ministério Público esteja em franca negociação de acordo de colaboração premiada ou acordo de não persecução penal? Não haveria, diante de tal postura, uma quebra de papeis? Ainda nesse contexto, imagine que a autoridade policial formule o requerimento de prisão e o Ministério Público entenda que o caso é de não oferecimento da denúncia, pugnando pelo arquivamento?

Parece-nos inegável que o papel processual acusatório é privativo do Ministério Público nas ações penais públicas, assim como nos parece inegável a importância da atuação da autoridade policial na seara investigativa. A pedra de toque, para nós, é puramente processual: a autoridade policial não é parte, e, logo, não possui legitimidade processual.

Isso não significa que a autoridade policial não possa agir. Por estar na linha de frente da instrução, naturalmente receberá em primeira mão informações relevantes para a investigação que, por vezes, podem demandar restrições de natureza pessoal ou patrimonial e atuação probatória sujeita à reserva de jurisdição. Por não ser dotado de legitimidade processual, em perfeita observância ao sistema acusatório, deve provocar o Ministério Público para que, como legitimado e ator processual, analise a representação e, caso a acolha, formule o requerimento perante o Poder Judiciário.

Outro ponto que merece destaque envolve os casos de trâmite direto do inquérito policial entre Ministério Público e Polícia investigativa. Não havendo a participação do magistrado, seria razoável se admitir a formulação de requerimento direito pela autoridade policial, estando a efetiva parte acompanhando as investigações?

Apesar dos incessantes questionamentos doutrinários, o tema pouco reflete no Poder Judiciário. Existe, de fato, um pacto velado entre as instituições que se funda no respeito. O corretivo tem sido a intimação para que o Ministério Público se manifeste sobre a representação formulada pela autoridade policial. Assim como o Ministério Público se omite para evitar discussões institucionais que, em regra, pouco interferem no cotidiano forense, o Poder Judiciário modera a questão promovendo a intimação do Ministério Público para se manifestar.

Não obstante e a caminho do fim, destacamos dois pontos que merecem reflexão e evidenciam a relevância do tema, que, um dia, demandará apreciação direta e concreta do STF. No julgamento da ADI 5.508/DF, que reconheceu o poder da autoridade policial celebrar acordo de colaboração premiada, condicionando-o tão somente à manifestação posterior do Ministério Público, o Min. Gilmar Mendes, em seu voto, destacou que:

> **A capacidade do delegado para oferecer representação é muito criticada por estudiosos do processo penal, talvez com alguma razão.** Em parte, essa capacidade é fomentada pela estrutura única da investigação criminal no Brasil. Em nosso sistema, o inquérito é, muito embora pré-processual, distribuído judicialmente e objeto de impulso oficial, de forma muito semelhante aos processos judiciais em geral.
>
> Em seu curso, investigadores e promotores atuam como intervenientes independentes. Contudo, não há interlocução direta entre investigadores e promotores. Sempre que a autoridade policial precisa de uma medida que está além dos seus poderes, ou o Ministério Público visualiza a necessidade de uma determinada medida investigatório, a medida é documentada nos autos do inquérito, via representação ou requisição, ambas dirigidas primariamente ao juiz. **Sob muitos aspectos, o juiz acaba servindo como mensageiro entre Delegado e Promotor**.
>
> Por exemplo, **ao final das investigações, a autoridade policial faz um "minucioso relatório" (art. 10, § 1º, CPP), ao final do qual, oferece representação**: indicia aqueles que considera criminalmente responsáveis e representa pelo arquivamento das investigações em relação a fatos e pessoas que não gerarão responsabilidade criminal. **O relatório representa**

> **a apreciação do delegado sobre o caso. Como tal, tem muita relevância opinativa, mas não gera efeito jurídico imediato algum.** O Promotor tem total liberdade para chegar as suas próprias conclusões, não raro completamente diversas. **Apenas a manifestação do Promotor – denúncia, pedido de arquivamento – será avaliada pelo juiz e produzirá efeitos jurídicos.**

O julgamento da ADI, marcado por questões de ordem jurídica e política peculiares do momento vivenciado no Brasil, restou por permitir a realização de acordos de colaboração premiada por parte de autoridades policiais, muitos dos quais sem a prévia ciência e anuência do titular da ação penal, a exemplo da colaboração premiada realizada pelo ex-Governador do Rio de Janeiro, Sérgio Cabral, com a Polícia Federal, impugnada judicialmente por duas vezes pelo Procurador-Geral da República. Não obstante a expressa recusa do titular da ação penal, o acordo foi homologado pelo Min. Edson Fachin.

O desdobramento do recurso ministerial culminou com a declaração de nulidade e cancelamento do acordo, prejudicando, de forma especialmente sensível, toda a instrução processual.

> (...) Matéria novamente suscitada, em menor extensão, pela PGR. **Considerada a estrutura acusatória dada ao processo penal conformado à Constituição Federal, a anuência do Ministério Público deve ser posta como condição de eficácia do acordo de colaboração premiada celebrado pela autoridade policial. Posicionamento de menor extensão contido no voto vencido proferido. Possibilidade de submeter a matéria ao mesmo Plenário a fim de que o entendimento majoritário seja confirmado ou eventualmente retificado. Em linha de coerência com o voto vencido, pela retificação do entendimento majoritário na extensão que pleiteia a PGR. (...) PET 8.482, j. 31.05.21.**

O trágico fim da colaboração premiada mencionada nos apresenta um forte sinal de alerta: o descumprimento do sistema acusatório pode dar azo a inúmeros problemas institucionais e revelar-se apto a satisfação de interesses não republicanos.

Não obstante o alerta acima, o STF, em nova guinada de direção, por meio do Min. Alexandre de Moraes, homologou, em 09 de setembro de 2023, acordo de delação premiada do Ten. Coronel, ex-ajudante de ordens do ex-Presidente da República, Jair Bolsonaro, mesmo com manifestação contrária da Procuradoria-Geral da República. Girando para tema menos sensível, o art. 282, §2º do CPP não permite ao ofendido que formule requerimento de medidas cautelares pessoais no curso da investigação, admitindo tal postura somente no curso do processo iniciado por ação penal privada ou quando habilitado como assistente da acusação nos processos de ação penal pública, consoante se infere do art. 311 do CPP. No entanto, paradoxalmente, o art. 311 do CPP, permite que o querelante ou assistente formulem pedido de prisão preventiva tanto na fase da investigação criminal ou do processo.

Não se justifica, para nós, a ausência de possibilidade de formulação de requerimento de medidas cautelares pessoais para o ofendido no curso da investigação por crimes de ação penal privada. Estranho se afigura o fato de ser o titular da ação penal e não dispor de ferramentas processuais para a tutela de um direito que lhe assiste.

É possível, por outro lado, que o próprio investigado ou acusado venha a requerer a aplicação de medidas cautelares a título defensivo quando, por exemplo, tenha-lhe sido aplicada uma medida gravosa e pugna pela aplicação de uma medida mais branda, como o uso de tornozeleira eletrônica ou fiança.

20.6.2.1 Legitimidade na Lei Maria da Penha

A Lei Maria da Penha representa um grande avanço social na tutela da mulher, especialmente aquela vítima de violência doméstica e familiar. O enfrentamento às agressões de toda ordem praticadas em ambientes domésticos, na calada da privacidade, e fruto de um machismo estrutural ainda vigente em nosso país, faz-se necessário.

Nesse particular, a Lei não somente incrementou a tutela da mulher no que tange às tutelas protetivas, facilitação de atendimento, mas incentivou o legislador a criar novos delitos, proibir a concessão de benefícios e incrementar penas, estimulando os próprios tribunais a sumular entendimentos em benefício da mulher.

Não se nega a louvável intenção do legislador e o necessário avanço da tutela. Contudo, há que se tecer algumas considerações de ordem constitucional, sob a luz da proporcionalidade e isonomia que permeiam o tema. Repetimos, a tutela diferenciada é necessária, mas existem limites, sob pena de comprometimento do próprio sistema penal.

Sobre o assunto, há inúmeras considerações de ordem prática, mas buscaremos, em linhas gerais, contextualizar o tema e recortá-lo para o objeto do estudo neste capítulo, as medidas cautelares pessoais.

Até pouco tempo, nem crianças e adolescentes, cuja tutela constitucional impõe a prioridade absoluta (art. 227, *caput*), haviam recebido tratamento tão específico e amplo quanto vítimas de violência como a mulher recebeu. Somente com a entrada em vigor da Lei Henry Borel, Lei 14.344/22, a tutela foi de certo modo equiparada. Os idosos e deficientes, também detentores de prioridade de matriz constitucional, mas com tutela legal (art. 3º do Estatuto da Pessoa Idosa e art. 8º do Estatuto da Pessoa com Deficiência), não receberam tratamento similar. Em síntese, pessoas legalmente concebidas como vulneráveis e igualmente sujeitos à violência doméstica e familiar, detentores de menor capacidade de se defender isoladamente, não foram alvo de tutela tão específica por parte do legislador no que concerne às questões de violência doméstica e familiar.

Apesar de concebermos que o microssistema de tutela da mulher vítima de violência doméstica pode ser aplicado aos demais grupos de vulneráveis por aplicação do diálogo das fontes, os "avanços" na proteção da mulher têm colocado o próprio sistema de direitos e garantias individuais em risco.

Apenas a título de registro, porquanto analisaremos o assunto sob a luz das cautelares pessoais, a Súmula 536 do STF prevê que "a suspensão condicional do processo e a transação penal não se aplicam na hipótese de delitos sujeitos ao rito da Lei Maria da Penha". A esses, o art. 2º, inc. V do art. 28-A do CPP, igualmente vedou a propositura do ANPP.

A Súmula 542 do STJ dispõe que a "ação penal relativa ao crime de lesão corporal resultante de violência doméstica contra a mulher é pública incondicionada", ao passo que a Súmula 588 previu que "a prática de crime ou contravenção penal contra a mulher com violência ou grave ameaça no ambiente doméstico impossibilita a substituição da pena privativa de liberdade por restritiva de direitos". Por fim, a Súmula 589 dispôs ser "inaplicável o princípio da insignificância nos crimes ou contravenções penais praticadas contra a mulher no âmbito das relações domésticas".

Novamente, não questionamos a pauta, mas a falta de limites que tem sido construída pelo Direito pátrio, criando situações de desproporcionalidade quanto comparadas a outras situações igualmente graves. Quando vemos que o pequeno traficante, que se enquadra no tráfico privilegiado (art. 33, §4º da Lei de Drogas), que comercializa drogas livremente, contribuindo, com sua atividade, para a destruição de vidas de usuários e famílias envoltas à droga, bem como para o severo incremento dos crimes patrimoniais (furto e roubo) e contra a vida, especialmente praticados por usuários de crack e em guerras de facções criminosas, respectivamente, sendo beneficiados com a substituição da pena, parece-nos desproporcional a diferença de tratamento.

Retomando o ponto atinente às medidas cautelares pessoais, os art. 18 a 21 disciplinam as medidas protetivas de urgência, trazendo as seguintes repercussões.

A redação do art. 18 confere, à ofendida, a legitimidade para formular o pedido de medidas de urgência, ampliando, portanto, a previsão geral conferida à autoridade policial e Ministério Público. A previsão é reforçada pelo teor do art. 19: "As medidas protetivas de urgência poderão ser concedidas pelo juiz, a requerimento do Ministério Público ou a pedido da ofendida".

Dada a urgência do pleito, o §1º do art. 19 assinala que as medidas protetivas de urgência poderão ser concedidas de imediato, **independentemente de audiência das partes e de manifestação do Ministério Público**, devendo este ser prontamente comunicado[13].

O §3º do art. 19 nos traz um importante reforço interpretativo à sistemática processual por nós criticada no tocante à atuação de ofício do magistrado. Ainda que contrariado, de forma sistêmica, pelo art. 20, que prevê a possibilidade de decretação de prisão preventiva de ofício pelo magistrado, o §3º assinala que "poderá o juiz**, a requerimento do Ministério Público ou a pedido da ofendida**, **conceder novas medidas protetivas de urgência** ou rever aquelas já concedidas, se entender necessário à proteção da ofendida, de seus familiares e de seu patrimônio, ouvido o Ministério Público".

Por sua vez, o §2º prevê que "as medidas protetivas de urgência serão aplicadas isolada ou cumulativamente, e poderão ser substituídas a qualquer tempo por outras de maior eficácia, sempre que os direitos reconhecidos nesta Lei forem ameaçados ou violados"[14]. O dispositivo, por hermenêutica, deve respeitar a previsão do §3º, isto é, sua aplicação depende de requerimento do Ministério Público ou ofendida. Vale destacar que, no âmbito da Lei Henry Borel, conferiu-se, no §3º do art. 16, a possibilidade de requerimento pelo Ministério Público, **Conselho Tutelar**, ou pedido da vítima ou de quem esteja atuando em seu favor.

Conforme veremos em maiores detalhes no tópico seguinte, a previsão do art. 20 da Lei, atinente à possibilidade de decretação de prisão preventiva de ofício pelo magistrado no curso do inquérito policial ou processo criminal foi afastada pelo STJ no julgamento do RHC 145225/RO[15].

No que tange ao tema em comento, merece destaque alguns pontos do art. 22[16], que dispõe sobre as medidas protetivas:

13. Na Lei Henry Borel, o dispositivo encontra correlação no art. 16, §1º.
14. Na Lei Henry Borel, o dispositivo encontra correlação no art. 16, §2º.
15. DJe 22.03.22.
16. Na Lei Henry Borel, o dispositivo encontra correlação no art. 20.

Art. 22. Constatada a prática de violência doméstica e familiar contra a mulher, nos termos desta Lei, o juiz poderá aplicar, de imediato, ao agressor, em conjunto ou separadamente, as seguintes medidas protetivas de urgência, entre outras:

I - suspensão da posse ou restrição do porte de armas, com comunicação ao órgão competente, nos termos da Lei nº 10.826, de 22 de dezembro de 2003;

II - afastamento do lar, domicílio ou local de convivência com a ofendida;

III - proibição de determinadas condutas, entre as quais:

a) aproximação da ofendida, de seus familiares e das testemunhas, fixando o limite mínimo de distância entre estes e o agressor;

b) contato com a ofendida, seus familiares e testemunhas por qualquer meio de comunicação;

c) frequentação de determinados lugares a fim de preservar a integridade física e psicológica da ofendida;

IV - restrição ou suspensão de visitas aos dependentes menores, ouvida a equipe de atendimento multidisciplinar ou serviço similar;

V - prestação de alimentos provisionais ou provisórios.

VI – comparecimento do agressor a programas de recuperação e reeducação; e

VII – acompanhamento psicossocial do agressor, por meio de atendimento individual e/ou em grupo de apoio.

§ 1º As medidas referidas neste artigo não impedem a aplicação de outras previstas na legislação em vigor, sempre que a segurança da ofendida ou as circunstâncias o exigirem, devendo a providência ser comunicada ao Ministério Público.

§ 2º Na hipótese de aplicação do inciso I, encontrando-se o agressor nas condições mencionadas no *caput* e incisos do art. 6º da Lei nº 10.826, de 22 de dezembro de 2003, o juiz comunicará ao respectivo órgão, corporação ou instituição as medidas protetivas de urgência concedidas e determinará a restrição do porte de armas, ficando o superior imediato do agressor responsável pelo cumprimento da determinação judicial, sob pena de incorrer nos crimes de prevaricação ou de desobediência, conforme o caso.

§ 3º Para garantir a efetividade das medidas protetivas de urgência, poderá o juiz requisitar, a qualquer momento, auxílio da força policial.

§ 4º Aplica-se às hipóteses previstas neste artigo, no que couber, o disposto no *caput* e nos §§ 5º e 6º do art. 461 da Lei nº 5.869, de 11 de janeiro de 1973 (Código de Processo Civil).

Segundo a interpretação inicial do STJ, as medidas protetivas previstas no **art. 22, I, II, III, da Lei 11.340/06**, possuem **caráter penal**, ao passo que as previstas nos **incisos IV e V** possuem **natureza eminentemente civil**. Posteriormente à decisão, de 2020, foram incluídos os incisos VI e VII, aos quais conferimos natureza penal, porquanto trilham a linha prevenção e reeducação, com previsão análoga o art. 28, III da Lei de Drogas.

> Com efeito, esta Corte Superior firmou entendimento no sentido de que: '**As medidas protetivas previstas no art. 22, I, II, III, da Lei 11.340/06, possuem nítido caráter penal, pois visam garantir a incolumidade física e mental da vítima, além de restringirem o direito de ir e vir do agressor. Por outro lado, as elencadas nos incisos IV e V possuem natureza eminentemente civil**' (AgRg no REsp 1.441.022/MS). Assim, diante de sua natureza jurídica penal, para que as medidas protetivas sejam concedidas, deve haver ao menos indícios de autoria e materialidade de delito praticado com violência doméstica e familiar contra a mulher (*fumus boni juris*) e o perigo da demora (*periculum in mora*), consubstanciado na urgência da medida, a fim de proteger a mulher de eventual reiteração criminosa." AgRg no AREsp 1650947/MG, DJe 15.06.20.

Ocorre que, conforme vimos anteriormente, o art. 19 da Lei Maria da Penha recebeu a inclusão dos parágrafos 4º, 5º e 6º, modificando, em essência, a natureza das medidas protetivas.

O §4º assinala que "as medidas protetivas de urgência serão concedidas em juízo de cognição sumária a partir do depoimento da ofendida perante a autoridade policial ou da apresentação de suas alegações escritas e poderão ser indeferidas no caso de avaliação pela autoridade de inexistência de risco à integridade física, psicológica, sexual, patrimonial ou moral da ofendida ou de seus dependentes.

Por sua vez, o §5º dispõe que "as medidas protetivas de urgência serão concedidas independentemente da tipificação penal da violência, do ajuizamento de ação penal ou cível, da existência de inquérito policial ou do registro de boletim de ocorrência". Objetivamente, ao desvincular as medidas protetivas de urgência da existência de processo cível ou criminal, de inquérito policial ou mesmo do registro de boletim de ocorrência, o legislador conferiu caráter autônomo às medidas, que passam, em nossa perspectiva, a ter caráter eminentemente cível, não obstante poderem ter como pano de fundo, na fundamentação, eventual questão criminal.

Em reforço à referida lógica, o §6º prevê que as medidas protetivas de urgência vigorarão enquanto persistir risco à integridade física, psicológica, sexual, patrimonial ou moral da ofendida ou de seus dependentes.

O STJ, ao julgar o TEMA 1249 (REsp 2070717/MG, REsp 2070857/MG, REsp 2070863/MG – relator para o acórdão Ministro Rogerio Schietti Cruz, Julgado 13/11/2024), fixou as seguintes teses:

> 1) As medidas protetivas de urgência têm natureza jurídica de tutela inibitória e sua natureza jurídica não se subordina existência atual ou vindoura de boletim de ocorrência, inquérito policial, processo cível ou criminal.
>
> 2) A duração das medidas protetivas de urgência vincula-se persistência da duração de risco da mulher, razão pela qual deve ser fixada por prazo temporalmente indeterminado.
>
> 3) Eventual reconhecimento de causa de extinção de punibilidade, arquivamento do inquérito ou absolvição do acusado nao origina necessariamente a extinção da medida protetiva de urgência. Máxime pela possibilidade de persistência da situação de risco ensejadora da concessão da medida.
>
> 4) Não se submete a prazo obrigatório de revisão periódica, mas devem ser avaliadas pelo magistrado de ofício ou a pedido do interessado quando constatado concretamente o esvaziamento da situação de risco. A situação deve ser sempre precedida de contraditório, com as oitivas da vítima e do suposto agressor.

Em linhas gerais, a decisão fixou a **natureza jurídica das medidas protetivas como de tutela inibitória**, desvinculando, assim como o §5º do art. 19 da Lei da Maria da Penha, da existência atual ou futura de boletim de ocorrência, inquérito policial, processo cível ou criminal. Como decorrência lógica, assentou a decisão a compreensão de que **o reconhecimento de causa de extinção de punibilidade, arquivamento do inquérito ou absolvição do acusado não gera, necessariamente, a extinção da medida protetiva de urgência**, vez que tais circunstâncias, por si sós, não afastam a possibilidade de persistência da **situação de risco** ensejadora da concessão da medida.

Ainda, preservou a lógica do §5º do art. 19, ao assentar que **a duração das medidas protetivas de urgência vincula-se à persistência da duração de risco à mulher**, devendo ser fixada por **prazo indeterminado**. E, por tal razão, não se submete a prazo obrigatório de revisão periódica, mas devem ser avaliadas pelo magistrado de ofício ou a pedido do interessado quando constatado concretamente o esvaziamento da situação de risco, devendo o procedimento ser submetido ao contraditório, com as oitivas da vítima e do suposto agressor.

Outro ponto que merece destaque envolve o art. 12-C da Lei Maria da Penha, o qual analisamos no tópico "Jurisdicionalidade", ao qual remetemos o leitor para evitarmos repetições.

Alice Bianchini[17] publicou, em 2022, algumas considerações sobre a prisão preventiva de ofício na Lei Maria da Penha que merecem reflexões. Segundo a autora:

> Não obstante a importante alteração trazida pela Lei 13.964/19, que reforçou o sistema acusatório, ao não mais permitir que o(a) magistrado(a) possa decretar prisão provisória de ofício (mantendo-se, assim, equidistante das partes e garantindo o equilíbrio processual), tal regra precisa ser excepcionada nos casos de violência doméstica e familiar contra a mulher, já que a Lei Maria da Penha é ela mesma uma exceção.
>
> Representando uma medida especial de caráter temporário (ou é de ação afirmativa como mencionado majoritariamente pela doutrina e tribunais) e, por assim ser, é da essência da Lei Maria da Penha, na prestigiação de um valor em construção e afirmação social, sacrificar princípios, direitos ou garantias (no caso que estamos analisando, a garantia do sistema acusatório).
>
> Decorrentemente, não obstante toda a preocupação que se deve ter com a manutenção e reforço do sistema acusatório, no momento da ponderação de interesses, há que preponderar a norma de proteção integral à mulher em situação de risco (LMP, artigo 4º).
>
> Para atingirmos tal desiderato, temas como a prisão preventiva de ofício, que, de forma excepcional, deve ser admitida para os crimes praticados no contexto da Lei Maria da Penha, e tantos outros instrumentos presentes na lei, precisam ser corretamente compreendidos e urgentemente implementados. Só assim, até que a triste situação se altere, conseguiremos proteger a mulher em situação de violência doméstica e familiar, contribuindo para diminuir os números dessa pandemia, que representam dor, sofrimento e morte para tantas mulheres e para toda a família (incluindo filhos e filhas), amigos e conhecidos da vítima.

Os argumentos trazidos pela autora, não obstante perfeitamente adequados sob a perspectiva social e política, esbarram, em nossa compreensão, no maior dos valores existentes em um Estado Democrático de Direito, a tutela de direitos e garantias fundamentais. Ao admitir, como razoável, o sacrifício de princípios, direitos ou garantias, em especial, a garantia do sistema acusatório, abre-se um flanco perigosíssimo ao núcleo fundamental tão defendido pela autora em sua histórica abordagem relacionada ao mínimo existencial.

A garantia contra os excessos estatais é parte integrante desse núcleo. A justificativa de que o juiz poderia invadir, de ofício, a seara do direito de liberdade a pretexto de tutelar a vida e integridade da mulher vítima de violência doméstica, não se distingue ontologicamente, de uma futura invasão para tutelar a vida de um homem, um idoso, uma criança, ou um transexual. Em essência, a vida e a integridade física devem ser tuteladas de forma isonômica. A vida da mulher vítima de violência doméstica e familiar não se distingue da do empresário que sofre ameaças por não ter pago uma dívida. Não há como se valorar como maior, em razão da pessoa, um bem agraciado por Deus e tutelado pela Constituição.

Somos amplamente favorável à ampliação da tutela da mulher vítima de violência doméstica ou familiar, com a criação de incentivos na área da educação, programas de

---

17. https://www.conjur.com.br/2022-fev-07/bianchini-prisao-preventiva-oficio-lei-maria-penha. Acesso em 19.05.22, as 10h43min.

atendimento especializado, formas de denúncia facilitada, a exemplo do Programa Sinal Vermelho, instituído pela Lei 14.188/21, ou destinação de recursos específicos para combate à violência doméstica e familiar conforme previsto pela Lei 14.316/22.

Contudo, não nos parece razoável, em que pese a importância da tutela, renunciarmos a valores constitucionais relacionados à proteção do indivíduo contra os abusos do Estado, marcados, nesse particular, pela quebra do devido processo legal. Hoje, a pauta é a violência doméstica contra a mulher. Amanhã, a tutela da criança[18], idoso e pessoas trans. Depois de amanhã, quiçá, a tutela daqueles a que "atentam" contra o Estado Democrático de Direito simplesmente por manifestarem-se contra um determinado governo. A Constituição estabeleceu direitos e garantias, que devem ser preservados para a própria preservação do Estado e sociedade.

20.6.2.2 Atuação de ofício pelo magistrado

Diante da pureza do sistema acusatório, o magistrado deve se manter equidistante das partes, preservando sua imparcialidade. Logo, deverá abster-se de atuar em substituição às partes. *Iuria novit curia,* mas não pode tudo.

Conforme estudado no capítulo atinente ao "Juiz das Garantias", a atuação do magistrado como gestor da prova, no sentido de determinar a realização de prova de ofício ou em substituição às partes, salvo a determinação de realização de diligências suplementares, para o fim de dirimir dúvida sobre questão relevante para o julgamento do mérito (Intepretação conforme conferida pelo STF no julgamento das ADIs 6.298, 6.299, 6.300 e 6.305), será considerada violadora do princípio acusatório.

A redação original do CPP, influenciada pelo italiano Código Rocco de 1930, previa diversas formas do magistrado imiscuir-se na função investigativa e probatória, inclusive determinando a realização de provas e decretação de prisões de ofício, em flagrante atividade violadora da imparcialidade, vez que há inegável vínculo psicológico[19] entre a determinação e a causa.

A nova redação do art. 282, §2º do CPP, trazida pela Lei do Pacote Anticrime, removeu a previsão de decretação de medidas cautelares de ofício pelo magistrado. Antes, mesmo ao arrepio do sistema acusatório, permitia-se a decretação de ofício na fase processual, mas não na investigativa. Atualmente, pelo menos sob a perspectiva normativa, não há qualquer espaço para a atuação de ofício do magistrado para atuar em suplementação à acusação. Apesar da falta de espaço, a atuação ainda existe, recebendo, ainda que de forma mitigada, a chancela dos Tribunais Superiores conforme veremos abaixo.

A vigência do sistema acusatório não afasta o poder discricionário do magistrado. Submetido a esse um pedido de medida cautelar de natureza pessoal, é perfeitamente possível que o magistrado, dentre as previstas na legislação, defira outra, desde que no mesmo grau de proporcionalidade. Assim, entendemos por perfeitamente possível que o magistrado, sob a luz do caso concreto, decrete a monitoração eletrônica do agente

18. Mantivemos o texto original, haja vista que quando da confecção do capitulo, ainda não havia sido publicada a Lei Henry Borel. Com sua entrada em vigor, reforça-se o argumento.

19. Discute-se sobre os efeitos da teoria da dissonância cognitiva no magistrado, vez que, segundo a teoria, o ser humano tende a buscar uma zona de conforto e coerência entre suas opiniões e atitudes, de modo que, voluntária ou involuntariamente, caminha no sentido de evitar a dissonância cognitiva, isto é, a incoerência entre atos.

em detrimento do recolhimento domiciliar requerido pelo Ministério Público, por ser a primeira medida de menor gravidade. Não entendemos possível, por outro lado, que havendo o requerimento de prisão domiciliar, o magistrado decrete a prisão preventiva, medida não requerida pela acusação e não contemplada no requerimento formulado em juízo. Ocorrendo uma ampliação do objeto da medida, estará o magistrado atuando de forma *ultra petita*.

Não obstante nosso posicionamento, o STJ, no julgamento do RHC 145225/RO, DJe 22.03.22, entendeu possível a modificação do pedido. Analisaremos, de forma sequencial, o entendimento do STJ, transcrito em aspas, apontando, o que, para nós, revela-se incongruente.

No caso julgado, "o MP requereu, durante a audiência de custódia, a conversão da prisão em flagrante em cautelares diversas, no entanto, o Magistrado decretou a cautelar máxima". Conforme o STJ, "diversamente do alegado pelo Tribunal de origem, não se justificaria uma atuação ex officio do Magistrado por se tratar de crime de violência doméstica e familiar contra a mulher, com fundamento no princípio da especialidade. Não obstante o art. 20 da Lei n. 11.340/2006 ainda autorize a decretação da prisão preventiva de ofício pelo Juiz de direito, tal disposição destoa do atual regime jurídico. A atuação do juiz de ofício é vedada independentemente do delito praticado ou de sua gravidade, ainda que seja de natureza hedionda, e deve repercutir no âmbito da violência doméstica e familiar".

Ainda na esteira do julgado, "a decisão que decretou a prisão preventiva do paciente foi precedida da necessária e prévia provocação do Ministério Público, formalmente dirigida ao Poder Judiciário. No entanto, este decidiu pela cautelar pessoal máxima, por entender que apenas medidas alternativas seriam insuficientes para garantia da ordem pública". Contextualizado o caso, doravante em destaque, o STJ concluiu que:

> (...) 4. **A determinação do Magistrado, em sentido diverso do requerido** pelo Ministério Público, pela autoridade policial ou pelo ofendido, **não pode ser considerada como atuação ex officio**, uma vez que lhe é permitido atuar conforme os ditames legais, desde que previamente provocado, no exercício de sua jurisdição. 5. **Impor ou não cautelas pessoais, de fato, depende de prévia e indispensável provocação; contudo, a escolha de qual delas melhor se ajusta ao caso concreto há de ser feita pelo juiz da causa. Entender de forma diversa seria vincular a decisão do Poder Judiciário ao pedido formulado pelo Ministério Público, de modo a transformar o julgador em mero chancelador de suas manifestações**, ou de lhe transferir a escolha do teor de uma decisão judicial (...).

O STJ, no caso em análise, promoveu uma confusão entre os limites da decisão e o poder geral de cautela. As decisões judiciais são marcadas, entre outros, pelos princípios da congruência e correlação, de forma que deve observar os limites da demanda, bem como a correspondência entre o fato a ser ou já imputado, objeto do pedido, e a decisão.

Ao admitir que o magistrado possa decretar medida mais gravosa do que a requerida, o STJ imiscuiu-se na esfera da acusação, adentrando, como ator ativo, em seara restrita à acusação nos termos do sistema acusatório. Transferiu, para o magistrado, a possibilidade de ir além do requerido, impondo, em flagrante violação a direito fundamental, medida cautelar pessoal de natureza mais grave. Conferiu ainda ao magistrado um inexistente poder geral de cautela desconectado com a efetividade do processo.

A se entender como razoável a decisão do STJ, poderíamos admitir, *mutatis mutandis*, que o magistrado possa, diante de um pedido de quebra de sigilo bancário formulado pelo MP, decretar também o sigilo telefônico, por que acredita que o bancário seja insuficiente? O que delimita a atuação do magistrado no processo penal é a imputação fática, porquanto, como detentor do poder de julgar, possui discricionariedade motivada quanto à delimitação da imputação. Não por outra razão, o art. 383 do CPP, que traz o instituto da *emendatio libelli*, dispõe que "o juiz, sem modificar a **descrição do fato contida na denúncia ou queixa**, poderá atribuir-lhe definição jurídica diversa, ainda que, em consequência, tenha de aplicar pena mais grave".

Do art. 383, CPP, nitidamente podemos extrair a lógica e delimitação do poder decisório do magistrado - **descrição do fato contida na denúncia ou queixa**. *Mutatis mutandis*, na apreciação de um requerimento de medida cautelar o magistrado deverá restringir-se à **descrição do fato contido no requerimento**, não podendo ultrapassar os limites desse, sob pena de indevida invasão em prol da acusação.

Há que se afastar do processo penal o que chamamos de "**efeito polvo**", que permite ao juiz movimentar seus tentáculos de forma livre e irrestrita. O sistema acusatório é uma prisão ao qual deve se submeter o magistrado no tocante à atuação das partes. O objeto da demanda é delimitado pela acusação, por meio da imputação fática no processo principal, e por meio de requerimento, nas medidas cautelares, especialmente as de natureza pessoal, atentatórias a direitos fundamentais.

Admitir que o magistrado possa, sem a existência de um requerimento formal fundamentado em dado sentido, aplicar medida diversa e mais gravosa que a requerida, significa reconhecer, em que pese a hermenêutica promovida pelo STJ, a possibilidade de decretação de medidas cautelares pessoais de ofício, porquanto não requeridas e sem suporte fático. Ao magistrado, no processo penal, não cabe vestir a capa de super-herói para tutelar bens concebidos como maiores pela sociedade. Ao contrário, impõe-se o vestimento da capa da imparcialidade. A história recente nos prova tal assertiva.

Sintetizando o raciocínio de forma a trazer maior objetividade, reiteramos que sem suporte fático e jurídico extraído do requerimento, não cabe ao magistrado se valer de outros elementos constantes dos autos para ampliar o objeto pedido. Isso não significa que o magistrado esteja vinculado ao pedido ministerial ou não possa aplicar medida diversa da requerida, pois pode, perfeitamente, dar definição jurídica diversa do fato conforme se extrai do art. 383 do CPP.

Entretanto, enquanto na aplicação do art. 383 do CPP, o magistrado se vale da descrição fática imputada na denúncia, dando somente definição jurídica diversa e, portanto, delimitada pela acusação, na decretação de medida diversa e sem lastro objetivo no requerimento, acaba por atuar de ofício ao converter o pedido A em B.

Em uma imputação formulada pelo crime de furto, art. 155 do CP, mas que consta a descrição de uma grave ameaça – elementos delimitadores da atuação do magistrado –, sendo demonstrados os fatos, é perfeitamente possível a condenação pelo crime de roubo art. 157 do CP, porquanto os fatos foram descritos, chamando a interpretação do magistrado.

Por outro lado, havendo uma imputação pelo crime de roubo, sem que exista qualquer descrição quanto à ocorrência de uma receptação, não reconhecendo a vítima o agente como autor do crime de roubo, ainda que a *res* tenha sido apreendida em seu poder, não se pode condenar pela receptação sem que exista o aditamento da denúncia pelo

Ministério Público na forma do art. 384 do CPP. Por mais que as provas evidenciem uma receptação, o magistrado está adstrito à imputação fática por aplicação do brocardo *narra mihi factum, dabo tibi ius*. Não havendo fato narrado na imputação, não cabe ao magistrado atuar em suplementação à acusação.

A mesma lógica deve ser aplicada às medidas cautelares pessoais. Se no requerimento houver a descrição de um fato que permita enquadramento típico cautelar diverso, não se cogita em atuação de ofício por parte do magistrado, mas em aplicação do Direito sob a luz da sua discricionariedade motivada. Logo, se o promotor de justiça noticia, em requerimento, os fatos que fundamentam seu pedido e requer a decretação do recolhimento domiciliar em período noturno, não há obstáculo algum a impedir o magistrado de entender que a prisão domiciliar é por demais gravosa e impor o uso de tornozeleira eletrônica. A linha fática, portanto, permite com que o magistrado exerça, com plenitude, seu poder jurisdicional sem avançar contra o sistema acusatório e em afronta a direitos fundamentais.

Nesse sentido é a compreensão do STF:

> **Impossibilidade, de outro lado, da decretação "ex officio" de prisão preventiva em qualquer situação** (em juízo ou no curso de investigação penal), inclusive no contexto de audiência de custódia (ou de apresentação), **sem que se registre**, mesmo na hipótese da conversão a que se refere o art. 310, II, do CPP, **prévia, necessária e indispensável provocação do ministério público ou da autoridade policial** – recente inovação legislativa introduzida pela lei nº 13.964/2019 ("Lei Anticrime"), que alterou os arts. 282, §§ 2º e 4º, e 311 do Código de Processo Penal, suprimindo ao magistrado a possibilidade de ordenar, "sponte sua", a imposição de prisão preventiva – não realização, no caso, da audiência de custódia (ou de apresentação) – inadmissibilidade de presumir-se implícita, no auto de prisão em flagrante, a existência de pedido de conversão em prisão preventiva – conversão, de ofício, mesmo assim, da prisão em flagrante do ora paciente em prisão preventiva – impossibilidade de tal ato, quer em face da ilegalidade dessa decisão, quer, ainda, em razão de ofensa a um direito básico, qual seja o de realização da audiência de custódia, que traduz prerrogativa insuprimível assegurada a qualquer pessoa pelo ordenamento doméstico e por convenções internacionais de direitos humanos. HC 186.490/SC, 2ª Turma, J. 10.10.20.

O inverso, contudo, não nos parece possível. BRASILEIRO[20] (2020, p. 947) traz exemplo, citado pelo STJ na decisão em comento, que, ao contrário da intenção, revela o risco na admissão da possibilidade de atuação supletiva do magistrado:

> Desde que o magistrado seja provocado, é possível a decretação de qualquer medida cautelar, haja vista a fungibilidade que vigora em relação a elas. Por isso, se o Ministério Público requerer a prisão temporária do acusado, é plenamente possível a aplicação de medida cautelar diversa da prisão, ou vice-versa.

Imagine o Ministério Público requerendo a prisão temporária, cujo prazo é restrito (cinco dias prorrogáveis por mais cinco) e requisitos bem específicos, e o magistrado decidindo pela decretação da prisão preventiva, que pode perdurar por tempo indeterminado, desde que razoável. Um dos fundamentos da prisão temporária é o da imprescindibilidade para a investigação criminal, não exigido para a prisão preventiva. A ser considerar a fungibilidade sufragada, poderíamos admitir que o magistrado, de ofício, altere o fundamento do pedido e decrete prisão com natureza jurídica distinta,

---

20. *op.cit.*

submetendo o agente a período maior de prisão sem que o titular da ação penal entenda por adequada a medida?

Invertamos. O Ministério Público requer a prisão preventiva para garantia da ordem pública, poderia o magistrado decretar a prisão temporária por entender ser essa imprescindível para a investigação criminal? O magistrado tem atribuições para delinear a linha de uma investigação criminal? Fosse inquisitivo o sistema, sim, mas não o é.

O argumento de que o magistrado não está vinculado ao pleito ministerial no pedido meritório não se sustenta para as cautelares. É perfeitamente possível que o magistrado condene o acusado mesmo diante de pedido de absolvição ministerial, vez que, após submetida a imputação ao crivo do Poder Judiciário, o *parquet* não mais dela pode desistir, chamando à necessidade de uma decisão judicial que será fundamentada na prova produzida de acordo com o livre convencimento motivado do magistrado. Todavia, a lógica da seara cautelar é distinta não somente por ser acessória, mas por ser instrumental e não guardar relação direta com o mérito.

A mesma situação de incompatibilidade de atuação de ofício pode ser verificada quando, não obstante o pedido de revogação da medida cautela é realizado pelo Ministério Público e o magistrado o nega, mantendo, por exemplo, uma prisão preventiva decretada. Instado a se manifestar, o STF entendeu que o magistrado não está obrigado a revogar a prisão a pedido do Ministério Público

> (...) Muito embora o juiz não possa decretar a prisão de ofício, o julgador não está vinculado a pedido formulado pelo Ministério Público. 5. Após decretar a prisão a pedido do Ministério Público, o magistrado não é obrigado a revogá-la, quando novamente requerido pelo Parquet. 6. Agravo improvido (HC n. 203.208 AgR, Rel. Ministro Gilmar Mendes, 2ª T., DJe 30/8/2021).

Indaga-se, em se tratando de fase de investigação e caso o Ministério Público entenda por nao ser o caso de oferecimento da denúncia, como o magistrado sustentará uma prisão se a própria acusação promoveu o arquivamento ou celebrou, por exemplo, ANPP? Juridicamente, não há como se sustentar referido entendimento, tratando-se resquício do sistema inquisitório.

Por essas razões, entendemos que o ativismo judicial é incompatível com o processo penal. O magistrado exerce uma função primordial na condução do processo e aplicação da lei penal. Como ator processual, possui funções específicas, dentre as quais não se insere o papel de *ombudsman* proativo. Incumbe-lhe, na forma do art. 251 do CPP, prover a regularidade do processo e manter a ordem no curso dos respectivos atos, além das funções inerentes ao exercício da própria jurisdição, marcada pela inércia.

Sobre o poder geral de cautela, vale lembrar da lição de LOPES JR[21] (2020, p. 913)

> No processo penal, não existem medidas cautelares inominadas e tampouco possui o juiz criminal um poder geral de cautela. **No processo penal, forma é garantia. Logo, não há espaço para "poderes gerais", pois todo poder é estritamente vinculado a limites e à forma legal.** O processo penal é um instrumento limitador do poder punitivo estatal, de modo que ele somente pode ser exercido e legitimado a partir do estrito respeito às regras do devido processo. E, nesse contexto, o Princípio da Legalidade é fundante de todas as atividades desenvolvidas, posto que o *due process of law* estrutura-se a partir da legalidade e emana daí seu poder.

21. *op.cit.*

Vale ainda destacar trecho da decisão do STF, no julgamento do HC 18507 AgR, 2ª Turma, DJe 07.12.20:

> **O *poder geral de cautela* não autoriza o agir do Juiz por iniciativa própria quando em detrimento da liberdade individual.** No *processo penal*, para que a intervenção estatal opere nas liberdades individuais com legitimidade, é necessário o respeito à legalidade estrita e às garantias fundamentais.

20.6.2.2.1 Outros impedimentos à decretação de medidas cautelares pessoas de ofício

O §5º do art. 282 do CPP preconiza que o juiz poderá, de ofício ou a pedido das partes, revogar a medida cautelar ou substituí-la quando verificar a falta de motivo para que subsista, bem como voltar a decretá-la, se sobrevierem razões que a justifiquem.

No que tange à revogação da medida cautelar de ofício pelo magistrado, não paira qualquer dúvida, vez que uma das atribuições do magistrado é a tutela dos direitos e garantias fundamentais. Para tanto, no processo penal, além de poder revogar a medida de ofício, possui a prerrogativa de conceder *habeas corpus* de ofício nos termos do art. 654, §2º do CPP.

No mesmo sentido, é perfeitamente possível que o magistrado possa substituir de ofício uma medida mais gravosa por outra de menor gravidade quando se verificar que os motivos que justificaram a primeira não mais subsistirem.

O que não nos parece possível é que o magistrado possa, de ofício, redecretar a medida cautelar de ofício, porquanto se ao mesmo se impõe a vedação quanto à decretação, pelos mesmos fundamentos lhe é vedada a decretação sem requerimento da parte.

Noutra banda, o art. 20 da Lei Maria da Penha ainda prevê, de forma não sistêmica, que o magistrado, em qualquer fase do inquérito policial ou da instrução criminal, poderá decretar a prisão preventiva do agressor, de ofício, a requerimento do Ministério Público ou mediante representação da autoridade policial. O parágrafo único, por seu turno, assinala que o juiz poderá revogar a prisão preventiva se, no curso do processo, verificar a falta de motivo para que subsista, bem como de novo decretá-la, se sobrevierem razões que a justifiquem.

A previsão legal, no que concerne à decretação da prisão preventiva de ofício, está em total desconexão com o sistema acusatório não somente no que se referente à decretação da prisão preventiva de ofício, mas também por permitir a atuação invasiva do juiz na fase da investigação criminal. Nesse sentido está a jurisprudência do STJ:

> Não obstante o art. 20 da Lei n. 11.340/2006 ainda autorize a decretação da prisão preventiva de ofício pelo Juiz de direito, tal disposição destoa do atual regime jurídico. A atuação do juiz de ofício é vedada independentemente do delito praticado ou de sua gravidade, ainda que seja de natureza hedionda, e deve repercutir no âmbito da violência doméstica e familiar". RHC 145225/RO, DJe 22.03.22.

Outra questão que foge por completo à sistemática legal pode ser extraída do entendimento do STJ quanto à possibilidade da convalidação de prisão preventiva decretada de ofício, exemplificada no RHC 152473/BA. O julgado assinalou que:

> A posterior manifestação do órgão ministerial ou da autoridade policial pela conversão ou decretação de prisão cautelar supre o vício de não observância da formalidade do prévio requerimento para a prisão preventiva decretada de ofício. 5ª Turma, DJe 25.10.21.

O requerimento da parte para decretação da prisão preventiva não é mera formalidade, **é pressuposto ante à inércia da jurisdição**. Admitir a possibilidade de convalidação de ato ilegal – decretação de prisão de ofício – significa chancelar um poder inexistente do magistrado no processo penal, em flagrante prejuízo a direitos e garantias fundamentais. Sem pedido, não há devido processo legal, porquanto sequer deveria haver processo.

A decisão viola o inciso LIV do art. 5º da CF, porquanto ninguém será privado da liberdade ou de seus bens sem o devido processo legal. Ademais, quebra a lógica garantista do inciso LXV do art. 5º, que prevê o relaxamento **imediato da prisão ilegal** pela autoridade judiciária, por ela mesmo decretada.

Existem outras situações, que abordaremos no curso do estudo da prisão, em razão da maior conexão com o tema.

20.6.3 Contraditório

O §3º do art. 282 do CPP, em superação ao entendimento prevalente anterior, admite a possibilidade de contraditório na esfera das medidas cautelares de natureza pessoal.

O dispositivo, de forma elogiável, previu que ressalvados os casos de urgência ou de perigo de ineficácia da medida, o juiz, ao receber o pedido de medida cautelar, determinará a intimação da parte contrária, para se manifestar no prazo de 5 (cinco) dias, acompanhada de cópia do requerimento e das peças necessárias, permanecendo os autos em juízo, e os casos de urgência ou de perigo deverão ser justificados e fundamentados em decisão que contenha elementos do caso concreto que justifiquem essa medida excepcional.

Com a nova regra, deixa o cenário a regra das medidas *inaudita altera pars*, restaurando-se a essência do devido processual ao inaugurar o contraditório prévio quanto às medidas.

Por obviedade, havendo urgência ou perigo de ineficácia da medida, a medida poderá ser concedida sem o contraditório prévio, permitindo-se somente o diferido a *posteriori*. De fato, não há razões na intimação do agente para produzir defesa diante de um requerimento de prisão preventiva que se funda no risco de fuga ou de um integrante de organização criminosa cuja prisão se requer para garantia da ordem pública

Deferida a medida pleiteada, o agente poderá valer-se de todos os meios jurídicos para afastá-la, dando vazão ao contraditório, tão somente diferido de forma justificada. Nesse particular, a própria parte final do dispositivo assinala que o magistrado deverá justificar e fundamentar a excepcionalidade da urgência ou perigo para o afastamento do contraditório prévio.

O §4º do art. 282, CPP, dispõe que no caso de descumprimento de qualquer das obrigações impostas, o juiz, mediante requerimento do Ministério Público, de seu assistente ou do querelante, poderá substituir a medida, impor outra em cumulação, ou, em último caso, decretar a prisão preventiva, nos termos do §1º do art. 312 do CPP. Entendemos que na hipótese de decretação preventiva, não se exige a satisfação das hipóteses de cabimento previstas no art. 313 do CPP, conforme veremos no tópico referente à prisão preventiva.

De forma idêntica à prevista no §3º, a substituição deve observar o procedimento prévio contraditório, não somente para permitir a justificação por parte do agente, mas para se verificar, sob o crivo da ampla defesa, se o descumprimento de fato ocorreu. Assinala-se, contudo, que da mesma forma que a previsão do §3º, havendo urgência ou perigo de ineficácia da medida de conversão, o magistrado poderá decretá-la sem observância do contraditório prévio, permitindo-o após a efetivação da medida.

Conforme frisamos por diversas vezes, todo o procedimento adotado pelo magistrado deve ser pautado em pedido formulado pelo legitimado, em respeito ao sistema acusatório.

Vale destacar que, em regra, o descumprimento das medidas cautelares não caracteriza o crime de desobediência previsto no art. 330 do CP. Contudo, tratando-se de medida cautelar revestida do caráter de medida protetiva de urgência prevista na Lei Maria da Penha ou na Lei Henry Borel, haverá a caracterização do delito previsto no art. 24-A ou art. 25, respectivamente. De igual forma, pode ocorrer a caracterização do crime de desobediência à decisão judicial sobre perda ou suspensão de direito (art. 359, CP) em situações específicas quando, por exemplo, há a imposição de suspensão do exercício de função pública e o agente, dolosamente, a descumpre.

20.6.4 Duração, revogação e substituição

As medidas cautelares gozam do atributo da provisoriedade, isto é, destinam-se a alguma finalidade de cunho excepcional, perdurando enquanto se fizerem presentes os motivos que a fundamentaram. Em regra, por serem situacionais, não contém qualquer previsão de prazo de duração, devendo esse ser avaliado sob a luz da proporcionalidade, alimentada, nesses casos, também pela duração razoável do processo. Há casos, por exemplo, nos quais o próprio legislador estabelece o limite de sua duração, a exemplo das prisões temporárias, que devem perdurar pelo prazo de cinco dias, prorrogáveis uma única vez, por igual período nos crimes não hediondos, e trinta dias, prorrogáveis também uma única vez, por igual período.

À míngua de prazos, não nos parece inadequado remontarmos às condições da ação, que devem se fazer presentes durante do processo. Assim, havendo interesse de agir e justa causa, aferida pelo parâmetro da proporcionalidade (necessidade, adequação e razoabilidade), a medida cautelar encontra amparo para sua manutenção, vez que tanto a legitimidade quanto à possibilidade jurídica do pedido são igualmente mantidas. Tem-se, dessa forma, que preservado o *status quo ante*, aferido sob o espectro da proporcionalidade e duração razoável do processo, as medidas cautelares de natureza pessoal podem ser mantidas.

No entanto, podem ocorrer alterações fáticas ou jurídicas que fundamentaram a decretação da medida, conduzindo o magistrado, em reavaliação sobre os pressupostos fáticos e jurídicos, a adotar uma das seguintes posições quando à medida cautelar de natureza pessoal: a) mantê-la; b) atenuá-la; c) revogá-la; d) substitui-la por outra; e) agravá-la; f) exigir reforço da medida, cumulando-a com outra.

A manutenção conforme vimos, pressupõe a permanência do *status quo* do momento da decretação de medida. A atenuação pode ocorrer quanto, havendo uma modificação na situação relacionada à necessidade ou adequação que evidencie ser a medida cautelar em vigor por demais gravosa ou desnecessária, hipótese na qual o magistrado a atenua aplicando outra de menor limitação. Na mesma esteira, evidenciando-se a desnecessidade da medida ou qualquer outra que lhe possa substituir, o magistrado poderá revogá-la, ainda que de ofício.

Pode ocorrer, contudo, a substituição da medida imposta por outra, por diversos fatores, sempre se observando a necessidade, adequação e proporcionalidade. É possível, por exemplo, que o uso da tornozeleira eletrônica venha a substituir o recolhimento domiciliar noturno na hipótese do agente que consegue emprego para o período noturno, que a proibição de se ausentar da comarca seja substituída pelo recolhimento domiciliar noturno quando a profissão do agente demandar o deslocamento para outras cidades durante o dia. Em linhas gerais, havendo proporcionalidade na medida substitutiva, não haverá prejuízo à cautelaridade e seus fins.

Na mesma esteira, poderá o magistrado, em nossa compreensão, conforme destacamos anteriormente, mediante requerimento, agravar as medidas cautelares não somente em grau de restrição, mas também impondo outras em reforço. Assim, havendo pedido formulado, o magistrado poderá aplicar mais de uma medida cautelar de natureza pessoal, sem que isso implique excesso, caso devidamente fundamentada. Em termos práticos, é menos traumático ao agente submeter-se a duas ou mais medidas cautelares diversas da prisão, do que ser submetido ao cárcere.

Interessantíssima questão ocorreu no âmbito da AP 1.044/DF, na qual, o Min. Alexandre de Moraes fixou multa diária diante do reiterado descumprimento de medidas cautelares pelo réu, deputado Daniel Silveira. A decisão, após apontar os reiterados descumprimentos, alicerçou-se nos seguintes fundamentos:

> Diante do exposto, nos termos do art. 282, §§ 4º e 6º c/c art. 319, VI, do Código de Processo Penal: (1) FIXO MULTA DIÁRIA DE R$ 15.000,00 (quinze mil reais), no caso da continuidade de descumprimento de qualquer das medidas cautelares determinadas; que, nos termos do art. 3º do Código de Processo Penal e dos arts. 77, IV e 139, IV, ambos do Código de Processo Civil, deverá ser descontada diretamente dos vencimentos que o réu recebe da Câmara dos Deputados, mediante ofício deste juízo ao Presidente da Casa Parlamentar.

O Ministro, ao decidir, não apresentou as razões jurídicas, mas tão somente fáticas, para impor a multa diária para compelir o réu a cumprir medida imposta pelo Poder Judiciário. Ocorre que, se estivéssemos na seara do processo civil, a medida encontraria fundamento dos arts. 536 e 537 do CPC, que regulamentam o instituto das *astreintes* e possui, igualmente, fundamento maior no poder geral de cautela do juiz.

Ocorre que o poder de cautela da processualística civil não encontra ressonância perfeita no processo penal. Não obstante a divergência doutrinária existente quanto à possibilidade do magistrado se valer de medidas cautelares atípicas, ainda que benéficas ao agente, não nos parece adequada a compreensão por demais aberta do rol do art. 319 do CPP ou legislação penal especial. Admitimos, contudo, a possibilidade de medidas atípicas ao rol do art. 319 do CPP, quando previstas na legislação penal e menos gravosas que a prisão, **quando em substituição à medida anterior descumprida**, apenas fixada para evitar a prisão pelo descumprimento.

O STF, apreciando o assunto, decidiu pela impossibilidade de cautelares atípicas no processo penal por violação da legalidade estrita quando aplicadas em detrimento do agente:

> PROCESSO PENAL – PODER GERAL DE CAUTELA – **INCOMPATIBILIDADE COM OS PRINCÍPIOS DA LEGALIDADE ESTRITA E DA TIPICIDADE PROCESSUAL** – CONSEQUENTE INADMISSIBILIDADE DA ADOÇÃO, PELO MAGISTRADO, DE MEDIDAS CAUTELARES ATÍPICAS, INESPECÍFICAS OU INOMINADAS EM DETRIMENTO DO "STATUS LIBERTATIS" E DA ESFERA JURÍDICA DO INVESTIGADO, DO ACUSADO OU DO RÉU – O PROCESSO PENAL COMO INSTRUMENTO DE SALVAGUARDA DA LIBERDADE JURÍDICA DAS PESSOAS SOB PERSECUÇÃO CRIMINAL. – **Inexiste, em nosso sistema jurídico, em matéria processual penal, o poder geral de cautela dos Juízes, notadamente em tema de privação e/ou de restrição da liberdade das pessoas, vedada**, em consequência, em face dos postulados constitucionais da tipicidade processual e da legalidade estrita, a adoção, **em detrimento do investigado, do acusado ou do réu, de provimentos cautelares inominados ou atípicos**. O processo penal como instrumento de salvaguarda da liberdade jurídica das pessoas sob persecução criminal. Doutrina. Precedentes: HC 173.791/MG, Rel. Min. CELSO DE MELLO – HC 173.800/MG, Rel. Min. CELSO DE MELLO – HC 186.209- -MC/SP, Rel. Min. CELSO DE MELLO, v.g. HC 186.490/ SC. J. 10.10.20.

Na esteira dos fundamentos do STF, BADARÓ[22] (2020, p. 1233-1234) sustenta a impossibilidade de aplicação de medidas atípicas:

> Portanto, **a adoção de medidas atípicas**, porque não previstas em lei como aptas a privar ou restringir o direito de liberdade em sede de medida cautelar, **encontra inafastável barreira no pressuposto formal do princípio da legalidade**. Ainda que a medida seja adequada, necessária e proporcional, se a restrição ao direito fundamental não estiver prevista em lei, não será legítima. (...).
>
> Em suma, em termos de privação ou restrição da liberdade, em sede de persecução penal, a lei é o limite e a garantia. **Não é possível aplicar o poder geral de cautela e decretar medidas cautelares atípicas diversas daquelas previstas nos arts. 319 e 320 do CPP, nem as aplicar para finalidades não previstas em lei.** Ninguém pode ser privado de sua liberdade senão pelo devido processo legal (CF, art. 5º, LIV), o que inclui não se impor qualquer privação ou restrição da liberdade, por qualquer medida cautelar, a não ser nas hipóteses previstas na Constituição ou nas leis."

Não obstante o escólio acima, parece-nos possível a aplicação de medidas atípicas quando menos gravosas que a prisão e **em substituição à medida anterior descumprida**, apenas fixada para evitar a prisão pelo descumprimento. Logo, o argumento da necessidade, trilhado por Badaró, no sentido de que se alternativa for a prisão ou a liberdade, e a prisão não se revelar adequada, por desproporcional, o caminho será o da liberdade, não nos parece aplicável nos casos de descumprimento da medida, porquanto a conduta do agente, a despeito de ainda não justificar a decretação da prisão, merece reforço, o qual poderá, desde que observada a efetiva razoabilidade, ser estabelecido pelo magistrado de forma atípica.

Retomando o caso referente ao julgamento pelo STF, que envolveu o deputado Daniel Silveira e o reiterado descumprimento das medidas fixadas, que envolviam: 1) proibição de ausentar-se da comarca em que reside, salvo para Brasília/DF, com o escopo

22. *op.cit.*

de assegurar o pleno exercício do mandato parlamentar; 2) proibição de frequentar e participar de qualquer evento público em todo o território nacional; e 3) monitoração eletrônica. Parece-nos, salvo melhor juízo, que a hipótese era típica de revogação das medidas cautelares e decretação da prisão, em razão da reiteração e inexistência de outras medidas, ainda que atípicas, aplicáveis ao caso.

A solução pela fixação de multa diária, atípica por natureza, não guarda qualquer espécie de conexão com os fatos que ensejaram a decretação das medidas e impacta, tão somente, no aspecto econômico do agente, irrelevante para os crimes em apuração. A fixação de multa para o descumprimento, portanto, revela-se abusiva, na medida em que permite ao Judiciário inserir-se na esfera de direito igualmente fundamental – direito de propriedade – sem qualquer conexão com evento. Admitir tal espécie de medida, sob o pálio de ser menos gravosa do que a prisão, é uma afronta à Constituição Federal que não pode ou deve ser admitida. Hoje, atinge-se o patrimônio, amanhã, outra esfera da liberdade que não a atinente à física.

Não obstante, vale destacar que o STJ admite a aplicação de medidas cautelares atípicas, quando previstas na legislação processual penal, ainda que excluídas do rol do art. 319:

> (...) por força do poder geral de cautela, de forma excepcional e motivada, não há óbice ao magistrado impor ao investigado ou acusado medida cautelar atípica, a fim de evitar a prisão preventiva, isto é, mesmo que não conste literalmente do rol positivado no art. 319 do CPP, o alcance das hipóteses típicas pode ser ampliado para, observados os ditames do art. 282 do CPP, aplicar medida constritiva adequada e necessária à espécie ou, ainda, pode ser aplicada medida prevista em outra norma do ordenamento" (HC n. 469.453/SP, relatora Ministra Laurita Vaz, 6ª Turma, julgado em 19/9/2019, DJe 01.10.19).

20.6.5 Recursos

Nos termos do art. 581, V do CPP, é cabível o recurso em sentido estrito (RSE) da decisão que indeferir requerimento de prisão preventiva ou revogá-la, conceder liberdade provisória ou relaxar a prisão em flagrante. A despeito da ausência de previsão legal expressa, o RSE é cabível, por interpretação extensiva, nos casos em que o magistrado indefere requerimento de medida cautelar de natureza pessoal ou a revoga, pois quando da entrada em vigor do dispositivo em análise, não havia a previsão de medidas cautelares pessoais.

Conforme apontamos anteriormente como inconsistência do sistema atual, caso o indeferimento ocorra em pedido de medida cautelar pessoal formulado pela autoridade policial, essa não poderá interpor recursos, pois não dispõe da capacidade de ser parte. Nesses casos, o recurso deve ser interposto pelo Ministério Público.

Tratando-se de caso que envolva urgência ou perigo de eficácia da medida, na interposição do RSE poderá ser observado contraditório diferido. Parece estranha a possibilidade de todo um trâmite recursal sem a observância do contraditório, mas o procedimento se justifica em razão da natureza urgente ou risco de ineficácia. Havendo a intimação do agente para apresentação de contrarrazões recursais, tomará inequívoca ciência do pedido e poderá frustrar a efetividade da medida. Contudo, não se tratando de situação que justifique o postergamento do contraditório, o agente deverá ser intimado, regularmente, para apresentar contrarrazões recursais.

Por outro lado, o CPP não prevê qualquer espécie de recurso contra a decisão de decreta a prisão preventiva ou medida cautelar de natureza pessoal ou indefira sua revogação ou substituição. Nesses casos, cabe à defesa a impetração de *habeas corpus*, porquanto as medidas cautelares de natureza pessoal pressupõem a prática de crime que comine de pena privativa de liberdade e seu eventual descumprimento pode gerar a revogação e consequente decretação da prisão preventiva, impactando no direito de ir e vir do agente.

Sendo decretada a medida cautelar em sede de pronúncia, o recurso adequado será o RSE, nos termos do art. 581, IV do CPP. Decretada em sede de sentença, o recurso próprio será a apelação nos termos do art. 593, I, CPP.

20.6.6 Detração penal

Nos termos do art. 42 do Código Penal, computam-se, na pena privativa de liberdade e na medida de segurança, o tempo de prisão provisória, no Brasil ou no estrangeiro, o de prisão administrativa e o de internação em qualquer dos estabelecimentos referidos no artigo anterior.

O dispositivo consagra o instituto da detração penal, que impõe o abatimento na pena fixada ao final, dos dias que o agente permaneceu preso provisoriamente ou internado em hospital de custódia e tratamento psiquiátrico, a qualquer título, pelo fato julgado.

A redação do dispositivo, conferida pela Lei 7.209/84, não abarca a previsão das medidas cautelares pessoais, inseridas no ordenamento jurídico pátrio pela Lei 12.403/11. Apesar da omissão, há medidas cautelares que restringem, de forma sensível, a liberdade do agente, a ponto de poderem ser consideradas para fins de detração penal.

Nesse sentido, a 3ª Seção do STJ entendeu por possível a detração penal nos casos em que o agente foi submetido, cautelarmente, ao cumprimento de recolhimento domiciliar:

> A Terceira Seção do Superior Tribunal de Justiça deliberou que a soma das horas de recolhimento domiciliar a que o Paciente foi submetido devem ser convertidas em dias para contagem da detração da pena. Se no cômputo total remanescer período menor que vinte e quatro horas, essa fração de dia deverá ser desprezada. HC 455.097/PR, j. 14.04.21.

Por outro lado, no mesmo julgado o STJ assinalou que, em regra, o **simples uso de tornozeleira eletrônica não gera o direito à detração penal**, pois não há restrição da liberdade do agente, mas tão somente o monitoramento dessa. Conforme destacado, é possível o benefício da detração no caso de cumprimento da medida cautelar de recolhimento domiciliar cumulada com fiscalização eletrônica nos termos do art. 42 do Código Penal.

Isso porque o recolhimento domiciliar noturno e nos dias de folga, juntamente com o uso de tornozeleira eletrônica – previstos no **artigo 319**, incisos V e IX, do Código de Processo Penal (CPP) –, apesar de não serem penas privativas de liberdade, impõem limitações a que a pessoa fica submetida, assemelhando-se ao cumprimento de pena em regime prisional semiaberto. Assim, o tempo a ser aferido para fins de detração é somente aquele em que o acautelado se encontra obrigatoriamente recolhido em casa, não sendo computado o período em que lhe é permitido sair.

No tocante ao uso de tornozeleira eletrônica cumulada com outra medida, menos restritiva, à exemplo da proibição de se ausentar da comarca, Renato Brasileiro propõe a aplicação de um critério semelhante ao da remição de pena, previsto no art. 126 da LEP.

> Ou seja, para cada 03 (três) dias de cumprimento da medida cautelar diversa da prisão, deverá ser descontado um dia de pena do agente. Esse critério de remição, todavia, deve guardar relação com a gravidade da medida cautelar diversa da prisão. Assim, se a utilização do monitoramento eletrônico por 3 (três) dias pode dar ensejo a um dia a menos de prisão, certamente há de ser pensado outro critério para medidas cautelares menos gravosas[23].

O paralelo traçado pelo autor, sob o prisma da isonomia e fator de desestímulo, pode ser representado no seguinte trecho:

> Para aqueles que dizem que tal lapso temporal não deve ser computado para fins de possível detração, criar-se-ia situação de absoluta desigualdade em relação àquele que não cumpriu nenhuma medida cautelar durante o curso da persecução penal. Exemplificando, tanto o acusado que cumpriu 5 (cinco) anos de monitoramento eletrônico e proibição de ausentar-se da comarca, quanto aquele que não esteve submetido a nenhuma medida cautelar durante o mesmo período, não terão nenhum tempo a descontar da prisão penal. Isso servirá como fator de evidente desestímulo aos acusados que cumprem as medidas cautelares, já que saberão, de antemão, que nenhum benefício será recebido por tal comportamento.

O adminículo atinente ao fator de desestímulo a cumprir a medida restritiva, com a devida vênia, não nos convence, pois a medida cautelar não se destina a tal fim, dada sua natureza preventiva. De igual modo, pelo mesmo critério da isonomia, ao reverso, não nos parece razoável que aquele que está em liberdade, restrita apenas pelo uso de tornozeleira eletrônica e proibido apenas de deixar a comarca sem justificativa ou autorização, seja tratado do mesmo modo que a aquele que cumpre pena, de forma efetiva, e obtém o direito à remição pelo trabalho.

O cumprimento das medidas cautelares destina-se a evitar a prisão e não trazer benefícios ao acusado. Os benefícios só se revelam razoáveis quando a imposição judicial trilhar a linha da efetiva restrição similar a prisão, como o recolhimento domiciliar noturno. Não nos parece adequada a concessão da detração ao agente que faz uso da tornozeleira, pois, dentre outras situações, não está impedido de confraternizar com seus amigos durante a noite ou nos finais de semana, em qualquer lugar da comarca onde reside. Há uma limitação de direito, de forma inegável, mas cuja restrição, de cunho preventivo, não pode ser equiparada ao cumprimento de pena para fins de detração.

Vale destacar que, em razão da natureza análoga ao recolhimento domiciliar, entendemos que o tempo cumprimento a título de internação em hospital de custódia e tratamento psiquiátrico (art. 319, VII, CPP) deve ser considerado para fins de detração penal.

Em linhas gerais, observada a relação lógica entre a medida cautelar e a pena fixada, há possibilidade de detração. A suspensão da permissão ou da habilitação para dirigir veículo automotor, ou a proibição de sua obtenção, por exemplo, revela-se nítida restrição ao exercício de um direito, caracterizada como interdição temporária de direito na forma do art. 293 do CTB. Nesses casos, parece-nos perfeitamente possível que o agente, suspenso cautelarmente do exercício do direito, nos moldes do art. 294 do CTB, faça jus à detração penal especificamente no tocante à suspensão, que pode perdurar, de forma definitiva, de dois meses a cinco anos (art. 293, CTB).

23. *op.cit.* p. 960

20.7 SÍNTESE GRÁFICA

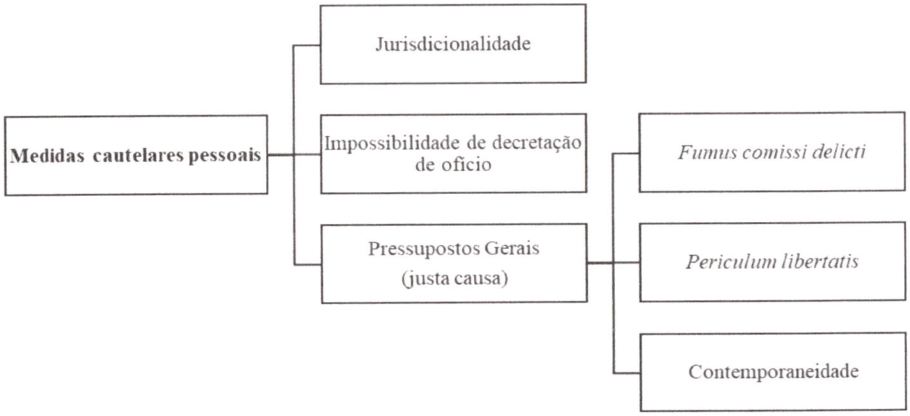

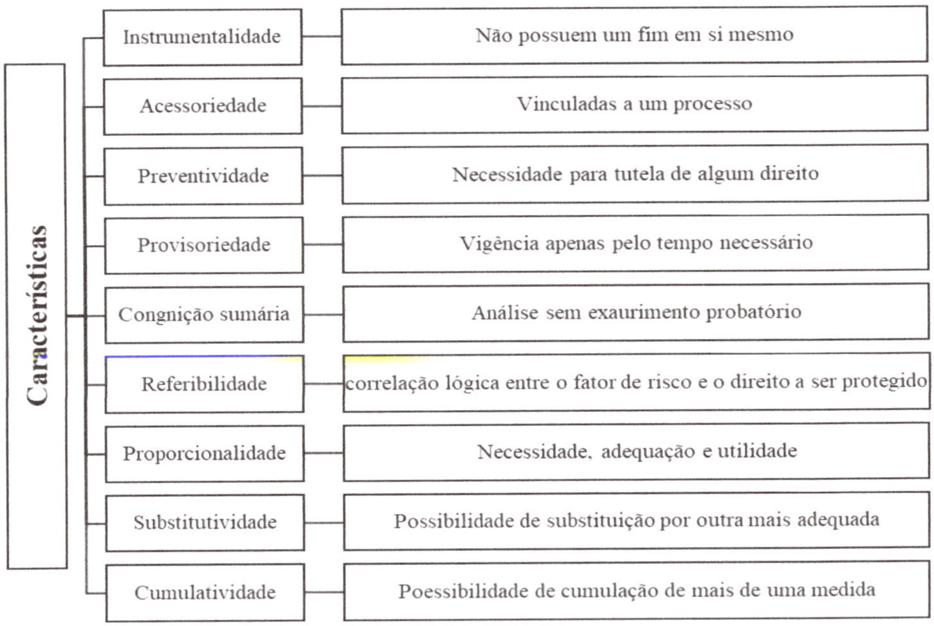

20.8 REVISÃO DO CAPÍTULO POR QUESTÕES DE CONCURSOS E ASSERTIVAS DE REFORÇO

QUESTÕES DE CONCURSO

Em razão da íntima conexão entre os temas tratados nos capítulos 20 a 23, circunstância que praticamente impede o fracionamento das questões para tratamento nos capítulos de forma individualizada, optamos por colacionarmos as questões referentes aos temas medidas cautelares pessoais e liberdade ao final do capítulo 23, permitindo ao leitor a realização do treino de forma sistêmica.

ASSERTIVAS DE REFORÇO

1. ( ) Em razão da jurisdicionalidade, não se admite a decretação de prisão por parte de Comissão Parlamentar de Inquérito (CPI) por não serem dotadas de poderes de cautela, apesar do poder de investigação judicial.

2. ( ) A Lei Maria da Penha admite a possibilidade de afastamento imediato do agressor do lar quando verificada a existência de risco atual ou iminente à vida ou à integridade física ou psicológica da mulher em situação de violência doméstica e familiar, ou de seus dependentes, domicílio ou local de convivência com a ofendida: I - pela autoridade judicial; II - pelo delegado de polícia, quando o Município não for sede de comarca; ou III - pelo policial, quando o Município for sede de comarca e não houver juiz disponível no momento da denúncia.

3. ( ) É admissível no ordenamento jurídico pátrio, como regra, as chamadas prisões cautelares *ex lege*.

4. ( ) A prisão preventiva somente será determinada quando não for cabível a sua substituição por outra medida cautelar e o não cabimento da substituição por outra medida cautelar deverá ser justificado de forma fundamentada nos elementos presentes do caso concreto, de forma individualizada.

5. ( ) Dos princípios da excepcionalidade e provisoriedade das medidas cautelares pessoais ressaem a revogabilidade ou variabilidade das medidas, porquanto a manutenção dessas pressupõe a preservação dos motivos determinantes.

6. ( ) Referibilidade é a correlação lógica entre o fator de risco e o direito a ser protegido, de forma que não evidenciada tal correlação, não haverá razoabilidade para decretação da medida cautelar.

7. ( ) As medidas cautelares podem ser aplicadas de forma isolada ou cumulativa, mas não podem, em caso de substituição, impor outra em cumulação.

8. ( ) A decisão que decretar a prisão preventiva deve ser motivada e fundamentada em receio de perigo e existência concreta de fatos antigos, novos ou contemporâneos que justifiquem a aplicação da medida adotada.

9. ( ) A ausência de contemporaneidade ou de novos fatos deve ser avaliada no momento da decretação da medida, não sendo exigida durante sua vigência.

10. ( ) Nas Lei maria da Penha e Henry Borel, as medidas protetivas de urgência poderão ser concedidas de imediato, independentemente de audiência das partes e de manifestação do Ministério Público, devendo este ser prontamente comunicado.

11. ( ) De acordo como o STF, o poder geral de cautela autoriza o agir do Juiz por iniciativa própria, mesmo em detrimento da liberdade individual.

12. ( ) Ressalvados os casos de urgência ou de perigo de ineficácia da medida, o juiz, ao receber o pedido de medida cautelar, determinará a intimação da parte contrária, para se manifestar no prazo de 5 (cinco) dias, acompanhada de cópia do requerimento e das peças necessárias, permanecendo os autos em juízo, e os casos de urgência ou de perigo deverão ser justificados e fundamentados em decisão que contenha elementos do caso concreto que justifiquem essa medida excepcional.

13. ( ) O descumprimento das medidas cautelares, independentemente de sua natureza ou crime, não é apto a caracterizar crimes que se fundam na desobediência ou descumprimento de decisão judicial.

14. ( ) Havendo pedido formulado, o magistrado poderá aplicar mais de uma medida cautelar de natureza pessoal, sem que isso implique em excesso, caso devidamente fundamentada.

15. ( ) O poder de cautela da processualística civil encontra ressonância perfeita no processo penal.

16. ( ) De acordo com o entendimento do STF, inexiste, em nosso sistema jurídico, em matéria processual penal, o poder geral de cautela dos Juízes, notadamente em tema de privação e/ou de restrição da liberdade das pessoas, vedada, em consequência, em face dos postulados constitucionais da tipicidade processual e da legalidade estrita, a adoção, em detrimento do investigado, do acusado ou do réu, de provimentos cautelares inominados ou atípicos.

17. ( ) É cabível o recurso em sentido estrito da decisão que indeferir requerimento de prisão preventiva ou revogá-la, conceder liberdade provisória ou relaxar a prisão em flagrante.

18. ( ) Por ausência de previsão legal expressa, não cabe recurso nos casos em que o magistrado indefere requerimento de medida cautelar de natureza pessoal ou a revoga.

19. ( ) o CPP não prevê qualquer espécie de recurso contra a decisão de decreta a prisão preventiva ou medida cautelar de natureza pessoal ou indefira sua revogação ou substituição.

20. ( ) O Superior Tribunal de Justiça entende que a soma das horas de recolhimento domiciliar a que o Paciente foi submetido devem ser convertidas em dias para contagem da detração da pena.

20.8.1 Gabarito

ASSERTIVAS DE REFORÇO

1	2	3	4	5	6	7	8	9	10
V	F	F	V	V	V	F	F	V	V
11	**12**	**13**	**14**	**15**	**16**	**17**	**18**	**19**	**20**
F	V	F	V	F	V	V	F	V	V

TÍTULO VI • MEDIDAS CAUTELARES

COMENTÁRIOS ÀS ASSERTIVAS FALSAS E JUSTIFICATIVAS IMPORTANTES

1. V.

2. F. Pelo policial, quando o Município não for sede de comarca e não houver delegado disponível no momento da denúncia.

3. F. Afasta-se a possibilidade de prisões cautelares *ex lege*, isto é, aquelas que decorrem diretamente da lei, sem vinculação a algum evento fático justificante ou manifestação judicial, a exemplo das revogadas previsões de prisões automáticas decorrente de decisões de pronúncia e sentenças condenatórias. (Atenção para a decisão do STF no Tema 1068 "A soberania dos veredictos do Tribunal do Júri autoriza a imediata execução de condenação imposta pelo corpo de jurados, independentemente do total da pena aplicada".

4. V.

5. V.

6. V.

7. F. §1º e §4º do art. 282, que assinalam que as medidas cautelares podem ser aplicadas de forma isolada ou cumulativa ou, no caso de substituição, impor outra em cumulação.

8. F. A norma não faz menção aos fatos antigos, expressão contraditória com a exigência da contemporaneidade exigida no art. 312, do CPP.

9. V.

10. V.

11. F. O poder geral de cautela não autoriza o agir do Juiz por iniciativa própria quando em detrimento da liberdade individual.

12. V.

13. F. O descumprimento das medidas cautelares não caracteriza o crime de desobediência previsto no art. 330 do CP. Contudo, tratando-se de medida cautelar revestida do caráter de medida protetiva de urgência prevista na Lei Maria da Penha ou na Lei Henry Borel, haverá a caracterização do delito previsto no art. 24-A ou art. 25, respectivamente.

14. V.

15. F. Não encontra.

16. V.

17. V.

18. F. A despeito da ausência de previsão legal expressa, o RSE é cabível, por interpretação extensiva, nos casos em que o magistrado indefere requerimento de medida cautelar de natureza pessoal ou a revoga, pois quando da entrada em vigor do dispositivo em análise, não havia a previsão de medidas cautelares pessoais.

19. V.

20. V.

21

Prisão

21.1 COMO O ASSUNTO É ABORDADO EM PROVAS E CONCURSOS

O tema "prisão" é, certamente, um dos mais cobrados nos certames de Magistratura, Ministério Público, Defensoria Pública e Delegado de Polícia. A riqueza legal dos dispositivos regulamentadores e a farta jurisprudência sobre o tema dão vazão a uma enorme quantidade de questões, cobradas em todas as etapas dos concursos.

Na seara das provas subjetivas, o tema vem, geralmente, associado a peças ou questões práticas, sendo imprescindível a compreensão adequada de cada um dos institutos que formam o microuniverso da prisão/liberdade. Dentre os temas mais sensíveis, encontra-se a prisão preventiva, temporária e as espécies de flagrante. É imprescindível, para um bom aproveitamento em provas, que o candidato consiga sistematizar as espécies de prisão sob a luz da norma e jurisprudência dos Tribunais Superiores, conhecendo seus pressupostos e requisitos, bem como ser capaz de identificar, em casos concretos, as espécies de flagrante, típico de prova objetiva.

Assim, temos que o assunto abordado no presente capítulo merece uma ênfase normativa e jurisprudencial, de acompanhamento constante.

21.2 INTRODUÇÃO

A palavra prisão, no sentido jurídico conferido pela legislação penal, significa privar a liberdade de locomoção de alguém, mediante um título judicial ou situação fática permissiva, recolhendo-o ao cárcere, institucional ou particular, por tempo determinado ou indeterminado, mas limitado na última hipótese.

Constitucionalmente, o agente civil só pode ser preso em razão de flagrante delito ou ordem escrita e fundamentada da autoridade judiciária competente (art. 5º, LXI, CF). Para os militares, a essas hipóteses, somam-se a possibilidade de prisão por transgressão militar ou por força de crime propriamente militar, definidos em lei.

As prisões relacionadas ao Direito Penal subdividem-se em: a) **prisão pena ou simplesmente pena**; e b) **prisão cautelar, provisória, processual ou sem pena**. A prisão pena é marcada pela existência de um título jurídico definitivo, decorrente do trânsito em julgado da sentença penal condenatória, ao passo que as prisões cautelares são aqueles que se fundam em situação de fato, como na hipótese da prisão em flagrante delito, ou título jurídico provisório de natureza cautelar, consubstanciado em prisão preventiva ou temporária.

Além das prisões de natureza penal, outras são previstas no ordenamento jurídico pátrio, assumindo a feição de prisões de natureza extrapenal, às quais destacamos:

a) Prisão civil do devedor de alimentos e depositário infiel: A prisão civil do devedor de alimentos funda-se no dever da família e, em especial, dos pais, de promover a manutenção dos filhos menores, assegurando-lhes a satisfação de suas necessidades essenciais (art. 227, CF). Nesse sentido, o art. 5º, inc. LXVII, da Constituição Federal, assinala que não haverá prisão civil por dívida, salvo a do responsável pelo inadimplemento voluntário e inescusável de obrigação alimentícia. A exceção constitucional encontra amparo também no art. 7º, §7º da Convenção Americana sobre Direitos Humanos, Pacto de São José da Costa Rica, incorporado ao Direito pátrio pelo Decreto 678/92, que admite a possibilidade de prisão civil em virtude de inadimplemento de obrigação alimentar.

O inc. LXVII, do art. 5º da CF, ainda prevê a possibilidade de prisão civil do depositário infiel. Contudo, tal modalidade não foi admitida pelo Pacto de São José da Costa Rica, levando o STF a editar a Súmula Vinculante 25, que assinala: "É ilícita a prisão civil de depositário infiel, qualquer que seja a modalidade do depósito". O STJ, por sua vez, editou Súmula 419, no mesmo sentido: "Descabe a prisão civil do depositário judicial infiel", afastando, por coerência, a validade das súmulas 304 e 305.

b) Prisão do falido: O art. 99, inc. VII, da Lei 11.101/05 (Lei de Falências), **de forma não sistemática**, previu que a "sentença que decretar a falência do devedor, dentre outras determinações, determinará as diligências necessárias para salvaguardar os interesses das partes envolvidas, **podendo ordenar a prisão preventiva do falido ou de seus administradores quando requerida com fundamento em provas da prática de crime definido nesta Lei**.

Destacamos a forma não sistemática porque atualmente não mais se admite a prisão preventiva decretada de ofício pelo magistrado ou aquela requerida por quem não detém legitimidade para requerê-la. A expressão "prisão preventiva" recebe conteúdo próprio, conferido pelos art. 311 a 316 do CPP (Capítulo III, do Título IX, do CPP), não se podendo desconsiderar a essência do instituto. Logo, a prisão preventiva do falido só será admitida no contexto da configuração de crimes falimentares (arts. 168 a 178), sendo dotada, portanto, de natureza penal e não mais administrativa ou civil, como ocorria na Lei Anterior (DL 7.661/45).

Nesse contexto, em que pese a competência do magistrado do juízo falimentar, que pode receber, pelas Leis de Organização Judiciária dos Estados, competência específica para processamento e julgamento dos crimes falimentares, a exemplo da Lei Estadual 3.947/83, do Estado de São Paulo, cuja constitucionalidade foi reconhecida pelo STF, a sentença que decreta a falência é proferida por juízo cível que, não obstante poder reunir competência criminal, ao julgar o pedido de falência, exerce, no momento, jurisdição de natureza cível e não penal.

Admitir a prisão como decorrência da decretação da falência, sem que exista investigação em curso ou processo criminal, viola a sistemática penal, conferindo à "prisão falimentar" o *status* de prisão civil, incompatível com a ordem constitucional. A sentença que decreta a falência é condição objetiva de punibilidade (art. 180 da Lei de Falências), sendo esse seu único efeito penal. Entendemos, dessa forma, que a prisão preventiva não pode ser decretada pelo juízo falimentar quando do exercício da jurisdição cível, isto é, quando decreta a falência. Contudo, nada impede que o juízo falimentar, ao exercer a jurisdição penal, com competência fixada por Lei de Organização Judiciária local, possa, no curso de inquérito falimentar ou processo por crime falimentar, satisfeitos os requisitos e pressupostos da prisão preventiva, decretá-la.

c) Prisão administrativa: o CPP previa, no art. 319, antes da alteração promovida pela Lei 12.403/11, a possibilidade de prisão administrativa, bastante questionada, com razão, por grande parte da doutrina, no tocante à sua constitucionalidade. Com a modificação da norma, o CPP não prevê mais a possibilidade de prisão administrativa como medida cautelar de natureza pessoal. A prisão administrativa, em síntese, seria aquela decorrente de ordem de autoridade não judiciária, não sendo admitida pelo STF desde 1989, quando do julgamento do RHC 66.905/PR. Nesse sentido, revela-se inconstitucional o art. 211 do Decreto 9.199/17, que permite aos delegados da Polícia Federal formularem representação pela prisão ou outra medida cautelar de natureza administrativa, porquanto a Constituição Federal não recepcionou qualquer espécie de prisão de natureza administrativa e a própria norma mencionada indica o Título IX do CPP, o qual não possui qualquer referência à tais prisões, assim como a Lei de Migração, Lei 13.445/17, não faz qualquer menção à prisão cautelar de natureza administrativa. Registre-se, por oportuno, o entendimento do STJ sobre o tema:

> PROCESSO PENAL. RECURSO EM *HABEAS CORPUS*. PRISÃO COM O FIM DE GARANTIR O CUMPRIMENTO DO DECRETO DE EXPULSÃO DE ESTRANGEIRO. MODALIDADE DE PRISÃO ABOLIDA DO ORDENAMENTO JURÍDICO BRASILEIRO. NOVA LEI DE MIGRAÇÃO. AUSÊNCIA DE PREVISÃO LEGAL. CONSTRANGIMENTO ILEGAL EVIDENCIADO. RECURSO PROVIDO. 1. Em 21/11/2017 entrou em vigor a Lei n.º 13.445/2017 (nova Lei de Migração), em substituição ao antigo Estatuto do Estrangeiro. Com a novatio legis, a prisão com o fim de garantir o cumprimento do decreto de expulsão de estrangeiro foi abolida de nosso ordenamento jurídico, não mais havendo, pois, previsão legal para o encarceramento do ora recorrente. (...). (RHC 91785, Maria Thereza de Assis Moura, 6ª Turma, DJe 28.08.18)

d) Prisão disciplinar de militares: o STF, no julgamento da ADIn 6.595/RJ, decidiu, em 20.05.22, pela inconstitucionalidade formal de Lei Estadual do Estado do Rio de Janeiro, de iniciativa parlamentar, sufragando que, pela matéria envolvida, a iniciativa do Projeto de Lei deveria ser do Governador do Estado. À par da questão formal, chama-nos atenção o voto do Min. Ricardo Lewandowski no tocante ao aspecto material da questão, evidenciando a admissão das prisões disciplinares aos miliares, que se submetem a "um regime jurídico diferenciado, o qual se distingue daquele concernente aos servidores civis, desde a forma de investidura, até as formas de inatividade":

> (...) E aqui cabe pontuar que a própria Constituição Federal, de forma clara e inequívoca, autoriza a prisão de militares, por determinação de seus superiores hierárquicos, caso transgridam regras concernentes ao regime jurídico ao qual estão sujeitos, dispondo o art. 5º, LXI, quanto a essa particularidade, o seguinte: "ninguém será preso senão em flagrante delito ou por ordem escrita e fundamentada de autoridade judiciária competente, " salvo nos casos de transgressão militar ou crime propriamente militar , definidos em lei".

Esse regime peculiar, inclusive, autoriza, no concernente aos militares, que se restrinja o alcance do denominado "remédio heroico", amplamente assegurado às demais pessoas. Veja-se o que o texto constitucional consigna, a propósito, em seu art. 142, § 2º: " Não caberá *habeas corpus* em relação a punições disciplinares militares ".

Não bastasse a interpretação literal dos mencionados dispositivos constitucionais – incontornável, considerada a antiga máxima hermenêutica *in claris cessat interpretatio* -, a leitura sistemática da Carta Magna também leva à conclusão de que as limitações impostas aos servidores militares visam a atender à supremacia do bem coletivo em detrimento de interesses particulares, até pela força, se necessário.

Essa é a razão pela qual o eixo estruturante do regime especial a que estão submetidos os servidores militares leva em conta a natureza peculiar de suas atribuições, o qual gira em torno da subordinação hierárquica e da submissão disciplinar aos respectivos comandantes. Essas características têm por finalidade a salvaguarda de valores basilares da vida castrense, dentre os quais avulta o pronto e estrito cumprimento das missões que lhes são cometidas, sem quaisquer desvios ou tergiversações, sobretudo considerada a potencial letalidade de suas ações, que cresce exponencialmente quando executadas fora dos lindes da legalidade.

21.3 PRISÃO CAUTELAR

A prisão cautelar, ao contrário da prisão-pena, que pressupõe o trânsito em julgado da sentença penal condenatória, destina-se à instrumentalidade do processo, não sendo admissível sua aplicação como forma de antecipação do cumprimento da pena (art. 313, §2º do CPP). Funda-se, a depender da natureza, em parâmetros próprios estabelecidos pelo legislador, a exemplo da imprescindibilidade para a investigação criminal na prisão temporária, ou conveniência da instrução criminal, na prisão preventiva. Destina-se, portanto, a assegurar o resultado útil e efetivo da investigação criminal ou do processo criminal, cada qual com suas peculiaridades, conforme veremos na sequência.

21.3.1 Quem pode ser preso?

No Brasil, somente uma pessoa não está sujeita a qualquer espécie de prisão cautelar, o **Presidente da República**. Nesse sentido, o §3º do art. 86 da CF é por demais claro: "Enquanto não sobrevier sentença condenatória, nas infrações comuns, o Presidente da República não estará sujeito a prisão". Poder-se-ia indagar se o Presidente da República poderia ser preso em flagrante por crime de responsabilidade, vez que a Constituição Federal apenas excluiu as prisões cautelares quando o crime for comum.

Crimes de responsabilidade são, na realidade, infrações político-administrativas previstas em lei, cometidas no desempenho da função por pessoas determinadas, a exemplo do Presidente da República. Assim, por não reunirem a natureza de infração penal, não admitem a custódia cautelar de natureza penal.

O fato de não poder ser preso não significa, todavia, que contra o Presidente da República não possa ser imposta alguma medida de natureza cautelar, pois pode ser suspenso do exercício da função nos termos do art. 86, §1º da CF. Assim, nos termos do *caput* do dispositivo, admitida a acusação contra o Presidente da República, por dois terços da Câmara dos Deputados, será ele submetido a julgamento perante o Supremo Tribunal Federal, nas infrações penais comuns, ou perante o Senado Federal, nos crimes de responsabilidade. Nesses casos, impõe-se, diretamente da norma (§1º), a suspensão do exercício funcional.

Do introito, podemos concluir que, afora o Presidente da República, qualquer outra pessoa pode vir a ser presa cautelarmente, a depender das circunstâncias fáticas e jurídicas.

O destaque para o Presidente da República não afasta a necessária consideração sobre os **Chefes de Governo estrangeiro ou de Estado estrangeiro**, respectivas famílias e membros das comitivas, embaixadores e funcionários estrangeiros do corpo diplomático e suas famílias, bem como os funcionários de organizações internacionais em serviço (ONU, e etc.), que gozam de imunidade diplomática.

Conforme esclarecemos em nosso Direito Penal, Parte Geral, a lei penal brasileira não é aplicável nas hipóteses de imunidades diplomáticas em razão da necessidade de se conferir especial tratamento aos representantes diplomáticos de outros países, em respeito à soberania desses, para que possam desempenhar suas funções segundo as normas regentes no país de origem.

As imunidades devem ser analisadas sob o prisma da Convenção de Viena sobre Relações Diplomáticas de 1961 e Convenção de Viena sobre as Relações Consulares de 1963, aprovadas pelos Decretos Legislativos 103/64 e 06/67, ratificadas pelos Decretos 56.435/65 e 61.078/67, respectivamente.

As imunidades diplomáticas abrangem a prática de qualquer infração penal e se estendem a todos os agentes diplomáticos[1] e funcionários de organismos internacionais (ONU, OTAN e etc.), quando em serviço.

Aos familiares dos agentes diplomáticos e funcionários das organizações internacionais igualmente a imunidade é concedida, sendo que havendo o falecimento de um diplomata, os membros de sua família continuarão no gozo dos privilégios e imunidades, até a expiração de um prazo razoável que lhes permita deixar o território do Estado acreditado, conforme artigo 39, § 3º, da Convenção de Viena sobre relações diplomáticas.

Contudo, não há previsão de imunidade aos empregados particulares dos agentes diplomáticos, ainda que originários do Estado representado, a não ser que o Estado acreditante as reconheça.

A inviolabilidade dos diplomatas assegura a inviolabilidade pessoal, pois não podem ser presas nem submetidas a qualquer procedimento sem que o Estado acreditado tenha autorizado. Nesse ponto, fazemos o necessário recorte: apesar da baixa probabilidade, é perfeitamente possível que o Estado acreditado renuncie à imunidade de jurisdição cognitiva, isto é, que permita o processamento do fato no Brasil. Nesses casos, será perfeitamente possível a decretação de prisão preventiva para, por exemplo, assegurar a conveniência da instrução criminal. Não se admitirá, contudo, caso a renúncia alcance somente a jurisdição cognitiva e não a executiva, a decretação da prisão para assegurar a aplicação da lei penal, vez que essa será aplicada no Estado estrangeiro.

Nesse sentido é o entendimento do STJ:

> 1. Embora permaneça a jurisdição brasileira competente para o processo de conhecimento do homicídio imputadamente praticado por agente diplomático da República Federativa da Espanha, tendo esse país renunciado à imunidade de jurisdição cognitiva, mas

1. Embaixador, secretários da embaixada, pessoal técnico e administrativo das representações.

reservando-se a imunidade de execução, não será o cumprimento de eventual pena da competência brasileira.

2. A cautelar fixada de proibição de ausentar-se do país sem autorização judicial não é adequada ao temor de fuga do acusado, com indicados riscos à instrução e à aplicação da lei penal.

3. Não há sequer menção de ter o paciente buscado destruir provas ou ameaçado testemunhas, e seu eventual intento de não comparecer a atos do processo é reserva de autodefesa a ele plenamente possível - sequer o júri restaria no caso impedido (nova redação do art. 475 CPP da Lei nº 11.689/08).

4. Tampouco é justificável a proteção por magistrado brasileiro à aplicação da lei penal se por reserva jurisdicional da execução é da Espanha a competência para o cumprimento de eventual pena criminal imposta.

5. Dado provimento ao recurso em *habeas corpus* para tornar sem efeito a cautelar fixada de proibição de ausentar-se do país sem autorização judicial, sem prejuízo de nova e fundamentada decisão de necessárias medidas cautelares penais. RHC 87825/ES, 6ª Turma, DJe 14.12.17.

Por sua vez, conforme os artigos 41 e 43 da Convenção de Viena sobre Relações Consulares, os cônsules recebem imunidade restrita aos atos de ofício, salvo na existência de tratado dispondo de forma diversa. Pelas infrações praticadas no exercício de suas funções, respondem perante as autoridades do Estado estrangeiro, ao passo que as infrações penais praticadas sem relação de pertinência com a função exercida serão punidas segundo a lei brasileira. A imunidade dos cônsules não é extensível aos familiares.

Superada a questão internacional, é importante registrar que os **governadores de Estado e do Distrito Federal**, bem como os **prefeitos municipais**, não gozam de qualquer espécie de imunidade na seara penal[2]. Logo, podem ser presos cautelarmente.

No tocante aos **senadores e deputados federais**, impera a chamada **imunidade parlamentar relativa, também conhecida por imunidade formal, relativa, processual** ou **adjetiva, estando prevista para os Deputados Federais e Senadores no art. 53, §1º ao §8º, da Constituição Federal.**

No texto constitucional consta, de forma clara, o asseguramento das imunidades aos **parlamentares estaduais**, de forma que, afastando qualquer divergência, o STF, no julgamento das ADIs 5823, 5824 e 5825, ao interpretar o art. 27, §1º da CF, entendeu que o aludido dispositivo é expresso ao estender aos deputados estaduais as imunidades concedidas aos parlamentares federais. A palavra "imunidades", utilizada no plural pelo texto constitucional, segundo o STF, abrange tanto as imunidades absolutas condicionadas como as relativas, pois se quisesse o legislador afastar a simetria constitucional, o teria feito de forma expressa, a exemplo do que fez com os vereadores no inciso VIII do art. 29 da CF.

2. ADI 978, rel. p/o ac. Min. Celso de Mello. DJ 24/11/1995. O Estado-membro, ainda que em norma constante de sua própria Constituição, não dispõe de competência para outorgar ao governador a prerrogativa extraordinária da imunidade à prisão em flagrante, à prisão preventiva e à prisão temporária, pois a disciplinação dessas modalidades de prisão cautelar submete-se, com exclusividade, ao poder normativo da União Federal, por efeito de expressa reserva constitucional de competência definida pela Carta da República. A norma constante da Constituição estadual – que impede a prisão do governador de Estado antes de sua condenação penal definitiva – não se reveste de validade jurídica e, consequentemente, não pode subsistir em face de sua evidente incompatibilidade com o texto da CF.

A imunidade parlamentar relativa relacionada à prisão, *freedom from arrest*, visa proteger os titulares da garantia de prisões arbitrárias e hábeis a colocar o parlamentar em situação vexatória e desonrosa.

A Constituição Federal, no art. 53, § 2º, dispõe que: "Desde a expedição do diploma, os membros do Congresso Nacional não poderão ser presos, salvo em flagrante de crime inafiançável. Nesse caso, os autos serão remetidos dentro de vinte e quatro horas à Casa respectiva, para que, pelo voto da maioria de seus membros, resolva sobre a prisão".

O texto constitucional faz expressa menção à hipótese de prisão em flagrante por crime inafiançável, sendo omisso quanto às demais prisões cautelares e prisão decorrente de sentença penal condenatória transitada em julgado.

No que diz respeito à prisão preventiva, o STF entendeu por aplicável a Deputados e Senadores no julgamento da AC 4039, utilizando como precedente o julgamento do HC 89417/RO[3].

No julgamento do HC 89417/RO, asseverou a relatora, Min. Cármen Lúcia:

> "[...] os elementos contidos nos autos impõem interpretação que considere mais que a regra proibitiva da prisão de parlamentar, isoladamente, como previsto no artigo 53, parágrafo 2º, da Constituição da República. Há de se buscar interpretação que conduza à aplicação efetiva e eficaz do sistema constitucional como um todo. A norma constitucional que cuida da imunidade parlamentar e da proibição de prisão do membro de órgão legislativo não pode ser tomada em sua literalidade, menos ainda como regra isolada do sistema constitucional[...]
>
> [...] Deve ser acentuado, entretanto, que a) o princípio da imunidade parlamentar permanece íntegro e de aplicação obrigatória no sistema constitucional para garantir a autonomia das instituições e a garantia dos cidadãos que proveem os seus cargos pela eleição dos seus representantes. Cuida-se de princípio essencial para assegurar a normalidade do Estado de Direito; b) a sua não incidência, na espécie, pelo menos na forma pretendida pelo impetrante, deve-se a condição especial e excepcional, em que a sua aplicação gera a afronta a todos os princípios e regras constitucionais que se interligam para garantir a integridade e a unidade do sistema constitucional, quer porque acolher a regra, em sua singeleza, significa tornar um brasileiro insujeito a qualquer processamento judicial, faça o que fizer, quer porque dar aplicação direta e isolada à norma antes mencionada ao caso significa negar aplicação aos princípios fundantes do ordenamento; c) o caso apresentado nos autos é situação anormal, excepcional e não cogitada, ao que parece, em qualquer circunstância pelo constituinte. Não se imagina que um órgão legislativo, atuando numa situação de absoluta normalidade institucional do País e num período de democracia praticada, possa ter 23 dos 24 de seus membros sujeitos a inquéritos e processos, levados adiante pelos órgãos policiais e pelo Ministério Público; d) à excepcionalidade do quadro há de corresponder a excepcionalidade da forma de interpretar e aplicar os princípios e regras do sistema constitucional, não permitindo que para prestigiar uma regra - mais ainda, de exceção e de proibição e aplicada a pessoas para que atuem em benefício da sociedade - se transmute pelo seu isolamento de todas as outras do sistema e, assim, produza efeitos opostos aos quais se dá e para o que foi criada e compreendida no ordenamento. Tal é o que aconteceria se se pudesse aceitar que a proibição constitucional de um representante eleito a ter de submeter-se ao processamento judicial e à prisão sem o respeito às suas prerrogativas seria um álibi permanente e intocável dado pelo sistema àquele que pode sequer não estar sendo mais titular daquela condição, a não ser formalmente.

3. DJe 15.12.2006.

> [...] Tal como a quimioterapia impõe que se agridam células boas para atingir e exterminar células más, a fim de salvar o corpo do doente, assim também, repito o quanto antes afirmei: haverá de haver remédio jurídico, sempre, a garantir que o corpo normativo fundamental não se deixe abater pela ação de uma doença que contraria a saúde ética e jurídica das instituições e que pode pôr a perder todo sistema constitucional."

Conforme salientamos em nosso Direito Penal, Parte Geral, a questão posta a julgamento perante o Supremo Tribunal Federal, por mais que tenhamos desejado o resultado final como cidadãos, porquanto cansados da impunidade, das altas taxas de criminalidade e da imperativa necessidade combate à corrupção, trouxe um perigoso precedente à nossa ordem jurídica e às garantias primárias do cidadão.

Ao estender a estrita literalidade do art. 53 §2º da Constituição Federal para alcançar e permitir a prisão preventiva de deputados e senadores, o Supremo Tribunal Federal restou por trazer uma importante insegurança jurídica ao nosso ordenamento. Não gostamos da redação do aludido dispositivo constitucional, pois hábil a permitir práticas lesivas à sociedade e à ordem jurídica como um todo. Contudo, pouco importa se gostamos ou não da redação, pois o ponto nevrálgico da decisão não envolve a redação legal, literal ao extremo, mas de se fazê-la cumprir, porquanto estabelecida pelo poder constituinte derivado pela Emenda Constitucional 35, fruto da soberania popular, inserta no diploma legal fundamentador da nossa ordem jurídica.

Ao utilizar o fundamento da gravidade das condutas para afastar validade de um dispositivo constitucional, o Supremo Tribunal Federal abre um flanco de subjetividade, perigoso e instável, capaz de fundamentar violações a direitos e garantias individuais do cidadão, à critério de conveniência do órgão Judiciário maior.

Não há dúvidas de que ao Supremo Tribunal Federal compete interpretar os dispositivos constitucionais e transmitir a interpretação ótima da corte sobre nossa Constituição Federal. Todavia, há limites dentro dos quais se insere a inafastabilidade dos direitos e garantias fundamentais. Nesse contexto, por mais que queiramos concordar, como cidadãos, com a decisão do STF, não há como se concebê-la como não teratológica ao afastar uma garantia constitucional da República, conferida a um representante popular de um ente federativo, sem o receio de que idêntica medida seja adotada para as garantias fundamentais do cidadão.

Trata-se, em nosso entendimento, de cristalina hipótese de aplicação do Direito Penal do inimigo, fundamentada na mera gravidade de fatos, com alto grau de subjetividade e alta margem de insegurança jurídica para nosso sistema[4].

Noutro giro, o STF, ainda que forma implícita, manifestou-se quanto à possibilidade de decretação da prisão temporária de Deputados e Senadores, ao permitir a conversão de prisão temporária em prisão preventiva de um Deputado Estadual do Rio de Janeiro[5].

No que tange às prisões definitivas, modifica-se a lógica interpretativa do art. 53, §2º, pois a própria Constituição Federal prescreve a perda do mandato por condenação criminal em sentença transitada em julgado (art. 55. Inc. VI).

---

4. Em que pese as considerações apresentadas, indiscutível que, para fins de concursos públicos, há de se reconhecer a possibilidade de decretação da prisão preventiva de Deputados e Senadores conforme o entendimento do Supremo Tribunal Federal.

5. RHC 171840/RJ, rel. Min. Cármen Lúcia, DJe 05/06/2019.

O termo inicial da garantia é o ato de diplomação e não o da posse, segundo a redação do dispositivo. Ocorre que, em nossa compreensão, o termo inicial está subordinado à ocorrência de uma condição suspensiva, a posse. Assim, se o parlamentar for diplomado, mas não tomar posse, eventuais delitos praticados no interregno entre a diplomação e a data prevista para a posse não podem ser acobertados pela imunidade, sob pena de desvirtuamento do instituto. Não fosse assim, teríamos uma imunidade válida por oito anos, no caso dos senadores suplentes, sem o exercício da função. Logo, temos um termo inicial com a diplomação, mas condicionados seus efeitos à posse.

Com relação ao **vereador**, o texto constitucional não seguiu a mesma linha, pois assegurou a esses, no art. 29, inc. VIII, apenas a inviolabilidade por suas opiniões, palavras e votos no exercício do mandato e na circunscrição do Município, afastando qualquer aspecto das imunidades relativas, podendo, portanto, serem presos cautelarmente sem qualquer restrição por não gozarem do *freedom from arrest*.

No tocante aos **magistrados e promotores de justiça**, os membros de ambas as carreiras não podem ser presos em flagrante delito por crimes afiançáveis, conforme se extrai da Lei Orgânica Nacional da Magistratura (LC 35/79, art. 33, II) e Lei Orgânica Nacional do Ministério Público (Lei 8.625/93, art. 40, III).

Ambos possuem foro por prerrogativa de função juntos aos respectivos Tribunais de Justiça, de forma que, mesmo na hipótese de crime inafiançável, passível de lavratura de auto de prisão em flagrante delito, esse deverá ser presidido pelo Presidente do Tribunal ou Procurador-Geral de Justiça. A prerrogativa de não ser preso por crime afiançável não afasta a possibilidade de decretação de prisão preventiva ou temporária, devidamente expedidas pela autoridade competente para julgamento.

No que concerne aos **advogados, por motivo associado ao exercício da profissão**, somente poderão ser presos em flagrante delito por crime inafiançável, sendo que, na formalização do auto de prisão em flagrante delito (APFD), deverá ser assegurada a presença de representante da OAB, sob pena de nulidade (Art. 7º, §3º da Lei 8.906/94), devendo, nos demais casos, ocorrer a comunicação à OAB. Ocorrendo a prisão em flagrante por delito qualquer e não vinculado ao exercício profissional, o APFD poderá ser lavrado normalmente, assegurada, contudo, a comunicação à OAB.

Por fim, no que tange aos **incapazes**, os menores de 18 anos não podem ser presos, mas tão somente apreendidos, não obstante, ontologicamente, a apreensão revelar-se como verdadeira prisão. Em se tratando de criança, menor de 12 anos de idade, não há qualquer possibilidade de privação da liberdade, devendo o menor ser apresentado à Vara da Infância de Juventude ou Conselho Tutelar para aplicação de medida de proteção nos termos dos artigos 101 e 105 do ECA. Tratando-se, contudo de adolescentes, maiores de 12 anos e menores de até 18 anos de idade, é possível a realização de apreensão em flagrante por ato infracional, bem como a aplicação da medida cautelar de internação provisória por até 45 dias (art. 108, ECA).

Sendo incapaz o agente, por razões de doença mental ou desenvolvimento mental incompleto ou retardado, não há qualquer obstáculo para a realização da prisão em flagrante delito ou decretação de prisões cautelares ou outras medidas cautelares específicas à condição do agente, à exemplo da internação provisória do acusado nas hipóteses de crimes praticados com violência ou grave ameaça (art. 319, VII, CPP).

21.4 MOMENTO E CONDIÇÕES PARA A REALIZAÇÃO DA PRISÃO

Nos termos do art. 283 do CPP: Ninguém poderá ser preso senão em flagrante delito ou por ordem escrita e fundamentada da autoridade judiciária competente, em decorrência de prisão cautelar ou em virtude de condenação criminal transitada em julgado.

Do dispositivo, extrai-se a necessidade de verificação de uma das duas situações previstas: ocorrência de flagrante delito ou existência de ordem escrita e fundamentada de autoridade judicial competente (reserva de jurisdição).

Tratando-se de **flagrante delito**, a prisão pode ser realizada em qualquer dia ou horário, sem que se imponham as restrições relacionadas a horário ou inviolabilidade do domicílio. Nesse sentido, o §2º do art. 283 o CPP, que dispõe que "a prisão poderá ser efetuada em qualquer dia e a qualquer hora, respeitadas as restrições relativas à inviolabilidade do domicílio", só possui aplicação nos casos de cumprimento de mandado de prisão.

Sobre os conceitos de domicílio e dia, remetemos o leitor, para evitarmos repetições, ao tópico "Busca e Apreensão", no capítulo referente às "Provas em Espécie".

Além das situações de restrição previstas, impossibilidade de cumprimento de mandado de prisão em domicílio, com invasão, durante a noite, o Código Eleitoral prevê, no art. 236, *caput*, que nenhuma autoridade poderá, desde 5 (cinco) dias antes e até 48 (quarenta e oito) horas depois do encerramento da eleição, prender ou deter qualquer eleitor, salvo em flagrante delito ou em virtude de sentença criminal condenatória por crime inafiançável, ou, ainda, por desrespeito a salvo-conduto.

O §1º, por sua vez, destaca que os membros das mesas receptoras e os fiscais de partido, durante o exercício de suas funções, não poderão ser detidos ou presos, salvo o caso de flagrante delito e que da mesma garantia gozarão os candidatos desde 15 (quinze) dias antes da eleição.

A previsão legal impeditiva da prisão impõe-se apenas àquele que ostenta a condição de eleitor ou candidato, vez que a finalidade da norma é assegurar condições para fiel exercício do direito ao voto. Logo, não sendo eleitor, como o estrangeiro sem direito a voto, por exemplo, não nos parece haver qualquer obstáculo à realização do cumprimento do mandado de prisão.

O art. 284, CPP, ainda assinala que não será permitido o emprego de força, salvo a indispensável no caso de resistência ou de tentativa de fuga do preso. Logo, permite-se o uso da força, observada a proporcionalidade da medida, quando imprescindível para a consecução do ato.

21.5 MANDADO DE PRISÃO

O mandado de prisão é o título jurídico que confere poderes e ordem expressa para que algum agente estatal, inserido no contexto da segurança pública, venha a prender e recolher o agente à prisão. Como instrumento formal, o mandado de prisão precisa, sob pena de ilegalidade da prisão, satisfazer os requisitos legais previstos no art. 285 do CPP.

Art. 285. A autoridade que ordenar a prisão fará expedir o respectivo mandado.
Parágrafo único. O mandado de prisão:

a) será lavrado pelo escrivão e assinado pela autoridade;
b) designará a pessoa, que tiver de ser presa, por seu nome, alcunha ou sinais característicos;
c) mencionará a infração penal que motivar a prisão;
d) declarará o valor da fiança arbitrada, quando afiançável a infração;
e) será dirigido a quem tiver qualidade para dar-lhe execução.

Em breve síntese, o mandado de prisão, por se tratar de ordem, deve ser assinado pela autoridade competente, isto é, pelo juiz, desembargador ou Ministro de Tribunal Superior, nos casos de crimes praticados por autoridades detentoras de foro por prerrogativa de função. Apesar da regra prever a lavratura pelo escrivão, para a validade do ato, em si, interessa tão somente a assinatura da autoridade competente, de forma que a lavratura por funcionário público diverso não interfere na validade do ato.

O mandado de prisão, igualmente, deverá especificar, com a maior riqueza de detalhes possível, a pessoa a ser presa, contendo, minimamente, o nome, apelido ou sinais característicos que o identifiquem. A lógica da previsão é evitar, ao máximo, o risco de prisão de pessoa diversa daquela que deve ser presa.

Deverá ainda constar do mandado de prisão a informação sobre a infração penal que fundamenta a prisão ou seu motivo específico nos casos de prisão por obrigação alimentar, não caracterizadora, por si só, de infração penal. Além da menção ao tipo penal, nas prisões criminais, deverá constar, nos crimes afiançáveis, o valor da fiança arbitrada, permitindo ao agente livrar-se do constrangimento da prisão pelo pagamento da fiança fixada.

Por fim, deve ainda constar a expressa ordem de execução para quem reúne competência para a realização da prisão, como os oficiais de justiça, autoridades policiais e demais agentes públicos incumbidos da segurança pública, a exemplo dos policiais militares e rodoviários federais. Registre-se que, caso o agente esteja homiziado em sua residência, o ingresso no domicílio por parte dos agentes públicos incumbidos da prisão deverá estar expressamente autorizado no mandado de prisão, consoante se infere do teor do art. 243, §1º do CPP.

Não obstante os parâmetros mínimos de legalidade, é de bom alvitre que no mandado conste a origem da ordem, com comarca, vara e número do processo, para eventual saneamento de dúvidas e adequada cientificação do agente acerca do porquê da prisão. De igual forma, o prazo de validade do mandado, referente à prescrição, parece-nos fundamental, para se evitar o cumprimento de mandados de prisão por crimes já prescritos.

Nos termos do art. 286 do CPP, é imprescindível que o mandado seja passado em duplicata e que o executor entregue a via do preso, logo depois da prisão, contendo declaração do dia, hora e lugar da diligência. Entregue a via, o preso deverá passar recibo no remanescente, sendo que, havendo recusa ou se não souber ou não puder escrever, o fato deverá ser mencionado em declaração, assinada por duas testemunhas, conhecidas por instrumentárias ou fedatárias.

O art. 287 do CPP dispõe que se a infração for inafiançável, a falta de exibição do mandado não obstará a prisão, e o preso, em tal caso, será imediatamente apresentado ao juiz que tiver expedido o mandado, para a realização de audiência de custódia. Ocorre que o art. 299 do mesmo diploma legal colide, em parte, com o art. 287, vez que assinala que a captura poderá ser requisitada, **à vista de mandado judicial**, por qualquer meio de comunicação, tomadas pela autoridade, a quem se fizer a requisição, as precauções necessárias para averiguar a autenticidade desta.

Da leitura do art. 299, verifica-se, por ausência da restrição legal imposta no art. 287 – crime afiançável – que a captura poderá ocorrer mesmo sem a exibição de mandado de prisão, independentemente do fato de ser crime afiançável ou não. Por questões de logística e razoabilidade, não se exige que todo agente policial tenha em seu poder todo e qualquer mandado de prisão expedido no país para cumprir a formalidade estrita do art. 286 do CPP, vez que as prisões em decorrência de cumprimento de mandado de prisão em diversas oportunidades não ocorrem por diligências específicas, pois podem advir de blitz de trânsito, identificação em aeroportos e etc. Por essas razões, admite-se a requisição do cumprimento de mandado de prisão com lastro em vista de mandado judicial, por aquele que informa ao executor da prisão, sobre a existência do mandado.

Independentemente da situação jurídica do crime, afiançável ou não, que só interessa nos casos de prisões cautelares, porquanto em se tratando de sentença condenatória transitada em julgado, para a prisão é irrelevante a afiançabilidade, nos termos do art. 288 do CPP, ninguém será recolhido à prisão, sem que seja exibido o mandado ao respectivo diretor ou carcereiro, a quem será entregue cópia assinada pelo executor ou apresentada a guia expedida pela autoridade competente, devendo ser passado recibo da entrega do preso, com declaração de dia e hora, podendo esse ser passado no próprio exemplar do mandado, se este for o documento exibido. Em síntese, admite-se a efetivação da prisão sem a exibição do mandado, mas não o recolhimento à prisão.

Um ponto importante que merece destaque e não pode ser desconsiderado é o teor do art. 289-A do CPP, que assinala a obrigação do magistrado que expediu o mandado de prisão de providenciar o imediato registro do mandado de prisão em banco de dados mantido pelo Conselho Nacional de Justiça[6] para essa finalidade. A medida visa ampliar o conhecimento acerca da existência do mandado de prisão, fortalecendo a prevenção contra novos delitos e ampliando a possibilidade de asseguramento da aplicação da lei penal.

O §1º do dispositivo ainda prevê que qualquer agente policial poderá efetuar a prisão determinada no mandado de prisão registrado no Conselho Nacional de Justiça, ainda que fora da competência territorial do juiz que o expediu. O §2º, por sua vez, assinala que qualquer agente policial poderá efetuar a prisão decretada, ainda que sem registro no Conselho Nacional de Justiça, adotando as precauções necessárias para averiguar a autenticidade do mandado e comunicando ao juiz que a decretou, devendo este providenciar, em seguida, o registro do mandado na forma do *caput* do artigo.

Em síntese, previu a norma a possibilidade de cumprimento do mandado de prisão por qualquer agente policial, ainda que fora da competência territorial do magistrado que o expediu, e independentemente do fato do mandado ter sido ou não registrado perante o CNJ, sendo que, na ausência de registro, deverá o agente policial acautelar-se das medidas necessárias quanto à autenticidade do mandado e comunicar a prisão ao

6. O registro foi disciplinado pela Resolução CNJ 251/18, atendendo a determinação do §6º do art. 289-A, CPP.

magistrado que a determinou, devendo o juiz promover o registro imediato do mandado perante o CNJ.

Sendo o mandado cumprido em comarca distinta da de origem do mandado, segundo o §3º, a prisão será imediatamente comunicada ao juiz do local de cumprimento da medida, o qual providenciará a certidão extraída do registro do Conselho Nacional de Justiça e informará ao juízo que a decretou. A omissão quanto à comunicação imediata ao juízo que a decretou é concebida como crime de abuso de autoridade, previsto no art. 12, parágrafo único, inc. I, da Lei 13.869/19. Igual procedimento deverá ser adotado no tocante às medidas protetivas de urgência decretadas no âmbito da Lei Maria da Penha, conforme o art. 38-A e parágrafo único, inseridos pela Lei 13.827/19. Não há, contudo, previsão expressa para inclusão nos registros as demais medidas cautelares previstas na legislação, em prejuízo da fiscalização dessas.

Em todas as hipóteses, na forma do §4º, o preso será informado de seus direitos, nos termos do inciso LXIII do art. 5º da Constituição Federal e, caso o autuado não informe o nome de seu advogado, será comunicado à Defensoria Pública.

O comentado art. 289-A do CPP foi inserido pela Lei 12.403/11, tornando sem sentido, para nós, pelo menos em parte, o burocrático procedimento criado em 1941, pelo art. 289 do CPP, que trata da expedição de carta precatória para efetivação da prisão em comarca distinta da de origem do mandado de prisão. Dispõe o artigo e parágrafos:

> Art. 289. Quando o acusado estiver no território nacional, fora da jurisdição do juiz processante, será deprecada a sua prisão, devendo constar da precatória o inteiro teor do mandado.
>
> §1º Havendo urgência, o juiz poderá requisitar a prisão por qualquer meio de comunicação, do qual deverá constar o motivo da prisão, bem como o valor da fiança se arbitrada.
>
> §2º A autoridade a quem se fizer a requisição tomará as precauções necessárias para averiguar a autenticidade da comunicação.
>
> §3º O juiz processante deverá providenciar a remoção do preso no prazo máximo de 30 (trinta) dias, contados da efetivação da medida.

Se os mandados de prisão devem ser registrados perante o CNJ e qualquer agente policial, independentemente da localidade (art. 289-A, CPP), pode realizar o cumprimento do mandado de prisão, qual a razão de ser da expedição de carta precatória, sendo que o "cumpra-se" decorre da própria lei? Igualmente, qual a razão de ser do *caput* do art. 289 do CPP, se o próprio art. 299 prevê que a captura poderá ser requisitada, à vista do mandado judicial, por qualquer meio de comunicação?

O próprio §1º, que prevê a flexibilização por situação de urgência, não guarda qualquer sentido, pois todo e qualquer cumprimento de prisão decretada pressupõe urgência, ou não seria decretada. Se, a título cautelar, destina-se, por exemplo, a assegurar a aplicação da lei penal, garantir a ordem pública ou a conveniência da instrução criminal, entre outros. A título definitivo, destina-se a assegurar, efetivamente, não somente a aplicação da lei penal, mas também o cumprimento das decisões judiciais condenatórias e evitar a prescrição. Assim como a libertação de um agente preso ilegalmente é urgente, o cumprimento dos mandados de prisão reflete a urgência da decretação, sendo faces opostas da mesma moeda.

Assim, entendemos que basta que o agente policial, independentemente da localidade, tenha ciência, por qualquer meio, da existência do mandado de prisão, para que possa realizar a prisão, sendo a expedição da carta precatória completamente dispensável. Frise-se, aliás, que mesmo antes da alteração promovida pela Lei 12.403/11, o STF já assinalara a existência de mera irregularidade administrativa na não expedição de carta precatória, perfeitamente sanável[7].

Não obstante, sendo realizada a requisição, por carta precatória ou não, segundo o §2º, a autoridade a quem se fizer a requisição deverá tomar as precauções necessárias para averiguar a autenticidade da comunicação. Efetivada a prisão, na forma do §3º, o juiz processante deverá providenciar a remoção do preso no prazo máximo de 30 (trinta) dias, contados da efetivação da medida.

Durante o cumprimento do mandado de prisão, pode ser que o indivíduo a ser preso empreenda fuga e passe ao território de outra comarca. Nesses casos, o executor poderá efetuar-lhe a prisão no lugar onde o alcançar, apresentando-o imediatamente à autoridade local, que, depois de lavrado, se for o caso, o auto de flagrante, providenciará para a remoção do preso. O dispositivo contempla não somente possibilidade de prisão em flagrante, mas também a hipótese de cumprimento de mandado de prisão. Nesse caso, a autoridade deverá satisfazer o teor do §3º do art. 289-A do CPP, comunicando o juiz do local do cumprimento da medida que, por sua vez, deverá informar o juízo que decretou a prisão.

Nos termos do §1º do art. 290 do CPP, entende-se que o executor vai em **perseguição ao réu**, quando: a) tendo-o avistado, for perseguindo-o sem interrupção, embora depois o tenha perdido de vista; ou b) sabendo, por indícios ou informações fidedignas, que o réu tenha passado, há pouco tempo, em tal ou qual direção, pelo lugar em que o procure, for no seu encalço.

Por sua vez, o §2º do art. 289, CPP, dispõe que quando as autoridades locais tiverem fundadas razões para duvidar da legitimidade da pessoa do executor ou da legalidade do mandado que apresentar, poderão colocar em custódia o réu, até que fique esclarecida a dúvida. Dada a abertura da parte final da redação, entendemos, por analogia ao art. 306, §1º, CPP, que o prazo máximo para o esclarecimento da dúvida não pode ultrapassar o prazo máximo de 24h, o mesmo prazo para lavratura do auto de prisão em flagrante delito.

O §5º do art. 289-A repete, em parte, o comando do §2º do art. 290 do CPP no tocante às dúvidas das autoridades locais sobre a legitimidade da pessoa do executor, mas destoa da sistemática processual ao prever a aplicação da regra do §2º do art. 290 quando a dúvida recair sobre a identidade do preso, permitindo que esse fique sob custódia, até o esclarecimento da dúvida.

A expressão "poderão pôr em custódia o réu, até que fique esclarecida a dúvida", suposta faculdade conferida às autoridades locais, deve se lida sob a luz do texto constitucional, art. 5º, LXI, que assinala que ninguém será preso senão em flagrante delito ou por ordem escrita e fundamentada de autoridade judiciária competente.

Dessa forma, havendo dúvidas quando a identidade do preso, a prisão não deve se sustentar por prazo superior a 24h, por analogia ao prazo para lavratura do APFD. Nada impede, contudo, que, mediante requerimento formulado pelo Ministério Público ou autoridade policial, não obstante nossas ressalvas quanto ao último, seja decretada

7. HC 85.712/GO, 2ª Turma, DJ 16.12.05.

outra prisão cautelar, tomando por fundamento a identidade física e características do agente, com amparo no asseguramento da aplicação da lei penal e art. 313, §1º do CPP.

Entendimento de forma diversa nos conduzia à possibilidade de manutenção no cárcere, por outro fundamento (mandado de prisão anterior) e sem título jurídico, pessoa que sequer se sabe a identidade. Assim, afigura-se possível, para nós, a decretação de prisão preventiva no curso do processo de execução com fundamento no art. 313, §1º do CPP.

Nos termos do art. 291 do CPP, considerar-se-á realizada a prisão em virtude de mandado desde que executor, fazendo-se conhecer do réu, apresente-lhe o mandado e o intime a acompanhá-lo. Não é incomum o sujeito a ser preso ou terceira pessoa atuarem contra os agentes policiais para tentar impedir a realização da prisão, seja em flagrante ou em cumprimento de mandado de prisão. Nesses casos, o art. 292 do CPP assinala que o executor e as pessoas que o auxiliarem poderão usar dos meios necessários para defender-se ou para vencer a resistência, do que tudo se lavrará auto subscrito também por duas testemunhas.

O parágrafo único do art. 292 do CPP ainda dispõe ser vedado o uso de algemas em mulheres grávidas durante os atos médico-hospitalares preparatórios para a realização do parto e durante o trabalho de parto, bem como em mulheres durante o período de puerpério imediato.

Anteriormente, destacamos que, caso o agente esteja homiziado em sua residência, o ingresso no domicílio por parte dos agentes públicos incumbidos da prisão deverá estar expressamente autorizado no mandado de prisão, consoante se infere do teor do art. 243, §1º do CPP. No mesmo sentido, se o agente, durante a fuga, buscar esconderijo em residência de terceira pessoa, assim como na hipótese anterior, o ingresso no domicílio alheio só poderá ocorrer por ordem judicial. Nesse ponto, contudo, necessários se fazem alguns esclarecimentos.

O art. 293 do CPP, ao contrário do que destacamos, dispõe que se o executor do mandado verificar, com segurança, que o réu entrou ou se encontra em alguma casa, o morador será intimado a entregá-lo, à vista da ordem de prisão. Se não for obedecido imediatamente, o executor convocará duas testemunhas e, sendo dia, entrará à força na casa, arrombando as portas, se preciso; sendo noite, o executor, depois da intimação ao morador, se não for atendido, fará guardar todas as saídas, tornando a casa incomunicável, e, logo que amanheça, arrombará as portas e efetuará a prisão. Nos termos do parágrafo único, o morador que se recusar a entregar o réu oculto em sua casa será levado à presença da autoridade, para que se proceda contra ele como for de direito.

A inviolabilidade domiciliar é norma de cunho constitucional, consagrada no inciso XI do art. 5º da CF: a casa é asilo inviolável do indivíduo, ninguém nela podendo penetrar sem consentimento do morador, salvo em caso de flagrante delito ou desastre, ou para prestar socorro, ou, durante o dia, por determinação judicial. Como direito fundamental, sua violação só poderá ser admitida nas hipóteses previstas pela própria Constituição, que não contempla o teor do art. 293 do CPP.

Por mais que nos pareça razoável admitir que, durante a perseguição, os agentes policiais possam adentrar em domicílio alheio para realização da prisão, a norma, de cunho garantista, não permite tal procedimento. Assim, a adequada leitura do art. 293 do CPP pressupõe sua conformação com o inc. XI, do art. 5º da CF.

Homiziando-se o agente em sua própria residência durante a fuga, se no mandado de prisão constar a autorização para ingresso no domicílio, os policiais poderão agir livremente, desde que durante o dia. Sendo noite e não existindo autorização de outro morador, deverão aguardar o primeiro minuto do dia seguinte para realizar o cumprimento da diligência.

Por outro lado, escondendo-se o agente em residência alheia, duas condutas podem ser adotadas. A primeira, tradicional, pressupõe que os agentes policiais deverão intimar o morador para que entregue o agente a ser preso ou autorize o ingresso em seu domicílio para realização da prisão. Havendo autorização, pouco importa se será dia ou noite, a prisão poderá ser realizada. Contudo, ocorrendo a recusa do morador, poder-se-á entender pela prática do crime de favorecimento pessoal (art. 348, CP), por parte do morador, caracterizando uma das hipóteses de exceção constitucional para ingresso no domicílio – flagrante delito –, de forma que o ingresso no domicílio estaria autorizado para realização não somente da prisão do morador, mas também daquele que empreendeu fuga. Destaque-se, contudo, que se a recusa do morador ocorrer durante à noite, agirá amparado pelo exercício regular de direito (art. 23, III, segunda parte, CP), de sorte sua recusa não caracterizará o crime de favorecimento pessoal, vez que sua negativa em permitir o ingresso de policiais para cumprirem mandado de prisão em sua residência durante à noite é legítima.

21.5.1 Difusão vermelha

A difusão vermelha[8], ou *red notice*, é um mandado de captura de natureza internacional, repassado para a Polícia Internacional[9] (Interpol) como forma de divulgação, entre os Estados-membros, da existência de mandado de prisão em aberto, como forma de facilitar a prisão de agente que se encontra fora do território nacional emissor do mandado de prisão.

No Brasil, o STF entendeu por indispensável a prévia ordem de autoridade judiciária competente brasileira, em prévio procedimento de extradição tramitando no STF, na forma do art. 102, I, "g", da CF.

Assim, em contrariedade ao princípio da cooperação, o STF entende que caracteriza ameaça e constrangimento ilegal à liberdade de ir e vir o cumprimento de mandado de prisão expedido por justiça estrangeira contra pessoa residente no Brasil.

> *Habeas Corpus* preventivo. 2. Mandado de prisão expedido por magistrado canadense contra pessoa residente no Brasil, para cuja execução foi solicitada a cooperação da INTERPOL - Brasil. Inexistência de pedido de extradição. 3. Competência do STF - Art. 102, I, g, da Constituição Federal. 4. Em face do mandado de prisão contra a paciente expedido por

---

8. a) *yellow notice* (difusão amarela): destina-se à localização de pessoas desaparecidas e também para ajudar na identificação de pessoas que não são capazes de se identificar; b) *blue notice* (difusão azul): visa localizar, identificar ou obter informações sobre uma pessoa de interesse em investigação criminal; c) *black notice* (difusão negra): destina-se a conseguir informações acerca de corpos não identificados; d) *green notice* (difusão verde): objetiva alertar sobre atividades criminosas de uma pessoa, se essa pessoa é considerada como uma possível ameaça à segurança pública; e) *orange notice* (difusão laranja): visa alertar sobre um evento, uma pessoa, um objeto ou um processo que representa uma ameaça iminente e perigo para pessoas ou bens; f) *purple notice* (difusão roxa): tem por objetivo fornecer informações sobre o modus operandi, objetivos, dispositivos e métodos de ocultação utilizados pelos criminosos. https://www.interpol.int/How-we-work/Notices/About-Notices.

9. A Interpol é formada por várias polícias nacionais interligadas em rede.

magistrado canadense, sob a acusação de haver cometido o ilícito criminal previsto no art. 282, a, do Código Penal do Canadá, e solicitada à INTERPOL sua execução, fica caracterizada situação de ameaça à liberdade de ir e vir. 5. *Habeas corpus* parcialmente conhecido e, nessa parte, concedido, para assegurar à paciente salvo conduto em todo o território nacional. Em se tratando de pessoa residente no Brasil, não há de sofrer constrangimento em sua liberdade de locomoção, em virtude de mandado de prisão expedido por justiça estrangeira, o qual, por si só, não pode lograr qualquer eficácia no país. 6. Comunicação da decisão do STF ao Ministério da Justiça e ao Departamento de Polícia Federal, Divisão da Interpol, para que, diante da ameaça efetiva à liberdade, se adotem providências indispensáveis, em ordem a que a paciente, com residência em Florianópolis, não sofra restrições em sua liberdade de locomoção e permaneça no país enquanto lhe aprouver. 7. *Habeas corpus* não conhecido, no ponto em que se pede a cessação imediata da veiculação dos nomes e fotografias da paciente e de seus filhos menores no portal eletrônico da Organização Internacional de Polícia Criminal (O.I.P.C.) - Interpol, porque fora do alcance e controle da jurisdição nacional, tendo sido a inclusão das difusões vermelha e amarelas, relativas à paciente e seus filhos, respectivamente, solicitadas pela IP/Ottawa à IPSC, em Lyon, França. (STF, HC 80923, 2001)

21.6 PRISÃO ESPECIAL

A chamada prisão especial, que se aplica, em regra, apenas às prisões cautelares, não se revela uma espécie de prisão distinta das demais, mas tão somente uma forma diferenciada de cumprimento da prisão cautelar.

Não obstante a redação do art. 295 do CPP ter por origem a redação original da década de 40 do século passado, atualíssimo se torna seu texto em razão das condições do sistema carcerário brasileiro, representativo do verdadeiro "estado de coisas inconstitucional". O legislador, ao estabelecer situações diferenciadas para determinadas pessoas, dá vazão à tutela de determinadas pessoas estabelecendo a prisão especial durante a custódia cautelar.

Não se justificava, para nós, o tratamento diferenciado entre o preso diplomado (inc. VII) e o não diplomado. Nessa linha de compreensão, o STF, no julgamento da ADPF 334, DJe 26.05.23, entendeu que o dispositivo não é compatível com a Constituição Federal, isto é, não foi recepcionado pela Carta de 88. De fato, não há correlação lógica entre a discriminação e o fator de discrímen. Situação diversa, por exemplo, justificadora da prisão especial, encontra-se no exercício funcional do agente, apto a implicar maiores riscos à sua integridade corporal, como um magistrado, um promotor de justiça ou militar, cuja manutenção em prisão comum, ainda que cautelarmente, representa severo risco de agressões ou morte.

Destacamos, no início, que as prisões especiais são aplicadas, em regra, às prisões cautelares. Em regra, porquanto, excepcionalmente, o §2º do art. 84 da LEP assinala que "o preso que, ao tempo do fato, era funcionário da Administração da Justiça Criminal ficará em dependência separada". A justificativa nos parece evidente e na linha dos comentários acima, pois, sendo colocados em dependências comuns às dos demais presos, o risco à sua integridade corporal aumenta de forma exponencial.

Outro ponto que merece destaque, antes de estudarmos as pessoas que possuem o direito à prisão especial, é que a separação de presos provisórios dos presos definitivos não se revela uma forma de prisão especial (art. 300, *caput*, CPP, e art. 84, LEP). A própria

LEP, no §1º do art. 84, estabelece critérios de separação entre os presos provisórios em razão da gravidade das condutas praticadas, assinalando que os presos provisórios ficarão separados de acordo com os seguintes critérios: I - acusados pela prática de crimes hediondos ou equiparados; II - acusados pela prática de crimes cometidos com violência ou grave ameaça à pessoa; III - acusados pela prática de outros crimes ou contravenções diversos dos apontados nos incisos I e II.

Percebe-se, nitidamente, que o legislador buscou separar os presos de acordo com risco que potencialmente representam e, nesse sentido, parece-nos perfeitamente razoável a separação de presos cautelares e, portanto, não condenados, porquanto presumidamente inocentes, daqueles que, submetidos ao devido processo legal, receberam a imposição de uma sanção penal.

É perfeitamente possível que um preso cautelar venha a receber uma condenação a título definitivo por outro fato, colocando em pauta a questão de qual prisão deverá prevalecer. Nesses casos, segundo o STJ[10], ostentando o agente dois títulos jurídicos contra si, deverá prevalecer aquele derivado de sentença penal condenatória transitada em julgado, perdendo o agente o direito à prisão especial.

Segundo o §1º do art. 295 do CPP, a prisão especial consiste exclusivamente no recolhimento em local distinto da prisão comum, sendo que o §2º assinala que não havendo estabelecimento específico para o preso especial, este será recolhido em cela distinta do mesmo estabelecimento. Percebe-se, portanto, que a prisão especial não evidencia ou permite qualquer espécie de regalia, tanto que o §5º dispõe que os demais direitos e deveres do preso especial são os mesmos do preso comum. Há, tão somente, uma forma distinta, em razão do local, para cumprimento da prisão e transporte, conforme se infere do §4º.

O §3º, por sua vez, prevê que a cela especial poderá consistir em alojamento coletivo, atendidos os requisitos de salubridade do ambiente, pela concorrência dos fatores de aeração, insolação e condicionamento térmico adequados à existência humana.

A Lei 5.256/67, que dispõe sobre a prisão especial, prevê, no art. 1º, que: "Nas localidades em que não houver estabelecimento adequado ao recolhimento dos que tenham direito a prisão especial, o juiz, considerando a gravidade e as circunstâncias do crime, ouvido o representante do Ministério Público, poderá autorizar a prisão do réu ou indiciado na própria residência, de onde o mesmo não poderá afastar-se sem prévio consentimento judicial".

O art. 3º, por seu turno, dispõe que "por ato de ofício do juiz, a requerimento do Ministério Público ou da autoridade policial, o beneficiário da prisão domiciliar poderá ser submetido a vigilância policial, exercida sempre com discrição e sem constrangimento para o réu ou indiciado e sua família".

Logo, é possível que, não havendo no estabelecimento adequado cela distinta ou alojamento coletivo apto a satisfazer a especialidade para o cumprimento da prisão cautelar para os detentores da prisão especial e, não sendo o caso de aplicação de medida cautelar alternativa à prisão, o magistrado poderá estabelecer o cumprimento da prisão especial em regime domiciliar.

As pessoas detentoras do direito à prisão especial foram elencadas no rol do art. 295 do CPP, o qual, segundo o entendimento do STF, deve ser interpretado de forma restritiva,

10. HC 56.208/PE, 6ª Turma, DJe 05.05.09.

não se admitindo o emprego da analogia, a exemplo de parlamentares estrangeiros[11]. Gozam do direito à prisão especial, segundo o CPP:

> I - os ministros de Estado;
>
> II - os governadores ou interventores de Estados ou Territórios, o prefeito do Distrito Federal, seus respectivos secretários, os prefeitos municipais, os vereadores e os chefes de Polícia;
>
> III - os membros do Parlamento Nacional, do Conselho de Economia Nacional e das Assembleias Legislativas dos Estados;
>
> IV - os cidadãos inscritos no "Livro de Mérito";
>
> V – os oficiais das Forças Armadas e os militares dos Estados, do Distrito Federal e dos Territórios;
>
> VI - os magistrados;
>
> ~~VII - os diplomados por qualquer das faculdades superiores da República~~ não recepcionado (ADPF 334);
>
> VIII - os ministros de confissão religiosa;
>
> IX - os ministros do Tribunal de Contas;
>
> X - os cidadãos que já tiverem exercido efetivamente a função de jurado, salvo quando excluídos da lista por motivo de incapacidade para o exercício daquela função;
>
> XI - os delegados de polícia e os guardas-civis dos Estados e Territórios, ativos e inativos.

Gustavo Badaró, Renato Brasileiro e outros, sustentam que a nova redação do art. 439 do CPP, que removeu a parte final que previa o asseguramento à prisão especial em casos de crimes comuns aos jurados, até o julgamento, revogou tacitamente o inciso X do art. 295 do CPP. Não nos parece, todavia, seja a melhor conclusão, porquanto, na realidade, desde a redação original do CPP, havia reiteração normativa desnecessária ao firmar o direito à prisão especial nos artigos 295, X e 437 (reposicionado no atual art. 439).

A correção de uma repetição normativa não implica, necessariamente, a revogação dos outros dispositivos que regulam a matéria. A *mens legis* ainda é expressa no art. 295, X, e o fato do reforço normativo ter sido extraído do art. 439 do CPP não nos conduz à revogação tácita. Inegável é o fato de que o legislador, ao alterar o art. 439, poderia ter revogado expressamente o art. 295, X. Contudo, por não o ter feito, não há como se concluir pela revogação tácita, pois não há incompatibilidade entre os dispositivos. O raciocínio a ser entabulado é o inverso: se na redação original do art. 437 do CPP (atual art. 439), não houvesse a previsão de prisão especial, essa estaria amparada pela previsão do art. 295, que especificamente regulamenta a temática? Certamente, sim, posto que a norma específica é por demais clara. Não é outro o posicionamento de LOPES JR[12] (2020, p. 1067):

> (...) Mas essa alteração não tem qualquer relevância, pois apenas disciplinava e reforçava a possibilidade de prisão especial para o jurado. Era uma duplicidade de regulamentação da matéria, que agora passa a ser disciplinada, apenas, pelo art. 295 do CPP. Assim, pensamos que permanece a prisão especial em sua amplitude originária, inclusive para o jurado (que tenha exercido efetivamente a função).

A legislação especial ainda prevê outras situações de prisão especial, as quais destacamos: a) Lei 2.860/56: dirigentes de entidades sindicais de todos os graus e representativas

11. HC PPE 315 Ag/AU, DJ 06.04.01.
12. *op.cit.*

de empregados, empregadores, profissionais liberais, agentes e trabalhadores autônomos; b) Lei 3.313/57: servidores do departamento federal de segurança pública com exercício de atividade estritamente policial; c) Lei 3.988/61: pilotos de aeronaves mercantes nacionais; d) Lei 4.878/65: policiais civis da União e do Distrito Federal; f) Lei 5.350/67: funcionário da polícia civil dos Estados e Territórios; g) Lei 5.606/70: oficiais da marinha mercante; h) Lei 6.001/70: índios[13]; i) Lei 7.102/83: vigilantes e transportadores de valores; j) Lei 7.172/83: professores de 1º e 2º graus; k) Lei 8.069/90: conselheiro tutelar; l) Lei 8.625/93: membros do Ministério Público; m) LC 80/94: membros da Defensoria Pública; e n) Lei 9.807/99: colaborador que satisfaz os requisitos legais para obtenção dos prêmios legais.

Alguns diplomas legais ainda fazem referência à sala de Estado-Maior[14] como local de cumprimento de prisões cautelares, a saber: a) Lei 8.625/93, art. 40, V e LC 75/93, art. 18, II, "e" – membros do Ministério Público; b) LC 35/79, art. 33 - membros do Poder Judiciário; c) LC 80/94, arts. 44, inciso III, e 128, inciso III - membros da Defensoria Pública; d) Lei 4.878/65, art. 40, §3º - integrantes da Polícia Civil do Distrito Federal e da União; e) LEP, art. 84, §2º c/c art. 106, §3º - funcionários da administração da Justiça Criminal; e f) Lei nº 8.906/94, art. 7º, V – advogados.

No tocante aos advogados, o STF julgou inconstitucional a parte final do inciso V do art. 7º da Lei 8.906/94, que transferia, à OAB, o direito de avaliar a natureza das instalações e aferir a condignidade das comodidades. Assim, o advogado possui o direito de cumprimento de prisão cautelar em sala do Estado-Maior e, na falta dessa, em regime domiciliar.

21.7 DIREITOS E GARANTIAS FUNDAMENTAIS DA PESSOA PRESA

A pessoa, ao ser submetida à prisão, tem suspenso, de forma temporária, seu direito de ir de vir. Contudo, a restrição imposta não afasta a necessidade de o Estado observar os demais direitos inerentes à pessoa humana e impõe ao Poder Público um dever de provimento das condições mínimas e necessárias para o atendimento dos direitos da pessoa presa.

O tema está, naturalmente, mais afeto à Lei de Execução Penal, de forma que o trabalharemos, de forma pontual e direta, nos assuntos tratados pela Constituição Federal para não nos afastarmos da missão desta obra.

Realizada a prisão, nos termos do art. 5º, LXIII, o preso deverá ser informado de seus direitos, dentre os quais se insere o de permanecer calado, de ter assegurada a

13. O parágrafo único do art. 56 assinala que as penas de reclusão e de detenção serão cumpridas, se possível, em regime especial de semiliberdade, no local de funcionamento do órgão federal de assistência aos índios mais próximos da habitação do condenado. Assim, revela-se razoável a compreensão de que se a pena final, deverá ser cumprida em regime especial, com maior razão deverá ser cumprida a prisão de natureza cautelar. Em caso concreto, HC 124.622/PE, DJe 13.10.09, o STJ sufragou referido entendimento.

14. Por Estado-Maior se entende o grupo de oficiais que assessoram o Comandante de uma organização militar (Exército, Marinha, Aeronáutica, Corpo de Bombeiros e Polícia Militar); assim sendo, "sala de Estado-Maior" é o compartimento de qualquer unidade militar que, ainda que potencialmente, possa por eles ser utilizado para exercer suas funções. 2. A distinção que se deve fazer é que, enquanto uma "cela" tem como finalidade típica o aprisionamento de alguém – e, por isso, de regra contém grades –, uma "sala" apenas ocasionalmente é destinada para esse fim. 3. De outro lado, deve o local oferecer "instalações e comodidades condignas", ou seja, condições adequadas de higiene e segurança. STF, Rcl 4535/ ES.

assistência da família e de um advogado. Ademais, conforme o inciso LXII, a prisão de qualquer pessoa e o local onde se encontre serão comunicados imediatamente ao juiz competente e à família do preso ou à pessoa por ele indicada. Em complemento, o art. 306 do CPP dispõe que a prisão de qualquer pessoa e o local onde se encontre serão comunicados imediatamente ao juiz competente, ao Ministério Público e à família do preso ou à pessoa por ele indicada.

Da comunicação, gera o dever de controle judicial e extrajudicial pelo Ministério Público (art. 10 da LC 75/93 e art. 80 da Lei 8.625/93), no tocante à prisão. Uma vez comunicada a prisão, na forma do §1º do art. 306, em até 24 (vinte e quatro) horas após sua realização, será encaminhado ao juiz competente o auto de prisão em flagrante e, caso o autuado não informe o nome de seu advogado, cópia integral para a Defensoria Pública. A medida, seguida da realização da audiência de custódia caso não relaxada a prisão de imediato, deflagra o controle estatal sobre os atos da autoridade policial que detém o indivíduo.

Destaque-se que a ausência de comunicação da prisão à autoridade judiciária, à família do preso ou pessoa por ele indicada, caracteriza crime de abuso de autoridade previsto no art. 12 da Lei 13.869/19. Por conseguinte, a ausência de comunicação enseja a ilegalidade da prisão, porquanto seria minimamente estranho o fato de uma conduta ser concebida como crime e, simultaneamente, não ensejar a ilegalidade da prisão. Incompreensível, por outro lado, a ausência de menção, nas comunicações obrigatórias caracterizadoras do delito do art. 12, da comunicação ao Ministério Público. Diante da ausência de previsão, não incide a tipicidade, podendo ocorrer a responsabilidade na seara administrativa.

O art. 5º, inc. XLIX, por sua vez, assegura aos presos o respeito à integridade física e moral. O dispositivo segue a trilha da preservação não somente da integridade corporal, mas também da preservação da dignidade da pessoa humana. Veda-se, portanto, qualquer espécie de tratamento desumano ou degradante, prática de tortura ou quaisquer atos que possam implicar violação a outros direitos fundamentais que não os relacionados à liberdade de locomoção ou dele derivados. Por essas razões, entre outros casos, o STJ entendeu que a submissão do preso a banhos frios (REsp 1537530/SP, DJe 27.02.20) ou o cumprimento de pena em containers (HC 142.513/ES, DJe 10.05.10) não devem ser admitidos por representarem violação de direitos humanos, por ferirem a integridade moral do indivíduo.

O Estado, portanto, ao privar alguém de sua liberdade, ainda que por motivo justificado, passa a ser o responsável pelo fornecimento do que os constitucionalistas chamam de mínimo existencial, além de assumir a responsabilidade pela segurança da pessoa presa.

Ao ser preso, o agente tem o direito à identificação dos responsáveis por sua prisão ou por seu interrogatório policial (art. 5º, LXIV, CF), sendo que, caracterizando-se como ilegal a prisão, essa deverá ser imediatamente relaxada pela autoridade judiciária (art. 5º, LXV, CF). Na mesma esteira, o inc. LXVI do art. 5º assinala que ninguém será levado à prisão ou nela mantido, quando a lei admitir a liberdade provisória, com ou sem fiança.

A prisão de um agente, especialmente daquele que se encontra no contexto de um delito de repercussão social, desperta, naturalmente, a curiosidade pública e o interesse da imprensa. O dever de informação não pode ser desconsiderado, de forma que a atuação da mídia é legítima quando realizada de forma ética. Visando regular a matéria, a Lei do Pacote Anticrime incluiu o art. 3º-F, que assinala que o juiz das garantias deverá assegurar o cumprimento das regras para o tratamento dos presos, impedindo o acordo ou ajuste de qualquer autoridade com órgãos da imprensa para explorar a imagem da pessoa submetida à prisão, sob pena de responsabilidade civil, administrativa e penal. O dispositivo ainda dispõe, no parágrafo único, que, por meio de regulamento, as autoridades deverão disciplinar, em 180 (cento e oitenta) dias, o modo pelo qual as informações sobre a realização da prisão e a identidade do preso serão, de modo padronizado e respeitada a programação normativa aludida no *caput* do artigo, transmitidas à imprensa, assegurados a efetividade da persecução penal, o direito à informação e a dignidade da pessoa submetida à prisão.

O parágrafo único do art. 3º-F, no julgamento da ADI 6.298, recebeu interpretação conforme da Suprema Corte, para assentar que a divulgação de informações sobre a realização da prisão e a identidade do preso pelas autoridades policiais, ministério público e magistratura deve assegurar a efetividade da persecução penal, o direito à informação e a dignidade da pessoa submetida à prisão.

A Lei de Abuso de Autoridade, por sua vez, passou, no art. 13, inc. I, a considerar crime a conduta de constranger o preso ou o detento, mediante violência, grave ameaça ou redução de sua capacidade de resistência, a exibir-se ou ter seu corpo ou parte dele exibido à curiosidade pública. A nova figura típica não afasta a possibilidade de divulgação de imagens, mas tão somente tipifica o comportamento quando decorrente de constrangimento mediante violência ou grave ameaça, de forma que, inexistindo esse, não se pode cogitar acerca da configuração delitiva.

O crime, enquanto fenômeno social, precisa ser conhecido, pois, afinal, impacta a própria sociedade, de forma que a retirada do direito de informação vai de encontro com o próprio Estado Democrático de Direito. O que a norma pretende vedar é a exposição imoderada e abusiva, que invade, sobremaneira, a dignidade da pessoa humana. Não há, por exemplo, qualquer obstáculo à divulgação de imagens ou vídeos da pessoa presa, desde que não se revele o uso de algemas ou situações que remontem à presunção de culpabilidade.

Atualmente, com o crescimento das mídias sociais, não é incomum que a mídia revele conteúdos que os próprios autores de delito expuseram, de forma aberta, em suas redes sociais. Em 2022, um mendigo de Planaltina/DF foi, inicialmente, considerado suspeito de um crime de estupro, o qual não se comprovou. Ao contrário, o trágico caso evidenciou uma situação de desequilíbrio mental da suposta vítima, seguido de agressões realizadas por seu esposo contra o mendigo. Ao Estado cabia, pela natureza inicial do delito, supostamente crime contra a dignidade sexual, promover o sigilo e apurar os fatos de forma a evitar a exposição dos envolvidos.

Entretanto, o que seguiu não foi a preservação da intimidade, mas uma ampla exposição dessa, por parte da maioria dos envolvidos. O suposto autor do estupro e vítima das lesões corporais, o "mendigo de Planaltina", capitalizou o evento com ampla exposição midiática, chegando a alcançar quase 500 mil seguidores na rede social Instagram. O esposo da vítima, que agrediu o mendigo, concedeu entrevistas a órgãos de mídia. Percebe-se, nessa esteira, que o fenômeno do crime se conecta de forma sensível ao lado mais oculto do ser humano, o qual o Direito não possui condições de explicar. Sua atuação, ao contrário, deve ser no sentido de se evitar abusos, não somente pela mídia, que por vezes promove um verdadeiro julgamento social, mas também pelo próprio Estado.

21.7.1 Uso de algemas

O uso de algemas não é vedado e, ao contrário, por vezes é necessário. O que não se admite, atualmente, é que o uso de algemas venha a poder influir no poder de convencimento daqueles que possuem a missão de julgar. Por esse motivo, o §3º do art. 474 do CPP dispôs que não se permitirá o uso de algemas no acusado durante o período em que permanecer no plenário do júri, salvo se absolutamente necessário à ordem dos trabalhos, à segurança das testemunhas ou à garantia da integridade física dos presentes, e o art. 478, I, proibiu a menção à determinação do uso de algemas como argumento de autoridade.

O STF, enfrentando a questão relacionada ao uso de algemas, decidiu que a imposição de seu uso não é arbitrária, podendo ser utilizado com a finalidade de impedir, prevenir ou dificultar a fuga ou reação indevida do preso, desde que haja fundada suspeita ou justificado receio de que o fato venha a ocorrer, ou com o fim de evitar agressão do preso contra os próprios policiais, contra terceiros ou contra si mesmo[15].

O Pretório Excelso ainda editou a **Súmula Vinculante 11**, com o seguinte teor:

> Só é lícito o uso de algemas em casos de resistência e de fundado receio de fuga ou de perigo à integridade física própria ou alheia, por parte do preso ou de terceiros, justificada a excepcionalidade por escrito, sob pena de responsabilidade disciplinar, civil e penal do agente ou da autoridade e de nulidade da prisão ou do ato processual a que se refere, sem prejuízo da responsabilidade civil do Estado.

Vale ainda ressaltar que o parágrafo único do art. 292 do CPP, seguindo a linha do Pacto sobre as Regras Mínimas da ONU para Tratamento da Mulher Presa, Regras de Bankok, foi alterado pela Lei 13.434/17 para prever que é vedado o uso de algemas em **mulheres grávidas**: a) durante os atos médico-hospitalares preparatórios para a realização do parto; b) durante o trabalho de parto; e c) durante o período de puerpério imediato.

21.7.2 Ampla defesa e assistência jurídica

Realizada a prisão, nos termos do art. 5º, inc. LXIV, da Constituição Federal, o preso possui o direito à identificação dos responsáveis por sua prisão. Tratando-se de prisão realizada no cumprimento de mandado, a própria entrega da cópia do mandado para o preso conterá as informações necessárias. Por outro lado, no caso de prisão em flagrante, as informações necessárias deverão constar da nota de culpa.

A nota de culpa, a despeito da nomenclatura ultrapassada e constrangedora, nada mais é do que o instrumento pelo qual se cientifica o preso do motivo da prisão, o nome da autoridade que lavrou o auto, da pessoa que efetivou a prisão e das testemunhas. A nota de culpa, nos termos do art. 306, §2º do CPP, deverá ser entregue ao preso, mediante recibo, **no prazo de até 24 horas da realização prisão**. Não sabendo, podendo ou querendo assinar o recibo, a prova do recebimento será realizada por duas testemunhas que presenciaram o ato.

15. HC 89.429/RO, 1ª Turma, DJ 02.02.07.

A omissão da autoridade no tocante à entrega da nota de culpa, para nós, caracteriza grave violação a garantia fundamental, implicando a necessidade de relaxamento da prisão, por flagrante violação ao art. 5º, inc. LXIV, CF. Nada impede, contudo, que não obstante a ilegalidade, venha a ser decretada a prisão preventiva do agente, caso satisfeitos os requisitos e pressupostos legais.

21.8 PRISÃO EM FLAGRANTE

21.8.1 Conceito

O termo "flagrante" revela aquilo que é notório, evidente, de forma que quando associado ao termo "prisão", assume o *status* jurídico de prisão permitida pela Constituição Federal (art. 5º, XI). A expressão "prisão em flagrante", portanto, funda-se nos eventos **prática de uma infração penal** e **captura durante sua prática ou nos momentos que se seguem**.

21.8.2 Natureza jurídica

Até a entrada em vigor da Lei 12.403/11, a prisão em flagrante delito era concebida como uma prisão de natureza cautelar, que permitia e fundamentava, por si só, a constrição da liberdade do agente, independentemente de conversão em prisão preventiva. Com a nova redação do art. 310, e inclusão dos incisos I a III, o juiz, após receber o auto de prisão em flagrante delito, deverá, no prazo máximo de 24h após a realização da prisão, realizar audiência de custódia, oportunidade em que deverá: I - relaxar a prisão ilegal; II - converter a prisão em flagrante em preventiva, quando presentes os requisitos constantes do art. 312 do CPP, e se revelarem inadequadas ou insuficientes as medidas cautelares diversas da prisão; ou III - conceder liberdade provisória, com ou sem fiança. Tem-se, portanto, que a prisão em flagrante somente sustenta o cárcere por 24h. Após esse prazo, a prisão terá que possuir lastro em título jurídico próprio, de prisão preventiva ou temporária.

A doutrina diverge quanto à natureza jurídica da prisão em flagrante. A primeira corrente, exemplificada por Avena e Brasileiro, sustenta tratar-se de prisão precautelar, pois coloca o preso à disposição do juízo para análise da necessidade de aplicação de uma medida cautelar e não se fundamenta na necessidade de tutela da investigação ou do processo.

A segunda corrente, por outro lado, representada por Tourinho Filho e Mirabete, aduz tratar-se de medida cautelar, ainda que efêmera ou provisória, porquanto, não obstante sua sobrevivência jurídica ser curta, não deixa de se configurar uma espécie de cautela fundamentadora da prisão.

Por fim, a terceira corrente, levantada por Walter Nunes de Silva Júnior, preconiza a tese de que a prisão em flagrante possui natureza de ato administrativo, pois há, tão somente, a detenção do agente, como forma de se assegurar ao juízo um prazo razoável para decidir sobre a decretação da prisão preventiva.

Não obstante o pouco efeito prático da discussão, entendemos tratar-se de medida de natureza cautelar. Não nos parece adequada a tese relacionada a puro ato administrativo, porquanto, não obstante a prisão em flagrante ser realizada por autoridade administrativa, o controle desse ato é necessariamente judicial, afastando a regra do autocontrole administrativo. Não há, por exemplo, recurso administrativo contra prisão em flagrante delito, em violação ao devido processo legal, na hipótese de se caracterizá-la como ato administrativo.

Por outro lado, a caracterização da prisão em flagrante como medida precautelar atribui, na realidade, o *status* de cautela para assegurar uma cautela posterior, sem, de fato, conferir uma natureza jurídica efetiva à prisão em flagrante, pois, em essência, é uma cautela para assegurar outra cautela, ou seja, a natureza da medida precautelar é a mesma da cautelar, a despeito das competências distintas. Uma abordagem realizada por fundada suspeita de posse de drogas, por exemplo, é uma medida precautelar, pois possui uma natureza específica. A prisão em flagrante realizada pela posse de drogas, ao contrário, por possuir natureza distinta da abordagem, é o efeito produzido por essa, sendo caracterizada, para nós, como medida cautelar.

Logo, seguimos a trilha de que a prisão em flagrante é uma medida de natureza cautelar.

21.8.3 Fases da prisão em flagrante delito

O flagrante delito é marcado por quatro fases: captura, condução coercitiva, lavratura do APFD e recolhimento à prisão, sendo que cada fase revela funções específica. A captura visa impedir a consumação do delito, quando esse está em curso, ou assegurar a aplicação da lei penal e a colheita de provas quando realizada logo após a ocorrência do crime. A condução coercitiva, por sua vez, visa acautelar o preso e permitir a instrução e lavratura do APFD em local próprio e adequado, sendo que a lavratura, por seu turno, visa formalizar prisão e assegurar, ao preso, o conhecimento adequado do porquê da prisão. Por fim, o recolhimento ao cárcere objetiva colocar o preso em local próprio e adequado até que sua prisão seja analisada pelo Poder Judiciário, permitindo a continuidade regular dos serviços administrativos dos órgãos de segurança.

Findas as fases procedimentais da prisão em flagrante delito, onde se analisará, por exemplo, se o delito, apesar de admitir a captura e condução coercitiva, comporta a lavratura do APFD, pois há crimes nos quais não se impõe a prisão em flagrante[16] e, portanto, não a admitem em sua integralidade. Nesses casos, a autoridade deverá remeter o expediente, com as comunicações previstas em lei, para apreciação do juízo.

21.8.4 Sujeitos da prisão em flagrante

O sujeito ativo da prisão em flagrante delito é aquele que efetivamente realiza a prisão do agente. Não se exige que a prisão em flagrante delito seja realizada por agente público, vez que qualquer um do povo pode prender em flagrante delito (art. 301, CPP). Dessa prerrogativa, surge a **distinção entre flagrante facultativo e flagrante obrigatório, compulsório ou coercitivo**.

Nos termos do art. 301 do CPP, ocorrerá o **flagrante facultativo** quando, diante da situação fática, qualquer pessoa, não incumbida do dever jurídico de agir, puder atuar e prender em flagrante delito o agente. Por sua vez, ocorrerá o **flagrante obrigatório** quando a situação de flagrante ocorrer diante de autoridades policiais e seus agentes, pois esses, ao contrário do indivíduo comum, deverão prender quem seja encontrado em flagrante delito, salvo nas hipóteses de ação controlada, flagrante prorrogado ou hipóteses que não admitem a prisão em flagrante delito.

16. Crimes de pequeno potencial ofensivo – art. 69, parágrafo único da Lei 9.099/95; art. 28 c/c art. 48, §2º da Lei de Drogas, Lei 11.343/06; e art. 301, *caput*, Código de Trânsito Brasileiro, Lei 9.503/97.

O sujeito passivo da prisão em flagrante delito, naturalmente, é o agente que se encontra em situação de flagrância, podendo, em regra, ser qualquer pessoa, ressalvadas as situações estudadas no tópico "Quem pode ser preso?", neste capítulo.

21.8.5 Espécies de prisão em flagrante delito

Art. 302. Considera-se em flagrante delito quem:

I - está cometendo a infração penal;

II - acaba de cometê-la;

III - é perseguido, logo após, pela autoridade, pelo ofendido ou por qualquer pessoa, em situação que faça presumir ser autor da infração;

IV - é encontrado, logo depois, com instrumentos, armas, objetos ou papéis que façam presumir ser ele autor da infração.

O art. 302 do CPP contempla as hipóteses que autorizam a prisão em flagrante delito, em relação de imediatidade, de forma que delas podemos extrair as seguintes espécies:

a) Flagrante próprio, perfeito, real ou verdadeiro: ocorre o chamado flagrante próprio quando o agente está cometendo a infração penal ou acaba de cometê-la (inc. I e II). O estar cometendo a infração pressupõe a ocorrência de crime em curso, ainda na fase dos atos de execução, ao passo que na previsão, "acaba de cometê-la", pressupõe-se o imediato encerramento dos atos executórios, em relação de pronta e imediata reação por parte daquele que efetua a prisão em flagrante. Assim, ocorre a prisão em flagrante própria quando, por exemplo, o agente está efetuando disparos ou desferindo golpes contra a vítima é contido (inc. I), ou quando, encerrada a fase executória, mas ainda no local, é imediatamente preso (inc. II).

b) Flagrante impróprio, imperfeito, irreal ou quase-flagrante: a espécie ocorre quando o agente é perseguido pela autoridade, pelo ofendido ou qualquer pessoa, logo após o cometimento da infração penal, em situação que faça presumir ser autor da infração (inc. III). A expressão "logo após" deve ser compreendida como o momento subsequente à superação da expressão "acaba de cometê-la", prevista no inciso II. Por exigir a perseguição, a expressão deve ser conjugada com a fuga do agente do local do crime. Pouco importa se a perseguição tem início de forma física e imediata, ou se ocorre mediante o acionamento da polícia por telefone. A compreensão da expressão "logo após" parte da premissa da ação de perseguir que, efetivamente, pode ter início somente após o comparecimento da autoridade no local do delito para apuração das circunstâncias mínimas para disparar a perseguição. Naturalmente, o tempo entre o acionamento das autoridades e seu comparecimento no local deve ser breve, não se admitindo o reconhecimento de perseguição quando a autoridade só comparece ao local horas após o evento. De fato, nesses casos, não haveria perseguição ante a ausência do requisito temporal "logo após".

O §1º do art. 290 do CPP nos fornece importantes vetores interpretativos analógicos para a compreensão da **conjugação da "perseguição" com a expressão "logo após"**: "Entender-se-á que o executor vai em perseguição do réu, quando: a) tendo-o avistado, for perseguindo-o sem interrupção, embora depois o tenha perdido de vista; b) sabendo, por indícios ou informações fidedignas, que o réu tenha passado, há pouco tempo, em tal ou qual direção, pelo lugar em que o procure, for no seu encalço". Assim, ocorrendo as situações previstas nas alíneas "a" e "b", nos breves momentos que sucedem à prática do delito, ocorrendo a prisão, essa será concebida como flagrante impróprio.

c) Flagrante presumido: ocorre a espécie quando o agente é encontrado, logo depois, com instrumentos, armas, objetos ou papéis que façam presumir ser ele autor da infração (inc. IV). Na hipótese, não há perseguição, pois, se houver, estaremos diante da hipótese do inciso III. Há, tão somente, a circunstância de ser encontrado em situação que se permita presumir ser o agente autor da infração penal, como o porte de objetos da vítima, de arma descrita pela vítima, roupas sujas de sangue e etc. Não obstante a doutrina tentar diferenciar a expressão "logo depois" de "logo após", na prática a tentativa apenas projeta o espaço temporal para um período de tempo superior, sem que se permita, de fato, diferenciar o que seria "logo depois" e "logo após". Apesar da distinção, parece-nos que a melhor solução trilha a linha da existência ou não de perseguição. Ocorrendo essa, estaremos diante do flagrante impróprio. Não existindo perseguição e o agente é encontrado logo depois da prática do delito em circunstâncias que permitam a presunção de responsabilidade penal pela prática da infração penal, estaremos diante do flagrante presumido, ou ficto.

d) Flagrante preparado, provocado, delito de ensaio, delito de experiência ou delito putativo por obra do agente provocador: na figura, o agente pratica a conduta descrita no tipo penal e o resultado não ocorre por circunstâncias alheias à sua vontade. De fato, há uma subsunção formal entre a conduta praticada e o tipo descrito na lei penal. Ocorre que a prática da conduta não advém de forma pura da mente do sujeito, porquanto foi provocado, ardilosamente por terceiro, para a realização do comportamento. Esse mesmo terceiro, agente provocador, adota providências para impedir a realização do resultado. Como exemplo, podemos citar a hipótese do policial que, desejando prender um antigo criminoso, encomenda a esse o furto de um veículo específico e, ao mesmo tempo, aciona seus colegas de instituição para prenderem o agente em flagrante delito.

O delito putativo por obra do agente provocador, portanto, pressupõe o induzimento do agente por parte de terceiro e a impossibilidade de consumação por ato do próprio agente provocador[17].

Com maestria, HUNGRIA[18] (1949, p. 271) define a modalidade:

> Somente na aparência é que ocorre um crime exteriormente perfeito. Na realidade, o seu autor é apenas o protagonista inconsciente de uma comédia. O elemento subjetivo do crime existe, é certo, em violação toda a sua plenitude; mas, sob o aspecto objetivo, não há violação da lei penal, senão uma inciente cooperação para a ardilosa averiguação da autoria dos crimes anteriores, ou uma simulação, embora ignorada do agente, da exterioridade de um crime. O desprevenido sujeito ativo opera dentro de uma pura ilusão, pois, ah initio, a vigilância da autoridade policial ou do suposto paciente torna impraticável a real consumação do crime. Um crime que, além de astuciosamente sugerido e ensejado ao agente, tem suas consequências frustradas por medidas tomadas de antemão, não passa de um crime imaginário. Não há lesão, nem efetiva exposição a perigo, de qualquer interesse público ou privado.

17. Súmula 145 do STF: "Não há crime quando a preparação do flagrante pela polícia torna impossível a sua consumação.
18. HUNGRIA, Nélson. **Comentários ao código penal**, vol. 1. Rio de Janeiro: Forense, 1949.

O flagrante preparado, portanto, não encontra ressonância na legislação pátria.

e) Flagrante esperado: O flagrante preparado não se confunde com o flagrante esperado, situação em que as forças policiais, tomando ciência da intenção delitiva do agente, colocam-se à espreita e aguardam o momento de efetuar a prisão. Não há, portanto, a utilização de um agente provocador, mas tão somente a espera pelo momento mais adequado para realização da prisão.

f) Flagrante prorrogado, retardado ou diferido: a espécie encontra previsão nas hipóteses de ação controlada e entrega vigiada, estudadas no capítulo de "Provas Especiais", aos quais remetemos o leitor para aprofundamento no tocante às Leis de Organizações Criminosas, Drogas e Lavagem de Capitais. A título apenas conceitual, o flagrante prorrogado é aquele que, não obstante existirem elementos para sua deflagração imediata, a autoridade policial aguarda o momento mais propício para a investigação criminal ou colheita de provas.

g) Flagrante forjado, fabricado, maquinado ou urdido: na espécie, agentes policiais criam, falsamente, a situação de flagrante, plantando drogas, armas e etc., para realizarem a prisão ilegal. A conduta é concebida como crime de abuso de autoridade, nos termos do art. 9º do Lei 13.869/19.

h) Flagrante cataléptico: a expressão, utilizada por Thiago Siffermann e Rilmo Braga[19], associa o flagrante com a catalepsia, doença que paralisa a musculatura, deixando os membros rígidos e sem contrações, afetando o corpo de tal forma que, por vezes, a pessoa é dada como morta. Os autores tratam a espécie como a situação na qual um flagrante originalmente lícito passa a sofrer de um vício insanável quando, por exemplo, o policial, a despeito de estar diante de uma hipótese de flagrante, não tem a intenção de realizá-lo, mas de extorquir o suspeito, maculando o ato na origem. Contudo, diante da chegada de outra equipe de policiais, o policial corrupto aborta o prosseguimento da conduta e "ressuscita" o flagrante original, prejudicado porque aquele que efetua a prisão, mas pede propina, não se revela digno de crédito para formalizar a apresentação do "preso" à autoridade policial. O termo cataléptico não nos parece adequado, pois na catalepsia não há morte, mas apenas sua aparência e, no caso, o flagrante, ilegal, "morre" por ausência de legalidade. A tentativa de resgatá-lo, portanto, mais se assemelha a um "flagrante zumbi", morto-vivo, do que à catalepsia em si, onde não há morte e, *mutatis mutandis*, legalidade.

21.8.6 Flagrantes realizados por agentes disfarçados – ilicitude?

O §2º do art. Art. 17 do Estatuto do Desarmamento[20], Lei 10.826/03, prevê que:

> § 2º Incorre na mesma pena quem **vende ou entrega arma de fogo, acessório ou munição, sem autorização ou em desacordo com a determinação legal ou regulamentar, a agente policial disfarçado**, quando presentes elementos probatórios razoáveis de conduta criminal preexistente.

19. http://emporiododireito.com.br/leitura/flagrante-cataleptico-por-thiago-siffermann-e-rilmo-braga. Acesso em 27.05.22, as 10h11min.

20. O art. 18, parágrafo único, contém previsão similar.

Por sua vez, o art. 33, §1º, IV, da Lei de Drogas, assinala que:

> IV - **vende ou entrega drogas ou matéria-prima, insumo ou produto químico destinado à preparação de drogas, sem autorização ou em desacordo com a determinação legal ou regulamentar, a agente policial disfarçado**, quando presentes elementos probatórios razoáveis de conduta criminal preexistente.

Os dispositivos, incluídos pela Lei do Pacote Anticrime, criaram a figura do agente policial disfarçado, permitindo a atuação proativa do policial como forma de caracterização do delito e, consequentemente, do próprio flagrante. Cumpre-nos indagar, trata-se de flagrante provocado?

Antes de apresentarmos nossa posição, exemplifiquemos para melhor contextualizar a questão. Agentes policiais, no curso de investigação realizada para apuração de tráfico de drogas, recebem a informação de que Caio, já investigado pelo delito de tráfico, estaria num determinado local vendendo drogas. Disfarçadamente, um dos policiais comparece ao local e, simulando ser usuário, tenta e consegue comprar drogas nas mãos de Caio, prendendo-o em flagrante delito porquanto o fato ocorrido trilha a linha da investigação, evidenciando a presença de elementos probatórios razoáveis de conduta criminal preexistente, qual seja, o trazer consigo a droga para comercialização.

O flagrante pela venda é nitidamente provocado, pois a relação não teria se estabelecido sem que o policial provocasse o agente. Contudo, o flagrante pela conduta criminal preexistente, "trazer consigo", nos parece válido, vez que a ação policial, ainda que provocativa, não interferiu na conduta pretérita do agente. Há, no caso, um crime de natureza permanente, não induzido pelos policiais, cujo elemento intelectivo deriva exclusivamente do agente. O flagrante, portanto, será válido se lavrado pela conduta preexistente, permanente, cuja confirmação probatória tão somente decorre da conduta do agente disfarçado. Por não haver influência no *animus* do agente, não observamos ilegalidade no procedimento.

O ponto crítico dos dispositivos, todavia, não está no procedimento em si, que melhor teria nascido sem vinculação típica a um determinado delito ou forma equiparada. Isso porque há uma **contradição sistêmica nos dispositivos**. O inc. IV do §1º do art. 33 da Lei de Drogas, ao prever a conduta típica de vender drogas, sem autorização ou em desacordo com determinação legal ou regulamentar, a agente policial disfarçado, quando presentes elementos probatórios razoáveis de conduta criminal preexistente, **mistura a tipicidade com atividade probatória**, porquanto pressupõe a existência de elementos probatórios razoáveis de conduta criminal preexistente.

Se há conduta criminal preexistente e essa não for permanente, descabe o flagrante, mas tão somente atividade probatória sobre sua configuração, posto que, em tese, deve haver conduta criminal preexistente. Por outro lado, se há conduta criminal preexistente e essa for permanente, a prisão em flagrante fundar-se-á na permanência do delito, cuja consumação se protrai no tempo.

Em ambos os casos, a venda, por si só, deriva de provocação e não permite o flagrante e, para nós, muito menos a caracterização típica, que parte da premissa de evento anterior já consumado, sendo mero exaurimento do crime ocorrido por provocação.

Nesse sentido, afastamos a configuração típica dos dispositivos, não obstante preservamos parte do seu conteúdo como atividade probatória possível para caracterização de delito preexistente.

21.8.7 Hipóteses especiais de (im)possibilidade de prisão em flagrante

a) Crimes permanentes: crime permanente é aquele cuja consumação se protrai no tempo, e, portanto, enquanto essa perdurar, será possível a realização da prisão em flagrante nos termos do art. 303 do CPP: "Nas infrações permanentes, entende-se o agente em flagrante delito enquanto não cessar a permanência". Assim, é perfeitamente possível a prisão em flagrante do sequestrador enquanto perdurar o sequestro ou a prisão do traficante que tem drogas em depósito, infrações de natureza permanente.

b) Crimes habituais: crime habitual é aquele que se caracteriza pela prática reiterada e uniforme de atos reveladores de um estilo criminoso de vida. Portanto, cada ato, em si, não caracteriza crime, mas somente sua reiteração habitual é capaz de fazer incidir a norma penal. A título de exemplo podemos citar o crime de manutenção de casa de prostituição (art. 229 do CP) e o exercício ilegal da medicina (art. 282 do CP). A consumação de tais delitos, portanto, pressupõe a reiteração do hábito por parte do agente, de forma que a conduta única é insuficiente para revelar e consumar o crime habitual. Sob essa estrutura, diverge a doutrina quanto à possibilidade do flagrante em crime habitual. Entendemos que a prisão em flagrante é possível quando existente investigação prévia reveladora do hábito, pressuposto da própria configuração do crime, ou minimamente, no momento da prisão, existirem elementos de prova suficientes a demonstrar a habitualidade, como livros de consulta, agenda de pacientes e etc., por exemplo, no crime de exercício ilegal de medicina.

c) Crimes de ação penal pública condicionada à representação e ação penal de iniciativa exclusivamente privada: na esfera das ações penais públicas condicionadas à representação ou ações penais públicas de iniciativa exclusivamente privada, a autoridade policial não pode instaurar o inquérito de ofício, vez que a persecução penal está condicionada à manifestação da vítima ou de seu representante legal ou requisição do Ministro da Justiça (art. 5º, §5º do CPP). Deve, portanto, aguardar a representação dos interessados para poder agir. No caso da prisão em flagrante, a mesma regra deve ser observada quanto à formalização e lavratura do auto de prisão, vez que, sem a manifestação do ofendido para a instauração do inquérito, não há sentido em se formalizar o ato que daria início ao próprio inquérito. Isso não significa, contudo, que não possa haver a captura e condução coercitiva, por vezes necessárias para evitar a evolução do delito para outro mais grave, ou mesmo para assegurar a paz pública. Não se exige uma manifestação formal por parte da vítima, que pode se manifestar até o prazo de entrega da nota de culpa (24h). Sendo inequívoca sua vontade, satisfeita estará a exigência legal.

d) Crime continuado: a figura do crime continuado é uma ficção jurídica criada pelo legislador para promover um tratamento diferenciado para os agentes que praticam diversos crimes da mesma espécie que, pelas condições de tempo, lugar, maneira de execução e outras semelhantes, são concebidos como continuação do primeiro. Logo, tem-se que o comportamento criminoso é fracionado em diversos delitos, os quais, dada sua autonomia, permitem a prisão em flagrante delito. A continuidade delitiva deve ser avaliada na sentença e não no momento da efetivação da prisão, razão pela qual a doutrina chama tal espécie de **flagrante fracionado**, conceituação à qual não compactuamos, pois o adjetivo fracionado remete ao substantivo flagrante, o qual, de fato, não recebe qualquer espécie de fracionamento.

e) Crimes de pequeno potencial ofensivo e porte para uso pessoal de drogas: segundo o art. 69, parágrafo único, da Lei 9.099/95, ao autor do fato que, após a lavratura do termo, for imediatamente encaminhado ao juizado ou assumir o compromisso de a ele comparecer, não se imporá prisão em flagrante, nem se exigirá fiança. O art. 48, §2º da Lei de Drogas, por sua vez, dispõe que se tratando da conduta prevista no art. 28, não se imporá prisão em flagrante, devendo o autor do fato ser imediatamente encaminhado ao juízo competente ou, na falta deste, assumir o compromisso de a ele comparecer, lavrando-se termo circunstanciado e providenciando-se as requisições dos exames e perícias necessários. Vale ressaltar que a temática relacionada à descriminalização do porte de drogas para uso pessoal encontra-se sob julgamento perante do STF, RE 635659 (Tema de Repercussão Geral 506). A votação, que conta atualmente com cinco votos favoráveis à descriminalização, poderá, a ser confirmar o prognóstico pela descriminalização, ainda que parcial, afastará a própria necessidade de lavratura de termo circunstanciado de ocorrência.

Nitidamente, verifica-se a impossibilidade de lavratura do APFD nos casos acima, vez que o legislador entende que tais delitos são de baixa ofensividade, não se justificando a prisão. Ocorre que, não obstante a impossibilidade de prisão consignada, no âmbito dos delitos de pequeno potencial ofensivo, o legislador estabeleceu uma condicionante para não lavratura do APFD, o encaminhamento imediato do agente ao juizado ou que ele assuma o compromisso de a ele comparecer, ou seja, caso não seja encaminhado ao juizado e não assuma o compromisso de comparecimento, poderá ser lavrado o APFD.

A impossibilidade de lavratura de APFD não significa que o agente não possa ser detido e conduzido à delegacia, pois tais procedimentos podem ser necessários para fazer cessar a prática do delito, para tutelar a vítima ou para que se dê uma pronta resposta à sociedade. Não se admitirá, contudo, a formalização do flagrante por meio da lavratura do APFD e, consequentemente, que o agente permaneça preso.

21.8.8 O comparecimento espontâneo impede a prisão em flagrante?

A redação anterior do art. 317 do CPP era clara ao afirmar que a apresentação espontânea impedia a decretação da prisão preventiva, de forma que na trilha da coerência, a doutrina e jurisprudência sustentavam a impossibilidade da prisão em flagrante por tal motivo.

Mesmo com a alteração do art. 317 do CPP, não nos parece possível que ao agente que se apresenta espontaneamente seja imposta a prisão em flagrante delito, pois, nessas circunstâncias, não é encontrado em flagrante delito (art. 301, CPP). A apresentação espontânea, portanto, afasta a incidência legal, porquanto o agente não se encontra em alguma das situações previstas no art. 302 do CPP.

Não se pode confundir a rendição com a apresentação espontânea. A primeira não afasta a possibilidade da prisão em flagrante, como na hipótese do agente que, em fuga da polícia militar, com receio de ser preso na rua, dirige-se à delegacia de polícia para se apresentar. No exemplo, havia perseguição e o fato do agente se render perante outra autoridade policial não afasta a possibilidade da prisão em flagrante. *In casu*, a apresentação não é espontânea, mas provocada pelas circunstâncias de fato.

Vale destacar que, mesmo não se admitindo a prisão em flagrante nos casos de apresentação espontânea, será possível a decretação da prisão preventiva diante da satisfação dos requisitos e pressupostos legais, previstos nos arts. 312 e 313 do CPP.

21.8.9 Auto de prisão em flagrante delito

Realizada a captura e a condução coercitiva, indispensável será a lavratura do auto de prisão em flagrante delito (APFD), o qual deve observar as formalidades legais. Nele se consubstancia a legalidade da prisão.

O art. 304 do CPP dispõe que, apresentado o preso à autoridade competente, ouvirá essa o condutor e colherá, desde logo, sua assinatura, entregando a este cópia do termo e recibo de entrega do preso. Em seguida, procederá à oitiva das testemunhas que o acompanharem e ao interrogatório do acusado sobre a imputação que lhe é feita, colhendo, após cada oitiva suas respectivas assinaturas, lavrando, a autoridade, afinal, o auto. O §4º do art. 304, CPP, por sua vez, assinala que da lavratura do auto de prisão em flagrante deverá constar a informação sobre a existência de filhos, respectivas idades e se possuem alguma deficiência, o nome e o contato de eventual responsável pelos cuidados dos filhos, indicado pela pessoa presa.

A lavratura do APFD marca o início da investigação pelo fato objeto da prisão, tanto que se caracteriza como peça inaugural do inquérito policial, fruto de *notitia criminis* de cognição coercitiva.

A lavratura do APFD deve ocorrer por escrito, formando o instrumento que será objeto de comunicação ao juízo, ao Ministério Público e à Defensoria Pública, na hipótese do art. 306, §1º. Nada impede que a autoridade policial faça o registro dos depoimentos por meio audiovisual e instrua o APFD também com seu conteúdo. No entanto, a forma escrita ainda é imprescindível para validade do APFD, *ex vi* art. 9º do CPP: todas as peças do inquérito policial serão, num só processado, **reduzidas a escrito ou datilografadas** e, neste caso, **rubricadas pela autoridade**. Assim, dada a formalidade expressa, enquanto não afastada por outra norma, impõe a sua observância, vez que a forma, no processo penal, é garantia.

Do introito, podemos extrair os requisitos gerais da lavratura do APFD, que serão vistos em tópicos próprios.

21.8.9.1 Lavratura por autoridade com atribuição própria

A atribuição para lavratura do APFD, em regra, é conferida à autoridade policial (art. 4º, CPP), que poderá valer-se do escrivão ou de qualquer pessoa designada pela autoridade, depois de prestado o compromisso legal (art. 305, CPP). Como o preso deve ser apresentado à autoridade do local onde foi preso (art. 290, CPP) e essa compete a lavratura do APFD e não àquela do local do fato criminoso que deu origem à prisão. Nos termos do art. 308 do CPP, não havendo autoridade no lugar em que se tiver efetuado a prisão, o preso será logo apresentado à do lugar mais próximo, isto é, aquela cujo tempo de apresentação for mais breve.

Isso não significa, pelo próprio teor do parágrafo único, que a norma não possa conferir atribuições para que outra autoridade administrativa também o faça. À guisa de exemplo, a Súmula 397 do STF assinala que "o poder de polícia da Câmara dos Deputados e do Senado Federal, em caso de crime cometido nas suas dependências, compreende, consoante o regimento, a **prisão em flagrante do acusado** e a realização do inquérito". Outra hipótese a ser destacada é que, no âmbito dos crimes militares, a atribuição para lavratura do APFD foi conferida ao comandante, oficial de dia, de serviço ou de quarto, ou autoridade correspondente, nos termos do art. 245, *caput*, do CPPM.

O art. 307 do CPP dispõe:

> Art. 307. Quando o fato for praticado em **presença da autoridade, ou contra esta, no exercício de suas funções**, constarão do auto a narração deste fato, a voz de prisão, as declarações que fizer o preso e os depoimentos das testemunhas, **sendo tudo assinado pela autoridade**, pelo preso e pelas testemunhas e remetido imediatamente ao juiz a quem couber tomar conhecimento do fato delituoso, **se não o for a autoridade que houver presidido o auto.**

O dispositivo precisa ser lido sob a luz do sistema acusatório, que não somente afasta o magistrado da instrução investigativa, mas que separa, nitidamente, as funções processuais.

O art. 307 revela uma teratologia ao prever a possibilidade de a própria autoridade-vítima presidir o APFD. O sistema acusatório não deixa qualquer brecha para que a autoridade-vítima possua poder decisório, não obstante o STF ter julgado constitucionais os inquéritos presididos por próprios Ministros do STF, que acumularam, em alguns casos, as funções de vítimas, investigadores e julgadores, como por exemplo no INQ 4781. Certo de que a história corrigirá tais eventos, ao não admitimos que a autoridade-vítima possa ter poder decisório, reforçamos a tese de que a vítima, em hipótese alguma, poderá presidir o APFD, ainda que delegado de polícia.

Qualquer vítima de um delito está psicologicamente comprometida com o evento, não sendo razoável se admitir que o delegado de polícia, ainda que detentor da atribuição para lavratura do APFD, venha a presidir um auto no qual é a própria vítima. Sendo praticado o delito contra sua pessoa, no exercício de suas funções, poderá, como qualquer um do povo, realizar a prisão em flagrante do agente, capturando-o. Contudo, em razão da vinculação como vítima, não poderá conduzir coercitivamente o agente e, menos ainda, lavrar o APFD. No caso, deverá, após render o criminoso, acionar a polícia para que o fluxo ordinário seja seguido, sob pena de quebra da lógica do sistema.

Com maior fundamento, não admitimos a possibilidade de o magistrado presidir APFD, pois com o sistema acusatório, não detém o poder de investigação. Ao contrário, sua função, nessa fase, é a de tão somente tutelar os direitos e garantias fundamentais, controlar a legalidade da investigação e, com imparcialidade e isenção, agir como juiz das garantias. Assim, ocorrendo o fato na presença da autoridade, ou contra esta, no exercício de suas funções, poderá realizar a prisão em flagrante como qualquer do povo, agindo, na sequência, do mesmo modo que qualquer um do povo deverá agir, isto é, acionando a autoridade com atribuições para continuidade do flagrante.

No que toca aos membros do Ministério Público, a situação, para nós, revela-se um pouco distinta. Quando vítima de um delito, no exercício das funções, deverá, rigorosamente, seguir o procedimento acima descrito, isto é, poderá prender em flagrante, como qualquer um do povo, mas não poderá dar sequência à formalização do flagrante. Por outro lado, ocorrendo o crime em sua presença, diante da possibilidade de instauração de PIC, poder-se-ia cogitar a possibilidade de lavratura da prisão em flagrante delito por parte do membro do Ministério Público, pois, se poderá investigar o fato por meio de PIC, assim como o delegado de polícia, poderia lavrar o APFD.

Assim, todavia, não entendemos, haja vista que a prerrogativa de instauração de investigação criminal pelo Ministério Público pressupõe sua abertura por portaria nos termos do art. 4º da Resolução 181 do CNMP. O PIC, como instrumento de investigação criminal, não se destina à substituição da autoridade policial, incumbida, em regra da investigação. Além da questão jurídico-formal, não podemos nos olvidar do fato de que o promotor de justiça, ao presenciar a infração penal, é testemunha do evento e, como tal, não possui, para nós, a prerrogativa de lavrar o APFD, sob pena de, novamente, misturarmos as funções no processo penal. Nesse particular, a questão relacionada ao fato de ser testemunha igualmente se aplica ao magistrado e ao próprio delegado de polícia que presenciarem o fato criminoso e efetivarem a prisão.

Em síntese conclusiva, entendemos que a autoridade que presencia o fato pode realizar a prisão (captura), mas não poderá presidir o APFD, por ser testemunha do evento. Igualmente, sendo vítima do crime, poderá realizar a prisão, mas não poderá presidir o APFD, por ser vítima do evento. Logo, temos que a regra é a lavratura do APFD pela autoridade policial que não teve participação na prisão.

A despeito das considerações acima, há situações extraordinárias nas quais a autoridade policial não poderá lavrar o APFD. O art. 40, III, da Lei 8.625/93, Lei Orgânica do Ministério Público, por exemplo, dispõe que os membros do Ministério Público, nos casos de flagrante em crime inafiançável, sendo preso, deverá ter sua prisão comunicada e ser apresentado, em até 24h, ao Procurador-Geral de Justiça. Dispositivo similar é encontrado na Lei Orgânica Nacional da Magistratura (LC 35/79, art. 33, II), que impõe a comunicação e apresentação ao Presidente do Tribunal a que esteja vinculado.

Há, contudo, entendimento doutrinário em sentido diverso, sustentando que a autoridade policial pode lavrar o auto de prisão em flagrante delito, especialmente em razão do veto parcial à parte final do art. 33, II da LC 35/79. Nesse sentido, DECARLI[21]:

> Isso porque não se atentou o autor que parte do dispositivo da Lei Orgânica da Magistratura, reproduzido pelas leis orgânicas dos Ministérios Públicos, foi vetado em sua parte final e, ao visualizar as razões do veto, encontra-se a seguinte justificativa: "a expressão 'e em cuja presença será lavrado o auto respectivo', in fine, no item II do art. 33, dado que seria impraticável a autuação, em todos os casos, sem prejudicar a flagrância do delito".
>
> Assim, fazendo uso da interpretação sistemática do dispositivo junto com a exposição de motivos do veto, conclui-se que a ausência do Presidente do Tribunal, bem como do chefe do Ministério Público, não impede que o delegado de polícia, na qualidade de autoridade policial prevista na legislação ordinária, proceda à lavratura do respectivo auto prisional, apresentando o magistrado ou membro ministerial, no prazo de 24 horas, ao presidente do TJ ou ao PGJ, que então analisará a regularidade da prisão nos termos do artigo 310 do Código de Processo Penal.

---

21. DECARLI, Rodolfo Luiz. **A prisão em flagrante delito e os detentores de foro por prerrogativa de função**. Revista Jus Navigandi, ISSN 1518-4862, Teresina, ano 22, n. 5150, 7 ago. 2017. Disponível em: https://jus.com.br/artigos/59198. Acesso em: 28 mai. 2022, às 14h.

Ocorre que, não obstante as razões do veto, a interpretação sistemática e o diálogo de fontes não nos permite inferir pela possibilidade de lavratura do APFD pela autoridade policial tão somente pelas razões do veto.

O art. 40, V da Lei 8.625/93, assinala ser prerrogativa do membro do Ministério Público "ser custodiado ou recolhido à prisão domiciliar ou à sala especial de Estado Maior, **por ordem e à disposição do Tribunal competente**, quando sujeito a prisão antes do julgamento final. Por sua vez, o inc. III, do art. 33, da LC 35/79, dispõe ser prerrogativa do magistrado "ser recolhido a prisão especial, ou a sala especial de Estado-Maior, **por ordem e à disposição do Tribunal ou do órgão especial competente,** quando sujeito a prisão antes do julgamento final".

Coroando o diálogo de fontes, o §1º do art. 304 do CPP dispõe que "**resultando das respostas fundada a suspeita** contra o conduzido, **a autoridade mandará recolhê-lo à prisão**, exceto no caso de livrar-se solto ou de prestar fiança, e prosseguirá nos atos do inquérito ou processo, se para isso for competente; se não o for, enviará os autos à autoridade que o seja".

Em primeiro lugar, o julgamento sobre o que se considera "fundada a suspeita" não compete à autoridade policial nos casos em epígrafe, mas tão somente ao Tribunal competente. Permitir a realização de juízo valorativo ao delegado de polícia quanto à conduta de magistrado ou promotor de justiça caracterizaria uma expressa violação às suas prerrogativas. Em segundo lugar, em hipótese alguma poderá determinar o recolhimento à prisão, cuja determinação compete expressamente ao Tribunal do Justiça.

Nesse ponto, necessária se faz a indagação: que auto de prisão em flagrante delito seria esse que não pode determinar a prisão? O art. 304, *caput*, é por demais claro quanto à necessidade de apresentação do preso à autoridade competente, mas qual? Obviamente aquela que possui competência ou, no mínimo, atribuição para se manifestar quanto à prisão. Afinal, trata-se de auto de prisão em flagrante delito. Logo, se o delegado de polícia não poderá determinar, realizar juízo valorativo ou determinar o recolhimento à prisão, não há menor sentido em se autorizar a formalização de oitivas e interrogatório, os quais, se produzidos, caracterizariam violação às prerrogativas legais.

21.8.9.2 Oitiva do condutor e testemunhas

Condutor é a pessoa que efetivamente conduz o preso perante a autoridade policial. Via regra é o responsável pela prisão, mas a norma não impõe essa obrigatoriedade. Assim, pouco importa se o condutor é agente público ou qualquer um do povo, se presenciou a infração penal ou realizou a prisão do agente, será ouvido pela autoridade tão somente pelo fato de ser o responsável pela condução, oportunidade que prestará as declarações tão somente acerca dos fatos que presenciou ou tomou conhecimento, e da condução em si.

Segundo o art. 304 do CPP, o condutor deve ser a primeira pessoa a ser inquirida, sendo que, após sua oitiva, a autoridade deverá, desde logo, colher sua assinatura e entregar-lhe cópia do termo e recibo de entrega do preso. O procedimento visa promover a transferência da responsabilidade pelo preso, até então sob custódia do condutor. Entendemos que, encerrada essa etapa do procedimento de lavratura, o condutor deverá ser liberado da sequência dos atos, não sendo necessário seu acompanhamento até o final. Explicamos.

A parte inicial do art. 304 do CPP trata especificamente do condutor, impondo à autoridade a sua oitiva, colheita, desde logo, de sua assinatura no termo, e efetiva entrega de cópia do termo de depoimento e recibo de entrega do preso. Na sequência o art. 304 do CPP passa a dispor sobre a oitiva das testemunhas trazidas ou acompanhadas pelo condutor e interrogatório do conduzido, assinalando que, após cada oitiva, deverão apor suas respectivas assinaturas.

Percebam que a menção às assinaturas nos termos de depoimento dirige-se apenas às testemunhas e interrogado, não apontando para o condutor que, em tese, cumpriu seu dever com a condução e oitiva. O destaque é importante porque na expressiva maioria dos casos o condutor é um policial, seja militar ou civil. Retê-lo, até a finalização do APFD, após ter recebido cópia do termo de seu depoimento e recibo de entrega do preso, não se afigura razoável, pois o retira de suas funções ordinárias por longo espaço de tempo. A lei não impõe a assinatura do condutor nos termos de depoimento das testemunhas ou do interrogado, motivo pelo qual entendemos que o condutor, após cumprir a sua missão para com o flagrante, deverá ser liberado pela autoridade policial.

A formalidade do ato ainda exige a oitiva das testemunhas, às quais podem ou não ter presenciado o delito ou a prisão. A norma expressamente não estabelece o número mínimo de testemunhas a serem inquiridas para a formalização do ato. No entanto, em razão da utilização do termo "testemunhas" no plural, trilha-se a linha da oitiva de **ao menos duas testemunhas** para a formalização do ato.

No mesmo sentido, não entendemos pela necessidade de que as testemunhas permaneçam até o final do APFD, circunstância que as imporia uma desnecessária permanência na delegacia de polícia. A redação do art. 304 do CPP, especificamente no trecho, "colhendo, após cada oitiva suas respectivas assinaturas", nos sugere a possibilidade de **fracionamento do APFD**, de sorte que não mais se exige a assinatura das testemunhas em todos os termos, motivo pelo qual, após inquiridas formalmente, deverão ser dispensadas pela autoridade policial.

O §2º do art. 304 dispõe que a falta de testemunhas da infração não impede a formalização do auto de prisão em flagrante, mas, nesse caso, além do condutor, deverão assiná-lo pelo menos **duas pessoas** que tenham testemunhado a apresentação do preso à autoridade. Logo, à falta de testemunhas da infração, a norma impõe a oitiva de pelo menos duas testemunhas da apresentação do preso (testemunhas fedatárias ou instrumentais), além da oitiva do condutor.

Sobre o condutor, a jurisprudência reconhece a possibilidade de ser computado como testemunha para composição do número mínimo de duas testemunhas para formalização do ato[22].

21.8.9.3 Interrogatório do preso

Após a oitiva do condutor, a autoridade presidente do APFD deverá realizar a oitiva do conduzido, tratado, erroneamente, como acusado pelo art. 304 do CPP. No

22. Por construção jurisprudencial, aceita-se o condutor da prisão em flagrante como uma das testemunhas a fim de integrar a exigência numérica legal, prevista no art. 304 do CPP, de oitiva de pelo menos duas testemunhas. HC 53275/SP, DJ 27.08.07.

interrogatório, deve ser assegurado ao preso o direito ao silêncio e a oportunidade de se fazer acompanhar por defensor. Não se exige, efetivamente, que o contraditório seja exercido por defensor técnico, bastando que a autoridade assegure o exercício do direito e advirta o conduzido acerca de seu direito[23]. Isso se deve diante do fato que o exíguo prazo para formalização do APFD por vezes não permite o deslocamento de um advogado particular da família para acompanhamento do ato. Tendo sido assegurado o direito do preso de comunicar sua prisão à família ou outra pessoa, cabe a esses providenciar de forma breve, caso queiram, o acompanhamento do interrogatório por um defensor. Não seria razoável se exigir que a autoridade aguardasse a presença do advogado até a última hora do prazo para formalização do APFD.

Assim, não há vícios no APFD lavrado, quando cientificado e assegurado o direito de participação do defensor ao preso, esse não providenciar a defesa técnica até o momento da realização do ato. Do mesmo modo, não há qualquer vício no APFD lavrado quando o preso não reunir condições de prestar depoimento no momento da lavratura, seja por estar hospitalizado, embriagado ou qualquer outra condição que o impeça de se manifestar.

Sendo o conduzido incapaz de compreender o idioma ou linguagem nacional, seja por surdo-mudez ou por ser estrangeiro, por exemplo, deverá a autoridade policial nomear intérprete/tradutor para acompanhamento do ato. De igual modo, tratando-se de agente com sinais de incapacidade mental absoluta ou relativa, parece-nos necessário, caso não esteja acompanhado por representante legal, a nomeação de curador, ainda que provisório para acompanhamento do ato. A mesma conclusão, para nós, deve ser aplicada aos silvícolas cujo nível aculturação não possa ser avaliado, de forma segura, pela autoridade policial.

De forma sintética, havendo dúvidas quanto ao grau de compreensão da natureza do ato praticado, a prudência sugere a nomeação de curador para acompanhamento do ato, circunstância que, por exemplo, não mais se verifica de forma objetiva com os maiores de dezoito anos e menores de vinte e um anos, plenamente capazes segundo a lei civil.

No tocante à prisão de advogado, o art. 7º, IV da Lei 8.906/94 contém uma previsão especial, apta a gerar vícios na lavratura do APFD quando não cumprida. Segundo o dispositivo, é direito do advogado de contar com a presença de representante da OAB na lavratura do APFD, quando preso em flagrante por motivo associado ao exercício da advocacia. Ainda, nos demais casos, não vinculados ao exercício da profissão, possui o direito de que sua prisão seja comunicada à seccional da OAB, não se fazendo necessário, para se evitar a ocorrência de vícios, que se faça presente um representante da Ordem dos Advogados, bastando a mera comunicação conjugada com a ciência quanto à possibilidade de indicação de defensor.

O §4º do art. 304 do CPP, incluído pela Lei 11.113/05, assinala que da lavratura do auto de prisão em flagrante deverá constar a informação sobre a existência de filhos, respectivas idades e se possuem alguma deficiência e o nome e o contato de eventual responsável pelos cuidados dos filhos, indicado pela pessoa presa. A previsão visa resguardar a pessoa dos filhos e também possui o escopo de trazer elementos para uma

23. STJ: HC 58.127/SP, DJe 17.12.07.

apreciação razoável de qual medida será mais adequada ao conduzido, levando-se em consideração sua condição familiar.

O requisito normalmente é satisfeito quando do interrogatório, mas nada impede que outras pessoas possam trazer as informações para corpo do APFD. Entendemos que eventual omissão quanto a referida previsão não tem o condão de macular o APFD, pois a irregularidade pode ser sanada no curso da audiência de custódia, a ser realizada na sequência.

21.8.9.4 Prazo

O prazo para formalização do APFD é de 24h. Apesar do CPP não dispor expressamente acerca do prazo, como a autoridade policial deverá encaminhá-lo ao juízo competente no prazo de 24h (art. 306, §§1º e 2º), deduz-se, naturalmente, que a autoridade deverá formalizá-lo dentro do prazo da comunicação.

21.8.9.5 Análise jurídica do APFD pela autoridade presidente – consequências

21.8.9.5.1 Fundada suspeita verificada

Ao final da instrução do APFD, a autoridade policial deverá realizar uma análise preliminar quanto ao evento. Verificando, nos termos do art. 304, §1º, CPP, que das respostas trazidas pelos inquiridos, há fundada a suspeita contra o conduzido, a autoridade mandará recolhê-lo à prisão, exceto no caso de livrar-se solto ou de prestar fiança, e prosseguirá nos atos do inquérito, enviando os autos à autoridade competente. Nitidamente, o dispositivo, em sua redação original, traz uma impropriedade ao prever a possibilidade de prosseguimento do processo se competente for a autoridade policial, afastada pela não recepção do procedimento judicialiforme pela Constituição Federal.

Assim, verificada a fundada suspeita, a autoridade policial deverá, em sequência:

1) determinar o seu recolhimento à prisão (art. 304, §1º, CPP) se não for o caso nos quais o conduzido deve livrar-se solto ou de concessão de fiança;
2) entregar ao preso, em até 24h, a nota de culpa (art. 306, §2º);
3) Encaminhar ao juízo competente o auto de prisão em flagrante em até 24h e, caso o autuado não informe o nome de seu advogado, cópia integral para a Defensoria Pública. Registre-se que o juízo competente é o do local do trâmite do futuro processo, definido pelas regras de competência previstas no CPP e não necessariamente o juízo do local da prisão, vez que essa pode ser realizada e formalizada em juízo diverso nos casos de perseguição.

Vale destacar que, nos fatos que envolvem apreensão de drogas, tipificados pela Lei 11.343/06, o art. 50, §1º dispõe que "para efeito da lavratura do auto de prisão em flagrante e estabelecimento da materialidade do delito, é suficiente o laudo de constatação da natureza e quantidade da droga, firmado por perito oficial ou, na falta deste, por pessoa idônea". Em síntese, a norma impõe, como requisito de validade do APFD, a realização do laudo de constatação da natureza e quantidade da droga.

21.8.9.5.2 Infundada suspeita

Apresentado o conduzido à autoridade policial, essa, consoante vimos, deverá seguir o procedimento de inquirição com o escopo de reunir elementos mínimos para dar prosseguimento à lavratura da prisão em flagrante delito. Ocorre que é perfeitamente possível que a autoridade não se convença da caracterização do flagrante delito e, por infundada suspeita diante dos elementos probatórios, não ratifique a voz prisão em flagrante delito dada pelo condutor.

Não se trata de relaxamento de prisão em flagrante, porquanto o relaxamento só pode ser realizado por autoridade judiciária nos termos do art. 5º, LXV da CF, mas de situação de não ratificação da prisão, dando ensejo ao que a doutrina chama de **auto de prisão em flagrante negativo**.

Nos casos em que o agente deve livrar-se solto, nos termos do art. 309 do CPP, deverá ser posto em liberdade, depois de lavrado o auto de prisão em flagrante. Contudo, conforme veremos com maiores detalhes mais adiante, tratando-se de situação de incidência de causa excludente de ilicitude, não caberá à autoridade presidente do APFD realizar referido juízo, sendo matéria sujeita à reserva de jurisdição.

21.8.9.5.3 Perp Walk

O *perp walk* é a exposição, indevida e intencional, do agente preso, de forma sensacionalista, em local público, visando expor o preso como um troféu à sociedade. O procedimento, de cunho populista e midiático, recebeu essa nomenclatura no Direito norte-americano sob os pretextos do direito à informação, da prevenção geral, da transparência das ações policiais e da credibilidade do Poder Judiciário.

A caminhada do criminoso, passível de ocorrer também no cumprimento de mandados de prisão, é mais usual nas prisões em flagrante delito, e estabelece um confronto entre o direito à liberdade de informação (art. 5º, XIV e art. 220, CF) e a inviolabilidade da imagem e honra do indivíduo (art. 5º, X, CF). Não se nega o fato de que a sociedade merece ser informada sobre as ações do Estado. Contudo, uma adequada ponderação principiológica evidencia que o sensacionalismo, a construção de uma antecipação da culpa e o excesso na exposição pelos agentes policiais, atentam contra a dignidade do indivíduo.

Do procedimento de exposição do preso decorre o efeito penal sedante para a opinião pública[24], porquanto repassa a ideia de não impunidade e força estatal. O *perp walk* cada vez mais tem revelado um efeito duplo ao ensejar uma invasão indevida na imagem do indivíduo e promover, pessoalmente, as autoridades que efetivaram a prisão que, não raras vezes, promovem os atos a título de exibicionismo para coletar engajamento que, igualmente não raras vezes, os lançam à cargos eletivos públicos.

A ministra Cármen Lúcia, em dois julgados relacionados ao uso de algemas e exposição do indivíduo, assim se manifestou:

> "Vivemos, nos tempos atuais, o Estado espetáculo. Porque muito velozes e passáveis, as imagens têm de ser fortes. A prisão tornou-se, nesta nossa sociedade doente, de mídias e formas sem conteúdo, um ato de grande teatro que se põe como se fosse bastante a apresentação de criminosos e não a apuração e a punição dos crimes na forma da lei. Mata-se

24. LOPES JR., Aury Lopes; BADARÓ, Gustavo Henrique Righi Ivahy. Direito ao Processo Penal no prazo razoável. Rio de Janeiro: 2009, Lumen Juris, p. 54.

> e esquece-se. Extinguiu-se a pena de morte física. Mas instituiu-se a pena de morte social. (HC 89.429, j. 22.08.06)
>
> O ser humano não é troféu para ser apresentado por outro, inclusive com alguns adereços que podem projetar ainda mais uma situação vexaminosa e de difamação social" (HC 91.952/SP, j. 07.08.08).

Tem-se, portanto, que o *perp walk*, quando destinado somente à promoção da prisão ou de seus executores, deve ao máximo ser evitado, seguindo-se a linha de raciocínio fornecida pelo teor da Súmula Vinculante nº 11 do STF:

> Só é lícito o uso de algemas em casos de resistência e de fundado receio de fuga ou de perigo à integridade física própria ou alheia, por parte do preso ou de terceiros, justificada a excepcionalidade por escrito, sob pena de responsabilidade disciplinar, civil e penal do agente ou da autoridade e de nulidade da prisão ou do ato processual a que se refere, sem prejuízo da responsabilidade civil do Estado.

21.9 ANÁLISE JUDICIAL DA PRISÃO – AUDIÊNCIA DE CUSTÓDIA

Realizada a prisão, lavrado o APFD e remetido o auto para a Justiça, o magistrado deverá seguir o procedimento previsto no art. 310 do CPP, não mais se sustentando a prisão em flagrante delito sem decisão judicial que a converta em prisão preventiva ou temporária. A redação do art. 310 do CPP, portanto, estabelece o termo final da prisão em flagrante como apta a manter o conduzido encarcerado, impondo o controle judicial da prisão ao magistrado e a necessidade de decretação de nova prisão por esse, caso seja adequada e pertinente. Vejamos o dispositivo:

Art. 310. Após receber o auto de prisão em flagrante, **no prazo máximo de até 24 (vinte e quatro) horas após a realização da prisão**, o juiz deverá promover **audiência de custódia** com a **presença do acusado, seu advogado constituído ou membro da Defensoria Pública** e o **membro do Ministério Público**, e, nessa audiência, o juiz deverá, fundamentadamente:

I - relaxar a prisão ilegal; ou

II - converter a prisão em flagrante em preventiva, quando presentes os requisitos constantes do art. 312 deste Código, e se revelarem inadequadas ou insuficientes as medidas cautelares diversas da prisão; ou

III - conceder liberdade provisória, com ou sem fiança.

§1º **Se o juiz** verificar, pelo auto de prisão em flagrante, que o agente praticou o fato em qualquer das condições constantes dos incisos I, II ou III do *caput* do art. 23 do Decreto-Lei nº 2.848, de 7 de dezembro de 1940 (Código Penal), poderá, fundamentadamente, conceder ao acusado **liberdade provisória, mediante termo de comparecimento obrigatório a todos os atos processuais**, sob pena de revogação.

§2º Se o juiz verificar que o agente é **reincidente** ou que **integra organização criminosa armada ou milícia**, ou que **porta arma de fogo de uso restrito**, deverá **denegar a liberdade provisória**, com ou sem medidas cautelares.

§3º A autoridade que deu causa, sem motivação idônea, à não realização da audiência de custódia no prazo estabelecido no *caput* deste artigo responderá administrativa, civil e penalmente pela omissão.

§4º Transcorridas 24 (vinte e quatro) horas após o decurso do prazo estabelecido no *caput* deste artigo, a não realização de audiência de custódia sem motivação idônea ensejará também a ilegalidade da prisão, a ser relaxada pela autoridade competente, sem prejuízo da possibilidade de imediata decretação de prisão preventiva. (Suspenso liminarmente pela ADI 6.299-MC/DF).

21.9.1 Audiência de custódia

21.9.1.1 Origem no ordenamento jurídico brasileiro e conceito

A audiência de custódia foi inserida no ordenamento jurídico pátrio pela Resolução CNJ 213/15, passando a constar de texto expresso de lei com a Lei 13.964/19. As normas foram guiadas, entre outros, pelo art. 9º, item 3, do Pacto Internacional de Direitos Civis e Políticos das Nações Unidas, bem como o art. 7º, item 5, da Convenção Americana sobre Direitos Humanos (Pacto de São José da Costa Rica) e pela decisão do STF, nos autos da Arguição de Descumprimento de Preceito Fundamental 347, que consignou a obrigatoriedade da apresentação da pessoa presa à autoridade judicial competente.

Em síntese, a audiência de custódia é o instituto jurídico que assegura ao preso, de forma célere, o contato imediato com o magistrado para que esse possa não somente decidir pela decretação ou não da prisão, mas também verificar as condições físicas da pessoa presa, como forma de se prevenir a reprimir a prática de tortura no momento da prisão, assegurando, portanto, o direito à integridade física e psicológica das pessoas submetidas à custódia estatal.

21.9.1.2 Impõe-se a audiência em qualquer espécie de prisão de natureza penal?

O art. 287 do CPP expressamente dispõe que se a infração for inafiançável, a falta de exibição do mandado não obstará a prisão, e o preso, em tal caso, será imediatamente apresentado ao juiz que tiver expedido o mandado, para a realização de audiência de custódia.

Por sua vez, o art. 310 do mesmo Código assinala que após receber o auto de prisão em flagrante, no prazo máximo de até 24 (vinte e quatro) horas após a realização da prisão, o juiz deverá promover audiência de custódia com a presença do acusado, seu advogado constituído ou membro da Defensoria Pública e o membro do Ministério Público.

Nitidamente, percebe-se que o art. 287 do CPP prevê a audiência de custódia nos casos de prisões cautelares (temporária ou preventiva) e o art. 310 do CPP a audiência no caso de prisão em flagrante.

Superado esse ponto, cumpre indagar acerca da necessidade de realização da audiência de custódia nos casos de prisões em cumprimento de mandado de prisão de cunho definitivo, isto é, decorrentes de sentença penal condenatória transitada em julgado. Enfrentando o tema, o STF, no julgamento do AgR na Rcl 29.303/RJ[25], decidiu pela necessidade de realização da audiência de custódia em todas as **modalidades de prisão**[26]:

> [...] Não há dúvidas da imprescindibilidade da audiência de custódia, quer em razão de prisão em flagrante (como determinado expressamente no julgamento da ADPF 347), quer também nas demais modalidades de prisão por conta de previsão expressa na legislação processual penal (art. 287 do CPP, com redação dada pela Lei 13.964/2019 de 24/12/2019)[...]
>
> A audiência de apresentação ou de custódia, seja qual for a modalidade de prisão, configura instrumento relevante para a pronta aferição de circunstâncias pessoais do preso, as quais

25. DJe 06.03.23.

26. O STJ, por meio da 6ª Turma, entendeu que "a audiência de custódia só deve ser realizada para presos em flagrante, tratando-se de única hipótese prevista". AgRg no RHC 140995/BA, DJe 25.04.22.

> podem desbordar do fato tido como ilícito e produzir repercussão na imposição ou no modo de implementação da medida menos gravosa. [...]

21.9.1.3 Impõe-se a audiência em prisão por dívida de obrigação alimentar?

Conforme vimos acima, o STF expressamente consignou a obrigatoriedade de realização da audiência em todas as modalidades prisionais. "Todas", sem qualquer espécie de restrição, não reflete, para nós, qualquer espécie de dúvida, de forma que a audiência de custódia deve ser realizada em todas as modalidades de prisão.

Nesse sentido, o artigo 2º do Pacto de São José da Costa Rica, incorporado ao ordenamento pátrio pelo Decreto 678/92, dispõe que "se o exercício dos direitos e liberdades mencionados no artigo 1 ainda não estiver garantido por disposições legislativas ou de outra natureza, os Estados-partes comprometem-se a adotar, de acordo com as suas normas constitucionais e com as disposições desta Convenção, as medidas legislativas ou de outra natureza que forem necessárias para tornar efetivos tais direitos e liberdades".

Na mesma esteira, o item 5 do art. 7º assinala que:

> **Toda pessoa detida ou retida deve ser conduzida, sem demora, à presença de um juiz ou outra autoridade autorizada pela lei a exercer funções judiciais** e tem direito a ser julgada dentro de um prazo razoável ou a ser posta em liberdade, sem prejuízo de que prossiga o processo. Sua liberdade pode ser condicionada a garantias que assegurem o seu comparecimento em juízo.

No julgamento do RE 466.343, com repercussão geral (Tema 60), o STF decidiu que os tratados e as convenções internacionais sobre direitos humanos, quando não incorporados como emenda constitucional, possuem a natureza de normas supralegais.

> (...) diante do inequívoco caráter especial dos tratados internacionais que cuidam da proteção dos direitos humanos, não é difícil entender que a sua internalização no ordenamento jurídico, por meio do procedimento de ratificação previsto na CF/1988, tem o condão de paralisar a eficácia jurídica de toda e qualquer disciplina normativa infraconstitucional com ela conflitante. **RE 466.343**, rel. min. **Cezar Peluso**, voto do min. **Gilmar Mendes**, P, j. 3-12-2008, *DJE* 104 de 5-6-2009, Tema 60.

No julgamento do HC 95.967, DJe 28.11.08, expressamente o STF consignou que

> Há o caráter especial do PIDCP (art. 11) e da CADH — Pacto de São José da Costa Rica (art. 7º, 7), ratificados, sem reserva, pelo Brasil, no ano de 1992. **A esses diplomas internacionais sobre direitos humanos é reservado o lugar específico no ordenamento jurídico, estando abaixo da CF/1988, porém acima da legislação interna. O *status* normativo supralegal dos tratados internacionais de direitos humanos subscritos pelo Brasil torna inaplicável a legislação infraconstitucional com ele conflitante, seja ela anterior ou posterior ao ato de ratificação.**

Em processo interpretativo, temos que o STF reconhece o status de norma supralegal aos tratados internacionais referentes a direitos humanos, os quais não podem ser contrariados por normas ordinárias conflitantes. Por sua vez, igualmente reconhece que a audiência de custódia deve ser realizada em todas as modalidades de prisão. Logo, sendo a prisão civil por dívida alimentar, há que se realizar a audiência de custódia pelo juízo de família que decretou a prisão, salvo se apresentado a autoridade em outra comarca, a qual deverá realizá-la, em cumprimento ao comando do Decreto 678/92, insculpido no art. 7º, item 5: **Toda pessoa detida ou retida deve ser conduzida, sem**

demora, à presença de um juiz ou outra autoridade autorizada pela lei a exercer funções judiciais.

Não obstante nossa conclusão, há alguns pontos que merecem reflexão, conforme bem destacado por Daniel Ferreira de Lira e Dimitre Braga Soares de Carvalho[27]:

> A despeito da obrigatoriedade (ou não) da audiência de custódia, em tais hipóteses, algumas questões merecem atenção da doutrina familiarista: a) O exequente poderia participar da custódia? Ou estaria limitada à presença do Ministério Público, Advogado ou Defensor Público do preso e o Magistrado? b) Na oportunidade, o preso civil poderia, inclusive, promover o pagamento ou comprovar que já o fez, ilidindo o mandado prisional e assegurando o fim último dessa modalidade de prisão? c) A audiência estaria limitada às mesmas preocupações das custódias criminais, inclusive quanto à discussão do mérito executivo, ora questão de fundo? d) Haveria ofensa ao princípio da preclusão no tocante às justificativas apresentadas, estas estariam limitadas a fatos novos? e) Caberia pedido de relaxamento de prisão civil, em caso de qualquer ilegalidade? f) O juiz de família, *mutatis mutandis*, estaria sujeito às disciplinas e procedimentos da Resolução nº 213/15 do CNJ e ao procedimento insculpido no Art. 310, §§ 3º e 4º do CPPB? f) O eventual relaxamento da prisão, em tais casos, diminuiria a força da medida, vulgarizando ainda mais o já desgastante processo de execução de alimentos? g) A competência seria sempre dos Juízos de Família, inclusive nas prisões civis efetivadas no período de plantão do Poder Judiciário?

Em resposta às indagações, sem a pretensão de esgotamento e ingresso não devido na seara cível, entendemos que: a) não cabe ao exequente participar da audiência de custódia, vez que essa possui escopo distinto da obrigação motivadora da decretação da prisão, estando, portanto, limitada à presença do Ministério Público, Advogado ou Defensor Público do preso e o Magistrado; b) na oportunidade, o preso civil pode promover o pagamento ou comprovar que já o fez, ilidindo o mandado prisional e assegurando o fim último dessa modalidade de prisão; c) a audiência está limitada às mesmas preocupações das custódias criminais, não se admitindo, contudo, a discussão do mérito executivo; d) não há ofensa ao princípio da preclusão no tocante às justificativas apresentadas, porquanto a audiência de custódia não se destina à apresentação das justificativas pelo inadimplemento, cujo palco próprio é o do processo executivo; e) cabe pedido de relaxamento de prisão civil nos casos em que a prisão civil tiver sido realizada de forma ilegal, com violação de domicílio em período noturno, por exemplo, ou o prescrição do título executivo; f) o juiz de família está sujeito às disciplinas e procedimentos da Resolução nº 213/15 do CNJ e à aplicação das regras dos §§3º e 4º do art. 310 do CPP; f) o relaxamento da prisão não diminui a força da medida, porquanto a análise a ser realizada envolve apenas a legalidade da prisão; e g) a competência será, em regra, a do Juízo de Família, afastando-se essa nos casos de prisões civis efetivadas no período de plantão do Poder Judiciário, cuja competência será do juiz plantonista.

Trazendo em parte soluções e, simultaneamente, complicadores, a corregedora nacional de Justiça, Maria Thereza de Assis Moura, determinou em 05.08.22, no âmbito do CNJ, que a audiência de custódia deve ser realizada em todos os tipos de prisão, inclusive prisão civil por dívida alimentícia. Entretanto, determinou que *a*

27. Por que não estamos fazendo audiência de custódia para os presos por dívida de alimentos? Disponível em https://ibdfam.org.br/artigos/1633/Por+que+n%C3%A3º+estamos+fazendo+audi%C3%AAncia+de+cust%C3%B3dia+para+os+presos+por+d%C3%ADvida+de+alimentos%3F. Acesso em 02.06.22, as 07h23min.

competência para realização das audiências seja sempre dos Juízos que determinaram a expedição da ordem de prisão e não das "centrais de custódia", dos órgãos congêneres ou dos Juízos plantonistas:

"Pelo exposto: I. Determino que a presidência dos Tribunais de Justiça, o Conselho da Justiça Federal e os cinco Tribunais Regionais Federais sejam intimados para que, em 30 (trinta) dias, promovam e comprovem a normatização ou o alinhamento dos atos normativos porventura destoantes do artigo 13, parágrafo único, da Resolução 213/2015 do CNJ e da estipulação constante nesta decisão, fazendo com que deles conste: (a) a obrigatoriedade da realização das audiências de custódia nos casos de prisão temporária, de *prisão preventiva*, de ***prisão definitiva*** para início de cumprimento de *pena* e de ***prisões cíveis, inclusive de alimentos***; (b) que a competência nessas hipóteses seja sempre dos Juízos que determinaram a expedição da ordem de prisão e não das "centrais de custódia", dos órgãos congêneres ou dos Juízos plantonistas".

Não obstante o teor da decisão seguir a linha da Resolução 213/15, não se pode olvidar da complexidade quanto ao seu cumprimento, especialmente pelo exíguo prazo para realização da audiência de custódia, bem como da complexa malha prisional que envolve um país com tamanha dimensão territorial. Na prática, a decisão está fadada ao descumprimento, porquanto contrária ao próprio interesse maior que fundamenta a audiência de custódia, os direitos e garantias da pessoa presa.

21.9.1.4 Prazo para realização

A redação do art. 310, *caput*, do CPP, ao contrário do sustentado pela doutrina, não estabelece, de forma clara e induvidosa, o prazo para a realização da audiência de custódia, isso porque a expressão "no prazo máximo de até 24 (vinte e quatro) horas após a realização da prisão" pode ser lida tanto como aposto especificativo da primeira parte do dispositivo "após receber o auto de prisão em flagrante", porquanto 24h é o prazo para encaminhamento do APFD (art. 306, §1º, CPP), ou como preposição de limite temporal referente à segunda parte do dispositivo "o juiz deverá promover audiência de custódia" no prazo de 24h.

Parece-nos, em razão do próprio prazo para encaminhamento do APFD pela autoridade policial, que o prazo de 24h referido no *caput* do art. 310, CPP, caracteriza-se como aposto especificativo, pois reforça o comando do art. 306, §1º do CPP. Não haveria sentido, de fato, se conferir o prazo de 24h para que o delegado de polícia formalizasse e encaminhasse o APFD e, simultaneamente, impusesse ao magistrado a realização da audiência de custódia no mesmo prazo. Entendimento diverso poderia conduzir à inexplicável situação de concomitância de prazo para realização de atos distintos, no qual um deles (audiência de custódia), depende da formalização de outro. O uso do prazo legal pelo delegado de polícia não pode consumir o prazo conferido ao magistrado.

A realização da prisão em flagrante ocorre com a captura do agente em uma das circunstâncias previstas no art. 302 do CPP, não nos parecendo haver margem para interpretar a realização da prisão com a lavratura do APFD. Logo, ao menos em tese, a audiência de custódia deveria ser realizada no prazo de 24h após captura.

Diante desse cenário, de possível dúvida, o STF, no julgamento das ADIs relacionadas ao instituto do juiz das garantias, atribuiu interpretação conforme ao § 1º do art. 3º-B do CPP, incluído pela Lei nº 13.964/2019, para estabelecer que o preso em flagrante ou por força de mandado de prisão provisória será encaminhado à presença do juiz das garantias, no prazo de 24 horas, salvo impossibilidade fática, momento em que se realizará a audiência com a presença do Ministério Público e da Defensoria Pública ou de advogado constituído, cabendo, excepcionalmente, o emprego de videoconferência, mediante decisão da autoridade judiciária competente, desde que este meio seja apto à verificação da integridade do preso e à garantia de todos os seus direitos.

No mesmo julgamento, especificamente o da ADI 6.299-MC/DF, o STF atribuiu interpretação conforme ao § 4º do art. 310 do CPP, para assentar que a autoridade judiciária deverá avaliar se estão presentes os requisitos para a prorrogação excepcional do prazo ou para sua realização por videoconferência, sem prejuízo da possibilidade de imediata decretação de prisão preventiva.

Em síntese, apesar do longo enfrentamento do tema, o STF perdeu a oportunidade de esclarecer, de forma definitiva, o termo inicial do prazo de 24h, se deve ser contato da comunicação da prisão pela autoridade policial, ou da efetiva lavratura do APFD.

Não obstante, conforme destacamos acima, em se tratando de prisão em flagrante delito, entendemos que deve ser observado o prazo para formalização da prisão em flagrante pela autoridade policial (até 24h), devendo o prazo de 24h para realização da audiência de custódia ser contabilizado imediatamente após o encaminhamento do APFD para o juiz das garantias. Em se tratando, todavia, de cumprimento de mandado de prisão, que dispensa a formalização de auto específico com as diligências exigidas no flagrante, o prazo de 24h terá como termo inicial a comunicação da prisão ao juiz das garantias.

Frise, contudo, que o STF, em diversos julgados, fixou o entendimento que a inobservância do prazo de 24h, caracteriza mera irregularidade[28], não gerando, de plano, constrangimento ilegal apto a promover o relaxamento da prisão.

21.9.1.5 Juízo para realização da audiência de custódia

Em regra, a audiência de custódia deveria ser realizada pelo juiz das garantias (art. 3º-B) do local da prisão, porquanto, dentro de sua competência, insere-se a de receber a comunicação imediata da prisão, nos termos do inciso LXII do *caput* do art. 5º da Constituição Federal (inc. I); receber o auto da prisão em flagrante para o controle da legalidade da prisão, observado o disposto no art. 310 deste Código (inc. II); e zelar pela observância dos direitos do preso, podendo determinar que este seja conduzido à sua presença, a qualquer tempo (inc. III).

A competência será a do juízo ao qual a Lei de Organização Judiciária local indicar e, na falta de indicação, do juízo que receber a comunicação da prisão em flagrante delito[29], observando-se, naturalmente, a competência especial nos casos de presos com foro por prerrogativa de função.

28. HC 178.547 e outros.

29. Vide comentários acima sobre a decisão do CNJ quanto à Resolução 213/15.

Destaque-se que o STF, no julgamento das ADIs relacionadas ao juiz das garantias, atribuiu interpretação conforme ao *caput* do art. 310 do CPP, alterado pela Lei nº 13.964/2019, para assentar que o juiz, em caso de urgência e se o meio se revelar idôneo, poderá realizar a audiência de custódia por videoconferência. Logo, permitiu-se, ainda que não como regra, a utilização de meios eletrônicos para realização da audiência.

Não obstante, mesmo antes da decisão do STF, o STJ possui entendimento de que, em razão da celeridade e razoabilidade, **não há vícios na realização da audiência de custódia no juízo que decretou a prisão** nos casos de prisão por mandato:

> **Nos termos da jurisprudência desta Corte, a audiência de custódia deve ser realizada na localidade em que ocorreu a prisão.** No caso, porém, o Investigado já foi conduzido à Comarca do Juízo que determinou a busca e apreensão, há aparente conexão probatória com outros casos e prevenção daquele Juízo, de forma que **não se mostra razoável determinar o retorno do Investigado para análise do auto de prisão em flagrante, notadamente em razão da celeridade que deve ser empregada em casos de análise da legalidade da custódia.** CC 182.728/PR, DJe 19.10.21.

21.9.1.6 Procedimento

Em regra, a audiência de custódia deve ser realizada na presença física do juiz, assegurando-se ao preso o direito de entrevista com o magistrado, oportunidade em que poderá formular as perguntas essenciais ao conduzido e verificar as condições da prisão e sua integridade física.

A audiência de custódia deverá ser realizada na presença do Ministério Público e da Defensoria Pública, caso a pessoa detida não possua defensor constituído no momento da lavratura do flagrante. Veda-se, por importante, a presença dos agentes policiais responsáveis pela prisão ou pela investigação durante a audiência de custódia (art. 4º, Resolução CNJ 213/15).

Pode ocorrer do preso estar acometido de grave enfermidade ou estar diante de circunstância comprovadamente excepcional que o impossibilite de ser apresentado ao juiz no prazo legal. Nesses casos, deverá ser assegurada a realização da audiência no local em que ela se encontre e, nos casos em que o deslocamento se mostre inviável, deverá ser providenciada a condução para a audiência de custódia imediatamente após restabelecida sua condição de saúde ou de apresentação (art. 1º, §4º, Res. 213/15).

Nos termos do art. 6º da Res. 213/15, antes da apresentação da pessoa presa ao juiz, será assegurado seu atendimento prévio e reservado por advogado por ela constituído ou defensor público, sem a presença de agentes policiais, sendo esclarecidos por funcionário credenciado os motivos, fundamentos e ritos que versam a audiência de custódia. Segundo o parágrafo único, deverá ser reservado local apropriado visando a garantia da confidencialidade do atendimento prévio com advogado ou defensor público.

Conforme o art. 8º, na audiência de custódia, a autoridade judicial entrevistará a pessoa presa em flagrante, devendo:

> I – esclarecer o que é a audiência de custódia, ressaltando as questões a serem analisadas pela autoridade judicial;
>
> II – assegurar que a pessoa presa não esteja algemada, salvo em casos de resistência e de fundado receio de fuga ou de perigo à integridade física própria ou alheia, devendo a excepcionalidade ser justificada por escrito;

III – dar ciência sobre seu direito de permanecer em silêncio;

IV – questionar se lhe foi dada ciência e efetiva oportunidade de exercício dos direitos constitucionais inerentes à sua condição, particularmente o direito de consultar-se com advogado ou defensor público, o de ser atendido por médico e o de comunicar-se com seus familiares;

V – indagar sobre as circunstâncias de sua prisão ou apreensão;

VI – perguntar sobre o tratamento recebido em todos os locais por onde passou antes da apresentação à audiência, questionando sobre a ocorrência de tortura e maus tratos e adotando as providências cabíveis;

VII – verificar se houve a realização de exame de corpo de delito, determinando sua realização nos casos em que:

a) não tiver sido realizado;

b) os registros se mostrarem insuficientes;

c) a alegação de tortura e maus tratos referir-se a momento posterior ao exame realizado;

d) o exame tiver sido realizado na presença de agente policial, observando-se a Resolução CNJ nº 414/2021 quanto à formulação de quesitos ao(à) perito(a);

VIII - abster-se de formular perguntas com finalidade de produzir prova para a investigação ou ação penal relativas aos fatos objeto do auto de prisão em flagrante;

IX – adotar as providências a seu cargo para sanar possíveis irregularidades;

X – averiguar, por perguntas e visualmente, hipóteses de gravidez, existência de filhos ou dependentes sob cuidados da pessoa presa em flagrante delito, histórico de doença grave, incluídos os transtornos mentais e a dependência química, para analisar o cabimento de encaminhamento assistencial e da concessão da liberdade provisória, sem ou com a imposição de medida cautelar.

§ 1º Após a oitiva da pessoa presa em flagrante delito, o juiz deferirá ao Ministério Público e à defesa técnica, nesta ordem, reperguntas compatíveis com a natureza do ato, devendo indeferir as perguntas relativas ao mérito dos fatos que possam constituir eventual imputação, permitindo-lhes, em seguida, requerer:

I - o relaxamento da prisão em flagrante;

II - a concessão da liberdade provisória sem ou com aplicação de medida cautelar diversa da prisão;

III - a decretação de prisão preventiva;

IV - a adoção de outras medidas necessárias à preservação de direitos da pessoa presa.

§ 2º A oitiva da pessoa presa será registrada, preferencialmente, em mídia, dispensando-se a formalização de termo de manifestação da pessoa presa ou do conteúdo das postulações das partes, e ficará arquivada na unidade responsável pela audiência de custódia.

§ 3º A ata da audiência conterá, apenas e resumidamente, a deliberação fundamentada do magistrado quanto à legalidade e manutenção da prisão, cabimento de liberdade provisória sem ou com a imposição de medidas cautelares diversas da prisão, considerando-se o pedido de cada parte, como também as providências tomadas, em caso da constatação de indícios de tortura e maus tratos.

§ 4º Concluída a audiência de custódia, cópia da sua ata será entregue à pessoa presa em flagrante delito, ao Defensor e ao Ministério Público, tomando-se a ciência de todos, e apenas o auto de prisão em flagrante, com antecedentes e cópia da ata, seguirá para livre distribuição.

§ 5º Proferida a decisão que resultar no relaxamento da prisão em flagrante, na concessão da liberdade provisória sem ou com a imposição de medida cautelar alternativa à prisão, ou quando determinado o imediato arquivamento do inquérito, a pessoa presa em flagrante delito será prontamente colocada em liberdade, mediante a expedição de alvará de soltura, e será informada sobre seus direitos e obrigações, salvo se por outro motivo tenha que continuar presa.

§ 6º Na hipótese do § 5º, a autoridade policial será cientificada e se a vítima de violência doméstica e familiar contra a mulher não estiver presente na audiência, deverá, antes da expedição do alvará de soltura, ser notificada da decisão, sem prejuízo da intimação do seu advogado ou do seu defensor público.

Do procedimento se verifica, de antemão, que a audiência de custódia não se destina a realização de provas ou a instruir o futuro processo criminal. Com escopo distinto, visa esclarecer o magistrado acerca das condições da prisão do agente. Esclarecidas as condições e à vista do APFD, o magistrado será levado a proferir uma das decisões previstas no art. 310 do CPP[30]: I - relaxar a prisão ilegal; II - converter a prisão em flagrante em preventiva, quando presentes os requisitos constantes do art. 312 deste Código, e se revelarem inadequadas ou insuficientes as medidas cautelares diversas da prisão; ou III - conceder liberdade provisória, com ou sem fiança. Segundo o §1º, se o juiz verificar, pelo auto de prisão em flagrante, que o agente praticou o fato em qualquer das condições constantes dos incisos I, II ou III do *caput* do art. 23 do CP (excludentes de ilicitude), poderá, fundamentadamente, conceder ao acusado liberdade provisória, mediante termo de comparecimento obrigatório a todos os atos processuais, sob pena de revogação.

O §2º do art. 310, CPP, por sua vez, assinala que se o juiz verificar que o agente é reincidente ou que integra organização criminosa armada ou milícia, ou que porta arma de fogo de uso restrito, deverá denegar a liberdade provisória, com ou sem medidas cautelares[31].

Vale destacar que a decisão proferida pelo magistrado em sede de plantão forense não fixa a competência por prevenção, porquanto após a audiência, o feito deverá ser remetido para a distribuição. Igualmente, a audiência de custódia não se destina à realização de qualquer espécie de instrução criminal, devendo o magistrado e as partes restringirem suas perguntas às condições da prisão e demais circunstâncias constantes do art. 8º da Resolução CNJ 213/15.

A regra, conforme vimos, é a realização da audiência de custódia de forma presencial. Entretanto, mesmo antes da pandemia da COVID19, grande parte da doutrina sustentava a possibilidade de realização da audiência de custódia por meio de videoconferência com lastro no art. 185, §2º do CPP. No mesmo sentido, entendemos que a utilização do meio virtual para oitiva do preso é possível, por ir ao encontro da celeridade na realização da audiência, expressiva economia de recursos para o Estado, em razão da desnecessidade de deslocamento das centrais de recolhimento de presos e garantia da ordem pública por evitar tentativa de fugas e arrebatamento de presos.

O projeto original da Lei do Pacote Anticrime vedava, expressamente, o emprego de videoconferência para a realização do ato. O veto ao art. 3º-B, §1º, fundou-se nos seguintes argumentos:

> "A propositura legislativa, ao suprimir a possibilidade da realização da audiência por videoconferência, gera insegurança jurídica ao ser incongruente com outros dispositivos do mesmo código, a exemplo do art. 185 e 222 do Código de Processo Penal, os quais permitem a adoção do sistema de videoconferência em atos processuais de procedimentos e ações penais, além de dificultar a celeridade dos atos processuais e do regular funcionamento da justiça, em ofensa à garantia da razoável duração do processo, nos termos da jurisprudência do Superior Tribunal de Justiça (RHC 77.580/RN, 5ª Turma, Rel. Min. Reynaldo Soares da Fonseca, DJe 10/02/2017). Ademais, o dispositivo pode acarretar aumento de despesa, notadamente nos casos de juiz em vara única, com apenas um magistrado, seja pela necessidade de pagamento de diárias e passagens a outros magistrados para a realização

30. As decisões serão estudadas em tópicos próprios.

31. O assunto será trabalhado nos tópicos seguintes, especialmente no Capítulo referente à liberdade.

> de uma única audiência, seja pela necessidade premente de realização de concurso para a contratação de novos magistrados, violando a regra do art. 113 do ADCT, bem como dos arts. 16 e 17 LRF e ainda do art. 114 da Lei de Diretrizes Orçamentárias para 2019 (Lei n. 13.707, de 2018)".

Posteriormente, em 2021, o Congresso Nacional derrubou os vetos do Presidente da República trazendo o dispositivo novamente à tona. Contudo, conforme vimos acima, o STF atribuir interpretação conforme ao *caput* do art. 310 do CPP, para assentar que o juiz, em caso de urgência e se o meio se revelar idôneo, poderá realizar a audiência de custódia por videoconferência.

Vale lembrar que, no curso da pandemia da COVID 19, o STF decidiu, no HC 181421, 2ª Turma, DJe 17.11.20, pela possibilidade de realização da audiência de custódia pela via virtual, em razão da excepcionalidade:

> (...) A pandemia causada pelo novo coronavírus não afasta a imprescindibilidade da *audiência de custódia*, que deve ser realizada, caso necessário, por meio de videoconferência, diante da ausência de lei em sentido formal que proíba o uso dessa tecnologia. A audiência por videoconferência, sob a presidência do Juiz, com a participação do autuado, de seu defensor constituído ou de Defensor Público, e de membro do Ministério Público, permite equacionar as medidas sanitárias de restrição decorrentes do contexto pandêmico com o direito subjetivo do preso de participar de ato processual vocacionado a controlar a legalidade da prisão. (...)

Ainda em 2020, no curso da pandemia, o CNJ alterou o art. 19 da Resolução 329/20, que regulamentou e estabeleceu critérios para a realização de audiências e outros atos processuais por videoconferência, em processos penais e de execução penal, durante o estado de calamidade pública, reconhecido pelo Decreto Federal nº 06/2020, em razão da pandemia mundial por Covid-19. A alteração admitiu a possibilidade de realização por videoconferência das audiências de custódia previstas nos artigos 287 e 310, ambos do Código de Processo Penal, e na Resolução CNJ nº 213/2015, quando não for possível a realização, em 24 horas, de forma presencial.

De fato, a vedação à realização das audiências de custódia ia de encontro à razoabilidade, que deve ser norteada também pela própria modernidade. O excessivo apego aos processos físicos vem sendo superado pelos processos virtuais, trazendo celeridade aos atos e economia de recursos, motivo pelo qual entendemos que a Suprema Corte decidiu de forma adequada.

21.9.1.6.1 ANPP na audiência de custódia

É possível a realização do ANPP na audiência de custódia? A Resolução CNJ 329/20, alterada pela Resolução 357/20, expressamente consignou a possibilidade no §3º do art. 19:

> §3º A participação do Ministério Público deverá ser assegurada, com intimação prévia e obrigatória, **podendo propor, inclusive, o acordo de não persecução penal nas hipóteses previstas no artigo 28-A do Código de Processo Penal**.

O artigo 28-A do CPP não previu a possibilidade de celebração do ANPP na mesma oportunidade da audiência de custódia. Entretanto, a ausência de previsão não afasta, por si só, a possibilidade de seu oferecimento. Apesar da audiência não se destinar a tal finalidade, sendo respeitado o princípio do promotor natural, nada impede que se aproveite a presença física do investigado e de seu advogado para apresentação e formalização do acordo.

Não nos parece adequada, todavia, sua realização em sede de plantões forenses realizados por promotor que não detém atribuição para o processo principal, sob pena de violação do princípio do promotor natural. No tocante ao magistrado, não vemos violação ao princípio do juiz natural caso esse decida por homologar o acordo, vez que na audiência de custódia atua como verdadeiro juiz das garantias e, no ANPP, o magistrado tem a função analisar a regularidade, voluntariedade e legalidade do acordo, tendo a prerrogativa de não homologá-lo apenas quando considerar inadequadas, insuficientes ou abusivas as condições dispostas no acordo de não persecução penal (§5º, art. 28-A, CPP), não adentrando, portanto, no mérito da infração penal.

De todo modo, a formalização do acordo deve ser realizada em termo apartado, vez que há o impedimento legal de análise do mérito na audiência de custódia. Na prática, portanto, a formalização do ANPP em audiência de custódia **tão somente aproveita o momento da audiência**, com a presença das partes, para que o magistrado cumpra a formalidade prevista no §4º do art. 28-A do CPP: "Para a homologação do acordo de não persecução penal, **será realizada audiência na qual o juiz deverá verificar a sua voluntariedade**, por meio da oitiva do investigado na presença do seu defensor, **e sua legalidade**". Assim, visando a perfeita regularidade do ato, entendemos que deva ser aberto termo de audiência próprio e diverso do da audiência de custódia para observância da forma legal.

21.9.1.6.2 Responsabilidade pela não realização da audiência de custódia

O §3º do art. 310 do CPP dispõe que a autoridade que deu causa, sem motivação idônea, à não realização da audiência de custódia no prazo estabelecido no *caput* deste artigo responderá administrativa, civil e penalmente pela omissão.

Não obstante a previsão legal no tocante à seara penal, não existe, atualmente, um tipo penal específico na legislação penal comum que abarque a tipificação da conduta. BRASILEIRO[32] (2020, p. 1026-1027) entende que

> (...) **acaso restaurada a eficácia do art. 310, §4º, do CPP**, em decisão do Plenário do Supremo revogando a medida cautelar concedida pelo Min. Luiz Fux no julgamento da ADI n. 6.305 (j. 22/01/2020), como o dispositivo prevê que, transcorridas 24 (vinte e quatro) horas após o decurso do prazo estabelecido no *caput* do ilegalidade da prisão, a ser relaxada pela autoridade competente, **é perfeitamente possível concluir que a não realização do ato em questão pode vir a tipificar o crime do art. 9º, parágrafo único, inciso I, da Lei n. 13.869/19**, visto que, em tal hipótese, ter-se-á, ao fim e ao cabo, uma prisão manifestamente ilegal que não foi relaxada pela autoridade judiciária dentro de prazo razoável. (...)
>
> (...) De todo modo, **convém lembrar que, para fins de tipificação de abuso de autoridade, há de se demonstrar a presença do especial fim de agir do art. 1º, §1º, da Lei n. 13.869/19 – "finalidade específica de prejudicar outrem ou beneficiar a si mesmo ou a terceiro, ou, ainda, por mero capricho ou satisfação pessoal"** –, algo que dificilmente estaria presente, a nosso juízo, não apenas na hipótese de o juiz haver concedido ao flagranteado liberdade provisória com ou sem fiança, cumulada ou não com as cautelares diversas da prisão, mas também quando o juiz deixasse de adotar quaisquer das providências dos incisos do art.

32. *op.cit.*

310 em virtude do excesso de trabalho (v.g., acúmulo de varas em comarcas diversas na condição de juiz das garantias).

Não obstante o posicionamento do autor, frise-se, expresso antes da decisão do Supremo Tribunal Federal, entendemos que o fundamento da tipificação da Lei de Abuso de Autoridade é claro nesse aspecto. A subsunção típica decorre do não relaxamento da prisão ilegal e não da não realização da audiência de custódia. Tratando-se de prisão ilegal, o magistrado pode, perfeitamente, relaxá-la à vista da comunicação da prisão em flagrante delito, não sendo necessário aguardar a realização da audiência.

Evidentemente, a não realização da audiência de custódia, no caso de prisão ilegal não relaxada de plano, implicará o não relaxamento dessa e consequente abusividade da conduta. Entretanto, o tipo penal do parágrafo único do art. 9º da Lei de Abuso de Autoridade é por demais claro ao prever: Incorre na mesma pena a autoridade judiciária que, dentro de prazo razoável, deixar de: I - relaxar a prisão manifestamente ilegal.

Assim, para fins de subsunção típica, não é a omissão do magistrado quanto à realização da audiência de custódia que caracteriza o delito, porquanto esse pode ocorrer independentemente dessa, mas o não relaxamento da prisão, que poderia ser efetivado no curso da audiência. Logo, a omissão quanto à realização da audiência é meio para realização típica. A imputação técnica, na denúncia, portanto, deve-se ater ao não relaxamento da prisão ilegal, que pode se verificar, inclusive, pela não realização da audiência de custódia. Não se pode olvidar, todavia, do teor do §1º do art. 1º da Lei de Abuso de Autoridade: "As condutas descritas nesta Lei constituem crime de abuso de autoridade quando praticadas pelo agente **com a finalidade específica de prejudicar outrem ou beneficiar a si mesmo ou a terceiro**, ou, ainda, por **mero capricho ou satisfação pessoal**.

Dessa forma, não entendemos como típica a conduta relacionada à não realização de audiência de custódia, não obstante nitidamente caracterizar infração administrativa e possibilidade de responsabilidade civil.

21.10 PRISÃO PREVENTIVA

A prisão preventiva é uma prisão cautelar, decretada pelo juízo competente a pedido da autoridade policial, Ministério Público, querelante ou assistente da acusação, em qualquer fase da investigação ou processo criminal, desde que satisfeitos os pressupostos caracterizadores da justa causa (*periculum libertatis e fumus comissi delicti*), da satisfação dos requisitos previstos no art. 313 do CPP, e de ao menos um fundamento constante do art. 312, CPP, bem como não seja o caso de aplicação do art. 319 do CPP, isto é, quando as medidas diversas à prisão revelarem-se inadequadas ou insuficientes (art. 282, §6º, CPP).

> Art. 311. Em qualquer fase da investigação policial ou do processo penal, caberá a prisão preventiva decretada pelo juiz, a requerimento do Ministério Público, do querelante ou do assistente, ou por representação da autoridade policial.
>
> Art. 312. A prisão preventiva poderá ser decretada como garantia da ordem pública, da ordem econômica, por conveniência da instrução criminal ou para assegurar a aplicação da lei penal, quando houver prova da existência do crime e indício suficiente de autoria e de perigo gerado pelo estado de liberdade do imputado.
>
> § 1º A prisão preventiva também poderá ser decretada em caso de descumprimento de qualquer das obrigações impostas por força de outras medidas cautelares (4º).

§ 2º A decisão que decretar a prisão preventiva deve ser motivada e fundamentada em receio de perigo e existência concreta de fatos novos ou contemporâneos que justifiquem a aplicação da medida adotada.

Art. 313. Nos termos do art. 312 deste Código, será admitida a decretação da prisão preventiva:

I - nos crimes dolosos punidos com pena privativa de liberdade máxima superior a 4 (quatro) anos;

II - se tiver sido condenado por outro crime doloso, em sentença transitada em julgado, ressalvado o disposto no inciso I do *caput* do art. 64 do Decreto-Lei nº 2.848, de 7 de dezembro de 1940 - Código Penal;

III - se o crime envolver violência doméstica e familiar contra a mulher, criança, adolescente, idoso, enfermo ou pessoa com deficiência, para garantir a execução das medidas protetivas de urgência;

IV - (revogado).

§ 1º Também será admitida a prisão preventiva quando houver dúvida sobre a identidade civil da pessoa ou quando esta não fornecer elementos suficientes para esclarecê-la, devendo o preso ser colocado imediatamente em liberdade após a identificação, salvo se outra hipótese recomendar a manutenção da medida.

§ 2º Não será admitida a decretação da prisão preventiva com a finalidade de antecipação de cumprimento de pena ou como decorrência imediata de investigação criminal ou da apresentação ou recebimento de denúncia.

21.10.1 Legitimidade para requerimento

Nos termos do art. 129, I, CF, o Ministério Público é o titular da ação penal pública e, como tal, é, em regra[33], o único ente autorizado a atuar, em prol da persecução penal, no curso do processo criminal de iniciativa pública.

A preservação da integridade do sistema acusatório pressupõe que os atos processuais sejam praticados pelos atores processuais. Ocorre que o Código de Processo Penal, construído sob égide de uma Constituição que ainda admitia a atuação do delegado de polícia para deflagração da ação penal (não recepcionado art. 26), ainda prevê a possibilidade da autoridade policial formular requerimentos diretamente ao magistrado, sem que se exija a oitiva do Ministério Público.

Conforme destacamos no estudo da "Legitimidade" no capítulo "Medidas Cautelares Pessoais", ao qual remetemos o leitor para maior fundamentação e evitarmos repetições, parece-nos inegável que o papel processual acusatório é privativo do Ministério Público nas ações penais públicas, assim como nos parece inegável a importância da atuação da autoridade policial na seara investigativa. A pedra de toque, para nós, é puramente processual: a autoridade policial não é parte, e, logo, não possui legitimidade processual.

Isso não significa que a autoridade policial não possa agir. Por estar na linha de frente da instrução inquisitorial, naturalmente receberá em primeira mão informações relevantes para a investigação que, por vezes, podem demandar restrições de natureza pessoal ou patrimonial e atuação probatória sujeita à reserva de jurisdição. Por não ser dotado de legitimidade processual, em perfeita observância ao sistema acusatório, deveria

33. Ressalva-se a excepcionalidade da ação penal subsidiária da pública.

provocar o Ministério Público para que, como legitimado e ator processual, analisasse a representação e, caso a acolhesse, formulasse o requerimento perante o Poder Judiciário.

Outro ponto que merece destaque envolve os casos de trâmite direto do inquérito policial entre Ministério Público e Polícia investigativa. Não havendo a participação do magistrado, seria razoável se admitir a formulação de requerimento direito pela autoridade policial, estando a efetiva parte acompanhando as investigações?

Apesar dos incessantes questionamentos doutrinários, o tema pouco reflete no Poder Judiciário. Existe, de fato, um pacto velado entre as instituições que se funda no respeito. O corretivo tem sido a intimação para que o Ministério Público se manifeste sobre a representação formulada pela autoridade policial. Assim como o Ministério Público se omite para evitar discussões institucionais que, em regra, pouco interferem no cotidiano forense, o Poder Judiciário modera a questão promovendo a intimação do Ministério Público para se manifestar.

Logo, não obstante nosso posicionamento restritivo, prevalece a possibilidade de requerimento de decretação de prisão preventiva por parte da autoridade policial durante da fase do inquérito policial. No que toca ao Ministério Público, por razões de coerência, admite-se que o órgão formule o requerimento de prisão em qualquer fase, inquérito ou processual.

Girando para tema menos sensível, o art. 282, §2º do CPP não permite ao ofendido que formule requerimento de medidas cautelares pessoais **no curso da investigação**, admitindo tal postura somente no curso do processo iniciado por ação penal privada ou quando habilitado como assistente da acusação nos processos de ação penal pública. No entanto, consoante se infere do art. 311 do CPP, o legislador expressamente previu a possibilidade do querelante ou assistente formularem pedido de prisão preventiva no curso da investigação criminal ou processo judicial, de forma paradoxal no tocante ao assistente.

21.10.2 Impossibilidade de decretação de prisão de ofício pelo magistrado

Conforme estudamos no item próprio, "Atuação de ofício pelo magistrado", no capítulo de "Medidas Cautelares Pessoais", ao qual remetemos novamente o leitor para outras passagens e explicações, diante da pureza do sistema acusatório, o magistrado deve se manter equidistante das partes, preservando sua imparcialidade. Logo, deverá abster-se de atuar em substituição às partes.

A nova redação do art. 282, §2º do CPP, trazida pela Lei do Pacote Anticrime, removeu a previsão de decretação de medidas cautelares de ofício pelo magistrado. A vigência do sistema acusatório não afasta o poder discricionário do magistrado. Submetido a esse um pedido de medida cautelar de natureza pessoal, é perfeitamente possível que o magistrado, dentre as previstas na legislação, defira outra, desde que no mesmo grau de proporcionalidade. Assim, entendemos por perfeitamente possível que o magistrado, sob a luz do caso concreto, decrete a monitoração eletrônica do agente em detrimento do recolhimento domiciliar requerido pelo Ministério Público, por ser a primeira medida de menor gravidade. Não entendemos possível, por outro lado, que havendo o requerimento de prisão domiciliar, o magistrado decrete a prisão preventiva, medida não requerida pela acusação e não contemplada no requerimento formulado em juízo. Ocorrendo uma ampliação do objeto da medida, estará o magistrado atuando de forma *ultra petita*.

Não obstante nosso posicionamento, o STJ, no julgamento do RHC 145225/RO[34], entendeu possível a modificação do pedido e consequente decretação da prisão, mesmo sem requerimento do Ministério Público:

> (...) 4. **A determinação do Magistrado, em sentido diverso do requerido** pelo Ministério Público, pela autoridade policial ou pelo ofendido, **não pode ser considerada como atuação ex officio**, uma vez que lhe é permitido atuar conforme os ditames legais, desde que previamente provocado, no exercício de sua jurisdição. 5. **Impor ou não cautelas pessoais, de fato, depende de prévia e indispensável provocação; contudo, a escolha de qual delas melhor se ajusta ao caso concreto há de ser feita pelo juiz da causa. Entender de forma diversa seria vincular a decisão do Poder Judiciário ao pedido formulado pelo Ministério Público, de modo a transformar o julgador em mero chancelador de suas manifestações**, ou de lhe transferir a escolha do teor de uma decisão judicial (...).

A tema ainda não foi enfrentado pelo STF, que possui decisão robusta pela negativa, não obstante não ter apreciado a situação de *distinguishing* realizada pelo STJ. Nesse sentido é a compreensão do STF:

> **Impossibilidade, de outro lado, da decretação "ex officio" de prisão preventiva em qualquer situação** (em juízo ou no curso de investigação penal), inclusive no contexto de audiência de custódia (ou de apresentação), **sem que se registre**, mesmo na hipótese da conversão a que se refere o art. 310, II, do CPP, **prévia, necessária e indispensável provocação do ministério público ou da autoridade policial** – recente inovação legislativa introduzida pela lei nº 13.964/2019 ("Lei Anticrime"), que alterou os arts. 282, §§ 2º e 4º, e 311 do Código de Processo Penal, suprimindo ao magistrado a possibilidade de ordenar, "sponte sua", a imposição de prisão preventiva – não realização, no caso, da audiência de custódia (ou de apresentação) – inadmissibilidade de presumir-se implícita, no auto de prisão em flagrante, a existência de pedido de conversão em prisão preventiva – conversão, de ofício, mesmo assim, da prisão em flagrante do ora paciente em prisão preventiva – impossibilidade de tal ato, quer em face da ilegalidade dessa decisão, quer, ainda, em razão de ofensa a um direito básico, qual seja o de realização da audiência de custódia, que traduz prerrogativa insuprimível assegurada a qualquer pessoa pelo ordenamento doméstico e por convenções internacionais de direitos humanos. HC 186.490/SC, 2ª Turma, J. 10.10.20.

O argumento de que o magistrado não está vinculado ao pleito ministerial no pedido meritório não se sustenta para as cautelares. É perfeitamente possível que o magistrado condene o acusado mesmo diante de pedido de absolvição ministerial, vez que, após submetida a imputação ao crivo do Poder Judiciário, o *parquet* não mais dela pode desistir, chamando à necessidade de uma decisão judicial que será fundamentada na prova produzida de acordo com o livre convencimento motivado do magistrado. Todavia, a lógica da seara cautelar é distinta não somente por ser acessória, mas por ser instrumental e não guardar relação direta com o mérito.

A mesma situação de incompatibilidade de atuação de ofício pode ser verificada quando, não obstante o pedido de revogação da medida cautela é realizado pelo Ministério Público e o magistrado o nega, mantendo, por exemplo, uma prisão preventiva decretada. Instado a se manifestar, o STF entendeu que o magistrado não está obrigado a revogar a prisão a pedido do Ministério Público:

---

34. DJe 22.03.22.

(...) Muito embora o juiz não possa decretar a prisão de ofício, o julgador não está vinculado a pedido formulado pelo Ministério Público. 5. Após decretar a prisão a pedido do Ministério Público, o magistrado não é obrigado a revogá-la, quando novamente requerido pelo Parquet. 6. Agravo improvido (HC n. 203.208 AgR, Rel. Ministro Gilmar Mendes, 2ª T., DJe 30/8/2021).

Indaga-se: tratando-se de fase de investigação e o Ministério Público entenda por não ser o caso de oferecimento da denúncia, como o magistrado sustentará uma prisão se a própria acusação promoveu o arquivamento ou celebrou, por exemplo, ANPP? Juridicamente, não há como se sustentar referido entendimento, tratando-se resquício do sistema inquisitório.

Por essas razões, entendemos que o ativismo judicial é incompatível com o processo penal. O magistrado exerce uma função primordial na condução do processo e aplicação da lei penal. Como ator processual, possui funções específicas, dentre as quais não se insere o papel de *ombudsman* proativo. Incumbe-lhe, na forma do art. 251 do CPP, prover a regularidade do processo e manter a ordem no curso dos respectivos atos, além das funções inerentes ao exercício da própria jurisdição, marcada pela inércia.

Sobre o poder geral de cautela, vale lembrar da lição de LOPES JR[35] (2020, p. 913):

> No processo penal, não existem medidas cautelares inominadas e tampouco possui o juiz criminal um poder geral de cautela. **No processo penal, forma é garantia. Logo, não há espaço para "poderes gerais", pois todo poder é estritamente vinculado a limites e à forma legal**. O processo penal é um instrumento limitador do poder punitivo estatal, de modo que ele somente pode ser exercido e legitimado a partir do estrito respeito às regras do devido processo. E, nesse contexto, o Princípio da Legalidade é fundante de todas as atividades desenvolvidas, posto que o *due process of law* estrutura-se a partir da legalidade e emana daí seu poder.

Vale ainda destacar trecho da decisão do STF, no julgamento do HC 18507 AgR, 2ª Turma, DJe 07.12.20:

> **O *poder geral de cautela* não autoriza o agir do Juiz por iniciativa própria quando em detrimento da liberdade individual**. No *processo penal*, para que a intervenção estatal opere nas liberdades individuais com legitimidade, é necessário o respeito à legalidade estrita e às garantias fundamentais.

21.10.3 Pressupostos

Como pressupostos, a doutrina assinala a necessidade de satisfação do *fumus comissi delicti* e *periculum libertatis*, aos quais devemos acrescer a contemporaneidade, situados por alguns ora na seara principiológica, ora como requisito, sem que exista qualquer comprometimento sistêmico.

Conforme vimos no capítulo anterior, ao qual remetemos o leitor para aprofundamento, o ***fumus comissi delicti*** demanda a análise da plausibilidade da medida, isto é, se tem por fundamento, com lastro na prova produzida e em cognição sumária, a prática de uma infração penal com probabilidade de deflagrar uma ação penal ou potencial condenação. A verossimilhança da alegação, portanto, é imprescindível para o deferimento da medida a título de cognição sumária. Nesse sentido, atribuímos à norma do

35. *op.cit.*

art. 314 do CPP, que prevê que a prisão preventiva em nenhum caso será decretada se o juiz verificar pelas provas constantes dos autos ter o agente praticado o fato amparado por causas excludentes de ilicitude, o **efeito de vetor interpretativo expansivo** para abranger as situações de potencial ausência de plausibilidade quanto ao direito de punir ou reconhecimento de fato criminoso.

O art. 312 do CPP, por exemplo, ao exigir **prova da existência do crime e indício suficiente de autoria**, para decretação da prisão preventiva, estampa o *fumus comissi delicti*, materializando, em conjunto com o indício de perigo gerado pelo estado de liberdade do imputado, o *standard* probatório mínimo para sua decretação.

No tocante ao ***periculum libertatis***, revela-se na possibilidade de frustração dos fins do processo caso a medida não seja deferida ou imposta somente ao final do processo. O "perigo na demora" do processo, no aspecto pessoal, assume o viés de ***periculum***, e pode ensejar a frustração na satisfação dos fins do processo, de forma que a necessidade de se garantir a preservação da ordem pública, instrução criminal e aplicação da lei penal, por exemplo (art. 312, CPP), podem ensejar o deferimento da medida.

Consoante se infere das decisões do STJ e STF anteriores à Lei do Pacote Anticrime, os Tribunais Superiores já trilhavam o caminho da satisfação do pressuposto da contemporaneidade do risco para fins de decretação das medidas cautelares pessoais. Nesse sentido, a linha da contemporaneidade já se fazia presente, tendo sido consolidada no §2º do art. 312: "A decisão que decretar a prisão preventiva deve ser motivada e fundamentada em receio de perigo e **existência concreta de fatos novos ou contemporâneos** que justifiquem a aplicação da medida adotada".

Exige-se, portanto, que além do *fumus comissi delicti* e *periculum libertatis*, a medida guarde relação de atualidade fática para avaliação do binômio risco/necessidade. Pela lógica legal, não se justifica a decretação da prisão preventiva de um agente que, uma vez tendo se evadido e na sequência capturado, se, posteriormente, no curso do processo recebeu a liberdade provisória e compareceu regularmente a todos os atos processuais. A revogação da liberdade provisória e consequente decretação da prisão preventiva demandaria a ocorrência de um novo evento justificador ou se fundamentar em fatos contemporâneos ao pleito da medida.

Cumpre registrar que a ausência de contemporaneidade ou de novos fatos deve ser avaliada no momento da decretação da medida, **não sendo exigida durante sua vigência**. Assim, a prisão preventiva decretada em razão da fuga não perde sua efetividade com o passar do tempo. O simples fato do agente decidir apresentar-se espontaneamente não gera o direito de revogação da medida por ausência de contemporaneidade. O risco passado, observado pelo retrovisor, constitui fundamento relevante para preservação da medida. Por esse motivo, optamos por não seguir o caminho do **princípio da atualidade** traçado por Aury Lopes Jr.[36], e outros, mas o da **historicidade fática associada à contemporaneidade**.

36. *op.cit.* p. 918/919.

Assim, apenas para fins de sistematização, temos a seguinte construção:

21.10.4 Requisitos

Satisfeitos os pressupostos, a prisão preventiva poderá ser decretada com a satisfação dos requisitos previstos no art. 313, ou §1º do art. 312, ambos do CPP.

Nos termos do art. 313 do CPP, observado o teor do art. 312, CPP, será admitida a decretação da prisão preventiva:

I. nos crimes dolosos punidos com pena privativa de liberdade máxima superior a 4 (quatro) anos: a previsão legal, ainda que por aproximação, preserva a coerência sistêmica com o art. 44, I, CP, que prevê a possibilidade de substituição da pena privativa de liberdade por restritiva de direitos quando a pena aplicada não for superior a quatro anos, e com o art. 33, §2º , "c", do CP, que prevê o início do cumprimento de pena em regime aberto para o condenado não reincidente, que tenha sido penalizado com pena igual ou inferior a quatro anos.

Em linhas gerais, o dispositivo tem por escopo evitar que o mal imposto a título cautelar seja superior ao imposto de forma definitiva, valendo-se da proporcionalidade e induzindo a observância ao princípio da homogeneidade. Ocorre que o STJ, consagrador da homogeneidade, tem, reiteradamente, afastado o juízo preliminar quanto à custódia cautelar que demanda projeção de pena final, aplicando-a somente em situações em abstrato:

> (...) a jurisprudência do STJ é firme em salientar a inviabilidade da análise da tese de ofensa ao princípio da homogeneidade na aplicação de medidas cautelares, por ocasião de sentença condenatória no âmbito do processo que a prisão objetiva acautelar, ante a impossibilidade de vislumbrar qual pena será eventualmente imposta ao réu, notadamente o regime inicial de cumprimento." (HC n. 507.051/PE, Rel. Ministro ROGERIO SCHIETTI CRUZ, Sexta Turma, julgado em 22/10/2019, DJe 28.10.19).
>
> É inviável a análise acerca da desproporção entre a custódia cautelar cuja revogação é pleiteada em *habeas corpus* e a quantidade de pena a ser eventualmente fixada em sentença condenatória, pois não é permitido, na estreita via do writ, juízo de valor antecipado acerca da condenação final. AgRg no HC 732146, DJe 20.05.22.

Satisfeito o requisito atinente ao *quantum* de pena previsto para o crime, que deve levar em consideração as regras dos crimes qualificados, de concurso de crimes, causas especiais de aumento de pena e outras que implicam no agravamento da pena final a ser fixada, a medida pode ser decretada, **pouco importando se a pena possui a natureza de detenção ou reclusão**, desde que o crime seja doloso. Havendo causa de diminuição de pena, no cálculo em abstrato deve-se levar em conta a maior pena possível a ser aplicada, mesmo com a redução, isto é, deve-se reduzir da pena máxima cominada ao delito o menor patamar previsto de redução, dando vazão à **teoria do pior cenário possível**.

Conforme destacamos, o delito precisar ser doloso, isto é, não cabe decretação de prisão preventiva em crime culposo. O crime culposo é marcado pela ausência de voluntariedade do agente para a prática do resultado lesivo e, ordinariamente, não revela maior periculosidade do agente. No entanto, apesar da norma expressa quanto à previsão estrita ao crime doloso, há situações que, inegavelmente, estão a exigir uma solução intermediária por parte do legislador, vez que a periculosidade, por si só, é apenas uma das hipóteses de decretação da prisão preventiva (garantia da ordem pública).

Pegue-se, por exemplo o art. 366 do CPP:

> Art. 366. Se o acusado, citado por edital, não comparecer, nem constituir advogado, ficarão suspensos o processo e o curso do prazo prescricional, podendo o juiz determinar a produção antecipada das provas consideradas urgentes e, se for o caso, decretar prisão preventiva, nos termos do disposto no art. 312.

Citado por edital e não comparecendo ou constituindo advogado, o Estado nada poderá fazer a não ser aguardar a boa vontade do agente para que o processo venha a tramitar regularmente. Da mesma forma, mesmo diante do risco de fuga, caracterizadora da hipótese do asseguramento da aplicação da lei penal, previsto no art. 312, o Estado nada poderá fazer.

A crítica não reside na impossibilidade de prisão, por vezes injustificável de fato, mas na ausência de elementos que permitam com que o Estado venha a aplicar a lei penal, como no caso do art. 366 do CPP. Seria minimamente razoável a possibilidade de decretação de prisão preventiva apenas para condução e efetivo conhecimento do processo, seguindo-se o célere rito da audiência de custódia, sendo que a medida alcançaria não somente os delitos de resultado culposo, mas também aqueles cujas penas máximas sejam iguais ou inferiores a quatro anos.

Não obstante, em reforço à compreensão atual, a jurisprudência dos Tribunais Superiores é robusta quanto à impossibilidade de decretação de prisão preventiva nos crimes culposos:

> Nos termos do art. 313 do Código de Processo Penal, não há previsão legal para a prisão preventiva nos delitos praticados na modalidade culposa. Precedentes desta Corte e do Supremo Tribunal Federal. (HC 505.297/MG, DJe 27/02/2020)

No que toca aos crimes preterdolosos, dolosos na origem e culposos no resultado, o STJ entendeu por inaplicável a prisão preventiva:

> 1. O Recorrente foi preso em flagrante, no dia 04/10/2019, porque ao participar de exibição ou demonstração de perícia em manobra de veículo automotor, atropelou e matou a vítima. Foi-lhe imputada a suposta prática do crime tipificado no art. 308, § 2.º, da Lei n.º 9.503/1997, cujo tipo estabelece que o agente não quis o resultado nem assumiu o risco de produzi-lo (a conduta há de ser, necessariamente, culposa).
>
> 2. O decreto constritivo não apontou elementos concretos extraídos dos autos que justificassem a necessidade da custódia, que está amparada, tão somente, na gravidade abstrata do delito.
>
> 3. **Ademais, não estando configurado o requisito objetivo previsto no art. 313, inciso I, do Código de Processo Penal, para a segregação processual, que exige o cometimento**

de crime na modalidade dolosa, há que se revogar a prisão preventiva do Réu. RHC 120433/MG, DJe 17/12/2019.

Apesar do entendimento, não compactuamos com o entendimento do STJ, que promoveu uma confusão entre um crime preterdoloso, cujo resultado agravador ocorre a título de culpa, e crime culposo na essência.

Vejamos os dispositivos de interesse:

> Art. 308. Participar, na direção de veículo automotor, em via pública, de corrida, disputa ou competição automobilística ou ainda de exibição ou demonstração de perícia em manobra de veículo automotor, não autorizada pela autoridade competente, gerando situação de risco à incolumidade pública ou privada:
>
> Penas - detenção, de 6 (seis) meses a 3 (três) anos, multa e suspensão ou proibição de se obter a permissão ou a habilitação para dirigir veículo automotor.
>
> § 2º **Se da prática do crime previsto no caput resultar morte**, e as circunstâncias demonstrarem que o agente não quis o resultado nem assumiu o risco de produzi-lo, a pena privativa de liberdade é de reclusão de 5 (cinco) a 10 (dez) anos, sem prejuízo das outras penas previstas neste artigo.

O §2º do art. 308, CTB, expressamente pressupõe a prática da figura típica do *caput*, dolosa por natureza. Afastar a possibilidade de decretação de prisão preventiva pelo delito qualificado significa compreender, paradoxalmente, que aquele que participa de "racha" doloso de veículos e gera situação de risco à incolumidade pública ou privada não representa um risco à ordem pública. É da essência típica da figura básica o risco à incolumidade pública ou privada e, ao se entender pela impossibilidade de prisão tão somente porque o resultado advindo da situação de perigo ocorreu de forma culposa, a decisão contraria a própria *mens legis* estampada no *caput*.

Aliás, registre-se nossa crítica ao próprio §2º do art. 308, que faz o destaque para o "não querer o resultado e nem assumir o risco de sua produção", como se aquele que entra em disputa automobilística não conheça o risco inerente ao próprio comportamento. Por óbvio que o agente não quer produzir o resultado, pois isso implicaria em reconhecê-lo como potencial suicida. De igual modo, nos parece óbvio que o conhecimento prévio e inerente a qualquer condutor automobilístico, quanto aos riscos de se embrenhar em disputas entre veículos, representa a assunção do risco de produzir resultados lesivos, ainda que não desejados.

Impedir a decretação da prisão preventiva, quando satisfeitos os requisitos legais, tão somente porque o agente não quis ou assumiu o risco de produção do resultado morte, significa desconsiderar a natureza da conduta dolosa prevista no *caput*, e um ataque direto à própria situação de risco à incolumidade pública ou privada, previstas no tipo penal base.

II. se tiver sido condenado por outro crime doloso, em sentença transitada em julgado, ressalvado o disposto no inciso I do *caput* do art. 64 do Código Penal: o dispositivo faz menção à reincidência, restringindo àquela fundada em crime doloso. Contudo, não faz qualquer menção à natureza ou *quantum* de pena fixada na condenação anterior. A avaliação da reincidência deve levar em consideração, naturalmente, eventual ocorrência do período depurador de cinco anos, isto é, se entre a data do cumprimento ou extinção da pena e a infração posterior tiver decorrido período de tempo superior a 5 (cinco) anos, computado o período de prova da suspensão ou do livramento condicional, se não ocorrer revogação. Não ultrapassado o período mencionado, o agente será considerado reincidente. Vale registrar ainda que, mesmo não ultrapassado o período de tempo, caso o agente tenha sido beneficiado com o perdão judicial, a sentença que concede o perdão judicial, meramente declaratória de extinção da punibilidade, não será considerada para fins de reincidência (art. 120, CP).

III. se o crime envolver violência doméstica e familiar contra a mulher, criança, adolescente, idoso, enfermo ou pessoa com deficiência, para garantir a execução das medidas protetivas de urgência: da redação legal se extrai a impossibilidade, em razão da taxatividade, de decretação da prisão preventiva nas contravenções penais, vez que a norma restringe sua aplicação a "crime". Não nos parece possível, apesar da omissão normativa, a decretação da prisão preventiva em crimes culposos que se amoldem à previsão do inciso III, posto que a intenção do legislador foi a de repreender o agente e tutelar as vítimas de crimes dolosos e não culposos, cujos resultados são involuntários.

Nos termos do art. 2º da Lei 14.344/22 (Lei Henry Borel) e art. 5º da Lei 11.340/06 (Lei Maria da Penha), formadores do microssistema de tutela dos vulneráveis em nossa compreensão, configura a violência doméstica e familiar contra a criança e o adolescente, contra a mulher, em razão do gênero, idoso, enfermo ou pessoa com deficiência (inc. III do art. 313, CPP), qualquer ação ou omissão que lhe cause morte, lesão, sofrimento físico, sexual, psicológico ou dano patrimonial.

Lei Henry Borel[37]	Lei Maria da Penha
Art. 2º Configura violência doméstica e familiar contra a **criança e o adolescente** qualquer ação ou omissão que lhe cause morte, lesão, sofrimento físico, sexual, psicológico ou dano patrimonial:	Art. 5º Para os efeitos desta Lei, configura violência doméstica e familiar contra a **mulher** qualquer ação ou omissão **baseada no gênero** que lhe cause morte, lesão, sofrimento físico, sexual ou psicológico e **dano moral** ou patrimonial:
I - **no âmbito do domicílio ou da residência da criança e do adolescente**, compreendida como o espaço de convívio permanente de pessoas, com ou sem vínculo familiar, inclusive as esporadicamente agregadas;	I - **no âmbito da unidade doméstica**, compreendida como o espaço de convívio permanente de pessoas, com ou sem vínculo familiar, inclusive as esporadicamente agregadas;
II - no âmbito da família, compreendida como a **comunidade formada por indivíduos que compõem a família natural, ampliada ou substituta**, por laços naturais, por afinidade ou por vontade expressa;	II - no âmbito da família, compreendida como a **comunidade formada por indivíduos que são ou se consideram aparentados**, unidos por laços naturais, por afinidade ou por vontade expressa;
III - **em qualquer relação doméstica e familiar** na qual o agressor conviva ou tenha convivido com a vítima, independentemente de coabitação.	III - **em qualquer relação íntima de afeto**, na qual o agressor conviva ou tenha convivido com a ofendida, independentemente de coabitação.
Parágrafo único. **Para a caracterização da violência prevista no caput deste artigo, deverão ser observadas as definições estabelecidas na Lei nº 13.431**, de 4 de abril de 2017.	Parágrafo único. **As relações pessoais enunciadas neste artigo independem de orientação sexual.**

37. Em negrito, as distinções legais pertinentes.

Lei 13.431/17
Art. 4º Para os efeitos desta Lei, sem prejuízo da tipificação das condutas criminosas, são formas de violência: I - violência física, entendida como a ação infligida à criança ou ao adolescente que ofenda sua integridade ou saúde corporal ou que lhe cause sofrimento físico; II - violência psicológica: a) qualquer conduta de discriminação, depreciação ou desrespeito em relação à criança ou ao adolescente mediante ameaça, constrangimento, humilhação, manipulação, isolamento, agressão verbal e xingamento, ridicularização, indiferença, exploração ou intimidação sistemática (bullying) que possa comprometer seu desenvolvimento psíquico ou emocional; b) o ato de alienação parental, assim entendido como a interferência na formação psicológica da criança ou do adolescente, promovida ou induzida por um dos genitores, pelos avós ou por quem os tenha sob sua autoridade, guarda ou vigilância, que leve ao repúdio de genitor ou que cause prejuízo ao estabelecimento ou à manutenção de vínculo com este; c) qualquer conduta que exponha a criança ou o adolescente, direta ou indiretamente, a crime violento contra membro de sua família ou de sua rede de apoio, independentemente do ambiente em que cometido, particularmente quando isto a torna testemunha; III - violência sexual, entendida como qualquer conduta que constranja a criança ou o adolescente a praticar ou presenciar conjunção carnal ou qualquer outro ato libidinoso, inclusive exposição do corpo em foto ou vídeo por meio eletrônico ou não, que compreenda: a) abuso sexual, entendido como toda ação que se utiliza da criança ou do adolescente para fins sexuais, seja conjunção carnal ou outro ato libidinoso, realizado de modo presencial ou por meio eletrônico, para estimulação sexual do agente ou de terceiro; b) exploração sexual comercial, entendida como o uso da criança ou do adolescente em atividade sexual em troca de remuneração ou qualquer outra forma de compensação, de forma independente ou sob patrocínio, apoio ou incentivo de terceiro, seja de modo presencial ou por meio eletrônico; c) tráfico de pessoas, entendido como o recrutamento, o transporte, a transferência, o alojamento ou o acolhimento da criança ou do adolescente, dentro do território nacional ou para o estrangeiro, com o fim de exploração sexual, mediante ameaça, uso de força ou outra forma de coação, rapto, fraude, engano, abuso de autoridade, aproveitamento de situação de vulnerabilidade ou entrega ou aceitação de pagamento, entre os casos previstos na legislação; IV - violência institucional, entendida como a praticada por instituição pública ou conveniada, inclusive quando gerar revitimização. § 1º Para os efeitos desta Lei, a criança e o adolescente serão ouvidos sobre a situação de violência por meio de escuta especializada e depoimento especial. § 2º Os órgãos de saúde, assistência social, educação, segurança pública e justiça adotarão os procedimentos necessários por ocasião da revelação espontânea da violência. § 3º Na hipótese de revelação espontânea da violência, a criança e o adolescente serão chamados a confirmar os fatos na forma especificada no § 1º deste artigo, salvo em caso de intervenções de saúde. § 4º O não cumprimento do disposto nesta Lei implicará a aplicação das sanções previstas na Lei nº 8.069, de 13 de julho de 1990 (Estatuto da Criança e do Adolescente) .

As medidas protetivas previstas no inciso III foram previstas no art. 22 da Lei Maria da Penha e art. 20 da Lei Henry Borel.

Lei Henry Borel	Lei Maria da Penha
Art. 20. Constatada a prática de violência doméstica e familiar **contra a criança e o adolescente nos termos desta Lei**, o juiz poderá determinar ao agressor, de imediato, em conjunto ou separadamente, a aplicação das seguintes medidas protetivas de urgência, entre outras:	Art. 22. Constatada a prática de violência doméstica e familiar **contra a mulher, nos termos desta Lei**, o juiz poderá aplicar, de imediato, ao agressor, em conjunto ou separadamente, as seguintes medidas protetivas de urgência, entre outras:
I - a suspensão da posse ou a restrição do porte de armas, com comunicação ao órgão competente, nos termos da Lei nº 10.826, de 22 de dezembro de 2003;	I - suspensão da posse ou restrição do porte de armas, com comunicação ao órgão competente, nos termos da Lei nº 10.826, de 22 de dezembro de 2003;
II - o afastamento do lar, do domicílio ou do local de convivência com a vítima;	II - afastamento do lar, domicílio ou local de convivência com a ofendida;
III - a proibição de aproximação da vítima, de seus familiares, das testemunhas e de noticiantes ou denunciantes, com a fixação do limite mínimo de distância entre estes e o agressor;	III - proibição de determinadas condutas, entre as quais: a) aproximação da ofendida, de seus familiares e das testemunhas, fixando o limite mínimo de distância entre estes e o agressor;
IV - a vedação de contato com a vítima, com seus familiares, com testemunhas e **com noticiantes ou denunciantes**, por qualquer meio de comunicação;	III - proibição de determinadas condutas, entre as quais: b) contato com a ofendida, seus familiares e testemunhas por qualquer meio de comunicação;
V - a proibição de frequentação de determinados lugares a fim de preservar a integridade física e psicológica da criança ou do adolescente, respeitadas as disposições da Lei nº 8.069, de 13 de julho de 1990 (Estatuto da Criança e do Adolescente);	III - proibição de determinadas condutas, entre as quais: c) frequentação de determinados lugares a fim de preservar a integridade física e psicológica da ofendida;
VI - a restrição ou a suspensão de visitas à criança ou ao adolescente;	IV - restrição ou suspensão de visitas aos dependentes menores, **ouvida a equipe de atendimento multidisciplinar ou serviço similar**;
VII - a prestação de alimentos provisionais ou provisórios;	V - prestação de alimentos provisionais ou provisórios.
VIII - o comparecimento a programas de recuperação e reeducação;	VI – comparecimento do agressor a programas de recuperação e reeducação; e
IX - o acompanhamento psicossocial, por meio de atendimento individual e/ou em grupo de apoio.	VII – acompanhamento psicossocial do agressor, por meio de atendimento individual e/ou em grupo de apoio

Não obstante a previsão quanto às medidas protetivas e possibilidade de decretação da prisão preventiva ante ao descumprimento daquelas, não se pode olvidar que o mero descumprimento não gera, por si só, a possibilidade de decretação da prisão preventiva. Além do descumprimento, é preciso analisar se a liberdade do agente coloca em risco a ordem pública, se sua prisão se funda na conveniência da instrução criminal ou se visa assegurar a aplicação da lei penal, porquanto o próprio *caput* do art. 313 remete ao art. 312 do CPP. Logo, não será qualquer descumprimento apto a gerar a decretação da prisão preventiva, mas tão somente aquele que encontra, além do fundamento no descumprimento de medida protetiva, razão de ser conforme o ar. 312 do CPP.

Ademais, parece-nos razoável restringir a possibilidade de prisão apenas para os casos cujas medidas protetivas possuam natureza híbrida, isto é, inibitórias de natureza cível, mas com lastro penal, sob pena de se criar novas possibilidades de decretação de prisão civil. Antes das alterações promovidas pela Lei 14.550/23, no art. 19 da Lei Maria Penha, dessas, o STJ entendia que as medidas protetivas previstas no **art. 22, I, II, III, da Lei 11.340/06**, possuíam nítido caráter penal, ao passo que as previstas nos **incisos IV e V** possuíam **natureza eminentemente civil**. Posteriormente à decisão, de 2020, foram incluídos os incisos VI e VII, aos quais conferimos natureza penal, porquanto trilham a linha prevenção e reeducação, com previsão análoga ao art. 28, III, da Lei de Drogas.

> Com efeito, esta Corte Superior firmou entendimento no sentido de que: '**As medidas protetivas previstas no art. 22, I, II, III, da Lei 11.340/06, possuem nítido caráter penal, pois visam garantir a incolumidade física e mental da vítima, além de restringirem o direito de ir e vir do agressor. Por outro lado, as elencadas nos incisos IV e V possuem natureza eminentemente civil**' (AgRg no REsp 1.441.022/MS). Assim, diante de sua natureza jurídica penal, para que as medidas protetivas sejam concedidas, deve haver ao menos indícios de autoria e materialidade de delito praticado com violência doméstica e familiar contra a mulher (*fumus boni juris*) e o perigo da demora (*periculum in mora*), consubstanciado na urgência da medida, a fim de proteger a mulher de eventual reiteração criminosa." AgRg no AREsp 1650947/MG, DJe 15.06.20.

Apesar da natureza atual de tutela inibitória[38], por força do §5º do art. 19 da Lei 11.340/06, não há como não se admitir a possibilidade de configuração de situações de hibridismo normativo quanto à natureza, porquanto se o descumprimento de uma medida protetiva, especialmente as previstas nos incisos I, II, III, VI e VII do art. 22 da Lei Maria da Penha, pode dar causa à decretação da prisão, há que se reconhecer a possibilidade de tais normas também assumirem a feição penal, revelando seu aspecto híbrido.

Nos termos do §1º do art. 313, CPP, também será admitida a prisão preventiva **quando houver dúvida sobre a identidade civil da pessoa ou quando esta não fornecer elementos suficientes para esclarecê-la**, devendo o preso ser colocado imediatamente em liberdade após a identificação, salvo se outra hipótese recomendar a manutenção da medida.

A identificação do agente cuja identidade não se revela clara é imprescindível não somente para o fiel e escorreito trâmite processual, mas também para se evitar erros judiciários relacionados à decretação de prisões de terceiros não relacionados com a prática do crime. Por essas razões, visando tão somente promover a identificação civil do agente, a norma admite a decretação da prisão preventiva com o escopo de se promover a correta identificação do agente, pois não é incomum que os criminosos valham-se de diversas identidades.

Assim, com inteligência, a norma admite a prisão com tal escopo, sendo que, cumprido o objetivo do ato, o agente deverá ter sua prisão revogada, se por outro motivo não houver justificativa para permanecer preso nos termos do requerimento ministerial. Conforme destacamos anteriormente, quando do estudo da impossibilidade de decretação prisão preventiva em crime culposo nas hipóteses do art. 366 do CPP, seria de bom alvitre que

38. TEMA 1249 (REsp 2070717/MG, REsp 2070857/MG, REsp 2070863/MG – relator para o acórdão Ministro Rogerio Schietti Cruz, Julgado 13/11/2024): As medidas protetivas de urgência têm natureza jurídica de tutela inibitória e sua natureza jurídica não se subordina à existência atual ou vindoura de boletim de ocorrência, inquérito policial, processo cível ou criminal.

o legislador ampliasse o teor do art. 313, §1º, CPP, para permitir a prisão preventiva, com o escopo de assegurar o conhecimento da imputação para autorizar o prosseguimento do processo e consequente aplicação da lei penal.

Não obstante o registro, entendemos como possível, estritamente na hipótese do §1º, a decretação da prisão preventiva por crime culposo, haja vista que o prosseguimento do processo contra pessoa cujos dados foram utilizados de forma indevida pode, ao final, com o trânsito em julgado da sentença penal condenatória, ensejar a expedição de mandado de prisão contra inocente. O fato do autor de um crime culposo não poder ser preso preventivamente não significa que não possa ser preso, posteriormente, com base em título jurídico condenatório definitivo, circunstância que, na hipótese de ter utilizado dados falsos, ensejará a possibilidade de expedição de mandado de prisão contra terceiro inocente. Logo, admitimos a decretação da prisão preventiva em crime culposo quando houver dúvida quanto à identidade civil da pessoa ou quando essa não fornecer elementos suficientes para esclarecê-la, sendo que, promovida a identificação ou obtidos os elementos necessários ao seu esclarecimento, deverá ser revogada a prisão.

Independentemente da natureza do delito, a restrição da liberdade deve ocorrer por brevíssimo espaço de tempo, vez que o escopo da sua realização se funda na dúvida quanto à identificação civil do agente. Nesse sentido, entendemos que o prazo máximo da restrição à liberdade deve ser o da realização da audiência de custódia, período de tempo razoável para que o Estado, caso seja necessário, promova a identificação criminal nos termos da Lei 12.037/09, caso a identificação civil por documento (art. 1º) não se revele esclarecedora (art. 3º).

Assim, não entendemos como Renato Brasileiro, que sustenta que a modalidade prevista no §1º do art. 313 do CPP seria uma *verdadeira condução coercitiva do investigado (acusado) para fins de investigação criminal*[39], haja vista que a norma expressamente prevê a decretação de prisão preventiva, que pressupõe, necessariamente, decisão judicial. E, por tal circunstância, não nos parece possível que a autoridade policial possa revogar a decisão judicial e, principalmente, não submeter a constrição da liberdade ao controle judicial por meio da audiência de custódia.

Conceber a prisão preventiva como mera condução coercitiva significaria permitir à autoridade policial modificar o título jurídico de uma decisão judicial. E mais, sua concepção como condução coercitiva significaria impor à autoridade policial o dever de liberar o agente imediatamente após a realização do ato a que se destina (identificação), circunstância que o impediria, sob pena de crime de abuso de autoridade (art. 9º da Lei 13.869/19), de mantê-lo sob custódia ainda que se verificasse, após a identificação, que sua liberdade colocaria em risco a ordem pública diante da constatação da prática de outras infrações penais.

Ao se respeitar a essência da norma restritiva, como prisão preventiva, permite-se, de forma e em prazo razoável, que a autoridade policial ou o Ministério Público formulem requerimento de prisão preventiva por outro fundamento, sem que se possa falar em

39. *op. cit.* p. 1078.

constrangimento ilegal por parte da autoridade policial, vez que a manutenção da custódia cautelar, desde sua origem, está amparada por decreto de prisão preventiva anterior.

O §2º do art. 313, por fim, destaca que não será admitida a decretação da prisão preventiva com a finalidade de antecipação de cumprimento de pena ou como decorrência imediata de investigação criminal ou da apresentação ou recebimento de denúncia. Em síntese, o dispositivo, que melhor estaria situado no art. 312 do CPP, estabelece impedimentos para fundamentação de decreto de prisão preventiva.

Além dos requisitos trabalhados acima, o art. 314 do CPP nos fornece um requisito de natureza negativa que deve ser observado. Segundo o texto legal, a prisão preventiva em nenhum caso será decretada se o juiz verificar pelas provas constantes dos autos ter o agente praticado o fato nas condições previstas *nos* incisos I, II e III do *caput* do art. 23 do Código Penal.

O art. 23 do CP prevê as chamadas causas excludentes de ilicitude, circunstâncias que, por atingirem a antijuridicidade da conduta, afastam, por via de consequência, o próprio crime. De fato, havendo, ainda que em juízo de cognição sumária, elementos de prova de que a conduta foi praticada com amparo em legítima defesa, estado de necessidade, exercício regular de um direito ou estrito cumprimento de dever legal, não há fundamento legal para decretação da prisão preventiva, porquanto sequer haverá delito a ser processado. O mesmo raciocínio deve ser aplicado, por analogia, às outras hipóteses de exclusão de ilicitude previstas na parte especial do CP ou legislação penal especial.

No que tange às excludentes de culpabilidade, não previstas expressamente no artigo 314 do CP, mas aptas a excluir o crime, há que se ter maior cautela quanto a aplicação da analogia. Apesar do art. 397, II, CPP, prever a existência manifesta de causa excludente da culpabilidade, salvo a inimputabilidade, como hipótese de absolvição sumária, a prova quanto inexigibilidade de conduta diversa ou ausência de potencial consciência da ilicitude não se revela tão simples diante de um juízo meramente cognitivo.

Por essa razão, a compressão da "manifesta" causa excludente de culpabilidade deve se ancorar em *standard* probatório próximo da certeza. Dessa forma, havendo referida prova, parece-nos perfeitamente possível a vedação, por analogia, à decretação da prisão preventiva diante da existência de manifesta causa excludente da culpabilidade[40], como a coação moral irresistível, obediência hierárquica ou inexigibilidade de conduta diversa.

Apenas para fins de sistematização, temos a seguinte construção:

40. É nesse sentido, aliás, o art. 258 do CPPM.

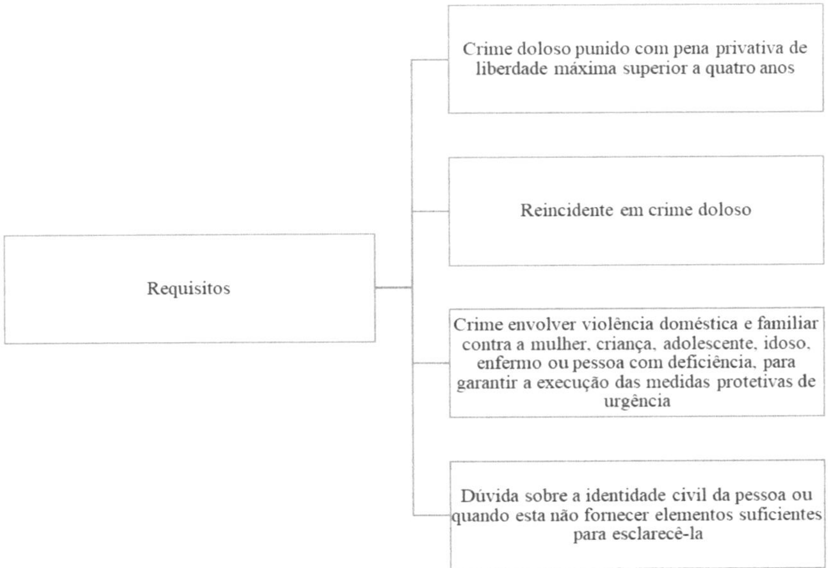

21.10.5 Fundamentos/hipóteses

> Art. 312. A prisão preventiva poderá ser decretada como garantia da ordem pública, da ordem econômica, por conveniência da instrução criminal ou para assegurar a aplicação da lei penal, quando houver prova da existência do crime e indício suficiente de autoria e de perigo gerado pelo estado de liberdade do imputado.
>
> § 1º A prisão preventiva também poderá ser decretada em caso de descumprimento de qualquer das obrigações impostas por força de outras medidas cautelares (art. 282, § 4º).
>
> § 2º A decisão que decretar a prisão preventiva deve ser motivada e fundamentada em receio de perigo e existência concreta de fatos novos ou contemporâneos que justifiquem a aplicação da medida adotada.

Satisfeitos os pressupostos e requisitos para a decretação da prisão preventiva, há que se perquirir acerca da existência de algum fundamento legal justificador da prisão, isto é, se existe alguma hipótese legal apta a autorizar a medida. Não basta, portanto, que o agente tenha praticado um crime doloso cuja pena máxima seja superior a quatro anos ou que exista prova da materialidade ou indícios suficientes de autoria. É preciso buscar algum fundamento concreto e fático diverso da prática do delito para decretação da prisão preventiva. O CPP elencou, no art. 312, os fundamentos para decretação prisão preventiva, os quais veremos separadamente.

21.10.5.1 Garantia da ordem pública

A expressão "garantia da ordem pública" é vaga e indeterminada, provocando diversas interpretações não somente por parte da doutrina, mas também pela jurisprudência. Em linhas gerais, há duas correntes sobre a natureza jurídica da expressão "garantia da ordem pública": medida de cunho não processual e medida cautelar de cunho processual.

A **primeira corrente**, minoritária, aduz que a prisão preventiva lastreada na garantia da ordem pública **não se reveste de natureza cautelar**, pois se trata, na realidade, de medida de cumprimento antecipado da pena, vez que sua finalidade não é endoprocessual, mas extraprocessual – evitar a prática de outras infrações penais –, fundando-se, assim, no clamor público ou na função de prevenção geral da pena.

A **segunda corrente**, ao contrário, aduz que a garantia da ordem pública reflete a **natureza processual cautelar**, porquanto a decretação da prisão visa resguardar o resultado útil do processo, dentre os quais se insere o efeito de prevenção geral conferido à pena. Pauta-se no fato de que há fundado risco de que a liberdade do agente venha ensejar a prática de novos delitos, frustrando, em parte, a razão de ser do processo.

O cometimento de um delito abala a confiança na norma jurídica e traz insegurança social. Com o fim de restabelecer a confiança na norma e resguardar a paz social, o Estado deflagra o processo contra aquele que promoveu o ataque contra a norma e a sociedade, visando, não somente punir o infrator, mas também emitir o comando de que não tolera infrações à norma jurídica.

Constatando-se, por elementos concretos, que a liberdade do agente traz insegurança social, seja por ser reincidente ou por ter descumprido medida protetiva contra mulher, criança, adolescente, idoso ou pessoa com deficiência, por exemplo, parece-nos perfeitamente condizente com a lógica das medidas cautelares que o risco de reiteração delitiva possa ensejar a decretação da prisão preventiva, sob pena de frustração da prevenção especial, um dos fins da pena, também tutelada pelo processo.

Conceber a prevenção como algo dissociado do processo significa atribuir ao processo um fim em si mesmo, maior, inclusive, que a razão de ser de sua existência. Dessa forma, compreendemos a expressão "garantia da ordem pública" como elemento caracterizador da cautelaridade processual exigida para decretação da prisão preventiva.

Assim, não nos parece adequada a crítica de Aury Lopes Jr.[41] quanto à existência de um *defeito genético* na prisão preventiva decretada com fundamento na garantia da ordem pública por não serem cautelares. Haveria sim, uma anomalia genética no processo se, no curso da investigação ou desse, não houvesse remédio processual cautelar a permitir a privação da liberdade daquele que, por sua história contemporânea, revela-se inserido no seio da criminalidade e demonstra total menoscabo para com a norma jurídico-penal, praticando delitos em série, em detrimento da coletividade e, consequentemente, ordem pública.

No mesmo sentido, não entendemos como fundada, por questão de coerência, a crítica trazida pelo autor quanto à ausência de natureza cautelar da prisão fundada no risco de reiteração delitos. *Verbis*[42]:

> No que tange à prisão preventiva em nome da ordem pública sob o argumento de risco de reiteração de delitos, está se atendendo não ao processo penal, mas sim a uma função de polícia do Estado, completamente alheia ao objeto e fundamento do processo penal.
>
> **Além de ser um diagnóstico absolutamente impossível de ser feito (salvo para os casos de vidência e bola de cristal), é flagrantemente inconstitucional, pois a única presunção que a Constituição permite é a de inocência e ela permanece intacta em relação a fatos futuros.**

Isso porque, ao admitir[43] o heroico remédio do *habeas corpus* preventivo, o fundamenta, expressamente, em situação de risco ou ameaça, "para evitar o dano que possa derivar

41. *op.cit.* p. 1.046.
42. *op.cit.* p. 1.018.
43. *Idem*, p. 1.759.

da lesão a um direito, quando existe uma ameaça ainda não realizada. Existe, portanto, interesse juridicamente tutelável antes da lesão ao direito, pelo simples fato de que a lesão seja previsível, próxima e provável".

Seria, portanto, "*um diagnóstico impossível de ser feito (salvo para os casos de vidência e bola de cristal)*", o juízo de lesão previsível, próxima e provável quanto ao *habeas corpus* preventivo, que imputa, em detrimento da inocência de alguém, a prática de potencial crime de abuso de autoridade? Assim como não nos parece impossível para o *habeas corpus*, não nos parece infundado quanto à decretação da prisão preventiva por garantia da ordem pública.

Não obstante, a expressão, concebida como medida cautelar, recebe **interpretações restritivas e ampliativas**. A **tese restritiva**, predominante na doutrina, trilha o caminho do vetor interpretativo traçado pelo inciso I do art. 282 do CPP, que admite a decretação de medida cautelar, nos casos expressamente previstos, para evitar a prática de infrações penais.

A expressão "nos casos expressamente previstos", em que pese a clareza literal, não nos traz muitos elementos de interpretação, porquanto seria praticamente impossível o legislador prever todas as situações, de forma expressa, de evitação da prática de infrações penais. Assim, o dispositivo deve ser lido, em diálogo com a garantia da ordem pública, prevista no art. 312, sob a luz dos §§1º e 2º do mesmo artigo, de forma a se valorar, negativamente, o descumprimento de outras medidas cautelares, ou o receio de perigo diante da existência de fatos novos ou contemporâneos decorrentes da liberdade do agente.

De fato, aquele que descumpre uma medida cautelar previamente fixada sinaliza, pelo menos em tese, que a ameaça da pena ou prisão não é apta a dissuadi-lo de reiterar a prática de infrações penais. Igualmente, aquele que foi preso ou condenado em outras oportunidades, ou responde a processos criminais, evidencia, novamente em tese, que o risco da sanção penal não lhe impõe a contramotivação necessária de respeito à norma. Em ambos os casos, a decretação da prisão preventiva, satisfeitos os requisitos legais, pode se revelar como necessária e fundada na garantia da ordem pública, porquanto a liberdade do agente pode representar um risco concreto à sociedade diante da possibilidade de reiteração criminosa.

Em linguagem talvez não revestida da melhor técnica, por remeter ao Direito Penal do autor ou ao Direito Penal do inimigo, analisa-se a periculosidade social do agente ao se avaliar a necessidade de decretação da prisão preventiva. Contudo, a periculosidade deverá ser analisada sob a luz do caso concreto e não de forma abstrata, sob o prisma do tipo penal supostamente praticado.

Não necessariamente se decretará a prisão preventiva do agente acusado de tráfico de drogas, delito equiparado a hediondo, se não houver, concretamente, elementos que justifiquem a medida. Não basta a natureza do delito para decretação da prisão preventiva, é imprescindível a correlação risco/liberdade, analisada no caso concreto. Assim, é perfeitamente possível a decretação da prisão preventiva de um "traficante" encontrado com 50g de cocaína, em razão da existência de condenações ou processos anteriores, mas não necessariamente será admitida a decretação da prisão do "traficante" encontrado com 200g da mesma droga, caso não registre prisões, processos ou condenações anteriores.

Por outro lado, a **tese ampliativa** aduz que a expressão garantia da ordem pública compreende a concepção de **clamor social**, como forma de garantia da credibilidade da Justiça.

O clamor social está umbilicalmente associado à ideia de impunidade e ao anseio coletivo de justiça. Casos de repercussão social, amplamente divulgados pela mídia, seja local ou nacional, amplificam a voz popular em busca de Justiça. Em análise fria da lei, o clamor popular, em tese, não se encontra apto a fundamentar a decretação da prisão preventiva, conforme amplo entendimento do STJ e STF.

Em mera síntese argumentativa, trazemos à colação trecho do voto do Ministro do STF, Gilmar Mendes, exarado no HC AgRg no HC 158.802/RJ, j. 29.05.20, com grifos nossos:

> (...) É preciso reafirmar o entendimento de que prisão cautelar e mérito da ação penal demandam fundamentos fáticos e espaços axiológicos de apreciação distintos. Tanto o substrato empírico (plano descritivo) quanto a valoração desse substrato (plano normativo) não devem se embaralhar no âmbito desses diferentes momentos processuais. **A carga de desvalor que o ilícito-típico representa para o mérito não deve contaminar o juízo cautelar**.
>
> O que tem se verificado, principalmente no âmbito dos crimes contra a administração pública, é uma recorrente afirmação de vetores axiológicos etéreos e abstratos como o clamor social e a impunidade generalizada como critérios aptos a lastrear a prisão cautelar. Sobre isso, é preciso que se diga que a prisão preventiva revela uma medida gravosa e de natureza excepcional, que atinge um direito fundamental e que demanda uma fundamentação que encontre guarida em um substrato empírico concreto, individualizado e atual. (...)
>
> (...) É disso que se cuida a análise de proporcionalidade a ser realizada em sede de prisão cautelar: **verificar a necessidade concreta da mitigação de uma garantia individual fundamental (a liberdade), sem se deixar levar pela irracionalidade do clamor punitivo social disseminado de forma generalizada – trata-se de uma tarefa dura do Poder Judiciário, que muitas vezes terá aqui um papel claramente antimajoritário.**

A matéria, no âmbito dos Tribunais Superiores, a despeito das reiteradas decisões no sentido de que o mero clamor social não justifica a decretação da prisão preventiva, por vezes recebe interpretação elástica a justificar a medida cautelar. Assim, argumentos como a "credibilidade das instituições públicas"[44], "gravidade dos fatos em concreto"[45], *modus operandi*[46], *entre outros, não obstante rechaçados em outras oportunidades de forma*

44. STF: HC 89.090, DJe 05.10.07, (...)"para assegurar a credibilidade das instituições públicas, em especial do Poder Judiciário, quanto à visibilidade e transparência de políticas públicas de persecução criminal e desde que diretamente relacionadas com a adoção tempestiva de medidas adequadas e eficazes associadas à base empírica concreta que tenha ensejado a custódia cautelar (...).

45. STF: HC 196362 AgR, j. 13.04.21: Sem dúvidas, o STF aceita que motivos relacionados à gravidade em concreto das condutas criminosas praticadas possam legitimar a imposição da prisão cautelar. Ou seja, não é possível autorizar a prisão com argumentos que possam encaixar-se em qualquer caso, abstratos, sem conexão com o caso específico em análise, mas com argumentos que diferenciem o crime que enseja a prisão dos demais da mesma espécie (...).

46. STJ: HC 519009, DJe 04.11.19, (...) No particular, as decisões que decretaram/mantiveram a prisão preventiva do paciente demonstraram a necessidade da medida extrema, destacando o (i) modus operandi (teria esfaqueado a vítima, sua companheira, na região cervical e na presença do filho comum, de 4 anos; e alterado a cena do crime para induzir a erro o Estado-Juiz), o que seria revelador da sua periculosidade social. Ressaltou-se, ainda, a (ii) necessidade de garantia da ordem pública, tendo em vista o clamor público gerado pela prática do delito, com manifestação de multidão na frente da delegacia. Há, portanto, adequação aos requisitos do art. 312 do Código de Processo Penal. Legalidade da prisão preventiva. Precedentes(...).

expressa[47], acabam por fundamentar decretos de prisão preventiva, especialmente nos casos em ganham alto apelo midiático.

Tomemos apenas um caso como exemplo, emblemático em razão do apelo midiático. O caso Isabella Nardoni, criança morta pelos pais aos cinco anos de idade, jogada do sexto andar de um edifício na cidade de São Paulo, crime ocorrido em 29 de março de 2008, tomou conta da imprensa nacional e, naturalmente, pela natureza da vítima e forma como delito foi praticado, reverberou na sociedade brasileira, que clamava por Justiça. Ao final do processo, o pai da menina foi condenado à pena de 31 anos e reclusão e a madrasta da criança à pena de 26 anos de reclusão, por homicídio qualificado.

No emblemático caso, reconheceu-se na sentença que

> "ainda que se reconheça que os réus possuem endereço fixo no distrito da culpa, posto que, como noticiado, o apartamento onde os fatos ocorreram foi adquirido pelo pai de Alexandre para ali estabelecessem seu domicílio, com ânimo definitivo, além do fato de Alexandre, como provedor da família, possuir profissão definida e emprego fixo, como ainda pelo fato de nenhum deles ostentarem outros antecedentes criminais e terem se apresentado espontaneamente à Autoridade Policial para cumprimento da ordem de prisão temporária que havia sido decretada inicialmente (...).

Não obstante, os réus tiveram pelo menos 13 *habeas corpus* negados[48] durante o trâmite processual, inclusive com apreciação pelo STJ e STF. Claramente, apesar da ginástica jurídica realizada, os réus não foram libertados pelo clamor popular, que repudiava ferozmente o comportamento do pai e madrasta.

O breve relato, realizado apenas para demonstrar a inconsistência da jurisprudência, nos mostra que apesar da negativa dos Tribunais Superiores, o clamor popular, em determinadas situações, é utilizado, não mais de forma expressa, para fundamentar a decretação da prisão preventiva. Os eufemismos são comuns para justificar, para nós, o justificável. Explicamos.

A função do magistrado, no Processo Penal, deve ser pautada pela imparcialidade, de equidistância das partes e da estrita observância das leis. A prisão, como extremo à liberdade, é exceção à regra e não pode ser justificada somente porque o clamor social assim a impõe. Afinal, o que é o clamor popular? Um grupo de meia dúzia de pessoas? Uma centena? Movimentos orquestrados em redes sociais? A suposta e indemonstrável "legítima comoção" da sociedade, representada apenas seguidores de redes sociais de um determinado deputado federal agraciado pelo Presidente da República por meio do Decreto concessivo de Graça Presidencial, publicado no dia 21/04/2022 (DOU, Edição 75-D, Seção 1, Extra D)?

O magistrado, não obstante integrar o seio social e dele também extrair seus valores, deve, no processo penal, ater-se às normas legais. Nesse sentido, à expressão "garantia da ordem pública", para nós, deve ser conferida uma compreensão mais ampla, que traz à tona o **potencial abalo sistêmico do crime e as consequências da liberdade do agente para a sociedade**, cotejando-se a análise com os fins do Direito Penal, dentre os quais, para nós, se insere a vigência e a validade da norma.

47. STJ: HC 461263, DJe 13.11.18, (...) O simples clamor popular ou repercussão do delito e o risco à credibilidade das instituições não autorizam a prisão preventiva. Precedentes.

48. https://ammp.org.br/justica-negou-13-habeas-corpus-ao-casal-nardoni/ acesso em 06.06.22, às 08h12min.

A valoração proposta, em que pese também merecedora de críticas, porquanto, assim como o STF e STJ, contorna obstáculos por meio de possíveis eufemismos, visa permitir a compreensão do conceito de "garantia da ordem pública" de forma a se **preservar as instituições e a estabilização do sistema**. Inegavelmente, casos existirão a demandar uma postura defensiva por parte do magistrado, que deverá atuar, no caso concreto, de forma a conferir primazia às instituições, sob pena de colapso do próprio sistema jurídico e social.

De fato, não existe um modelo ideal insusceptível a críticas. Negar qualquer efeito processual e, consequentemente, cautelar, à repercussão social do delito, significa desconectar o processo da sua essência, conferindo-lhe uma falsa primazia supostamente amparada por um direito e garantia fundamental, em detrimento do todo. Significa que um dos fins do Direito Penal – a estabilização social –, não pode ser, paradoxalmente, tutelada pelo Processo Penal.

21.10.5.2 Garantia da ordem econômica

A prisão preventiva decretada com base na garantia econômica assemelha-se à decretada para garantia da ordem pública, distinguindo-se pela natureza do risco criado. Enquanto a garantia da ordem pública objetiva tutelar, de forma macro, a sociedade dos crimes ordinários, a garantia da ordem econômica tem por escopo proteger a sociedade dos chamados crimes econômicos.

Os crimes econômicos são aqueles que, de algum modo, revelam o abuso do poder econômico que vise à dominação do mercado, a eliminação da concorrência e o aumento arbitrário dos lucros (art. 173, §4º, CF). De forma não sistematizada, foram previstos na Lei 1.521/51 (crimes contra a economia popular), Lei 6.385/76 (crimes contra o mercado de valores mobiliários), Lei 7.134/83 (crimes de aplicação ilegal de créditos, financiamentos e incentivos fiscais), Lei 7.492/86 (crimes contra o sistema financeiro nacional), Lei 8.078/90 (crimes previstos no Código de Defesa do Consumidor), Lei 8.137/90 (crimes contra a ordem tributária, econômica e contra as relações de consumo), Lei 8.176/91 (crimes contra a ordem econômica), e Lei 9.279/96 (crimes em matéria de propriedade industrial).

Os crimes econômicos normalmente estão associados à lavagem de capitais, circunstância que por vezes dificulta a recuperação de ativos decorrentes da prática dos ilícitos penais. A prisão preventiva justifica-se, portanto, quando houver fundado receio de que o agente, solto, permaneça a delinquir, reiterando as condutas ilícitas praticadas, incrementando o risco, já criado, com seus comportamentos anteriores. Em tais delitos, a prisão normalmente estará associada com outra medida de natureza cautelar, especialmente as de natureza patrimonial, pois a estratégia de restrição da liberdade, por si só, pode se revelar insuficiente para coibir a prática das condutas. Nos crimes econômicos, o estratagema do *follow the money*[49] assume especial importância, vez que somado à prisão do agente, forma um cerco ao objeto principal dos delitos.

21.10.5.3 Asseguramento da aplicação da lei penal

Com a prática do delito, nasce o *ius puniendi* estatal e, consequentemente, a expectativa de aplicação da lei penal. Contudo, situações fáticas, como o risco de fuga ou a própria

49. Siga o dinheiro.

fuga, revelam a possibilidade, concreta, de impossibilidade de aplicação da penal. De fato, foragindo o agente do distrito da culpa, não haverá garantias de que, sendo condenado, venha a submeter à aplicação da lei penal.

A fuga ou o risco de fuga não devem ser analisados de forma isolada e descontextualizada, de forma que a simples existência de boa condição financeira por parte do agente não se revela apta a inferir o risco de fuga. Exige-se, no caso, elementos concretos hábeis a justificar a medida. Assim, a mera evasão do local do delito para evitar a prisão em flagrante ou o esconderijo provisório para afastar o cumprimento de mandado de prisão cuja legalidade se questiona não se revelam aptos a justificar a decretação da prisão.

Exige-se que a acusação traga elementos concretos do risco iminente de fuga como a existência de passagens para locais distantes e sem vínculo com o autor, informações fidedignas de plano de fuga, obtenção de documentos falsos ou mesmo, já no caso de fuga, de impossibilidade de localização do agente nos endereços por ele fornecidos ou constantes da base de dados do Estado. A prova da fuga ou risco de fuga, portanto, precisa de lastro para formação do *standard* mínimo probatório para sua decretação.

O art. 30 da Lei 7.492/86 assinala que, sem prejuízo do disposto no art. 312 do Código de Processo Penal, a prisão preventiva do acusado da prática de crime previsto na Lei dos Crimes contra o Sistema Financeiro Nacional poderá ser decretada em razão da magnitude da lesão causada. Apesar da previsão legal e de sua admissão como fundamento pelo STJ no julgamento do HC 111.111/DF[50], não nos parece razoável, como fundamento único, a utilização da magnitude da lesão como fundamento único como apto a ensejar a decretação da prisão preventiva, sendo necessária sua associação com alguma das hipóteses previstas no art. 312 do CPP. Não fosse assim, a mera gravidade da lesão seria apta a fundamentar um decreto preventivo, a exemplo dos crimes tidos como hediondos.

Registre-se, por oportuno, que a mera condição de estrangeiro não confere a esse a necessidade de um tratamento diferenciando no tocante à prisão, especialmente se regular no Brasil. Estando em situação irregular e não demonstrando vínculo concreto como endereço fixo, emprego fixo ou família constituída, parece-nos perfeitamente possível o decreto de prisão preventiva, pois, de fato, nada está a impedir a fuga do agente.

21.10.5.4 Conveniência da instrução criminal

Por conveniência da instrução criminal há que se conceber tutela das partes e do processo para que as provas possam ser produzidas de forma regular, livres de qualquer ataque. Tutela, em essência, a prova a ser produzida. Assim, o agente que ameaça ou constrange testemunhas, tenta ocultar ou destruir provas, promove um ataque efetivo ao fiel andamento do processo e escorreita produção probatória.

O ato, por revelar a má-fé e deslealdade processual, promove a necessária reação do Estado para assegurar que o processo, ao final, tenha um julgamento justo, baseado em provas produzidas de forma livre e sem vícios. Para tanto, a norma autoriza a decretação da prisão preventiva visando assegurar a conveniência da instrução criminal.

Em razão do fundamento restrito e vinculado, encerrada a instrução criminal, a prisão perde a razão de sua existência, porquanto seu objeto se esgota com a finalização

---

50. DJe 17.02.09.

da produção probatória, devendo ser revogada se inexistir outro fundamente que a justifique, nos termos do art. 316, *caput*, e art. 282, §5º, ambos do CPP. Ressalte-se que, nos processos afetos ao Tribunal do Júri, a instrução processual não se encerra na primeira fase do procedimento biforme, porquanto haverá nova instrução em plenário.

21.10.5.5 Descumprimento de qualquer das obrigações impostas por força de outras medidas cautelares

A previsão do §1º, do art. 312, do CPP, reforça o conteúdo art. 282, §4º, que assinala a possibilidade de decretação da prisão preventiva caso as medidas cautelares impostas revelem-se insuficientes para o alcance de seus fins. O mero descumprimento, por si só, não impõe, necessariamente, a decretação da prisão preventiva, pois o magistrado, a pedido do Ministério Público, assistente ou querelante, poderá impor outras em cumulação, substituir a medida anteriormente fixada por outra e, somente quando revelada de fato, a necessidade processual da prisão e ineficácia das medidas cautelares diversas da prisão, valer-se da prisão preventiva.

Em síntese gráfica:

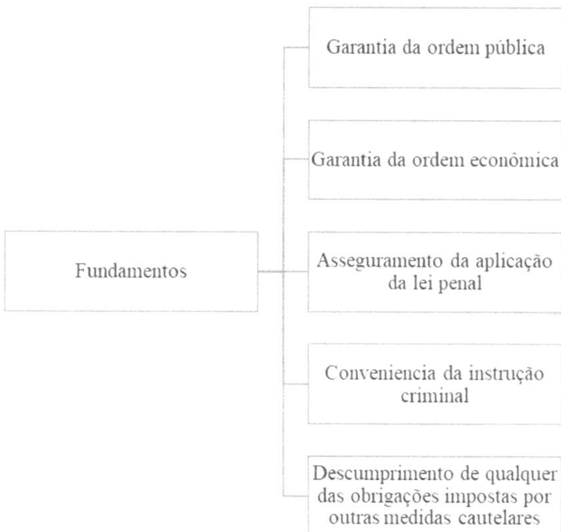

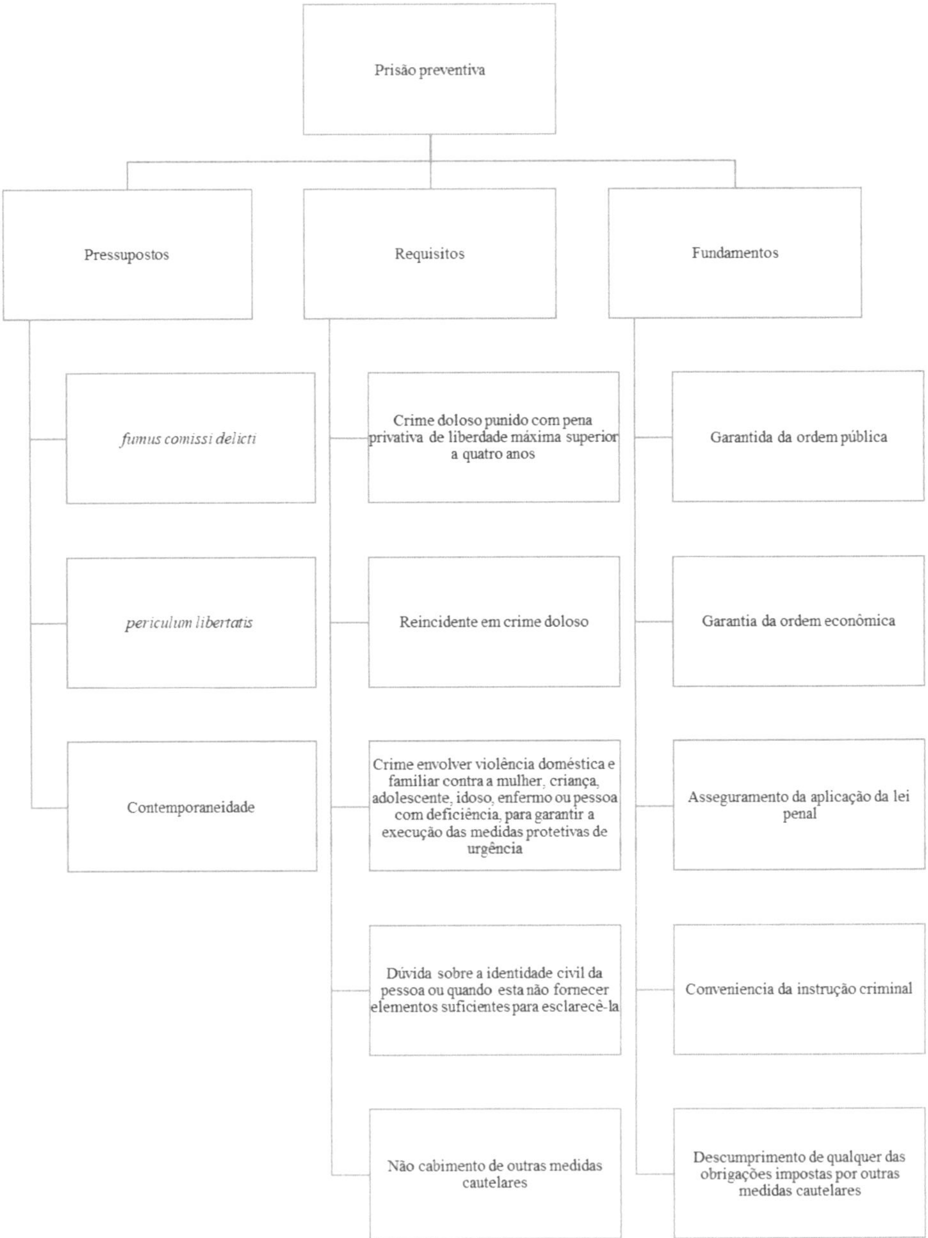

21.10.6 Prazo de duração da prisão preventiva

O Processo Penal brasileiro, em regra, não estabelece um prazo específico para a duração da prisão preventiva. Entretanto, a ausência de fixação de prazo não significa que, de fato, não exista um prazo.

Apesar da ausência de registro de tempo expresso, o prazo de prisão preventiva deve ser pautado, entre outros fatores, pelos princípios da duração razoável do processo e excepcionalidade de prisão.

Antes das alterações promovidas pelas Leis 11.689/08 e 11.719/08, a doutrina e a jurisprudência aplicavam o prazo de 81 dias como máximo de prisão, alcançado pela somatória dos prazos processuais desde a prisão até o encerramento da instrução, por força da Súmula 52 do STJ, que apregoa: "Encerrada a instrução criminal, fica superada a alegação de constrangimento por excesso de prazo", na mesma esteira da Súmula 21 do STJ: "Pronunciado o réu, fica superada a alegação de constrangimento ilegal por excesso de prazo na instrução", as quais, para nós, encontram-se amplamente mitigadas, pois o atraso injustificável para prolação da decisão revela-se meio hábil a caracterizar o constrangimento ilegal, apto a ensejar o relaxamento da prisão ou a determinação de aceleração do julgamento, conforme verificado, entre outros, no julgamento do HC 136435 pelo STF[51], no qual o Pretório Excelso determinou ao STJ que submetesse um recurso especial a julgamento.

A se seguir o modelo jurisprudencial anterior, o prazo para o encerramento da instrução poderá variar entre 110 e 190 dias, a depender das circunstâncias do caso concreto, sempre contados da efetivação da prisão:

Fase	Prazo	Prazo máximo total
Inquérito policial	Justiça Estadual: 10 dias – prorrogáveis por mais 15 dias Justiça Federal: 15 dias prorrogáveis por mais 15 dias	Justiça Estadual: 25 dias Justiça Federal: 30 dias
Prisão temporária	5 dias prorrogáveis por 5 em crimes não hediondos 30 dias prorrogáveis por mais 30 em crimes hediondos	Crimes não hediondos: 10 dias Crimes hediondos 60 dias
Oferecimento da denúncia	5 dias	5 dias
Recebimento da denúncia	5 dias	5 dias
Resposta à acusação	10 dias. Não sendo apresentada no prazo, nomeia-se defensor, concedendo-se novo prazo de 10 dias	20 dias
Vista à acusação sobre documentos juntados na resposta à acusação	5 dias	5 dias
Análise da resposta à acusação	5 dias	5 dias
Realização da audiência de instrução	60 dias no procedimento comum 30 dias no procedimento sumário	60 dias no procedimento comum 30 dias no procedimento sumário

51. DJe 06.12.16.

Substituição das alegações orais por memoriais	5 dias sucessivos para apresentação de memoriais	10 dias
Sentença	10 dias, prorrogáveis por mais 10 dias por motivo justo	20 dias.

A tabela apresentada varia de acordo com o autor, havendo quem considere o prazo de dois dias previsto no art. 799 do CPP para movimentação cartorária para cada etapa, o que implicaria o aumento de dezoito dias. Há ainda quem considere a natureza dos prazos partindo da premissa que os dias da intimação, por serem prazos processuais, não devem ser considerados, sob pena de redução *ex lege* de prazo processual, de forma que se haveria de acrescentar oito novos dias ao prazo total. Há, ainda, quem sustente que o prazo da prisão temporária, restrito à fase da investigação, não pode ser computado no prazo da prisão, vez que não se confundiria com o prazo do inquérito policial, devendo-se acrescer o prazo máximo do inquérito de 30 dias. Em síntese, a depender da construção o prazo variará de 110 a 246 dias.

No âmbito dos procedimentos afetos ao Tribunal do Júri, a despeito da distinção procedimental quanto aos prazos para a fase do juízo sumariante, pode alcançar o prazo de 150 dias (60 dias de prisão temporária em crime hediondo + 90 dias para encerramento), além do prazo para realização do plenário, não previsto expressamente em lei, ao qual a doutrina entende razoável o prazo de seis meses, por interpretação sistemática do art. 428 do CPP, atinente ao desaforamento.

A legislação penal nos traz alguns vetores interpretativos. A Lei de Organizações Criminosas, por exemplo, assinala, no parágrafo único do art. 22, que a instrução criminal não poderá exceder a 120 dias, quando o réu estiver preso, prorrogáveis em até igual período por complexidade da causa ou por fato procrastinatório atribuível ao réu.

A questão, para nós, não deve ser matemática como outrora, nas quais os tribunais demonstraram excessivo apego ao prazo de 81 dias. De fato, há casos e casos. Procedimentos com diversos réus, vários delitos, excesso de medidas cautelares, testemunhas, vítimas e cartas precatórias, naturalmente, podem alongar a instrução criminal.

Não desconsideramos a importância da busca de um limite temporal paradigma, vez que o indivíduo estará preso no curso do processo e a restrição de sua liberdade é a exceção. A duração razoável do processo deve mirar os prazos legais, mas não pode negar, sob pena de quebra da própria razoabilidade, as intercorrências processuais.

Tomemos como exemplo um caso em que o processo é movido contra quatro réus, com diferentes advogados que, no exercício de seu direito de defesa, impetram seguidos *habeas corpus*. Em cada um deles, a autoridade, imputada como coatora, será notificada para prestar informações, consumindo parte do tempo que poderia ser dedicado ao processo. Há, no exemplo, a aplicação da **Súmula 64 do STJ**: **não constitui constrangimento ilegal o excesso de prazo na instrução, provocado pela Defesa**.

Há, igualmente, casos em que a complexidade probatória demanda tempo maior, como uma perícia complexa em contas e documentos de empresas, nos crimes empresariais. O fato é que o processo não é formado por uma simples soma aritmética de prazos, pois há inúmeros fatores que podem contribuir para o prolongamento da instrução e consequente manutenção da prisão preventiva.

Nesse sentido é o entendimento do STF:

> O entendimento do Supremo Tribunal Federal é no sentido de que a aferição de eventual demora injustificada na tramitação da ação penal depende das condições objetivas da causa (complexidade da causa, número de acusados e a necessidade de expedição de cartas precatórias, por exemplo). AgREG no HC 212.684/PR, j. 02.05.22.

Por essas razões, o legislador incluiu o parágrafo único no art. 316 do CPP, que assinala: Decretada a prisão preventiva, deverá o órgão emissor da decisão revisar a necessidade de sua manutenção a cada 90 (noventa) dias, mediante decisão fundamentada, de ofício, sob pena de tornar a prisão ilegal.

A norma inaugurou um sistema de *compliance* no processo penal, direcionado para o magistrado, como forma de se impor a esse a avaliação da necessidade da manutenção da prisão, conforme veremos na sequência. De toda sorte, verificado que o prazo da prisão extrapola o limite do razoável, sob a luz do caso concreto, o magistrado deverá revogá-la, não podendo decretar outra, na sequência, salvo diante de novos fatos que a justifiquem.

21.10.6.1 Reavaliação periódica da prisão a cada 90 dias

A primeira indagação que deve ser formulada é se a não observância do prazo de 90 dias para reavaliação da prisão caracteriza constrangimento ilegal e impõe o dever de relaxamento da prisão. O STF, enfrentando a temática, assinalou que a inobservância do prazo não implica a revogação automática da prisão preventiva:

> O transcurso do prazo previsto no parágrafo único do art. 316 do Código de Processo Penal não acarreta, automaticamente, a revogação da prisão preventiva e, consequentemente, a concessão de liberdade provisória. STF. Plenário. ADI 6581/DF e ADI 6582/DF, Rel. Min. Edson Fachin, redator do acórdão Min. Alexandre de Moraes, julgados em 8/3/2022.

Isso porque a norma deve ser analisada de forma sistêmica, considerando não somente o fato de que a previsão legal trilha a linha do *compliance*, no sentido de exigir análise e fundamentação periódica por parte do magistrado, sem se olvidar da observância da complexidade do caso concreto para formação do que se compreende por razoável duração do processo, concebida em concreto, em consideração à todas as circunstâncias processuais (número de réus, crimes, testemunhas, recursos interpostos, provas periciais a serem produzidas e etc.). O que a norma impõe, portanto, é o dever do *compliance* de análise fundamentada acerca da necessidade da prisão, sendo prazo de noventa dias previsto para que se profira uma decisão judicial.

Na mesma esteira encontra-se o STJ:

O prazo de 90 dias previsto no parágrafo único do art. 316 do CPP para revisão da prisão preventiva não é peremptório, de modo que eventual atraso na execução do ato não implica reconhecimento automático da ilegalidade da prisão, tampouco a imediata colocação do custodiado cautelar em liberdade. AgRg no HC 697019/MG, 5ª Turma, DJe 03/11/2021.

O STJ, a exemplo do julgamento do AgRg no RHC 155263/SP[52], entre outros, vinha decidindo que "a revisão periódica e de ofício da legalidade da prisão preventiva

52. DJe 03.11.21.

disciplinada no parágrafo único do art. 316 do CPP, incluída pela Lei n. 13.964/2019, não se aplica aos tribunais, quando em atuação como órgão revisor".

Não nos parecia adequado o entendimento, porquanto o parágrafo único do art. 316 do CPP não estabeleceu qualquer espécie de restrição para os Tribunais. Superando a questão, o STF, no julgamento das ADIs 6581/DF e 6582/DF, DJe 03.05.22, decidiu pela aplicabilidade da norma ao processo também em trâmite perante os Tribunais de segundo grau, afastando sua aplicação aos Tribunais Superiores, salvo quando competentes por foro por prerrogativa de função:

> O art. 316, parágrafo único, do Código de Processo Penal, aplica-se até o final dos processos de conhecimento, onde há o encerramento da cognição plena pelo Tribunal de segundo grau, não se aplicando às prisões cautelares decorrentes de sentença condenatória de segunda instância ainda não transitada em julgado.
>
> O artigo 316, parágrafo único, do Código de Processo Penal aplica-se, igualmente, nos processos em que houver previsão de prerrogativa de foro.

Vale destacar que, na avaliação periódica, é perfeitamente possível que, diante das condições pessoais dos agentes, no caso de corréus, um seja posto em liberdade e o outro mantido encarcerado. Sendo similares as condições pessoais e não havendo motivo justificante diverso, segundo o STJ, a revogação da prisão quanto a um dos agentes deverá alcançar os demais, aplicando-se, por analogia, o efeito extensivo dos recursos previsto no art. 580 do CPP[53].

No que tange às demais medidas cautelares, diversas da prisão, não nos parece tenha o legislador imposto a obrigação de revisão automática a cada 90 dias pelo magistrado. Conferir, por extensão, similar tratamento às demais medidas cautelares implicaria o próprio comprometimento dos casos que envolvem prisão a exigir o magistrado praticamente a realização de uma correição interna na secretaria do juízo de forma constante e diária.

21.10.7 Os fundamentos do decreto de prisão preventiva

Art. 315. A decisão que decretar, substituir ou denegar a prisão preventiva será sempre motivada e fundamentada.

§ 1º Na motivação da decretação da prisão preventiva ou de qualquer outra cautelar, o juiz deverá indicar concretamente a existência de fatos novos ou contemporâneos que justifiquem a aplicação da medida adotada.

§ 2º Não se considera fundamentada qualquer decisão judicial, seja ela interlocutória, sentença ou acórdão, que:

I - limitar-se à indicação, à reprodução ou à paráfrase de ato normativo, sem explicar sua relação com a causa ou a questão decidida;

II - empregar conceitos jurídicos indeterminados, sem explicar o motivo concreto de sua incidência no caso;

III - invocar motivos que se prestariam a justificar qualquer outra decisão;

IV - não enfrentar todos os argumentos deduzidos no processo capazes de, em tese, infirmar a conclusão adotada pelo julgador;

V - limitar-se a invocar precedente ou enunciado de súmula, sem identificar seus fundamentos determinantes nem demonstrar que o caso sob julgamento se ajusta àqueles fundamentos;

53. HC 87132/MG, 1ª Turma, DJe 31.10.07.

VI - deixar de seguir enunciado de súmula, jurisprudência ou precedente invocado pela parte, sem demonstrar a existência de distinção no caso em julgamento ou a superação do entendimento.

O artigo 315 do CPP, alterado pela Lei do Pacote Anticrime, consubstancia elementos norteadores para o dever de fundamentação e motivação das decisões judiciais previsto no art. 93, IX, da Constituição Federal. A motivação das decisões judiciais, que ainda veremos com maiores detalhes no capítulo próprio, destina-se não somente ao processo, com o escopo de levar às partes as razões de decidir, mas também à sociedade, como forma de dar transparência ao processo, assumindo, portanto, funções endo e extraprocessuais.

O dispositivo, de aplicação geral por força da amplitude o §2º, teria sido melhor situado no capítulo da sentença, como artigo próprio e não parágrafo, porquanto impõe sua aplicação a qualquer decisão judicial, seja ela interlocutória, sentença ou acórdão. Não obstante, nada impede que façamos o recorte epistemológico para analisarmos o §2º sob a luz da prisão preventiva, sem prejuízo de nova análise no capítulo pertinente à sentença.

O decreto de prisão preventiva deverá trazer a fundamentação concreta quanto aos seus pressupostos e satisfação de ao menos um requisito e fundamento hábil a justificá-la, não se admitindo, portanto, fundamentações de cunho genérico. Logo, deverá trazer elementos indicativos do *fumus comissi delicti*, *periculum libertatis* e contemporaneidade, bem como evidenciar, por exemplo, tratar-se de crime doloso punido com pena privativa de liberdade máxima superior a quatro anos e que há elementos concretos que o agente está na iminência de empreender fuga. Tratando-se de mais de um agente, o mesmo procedimento deverá ser observado quanto a todos.

Conforme destacamos no início do capítulo, a contemporaneidade, de construção jurisprudencial, passou a ser expressamente prevista no §1º do art. 315, de forma que na motivação da decretaçao da prisão preventiva ou de qualquer outra cautelar de natureza pessoal, o juiz deverá indicar concretamente a existência de fatos novos ou contemporâneos que justifiquem a aplicação da medida adotada.

O §2º do art. 315 do CPP, de cunho meramente exemplificativo, passou a prever que não se considera fundamentada qualquer decisão judicial, seja ela interlocutória, sentença ou acórdão, que:

I. limitar-se à indicação, à reprodução ou à paráfrase de ato normativo, sem explicar sua relação com a causa ou a questão decidida: o dispositivo visa afastar a mera indicação normativa, direta ou indireta, por meio de paráfrases, impondo ao magistrado o dever de demonstrar a relação de causalidade entre o fato posto e a norma jurídica aplicada.

II. empregar conceitos jurídicos indeterminados, sem explicar o motivo concreto de sua incidência no caso: a previsão, de certo modo próxima à anterior, impõe ao magistrado o dever de subsunção do fato à norma. O Direito, por vezes, vale-se de expressões de cunho genérico, justamente porque seria inviável ao legislador prever todas as hipóteses possíveis. Expressões como "garantia da ordem pública" ou "conveniência da instrução criminal" revelam a diretriz normativa, que precisa de concretude fática para obtenção de clareza e validade. Assim, o modelo "*decreto a prisão preventiva para garantia da ordem pública*" não mais encontra respaldo, vez que é necessário, como se já não o fosse mesmo antes da norma, que o magistrado aponte o porquê do risco à ordem pública. Exige-se, portanto, à guisa de exemplo, a indicação das circunstâncias pessoais do agente como forma de se demonstrar sua a incapacidade em se motivar na norma jurídica, evidenciando que sua liberdade é apta a violar ordem pública diante do fundado receio de cometimento de novas infrações penais.

III. invocar motivos que se prestariam a justificar qualquer outra decisão: a norma, novamente, visa coibir decisões genéricas, passíveis de aplicação a qualquer outra decisão, sem que nela se encontre qualquer elemento concreto a evidenciar ter sido tomada para o caso concreto. Há que se ter cautela, contudo, para não impor ao magistrado, especialmente nas decisões de cunho cautelar, o enfrentamento, em mero juízo de cognição, das provas dos autos a ponto de se extrair, da decisão cautelar, antecipação quanto ao juízo meritório. O objetivo do inciso é evitar decisões como "*defiro por presentes os requisitos legais*" ou "*indefiro por falta de amparo legal*", decisões que, extraídas dos autos, poderiam ser colacionadas em qualquer processo.

IV. não enfrentar todos os argumentos deduzidos no processo capazes de, em tese, infirmar a conclusão adotada pelo julgador: o dispositivo possui maior aplicação às sentenças e acórdãos, decisões proferidas em sede de juízo definitivo de mérito. Contudo, a norma, naquilo que for pertinente, deverá ser observada em sede de juízo cautelar, porquanto caberá ao magistrado analisar todos os argumentos trazidos pelas partes, seja para fins de decretação, revogação ou denegação de revogação da prisão preventiva

V. limitar-se a invocar precedente ou enunciado de súmula, sem identificar seus fundamentos determinantes nem demonstrar que o caso sob julgamento se ajusta àqueles fundamentos: os precedentes judiciais e enunciados de súmulas ganharam protagonismo, especialmente no processo penal, nos últimos tempos. Atuam como balizas jurisprudenciais para nortear a aplicação do Direito. O inciso indica a obrigação do magistrado indicar, concretamente, com lastro nos elementos constantes dos autos, o motivo pelo qual um determinado precedente ou súmula é aplicável ao caso concreto.

VI. deixar de seguir enunciado de súmula, jurisprudência ou precedente invocado pela parte, sem demonstrar a existência de distinção no caso em julgamento ou a superação do entendimento: a previsão, em linha oposta à anterior, exige do magistrado que demonstre os motivos pelos quais deixou de seguir o enunciado de súmula, jurisprudência ou precedente invocado pela parte, promovendo o necessário *distinguishing* quanto ao caso concreto ou evidenciando a superação do precedente, o *overruling*, demonstrando as razões pelas quais o entendimento não mais possui força vinculante.

Mencionamos, no início, o caráter explicativo e não taxativo do §2º do art. 315 do CPP, porque há situações outras que demandam análises de temas distintos, a exemplo da necessidade de enfrentamento da inexistência de outra medida cautelar apta a satisfazer a demanda apresentada e a imperativa necessidade de análise da imposição da medida contra cada um dos agentes, consoante se infere da conjugação do art. 282, §2º com o art. 564, V, ambos do CPP.

21.10.7.1 A fundamentação per relationem *ou aliunde*

A fundamentação *per relationem* é a decisão por referência, isto é, aquela que se vale da justificação apresentada em outra decisão ou em manifestação das partes. O STJ tem admitido o uso da fundamentação *aliunde*, condicionando sua validade à adição de motivos justifiquem sua conclusão com menção a argumentos próprios[54]. Sobre o tema, firmou a tese nº 18: "A utilização da técnica de motivação *per relationem* não enseja a nulidade do ato decisório, desde que o julgador se reporte a outra decisão ou manifestação dos autos e as adote como razão de decidir".

21.11 PRISÃO TEMPORÁRIA

A prisão temporária foi trazida à lume no ordenamento pátrio por meio da Lei 7.960/89, com o escopo principal de assegurar a efetividade nas investigações criminais em crimes mais graves e, consequentemente, dar cabo às chamadas prisões para averiguação.

21.11.1 Conceito

Trata-se de medida cautelar decretada pela autoridade competente, a requerimento da autoridade policial ou Ministério Público, por prazo certo e determinado, com o escopo de buscar elementos de prova sobre as infrações penais descritas na Lei 7.960/89, somente podendo ser decretada quando imprescindível para as investigações.

21.11.2 Requisitos

Os requisitos para decretação da prisão temporária foram previstos no art. 1º da Lei 7.960/89, aos quais deve ser agregado o entendimento do STF, firmado no julgamento das ADIs 4.109 e 3.360, j. 12.02.22.

Vejamos o art. 1º:

> Art. 1º Caberá prisão temporária:
>
> I - quando imprescindível para as investigações do inquérito policial;
>
> II - quando o indicado não tiver residência fixa ou não fornecer elementos necessários ao esclarecimento de sua identidade;
>
> III - quando houver fundadas razões, de acordo com qualquer prova admitida na legislação penal, de autoria ou participação do indiciado nos seguintes crimes:
>
> a) homicídio doloso (art. 121, *caput*, e seu § 2º);
>
> b) sequestro ou cárcere privado (art. 148, *caput*, e seus §§ 1º e 2º);
>
> c) roubo (art. 157, *caput*, e seus §§ 1º, 2º e 3º);
>
> d) extorsão (art. 158, *caput*, e seus §§ 1º e 2º);
>
> e) extorsão mediante sequestro (art. 159, *caput*, e seus §§ 1º, 2º e 3º);
>
> f) estupro (art. 213, *caput*, e sua combinação com o art. 223, *caput*, e parágrafo único);
>
> g) atentado violento ao pudor (art. 214, *caput*, e sua combinação com o art. 223, *caput*, e parágrafo único);
>
> h) rapto violento (art. 219, e sua combinação com o art. 223, *caput*, e parágrafo único);
>
> i) epidemia com resultado de morte (art. 267, § 1º);
>
> j) envenenamento de água potável ou substância alimentícia ou medicinal qualificado pela morte (art. 270, *caput*, combinado com art. 285);
>
> l) quadrilha ou bando (art. 288), todos do Código Penal;
>
> m) genocídio (arts. 1º, 2º e 3º da Lei nº 2.889, de 1º de outubro de 1956), em qualquer de suas formas típicas;
>
> n) tráfico de drogas (art. 12 da Lei nº 6.368, de 21 de outubro de 1976);

54. AgRg no HC 613.826/SC, 6ª Turma, DJe 02.12.20.

o) crimes contra o sistema financeiro (Lei nº 7.492, de 16 de junho de 1986).

p) crimes previstos na Lei de Terrorismo.

A previsão legal levou a doutrina a desenvolver diversas correntes, as quais foram pacificadas pelo entendimento do STF. Os ministros do STF entenderam que a prisão temporária só pode ser aplicada se os requisitos previstos na lei sobre o tema estiverem presentes, cumulativamente (inc. I e III). Não basta, portanto, cumprir apenas um dos incisos listados na lei.

De igual modo, passou a exigir o requisito da **contemporaneidade**, isto é, a prisão temporária não poderá ser decretada se o cumprimento desses pré-requisitos valer-se de elementos ocorridos muito tempo antes da prisão.

Definiu-se, então, que será necessário avaliar:

a) se a prisão temporária é medida imprescindível para as investigações do inquérito – com base em elementos concretos, e não em "meras conjecturas";

b) se há razões fundamentadas para dizer que o alvo da prisão participou do crime investigado – e esse crime precisa constar no art.1º, III da Lei 7.960/89;

c) se a justificativa para o pedido de prisão se baseia em fatos novos ou contemporâneos ao pedido;

d) se a medida é adequada à gravidade do crime, às circunstâncias do fato e às condições pessoais do alvo da prisão;

e) se outras medidas cautelares alternativa à prisão, como o uso de tornozeleira eletrônica, não seriam suficientes para o caso.

O julgamento também definiu que o fato de o alvo da prisão "não ter residência fixa ou não fornecer elementos necessários ao esclarecimento de sua identidade", por si só, não é suficiente para embasar a prisão temporária.

Vejamos os requisitos separadamente.

21.11.2.1 Imprescindibilidade para as investigações

Do inciso I do art. 1º, da Lei 7.960/89, extrai-se nitidade a sede da prisão temporária: a investigação criminal (IP, PIC e etc.). Logo, não há como se cogitar de prisão temporária durante o curso do processo criminal.

Imprescindível é aquilo "sem o qual não", isto é, a prisão temporária revela-se de tal forma importante que, sem a sua realização, a investigação criminal estará severamente comprometida. Possui, portanto, um caráter de *ultima ratio* quanto à condução coercitiva, vez que essa, a depender da situação, pode trazer os elementos necessários para o fiel prosseguimento da investigação.

Por essas razões, o requerimento de prisão temporária deve ser bem fundamentado, no sentido de trazer, para o julgador, elementos concretos que justifiquem a excepcionalíssima medida. Nesse sentido, o STF (ADI 4109/DF):

> A decretação da prisão temporária exige também a presença do inciso I do art. 1º da Lei de regência. O inciso, ao dispor que a prisão temporária pode ser decretada somente quando for imprescindível para as investigações do inquérito policial, traz a necessidade de demonstração do *periculum libertatis* do representado, requisito indispensável para a imposição de prisões cautelares por força do princípio constitucional da presunção de inocência que obsta a antecipação de penas. **Exigência de fundamentação calcada em elementos concretos, e não em simples conjecturas**.

21.11.2.2 Agente sem residência fixa ou não fornecimento de elementos necessários ao esclarecimento de sua identidade

Nos termos da decisão do STF, a previsão contida no inciso II do art. 1º é dispensável e, interpretado de forma isolada, inconstitucional, vez que, atualmente, há normas delimitando a identificação criminal (Lei 12.037/09), não se justificando a decretação da prisão de alguém tão somente por não ter esclarecido sua identidade ou não ser detentor de residência fixa.

> O inciso II do art. 1º da Lei 7.960/1989 mostra-se dispensável ou, quando interpretado isoladamente, inconstitucional. Não se pode decretar a prisão temporária pelo simples fato de o representado não possuir endereço fixo. A circunstância de o indiciado não possuir residência fixa deve evidenciar de modo concreto que a prisão temporária é imprescindível para a investigação criminal (inciso I do art. 1º da Lei em comento) (ADI 4109/DF).

21.11.2.3 Estar a infração penal contemplada no rol taxativo do inciso III do art. 1º da Lei 7.960/89

Consoante o entendimento do STF:

> **A decretação da prisão temporária reclama sempre a presença do inciso III do art. 1º da Lei 7.960/1989.** O dispositivo, ao exigir a presença de fundadas razões de autoria ou participação do indiciado nos crimes nele previstos, evidencia a necessidade do *fumus comissi delicti*, indispensável para a decretação de qualquer medida cautelar. **Rol de crimes de natureza taxativa, desautorizada a analogia ou a interpretação extensiva, em razão dos princípios da legalidade estrita** (art. 5º, inciso XXXIX, da CF) e do devido processo legal substantivo (art. 5º, inciso LXV, CF). (ADI 4109/DF).

A decisão, no sentido da doutrina então predominante, assinala a natureza taxativa do rol e sua consequente impossibilidade de ampliação por interpretação. O inciso III exige, como *standard* probatório mínimo para a decretação da prisão preventiva, a existência de fundadas razões, de acordo com qualquer prova admitida na legislação penal, de autoria ou participação do indiciado nos crimes relacionados pela lei.

Agiu, em nossa compreensão, com acerto o legislador ao exigir tão somente as fundadas razões de autoria ou participação e não a prova da existência do crime ou indícios suficientes de autoria ou participação, porquanto, havendo esses, a medida seria dispensável. Assim, por fundada razão, há que se compreender ao menos a existência de indícios que permitam a conclusão de que o agente pode ser considerado suspeito da prática do delito. Exige-se, portanto, minimamente, a presença de algum elemento concreto, como um depoimento, uma fotografia, um áudio enviado por aplicativo de mensagens e etc.

No tocante ao rol previsto no inciso III, alguns delitos dispensam maiores considerações, como o sequestro ou cárcere privado (art. 148, *caput*, e seus §§ 1º e 2º); a extorsão mediante sequestro (art. 159, *caput*, e seus §§ 1º, 2º e 3º); a epidemia com resultado de morte (art. 267, § 1º); o envenenamento de água potável ou substância alimentícia ou medicinal qualificado pela morte (art. 270, *caput*, combinado com art. 285); o genocídio (arts. 1º, 2º e 3º da Lei nº 2.889, de 1º de outubro de 1956), em qualquer de suas formas típicas; o tráfico de drogas (atual art. 33 da Lei 11.343/06); os crimes contra o sistema financeiro (Lei nº 7.492, de 16 de junho de 1986); e crimes previstos na Lei de Terrorismo, bastando o mero enquadramento típico.

No crime de homicídio doloso (art. 121, *caput*, e seu § 2º), chama-nos atenção o fato de que apenas as figuras qualificadas e o homicídio simples, praticado em atividade típica de grupo de extermínio, são considerados hediondos (art. 1º, I, da Lei 8.072/90), admitindo, portanto a prisão temporária pelo período de 30 dias, prorrogáveis por mais 30 dias, no caso de extrema e comprovada necessidade.

No que tange ao crime de roubo (art. 157, *caput*, e seus §§ 1º, 2º e 3º), a Lei 13.654/18 incluiu o §2ºA, prevendo o aumento de pena de 2/3 se a violência ou ameaça for exercida com emprego de arma de fogo (inc. I) e se houver destruição ou rompimento de obstáculo mediante o emprego de explosivo ou de artefato análogo que cause perigo comum (inc. II). O inciso I, roubo com emprego de arma de fogo, encontrava previsão na redação anterior do §2º, especificamente no inciso I, razão pela qual, para nós, houve tão somente a continuidade normativo típica. O problema encontra-se no inciso II, quando há destruição ou rompimento de obstáculo mediante o emprego de explosivo ou de artefato análogo que cause perigo comum. A previsão típica não encontrava correlação na legislação anterior, sendo novidade no ordenamento jurídico pátrio. Sendo o rol do art. 1º, III, da Lei de Prisão Temporária, taxativo, há quem sustente a impossibilidade de aplicação da prisão temporária à espécie em razão da taxatividade legal. Não nos parece, contudo, a melhor exegese, pois nitidamente o legislador disse menos do que queria, especialmente pelo fato da alteração ter sido realizada no Código Penal, evidenciando não a intenção de não enquadrar a questão na Lei de Prisão Temporária, mas uma nítida omissão por atecnia legislativa, muito frequente, aliás. De fato, não haveria sentido em se admitir a prisão temporária no roubo simples e não a admitir na figura agravada, sendo o caso, para nós, de simples aplicação de interpretação extensiva, apesar da interpretação restritiva conferida pelo STF. No mesmo sentido é o raciocínio referente ao §2º-B, incluído pela Lei 13.964/19.

Na mesma esteira, no que concerne ao crime de extorsão, a Lei 11.923/09 incluiu a figura do sequestro relâmpago no §3º do art. 158 do CP. Com o mesmo raciocínio sustentado quanto ao crime de roubo, parece-nos perfeitamente possível a aplicação da prisão temporária ao §3º do art. 158 do CP, sendo nítida a hipótese de interpretação extensiva. *In casu*, o fundamento para a prisão temporária também pode ser extraído do §4º, do art. 2º da Lei 8.072/90, conforme veremos na sequência.

A previsão relacionada ao crime de estupro, novamente, revela a falta de técnica do legislador, porquanto, com a revogação do art. 223 do CP, aparentemente o crime de estupro de vulnerável (art. 217-A) do CP permaneceu no limbo quanto à possibilidade de decretação da prisão temporária. Não há, contudo, qualquer obstáculo à decretação da prisão temporária no crime de estupro de vulnerável, haja vista que o art. 217-A do CP reveste-se da característica da continuidade normativo-típica do art. 213, *caput*, e sua combinação com o art. 223, *caput*, e parágrafo único. Ademais, o delito é concebido como crime hediondo, extraindo seu fundamento também do §4º do art. 2º da Lei 8.072/90. O mesmo raciocínio se aplica quanto à previsão referente ao atentado violento ao pudor (art. 214, *caput*, e sua combinação com o art. 223 e parágrafo único do C), incorporado no art. 213 e 217-A do CP.

No que toca ao crime de rapto violento (art. 219, e sua combinação com o art. 223 *caput*, e parágrafo único), há, igualmente, a necessidade de aplicação do princípio da continuidade normativo-típica, haja vista que a conduta prevista foi incorporada pelo art. 148, §1º, V do CP (STF: HC 101.035/RJ, j. 20.10.10).

Por outro lado, no que concerne ao crime de quadrilha ou bando (art. 288), atual delito de associação criminosa, entendemos que a simples modificação do *nomem iuris* não afasta a previsão legal. Entretanto, o crime de constituição de milícia privada, espécie qualificada de associação criminosa, não contemplada anteriormente na sua forma específica pelo art. 288 do CP, não permite, para nós, apenas por falta de previsão legal, a decretação da prisão temporária. A mesma lógica, contudo, não se aplica, para nós, ao crime de organização criminosa quando voltada para a prática de crimes, porquanto a configuração do crime de organização criminosa contempla, necessariamente, a prática do crime de associação criminosa, sendo apenas uma espécie mais gravosa. Explicamos.

Segundo o art. 1º da Lei de ORCrim, considera-se organização criminosa a associação de 4 (quatro) ou mais pessoas estruturalmente ordenada e caracterizada pela divisão de tarefas, ainda que informalmente, com objetivo de obter, direta ou indiretamente, vantagem de qualquer natureza, mediante a prática de infrações penais cujas penas máximas sejam superiores a 4 (quatro) anos, ou que sejam de caráter transnacional. Por sua vez, o art. 288 do CP dispõe como crime de associação criminosa a conduta de associarem-se 3 (três) ou mais pessoas, para o fim específico de cometer crimes.

Assim, salvo nas hipóteses de configuração do crime de organização criminosa que envolva contravenção penal de caráter transnacional, qualquer modalidade de organização criminosa necessariamente terá, antes, caracterizado o delito de associação criminosa. A distinção entre os delitos reside no **número de agentes exigido**, quatro para a ORCrim e três para a associação criminosa, e na **finalidade**, prática de **infrações penais cujas penas máximas sejam superiores a quatro anos** para a ORCrim e tão somente a **prática de crimes** para a associação criminosa. Logo, caracterizada uma ORCrim voltada para a prática de crimes, necessariamente teremos uma associação criminosa, pois os requisitos da primeira são mais densos do que os da segunda. E, nesse sentido, seria desproporcional admitir-se a prisão temporária na associação criminosa e não a admitir nas organizações criminosas. Registre-se, por oportuno, que em se tratando de organização criminosa voltada para a prática de crime hediondo ou equiparado, o fundamento igualmente pode ser extraído do parágrafo único, inc. V, do art. 1º, c/c §4º do art. 2º, da Lei dos Crimes Hediondos.

Não obstante minoritário o entendimento, há registro de decisão do STF nesse sentido:

> PRISÃO TEMPORÁRIA - REQUISITOS - ATENDIMENTO. O envolvimento em organização criminosa estruturada, com divisão de tarefas, direcionada ao tráfico de entorpecentes, a teor de conteúdo extraído de aparelho celular, revela cumpridos os requisitos previstos no artigo 1º, incisos I e III, da Lei nº 7.960/1989, combinado com o 2º, § 4º, da Lei nº 8.072/1990. HC 174.092/SP, j. 18.02.20.

Após a entrada em vigor da Lei 7.960/89, foi editada a Lei 8.072/90, que versa sobre os crimes hediondos. Nessa, expressamente, o §4º, incluído pela Lei 11.464/07, consignou que:

> § 4º A prisão temporária, sobre a qual dispõe a Lei nº 7.960, de 21 de dezembro de 1989, nos crimes previstos neste artigo, terá o prazo de 30 (trinta) dias, prorrogável por igual período em caso de extrema e comprovada necessidade.

Do teor do dispositivo, extrai-se que o legislador, ainda que de forma implícita, admitiu a prisão temporária aos crimes hediondos, à prática da tortura, o tráfico ilícito de entorpecentes e drogas afins e o terrorismo (art. 2º, *caput*, c/c art. 1º da Lei 8.072/90). Assim, há que se conceber a prisão temporária como possível nos delitos previstos no inciso III do art. 1º da Lei 7.960/89 e aqueles previstos como hediondos ou equiparados consubstanciados na Lei 8.072/90, art. 1º, os quais, em negrito, destacamos aqueles que não possuem previsão expressa na Lei de Prisão Temporária[55]:

> Art. 1º São considerados hediondos os seguintes crimes, todos tipificados no Decreto-Lei nº 2.848, de 7 de dezembro de 1940 - Código Penal, consumados ou tentados:
> I - homicídio (art. 121), quando praticado em atividade típica de grupo de extermínio, ainda que cometido por um só agente, e homicídio qualificado (art. 121, § 2º, incisos I, II, III, IV, V, VI, VII,VIII e IX);
> **I-A – lesão corporal dolosa de natureza gravíssima (art. 129, § 2º) e lesão corporal seguida de morte (art. 129, § 3º), quando praticadas contra autoridade ou agente descrito nos arts. 142 e 144 da Constituição Federal, integrantes do sistema prisional e da Força Nacional de Segurança Pública, no exercício da função ou em decorrência dela, ou contra seu cônjuge, companheiro ou parente consanguíneo até terceiro grau, em razão dessa condição;**
> **II - roubo:**
> **a) circunstanciado pela restrição de liberdade da vítima (art. 157, § 2º, inciso V);**
> **b) circunstanciado pelo emprego de arma de fogo (art. 157, § 2º-A, inciso I) ou pelo emprego de arma de fogo de uso proibido ou restrito (art. 157, § 2º-B);**
> c) qualificado pelo resultado lesão corporal grave ou morte (art. 157, § 3º);
> **III - extorsão qualificada pela restrição da liberdade da vítima, ocorrência de lesão corporal ou morte (art. 158, § 3º);**
> IV - extorsão mediante sequestro e na forma qualificada (art. 159, *caput*, e §§ Iº, 2º e 3º);
> V - estupro (art. 213, *caput* e §§ 1º e 2º);
> **VI - estupro de vulnerável (art. 217-A, caput e §§ 1º, 2º, 3º e 4º);**
> VII - epidemia com resultado morte (art. 267, § 1º).
> VII-A – (VETADO)
> **VII-B - falsificação, corrupção, adulteração ou alteração de produto destinado a fins terapêuticos ou medicinais (art. 273, caput e § 1º § 1º-A e § 1º-B, com a redação dada pela Lei nº 9.677, de 2 de julho de 1998).**
> **VIII - favorecimento da prostituição ou de outra forma de exploração sexual de criança ou adolescente ou de vulnerável (art. 218-B, caput, e §§ 1º e 2º).**
> **IX - furto qualificado pelo emprego de explosivo ou de artefato análogo que cause perigo comum (art. 155, § 4º-A).**
> Parágrafo único. Consideram-se também hediondos, tentados ou consumados:
> I - o crime de genocídio, previsto nos arts. 1º, 2º e 3º da Lei nº 2.889, de 1º de outubro de 1956;
> **II - o crime de posse ou porte ilegal de arma de fogo de uso proibido, previsto no art. 16 da Lei nº 10.826, de 22 de dezembro de 2003;**
> **III - o crime de comércio ilegal de armas de fogo, previsto no art. 17 da Lei nº 10.826, de 22 de dezembro de 2003;**
> **IV - o crime de tráfico internacional de arma de fogo, acessório ou munição, previsto no art. 18 da Lei nº 10.826, de 22 de dezembro de 2003;**
> **V - o crime de organização criminosa, quando direcionado à prática de crime hediondo ou equiparado.**

55. É imprescindível que o leitor, para fins de atualização, acompanhe a jurisprudência dos Tribunais Superiores e alterações legislativas no tocante ao efetivo enquadramento das condutas como crimes hediondos ou equiparados. À guisa de exemplo, o crime de tráfico privilegiado, previsto no art. 33, §4º da Lei de Drogas, não é concebido como equiparado a hediondo, não obstante se amoldar, genericamente, à figura do tráfico de drogas.

Art. 2º Os crimes hediondos, a **prática da tortura, o tráfico ilícito de entorpecentes e drogas afins**[56] **e o terrorismo** (...)

21.11.2.4 Contemporaneidade

De acordo com o STF:

> A prisão temporária deve estar fundamentada em fatos novos ou contemporâneos à decretação da medida (art. 312, § 2º, CPP). Ainda que se cuide de dispositivo voltado à prisão preventiva, a regra é consequência lógica da cautelaridade das prisões provisórias e do princípio constitucional da não culpabilidade. (ADI 4109/DF).

O Pretório Excelso, portanto, estendeu o requisito da contemporaneidade, previsto para a prisão preventiva, para as hipóteses de prisão temporária, por decorrência lógica da própria cautelaridade das prisões provisórias e, como consequência do princípio constitucional da não culpabilidade.

Assim, não se impede a decretação de prisão cautelar por crimes antigos, mas tão somente obsta a imposição de prisão caso não haja fato contemporâneo ao decreto que justifique, de maneira objetiva, o *periculum libertatis.*

21.11.2.5 Necessidade e adequação

Naturalmente, a decretação da prisão temporária pressupõe sua necessidade e adequação, prevista no inciso II do art. 282 do CPP, mas de aplicação às demais hipóteses de medidas cautelares pessoais. Consagra-se, dessa forma, doravante de forma expressa no entendimento do STF, a observância do princípio da proporcionalidade.

> A decretação da prisão temporária deve observar o previsto no art. 282, inciso II, do CPP. Trata-se de regra geral a incidir sobre todas as modalidades de medida cautelar, as quais, em atenção ao **princípio da proporcionalidade**, devem observar a necessidade e a adequação da medida em vista da gravidade do crime, das circunstâncias do fato e das condições pessoais do representado. (ADI 4109/DF).

21.11.2.6 Subsidiariedade da medida – caráter de ultima ratio

Nos termos da decisão proferida pelo STF, conforme assinalamos acima, só caberá a prisão temporária se não houver outro remédio constritivo apto a alcançar os resultados que se visa alcançar com a prisão temporária, consagrando, portanto, o caráter de *ultima ratio* da prisão.

> O disposto no art. 282, § 6º, do CPP também deve ser atendido para a decretação da prisão temporária. Em razão do princípio constitucional da não culpabilidade, a regra é a liberdade; a imposição das medidas cautelares diversas da prisão a exceção; ao passo que a prisão, qualquer que seja a sua modalidade, a exceção da exceção, é dizer, a *ultima ratio* do sistema processual penal. Inteligência do art. 5º, inciso LXVI, da CF. (ADI 4109/DF).

21.11.3 Procedimento e prazo

A decretação da prisão temporária pressupõe a formalização de requerimento pela autoridade policial ou Ministério Público (art. 2º), não admitindo a atuação *ex ofício*

56. A Lei de Prisão Temporária apenas faz menção ao tráfico de drogas (art. 12 da antiga Lei 6.368/76, atual art. 33 da Lei 11.343/06).

pelo magistrado ou requerimento por parte do querelante, vez que dentre os delitos que admitem a prisão temporária, não há nenhum processado por ação penal de iniciativa privada. Tratando-se de pedido formulado pela autoridade policial, o Ministério Público deverá ser ouvido previamente (art. 2º, §1º).

Apresentado o pedido, o magistrado terá o prazo de 24h para apreciá-lo, nos termos do §2º do art. 2º. Entendemos que, no caso de requerimento formulado pela autoridade policial, o mesmo prazo deverá ser conferido ao Ministério Público para exarar sua manifestação.

A decisão, naturalmente, deverá ser fundamentada, observando-se a especialidade dos requisitos da prisão temporária e o teor do art. 315 do §§1º e 2º do CPP, conforme vimos no tópico atinente aos fundamentos do decreto de prisão preventiva, neste capítulo.

O §3º do art. 2º prevê que o juiz poderá, de ofício, ou a requerimento do Ministério Público e do Advogado, determinar que o preso lhe seja apresentado, solicitar informações e esclarecimentos da autoridade policial e submetê-lo a exame de corpo de delito. Na realidade, o dispositivo não mais guarda sentido, porquanto efetivada a prisão, e informado ao preso pela autoridade policial sobre seus direitos constitucionais (§6º), o magistrado deverá realizar audiência de custódia, isto é, obrigatoriamente o preso será apresentado em juízo.

Vale destacar que o §5º dispõe, de forma naturalmente óbvia, que a prisão somente poderá ser executada depois da expedição de mandado judicial. Não obstante a obviedade da questão, a norma consigna a ilegalidade da prisão anterior à expedição do mandato, expediente utilizado, de forma corriqueira, em outros tempos. Ainda, nos termos do art. 3º, os presos temporários deverão permanecer, obrigatoriamente, separados dos demais detentos.

O §4º, por sua vez, dispõe que decretada a prisão temporária, expedir-se-á mandado de prisão, em duas vias, uma das quais será entregue ao indiciado e servirá como nota de culpa. Especificamente no que toca ao mandado, o §4º-A assinala que esse conterá, necessariamente, o período de duração da prisão temporária estabelecido, bem como o dia em que o preso deverá ser libertado.

Nesse particular, cumpre assinalar que **o prazo de prisão temporária será de até 5 dias**, prorrogável por igual período em caso de extrema e comprovada necessidade (art. 2º). Tratando-se, contudo, de **crime hediondo ou equiparado, o prazo da prisão preventiva será de até 30 dias**, prorrogáveis **a requerimento, de forma fundamentada e, portanto, não automática**, por igual período em caso de extrema e comprovada necessidade (art. 2º, §3º da Lei 8.072/90). Vale destacar que o prazo da prisão possui natureza material, isto é, inclui-se o dia do cumprimento do mandado de prisão no cômputo do prazo de prisão temporária (§8º).

Nos termos do §7º, decorrido o prazo contido no mandado de prisão, a autoridade responsável pela custódia deverá, independentemente de nova ordem da autoridade judicial, por imediatamente o preso em liberdade, salvo se já tiver sido comunicada da prorrogação da prisão temporária ou da decretação da prisão preventiva. À previsão, acrescemos a circunstância de que, atendida à finalidade da prisão e não sendo o caso de requerimento de prisão preventiva, a autoridade policial, **após ouvir o Ministério Público**, poderá liberar o agente preso, sendo desnecessária a manifestação judicial nesse sentido[57]. Não se trata, para nós, de revogação de mandado de prisão, autodestrutivo pelo próprio decurso do prazo, mas de salvaguardar o direito de liberdade do agente diante da inexistência do motivo ensejador da prisão, imprescindibilidade para a investigação criminal, questão que deve ser avaliada, precipuamente, por aqueles que atuam nessa seara.

21.12 PRISÃO DECORRENTE DE SENTENÇA CONDENATÓRIA RECORRÍVEL

Com as alterações promovidas pela reforma processual de 2008, não nos parecia incorreta a afirmação de que não mais subsistem, no processo penal, prisões cautelares fundadas tão somente na natureza do título. Assim, a expressamente revogada prisão decorrente de pronúncia e a prisão decorrente de sentença condenatória não transitada em julgado, ainda prevista em alguns diplomas legais, não encontravam substrato constitucional, até a decisão do STF no Tema 1068, em sede de repercussão geral.

A prisão cautelar demanda, fundamentadamente, motivos concretos para sua efetivação, não bastando a existência de título de pronúncia ou condenatório ainda não estável para sua decretação. Assim, por exemplo, o art. 59 da Lei de Drogas[58], não encontra ressonância na moderna concepção que envolve as prisões cautelares. No mesmo sentido, os próprios artigos 995 e 1029, § 5º, do CPC, que assinalam a inexistência de efeito suspensivo aos recursos extraordinário e especial merecem uma leitura diferenciada sob a perspectiva processual penal.

Isso porque sustentávamos que, conforme o entendimento do STF, exarado no julgamento das ADCs 43, 44 e 54, dotadas de efeito vinculante, não se admitia a execução provisória da pena, por violação ao princípio da não culpabilidade ou, como preferimos, do estado de inocência. No julgamento, o STF expressamente consignou que:

> (...) **No âmbito criminal, a possibilidade de atribuição de efeito suspensivo aos recursos extraordinário e especial detém caráter excepcional** (art. 995 e art. 1.029, § 5º, ambos do CPC c/c art. 3º e 637 do CPP), normativa compatível com a regra do art. 5º, LVII, da Constituição da República. Efetivamente, o acesso individual às instâncias extraordinárias visa a propiciar a esta Suprema Corte e ao Superior Tribunal de Justiça exercer seus papéis de estabilizadores, uniformizadores e pacificadores da interpretação das normas constitucionais e do direito infraconstitucional. 3. Inexiste antinomia entre a especial regra que confere eficácia imediata aos acórdãos somente atacáveis pela via dos recursos excepcionais e a disposição geral que exige o trânsito em julgado como pressuposto para a produção de efeitos da prisão decorrente de sentença condenatória a que alude o art. 283 do CPP.

Logo, não se admitia a execução provisória da pena, porque qualquer decisão, de cunho cautelar, demanda fundamentação específica de natureza cautelar, não podendo a prisão ser ancorada somente na natureza do título jurídico.

Ocorre que, no âmbito dos procedimentos relacionados ao Tribunal do Júri, a Lei do Pacote Anticrime alterou a redação da alínea "e" do inciso I do art. 492 do CPP, para dispor que a sentença, no caso de condenação:

> e) mandará o acusado recolher-se ou recomendá-lo-á à prisão em que se encontra, se presentes os requisitos da prisão preventiva, ou, **no caso de condenação a uma pena igual ou**

57. Também nesse sentido, Aury Lopes Jr.

58. Art. 59. Nos crimes previstos nos arts. 33, *caput* e § 1º, e 34 a 37 desta Lei, o réu não poderá apelar sem recolher-se à prisão, salvo se for primário e de bons antecedentes, assim reconhecido na sentença condenatória.

> **superior a 15 (quinze) anos de reclusão, determinará a execução provisória das penas,** com expedição do mandado de prisão, se for o caso, sem prejuízo do conhecimento de recursos que vierem a ser interpostos;

Em setembro de 2024, o Supremo Tribunal Federal decidiu que a soberania das decisões do Tribunal do Júri, prevista na Constituição Federal, justifica a execução imediata da pena imposta. Como consequência, os condenados por júri popular podem ser presos imediatamente após a decisão.

O entendimento foi firmado por maioria de votos, no julgamento do Recurso Extraordinário (RE) 1235340, em sede de repercussão geral (Tema 1068).

A Suprema Corte entendeu que o artigo 492 do Código de Processo Penal (CPP), na parte que condiciona a execução imediata apenas das condenações a penas de no mínimo 15 anos de reclusão, é inconstitucional por relativizar a soberania do júri.

Abstraindo a questão de política criminal que norteia o caso, não entendemos por razoável a tese vencedora, que autoriza a imediata execução de condenação imposta pelo corpo de jurados, independentemente do total da pena aplicada. Isso porque a soberania dos vereditos dos jurados funda-se no juízo de fato sobre o caso e não sobre a questão jurídica. Não nos parece adequado transferir para os jurados o poder de decidir sobre a liberdade do acusado, de forma cautelar, especialmente porque o julgamento é amparado pelo princípio da íntima convicção. Igualmente, não nos parece razoável a possibilidade de uma decisão, proferida por juízes leigos, ainda passível de recurso, fundamentar a prisão imediata tão somente por força do julgamento.

A temática, conforme tratamos quando do estudo do clamor público, revela-se mais densa do que o simples debate entre "prender ou não prender". Não se nega a presunção de inocência e, igualmente, não se nega a necessidade de uma rápida resposta estatal. Contudo, não nos parece adequada a abertura normativa para se permitir a prisão tão somente pela existência do título judicial, independentemente da gravidade do delito.

Se buscamos, essencialmente, uma pronta resposta estatal, melhor seria o estabelecimento de um exíguo prazo para que os Tribunais Superiores julgassem os recursos nos crimes dolosos contra a vida. O custo da morosidade da Justiça não pode recair sobre o indivíduo. Tal medida coroaria não somente o princípio da duração razoável do processo, como também permitiria uma pronta resposta estatal, sem qualquer espécie de violação à presunção de inocência.

Assim, reforçando a posição anterior, mesmo diante do cenário apresentado no julgamento do Tema 1068, entendemos que toda e qualquer prisão de natureza cautelar deve ser pautada em elementos concretos e justificadores, não podendo ser utilizada, *ex lege*, como forma de cumprimento antecipado de pena.

21.13 PRISÃO DOMICILIAR

A prisão domiciliar foi prevista, de forma autônoma, no Capítulo IV do Título IX do CPP. O tratamento autônomo, conferido em separado das outras medidas cautelares (Capítulo V), atribui à prisão domiciliar o *status* de substitutiva da prisão preventiva, isto é, uma forma de cumprimento da prisão preventiva em razão de situações humanitárias e excepcionais. Nos termos do art. 317 do CPP, a prisão domiciliar consiste no recolhimento do indiciado ou acusado em sua residência, só podendo dela ausentar-se com autorização judicial. Por se tratar de prisão cautelar, as hipóteses de autorização judicial devem seguir a lógica das autorizações de saída, previstas no art. 120 da LEP (I - falecimento ou doença grave do cônjuge, companheira, ascendente, descendente ou irmão; e II - necessidade de tratamento médico). Não entendemos como possível a autorização para o trabalho ou saídas para outras finalidades, porquanto incompatíveis com o regime cautelar. Não se pode olvidar que, em essência, a prisão domiciliar é tão somente uma forma especial de cumprimento de prisão preventiva, concedida ao agente por circunstâncias especiais.

Tratando-se de medida substitutiva à prisão preventiva, expressamente consignada no *caput* do art. 318 do CPP, os requisitos para decretação da prisão domiciliar são os mesmos da prisão preventiva, acrescidos de ao menos uma das hipóteses previstas nos incisos I a VI do art. 318 do CPP. Nesse particular, calha destacar que descabe, *a priori*, a prisão domiciliar em prisão temporária, porquanto é da essência dessa que o agente permaneça integralmente à disposição da autoridade policial em razão da imprescindibilidade para a investigação criminal. Seria minimamente estranha decretação da prisão temporária domiciliar, preservando o contanto do agente com o mundo exterior por meio de celulares e outras formas de comunicação.

Ainda, dada a natureza de prisão preventiva especial, a prisão domiciliar admite, para nós, o manejo do *habeas corpus*, a necessidade de reavaliação da prisão a cada noventa dias, a possibilidade de detração penal[59] e o necessário controle temporal da prisão.

A prisão domiciliar não se confunde com a prisão em regime aberto em residência particular previsto no art. 117 da LEP, forma de cumprimento de pena, ou com o recolhimento domiciliar noturno previsto no art. 319, V, CPP, medida cautelar alternativa à prisão. Isso porque, conforme vimos, a prisão domiciliar é uma prisão preventiva de cunho especial tão somente no que toca à forma de cumprimento.

21.13.1 Hipóteses de cabimento

> Art. 318. Poderá o juiz substituir a prisão preventiva pela domiciliar quando o agente for:
> I - maior de 80 (oitenta) anos;
> II - extremamente debilitado por motivo de doença grave;
> III - imprescindível aos cuidados especiais de pessoa menor de 6 (seis) anos de idade ou com deficiência;
> IV - gestante;
> V - mulher com filho de até 12 (doze) anos de idade incompletos;
> VI - homem, caso seja o único responsável pelos cuidados do filho de até 12 (doze) anos de idade incompletos.
> Parágrafo único. Para a substituição, o juiz exigirá prova idônea dos requisitos estabelecidos neste artigo.

O *caput* do art. 318 do CPP assinala um poder do magistrado e não um direito subjetivo do agente à obtenção da prisão domiciliar. Ao estabelecer que "poderá o juiz", o legislador, implicitamente, impôs a necessidade de análise da proporcionalidade da medida, isto é, a observância dos incisos I e II do art. 282 do CPP. Logo, o simples fato do agente ser maior de 80 anos ou imprescindível ao cuidado de pessoa menor de seis

59. AgRg nos EDcl no AREsp 1674599, DJe 19.10.21.

anos de idade não implica a obrigatoriedade de concessão da prisão domiciliar. Somente a valoração do caso concreto será capaz de definir a proporcionalidade da medida. Vejamos as hipóteses, de forma tópica:

a) Agente maior de 80 anos: o critério legal é objetivo e, para nós, só pode ser afastado em situações especiais, como, por exemplo, o risco de reiteração criminosa por, não obstante a idade avançada, ser o agente pessoa amplamente ativa. Chama-nos atenção a distinção entre as idades na prisão domiciliar (maior de 80 anos) e possibilidade de cumprimento de regime aberto em residência particular para os maiores de 70 anos (art. 117, LEP). Eventualmente, o condenado, maior de 70 anos, cumprindo pena definitiva em regime aberto, poderá ser beneficiado com o cumprimento de pena em residência particular, ao passo que o maior de 70 anos e menor de 80 anos, estará sujeito, cautelarmente, a prisão preventiva não domiciliar. Melhor seria, para nós, que o legislador tivesse se valido do mesmo parâmetro, pois, ontologicamente, o cárcere cautelar e definitivo não se distinguem.

b) Agente extremamente debilitado por motivo de doença grave: a previsão demanda o estabelecimento da necessidade de um tratamento adequado e a inadequação desse quando conferido pelo Estado ao agente submetido ao cárcere comum. Isto é, não basta que o acusado esteja extremamente debilitado por motivo de doença grave para que venha a receber a prisão domiciliar. Há que demonstrar que o tratamento exigido não pode ser conferido, de forma adequada, no estabelecimento prisional, circunstância hábil a justificar o tratamento em residência. Há, na previsão, um fator humanitário, de forma que o parâmetro não pode ser puramente objetivo, vez que há situações nas quais, em razão do grau de debilidade física do agente, ainda que não estivesse submetido ao processo criminal, sequer conseguiria deixar a residência. É necessário, portanto, cotejar-se a incapacidade ou insuficiência do tratamento conferido pelo Estado, com as condições pessoais do agente para se avaliar a possibilidade de substituição da prisão preventiva pela prisão domiciliar.

c) Agente imprescindível aos cuidados especiais de pessoa menor de 6 (seis) anos de idade ou com deficiência: a previsão encontra amparo na doutrina da proteção integral da criança, fundando-se, portanto, no melhor interesse dessa. Ao contrário da LEP (art. 117, III), que restringe o benefício à condenada, o CPP não distingue homem e mulher. Apesar da menção à prova da imprescindibilidade aos cuidados especiais para crianças menores de seis anos ou com deficiência, tratando-se de mulher, mãe ou responsável por criança ou pessoa com deficiência, não se exige tal prova, por força do art. 318-A do CPP que assegurou o direito à prisão domiciliar independentemente da prova da imprescindibilidade[60]. Nesse ponto há, certamente, a maior fonte de problemas e divergência. Isso porque, havendo parentes ou entidade que possa se responsabilizar pelos cuidados especiais, não se justifica, para nós, a substituição. Ainda, podendo esses cuidados serem assegurados no estabelecimento prisional, como a amamentação, por exemplo, igualmente não se justifica, em nossa compreensão, a substituição. Entretanto, apesar da necessária correlação lógica, o art. 318-A do CPP, incluído pela Lei 13.769/18, estabeleceu um verdadeiro direito, com condicionantes sem correlação com a tutela

60. STJ: AgRg no HC 731648/SC, Rel. Min. José Ilan Paciornik, DJe 23.06.22.

(incisos I e II[61]), para as mulheres gestantes, mães ou responsáveis por crianças ou pessoas com deficiência. Por tal razão, o dispositivo é amplamente utilizado na prática para fundamentar pleitos de prisões domiciliares, especialmente por mulheres envolvidas no seio do tráfico de drogas. O STJ oscila em sua jurisprudência, ora trilhando a linha da negativa, ora no sentido da concessão. Vejamos dois exemplos:

> Indefere-se o pleito de prisão domiciliar à mãe de menor de 12 anos quando não há prova de que o filho depende exclusivamente dos cuidados dela, quando as instâncias ordinárias concluírem que a custodiada praticava o tráfico de entorpecentes no contexto familiar e que o princípio da proteção integral das crianças não ficou devidamente resguardado. AgRg no HC 737497 / SP, DJe 10.06.22.
>
> Apesar da relevante quantidade de entorpecente apreendido (88 kg) e da participação da ré em associação criminosa responsável pela mercancia do tráfico em três municípios do interior do Estado de São Paulo, não entendo ser esta uma situação excepcionalíssima a afastar a prisão domiciliar em razão da existência de filhos menores de 12 anos. AgRg no HC 705994 / SP, DJe 27/05/2022.

O STF, por outro lado, no julgamento do emblemático HC 143.641/SP, j. 20.02.18, decidiu, ainda que não com efeito vinculante, pela "substituição da prisão preventiva pela domiciliar - sem prejuízo da aplicação concomitante das medidas alternativas previstas no art. 319 do CPP - **de todas as mulheres presas, gestantes, puérperas ou mães de crianças e deficientes**, nos termos do art. 2º do ECA e da Convenção sobre Direitos das Pessoas com Deficiências (Decreto Legislativo 186/2008 e Lei 13.146/2015), relacionadas neste processo pelo DEPEN e outras autoridades estaduais, enquanto perdurar tal condição, **excetuados os casos de crimes praticados por elas mediante violência ou grave ameaça, contra seus descendentes ou, ainda, em situações excepcionalíssimas**, as quais deverão ser devidamente fundamentadas pelos juízes que denegarem o benefício". Ainda, determinou a "**extensão da ordem de ofício a todas as demais mulheres presas, gestantes, puérperas ou mães de crianças e de pessoas com deficiência**, bem assim às adolescentes sujeitas a medidas socioeducativas **em idêntica situação no território nacional**, observadas as restrições acima".

Em síntese, o STF entendeu que a prisão domiciliar se revela, transversalmente, como um direito relacionado à criança ou à pessoa com deficiência, naturalmente pessoas distintas daqueles presas. Contudo, paradoxalmente, excetuou os casos de crimes praticados por mulheres gestantes, puérperas ou mães de crianças e deficientes, quando o fato criminoso envolver violência ou grave ameaça, tiver sido praticado contra seus descendentes ou, ainda, em situações excepcionalíssimas. Se o fim da norma é a tutela da criança ou pessoa com deficiência, pouco deveria importar a natureza do delito praticado, pois os destinatários da norma não estão envolvidos na prática do delito. **A decisão do STF foi, posteriormente, normatizada em parte no art. 318-A do CPP** pela Lei 13.769/18: A prisão preventiva imposta à mulher gestante ou que for mãe ou responsável por crianças ou pessoas com deficiência será substituída por prisão domiciliar, desde que: I - não tenha cometido crime com violência ou grave ameaça a pessoa; II - não tenha cometido o crime contra seu filho ou dependente.

61. Art. 318-A. A prisão preventiva imposta à mulher gestante ou que for mãe ou responsável por crianças ou pessoas com deficiência será substituída por prisão domiciliar, desde que: I - não tenha cometido crime com violência ou grave ameaça a pessoa; II - não tenha cometido o crime contra seu filho ou dependente.

d) Gestante: O Marco Civil da Primeira Infância, Lei 13.257/16, alterou a redação do inciso IV para ampliar a tutela da criança, excluindo as condições de estar a gestante no sétimo mês de gravidez ou ser essa de alto risco. A regra, contudo, em tese deveria ser analisada de acordo com as condições do estabelecimento prisional existente na localidade, porquanto só se justificaria prisão domiciliar para a gestante se no ambiente prisional não houvesse condições adequadas para acomodação da detenta gestante. Entretanto, consoante vimos acima, o STF entendeu por cabível a prisão domiciliar, independentemente das condições do estabelecimento prisional, excetuados os casos de crimes praticados por elas mediante violência ou grave ameaça, contra seus descendentes ou, ainda, em situações excepcionalíssimas. Conforme vimos acima, o entendimento do STF foi parcialmente transformado em norma, art. 318-A, CPP.

e) mulher com filho de até 12 (doze) anos de idade incompletos: a previsão segue a trilha dos comentários anteriores referentes ao inciso III do art.318, CPP (agente imprescindível aos cuidados especiais de pessoa menor de seis anos ou com deficiência). Se, em tais comentários, apesar da posição dos Tribunais Superiores, já destacamos a necessidade de comprovação da imprescindibilidade, com maior razão a reforçamos no caso em comento. Para nós, não basta que a mulher tinha filho com até 12 anos de idade incompletos para fazer jus à prisão domiciliar. Faz-se necessário, na linha de interpretação fornecida pelo próprio inciso III, que sua presença seja imprescindível ao menor. Não há sentido em se exigir a imprescindibilidade para os menores de seis anos e desconsiderá-la para os menores de doze anos. Pode se argumentar, com razão, que o inciso V derrogou, parcialmente, o inciso III no tocante à agente mulher, com filho com idade inferior a seis anos, pois o inciso V não traz qualquer espécie de limitação. A questão, contudo, não passa pela derrogação, mas pela necessidade de correlação entre o discrímen e o fator de discrímen. Não obstante, reforçamos não somente o entendimento do STF e o teor do art. 318-A, que não impõem limitações salvo **nos casos de crimes praticados por elas mediante violência ou grave ameaça, contra seus descendentes**, mas também o nosso entendimento de que há necessidade de demonstração inequívoca da necessidade da presença da mãe com filho de até doze anos de idade incompletos, como fator lógico de correlação entre a necessidade da prisão domiciliar e sua efetivação.

f) Homem, caso seja o único responsável pelos cuidados do filho de até 12 anos de idade incompletos: a previsão, diferentemente das anteriores, contempla expressamente o fator de discrímen: caso seja o único responsável. Em linhas gerais, a norma tutela a criança, assegurando a essa a preservação do contato com seu único responsável. De toda sorte, a prova quanto a tal fato deverá ser inequívoca, sob pena de substituição da regra - prisão preventiva - pela exceção - prisão domiciliar. Apesar da inexistência de previsão expressa, parece-nos perfeitamente aplicáveis as exceções trilhadas pelo STF para as mulheres, ou seja, mesmo que o homem seja o único responsável pelos cuidados do filho de até 12 anos de idade incompletos, não fará jus à prisão domiciliar quando a prisão estiver contextualizada com **os casos de crimes praticados mediante violência ou grave ameaça, contra seus descendentes ou, ainda, em situações excepcionalíssimas.**

Em todos os casos, conforme prediz o parágrafo único do art. 318, para a substituição, o juiz exigirá prova idônea dos requisitos estabelecidos neste artigo.

Por sua vez, o art. 318-B do CPP dispõe que a substituição de que tratam os arts. 318 e 318-A poderá ser efetuada sem prejuízo da aplicação concomitante das medidas alternativas previstas no art. 319 do CPP, isto é, permite a cumulação da prisão domiciliar com a imposição de medidas diversas da prisão. Justifica-se a previsão, pois em prisão domiciliar, haveria uma situação de regime de autodisciplina, típico do regime prisional aberto (art. 36, CP), o qual, ao contrário da prisão domiciliar, impõe outras regras e sanções. Assim, parece-nos perfeitamente adequada a imposição da prisão domiciliar em conjunto com a monitoração eletrônica (art. 319, IX, CPP), em analogia à previsão do art. 146-B, IV, da LEP.

21.14 SÍNTESE GRÁFICA

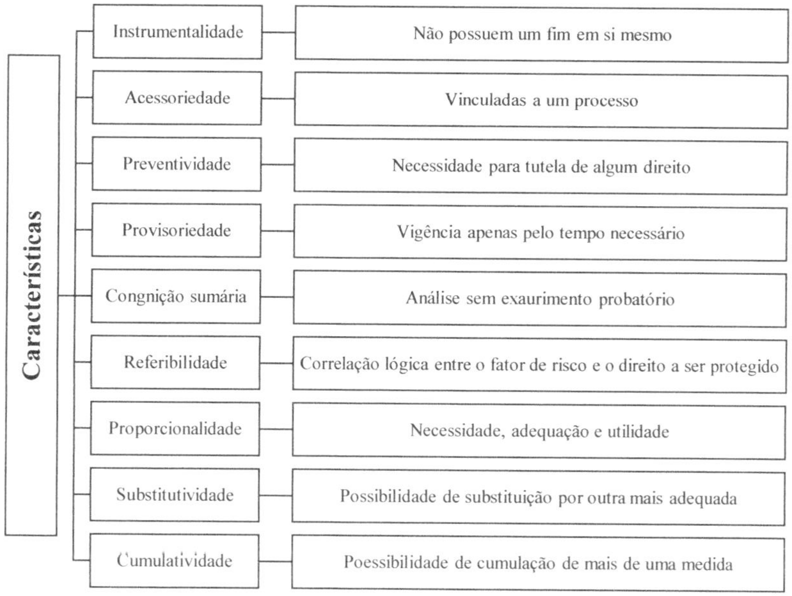

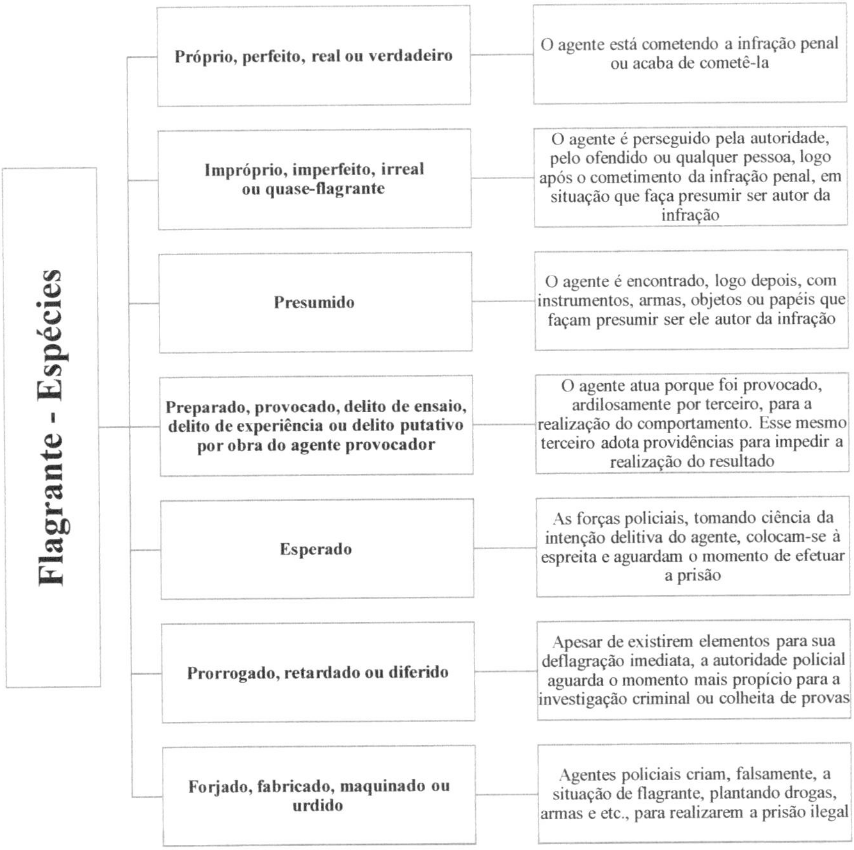
Flagrante - Espécies
Próprio, perfeito, real ou verdadeiro
O agente está cometendo a infração penal ou acaba de cometê-la
Impróprio, imperfeito, irreal ou quase-flagrante
O agente é perseguido pela autoridade, pelo ofendido ou qualquer pessoa, logo após o cometimento da infração penal, em situação que faça presumir ser autor da infração
Presumido
O agente é encontrado, logo depois, com instrumentos, armas, objetos ou papéis que façam presumir ser ele autor da infração
Preparado, provocado, delito de ensaio, delito de experiência ou delito putativo por obra do agente provocador
O agente atua porque foi provocado, ardilosamente por terceiro, para a realização do comportamento. Esse mesmo terceiro adota providências para impedir a realização do resultado
Esperado
As forças policiais, tomando ciência da intenção delitiva do agente, colocam-se à espreita e aguardam o momento de efetuar a prisão
Prorrogado, retardado ou diferido
Apesar de existirem elementos para sua deflagração imediata, a autoridade policial aguarda o momento mais propício para a investigação criminal ou colheita de provas
Forjado, fabricado, maquinado ou urdido
Agentes policiais criam, falsamente, a situação de flagrante, plantando drogas, armas e etc., para realizarem a prisão ilegal

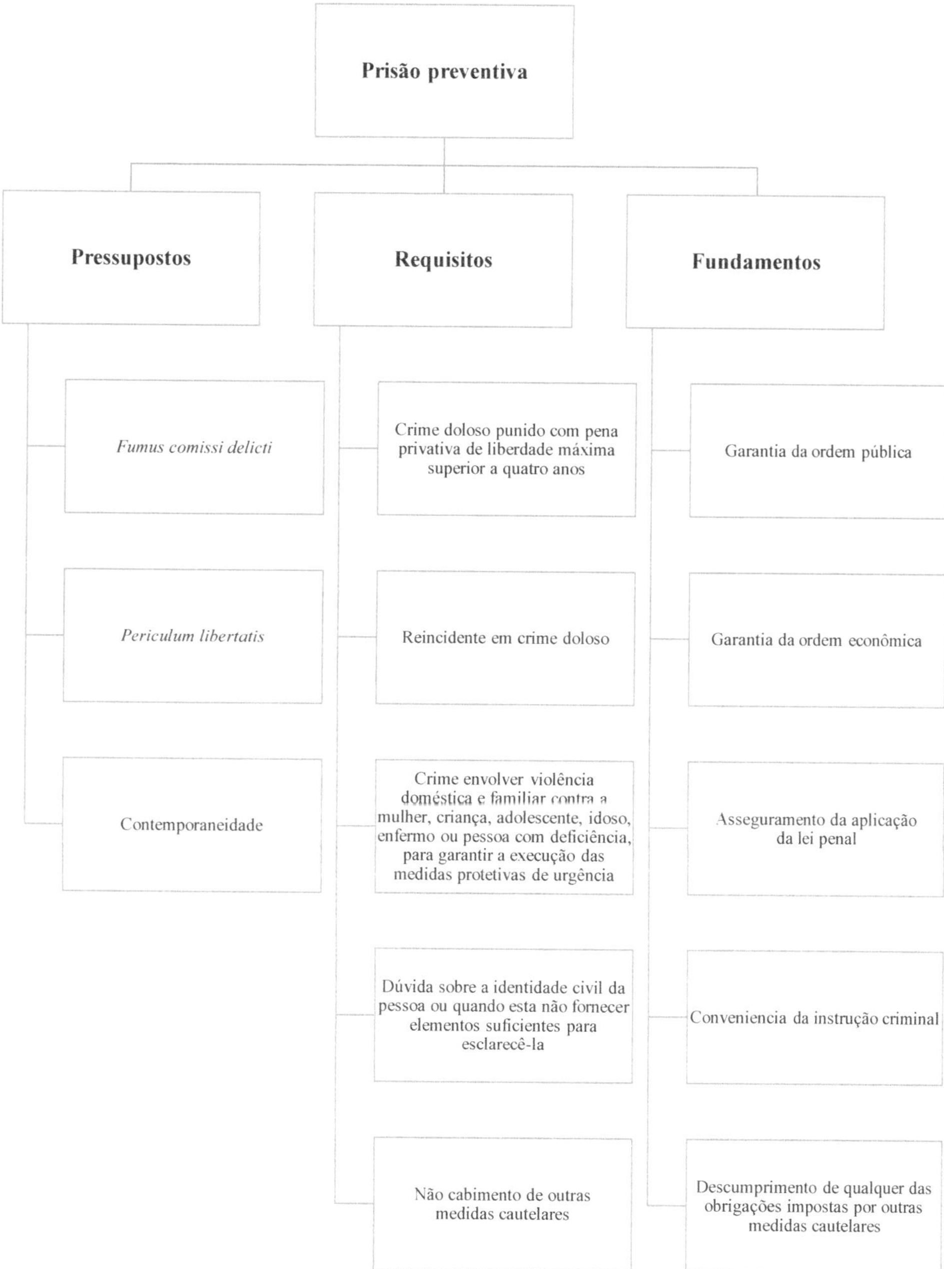
Prisão preventiva
Pressupostos
Requisitos
Fundamentos
Fumus comissi delicti
Periculum libertatis
Contemporaneidade
Crime doloso punido com pena privativa de liberdade máxima superior a quatro anos
Reincidente em crime doloso
Crime envolver violência doméstica e familiar contra a mulher, criança, adolescente, idoso, enfermo ou pessoa com deficiência, para garantir a execução das medidas protetivas de urgência
Dúvida sobre a identidade civil da pessoa ou quando esta não fornecer elementos suficientes para esclarecê-la
Não cabimento de outras medidas cautelares
Garantia da ordem pública
Garantia da ordem econômica
Asseguramento da aplicação da lei penal
Conveniencia da instrução criminal
Descumprimento de qualquer das obrigações impostas por outras medidas cautelares

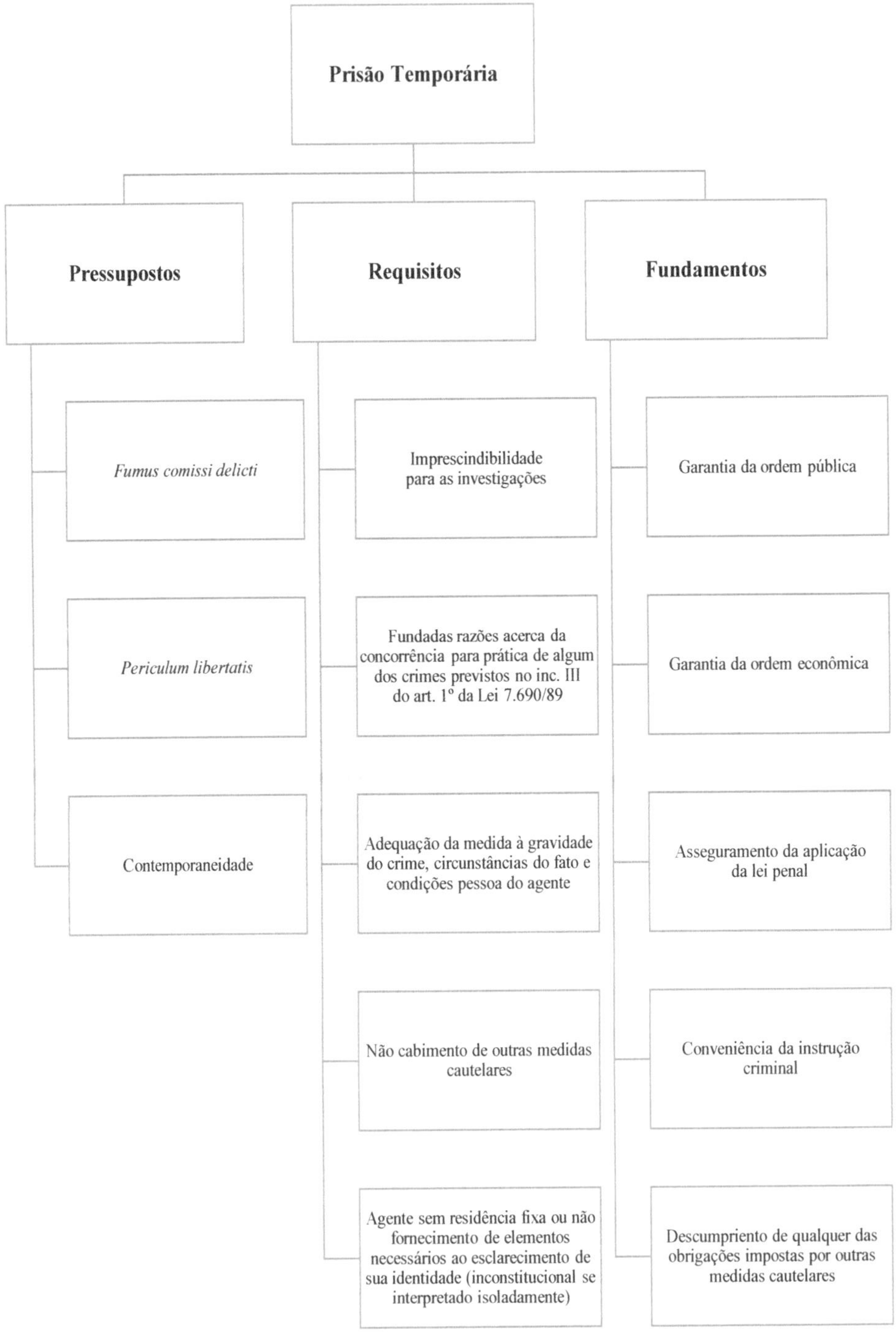
Prisão Temporária
Pressupostos
Requisitos
Fundamentos
Fumus comissi delicti
Periculum libertatis
Contemporaneidade
Imprescindibilidade para as investigações
Fundadas razões acerca da concorrência para prática de algum dos crimes previstos no inc. III do art. 1º da Lei 7.690/89
Adequação da medida à gravidade do crime, circunstâncias do fato e condições pessoa do agente
Não cabimento de outras medidas cautelares
Agente sem residência fixa ou não fornecimento de elementos necessários ao esclarecimento de sua identidade (inconstitucional se interpretado isoladamente)
Garantia da ordem pública
Garantia da ordem econômica
Asseguramento da aplicação da lei penal
Conveniência da instrução criminal
Descumpriento de qualquer das obrigações impostas por outras medidas cautelares

21.15 REVISÃO DO CAPÍTULO POR QUESTÕES DE CONCURSOS E ASSERTIVAS DE REFORÇO

QUESTÕES DE CONCURSO

Em razão da íntima conexão entre os temas tratados nos capítulos 20 a 23, circunstância que praticamente impede o fracionamento das questões para tratamento nos capítulos de forma individualizada, optamos por colacionarmos as questões referentes aos temas medidas cautelares pessoais e liberdade ao final do capítulo 23, permitindo ao leitor a realização do treino de forma sistêmica.

ASSERTIVAS DE REFORÇO

1. ( ) O ordenamento jurídico pátrio admite a prisão administrativa, com lastro na Lei de Migração (Lei 13.445/17), para assegurar o cumprimento do decreto de expulsão do estrangeiro.

2. ( ) A prisão cautelar, ao contrário da prisão-pena, que pressupõe o trânsito em julgado da sentença penal condenatória, destina-se à instrumentalidade do processo, não sendo admissível sua aplicação como forma de antecipação do cumprimento da pena.

3. ( ) Em razão da natureza da função e prerrogativas constitucionais, o Presidente da República não pode ser preso cautelarmente ou sofrer medidas cautelares diversas da prisão.

4. ( ) Tratando-se de flagrante delito, a prisão pode ser realizada em qualquer dia ou horário, sem que se imponham as restrições relacionadas a horário ou inviolabilidade do domicílio.

5. ( ) Nenhuma autoridade poderá, desde 5 (cinco) dias antes e até 48 (quarenta e oito) horas depois do encerramento da eleição, prender ou deter qualquer eleitor.

6. ( ) Se a infração for inafiançável, a falta de exibição do mandado obstará a prisão.

7. ( ) Admite-se a efetivação da prisão sem a exibição do mandado, mas não o recolhimento à prisão.

8. ( ) Entende-se que o executor vai em perseguição do réu, quando tendo-o avistado, for perseguindo-o sem interrupção, desde que não lhe perca de vista.

9. ( ) Não é vedado o uso de algemas em mulheres grávidas durante os atos médico-hospitalares preparatórios para a realização do parto e durante o trabalho de parto, bem como em mulheres durante o período de puerpério imediato, nos casos de prisão decorrente de crime hediondo.

10. ( ) A difusão vermelha, ou *red notice*, é um mandado de captura de natureza internacional, repassado para a Polícia Internacional (Interpol) como forma de divulgação, entre os Estados-membros, da existência de mandado de prisão em aberto, como forma de facilitar a prisão de agente que se encontra fora do território nacional emissor do mandado de prisão.

11. ( ) O STF entende que caracteriza ameaça e constrangimento ilegal à liberdade de ir e vir o cumprimento de mandado de prisão expedido por justiça estrangeira contra pessoa residente no Brasil.

12. ( ) Ostentando o agente dois títulos jurídicos de prisão contra si, deverá prevalecer aquele derivado prisão preventiva, mantendo-se a prisão especial.

13. ( ) O uso de algemas no acusado durante o período em que permanecer no plenário do júri, salvo se absolutamente necessário à ordem dos trabalhos, à segurança das testemunhas ou à garantia da integridade física dos presentes.

14. ( ) A nota de culpa é o instrumento pelo qual se cientifica o preso do motivo da prisão, o nome da autoridade que lavrou o auto, da pessoa que efetivou a prisão e das testemunhas que acompanham o ato, emitida pelo juiz de direito.

15. ( ) Ocorre o chamado flagrante próprio quando o agente está cometendo a infração penal ou acaba de cometê-la.

16. ( ) Flagrante impróprio é também conhecido por flagrante imperfeito, irreal ou quase-flagrante.

17. ( ) O flagrante esperado é aquele que, não obstante existirem elementos para sua deflagração imediata, a autoridade policial aguarda o momento mais propício para a investigação criminal ou colheita de provas.

18. ( ) A impossibilidade de lavratura de auto de prisão em flagrante delito, em alguns fatos criminosos, impede que o agente seja detido e conduzido à delegacia.

19. ( ) No caso de prisão em flagrante, verificada a fundada suspeita, a autoridade policial deverá, em sequência: a) determinar o seu recolhimento à prisão (art. 304, §1º, CPP) se não for o caso nos quais o conduzido deve livrar-se solto ou de concessão de fiança; b) entregar ao preso, em até 24h, a nota de culpa (art. 306, §2º); e c) Encaminhar ao juízo competente o auto de prisão em flagrante em até 24 e, caso o autuado não informe o nome de seu advogado, cópia integral para a Defensoria Pública.

20. ( ) Nos crimes previstos na Lei de Drogas, para efeito da lavratura do auto de prisão em flagrante e estabelecimento da materialidade do delito, é suficiente o laudo de constatação da natureza e quantidade da droga, firmado por dois peritos oficiais ou, na falta destes, por pessoa idônea.

21. ( ) Não se convencendo a autoridade policial da caracterização do flagrante delito por infundada suspeita diante dos elementos probatórios, deverá relaxar a prisão.

22. ( ) O *perp walk* é a exposição, indevida e intencional, do agente preso, de forma sensacionalista, em local público, visando expor o preso como um troféu à sociedade.

23. ( ) O STF, em diversos julgados, fixou o entendimento que a não observância do prazo de 24h, supostamente assinalado pela lei para realização da audiência de custódia, caracteriza mera irregularidade.

24. ( ) A audiência de custódia destina-se à realização de provas e instrução prévia do futuro processo criminal.

25. ( ) De acordo com a Resolução CNJ 329/20, a participação do Ministério Público deverá ser assegurada nas audiências de custódia, com intimação prévia e obrigatória, podendo propor, inclusive, o acordo de não persecução penal nas hipóteses previstas no artigo 28-A do Código de Processo Penal.

26. ( ) Dentre os requisitos para decretação da prisão preventiva, encontra-se a previsão do agente ter praticado crime doloso punido com pena privativa de liberdade máxima igual ou superior a 4 (quatro) anos.

27. ( ) Segundo a jurisprudência do STJ, é inviável a análise acerca da desproporção entre a custódia cautelar cuja revogação é pleiteada em *habeas corpus* e a quantidade de pena a ser eventualmente fixada em sentença condenatória, pois não é permitido, na estreita via do writ, juízo de valor antecipado acerca da condenação final.

28. ( ) Não se admite a decretação da prisão preventiva em crimes punidos com a pena de detenção.

29. ( ) A prisão preventiva em nenhum caso será decretada se o juiz verificar pelas provas constantes dos autos ter o agente praticado o fato acobertado por causa excludente de ilicitude.

30. ( ) A prisão preventiva poderá ser decretada como garantia da ordem pública, da ordem econômica, por conveniência da instrução criminal ou para assegurar a aplicação da lei penal, quando houver prova da existência do crime e indício suficiente de autoria e de perigo gerado pelo estado de liberdade do imputado.

31. ( ) A prisão preventiva poderá ser decretada em caso de descumprimento de qualquer das obrigações impostas por força de outras medidas cautelares.

32. ( ) Para decretação da prisão preventiva, basta que o agente tenha praticado um crime doloso cuja pena máxima seja superior a quatro anos ou que exista prova da materialidade ou indícios suficientes de autoria.

33. ( ) A mera gravidade da lesão é apta a fundamentar um decreto preventivo, a exemplo dos crimes tidos como hediondos.

34. ( ) Em qualquer espécie de procedimento, em razão do fundamento restrito e vinculado, encerrada a instrução criminal perante o magistrado singular, a prisão por conveniência da instrução criminal perde a razão de sua existência, porquanto seu objeto se esgota com a finalização da produção probatória, devendo ser revogada se inexistir outro fundamente que a justifique.

35. ( ) O transcurso do prazo previsto de noventa dias para revisão da previsão preventiva não acarreta, automaticamente, a revogação da prisão preventiva e, consequentemente, a concessão de liberdade provisória.

36. ( ) O juiz, ao proferir um decreto de prisão preventiva, pode limitar-se à indicação, à reprodução ou à paráfrase de ato normativo.

37. ( ) A fundamentação *aliunde* é aquela rasa, que se confunde com o próprio texto legal.

38. ( ) A utilização da técnica de motivação *per relationem* não enseja a nulidade do ato decisório, desde que o julgador se reporte a outra decisão ou manifestação dos autos e as adote como razão de decidir.

39. ( ) Para a decretação da prisão temporária, entre outros, o magistrado deverá avaliar se a prisão temporária é medida imprescindível para as investigações do inquérito – com base em elementos concretos, e não em meras conjecturas;

40. ( ) Para a decretação da prisão temporária, entre outros, o magistrado deverá avaliar se há razões fundamentadas para dizer que o alvo da prisão participou do crime investigado – e esse crime precisa ter previsão expressa de autorização para decretação da prisão temporária.

41. ( ) O fato de o alvo da prisão temporária não ter residência fixa ou não fornecer elementos necessários ao esclarecimento de sua identidade, por si só, é suficiente para embasar a prisão temporária.

42. ( ) É possível a decretação da prisão temporária no curso do processo judicial.

43. ( ) Formulado o pedido de prisão temporária, magistrado terá o prazo de 48h para apreciá-lo.

44. ( ) O prazo de prisão temporária será de até 5 dias, prorrogável por igual período em caso de extrema e comprovada necessidade. Tratando-se, contudo, de crime hediondo ou equiparado, o prazo da prisão preventiva será de até 30 dias, prorrogáveis a requerimento, de forma fundamentada e, portanto, não automática, por igual período em caso de extrema e comprovada necessidade.

45. ( ) A prisão domiciliar consiste no recolhimento do indiciado ou acusado em sua residência, só podendo dela ausentar-se com autorização judicial.

46. ( ) Dada a natureza de prisão preventiva especial, a prisão domiciliar admite o manejo do *habeas corpus* e a possibilidade de detração penal, não se impondo, contudo, a necessidade de reavaliação da prisão a cada noventa dias.

47. ( ) O simples fato do agente ser maior de 80 anos ou imprescindível ao cuidado de pessoa menor de seis anos de idade não implica a obrigatoriedade de concessão da prisão domiciliar.

48. ( ) Basta que o acusado esteja extremamente debilitado por motivo de doença grave para que venha a receber a prisão domiciliar.

49. ( ) A prisão preventiva imposta à mulher gestante ou que for mãe ou responsável por crianças ou pessoas com deficiência será substituída por prisão domiciliar, desde que não tenha cometido crime com violência ou grave ameaça a pessoa ou não tenha cometido o crime contra seu filho ou dependente.

50. ( ) A substituição da prisão preventiva pela domiciliar poderá ser efetuada sem prejuízo da aplicação concomitante das medidas alternativas, isto é, permite a cumulação da prisão domiciliar com a imposição de medidas diversas da prisão.

21.15.1 Gabarito

ASSERTIVAS DE REFORÇO

1	2	3	4	5	6	7	8	9	10
F	V	F	V	F	F	V	F	F	V
11	**12**	**13**	**14**	**15**	**16**	**17**	**18**	**19**	**20**
V	F	V	F	V	V	F	F	V	F
21	**22**	**23**	**24**	**25**	**26**	**27**	**28**	**29**	**30**
F	V	V	F	V	F	V	F	V	V
31	**32**	**33**	**34**	**35**	**36**	**37**	**38**	**39**	**40**
V	F	F	F	V	F	F	V	V	V
41	**42**	**43**	**44**	**45**	**46**	**47**	**48**	**49**	**50**
F	F	F	V	V	F	V	F	V	V

COMENTÁRIOS ÀS ASSERTIVAS FALSAS E JUSTIFICATIVAS IMPORTANTES

1. F. Em 21/11/2017 entrou em vigor a Lei n.º 13.445/2017 (nova Lei de Migração), em substituição ao antigo Estatuto do Estrangeiro. Com a novatio legis, a prisão com o fim de garantir o cumprimento do decreto de expulsão de estrangeiro foi abolida de nosso ordenamento jurídico, não mais havendo, pois, previsão legal para o encarceramento do ora recorrente. (...). (RHC 91785, Maria Thereza de Assis Moura, 6ª Turma, DJe 28.08.18).

2. V.

3. F. O fato de não poder ser preso não significa, todavia, que contra o Presidente da República não possa ser imposta alguma medida de natureza cautelar, pois pode ser suspenso do exercício da função nos termos do art. 86, §1º da CF.

4. V.

5. F. O Código Eleitoral prevê, no art. 236, *caput*, que nenhuma autoridade poderá, desde 5 (cinco) dias antes e até 48 (quarenta e oito) horas depois do encerramento da eleição, prender ou deter qualquer eleitor, salvo em flagrante delito ou em virtude de sentença criminal condenatória por crime inafiançável, ou, ainda, por desrespeito a salvo-conduto.

6. F. Se a infração for inafiançável, a falta de exibição do mandado não obstará a prisão, e o preso, em tal caso, será imediatamente apresentado ao juiz que tiver expedido o mandado, para a realização de audiência de custódia.

7. V.

8. F. Entende-se que o executor vai em perseguição do réu, quando tendo-o avistado, for perseguindo-o sem interrupção, embora depois o tenha perdido de vista.

9. F. A norma não traz qualquer exceção relacionada à natureza do crime.

10. V.

11. V.

12. F. Ostentando o agente dois títulos jurídicos contra si, deverá prevalecer aquele derivado de sentença penal condenatória transitada em julgado, perdendo o agente o direito à prisão especial.

13. V.

14. F. A nota de culpa, a despeito do nomenclatura ultrapassada e constrangedora, nada mais é do que o instrumento pelo qual se cientifica o preso do motivo da prisão, o nome da autoridade que lavrou o auto, da pessoa que efetivou a prisão e das testemunhas. É emitida pela autoridade policial.

15. V.

16. V.

17. F. O conceito fornecido é de flagrante prorrogado.

18. F. A impossibilidade de lavratura de APFD não significa que o agente não possa ser detido e conduzido à delegacia, pois tais procedimentos podem ser necessários para fazer cessar a prática do delito, para tutelar a vítima ou para que se dê uma pronta resposta à sociedade;

19. V.

20. F. Basta um perito oficial.

21. F. Não se trata de relaxamento de prisão em flagrante, porquanto o relaxamento só pode ser realizado por autoridade judiciária nos termos do art. 5º, LXV da CF, mas de situação de não ratificação da prisão, dando ensejo ao que a doutrina chama de auto de prisão em flagrante negativo.

22. V.

23. V.

24. F. Com escopo distinto, visa esclarecer o magistrado acerca das condições da prisão do agente.

25. V.

26. F. Superior a quatro anos.

27. V.

28. F. Admite-se.

29. V.

30. V.

31. V.

32. F. Não basta, portanto, que o agente tenha praticado um crime doloso cuja pena máxima seja superior a quatro anos ou que exista prova da materialidade ou indícios suficientes de autoria. É preciso buscar algum fundamento concreto e fático diverso da prática do delito para decretação da prisão preventiva.

33. F. Exige-se a conjugação com outros elementos concretos.

34. F. Nos processos afetos ao Tribunal do Júri, a instrução processual não se encerra na primeira fase do procedimento biforme, porquanto haverá nova instrução em plenário. Logo, não cabe a revogação da prisão preventiva quando encerrada apenas a instrução pelo juízo sumariante.

35. V.

36. F. Art. 315, §2º, I, CPP.

37. F. A fundamentação *per relationem* ou aliunde é a decisão por referência, isto é, aquela que se vale da justificação apresentada em outra decisão ou em manifestação das partes.

38. V.

39. V.

40. V.

41. F. O fato de o alvo da prisão "não ter residência fixa ou não fornecer elementos necessários ao esclarecimento de sua identidade", por si só, não é suficiente para embasar a prisão temporária.

42. F. Do inciso I do art. 1º, da Lei 7.960/89, extrai-se nitidade a sede da prisão temporária: a investigação criminal (IP, PIC e etc.). Logo, não há como se cogitar de prisão temporária durante o curso do processo criminal.

43. F. O magistrado terá o prazo de 24h para apreciá-lo.

44. V.

45. V.

46. F. Dada a natureza de prisão preventiva especial, a prisão domiciliar admite, para nós, o manejo do *habeas corpus*, a necessidade de reavaliação da prisão a cada noventa dias, a possibilidade de detração penal[62] e o necessário controle temporal da prisão.

47. V.

48. F. Não basta que o acusado esteja extremamente debilitado por motivo de doença grave para que venha a receber a prisão domiciliar, pois se exige que o tratamento exigido não pode ser conferido, de forma adequada, no estabelecimento prisional, circunstância hábil a justificar o tratamento em residência.

49. V.

50. V.

62. AgRg nos EDcl no AREsp 1674599, DJe 19.10.21.

22

Medidas alternativas à prisão

22.1 COMO O ASSUNTO É ABORDADO EM PROVAS E CONCURSOS

O tema "medidas alternativas à prisão", em razão da baixa regulamentação, ainda é pouco explorado nos certames de Magistratura, Ministério Público, Defensoria Pública e Delegado de Polícia, que trazem questões normalmente de cunho jurisprudencial ou associadas à parte geral das medidas cautelares.

Na seara das provas subjetivas, quando cobrado, o tema permeia a teoria geral, indagando, principalmente, a teoria geral das medidas cautelares e jurisprudência correlata.

Assim, temos que o assunto abordado no presente capítulo merece ênfase jurisprudencial, de acompanhamento constante.

22.2 INTRODUÇÃO

Superando a lógica dualista da liberdade ou prisão, a Lei 12.403/11 estabeleceu, no art. 319 do CPP, as chamadas medidas cautelares diversas da prisão, com o escopo de permitir um tratamento diferenciado àqueles agentes cuja prisão não se revela adequada ou necessária no momento. Trata-se, portanto, de um "estágio probatório" entre a prisão e completa liberdade, ao qual deve se submeter o agente, enquanto persistir a necessidade da cautela.

Por serem as medidas alternativas à prisão medidas cautelares, devem, naturalmente, satisfazer os pressupostos gerais das tutelas cautelares, isto é, *fumus comissi delicti* e *periculum libertatis*, sendo que, no caso do último, há uma mitigação na sua concepção, pois o agente não estará privado integralmente de sua liberdade. Entretanto, parece-nos inegável que, inexistindo risco decorrente da liberdade do agente, não haveria fundamento para imposição de qualquer medida, seja ela prisão, restritiva de direitos ou de liberdade.

As medidas cautelares diversas da prisão não decorrem automaticamente da prática de um delito. Ao contrário, precisam de fundamentação especifica por parte do magistrado, que deverá levar em consideração a necessidade para aplicação da lei penal, para a investigação ou a instrução criminal e, nos casos expressamente previstos, para evitar a prática de infrações penais, bem como a adequação da medida imposta (art. 282, incisos I e II, CPP, respectivamente).

Afigura-se inegável que as medidas cautelares diversas da prisão sejam dotadas de poder coercitivo, porquanto impõem obrigações aos indivíduos. Logo, seu descumprimento pode, nos termos §4º do art. 282 do CPP, ensejar a substituição da medida, imposição de outra em cumulação, ou, em último caso, decretação da prisão preventiva, nos termos do parágrafo único do art. 312 deste Código.

Apesar da ausência de regramento específico quanto à maioria das medidas previstas no art. 319 e 320 do CPP, cada uma delas possui finalidades especiais, às quais veremos separadamente.

22.3 COMPARECIMENTO PERIÓDICO EM JUÍZO

O inciso I do art. 319 prevê, como medida cautelar diversa da prisão, o comparecimento periódico em juízo, no prazo e nas condições fixadas pelo juiz, para informar e justificar atividades. A medida, talvez a mais branda de todas, impõe uma obrigação positiva ao agente para fins de ciência e controle por parte do Estado, pois permite a esse saber, em prazo certo e determinado, se o agente ainda continua à disposição do juízo para a prática dos atos processuais e se as atividades por esse exercidas são condizentes com a medida.

O comparecimento deve ser pessoal, não podendo ser realizado por terceiro, ainda que por procuração. Havendo qualquer impossibilidade de comparecimento no período fixado, agente deverá, assim que possível, comparecer à Secretaria do Juízo para justificar o não comparecimento, sob pena de aplicação do teor do §4º do art. 282 do CPP. O período de comparecimento será fixado pelo magistrado, a seu critério e observada a razoabilidade diante do caso concreto, podendo ser, por exemplo, mensal, bimestral ou trimestral.

Sobre o prazo, o art. 89, §1º, inc. IV da Lei 9.099/95 nos fornece um importante parâmetro, o do comparecimento mensal em juízo. Ainda que o CPP não tenha fixado período expresso, não podemos ignorar a existência de um norte a ser observado, o do comparecimento mensal. No entanto, nada impede que, de forma justificada e razoável, o magistrado fixe outro prazo, atendendo às circunstâncias do caso concreto e condições pessoais do agente.

Não há obstáculos para que a fiscalização da medida seja realizada por juízo de outra comarca, caso o agente nesta resida. Para tanto, basta a expedição de carta precatória para realização da fiscalização pelo juízo deprecado. Havendo o descumprimento, o juízo deprecado deverá devolver a carta precatória com o registro de descumprimento, para que o juízo deprecante avalie a medida a ser aplicada.

22.4 PROIBIÇÃO DE ACESSO OU FREQUÊNCIA A DETERMINADOS LUGARES

O inciso II do art. 319 do CPP prevê a possibilidade de fixação de medida cautelar de proibição de acesso ou frequência a determinados lugares quando, por circunstâncias relacionadas ao fato, deva o indiciado ou acusado permanecer distante desses locais para evitar o risco de novas infrações, a exemplo da proibição de acesso à residência da mulher, vítima de violência doméstica.

Trilhando a linha da garantia da ordem pública, a proibição visa impedir que o agente tenha acesso ou frequente meio que o induza à criminalidade ou que facilite, em razão do próprio meio, a prática de crimes. À guisa de exemplo, a medida de proibição de acesso ou frequências a bares e casas noturnas, locais onde normalmente as pessoas fazem uso de bebidas alcoólicas, pode ser pertinente e adequada para o agente que praticou lesões corporais culposas na direção de veículo automotor após fazer ingestão de álcool. De igual modo, a proibição de acesso a um estádio de futebol pode ser perfeitamente adequada para o agente investigado ou acusado da prática de lesões corporais em ambiente desportivo.

22.5 PROIBIÇÃO DE CONTATO COM PESSOA DETERMINADA

A proibição de manter contato com pessoa determinada quando, por circunstâncias relacionadas ao fato, deva o indiciado ou acusado dela permanecer distante, prevista no inciso III do art. 319, CPP, como medida cautelar diversa da prisão, visa afastar o agente da criação de potenciais situações criminosas, reduzindo o risco para a vítima. Assim, a medida é usual no âmbito da tutela conferida pela Lei Maria da Penha, mas nela não se esgota, pois a medida pode ser utilizada, por exemplo, em situação em que a prudência impõe o afastamento do contato entre o agente e testemunhas ou vítimas, como em um crime de ameaça, não sujeito à prisão preventiva.

A proibição de contato pode ser pessoal ou abranger outras formas de comunicação, a exemplo de aplicativos de troca de mensagens ou ligações, meios, aliás, comuns para a prática dos crimes de descumprimento de decisão judicial, especialmente na seara da Lei Maria da Penha (art. 24-A). A proibição ainda pode ser imposta sob a forma de distanciamento mínimo, por analogia ao art. 23, III, "a", da Lei 11.340/06.

22.6 PROIBIÇÃO DE AUSENTAR-SE DA COMARCA OU PAÍS

O inciso IV do art. 319 do CPP prevê a medida de proibição de ausentar-se da comarca quando a permanência seja conveniente ou necessária para a investigação ou instrução. Por sua vez, como desdobramento da medida, o art. 320 prevê que a proibição de se ausentar do país será comunicada pelo juiz às autoridades encarregadas de fiscalizar as saídas do território nacional, intimando-se o indiciado ou acusado para entregar o passaporte, no prazo de 24 (vinte e quatro) horas. É possível, portanto, que seja fixada a proibição de ausentar-se da comarca, da comarca e país, ou somente país.

Segundo a norma, a aplicação da medida pressupõe que a permanência do agente na comarca ou país seja conveniente ou necessária para a investigação ou instrução. Ocorre que a medida pode ser imposta também para a prevenção de outros crimes, a exemplo dos crimes de tráfico de drogas, nos quais o agente busca a droga em comarca distinta, ou de estelionato, quando a consumação do delito demanda a presença física do agente em comarca diversa. Nesses casos, o fundamento deverá ser combinado com o art. 282, I, CPP.

22.7 RECOLHIMENTO DOMICILIAR NO PERÍODO NOTURNO E NOS DIAS DE FOLGA QUANDO O INVESTIGADO OU ACUSADO TENHA RESIDÊNCIA E TRABALHO FIXOS

Prevista no inciso V do art. 319 do CPP, o recolhimento domiciliar no período noturno e nos dias de folga, quando o investigado ou acusado tenha residência e trabalho fixos, é uma das medidas alternativas à prisão mais severas dentre as previstas no art. 319, porquanto impõe uma "espécie" de prisão domiciliar durante o período noturno e dias de folga quando o agente possua residência e trabalhos fixos. Dissemos "espécie de prisão domiciliar", pois a medida do art. 319, V, CPP, não se confunde com a prisão domiciliar substitutiva da prisão, prevista nos arts. 317 a 318-B, CPP.

Na prisão domiciliar, qualquer ausência do domicílio pressupõe autorização judicial, ao passo que na medida cautelar alternativa há, ao contrário, a liberdade de locomoção com imposição apenas do recolhimento domiciliar noturno e nos dias de folga. Ademais, a prisão domiciliar não comporta o trabalho externo, ao passo que a medida alternativa o pressupõe.

A norma há que ser interpretada com razoabilidade, permitindo-se sua aplicação àqueles que estudam ou que, a despeito de não possuírem trabalho fixo, possuem uma profissão certa, atuando como profissional liberal. Não haveria sentido em se impor o recolhimento domiciliar àquele que possui trabalho e emprego fixo e não se admitir àquele que atua como profissional liberal, pois não sendo o caso de decretação de prisão preventiva, aquele que possui labor fixo receberia um tratamento mais severo do que aquele que não o possui. No caso de recolhimento nos dias de folga, para o profissional liberal, há que se adotar como modelo o da jornada regular de trabalho, de 44h semanais, devendo o recolhimento ser realizado a partir de sábado à tarde até segunda feira, 06h, salvo em situações especiais.

22.8 SUSPENSÃO DO EXERCÍCIO DE FUNÇÃO PÚBLICA OU DE ATIVIDADE DE NATUREZA ECONÔMICA OU FINANCEIRA

A medida de suspensão do exercício de função pública ou de atividade de natureza econômica ou financeira, prevista no inciso VI do art. 319, CPP, parte da premissa da existência de justo receio de tais atividades para a prática de infrações penais. Funda-se, portanto, na garantia da ordem pública ou econômica.

A medida pressupõe a correlação entre o exercício da função pública ou de atividade de natureza econômica ou financeira e o risco do cometimento de novas infrações penais. Logo, não se justifica a suspensão do exercício da função pública do funcionário público (art. 327 do CP), quando envolvido, por exemplo, em crime de lesões corporais, em nada conectado com a função pública exercida. A correlação exigida expressamente pelo art. 319, VI, não afasta, todavia, a possibilidade de aplicação da medida com lastro no art. 282, incisos I e II do CPP, quando se verifica, por exemplo, sua adequação e necessidade para aplicação da lei penal, para a investigação ou a instrução criminal, como na hipótese de investigação de uma conduta praticada pelo funcionário público, superior hierárquico de diversas testemunhas do fato.

Nos casos de suspensão do exercício de função pública, é comum sua aplicação nos chamados crimes funcionais, isto é, praticados por funcionários públicos contra a administração pública, como o peculato, corrupção passiva, concussão, prevaricação etc. Nesses casos, é perfeitamente possível que a suspensão seja parcial, isto é restrita ao exercício funcional.

Ponto importante a ser destacado na suspensão do exercício da função pública diz respeito aos vencimentos do servidor suspenso. O STF, em caso concreto, decidiu pela suspensão do exercício da função sem prejuízo dos vencimentos de um Procurador da República no julgamento da PET 7.063/DF[1]. De fato, não nos parece possível que, a título cautelar, proferido em sede de juízo de cognição sumária, se afaste o direito à remuneração do servidor, sob pena não somente de violação ao princípio da presunção de inocência, mas também da própria dignidade da pessoa humana, a ser considerado de forma ampla em razão do risco potencial de atingimento ao sustento de seus familiares dependentes.

Por outro lado, nos casos de suspensão de atividade de natureza econômica ou financeira, a medida pode ser aplicada a agentes que se valem da profissão para a prática de crimes ou envolvidos na prática de crimes contra ordem econômica, tributária e relações de consumo (Lei 8.137/90), crimes contra a economia popular (Lei 1.521/51), crimes contra o sistema financeiro nacional (Lei 7.492/86), crimes de lavagem de capitais realizados por intermédio de atividade econômica (Lei 9.613/98), entre outros, desde que se verifique que o exercício da atividade econômica ou financeira permita a prática de crimes.

À guisa de exemplo, considerando a amplitude conceitual da expressão "atividade econômica", o STJ reconheceu a possibilidade de suspensão do exercício da medicina de forma presencial a um médico acusado de importunação sexual durante uma consulta:

> A medida cautelar prevista no art. 319, VI, do CPP é providência destinada àquelas situações em que o acusado, se desimpedido de exercer sua função pública ou atividade de natureza econômica ou financeira, possa vir a praticar nova infração penal, valendo-se dessa função ou atividade. 2. Na espécie, a motivação das instâncias de origem para determinar **a suspensão do exercício profissional presencial do agravante - médico acusado de importunação sexual durante uma consulta - foi idônea e proporcional, uma vez que há fundado risco de reiteração delitiva, ante a notícia de que o réu responde outro processo penal em que se apura conduta similar**. 3. Não se trata de providência que seja desproporcional ou suprima as condições laborais do acusado - e, portanto, seu meio de subsistência e o acesso da população aos seus serviços -, uma vez que o Juízo natural da causa autorizou o exercício da atividade profissional na modalidade online. AgRg no RHC 153422/SP, DJe 21.02.22.

A medida visa prevenir, portanto, que o exercício da função pública ou atividade econômica ou financeira venha a ser utilizada para a prática de novos delitos, em violação aos princípios da administração pública ou em flagrante abuso de direito relacionado à livre inciativa, razão pela qual se admite a suspensão do exercício da atividade econômica da pessoa jurídica, um posto de combustíveis, por exemplo, mesmo quando não denunciada[2], na hipótese de receptação de carga de combustíveis roubada e posterior revenda ao consumidor. Comprovando-se que a atividade exercida pela pessoa jurídica é o meio para a prática de crimes, não há qualquer obstáculo na suspensão de suas atividades.

Há divergência doutrinária quanto à possibilidade de suspensão da função pública decorrente do exercício de mandato eletivo. Gustavo Badaró[3], por exemplo, sustenta a impossibilidade de sua aplicação com lastro em entendimento do Tribunal Constitucional de Portugal, que assinalou a dificuldade de congruência com a proeminência

1. J. 01.08.17.
2. STJ: RMS 60.818/SP, 5ª Turma, DJe 02.09.19.
3. *op. cit.*, p. 1244.

do princípio democrático a permitir que o exercício de um mandato popular possa ser suspenso a título de medida cautelar ou preventiva em processo penal.

Ainda que tal premissa seja válida para Portugal, não se aplica ao ordenamento jurídico pátrio, pois, não obstante nossa crítica registrada no capítulo atinente às "normas processuais em relação às pessoas", ao qual remetemos o leitor, o STF expressamente reconheceu a possibilidade de aplicação das medidas previstas no art. 319 do CPP a deputados e senadores, as quais devem ser submetidas à avaliação da casa respectiva quando impossibilitem, direta ou indiretamente, o pleno e regular exercício do mandato parlamentar e de suas funções legislativas[4]:

> (...) A imunidade formal prevista constitucionalmente somente permite a prisão de parlamentares em flagrante delito por crime inafiançável, sendo, portanto, incabível aos congressistas, desde a expedição do diploma, a aplicação de qualquer outra espécie de prisão cautelar, inclusive de prisão preventiva prevista no artigo 312 do Código de Processo Penal.
>
> O Poder Judiciário dispõe de competência para impor aos parlamentares, por autoridade própria, as medidas cautelares a que se refere o art. 319 do Código de Processo Penal, seja em substituição de prisão em flagrante delito por crime inafiançável, por constituírem medidas individuais e específicas menos gravosas; seja autonomamente, em circunstancias de excepcional gravidade.
>
> Os autos da prisão em flagrante delito por crime inafiançável ou a decisão judicial de imposição de medidas cautelares que impossibilitem, direta ou indiretamente, o pleno e regular exercício do mandato parlamentar e de suas funções legislativas, serão remetidos dentro de vinte e quatro horas a Casa respectiva, nos termos do §2º do artigo 53 da Constituição Federal, para que, pelo voto nominal e aberto da maioria de seus membros, resolva sobre a prisão ou a medida cautelar.

Diferentemente da prisão preventiva, à qual nos posicionamos contra pela literalidade do texto constitucional, entendemos por possível a aplicação das medidas alternativas à prisão, como a suspensão do exercício da função pública decorrente do exercício do mandato eletivo, à qual deverá ser submetida à respectiva casa para validação.

22.9 INTERNAÇÃO PROVISÓRIA

A medida, prevista no inciso VII do art. 319 do CPP, trata da situação de investigado ou acusado nas hipóteses de crimes praticados com violência ou grave ameaça, quando os peritos concluírem ser inimputável ou semi-imputável (art. 26 do Código Penal) e houver risco de reiteração.

Conforme destacamos no estudo do incidente de insanidade mental, o §1º, do art. 152, do CPP, assinala que o juiz poderá, no caso de incapacidade ou irresponsabilidade, ordenar a internação do acusado em manicômio judiciário ou em outro estabelecimento adequado. O dispositivo não contempla a natureza de medida de segurança provisória, inexistente em nosso ordenamento jurídico, pois a medida de segurança só pode ser aplicada após o trânsito em julgado da sentença que a impuser (art. 171 da LEP).

De igual modo, não se confunde com a medida cautelar diversa da prisão prevista no art. 319, VII do CPP, pois essa se restringe à hipótese de incapacidade "ao tempo da

4. ADI 5825.

ação ou omissão", haja vista a expressa referência ao art. 26 do Código Penal. Em síntese, a literalidade da redação legal não contempla a incapacidade superveniente.

A solução que se apresenta possível, para nós, é reformular, por hermenêutica, a referência ao art. 26 do CP prevista no art. 319, VII, CPP, para concebê-la tão somente como inimputabilidade ou semi-imputabilidade, para permitir sua aplicação às hipóteses de incapacidade superveniente, sob pena de concebermos a internação como hipótese não contemplada pela norma.

De toda forma, a medida cautelar só pode ser decretada em crime praticado com violência ou grave ameaça, quando presentes o *fumus comissi delicti* e o *periculum libertatis,* para evitar o risco de reiteração. Funda-se a medida, portanto, na garantia da ordem pública.

De acordo com a norma, a medida só poderá ser aplicada após a conclusão da prova pericial acerca da incapacidade, no curso de exame de insanidade mental, determinado exclusivamente pela autoridade judiciária (art. 149, CPP). Ocorre que, apesar da condicionante, não nos parece razoável a manutenção do agente em prisão comum quanto evidente a enfermidade, assim como não nos parece admissível a concessão da liberdade quanto patente o risco de reiteração delitiva em crime praticado com violência ou grave ameaça. Por essas razões, entendemos por possível a imposição da medida a título cautelar, mesmo sem a conclusão, por perito oficial ou duas pessoas idôneas (art. 159, CPP), acerca da inimputabilidade ou semi-imputabilidade, nos casos de risco de reiteração delitiva em crime praticado com violência ou grave ameaça, com fundamento no art. 150 do CPP, primeira parte.

Segundo o STJ, não havendo vagas no estabelecimento público apto a receber o agente a ser internado, por ser ilegal sua prisão, deverá ser transferido para hospital de custódia e tratamento psiquiátrico ou outro estabelecimento adequado, sendo que, na falta de vagas, deve ser submetido a regime de tratamento ambulatorial até que surja referida vaga.

> 1. É ilegal a prisão de inimputável sujeito a medidas de segurança de internação, mesmo quando a razão da manutenção da custódia seja a ausência de vagas em estabelecimentos hospitalares adequados à realização do tratamento.
>
> 2. Recurso ordinário provido em parte, confirmada a medida liminar deferida, para determinar a imediata. RHC 38499/SP, 6ª Turma, DJe 23.03.14.

22.10 FIANÇA

A fiança, até o advento da Lei 12.403/11, funcionava exclusivamente como medida de contracautela, vinculada à hipótese de decretação de prisão. Com a alteração promovida no art. 319 do CPP, a fiança passou a ser concebida também como medida cautelar autônoma, isto é desvinculada da prisão e consequente concessão da liberdade provisória.

O regime da fiança, segundo o §4º do art. 319, segue a normatização anterior da fiança contracautela, prevista no Capítulo VI, do Título IX, do CPP (arts. 321 a 350), a qual veremos em tópico autônomo. Para o momento, vale destacar que a fiança, como medida alternativa, a despeito da possibilidade de cumulação, não pode ser cumulada com as medidas de prisão domiciliar, forma de cumprimento de prisão preventiva, e internação provisória do agente, porquanto tais medidas cerceiam o direito de liberdade em forma ampla.

22.11 MONITORAÇÃO ELETRÔNICA

O monitoramento eletrônico foi incluído no ordenamento jurídico no âmbito da execução penal, por meio da Lei 12.258/10, estando restrito às hipóteses de autorização de saída temporária no regime semiaberto e prisão domiciliar, art. 146-B, II e IV, respectivamente. Inaugurou-se o chamado monitoramento-sanção, também conhecido pelo sistema *back-door*, pois visa retirar do cárcere aqueles que, supostamente, encontram-se aptos a cumprir a pena longe da prisão.

A lei 12.403/11 instituiu o sistema de monitoração eletrônica no regime de cautelares de natureza pessoal, incluindo o inc. IX no art. 319 do CPP, deflagrando o chamado sistema *front door*, isto é, que tem por escopo evitar o ingresso na prisão. Em linhas gerais, o monitoramento eletrônico, normalmente realizado por meio de tornozeleiras eletrônicas, é utilizado para acompanhamento dos passos do agente, não no sentido de buscar o conhecimento sobre efetivamente o que faz no seu cotidiano, mas para se verificar se o agente respeita as chamadas zonas de inclusão e exclusão, isto é, se permanece dentro da área delimitada ou se não ingressa em zona proibida, respectivamente.

Há outras formas de monitoramento eletrônico, como aquelas derivadas de sistemas ativos, com a instalação de equipamento central em local determinado e no agente, sendo que o raio de locomoção é delimitado pela posição da central, e sistemas passivos, que exigem um comportamento positivo do agente quando acionado, para demonstrar a presença no local onde deveria estar.

Conforme destacamos, o uso mais frequente no Brasil é o da tornozeleira eletrônica, que permite o conhecimento dos passos do monitorado. Não enxergamos no uso da tornozeleira a finalidade de impedimento de fuga, vez que o artefato eletrônico, por si só, não impede que o agente se evada, porquanto de fácil rompimento. Assim, compreendemos o emprego do meio eletrônico apenas como uma forma de monitoramento, permitindo ao Estado apenas a obtenção de informações atualizadas sobre o agente.

O uso do monitoramento eletrônico casa perfeitamente com outras medidas cautelares, sendo inclusive, recomendável a cumulação. Nos casos de proibição de acesso e frequência a determinados lugares, proibição de contato físico com determinada pessoa, proibição de ausentar-se da comarca e recolhimento domiciliar no período noturno, por exemplo, o emprego do monitoramento eletrônico é capaz de assegurar a fiel fiscalização da medida, sem que se exija grandes recursos financeiros ou de pessoal por parte do Estado. Frise-se, contudo, que o mero emprego do monitoramento, sem efetiva fiscalização, em praticamente nada contribui para os fins da medida, especialmente quando cumulada com outra.

22.12 O ROL DO ART. 319 DO CPP É TAXATIVO?

Conforme vimos no capítulo "Medidas Cautelares Pessoais – Parte Geral", o poder de cautela da processualística civil não encontra ressonância perfeita no processo penal. Não obstante a divergência doutrinária existente quanto à possibilidade do magistrado se valer de medidas cautelares atípicas, ainda que benéficas ao agente, não nos parece adequada a compreensão por demais aberta do rol do art. 319 do CPP ou legislação penal especial.

Podemos assinalar, de antemão, que o rol do art. 319 do CPP não é taxativo, porquanto outras medidas cautelares de natureza pessoal foram previstas pelo CPP e pela legislação especial.

A própria **condução coercitiva**, estudada no capítulo de provas, ao qual remetemos o leitor para aprofundamento, é uma espécie de medida cautelar de natureza pessoal de cunho extraordinário, caracterizada pela brevidade temporal e finalidade específica. É inegável que a medida, imposta ao ofendido, testemunhas, peritos ou acusados, revela-se dotada do atributo da cautelaridade impositiva de restrição à liberdade individual.

De igual modo, o comparecimento do acusado a todos os atos processuais, previsto pelo §1º do art. 310 do CPP, aplicável aos agentes beneficiados por liberdade provisória nos casos de possibilidade de reconhecimento de causa excludente de ilicitude, parece-nos perfeitamente aplicável às demais hipóteses nas quais a presença do acusado será importante para o processo, como o reconhecimento de pessoas. Não haveria sentido se exigir tal comportamento daquele que, em tese será absolvido, e não se admitir a possibilidade de imposição da medida àquele que não se encontra em potencial circunstância apta a excluir o crime. Assim, afigura-se possível, nos termos do art. 319, I, do CPP, a extensão do teor do §1º do art. 310 do CPP, como forma de medida cautelar alternativa à prisão.

O afastamento do cargo, por exemplo, está previsto no art. 56, §1º da Lei de Drogas (Lei 11.343/06), no art. 20, §1º da Lei de Improbidade Administrativa (Lei 8.429/92), art. 2º, II, do Decreto-Lei 201/67 (Crimes de Responsabilidade de Prefeitos) e art. 29 da Lei Complementar 35/79 (Lei Orgânica Nacional da Magistratura), entre outros. Independentemente de tais normas, o afastamento atualmente está previsto em forma de regra geral no art. 319, VI, por meio da suspensão do exercício da função pública.

O art. 294 do CTB prevê a possibilidade de, em qualquer fase da investigação ou da ação penal, havendo necessidade para a garantia da ordem pública, o magistrado, como medida cautelar, a requerimento do Ministério Público ou ainda mediante representação da autoridade policial, decretar, em decisão motivada, a suspensão da permissão ou da habilitação para dirigir veículo automotor, ou a proibição de sua obtenção. A norma, em seu conteúdo original, em franca contrariedade ao sistema acusatório, prevê a possibilidade de decretação de ofício pelo magistrado.

Ainda no CTB, o §2º do art. 278-A, incluído pela Lei 13.804/19, prevê que no caso do condutor preso em flagrante na prática dos crimes de receptação, descaminho e contrabando, poderá o juiz, em qualquer fase da investigação ou da ação penal, se houver necessidade para a garantia da ordem pública, como medida cautelar, a requerimento do Ministério Público ou ainda mediante representação da autoridade policial, decretar, em decisão motivada, a suspensão da permissão ou da habilitação para dirigir veículo automotor, ou a proibição de sua obtenção. A redação legal, assim como no art. 294, ainda prevê a possibilidade de decretação de ofício pelo juiz, em violação ao sistema acusatório.

Não podemos nos olvidar ainda das medidas protetivas previstas na Lei 11.340/06 (Lei Maria da Penha) e 11.344/22 (Lei Henry Borel).

Lei Henry Borel	Lei Maria da Penha
Art. 20. Constatada a prática de violência doméstica e familiar **contra a criança e o adolescente nos termos desta Lei**, o juiz poderá determinar ao agressor, de imediato, em conjunto ou separadamente, a aplicação das seguintes medidas protetivas de urgência, entre outras:	Art. 22. Constatada a prática de violência doméstica e familiar **contra a mulher, nos termos desta Lei**, o juiz poderá aplicar, de imediato, ao agressor, em conjunto ou separadamente, as seguintes medidas protetivas de urgência, entre outras:
I - a suspensão da posse ou a restrição do porte de armas, com comunicação ao órgão competente, nos termos da Lei nº 10.826, de 22 de dezembro de 2003;	I - suspensão da posse ou restrição do porte de armas, com comunicação ao órgão competente, nos termos da Lei nº 10.826, de 22 de dezembro de 2003;
II - o afastamento do lar, do domicílio ou do local de convivência com a vítima;	II - afastamento do lar, domicílio ou local de convivência com a ofendida;
III - a proibição de aproximação da vítima, de seus familiares, das testemunhas e de noticiantes ou denunciantes, com a fixação do limite mínimo de distância entre estes e o agressor;	III - proibição de determinadas condutas, entre as quais: a) aproximação da ofendida, de seus familiares e das testemunhas, fixando o limite mínimo de distância entre estes e o agressor;
IV - a vedação de contato com a vítima, com seus familiares, com testemunhas e **com noticiantes ou denunciantes**, por qualquer meio de comunicação;	III - proibição de determinadas condutas, entre as quais: b) contato com a ofendida, seus familiares e testemunhas por qualquer meio de comunicação;
V - a proibição de frequentação de determinados lugares a fim de preservar a integridade física e psicológica da criança ou do adolescente, respeitadas as disposições da Lei nº 8.069, de 13 de julho de 1990 (Estatuto da Criança e do Adolescente);	III - proibição de determinadas condutas, entre as quais: c) frequentação de determinados lugares a fim de preservar a integridade física e psicológica da ofendida;
VI - a restrição ou a suspensão de visitas à criança ou ao adolescente;	IV - restrição ou suspensão de visitas aos dependentes menores, **ouvida a equipe de atendimento multidisciplinar ou serviço similar**;
VII - a prestação de alimentos provisionais ou provisórios;	V - prestação de alimentos provisionais ou provisórios.
VIII - o comparecimento a programas de recuperação e reeducação;	VI – comparecimento do agressor a programas de recuperação e reeducação; e
IX - o acompanhamento psicossocial, por meio de atendimento individual e/ou em grupo de apoio.	VII – acompanhamento psicossocial do agressor, por meio de atendimento individual e/ou em grupo de apoio

No âmbito da Lei Maria da Penha, segundo o art. 18: Recebido o expediente com o pedido da ofendida, caberá ao juiz, no prazo de 48 (quarenta e oito) horas: I - conhecer do expediente e do pedido e decidir sobre as medidas protetivas de urgência; II - determinar o encaminhamento da ofendida ao órgão de assistência judiciária, quando for o caso, inclusive para o ajuizamento da ação de separação judicial, de divórcio, de anulação de casamento ou de dissolução de união estável perante o juízo competente; III - comunicar ao Ministério Público para que adote as providências cabíveis. IV - determinar a apreensão imediata de arma de fogo sob a posse do agressor.

Nos termos do art. 19, as medidas protetivas de urgência poderão ser concedidas pelo juiz, a requerimento do Ministério Público ou a pedido da ofendida. O §2º do dispositivo ainda assinala que as medidas protetivas de urgência serão aplicadas isolada ou cumulativamente, e poderão ser substituídas a qualquer tempo por outras de maior eficácia, sempre que os direitos reconhecidos na Lei Maria da Penha forem ameaçados ou violados.

O §1º prevê que as medidas protetivas de urgência poderão ser concedidas de imediato, independentemente de audiência das partes e de manifestação do Ministério Público, devendo este ser prontamente comunicado. Não nos parece adequada a sistemática permissiva ao magistrado de poder decidir sobre a aplicação de medidas de natureza pessoal de cunho criminal sem a oitiva prévia do Ministério Público, pois, enquanto titular da ação penal, não pode ser alijado do conhecimento dos fatos que envolvem assunto de natureza penal. É compreensível que a urgência deva prevalecer em alguns casos, mas nada impede que se estabeleça um prazo curto para manifestação ministerial, a exemplo de situação de urgência similar prevista no §4º do art. 13-B do CPP, para se admitir, posteriormente, eventual decisão sem manifestação prévia do *parquet*.

O §3º, por sua vez, dispõe que o juiz poderá, a requerimento do Ministério Público ou a pedido da ofendida, conceder novas medidas protetivas de urgência ou rever aquelas já concedidas, se entender necessário à proteção da ofendida, de seus familiares e de seu patrimônio, ouvido o Ministério Público.

O §4º, incluído pela Lei 14.550/23, assinala que "as medidas protetivas de urgência serão concedidas em juízo de cognição sumária a partir do depoimento da ofendida perante a autoridade policial ou da apresentação de suas alegações escritas e poderão ser indeferidas no caso de avaliação pela autoridade de inexistência de risco à integridade física, psicológica, sexual, patrimonial ou moral da ofendida ou de seus dependentes".

O §5º, igualmente incluído pela referida Lei, dispõe que "as medidas protetivas de urgência serão concedidas independentemente da tipificação penal da violência, do ajuizamento de ação penal ou cível, da existência de inquérito policial ou do registro de boletim de ocorrência".

Por fim, o §6º, fechando o ciclo das alterações no art. 19, previu que as medidas protetivas de urgência vigorarão enquanto persistir risco à integridade física, psicológica, sexual, patrimonial ou moral da ofendida ou de seus dependentes.

Conforme destacamos anteriormente, o STJ[5], antes das alterações legislativas, entendia que as medidas protetivas previstas no art. 22, I, II, III, da Lei 11.340/06, possuíam caráter penal, ao passo que as previstas nos incisos IV e V possuíam natureza civil. Posteriormente à decisão, de 2020, foram incluídos os incisos VI e VII, aos quais conferimos natureza penal. Com as alterações legislativas promovidas pela Lei 14.550/23, entendemos que as

5. Com efeito, esta Corte Superior firmou entendimento no sentido de que: '**As medidas protetivas previstas no art. 22, I, II, III, da Lei 11.340/06, possuem nítido caráter penal, pois visam garantir a incolumidade física e mental da vítima, além de restringirem o direito de ir e vir do agressor. Por outro lado, as elencadas nos incisos IV e V possuem natureza eminentemente civil**' (AgRg no REsp 1.441.022/MS). Assim, diante de sua natureza jurídica penal, para que as medidas protetivas sejam concedidas, deve haver ao menos indícios de autoria e materialidade de delito praticado com violência doméstica e familiar contra a mulher (*fumus boni juris*) e o perigo da demora (*periculum in mora*), consubstanciado na urgência da medida, a fim de proteger a mulher de eventual reiteração criminosa." AgRg no AREsp 1650947/MG, DJe 15.06.20.

medidas protetivas passaram a ter caráter eminentemente cível, não obstante possam, circunstancialmente, assumir caráter híbrido.

Conforme destacamos anteriormente, o STJ[6], antes das alterações legislativas, entendia que as medidas protetivas previstas no art. 22, I, II, III, da Lei 11.340/06, possuiam caráter penal, ao passo que as previstas nos incisos IV e V possuiam natureza civil. Posteriormente à decisão, de 2020, foram incluídos os incisos VI e VII, aos quais conferimos natureza penal. Com as alterações legislativas promovidas pela Lei 14.550/23, entendemos que as medidas protetivas passaram a ter caráter eminentemente cível, não obstante possam, circunstancialmente, assumir caráter híbrido.

Destaque, novamente, que o STJ, ao julgar o TEMA 1249 (REsp 2070717/MG, REsp 2070857/MG, REsp 2070863/MG – relator para o acórdão Ministro Rogerio Schietti Cruz, Julgado 13/11/2024), fixou as seguintes teses:

> 1) As medidas protetivas de urgência têm natureza jurídica de tutela inibitória e sua natureza jurídica não se subordina existência atual ou vindoura de boletim de ocorrência, inquérito policial, processo cível ou criminal.
>
> 2) A duração das medidas protetivas de urgência vincula-se persistência da duração de risco da mulher, razão pela qual deve ser fixada por prazo temporalmente indeterminado.
>
> 3) Eventual reconhecimento de causa de extinção de punibilidade, arquivamento do inquérito ou absolvição do acusado não origina necessariamente a extinção da medida protetiva de urgência. Máxime pela possibilidade de persistência da situação de risco ensejadora da concessão da medida.
>
> 4) Não se submete a prazo obrigatório de revisão periódica, mas devem ser avaliadas pelo magistrado de ofício ou a pedido do interessado quando constatado concretamente o esvaziamento da situação de risco. A situação deve ser sempre precedida de contraditório, com as oitivas da vítima e do suposto agressor.

Em linhas gerais, a decisão fixou a **natureza jurídica das medidas protetivas como de tutela inibitória**, desvinculando, assim como o §5º do art. 19 da Lei da Maria da Penha, da existência atual ou futura de boletim de ocorrência, inquérito policial, processo cível ou criminal. Como decorrência lógica, assentou a decisão a compreensão de que **o reconhecimento de causa de extinção de punibilidade, arquivamento do inquérito ou absolvição do acusado não gera, necessariamente, a extinção da medida protetiva de urgência**, vez que tais circunstâncias, por si sós, não afastam a possibilidade de persistência da **situação de risco** ensejadora da concessão da medida.

Ainda, preservou a lógica do §5º do art. 19, ao assentar que **a duração das medidas protetivas de urgência vincula-se à persistência da duração de risco à mulher**, devendo ser fixada por **prazo indeterminado**. E, por tal razão, não se submete a prazo obrigatório de revisão periódica, mas devem ser avaliadas pelo magistrado de ofício ou a pedido do interessado quando constatado concretamente o esvaziamento da situação

6. Com efeito, esta Corte Superior firmou entendimento no sentido de que: '**As medidas protetivas previstas no art. 22, I, II, III, da Lei 11.340/06, possuem nítido caráter penal, pois visam garantir a incolumidade física e mental da vítima, além de restringirem o direito de ir e vir do agressor. Por outro lado, as elencadas nos incisos IV e V possuem natureza eminentemente civil**' (AgRg no REsp 1.441.022/MS). Assim, diante de sua natureza jurídica penal, para que as medidas protetivas sejam concedidas, deve haver ao menos indícios de autoria e materialidade de delito praticado com violência doméstica e familiar contra a mulher (*fumus boni juris*) e o perigo da demora (*periculum in mora*), consubstanciado na urgência da medida, a fim de proteger a mulher de eventual reiteração criminosa." AgRg no AREsp 1650947/MG, DJe 15.06.20.

de risco, devendo o procedimento ser submetido ao contraditório, com as oitivas da vítima e do suposto agressor.

Em destaque às medidas previstas no art. 319 do CPP, porquanto as previstas no art. 22 que podem assumir caráter híbrido (I, II, III, VI e VII) acabam por encontrar fundamento no art. 319 do CPP, o inciso I prevê a possibilidade de suspensão da posse ou restrição do porte de armas, com comunicação ao órgão competente, nos termos do Estatuto do Desarmamento. A medida pressupõe, para nós, a correlação lógica entre a natureza da violência doméstica praticada e a necessidade de suspensão da posse ou restrição ao porte de arma. Isso porque, tratando-se de crime de injúria, por exemplo, sem histórico prévio de violência, não haveria justificativa para aplicação da medida. De igual modo, tratando-se de agente que possui o porte em razão de necessidade institucional, a exemplo de policiais civis e militares, a restrição ao porte deve ser estritamente necessária e aplicada em situações de extrema imperatividade.

Ademais, há que se observar o teor do §2º do art. 22: Na hipótese de aplicação do inciso I, encontrando-se o agressor nas condições mencionadas no *caput* e incisos do art. 6º da Lei nº 10.826, de 22 de dezembro de 2003, o juiz comunicará ao respectivo órgão, corporação ou instituição as medidas protetivas de urgência concedidas e determinará a restrição do porte de armas, ficando o superior imediato do agressor responsável pelo cumprimento da determinação judicial, sob pena de incorrer nos crimes de prevaricação ou desobediência, conforme o caso.

No tocante à Lei 14.344/22, Lei Henry Borel, a previsão relacionada à criança e ao adolescente em muito se aproxima às medidas previstas na Lei Maria da Penha. Em destaque, é importante registrar que o art. 16 da Lei expressamente consigna a legitimidade do Conselho Tutelar ou de pessoa que atue em favor da criança ou adolescente para formular o requerimento de medidas protetivas.

À par das medidas expressamente previstas, entendemos por possível a aplicação de medidas atípicas ao rol do art. 319 do CPP, quando previstas na legislação penal e menos gravosas que a prisão, **quando em substituição à medida anterior descumprida**, apenas fixada para evitar a prisão pelo descumprimento.

O STF, apreciando o assunto, decidiu pela impossibilidade de cautelares atípicas no processo penal por violação da legalidade estrita quando aplicadas em detrimento do agente:

> PROCESSO PENAL - PODER GERAL DE CAUTELA - **INCOMPATIBILIDADE COM OS PRINCÍPIOS DA LEGALIDADE ESTRITA E DA TIPICIDADE PROCESSUAL** - CONSEQUENTE INADMISSIBILIDADE DA ADOÇÃO, PELO MAGISTRADO, DE MEDIDAS CAUTELARES ATÍPICAS, INESPECÍFICAS OU INOMINADAS EM DETRIMENTO DO "STATUS LIBERTATIS" E DA ESFERA JURÍDICA DO INVESTIGADO, DO ACUSADO OU DO RÉU - O PROCESSO PENAL COMO INSTRUMENTO DE SALVAGUARDA DA LIBERDADE JURÍDICA DAS PESSOAS SOB PERSECUÇÃO CRIMINAL. - **Inexiste, em nosso sistema jurídico, em matéria processual penal, o poder geral de cautela dos Juízes, notadamente em tema de privação e/ou de restrição da liberdade das pessoas, vedada**, em consequência, em face dos postulados constitucionais da tipicidade processual e da legalidade estrita, a adoção, **em detrimento do investigado, do acusado ou do réu, de provimentos cautelares inominados ou atípicos.** O processo penal como instrumento de salvaguarda da liberdade jurídica das pessoas sob persecução criminal. Doutrina. Precedentes: HC 173.791/MG, Rel. Min. CELSO DE MELLO - HC 173.800/MG, Rel. Min. CELSO DE MELLO - HC 186.209- -MC/SP, Rel. Min. CELSO DE MELLO, v.g. HC 186.490/ SC. J. 10.10.20.

Não obstante, conforme estudamos no capítulo anterior, tópico do "devido processo legal", ao qual remetemos o leitor, parece-nos possível a aplicação de medidas atípicas quando menos gravosas que a prisão e **em substituição à medida anterior descumprida**, apenas fixada para evitar a prisão pelo descumprimento.

O STF, enfrentando novamente a temática, no julgamento da AP 1.044/DF decidiu pela aplicação de multa diária, atípica por natureza, em reforço ao descumprimento de medidas cautelares pessoais.

Não obstante, vale destacar que o STJ admite a aplicação de medidas cautelares atípicas, quando previstas na legislação processual penal, ainda que excluídas do rol do art. 319:

> (...) por força do poder geral de cautela, de forma excepcional e motivada, não há óbice ao magistrado impor ao investigado ou acusado medida cautelar atípica, a fim de evitar a prisão preventiva, isto é, mesmo que não conste literalmente do rol positivado no art. 319 do CPP, o alcance das hipóteses típicas pode ser ampliado para, observados os ditames do art. 282 do CPP, aplicar medida constritiva adequada e necessária à espécie ou, ainda, pode ser aplicada medida prevista em outra norma do ordenamento" (HC n. 469.453/SP, Rel. Min. Laurita Vaz, 6ª Turma, DJe 01.10.19).

22.13 SÍNTESE GRÁFICA

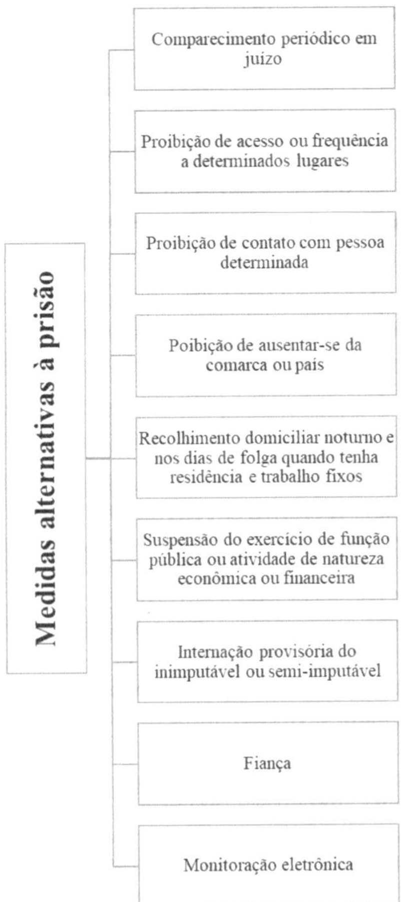

22.14 REVISÃO DO CAPÍTULO POR QUESTÕES DE CONCURSOS E ASSERTIVAS DE REFORÇO

QUESTÕES DE CONCURSO

Em razão da íntima conexão entre os temas tratados nos capítulos 20 a 23, circunstância que praticamente impede o fracionamento das questões para tratamento nos capítulos de forma individualizada, optamos por colacionarmos as questões referentes aos temas medidas cautelares pessoais e liberdade ao final do capítulo 23, permitindo ao leitor a realização do treino de forma sistêmica.

ASSERTIVAS DE REFORÇO

O comparecimento periódico em juízo pode ser realizado por terceiro, desde que por procuração.

1. ( ) O comparecimento mensal em juízo deve, obrigatoriamente, ser realizado no juízo que fixou a medida.

2. ( ) A medida de proibição de acesso ou frequências a bares e casas noturnas, locais onde normalmente as pessoas fazem uso de bebidas alcoólicas, pode ser pertinente e adequada para o agente que praticou lesões corporais culposas na direção de veículo automotor após fazer ingestão de álcool.

3. ( ) A proibição de acesso a estádios de futebol, como medida alternativa à prisão, é ilegal, pois fere o direito de liberdade.

4. ( ) A proibição de contato pode ser pessoal ou abranger outras formas de comunicação, a exemplo de aplicativos de troca de mensagens ou ligações, meios, aliás, comuns para a prática do crime de descumprimento de decisão judicial, especialmente na seara da Lei Maria da Penha.

5. ( ) No âmbito da proibição de ausentar-se da comarca ou país, como desdobramento da medida, Código de Processo Penal prevê que a proibição de ausentar-se do país será comunicada pelo juiz às autoridades encarregadas de fiscalizar as saídas do território nacional, intimando-se o indiciado ou acusado para entregar o passaporte, no prazo de 48 horas.

6. ( ) A prisão domiciliar recebe a mesma configuração jurídica do recolhimento domiciliar no período noturno.

7. ( ) Na Suspensão do exercício de função pública ou de atividade de natureza econômica ou financeira, a medida não pressupõe a correlação entre o exercício da função pública ou de atividade de natureza econômica ou financeira e o risco do cometimento de novas infrações penais. Logo, justifica-se a suspensão do exercício da função pública do funcionário público quando envolvido, por exemplo, em crime de lesões corporais praticadas contra a mulher.

8. ( ) O STJ reconhece a possibilidade de suspensão do exercício da medicina de forma presencial a um médico acusado de importunação sexual durante uma consulta.

9. ( ) O Poder Judiciário dispõe de competência para impor aos parlamentares, por autoridade própria, as medidas cautelares a que se refere o art. 319 do Código de Processo Penal, seja em substituição de prisão em flagrante delito por crime inafiançável, por constituírem medidas individuais e específicas menos gravosas; seja autonomamente, em circunstancias de excepcional gravidade.

10. ( ) Segundo o STJ, não havendo vagas no estabelecimento público apto a receber o agente a ser internado provisoriamente, por ser ilegal sua prisão, deverá ser transferido para hospital de custódia e tratamento psiquiátrico ou outro estabelecimento adequado, sendo que, na falta de vagas, deve ser submetido a regime de tratamento ambulatorial até que surja referida vaga.

11. ( ) A fiança, até o advento da Lei 12.403/11, funcionava exclusivamente como medida cautelar autônoma, vinculada à hipótese de decretação de prisão. Com a alteração promovida no art. 319 do CPP, a fiança passou a ser concebida também como medida de contracautela, isto é desvinculada da prisão e consequente concessão da liberdade provisória.

12. ( ) A fiança, como medida alternativa, a despeito da possibilidade e cumulação, não pode ser cumulada com as medidas de prisão domiciliar, forma de cumprimento de prisão preventiva, e internação provisória do agente, porquanto tais medidas cerceiam o direito de liberdade em forma ampla.

13. ( ) O monitoramento eletrônico foi incluído no ordenamento jurídico no âmbito da execução penal, por meio da Lei 12.258/10, estando restrito às hipóteses de autorização de saída temporária no regime semiaberto e prisão domiciliar, art. 146-B, II e IV, respectivamente. Inaugurou-se o chamado monitoramento-sanção, também conhecido pelo sistema *back-door*, pois visa retirar do cárcere aqueles que, supostamente, encontram-se aptos a cumprir a pena longe da prisão.

14. ( ) A lei 12.403/11 instituiu o sistema de monitoração eletrônica no regime de cautelares de natureza pessoal, incluindo o inc. IX no art. 319 do Código de Processo Penal, deflagrando o chamado sistema *front door*, isto é, que tem por escopo evitar o ingresso na prisão.

15. ( ) O rol de medidas cautelares alternativas à prisão, previsto no art. 319 do Código de Processo Penal é taxativo.

16. ( ) O Código de Trânsito Brasileiro prevê a possibilidade de, em qualquer fase da investigação ou da ação penal, havendo necessidade para a garantia da ordem pública, o magistrado, como medida cautelar, a requerimento do Ministério Público ou ainda mediante representação da autoridade policial, decretar, em decisão motivada, a suspensão da permissão ou da habilitação para dirigir veículo automotor, ou a proibição de sua obtenção.

17. ( ) No caso do condutor preso em flagrante na prática dos crimes de receptação, descaminho e contrabando, poderá o juiz, em qualquer fase da investigação ou da ação penal, se houver necessidade para a garantia da ordem pública, como medida cautelar, a requerimento do Ministério Público ou ainda mediante representação da autoridade policial, decretar, em decisão motivada, a suspensão da permissão ou da habilitação para dirigir veículo automotor, ou a proibição de sua obtenção.

18. ( ) Nos crimes que envolvem a aplicação das Leis Henry Borel e Maria da Penha, poderá ser decretada a suspensão da posse ou a restrição do porte de armas, com comunicação ao órgão competente.

19. ( ) No tocante à Lei 14.344/22, Lei Henry Borel, a Lei expressamente consigna a legitimidade do Conselho Tutelar ou de pessoa que atue em favor da criança ou adolescente para formular o requerimento de medidas protetivas.

22.14.1 Gabarito

ASSERTIVAS DE REFORÇO

1	2	3	4	5	6	7	8	9	10
F	F	V	F	V	F	F	F	V	V
11	**12**	**13**	**14**	**15**	**16**	**17**	**18**	**19**	**20**
V	F	V	V	V	F	V	V	V	V

COMENTÁRIOS ÀS ASSERTIVAS FALSAS E JUSTIFICATIVAS IMPORTANTES

1. F. O comparecimento deve ser pessoal, não podendo ser realizado por terceiro, ainda que por procuração.

2. F. Não há obstáculos para que a fiscalização da medida seja realizada por juízo de outra comarca, caso o agente nesta resida.

3. V.

4. F. A medida é perfeitamente possível, não violando o direito de liberdade quando conectada com o fato.

5. V.

6. F. Prazo de 24 (vinte e quatro) horas.

7. F. Na prisão domiciliar, qualquer ausência do domicílio pressupõe autorização judicial, ao passo que na medida cautelar alternativa há, ao contrário, a liberdade de locomoção com imposição apenas do recolhimento domiciliar noturno e nos dias de folga. Ademais, a prisão domiciliar não comporta o trabalho externo, ao passo que a medida alternativa o pressupõe.

8. F. Exige-se conexão.

9. V.

10. V.

11. V.

12. F. A fiança, até o advento da Lei 12.403/11, funcionava exclusivamente como medida de contracautela, vinculada à hipótese de decretação de prisão. Com a alteração promovida no art. 319 do CPP, a fiança passou a ser concebida também como medida cautelar autônoma, isto é desvinculada da prisão e consequente concessão da liberdade provisória.

13. V.

14. V.

15. V.

16. F. Não é taxativo. Outras medidas cautelares de natureza pessoal foram previstas pelo CPP e pela legislação especial.

17. V.

18. V.

19. V.

20. V.

23

Fundamentos da liberdade

23.1 COMO O ASSUNTO É ABORDADO EM PROVAS E CONCURSOS

O tema "fundamentos da liberdade", em razão da alta carga normativa relacionada à fiança e constante produção de decisões por parte dos Tribunais Superiores, é explorado de forma mediana nos concursos de Magistratura, Ministério Público, Defensoria Pública e Delegado de Polícia.

Via de regra, as questões possuem cunho legal e jurisprudencial, sendo pouca a doutrina associada.

Na seara das provas subjetivas, quando cobrado, o tema permeia a teoria geral, indagando, principalmente, a teoria geral das medidas cautelares e jurisprudência correlata.

Assim, temos que o assunto abordado no presente capítulo merece uma ênfase legal e jurisprudencial, de acompanhamento constante.

23.2 INTRODUÇÃO

A Constituição Federal assinala, em seu art. 5º, LXVI, que ninguém será levado à prisão ou nela mantido, quando a lei admitir a liberdade provisória, com ou sem fiança. A regra, portanto, é a liberdade, consubstanciada como direito fundamental no *caput* do art. 5º da CF.

Entretanto, com a prática de uma infração penal e consequente instauração da investigação criminal ou do processo criminal, podem surgir situações que conduzem o agente à prisão ou risco de ser preso, sinalizando o perigo, senão a concreta violação à liberdade do indivíduo, ainda que de forma legítima.

Estudamos a prisão e as medidas cautelares pessoais diversas da prisão nos capítulos anteriores para, neste momento, enfrentarmos os fundamentos da liberdade, que pode ser privada de forma legítima ou ilegítima, ou que pode, igualmente, ser ameaçada de forma legal ou ilegal.

No presente capítulo, analisaremos a liberdade sob os diversos prismas legais, que envolvem a liberdade irrestrita, a concedida por relaxamento da prisão ou revogação da prisão preventiva, a deferida por liberdade provisória com ou sem fiança, a que não pode ser privada por imperativo legal, as hipóteses nas quais o réu deve livrar-se solto e as demais situações especiais de restrição parcial do direito de liberdade.

Assim, apenas como o escopo de sistematizar o estudo, propomos a indagação raiz: **por que o indivíduo está solto?** Naturalmente, as respostas seguirão a trilha construtiva em sequência minimamente lógica para, ao final do capítulo, podermos sistematizar os fundamentos pelos quais o agente está em liberdade e seus respectivos fundamentos.

23.3 LIBERDADE PLENA

O agente que não está envolvido em qualquer prática criminosa ou não é devedor de obrigação alimentar deverá, necessariamente, estar no pleno exercício de seu direito de liberdade, previsto no art. 5º, *caput*, da Constituição Federal. Logo, está livre ou não tem sua liberdade ameaçada por inexistência de qualquer fundamento legal apto a macular seu direito.

Pode ocorrer que o agente, mesmo possuindo alguma ligação com a prática de um delito, não tenha sido preso em flagrante delito, ou recebido contra si qualquer decreto de prisão cautelar ou aplicação de medida diversa da prisão. Nesse caso, preserva sua liberdade plena, mesmo estando associado à prática de uma infração penal.

De igual modo, há casos em que, mesmo havendo a ligação com a infração penal, impõe-se a observância de norma impeditiva da prisão. O art. 304, § 1º, do CPP dispõe que não se recolher o agente à prisão quando esse se livra solto. O livrar-se solto, antes previsto nos revogados incisos I e II do art. 321, contemplava as hipóteses de ausência de cominação de pena privativa de liberdade ou quando prevista essa, de alguma forma, não excedesse três meses. Atualmente, a despeito da conclusão pela revogação tácita da previsão do art. 304, §1º do CPP, parece-nos perfeitamente possível ajustarmos a previsão legal aos diversos dispositivos que impedem a restrição da liberdade, desde que não contemplados por outros títulos jurídicos, como a fiança, por exemplo. Assim, não conferimos mais à expressão "livrar-se solto" o *status* anterior pelo que dela nos valeremos tão somente quando nos referimos às situações nas quais não couber qualquer medida cautelar de natureza pessoal.

Nesse contexto, o parágrafo único do art. 69 da Lei 9.099/95 assinala que ao autor do fato que, após a lavratura do termo, for imediatamente encaminhado ao juizado ou assumir o compromisso de a ele comparecer, não se imporá prisão em flagrante, nem se exigirá fiança. Assim, temos uma situação na qual, encaminhado imediatamente ao juizado ou assumindo o compromisso de comparecimento a esse, não poderá ser imposta a prisão. Logo, estamos diante de uma situação de que o agente não pode ser preso e, consequentemente, "livra-se solto" com o simples comparecimento ou assunção de compromisso de comparecer, de forma que não há qualquer espécie de restrição à sua liberdade.

No mesmo sentido, tratando-se a infração penal não punida, de forma isolada, cumulativa ou alternativa, com pena privativa de liberdade, isto é, punida apenas com a pena de multa, por exemplo, não se admite a imposição de prisão ou qualquer outra medida cautelar nos termos do §1º do art. 283 do CPP. O mesmo raciocínio pode ser aplicado ao art. 28 da Lei 11.343/06 (Lei de Drogas), porquanto esse, em hipótese alguma, admite a prisão do agente e, consequentemente estará livre, independentemente de cumprir as medidas educativas impostas (incisos I a III), vez que o descumprimento dessas implica somente em admoestação verbal ou multa (art. 29, §6º).

23.3.1 Relaxamento da prisão

Nos termos do art. 5º, LXV, da Constituição Federal, "a prisão ilegal será imediatamente relaxada pela autoridade judiciária". Em síntese, o dispositivo assinala que toda e qualquer prisão, para se sustentar, deve ser legal, de forma que, ocorrendo alguma ilegalidade, **seja na origem do ato**, com a efetivação da captura na prisão em flagrante ou na decretação da prisão preventiva pela prática de crime prescrito, por exemplo, **seja no seu desenvolvimento, efetivação ou formalização**, como a do ato de prisão pelo APFD ou não observância das formalidades exigidas para o cumprimento do mandado de prisão, por exemplo, haverá uma prisão ilegal e, consequentemente, a necessidade e relaxamento.

O relaxamento da prisão é o ato pelo qual se reconhece a ilegalidade da prisão realizada e se restabelece a liberdade plena do agente. Tecnicamente, é **ato privativo da autoridade judiciária**, nos termos do art. 5º, LXV da Constituição Federal, que incide sobre toda e qualquer espécie de prisão de natureza cautelar. Assim, ao contrário do que a prática por vezes nos apresenta, o **delegado de polícia não detém competência para relaxar a prisão em flagrante, mas tão somente de poder deixar de ratificar a voz de prisão em flagrante delito conferida ao agente**. A prisão em flagrante, enquanto ato formal, só se efetiva com a lavratura do APFD, atividade típica da autoridade policial. Logo, entendendo o delegado que a prisão foi ilegal, deverá, tão somente, deixar de ratificar a prisão e liberar o agente preso ilegalmente. Como o relaxamento da prisão em flagrante delito pressupõe a formalização do ato, não ocorrendo essa, não haverá prisão a relaxar.

O relaxamento da prisão caracteriza-se como uma garantia contra o constrangimento ilegal, podendo ser deferido de ofício ou a requerimento das partes, assumindo a perspectiva de medida de urgência. Não se reveste, portanto, de natureza cautelar, haja vista que não se funda na mera aparência, ou de natureza de tutela antecipada, pois não guarda conexão com mérito discutido no processo.

Concedido o relaxamento da prisão pelo magistrado, ao agente não pode ser imposta qualquer medida condicionante ou restritiva de direitos, haja que vista que o fundamento jurídico da decisão reside na ilegalidade da prisão. Não haveria sentido em se reconhecer como ilegal uma prisão e, simultaneamente, impor ao agente o uso de tornozeleira eletrônica em razão da decisão que lhe concede a liberdade.

Nada impede, contudo, que, relaxada a prisão, mas estando presentes os requisitos legais para decretação da prisão preventiva ou aplicação de medida diversa da prisão, o magistrado, mediante requerimento, venha a decretar a prisão preventiva ou aplicar uma medida alternativa à prisão. A ilegalidade da prisão não conduz à ilegalidade de uma posterior decretação da prisão ou tem o condão de afastar a necessidade e adequação de aplicação de outra medida cautelar.

Exemplificando algumas hipóteses de prisão ilegal, aptas a gerar o relaxamento da prisão:

✓ Prisão por fato atípico
✓ Inexistência da situação de flagrância (art. 302, CPP)
✓ Inobservância da forma legal na lavratura do APFD
✓ Prisão em flagrante daquele que se apresenta espontaneamente à autoridade policial
✓ Falta de comunicação imediata da prisão à autoridade judiciária competente
✓ Não encaminhamento de cópia do APFD à Defensoria Pública, quanto o autuado não informa o nome de seu advogado
✓ Ausência de requerimento da vítima em se tratando de prisão em flagrante por crime de ação penal privada ou de representação do ofendido, nos crimes de ação penal pública condicionada à representação
✓ Não entrega de nota de culpa ao preso no prazo de 24 (vinte e quatro) horas após a prisão
✓ Ausência de laudo de constatação da natureza da substância entorpecente (art. 50, § 1º, Lei 11.343/06)
✓ Ausência de realização de audiência de custódia no prazo legal
✓ Não observância dos requisitos do mandado de prisão (art. 285, parágrafo único, CPP)
✓ Prisão preventiva decretada sem fundamentação ou em inobservância dos pressupostos que autorizam a prisão preventiva (art. 312, *caput*, CPP)
✓ Prisão preventiva decretada em crime que não autoriza sua decretação
✓ Excesso de prazo da prisão preventiva
✓ Prisão temporária decretada em crime não previsto no rol da Lei 7.960/89 ou Lei 8.072/90
✓ Prisão temporária mantida em prazo superior ao legal
✓ Prisão preventiva por crime prescrito
✓ Prisão preventiva decretada por juízo incompetente

Não obstante a obviedade e sem maiores digressões, por fugir ao escopo da obra, iniciaremos a sistematização gráfica, recortando-a para o aspecto penal.

Liberdade plena

Inexistência de vínculo com infração penal

Não foi preso ou não teve nenhuma medida decretada contra si

Lei não prevê prisão ou medidas cautelares pessoais

Relaxamento da prisão

23.4 LIBERDADE RESTRITA

Há situações, todavia, nas quais ao agente, por alguma circunstância processual ou pessoal, relacionada ao processo, é concedida a liberdade provisória ou revogada a prisão cautelar, colocando-o ou mantendo-o em liberdade com restrições que variam de acordo com o caso concreto, como o uso de tornozeleira eletrônica, por exemplo. Há nesses casos, uma hipótese de liberdade restrita, pois, não obstante estar em liberdade, essa não é plena.

23.4.1 Revogação do mandado de prisão

A revogação da prisão preventiva não se confunde com o relaxamento da prisão, vez que, enquanto a segunda incide sobre situações de prisão ilegal, a revogação da prisão preventiva alcança, em tese, as prisões legais.

A revogação do decreto de prisão preventiva ou temporária pode ocorrer mesmo antes da efetivação da prisão, a depender das circunstâncias do caso concreto. Decretada a prisão preventiva, por exemplo, para assegurar a aplicação da lei penal por estar o agente supostamente foragido, nada impede que, observadas as circunstâncias do caso concreto, seja o decreto revogado na hipótese de comparecimento pessoal do agente que comprova ter se ausentado o juízo para realização de trabalho temporário lícito em outra localidade. De igual modo, decretada a prisão preventiva para conveniência da instrução criminal, finda essa e não existindo outro motivo que a justifique, deverá o magistrado revogar a prisão preventiva decretada, ainda que não cumprida.

Logo, temos que a revogação do decreto de prisão pode ocorrer mesmo que não tenha sido efetivamente cumprido, quando seus motivos determinantes não mais subsistirem. *In casu*, quando do decreto da prisão, sua realização teria sido perfeitamente legal. Contudo, superados os motivos que a determinaram ou existente algum vício na decretação, a efetivação da prisão conduziria à uma prisão, ao menos em tese, ilegal, de forma que a zona de incidência da revogação da prisão decretada a situa como uma **medida de urgência** apta a impedir a ocorrência de uma ilegalidade.

Por outro lado, é possível, igualmente, que cumprido o mandado de prisão, venha o magistrado competente a revogá-lo posteriormente, restituindo a liberdade ao agente. Contudo, presentes o *fumus comissi delicti* e o *periculum libertatis*, com a revogação poderão ser impostas, a requerimento, medidas cautelares diversas da prisão ou concedida a liberdade provisória.

Assim temos que:

Revogação do mandado de prisão

Sem imposição de obrigações	Com imposição de medidas cautelares diversas da prisão

23.5 LIBERDADE PROVISÓRIA

O direito à liberdade provisória tem sede constitucional no art. 5º, inciso LXVI, que assinala que **ninguém será levado à prisão ou nela mantido, quando a lei admitir a liberdade provisória, com ou sem fiança**. Diante da norma, a concessão da liberdade provisória não se trata, portanto, de poder discricionário do magistrado, mas de direito subjetivo do indivíduo perante o Estado como decorrência lógica do princípio da presunção de inocência, de que forma que juiz não poderá impor uma prisão cautelar quando o indivíduo possuir o direito à liberdade provisória.

A liberdade provisória é tratada pela doutrina sob dois aspectos: a) como medida de contracautela, nos termos do art. 310, III, CPP, como substitutiva da prisão em flagrante delito; b) como medida cautelar autônoma. Entendemos, contudo, que o trato da natureza jurídica da liberdade provisória merece outra construção após o advento da Lei 12.403/11, que instituiu as medidas diversas da prisão.

O direito de liberdade de locomoção pode ser visto sob três prismas: **liberdade plena, liberdade restrita e ausência de liberdade.** O primeiro ocorre quando não há qualquer título jurídico que impeça seu exercício. O segundo, por sua vez, é verificado quando, a despeito de não estar encarcerado, o agente precisa cumprir determinadas obrigações para permanecer livre conforme um título judicial. Por fim, o terceiro materializa-se com a prisão, igualmente materializada com um título judicial.

Nas três situações, é possível se verificar que somente a liberdade plena não pressupõe, necessariamente, a existência de um título judicial apto a assegurá-la. Nesse sentido, a liberdade provisória, portanto, é uma das consequências possíveis de uma decisão judicial.

Diz-se provisória a liberdade, em suposta contrariedade à definitiva, porquanto condicionada à satisfação das condições e obrigações impostas no título judicial. Melhor seria, para fins sistêmicos, que o instituto fosse tratado como liberdade condicionada e não provisória, pois a provisoriedade indica ausência de definitividade, nomenclatura de certo modo paradoxal com um sistema que se pauta no princípio da presunção de inocência. A liberdade, de fato, não é provisória, mas condicionada e relacionada estritamente ao processo, não guardando qualquer relação com o mérito, motivo pelo qual o adjetivo "provisória" não nos parece bem empregado por remeter, de certo modo, à presunção de culpabilidade.

Superada a questão da nomenclatura e retomando à questão do título jurídico, uma vez preso o agente, seja a título de flagrante, seja por cumprimento de mandado de prisão, o magistrado será obrigado a avaliar a adequação e necessidade da prisão. A prisão em flagrante, como estudamos anteriormente, não mais se sustenta de forma autônoma. O preso em flagrante, na audiência de custódia, terá sua situação decidida de três formas possíveis: a) será liberto por relaxamento da prisão, caso essa seja ilegal; b) terá a prisão convertida em preventiva ou temporária quando presentes os requisitos legais; ou c) receberá a liberdade provisória condicionada à satisfação das obrigações impostas (art. 319, por exemplo) ou receberá a liberdade provisória sem qualquer condição, pois o art. 321 do CPP expressamente consigna a imposição de medidas cautelares quando "for o caso".

Nesse contexto, no cenário da liberdade como regra e a restrição da liberdade como exceção, ainda que parcial, temos que a liberdade provisória, portanto, é tão somente uma consequência de uma decisão judicial, que pode se revestir de **natureza cautelar**, quando impuser condições, ou de **urgência**, quando restitui o exercício de um direito constitucionalmente previsto sem qualquer ônus.

Assim, entendemos que a análise quanto à natureza jurídica deve ser realizada no tocante à decisão judicial e não sob o prisma de sua consequência, pelo que concebemos a liberdade provisória condicionada sob a mesma luz das medidas cautelares diversas da prisão, quando impositiva de obrigações ao agente, e sob a ótica de medida de urgência, quando não impuser qualquer condição para o exercício do direito de liberdade de locomoção.

Referido entendimento, para nós, é corroborado pela consequência do eventual descumprimento das condições impostas pela decisão que impõe medidas cautelares e, simultaneamente, concede a liberdade provisória. Isso porque o descumprimento das condições não implica, necessariamente, a revogação da liberdade provisória, vez que o magistrado deverá analisar a necessidade e adequação da medida, podendo substituir a medida imposta ou reforçá-la com outra, como forma de se evitar o cárcere. Logo, no exemplo, ainda que descumpridas as condições, a liberdade provisória, na realidade condicionada, permanecerá existindo, apenas com outras condições (art. 282, §4º, CPP).

O que se analisa, portanto, é a natureza do título jurídico que impõe as medidas cautelares diversas da prisão, e não suas consequências, sujeitas, sempre, à *cláusula rebus sic stantibus*. Logo, como consequência, a liberdade condiciona-se à satisfação das condições fixadas, assumindo a natureza jurídica de medida cautelar ou de urgência, a depender da existência ou não de condições.

Vale destacar ainda que, no caso de cumprimento de mandado de prisão, o magistrado deverá fazer a mesma análise e, caso concedida a liberdade provisória, essa afastará o título jurídico anterior, de decreto da prisão, para assumir, naturalmente, o status de medida cautelar ou de urgência, assim como estudado acima.

23.5.1 Liberdade provisória sem fiança

Conforme vimos anteriormente, não necessariamente a prática de uma infração penal impõe o risco de restrição à liberdade, como nas hipóteses de crimes cujos preceitos secundários não admitirem a pena privativa de liberdade ou quando a própria lei assinalar o descabimento da prisão, como na previsão do art. 69 da Lei 9.099/95. Nesses casos, tecnicamente não há concessão de liberdade provisória, vez que não existe título jurídico concessivo.

A tradicional divisão doutrinária ainda espelha o modelo anterior de liberdade provisória com ou sem fiança, reforçada, inclusive pelo teor do inciso III do art. 310, que prevê a concessão de liberdade provisória, com ou sem fiança. Para melhor sistematizarmos o assunto, optamos por seguir a linha das previsões normativas que envolvem não somente a fiança, mas as medidas cautelares como um todo, pois, em análise fria, a liberdade provisória sem fiança, apenas uma das possíveis medidas cautelares, segundo a inadequada dicotomia legal – com ou sem fiança – equivale à liberdade plena, quando ampliamos o termo "fiança" para medidas cautelares diversas da prisão.

Ao seguirmos essa trilha, da liberdade provisória com medidas cautelares diversas da prisão e liberdade provisória sem medidas cautelares, outra conclusão não será possível senão a de que a liberdade provisória sem medidas cautelares é, na realidade, uma liberdade plena e definitiva.

23.5.2 Liberdade provisória nas hipóteses de descriminantes

O §1º, do art. 310 do CPP, dispõe que se o juiz verificar, pelo auto de prisão em flagrante, que o agente praticou o fato em qualquer das condições constantes dos incisos I,

II ou III do *caput* do art. 23 do Código Penal, poderá, fundamentadamente, conceder ao acusado liberdade provisória, mediante termo de comparecimento obrigatório a todos os atos processuais, sob pena de revogação.

Conforme vimos no capítulo anterior, a decretação da prisão preventiva somente pode ocorrer em situações nas quais há a satisfação plena de sua necessidade e adequação. Por essa razão, atribuímos à norma do art. 314 do CPP, que prevê que a prisão preventiva em nenhum caso será decretada se o juiz verificar pelas provas constantes dos autos ter o agente praticado o fato amparado por causas excludentes de ilicitude, o **efeito de vetor interpretativo expansivo** para abranger as situações de potencial ausência de plausibilidade quanto ao direito de punir ou reconhecimento de fato criminoso.

O art. 23 do CP prevê as chamadas causas excludentes de ilicitude, circunstâncias que, por atingirem a antijuridicidade da conduta, afastam, por via de consequência, o próprio crime. De fato, havendo, ainda que em juízo de cognição sumária, elementos de prova de que a conduta foi praticada com amparo em legítima defesa, estado de necessidade, exercício regular de um direito ou estrito cumprimento de dever legal, não há fundamento legal para decretação da prisão preventiva, porquanto sequer haverá delito a ser processado. O mesmo raciocínio deve ser aplicado, por analogia, às outras hipóteses de exclusão de ilicitude previstas na parte especial do CP ou legislação penal especial.

No que tange às excludentes de culpabilidade, não previstas expressamente no artigo 310, §1º e 314 do CP, mas aptas a excluir o crime, parece-nos possível que diante de "manifesta" causa excludente de culpabilidade, seja possível, à exceção da inimputabilidade, a aplicação do teor do art. 310, §1º, às causas excludentes de culpabilidade.

O §1º do art. 310 do CPP possui um problema insanável de ordem estrutural. Apesar da previsão legal, atinente à imposição de obrigação de comparecimento obrigatório a todos os atos processuais, o descumprimento da obrigação legal não poderia implicar a revogação da liberdade concedida, porquanto a decretação da prisão preventiva pressupõe o *fumus comissi delicti*, inexistente na hipótese de causa excludente de ilicitude. Logo, a despeito da previsão obrigacional, em tese, seu descumprimento não poderia implicar a revogação ou qualquer outra sanção.

A conclusão decorre da lógica referida pelo §1º do art. 310 do CPP, que impõe a obrigação de comparecimento aos atos processuais. Ocorre que, pelo mesmo dispositivo, a medida deverá ser imposta quando da análise do APFD, em juízo de cognição sumária. Para que venhamos a ter "atos processuais", referido juízo sumário deverá ter sido quebrado pelo Ministério Público quando do oferecimento da denúncia e pelo magistrado, quando do recebimento dessa, de forma que o descumprimento da obrigação só poderá ocorrer no curso de eventual processo, que **só existirá diante do afastamento da causa excludente de ilicitude**.

Logo, não nos parece válido o apontamento realizado por BRASILEIRO[7] (2020), que entende que "a rigor, então, diante da impossibilidade de revogação da liberdade provisória do art. 310, parágrafo único[8], do CPP, já que incabível a decretação da preventiva, **não estamos diante de regime cautelar de liberdade provisória**, porquanto ausente

7. *op.cit.* p. 1165.

8. Com a entrada em vigor da Lei 13.964/19, o parágrafo único foi renumerado/desmembrado em quatro parágrafos.

qualquer força coercitiva a impor o comparecimento do agente aos atos processuais" (grifos nossos).

O que temos, de fato, é uma medida cautelar passível de revogação, porquanto o juízo de cognição sumária do APFD quanto à existência de causa de justificação não mais persiste, de sorte que, havendo o quebramento da obrigação legal, a liberdade condicionada poderá ser revogada.

23.5.3 Liberdade provisória sem fiança por motivo de pobreza

Nos termos do art. 350 do CPP, nos casos em que couber fiança, o juiz, verificando a situação econômica do preso, poderá conceder-lhe liberdade provisória, sujeitando-o às obrigações constantes dos arts. 327 e 328 deste Código e a outras medidas cautelares, se for o caso. Segundo o parágrafo único, se o beneficiado descumprir, sem motivo justo, qualquer das obrigações ou medidas impostas, aplicar-se-á o disposto no § 4º do art. 282 deste Código.

O dispositivo trata da situação de crimes afiançáveis aos quais, sendo a fiança compatível com o caso (necessidade, adequação e proporcionalidade), o magistrado poderá deixar de aplicar a medida cautelar da fiança diante da situação de miserabilidade processual[9], aplicando, contudo, as obrigações da fiança (arts. 327 e 328, CPP) e, se for o caso, outras medidas cautelares.

Com a entrada em vigor da nova redação do art. 319 do CPP, que situou a fiança expressamente como medida cautelar diversa da prisão no inciso VIII, o disposto no art. 350 do CPP perde parte de sua efetividade, porquanto a fiança, como uma dentre várias medidas alternativas, pode ser substituída por outra medida cautelar. Para ser aplicável, teria o agente que receber a fiança, pela autoridade policial ou judiciária, e demonstrar a impossibilidade de arcar com o pagamento dessa. Ademais, a autoridade judicial deveria optar por não substituir a fiança por outra medida cautelar e aplicar o teor do art. 350 do CPP, isto é, impor as obrigações dos arts. 327 e 328 do CPP.

Nesse sentido, as obrigações constantes do art. 327 do CPP – obrigatoriedade de comparecimento perante a autoridade, todas as vezes que for intimado para atos do inquérito e da instrução criminal e para o julgamento –, e art. 328 do CPP – vedação de mudança de residência, sem prévia permissão da autoridade processante, ou ausentar-se por mais de 8 (oito) dias de sua residência, sem comunicar àquela autoridade o lugar onde será encontrado –, podem ser fixadas independentemente da previsão do art. 350 do CPP, pois de certo modo encontram-se contempladas pelo art. 319, I, CPP.

Não obstante, há situações peculiares que envolvem a fiança, como o quebramento, que impactam na aplicação do art. 350 do CPP, que veremos com particularidades na sequência.

23.5.4 Liberdade provisória com fiança

A fiança é uma espécie de caução real prestada pelo agente como forma de garantia de que cumprirá suas obrigações de cunho processual. Prevista atualmente como

9. O conceito pode ser extraído do teor do §1º do art. 32 do CPP: "Considerar-se-á pobre a pessoa que não puder prover às despesas do processo, sem privar-se dos recursos indispensáveis ao próprio sustento ou da família".

medida cautelar diversa da prisão, a fiança, nos termos do art. 330 do CPP, será sempre definitiva, e pode ser prestada de duas formas: depósito de dinheiro, pedras, objetos ou metais preciosos[10], títulos da dívida pública[11], federal, estadual ou municipal; ou hipoteca inscrita em primeiro lugar.

Parcela da doutrina confere à fiança duas roupagens distintas, ao admiti-la como medida de contracautela substitutiva da prisão em flagrante (art. 310, III), e como medida cautelar autônoma (art. 319, VIII). Com as alterações promovidas pela Lei 12.403/11, que situou a fiança expressamente como medida cautelar, não mais conseguimos observar a fiança como espécie de contracautela. A dupla previsão, contida nos arts. 310, III e 319, VIII, do CPP, reflete mais a falta de sistemática legislativa do que um caráter distinto à fiança.

Houve, de fato, a superação da histórica construção que envolvia a liberdade provisória com ou sem fiança, porquanto, atualmente, a liberdade pode ser vinculada a outras diversas medidas alternativas à prisão e não mais somente à fiança. Não persiste, na sistemática atual, a lógica da compreensão da fiança como medida de contracautela substitutiva do flagrante delito, porquanto esse não mais se sustenta de forma autônoma.

Em linhas gerais, a fiança destina-se a assegurar o cumprimento das obrigações processuais e o fiel andamento do processo, podendo, igualmente, funcionar como garantia da pena de multa, custas processuais e indenização pela prática da infração penal.

23.5.4.1 Momento da concessão da fiança

Nos termos do art. 334 do CPP, **a fiança poderá ser prestada enquanto não transitar em julgado a sentença condenatória**. A atual configuração do art. 319 do CPP trilha a linha, como vimos acima, da fiança como medida cautelar substitutiva da prisão e, como tal, assim como as demais medidas cautelares diversas da prisão, pode ser concedida enquanto perdurar o processo.

O art. 333 do CPP assinala que, depois de prestada a fiança, que será concedida independentemente de audiência do Ministério Público, esse terá vista do processo a fim de requerer o que julgar conveniente. *In casu*, discordando da concessão da fiança o Ministério Público poderá interpor recurso em sentido estrito nos termos do art. 581, V, CPP. Em se tratando de requerimento de concessão de fiança formulado em juízo, entendemos que a oitiva prévia do Ministério Público é obrigatória.

A posição do art. 333 do CPP, situada nitidamente no contexto da concessão da fiança pela autoridade policial (vide arts. 332 e 335), evidencia que a fiança, quando concedida pelo delegado de polícia, submete-se tão somente ao controle posterior pelo Ministério Público, porquanto, de fato, em se tratando de infração penal afiançável, não haveria justificativa para manutenção do agente preso até que houvesse a manifestação do *parquet* e Judiciário. Entretanto, conforme veremos no estudo da concessão da fiança pelo delegado de polícia, há, no procedimento, um sério problema de ordem sistêmica.

---

10. § 1º A avaliação de imóvel, ou de pedras, objetos ou metais preciosos será feita imediatamente por perito nomeado pela autoridade.

11. § 2º Quando a fiança consistir em caução de títulos da dívida pública, o valor será determinado pela sua cotação em Bolsa, e, sendo nominativos, exigir-se-á prova de que se acham livres de ônus.

23.5.4.2 Concessão da fiança pela autoridade policial

Nos termos do art. 322 do CPP, a autoridade policial somente poderá conceder fiança nos casos de infração cuja pena privativa de liberdade máxima não seja superior a 4 (quatro) anos. Nos demais casos, conforme o parágrafo único, a fiança será requerida ao juiz, que decidirá em 48 (quarenta e oito) horas.

Segundo o art. 332 do CPP, em caso de prisão em flagrante, será competente para conceder a fiança a autoridade que presidir ao respectivo auto, e, em caso de prisão por mandado, o juiz que o houver expedido, ou a autoridade judiciária ou policial a quem tiver sido requisitada a prisão. Tratando-se de processo-crime de competência originária dos Tribunais, a competência será do relator, conforme art. 2º, parágrafo único da Lei 8.038/90.

Como exceções à norma, temos o art. 24-A, da Lei Maria da Penha, e o art. 25, da Lei Henry Borel, que nos respectivos §§2º, assinalam que na hipótese de prisão em flagrante, apenas a autoridade judicial poderá conceder fiança, não obstante a pena cominada a tais delitos ser de três meses a dois anos de detenção. Em tese, tais delitos são de pequeno potencial ofensivo e devem seguir a trilha do procedimento da Lei 9.099/95, porquanto, tecnicamente, são crimes contra a Administração da Justiça, não obstante terem, como sujeitos passivos indiretos, as pessoas tuteladas pelas Leis 11.340/06 e 14.344/22.

Consoante vimos, aos crimes de pequeno potencial ofensivo, no caso de flagrante, deve ser aplicado o procedimento previsto no parágrafo único do art. 69 da Lei 9.099/95, isto é, ao autor do fato que, após a lavratura do termo, for imediatamente encaminhado ao juizado ou assumir o compromisso de a ele comparecer, não se imporá prisão em flagrante, nem se exigirá fiança.

Qual a razão de ser, portanto, da vedação à concessão da fiança pela autoridade policial no art. 24-A, da Lei Maria da Penha, e art. 25, da Lei Henry Borel, se, ao menos em tese, os delitos, praticados contra a Administração da Justiça, são de pequeno potencial ofensivo e sequer admitem a prisão em flagrante delito? De fato, não há outra explicação senão a vontade legislativa que induz à conclusão de que a qualidade secundária das vítimas tuteladas pelas respectivas leis em tais delitos afasta a natureza de pequeno potencial ofensivo dos delitos. Não nos parece sistêmico negar-se à autoridade policial a possibilidade de concessão da fiança, mas se exigir dessa o cumprimento do teor do parágrafo único do art. 69 da Lei dos Juizados Especiais Criminais, liberando o indivíduo sem qualquer outra medida. Ao negar concessão da fiança pela autoridade policial, a norma buscou afastar a liberação automática do agressor, impondo a apreciação do caso pela autoridade judiciária.

Registrada a particularidade, vale destacar que a fiança concedida pela autoridade policial ainda nos traz alguns questionamentos de ordem jurídica e prática. Não se nega a natureza constitucional da fiança, prevista no art. 5º, LXVI da CF, bem como a possibilidade de sua concessão pela autoridade policial, vez que expressamente o legislador conferiu tal prerrogativa à autoridade policial. Há que se destacar, contudo, que antes de se caracterizar como prerrogativa da autoridade policial, a concessão da fiança é um direito público subjetivo do agente que satisfaz os requisitos legais para o recebimento da fiança e que o sistema de garantias processuais atualmente é mais amplo do que o previsto quando da elaboração da Constituição de 1988.

No sistema atual, tratando-se de infração penal afiançável e cuja pena privativa de liberdade máxima não seja superior a 4 (quatro) anos, a autoridade policial, em regra, poderá conceder a fiança, sendo que o controle quanto à legalidade da concessão será realizado documentalmente pelo Ministério Público, *a posteriori*, nos termos do art. 333 do CPP.

O legislador, visando assegurar o direito de liberdade e evitar a constrição do direito de ir e vir em infrações penais de menor gravidade por período tempo prolongado, conferiu à autoridade policial o poder/dever de analisar a possibilidade de concessão da fiança.

Assim, realizada a prisão em flagrante delito e formalizado o APFD, sendo a hipótese, deverá a autoridade policial estabelecer a fiança e comunicar todo o procedimento ao Ministério Público, sem prejuízo da comunicação da prisão ao magistrado e fiel observância ao art. 306 do CPP. Realizado o depósito da fiança, isto é, prestada essa, deverá o preso ser liberado **independentemente de alvará judicial**. Não sendo prestada a fiança, deverá o magistrado, obrigatoriamente, realizar audiência de custódia, porquanto o agente ainda estará preso sem amparo em decisão judicial, pois a prisão em flagrante não mais se revela como apta a sustentar a prisão além do prazo de sua formalização e realização da audiência de custódia.

Do procedimento surge, para nós, alguns problemas de ordem sistêmica. **Primeiro, porque confere a um não ator processual a possibilidade de concessão de fiança**, que impõe obrigações legais que, em tese, só poderiam ser impostas por decisão judicial, por estabelecerem limitações ao direito de ir e vir.

À guisa de exemplo, não nos parece possível que, a título cautelar, a autoridade policial possa impor ao agente a obrigatoriedade de comparecimento a atos de instrução criminal em juízo (art. 327, CPP), ou impedir que o agente mude de endereço sem permissão da autoridade processante ou se ausente de sua residência por período superior a oito dias, sem comunicação à autoridade processante do lugar onde será encontrado (art. 328, CPP).

Ainda que tais obrigações decorram da própria lei, não se pode olvidar da imperativa necessidade de admoestação ao agente que presta a fiança acerca de suas obrigações legais, a qual deveria, ao menos em tese, ser realizada pelo juiz das garantias, vez que responsável pelo controle de legalidade da prisão, pelo zelo dos direitos do preso e por decidir quanto à aplicação de medidas cautelares, nos termos do art. 3º-B, incisos II, III e V do CPP, respectivamente.

Segundo, o simples fato do agente ter sido liberado mediante fiança não afasta a obrigatoriedade de avaliação das condições da prisão por parte do magistrado. Não se pode olvidar que a audiência de custódia é o instituto jurídico que assegura ao preso, de forma célere, o contato imediato com o magistrado para que esse possa não somente decidir pela decretação ou não da prisão, **mas também verificar as condições físicas da pessoa presa**[12], como forma de se prevenir a reprimir a prática de tortura no

12. Resolução 213/15, CNJ: CONSIDERANDO que a condução imediata da pessoa presa à autoridade judicial é o meio mais eficaz para prevenir e reprimir a prática de tortura no momento da prisão, assegurando, portanto, o direito à integridade física e psicológica das pessoas submetidas à custódia estatal, previsto no art. 5.2 da Convenção Americana de Direitos Humanos e no art. 2.1 da Convenção Contra a Tortura e Outros Tratamentos ou Penas Cruéis, Desumanos ou Degradantes;

momento da prisão, assegurando, portanto, o direito à integridade física e psicológica das pessoas submetidas à custódia estatal[13].

A audiência de custódia foi inserida no ordenamento jurídico pátrio pela Resolução CNJ 213/15, passando a constar de texto expresso com a Lei 13.964/19. As normas foram guiadas, entre outros, pelo art. 9º, item 3, do Pacto Internacional de Direitos Civis e Políticos das Nações Unidas, bem como o art. 7º, item 5, da Convenção Americana sobre Direitos Humanos (Pacto de São José da Costa Rica) e pela decisão do STF, nos autos da Arguição de Descumprimento de Preceito Fundamental 347, que consignou a obrigatoriedade da apresentação da pessoa presa à autoridade judicial competente.

Nessa linha, o item 5 do art. 7º, do Pacto de São José da Costa Rica assinala que:

> **Toda pessoa detida ou retida deve ser conduzida, sem demora, à presença de um juiz ou outra autoridade autorizada pela lei a exercer funções judiciais** e tem direito a ser julgada dentro de um prazo razoável ou a ser posta em liberdade, sem prejuízo de que prossiga o processo. Sua liberdade pode ser condicionada a garantias que assegurem o seu comparecimento em juízo.

Enfrentando o tema, o STF, no julgamento do AgR na Rcl 29.303/RJ, j. 06.03.2023, decidiu pela necessidade de realização da audiência de custódia em todas as modalidades de prisão[14]:

> [...] Não há dúvidas da imprescindibilidade da audiência de custódia, quer em razão de prisão em flagrante (como determinado expressamente no julgamento da ADPF 347), quer também nas demais modalidades de prisão por conta de previsão expressa na legislação processual penal (art. 287 do CPP, com redação dada pela Lei 13.964/2019 de 24/12/2019) [...]
>
> [...] Reclamação julgada procedente, para determinar que se realize, no prazo de 24 horas, audiência de custódia em todas as modalidades prisionais, inclusive prisões temporárias, preventivas e definitivas.

O Pacto de São José da Costa Rica não nos traz dúvidas quanto à necessidade de realização da audiência de custódia nos casos em que há **detenção ou retenção** da pessoa. Afinal, ainda que somente detida, necessário se faz a avaliação das condições da prisão. Ocorre que, concedida a fiança e prestada essa, o agente será solto sem que seja analisada as condições de sua prisão, porquanto o CPP não impõe a necessidade confirmação da fiança pela autoridade judiciária.

Tomemos um exemplo apto a revelar o risco da não realização da audiência de custódia e inexistência de análise acerca das condições da prisão em flagrante. Praticado um homicídio de grande repercussão social, após denúncia de populares, o agente "A" é encontrado, logo após o crime, com uma pá em circunstância não esclarecida, sendo

13. Além dos "considerandos", vale destacar parte do teor do art. 8º da Resolução CNJ 213/15: Art. 8º Na audiência de custódia, a autoridade judicial entrevistará a pessoa presa em flagrante, devendo: I - esclarecer o que é a audiência de custódia, ressaltando as questões a serem analisadas pela autoridade judicial; V - indagar sobre as circunstâncias de sua prisão ou apreensão; VI - perguntar sobre o tratamento recebido em todos os locais por onde passou antes da apresentação à audiência, questionando sobre a ocorrência de tortura e maus tratos e adotando as providências cabíveis; VII - verificar se houve a realização de exame de corpo de delito, determinando sua realização nos casos em que: a) não tiver sido realizado; b) os registros se mostrarem insuficientes; c) a alegação de tortura e maus tratos referir-se a momento posterior ao exame realizado; d) o exame tiver sido realizado na presença de agente policial, observando-se a Resolução CNJ no 414/2021 quanto à formulação de quesitos ao(à) perito(a).

14. O STJ, por meio da 6ª Turma, entendeu que "a audiência de custódia só deve ser realizada para presos em flagrante, tratando-se de única hipótese prevista". AgRg no RHC 140995/BA, DJe 25.04.22.

preso em flagrante delito pela suposta prática do crime de homicídio e ocultação de cadáver. Torturado, confessa ter ocultado o cadáver e nomeia os autores do crime, que são presos na sequência por força de mandado prisão temporária decretado pela Justiça.

O crime de ocultação de cadáver, art. 211 do CP, é afiançável e, diante da tortura realizada, a autoridade policial concede a fiança para evitar a oitiva imediata do agente preso, apta a revelar a tortura. Posteriormente, quando da oitiva dos demais agentes presos temporariamente, descobre-se que "A" também teve participação direta no crime de homicídio.

O exemplo revela a concessão de uma fiança ilegal, por incabível, estabelecida somente para reduzir a possibilidade de prova quanto à tortura, e a contaminação das provas subsequentes em razão da tortura originária. Ainda que a imperativa audiência de custódia não fosse incapaz de impedir a prática da tortura, não se pode desconsiderar, conforme expressamente consignado pela Resolução CNJ 213/15, que a "condução imediata da pessoa presa à autoridade judicial é o meio mais eficaz para prevenir e reprimir a prática de tortura no momento da prisão".

Um terceiro argumento que pode ser trazido à tona envolve a possibilidade de capitulação equivocada realizada por um não ator processual, como na hipótese da autoridade policial conceder a fiança por um crime de abandono de incapaz e o delito, na realidade, revelar-se como verdadeira tentativa de homicídio por omissão.

Apesar das críticas que tecemos à fiança concedida pela autoridade policial e sua consagração, praticamente sem questionamentos, na prática forense, ainda assim a entendemos por possível, porquanto apta a assegurar o direito de liberdade do agente nos casos em que a lei a admite. Não negamos à autoridade policial a função de primeiro responsável pela tutela de direitos e garantias individuais quando da realização da prisão em flagrante delito, assim como não afastamos a possibilidade de concessão da fiança pela autoridade policial.

A pedra de toque, para nós, reside na necessidade de controle dos atos e avaliação célere dos atos previamente praticados. Atualmente, concedida a fiança pela autoridade policial, o agente é liberado com o pagamento da fiança e não passa, pessoalmente, por qualquer órgão de controle, restando a análise documental dos eventos pelo Ministério Público (art. 333, CPP), pelo magistrado (art. 306, §1º) e, eventualmente, pela Defensoria Pública (art. 306, §1º).

Poder-se-ia alegar a desnecessidade de análise pessoal obrigatória a título de controle porquanto, solto o agente, estaria livre para comparecer espontaneamente e noticiar a prática de tortura ou qualquer outra espécie de tratamento desumano ou degradante. Ocorre que não se pode desconsiderar a possibilidade dos impactos psicológicos provocados pela prática da tortura de forma a se exigir, do indivíduo recém torturado, o pleno exercício de seus direitos no sentido de buscar algum órgão para noticiar a tortura. O receio de uma eventual represália, por vezes, representa um risco ao exercício do direito e à ocultação da prática da tortura.

Assim, **ainda que necessária alteração legislativa** e admitida, remotamente, a possibilidade de afastamento da audiência de custódia nos casos de concessão da fiança pela autoridade policial, parece-nos que, para efetiva tutela do agente e preservação da legalidade, minimamente seria necessária a **imposição legal ao afiançado da obrigatoriedade**

de comparecimento ao Ministério Público, sem demora[15] (48h, por exemplo), quando da concessão da fiança, para que o *parquet*, exercendo o controle externo da atividade policial, pudesse verificar as condições físicas do agente, oportunidade na qual, nos termos do art. 333 do CPP, igualmente pudesse avaliar a legalidade da concessão da fiança e **requerer, judicialmente**, a manutenção da fiança, sua substituição ou reforço com outra medida alternativa à prisão (art. 319, CPP) ou, simplesmente, sua revogação por desnecessidade.

Como medida cautelar diversa da prisão (art. 319, VIII, CPP), parece-nos no mínimo **inconsistente sua imposição por órgão diverso do Poder Judiciário** e sem requerimento do titular da ação penal diante de um sistema acusatório, largamente construído pós-Constituição de 1988, mas que ainda preserva, no CPP, incoerências sistêmicas quanto ao papel da autoridade policial no processo penal, conforme se verifica, igualmente, no art. 332 do CPP, que assinala a possibilidade da autoridade policial, a quem tiver sido requisitada a prisão, conceder a fiança, sendo que o art. 285, parágrafo único, "d", do CPP, expressamente prevê a fixação do valor da fiança pela autoridade judicial que ordenar a prisão, a qual deverá constar do próprio mandado, isto é, o art. 332 permite à autoridade policial fixar uma fiança que o próprio órgão judicial que decretou a prisão não fixou, ao arrepio de uma decisão judicial, cujo inteiro teor não consta do mandado.

Destaca-se, em complementação, que o art. 12-C da Lei Maria da Penha[16], julgado constitucional pelo STF, ainda que tenhamos criticado a decisão por outras razões, serve-nos como parâmetro de procedimento. O dispositivo assinala que, verificada a existência de risco atual ou iminente à vida ou à integridade física ou psicológica da mulher em situação de violência doméstica e familiar, ou de seus dependentes, o agressor será imediatamente afastado do lar, domicílio ou local de convivência com a ofendida, por ato do delegado de polícia, quando o município não for sede de comarca (inc. II), ou pelo policial, quando o Município não for sede de comarca e não houver delegado disponível no momento da denúncia (inc. III).

Em ambos os casos, conforme o §1º, o juiz será comunicado no prazo máximo de 24 (vinte e quatro) horas e **decidirá**, em igual prazo, **sobre a manutenção ou a revogação da medida aplicada**, devendo dar ciência ao Ministério Público concomitantemente. Em síntese, o legislador impôs, corretamente, a necessidade de avaliação judicial da medida imposta, porquanto restritiva do direito de liberdade. Contudo, na linha de nossa crítica, não impôs a necessidade de avaliação judicial da medida cautelar da fiança imposta pela autoridade policial, cujo descumprimento é apto a ensejar a decretação da prisão preventiva, ou cuja adequação não se revele presente no caso concreto.

23.5.4.3 Concessão da fiança pela autoridade judicial

Conforme destacamos acima, em um cenário ideal de devido processo legal, a concessão da fiança, medida cautelar diversa da prisão, deve passar pelo crivo do Poder Judiciário. No entanto, consoante estudado, admite-se a concessão da fiança pela autoridade

15. Art. 7º, item 5, do Pacto de São José da Costa Rica, por analogia.
16. O art. 14, da Lei 14.344/2022, trilha o mesmo caminho.

policial nas infrações penais cujas penas máximas cominadas não sejam superiores a quatro anos de privação da liberdade.

A fiança, contudo, não se resume às hipóteses de crimes cujas penas privativas de liberdade máxima não sejam superior a 4 (quatro) anos. Como medida cautelar diversa da prisão, a fiança, atualmente, pode ser concedida em qualquer espécie de infração penal, salvo àquelas cuja restrição advém da Constituição Federal ou da própria norma processual, conforme veremos na sequência.

Tem-se, portanto, que sendo admitida a fiança, a autoridade judiciária poderá concedê-la como medida substitutiva da prisão na forma do art. 319, VIII, do CPP, independentemente de omissão ou recusa da autoridade policial, nos termos do art. 335 do CPP, devendo decidir sobre sua concessão no prazo de em 48 (quarenta e oito) horas. Referido prazo igualmente deverá ser observado nos casos em que a concessão da fiança necessariamente deverá ser avaliada pelo magistrado (crimes punidos com pena privativa de liberdade superior a quatro anos).

Consoante destacamos anteriormente, nos crimes previstos no art. 24-A, da Lei 11.340/06, e art. 25, da Lei 14.344/22, mesmo sendo punidos com pena não superior a dois anos de privação de liberdade e, portanto, de atribuição da autoridade policial, a norma impõe que a fiança seja apreciada somente pela autoridade judiciária (§2º, de ambos os dispositivos).

23.5.4.4 Valor da fiança

O valor da fiança não é fixado de forma arbitrária, vez que o art. 326 do CPP dispõe que para determinar o valor da fiança, a autoridade terá em consideração a natureza da infração, as condições pessoais de fortuna e vida pregressa do acusado, as circunstâncias indicativas de sua periculosidade, bem como a importância provável das custas do processo, até final julgamento.

Nesse sentido, o art. 325 do CPP, em acréscimo as circunstâncias previstas no art. 326 do CPP, prevê os limites mínimos e máximos do valor da fiança, levando-se em consideração da gravidade da infração:

> Art. 325. O valor da fiança será fixado pela autoridade que a conceder nos seguintes limites:
> I - de 1 (um) a 100 (cem) salários mínimos, quando se tratar de infração cuja pena privativa de liberdade, no grau máximo, **não for superior a 4 (quatro) anos**;
> II - de 10 (dez) a 200 (duzentos) salários mínimos, quando o máximo da pena privativa de liberdade cominada **for superior a 4 (quatro) anos.**

O §1º, por sua vez, estabelece que a situação econômica do preso pode impactar no valor da fiança, permitindo sua dispensa (inc. I), redução até o máximo de 2/3 (inc. II) ou aumento em até 1000 vezes (inc. III).

De toda forma, dada a amplitude dos valores, a decisão que fixa o valor da fiança deve receber fundamentação adequada, pois não se pode olvidar que a fiança, a despeito de servir para o pagamento das custas processuais, da indenização do dano *ex delicto* e das eventuais penas pecuniárias e de multa, é, precipuamente, uma medida cautelar diversa da prisão e não meio patrimonial constritivo para assegurar a eficácia do processo no aspecto patrimonial.

O acautelamento do juízo, portanto, deve ser razoável e não meramente impeditivo da concessão da liberdade. O equilíbrio entre o valor, que, quando fixado[17], tem seu mínimo de 1/3 do salário mínimo (art. 325, I, c/c §1º, II) e o máximo de 200.000 salários mínimos (art. 325, II, c/c §1º, III) deve ser tal a ponto de se evitar a frustração da medida e sua consequente necessidade de substituição por outra medida cautelar por total impossibilidade de satisfação. A fiança visa assegurar a liberdade e não a impedir tão somente por uma questão econômica.

Vale destacar que, segundo o art. 329 do CPP, nos juízos criminais e delegacias de polícia, deverá existir um livro especial, com termos de abertura e de encerramento, numerado e rubricado em todas as suas folhas pela autoridade, destinado especialmente aos termos de fiança. O termo será lavrado pelo escrivão e assinado pela autoridade e por quem prestar a fiança, e dele extrair-se-á certidão para juntar-se aos autos.

Ainda, impende lembrar que, nos termos do art. 331 do CPP, o valor em que consistir a fiança deverá ser recolhido à repartição arrecadadora federal ou estadual, ou entregue ao depositário público, juntando-se aos autos os respectivos conhecimentos. Conforme o parágrafo único, nos lugares em que o depósito não se puder fazer de pronto, o valor será entregue ao escrivão ou pessoa abonada, a critério da autoridade, e dentro de três dias dar-se-á ao valor o destino legal, devendo constar do termo de fiança.

23.5.4.5 Infrações penais inafiançáveis x casos que não admitem a fiança

Parte da doutrina, ao analisar o tema, não distingue, de forma clara, infrações penais inafiançáveis dos casos que não admitem a fiança.

O poder constituinte originário criou o primeiro grupo de casos, que envolve as infrações penais inafiançáveis, isto é, que não admitem, em qualquer hipótese, a concessão da fiança. Ainda que previsto de forma originária e, portanto, incondicionada, a construção constitucional recebeu a influência da antiga dicotomia existente prisão x liberdade, como únicas formas de enfrentamento do processo. Ainda que possível a liberdade provisória sem fiança, a intenção subjacente à norma era, senão impedir, como se verifica pelas normas temporalmente próximas à promulgação da Constituição Federal, art. 2º, II, da Lei dos Crimes Hediondos, em sua redação original, *v.g.*, mas dificultar, ao máximo, a liberdade do agente em casos que envolvessem os crimes particularmente previstos no texto constitucional.

Assim, temos como infrações penais inafiançáveis de primeira geração, por extraírem seu fundamento na Constituição Federal, os seguintes crimes:

a) Racismo (art. 5º, XLII, CF e art. 323, I, CPP): segundo a Constituição Federal, a prática do racismo constitui crime inafiançável e imprescritível, sujeito à pena de reclusão, nos termos da lei. A lei a que se refere a Constituição é a que define os crimes resultantes de preconceito de raça ou de cor, Lei 7.716/89. Com relação aos delitos previsto na referida lei, não há maiores debates.

Contudo, é preciso lembrar que o STF, no julgamento do HC 154.248, em 28.10.21, entendeu que o crime de injúria racial, então previsto no art. 140, §3º, do Código Penal, tratava-se de espécie do gênero racismo e, portanto, imprescritível, conforme o art. 5º, XLII, da Constituição Federal. Apesar de não ter enfrentado expressamente a questão

17. É possível a dispensa da fiança nos termos do art. 350 do CPP (art. 325, I, CPP).

da inafiançabilidade, a compreensão hermenêutica do enquadramento da injúria racial como uma espécie de racismo atraia, logicamente, a inafiançabilidade para o delito, porquanto interpretação diversa cindiria a essência da previsão constitucional.

A problemática questão, entretanto, foi solucionada pela alteração típica do art. 140, §3º do CP, que transferiu parte de seu conteúdo para o art. 2º-A da Lei 7.716/89, que passou a contemplar como crime de racismo a conduta de injuriar alguém, ofendendo-lhe a dignidade ou o decoro, em razão de raça, cor, etnia ou procedência nacional.

b) Tortura, tráfico de drogas, terrorismo e crimes hediondos (art. 5º, XLIII, CF e art. 323, II, CPP): conforme o inc. XLIII do art. 5º, CF, a lei considerará crimes inafiançáveis e insuscetíveis de graça ou anistia a prática da tortura, o tráfico ilícito de entorpecentes e drogas afins, o terrorismo e os definidos como crimes hediondos, por eles respondendo os mandantes, os executores e os que, podendo evitá-los, se omitirem. Além do mandado de criminalização, igualmente verificável na hipótese anterior e na seguinte (inc. XLIV), estabeleceu-se, por critério incondicionado, a impossibilidade de concessão da fiança nos crimes de tortura, tráfico de drogas, terrorismo e crimes previstos como hediondos, sinalizando o legislador constitucional que tais delitos, a exemplo dos crimes de racismo e relacionados à ação de grupos armados, civis ou militares, contra a ordem constitucional e o Estado Democrático, merecem maior atenção quanto à liberdade dos agentes envolvidos em suas práticas.

c) Crimes que envolvem a ação de grupos armados, civis ou militares, contra a ordem constitucional e o Estado Democrático (art. 5º, XLIV, CF e art. 323, III, CPP): segundo o inc. XLIV da CF, constitui crime inafiançável e imprescritível a ação de grupos armados, civis ou militares, contra a ordem constitucional e o Estado Democrático. A antiga Lei de Segurança Nacional, Lei 7.170/83, foi revogada pela Lei 14.197/21, que incluiu o Título XII no Código Penal para prever os crimes contra o Estado Democrático de Direito.

Assim, temos, nos casos acima, hipóteses de crimes inafiançáveis cuja análise pode ser realizada em abstrato. Por outro lado, o art. 324 do CPP nos traz os casos que não admitem a fiança, devendo a análise ser realizada sob a luz do caso concreto ou das condições pessoais do agente, na hipótese de crimes militares.

a) Quebra da fiança ou descumprimento das obrigações legais previstas nos arts. 327 e 328 do CPP (art. 324, I, CPP): as hipóteses de quebramento da fiança, que ainda veremos com maiores detalhes, foram previstas no art. 341 do CPP: I - regularmente intimado para ato do processo, deixar de comparecer, sem motivo justo; II - deliberadamente praticar ato de obstrução ao andamento do processo; III - descumprir medida cautelar imposta cumulativamente com a fiança; IV - resistir injustificadamente a ordem judicial; V - praticar nova infração penal dolosa. Além das hipóteses de quebra da fiança previstas no art. 341, não se admite, igualmente por quebra, a concessão de nova fiança no processo no qual o agente viola o teor dos artigos 327 e 328 do CPP, isto é: a) deixa comparecer perante a autoridade, todas as vezes que for intimado para atos do inquérito e da instrução criminal e para o julgamento; ou b) quando se mudar de residência, sem prévia permissão da autoridade processante, ou ausentar-se por mais de 8 (oito) dias de sua residência, sem comunicar àquela autoridade o lugar onde será encontrado.

b) Prisão civil ou militar (art. 324, II, CPP): A hipótese contempla situações de prisão civil, a exemplo da decorrente da prisão por dívida alimentar, e as realizadas em situações provenientes de transgressões disciplinares ou crimes militares, porquanto a estrutura do processo penal militar tutela a hierarquia e a disciplina. Não obstante o CPPM não admitir a fiança, admite o instituto da *mensagem liberdade*, espécie de liberdade provisória. *In casu*, podemos tratar, nos casos de crimes militares, de crimes inafiançáveis de segunda geração, porquanto não derivam diretamente da norma constitucional.

c) Quando presentes os motivos que autorizam a decretação da prisão preventiva (art. 324, IV, CPP): naturalmente, sendo o caso de decretação da prisão preventiva (art. 312 do CPP) e de não aplicação de medidas cautelares diversas da prisão, não se admitirá a fiança no caso concreto, porquanto há uma frontal colisão de interesses.

Do exposto, temos que o rol dos crimes inafiançáveis é taxativo, ao passo que o rol dos crimes que não admitem a fiança varia de acordo com a natureza da infração penal, condições pessoais do agente e comportamento anterior durante a vigência da fiança. Logo, temos que **todo crime inafiançável não admite a fiança, ao passo que nem todo caso que não admite a fiança decorre de crime inafiançável**.

Do exposto, é preciso concluir que é perfeitamente possível que venhamos a ter novos crimes inafiançáveis por meio de lei. Para tanto, contudo, será necessário que o crime seja incluído como hediondo no rol previsto na Lei 8.072/90, pelo que atrairá, como consequência natural, todo o regramento legal atinente a tais delitos, inclusive a inafiançabilidade constitucional.

23.5.4.6 Reforço da fiança

É possível que, diante do caso concreto, seja exigido o reforço da fiança. Nesse sentido, dispõe o art. 340, CPP:

> Art. 340. Será exigido o reforço da fiança:
>
> I - quando a autoridade tomar, por engano, fiança insuficiente;
>
> II - quando houver depreciação material ou perecimento dos bens hipotecados ou caucionados, ou depreciação dos metais ou pedras preciosas;
>
> III - quando for inovada a classificação do delito.
>
> Parágrafo único. A fiança ficará sem efeito e o réu será recolhido à prisão, quando, na conformidade deste artigo, não for reforçada.

A fiança insuficiente é aquela cujo valor fixado por engano não se revela apta a alcançar os fins da fiança. A depreciação material ou perecimento dos bens pode ocorrer em razão do tempo ou de circunstâncias econômicas que tornem o bem garantidor da fiança sem valor. Por sua vez, como a fixação do valor da fiança deve levar em consideração a natureza da infração penal (art. 326, CPP), eventual inovação na capitulação delitiva pode ensejar a necessidade de reforço da fiança.

A previsão do parágrafo único, todavia, merece ser lida com cautela, porquanto não necessariamente a ausência de reforço da fiança implicará a revogação da liberdade e consequente decretação da prisão preventiva. Isso porque, com as alterações promovidas no art. 319 do CPP, outras medidas cautelares diversas da prisão podem ser aplicadas em reforço à fiança concedida. Ademais, não se pode olvidar o fato que a própria concessão da fiança deriva da ausência de fundamento para decretação da prisão preventiva (art. 324, IV, CPP), de forma que somente em casos excepcionais cuja fiança seja extremamente indicada, lavagem de capitais, por exemplo, deve ser levada em consideração a prisão preventiva.

23.5.4.7 Cassação da fiança – fiança sem efeito

A fiança será cassada em duas situações:

a) Quando concedida por equívoco (art. 338, CPP): segundo o dispositivo, a fiança que se reconheça não ser cabível na espécie será cassada em qualquer fase do processo. Trata a hipótese de concessão de fiança indevida, isto é, em crime que não admite a concessão da fiança, como na hipótese de concessão de fiança pela autoridade policial em delito cuja pena máxima seja superior a quatro anos de privação de liberdade. Nesses casos, a cassação da fiança não implica, necessariamente, o retorno à prisão por decretação de prisão preventiva, porquanto, sendo o caso, será perfeitamente possível que o magistrado, a requerimento do titular da ação penal, fixe novamente a fiança ou aplique medida cautelar diversa da prisão.

b) Inovação da tipificação (art. 339, CPP): A situação ocorre, por exemplo, quando a autoridade policial concede a fiança levando-se em consideração apenas o tipo base, olvidando-se de eventual qualificadora que eleva a pena base do tipo penal a patamar superior a quatro anos de privação de liberdade, hipótese que não admite a concessão da fiança pela autoridade policial, ou quando há, por parte do titular da ação penal, a imputação de crime diverso ou em acréscimo àquele que originou a fiança, elevando a pena potencial a patamar que não admite a concessão da fiança pela autoridade policial. Ocorre ainda a hipótese quando há o **aditamento da denúncia** pelo Ministério Público, seja para incluir fato novo, elementar não constante da denúncia que modifica a natureza do delito[18], seja para retificar a imputação anteriormente feita, modificando o patamar máximo de pena, de sorte a impedir a concessão da fiança pela autoridade policial. Assim como na hipótese anterior, a cassação da fiança não implica a obrigatoriedade de decretação da prisão preventiva.

Ocorrendo a cassação da fiança, tornada sem efeito ou julgada inidônea, expressões sinônimas, o valor depositado será restituído de forma atualizada ao agente que a prestou nos termos do art. 337 do CPP. Ainda, com a cassação da fiança, a liberdade do agente torna-se plena, podendo, contudo, ser decretada outra medida cautelar diversa da prisão ou a própria prisão preventiva, se for o caso.

O CPP ainda prevê, no art. 340, parágrafo único, que a ausência de reforço da fiança, quando determinada, a torna sem efeito. Contudo, conforme vimos acima, não necessariamente a ausência de reforço da fiança implicará a revogação da liberdade e consequente decretação da prisão preventiva, haja vista que outras medidas cautelares diversas da prisão podem ser aplicadas em reforço à fiança concedida.

Ainda, será tornada sem efeito a fiança quando passar em julgado sentença que absolver o acusado ou declarar extinta a ação penal, salvo se extinção ocorrer por prescrição após a sentença condenatória, hipótese na qual a fiança poderá servir ao pagamento das custas, da indenização do dano, da prestação pecuniária e da multa, se o réu tiver sido condenado (art. 336, parágrafo único, c/c art. 337, ambos do CPP).

Da decisão que cassa a fiança cabe recurso em sentido estrito sem efeito suspensivo nos termos do art. 581, V, CPP. Se, contudo, a cassação da fiança ocorrer em sede de sentença condenatória recorrível, o recurso adequado para impugnar a decisão será a apelação, porquanto mais ampla, na forma do art. 593, §4º, CPP.

---

18. Homicídio simples para qualificado, transformando o delito em hediondo, insusceptível de fiança.

23.5.4.8 Quebramento da fiança

As hipóteses de quebramento da fiança foram previstas nos artigos 327, 328 e 341 do CPP. Nos termos do art. 341, julgar-se-á quebrada a fiança quando o acusado:

a) regularmente intimado para ato do processo, deixar de comparecer, sem motivo justo;

b) deliberadamente praticar ato de obstrução ao andamento do processo: ocorre quando, por exemplo, o agente nitidamente frustra a intimação pessoal por oficial de justiça ou provoca, de forma injustificada, o adiamento dos atos processuais por meio de atestados não verdadeiros;

c) descumprir medida cautelar imposta cumulativamente com a fiança: conforme vimos, a fiança pode ser cumulada com outra medida de natureza cautelar, de forma que o descumprimento dessa macula a própria fiança, como se a última passasse a ser uma das condições para preservação da fiança.

d) resistir injustificadamente a ordem judicial: a resistência fundada no exercício do direito à não incriminação não é injusta e, portanto, não pode ensejar o quebramento da fiança. A hipótese nos parece aplicável a situações nas quais o agente, intimado para entregar um bem arrestado, não o faz de forma deliberada, ensejando a expedição de mandado de busca e apreensão ou outras similares que não afrontem o princípio do *nemo tenetur se detegere.*

e) praticar nova infração penal dolosa: não se exige, para fins de quebramento, o trânsito em julgado da decisão no processo referente à nova infração penal dolosa. Basta, para nós, a existência de elementos de prova suficientes a configurar um juízo provisório de prova clara e convincente.

A essas, somamos a previsão dos arts. 327 e 328, CPP:

f) não comparecimento perante a autoridade quando intimado durante o inquérito e instrução criminal ou julgamento;

g) mudar de residência sem prévia permissão da autoridade processante, ou ausentar-se por mais de 8 (oito) dias de sua residência, sem comunicar àquela autoridade o lugar onde será encontrado.

Verificada uma das situações supra, o magistrado, em nossa compreensão, deverá intimar o agente para justificar o descumprimento das condições. Acolhendo a justificativa, o magistrado poderá manter a fiança ou aplicar outra medida em cumulação. Não acolhendo a justificativa, poderá igualmente aplicar outra medida diversa da prisão em acréscimo ou, se for o caso, decretar a prisão preventiva. A decretação da quebra da fiança, portanto, é ato exclusivo do magistrado, sujeito a recurso em sentido estrito nos termos do art. 581, VII, CPP, que somente terá efeito suspensivo no caso de declaração de perda de metade do valor da fiança (art. 581, §3º, CPP). Sendo reformada a decisão, a fiança subsistirá em todos os seus efeitos (art. 342, CPP). Tratando-se de decisão de quebra da fiança proferida em sede de sentença condenatória recorrível, a parte deverá manejar a apelação, nos termos do art. 593, §4º do CPP.

Quebrada a fiança, estaremos diante das seguintes consequências:

a) **perda de metade do valor da fiança (art. 343, CPP)**;

b) **imposição de outras medidas cautelares diversas da prisão ou decretação da prisão preventiva**;

c) **impossibilidade de concessão de nova fiança no mesmo processo (art. 324, I, CPP).**

Vale destacar que, na linha do art. 346 do CPP, no caso de quebramento de fiança, feitas as deduções previstas no art. 345 do CPP (custas, indenização do dano, prestação pecuniária e pena de multa), o valor restante será recolhido ao fundo penitenciário, na forma da lei.

23.5.4.9 Perda e destinação da fiança

Conforme assinala o art. 344 do CPP, entender-se-á perdido, na totalidade, o valor da fiança, se, condenado, o **acusado não se apresentar para o início do cumprimento da pena definitivamente imposta**.

A perda do valor da fiança segue a trilha do arts. 345 e 346 do CPP, isto é, realizadas as deduções previstas no art. 345 do CPP, que envolvem o pagamento das custas, da indenização do dano, de eventual prestação pecuniária e pena de multa aplicada, o valor remanescente deverá ser recolhido ao fundo penitenciário, na forma da lei (art. 346, CPP). A lei a que se refere o dispositivo é a LC 79/94, que instituiu o Fundo Penitenciário Nacional, regulamentado pelo Decreto 1.093/94.

Em dispositivo especial, o art. 7º, inciso I da Lei 9.613/98, dispõe que um dos **efeitos da condenação** pelo crime de lavagem de capitais é a perda, em favor da União - e dos Estados, nos casos de competência da Justiça Estadual -, de todos os bens, direitos e valores relacionados, direta ou indiretamente, à prática dos crimes previstos nesta Lei, **inclusive aqueles utilizados para prestar a fiança**, ressalvado o direito do lesado ou de terceiro de boa-fé.

Em síntese, portanto, temos a seguinte sistemática:

a) **perda da totalidade do valor dado em fiança, se o acusado for condenado e não se apresentar para cumprir a pena (art. 344, CPP);**

b) **perda da metade do valor dado em fiança, no caso de quebramento (art. 343, CPP);**

c) **perda da integralidade da fiança, como efeito da condenação, em relação aos crimes de lavagem de capitais (art. 7º, I, Lei 9.613/98).**

Perda	
Integral	**Metade**
Condenado e não se apresentar para cumprir a pena. Efeito da condenação, em relação aos crimes de lavagem de capitais.	Casos de quebramento (art. 343, CPP).

Segundo o art. 347, não ocorrendo a hipótese do art. 345 (perda), o saldo será entregue a quem houver prestado a fiança, depois de deduzidos os encargos a que o réu estiver obrigado. Isso significa que, cumpridas as condições legais impostas quando da concessão da fiança, o réu, condenado, fará jus à sua restituição. Contudo, o saldo a ser restituído será apurado após o pagamento das custas, da indenização do dano, de eventual prestação pecuniária e pena de multa aplicada.

Conforme vimos anteriormente, sendo declarada extinta a punibilidade do agente, salvo pela prescrição executória da pena, o valor da fiança deverá ser restituído integralmente ao agente, após atualização (art. 336, parágrafo único, c/c art. 337, CPP).

Sendo absolvido o agente, com a prolação da sentença, o juiz deverá mandar cessar as medidas cautelares aplicadas (art. 386, parágrafo único, II, CPP). Assim, cessada a medida cautelar atinente à fiança, o valor deve ser restituído na íntegra e imediatamente ao agente, não podendo o valor permanecer à disposição do juízo durante o trâmite de eventual recurso.

Conforme o art. 348 do CPP, nos casos em que a fiança tiver sido prestada por meio de hipoteca, a execução será promovida no juízo cível pelo órgão do Ministério Público. Ainda, na linha do art. 349 do CPP, se a fiança consistir em pedras, objetos ou metais preciosos, o juiz determinará a venda por leiloeiro ou corretor.

23.5.5 Liberdade provisória obrigatória

Há casos em que, mesmo havendo a ligação com a infração penal, impõe-se a observância de norma impeditiva da prisão. O parágrafo único do art. 69 da Lei 9.099/95 assinala que ao autor do fato que, após a lavratura do termo, for imediatamente encaminhado ao juizado ou assumir o compromisso de a ele comparecer, não se imporá prisão em flagrante, nem se exigirá fiança. Assim, temos uma situação na qual, encaminhado imediatamente ao juizado ou assumindo o compromisso de comparecimento, ao agente não poderá ser imposta a prisão. Logo, o agente não poderá ser preso e, consequentemente, permanecerá solto com o simples comparecimento ou assunção de compromisso de comparecer, de forma que não há qualquer espécie de restrição à sua liberdade.

No mesmo sentido, tratando-se a infração penal não punida, de forma isolada, cumulativa ou alternativa, com pena privativa de liberdade, isto é, punida apenas com a pena de multa, por exemplo, não se admite a imposição de prisão ou qualquer outra medida cautelar nos termos do §1º do art. 283 do CPP.

A prática do crime previsto no art. 28 da Lei 11.343/06 (Lei de Drogas) não admite, em qualquer hipótese, a prisão do agente e, consequentemente, estará livre, independentemente de cumprir as medidas educativas impostas (incisos I a III), vez que o descumprimento dessas implica somente admoestação verbal ou multa (art. 29, §6º). Registre-se, ainda, o teor do art. 48, §3º, da Lei de Drogas: "ausente a autoridade judicial, as providências previstas no § 2º deste artigo serão tomadas de imediato pela autoridade policial, no local em que se encontrar, **vedada a detenção do agente**".

Na mesma esteira, o art. 301 o CTB prevê que "ao condutor de veículo, nos casos de acidentes de trânsito de que resulte vítima, **não se imporá a prisão em flagrante, nem se exigirá fiança, se prestar pronto e integral socorro àquela**".

23.5.6 Liberdade provisória proibida

Toda e qualquer privação da liberdade do agente deve ser fundamentada não somente na norma, mas também nas circunstâncias fáticas e pessoais do agente. Da premissa fixada, temos que a prisão cautelar, ao contrário da prisão-pena, que pressupõe o trânsito em julgado da sentença penal condenatória, destina-se à instrumentalidade do processo, não sendo admissível sua aplicação como forma de antecipação do cumprimento da pena (art. 313, §2º do CPP). Funda-se, a depender da natureza, em parâmetros próprios estabelecidos pelo legislador, a exemplo da imprescindibilidade para a investigação criminal na prisão temporária, ou conveniência da instrução criminal, na prisão preventiva. Destina-se, portanto, a assegurar o resultado útil e efetivo da investigação criminal ou do processo criminal, cada qual com suas peculiaridades.

Logo, não obstante os diversos dispositivos constitucionais e legais que vedam a liberdade provisória, não encontram ressonância sistêmica com a própria Constituição Federal. À guisa de enumeração, temos as seguintes previsões normativas de vedação à liberdade provisória, com ou sem fiança:

a) Constituição Federal: crime de racismo (art. 5º, LXII, CF, e art. 323, I, CPP); a ação de grupos armados, civis ou militares, contra a ordem constitucional e o Estado Democrático art. 5º, XLIV, CF, e art. 323, III, CPP); da tortura, o tráfico ilícito de entorpecentes e drogas afins, o terrorismo e os definidos como crimes hediondos (art. 5º, XLIII, CF, e art. 323, II, do CPP).

b) Código de Processo Penal: além das previsões acima, repetidas pelo CPP, a Lei 13.964/19 incluiu o §2º no art. 310: Se o juiz verificar que o agente é reincidente ou que integra organização criminosa armada ou milícia, ou que porta arma de fogo de uso restrito, deverá denegar a liberdade provisória, com ou sem medidas cautelares.

c) Legislação extravagante: o art. 31 da Lei 7.492/86 não admite a concessão de liberdade provisória com fiança aos crimes contra o Sistema Financeiro Nacional; o art. 2º, inciso II, da Lei 8.072/90, veda a concessão de liberdade provisória com fiança; o art. 1º, § 6º, da Lei 9.455/97, veda a concessão de liberdade provisória com fiança ao crime de tortura; o art. 12-C, §2º, da Lei Maria da Penha (Lei 11.340/06), veda a liberdade provisória nos casos de risco à integridade física da ofendida ou à efetividade da medida protetiva de urgência. O art. 14, §3º da Lei 14.344/22 (Lei Henry Borel), veda a liberdade provisória nos casos de risco à integridade física da vítima ou à efetividade da medida protetiva de urgência

Consoante o entendimento do STF, exarado no julgamento da ADI 3.112, j. 02.05.07, referente a diversos dispositivos do Estatuto do Desarmamento, os arts. 14, parágrafo único, 15, parágrafo único, que vedavam a concessão da fiança, e o art. 21, que vedavam a liberdade provisória aos crimes previstos nos arts. 16, 17 e 18 da Lei 10.826/06, foram declarados inconstitucionais. Conforme o STF, a prisão *ex lege*, estabelecida no art. 21, da Lei 10.826/06, viola o princípio da presunção de inocência e da obrigatoriedade de fundamentação das prisões, além de macular os princípios do contraditório e ampla defesa.

Na mesma linha, o STF, por seu órgão pleno, no julgamento do HC 104.339/SP, j. 10.05.12, declarou a inconstitucionalidade da expressão "liberdade provisória" do art. 44, *caput*, da Lei 11.343/06, que vedava a concessão do instituto, com ou sem fiança, aos crimes previstos nos arts. 33, *caput*, e § 1º, e 34 a 37 da Lei de Drogas.

Em todos os casos previstos pela Constituição Federal, estabeleceu-se, tão somente, a vedação à concessão da fiança, de forma que não se pode extrair da CF a possibilidade de decretação de prisão *ex lege* tão somente pela impossibilidade de concessão de apenas uma das medidas cautelares previstas na legislação pátria, especialmente porquanto a mesma Constituição Federal prevê o princípio da presunção de não culpabilidade (art. 5º, LVII). Entendimento contrário conduziria à obrigatoriedade da prisão cautelar, ainda que desprovida de fundamentação concreta, pois bastaria a menção ao dispositivo legal impeditivo da liberdade provisória.

Depura-se do entendimento do STF, portanto, que a decretação da prisão preventiva demanda fundamentação concreta e a satisfação dos pressupostos e requisitos legais, devendo, ainda, ser lastreada em elementos concretos que a justifiquem. Não havendo necessidade, adequação e razoabilidade na medida, não se pode impor a prisão preventiva tão somente por expressa vedação legal, porquanto essa contraria a lógica dos princípios da não culpabilidade, do devido processo legal e da fundamentação das decisões judiciais.

A gravidade de um delito, por si só, não é, segundo o texto constitucional, impeditiva ao exercício do direito de liberdade, vez que a própria Constituição consagra o sistema da liberdade provisória com ou sem fiança no inc. LXVI do art. 5º: ninguém será levado à prisão ou nela mantido, quando a lei admitir a liberdade provisória, **com ou sem fiança**.

Assim, diante da sistemática constitucional, não há qualquer impedimento à concessão da liberdade provisória a qualquer delito, bastando, para tanto, que a decretação da prisão preventiva não se revele necessária no caso concreto. Há, tão somente, a vedação à concessão da fiança a determinados delitos ou situações pessoais ou de fato (art. 324, CPP), sendo o regime atual das medidas cautelares (art. 319 do CPP) perfeitamente aplicável.

Por essas razões, entendemos que a previsão do §2º do art. 310 do CPP, que veda liberdade provisória ao agente reincidente ou que integra organização criminosa armada ou milícia, ou que porta arma de fogo de uso restrito, é inconstitucional. A liberdade pode ser efetivamente denegada, desde que as circunstâncias da reincidência, integração em organização criminosa armada ou milícia, ou o porte de arma de fogo de uso restrito, somadas às circunstâncias do fato, constituam fundamento razoável para verificar a necessidade da prisão para garantia da ordem pública ou econômica, para conveniência da instrução criminal ou para assegurar a aplicação da lei penal, quando houver prova da existência do crime e indício suficiente de autoria e de perigo gerado pelo estado de liberdade do imputado (art. 312, CPP).

23.5.7 Liberdade provisória com ou sem vinculação

No sistema vigente atual, não há liberdade provisória sem vinculação, isto é, sem a imposição de alguma obrigação processual. Há, na realidade, hipóteses que não admitem a prisão, como as previstas no art. 28 da Lei de Drogas e art. 301 do CTB. Sendo o agente preso legalmente, o magistrado, obrigatoriamente, deverá analisar a necessidade da prisão ou imposição de medidas cautelares. Se, por algum motivo, entender por incabível a aplicação de qualquer medida e decretar a restauração da liberdade do agente, tecnicamente não haverá liberdade provisória, mas plena, porquanto não haverá qualquer condição a cumprir e, consequentemente, a liberdade não será condicionada, nomenclatura que preferimos.

Por outro lado, havendo a imposição de qualquer condição, a liberdade concedida deixa de ser plena e passa a ser condicionada, recebendo o tratamento de liberdade provisória (condicionada). Como exemplos, temos a) a liberdade provisória sem fiança na hipótese do art. 350 do CPP, a qual o agente deverá cumprir as obrigações da fiança (arts. 327 e 328, CPP), independentemente do pagamento dessa; b) liberdade provisória com fiança; c) liberdade provisória cumulada com medidas cautelares; e, d) liberdade provisória sem fiança nas hipóteses de causas excludentes de ilicitude (art. 310, §1º, CPP), à qual, a despeito de nossas críticas formuladas anteriormente[19], impõe o comparecimento aos atos processuais.

23.5.8 Liberdade provisória e excesso de imputação

A definição jurídica do fato é, inicialmente, atribuída pela acusação quando do oferecimento da denúncia ou queixa-crime, ou, pela autoridade policial, nos casos de flagrante, na lavratura do APFD. Isso não significa, contudo, que o magistrado esteja vinculado à definição jurídica previamente atribuída ao fato para fins de concessão da liberdade provisória, recebimento da inicial acusatória ou prolação de sentença condenatória.

Especificamente no que nos interessa no momento, análise da concessão da liberdade provisória ao indivíduo, dúvidas não existem quando houver mero erro de capitulação, isto é, na imputação, a acusação vale-se de dispositivo diverso daquele cuja descrição fática representa. A questão, que ao final do procedimento, daria ensejo à aplicação do instituto da *emendatio libelli* (art. 383, CPP), não impede que o magistrado, ao analisar a liberdade do agente, venha a se valer do tipo penal correto segundo a imputação fática. Logo, na hipótese, por exemplo, da imputação versar sobre o crime de roubo (art. 157, CP) e na capitulação constar o delito de furto (art. 155, CP), o magistrado poderá, perfeitamente, considerar a imputação fática como parâmetro para análise da liberdade provisória.

Situação diversa, todavia, ocorre quando há nítido excesso de imputação por parte da acusação. Há o excesso de imputação quando a inicial acusatória ou parte dela não se funda em qualquer prova apta a sustentá-la, caracterizando a falta de justa causa quanto à própria imputação excessiva em si. Nesses casos, cabe ao magistrado rejeitar a peça acusatória nos pontos sem fundamento probatório e analisar, novamente, a prisão decretada para verificar se, extraído o excesso, a prisão ainda se encontra respaldada.

É possível, igualmente, ainda que não verificado o excesso, que o magistrado entenda, em juízo de cognição sumária, que a imputação, não obstante lastreada, possa vir a ser desclassificada ao final do processo para crime menos grave, a exemplo de uma imputação formulada pelo crime de tráfico de drogas em sua forma simples (art. 33, *caput*, da Lei 11.343/06) que, pela quantidade de droga apreendida, possa caracterizar a hipótese de tráfico privilegiado (art. 33, §4º da Lei 11.343/06). Nesses casos, parece-nos perfeitamente possível que o magistrado, sem tecer considerações sobre eventual desclassificação ou pré-julgamento formal, venha a conferir menor gravidade à infração penal para análise da necessidade da prisão e consequente concessão da liberdade provisória. De fato, seria desarrazoado manter o agente preso por um crime cuja gravidade não se

19. Tópico "Liberdade provisória nas hipóteses de descriminantes", ao qual remetemos o leitor.

revela ululante para, tão somente ao final do processo, revogar ou substituir a prisão preventiva eventualmente decretada.

23.5.9 Abuso de autoridade

A Lei de Abuso de Autoridade (Lei 13.869/19), previu as seguintes condutas no art. 9º:

> Art. 9º Decretar medida de privação da liberdade em manifesta desconformidade com as hipóteses legais:
>
> Pena - detenção, de 1 (um) a 4 (quatro) anos, e multa.
>
> Parágrafo único. Incorre na mesma pena a autoridade judiciária que, dentro de prazo razoável, deixar de:
>
> I - relaxar a prisão manifestamente ilegal;
>
> II - substituir a prisão preventiva por medida cautelar diversa ou de conceder liberdade provisória, quando manifestamente cabível;
>
> III - deferir liminar ou ordem de *habeas corpus*, quando manifestamente cabível.

O dispositivo, entretanto, não pode ser lido de forma isolada, sob pena de se considerar que qualquer decretação de prisão em manifesta desconformidade com as hipóteses legais ou omissão de decisão, considerando um prazo razoável, quanto ao relaxamento de prisão, substituição de prisão preventiva por cautelar diversa ou concessão de liberdade provisória, quando manifestamente cabível, seriam condutas aptas a caracterizar o abuso de autoridade. A leitura do dispositivo deve ser conjugada com a essência do art. 1º, abuso de poder, e com seus §§1º e 2º.

O §1º assinala que as condutas descritas na Lei constituem crime de abuso de autoridade quando praticadas pelo agente **com a finalidade específica de prejudicar outrem ou beneficiar a si mesmo ou a terceiro, ou, ainda, por mero capricho ou satisfação pessoal**. Em síntese, exige-se o dolo específico voltado para alguma das finalidades previstas na norma. Logo, a mera omissão, ainda que em prazo razoável para análise, quanto à concessão da liberdade provisória, por si só, não se revela apta a caracterizar o delito de abuso de autoridade. É preciso que se extraia, da conduta, o abuso efetivo, como forma de **prejudicar outrem ou beneficiar a si mesmo ou a terceiro, ou, ainda, por mero capricho ou satisfação pessoal**.

Por outro lado, o §2º dispõe que a mera divergência na interpretação de lei ou na avaliação de fatos e provas não configura abuso de autoridade, evidenciando a preservação do poder de interpretação e independência do magistrado.

Não se pode olvidar, igualmente, que qualquer violação ou ameaça ao direito de liberdade pode ser amparado pelo manejo do *habeas corpus*, remédio constitucional apto a tutelar o direito de liberdade. Logo, mesmo que estejamos diante da violação do direito de liberdade, não necessariamente o comportamento violador dará ensejo à caracterização do crime de abuso de autoridade, porquanto se exige o dolo específico.

23.6 SÍNTESE GRÁFICA

Liberdade plena

- Inexistência de vínculo com infração penal
- Não foi preso ou não teve nenhuma medida decretada contra si
- Lei não prevê prisão ou medidas cautelares pessoais
- Relaxamento da prisão

Revogação do mandado de prisão

- Sem imposição de obrigações
- Com imposição de medidas cautelares diversas da prisão

Liberdade provisória

- Sem fiança ou medidas cautelares
- Descriminantes
- Com fiança
- Com medidas cautelares diversas da prisão

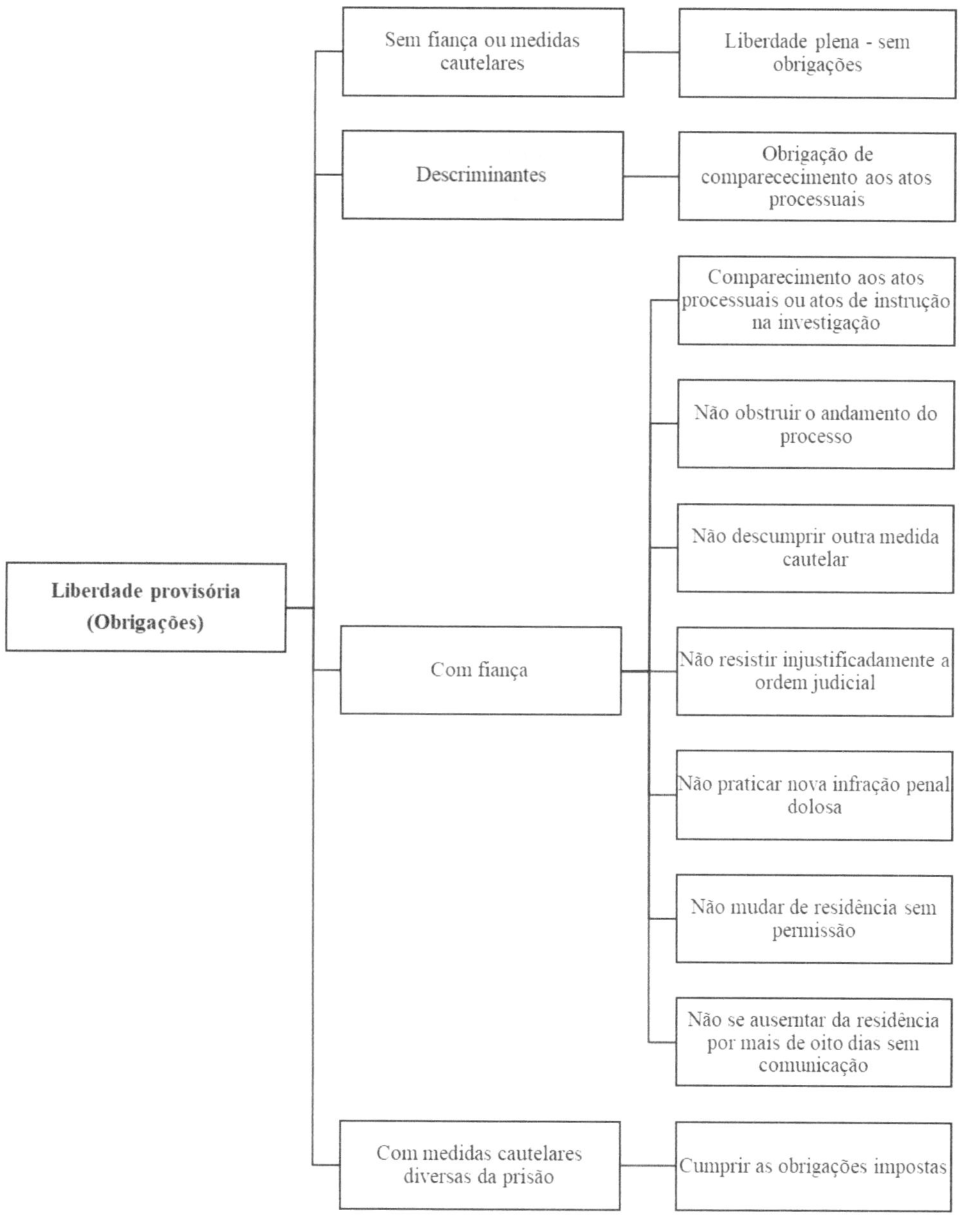
Liberdade provisória (Obrigações)
Sem fiança ou medidas cautelares
Liberdade plena - sem obrigações
Descriminantes
Obrigação de comparececiment o aos atos processuais
Com fiança
Comparecimento aos atos processuais ou atos de instrução na investigação
Não obstruir o andamento do processo
Não descumprir outra medida cautelar
Não resistir injustificadamente a ordem judicial
Não praticar nova infração penal dolosa
Não mudar de residência sem permissão
Não se ausentar da residência por mais de oito dias sem comunicação
Com medidas cautelares diversas da prisão
Cumprir as obrigações impostas

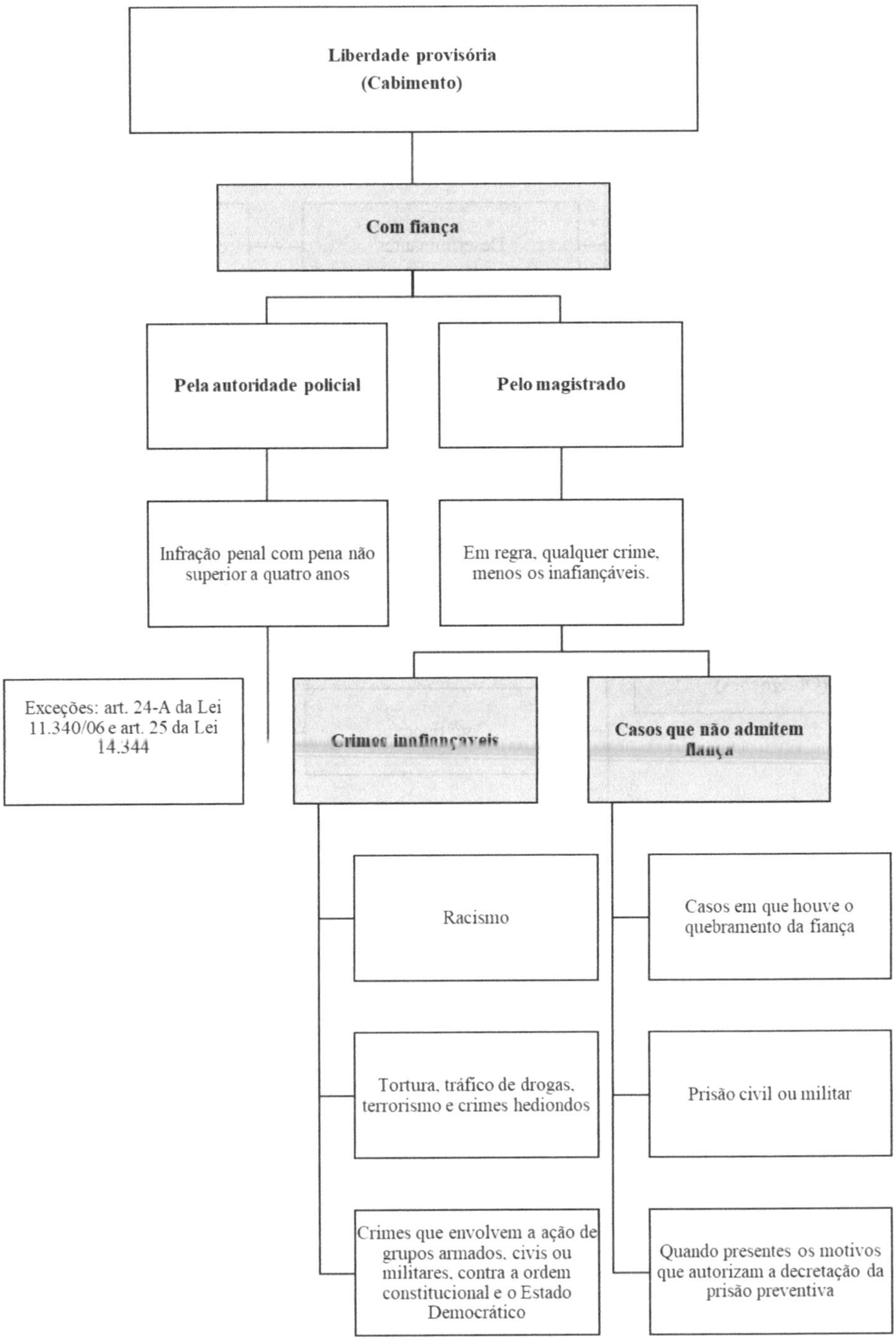
Liberdade provisória
(Cabimento)
Com fiança
Pela autoridade policial
Pelo magistrado
Infração penal com pena não superior a quatro anos
Em regra, qualquer crime, menos os inafiançáveis.
Exceções: art. 24-A da Lei 11.340/06 e art. 25 da Lei 14.344
Crimes inafiançáveis
Casos que não admitem fiança
Racismo
Tortura, tráfico de drogas, terrorismo e crimes hediondos
Crimes que envolvem a ação de grupos armados, civis ou militares, contra a ordem constitucional e o Estado Democrático
Casos em que houve o quebramento da fiança
Prisão civil ou militar
Quando presentes os motivos que autorizam a decretação da prisão preventiva

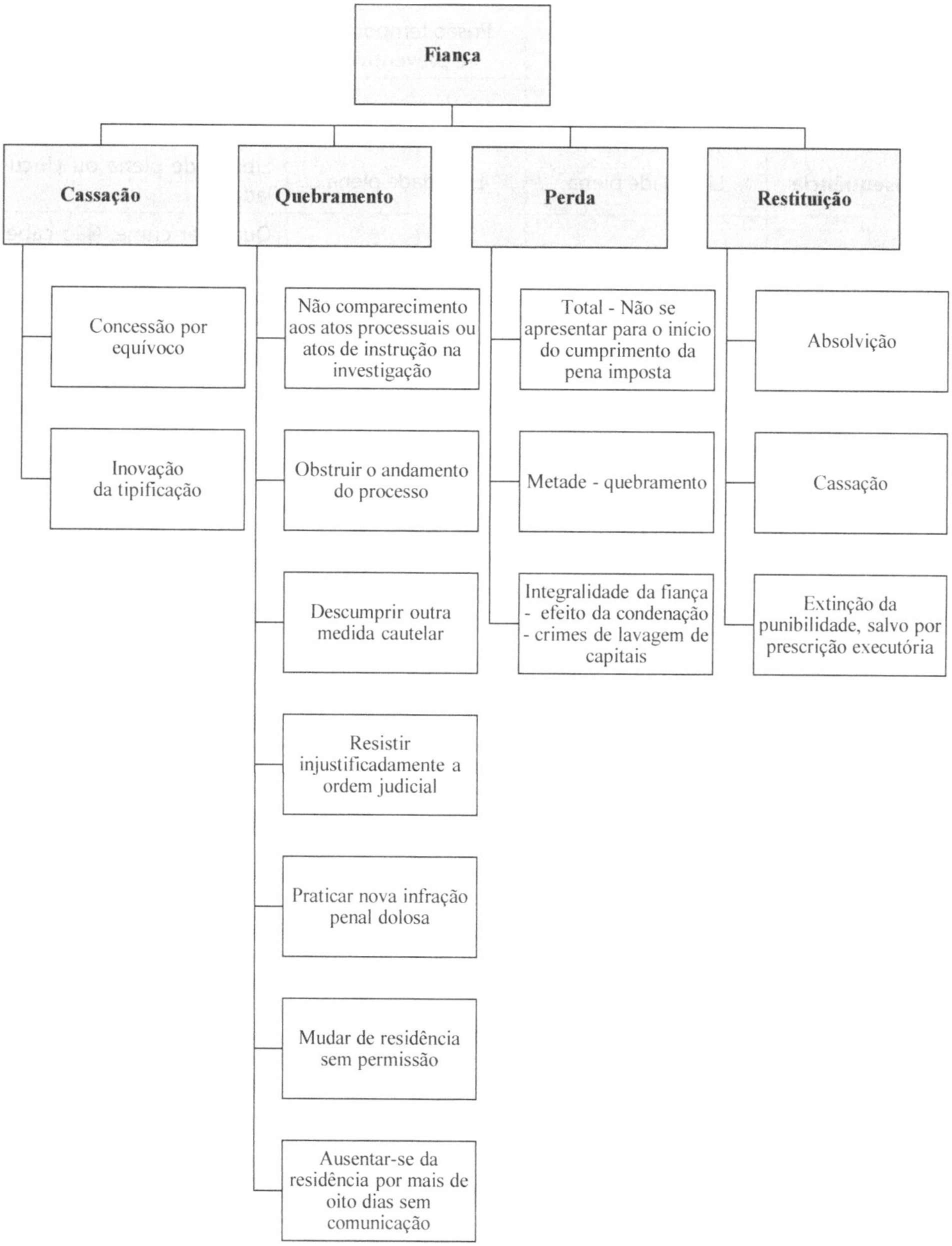
Fiança
Cassação
Quebramento
Perda
Restituição
Concessão por equívoco
Inovação da tipificação
Não comparecimento aos atos processuais ou atos de instrução na investigação
Obstruir o andamento do processo
Descumprir outra medida cautelar
Resistir injustificadamente a ordem judicial
Praticar nova infração penal dolosa
Mudar de residência sem permissão
Ausentar-se da residência por mais de oito dias sem comunicação
Total - Não se apresentar para o início do cumprimento da pena imposta
Metade - quebramento
Integralidade da fiança - efeito da condenação - crimes de lavagem de capitais
Absolvição
Cassação
Extinção da punibilidade, salvo por prescrição executória

	Relaxamento da prisão	Revogação do mandado de prisão cautelar	Liberdade provisória
Legalidade da prisão	Prisão ilegal	Prisão legal ou ilegal (ainda não cumprido)	Prisão legal
Espécie de prisão	Qualquer espécie de prisão	Prisão temporária e preventiva	Qualquer espécie de prisão cautelar
Natureza jurídica	Medida de urgência	Medida de urgência	Medida cautelar quando impõe obrigações.
Consequência	Liberdade plena	Liberdade plena	Liberdade plena ou vinculada
Alcance	Qualquer crime	Qualquer crime	Qualquer crime. Não cabe, contudo, com a modalidade fiança nos crimes inafiançáveis
Poder de concessão	Autoridade judicial	Autoridade judicial	Autoridade judicial ou policial (infração cuja pena privativa de liberdade máxima não seja superior a 4 (quatro) anos)

23.7 REVISÃO DO CAPÍTULO POR QUESTÕES DE CONCURSOS E ASSERTIVAS DE REFORÇO

QUESTÕES DE CONCURSO

1. (MP/AC 2022 - CESPE - PROMOTOR DE JUSTIÇA SUBSTITUTO). No que diz respeito às prisões preventivas, assinale a opção correta.

Caberá prisão preventiva quando houver dúvida sobre a identidade civil da pessoa.

A. O transcurso do prazo de 90 dias, sem que haja expressa renovação do mandado de prisão, torna automaticamente ilegal a prisão.

B. A prisão preventiva poderá ser decretada com a finalidade de antecipação do cumprimento da pena.

C. Em nenhuma hipótese é permitida prisão preventiva caso a pena máxima do crime seja inferior ou igual a 4 anos.

D. A prisão preventiva pode ser decretada de ofício pelo juiz, desde que ocorra durante a ação penal.

2. (DPE/PB 2022 - FCC - DEFENSOR PÚBLICO). Acerca da prisão em flagrante, prisão preventiva, prisão domiciliar e medidas cautelares diversas da prisão:

A. O juiz poderá, ainda que de ofício, revogar a prisão preventiva anteriormente decretada se verificar a falta de motivo para que ela subsista.

B. O furto qualificado pelo emprego de chave falsa é crime suscetível de fiança, assim como é o furto com emprego de explosivo que cause perigo comum.

C. Em obediência ao sistema acusatório e a partir da entrada em vigor do denominado "Pacote Anticrime", restou vedada, durante o inquérito policial, a imposição de prisão preventiva a requerimento do Ministério Público.

D. Denomina-se flagrante presumido quando o agente é perseguido logo após cometer a infração penal, em situação que se faça presumir ser ele o autor do ilícito.

E. A prisão domiciliar, modalidade de medida cautelar diversa da prisão, é destinada às mulheres gestantes e com filhos até 12 anos de idade incompletos.

3. (MP/RJ 2022 – PROMOTOR DE JUSTIÇA). Caio, preso em flagrante por crime culposo praticado no trânsito, foi submetido a audiência de custódia. Na audiência, realizada sem a presença de advogado de defesa, Caio informou ser viúvo e o único responsável pelo filho de onze anos, implorando para não ser mantido preso, pois a criança não tinha com quem ficar. O Ministério Público manifestou-se pela concessão da prisão domiciliar. Não obstante, o Juiz, após se manifestar pela legalidade do flagrante, decretou a prisão preventiva, para assegurar a aplicação da lei penal. Tendo em vista o caso hipotético, assinale a alternativa correta.

A. Uma vez decretada qualquer medida cautelar, prisão preventiva ou outra alternativa, o órgão emissor da decisão revisará a sua necessidade a cada três meses, sob pena de relaxamento imediato.

B. A prisão preventiva, não tendo sido requerida pelo Ministério Público ou representada pela

Autoridade Policial, não poderia ter sido decretada, de ofício, pelo Juiz, em respeito ao sistema acusatório, que vige no ordenamento brasileiro.

C. A audiência de custódia tem por finalidade avaliar a legalidade da prisão e se a integridade física do preso foi preservada quando da execução da medida, sendo prescindível a presença de advogado, pois o Promotor de Justiça atua como fiscal da lei.

D. A audiência de custódia, antes da edição da Lei nº 13.964/2019 (Pacote Anticrime), não tinha aplicabilidade no País, por ausência de disposição normativa.

E. A prisão domiciliar pode ser aplicada quando em causa agente mulher mãe de filho menor de 12 anos, inexistindo, contudo, previsão legal quando o agente é homem, ainda que seja o único responsável pelo filho de mesma idade.

4. (PC/AM 2022 - FGV - DELEGADO DE POLÍCIA). Quanto à prisão preventiva, assinale a afirmativa correta.

A. A conversão do flagrante em prisão preventiva constitui novo título a justificar a privação da liberdade, mas não sana nulidade decorrente da ausência de realização de audiência de custódia.

B. Para a decretação da custódia preventiva e, também, para a imposição de quaisquer das medidas cautelares alternativas à prisão, não se exige que haja provas sólidas e conclusivas acerca da autoria delitiva.

C. A prisão preventiva é compatível com a presunção de não culpabilidade do acusado ainda que decorra, automaticamente, da natureza abstrata do crime ou do ato processual praticado.

D. Deve ficar concretamente evidenciado, na forma do Art. 282, § 6º, do CPP, que, presentes os motivos que autorizam a segregação provisória, é suficiente e adequada a sua substituição por outras medidas cautelares.

E. A prisão preventiva é compatível com a presunção de não culpabilidade do acusado ainda que assuma natureza de antecipação da pena, desde que apoiada em motivos e fundamentos concretos e contemporâneos.

5. (PC/AM 2022 - FGV - DELEGADO DE POLÍCIA). A partir da interpretação conforme a Constituição conferida pelo Supremo Tribunal Federal, a prisão temporária passou a contar com nova apresentação. Assinale a opção que corresponde a um desses novos elementos.

A. Imprescindibilidade para a investigação preliminar em geral, a partir de elementos concretos, sendo proibida sua utilização como prisão para averiguações.

B. Se houver fundadas razões de autoria do indiciado nos crimes previstos no Art. 1º, inciso III, da Lei nº 7.960/89, admitida a interpretação extensiva do rol.

C. For justificada em fatos novos ou contemporâneos que fundamentem a medida cautelar, com base no Art. 312, § 2º, do CPP.

D. A medida cautelar for adequada à gravidade em abstrato do crime, às circunstâncias do fato e às condições pessoais do indiciado.

E. Puder ser cumulada com a imposição de medidas cautelares diversas, previstas nos artigos 319 e 320, ambos do CPP.

6. (PC/AM 2022 - FGV - DELEGADO DE POLÍCIA). Em relação à prisão preventiva, quanto à contemporaneidade, é correto afirmar que

A. a fuga constitui o fundamento da cautelaridade, em juízo prospectivo.

B. o critério temporal é subjetivo, sendo balizado por medidas exclusivamente aritméticas.

C. a inequívoca periculosidade deve ser somada a outro elemento ou fator externo à atividade.

D. a distância temporal desde a prática criminosa impede o reconhecimento da contemporaneidade.

E. para seu exame, basta a análise do tempo entre os fatos e o decreto prisional.

7. (DPE/TO 2022 - CESPE – DEFENSOR PÚBLICO). Após ser preso em flagrante, Bento, pesquisador do Ministério da Saúde, foi apresentado em audiência de custódia. Nesse caso, o juiz pode

A. relaxar a prisão se for constatado pelo auto de prisão em flagrante que Bento agiu acobertado por uma excludente de ilicitude.

B. converter em prisão domiciliar se Bento for responsável por filho menor de até 12 (doze) anos de idade.

C. conceder a Bento liberdade provisória com fiança caso esteja incurso no crime de epidemia com resultado morte, por exemplo.

D. converter em prisão preventiva, se a imputação for por crime, doloso ou culposo, punido com pena máxima igual ou superior a quatro anos.

E. aplicar, por representação do delegado, medida cautelar de suspensão do exercício de função pública quando houver justo receio de sua utilização para praticar crime.

8. (PC/RJ 2022 - CESPE - DELEGADO DE POLÍCIA). Juvenal e Gisele são inspetores de polícia lotados em delegacia de repressão a entorpecentes. Por determinação da autoridade policial titular da unidade, iniciaram uma investigação a fim de identificar uma rede de distribuição de drogas em festas *rave* na região da Zona Oeste do Rio de Janeiro. Vestidos com trajes esportivos e da moda, eles se misturaram aos frequentadores da festa e passaram a observar todo o ambiente, enquanto dançavam e bebiam para disfarçar qualquer conotação policial dos seus atos. Assim, identificaram um local onde grande quantidade de drogas era armazenada. Identificaram os indivíduos que distribuíam as drogas e o *modus operandi* que usavam para chegar até ali com as drogas: usavam falsos caminhões de lixo. Levantadas essas informações, Juvenal e Gisele acionaram seus colegas de profissão pelo rádio. O local foi cercado, e todos os envolvidos foram presos, tendo sido apreendida grande quantidade de drogas. Nessa situação hipotética, houve

A. flagrante próprio, que autoriza a prisão em flagrante de todos os envolvidos, nos exatos limites do art. 302 do Código de Processo Penal.

B. flagrante provocado, disciplinado pela Súmula n.º 145 do STF, o que impede a prisão em flagrante de todos os envolvidos.

C. flagrante esperado, nos exatos limites da Súmula n.º 145 do STF.

D. flagrante diferido, em decorrência da ação controlada desenvolvida pela equipe de policiais que se infiltrou no local.

E. flagrante presumido, porque os envolvidos foram encontrados no momento da ação criminosa.

9. (PC/RJ 2022 - CESPE - DELEGADO DE POLÍCIA). Em relação à prisão domiciliar, medidas cautelares, fiança e execução penal, assinale a opção correta.

A. A medida cautelar de suspensão do exercício de função pública para os que pratiquem crimes no exercício da referida função ou atividade de natureza econômica ou financeira que guarde relação com crimes de caráter econômico ou financeiro não pode ser reconhecida porque é incompatível com o direito constitucional do livre exercício do trabalho.

B. A medida cautelar de internação provisória do acusado só poderá ser deferida se o crime for praticado mediante violência ou grave ameaça e desde que os peritos concluam ser o acusado inimputável ou semi-imputável, com risco de reiteração do crime.

C. É cabível a substituição da prisão preventiva pela prisão domiciliar aos acusados primários e de bons antecedentes e que sejam responsáveis pelos cuidados de filho de até seis anos de idade incompletos, desde que utilizem aparelho de monitoração eletrônica a distância.

D. É cabível a substituição da execução da prisão em regime aberto pelo recolhimento em residência particular quando o condenado tiver mais de 80 anos de idade.

E. Para que haja a possibilidade de quebramento da fiança na hipótese de nova infração penal dolosa, é necessário o trânsito em julgado do crime posteriormente verificado, perdendo o acusado o valor integralmente recolhido da caução processual.

10. (TJ/MG 2022 – FGV – JUIZ DE DIREITO). Considerando as disposições do Código de Processo Penal, da Lei nº 7.960/1989 (Lei que dispõe sobre a prisão temporária) e da Lei nº 11.340/2006 (Lei Maria da Penha), as afirmativas a seguir estão corretas, ***à exceção de uma***. Assinale-a.

A. O órgão responsável por decretar a prisão preventiva deverá, de ofício, revisar a necessidade de sua manutenção a cada 90 (noventa) dias, mediante decisão fundamentada, sob pena de tornar a prisão ilegal.

B. É cabível a prisão temporária quando imprescindível para as investigações do inquérito policial e quando houver fundadas razões, de acordo com as provas dos autos, de autoria ou participação do indiciado na prática do crime tipificado no Art. 267, § 1º, do Código Penal (causar epidemia, mediante a propagação de germes patogênicos, com o resultado morte).

C. A prisão preventiva do agressor, no contexto da Lei nº 11.340/2006, é medida subsidiária, que pode ser decretada após serem frustradas outras medidas cautelares menos gravosas, mesmo que o réu seja primário e o crime cometido tenha pena inferior a 4 (quatro) anos de reclusão.

D. Nos termos do Art. 318 do Código de Processo Penal, o juiz poderá substituir a prisão preventiva pela domiciliar somente quando o agente for: maior de 80 (oitenta) anos; gestante; mulher com filho de até 12 (doze) anos de idade completos; homem, caso seja o único responsável pelos cuidados do filho de até 12 (doze) anos de idade completos.

11. (PC/RJ 2022 - CESPE - DELEGADO DE POLÍCIA). Rosmênio ingressou no estacionamento de um grande supermercado com a intenção de subtrair um automóvel. De posse do material necessário, abriu um veículo, fez ligação direta, mas foi impedido de sair do local pela ação dos seguranças. Levado à delegacia de polícia da circunscrição, a autoridade policial o autuou no crime de furto qualificado tentado, cuja pena privativa de liberdade é de 2 a 8 anos de reclusão. Considerando-se o instituto da fiança, é correto afirmar que, nessa situação hipotética,

A. a autoridade judicial somente poderá conceder fiança nos crimes patrimoniais sem violência e grave ameaça.

B. é admissível a concessão de fiança pela autoridade policial, por se tratar de crime tentado.

C. é inadmissível a concessão de fiança pela autoridade judicial, dada a gravidade do crime.

D. a fiança nos crimes patrimoniais exige que o investigado ou acusado indenize o lesado, antes de ser colocado em liberdade.

E. a autoridade policial não poderá conceder fiança, por se tratar de crime qualificado, ainda que tentado.

12. (PC/RJ 2022 - CESPE - DELEGADO DE POLÍCIA). Em relação à prisão domiciliar, medidas cautelares, fiança e execução penal, assinale a opção correta.

A. A medida cautelar de suspensão do exercício de função pública para os que pratiquem crimes no exercício da referida função ou atividade de natureza econômica ou financeira que guarde relação com crimes de caráter econômico ou financeiro não pode ser reconhecida porque é incompatível com o direito constitucional do livre exercício do trabalho.

B. A medida cautelar de internação provisória do acusado só poderá ser deferida se o crime for praticado mediante violência ou grave ameaça e desde que os peritos concluam ser o acusado inimputável ou semi-imputável, com risco de reiteração do crime.

C. É cabível a substituição da prisão preventiva pela prisão domiciliar aos acusados primários e de bons antecedentes e que sejam responsáveis pelos

cuidados de filho de até seis anos de idade incompletos, desde que utilizem aparelho de monitoração eletrônica a distância.
D. É cabível a substituição da execução da prisão em regime aberto pelo recolhimento em residência particular quando o condenado tiver mais de 80 anos de idade.
E. Para que haja a possibilidade de quebramento da fiança na hipótese de nova infração penal dolosa, é necessário o trânsito em julgado do crime posteriormente verificado, perdendo o acusado o valor integralmente recolhido da caução processual.

13. (DPE/SC 2021 - FCC - DEFENSOR PÚBLICO). Em uma situação hipotética, em 25 de setembro de 2021, em audiência de custódia, o Ministério Público de Santa Catarina, ao analisar a prisão em flagrante de Guilherme, acusado do crime previsto no artigo 157, §2º, V (roubo circunstanciado pela restrição de liberdade da vítima), opinou pela concessão da liberdade provisória sem qualquer ônus cautelar, tendo a Defensoria Pública de Santa Catarina concordado com tal pleito. O magistrado, convicto da necessidade de custódia preventiva do réu, agirá com acerto se

A. conceder liberdade provisória ao réu sem qualquer ônus, diante da impossibilidade de decretação de ofício tanto da prisão preventiva quanto das medidas cautelares diversas da prisão.
B. converter a prisão em flagrante em preventiva, pois decisões repetidas do Superior Tribunal de Justiça permitem a atuação de ofício.
C. enviar os autos ao Procurador-Geral de Justiça para que se manifeste em 24 horas, nos termos do artigo 28 do Código de Processo Penal, devendo o réu aguardar solto a manifestação.
D. converter a prisão em flagrante em preventiva, pois o roubo circunstanciado pela restrição da vítima é crime hediondo e, portanto, inafiançável, demandando a medida cautelar pessoal.
E. conceder liberdade provisória ao réu, atrelada a outra medida cautelar prevista em lei, e diversa da prisão e da fiança, eis que inafiançável o delito.

14. (DPE/RR 2021 - FCC - DEFENSOR PÚBLICO). Em relação às prisões processuais e medidas cautelares diversas da prisão:

A. Em respeito ao sistema acusatório vigente no país, é vedada a atuação de ofício do juiz em matéria de prisão preventiva, seja para decretá-la ou revogá-la.
B. Após a entrada em vigor do "Pacote Anticrime", admite-se a decretação de prisão preventiva como decorrência imediata do recebimento da denúncia, caso a acusação seja relacionada a crimes hediondos.
C. Denomina-se flagrante presumido a hipótese em que o agente é perseguido, logo após a prática do fato delituoso, em situação que faça presumir ser autor da infração.
D. É possível a concessão de fiança ao acusado pela prática do crime de roubo em concurso de agentes, mas é inafiançável o delito de roubo cometido com restrição de liberdade da vítima.
E. Cessado o prazo contido no mandado de prisão temporária, deve ser aberta vista imediata ao Ministério Público para se manifestar sobre a continuidade ou não da medida.

15. (DPE/GO 2021 - FCC – DEFENSOR PÚBLICO). A prisão domiciliar prevista no Código de Processo Penal

A. é incompatível com os institutos da detração e remição da pena.
B. pode ser decretada em conjunto com a medida cautelar de fiança.
C. deve ser decretada quando ausentes os requisitos da prisão preventiva.
D. pode ser imposta ao acusado homem, desde que seja o único responsável pelos cuidados de filho de até 14 anos de idade.
E. deve ser imposta à mulher gestante em caso de cometimento de crime com violência ou grave ameaça.

16. (DPE/BA 2021 - FCC - DEFENSOR PÚBLICO). Roberto foi preso em flagrante dia 13 de maio de 2021, por supostamente ter cometido o crime de roubo simples (art. 157, *caput*). Levado à audiência de custódia ainda no mesmo dia, o juiz responsável proferiu a seguinte decisão: "tendo em vista a primariedade do acusado, concedo liberdade provisória mediante o comparecimento mensal em juízo e o arbitramento de fiança no valor de meio salário mínimo, podendo ser recolhida em até 24 horas após sua soltura. Ainda, tendo em vista o poder geral de cautela, fixo a proibição do acusado acessar a internet das 20h às 06h, haja vista o intenso conteúdo violento presente nos sites, a despertar seu desejo em praticar novos delitos". Ao assim decidir, o juiz agiu

A. corretamente ao conceder a liberdade provisória ao réu, mas equivocou-se ao fixar a fiança, vez que o crime narrado passou a ser hediondo após a Lei nº 13.964/2019.
B. corretamente, haja vista a primazia da liberdade de qualquer cidadão frente ao poder punitivo estatal e a utilização do poder geral de cautela em benefício do réu.
C. equivocadamente, pois o roubo é crime grave que assola toda a sociedade, devendo, portanto, o Ministério Público interpor o recurso cabível.
D. equivocadamente, pois é defeso, em caso de liberdade provisória, acumular mais de uma medida cautelar alternativa à prisão.
E. corretamente ao conceder a liberdade provisória ao réu, mas se equivocou em relação ao poder geral de cautela, inexistente nas medidas cautelares pessoais no processo penal.

17. (PC/RN 2021 - FGV - DELEGADO DE POLÍCIA). Mendel foi preso em flagrante pela prática do crime de furto, punível com pena de reclusão de 1 a 4 anos e multa, constando de sua folha de antecedentes criminais diversos outros processos pela prática de delitos da mesma natureza. Após Mendel ser apresentado à autoridade policial, o delegado de polícia:

A. poderá conceder liberdade provisória com ou sem fiança;
B. poderá arbitrar fiança, cumulada com outras medidas cautelares alternativas;
C. poderá arbitrar fiança e deixar de lavrar o auto de prisão em flagrante, diante da pena máxima em abstrato do delito;
D. poderá deixar de arbitrar fiança, caso presentes requisitos que autorizem a decretação da prisão preventiva;
E. não poderá arbitrar fiança, em razão da pena máxima cominada ao delito.

18. (MP/GO 2022 - FGV - PROMOTOR DE JUSTIÇA SUBSTITUTO). Sobre a prisão cautelar, outras medidas cautelares e a liberdade provisória previstas no Código de Processo Penal, analise as afirmativas abaixo:

I - A prisão preventiva imposta à mulher gestante ou que for mãe ou responsável por crianças ou pessoas com deficiência será substituída por prisão domiciliar, desde que não tenha cometido crime com violência ou grave ameaça a pessoa e não tenha cometido o crime contra seu filho ou dependente.

II - Dentre outas situações previstas em lei, poderá o juiz substituir a prisão preventiva pela domiciliar quando o agente for maior de 70 (setenta) anos; extremamente debilitado por motivo de doença grave; ou quando o acusado for imprescindível aos cuidados especiais de pessoa menor de 6 (seis) anos de idade ou com deficiência.

III - Embora o Código de Processo Penal seja silente sobre o assunto, a jurisprudência do Supremo Tribunal Federal firmou que o homem, caso seja o único responsável pelos cuidados do filho de até 12 (doze) anos de idade incompletos, poderá ser beneficiado com a prisão domiciliar, por questões humanitárias e em analogia à situação da mulher.

IV - Julgar-se-á quebrada a fiança quando o acusado regularmente intimado para ato do processo, deixar de comparecer, sem motivo justo; deliberadamente praticar ato de obstrução ao andamento do processo; descumprir medida cautelar imposta cumulativamente com a fiança; resistir injustificadamente a ordem judicial; praticar nova infração penal dolosa ou culposa.

Pode-se afirmar que:
A. Apenas I e II estão corretas.
B. Apenas I está correta.
C. Apenas II e III estão corretas.
D. Apenas III e IV estão corretas.

19. (MP/SC 2019 - PROMOTOR DE JUSTIÇA SUBSTITUTO) Será exigido o reforço da fiança quando for inovada a classificação do delito, nos termos do Código de Processo Penal.

( ) Certo ( ) Errado

20. (MP/PR 2019 - PROMOTOR DE JUSTIÇA) Sobre a **prisão, medidas cautelares diversas da prisão, fiança e procedimento em geral**, nos termos do Código de Processo Penal, analise as assertivas abaixo e assinale a alternativa incorreta:

A. O juiz pode substituir a prisão preventiva por prisão domiciliar quando se tratar de mulher com filho de até 12 (doze) anos de idade incompletos.
B. Pode ser imposta medida cautelar cumulativamente com a fiança e o descumprimento daquela pode gerar o quebramento desta.
C. Se o autor do fato criminoso, sendo perseguido, passar ao território de outro município ou comarca, o executor da prisão em flagrante poderá efetuar-lhe a prisão no lugar onde o alcançar, apresentando-o imediatamente à autoridade local, que, depois de lavrado, se for o caso, o auto de flagrante, providenciará para a remoção do preso.
D. A expedição da precatória não suspenderá a instrução criminal e, assim, findo o prazo marcado, poderá realizar-se o julgamento, mas, a todo tempo, a precatória, uma vez devolvida, será junta aos autos.
E. Se o acusado, citado por edital ou por hora certa, não comparecer, nem constituir advogado, ficarão suspensos o processo e o curso do prazo prescricional.

ASSERTIVAS DE REFORÇO

1. ( ) Ao autor do fato que, após a lavratura do termo, for imediatamente encaminhado ao juizado especial criminal ou assumir o compromisso de a ele comparecer, não se imporá prisão em flagrante, podendo-se, todavia, exigir fiança.

2. ( ) Tratando-se a infração penal não punida, de forma isolada, cumulativa ou alternativa, com pena privativa de liberdade, isto é, punida apenas com a pena de multa, por exemplo, não se admite a imposição de prisão ou qualquer outra medida cautelar.

3. ( ) O relaxamento da prisão é o ato pelo qual se reconhece a ilegalidade da prisão realizada e se restabelece a liberdade plena do agente. Tecnicamente, é ato privativo das autoridades judiciária e policial, nos termos do art. 5º, LXV da Constituição Federal, que incide sobre toda e qualquer espécie de prisão de natureza cautelar.

4. ( ) O relaxamento da prisão caracteriza-se como uma garantia contra o constrangimento ilegal, podendo ser deferido de ofício ou a requerimento das partes, assumindo a perspectiva de medida de urgência.

5. ( ) O relaxamento da prisão não se reveste de natureza cautelar, haja vista que não se funda na mera aparência, possuindo a natureza de tutela antecipada.

6. ( ) A revogação da prisão preventiva não se confunde com o relaxamento da prisão, vez que, enquanto a segunda incide sobre situações de prisão ilegal, a revogação da prisão preventiva alcança, em tese, as prisões legais.

7. ( ) A revogação do decreto de prisão somente pode ocorrer quando tenha sido efetivamente cumprido.

8. ( ) A prática de uma infração penal impõe, necessariamente, o risco de restrição à liberdade.

9. ( ) Prevista atualmente como medida cautelar diversa da prisão, a fiança, nos termos do art. 330 do CPP, será sempre definitiva, e pode ser prestada de duas formas: depósito de dinheiro, pedras, objetos ou metais preciosos, títulos da dívida pública, federal, estadual ou municipal; ou hipoteca inscrita em primeiro lugar.

10. ( ) Não persiste, na sistemática atual, a lógica da compreensão da fiança como medida de contracautela substitutiva do flagrante delito, porquanto esse não mais se sustenta de forma autônoma.

11. ( ) A fiança poderá ser prestada somente até a sentença.

12. ( ) A autoridade policial somente poderá conceder fiança nos casos de infração cuja pena privativa de liberdade máxima não seja superior a 4 (quatro) anos.

13. ( ) Tratando-se de processo-crime de competência originária dos Tribunais, a competência para concessão da fiança será do Presidente do Tribunal.

14. ( ) Realizado o depósito da fiança fixada pela autoridade policial, isto é, prestada essa, deverá o preso ser liberado independentemente de alvará judicial.

15. ( ) A situação econômica do preso pode impactar no valor da fiança, permitindo sua dispensa, redução até o máximo de 1/3, ou aumento em até 1000 vezes.

16. ( ) Segundo a Constituição Federal, a prática do racismo constitui crime inafiançável e imprescritível, sujeito à pena de reclusão.

17. ( ) Segundo a Constituição Federal, são inafiançáveis e insuscetíveis de graça ou anistia a prática da tortura, o tráfico ilícito de entorpecentes e drogas afins, o terrorismo e os definidos como crimes hediondos, por eles respondendo os mandantes, os executores e os que, podendo evitá-los, se omitirem.

18. ( ) Todo crime inafiançável não admite a fiança, ao passo que nem todo caso que não admite a fiança decorre de crime inafiançável.

19. ( ) Em razão do regramento constitucional, não se admite a construção de novos crimes inafiançáveis por meio de lei.

20. ( ) A fiança será cassada quando concedida por equívoco ou houver inovação da tipificação.

21. ( ) A cassação da fiança implica, necessariamente, o retorno à prisão por decretação de prisão preventiva.

22. ( ) Ocorrendo a cassação da fiança, tornada sem efeito ou julgada inidônea, expressões sinônimas, o valor depositado será restituído de forma atualizada ao agente que a prestou.

23. ( ) Será tornada sem efeito a fiança quando passar em julgado sentença que absolver o acusado ou declarar extinta a ação penal, salvo se extinção ocorrer por prescrição após a sentença condenatória, hipótese na qual a fiança poderá servir ao pagamento das custas, da indenização do dano, da prestação pecuniária e da multa, se o réu tiver sido condenado.

24. ( ) Cassada a fiança, sempre será cabível o recurso em sentido estrito.

25. ( ) Julgar-se-á quebrada a fiança quando o acusado, regularmente intimado para ato do processo, deixar de comparecer, sem motivo justo ou deliberadamente praticar ato de obstrução ao andamento do processo.

26. ( ) Quebrada a fiança, o agente perderá o valor integral da fiança, poderá receber imposição de outras medidas cautelares diversas da prisão ou decretação da prisão preventiva e não poderá receber a concessão de nova fiança no mesmo processo.

27. ( ) Entender-se-á perdido, na totalidade, o valor da fiança, se, condenado, o acusado não se apresentar para o início do cumprimento da pena definitivamente imposta.

28. ( ) Um dos efeitos da condenação pelo crime de lavagem de capitais é a perda, em favor da União - e dos Estados, nos casos de competência da Justiça Estadual -, de todos os bens, direitos e valores relacionados, direta ou indiretamente, à prática dos crimes previstos nesta Lei, inclusive aqueles utilizados para prestar a fiança, ressalvado o direito do lesado ou de terceiro de boa-fé.

29. ( ) Nos casos em que a fiança tiver sido prestada por meio de hipoteca, a execução será promovida no juízo cível pela Fazenda Pública.

30. ( ) Ao condutor de veículo, nos casos de acidentes de trânsito de que resulte vítima, não se imporá a prisão em flagrante, nem se exigirá fiança, se prestar pronto e integral socorro àquela.

31. ( ) Conforme o STF, a prisão *ex lege*, estabelecida no art. 21, da Lei 10.826/06, viola o princípio da presunção de inocência e da obrigatoriedade de fundamentação das prisões, além de macular os princípios do contraditório e ampla defesa.

32. ( ) Diante da sistemática constitucional, não há qualquer impedimento à concessão da liberdade provisória a qualquer delito, bastando, para tanto, que a decretação da prisão preventiva não se revele necessária no caso concreto.

33. ( ) No sistema vigente atual, ainda persiste a liberdade provisória sem vinculação, isto é, sem a imposição de alguma obrigação processual.

34. ( ) Capitulada a denúncia como crime de roubo, ainda que na descrição fática não conste a narrativa de violência ou grave ameaça, o magistrado não poderá, ao analisar a liberdade do agente, considerar o delito como furto, haja vista que a *emendatio libelli* só poderá ser aplicada ao final do procedimento.

35. ( ) Há o excesso de imputação quando a inicial acusatória ou parte dela não se funda em qualquer prova apta a sustentá-la, caracterizando a falta de justa causa quanto à própria imputação excessiva em si. Nesses casos, cabe ao magistrado rejeitar a peça acusatória nos pontos sem fundamento probatório e analisar, novamente, a prisão decretada para verificar se, extraído o excesso, a prisão ainda encontra-se respaldada.

36. ( ) É possível, ainda que não verificado o excesso na imputação, que o magistrado entenda, em juízo de cognição sumária, que a imputação, não obstante lastreada, possa vir a ser desclassificada ao final do processo para crime menos grave, e, como consequência, revogue ou substitua a prisão preventiva decretada.

37. ( ) Caracteriza crime de abuso de autoridade a conduta de decretar medida de privação da liberdade em manifesta desconformidade com as hipóteses legais, desde que com a finalidade específica de prejudicar outrem ou beneficiar a si mesmo ou a terceiro, ou, ainda, por mero capricho ou satisfação pessoal.

38. ( ) Caracteriza crime de abuso de autoridade, por parte da autoridade judiciária ou policial, a conduta de deixar de relaxar a prisão manifestamente ilegal, desde que com a finalidade específica de prejudicar outrem ou beneficiar a si mesmo ou a terceiro, ou, ainda, por mero capricho ou satisfação pessoal.

39. ( ) Caracteriza-se, necessariamente, crime de abuso de autoridade a conduta de deixar de substituir a prisão preventiva por medida cautelar diversa ou de conceder liberdade provisória, quando manifestamente cabível.

40. ( ) A mera omissão, ainda que em prazo razoável para análise, quanto à concessão da liberdade provisória, por si só, não se revela apta a caracterizar o delito de abuso de autoridade.

23.7.1 Gabaritos

QUESTÕES DE CONCURSO

1	2	3	4	5	6	7	8	9	10
A	A	B	B	C	A	E	A	B	D
11	**12**	**13**	**14**	**15**	**16**	**17**	**18**	**19**	**20**
B	B	A	D	B	E	D	B	C	E

ASSERTIVAS DE REFORÇO

1	2	3	4	5	6	7	8	9	10
F	V	F	V	F	V	F	F	V	V
11	**12**	**13**	**14**	**15**	**16**	**17**	**18**	**19**	**20**
F	V	F	V	F	V	V	V	F	V
21	**22**	**23**	**24**	**25**	**26**	**27**	**28**	**29**	**30**
F	V	V	F	V	F	V	V	F	V
31	**32**	**33**	**34**	**35**	**36**	**37**	**38**	**39**	**40**
V	V	F	F	V	V	V	F	F	V

COMENTÁRIOS ÀS ASSERTIVAS FALSAS E JUSTIFICATIVAS IMPORTANTES

1. F. O parágrafo único do art. 69 da Lei 9.099/95 assinala que ao autor do fato que, após a lavratura do termo, for imediatamente encaminhado ao juizado ou assumir o compromisso de a ele comparecer, não se imporá prisão em flagrante, nem se exigirá fiança.

2. V.

3. F. Ato privativo da autoridade judiciária.

4. V.

5. F. Não se reveste de natureza cautelar, haja vista que não se funda na mera aparência, ou de natureza de tutela antecipada, pois não guarda conexão com mérito discutido no processo.

6. V.

7. F. A revogação do decreto de prisão pode ocorrer mesmo sem que tenha sido efetivamente cumprido, quando seus motivos determinantes não mais subsistirem.

8. F. Não necessariamente a prática de uma infração penal impõe o risco de restrição à liberdade, como nas hipóteses de crimes cujos preceitos secundários não admitirem a pena privativa de liberdade ou quando a própria lei assinalar o descabimento da prisão, como na previsão do art. 69 da Lei 9.099/95.

9. V.

10. V.

11. F. Enquanto não transitar em julgado a sentença condenatória, poderá ser prestada a fiança.

12. V.

13. F. Tratando-se de processo-crime de competência originária dos Tribunais, a competência será do relator, conforme art. 2º, parágrafo único da Lei 8.038/90.

14. V.

15. F. A situação econômica do preso pode impactar no valor da fiança, permitindo sua dispensa (inc. I), redução até o máximo de 2/3 (inc. II) ou aumento em até 1000 vezes (inc. III) - art. 325, CPP.

16. V.

17. V.

18. V.

19. F. É perfeitamente possível que venhamos a ter novos crimes inafiançáveis por meio de lei. Para tanto, contudo, será necessário que o crime seja incluído como hediondo no rol previsto na Lei 8.072/90, pelo que atrairá, como consequência natural, todo o regramento legal atinente a tais delitos, inclusive a inafiançabilidade constitucional.

20. V.

21. F. A cassação da fiança não implica, necessariamente, o retorno à prisão por decretação de prisão preventiva, porquanto, sendo o caso, será perfeitamente possível que o magistrado, a requerimento do titular da ação penal, fixe novamente a fiança ou aplique medida cautelar diversa da prisão.

22. V.

23. V.

24. Da decisão que cassa a fiança, cabe recurso em sentido estrito sem efeito suspensivo nos termos do art. 581, V, CPP. Se, contudo, a cassação da fiança ocorrer em sede de sentença condenatória recorrível, o recurso adequado para impugnar a decisão será a apelação, porquanto mais ampla, na forma do art. 593, §4º, CPP.

25. V.

26. F. A perda é de metade do valor da fiança (art. 343, CPP).

27. V.

28. V.

29. V. Pelo Ministério Público.

30. V.

31. V.

32. V.

33. F. No sistema vigente atual, não há liberdade provisória sem vinculação, isto é, sem a imposição de alguma obrigação processual. Há, na realidade, hipóteses que não admitem a prisão, como as previstas no art. 28 da Lei de Drogas e art. 301 do CTB.

34. F. Na hipótese, por exemplo, da imputação versar sobre o crime de roubo (art. 157, CP) e na capitulação constar o delito de furto (art. 155, CP), o magistrado poderá, perfeitamente, considerar a imputação fática como parâmetro para análise da liberdade provisória.

35. V.

36. V.

37. V.

38. F. A autoridade policial não possui competência para relaxamento da prisão ilegal.

39. F. Somente as condutas praticadas com a finalidade específica de prejudicar outrem ou beneficiar a si mesmo ou a terceiro, ou, ainda, por mero capricho ou satisfação pessoal.

40. V.

TÍTULO VII

DAS PROVAS

24

Teoria geral das provas

24.1 COMO O ASSUNTO É ABORDADO EM PROVAS E CONCURSOS

O tema "provas", em razão da alta carga normativa, doutrinária e jurisprudencial, é um dos mais cobrados nos concursos de Magistratura, Ministério Público, Defensoria Pública e Delegado de Polícia.

Assuntos como classificação das provas, *standards* probatórios, sistemas de apreciação das provas, provas ilícitas, provas em espécie e meios de provas especiais dificilmente deixam de ser cobrados nos concursos, não somente pela sua importância dogmática, mas, principalmente, por sua aplicação prática, que domina grande parte das decisões dos Tribunais Superiores.

As questões de prova objetiva costumam explorar a letra da lei, doutrina e jurisprudência, de forma que a preparação deve ser plena, com leve ênfase na norma e julgados, sem se olvidar, contudo, da revisão constante da doutrina, especialmente porque costuma ser exigida nas provas discursivas e peças.

No processo penal, tudo passa pela análise probatória, motivo pelo qual será importante para o leitor dedicar ao tema momentos de revisão constantes ao longo de sua preparação.

➲ ATENÇÃO – ASSUNTO COBRADO NO MPDFT– CONCURSO 2015

1) "É o fim da lei penal a repressão do delito; antes, porém, de punir um crime, deve-se verificar a sua existência; daí a necessidade da prova" (MITTERMAIER. Tratado da prova em material criminal. Campinas: Bookseller, 1997, p. 5) "Relativamente ao conhecimento de um dado fato, o espírito humano pode encontrar-se no estado de ignorância, dúvida ou certeza" (MALATESTA, Nicola Framarino. A lógica das provas em matéria criminal. 2ª ed. Ed. Bookseller, 2001, p. 25). "Se uma justiça penal integralmente "com verdade" constitui uma utopia, uma justiça penal completamente "sem verdade" equivale a um sistema de arbitrariedade" (FERRAJOLI, Luigi. Direito e razão: teoria do garantismo penal. 6ª ed. São Paulo: RT, 2002, p. 38). Os extratos acima revelam a importância e a existência de muitas visões sobre o tema das provas no processo penal. Disserte sobre Teoria Geral da Prova, abordando os seguintes pontos: conceito; sistemas de avaliação; verdade no processo penal; ônus da prova; e classificações das provas (quanto ao sujeito, objeto e forma). Ao longo do texto, defina prova diabólica, prova ilegítima, prova constituenda, prova de fora da terra, prova atípica, prova irritual, prova anômala e prova crítica.

24.2 CONCEITO E FINALIDADE

O tema que envolve o estudo das provas é, para nós, um dos mais importantes a serem estudados no processo penal, porquanto todo o estudo do processo penal passa, necessariamente, por sua compreensão.

O termo "provas", em que pese seu aspecto jurídico-normativo, não pode ser dissociado na íntegra da compreensão paralela na esfera do leigo, especialmente porque o processo penal precisa se conectar com o seio social. MALATESTA[1] (2001, p. 87), em imperdível obra sobre as provas, assinala que as provas são um modo de apreciação da fonte objetiva, que é a verdade. A prova é, portanto, o meio objetivo com que a verdade atinge o espírito; e o espírito pode, relativamente a um objeto, chegar por meio das provas tanto à simples credibilidade, como à probabilidade e certeza. Define a prova, dessa forma, como "a relação concreta entre a verdade e o espírito humano nas suas especiais determinações de credibilidade, probabilidade e certeza".

Sem nos perdermos na dimensão do tema, porquanto a riqueza do conteúdo é digna de obra específica, que foge ao escopo de nosso trabalho, assinalamos que **provar** não significa demonstrar a veracidade acerca de um fato, mas realizar uma atividade dotada de significado, por meio um jogo de linguagem, capaz de produzir uma concepção da realidade, que pode caminhar no sentido da credibilidade, probabilidade e certeza.

As provas, portanto, seguindo a linha de Wittgenstein[2], não são descritivas de fatos, mas representativas de linguagens que recebem ressignificado por parte do aplicador do Direito, vez que a pretensão probatória de se demonstrar algo metafísico sem a efetiva dotação de sentido encontra barreiras ontológicas. Isso porque, independentemente do significado que se atribua à prova, dela se extrairá a demonstrabilidade, pressuposto da verdade.

Do exposto, extrai-se que a prova, por si só, não guarda qualquer significado, porquanto se revela como elemento de demonstração metafísica que será ressignificada para construção da chamada verdade, nitidamente normativa.

Partindo dessa premissa, de que o **objetivo da prova** é trazer elementos para formação da construção de uma verdade normativa demonstrável, apta a permitir um julgamento valorativo, desenvolveremos o estudo das provas. Contudo, apesar do enfoque parcialmente distinto na raiz do assunto, não nos olvidaremos das concepções tradicionais, necessárias o debate jurídico, universo acadêmico e de concursos.

24.3 ACEPÇÕES DA PALAVRA PROVA

A palavra prova advém, etimologicamente, do termo *probo* (do latim *probatio* e *probus*), e revela a ideia de confirmação ou verificação. Doutrinariamente, são tratadas, de forma não sistêmica, três acepções acerca da palavra:

a) prova como atividade probatória: sob esse prisma, confunde-se o termo prova com a atividade de produção de atos processuais destinados a provocar o convencimento

---

1. MALATESTA. Nicola Framarino Dei. **A lógica das provas em matéria criminal**. 2ª ed. Campinas, 2001: Bookseller.
2. WITTGENSTEIN, Ludwig. **The Big Typescript**. Oxford: 2005, Basil Blackwell.

do magistrado. Trata-se, portanto, de um conjunto de atividades de verificação e demonstração de fatos buscando a construção da verdade.

b) prova como resultado: sob essa perspectiva, o termo prova confunde-se com o resultado da atividade cognitivo-intelectiva realizada pelo aplicador do Direito no sentido da construção de uma verdade processual.

c) prova como meio: a acepção restringe o termo aos instrumentos pelos quais se reproduz, no processo, a pretensa verdade fática, como os documentos, perícias e etc.

24.4 OBJETO DA PROVA

O objeto da prova, para parte da doutrina, compreende os fatos que interessam à solução de uma controvérsia posta sob apreciação judicial. BRASILEIRO[3] (2020, P. 664) entende, por sua vez, que o "objeto da prova é a verdade ou falsidade de uma afirmação sobre um fato que interessa à solução do processo. São as asserções feitas pelas partes que interessam à solução de controvérsia submetida à apreciação judicial".

Nesse sentido e na linha igualmente tratada por MARINONI, ARENHART e MITIDIERO[4] (2017), temos que a **prova não se destina a demonstrar fatos, mas sim afirmações de fato**. E, aos nos referirmos às "afirmações de fato", não as associamos às alegações derradeiras do processo, mas sim às "questões de fato" relevantes para o processo a ponto de sobre ela incidir uma prova. **Os objetos da prova são, portanto, os fatos pertinentes e relevantes ao processo, ou seja, aqueles hábeis a influir na decisão.**

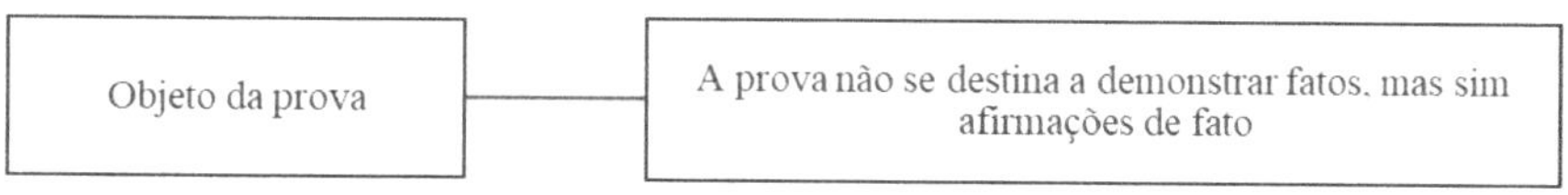

Em termos práticos, portanto, qual a essência do objeto da prova? A imputação formulada na inicial acusatória e eventuais causas modificativas, extintivas ou impeditivas do direito alegado pelo autor. Vinculamos o objeto da prova, portanto, ao ônus *probandi*, vez esse recai sobre as partes por revelarem os **fatos pertinentes e relevantes ao processo**. Chamamos tal objeto de **primário**.

Não podemos nos esquecer, contudo, que há particularidades processuais, amplamente trazidas pela doutrina, que desdobram o objeto da prova em diversos subobjetos, os quais chamamos de **secundários ou dependentes**, porquanto se dirigem ao objeto principal, relacionado ao ônus da prova. Vejamo-los, separadamente.

a) Fatos notórios: são aqueles de domínio e conhecimento público, inseridos na cultura de uma dada sociedade, como os feriados nacionais, a condição de determinada pessoa de Presidente da República, fatos históricos, políticos ou sociais. Assim, em termos processuais, é desnecessário provar, por exemplo, que dia 25 de dezembro é feriado e dia de celebração do Natal.

3. *op.cit.*
4. MARINONI, Luiz Guilherme. ARENHART, Sérgio Cruz. MITIDIERO, Daniel. Novo curso de processo civil: teoria do processo civil, vol. 1. São Paulo: 2017, Revista dos Tribunais.

b) Fatos axiomáticos ou intuitivos: são os fatos cuja valoração é desnecessária, porquanto evidentes, como o fato de que o fogo queima, que durante a noite não há luz solar e etc.

c) Fatos irrelevantes ou inúteis: são aqueles que não guardam qualquer pertinência com a matéria objeto do processo.

d) Presunções legais: são aquelas cuja valoração deriva diretamente da lei. São classificadas em absolutas (*jure et de jure*) e relativas (*juris tantum*). As presunções absolutas são assim classificadas por não admitirem prova em sentido contrário, como na hipótese da inimputabilidade por idade. O menor de 18 anos é constitucionalmente concebido como inimputável, sendo indiferente sua efetiva capacidade cognitiva. Nesse caso, basta a prova da menoridade que a inimputabilidade será presumida sem possibilidade de questionamento. As presunções relativas, ao contrário, são aquelas que admitem prova em sentido contrário, como, ao revés, a imputabilidade do maior de 18 anos, que pode ser afastada caso esse, à época do fato, fosse incapaz de entender o caráter ilícito do fato ou de determinar-se de acordo com esse entendimento por doença mental ou desenvolvimento mental incompleto ou retardado.

e) Os costumes: a doutrina assinala que os costumes devem ser provados, porquanto, não obstante integrarem uma dada sociedade, podem sofrer alterações em certas localidades, como o repouso noturno, por exemplo, que ocorre mais cedo em zonas rurais em comparação às grandes metrópoles.

f) Regulamentos e portarias: devem ser provados, em regra, quanto à sua existência e vigência, porquanto não se pode exigir do magistrado o conhecimento do volume normativo integral de tais atos, muitos dos quais com circulação apenas local. Tratando-se, contudo, de normas de amplo domínio público e fácil constatação, como as portarias da Agência Nacional de Vigilância Sanitária que disciplinam as substâncias entorpecentes (*ex vi* Portaria ANS 344), desnecessária se faz a prova.

g) Direito estrangeiro, estadual e municipal: o CPC assinala, no art. 376, que a parte que alegar direito municipal, estadual, estrangeiro ou consuetudinário provar-lhe-á o teor e a vigência, se assim o juiz determinar. O dispositivo, pela subsidiariedade do CPC, é perfeitamente aplicável ao processo penal.

h) Fatos incontroversos: incontroversos são os fatos que não foram contestados ou refutados pelas partes. O CPC, em razão da matéria envolvida, assinala que os fatos incontroversos não dependem de prova (art. 374, II e III). Contudo, a matéria sujeita à apreciação penal não encontra ressonância no diploma processual civil, haja vista que vigora no processo penal a presunção de inocência do agente, tanto que o próprio CPP assinala, no art. 197, que a confissão deve ser avaliada sob a luz das demais provas produzidas, afastando a preponderância da prova. Registre-se que a própria revelia no processo penal assume feição diversa da do processo civil, pois não implica na veracidade dos fatos alegados na inicial acusatória.

24.5 CLASSIFICAÇÃO DAS PROVAS

A classificação das provas pode ser realizada sob diversos prismas, vez que as classificações, por essência, são atos de inteligência que buscam sistematizar um dado conjunto de conceitos.

24.5.1 Prova direta e indireta

As provas diretas e indiretas atacam o objeto da prova. **Prova direta ou positiva** é aquela que traz elementos concretos para formação da construção de uma verdade normativa demonstrável, isto é, que objetiva confirmar uma assertiva sobre um fato concreto, a exemplo de um documento, que tem por escopo demonstrar a realização de um negócio, ou de uma testemunha, que objetiva comprovar a ocorrência de uma dada circunstância fática.

Prova **indireta ou negativa**, ao contrário, segundo a concepção doutrinária tradicional[5], é aquela que visa negar uma assertiva, demonstrando que determinado fato não ocorreu, como a prova que visa comprovar um álibi, que objetiva demonstrar a presença em local diverso do da prática do delito por parte do suposto autor.

Não obstante a consagração da expressão "prova indireta" e sua aceitação doutrinária e jurisprudencial, há que se ter a devida cautela com sua utilização, porquanto a prova indireta é, também, prova direta de outro fato. O suposto autor de um homicídio, por exemplo, que prova que no dia dos fatos não estava no local do homicídio, mas em outra cidade, realiza uma prova direta de sua localização. Logo, demonstra a impossibilidade de ter praticado o crime de homicídio. Ocorre que, nesse caso, não temos, para nós, a chamada prova indireta ou negativa, mas uma prova direta que induz à percepção lógica de impossibilidade, isto é, uma prova cuja valoração atacará, indiretamente, uma alegação positiva – matar alguém. Por isso, sem prejuízo da concepção tradicional, amplamente acolhida, preferimos nomeá-la **de prova lógica de valoração negativa ou indireta**.

A chamada **contraprova** não se confunde com os conceitos de prova positiva ou negativa, vez que se destina a trazer elementos de convicção aptos a supedanear a valoração de uma prova existente pelo magistrado. Assim, por exemplo, o laudo pericial pode ser questionado pelas partes por meio de assistentes técnicos que apresentam conclusões diferentes à sufragada na prova pericial, assim como, em um processo que envolve adulteração de combustíveis, as partes podem requerer a realização da contraprova na análise do material colhido e preservado para tal fim.

24.5.2 Prova plena e semiplena ou não plena

A classificação remete ao valor probatório da prova. Particularmente entendemos que não existem provas plenas, pois não são descritivas de fatos, mas representativas de linguagens que receberão ressignificado por parte do aplicador do Direito, vez que a pretensão probatória de se demonstrar algo metafísico sem a efetiva dotação de sentido encontra barreiras ontológicas. Isso porque, independentemente do significado que se atribua à prova, dela se extrairá a demonstrabilidade, pressuposto da verdade.

Assim, conforme destacamos anteriormente, a prova, por si só, não guarda qualquer significado, porquanto se revela como elemento de demonstração metafísica que será ressignificada para construção da chamada verdade, nitidamente normativa.

5. GOMES FILHO, Antônio Magalhães: **Estudos em homenagem à professora Ada Pellegrini Grinover**. Coord.: Flávio Luiz Yarshell e Maurício Zanóide de Moraes. São Paulo: DPJ Editora, 2005, p. 313.

E nesse sentido, falar-se em prova plena, concebida doutrinariamente como aquela que permite um juízo de certeza de um fato ou alegação de fato pelo magistrado, nos conduziria a uma contradição ao conceito proposto. Não obstante, a doutrina tradicional nos traz como exemplos de provas plenas as provas documentais, testemunhais, periciais e etc.

Por outro lado, a doutrina tradicional conceitua a prova semiplena ou não plena como aquela que ataca circunstâncias e que podem ser utilizadas pelo magistrado, mas sem um juízo de certeza, podendo trazer credibilidade ou probabilidade, como os indícios (art. 239 do CPP) e a fundada suspeita (art. 240, §2° do CPP).

Contudo, entendemos que todas as provas, por demandarem uma valoração posterior, devem ser concebidas como semiplenas, pois **não há provas absolutas no processo penal**, porquanto todas, independentemente da sua natureza, precisam de valoração pelo magistrado e podem trazer determinações de credibilidade, probabilidade ou certeza. O cadáver repleto de perfurações por arma de fogo, por exemplo, é uma prova absoluta de morte, mas não de um homicídio, vez que a construção jurídica do delito de homicídio pressupõe a existência fato típico, ilícito e culpável, sujeito a toda uma instrução probatória. E, no exemplo, ainda que o cadáver seja a prova absoluta de uma morte, no processo penal o objeto da prova não é a morte da pessoa, mas o óbito como decorrência de conduta de alguém – matar alguém – ou seja, uma conduta comissiva ou omissiva.

24.5.3 Prova reais e pessoais

Doutrinariamente, as provas reais e pessoais são classificadas como relacionadas ao sujeito, não obstante, para nós, mais se aproximarem da fonte de origem.

Provas reais são aquelas que não derivam diretamente de uma pessoa, mas de um objeto de interesse criminalístico, como uma arma de fogo ou um cadáver.

Provas pessoais, ao seu turno, são aquelas que tem origem em alguém, como a prova testemunhal, laudo pericial e etc.

24.5.4 Prova nominada e inominada

Prova **nominada** é aquela prevista em lei, independentemente de regramento legal. Basta, para sua classificação, que tenha sido prevista expressamente com *nomen iuris* originalmente atribuído pelo legislador.

Prova inominada, ao contrário, é aquela não proibida e moralmente legítima não prevista expressamente em lei.

24.5.5 Prova típica e atípica

O conceito de tipicidade da prova guarda íntima conexão com a previsão legal, em paralelo com a própria tipicidade formal.

Preservando a concepção taxonômica, entendemos por prova típica aquela expressamente prevista e regulada em lei, não se confundindo com o conceito de prova nominada, porquanto essa, para justificar a distinção classificatória, não precisar ser regulada no tocante à forma. Temos, portanto, que toda prova típica é nominada, mas nem toda prova nominada é típica, a exemplo da reconstituição do fato delituoso, prevista no art. 7° do CPP.

Por conseguinte, prova atípica é aquela não prevista e, consequentemente, não regulada por lei. E, segundo essa perspectiva, toda prova atípica é inominada, havendo, nesse particular, uma confusão conceitual, porquanto partimos da premissa da concepção de tipicidade conforme acima delineado.

A possibilidade do uso de provas atípicas no processo penal decorre da previsão do art. 369 do CPC[6] em razão da subsidiariedade prevista no art. 3º do CPP.

24.5.6 Prova anômala e irritual

Prova anômala é aquela cuja forma de produção não observa o procedimento legal originariamente previsto para o tipo de prova desejado, mas é produzida no processo com o escopo de trazer os efeitos de outra prova nominada. Como exemplo, podemos citar a substituição da prova testemunhal por documentos subscritos por testemunhas que, ao invés de prestarem depoimento judicial. Há, no caso, uma violação à tipicidade formal na produção da prova, pois é da essência da prova testemunhal a possibilidade de reperguntas, impossível no exemplo citado.

A maioria da doutrina critica a prática citada, porquanto viola, em tese o contraditório e ampla defesa pela impossibilidade de reperguntas. Entendemos, contudo, que a prática, em situações especiais, ao contrário, é bem-vinda e deve ser estimulada em razão do princípio da duração razoável do processo, especialmente se considerarmos que o princípio não fica confinado ao processo penal específico, pois deve nortear a atuação do magistrado em todos os processos sob sua apreciação.

Nesse sentido, não vemos obstáculo, por exemplo, na juntada de documento contendo declarações escritas de cunho estritamente pessoal sob a conduta pessoal do acusado por uma "testemunha", contemplando a figura do "BHT" (bom, honesto e trabalhador). As reperguntas nesse caso, via de regra, não existem, por envolverem aspectos puramente subjetivos daquele que conhece o acusado. Exigir que a prova seja realizada pela via estrita da prova testemunhal significa alongar a audiência de instrução e incrementar os custos do processo com intimações para se alcançar algo que, de fato, praticamente em nada contribui para o processo, porquanto a presunção inicial é de que a conduta social e pessoal do acusado seja positiva. Em síntese, a prova de seu desvio social, para fins de dosimetria da pena, compete à acusação e não à defesa, que não tem motivos para provar a boa conduta quando inexistem no processo elementos contrários.

Dessa forma, parece-nos perfeitamente admissível a produção de documentos nesse sentido, em substituição à prova testemunhal (e não como prova testemunhal), desde que juntados antes da audiência de instrução e julgamento para oportunizar o contraditório. Não admitimos, obviamente, a produção de documentos em substituição à prova testemunhal quando o teor do documento envolver o fato objeto da imputação.

Dessa forma, não obstante a conceituação e perspectiva doutrinária no tocante às provas anômalas, que pautam sua visão na produção segundo um modelo legal, mas diverso do adequado para aquela prova, não nos parece que, de fato, tenhamos as provas

6. Art. 369. As partes têm o direito de empregar todos os meios legais, bem como os moralmente legítimos, ainda que não especificados neste Código, para provar a verdade dos fatos em que se funda o pedido ou a defesa e influir eficazmente na convicção do juiz.

anômalas no processo penal, vez que sua inserção no processo ocorrerá por meio de outra prova, típica e nominada e, nesse sentido valorada.

E, sob essa perspectiva, concebemos as **provas irrituais** como aquelas cujo meio de produção viola o rito previsto na norma. Há, portanto, um suposto vício na produção da prova, como na hipótese de uma testemunha ou vítima que, dado o estado de constrangimento, não consegue se expressar verbalmente e solicita a autorização para escrever o depoimento, sem se valer de escritos prévios, e o faz na presença de todos os atores processuais, que podem exercer o direito de perguntar e reperguntar com lastro no documento produzido em audiência. Há, inegavelmente, uma quebra do rito, que deve, contudo, ser analisado sob a perspectiva do princípio do prejuízo (*pas de nullité sans grief*).

Logo, temos que, não obstante a irritualidade, não se pode afirmar que a prova irritual seja obrigatoriamente ilegítima. Nesse sentido já se manifestou o STJ:

> Com efeito, ainda que o depoimento não tenha se realizado oralmente, verifica-se que ofensa ao disposto no art. 204 do Código de Processo Penal também não houve. Isso porque a vítima lavrou a declaração diante do magistrado, do representante do Ministério Público e advogada de defesa em audiência, não trazendo documento previamente escrito. Sua situação peculiar – menor que sofreu abusos sexuais – justificava a eleição de tal meio para tomar suas declarações. De toda sorte, a defesa também não se insurgiu contra a prova apresentada em audiência. O nosso Código de Processo Penal acolheu o princípio pas de nullité sans grief, de onde se conclui que somente há de se declarar a nulidade do feito quando resultar prejuízo devidamente demonstrado pela parte interessada. (HC 148.215/RJ, Rel. Min. Og Fernandes, DJe 10.05.10).

24.5.7 Prova emprestada

A prova emprestada é aquela que foi produzida em um processo e vem a ser transportada, por meio de certidão, para outro processo, para que possa ser objeto de avaliação.

Não se trata, portanto, da simples juntada de um termo de depoimento do processo "A" no processo "B". Tal comportamento, a despeito de permitido, não confere ao documento juntado o mesmo *status* da prova emprestada, vez que essa, observada a formalidade, pode assumir, no novo processo, o mesmo quilate de sua produção original. Assim, se a prova emprestada for testemunhal ou pericial, não obstante sua juntada ser realizada por meio de documento, preserva a essência original da prova, podendo ser tratada como testemunhal ou pericial, por exemplo.

O STJ, no julgamento do REsp 1.561.021, entendeu que "o que se pode discutir, mas não pode ser objeto de *habeas corpus*, é o **valor dessa prova**. Se ela vai valer do mesmo modo que uma testemunha ouvida no mesmo processo, sob o contraditório das mesmas partes, se ela terá o valor de um informante, se ela terá o valor de um documento, se ela terá o valor de um mero indício, enfim, é critério de valoração da prova, mas válida essa prova é, não violando nenhuma norma legal, e não violando tampouco o princípio constitucional do contraditório". E, nesse sentido, caminha o teor do art. 372 do CPC[7], aplicável por subsidiariedade.

7. Art. 372. O juiz poderá admitir a utilização de prova produzida em outro processo, atribuindo-lhe o valor que considerar adequado, observado o contraditório.

Majoritariamente, exige-se três requisitos para utilização da prova emprestada: a) participação do acusado no processo em que foi originariamente produzida a prova; b) produção sob o crivo do contraditório e ampla defesa; e c) autorização pelo juízo competente. Não se exige, portanto, que nos processos as partes sejam idênticas, sob pena de se reduzir sua aplicabilidade (STJ, EREsp 617.428).

É o que se observa do teor da Súmula 591 do STJ e do entendimento do STF:

> **Súmula 591**: "É permitida a prova emprestada no processo administrativo disciplinar, desde que **devidamente autorizada pelo juízo competente** e respeitados o **contraditório e a ampla defesa**".
>
> "Prova emprestada e garantia do contraditório. **A garantia constitucional do contraditório – ao lado, quando for o caso, do princípio do juiz natural – é o obstáculo mais frequentemente oponível à admissão e à valoração da prova emprestada de outro processo**, no qual, pelo menos, não tenha sido parte aquele contra quem se pretenda fazê-la valer; por isso mesmo, no entanto, a circunstância de provir a prova de procedimento a que estranho a parte contra a qual se pretende utilizá-la só tem relevo, se se cuida de prova que – não fora o seu traslado para o processo – nele se devesse produzir no curso da instrução contraditória, com a presença e a intervenção das partes. Não é a hipótese dos autos: aqui **o que se tomou de empréstimo ao processo a que respondeu corré da recorrente**, foi o **laudo de materialidade do tóxico apreendido, que, de regra, não se faz em juízo e à veracidade do qual nada se opõe**". STF, 1ª Turma, RE 328.138, Rel. Min. Sepúlveda Pertence, DJ 17/10/2003.

No que toca à menção ao julgado do STF, é importante frisar que o Pretório Excelso estabeleceu duas exceções importantes a serem consideradas: **possibilidade de prova emprestada em sede de investigação e produzida contra pessoa diversa**. Conforme assinalamos, as hipóteses são excepcionais por versarem sobre corréu e prova pericial, à qual não se faz juízo de veracidade.

Registre-se, contudo, que a decisão proferida pelo STF é anterior à nova redação do art. 372 do CPC, que restringe a prova emprestada ao "processo", podendo-se questionar sua aplicação na atualidade diante da nova normatização. Entendemos, todavia, que não obstante a nova redação legal, não há razões para o *distinguishing* no tocante às provas que não são produzidas, em regra, em juízo, a exemplo do laudo de materialidade toxicológico, prova normalmente não repetível.

Situação peculiar pode ocorrer quando o processo que "empresta" a prova para outro vem a padecer de anulação ou declaração de nulidade. Nesses casos, é preciso analisar a questão sob a luz do princípio do confinamento das nulidades, vez que sendo o processo anulado por questão não relacionada à prova emprestada, essa será válida, salvo se a anulação do processo ocorrer desde a citação, porquanto tal vício macula todos os demais atos subsequentes em razão do princípio da causalidade na esfera das nulidades.

24.5.8 Prova de fora da terra

Prova de fora da terra é aquela que deve ser produzida fora do juízo natural do feito, como a oitiva de uma testemunha por carta precatória, a ser realizada pelo juízo deprecado.

24.6 *STANDARDS* PROBATÓRIOS

Os *standards* probatórios, também chamados de critérios de decisão ou modelos de constatação, são compreendidos como os níveis ou graus de provas exigidos para apreciação de uma questão específica. Em síntese, a construção visa estabelecer parâmetros para se identificar qual a força probatória exigida para o recebimento de uma denúncia, decretação de uma prisão ou para a condenação, entre outras.

Na busca metodológica para se alcançar, lógica e racionalmente, a razão de decidir, não se pode afastar das premissas principiológicas que norteiam o processo penal, especialmente à garantia da presunção de inocência e *in dubio pro reo*. A construção anglo-saxão trilha o caminho de três principais modelos: **prova para além de qualquer dúvida razoável** (*proof beyond a reasonable doubt*), **prova clara e convincente** (*clear and convincing evidence*) e o **da simples preponderância da prova** (*preponderance of evidence*).

Simples preponderância (*preponderance of evidence*)	**Prova clara e convincente (*clear and convincing evidence*)**	**Prova para além de qualquer dúvida razoável (*proof beyond a reasonable doubt*)**
A simples dúvida atinge o *standard* necessário, de forma que a prova tida como mais robusta prevalecerá sobre a mais fraca. Ex. dúvida quanto a sanidade mental do acusado: a simples dúvida alcança o *standard* suficiente para deflagração do incidente de insanidade mental.	Grau intermediário de probabilidade acerca de determinado evento a ser provado. Maior do que a simples dúvida, mas menor do que a "certeza". Ex. a prova da materialidade e a existência de indícios suficientes de autoria alcançam o *standard* suficiente para que se possa afirmar a existência de uma probabilidade suficiente para a pronúncia do acusado.	Grau de probabilidade alto no tocante ao mosaico probatório de forma a permitir que se possa fundamentar a prolação de uma sentença condenatória. Não se confunde com a certeza, vez que essa pertence ao mundo da realidade e não processual.

Verifica-se, portanto, que o modelo se funda nas premissas da impossibilidade de se alcançar a verdade real e na necessidade de se estabelecer parâmetros para a decisão, isso porque, segundo nossa concepção sobre as provas, independentemente do significado que se atribua a essas, delas se extrairá a demonstrabilidade, pressuposto da verdade e elemento de formação da convicção subjetiva do julgador.

O modelo, cada vez mais acolhido pela doutrina pátria, pauta-se, ainda que não de forma expressa, na concepção de **suficiência da prova parametrizada por juízos de probabilidade** para fundamentar, racionalmente, cada tipo de decisão. Assim, temos, por exemplo, que para a prolação de uma sentença condenatória, o magistrado não pode ter dúvida razoável, exigindo-se, portanto, que a prova seja dotada de credibilidade, probabilidade e certeza, vez que, pelo princípio do *in dubio pro reo*, não se convencendo o magistrado acerca da imputação, deve absolver o réu.

Por outro lado, não se exige, para as decisões de recebimento da denúncia e decreto de prisão preventiva, por exemplo, o mesmo grau de convicção, pois a norma pressupõe tão somente a prova da materialidade e indícios suficientes de autoria. O deferimento de um pedido de sequestro, por exemplo, exige tão somente a existência de indícios veementes da proveniência ilícita dos bens. Em síntese, temos que o legislador pode, a depender da decisão a ser proferida e o nível de impacto dessa nos direitos e garantias fundamentais, exigir maior ou menor grau dos elementos de prova.

Apesar de festejado por parte da doutrina o assunto, sua aplicação não resolve de fato o problema probatório, vez que, em essência, não adentra no mérito por estabelecer, tão somente, parâmetros classificatórios para a prova. Dúvida, prova clara ou para além de qualquer dúvida são classificações que demandam valoração objetiva, normativa e subjetiva, porquanto não obstante o estabelecimento de nortes objetivos (prova da materialidade, indícios veementes e etc.), o processo concretiza-se, em sua essência maior, com a valoração do objeto e não em suas classificações.

Partindo dessa premissa, trazemos a construção atinente à teoria da condição INUS, trabalhada em nosso Direito Penal - Parte Geral - para contribuir com a temática probatória, haja vista a riqueza do assunto.

24.6.1 A teoria da condição INUS

A teoria da condição mínima, da suficiência nômica ou da condição INUS, *Insufficient but Necessary part of a condition which is itself Unnecessary but Sufficient*[8], em tradução livre de João Paulo Orsini Martinelli e Leonardo Schmitt de Bem[9], "parte insuficiente, mas não redundante de uma condição desnecessária, mas suficiente", desenvolvida por John Leslie Mackie, trabalha com os conceitos de causa suficiente e necessária, nos quais causa necessária é aquela indispensável para a ocorrência do resultado e suficiente aquela garantidora da ocorrência do resultado.

Para Mackie, causa é a componente necessária de uma condição suficiente, parte de um todo, posto que compreende que a mera ideia de necessidade, utilizada pela teoria da equivalência das condições, por si não é capaz de englobar a compreensão de que um evento é causa de outro, haja vista as situações de causalidade múltipla[10], nos quais um antecedente é considerado causa de outro mesmo quando, sem ele, o resultado teria ocorrido. De igual forma, a mera concepção de suficiência da causa não contempla todo o significado de causalidade[11]. Vejamos um exemplo:

Caio arma-se sua pistola, desfere seis tiros contra Tício, acertando dois disparos, sendo um certeiro no coração e outro no braço esquerdo. A perícia indica como causa morte a perfuração do coração como fator preponderante. Na cadeia causal apresentada temos quatro condições: a) armamento; b) efetuar disparos; c) acertar disparos; e d) um disparo ter atingido região vital.

8. Em tradução literal, condição insuficiente, mas parte necessária de uma condição a qual, em si, é desnecessária, mas suficiente.

9. DE BEM, Leonardo Schmitt; MARTINELLI, João Paulo Orsini. **Lições fundamentais de direito penal**: parte geral. São Paulo: Saraiva, 2018, p. 613.

10. Concorrência de vários eventos suficientes, ou seja, capazes de produzirem, por si só, o resultado.

11. ROCHA, Renan de Oliveira. **A relação de causalidade no direito penal**. Dissertação de mestrado, Belo Horizonte: UFMG, 2013, p. 123.

A construção de Mackie apresenta a seguinte lógica:

a) o armamento é uma causa não necessária e insuficiente para produzir o resultado, pois a vítima poderia ter sido morta por atropelamento ou outra causa;

b) efetuar os disparos igualmente não é uma causa necessária e suficiente para produzir o resultado, pois a vítima poderia ter sido morta por golpes de faca;

c) acertar os disparos, assim como as demais condições, é uma causa não necessária e insuficiente para produzir o resultado, pois a vítima poderia ter sido socorrida e não vir a óbito ou morrer em razão do capotamento da ambulância que a transportava para o hospital;

d) um disparo ter atingido região vital também não é causa necessária e suficiente para produção do resultado, posto que a vítima poderia estar vestida com um colete à prova de balas.

Dessa forma, Mackie chega à mesma conclusão de John Stuart Mill, de que nenhuma causa é verdadeiramente suficiente ou necessária para a produção do resultado. No exemplo, construído pelas causas "*abcd*", poderíamos imaginar outros infinitos conjuntos hábeis a causar a morte de Tício, como um infarto, um atropelamento, um acidente vascular cerebral e etc. Em todas as hipóteses possíveis, há um conjunto próprio (*X*) formado por condições insuficientes e não necessárias que, somadas, tornam-se suficientes para a produção do resultado morte. Todavia, esse conjunto *X*, por sua vez, é desnecessário para a produção do resultado morte, posto que outros conjuntos, *Y* e *Z*, por exemplo, poderiam ser igualmente suficientes para dar causa ao evento.

Assim, para Mackie, sintetizando a condição INUS, o que tem sido considerado como causa na realidade é uma condição INUS de um resultado, sendo que a verdadeira causa seria o **conjunto das condições (X), composto por partes insuficientes, mas necessárias para formação do conjunto que, por sua vez, é suficiente mas desnecessário para produzir o resultado, vez que esse pode ocorrer por consequência de outros conjuntos (Y e Z).**

Partindo dessas premissas, no contexto dos *standards* probatórios, parece-nos que a problemática, em si, não permanece adstrita à mera classificação, pois haverá a necessidade de se apontar a razão de decidir, lastreada em suas condições – demonstrabilidade. E, nesse contexto, por não existir no Direito pátrio hierarquia probatória, há que se analisar o conjunto probatório exigido por cada espécie de decisão, e não cada prova de forma isolada, como condição necessária para prolação de uma decisão, que pode ser de diferentes espécies.

Podemos assinalar, desse modo, segundo a luz da teoria da condição INUS, que nenhuma condição probatória isolada é causa suficiente e necessária para fundamentar uma decisão, porquanto somente um dado conjunto (**X ou Y**) de condições, formado pelas provas (**abcd**), será capaz de formar um conjunto de condições (**X**), apto e suficiente a demonstrar a razão de decidir, apesar desse ser desnecessário, pois o resultado pode advir da formação de outros conjuntos. Vejamos alguns exemplos.

Natureza	*Standard* necessário	Formação
Instauração de investigação	Verificação da procedência das informações (art. 5º, §3º, CPP)	A simples notícia crime anônima é causa insuficiente e desnecessária para instauração da investigação, vez que essa pode ser instaurada de ofício, mediante requisição do MP ou após a instauração de VPI.
Recebimento da denúncia	Prova da materialidade e indícios de autoria	A prova da materialidade – laudo toxicológico – por exemplo, por si só, é causa insuficiente para ensejar a propositura da inicial, pois se exige, igualmente, indícios de autoria. Ademais, nessa fase, a materialidade pode ser provada por outras formas, conforme precedentes do STJ.
Sequestro	Indícios veementes da proveniência ilícita dos bens	A caracterização da prova indiciária pode ser realizada por diversas formas, como um anúncio em jornal, sitio da internet, pré-contrato e etc.
Arresto	Certeza da infração e indícios suficientes da autoria	O termo certeza da só existirá com o julgamento e efetivo trânsito em julgado. O que podemos ter, durante o trâmite processual, é prova da materialidade ou da existência do crime. Temos, portanto, que há necessidade de demonstração tão somente do *periculum in mora*, consubstanciado no receio de futura insolvência do autor da infração penal. Exige-se, ademais, indícios suficientes de autoria, que podem advir de diversas provas.
Interceptação telefônica	Indícios razoáveis da autoria ou participação em infração penal; a prova não possa ser feita por outros meios disponíveis; e o fato investigado constituir infração penal punida com reclusão.	Os indícios razoáveis da autoria ou participação em infração penal podem ser obtidos com lastro nas mais diversas provas admitidas; a impossibilidade de se provar o fato por outros meios disponíveis evidencia, por essência, necessidade da prova que, todavia, só será realizada quando o conjunto negativo de provas a exigir.
Prisão preventiva	Prova da materialidade, indícios de autoria e *periculum in mora.*	A prova da materialidade e a caracterização dos indícios de autoria pode ser realizada por diversos meios de prova, não se apegando apenas a um modelo.
Prisão temporária	Imprescindibilidade para as investigações criminais; ausência de residência fixa ou não fornecimento de elementos necessários ao esclarecimento de sua identidade por parte do agente; fundadas razões, de acordo com qualquer prova admitida na legislação penal, de autoria ou participação do indiciado nos crimes previstos no art. 1º, III, da Lei 7.960/89; existência de	No julgamento das ADIs 4.109 e 3.360, em fevereiro de 2022, o STF entendeu que: A prisão temporária é "cabível apenas na fase investigativa, tem requisitos estritos e está em sintonia com os princípios constitucionais das custódias cautelares." O entendimento firmado pelo STF proíbe que uma prisão temporária seja decretada ou renovada para forçar o investigado a prestar alguma informação. Vedou-se a "prisão para averiguação" – quando a pessoa é detida e, enquanto isso, os investigadores verificam se ela tem relação com o crime investigado. Para a decretação da prisão temporária, as autoridades terão que comprovar a existência de indícios concretos de que há crime e elementos contra o investigado.

Natureza	*Standard* necessário	Formação
Prisão temporária	indícios concretos de que há crime e elementos contra o investigado; se a justificativa para o pedido de prisão se baseia em fatos novos ou contemporâneos ao pedido; se a medida é adequada à gravidade do crime, às circunstâncias do fato e às condições pessoais do alvo da prisão; se outras medidas cautelares alternativa à prisão, como o uso de tornozeleira eletrônica, não seriam suficientes para o caso.	A novidade veio do teor da decisão, na qual os ministros do Supremo Tribunal Federal decidiram que a prisão temporária só pode ser aplicada se todos os requisitos previstos na lei sobre o tema estiverem presentes, cumulativamente. Não basta, portanto, cumprir apenas alguns dos itens listados na lei. Passou-se a exigir, também, a contemporaneidade, isto é, a prisão temporária não poderá ser decretada se o cumprimento desses pré-requisitos utilizar elementos ocorridos muito tempo antes da prisão. Definiu-se, então, que será necessário avaliar: se a prisão temporária é medida imprescindível para as investigações do inquérito – com base em elementos concretos, e não em "meras conjecturas"; se há razões fundamentadas para dizer que o alvo da prisão participou do crime investigado – e este crime precisa constar no art.1º, III da Lei 7.960/89; se a justificativa para o pedido de prisão se baseia em fatos novos ou contemporâneos ao pedido; Se a medida é adequada à gravidade do crime, às circunstâncias do fato e às condições pessoais do alvo da prisão; se outras medidas cautelares alternativa à prisão, como o uso de tornozeleira eletrônica, não seriam suficientes para o caso. O julgamento também definiu que o fato de o alvo da prisão "não ter residência fixa ou não fornecer elementos necessários ao esclarecimento de sua identidade", por si só, não é suficiente para embasar a prisão temporária.
Pronúncia	Prova da materialidade e indícios suficientes de autoria	A prova da materialidade e a caracterização dos indícios de autoria pode ser realizada por diversos meios de prova, não se apegando apenas a um modelo. Admite-se, inclusive, a pronúncia por crime de homicídio sem cadáver.
Sentença condenatória	Prova para além de qualquer dúvida razoável	O mosaico probatório deve reunir elementos de prova suficientes para afastar qualquer dúvida por parte do aplicador do Direito.

Tomemos a seguinte hipótese: o indivíduo, para ser preso, precisa ser considerado autor de um crime? Não, pois pode ser preso preventiva ou temporariamente ou mesmo pelo inadimplemento no pagamento de pensão alimentícia. Logo, a prática de um delito é causa insuficiente e não necessária para a prisão.

No tocante ao processo, o indivíduo pode ser condenado com lastro somente na confissão? Não, pois não existem provas absolutas no processo penal. Logo, a confissão é causa insuficiente e não necessária para a condenação. Ainda, a prova testemunhal constitui condição necessária e suficiente para uma condenação? Não, pois a materialidade e a autoria podem ser demonstradas de outras formas.

No entanto, temos que, por exemplo, havendo a prova testemunhal e a confissão do acusado, apesar de, isoladamente, tais provas serem desnecessárias, o conjunto formado por elas revela-se como suficiente para sustentar a condenação, apesar desse conjunto ser desnecessário, pois uma condenação pode advir da prática de outro delito.

Poder-se-ia sustentar que a lei processual penal estabelece limites de provas quanto a algumas matérias, de modo que a prova só poderia ser realizada sob a luz do regramento legal, tratando-se, por exemplo, de prova necessária, como na hipótese do art. 155, parágrafo único do CPP, que assinala as restrições de prova quanto ao estado as pessoas. No entanto, mesmo nesses casos, não se pode olvidar que, pela inafastabilidade da jurisdição, a prova do estado das pessoas, ainda que inicialmente realizada por documento, pode ser suprida por decisão judicial.

Poder-se-ia, igualmente, questionar a aplicação da teoria nos casos de prova pericial, especialmente aquelas relacionadas à constatação definitiva da droga (laudo toxicológico definitivo), pressuposto para a condenação por comprovar a materialidade da substância. Ainda assim, nesses casos, a prova pode ser obtida por outros meios que não a prova pericial. Imagine que apreendida a droga, seja realizado o laudo toxicológico definitivo e que esse venha a ser juntado apenas no processo do corréu. Nada impede a utilização da prova emprestada conforme entendimento sufragado pelo STF. Imagine agora que, realizado e juntado o laudo de forma adequada no processo, esse venha a ser extraviado, não se podendo reconstituir, na íntegra o processo original, inclusive o laudo original, seja por óbito de um dos peritos signatários ou destruição da droga. Contudo, nas provas reconstruídas, há expressa menção das partes ao referido laudo e suas conclusões. Parece-nos evidente que, no exemplo, há provas concretas acerca da materialidade, de forma que o decreto condenatório poderá ser proferido com lastro na prova indireta, posto que induvidosa. Logo, a prova pericial, de *per si*, é desnecessária e insuficiente para fundamentar a condenação.

Do exposto, podemos concluir que **somente o conjunto de provas (X), formado pelas provas (*acb*)** pode ser causa suficiente para fundamentar a decisão, apesar de ser desnecessário, **vez que a decisão pode ser proferida com lastro nos conjuntos (*ab*), (*ac*), (*ade*)** e etc.

E, nesse sentido, a aplicação da teoria ao modelo de *standards* probatórios é capaz de fundamentar, pela demonstrabilidade, os conjuntos de **prova para além de qualquer dúvida razoável** (*proof beyond a reasonable doubt*), **prova clara e convincente** (*clear and convincing evidence*) e o **da simples preponderância da prova** (*preponderance of evidence*). Trata-se, portanto, de uma proposição de sistematização para formação de critérios de decisão.

24.7 SISTEMAS DE APRECIAÇÃO DA PROVA

Estuda-se, modernamente, três sistemas de prova, que levam em consideração a natureza da prova e o aspecto subjetivo de sua análise. Os sistemas de apreciação da prova visam, sobremaneira, estabelecer critérios para valoração da prova dos autos para obtenção da verdade reproduzida em juízo.

24.7.1 Sistema legal ou tarifado

O **sistema legal ou tarifado**, não aplicado no Brasil, é aquele que estabelece uma valoração para prova de forma prévia, isto é, dentre os diversos meios de prova possíveis, as provas são hierarquizadas, retirando do magistrado a possibilidade de valorá-las de forma distinta. Nesse contexto, por exemplo, a confissão foi alcunhada de a "rainha das provas", dada a sua força probante, e a prova testemunhal como a "prostituta das provas", em razão da sua liquidez.

Do Código de Processo Penal ainda podemos extrair alguns resquícios do sistema tarifado, especialmente nos casos em que a norma limita a forma de produzir a prova sobre uma determinada alegação. Os arts. 62, 158, 232, p. único e 237 do CPP, por exemplo, nos fornecem indícios de sua anterior aplicação.

O art. 62 do CPP prevê que a decretação da extinção da punibilidade pelo óbito apenas poderá ser decretada à vista da certidão de óbito, pelo que, nesse particular, parte da doutrina sustenta a existência de uma **tarifação absoluta**. O art. 158, *v. g.*, por seu turno, assinala que "quando a infração deixar vestígios, será indispensável o exame de corpo de delito, direto ou indireto, não podendo supri-lo a confissão do acusado", mas admite, no art. 167, a relativização da prova pericial por meio de suprimento por outras provas, conduzindo à chamada **tarifação relativa**. O art. 232, p. único, por sua vez, dispõe que a fotografia, somente quando autenticada, terá o mesmo do original. Por fim, o art. 237 prevê que as públicas-formas só terão valor quando conferidas com o original, em presença da autoridade. Em síntese, os dispositivos limitam a aplicação do sistema probatório em sua integralidade.

24.7.2 Sistema da íntima convicção

O **sistema da íntima convicção**, por seu turno, é aquele que se opõe ao sistema da prova tarifada, porquanto o magistrado pode conferir qualquer valor à prova, sem a necessidade de fundamentar a decisão. Em síntese, decide como e com as razões que quiser. O sistema, não obstante as críticas doutrinárias por violação ao art. 93, XI da CF, **foi adotado na segunda fase do procedimento do Tribunal do Júri**, vez que os jurados, ao condenarem ou absolverem o acusado, não manifestam suas razões, que permanecerem na esfera da íntima convicção. Há, segundo a doutrina, um paradoxo entre o dever de fundamentar as decisões e a exceção conferida aos jurados, em patente violação ao direito de ampla defesa, porquanto o acusado condenado não terá ciência efetiva dos motivos pelos quais foi condenado, prejudicando o mérito de eventuais recursos e permitindo, de certo modo, a aplicação do famigerado "Direito Penal de autor".

24.7.3 Sistema do livre convencimento motivado ou da persuasão racional

O **sistema do livre convencimento motivado ou da persuasão racional foi o adotado, em regra**[12]**, pelo ordenamento jurídico pátrio,** conforme se infere do teor do art. 155 do CPP:

12. Adotou-se, no procedimento do Tribunal do Júri, segunda fase, o sistema da íntima convicção.

Art. 155. O juiz formará sua convicção pela livre apreciação da prova produzida em contraditório judicial, não podendo fundamentar sua decisão exclusivamente nos elementos informativos colhidos na investigação, ressalvadas as provas cautelares, não repetíveis e antecipadas.

Parágrafo único. Somente quanto ao estado das pessoas serão observadas as restrições estabelecidas na lei civil.

No modelo do livre convencimento motivado ou persuasão racional, as provas não recebem valoração prévia e a discricionariedade do magistrado é restrita pela necessidade de fundamentação. A valoração probatória é livre, mas o juiz deverá apontar, por meio um jogo de linguagem, capaz de produzir uma concepção da realidade, o caminho da credibilidade, probabilidade e certeza, elementos de demonstrabilidade da decisão.

Naturalmente, a fundamentação da decisão não pode ser pautada exclusivamente em elementos de prova colhidos na investigação, os quais são desprovidos de contraditório e ampla defesa. Isso não significa, todavia, que o magistrado não possa se valer da prova inquisitorial para fundamentar sua decisão, porquanto essa, desde que conectada com a prova judicial, pode reforçar o mosaico probatório como elementos de convicção secundários, a exemplo do depoimento de uma testemunha inquirida em sede de inquérito policial que vai no mesmo sentido do depoimento de outras duas testemunhas inquiridas em juízo.

Há a possibilidade, portanto, do chamado **efeito migratório das provas inquisitoriais**, especialmente quando envolvem provas cautelares, antecipadas e as não repetíveis, que receberão o contraditório diferido no curso do processo judicial.

24.8 ÔNUS DA PROVA

Segundo MALATESTA[13] (2001, p. 132), o **ordinário se presume, o extraordinário se prova**. Nas sociedades em geral, o ordinário é o cumprimento das normas por parte dos indivíduos, o extraordinário, sua violação. Recortando para o processo penal, o ordinário é a ausência de crime e de responsabilidade penal, consubstanciados nos princípios do Direito Penal do fato e na presunção de inocência. O extraordinário, portanto, é a prática de crime e a responsabilidade penal. Logo, temos que o excepcional - prática do delito e responsabilidade penal - devem ser provados. É nesse contexto que surge o chamado ônus da prova.

Ônus é o encargo conferido à parte para demonstrar o suporte fático que fundamenta a sua pretensão jurídica. Difere-se da obrigação por se tratar de faculdade que implica a possibilidade de prejuízo diante de eventual descumprimento. Não existe, portanto, o dever de provar, mas tão somente o interesse em provar, posto que, não realizada a prova, o interessado sofrerá as consequências processuais decorrentes. Não se trata, dessa forma, de obrigação ou dever, porquanto seu não cumprimento acarretaria sanções processuais em razão da ilicitude, mas tão somente de ônus, pois seu não exercício, lícito e permitido, não sofre qualquer sanção processual, mas tão somente consequências processuais.

A distinção é importante porque impera no processo penal pátrio o princípio da indisponibilidade da ação penal de iniciativa pública, que poderia induz a um suposto

13. *op.cit.*

dever de provar por parte do Ministério Público. Ocorre que, fosse dever, o simples fato de produzir provas já o satisfaria, independentemente de seu valor probatório. O ônus, portanto, incide sobre teor das alegações e não confunde com a simples atividade probatória.

A regra do ônus da prova visa estabelecer critérios objetivos que orientem o juiz nas suas decisões, sendo, portanto, **regra de procedimento** no tocante ao aspecto subjetivo **e de julgamento**, a ser aplicada quando houver eventual omissão das partes quanto à prova de suas alegações.

24.8.1 Ônus subjetivo e objetivo

Sob a luz do sistema do livre convencimento motivado ou da persuasão racional, o magistrado não está adstrito à importância conferida pelas partes às provas produzidas, pois poderá decidir com lastro nos elementos de prova constantes nos autos, vez que a prova pertence ao processo e não às partes (princípio da comunhão da prova).

Subjetivamente, o ônus da prova revela-se na necessidade de as partes provarem os fatos relevantes alegados em seu favor, sob pena de sua pretensão não ser acolhida. Associa-se, portanto, com a atividade probatória das partes.

Nesse sentido, é a lição de BARBOSA MOREIRA[14] (1980, p. 74): "o desejo de obter a vitória cria para o litigante a necessidade, antes de mais nada, de pesar os meios de que se poderá valer no trabalho de persuasão, e de esforçar-se, depois, para que tais meios sejam efetivamente utilizados na instrução da causa".

O **ônus objetivo**, por outro lado, afigura-se como regra de julgamento, pois o magistrado deverá proferir a sentença independentemente do resultado das provas produzidas e seu poder de convencimento, isto é, caso a parte não se desincumba de seu ônus, a decisão deverá ser proferida de qualquer forma. E, nesse sentido, objetivamente, como regra de julgamento, deverá impor as consequências à parte da "não prova". Absolverá, por exemplo, quando o Ministério Público não provar que Caio foi o autor do furto contra o patrimônio de Tício. **Na perspectiva objetiva, portanto, reside a valoração da prova.**

24.8.2 Ônus perfeito e imperfeito

De acordo com a doutrina, ocorre o chamado ônus perfeito quando o prejuízo advindo de seu descumprimento é inevitável, sendo tratado como consequência necessária. Por outro lado, imperfeito, também conhecido por menos perfeito, é o ônus que o resultado de seu descumprimento pode, segundo a valoração da prova, trazer ou não prejuízos para a parte.

Particularmente não compactuamos com a classificação, haja vista que ônus é o encargo conferido à parte para demonstrar o suporte fático que fundamenta a sua pretensão jurídica. E, nesse contexto, ou se desincumbe do encargo ou não. Os adjetivos perfeito, imperfeito e menos perfeito, portanto, relacionam-se às consequências e não ao substantivo ônus.

---

14. BARBOSA MOREIRA, José Carlos. **Julgamento e ônus da prova**. Temas de direito processual: 2ª série. São Paulo: Saraiva, 1980.

24.9 DISTRIBUIÇÃO DA PROVA NO PROCESSO PENAL

Art. 156. A prova da alegação incumbirá a quem a fizer, sendo, porém, facultado ao juiz de ofício:

I – ordenar, mesmo antes de iniciada a ação penal, a produção antecipada de provas consideradas urgentes e relevantes, observando a necessidade, adequação e proporcionalidade da medida;

II – determinar, no curso da instrução, ou antes de proferir sentença, a realização de diligências para dirimir dúvida sobre ponto relevante.

O ônus da prova foi distribuído *ope legis*, incumbindo a prova da alegação a quem a fizer. Assim, de acordo com a redação legal, há uma distribuição efetiva do ônus da prova, de forma que à acusação competirá provar suas alegações, e à defesa demonstrar eventuais alegações aptas a afastar as alegações da acusação. Há, no entanto, críticas doutrinárias ao modelo legal, sustentando que o ônus da prova no processo penal compete exclusivamente à acusação.

Do modelo *ope legis* extrai-se que caberá à acusação provar a caracterização de um fato típico por parte do agente. Assim, deverá provar:

a) **a realização de uma conduta comissiva ou omissiva;**

b) **a existência de um resultado normativo ou naturalístico;**

c) **o nexo causal entre a conduta e o resultado;**

d) **dolo ou culpa;**

e) **a relação subjetiva com o fato, autoria ou participação.**

Não se exige, por lógica, a prova da tipicidade ou da ilicitude, porquanto categorias associadas à aplicação do Direito. De igual forma, não se exige, por parte da acusação, a prova, *a priori*, da culpabilidade normativa do agente, haja vista que sendo o autor imputável sob a perspectiva biológica (maior de 18 anos), haverá a presunção legal quanto à capacidade penal.

Em outras palavras, à acusação compete provar que o agente, com seu comportamento, contribuiu para a ocorrência de um resultado ou violação normativa como decorrência de sua conduta, bem como que agiu com dolo ou culpa, não se admitindo, como parte da doutrina sustenta, a presunção quanto ao aspecto subjetivo do delito. De fato, presumir o dolo e remeter a prova acerca de sua ausência ao réu subverte a lógica probatória e confere ao acusado o ônus de realizar prova negativa, inaceitável sob a perspectiva de um Direito Penal e Processual democráticos, que se afastam do Direito Penal do autor. Conforme destacamos no início da obra, o dolo, concebido com atribuição, afasta a perquirição subjetiva para permitir a demonstração dos critérios de imputação formulados pela acusação.

Estabelecidas as premissas do ônus da prova que incumbe à acusação, caberá à defesa, em decorrência da lógica processual consubstanciada no art. 373, II, do CPC, aplicável por subsidiariedade, demonstrar a existência de fatos impeditivos, modificativos e extintivos ao direito alegado pelo autor, isto é, competirá à defesa demonstrar que o réu agiu amparado por uma causa excludente de ilicitude ou culpabilidade, bem como extintivas de punibilidade.

Assim, se o acusado alega um álibi, por exemplo, tem o ônus de prová-lo. Caso alegue, igualmente, a existência de uma causa extintiva de punibilidade, como a renúncia tácita ao direito de queixa, deverá prová-la sob pena de não acolhimento da tese.

A questão, todavia, não se revela tão simples, pois o ônus da defesa é diverso do ônus da acusação, porquanto impera, para a primeira, a princípio do *in dubio pro reo*. Isso significa que a régua probatória defensiva é menor do que a exigida para a acusação, que possui o ônus de provar a realização do fato típico.

Vejamos uma hipótese concreta: imagine que Caio seja processado pelo crime de homicídio por afogamento de Tício. Caio, em sua defesa, alega estado de necessidade, no exemplo de Basileu Garcia sobre a tábua de salvação, ou seja, aduz que matou Tício porque estava em situação de perigo e a tábua era o único meio disponível para salvação, levando-o, em luta, a afogar Tício. A quem compete provar a situação de perigo? A quem compete provar a situação de luta? A quem compete demonstrar que a tábua era o único meio de salvação?

À acusação cabe provar que Caio matou Tício e, de fato, pela própria defesa apresentada, não há dúvidas quanto a tal fato. Percebam que Caio não nega a prática da conduta, mas aduz situação que, se provada, afasta a ilicitude do comportamento. Ao se transferir para a acusação, como sustenta parte de doutrina, o ônus de provar que não existia situação perigo, que a tábua não era o único meio de salvação ou que não houve luta, a prova recairia sobre fato negativo, passível de prova apenas indireta, sobre o extraordinário[15].

Nesse sentido é a magistral lição de MALATESTA[16] (2001, p. 132):

> Quem afirma que, no curso ordinário dos acontecimentos, não há obrigação de prova, tem por si a voz universal das coisas que apresentam como prova em juízo, tem por si a voz universal das pessoas que afirma aquela voz das coisas, como verificada num conjunto de experiências e observações. Portanto, o ordinário se presume. Mas quem afirma, ao contrário, o que está fora do curso ordinário dos acontecimentos, tem contra si a voz universal das coisas, afirmada pela experiência universal das pessoas; tem a obrigação, portanto, de sustentar com prova particular sua asserção: o extraordinário se prova.

Logo acima destacamos que o ônus da prova sobre uma causa excludente de ilicitude ou culpabilidade, bem como extintivas de punibilidade, recai sobre a defesa. Há que se fazer um registro, contudo, de que em determinadas situações, o ônus da prova pode recair também sobre uma alegação referente a elementar típica, especialmente quando envolver uma negação do Direito formal.

A título ilustrativo, imaginemos que Caio "subtraia" um aparelho de telefone celular e que a suposta vítima "Tício" noticie o fato à polícia. Posteriormente, Caio vem a ser denunciado e, em sede defensiva, ataca a elementar típica "coisa alheia", aduzindo que, na realidade, o bem era de sua propriedade. A acusação não dispõe de elementos para provar que Tício não era proprietário do bem, mas pode provar, indiretamente, que o bem era alheio, baseando-se na ordinária compreensão de que se o bem fosse de Tício, estaria em seu poder, especialmente por se tratar de bem usualmente pessoal. Nesse

15. Anote-se o exemplo, pois o retomaremos mais adiante.

16. *op.cit.*

caso, se Tício alega a propriedade do bem, recai sobre esse o ônus da prova, porquanto a extraordinariedade impera no caso.

Frise-se que a linha de entendimento exposta não afasta o *status* de liberdade ou a aplicação do princípio do *in dubio pro reo*. A questão, para nós, é de cunho processual e, não havendo prova das alegações da acusação, o acusado deverá ser absolvido. Havendo provas e caminhando essas no sentido do ordinário, a extraordinariedade deverá ser provada pela defesa.

Não nos parece, portanto, infundada a aplicação de uma **distribuição dinâmica do ônus da prova**, ainda que informal, no processo penal, porquanto as bases estáticas ontológicas são insuficientes para solução da complexidade probatória no processo. **A teoria das cargas dinâmicas**, aplicável no caso de desigualdade ou impossibilidade de produção da prova, pode, perfeitamente, ser utilizada no processo. Isso não significa, todavia, que o ônus da prova possa ser invertido de forma discricionária e sem fundamentação.

No exemplo da tábua de salvação acima citado, indagamos: a quem compete provar a situação de perigo? A quem compete provar a situação de luta? A quem compete demonstrar que a tábua era o único meio de salvação? A conclusão primária caminha no sentido da produção da prova pela defesa, porquanto a situação alegada é, essencialmente, extraordinária. Contudo, cumpre nos indagar: mas não seria igualmente extraordinária para a defesa em certas particularidades?

A demonstração do perigo revela-se possível, pois bastaria provar a existência de um naufrágio, por exemplo. Mas como se exigir da defesa a prova de que a tábua era o único meio de salvação ou de que a luta era necessária? A dificuldade probatória para a defesa é idêntica à da acusação. E, nesses casos, parece-nos que, diante da extraordinariedade de um naufrágio, pode-se presumir como ordinário que as pessoas lutem pela sobrevivência diante dos parcos recursos disponíveis para a salvação. E, como vimos, o ordinário se presume. Nesse caso, portanto, parece-nos adequado que a prova, ainda que negativa, deva recair sobre a acusação, vez que, afinal, essa é quem imputa ao réu a prática de um delito.

24.9.1 Inversão do ônus da prova no processo penal

Os §§1° e 2° do art. 91, CP, foram incluídos em reforço ao combate à criminalidade organizada, que se vale, por inúmeras vezes, da lavagem de capitais como forma de ocultar o produto do crime, recebendo doutrinariamente o nome de hipótese de confisco alargado, ampliado ou perda alargada.

A Lei 13.964/19, Lei do Pacote Anticrime, incluiu o art. 91-A no Código Penal:

> "Art. 91-A. Na hipótese de condenação por infrações às quais a lei comine pena máxima superior a 6 (seis) anos de reclusão, poderá ser decretada a perda, como produto ou proveito do crime, dos bens correspondentes à diferença entre o valor do patrimônio do condenado e aquele que seja compatível com o seu rendimento lícito".

Consoante destacamos em nosso Direito Penal, Parte Geral, o *caput* do dispositivo traz a presunção de ilicitude entre a diferença do valor do patrimônio do condenado e seus rendimentos líquidos nos crimes cuja lei preveja pena superior a 6 (seis) anos de reclusão. Permite, contudo, no §2º, que o condenado possa demonstrar a inexistência da incompatibilidade ou a procedência lícita do patrimônio.

Nos incisos I e II do §1º, o legislador promoveu interpretação autêntica do que se deve considerar por patrimônio do condenado, bens de sua titularidade, ou em relação aos quais ele tenha o domínio e o benefício direto ou indireto, na data da infração penal ou recebidos posteriormente; e bens transferidos a terceiros a título gratuito ou mediante contraprestação irrisória, a partir do início da atividade criminal.

Prescreve o §3º que "a perda prevista neste artigo deverá ser requerida expressamente pelo Ministério Público, por ocasião do oferecimento da denúncia, com indicação da diferença apurada" e, o § 4º, que "na sentença condenatória, o juiz deve declarar o valor da diferença apurada e especificar os bens cuja perda for decretada".

Por fim, o §5º, dispõe que "os instrumentos utilizados para a prática de crimes por organizações criminosas e milícias deverão ser declarados perdidos em favor da União ou do Estado, dependendo da Justiça onde tramita a ação penal, ainda que não ponham em perigo a segurança das pessoas, a moral ou a ordem pública, nem ofereçam sério risco de ser utilizados para o cometimento de novos crimes", com clara intenção de reforçar o desmantelamento das organizações criminosas.

Em que pese a necessidade de se reforçar o combate à criminalidade, em especial a organizada, o dispositivo, para nós, reveste-se de duvidosa constitucionalidade e afronta a lógica processual sistêmica.

Ainda que o legislador tenha exigido no §3º do art. 91-A do CP que o Ministério Público deva indicar a diferença patrimonial apurada no oferecimento da denúncia para que a perda seja declarada em sentença, abrindo a oportunidade do contraditório e ampla defesa para o acusado, não nos parece que, necessariamente, o acréscimo patrimonial seja decorrente da prática de um ilícito penal, pois pode ter origem cível, administrativa ou tributária. O acréscimo patrimonial pode advir, por exemplo, de um empréstimo particular não declarado, do recebimento de pagamento administrativo indevido ou de impostos recolhidos a menor, por erro ou dolosamente. Salvo no caso de não recolhimento de impostos de forma dolosa, as demais condutas não necessariamente representam crime.

Ademais, a perigosa presunção de ilegalidade patrimonial subverte a lógica do ônus da prova no processo penal, atribuindo ao acusado o dever de provar a licitude de seu patrimônio, ou a origem ilícita sob a perspectiva de outro ramo do Direito.

Subverte, ainda, a lógica da imputação pelo fato criminoso no processo penal, pois a redação do dispositivo permite a imputação de fato sem vinculá-lo à prática de qualquer crime na origem. Pune-se a consequência de um possível ilícito, não necessariamente penal, sem se saber qual. E, como sabemos, não há crime sem lei anterior que o defina e *não há pena sem prévia cominação legal* (art. 5º, XXXIX, da CF e art. 1º, do CP).

Ao se prever como efeito da condenação um fato genérico – acréscimo patrimonial – sem vinculá-lo originariamente a um delito, o legislador ultrapassa seus limites legislativos e viola a cláusula pétrea constitucional.

A perda patrimonial, como pena, deve preservar um fator de correlação lógica com o fato criminoso praticado e não ser aplicada sem fundamento na origem. O Direito Penal vigente é o *Direito Penal do fato* e não o *Direito Penal das consequências de fatos*.

O indivíduo pode, por exemplo, ter praticado um crime contra a ordem econômica e financeira e, em razão desse fato, ter obtido acréscimo patrimonial. Deve ser processado, julgado e condenado por esse fato, sendo que, na sentença condenatória pelo fato imputado, deverá ser fixada a obrigação de reparar o dano e a perda do produto do crime auferido com a prática do fato criminoso (art. 91, I e II, "b", CP). Não guarda sentido, portanto, que sendo esse mesmo agente processado pelo crime de roubo simples de um aparelho celular, punido com pena máxima de 10 anos e, portanto, em tese cabível a aplicação do *caput* do art. 91-A do CP, receba como punição a perda patrimonial não justificada como presunção da prática de outros atos ilícitos, que podem, inclusive, estarem prescritos. Não há correlação lógica e, consequentemente, como se fundamentar a sanção.

De fato, se verificado o patrimônio injustificado, o agente deve responder pelos crimes previstos na Lei Lavagem de Capitais (Lei 9.613/98) e, por esse fato, receber a devida sanção, com a consequente aplicação do art. 7º da referida Lei.

Por esses motivos, entendemos o dispositivo por inconstitucional.

24.10 INICIATIVA PROBATÓRIA DO JUIZ

> Art. 3º-A. O processo penal terá estrutura acusatória, vedadas a iniciativa do juiz na fase de investigação e a substituição da atuação probatória do órgão de acusação.

O dispositivo reafirma a adoção do modelo acusatório, eleito, para nós, com a Constituição Federal de 1988. Consagra, igualmente, a impossibilidade de iniciativa probatória do juiz na fase investigativa e a substituição da atuação probatória das partes.

Conforme estudado no capítulo atinente ao "Juiz das Garantias", como regra, atuação do magistrado como gestor da prova, no sentido de determinar a realização de prova de ofício ou em substituição às partes será considerada violadora do princípio acusatório. Para aprofundamento e evitarmos repetições, remetemos o leitor ao referido capítulo.

24.11 PRINCÍPIOS REITORES DAS PROVAS

a) Princípio da comunhão da prova: também conhecido por princípio da aquisição da prova ou aquisição processual, assinala que produzida a prova, essa deixa de ser vinculada à parte que a produziu, passando a pertencer ao processo, de forma que sua valoração poderá realizada por qualquer dos atores processuais. E, nesse sentido, diante das possíveis estratégias processuais, caso ainda não tenha sido realizada determinada prova, é perfeitamente possível que o requerente da prova venha a desistir de sua produção, independentemente da vontade da outra parte. Nesse sentido, se, por exemplo, a acusação arrola uma determinada testemunha, é perfeitamente possível que desista de sua oitiva no curso do procedimento sem anuência da parte contrária, sem que isso implique qualquer prejuízo para a defesa, vez que essa, ao seu turno, poderia ter arrolado a mesma testemunha previamente indicada pela acusação. Dessa forma, não entendemos, como parte da doutrina, por necessária a anuência defensiva, porquanto às partes é assegurado o mesmo direito de arrolar testemunhas e a opção defensiva por não arrolar uma testemunha da acusação, porque essa já estava previamente indicada nos autos, é um risco processual exclusivo da defesa, inerente ao próprio ônus da prova. A regra do jogo processual é idêntica para as partes.

b) Princípio da independência da prova: decorrente do princípio da comunhão da prova, o princípio da independência da prova confere à prova produzida autonomia processual, dissociando-se da parte que a produziu. Assim, pouco importa se a prova produzida pela acusação a prejudica, vez que a prova, uma vez realizada, passa a pertencer ao processo. Nesse sentido, fala-se, igualmente, em **princípio da autorresponsabilidade da parte na produção probatória**.

c) Princípio da não autoincriminação: o Código de Processo Penal assinala diversos meios de prova como possíveis. Contudo, não obstante as previsões legais, há uma barreira de ordem constitucional à produção probatória, inerente ao princípio do *nemo tenetur se detegere*. Isso significa que, apesar do vasto mosaico probatório, o acusado não poderá ser obrigado a produzir provas contra si mesmo, de modo que não poderá, por exemplo, ser compelido responder as perguntas que lhe são formuladas, fornecer padrões vocais ou gráficos para realização de prova pericial e etc.

d) Princípio do contraditório: o processo, pautado no cunho democrático, pressupõe, como requisito essencial, o asseguramento do direito às partes de se manifestarem com relação às provas produzidas. É da essência da prova, portanto, que se oportunize à parte contrária o direito de se manifestar quanto às provas inseridas no processo, ainda que de forma diferida, sob pena de violação do devido processo legal.

e) Princípio da oralidade: tratado como princípio pela doutrina majoritária, a oralidade é o meio pelo qual se assegura o contato direito do magistrado com a prova. Naturalmente, só é aplicável às provas que possuem tal natureza, não se aplicando, por exemplo, às provas documentais e periciais, não obstante, no caso das últimas, ser possível a oitiva dos peritos para esclarecimentos sobre o laudo. Do princípio da oralidade decorrem os **subprincípios da concentração e imediação**. O primeiro caminha no sentido da produção da prova oral preferencialmente em uma única audiência (arts. 400, 411 e 413) do CPP, ao passo que o segundo visa assegurar o contato físico do magistrado com a prova produzida.

f) Princípio da publicidade: a regra, no processo penal, é a publicidade do processo que traz, por via de consequência, a publicidade da prova como princípio. Não obstante, há casos em que a lei impõe o segredo de justiça, como na apuração dos crimes contra a dignidade sexual (art. 234-B, CP) ou quando, por interesse público ou privado prevalente, o magistrado, fundamentadamente, impõe o sigilo processual (arts. 201, §6º e 792, §1º, CPP).

24.12 PROCEDIMENTO PROBATÓRIO

A linha probatória segue quatro passos, que se iniciam com a **proposição da prova** pelas partes, ordinariamente na primeira oportunidade em que se manifestam no processo (denúncia ou queixa e resposta à acusação). Extraordinariamente, nos casos em que não há vedação expressa, as partes podem requerer a produção de outras provas, como as documentais, periciais e etc., a depender do desenrolar do processo.

Apresentado o pedido de prova, o segundo passo será sua **admissão** pelo magistrado, que deverá, em linhas gerais, admitir a produção da prova, salvo quando impertinentes ou desnecessárias, seja por visarem provar fato irrelevante para o processo ou fugirem ao momento processual adequado. Em todos os casos de negativa, a decisão deve ser fundamentada. A decisão que nega a produção de uma prova pode ser atacada por correição parcial, como regra, tendo a jurisprudência admitido, excepcionalmente, a utilização do mandado de segurança. Não se admite, contudo, o uso de *habeas corpus* para tal fim, porquanto a jurisprudência dos Tribunais Superiores não admite o HC como substituto de recurso quando há outras vias de impugnação e pelo fato de que a estreita via do HC não admite o ingresso na esfera das provas já produzidas, circunstância praticamente inevitável no caso em análise.

O terceiro passo caminha efetivamente na **produção da prova**, isto é, sua materialização no processo, que ocorre, por exemplo, pela juntada do documento ou oitiva das testemunhas.

Por fim, materializada a prova no processo, o quarto e último passo será a sua **valoração pelo magistrado**, normalmente em sede de sentença.

24.12.1 Produção antecipada de provas

Não obstante a existência de um momento de produção da prova, há situações nas quais a urgência impõe sua realização de forma antecipada. A oitiva de uma testemunha gravemente enferma ou a realização de uma perícia sobre um material perecível, por exemplo, precisam ser realizadas com urgência, sob pena de, ao se aguardar o momento processual adequado, a prova não mais ser passível de realização.

Além dos casos expressamente previstos na lei, como na hipótese do art. 225 do CPP[17], entre outros[18], o magistrado poderá se valer do poder geral de cautela, compreendido como o poder de tutelar o objeto do processo para conferir-lhe efetividade, podendo, para tanto, se valer de medidas atípicas, mas lícitas e legítimas.

Isso não significa que o magistrado possa, de ofício, determinar a produção da prova, porquanto vige o sistema acusatório. Parece-nos necessário que as partes formulem o pedido de produção antecipada de provas, vez que o ônus da prova é imposto às partes e não ao magistrado. Não pode, portanto, o magistrado decidir antecipar uma prova da acusação porque foi cientificado nos autos de que a testemunha se encontra idosa e em estágio terminal de doença. Cabe à acusação, caso deseje realizar a prova, requerer a antecipação de sua prova ao magistrado, sob pena de se admitir a substituição do ônus da prova pelo magistrado. Formulado o requerimento de antecipação, o juiz deverá, fundamentadamente, decidir sobre o pedido, consoante se extrai do comando normativo geral insculpido na Súmula 455 do STJ:

17. Art. 225. Se qualquer testemunha houver de ausentar-se, ou, por enfermidade ou por velhice, inspirar receio de que ao tempo da instrução criminal já não exista, o juiz poderá, de ofício ou a requerimento de qualquer das partes, tomar-lhe antecipadamente o depoimento.

18. Arts. 92, 93, 156 e 366, *v.g.*

A decisão que determina a produção antecipada de provas com base no art. 366 do CPP deve ser concretamente fundamentada, não a justificando unicamente o mero decurso do tempo.

No que tange ao **depoimento de policiais**, que invariavelmente acabam por se deparar com situações fáticas similares e, não de forma incomum, envolvendo os mesmos agentes, o STJ tem flexibilizado o teor da Súmula para admitir a produção antecipada de provas no tocante à prova testemunhal.

> A Terceira Seção do Superior Tribunal de Justiça, por ocasião do julgamento do RHC n. 64.086/DF (Rel. Ministro NEFI CORDEIRO, Rel. p/ Acórdão Ministro ROGERIO SCHIETTI CRUZ, julgado em 23/11/2016, DJe 9/12/2016), consignou a possibilidade de temperamento do disposto no enunciado sumular n. 455/STJ, para assentar a tese de que, não havendo outros meios de prova disponíveis, é de ser considerada a urgência da oitiva de testemunhas policiais, que, pela natureza de sua atuação profissional, tenham contato permanente com fatos criminosos que apresentem semelhanças em sua dinâmica, o que justifica a colheita antecipada dos depoimentos sob pena de perecimento da prova. EDcl no HC 283119/SP, DJe 14.11.17.

O CPP não previu, expressamente, qual o recurso admitido para impugnar uma decisão que indefere o pedido de produção antecipada de provas, de forma que a doutrina, em nossa compreensão de forma adequada, sustenta a possibilidade de impugnação por meio da correição parcial. Há, contudo, precedentes do STJ[19] admitindo a interposição de recurso em sentido estrito, ainda que sem o apontamento do fundamento legal específico do art. 581 do CPP.

24.13 PROVA ILEGAL – GÊNERO

A máxima de que o processo destina-se a apurar a verdade sucumbe diante da própria concepção de verdade, seguindo trilha do pensamento pragmatista de Richard Rorty[20], que insinua que a discussão sobre a verdade é algo infrutífero.

O tema provas ilegais passa, necessariamente, pelo debate ético que envolve os limites do processo, pautando, no mesmo contexto, a suposta verdade e os limites estatais à persecução penal. Por essa razão, ainda que de forma sucinta, abordaremos as teorias da verdade como forma de se adotar uma posição condizente com a matriz constitucional que veda, no processo, a utilização das provas ilícitas.

24.13.1 Teorias da verdade

Em linhas gerais, há dois grandes blocos de teorias da verdade, as teorias substantivas e as teorias minimalistas.

24.13.1.1 Teorias substantivas ou tradicionais da verdade

As teorias substantivas ou tradicionais da verdade são normalmente estudadas em quatro linhas: teoria da correspondência, teoria da coerência, teoria pragmatista e teoria da verificação ideal.

---

19. STJ: REsp 1054044/RS, DJe 10.11.2008.

20. RORTY, Richard. ENGEL, Pascal. ***What´s the use o thuth?*** New York: Columbia University Press, 2007.

A **teoria da correspondência** decorre da concepção aristotélica exposta em sua Metafísica de "dizer do que é que ele é, ou dizer do que não é que ele não é, é a verdade"[21]. Sob essa perspectiva, a verdade seria a "adequação de determinada sentença à realidade, o que exige perfeita identidade entre a proposição afirmativa ou negativa de algo e a realidade por ela referida"[22]. A compreensão, portanto, é semântica da verdade, realizada sob um critério lógico.

A **teoria da coerência**, por seu turno, segundo CASTRO[23] (2016, p. 67), observa a realidade como um todo coerente, sendo que as proposições que a descrevem não podem ser contraditórias entre si. A verdade decorre da coesão entre determinado juízo e o sistema de crenças ou verdades anteriormente estabelecidas, e se evidencia diante de um discurso dotado de coerência interna.

A **teoria pragmatista**, por sua vez, busca inverter a lógica da compreensão da verdade, pautada nos debates de coerência e correspondência, para partir da premissa de que as teorias da verdade devem tomar por parâmetro a noção de experiência, trazendo uma perspectiva de busca de regras de conduta para a busca da verdade. Assim, partindo da concepção pragmatista, caminha no sentido do utilitarismo, no sentido de que, quanto mais útil, maior a credibilidade que se pretende verdadeira[24].

Por fim, ainda no âmbito das teorias substancialistas, para a **teoria da verificação ideal**, também de cunho pragmatista, a verdade de uma proposição advém de sua aplicação prática e verificação pela experiência, ou seja, pelo resultado produzido. Logo, para a teoria, o fato "A" só será verdadeiro se verificável em situações ideais, partindo de um processo de verificação real ou possível relacionado à capacidade de descobri-la.

24.13.1.2 Teorias minimalistas da verdade

As teorias minimalistas pertencem ao campo semântico. A doutrina minimalista é composta pela teoria deflacionista, teoria da redundância e pela teoria semântica.

A **teoria deflacionista** propugna o desmembramento da verdade, de forma que dela se retira toda a carga metafísica. Há, portanto, uma dessubstantivização da verdade, de forma que a verdade é algo puramente formal. A utilização da verdade, para os deflacionistas, é apenas uma técnica de retórica que emprega reforço da funcionalidade do discurso, pertencendo a verdade ao campo da linguagem.

A **teoria da redundância**, por sua vez, propõe que a verdade não é uma propriedade substancial, porquanto o termo revela tão somente uma redundância, pois não revela qualquer propriedade, sendo um pseudopredicado. Assim, para a teoria, afirmar que "Caio matou Tício" equivale a dizer que "é verdade que Caio matou Tício", de sorte a expressão "é verdade" é meramente redundante.

21. ARISTÓTELES. **Metafísica**. Trad. Leonel Vallandro. Porto Alegre: Globo, 1969.
22. CASTRO, Carlos Roberto Ibanez. O direito fundamental à verdade: divulgação e acesso à informação. Tese de doutorado. São Paulo: PUC, 2016, p. 33.
23. *Ibidem*.
24. CASTRO. *Ibidem*.

Por fim, a **teoria semântica** afirma que a verdade é uma propriedade das sentenças, partindo de premissas linguísticas, estabelecendo uma relação entre linguagem e realidade. Na lição de CASTRO[25] (2016, p. 65):

> Fazendo uso da semântica, com enfoque na relação entre sentenças da linguagem-objeto e os objetos aos quais essas sentenças se referem, conclui o pesquisador que a definição de uma noção adequada de verdade é uma definição de uma noção semântica relacionada: a noção de satisfação. Verdade é, então, facilmente definida em termos de satisfação (TARSKI, 2007, p. 221).
>
> Reformulando a definição clássica de verdade por equivalência, agora inspirado na ideia de satisfação, tem-se que uma sentença é verdadeira se designa um estado de coisas existente, ou, a verdade de uma sentença consiste em sua conformidade (ou correspondência) com a realidade, juízo que se perfaz segundo a noção de satisfação, a qual, por seu turno, remete ao conceito de demonstração e prova, aspectos tão caros na ciência do Direito.

24.13.1.3 Por que optar por uma teoria?

A legalidade ou ilegalidade de uma prova deriva de uma concepção normativa, seja por se adequar à forma legal, seja por contrariá-la em seu aspecto formal ou material. Logo, o parâmetro é normativo.

No início da obra assentamos que, para nós, a verdade pertence ao sujeito que interpreta um fato e sua concepção só interessa ao processo penal quando esse fato revelar um significado social. Esse, por sua vez, deriva de interpretações individuais decorrentes de valorações, sujeitas a diferentes compreensões e, naturalmente conclusões. A verdade, portanto, é inatingível processualmente, pois deriva de compreensões que fogem ao processo. O processo, portanto, revela tão somente uma "verdade" **reproduzida** por meio das provas, que permitem com que o julgador realize uma **prognose póstuma objetiva** para poder realizar o julgamento fático.

Alinhado com essas premissas, tão somente por uma questão de coerência interna, sem qualquer pretensão de induzimento à uma concepção de verdade, adotaremos o modelo da teoria semântica, por entendemos que se aproxima mais da lógica empregada, vez que fincamos as balizas de que a prova, por si só, não guarda qualquer significado, porquanto se revela como elemento de demonstração metafísica que será ressignificada para construção da chamada verdade, nitidamente normativa.

Assim, somente com a ressignificação da propriedade das sentenças, partindo de premissas linguísticas, é que poderemos estabelecer uma relação entre linguagem e realidade, isto é, compreender o conteúdo da prova diante do significado que ela nos fornece.

24.13.2 Prova ilícita ou ilegítima? Espécies

Os textos legais não diferenciam a prova ilícita da ilegítima, ficando tal tarefa à cargo da doutrina. A Constituição Federal, em seu art. 5º, LVI, assinalou que "são inadmissíveis, no processo, as provas obtidas por meios ilícitos", sem especificar ou diferenciar a natureza da ilicitude.

O comando constitucional, todavia, não deixa qualquer espécie de dúvidas no sentido de impor limites à produção da prova, motivo pelo qual o direito à sua produção não é

25. *op.cit.*

absoluto. E, democraticamente, não há qualquer paradoxo entre limitação no tocante à produção probatória, o princípio do *in dubio pro reo* e o *ius puniendi* estatal. O último é exercido por meio do processo, devendo o Estado respeitar as normas de regência material e processual, tomando-se por comando que, não demonstrada a prática do delito pelo agente de forma a assegurar a "justiça" da condenação, deverá o réu ser absolvido com base no princípio do *in dubio pro reo*.

Assim, não pode o Estado, a pretexto de realizar a justiça, violar direitos substanciais ou processuais do acusado. De igual modo, salvo em situações extraordinárias, o réu igualmente não poderá se valer de provas obtidas em dissonância com a norma. Em termos estritos, quando o fato criminoso se torna conhecido, há regras a serem cumpridas para o transcurso de sua apuração, o chamado devido processo legal.

E, nesse jogo processual, doutrinariamente diferenciam-se as provas ilícitas das ilegítimas, espécies do gênero provas ilegais.

As **provas ilícitas** são aquelas obtidas mediante violação de regras de direito material, previstas na Constituição Federal ou legislação penal. À guisa de exemplo, qualquer prova obtida em violação à intimidade ou vida privada (art. 5º, X, CF), sigilo de comunicações ou dados (art. 5º, XII, CF) ou ao respeito à integridade física ou moral do preso (art. 5º, III c/c XLIX, CF), entre outros, é concebida como ilícita por afrontar normas que estabelecem direitos fundamentais (materiais). Assim, mantendo-se a sequência explicativa, a prova obtida por ingresso clandestino em residência, a gravação telefônica não autorizada judicialmente ou tortura do preso são concebidas como provas obtidas ilicitamente por violação ao art. 5º, LVI, da CR.

Via de regra as provas ilícitas são produzidas fora do processo (extraprocessual), mas nada impede que sejam produzidas no seu bojo, como na hipótese de uma confissão obtida pelo magistrado no curso do interrogatório sem a prévia advertência quanto ao direito ao silêncio (art. 5º, LXIII, CF).

De outro lado, as **provas ilegítimas** são aquelas obtidas em violação à norma de cunho processual. A oitiva da testemunha sem o prévio compromisso (art. 203, CPP), o reconhecimento pessoal sem observância da norma insculpida no art. 226 do CPP ou a utilização de prova documental em plenário do Júri sem a observância do prazo de três dias úteis para juntada (art. 479, CPP), por exemplo, representam hipóteses de provas ilegítimas, isto é, produzidas em violação à norma processual. E, nessa trilha, por se tratar de violação de cunho processual, sua produção só pode ocorrer no curso do processo, sendo, essencialmente, endoprocessual.

Nada impede que a produção de uma prova seja simultaneamente ilícita e ilegítima, como na hipótese de um cumprimento de mandado de busca e apreensão de computadores em residência durante a noite, no qual a autoridade, além de descumprir a norma material (art. 5º, XI, CF), vai além do mandado e apreende objetos não contemplados pelo mandado que não guardem, diretamente, relação com o fato ou sejam ilícitos.

24.13.2.1 Tratamento legal

Nos termos do art. 157 do CPP, "são inadmissíveis, devendo ser desentranhadas do processo, as provas ilícitas, assim entendidas as obtidas em violação a normas constitucionais ou legais".

A redação legal, conferida pela Lei 11.690/08, recebe críticas doutrinárias no tocante à abertura conceitual promovida pelo uso da expressão "provas ilícitas" e sua compreensão normativa derivada da parte final do dispositivo, que remete a ilicitude à violação de normas constitucionais ou legais, sem promover a necessária distinção.

Ainda que partamos da premissa de que o legislador constituinte não promoveu a distinção, não podemos nos olvidar do fato de que as consequências jurídicas são distintas a depender da natureza da violação normativa. Isso porque, tratando-se provas ilícitas, isto é, produzidas com violação de normas de direito material, a prova sequer deve adentrar no processo ou, caso o integre, deve ser desentranhada. Por outro lado, sendo ilegítima a prova, a consequência primária será a declaração de sua nulidade e sua consequente renovação nos termos do art. 573 do CPP.

Em que pese a distinção, sob a perspectiva prática, o ingresso da prova ilícita no processo conduz ao direito de exclusão da prova dos autos (*exclusionary rules*), com seu consequente desentranhamento. A sanção, portanto, é sua não admissão, nos termos do §3º, do art. 157 do CPP: "Preclusa a decisão de desentranhamento da **prova declarada inadmissível**, esta será inutilizada por decisão judicial, facultado às partes acompanhar o incidente".

Ocorre que, tratando-se de provas ilegítimas, a sanção primária será a declaração de nulidade, mas o resultado prático-jurídico, ao final, o mesmo, ou seja, o desentranhamento do processo, pois não se pode admitir a permanência da prova ilegal no processo.

Não por outro motivo, decidiu o STF:

> "A Constituição da República, em norma revestida de conteúdo vedatório (CF, art. 5º, LVI), desautoriza, por incompatível com os postulados que regem uma sociedade fundada em bases democráticas (CF, art. 1º), qualquer prova cuja obtenção, pelo Poder Público, derive de transgressão a cláusulas de ordem constitucional, repelindo, por isso mesmo, quaisquer elementos probatórios que resultem de violação do direito material (ou, até mesmo, do direito processual), não prevalecendo, em consequência, no ordenamento normativo brasileiro, em matéria de atividade probatória, a fórmula autoritária do "*male captum, bene retentum*". HC 82.788/RJ – 2ª Turma – Rel. Min. Celso de Mello – DJ 02.06.2006.

A 2ª Turma do STF decidiu, julgamento do RHC 137.368/PR, que a mera menção em peças processuais à prova ilícita não enseja a necessidade de seu desentranhamento, vez que as manifestações das partes, em linha argumentativa, não caracterizam qualquer espécie de prova. Não obstante, em linhas gerais, não observarmos antinormatividade na conclusão, há que se ressaltar que um específico trecho do voto do Min. Gilmar Mendes nos chama a atenção:

> **A exclusão de prova ilícita não é contemplada nas normas de restrição ao debate.** E essas normas vêm sendo interpretadas restritivamente pelo STF – RHC 123.009, rel. min. Rosa Weber, Primeira Turma, julgado em 18.11.2014; RHC 120.598, rel. min. Gilmar Mendes, Segunda Turma, julgado em 24.3.2015. Registro, ademais, que a própria constitucionalidade das normas de restrição ao debate tem sido questionada com bons argumentos. Nucci, por exemplo, defende que a censura de referências a documentos dos autos beira à inconstitucionalidade (NUCCI, Guilherme de Souza. Tribunal do Júri. 5. ed. Rio de Janeiro: Forense, 2014. p. 237). Na mesma linha, no já citado RHC 120.598, houve menção lateral sobre a duvidosa constitucionalidade do art. 478 do CPP. Em suma, **a exclusão de menções à realização da prova e ao debate quanto à validade da prova não é uma consequência óbvia da exclusão da prova.** (grifamos)

Preocupa-nos não a questão referente à menção em peças processuais, mas sua permissão, ainda que indireta, em debates no âmbito do Tribunal do Júri, objeto do julgado. Isso porque, sendo considerada ilícita a prova, em hipótese alguma a específica prova pode ser mencionada em plenário, haja vista que os jurados, intimamente motivados, podem se valer do conteúdo da prova para absolver ou condenar. Parece-nos, portanto, que reconhecida a ilicitude da prova, exista um imperativo categórico em sua não utilização, ainda que a título argumentativo, em plenário. A despeito da omissão do art. 478 do CPP quanto a tal questão, o diálogo processual democrático caminha o sentido de sua vedação. Isso não significa, contudo, que o objeto da prova considerada ilícita não possa ser debatido sob a luz de outras provas, vez que a ilicitude da prova não se confunde com o objeto da prova.

No julgado em referência, houve o reconhecimento da ilicitude da prova pericial atinente à alcoolemia do acusado. Apesar disso, de fato não há obstáculos à prova da alcoolemia por outros meios de prova. O que não nos parece razoável é se permitir a menção, em plenário, a uma prova reconhecidamente ilícita, de forma que entendemos, na contramão da decisão do STF, que apesar da vedação não constar expressamente do art. 478 do CPP, essa se funda na própria essência lógica do reconhecimento da ilicitude de uma prova.

Nesse ponto, é necessário indagar: **a prova ilícita pode ser utilizada pela defesa para absolver o acusado?** Vimos e trabalhamos a impossibilidade de sua utilização pelo Estado e nos olvidamos, propositalmente, de sua análise quanto à defesa, vez que tanto a Constituição Federal quanto o Código de Processo Penal não estabeleceram distinções.

Respondendo à indagação, afirmarmos que, em regra, não. A admissão, de forma irrestrita no processo penal, de obtenção de meios ilícitos de prova visando a obtenção de absolvições, daria ensejo uma verdadeira panaceia jurídica sob a justificativa da "busca pela verdade". Autorizar-se-ia, ainda que implicitamente, investigações defensivas violadoras de direitos fundamentais que poderiam ensejar outras espécies de crimes e inúmeras situações de constrangimento e exposição.

Uma é a situação em que, fortuita ou defensivamente, o agente produz uma prova ilícita que cabalmente atesta sua inocência. Outra é a situação na qual o réu abusa do direito de defesa para obter provas que podem trazer dúvidas para o processo. A tênue linha deve ser **pautada na boa-fé ou situação de extrema necessidade**, sendo a análise realizada sob a luz do **princípio da proporcionalidade**, evidenciando a **adequação**, consubstanciada pela aptidão de absolver o acusado, **a necessidade**, isto é, a demonstração de que se o meio lícito era a única forma de provar a inocência**, e a ponderação quanto à gravidade da lesão causada para obtenção da prova**.

Em comparação com o Direito Penal, preservadas as devidas distinções e sem rigor técnico, equivaleria a agir em estado de necessidade ou inexigibilidade de conduta diversa no tocante a produção da prova.

Sob o aspecto formal, para nós, a prova, ainda que ilícita, deve ser passível de demonstração da cadeia de custódia, sob pena de dupla ilegalidade. Conforme o art. 158-A do CPP, considera-se "cadeia de custódia o conjunto de todos os procedimentos utilizados para manter e documentar a história cronológica do vestígio coletado em locais ou em vítimas de crimes, para rastrear sua posse e manuseio a partir de seu reconhecimento até o descarte".

A cadeia de custódia, portanto, nada mais é do que a preservação e registro do caminho da prova, desde sua coleta até a apreciação. Visa, por essência, assegurar a lisura e validade das provas que serão valoradas. Ainda que a lisura seja atacável sob a perspectiva formal, parece-nos necessário, para a admissão da prova ilícita por parte da defesa, que se assegure, minimamente, para fins de contraditório, a cadeia de custódia.

Não por outra razão, ainda que não expressa, o STJ reconheceu, nos Embargos Declaratórios no Agravo Regimental no Recurso Especial nº 1.765.139/PR, STJ, 5ª Turma, Rel. Min. Felix Fischer, DJe 15.9.2020) que "*as informações trazidas pela Defesa, e relativas ao portal The Intercept, foram obtidas mediante meios ilícitos, em manifesta violação ao direito à privacidade e ao sigilo das comunicações telefônicas (art. 5º, incisos X e XII, da Constituição da República). Ademais,* **não foram submetidas a nenhuma perícia ou averiguação no curso de processo judicial**, *sob a égide do contraditório.* **Não demonstradas a sua idoneidade, integridade e veracidade**, *portanto, não se prestam a sustentar as conclusões que o Embargante busca conferir*". [...] (grifos nossos).

A ilegalidade da prova, dado seu impacto no processo, pode ser declarada em qualquer fase processual, inclusive em grau recursal. Nesse particular, tratando-se de provas ilícitas, o assunto não gera maiores debates ante a natureza da violação normativa. Contudo, tratando-se de provas ilegítimas, a anulação da prova passará, necessariamente, pela análise do sistema de nulidades que envolve o sistema probatório, em especial o princípio do *pas de nullité sans grief*, que impõe a regra de que não há nulidade sem prejuízo. Deve-se observar, ainda, as regras previstas nos arts. 565 e 566 do CPP que, respectivamente, caminham no sentido de que nenhuma das partes pode arguir nulidade a que haja dado causa, que nenhuma das partes pode arguir nulidade que só interesse à parte contrária e de que não será declarada a nulidade de ato processual que não houver influído na apuração da verdade ou na decisão da causa[26].

Apesar da inexistência de previsão expressa, o reconhecimento da ilegalidade da prova é atacável por meio de recurso em sentido estrito, com fundamento no art. 581, XIII do CPP, haja vista que o reconhecimento da ilicitude impõe, de certo modo, uma anulação de parte da instrução. Ao contrário, tratando-se de decisão que não reconhece a ilegalidade da prova, cabe, no caso do réu, o manejo do HC nos crimes que podem implicar pena de prisão, ou mandado de segurança nas demais hipóteses. Não vemos, igualmente, obstáculos para o manejo da correição parcial ou mesmo que se aguarde a sentença e a ataque por meio de preliminar de apelação.

Havendo o reconhecimento da ilegalidade em grau recursal, em favor da defesa, somente haverá a necessidade de declaração de nulidade da sentença quando as demais provas existentes nos autos não forem suficientes para ensejar a reforma da decisão e consequente absolvição. Se, ao contrário, mesmo suprimida a prova ilícita, o decreto condenatório ainda encontrar elementos para subsistência, deverá o Tribunal declarar a nulidade da decisão e remeter os autos ao juízo *a quo* para que profira outra decisão.

A ilicitude da prova ainda pode ser atacada por meio de revisão criminal nos casos de trânsito em julgado da sentença condenatória ou absolutória imprópria. Admite-se, ainda, o HC quando houver risco à liberdade do agente e a demonstração da ilicitude

26. Voltaremos ao tema no capítulo de nulidades.

da prova não demandar dilação processual. Tratando-se, por outro lado, de sentença absolutória proferida com lastro em prova ilícita, descabe a atuação do Estado, porquanto inexiste revisão criminal *pro societate*.

BRASILEIRO[27] (2020, P. 687) aduz que:

> com o advento da nova Lei de Abuso de Autoridade, há uma última e importante diferença entre prova ilícita e prova ilegítima. Consoante disposto no art. 25, *caput*, da Lei n. 13.869/19, e desde que presente o especial fim de agir do art. 1º, §1º, configura abuso de autoridade proceder à obtenção de prova, em procedimento de investigação ou fiscalização, *por meio manifestamente ilícito*. Considerando-se que o tipo penal em questão faz referência à prova obtida por meios ilícitos, não está abrangida por este conceito a prova obtida por meios ilegítimos, sob pena de indevida analogia *in malam partem* e consequente violação ao princípio da legalidade.

Não obstante a lição, assim não entendemos, por duas razões. Primeiro, porque o parâmetro normativo relacionado à distinção prova ilícita e ilegítima não foi fornecido pelo legislador, que se vale da "ilicitude" de forma genérica no inc. LVI do art. 5º da CF e art. 157, *caput*, CPP, ao se referir à violação a normas constitucionais e legais. Logo, tem-se que, a despeito da ausência de tecnicismo, o tipo penal do art. 25 da Lei de Abuso de Autoridade segue a mesma trilha normativa. Segundo, porque do próprio tipo penal previsto na lei especial infere-se a expressão "por meio manifestamente ilícito", induzindo, naturalmente, à forma de produção da prova, inclusive, portanto, em seu aspecto processual, razão pela qual entendemos não haver razões para distinção.

24.13.3 Provas ilícitas por derivação – teoria dos frutos da árvore envenenada

Da produção de uma prova ilícita pode derivar a produção de outras provas que, não obstante lícitas ou legítimas, quanto ao conteúdo e forma, decorrem de uma ilicitude na origem. Surge, nesse contexto, a necessidade de análise do nexo causal entre as provas, vez que as provas derivadas da prova ilícitas seguem, também, a trilha da inadmissibilidade, porquanto a contaminação causal é evidente.

Assim, não se admite como lícita a prova decorrente um mandado de busca e apreensão legalmente expedido, que teve por fundamento uma delação obtida por meio de tortura. Admitir, irrestritamente, que da prova ilícita possam ser extraídas provas lícitas, seria admitir que os fins justificam os meios, em flagrante violação ao processo democrático.

A teoria do *fruits of the poisonous tree* ou *taint doctrine* teve origem no direito norte-americano, com embrião no caso *Silverthorne Lumber CO vs. US*, 1920. Posteriormente, no caso *Nardone vs. US*, 1939, sua sistematização foi melhor desenvolvida para a construção do que hoje chamamos **provas ilícitas por derivação**.

No Brasil, o STF, em 1996, acolheu a teoria no julgamento do HC 73.351/SP:

> "O Supremo Tribunal Federal, por maioria de votos, assentou entendimento no sentido de que, sem a edição de lei definidora das hipóteses e da forma indicada no art. 5º, inc. XII, da Constituição, não pode o Juiz autorizar a interceptação de comunicação telefônica para fins de investigação criminal. Assentou, ainda, que a ilicitude da interceptação telefônica – à falta da lei que, nos termos do referido dispositivo, venha a discipliná-la e viabilizá-la

27. *op.cit.*

> – contamina outros elementos probatórios eventualmente coligidos, oriundos, direta ou indiretamente, das informações obtidas na escuta. *Habeas corpus* concedido".

O tema foi positivado em 2008, por meio da Lei 11.690/08, que acrescentou o §1º do art. 157 do CPP:

> **§1º São também inadmissíveis as provas derivadas das ilícitas, salvo quando não evidenciado o nexo de causalidade entre umas e outras, ou quando as derivadas puderem ser obtidas por uma fonte independente das primeiras.**

Nos últimos anos, o STF enfrentou a temática em diversas oportunidades. Destacamos, por oportuno, a seguinte decisão do Pretório Excelso, envolvendo aplicativo de mensagens por celular:

> *Habeas corpus*. 2. Acesso a aparelho celular por policiais sem autorização judicial. Verificação de conversas em aplicativo WhatsApp. Sigilo das comunicações e da proteção de dados. Direito fundamental à intimidade e à vida privada. Superação da jurisprudência firmada no HC 91.867/PA. Relevante modificação das circunstâncias fáticas e jurídicas. Mutação constitucional. Necessidade de autorização judicial. 3. Violação ao domicílio do réu após apreensão ilegal do celular. 4. Alegação de fornecimento voluntário do acesso ao aparelho telefônico. 5. Necessidade de se estabelecer garantias para a efetivação do direito à não autoincriminação. 6. Ordem concedida para declarar a ilicitude das provas *ilícitas* e de todas dela derivadas. HC 168052. 2ª Turma. Rel. Min. Gilmar Mendes, DJe 02.12.20.

24.13.3.1 Limitações à prova ilícita por derivação

Não obstante a ilicitude das provas derivadas, a doutrina e jurisprudência foram, ao longo dos anos, estabelecendo exceções à regra legal. Vejamo-las, separadamente.

> **➲ ATENÇÃO – ASSUNTO COBRADO NO MPGO – CONCURSO 2014**
>
> Limitações à prova ilícita por derivação (exceções às *exclusionary rules*). Conceitue as teorias abaixo relacionadas e discorra sobre sua aplicabilidade no ordenamento jurídico brasileiro: a) teoria da fonte independente (*independent source*); b) teoria do descobrimento inevitável (*inevitable discovery*); c) teoria dos vícios sanados, da tinta diluída ou limitação da mancha purgada (*purged taint*); d) teoria da proporcionalidade (*balancing test*); e) teoria da destruição da mentira do imputado; f) teoria do risco; g) teoria da doutrina da visão aberta (*plain view doctrine*); h) teoria da renúncia do interessado.

24.13.3.1.1 Teoria da fonte independente

Segundo a teoria, fonte independente é aquela autônoma, sem qualquer espécie de vínculo direto ou indireto com outra prova, considerada ilegal. Em linhas gerais, é aquela que, não obstante a existência de uma prova ilícita, não guarda qualquer relação com essa, vez que sua origem é distinta, apesar de caminhar no sentido da prova concebida como ilícita. Não há, portanto, derivação, porquanto o desdobramento do curso causal derivado da prova originalmente ilícita não atinge a prova advinda de fonte independente.

A temática foi tratada nos §§1º e 2º do art. 157 do CPP:

> § 1º São também inadmissíveis as provas derivadas das ilícitas, salvo quando não evidenciado o nexo de causalidade entre umas e outras, ou **quando as derivadas puderem ser obtidas por uma fonte independente das primeiras.**

§ 2º Considera-se **fonte independente aquela que por si só**, seguindo os trâmites típicos e de praxe, próprios da investigação ou instrução criminal, **seria capaz de conduzir ao fato objeto da prova**.

A teoria tem origem no direito norte-americano (*independent source doctrine*) e foi inicialmente aplicada no caso *Bynum vs. US*, em 1960, no qual foi determinada a exclusão da identificação dactiloscópica do acusado por ter sido colhida no curso de prisão considerada ilegal. Contudo, o acusado já havia sido submetido à identificação dactiloscópica em outra oportunidade e sem qualquer relação com a prisão considerada ilegal, as planilhas anteriores que continham a identificação de Bynum foram admitidas como prova. Havia, portanto, total independência entre as provas.

A teoria já foi objeto de apreciação e acolhimento pelo STF:

> [...] "eventuais vícios do inquérito policial não contaminam a ação penal. O reconhecimento fotográfico, procedido na fase inquisitorial, em desconformidade com o artigo 226, I, do Código de Processo Penal, não tem a virtude de contaminar o acervo probatório coligido na fase judicial, sob o crivo do contraditório. Inaplicabilidade da teoria da árvore dos frutos envenenados (fruits of the poisonous tree). Sentença condenatória embasada em provas autônomas produzidas em juízo". HC 83.921/RJ, DJ 27/08/2004.
>
> [...]Provas ilícitas por derivação. Não ocorrência. Prescrição. Inovação recursal. Agravo regimental não provido. A declaração de nulidade de interceptação eletrônica não gera a nulidade dos elementos probatórios colhidos nos mesmos autos que possam ser obtidos por *fonte independente*, por se tratar de provas autônomas, tal como se dá com autos de fiscalização conduzidos pelo impetrante como auditor da Receita Federal. [...] RMS 31767 AgR, DJe 21.10.15.

No mesmo sentido encontra-se o STJ:

> As demais provas que compuseram o acervo fático-probatório amealhado aos autos, depoimento dos dois policiais militares, foram produzidas por fonte independente da que culminou com o elemento informativo obtido por meio do reconhecimento pessoal realizado na fase inquisitiva, de maneira que, ainda que o reconhecimento haja sido feito em desacordo com o modelo legal e, assim, não possua valor probante pleno, certo é que houve outras provas, independentes e suficientes o bastante, para lastrear o decreto condenatório. HC 668385/SP, DJe 30.08.21.
>
> As demais provas que compuseram o acervo fático-probatório amealhado aos autos - depoimento dos dois policiais militares, conteúdo obtido por meio do acesso ao celular e conteúdo obtido por meio das filmagens registradas no momento da ação delitiva – foram produzidas por fonte independente da que culminou com o elemento informativo obtido por meio do reconhecimento fotográfico realizado na fase inquisitiva, de maneira que, ainda que o reconhecimento haja sido feito em desacordo com o modelo legal e, assim, não possua valor probante pleno, certo é que, ao que tudo indica, houve outras provas, independentes e suficientes o bastante, para lastrear um decreto condenatório. HC 616546/SP, DJe 30.04.21.

A parte final do §1º é amplamente criticada pela doutrina no tocante à sua desnecessidade, porquanto a derivação de uma prova pressupõe o nexo de causalidade com outra, anteriormente produzida. Logo, por ser independente, consequentemente não poderia ser derivada.

O §2º traz uma imprecisão técnica, sanada pela teoria da descoberta inevitável, que veremos na sequência, pois considera fonte independente aquela que **seria capaz de conduzir** ao fato objeto da prova, dando margem à inadequada confusão pela conclusão de que a teoria da fonte independente e teoria da descoberta inevitável são equivales.

Na primeira, pressupõe-se o efetivo conhecimento da prova objeto de análise, sendo o conhecimento obtido por outra fonte, não advinda da inevitabilidade, como na hipótese de uma confissão e colaboração do coautor do crime, que o faz sem conhecer a circunstância de que seu comparsa havia confessado o delito mediante tortura. Na segunda, por sua vez, o objeto do conhecimento da prova seria algo inevitável, isto é, ocorreria em qualquer circunstância, conforme explicaremos na sequência.

24.13.3.1.2 Teoria da descoberta inevitável

Segundo a teoria da descoberta inevitável (*inevitable discovery limitation)* ou exceção da fonte hipotética independente, também de origem norte-americana no caso *Nix vs. Williams-Williams II*, em 1984, a prova, cuja descoberta seria inevitável, deve ser considerada válida, pois não guarda relação com a prova ilícita anteriormente produzida.

Ainda que o legislador tenha, no §2º do art. 157 do CPP, misturado os vetores da teoria da fonte independente e teoria da descoberta inevitável, revela-se inegável que inevitabilidade da descoberta possui origem em uma fonte independente. Não obstante, parece-nos clara a adoção da teoria da descoberta inevitável pelo emprego do futuro do pretérito do verbo "ser", evidenciador da inevitabilidade, consagrador da independência da fonte.

> § 2º Considera-se **fonte independente aquela que por si só**, seguindo os trâmites típicos e de praxe, próprios da investigação ou instrução criminal**, seria capaz de conduzir ao fato objeto da prova.**

Temos, portanto, por distinção final entre as teorias, que a teoria da fonte independente pode lastrear-se tanto em fonte originalmente autônoma – confissão do coautor – por exemplo, ou na descoberta inevitável de uma prova seguindo-se os trâmites típicos e de praxe da investigação. Assim, entendemos que a teoria da descoberta inevitável não deixa de se fundamentar na teoria da fonte independente. Contudo, só não são equivalentes porque na teoria da descoberta inevitável, o efetivo conhecimento da prova deriva de uma prova originariamente ilegal. Há, portanto, um nexo causal naturalístico que não se rompe, mas se justifica normativamente. Por essa razão, a teoria é concebida como uma limitação à teoria maior das provas ilícitas por derivação.

Apesar da crítica de parte da doutrina quanto à constitucionalidade do dispositivo, a teoria já foi acolhida pelo STF e pelo STJ:

> [...] 2.4 À guisa de mera argumentação, mesmo que se pudesse reputar a prova produzida como ilícita e as demais, ilícitas por derivação, nos termos da teoria dos frutos da árvore venenosa (*fruit of the poisonous tree*), é certo que, ainda assim, melhor sorte não assistiria à defesa. É que, na hipótese, não há que se falar em prova ilícita por derivação. Nos termos da teoria da *descoberta inevitável*, construída pela Suprema Corte norte-americana no caso Nix x Williams (1984), o curso normal das investigações conduziria a elementos informativos que vinculariam os pacientes ao fato investigado. Bases desse entendimento que parecem ter encontrado guarida no ordenamento jurídico pátrio com o advento da Lei 11.690/2008, que deu nova redação ao art. 157 do CPP, em especial o seu § 2º. [...]. STF: HC 91867, 2ª Turma, Rel. Min. Gilmar Mendes, DJe 20.09.12. De outro lado, destaque-se que a regra de exclusão (*exclusionary rule*) das provas derivadas das ilícitas consubstanciada na teoria da descoberta inevitável (*inevitable discovery*), que tem origem no direito norte-americano, foi recebida no ordenamento jurídico brasileiro pelo art. 157, §§ 1º e 2º, do Código de Processo Penal, incluído pela Lei n. 11.690/2008. Nessa ordem de ideias, conquanto haja

prova ilícita nos autos, as demais provas incriminatórias seriam, infalivelmente, obtidas pelo desenvolvimento regular, lícito e ordinário das atividades investigativas, as quais não se maculam pela ilicitude da prova originária. Portanto, se preservam como fonte idônea para comprovação de materialidade e de autoria delitiva. STJ: AgRg no HC 648004, 5ª Turma, Rel. Min. Felix Fischer, DJe 19.04.21.

24.13.3.1.3 Limitação da mancha purgada ou tinta diluída

Também conhecida por limitação da "descontaminação" , dos vícios sanados, nexo causal atenuado, limitação da mancha purgada ou tinta diluída (*purged taint limitation*), de origem norte-americana, no caso *Wong Sun vs. US*, em 1963, sustenta que, excepcionalmente, elementos de prova derivados de outros de origem ilícita podem ser admitidos no processo, quando a obtenção das referidas provas ocorrer mediante circunstâncias que permitam a suposição de que os efeitos da ilicitude original tenham sofrido **atenuação ou enfraquecimento** diante da **quebra do nexo causal** entre a prova ilícita originária e a obtenção da prova derivada.

Segundo a teoria, diante da quebra do nexo causal, a prova derivada não estaria mais "contaminada" pelo veneno da árvore, ou seja, os frutos da árvore envenenada, **em razão de um evento posterior**, estariam imunes à contaminação na origem, permitindo sua utilização no processo.

A Suprema Corte norte-americana teve oportunidade de se manifestar concretamente sobre a aplicação da doutrina da descontaminação (*purged taint doctrine*) em 1963, no caso *Wong Sun v. United States*[28], no qual decidiu que "mesmo que a prova oral possa ser fruto de uma árvore envenenada e, portanto, inadmissível, tal inadmissão não se dará de forma automática, mesmo quando possa se vislumbrar nexo causal entre a ilegalidade originária e a prova derivada".

Em outras palavras, a Suprema Corte afirmou que a prova ilícita por derivação não será automaticamente excluída do processo simplesmente em razão de que tal prova não seria obtida de outra forma que não através do ato ilícito originário. Afirmou a Suprema Corte que, em vez de aplicar essa exclusão automática, os tribunais, ao se depararem com tal situação, deveriam analisar se "a prova derivada a qual se faz objeção foi feita ou obtida por meio de exploração daquela ilegalidade originária ou se por meios suficientemente distintos capazes purgar tal ilicitude".

No caso Wong Sun, a polícia prendeu Hom Way por posse de heroína. Nos autos, não havia motivos razoáveis nem causa provável para a prisão de Toy, uma vez que a informação em que se baseava era muito vaga e vinha de uma fonte muito não confiável para aceitá-la como causa provável para a emissão de um mandado de prisão. E esse defeito não foi sanado pelo fato de Toy ter fugido quando um suposto cliente em sua porta de manhã cedo revelou que era agente de narcóticos. Enquanto estava preso, Way disse à polícia que um homem chamado "Blackie Toy" certa vez lhe vendeu uma onça de heroína em sua lavanderia em Leavenworth St. Mais tarde, naquele dia, a polícia encontrou uma lavanderia administrada por James Wah Toy. Mesmo sem registros, identificou Toy como "Blackie Toy", e o prendeu. A polícia foi à casa de Toy, onde prenderam Johnny

28. https://supreme.justia.com/cases/federal/us/371/471/ acesso em 16.02.2022, às 23h10min.

Yee e encontraram vários tubos contendo menos de uma onça de heroína. A polícia também prendeu Wong Sun.

Os agentes interrogaram cada um dos três separadamente. Depois que cada um foi interrogado, um dos agentes preparou uma declaração em inglês a partir de anotações truncadas. O agente leu a declaração de Toy para ele em inglês e interpretou algumas partes dela para ele em chinês. Toy também leu a declaração em inglês em voz alta para o agente, disse que havia correções a serem feitas e as fez de próprio punho. No entanto, Toy não assinou a declaração. Nas palavras do agente, "ele queria saber primeiro se as outras pessoas envolvidas no caso tinham assinado o seu". Wong Sun teve uma dificuldade considerável em entender a declaração em inglês e o agente reafirmou sua substância em chinês. Wong Sun recusou-se a assinar a declaração, embora admitisse a exatidão de seu conteúdo.

De acordo com a Suprema Corte, não havia razão para discordar da conclusão do Tribunal de Apelações de que sua prisão também foi sem causa provável ou motivos razoáveis. Em todo o caso, nenhuma consequência probatória girou em torno dessa questão, pois a confissão não assinada de Wong Sun não foi fruto dessa prisão e, portanto, foi devidamente admitida no julgamento. Com base na evidência de que Wong Sun havia sido libertado em seu próprio reconhecimento após uma acusação legal, e havia retornado voluntariamente vários dias depois para fazer a declaração, sustentou o Tribunal que a conexão entre a prisão e a declaração "tornou-se tão atenuada a ponto de dissipar a mancha. O fato de a declaração não ter sido assinada, qualquer que seja a influência que isso possa ter sobre seu peso e credibilidade, não a torna inadmissível; Wong Sun entendeu e adotou sua substância, embora não pudesse compreender as palavras em inglês. Wong Sun nunca sugeriu qualquer impropriedade no próprio interrogatório que exigisse a exclusão desta declaração.

Do caso, extrai-se que a teoria já foi expressamente adotada pelo STJ no julgamento da APN 856/DF, DJe 06.02.18:

> De acordo com a teoria do nexo causal atenuado ou da mancha purgada, i) o lapso temporal decorrido entre a prova primária e a secundária; ii) as circunstâncias intervenientes na cadeia probatória; iii) a menor relevância da ilegalidade; ou iv) a vontade do agente em colaborar com a persecução criminal, entre outros elementos, atenuam a ilicitude originária, expurgando qualquer vício que possa recair sobre a prova secundária e afastando a inadmissibilidade de referida prova. 6. Na presente hipótese, as provas encaminhadas ao MP brasileiro são legítimas, segundo o parâmetro de legalidade suíço, e o meio de sua obtenção não ofende a ordem pública, a soberania nacional e os bons costumes brasileiros, até porque decorreu de circunstância autônoma interveniente na cadeia causal, a qual afastaria a mancha da ilegalidade existente no indício primário. Não há, portanto, razões para a declaração de sua inadmissibilidade no presente processo.

Cotidianamente, sua aplicação é mais comum do que parece. Basta se analisar um caso em que o agente foi preso em flagrante e se recusou a assinar o termo de depoimento no APFD, sendo, na audiência de custódia, sua prisão declarada ilegal por algum motivo. Como não há nulidades na fase inquisitorial, eventual confissão posterior do agente que confirme o teor do depoimento cuja assinatura foi recusada purga a manha da ilegalidade, permitindo a aplicação da teoria.

Um outro exemplo, que mencionamos apenas para evidenciar a aplicação da teoria[29], pode ser extraído do julgamento do AgRg no RHC 152473/BA, 5ª Turma, DJe 25/10/2021:

> A posterior manifestação do órgão ministerial ou da autoridade policial pela conversão ou decretação de prisão cautelar supre o vício de não observância da formalidade do prévio requerimento para a prisão preventiva decretada de ofício.

24.13.3.1.4 Exceção da boa-fé

A limitação da boa-fé (*good faith exception*), igualmente de origem norte-americana, foi reconhecida pela Suprema Corte americana no caso *US vs. Leon*, em 1984.

Em linhas gerais, a teoria é aplicável quando a autoridade pensar estar agindo dentro da legalidade, porém incorrendo em erro. No caso *US vs. Leon*, o oficial da polícia conseguiu um mandado de busca baseado apenas em depoimento fundamento em investigação policial, conseguindo apreender grande quantidade de drogas. Entretanto, a defesa sustentou que o simples depoimento era insuficiente para o estabelecimento de indício razoável (*probable cause*).

A Suprema Corte entendeu por admissível a limitação da boa-fé, sustentando que "a boa-fé dos policiais, representada objetivamente pela razoável confiança de que possuíam uma causa provável para a busca e que portavam um mandado válido, justificava o procedimento" (ÁVILA[30], 2007, p. 147).

Em caso similar *Massachusetts vs. Sheppard*, em 1984, foi formulado um pedido de busca e apreensão com lastro depoimento aprovado pelo promotor distrital, mas em formulário distinto do previsto, e o magistrado, entendendo haver causa provável para a busca e partindo da premissa de que o detetive faria as alterações necessárias, emitiu o mandado com algumas alterações, porém mantendo a autorização apenas para busca de substâncias controladas, que havia servido de base para a formulação do pedido.

Contudo, ao cumprir o mandado, os policiais valeram-se do teor do depoimento e não do mandado, descobrindo provas que resultaram na acusação de assassinato em primeiro grau. Não obstante o mandado desrespeitasse a Quarta Emenda por não descrever os itens a serem apreendidos, a prova foi admitida sob o fundamento de que a polícia agira de boa-fé ao executar o que pensou ser um mandado válido[31].

De acordo com a Suprema Corte americana[32]:

(a) A regra de exclusão não deve ser aplicada quando o oficial que conduziu a busca atuou na dependência razoável de um mandado obtido por um magistrado independente e neutro, que posteriormente é considerado inválido.

(b) Aqui, houve uma base razoável para os oficiais erroneamente acreditarem que o mandado autorizava a busca conduzida por eles. Neste ponto, quando o juiz devolveu

29. Discordarmos frontalmente do entendimento do STJ, conforme analisaremos no capítulo pertinente à prisão.
30. ÁVILA, Thiago André Pierobom de. **Provas Ilícitas e proporcionalidade**. Rio de Janeiro: Lumen Juris, 2007.
31. MORO, Sérgio Fernandes. MOSER, Manoela Pereira. **Provas Ilícitas no Processo Penal e a Teoria dos Frutos da Arvore Envenenada**. Economic Analysis of Law Review (EALR), V. 10, nº 1. Universidade Católica de Brasília: 2019, p. 286/306.
32. *op.cit.*

o depoimento e o mandado, qualquer oficial teria concluído, como o detetive fez, que o mandado autorizava uma busca para as matérias constantes na declaração.

(c) Um policial não é treinado a duvidar de um juiz que o instrui que o mandado que ele possui autoriza-o a realizar a busca que ele solicitou. (EUA, 1984a, p. 468 U.S. 981).

Em síntese, a teoria trata da hipótese na qual uma prova é produzida por erro formal, mas com boa-fé daquele que a produz.

Em mudança de paradigma, a teoria foi acolhida pelo STJ no julgamento do HC 633441/PE[33], consoante se infere do voto vista no Min. Rogério Schietti Cruz:

> "[...] entendo possível, mesmo sem texto legal expresso, considerar a exceção da boa-fé ('good faith exception') para reduzir o alcance aparente do art. 5º, LVI, da CF, levando-se em conta o escopo da garantia, de conferir integridade à atividade persecutória, de limitar o poder de coerção do Estado, de proteger determinados direitos fundamentais dos que lhe estão sub-rogados, de afastar as práticas abusivas durante a investigação criminal e de dissuadir sua reiteração ('deterrent effect'). Todas essas finalidades sinalizam repúdio à má conduta de agentes estatais e quando esta não existe, o caso demanda cuidadosa análise do julgador".
>
> "A polícia agiu por erro escusável. Os agentes invadiram o endereço respaldados por autorização judicial. Pode-se dizer que até mesmo o suspeito e os seus defensores iniciais na ação penal não consideravam a possibilidade de má-conduta estatal, pois somente um ano depois delinearam a tese ilicitude da prova. O imóvel descrito no mandado não era somente verde, uma parte dele estava pintada de branco, e tinha portas que, à vista da largura da estrutura e de suas características, não sugeria a existência de várias casas independentes no local. Não se verifica devassa arbitrária da polícia, tanto que os agentes fizeram diligências anteriores para visualizar o suspeito na construção e não adentraram a habitação que ficava em frente, onde eram guardadas as armas de fogo, tudo a denotar a confiança justificada, aferida consoante um padrão de razoabilidade objetiva, de que atuaram sem o propósito de violar normas legais ou garantias individuais".

O voto foi consubstanciado na ementa:

> [...] É razoável admitir que os Agentes, durante o cumprimento do mandado de busca e apreensão, e buscando dar a devida efetividade à diligência, não poderiam presumir que se tratavam efetivamente de moradias autônomas. Precedente da Suprema Corte dos Estados Unidos, no ponto, citado no voto-vista do Ministro ROGERIO SCHIETTI CRUZ: United States v. Leon, 468 U.S. 897 (1984), em que foi admitida a exceção da boa-fé em razão de a atuação policial ter-se dado em conformidade com o senso comum de razoabilidade, e sob a confiança na legalidade dessa atuação. Deliberou-se, na oportunidade, que a exclusionary rule teria lugar somente na hipótese de má conduta policial, com a finalidade manifesta de violar a Constituição. 4. Ordem de *habeas corpus* denegada.

24.13.3.1.5 Teoria do risco ou contribuição de terceiro

No caso *Miller vs. United States*, 1976[34], a Suprema Corte Americana aplicou a teoria do risco no primeiro grande caso de doutrina de terceiros para lidar com transações documentos em *Miller vs. Estados Unidos*. Nesse caso, os agentes da Agência de investigação ATF, (Álcool, Tabaco, Armas e Explosivos) estavam investigando Mitch Miller por sua participação em um crime ilegal que envolvia a produção ilegal de uísque.

No curso das investigações, os agentes intimaram os presidentes de vários bancos nos quais Miller possuía conta para produzir os registros bancários, sendo a determinação cumprida sem que Miller soubesse do cumprimento.

---

33. DJe 07.02.22.

34. https://supreme.justia.com/cases/federal/us/425/435/ acesso em 20.02.22, às 08h15min.

A tese defensiva de Miller baseou-se na expectativa razoável de privacidade, pois conferiu tais informações aos bancos apenas para um propósito limitado. A Suprema Corte, contudo, aplicando a linguagem de *Katz*, observou que "o que uma pessoa conscientemente expõe ao público...não é um assunto de proteção pela Quarta Emenda". O Tribunal concluiu, portanto, que os documentos bancários não eram "comunicações confidenciais", mas instrumentos negociáveis que eram necessários para realizar negócios entre o cliente e o banco, pois todos os documentos continham informações "voluntariamente transmitidas aos bancos e expostas aos seus empregados no curso normal dos negócios". Assim, uma vez que os documentos foram compartilhados com o banco, eles poderiam ser entregues ao governo sem exigir um mandado de busca.

Assim, o Tribunal entendeu que um cliente de banco assume o risco, ao revelar seus negócios a outrem, de que as informações poderão ser transmitidas por essa pessoa ao governo, pressuposto da teoria do risco e do modelo de sigilo. Logo, para a Corte, a Quarta Emenda não proíbe a obtenção de informações reveladas a um terceiro e por ele transmitidas às autoridades governamentais, ainda que a informação seja revelada na suposição de que ela será usada apenas para um propósito limitado, de forma que a confiança depositada no terceiro não será traída. Com base nessa afirmação, Miller não poderia ter nenhuma expectativa razoável de privacidade no banco e, portanto, a apresentação dos documentos em sua acusação não infringiu a Quarta Emenda.

Em linhas gerais, a teoria no Brasil é tratada sob a luz do direito à intimidade, normalmente quando se discute a validade da prova obtida mediante utilização de escutas telefônicas, filmagens e fotografias clandestinas.

Ainda que os Tribunais Superiores não tenham acolhido expressamente a teoria com essa nomenclatura, é possível verificar sua aplicação nos casos de gravações clandestinas, nas quais um dos interlocutores grava a conversa sem o conhecimento do outro. Nesses casos, STF entende por válida a prova, desde que não haja causa legal de sigilo ou de reserva de conversação[35]. Ainda, admite-se a prova nos casos de gravações realizadas por câmeras de segurança, vez que tais dispositivos se destinam ao incremento da segurança e aquele que se expõe em local público não pode alegar a proteção ao direito de intimidade.

Questão interessante pode envolver o registro de imagens pelas ferramentas do *Google Earth, Google Street View* ou outra similar, que mapeiam as imagens de ruas via satélite. Como se sabe, a empresa responsável é uma companhia privada e desenvolveu a plataforma com escopo comercial. Entretanto, não obstante os fins internos, o serviço é disponibilizado gratuitamente para todos os usuários da internet.

Nesse ponto, é perfeitamente possível, não obstante o uso da ferramenta de remoção do rosto das pessoas, que um infrator venha a ser flagrado momentos antes da prática de um delito no local do registro da imagem[36]. Seria possível o uso da prova, caso tenha sido o registro realizado em ambiente público?

Parece-nos perfeitamente possível que a prova seja utilizada, haja vista que, em se tratando de ambiente público, o direito à intimidade encontra natural restrição, pois

35. 2ª Turma, RE 402.717, Rel. Min. Cezar Peluso, DJe 12.02.2009.

36. https://www.thesun.co.uk/news/9920159/crimes-solved-google-earth-missing-people-drug-farms/ acesso em 20.02.2022, às 09h31min.

aquele que se expõe em público, de certo modo renuncia, ainda que parcialmente, sua intimidade. O agente flagrado defronte à joalheria em conjunto com seus comparsas pelo *Google Street View*, momentos antes da prática do delito, poderia ter tido, perfeitamente, sua imagem capturada por uma câmera de segurança ou transeunte que passava no local. Afastar a validade de tal prova significa tornar absoluto o direito à intimidade em espaços públicos, circunstância apta a subverter a própria lógica do público x privado.

24.13.3.1.6 Limitação da destruição da mentira do imputado

Construída pela Suprema Corte norte-americana no caso *WALDER vs. US* (1954), a teoria desenvolveu a possibilidade de valoração de uma prova anteriormente concebida como ilícita para desconstituir uma mentira pregada pelo acusado. Ainda que tal prova não seja apta a comprovar a vinculação do agente com os fatos em processamento, possui validade no sentido de demonstrar uma inverdade.

No caso, o acusado Walder, ao ser indagado se já tinha tido droga sob sua posse, respondeu de forma negativa, sendo a mentira do acusado exposta com a exibição de uma operação anterior, considerada ilícita, mas comprobatória de que, em situação anterior, havia sido apreendido em sua residência uma grande quantidade de heroína.

Ainda não há, no Brasil, registro de sua aplicação pelos Tribunais Superiores, não obstante nos parecer perfeitamente possível sua aplicação quando a ilegalidade versar sobre questão formal, porquanto a prova ilícita não se destinará a comprovar a culpabilidade do agente no processo no qual será utilizada.

24.13.3.1.7 Doutrina da visão aberta

Segundo a teoria da doutrina da visão aberta (*open view*), com esteio no princípio da razoabilidade, deve ser considerada "legítima a apreensão de elementos probatórios do fato investigado e de outro crime quando, a despeito de não se tratar da finalidade gizada no mandado de busca e apreensão, no momento da diligência, o objeto ou documento é encontrado por ser encontrar visível ou ao alcance de todos"[37]. Trata a teoria, por exemplo, de situações nas quais a autoridade cumpre mandado de busca e apreensão de armas e localiza, sobre a mesa da cozinha, pacote contendo drogas.

Guardando semelhança com a cláusula dos campos abertos (*plain view doctrine*), que abriga situações de apreensões em locais ao ar livre, a despeito de propriedade privada, sem a necessidade de mandado prévio (apesar de possível sua existência), a teoria da visão aberta trabalha com situações de descobertas inevitáveis e de forma casual por parte da autoridade, que igualmente poderiam ser abrigadas por mandado judicial ou não. Distingue-se, dessa forma, da teoria da descoberta inevitável, pelo requisito da casualidade.

De forma parametrizada, a doutrina sustenta que a descoberta de outros elementos não pode estar contemplada pelo mandado judicial e deve ocorrer antes do encerramento da diligência original, ou seja, caso o fim do cumprimento do mandado seja a apreensão de computadores, cumprida a finalidade, a autoridade deve cessar a busca,

37. Espelho de prova do MPGO, concurso 58. Texto baseado na doutrina de SILVA JÚNIOR, Walter Nunes. **Curso de direito processual penal: teoria (constitucional) do processo penal**. Rio de Janeiro: Renovar, 2008, p. 523/524.

de forma que eventual descoberta posterior, no caso de continuidade das buscas, haverá ilicitude quanto às novas descobertas.

Exige-se, portanto, conexão entre a busca e sua efetiva natureza, não havendo razões, portanto, para se varrer gavetas ou armários na busca por objetos de grande porte, como veículos. Sob a perspectiva da inexistência de mandado, a teoria da *open view* permite a realização de buscas e apreensões quando as circunstâncias da visão evidenciarem a prática de uma conduta aparentemente ilícita, desde que a autoridade se encontre no local onde lhe seja permitido estar (ruas, calçadas e etc.).

Nesse particular, o STF, no julgamento das buscas domiciliares sem mandado no RExt 603.616, que versava sobre a apreensão de drogas na residência do agente, após as 19h, sem que a diligência tivesse sido lastreada em mandado judicial, houve a argumentação de ofensa ao art. 5º, incisos LVI e XI, da CF. Analisando o caso, em sede de repercussão geral, o Pleno do STF, por maioria de votos, firmou a seguinte tese:

> A entrada forçada em domicílio sem mandado judicial só é lícita, mesmo em período noturno, quando amparada em fundadas razões, devidamente justificadas a posteriori, que indiquem que dentro da casa ocorre situação de flagrante delito, sob pena de responsabilidade disciplinar, civil e penal do agente ou da autoridade e de nulidade dos atos praticados.

Assim, de acordo com o STF, não se exige a visualização da conduta aparentemente criminosa para que a autoridade possa agir, bastando que a atuação tenha lastro em **fundadas razões, devidamente justificadas *a posteriori* acerca da situação de flagrante delito**. Observa-se, portanto, que implicitamente o STF dispensou a visão aberta (*open view*) para as buscas domiciliares sem mandado judicial.

Apesar de não reconhecida expressamente, a teoria tem sido aplicada no ordenamento pátrio sob a roupagem mais ampla da teoria do encontro fortuito de provas (serendipidade), que veremos abaixo.

24.13.3.1.8 Teoria da renúncia do interessado

De origem norte-americana, a teoria não tem aplicação no Brasil no tocante ao ingresso em domicílio, porquanto, diferentemente do modelo americano, que exige autorização judicial para a busca e apreensão domiciliar, o sistema brasileiro permite, por força do art. 5º, XI, CF, o ingresso em domicílio alheio mediante o consentimento do morador.

Parte da doutrina sustenta a possibilidade e aplicação da teoria no caso de descarte de lixo pelo morador. Contudo, entendemos que a questão se amolda, juridicamente, à lógica constitucional, pois enquanto o material descartado estiver no interior do domicílio do agente, somente poderá ser apreendido com expedição de mandado de busca e apreensão ou consentimento do morador, não havendo razões para se aplicar a teoria, que excepciona a necessidade de mandado judicial, vez que a exceção consta da própria Constituição da República.

Não se pode olvidar, entretanto, que havendo o descarte em via pública, a teoria é perfeitamente aplicável[38]. À guisa de exemplo, o STJ, apesar de não mencionar expressamente a teoria, enfrentou a temática ao analisar um caso no qual o agente, durante a fuga,

---

38. É legítima a prova encontrada no lixo descartado na rua por pessoa apontada como integrante de grupo criminoso sob investigação e recolhido pela polícia sem autorização judicial, sem que isso configure pesca probatória *(fishing*

dispensou em via pública um simulacro de arma de fogo, um aparelho celular e um *chip* de operadora de telefonia. No caso, apreendido o *chip* descartado pelo acusado, houve a inserção em outro aparelho telefônico pela polícia para fins de possível identificação da vítima lesada, constatando-se que a vítima não era proprietária do celular descartado, mas somente do *chip*. No julgamento, o STJ entendeu que, por não ter sido o aparelho celular examinado, mas tão somente o conteúdo do *chip*, de propriedade de uma das vítimas do acusado, não houve violação de sigilo telefônico[39].

24.13.3.1.9 Limitação da infração constitucional alheia

Segundo a teoria, somente a pessoa vítima da violação de direito fundamental e prejudicada com a utilização da prova ilícita no processo é que poderá pleitear o reconhecimento da ilicitude.

A limitação, por óbvio, não encontra amparo no ordenamento jurídico brasileiro, porquanto a inadmissibilidade das provas ilícitas objetiva não somente tutelar os direitos fundamentais do acusado, mas também estabelecer limites éticos à atuação estatal.

24.13.3.1.10 Limitação da infração constitucional por pessoas que não fazem parte do órgão policial

Consoante a lição de BRASILEIRO[40] (2020, p. 700), no sistema norte-americano, a prova somente será concebida como ilícita quando a ilegalidade decorrer de ação praticada por agente policial. Assim, não haverá ilicitude se a ilegalidade advier de outros agentes estatais, particulares ou autoridades estrangeiras. Ainda segundo o autor, no ordenamento pátrio, pouco importa quem tenha sido o agente responsável pela produção da prova ilícita – autoridade policial ou particular – em ambos os casos a prova deve ser considerada ilícita.

No julgamento do RE 251.445/GO, o Supremo Tribunal Federal entendeu ser prova obtida por meio ilícito e, por isso, inadmissível, a resultante de furto realizado por menor em um consultório odontológico, de onde foram subtraídas fotografias que serviram para instruir inquérito policial e processo criminal. Vejamos o julgado, publicado em 03.08.00:

> [...] PROVA ILÍCITA. MATERIAL FOTOGRÁFICO QUE COMPROVARIA A PRÁTICA DELITUOSA (LEI Nº 8.069/90, ART. 241). FOTOS QUE FORAM FURTADAS DO CONSULTÓRIO PROFISSIONAL DO RÉU E QUE, ENTREGUES À POLÍCIA PELO AUTOR DO FURTO, FORAM UTILIZADAS CONTRA O ACUSADO, PARA INCRIMINÁ-LO. INADMISSIBILIDADE (CF, ART. 5º, LVI).
>
> [...] Qualifica-se como prova ilícita o material fotográfico, que, embora alegadamente comprobatório de prática delituosa, foi furtado do interior de um cofre existente em consultório odontológico pertencente ao réu, vindo a ser utilizado pelo Ministério Público contra o acusado, em sede de persecução penal, depois que o próprio autor do furto entregou à Polícia as fotos incriminadoras que havia subtraído. No contexto do regime constitucional brasileiro, no qual prevalece a inadmissibilidade processual das provas ilícitas, impõe-se

---

expedition) ou violação da intimidade. Processo em segredo de justiça, Rel. Ministro Sebastião Reis Júnior, Sexta Turma, por unanimidade, julgado em 13/8/2024, DJe de 15/8/2024.

39. HC 720.605/PR, Rel. Min. Ribeiro Dantas, DJe 16.08.22.

40. *op.cit.*

> repelir, por juridicamente ineficazes, quaisquer elementos de informação, sempre que a obtenção e/ou a produção dos dados probatórios resultarem de transgressão, pelo Poder Público, do ordenamento positivo, notadamente naquelas situações em que a ofensa atingir garantias e prerrogativas asseguradas pela Carta Política (RTJ 163/682 p RTJ 163/709), mesmo que se cuide de hipótese configuradora de ilicitude por derivação (RTJ 155/508), ou, ainda, que não se revele imputável aos agentes estatais o gesto de desrespeito no sistema normativo, vier ele a ser concretizado por ato de mero particular. [...]

Reforçando o conteúdo da decisão, em julgado da 2ª Turma do STF no Agravo Regimental no HC 129.646, Rel. Min. Celso de Mello, j. em 03.10.2020, expressamente o Pretório Excelso reconheceu que:

> [...] A cláusula constitucional do "due process of law" – que se destina a garantir a pessoa do acusado contra ações eventualmente abusivas do Poder Público – tem no dogma da inadmissibilidade das provas ilícitas uma de suas projeções concretizadoras mais expressivas, na medida em que o réu tem o impostergável direito de não ser denunciado , de não ser julgado e de não ser condenado com apoio em elementos instrutórios obtidos ou produzidos de forma incompatível com os limites impostos, pelo ordenamento jurídico, ao poder persecutório e ao poder investigatório do Estado. A absoluta invalidade da prova ilícita infirma-lhe, de modo radical, a eficácia demonstrativa dos fatos e eventos cuja realidade material ela pretende evidenciar. Trata-se de consequência que deriva, necessariamente, da garantia constitucional que tutela a situação jurídica dos acusados em juízo (notadamente em juízo penal) e que exclui , de modo peremptório, a possibilidade de uso, em sede processual, da prova – de qualquer prova – cuja ilicitude venha a ser reconhecida pelo Poder Judiciário.
>
> Tenho sempre acentuado que a prova ilícita é prova inidônea. Mais do que isso, prova ilícita é prova imprestável. Não se reveste, por essa explícita razão, de qualquer aptidão jurídico-material. A prova ilícita, qualificando-se como providência instrutória repelida pelo ordenamento constitucional, apresenta-se destituída de qualquer grau, por mínimo que seja, de eficácia jurídica. [...]

Não obstante o entendimento do STF, cumpre-nos indagar acerca da razoabilidade das decisões, cotejando-as com as demais teorias que limitam as provas ilícitas por derivação.

No emblemático caso do furto realizado por menor em um consultório odontológico, de onde foram subtraídas fotografias que serviram para instruir inquérito policial e processo criminal contra a vítima do furto RE 251.445/GO, parece-nos inegável o assentamento das seguintes premissas: a) a prova adveio de violação de direito fundamental; b) a prova não foi obtida por ação de órgão estatal; c) a origem informativa da prova não guarda qualquer relação com o Estado.

Com base nessas premissas, não podemos considerar que o agente, vítima do furto, mas autor de outros delitos, ao guardar a prova do crime em seu consultório, ainda que em um cofre, não teria assumido o risco de que um dia tais evidências caíssem nas mãos de terceiros? E se o menor infrator, ao invés de subtrair as fotos, as tivesse mantido no cofre e noticiado o delito às autoridades competentes, seu depoimento poderia ensejar a expedição de mandado de busca e apreensão? E, caso positiva a resposta, essa prova também seria ilícita? Será que a questão não passa pela análise da teoria do risco, em sede de releitura, e teoria do encontro fortuito de provas?

Antes de adentrarmos nas respostas, objeto de reflexão nos itens seguintes e resposta no item "reflexões sobre a teoria do encontro fortuito de provas", necessário se faz, como fundamento residual, abordar a sensibilidade do tema sob a perspectiva da cooperação internacional, que pode nos fornecer parâmetros de análise.

Imagine que o Brasil peça cooperação internacional para que se realize a busca e apreensão de documentos em uma instituição privada e que, no país alvo da diligência, não se tenha a cláusula de reserva de jurisdição como imperativa nesses casos. Realizada a diligência e finda a cooperação internacional, parece-nos inegável que a prova, legalmente produzida no estrangeiro, viola a Constituição Federal. Contudo, em que pese a suposta violação aos direitos fundamentais, conforme a lição de SILVA JÚNIOR[41] (2008, p. 528):

> "a solução mais adequada é a recomendada pela regra de Direito Internacional, segundo a qual, na cooperação jurídica entre dois países, o ato deve ser praticado segundo a legislação daquele que presta o auxílio. Até porque, em respeito à soberania, um país não pode impor ao outro a sua legislação, ainda que nada impeça que, no pedido de cooperação, diante da divergência entre os sistemas jurídicos, o Estado requerente solicite que a diligência seja feita com a adoção de determinada formalidade, o que, na praxe internacional, motivada pelo princípio cooperativo, sempre é atendido, na medida em que tal não afronte a ordem pública do Estado requerido".

24.13.3.1.11 Teoria do encontro fortuito de provas – serendipidade

O conhecimento fortuito é uma informação obtida de forma inusitada por meio da realização legal de outros meios de obtenção de prova autorizados judicialmente, os quais não guardam conexão primária com o crime que conferiu legitimidade à medida. Trata-se, portanto, da descoberta fortuita de novos fatos criminosos no contexto da investigação de outros delitos, dando ensejo ao chamado "**crime achado**"[42].

A teoria do encontro fortuito ou casual de provas, também conhecida por serendipidade, deriva do desdobramento do curso causal de uma investigação, que caminha em sentido não esperado, a exemplo de uma interceptação telefônica autorizada pela Justiça, visando a apuração de um delito de tráfico de drogas, que, em seu curso, apresenta elementos de provas evidenciadores da prática de um crime de homicídio ou roubo. Assim, sendo fortuita a descoberta e não tendo havido desvio de finalidade, a prova será válida.

Tem-se, portanto, como premissas: a) a realização legal de um meio de obtenção de prova autorizado judicialmente; b) descobrimento de provas não esperadas; e c) inexistência de desvio de finalidade.

A teoria da serendipidade não pode ser confundida ou legitimar a chamada *fishing expedition*, isto é, a "pescaria probatória" na qual, de forma especulativa, sem qualquer causa provável, objetivo definido ou desvio de finalidade, busca-se provas para atribuir a responsabilidade penal de um fato criminoso qualquer a alguém.

O STJ, no julgamento do AgRg no AREsp 2364979/MG, em 13.08.24, decidiu:

> O aresto recorrido está em harmonia com a jurisprudência desta Corte, fixada no sentido de que o escopo restrito da revisão criminal, ajuizada com fundamento no art. 621, inciso I, do CPP, pressupõe a existência de condenação sem qualquer lastro probatório, o que não confunde com o reexame de provas ou fragilidade probatória, sendo, ainda, inadmissível sua utilização como segunda apelação.2. Não se vislumbra a alegada violação, porquanto

41. *op.cit.*

42. STF: 1ª Turma HC 129.678/SP, Rel. Min. Alexandre de Moraes, j. 13/06/2017.

> demonstrados os requisitos previstos nos artigos da Lei n. 9.296/96. As interceptações telefônicas foram judicialmente autorizadas e, pelas investigações realizadas pela polícia, constatou-se que o recorrente estaria envolvido com a organização alvo das investigações, motivo pelo qual também foi objeto de novas interceptações telefônicas. Assim, o que se verificou na hipótese foi a ocorrência de encontro fortuito durante a investigação de delito diverso, não havendo falar em fishing expedition na hipótese dos autos.

Em bela síntese MORAIS DA ROSA, SILVA e MELO E SILVA[43] (2019, p. 41):

> "investigação especulativa indiscriminada, sem objetivo certo ou declarado, que 'lança' suas redes com a esperança de 'pescar' qualquer prova, para subsidiar uma futura acusação. Ou seja, é uma investigação prévia, realizada de maneira muito ampla e genérica para buscar evidências sobre a prática de futuros crimes. Como consequência, não pode ser aceita no ordenamento jurídico brasileiro, sob pena de malferimento das balizas de um processo penal democrático de índole Constitucional".

A busca desvairada ou **efeito hidra[44] por provas não encontra respaldo no processo penal democrático e não pode fundamentar a produção probatória. A busca ampliada e invasiva por vestígios de fatos, inclusive os desconhecidos, não encontra fundamento no ordenamento jurídico pátrio, que exige conexão entre os fins e os meios.**

O conhecimento fortuito pode ser objetivo ou subjetivo. Será objetivo quando, de alguma forma, preservar alguma conexão com o delito investigado e conduzir à obtenção de prova de um novo delito praticado pelo agente envolvido na investigação, como na hipótese da interceptação telefônica que evidencia a prática de um novo delito praticado para ocultar aquele que se investigava. Por outro lado, **será subjetivo** quando revelar outros concorrentes para o delito, como partícipes ou coautores do delito objeto da investigação. Nada impede, contudo, a ocorrência do que chamamos de **serendipidade neutra**, que apesar da mesma fonte de origem, o fato descoberto não guarda qualquer relação com o investigado, como na hipótese do exemplo acima, referente à interceptação telefônica, que noticia e traz elementos de prova de um feminicídio praticado por um vizinho, sem qualquer relação com o fato objeto da apuração.

A serendipidade ainda é classificada pela doutrina em graus. A **serendipidade de primeiro grau** é aquela cuja descoberta esteja conectada, por conexão ou continência, com o delito objeto da diligência. Para sua aceitação, exige a comunicação imediata para a autoridade judicial para análise se a descoberta se encontra na linha de desdobramento do ilícito penal investigado.

Por seu turno, a **serendipidade de segundo grau** refere-se a situações em que a descoberta do fato criminoso não guarda qualquer conexão com o objeto primário da diligência, seja sob a perspectiva objetiva ou subjetiva. Segundo o entendimento de parte da doutrina, a prova obtida não será válida, mas poderá servir de *standard* para deflagração da investigação, isto é, será tratada como notícia crime quando revelar crime diverso daquele objeto da investigação, quando o crime tiver sido praticado por pessoa diversa da investigada; ou quando não revelar conversas protegidas pelo sigilo profissional, como na relação advogado/cliente.

43. SILVA, Viviani GHIZONI; MELO E SILVA, Philipe Benoni; MORAIS DA ROSA, Alexandre. **Fishing Expedition e Encontro Fortuito na Busca e Apreensão**. Florianópolis: EMais, 2019.

44. SCHÜNEMANN, Bernd. **La Reforma del Proceso Penal**. Madrid: Dykinson, 2005, p. 33.

Entendemos, contudo, **na linha do STJ**, APn 690/TO, Rel. Min. João Otávio Noronha, DJe 22.05.15, que **a prova relacionada à serendipidade de segundo grau é válida** e não se restringe à mero *standard* caracterizador de notícia crime:

> [...] Não se desconhece a respeitosa doutrina que discorda do aproveitamento fortuito da interceptação telefônica quando os crimes não são conexos ou relativo a pessoas que não eram objeto da escuta, a exemplo de Luiz Flávio Gomes e Raúl Cervini (Interceptação Telefônica, RT, p. 194). Para eles, o encontro fortuito de fatos que constituem crimes conexos, seria a serendipidade de primeiro grau, cujo aproveitamento é possível. Se a prova disser respeito a fatos ou pessoas distintas daquelas para os quais a medida foi autorizada - serendipidade de segundo grau -, a prova não pode ser utilizada, servindo apenas como notitia criminis, incoerência não explicada pelo autor. Damásio de Jesus (RT 735/467), por sua vez, não admite a serendipidade em hipótese alguma.
>
> Aqui, opto pela orientação do STJ, como exposta (cf., ainda, HC 197.044/SP, rel. Min. Sebastião Reis Júnior, DJe 23.09.2014; HC 187.189/SP, rel. Min. Og Fernandes, DJe 2308.2013), e da maioria da doutrina (por todos: Fernando Capez, Curso de Direito Penal, 4 v., 9a. ed., 2014, p. 491), ou seja, que **a prova é admitida para pessoas ou crimes diversos daquele originalmente perseguido, ainda que não conexos ou continentes, desde que a interceptação seja legal**. [...]

A "serendipidade" não pode ser interpretada como ilegal ou inconstitucional simplesmente porque o objeto da interceptação não era o fato posteriormente descoberto[45]. Por essas razões, não há como se desconsiderar a validade do encontro fortuito de provas.

24.13.3.1.11.1 Reflexões sobre a teoria do encontro fortuito de provas

Neste particular, retomamos às indagações formuladas no item "Limitação da infração constitucional por pessoas que não fazem parte do órgão policial", quanto à ilegalidade da prova decorrente do caso no qual o Supremo Tribunal Federal entendeu ser prova obtida por meio ilícito e, por isso, inadmissível, a resultante de furto realizado por menor em um consultório odontológico, de onde foram subtraídas fotografias que serviram para instruir inquérito policial e processo criminal contra o titular das fotografias.

No contexto, indagamos: "com base nessas premissas, não podemos considerar que o agente, vítima do furto, mas autor de outros delitos, ao guardar a prova do crime em seu consultório, ainda que em um cofre, não teria assumido o risco de que um dia tais evidências caíssem nas mãos de terceiros? E se o menor infrator, ao invés de subtrair as fotos, as tivesse mantido no cofre e noticiado o delito às autoridades competentes, seu depoimento poderia ensejar a expedição de mandado de busca e apreensão? E, caso positiva a resposta, essa prova também seria ilícita? Será que a questão não passa pela análise da teoria do risco, em sede de releitura, e teoria do encontro fortuito de provas?

No que tange às provas ilícitas por derivação, praticamente toda a construção pátria tem origem no Direito norte-americano. Em que pese grande parte da sistemática guardar íntima conexão, há diferenças entre os sistemas, a ponto de, nos EUA, por exemplo, admitir-se a figura do agente provocador no âmbito da teoria do *entrapment*[46], quando já existe uma pré-disposição do agente para a prática do delito, sendo certo que tal conduta não é admitida no Brasil.

---

45. Corte Especial da relatoria do Ministro Teori Zavascki nos EDcl na APn n. 425/ES, Corte Especial, sessão de 21.06.07.

46. A teoria será estudada no capítulo pertinente à prisão em flagrante.

A origem do termo serendipidade vem da palavra inglesa *serendipity*, criada pelo romancista inglês Horace Walpole, em 1754, quando, em uma carta destinada ao amigo diplomata Horace Mann, contou sobre a história persa, *The Three Princes of Serendip* (Os Três Príncipes de Serendip). Em síntese, o conto versa sobre as aventuras de três príncipes da Ilha Serendip (atual Sri Lanka) que viviam descobrindo coisas de forma inesperada, surgindo daí a essência da teoria das "descobertas afortunadas feitas, aparentemente, por acaso".

Retomando o ponto inicial, o fato da autoridade policial tomar ciência de um fato delituoso no exercício de suas atividades rotineiras (*notitia criminis* de cognição imediata), mas fora de uma investigação, não caracteriza um encontro fortuito de provas? Imagine que a autoridade policial, lendo um jornal, venha a tomar ciência de uma infração penal ambiental, ainda não documentada. Como classificamos tal prova se não existe investigação em curso? O agente que comparece espontaneamente à delegacia de polícia e confessa a prática de um crime de homicídio, sequer conhecido ainda das autoridades ou de pessoas próximas à vítima, como chamamos essa prova? Não há dúvidas de que os exemplos citados caracterizam hipóteses de conhecimento ordinário da prova, assim como não nos parece haver dúvidas de que o conhecimento é fortuito, pois tanto o delegado poderia não ter lido o jornal naquele dia, como o homicida não ter confessado o delito.

Do exposto, trazemos o questionamento quanto à aplicação chaveada da doutrina americana em nosso Direito. A serendipidade, por essência, encontro fortuito de provas, precisa estar restrita a situações relacionadas à produção de outra prova determinada ou autorizada pelo juízo? A seguirmos a concepção pura da doutrina norte-americana, a resposta será positiva. Contudo, o substantivo serendipidade não se restringe à tais hipóteses, pelo que entendemos por perfeitamente possível o afastamento restrito da visão norte-americana para concebermos o encontro fortuito de provas na acepção mais pura da expressão, dissociando-a da necessidade estrita de vinculação a outra prova.

E, partindo dessa premissa, não nos parece que devamos conceber como ilícita a prova advinda de uma confissão de um crime de furto, no caso do menor tratado pelo STF, e entrega de documentos, na qual o agente traz elementos de prova aptos a incriminar terceiro pela prática de outro delito. Não há dúvidas de que a doutrina das provas ilícitas combate a violação de direitos fundamentais e funciona como limite à atuação estatal. Contudo, no caso apreciado pelo STF, o Estado nada fez para tomar conhecimento da prova e sequer conhecia a prática delitiva. Trata-se, puramente, de cognição imediata decorrente de funções ordinárias. Conceber a contribuição de um terceiro, ainda que criminoso, como prova ilícita, mesmo se admitindo a possibilidade de observância da cadeia de custódia e proporcionalidade no caso, nos parece conduzir ao enfraquecimento do sistema processual quando analisado sob a perspectiva da sociedade.

Some-se, a tal argumento, a teoria do risco ou contribuição de terceiro, também norte-americana. Parece-nos claro que aquele que oculta provas do crime assume o risco de que, um dia, venham a ser descobertas por uma circunstância ou outra, legal ou ilegal. Não existem direitos absolutos e devemos, sob a luz da proporcionalidade, analisar a licitude da prova.

Os institutos da colaboração premiada e delação premiada, por exemplo, vão ao encontro da linha proposta em certa medida, porque o colaborador, muitas das vezes, acaba por, na origem, praticar ilícitos penais menores para obter documentos que sustentam a sua versão. Fechar o cerco da serendipidade sob a esfera da prova previamente autorizada, sem cotejá-la com a atuação ordinária do Estado, significa restringir um conceito que sequer pertence ao processo.

Ainda em nosso caso-base, se o autor do furto, ao invés de subtrair as provas que estavam no cofre, tivesse noticiado o fato à autoridade policial, trazendo elementos mínimos para abertura de investigação, ainda assim cogitaríamos acerca da ilicitude da prova? A indagação faz-se necessária porque o conhecimento da prova tem origem na prática de um ilícito penal – crime de furto. Esse conhecimento espúrio macula a prova futura a ser produzida?

A resposta às indagações passa pela linha conceitual a ser seguida e trilha da compreensão dos limites à produção da prova. A se entender que toda e qualquer violação de direito fundamental implicará a ilicitude da prova, qualquer prova dela derivada será ilícita, independentemente da participação do Estado em sua produção. A se compreender, por outro lado, que caso o Estado não tenha contribuído de qualquer forma para que a prova chegasse ao seu conhecimento, nem toda prova derivada de uma ilicitude será concebida como ilícita. Gize-se, à hipótese, a questão relacionada à cooperação internacional, que respeita a forma probatória do país que presta a cooperação internacional, ainda que contrária aos nossos ditames constitucionais.

Para nós, o caminho a ser traçado passa pela análise da participação do Estado na produção da prova em paralelo com a proporcionalidade. Caso não tenha contribuído para sua produção e a violação a direito fundamental atinja bem de menor valor (teoria da ponderação dos males causados), pouco importa para fins probatórios a origem ilícita da prova.

Sob a luz da proporcionalidade, se o autor de um furto apresenta provas contra um pedófilo, porque nos objetos subtraídos continham documentos reveladores de crimes sexuais contra crianças e adolescentes, a regra precisa de flexibilização. Não admitimos a prova, contudo, caso tenha sido obtida mediante tortura ou qualquer outro meio degradante ao indivíduo, motivo pelo qual a análise da proporcionalidade é imprescindível e deve ser realizada sob a perspectiva do caso concreto.

24.13.3.1.11.2 A serendipidade e a *fishing expedition* nos Tribunais Superiores

a) Interceptações telefônicas e teoria do juízo aparente: 1. As provas colhidas ou autorizadas por juízo aparentemente competente à época da autorização ou produção podem ser ratificadas a posteriori, mesmo que venha aquele a ser considerado incompetente, ante a aplicação no processo investigativo da **teoria do juízo aparente**. Precedentes: HC 120.027, Primeira Turma, Rel. p/ Acórdão, Min. Edson Fachin, DJe de 18/02/2016 e HC 121.719, Segunda Turma, Rel. Min. Gilmar Mendes, DJe de 27/06/2016. 2. **Nas interceptações telefônicas validamente determinadas é passível a ocorrência da serendipidade, pela qual, de forma fortuita, são descobertos delitos que não eram objetos da investigação originária**. Precedentes: HC 106.152, Primeira Turma, Rel. Min. Rosa Weber, DJe de 24/05/2016 e HC 128.102, Primeira Turma, Rel. Min. Marco Aurélio, DJe de 23/06/2016. 3. In casu, o recorrente foi denunciado pela suposta prática dos crimes tipificados nos artigos 33 e 35 da Lei nº 11.343/06 e encontra-se preso preventivamente. 4. A competência originária do Supremo Tribunal Federal para conhecer e julgar *habeas corpus* está definida, exaustivamente, no artigo 102, inciso I, alíneas d e i, da Constituição da República, sendo certo que o paciente não está arrolado em qualquer das hipóteses sujeitas à jurisdição desta Corte. 5. Agravo regimental desprovido. HC 137438 AgR/SP, Rel. Min. Luiz Fux, DJe 20.06.17.

b) Interceptação telefônica - crime punido com detenção: O Supremo Tribunal Federal, como intérprete maior da Constituição da República, considerou compatível com o art. 5º, XII e LVI, o uso de prova obtida fortuitamente através de interceptação telefônica licitamente conduzida, ainda que o crime descoberto, conexo ao que foi objeto da interceptação, seja punido com detenção. 2. Agravo Regimental desprovido. AI 626214 ArG/MG, Rel. Min. Joaquim Barbosa, DJe 08.10.10.

c) Delação premiada e colaboração premiada: lavagem de dinheiro, falsidade ideológica e corrupção passiva. Colaboração premiada. Delação de crimes não conexos com a investigação primária. Equiparação ao *encontro fortuito de prova*. Aplicação das regras de determinação, de modificação e de concentração da competência. [...] 4. A competência para processar e julgar os crimes delatados pelo colaborador que não sejam conexos com os fatos objeto da investigação matriz dependerá do local em que consumados, de sua natureza e da condição das pessoas incriminadas (prerrogativa de foro). 5. **Os elementos de informação trazidos pelo colaborador a respeito de crimes que não sejam conexos ao objeto da investigação primária devem receber o mesmo tratamento conferido à descoberta fortuita ou ao *encontro fortuito de provas* em outros meios de obtenção de prova, como a busca e apreensão e a interceptação telefônica**. 6. A prevenção, essencialmente, não é um critério primário. Inq 4130 QO Rel. Min. Dias Toffoli, Pleno, DJe 03.02.16.

d) Colaboração premiada e ausência de conexão: Os elementos de informação trazidos pelo colaborador a respeito de crimes que não sejam conexos ao objeto da investigação primária devem receber o mesmo tratamento conferido à descoberta fortuita ou ao *encontro fortuito de provas*. 5. A prevenção não é critério primário de determinação da competência, mas sim de sua concentração, tratando-se de regra de aplicação residual. Pet 8090 AgR, Rel. Min. Edson Fachin, DJe 11.12.20.

e) Desnecessidade de conexão: A conexão intersubjetiva ou instrumental decorrente de *encontro fortuito de prova* que nada tem a ver com o objeto da investigação principal, não tem o condão de impor o *unum et idem judex*, máxime com vulneração do princípio acusatório. 5. A conexão no processo dá-se em favor da jurisdição de modo a facilitar a colheita da prova, evitar decisões contraditórias e permitir cognição mais profunda e exauriente da matéria posta a julgamento. O simples *encontro fortuito de prova* de infração que não possui relação com o objeto da investigação em andamento não enseja o simultaneus processus. RHC 120379, Rel. Min. Luiz Fux, DJe 24.10.14.

f) Fishing expedition em quebra de sigilo bancário: Configura-se ilegítima a quebra de sigilo bancário de listagem genérica, com nomes de pessoas não relacionados diretamente com as investigações (art. 5º, inc. X, da Constituição da República). 3. Ressalva da possibilidade de o Ministério Público Federal formular pedido específico, sobre pessoas identificadas, definindo e justificando com exatidão a sua pretensão. 4. Agravo provido parcialmente." (STF, Inq-AgR 2245/MG, Rel. Min. Joaquim Barbosa, DJe 09/11/2007).

g) Fishing expedition em cumprimento de mandado de busca e apreensão: Inviolabilidade de domicílio (art. 5º, IX, CF). Busca e apreensão em estabelecimento empresarial. Estabelecimentos empresariais estão sujeitos à proteção contra o ingresso não consentido. 3. Não verificação das hipóteses que dispensam o consentimento. 4. Mandado de busca e apreensão perfeitamente delimitado. Diligência estendida para endereço ulterior sem nova autorização judicial. Ilicitude do resultado da diligência. 5. Ordem concedida, para determinar a inutilização das provas. (STF, HC 106.566/SP, Rel. Min. Gilmar Mendes, Segunda Turma, J. 16/12/2014).

h) Busca e apreensão genérica: [...] 2. Indispensável que o mandado de busca e apreensão tenha objetivo certo e pessoa determinada, não se admitindo ordem judicial genérica e indiscriminada de busca e apreensão para a entrada da polícia em qualquer residência. Constrangimento ilegal evidenciado. 3. Agravo regimental provido. Ordem concedida para reformar o acordão impugnado e declarar nula a decisão que decretou a medida de busca e apreensão coletiva, genérica e indiscriminada contra os cidadãos e cidadãs domiciliados nas comunidades atingidas pelo ato coator (Processo n. 0208558-76.2017.8.19.0001). (STJ, AgRg no HC 435.934/RJ, Rel. Min. Sebastião Reis Júnior, j. 05/11/2019).

i) Fishing expedition e inexistência de investigação: É extremamente importante enfatizar, ainda, a absoluta e intransponível impossibilidade da geração de RIFs por encomenda (*fishing expeditions*) contra cidadãos sem qualquer investigação criminal existente ou alerta já emitido de ofício pela unidade de inteligência com fundamento na análise de informações contidas em sua base de dados. (STF, RE 1.055.941/SP, Rel. Min. Dias Toffoli, Pleno, pág. 41 do voto, proferido em 20/11/2019).

j) Inexistência de desvio na execução do meio de obtenção de prova: A jurisprudência desta Corte é firme no sentido da adoção da teoria do encontro fortuito ou casual de provas (serendipidade). Segundo essa teoria, independentemente da ocorrência da identidade de investigados ou réus, consideram-se válidas as provas encontradas casualmente pelos agentes da persecução penal, relativas à infração penal até então desconhecida, por ocasião do cumprimento de medidas de obtenção de prova de outro delito regularmente autorizadas, ainda que inexista conexão ou continência com o crime supervenientemente encontrado e este não cumpra os requisitos autorizadores da medida probatória, desde que não haja desvio de finalidade na execução do meio de obtenção de prova" (AgRg no REsp 1.752.564/SP, Rel. Min. Ribeiro Dantas, 5ª Turma, DJe 23.11.20).

24.13.4 Destinação da prova ilícita

A prova ilícita será, como vimos acima, considerada inválida no processo. Contudo a mera invalidade, por si só, não soluciona a questão da sua exclusão do processo. Nesse sentido, o §3º do art. 157 do CPP dispõe que: "Preclusa a decisão de desentranhamento da prova declarada inadmissível, esta será inutilizada por decisão judicial, facultado às partes acompanhar o incidente".

O CPP, por razões evidentes, não assinala o momento processual adequado para reconhecimento da ilicitude da prova. Isso porque os momentos probatórios no processo penal não seguem, necessariamente, um procedimento estanque. Contudo, naturalmente, alegada a ilicitude de uma prova, exige-se que o magistrado venha a enfrentar o tema na primeira oportunidade, haja vista que a perpetuação de uma prova ilícita no processo, pode, por circunstâncias externas, contaminar a produção de outras provas. A lógica, para nós, é similar à da teoria da árvore dos frutos envenenados: uma maçã podre pode contaminar por inteiro a caixa de maçãs.

Assim, juntada uma prova ilícita por ocasião do oferecimento da denúncia, assim que apresentada a resposta à acusação, o magistrado deverá analisar a licitude da prova, sob pena do risco de uma anulação futura. Produzida, em audiência, uma prova ilícita, a matéria deverá ser enfrentada no próprio ato, com o escopo de se permitir o escorreito andamento processual. Temos, portanto, que a matéria deve ser enfrentada tão logo conhecida a suposta ilegalidade. E tal ponto revela-se importante, porquanto a depender do momento processual da análise, o teor e momento da decisão poderão ensejar recursos diversos, conforme veremos no estudo dos recursos.

O 3º do art. 157 do CPP prevê que, após preclusa a decisão, a prova será inutilizada por decisão judicial, facultando-se às partes o acompanhamento do incidente. A despeito da ausência de regulação específica, a norma criou um incidente próprio, de destruição de provas, o qual pode ser acompanhado pelas partes.

A destruição física, contudo, não pode ser determinada sem análise da eventual necessidade de sua preservação como forma de se tutelar direitos de terceiros, sob pena da própria materialidade causar prejuízo àquele que outrora quase fora prejudicado pela prova. Imagine-se, por exemplo, a situação do réu que, vítima de tortura pela autoridade policial, por ter a prova da materialidade do crime contra ele praticado destruída, nada poderá fazer com o escopo de provocar a atuação estatal ou mesmo buscar uma indenização contra o Estado.

Há que se ter, portanto, temperança quando à determinação da destruição da prova, pois há casos em que a razoabilidade impõe sua preservação em sigilo em cartório judicial para asseguramento de direitos futuros. E, não obstante a ausência de previsão expressa nesse sentido, nada impede e, ao contrário, sugere, que o magistrado atue nesse sentido, de forma fundamentada.

24.13.5 Descontaminação do julgado

O §5º do art. 157 do CPP, inserido pela Lei 13.964/19, declarado inconstitucional pelo STF no julgamento conjunto das ADIs 6.298, 6.299, 6.300 e 6.305, em 24.08.23, previa que: o juiz que conhecer do conteúdo da prova declarada inadmissível não poderá proferir a sentença ou acórdão.

O dispositivo, cujo teor repetia o do anteriormente vetado por ocasião da Lei 11.690/08, consagrava o fenômeno que a doutrina chama de **descontaminação do julgado**. A nomenclatura, por demais estranha, não revela a essência da previsão, pois ao se mencionar a descontaminação de algo, pressupõe-se, necessariamente, a existência de contaminação prévia. E, no caso, a suposta descontaminação não atacaria o julgado, mas os elementos de prova que poderiam conduzir a um julgado contaminado. Haveria, portanto, uma **profilaxia do julgado**, e não uma descontaminação do julgado, que sequer existe.

Em tese, a profilaxia visa, essencialmente, afastar do caso a ser julgado o magistrado que tenha tido qualquer espécie de contato com a prova contaminada, pois, não obstante sua extirpação física, pode remanescer o aspecto psicológico, dando vazão ao chamado efeito *backfire*, isto é, o "tiro sair pela culatra", vez que o juiz pode tender a decidir no sentido da prova ilícita, ainda que não a use formal e expressamente em razão do conhecimento de seu teor. Replica, ainda que por questões fático-jurídicas - contato com a prova ilícita - o modelo quadripartite por meio de um procedimento funcional escalonado - juiz da investigação - juiz da instrução - juiz da sentença e juiz da execução.

Em linhas gerais, o dispositivo visava, portanto, assegurar a liberdade no conhecimento da prova por parte de um magistrado imparcial, permitindo um julgamento isonômico e sem qualquer espécie de pré-disposição.

Não obstante a preocupação da legislação, razoável sob o aspecto psicológico, mas indemonstrável sob a perspectiva jurídica, o dispositivo, de forma subjacente, transformava, por presunção, o magistrado que teve contato com a prova ilícita em agente suspeito por equiparação, impondo-lhe os ônus do impedimento.

A presunção de contaminação do magistrado e potencial influência no julgado fere, para nós, todo o sistema de construção do Judiciário, pois reduz, legalmente, a capacidade cognitiva do magistrado e o presume incapaz de separar o "joio do trigo".

Além da questão estrutural, o dispositivo não especificava a natureza da prova inadmissível. Seria uma prova meramente ilegítima suficiente para afastar o magistrado do caso? Ou seria somente o vício da ilicitude apto a produzir tal efeito? Ademais, a redação legal, já que a própria norma presume a possibilidade de má-fé por parte do magistrado, ao arrepio de toda construção que norteia o Judiciário, poderia dar ensejo a manobras não ortodoxas pelas partes - já que estamos da seara da presunção de possibilidade de má-fé - no sentido de se produzir provas ilegais tão somente com o escopo de afastar um determinado magistrado do caso, em violação ao princípio do juiz natural.

Por essas e outras razões, o STF, no julgamento da ADI 6.298 MC/DF, declarou o dispositivo inconstitucional.

24.14 IDENTIDADE FÍSICA DO JUIZ

Tratado por parte da doutrina como um dos princípios reitores da prova[47], o princípio da identidade física do magistrado foi contemplado pelo §2° do art. 399 do CPP, que assinala que "o juiz que presidiu a instrução deverá proferir a sentença".

A despeito da regra e ausência de exceções expressas, parece-nos inegável a aplicação do art. 132 do CPC, aplicável por analogia, que permite o julgamento pelo substituto legal, nos casos de convocação, licença, afastamentos, promoções, remoções ou aposentadoria[48].

O STF, enfrentando a questão, por demais cotidiana, entendeu que dentre os vários juízes que participaram da instrução, o princípio da identidade física do juiz impõe ao

47. Entendemos o princípio como inerente à decisão e sentença e não às provas em si.

48. Segundo o STJ, no caso de férias do magistrado responsável pela colheita da prova, não há vinculação ao processo, razão pela qual os autos devem ser encaminhados ao seu sucessor, nos termos do art. 132, *in fine*, do CPC: STJ, 5ª Turma, HC 243.433/SP, Rel. Min. Jorge Mussi, DJe 05/09/2012.

magistrado que concluiu a instrução, o dever de sentenciar o processo[49]. E, nessa esteira, não há, portanto, qualquer ilegalidade na produção da prova por meio de cartas precatórias, vez que o juízo deprecado atua como *longa manus* do juízo deprecante, que preserva a estrutura da instrução. Assim, não nos parece razoável o argumento daqueles que sustentam a ilegalidade na produção do interrogatório judicial, ato de fechamento da instrução, por meio de cartas precatórias ou rogatórias.

De igual forma, art. 3º, III, da Lei 8.038/90, incluído pela Lei 12.019/09, prevê a possibilidade de convocação de desembargadores de Turmas Criminais dos Tribunais de Justiça ou dos Tribunais Regionais Federais, bem como juízes de varas criminais da Justiça dos Estados e da Justiça Federal, pelo prazo de 6 (seis) meses, prorrogável por igual período, até o máximo de 2 (dois) anos, para a realização do interrogatório e de outros atos da instrução, nos processos de competência originária dos Tribunais Superiores[50]. A previsão insere-se no contexto da flexibilização do princípio do juiz natural, pois os juízes ou desembargadores convocados atuam sob a *longa manus* do relator.

24.15 SÍNTESE GRÁFICA

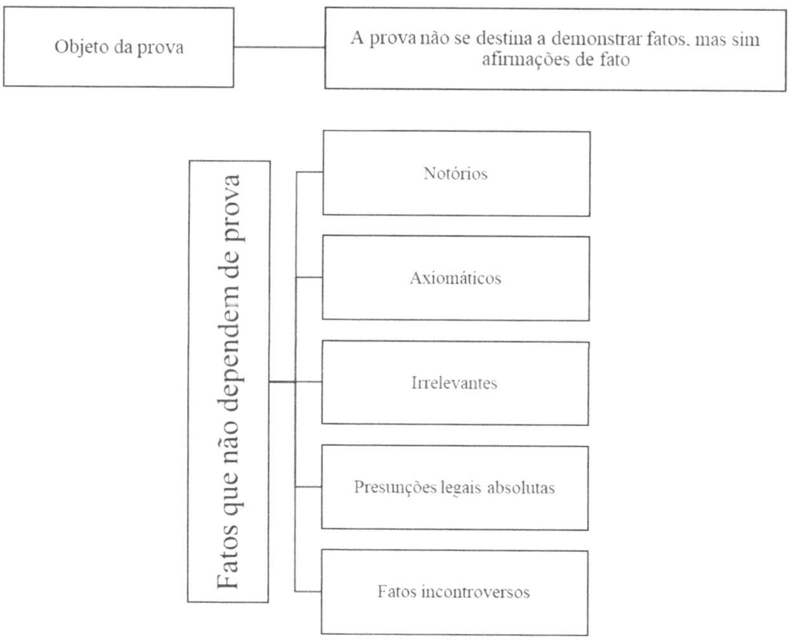

49. STF, 2ª Turma, AO 2.093/RN, Rel. Min. Cármen Lúcia, DJe 09/10/2019.

50. O STF tem admitido a possibilidade também nos processos de extradição.

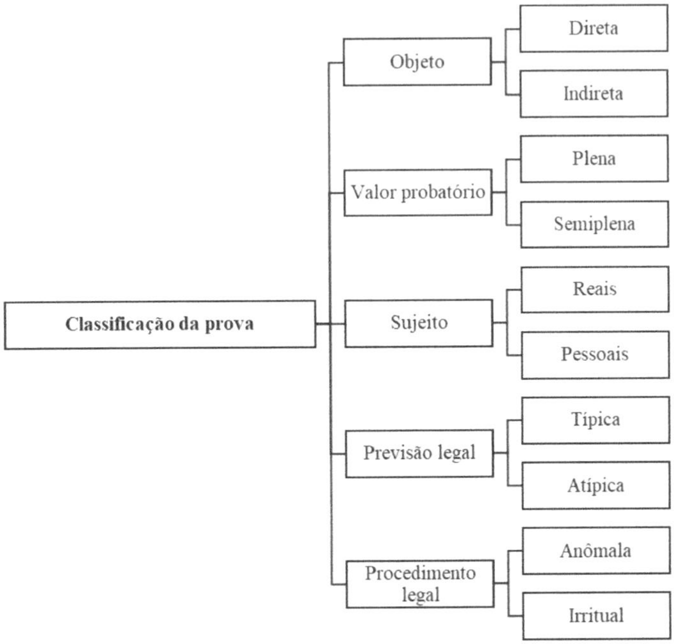

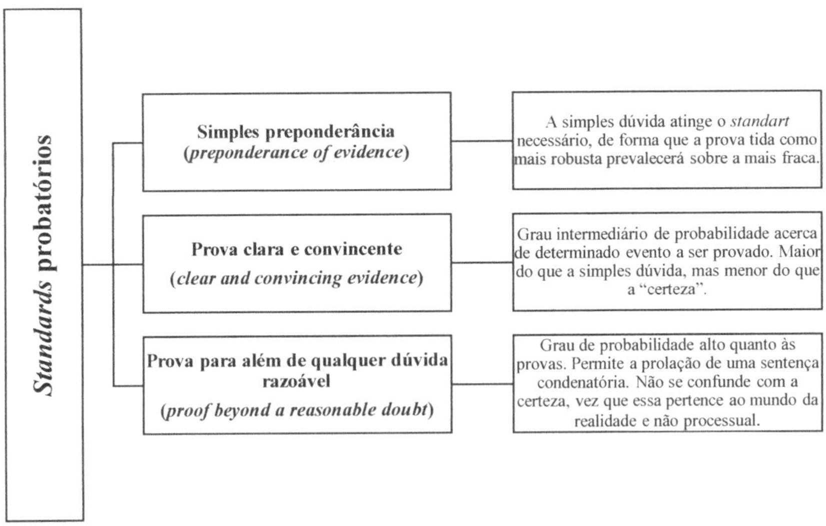

Natureza	*Standard* necessário	Formação
Instauração de investigação	Verificação da procedência das informações (art. 5º, §3º, CPP)	A simples notícia crime anônima é causa insuficiente e desnecessária para instauração da investigação, vez que essa pode ser instaurada de ofício, mediante requisição do MP ou após a instauração de VPI.

Natureza	*Standard* necessário	Formação
Recebimento da denúncia	Prova da materialidade e indícios de autoria	A prova da materialidade – laudo toxicológico – por exemplo, por si só, é causa insuficiente para ensejar a propositura da inicial, pois se exige, igualmente, indícios de autoria. Ademais, nessa fase, a materialidade pode ser provada por outras formas, conforme precedentes do STJ.
Sequestro	Indícios veementes da proveniência ilícita dos bens	A caracterização da prova indiciária pode ser realizada por diversas formas, como um anúncio em jornal, sitio da internet, pré-contrato e etc.
Arresto	Certeza da infração e indícios suficientes da autoria	O termo certeza da só existirá com o julgamento e efetivo trânsito em julgado. O que podemos ter, durante o trâmite processual, é prova da materialidade ou da existência do crime. Temos, portanto, que há necessidade de demonstração tão somente do *periculum in mora*, consubstanciado no receio de futura insolvência do autor da infração penal. Exige-se, ademais, indícios suficientes de autoria, que podem advir de diversas provas.
Interceptação telefônica	Indícios razoáveis da autoria ou participação em infração penal; a prova não possa ser feita por outros meios disponíveis; e o fato investigado constituir infração penal punida com reclusão.	Os indícios razoáveis da autoria ou participação em infração penal podem ser obtidos com lastro nas mais diversas provas admitidas; a impossibilidade de se provar o fato por outros meios disponíveis evidencia, por essência, necessidade da prova que, todavia, só será realizada quando o conjunto negativo de provas a exigir.
Prisão preventiva	Prova da materialidade, indícios de autoria e *periculum in mora.*	A prova da materialidade e a caracterização dos indícios de autoria pode ser realizada por diversos meios de prova, não se apegando apenas a um modelo.

Natureza	*Standard* necessário	Formação
Prisão temporária	Imprescindibilidade para as investigações criminais; ausência de residência fixa ou não fornecimento de elementos necessários ao esclarecimento de sua identidade por parte do agente; fundadas razões, de acordo com qualquer prova admitida na legislação penal, de autoria ou participação do indiciado nos crimes previstos no art. 1º, III, da Lei 7.960/89; existência de indícios concretos de que há crime e elementos contra o investigado; se a justificativa para o pedido de prisão se baseia em fatos novos ou contemporâneos ao pedido; se a medida é adequada à gravidade do crime, às circunstâncias do fato e às condições pessoais do alvo da prisão; se outras medidas cautelares alternativa à prisão, como o uso de tornozeleira eletrônica, não seriam suficientes para o caso.	No julgamento das ADIs 4.109 e 3.360, em fevereiro de 2022, o STF entendeu que: A prisão temporária é "cabível apenas na fase investigativa, tem requisitos estritos e está em sintonia com os princípios constitucionais das custódias cautelares." O entendimento firmado pelo STF proíbe que uma prisão temporária seja decretada ou renovada para forçar o investigado a prestar alguma informação. Vedou-se a "prisão para averiguação" – quando a pessoa é detida e, enquanto isso, os investigadores verificam se ela tem relação com o crime investigado. Para a decretação da prisão temporária, as autoridades terão que comprovar a existência de indícios concretos de que há crime e elementos contra o investigado. A novidade veio do teor da decisão, na qual os ministros do Supremo Tribunal Federal decidiram que a prisão temporária só pode ser aplicada se todos os requisitos previstos na lei sobre o tema estiverem presentes, cumulativamente. Não basta, portanto, cumprir apenas alguns dos itens listados na lei. Passou-se a exigir, também, a contemporaneidade, isto é, a prisão temporária não poderá ser decretada se o cumprimento desses pré-requisitos utilizar elementos ocorridos muito tempo antes da prisão. Definiu-se, então, que será necessário avaliar: se a prisão temporária é medida imprescindível para as investigações do inquérito – com base em elementos concretos, e não em "meras conjecturas"; se há razões fundamentadas para dizer que o alvo da prisão participou do crime investigado – e este crime precisa constar no art.1º, III da Lei 7.960/89; se a justificativa para o pedido de prisão se baseia em fatos novos ou contemporâneos ao pedido; Se a medida é adequada à gravidade do crime, às circunstâncias do fato e às condições pessoais do alvo da prisão; se outras medidas cautelares alternativa à prisão, como o uso de tornozeleira eletrônica, não seriam suficientes para o caso. O julgamento também definiu que o fato de o alvo da prisão "não ter residência fixa ou não fornecer elementos necessários ao esclarecimento de sua identidade", por si só, não é suficiente para embasar a prisão temporária.
Pronúncia	Prova da materialidade e indícios suficientes de autoria	A prova da materialidade e a caracterização dos indícios de autoria pode ser realizada por diversos meios de prova, não se apegando apenas a um modelo. Admite-se, inclusive, a pronúncia por crime de homicídio sem cadáver.

Natureza	*Standard* necessário	Formação
Sentença condenatória	Prova para além de qualquer dúvida razoável	O mosaico probatório deve reunir elementos de prova suficientes para afastar qualquer dúvida por parte do aplicador do Direito.

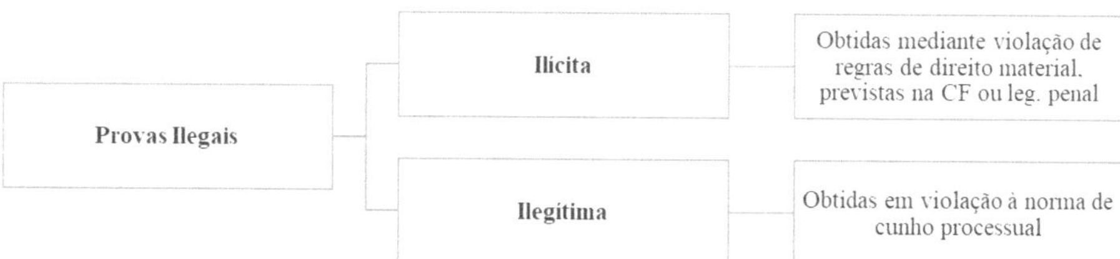

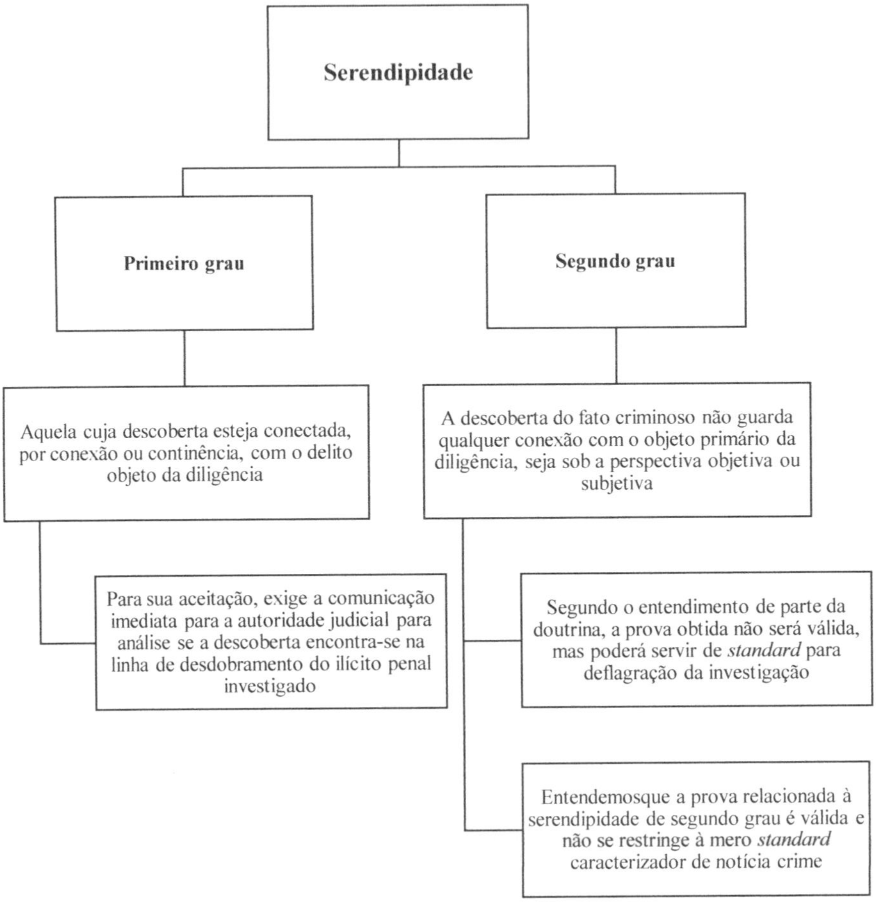
Serendipidade
Primeiro grau
Segundo grau
Aquela cuja descoberta esteja conectada, por conexão ou continência, com o delito objeto da diligência
A descoberta do fato criminoso não guarda qualquer conexão com o objeto primário da diligência, seja sob a perspectiva objetiva ou subjetiva
Para sua aceitação, exige a comunicação imediata para a autoridade judicial para análise se a descoberta encontra-se na linha de desdobramento do ilícito penal investigado
Segundo o entendimento de parte da doutrina, a prova obtida não será válida, mas poderá servir de *standard* para deflagração da investigação
Entendemosque a prova relacionada à serendipidade de segundo grau é válida e não se restringe à mero *standard* caracterizador de notícia crime

Limitações à prova ilícita por derivação

Teoria da fonte independente	Fonte independente é aquela autônoma, sem qualquer espécie de vínculo direto ou indireto com outra prova, considerada ilegal
Teoria da descoberta inevitável	A prova, cuja descoberta seria inevitável, deve ser considerada válida, pois não guarda relação com a prova ilícita anteriormente produzida
Teoria da Exceção da boa-fé	A teoria é aplicável quando a autoridade pensar estar agindo dentro da legalidade, porém incorrendo em erro
Teoria do risco	Não proíbe a obtenção de informações reveladas a um terceiro e por ele transmitidas às autoridades governamentais
Teoria da Limitação da mentira do imputado	Possibilidade de valoração de uma prova anteriormente concebida como ilícita para desconstituir uma mentira pregada pelo acusado
Doutrina da visão aberta	É legítima a apreensão de elementos probatórios do fato investigado e de outro crime quando o objeto é encontrado por estar visível ou ao alcance de todos
Teoria da renúncia do interessado	O material descartado pelo agente é concebido como não querido, havendo renúncia quanto ao seu conteúdo
Teoria da Limitação da infração constitucional alheia	Somente a pessoa vítima da violação de direito fundamental e prejudicada com a da prova ilícita poderá pleitear o reconhecimento da ilicitude
Limitação da infração constitucional por pessoas que não fazem parte do órgão policial	A prova somente será concebida como ilícita quando a ilegalidade decorrer de ação praticada por agente policial

24.16 REVISÃO DO CAPÍTULO POR QUESTÕES DE CONCURSOS E ASSERTIVAS DE REFORÇO

QUESTÕES DE CONCURSO

Em razão da íntima conexão entre os temas tratados nos capítulos 24 a 26, circunstância que praticamente impede o fracionamento das questões para tratamento nos capítulos de forma individualizada, optamos por colacionarmos as questões referentes ao tema provas ao final do capítulo 26, permitindo ao leitor a realização do treino de forma sistêmica.

ASSERTIVAS DE REFORÇO

1. ( ) Os fatos axiomáticos são aqueles cuja valoração é necessária.

2. ( ) Toda prova típica é nominada, mas nem toda prova nominada é típica.

3. ( ) Prova anômala é aquela cuja forma de produção não observa o procedimento legal originariamente previsto para o tipo de prova desejado, mas é produzida no processo com o escopo de trazer os efeitos de outra prova nominada.

4. ( ) A prova irritual sempre será concebida como ilegítima.

5. ( ) Exige-se três requisitos para utilização da prova emprestada: a) participação do acusado no processo em que foi originariamente produzida a prova; b) produção sob o crivo do contraditório e ampla defesa; e c) autorização pelo juízo competente.

6. ( ) A prova emprestada, para ser válida, exige que nos processos as partes sejam idênticas.

7. ( ) Os *standards* probatórios, também chamados de critérios de decisão ou modelos de constatação, são compreendidos como os níveis ou graus de provas exigidos para apreciação de uma questão específica.

8. ( ) Na temática *standards* probatórios, a simples dúvida atinge o *standard* necessário, de forma que a prova tida como mais robusta prevalecerá sobre a mais fraca.

9. ( ) Sob a luz da teoria da condição INUS, a simples notícia crime anônima é causa insuficiente e desnecessária para instauração da investigação, vez que essa pode ser instaurada de ofício, mediante requisição do MP ou após a instauração do procedimento de verificação de procedência das informações.

10. ( ) O sistema legal ou tarifado, aplicado no Brasil, é aquele que estabelece uma valoração para prova de forma prévia, isto é, dentre os diversos meios de prova possíveis, as provas são hierarquizadas, retirando do magistrado a possibilidade de valorá-las de forma distinta.

11. ( ) Verifica-se efeito migratório das provas inquisitoriais quando o magistrado se vale somente de provas inquisitoriais para fundamentar a condenação.

12. ( ) A regra do ônus da prova visa estabelecer critérios objetivos que orientem o juiz nas suas decisões, sendo, portanto, regra de procedimento no tocante ao aspecto subjetivo e de julgamento, a ser aplicada quando houver eventual omissão das partes quanto à prova de suas alegações.

13. ( ) Do modelo *ope legis* extrai-se que caberá à acusação provar a caracterização de um fato típico por parte do agente. Assim, deverá provar: a realização de uma conduta comissiva ou omissiva; a existência de um resultado normativo ou naturalístico; o nexo causal entre a conduta e o resultado; dolo ou culpa; a relação subjetiva com o fato, autoria ou participação.

14. ( ) Exige-se, por parte da acusação, a prova da culpabilidade normativa do agente no tocante à imputabilidade, não se aplicando a presunção legal quanto à capacidade penal.

15. ( ) Produzida a prova, essa passa a ser vinculada à parte que a produziu.

16. ( ) A decisão que determina a produção antecipada de provas com base no art. 366 do CPP deve ser concretamente fundamentada, não a justificando unicamente o mero decurso do tempo.

17. ( ) Não havendo outros meios de prova disponíveis, é de ser considerada a urgência da oitiva de testemunhas policiais, que, pela natureza de sua atuação profissional, tenham contato permanente com fatos criminosos que apresentem semelhanças em sua dinâmica, o que justifica a colheita antecipada dos depoimentos sob pena de perecimento da prova.

18. ( ) A Constituição Federal e o Código de Processo Penal diferenciam, normativamente, as provas ilícitas e ilegítimas.

19. ( ) As provas ilícitas são necessariamente extraprocessuais, ao passo que as provas ilegítimas, processuais.

20. ( ) Apesar da inexistência de previsão expressa, o reconhecimento da ilegalidade da prova é atacável por meio de recurso em sentido estrito, com fundamento no art. 581, XIII do CPP, haja vista que o reconhecimento da ilicitude impõe, de certo modo, uma anulação de parte da instrução.

21. ( ) São também inadmissíveis as provas derivadas das ilícitas, salvo quando não evidenciado o nexo de causalidade entre umas e outras, ou quando as derivadas puderem ser obtidas por uma fonte independente das primeiras.

22. ( ) Sob a luz da teoria da fonte independente, no âmbito das provas ilícitas, considera-se fonte independente aquela que por si só, seguindo os trâmites típicos e de praxe, próprios da investigação ou instrução criminal, seria capaz de conduzir ao fato objeto da prova.

23. ( ) A teoria da exceção da fonte hipotética independente é concebida, doutrinariamente, como idêntica à teoria da fonte da fonte independente.

24. ( ) Segundo a teoria da visão aberta, excepcionalmente, elementos de prova derivados de outros de origem ilícita podem ser admitidos no processo, quando a obtenção das referidas provas ocorrer mediante circunstâncias que permitam a suposição de que os efeitos da ilicitude original tenham sofrido atenuação ou enfraquecimento diante da quebra do nexo causal entre a prova ilícita originária e a obtenção da prova derivada.

25. ( ) O STJ não adota como válida a *exclusionary rule* da exceção da boa-fé.

26. ( ) Na seara das *exclusionary rules*, admite-se a prova nos casos de gravações realizadas por câmeras de segurança, vez que tais dispositivos destinam-se ao incremento da segurança e aquele que se expõe em local público não pode alegar a proteção ao direito de intimidade, revelando o exemplo a aplicação da teoria do risco.

27. ( ) Segundo a teoria da doutrina da visão aberta (*open view*), com esteio no princípio da razoabilidade, deve ser considerada legítima a apreensão de elementos probatórios do fato investigado e de outro crime quando, a despeito de não se tratar da finalidade gizada no mandado de busca e apreensão, no momento da diligência, o objeto ou documento é encontrado por ser encontrar visível ou ao alcance de todos.

28. ( ) A hipótese de acesso ao chip telefônico descartado pelo acusado em via pública, produto de roubo, objeto que inclusive possibilita a identificação de uma das vítimas, não se qualifica como quebra de sigilo telefônico.

29. ( ) A adoção da serendipidade como válida pressupõe: a) a realização de legal de um meio de obtenção de prova autorizado judicialmente; b) descobrimento de provas não esperadas; e c) inexistência de desvio de finalidade.

30. ( ) Ocorre a chamada *fishing expedition* quando a autoridade policial descobre provas fortuitas sobre outro crime, diverso do originalmente investigado.

31. ( ) A serendipidade de segundo grau é aquela cuja descoberta esteja conectada, por conexão ou continência, com o delito objeto da diligência.

32. ( ) As provas colhidas ou autorizadas por juízo aparentemente competente à época da autorização ou produção podem ser ratificadas a posteriori, mesmo que venha aquele a ser considerado incompetente, ante a aplicação no processo investigativo da teoria do juízo aparente.

33. ( ) O Supremo Tribunal Federal, como intérprete maior da Constituição da República, considerou compatível com o art. 5º, XII e LVI, o uso de prova obtida fortuitamente através de interceptação telefônica licitamente conduzida, ainda que o crime descoberto, conexo ao que foi objeto da interceptação, seja punido com detenção.

34. ( ) O encontro fortuito de prova de infração que não possui relação com o objeto da investigação em andamento enseja o *simultaneus processus*.

35. ( ) Preclusa a decisão de desentranhamento da prova declarada inadmissível, esta será inutilizada por decisão judicial, facultado às partes acompanhar o incidente.

36. ( ) A prova ilícita, uma vez caracterizada como definitiva, deverá ser obrigatoriamente destruída.

37. ( ) A chamada descontaminação do julgado, preconizada pela doutrina, visa, essencialmente, afastar do caso a ser julgado o magistrado que tenha tido qualquer espécie de contato com a prova contaminada, pois, não obstante sua extirpação física, pode remanescer o aspecto psicológico, dando vazão ao chamado efeito *backfire*.

38. ( ) A prova ilícita em hipótese alguma poderá ser utilizada pela acusação, podendo, excepcionalmente, ser utilizada pela defesa.

39. ( ) A ilicitude de uma prova macula toda a instrução criminal.

40. ( ) Os elementos de informação trazidos pelo colaborador a respeito de crimes que não sejam conexos ao objeto da investigação primária devem receber o mesmo tratamento conferido à descoberta fortuita ou ao encontro fortuito de provas.

24.16.1 Gabarito

ASSERTIVAS DE REFORÇO

1	2	3	4	5	6	7	8	9	10
F	V	V	F	V	F	V	V	V	F
11	**12**	**13**	**14**	**15**	**16**	**17**	**18**	**19**	**20**
F	V	V	F	F	V	V	F	F	V
21	**22**	**23**	**24**	**25**	**26**	**27**	**28**	**29**	**30**
V	V	F	F	F	V	V	V	V	F
31	**32**	**33**	**34**	**35**	**36**	**37**	**38**	**39**	**40**
F	V	V	F	V	F	V	V	F	V

COMENTÁRIOS ÀS ASSERTIVAS FALSAS E JUSTIFICATIVAS IMPORTANTES

1. F. São os fatos cuja valoração é desnecessária, porquanto evidentes, como o fato de que o fogo queima, que durante a noite não há luz solar e etc.

2. V.

3. V.

4. F. Com efeito, ainda que o depoimento não tenha se realizado oralmente, verifica-se que ofensa ao disposto no art. 204 do Código de Processo Penal também não houve. Isso porque a vítima lavrou a declaração diante do magistrado, do representante do Ministério Público e advogada de defesa em audiência, não trazendo documento previamente escrito. Sua situação peculiar – menor que sofreu abusos sexuais – justificava a eleição de tal meio para tomar suas declarações. De toda sorte, a defesa também não se insurgiu contra a prova apresentada em audiência. O nosso Código de Processo Penal acolheu o princípio pas de nullité sans grief, de onde se conclui que somente há de se declarar a nulidade do feito quando resultar prejuízo devidamente demonstrado pela parte interessada. (HC 148.215/RJ, Rel. Min. Og Fernandes, DJe 10.05.10).

5. V.

6. F. Não se exige que nos processos as partes sejam idênticas, sob pena de se reduzir sua aplicabilidade.

7. V.

8. V.

9. V.

10. F. O sistema pátrio não adota o modelo tarifado.

11. F. A fundamentação da decisão não pode ser pautada exclusivamente em elementos de prova colhidos na investigação, os quais são desprovidos de contraditório e ampla defesa. Isso não significa, todavia, que o magistrado não possa se valer da prova inquisitorial para fundamentar sua decisão, porquanto essa, desde que conectada com a prova judicial, pode reforçar o mosaico probatório como elementos de convicção secundários. Há a possibilidade, portanto, do chamado efeito migratório das provas inquisitoriais, especialmente quando envolvem provas cautelares, antecipadas e as não repetíveis, que receberão o contraditório diferido no curso do processo judicial.

12. V.

13. V.

14. F. Não se exige, por parte da acusação, a prova, *a priori*, da culpabilidade normativa do agente, haja vista que sendo o autor imputável sob a perspectiva biológica (maior de 18 anos), haverá a presunção legal quanto à capacidade penal.

15. F. Pelo princípio da comunhão da prova, uma vez produzida, deixa de ser vinculada à parte que a produziu, passando a pertencer ao processo, de forma que sua valoração poderá realizada por qualquer dos atores processuais.

16. V.

17. V.

18. F. Não existe diferenciação normativa, sendo as distinções construídas pela doutrina e jurisprudência.

19. F. Via de regra as provas ilícitas são produzidas fora do processo (extraprocessual), mas nada impede que sejam produzidas no seu bojo, como na hipótese de uma confissão obtida pelo magistrado no curso do interrogatório sem a prévia advertência quanto ao direito ao silêncio (art. 5º, LXIII, CF).

20. V.

21. V.

22. V.

23. F. A teoria da fonte independente e teoria da descoberta inevitável (fonte hipotética independente) não são equivalentes. Na primeira, pressupõe-se o efetivo conhecimento da prova objeto de análise, sendo o conhecimento obtido por outra fonte, que não advinda da inevitabilidade, como na hipótese de uma confissão e colaboração do coautor do crime, que o faz sem conhecer a circunstância de que seu comparsa havia confessado o delito mediante tortura. Na segunda, por sua vez, o objeto do conhecimento da prova seria algo inevitável, isto é, ocorreria em qualquer circunstância.

24. F. A explicação refere-se à teoria da mancha diluída.

25. F. HC 633441/PE, DJe 07.02.22.

26. V.

27. V.

28. V.

29. V.

30. F. Na "pescaria probatória", de forma especulativa, sem qualquer causa provável, objetivo definido ou desvio de finalidade, busca-se provas para atribuir a responsabilidade penal de um fato criminoso qualquer a alguém.

31. F. O conceito fornecido é de serendipidade de primeiro grau.

32. V.

33. V.

34. F. O simples encontro fortuito de prova de infração que não possui relação com o objeto da investigação em andamento não enseja o *simultaneus processus*.

35. V.

36. F. A destruição física não pode ser determinada sem análise da eventual necessidade de sua preservação como forma de se tutelar direitos de terceiros, sob pena da própria materialidade causar prejuízo àquele que outrora quase fora prejudicado pela prova. Imagine-se, por exemplo, a situação do réu que, vítima de tortura pela autoridade policial, por ter a prova da materialidade do crime contra ele praticado destruída, nada poderá fazer com o escopo de provocar a atuação estatal ou mesmo buscar uma indenização contra o Estado.

37. V.

38. V.

39. F. Não necessariamente a ilicitude de uma prova macula das demais. Há que se observar o princípio do confinamento da nulidade e se apurar eventual nexo causal entre as provas.

40. V.

25

Provas em espécie

25.1 COMO O ASSUNTO É ABORDADO EM PROVAS E CONCURSOS

O tema "provas", em razão da alta carga normativa, doutrinária e jurisprudencial é o mais cobrado nos concursos de Magistratura, Ministério Público, Defensoria Pública e Delegado de Polícia.

O capítulo, em especial, trata da parte normativa mais densa sobre o assunto, pois aborda o regramento de cada espécie probatória. A jurisprudência sobre o tema é igualmente importante, especialmente nos casos que envolvem o interrogatório do réu, reconhecimento de pessoas, busca e apreensão e meios de provas invasivos.

À cadeia de custódia somam-se a prova testemunhal e pericial como típicas de provas objetivas, em razão do regramento normativo prevalente. Conforme destacamos, as questões que envolvem o tema "provas" são passíveis de cobrança em todas as etapas do certame, motivo pelo qual o candidato deverá não somente dominar a legislação, mas conhecer a jurisprudência e doutrina correlata.

No processo penal, tudo passa pela análise probatória, motivo pelo qual será importante para o leitor dedicar ao tema momentos de revisão constantes ao longo de sua preparação.

25.2 INTRODUÇÃO

Antes de iniciarmos o estudo das provas em espécie, necessário se faz a análise do instituto da cadeia de custódia, inserido formalmente em nosso ordenamento jurídico pela Lei 13.964/19 (Lei do Pacote Anticrime).

25.3 CADEIA DE CUSTÓDIA

ATENÇÃO – ASSUNTO COBRADO NO MPGO/60º CONCURSO

Discorra sobre a "cadeia de custódia da prova" (*evidence chain of custody*), devendo ser abordado, necessariamente: a.) sua finalidade (pontuação: 0,5); b.) os dois princípios que a fundamentam, conforme doutrina de Geraldo Prado (pontuação: 0,5); e c.) os efeitos (ou consequências) de sua quebra (*break on the chain of custody*) (pontuação: 1,0). Deve o candidato mencionar eventual divergência doutrinária, caso existente.

Caio foi condenado pela prática do crime de homicídio. Sua condenação foi lastreada em prova testemunhal, na apreensão da arma de fogo em seu poder, e pela prova pericial que concluiu que o projétil fatal teve origem na arma de fogo apreendida em poder de Caio. Evidentemente, por se tratar de crime doloso contra a vida, os reais motivos da condenação não nos serão fornecidos em razão da aplicação do princípio da íntima convicção para os jurados. Contudo, para que os jurados possam julgar o fato posto em apreciação, toda a prova exibida deve ser passível de comprovação quando ao seu aspecto formal, isto é, não pode remanescer qualquer dúvida quanto à **autenticidade da prova**. Essa autenticidade atualmente é consagrada pela chamada **cadeia de custódia**.

Na realização de um exame de DNA, por exemplo, destinado à comprovação de uma paternidade, todo o processo de coleta da prova passa por rigorosos parâmetros, com indicação formal de data, local, identificação e lacre de amostras, guarda de contraprova e etc. Todo esse contexto visa preservar a cadeia de custódia probatória, isto é, assegurar que o resultado pode ser demonstrado pela reconstrução de seu trajeto. Sob a perspectiva processual penal, a lógica é idêntica.

Em brevíssima síntese, podemos afirmar que a cadeia de custódia visa assegurar e preservar a integridade dos elementos de prova, demonstrando sua história cronológica, sua origem e construção ou "rastreabilidade probatória[1]", com o escopo de conferir autenticidade à prova.

Nesse sentido é o teor do art. 158-A do CPP:

> Art. 158-A. Considera-se cadeia de custódia o conjunto de todos os procedimentos utilizados para manter e documentar a história cronológica do vestígio coletado em locais ou em vítimas de crimes, para rastrear sua posse e manuseio a partir de seu reconhecimento até o descarte.

O dispositivo legal evidencia a necessidade de controle da decisão judicial, de sorte a se permitir a reconstrução da prova como elemento de segurança democrática do processo.

Sobre a questão relacionada à segurança e natural desconfiança quanto à prova:

> Geraldo Prado afirma que **os princípios da "mesmidade" e da "desconfiança"** consistem no fundamento lógico e epistemológico da cadeia de custódia das provas. Em relação ao princípio da "mesmidade", aduz, citando Urazán Bautista, que a "cadeia de custódia fundamenta-se no princípio universal de "autenticidade da prova", definido como "lei da mesmidade", isto é, o princípio pelo qual se determina que o "mesmo" que se encontrou na cena do crime é o "mesmo" que se está utilizando para tomar a decisão judicial". De acordo com o princípio da "desconfiança", o elemento de prova precisa ser submetido a um procedimento de "acreditação", revelando ser aquilo que a parte alega, sem estar revestido de um valor probatório a priori. Em outras palavras, o mero objeto ou documento, em si mesmos, não seriam informações de qualidade suficiente, porque não se pode estar seguro de que sejam o que efetivamente a parte que os apresenta diz que são, ou seja, não há confiança preestabelecida[2].

Devidamente estruturada nos artigos 158-A a 158-F do CPP, a regulamentação da cadeia de custódia caminhou no sentido da *mens legis* dos artigos 6º e 11 do CPP. Não obstante trilhada com particularidades para a prova científica, sua aplicação não se

---

1. EDINGER, Carlos. **Cadeia De Custódia, Rastreabilidade Probatória**. Revista Brasileira de Ciências Criminais, v. 120, p. 237-257, mai.-jun./2016
2. Trecho do espelho de prova do MPGO, 60º Concurso, segunda etapa, 2020.

restringe à tais provas, devendo ser preservada para toda e qualquer prova de natureza real. Sua aplicação, de tal sorte, além das usuais provas materiais, como armas, munições, drogas e etc., deve abarcar as provas tidas como imateriais, como as advindas de meios eletrônicos à exemplo de e-mails, vídeos, fotografias digitais, conversas telefônicas e etc.

25.3.1 Marco inicial da cadeia de custódia

> Art. 158-A - §1º O início da cadeia de custódia dá-se com a preservação do local de crime ou com procedimentos policiais ou periciais nos quais seja detectada a existência de vestígio.

A cadeia de custódia, nos termos do §1º do art. 158-A do CPP, pode iniciar-se de três formas:

a) **Preservação do local do crime**: na trilha do que dispõe o inciso I do art. 6º do CPP, a autoridade policial, logo que tiver conhecimento da prática da infração penal, deverá dirigir-se ao local, providenciando para que não se alterem o estado e conservação das coisas, até a chegada dos peritos criminais. Os chamados *first responders* são responsáveis, portanto, pelo isolamento e preservação do local da infração penal, com o escopo de preservar o estado original das coisas, permitindo a realização de uma "fotografia" *ex post* do cenário do evento. E, por cenário do evento, deve-se conceber não somente aquele onde, de fato, o crime ocorreu, mas todo aquele que guarde qualquer elemento de vestígio ou informação, aptos a contribuir para o esclarecimento dos fatos. Assim, por exemplo, num delito de latrocínio, devem ser isolados não somente o local efetivo do fato, mas todos aqueles correlacionados com o evento, como o estacionamento onde o autor do fato estacionou o veículo utilizado para a fuga e o local onde descartou, por exemplo, a vestimenta que usava no momento dos fatos, entre outros.

b) **Procedimentos policiais**: nos serviços cotidianos das forças de segurança pública, é usual a realização de abordagens por meio de blitz de trânsito e outras formas que conduzem ao conhecimento de elementos de prova ou vestígios de infrações penais, propiciando sua coleta e deflagração do início da cadeia de custódia. De igual forma, nas atividades policiais relacionadas à infiltração de agentes, é por demais comum o contato com os vestígios e deflagração da cadeia de custódia.

c) **Procedimentos periciais**: os procedimentos periciais são relacionados à cena do crime, objetos de interesse criminalísticos e outros elementos cujo conhecimento se faz necessário para o esclarecimento do fato criminoso. Assim, o vestígio é descoberto por meio de trabalho técnico realizado por agentes especializados.

O § 2º do art. 158-A do CPP assinala que "o agente público que reconhecer um elemento como de potencial interesse para a produção da prova pericial fica responsável por sua preservação". Impõe-se, portanto, o dever do agente público de preservar o objeto do conhecimento para a realização da prova pericial.

25.3.2 Etapas do rastreamento do vestígio na cadeia de custódia

> Art. 158-A. §3º Vestígio é todo objeto ou material bruto, visível ou latente, constatado ou recolhido, que se relaciona à infração penal.

O art. 158-A, §3º do CPP traz a definição legal de vestígio de forma relativamente aberta, a ponto de podermos resumir o conceito de vestígio como o objeto ou material bruto, perceptível pelos sentidos, passível de constatação ou recolhimento, relacionado a uma infração penal.

O art. 158-B do CPP conceitua e define as etapas do rastreamento do vestígio para fins de caracterização da cadeia de custódia.

> Art. 158-B. A cadeia de custódia compreende o rastreamento do vestígio nas seguintes etapas:
> I - reconhecimento: ato de distinguir um elemento como de potencial interesse para a produção da prova pericial;
> II - isolamento: ato de evitar que se altere o estado das coisas, devendo isolar e preservar o ambiente imediato, mediato e relacionado aos vestígios e local de crime;
> III - fixação: descrição detalhada do vestígio conforme se encontra no local de crime ou no corpo de delito, e a sua posição na área de exames, podendo ser ilustrada por fotografias, filmagens ou croqui, sendo indispensável a sua descrição no laudo pericial produzido pelo perito responsável pelo atendimento;
> IV - coleta: ato de recolher o vestígio que será submetido à análise pericial, respeitando suas características e natureza;
> V - acondicionamento: procedimento por meio do qual cada vestígio coletado é embalado de forma individualizada, de acordo com suas características físicas, químicas e biológicas, para posterior análise, com anotação da data, hora e nome de quem realizou a coleta e o acondicionamento;
> VI - transporte: ato de transferir o vestígio de um local para o outro, utilizando as condições adequadas (embalagens, veículos, temperatura, entre outras), de modo a garantir a manutenção de suas características originais, bem como o controle de sua posse;
> VII - recebimento: ato formal de transferência da posse do vestígio, que deve ser documentado com, no mínimo, informações referentes ao número de procedimento e unidade de polícia judiciária relacionada, local de origem, nome de quem transportou o vestígio, código de rastreamento, natureza do exame, tipo do vestígio, protocolo, assinatura e identificação de quem o recebeu;
> VIII - processamento: exame pericial em si, manipulação do vestígio de acordo com a metodologia adequada às suas características biológicas, físicas e químicas, a fim de se obter o resultado desejado, que deverá ser formalizado em laudo produzido por perito;
> IX - armazenamento: procedimento referente à guarda, em condições adequadas, do material a ser processado, guardado para realização de contraperícia, descartado ou transportado, com vinculação ao número do laudo correspondente;
> X - descarte: procedimento referente à liberação do vestígio, respeitando a legislação vigente e, quando pertinente, mediante autorização judicial.

Tomemos dois eventos para clareamento das etapas, a descoberta de drogas no interior de um veículo automotor que se envolveu em um homicídio culposo no trânsito. Aprioristicamente, temos a cena do crime como objeto de interesse criminalístico completo, porquanto a posição dos veículos, marcas de eventual frenagem, localização do cadáver e das drogas, por exemplo, guardam extrema relevância criminalística.

Assim, seguindo a trilha da construção da cadeia de custódia, haverá o reconhecimento no ato de distinguir os elementos de potencial interesse para a produção da prova pericial, como, em nossos exemplos, a posição dos veículos, marcas de eventual frenagem, localização do cadáver e das drogas. Realizado o reconhecimento, a autoridade policial deverá promover o **isolamento** do local para evitar que se altere o estado das coisas, preservando os ambientes imediatos e mediatos, e relacionar os vestígios e local de crime.

Em síntese, o isolamento permitirá a realização de uma "fotografia" do evento, a chamada **fixação**, que se consubstanciará na descrição detalhada do vestígio conforme se encontra no local de crime ou no corpo de delito, e a sua posição na área de exames, podendo ser ilustrada por fotografias, filmagens ou croquis, sendo indispensável a sua descrição no laudo pericial produzido pelo perito responsável pelo atendimento. Nesse ponto, portanto, haverá a materialização da cena do crime em elementos que serão objeto de perícia, vez que a cena do crime não poderá ser preservada para observação no futuro pelos atores processuais. A documentação por meio da fixação, que será realizada por fotografias, filmagens ou croquis, permite a verificação, a *posteriori*, da cena do delito. Em nosso exemplo, deverão ser registradas, por meio de fotografias ou filmagens, as marcas de frenagem, a posição dos veículos, a posição do cadáver e efetivo local de encontro das drogas. Igualmente, poderão ser registradas eventuais placas de trânsito, semáforos e outros elementos aptos e evidenciar a violação do dever objetivo de cuidado para análise de eventual delito de trânsito culposo.

Superada da fase da fixação e consequente documentação, deverá ser realizada a **coleta**, de forma a se permitir a análise pericial com respeito às suas características e natureza. Segundo o art. 158-C do CPP, "a coleta dos vestígios deverá ser realizada **preferencialmente por perito oficial**, que dará o encaminhamento necessário para a central de custódia, mesmo quando for necessária a realização de exames complementares".

Durante a coleta, há que se ater para o devido **acondicionamento**, isto é, o procedimento por meio do qual cada vestígio coletado será embalado de forma individualizada, de acordo com suas características físicas, químicas e biológicas, para posterior análise, com anotação da data, hora e nome de quem realizou a coleta e o acondicionamento. Em nossos casos, o cadáver, os veículos e as drogas, por exemplo, possuem nítido interesse criminalístico.

No que toca ao procedimento para acondicionamento, o art. 158-D do CPP prescreve:

> Art. 158-D. O recipiente para acondicionamento do vestígio será determinado pela natureza do material.
>
> §1º Todos os recipientes deverão ser selados com lacres, com numeração individualizada, de forma a garantir a inviolabilidade e a idoneidade do vestígio durante o transporte.
>
> §2º O recipiente deverá individualizar o vestígio, preservar suas características, impedir contaminação e vazamento, ter grau de resistência adequado e espaço para registro de informações sobre seu conteúdo.
>
> §3º O recipiente só poderá ser aberto pelo perito que vai proceder à análise e, motivadamente, por pessoa autorizada.
>
> §4º Após cada rompimento de lacre, deve se fazer constar na ficha de acompanhamento de vestígio o nome e a matrícula do responsável, a data, o local, a finalidade, bem como as informações referentes ao novo lacre utilizado.
>
> §5º O lacre rompido deverá ser acondicionado no interior do novo recipiente.

Findas as fases da coleta e acondicionamento, todo material de interesse probatório deverá passar pela fase do **transporte**, ou seja, deverão ser levados para outro local, utilizando-se as condições adequadas (embalagens, veículos, temperatura, entre outras), de modo a garantir a manutenção de suas características originais, bem como o controle de sua posse.

No local de destino, deverá ser realizado o ato formal de **recebimento**, isto é, de transferência da posse do vestígio, que deve ser documentado com, no mínimo, informações referentes ao número de procedimento e unidade de polícia judiciária relacionada, local de origem, nome de quem transportou o vestígio, código de rastreamento, natureza do exame, tipo do vestígio, protocolo, assinatura e identificação de quem o recebeu.

Recebidos os vestígios, deverá ser realizado o **processamento**, ou seja, exame pericial em si sobre os veículos, cadáver, drogas, observando-se manipulação dos vestígios de acordo com a metodologia adequada às suas características biológicas, físicas e químicas, a fim de se obter o resultado desejado, que deverá ser formalizado em laudo produzido por perito.

Formalizado o laudo, segue-se para a fase do **armazenamento**, procedimento referente à guarda, em condições adequadas, do material a ser processado, guardado para realização de contraperícia, descartado ou transportado, com vinculação ao número do laudo correspondente.

Finalizando o procedimento relacionado ao armazenamento, o art. 158-F do CPP dispõe que após a realização da perícia, o material deverá ser devolvido à central de custódia, devendo nela permanecer. O parágrafo único do dispositivo ainda assinala que caso a central de custódia não possua espaço ou condições de armazenar determinado material, deverá a autoridade policial ou judiciária determinar as condições de depósito do referido material em local diverso, mediante requerimento do diretor do órgão central de perícia oficial de natureza criminal.

Ao final, deverá ser promovido o **descarte** quando não mais existir interesse na manutenção da prova, como, por exemplo, a restituição dos veículos aos proprietários, a destruição das drogas e o enterro ou cremação do cadáver.

O art. 158-C do CPP ainda assinala, no §1º, que todos os vestígios coletados no decurso do inquérito ou processo devem ser tratados como descrito no CPP, ficando órgão central de perícia oficial de natureza criminal responsável por detalhar a forma do seu cumprimento. O §2º ainda registra ser proibida a entrada em locais isolados bem como a remoção de quaisquer vestígios de locais de crime antes da liberação por parte do perito responsável, sendo tipificada como fraude processual a sua realização.

Nos termos do art. 158-E, *caput*, do CPP, todos os Institutos de Criminalística deverão ter uma central de custódia destinada à guarda e controle dos vestígios, e sua gestão deve ser vinculada diretamente ao órgão central de perícia oficial de natureza criminal. O §1º, por sua vez, assinala que toda central de custódia deve possuir os serviços de protocolo, com local para conferência, recepção, devolução de materiais e documentos, possibilitando a seleção, a classificação e a distribuição de materiais, devendo ser um espaço seguro e apresentar condições ambientais que não interfiram nas características do vestígio.

Como forma de regular o procedimento, o §2º prevê que na central de custódia, a entrada e a saída de vestígio deverão ser protocoladas, consignando-se informações sobre a ocorrência no inquérito que a eles se relacionam. Por seu turno, o §3º assinala que todas as pessoas que tiverem acesso ao vestígio armazenado deverão ser identificadas e deverão ser registradas a data e a hora do acesso, de forma que, nos termos do §4º, por ocasião da tramitação do vestígio armazenado, **todas as ações deverão ser registradas**, consignando-se a identificação do responsável pela tramitação, a destinação, a data e horário da ação.

O procedimento legal acima transcrito visa, essencialmente, resguardar os vestígios e registrar toda e qualquer ação realizada sobre eles, como forma de se preservar a cadeia de custódia.

25.3.3 Quebra da cadeia de custódia

Não obstante o rigoroso procedimento descrito, pode ocorrer a chamada **quebra da cadeia de custódia das provas** – *break on the chain of custody*. A inobservância de qualquer dos procedimentos legais de preservação dos vestígios pode macular a prova produzida e as dela decorrentes, independentemente de má-fé, por prejudicar a rastreabilidade e, consequentemente, a autenticidade da prova.

Em que pese grande parte da doutrina sustentar que a quebra da cadeia de custódia conduza à invalidade da prova, o STJ, no julgamento do HC 653.515/RJ[3], entendeu que as **eventuais irregularidades na cadeia de custódia devem ser sopesadas pelo magistrado em conjunto com os demais elementos de prova**:

> [...] 5. Se é certo que, por um lado, o legislador trouxe, nos arts. 158-A a 158-F do CPP, determinações extremamente detalhadas de como se deve preservar a cadeia de custódia da prova, também é certo que, por outro, quedou-se silente em relação aos critérios objetivos para definir quando ocorre a quebra da cadeia de custódia e quais as consequências jurídicas, para o processo penal, dessa quebra ou do descumprimento de um desses dispositivos legais. No âmbito da doutrina, as soluções apresentadas são as mais diversas. 6. Na hipótese dos autos, pelos depoimentos prestados pelos agentes estatais em juízo, não é possível identificar, com precisão, se as substâncias apreendidas realmente estavam com o paciente já desde o início e, no momento da chegada dos policiais, elas foram por ele dispensadas no chão, ou se as sacolas com as substâncias simplesmente estavam próximas a ele e poderiam eventualmente pertencer a outro traficante que estava no local dos fatos. 7. **Mostra-se mais adequada a posição que sustenta que as irregularidades constantes da cadeia de custódia devem ser sopesadas pelo magistrado com todos os elementos produzidos na instrução**, a fim de aferir se a prova é confiável. Assim, à míngua de outras provas capazes de dar sustentação à acusação, deve a pretensão ser julgada improcedente, por insuficiência probatória, e o réu ser absolvido[...].

O entendimento, para nós, revela-se adequado porquanto o mosaico probatório pode, eventualmente, trazer elementos de prova suficientes para afastar eventual quebra da cadeia de custódia. Não obstante o aspecto formal seja relevante e importante para preservação da prova, há que se conferir, minimamente ao magistrado, o direito de, sob a perspectiva geral da prova produzida, avaliar, sob a luz da proporcionalidade, o descumprimento formal de algum ponto da cadeia de custódia e considerá-lo, de forma motivada, quando da valoração da prova. Por essa razão, afigura-nos por possível a afirmação de que a quebra da cadeia de custódia não gera a nulidade obrigatória da prova, pois eventual mácula pode ser superada por outros meios de prova.

À guisa de exemplo, tomando-se por parâmetro a Portaria SENASP 82/14, o item 3.7 assinala que "após cada rompimento de lacre, deve se fazer constar na ficha de

3. DJe 01.02.22.

acompanhamento de vestígio o nome e matrícula do responsável, a data, o local, a finalidade, bem como as informações referentes ao novo lacre utilizado".

Imagine que o perito, ao romper o lacre, por omissão, venha apenar a registrar o nome, a data, o local, e as informações referentes ao novo lacre utilizado, omitindo-se quanto ao número da matrícula e finalidade do rompimento do lacre original. Inegavelmente, há uma violação formal à Portaria. Contudo, tais vícios podem ser facilmente sanados sem que se comprometa a autenticidade da prova, pois o número de matrícula pode ser esclarecido diante da identificação pelo nome e a finalidade demonstrada pelo próprio laudo pericial, que menciona a finalidade.

Há que se ter, todavia, extrema cautela na valoração da prova diante da violação da cadeia de custódia. Diante da quebra da cadeia de custódia, a prova deverá receber um *flag*[4] especial para, acaso valorada positivamente para fins de condenação, o magistrado fundamente, expressamente, a razão pela qual desconsidera a violação formal para valorar a prova positivamente e o motivo pelo qual afasta a invalidade.

Não por outra razão, ainda que sem o regramento da cadeia de custódia, ocorrido por lei apenas com o advento da Lei do Pacote Anticrime, em 2019, o STJ, em 2014, no julgamento do HC 160.662[5], decidiu pela invalidação de interceptação telefônica pela quebra da cadeia de custódia pelo extravio de parte das provas produzidas:

> [...]X. Apesar de ter sido franqueado o acesso aos autos, parte das provas obtidas a partir da interceptação telemática foi extraviada, ainda na Polícia, e o conteúdo dos áudios telefônicos não foi disponibilizado da forma como captado, havendo descontinuidade nas conversas e na sua ordem, com omissão de alguns áudios.
>
> XI. A prova produzida durante a interceptação não pode servir apenas aos interesses do órgão acusador, **sendo imprescindível a preservação da sua integralidade, sem a qual se mostra inviabilizado o exercício da ampla defesa**, tendo em vista a impossibilidade da efetiva refutação da tese acusatória, dada a perda da unidade da prova.
>
> XII. **Mostra-se lesiva ao direito à prova, corolário da ampla defesa e do contraditório – constitucionalmente garantidos –, a ausência da salvaguarda da integralidade do material colhido na investigação, repercutindo no próprio dever de garantia da paridade de armas das partes adversas.**
>
> XIII. É certo que todo o material obtido por meio da interceptação telefônica deve ser dirigido à autoridade judiciária, a qual, juntamente com a acusação e a defesa, deve selecionar tudo o que interesse à prova, descartando-se, mediante o procedimento previsto no art. 9º, parágrafo único, da Lei 9.296/96, o que se mostrar impertinente ao objeto da interceptação, pelo que constitui constrangimento ilegal a seleção do material produzido nas interceptações autorizadas, realizada pela Polícia Judiciária, tal como ocorreu, subtraindo-se, do Juízo e das partes, o exame da pertinência das provas colhidas. Precedente do STF.
>
> XIV. Decorre da garantia da ampla defesa o direito do acusado à disponibilização da integralidade de mídia, contendo o inteiro teor dos áudios e diálogos interceptados. [...]

Em decisão proferida posteriormente, a 6ª Turma do STJ entendeu que não é cabível a discussão acerca da quebra da cadeia de custódia por inobservância de regras legais que não existiam à época do crime, isto é, a exigência formal probatória só poderia ser exigida após a entrada em vigor da Lei 13.964/19:

4. Sinalização.
5. DJe 17.03.14.

> [...] No que tange ao alegado desconhecimento da cadeia de custódia, no tocante às mensagens de WhatsApp juntadas aos autos, é cediço, nos termos do art. 2º do CPP, que: "A lei processual penal aplicar-se-á desde logo, sem prejuízo da validade dos atos realizados sob a vigência da lei anterior". Assim, não é possível se falar em quebra da cadeia de custódia, por inobservância de dispositivos legais que não existiam à época, sendo acertadamente destacado pela Corte local que, "no processamento das evidências relativas aos fatos ora julgados, ainda não existia um procedimento específico para a manutenção da cadeia de custódia da prova como temos hoje" [...]. AgRg no HC 739.866, Rel. Min. Reynaldo Soares da Fonseca, DJe 10.10.22.

Em decisão digna de registro, proferida no julgamento do **AREsp 1.847.296**, DJe 28.06.21, a 5ª Turma do STJ decidiu que a quebra da cadeia de custódia não invalida a condenação se esta for amparada em evidências suficientes da materialidade do crime. O colegiado seguiu o entendimento de que, no processo penal, o reconhecimento de nulidade exige a comprovação de prejuízo efetivo:

> [...] 2. In casu, embora tenha se reconhecido a divergência da quantidade de cigarros apreendidos constantes no auto de infração confeccionado pela Receita Federal (1.050 maços) e no auto de apreensão e e exibição da polícia civil (10.050 maços), não se pode falar na quebra da cadeia de custódia, uma vez que há provas suficientes nos autos para a condenação, tendo em vista que ficou comprovado que o acusado manteve em depósito pelo menos 1.050 maços de cigarros estrangeiros sem a devida documentação da regular internalização em território nacional. Assim, tal situação não induz à imprestabilidade da prova, tendo em vista que ficou comprovado que os 1.050 maços pertencem mesmo ao acusado, o que configura o delito.
>
> 3. Ademais, importante destacar que a jurisprudência desta Corte Superior se firmou no sentido de que, no campo da nulidade no processo penal, vigora o princípio pas de nulité sans grief, previsto no art. 563, do CPP, segundo o qual, o reconhecimento de nulidade exige a comprovação de efetivo prejuízo. Desse modo, a contradição do número de cigarros apreendidos não proporcionou prejuízo para a demonstração da materialidade do crime imputado ao acusado, sendo indubitável que o réu manteve em depósito pelo menos 1.050 maços de cigarros estrangeiros sem a devida documentação da regular internalização em território nacional. Assim, a defesa não logrou demonstrar prejuízo em razão do alegado vício, visto que a condenação se sustenta nos 1050 maços apreendidos.

25.4 PROVA PERICIAL E EXAME DE CORPO DE DELITO

Corpo é o conjunto, os elementos de prova que identificam um delito. Se o corpo humano é formado por cabeça, tronco, membros e órgãos, o delito tem seu corpo formado pelos vestígios materiais ou sensíveis, que o identificam como tal. O corpo de delito, portanto, retrata a história da infração penal, que deverá ser reproduzida durante a instrução. Em um crime de homicídio, por exemplo, o corpo de delito não se restringe ao cadáver, pois envolve todos os vestígios aptos a permitir a conclusão de que aquele corpo se encontra sem vida porque alguém lhe ceifou vida. Assim, a arma do crime, as pegadas do autor, as digitais deixadas no local, entre outros, formam o chamado corpo de delito.

Sobre as frações que formam o corpo de delito, há vestígios que demandam a realização de uma prova especializada, que se materializa por meio da atuação de pessoas com conhecimentos específicos ou exames científicos hábeis a comprovar determinada alegação ou trazer elementos técnicos para permitir o julgamento por parte do magistrado. Das afirmações acima pode-se perceber que o corpo de delito não se confunde com a prova pericial, apesar de se materializar por meio de uma ou várias perícias. O corpo de delito, portanto, é uma espécie de perícia.

O exame pericial pode ser determinado pela autoridade policial, judiciária ou pelo próprio Ministério Público nos procedimentos de investigação criminal. O regramento das perícias foi estatuído nos artigos 158 a 184 do CPP. Vejamos.

25.4.1 Peritos e assistentes técnicos

Segundo o art. 159 do CPP, o exame de corpo de delito e outras perícias serão realizados por perito oficial, portador de diploma de curso superior. Na falta de perito oficial, conforme o §1° do mesmo artigo, o exame será realizado por 2 (duas) pessoas idôneas, portadoras de diploma de curso superior preferencialmente na área específica, dentre as que tiverem habilitação técnica relacionada com a natureza do exame, devendo, nesse caso, prestar o compromisso de bem e fielmente desempenhar o encargo nos termos do §2º. Nesse caso, nos termos do art. 179 do CPP, o escrivão lavrará o auto respectivo, que será assinado pelos peritos e, se presente ao exame, também pela autoridade. Na forma do art. 178 do CPP, o exame será requisitado pela autoridade ao diretor da repartição, juntando-se ao processo o laudo assinado pelos peritos.

Há, portanto, duas espécies de perito, o oficial e o não oficial. O perito oficial é o funcionário público de carreira incumbido da realização de perícias, sendo dispensado o compromisso. O perito não oficial é aquele designado pela autoridade investigante ou juiz para realização da perícia, podendo ser funcionário público ou não, devendo, em regra, prestar o compromisso de bem e fielmente cumprir o encargo[6]. A despeito da inexigência de vínculo com o Estado, uma vez designado para realização da perícia, o perito nomeado assume a função de funcionário público para fins penais, nos termos do art. 327 do Código Penal.

Percebam que na hipótese do §1º, a norma exige que os peritos não oficiais designados, as duas pessoas idôneas sejam portadoras de diploma de curso superior. Contudo, o STF, no julgamento do HC 98.306/RS, DJe 19.11.09, admitiu a possibilidade de realização da prova pericial por pessoas não comprovadamente detentoras de diploma de curso superior:

> "Os pacientes foram condenados pela prática do delito previsto no art. 16, parágrafo único, IV, da Lei 10.826/03. A pistola apreendida estava municiada e o laudo pericial concluiu que a arma se mostrou eficaz para produzir disparos. A perícia foi realizada por dois policiais, nomeados pelo Delegado de Polícia, que assumiram o compromisso, sob as penas da lei, de bem e fielmente desempenharem o encargo. **Ainda que o laudo pericial não tenha informado se os peritos nomeados para o exame tinham ou não diploma de curso superior, é inegável que, enquanto policiais, possuíam a necessária habilitação técnica para aferir a eficácia de uma arma de fogo.** *Habeas corpus* denegado".

O **perito** é um auxiliar do juízo, que se submete às regras de impedimento e suspeição (art. 280, CPP), que possui conhecimentos técnicos ou científicos específicos em determinada área e que reúne a função de realizar exames periciais. Trata-se, portanto, de um sujeito de prova designado de forma livre pelo magistrado ou autoridade investigante,

6. A ausência de compromisso formal caracteriza mera irregularidade, desde que inequivocamente o encargo tenha sido aceito.

que fornece, ao processo, elementos de prova para formação da convicção do autor da ação penal no tocante ao juízo quanto à propositura da ação penal, e ao magistrado, quando a apreciação da prova.

Tratando-se de perito oficial, contentou-se o legislador com a realização da perícia por **apenas um perito oficial**. Por outro lado, **sendo não oficiais os peritos, a norma exige a participação de dois peritos**. Conforme o teor da **Súmula 361 do STF**: "No processo penal, é nulo o exame realizado por um só perito, considerando-se impedido o que tiver funcionado, anteriormente, na diligência de apreensão". Do teor se extrai, naturalmente, sua aplicação somente às hipóteses de perícias realizadas por peritos não oficiais[7], vez que não mais se exige a participação de dois peritos oficiais em razão da alteração promovida pela Lei 11.690/08.

É perfeitamente possível que os peritos não oficiais venham a divergir quanto à perícia. Nesses casos, nos termos do art. 180 do CPP, se houver divergência entre os peritos, serão consignadas no auto do exame as declarações e respostas de um e de outro, ou cada um redigirá separadamente o seu laudo, e a autoridade nomeará um terceiro; se esse divergir de ambos, a autoridade poderá mandar proceder a novo exame por outros peritos.

Ainda no tocante ao número de peritos, é imprescindível destacar as exceções trazidas pela legislação especial.

a) Lei 11.343/06 - Lei de Drogas: art. 50, § 1º: Para efeito da lavratura do auto de prisão em flagrante e estabelecimento da materialidade do delito, é suficiente o laudo de constatação da natureza e quantidade da droga, firmado por perito oficial ou, na falta deste, por pessoa idônea. § 2º: O perito que subscrever o laudo a que se refere o § 1º deste artigo não ficará impedido de participar da elaboração do laudo definitivo. A norma, no caso de constatação da natureza e quantidade da droga, não impõe a participação de dois peritos não oficiais.

b) Art. 318 do CPPM: As perícias serão, sempre que possível, feitas por dois peritos, especializados no assunto ou com habilitação técnica, observado o disposto no art. 48. Parte da doutrina sustenta que o art. 318 do CPPM admite a possibilidade de realização da perícia por apenas um perito, em razão da expressão "sempre que possível".

c) Art. 530-D do CPP: Subsequente à apreensão, será realizada, por perito oficial, ou, na falta deste, por pessoa tecnicamente habilitada, perícia sobre todos os bens apreendidos e elaborado o laudo que deverá integrar o inquérito policial ou o processo. Nos crimes contra a propriedade imaterial, a norma não impõe a realização da perícia por dois peritos no caso da inexistência de perito oficial, contentando-se com a realização da prova por pessoa tecnicamente habilitada.

Além dessas exceções quanto ao número de peritos, extrai-se da Lei 11.101/05 (Lei de Falências), que no relatório sobre as circunstâncias que conduziram à falência (art.

7. STJ: Assim, como bem destacado pelo Tribunal a quo, o laudo de exame de sanidade mental foi realizado apenas por um perito não oficial, quando, na verdade, deveria ter sido feito por dois, em observância ao mencionado dispositivo da Lei Processual Penal. Doutrina. Precedentes. 4. Desse modo, também por esta razão a primeira perícia a que foi submetido o paciente é nula, estando correta a decisão do magistrado singular, ratificada pela Corte a quo, no sentido de determinar a realização de novo exame, designando, para tanto, dois peritos não oficiais. HC 113471/MS, DJe 28/03/11.

22, III, "e"), o administrador deverá apresentar o laudo do contador encarregado do exame de escrituração do devedor (art. 186, parágrafo único).

Por outro lado, como forma de exceção digna de registro, o art. 77, §1º, da Lei 9.099/95, assinala que a denúncia poderá ser oferecida sem o exame de corpo de delito quando a materialidade do crime estiver aferida por boletim médico ou documento equivalente.

O **assistente técnico**, por sua vez, é a figura auxiliar das partes e não se confunde com o perito. Por consequência, não se exige desse a imparcialidade que se impõe ao perito, não sendo considerado funcionário público por atuar em posição parcial.

De acordo com o §3º serão facultadas ao Ministério Público, ao assistente de acusação, ao ofendido, ao querelante e ao acusado a formulação de quesitos e indicação de assistente técnico. A atuação do assistente técnico somente ocorrerá após sua admissão pelo juiz e após a conclusão dos exames e elaboração do laudo pelos peritos oficiais, sendo as partes intimadas desta decisão. A redação do §4º sugere que a figura do assistente técnico só pode ser realizada após sua admissão pela autoridade judiciária.

Contudo, não nos parece a melhor exegese, pois a perícia pode ser determinada pela autoridade policial e também pelo Ministério Público quando na esfera de procedimentos de investigação a seu cargo, especialmente nos casos em que há risco de perecibilidade da prova. Assim, em respeito ao contraditório, parece-nos que compete à autoridade que determinou a realização da perícia decidir pela aceitação do assistente técnico, sendo desnecessária a atuação judicial nesse sentido, a despeito da previsão do art. 3º-B, inc. XVI, CPP. Aliás, vamos além. Por respeito ao contraditório e ampla defesa, o ato de aceitação deve ser meramente formal, porquanto às partes é assegurado o direito de participar do processo de construção da prova. Ainda que o assistente técnico não interfira diretamente na realização da prova pericial, poderá se manifestar quanto ao teor da perícia em si.

Imagine a realização de uma necropsia, que deve ser realizada com a maior brevidade possível, respeitado o prazo de seis horas na forma do art. 162 do CPP. O exíguo prazo pode, circunstancialmente, inviabilizar a formulação de pedido e análise por parte do juiz das garantias, inviabilizando a participação dos interessados na produção da prova, em prejuízo ao contraditório. Assim, parece-nos perfeitamente possível que a autoridade policial e o *parquet*, recebendo o pedido de habilitação de assistente técnico, defiram o pedido, permitindo, ao suposto autor da infração penal, participar da realização da prova por meio de assistente técnico.

Vale destacar que a figura do assistente técnico não se confunde com a do perito e suas conclusões servirão apenas como elementos para auxiliar na formação da convicção do magistrado, quando da apreciação da prova em juízo.

Quando realizada a perícia em juízo, nos termos do §5º, é permitido às partes requerer a oitiva dos peritos para esclarecerem a prova ou para responderem a quesitos, desde que o mandado de intimação e os quesitos ou questões a serem esclarecidas sejam encaminhados com antecedência mínima de 10 (dez) dias, podendo apresentar as respostas em laudo complementar (inc. I). Ainda, é faculdade das partes indicar assistentes técnicos, que poderão apresentar pareceres em prazos a serem fixado pelo juiz ou serem inquiridos em audiência (inc. II). Em especial e em reforço à nossa compreensão, nada impede que, em juízo, o juiz possa inquirir os assistentes técnicos habilitados na fase investigativa.

O §6º, por sua vez, assinala que havendo requerimento das partes, o material probatório que serviu de base à perícia será disponibilizado no ambiente do órgão oficial, que manterá sempre sua guarda, e na presença de perito oficial, para exame pelos assistentes, salvo se for impossível a sua conservação.

Por fim, o §7º dispõe que em se tratando de perícia complexa que abranja mais de uma área de conhecimento especializado, poderão ser designados mais de um perito oficial, e a parte indicar mais de um assistente técnico.

25.4.2 Indispensabilidade e prioridade no exame de corpo de delito

O art. 158 do CPP dispõe que quando a infração deixar vestígios, será indispensável o exame de corpo de delito, direto ou indireto, não podendo supri-lo a confissão do acusado.

Exame de corpo de delito direito é aquele realizado pelos peritos tendo por fundamento o próprio corpo de delito em si. **Exame de corpo de delito indireto**, ao contrário, é aquele cujo laudo não pode ser construído diretamente sobre o corpo de delito, seja pelo decurso do tempo e consequente desaparecimento dos vestígios, seja por uma situação extraordinária que impeça sua realização até o desaparecimento dos vestígios.

Nesse particular, entendemos que o exame de corpo de delito indireto não se confunde com a prova apta a supri-la, isto é, não obstante o art. 167 do CPP prever que não sendo possível o exame de corpo de delito, por haverem desaparecido os vestígios, a prova testemunhal poderá suprir-lhe a falta, o exame de corpo de delito indireto não se funda em tal dispositivo, pois apesar de extrair seu corpo de depoimentos e documentos, revela-se como verdadeira prova pericial, submetendo-se ao regramento próprio.

A norma assinala a obrigatoriedade na realização do exame de corpo de delito como forma de se comprovar, ainda que indiretamente, a materialidade delitiva. Contudo, há situações em que os vestígios do delito não mais subsistem para fins de realização do corpo de delito direto. Nesses casos, há que se aplicar a regra do art. 167 do CPP, que assinala: não sendo possível o exame de corpo de delito, por haverem desaparecido os vestígios, a prova testemunhal poderá suprir-lhe a falta. Realiza-se, portanto, o exame de corpo delito indireto, com lastro na prova testemunhal.

Parcela majoritária da doutrina sustenta, com lastro no art. 564, III, "b", CPP, que a ausência de exame de corpo de delito produz nulidade por falta do exame de corpo de delito nos crimes que deixam vestígios, com a ressalva do disposto no art. 167 do CPP. Destaca ainda a doutrina que a nulidade é absoluta, vez que o art. 572 do CPP não destaca a nulidade como sanável.

Não é esse, contudo, o entendimento predominante no STJ, que reiteradamente vem decidindo pela ausência de nulidade absoluta e flexibilizando a imperatividade probatória do exame de corpo de delito em situações distintas:

> Nos termos da jurisprudência desta Corte, o estupro se consuma independente da conjunção carnal e de vestígios, assim, até mesmo a ausência de exame de corpo de delito não acarretaria a nulidade do feito, sobretudo quando presentes outras provas aptas a comprovar a materialidade delitiva, como ocorreu na hipótese. Precedentes. AgRg no AREsp 1962527/MG, DJe 16.12.21.
>
> Nos termos da jurisprudência sedimentada nesta Corte Superior, "a ausência de exame de corpo de delito não inviabiliza a pronúncia do réu, quando presentes outros elementos de prova, como é a hipótese dos autos" (AgRg no REsp n. 1.861.493/SP, DJe 18/6/20).

> A ausência de exame de corpo de delito no crime de homicídio não constitui, necessariamente, nulidade, podendo a prova da materialidade da conduta ser suprida, tanto de forma direta quanto indireta, com base no conjunto probatório, o que atende aos pressupostos do art. 41 do CPP. AgRg no HC 661479/PA, DJe 26.11.21.
>
> Embora não se desconheça a relevância do exame de corpo de delito quando a infração penal deixar vestígios, não há motivos para se declarar a nulidade processual quando a materialidade delitiva restar comprovada por outros elementos probatórios. AgRg no Resp 1918567/SP, DJe 14.06.21.

É o que ocorre, por exemplo, nos chamados crimes de "homicídio sem cadáver", quando descoberto o crime passados vários dias do evento. Dificilmente os vestígios do delito remanescerão no local do evento e a prova testemunhal poderá suprir a ausência do exame de corpo de delito.

O parágrafo único do art. 158 do CPP foi incluído em 2018 para trazer situações de prioridade na realização do exame de corpo de delito:

> **Art. 158. Dar-se-á prioridade à realização do exame de corpo de delito quando se tratar de crime que envolva:**
> **I - violência doméstica e familiar contra mulher;**
> **II - violência contra criança, adolescente, idoso ou pessoa com deficiência.**

Em linhas gerais, o dispositivo trata da hipótese de crimes praticados com violência contra os vulneráveis: crianças, adolescentes, idosos, pessoas com deficiência e mulheres em situação de violência doméstica e familiar. Registre-se, portanto, que não é qualquer crime praticado com violência contra a mulher que gozará da prioridade para a realização do exame, mas tão somente aqueles que envolverem violência doméstica ou familiar. Assim, em um crime de roubo, por exemplo, tal prioridade inexistirá.

25.4.3 Regramento normativo da prova pericial e corpo de delito

A disposição dos artigos no Código de Processo Penal no tocante à prova pericial não é sistemática, de forma que procuramos, minimamente, sistematizá-los, de sorte que a ordem de análise ou menção não seguirá a contagem sequencial dos dispositivos.

Segundo art. 169 do CPP, para o efeito de exame do local onde houver sido praticada a infração, a autoridade providenciará imediatamente para que não se altere o estado das coisas até a chegada dos peritos, que poderão instruir seus laudos com fotografias, desenhos ou esquemas elucidativos, reforçando o teor do art. 6º, I do CPP. O parágrafo único, por seu turno, assinala que os peritos registrarão, no laudo, as alterações do estado das coisas e discutirão, no relatório, as consequências dessas alterações na dinâmica dos fatos.

De acordo com o art. 160 do CPP, os peritos elaborarão o laudo pericial, onde descreverão minuciosamente o que examinarem, e responderão aos quesitos eventualmente formulados pelas partes ou juiz. Como regra geral prevista no parágrafo único, o laudo pericial será elaborado no prazo máximo de 10 dias, podendo este prazo ser prorrogado, em casos excepcionais, a requerimento dos peritos. Segundo o parágrafo único do art. 179 do CPP, o laudo poderá ser datilografado e deverá ser subscrito e rubricado em suas folhas por todos os peritos. De acordo com o art. 176 do CPP, a autoridade e as partes poderão formular quesitos até o ato da diligência.

Consoante o art. 161 do CPP, o exame de corpo de delito poderá ser feito em qualquer dia e a qualquer hora, sendo que, no caso de **"autópsia"**, art. 162 do CPP, essa será feita pelo menos seis horas depois do óbito, salvo se os peritos, pela evidência dos sinais de morte, julgarem que possa ser feita antes daquele prazo, o que declararão no auto. O parágrafo único do dispositivo destaca ainda que nos casos de morte violenta, bastará o simples exame externo do cadáver, quando não houver infração penal que apurar, ou quando as lesões externas permitirem precisar a causa da morte e não houver necessidade de exame interno para a verificação de alguma circunstância relevante.

Destacamos entre aspas o termo autópsia porquanto ganha corpo, por parte dos médicos legistas, o emprego no termo necropsia como supostamente mais adequado para o exame realizado sobre o cadáver. Contudo, parece-nos que ambos os termos são corretos, haja vista que autópsia significa a realização de exame em um semelhante e não autoexame como propagam alguns, e necropsia significa exame sobre dos mortos de qualquer espécie.

Seguindo a trilha norteadora, o art. 164 prevê que os cadáveres serão sempre fotografados na posição em que forem encontrados, bem como, na medida do possível, todas as lesões externas e vestígios deixados no local do crime. Segundo o art. 165 do CPP, para representar as lesões encontradas no cadáver, os peritos, quando possível, juntarão ao laudo do exame provas fotográficas, esquemas ou desenhos, devidamente rubricados.

Em se tratando de **exame para exumação de cadáver**, o art. 163 do CPP propugna que a autoridade providenciará para que, em dia e hora previamente marcados, seja realizada a diligência, da qual se lavrará auto circunstanciado. O parágrafo único do artigo, por sua vez, assinala que o administrador de cemitério público ou particular indicará o lugar da sepultura, sob pena de desobediência. No caso de recusa ou de falta de quem indique a sepultura, ou de encontrar-se o cadáver em lugar não destinado a inumações, a autoridade procederá às pesquisas necessárias, o que tudo constará do auto.

O art. 166 do CPP assinala que havendo dúvida sobre a identidade do cadáver exumado, proceder-se-á ao reconhecimento pelo Instituto de Identificação e Estatística ou repartição congênere ou pela inquirição de testemunhas, lavrando-se auto de reconhecimento e de identidade, no qual se descreverá o cadáver, com todos os sinais e indicações. Nos termos do parágrafo único, em qualquer caso, serão arrecadados e autenticados todos os objetos encontrados, que possam ser úteis para a identificação do cadáver.

Na trilha da prova pericial, em se tratando de caso de lesões corporais, o art. 168 do CPP prevê que se o primeiro exame pericial tiver sido incompleto, deverá ser realizado exame complementar por determinação da autoridade policial ou judiciária, de ofício, ou a requerimento do Ministério Público, do ofendido ou do acusado, ou de seu defensor. O §1º, por seu turno, dispõe que no exame complementar, os peritos terão presente o auto de corpo de delito, a fim de suprir-lhe a deficiência ou retificá-lo. O §2º ainda prescreve que se o exame complementar tiver por finalidade precisar a classificação do delito no art. 129, § 1º, I, do Código Penal (incapacidade habitual por mais de trinta dias), deverá ser feito logo que decorra o prazo de 30 dias, contado da data do crime. Por fim, o §3º reforça que a falta de exame complementar poderá ser suprida pela prova testemunhal.

No que toca às **perícias de laboratório**, o art. 170 do CPP assinala que os peritos guardarão material suficiente para a eventualidade de nova perícia e, sempre que conveniente, os laudos serão ilustrados com provas fotográficas, ou microfotográficas, desenhos ou esquemas.

No que concerne aos **crimes cometidos com destruição ou rompimento de obstáculo a subtração da coisa, ou por meio de escalada**, o art. 171 do CPP prevê que os peritos, além de descrever os vestígios, indicarão com que instrumentos, por que meios e em que época presumem ter sido o fato praticado.

O art. 172, por sua vez, dispõe que, quando necessário, proceder-se-á à **avaliação de coisas destruídas, deterioradas ou que constituam produto do crime**. Entendemos, não obstante a previsão do "quando necessário", que a medida deve ser realizada diante da reparação do dano às vítimas e necessária declaração de perda do produto do crime, sendo tal prova importantíssima para balizamento do juízo. O parágrafo único do dispositivo ainda prevê que se impossível a avaliação direta, os peritos procederão à avaliação por meio dos elementos existentes nos autos e dos que resultarem de diligências.

Segundo o art. 173 do CPP, **no caso de incêndio**, os peritos verificarão a causa e o lugar em que houver começado, o perigo que dele tiver resultado para a vida ou para o patrimônio alheio, a extensão do dano e o seu valor, e as demais circunstâncias que interessarem à elucidação do fato.

O art. 174 do CPP, por sua vez, dispõe que **no exame para o reconhecimento de escritos, por comparação de letra**, a pessoa a quem se atribua ou se possa atribuir o escrito deverá ser intimada para o ato, se for encontrada (inc. I). Para a realização da comparação poderão servir quaisquer documentos que a dita pessoa reconhecer ou já tiverem sido judicialmente reconhecidos como de seu punho, ou sobre cuja autenticidade não exista dúvida (inc. II). Ainda, que a autoridade, quando necessário, requisitará, para o exame, os documentos que existirem em arquivos ou estabelecimentos públicos, ou nesses realizará a diligência, se daí não puderem ser retirados (inc. III).

O inciso IV do art. 174 do CPP contém uma previsão passível de questionamento no tocante à constitucionalidade quando o agente se recusar a fornecer os padrões grafotécnicos. O inciso prevê que "quando não houver escritos para a comparação ou forem insuficientes os exibidos, a autoridade mandará que a pessoa escreva o que lhe for ditado. Se estiver ausente a pessoa, mas em lugar certo, esta última diligência poderá ser feita por precatória, em que se consignarão as palavras que a pessoa será intimada a escrever".

Não nos custa lembrar que vige no processo penal o princípio da não incriminação, de forma que o investigado ou acusado não são obrigados a fornecer os padrões gráficos para a comparação, surgindo, nesse particular, a inconstitucionalidade da expressão "a autoridade mandará que a pessoa escreva o que lhe for ditado". Isso porque o mandará é imperativo, ao passo que o fornecimento dos padrões é mera faculdade do agente, da qual deverá, inclusive, ser lembrado por respeito à Constituição. Nesse sentido é a jurisprudência do STF[8]:

8. Na mesma esteira encontra-se o STJ: Na espécie, a autoridade policial, ao ouvir a Paciente durante a fase inquisitorial, já a tinha por suspeita do cometimento do delito de falsidade ideológica, tanto é que, de todas as testemunhas ouvidas, foi a única a quem foi requerido o fornecimento de padrões gráficos para realização de perícia, prova material que ensejou o oferecimento de denúncia em seu desfavor. Evidenciado nos autos que a Paciente já ostentava a condição de investigada e que, em nenhum momento, foi advertida sobre seus direitos constitucionalmente garantidos, em especial, o direito de ficar em silêncio e de não produzir provas contra si mesma, resta evidenciada a ilicitude da única prova que embasou a condenação. Contaminação do processo, derivada da produção do laudo ilícito. Teoria dos frutos da árvore envenenada. HC 107285/RJ, DJe 07.02.11.

> [...] **Condenação penal que se apoia em prova ilícita, obtida através da colheita de padrões gráficos do ora paciente sem a prévia advertência de seu direito de não produzir provas contra si próprio (CF, art. 5º, LVIII).** Abrangência da cláusula constitucional do "due process of law", que compreende, dentre diversas prerrogativas de ordem jurídica, o direito contra a autoincriminação. Postulado segundo o qual "nemo tenetur se detegere". Alcance e conteúdo dessa prerrogativa constitucional. Direito do indiciado/réu ao silêncio. Direito, que também lhe assiste, de não ser constrangido a produzir provas contra si próprio, de não colaborar com as autoridades processantes ou investigantes, bem assim de recusar-se a participar, ativa ou passivamente, de procedimentos probatórios que lhe possam afetar a esfera jurídica. [...]
>
> [...] **Ninguém pode ser constrangido a produzir provas contra si próprio** (RTJ 141/512, Rel. Min. CELSO DE MELLO – RTJ 176/805-806, Rel. Min. CELSO DE MELLO, v.g.) nem compelido a cooperar com as autoridades incumbidas da persecução penal (HC 83.943/MG, Rel. Min. MARCO AURÉLIO – HC 99.289/RS, Rel. Min. CELSO DE MELLO, v.g.), em juízo ou fora dele, pois o postulado constitucional contra a autoincriminação reveste-se de caráter abrangente e compreende diversas prerrogativas de ordem jurídica, como o direito de permanecer em silêncio (HC 79.812-MC/SP, Rel. Min. CELSO DE MELLO, v.g.), o direito de não ser obrigado a apresentar provas que lhe comprometam a defesa, nem forçado a participar, ativa ou passivamente, de procedimentos probatórios que lhe possam afetar, "in pejus", a esfera jurídica, **tal como o fornecimento, de próprio punho, de padrões gráficos necessários à realização de exame pericial grafotécnico** (HC 77.135/SP, Rel. Min. ILMAR GALVÃO, v.g.). Precedentes. [...] HC 186797/RJ, julg. 12.10.20. (grifamos).

O art. 175 do CPP, amplamente aplicado no caso de delitos que envolvem arma de fogo, dispõe **que serão sujeitos a exame os instrumentos empregados para a prática da infração**, a fim de se lhes verificar a natureza e a eficiência. Mormente, em se tratando de arma de fogo, é realizado o exame de eficiência de prestabilidade da arma.

O art. 177 do CPP trata da hipótese do **exame realizado por precatória**. Nesse caso, a nomeação dos peritos será realizada pelo **juízo deprecado**. O dispositivo ainda prevê que, no caso de ação privada, por acordo das partes, essa nomeação poderá ser feita pelo juiz deprecante. A regra consubstancia a possibilidade de **negócio jurídico processual na seara processual penal**. De toda sorte, o parágrafo único do artigo assinala que os quesitos do juiz e das partes serão transcritos na precatória.

Ainda no que tange à ação penal de iniciativa privada, o art. 183 do CPP prevê que nos crimes em que não couber ação pública, observar-se-á o disposto no art. 19, isto é, a prova pericial deverá ser remetida ao juízo competente, onde aguardará a iniciativa do ofendido ou de seu representante legal, ou serão entregues ao requerente, se o pedir, mediante traslado.

25.4.4 Valoração probatória do exame de corpo de delito e prova pericial

O art. 181 do CPP, antecipando-se ao sistema de nulidades, dispõe que no caso de inobservância de formalidades, ou no caso de omissões, obscuridades ou contradições, a autoridade judiciária mandará suprir a formalidade, complementar ou esclarecer o laudo. O parágrafo único, por sua vez, dispõe que a autoridade poderá também ordenar que se proceda a novo exame, por outros peritos, se julgar conveniente.

No tocante à primeira parte do dispositivo, é preciso registrar que a possibilidade de saneamento de formalidade só será possível quando não gerar prejuízo para o suposto autor do fato, porquanto ocorrendo o prejuízo, a nulidade da prova deverá ser declarada. Por formalidade, então, devemos compreender a mera irregularidade formal perfeitamente sanável, como a falta de assinatura de um dos peritos no laudo, indicação do número do conselho de classe ou ausência de encaminhamento de ata registrando a presença de assistentes técnicos durante a realização da prova.

Há situações, contudo, que nos parecem insanáveis, impondo a aplicação da regra do parágrafo único e realização de uma nova perícia, como na hipótese da perícia ter sido feita por perito oficial e encaminhada ao juízo sem assinatura, com subsequente óbito do perito oficial. Há, no exemplo, um laudo apócrifo cuja formalidade exigida não pode ser suprida, impondo-se nova perícia. Se, ao invés de ocorrido o óbito do perito, mas tão somente sua aposentadoria, seria perfeitamente possível o saneamento da formalidade por meio de depoimento do perito confirmando a realização da prova e seu teor, dentre outros meios de prova.

De igual modo, é perfeitamente possível que não somente as partes, mas o próprio magistrado venha a pedir complementação ou esclarecimento quanto ao laudo, especialmente quando a matéria periciada versar sobre conhecimento por demais específicos e contemplar terminologia técnica de difícil compreensão, como nas perícias que envolvem aparelhos eletrônicos, conexões com internet e outras similares.

Não obstante, reiterando a adoção do sistema do livre convencimento motivado e da ausência de hierarquia entre as provas, o art. 182 do CPP assinala que o juiz não ficará adstrito ao laudo, podendo aceitá-lo ou rejeitá-lo, no todo ou em parte.

Por fim, o art. 184 do CPP dispõe que salvo no caso de exame de corpo de delito, o juiz ou a autoridade policial poderá negar a perícia requerida pelas partes, quando não for necessária ao esclarecimento da verdade.

O dispositivo merece duas considerações particulares. A primeira refere-se à possibilidade de indeferimento, por parte da autoridade policial, de pedido formulado pelas partes. Sendo o Ministério Público o titular da ação penal, no caso das ações penais públicas, não nos parece admissível que a autoridade policial possa negar o pedido formulado pelo *parquet*, porquanto a definição acerca da necessidade probatória é sua, posto que a prova se destina à formação de sua convicção. Admitir a possibilidade de negativa por parte da autoridade policial ao pedido ministerial seria transferir a *opinio delicti* para o delegado de polícia, em contrariedade ao sistema acusatório. Em casos extraordinários, como na hipótese de requerimento de exame de insanidade mental quando não há, nos autos qualquer elemento indicativo para tanto, entendemos que a autoridade policial poderá provocar o magistrado para que esse provoque o Procurador-Geral de Justiça, por analogia ao art. 28 do CPP, para que esse se manifeste quanto à necessidade da prova.

Não cabe, igualmente, ao magistrado, indeferir a pretensão ministerial no caso-exemplo, vez que a matéria não está submetida à reserva de jurisdição e, portanto, o magistrado não deve se imiscuir na seara probatória, especialmente aquela que trilha o caminho da formação da convicção do Ministério Público. Admitir a possibilidade de negativa por parte do magistrado seria admitir que o Judiciário possui o poder decisório sobre quais elementos de prova deverão servir de elemento para a atuação do *parquet*. Um ponto é a atuação do Judiciário como garantidor de direitos fundamentais no caso da função do juiz das garantias (art. 3º-B, XI, CPP), outro é sua atuação invasiva na seara probatória.

25.4.5 Casuística jurisprudencial

a) Furto qualificado por escalada: Esta Corte de justiça já se manifestou no sentido de que, excepcionalmente, quando presentes nos autos elementos aptos a comprovar a escalada de forma inconteste, pode-se reconhecer o suprimento da prova pericial, notadamente in casu, tendo em vista as circunstâncias em que corrido o delito, e os testemunhos apresentados, que demonstraram de forma cabal, que o paciente praticou a referida qualificadora para ter acesso tanto aos fios de energia elétrica do poste, quanto aos demais bens no interior do imóvel. Precedentes. STJ: AgRg no HC 709569/SC, DJe 15.02.22.

b) Furto qualificado por rompimento de obstáculo: A realização de exame pericial indireto, como no caso dos autos, que foi realizado por meio de Auto de Verificação e Descrição do Local do Delito, assinado pelo Delegado de Polícia Civil e pelo Agente de Polícia responsável, no qual foram juntadas fotografias da porta de vidro do estabelecimento, em que é possível verificar que a parte inferior havia sido quebrada, constitui meio de prova idôneo para configurar a qualificadora do rompimento de obstáculo" STJ: AgRg no HC 545.671/SC, DJe 14/02/2020).

c) Roubo agravado pelo emprego de arma de fogo: A Terceira Seção deste Tribunal Superior decidiu ser desnecessária a apreensão da arma utilizada no crime e a realização de exame pericial para atestar a sua potencialidade lesiva, quando presentes outros elementos probatórios que atestem o seu efetivo emprego na prática delitiva (EREsp n. 961.863/RS, Rel. Ministro Celso Limongi, Desembargador Convocado do TJ/SP), Rel. p/ acórdão Ministro GILSON DIPP, Terceira Seção, julgado em 13/12/2010, DJe 6/4/2011). STJ: EDcl no AgRg no AREsp 1962339/SC, DJe 12.11.21.

d) Porte de arma de fogo: O entendimento deste Superior Tribunal de Justiça, firmado no julgamento do AgRg nos EAREsp n. 260.556/SC, em 26/03/2014, tendo como relator o eminente Ministro Sebastião Reis Júnior, é no sentido de que o crime previsto no art. 14 da Lei n. 10.826/2003 é de perigo abstrato, sendo irrelevante o fato de a arma estar desmuniciada ou, até mesmo, desmontada ou estragada, porquanto o objeto jurídico tutelado não é a incolumidade física, e sim a segurança pública e a paz social, colocados em risco com o porte de arma de fogo sem autorização ou em desacordo com determinação legal, revelando-se despicienda até mesmo a comprovação do potencial ofensivo do artefato através de laudo pericial. (AgRg no AgRg no AREsp 1.437.702/RJ, Rel. Ministro Ribeiro Dantas, 5ª Turma, julgado em 20/8/2019, DJe 23/8/2019.). STJ: AgRg no AREsp 1874748/MS, DJe 28.09.21.

e) Violação de direitos autorais - Súmula nº 574 do STJ: "Para a configuração do delito de violação de direito autoral e a comprovação de sua materialidade, é suficiente a perícia realizada por amostragem do produto apreendido, nos aspectos externos do material, e é desnecessária a identificação dos titulares dos direitos autorais violados ou daqueles que os representem";

25.5 INTERROGATÓRIO DO RÉU

25.5.1 Conceito

O interrogatório do réu é, em regra, o último ato de instrução do processo, por meio do qual o juiz oportuniza ao réu o direito de se manifestar quanto à imputação que lhe é feita e sobre sua pessoa. Trata-se, portanto, do momento processual oportunizado ao réu para que apresente sua versão sobre os fatos, isto é, sua autodefesa.

25.5.2 Natureza jurídica

Doutrinariamente, quatro correntes foram formadas sobre a natureza jurídica do interrogatório:

a) meio de prova: a posição topográfica do interrogatório judicial evidencia que o legislador pátrio considerou o interrogatório como meio de provas, tanto que destinou o um capítulo próprio (III), contextualizado no Título VII, que versa sobre provas.

b) meio de defesa: a corrente entende que por não ser o acusado obrigado a responder as perguntas formuladas pelas partes e pelo juiz, o interrogatório revela-se exclusivamente meio de defesa, sendo o direito de audiência um desdobramento do direito de autodefesa.

c) natureza mista: a corrente sustenta que o interrogatório é, preponderantemente, meio de defesa, mas pode funcionar como meio de prova quando o acusado opta por responder às perguntas formuladas.

d) meio de defesa e potencial fonte de provas: a última corrente aduz que quando o réu decide responder às perguntas formuladas, o magistrado poderá diligenciar sobre as fontes de provas reveladas durante o interrogatório.

Das correntes, extrai-se, inequivocamente, que o interrogatório é meio de defesa, porquanto se revela na oportunidade que o réu possui de trazer sua versão para os fatos imputados. Parece-nos, também de forma inequívoca, que o interrogatório é meio de prova, pois será realizada, em qualquer hipótese, valoração sobre o teor o depoimento caso o réu opte por responder às perguntas formuladas. Ainda que opte pelo silêncio total ou parcial, a prova será valorada. Sendo respondidas as perguntas, caberá ao magistrado valorá-las. Optando o réu pelo silêncio total, a própria norma do parágrafo único do art. 186 valora o teor de silêncio ao asseverar que esse não importará em confissão e não poderá ser interpretado em prejuízo da defesa. Há, portanto, uma valoração normativa que impõe limites ao princípio do livre convencimento motivado do magistrado. E, se há valoração prévia, é porque o legislador entendeu o interrogatório também como meio de prova.

Questão que tem ganhado maior espaço do debate jurídico envolve o chamado silêncio seletivo ou parcial, situação na qual o réu opta por responder, em bloco, somente as perguntas formuladas pela defesa. Registre-se, por oportuno, que o silêncio seletivo ou parcial sempre foi admitido quando o réu decidia por não responder uma pergunta X ou Y. Não é essa situação, contudo, que trataremos na sequência, porquanto não há dúvidas quanto à sua possibilidade.

Ao tratarmos do silêncio seletivo em bloco, como preferimos, primeiro precisamos analisar a construção do ato de interrogatório, que veremos com maiores detalhes no item sobre suas características. No momento, contentamo-nos com a afirmação de que o interrogatório é composto por duas etapas: a primeira, destinada à qualificação e obtenção das informações pessoais do agente; e a segunda, voltada para a imputação formulada.

A tese do silêncio seletivo em bloco guarda pertinência à segunda etapa e se funda no direito do réu ao silêncio total ou parcial. Frise-se, de antemão, que em hipótese alguma somos contrário ao constitucional direito ao silêncio por parte do réu. Apenas questionamos, na sequência, a lógica do silêncio em bloco sob a luz do procedimento oral.

O interrogatório, ao contrário da prova testemunhal, não tem início com perguntas pelas partes, mas pelo juiz. Superada a fase inicial, o magistrado, nos termos do art. 187, §2º, indagará ao acusado sobre as perguntas previstas nos incisos I a VIII, que ainda veremos no item "características do interrogatório".

O que nos chama a atenção sobre o silêncio seletivo em bloco é o teor do art. 188 do CPP, que prevê: **Após proceder ao interrogatório, o juiz indagará das partes se restou algum fato para ser esclarecido**, formulando as perguntas correspondentes se o entender pertinente e relevante.

A norma nos parece por demais clara no tocante a integridade do ato, especialmente no tocante às perguntas serem formuladas pelas partes quando houver necessidade de esclarecimento. Esclarecer é tornar claro, compreensível, elucidar. E, ao exercer o direito ao silêncio quando das perguntas do magistrado, o réu não traz qualquer ponto a ser esclarecido de sorte da justificar qualquer espécie de pergunta, simplesmente porque não há respostas a serem esclarecidas. Refrisamos, nesse ponto, que estamos analisando somente o aspecto procedimental e lógico do ato processual interrogatório.

Se o silêncio não pode ser valorado negativamente, igualmente não pode ser valorado de forma positiva para justificar o esclarecimento "**do nada**" pelas partes, em especial pela defesa. Se nada foi dito, qual a razão para se abrir para perguntas que visam o esclarecimento de algum fato? O leitor pode, com razão, questionar que o fato a ser esclarecido é o imputado e, igualmente com fundamento, concluir que não se pode negar ao réu o direito de trazer a sua versão. Chamamos a atenção, nesse ponto, para o inciso VIII do §2º do art. 187 do CPP, que assinala que dentre as perguntas em tese obrigatórias, o magistrado deverá indagar ao réu **"se tem algo mais a alegar em sua defesa"**. E, nesse ponto particular, reside nossa crítica ao chamado silêncio seletivo, que da forma como concebido pela doutrina e pelo próprio STJ, confere um "cheque em branco" ao acusado a título de autodefesa.

Se o réu expressamente consigna ao magistrado que não deseja responder à pergunta ou opta por não responder em bloco às perguntas do magistrado, não traz qualquer fato digno de esclarecimento. Logo, encerra a autodefesa pura, na acepção literal da expressão. Ao indagar às partes, na forma do art. 188 do CPP, se resta algum fato a ser esclarecido, reabre-se a defesa técnica para a parte ré, sem qualquer espécie de violação normativa, pois a análise passa a ser jurídica, pelo responsável pela defesa técnica.

O destaque realizado revela-se importante para nós no que tange ao fundamento que autoriza o silêncio seletivo em bloco, ordinariamente concebido como meio de defesa revelador da autodefesa. Não se nega tal quilate às palavras do réu. Todavia, parece-nos mais adequado, na hipótese de silêncio seletivo em bloco, chamarmos de **autodefesa conduzida** ou **defesa técnica híbrida**, porquanto apesar da manifestação advir do acusado, somente o será por meio do exercício da defesa realizada por seu defensor, parcial por excelência. Há provocação técnica, de forma que não podemos falar em autodefesa pura.

Confirmando a possibilidade do silêncio seletivo em bloco, o STJ decidiu que:

> [...] O interrogatório é, em verdade, o momento ótimo do acusado, o seu 'dia na Corte' (day in Court), a única oportunidade, ao longo de todo o processo, em que ele tem voz ativa e livre para, se assim o desejar, dar sua versão dos fatos, rebater os argumentos, as narrativas e as provas do órgão acusador, apresentar álibis, indicar provas, justificar atitudes, dizer,

> enfim, tudo o que lhe pareça importante para a sua defesa, além, é claro, de responder às perguntas que quiser responder, de modo livre, desimpedido e voluntário. [...] REsp 1825622/SP, Sexta Turma, Rel. Min. Rogerio Schietti Cruz, DJe 28/10/2020.

Finalizando o aspecto relacionado à natureza jurídica, vale destacar que o art. 189 do CPP ainda dispõe que se o interrogando negar a acusação, no todo ou em parte, poderá prestar esclarecimentos e indicar provas. O dispositivo, registre-se, não possui aplicação restrita às hipóteses de negativa por parte do acusado, pois mesmo nos casos em que confessar, poderá indicar provas que, eventualmente, poderão ser consideradas para fim de dosimetria da pena, sem prejuízo da aplicação do disposto no art. 190 do CPP, que prevê que se o acusado confessar a autoria, será perguntado sobre os motivos e circunstâncias do fato e se outras pessoas concorreram para a infração, e quais sejam.

25.5.3 Momento e localização territorial do interrogatório

Com a entrada em vigor da Lei 11.719/08, o interrogatório, que era realizado no início do procedimento, foi transferido para o último ato da instrução oral do processo, consoante se extrai do teor dos arts. 400, 411 e 474 do CPP, pertinentes ao procedimento comum e afeto ao Tribunal do Júri, respectivamente.

A despeito da mudança na regra geral, os procedimentos previstos na Lei de Drogas (Lei 11.343/06, art. 57), Código de Processo Penal Militar (art. 302 c/c art. 404) e Procedimento Originário dos Tribunais (Lei 8.038/90, art. 7º), ainda estabelecem, pelo menos a título formal, o interrogatório no início do procedimento.

Ocorre que o STF, no julgamento do AgR na AP 528, DJe 07.06.11, decidiu que o interrogatório do réu, seguindo a trilha do CPP, deve ser realizado ao final do procedimento, pois permite que o réu possa prestar seu depoimento após o conhecimento das provas produzidas, ampliando, portanto, o direito de defesa. No mesmo sentido decidiu o STF no tocante ao CPPM (HC 127.900/AM, j. 03.03.16), fixando a seguinte orientação para os demais procedimentos especiais, seguida pelo STJ[9]:

> Incidência da norma inscrita no art. 400 do Código de Processo Penal comum aos processos penais militares cuja instrução não se tenha encerrado, o que não é o caso. Ordem denegada. Fixada orientação quanto a incidência da norma inscrita no art. 400 do Código de Processo Penal comum a partir da publicação da ata do presente julgamento, aos processos penais militares, aos processos penais eleitorais e **a todos os procedimentos penais regidos por legislação especial**, incidindo somente naquelas ações penais cuja instrução não se tenha encerrado[10].

Apesar da regra, não se pode olvidar do disposto no art. 196 do CPP, que assinala que, a todo tempo o juiz poderá proceder a novo interrogatório de ofício ou a pedido fundamentado de qualquer das partes. Apesar de pouco comum, porquanto o interrogatório é, em regra, o último ato de instrução processual, é perfeitamente possível que, após a realização das diligências previstas no art. 402 do CPP, seja necessário ou prudente a reinquirição do réu. Não se pode esquecer, igualmente, que o Tribunal, Câmara ou Turma podem proceder a novo interrogatório do acusado, nos termos do art. 616 do CPP.

Vale destacar que o STJ, no julgamento dos REsp 1933759/PR e 1946472/PR, DJe 25.09.23, fixou, sob o rito de recursos repetitivos (Tema 1114), a seguinte tese:

---

9. REsp 1.808.389-AM, entre outros.
10. Apesar da orientação, o STF aplicou, por diversas vezes, o entendimento de que a alteração no CPP não alcança da Lei de Drogas. HC 177220, RHC 155209, entre outros.

> O interrogatório do réu é o último ato da instrução criminal. A inversão da ordem prevista no art. 400 do CPP tangencia somente à oitiva das testemunhas e não ao interrogatório. **O eventual reconhecimento da nulidade se sujeita à preclusão**, na forma do art. 571, I e II, do CPP, **e à demonstração do prejuízo para o réu.**

Em síntese, o STJ firmou o entendimento de que eventual inversão de ordem na realização do interrogatório não necessariamente gera a nulidade do ato, sendo necessária a demonstração de prejuízo para o réu.

O interrogatório, em regra, deve ser realizado pelo juiz da instrução, no local onde tramita o processo penal. Contudo, diante da possibilidade do réu residir em local diverso do da instrução, nada impede a expedição de carta precatória para sua realização pelo juízo deprecado.

Com o advento da pandemia do COVID 19 e sensível adoção das audiências virtuais, apesar da resistência, entendemos que o modelo deve ser estimulado, ao menos para o interrogatório, porquanto permitiria que o juiz da causa tivesse contato com réu para ouvir suas declarações, dando vazão, em plenitude, ao princípio da identidade física do juiz.

Não obstante, o STJ, no julgamento do HC 640770/SP[11], decidiu ser incabível a realização de **interrogatório virtual de réu foragido**, pois isso premiaria a condição de foragido. Entendemos, contudo, que a decisão vai de encontro com a lógica da ampla defesa, porquanto a despeito de foragido, o agente não perde o direito de apresentar sua autodefesa. Se está foragido a situação decorre de dois fatores, desrespeito do réu para com a Justiça e omissão estatal no cumprimento do mandado de prisão. Contudo, a questão não passa pela busca de culpados, mas sim no efetivo asseguramento do direito à ampla defesa. Assim, entendemos que, apesar de foragido, não existem fundamentos jurídicos para se aplicar uma penalidade processual, especialmente relacionada ao exercício da autodefesa. Nesse sentido, no STF, o Min. Edson Fachin, no HC 214.916, decidiu em sede liminar pela possibilidade de realização do interrogatório por meio virtual[12].

Registre-se, na mesma linha, que a Segunda Turma do STF referendou, em Sessão Virtual de 30 de junho a 7 de agosto de 2023, a decisão liminar proferida na medida cautelar no HC 227.671/RN, que permitiu a participação de réu foragido, por meio virtual, em audiência de instrução:

> REFERENDO NA MEDIDA CAUTELAR NO HABEAS CORPUS. RÉU FORAGIDO. INTERROGATÓRIO. AUDIÊNCIA DE INSTRUÇÃO. DESIGNAÇÃO. PARTICIPAÇÃO VIRTUAL. POSSIBILIDADE. PERICULUM IN MORA E FUMUS BONI IURIS. PRESENÇA. GARANTIAS CONSTITUCIONAIS. CONTRADITÓRIO, AMPLA DEFESA. TRAMITAÇÃO PROCESSUAL. EFICIÊNCIA E CELERIDADE. LIMINAR REFERENDADA NOS TERMOS DA EMENDA REGIMENTAL 58/22 DO STF.

25.5.4 Condução coercitiva para fins de interrogatório

O direito de audiência não se confunde com o dever de presença. Trata-se, em regra, de faculdade do réu, e não de dever, tanto que pode, em regra, deixar de comparecer

11. J. 15.06.21.
12. J. 02.05.22. "Em verdade, a relação de causa e efeito estabelecida pela autoridade coatora (foragido, logo impedido de participar dos atos instrutórios) não está prevista em lei. Não bastasse, entendo ser descabida a presunção de renúncia ao direito de participar da audiência quando há pedido expresso da defesa em sentido contrário".

à instrução criminal ou ao próprio ato de interrogatório, pois se a esse é assegurado o direito ao silêncio sem qualquer espécie de prejuízo (art. 5º, LXIII, CF), igualmente se admite o não comparecimento ao ato de exercício da autodefesa, sem que isso possa implicar sua condução coercitiva conforme entendimento sufragado, por maioria de votos, pelo STF nas ADPFs 395 e 444:

> (...) por maioria e nos termos do voto do relator, julgar procedente a arguição de descumprimento de preceito fundamental, **para pronunciar a não recepção da expressão "para o interrogatório"**, constante do art. 260 do CPP, e declarar a **incompatibilidade com a Constituição Federal da condução coercitiva de investigados ou de réus para interrogatório**, sob pena de responsabilidade disciplinar, civil e penal do agente ou da autoridade e de ilicitude das provas obtidas, sem prejuízo da responsabilidade civil do Estado. Destacam, ainda, que esta decisão não desconstitui interrogatórios realizados até a data do presente julgamento, mesmo que os interrogados tenham sido coercitivamente conduzidos para tal ato. (ADPF 395/DF. Rel. Min. Gilmar Mendes. DJe 22.05.19)

Dentre as vertentes da autodefesa, o direito de presença é aquele que mais sofre restrições. Isso porque o réu pode, por exemplo, ser conduzido coercitivamente para participar de ato formal de reconhecimento, sem que isso implique em violação do direito à não incriminação (*nemo tenetur se detegere*), haja vista que a decisão do STF não compreendeu a condução para reconhecimento como não recepcionada.

25.5.5 Características do interrogatório

a) obrigatoriedade de oportunidade: o interrogatório é o ato processual assegurado ao réu para que possa realizar sua autodefesa. Trata-se, portanto, de ato de designação obrigatória, que deve ser oportunizado ao réu. O ato, em si, pode não se realizar porque o acusado não comparece, a despeito de intimado, ou porque se recusa a prestar o depoimento em razão do direito ao silêncio. Entretanto, o direito do réu de escolher se participará ou não do interrogatório não transmuda a obrigatoriedade do ato para uma mera faculdade, pois se trata de dever estatal oportunizá-lo. Podemos, portanto, afirmar que a **oportunidade do direito à autodefesa por meio do Estado é obrigatória, ao passo que sua realização é faculdade do réu**.

b) ato bifásico: nos termos do art. 187 do CPP, o interrogatório será constituído de duas partes: sobre a pessoa do acusado e sobre os fatos. Segundo o §1º do art. 187, na primeira parte o interrogando será perguntado sobre a residência, meios de vida ou profissão, oportunidades sociais, lugar onde exerce a sua atividade, vida pregressa, notadamente se foi preso ou processado alguma vez e, em caso afirmativo, qual o juízo do processo, se houve suspensão condicional ou condenação, qual a pena imposta, se a cumpriu e outros dados familiares e sociais. Em linhas gerais, visa, essencialmente, trazer elementos de conhecimento para que as circunstâncias judiciais (art. 59, CP), possam ser corretamente avaliadas pelo magistrado.

De forma assistemática, porquanto deveria fazer parte do art. 187 seu teor, o legislador inseriu no art. 185, §10 do CPP, a obrigatoriedade de, no interrogatório, constar a informação sobre a existência de filhos, respectivas idades e se possuem alguma deficiência e o nome e o contato de eventual responsável pelos cuidados dos filhos, indicado pela pessoa presa. A medida visa avaliar a possibilidade e necessidade de concessão de prisão domiciliar (art. 318, III, V e VI, CPP), no caso de acusados presos.

Ainda com relação à primeira parte do interrogatório, o STJ entendeu que, não obstante a prevalência do direito de não produzir provas contra si mesmo:

> A primeira parte do interrogatório não se relaciona com o direito de não produzir prova contra si. O direito a não se autoincriminar diz respeito ao mérito da pretensão punitiva, não à identificação do investigado/acusado (RHC 126.362/BA, Sexta Turma, Rel. Min. Rogerio Schietti Cruz, DJe 29/09/2020).

O teor da decisão não permite concluir, contudo, que o acusado possa ser conduzido coercitivamente para realização da primeira parte do interrogatório.

De acordo com o §2º do art. 187 do CPP, na segunda parte será perguntado sobre: I - ser verdadeira a acusação que lhe é feita; II - não sendo verdadeira a acusação, se tem algum motivo particular a que atribuí-la, se conhece a pessoa ou pessoas a quem deva ser imputada a prática do crime, e quais sejam, e se com elas esteve antes da prática da infração ou depois dela; III - onde estava ao tempo em que foi cometida a infração e se teve notícia desta; IV - as provas já apuradas; V - se conhece as vítimas e testemunhas já inquiridas ou por inquirir, e desde quando, e se tem o que alegar contra elas; VI - se conhece o instrumento com que foi praticada a infração, ou qualquer objeto que com esta se relacione e tenha sido apreendido; VII - todos os demais fatos e pormenores que conduzam à elucidação dos antecedentes e circunstâncias da infração; VIII - se tem algo mais a alegar em sua defesa.

c) ato personalíssimo e oral: o interrogatório somente pode ser realizado com o réu, tratando-se, portanto, de ato pessoal, impassível de transferência. Sendo o réu pessoa jurídica, o interrogado será seu representante legal. Por regra, o interrogatório é um ato oral, no qual o acusado responde às perguntas formuladas pelo juiz e pelas partes. Contudo, nos termos do art. 192 do CPP, tratando-se de interrogatório de mudo, surdo ou surdo-mudo, será feito em observância aos incisos I a III do referido dispositivo: I - ao surdo serão apresentadas por escrito as perguntas, que ele responderá oralmente; II - ao mudo as perguntas serão feitas oralmente, respondendo-as por escrito; e III - ao surdo-mudo as perguntas serão formuladas por escrito e do mesmo modo dará as respostas. Segundo o parágrafo único, caso o interrogando não saiba ler ou escrever, intervirá no ato, como intérprete e sob compromisso, pessoa habilitada a entendê-lo.

Nos termos do art. 193, CPP, quando o interrogando não falar a língua nacional, o interrogatório será feito por meio de intérprete. Por sua vez, o art. 195 dispõe que se o interrogado não souber escrever, não puder ou não quiser assinar, tal fato será consignado no termo.

Com a revogação do art. 194 do CPP, não mais se cogita da figura do curador para interrogatório para menores de 21 anos. Contudo, não nos parece correta a afirmativa de que não existe mais a figura do curador no interrogatório, vez que é perfeitamente possível, nos casos de agentes inimputáveis por questões mentais, a participação do curador no ato como forma de salvaguardar os interesses do acusado. Isso não significa, todavia, que o ato perca o caráter personalíssimo, pois a participação do curador objetiva, tão somente, a assistência material.

d) ato individual e assistido: nos termos do art. 191 do CPP, havendo mais de um acusado, serão interrogados separadamente. Não obstante a previsão, sendo mais de um acusado, é perfeitamente possível que o advogado do corréu formule perguntas para o interrogado. Em se tratando de réu advogando em causa própria, o STF entendeu que não há motivos para afastamento do teor o art. 191 do CPP:

> O fato de o réu advogar em causa própria não é suficiente para afastar a regra contida no art. 191 do CPP ("Havendo mais de um acusado, serão interrogados separadamente"). Com base nesse entendimento, a 2ª Turma denegou "habeas corpus" em que se pleiteava a anulação do interrogatório de corréu, por não ter sido franqueado ao impetrante/paciente acesso à sala de audiências no momento da realização daquele ato. No caso, o paciente e corréu – ambos advogados atuando em causa própria – foram condenados pela prática do delito descrito no art. 339 do CP. A Turma considerou inocorrentes ilegalidade ou cerceamento de defesa. Consignou que, além de inexistir razão jurídica para haver distinção entre acusados, nada impediria, caso o paciente desejasse, a constituição de outro causídico ou de membro da Defensoria Pública para acompanhar especificamente o interrogatório do corréu. Ademais, a Turma reputou não haver prejuízo comprovado, uma vez que a condenação do impetrante lastreara-se nos depoimentos das testemunhas, colhidos sob o crivo do contraditório, os quais seriam categóricos ao infirmar as versões apresentadas pelos dois acusados em seus interrogatórios, harmoniosos entre si. HC 101021/SP, rel. Min. Teori Zavascki, 20.5.2014.

Do julgado se reforça a circunstância de que o interrogatório deve ser realizado na presença da defesa técnica, haja vista que por se tratar de ato processual, ainda que fundado na autodefesa, **não se admite sua realização sem a presença de defensor**. Nesse particular, o julgado, para nós, desconsiderou a imperatividade da defesa técnica, porquanto a mera faculdade conferida ao acusado, ainda que advogado, não tem o condão de afastar a obrigatoriedade da defesa técnica, pelo que entendemos, nesses casos, ainda que o réu, advogado em causa própria, discorde, deva ser nomeado defensor para o acompanhamento do ato caso esse, intimado, não constitua outro para acompanhamento do ato.

Não por outra razão dispõe o art. 185 do CPP: O acusado que comparecer perante a autoridade judiciária, no curso do processo penal, será **qualificado e interrogado na presença de seu defensor, constituído ou nomeado.**

e) ato livre, público e amparado pelo direito ao silêncio: o interrogatório, como bem assinalado pelo Min. Schietti no julgamento do Resp 1825622/SP, é "o momento ótimo do acusado, o seu 'dia na Corte' (day in Court), a única oportunidade, ao longo de todo o processo, em que ele tem voz ativa e livre para, se assim o desejar, dar sua versão dos fatos, rebater os argumentos, as narrativas e as provas do órgão acusador, apresentar álibis, indicar provas, justificar atitudes, dizer, enfim, tudo o que lhe pareça importante para a sua defesa". Nesse sentido, o exercício dessa liberdade pressupõe a inexistência de qualquer espécie de constrangimento físico ou moral, tanto que consignado, nos termos do *caput* do art. 186 do CPP, o dever do magistrado de informar ao acusado, antes de iniciar o interrogatório, acerca do direito de permanecer calado e de não responder perguntas que lhe forem formuladas.

A despeito de ato público, em regra, pois o interrogatório segue a sorte da publicidade do processo, não se afasta do réu o direito à não incriminação, isto é, pode, perfeitamente, permanecer em silêncio em seu interrogatório conforme vimos anteriormente. Não à toa, dispõe o parágrafo único do art. 186 do CPP: "O silêncio, que não importará em confissão, não poderá ser interpretado em prejuízo da defesa". Assim, tem-se por inconstitucional, por contrário à ampla defesa e presunção de inocência, o disposto no art. 198 do CPP, que assinala que o silêncio do acusado não importará confissão, mas poderá constituir elemento para a formação do convencimento do juiz.

Particular importância hermenêutica assume o art. 15 da Lei 13.869/19 (Lei de Abuso de Autoridade) no contexto do interrogatório.

> Art. 15. *Constranger a depor, sob ameaça de prisão, pessoa que, em razão de função, ministério,* ofício ou profissão, deva guardar segredo ou resguardar sigilo:
> Pena - detenção, de 1 (um) a 4 (quatro) anos, e multa.
> Parágrafo único. Incorre na mesma pena quem prossegue com o interrogatório:
> I - de pessoa que tenha decidido exercer o direito ao silêncio; ou
> II - de pessoa que tenha optado por ser assistida por advogado ou defensor público, sem a presença de seu patrono.

O inciso I do parágrafo único, em especial, prevê como crime de abuso de autoridade a conduta de prosseguir com o interrogatório de pessoa que tenha decidido exercer o silêncio. Nesse particular, parece-nos clara a mensagem legislativa de que o magistrado não pode, uma vez exercido o direito ao silêncio de forma ampla, formular as perguntas e consigná-las em ata ou gravações, sob pena de constrangimento ao acusado.

Assim, constatado que o réu optou por exercer o direito ao silêncio, o magistrado deverá, para se precaver, indagar ao acusado se deseja responder alguma pergunta ou se opta pelo exercício pleno do direito ao silêncio. Optando pelo silêncio geral, o magistrado deve, imediatamente, cessar o ato de interrogatório, indagando às partes de possuem algum esclarecimento a respeito do fato, seguindo-se a mesma lógica no caso das perguntas da acusação, não as permitindo na hipótese de silêncio geral.

Vale descatar, por relevante, que 5ª Turma do STJ decidiu, o julgamento do AgRg HC 798.225-RS, Rel. Ministro Ribeiro Dantas, DJe 16/6/23, que só há nulidade pela falta de cientificação do acusado sobre o seu direito de permanecer em silêncio, em fase de inquérito policial, caso demonstrado o efetivo prejuízo.

25.5.6 Local do interrogatório e interrogatório por videoconferência

A regra geral impõe, nos casos de **réu solto**, a realização do interrogatório na presença do juiz, isto é, na sala de audiências do fórum onde tramita o processo.

Nos casos de **réus presos**, conforme o §1º do art. 185 do CPP, a regra geral é a de que **o interrogatório do réu preso deverá ser realizado, em sala própria, no estabelecimento em que estiver recolhido**, desde que estejam garantidas a segurança do juiz, do membro do Ministério Público e dos auxiliares bem como a presença do defensor e a publicidade do ato.

Não obstante a regra geral, o legislador, em completa atecnia, regulou o interrogatório por videoconferência de forma geral, a despeito de tratar, expressamente, do interrogatório do réu preso, conforme veremos na sequência. Feito o registro, apesar da regra geral, condicionada à garantia de segurança dos atores processuais, o juiz poderá, nos termos do §2º, **excepcionalmente e por decisão fundamentada**, de ofício ou a requerimento das partes, **realizar o interrogatório do réu preso por sistema de videoconferência** ou outro recurso tecnológico de transmissão de sons e imagens em tempo real, **desde que a medida seja necessária** para:

I. prevenir risco à segurança pública, quando exista fundada suspeita de que o preso integre organização criminosa ou de que, por outra razão, possa fugir durante

o deslocamento: a exceção contempla a situação na qual haja **fundada suspeita de que o preso integre organização criminosa**, sendo omissa a norma quanto aos casos de associação criminosa, constituição de milícia privada ou associação para o tráfico. Por se tratar de regra de exceção, deve ser interpretada de forma restritiva, não se podendo ampliar o teor normativo às demais espécies de criminalidade associativa. Não obstante, nada impede que, com fundamento na segunda hipótese de exceção prevista – **risco de fuga durante o deslocamento** – o magistrado possa fundamentar a decisão pela aplicação da exceção na circunstância de que o risco de fuga nos crimes que envolvem a criminalidade associativa é maior, porquanto não é incomum que os "bandos" atuem para libertar um de seus agentes. Registre-se, entretanto, que o fundamento será o da possibilidade de fuga e não o de integrar, simplesmente, entidade criminosa associativa diversa de organização criminosa. Em todos os casos, a premissa maior será a prevenção de riscos à segurança pública.

II. viabilizar a participação do réu no referido ato processual, quando haja relevante dificuldade para seu comparecimento em juízo, por enfermidade ou outra circunstância pessoal: a hipótese, a despeito de tratada como exceção para réus presos, pode ser aplicada para réus soltos, merecendo algumas considerações. Conforme vimos, a regra geral para os réus presos é a da realização do interrogatório no interior do estabelecimento prisional, não obstante a prática forense praticamente ignorar a regra. Referida norma contém três exceções: **a) dificuldade para seu comparecimento em juízo; b) enfermidade; c) outra circunstância pessoal**. No que tange à dificuldade para comparecimento em juízo, por estar o réu custodiado, há o dever do Estado de transportá-lo para a sede do juízo para sua inquirição, de forma que, somente em situações de fato extraordinárias (ausência completa de veículos, greve parcial da polícia penal, desabamento de ponte no trajeto e etc.) haveria justificativa para a realização do interrogatório por videoconferência. No que concerne à enfermidade, novamente destacamos que a regra geral é a da realização do interrogatório no estabelecimento prisional, de forma que somente a enfermidade transmissível seria justificativa para o ato. Entretanto, como a prática forense praticamente ignora a regra geral, não é incomum vermos interrogatórios por videoconferência quando o réu está enfermo. Vale destacar que a regra é perfeitamente aplicável para réus soltos. Por fim, no tocante à outra circunstância pessoal, a previsão, apesar de contida nas exceções relacionadas a réus presos, parece-nos mais afeta às hipóteses de réus soltos que não podem comparecer ao ato processual por motivo de viagem ou impossibilidade de deslocamento.

III. impedir a influência do réu no ânimo de testemunha ou da vítima, desde que não seja possível colher o depoimento destas por videoconferência, nos termos do art. 217 deste Código: a análise do dispositivo em cotejo com o art. 217 do CPP traz certa dificuldade de compreensão, sendo necessária a realização de uma abordagem sistemática.

A regra geral é a oitiva do preso no estabelecimento prisional. Excepcionalmente, o §2º permite que seja realizado interrogatório por videoconferência quando a participação do réu puder influir no ânimo da testemunha. Das premissas expostas já se extrai a ausência de sistematização. A norma impõe a realização do interrogatório do réu preso no estabelecimento prisional, mas o art. 792 do CPP dispõe que as audiências, sessões e os atos processuais serão, em regra, realizados nas sedes dos juízos e tribunais.

E mais, o art. 400 do CPP assinala a ordem das oitivas: Na audiência de instrução e julgamento, a ser realizada no prazo máximo de 60 (sessenta) dias, proceder-se-á à

tomada de declarações do ofendido, à inquirição das testemunhas arroladas pela acusação e pela defesa, nesta ordem, ressalvado o disposto no art. 222 deste Código, bem como aos esclarecimentos dos peritos, às acareações e ao reconhecimento de pessoas e coisas, **interrogando-se, em seguida, o acusado.**

Em síntese, a audiência tem previsão para realização da sede do juízo e o interrogatório de réu preso, que deve ser realizado na mesma audiência, na sede do estabelecimento prisional. Abstraindo-se à falta de lógica e razoabilidade, porquanto os juízes bem ignoram a regra da oitiva do réu preso na sede do estabelecimento prisional, há que se analisar o teor do inciso III do §2º do art. 185 do CPP, especialmente no tocante à regra insculpida no caso de potencial influência do réu no ânimo da vítima ou de testemunha.

O inciso III prevê o depoimento do réu por videoconferência para impedir a influência do réu no ânimo de testemunha ou da vítima, desde que não seja possível colher o depoimento destas por videoconferência, nos termos do art. 217 do CPP. A regra é tão confusa, que precisamos indagar: quando o legislador estabeleceu a previsão "desde que não seja possível colher o depoimento destas por videoconferência", quis exigir que as testemunhas ou vítima devam acompanhar o interrogatório do réu? E mais, quis exigir em contrariedade ao art. 792, que as testemunhas compareçam ao estabelecimento prisional? Se sim, para que?

Se o interrogatório é, em tese, o último ato de instrução, como o interrogatório do réu poderia influir no ânimo das testemunhas ou vítimas se sequer exige a imposição de que essas o acompanhem? Parece-nos que o legislador, ainda que sem técnica alguma, quis tratar, no regramento do interrogatório virtual, do direito de presença do réu durante a instrução criminal. E, partindo dessa premissa, o legislador parece ter optado, como regra preferencial, pela presença do réu preso na audiência de instrução, apesar da regra ser sua oitiva no estabelecimento prisional. Isso porque, ao prever que "desde que não seja possível colher o depoimento destas (vítimas e testemunhas) por videoconferência", priorizou a participação do réu de forma direta.

Em síntese, temos, portanto: a) se todos estiverem presentes à audiência, havendo o risco de influência, as vítimas e testemunhas serão inquiridas por videoconferência, em sala apartada, de forma que as pessoas inquiridas não terão qualquer contato visual com o réu; b) sendo o risco do influência conhecido de forma prévia à audiência, o juiz deverá oportunizar à testemunha o direito de ser inquirida pela via virtual, preservando-se, igualmente, o direito de presença do acusado; c) não havendo condições para inquirição da vítima por meio virtual, o réu deverá participar das oitivas por meio virtual, sendo, na sequência, interrogado pela mesma via.

É a exegese que se extrai do teor do art. 217: Se o juiz verificar que a presença do réu poderá causar humilhação, temor, ou sério constrangimento à testemunha ou ao ofendido, de modo que prejudique a verdade do depoimento, fará a inquirição por videoconferência e, somente na impossibilidade dessa forma, determinará a retirada do réu, prosseguindo na inquirição, com a presença do seu defensor.

O problema reside, dessa forma, na previsão desprovida de sentido no inciso III do §2º do art. 186, que trata do interrogatório misturando-o com a prova testemunhal e depoimento da vítima, pois as testemunhas e vítimas não são obrigadas a participar do interrogatório do réu.

IV. responder à gravíssima questão de ordem pública: o inciso trata de situações excepcionais que assolam a sociedade no momento do interrogatório, a exemplo de ondas de ataques criminosos, greve dos servidores de segurança pública e outras situações que evidenciem que o transporte do réu pode implicar em riscos à ordem pública.

Nos termos do §3º, da decisão que determinar a realização de interrogatório por videoconferência, as partes serão intimadas com 10 (dez) dias de antecedência. O §4º, por seu turno, assinala que antes do interrogatório por videoconferência, o preso poderá acompanhar, pelo mesmo sistema tecnológico, a realização de todos os atos da audiência única de instrução e julgamento de que tratam os arts. 400, 411 e 531 do CPP.

O §5º prevê que em qualquer modalidade de interrogatório, o juiz garantirá ao réu o **direito de entrevista prévia e reservada com o seu defensor**[13], sendo que, se realizado por videoconferência, é também garantido o acesso a canais telefônicos reservados para comunicação entre o defensor que esteja no presídio e o advogado presente na sala de audiência do Fórum, e entre este e o preso.

Segundo o § 7º, será requisitada a apresentação do réu preso em juízo nas hipóteses em que o interrogatório não se realizar no estabelecimento prisional ou por meio de videoconferência (§§ 1º e 2º do art. 185 do CPP).

Por fim, o §8º dispõe que se aplica o disposto nos §§ 2º a 5º do art. 185 do CPP, no que couber, à realização de outros atos processuais que dependam da participação de pessoa que esteja presa, como acareação, reconhecimento de pessoas e coisas, e inquirição de testemunha ou tomada de declarações do ofendido, sendo assegurado, nos termos do §9º, o acompanhamento do ato processual pelo acusado e seu defensor.

Apesar das críticas quando à regulamentação do interrogatório por videoconferência, defendemos não somente sua constitucionalidade por não violar qualquer direito fundamental do acusado, mas também sua adoção como regra para réus presos, dependente de alteração legislativa, levando-se em consideração os custos envolvidos anualmente no transporte de presos para os fóruns locais[14], a maior segurança que a medida traz à sociedade por impedir a tentativa de arrebatamento de presos em transporte, celeridade e desburocratização processual.

25.6 CONFISSÃO

A confissão é o reconhecimento, por parte do acusado ou investigado, da imputação formal formulada ou da concorrência para a prática de uma infração penal. Trata-se, portanto, de meio de prova pelo qual o agente assume a prática delitiva.

25.6.1 Classificação

a) Confissão extrajudicial: é a realizada no ambiente externo ao processo penal, mas ao seu entorno, isto é, quando efetivada na fase de investigação, para o delegado

13. §6º A sala reservada no estabelecimento prisional para a realização de atos processuais por sistema de videoconferência será fiscalizada pelos corregedores e pelo juiz de cada causa, como também pelo Ministério Público e pela Ordem dos Advogados do Brasil.

14. R$2.034,00 mensais por preso no âmbito do Sistema Penitenciário Federal, segundo o relatório "Calculando custos prisionais – panorama nacional e avanços necessários". Fonte. CNJ: https://www.cnj.jus.br/wp-content/uploads/2021/11/calculando-custos-prisionais-panorama-nacional-e-avancos-necessarios.pdf acesso em 06.03.22, as 15h44min.

de polícia, no curso de inquérito policial, ou promotor de justiça, no procedimento de investigação criminal. Essa modalidade, contudo, por ser realizada, via de regra, em sede de procedimentos sem contraditório e ampla defesa, não pode ser utilizada, *de per si*, para fundamentar uma condenação.

Isso não significa, contudo, que a confissão extrajudicial não possa produzir efeitos. No caso de **colaboração premiada**, por exemplo, exige-se que o investigado colaborador narre todos os fatos ilícitos para os quais concorreu e que tenham relação direta com os fatos investigados (art. 3º-C, §3º, Lei 12.850/13). Para obtenção do direito ao ANPP, igualmente, exige-se, dentre outros requisitos, a confissão formal e circunstanciada (art. 28-A, CPP).

Inegável, ainda, que a confissão extrajudicial, quando efetivada na presença de defensor, assume posição probatória relevante, tanto que o juiz poderá valer-se dessa, quando associada a outros meios de prova, para fundamentar a condenação, assim como poderá, ao se valer dessa, aplicar a regra da atenuante espontânea prevista no art. 65, III, "d" do CP. Não nos esqueçamos ainda que os jurados, diante do princípio da íntima convicção, podem valorar a confissão extrajudicial para fins de condenar o agente.

b) Confissão judicial: é aquela prestada no curso do processo perante a autoridade judiciária. Realizada na presença de defensor, será concebida como **própria** quando prestada perante a autoridade competente e **imprópria** quando realizada perante juízo incompetente.

c) Confissão explícita e implícita: será explícita a confissão quando realizada de forma inequívoca. Ao contrário, será concebida como implícita quando o agente praticar algum ato contrário à negativa apresentada, como, por exemplo, a despeito de negar a acusação, assumir as despesas de todo o tratamento da vítima. Diferentemente do processo civil, no qual se atribui valor processual à contradição, tal modalidade de confissão não encontra amparo no processo penal, sendo mera classificação doutrinária sem aplicação prática.

d) Confissão simples e qualificada: simples é a confissão na qual o agente, ao reconhecer a prática delitiva ou sua participação, não alega qualquer excludente de ilicitude ou culpabilidade. Ao contrário, a confissão qualificada é aquela na qual o agente, a despeito de reconhecer sua contribuição para a infração penal, aduz tê-la praticado amparado por alguma excludente. Assim, a confissão pode ser parcial, desde que confirme a autoria do fato típico que lhe é imputado e seja utilizada como fundamento para a condenação.

Não precisa, portanto, para aplicação da atenuante, que o acusado confirme todo o teor da peça acusatória, como qualificadoras e agravantes[15]. Se, por exemplo, confessa somente parte do delito, de fato não confessa a imputação e a atenuante não lhe será aplicada se condenado pela imputação original, como na hipótese do agente que confirma a subtração patrimonial mas nega a prática da grave ameaça no roubo, sendo condenado pelo crime de roubo. Contudo, se confessa a prática da subtração, negando a grave ameaça e vem a ser condenado somente pelo crime de furto, há que se aplicar a atenuante da confissão por retratar a verdade jurídica dos fatos.

15. No tocante ao crime de tráfico de drogas, o STJ editou a Súmula 630: "A incidência da atenuante da confissão espontânea no crime de tráfico ilícito de entorpecentes exige o reconhecimento da traficância pelo acusado, não bastando a mera admissão da posse ou a propriedade para uso próprio".

Ainda que o réu venha a se retratar em juízo da confissão realizada perante a autoridade investigante, a atenuante poderá ser aplicada segundo a Quinta Turma do STJ. Referido entendimento decorre do julgamento do Resp 1.972.098, em 14.06.22, no qual foi firmada a tese: "o réu fará jus à atenuante do art. 65, III, 'd', do CP quando houver admitido a autoria do crime perante a autoridade, independentemente de a confissão ser utilizada pelo juiz como um dos fundamentos da sentença condenatória, e mesmo que seja ela parcial, qualificada, extrajudicial ou retratada". A decisão, portanto, coloca em xeque o teor da Súmula 545 do STJ, que assinala que "quando a confissão for utilizada para a formação do convencimento do julgador, o réu fará jus à atenuante prevista no artigo 65, III, "d", do Código Penal". Em nossa compreensão, contudo, ainda há que se reconhecer a validade da Súmula 545, não somente por ter sido fixada pela 3ª Seção do STJ, mas por se coadunar com a lógica da própria confissão. Prevalecendo o novel entendimento, estar-se-á criando, na prática, uma hipótese de atenuante desvinculada de sua essência, vez que bastará ao réu confessar estrategicamente o delito perante a autoridade policial para fazer jus ao benefício, mesmo se retratando posteriormente em juízo.

De acordo com o STF[16], todavia, ocorrendo a chamada confissão qualificada, quando o réu alega fato modificativo da imputação, como uma justificante ou dirimente, não se aplica a atenuante, posto que na realidade exerce direito de autodefesa e não tem o escopo de colaborar com a persecução penal[17].

e) Confissão ficta: ocorre a chamada confissão ficta, inexistente no processo penal, quando o agente não contesta os fatos que lhe foram imputados. Diante da presunção e estado de inocência, seu nada dizer não pode ser concebido como confissão.

f) Confissão delatória: trata-se da confissão na qual o agente, para obter os benefícios da colaboração ou delação premiada, confessa a prática delitiva e delata coautores ou partícipes (art. 3º-C, §3º, Lei 12.850/13).

25.6.2 Características da confissão

a) Ato personalíssimo, livre e espontâneo: assim como o interrogatório é ato personalíssimo, livre e espontâneo, a confissão somente pode ser realizada com o réu, tratando-se, portanto, de ato pessoal, impassível de transferência. Sendo o réu pessoa jurídica, a confissão será externada pelo seu representante legal. O exercício do direito de confessar pressupõe a inexistência de qualquer espécie de constrangimento físico ou moral.

A confissão realizada livre de constrangimento perante a autoridade permite a atenuação da pena conforme vimos. Apesar do art. 65, III, "d" do CP fazer referência à espontaneidade, pouco importa, para nós, que seja espontânea ou voluntária. A concepção da espontaneidade como arrependimento real e sincero tem origem no pecado e sua consequente salvação bíblica, que não guarda qualquer relação com a expressão de sentido manifesto pela confirmação da prática de um delito por parte do agente. Basta, portanto, que a confissão seja livre na sua origem, ainda que tenha por finalidade tão somente alcançar a atenuante.

16. HC 99.436/RS, rel. Min. Cármen Lúcia, 1ª Turma, j. 26.10.2010.

17. O STJ tem posicionamento diverso: EREsp 1.416.247/GO, DJe 28.06.16.

b) Ato retratável: uma vez confessada a prática da infração penal, é perfeitamente possível que o agente venha a dela se retratar, sem que isso possa ser levado em seu prejuízo. Trata-se de aplicação pura do exercício da ampla defesa.

c) Ato divisível: nos termos do art. 200 do CPP, a confissão será divisível e retratável, sem prejuízo do livre convencimento do juiz, fundado no exame das provas em conjunto. Isso implica que o agente pode confessar a prática de um delito e negar a prática de outro, devendo o magistrado, após valorar a confissão, fundamentar a decisão.

25.6.3 Valoração da confissão

Também conhecida, em nossa compreensão de forma não técnica, como **testemunho duplamente qualificado**, pois objetivamente recai sobre fatos contrários ao interesse do agente que confessa e, subjetivamente, porque decorre de comportamento do próprio acusado, a confissão, nos termos do art. 197 do CPP, implica a necessidade de valoração, sendo que seu valor será aferido pelos critérios adotados para os outros elementos de prova. Para sua apreciação o juiz deverá confrontá-la com as demais provas do processo, verificando se entre ela e estas existe compatibilidade ou concordância.

Realizada a confissão[18], segundo o art. 190 do CPP, o agente será perguntado sobre os motivos e circunstâncias do fato e se outras pessoas concorreram para a infração, e quais sejam. Há que se destacar, contudo, que caso o agente não decline efetivamente os motivos e circunstâncias do fato e se outras pessoas concorreram para a infração, estaremos diante de uma confissão parcial, cuja valoração deve ser realizada pelo magistrado, sem que o eventual silêncio do acusado, nesse particular, possa lhe prejudicar.

O STJ, analisando o valor probatório da confissão, no AREsp 2123334, DJe 02.07.24, fixou as seguintes teses:

I) A confissão extrajudicial somente será admissível no processo judicial se feita formalmente e de maneira documentada, dentro de um estabelecimento estatal público e oficial. Tais garantias não podem ser renunciadas pelo interrogado e, se alguma delas não for cumprida, a prova será inadmissível. A inadmissibilidade permanece mesmo que a acusação tente introduzir a confissão extrajudicial no processo por outros meios de prova (como, por exemplo, o testemunho do policial que a colheu).

II) A confissão extrajudicial admissível pode servir apenas como meio de obtenção de provas, indicando à polícia ou ao Ministério Público possíveis fontes de provas na investigação, mas não pode embasar a sentença condenatória.

III) A confissão judicial, em princípio, é, obviamente, lícita. Todavia, para a condenação, apenas será considerada a confissão que encontre algum sustento nas demais provas, tudo à luz do art. 197 do CPP.

A corte ainda dispôs que a aplicação das teses deve ser restrita aos fatos ocorridos a partir do dia seguinte à publicação do acórdão no DJe (02.07.24). Por fim, assentou que ainda que sejam eventualmente descumpridos seus requisitos de validade ou

18. Art. 199. A confissão, quando feita fora do interrogatório, será tomada por termo nos autos, observado o disposto no art. 195.

admissibilidade, qualquer tipo de confissão (judicial ou extrajudicial, retratada ou não) confere ao réu o direito à atenuante respectiva (art. 65, III, "d", do CP) em caso de condenação, mesmo que o juízo sentenciante não utilize a confissão como um dos fundamentos da sentença.

25.7 DECLARAÇÕES DO OFENDIDO

O ofendido é a vítima do delito e, por tal razão, não é testemunha do fato, porquanto possui interesse no resultado do processo. Assim, por conseguinte, não presta o compromisso de dizer a verdade e não se submete ao crime de falso testemunho. Isso não significa, contudo, que não possa vir a ser responsabilizado criminalmente, pois pode seu comportamento, a despender da situação, dar causa ao crime de denunciação caluniosa.

Nos termos do 201 do CPP, o ofendido, sempre que possível, será qualificado e perguntado sobre as circunstâncias da infração, quem seja ou presuma ser o seu autor, as provas que possa indicar, tendo suas declarações tomadas por termo. Segundo o § 4º do art. 201 do CPP, antes do início da audiência e durante a sua realização, será reservado espaço separado para o ofendido, sendo que, na forma do § 6º, o juiz deverá tomar as providências necessárias à preservação da intimidade, vida privada, honra e imagem do ofendido, podendo, inclusive, determinar o segredo de justiça em relação aos dados, depoimentos e outras informações constantes dos autos a seu respeito para evitar sua exposição aos meios de comunicação.

Ainda na tutela do ofendido, nos termos do §5º, se o juiz entender necessário, poderá encaminhar o ofendido para atendimento multidisciplinar, especialmente nas áreas psicossocial, de assistência jurídica e de saúde, a expensas do ofensor ou do Estado.

Nesse sentido, à guisa de exemplo de tutela, ainda que previsto para a fase inquisitorial, vale destacar o teor do art. 10-A, §§1º e 2º, da Lei 11.340/06, que trata da oitiva, perante a autoridade policial, da mulher em situação de violência doméstica ou familiar:

> Art. 10-A. É direito da mulher em situação de violência doméstica e familiar o atendimento policial e pericial especializado, ininterrupto e prestado por servidores - preferencialmente do sexo feminino - previamente capacitados.
>
> § 1º A inquirição de mulher em situação de violência doméstica e familiar ou de testemunha de violência doméstica, quando se tratar de crime contra a mulher, obedecerá às seguintes diretrizes:
>
> I - salvaguarda da integridade física, psíquica e emocional da depoente, considerada a sua condição peculiar de pessoa em situação de violência doméstica e familiar;
>
> II - garantia de que, em nenhuma hipótese, a mulher em situação de violência doméstica e familiar, familiares e testemunhas terão contato direto com investigados ou suspeitos e pessoas a eles relacionadas;
>
> III - não revitimização da depoente, evitando sucessivas inquirições sobre o mesmo fato nos âmbitos criminal, cível e administrativo, bem como questionamentos sobre a vida privada.
>
> § 2º Na inquirição de mulher em situação de violência doméstica e familiar ou de testemunha de delitos de que trata esta Lei, adotar-se-á, preferencialmente, o seguinte procedimento:
>
> I - a inquirição será feita em recinto especialmente projetado para esse fim, o qual conterá os equipamentos próprios e adequados à idade da mulher em situação de violência doméstica e familiar ou testemunha e ao tipo e à gravidade da violência sofrida;
>
> II - quando for o caso, a inquirição será intermediada por profissional especializado em violência doméstica e familiar designado pela autoridade judiciária ou policial;

III - o depoimento será registrado em meio eletrônico ou magnético, devendo a degravação e a mídia integrar o inquérito.

O §1º do art. 201 do CPP prevê que se o ofendido, intimado para prestar depoimento, deixar de comparecer sem motivo justo, poderá ser conduzido à presença da autoridade.

O §2º, por sua vez, dispõe que o ofendido será comunicado dos atos processuais relativos ao ingresso e à saída do acusado da prisão, à designação de data para audiência e à sentença e respectivos acórdãos que a mantenham ou modifiquem. Acrescente-se, ao dispositivo, construído para assegurar a informação à vítima, o teor o §9º do art. 28-A do CPP, que prevê que a vítima deverá ser intimada da homologação do acordo de não persecução penal e de seu descumprimento. Segundo §3º do art. 201, as comunicações ao ofendido deverão ser feitas no endereço por ele indicado, admitindo-se, por opção do ofendido, o uso de meio eletrônico.

25.7.1 Valor probatório

Conforme vimos no estudo da parte geral das provas, não existe hierarquia probatória, de forma que as declarações do ofendido deveriam ser avaliadas sob o mesmo prisma. Analisando-se de modo crítico referida prova, a falta de compromisso e do consequente dever de dizer a verdade lançam sobre o depoimento do ofendido o olhar da dúvida ao realizarmos a comparação com a prova testemunhal.

Não é esse, contudo, o valor que se atribui processualmente, porquanto a vítima, em determinadas situações, é a pessoa que tem melhores condições de esclarecer como fato ocorreu. E reduzir o seu valor, de certo modo, seria capaz de prejudicar a instrução processual de forma sensível, especialmente nos crimes praticados às ocultas, como nos crimes sexuais e que envolvem violência doméstica contra a mulher.

Reforçando a compreensão da importância do depoimento do ofendido, o STJ decidiu que:

> "[...] este Sodalício há muito firmou jurisprudência no sentido de que, nos crimes contra a dignidade sexual, geralmente ocorridos na clandestinidade, a palavra da vítima adquire especial importância para o convencimento do magistrado acerca dos fatos. Assim, a palavra da vítima mostra-se suficiente para amparar um decreto condenatório por delito contra a dignidade sexual, desde que harmônica e coerente com os demais elementos de prova carreados aos autos e não identificado, no caso concreto, o propósito de prejudicar o acusado com a falsa imputação de crime". AgRg no AREsp: 1211243-CE 5ª Turma, DJe 11.05.2018.
>
> "O STJ tem decidido que as declarações da vítima, apoiadas nos demais elementos dos autos, em se tratando de crimes cometidos sem a presença de outras pessoas, é prova válida para a condenação, mesmo ante a palavra divergente do réu" AgRg no AREsp: 608342 PI 2014/0278365-2, 5ª Turma, DJe 09.02.2015.

25.8 PROVA TESTEMUNHAL

Testemunha é a pessoa que possui alguma espécie de conhecimento sobre o fato objeto do processo ou do acusado e que leva tal informação ao processo, por meio de depoimento prestado ao juiz.

Nos termos do art. 202 do CPP, toda pessoa poderá ser testemunha. Por pessoa, há que se compreender a pessoa física, vez que a produção de tal prova por pessoa jurídica é incompatível com a natureza da prova.

25.8.1 Características da prova testemunhal

a) Oralidade: Art. 204. O depoimento será prestado oralmente, não sendo permitido à testemunha trazê-lo por escrito. Parágrafo único. Não será vedada à testemunha, entretanto, breve consulta a apontamentos. Segundo o art. 204 do CPP, os depoimentos devem, em regra, ser prestado oralmente, permitindo que o magistrado possa colher, não somente o teor das declarações, mas também as impressões quanto ao depoimento. Em razão disso, não se admite, como regra, que a testemunha preste o depoimento por escrito.

O STJ, em 2012[19], entendeu que a mera leitura de depoimento prestado perante a autoridade policial, seguida de simples confirmação e ratificação de seu teor, não é prova legítima, porquanto não seria possível se aferir a sua credibilidade. Não obstante a decisão, não compactuamos com seu teor, haja vista que há situações em que a leitura do depoimento pode se fazer necessária em prol da própria instrução, especialmente para o próprio réu. Imagine o depoimento de um policial, que exerce suas funções numa determinada região metropolitana e que venha a atender inúmeras ocorrências de furto. Exigir que o militar venha a se recordar de todos os eventos, com a riqueza de detalhes que se espera, significa ignorar a dinâmica da memória, especialmente quando não foi realizada a prisão em flagrante delito e o processo venha a ser instruído anos após o fato.

E, caso não se permita a leitura do depoimento ou mesmo do boletim de ocorrência, admitir-se-á a possibilidade do magistrado se valer da prova inquisitorial (boletim de ocorrência ou depoimento) caso essa encontre amparo em outras provas judiciais. Nesse sentido, o STJ vem flexibilizando o teor da decisão de 2012:

> Não ofende os princípios do contraditório e da ampla defesa a ratificação judicial de depoimentos testemunhais realizados na fase inquisitorial, desde que possibilitada a realização de perguntas e reperguntas (HC 260.090/MS, DJe 17/04/2015).
>
> Oitiva das testemunhas. Ratificação do depoimento prestado em fase inquisitorial. Nulidade relativa. Necessidade de demonstração de efetivo prejuízo. Não ocorrência. Precedentes. Ordem denegada. (HC 264.392, Sexta Turma, DJE 04/08/2017).

A regra, conforme vimos, é a oralidade na produção da prova. Contudo, há situações em que a forma oral pode ser substituída. O §1º do art. 221, por exemplo, assinala que o Presidente e o Vice-Presidente da República, os presidentes do Senado Federal, da Câmara dos Deputados e do Supremo Tribunal Federal poderão optar pela prestação de depoimento por escrito, caso em que as perguntas, formuladas pelas partes e deferidas pelo juiz, lhes serão transmitidas por ofício.

Do mesmo modo, nos termos do art. 223, p. único, tratando-se de mudo, surdo ou surdo-mudo, a colheita da prova ocorrerá na forma do art. 192 o CPP, isto é: ao surdo serão apresentadas por escrito as perguntas, que ele responderá oralmente; ao mudo as perguntas serão feitas oralmente, respondendo-as por escrito; e ao surdo-mudo as perguntas serão formuladas por escrito e do mesmo modo dará as respostas.

b) Individualidade: Art. 210. As testemunhas serão inquiridas cada uma de per si, de modo que umas não saibam nem ouçam os depoimentos das outras, devendo o juiz adverti-las das penas cominadas ao falso testemunho. A redação do art. 210 do CPP reforça da característica da individualidade à medida em que estabelece que cada uma

---

19. HC 183.696/ES, j. 14.02.12.

deverá ser inquirida de *per si*, evitando-se que o depoimento de uma possa interferir no da doutra. Para tanto, antes do início da audiência e durante a sua realização, deverão ser reservados espaços separados para a garantia da incomunicabilidade das testemunhas (parágrafo único).

c) Judicialidade: visando assegurar o contraditório e a ampla defesa, o modelo brasileiro adota a judicialidade como característica da prova testemunhal, porquanto a despeito de poder ser produzida em procedimentos inquisitoriais, haverá necessidade de reinquirição em juízo como forma de se preservar o direito de defesa.

d) Objetividade: as testemunhas devem prestar depoimentos sobre fatos, evitando-se juízos valorativos. Logo, presta depoimento sobre fatos passados, evidenciando a retrospectividade. Nesse sentido é o teor do art. 213 do CPP: O juiz não permitirá que a testemunha manifeste suas apreciações pessoais, salvo quando inseparáveis da narrativa do fato. A previsão traz a objetividade para o depoimento, pois o que a testemunha acha ou deixa de achar, via de regra, não interessa para os fatos, salvo quando, dada a peculiaridade da narrativa, suas impressões são importantes. Assim, em um crime de roubo, por exemplo, a impressão da testemunha quanto à arma de fogo pode ser importante, de forma que seu "achar" tratar-se de arma verdadeira revela-se importante. Contudo, em um crime de homicídio, seu "achar" que o réu matou a vítima por motivo fútil não guarda conexão com a matéria objeto da prova, apesar de, perfeitamente, ser de interesse probatório que a testemunha, caso, conheça, decline os motivos do delito. Percebam que a objetividade caminha no sentido do motivo e não da valoração sobre a natureza do motivo, cujo juízo natural para valoração será o do plenário do júri.

25.8.2 Dos deveres das testemunhas

Em linhas gerais, podemos afirmar que as testemunhas possuem os deveres de: comparecer, prestar o compromisso de dizer a verdade, depor e comunicar eventual mudança de endereço.

a) Dever de comparecer: nos termos do art. 218 do CPP, se, regularmente intimada, a testemunha deixar de comparecer sem motivo justificado, o juiz poderá requisitar à autoridade policial a sua apresentação ou determinar seja conduzida por oficial de justiça, que poderá solicitar o auxílio da força pública. O não comparecimento da testemunha ainda pode implicar, nos termos do art. 219, a imposição de multa no valor de um a dez salários mínimos (art. 458[20], c/c art. 436, §2º, CPP) e condenação ao pagamento das custas da diligência relacionada à condução coercitiva. Apesar da previsão legal, não entendemos por possível a possibilidade de processo penal por crime de desobediência, porquanto o crime previsto no art. 330 do CP pressupõe a emissão de ordem legal de funcionário público, não satisfazendo a tipicidade legal apenas o descumprimento de norma geral.

O dever de comparecimento, contudo, não é absoluto, porquanto a própria norma do art. 220 do CPP assinala que as pessoas impossibilitadas, por enfermidade ou por velhice, de comparecer para depor, serão inquiridas onde estiverem.

20. A redação original faz menção ao art. 453 do CPP.

O dever de comparecimento, todavia, não pode ser imposto sem razoabilidade, pois há situações em que a testemunha não reside na sede do juízo da instrução. Nesses casos, conforme o art. 222 do CPP, a testemunha que morar fora da jurisdição do juiz será inquirida pelo juiz do lugar de sua residência, expedindo-se, para esse fim, carta precatória[21], com prazo razoável, intimadas as partes. Na mesma esteira, tratando-se de testemunha residente no exterior, será expedida carta rogatória conforme o art. 222-A do CPP, **desde que demonstrada previamente sua indispensabilidade**, arcando a parte requerente com os custos de envio, tendo o STJ, no julgamento da AP 470/MG, DJe 01.10.09, reiterado a constitucionalidade da previsão porquanto guarda harmonia com a duração razoável do processo.

Nem a prerrogativa especial prevista no art. 221 do CPP, relacionada à possibilidade de ajuste de local, dia e hora, asseguradas às pessoas previstas no *caput* do artigo[22], afasta o dever de comparecimento. Isso porque a deferência não tem o condão de modificar a regra geral do dever de testemunhar, motivo pelo qual o magistrado deve, sob o prisma da celeridade, pactuar o local e data para a oitiva, não podendo haver recusa por parte da autoridade. O STF, analisando o tema, chegou, na AP 421 QO/SP, j. 22.10.09, a declarar a **perda da prerrogativa especial** a parlamentar federal arrolado como testemunha que, sem justa causa, deixou de atender ao chamado da Justiça no prazo de trinta dias.

> Passados mais de trinta dias sem que a autoridade que goza da prerrogativa prevista no *caput* do art. 221 do Código de Processo Penal tenha indicado dia, hora e local para a sua inquirição ou, simplesmente, não tenha comparecido na data, hora e local por ela mesma indicados, como se dá na hipótese, impõe-se a perda dessa especial prerrogativa, sob pena de admitir-se que a autoridade arrolada como testemunha possa, na prática, frustrar sua oitiva, indefinidamente e sem justa causa.

Destaque-se, entretanto, que tal prerrogativa somente é conferida às tais autoridades quando estiverem na condição de testemunhas, não se aplicando quando forem réus ou investigados.

O art. 221, §1º, assinala ainda que o Presidente e o Vice-Presidente da República, os presidentes do Senado Federal, da Câmara dos Deputados e do Supremo Tribunal Federal poderão optar pela prestação de depoimento por escrito, caso em que as perguntas, formuladas pelas partes e deferidas pelo juiz, lhes serão transmitidas por ofício. A previsão excepciona a regra da oralidade da prova testemunhal, consoante vimos o item anterior.

Os §§2º e 3º do art. 221, por sua vez, assinalam, respectivamente, que os militares deverão ser requisitados à autoridade superior e aos funcionários públicos aplica-se a regra geral das intimações, podendo inclusive serem conduzidos coercitivamente (art.

---

21. §1º A expedição da precatória não suspenderá a instrução criminal.
§2º Findo o prazo marcado, poderá realizar-se o julgamento, mas, a todo tempo, a precatória, uma vez devolvida, será junta aos autos.
§3º Na hipótese prevista no *caput* deste artigo, a oitiva de testemunha poderá ser realizada por meio de videoconferência ou outro recurso tecnológico de transmissão de sons e imagens em tempo real, permitida a presença do defensor e podendo ser realizada, inclusive, durante a realização da audiência de instrução e julgamento.

22. Presidente e o Vice-Presidente da República, os senadores e deputados federais, os ministros de Estado, os governadores de Estados e Territórios, os secretários de Estado, os prefeitos do Distrito Federal e dos Municípios, os deputados estatuais, os membros do Poder Judiciário, os ministros e juízes dos Tribunais de Contas da União, dos Estados, do Distrito Federal. A prerrogativa pode ser ampliada por meio de leis especiais, a exemplo dos membros do Ministério Público, que também gozam da prerrogativa (art. 40, I, da Lei 8.625/93).

218, CPP), não obstante ser imprescindível que a expedição do mandado de intimação seja imediatamente comunicada ao chefe da repartição em que servirem, com indicação do dia e da hora marcados.

Não obstante a previsão legal atinente às cartas, que ainda veremos com maiores detalhes no capítulo próprio, parece-nos que, diante do cenário vivenciado em razão da pandemia do COVID 19, a utilização das burocráticas cartas precatórias e rogatórias tende a ser erradicada do sistema processual. Primeiro porque se trata de expediente burocrático e não célere; segundo porque afasta do juízo natural parte da instrução do processo; e, terceiro, porque há norma autorizativa no §3º do art. 222 do CP. De fato, qual o motivo pelo qual não se justifica a realização da oitiva de uma testemunha por videoconferência? Falta, em nossa compreensão, a definição do modelo como regra, pois objetivamente, não existe fundamento razoável pela manutenção de um modelo do milênio passado, quando a comunicação ainda era realizada por meio de cartas.

Nesse sentido, apesar do art. 222, §3º só mencionar a possibilidade de colheita da prova por videoconferência nas hipóteses de carta precatória, parece-nos o caso de se admitir a promoção de interpretação extensiva nos casos de carta rogatória, por não existir prejuízo às partes quando a testemunha arrolada compreender, nitidamente, a língua portuguesa[23] e não se opuser à realização do ato. Negar a forma equivale negar a celeridade e desburocratização do processo.

b) Dever de prestar o compromisso de dizer a verdade: segundo o art. 203, CPP: A testemunha fará, sob palavra de honra, a promessa de dizer a verdade do que souber e lhe for perguntado, devendo declarar seu nome, sua idade, seu estado e sua residência, sua profissão, lugar onde exerce sua atividade, se é parente, e em que grau, de alguma das partes, ou quais suas relações com qualquer delas, e relatar o que souber, explicando sempre as razões de sua ciência ou as circunstâncias pelas quais possa avaliar-se de sua credibilidade.

Do compromisso de dizer a verdade decorre: a) o dever de expor todos os fatos dos quais tem conhecimento; b) não se calar sobre os fatos indagados; c) não declarar inverdades; e d) não negar a verdade. Não obstante o dever legal, naturalmente a testemunha, ao ser indagada sobre fato sobre o qual não tem conhecimento, deve declarar não reunir o conhecimento sobre tal fato.

O compromisso de dizer a verdade encontra dois fundamentos materiais, o previsto no art. 203 que, a despeito de processual, impõe um dever de ordem material, e o que se extrai do crime de falso testemunho, art. 342 do CP.

Não obstante a regra geral do art. 203 do CPP, nem todas as testemunhas prestam o compromisso legal de dizer a verdade. Isso ocorre porque o próprio CPP, em situações especiais, não impõe à testemunha o dever legal

Nos termos do art. 206 do CPP, a testemunha não poderá eximir-se da obrigação de depor. No entanto, **poderão, recusar-se a fazê-lo** o ascendente ou descendente, o afim

23. Não obstante, a Convenção de Palermo, inserida no ordenamento pátrio pelo Decreto 5.015/04, admite a realização da prova por videoconferência nos casos de Assistência Jurídica Recíproca entre os Estados, no âmbito dos crimes previstos na Convenção.

em linha reta, o cônjuge[24], ainda que separado judicialmente, o irmão e o pai, a mãe, ou o filho adotivo do acusado, salvo quando não for possível, por outro modo, obter-se ou integrar-se a prova do fato e de suas circunstâncias.

A previsão legal contempla as situações de parentesco nas quais não se revela razoável exigir o depoimento da testemunha. De fato, se a norma exigisse que um filho prestasse um depoimento contrário aos interesses do pai, estaríamos diante de algo contrário às relações de afeto, inerentes ao ser humano, e, fatalmente, poderíamos criar outros problemas de ordem familiar. Em que pese o interesse da Justiça, não se revela razoável que o dever legal coloque filho contra pai, marido contra esposa etc. Não obstante, em situações extraordinárias, quando não for possível, por outro modo, obter-se ou integrar-se a prova do fato e de suas circunstâncias, tais pessoas podem ser chamadas à prestar depoimento sem, contudo, ser exigido do compromisso legal de dizer a verdade nos termos do art. 208 do CPP. O mesmo artigo ainda assinala que não se deferirá o compromisso aos doentes e deficientes mentais e aos menores de 14 (quatorze) anos.

A doutrina diverge quanto à possibilidade de cometimento de crime de falso testemunho pelas pessoas que não prestam compromisso, vez que o tipo penal não traz o compromisso como elementar típica. Segundo o entendimento dos Tribunais Superiores[25], as chamadas "testemunhas" informantes podem praticar o delito de falso testemunho, pois não obstante não prestarem compromisso, não estão desimpedidas de dizer a verdade:

> I. Merece ser mantida a decisão embargada, por seus próprios fundamentos, eis que, de acordo com o entendimento firmado pelo STJ, mostra-se prescindível o compromisso, para a configuração do delito de falso testemunho. Precedentes. AgRg no HC 190766/RS, Min. Assusete Magalhães, 6ª Turma, DJe 13/09/13.

No mesmo sentido, tratando-se de hipótese de pessoas não obrigadas a depor na forma do art. 206, 2ª parte, do Código de Processo Penal, ou proibidas de depor, no caso do art. 207 do CPP, caso decidam prestar o depoimento, estarão sujeitas ao crime de falso testemunho:

> "Quem não é obrigado pela lei a depor como testemunha, mas que se dispõe a fazê-lo e é advertido pelo Juiz, mesmo sem ter prestado compromisso pode ficar sujeito às penas do crime de falso testemunho" STF, HC 69.358/RS, rel. Min. Paulo Brossard, 2ª Turma, j. 30.03.1993.

c) Dever de depor: em regra, toda testemunha tem o dever de depor. Excepcionalmente, o próprio legislador prevê situações nas quais a testemunha pode se recusar a depor, a exemplo do art. 206 do CPP, e nos quais a testemunha é, em regra, proibida de depor (art. 207, CPP).

Consoante vimos acima, as pessoas previstas no art. 206 do CPP podem se recusar a depor, mas não são impedidas, isto é, podem, caso queiram, prestar o seu depoimento. Ainda, caso seu depoimento seja imprescindível, deverão prestar o depoimento. Em ambos os casos, não se deferirá o compromisso legal.

O art. 207, por outro lado, dispõe que "são proibidas de depor as pessoas que, em razão de função, ministério, ofício ou profissão, devam guardar segredo, salvo se, desobrigadas

24. Inclui-se no rol o(a) companheiro(a), nos termos do art. 226, §3º da CF.

25. STF RT 712/491.

pela parte interessada, quiserem dar o seu testemunho". A hipótese versa sobre as pessoas que tomam ciência dos fatos pelo exercício de algum labor e que, dada a natureza desse, devem guardar o sigilo, a exemplo de padres, psicólogos, advogados[26] e etc. De fato, exigir o depoimento dessas pessoas equivaleria ao estabelecimento da quebra de confiança como regra, em possível abuso de autoridade (art. 15 da Lei 13.869/19), e consequente revogação do delito de violação de segredo profissional, previsto no art. 154 do CP.

A proibição dos chamados **confidentes necessários**, contudo, não é absoluta, vez que se forem desobrigadas pela parte interessada e desejarem prestar o depoimento, não haverá obstáculo legal. Nesse caso, havendo a desobrigação e o interesse pessoal em dar o testemunho, será deferido o compromisso legal, por ausência de excludente no art. 208 do CPP.

Além dos casos previstos no CPP, outras fontes normativas podem estabelecer exceções à regra. O art. 53, §6º da CF, por exemplo, dispõe que os Deputados e Senadores não são obrigados a testemunhar sobre informações recebidas ou prestadas em razão do mandado, nem sobre as pessoas que lhe confiaram ou deles receberam informações.

Na mesma linha, o art. 7º, inciso XIX, da Lei nº 8.906/94, prevê que o advogado pode se recusar a depor como testemunha em processo no qual funcionou ou deva funcionar, ou sobre fato relacionado com pessoa de quem seja ou foi advogado, mesmo quando autorizado ou solicitado pelo constituinte, bem como sobre fato que constitua sigilo profissional. Nesse particular, nos termos do art. 26 do Código de Ética e Disciplina da OAB, ainda que autorizado ou solicitado pelo constituinte, o advogado deverá guardar o sigilo, excepcionável apenas nas hipóteses de grave ameaça ao direito à vida, à honra, ou quando o advogado for afrontado pelo próprio cliente ou necessitar depor em defesa própria (art. 25 do Código de Ética e Disciplina da OAB).

Percebe-se, portanto, que a proibição de depor diz respeito apenas aos fatos sobre os quais o advogado teve conhecimento pela relação de sigilo com o cliente, de forma que havendo a conexão teleológica, haverá a proibição de depor. Por outro lado, inexistindo tal conexão, o advogado pode, perfeitamente, ser inquirido como testemunha no entendimento do STF[27].

d) Dever de comunicar mudança de endereço: nos termos do art. 224 do CPP, as testemunhas deverão comunicar ao juízo, dentro de um ano, qualquer mudança de residência, sujeitando-se, pela simples omissão, às penas do não comparecimento, multa de um a dez salários mínimos, condução coercitiva e pagamento da diligência. Não entendemos como possível a caracterização do crime de desobediência porquanto esse pressupõe a emissão de ordem legal de funcionário público, que não pode ser extraída pura e simplesmente do dever genérico legal.

25.8.3 Classificação doutrinária das testemunhas

a) Testemunhas numerárias e extranumerárias: as testemunhas numerárias são aquelas computadas dentro do número máximo de testemunhas legalmente permitidas e que prestam compromisso. Por outro lado, testemunhas extranumerárias são aquelas

26. Art. 26 do Código de Ética e Disciplina da OAB.
27. AP. 470 QO/MG, DJe 29.04.09.

que, a despeito de arroladas pelas partes, não prestam o compromisso legal de dizer a verdade, que nada sabem sobre o caso (art. 209, §2º do CPP[28]) ou que foram inquiridas por iniciativa do juiz (art. 209, CPP[29]).

b) Testemunhas diretas e indiretas: toda testemunha que presta depoimento sobre fatos é direta, porquanto depõe sobre algum fato que tenha presenciado ou captado pelos próprios sentidos. A classificação que envolve os conceitos de testemunha direta e indireta, contudo, leva em consideração o conteúdo dos fatos sobre os quais teve conhecimento e não a forma como teve conhecimento. Assim, uma **testemunha direta** é aquela que capta, com os próprios sentidos, visão ou audição, por exemplo, o fato objeto da prova, a exemplo da testemunha que presenciou o homicídio, ouviu os gritos da vítima clamando por socorro ou viu o suposto homicida fugir do local. Por outro lado, **por indireta** se considera a testemunha que não presenciou os fatos, mas ouviu falar sobre ele e presta o chamado ***hearsay testimony*** (testemunho por ouvir dizer). Consoante asseveramos acima, a despeito da classificação, tal testemunha é direta com relação ao fato efetivamente captado pelos sentidos - ouvir dizer - sendo que somente o conteúdo de seu depoimento refere-se, indiretamente, sobre o fato objeto da prova. Sobre a validade do *hearsay testimony*, o STJ decidiu que, por si só, a prova por ouvir dizer não possui força probante suficiente para pronúncia[30]:

> [...] 5. No caso dos autos, verifica-se que a pronúncia se baseou exclusivamente em depoimentos prestados na fase inquisitorial, porque as testemunhas ouvidas em juízo nada souberam esclarecer sobre a autoria delitiva. 6. **O testemunho de "ouvir dizer" (hearsay) não é suficiente para fundamentar a pronúncia**. Precedentes da Quinta e Sexta Turmas. 7. Agravo regimental a que se nega provimento. (AgRg no HC 668.407/RS, Rel. Ministro Ribeiro Dantas, 5ª Turma, DJe 27.1021).

c) Testemunha própria e imprópria (instrumentária ou fedatária): testemunha própria é aquela que presta depoimento sobre o objeto da imputação, que será objeto de prova. Testemunha imprópria, instrumentária ou fedatária, ao contrário, é aquela que presta depoimento não sobre o fato criminoso em si, mas sobre alguma circunstância relacionada à regularidade de ato ou fato processual, a exemplo das testemunhas de apresentação no auto de prisão em flagrante delito. Em síntese, desconhecem o fato, mas presenciaram algum fato processual não relacionados diretamente com o objeto a ser provado. A testemunha de apresentação, por exemplo, quando se restringe a depor sobre a regularidade do ato formal é concebida como indireta. Contudo, se depõe informando que presenciou o acusado confessando a prática do delito, deve ser concebida como direta, porquanto toma conhecimento direto de prova relacionada ao evento criminoso, objeto da imputação e de posterior prova.

d) Testemunha referida: é aquela cujo aparecimento nos autos advém da informação de outra pessoa, não tendo sido arrolada pelas partes de forma primária. Com sua menção, pode ser inquirida a pedido das partes ou de ofício pelo magistrado.

---

28. §2º Não será computada como testemunha a pessoa que nada souber que interesse à decisão da causa.

29. Art. 209. O juiz, quando julgar necessário, poderá ouvir outras testemunhas, além das indicadas pelas partes.
§ 1º Se ao juiz parecer conveniente, serão ouvidas as pessoas a que as testemunhas se referirem.

30. Parece-nos evidente que se não há força probante para a pronúncia, não serve, igualmente, para fundamentar uma condenação quando isolados os testemunhos "por ouvir dizer".

e) Testemunha sigilosa (anônima): é aquela que tem sua identidade real preservada pela Justiça, de forma que o acusado e seu defensor não a conhecem ou possuem seus elementos de qualificação. Não obstante a nomenclatura "anônima" ser consagrada pela doutrina, preferimos nomeá-la de testemunha sigilosa, porquanto a identificação da testemunha existe, mas tão somente não é divulgada. A testemunha anônima, em sua pureza consequencial, não é admitida pelo STJ, porquanto prejudica o contraditório e ampla defesa. A despeito da previsão do art. 7º, IV, da Lei 9.807/99, que trata da Proteção de Vítimas e Testemunhas e respectiva preservação da identidade, imagem e dados pessoais, não se pode afastar, da defesa, o direito de conhecer a origem da prova, sob pena de se inviabilizar, inclusive, eventual contradita da testemunha. Segundo o STJ:

> [...] não preservou inteiramente as garantias do devido processo legal, da ampla defesa, do contraditório, da publicidade dos atos processuais constitucionalmente previstas, porque não há qualquer previsão de acesso aos dados pessoais da testemunha pelo defensor do réu, elemento essencial para se viabilizar o direito de confronto, por meio da contradita" (STJ: 5ª Turma, HC 157997, rel. Min. Ribeiro Dantas, DJe 21/10/2015).

O STF, por seu turno, entende que o testemunho sigiloso é válido, desde que os dados de qualificação, arquivados em apartado com acesso restrito, fiquem disponíveis ao magistrado, acusação e defesa (STF: 2ª Turma, HC 112811, rel. Min. Cármen Lúcia, DJe 09/08/2013).

f) Testemunha remota: remota é a testemunha inquirida à distância, por meio de videoconferência.

g) Testemunha vulnerável: testemunha vulnerável é aquela que, em razão de condições pessoais associadas ao delito, possui maior propensão à fragilidade no depoimento, podendo ser intimidada com a presença do acusado, a exemplo das vítimas menores de crimes sexuais, idosos e menores nos crimes que envolvem violência doméstica ou familiar, entre outros. A Lei 14.245/21, que incluiu os arts. 400-A e 474-A, no CPP, e §1º-A no art. 81 da Lei 9.099/95, caminha justamente no sentido da vulnerabilidade. A despeito das previsões contemplarem expressamente apenas as vítimas nos respectivos *caputs*, parece-nos inegável, pelo teor do inciso II inserido nos dispositivos, que a preocupação do legislador quanto às testemunhas vulneráveis foi consagrada nas normas, ao se vedar "a utilização de linguagem, de informações ou de material que ofendam a dignidade da vítima ou de testemunhas". Na mesma esteira protetiva é a previsão especial para inquirição de mulheres em situação de violência doméstica ou familiar ou de testemunha de violência doméstica de crime contra a mulher (art. 10-A da Lei Maria da Penha – Lei 11.340/06[31]) e regras especiais que envolvem depoimentos de crianças e adolescentes, previstas na Lei 13431/17.

31. Art. 10-A. É direito da mulher em situação de violência doméstica e familiar o atendimento policial e pericial especializado, ininterrupto e prestado por servidores - preferencialmente do sexo feminino - previamente capacitados.
§1º A inquirição de mulher em situação de violência doméstica e familiar ou de testemunha de violência doméstica, quando se tratar de crime contra a mulher, obedecerá às seguintes diretrizes:
I - salvaguarda da integridade física, psíquica e emocional da depoente, considerada a sua condição peculiar de pessoa em situação de violência doméstica e familiar;
II - garantia de que, em nenhuma hipótese, a mulher em situação de violência doméstica e familiar, familiares e testemunhas terão contato direto com investigados ou suspeitos e pessoas a eles relacionadas;
III - não revitimização da depoente, evitando sucessivas inquirições sobre o mesmo fato nos âmbitos criminal, cível e administrativo, bem como questionamentos sobre a vida privada.

h) Informante: são as pessoas que prestam depoimento sem que, contudo, seja-lhe tomado o compromisso de dizer a verdade, nos termos do art. 208 do CPP.

25.8.4 Direito ao confronto

Right of confrontation, ou direito ao confronto, é o direito assegurado ao réu de confrontar as pessoas que prestam depoimento no processo, independentemente da sua qualificação como testemunha, vítima, corréu, e etc. Decorre do princípio do devido processo legal e corolários da ampla defesa e contraditório, e pode ser sistematizado, a exemplo de suas previsões em tratados internacionais[32], nas lições de MALAM e MIRZA[33] (2020, p. 194), da seguinte forma:

> "Quanto à sua estrutura normativa, o direito ao confronto é complexo, abarcando o direito fundamental do acusado: (i) à produção da prova testemunhal em audiência pública; (ii) a presenciar a produção da prova testemunhal; (iii) à produção da prova testemunhal na presença do julgador do mérito da causa; (iv) à imposição do compromisso legal de dizer a verdade às testemunhas; (v) a conhecer a verdadeira identidade das fontes de prova testemunhal; (vi) a inquirir as fontes de prova testemunhal desfavoráveis, de forma contemporânea à produção da prova testemunhal. A esse rol parece razoável acrescentar o direito do acusado a se comunicar, de forma livre, reservada e ininterrupta, com o seu defensor técnico durante a inquirição das testemunhas"[34].

Além do substrato constitucional, o direito ao confronto foi expressamente previsto no artigo 111, II, da Lei 8.069/90, que assegura ao adolescente acusado de ato infracional as garantias da "igualdade na relação processual, podendo **confrontar-se com vítimas e testemunhas** e produzir todas as provas necessárias à sua defesa".

25.8.5 Procedimento para colheita da prova testemunhal

25.8.5.1 Arrolamento

A produção da prova testemunhal depende, num primeiro momento, de seu **arrolamento pela parte interessada**, sem prejuízo da possibilidade do magistrado, de ofício, inquirir testemunhas referidas conforme a previsão do art. 209, §1º do CPP.

---

§2º Na inquirição de mulher em situação de violência doméstica e familiar ou de testemunha de delitos de que trata esta Lei, adotar-se-á, preferencialmente, o seguinte procedimento:

I - a inquirição será feita em recinto especialmente projetado para esse fim, o qual conterá os equipamentos próprios e adequados à idade da mulher em situação de violência doméstica e familiar ou testemunha e ao tipo e à gravidade da violência sofrida;

II - quando for o caso, a inquirição será intermediada por profissional especializado em violência doméstica e familiar designado pela autoridade judiciária ou policial;

III - o depoimento será registrado em meio eletrônico ou magnético, devendo a degravação e a mídia integrar o inquérito.

32. Art. 6º, nº 3, "d", Convenção para a proteção dos Direitos do Homem e das Liberdades Fundamentais (Convenção Europeia de Direitos Humanos); art. 14, nº 3, "e", Pacto Internacional dos Direitos Civis e Políticos; e art. 8º, nº 2, "f", do Pacto de São José da Costa Rica (Dec. 678/92).

33. Malan, Diogo; Mirza, Flávio. **Direito ao confronto e depoimento especial**. Revista Brasileira de Ciências Criminais. vol. 171. ano 28. p. 187-224. São Paulo: Ed. RT, set. 2020.

34. Segundo Malan e Mirza, os fundamentos estão consolidados da seguinte forma: (i) oralidade (artigo 204); (ii) presença do acusado (artigos 217 e 260) e de seu defensor técnico (artigo 261); (iii) presença do julgador do mérito da causa (artigo 212); (iv) imposição do compromisso legal de dizer a verdade às testemunhas (artigo 203); (v) conhecimento do acusado acerca da verdadeira identidade das fontes de prova testemunhal (artigos 203 e 205); (vi) inquirição das testemunhas adversas pelo defensor técnico do acusado, contemporaneamente à produção da prova testemunhal (artigo 212).

As testemunhas de acusação deverão ser arroladas na petição inicial, denúncia ou queixa-crime, na forma do art. 41 do CPP. As testemunhas da defesa, por sua vez, devem ser arroladas na resposta à acusação nos termos do art. 396-A do CPP. O não arrolamento oportuno gera, em regra, a preclusão, não podendo a parte arrolar a testemunha *a posteriori*.

Entretanto, a despeito do momento processual adequado, sob o fundamento do argumento da busca pela verdade real, não é incomum o arrolamento de testemunhas a destempo, sem qualquer fundamentação fática a justificá-la, havendo a aceitação por parte de alguns magistrados.

Sobre o procedimento, em nossa compreensão, salvo nos casos em que a prova testemunhal era desconhecida no momento da indicação das testemunhas, o arrolamento a destempo deve ser coibido, sob pena de se transformar o processo penal em procedimento no qual "tudo pode", sob o argumento da busca pela verdade real.

Ao Ministério Público, por exemplo, há o momento próprio – denúncia – para a indicação das testemunhas, que deve ser observado, sob pena de preclusão. Conforme destacamos, somente em casos extraordinários, como, por exemplo, a identificação posterior de uma testemunha presencial cujo depoimento seja imprescindível, permitiria o aditamento do rol de testemunhas.

De igual sorte, a mesma regra deve ser aplicável à defesa, independentemente da natureza do defensor. Não é incomum verificarmos, na prática, o não arrolamento de testemunhas por parte da defesa quando patrocinada por defensor nomeado ou defensor público, sob a alegação de ausência de contato com o réu e consequente falta de obtenção do rol de testemunhas. Cabe ao defensor diligenciar para efetivo arrolamento das testemunhas, não sendo justificável o argumento da ausência de contato, porquanto a despeito do interesse do réu, há o interesse da sociedade no fiel cumprimento das normas processuais. Conforme salientamos acima, não pode viger a regra do "tudo pode", sob pena de se transformar o rito processual em letra morta.

No mesmo sentido, dado o sistema acusatório, não compete ao magistrado agir em substituição a qualquer das partes. O juiz não é órgão acessório da acusação, assim como não pode atuar na defesa dos interesses do réu. Ao contrário, deve atuar com imparcialidade e conduzir o processo sob a luz do sistema acusatório, não se imiscuindo na produção da prova com atuações de ofício. Um ponto é a designação de ofício de testemunha referida, à qual as partes não puderam arrolar em razão do desconhecimento. Outro é designar oitivas de ofício porque a parte "A" ou "B" não arrolou as testemunhas no momento oportuno. O último procedimento viola o sistema acusatório e desequilibra a balança da Justiça, independentemente do lado adotado.

O número de testemunhas que podem ser arroladas pelas partes varia conforme o rito processual:

Rito	Número de Testemunhas	Fundamento
Procedimento comum ordinário	08	Art. 441, *caput*, CPP.
Procedimento comum sumário	05	Art. 532, CPP
Procedimento sumaríssimo	03*	Art. 34, Lei 9.099/95
Primeira fase do procedimento do júri	08	Art. 406, §3º, CPP
Segunda fase do procedimento do júri	05	Art. 422
Procedimento da Lei de Drogas	05	Art. 54, III da Lei 116343/06
Procedimento ordinário do CPPM	06	Art. 77, "a", CPPM

*Há divergência quanto ao número de testemunhas no âmbito do Juizado Especial Criminal em razão da omissão legal. Há quem sustente a aplicação subsidiária do procedimento comum, defendendo o número de 08 testemunhas. Há, igualmente, quem sustente aplicação da regra do procedimento sumário, com 05 testemunhas. E, há, ainda, assim como nós, quem defenda a aplicação do próprio microssistema do Juizado Especial, o qual prevê, além de 03 testemunhas para o procedimento cível, os princípios da celeridade, simplicidade e economia processual como regentes dos procedimentos cíveis e criminais previstos na Lei.

O número de testemunhas permitido não guarda conexão com a peça, mas quanto ao número de fatos imputados e, naturalmente, não leva em consideração as testemunhas que não prestam compromisso ou que nada saibam que interesse à decisão da causa (art. 209, §2º e art. 401, §2º, CPP). Assim, em um processo no qual se imputa a prática dos crimes de roubo e estupro, poderá a acusação arrolar até 16 testemunhas, isto é, 08 para cada fato imputado. A mesma prerrogativa é assegurada à defesa. Nesse sentido é o entendimento do STJ:

> [...] "o limite máximo de 8 (oito) testemunhas descrito no art. 401, do Código de Processo Penal, deve ser interpretado em consonância com a norma constitucional que garante a ampla defesa no processo penal (art. 5º, LV, da CF/88). Para cada fato delituoso imputado ao acusado, não só a defesa, mas também a acusação, poderá arrolar até 8 (oito) testemunhas, levando-se em conta o princípio da razoabilidade e proporcionalidade". HC 55.702/ES, 5ª Turma, DJe 25.10.10.

25.8.5.2 Intimação

Arroladas as testemunhas, seguir-se-á, após a designação de data, para a **intimação** das pessoas a serem inquirida, devendo ser observada a forma legal. Em especial, os §§2º e 3º, do art. 221 do CPP, assinalam, respectivamente, que os militares deverão ser requisitados à autoridade superior e aos funcionários públicos aplica-se a regra geral das intimações, podendo inclusive serem conduzidos coercitivamente (art. 218, CPP), não obstante ser imprescindível que a expedição do mandado de intimação seja imediatamente comunicada ao chefe da repartição em que servirem, com indicação do dia e da hora marcados. Não se pode olvidar, igualmente, da observância do protocolo adicional de ajuste de data e hora para com as pessoas às quais a norma estabeleceu a prerrogativa de agendamento de dia e hora previstos no art. 221 do CPP e outros, com previsão em leis especiais, a exemplo dos membros do Ministério Público conforme vimos na parte referente ao dever de comparecimento das testemunhas.

25.8.5.3 Substituição

É possível que, no curso do processo, alguma das testemunhas arroladas não seja encontrada, tenha se tornado incapaz de prestar depoimento ou venha a falecer. O CPP é omisso nesses casos, especialmente no tocante à possibilidade de **substituição da testemunha**. Nos parece perfeitamente possível, nesses casos, que as partes possam substituir a testemunha por outra, por aplicação subsidiária do art. 451 do CPC, sem que isso implique em violação do sistema de preclusão. Há que se ter, todavia, extrema cautela quando a substituição decorrer de não localização de testemunha, para se evitar a fraude processual consistente no arrolamento de testemunha inexistente para, posteriormente, substitui-la por outra como forma de causar surpresa.

25.8.5.4 Desistência

As partes podem, igualmente, desistir da oitiva de uma ou mais testemunhas, sem que isso gere qualquer espécie de violação ao interesse da parte contrária. O Ministério Público, ao arrolar na denúncia cinco testemunhas, por exemplo, pode, antes ou no curso da audiência de instrução, dar-se por satisfeito com a oitiva de apenas duas das cinco testemunhas arroladas e desistir da oitiva das demais na forma do art. 401, §2º do CPP. Não se exige a anuência da defesa, pois caso houvesse interesse por parte dessa na inquirição das testemunhas, as teria arrolado na resposta à acusação. Caso o tenha feito e insista na oitiva, as testemunhas passarão a ser de defesa e não de acusação, de forma que as perguntas serão feitas inicialmente pela defesa e após pela acusação.

No que tange ao procedimento do júri, no caso de julgamento em plenário, as partes podem, da mesma forma, desistir da oitiva de testemunhas, inclusive durante a sessão plenária. Nesses casos, contudo, exigir-se-á a anuência dos jurados. Em ambas as situações, instrução regular e plenária, entendemos que o magistrado, por respeito ao sistema acusatório, não pode arguir testemunhas de ofício, salvo nas hipóteses de testemunhas referidas, apesar da regra do art. 209 do CPP. Ao se admitir a possibilidade de postura ativa do magistrado, em substituição a qualquer das partes, assume-se o risco de alteração do equilíbrio processual.

A lógica da atuação do magistrado no processo penal deve se pautar pela isonomia processual. O argumento de que a prova produzida é destinada ao magistrado e que esse, portanto, possui o interesse no melhor esclarecimento dos fatos não se coaduna com o sistema acusatório. Isso porque o magistrado que possui alguma espécie de dúvida quanto à prova deve absolver o acusado, de forma que ao agir de ofício, atua não em benefício do réu, mas como indevido "assistente da acusação". De igual modo, ao atuar de ofício para inquirir uma testemunha que, supostamente pode beneficiar o acusado, atua como defensor desse, quebrando a esperada e desejada imparcialidade. Não obstante, ainda vemos na prática, com certa frequência, magistrados atuando de ofício.

25.8.5.5 Incomunicabilidade das testemunhas

Segundo o art. 210 do CPP, as testemunhas deverão ser inquiridas cada uma de *per si*, de modo que umas não saibam nem ouçam os depoimentos das outras, devendo o juiz adverti-las das penas cominadas ao falso testemunho. Antes do início da audiência e durante a sua realização, deverão ser reservados espaços separados para a garantia da incomunicabilidade das testemunhas.

A norma que impõe a incomunicabilidade das testemunhas, dada a particularidade da prova, não se confunde com a incomunicabilidade dos jurados no procedimento do júri. Neste, há o poder de decisão, de forma que a incomunicabilidade é imperativa sob pena de nulidade. No tocante à prova testemunhal, eventual quebra de incomunicabilidade pode ser mitigada por uma inquirição mais detalhada, sem que isso implique, por si só, prejuízo para as partes.

25.8.5.6 Inquirição

Conforme vimos anteriormente, a presença do réu durante a oitiva da testemunha pode causar constrangimento, prejudicando a liberdade da prova. Nesses casos, segundo o art. 217 do CPP, se o juiz verificar que a presença do réu poderá causar humilhação, temor, ou sério constrangimento à testemunha ou ao ofendido, de modo que prejudique a verdade do depoimento, fará a inquirição por videoconferência e, somente na impossibilidade dessa forma, determinará a retirada do réu, prosseguindo na inquirição, com a presença do seu defensor. Sendo adotada qualquer dessas medidas previstas deverá fazer constar do termo de audiência, assim como os motivos que a determinaram.

O dispositivo visa assegurar a liberdade da pessoa a ser inquirida, que não pode sofrer qualquer espécie de constrangimento. Quando a norma assinala "que a presença do réu poderá causar humilhação, temor, ou sério constrangimento à testemunha ou ao ofendido", parte da premissa que a liberdade no depoimento estará comprometida pelo fato do acusado assistir ao depoimento. Nesse sentido, a presença do réu deve ser compreendida como "acompanhar" a produção da prova e não simplesmente com sua presença física. Isso porque, estando caracterizado o constrangimento com a presença física e adotado o sistema de colheita da prova por videoconferência, permitir que o réu, pessoalmente, acompanhe a produção da prova, não afastará o constrangimento à vítima ou testemunha.

Nesses casos, portanto, a pessoa a ser inquirida prestará o depoimento sem que o réu o acompanhe pessoalmente. Isso não significa que haverá prejuízo à ampla defesa ou ao contraditório, pois a presença e participação do defensor é assegurada, assim como deverá ser garantido o acesso direito do defensor ao acusado, inclusive para esclarecimentos, durante a inquirição, para resguardo do direito às reperguntas.

O suposto conflito entre o direito de presença e direito à liberdade na produção da prova deve pender ao equilíbrio e ser harmonizado sob a perspectiva processual. O direito de presença, não obstante assegurado, não é absoluto, de forma que, nas situações em que a presença do acusado puder comprometer a higidez da prova, deverá o magistrado atuar na busca do equilíbrio, mitigando a presença física, mas assegurando a ampla defesa e contraditório por meio de seu defensor.

Superada a questão, nos termos do art. 203 do CPP, a testemunha deverá ser qualificada, declarando seu nome, idade, estado e residência, profissão, lugar onde exerce sua atividade, se é parente, e em que grau, de alguma das partes, ou quais suas relações com qualquer delas. Após a qualificação, não sendo o caso de afastamento do compromisso (art. 208 do CPP), a testemunha deverá prestar o compromisso legal de dizer a verdade, relatando, na sequência, seguindo a ordem da inquirição, o que souber, explicando sempre as razões de sua ciência ou as circunstâncias pelas quais possa avaliar-se de sua credibilidade.

Segundo o art. 205, se ocorrer dúvida sobre a identidade da testemunha, o juiz procederá à verificação pelos meios ao seu alcance, podendo, entretanto, tomar-lhe o depoimento desde logo. Nesses casos, entendemos que o magistrado, após a colheita do depoimento, deverá registrar a questão em ata e abrir o prazo minimamente razoável de trinta dias[35] para que a acusação ou defesa possam impugnar o depoimento da testemunha, trazendo elementos concretos quanto ao falso testemunho no caso de qualificação falsa.

25.8.5.6.1 Contradita e arguição de parcialidade

O art. 214 do CPP traz a previsão da **contradita da testemunha**. Contraditar significa impugnar o depoimento nas hipóteses de proibição de depor (art. 207). É possível ainda que a parte alegue a suspeição de parcialidade ou ausência de credibilidade, como nos casos de amizade íntima, parentesco e etc. Nesse sentido, dispõe o art. 214 que, antes de iniciado o depoimento, as partes poderão contraditar a testemunha ou arguir circunstâncias ou defeitos, que a tornem suspeita de parcialidade, ou indigna de fé. Nesses casos, o juiz consignará a contradita ou arguição e a resposta da testemunha, mas só excluirá a testemunha ou não lhe deferirá compromisso nos casos previstos nos arts. 207 e 208 do CPP.

O dispositivo sugere que a contradita ou arguição de parcialidade sejam realizados antes do início do depoimento. Pode ocorrer, contudo, que a circunstância reveladora da parcialidade surja somente no curso do depoimento, como na hipótese de a testemunha revelar fatos evidenciadores de amizade íntima com o acusado, não revelada durante a qualificação por ausência do aprofundamento natural, não exigido para o momento. Assim, evidenciada a amizade íntima, por não se destinar o processo penal a ser palco de crimes de falso testemunho, entendemos que a parte poderá impugnar o depoimento da testemunha, registrando a arguição para o magistrado, que deverá, novamente, indagar à testemunha sobre a relação de amizade com a parte, esclarecendo-a dos efeitos legais, sem que isso implique constrangimento à testemunha, prosseguindo com a arguição.

25.8.5.6.2 Depoimento

O depoimento da testemunha, conforme vimos, será prestado, via de regra, oralmente, nos termos do art. 204 do CPP, com respeito às exceções legais relacionadas ao art. 221, §1º e aqueles, que, por questões de deficiência, não possam prestá-lo oralmente.

Nos termos do art. 212 do CPP, as perguntas serão formuladas pelas partes diretamente à testemunha, não admitindo o juiz aquelas que puderem induzir a resposta, não tiverem relação com a causa ou importarem na repetição de outra já respondida. A nova redação do art. 212 do CPP estabeleceu o sistema do *direct examination* e *cross examination*, em

35. Prazo para conclusão de inquérito policial.

substituição ao sistema presidencialista, que impunha que as perguntas formuladas pelas partes fossem direcionadas ao magistrado para que as refizesse à testemunha.

Atualmente, portanto, as testemunhas arroladas pela acusação são inquiridas, no início, pela própria acusação através do sistema do *direct examination* (exame direto), sendo, na sequência, assegurado o contraditório por meio do *cross examination* (exame cruzado), permitindo-se à parte contrária reperguntas à testemunha da acusação. E, nos termos do parágrafo único do art. 212 do CPP, sobre os pontos não esclarecidos, o juiz poderá complementar a inquirição.

Percebam que a redação do dispositivo, em respeito ao sistema acusatório, permitiu ao magistrado apenas o esclarecimento sobre pontos não esclarecidos, afastando desse a colheita primária da prova. Assim, não nos parece razoável o posicionamento doutrinário de que o magistrado possa iniciar a inquirição, haja vista que a norma expressamente assinala seu **poder de instrução complementar** sobre os pontos não esclarecidos e, de fato, não há o que se esclarecer se a colheita da prova iniciar pelo magistrado.

Isso não significa, contudo, que o magistrado não possa interferir durante a produção da prova, especialmente nos casos em que se verifica eventual abuso na formulação das perguntas e a realização de indagações não pertinentes com o fato em apuração, ou ofensivas à dignidade de vítimas e testemunhas (art. 400-A, II, CPP). Havendo abuso e a consequente advertência, no caso de reiteração, entendemos como possível que o magistrado reassuma a instrução, aplicando, excepcionalmente e de forma fundamentada, o sistema presidencialista, para assegurar os direitos da pessoa inquirida, sem prejuízo do direito da parte que efetua as perguntas.

Havendo inversão da ordem, com início da produção da prova pelo magistrado, a jurisprudência do STJ[36] e STF[37] tem se inclinado para a ocorrência de nulidade relativa, exigindo o questionamento em tempo oportuno, sob pena de preclusão, e comprovação do prejuízo. Sendo a inquirição das chamadas testemunhas do juízo, às quais, refrisamos, entendemos por possível apenas nos casos de testemunhas referidas, o sistema a ser observado é o presidencialista, pois, de fato, não há razões para se iniciar a inquirição pelas partes, salvo quando houverem formulado o requerimento de oitiva, situação na qual se observará a mesma regra atinente às testemunhas arroladas pelas partes.

Durante a inquirição, o juiz não deverá permitir que a testemunha manifeste suas apreciações pessoais, salvo quando inseparáveis da narrativa do fato (art. 213). Isso se deve porque a testemunha não deve realizar juízo de valoração acerca dos fatos, pois tão somente relata seu conhecimento sobre esses.

O art. 215 do CPP, por sua vez, dispõe que na redação do depoimento, o juiz deverá cingir-se, tanto quanto possível, às expressões usadas pelas testemunhas, reproduzindo fielmente as suas frases. Em sequência, o art. 216 prevê que o depoimento da testemunha deverá ser reduzido a termo, assinado por ela, pelo juiz e pelas partes, sendo que, se a testemunha não souber assinar, ou não puder fazê-lo, pedirá a alguém que o faça por ela, depois de lido na presença de ambos. Não obstante a previsão, é cada vez mais

36. HC 263.000/DF, DJe. 23.09.13.

37. HC 115.336/RS, j. 21.05.13.

usual que os depoimentos sejam gravados por sistema de vídeo, preservando-se, assim, a clareza do depoimento.

Há situações excepcionais que precisam ser consideradas durante a inquirição, como na hipótese do art. 223, que prescreve a nomeação de intérprete para traduzir as perguntas e respostas quando a testemunha não conhecer a língua nacional, ou nas hipótese de testemunha muda, surda ou surda-muda, às quais deve ser aplicada a regra do art. 192 do CPP[38].

Pode ocorrer de, no curso da arguição, a testemunha incorrer na prática de falso testemunho. Nesses casos, na forma do art. 211 do CPP, se o juiz, ao pronunciar sentença final, reconhecer que alguma testemunha fez afirmação falsa, calou ou negou a verdade, deverá remeter cópia do depoimento à autoridade policial para a instauração de inquérito. Entendemos, não obstante a redação legal, que o melhor caminho será o encaminhamento para o Ministério Público para adoção das providências pertinentes seguindo-se a lógica do sistema acusatório.

O parágrafo único do dispositivo ainda assinala que tendo o depoimento sido prestado em plenário de julgamento, o juiz, no caso de proferir decisão na audiência (art. 538, § 2º), o tribunal (art. 561), ou o conselho de sentença, após a votação dos quesitos, poderão fazer apresentar imediatamente a testemunha à autoridade policial.

25.8.5.6.3 Inversão da ordem de inquirição

O art. 400 do CPP assinala que a sequência das oitivas terá início com as declarações do ofendido, seguindo-se para a inquirição das testemunhas arroladas pela acusação e pela defesa, nesta ordem. O dispositivo ainda prevê os esclarecimentos dos peritos, que podem, sem prejuízo, serem realizados de início, as acareações, que deverão ser realizadas após a identificação da controvérsia, e o reconhecimento de pessoas e coisas, que deve ser realizado no momento das oitivas das pessoas que prestam o depoimento, não havendo, especificamente, uma fase para sua realização.

A regra, portanto, é que somente após a oitiva das testemunhas de acusação é que serão inquiridas as testemunhas de defesa. Assim, não comparecendo uma das testemunhas da acusação e insistindo essa em seu depoimento, caso frustrada a condução coercitiva, deverá ser designada nova data para a audiência de continuação, oportunidade em que serão inquiridas a testemunha faltante e as testemunhas de defesa. Não obstante, é perfeitamente possível que as partes, de comum acordo, pactuem a inversão da oitiva das testemunhas quando as testemunhas de defesa forem meramente abonadoras, de sorte que não haverá prejuízo para o réu.

De forma excepcional, poderá ocorrer a inversão da ordem no caso de oitivas por carta precatória, vez que essas não suspendem a instrução criminal (§1º do art. 222 do CPP). O STJ, analisando o tema, por diversas vezes já se manifestou pela legalidade do procedimento[39].

38. Art. 192. O interrogatório do mudo, do surdo ou do surdo-mudo será feito pela forma seguinte: I - ao surdo serão apresentadas por escrito as perguntas, que ele responderá oralmente; II - ao mudo as perguntas serão feitas oralmente, respondendo-as por escrito; III - ao surdo-mudo as perguntas serão formuladas por escrito e do mesmo modo dará as respostas. Parágrafo único. Caso o interrogando não saiba ler ou escrever, intervirá no ato, como intérprete e sob compromisso, pessoa habilitada a entendê-lo.

39. 5ª Turma, RMS 048.000/SP, DJe 09.08.16; 6ª Turma, HC 159.885/SP, DJe 01.07.16, entre outros.

Apesar do entendimento do STJ e da norma que excepciona a carta precatória pela não suspensão do processo, parece-nos que a fiel observância do contraditório e ampla defesa sugerem o encerramento da produção probatória pela acusação para se permitir o ingresso na fase defensiva. Tal situação, em nossa compreensão passível de gerar prejuízo ao acusado, a depender da natureza da prova a ser produzida por precatória, não ocorreria na hipótese de realização das oitivas das testemunhas de fora da terra por meio de videoconferência como regra, pois seria perfeitamente possível a finalização da atividade probatória pela acusação antes da deflagração da fase defensiva.

25.8.6 Depoimentos especiais e peculiaridades jurisprudenciais

25.8.6.1 Depoimento ad perpetuam rei memoriam

Consubstanciado no art. 225 do CPP, o depoimento *ad perpetuam rei memoriam* prevê que se qualquer testemunha houver de ausentar-se, ou, por enfermidade ou por velhice, inspirar receio de que ao tempo da instrução criminal já não exista, o juiz poderá, de ofício ou a requerimento de qualquer das partes, tomar-lhe antecipadamente o depoimento. Aplica-se, nesse caso, o procedimento de produção antecipada de provas previsto nos artigos 381 a 383 do CPC.

25.8.6.2 Depoimento sem dano – depoimento especial

Além da sistemática especial prevista no art. 10-A da Lei Maria da Penha, visto tópico relacionado às declarações do ofendido, a Lei 13.431/17 inovou no ordenamento jurídico pátrio ao trazer as hipóteses de escuta especializada e depoimento especial.

A **escuta especializada**, prevista no art. 7º da referida Lei, é o procedimento de entrevista sobre situação de violência com criança ou adolescente perante órgão da rede de proteção, limitado o relato estritamente ao necessário para o cumprimento de sua finalidade. **Nos termos do Decreto 9.603/18,** a *escuta especializada é o procedimento realizado pelos órgãos da rede de proteção nos campos da educação, da saúde, da assistência social, da segurança pública e dos direitos humanos,* ***com o objetivo de assegurar o acompanhamento da vítima ou da testemunha de violência****, para a superação das consequências da violação sofrida, limitado ao estritamente necessário para o cumprimento da finalidade de proteção social e de provimento de cuidados.*

Percebe-se, portanto, que **a escuta especializada não visa a produção de provas,** mas sim a proteção da criança e adolescente, ao passo que o **depoimento especial consubstancia-se em procedimento para obtenção de prova,** conforme veremos na sequência.

O **depoimento especial**, por sua vez, foi previsto no art. 8º e se materializa como o procedimento de oitiva de criança ou adolescente vítima ou testemunha de violência perante autoridade policial ou judiciária.

Nos termos do art. 10, a escuta especializada e o depoimento especial deverão ser realizados em local apropriado e acolhedor, com infraestrutura e espaço físico que garantam a privacidade da criança ou do adolescente vítima ou testemunha de violência.

Conforme o teor do art. 11, o depoimento especial reger-se-á por protocolos e, sempre que possível, será realizado uma única vez, em sede de produção antecipada de prova judicial, garantida a ampla defesa do investigado. Nessa trilha, o depoimento especial deverá seguir o rito cautelar de antecipação de provas quanto a criança ou o adolescente tiver menos de 7 (sete) anos ou em caso de violência sexual (§1º, I e II). Em regra, conforme o §2º, não será admitida a tomada de novo depoimento especial, salvo quando justificada a sua imprescindibilidade pela autoridade competente e houver a concordância da vítima ou da testemunha, ou de seu representante legal.

Seguindo a trilha procedimental, o art. 12 da Lei 13.431/17 prevê que o depoimento sem dano será colhido conforme o seguinte procedimento:

> I - os profissionais especializados esclarecerão a criança ou o adolescente sobre a tomada do depoimento especial, informando-lhe os seus direitos e os procedimentos a serem adotados e planejando sua participação, **sendo vedada a leitura da denúncia ou de outras peças processuais**;
>
> II - é assegurada à criança ou ao adolescente a livre narrativa sobre a situação de violência, podendo o profissional especializado intervir quando necessário, utilizando técnicas que permitam a elucidação dos fatos;
>
> III - no curso do processo judicial, o depoimento especial será transmitido em tempo real para a sala de audiência, preservado o sigilo;
>
> IV - findo o procedimento previsto no inciso II deste artigo, o juiz, após consultar o Ministério Público, o defensor e os assistentes técnicos, avaliará a pertinência de perguntas complementares, organizadas em bloco;
>
> V - o profissional especializado poderá adaptar as perguntas à linguagem de melhor compreensão da criança ou do adolescente;
>
> VI - o depoimento especial será gravado em áudio e vídeo.

Conforme os parágrafos do artigo 12, à vítima ou testemunha de violência será garantido o direito de prestar depoimento diretamente ao juiz, se assim entenderem (§1º), devendo o juiz tomar todas as medidas apropriadas para a preservação da intimidade e da privacidade da vítima ou testemunha (§2º). Se o profissional especializado verificar que a presença, na sala de audiência, do autor da violência pode prejudicar o depoimento especial ou colocar o depoente em situação de risco, comunicará ao juiz que, fazendo constar em termo, poderá autorizar o afastamento do imputado (§3º).

O §4º assinala que nas hipóteses em que houver risco à vida ou à integridade física da vítima ou testemunha, o juiz tomará as medidas de proteção cabíveis, inclusive a restrição do disposto nos incisos III e VI deste artigo (transmissão em tempo real e gravação em áudio e vídeo). Sendo realizada a gravação, conforme o §5º, as condições de preservação e de segurança da mídia relativa ao depoimento da criança ou do adolescente serão objeto de regulamentação, de forma a garantir o direito à intimidade e à privacidade da vítima ou testemunha. Em todos os casos, conforme o §6º, o **depoimento especial tramitará em segredo de justiça**.

Conforme se verifica da *mens legis*, tanto da Lei 13.431/17, como da previsão relacionada à Lei Maria da Penha, o legislador teve por escopo tutelar as pessoas em situação de vulnerabilidade. E, nesse sentido, havendo razões de ordem fática que justifiquem, entendemos por possível a aplicação, por analogia, do disposto nas referidas leis aos depoimentos de pessoas vulneráveis sob o aspecto mental, a exemplo de pessoas com deficiência mental, idosos em situação de violência doméstica ou familiar e, eventualmente, a vítimas de crimes contra a dignidade sexual, nos quais a fragilidade da vítima seja tal a ponto de sugerir-se a aplicação da medida.

25.8.6.3 Depoimento de policiais

O tema, *a priori*, sequer merecia ser objeto de análise específica, porquanto os policiais são funcionários públicos e seus atos gozam, num primeiro momento, da presunção de veracidade e boa-fé. Não fechamos os olhos, entretanto, para as situações fáticas nas quais há desvio por parte de agentes públicos no que concerne à veracidade dos depoimentos prestados, especialmente quando o agente imputado é abordado por diversas vezes pela polícia em situações distintas. Parece-nos inegável, portanto, que existem situações de fraude processual, chicanas e outros abusos por parte da polícia. Contudo, **tal comportamento está longe de ser a regra**.

E, por essa conclusão, chama-nos atenção algumas decisões do STJ que, com certa frequência, têm afastado a presunção de veracidade de depoimentos ou declarações prestadas por policiais, seja no curso da produção da prova testemunhal, seja nos casos de busca e apreensão pessoal e domiciliar. O emblemático julgado do HC 674139/SP, DJe 24/02/2022, captou nossa maior atenção por dois importantes motivos: primeiro, o registro de abusos e desvios como se algo frequente. Segundo, pela própria contradição em si exarada no julgado. Vejamos, com grifos nossos:

> [...] 7. Ainda que o acusado haja admitido a abertura do portão do imóvel para os agentes da lei, ressalvou que o fez apenas porque informado sobre a necessidade de perseguirem um suposto criminoso em fuga, e não para que fossem procuradas e apreendidas drogas. **Ademais, se, de um lado, deve-se, como regra, presumir a veracidade das declarações de qualquer servidor público, não se há de ignorar, por outro lado, que a notoriedade de frequentes eventos de abusos e desvios na condução de diligências policiais permite inferir como pouco crível a versão oficial apresentada no inquérito policial**, máxime quando interfere em direitos fundamentais do indivíduo e quando se nota indisfarçável desejo de se criar narrativa que confira plena legalidade à ação estatal. Essa relevante dúvida não pode, dadas as circunstâncias concretas – avaliadas por qualquer pessoa isenta e com base na experiência quotidiana do que ocorre nos centros urbanos – ser dirimida a favor do Estado, mas a favor do titular do direito atingido (in dubio pro libertas).
>
> 8. Em verdade, caberia aos agentes que atuam em nome do Estado demonstrar, de modo inequívoco, que o consentimento do morador foi livremente prestado, ou que, na espécie, havia em curso na residência uma clara situação de comércio espúrio de droga, a autorizar, pois, o ingresso domiciliar mesmo sem consentimento válido do morador. Entretanto, **não se demonstrou preocupação em documentar esse consentimento, quer por escrito, quer por testemunhas, quer, ainda e especialmente, por registro de áudio-vídeo**. [...]

O trecho do julgado funda-se em decisão anterior inovativa do STJ, proferida no HC 598.051/SP, o qual determinou aos Executivos estatuais, em *habeas corpus* individual, o aparelhamento das polícias com sistemas de captação de vídeos e sons para atestar a legalidade de determinadas provas[40]. **Não obstante referida decisão de ter sido anulada pelo STF[41] no tocante à questão relacionada à inovação** (RE 1342077/SP, j. 02.12.21), o STJ, no julgamento do HC 374139/SP, cujo trecho foi visto acima, aduziu que:

---

40. Voltaremos ao tema, com maiores detalhes, no item referente à busca e apreensão.

41. A natureza desse específico recurso constitucional não permite a sua utilização de forma abrangente e totalmente genérica, o que dirá que as decisões nele proferidas possuam alcance indiscriminado a todos os processos envolvendo a necessidade de busca domiciliar em caso de flagrante delito, ainda mais com a determinação de implantação obrigatória de medidas não previstas em lei e que são atinentes à organização administrativa e orçamentárias dos órgãos de segurança pública das unidades federativas. Não bastasse isso, em segundo lugar, na presente hipótese, o Tribunal da

Sobre a gravação audiovisual, aliás, é pertinente destacar o **recente julgamento pelo Supremo Tribunal Federal dos Embargos de Declaração na Medida Cautelar da ADPF n. 635** ("ADPF das Favelas", finalizado em 3/2/2022), oportunidade na qual o Pretório Excelso – em sua composição plena e em consonância com o decidido por este Superior Tribunal no HC n. 598.051/SP (Rel. Ministro Rogerio Schietti, DJe 15/3/2021) – **reconheceu a imprescindibilidade de tal forma de monitoração da atividade policial** e determinou, entre outros, que "o Estado do Rio de Janeiro, no prazo máximo de 180 (cento e oitenta) dias, instale equipamentos de GPS e sistemas de gravação de áudio e vídeo nas viaturas policiais e nas fardas dos agentes de segurança, com o posterior armazenamento digital dos respectivos arquivos". Dessa forma, em atenção à basilar lição de hermenêutica constitucional segundo a qual exceções a direitos fundamentais devem ser interpretadas restritivamente, prevalece, quanto ao consentimento, na ausência de prova adequada em sentido diverso, a versão apresentada pelo morador de que apenas abriu o portão para os policiais perseguirem um suposto autor de crime de roubo.

Ocorre que a leitura do mencionado julgado dos Embargos de Declaração na Medida Cautelar da ADPF 365 não caminha na trilha da conclusão do STF. Isso porque, em momento algum, registrou-se a imprescindibilidade na ementa do julgado. Ainda, aludido julgado expressamente se funda em legislação estadual do Estado do Rio de Janeiro. Vejamos:

> [...]Deferir, em parte, o pedido constante do item "d" da petição inicial para determinar que, no caso de buscas domiciliares por parte das forças de segurança do Estado do Rio de Janeiro, sejam observadas as seguintes diretrizes constitucionais, sob pena de responsabilidade: (i) a diligência, no caso específico de cumprimento de mandado judicial, deve ser realizada somente durante o dia, vedando-se, assim, o ingresso forçado a domicílios à noite; (ii) a diligência, quando feita sem mandado judicial, pode ter por base denúncia anônima; (iii) a diligência deve ser justificada e detalhada por meio da elaboração de auto circunstanciado, que deverá instruir eventual auto de prisão em flagrante ou de apreensão de adolescente por ato infracional e ser remetido ao juízo da audiência de custódia para viabilizar o controle judicial posterior; e (iv) a diligência deve ser realizada nos estritos limites dos fins excepcionais a que se destinam. Os subitens (i), (iii) e (iv) foram julgados à unanimidade e nos termos do voto do Relator. O subitem (ii) foi julgado por maioria e nos termos do voto do Ministro Alexandre de Moraes, vencido o Ministro Edson Fachin (Relator); [...]
>
> [...] por maioria e nos termos do voto do Relator, **considerando que a legislação estadual vai ao encontro da pretensão da parte requerente**, deferir o pedido constante do item "j" da petição inicial, para determinar que **o Estado do Rio de Janeiro, no prazo máximo de 180 (cento e oitenta) dias, instale equipamentos de GPS e sistemas de gravação de áudio e vídeo nas viaturas policiais e nas fardas dos agentes de segurança**, com o posterior armazenamento digital dos respectivos arquivos, vencidos os Ministros André Mendonça e Nunes Marques;

Verifica-se, portanto, que o trecho do julgado do STJ: "sobre a gravação audiovisual, aliás, é pertinente destacar o recente julgamento pelo Supremo Tribunal Federal dos Embargos de Declaração na Medida Cautelar da ADPF n. 635 ("ADPF das Favelas", finalizado em 3/2/2022), oportunidade na qual o Pretório Excelso – em sua composição

---

Cidadania extrapolou sua competência jurisdicional, pois sua decisão, não só desrespeitou os requisitos constitucionais previstos no inciso XI, do artigo 5º da Constituição Federal, restringindo as exceções à inviolabilidade domiciliar, como também, inovando em matéria constitucional, criou uma nova exigência – gravação audiovisual da anuência de entrada no local – para a plena efetividade dessa garantia individual, desrespeitando o decidido por essa SUPREMA CORTE no Tema 280 de Repercussão Geral.

plena e em consonância com o decidido por este Superior Tribunal no HC n. 598.051/SP (Rel. Ministro Rogerio Schietti, DJe 15/3/2021) – reconheceu a imprescindibilidade de tal forma de monitoração da atividade policial", **não corresponde à decisão do STF, que em momento algum reconheceu a imprescindibilidade da medida de forma genérica.** Nesse particular, vale trazer à colação trecho da decisão do Min. Alexandre de Moraes no julgamento do RE 1342077/SP, j. 02.12.21, o que, inclusive, anulou a decisão proferida no HC 598.051/SP:

> "**A natureza desse específico recurso constitucional não permite a sua utilização de forma abrangente e totalmente genérica**, o que dirá que as decisões nele proferidas possuam alcance indiscriminado a todos os processos envolvendo a necessidade de busca domiciliar em caso de flagrante delito, ainda mais com a determinação de implantação obrigatória de medidas não previstas em lei e que são atinentes à organização administrativa e orçamentárias dos órgãos de segurança pública das unidades federativas."

A análise acima, ainda que não diretamente associada à prova testemunhal, trilha o caminho da falsa premissa de incredulidade dos depoimentos policiais, porquanto afasta, não somente a reiterada jurisprudência da corte quanto à presunção de veracidade, mas porque, de forma absolutamente paradoxal, após não conferir crédito aos depoimentos policiais no tocante à temática relacionada ao tráfico de drogas, no mesmo julgado conferiu crédito à ação policial em **contexto fático totalmente conexo**[42], a despeito do STJ ter assinalado "contexto fático independente":

> [...] Porque as instâncias ordinárias, ao condenar o réu pelo crime do art. 14 da Lei n. 10.823/2006, consideraram que a apreensão da arma de fogo ocorreu antes e fora da residência, em contexto fático independente, a condenação por tal delito não é atingida pela declaração de ilicitude das provas colhidas no interior do domicílio, notadamente quando verificado que a validade da busca pessoal que resultou na apreensão da referida arma na cintura do paciente não foi questionada pela defesa [...]

Por esses motivos, sustentamos, na linha predominante do STJ, que os depoimentos dos policiais responsáveis pela prisão em flagrante revelam-se idôneos e suficientes para a formação do édito condenatório, merecendo, salvo demonstração em contrário, presunção de veracidade:

> Os depoimentos dos policiais responsáveis pela prisão em flagrante são meio idôneo e suficiente para a formação do édito condenatório, quando em harmonia com as demais provas dos autos, e colhidos sob o crivo do contraditório e da ampla defesa, como ocorreu na hipótese. Precedentes. AgRg no AREsp 1860725/SE. DJe 02.03.22.
>
> Outrossim, é pacífica a jurisprudência deste Superior Tribunal de Justiça no sentido de que os depoimentos prestados por policiais têm valor probante, na medida em que seus atos são revestidos de fé pública, sobretudo quando se mostram coerentes e compatíveis com os demais elementos de prova dos autos, e ausentes quaisquer indícios de motivos pessoais para a incriminação injustificada do investigado, como na espécie. Precedentes. AgRg no AREsp 1997048 / ES. DJe 21.02/2022.

42. A apreensão da arma foi anterior à apreensão da droga, minutos antes, na parte externa da residência, sendo que, na sequência, conforme os policiais, em sequência à abordagem, o acusado conferiu a autorização para ingresso no domicílio, em nítida conexão instrumental.

25.8.6.4 Whistleblower

A figura do *whistleblower*, ou soprador de apito, tem origem na experiência inglesa no século XIX, na qual os policiais sopravam apitos para alertar outros policiais e a comunidade acerca da prática de um delito.

Hodiernamente, o *whistleblowing* pressupõe o "informante do bem", isto é, aquele relata alguma irregularidade praticada contra o Estado, que pode revelar-se de cunho penal, administrativo, cível, tributário e etc.

Antes da entrada em vigor da Lei 13.608/18, não havia qualquer espécie de regulamentação direta sobre o tema, mas tão somente fundamentos esparsos que poderiam ser extraídos da ratificada Convenção das Nações Unidas Contra a Corrupção (arts. 8º, §§§ 4º, 13 e 33), Convenção Interamericana Contra a Corrupção (art. 3º, §1º) e art. 7º, inc. III, da Lei Anticorrupção (Lei 12.846/13), que aborda os canais de denúncia no contexto da estrutura empresarial.

Com a entrada em vigor da Lei 13.608/18, modificada pela Lei do Pacote Anticrime, além da preservação do sigilo de dados, prevista no art. 3º, acresceu-se não somente a tutela do informante, mas também previu regras de *compliance.*

Segundo o art. 4º-A, a União, os Estados, o Distrito Federal e os Municípios e suas autarquias e fundações, empresas públicas e sociedades de economia mista deverão manter unidade de ouvidoria ou correição, para assegurar a qualquer pessoa o direito de relatar informações sobre crimes contra a administração pública, ilícitos administrativos ou quaisquer ações ou omissões lesivas ao interesse público.

Nos termos do parágrafo único, considerado razoável o relato pela unidade de ouvidoria ou correição e procedido o encaminhamento para apuração, ao informante deverão ser **asseguradas proteção integral contra retaliações e isenção de responsabilização civil ou penal em relação ao relato**, exceto se o informante tiver apresentado, de modo consciente, informações ou provas falsas. Por isenção penal não se pode compreender a ausência de responsabilização quanto ao conteúdo do relato, caso esse tenha contribuído para o fato, sob pena de se conferir à informação prestada o caráter de causa extintiva de punibilidade. A isenção, prevista na norma, tem o condão de beneficiar somente o informante não relacionado ao fato relatado.

Em reforço ao art. 3º, o art. 4º-B prevê que o informante terá direito à preservação de sua identidade, a qual apenas será revelada em caso de relevante interesse público ou interesse concreto para a apuração dos fatos, sendo que, nos termos do parágrafo único, a revelação da identidade somente será efetivada mediante comunicação prévia ao informante e com sua concordância formal.

O art. 4º-C, por sua vez, dispõe que além das medidas de proteção previstas na Lei de Proteção da Vítimas e Testemunhas, será assegurada ao informante proteção contra ações ou omissões praticadas em retaliação ao exercício do direito de relatar, tais como demissão arbitrária, alteração injustificada de funções ou atribuições, imposição de sanções, de prejuízos remuneratórios ou materiais de qualquer espécie, retirada de benefícios, diretos ou indiretos, ou negativa de fornecimento de referências profissionais positivas.

Nos termos do § 1º, a prática de ações ou omissões de retaliação ao informante configurará falta disciplinar grave e sujeitará o agente à demissão a bem do serviço público.

O §2º, por seu turno, dispõe que o informante será ressarcido em dobro por eventuais danos materiais causados por ações ou omissões praticadas em retaliação, sem prejuízo de danos morais. Por fim, o §3º prevê a que quando as informações disponibilizadas resultarem em recuperação de produto de crime contra a administração pública, poderá ser fixada recompensa em favor do informante em até 5% (cinco por cento) do valor recuperado.

25.9 RECONHECIMENTO DE PESSOAS E COISAS

O reconhecimento de pessoas e coisas é um meio de prova pelo qual alguém identifica ou reconhece uma pessoa ou coisa em ato processual regido pelo CPP. O procedimento legal foi previsto no art. 226 do CPP, recebendo, ao longo do tempo, diversas releituras por parte da jurisprudência.

25.9.1 Procedimento

O art. 226 do CPP regulou o reconhecimento de pessoas da seguinte forma:

> I – a pessoa que tiver de fazer o reconhecimento será convidada a descrever a pessoa que deva ser reconhecida;
> II – a pessoa, cujo reconhecimento se pretender, será colocada, se possível, ao lado de outras que com ela tiverem qualquer semelhança, convidando-se quem tiver de fazer o reconhecimento a apontá-la;
> III – se houver razão para recear que a pessoa chamada para o reconhecimento, por efeito de intimidação ou outra influência, não diga a verdade em face da pessoa que deve ser reconhecida, a autoridade providenciará para que esta não veja aquela;
> IV – do ato de reconhecimento lavrar-se-á auto pormenorizado, subscrito pela autoridade, pela pessoa chamada para proceder ao reconhecimento e por duas testemunhas presenciais.

Seguindo a linha do dispositivo, o primeiro passo será o da **fase da descrição** da pessoa a ser reconhecida, apresentando as características físicas, como altura e pesos aproximados, existência de tatuagens ou traços marcantes aptos a possibilitarem uma mínima identificação. A descrição não se confunde com o chamado "retrato falado", que pode ou não ser confeccionado para auxiliar nas investigações.

Superada da fase da descrição e, com lastro nessa, a pessoa cujo reconhecimento se pretender, deverá ser colocada, se possível, ao lado de outras que com ela tiverem qualquer semelhança, convidando-se quem tiver de fazer o reconhecimento a apontá-la, deflagrando a **fase da comparação**. Nesse ponto, em particular, reside a maior problemática relacionada ao reconhecimento pessoal, especialmente o atinente ao reconhecimento por fotografia, o qual veremos na sequência, em subitem apartado.

O STJ entendia que a formalidade do art. 226 do CPP caracterizava uma mera recomendação legal e não uma exigência, de forma que sua não observância não ensejaria a nulidade do ato por si só. Todavia, em 2020, no julgamento do HC 598886/SC, DJe 18.12.20, a 6ª Turma do STJ, modificando o entendimento anterior, passou a compreender que **a não observância do procedimento legal enseja nulidade, porquanto não se trata de mera recomendação**:

> O reconhecimento de pessoas deve, portanto, observar o procedimento previsto no art. 226 do Código de Processo Penal, cujas formalidades constituem garantia mínima para quem se vê na condição de suspeito da prática de um crime, não se tratando, como se tem

compreendido, de "mera recomendação" do legislador. Em verdade, a inobservância de tal procedimento enseja a nulidade da prova e, portanto, não pode servir de lastro para sua condenação, ainda que confirmado, em juízo, o ato realizado na fase inquisitorial, a menos que outras provas, por si mesmas, conduzam o magistrado a convencer-se acerca da autoria delitiva. Nada obsta, ressalve-se, que o juiz realize, em juízo, o ato de reconhecimento formal, desde que observado o devido procedimento probatório.

A Sexta Turma do STJ, em decisão mais recente, flexibilizou seu entendimento anterior, para fixar o entendimento de que se a vítima forma capaz de individualizar o agente, não se faz necessária a observância do procedimento previsto no art. 226:

> Antes, esta Corte dizia que o procedimento não era vinculante; agora, evoluiu no sentido de exigir sua observância, o que não significa que a prova de autoria deverá sempre observar o procedimento do art. 226 do Código de Processo Penal. O reconhecimento de pessoa continua tendo espaço quando há necessidade, ou seja, dúvida quanto à individualização do suposto autor do fato. Trata-se do método legalmente previsto para, juridicamente, sanar dúvida quanto à autoria. Se a vítima é capaz de individualizar o agente, não é necessário instaurar a metodologia legal. AgRg no AgRg no HC 721963/SP, 6ª Turma, Rel. Min. Sebastião Reis Júnior, DJe 13.06.22.

A primeira Turma do STF, em julgado proferido em 26.06.23, AgRg no HC 227.629/SP, por outro lado, possui o entendimento de que a norma do 226 do CPP é mera recomendação:

> O entendimento desta Corte é no sentido de que "o art. 226 do Código de Processo Penal não exige, mas recomenda a colocação de outras pessoas junto ao acusado, devendo tal procedimento ser observado sempre que possível" (RHC 125.026-AgR, Relª. Minª. Rosa Weber).

Não obstante a divergência, entendemos que o reconhecimento de pessoas deve observar o procedimento previsto no art. 226 do Código de Processo Penal, pois a formalidade legal caracteriza uma garantia mínima para o suspeito da prática delitiva, gerando a nulidade da prova a inobservância do texto legal, salvo quando a vítima for capaz de individualizar o agente.

A norma não traz o número mínimo de pessoas para realização do procedimento de reconhecimento, apenas mencionando que a pessoa a ser reconhecida deve ser colocada ao lado de outras pessoas que com ela tiverem qualquer semelhança. Parece-nos, pelo plural utilizado, que se exige no mínimo duas outras pessoas com qualquer espécie de semelhança para formalização do ato.

Conforme destacamos, o reconhecimento de pessoas, como ato formal, precisa ser realizado em respeito ao art. 226 do CPP. Não é incomum, todavia, a realização do chamado ***reconhecimento informal***, usual em audiências, quando a pessoa inquirida é indagada se reconhece o acusado como autor da infração penal. *In casu*, parece-nos impossível se desconsiderar a violação normativa no ato, a despeito de cômodo para o andamento da audiência. A testemunha ou vítima, provocada a apontar o acusado como autor da infração penal, sem o efetivo respeito ao procedimento legal, não obstante tenha absoluta convicção quanto à indicação, sugestiona o magistrado criando nesse uma memória cognitiva cuja fonte não deriva da norma.

Tal ato, contudo, não pode ser concebido como ato de reconhecimento formal, porquanto foge por completo à previsão legal, sendo caracterizada como verdadeira prova irritual. A única hipótese em que concebemos a prova como válida, ainda que não sob a roupagem de reconhecimento formal, mas como prova inominada, é quando a pessoa inquirida, de forma espontânea e, portanto, não provocada, se refere ou aponta o acusado presente como autor do delito.

O inciso III do art. 226 assinala que se houver razão para recear que a pessoa chamada para o reconhecimento, por efeito de intimidação ou outra influência, não diga a verdade em face da pessoa que deve ser reconhecida, a autoridade providenciará para que esta não veja aquela. O parágrafo único do art. 226 assinala que disposto no referido inciso não terá aplicação na fase da instrução criminal ou em plenário de julgamento. Ocorre que, malgrado a previsão legal, o parágrafo único revela-se verdadeira hipótese de vitimização secundária, porquanto, no caso de vítimas, impõe a essa uma obrigação não razoável, especialmente se consideramos o processo penal como meio e não como fim.

Além de outras razões, o próprio legislador previu depoimentos especiais para mulheres vítimas de violência doméstica, crianças e adolescentes e ainda contemplou situações especiais para testemunhas, a exemplo do teor do art. 217 do CPP e art. 10-A, §1º da Lei Maria da Penha. Se, de fato, a testemunha pode não prestar o depoimento na frente do réu, por que o reconhecimento desse exigiria o contato visual, em flagrante constrangimento à pessoa que realiza o reconhecimento? E, nesse sentido, parece-nos perfeitamente possível a realização do reconhecimento formal por videoconferência, desde que respeitado o procedimento legal.

Isso porque o §8º, do art. 185 do CPP, permitiu extensão do procedimento a outros atos processuais, pelo sistema de videoconferência. Assim, nos parece possível a realização do ato, em situações de excepcionalidade, sem que exista prejuízo para o réu. O STJ, analisando as situações de realização de audiências por videoconferência durante o período da pandemia do COVID-19, decidiu que:

> No caso, embora a regra geral – que deve sempre prevalecer – seja de que as audiências devem ser presenciais e o réu deve ser interrogado pessoalmente pelo Juiz, o contexto atual justifica a realização desses atos por videoconferência. A audiência de instrução e julgamento virtual deve ocorrer em tempo real, permitindo a interação entre o magistrado, as partes e os demais participantes, bem como devem ser adotadas todas as providências para buscar a máxima equivalência com o ato realizado presencialmente, respeitando a garantia da ampla defesa e o contraditório, a igualdade na relação processual, a efetiva participação do réu na integralidade da audiência e a segurança da informação e da conexão. HV 590.140/MG, DJe 25.09.20.

O inciso IV do art. 226 prevê a **fase da formalização** do ato, ao dispor que do ato de reconhecimento lavrar-se-á auto pormenorizado, subscrito pela autoridade, pela pessoa chamada para proceder ao reconhecimento e por duas testemunhas presenciais.

O art. 228 do CPP assinala que se várias forem as pessoas chamadas a efetuar o reconhecimento de pessoa ou de objeto, cada uma fará a prova em separado, evitando-se qualquer comunicação entre elas. Apesar da previsão, o STJ, no julgamento do AREsp 1878495/DF[43], decidiu que a presença das vítimas em conjunto, na sala de reconhecimento, por si só não gera nulidade do ato, especialmente porque não houve interferência

43. DJe 21.03.22.

no reconhecimento e ambas as vítimas descreveram, previamente, as características físicas do réu:

> No presente caso, todavia, não houve nenhuma ofensa às regras legais para o reconhecimento de pessoa. O Auto de Reconhecimento de Pessoa comprova a idoneidade do procedimento adotado, não havendo irregularidade pelo fato de as duas vítimas estarem juntas na sala em que se realizou o reconhecimento. Não houve interferência de uma vítima sobre o reconhecimento realizado pela outra. Ambas descreveram previamente as características físicas do recorrente, e, posteriormente, foram levadas até a sala apropriada para reconhecimento, na qual o suspeito encontrava-se com mais duas pessoas que de características físicas semelhantes, ao que se seguiu o reconhecimento do recorrente como o autor da conduta criminosa.

No que concerne ao reconhecimento de objetos, o art. 227 do CPP dispõe que deverão ser observadas as cautelas estabelecidas no art. 226 do CPP, no que for aplicável, sendo perfeitamente aplicável a descrição, reconhecimento diante de objetos similares e a formalização do auto pormenorizado.

25.9.2 Reconhecimento por fotografia

O reconhecimento por fotografia, apesar de não regulado expressamente pelo CPP, é um expediente bastante utilizado em sede de investigação que pode conduzir a graves erros judiciários. Por essa razão, os Tribunais Superiores têm enfrentado o tema, impondo limites ao uso do reconhecimento por fotografia.

O expediente de manutenção de banco de fotos digitais ou álbuns de fotografia não foi regulado processualmente, de forma que sua utilização deve ser a exceção. Antes de adentrarmos no *standard* probatório do reconhecimento fotográfico, precisamos, minimamente, sistematizar o entendimento atual dos Tribunais Superiores.

A Sexta Turma do STJ, no julgamento do HC 598.886[44], propôs nova interpretação do art. 226 do CPP, estabelecendo que: "O reconhecimento de pessoa, presencialmente ou por fotografia, realizado na fase do inquérito policial, apenas é apto, para identificar o réu e fixar a autoria delitiva, quando observadas as formalidades previstas no art. 226 do Código de Processo Penal e quando corroborado por outras provas colhidas na fase judicial, sob o crivo do contraditório e da ampla defesa". Tal entendimento foi acolhido pela Quinta Turma do STJ, no julgamento do *habeas corpus* 652.284/SC, j. 27.04.21.

O STF, por sua vez, no julgamento do ROHC 206.846[45], reconheceu, por maioria, a nulidade do reconhecimento por fotografia enviada pelo *WhatsApp*, sem observância do procedimento previsto no art. 226 do CPP, confirmando a trilha aberta pelo STJ. O Min. Gilmar Mendes, em seu voto, assinalou, de forma prospectiva, que:

> 1) O reconhecimento de pessoas, presencial ou por fotografia, deve observar o procedimento previsto no art. 226 do Código de Processo Penal, cujas formalidades constituem garantia mínima para quem se encontra na condição de suspeito da prática de um crime e para uma verificação dos fatos mais justa e precisa.
>
> 2) A inobservância do procedimento descrito na referida norma processual torna inválido o reconhecimento da pessoa suspeita, de modo que tal elemento não poderá fundamentar

44. Rel. Min. Rogério Schietti Cruz, DJe de 18.12.20.

45. j. 22.02.22.

> eventual condenação ou decretação de prisão cautelar, mesmo se refeito e confirmado o reconhecimento em Juízo. Se declarada a irregularidade do ato, eventual condenação já proferida poderá ser mantida, se fundamentada em provas independentes e não contaminadas. 3) A realização do ato de reconhecimento pessoal carece de justificação em elementos que indiquem, ainda que em juízo de verossimilhança, a autoria do fato investigado, de modo a se vedarem medidas investigativas genéricas e arbitrárias, que potencializam erros na verificação dos fatos.

Verifica-se, portanto, que, nos termos da decisão do STF, "diante da ausência de regulação normativa e das deficiências práticas verificadas, o reconhecimento fotográfico deve ser analisado com cautelas, como uma etapa preliminar de investigação e que deve seguir o procedimento determinado no art. 226 do CPP. Ademais, é necessário realizar a produção posterior em juízo e a sua corroboração em outros elementos probatórios produzido em contraditório na fase judicial".

Das decisões analisadas percebe-se que: a) a despeito de não previsto expressamente, o reconhecimento por fotografia na fase investigativa é válido, desde que respeitado todo o procedimento previsto no art. 226 do CPP; b) a simples confirmação em juízo do reconhecimento irregularmente realizado na seara investigativa não afasta a nulidade do ato.

25.10 ACAREAÇÃO

A acareação é um meio de prova disponibilizado às partes, à autoridade investigante, ao magistrado e ao júri, por meio do qual as pessoas previstas no art. 229 do CPP são colocadas em confronto diante da divergência entre suas declarações. O art. 229 do CPP assinala que a acareação será admitida entre acusados, entre acusado e testemunha, entre testemunhas, entre acusado ou testemunha e a pessoa ofendida, e entre as pessoas ofendidas, sempre que divergirem, em suas declarações, sobre fatos ou circunstâncias relevantes. Nos termos do parágrafo único, os acareados serão reperguntados, para que expliquem os pontos de divergências, reduzindo-se a termo o ato de acareação.

Verifica-se, portanto, que o **primeiro requisito da acareação**, prova que normalmente não conduz a resultados práticos, porquanto em regra as pessoas mantêm seus depoimentos, é a existência de ponto de divergência sobre fatos ou circunstâncias relevantes. O segundo, de acordo com a norma, é que essa divergência ocorra: a) entre os acusados; b) entre o acusado e testemunha; c) entre testemunhas; d) entre acusado e ofendido; e) entre as pessoas ofendidas; f) entre testemunhas e ofendido.

Um ponto a ser observado na acareação é a previsão da acareação envolvendo o acusado. Se a esse é assegurado o direito ao silêncio, se não presta compromisso de dizer a verdade e, segundo parte da doutrina, existe, quanto ao mérito de seu depoimento, um direito à mentira, porquanto essa não pode ser valorada negativamente, qual a razão de ser da realização de acareação envolvendo o acusado, se o resultado não poderá ser valorado negativamente contra esse?

Parece-nos claro que o acusado não é obrigado a participar do ato de acareação, pois uma vez qualificado nos autos em seu interrogatório, submetê-lo à realização de novo ato probatório poderia caracterizar constrangimento ao seu direito de não produzir provas contra si mesmo. Nesse sentido, apesar da previsão legal, entendemos que a participação do acusado é facultativa, não podendo ser compelido a participar do ato.

O art. 230 do CPP trata da hipótese de realização de acareação entre testemunhas nas quais uma não se encontra presente, por ter sido inquirida, por exemplo, por carta precatória. Nesses casos, segundo a redação legal, se ausente alguma testemunha, cujas declarações divirjam das de outra, que esteja presente, a esta se darão a conhecer os pontos da divergência, consignando-se no auto o que explicar ou observar. Se subsistir a discordância, deverá ser expedida carta precatória à autoridade do lugar onde resida a testemunha ausente, transcrevendo-se as declarações desta e as da testemunha presente, nos pontos em que divergirem, bem como o texto do referido auto, a fim de que se complete a diligência, ouvindo-se a testemunha ausente, pela mesma forma estabelecida para a testemunha presente. A diligência, contudo, só se realizará quando não importe demora prejudicial ao processo e o juiz a entenda conveniente.

Apesar da previsão legal, é perfeitamente possível a realização da acareação por meio de videoconferência, nos termos do art. 222, §3º, do CPP.

25.11 PROVA DOCUMENTAL

Em interpretação autêntica e, de certo modo, restrita, o art. 232 do CPP dispõe que se consideram documentos quaisquer escritos, instrumentos ou papéis, públicos ou particulares. Em interpretação ampla, contudo, podemos assinalar que documento é todo objeto que traz, em seu bojo, a representação de um ato ou fato relevante, como e-mails, fotos, vídeos, croquis etc. Conforme o parágrafo único do dispositivo, à fotografia do documento, devidamente autenticada, se dará o mesmo valor do original.

Doutrinariamente diferencia-se instrumentos e documentos, sendo os primeiros o próprio documento elaborado com o escopo de produzir prova, a exemplo de um contrato. Não se trata de instrumento, assim, um bilhete ou uma mensagem enviada, porque não produzidos com o escopo de se provar algum ato ou fato.

Os documentos podem ser organizados em diversas espécies. **Original** é o documento que estampa seu conteúdo em sua fonte primária. **Cópia** é a reprodução do documento original. As **cópias equiparadas aos originais**, nos termos do art. 232, parágrafo único, possuem o mesmo valor do documento original. De igual forma, conforme o art. 1º, § 1º, da Lei nº 5.433/68, ao regular a microfilmagem de documentos, assevera que "os **microfilmes de que trata esta lei, assim como as certidões, os traslados e as cópias fotográficas** obtidas diretamente dos filmes produzirão os mesmos efeitos legais dos documentos originais em juízo ou fora dele". Acresça-se que as públicas-formas, registro de documentos cujo original não pode ser acessado, sem que os documentos fiquem arquivados no Cartório, nos termos do art. 237 do CPP, só terão valor quando conferidas com o original, em presença da autoridade.

Em outra classificação, **público é o documento ao qual a norma confere tal quilate**, sendo, em regra, aquele expedido por funcionário público no exercício de suas funções em observância à forma legal. O Código Penal, por exemplo, no §2º do art. 297, dispõe que para os efeitos penais, equiparam-se a documento público o emanado de entidade paraestatal, o título ao portador ou transmissível por endosso, as ações de sociedade comercial, os livros mercantis e o testamento particular.

Por seu turno, **particular** é o documento que não se amolde à definição de documento público. Nos termos do art. 235 do CPP, a letra e firma dos documentos particulares serão submetidas a exame pericial, quando contestada a sua autenticidade. Ressalte-se, por oportuno, que o parecer, emitido juristas renomados, não se reveste da natureza de documento segundo o STF[46].

Seguindo a trilha das espécies, outra classificação, relacionada à origem, envolve os documentos nominativos, autênticos e anônimos. Documento **nominativo** é aquele que contém o nome e, portanto, a identificação daquele quem o produziu. Documento **autêntico**, por sua vez, é aquele que tem por origem o autor a quem é atribuído, contemplando ou não seu nome no documento. Por fim, **anônimo** é aquele cuja origem é desconhecida. O simples fato de ser anônimo não afasta a possibilidade de serem verdadeiros, a exemplo de uma fotografia.

O documento, por ser meio de prova, precisa de valoração, que se pauta, num primeiro momento, na possibilidade de verificação da veracidade do fato nele estampado. Logo, pouco importa, nesta senda, a sua autenticidade, porquanto o documento reflete um conteúdo, que precisa ser passível de verificação. Uma fotografia de origem desconhecida, por exemplo, que evidencie um local de "desmanche" de veículos, é uma prova documental passível de verificação, pouco importando o autor. Sendo passível de verificação e não tendo origem ilícita, estaremos diante de uma prova não autêntica, na acepção classificatória acima exposta, mas válida.

Isso não significa que a autenticidade não seja importante para a prova documental, pois nos documentos escritos se revela imprescindível. Apesar de parte da doutrina sufragar o entendimento de que os documentos públicos gozam de presunção *juris tantum* de autenticidade, não nos parece que o documento não seja passível de questionamento, porquanto seu conteúdo pode ser ideologicamente falso, sendo perfeitamente possível a instauração do incidente de falsidade para apuração não somente de seu conteúdo, mas também de sua fonte. O que temos, no caso de documentos públicos, é uma presunção absoluta de autenticidade, no momento da valoração, quando inexistir questionamento.

Os **documentos particulares**, por sua vez, terão sua autenticidade reconhecida quando houver aceitação ou reconhecimento pela parte contrária, quando reconhecido por oficial público ou provado por exame pericial, nos termos do art. 235 do CPP.

25.11.1 Produção da prova documental

A regra geral, estampada no art. 231 do CPP, é a de que os documentos podem ser apresentados em qualquer fase do processo. Isso não significa, contudo, que o regramento geral transforme o processo em um procedimento desregulado, pois o mesmo art. 231 estabelece a possibilidade de limitações ao se valer da expressão "salvo os casos expressos em lei".

A primeira exceção decorre dos princípios gerais do processo, especialmente os relacionados à lealdade e boa-fé processuais, porquanto a juntada de documentos protelatórios e sem relevância processual pode ser coibida pelo magistrado.

A segunda pode ser extraída do art. 479 do CPP. A despeito de não proibir a juntada do documento, o dispositivo impede que, durante o julgamento perante Tribunal do Júri,

46. RHC 94.350/SC, DJe 30.10.08.

sejam lidos documentos ou exibidos objetos que não tiverem sido juntados aos autos com a antecedência mínima de 3 (três) dias úteis, com ciência à outra parte.

O CPPM ainda estabelece, como exemplo de exceção à regra geral, a impossibilidade de juntada de documentos se os autos estiverem conclusos para julgamento nos termos do art. 378, *caput*.

O art. 234 do CPP dispõe que se o juiz tiver notícia da existência de documento relativo a ponto relevante da acusação ou da defesa, providenciará, independentemente de requerimento de qualquer das partes, sua juntada aos autos, se possível. Não obstante a previsão contemplar a produção de prova de ofício pelo magistrado, em tese violadora do sistema acusatório, entendemos a regra como uma situação de excepcionalidade, porquanto a prova já existe, não tendo sido apenas juntada. Melhor seria se o dispositivo se referisse a "ponto relevante cujo esclarecimento seja pertinente para o processo" e não a "ponto relevante da acusação ou da defesa", pois pode induzir à suplementação de provas por parte do magistrado em prol da acusação ou defesa.

O art. 233 do CPP, em reforço à proibição das provas ilícitas, assevera que as cartas particulares, interceptadas ou obtidas por meios criminosos, não serão admitidas em juízo. O parágrafo único do art. 233, por sua vez, dispõe que as cartas poderão ser exibidas em juízo pelo respectivo destinatário, para a defesa de seu direito, ainda que não haja consentimento do signatário. A previsão não contraria a inviolabilidade do sigilo de correspondência, vez que o exercício do direito de defesa caracteriza justo fundamento para a divulgação do segredo.

Nos termos do art. 236 do CPP, os documentos em língua estrangeira, sem prejuízo de sua juntada imediata, serão, se necessário, traduzidos por tradutor público, ou, na falta, por pessoa idônea nomeada pela autoridade. Não se impõe, portanto, a tradução obrigatória, pois é perfeitamente possível que a parte contrária aceite seu conteúdo. O juiz poderá, a seu critério, exigir a tradução do documento caso entenda que essa seja necessária para sua efetiva compreensão, pois não se pode exigir do magistrado o conhecimento de língua estrangeira, não oficial.

Por fim, o art. 238 do CPP prevê que os documentos originais, juntos a processo findo, quando não exista motivo relevante que justifique a sua conservação nos autos, poderão, mediante requerimento, e ouvido o Ministério Público, ser entregues à parte que os produziu, ficando traslado nos autos.

25.12 INDÍCIOS

De acordo com MALATESTA[47] (2001, p. 213), "os indícios não merecem, certamente, uma apoteose, mas também não merecem a excomunhão maior. É preciso ter cautela na sua afirmação; mas não se pode negar que a certeza, muitas vezes, pode provir deles".

O art. 239 do CPP considera o indício a circunstância conhecida e provada, que, tendo relação com o fato, autorize, por indução, concluir-se a existência de outra ou outras circunstâncias. Nessa trilha, os indícios são, em sua forma lógica, o raciocínio, vez que conduzem à indução. Nesse sentido, vale trazer a lição de MALATESTA[48] (2001, p. 202):

47. *op.cit.*

48. *Ibidem.*

> O indício é aquele argumento probatório indireto que deduz o desconhecido do conhecido por meio da relação de causalidade [...] Reuni todos os indícios possíveis, fazei sua análise lógica e vos encontrareis sempre diante de uma premissa maior, que tem por conteúdo um juízo específico, de causalidade; a uma premissa menor, que afirma a existência de um sujeito particular, contido no sujeito específico da maior e de uma conclusão, que atribui ao sujeito particular em questão o predicado atribuído na premissa maior ao sujeito específico. Nesta conclusão está, propriamente, o argumento probatório.

Especial importância, para nós, assumem os indícios no tocante à prova do dolo. Em sede criminal, notadamente nos processos em que se combate crimes praticados de forma clandestina e sigilosa, os indícios assumem especial relevo na formação do convencimento do juiz que, se de um lado deve motivar sua decisão, de outro está livre para escolher, aceitar e valorar a prova produzida, ensinamento esse que se extrai da Exposição de Motivos do Código de Processo Penal, inciso VII:

> "Todas as provas são relativas; nenhuma delas terá, *ex vi legis* valor decisivo, ou necessariamente maior prestígio que outra. Se é certo que o juiz fica adstrito às provas constantes dos autos, não é menos certo que não ficará subordinado a nenhum critério apriorístico no apurar, através delas, a verdade material. O juiz criminal é, assim, restituído à sua própria consciência".

E, nesse ponto em particular, MALATESTA[49] (2001, p. 214), em magistral lição, nos ensina que:

> "**Exceto o caso raríssimo de haver confissão**, única prova direta possível da intenção, sem o auxílio das provas indiretas ficar-se-ia sempre nas trevas, quanto ao elemento moral do delito, e seria necessário absolver. Tanto valeria abolir de uma vez o Código Penal. Não poderá, por isso, ser posta em dúvida a grande utilidade dos indícios, como guia, em geral, na investigação das melhores provas, e em particular, na indagação do delinquente."

Como provar ou se exigir prova direta de um estado de ânimo? Essa é a indagação que deve ser formulada para se buscar o fortalecimento da prova indiciária, que não recairá diretamente sobre um fato conhecido, pois se assim ocorresse, a prova seria direta. Os indícios, segundo a redação do art. 239 do CPP, são as circunstâncias conhecidas e provadas, que, tendo relação com o fato, autorize, por indução, concluir-se a existência de outra ou outras circunstâncias. Assim, a camisa suja de sangue e a fuga para outra cidade, por exemplo, são circunstâncias conhecidas e provadas, indicadores externos, na percepção de Hassemer, que permitem, por indução, reconstruir a história de um crime.

Logo, parece-nos que, diante da dificuldade de se provar o elemento subjetivo, a *psique*, do agente, a utilização dos indícios é crucial para o estabelecimento dos *standards* de prova. Ainda que não expressamente consignados nas sentenças, sua presença é marcante nas fundamentações, especialmente quando os magistrados se valem, ainda que não tecnicamente, de termos como *inferir, deduzir, induzir, concluir* e etc.

25.13 BUSCA E APREENSÃO

A busca é a diligência que tem por escopo o encontro de pessoas ou objetos. A apreensão, por sua vez, é a efetiva constrição da pessoa ou bem, colocando-o sob custódia. Não se confundem, portanto, os conceitos, haja vista que é perfeitamente possível uma busca sem que se realize apreensão e uma apreensão sem que tenha origem em busca.

---

49. *Ibidem.*

A busca e apreensão foi classificada como meio de prova pelo CPP. Contudo, trata-se de meio de obtenção de prova, assumindo o *status* de medida cautelar quando pleiteada em juízo.

25.13.1 Iniciativa e competência

Nos termos do art. 242 do CPP, a busca poderá ser determinada de ofício ou a requerimento de qualquer das partes. A determinação de ofício por parte da autoridade policial, no curso de investigação, não gera maiores problemas, vez que se trata de dever dessa a apreensão de objetos que tiverem relação com a infração penal (art. 6º, II, CPP). Tratando-se, contudo, de busca e apreensão determinada de ofício pelo magistrado, há que se analisar o escopo da busca e apreensão, porquanto caso essa tenha por finalidade atuação supletiva das partes, deve ser coibida sob pena de violação do sistema acusatório, pois o magistrado deve se afastar da iniciativa na produção da prova, ônus das partes.

Tratando-se de busca domiciliar, o art. 241 do CPP assinala que quando a própria autoridade policial ou judiciária não a realizar pessoalmente, a busca domiciliar deverá ser precedida da expedição de mandado. Não obstante a redação legal, há que se estabelecer a distinção entre as hipóteses legais de violação de domicílio e as que exigem a reserva de jurisdição.

Por ser a casa o asilo inviolável (art. 5º, XI, CF), a autoridade policial só poderá ingressar no domicílio[50] alheio nas hipóteses de flagrante delito, desastre ou para prestar socorro. Tem-se, portanto, que a busca domiciliar, na acepção prevista pelo art. 241 do CPP, não foi recepcionada pela Constituição Federal, porquanto a autoridade policial não poderá realizar buscas domiciliares sem que esteja amparado por mandado de busca e apreensão. A situação não se confunde, portanto, com as hipóteses constitucionais de ingresso no domicílio, que pressupõem o risco imediato (flagrante, desastre ou prestar socorro).

No caso de **advogados**, o Estatuto da advocacia e Ordem dos Advogados do Brasil, prevê em seu art. 7º, inciso II, que é "direito do advogado a inviolabilidade de seu escritório ou local de trabalho, bem como de seus instrumentos de trabalho, de sua correspondência escrita, eletrônica, telefônica e telemática, desde que relativas ao exercício da advocacia". O §6º, contudo, assinala que "Presentes indícios de autoria e materialidade da prática de crime por parte de advogado, a autoridade judiciária competente poderá decretar a quebra da inviolabilidade de que trata o inciso II do *caput* deste artigo, em decisão motivada, expedindo mandado de busca e apreensão, específico e pormenorizado, a ser cumprido na presença de representante da OAB, sendo, em qualquer hipótese, vedada a utilização dos documentos, das mídias e dos objetos pertencentes a clientes do advogado averiguado, bem como dos demais instrumentos de trabalho que contenham informações sobre clientes".

A lei 14.365/22 incluiu diversos dispositivos no Estatuto da advocacia e OAB, prevendo, por exemplo, que " medida judicial cautelar que importe na violação do escritório ou do local de trabalho do advogado será determinada em hipótese excepcional, desde que exista fundamento em indício, pelo órgão acusatório" (§6º-A do art. 7º).

50. O conceito normativo de casa foi trazido pelo art. 150, §4º do CP e possui variações segundo a jurisprudência e doutrina, conforme veremos na sequência.

O §6º-B, por sua vez, dispôs ser "vedada a determinação da medida cautelar prevista no § 6º-A deste artigo se fundada exclusivamente em elementos produzidos em declarações do colaborador sem confirmação por outros meios de prova".

Segundo o § 6º-C, "o representante da OAB referido no § 6º deste artigo tem o direito a ser respeitado pelos agentes responsáveis pelo cumprimento do mandado de busca e apreensão, sob pena de abuso de autoridade, e o dever de zelar pelo fiel cumprimento do objeto da investigação, bem como de impedir que documentos, mídias e objetos não relacionados à investigação, especialmente de outros processos do mesmo cliente ou de outros clientes que não sejam pertinentes à persecução penal, sejam analisados, fotografados, filmados, retirados ou apreendidos do escritório de advocacia.

O §6º-D, por seu turno, assinala que no caso de inviabilidade técnica quanto à segregação da documentação, da mídia ou dos objetos não relacionados à investigação, em razão da sua natureza ou volume, no momento da execução da decisão judicial de apreensão ou de retirada do material, a cadeia de custódia preservará o sigilo do seu conteúdo, assegurada a presença do representante da OAB, nos termos dos §§ 6º-F e 6º-G do art. 7º. Conforme o § 6º-E, "na hipótese de inobservância do § 6º-D deste artigo pelo agente público responsável pelo cumprimento do mandado de busca e apreensão, o representante da OAB fará o relatório do fato ocorrido, com a inclusão dos nomes dos servidores, dará conhecimento à autoridade judiciária e o encaminhará à OAB para a elaboração de notícia-crime".

O § 6º-F dispõe ser garantido o direito de acompanhamento por representante da OAB e pelo profissional investigado durante a análise dos documentos e dos dispositivos de armazenamento de informação pertencentes a advogado, apreendidos ou interceptados, em todos os atos, para assegurar o cumprimento do disposto no inciso II do *caput* do art. 7º.

Nos termos do §6º-G, a autoridade responsável informará, com antecedência mínima de 24 (vinte e quatro) horas, à seccional da OAB a data, o horário e o local em que serão analisados os documentos e os equipamentos apreendidos, garantido o direito de acompanhamento, em todos os atos, pelo representante da OAB e pelo profissional investigado para assegurar o disposto no § 6º-C do art. 7º.

Segundo o §6º-H, em casos de urgência devidamente fundamentada pelo juiz, a análise dos documentos e dos equipamentos apreendidos poderá acontecer em prazo inferior a 24 (vinte e quatro) horas, garantido o direito de acompanhamento, em todos os atos, pelo representante da OAB e pelo profissional investigado para assegurar o disposto no § 6º-C do art. 7º.

Por fim, o §6º-I assinala ser "vedado ao advogado efetuar colaboração premiada contra quem seja ou tenha sido seu cliente, e a inobservância disso importará em processo disciplinar, que poderá culminar com a aplicação do disposto no inciso III do *caput* do art. 35 desta Lei, sem prejuízo das penas previstas no art. 154 do Código Penal.

A **competência** para análise do pedido e expedição do mandado de busca e apreensão é afeta ao juízo originalmente competente para apreciação do caso principal. Não obstante, é possível, embora de forma criteriosa, aplicar-se a teoria do juízo aparente para validação da prova obtida quando não existirem elementos a sugerir a competência de outro juízo, isto é, quando não houver risco concreto de, por exemplo, obter-se provas contra um agente detentor de foro por prerrogativa de função.

O tema, em particular, foi apreciado pela 2ª Turma do STF no julgamento da Reclamação 24.473/SP, no qual fora expedido um mandado de busca e apreensão de conteúdo genérico para apreensão de valores, documentos, computadores e mídias de armazenamento de dados em tese de posse do cônjuge de uma Senadora da República, sem que se pudesse, de antemão, identificar a propriedade os objetos. No caso, o STF reconheceu o patente risco de apreensão de itens de propriedade da Senadora, ainda que não direcionada contra a si a investigação, anulando as provas obtidas por vício de competência, pois o juízo natural, diante do risco existente, seria do STF.

A anulação não seria factível se, no caso concreto, o agente não tivesse relação conhecida com a parlamentar, de forma que o juízo competente não disporia de qualquer elemento de convicção a estabelecer ligação entre os envolvidos. Nesse caso, estaríamos diante do clássico encontro fortuito de provas derivado da aplicação do juízo aparente, permitindo a convalidação da prova pelo juízo competente.

25.13.2 Objeto da diligência

O objeto da diligência foi previsto, em rol exemplificativo, no art. 240 do CPP, que, em seu §1º, assinala que proceder-se-á à busca será domiciliar quando fundadas razões a autorizarem, para:

a) prender criminosos: havendo mandado de prisão, esse deverá constar do próprio mandado de busca nos termos do art. 243, §1º do CPP. Contudo, na prática o mandado de prisão é expedido em apartado.

b) apreender coisas achadas ou obtidas por meios criminosos: as coisas achadas são aquelas de interesse probatório. Há que se ter cautela, contudo, quanto ao objeto do mandado de busca e apreensão, haja vista que não é qualquer coisa achada que pode ser apreendida, vez que o mandado de busca e apreensão, por si só, não tem por escopo a realização de *fishing expedition*, isto é, realizar a busca de qualquer elemento com potencial para incriminar o agente. A coisa achada, portanto, deve estar conectada, de algum modo, com o mandado expedido. As coisas obtidas por meio criminosos, por sua vez, são aquelas destinadas a impedir o locupletamento ilícito e a reparação da vítima. Assim como nas coisas achadas, o mandado deverá ser observado com o máximo rigor possível, sob pena de nulidade.

c) apreender instrumentos de falsificação ou de contrafação e objetos falsificados ou contrafeitos: a permissão caminha no sentido de se evitar a continuidade na prática dos delitos.

d) apreender armas e munições, instrumentos utilizados na prática de crime ou destinados a fim delituoso: tais objetos ou são ilícitos em sua origem, possuem potencialidade lesiva, são provas de infração penal ou podem ser utilizados para a prática de delitos. Por tal razão, a norma permite suas apreensões.

e) descobrir objetos necessários à prova de infração ou à defesa do réu: assim como acima registrado, a previsão, genérica por essência, deve ser detalhada no mandado, sob pena de legitimação da pescaria probatória.

f) apreender cartas, abertas ou não, destinadas ao acusado ou em seu poder, quando haja suspeita de que o conhecimento do seu conteúdo possa ser útil à elucidação do

fato: a carta, uma vez aberta, equivale a um documento qualquer. Fechada, é documento amparado pelo sigilo, o qual não pode ser devassado sem ordem judicial específica. Entendemos por possível a apreensão das cartas fechadas, que deverão, para conhecimento de seu conteúdo, receber expressa autorização judicial, pois o sigilo de correspondências não pode servir de instrumento para a prática de crimes. Nesse sentido, o STF já decidiu que administração penitenciária, por razões de segurança pública, disciplina prisional ou de preservação da ordem jurídica, pode, de forma excepcional e respeitando a norma inscrita no art. 41, parágrafo único, da LEP, proceder à interceptação da correspondência remetida pelos sentenciados[51]. Vale registrar que mercadorias, malas, mochilas e outros congêneres não são amparados pelo sigilo de comunicações, podendo ser apreendidos independentemente de ordem judicial.

g) apreender pessoas vítimas de crimes; a previsão, a despeito de desnecessária quando efetivada, vez que havendo a prática do delito, a situação encontraria amparo no fundamento de prestação de socorro, de ordem constitucional, visa, todavia, legitimar a ação estatal nas hipóteses em que a vítima, nos crimes de sequestro, por exemplo, não se encontra no local de cumprimento do mandado, sendo frustrada a diligência.

h) colher qualquer elemento de convicção: conforme destacamentos anteriormente, deve-se, sobremaneira, evitar-se a expedição de mandados de busca e apreensão genéricos para se evitar nulidades[52].

Nos termos do §2º do art. 240 do CPP, poderá ser realizada a busca pessoal quando houver fundada suspeita de que alguém oculte consigo arma proibida ou objetos mencionados nas letras *b* a *f* e letra *h* do §1º do art. 240, CPP.

25.13.2.1 Mandado de busca e seu cumprimento

Nos termos do art. 243 do CPP:

> Art. 243. O mandado de busca deverá:
>
> I - indicar, o mais precisamente possível, a casa em que será realizada a diligência e o nome do respectivo proprietário ou morador; ou, no caso de busca pessoal, o nome da pessoa que terá de sofrê-la ou os sinais que a identifiquem;
>
> II - mencionar o motivo e os fins da diligência;
>
> III - ser subscrito pelo escrivão e assinado pela autoridade que o fizer expedir.
>
> § 1º Se houver ordem de prisão, constará do próprio texto do mandado de busca.
>
> § 2º Não será permitida a apreensão de documento em poder do defensor do acusado, salvo quando constituir elemento do corpo de delito.

Conforme a previsão constitucional do art. 5º, inciso XI: "a casa é asilo inviolável do indivíduo, ninguém nela podendo penetrar sem o consentimento do morador, salvo em caso de flagrante delito ou desastre, ou para prestar socorro, ou, durante o dia, por determinação judicial".

---

51. HC 70.814/SP. DJ 24.06.94.

52. O mero fato de a autoridade policial ter obtido informação de que o aparelho celular já havia sido objeto de busca e apreensão declarada nula, em outra investigação policial, não tem o condão de contaminar de nulidade outras decisões judiciais supervenientes que determinem a busca e apreensão do mesmo telefone. Processo em segredo de justiça, Rel. Ministro Reynaldo Soares da Fonseca, Terceira Seção, por unanimidade, julgado em 9/10/2024, DJe 11/10/2024.

Da redação do texto constitucional se infere, nitidamente, que o ingresso em domicílio para o cumprimento de mandado de busca em apreensão só pode ocorrer durante o dia e, excepcionalmente, à noite, com o consentimento do morador.

25.13.2.1.1 Conceito de dia

O Código de Processo Penal não definiu o conceito de dia, deixando o tema para definição da doutrina e jurisprudência. Três correntes foram formadas: a linha do **critério físico-astronômico**, preferida da jurisprudência, consagra o conceito de dia como o período compreendido entre a aurora e o crepúsculo. A segunda corrente sustenta o **critério cronológico**, partindo da premissa de que o dia é formado pelo período compreendido entre 06h e 18h. Por fim, a terceira corrente, de cunho **misto**, mescla os dois critérios anteriores, isto é, parte da premissa do horário fixo das 6h às 18h, mas permite o cumprimento do mandado desde que não seja noite.

A nova Lei de Abuso de Autoridade, em seu art. 22, §1º, III, apimentou os debates ao prever como crime o cumprimento de mandado de busca e apreensão domiciliar no período compreendido entre 21h e 05h. Em outras palavras, disse que o cumprimento do mandado no período compreendido entre 05h e 21h, é permitido, pois não antinormativo.

Ainda que não o tenha feito expressamente, a norma revela a normatividade do cumprimento do mandado de busca e apreensão, porquanto não proibida pelo Estado. Nesse sentido, ao analisarmos o tema sob a luz da teoria da tipicidade conglobante, de Zaffaroni, uma conduta supostamente proibida não pode ser, simultaneamente, permitida, sob pena de quebra das premissas lógicas do sistema. E nesse sentido, entendemos não se sustentar a tese de inconstitucionalidade pura do dispositivo, que sufraga que o conceito de dia deve ser o cronológico, entre 06h e 18h, vez que tal parâmetro não foi previsto pela Constituição. Não nos parece a melhor solução, igualmente, compreender que o dispositivo tenha que ser interpretado conforme à Constituição, para atrelar o horário das 05h às 21h à luz do sol, porquanto o parâmetro também não foi previsto pela Constituição.

Entendemos que o texto constitucional, apesar de não nos fornecer um parâmetro fixo, nos trouxe outros dois pontos de reflexão sobre o conceito de dia e noite. Ao varremos o texto constitucional, podemos perceber que o legislador originário fez menção ao termo noturno por apenas três vezes: art. 7º, inc. IX (remuneração do trabalho noturno superior à do diurno); art. 7º, XXXIII (proibição de trabalho noturno, perigoso ou insalubre a menores de dezoito e de qualquer trabalho a menores de dezesseis anos, salvo na condição de aprendiz, a partir de quatorze anos); art. 208, VI (oferta de ensino noturno regular, adequado às condições do educando).

O parâmetro da educação, previsto no art. 208, VI, da CF, não nos traz elementos seguros para caracterização das concepções de noite e dia, porquanto caminha na trilha da continuação das atividades como forma de evolução. Ao contrário, as previsões do art. 7º da CF são por demais claras para nós. Isso porque o Estatuto da Criança e do adolescente (ECA), art. 67, I, assinala que o trabalho noturno, vedado para o adolescente, é aquele compreendido entre 22h e 05h. De igual forma, a Consolidação das Leis do Trabalho

(CLT), art. 73, §2º, dispõe que o trabalho noturno urbano para fins de pagamento de remuneração superior é aquele concebido entre 22h e 05h[53].

Diferentemente a previsão relacionada à educação, a vedação do trabalho noturno para adolescentes, primada na prioridade absoluta de tratamento (art. 227, CF), e o tratamento dispensado aos trabalhadores noturnos, fundam-se na ideia subjacente de repouso. O trabalhador será remunerado a maior porque labora em horário que deveria estar repousando, ao passo que menor não pode trabalhar porque nesse horário, dadas as peculiaridades de pessoa em desenvolvimento, deveria estar repousando.

Logo, à míngua de previsão expressa, há que se interpretar a Constituição inicialmente pelos parâmetros por ela mesmo fornecidos. E, no caso, nos apresenta dois sólidos para interpretar o conceito de dia como aquele destinado à realização dos atos ordinários até o momento de repouso. Por essas razões, entendemos que o horário estabelecido pela Lei de Abuso de Autoridade, 05h às 21h, não se fasta da *mens legis*, de forma que o cumprimento de mandado de busca e apreensão nesse intervalo não goza de qualquer ilicitude. A única exceção que nos parece possível ocorre no caso de cumprimento de mandado de busca e apreensão em domicílio de trabalhador rural de pecuária, o qual a norma assinala o período noturno como aquele compreendido entre 04h e 20h, nos termos da Lei 5.889/73. Nesse caso, apesar de afastado o abuso de autoridade, nos parece que a prova seria ilegítima.

25.13.2.1.2 Conceito de casa

O conceito de caso foi apresentado normativa e exemplificativamente pelo legislador nos §4º e 5º do art. 150:

> § 4º – A expressão "casa" compreende:
> I – qualquer compartimento habitado;
> II – aposento ocupado de habitação coletiva;
> III – compartimento não aberto ao público, onde alguém exerce profissão ou atividade.
> § 5º – Não se compreendem na expressão "casa":
> I – hospedaria, estalagem ou qualquer outra habitação coletiva, enquanto aberta, salvo a restrição do n.º II do parágrafo anterior;
> II – taverna, casa de jogo e outras do mesmo gênero.

Conforme destacamos em nosso Direito Penal, Parte Especial, procurou o legislador conferir a maior amplitude possível ao conceito de casa, visando tutelar, de forma plena, a tranquilidade doméstica. Assim, o trailer ou o barco no qual a vítima reside encaixa-se no conceito de qualquer comportamento habitado, do mesmo modo que o quarto do estudante em sua república amolda-se ao conceito de "aposento ocupado de habitação coletiva", e o consultório do médico enquadra-se da definição de compartimento não aberto ao público, onde alguém exerce profissão ou atividade.

De igual forma, as partes não construídas das residências, mas fechadas por muros ou cercas, como jardins, garagens e quintais integram o conceito de casa. Como salientamos, tutela-se a tranquilidade doméstica e, naturalmente, o ingresso clandestino de

53. Para os trabalhadores rurais, a Lei 5.889/73 prevê horários entre 04h e 21h, a depender da natureza da atividade.

alguém no jardim ou garagem, protegidos por muros ou cercas, revela-se conduta hábil a perturbar a tranquilidade.

O §5º fornece o conceito negativo de casa, afastando do conceito os hotéis, pensões de pernoite e as tavernas, casas de jogos e outras similares. No tocante às últimas, não paira qualquer espécie de dúvida, haja vista que são locais abertos ao público. Com relação aos hotéis, motéis, pensões e congêneres, a restrição legal diz respeito tão somente à área aberta ao público, como as recepções. Por razões óbvias, o quarto ocupado pelo hóspede é concebido como "casa" nos termos do inciso II do §4º do art. 150, expressamente mencionado pelo próprio inciso I do §5º. Não obstante a obviedade para nós, o STJ entendeu que o quarto de hotel não pode ser equiparado à casa:

> Embora o quarto de hotel regularmente ocupado seja, juridicamente, qualificado como "casa" para fins de tutela constitucional da inviolabilidade domiciliar (art. 5º, XI), a exigência, em termos de standard probatório, para que policiais ingressem em um quarto de hotel sem mandado judicial não pode ser igual às fundadas razões exigidas para o ingresso em uma residência propriamente dita, a não ser que se trate (o quarto de hotel) de um local de moradia permanente do suspeito. Isso porque é diferente invadir uma casa habitada permanentemente pelo suspeito e até por várias pessoas (crianças e idosos, inclusive) e um quarto de hotel que, como no caso, é aparentemente utilizado não como uma morada permanente, mas para outros fins, inclusive, ao que tudo indica, o comércio de drogas.
>
> Presentes as fundadas razões que sinalizavam a ocorrência de crime e porque evidenciada, já de antemão, hipótese de flagrante delito, é regular o ingresso da polícia no quarto de hotel ocupado pelo acusado, sem autorização judicial e sem o consentimento do hóspede. Havia elementos objetivos e racionais que justificaram o ingresso no referido local, motivo pelo qual são lícitos todos os elementos de informação obtidos por meio dessa medida, bem como todos os que deles decorreram. HC 659527/SP, j. 19.10.21.

Conforme destacamos acima, em relação à busca e apreensão em escritório de advocacia, a diligência depende de autorização judicial decretada com fundamento em indícios e materialidade da prática de crime por parte do advogado, devendo o mandado de busca e apreensão ser específico e pormenorizado, bem como seu cumprimento pressupõe a ciência da OAB, que pode designar representante para acompanhamento do ato.

25.13.2.1.3 Consentimento do morador

O consentimento do morador permite que o mandado de busca e apreensão seja cumprido em qualquer horário. Por morador há que se compreender aquele que habita a casa, não se exigindo que seja proprietário, possuidor ou locatário. Basta que a pessoa ali resida para que seu consentimento assuma relevância jurídica.

O tema em questão, antes pouco debatido pela jurisprudência, ganhou novos e, em nossa compreensão, perigosos contornos com a decisão proferida no julgamento do HC 598.051 pelo STJ, publicada em 15.03.21, a qual foi, posteriormente, seguida em outros julgados. No HC 697057/SP, por exemplo, decidiu-se que o ingresso no domicílio deve ser registrado em **documento assinado pela pessoa que autorizou o ingresso domiciliar e que a operação deve ser registrada em áudio e vídeo**:

> [...] c) O consentimento do morador, para validar o ingresso de agentes estatais em sua casa e a busca e apreensão de objetos relacionados ao crime, precisa ser voluntário e livre de qualquer tipo de constrangimento ou coação; d) A prova da legalidade e da voluntariedade do consentimento para o ingresso na residência do suspeito incumbe, em caso de

> dúvida, ao Estado, e deve ser feita com **declaração assinada pela pessoa que autorizou o ingresso domiciliar**, indicando-se, sempre que possível, testemunhas do ato. **Em todo caso, a operação deve ser registrada em áudio-vídeo e preservada tal prova enquanto durar o processo**; e) A violação a essas regras e condições legais e constitucionais para o ingresso no domicílio alheio resulta na ilicitude das provas obtidas em decorrência da medida, bem como das demais provas que dela decorrerem em relação de causalidade, sem prejuízo de eventual responsabilização penal do(s) agente(s) público(s) que tenha(m) realizado a diligência.

Na mesma decisão, o STJ assinalou, adequadamente, que "o consentimento do morador, para validar o ingresso de agentes estatais em sua casa e a busca e apreensão de objetos relacionados ao crime, precisa ser voluntário e livre de qualquer tipo de constrangimento ou coação". Contudo, ao exigir a prova do consentimento por documento escrito e registro audiovisual da operação, a Colenda Corte ultrapassou os limites da legalidade e, de certo modo, tornou praticamente sem efeito a presunção de veracidade dos atos da administração pública.

A decisão, em nossa compreensão, cria requisitos não previstos pela norma processual e caracteriza verdadeira invasão indevida do Judiciário no Executivo. O legislador, por inúmeras vezes, alterou o Código de Processo Penal, tendo tido, portanto, diversas oportunidades de acrescentar tais requisitos. Contudo, não o fez. Ao impor a sanção de nulidade às diligências que observam a forma legal, mas não à fórmula construída pelo STJ, a Corte vai além de sua missão constitucional. Não se afasta o poder construtivo do Judiciário, mas, ainda assim, os limites constitucionais da proporcionalidade e razoabilidade precisam ser observados.

Não se trata somente da aquisição de câmeras especiais para registro audiovisual ou elaboração de formulários para colheita de termos de assinatura, que posteriormente serão questionados na Justiça, do mesmo modo que o consentimento verbal é, mas da necessidade de reformulação de uma política de abordagem e cumprimento de mandados, que exigirá treinamento, alto investimento não apenas em equipamentos, mas especialmente no tratamento e segurança de dados, pois deverão ser armazenados até o final do processo. E, repetimos, o legislador teve, por anos, a opção de adotar tal política, mas não o fez no âmbito federal.

O STF, ao julgar a "ADPF das favelas", ADPF 635, em 03.02.22, **em momento algum reconheceu a imprescindibilidade da medida de forma genérica.** Nesse particular, vale trazer à colação trecho da decisão do Min. Alexandre de Moraes no julgamento do RE 1342077/SP, j. 02.12.21, o que, inclusive, anulou a decisão proferida no HC 598.051/SP:

> "**A natureza desse específico recurso constitucional não permite a sua utilização de forma abrangente e totalmente genérica**, o que dirá que as decisões nele proferidas possuam alcance indiscriminado a todos os processos envolvendo a necessidade de busca domiciliar em caso de flagrante delito, ainda mais com a determinação de implantação obrigatória de medidas não previstas em lei e que são atinentes à organização administrativa e orçamentárias dos órgãos de segurança pública das unidades federativas."

Ainda, as reiteradas decisões do STJ **não seguem a trilha da conclusão do STF**. Isso porque, em momento algum, registrou-se a imprescindibilidade na ementa do julgado. Ainda, aludido julgado expressamente se funda em legislação estadual do Estado do Rio de Janeiro, de forma que há fundamento legal, derivado da conjugação normativa dos demais poderes estatais. Vejamos:

> [...]Deferir, **em parte**, o pedido constante do item "d" da petição inicial para determinar que, no caso de buscas domiciliares por parte das forças de segurança do Estado do Rio de Janeiro, sejam observadas as seguintes diretrizes constitucionais, sob pena de responsabilidade: (i) a diligência, no caso específico de cumprimento de mandado judicial, deve ser realizada somente durante o dia, vedando-se, assim, o ingresso forçado a domicílios à noite; (ii) a diligência, quando feita sem mandado judicial, **pode ter por base denúncia anônima**; (iii) a diligência deve ser justificada e detalhada por meio da elaboração de auto circunstanciado, que deverá instruir eventual auto de prisão em flagrante ou de apreensão de adolescente por ato infracional e ser remetido ao juízo da audiência de custódia para viabilizar o controle judicial posterior; e (iv) a diligência deve ser realizada nos estritos limites dos fins excepcionais a que se destinam. Os subitens (i), (iii) e (iv) foram julgados à unanimidade e nos termos do voto do Relator. O subitem (ii) foi julgado por maioria e nos termos do voto do Ministro Alexandre de Moraes, vencido o Ministro Edson Fachin (Relator); [...]
>
> [...] por maioria e nos termos do voto do Relator, **considerando que a legislação estadual vai ao encontro da pretensão da parte requerente**, deferir o pedido constante do item "j" da petição inicial, para determinar que **o Estado do Rio de Janeiro, no prazo máximo de 180 (cento e oitenta) dias, instale equipamentos de GPS e sistemas de gravação de áudio e vídeo nas viaturas policiais e nas fardas dos agentes de segurança**, com o posterior armazenamento digital dos respectivos arquivos, vencidos os Ministros André Mendonça e Nunes Marques;

Percebam que o STF tão somente mencionou que "a diligência deve ser justificada e detalhada por meio da elaboração de auto circunstanciado, que deverá instruir eventual auto de prisão em flagrante ou de apreensão de adolescente por ato infracional e ser remetido ao juízo da audiência de custódia para viabilizar o controle judicial posterior", sem impor qualquer espécie de obrigação para os demais Estados.

Por essas razões, parece-nos que o STJ ultrapassou seu poder normativo concreto e avançou, de forma não democrática, na seara dos demais poderes constituídos.

25.13.2.1.4 Forma e peculiaridades

O mandado de busca e apreensão, em si, deverá, nos termos do art. 243, I, do CPP, indicar, o mais precisamente possível, a casa em que será realizada a diligência e o nome do respectivo proprietário ou morador. Nos casos de busca pessoal, no mandado deverá constar o nome da pessoa que terá de sofrê-la ou os sinais que a identifiquem.

Há situações, contudo, em que mais de uma habitação é construída sobre o mesmo lote, dando ensejo às chamadas casas geminadas, não sendo incomum, entre essas, o compartilhamento de áreas comuns. Nesses casos, o mandado deve ser o mais preciso possível, sob pena de realizar a diligência em local diverso do objeto do mandado.

Ocorre que, não havendo elementos de informação suficiente para o efetivo clareamento, é possível o reconhecimento da exceção da boa-fé, teoria aplicável às provas ilícitas, quando a autoridade que cumpre o mandado não dispuser de elementos informativos plenos. A situação em análise foi objeto de decisão pelo STJ:

> 1. Ao cumprirem o mandado judicial de busca e apreensão, os Policiais dirigiram-se ao endereço com as características gerais indicadas no documento. Todavia, no local, descobriu-se tratar de casa geminada compartilhada entre o Paciente, sua mãe e seu irmão. E, não obstante a prova acostada a este feito demonstrar que no prédio havia três portas frontais

> distintas, o Impetrante deixou de refutar na inicial a informação dos Agentes que cumpriram a diligência de que portas traseiras das unidades de habitação comunicavam-se. Em outras palavras, se por um lado fotos externas do imóvel foram inseridas na petição inicial, por outro a Defesa deixou de anexar na peça imagens internas ou croquis da construção que permitissem concluir que se tratam de endereços de fato distintos - ônus que lhe competia.
>
> 2. Assim, no caso pressupõe-se que no imóvel - independentemente de haver compartimentação que distinga os locais de residência do Paciente, sua mãe e seu irmão - há cômodos internos que se comunicam contiguamente. A Defesa, ao não juntar aos autos imagens internas da construção que confirmassem inequivocamente ser óbvia a constatação de que no local havia três habitações de fato independentes, não logrou êxito em comprovar sua alegação de que os Policiais realizaram diligência em endereço diverso do declinado no mandado judicial de busca e apreensão.
>
> 3. É razoável admitir que os Agentes, durante o cumprimento do mandado de busca e apreensão, e buscando dar a devida efetividade à diligência, não poderiam presumir que se tratavam efetivamente de moradias autônomas. Precedente da Suprema Corte dos Estados Unidos, no ponto, citado no voto-vista do Ministro ROGERIO SCHIETTI CRUZ: United States v. Leon, 468 U.S. 897 (1984), em que foi admitida a exceção da boa-fé em razão de a atuação policial ter-se dado em conformidade com o senso comum de razoabilidade, e sob a confiança na legalidade dessa atuação. Deliberou-se, na oportunidade, que a exclusionary rule teria lugar somente na hipótese de má conduta policial, com a finalidade manifesta de violar a Constituição. HC 633441/PEM DJe 07.02.22.

Segundo o inciso II do art. 243 do CPP, o mandado deverá, igualmente, mencionar o motivo e os fins da diligência, isto é, delimitar o objeto da busca e apreensão. O mandado de busca e apreensão não precisa individualizar quais objetos deverão ser apreendidos na medida, até por ser impossível ao juiz conhecê-los de antemão de acordo com o STJ (AgRg nos EDcl no Resp 195639/PR, DJe 18.03.22). Deve, contudo, especificar minimamente os objetos alvo do mandado, sob pena do mandado de busca e apreensão travestir-se de autorização genérica para apreensão de todo e qualquer objeto supostamente ilícito. Assim, por exemplo, no cumprimento de um mandado de busca e apreensão de um veículo, objeto de furto, não se revela razoável a busca sob a cama do agente, posto que o veículo, naturalmente, ali não seria escondido.

À guisa de exemplo, no tocante à delimitação do objeto do mandado, o STJ, analisando um caso de cumprimento de mandado de prisão, afastou a licitude da apreensão de drogas e arma sob a luz da vedação à *fishing expedition*:

> Mesmo se admitida a possibilidade de ingresso no domicílio para captura do acusado – em cumprimento ao mandado de prisão ou até por eventual flagrante do crime de falsa identidade –, a partir das premissas teóricas acima fundadas, nota-se, com clareza, a ocorrência de desvirtuamento da finalidade no cumprimento do ato. Isso porque os objetos ilícitos (drogas e uma munição calibre .32) foram apreendidos no chão de um dos quartos, dentro de uma caixa de papelão, a evidenciar que não houve mero encontro fortuito enquanto se procurava pelo réu – certamente portador de dimensões físicas muito superiores às do referido recipiente –, mas sim verdadeira pescaria probatória dentro do lar, totalmente desvinculada da finalidade de apenas capturar o paciente. HC 663055/MT, j. 23.03.22.

O inciso III do art. 243 do CPP ainda assinala que o mandado deve ser subscrito pelo escrivão e assinado pela autoridade que o fizer expedir. O §1º, por sua vez, dispõe que se houver ordem de prisão, constará do próprio texto do mandado de busca, não obstante, na prática, o mandado de prisão ser expedido de forma separada. O §2º, por derradeiro, prevê que não será permitida a apreensão de documento em poder do defensor do acusado, salvo quando constituir elemento do corpo de delito.

Nos termos do art. 245 do CPP, as buscas domiciliares serão executadas de dia, salvo se o morador consentir que se realizem à noite, e, antes de penetrarem na casa, os executores mostrarão e lerão o mandado ao morador, ou a quem o represente, intimando-o, em seguida, a abrir a porta. O dispositivo remonta à concepção de dia e noite, acima estudadas, e traz a ressalva relacionada ao consentimento do morador, que sendo claro e incontroverso, permite a realização da diligência no período noturno.

O §1º dispõe que se a própria autoridade der a busca, declarará previamente sua qualidade e o objeto da diligência. Os §§2º e 3º, por sua vez, assinalam que em caso de desobediência, será arrombada a porta e forçada a entrada, sendo que recalcitrando o morador, será permitido o emprego de força contra coisas existentes no interior da casa, para o descobrimento do que se procura. Permite-se, portanto, o uso da força contra coisas e objetos. Estando ausentes os moradores, nos termos do §4º, deve ser intimado a assistir à diligência qualquer vizinho, se houver e estiver presente. Em todos os casos que envolvam casa habitada, deve ser observado o comando do art. 248 do CPP, que dispõe que a busca será feita de modo que não moleste os moradores mais do que o indispensável para o êxito da diligência.

Os §§5º e 6º, assinalam, respectivamente, que se a busca recair sobre determinada pessoa ou coisa, o morador será intimado a mostrá-la, e que, descoberta a pessoa ou coisa que se procura, será imediatamente apreendida e posta sob custódia da autoridade ou de seus agentes.

O §7º, por seu turno, dispõe que finda a diligência, os executores lavrarão auto circunstanciado, assinando-o com duas testemunhas presenciais, sem prejuízo da possibilidade de intimação de vizinhos para acompanhamento de todo o ato, os quais deverão, ao final, figurar como testemunhas no auto circunstanciado.

O art. 246 do CPP prevê a aplicação do teor do art. 245 quando houver necessidade de busca em compartimento habitado ou em aposento ocupado de habitação coletiva ou em compartimento não aberto ao público, onde alguém exercer profissão ou atividade. Nos termos do art. 247 do CPP, não sendo encontrada a pessoa ou coisa procurada, os motivos da diligência serão comunicados a quem tiver sofrido a busca, se o requerer. Entendemos que, mesmo nesses casos, deverá ser lavrado o auto da diligência, ainda que simplificado.

Nos termos do art. 250 do CPP, a autoridade ou seus agentes poderão penetrar no território de jurisdição alheia, ainda que de outro Estado, quando, para o fim de apreensão, forem no seguimento de pessoa ou coisa, devendo apresentar-se à competente autoridade local, antes da diligência ou após, conforme a urgência desta. Segundo o §1º: Entende-se que a autoridade ou seus agentes vão em seguimento da pessoa ou coisa, quando: a) tendo conhecimento direto de sua remoção ou transporte, a seguirem sem interrupção, embora depois a percam de vista; b) ainda que não a tenham avistado, mas sabendo, por informações fidedignas ou circunstâncias indiciárias, que está sendo removida ou transportada em determinada direção, forem ao seu encalço.

Por fim, o §2º assinala que se as autoridades locais tiverem fundadas razões para duvidar da legitimidade das pessoas que, nas referidas diligências, entrarem pelos seus distritos, ou da legalidade dos mandados que apresentarem, poderão exigir as provas dessa legitimidade, mas de modo que não se frustre a diligência.

25.13.2.2 Busca pessoal

Nos termos do §2º do art. 240 do CPP, poderá ser realizada a busca pessoal quando houver fundada suspeita de que alguém oculte consigo arma proibida ou objetos mencionados nas letras *b* a *f* e letra *h* do §1º do art. 240, CPP. Nos casos de busca pessoal, no mandado deverá constar o nome da pessoa que terá de sofrê-la ou os sinais que a identifiquem

Há, contudo, duas espécies de busca pessoal: a) aquela realizada por questões de segurança, realizada por agentes privados em festas, estádios de futebol, aeroportos, rodoviárias e etc. Funda-se, portanto, em contrato e pode ser estabelecida como condição de ingresso, devendo, naturalmente, respeitar o mínimo de protocolos para evitar constrangimento; b) aquela realizada com fundamento normativo, relacionada ao processo penal, orquestrada por agentes públicos e autorizada nos casos em haja fundada suspeita de que alguém oculte consigo coisas achadas ou obtidas por meios criminosos, instrumentos de falsificação ou de contrafação e objetos falsificados ou contrafeitos, armas e munições, instrumentos utilizados na prática de crime ou destinados a fim delituoso, objetos necessários à prova de infração ou à defesa do réu, tenha consigo cartas abertas destinadas ao acusado ou em seu poder, ou quando haja suspeita de que o conhecimento do seu conteúdo possa ser útil à elucidação do fato, assim como qualquer outro elemento de convicção (art. 240, §1º "b" a "f", "h" e c/c §2º).

Tratando-se de busca pessoal, além dos registros acima realizados, o art. 244 do CPP dispõe que essa independerá de mandado, no caso de prisão ou quando houver fundada suspeita de que a pessoa esteja na posse de arma proibida ou de objetos ou papéis que constituam corpo de delito, ou quando a medida for determinada no curso de busca domiciliar.

Vale destacar que o STJ, no julgamento do HC 830.530/SP, 3ª Seção, Rel. Min. Rogério Schietti Cruz, entendeu "o fato de as guardas municipais não haverem sido incluídas nos incisos do art. 144, *caput*, da CF, não afasta a constatação de que elas exercem atividade de segurança pública e integram o Sistema Único de Segurança Pública. Isso, todavia, não significa que possam ter a mesma amplitude de atuação das polícias".

Em conclusão, fixou o seguinte tema: Guardas municipais. Exercício de atividade de segurança pública que não se equipara por completo às polícias. Art. 301 do CPP. Flagrante delito. Tráfico de drogas. Não ocorrência. Art. 244 do CPP. Busca pessoal. Ausência de relação com as finalidades da guarda municipal. Impossibilidade. Prova ilícita.

Ocorre que a Sexta Turma do STJ (AgRg no REsp 2.108.571-SP, Rel. Ministro Antonio Saldanha Palheiro, DJe 8/11/2024) conferiu nova interpretação ao disposto no art. 244 do CPP, decidindo que as Guardas Municipais:

> "podem realizar patrulhamento preventivo na cidade, mas sempre vinculados à finalidade específica de tutelar os bens, serviços e instalações municipais, e não de reprimir a criminalidade urbana ordinária, função esta cabível apenas às polícias, tal como ocorre, na maioria das vezes, com o tráfico de drogas". A corte destacou que "não é das guardas municipais, mas sim das polícias, como regra, a competência para patrulhar supostos pontos de tráfico

> de drogas, realizar abordagens e revistas em indivíduos suspeitos da prática de tal crime ou ainda investigar denúncias anônimas relacionadas ao tráfico e outros delitos cuja prática não atinja de maneira clara, direta e imediata os bens, serviços e instalações municipais". Por fim, concluiu que "só é possível que as guardas municipais realizem excepcionalmente busca pessoal se houver, além de justa causa para a medida (fundada suspeita de posse de corpo de delito), relação clara, direta e imediata com a necessidade de proteger a integridade dos bens e instalações ou assegurar a adequada execução dos serviços municipais, o que não se confunde com permissão para realizarem atividades ostensivas ou investigativas típicas das polícias militar e civil para combate da criminalidade urbana ordinária" (REsp n. 1.977.119/SP, Rel. Ministro Rogerio Schietti Cruz, Sexta Turma, julgado em 16/8/2022, DJe de 23/8/2022).

Todavia, conforme jurisprudência consolidada na Corte Superior, não há falar em ilegalidade na prisão em flagrante realizada por guardas civis municipais, vez que, conforme previsão do art. 301 do CPP, "qualquer do povo poderá e as autoridades policiais e seus agentes deverão prender quem quer que seja encontrado em flagrante delito" (AgRg no HC n. 748.019/SP, Rel. Ministro Ribeiro Dantas, Quinta Turma, julgado em 16/8/2022, DJe de 22/8/2022).

A fundada suspeita mencionada pela norma depende de um fato prévio e concreto que a fundamente, não podendo ser justificada tão somente pelo aspecto subjetivo do agente, como na hipótese do agente usar agasalho com capuz, porque apto a ocultar armas e dificultar identificação. Nos termos do art. 249 do CPP, sendo a busca em mulher, essa será feita por outra mulher, se não importar retardamento ou prejuízo da diligência.

No julgamento do RHC 158580, o STJ entendeu que se exige "em termos de *standard* probatório para busca pessoal ou veicular sem mandado judicial, a existência de fundada suspeita (justa causa) – baseada em um juízo de probabilidade, descrita com a maior precisão possível, aferida de modo objetivo e devidamente justificada pelos indícios e circunstâncias do caso concreto – de que o indivíduo esteja na posse de drogas, armas ou de outros objetos ou papéis que constituam corpo de delito, evidenciando-se a urgência de se executar a diligência".

Em destaque:

> É preciso, também, que esteja relacionada à "posse de arma proibida ou de objetos ou papéis que constituam corpo de delito". Vale dizer, **há uma necessária referibilidade da medida, vinculada à sua finalidade legal probatória, a fim de que não se converta em salvo-conduto para abordagens e revistas exploratórias (fishing expeditions), baseadas em suspeição genérica existente sobre indivíduos**, atitudes ou situações, sem relação específica com a posse de arma proibida ou objeto (droga, por exemplo) que constitua corpo de delito de uma infração penal.

A decisão do STJ ainda assinala que, para a realização da busca pessoal, exigem-se elementos "sólidos, objetivos e concretos", que se fundam em três razões principais, além da intuição policial:

a) evitar o uso excessivo desse expediente e, por consequência, a restrição desnecessária e abusiva dos direitos fundamentais à intimidade, à privacidade e à liberdade (art. 5º, *caput*, e X, da Constituição Federal), porquanto, além de se tratar de conduta invasiva e constrangedora – mesmo se realizada com urbanidade, o que infelizmente nem sempre ocorre –, também implica a detenção do indivíduo, ainda que por breves instantes;

b) garantir a sindicabilidade da abordagem, isto é, permitir que tanto possa ser contrastada e questionada pelas partes, quanto ter sua validade controlada *a posteriori* por um terceiro imparcial (Poder Judiciário), o que se inviabiliza quando a medida tem por base apenas aspectos subjetivos, intangíveis e não demonstráveis;

c) evitar a repetição – ainda que nem sempre consciente – de práticas que reproduzem preconceitos estruturais arraigados na sociedade, como é o caso do perfilamento racial, reflexo direto do racismo estrutural.

Ainda segundo a decisão:

> O art. 244 do CPP não autoriza buscas pessoais praticadas como "rotina" ou "praxe" do policiamento ostensivo, com finalidade preventiva e motivação exploratória, mas apenas buscas pessoais com finalidade probatória e motivação correlata. 3. Não satisfazem a exigência legal, por si sós, meras informações de fonte não identificada (e.g. denúncias anônimas) ou intuições e impressões subjetivas, intangíveis e não demonstráveis de maneira clara e concreta, apoiadas, por exemplo, exclusivamente, no tirocínio policial. Ante a ausência de descrição concreta e precisa, pautada em elementos objetivos, a classificação subjetiva de determinada atitude ou aparência como suspeita, ou de certa reação ou expressão corporal como nervosa, não preenche o standard probatório de "fundada suspeita" exigido pelo art. 244 do CPP.

Em outro julgado, a 6ª Turma do STJ entendeu que

> "Não satisfazem a exigência legal "para se realizar a busca pessoal e/ou veicular, por si sós, meras informações de fonte não identificada (e.g. denúncias anônimas) ou intuições e impressões subjetivas, intangíveis e não demonstráveis de maneira clara e concreta, apoiadas, por exemplo, exclusivamente, no tirocínio policial. Ante a ausência de descrição concreta e precisa, pautada em elementos objetivos, a classificação subjetiva de determinada atitude ou aparência como suspeita, ou de certa reação ou expressão corporal como nervosa, não preenche o standard probatório de 'fundada suspeita' exigido pelo art. 244 do CPP" (RHC n. 158.580/BA, relator Ministro ROGERIO SCHIETTI CRUZ, SEXTA TURMA, julgado em 19/4/2022, DJe 25/4/2022).

Registre-se, ainda, que Corte entende que a denúncia anônima, não confirmada por outros elementos ou pela existência de flagrante delito, é inapta a ensejar a busca pessoal:

> [...] I - No tocante à busca pessoal, este Superior Tribunal de Justiça tem se posicionado, mais atualmente e de forma reiterada, pela impossibilidade de configuração da fundada suspeita para abordagem policial com base apenas em denúncia anônima (não confirmada por outros elementos colhidos ou pela existência de flagrante delito) ou em pura e simples intuição policial (desprovida de demais indicativos do cometimento de crime). Nesse contexto, o mero nervosismo do acusado ou a simples fuga também não configuram atitude suspeita, tudo o que deve ser aferido no caso concreto. Precedentes.[...] AgRg 760775/SP, 5ª Turma, Rel. Min. Messod Azulay Neto, DJe 25.09.23.

25.13.2.2.1 Revista íntima para ingresso em presídios

Não é incomum que objetos ilícitos alcancem os presídios por intermédio dos visitantes, que ocultam, em seus corpos, drogas, celulares etc. Não é incomum, igualmente, que os defensores monoculares dos direitos humanos bradem pela inconstitucionalidade da revista íntima, porquanto essa pode, em determinadas situações, caracterizar tratamento vexatório ou degradante.

O ponto, em si, envolve a dicotomia entre o respeito aos direitos fundamentais e a segurança pública. Parece-nos perfeitamente possível, atualmente, conciliar ambos os direitos, especialmente pelos recursos tecnológicos existentes. Não se admite, por óbvio, a revista íntima na genitália da mulher, conforme decisão do caso do Presídio Miguel Castro, Castro x Peru, no qual a Corte Interamericana de Direitos Humanos considerou a conduta como violência contra a mulher.

O Conselho Nacional de Política Criminal e Penitenciária (CNPCP) publicou a Resolução 05/14 recomendando, entre outras providências, a "não utilização de práticas vexatórias para o controle de ingresso aos locais de privação de liberdade". De acordo com o art. 2º, são vedadas quaisquer formas de revista vexatória, desumana ou degradante, assim consideradas: a) desnudamento parcial ou total; b) qualquer conduta que implique a introdução de objetos nas cavidades corporais da pessoa revistada; c) uso de cães ou animais farejadores, ainda que treinados para esse fim; d) agachamentos ou saltos.

Nos termos do art. 1º da Resolução, a revista pessoal é a inspeção que se efetua, com fins de segurança, em todas as pessoas que pretendem ingressar em locais de privação de liberdade e que venham a ter contato direto ou indireto com pessoas privadas de liberdade ou com o interior do estabelecimento, devendo preservar a integridade física, psicológica e moral da pessoa revistada. Segundo o parágrafo único, a revista pessoal deverá ocorrer mediante uso de equipamentos eletrônicos detectores de metais, aparelhos de raio-x, scanner corporal, dentre outras tecnologias e equipamentos de segurança capazes de identificar armas, explosivos, drogas ou outros objetos ilícitos, ou, excepcionalmente, de forma manual.

Percebe-se, nitidamente, a recomendação do uso da tecnologia para a realização da revista e, excepcionalmente, que essa seja realizada de forma manual. Diante da Resolução, se, mesmo após a submissão aos equipamentos eletrônicos, persistir a suspeita de que, por exemplo, a visitante transporta drogas na vagina, a autoridade penitenciária poderá impedir sua entrada de forma fundamentada ou determinar o acompanhamento mais próximo no interior do estabelecimento prisional, realizando, após o encerramento da visita, busca pessoal no agente visitado, respeitando, igualmente, seus direitos fundamentais.

25.13.3 Busca exploratória

O STF, no julgamento do INQ 2424/RJ, referente à chamada operação Hurricane, destinada a investigar entidade criminosa que envolvia magistrados (inclusive um ministro do STJ), um procurador regional da República e um advogado, supostamente envolvidos com a prática de crimes de corrupção passiva, prevaricação e associação criminosa.

No curso da investigação foi autorizado o ingresso em escritório de advocacia, no período noturno, para obtenção de registro de informações úteis e instalação de equipamento para fins de captação ambiental.

O STF, analisando a validade das provas, decidiu pela ausência de ilicitude, conforme se extrai do seguinte trecho da ementa:

> (...) PROVA Criminal. Escuta ambiental e exploração de local. Captação de sinais óticos e acústicos. Escritório de advocacia. Ingresso da autoridade policial, no período noturno, para instalação de equipamento. Medidas autorizadas por decisão judicial. Invasão de domicílio. Não caracterização. Suspeita grave da prática de crime por advogado, no escritório, sob pretexto de exercício da profissão. Situação não acobertada pela inviolabilidade constitucional. Inteligência do art. 5º, X e XI, da CF, art. 150, § 4º, III, do CP, e art. 7º, II, da Lei nº 8.906/94. Preliminar rejeitada. Votos vencidos. Não opera a inviolabilidade do escritório de advocacia, quando o próprio advogado seja suspeito da prática de crime, sobretudo

concebido e consumado no âmbito desse local de trabalho, sob pretexto de exercício da profissão. (...) (STF, Inq. 2424/RJ, Tribunal Pleno, rel. min. Cezar Peluso, DJ 26/3/2010).

Doutrinariamente, a diligência recebeu a nomenclatura de busca exploratória, por meio da qual se relativizou o período para realização da busca domiciliar, permitindo-a durante a noite, bem como se flexibilizou a inviolabilidade do escritório de advocacia e se afastou a aplicação do artigo 7º, §6º da Lei 8.906/94 (Estatuto da Ordem dos Advogados do Brasil), que versa sobre a presença de representante da OAB para cumprimento de busca em escritório de advocacia.

Em linhas gerais, o STF entendeu que "não opera a inviolabilidade do escritório de advocacia, quando o próprio advogado seja suspeito da prática de crime, sobretudo concebido e consumado no âmbito desse local de trabalho, sob pretexto de exercício da profissão". De fato, conforme bem salientado no voto do Min. Rel. César Peluso, não havia condições de realização da diligência seguindo-se o procedimento regular, com apresentação de mandado de busca, sob pena de frustração da medida.

A nomenclatura, busca exploratória, decorre do fato de que na medida deferida não houve autorização específica para apreensão de bens, mas tão somente para se registrar os elementos ali presente, bem como para instalação de equipamento de captação ambiental, permitindo-se a exploração do local para registro e análise de sinais ópticos.

25.14 MEIOS DE PROVA INVASIVOS

O caso Kyllo (2001), julgado pela Suprema Corte Norte Americana, fixou um importante precedente no tocante às chamadas provas invasivas. Dada sua importância, porque os avanços tecnológicos não cessam, o analisaremos sob uma perspectiva ampliativa.

O julgado referente ao caso Kyllo compõe a trilogia de precedentes da Suprema Corte Norte Americana (*Olmstead-Katz-Kyllo*), que deu origem à classificação das provas em gerações tomando por esteio a necessidade de observância da cláusula de reserva de jurisdição.

No caso Olmstead (1928), **primeira geração**, houve a instalação de aparelho de interceptação de comunicações telefônicas sem autorização judicial, em via pública. A Suprema Corte, valendo-se da **teoria do trespasse** (*tresspass theory*), reputou válida a prova porque não havia ocorrido ingresso na propriedade do agente.

O caso Katz (1967), **segunda geração**, revelou a alteração do entendimento anterior da Suprema Corte, para ampliar a tutela não somente da intimidade no interior da propriedade, mas também na esfera das conversas do indivíduo. No julgamento, reputou-se inválida a prova obtida por meio da instalação de um equipamento de gravação do lado externo de uma cabine de telefone público, que fora utilizada pelo investigado. A decisão deflagrou a **teoria da proteção constitucional integral**, ampliando a tutela constitucional de objetos, lugares e pertences para as pessoas e suas expectativas de privacidade[54].

O caso Kyllo (2001), **terceira geração**, revela-se emblemático para o cenário atual, vez que a Suprema Corte Norte Americana fixou o precedente de que o avanço tecnológico, aplicável sobre a materialidade das coisas, não afasta a tutela constitucional à intimidade.

---

54. KNIJNIK, Danilo. **Temas de Direito Penal, Criminologia e Processo Penal**. A trilogia Olmstead-Katz-Kyllo: o art. 5º da Constituição Federal do século XXI. Porto Alegre: Livraria do Advogado editora, 2015. p. 180.

No processo, havia a desconfiança de que Danny Kyllo cultivava maconha no interior de sua residência, sem elementos hábeis a confirmar a suspeita. Diante de tal fato, a polícia, sem mandado judicial, utilizou-se de aparelho de captação térmica para monitorar eventuais focos de calor da residência de Kyllo, vez que o cultivo de maconha normalmente está associado à utilização de lâmpadas de alta intensidade. Com lastro nas informações colhidas com o equipamento, a polícia obteve o mandado de busca, que culminou com a apreensão de plantas de maconha.

Analisando o caso, a Suprema Corte Norte-Americana entendeu que o avanço tecnológico, aplicável sobre a materialidade das coisas, não afasta a tutela constitucional à intimidade, de forma que não se poderia equiparar a utilização de ferramentas invasivas à observação simples de uma residência, realizada tão somente com os olhos. Nesse contexto, surgiu o conceito de **provas invasivas**, como aquelas que permitem o conhecimento e, consequentemente, resultados não alcançados pelos sentidos e técnica usuais.

25.14.1 Provas obtidas por meio de *scanners* e drones

Seguindo a trilha da terceira geração probatória, parece-nos que a utilização de scanners e outros aparelhos aptos a "enxergar" objetos fora do campo visual da pessoa, como as modernas câmeras de periscopia computacional, que permitem, por exemplo, a leitura de cartas detrás de muros, não poderão ser utilizadas sem autorização judicial, vez que nitidamente revelariam uma invasão à vida privada.

Mesmo com autorização judicial, a utilização de tais meios de obtenção de provas seria questionável, porquanto extremamente invasivas e violadoras da intimidade e vida privada. Um ponto é ingressar na residência por meio de mandado de busca, evidenciando a presença da polícia. Outro é monitorar momentos privados sem o conhecimento do morador. A polícia, ao entrar na residência, quebra qualquer momento de intimidade eventualmente existente, pois a operação passa a ser conhecida do morador. Ao monitorar "os passos" do morador, em sua residência, sem que esse tenha ciência da conduta invasiva, pode-se revelar, por exemplo, momentos de intimidade de um casal, que nada guardam relação com o objeto a ser provado.

Não se questiona o fato de que há situações em que a intimidade e a vida privada serão, de fato, cerceadas em prol da investigação. Contudo, há uma barreira não somente jurídica, mas ética, que deve ser observada. Desde 1967, aplica-se o chamado teste *Katz*, que consiste em dois questionamentos: 1) o sujeito da vigilância possui expectativa subjetiva de privacidade? e 2) essa expectativa subjetiva é que uma sociedade, como um todo, está preparada para aceitar como razoável?

A Suprema Corte Norte Americana considerou a constitucionalidade da vigilância aérea em três casos da década de 1980 (*Califórnia vs. Ciraolo*, *Flórida vs. Riley*, *Dow Chemical vs. Estados Unidos*) e considerou em todos os três que essa vigilância aérea tripulada sem mandado não viola a Quarta Emenda.

Em *California vs. Ciraolo*, a polícia usou um avião para bisbilhotar um quintal, tendo a Corte entendido que a medida ocorreu dentro do espaço aéreo navegável público de maneira fisicamente não intrusiva. Como consequência, a polícia foi capaz de observar plantas facilmente discerníveis a olho nu como maconha. A fundamentação residiu no fato de que qualquer pessoa voando neste espaço aéreo que olhasse para baixo poderia ter tido a mesma visão. Nesse sentido, entendeu-se que a expectativa do agente de que seu jardim estaria protegido de tal observação não seria razoável, pois não seria uma expectativa que a sociedade estivesse preparada para honrar.

A Suprema Corte ainda não modificou ou anulou esse precedente em resposta à tecnologia de vigilância aérea, em evolução. Contudo, parece-nos perfeitamente possível a aplicação do precedente do caso Kyllo (2011), no qual um dispositivo que não é de uso público geral, não pode ser utilizado para explorar detalhes da casa que anteriormente seriam desconhecidos sem intrusão física.

As novas tecnologias não negam por si mesmas uma expectativa razoável de privacidade no que pode ser observado de um espaço público. O uso de **drones** como meio de obtenção de provas pode, de certo modo, quebrar essa expectativa de privacidade. Imagine, por exemplo, o morador do décimo andar de um prédio sendo processado por manter objetos ilícitos em sua residência porque um drone foi utilizado para filmar o local pela janela. Há nítida violação de privacidade, porquanto a expectativa dessa, no exemplo, é por demais razoável.

Tratando-se, contudo, de **campos abertos**, como jardins em áreas urbanas e áreas de plantação em fazendas, não nos parece razoável a expectativa de privacidade, pois qualquer pessoa, sobrevoando o local, será capaz de identificar o conteúdo ali existente. Superada a questão da expectativa de privacidade, há que se analisar se o meio de obtenção da prova, o drone, é um equipamento de alcance público em geral, isto é, se seu uso é ordinário, extraordinário ou, mesmo na última hipótese, acessível ao público.

O uso de drones para eventos não é incomum, sendo bastante utilizado por fotógrafos em casamentos e festas maiores. O produto, em si, não é dotado de alto valor, sendo os comuns mais baratos do que um aparelho celular igualmente comum. Logo, tem-se sua acessibilidade ao público em geral, de forma que o aumento das provas obtidas por meio de tais equipamentos tende a aumentar.

E, nesse ponto, há que se indagar, será necessário o mandado de busca para a obtenção da prova que qualquer um poderia obter simplesmente utilizando um drone próprio ou, por exemplo, sobrevoando o local em observância às regras da ANAC? A julgar pela tradição da jurisprudência pátria, entendemos que sim na esfera mais íntima, como quintais, e não, em áreas de campos abertos, a exemplo de zonas rurais.

25.15 SÍNTESE GRÁFICA

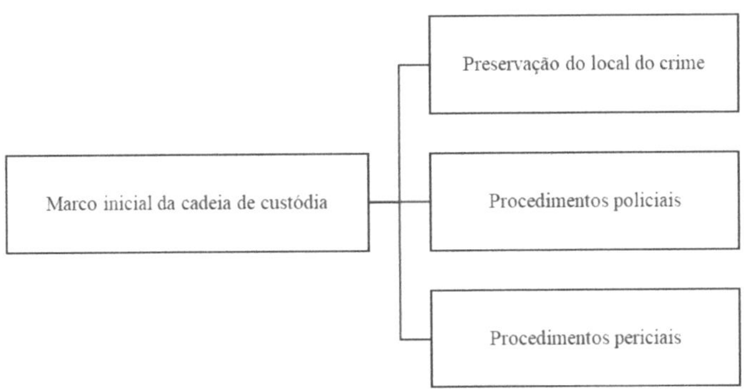

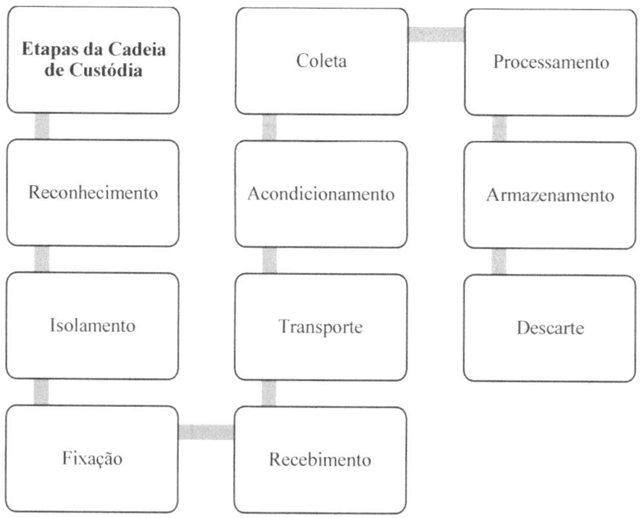
Etapas da Cadeia de Custódia
Reconhecimento
Isolamento
Fixação
Coleta
Acondicionamento
Transporte
Recebimento
Processamento
Armazenamento
Descarte

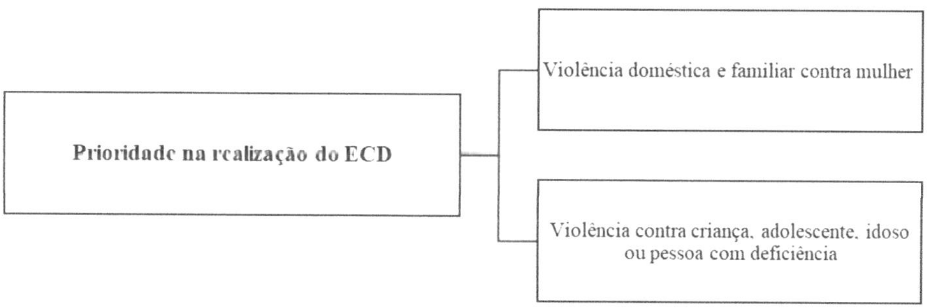
Prioridade na realização do ECD
Violência doméstica e familiar contra mulher
Violência contra criança, adolescente, idoso ou pessoa com deficiência

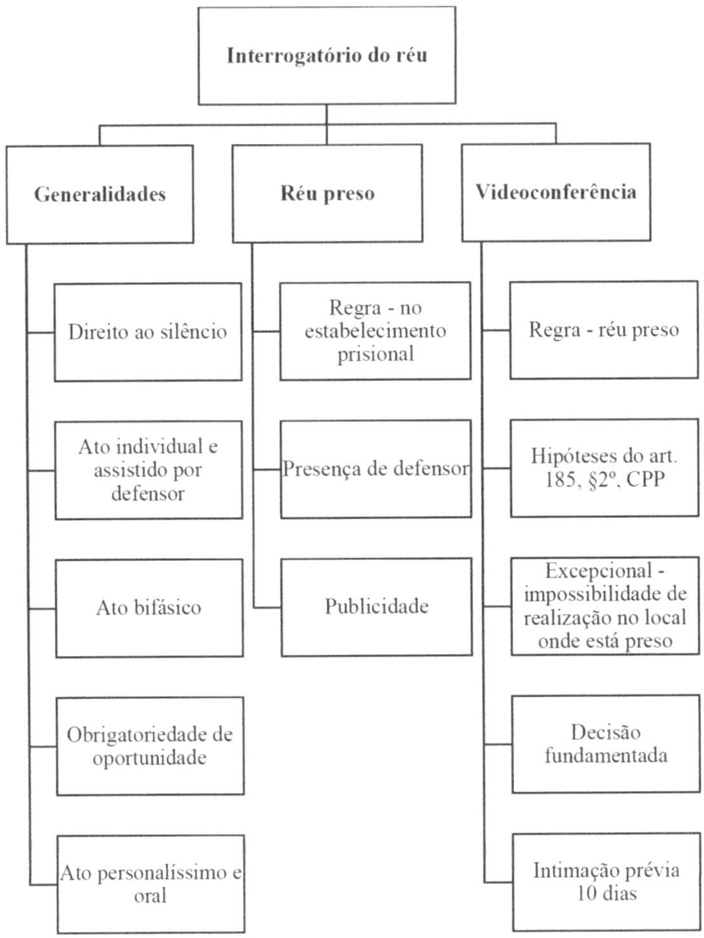

Rito	Número de Testemunhas	Fundamento
Procedimento comum ordinário	08	Art. 441, *caput*, CPP.
Procedimento comum sumário	05	Art. 532, CPP
Procedimento sumaríssimo	03*	Art. 34, Lei 9.099/95

Primeira fase do procedimento do júri	08	Art. 406, §3º, CPP
Segunda fase do procedimento do júri	05	Art. 422
Procedimento da Lei de Drogas	05	Art. 54, III da Lei 116343/06
Procedimento ordinário do CPPM	06	Art. 77, "a", CPPM
*Há divergência quanto ao número de testemunhas no âmbito do Juizado Especial Criminal em razão da omissão legal. Há quem sustente a aplicação subsidiária do procedimento comum, defendendo o número de 08 testemunhas. Há, igualmente, quem sustente aplicação da regra do procedimento sumário, com 05 testemunhas. E, há, ainda, assim como nós, quem defenda a aplicação do próprio microssistema do Juizado Especial, o qual prevê, além de 03 testemunhas para o procedimento cível, os princípios da celeridade, simplicidade e economia processual como regentes dos procedimentos cíveis e criminais previstos na Lei.		

25.16 REVISÃO DO CAPÍTULO POR QUESTÕES DE CONCURSOS E ASSERTIVAS DE REFORÇO

QUESTÕES DE CONCURSO

Em razão da íntima conexão entre os temas tratados nos capítulos 24 a 26, circunstância que praticamente impede o fracionamento das questões para tratamento nos capítulos de forma individualizada, optamos por colacionarmos as questões referentes aos temas medidas cautelares pessoais e liberdade ao final do capítulo 26, permitindo ao leitor a realização do treino de forma sistêmica.

ASSERTIVAS DE REFORÇO

1. ( ) A cadeia de custódia visa assegurar e preservar a integridade dos elementos de prova, demonstrando sua história cronológica, sua origem e construção ou rastreabilidade probatória, com o escopo de conferir autenticidade à prova.

2. ( ) Vestígio é toda e qualquer espécie de prova, ainda que imaterial, que pode ser lapidado, a exemplo de uma prova testemunhal, para fornecer elementos de prova acerca da infração penal.

3. ( ) No universo da cadeia de custódia, o recebimento é o ato formal de transferência da posse do vestígio, que deve ser documentado com, no mínimo, informações referentes ao número de procedimento e unidade de polícia judiciária relacionada, local de origem, nome de quem transportou o vestígio, código de rastreamento, natureza do exame, tipo do vestígio, protocolo, assinatura e identificação de quem o recebeu.

4. ( ) De acordo com o STJ, a quebra da cadeia de custódia invalida, de forma obrigatória, a prova custodiada, bem como as dela decorrentes.

5. ( ) Em um crime de homicídio, por exemplo, o corpo de delito não se restringe ao cadáver, pois envolve todos os vestígios aptos a permitir se concluir que aquele corpo encontra-se sem vida porque alguém lhe ceifou vida. Assim, a arma do crime, as pegadas do autor, as digitais deixadas no local, entre outros, formam o chamado corpo de delito.

6. ( ) O perito oficial é o funcionário público de carreira incumbido da realização de perícias, sendo dispensado o compromisso. O perito não oficial é aquele designado pela autoridade investigante ou juiz para realização da perícia, podendo ser funcionário público ou não, devendo, obrigatoriamente, prestar o compromisso de bem e fielmente cumprir o encargo, sob pena de nulidade absoluta.

7. ( ) No processo penal, em regra, é nulo o exame realizado por um só perito, considerando-se suspeito o que tiver funcionado, anteriormente, na diligência de apreensão.

8. ( ) No âmbito da Lei de Drogas, para efeito da lavratura do auto de prisão em flagrante e estabelecimento da materialidade do delito, é suficiente o laudo de constatação da natureza e quantidade da droga, firmado por perito oficial ou, na falta deste, por pessoa idônea.

9. ( ) Nos crimes contra a propriedade imaterial, a norma não impõe a realização da perícia por dois peritos no caso da inexistência de perito oficial, contentando-se com a realização da prova por pessoa tecnicamente habilitada.

10. ( ) A ausência de exame de corpo de delito produz nulidade absoluta por falta do exame de corpo de delito nos crimes que deixam vestígios.

11. ( ) A mulher, nos crimes que for vítima de violência, terá prioridade na realização do exame de corpo de delito.

12. ( ) No exame para o reconhecimento de escritos, por comparação de letra, para a realização da comparação poderão servir quaisquer documentos que a dita pessoa reconhecer ou já tiverem sido judicialmente reconhecidos como de seu punho, ou sobre cuja autenticidade não exista dúvida.

13. ( ) No exame de corpo de delito realizado por precatória, a nomeação dos peritos, independentemente da natureza da ação penal, será sempre realizada pelo juízo deprecado.

14. ( ) Para a configuração do delito de violação de direito autoral e a comprovação de sua materialidade, é suficiente a perícia realizada por amostragem do produto apreendido, nos aspectos externos do material, e é desnecessária a identificação dos titulares dos direitos autorais violados ou daqueles que os representem.

15. ( ) A primeira parte do interrogatório relaciona-se com o direito de não produzir prova contra si, podendo o acusado exercer o direito ao silêncio.

16. ( ) A regra geral impõe, nos casos de réu solto, a realização do interrogatório na presença do juiz, isto é, na sala de audiências do fórum onde tramita o processo. Nos casos de réus presos, a regra geral é a de que o interrogatório do réu preso deverá ser realizado, em sala própria, no estabelecimento em que estiver recolhido.

17. ( ) Se o juiz verificar que a presença do réu poderá causar humilhação, temor, ou sério constrangimento à testemunha ou ao ofendido, de modo que prejudique a verdade do depoimento, fará a inquirição por videoconferência e, somente na impossibilidade dessa forma, determinará a retirada do réu, prosseguindo na inquirição, com a presença do seu defensor.

18. ( ) Simples é a confissão na qual o agente, ao reconhecer a prática delitiva ou sua participação, não alega qualquer excludente de ilicitude ou culpabilidade. Ao contrário, a confissão qualificada é aquela na qual o agente, a despeito de reconhecer sua contribuição para a infração penal, aduz tê-la praticado amparado por alguma excludente.

19. ( ) A confissão será indivisível, apesar de retratável.

20. ( ) O STJ tem decidido que as declarações da vítima, apoiadas nos demais elementos dos autos, em se tratando de crimes cometidos sem a presença de outras pessoas, é prova válida para a condenação, mesmo ante a palavra divergente do réu.

21. ( ) A regra é a oralidade na produção da prova testemunhal. Contudo, o Presidente e o Vice-Presidente da República, os presidentes do Senado Federal, da Câmara dos Deputados, do Supremo Tribunal Federal e do Superior Tribunal de Justiça poderão optar pela prestação de depoimento por escrito, caso em que as perguntas, formuladas pelas partes e deferidas pelo juiz, lhes serão transmitidas por ofício.

22. ( ) Sobre aprova testemunhal, não se deferirá o compromisso aos doentes e deficientes mentais e aos menores de 16 (dezesseis) anos.

23. ( ) Testemunha imprópria, instrumentária ou fedatária é aquela que presta depoimento não sobre o fato criminoso em si, mas sobre alguma circunstância relacionada à regularidade de ato ou fato processual.

24. ( ) A norma que impõe a incomunicabilidade das testemunhas revela o mesmo conteúdo normativo e sanções da norma que prevê a incomunicabilidade dos jurados no procedimento do júri.

25. ( ) Independentemente das ocorrências processuais, as testemunhas de defesa serão sempre inquiridas após as da acusação.

26. ( ) A chamada escuta especializada não visa a produção de provas, mas sim a proteção da criança e adolescente, ao passo que o depoimento especial consubstancia-se em procedimento para obtenção de prova.

27. ( ) No reconhecimento de pessoas, se a vítima é capaz de individualizar o agente, não é necessário instaurar o procedimento legal.

28. ( ) A acareação será admitida entre acusados, entre acusado e testemunha, entre testemunhas, entre acusado ou testemunha e a pessoa ofendida, e entre as pessoas ofendidas, sempre que divergirem, em suas declarações, sobre fatos ou circunstâncias relevantes.

29. ( ) É proibida a juntada de documentos nos três úteis que antecedem a realização do plenário do júri.

30. ( ) O consentimento do morador permite que o mandado de busca e apreensão seja cumprido em qualquer horário.

31. ( ) Não será permitida a apreensão de documento em poder do defensor do acusado, salvo quando constituir elemento do corpo de delito.

32. ( ) Finda a diligência de busca e apreensão, os executores lavrarão auto circunstanciado, assinando-o com uma testemunha presencial, sem prejuízo da possibilidade de intimação de vizinhos para acompanhamento de todo o ato, os quais deverão, ao final, figurar como testemunhas no auto circunstanciado.

33. ( ) A fundada suspeita, para fins de busca pessoal, depende de um fato prévio e concreto que a fundamente, não podendo ser justificada tão somente pelo aspecto subjetivo do agente, como na hipótese do agente usar agasalho com capuz, porque apto a ocultar armas e dificultar identificação.

34. ( ) Na busca pessoal, sendo a busca realizada em mulher, essa será obrigatoriamente feita por outra mulher.

35. ( ) Segundo o STF, não opera a inviolabilidade do escritório de advocacia, quando o próprio advogado seja suspeito da prática de crime, sobretudo concebido e consumado no âmbito desse local de trabalho, sob pretexto de exercício da profissão.

36. ( ) Ocorre a chamada busca exploratória quando o agente é abordado pela polícia e submetido a busca pessoal.

37. ( ) Seguindo a trilha da segunda geração probatória, a utilização de scanners e outros aparelhos aptos a "enxergar" objetos fora do campo visual da pessoa, como as modernas câmeras de periscopia computacional, que permitem, por exemplo, a leitura de cartas detrás de muros, não poderão ser utilizadas sem autorização judicial, vez que nitidamente revelariam uma invasão à vida privada.

38. ( ) O chamado teste *Katz* consiste em dois questionamentos: 1) o sujeito da vigilância possui expectativa subjetiva de privacidade? e 2) essa expectativa subjetiva é que uma sociedade, como um todo, está preparada para aceitar como razoável?

39. ( ) A teoria do trespasse insere-se no contexto da primeira geração probatória e considera válida a prova desde que não tenha ocorrido ingresso na propriedade do agente.

40. ( ) A teoria da proteção constitucional integral, aplicada no contexto da terceira geração probatória, ampliou a tutela constitucional de objetos, lugares e pertences para as pessoas e suas expectativas de privacidade.

25.16.1 Gabarito

ASSERTIVAS DE REFORÇO

1	2	3	4	5	6	7	8	9	10
V	F	V	F	V	F	F	V	V	F
11	**12**	**13**	**14**	**15**	**16**	**17**	**18**	**19**	**20**
F	F	V	V	F	V	V	V	F	V
21	**22**	**23**	**24**	**25**	**26**	**27**	**28**	**29**	**30**
F	F	V	F	F	V	V	V	F	V
31	**32**	**33**	**34**	**35**	**36**	**37**	**38**	**39**	**40**
V	F	V	F	V	F	F	V	V	F

COMENTÁRIOS ÀS ASSERTIVAS FALSAS E JUSTIFICATIVAS IMPORTANTES

1. V.

2. F. Vestígio é todo objeto ou material bruto, visível ou latente, constatado ou recolhido, que se relaciona à infração penal.

3. V.

4. F. As eventuais irregularidades na cadeia de custódia devem ser sopesadas pelo magistrado em conjunto com os demais elementos de prova.

5. V.

6. F. A ausência de compromisso formal caracteriza mera irregularidade, desde que inequivocamente o encargo tenha sido aceito.

7. F. Considera-se impedido, Súmula 361, STF.

8. V.

9. V.

10. F. Nos termos da jurisprudência desta Corte, o estupro se consuma independente da conjunção carnal e de vestígios, assim, até mesmo a ausência de exame de corpo de delito não acarretaria a nulidade do feito, sobretudo quando presentes outras provas aptas a comprovar a materialidade delitiva, como ocorreu na hipótese. Precedentes. AgRg no AREsp 1962527/MG, DJe 16.12.21.

11. F. Somente nos casos de violência doméstica e familiar contra a mulher.

12. F. No caso de ação privada, por acordo das partes, essa nomeação poderá ser feita pelo juiz deprecante.

13. V.

14. V.

15. F. A primeira parte do interrogatório não se relaciona com o direito de não produzir prova contra si. O direito a não se autoincriminar diz respeito ao mérito da pretensão punitiva, não à identificação do investigado/acusado.

16. V.

17. V.

18. V.

19. F. A confissão será divisível e retratável, art. 200, CPP.

20. V.

21. F. O presidente do STJ não está contemplado na previsão.

22. F. Menores de 14 anos.

23. V.

24. F. A norma que impõe a incomunicabilidade das testemunhas, dada a particularidade da prova, não se confunde com a incomunicabilidade dos jurados no procedimento do júri.

25. F. É perfeitamente possível que as partes, de comum acordo, pactuem a inversão da oitiva das testemunhas quando as testemunhas de defesa forem meramente abonadoras, de sorte que não haverá prejuízo para o réu. De forma excepcional, poderá ocorrer a inversão da ordem no caso de oitivas por carta precatória, vez que essas não suspendem a instrução criminal (§1º do art. 222 do CPP). O STJ, analisando o tema, por diversas vezes já se manifestou pela legalidade do procedimento.

26. V.

27. V.

28. V.

29. F. A despeito de não proibir a juntada do documento, o art. 479 do CPP impede que, durante o julgamento perante Tribunal do Júri, sejam lidos documentos ou exibidos objetos que não tiverem sido juntados aos autos com a antecedência mínima de 3 (três) dias úteis, com ciência à outra parte.

30. V.

31. V

32. F. Duas testemunhas.

33. V.

34. F. Nos termos do art. 249 do CPP, sendo a busca em mulher, essa será feita por outra mulher, se não importar retardamento ou prejuízo da diligência.

35. V.

36. F. A nomenclatura, busca exploratória, decorre do fato de que na medida não há autorização específica para apreensão de bens, mas tão somente para se registrar os elementos ali presente, bem como para instalação de equipamento de captação ambiental, permitindo-se a exploração do local para registro e análise de sinais ópticos.

37. F. Terceira geração probatória.

38. V.

39. V.

40. F. Segunda geração probatória.

26

Meios de provas especiais

26.1 COMO O ASSUNTO É ABORDADO EM PROVAS E CONCURSOS

O tema "provas", em razão da alta carga normativa, doutrinária e jurisprudencial é um dos mais cobrados nos concursos de Magistratura, Ministério Público, Defensoria Pública e Delegado de Polícia.

O capítulo, em especial, trata da parte normativa relacionada às provas especiais, analisando cada espécie probatória. A jurisprudência sobre o tema é igualmente importante, especialmente nos casos que envolvem colaboração premiada, interceptação telefônica e demais provas que ingressam na seara dos direitos fundamentais.

É preciso especial atenção aos institutos previstos na Lei de Organizações Criminosas, normalmente os mais exigidos. Conforme destacamos anteriormente, no processo penal, tudo passa pela análise probatória, motivo pelo qual será importante para o leitor dedicar ao tema momentos de revisão constantes ao longo de sua preparação.

26.2 INTRODUÇÃO

Além dos meios de prova regulares, previstos no CPP, a legislação penal especial prevê outros meios pelos quais a prova pode ser produzida. Dada a peculiaridade de tais meios, optamos, por questões de didática, por estudá-los de forma apartada em razão da riqueza temática.

26.3 INTERCEPTAÇÃO TELEFÔNICA E CAPTAÇÃO AMBIENTAL

Conforme o art. 5º, XII, da Constituição Federal, "é inviolável o sigilo da correspondência e das comunicações telegráficas, de dados e das comunicações telefônicas, salvo, no último caso, por ordem judicial, nas hipóteses e na forma que a lei estabelecer para fins de investigação criminal ou instrução processual".

Não obstante a restrição normativa no tocante às comunicações telefônicas em decorrência da expressão "salvo, no último caso", sugerindo que a violação somente poderia ocorrer nesses casos, a exegese jurisprudencial e doutrinária segue a linha da tutela dos direitos fundamentais de forma relativa, isto é, permite também a quebra do sigilo de dados, correspondências e demais formas de comunicação à distância, porquanto não existem direitos absolutos, especialmente diante de situações cujo interesse público deve prevalecer. Não por outra razão, o STF considerou válida a interceptação de correspondência do preso no julgamento do HC 70.814/SP, Rel. Min. Celso de Mello[1].

Tem-se, dessa forma, que não somente o sigilo das comunicações telefônicas pode ser alvo de violação legítima, mas também os dados bancários, fiscais e outros que recebem tutela legal, como e-mails, mensagens por aplicativos e correspondências, que igualmente podem ser objeto de restrição, desde que amparada por ordem judicial emanada com lastro no interesse público subjacente. Registre-se que o STJ distingue a correspondência da encomenda, sendo que a somente a violação da primeira demanda autorização judicial[2].

26.3.1 Conceitos

Interceptação telefônica, no sentido da Lei 9.296/96, significa conhecer o conteúdo de uma comunicação telefônica por meio de uma captação, realizada por terceiro não participante da comunicação. Exige, portanto, a participação de no mínimo três pessoas, os interlocutores, que se comunicam entre si, e o terceiro, que realiza, de fato, a interceptação.

A realização da interceptação não exige a realização da gravação da captação, pois há casos em que essa não é possível, como assinala o disposto no art. 6º, §1º da Lei 9.296/96.

Visando sistematizar os conceitos legais e outros decorrentes, fixemos algumas definições:

a) Comunicação telefônica: o conceito de comunicação telefônica envolve não somente a conversa realizada por meio de ligação, pois compreende também a transmissão de escritos, imagens, sons ou informações de qualquer natureza, por meio de telefonia, seja ela móvel ou estática. A amplitude conceitual decorre do art. 1º da Lei de Interceptações Telefônicas, que assinala que a interceptação das comunicações telefônicas, de qualquer natureza, pode ser realizada para prova em investigação criminal e em instrução processual penal, tendo o parágrafo único do dispositivo previsto que o disposto na Lei se aplica à interceptação do fluxo de comunicações em sistemas de informática e telemática. Assim, o conceito de comunicações telefônicas abrange qualquer espécie de comunicação por meio de telefone, como aquelas realizadas direta por fax, e-mails, mensagens por aplicativos e etc.

b) Comunicação ambiental: ao contrário da comunicação telefônica, que pressupõe a utilização de instrumento tecnológico e, em regra, é realizada à distância, a comunicação ambiental é aquela realizada no próprio ambiente em que os interlocutores se encontram. Não exige, portanto, o uso de aparelhos, por envolver apenas uma conversa entre duas

---

1. DJ 24.06.1994.

2. Correspondência, para os fins tutelados pela Constituição da República (art. 5º, VII) é toda comunicação de pessoa a pessoa, por meio de carta, através da via postal ou telegráfica. (Lei nº 6.538/78). A apreensão pelo Juiz competente, na agência dos Correios, de encomenda, na verdade tigre de pelúcia com cocaína, não atenta contra a Constituição da República, art. 5º, VII. Para os fins dos valores tutelados, encomenda não é correspondência. RHC 70.814/SP, DH 02/04/01

ou mais pessoas em ambiente público ou privado. A interceptação da comunicação ambiental, portanto, não segue a trilha da Lei 9.296/96, devendo ser fundamentada na quebra do direito maior, da intimidade (art. 5º, X, CF).

c) Interceptação telefônica: a chamada interceptação em sentido estrito ocorre quando há a captação de uma comunicação alheia, realizada por terceiro, sem que os interlocutores tenham ciência da interceptação.

d) Escuta telefônica: ao contrário da interceptação telefônica, que pressupõe o desconhecimento dos interlocutores acerca da captação, a escuta telefônica é realizada com o conhecimento de um dos comunicadores e desconhecimento dos demais.

e) Gravação telefônica clandestina: trata-se da gravação realizada por meio de autogravação por parte de um dos interlocutores, sem o conhecimento dos demais.

f) Interceptação ambiental: é captação da comunicação no próprio ambiente em que ocorre, por terceiro, sem o conhecimento dos participantes, envolvendo a possibilidade de realização de filmagens e gravação de áudios.

g) Escuta ambiental: trata-se da captação de uma comunicação no próprio ambiente em que ocorre, realizada por terceiro, com o conhecimento de um dos interlocutores.

h) Gravação ambiental clandestina: trata-se da gravação realizada no próprio ambiente em que ocorre, por meio de autogravação por parte de um dos interlocutores, sem o conhecimento dos demais.

Interceptação telefônica	Escuta telefônica
Captação por Terceiro	Captação por Terceiro
Sem conhecimento dos interlocutores	Com conhecimento de um dos interlocutores

Interceptação	Escuta	Gravação
Sem conhecimento de nenhum dos interlocutores	Com conhecimento de um dos interlocutores	Com conhecimento de um dos interlocutores
Realizada por terceiro	Realizada por terceiro	Realizada pelo próprio interlocutor
Meio de obtenção da Prova	Meio de obtenção da Prova	Materialização da Prova

26.3.2 Objeto e limites da Lei de Interceptações Telefônicas

A Lei de Interceptações Telefônicas, antes da Lei do Pacote Anticrime (Lei 13.964/19), versava tão somente sobre a interceptação telefônica e escuta telefônica. Com a alteração legal, passou a abranger a captação ambiental de sinais eletromagnéticos, ópticos ou acústicos, conforme previsão no art. 8º-A.

Logo, temos que a lei deve ser aplicada para os casos de interceptação telefônica e escuta telefônica, bem como de interceptação e escuta ambiental de sinais eletromagnéticos, ópticos ou acústicos, de forma que não somente a conversa por meio de telefone está abrangida, mas também a comunicação por telefone por meio de mensagens por aplicativos, e-mails, fax etc. Pouco importa se o telefone é público ou privado, porque a tutela recai sobre a comunicação e não sobre o titular da linha. Não abarca, contudo, as gravações clandestinas, vez que por serem realizadas pelo próprio interlocutor, sua avaliação deve seguir a trilha da proporcionalidade, máxime porque pode ser utilizada a título de defesa ou como elemento de prova de comportamento praticado pelo agente contra aquele que grava a conversa. É o que se infere da jurisprudência do STF:

> Gravação clandestina, feita por um dos interlocutores, sem conhecimento do outro. Juntada da transcrição em inquérito policial, onde o interlocutor requerente era investigado ou tido por suspeito. Admissibilidade. Fonte lícita de prova. Inexistência de interceptação, objeto de vedação constitucional. Ausência de causa legal de sigilo ou de reserva da conversação. Meio, ademais, de prova da alegada inocência de quem a gravou. Improvimento ao recurso. Inexistência de ofensa ao art. 5º, incs. X, XII e LVI, da CF. Precedentes. Como gravação meramente clandestina, que se não confunde com interceptação, objeto de vedação constitucional, é lícita a prova consistente no teor de gravação de conversa telefônica realizada por um dos interlocutores, sem conhecimento do outro, se não há causa legal específica de sigilo nem de reserva da conversação, sobretudo quando se predestine a fazer prova, em juízo ou inquérito, a favor de quem a gravou. (STF, RE 402.717/PR, Rel. Min. Cezar Peluso, Segunda Turma, DJe 12.02.2009).

De acordo com AVOLIO[3] (2003, p. 143):

> Qualquer pessoa tem o direito de gravar a sua própria conversa, haja ou não conhecimento da parte de seu interlocutor. O que a lei penal veda, tonando ilícita a prova decorrente, é a divulgação da conversa sigilosa, sem justa causa. A 'justa causa' é exatamente a chave para se perquirir a licitude da gravação clandestina. E, dentro das excludentes possíveis, é de se afastar – frise-se – o direito à prova. Os interesses remanescentes devem ser suficientemente relevantes para ensejar o sacrifício da *privacy*. Assim, por exemplo, a vida, a integridade física, a liberdade, o próprio direito à intimidade e, sobretudo, o direito de defesa, que se insere entre as garantias fundamentais. Ocorrendo, pois, conflito de valores dessa ordem, a gravação clandestina é de se reputar lícita, tanto no processo criminal como no civil, independentemente do fato de a exceção à regra da inviolabilidade das comunicações haver sido regulamentada.

Entendemos, pela redação do parágrafo único do art. 1º da Lei 9.296/96, que o regramento legal se aplica às comunicações não somente por meio de telefone, alcançando o fluxo de comunicações em sistemas de informática e telemática. Isso porque não existem direitos fundamentais absolutos e a não aplicação do regramento às demais hipótese de comunicação conduziria à aplicação de medidas cautelares atípicas, por vezes menos rígidas do que a exigida pela Lei de Interceptações Telefônicas.

No mesmo sentido é a lição de BRASILEIRO[4] (2020, p. 816):

> Daí dispor o *caput* do art. 1º da Lei nº 9.296/96 ser possível a interceptação de comunicações telefônicas de qualquer natureza, acrescentando o parágrafo único do mesmo artigo que o disposto nesta Lei aplica-se à interceptação do fluxo de comunicações em sistemas de informática e telemática. **Por telemática compreende-se a ciência que cuida da comunicação (transmissão, manipulação) de dados, sinais, imagens, escritos e informações por meio do uso combinado da informática (do computador) com as várias formas de telecomunicação, ou seja, telemática é a telecomunicação associada à informática.**

3. AVOLIO, Luiz Francisco Torquato. **Provas ilícitas: interceptações telefônicas, ambientais e gravações clandestinas.** 3ª ed. São Paulo: Editora Revista dos Tribunais, 2003.

4. *op.cit.*

Não há violação ao sigilo das comunicações no caso de gravação clandestina de conversa entre o preso e policiais, nas quais se incrimina terceira pessoa, vez que, nesse caso, o agente está acobertado pelo direito ao silêncio e, na medida em que não o exerce, a prova produzida é lícita[5]. De outro modo, no caso de gravação de confissão do agente, sem prévia e formal advertência quanto ao direito ao silêncio, a prova será concebida como ilícita por violação ao princípio da não autoincriminação[6].

De igual forma, não há violação do direito à intimidade na esfera dos chamados e-mails corporativos, utilizados na seara empresarial, sobre os quais se permite o controle por parte do empregador, vez que sua finalidade é estritamente profissional e, portanto, não há expectativa de intimidade.

26.3.3 Lei 9.296/96 – Interceptação telefônica – aspectos materiais e processuais

Dispõe o art. 1º da Lei 9.296/96:

> Art. 1º A interceptação de comunicações telefônicas, de qualquer natureza, para prova em investigação criminal e em instrução processual penal, observará o disposto nesta Lei e dependerá de ordem do juiz competente da ação principal, sob segredo de justiça.
>
> Parágrafo único. O disposto nesta Lei aplica-se à interceptação do fluxo de comunicações em sistemas de informática e telemática.

Extrai-se do dispositivo em comento a **finalidade da interceptação telefônica: obtenção de provas em investigação criminal e instrução processual penal**. A expressão "investigação criminal" não deixa qualquer espécie de dúvidas no tocante à amplitude conceitual, não se restringindo, portanto, aos inquéritos policiais, podendo ser autorizada em sede de outros procedimentos de investigação criminal, a exemplo do PIC, instaurado pelo Ministério Público.

O STJ, em 2011, entendeu ser possível a quebra do sigilo das comunicações telefônicas em processo cível, no julgamento do HC 203405/MS[7]:

> A possibilidade de quebra do sigilo das comunicações telefônicas fica, em tese, restrita às hipóteses de investigação criminal ou instrução processual penal. No entanto, o ato impugnado, embora praticado em processo cível, retrata hipótese excepcional, em que se apuram evidências de subtração de menor, crime tipificado no art. 237 do Estatuto da Criança e do Adolescente.

Em linhas gerais, o STJ estribou-se na primazia do interesse da criança e do adolescente e no princípio da prioridade absoluta para legitimar o procedimento de quebra do sigilo em processo de natureza cível por, supostamente, extrair-se dos autos a possível prática do crime previsto no art. 237 do ECA.

Não obstante o apelo natural atinente à infância e juventude, não se pode confundir a instrução cível com a criminal, bem como os valores inerentes a ambos. Havendo indícios da prática de crime contra a criança e adolescente, é dever do magistrado dar ciência

5. STF: 1ª Turma, HC 73.513/SP, Rel. Min. Moreira Alves, j. DJ 04/10/1996.
6. STF: 1ª Turma, HC 80.949/RJ, Rel. Min. Sepúlveda Pertence, DJ 14/12/2001.
7. DJe 01.07.11.

ao Ministério Público para que adote as providências pertinentes na seara penal e não agir, dentro do poder geral de cautela, como agente ativo de investigação criminal em processo cujo objeto principal é cível. A garantia constitucional do sigilo das comunicações foi restringida pelo legislador na Lei 9.296/96 e, por vontade desse, somente aos procedimentos investigativos criminais, de forma que não caberia ao Judiciário ampliar a tutela legal em violação de direito fundamental.

No caso, nada impediria que realizada a prova em investigação criminal, essa fosse utilizada como prova emprestada no juízo cível. Contudo, sua decretação por juízo cível, em processo de natureza cível, parece-nos contrariar a *mens legis*, que caminha na restrição fundamentada do sigilo das comunicações, restrita aos atores da seara criminal. Havendo a notícia de prática de crime, o caminho trilhado pelo legislador é o da investigação criminal, sendo que seu resultado pode ser partilhado, posteriormente, com outros processos, inclusive procedimentos administrativos disciplinares. A subversão da lógica para se permitir a quebra do sigilo das comunicações em processos não penais coloca em risco direitos fundamentais, os quais só podem ser restringidos sob a luz da estrita legalidade.

26.3.3.1 Contraditório nas interceptações telefônicas

Por natureza e sob pena de inocuidade, a interceptação telefônica é **uma medida cautelar *inaudita altera pars***. Isso não significa, todavia, que por ser uma medida antecipada e desconhecida do sujeito-alvo, não permita o contraditório. Há, na hipótese, a aplicação do contraditório diferido em respeito à ampla defesa. Por essa e outras razões, o STF editou a Súmula Vinculante 14:

> "É direito do defensor, no interesse do representado, ter acesso amplo aos elementos de prova que, já documentados em procedimento investigatório realizado por órgão com competência de polícia judiciária, digam respeito ao exercício do direito de defesa".

Do teor da súmula pode-se concluir que, encerrada a diligência probatória e, estando essa documentada nos autos, é assegurado o direito de acesso às provas pelo defensor. A previsão, contudo, não autoriza o órgão investigante a "engavetar" a diligência em prol do eficientismo da investigação, retardando o acesso à prova pela defesa. Somente em casos em que a diligência esteja em curso será admitida restrição.

Por outro lado, parece-nos perfeitamente possível que nas hipóteses de interceptação em cascata ou em cadeia, quando da primeira interceptação se extraírem elementos de prova aptos a deflagrar outras interceptações telefônicas contra sujeitos diversos, seja razoável, pela conexão probatória e potencial risco de frustração das demais interceptações, retardar-se, de forma fundamentada, *a posteriori*, a documentação da prova nos autos. Ex. deferida uma interceptação telefônica contra um suposto traficante, durante a realização da diligência, descobre-se, em razão dessa, que na realidade o agente integra uma associação para o tráfico. Diante do novo fato e possível identificação dos demais integrantes do grupo criminoso, podem ser requeridas novas interceptações, as quais, por conexão probatória, conectam-se à primeira. Nesses casos, não obstante finda a diligência originária, parece-nos que sua documentação imediata nos autos caminha no sentido contrário à eficiência da instrução, porquanto conhecido seu teor, as provas subsequentes correrão fundado risco de frustração.

Tratando-se de investigação criminal relacionada à organização criminosa, vale lembrar o teor do art. 23 da Lei 12.850/13, que assinala que o sigilo da investigação poderá ser decretado pela autoridade judicial competente, para garantia da celeridade e da eficácia das diligências investigatórias, assegurando-se ao defensor, no interesse do representado, amplo acesso aos elementos de prova que digam respeito ao exercício do direito de defesa, **devidamente precedido de autorização judicial, ressalvados os referentes às diligências em andamento**.

Não obstante a restrição a direito fundamental, a interceptação telefônica e demais formas reguladas pela Lei 9.296/96 passam, sem maiores questionamentos, pelo teste *Katz*: 1) o sujeito da vigilância possui expectativa subjetiva de privacidade? e 2) essa expectativa subjetiva é que uma sociedade, como um todo, está preparada para aceitar como razoável?

26.3.3.2 Requisitos

Segundo o texto constitucional (art. 5º, XII) é inviolável o sigilo da correspondência e das comunicações telegráficas, de dados e das comunicações telefônicas, salvo, no último caso, por ordem judicial, nas hipóteses e na forma que a lei estabelecer para fins de investigação criminal ou instrução processual penal.

Constitucionalmente, portanto, exige-se: **a) ordem judicial fundamentada; b) hipóteses e forma que a lei estabelecer; c) fins de investigação criminal ou instrução processual penal**.

Por **ordem judicial fundamentada (a)** há que se compreender não somente a necessidade da fundação concreta, mas também a sua origem por juízo competente. Em regra, a medida está sujeita à reserva de jurisdição, de forma que somente ao Poder Judiciário competirá a restrição ao direito fundamental do sigilo das comunicações. Em regra, porque nas hipóteses de **Estado de Defesa** (art. 136, §1º, I "c", CF) e **Estado de Sítio** (art. 139, III, CF), situações excepcionais, a medida **pode ser implementada por Decreto**. Não obstante o poder instrutório das CPIs[8], que permite a quebra de sigilo fiscal, bancário e dados telefônicos (STF, ADO 730), as Comissões Parlamentares de Inquérito não podem determinar a interceptação telefônica.

Exige-se, para além do texto constitucional, que a **ordem judicial fundamentada seja prévia**, não sendo possível a convalidação de prova ilícita produzida pelo simples consentimento de um dos interlocutores. Nesse sentido, o STJ já decidiu que:

> Na hipótese, embora as gravações tenham sido implementadas pelo esposo da cliente do paciente com a intenção de provar a sua inocência, é certo que não obteve a indispensável prévia autorização judicial, razão pela qual se tem como configurada a interceptação de comunicação telefônica ilegal.
>
> O fato da esposa do autor das interceptações - que era uma interlocutora dos diálogos gravados de forma clandestina - **ter consentido posteriormente com a divulgação dos seus conteúdos não tem o condão de legitimar o ato**, pois no momento da gravação não tinha ciência do artifício que foi implementado pelo seu marido, não se podendo afirmar,

8. Somente as de âmbito federal, estadual ou distrital, vez que as municipais não gozam da mesma prerrogativa pelo fato dos Municípios não possuírem Poder Judiciário que atribua às suas CPIs o mesmo poder de investigação das autoridades judiciárias.

portanto, que, caso soubesse, manteria tais conversas com o seu advogado pelo telefone interceptado. HC 161.053/SP, DJe 03.12.12.

Não basta, contudo, que tenhamos uma autorização judicial prévia e fundamentada, pois é preciso que essa ordem seja revestida pela **competência do juízo**. Segundo o art. 1º da Lei 9.296/96, o juízo competente para decretar a medida é juízo competente para a ação principal[9]. A regra, contudo, recebe a **temperança da aplicação da teoria do juízo aparente**, estudada no tópico afeto à competência, que assinala, em breve síntese, que, se no momento a apreciação da medida, o mosaico probatório indicar a competência do juízo ao qual se pleiteia a medida, sem que existam elementos de informação indicadores do risco da medida atingir sujeito com foro por prerrogativa de função, as provas obtidas devem ser concebidas como válidas, ainda que futuramente se reconheça a incompetência do juízo. A valoração quanto à competência, portanto, deve ser realizada com lastro nos elementos probatórios existentes no momento da análise do pedido.

No tocante à **fundamentação**, segundo o entendimento dos Tribunais Superiores, essa não precisa ser exaustiva, bastando a análise dos requisitos legais. A fundamentação exaustiva pode conduzir, inclusive, a um pré-julgamento e colocar em risco a legalidade da medida, porquanto o magistrado, especialmente agindo com juiz das garantias, deve se restringir ao máximo ao tocar as questões meritórias.

Por se tratar de medida de natureza cautelar, naturalmente deverão estar presentes o ***fumus comissi delicti* e o *periculum in mora***. Por envolver a medida uma profunda invasão a direito fundamental, relacionado à intimidade, o *standard* probatório justificador do *fumus comissi delicti* deve contemplar elementos seguros da existência de um crime.

A medida, igualmente, deve observar o **requisito da contemporaneidade**, tendência das cortes superiores, isto é, sua realização deve buscar elementos probatórios conectados pelos componentes tempo/razoabilidade, não se justificando, por evidente, uma interceptação telefônica por fato ocorrido há dois anos, sem que existam elementos indicativos da continuidade da prática delitiva.

O art. 2º da Lei 9.296/96 assinala ainda as hipóteses em que não se admite a interceptação telefônica, trazendo à lume a análise das **hipóteses e forma que a lei estabelecer (b).**

Art. 2º Não será admitida a interceptação de comunicações telefônicas quando ocorrer qualquer das seguintes hipóteses:

I - não houver indícios razoáveis da autoria ou participação em infração penal;

II - a prova puder ser feita por outros meios disponíveis;

III - o fato investigado constituir infração penal punida, no máximo, com pena de detenção.

Parágrafo único. Em qualquer hipótese deve ser descrita com clareza a situação objeto da investigação, inclusive com a indicação e qualificação dos investigados, salvo impossibilidade manifesta, devidamente justificada.

O inciso I trata, de forma negativa, da existência de **indícios razoáveis de autoria ou participação em infração penal**. Os indícios, segundo a redação do art. 239 do CPP, são as circunstâncias conhecidas e provadas, que, tendo relação com o fato, autorize, por indução, concluir-se a existência de outra ou outras circunstâncias. Por indícios razoáveis

9. A decretação da medida é fixadora da competência da competência do juízo nos termos do art. 83 do CPP conforme entendimento pacífico no STF, 1ª Turma, HC 88.214/PE, j. 28.04.09.

de autoria ou participação, portanto, devemos considerar aquele argumento probatório indireto que deduz o desconhecido do conhecido por meio da relação de causalidade. Assim, não basta a mera conjectura fundada na periculosidade do agente, pois a norma exige o estabelecimento de um argumento fundado em elementos indiretos associados a uma relação de causalidade.

Não se admite, dessa forma, a interceptação telefônica simplesmente pelo fato do agente ser concebido como perigoso, em **flagrante interceptação de prospecção**. Igualmente, não se admite a interceptação telefônica como pescaria probatória, isto é, desconectada de algum fato criminoso concreto, ainda que indiciário. De igual forma, o parágrafo único do art. 2º assinala que além da **descrição com clareza da situação objeto da investigação**, deverão constar a indicação e qualificação dos investigados, salvo impossibilidade manifesta, devidamente justificada. Isso significa que, mesmo sendo desconhecido o agente criminoso, será possível a interceptação, desde que justificada a impossibilidade, como no caso de certo o terminal telefônico, mas incerta a pessoa que o utiliza.

BRASILEIRO[10] (2020, p. 830), valendo-se das lições de Luiz Flávio Gomes, aduz que **o direito pátrio somente admite a interceptação pós-delitual**, isto é, sua finalidade deve ser a de uma investigação criminal (ou instrução penal). A interceptação, em síntese, destinar-se-ia à prova de um delito que já está sendo investigado, e não a comprovar se o agente está ou não delinquindo.

Isso não significa, contudo, que a prova colhida no curso de uma interceptação não possa, por exemplo, ser produzida quanto a outro delito, como no curso de ações controladas, que ainda veremos em detalhes. Em brevíssima síntese, na ação controlada o agente público não age de imediato, aguardando o momento oportuno para atuar, com o escopo de obter um resultado mais eficaz em sua diligência como, por exemplo, prender não somente o traficante da boca de fumo, mas o líder da associação para o tráfico, dando ensejo ao que a doutrina chama de flagrante retardado ou prorrogado.

Em regra, as ações controladas não precisam de autorização judicial, salvo nos crimes previstos na Lei de Drogas. E, justamente nesses, por exigir a prévia autorização judicial, parece-nos perfeitamente possível que a interceptação telefônica possa alcançar uma projeção especial e abarcar eventuais delitos praticados no curso da diligência, funcionando como prova dos novos delitos, vez que haveria, no caso, a descoberta fortuita de provas atinentes a outro crime, praticado durante a investigação.

Não obstante, em todos os casos a decisão judicial deve delimitar a situação objeto da diligência, sob pena de se abrir o flanco investigativo, dando ensejo à ocorrência de *fishing expedition*.

O inciso II, do art. 2º, da Lei 9.296/96, estabelece a **impossibilidade de decretação da interceptação telefônica quando a prova puder ser feita por outros meios disponíveis**. Em outras palavras, o legislador conferiu o **caráter de *ultima ratio*** à interceptação telefônica, isto é, a prova só poderá ser produzida se outra não puder ser realizada. Entretanto, em flagrante colisão lógica, o legislador conferiu à infiltração de agentes

10. *op. cit.*

(art. 10, §2º da Lei 12.850/13) e à infiltração de agentes virtual (art. 10-A, §3º da Lei 12.850/13), o mesmo caráter de *ultima ratio*[11].

Apesar da confusão legislativa, extrai-se da *mens legis* a severidade da medida de interceptação por ingressar na esfera sensível de direitos fundamentais, especialmente àqueles ligados à intimidade e vida privada, motivo pelo qual, por lógica, só deve ser utilizada quando meios menos invasivos não forem capazes de produzir a prova necessária.

Por fim, o inciso III dispõe que não se admite a interceptação telefônica quando o fato investigado constituir infração penal punida, no máximo, com pena de detenção. Em outras palavras, o legislador assinala que **a medida cautelar só será admitida nos crimes punidos com reclusão**.

A falta de técnica legislativa empregada no dispositivo parece sugerir que os delitos punidos com reclusão são mais gravosos que os punidos com detenção. Conforme destacamos em nosso Direito Penal, Parte Geral[12] (2022, p. 727):

> Não é correto afirmar que a pena de detenção é reservada aos delitos menos graves, haja vista que há crimes fortemente apenados em termos de tempo de reprimenda aos quais o legislador previu a pena de detenção, a exemplo do infanticídio, (art. 123 do CP) e abandono de recém-nascido com resultado morte (art. 134, §2º do CP), que possuem penas de dois a seis anos.
>
> De igual forma, evidenciando a falta de critério, o legislador prevê a pena de reclusão para delitos de pequeno potencial ofensivo, com pena máxima não superior a dois anos, a exemplo do crime de instigação ao suicídio (art. 122, *caput*, do CP) ou ainda, prevê ambas as formas, indiscriminadamente, como na hipótese do parágrafo único do art. 306 do CP7.
>
> Logo, o critério é legal e não guarda qualquer espécie de relação com a gravidade do crime.

Melhor seria, em nossa compreensão, que o legislador tivesse se valido, caso desejasse restringir, do parâmetro normativo relacionado aos delitos de pequeno potencial ofensivo. Contudo, assim não fez, de forma que, diante da estrita legalidade, aplicável por se tratar de norma de exceção, não cabe interceptação telefônica em delitos não apenados com a pena de reclusão, como os crimes de responsabilidade (infrações político-administrativas) e todos os demais punidos com multa, prisão simples ou detenção.

Nada impede, entretanto, que da interceptação telefônica se tenha conhecimento de uma infração penal punida a título de detenção, aplicando-se o regramento da serendipidade e reputando-se válida a prova, pois o "crime achado", conexo ao objeto da diligência, não foi o fundamento da interceptação, ressaindo naturalmente, da transcurso da prova produzida[13]. Da mesma forma, é lícita a prova de crime praticado por terceiro, conexo ao do objeto da diligência, ainda que não mencionado na autorização judicial, que ressai da interceptação telefônica, em razão do encontro fortuito de provas[14].

Não obstante o entendimento de parte majoritária da doutrina e do STJ, exposto no capítulo atinente à teoria geral das provas, entendemos que a descoberta de novas infrações penais no curso de uma interceptação telefônica, ainda que não conexas com o objeto da prova, revela-se verdadeiro encontro fortuito de provas, na acepção pura da

11. Voltaremos ao tema no estudo da infiltração de agentes.
12. ABREU, Fernando. **Direito Penal para concursos**. Parte Geral. 2ª. Ed. São Paulo: Juspodivm, 2022.
13. STJ: 5ª Turma, RHC 13.274/RS, DJ 29.09.03.
14. STJ: 5ª Turma, HC 33.553/CE, DJ 11.04.05. STF: HC 83515/RS – Pleno, DJ 04.03.05

palavra provas, não funcionando como mera *notitia criminis* dada a formalidade que a reveste. Nesse sentido, também, é a lição de PACELLI[15] (2009, p. 323):

> [...] **não é a conexão que justifica a licitude da prova.** O fato, de todo relevante, é que, uma vez franqueada a violação dos direitos à intimidade e à privacidade dos moradores da residência, não haveria razão alguma para a recusa de provas de quaisquer outros delitos, punidos ou não com reclusão. Isso porque uma coisa é a justificação para a autorização da quebra de sigilo; tratando-se de violação à intimidade, haveria mesmo de se acenar com a gravidade do crime. Entretanto, outra coisa é o aproveitamento do conteúdo da intervenção autorizada; tratando-se de material relativo à prova de crime (qualquer crime), não se pode mais argumentar com a justificação da medida (interceptação telefônica), mas, sim, com a aplicação da lei.

A questão, todavia, encontra barreiras quando um dos interlocutores é o advogado do investigado, porquanto o sigilo entre cliente/advogado, relacionado ao exercício da função, em regra não admite exceções. Em regra, porque se o próprio advogado estiver envolvido na suposta prática delituosa, o sigilo não encontra amparo legal, porquanto o próprio defensor será alvo da investigação. É, nessa trilha, o entendimento do STJ:

> Conversa pessoal e reservada entre advogado e cliente tem toda a proteção da lei, porquanto, entre outras reconhecidas garantias do advogado, está a inviolabilidade de suas comunicações. Como estão proibidas de depor as pessoas que, em razão de profissão, devem guardar segredo, é inviolável a comunicação entre advogado e cliente. Se há antinomia entre valor da liberdade e valor da segurança, a antinomia é solucionada a favor da liberdade. É, portanto, ilícita a prova oriunda de conversa entre o advogado e o seu cliente. O processo não admite as provas obtidas por meios ilícitos. Na hipótese, conquanto tenha a paciente concordado em conceder a entrevista ao programa de televisão, a conversa que haveria de ser reservada entre ela e um de seus advogados foi captada clandestinamente. Por revelar manifesta infração ética o ato de gravação – em razão de ser a comunicação entre a pessoa e seu defensor resguardada pelo sigilo funcional –, não poderia a fita ser juntada aos autos da ação penal. Afinal, a ilicitude presente em parte daquele registro alcança todo o conteúdo da fita, ainda que se admita tratar-se de entrevista voluntariamente gravada – a fruta ruim arruína o cesto. A todos é assegurado, independentemente da natureza do crime, processo legítimo e legal, enfim, processo justo. [...] Habeas corpus deferido para que seja desentranhada dos autos a prova ilícita. 6ª Turma, HC 59.967/SP, FJ 25.09.06.

26.3.3.2.1 O encontro fortuito de provas nas interceptações telefônicas

Analisamos, com maiores detalhes, a serendipidade no estudo da teoria geral das provas, oportunidade em que abordamos sua construção doutrinária e jurisprudencial, motivo pelo qual, para aprofundamento, remetemos o leitor para referido capítulo. Por hora, em razão da abordagem prévia realizada, buscaremos somente sistematizar sua aplicação às interceptações previstas na Lei 9.296/96.

A teoria do encontro fortuito ou casual de provas, também conhecida por serendipidade, deriva do desdobramento do curso causal de uma investigação, que caminha em sentido não esperado, a exemplo de uma interceptação telefônica autorizada pela Justiça, visando a apuração de um delito de tráfico de drogas, que, em seu curso, apresenta elementos de provas evidenciadores da pratica de um crime de homicídio ou roubo. Assim, sendo fortuita a descoberta e não tendo havido desvio de finalidade, a prova será válida.

15. OLIVEIRA, Eugênio Pacelli. **Curso de processo penal**. 11ª ed. Rio de Janeiro: Editora Lumen Juris, 2009.

Tem-se, portanto, como premissas: a) a realização de legal de um meio de obtenção de prova autorizado judicialmente; b) descobrimento de provas não esperadas; e c) inexistência de desvio de finalidade. No caso específico das interceptações telefônicas, há que reconhecer a existência de uma razão técnica: a impossibilidade de se distinguir, no curso da colheita da prova, aquilo que é de efetivo interesse da investigação do que não o é.

Parte da doutrina sustenta que as provas descobertas fortuitamente só teriam validade quando apontarem para infração penal conexa àquela objeto da interceptação. Contudo, os próprios Tribunais Superiores têm evoluído a jurisprudência e admitido a validade da prova. Nessa linha, o **STJ**, APn 690/TO, Rel. Min. João Otávio Noronha, DJe 22.05.15, decidiu que **a prova relacionada à serendipidade de segundo grau é válida** e não se restringe à mero *standard* caracterizador de notícia crime:

> [...] Não se desconhece a respeitosa doutrina que discorda do aproveitamento fortuito da interceptação telefônica quando os crimes não são conexos ou relativo a pessoas que não eram objeto da escuta, a exemplo de Luiz Flávio Gomes e Raúl Cervini (Interceptação Telefônica, RT, p. 194). Para eles, o encontro fortuito de fatos que constituem crimes conexos, seria a serendipidade de primeiro grau, cujo aproveitamento é possível. Se a prova disser respeito a fatos ou pessoas distintas daquelas para os quais a medida foi autorizada - serendipidade de segundo grau -, a prova não pode ser utilizada, servindo apenas como notitia criminis, incoerência não explicada pelo autor. Damásio de Jesus (RT 735/467), por sua vez, não admite a serendipidade em hipótese alguma.
>
> Aqui, opto pela orientação do STJ, como exposta (cf., ainda, HC 197.044/SP, rel. Min. Sebastião Reis Júnior, DJe 23.09.2014; HC 187.189/SP, rel. Min. Og Fernandes, DJe 2308.2013), e da maioria da doutrina (por todos: Fernando Capez, Curso de Direito Penal, 4 v., 9a. ed., 2014, p. 491), ou seja, que **a prova é admitida para pessoas ou crimes diversos daquele originalmente perseguido, ainda que não conexos ou continentes, desde que a interceptação seja legal**. [...]

Em acréscimo, conforme vimos acima, em situações especiais, a validade da prova dependerá de outros fatores, a exemplo do encontro fortuito de provas contra pessoa detentora de foro por prerrogativa de função. Nesses casos, não basta que tenhamos uma autorização judicial prévia e fundamentada, pois é preciso que essa ordem seja revestida pela **competência do juízo**. A regra, contudo, recebe a **temperança da aplicação da teoria do juízo aparente**, de forma que havendo previamente o **risco conhecido** de que a prova produzida venha a colher material probatório incriminador contra pessoa detentora de foro especial, essa deve ser requerida ao juízo mais amplo, isto é, daquele que abarca a prerrogativa de foro.

Por outro lado, inexistindo o risco conhecido, deve ser aplicada a teoria do juízo aparente e as provas obtidas devem ser concebidas como válidas, ainda que futuramente se reconheça a incompetência do juízo. A valoração quanto à competência, portanto, deve ser realizada com lastro nos elementos probatórios existentes no momento da análise do pedido.

De forma reiterada, apegamo-nos ao risco conhecido como elemento distintivo, porquanto esse, para nós, estabelece os limites da competência. Isso não significa, todavia, que o simples fato de um Deputado Federal, por exemplo, manter relações de amizade com o agente investigado, que exista a atração da competência do STF de forma automática, pois seria projetar uma possível ilicitude diante de uma simples relação de amizade. Nesses casos, surgindo alguma prova contra o parlamentar, a diligência deve ser interrompida e encaminhado seu conteúdo imediatamente ao órgão de investigação com atribuições para tanto, que deverá, igualmente, reformular o pedido de interceptação junto ao STF ou órgão constitucionalmente competente, a depender da natureza da função do agente a ser investigado.

Situação distinta há, entretanto, quando o investigado é cônjuge de um parlamentar federal, pois se presume, naturalmente, que no seio da convivência do casal exista a possibilidade de conhecimento das atividades realizadas pelos parceiros. Nesse caso, parece-nos prudente que o pedido de interceptação seja realizado diretamente ao STF, diante do fundado risco conhecido de obtenção de provas contra parlamentar federal, não objeto primário da investigação. Sobre o tema, é emblemática da decisão do STF no julgamento do RHC 135683/GO, DJe 03.04.17, que destaca a simples identificação de indícios como fator determinante para o deslocamento da competência:

> [...] 5. A jurisprudência da Corte é no sentido de que a simples menção ao nome de autoridades detentoras de prerrogativa de foro, seja em depoimentos prestados por testemunhas ou investigados, seja na captação de diálogos travados por alvos de censura telefônica judicialmente autorizada, assim como a existência de informações, até então, fluidas e dispersas a seu respeito, são insuficientes para o deslocamento da competência para o juízo hierarquicamente superior. **Para que haja a atração da causa para o foro competente, é imprescindível a constatação da existência de indícios da participação ativa e concreta do titular da prerrogativa em ilícitos penais**.
>
> 6. Todavia, a hipótese retratada nos autos não se coaduna com o entendimento jurisprudencial suso mencionado por não se tratar de simples menção a detentor de prerrogativa de foro, nem, muito menos, de encontro fortuito de provas.
>
> 7. Em relação à operação Vegas, deflagrada em 2008, embora as autoridades nela envolvidas negassem que se tratasse de uma investigação direta em desfavor de detentor de prerrogativa de foro, os documentos contidos nos autos demonstraram que, no auge da persecução penal, **nos idos de 2008 já havia indícios reflexos de seu envolvimento com o objeto em apuração**, não obstante a denúncia mencione que os fatos em relação a ele teriam como termo inicial somente a data de 22/6/09, que antecedeu o deslocamento da competência para esta Corte. 8. Portanto, **o surgimento de indícios de envolvimento do recorrente já no ano de 2008 tornou impositiva a remessa do caso para o Supremo Tribunal Federal, o que, por não ter ocorrido opportune tempore, maculou os elementos de prova arrecadados em seu desfavor**. 9. É do entendimento do Supremo Tribunal Federal que, "surgindo indícios de detentor de prerrogativa de foro estar envolvido em fato criminoso, cumpre à autoridade judicial remeter o inquérito ao Supremo (...), sob pena de haver seu arquivamento, ante a ilicitude dos elementos colhidos" (Inq nº 3.305/RS, Primeira Turma, Relator o Ministro Marco Aurélio, DJe de 2/10/14). [...]

26.3.3.3 Procedimento

O art. 3º da Lei 9.296/96 dispõe que a interceptação das comunicações telefônicas poderá ser determinada pelo juiz, de ofício ou a requerimento da autoridade policial, na investigação criminal e do representante do Ministério Público, na investigação criminal e na instrução processual penal[16].

16. O CNJ editou a Resolução 59 e o CNMP editou a Resolução 36, com o escopo de regular em parte do assunto, trazendo uma mínima uniformização à matéria. Resolução CNMP 36 teve declarada sua constitucionalidade no julgamento da ADI 4.236/DF e a Resolução CNJ 59 no julgamento da ADI 4.145/DF, à exceção do art. 13, §1º, que não admitia

O dispositivo merece alguns destaques. Primeiro, com a adoção do sistema acusatório, não nos parece possível que o magistrado possa, de ofício, determinar a realização da diligência, sob pena de imiscuir-se em seara probatória que, *a priori*, não lhe cabe. Não obstante parte da doutrina sustentar a possibilidade probatória do juízo, sob a luz do princípio da busca da verdade real, parece-nos no mínimo contraditório se admitir a decretação de ofício e se exigir, simultaneamente, o caráter de *ultima ratio* do meio de prova, porquanto somente as partes serão capazes de dizer se a prova não pode ser feita por outros meios disponíveis (art. 2º, II), de modo que a interceptação telefônica seria a última forma existente para provar determinado fato. Ademais, para se provar qual fato? Aquele cuja incumbência é da acusação? Naturalmente, caso fosse a interceptação telefônica o último meio de prova disponível, certamente a acusação dele se valeria. E, ainda que cogitando eventual omissão acusatória, não caberia ao magistrado, sob pena de violação da isonomia, agir de ofício em prol da parte A ou B.

Segundo, a restrição legal ao requerimento formulado pela autoridade policial à fase de investigação deve ser interpretada de forma literal, haja vista que, de fato, encerrada a fase investigativa com o oferecimento da denúncia, em razão da natureza da atividade, não cabe ao delegado de polícia continuar da investigação sobre os fatos estritos objeto da denúncia. Caso exista, por exemplo, uma continuidade da investigação para identificação de coautor, por exemplo, eventual pedido de interceptação telefônica pela autoridade policial deverá ser realizada para o juiz responsável, formalmente, pela investigação, juiz das garantias, por exemplo, e não no curso de processo judicial em andamento. Em todos os casos, o requerimento formulado pela autoridade policial deve passar pelo Ministério Público para emissão de manifestação.

Terceiro, tratando-se de requerimento formulado pelo Ministério Público, dada a titularidade da ação penal pública, seu poder investigatório e interesse na investigação realizada pela autoridade policial, poderá formular o pedido de interceptação tanto na fase inquisitorial, não restrita às investigações policiais, porquanto a investigação pode ser realizada por meio de PIC, como na fase judicial.

Quarto, parece-nos perfeitamente possível admitir-se a interceptação telefônica nos crimes de ação penal privada, vez que a restrição legal é afeta à natureza da pena e não à natureza da ação penal. Por essa razão, razoável se afigura, por analogia, se admitir a legitimidade da formulação do requerimento de interceptação telefônica por parte do querelante.

Por fim, o quinto destaque é destinado ao assistente da acusação. A norma processual não conferiu poderes expressos à vítima para que possa apresentar o requerimento. Diante da natureza da medida – restritiva de direitos fundamentais – não se revela razoável a ampliação da legitimidade estrita prevista pela lei. Nada impede, contudo, que a vítima formule o requerimento ao Ministério Público ou autoridade policial para que avaliem a pertinência da medida.

Parte da doutrina sustenta a possibilidade de requerimento de interceptação telefônica pela defesa, dentro do conceito maior de **investigação defensiva**. À míngua de previsão

---

a prorrogação da medida de interceptação durante o plantão judiciário, salvo em casos de risco iminente e grave à integridade ou à vida de terceiros.

legal, não nos parece possível a ampliação da legitimidade irrestrita por se tratar de severo ataque à intimidade. Vale lembrar que o ônus da prova quanto à configuração do delito compete à acusação e não à defesa. O acusado, portanto, não tem o dever de provar sua inocência, não obstante possuir o direito de prová-la. Esse direito, contudo, não permite, como regra, a produção de provas invasivas contra terceiros, sob pena de se inverter a lógica do processo penal, que se funda, num primeiro momento, na presunção de inocência do acusado.

➲ ATENÇÃO – ASSUNTO COBRADO NO MP/GO – CONCURSO 2013

No que consiste a investigação criminal defensiva? É aplicável ao sistema processual penal brasileiro? Justifique.

O tema, entretanto, é intrincado, porquanto a própria jurisprudência admite, em situações excepcionais, a utilização de provas ilícitas em favor do réu, como uma gravação clandestina, por exemplo. E, partindo dessa premissa, não se poderia cogitar da possibilidade da produção de uma prova lícita e, portanto, admissível como regra, que teria o mesmo conteúdo de uma prova ilícita, à qual se admite como válida, em situações excepcionais?

O questionamento acima revela a complexidade sistêmica do assunto e pode induzir à conclusão de que se trata de direito absoluto do acusado. Ocorre que a admissão da produção da prova pela defesa engloba inúmeros fatores que perpassam pela efetiva realização, razoabilidade e efetividade da prova. Haveríamos de indagar: seria dever da polícia atuar nesse sentido? A medida, de fato, é necessária e se caracteriza como de *ultima ratio*? Tal prova seria, de fato, efetiva ao considerarmos que, em favor do réu, vigora a presunção de inocência?

De toda forma, independentemente da possibilidade que a defesa possui de requerer a produção da prova ao Ministério Público ou à autoridade policial, que podem encampar a situação fática como razoável e requerer ao juízo a medida de interceptação, nos parece que, em situações excepcionalíssimas, deva se admitir a possibilidade de requerimento de interceptação telefônica pela defesa, mormente quando a prova for imprescindível e apresentar o caráter de *ultima ratio*, sob pena de abusos e uso indevido da investigação.

Tome-se, por exemplo, a hipótese de um magistrado que foi acusado, indevidamente, por um grupo criminoso relacionado a esquema de corrupção, que o imputa, de forma falsa, a prática de crimes de corrupção passiva. A depender da arquitetura da construção da denúncia falsa, erguida com farta prova testemunhal ilícita e documentos fraudulentos, o magistrado encontrar-se-á em situação de difícil realização de prova, por envolver fato negativo. Nesse caso exemplificativo, razoável seria a utilização da interceptação telefônica, não somente porque a medida trilha a defesa do magistrado, mas principalmente porque segue a linha da apuração de outros crimes, em tese praticados contra o magistrado e administração da Justiça.

Partimos, portanto, das seguintes premissas: a) em regra, não se admite o pedido de interceptação telefônica pela defesa; b) em situações de excepcionalidade, que envolverem o caráter de *ultima ratio* e eventual prática de crimes, deve-se admitir a possibilidade de interceptação telefônica requerida pela defesa, porquanto, nesse caso, há interesse público subjacente, mesmo que o titular da ação penal não concorde com o pedido; c) observância restrita aos requisitos do art. 2º da Lei 9.296/96, em parte já contemplados no item *b*.

Superada a questão da legitimidade, conforme o art. 4º da Lei 9.296/96, o pedido de interceptação de comunicação telefônica deverá conter a demonstração de que a sua realização é necessária à apuração de infração penal, com indicação dos meios a serem empregados. Em síntese, o pedido deverá ser realizado por petição indicando a necessidade da medida, reforçando o caráter de *ultima ratio*, e indicar os meios, isto é, a forma como será realizada, como o órgão que a realizará, prazo da medida, terminais telefônicos a serem interceptados, pessoas envolvidas e outros dados essenciais para a mais precisa delimitação da medida, restritiva por excelência.

Nos termos do §1º, de forma excepcional, o juiz poderá admitir que o pedido seja formulado verbalmente, desde que estejam presentes os pressupostos que autorizem a interceptação, caso em que a concessão será condicionada à sua redução a termo. O pedido deverá ser apreciado no prazo máximo de vinte e quatro horas (§2º).

O art. 5º assinala que a decisão deverá ser fundamentada, sob pena de nulidade, e a forma de execução da diligência, que não poderá exceder o prazo de quinze dias, renovável por igual tempo uma vez comprovada a indispensabilidade do meio de prova. A doutrina e jurisprudência oscilavam quanto às renovações do pedido de interceptação telefônica, vez que o texto legal trazia dúvidas quanto ao número de renovações em razão da expressão "renovável por igual tempo". Já se assentava na jurisprudência a trilha da possibilidade de renovações sucessivas, sem limitação, não obstante as críticas doutrinárias.

Em março de 2022, o STF, no julgamento do Tema de Repercussão Geral 661, decidiu pela **possibilidade de renovações sucessivas, sem limitações**, firmando a seguinte tese:

> São lícitas as sucessivas renovações de interceptações telefônicas desde que: i) verificados os requisitos do artigo 2º da Lei 9.296/1996; e ii) demonstrada a necessidade da medida diante de elementos concretos e a complexidade da investigação, a decisão judicial inicial e as prorrogações sejam devidamente motivadas, com justificativa legítima, ainda que sucinta, a embasar a continuidade das investigações. São ilegais as motivações padronizadas ou reproduções de modelos genéricos sem relação com o caso concreto. RE 625.263, j. 17.03.22.

Parte da doutrina, representada nesse particular por Geraldo Prado[17], que já criticava o posicionamento anterior, igualmente tece considerações sobre as renovações sucessivas e sem limitação. Em linhas gerais, aduz-se que a medida de interceptação é excepcional por se tratar de restrição a direito fundamental e, portanto, deve ser interpretada de forma restritiva, especialmente porque em situações extraordinárias, a exemplo do Estado de Defesa, o constituinte somente permitiu a restrição ao direito do sigilo de comunicações pelo prazo de 30 dias, prorrogável uma única vez pelo mesmo período (art. 136, §1º, inc. I, "c").

Ocorre que não obstante a ausência de limite máximo, não se pode desconsiderar a existência de um *standard* probatório fixado na decisão do STF e na própria Lei 9.296/96.

17. PRADO, Geraldo. **Prova penal e sistemas de controle epistêmicos**. A quebra da cadeia de custódia das provas obtidas por métodos ocultos, São Paulo: Marcial Pons, 2014.

Ainda que forma generalista, exige-se a satisfação dos requisitos do art. 2º, a necessidade da medida diante de elementos concretos e a complexidade da investigação. Não há dúvidas de que a regulamentação das interceptações telefônicas pela Lei é falha e a imposição de um limite máximo seria razoavelmente necessário, porquanto a abertura relacionada às intermináveis prorrogações pode conduzir à pescaria probatória. Assim como os quinze dias originalmente fixados pela norma é por demais reduzido, a possibilidade de sucessivas e intermináveis prorrogações, ainda que fundamentadas, não nos parece adequada a um Direito Penal democrático.

26.3.3.4 Execução

Nos termos do art. 6º, deferido o pedido de interceptação, a autoridade policial deverá conduzir os procedimentos de interceptação, dando ciência ao Ministério Público, que poderá acompanhar a sua realização[18]. Conforme destacamos acima, a diligência pode ser realizada pelo Ministério Público, com o auxílio da Polícia Militar, no curso de Procedimentos de Investigação Criminal[19], por meio de equipe própria, a exemplo do que verificamos nas atuações dos chamados GAECOs. De igual forma, o STJ entendeu, no julgamento do HC 45.630/RJ[20], que a Polícia Rodoviária Federal pode realizar interceptações telefônicas. Em qualquer hipótese, a interceptação das comunicações deverá ser realizada em autos apartados (art. 8º, *caput*) e em segredo de justiça (art. 1º). O fato é que a jurisprudência do STJ é sólida no sentido de que não se restringe à polícia civil a atribuição para a execução de interceptação telefônica ordenada judicialmente[21].

Conforme o §1º, no caso de a diligência possibilitar a gravação da comunicação interceptada, será determinada a sua transcrição, que não precisa ser realizada por peritos oficiais. Tem-se, portanto, que a regra é a documentação por meio de transcrição da diligência gravada, assegurando-se a cadeia de custódia. Não se exigia, contudo, conforme o entendimento predominante na doutrina e na jurisprudência, a transcrição integral das gravações, podendo a transcrição trazer apenas os elementos de interesse criminalístico, desde que permitisse o acesso na íntegra do conteúdo à defesa[22]. Todavia, em 25.04.18, no julgamento a ADI 4.263/DF, o Pleno do STF decidiu pela **necessidade de transcrição integral da transcrição**, sendo vedada a edição.

Ocorre que, **mesmo com a decisão pelo Pleno, o STF continua a não exigir a transcrição integral**, conforme se verifica no julgamento do HC 173478 AgR, DJe 13.09.19[23], AgR no HC 163.967/SP, j. 29.03.19:

18. A não comunicação ao Ministério Público é causa de nulidade relativa, exigindo a demonstração de prejuízo para a anulação.
19. STF: HC 96.986/MG, J. 15.05.12. A atuação da Polícia Militar, segundo a decisão, deve ser restrita à mera execução.
20. DJ 10.04.06.
21. STJ: 5ª Turma, RHC 78.743/RJ, DJe 22.11.18; 6ª Turma, RHC 90.125/ SC, DJe 15/08/2018.
22. STJ: 5ª Turma, AgRg no REsp 1.374.450/SP, DJe 17.09.18; 6ª Turma, AgRg no AREsp 1.136.157/GO, DJe 13.09.18.
23. Tendo a defesa acesso à totalidade das gravações, é dispensável a *transcrição* integral dos diálogos captados por *interceptação telefônica* quando não indicada a relevância para o esclarecimento dos fatos. Não demonstrados, concretamente, os reflexos negativos do ato coator para a ampla defesa e o contraditório, incide o princípio pas de nullité sans grief. Precedentes. 3. Agravo regimental a que se nega provimento.

> É firme a jurisprudência deste Supremo Tribunal pela qual "afigura-se suficiente, para adimplir a determinação do art. 6º, § 1º, da Lei 9.296/1995 e assegurar o direito de defesa dos acusados, o acesso à degravação dos diálogos aludidos pela denúncia, sendo dispensável a disponibilização de todo o material oriundo da interceptação telefônica (HC 91.207-MC, Rel. Min. MARCO AURÉLIO, Rel. p/ Acórdão: Min. CÁRMEN LÚCIA, Tribunal Pleno, DJe de 21.9.2007; INQ 2.424, Rel. Min. CEZAR PELUSO, Tribunal Pleno, DJe de 26.3.2010; RHC 117.265, Rel. Min. RICARDO LEWANDOWSKI, Segunda Turma, DJe de 26.5.2014; INQ 4.023, Rel. Min. CÁRMEN LÚCIA, Segunda Turma, DJe de 1º.9.2016)" (Inq n. 3.965, Relator o Ministro Teori Zavascki, DJe 6.12.2016).

Cumprida a diligência, a autoridade policial encaminhará o resultado da interceptação ao juiz, acompanhado de auto circunstanciado, que deverá conter o resumo das operações realizadas (§2º). Recebidos os elementos colhidos com a interceptação, o juiz determinará o apensamento aos autos de inquérito policial ou processo criminal, preservando-se o sigilo das diligências, gravações e transcrições respectivas, providências do art. 8º, dando-se ciência ao Ministério Público.

Consoante o parágrafo único do art. 8º, a apensação somente poderá ser realizada imediatamente antes do relatório da autoridade, quando se tratar de inquérito policial (Código de Processo Penal, art. 10, § 1º) ou na conclusão do processo ao juiz para o despacho decorrente do disposto nos arts. 407[24], 502[25] ou 538[26] do Código de Processo Penal. Apesar das alterações legislativas nos arts. 407, 502 e 538, a lógica que se extrai da previsão é de que o apensamento só ocorrerá após as alegações finais das partes, com o escopo de preservar o sigilo da diligência. Isso não significa, contudo, que as partes não possam ter acesso à prova produzida anteriormente. *In casu*, somente o apensamento será realizado ao final da instrução e apresentação das alegações pelas partes, sendo assegurado às partes, logo quando do encerramento da produção da prova, o acesso ao seu conteúdo para exercício do contraditório e ampla defesa, pois a prova pode, perfeitamente, trazer em seu conteúdo algum vício ou mesmo dúvida quanto à identificação da voz e etc.

Segundo o art. 9º, a gravação que não interessar à prova será inutilizada por decisão judicial, durante o inquérito, instrução processual ou após esta, em virtude de requerimento do Ministério Público ou da parte interessada. O incidente de inutilização será assistido pelo Ministério Público, sendo facultada a presença do acusado ou de seu representante legal (parágrafo único). Em todos os casos, a destruição só será possível após preclusa a decisão que reconhecer a inutilidade da prova.

Nos termos do art. 7º, para os procedimentos de interceptação tratados pela Lei, a autoridade policial poderá requisitar serviços e técnicos especializados às concessionárias de serviço público.

---

24. Alterado pela Lei 11.689/08.
25. Alterado pela Lei 11.719/09.
26. Alterado pela Lei 11.719/09.

26.3.4 Captação ambiental de sinais eletromagnéticos, ópticos ou acústicos

Art. 8º-A. Para investigação ou instrução criminal, poderá ser autorizada pelo juiz, a requerimento da autoridade policial ou do Ministério Público, a captação ambiental de sinais eletromagnéticos, ópticos ou acústicos, quando:

I - a prova não puder ser feita por outros meios disponíveis e igualmente eficazes; e

II - houver elementos probatórios razoáveis de autoria e participação em infrações criminais cujas penas máximas sejam superiores a 4 (quatro) anos ou em infrações penais conexas.

§ 1º O requerimento deverá descrever circunstanciadamente o local e a forma de instalação do dispositivo de captação ambiental.

§ 2º A instalação do dispositivo de captação ambiental poderá ser realizada, quando necessária, por meio de operação policial disfarçada ou no período noturno, exceto na casa, nos termos do inciso XI do *caput* do art. 5º da Constituição Federal.

§ 3º A captação ambiental não poderá exceder o prazo de 15 (quinze) dias, renovável por decisão judicial por iguais períodos, se comprovada a indispensabilidade do meio de prova e quando presente atividade criminal permanente, habitual ou continuada.

§ 4º A captação ambiental feita por um dos interlocutores sem o prévio conhecimento da autoridade policial ou do Ministério Público poderá ser utilizada, em matéria de defesa, quando demonstrada a integridade da gravação.

§ 5º Aplicam-se subsidiariamente à captação ambiental as regras previstas na legislação específica para a interceptação telefônica e telemática.

A sociedade moderna, com avanço da tecnologia, promoveu importantes avanços no combate à criminalidade de forma direta, permitindo a utilização de meios até então não comuns à população, como as câmeras de vigilância, disseminadas atualmente em ambientes públicos e privados. De igual modo, a evolução tecnológica permitiu, ainda que indiretamente, a participação direta da sociedade nesse contexto, vez que o amplo acesso a aparelhos de telefone celular, equipados com câmeras, tem trazido à tona diversos vídeos que auxiliam na apuração de uma infração penal.

Nesse cenário, ganha relevo a regulamentação da escuta ambiental de sinais eletromagnéticos, ópticos ou acústicos, trazida pela Lei do Pacote Anticrime, que inseriu o art. 8º-A na Lei n. 9.296/96, regulamentando, de certo modo, o teor do art. 3º, II, da Lei 12.850/13, que tão somente previa um meio de obtenção de prova nominado atípico, vez que a despeito da previsão legal, a norma nada regrava quanto ao procedimento de execução.

26.3.4.1 Captação ambiental

Captar significa recolher, apanhar. A captação, por si só, não pressupõe o conhecimento, posto que essa ocorre independente do conhecimento do conteúdo da comunicação ou fatos alheios. O morador de uma residência, por exemplo, que instala câmeras de segurança voltadas para o lado externo de sua morada, tem ciência de que capta imagens, não obstante desconhecer o seu conteúdo.

A captação ambiental, prevista no art. 8º-A da Lei 9.296/96, atribui um sentido normativo-cognitivo ao termo captação, porquanto a captação pura, sem conhecimento de terceiros, não revela qualquer significado jurídico. Logo, a captação, no sentido jurídico, exige a participação de um terceiro, que toma ciência do conteúdo de uma comunicação entre duas ou mais pessoas. A captação pode ser feita por meio de câmeras, monitoramento à distância, escutas, microfones, via satélite, antenas direcionais e outras formas tecnológicas.

O conceito de captação, utilizado pelo legislador, revela, na realidade, uma forma de interceptação ambiental, um meio de se realizar a vigilância eletrônica. Conforme vimos na parte introdutória do capítulo, a compreensão de interceptação não se confunde com a escuta ou gravação ambiental. Isso porque a **interceptação ambiental** é a captação da comunicação no próprio ambiente em que ocorre, por terceiro, sem o conhecimento dos participantes, envolvendo a possibilidade de realização de filmagens e gravação de áudios. A **escuta ambiental**, por sua vez, trata-se da captação de uma comunicação no próprio ambiente em que ocorre, realizada por terceiro, com o conhecimento de um dos interlocutores. E a **gravação ambiental**, por sua vez, é a gravação realizada no próprio ambiente em que ocorre, por meio de autogravação por parte de um dos interlocutores, sem o conhecimento dos demais.

O objeto do art. 8º-A da Lei 9.296/96 alcança somente a interceptação e a escuta, não contemplando a gravação ambiental, via de regra clandestina, cuja análise da legalidade deverá ser realizada de forma casuística, conforme estudamos no âmbito das provas ilícitas. Nesse sentido e, em reforço à conclusão, vale o destaque para o crime previsto no art. 10-A, que tipifica a conduta de "realizar captação ambiental de sinais eletromagnéticos, ópticos ou acústicos para investigação ou instrução criminal sem autorização judicial, quando esta for exigida", bem como o teor do seu § 1º, que assinala que "não há crime se a captação é realizada por um dos interlocutores". Em síntese, o legislador estabeleceu uma causa excludente de tipicidade[27] quando o autor da conduta típica for o próprio interlocutor, de forma que não seria razoável se proibir aquilo que a lei não incrimina. Não obstante, trata-se de norma de exceção não contemplada pelo teor do art. 8º-A, devendo receber tratamento casuístico em razão da excepcionalidade normativa.

MARÇAL e MASSON[28] (2016, p. 211-212), buscando sistematizar o tema, sustentam a licitude da gravação desprovida de autorização judicial quando "realizada como (a) meio de defesa; (b) em razão de investida criminosa; (c) se não há reserva da conversação (obrigação de guardar segredo); ou, ainda, (d) quando não restar caracterizado violação de sigilo, não havendo de se cogitar uma suposta (e inexistente) violação do direito à privacidade nesses casos".

26.3.4.1.1 Quando há necessidade de autorização judicial?

➔ ATENÇÃO – ASSUNTO COBRADO NO MPPR – CONCURSO 2016

Discorra sobre a licitude da interceptação ambiental stricto sensu, escuta ambiental e gravação ambiental, para fim de produção de prova penal, em local (ambiente) no qual haja expectativa de privacidade.

Conforme vimos, há situações em que a prova produzida, ainda que sorrateiramente, não pressupõe autorização judicial. De fato, não há em sentido em se exigir autorização

27. Parcela da doutrina confere o status de causa excludente de ilicitude.

28. MARÇAL, Vinícius. MASSON, Cléber. **Crime organizado**. 2ª ed. São Paulo: MÉTODO, 2016.

judicial para que o município instale câmeras de vigilância, para que o morador instale equipamentos de segurança ou para que um pedestre filme um crime praticado na rua.

Nesse contexto, surge o **primeiro parâmetro**, que envolve a **expectativa de privacidade**. Não se exige a autorização judicial quando a captação de imagens e conversas ocorrer em **ambiente aberto ao público**, vez que nesses, naturalmente, os próprios interlocutores renunciam à privacidade e intimidade em razão do local escolhido. Aquele que deseja manter uma conversa sigilosa não elege um parque ou um shopping center para tanto, ao contrário, opta por lugares fechados e privados. Logo, não há expectativa de privacidade, assim como para aquele que pratica um assalto em via pública, motivo pelo qual não se exige autorização judicial para a captação ambiental.

Ainda no contexto da expectativa de privacidade envolvendo os ambientes públicos, os quais não exigem autorização judicial para a captação da prova, **há casos em que a prova será concebida como ilícita**, como na hipótese da captação de uma conversa entre advogado e cliente, amparada pelo sigilo profissional. Isso porque o sigilo profissional não admite, sequer, autorização judicial para sua quebra quando não houver envolvimento do advogado na prática delitiva. Nesses casos, é indiferente o local onde a prova é produzida, porquanto a tutela da privacidade é absoluta, sendo ilícita a prova produzida em violação ao sigilo profissional.

A expectativa de privacidade sobe, naturalmente, em ambientes privados, a despeito de não ser absoluta. Nesse contexto, tratamos o tema sob a luz do **segundo e terceiro parâmetros, que envolvem a proporcionalidade e o consentimento tácito dos envolvidos**.

Os ambientes privados são marcados, por essência, pela expectativa de intimidade, não podendo essa sucumbir, em regra, senão por ordem judicial previamente concedida. Assim, não se admite o ingresso em moradia alheia para instalação de dispositivos ou aplicativos para captação de conversas por meio de dados ou escutas por de trás das portas e paredes. Ao tutelar o domicílio, a Constituição Federal não somente se referiu formalmente ao local, mas ao conteúdo material do que ordinariamente ocorre em seu seio.

A tutela dos ambientes privados pode, contudo, ser cerceada por meio de decisão judicial previamente fundamentada e autorizativa da captação de sinais eletromagnéticos, ópticos ou acústicos, restringindo o direito à intimidade. O que não se admite, conforme vimos, é a coleta de provas em violação ao direito fundamental à intimidade sem autorização judicial. Não obstante a regra, há situações em que a prova colhida, ainda que com violação à intimidade, não deve ser considerada ilícita, pois situações casuísticas podem interferir na licitude da prova.

Como **segundo parâmetro elegemos a proporcionalidade**, pois não raramente há uma projeção da intimidade para ambientes externos, a exemplo das moradias em condomínios de edifícios e casas geminadas, onde, por exemplo, conversas mais altas ultrapassam os limites das paredes, sem que o vizinho que capta o som venha a se valer de qualquer instrumento não ortodoxo para tanto. *In casu*, ainda que não captada a prova pelo vizinho, poderia funcionar como testemunha sem qualquer questionamento quanto ao direito à intimidade, ou seja, a captação funciona como prova do depoimento, não podendo ser concebida como ilícita, vez que inexiste o dever de guardar sigilo.

De igual forma, o registro, em domicílio próprio de imagens de segurança que captam a prática de ilícitos no seu interior, em que pese não registrar ambiente público e externo, são perfeitamente admitidas pela proporcionalidade. Não fosse assim, teríamos que admitir o direito à intimidade do ladrão que invade a residência alheia para subtrair bens, invalidando a prova obtida pelo sistema de segurança que capta imagens do agente. Não há amparo, portanto, à intimidade quando houver **investida criminosa**.

O **terceiro parâmetro, relacionado ao consentimento tácito dos envolvidos**, engloba as situações nas quais, não obstante o direito à intimidade, os interlocutores conhecem a situação de produção de prova constante, captadas por eles mesmos. Há, no caso, nítida ciência e consentimento tácito para que a prova seja materializada. De igual modo, há ciência de que a documentação visual ou audiovisual pode vir a funcionar como prova de algum fato ou não haveria sentido em se gravar o conteúdo.

Imagine-se um casal que instala, para própria segurança, monitoramento eletrônico em sua residência, gravando a movimentação na casa em sistema próprio de armazenamento em nuvem. Os conviventes, ao adotarem tal procedimento, assumem uma certa restrição à intimidade, porquanto cientes da gravação, optam pelo monitoramento. Nesse sentido, na hipótese, por exemplo, de uma discussão entre o casal, que venha a culminar com agressões por parte do homem contra a mulher, não poderá esse alegar ilicitude da prova captada, pois além de ter ciência da gravação, anuiu com sua realização de forma prévia, tacitamente consentindo com a renúncia à parcela de sua intimidade, ainda que prol da própria segurança.

Assim, não obstante a redação do art. 8º-A da Lei 9.296/96, que sugere a necessidade de autorização judicial prévia para a captação, essa só se faz necessária quando a interceptação ou escuta ambiental for realizada em lugar privado não aberto ao público. Segundo parte da doutrina, há possibilidade de autorização judicial em locais públicos quando houver expectativa de privacidade, como nas situações que envolver um diálogo entre o médico e o paciente. Não nos parece, contudo, seja essa a *mens legis*, pois a relação médico/paciente, por exemplo, é regida pelo sigilo profissional e, ainda que o médico quisesse prestar depoimento, enquadrar-se-ia no art. 207 do CPP, como testemunha proibida de depor em razão da profissão. Logo, a interceptação, ainda que autorizada pela Justiça, violaria não somente o direito fundamental ao sigilo, mas as próprias normas profissionais quando a interceptação versasse sobre conteúdo profissional estrito.

26.3.4.1.2 Requisitos e procedimento

Os requisitos legais para o deferimento do pedido de captação ambiental de sinais eletromagnéticos, ópticos ou acústicos assemelham-se, em parte, aos previstos para as interceptações telefônicas, motivo pelo qual, em alguns pontos, remeteremos o leitor para o tópico pertinente, para evitar repetições, especialmente no tocante à fundamentação.

Assim como a interceptação telefônica, a captação ambiental de sinais eletromagnéticos, ópticos ou acústicos destina-se a produção de prova para investigação criminal ou instrução criminal (art. 8º-A), sendo aplicável todos os comentários pertinentes à interceptação telefônica. De igual forma, a decretação pressupõe a competência do juízo e a devida fundamentação.

No tocante à legitimidade, o art.8º-A diferencia-se em parte do art. 3º, pois não prevê a possibilidade de decretação pelo juiz de ofício. A redação, ao contrário do que parcela da doutrina infere, evidencia, para nós, a *mens legis* que também deve ser aplicada ao art. 3º, no sentido de que o magistrado, diante do sistema acusatório, não pode decretar nem a interceptação telefônica e nem a captação ambiental de sinais eletromagnéticos, ópticos ou acústicos, de ofício.

Não guarda sentido, de fato, permitir-se que o magistrado determine de ofício uma interceptação telefônica e não possa autorizar a captação ambiental de sinais eletromagnéticos, ópticos ou acústicos. Ambos são procedimentos invasivos e, igualmente, cerceiam direitos fundamentais. Admitir que o magistrado possa atuar em prol da busca da verdade real na seara do art. 3º e não admitir o mesmo procedimento no art. 8º-A não nos parece proporcional, porquanto a razão – busca da verdade real –, não distingue, ou não deveria distinguir, a captação ambiental, por vezes menos agressiva, da interceptação telefônica.

Soa-nos, por demais clara, a omissão do legislador quanto à retirada do texto legal das provas passíveis de serem produzidas de ofício pelo magistrado quando da entrada em vigor da Lei 13.964/19. O toque de caixa empregado ao projeto não permitiu que o sistema fosse revisto na íntegra, motivo pelo qual sua entrada em vigor, além das contribuições trazidas, aumentou a quantidade de costuras a serem feitas na colcha de retalhos que hoje é a legislação processual penal brasileira. No caso específico do art. 8ª-A, construído na trilha do sistema acusatório, o legislador preservou a coerência sistêmica. Contudo, olvidou-se de modificar o teor do art. 3º, para retirar, expressamente, a possibilidade de decretação de interceptação telefônica de ofício.

Na mesma esteira da interceptação telefônica, a captação ambiental de sinais eletromagnéticos, ópticos ou acústicos, para ser decretada, pressupõe que a **prova não possa ser feita por outros meios disponíveis e igualmente eficazes (inc. I).** Assinala, portanto, um caráter de *ultima ratio* relativamente mitigado à prova, de forma semelhante às interceptações telefônicas. Semelhante porque, diferentemente dessa, a captação ambiental de sinais eletromagnéticos, ópticos ou acústicos impõe um requisito que atenua o caráter de *ultima ratio* ao fazer uso da expressão "igualmente eficazes", isto é, a eficácia do meio deve ser sopesada em conjunto com a inexistência de outros meios probatórios.

O **inciso II do art. 8º-A** estabelece o segundo requisito expresso, exigindo para a decretação da captação ambiental a existência de **elementos probatórios razoáveis de autoria e participação em infrações criminais cujas penas máximas sejam superiores a 4 (quatro) anos ou em infrações penais conexas.** Ao contrário das interceptações telefônicas, nas quais o legislador exigiu tão somente que a pena cominada ao delito fosse a de reclusão, a captação ambiental de sinais eletromagnéticos, ópticos ou acústicos pressupõe a existência de elementos probatórios razoáveis de autoria e participação em infrações criminais cujas penas máximas sejam superiores a 4 (quatro) anos ou em infrações penais conexas.

Juridicamente, a não ser pela vontade do legislador, a distinção não guarda qualquer sentido ao exigir maior gravidade da conduta na captação ambiental, mesmo porque o requisito previsto no inciso I é de menor dificuldade de realização em razão da análise da eficácia da prova. Novamente, portanto, estamos diante de uma alteração pontual não sistêmica, que pode, inclusive, acender o debate quanto à aplicação do inciso II às próprias interceptações telefônicas em razão da aplicação do princípio da proporcionalidade.

No que tange especificamente ao **procedimento**, o §1º do art. 8º-A dispõe que o requerimento deverá descrever circunstanciadamente o local e a forma de instalação do dispositivo de captação ambiental, evitando-se, dessa forma, que locais estranhos ao objeto da investigação sejam monitorados.

O §2º, por sua vez, que inicialmente recebeu o veto do Presidente República, derrubado pelo Congresso Nacional, dispõe que a instalação do dispositivo de captação ambiental poderá ser realizada, quando necessária, por meio de operação policial disfarçada ou no período noturno, exceto na casa, nos termos do inciso XI do *caput* do art. 5º da Constituição Federal. Reforça, portanto, a inviolabilidade do domicílio no período noturno, em respeito à sistemática constitucional.

No que concerne ao **prazo**, conforme previsto no §3º a captação ambiental não poderá exceder o prazo de 15 (quinze) dias, renovável por decisão judicial por iguais períodos, se comprovada a indispensabilidade do meio de prova e quando presente atividade criminal permanente, habitual ou continuada.

De forma semelhante às interceptações telefônicas, o legislador fixou **prazo de quinze dias**, admitindo sucessivas prorrogações pelo mesmo prazo. Contudo, em acréscimo, exigiu a satisfação de dois requisitos cumulativos: a) a indispensabilidade do meio de prova, já previsto no inc. I; e b) quando presente atividade criminal permanente, habitual ou continuada.

A previsão, de certo modo, contraria a lógica probatória de se buscar elementos de prova sobre fatos passados, à medida em que, de forma expressa, exige que diligência seja realizada quando **presente atividade criminal permanente, habitual ou continuada**. Não obstante a doutrina trabalhar o dispositivo sob a luz da natureza da infração penal, permanente, habitual ou continuada, não nos parece, pela própria natureza da Lei do Pacote Anticrime, que o legislador tenha objetivado realizar a vinculação à natureza da infração, vez que se valeu da **expressão atividade criminal**. Ainda que os adjetivos "permanente", "habitual" e "continuada" sejam historicamente associados à infração penal, não podemos nos olvidar de que não existem palavras inúteis na lei, de forma que devemos, minimamente, tentar compreender o porquê da utilização da expressão atividade criminal.

Por **atividade criminal permanente**, entendemos aquele comportamento que se protrai no tempo. Como é cediço, o crime permanente é aquele cuja consumação se prolonga no tempo, a exemplo do crime de sequestro. Ocorre que a atividade permanente, não obstante englobar o crime permanente, com esse não se confunde, porquanto há atividades criminais permanentes, que não caracterizam crime permanente. Tomemos como exemplo a conduta de dois agentes que ser organizam com uma mínima estrutura para a prática de crimes contra o patrimônio. *In casu*, não se cogita da possibilidade de aplicação típica do crime previsto no art. 288 do CP, vez que o número de agentes, dois, não satisfaz o tipo penal. Contudo, há alguma dúvida quanto à permanência na associação e atividade criminosa?

De igual modo, a **atividade criminosa habitual** não se confunde com o crime habitual, marcado pela reiteração de comportamentos aptos a caracterizar a prática de um delito, a exemplo do exercício ilegal de profissão. A expressão "atividade criminosa habitual" remonta não ao aspecto objetivo da reiteração comportamental, mas ao sujeito, em perigosa previsão relacionada ao Direito Penal do autor. Logo, de acordo com a redação legal, temos que compreender, ainda que com ressalvas, a atividade criminosa habitual como aquela que revela o hábito do agente, capaz de evidenciar um modo de vida habitualmente voltado para a prática de crimes.

Por fim, a **atividade criminosa continuada** igualmente não se confunde com o crime continuado, revelador de novos fatos criminosos que, dada as circunstâncias de tempo, lugar e modo de execução, devem ser considerados com continuação do primeiro. De fato, não guarda sentido, para nós, a associação do crime continuado com a atividade criminosa continuada, vez que, ao se estabelecer a vinculação, estaríamos admitindo a possibilidade de se aguardar a prática de futuros crimes tão somente para estabelecer a prova do primeiro, vez que o crime continuado, por ficção jurídica, é concebido com crime único. Seria, em síntese, aceitar o mal à norma, em prejuízo das vítimas, tão somente para se estabelecer a continuidade delitiva, benéfica ao autor dos delitos. Por essas razões, estendemos a atividade criminosa continuada como aquela mais ampla, que contempla não apenas o microuniverso do crime continuado, mas aqueles comportamentos, conectados por alguma razão, que justificariam a realização da diligência, a exemplo de reiterados crimes contra a administração, continuados ou não, praticados por um funcionário público.

O §4º do art. 8º-A inovou, de certa forma, ao expressamente prever a possibilidade de utilização de captação clandestina realizada como matéria de defesa. Apesar da gravação telefônica ser admitida, excepcionalmente, pela jurisprudência como matéria de defesa, a expressa previsão legal, vetada inicialmente pelo Presidente da República, e inserida na lei em razão da derrubada do veto, revela uma perigosa mudança de perspectiva normativa.

Ao prever que "a captação ambiental feita por um dos interlocutores sem o prévio conhecimento da autoridade policial ou do Ministério Público poderá ser utilizada, em matéria de defesa, quando demonstrada a integridade da gravação", o legislador estatuiu um direito: o de trazer, em matéria de defesa, captação ambiental ilícita. E, por essa razão, é necessário indagar: a produção da prova pode ser considera ilícita, se o seu uso defensivo é lícito? Não haveria, por via de consequência, o legislador estabelecido um direito a realizar captações clandestinas?

Não acreditamos tenha sido essa a intenção do legislador que, caso desejasse prever o conteúdo, poderia ter se valido da estrutura principiológica da proporcionalidade, amplamente utilizada pela jurisprudência. Todavia, o fez expressamente, trazendo à lume a pauta acima, que permite a interpretação de que a norma assegurou o direito de realização de captações clandestinas, vez que essas, licitamente, poderão funcionar como matéria de defesa. Dessa forma, visando dar vazão à interpretação ótima, entendemos que o teor do §4º do art. 8º-A da Lei 9.296/96 deve ser interpretado sob a luz do §1º do art. 10-A da mesma lei, de modo a se compreender que **a conduta é permitida quando realizada por um dos interlocutores**, que somente poderá utilizar a prova produzida como matéria de defesa, de sorte que há um **direito de exercício restrito**, sob pena de ilicitude.

Por fim, segundo o §5º do art. 8º-A, aplicam-se subsidiariamente à captação ambiental as regras previstas na legislação específica para a interceptação telefônica e telemática.

26.3.4.1.3 A prova obtida por aplicativos de mensagens – WhatsApp

Com o advento dos smartphones e aplicativos de troca de mensagens, a comunicação entre as pessoas mudou de forma sensível. Atualmente, pouco se fala ao telefone, esvaziando em parte as interceptações telefônicas, vez que a maioria das pessoas tem optado pelo envio de mensagens por meio de aplicativos como *WhatsApp, Telegram, Instagram* e etc.

Naturalmente, por envolver a troca de mensagens de cunho pessoal, as comunicações realizadas por intermédio de tais dispositivos submetem-se ao sigilo constitucional, como decorrência do direito à intimidade e vida privada. A utilização desse novel modelo de comunicação não tem passado sem análise por parte dos Tribunais Superiores.

Em belo resumo estrutural, o STJ entende que:

> Sem prévia autorização judicial, são nulas as provas obtidas pela polícia por meio da extração de dados e de conversas registradas no *WhatsApp* presentes no celular do suposto autor de fato delituoso, ainda que o aparelho tenha sido apreendido no momento da prisão em flagrante.
>
> Realmente, a CF prevê como garantias ao cidadão a inviolabilidade da intimidade, do sigilo de correspondência, dados e comunicações telefônicas (art. 5º, X e XII), salvo ordem judicial. No caso das comunicações telefônicas, a Lei n. 9.294/1996 regulamentou o tema. Por sua vez, a Lei n. 9.472/1997, ao dispor sobre a organização dos serviços de telecomunicações, prescreveu: "Art. 3º. O usuário de serviços de telecomunicações tem direito: (...) V - à inviolabilidade e ao segredo de sua comunicação, salvo nas hipóteses e condições constitucional e legalmente previstas."
>
> Na mesma linha, a Lei n. 12.965/2014, a qual estabelece os princípios, garantias e deveres para o uso da internet no Brasil, elucidou que: "Art. 7º. O acesso à internet é essencial ao exercício da cidadania, e ao usuário são assegurados os seguintes direitos: I - inviolabilidade da intimidade e da vida privada, sua proteção e indenização pelo dano material ou moral decorrente de sua violação; II - inviolabilidade e sigilo do fluxo de suas comunicações pela internet, salvo por ordem judicial, na forma da lei; III - inviolabilidade e sigilo de suas comunicações privadas armazenadas, salvo por ordem judicial."
>
> No caso, existiu acesso, mesmo sem ordem judicial, aos dados de celular e às conversas de WhatsApp. Realmente, essa devassa de dados particulares ocasionou violação à intimidade do agente. Isso porque, embora possível o acesso, era necessária a prévia autorização judicial devidamente motivada. Registre-se, na hipótese, que nas conversas mantidas pelo programa WhatsApp - que é forma de comunicação escrita e imediata entre interlocutores - tem-se efetiva interceptação não autorizada de comunicações. A presente situação é similar às conversas mantidas por e-mail, cujo acesso também depende de prévia ordem judicial (HC 315.220-RS, Sexta Turma, DJe 9/10/2015). Atualmente, o celular deixou de ser apenas um instrumento de conversação por voz à longa distância, permitindo, diante do avanço tecnológico, o acesso de múltiplas funções, incluindo a verificação de correspondência eletrônica, de mensagens e de outros aplicativos que possibilitam a comunicação por meio de troca de dados de forma similar à telefonia convencional. Desse modo, sem prévia autorização judicial, é ilícita a devassa de dados e de conversas de WhatsApp realizada pela polícia em celular apreendido. RHC 51.531-RO, Rel. Min. Nefi Cordeiro, julgado em 19/4/2016, DJe 09.05.16.

Por evidência, sendo o conteúdo do aparelho celular de cunho privado, qualquer acesso não autorizado apto a obter informações de conteúdo material, como fotos, escritos e documentos caracterizará a ilicitude da prova. E, se o próprio acesso a conteúdo existente já caracteriza a ilicitude, com maior razão as intervenções diretas pelo Estado em substituição ao agente geram a ilicitude da prova, de que forma que não pode, por exemplo, o policial atender ao celular do indivíduo preso e por ele se passar para obter alguma evidência probatória[29]. De igual modo, o espelhamento do *WhatsApp*, tecnologia que permite a terceiro não somente ao acesso, mas também à interação, não tem sido admitido pelo STJ.

No julgamento do RHC 99735/SC, DJe 12.12.18, o Tribunal entendeu que "para além de permitir o acesso ilimitado a todas as conversas passadas, presentes e futuras, a ferramenta WhatsApp Web foi desenvolvida com o objetivo de possibilitar ao usuário a realização de todos os atos de comunicação a que teria acesso no próprio celular. O emparelhamento entre celular e computador autoriza o usuário, se por algum motivo assim desejar, a conversar dentro do aplicativo do celular e, simultaneamente, no navegador da internet, ocasião em que as conversas são automaticamente atualizadas na plataforma que não esteja sendo utilizada".

Assim, "tanto no aplicativo, quanto no navegador, é possível, com total liberdade, o envio de novas mensagens e a exclusão de mensagens antigas (registradas antes do emparelhamento) ou recentes (registradas após), tenham elas sido enviadas pelo usuário, tenham elas sido recebidas de algum contato. Eventual exclusão de mensagem enviada (na opção "Apagar somente para Mim") ou de mensagem recebida (em qualquer caso) não deixa absolutamente nenhum vestígio, seja no aplicativo, seja no computador emparelhado, e, por conseguinte, não pode jamais ser recuperada para efeitos de prova em processo penal, tendo em vista que a própria empresa disponibilizadora do serviço, em razão da tecnologia de encriptação ponta-a-ponta, não armazena em nenhum servidor conteúdo das conversas dos usuários". **Tal funcionalidade quebra, por conseguinte, a cadeia de custódia**, vez que é possível que parte das comunicações sejam perdidas, sendo impossível sua recuperação.

Ainda segundo o STJ, "ao contrário da interceptação telefônica, no âmbito da qual o investigador de polícia atua como mero observador de conversas empreendidas por terceiros, no espelhamento via WhatsApp Web o investigador de polícia tem a concreta possibilidade de atuar como participante tanto das conversas que vêm a ser realizadas quanto das conversas que já estão registradas no aparelho celular, haja vista ter o poder, conferido pela própria plataforma online, de interagir nos diálogos mediante envio de novas mensagens a qualquer contato presente no celular e exclusão, com total liberdade, e sem deixar vestígios, de qualquer mensagem passada, presente ou, se for o caso, futura".

Some-se a tais argumentos que, "ao contrário da interceptação telefônica, que tem como objeto a escuta de conversas realizadas apenas depois da autorização judicial (ex nunc), o espelhamento via Código QR viabiliza ao investigador de polícia acesso amplo e irrestrito a toda e qualquer comunicação realizada antes da mencionada autorização, operando efeitos retroativos (ex tunc)".

Na mesma esteira posicionou-se o STJ no julgamento do REsp 1806792/SP, DJe 25.05.21, no tocante à utilização de "SIMCARD" (cartão "SIM", sigla em inglês da expressão Subscriber Identity Module - módulo de identificação do assinante -, comumente referido no Brasil como "chip"), em substituição ao do aparelho celular do usuário

29. STJ: 6ª Turma, HC 511.484/RS, Rel. Min. Sebastião Reis Júnior, DJe 29.08.19.

investigado, por parte da autoridade policial que teria pleno acesso, em tempo real, às chamadas e mensagens transmitidas para a linha originária, inclusive via WhatsApp. Segundo a Corte:

> A ação, se implementada, permitiria aos investigadores acesso irrestrito a todas as conversas por meio do WhatsApp, inclusive com a possibilidade de envio de novas mensagens e a exclusão de outras. Se não bastasse, **eventual exclusão de mensagem enviada ou de mensagem recebida não deixaria absolutamente nenhum vestígio** e, por conseguinte, não poderia jamais ser recuperada para servir de prova em processo penal, tendo em vista que, em razão da própria característica do serviço, feito por meio de encriptação ponta-a-ponta, a operadora não armazena em nenhum servidor o conteúdo das conversas dos usuários.
>
> **Ao contrário da interceptação telefônica**, no âmbito da qual o investigador de polícia atua como mero observador de conversas travadas entre o alvo interceptado e terceiros, na troca do chip habilitado, **o agente do estado tem a possibilidade de atuar como participante das conversas, podendo interagir diretamente com seus interlocutores, enviando novas mensagens a qualquer contato inserido no celular, além de poder também excluir, com total liberdade, e sem deixar vestígios, as mensagens no WhatsApp**. E, nesse interregno, o usuário ficaria com todos seus serviços de telefonia suspensos.

Isso não significa, contudo, que não seja possível o acesso às conversas anteriores registradas no celular do investigado por meio de autorização judicial. A medida equivale, por exemplo, à quebra do sigilo de e-mail. O que não se admite é o acesso a conteúdo pretérito com a possibilidade de destruição de dados sem registro.

Em importante julgado, o STJ, no AREsp 2257960, em sede de decisão monocrática, considerou válida a prova obtida via espelhamento do Whatsapp Web, anteriormente invalidada. Nitidamente, houve no caso um *distinguishing* quanto ao entendimento anterior (RHC 99735/SC), haja vista que a medida, no AREsp 2257960 encontrava-se sob o pálio de ação controlada e infiltração de agentes. De acordo com a decisão:

> [...] Postas as premissas supra, delineadas as teses em confronto, de se destacar que a questão posta em juízo traz a baila a aferição da possibilidade de utilização, no ordenamento jurídico pátrio, de ações encobertas, controladas virtuais ou de agentes infiltrados no plano cibernético. A questão que se põe é: pode-se revestir a mencionada manobra policial de legalidade, gerando o subsequente aproveitamento das provas?
>
> A resposta se denota positiva, desde que o uso da ação controlada na investigação criminal esteja amparado por autorização judicial. A chancela jurídica, portanto, possibilita o monitoramento legítimo, inclusive via espelhamento do software *Whatstapp Web*, outorgando funcionalidade à persecução virtual, de inestimável valia no mundo atual. A prova assim obtida, via controle judicial, não se denota viciada, não inquinando as provas derivadas, afastando-se a teoria do *fruits of the poisounous tree* na hipótese. [...]
>
> [...] No caso dos autos, não houve comprovação de qualquer adulteração no decorrer probatório, nenhum elemento veio aos autos a demonstrar que houve adulteração da prova, alteração na ordem cronológica dos diálogos ou mesmo interferência de quem quer que seja, a ponto de invalidar a prova, salvo, naturalmente, a eventual ingerência e interação que decorre da atuação **na ação controlada e da condição de agente infiltrado** aqui reconhecida, não podendo referida invalidade ser presumida. [...]

A jurisprudência dos Tribunais Superiores tem auxiliado na construção doutrinária atinente às provas obtidas por meio das referidas ferramentas de comunicação, razão pela qual, apenas a título de compilação, colacionamos as principais atinentes a matérias probatória e outras que, de certo modo, trazem alguma espécie de novidade:

> Os dados constantes de aparelho celular obtidos por órgão investigativo, mensagens e conversas por meio de programas ou aplicativos (WhatsApp), somente são admitidos como prova lícita no processo penal quando há precedente mandado de busca e apreensão expedido por juiz competente ou quando há autorização voluntária de interlocutor da conversa. AgRg 646771/PR, DJe 13.08.21.
>
> Inexistindo controvérsia a respeito da veracidade das mensagens de WhatsApp, tem-se manifesta a ausência de prejuízo em razão da não realização de perícia, situação que, conforme destacado, inviabiliza igualmente eventual reconhecimento de nulidade. De fato, não se admite, no processo penal, a forma pela forma, sendo, portanto, indispensável a demonstração do prejuízo em razão de eventual não observância de dispositivo legal, o que nem ao menos foi indicado. AgRg no AREsp 1748374/DF, DJe 20.09.21.
>
> Não há ilegalidade na perícia de aparelho de telefonia celular pela polícia na hipótese em que seu proprietário - a vítima - foi morto, tendo o referido telefone sido entregue à autoridade policial por sua esposa, interessada no esclarecimento dos fatos que o detinha, pois não havia mais sigilo algum a proteger do titular daquele direito. RHC 86076/MT, DJe 12.12.17.
>
> Esta Corte Superior de Justiça já se manifestou no sentido de que é válida a citação pelo aplicativo WhatsApp desde que contenha elementos indutivos da autenticidade do destinatário, como número do telefone, confirmação escrita e foto individual e só tem declarado a nulidade quando verificado prejuízo concreto ao réu. Precedentes. AgRg no HC 685286/PR, DJe 25.02.22.

26.4 QUEBRA DE SIGILO DE DADOS TELEFÔNICOS, DE COMUNICAÇÕES TELEMÁTICAS, BANCÁRIOS, FINANCEIROS E FISCAIS

26.4.1 Quebra do sigilo de dados telefônicos e de comunicações telemáticas

A quebra do sigilo de dados telefônicos não se confunde com a interceptação das comunicações telefônicas, pois tem por objeto os registros armazenados pelas companhias telefônicas, tais como o número de telefone chamados, datas e horários das chamadas, informações acerca das estações rádio base (ERBs) etc.

De igual modo, a quebra pode incidir sobre dados relacionados aos usuários de internet, com o escopo de identificar os endereços de IP (*Internet Protocol*) das máquinas utilizadas, horário de acesso, identificação de usuários e endereços e etc.

Os dados pessoais foram erigidos pela Emenda Constitucional 115 ao status de direito fundamental (art. 5º, LXXIX). Segundo a Lei Geral de Proteção de Dados, Lei 13.709/18, são considerados dados pessoais qualquer informação que permita identificar, direta ou indiretamente, uma pessoa que esteja viva, tais como: nome, RG, CPF, gênero, data e local de nascimento, telefone, endereço residencial, localização via GPS, retrato em fotografia, prontuário de saúde, cartão bancário, renda, histórico de pagamentos, hábitos de consumo, preferências de lazer; endereço de IP (Protocolo da Internet) e cookies.

Contudo, os dados pessoais, tutelados constitucionalmente, não se confundem com os chamados dados cadastrais, definidos como informações referentes a nome, endereço de assinante ou usuário registrado/autenticado.

Conforme a normatização legal, o membro do Ministério Público e a autoridade policial podem requisitar diretamente dados cadastrais nas hipóteses do art. 13-A do CPP, nas investigações acerca de lavagem de dinheiro (art. 17-B da Lei 9.613/1998) e naquelas relativas a organizações criminosas (arts. 15 e 16 da Lei 12.850/2013). Ainda, podem requisitar diretamente dados cadastrais de usuários de internet, conforme autoriza o art. 10, §3º, da Lei 12.965/2014.

Contudo, tramita no STF as ADIs 5.063 (arts. 15 e 16 da Lei 12.850/2013) e 5.642 (arts. 13-A e 13-B do CPP, julgada em 18.04.24), que questionam constitucionalidade atinente à requisição direta de dados cadastrais.

No tocante ao julgamento da ADI 5.642, o STF entendeu, como razões de decidir, que:

> as normas impugnadas não conferem amplo poder de requisição, mas um que é instrumentalmente necessário para reprimir as violações de crimes graves que atentam contra a liberdade pessoal e que se destinam a permitir o resgate das vítimas dessas infrações enquanto elas ainda estão em curso. A requisição apresentada pela autoridade policial, exclusivamente para o crimes previstos no art. 13-A do Código de Processo Penal, conquanto possível, deve se restringir apenas à finalidade a que foi fixada, qual seja, a de reprimir e impedir a ocorrência dos delitos descritos no caput, do citado dispositivo. Em relação à possibilidade de requisição de meios, como prevista no art. 13-B, não há que se falar em violação à reserva de jurisdição, eis que a possibilidade de requisição visa a identificação e localização imediata da vítima. Da leitura do art. 13-B, caput, não é possível depreender interpretação que admita a requisição de meios técnicos sem autorização judicial. A expressão "dados cadastrais" não abrange a interceptação de voz; a interceptação telemática; os dados cadastrais de usuários de IP, os quais abarcam dados de usuário que em determinado dia, data, hora e fuso fizeram uso de um IP para acessar à internet; os serviços de agenda virtual ofertados por empresas de telefonia; o dado cadastral de e-mail e os extratos de conexão a partir de linha ou IP. O disposto no art. 13-B é aplicável aos delitos previstos no art. 13-A, de acordo com decisão da maioria do Tribunal.

Ao final, fixou a seguinte tese:

> São passíveis de requisição sem controle judicial prévio, mas sempre sujeito ao controle judicial posterior, a localização de terminal ou IMEI de cidadão em tempo real por meio de ERB por um período determinado e desde que necessário para os fins de reprimir os crimes contra a liberdade pessoal descritos no art. 13-A do Código de Processo Penal; o extrato de ERB; os dados cadastrais dos terminais fixos não figurantes em lista telefônica divulgável e de terminais móveis; o extrato de chamadas telefônicas; o extrato de mensagens de texto (SMS ou MMS); e os sinais para localização de vítimas ou suspeitos, após o decurso do prazo de 12 horas constante do § 4º do art. 13-B do Código de Processo Penal.

Na linha de compreensão do STF, sustentávamos, nas edições anteriores, que não nos parecia que os dados cadastrais, não obstante serem tutelados pelo sistema jurídico constitucional, amoldavam-se à preservação da intimidade e vida privada conferidas em essência pela Constituição, pois o escopo constitucional é o de alcançar o núcleo fundamental dos direitos fundamentais, permitindo, em determinadas situações, a relativização desses direitos quando a proporcionalidade e razoabilidade exigirem.

No tocante aos dados cadastrais[30], há tão somente o registro do nome e endereço do titular do serviço, elementos mínimos necessários para deflagração de uma investigação.

30. O STF, no julgamento da ADI 6.649 e APPF 695, DJe 23.09.22, decidiu pela possibilidade de compartilhamento de dados pessoais entre os órgãos e entidades da Administração Pública nos seguintes, termos: No mérito, por maioria,

Exigir que tais informações passem pelo Poder Judiciário, como cláusula de reserva de jurisdição, não somente prejudica a celeridade das investigações, mas impõe uma limitação desproporcional à investigação criminal.

De acordo com o STF, "a expressão 'dados cadastrais' não abrange a interceptação de voz; a interceptação telemática; os dados cadastrais de usuários de IP, os quais abarcam dados de usuário que em determinado dia, data, hora e fuso fizeram uso de um IP para acessar à internet; os serviços de agenda virtual ofertados por empresas de telefonia; o dado cadastral de e-mail e os extratos de conexão a partir de linha ou IP".

Mesmo antes da decisão proferida na ADI 5.642, o STF, deparando-se com a situação, entendeu que:

> Não se confundem comunicação telefônica e registros telefônicos, que recebem, inclusive, proteção jurídica distinta. Não se pode interpretar a cláusula do artigo 5º, XII, da CF, no sentido de proteção aos dados enquanto registro, depósito registral. A proteção constitucional é da comunicação de dados e não dos dados. STF, HC 91.867/PA, Rel. Min. Gilmar Mendes, 2ª Turma, DJe 19.09.12.

Por outro lado, a quebra de sigilo de dados telefônicos ou telemáticos envolve a busca de dados pretéritos, a exemplo dos registros em ERB, mensagens eletrônicas (SMS, mensagens em aplicativos de troca de mensagens, e-mail etc.), bilhetagem eletrônica (extrato de chamadas realizadas e recebidas[31]), referentes a um dado período de tempo. Não há, nesse caso, interceptação telefônica ou telemática, porquanto o acesso às informações não ocorre em tempo real. E, por envolver o conhecimento de conteúdo privado, pressupõe a observância da cláusula de reserva de jurisdição, devendo ser requerida ao juízo competente. Não obstante, segundo o entendimento do STF, são passíveis de requisição sem controle judicial prévio, mas sempre sujeito ao controle judicial posterior, o extrato de ERB; os dados cadastrais dos terminais fixos não figurantes em lista telefônica divulgável e de terminais móveis; o extrato de chamadas telefônicas; o extrato de mensagens de texto (SMS ou MMS); e os sinais para localização de vítimas ou suspeitos, após o decurso do prazo de 12 horas constante do § 4º do art. 13-B do Código de Processo Penal.

A temática, contudo, conforme assinalado no início, ainda pende de julgamento definitivo no âmbito da ADI 5.063, em trâmite perante o STF.

---

julgou parcialmente procedentes os pedidos, conferindo interpretação conforme ao Decreto 10.046/2019, traduzida nos seguintes termos: 1. O compartilhamento de dados pessoais entre órgãos e entidades da Administração Pública, pressupõe: a) eleição de propósitos legítimos, específicos e explícitos para o tratamento de dados (art. 6º, inciso I, da Lei 13.709/2018); b) compatibilidade do tratamento com as finalidades informadas (art. 6º, inciso II); c) limitação do compartilhamento ao mínimo necessário para o atendimento da finalidade informada (art. 6º, inciso III); bem como o cumprimento integral dos requisitos, garantias e procedimentos estabelecidos na Lei Geral de Proteção de Dados, no que for compatível com o setor público. 2. O compartilhamento de dados pessoais entre órgãos públicos pressupõe rigorosa observância do art. 23, inciso I, da Lei 13.709/2018, que determina seja dada a devida publicidade às hipóteses em que cada entidade governamental compartilha ou tem acesso a banco de dados pessoais, "fornecendo informações claras e atualizadas sobre a previsão legal, a finalidade, os procedimentos e as práticas utilizadas para a execução dessas atividades, em veículos de fácil acesso, preferencialmente em seus sítios eletrônicos".

31. O STJ, no julgamento do REsp 1.782386/RJ, j. 15.12.20, decidiu que os dados constantes da agenda telefônica de telefone celular não possuem a garantia de proteção do sigilo telefônico ou de dados telemáticos. "O inciso XII do art. 5º da Constituição veda o acesso a dados decorrentes de interceptação telefônica ou telemática, ainda que armazenados no aparelho celular, sem a correspondente autorização judicial. 4. No caso, como autorizado pelo Código de Processo Penal – CPP foi apreendido o telefone celular de um acusado e analisados os dados constantes da sua agenda telefônica, a qual não tem a garantia de proteção do sigilo telefônico ou de dados telemáticos, pois a agenda é uma das facilidades oferecidas pelos modernos aparelhos de smartphones a seus usuários."

26.4.2 Quebra de sigilo bancário e financeiro

O tema envolve o suposto conflito entre o direito à intimidade do cliente e terceiros envolvidos em operações financeiras, o dever de sigilo profissional das instituições financeiras (art. 1º, *caput*, da LC 105/01) e o interesse estatal na apuração das infrações penais.

Além da possibilidade de **fornecimento voluntário** por parte do agente dos dados financeiros e da **possibilidade das CPIs decretarem a quebra do sigilo bancário e financeiro** (art. 58, §3º da CF, c/c art. 4º, §1º da LC 105/01), no julgamento do REsp 1.561.191/SP[32], o STJ decidiu que, independentemente de autorização judicial, **é garantido ao Ministério Público** o acesso a **dados cadastrais bancários** não protegidos pelo sigilo, desde que os dados sejam relativos a pessoas investigadas pelo órgão e haja a necessidade de instrução de procedimentos de natureza penal ou civil, como ações judiciais e inquéritos policiais.

> O Ministério Público, em suas atividades precípuas, depara-se constantemente com a necessidade de buscar dados e informações de usuários investigados para instruir processo judicial, inquérito policial ou qualquer outra investigação criminal ou civil, constantes em bancos de dados de pessoas jurídicas de direito público ou privado. O acesso a tais bancos é essencial para que haja sucesso na tarefa de individualização e identificação de agentes praticantes das mais diversas infrações penais, seja na posição de autores, partícipes ou até mesmo como testemunhas de crimes.
>
> Outro ponto imprescindível ao deslinde da presente controvérsia é a distinção de dados e dados cadastrais. Enquanto os "dados" revelam aspectos da vida privada ou da intimidade do indivíduo e possuem proteção constitucional esculpida no art. 5º, X e XII, da Constituição Federal, os "dados cadastrais" se referem a informações de caráter objetivo que todos possuem, não permitindo a criação de qualquer juízo de valor sobre o indivíduo a partir de sua divulgação. São essencialmente um conjunto de informações objetivas fornecidas pelos consumidores/clientes/usuários sistematizadas em forma de registro de fácil acesso por meio de seu armazenamento em banco de dados de pessoas jurídicas de direito público ou privado, contendo informações como nome completo, CPF, RG, endereço, número de telefone etc.
>
> Os dados cadastrais bancários (informações de seus correntistas tais como número da conta-corrente, nome completo, RG, CPF, número de telefone e endereço) estão incluídos na definição de dados cadastrais e não estão, portanto, protegidos por sigilo bancário, que abriga apenas os serviços da conta (aplicações, transferências, depósitos e etc.) e não os dados cadastrais de seus usuários.
>
> Ressalte-se que o STJ, ao apreciar controvérsia referente ao acesso a dados cadastrais telefônicos, adotou o mesmo entendimento aqui esposado, ao consignar que informações referentes ao proprietário de linha telefônica (nome completo, CPF, RG, número da linha e endereço) buscam somente a identificação de seus usuários e, portanto, não estão acobertadas pelo sigilo das comunicações telefônicas. Nesse sentido: RHC 82.868/MS, Rel. Ministro Felix Fischer, Quinta Turma, DJe 1º.8.2017; HC 131.836/RJ, Rel. Ministro Jorge Mussi, Quinta Turma, DJe 6.4.2011.

O entendimento fixado pela Segunda Turma do Superior Tribunal de Justiça (STJ) concluiu que o acesso aos bancos de dados é essencial para que haja sucesso na

32. DJe 26.11.18.

identificação de pessoas envolvidas nas mais diversas infrações penais, "seja na posição de autores, partícipes ou até mesmo como testemunhas de crimes".

De acordo com o Min. Herman Benjamin, enquanto os dados se relacionam a aspectos da vida privada do indivíduo e possuem proteção constitucional, os dados cadastrais se referem a informações de caráter objetivo, que não possuem a garantia de inviolabilidade da comunicação de dados. Tem-se, dessa forma, que o número da conta-corrente, o nome do titular e os registros de documentos pessoais enquadram-se no conceito de dados cadastrais, não protegidos por sigilo bancário, os quais conglobam os serviços da conta, como aplicações financeiras, transferências, depósitos e etc.

Naturalmente, havendo necessidade de obtenção de informações protegidas pelo sigilo bancário, o pedido deverá ser formulado perante o juízo competente, por envolver matéria sujeita à reserva de jurisdição, sendo importante observar a necessidade de pertinência temática entre o pedido formulado e o delito investigado[33]. A exceção, construída pela jurisprudência, reside na hipótese de contas públicas, não detentoras, em regra, da proteção do direito à intimidade e privacidade:

> No entanto, as contas públicas, ante os princípios da publicidade e da moralidade (art. 37 da CF), não possuem, em regra, proteção do direito à intimidade/privacidade, e, em consequência, não são protegidas pelo sigilo bancário. Na verdade, a intimidade e a vida privada de que trata a Lei Maior referem-se à pessoa humana, aos indivíduos que compõem a sociedade, e às pessoas jurídicas de Direito privado, inaplicáveis tais conceitos aos entes públicos.
>
> Assim, conta-corrente de titularidade de Prefeitura Municipal não goza de proteção à intimidade/privacidade, tampouco do sigilo bancário, garantia constitucional das pessoas naturais e aos entes particulares.
>
> Nessa linha de raciocínio, lícita a requisição pelo Ministério Público de informações bancárias (emissão de cheques e movimentação financeira) de titularidade da Prefeitura Municipal de Potengi/CE, com o fim de proteger o patrimônio público, não se podendo falar em quebra ilegal de sigilo bancário.
>
> "Operações financeiras que envolvam recursos públicos não estão abrangidas pelo sigilo bancário a que alude a Lei Complementar nº 105/2001, visto que as operações dessa espécie estão submetidas aos princípios da administração pública insculpidos no art. 37 da Constituição Federal" (MS-33.340/STF, Relator Ministro LUIZ FUX, 1ª Turma, DJe de 3/8/2015). STJ: HC 308.493/CE, DJe 26.10.15.

Registre-se, ainda que, a 2ª Turma do STF possui precedentes admitindo que "**o poder do Ministério Público de requisitar informações bancárias de conta corrente de titularidade da prefeitura municipal compreende, por extensão, o acesso aos registros das operações bancárias realizadas por particulares**, a partir das verbas públicas creditadas naquela conta. De nada adiantaria permitir ao Ministério Público requisitar diretamente os registros das operações feitas na conta bancária da municipalidade e negar-lhe o principal: o acesso ao real destino dos recursos públicos, a partir do exame de operações bancárias sucessivas (v.g., desconto de cheque emitido pela Municipalidade na boca do caixa, seguido de transferência a particular do valor sacado). Entendimento em sentido diverso implicaria o esvaziamento da própria finalidade do princípio da

33. STJ: 5ª Turma, RHC 78.162/RJ, Min. Reynaldo Soares da Fonseca, j. 27.11.2018.

publicidade, que é permitir o controle da atuação do administrador público e do emprego de verbas públicas" (RHC 133118/CE, DJe 09.03.18).

26.4.3 Quebra do sigilo fiscal

A quebra do sigilo fiscal é um dos temas que tem recebido maior oscilação jurisprudencial nos últimos anos.

O Plenário do STF decidiu, em 24.02.16, no julgamento das ADI 2.390/DF, ADI 2.386/DF, ADI 2.397/DF e ADI 2.859/DF, pela constitucionalidade do art. 6º da LC 105/01, reforçando a norma de que as autoridades e os agentes fiscais tributários podem ter acesso às movimentações bancárias, mesmo sem autorização judicial, desde que exista um processo administrativo instaurado ou um procedimento fiscal em curso e essas informações sejam indispensáveis.

Em 2019, o Pleno do STF decidiu, no julgamento do Tema de Repercussão Geral 990, RE 1.055.941/SP, que "é legítimo que a Receita Federal compartilhe o procedimento fiscalizatório que ela realizou para apuração do débito tributário com os órgãos de persecução penal para fins criminais (Polícia Federal, Ministério Público etc.), não sendo necessário, para isso, prévia autorização judicial".

Tem-se, portanto, que as autoridades e agentes fiscais tributários podem ter acesso às movimentações bancárias no curso de processo administrativo ou procedimento fiscal, sem autorização judicial, desde que as informações sejam indispensáveis. E, diante do resultado, poderá haver o compartilhamento de provas, a título de prova emprestada para os órgãos de investigação criminal.

Entretanto, apesar do Ministério Público poder receber a prova produzida sem autorização judicial, não pode, paradoxalmente, diretamente e sem autorização judicial, requisitar os dados fiscais do agente investigado, conforme o entendimento do STJ proferido no julgamento do RHC 83.233/MG, j. em 09.02.22:

> A possibilidade de a Receita Federal valer-se da representação fiscal para fins penais, a fim de encaminhar, de ofício, os dados coletados no âmbito do procedimento administrativo fiscal, quando identificada a existência de indícios da prática de crime, ao Ministério Público, para fins de persecução criminal, **não autoriza o órgão da acusação a requisitar diretamente esses mesmos dados sem autorização judicial**.

26.5 AÇÃO CONTROLADA

A ação controlada é uma técnica especial de investigação prevista nas Leis 11.343/06 (Lei de Drogas, art. 53, II), Lei 9.613/98 (Lei de Lavagem de Capitais, art. 1º, §6º c/c art. 4º-B, e Lei 12.850/13 (Lei de Organizações Criminosas, art. 8º).

Vejamos os dispositivos legais:

Lei 11.343/06 (Lei de Drogas):

Art. 53. Em qualquer fase da persecução criminal relativa aos crimes previstos nesta Lei, são permitidos, além dos previstos em lei, mediante autorização judicial e ouvido o Ministério Público, os seguintes procedimentos investigatórios:

I – (...)

II – a não-atuação policial sobre os portadores de drogas, seus precursores químicos ou outros produtos utilizados em sua produção, que se encontrem no território brasileiro, com a finalidade de identificar e responsabilizar maior número de integrantes de operações de tráfico e distribuição, sem prejuízo da ação penal cabível.

Lei 9.613/98 (Lei de Lavagem de Capitais):

Art. 1º.(...) § 6º Para a apuração do crime de que trata este artigo, admite-se a utilização da ação controlada e da infiltração de agentes.

Art. 4º-B. A ordem de prisão de pessoas ou as medidas assecuratórias de bens, direitos ou valores poderão ser suspensas pelo juiz, ouvido o Ministério Público, quando a sua execução imediata puder comprometer as investigações.

Lei 12.850/13 (Lei de Organizações Criminosas):

Art. 8º Consiste a ação controlada em retardar a intervenção policial ou administrativa relativa à ação praticada por organização criminosa ou a ela vinculada, desde que mantida sob observação e acompanhamento para que a medida legal se concretize no momento mais eficaz à formação de provas e obtenção de informações.

§ 1º O retardamento da intervenção policial ou administrativa será previamente comunicado ao juiz competente que, se for o caso, estabelecerá os seus limites e comunicará ao Ministério Público.

§ 2º A comunicação será sigilosamente distribuída de forma a não conter informações que possam indicar a operação a ser efetuada.

§ 3º Até o encerramento da diligência, o acesso aos autos será restrito ao juiz, ao Ministério Público e ao delegado de polícia, como forma de garantir o êxito das investigações.

§ 4º Ao término da diligência, elaborar-se-á auto circunstanciado acerca da ação controlada.

Da análise dos dispositivos, podemos **conceituar a ação controlada** como o retardamento da intervenção estatal na seara da persecução criminal, com o escopo maior de **identificar e responsabilizar maior número de integrantes**, **sem o comprometimento das investigações**, para que se concretize no **momento mais eficaz à formação de provas e obtenção de informações**.

O conceito proposto reúne as principais características dos modelos legais, vez que o instituto, não obstante possuir regramento diferente nas leis que o normatizam, possui um núcleo comum derivado da sua perspectiva teleológica: **eficácia e rendimento da diligência**.

26.5.1 Ação controlada na Lei de Drogas

Nos termos do art. 53, *caput*, da Lei 11.343/06, a ação controlada pode ser realizada **em qualquer fase da persecução penal** relacionada aos crimes previstos na Lei. O regramento permite, portanto, a realização da técnica de investigação não somente na fase investigativa, mas também no curso do processo.

O dispositivo ainda exige, expressamente, a **autorização judicial**, após a oitiva do Ministério Público, caso esse, naturalmente, não tenha requerido a medida. Não se trata, portanto, de mera comunicação, mas de autorização judicial. A opção do legislador não nos parece ter sido o melhor caminho, porquanto há que se preservar uma certa autonomia e independência na fase investigativa, de forma que teria sido pertinente tão somente a comunicação ao juízo, a exemplo da Lei de Organizações Criminosas. Imagine que a autoridade policial formule o requerimento de ação controlada, o Ministério Público manifeste-se favoravelmente, mas o magistrado entenda não ser caso? Em indagação bem direta: o magistrado deve interferir na produção da prova? Caberia a ele avaliar se a mediada seria pertinente para a investigação? Não nos parece seja essa a intenção do sistema acusatório. Contudo, dada a literalidade legal, para se evitar eventual nulidade da prova produzida, será de melhor alvitre a observância da norma, até que venha a sofrer alterações.

Ainda sobre o magistrado, o pedido deve ser formulado, na fase de investigação, ao juízo das garantias ou, até sua final implementação, àquele competente para o processamento para ação criminal.

O inciso II do art. 53 prevê a ação controlada como a não atuação policial sobre os portadores de drogas, seus precursores químicos ou outros produtos utilizados em sua produção, que se encontrem no território brasileiro, **com a finalidade de identificar e responsabilizar maior número de integrantes de operações de tráfico e distribuição**, sem prejuízo da ação penal cabível.

Ressai nítido da norma que a ação controlada tem por escopo a identificação e responsabilização do maior número de integrantes de operações de tráfico e distribuição de drogas. Aplica-se, perfeitamente, à situação na qual o agente policial, tendo notícia da prática de tráfico de drogas, formula o pedido de autorização judicial para realização da ação controlada e, com base no braço paralelo da investigação, identifica usuários de drogas, não realizando suas prisões, com o objetivo de identificar não somente o traficante, mas toda a estrutura que perpassa por tal agente criminoso.

Há que se destacar, contudo, que de acordo como STJ, não se exige a autorização judicial quando o retardamento da prisão do usuário visa tão somente reunir informações sobre o paradeiro do traficante:

> No caso dos autos, o momento que antecedeu a prisão do recorrente não significou retardo da atuação policial, muito pelo contrário, nessa fase, a polícia se limitou a obter informações precisas acerca de seu paradeiro.
>
> Uma vez que a investigação policial não almejava identificar outros traficantes que possivelmente atuassem com o réu, mas, apenas, obter informações mais concretas acerca das condutas praticadas por ele, não há falar em desrespeito aos art. 53 da Lei n. 11.343/2006 e 8º da Lei n. 12.850/2013, não sendo o caso, portanto, de desentranhamento dessas provas. RHC 60.251/SC, 6ª Turma, DJe 09.10.15.

26.5.2 Ação controlada na Lei de Organizações Criminosas

Dentre as normas que regulam a ação controlada, a Lei de Organizações Criminosas foi aquela que trouxe o maior regramento sobre o tema nos artigos 8º e 9º.

No art. 8º, previu a possibilidade de retardamento das intervenções policiais ou administrativas referentes às ações praticadas por organizações criminosas ou a elas vinculadas. Por intervenções policiais há que se compreender aquelas ordinárias referente à investigação criminal, como a não realização da prisão, efetivação de medidas assecuratórias e etc. Por intervenções administrativas deve-se compreender as ações ordinárias de outros atores estatais, que deveriam agir de ofício, mas que, diante do cenário macro caracterizado, podem deixar de atuar imediatamente com comunicação ao juízo, como na hipótese da administração fazendária.

O art. 8º ainda exige que a ação controlada seja mantida sob **observação e acompanhamento** para que a medida legal se concretize no momento mais eficaz à formação de provas e obtenção de informações. Conforme o §1º, o retardamento da intervenção policial ou administrativa será **previamente comunicado ao juiz competente** que, se for o caso, estabelecerá os seus limites e comunicará ao Ministério Público. Afasta, portanto, a necessidade de autorização judicial, exigindo-se, contudo, que a comunicação seja sigilosamente distribuída de forma a não conter informações que possam indicar a operação a ser efetuada (§2º).

Nos termos do §3º, até o encerramento da diligência, o acesso aos autos será restrito ao juiz, ao Ministério Público e ao delegado de polícia, como forma de garantir o êxito das investigações. Naturalmente, encerrada a diligência, deverá ser elaborado auto circunstanciado acerca da ação controlada, documentando-se nos autos (§4º), com permissão de conhecimento por parte do investigado.

26.5.3 Ação controlada da Lei de Lavagem de Capitais

A Lei 9.613/98 recebeu, com as alterações da Lei do Pacote Anticrime (Lei 13.964/19), a previsão expressa acerca da possibilidade da ação controlada para o delito previsto no art. 1º, conforme a previsão do §6º, sem especificar, entretanto, o que seria efetivamente ação controlada.

O texto legal, desde a entrada em vigor da Lei 12.683/12, já previa, no art. 4º-B, a possibilidade de suspensão, pelo juiz, após oitiva do Ministério Público, do cumprimento da ordem de prisão ou de efetivação das medidas assecuratórias de bens, direitos ou valores, quando a sua execução imediata pudesse comprometer as investigações.

Não nos parece, portanto, que a ação controlada prevista no art. 4º-B da Lei 9.613/98 seja a ação controlada prevista no §6º do art. 1º, pois não teria sentido se incluir o instituto no §6º, se o seu conteúdo fosse idêntico ao do antigo art. 4º-B. Temos, para nós, que a expressa menção à ação controlada do §6º do art. 1º da Lei revela-se como norma processual em branco, cujo conteúdo complementar está no art. 8º da Lei 12.850/13, única norma designada, legalmente, como ação controlada[34].

Diante de tal afirmação, temos que a ação controlada na Lei de Lavagem de Capitais submete-se ao mesmo regime processual da Lei de Organizações Criminosas, isto é, o retardamento da intervenção policial ou administrativa será **previamente comunicado ao juiz competente** que, se for o caso, estabelecerá os seus limites e comunicará ao Ministério Público. Logo, não se exige autorização judicial.

O art. 4º-B, conforme vimos, prevê que a ordem de prisão de pessoas ou as medidas assecuratórias de bens, direitos ou valores poderão ser suspensas pelo juiz, ouvido o Ministério Público, quando a sua execução imediata puder comprometer as investigações. O dispositivo, consoante destacamos, não se confunde com a ação controlada prevista no §6º do art. 1º, vez que **pressupõe a existência de ordem de prisão vigente a medidas assecuratórias já decretadas**. Interpretação contrária conduziria à falta de racionalidade da previsão, pois se a autoridade policial ou o Ministério Público entendessem, de antemão, que a decretação da prisão ou de medidas assecuratórias teria

34. No âmbito da Lei de Drogas, o legislador não emprega a expressão ação controlada.

potencialidade de prejudicar as investigações, melhor seria não requerê-las. Seria, no mínimo estranho, formular o pedido e obter uma decisão favorável, para, posteriormente, pedir sua suspensão tão somente para justificar a ação controlada.

A hipótese, portanto, é aplicável quando o fluxo investigativo ordinário sofre interferência justificadora para a não realização da prisão ou efetivação de medida cautelar naquele momento. E, por já existir decisão judicial, há necessidade de suspensão dessa pelo magistrado. Logo, temos que a ação controlada, na forma do art. 1º, §6º, não precisa de autorização judicial, ao passo que a ação controlada prevista no art. 4º-B pressupõe decisão judicial para suspender a ordem já emitida. A distinção se revela importante porque a ação controlada prevista no art. 1º, §6º, pode ser aplicada à prisão em flagrante, ao passo que a prevista o art. 4º-B tem sede apenas nas hipóteses de prisão decorrente de mandado judicial.

26.5.4 Quadro comparativo

AÇÃO CONTROLADA		
Fonte	**Finalidade**	**Autorização Judicial**
Lei de Drogas	Não atuação policial sobre os portadores de drogas, seus precursores químicos ou outros produtos utilizados em sua produção, que se encontrem no território brasileiro, com a finalidade de identificar e responsabilizar maior número de integrantes de operações de tráfico e distribuição, sem prejuízo da ação penal cabível	Necessária
Lei de Organizações Criminosas	Retardar a intervenção policial ou administrativa relativa à ação praticada por organização criminosa ou a ela vinculada, desde que mantida sob observação e acompanhamento para que a medida legal se concretize no momento mais eficaz à formação de provas e obtenção de informações.	Desnecessária. Basta mera comunicação.
Lei de Lavagem de Capitais	A ordem de prisão de pessoas ou as medidas assecuratórias de bens, direitos ou valores poderão ser suspensas pelo juiz, ouvido o Ministério Público, quando a sua execução imediata puder comprometer as investigações. Art. 4º-B	Depende de decisão judicial
	Aplicação da ação controlada da Lei de Organizações Criminosas nos crimes previstos da Lei 9.613/98	Desnecessária. Basta mera comunicação.

26.5.4.1 Entrega vigiada

A entrega vigiada é uma das formas pelas quais a ação controlada se concretiza, especialmente na esfera dos crimes que envolvem a Lei de Drogas, sendo perfeitamente possível sua aplicação em crimes similares, como aqueles que envolvem a entrega de armas, lavagem de capitais, receptação de objetos de alto valor e etc.

Doutrinariamente a **entrega vigiada é classificada como limpa ou substituída**, quando o conteúdo ilícito é substituído por outro qualquer, evitando-se o risco de extravio do material original, a exemplo de uma remessa de joias verdadeiras que é substituída por bijuterias; e **entrega vigiada suja, ou com acompanhamento**, quando o conteúdo ilícito é entregue sem qualquer substituição.

26.6 INFILTRAÇÃO DE AGENTES

A infiltração de agentes traz para nosso ordenamento jurídico a figura do *undercover agent*, isto é, o agente policial que se infiltra disfarçadamente, mediante autorização judicial, em uma organização criminosa, para obter a confiança, com o tempo, dos integrantes da organização com o escopo de obter provas ou fontes de provas de outros delitos.

A figura do agente infiltrado revela uma técnica especial de investigação como natureza jurídica que pode ser realizada em qualquer fase da persecução penal, respeitadas as previsões legais da Lei de Drogas (art. 53, I), Lei de Organizações Criminosas (art. 10), Lei de Lavagem de Capitais (art. 1º, §6º) e Convenção das Nações Unidas contra o Crime Organizado Transnacional (Decreto 5.0115/04, art. 20).

A utilização da técnica investigava especial encontra amparo na maior dificuldade probatória nos casos que envolvem a chamada macrocriminalidade, por vezes repleta de agentes do próprio Estado em sua constituição, circunstância que dificulta a realização da investigação criminal pelas vias ordinárias.

26.6.1 O agente infiltrado

Quem pode ser o agente infiltrado? Somente os agentes de polícia, isto é, aqueles incumbidos de obter provas em investigações criminais, podem atuar como agentes infiltrados. Não se admite, portanto, a infiltração por agentes estatais não atribuídos de função investigativa destinada à investigação criminal, a exemplo dos agentes da ABIN e SISBIN, antes permitida, não sem questionamento, pela Lei 9.034/95.

A regulação constitucional afeta à segurança pública revela que as atividades de polícia judiciária são da Polícia Federal e das Polícias Civis, de forma que os agentes da ABIN não se enquadram em tal contexto[35], especialmente pelo teor do art. 1º da Lei 9.883/99, que dispõe: Art. 1º. Fica instituído o sistema Brasileiro de Inteligência, que integra as ações de planejamento e execução das atividades de inteligência do País, **com a finalidade de fornecer subsídios ao Presidente da República nos assuntos de interesse nacional**.

De igual modo, não se admite ao particular a realização da infiltração de agentes na acepção plena do meio de prova. Isso não significa, contudo, que não possa contribuir

35. O STJ anulou as provas produzidas por agentes da ABIN e ex. agente do SNI no curso da Operação Satiagraha, no julgamento do HC 149.250/SP, DJe 05.09.11: No caso em exame, é inquestionável o prejuízo acarretado pelas investigações realizadas em desconformidade com as normas legais, e não convalescem, sob qualquer ângulo que seja analisada a questão, porquanto é manifesta a nulidade das diligências perpetradas pelos agentes da ABIN e um ex-agente do SNI, ao arrepio da lei.

com as investigações, especialmente nos casos em que atua como colaborador, no curso de colaboração premiada.

Ocorre que, não obstante atuar, na prática, como agente infiltrado, tecnicamente não o é, pois não reúne os atributos legais para a realização da infiltração e, igualmente, não se subordina ao regime especial probatório, devendo suas contribuições serem observadas sob a luz da colaboração premiada.

Não há dúvidas de que o particular possa vir a contribuir com a investigação criminal. Entretanto, sob a luz do ordenamento vigente, ainda que o particular possua o interesse em assim atuar, não há regulamentação legal adequada e, diante dos riscos inerentes à atividade, seja pela perspectiva da investigação, seja pela própria segurança do particular, sem a existência de norma expressa autorizativa e reguladora, não nos parece razoável a ampliação da *mens legis* afeta à infiltração de agentes e colaboração premiada para englobar uma atuação não prevista em lei, apta a colocar em risco a vida do particular.

Não obstante, parece-nos de bom alvitre a construção da figura do agente particular colaborador, que pode ser infiltrado ou não, para contribuir com a investigação criminal, especialmente nos casos que envolvem alta tecnologia e conhecimentos extraordinários. A regulação passaria, contudo, pela necessária regulação administrativa de contratação excepcional por particulares pela Administração Pública, de forma a se permitir, oficialmente a atuação de agentes particulares em colaboração com o Estado, a exemplo de *hackers*, como ocorre em outros países.

26.6.1.1 Direitos do agente infiltrado

Os direitos do agente infiltrado foram previstos no art. 14 da Lei 12.850/13:

I. Recusar ou fazer cessar a atuação infiltrada: o inciso I prevê a possibilidade de o agente policial aceitar ou recusar a ordem de seu superior, sem que possa sofrer qualquer consequência negativa diante da recusa. Pode, ainda, a qualquer momento, independentemente do prejuízo para a investigação, fazer cessar sua atuação infiltrada, vez que o risco inerente à atividade ultrapassa os limites normativos, os quais somente poderão ser rompidos no caso de voluntariedade do agente.

II. Ter sua identidade alterada, aplicando-se, no que couber, o disposto no art. 9º da Lei nº 9.807, de 13 de julho de 1999, bem como usufruir das medidas de proteção a testemunhas: o dispositivo, assim como os seguintes, tutela não somente a pessoa do agente infiltrado, mas seu cônjuge, ascendentes e descendentes que dele dependam.

III. Ter seu nome, sua qualificação, sua imagem, sua voz e demais informações pessoais preservadas durante a investigação e o processo criminal, salvo se houver decisão judicial em contrário: na linha da previsão anterior, a norma tem por objetivo preservar a identidade, concebida de forma ampla, do agente infiltrado.

IV. Não ter sua identidade revelada, nem ser fotografado ou filmado pelos meios de comunicação, sem sua prévia autorização por escrito: no mesmo sentido, a previsão tem por escopo tutela a identidade do agente, reduzindo os riscos de futura identificação e consequente retaliação ou vingança, expedientes muito comuns no seio da criminalidade organizada.

26.6.1.2 *Prerrogativas e limites do agente infiltrado* – entrapment doctrine *ou teoria da armadilha*

Deferida a infiltração de agentes por decisão judicial, o agente infiltrado deve observar, de forma estrita, os limites da decisão. No curso da diligência, deverá buscar elementos de prova aptos a promover o desmantelamento da organização criminosa, atuando, preferencialmente, de modo passivo, isto é, não instigando os criminosos da organização à prática de novos delitos.

O simples fato de existir uma operação de infiltração em curso não afasta a possibilidade de realização de novos delitos pela organização criminosa, vez que o escopo precípuo do agente infiltrado é buscar informações sobre a prática de delitos já praticados e não impedir a realização de novos crimes, ainda que isso seja desejável e ocorra, efetivamente, com a finalização da operação de infiltração, em momento posterior. Logo, a presença de um agente infiltrado não é capaz de caracterizar a figura do crime impossível no tocante aos delitos praticados no curso da infiltração, haja vista que a intenção de delinquir dos agentes criminosos existe antes mesmo da infiltração.

No curso da diligência, é perfeitamente possível que o agente infiltrado reúna elementos de prova aptos a sustentar a realização de prisões em flagrante. Contudo, pode ocorrer a necessidade de prorrogação dessas com o escopo maior de identificação de outros agentes integrantes da organização criminosa ou obtenção de prova de outras infrações penais conhecidas, podendo, nesses casos, aplicar-se a figura do **flagrante esperado** de forma válida, desde que previamente comunicado ao magistrado ou a decisão judicial que deferiu a infiltração de agentes contemple tal possibilidade na forma de ação controlada.

Não obstante a flexibilidade permitida pela decisão autorizativa, o agente infiltrado não pode, em qualquer situação, atuar como agente provocador, isto é, induzir um dos integrantes do bando à prática de delitos com a finalidade prendê-lo ou obter provas que poderão ser utilizadas posteriormente. Há, nesses casos, crime impossível por ineficácia do meio, porquanto a intenção delitiva decorre de indevida provocação de agente estatal, que atua, na sequência, para impedir a consumação do delito. Nesse caso, o suposto autor do crime assume o papel de ator inconsciente de um teatro dirigido pelo agente provocador.

O comportamento ilegal do agente provocador dá ensejo à aplicação da **teoria da armadilha**, ou ***entrapment defense***, configurando a nulidade da prova obtida por meio do flagrante preparado no curso de um crime impossível por ineficácia absoluta do meio, nos termos da Súmula 145 do STF: "**Não há crime, quando a preparação do flagrante pela polícia torna impossível a sua consumação**".

A figura do agente infiltrado ou *undercover agent* não se confunde com o agente de inteligência. A distinção foi resumida pelo voto do Min. Gilmar Mendes no julgamento do HC 147.837/RJ[36], valendo-se do voto divergente proferido pelo Min. Rogério Schietti no julgamento do RHC 57.023 no STJ:

36. DJe 26.06.19.

> Segundo adequadamente exposto pelo Ministro Rogerio Schietti em seu voto divergente, em essência, a distinção entre agente infiltrado e agente de inteligência **(a) se dá em razão da finalidade e amplitude de investigação**. Enquanto "agente de inteligência" tem uma função preventiva e genérica, buscando informações de fatos sociais relevantes ao governo, o "agente infiltrado" possui finalidades repressivas e investigativas, visando à obtenção de elementos probatórios relacionados a fatos supostamente criminosos e organizações criminosas específicas. Na doutrina, afirma-se que "o agente infiltrado pode ser entendido como o funcionário de investigação criminal ou um terceiro (subordinado à polícia) que atua ocultando sua qualidade, visando conquistar a confiança dos possíveis criminosos e, consequentemente, à obtenção de provas que possam incriminá-los" (GONÇALVES, Vinícius A. O agente infiltrado frente ao processo penal constitucional. Arraes, 2014. p. 12).
>
> Após delimitar as distinções entre os institutos, **deve-se analisar o caso concreto (b), a partir dos elementos aportados e reconhecidos pelos juízos ordinários**.

Assim, o agente de inteligência que ultrapassa os limites da sua atribuição e atua como agente infiltrado, sem autorização judicial, contamina toda e qualquer prova obtida com seu comportamento, pois suas informações devem servir, tão somente, como subsídio para orientação de atuação estratégica e não como elementos de prova.

Por outro lado, conforme vimos nos direitos do agente infiltrado, esse pode, a qualquer tempo, fazer cessar a atuação infiltrada (art. 14, I). De igual forma, nos termos do art. 12, §3º, havendo indícios seguros de que o agente infiltrado sofre risco iminente, a operação será sustada mediante requisição do Ministério Público ou pelo delegado de polícia, dando-se imediata ciência ao Ministério Público e à autoridade judicial. Perceba-se que, para o início da infiltração, exige-se anuência do agente policial e autorização judicial. Contudo, **para sua interrupção por vontade do agente ou sustação por risco, não se exige qualquer autorização judicial**, bastando, no primeiro caso, a comunicação do agente e, no segundo, a requisição do Ministério Público ou do delegado de polícia, dando-se imediata ciência ao Ministério Público e à autoridade judicial.

26.6.2 Requisitos para a infiltração de agentes

Os requisitos para a infiltração de agentes foram previstos no art. 10 da Lei 12.850/13, sendo que do dispositivo, outros podem ser extraídos.

a) Representação pelo delegado de polícia ou requerimento do Ministério Público: conforme vimos acima, a medida não pode ser decretada de ofício pelo magistrado, devendo haver pedido formal no sentido da infiltração.

b) Autorização judicial prévia e delimitada: nos termos do art. 10 da Lei 12.850/13, a "infiltração de agentes de polícia em tarefas de investigação, representada pelo delegado de polícia ou requerida pelo Ministério Público, após manifestação técnica do delegado de polícia quando solicitada no curso de inquérito policial, será **precedida de circunstanciada, motivada e sigilosa autorização judicial**, que estabelecerá seus limites". A ausência de fundamentação adequada implica a nulidade absoluta da prova produzida. A decisão, igualmente, deve estabelecer limites e prazo para a realização da diligência. Dentre os limites, temos por razoável que o agente infiltrado deverá receber orientações no sentido de não se envolver diretamente na prática de delitos que atentem contra a dignidade da pessoa humana ou que atinjam bens cujos valores, a despeito da necessidade da prova, não devem admitir violação, a exemplo dos crimes de tortura, dolosos contra a vida e dignidade sexual.

Ainda no contexto da autorização judicial prévia e delimitada, essa deverá trazer a descrição detalhada dos procedimentos que poderão ser realizados pelo agente infiltrado, sob pena de invalidade da prova. Isso significa que o magistrado, ao conceder a autorização judicial, deverá estabelecer quais procedimentos probatórios estarão amparados pela infiltração, aplicando uma coberta preventiva sobre a futura prova, delimitando, por exemplo, que o agente poderá realizar gravações ambientais e telefônicas, apreender objetos e etc., visando conferir, à tais provas, o *status* de legal. Referida delimitação trilha a linha da tutela dos direitos fundamentais e, igualmente, da própria efetividade da infiltração, porquanto se, ao contrário, exigir-se do agente infiltrado que, a cada medida venha a buscar socorro junto do Judiciário, haveria um sério risco de exposição e de frustração da eficácia da infiltração.

c) *Fumus comissi delicti* e *periculum in mora*: consoante o §2º do art. 10, será admitida a infiltração se houver indícios de infração penal de que trata o art. 1º e se a prova não puder ser produzida por outros meios disponíveis. Em síntese, exige, de forma semelhante aos demais meios especiais de investigação, que existam indícios da prática de crimes praticados por organizações criminosas e, em nossa compreensão, aos crimes previstos na Lei de Drogas, por força do art. 53, I, que, após a entrada em vigor da Lei de Organizações Criminosas, deve observar o regramento dessa, porquanto a Lei 11.343/06 é omissa quanto ao procedimento e requisitos.

Tem-se, portanto, que o ***standard* probatório** pressupõe tão somente indícios de infrações penais praticadas por organizações criminosas e a impossibilidade de realização de prova por outros meios disponíveis. Assim, afasta-se, por razões naturais, a necessidade de indícios de autoria ou participação, haja vista que a macrocriminalidade associada à tais entidades criminosas por vezes não permite o conhecimento de todos os seus integrantes, motivo pelo qual o próprio art. 11, ao tratar do requerimento formulado pelo Ministério Público ou da representação do delegado de polícia para a infiltração de agentes, dispõe que esses conterão a demonstração da necessidade da medida, o alcance das tarefas dos agentes **e, quando possível, os nomes ou apelidos das pessoas investigadas** e o local da infiltração. Por sua vez, o ***periculum in mora*** é evidenciado pela análise conglobada do risco que a não realização da medida poderá gerar para a aplicação da lei penal, para a investigação ou para a instrução criminal e para a evitação da prática de infrações penais (art. 281, I, CPP).

d) Indispensabilidade da infiltração: conforme o teor do art. 10, §2º da Lei 12.850/13, a infiltração de agentes somente poderá ser realizada se a prova não puder ser produzida por outros meios disponíveis. O dispositivo, assim como a previsão do art. 2º, II, da Lei de Interceptações Telefônicas, atribuiu à infiltração de agentes o caráter de *ultima ratio*, conferindo-lhe aplicação subsidiária e suplementar porquanto, não obstante o escopo da diligência probatória, o Estado deve buscar aquelas que menos impactem no contexto das liberdades individuais do agente. Em linhas gerais, o comando dispõe que, dentre os diversos meios de prova disponíveis, deverão ser eleitos aqueles menos invasivos e, somente quando esses não forem suficientes para repressão e prevenção do crime, poderão ser utilizados, observadas as restrições legais, os meios invasivos, dentre os quais se insere, por exemplo, a infiltração de agentes e a interceptação telefônica.

Ocorre que o legislador, ao conferir a dois[37] meios de prova o caráter de *ultima ratio*, acabou por, de forma não técnica, criar uma situação no mínimo estranha. *Ultima ratio* significa última razão ou último recurso. Logo, se ambas só poderão ser utilizadas em última instância, uma deverá sucumbir à outra, perdendo o *status* de última.

O caráter de *ultima ratio* da interceptação telefônica, cujo fundamento reside na tutela constitucional da privacidade, atualmente divide o status peculiar com a infiltração de agentes, que tutela, entre outros bens jurídicos, a integridade corporal do agente infiltrado consoante se extrai do teor do §3º do art. 12, que prevê a sustação da infiltração no caso de risco iminente para o agente.

Assim, mesmo que incompreensível em termos lógicos, pois os dispositivos são colidentes quanto à reserva de impossibilidade de realização da prova por outro meio, ambos os meios de obtenção de provas têm sido admitidos em conjunto pelo STJ, conforme se extrai do RHC 093234/DF, sem que, contudo, a questão da *ultima ratio* tenha sido enfrentada. Não obstante, nos parece que, diante de eventual conflito que possa vir a ser alegado, a melhor solução caminha na trilha de se considerar a infiltração de agentes como tendo caráter de *ultima ratio* prevalente, vez que além de colocar em risco a integridade física do agente infiltrado, permite, em razão dos limites estabelecidos pela decisão, a produção de outros meios de prova invasivos, como gravações e captações ambientais em locais de íntima privacidade.

e) Anuência do agente policial: o art. 14, inc. I, da Lei 12.850/13, expressamente consigna a realização da infiltração de agentes à concordância do agente policial. Isso porque, em razão do risco inerente, o Estado não pode compelir seus agentes a participaram do meio de obtenção de prova que implica situação de periculosidade não exigível de forma ordinária, motivo pelo qual a participação desse deverá ser voluntária, não se podendo impor qualquer espécie de sanção administrativa ou penal pela não anuência.

26.6.3 Procedimento

Nos termos do art. 12 da Lei 12.850/13, o pedido de infiltração será sigilosamente distribuído, de forma a não conter informações que possam indicar a operação a ser efetivada ou identificar o agente que será infiltrado.

O §1º, por sua vez, assinala que as informações quanto à necessidade da operação de infiltração serão dirigidas diretamente ao juiz competente, que decidirá no prazo de 24 (vinte e quatro) horas, após manifestação do Ministério Público na hipótese de representação do delegado de polícia, devendo-se adotar as medidas necessárias para o êxito das investigações e a segurança do agente infiltrado.

Extrai-se dos dispositivos o nítido caráter sigiloso da medida, fundado, naturalmente, na segurança do agente a ser infiltrado e no êxito da diligência. O juízo competente,

37. A previsão também contempla a infiltração virtual de agentes, prevista no art. 10-A, §3º da Lei de Organizações Criminosas e art. 190-A do Estatuto da Criança e do Adolescente.

até a efetivação completa do juízo das garantias, é aquele originariamente dotado de competência para julgamento do caso.

O §2º, por outro lado, dispõe que os autos contendo as informações da operação de infiltração acompanharão a denúncia do Ministério Público, quando serão disponibilizados à defesa, assegurando-se a preservação da identidade do agente. A medida, dotada de sigilo por razões de efetividade, só admite o contraditório diferido, após o recebimento da denúncia, sendo assegurada a preservação da identidade do agente infiltrado.

Por fim, o §3º prevê que, havendo indícios seguros de que o agente infiltrado sofre risco iminente, a operação será sustada mediante requisição do Ministério Público ou pelo delegado de polícia, dando-se imediata ciência ao Ministério Público e à autoridade judicial.

26.6.4 Prazo da infiltração

Conforme se extrai do §3º do art. 10, a infiltração será autorizada pelo **prazo de até 6 (seis) meses**, sem prejuízo de eventuais renovações, desde que comprovada sua necessidade. O §4º, por vez, assinala que findo o prazo previsto no §3º, o relatório circunstanciado será apresentado ao juiz competente, que imediatamente cientificará o Ministério Público.

O prazo legal de seis meses estabelece apenas o limite máximo por renovação, não havendo obstáculos no deferimento de medida por prazo inferior. A renovação do prazo da infiltração não é automática, pois pressupõe, necessariamente, nova e prévia decisão judicial, isto é, só pode ser requerida no curso de uma infiltração em andamento, sob pena de invalidação das provas produzidas a descoberto de título judicial autorizativo.

Contudo, por se tratar de renovação, a apresentação do relatório das atividades da infiltração (§§3º e 5º), a despeito de apto a demonstrar o requisito da necessidade para fins de prorrogação (§3º), não se revela imprescindível para nós, vez que sua confecção por agente no curso de infiltração pode comprometer a celeridade e a própria segurança do agente. Assim, demonstrada a necessidade, ainda que sem a apresentação do relatório, não há obstáculo para a renovação do prazo. Nada impede, contudo, conforme a previsão legal do §5º, que o delegado de polícia determine aos seus agentes, e o que Ministério Público requisite, a qualquer tempo, relatório da atividade de infiltração.

Por se tratar de meio de obtenção de prova especial, notadamente voltado para a macrocriminalidade, a renovação pelo prazo de seis meses pode ocorrer por quantas vezes se revele necessária, porquanto as investigações relacionadas ao crime organizado ordinariamente se revelam mais complexas que as demais.

26.6.5 Responsabilidade penal do agente infiltrado

Nos termos do art. 13 da Lei 12.850/13:

> Art. 13. O agente que não guardar, em sua atuação, a devida proporcionalidade com a finalidade da investigação, responderá pelos excessos praticados.
> Parágrafo único. Não é punível, no âmbito da infiltração, a prática de crime pelo agente infiltrado no curso da investigação, quando inexigível conduta diversa.

O agente infiltrado, para efetivar de forma plena a infiltração, deverá agir como se integrante do grupo fosse. E, para tanto, naturalmente, deverá representar o papel de criminoso. Isso implica a necessidade de, sendo chamado, concorrer para a prática de delitos.

BRASILEIRO[38] (2020, p. 821), citando Marcelo Batlouni Mendroni, destaca que:

> A despeito da redação genérica do art. 13 da Lei n. 12.850/13, que faz referência à atuação desproporcional do agente com a finalidade da investigação, sem explicitar melhor o que poderia ser compreendido como excesso por ele praticado, parece-nos evidente que o *undercover agent* não poderá ser responsabilizado por quaisquer das infrações penais de que trata o art. 2º da Lei nº 12.850/13 (v.g., integrar organização criminosa), nem tampouco pelos crimes de associações criminosas (v.g., art. 35 da Lei nº 11.343/06 ou art. 288 do CP). Afinal, o fato de haver prévia autorização judicial para a utilização dessa técnica especial de investigação, permitindo sua infiltração no seio da organização criminosa, tem o condão de afastar a ilicitude de sua conduta, diante do estrito cumprimento do dever legal (CP, art. 23, III).

A questão jurídica, contudo, não se revela simples. Em que pese compactuarmos com a ausência de responsabilidade penal em razão da existência de autorização judicial, a redação da norma permissiva prevista no parágrafo único do art. 13**, tratada por parcela majoritária da doutrina como excludente de ilicitude do estrito cumprimento do dever legal**, induz à **exclusão da culpabilidade** em razão da parte final do dispositivo, que prevê a condicionante "quando inexigível conduta diversa", posição adotada por Renato Brasileiro[39].

Não bastasse a falta de consenso quanto às duas espécies de exclusão do crime, e de uma terceira, que sustenta o afastamento da punibilidade por ausência de finalidade preventiva, entendemos que, na realidade, os comportamentos praticados pelo agente infiltrado, nos estritos limites da infiltração, serão amparados pela exclusão da própria imputação, por força da **teoria da imputação objetiva do comportamento** (Jakobs)[40]. Explicamos.

Conforme destacamos em nosso Direito Penal, Parte Geral, para Jakobs, o risco é inerente à vida em sociedade e aos contatos sociais, sendo parte integrante da sociedade. Contudo, se o agente se comportar de acordo com seu papel social, cumprindo as expectativas normativas, eventual resultado oriundo de um comportamento não será a esse imputado.

Para o doutrinador alemão, não há como se conceber uma sociedade sem riscos e, portanto, a própria sociedade, por meio de normas jurídicas ou sociais, estabelece limites ao comportamento humano, definindo quais são os riscos permitidos ou tolerados pela estrutura social.

Logo, se o indivíduo cria um risco permitido e age dentro dos limites de seu papel social, cumprirá as expectativas normativas, de sorte que eventual resultado não lhe será imputável. Ao contrário, se cria um risco permitido mas foge da expectativa normativa, violando seu papel, sofrerá as consequências do resultado. Dessarte, o critério definidor da imputação sob essa perspectiva reside na violação de um papel.

---

38. *op.cit.*
39. *op. cit.* p. 922.
40. O resultado será o mesmo se aplicarmos a teoria da imputação objetiva do resultado de Roxin, modificando-se somente o fundamento relacionado aos papeis sociais, adotado por Jakobs.

No contexto de uma infiltração de agentes, o papel social esperado pela norma jurídica é o de que o agente efetivamente se infiltre na organização, agindo como se um dos membros fosse, com o escopo lícito, contudo, de obter elementos de prova de infrações penais. E, naturalmente, a própria norma admite a possibilidade da prática de delitos por parte do agente infiltrado. Logo, temos que seu papel social, no caso, a despeito de agente de polícia, é o de realizar a infiltração com a maior eficácia possível, ainda que, para tanto, venha a concorrer, de forma proporcional, para a prática de delitos.

Noutra senda, por risco permitido há que se compreender aquele relevante, mas permitido pelo Estado. Verifica-se, portanto, que o risco permitido está, via de regra, normatizado pelo Estado, sendo que as normas estabelecem critérios de orientação para a atuação. E, consequentemente, funcionam como diretoras do risco à medida em que o agente, descumpridor de algum comando normativo, aumenta um risco permitido, criando, neste particular, um risco relevante e proibido, quebrando, na infiltração de agentes, a matriz da proporcionalidade.

Logo, o agente infiltrado que, no curso de uma infiltração, concorre para a prática de um delito, age de acordo com seu papel social no contexto no qual está inserido, que pressupõe, até pela própria previsão legal do art. 13, *caput*, e parágrafo único, a possibilidade de prática de delitos pelo *undercover agent*. Nesse sentido caminha a proporcionalidade prevista no *caput*, lida em diálogo com a inexigibilidade de conduta diversa do parágrafo único.

Notadamente, a infiltração de agentes caracteriza a realização de um risco. Risco esse, por sua vez, permitido e tolerado pelo próprio Estado que normatiza o meio de obtenção de prova. No contexto desse risco, o próprio legislador admitiu a possibilidade de concorrência para infração penais ao estabelecer o parâmetro da proporcionalidade e assinalar a ausência de punição para fato praticado, quando inexigível conduta diversa. Logo, temos que o agente infiltrado que concorre para uma infração penal, no contexto de seu papel social, consagrado e admitido pela própria norma, não pode ter, contra si, a imputação objetiva de um comportamento típico ou resultado produzido.

O risco permitido situa-se na esfera do tipo penal, flertando com a tipicidade, pela ausência de antinormatividade, e não com a ilicitude. Ainda que sejamos tentados a conceber a conduta como exercício regular de direito, causa excludente da ilicitude, no caso de realização de riscos permitidos, a análise sequer deve alcançar a ilicitude, porquanto sendo permitida ou ao menos tolerada, a questão deixa de ser um problema de ilicitude para ser uma questão de imputação ou antinormatividade. Isto é, a conduta, ainda que perigosa, se autorizada ou tolerada pelo Estado, não pode ser contrária ao Direito e, portanto, não pode ser concebida como antinormativa pela ausência de risco proibido.

Dessa forma, entendemos que a exclusão da responsabilidade penal do agente infiltrado melhor se amolda à figura do tipo penal, na esfera da imputação, motivo pelo qual o comportamento delitivo não pode ser imputado a esse, remanescendo, contudo, a responsabilidade penal dos demais agentes, vez que seus comportamentos não se amoldam à figura do risco permitido e nem encontram respaldo em qualquer papel social esperado.

Vale destacar, contudo, que o agente deverá guardar, em sua atuação, a devida proporcionalidade com a finalidade da investigação, respondendo pelos excessos praticados. Isso significa que a permissão contextualizada para a prática de eventuais delitos não é absoluta, pois deve o agente infiltrado abster-se, por exemplo, de praticar delitos que contrariam a própria razão de ser da infiltração de agentes, como praticar homicídios, torturas e etc.

26.7 INFILTRAÇÃO VIRTUAL DE AGENTES

A infiltração virtual de agentes foi inicialmente prevista no âmbito do Estatuto da Criança e do Adolescente, com as alterações promovidas pela Lei 13.441/17, sendo, posteriormente, tratada de forma mais ampla na Lei 12.850/13, alterada pela Lei do Pacote Anticrime.

Incluído pela Lei 13.694/19, o art. 10-A da Lei de Organizações Criminosas previu a possibilidade de ação de agentes de polícia infiltrados virtuais, obedecidos os requisitos do *caput* do art. 10, na internet, com o fim de investigar os crimes previstos na Lei de Organizações Criminosas e os a eles conexos, praticados por organizações criminosas, desde que demonstrada sua necessidade e indicados o alcance das tarefas dos policiais, os nomes ou apelidos das pessoas investigadas e, quando possível, os dados de conexão ou cadastrais que permitam a identificação dessas pessoas.

Em linhas gerais, a norma previu os mesmos requisitos da infiltração de agentes comum, aos quais remetemos o leitor para evitarmos repetições. Em especial, além de reforçar o caráter de *ultima ratio* da medida e restringir as espécies criminosas (§3º), especificou a necessidade de se indicar o alcance das tarefas dos policiais, os nomes ou apelidos das pessoas investigadas e, quando possível, os dados de conexão ou cadastrais que permitam a identificação dessas pessoas.

O §1º do dispositivo, em interpretação autêntica, assinalou que, para os efeitos decorrentes da Lei 12.850/13, dados de conexão são as informações referentes a hora, data, início, término, duração, endereço de Protocolo de Internet (IP) utilizado e terminal de origem da conexão; e dados cadastrais são as informações referentes a nome e endereço de assinante ou de usuário registrado ou autenticado para a conexão a quem endereço de IP, identificação de usuário ou código de acesso tenha sido atribuído no momento da conexão.

O §2º, por seu turno, seguindo a trilha da normalidade, dispôs que na hipótese de representação do delegado de polícia, o juiz competente, antes de decidir, deverá ouvir o Ministério Público.

De forma distinta da infiltração de agentes comum, o §4º, não obstante prever o mesmo prazo de **autorização, até 6 (seis) meses**, e subsequentes renovações, estabeleceu o **prazo máximo total de 720 (setecentos e vinte) dias**, exigindo ainda a demonstração de sua necessidade.

Nesse ponto, o distanciamento jurídico e prático da infiltração regulada pelo art. 10 não encontra justificativa razoável. Primeiro, porque o número máximo de 720 dias pode não ser suficiente para finalização da diligência, especialmente em um cenário de ambiental virtual, repleto de informações; segundo porque o risco pessoal do agente infiltrado revela-se menor daquele que se expõe, pessoalmente, ao contato físico com os demais integrantes da organização criminosa; e, terceiro, porque a exigência de demonstração de necessidade para fins de prorrogação pode prejudicar a celeridade e eficácia do meio de obtenção de prova. Em síntese, o *distinguishing* normativo não encontra justificativa razoável para o afastamento das regras gerais do modelo tradicional.

O §5º, em sequência, assinala que findo o prazo previsto no §4º, o relatório circunstanciado juntamente com todos os atos eletrônicos praticados durante a operação deverão ser registrados, gravados, armazenados e apresentados ao juiz competente, que imediatamente cientificará o Ministério Público. Ocorre que o §4º prevê dois prazos, o de seis meses, para a diligência sem prorrogação, e o de 720 dias, como o máximo permitido.

Parece-nos, em leitura sistemática com o próprio §4º, que o legislador se referiu ao prazo original de seis meses, haja vista que esse, para ser prorrogado, pressupõe a demonstração da necessidade e, como a norma impôs a confecção do relatório circunstanciado, pelo menos em tese esse deveria servir de lastro para prorrogação do prazo. Exigi-lo tão somente ao final do prazo fatal, em termos hermenêuticos, pode soar estranho, pois a finalização da diligência deverá ser, de qualquer forma, registrada e encaminhada para o titular da ação penal.

Destaca-se que, da mesma forma que sustentamos na infiltração de agentes prevista no art. 10, que igualmente pressupõe a demonstração da necessidade para prorrogação, a apresentação do relatório poderá, para nós, ser dispensada quando sua confecção por agente no curso de infiltração puder comprometer a celeridade e a própria segurança do agente, desde que, ainda que sem o relatório, seja demonstrada a necessidade.

Ainda nesse contexto, o §6º dispõe que, no curso do inquérito policial, o delegado de polícia poderá determinar aos seus agentes, e o Ministério Público e o juiz competente poderão requisitar, a qualquer tempo, relatório da atividade de infiltração.

Por fim, o §7º prevê a nulidade da prova obtida sem a observância do disposto no art. 10-A.

O art. 10-B, por sua vez, assinala que as informações da operação de infiltração serão encaminhadas diretamente ao juiz responsável pela autorização da medida, que zelará por seu sigilo. O parágrafo único do artigo, contudo, prevê que antes da conclusão da operação, o acesso aos autos será reservado ao juiz, ao Ministério Público e ao delegado de polícia responsável pela operação, com o objetivo de garantir o sigilo das investigações.

O art. 10-C, valendo-se de redação distinta da prevista no art. 13, parágrafo único, atinente à infiltração de agentes tradicional, prevê que não comete crime o policial que oculta a sua identidade para, por meio da internet, colher indícios de autoria e materialidade dos crimes previstos no art. 1º da Lei de Organizações Criminosas. Percebe-se a distinção de tratamento, ainda que formal, pois o art. 13, parágrafo único, assinala não ser punível, no âmbito da infiltração, a prática de crime pelo agente infiltrado no curso da investigação, quando inexigível conduta diversa. Verifica-se, outrossim, que a regra do art. 13, parágrafo único, é mais ampla e permissiva, porquanto não restringe a natureza do delito à ocultação da identidade.

Não obstante a diferença formal de tratamento, entendemos que a conclusão segue a mesma trilha traçada quando da análise do art. 13, parágrafo único, não havendo razões de ordem material aptas a justificar eventual diferença de tratamento. Em ambos os casos, consoante entendemos, há que se cotejar o risco permitido, os papeis sociais e a normatividade do comportamento, sendo que ambas, igualmente, punem os excessos praticados, seja por deixar de observar a estrita finalidade da investigação (art. 10-C, parágrafo único), ou por não guardar, em sua atuação, a devida proporcionalidade com a finalidade da investigação (art. 13, parágrafo único).

Corroborando o entendimento referente ao prazo assinalado no §5º do art. 10-A, o art. 10-D prevê que, concluída a investigação, todos os atos eletrônicos praticados durante a operação deverão ser registrados, gravados, armazenados e encaminhados ao juiz e ao Ministério Público, juntamente com relatório circunstanciado. O parágrafo único do artigo ainda prevê que os atos eletrônicos registrados citados no *caput* serão reunidos em autos apartados e apensados ao processo criminal juntamente com o inquérito policial, assegurando-se a preservação da identidade do agente policial infiltrado e a intimidade dos envolvidos.

O art. 11, *caput*, de aplicação geral a ambas as modalidades de infiltração, dispõe que o requerimento do Ministério Público ou a representação do delegado de polícia para a infiltração de agentes conterão a demonstração da necessidade da medida, o alcance das tarefas dos agentes e, quando possível, os nomes ou apelidos das pessoas investigadas e o local da infiltração. O parágrafo único do dispositivo, incluído pela Lei do Pacote Anticrime, prevê que os órgãos de registro e cadastro público poderão incluir nos bancos de dados próprios, mediante procedimento sigiloso e requisição da autoridade judicial, as informações necessárias à efetividade da identidade fictícia criada, nos casos de infiltração de agentes na internet. Permite-se, portanto, a criação de uma pessoa fictícia para realização da infiltração virtual de agentes, figura a qual chamamos de *fake person*.

26.7.1 Infiltração virtual de agentes no âmbito do ECA

A Lei 13.441/17 acrescentou os artigos 190-A a 190-E no Estatuto da Criança e Adolescente para prever a infiltração de agentes de polícia na internet com a finalidade de investigar crimes contra a dignidade sexual de crianças e adolescentes.

O art. 190-A prevê que a infiltração de agentes de polícia na internet com o fim de investigar os crimes previstos nos arts. 240, 241, 241-A, 241-B, 241-C e 241-D do ECA e nos arts. 154-A, 217-A, 218, 218-A e 218-B do Código Penal.

Tratou a norma, portanto, de três grupos de delitos: a) pedofilia (arts. 240, 241, 241-A, 241-B, 241-C e 241-D, ECA); b) crimes contra a dignidade sexual de vulneráveis (art. 217-A, art. 218, art. 218-A e art. 218-B); e c) invasão de dispositivo informático (art. 154-A, CP).

As regras específicas da infiltração foram previstas nos incisos I a III do art. 190-A e, em síntese, exigem: a) autorização judicial prévia devidamente circunstanciada e fundamentada, que estabelecerá os limites da infiltração para obtenção de prova, após oitiva do Ministério Público (I); b) requerimento formulado pelo Ministério Público ou representação de delegado de polícia que conterá a demonstração de sua necessidade, o alcance das tarefas dos policiais, os nomes ou apelidos das pessoas investigadas e, quando possível, os dados de conexão ou cadastrais que permitam a identificação dessas pessoas (II); e, c) **prazo de 90 dias, sem prejuízo de eventuais renovações, desde**

que o total não exceda a 720 (setecentos e vinte) dias e seja demonstrada sua efetiva necessidade, a critério da autoridade judicial (III). Percebe-se, portanto, como grande diferença da previsão da Lei de Organizações Criminosas, o exíguo prazo de noventa dias, ao contrário dos seis meses previstos na Lei 12.850/13.

Conforme o §1° do art. 190-A, a autoridade judicial e o Ministério Público poderão requisitar relatórios parciais da operação de infiltração antes do término do prazo de noventa dias. O §2° segue a trilha da previsão da Lei 12.850/13 e dispõe sobre o conceito de dados de conexão, como informações referentes a hora, data, início, término, duração, endereço de Protocolo de Internet (IP) utilizado e terminal de origem da conexão; e dados cadastrais, como informações referentes a nome e endereço de assinante ou de usuário registrado ou autenticado para a conexão a quem endereço de IP, identificação de usuário ou código de acesso tenha sido atribuído no momento da conexão.

Assim com as demais modalidades de infiltração de agentes, o §3° assinala o caráter de *ultima ratio* do meio de obtenção de prova.

Na mesma linha da Lei de Organizações Criminosas, o art. 190-B dispõe que as informações da operação de infiltração serão encaminhadas diretamente ao juiz responsável pela autorização da medida, que zelará por seu sigilo. O parágrafo único, por seu turno, diz que antes da conclusão da operação, o acesso aos autos será reservado ao juiz, ao Ministério Público e ao delegado de polícia responsável pela operação, com o objetivo de garantir o sigilo das investigações.

O Art. 190-C, de modo mais restrito que a previsão do artigo 13, parágrafo único, mas na mesma linha do art. 10-C, da Lei de Organizações Criminosas, prevê que não comete crime o policial que oculta a sua identidade para, por meio da internet, colher indícios de autoria e materialidade dos crimes previstos nos arts. 240, 241, 241-A, 241-B, 241-C e 241-D do ECA e nos arts. 154-A, 217-A, 218, 218-A e 218-B, do Código Penal. Segundo o parágrafo único, o agente policial infiltrado que deixar de observar a estrita finalidade da investigação responderá pelos excessos praticados.

O art. 190-D, por seu turno, dispõe que os órgãos de registro e cadastro público poderão incluir nos bancos de dados próprios, mediante procedimento sigiloso e requisição da autoridade judicial, as informações necessárias à efetividade da identidade fictícia criada, sendo o procedimento sigiloso numerado e tombado em livro específico (parágrafo único).

Por fim, o art. 190-E assinala que concluída a investigação, todos os atos eletrônicos praticados durante a operação deverão ser registrados, gravados, armazenados e encaminhados ao juiz e ao Ministério Público, juntamente com relatório circunstanciado. Os atos eletrônicos registrados citados no *caput* do artigo serão reunidos em autos apartados e apensados ao processo criminal juntamente com o inquérito policial, assegurando-se a preservação da identidade do agente policial infiltrado e a intimidade das crianças e dos adolescentes envolvidos (parágrafo único).

26.8 COLABORAÇÃO PREMIADA

A colaboração premiada é um acordo realizado entre o acusador e defesa, visando ao esvaziamento da resistência do réu e à sua conformidade com a acusação, com o objetivo de facilitar a persecução penal em troca de benefícios ao colaborador, reduzindo as consequências sancionatórias à sua conduta delitiva[41].

Introduzida pela Lei 12.850/13, sob a roupagem de colaboração premiada, trata-se de negócio jurídico processual celebrado entre Ministério Público e o investigado, que revela uma técnica especial de investigação, por meio do qual, satisfeitos os pressupostos legais, o agente recebe um benefício legal diante de seu auxílio prestado.

26.8.1 Natureza jurídica

Nos termos do art. 3º-A: O acordo de colaboração premiada é negócio jurídico processual e meio de obtenção de prova, que pressupõe utilidade e interesse públicos.

Trata-se, em essência, de um meio especial de obtenção de prova, que se revela como uma técnica especial de investigação e que se materializa, posteriormente, em um negócio jurídico processual, celebrado entre o Ministério Público ou Polícia, nesse caso, com intervenção do *parquet*, e o agente colaborador.

A colaboração premiada integra o chamado Direito Penal premial, porquanto o colaborador recebe, dentre os diversos prêmios legais, algum que reduz o impacto da intervenção do Direito Penal.

A colaboração não se confunde com a simples confissão, concebida como atenuante da pena no art. 65, III, "d" do Código Penal. Nesta, o agente simplesmente admite sua concorrência para o delito e, ainda que possa contribuir para o esclarecimento do delito e identificação de outro agente, não assume a forma de colaboração premiada, que pressupõe outras condições e requisitos.

Igualmente, a colaboração não pode ser confundida com os prêmios que dela decorrem, pois, em essência, não perde sua natureza de meio de obtenção de prova. Os prêmios decorrem da norma em decorrência da celebração do acordo, não sendo tecnicamente correto desnaturarmos a essência do instituto em razão de parte de seus efeitos.

Por "utilidade e interesse públicos", seguindo a linha da Orientação Conjunta nº 01/18 do MPF, pode-se compreender como: a) oportunidade do acordo; b) efetividade e utilidade do acordo: relativa à capacidade real de contribuição do colaborador para a investigação, por meio do fornecimento de elementos concretos que possam servir de prova; c) explicação sobre quantos e quais são os fatos ilícitos e pessoas envolvidas que ainda não sejam de conhecimento do Ministério Público Federal; d) indicação dos meios pelos quais se fará a respectiva prova.

26.8.2 Colaboração premiada ou delação premiada?

A **colaboração premiada** é um instituto mais amplo que a delação premiada, vez que pode ser realizada sem que o agente delate algum corréu, a exemplo da hipótese em que, após confessar o delito, fornece informações para a recuperação total ou parcial do produto ou do proveito das infrações penais praticadas pela organização criminosa (art. 4º, IV) ou esclarece a localização de eventual vítima com a sua integridade física

41. STF. HC 127.483/PR, Pleno, rel. Min. Dias Toffoli, j. 27/8/2015, DJe 4/2/2016.

preservada (art. 4º, V). Nesse caso, é mero colaborador. A **delação premiada**, por outro lado, pressupõe o **chamamento do corréu**, isto é, delata outras pessoas.

Logo, ainda que não observando a melhor técnica, temos que a colaboração premiada é o gênero do qual a delação premiada é uma espécie. Na realidade, a colaboração premiada é o instituto que pode englobar a delação, à qual se premia (art. 4º, I e II), de mesma forma que pode se revestir da forma de colaboração para libertação (art.4º, V), colaboração para localização e recuperação de ativos (art. 4º, IV) e colaboração a título preventivo (art. 4º, III).

26.8.3 Reserva de jurisdição

Por se tratar de meio de obtenção de prova não invasivo, a colaboração premiada não se submete à reserva de jurisdição tocante à iniciativa[42]. De fato, tanto o colaborador como os órgãos incumbidos da persecução penal na fase investigativa podem dar início às tratativas de colaboração premiada sem que o Judiciário venha a ser chamado a intervir ou autorizar.

A colaboração premiada, todavia, para ser concebida como válida ao final, exige o controle de legalidade e homologação perante o Judiciário (art. 4º, §7º-A), sendo que, nesse ponto, reveste-se da reserva de jurisdição. Logo, não se submete à reserva de jurisdição no início, mas a pressupõe para validade.

26.8.4 Previsão legal

A colaboração premiada foi prevista em diversos diplomas normativos. Em sua perspectiva ampla, ainda sem a vestimenta de negócio jurídico, já se fazia presente nos institutos da confissão espontânea (art. 65, III, "d", CP), arrependimento eficaz (art. 15, CP) e arrependimento posterior (art. 16, CP).

A regulamentação mais exaustiva foi prevista Lei 12.850/13, a qual veremos na sequência, após analisarmos o instituto nos demais diplomas normativos. Há que se registrar, todavia, que todas as modalidades tratadas na sequência, neste tópico, conforme destacamos de forma individualizada, não recebem a imposição normativa da formalização do acordo de colaboração, **permitindo que o magistrado aplique os prêmios legais de acordo com a valoração que atribuir à colaboração e análise dos resultados obtidos**.

Contudo, apesar da omissão legal, **parece-nos crucial que o acordo seja formalizado entre acusação e defesa e submetido à homologação pelo magistrado**, seguindo-se, por analogia, o rito e forma da colaboração premiada prevista na Lei 12.850/13, como forma de se trazer segurança jurídica e conferir real eficácia ao acordo. De fato, soa minimamente estranho, na particular gestão da prova e do processo, no ponto que lhe compete, que a acusação prometa algo ao colaborador sem qualquer espécie de formalização ou controle judicial, especialmente porque a concessão dos prêmios advém da atuação de órgão distinto, o Poder Judiciário. Realizado o necessário destaque, que se aplica a todas as modalidades abaixo, vejamo-las, separadamente.

---

42. STF: Pleno, Pet 7.074 QO/DF, Rel. Min. Edson Fachin, j. 29.06.2017.

a) Lei dos Crimes Hediondos: a Lei 8.072/90 foi a primeira a trazer de forma expressa o instituto da colaboração premiada no art. 8º: "Será de três a seis anos de reclusão a pena prevista no art. 288 do Código Penal, quando se tratar de crimes hediondos, prática da tortura, tráfico ilícito de entorpecentes e drogas afins ou terrorismo. Parágrafo único. O participante e o associado que denunciar à autoridade o bando ou quadrilha, possibilitando seu desmantelamento, terá a pena reduzida de um a dois terços". A norma, em razão da especialidade, possui aplicação restrita ao art. 288 do CP, com o preceito secundário previsto no parágrafo único do art. 8º da Lei 8.072/90, quando ocorrer associação criminosa que envolva a prática de crimes hediondos, prática da tortura, tráfico ilícito de entorpecentes e drogas afins ou terrorismo, quando houver o desmantelamento do bando ou quadrilha (associação criminosa). A hipótese não exige a formalização de acordo como negócio jurídico, podendo ser aplicado o benefício quando inequivocamente houver a contribuição do agente para desmantelamento da associação criminosa.

b) Art. 159, §4º, do Código Penal: com a alteração promovida no §4º pela Lei 9.269/96, o dispositivo passou a prever que se o crime de extorsão mediante sequestro for cometido em concurso, o concorrente que o denunciar à autoridade, facilitando a libertação do sequestrado, terá sua pena reduzida de um a dois terços. Ao contrário da redação anterior, que restringia a aplicação da hipótese aos casos que envolvessem quadrilha ou bando, a nova redação exige tão somente o concurso de pessoas para sua aplicação. Assim, decorrendo da colaboração a libertação do sequestrado, aquele que denunciar o concorrente, ainda que o delito tenha sido praticado somente em concurso de pessoas, fará jus ao benefício. Assim como na Lei dos Crimes Hediondos, a hipótese não exige a formalização de acordo como negócio jurídico, podendo ser aplicado o benefício quando inequivocamente houver a contribuição do agente para libertação do sequestrado.

c) Lei dos Crimes contra o Sistema Financeiro Nacional: a Lei 7.492/86, em seu art. 25, §2º, prevê que nos crimes ali previstos, cometidos em quadrilha ou coautoria, o coautor ou partícipe que através de confissão espontânea revelar à autoridade policial ou judicial toda a trama delituosa terá a sua pena reduzida de um a dois terços. Assim como nos modelos anteriormente vistos, não se exige a formalização da colaboração premiada como negócio jurídico. Exige-se, tão somente, que o agente revele toda trama delituosa, seja no curso de associação criminosa ou não, sendo suficiente a existência de concurso de pessoas para a prática dos delitos.

d) Lei dos Crimes contra a Ordem Tributária, Econômica e contra as Relações de Consumo: de forma idêntica aos crimes contra o sistema financeiro nacional, a Lei 8.137/90 previu, no parágrafo único do art. 16, a possibilidade de redução da pena de um terço a dois terços para o coautor ou partícipe que, nos crimes cometidos em quadrilha ou coautoria, através de confissão espontânea revele à autoridade policial ou judicial toda a trama delituosa.

e) Lei de Lavagem de Capitais: o art. 1º, §5º da Lei 9.613/98, prevê que "a pena poderá ser reduzida de um a dois terços e ser cumprida em regime aberto ou semiaberto, facultando-se ao juiz deixar de aplicá-la ou substituí-la, a qualquer tempo, por pena restritiva de direitos, se o autor, coautor ou partícipe colaborar espontaneamente com as autoridades, prestando esclarecimentos que conduzam à apuração das infrações penais, à identificação dos autores, coautores e partícipes, ou à localização dos bens, direitos ou valores objeto do crime. De forma distinta das previsões anteriores, o legislador abriu o leque de abordagem e tratamento. No tocante a esse, a norma prevê a possibilidade do magistrado **deixar de aplicar a pena** ou **substituí-la por restritiva de direitos**, bem como **reduzi-la de um a dois terços, afastando o regime fechado**. No que concerne à abordagem, ampliou a possibilidade de aplicação para o autor, coautor ou partícipe que colaborar espontaneamente com as autoridades, prestando esclarecimentos que conduzam à apuração das infrações penais, à identificação dos autores, coautores e partícipes, ou à localização dos bens, direitos ou valores objeto do crime.

Os delitos de lavagem de capitais possuem uma peculiaridade relacionada à necessidade de existência de uma infração penal antecedente, sendo concebidos, doutrinariamente, como crimes parasitários. Por essa razão, visando elucidar não somente a lavagem de capitais, o legislador permitiu ao magistrado conceder ao autor da lavagem os benefícios legais, porquanto não somente a apuração efetiva da lavagem de bens e valores interessa ao Estado, mas também os delitos antecedentes.

A norma não pressupõe a necessidade formalização de negócio jurídico nesse sentido, cabendo, portanto, ao magistrado avaliar a relevância da contribuição para eleger o benefício mais adequado ao caso em análise.

f) Lei de Drogas: a Lei 11.343/06, em seu art. 41, dispõe que o indiciado ou acusado que colaborar voluntariamente com a investigação policial e o processo criminal na identificação dos demais coautores ou partícipes do crime e na recuperação total ou parcial do produto do crime, no caso de condenação, terá pena reduzida de um terço a dois terços. Extrai-se do dispositivo, portanto, que a colaboração pressupõe a identificação dos demais coautores ou partícipes do crime e na recuperação total ou parcial do produto do crime. Prevalece na doutrina que a partícula aditiva "e", não obstante sua clareza, não impõe a satisfação dos dois requisitos, isto é, o agente fará jus ao benefício caso colabore com a identificação dos demais agentes ou na recuperação total ou parcial do produto do crime. Não se exige, assim como nos casos anteriores, a formalização do negócio jurídico, devendo a valoração acerca da colaboração ser realizada pelo magistrado quando da sentença.

g) Lei Anticorrupção: a Lei 12.846/13 prevê o acordo de leniência, com escopo meramente administrativo. O art. 17, por seu turno, assinala que administração pública poderá também celebrar acordo de leniência com a pessoa jurídica responsável pela prática de ilícitos previstos na Lei nº 8.666, de 21 de junho de 1993, com vistas à isenção ou atenuação das sanções administrativas estabelecidas em seus arts. 86 a 88. Com a entrada em vigor da Lei 14.133/21, os crimes previstos na antiga Lei de Licitações foram transferidos para os arts. 337-E a 337-P do Código Penal, sendo certo, igualmente, a que nova Lei de Licitações trata do tema correlato aos arts. 86 a 88, da Lei 8.666/93, nos arts. 155 a 163.

h) Lei de Proteção a Vítimas e Testemunhas: a Lei 9.807/99 tratou do tema nos arts. 13 a 15. A Lei inovou ao permitir sua aplicação a qualquer delito e regrar, minimamente, a proteção aos colaborares. O art. 13 assinala que o juiz poderá, de ofício ou a requerimento das partes, conceder o perdão judicial e a consequente extinção da punibilidade ao acusado que, sendo primário, tenha colaborado efetiva e voluntariamente com a investigação e o processo criminal, desde que dessa colaboração tenha resultado: I - a identificação dos demais coautores ou partícipes da ação criminosa; II - a localização da vítima com a sua integridade física preservada; e III - a recuperação total ou parcial do produto do crime. Segundo o parágrafo único, a concessão do perdão judicial levará em conta a personalidade do beneficiado e a natureza, circunstâncias, gravidade e repercussão social do fato criminoso.

Não se exige, conforme a doutrina dominante, a satisfação de todos os requisitos previstos nos incisos do dispositivo, vez que a compreensão por sua aplicação apenas com a satisfação de todos os requisitos conduziria à aplicação do instituto apenas aos delito de extorsão mediante sequestro, praticada em concurso de pessoas, que houvesse o pagamento de resgate.

Ocorre que o entendimento dominante, pela aplicação do Direito Penal premial quando satisfeito qualquer um dos requisitos legais previstos nos incisos I a III, não nos parece tenha sido a intenção do legislador. Ao se exigir sua cumulação, há, de fato, uma restrição não desejada. Por outro lado, ao se admitir a satisfação de apenas um dos requisitos, há uma demasiada abertura.

Por essas razões, há que se buscar a cumulatividade temperada no sentido de adequar o evento criminoso à norma jurídica, especialmente se consideramos que a pauta do art. 13 é a concessão do perdão judicial. Conforme vimos acima, os requisitos legais são: a identificação dos demais coautores ou partícipes da ação criminosa; a localização da vítima com a sua integridade física preservada; e a recuperação total ou parcial do produto do crime.

Ao se reconhecer a possibilidade de aplicação do perdão judicial quando satisfeito apenas um dos requisitos legais, haveria uma ampliação severa de outros institutos de cunho geral do Direito Penal, a exemplo do arrependimento eficaz e posterior, atribuindo efeitos maiores à colaboração, em flagrante desproporção.

Quando analisamos o artigo 15 do CP, observamos que o agente que, voluntariamente, desiste de prosseguir na execução ou impede que o resultado se produza, só responde pelos atos já praticados. O arrependimento eficaz trilha o caminho do arrependimento decorrente de ato voluntário que impede que o resultado se produza, ou seja, o agente atua no sentido de evitar o resultado do mal por ele deflagrado. Obtendo êxito, responderá apenas pelos atos praticados.

Por sua vez, o arrependimento posterior, previsto no art. 16 do Código Penal, prevê que nos crimes cometidos sem violência ou grave ameaça à pessoa, reparado o dano ou restituída a coisa, até o recebimento da denúncia ou da queixa, por ato voluntário do agente, a pena será reduzida de um a dois terços.

Caso se entenda por possível a aplicação da colaboração prevista na Lei 9.807/99 com a satisfação de apenas um dos requisitos, recuperação total ou parcial do produto do crime, por exemplo, com a possibilidade de concessão do perdão judicial, tais institutos perdem grande parte de sua razão de existir.

Por que se buscar as pontes de ouro ou de prata de Von Liszt se, ao final, sem qualquer espécie de marco temporal delimitador, o agente simplesmente poderá auxiliar na recuperação total ou parcial do produto do crime? A interpretação ampla e irrestrita não somente desestimula o agente a atuar voluntariamente e em curto espaço de tempo, mas como confere àquele que não se arrependeu de forma eficaz ou voluntária, maior benefício (perdão judicial) do que aquele que atuou para impedir o resultado ou agiu de forma voluntária para reparar o dano até o recebimento da denúncia.

Em razão do exposto, entendemos que a colaboração prevista no art. 13 da Lei 9.807/99 exige, ao menos, a satisfação de cinco requisitos, três de ordem objetiva (inc. I e II, I e III ou I, II e III) e dois subjetivos (parágrafo único), que devem ser analisados sob a luz do crime-objeto: a) primariedade; b) identificação dos demais coautores ou partícipes da ação criminosa; c) a localização da vítima com a sua integridade física preservada **ou** a recuperação total ou parcial do produto do crime; d) personalidade do agente; e e) natureza, circunstâncias, gravidade e repercussão social do fato criminoso.

Assim, com a devida vênia, não compactuamos com o entendimento de BRASILEIRO[43] (2020, p. 873), que sustenta a prevalência da **cumulatividade temperada**, condicionada ao tipo penal, na qual se faz necessária a satisfação dos requisitos possíveis no mundo fático, quaisquer que sejam eles, de acordo com a natureza do delito praticado. O autor, à guisa de exemplo, assinala que "caso o delito praticado não permita a incidência simultânea dos três incisos – a exemplo de um crime de roubo de cargas cometido em concurso de agentes – a incidência do art. 13 da Lei nº 9.807/99 fica dependendo apenas da identificação dos demais concorrentes e da recuperação total ou parcial do produto do crime".

Admitida referida posição, que correlaciona o tipo penal com a realidade fática, teríamos que admitir, no exemplo do roubo de cargas, caso praticado sem concurso de pessoas, que a recuperação total ou parcial do produto do crime, mediante colaboração, faça incidir o Direito Penal premial. Em síntese, apesar da vedação legal de aplicação do arrependimento posterior para os crimes cometidos com violência ou grave ameaça (art. 16) do CP, seriamos compelidos a admitir a possibilidade de perdão judicial, benefício bem mais amplo, àquele que realiza um delito com violência ou grave ameaça tão somente porque colaborou com a investigação, auxiliando na recuperação total ou parcial do produto do crime, por ele mesmo praticado. Ainda que possamos afastar a aplicação do instituto pela gravidade do delito (parágrafo único do art. 13 da Lei 9.807/99), não nos parece a melhor exegese a trilha do cotejo puro entre o tipo penal e a realidade fática.

Contudo, é preciso destacar que o art. 14 possui outra regra de cunho geral, que assinala que o indiciado ou acusado que colaborar voluntariamente com a investigação policial e o processo criminal na identificação dos demais coautores ou partícipes do crime, na localização da vítima com vida e na recuperação total ou parcial do produto do crime, no caso de condenação, terá pena reduzida de um a dois terços.

A análise conjunta dos dispositivos nos evidencia nitidamente a diferença de tratamento para o réu primário, passível de obter o perdão judicial e a consequente extinção da punibilidade (art. 13). Ao contrário da análise que realizamos quanto ao art. 13, permissivo do perdão judicial, entendemos por possível a aplicação da redução da pena quando presente apenas um dos requisitos legais, porquanto o tratamento conferido segue a trilha sistêmica do arrependimento posterior, previsto na Parte Geral do Código Penal. E, nessa esteira, há que permitir a aplicação do dispositivo também ao réu primário, pois

43. *op.cit.*

ao restringirmos a aplicação do art. 13, não seria razoável se conferir tratamento mais benéfico ao reincidente em detrimento do primário.

O art. 15 da Lei 9.807/99 ainda prevê que: Serão aplicadas em benefício do colaborador, na prisão ou fora dela, medidas especiais de segurança e proteção a sua integridade física, considerando ameaça ou coação eventual ou efetiva; §1º Estando sob prisão temporária, preventiva ou em decorrência de flagrante delito, o colaborador será custodiado em dependência separada dos demais presos; §2º Durante a instrução criminal, poderá o juiz competente determinar em favor do colaborador qualquer das medidas previstas no art. 8º desta Lei; §3º No caso de cumprimento da pena em regime fechado, poderá o juiz criminal determinar medidas especiais que proporcionem a segurança do colaborador em relação aos demais apenados.

26.8.5 Colaboração premiada na Lei 12.850/13

Segundo o art. 3º da Lei de Organizações Criminosas, em qualquer fase da persecução penal, serão permitidos, sem prejuízo de outros já previstos em lei, os seguintes meios de obtenção da prova: I - colaboração premiada.

Não obstante sua previsão em outros diplomas pátrios, somente com a entrada em vigor da Lei 12.850/13, alterada pela Lei do Pacote Anticrime, a colaboração premiada recebeu o devido tratamento normativo no tocante ao seu procedimento.

26.8.6 Pressupostos

26.8.6.1 Voluntariedade/Livre expressão do conhecimento

Não obstante o *caput* do art. 4º fazer referência à voluntariedade e, por exemplo, o art. 1º, §5º, da Lei 9.613/98, exigir a espontaneidade, entendemos que a colaboração realizada, livre de constrangimento perante a autoridade, permite a aplicação do benefício. Apesar do dispositivo referir-se à voluntariedade, pouco importa, na realidade, que seja espontânea ou voluntária. A concepção da espontaneidade como arrependimento real e sincero tem origem no pecado e sua consequente salvação bíblica, que não guarda qualquer relação com a expressão de sentido manifesto pela confirmação da prática de um delito por parte do agente ou na efetiva colaboração. Basta, portanto, que a colaboração decorra de livre expressão do conhecimento, livre de qualquer constrangimento, para que o agente possa se enquadrar na figura de colaborador e, com seu comportamento, contribua com a produção de algum dos resultados esperados.

Nessa trilha está Orientação Conjunta nº 01/18 do MPF: "8. O Membro do MPF oficiante deve empregar todos os esforços a fim de bem esclarecer ao interessado e ao seu defensor, desde o início do procedimento, suas tratativas e antes de qualquer ato de colaboração, em que consiste o instituto da colaboração premiada, o respectivo procedimento previsto em lei e nesta Orientação Normativa, os benefícios possíveis em abstrato, a necessidade de sigilo e outras informações pertinentes, em ordem a viabilizar o consentimento livre e informado (...)".

Vale registrar, todavia, que o STF, ancorando-se nas lições de Antônio Junqueira de Azevedo, assinala que:

> Por isso mesmo, se o negócio jurídico é declaração de vontade e se os elementos gerais intrínsecos, ou constitutivos, são essa mesma declaração tresdobrada em objeto, forma e circunstâncias negociais, e se os requisitos são qualidades dos elementos, temos que: a declaração de vontade, tomada principalmente como um todo, deverá ser: a) resultante de um processo volitivo; b) querida com plena consciência da realidade; c) escolhida com liberdade; d) deliberada sem má-fé (se não for assim, o negócio poderá ser nulo, por exemplo, no primeiro caso, por coação absoluta, ou falta de seriedade; anulável por erro ou dolo, no segundo; por coação relativa, no terceiro; e por simulação, no quarto).

Apesar das conhecidas lições, a efetiva vontade subjacente por parte do agente colaborador – delatar seus comparsas, ter a pena reduzida, mero arrependimento e etc. – de fato, nunca será conhecida, razão pela qual nos contentamos com a livre expressão do conhecimento, ainda que se atribua a esse contexto a nomenclatura de "vontade".

O fato do agente estar preso ou sob o regime de medidas cautelares, por si só, não afasta a possibilidade de colaboração premiada. Não obstante, parte da doutrina sufraga o entendimento de que a prisão atinge a "voluntariedade" exigida, perdendo a colaboração sua validade.

Não se pode olvidar, todavia, que o acordo de colaboração premiada necessariamente será assistido por advogado. De igual modo, que o magistrado, quando da homologação do acordo, deverá ouvir o colaborador na presença de seu defensor. Conforme salientamos acima, a voluntariedade deve ser aferida sob o prisma da livre consciência, não havendo qualquer problema de ordem ética na conduta do agente que delata seus comparsas para reduzir o seu tempo de prisão. A vontade não pode ser confundida com o querer, sob pena trazermos uma perspectiva subjetiva indemonstrável para o acordo de colaboração premiada.

Logo, a prisão ou medida cautelar imposta ao agente não atinge a validade do acordo, não havendo qualquer obstáculo jurídico para sua celebração em razão da existência de constrição da liberdade, haja vista que o próprio inc. IV, do §7º, do art. 4º, assinala que o magistrado deverá, quando da homologação, analisar voluntariedade da manifestação de vontade, especialmente nos casos em que **o colaborador está ou esteve sob efeito de medidas cautelares**.

Cumpre registrar que o art. 5º, da Lei 12.850/13, estabelece uma série de direitos ao colaborador, que possuem o condão de contribuir para o aspecto da voluntariedade, concebida como livre expressão consentimento. O artigo prevê que o colaborador possui o direito de usufruir das medidas de proteção previstas na legislação específica (I); ter nome, qualificação, imagem e demais informações pessoais preservados (II); ser conduzido, em juízo, separadamente dos demais coautores e partícipes (III); participar das audiências sem contato visual com os outros acusados (IV); não ter sua identidade revelada pelos meios de comunicação, nem ser fotografado ou filmado, sem sua prévia autorização por escrito (V); e cumprir pena ou prisão cautelar em estabelecimento penal diverso dos demais corréus ou condenados (VI).

26.8.6.2 Resultados

A colaboração premiada possui um objetivo primário: alcançar algum dos resultados previstos no art. 4º, incisos I a V. Para tanto, o legislador vale-se de uma série de benefícios para o colaborador que contribui com a persecução penal.

De acordo com a previsão legal:

> Art. 4º O juiz poderá, a requerimento das partes, conceder o perdão judicial, reduzir em até 2/3 (dois terços) a pena privativa de liberdade ou substituí-la por restritiva de direitos daquele que tenha colaborado efetiva e voluntariamente com a investigação e com o processo criminal, desde que dessa colaboração advenha um ou mais dos seguintes resultados:
> I - a identificação dos demais coautores e partícipes da organização criminosa e das infrações penais por eles praticadas;
> II - a revelação da estrutura hierárquica e da divisão de tarefas da organização criminosa;
> III - a prevenção de infrações penais decorrentes das atividades da organização criminosa;
> IV - a recuperação total ou parcial do produto ou do proveito das infrações penais praticadas pela organização criminosa;
> V - a localização de eventual vítima com a sua integridade física preservada.

Aos benefícios previstos no *caput*, há que se acrescer a previsão do §4º, que assinala que nas mesmas hipóteses do *caput* do art. 4º, o Ministério Público poderá deixar de oferecer denúncia se a proposta de acordo de colaboração referir-se a infração de cuja existência não tenha prévio conhecimento, para o colaborador que não seja o líder da organização criminosa e tenha sido o primeiro a prestar efetiva colaboração, além da previsão do §5º, que assinala que se a colaboração for posterior à sentença, a pena poderá ser reduzida até a metade ou será admitida a progressão de regime ainda que ausentes os requisitos objetivos.

O legislador, ao contrário da previsão do art. 13, *caput*, da Lei 9.807/99, não exige a primariedade do agente. De igual modo, pouco importa a gravidade em abstrato do fato criminoso, de forma que as condições pessoais do agente e objetivas do tipo penal não impedem a celebração do acordo. Conforme vimos, o objetivo primário do acordo de colaboração premiada é o alcance de algum dos resultados previstos no art. 4º, incisos I a V.

Vejamos, inicialmente, os resultados desejados pelo legislador, os quais não precisam ser cumulativos, pois a previsão do *caput* do art. 4º expressamente dispõe sobre a **obtenção de um ou mais resultados**, desde que, naturalmente, a personalidade do colaborador, a natureza, as circunstâncias, a gravidade e a repercussão social do fato criminoso e a eficácia da colaboração sejam valoradas de forma positiva (§1º).

Dentre os resultados desejados, temos:

I. a identificação dos demais coautores e partícipes da organização criminosa e das infrações penais por eles praticadas: parece-nos evidente a falta de técnica do legislador ao se valer da expressão "coautores e partícipes da organização criminosa", porquanto todos os integrantes da organização criminosa são autores do tipo penal, em concurso necessário de no mínimo quatro agentes.

Conforme sustentamos em nosso Direito Penal, Parte Especial[44], a doutrina diverge quanto à possibilidade de participação no crime de associação criminosa, cujo raciocínio se aplica, de forma lógica, à organização criminosa.

A primeira corrente aduz que não é possível a participação, ao passo que a segunda sufraga o entendimento de que é possível a participação nas hipóteses em que o agente,

44. ABREU, Fernando. **Direito Penal para concursos: Parte Especial**. São Paulo: 2022, Ed. Juspodivm, p. 918.

conhecedor da existência da organização criminosa, auxilia materialmente emprestando uma arma para a prática de um delito específico.

Não nos parece possível a participação em associação ou organização criminosa, pois ou o agente integra o grupo constituído para a prática de delitos ou apenas participa de um delito em especial. A exigência jurisprudencial da estabilidade e permanência da associação não é compatível com a mera contribuição material específica, motivo pelo qual, no exemplo citado, o agente que empresta a arma para a prática de um delito específico não integra a associação ou organização criminosa, mas será partícipe no delito praticado pelo grupo.

Fixada a premissa, extrai-se da previsão a necessidade de correlação lógica entre a colaboração e a responsabilidade penal, isto é, o benefício poderá ser pactuado se o agente auxiliar na identificação dos demais integrantes da organização criminosa e das infrações penais por eles praticadas. Nesse particular, divergimos de BRASILEIRO[45] (2020, p. 874), que entende por evidente o fato de que para fins de concessão dos prêmios legais, as informações devem se referir ao crime investigado (ou processado) para o qual o colaborador também tenha concorrido em concurso de agentes.

A redação legal do inciso I trilha dois caminhos: identificação dos integrantes da organização criminosa e das infrações penais praticadas pela estrutura criminosa. Logo, pela interpretação ótima do dispositivo, não se exige que o colaborador tenha, efetivamente, concorrido para a prática dos delitos praticados pela organização criminosa, pois, como se sabe, nem todos os agentes integrantes de uma ORCrim praticam todos os delitos. Há, por vezes, divisões de tarefas e empreitadas. O simples fato de participar de uma ORCrim constituída em São Paulo não reflete a responsabilidade penal por qualquer fato praticado por seus integrantes em Belo Horizonte. Salvo nos casos de liderança da organização, pela aplicação da teoria do domínio do fato por aparatos verticalizados de poder, a responsabilidade penal continua a ser estritamente subjetiva.

Logo, é perfeitamente possível que o colaborador venha a contribuir para o esclarecimento de outros delitos, ainda que não os tenha praticado. Por razões, agora óbvias, não receberá qualquer prêmio em razão de tais delitos, porquanto sequer será processado por esses por ausência de participação. Contudo, considerando-se o patamar de até dois terços para fins de redução da reprimenda penal, certamente uma contribuição mais efetiva ensejará uma maior redução alcançando ou aproximando-se do máximo legal. O que não se admite é a redução da pena pela prática do crime de organização criminosa quando o colaborador, na realidade, auxilia no desbaratamento de uma associação voltada para a prática de tráfico de drogas, da qual não participa e que não guarda qualquer conexão com a estrutura à que pertence. Exige-se, portanto, a correlação lógica entre a colaboração e a responsabilidade penal.

Outro ponto que chama a atenção e sugere a necessidade de análise envolve a necessidade de identificação total ou parcial dos agentes que integram a organização criminosa. No tocante à identificação dos demais coautores e partícipes que praticam uma infração penal no contexto de uma ORCrim, não nos restam dúvidas quanto à

45. *op. cit.*

necessidade de identificação de todos os agentes. Contudo, no que pertine à organização criminosa, em si, o ponto merece reflexão.

Como é cediço, as organizações criminosas podem ser compostas por um grande número de agentes, a exemplo do PCC. Exigir do colaborador que identifique todos os agentes que integram uma organização criminosa deste quilate, ramificada por todo o território nacional e com braços no exterior, é tarefa impossível, talvez restrita apenas ao líder da organização. Logo, parece-nos razoável, sob pena de se frustrar a aplicação da norma, que o agente seja capaz de identificar um número razoável de membros para fins de obtenção do benefício quanto à imputação atinente ao crime de organização criminosa.

Revela-se tormentosa a tarefa de fixar um número de membros, pois somente as circunstâncias do fato e da própria organização serão capazes de nos fornecer parâmetros adequados. Podemos cogitar na delação do número mínimo de três agentes, haja vista que uma organização criminosa pressupõe a união de no mínimo quatro agentes como parâmetro mínimo. Contudo, não obstante a parametrização essencial, no caso de uma ORCrim composta por quinze agentes e com atuação em um único local, a delação de apenas três agentes não tem o condão de desestruturar a organização, podendo se conceber a delação como insuficiente para obtenção de benefícios.

De fato, somente a análise do caso concreto e particularidades da estrutura criminosa poderão fornecer parâmetros razoáveis para a concessão dos benefícios e seu alcance.

II. a revelação da estrutura hierárquica e da divisão de tarefas da organização criminosa: ao contrário da hipótese anterior, reveladora da delação premiada, a previsão do inciso II aponta para a colaboração estrutural e funcional da organização. O colaborador, neste caso, deverá trazer elementos que permitam, graficamente, estruturar a cadeia criminosa, suas lideranças e a função de cada membro na organização. Assim como na hipótese anterior, não se exige que o colaborador venha a ser capaz de estruturar toda a cadeia criminosa, porquanto pode não conhecer todos os membros e suas respectivas funções. Entretanto, deverá ser capaz de contribuir com o esclarecimento de uma estrutura mínima, que permita com que as forças estatais a ataquem de forma sensível para, no mínimo, abalar sua estrutura.

III. a prevenção de infrações penais decorrentes das atividades da organização criminosa: o objetivo principal da colaboração premiada é o desbaratamento da organização criminosa que redundará, por via de consequência, na prevenção geral da prática delitiva. O dispositivo, ao direcionar a colaboração para prevenção de infrações penais decorrentes das atividades da organização criminosa, em franca colaboração preventiva, segue a trilha da frustração de novas práticas criminosas como decorrência de sua atuação, normativamente restrita às infrações penais com penas máximas superiores a quatro anos ou que sejam de caráter transnacional.

IV. a recuperação total ou parcial do produto ou do proveito das infrações penais praticadas pela organização criminosa: o produto da infração penal é o resultado direto da prática criminosa, como o celular subtraído no crime de roubo ou o dinheiro arrecadado com a venda de drogas. O proveito, por outro lado, é fruto indireto da prática delitiva, como o veículo adquirido com o dinheiro recebido na corrupção passiva. A colaboração, nesse sentido, visa alcançar o resultado da infração penal, atacando a organização criminosa na sua fonte de recursos. A recuperação de ativos é uma das principais formas de se combater a criminalidade organizada, pois mina a origem das operações criminosas. Para obtenção do benefício, a colaboração não precisa alcançar todo o produto ou proveito das infrações penais praticada pela organização criminosas, contentando-se a norma com a recuperação parcial, devendo essa, ao menos, ser representativa.

V. a localização de eventual vítima com a sua integridade física preservada: a colaboração premiada, para permitir a concessão dos benefícios legais, pressupõe sua eficácia, isto é, o alcance do resultado desejado. Na hipótese, a norma pressupõe que a vítima seja resgatada com vida e integridade física preservadas, não se admitindo a aplicação dos benefícios caso o agente colaborador tão somente informe o local do corpo da vítima. Exige-se, portanto, a salvaguarda efetiva da vítima.

26.8.7 Legitimados para oferecimento do acordo

➔ ATENÇÃO – ASSUNTO COBRADO NO MPPR – CONCURSO 2016
Discorra sobre a legitimidade para a celebração do acordo de colaboração premiada, com referência ao Delegado de Polícia, ao Ministério Público e ao assistente da acusação.

O §6º do art. 4º da Lei 12.850/13, assim dispõe: o juiz não participará das negociações realizadas entre as partes para a formalização do acordo de colaboração, que ocorrerá entre o delegado de polícia, o investigado e o defensor, com a manifestação do Ministério Público, ou, conforme o caso, entre o Ministério Público e o investigado ou acusado e seu defensor.

O dispositivo, inicialmente, afasta o juiz das negociações, preservando sua imparcialidade em respeito ao sistema acusatório. Na sequência, firma a compreensão sobre a possibilidade, sempre com acompanhamento de defensor, da celebração do acordo de colaboração entre delegado de polícia e investigado, com a manifestação do Ministério Público, e entre o Ministério Público e o investigado ou acusado.

Em leitura literal, a norma fixa o poder do delegado de polícia para iniciar as tratativas no curso da investigação, imponto a manifestação do Ministério Público, no curso da investigação ou do processo.

Não se pode negar que a Lei 12.850/13 conferiu legitimidade aos delegados de polícia para a celebração de acordos de colaboração premiada, em sua forma bilateral, nos arts. 4º, §§2º, 6º e 9º, e art. 6º, II e IV.

No julgamento da ADI 5508, em 20.06.18, o STF entendeu que:

> **O acordo alinhavado com o colaborador, quer mediante atuação do Ministério Público, quer da Polícia, há de observar, sob o ângulo formal e material, as normas legais e constitucionais.** DELAÇÃO PREMIADA – ACORDO – POLÍCIA. **O acordo formalizado mediante a atuação da Polícia pressupõe a fase de inquérito policial, cabendo a manifestação, posterior, do Ministério Público.** DELAÇÃO PREMIADA – ACORDO – BENEFÍCIOS – HOMOLOGAÇÃO. A homologação do acordo faz-se considerados os aspectos formais e a licitude do que contido nas cláusulas que o revelam. DELAÇÃO PREMIADA – ACORDO – BENEFÍCIO. Os benefícios sinalizados no acordo ficam submetidos a concretude e eficácia do que versado pelo delator, cabendo a definição final

> mediante sentença, considerada a atuação do órgão julgador, do Estado-juiz. (STF, ADI 5508, rel. min. MARCO AURÉLIO, Tribunal Pleno, j. em 20/06/2018, p. em 05/11/2019).

Instado novamente a se manifestar, no julgamento do PET 8482 AgR/DF, em 31.05.21, o STF modificou seu entendimento para dizer que:

> 1. Nos termos do entendimento formado no julgamento da ADI 5.508, a autoridade policial tem legitimidade para celebrar autonomamente acordo de colaboração premiada. Em voto vencido, assentada a negativa dessa faculdade. 2. Matéria novamente suscitada, em menor extensão, pela PGR. **Considerada a estrutura acusatória dada ao processo penal conformado à Constituição Federal, a anuência do Ministério Público deve ser posta como condição de eficácia do acordo de colaboração premiada celebrado pela autoridade policial. Posicionamento de menor extensão contido no voto vencido proferido. Possibilidade de submeter a matéria ao mesmo Plenário a fim de que o entendimento majoritário seja confirmado ou eventualmente retificado. Em linha de coerência com o voto vencido, pela retificação do entendimento majoritário na extensão que pleiteia a PGR.**
>
> 3. Questão preliminar suscitada pela Procuradoria-Geral da República acolhida para dar parcial provimento ao agravo regimental e tornar sem efeito, desde então, a decisão homologatória do acordo de colaboração premiada celebrado nestes autos, ante a desconformidade manifestada pelo Ministério Público e aqui acolhida. Eficácia ex tunc. (STF, Pet 8482 AgR / DF, rel. min. EDSON FACHIN, j. em 31/05/2021, p. em 21/09/2021)

O trabalho da Polícia de investigação é crucial para que o Estado exerça o *ius puniendi*. Contudo, não se pode confundir a importância da investigação, com a participação do investigador no processo penal. Vigora, no Processo Penal, o sistema acusatório, composto, nas ações penais públicas, pelo Ministério Público, Defesa e Estado-Juiz.

A decisão proferida em 2021 pelo STF, corrigindo a interpretação de 2018, reforça justamente o sistema acusatório, consignando que, para fins do Processo Penal, **o diálogo probatório-processual** ocorrerá, tão somente, entre os atores do processo, afastando-se, portanto, a Polícia investigativa.

Não se pode olvidar, igualmente, do papel de controle externo da atividade policial exercido constitucionalmente pelo Ministério Público (art. 129, VII, CF), o qual permite, sob a perspectiva material, direcionar a investigação, haja vista que essa, ao final, destina-se ao próprio *parquet*, na medida que servirá de lastro para formar sua *opinio delicti*, como titular da ação penal pública.

E, nesse contexto, não se afigura minimamente razoável o entendimento de que a autoridade policial possa celebrar acordo de colaboração premiada sem que o Ministério Público tenha ciência prévia e concorde com sua celebração. Referido entendimento, sufragado pela posição anterior do STF, *mutatis mutandis*, permitia que um terceiro assumisse, em nome alheio, obrigações em nome de outrem, sem o seu conhecimento e autorização. Permitia, ainda em analogia, a representação sem mandato ou que terceiro negociasse o crédito do credor, sem o seu conhecimento e autorização, com o devedor, gerando, para o credor, uma obrigação definitiva.

Não se trata, portanto, da importância da instituição A ou B, mas de devido processo legal, obediência ao sistema acusatório e separação de funções. A autoridade policial, ao celebrar acordo de colaboração premiada, promete ao colaborador benefícios com o qual não poderá cumprir, simplesmente porque não é um ator processual. Logo, não se afigura razoável que a autoridade policial, por melhor que seja sua intenção, atue pactuando benefícios legais sem que o titular da ação penal tenha ciência e, previamente, tenha anuído com celebração do acordo.

Por essas e outras razões, o STF entendeu que considerada a estrutura acusatória dada ao processo penal conformado à Constituição Federal, a anuência do Ministério Público deve ser posta como condição de eficácia do acordo de colaboração premiada celebrado pela autoridade policial.

Não obstante nosso posicionamento, o STF, em nova mudança de direção, por meio do Min. Alexandre de Moraes, homologou, em 09 de setembro de 2023, acordo de delação premiada do Ten. Coronel, ex-ajudante de ordens do ex-Presidente da República, Jair Bolsonaro, celebrando diretamente com a polícia federal, mesmo com manifestação contrária da Procuradoria-Geral da República.

26.8.8 Benefícios e vinculação do magistrado

Conforme vimos anteriormente, a realização de um ou alguns dos resultados acima permite a concessão dos benefícios legais, que deverão ser pactuados sob a diretriz da razoabilidade.

Dentre os benefícios legais, o legislador previu:

a) **perdão judicial;**
b) **redução em até 2/3 (dois terços) da pena privativa de liberdade;**
c) **substituição da pena privativa de liberdade por restritiva de direitos;**
d) **não oferecimento da denúncia por parte do Ministério Público;**
e) **redução da pena até a metade quando a colaboração for posterior à sentença;**
f) **progressão de regime ainda que ausentes os requisitos objetivos quando a colaboração for posterior à sentença.**

Há, portanto, diversos benefícios que podem ser concedidos ao colaborador, os quais analisaremos na sequência, não, sem antes, indagar: o juiz está vinculado ao acordo? Isto é, celebrado o acordo de colaboração premiada, o juiz está obrigado a segui-lo na fase da sentença? Haveria violação à independência funcional?

O acordo de colaboração premiada, por si só, não vincula o magistrado, porquanto o acordo somente adquirirá eficácia jurídica com a homologação judicial, após o magistrado realizar o controle de regularidade e legalidade, nos termos do §7º do art. 4º da Lei 12.850/13.

Realizado o controle judicial, a decisão judicial que homologa o termo de colaboração passa a vincular o órgão jurisdicional por meio da preclusão *pro judicato*. De fato, ao homologar o acordo e, portanto, atribui-lhe eficácia, proporciona às partes a necessária segurança jurídica e estabilidade de que o juízo, ao proferir a sentença, observará os estritos termos do acordo, homologado pelo próprio Judiciário. Não se trata, portanto, de vinculação da pessoa física do juiz, e por via de consequência, de debate sobre eventual violação da independência funcional, mas do juízo. Logo, não é o acordo de colaboração premiada que vincula o juízo, mas a própria decisão homologatória que lhe confere eficácia.

Isso não significa, todavia, que o magistrado não deva valorar a prova na sentença, vez que a homologação se restringe ao aspecto formal da prova e aos termos do acordo, de forma que não havendo confirmação do teor da colaboração, o magistrado poderá deixar de aplicar os benefícios pactuados.

De acordo com o STF, no julgamento em conjunto da Questão de Ordem e no AgR na PET 7074, o acordo poderá ser revisto apenas no aspecto formal e legal. Segundo o Pretório Excelso, o acordo de colaboração, após sua homologação deverá, em regra, produzir seus efeitos. **Somente em casos de fatos supervenientes ou de conhecimentos posteriores, poderão ser revistos os termos do acordo**, nos termos do voto elucidativo do Min. Alexandre de Moraes:

> Não é possível aplicar-se essa "super coisa julgada" ou "super preclusão" em relação a fatos supervenientes ou conhecimento posterior, pois como apontado pelo ilustre Ministro LUÍS ROBERTO BARROSO, "a jurisprudência do STF também já assentou, e diversas oportunidades, que as consequências jurídicas de fato superveniente não são abrangidas pela coisa julgada" (AgR/RE 881.864, Segunda Turma).
>
> Novamente, pedindo todas as vênias as posições em contrário, como regra, devemos ter o estrito cumprimento dos termos acordados e homologados, mas excepcionar a possibilidade de análise do acordo homologado por fatos supervenientes ou de conhecimentos posteriores, não é um atentado a boa fé e a segurança jurídica, pois caso contrário, deveríamos declarar a inconstitucionalidade do artigo 966 do Código de Processo Civil, que permite a relativização da proteção à coisa julgada , consagrada constitucionalmente no inciso XXXVI, do artigo 5º.

Ressai, desse aspecto, a necessidade de se perquirir a **eficácia objetiva** da colaboração premiada, porquanto a mera confissão ou fornecimento de informações vagas e imprecisas não satisfaz seus objetivos.

Exige se que da colaboração advenha algum resultado dentre os previstos na norma, com íntima conexão lógica entre a colaboração e o resultado que, sem aquela, não teria sido obtido. Ocorre que, via de regra, o resultado somente será obtido após a colaboração em si, como decorrências das informações prestadas pelo colaborador.

A eficácia objetiva, portanto, submete-se a concepção ampla de **fatos supervenientes ou de conhecimentos posteriores** tratada pelo STF, havia vista que se espera da colaboração a produção dos resultados pactuados. Assim, caso o colaborar venha, por exemplo, a se retratar da colaboração em juízo, terá descumprido o acordo e não fará jus aos benefícios legais. Nesse sentido é o entendimento do STJ:

> "não obstante tenha havido inicial colaboração perante a autoridade policial, as informações prestadas pelo Paciente perdem relevância, na medida em que não contribuíram, de fato, para a responsabilização dos agentes criminosos. O magistrado singular não pôde sequer delas se utilizar para fundamentar a condenação, uma vez que o Paciente se retratou em juízo. Sua pretensa colaboração, afinal, não logrou alcançar a utilidade que se pretende com o instituto da delação premiada, a ponto de justificar a incidência da causa de diminuição de pena". STJ, 5ª Turma, HC 120.454/RJ, Rel. Min. Laurita Vaz, DJe 22.03.10.

Fixadas as premissas acima e retomando a temática dos benefícios legais, vejamo-los, separadamente.

a) Perdão judicial: O perdão judicial é causa extintiva da punibilidade (art. 107, IX, CP) que produz efeitos independentemente de vontade do agente, sendo concedido na própria sentença ou acórdão. A sentença concessiva do perdão judicial é meramente declaratória e, portanto, não produz os efeitos da condenação, como se verifica do teor do art. 120 do CP, que dispõe expressamente que "a sentença que conceder perdão judicial não será considerada para efeitos de reincidência".

Trata-se, portanto, de **ato exclusivo do Poder Judiciário** e restrito às hipóteses legalmente previstas, dentre as quais se insere a previsão normativa concreta fixada em acordo de colaboração premiada. Não se confunde com as escusas absolutórias, verdadeiras condições objetivas de punibilidade negativamente consideradas, ou causas pessoais de exclusão da pena. Tanto no perdão judicial como nas escusas absolutórias, estamos diante de um fato típico, ilícito e culpável. Subsiste a infração penal, mas não existe a punibilidade. O perdão judicial extingue a punibilidade, ao passo que nas escusas absolutórias a punibilidade sequer nasce em razão de causa pré-existente. Logo, enquanto o perdão judicial pressupõe a necessidade de processo, as escusas absolutórias impedem o início da persecução penal por falta de interesse de agir.

Entendemos que a questão, contudo, passa pela análise sobre a possibilidade do Ministério Público pactuar, no acordo de colaboração premiada, a fixação do perdão judicial. E, nesse particular, destacamos que **a divergência aberta envolve não os efeitos, mas o uso da expressão perdão judicial**. Não nos parece cabível que o *parquet* possa, no acordo da colaboração premiada, pactuar com o colaborar que o magistrado venha a conceder o perdão judicial, seguindo a mesma trilha de nosso entendimento de que o delegado de polícia não poderia prometer ao colaborador aquilo que não é de sua atribuição.

Um ponto é o Ministério Público pactuar sobre a redução em até 2/3 (dois terços) da pena privativa de liberdade ou substituição dessa por restritiva de direitos, porquanto apresenta ao magistrado cláusulas que criarão, com a homologação, normas concretas vinculantes que criam causas especiais de redução de pena e modalidade de cumprimento de pena, sem adentrar na seara da atribuição do magistrado. **Nada impediria**, igualmente, e nesse ponto frisamos o ponto da terminologia legal, **que o acordo contemplasse a não aplicação da pena ou dos efeitos da condenação**, efeitos do perdão judicial.

O perdão judicial, como decorrência do próprio nome, é ato exclusivo do Poder Judiciário, aplicável diante da configuração de hipóteses expressamente previstas em lei. Ainda que a norma do art. 4º, da Lei 12.850/13, permita a concessão do perdão judicial e, em tese, concretize norma no sentido da possibilidade de entabulação no acordo, não nos parece possível que o Ministério Público e colaborador criem norma modificando a essência de um ato que é exclusivo do magistrado. Se, em regra, nem esse pode se afastar da norma ou criar competências próprias, menor ainda a possibilidade de que terceiros, por acordo, criem atribuições para o magistrado.

Melhor seria, portanto, que o legislador tivesse facultado a não aplicação da pena e seus efeitos penais como cláusulas possíveis. Em termos sistêmicos, parece-nos estranho que o Ministério Público e o colaborador possam criar para o magistrado, por meio de acordo, o dever, caso cumprido na íntegra o acordo, de conceder o perdão judicial.

A crítica, meramente terminológica, não afastaria a possibilidade de, no acordo, o Ministério Público **comprometer-se a requerer a concessão do perdão judicial**, atuando na forma do §2º, e, na confecção das cláusulas, especificar, como vinculante após a homologação, a não aplicação da pena. Não obstante, o uso da expressão perdão judicial é usual e poucos questionamentos são realizados quanto à temática.

Vale destacar que o §2º prevê que, considerando a relevância da colaboração prestada, o Ministério Público, **a qualquer tempo**, e o delegado de polícia, nos autos do inquérito policial, com a manifestação do Ministério Público, poderão requerer ou representar ao juiz pela concessão de perdão judicial ao colaborador, ainda que esse benefício não tenha sido previsto na proposta inicial, aplicando-se, no que couber, o art. 28 do Código de Processo Penal.

A expressão, a qualquer tempo, pode induzir à reflexão sobre a possibilidade de concessão de perdão judicial já na fase de execução da pena, após a sentença. Entretanto, a leitura do §5º sugere a impossibilidade de concessão do perdão judicial na fase executória da pena, porquanto restringe, expressamente, os benefícios desta fase à redução pena ou progressão de regime, ainda que sem a satisfação dos requisitos objetivos.

Por fim, destaque-se que, nos termos do §12 do art. 4º da Lei 12.850/13, ainda que beneficiado por perdão judicial ou não denunciado, o colaborador poderá ser ouvido em juízo a requerimento das partes ou por iniciativa da autoridade judicial.

b) Redução em até 2/3 (dois terços) da pena privativa de liberdade: a Lei 12.850/13, ao contrário, por exemplo, do art. 14 da Lei 9.807/99, que fixou o patamar mínimo de 1/3 para a colaboração, não estabeleceu limite mínimo de redução da pena, fixando tão somente o patamar máximo de redução em até dois terços da pena privativa de liberdade. Em razão disso, a doutrina majoritária entende que, diante da omissão legal, deve se aplicar como parâmetro mínimo o menor *quantum* de redução previsto no Código Penal e Legislação Especial, de um sexto.

Assim, contudo, não entendemos, vez que, **diante da omissão**, o **paradigma não deve ser o da legislação penal, mas o dos institutos similares** que, de certo modo, revestem-se da roupagem de colaboração premiada. Nesse sentido, a Lei dos Crimes Hediondos (art. 8º, parágrafo único), o art. 159, §4º, do Código Penal, o art. 25, §2º da Lei dos Crimes contra o Sistema Financeiro Nacional, o art. 16, parágrafo único, da Lei dos Crimes contra a Ordem Tributária, Econômica e contra as Relações de Consumo, o art. 1º, §5º da Lei de Lavagem de Capitais, o art. 41 da Lei de Drogas e o art. 14 da Lei de Proteção a Vítimas e Testemunhas, **assinalam, todos, o patamar mínimo de um terço de redução**. Até mesmo o instituto do arrependimento posterior, previsto no art. 16 do Código Penal, prevê a redução mínima de um terço. Não há razões sistêmicas, portanto, para se aplicar uma interpretação de cunho geral, diante da existência de parâmetro especializado e conexo ao instituto.

Caso o acordo de colaboração premiada somente estabeleça os patamares, haverá discricionariedade do magistrado na sua aplicação, dentro dos parâmetros legais. Registre-se que, de certo modo, em regra haverá a discricionariedade do magistrado quando estabelecidos apenas parâmetros, porquanto na valoração da prova será avaliada a eficácia objetiva da colaboração.

c) Substituição da pena privativa de liberdade por restritiva de direitos: a previsão normativa do art. 4º, *caput*, da Lei de Organizações Criminosas, não faz qualquer menção ao art. 44 do Código Penal, de forma que, pela própria natureza do instituto da colaboração premiada, a contemplação da cláusula no acordo ou aplicação pelo magistrado não exige a satisfação dos requisitos do art. 44 do CP.

d) não oferecimento da denúncia por parte do Ministério Público: o §4º do art. 4º assinala que "Nas mesmas hipóteses do *caput* deste artigo, o Ministério Público poderá deixar de oferecer denúncia se a proposta de acordo de colaboração referir-se a infração de cuja existência não tenha prévio conhecimento e o colaborador: I - não for o líder da organização criminosa; II - for o primeiro a prestar efetiva colaboração nos termos deste artigo. O art. §4º-A, por sua vez, dispõe que se considera existente o conhecimento prévio da infração quando o Ministério Público ou a autoridade policial competente tenha instaurado inquérito ou procedimento investigatório para apuração dos fatos apresentados pelo colaborador.

A norma não impede que o líder da organização celebre a colaboração premiada, vez que tão somente impede o benefício do não oferecimento da denúncia. Em síntese, sendo o líder da organização, poderá celebrar o acordo, mas será processado de qualquer forma. O mesmo se diz quanto ao fato de ser o primeiro a colaborar. A previsão somente assegura a possibilidade de não oferecimento da denúncia ao primeiro colaborador, desde que não o líder, de forma que **não impede que outros agentes venham a celebrar o acordo de colaboração premiada**, sendo possível mais de uma colaboração premiada no curso da investigação ou processo.

A doutrina concebe o não oferecimento da denúncia pelo Ministério Público na colaboração premiada como uma espécie de mitigação ao princípio da obrigatoriedade da ação penal. Vale lembrar que a previsão está naturalmente acompanhada da necessidade de sentença homologatória (art. 4º-A, §11), evidenciando que, no sistema acusatório, qualquer medida de cunho restritivo, ou que produza efeitos aptos a afetar o *ius puniendi* estatal por meio de solução consensual, deve passar pelo crivo do Judiciário. E, como o processo começa por iniciativa das partes, não vemos como conceber a homologação de um acordo despenalizador senão por meio de uma ação de natureza penal.

Há no caso, conforme destacamos quando do estudo do princípio da obrigatoriedade da ação penal, o afastamento da necessidade de oferecimento da denúncia, espécie de ação penal. A colaboração premiada, enquanto acordo homologado pela Justiça, não deixa de ser uma forma de se provocar o Judiciário, que se manifesta, concretamente, por meio de uma decisão homologatória.

O não oferecimento da denúncia, entretanto, não se aplica a toda e qualquer hipótese de colaboração premiada. O §4º assinalou, como requisitos cumulativos: a) não ser o colaborador o líder da organização criminosa; b) ser o colaborador o primeiro a prestar efetiva colaboração; c) a proposta de colaboração referir-se à infração não tenha prévio conhecimento, isto é, que não esteja já em apuração por meio de inquérito policial ou procedimento de investigação criminal (art. 4º-A).

Tem-se, portanto, que o não oferecimento da denúncia deriva, inicialmente, do ineditismo do fato noticiado, isto é, que as autoridades incumbidas da investigação criminal o desconheçam. Ademais, somente o agente que trouxer em primeira mão os elementos para fins de celebração do acordo poderá receber o "perdão ministerial", desde que, naturalmente, não seja o líder da organização.

Ponto importante a ser destacado envolve o momento em que se efetivará o não oferecimento da denúncia de forma definitiva, isto é, quando o *parquet* estará proibido de ofertá-la. A celebração do acordo de colaboração premiada e sua respectiva homologação gera o direito para as partes de que o pacto seja cumprido. Cumprindo o colaborador com as obrigações assumidas, o Ministério Público igualmente deverá cumprir sua parte e não ofertar a denúncia. Todavia, não havendo pronunciamento judicial, extinta não estará a punibilidade, pois a fundada omissão ministerial, por si só, não produz tal efeito.

Assim, cumprido o acordo pelo colaborador, deverá o Ministério Público pugnar pela declaração da extinção da punibilidade do agente ou o próprio colaborador provocar o juízo para que, após ouvido o *parquet*, declare extinta a punibilidade do agente. Isso porque a mera homologação do acordo, sem a demonstração de seu cumprimento, não produz os efeitos desejados. É imprescindível que o Poder Judiciário declare extinta a punibilidade do agente.

Nesse contexto, importante será o requerimento para suspensão do curso do prazo prescricional, na forma do §3º do art. 4º – O prazo para oferecimento de denúncia ou o processo, relativos ao colaborador, poderá ser suspenso por até 6 (seis) meses, prorrogáveis por igual período, até que sejam cumpridas as medidas de colaboração, suspendendo-se o respectivo prazo prescricional – pois caso o colaborador não cumpra com as obrigações assumidas, o curso da prescrição estará suspenso por força de decisão judicial.

e) Redução da pena até a metade quando a colaboração for posterior à sentença: nos termos do §5º do art. 4º, sendo a colaboração posterior à sentença a pena poderá ser reduzida até a metade. Vale destacar que não se exige o trânsito em julgado da decisão e, igualmente, não existem óbices à sua aplicação após o trânsito em julgado. O legislador não estabeleceu limite temporal para a colaboração, de forma que não cabe ao intérprete restringir a aplicação do benefício quando observada a estruturação e requisitos do acordo de colaboração premiada. Sendo após o trânsito em julgado, a redução da pena deverá ser aplicada, em nossa compreensão, pelo juízo da execução penal, vez que o prolator da sentença condenatória não mais possui competência sobre o caso.

f) Progressão de regime ainda que ausentes os requisitos objetivos quando a colaboração for posterior à sentença: último benefício legalmente previsto foi também estampado no §5º do art. 4º, e prevê a possibilidade de progressão de regime ainda que sem o cumprimento dos requisitos objetivo previstos no art. 112 da LEP. Como a regra menciona tão somente os requisitos de ordem objetiva, nada impede que o colaborador não receba a progressão por insatisfação dos requisitos subjetivos. Estando o procedimento em curso perante a Vara de Execuções Penais, a análise da colaboração deverá ser realizada pelo juízo competente, em nossa compreensão, o das execuções criminais em sede de incidente da execução.

Não havendo ainda o trânsito em julgado da decisão, entendemos que o juízo competente ainda será o da cognição, seja em primeiro ou segundo grau, porquanto há ainda o poder de reforma da decisão. Em síntese, sendo celebrado o acordo durante o prazo de recurso, o juízo competente para homologação será o juízo natural do caso, o próprio sentenciante, porquanto ainda há possibilidade de mudança da decisão. Nesses casos, entendemos que deverá ser fixado, na sentença, o patamar para fins de progressão ou a desnecessidade de sua observância como forma de se vincular o juízo da execução por meio de título judicial.

Estando em segundo grau, a competência para homologação e aplicação dos mesmos efeitos – patamar ou desnecessidade e satisfação do requisito objetivo – deverá ser consolidada pelo próprio Tribunal.

Tema que suscita debate doutrinário envolve a possibilidade do estabelecimento de prêmios não previstos em lei (atípicos) ao colaborador, a exemplo de concessão de prisão domiciliar, utilização de bens concebidos como produto do crime e etc.

A tese pela possibilidade é sedutora, especialmente porque induz à possibilidade de concessão de benefícios não previstos ao colaborador, construídos no curso de um negócio jurídico processual, previsto em Lei. A título de argumentos, os defensores da possibilidade aduzem que se a Lei permite a concessão do perdão judicial, instituto de natureza ampla, outros benefícios de menor quilate também poderiam ser pactuados segundo a lógica dos poderes implícitos. Sustentam, ainda, que, não havendo vedação legal e não piorando a situações do colaborador, não existem óbices às cláusulas.

Por outro lado, aqueles que sustentam a impossibilidade de pactuação de benefícios atípicos valem-se, essencialmente, da necessária tutela do princípio da legalidade e do risco oriundo de uma colaboração atípica, que pode prejudicar os corréus delatados.

O STF, no julgamento INQ 4405 AgR, DJe 05.04.18, decidiu que:

> **A fixação de sanções premiais não expressamente previstas na Lei nº 12.850/2013, mas aceitas de modo livre e consciente pelo investigado não geram invalidade do acordo.** O princípio da legalidade veda a imposição de penas mais graves do que as previstas em lei, por ser garantia instituída em favor do jurisdicionado em face do Estado. Deste modo, não viola o princípio da legalidade a fixação de pena mais favorável, não havendo falar-se em observância da garantia contra o garantido.

Não há dúvidas de que, no processo penal, a forma reveste-se de garantia e deve nortear a celebração dos acordos a título de balizamento. Não há dúvidas, igualmente, que o acordo de colaboração premiada deve, ao máximo, se aproximar das previsões legais, porquanto há interesses de terceiros em jogo.

Diante da divergência apresentada, a Lei do Pacote Anticrime incluiu o §7º no art.4º da Lei 12.850/13, assinalando que dentre outras questões, o magistrado, na homologação do acordo, deverá analisar a adequação dos benefícios pactuados àqueles previstos no *caput* e nos §§ 4º e 5º do artigo, sendo nulas as cláusulas que violem o critério de definição do regime inicial de cumprimento de pena do Código Penal, as regras de cada um dos regimes previstos no CP e na LEP, e os requisitos de progressão de regime não abrangidos pelo § 5º do artigo 4º (inciso II).

Nitidamente, o legislador vedou expressamente as cláusulas que: a) violem o critério de definição do regime inicial de cumprimento de pena do Código Penal; b) violem as regras de cada um dos regimes previstos no CP e na LEP; e c) constituam requisitos de progressão de regime não abrangidos pelo § 5º do artigo 4º, ou seja, a progressão de regime só pode sofrer impactos quando a colaboração for posterior à sentença.

O ponto que nos chama atenção, contudo, não se refere às vedações, porquanto expressas e por demais claras, mas a fórmula geral permissiva que envolve a expressão "adequação dos benefícios pactuados àqueles previstos no *caput* e nos §§ 4º e 5º". Adequar-se, não necessariamente, amolda-se à feição de submissão perfeita. É possível que uma conduta seja adequada, não obstante não prevista de forma expressa.

O argumento de que o colaborador poderá não trazer fatos verdadeiros para obter outros benefícios, não se sustenta por si só, haja vista que, havendo ou não a colaboração, no exercício de sua autodefesa, poderá lançar inverdades. Uma testemunha, de acusação ou defesa, podem, igualmente, trazer fatos não verdadeiros para o processo. À exceção do réu, que não sofre qualquer espécie de sancionamento, ressalvada a possibilidade de denunciação caluniosa, os próprios sistemas processuais e penais preveem regras de correção das inconsistências probatórias. Somente o caso concreto será capaz de nortear se a colaboração é viciada no sentido da veracidade das informações prestadas ou não, de forma que a negativa genérica de cláusulas atípicas, sob o fundamento restrito da forma e ausência de previsão, sucumbe diante da própria fragilidade da construção da prova no processo, sempre passível de revelar inverdades.

Vale destacar, nos termos da decisão do STF no julgamento do AgRg no Inq. 4.405/DF, que "não é o acordo em si que repercute na esfera jurídica do investigado, mas os elementos de prova produzidos a partir dele". Logo, o argumento de que a colaboração pode atingir terceiros não merece prosperar, vez que, de todo modo, será assegurada a ampla defesa e contraditório em processo penal regido pelo devido processo legal, com ampla oportunidade de demonstrar sua não culpabilidade.

Por essas razões, entendemos, na mesma linha do STF, que salvo as restrições legais consolidadas no inciso II do §7º do art. 4º, podem ser pactuados benefícios não típicos no acordo de colaboração premiada que sejam concebidos como legais e adequados pelo magistrado que o homologa, observada a efetiva proporcionalidade.

26.8.9 Suspensão do prazo para oferecimento da denúncia e prescrição

Segundo o §3º do art. 4º da Lei 126850/13, **o prazo para oferecimento de denúncia ou o processo**, relativos ao colaborador, **poderá ser suspenso por até 6 (seis) meses, prorrogáveis por igual período**, até que sejam cumpridas as medidas de colaboração, suspendendo-se o respectivo prazo prescricional.

Dada a própria natureza dos crimes investigados no curso de processos que envolvem organizações criminosas, nem sempre será possível a obtenção de um dos resultados previstos no art. 4º de imediato, sendo necessário o prolongamento do tempo para fins de investigação e produção do resultado.

Nesse sentido, caminhou relativamente bem o legislador ao prever a possibilidade de suspensão do oferecimento da denúncia ou do processo, referentes ao colaborador, pelo período de seis meses, prorrogáveis por igual período, até que sejam cumpridas as medidas de colaboração. A possibilidade de suspensão, assim, não atinge os demais agentes ante a restrição normativa, de forma que a suspensão atinge somente o oferecimento da denúncia ou processo relacionado ao agente colaborador.

A norma expressamente consigna a suspensão do curso do prazo prescricional durante o prazo da suspensão do oferecimento da denúncia ou processo. Contudo, apesar de prevista em lei, entendemos que a suspensão da prescrição precisa ser declarada pelo magistrado, como forma de garantia para o agente colaborador.

Não nos parece admissível que o acordo de colaboração premiada trate, de forma atípica, de prorrogação dos prazos legais para suspensão da denúncia, processo ou prescrição. No tocante à última, calha lembrar que os prazos prescricionais são construídos em favor do réu, por força de lei, não cabendo ao Ministério Público elastecê-los, em franco prejuízo ao réu, por meio de negócio jurídico.

De igual modo, não entendemos por possível que o acordo trate de prazo diverso para suspensão do oferecimento da denúncia ou processo, por se tratar de norma de natureza cogente, destinada à satisfação não somente da celeridade processual, mas de sua efetividade.

Por outro lado, entendemos como possível que, de forma fundamentada e justificada, o magistrado possa, excepcionalmente, suspender por mais de uma vez o prazo para oferecimento da denúncia e o processo, haja vista a complexidade do caso e necessidade de prolongamento da diligência probatória, especialmente nos casos que envolva cooperação internacional para recuperação de ativos, procedimento nem sempre dotado da celeridade exigida. Contudo, não obstante as excepcionalíssimas situações, o magistrado não poderá prorrogar o prazo de suspensão do curso do prazo prescricional.

Diante da possibilidade legal de suspensão dos prazos, afigura-se salutar a compreensão de que os agentes investigados ou acusados, enquanto viger a suspensão, não devam estar com suas liberdades privadas em razão do(s) crime(s) objeto da colaboração, vez que o art. 22, parágrafo único, da Lei 12.850/13, assinala o prazo de cento e vinte dias, prorrogáveis por mais cento e vinte dias pela complexidade da causa ou por fato procrastinatório atribuível ao réu, para finalização da instrução. Assim, salvo na hipótese de diligências a serem realizadas em curto espaço tempo, permitindo-se que a instrução seja efetivada no prazo legal, circunstância que permitiria a manutenção da prisão durante o prazo de suspensão, o melhor caminho será o da concessão de liberdade provisória nas hipóteses em que a produção da prova revelar-se impossível no espaço de tempo destinado à instrução processual.

26.8.10 Valor probatório da colaboração premiada

O valor probatório da colaboração premiada deve ser analisado sob dois prismas, como deflagrador de uma investigação criminal e como elemento de prova na sentença. Em ambos os casos, entretanto, não se pode afastar de sua perspectiva relativa.

Para a deflagração da investigação, o *standard* probatório exigido é mínimo, bastando qualquer indício da prática de crime, vez que, conforme o art. 27 da nova Lei de Abuso de Autoridade, a requisição de instauração ou instauração de procedimento investigatório criminal só caracteriza crime quando desprovido de qualquer indício da prática de crime. O próprio §4º, do art. 3-C, da Lei 12.850/13, assinala que cabe à defesa instruir a proposta de colaboração com os fatos adequadamente descritos, com todas as suas circunstâncias, e indicar as provas e os elementos de corroboração, evidenciando a necessidade de um mínimo suporte para deflagração das tratativas. Sob prisma de fundamento para deflagração para investigação, portanto, a colaboração premiada assume o *status* de prova relativa de média intensidade, porquanto, ainda que corroborada, demanda todo um trâmite processual para validação.

Por outro lado, sob a perspectiva de elemento de prova a ser valorado na sentença, assim como as demais provas, a colaboração premiada possui valor relativo, não se podendo atribuir ao meio especial de obtenção da prova um valor superior àquele ordinariamente conferido às demais provas. Ao contrário, a colaboração premiada deve ser sempre vista com ressalvas, haja vista que, não obstante poder trazer elementos de prova possivelmente inalcançáveis pelos meios ordinários, é inegável que, igualmente, pode revelar, de forma subjacente, interesses escusos do colaborador, motivo pelo qual seu valor probatório deve variar de acordo com sua corroboração diante das demais provas, assumindo uma posição intermediária atenuada no processo.

Seguindo essa trilha, o §16 do art. 4º, inciso III, da Lei 12.850/13, assinalou que nenhuma sentença condenatória será proferida com fundamento apenas nas declarações de agente colaborador. Aliás, segundo o inciso II, do mesmo artigo, sequer a denúncia pode ser recebida com fundamento apenas nas declarações do colaborador ou, nos termos do inciso I, igualmente não poderão ser decretadas medidas cautelares reais ou pessoais apenas com lastro nas declarações do colaborador. Neste particular, portanto, seu valor probatório é mínimo, porquanto sua valoração pressupõe, necessariamente, a conjugação com outra prova, revelando, portanto, um regime de prova negativa.

Surge, nesse ponto a concepção de **regra de corroboração**, porquanto a validade do conteúdo da colaboração premiada exige que essa seja confirmada por outro meio de prova. BADARÓ[46] (2021, p. 560), destaca que a jurisprudência italiana tem considerado que o controle sobre a valoração da declaração do coimputado deve se desenvolver sob um tríplice perfil:

> (i) em relação à credibilidade do delator, ou seja, a circunstância de que seja pessoa digna de fé (é o tema "de quem fala"); (ii) em relação à coerência e verossimilhança da narração (é o tema de "que coisa disse"); (iii) em relação aos chamados elementos extrínsecos, isto é, a circunstância de que a declaração do delator, na parte significativa da reconstrução dos fatos, encontre confirmação em outros elementos de prova (fenômeno não diverso da convergência dos indícios sobre uma mesma proposição).

Ainda segundo o autor, "os dois primeiros momentos são de análise de requisitos intrínsecos, sejam subjetivos, em relação ao declarante, sejam objetivos, em relação ao conteúdo da declaração, comuns à análise do valor de qualquer testemunho; já o terceiro, é um requisito extrínseco, específico do controle das declarações incriminatórias de corréu, isto é, da delação premiada".

Dentre os requisitos, chama-nos atenção especial o extrínseco, que envolve a corroboração, que deve se aferida sob os prismas objetivo (fatos) e subjetivo (delatados), isto é, deve ser buscada a correlação entre a imputação fática a cada um dos delatados, com o recorte necessário, de forma a se permitir a avaliação da colaboração não como um todo, mas de forma segmentada, fato a fato, agente a agente. Em síntese, a análise fragmentada da colaboração permitirá o reconhecimento da colaboração como válida para um determinado crime e inválida para outro. A regra da corroboração, portanto, funciona como filtro analítico quanto à validade da prova produzida em decorrência da colaboração premiada, permitindo que sua valoração, sempre relativa, varie de acordo com os fatos noticiados e agentes delatados. Não há, portanto, como se conferir à colaboração premiada o caráter da unicidade, que impõe o tratamento único ao seu conteúdo.

Logo, é perfeitamente possível que o magistrado, ao valorar a colaboração premiada, valha-se dessa, não de forma isolada, para condenar alguns dos agentes e, igualmente, para absolver outros.

46. BADARÓ, Gustavo Henrique. **Processo Penal**. 9ª ed. São Paulo: Thomson Reuters Brasil, 2021.

26.8.10.1 Corroboração mútua ou cruzada

Verifica-se o fenômeno da *mutual corroboration*, ou corroboração cruzada, quando duas ou mais colaborações trilham o mesmo caminho, isto é, o conteúdo da delação do agente "A", que imputa um fato ao agente "B", é corroborado por outra delação, realizada pelo agente "C".

Não se pode olvidar que o próprio legislador considerou as declarações do colaborador como uma prova "relativamente incapaz", que precisa de outros elementos para confirmação. Conforme visto, isolada, sequer é apta a fundamentar o recebimento da denúncia. Logo, se a própria norma considerou a impureza da prova, não nos parece crível que sua corroboração por outra prova impura, isto é, outra colaboração premiada, seja capaz de modificar o *status* de "relativamente incapaz".

Assim, entendemos que o conteúdo de uma colaboração não pode ser validado, **de forma isolada**, por outra colaboração, como fundamento para reconhecimento de suas validades. É preciso que ambas ganhem corpo, deixando o estado espiritual, por meio de outros meios de prova admitidos em Direito, isto é, que encontrem fundamento em outras provas, que não outras colaborações.

26.8.11 O acordo de colaboração premiada – negociação, proposta e homologação

Há que se assentar, de antemão e de forma definitiva, que a colaboração premiada configura uma realidade jurídica, em si, mais ampla do que o acordo de colaboração premiada[47].

Conforme destacamos no tópico atinente à previsão legal, entendemos que a colaboração premiada, seja a prevista na Lei 12.850/13, sejam aquelas fundadas em outros diplomas legais, devem ser estruturadas em documento próprio e homologado judicialmente para que se assegure a produção de efeitos. Isso não significa, todavia, que não sendo formalizado o acordo, não possa o magistrado aplicar os prêmios legais, caso verifique a satisfação dos requisitos legais e produção dos resultados desejados, dando vazão à colaboração premiada concebida de forma ampla.

À guisa de exemplo, com a alteração promovida no §4º pela Lei 9.269/96, o art. 159, §4º, do Código Penal passou a prever que se o crime de extorsão mediante sequestro for cometido em concurso, o concorrente que o denunciar à autoridade, facilitando a libertação do sequestrado, terá sua pena reduzida de um a dois terços.

No exemplo, que pode ser projetado para as demais hipóteses, salvo as da Lei 12.850/13, que possuem o rito e forma especificados, de bom alvitre seria que acusação e defesa pactuassem, de forma prévia ou no curso do processo, o acordo contemplando a previsão legal e o submetessem à homologação judicial, revestindo a colaboração de título jurídico próprio e adequado a assegurar sua eficácia e correta valoração. Não obstante, também como destacamos previamente, caso não seja celebrado o acordo, mas verificando o magistrado que o concorrente que denunciou os outro(s) agente(s)

47. STF: MS 35693 AgR/DF, DJe 27.07.20.

à autoridade, facilitando a libertação do sequestrado, deverá reduzir a pena do colaborador de um a dois terços.

Não existe um direito líquido certo do colaborador a compelir o Ministério Público a ofertar o acordo de colaboração premiada. Em regra, sequer há direito líquido e certo a ensejar a aplicação dos prêmios legais pelo magistrado, porquanto somente ao final do processo, quando da prolação da sentença condenatória, será realizada a valoração da eficácia da colaboração, concebida de forma *lato sensu*. Logo, por depender de valoração probatória, a celebração do acordo depende da avaliação dos critérios de conveniência e oportunidade do Ministério Público. Por sua vez, a aplicação dos prêmios legais depende da análise da prova produzida e eficácia da colaboração por parte do magistrado.

Não obstante, parece inegável a existência de um direito subjetivo do pretenso colaborador à busca pela colaboração premiada, porquanto legítima a pretensão de alcançar a colaboração. Contudo, conforme entendimento do STF, o Ministério Público não pode ser compelido, pelo Poder Judiciário, a promover a negociação na seara processual:

> A jurisprudência do Supremo Tribunal Federal assentou que o acordo de colaboração premiada consubstancia negócio jurídico processual, de modo que seu aperfeiçoamento pressupõe voluntariedade de ambas as partes celebrantes. Precedentes. 2. **Não cabe ao Poder Judiciário, que não detém atribuição para participar de negociações na seara investigatória, impor ao Ministério Público a celebração de acordo de colaboração premiada**, notadamente, como ocorre na hipótese, em que há motivada indicação das razões que, na visão do titular da ação penal, não recomendariam a formalização do **discricionário negócio jurídico processual**. 3. A realização de tratativas dirigidas a avaliar a conveniência do Ministério Público quanto à celebração do acordo de colaboração premiada não resulta na necessária obrigatoriedade de efetiva formação de ajuste processual. 4. A negativa de celebração de acordo de colaboração premiada, quando explicitada pelo Procurador-Geral da República em feito de competência originária desta Suprema Corte, não se subordina a escrutínio no âmbito das respectivas Câmaras de Coordenação e Revisão do Ministério Público. 5. Nada obstante a ausência de demonstração de direito líquido e certo à imposição de celebração de acordo de colaboração premiada, assegura-se ao impetrante, por óbvio, insurgência na seara processual própria, inclusive quanto à eventual possibilidade de concessão de sanção premial em sede sentenciante, independentemente de anuência do Ministério Público. Isso porque a colaboração premiada configura realidade jurídica, em si, mais ampla do que o acordo de colaboração premiada[48].

Isso não significa, contudo, que o agente fique à mercê do órgão ministerial de primeiro grau, porquanto, diante da recusa desse na celebração do acordo, o pretenso colaborador ainda poderá pleitear a revisão, por analogia ao art. 28 do CPP, ao Procurador-Geral de Justiça, diante do possível controle acerca da conveniência e discricionariedade.

26.8.11.1 Proposta e negociações

Conforme se extrai do art. 3º-B da Lei 12.850/13, art. 3º-B, o recebimento da proposta para formalização de acordo de colaboração demarca o início das negociações e constitui também marco de confidencialidade, configurando violação de sigilo e quebra

---

48. MS 35693 AgR/DF, DJe 27.07.20.

da confiança e da boa-fé a divulgação de tais tratativas iniciais ou de documento que as formalize, até o levantamento de sigilo por decisão judicial.

As tratativas iniciais entre o Ministério Público e o colaborador são naturalmente tensas. Apesar de ambos buscarem a entabulação de um acordo, parece-nos inegável que a suspeita predomina, de ambos os lados. Ao mesmo tempo que o colaborador possui o receio de fornecer armas ao Ministério Público, esse receia estar sendo ludibriado. E, nesse cenário, de suspeita mútua, constrói-se o acordo de colaboração premiada.

Diante da inclusão do art. 3º-B, não mais se sustentam as negociações preliminares por meio de pré-acordos. **Recebida a proposta para formalização do acordo, demarcado estará o início das negociações**. E, de igual modo, recebida a proposta, impõe-se aos negociadores o dever sigilo, estabelecendo-se o **marco de confidencialidade**. E, nessa trilha, a divulgação das tratativas iniciais ou de documento que as formalize caracteriza violação de sigilo e quebra da confiança e da boa-fé, sem que tenha sido levantado de sigilo por decisão judicial.

Nos termos do art. 3º-C, *caput*, a proposta de colaboração premiada deve estar instruída com procuração do interessado com poderes específicos para iniciar o procedimento de colaboração e suas tratativas, ou ser firmada pessoalmente pela parte que pretende a colaboração e seu advogado ou defensor público. Registre-se que nenhuma tratativa sobre colaboração premiada deve ser realizada sem a presença de advogado constituído ou defensor público (§1º), reforçando imperatividade da assistência técnica no acordo de colaboração premiada. Frise-se, ainda, que segundo §5º do art. 3º-B, os termos de recebimento de proposta de colaboração e de confidencialidade serão elaborados pelo celebrante e assinados por ele, pelo colaborador e pelo advogado ou defensor público com poderes específicos.

Conforme se extrai do §4º do mesmo dispositivo, incumbe à defesa instruir a proposta de colaboração e os anexos com os fatos adequadamente descritos, com todas as suas circunstâncias, indicando as provas e os elementos de corroboração.

É possível ainda que exista conflito de interesses entre o pretenso colaborador e seu advogado constituído, bem como que o agente que pretenda prestar a colaboração seja hipossuficiente. Nesses casos, será necessário, como forma de se assegurar o devido processo legal, a participação de defensor público ou de outro advogado nos termos do §2º. Nesses casos, o Ministério Público não deverá avançar com qualquer espécie de proposta ou tratativa e comunicar o fato à Defensoria Pública, solicitando a designação de defensor para atendimento do pretenso colaborador com o escopo de avaliar sobre a pertinência da celebração do acordo de colaboração premiada.

O art. 3º-C transmite a ideia de que a iniciativa da proposta seja exclusiva da defesa e, de fato, a proposta em si deve partir da defesa, vez que o Ministério Público não dispõe das informações conhecidas pelo pretenso colaborador. Entretanto, nada impede que o *parquet* ou a autoridade policial, com a chancela do órgão ministerial, provoque o agente com quem se pretende a colaboração, alertando-o sobre a possibilidade de obtenção de algum prêmio legal caso manifeste a intenção de colaborar.

Conforme destacado, não há um direito líquido e certo à celebração do acordo de colaboração premiada, haja vista que o *dominus litis* pode não ter interesse em sua celebração por diversos fatores como, por exemplo, já dispor de elementos de prova suficiente para deflagração da ação penal sem que o colaborador possa contribuir com alguma prova relevante. A colaboração premiada não se confunde com a confissão e não deve ser utilizada para obtenção de benefícios maiores do que os previstos regularmente pela legislação comum. De fato, se o colaborador nada tiver a contribuir, não há razões para celebração do acordo. Nesse sentido, §1º do art. 3º-B, assinala que a proposta de acordo de colaboração premiada poderá ser sumariamente indeferida, com a devida justificativa, cientificando-se o interessado. A previsão reforça o caráter discricionário do acordo de colaboração premiada e não exige exaustiva fundamentação na justificativa, bastando a demonstração de falta de interesse ministerial por inexistência contribuição a ser realizada.

Não havendo o indeferimento sumário, as partes pactuantes deverão firmar Termo de Confidencialidade para prosseguimento das tratativas, documento que vincula os órgãos envolvidos na negociação e impede o indeferimento posterior sem justa causa. A previsão do §2º do art. 3º-B vincula a instituição ministerial, haja vista que a assunção do compromisso é realizada com o Ministério Público que, uma vez expressando sua vontade de negociar, deverá prosseguir com a negociação independentemente da pessoa do promotor de justiça que esteja à frente do caso. Logo, eventual movimentação na carreira por parte do promotor de justiça que esteja no comando das negociações não afasta o dever da instituição em dar prosseguimento ao negócio jurídico. Por justa causa, apta a fundamentar o indeferimento posterior, há que se compreender aquela não conhecida no momento das tratativas ou que tenha o condão de atacar os pressupostos de constituição dos negócios jurídicos em geral, como a incapacidade mental superveniente do colaborador ou o fato desse, não obstante a proposta, ainda estar no seio de práticas delitivas conexas à colaboração.

Nos termos do §3º do art. 3º-B, o recebimento de proposta de colaboração para análise ou a assinatura do Termo de Confidencialidade não implicam, por si só, a suspensão da investigação. Entretanto, é possível a celebração de acordo em contrário quanto à propositura de medidas processuais penais cautelares e assecuratórias, bem como medidas processuais cíveis admitidas pela legislação processual civil em vigor. Nesse sentido, o acordo pode, por exemplo, pactuar pelo não requerimento de prisão preventiva por parte do Ministério Público caso o colaborador venha a cumprir, na integralidade, suas obrigações. Naturalmente, havendo o descumprimento por parte do colaborador e havendo a satisfação dos requisitos e pressupostos legais, o *parquet* poderá formular o requerimento de prisão, pois o descumprimento injustificado do acordo por parte do colaborador faz cessar a boa-fé inerente à entabulação.

Conforme se extrai do §3º do art. 3º-C, no acordo de colaboração premiada, o colaborador deve narrar todos os fatos ilícitos para os quais concorreu e que tenham relação direta com os fatos investigados. Além da narrativa, conforme vimos pelo estudo do §4º do mesmo dispositivo, deverá instruir a proposta de colaboração e os anexos com os fatos adequadamente descritos, com todas as suas circunstâncias, indicando as provas e os elementos de corroboração. Nesse sentido, vale lembrar da Orientação Conjunta nº 01/18 do MPF: "Art. 13.1. Cada fato típico descrito ou conjunto de fatos típicos intrinsecamente ligados deverá ser apresentado em termo próprio e apartado (anexo) a fim de manter o necessário sigilo sobre cada um deles e possibilitar sua investigação individualizada; 13.2. Os anexos devem conter, no mínimo, os seguintes elementos: a) descrição dos fatos delitivos; b) duração dos fatos e locais de ocorrência; c) identificação de todas as pessoas envolvidas; d) meios de execução do crime; e) eventual produto ou proveito do crime; f) potenciais testemunhas dos fatos e outras provas de corroboração existentes em relação a cada fato e a cada pessoa; g) estimativa dos danos causados".

Ocorre que nem sempre todos esses elementos estarão presentes. Como corretivo, o § 4º do art. 3º-B dispõe que o acordo de colaboração premiada poderá ser precedido de instrução, quando houver necessidade de identificação ou complementação de seu objeto, dos fatos narrados, sua definição jurídica, relevância, utilidade e interesse público. A instrução prévia, portanto, destina-se à formação da convicção do órgão ministerial acerca, principalmente, dos fatos, relevância, utilidade e interesse público na celebração do acordo.

Independentemente da instrução prévia, segundo o §6º do art. 3º-B, na hipótese de não ser celebrado o acordo por iniciativa do celebrante, esse não poderá se valer de nenhuma das informações ou provas apresentadas pelo colaborador, de boa-fé, para qualquer outra finalidade. O dispositivo, em conjunto com o *caput* do dispositivo, consagra os efeitos expressão norte-americana *queen for a day* (rainha por um dia), que impede que as informações recebidas a título sigiloso e em caráter de confidencialidade sejam utilizadas pelo órgão de investigação, preservando-se a lealdade e boa-fé entre os negociadores.

Ainda na seara da negociação, o §6º do art. 4º expressamente impede a participação do juiz nas negociações realizadas entre as partes para a formalização do acordo de colaboração. Em síntese, a norma mantém o magistrado imparcial e equidistante das partes, vez que posteriormente será chamado a decidir sobre a homologação do acordo.

Finalizada a fase das negociações e propostas, pactuado o acordo, o art. 6º dispõe que o termo de acordo da colaboração premiada deverá ser feito por escrito e conter: I - o relato da colaboração e seus possíveis resultados; II - as condições da proposta do Ministério Público ou do delegado de polícia; III - a declaração de aceitação do colaborador e de seu defensor; IV - as assinaturas do representante do Ministério Público ou do delegado de polícia, do colaborador e de seu defensor; V - a especificação das medidas de proteção ao colaborador e à sua família, quando necessário.

26.8.11.1.1 Ampla defesa – renúncia ao direito ao silêncio

O §14, do art. 4º, da Lei 12.850/13, prevê que nos depoimentos que prestar, o colaborador renunciará, na presença de seu defensor, ao direito ao silêncio e estará sujeito ao compromisso legal de dizer a verdade.

A norma, num primeiro momento, parece contrariar o direito à não autoincriminação e a própria regra constitucional do direito ao silêncio. Ocorre que a imposição legal de renúncia ao direito ao silêncio e a submissão ao compromisso legal de dizer a verdade são imperativos para a própria celebração do acordo de colaboração premiada, provocado pelo próprio agente.

Dessa forma, seria no mínimo contraditório o pretenso colaborador buscar a colaboração premiada e não assumir o compromisso de dizer a verdade ou de renunciar o direito ao silêncio. A formação de um acordo pressupõe a lealdade e boa-fé, de forma que não nos parecem atendidos os requisitos contratuais por parte daquele que, de antemão, nega a garantia de falar a verdade.

Temos, portanto, uma hipótese na qual o réu, caso denunciado, passa a ter o compromisso legal de dizer a verdade e renuncia ao direito ao silêncio. Registre-se, contudo, que não se submete ao crime de falso testemunho, porquanto as figuras do colaborador ou réu não se constituem como elementares do crime previsto no art. 342 do Código Penal. Descumprindo o compromisso e negando a verdade, o réu ensejará a rescisão do acordo, perdendo o direito aos prêmios legais, mas não será processado criminalmente por tal fato.

Registre-se, por relevante, que na forma do §15, **em todos os atos de negociação, confirmação e execução da colaboração**, o colaborador deverá estar assistido por defensor.

26.8.11.2 Controle e homologação

Conforme o art. 7º da Lei 12.850/13, o pedido de homologação do acordo deverá ser sigilosamente distribuído, contendo apenas informações que não possam identificar o colaborador e o seu objeto, como forma de se tutelar não somente a integridade do colaborador, mas também a do próprio acordo. O §1º assinala que as informações pormenorizadas da colaboração serão dirigidas diretamente ao juiz a que recair a distribuição, que decidirá no prazo de 48 (quarenta e oito) horas.

Visando preservar o sigilo, o §2º dispõe que o acesso aos autos será restrito ao juiz, ao Ministério Público e ao delegado de polícia, como forma de garantir o êxito das investigações, assegurando-se ao defensor, no interesse do representado, amplo acesso aos elementos de prova que digam respeito ao exercício do direito de defesa, devidamente precedido de autorização judicial, ressalvados os referentes às diligências em andamento.

Na forma do §3º, o acordo de colaboração premiada e os depoimentos do colaborador serão mantidos em sigilo até o recebimento da denúncia ou da queixa-crime, sendo vedado ao magistrado decidir por sua publicidade em qualquer hipótese.

Nos termos do §7 do art. 4º, superadas as fases da proposta e negociação, assinado o acordo pelas partes em observância à forma legal (arts. 6º e 7º), deverão ser remetidos ao magistrado, para análise, o respectivo termo, as declarações do colaborador e cópia da investigação, devendo o juiz ouvir sigilosamente o colaborador, acompanhado de seu defensor, oportunidade em que analisará os seguintes aspectos na homologação:

> I - regularidade e legalidade;
>
> II - adequação dos benefícios pactuados àqueles previstos no *caput* e nos §§4º e 5º deste artigo, sendo nulas as cláusulas que violem o critério de definição do regime inicial de cumprimento de pena do art. 33 do Decreto-Lei nº 2.848, de 7 de dezembro de 1940 (Código Penal), as regras de cada um dos regimes previstos no Código Penal e na Lei nº 7.210, de 11 de julho de 1984 (Lei de Execução Penal) e os requisitos de progressão de regime não abrangidos pelo §5º deste artigo;
>
> III - adequação dos resultados da colaboração aos resultados mínimos exigidos nos incisos I, II, III, IV e V do *caput* deste artigo;
>
> IV - voluntariedade da manifestação de vontade, especialmente nos casos em que o colaborador está ou esteve sob efeito de medidas cautelares.

Por regularidade há que se compreender a satisfação dos preceitos formais do acordo, como a participação de defensor, observância do termo de confidencialidade, forma escrita e etc. A análise da legalidade, por sua vez, deve cotejar as normas autorizativas do acordo, a extensão das cláusulas, a existência de conformação com o ordenamento jurídico e etc. A esses, soma-se a voluntariedade, concebido por nós como livre manifestação da consciência.

O magistrado deverá observar também se os benefícios pactuados encontram previsão nos §§4º e 5º do art. 4º, de forma a impedir uma ampliação não razoável da previsão normativa, conforme destacamos anteriormente. De forma expressa, atribui-se a pecha de nulas as cláusulas que violem os critérios de definição do regime inicial de cumprimento de pena e suas respectivas regras, bem como àquelas que estipulem requisitos não previstos lei para fins de progressão de regime, salvo na hipótese de acordo de colaboração premiada celebrado após a sentença. Veda-se, portanto, a imposição de regime de cumprimento de pena não condizente com a pena fixada, a chamada progressão *per saltum*, ou patamares de progressão distinto dos previstos no art. 112 da LEP. O § 7º-B do art. 4º ainda assinala serem nulas de pleno direito as previsões de renúncia ao direito de impugnar a decisão homologatória.

Interessante questão envolve a ausência de contemplação de concessão do livramento condicional nos incisos I a IV. Nesse sentido, poderia o acordo prever a concessão de livramento condicional ao agente colaborador? A se seguir a linha da corrente fechada, que não admite ampliação dos benefícios previstos no *caput* do art. 4º, a pactuação do livramento condicional, forma de cumprimento da pena, não seria admissível, não obstante a ausência de restrição formal no inciso II do §7º do art. 4º.

Por outro lado, a se seguir o entendimento até então consolidado do STF, a pactuação da concessão do livramento condicional seria possível, sob o argumento maior que envolve a concessão do perdão judicial, hipótese que afasta o próprio cumprimento da pena. De fato, se o juiz poderia afastar a própria pena, por que não poderia homologar o acordo que previsse a concessão do livramento condicional, forma de cumprimento da pena?

Poder-se-ia, em terceira linha, construir a hipótese da possibilidade mitigada da cláusula que envolve o livramento condicional, submetendo-a, por ausência de previsão expressa no *caput* do art. 4º, à satisfação do requisito do não impedimento legal, isto é, de não ser hipótese na qual o próprio livramento condicional é vedado.

O STJ, ainda que indiretamente, reconheceu a possibilidade da inserção da cláusula concessiva no julgamento do AgRg no Resp 1894570/PR, DJe 16.11.21, ao decidir que:

> O acordo de colaboração premiada é negócio jurídico entre as partes, e a mora de uma delas no cumprimento de sua obrigação não deve prejudicar o exercício do pactuado em detrimento da outra parte.
>
> No caso concreto, a obrigação de fazer decorrente do Acordo, qual seja, a concessão do livramento condicional pelo restante da pena após o término do regime aberto diferenciado, embora reconhecida com mora pelo Juiz da Execução Penal, deve retroagir no tempo para ser computada como período de pena cumprida, afastando-se o prejuízo do apenado que adimpliu com seu dever para fins de obtenção do referido instituto (...).

É fato que o julgado refere-se a um acordo de colaboração premiada realizado antes da entrada em vigor da Lei do Pacote Anticrime, que incluiu expressamente vedações atinentes à modificações de regimes iniciais de cumprimento de pena, regras dos regimes e requisitos para fins de progressão de regime. Contudo, entendemos que o livramento condicional, dada sua natureza jurídica, não se vincula especificamente ao regime, mas ao tempo de cumprimento de pena, razão pela qual entendemos por possível sua pactuação, sufragados pelo entendimento do STF, exarado no julgamento INQ 4405 AgR, DJe 05.04.18:

> A fixação de sanções premiais não expressamente previstas na Lei nº 12.850/2013, mas aceitas de modo livre e consciente pelo investigado não geram invalidade do acordo. **O princípio da legalidade veda a imposição de penas mais graves do que as previstas em lei, por ser garantia instituída em favor do jurisdicionado em face do Estado.** Deste modo, não viola o princípio da legalidade a fixação de pena mais favorável, não havendo falar-se em observância da garantia contra o garantido.

Em sede de controle, o magistrado, antes de homologar o acordo, deverá avaliar a adequação dos resultados da colaboração aos resultados mínimos exigidos nos incisos I, II, III, IV e V do *caput* do art. 4º, isto é, se já ocorreram ou se há previsão de: a) identificação dos demais coautores e partícipes da organização criminosa e das infrações penais por eles praticadas (I); b) revelação da estrutura hierárquica e da divisão de tarefas da organização criminosa (II); c) de o acordo trilhar a linha da prevenção de infrações penais decorrentes das atividades da organização criminosa (III); d) recuperação total ou parcial do produto ou do proveito das infrações penais praticadas pela organização criminosa (IV); e e) a localização de eventual vítima com a sua integridade física preservada (V).

O §7º ainda prevê que o magistrado, antes de homologar o acordo, deverá ouvir sigilosamente o colaborador, acompanhado de seu defensor, como forma de buscar o elemento voluntariedade, especialmente nos casos em que colaborador está ou esteve sob o efeito de medidas cautelares, oportunidade em que analisará os demais aspectos acima vistos na homologação.

Realizado o controle judicial, nos termos do §8º do mesmo artigo, o juiz poderá recusar a homologação da proposta que não atender aos requisitos legais, devolvendo-a às partes para as adequações necessárias. A previsão legal não traz a figura do juiz para o seio, como parte, do acordo de colaboração premiada, vez que tão somente lhe será permitido fazer o juízo referente à satisfação dos requisitos legais. Logo, não pode, por exemplo, recusar-lhe a homologação por entender que as declarações do colaborador são falsas ou insuficientes para demonstrar a efetividade da colaboração. Tal valoração deverá ser realizada na sentença definitiva, na forma do §11, a qual apreciará os termos do acordo homologado e sua eficácia.

A lógica do §8º, portanto, caminha no sentido da avaliação formal e não de mérito. Pode ocorrer, todavia, que mesmo diante da devolução do acordo pelo magistrado às partes para adequação, essas venham a entender que o acordo submetido a homologação não padece de vícios. Nesses casos, não foi previsto recurso próprio e adequado, de forma expressa, para revisão da decisão.

Diante da ausência de previsão, foram produzidos diversos entendimentos na doutrina. FELIPPETTO e ROCHA (2017)[49] sustentam a interposição de apelação, na forma do art. 593, II do CPP; PACELLI[50] (2021), por sua vez, aduz tratar-se de hipótese de recurso em sentido estrito (art. 581, I, por analogia), por rejeição de iniciativa postulatória da acusação. Há vozes ainda pela possibilidade de reconhecimento da correição parcial e aplicação do art. 28 do CPP, por analogia.

O **STJ**, enfrentando a matéria no julgamento do REsp 1834215, 6ª Turma, DJe 12.11.20, entendeu que **a apelação residual é o recurso adequado para impugnação da decisão que recusa a homologação**, por entender que o "ato judicial: a) não ocasiona uma situação de inversão tumultuária do processo, a atrair o uso da correição parcial e b) tem força definitiva, uma vez que impede o negócio jurídico processual, com prejuízo às partes interessadas. Ademais, o cabimento do recurso em sentido estrito está taxativamente previsto no art. 581 do CPP e seus incisos não tratam de hipótese concreta que se assemelha àquela prevista no art. 4º, § 8º, da Lei n. 12.850/2013".

Admitiu, contudo, ante a existência de dúvida objetiva, quanto ao instrumento adequado para combater o provimento jurisdicional, que não constitui erro grosseiro o emprego da correição parcial, principalmente quando esse instrumento foi aceito em situações outras pelo Tribunal. Desde que interposta no prazo de cinco dias, afastando eventual intempestividade, o STJ entendeu por possível a aplicação do princípio da fungibilidade recursal.

Segundo o art. §7º-A, na homologação, o juiz ou o tribunal deve proceder à análise fundamentada do mérito da denúncia, do perdão judicial e das primeiras etapas de aplicação da pena, nos termos do CP e CPP, antes de conceder os benefícios pactuados, exceto quando o acordo prever o não oferecimento da denúncia ou já tiver sido proferida sentença.

Fixados os limites da homologação, cumpre indagar sobre qual o juízo competente para a homologação. De acordo com o art. 3º-B do CPP, a competência originária para homologação do acordo de colaboração premiada celebrados na fase de investigação é do juiz das garantias (inc. XVII). Vale destacar que, segundo o STF, **a homologação a colaboração premiada não fixa competência** (INQ 4.130).

Tratando-se de acordo celebrado com autoridade detentora de foro por prerrogativa de função ou cujo teor envolva agentes com o foro especial, a competência para homologação será monocrática do Relator, na forma do art. 2º da Lei 8.038/90. Havendo mais de um delatado, com competências distintas, prevalecerá a de maior graduação. Assim, se o delator, no acordo de colaboração premiada, reunir informações criminosos que envolvam um prefeito e um deputado federal, a competência para homologação será do STF, foro mais graduado e de origem para processo e julgamento de deputados federais, que o fará por meio do Relator. Por outro lado, sendo a delação somente contra o prefeito, competência será do Relator do caso, vinculado Tribunal de Justiça do Estado.

49. FELIPPETTO, Rogério. ROCHA, Luísa Carolina Vasconcelos Chagas. **Colaboração Premiada: contornos segundo o sistema acusatório**. Belo Horizonte: 2017. Ed. D'Plácido.

50. *op.cit.*

Em linhas gerais, segue-se a regra de competência para processo e julgamento. Nesse sentido é o entendimento do STF:

> (...) Muito embora a lei fale apenas em juiz, é possível que a homologação de delações seja da competência de Tribunal. O colaborador admite seus próprios delitos e delata outros crimes. Assim, quanto à prerrogativa de função, será competente o Juízo mais graduado, observadas as prerrogativas de função do delator e dos delatados. Precedentes.
>
> 4. Acordos de colaboração premiada celebrados pelo Ministério Público Estadual e homologados por Juiz de Direito, delatando Governador de Estado. Ilegitimidade e incompetência.
>
> 5. Legitimidade da autoridade com prerrogativa de foro para discutir a eficácia das provas colhidas mediante acordo de colaboração realizado sem a supervisão do foro competente. A impugnação quanto à competência para homologação do acordo diz respeito às disposições constitucionais quanto à prerrogativa de foro. Assim, ainda que, ordinariamente, seja negada ao delatado a possibilidade de impugnar o acordo, esse entendimento não se aplica em caso de homologação sem respeito à prerrogativa de foro. Inaplicabilidade da jurisprudência firmada a partir do HC 127.483, rel. Min. Dias Toffoli, Pleno, julgado em 27.8.2017. HC 151.605, DJ 22.07.20.

A realização da homologação pelo magistrado, segundo a normatização vigente, não gera seu impedimento para funcionar como juiz da causa, vez que o acordo de colaboração premiada pode ser celebrado no curso do processo e deverá ser homologado pelo próprio magistrado. Não se olvida do art. 3º-B, XVII do CPP, afeto ao juízo das garantias, que estabelece a competência de tal juízo para a homologação do acordo de colaboração premiada.

Com a retomada da vigência do dispositivo, por força da decisão do STF, proferida no julgamento das ADIs 6.298, 6.299, 6.300 e 6.305, a competência para homologação do acordo passa a ser do juízo das garantias, salvo nos casos em que o acordo for celebrado durante a instrução ou após a sentença.

Nos termos do §9º, depois de homologado o acordo, o colaborador poderá, sempre acompanhado pelo seu defensor, ser ouvido pelo membro do Ministério Público ou pelo delegado de polícia responsável pelas investigações.

26.8.11.3 Retratação e rescisão

É possível que, no curso das tratativas ou mesmo no cumprimento do acordo de colaboração premiada, as partes desistam de dar prosseguimento ao acordo, surgindo os institutos da retratação e rescisão do acordo de colaboração premiada.

A retratação reflete a possibilidade de desistência do acordo até a sua assinatura, conforme se extrai do §10 do art. 4º: As partes podem retratar-se da proposta, caso em que as provas autoincriminatórias produzidas pelo colaborador não poderão ser utilizadas exclusivamente em seu desfavor.

Trata-se de direito assegurado aos negociadores em decorrência da possibilidade desvio na de convergência das vontades. O legislador estabeleceu um marco temporal para a retratação: o da proposta. Isso significa que, homologada a proposta, não mais caberá a retratação.

Celebrado o distrato no tocante à proposta, os elementos de prova produzidos no curso da proposta podem ser utilizados no processo, desde que não autoincriminatórios e em desfavor do colaborador, possível fonte das provas produzidas. Registre-se que, caso a prova venha a ser obtida por fonte independente, não haverá qualquer vício em sua utilização contra o colaborador. O que a norma visa evitar é a quebra da lealdade e boa-fé em prejuízo do colaborador. Seria estranho, de fato, que uma confissão fornecida no curso da proposta fosse utilizada pela acusação contra colaborador, após o Ministério Público retratar-se da proposta.

A rescisão, por sua vez, ocorre quando houver o descumprimento de obrigações previstas no acordo e ocorrer após a sua homologação. O instituto, previsto no §17 do art. 4º, prevê que o acordo homologado poderá ser rescindido em caso de omissão dolosa sobre os fatos objeto da colaboração.

Nos termos do §13 do art. 4º, o registro das tratativas e dos atos de colaboração deverá ser feito pelos meios ou recursos de gravação magnética, estenotipia, digital ou técnica similar, inclusive audiovisual, destinados a obter maior fidelidade das informações, garantindo-se a disponibilização de cópia do material ao colaborador. A previsão visa, de forma efetiva, assegurar a possibilidade de demonstração da lisura do acordo, de forma a se evitar infundadas alegações de descumprimento por qualquer das partes. Revela, portanto, a garantia da segurança jurídica para as partes celebrantes por ser apta a demonstrar eventual omissão dolosa sobre os fatos objeto da colaboração.

O acordo pode ser rescindido por ocorrência de omissão dolosa sobre fato objeto da colaboração ou, na hipótese prevista no §18 do art. 4º, quando o colaborador descumpre o pressuposto de cessação do envolvimento em conduta ilícita relacionada ao objeto da colaboração, isto é, quando, por exemplo, delata a organização criminosa, mais continua participando de suas atividades.

É possível, igualmente, verificar-se a omissão dolosa na conduta do agente que mente ou se recusa a prestar informações sobre os fatos em apuração; oculta fatos praticados dos quais tem ciência; sonega, adultera ou destrói provas em seu poder após a celebração do acordo; empreende fuga; deixa de atender, de forma reiterada e injustificada, as intimações para prestar novos esclarecimentos e etc.

Configurando-se, portanto, situações de quebra da confiança do acordo, como as exemplificadas acima, o acordo poderá ser rescindido em juízo, mediante requerimento formal do Ministério Público, com a devida fundamentação, o qual deverá pugnar pela não aplicação dos prêmios legais ao colaborador. De igual forma, mas com solução distinta, caso o *parquet* venha a dar causa à quebra da confiança, seja por violar o sigilo pactuado no acordo ou por violar os direitos do colaborador previstos no art. 5º da Lei 12.850/13, entre outras, o colaborador pode, do mesmo modo, pleitear a rescisão do acordo. Nesses casos, parece-nos razoável que juiz, ao proferir a sentença, leve em consideração a eficácia da colaboração até o momento da rescisão, e aplique, de forma equitativa, os prêmios adequados ao colaborador. Vale destacar que, segundo o STF[51], "ainda que rescindido o acordo, as provas coletadas podem ser utilizadas contra terceiros (art. 4º, § 10, da Lei nº 12.850/2013)".

51. INQ 4506/DF, DJe 04.09.18.

26.8.11.4 Anulação e contraditório

Além das hipóteses de retratação e rescisão, é possível que o acordo de colaboração premiada possa vir a ser anulado quando, por exemplo, sua constituição tiver sido marcada por algum vício de natureza formal, como a não participação do defensor em todos os atos de negociação, ausência de voluntariedade do colaborador e etc.

Diferentemente da rescisão, que não nulifica as provas produzidas, a anulação do acordo tem o condão de contaminar as provas produzidas e as dela derivadas. O tema foi enfrentado pela Segunda Turma do STF no julgamento do HC 142208, DJe 01.10.20, tendo a corte não somente reconhecido a nulidade e aplicação de seus efeitos, mas também a possibilidade de impugnação do acordo por terceiros:

> (...) 2. Colaboração premiada, admissibilidade e impugnação por corréus delatados. Provas produzidas em razão do acordo e utilizadas no caso concreto. Abusos da acusação e fragilização da confiabilidade. Nulidade do acordo e inutilização de declarações dos delatores. 3. Possibilidade de impugnação do acordo de colaboração premiada por terceiros delatados. Além de caracterizar negócio jurídico entre as partes, o acordo de colaboração premiada é meio de obtenção de provas, de investigação, visando à melhor persecução penal de coimputados e de organizações criminosas. Potencial impacto à esfera de direitos de corréus delatados, quando produzidas provas ao caso concreto. Necessidade de controle e limitação a eventuais cláusulas ilegais e benefícios abusivos. Precedente desta Segunda Turma: HC 151.605 (de minha relatoria, j. 20.3.2018). (...) 6. Situação do colaborador diante da nulidade do acordo. Tendo em vista que a anulação do acordo de colaboração aqui em análise foi ocasionada por atuação abusiva da acusação, penso que os benefícios assegurados aos colaboradores devem ser mantidos, em prol da segurança jurídica e da previsibilidade dos mecanismos negociais no processo penal brasileiro. Precedente: direito subjetivo ao benefício se cumpridos os termos do acordo (STF, HC 127.483/PR, Plenário, rel. Min. Dias Toffolli, j. 27.8.2015) e possibilidade de concessão do benefício de ofício pelo julgador, ainda que sem prévia homologação do acordo (RE-AgR 1.103.435, Segunda Turma, Rel. Min. Ricardo Lewandowski, j. 17.5.2019). (HC 142205, Relator(a): GILMAR MENDES, Segunda Turma, julgado em 25/08/2020, PROCESSO ELETRÔNICO DJe-240 DIVULG 30-09-2020 PUBLIC 01-10-2020)

Ocorre que, segundo o Plenário do próprio STF, no julgamento do HC 127.483/PR, DJe 04.02.16, "por se tratar de negócio jurídico personalíssimo, o acordo de colaboração premiada **não pode ser impugnado por coautores ou partícipes do colaborador na organização criminosa e nas infrações penais por ela praticadas**, ainda que venham a ser expressamente nominados no respectivo instrumento no relato da colaboração e seus possíveis resultados (art. 6º, I, da Lei nº 12.850/13)".

Há, portanto, nítida divergência entre o Pleno do STF e o entendimento da 2ª Turma, que afastou o precedente do Plenário para permitir a impugnação do acordo de colaboração premiada por terceiros.

Não obstante, parece-nos inquestionável que a impugnação ao acordo poderá ser realizada pelo delatado de qualquer forma, especialmente no tocante ao mérito da prova produzida. Contudo, salvo nas hipóteses de vícios de natureza formal, não nos parece razoável a admissão da impugnação de forma ampla, sob pena de se caminhar para inimaginável exigência da participação dos delatados, para fins de contraditório a ampla defesa, durante a fase a proposta do acordo.

No que tange ao contraditório e ampla defesa, o §10-A do art. 4º, da Lei 12.850/13, prevê que em todas as fases do processo deve-se garantir ao réu delatado a oportunidade de manifestar-se após o decurso do prazo concedido ao réu que o delatou. A previsão, incluída pela Lei do Pacote Anticrime, criou, sem qualquer espécie de violação à isonomia, um terceiro degrau na esfera do contraditório. Diante da previsão, o delator, não obstante réu, foi colocado em posição híbrida para fins de defesa, situado entre a acusação e a defesa dos réus delatados.

O STF, entretanto, ao enfrentar o assunto, decidiu que a ausência de fixação de prazo sucessivo para a apresentação de defesa prévia entre os réus, por si só, não enseja a nulidade do ato e tampouco de toda ação penal:

> (...) 5. Nos termos da recente alteração promovida pela Lei 13.964/2019, que acrescentou o § 10-A ao art. 4º da Lei 12.850/2013, no curso da ação penal, o réu delatado deve sempre se manifestar após o colaborador. 6. No caso dos autos, conforme informações prestadas, durante toda a instrução criminal tem sido observado essa regra, inclusive, nas manifestações ocorridas em audiência. 7. **A ausência de fixação de prazo sucessivo para a apresentação de defesa prévia entre os réus, por si só, não enseja a nulidade do ato e tampouco de toda ação penal.** É imperioso que o interessado evidencie certo nexo causal entre a suposta irregularidade e o resultado da ação penal, bem como que indique, ao menos de forma indiciária, o concreto prejuízo e a possibilidade efetiva de reversão do julgamento. 8. A jurisprudência desta Suprema Corte é farta e firme no sentido de que a "demonstração de prejuízo, a teor do art. 563 do CPP, é essencial à alegação de nulidade, seja ela relativa ou absoluta, eis que, conforme já decidiu a Corte, o âmbito normativo do dogma fundamental da disciplina das nulidades – pas de nullité sans grief – compreende as nulidades absolutas" (HC 85155, Relator(a): Min. Ellen Gracie, Segunda Turma, julgado em 22/03/2005). HC 200818 AgR, 2ª Turma, DJe 26.11.21.

Não obstante o entendimento do STF, a norma nos parece cristalina: o réu delatado tem o direito de se manifestar após o réu delator.

26.8.11.5 Sentença

Nos termos do §11 do art. 4º da Lei de Organizações Criminosas, a sentença apreciará os termos do acordo homologado e sua eficácia. A sentença a que se refere o §11 é a definitiva, isto é, aquela que julgará o mérito da ação penal. De forma direta, o dispositivo impõe ao magistrado o dever de apreciar, sob a lógica da correlação e razoabilidade, os termos do acordo, nos quais há a previsão de deveres e direitos para o colaborador, bem como resultados a serem obtidos, sua eficácia.

O magistrado, portanto, deverá buscar os fatores de correlação entre os resultados produzidos e demonstrados nos autos, como forma de aferir a eficácia da colaboração. Tendo o colaborador cumprido com todas as suas obrigações e os resultados pactuados sido obtidos, fará jus aos benefícios entabulados.

Pode ocorrer, todavia, que a eficácia seja parcial, ou seja, que as informações prestadas pelo colaborador tenham conduzido somente à satisfação de parte dos resultados desejados. Nesses casos, o magistrado deverá, sob o prisma da proporcionalidade, aplicar os benefícios pactuados partindo da lógica da satisfação parcial do acordo. Sempre de forma fundamentada, deverá, de forma proporcional, aplicar os prêmios legais equitativamente, considerando-se o grau de relevância e eficácia da colaboração, observando os parâmetros do próprio acordo homologado.

26.9 SÍNTESE GRÁFICA

Interceptação telefônica	**Escuta telefônica**
Captação por Terceiro	Captação por Terceiro
Sem conhecimento dos interlocutores	Com conhecimento de um dos interlocutores

Interceptação	**Escuta**	**Gravação**
Sem conhecimento de nenhum dos interlocutores	Com conhecimento de um dos interlocutores	Com conhecimento de um dos interlocutores
Realizada por terceiro	Realizada por terceiro	Realizada pelo próprio interlocutor
Meio de obtenção da Prova	Meio de obtenção da Prova	Materialização da Prova

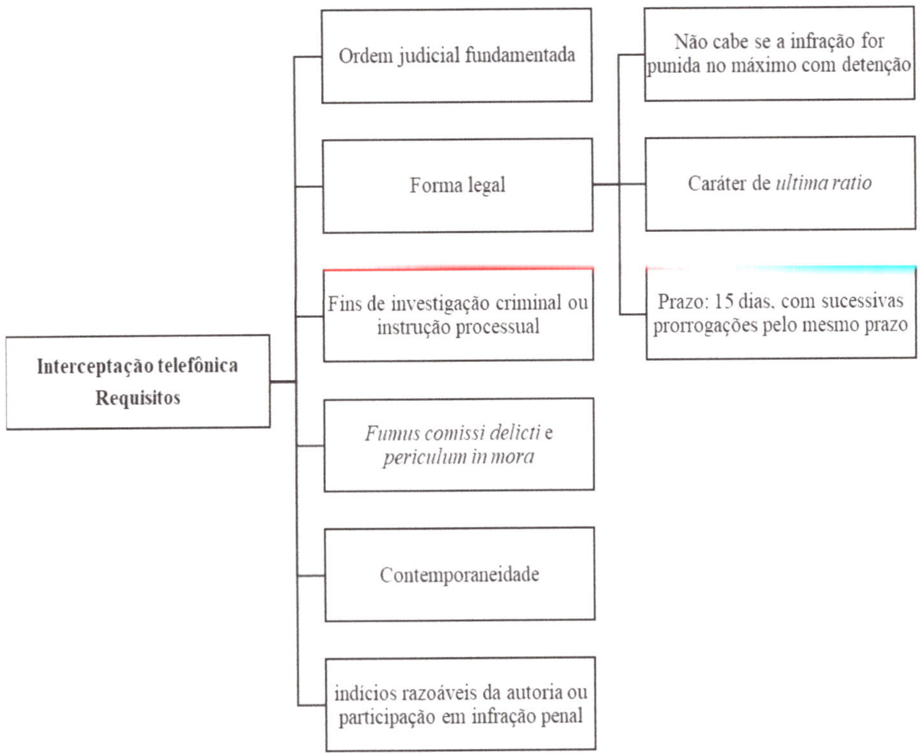

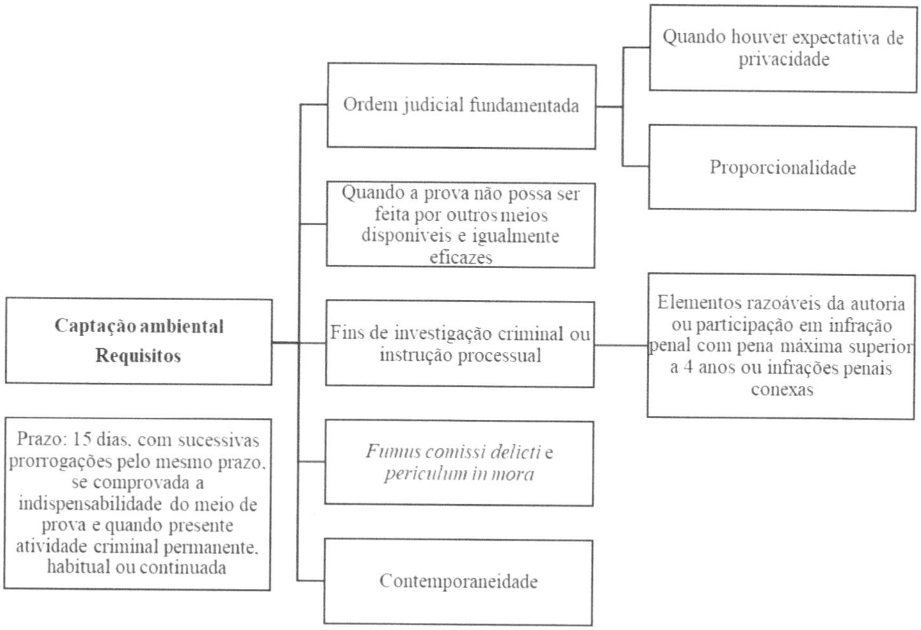

AÇÃO CONTROLADA		
Fonte	**Finalidade**	**Autorização Judicial**
Lei de Drogas	Não atuação policial sobre os portadores de drogas, seus precursores químicos ou outros produtos utilizados em sua produção, que se encontrem no território brasileiro, com a finalidade de identificar e responsabilizar maior número de integrantes de operações de tráfico e distribuição, sem prejuízo da ação penal cabível	Necessária
Lei de Organiza-ções Criminosas	Retardar a intervenção policial ou administrativa relativa à ação praticada por organização criminosa ou a ela vinculada, desde que mantida sob observação e acompanhamento para que a medida legal se concretize no momento mais eficaz à formação de provas e obtenção de informações.	Desnecessária. Basta mera comunicação.
Lei de Lavagem de Capitais	A ordem de prisão de pessoas ou as medidas assecuratórias de bens, direitos ou valores poderão ser suspensas pelo juiz, ouvido o Ministério Público, quando a sua execução imediata puder comprometer as investigações. Art. 4º-B	Depende de decisão judicial
	Aplicação da ação controlada da Lei de Organizações Criminosas nos crimes previstos da Lei 9.613/98	Desnecessária. Basta mera comunicação.

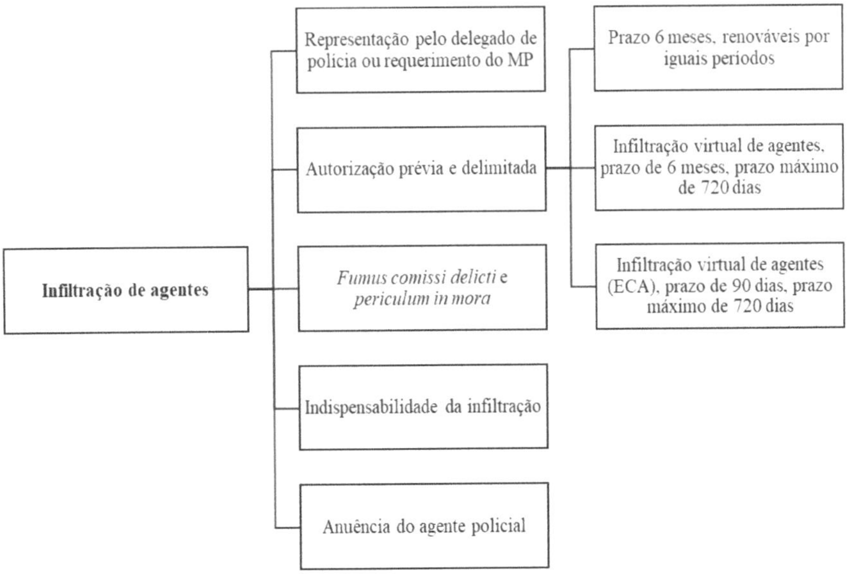
Infiltração de agentes
Representação pelo delegado de polícia ou requerimento do MP
Autorização prévia e delimitada
Fumus comissi delicti e *periculum in mora*
Indispensabilidade da infiltração
Anuência do agente policial
Prazo 6 meses, renováveis por iguais períodos
Infiltração virtual de agentes, prazo de 6 meses, prazo máximo de 720 dias
Infiltração virtual de agentes (ECA), prazo de 90 dias, prazo máximo de 720 dias

Colaboração Premiada - Lei 12.850/13

- **Natureza Jurídica e generalidades**
  - Negócio jurídico processual e meio de obtenção de prova
  - Legitimado: MP
Delegado, com anuência do MP
  - Possibilidade de suspensão do prazo para oferecimento da denúncia e processo por 6 meses, prorrogáveis por igual período. Suspensão da prescrição
  - Marco de confidencialidade: recebimento da proposta
  - Renúncia ao direito ao silêncio
  - Controle pelo juiz: regularidade e legalidade; adequação dos benefícios e resultados; voluntariedade
  - Recurso contra a decisão que recusa a homologação: apelação residual
- **Pressupostos**
  - Voluntariedade*
Livre expressão do conhecimento
  - Identificação dos demais coautores e partícipes da organização criminosa e das infrações penais por eles praticadas ou
  - Revelação da estrutura hierárquica e da divisão de tarefas da organização criminosa ou
  - Prevenção de infrações penais decorrentes das atividades da organização criminosa ou
  - Recuperação total ou parcial do produto ou do proveito das infrações penais praticadas pela organização criminosa
  - Localização de eventual vítima com a sua integridade física preservada
- **Benefícios**
  - Perdão Judicial
  - Redução em até 2/3 da PPL
  - Não oferecimento de denúncia pelo MP: se não for o líder da organização e for o primeiro a prestar efetiva colaboração
  - Redução da pena até a metade quando a colaboração for posterior à sentença
  - progressão de regime ainda que ausentes os requisitos objetivos quando a colaboração for posterior à sentença

26.10 REVISÃO DO CAPÍTULO POR QUESTÕES DE CONCURSOS E ASSERTIVAS DE REFORÇO

QUESTÕES DE CONCURSO

1. (MP/PE 2022 - FCC - PROMOTOR DE JUSTIÇA SUBSTITUTO). Nas etapas de rastreamento dos vestígios na cadeia de custódia, considera-se processamento:

A. O ato formal de transferência da posse do vestígio com o respectivo protocolo, assinatura e identificação do servidor.

B. O exame pericial em si, manipulação do vestígio de acordo com a metodologia adequada as suas características.

C. O ato de distinguir um elemento como de potencial interesse para produção da prova pericial.

D. A descrição detalhada do vestígio conforme se encontra no local de crime ou no corpo de delito.

E. O procedimento por meio do qual cada vestígio coletado é embalado de forma individualizada.

2. (MP/AC 2022 - CESPE - PROMOTOR DE JUSTIÇA SUBSTITUTO). Considera-se prova ilícita

A. o dado obtido mediante o acesso, sem prévia ordem judicial, a aparelho telefônico encontrado no interior de estabelecimento prisional.

B. o documento apresentado um dia útil antes da abertura de prazo para as alegações finais da defesa.

C. a gravação ambiental realizada por um dos interlocutores sem conhecimento do outro, quando não versar sobre causa legal de sigilo ou reserva de conversação.

D. o termo circunstanciado lavrado por soldado da Polícia Militar e que tenha sido diretamente encaminhado ao Ministério Público e servido de base para a persecução penal.

E. a resultante da prática do *fishing expedition* na busca e apreensão

3. (DPE/PB 2022 - FCC - DEFENSOR PÚBLICO). O ônus da prova no processo penal

A. cabe ao Ministério Público até a sentença condenatória proferida, sendo invertido em fase recursal.

B. recai sobre o Ministério Público durante toda a persecução penal, tendo a defesa apenas interesse em provar suas alegações.

C. passou a ser repartido entre acusação e defesa nos limites de suas alegações, a partir da entrada em vigor do Novo Código de Processo Civil em 2015.

D. recai sobre a defesa apenas quando esta alegar excludentes de ilicitude do fato apontado como criminoso.

E. cabe ao Ministério Público até o recebimento da denúncia, sendo repartido após este momento processual.

4. (DPE/PB 2022 - FCC - DEFENSOR PÚBLICO). Segundo o Superior Tribunal de Justiça, o *hearsay testimony* (testemunho indireto) é prova

A. válida, mas não possui, por si, a segurança necessária a comprovar a ocorrência de nenhum elemento do crime.

B. considerada ilícita apenas se prestado por aqueles que não se comprometem a dizer a verdade.

C. ilícita, portanto inadmissível, devendo ser desentranhada dos autos.

D. lícita e, com fundamento na equidade, tem valor equivalente aos testemunhos presenciais ou diretos.

E. proveniente da *common law*, sem aplicabilidade no processo penal brasileiro.

5. (MP/RJ 2022 - PROMOTOR DE JUSTIÇA SUBSTITUTO). Tendo em vista os dispositivos penais relacionados à prova, constantes do Código de Processo Penal, é correto dizer que o sistema processual penal adotado pelo ordenamento brasileiro é

A. acusatório, em que a iniciativa da prova incumbe exclusivamente às partes, excepcionado o processo de apuração e julgamento das contravenções penais, em que a gestão da prova fica a cargo do Juiz.

B. inquisitivo, já que, a despeito de incumbir às partes a prova das alegações feitas, o Juiz pode ordenar, de ofício, a produção de provas para dirimir dúvidas sobre ponto relevante.

C. acusatório, em que a prova é incumbência das partes, sendo permitido ao Juiz, contudo, atividade suplementar, como, por exemplo, a oitiva de testemunha não arrolada, imprescindível para elucidação de ponto relevante.

D. acusatório, em que a iniciativa da prova é exclusiva das partes, sendo vedado ao Juiz determinar, de ofício, a produção de qualquer prova.

E. misto, em que há uma fase investigatória conduzida por um Juiz, que pode determinar a produção de provas, de ofício, seguida de uma fase acusatória, presidida por Juiz diverso da primeira fase, em que a iniciativa da prova compete às partes.

6. (PC/PB 2022 - CESPE – DELEGADO DE POLÍCIA). De acordo com o entendimento dos tribunais superiores, é lícita a prova obtida

A. em revista pessoal feita por agentes de segurança privada que trabalham em estação de metrô.

B. por busca e apreensão de documento no interior de veículo automotor utilizado para passeio, sem prévia autorização judicial.

C. pela polícia, por meio da extração de conversas do celular apreendido do preso no momento do flagrante, sendo desnecessária prévia autorização judicial.

D. por meio de revista íntima realizada em visitante de estabelecimento prisional, ainda que motivada por denúncia anônima.

E. por meio de abertura de cartas, correspondências ou qualquer encomenda postada nos Correios.

7. (DPE/PA 2022 - CESPE – DEFENSOR PÚBLICO) Assinale a opção correta no que tange aos meios de prova no processo penal.

A. Sem autorização judicial ou fora das hipóteses legais, é ilícita a prova obtida mediante abertura de carta, telegrama, pacote ou meio análogo.

B. São inadmissíveis, não podendo ser aproveitadas pela defesa ou pela acusação, as provas ilícitas, assim entendidas as obtidas com violação a normas constitucionais ou legais.
C. As partes do processo penal têm direito potestativo à produção das provas, não podendo o juiz controlar a pertinência ou relevância dos meios por elas indicados.
D. A decisão que afasta o sigilo telemático do investigado deve indicar os termos inicial e final dos dados aos quais a autoridade policial pode ter acesso.
E. A confissão é indivisível e irretratável, sem prejuízo do livre convencimento do juiz, fundado no exame das provas em conjunto.

8. (MP/GO 2022 - FGV - PROMOTOR DE JUSTIÇA SUBSTITUTO). Segundo a orientação do Supremo Tribunal Federal, de acordo com a teoria do juízo aparente, as provas colhidas ou autorizadas por juízo aparentemente competente à época da autorização ou produção:
A. não podem ser usadas;
B. devem ser novamente produzidas;
C. são válidas, independentemente de ratificação;
D. podem ser ratificadas;
E. dependem de prova de reforço.

9. (PC/AM 2022 - FGV - DELEGADO DE POLÍCIA). O princípio da mesmidade guarda relação com
A. a paridade de armas, a estabelecer a igualdade de tratamento entre Ministério Público e defesa durante todas as etapas processuais.
B. o princípio da correlação entre acusação e sentença, ao estabelecer que os fatos julgados devem ser exatamente aqueles descritos na denúncia.
C. a cadeia de custódia da prova, ao estabelecer que a prova a ser valorada judicialmente é exatamente e integralmente aquela que foi colhida.
D. o princípio da razoável duração do processo, eis que o longo decorrer do tempo acaba por condenar pessoa em momento de vida diverso de quando praticou o delito.
E. o princípio da identidade física do juiz, ao estabelecer que o juiz que julgará o processo deve ser o mesmo que encerrou a instrução criminal.

10. (MP/PR 2021 - PROMOTOR DE JUSTIÇA SUBSTITUTO). Quanto ao tema das provas, analise as assertivas abaixo e assinale a alternativa:
I - Provas cautelares são aquelas produzidas com a observância do contraditório real, perante a autoridade judicial, em momento processual diverso daquele legalmente previsto, ou até mesmo antes do início do processo.
II - Provas antecipadas são aquelas produzidas quando há risco do desaparecimento do objeto da prova em razão do decurso do tempo, em relação às quais o contraditório será diferido. I
II - A interceptação telefônica é exemplo de prova cautelar.
IV – Fonte de prova é uma expressão utilizada para se referir às pessoas ou coisas pelo meio das quais se obtém a prova, ou seja, cometido o fato delituoso, tudo o que possa servir para elucidar a existência desse fato pode ser conceituado como fonte de prova.
V - A prova colhida em razão da suspensão do processo e do curso da prescrição em relação ao acusado citado por edital, que não tenha comparecido nem constituído defensor é um exemplo de prova antecipada.
A. Todas as assertivas estão corretas.
B. Apenas as assertivas I, III e IV estão corretas.
C. Apenas as assertivas III, IV e V estão corretas.
D. Apenas as assertivas II, III e V estão corretas.
E. Apenas as assertivas I, II e IV estão corretas.

11. (PC/AM 2022 - FGV - DELEGADO DE POLÍCIA). O Art. 158 do CPP ilustra a importância do exame de corpo de delito, necessário nos casos em que a infração deixar vestígios. Sobre o corpo de delito, é correto afirmar que
A. corpo de delito é o nome técnico dado ao corpo da vítima.
B. a confissão do acusado supre a necessidade da realização do exame de corpo de delito.
C. corpo de delito corresponde ao exame do corpo da vítima.
D. o corpo de delito é a base residual do crime e pode corresponder a pessoas ou coisas.
E. pelo princípio da ampla defesa e do contraditório, é permitido aos advogados das partes a requisição do exame de corpo de delito bem como a formulação de quesitos.

12. (PC/AM 2022 - FGV - DELEGADO DE POLÍCIA). De acordo com o Art. 160 do CPP, os peritos elaborarão o laudo pericial, no qual deverão descrever minuciosamente o que examinarem e responder aos quesitos formulados. Em relação ao laudo pericial, está correto afirmar que
A. de acordo com Art. 169 do CPP, é obrigação do perito instruir seu laudo com fotografias, desenhos ou esquemas elucidativos.
B. o laudo pericial será elaborado em prazo máximo de 10 dias, de acordo com a Lei nº 8.862/94.
C. o laudo pericial será elaborado no prazo máximo de 10 dias, podendo ser prorrogado, em casos excepcionais, a requerimento dos peritos.
D. o laudo pericial será elaborado em prazo determinado pela Autoridade em documento de requisição do exame, não havendo padronização quanto ao tempo, devido à diferença de complexidade entre os casos.
E. os laudos periciais serão sempre assinados por dois peritos.

13. (PC/AM 2022 - FGV - DELEGADO DE POLÍCIA). Sobre o reconhecimento fotográfico, de acordo com a atual orientação do STJ, é correto afirmar que
A. o reconhecimento fotográfico, realizado na investigação com base em buscas das vítimas em fotos constantes de rede social, é suficiente para embasar a sentença condenatória.
B. o reconhecimento fotográfico, realizado na investigação, com posterior confirmação por prova testemunhal em juízo, é suficiente para embasar a sentença condenatória.
C. a inobservância total ou parcial dos preceitos do Art. 226 do CPP, em relação ao reconhecimento

fotográfico, interfere na legitimidade do decreto condenatório.

D. a inobservância total ou parcial dos preceitos do Art. 226 do CPP, em relação ao reconhecimento pessoal, interfere na legitimidade do decreto condenatório.

E. o reconhecimento fotográfico realizado na investigação serve apenas como prova inicial, dependendo de posteriormente haver reconhecimento pessoal.

14. (TJ/AP 2022 – FGV – JUIZ DE DIREITO). No que tange à oitiva das testemunhas arroladas pela acusação em audiência de instrução e julgamento, na forma do Art. 212 do Código de Processo Penal, é correto afirmar que:

A. a nulidade pela alteração da ordem de inquirição deve indicar o prejuízo gerado;

B. é possível ao juiz formular perguntas de forma detalhada, após as partes;

C. a ordem de inquirição pode ser alterada no caso de ausência momentânea de uma das partes;

D. havendo atuação comedida, o juiz pode iniciar a inquirição da testemunha;

E. o juiz pode intervir, a qualquer momento, diante de ilegalidade na condução do depoimento.

15. (MP/GO 2022 - FGV - PROMOTOR DE JUSTIÇA SUBSTITUTO). Em virtude de desavença familiar no interior de uma residência, um marido agrediu, mediante socos e chutes, sua esposa, na presença de familiares (pais, irmãos, filhos e primos) que lá se encontravam para a comemoração de um aniversário. Ao elaborar a denúncia, o promotor de justiça arrolou, além da vítima, as demais pessoas presentes como testemunhas.

O magistrado, ao deliberar sobre a designação de audiência de instrução e julgamento, deverá:

A. indeferir a oitiva, pois a oitiva de depoimento testemunhal de parente do envolvido não é admitida em nosso ordenamento jurídico;

B. deferir a oitiva, pois o depoimento testemunhal de parente do envolvido é admitido em nosso ordenamento e notadamente relevante em casos nos quais a conduta foi praticada no âmbito doméstico dos familiares;

C. indeferir a oitiva, pois a oitiva de depoimento testemunhal de parente do envolvido é expressamente vedada em nosso ordenamento;

D. deferir a oitiva, pois a legislação brasileira é expressa em admitir toda pessoa como testemunha, não fazendo vedação à qualidade ou proximidade com os envolvidos no fato;

E. indeferir a oitiva, pois a comprovação da conduta delituosa, nesse caso específico, pode ser feita por outros elementos, dependendo o depoimento testemunhal de expressa anuência da testemunha.

16. (DPE/AM 2021 - FCC - DEFENSOR PÚBLICO). Sobre as provas no processo penal, é correto:

A. O interrogatório do réu é ato único, não podendo ser renovado pelo magistrado de ofício ou a pedido das partes.

B. A confissão informal realizada perante os agentes da lei é suficiente a ensejar o desfecho condenatório.

C. A acareação é admitida entre acusado e vítima, mas é vedada entre corréus, diante da não obrigação destes em dizer a verdade.

D. O juiz negará a realização do exame de corpo de delito requerida pela parte quando não for necessária ao esclarecimento da verdade.

E. A busca pessoal não dependerá de mandado quando a medida for determinada no curso de busca e apreensão domiciliar.

17. (PC/MS 2021 - DELEGADO DE POLÍCIA). Considerando o que dispõe o Código de Processo Penal e o entendimento dos tribunais superiores sobre a busca e apreensão, assinale a alternativa correta.

A. Dispõe o CPP que a busca pessoal dependerá de mandado judicial, exceto no caso de prisão ou quando houver fundada suspeita de que a pessoa esteja na posse de arma proibida.

B. De acordo com o CPP, a busca pessoal em mulher deverá ser feita por outra mulher, mesmo que haja retardamento ou prejuízo da diligência, o que deve ser suportado pela polícia, em homenagem à intimidade e à integridade corporal da mulher a ser revistada.

C. Para o Supremo Tribunal Federal, não é nula a entrevista realizada pela autoridade policial com o investigado, durante a busca e a apreensão em sua residência, mesmo que não tenha sido assegurado a ele o direito à prévia consulta a seu advogado e sem que ele tenha sido comunicado sobre seu direito ao silêncio e de não produzir provas contra si mesmo. Isso porque tais garantias são imprescindíveis apenas por ocasião de seu o interrogatório formal.

D. De acordo com o Superior Tribunal de Justiça, não há nulidade na busca e na apreensão efetuada por policiais, sem prévio mandado judicial, em apartamento que não revela sinais de habitação, nem mesmo de forma transitória ou eventual, se a aparente ausência de residentes no local se alia à fundada suspeita de que o imóvel é utilizado para a prática de crime permanente.

E. Entende o STF que a denúncia anônima, isoladamente, não autoriza o emprego de método invasivo de investigação como a interceptação telefônica, mas possibilita que a autoridade policial represente ao Poder Judiciário pela expedição de mandado de busca domiciliar, tendo em vista que, por meio de tal diligência, é possível reunir elementos que confirmem as informações iniciais e subsidiem a instauração do inquérito policial. Isto porque a inviolabilidade do domicílio não pode ser entendida como um escudo para a prática de infrações penais no interior das residências.

18. (DPE/BA 2022 - FCC - DEFENSOR PÚBLICO). Sobre a confissão, é correto afirmar:

A. Ainda que parcial, atenua a pena, se utilizada para dar suporte à condenação.

B. Constitui causa de diminuição de pena em caso de crimes ambientais.

C. Retira a hediondez quando se tratar de crime punido com até 4 anos de detenção.

D. Atenua a pena no crime de tráfico de drogas com a mera admissão da posse para uso próprio.

E. Incide na aplicação da pena se comprovado igualmente o arrependimento da prática do crime.

19. (PC/RN 2021 - FGV - DELEGADO DE POLÍCIA). Relativamente à prova testemunhal, é correto afirmar que:

A. as perguntas à testemunha serão formuladas pelo juiz, não sendo admitida a inquirição pelas partes;
B. as testemunhas serão inquiridas individualmente, embora possam presenciar os depoimentos umas das outras;
C. são proibidas de depor as pessoas que, em razão de função, ministério, ofício ou profissão, devam guardar segredo, mesmo que queiram dar o seu testemunho e tenham sido desobrigadas pela parte interessada;
D. o depoimento será prestado oralmente, não sendo permitido à testemunha trazê-lo por escrito, não existindo nenhuma exceção prevista na legislação que permita a uma autoridade optar pela prestação de depoimento por escrito;
E. as testemunhas que, regularmente intimadas, deixarem de comparecer sem motivo justificado, poderão ser conduzidas por oficial de justiça, salvo se impossibilitadas de comparecer, por enfermidade ou por velhice, caso em que serão inquiridas onde estiverem.

20. (MPDFT 2021 – PROMOTOR DE JUSTIÇA). Sobre a cadeia de custódia, assinale a alternativa **incorreta**:

A. Vestígio é todo objeto ou material bruto, visível ou latente, constatado ou recolhido, que se relaciona à infração penal.
B. Isolamento é o ato de evitar que se altere o estado das coisas, devendo isolar e preservar o ambiente imediato, mediato e relacionado aos vestígios e local de crime.
C. Coleta é o procedimento por meio do qual cada vestígio é embalado de forma individualizada, de acordo com suas características físicas, químicas e biológicas, para posterior análise, com anotação da data, hora e nome de quem realizou o ato.
D. Armazenamento é o procedimento referente à guarda, em condições adequadas, do material a ser processado, guardado para realização de contraperícia, descartado ou transportado, com vinculação ao número do laudo correspondente.
E. Descarte é o procedimento referente à liberação do vestígio, respeitando a legislação vigente e, quando pertinente, mediante autorização judicial.

21. (TJ/AP 2022 – FGV – JUIZ DE DIREITO). Nas hipóteses de colaboração premiada, a combinação das Leis nº 9.807/1999 e 11.343/2006, permite a concessão da seguinte sanção premial não originariamente prevista na Lei de Drogas:

A. diminuição de pena;
B. progressão de regime;
C. fixação de regime inicial mais benéfico;
D. improcessabilidade;
E. perdão judicial.

22. (MP/GO 2022 - FGV - PROMOTOR DE JUSTIÇA SUBSTITUTO). Em relação às técnicas especiais de investigação, a quebra de sigilo de dados informáticos estáticos relativos a dados pessoais e registros de conexão ou acesso a servidores, navegadores ou aplicativos de internet, delimitada por parâmetros de pesquisa em determinada região e por período de tempo, é válida desde que, além de indícios mínimos que indiquem a configuração da suposta ocorrência de crime sujeito à ação penal pública, sejam indicados(as):

A. circunstâncias que denotem a existência de interesse público relevante e a decisão seja proferida por autoridade judicial competente e com fundamentação suficiente;
B. infrações penais com sanção privativa de liberdade máxima igual ou superior a quatro anos ou de caráter transnacional;
C. infrações penais previstas no rol da Convenção de Palermo, desde que tenham correspondente na legislação interna;
D. decisões proferidas por autoridade judicial competente e com fundamentação suficiente, justificando a medida para fins de investigação criminal ou instrução processual criminal;
E. circunstâncias excepcionais, que, à luz da existência de interesse público relevante, se mostrem adequadas ao princípio da proporcionalidade.

23. (DPE/SC 2021 - FCC - DEFENSOR PÚBLICO). A respeito de recentes decisões do Superior Tribunal de Justiça e a utilização das novas ferramentas tecnológicas no Processo Penal,

A. por ser instrumento do crime, é possível que o policial responsável pela prisão em flagrante acesse diretamente as conversas de *WhatsApp* da pessoa presa, sem necessidade de autorização judicial.
B. é nula a citação do réu solto por *WhatsApp*, em razão da forma presencial de tal ato estipulada no Código de Processo Penal.
C. a citação do réu solto por *WhatsApp* é válida, bastando que o oficial de justiça, que possui fé pública, confirme ser o réu a pessoa citada.
D. o reconhecimento por foto, realizado pela vítima, se digital e em alta resolução, é instrumento capaz de embasar, por si, a condenação em um processo penal.
E. as mensagens obtidas por meio do print screen da tela da ferramenta *WhatsApp* Web, por poderem ter parte do conteúdo apagado sem deixar vestígios, devem ser consideradas provas ilícitas.

24. (TJ/GO 2021 – FCC – JUIZ DE DIREITO). Em relação à prova no processo penal,

A. o Supremo Tribunal Federal, por maioria de votos, entende legítimo o compartilhamento, com o Ministério Público e as autoridades policiais, para fins de investigação criminal, da integralidade dos dados bancários e fiscais do contribuinte obtidos pela Receita Federal e pelo Conselho de Controle de Atividade Financeira, sem a necessidade de autorização prévia do Poder Judiciário.
B. as perguntas serão formuladas pelas partes diretamente à testemunha, não admitindo o juiz apenas aquelas que puderem induzir a resposta.
C. a captação ambiental de sinais eletromagnéticos, ópticos ou acústicos poderá ser autorizada pelo juiz, para investigação ou instrução criminal,

quando houver elementos probatórios razoáveis de autoria e participação em infrações criminais cujas penas máximas sejam iguais ou superiores a quatro anos e a prova não puder ser feita por outros meios disponíveis e igualmente eficazes.

D. a infiltração de agentes de polícia em tarefas de investigação depende de circunstanciada, motivada e sigilosa autorização do juiz competente, e poderá ser autorizada pelo prazo de até seis meses, vedada renovação.

E. será admitida a interceptação de comunicações telefônicas quando o fato investigado constituir infração penal punida com pena de detenção, desde que a pena máxima seja superior a dois anos.

25. (PC/RN 2021 - FGV - DELEGADO DE POLÍCIA). Tramita no âmbito interno da Polícia Civil do Estado do Rio Grande do Norte processo administrativo disciplinar (PAD) que apura eventual falta funcional praticada por certo delegado de polícia. Durante a instrução do PAD, foi verificada pela autoridade competente que o conduz a necessidade de obtenção de prova emprestada, consistente em interceptação telefônica realizada no bojo de processo criminal. De acordo com a jurisprudência dos Tribunais Superiores, o compartilhamento de prova pretendido é:

A. inviável, pois a Constituição da República de 1988 prevê que é inviolável o sigilo da correspondência e das comunicações telegráficas, de dados e das comunicações telefônicas;

B. inviável, pois a Constituição da República de 1988 prevê que a interceptação telefônica somente pode ser utilizada para fins de investigação criminal ou instrução processual penal;

C. viável, desde que devidamente autorizada pelo juízo criminal competente e respeitados os princípios do contraditório e da ampla defesa;

D. viável, independentemente de prévia autorização pelo juízo criminal, porque, uma vez produzida, a prova pertence ao Estado que é uno;

E. inviável, pois a Constituição da República de 1988 prevê que a interceptação telefônica somente pode ser produzida no âmbito de investigação e processo criminal ou ação de improbidade administrativa.

26. (MPDFT 2021 – PROMOTOR DE JUSTIÇA). Considere as assertivas abaixo, sobre a prova no processo penal:

I. A Constituição Federal veda a interceptação telefônica ou telemática sem autorização judicial, o que também compreende o acesso aos dados constantes da agenda telefônica em um celular apreendido. Em todas essas hipóteses, as referidas obtenções, sem autorização judicial, tornam a prova ilícita.

II. Preclusa a decisão de desentranhamento da prova declarada inadmissível, esta será apartada dos autos, facultada às partes sua consulta.

III. Os dados e elementos colhidos pelas agências de inteligência de segurança pública não podem ser utilizados pelo Ministério Público para fins de instauração de procedimento de investigação criminal para apurar graves crimes em contexto de organização criminosa, pois se confundiria com a presidência da investigação pelo próprio órgão de inteligência.

A partir do que fora exposto, é possível dizer:

A. Somente as assertivas II e III estão corretas.

B. Somente as assertivas I e II estão corretas.

C. Somente as assertivas I e III estão corretas.

D. As assertivas I, II e III estão corretas.

E. As assertivas I, II e III estão incorretas.

27. (TJ/MG 2022 – FGV – JUIZ DE DIREITO). Considerando o entendimento do Supremo Tribunal Federal e do Superior Tribunal de Justiça, bem como os dispositivos da Lei nº 9.296/1996, acerca da interceptação telefônica, analise as afirmativas a seguir.

I. O prazo previsto na Lei nº 9.296/1996 para a duração de interceptação telefônica é de 15 (quinze) dias, podendo ser prorrogado de forma sucessiva, enquanto for imprescindível como meio de prova, conforme entendimento do Supremo Tribunal Federal.

II. Segundo jurisprudência consolidada do Superior Tribunal de Justiça, a transcrição de todas as conversas captadas pela interceptação telefônica é necessária para garantir a fidedignidade das provas.

III. A interceptação das comunicações telefônicas poderá ser determinada pelo juiz a requerimento do Ministério Público somente na investigação criminal.

Está correto o que se afirma em

A. II, somente.

B. III, somente.

C. I, somente.

D. I e III, somente.

28. (PC/AM 2022 - FGV - DELEGADO DE POLÍCIA). Sobre o acesso do agente delatado aos atos judiciais de homologação dos acordos de colaboração premiada e seus termos, após o recebimento da denúncia, assinale a afirmativa correta.

A. Por não constituírem fonte de prova, não estão acobertados pelo enunciado da Súmula Vinculante 14.

B. Por constituírem meio de obtenção de prova e elementos de prova, estão acobertados pelo enunciado da Súmula Vinculante 14.

C. Por não constituírem objeto de prova, não estão acobertados pelo enunciado da Súmula Vinculante 14.

D. Por constituir meio de análise da prova, estão acobertados pelo enunciado da Súmula Vinculante 14.

E. Por não constituírem meio de prova, não estão acobertados pelo enunciado da Súmula Vinculante 14.

29. (PC/AM 2022 - FGV - DELEGADO DE POLÍCIA). Durante determinada investigação, a autoridade policial é procurada pelo advogado de Mônica, afirmando que a investigada deseja realizar acordo de colaboração premiada. Após historiar os fatos de que tem conhecimento, durante as rodadas de negociação, a investigada aponta as provas que possui. O acordo é formalizado e submetido ao Ministério Público, que o endossa e encaminha ao Poder Judiciário. O magistrado competente, após a adoção dos protocolos necessários, homologa o acordo. Enquanto a investigação tem prosseguimento, agora com a colaboração direta de Mônica, o Promotor de Justiça atenta que há processo em curso na Vara Criminal, em que a colaboradora pode servir como testemunha, pugnando por sua oitiva, o que é deferido pelo Juízo. No dia aprazado, a colaboradora comparece, mas, quando da abertura do ato, seu advogado afirma que ela se valerá do direito constitucional de silêncio, de forma integral, recusando-se a responder a qualquer tipo de perguntar. O patrono alega que ela, apesar de não figurar formalmente como imputada naquela ação penal, pode sua situação jurídica pessoal agravada.

A. na condição de corresponsável criminal, a colaboradora pode se valer do direito ao silêncio, sem que isso repercuta de qualquer forma nos benefícios pactuados no acordo.

B. na condição de colaboradora, Mônica não pode invocar a garantia do direito ao silêncio, pois renunciou à cláusula constitucional quando assinou o acordo de colaboração.

C. devem ser declarados nulos os depoimentos prestados pela colaboradora, em virtude do uso da garantia do direito ao silêncio.

D. deve ser declarado nulo o acordo de colaboração premiada firmado pela colaboradora, em virtude do uso da garantia do direito ao silêncio.

E. o uso do direito ao silêncio é válido, cabendo a análise, no juízo que homologou o acordo de colaboração premiada, sobre a cassação ou afetação dos benefícios pactuados.

30. (PC/RJ 2022 - CESPE - DELEGADO DE POLÍCIA). Com relação à investigação e aos meios de obtenção de prova, julgue os itens a seguir.

I A infiltração virtual de agentes de polícia será autorizada pelo prazo de até seis meses, sem prejuízo de eventuais renovações, mediante ordem judicial fundamentada, desde que o total não exceda a 720 dias e seja comprovada sua necessidade.

II A ação de agentes de polícia infiltrados virtuais somente é admitida com o fim de investigar os crimes previstos na Lei n.º 12.850/2013 e outros a eles conexos.

III Para a apuração do crime de lavagem ou ocultação de bens, direitos e valores, admite-se a utilização da ação controlada e da infiltração de agentes.

A. Nenhum item está certo.

B. Apenas o item I está certo.

C. Apenas o item II está certo.

D. Apenas os itens I e III estão certos.

E. Apenas os itens II e III estão certos.

ASSERTIVAS DE REFORÇO

1. ( ) Interceptação telefônica, no sentido da Lei 9.296/96, significa conhecer o conteúdo de uma comunicação telefônica por meio de uma captação, realizada por terceiro não participante da comunicação. Exige, portanto, a participação de no mínimo três pessoas, os interlocutores, que se comunicam entre si, e o terceiro, que realiza, de fato, a interceptação.

2. ( ) Ao contrário da escuta telefônica, que pressupõe o desconhecimento dos interlocutores acerca da captação, a interceptação telefônica é realizada com o conhecimento de um dos comunicadores e desconhecimento dos demais.

3. ( ) Como gravação meramente clandestina, que se não confunde com interceptação, objeto de vedação constitucional, é lícita a prova consistente no teor de gravação de conversa telefônica realizada por um dos interlocutores, sem conhecimento do outro, se não há causa legal específica de sigilo nem de reserva da conversação, sobretudo quando se predestine a fazer prova, em juízo ou inquérito, a favor de quem a gravou.

4. ( ) O sigilo das comunicações telefônicas obrigatoriamente passam pela reserva de jurisdição, não podendo as CPIs decretar sua quebra.

5. ( ) Não será admitida a interceptação de comunicações telefônicas quando não houver indícios razoáveis da autoria ou participação em infração penal;

6. ( ) Não será admitida a interceptação de comunicações telefônicas quando a prova puder ser feita por outros meios disponíveis.

7. ( ) Não será admitida a interceptação de comunicações telefônicas quando o fato investigado constituir infração penal punida, no máximo, com pena de reclusão não superior a dois anos ou detenção.

8. ( ) O pedido de interceptação telefônica, em razão dos dados sensíveis, somente poderá ser formulado por escrito.

9. ( ) Caso a diligência de interceptação telefônica possibilite a gravação da comunicação interceptada, será determinada a sua transcrição, que precisa ser realizada por peritos oficiais.

10. ( ) Para investigação ou instrução criminal, poderá ser autorizada pelo juiz, a requerimento da autoridade policial ou do Ministério Público, a captação ambiental de sinais eletromagnéticos, ópticos ou acústicos, quando houver elementos probatórios razoáveis de autoria e participação em infrações criminais cujas penas máximas sejam superiores a 4 (quatro) anos ou em infrações penais conexas.

11. ( ) Não se exige, autorização judicial quando a captação de imagens e conversas ocorrer em ambiente aberto ao público, vez que nesses, naturalmente, os próprios interlocutores renunciam à privacidade e intimidade em razão do local escolhido.

12. ( ) A instalação do dispositivo de captação ambiental poderá ser realizada, quando necessária, por meio de operação policial disfarçada ou no período noturno, exceto na casa do agente.

13. ( ) Mesmo que inexistia controvérsia a respeito da veracidade das mensagens de WhatsApp, tem-se manifesto prejuízo em razão da não realização de perícia.

14. ( ) Não há ilegalidade na perícia de aparelho de telefonia celular pela polícia na hipótese em que seu proprietário - a vítima - foi morto, tendo o referido telefone sido entregue à autoridade policial por sua esposa, interessada no esclarecimento dos fatos que o detinha, pois não havia mais sigilo algum a proteger do titular daquele direito.

15. ( ) As CPIs podem decretar a quebra do sigilo bancário e financeiro.

16. ( ) Segundo o ATJ, o Ministério Público não pode ter acesso a dados cadastrais bancários, sem autorização judicial, ainda que não protegidos pelo sigilo.

17. ( ) A conta-corrente de titularidade de Prefeitura Municipal não goza de proteção à intimidade/privacidade, tampouco do sigilo bancário, garantia constitucional das pessoas naturais e aos entes particulares.

18. ( ) De acordo com o STJ, a possibilidade de a Receita Federal valer-se da representação fiscal para fins penais, a fim de encaminhar, de ofício, os dados coletados no âmbito do procedimento administrativo fiscal, quando identificada a existência de indícios da prática de crime, ao Ministério Público, para fins de persecução criminal, não autoriza o órgão da acusação a requisitar diretamente esses mesmos dados sem autorização judicial.

19. ( ) A ação controlada, no âmbito da Lei de Drogas, somente pode ser realizada durante a fase de investigação.

20. ( ) A ação controlada, em qualquer de suas previsões, não exige autorização judicial, mas tão somente a comunicação ao magistrado.

21. ( ) A entrega vigiada é classificada como limpa ou substituída, quando o conteúdo ilícito é substituído por outro qualquer, evitando-se o risco de extravio do material original, a exemplo de uma remessa de joias verdadeiras que é substituída por bijuterias; e entrega vigiada suja, ou com acompanhamento, quando o conteúdo ilícito é entregue sem qualquer substituição.

22. ( ) O agente policial não pode recusar a ordem de seu superior para realização de infiltração de agentes.

23. ( ) A presença de um agente infiltrado caracteriza a figura do crime impossível no tocante aos delitos praticados no curso da infiltração.

24. ( ) De forma distinta da infiltração de agentes comum, a infiltração virtual de agentes, não obstante prever o mesmo prazo de autorização, até 6 (seis) meses, e subsequentes renovações, estabeleceu o prazo máximo total de dois anos, exigindo ainda a demonstração de sua necessidade.

25. ( ) Os órgãos de registro e cadastro público poderão incluir nos bancos de dados próprios, mediante procedimento sigiloso e requisição da autoridade judicial, as informações necessárias à efetividade da identidade fictícia criada, nos casos de infiltração de agentes na internet.

26. ( ) A infiltração virtual de agentes, prevista no Estatuto da Criança e Adolescentes, admite sua aplicação a todos os crimes praticados contra criança e adolescente em ambiente virtual.

27. ( ) A infiltração virtual de agentes, prevista no Estatuto da Criança e Adolescentes, tem o prazo máximo de 180 (cento e oitenta) dias, sem prejuízo de eventuais renovações, desde que o total não exceda a 720 (setecentos e vinte) dias e seja demonstrada sua efetiva necessidade.

28. ( ) De acordo com a norma, o acordo de colaboração premiada é negócio jurídico processual e meio de obtenção de prova, que pressupõe utilidade e interesse públicos.

29. ( ) Por se tratar de meio de obtenção de prova não invasivo, a colaboração premiada não se submete à reserva de jurisdição tocante à iniciativa.

30. ( ) O Ministério Público poderá deixar de oferecer denúncia se a proposta de acordo de colaboração referir-se à infração de cuja existência não tenha prévio conhecimento, para o colaborador que não seja o líder da organização criminosa ou tenha sido o primeiro a prestar efetiva colaboração.

31. ( ) Se a colaboração premiada for posterior à sentença, a pena poderá ser reduzida até dois terços ou será admitida a progressão de regime, ainda que ausentes os requisitos objetivos.

32. ( ) Na colaboração premiada prevista na Lei 12.850/13, ao contrário da previsão da Lei 9.807/99, não exige a primariedade do agente. De igual modo, pouco importa a gravidade em abstrato do fato criminoso, de forma que as condições pessoais do agente e objetivas do tipo penal não impedem a celebração do acordo.

33. ( ) Considerada a estrutura acusatória dada ao processo penal conformado à Constituição Federal, a anuência do Ministério Público deve ser posta como condição de eficácia do acordo de colaboração premiada celebrado pela autoridade policial.

34. ( ) Considerando a relevância da colaboração prestada, o Ministério Público, a qualquer tempo, e o delegado de polícia, nos autos do inquérito policial, com a manifestação do Ministério Público, sempre antes do trânsito em julgado, poderão requerer ou representar ao juiz pela concessão de perdão judicial ao colaborador, ainda que esse benefício não tenha sido previsto na proposta inicial.

35. ( ) A norma legal impede que o líder da organização celebre a colaboração premiada.

36. ( ) A mera homologação do acordo de colaboração premiada produz os efeitos pactuados.

37. ( ) O prazo para oferecimento de denúncia ou o processo, relativos ao colaborador, poderá ser suspenso por até 6 (seis) meses, prorrogáveis por igual período, até que sejam cumpridas as medidas de colaboração, suspendendo-se o respectivo prazo prescricional.

38. ( ) A Lei de Organizações Criminosas vedou, expressamente, as cláusulas que violem o critério de definição do regime inicial de cumprimento de pena do Código Penal, que violem as regras de cada um dos regimes previstos no Código Penal e Lei de Exceções

Penais e que constituam requisitos de progressão de regime diversos do expressamente previstos na Lei 12.850/13, quando a colaboração for posterior à sentença.

39. ( ) A não formalização do acordo de colaboração premiada impede o magistrado de aplicar os benefícios da colaboração premiada.

40. ( ) Não cabe ao Poder Judiciário, que não detém atribuição para participar de negociações na seara investigatória, impor ao Ministério Público a celebração de acordo de colaboração premiada.

41. ( ) A homologação da proposta de colaboração premiada demarca o início das negociações e constitui também marco de confidencialidade, configurando violação de sigilo e quebra da confiança e da boa-fé a divulgação de tais tratativas iniciais ou de documento que as formalize, até o levantamento de sigilo por decisão judicial.

42. ( ) Incumbe ao Ministério Público instruir a proposta de colaboração premiada.

43. ( ) O acordo de colaboração premiada não admite instrução prévia.

44. ( ) Na hipótese de não ser celebrado o acordo de colaboração premiada por iniciativa do celebrante, esse não poderá se valer de nenhuma das informações ou provas apresentadas pelo colaborador, de boa-fé, para qualquer outra finalidade.

45. ( ) O colaborador renunciará, na presença de seu defensor, ao direito ao silêncio e estará sujeito ao compromisso legal de dizer a verdade.

46. ( ) Não são nulas as previsões de renúncia ao direito de impugnar a decisão homologatória do acordo de colaboração premiada, haja vista que as cláusulas são construídas diretamente pelas partes que pugnam pela homologação.

47. ( ) O Superior Tribunal de Justiça entendeu que a apelação residual é o recurso adequado para impugnação da decisão que recusa a homologação de acordo de colaboração premiada.

48. ( ) A homologação a colaboração premiada fixa competência.

49. ( ) Homologada a proposta de colaboração premiada, não mais caberá a retratação.

50. ( ) De acordo com o STF, em todas as fases do processo, deve-se garantir ao réu delatado a oportunidade de manifestar-se após o decurso do prazo concedido ao réu que o delatou.

26.10.1 Gabaritos

QUESTÕES DE CONCURSO

1	2	3	4	5	6	7	8	9	10
B	E	B	A	C	B	A	D	C	C
11	**12**	**13**	**14**	**15**	**16**	**17**	**18**	**19**	**20**
D	C	E	E	B	E	D	A	E	C
21	**22**	**23**	**24**	**25**	**26**	**27**	**28**	**29**	**30**
E	A	E	A	C	E	C	B	E	D

ASSERTIVAS DE REFORÇO

1	2	3	4	5	6	7	8	9	10
V	F	V	F	V	V	F	F	F	V
11	**12**	**13**	**14**	**15**	**16**	**17**	**18**	**19**	**20**
V	V	F	V	V	F	V	V	F	F
21	**22**	**23**	**24**	**25**	**26**	**27**	**28**	**29**	**30**
V	F	F	F	V	F	F	V	V	F
31	**32**	**33**	**34**	**35**	**36**	**37**	**38**	**39**	**40**
F	V	V	V	F	F	V	V	F	V
41	**42**	**43**	**44**	**45**	**46**	**47**	**48**	**49**	**50**
F	F	F	V	V	F	V	F	V	V

COMENTÁRIOS ÀS ASSERTIVAS FALSAS E JUSTIFICATIVAS IMPORTANTES

1. V.

2. F. Ao contrário da interceptação telefônica, que pressupõe o desconhecimento dos interlocutores acerca da captação, a escuta telefônica é realizada com o conhecimento de um dos comunicadores e desconhecimento dos demais.

3. V. Como gravação meramente clandestina, que se não confunde com interceptação, objeto de vedação constitucional, é lícita a prova consistente no teor de gravação de conversa telefônica realizada por um dos interlocutores, sem conhecimento do outro, se não há causa legal específica de sigilo nem de reserva da conversação, sobretudo quando se predestine a fazer prova, em juízo ou inquérito, a favor de quem a gravou.

4. F. Nas hipóteses de Estado de Defesa (art. 136, §1º, I "c", CF) e Estado de Sítio (art. 139, III, CF),

TÍTULO VII • DAS PROVAS

situações excepcionais, a medida pode ser implementada por Decreto.

5. V.

6. V.

7. F. A norma não faz menção às infrações penais de pequeno potencial ofensivo.

8. F. Nos termos do §1º, de forma excepcional, o juiz poderá admitir que o pedido seja formulado verbalmente, desde que estejam presentes os pressupostos que autorizem a interceptação, caso em que a concessão será condicionada à sua redução a termo. O pedido deverá ser apreciado no prazo máximo de vinte e quatro horas (§2º).

9. F. Não se exige a transcrição por peritos oficiais.

10. V.

11. V.

12. V.

13. F. Inexistindo controvérsia a respeito da veracidade das mensagens de WhatsApp, tem-se manifesta a ausência de prejuízo em razão da não realização de perícia, situação que inviabiliza eventual reconhecimento de nulidade.

14. V.

15. V.

16. F. É garantido ao Ministério Público o acesso a dados cadastrais bancários não protegidos pelo sigilo, desde que os dados sejam relativos a pessoas investigadas pelo órgão e haja a necessidade de instrução de procedimentos de natureza penal ou civil, como ações judiciais e inquéritos policiais.

17. V.

18. V.

19. F. Nos termos do art. 53, *caput*, da Lei 11.343/06, a ação controlada pode ser realizada em qualquer fase da persecução penal relacionada aos crimes previstos na Lei.

20. F. Como exceção à regra geral, o art. 53, *caput*, da Lei 11.343/06, exige, expressamente, a autorização judicial.

21. V.

22. F. O inc. I o art. 14 da Lei 12.850/13 prevê a possibilidade do agente policial aceitar ou recusar a ordem de seu superior, sem que possa sofrer qualquer consequência negativa diante da recusa.

23. F. A presença de um agente infiltrado não é capaz de caracterizar a figura do crime impossível no tocante aos delitos praticados no curso da infiltração, haja vista que a intenção de delinquir dos agentes criminosos já existia antes mesmo da infiltração.

24. F. Prazo total de 720 dias, que não equivale a dois anos.

25. V.

26. F. O art. 190-A prevê que a infiltração de agentes de polícia na internet com o fim de investigar os crimes previstos nos arts. 240, 241, 241-A, 241-B, 241-C e 241-D do ECA e nos arts. 154-A, 217-A, 218, 218-A e 218-B do Código Penal. Tratou a norma, portanto, de três grupos de delitos: a) pedofilia (arts. 240, 241, 241-A, 241-B, 241-C e 241-D, ECA); b) crimes contra a dignidade sexual de vulneráveis (art. 217-A, art. 218, art. 218-A e art. 218-B); e c) invasão de dispositivo informático (art. 154-A, CP).

27. F. Prazo máximo original de 90 dias.

28. V.

29. V.

30. F. Não seja o líder da organização criminosa *ou* tenha sido o primeiro a prestar efetiva colaboração.

31. F. Se a colaboração for posterior à sentença, a pena poderá ser reduzida até a metade ou será admitida a progressão de regime ainda que ausentes os requisitos objetivos.

32. V.

33. V.

34. V.

35. F. A norma não impede que o líder da organização celebre a colaboração premiada, vez que tão somente impede o benefício do não oferecimento da denúncia. Em síntese, sendo o líder da organização, poderá celebrar o acordo, mas será processado de qualquer forma

36. F. A mera homologação do acordo, sem a demonstração de seu cumprimento, não produz os efeitos desejados.

37. V.

38. V.

39. F. A não formalização acordo não impede o magistrado aplicar os prêmios legais, caso verifique a satisfação dos requisitos legais e produção dos resultados desejados, dando vazão à colaboração premiada concebida de forma ampla.

40. V.

41. F. O recebimento da proposta para formalização de acordo de colaboração demarca o início das negociações e constitui também marco de confidencialidade, configurando violação de sigilo e quebra da confiança e da boa-fé a divulgação de tais tratativas iniciais ou de documento que as formalize, até o levantamento de sigilo por decisão judicial.

42. F. Incumbe à defesa instruir a proposta de colaboração e os anexos com os fatos adequadamente descritos, com todas as suas circunstâncias, indicando as provas e os elementos de corroboração.

43. F. O acordo de colaboração premiada poderá ser precedido de instrução, quando houver necessidade de identificação ou complementação de seu objeto, dos fatos narrados, sua definição jurídica, relevância, utilidade e interesse público.

44. V.

45. V.

46. F. O § 7º-B do art. 4º assinala serem nulas de pleno direito as previsões de renúncia ao direito de impugnar a decisão homologatória.

47. V.

48. F. Segundo o STF, a homologação a colaboração premiada não fixa competência (INQ 4.130).

49. V.

50. V.

TÍTULO VIII

PROCESSO E PROCEDIMENTO

27

Sujeitos processuais

27.1 COMO O ASSUNTO É ABORDADO EM PROVAS E CONCURSOS

O tema "sujeitos processuais" não é exigido com frequência de forma direta nos concursos de Magistratura, Ministério Público, Defensoria Pública e Delegado de Polícia. Não obstante, dada sua natureza, é imprescindível o conhecimento das funções dos atores processuais, pressuposto para compreensão do próprio processo.

O capítulo, em especial, merece destaque com relação às causas de impedimento e suspeição, típicas de cobrança em prova objetiva, bem como o papel e poderes do assistente de acusação, temas que além da normatizaçao legal, por vezes são tratados pela jurisprudência pátria.

27.2 INTRODUÇÃO

O processo materializa-se na observância de procedimentos regrados pelas normas processuais e se desenvolve em razão da prática de diversos atos realizados por agentes, que podem ser principais ou acessórios, concebidos como sujeitos processuais.

Sujeitos principais, primários ou essenciais, são aqueles compõem a relação processual, formando o *actum trium personarum*. A participação da acusação, por meio do Ministério Público ou querelante, da defesa e do magistrado é imprescindível para a formação da relação processual.

Ao entorno desses e no seio do processo, encontram-se os **sujeitos secundários, acessórios ou colaterais**, que, não obstante não serem essenciais ao processo, podem nele intervir, como o assistente da acusação e terceiros interessados, o ofendido ou seus herdeiros, o terceiro de boa-fé embargante e etc.

Além dos sujeitos primários e secundários, o processo penal é formado com o auxílio dos chamados sujeitos **auxiliares ou instrumentais**, como o escrivão, escrevente, oficial de justiça, perito, tradutor e outros que realizam atividades que permitem o desenvolvimento adequado do processo.

27.3 JUIZ

O juiz, autoridade estatal vinculada ao Poder Judiciário, é, em regra, investido em sua função pelo ingresso na carreira por meio de concurso público de provas e títulos. Não obstante, nos Tribunais Regionais Federais, Tribunais de Justiça Estaduais e do Distrito Federal existe a figura do quinto constitucional, por meio da qual um quinto dos cargos devem ser ocupados por membros do Ministério Público com mais de dez anos de carreira e de advogados, igualmente com mais de dez anos de exercício profissional, de notório saber jurídico e reputação ilibada, que serão indicados por meio de lista sêxtupla pelas respectivas instituições ao Tribunal que, por sua vez, formará uma lista tríplice para encaminhamento ao Chefe do Executivo para escolha e nomeação (art. 94, CF).

Na composição do Tribunal Superior Eleitoral e do Tribunal Regional Eleitoral, nos termos dos arts. 119, II, e 120, §1º, III, da CF, dois juízes são escolhidos pelo Presidente da República, dentre advogados de notável saber jurídico e idoneidade moral, indicados pelo Supremo Tribunal Federal, no caso do TSE, e pelos Tribunais de Justiça, no caso dos Tribunais Regionais Eleitorais.

Na esfera dos Tribunais Superiores, o STF, STJ e STM são formados, exclusivamente, por membros indicados pelo Poder Executivo Federal que submete a indicação ao Poder Legislativo para aprovação e subsequente nomeação pelo Presidente da República. Ressalve-se que, no âmbito do STJ, a figura do quinto constitucional também deverá ser observada (art. 104, II, CF).

Especialmente, no âmbito do Tribunal do Júri, os jurados exercem a função de juiz de fato e do fato, conforme veremos com maiores detalhes no capítulo relacionado ao Tribunal do Júri.

27.3.1 Funções do juiz

Nos termos do art. 251 do CPP, ao juiz incumbirá prover à regularidade do processo e manter a ordem no curso dos respectivos atos, podendo, para tal fim, requisitar a força pública.

Além da função de "presidente do processo" ou *dominus processos*, o magistrado possui diversas outras funções, pois, enquanto agente do Estado incumbido do poder de decisão, deverá promover o julgamento do processo e de pedidos instrumentais ou secundários, aplicando o Direito ao caso concreto, sempre que chamado a decidir.

O magistrado, no processo, deve atuar de forma equidistante das partes e com total isenção e isonomia, aplicando o Direito de forma fundamentada e em estrita observância às normas e princípios reitores da matéria. No processo penal, em particular, o magistrado deve se abster de promover qualquer espécie de atuação em substituição às partes, em respeito ao sistema acusatório.

As funções do juiz, na esfera da preservação da regularidade do processo, envolvem a disciplina, impulsão e instrução.

Os **poderes relacionados à disciplina** envolvem a coordenação, inspeção e restrição das atividades das partes em estrita observância às regras processuais. Nesse contexto, exemplificativamente, poderá o magistrado: a) determinar a condução do ofendido, das testemunhas e do próprio acusado (arts. 201, § 1º, e 218, CPP); b) recusar as perguntas da parte (art. 212, CPP); c) proibir que a testemunha manifeste suas apreciações pessoais, salvo quando inseparáveis da narrativa do fato (art. 213, CPP); d) proibir a juntada de cartas particulares, interceptadas ou obtidas por meios criminosos (art. 233, CPP); h) indeferir provas irrelevantes, impertinentes ou protelatórias (art. 400, § 1º, CPP); aplicar multa de 1 (um) a 10 (dez) salários mínimos ao jurado que, sem causa legítima, deixar de comparecer no dia marcado para a sessão de julgamento no júri ou retirar-se antes de ser dispensado pelo presidente (art. 442, CPP) e etc.

Por sua vez, os **poderes de impulsão** são aqueles que permitem ao magistrado dar o efetivo andamento de ofício ao processo, como a determinação da citação do acusado, designação de audiências e etc. Novamente, a título meramente exemplificativo, são poderes de instrução: a) nomear advogado para o ofendido pobre para promoção da ação penal privada (art. 32, CPP); b) avocar processos nos casos de conexão e/ou continência (art. 82, CPP); c) suspender o processo nos casos de reconhecimento de questão prejudicial e nos casos de citação por edital que o réu não comparece, nem constitui advogado (art. 94 e 366, CPP, respectivamente); d) reconhecer, de ofício, a incompetência absoluta (art. 109, CPP) e etc.

No que tange aos **poderes instrutórios** do magistrado, **não se pode confundir o poder de instrução com o poder persecutório**. O poder de instrução, amplamente reconhecido pela doutrina e jurisprudência, envolve a possibilidade do magistrado formular perguntas às testemunhas e ao próprio acusado no interrogatório, de designar, de ofício, a oitiva de perito para que esse promova esclarecimentos sobre o laudo pericial e etc. O poder persecutório, ao contrário, típico do poder inquisitório e negado pela doutrina mais balizada, é aquele que se manifesta na sanha acusatória ou mesmo defensiva do magistrado, que atua em verdadeira substituição às partes.

No capítulo do "juiz das garantias", ao qual remetemos o leitor para evitarmos repetições, abordamos o assunto afastando a iniciativa probatória em substituição às partes e negando a atividade probatória de ofício como regra.

Além dos poderes vistos, de ordem jurisdicional, o magistrado possui o poder de polícia, de **ordem administrativa**, que visa garantir a disciplina e o decoro no curso do processo, conforme se extrai das prerrogativas de: a) manter a ordem no curso dos atos processuais, podendo requisitar força pública (art. 251, CPP); b) regular a polícia das sessões e prender os desobedientes e dirigir os debates, intervindo em caso de abuso, excesso de linguagem ou mediante requerimento de uma das partes no Tribunal do Júri (art. 497, I e II, CPP, respectivamente); C) retirar da sala os desobedientes, que, em caso de resistência, serão presos e autuados (art. 795, parágrafo único, CPP) e etc.

27.3.2 Impedimento

O impedimento do magistrado é verificado diante da configuração de circunstâncias objetivas aptas a comprometer sua imparcialidade, de forma que o próprio legislador, em rol taxativo, estabelece o impedimento do magistrado, em presunção absoluta de parcialidade. Não se trata, portanto, de mera suspeição ou dúvida quanto à imparcialidade, mas de circunstâncias efetivamente objetivas que podem ser apuradas, em regra, por meio de documentos, sem que seja necessário a realização de juízo de valor.

As causas de impedimento foram previstas nos artigos 252 e 253 do CPP:

Art. 252. O juiz não poderá exercer jurisdição no processo em que:

I. tiver funcionado seu cônjuge ou parente, consanguíneo ou afim, em linha reta ou colateral até o terceiro grau, inclusive, como defensor ou advogado, órgão do Ministério Público, autoridade policial, auxiliar da justiça ou perito: trata-se de causa de impedimento fundada em relação de parentesco, às quais, por força do art. 226, §3º da CF, deve ser incluído no rol o companheiro.

II. ele próprio houver desempenhado qualquer dessas funções ou servido como testemunha: a causa de impedimento decorre a presunção absoluta de parcialidade, porquanto aquele que exerce as funções de defensor ou advogado, órgão do Ministério Público, autoridade policial, auxiliar da justiça ou perito, é apto a revelar alguma espécie de interesse não desejável para com a causa. Ainda que, de fato, não exista qualquer interesse no resultado do processo, não se pode desconsiderar que o processo, como instrumento público, precisa transparecer-se isento aos olhos da sociedade. Não se pode, contudo, ante a suspensão do instituto do juiz das garantias, atribuir-se a pecha do impedimento ao magistrado que tenha atuado na fase pré-processual como órgão jurisdicional responsável pela análise de medidas cautelares pela legalidade da investigação.

III. tiver funcionado como juiz de outra instância, pronunciando-se, de fato ou de direito, sobre a questão: o impedimento revela-se evidente à medida que, tenho atuado como juiz em primeiro grau, como responsável por atos decisórios, venha, em instância superior, como desembargador, apreciar um recurso contra a própria decisão. O dispositivo exige que o magistrado tenha se pronunciado, de fato ou de direito, isto é, proferido decisão ou participado diretamente da colheita das provas em juízo, não se aplicando o impedimento, por exemplo, quando sua função no processo foi restrita a despachos de mero expediente, como um "cumpra-se" em uma carta precatória ou um simples despacho de "cite-se o réu" ou "intime-se a testemunha". A regra possui aplicação expressa nos casos de revisão criminal (art. 625, CPP) e, para nós, deve ser aplicada também as hipóteses de recursos direcionados à Turma Recursal dos Juizados Especiais Criminais. Há divergência doutrinária e jurisprudencial quando magistrado tenha atuado, previamente, em processo administrativo versando sobre os mesmos fatos. Não obstante a independências das instâncias penal e administrativa, não há como se negar a umbilical conexão fática entre o ato disciplinar e o crime. Logo, o magistrado que atua na seara disciplinar, pronunciando-se sobre questão de fato ou de direito, como a aplicação de uma penalidade administrativa, por exemplo, revela, nitidamente, uma predisposição pela condenação criminal, motivo pelo qual entendemos, **apesar do prevalente entendimento contrário do STF[1], que a norma deve ser estendida para implicar o impedimento do magistrado que tenha atuado efetivamente em processo administrativo disciplinar, pronunciando-se sobre fato ou direito. Nesse sentido, há decisão da 2ª Turma do STF, proferida no julgamento do HC 86963, DJe 17.08.07: "O desembargador relator do recurso administrativo pronunciou-se de direito sobre a questão e manteve a pena de demissão, com análise detalhada dos fatos imputados ao paciente. Considerações que, no mínimo, tangenciam o mérito da ação penal. Posterior participação no julgamento do apelo criminal fere o princípio do devido processo legal. Ordem concedida, para que se determine a realização de novo julgamento, declarado nulo o acórdão de que participou o magistrado impedido, nos termos do art. 252, III, do Código de Processo Penal. Como o paciente está preso em razão do trânsito em julgado da sentença condenatória confirmada pelo acórdão que ora se anula, deve ser expedido alvará de soltura em seu favor".**

---

1. STF, 2ª Turma, RHC 131.735/DF, DJe 17.05.16: Nos arts. 252 e 254 do Código de Processo Penal, não se preceitua ilegalidade em razão de ter exercido a função de Corregedor Regional da Justiça Federal da Segunda Região em processo administrativo instaurado em desfavor do Recorrente e a jurisdição no julgamento das referidas medidas judiciais. 2. A jurisprudência deste Supremo Tribunal assentou a impossibilidade de criação pela interpretação de causas de impedimento e suspeição. Precedentes. 3. Recurso ordinário a qual se nega provimento.

IV. ele próprio ou seu cônjuge ou parente, consanguíneo ou afim em linha reta ou colateral até o terceiro grau, inclusive, for parte ou diretamente interessado no feito: não se pode exigir do magistrado a efetiva imparcialidade em situações nas quais, por relação direta ou de parentesco, tenha interesse no julgamento do processo. Seria, de fato, irrazoável exigir-se a frieza e consequente imparcialidade do magistrado em um processo no qual sua esposa ou companheira seja vítima do delito.

Na mesma trilha lógica, o art. 253 do CPP dispõe que **nos juízos coletivos** não poderão servir no mesmo processo os juízes que forem entre si parentes, consanguíneos ou afins, em linha reta ou colateral até o terceiro grau, inclusive.

No que toca aos juízos colegiados, o STF entende que a participação de juiz impedido no julgamento que culmina em decisão unânime não é apta a gerar prejuízo:

A jurisprudência deste Supremo Tribunal é firme no sentido de não se verificar prejuízo quando Ministro impedido participa de julgamento cujo resultado é unânime, pois a subtração do voto desse magistrado não teria a capacidade de alterar o resultado da votação. 2. Não há ilegalidade na fixação da pena-base acima do mínimo legal quando identificadas circunstâncias judiciais desfavoráveis e específicas. 3. Agravo Regimental não provido. (HC 126797 AgR, Relator(a): Min. Cármen Lúcia, 2ª Turma, DJe 14.05.15.

Não obstante o STF tenha, no julgamento do citado RHC 131.735, assinalado que a jurisprudência do STF assentou a impossibilidade de criação, por interpretação, de causas de impedimento e suspeição, entendemos, na mesma linha de Gustavo Badaró e Renato Brasileiro, que não há como se furtar ao reconhecimento das hipóteses de impedimento previstas no art. 144 do CPC, pois o impedimento como resultado da presunção de parcialidade não encontra distinção entre as causas cíveis e criminais. Não haveria razão, por exemplo, para se reconhecer o impedimento do magistrado cujo filho atua em escritório de advocacia em processo cível e não o reconhecer no processo criminal.

Art. 144. Há impedimento do juiz, sendo-lhe vedado exercer suas funções no processo:

I - em que interveio como mandatário da parte, oficiou como perito, funcionou como membro do Ministério Público ou prestou depoimento como testemunha;

II - de que conheceu em outro grau de jurisdição, tendo proferido decisão;

III - quando nele estiver postulando, como defensor público, advogado ou membro do Ministério Público, seu cônjuge ou companheiro, ou qualquer parente, consanguíneo ou afim, em linha reta ou colateral, até o terceiro grau, inclusive;

IV - quando for parte no processo ele próprio, seu cônjuge ou companheiro, ou parente, consanguíneo ou afim, em linha reta ou colateral, até o terceiro grau, inclusive;

V - quando for sócio ou membro de direção ou de administração de pessoa jurídica parte no processo;

VI - quando for herdeiro presuntivo, donatário ou empregador de qualquer das partes;

VII - em que figure como parte instituição de ensino com a qual tenha relação de emprego ou decorrente de contrato de prestação de serviços;

VIII - em que figure como parte cliente do escritório de advocacia de seu cônjuge, companheiro ou parente, consanguíneo ou afim, em linha reta ou colateral, até o terceiro grau, inclusive, mesmo que patrocinado por advogado de outro escritório;

IX - quando promover ação contra a parte ou seu advogado.

§ 1º Na hipótese do inciso III, o impedimento só se verifica quando o defensor público, o advogado ou o membro do Ministério Público já integrava o processo antes do início da atividade judicante do juiz.

§ 2º É vedada a criação de fato superveniente a fim de caracterizar impedimento do juiz.

§ 3º O impedimento previsto no inciso III também se verifica no caso de mandato conferido a membro de escritório de advocacia que tenha em seus quadros advogado que individualmente ostente a condição nele prevista, mesmo que não intervenha diretamente no processo.

Registre-se que o Plenário do STF julgou inconstitucional a regra do Código de Processo Civil que amplia o impedimento de juízes. A decisão foi proferida em em sessão virtual encerrada em 21.08.23, no julgamento da Ação Direta de Inconstitucionalidade (ADI) 5953.

O dispositivo em discussão era o artigo 144, inciso VIII, do CPC, que prevê o impedimento do juiz nos processos em que a parte for cliente de escritório de advocacia de cônjuge, companheiro ou parente consanguíneo, em linha reta ou colateral, até o terceiro grau, ainda que, na causa submetida a ele, a mesma parte seja representada por advogado de outro escritório.

Além dessas hipóteses, não podemos nos olvidar que a Lei do Pacote Anticrime havia criado duas outras hipóteses de impedimento nos artigos 3º-D e 157, §5º, CPP:

Art. 3º-D. O juiz que, na fase de investigação, praticar qualquer ato incluído nas competências dos arts. 4º e 5º deste Código ficará impedido de funcionar no processo.
Art. 157 (...) § 5º O juiz que conhecer do conteúdo da prova declarada inadmissível não poderá proferir a sentença ou acórdão.

Ambos os dispositivos foram declarados inconstitucionais pelo STF, no julgamento das ADIs 6.298, 6.299, 6.300 e 6.305.

Outra divergência existente na doutrina diz respeito à natureza da decisão prolatada por juiz impedido, se inexistente, ou nula[2]. Predomina o entendimento de que as decisões devem ser concebidas como inexistentes[3] e, por via de consequência, insanáveis.

Entendemos que a questão se encontra mais afeta à inexistência, porquanto o *caput* do art. 252 do CPP assinala que o "juiz não poderá exercer jurisdição". Logo, estando impedido e, consequentemente, desprovido do poder de atuar no caso concreto, a decisão proferida não se reveste dos atributos necessários para caracterização de ato judicial válido, não obstante ter sido proferida por juiz de direito.

Dada a relevância do tema, selecionamos alguns julgados do STJ para clareamento de algumas questões pontuais que podem suscitar dúvidas de ordem prática.

Ao julgar o REsp 1.673.327, DJe 15.09.17, a 3ª Turma do STJ concluiu que o fato de um magistrado proferir decisão sem apreciação de mérito não impede que seu cônjuge ou parente, também magistrado, possa atuar nas fases seguintes do processo. Segundo o STJ, não havendo pronunciamento sobre o mérito da questão suscitada ou algum tipo de manifestação que possa influenciar o julgamento da apelação, não haverá o impedimento.

No julgamento do HC 646.746, j. 08.02.22, a 5ª Turma do STJ, reiterou que o rol de causas de impedimento de magistrado é taxativo, não podendo ser ampliado por interpretação e assinalou que a simples remessa dos autos pelo Juiz à autoridade policial para que se apure eventual prática delitiva, cujos indícios surgiram no bojo de procedimento

2. Vicente Greco Filho.

3. Renato Brasileiro, Tourinho Filho, Mirabete, entre outros.

judicial, não macula sua imparcialidade para julgamento da ação penal decorrente. Ao assim agir, o magistrado cumpre com seu regular dever de informar possíveis práticas ilícitas, sem expressar antecipado juízo de valor, ficando a cargo dos órgãos competentes a averiguação dos fatos.

Em entendimento contrário ao nosso, mas no mesmo sentido da posição prevalente no STF, o STJ entendeu, no julgamento do HC 131.792, j. 22.11.11, que, diante da taxatividade das hipóteses de impedimento listadas no artigo 252 do CPP, o conceito de "jurisdição" não pode ser estendido para alcançar a atuação do mesmo magistrado em esferas de naturezas distintas, ainda que sobre os mesmos fatos. Com esse entendimento, os ministros da Quinta Turma mantiveram a ação penal contra uma magistrada estadual, que teve a denúncia contra ela recebida pelo Órgão Especial do TJSP, mesmo diante da circunstância de que oito desembargadores integrantes do Órgão Especial tivessem anteriormente votado a favor da aplicação da pena de remoção compulsória contra ela, pelos mesmos fatos, em procedimento administrativo instaurado no âmbito da Corregedoria-Geral da Justiça de São Paulo.

No julgamento do Resp 1.378.952, DJe 14.05.18, o STF entendeu que a participação no julgamento, em segundo grau, de magistrado que atuou no processo durante a tramitação na instância anterior só gera impedimento se o julgador proferiu atos com natureza decisória. Despachos meramente ordinatórios, em que o juiz não se vincula a qualquer tese minimamente influenciadora do resultado da causa, não possuem esse efeito.

27.3.3 Suspeição

As causas de suspeição guardam, em regra, conexão com situações de cunho externo e subjetivo que podem macular a imparcialidade do magistrado, razão pela qual são chamadas de causas de incapacidade subjetiva do juiz. De fato, há situações decorrentes da vida cotidiana que podem trazer, ainda que em mera análise externa subjetiva, um certo interesse do magistrado na decisão da causa, motivo pelo qual o legislador previu, no rol exemplificativo do art. 254 do CPP, as causas de suspeição do magistrado. A atuação de um juiz suspeito é causa de nulidade absoluta do processo, nos termos do art. 564, I, do CPP, podendo ser arguida a qualquer tempo pelas partes.

Conforme se infere do art. 254 do CPP, o próprio magistrado pode se dar por suspeito ou, se não o fiz, poderá ter sua suspeição alegada por qualquer das partes por meio de exceção, regulada nos arts. 96 a 107 do CPP. As causas exemplificativas da suspeição foram previstas nos incisos I a VI do art. 254 do CPP. Vejamos:

I. se for amigo íntimo ou inimigo capital de qualquer deles: amizade íntima é aquela que pressupõe não somente o convívio entre o magistrado e a parte, mas uma relação mais profunda de conexão entre as vidas, que pode perpassar pelo apadrinhamento de filhos, viagens em família reiteradas, visitas frequentes à residência, enfim, situações que aos olhos externos qualquer pessoa seja capaz de identificar uma relação profunda de amizade, que não se confunde com encontros casuais ou cumprimentos ordinários, típicos de conhecidos. Por outro lado, a inimizade capital pressupõe um sentimento de rancor, ódio ou vingança, não se confundindo com a mera divergência de posicionamentos ou mera antipatia. É, assim como a amizade íntima, mais profunda. A simples reiteração de decisões contrárias ao interesse da parte não é apta a revelar qualquer espécie de inimizade, especialmente porque sujeitas a recurso. A amizade ou inimizade, em regra, devem ser anteriores à distribuição do processo. Em regra, porque tanto a amizade como a inimizade podem surgir durante o trâmite processual por circunstâncias diversas. Não se admite, contudo, o reconhecimento da suspeição quando essa derivar de ato provocativo da parte, quando, por exemplo, a parte injuriar o juiz ou de propósito der motivo para criá-la (art. 256, CPP). A relação que estabelece a amizade ou inimizade deve ser com a parte material e não com seus advogados.[4] Isso porque o advogado é mero representante da parte (acusado ou vítima), ao passo que o membro do Ministério Público não atua em interesse pessoal, mas da instituição. Logo, não há fundamento para declaração de suspeição previsto no CPP quando houver amizade íntima ou inimizade capital entre o magistrado e promotor ou entre magistrado e advogado da parte. Isso não significa, contudo, que o magistrado não possa se dar por suspeito por motivo de foro íntimo, com fundamento no art. 145, §1º do CPC. Não há razões para se reconhecer a hipótese como passível de suspeição no processo civil e não a concebê-la como possível no processo penal, vez que o próprio CPC, art. 145, I, reconhece a situação como causa de suspeição.

II. se ele, seu cônjuge, ascendente ou descendente, estiver respondendo a processo por fato análogo, sobre cujo caráter criminoso haja controvérsia: a previsão, originária de 1941, contempla situação na qual o legislador tenta evitar a construção de precedentes por parte do magistrado interessado em caso que ele, seu cônjuge ou companheiro, ascendente ou descendente, responda a processo por fato análogo. A *mens legis* envolve apenas os fatos cuja caracterização criminosa não seja pacífica. Apesar de prevista e ainda válida, a causa de suspeição prevista no inciso II guarda, atualmente, pouca relevância, porquanto o amplo acesso à informação acerca dos precedentes dos Tribunais tem o condão de mitigar a relevância da causa de suspeição.

III. se ele, seu cônjuge, ou parente, consanguíneo, ou afim, até o terceiro grau, inclusive, sustentar demanda ou responder a processo que tenha de ser julgado por qualquer das partes: o interesse do magistrado, nesses casos, não é no processo submetido à sua análise, mas em outro processo que ele, seu cônjuge ou companheiro, ou

4. O STJ, no julgamento do HC 762.105 – SP, 3ª Turma, Rel. Min. Nancy Andrigui, DJe 28.10.22, referente à decretação de prisão civil por dívida alimentar, a despeito do pano de fundo cível, forneceu-nos um importante parâmetro para interpretação do dispositivo, ao assinalar a possibilidade de reconhecimento de suspeição com lastro na inimizade entre o magistrado e advogado da parte. (...) 3- O impedimento para que o juiz atue em processo no qual a parte ou o advogado seja também réu de uma ação judicial por ele proposta se justifica porque as desavenças pessoais do juiz com as referidas pessoas podem comprometer à indispensável isenção no julgamento da causa, bem como para evitar que exista a possibilidade de manipulação do resultado de modo a favorecer o julgador no processo que o envolve como parte. 4- Não é lícito ao juiz presidir nenhum processo que envolva a parte ou advogado com quem litiga, na medida em que se trata de impedimento absoluto, pois ligado às partes ou seus representantes, razão pela qual existe a real possibilidade de comprometimento da neutralidade e da imparcialidade em relação a quaisquer causas que porventura os envolvam.5- Ainda que, nas ações penais públicas condicionadas à representação ou nas incondicionadas, o juiz não seja, tecnicamente, o autor de ação penal em face da parte ou de seu advogado, impõe-se o reconhecimento de sua suspeição com base no art. 145, I, do CPC/15, especialmente quando se depreende do contexto fático a existência de evidente inimizade. 6- O juiz que reconheceu sua suspeição com fundamento em inimizade com a parte ou advogado tem a sua neutralidade e imparcialidade comprometidas em relação a quaisquer processos que os envolvam, ainda que a suspeição apenas tenha sido reconhecida em um desses processos.7- O reconhecimento do impedimento com base no art. 144, IX, e também da suspeição com base no art. 145, I, ambos do CPC/15, uma vez lançado em algum dos processos que envolvem as partes ou advogados em conflito com o julgador, produzem efeitos expansivos em relação aos demais processos, inviabilizando a atuação do juiz em quaisquer deles, independentemente de expressa manifestação em cada um dos processos individualmente.(...).

parente elencado no inciso III venha a responder perante aquele que, por coincidência, é parte no processo que gera a suspeição. Trata a hipótese, portanto, de uma suspeição cruzada, a exemplo do juiz, que responde a um processo perante o Tribunal de Justiça, e o filho do desembargador relator é parte em um processo em trâmite perante o juízo do magistrado.

IV. se tiver aconselhado qualquer das partes: o aconselhamento a que se refere o dispositivo é o jurídico, revelador da posição do magistrado. De fato, ao aconselhar a parte, indicando o caminho jurídico a ser seguido, o magistrado antecipa seu posicionamento, restando suspeito para a causa. Contudo, o mero conselho para procurar assistência jurídica ou esclarecer questão de natureza processual, não implica a suspeição.

V. se for credor ou devedor, tutor ou curador, de qualquer das partes: como tutor ou curador, o magistrado passa a ser o representante da parte, de forma que há uma incompatibilidade lógica entre a representação e o poder de julgar. A hipótese melhor teria sido enquadrada como impedimento em razão da impossibilidade jurídica. Por outro lado, sendo credor ou devedor, há fundado receio quanto à parcialidade do juiz, porquanto poderia proferir decisão visando prejudicar o devedor que não lhe satisfaz a obrigação, ou, contrário, favorável ao credor visando evitar uma futura cobrança.

VI. se for sócio, acionista ou administrador de sociedade interessada no processo: a exemplo da hipótese anterior, ainda que as pessoas jurídicas possuam personalidade jurídica distinta da dos seus sócios, sendo a sociedade parte no processo, o magistrado sócio ou acionista possui interesse direto na demanda, não sendo admissível que venha a oficiar no caso. No tocante à figura do administrador, a LC 35/79 expressamente veda a atuação do magistrado como administrador, salvo na hipótese de associação de classe (art. 36, II).

Além das hipóteses acima previstas, há que se aplicar as hipóteses de suspeição previstas no art. 145 do CPC, pois não há justificativa razoável para se reconhecer a suspeição de um magistrado em processo cível e, pelo mesmo fato, não o reconhecê-la em processo criminal.

> Art. 145. Há suspeição do juiz:
> I - amigo íntimo ou inimigo de qualquer das partes ou de seus advogados;
> II - que receber presentes de pessoas que tiverem interesse na causa antes ou depois de iniciado o processo, que aconselhar alguma das partes acerca do objeto da causa ou que subministrar meios para atender às despesas do litígio;
> III - quando qualquer das partes for sua credora ou devedora, de seu cônjuge ou companheiro ou de parentes destes, em linha reta até o terceiro grau, inclusive;
> IV - interessado no julgamento do processo em favor de qualquer das partes.
> § 1º Poderá o juiz declarar-se suspeito por motivo de foro íntimo, sem necessidade de declarar suas razões.
> § 2º Será ilegítima a alegação de suspeição quando:
> I - houver sido provocada por quem a alega;
> II - a parte que a alega houver praticado ato que signifique manifesta aceitação do arguido

O art. 255 do CPP dispõe que "o impedimento ou suspeição decorrente de parentesco por afinidade cessará pela dissolução do casamento que lhe tiver dado causa, salvo sobrevindo descendentes; mas, ainda que dissolvido o casamento sem descendentes, não funcionará como juiz o sogro, o padrasto, o cunhado, o genro ou enteado de quem for parte no processo".

A hipótese trata do fim do impedimento ou suspeição decorrente do parentesco por afinidade, como regra, nos casos de encerramento do casamento pelo divórcio, morte ou anulação, excepcionando duas situações: a) as regras do impedimento e suspeição permanecerão válidas para os parentes afins quando houver descendentes; b) não havendo descendentes, as regras do impedimento e suspeição possuem ultra-atividade para o juiz que tenha sido sogro, padrasto, cunhado, genro ou enteado da parte

27.3.4 Incompatibilidade

A incompatibilidade, instituto não regulamentado no CPP, segundo o entendimento majoritário, caracteriza-se por situações que não se amoldam, diretamente, nas hipóteses dos artigos 252 e 254 do CPP, a exemplo da alegação de incompatibilidade por foro íntimo por parte do magistrado.

Havendo, portanto, hipótese de impedimento ou incompatibilidade, o magistrado deverá, de ofício, dar-se por impedido ou registrar sua incompatibilidade, a exemplo da suspeição, conforme interpretação lógica dos arts. 97 e 112 do CPP, comunicando, no caso de incompatibilidade, à Corregedoria de Justiça na forma do art. 1º da Resolução 82/09 do CNJ.

27.4 MINISTÉRIO PÚBLICO

O art. 127 da Constituição Federal assinala que o Ministério Público é instituição permanente, essencial à função jurisdicional do Estado, incumbindo-lhe a defesa da ordem jurídica, do regime democrático e dos interesses sociais e individuais indisponíveis.

Na seara criminal, em especial, ao Ministério Público foi conferida a titularidade privativa da ação penal pública (art. 129, I, CF, e art. 257, I, CPP), consagrando-o como *dominus litis*. Ocorre que, dada a importância das missões constitucionais, a atuação do *parquet* no processo penal não se restringe a de órgão de acusação, porquanto o legislador ordinário, seguindo a trilha constitucional de defesa da ordem jurídica, estabeleceu a função de fiscalização da execução da lei (art. 257, II, CPP).

O Ministério Público é uma instituição independente, não subordinada aos Poderes da República, que possui funções constitucionalmente consagradas. Seus membros, assim como os membros do Poder Judiciário, gozam das prerrogativas da vitaliciedade, inamovibilidade e irredutibilidade dos vencimentos, construídas para assegurar o pleno exercício de suas funções de forma livre e independente (art. 128, §5º, I, CF).

Como instituição essencial à função jurisdicional, a principiologia que norteia a atuação do Ministério Público passa pelos princípios da unidade e indivisibilidade (art. 127, §1º, CF), no sentido de que a manifestação de um membro do *parquet* é a manifestação da própria instituição, que congloba todos os membros de um determinado Ministério Público, chefiado pelo Procurador-Geral de Justiça.

Não obstante a unidade e indivisibilidade, no sentido da atuação institucional e não pessoal, pois quem atua é o Ministério Público e não o indivíduo que integra a carreira, os membros da instituição gozam do fundamental princípio da independência funcional (art. 127, §1º, CF), essencial para o fiel e correto exercício das funções ministeriais. O princípio assegura a liberdade nas manifestações, afastando qualquer ingerência do Chefe da Instituição ou de qualquer outro Poder. Exige-se, tão somente, que as manifestações dos promotores de justiça sejam motivadas e dotadas de justa causa.

Fechando a principiologia ministerial, vale lembrar a autonomia funcional, administrativa e financeira (art. 127, §2º, CF), voltadas para assegurar a independência da instituição, porquanto, funcionalmente, poderá autogovernar-se, editando normas internas. Administrativamente poderá gerir suas questões internas de forma independente, deflagrando concursos, atos de promoção e remoção, entre outros, e, por fim, financeiramente terá condições de realizar seu planejamento financeiro por meio da elaboração de proposta orçamentária.

27.4.1 O Ministério Público é parte parcial ou imparcial?

A dúvida surge porque o Ministério Público, além de ser o órgão de acusação nas ações penais públicas, possui a função de fiscal da ordem jurídica. A doutrina majoritária eleva a atuação ministerial ao patamar de abstração no sentido que deverá, na busca da tutela dos interesses do Estado na seara criminal, observar, com imparcialidade, as normas regentes e agir de forma isenta no processo penal, porquanto o *parquet* não revela um interesse unilateral contraposto aos interesses do acusado por não possuir interesse próprio. Logo, ao Ministério Público, como órgão de acusação, interessa a adequada aplicação da lei e a busca da verdade.

Nesse contexto, o papel de parte do Ministério Público no processo penal foge à regra ordinária que pressupõe a parcialidade da parte, pois, como autor da ação penal, a despeito de dela não poder desistir, o Ministério Público não está vinculado ao seu pleito original, vez que pode, perfeitamente, pugnar pela desclassificação do crime ou mesmo absolvição do acusado.

Como órgão independente e, no processual penal, atuante na defesa do Estado e da sociedade, parece-nos inegável o dever ministerial de fiel e escorreitamente observar as normas que tutelam direitos e garantias individuais. Assim, estando diante de uma prisão ilegal por excesso de prazo ou de provas que não suportam minimamente uma acusação, deverá pugnar pela liberdade do agente ou pelo arquivamento da investigação criminal. Em juízo, inexistindo provas minimamente seguras para a condenação, deverá pleitear a absolvição, sem que tais condutas, em nossa compreensão, afastem sua qualidade da parte parcial no processo.

Isso porque decorrem do dever geral de boa-fé, e, como órgão responsável pela fiscalização da ordem jurídica, é o mínimo a se exigir. Isso não significa, contudo, que não seja parte parcial, porquanto igualmente deverá agir no sentido de buscar corroborar, judicialmente, as provas produzidas na investigação criminal.

É da essência do sistema acusatório o antagonismo, que permitirá a reconstrução dos fatos de forma a entregar, para o magistrado, visões distintas sobre o fato objeto de análise. A possibilidade de pleitear a absolvição ao final por parte do Ministério Público não o transforma em parte imparcial, mas tão somente revela o cumprimento de um dever maior de observância à Constituição Federal. Entretanto, até esse momento, deverá buscar, com parcialidade, construir a prova no sentido da imputação formulada em juízo, porquanto esse também é seu dever no processo penal. O que não se exige do *parquet* é a busca incessante pela condenação, sustentando-a mesmo sem provas.

A própria atuação ministerial em segunda instância, nos recursos exclusivos da acusação, é apta a revelar sua qualidade de parte parcial no processo penal. O art. 610, parágrafo único do CPP, dispõe que anunciado o julgamento pelo presidente, e apregoadas as partes, com a presença destas ou à sua revelia, o relator fará a exposição do feito e, em seguida, o presidente concederá, pelo prazo de 10 (dez) minutos, a palavra aos advogados ou às partes que a solicitarem e ao Procurador-Geral, quando o requerer, por igual prazo.

Pelo dispositivo, o Ministério Público teria a palavra sempre ao final, ainda que diante de recurso exclusivo da acusação. Apreciando o dispositivo, o STF, no julgamento do HC 87.926/SP, DJe 20.02.08, decidiu que, nos recursos exclusivos da acusação, a mera invocação do direito de falar por último como *custus legis* revela "um desses artifícios linguísticos que tendem a fraudar as garantias essenciais a um sistema penal verdadeiramente acusatório ou de partes". Logo, o STF decidiu que o *parquet*, nos recursos exclusivos da acusação, deve se manifestar, na sessão de julgamento, antes da sustentação oral da defesa, em respeito ao devido processo legal, que assegura à defesa o direito de manifestar por último. Nos demais casos, de recurso exclusivo da defesa ou recursos de ambas as partes, ainda prevalece a possibilidade de manifestação ao final pelo órgão do Ministério Público com atuação em segundo grau.

No que concerne às ações penais públicas de iniciativa privada, não há divergências quanto ao papel ministerial de fiscal da ordem jurídica.

27.4.2 Princípio do promotor natural

De acordo com o art. 5º, inc. LIII, da Constituição Federal, ninguém será processado nem sentenciado senão pela autoridade competente. Assim como no princípio do juiz natural, a Constituição optou por se valer da expressão "**autoridade competente**" ao prever que ninguém será **processado** ou sentenciado senão pela autoridade competente.

O princípio veda, portanto, designações de promotores *ad hoc* ou específicos para atuação em determinados casos, como, por exemplo, o Procurador-Geral designar "seu melhor" promotor de júri para participar do caso por ser importante, em típico caso de "acusador de exceção". O princípio atinge somente o aspecto processual, não alcançando a fase inquisitorial, vez que nessa ainda não há acusação.

Reforçando a existência do princípio no ordenamento jurídico pátrio, o STF, no julgamento da ADI 2854, DJe 16.12.20, decidiu que:

> 1. **A Jurisprudência do SUPREMO TRIBUNAL FEDERAL reconhece a existência do princípio do promotor natural**, garantia de imparcialidade da atuação do órgão do Ministério Público, tanto a favor da sociedade quanto a favor do próprio acusado, que não pode ser submetido a um acusador de exceção (nem para privilegiá-lo, nem para auxiliá-lo). 2. É inadmissível, após o advento da Constituição Federal de 1988, regulamentada pela Lei Orgânica Nacional do Ministério Público (Lei 8.625/1993), que o Procurador-Geral faça designações arbitrárias de Promotores de Justiça para uma Promotoria ou para as funções de outro Promotor, que seria afastado compulsoriamente de suas atribuições e prerrogativas legais, porque isso seria ferir a garantia da inamovibilidade prevista no texto constitucional. 3. A avocação de atribuições de membro do Ministério Público pelo Procurador-Geral implica quebra na identidade natural do promotor responsável, já que não é atribuição ordinária da Chefia do Ministério Público atuar em substituição a membros do órgão. Essa hipótese de avocação deve ser condicionada à aceitação do próprio promotor natural, cujas atribuições se pretende avocar pelo PGJ, para afastar

a possibilidade de desempenho de atividades ministeriais por acusador de exceção, em prejuízo da independência funcional de todos os membros. 4. Ação Direta julgada parcialmente procedente para conferir interpretação conforme à norma impugnada, para estabelecer que a avocação, pelo Procurador-Geral de Justiça, de funções afetas a outro membro do Ministério Público depende da concordância deste e da deliberação (prévia à avocação e posterior à aceitação pelo promotor natural) do Conselho Superior respectivo.

A atuação de promotores em grupos especializados de combate ao crime organizado, por exemplo, conhecidos por **GAECO**, não viola o princípio do promotor natural segundo o entendimento do STJ:

> É consolidado nos Tribunais Superiores o entendimento de que a atuação de promotores auxiliares ou de grupos especializados, como o Grupo de Atuação Especial de Combate ao Crime Organizado (GAECO) não ofende o Princípio do Promotor Natural, uma vez que, nessa hipótese, amplia-se a capacidade de investigação, de modo a otimizar os procedimentos necessários à formação da *opinio delicti* do *Parquet*" (STJ, RHC 80773/MS, DJ 16.04.2019).

De igual modo, o STF[5] entende que a **subscrição da denúncia por vários membros** do *parquet* não viola o princípio, sendo tão somente uma reunião de forças para o oferecimento da denúncia. Exige-se, contudo, que o promotor natural do caso subscreva a peça.

27.4.3 Impedimentos e suspeições do órgão do Ministério Público

A despeito da nossa compreensão do Ministério Público como parte parcial, entendemos que não há obstáculo algum na aplicação das regras atinentes aos impedimentos e suspeições, pois, apesar da parcialidade, impõe-se ao *parquet* o dever da fiel observância do sistema jurídico como um todo, tanto que também atua como *custus iuris*.

Nessa esteira, o art. 258 do CPP prevê que os órgãos do Ministério Público não funcionarão nos processos em que o juiz ou qualquer das partes for seu cônjuge, ou parente, consanguíneo ou afim, em linha reta ou colateral, até o terceiro grau, inclusive, e a eles se estendem, no que lhes for aplicável, as prescrições relativas à suspeição e aos impedimentos dos juízes.

Diante da redação legal, todo regramento que envolve os artigos 252 a 255 do CPP, somados aos artigos 144 e 145 do CPC, vistos no tópico atinente ao "juiz", são aplicáveis ao Ministério Público.

A particularidade reside na circunstância de que a atuação do promotor de justiça na fase inquisitorial, isto é, de investigação preliminar, não produz qualquer espécie de impedimento ou suspeição, haja vista que é da essência da atuação ministerial no processo penal a participação na colheita das provas, que se destinam justamente à formação da *opinio delicti*.

Nesse sentido é o teor da Súmula 234 do STJ:

> A participação de membro do Ministério Público na fase investigatória criminal não acarreta o seu impedimento ou suspeição para o oferecimento da denúncia.

Ocorre que, diferentemente das hipóteses de atuação de magistrado suspeito ou impedido, a atuação do órgão ministerial suspeito ou impedido não macula o processo de forma absoluta, porquanto as decisões permanecem na seara do Poder Judiciário.

5. STF: RHC 93.247/GO, FJ 30.04.08.

É inegável, entretanto, que a atuação do promotor de justiça nessas condições pode caracterizar falta funcional e responsabilização administrativa. Contudo, na esfera processual, há tão somente uma nulidade relativa, pois, consoante aduzimos, as decisões permanecem nas mãos do Poder Judiciário, devendo a parte, em tese prejudicada, demonstrar o prejuízo apto a gerar a nulidade processual.

27.5 OFENDIDO

O ofendido é a vítima, isto é, o sujeito passivo da infração penal que teve o bem jurídico lesado ou exposto a perigo de lesão. Nos casos de ação penal pública incondicionada, seu papel processual ordinário é restrito à fonte de provas, porquanto poderá ser inquirido (art. 201, CPP), ser submetido a exame pericial, requerer a instauração de inquérito policial e realização de diligências no curso da investigação (arts. 5º e 14, CPP). Nada impede que o ofendido também atue na tutela de seus interesses patrimoniais, requerendo o sequestro de bens imóveis e hipoteca legal (arts. 127 e 134, CPP) e etc.

De forma mais ativa, o ofendido pode se habilitar como assistente da acusação nos processos de ação penal pública (art. 268, CPP) ou, no caso de inércia do órgão ministerial, oferecer a queixa-crime subsidiária na forma do art. 29 do CPP. Nos crimes de ação penal pública condicionada à representação, poderá oferecer a representação, movimentando a estrutura penal para início das investigações e, na seara das ações penais públicas de iniciativa privada, requerer a instauração da investigação e oferecer diretamente a queixa-crime. Vejamos as posições do ofendido na ação penal, conforme sua qualidade de querelante e assistente da acusação.

27.5.1 Querelante

Em regra e no silêncio da lei, a ação penal é pública incondicionada. Há crimes, contudo, que em razão das circunstâncias que envolvem o delito, o legislador confere ao ofendido, em verdadeira substituição processual por legitimação extraordinária, o direito de movimentar a estrutura estatal por meio da ação penal pública de iniciativa privada, que se materializa por meio da queixa-crime. Agindo em nome próprio, na defesa de interesse alheio, o querelante move a queixa-crime contra o querelado, imputando-lhe a prática de uma infração penal.

As razões pelas quais o legislador atribui a iniciativa privada para a ação penal variam de acordo com a política criminal e interesse estatal. Há casos, por exemplo, nos quais o legislador entende que o interesse tutelado, apesar de relevante para o Estado, está mais afeto à própria vítima, como nos crimes contra honra, em regra processados por ação penal de iniciativa privada. Há ainda situações nas quais o legislador deixa a critério do ofendido a opção pela exposição ao processo, por vezes mais danosa que o próprio crime em si, como no delito de induzimento a erro essencial em casamento ou nos próprios crimes contra a honra.

Ao atribuir ao ofendido o direito de mover a ação penal, o Estado respeita a escolha da vítima, que pode optar por não se expor publicamente quanto às circunstâncias do delito, evitando o chamado *strepitus judicii*.

Não se pode olvidar quanto à possibilidade de propositura da ação penal privada subsidiária da pública pelo ofendido. Trata-se da ação penal proposta pelo ofendido em razão da inércia do Ministério Público (art. 5º, LIX, da CF, art. 100, §3º, do CP e art. 29 do CPP). O não oferecimento da denúncia pelo órgão ministerial no prazo legal confere ao ofendido o direito de, em substituição ao titular da ação penal, promover a queixa-crime substitutiva. A previsão legal possui natureza dúplice: direito fundamental previsto no art. 5º da CF e de *accountability* vertical, pois se trata de controle exercício pelo indivíduo sobre a atual ministerial.

O ofendido dispõe do prazo de seis meses (art. 38 do CPP), contados do encerramento do prazo de manifestação do Ministério Público, para intentar a queixa-crime. Decorrido o prazo, opera-se a "decadência" para o ofendido. Ocorre que, na realidade, trata-se de preclusão temporal do direito de ação e não decadência, vez que o direito ainda pode ser exercido por meio de denúncia por parte do *parquet*, razão pela qual não concordamos com a classificação doutrinária de **decadência imprópria** caso o ofendido não a mova no prazo legal, pois o Ministério Público poderá ofertar a denúncia a qualquer tempo desde que o delito não esteja prescrito. Assim, por ser a decadência uma causa extintiva de punibilidade (art. 107, IV, CP), não nos parece adequado adjetivá-la de imprópria.

Apesar de receber a nomenclatura de ação penal de iniciativa privada, trata-se de ação penal pública, não se subordinando, por exemplo, ao princípio da disponibilidade.

27.5.2 Assistente da acusação

Segundo o art. 268 do CPP, em todos os termos da ação pública, poderá intervir, como assistente do Ministério Público, o ofendido ou seu representante legal, ou, na falta, o cônjuge[6], ascendente, descendente ou irmão (art. 31, CPP). A figura do assistente não é obrigatória, sendo uma faculdade conferida aos legitimados, razão pela qual é conhecida como parte contingente, adesiva ou adjunta.

A natureza do interesse na assistência da acusação não é tema pacífico. Por muitos anos, preponderou a ideia de que o interesse jurídico do assistente da acusação era restrito à obtenção de uma decisão judicial condenatória visando a reparação do dano sofrido, sendo voltada, portanto, ao mero interesse patrimonial. De forma minoritária, há posicionamento no sentido de que a figura do assistente da acusação não encontra respaldo na Constituição Federal, pois a atuação do assistente seria voltada para a realização da vingança particular e o Ministério Público, enquanto titular da ação penal, seria dotado de eficiência para resguardar os interesses do ofendido.

Modernamente, em sede majoritária na doutrina, concebe-se a intervenção do assistente da acusação com fundamento não somente na questão patrimonial em si, mas no maior interesse social de uma condenação justa e proporcional ao evento criminoso.

De fato, parece-nos que a natureza do interesse do assistente sobreleva-se à mera questão patrimonial. Em um processo penal, que visa ser democrático, afigura-se perfeitamente razoável que ofendido ou seu representante legal venha a poder participar de forma efetiva do processo, conferindo a esse um viés participativo com a atuação daquele diretamente prejudicado com a prática do delito.

6. Admite-se, por força do art. 226, §3º da CF, a atuação do companheiro.

A doutrina majoritária sustenta que a habilitação como assistente da acusação só pode ser realizada pelo titular do bem jurídico lesado ou colocado em risco, como nos delitos de lesões corporais. Conforme vimos no estudo a ação penal privada subsidiária da pública, ainda que em posição minoritária, entendemos como possível sua propositura nos chamados crimes vagos.

Por coerência, igualmente entendemos como possível a habilitação como assistente daquele que, nos crimes com sujeito passivo indeterminado, sinta-se prejudicado de forma direta com a prática da conduta. Não obstante a lógica do raciocínio que visa afastar a possibilidade de habilitação, entendemos de forma diferente, pois a ausência de identificação de ofendido não significa inexistência de ofendido.

Diante da omissão legal quanto à situação, entendemos que deve prevalecer o interesse público advindo o *ius puniendi* estatal, especialmente porque entendemos pela possibilidade de reconhecimento de dano moral coletivo na ação penal. Vale registrar que o STF, no julgamento da AP 1.002/DF, DJe 26.04.21, a 2ª Turma, por maioria de votos, decidiu pela possibilidade de fixação de danos morais coletivos no processo penal.

Nesse sentido, trazemos à colação trecho do voto do Relator, Min. Edson Fachin:

> Tais circunstâncias são aptas a demonstrar o necessário nexo causal entre as condutas praticadas pelos acusados e o dano moral coletivo ocasionado à sociedade brasileira, razão pela qual reputo configurados os pressupostos da responsabilidade civil que lhes obriga ao dever de indenizar, nos termos do art. 927 do Código Civil. Diante da ofensa a direitos difusos, ou seja, pertencentes a titulares indeterminados, os danos morais coletivos, no caso em análise, têm função eminentemente punitiva, razão pela qual a sua quantificação deve ser guiada primordialmente pelo seu caráter pedagógico, que acolhe tanto a prevenção individual como a geral. Por tal razão, **fixo como valor mínimo indenizatório a título de danos morais coletivos** a quantia de R$ 6.085.075,33 (seis milhões, oitenta e cinco mil, setenta e cinco reais e trinta e três centavos), a ser adimplido de forma solidária pelos condenados em favor do fundo a que alude o art. 13 da Lei 7.357/1985. A referida soma deverá ser corrigida monetariamente a contar do dia da proclamação do resultado do julgamento colegiado, incidindo juros de mora legais a partir do trânsito em julgado deste acórdão.

Assim, reconhecida, ainda que por maioria, a possibilidade de fixação de dano moral coletivo, não observamos óbices à habilitação como assistente do indivíduo eventualmente prejudicado pela prática do delito. Há que se conferir, portanto, àqueles prejudicados pelo delito, ainda de que forma difusa, legitimidade para habilitação, pois o silêncio legal deve ser interpretado sob a luz do princípio da legalidade para o particular, isto é, se a norma não o proíbe ou regula de forma distinta, há que se admitir como possível a habilitação.

Nesse sentido, há decisão do STJ reconhecendo a possibilidade de habilitação de assistente da acusação em processo por crime de perigo abstrato:

> (...) 2. O art. 268 do Código de Processo Penal autoriza a intervenção na ação penal pública, como assistente do Ministério Público, do ofendido ou de seu representante legal, ou, na falta destes, de qualquer das pessoas mencionadas no art. 31 do mesmo diploma processual - cônjuge, ascendente, descendente ou irmão.
>
> 3. Na interpretação do referido dispositivo, deve-se tomar em consideração principalmente a **finalidade da intervenção**, devendo o instituto processual ser tratado como expressão do Estado Democrático de Direito e até mesmo como modalidade de controle - complementar àquele exercido pelo Poder Judiciário - da função acusatória atribuída privativamente ao Ministério Público.

> 4. Há que se mitigar o rigor na análise da presença do interesse jurídico que autorize a assistência, afastando-se a exigência consistente na absoluta vinculação entre a pretensão do interveniente e o objeto jurídico do tipo penal imputado na denúncia, uma vez que, **diante de certas peculiaridades do caso concreto, interesses jurídicos podem assumir caráter metaindividual** e, pulverizados sobre as relações que permeiam o núcleo da demanda, carecer de proteção jurídica igualmente legítima.
>
> 5. Hipótese em que foi indeferida pelo Tribunal de origem a assistência à acusação porque, afastada a ilicitude em relação à morte do filho dos habilitandos, pelo reconhecimento da legítima defesa, e restringindo-se a denúncia ao crime de porte ilegal de arma de fogo - delito que teria como vítima a própria sociedade -, desapareceria a figura do ofendido prevista no art. 268 do CPP e, consequentemente, o próprio interesse jurídico dos impetrantes em intervir na ação penal.
>
> 6. **Embora não possam os recorrentes, a princípio, ser qualificados como ofendidos pelo mero porte ilegal de arma de fogo, o interesse que emana da morte de seu filho encontra-se entrelaçado de forma inarredável com o objeto da ação penal em que pretendem intervir**, independentemente dos vícios do inquérito policial que alegam, ou mesmo do reconhecimento da legítima defesa, a qual não constitui objeto do presente mandamus. RMS 43.227/PE. 5ª Turma, DJe 07.12.15. (grifamos).

Na mesma linha, não há qualquer obstáculo para que o poder público venha a se habilitar como assistente da acusação quando for vítima ou possuir nítido interesse no feito. Aliás, há previsão expressa no art. 2º, §1º do Decreto-Lei 201/67 (Responsabilidade de prefeitos e vereadores), e art. 26, parágrafo único da Lei 7.492/86 (Crimes contra o Sistema Financeiro Nacional), que admite a habilitação da Comissão de Valores Mobiliários (CVM) nas hipóteses previstas.

O corréu no mesmo processo, nos termos do art. 270 do CPP, não poderá intervir como assistente do Ministério Público. É possível, contudo, que, no curso do processo, a figura do corréu deixe de existir, seja por absolvição, impronúncia ou extinção da punibilidade de um dos agentes. Nesses casos, há precedentes do STF[7] e STJ[8] no sentido de se admitir a interposição de recurso por parte daquele que permanece no processo ou foi condenado, contra a decisão, transitada em julgado para o Ministério Público, que afasta a responsabilidade do então corréu. De fato, havendo o trânsito em julgado para o *parquet* quanto à decisão proferida em favor de um dos agentes, não haveria mais a figura do corréu, permitindo a atuação supletiva do agente que teve sua responsabilidade reconhecida ou ainda em análise, nos termos do art. 598 do CPP. Tecnicamente, contudo, não há assistência, porquanto sequer há acusação.

27.5.2.1 Habilitação do assistente

A habilitação do ofendido como assistente só pode ocorrer no curso da ação penal, após o recebimento da denúncia, não sendo admitida a figura do assistente na fase inquisitorial. A conclusão decorre do teor do art. 268 do CPP, que prevê a possibilidade da assistência, em todos os termos da ação pública, omitindo-se quanto a assistência na fase inquisitorial. Isso não significa, todavia, que o ofendido ou seu representante legal ou sucessor (art. 31, CPP) não possa acompanhar, por meio de advogado, o trâmite da investigação.

---

7. AI 28.318, j. 02.05.63.
8. REsp 29.594/RJ, DJ 08.03.93.

O CPP, ao tratar do tema, utiliza no Capítulo IV do Título VIII, apenas a expressão "assistente do Ministério Público". Tal fato, contudo, nunca impediu a doutrina anterior à edição da Lei 10.695/03, de tratar a figura como "assistente da acusação", expressão legalmente consagrada apenas no art. 530-H do CPP, incluído pela referida lei. E, de fato, ao pensarmos em assistente da acusação como expressão consagrada, não podemos nos olvidar que a acusação somente existe em juízo, após a instauração do devido processo legal.

Sobre o tema, o STJ reforça o entendimento supra, no sentido da impossibilidade de habilitação como assistente no curso da investigação:

> 1. Como é de conhecimento, o comando legal contido no art. 268 do Código de Processo Penal não abrange a intervenção do assistente de acusação na fase inquisitorial, o que somente poderá ocorrer após o recebimento da denúncia, quando então se instaura a ação penal.
>
> 2. Todavia, na hipótese dos autos, não há falar na presença do assistente de acusação na fase do inquérito policial, como faz crer a defesa do réu, existindo, apenas, requerimentos protocolizados pela irmã da ofendida e detentora de sua guarda, solicitando novas investigações, o que não se confunde com a figura do assistente de acusação. Ademais, conforme foi dito pela Corte local, a peticionante não foi habilitada nos autos como assistente de acusação e suas manifestações foram submetidas ao Ministério Público, que é o destinatário do resultado das investigações na hipótese de crimes de ação penal pública incondicionada.
>
> 3. Por fim, ainda que não o fosse, destaca-se que esta Corte Superior já entendeu que: "É verdade ser inadmissível a intervenção do assistente de acusação na fase inquisitorial, o que somente poderá ocorrer após o recebimento da denúncia, quando então se instaura a ação penal, conforme dispõe o art. 268 do CPP.
>
> Entretanto, não se pode privar a vítima, que efetivamente sofreu, como sujeito passivo do crime, o gravame causado pelo ato típico e antijurídico, de qualquer tutela jurisdicional, sob pena de ofensa às garantias constitucionais do acesso à justiça e do duplo grau de jurisdição" (HC 123.365/SP, Rel. Ministro OG FERNANDES, Sexta Turma, julgado em 22/6/2010, DJe de 23/8/2010). AgRg no RHC 160122, DJe 22.03.22.

Temos, portanto, que o **termo inicial da habilitação é o recebimento da denúncia**[9]. O **termo final**, por sua vez, é extraído do art. 269 do CPP, que dispõe que o assistente será admitido enquanto não passar em julgado a sentença e receberá a causa no estado em que se achar. Logo, **enquanto não houver o trânsito em julgado da decisão**, haverá possibilidade de habilitação como assistente.

No âmbito do procedimento do **Tribunal do Júri** a regra é a geral, permitindo a habilitação até o trânsito em julgado da decisão. Contudo, nos termos do art. 430 do CPP, especificamente **para participação da sessão plenária de julgamento**, o assistente somente será admitido se tiver requerido sua habilitação **até 5 (cinco) dias antes da data da sessão na qual pretenda atuar**. Caso não tenha se habilitado no prazo acima, poderá, perfeitamente, habilitar-se posteriormente para acompanhamento do processo.

A figura do assistente não se confunde com a de seu advogado ou defensor público, representante processual apto a praticar os atos processuais. Há, no art. 457, *caput*, CPP,

---

9. Em outubro de 2023, o Min. Dias Toffoli, em decisão monocrática, admitiu o Min. Alexandre de Moraes como assistente da acusação em sede de investigação quanto à suposta agressão ao último, ocorrida em Roma, em 2023. Em razão da natureza provisória da medida, recém impugnada pela PGR no momento do fechamento da obra, optamos por tratar do tema em sede de nota de rodapé, não somente pela flagrante contrariedade ao sistema processual pátrio, mas principalmente pela ausência de fundamentação justificadora.

uma impropriedade técnica legislativa ao prever que o julgamento no plenário do Tribunal do Júri não será adiado pelo não comparecimento do assistente. Na realidade, a previsão destina-se ao representante processual do assistente, e não ao ofendido em si.

O pedido de assistência via de regra é formulado nos autos pelo ofendido, devendo o Ministério Público se manifestar previamente sobre sua admissão (art. 272, CPP). A assistência é um direito conferido ao ofendido ou seu representante legal ou sucessores (art. 31), de forma que a análise ministerial deve ser restrita à satisfação dos requisitos legais e legitimidade, não podendo adentrar no mérito ou conveniência do pedido. É possível, igualmente, que o próprio Ministério Público seja acionado diretamente pelo ofendido solicitando a assistência por meio de advogado, e apresente manifestação ao juízo anuindo com o pedido de assistência.

Do despacho que admitir, ou não, o assistente, não caberá recurso, devendo, entretanto, constar dos autos o pedido e a decisão (art. 273, CPP). Apesar da irrecorribilidade da decisão, é possível, dada a natureza do direito assegurado legalmente, a impetração de mandado de segurança pelo pretenso assistente para satisfação de seu direito, para nós, líquido e certo quando satisfeitos os requisitos legais.

27.5.2.2 Direitos e atribuições do assistente

Admitida a assistência, o representante processual do assistente deverá ser intimado de todos os atos processuais, vez que, como parte acessória, passa a integrar a relação processual. Diferentemente do Ministério Público, que goza do direito de intimação pessoal (art. 370, §4º), o assistente será intimado por publicação, na forma do art. 370, §1º, CPP, que dispõe: "A intimação do defensor constituído, do advogado do querelante e do assistente far-se-á por publicação no órgão incumbido da publicidade dos atos judiciais da comarca, incluindo, sob pena de nulidade, o nome do acusado".

O não comparecimento ou prática de atos processuais pelo assistente, devidamente intimado, não implica o adiamento do ato, porquanto, como parte acessória, sua omissão não tem o condão de impedir a realização do ato em razão da participação da parte principal, o Ministério Público[10]. Entretanto, nos termos do §2º do art. 271 do CPP, o processo prosseguirá independentemente de nova intimação do assistente, quando este, intimado, deixar de comparecer a qualquer dos atos da instrução ou do julgamento, sem motivo de força maior devidamente comprovado. Aplica-se, portanto, a regra similar à revelia ao assistente, cessando a necessidade de intimação caso não justifique as razões da não realização ou participação do ato para o qual foi intimado. Nesse sentido é a jurisprudência do STJ:

> Se, após o oferecimento das razões de apelação pelo Ministério Público, o assistente de acusação, apesar de intimado, deixa de se manifestar, nos termos do art. 600, I, do Código de Processo Penal, fica evidenciado seu desinteresse na causa, não havendo mais necessidade de sua intimação para os atos posteriores, por força do disposto no art. 271, § 2º, do mesmo Estatuto, ficando afastada a nulidade reconhecida pela Corte de origem. REsp 1035320, 6ª Turma, DJe 27.09.13.

Nos termos do art. 271 do CPP, ao assistente será permitido propor meios de prova, requerer perguntas às testemunhas, aditar o libelo e os articulados, participar do debate

10. Vide art. 457, CPP.

oral e arrazoar os recursos interpostos pelo Ministério Público, ou por ele próprio, nos casos dos arts. 584, § 1º, e 598. As atribuições do assistente, contudo, não se restringem à previsão do art. 271 do CPP, sendo-lhe facultada a prática de outros atos processuais.

Vejamos algumas das atribuições do assistente da acusação no processo penal.

a) Propor meio de prova: o assistente poderá requerer a produção de provas, a exemplo da pericial, reconhecimento de pessoas e coisas, bem como promover a juntada de documentos. Dúvida que ainda paira na doutrina refere-se à possibilidade do assistente arrolar testemunhas no processo, porquanto o momento para a apresentação do rol de testemunhas é o do oferecimento da denúncia nos termos do art. 41 do CPP e, como o assistente ingressa no processo recebendo-o no estágio em que se encontra, a apresentação de novo rol de testemunhas pelo assistente estaria precluso. Assim, todavia, não entendemos, pois alijá-lo da produção da prova testemunhal tão somente porque ingressa no processo após o recebimento da denúncia equivaleria a restringir o direito de participação efetiva no processo. Dessa forma, entendemos que o assistente pode apresentar novo rol de testemunhas, até o limite máximo previsto para a acusação, de forma que, no procedimento ordinário, por exemplo, o número de testemunhas apresentado pelo Ministério Público e assistente não poderá ser superior a oito testemunhas. Assim, se o *parquet* arrolou quatro testemunhas, o assistente, por sua vez, poderia arrolar outras quatro testemunhas. Entendemos, ainda, que o rol deve ser apresentado antes da apresentação resposta acusação, permitindo ao réu o direito de conhecer as testemunhas arroladas e preparar de forma adequada sua defesa. O STJ, enfrentando o assunto, decidiu que o assistente pode arrolar testemunhas, desde que respeitado o número legal e a tempestividade[11], fixada essa até o oferecimento da resposta à acusação. Entretanto, admitiu a possibilidade do magistrado inquirir as testemunhas arroladas a destempo como testemunhas do juízo, decisão com a qual não entendemos razoável porquanto violadora da preclusão e permissiva de atuação supletiva do magistrado em prol da acusação[12]:

> Segundo o art. 271 do CPP, como auxiliar do Ministério Público, o assistente de acusação tem o direito de produzir provas, inclusive de arrolar testemunhas, pois, caso contrário, não teria como exercer o seu papel na ação penal pública.
>
> No caso dos autos, muito embora a Assistente de Acusação haja apresentado rol de Testemunhas após a apresentação de Resposta à Acusação, e, portanto, a destempo, as testemunhas apontadas foram ouvidas na qualidade de Testemunhas do Juízo, que entendeu que a

11. RHC 112147, DJe 06.06.19.

12. Em situação similar, o STJ negou à Defensoria Pública o direito de apresentar rol de testemunhas de forma extemporânea: 1. Como é de conhecimento, nos moldes do art. 396-A do Código de Processo Penal, o rol de testemunhas deve ser apresentado no momento processual adequado, ou seja, quando da apresentação da resposta preliminar, sob pena de preclusão. Em respeito à ordem dos atos processuais não configura cerceamento de defesa o indeferimento da apresentação extemporânea do rol de testemunhas. 2. A teor dos precedentes desta Corte, inexiste nulidade na desconsideração do rol de testemunhas quando apresentado fora da fase estabelecida no art. 396-A do CPP (REsp 1.828.483/MG, Rel. Ministro ROGERIO SCHIETTI CRUZ, Sexta Turma, julgado em 3/12/2019, DJe de 6/12/2019). 3. Na hipótese, não há falar em manifesto prejuízo para a defesa do réu, em razão do indeferimento da apresentação do rol de testemunhas em momento posterior. Consoante a fundamentação apresentada pela Corte local, não obstante a defesa do acusado seja exercida pela Defensoria Pública, observa-se, no caso em exame, que houve pedido genérico para apresentação do rol de testemunhas de forma extemporânea, sem levar em consideração que a audiência de instrução foi designada para data distante, havendo, portanto, tempo disponível para que a defesa tenha acesso ao acusado, atualmente recolhido ao cárcere, mesmo com todas as dificuldades e limitações decorrentes da pandemia. Ademais, em sede de resposta à acusação, a Defensoria Pública não noticiou qualquer dificuldade para contato com o réu e seus familiares, tampouco para a identificação de testemunhas. AgRg no RHC 161330.

referida oitiva era necessária para o deslinde da Ação Penal, em observância ao princípio da busca da verdade real, não havendo qualquer impugnação do, ora recorrente, por ocasião da Audiência de Instrução.

Assim, mesmo que as testemunhas tenham sido apresentadas a destempo pela assistente da acusação, a simples possibilidade de ser inquiridas como testemunhas do juízo afasta a ilegalidade suscitada na irresignação, uma vez que ao deferir as oitivas, o magistrado de origem entendeu que a inquirição seria relevante, considerando a aludida prova oral necessária para o deslinde da controvérsia, motivo pelo qual pode ter suas declarações colhidas, nos termos dos artigos 156 e 209 do CPP. AgRg no AREsp 1849946, DJe 01.06.21.

b) Direito de reperguntar as testemunhas: como atividade natural do assistente, esse poderá formular perguntas às testemunhas, sempre após o Ministério Público e antes da defesa, no caso de testemunha de acusação.

c) Aditar os articulados: o art. 271 do CPP menciona a prerrogativa de aditar os articulados e o libelo por parte do assistente da acusação. Diante da supressão do libelo crime acusatório do ordenamento jurídico, a previsão restringe-se aos articulados, isto é, às manifestações do Ministério Público após a resposta à acusação, alegações finais e outras manifestações incidentais. Em hipótese alguma se admite a possibilidade de aditamento à denúncia pelo assistente.

d) Arrazoar e contrarrazoar os recursos interpostos: não obstante o assistente possa recorrer diretamente, conforme veremos no capítulo de recursos, interposto o recurso pelo Ministério Público, o assistente poderá arrazoá-lo, não podendo, contudo, ampliar o objeto recursal, vez que, caso entenda pela necessidade de ampliação, pode recorrer em nome próprio. Igualmente, o assistente poderá contrarrazoar os recursos interpostos pela defesa.

e) Requerer a decretação de medidas cautelares pessoais: a Lei 12.403/11 conferiu legitimidade ao assistente da acusação para requerer a decretação da prisão preventiva nos termos do art. 311 do CPP. De forma genérica, o art. 282, §2º do CPP confere *às partes* o direito de requerer medidas cautelares pessoais, motivo pelo qual entendemos por possível que o assistente formule requerimento de medidas cautelares diversas da prisão. De fato, seria minimamente estranho conferir-se o direito para o pleito de prisão e não para as medidas cautelares diversas da prisão. E, nesse sentido, entendemos por superada a Súmula 208 do STF que prevê que "o assistente do Ministério Público não pode recorrer extraordinariamente de decisão concessiva de *habeas corpus*".

f) Requerer medidas cautelares patrimoniais: dada a natureza da intervenção do assistente da acusação, parece-nos perfeitamente possível que possa formular requerimento de medidas cautelares de natureza patrimonial, a exemplo do que se infere do teor dos arts. 127 (sequestro) e 134 (hipoteca legal), ambos do CPP.

g) Opor exceção de suspeição e incompetência: Conforme destacamos, ocorrendo a suspeição, o juiz deve afirmá-la de ofício, fazendo-o por escrito de forma fundamentada, remetendo os autos para o substituto legal nos termos do art. 97 do CPP[13]. Não o fazendo de ofício, nos termos do art. 98 do CPP, qualquer das partes que pretender recusar o juiz, deverá fazê-lo em petição assinada por ela própria ou por procurador

13. Art. 97. O juiz que espontaneamente afirmar suspeição deverá fazê-lo por escrito, declarando o motivo legal, e remeterá imediatamente o processo ao seu substituto, intimadas as partes.

com poderes especiais, aduzindo as suas razões acompanhadas de prova documental ou do rol de testemunhas. Discute-se, doutrinariamente, acerca da possibilidade de o assistente da acusação opor a exceção. Particularmente, não vemos qualquer óbice à atuação do assistente, vez que pode dispor de informações desconhecidas do Ministério Público. Não obstante, a doutrina majoritária, seguindo a linha interpretativa dos Tribunais Superiores[14], entende que o rol do art. 271 do CPP é taxativo, não admitindo a exceção. Por outro lado, o assistente da acusação, não obstante a divergência doutrinária e o entendimento contrário da jurisprudência dominante, por ausência de previsão no art. 271 do CPP, pode, para nós, opor a exceção de incompetência, pois possui interesse jurídico na escorreita tramitação processual como forma de se evitar eventual nulidade.

h) Participar dos debates orais: os debates orais podem ocorrer na audiência de instrução e julgamento (art. 403, CPP), sessão de julgamento do Tribunal do Júri (art. 476, §1º, CPP) ou perante os Tribunais nos julgamentos dos recursos (art. 610, parágrafo único, CPP) e processo de competência originária (art. 12, I, da Lei 8.038/90). Para nós, à exceção das hipóteses de recurso interposto pelo assistente da acusação, no qual deverá se manifestar antes do Ministério Público, nos demais casos o assistente falará após o *parquet*.

i) Requerer o desaforamento: nos termos do art. 427, *caput*, do CPP, o assistente expressamente poderá formular pedido de desaforamento.

27.5.3 Assistente da acusação como testemunha

Não existe qualquer óbice para que o assistente da acusação seja inquirido no processo. Aliás, sendo o assistente o próprio ofendido, é por demais natural sua oitiva.

A Sexta Turma do STJ, no AgRg no HC 531.009/AC, decidiu que "inexiste óbice à colheita de depoimento de pessoa que figura como assistente de acusação, cabendo ao magistrado aferir o valor probatório das declarações prestadas". No caso analisado, o irmão da vítima, assistente da acusação, foi arrolado como testemunha de defesa. Segundo o STJ:

> Não foi demonstrado o efetivo prejuízo sofrido pelo paciente em virtude da figuração do irmão da vítima como assistente de acusação e testemunha, a uma, porque não promoveu como assistente qualquer ato nos autos originários que pudesse influenciar no resultado final da causa, constando, inclusive, que foi intimado para apresentar alegações finais e se manteve silente, e a duas, porque esta Corte já decidiu que inexiste óbice à colheita de depoimento de pessoa que figura como assistente de acusação, cabendo ao magistrado aferir o valor probatório das declarações prestadas. Precedentes. AgRg no HC 531.009/AC, 6ª Turma, DJe 02.03.21.

27.6 ACUSADO

O acusado revela o polo passivo da ação penal, isto é, aquele contra quem foi proposta a ação penal. Na fase inquisitorial, o agente é designado como mero suspeito ou investigado até a fase do indiciamento, quando passa a ser chamado de indiciado. Proposta a ação penal, o agente passa a ser tratado como denunciado, acusado ou imputado. Não obstante, a legislação processual refere-se ao agente processado, em diversas oportunidades, como réu. Particularmente, não vemos qualquer impropriedade na terminologia, porquanto a própria Constituição Federal faz uso do termo no art. 5º, XL, em situação

14. STJ, REsp 604.379, DJ 06.03.2006.

que não pressupõe sentença condenatória. Entretanto, prevalece na doutrina o entendimento que o termo réu deve ser preservado para o momento posterior ao trânsito em julgado da sentença penal condenatória.

A análise do acusado passa necessariamente pelo contexto da legitimidade passiva. Nessa, analisa-se o agente a quem se imputa o fato criminoso reúne as condições legais e mínimas para responder aos termos do processo. Afasta-se, nessa condição, por exemplo, a imputação de fato típico e ilícito a um inimputável menor de dezoito anos.

Atualmente, não existem mais dúvidas quanto à legitimidade da pessoa jurídica para figurar tanto no polo ativo como passivo da demanda, vez que, podendo ser sujeito ativo de delito (crimes ambientais), poderá figurar como acusada no processo.

Tratando-se de agente inimputável em razão de doença mental ou de desenvolvimento mental incompleto ou retardado (art. 26, *caput*, CP), a aplicação da medida de segurança pressupõe a existência e desenvolvimento regular de processo válido, de forma que não há qualquer impedimento para que os inimputáveis, por questões relacionadas à psique, figurem como acusados. Não se admite, por outro lado, que pessoas já falecidas, seres inanimados ou animais figurem no polo passivo do processo penal.

O acusado deverá ser qualificado de forma mais ampla possível, devendo o autor inserir todas as informações reunidas na inicial acusatória. O inc. II do art. 319 do CPC indica que deverão ser registrados o nome, os prenomes, o estado civil, a existência de união estável, a profissão, o número de inscrição no Cadastro de Pessoas Físicas ou no Cadastro Nacional da Pessoa Jurídica, o endereço eletrônico, o domicílio e a residência do réu.

No âmbito do processo penal, a indicação do número do documento de identidade é de crucial importância, vez que os sistemas de registros policiais ainda se valem do referido documento para fins de identificação. De igual sorte, a indicação da filiação e dos apelidos conhecidos é fundamental, pois não é incomum que as testemunhas refiram-se ao autor da infração penal pela alcunha[15].

Não existindo os dados de qualificação, deverá ser realizada a qualificação indireta quando não se obtém a correta qualificação do acusado ou demais elementos que possam identificá-lo juridicamente. Nesses casos, é imprescindível que se promova a identificação física com a maior riqueza de detalhes possível, indicando tatuagens, características físicas, local onde pode ser encontrado, apelidos etc. Nesse sentido é o teor do art. 259, CPP: "A impossibilidade de identificação do acusado com o seu verdadeiro nome ou outros qualificativos não retardará a ação penal, quando certa a identidade física. A qualquer tempo, no curso do processo, do julgamento ou da execução da sentença, se for descoberta a sua qualificação, far-se-á a retificação, por termo, nos autos, sem prejuízo da validade dos atos precedentes".

27.6.1 Direitos do acusado

De forma sintética, vez que os direitos do acusado foram e serão vistos por toda a obra, em tópicos próprios, podemos enumerar, sem pretensão de esgotamento, os seguintes direitos:

15. Nesse sentido, dentre outros, está o Manual de Atuação Funcional do Ministério Público do Estado de São Paulo, art. 47, inc. I: mencionar todos os nomes e apelidos usados pelo denunciado e as folhas dos autos em que se encontra sua qualificação, ou esclarecimentos pelos quais se possa identificá-lo e individualizá-lo;

a) Direito de não produzir prova contra si mesmo;

b) Direito ao devido processo legal, com observância do contraditório e ampla defesa, contemplando o direito de ciência e oportunidade por meio da citação e intimações;

c) Direito de ser julgado pelo juízo competente e imparcial;

d) Direito de liberdade, com todos os seus consectários, e de não ser preso senão em flagrante delito ou por ordem escrita e fundamentada da autoridade judiciária competente, salvo nos casos de transgressão militar ou crime propriamente militar, definidos em lei;

e) Direito de não ter contra si utilizadas provas ilícitas;

f) Direito de não ser considerado culpado até o trânsito em julgado da sentença penal condenatória.

g) Direito de ser interrogado pela autoridade competente e de produzir sua autodefesa;

h) Direito ao duplo grau de jurisdição;

i) Direito a um julgamento justo e em prazo razoável.

Há diversos outros direitos, como o de não ser identificado criminalmente quando civilmente identificado, o desaforamento por dúvida quanto à imparcialidade do júri e outros que, de certo modo, trilham a linha da fiel observância do direito ao devido processo legal, com todos os atributos que lhe são inerentes. A menção aos direitos supra visa, tão somente, enumerar alguns dentre os mais importantes assegurados ao acusado.

27.6.2 Defensor

Salvo se habilitado para o exercício da advocacia, o acusado deverá ser representado processualmente um advogado, público, ou particular, de forma a se assegurar a defesa técnica, inafastável no processo penal.

O defensor não é parte processual, pois exerce tão somente o papel de representante processual do acusado. Seu papel, contudo, pode ser definido como *sui generis*, porquanto está vinculado à realização da defesa mesmo que o acusado assim não deseje. A defesa, portanto, deve ser vista como um múnus, ao qual o defensor deve conduzi-la visando sempre a melhor solução para o acusado.

O direito de escolher seu próprio defensor é inerente ao exercício da ampla defesa, cabendo ao acusado diligenciar nesse sentido. Constituindo advogado por conta própria, estaremos diante da figura do **defensor constituído**, cuja constituição normalmente é realizada por mandato. Contudo, o mandato é dispensável se o acusado constituir o defensor por ocasião de seu interrogatório[16] (art. 266, CP), circunstância atualmente pouco usual, pois o interrogatório deixou de ser o primeiro ato da instrução para ser o último com a reforma de 2008. Nada impede, contudo, que tendo sido representado pela Defensoria Pública por todo o processo, opte, por ocasião do interrogatório, por constituir advogado para prosseguimento do processo.

Há situações nas quais a lei exige poderes especiais conferidos ao defensor, como na oposição de suspeição, impedimento ou incompatibilidade (art. 98, CPP), arguição

16. Chamada de *apud acta*.

de falsidade documental (art. 146, CPP) e aceitação do perdão (arts. 55 e 59, CPP). O STJ, em particular, tem exigido procuração com poderes especiais para desistência de recurso e renúncia ao direito de recorrer[17].

O acusado também pode ser representado pela **Defensoria Pública**, caso não disponha de recursos suficientes para contratar advogado, dando vazão à obrigação estatal de prestar assistência jurídica integral e gratuita aos que comprovarem insuficiência de recursos (art. 5º, LXXIV, CF). A instituição é essencial à função jurisdicional do Estado, incumbindo-lhe a orientação jurídica e a defesa, em todos os graus, **dos necessitados**, nos termos do art. 134, CF.

A Defensoria Pública, enquanto instituição estatal voltada para tutela dos hipossuficientes, não detém poderes para a promoção da defesa do acusado que dispõe de recursos para custeio da própria defesa, sob pena de desvirtuamento da instituição. Nesse sentido, caso o acusado, detentor de recursos financeiros, não constitua advogado, o magistrado deverá nomear lhe um **defensor dativo**, integrante dos quadros da OAB, pois a defesa técnica é imprescindível (art. 261, CPP). Nesses casos, a despeito da nomeação pelo magistrado, caberá ao acusado custear as despesas da nomeação, conforme se extrai do parágrafo único do art. 263 do CPP: "O acusado, que não for pobre, será obrigado a pagar os honorários do defensor dativo, arbitrados pelo juiz".

Conforme a LC 80/94, a Defensoria Pública possui prazo em dobro em todas as suas manifestações, diferentemente do Ministério Público, que só possui tal prerrogativa no processo civil (art.180). Nesse sentido está o entendimento dos Tribunais Superiores:

> "Constitui entendimento consolidado, nesta Corte, que a contagem, em dobro, dos prazos processuais, na seara penal, é aplicável somente em favor do Defensor Público ou integrante do serviço estatal de assistência judiciária, não se incluindo, nessa condição, o Ministério Público, que não dispõe, em matéria criminal, de prazo em dobro para recorrer. (STJ: AgRg no AgRg no HC 146823/RS, j. em 03/09/2013, 6ª Turma).
>
> O Ministério Público não possui, em matéria criminal, ao contrário da Defensoria Pública, a prerrogativa de prazo recursal em dobro. STF, HC 120275/PR, j. 15/5/2018.

Não havendo Defensoria Pública na localidade, o magistrado poderá nomear **defensor dativo** para o acusado que não possua condições de custear sua própria defesa ou que não tenha constituído advogado, mesmo tendo recursos para tanto. No último caso, conforme vimos, deverá o acusado responsabilizar-se pelo custeio da defesa (art. 263, parágrafo único, CPP).

Há ainda a figura do **defensor *ad hoc*** no processo penal, ou defensor substituto, nas hipóteses de nomeação para a prática de um único ato, por circunstâncias especiais. Não comparecendo o defensor constituído para o ato, se não provar o impedimento até a abertura da audiência, o juiz não determinará o adiamento de ato algum do processo, devendo nomear defensor substituto, ainda que provisoriamente ou só para o efeito do ato (art. 265, §2º do CPP).

A utilização da figura do defensor *ad hoc* deve ser marcada pela extrema cautela, porquanto situações especiais podem impedir o comparecimento do defensor constituído sem que esse seja capaz de comunicar o magistrado com antecedência, a

17. HC 20.769/GO, DJ 01.07.02.

exemplo de um acidente de trânsito. Ademais, há casos nos quais a particularidade da prova a ser produzida demanda um conhecimento detalhado, sendo praticamente impossível a realização do ato por um defensor designado para o ato sem acarretar prejuízo para a defesa do acusado. Logo, a medida, a despeito de possível, deve ser utilizada com razoabilidade, levando-se em consideração as circunstâncias e peculiaridades do caso concreto.

Dentre as modalidades de defensor, uma em especial chama-nos atenção em razão da particularidade da função dúplice. Nos casos em que o acusado é mentalmente incapaz ou índio não adaptado, é preciso a nomeação de curador ao agente (art. 151, CPP). Nesses casos, tanto a doutrina quanto a jurisprudência entendem que a nomeação do curador deve recair sobre pessoa dotada de capacidade postulatória, circunstância na qual haveria a acumulação da função de curador e defensor, dando vazão à figura do chamado **defensor-curador**. Não obstante entendermos por possível a situação, não nos parece o melhor caminho a ser trilhado, porquanto a função do curador não se confunde, necessariamente, com a de defensor. Logo, é perfeitamente possível que o magistrado nomeie um parente do acusado como curador, e esse, no exercício da curatela especial, venha a constituir defensor para exercício do direito de defesa ou mesmo procure a Defensoria Pública para tanto.

Não é incomum, no dia a dia forense, que núcleos de prática jurídica das universidades assumam a defesa de acusados. Na prática, a questão segue a mesma lógica da constituição ou nomeação, isto é, caso o acusado procure o Núcleo de Prática para exercer sua defesa, deverá outorgar a procuração competente. Sendo a designação do Núcleo de Prática realizada pelo magistrado, dispensa-se a procuração, seguindo-se a lógica do defensor dativo. Segundo o STJ, "para valer-se da prerrogativa da contagem de prazos em dobro, deve, o advogado, integrar o quadro da assistência judiciária organizado e mantido pelo Estado, não se aplicando tal benesse aos defensores dativos, aos núcleos de prática jurídica pertencentes às universidades particulares e ainda, aos institutos de direito de defesa (AREsp 398.352/SP, 5ª Turma, DJe 24.08.18).

Nos termos da súmula 523 do STF: "no processo penal, a falta de defesa constitui nulidade absoluta, mas a sua deficiência só o anulará se houver prejuízo para o réu". Da ementa, extrai-se a necessidade de que a defesa seja realiza de forma efetiva, isto é, que o acusado seja efetivamente defendido por meio de seu defensor. Não por outra razão, o parágrafo único do art. 261 do CPP assinala que a defesa técnica, quando realizada por defensor público ou dativo, será sempre exercida através de manifestação fundamentada.

A mera presença física do defensor não satisfaz a essência da defesa, que pressupõe a combatividade e manifestações fundamentadas. Não basta, portanto, um pedido genérico de absolvição, revelador de ausência de defesa. Exige-se que o defensor promova, de fato, a defesa do acusado.

Não sendo realizada uma defesa efetiva, o Ministério Público, como *custus iuris*, poderá requerer ao magistrado que declare o acusado indefeso, medida, aliás, que pode ser declarada de ofício pelo juiz, conforme se extrai do art. 497, V, do CPP, previsto para o rito do Tribunal do Júri, aplicável, para nós, em todos os demais procedimentos, porquanto fundamentado no constitucional direito de defesa (art. 5º, LV, CF).

27.6.2.1 Abandono do processo pelo defensor

A redação anterior do art. 265 do CPP, alterada pela Lei 14.752/23, previa que no caso de abandono injustificado do processo pelo defensor, o juiz poderia aplicar multa de 10 (dez) a 100 (cem) salários-mínimos, sem prejuízo das demais sanções cabíveis. Com a alteração legal, adequada por sinal, o magistrado não mais poderá aplicar a sanção pecuniária, podendo, tão somente, promover as comunicações ao órgão competente. A nova redação do art. 265 do CPP ficou assim construída: "O defensor não poderá abandonar o processo sem justo motivo, previamente comunicado ao juiz, sob pena de responder por infração disciplinar perante o órgão correicional competente."

A Lei 14.752/23 ainda incluiu o § 3º ao art, 265, para prever que: "Em caso de abandono do processo pelo defensor, o acusado será intimado para constituir novo defensor, se assim o quiser, e, na hipótese de não ser localizado, deverá ser nomeado defensor público ou advogado dativo para a sua defesa".

Do dispositivo extrai-se que o defensor possui o direito de não prosseguir na defesa de seu constituinte, exigindo-se, tão somente, a comunicação prévia ao magistrado para preservação do direito de defesa. Nos termos do art. 5º, §3º da Lei 8.906/94, deverá o advogado continuar, durante os dez seguintes à notificação da renúncia, a representar o mandante, salvo se for substituído antes do término do prazo.

Na prática, o defensor tem o dever de comunicar não somente ao magistrado, mas ao seu constituinte para que possa substitui-lo em sua defesa. A comunicação ao magistrado impõe a necessidade de intimação do acusado para que constitua novo representante processual. Não o fazendo, o magistrado deverá nomear defensor dativo para que o processo siga seu trâmite regular, preservando-se o direito defesa.

27.6.2.2 Impedimento do defensor

Consoante se extrai do art. 267, CPP: "Nos termos do art. 252, não funcionarão como defensores os parentes do juiz". A norma cria uma espécie de impedimento para o advogado atuar no processo no qual o magistrado é seu parente. De fato, se o magistrado não pode atuar em processos conduzidos por seus parentes, esses, por via de consequência, também não poderão atuar em processos presididos por um magistrado parente.

A previsão visa afastar as situações de impedimento provocadas, nas quais a escolha do defensor teria o condão de afastar o magistrado do caso, burlando, de certo modo, as regras da distribuição. Não fosse assim, bastaria ao agente, para afastar um determinado magistrado do caso, conhecido por ser "linha dura", contratar um parente desse para promover-lhe a defesa.

27.7 SÍNTESE GRÁFICA

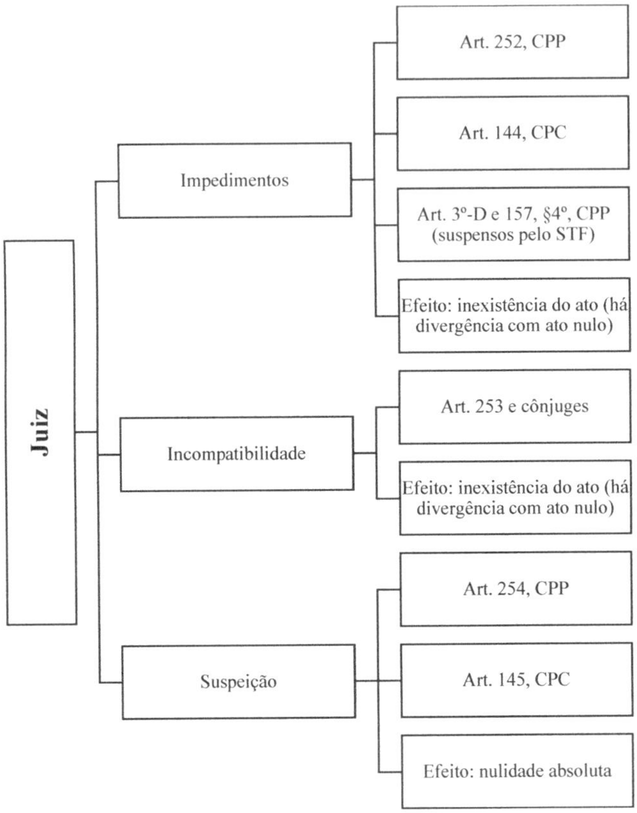

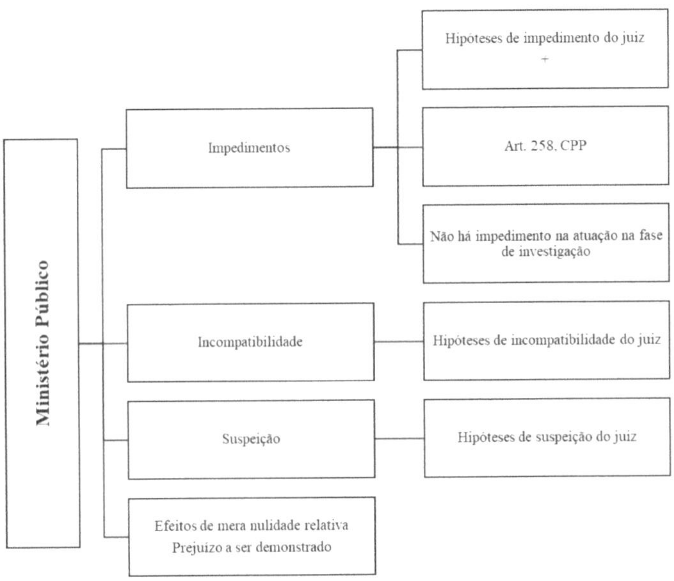

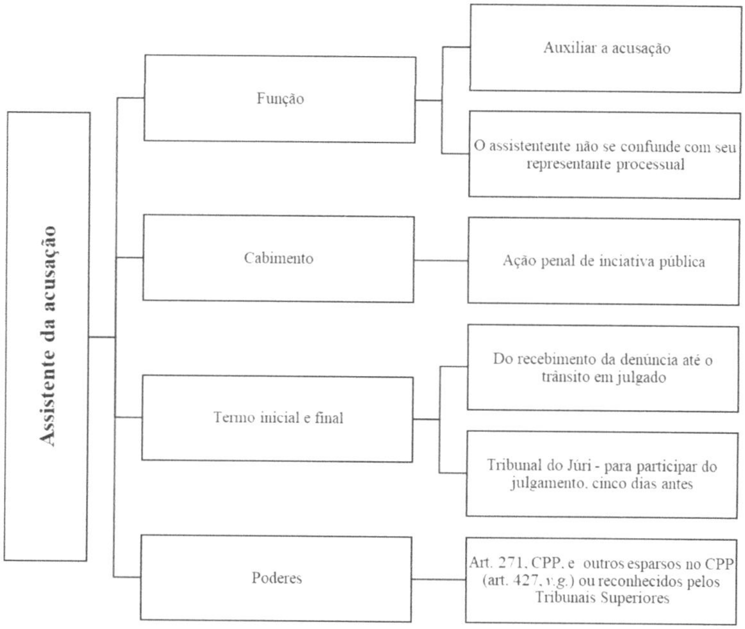

27.8 REVISÃO DO CAPÍTULO POR QUESTÕES DE CONCURSOS E ASSERTIVAS DE REFORÇO

QUESTÕES DE CONCURSO

1. (MP/PE 2022 - FCC - PROMOTOR DE JUSTIÇA SUBSTITUTO). O Código de Processo Penal estabelece que os órgãos do Ministério Público não funcionarão nos processos em que o juiz ou qualquer das partes for seu cônjuge, ou parente, consanguíneo ou afim, em linha reta ou colateral, até o terceiro grau, inclusive. A regra processual prevê, em relação ao Ministério Público, causas de

A. ilegitimidade.
B. litigância de má-fé.
C. suspeição.
D. falta funcional.
E. impedimento.

2. (MP/PE 2022 - FCC - PROMOTOR DE JUSTIÇA SUBSTITUTO). Quando o interrogando não falar a língua nacional, o interrogatório será feito por meio de intérprete. Para os fins do processo penal, o intérprete é equiparado aos

A. oficiais de justiça.
B. funcionários da justiça.
C. peritos.
D. assistentes.
E. colaboradores *ad hoc*.

3. (PC/PB 2022 - CESPE – DELEGADO DE POLÍCIA). Conforme o CPP, o juiz estará impedido de exercer jurisdição no processo se:

A. for amigo íntimo ou inimigo de uma das partes.
B. tiver aconselhado uma das partes a respeito do processo.
C. seu cônjuge responder a ação que será julgada pela parte.
D. seu tio atuou como delegado no inquérito policial.
E. for tutor ou curador de uma das partes do processo.

4. (TJ/RS 2022 – FAURGS – JUIZ DE DIREITO). Considerando a legislação processual penal, a abranger as garantias consagradas nos diplomas internacionais incorporados pelo Brasil, assinale a afirmativa **INCORRETA**:

A. O acusado possui o direito a um processo sem dilações indevidas.
B. O acusado possui o direito ao tempo adequado à preparação de sua defesa.
C. O acusado possui o direito aos meios adequados à preparação de sua defesa.
D. O acusado possui o direito de ser comunicado, de modo genérico, da acusação formulada, sem necessidade de que essa comunicação seja pormenorizada.

TÍTULO VIII • PROCESSO E PROCEDIMENTO

E. O acusado, por meio de sua defesa, tem o direito de inquirir as testemunhas de acusação e de obter o comparecimento e a inquirição das testemunhas de defesa nas mesmas condições das testemunhas de acusação.

5. (TJ/MG 2021 – FGV – JUIZ DE DIREITO). O juiz deve ser imparcial e competente. Para assegurar a imparcialidade, a Constituição da República de 1988 estabelece garantias (Art. 95, *caput*) e vedações (Art. 95, parágrafo único) aos magistrados. Além disso, o Código de Processo Penal prevê hipóteses de impedimentos (Art. 252), incompatibilidades (Art. 253) e suspeições (Art. 254) dos juízes. Em relação a esse tema, é correto afirmar que:

A. há suspeição do magistrado quando se encontra com a parte, fora das dependências do foro, tratando de diversos assuntos, sem antecipar qualquer decisão da causa;

B. caso o juiz tenha se julgado suspeito em um processo, relativamente a determinada pessoa, não poderá julgar qualquer outro feito de que ela seja parte;

C. é possível o reconhecimento da suspeição se a parte injuriar o juiz, ou, de propósito, der motivo para criar a suspeição;

D. o juiz não poderá reconhecer sua suspeição, por motivo de foro íntimo, sem explicar a causa;

E. o fato de o juiz já ter condenado várias vezes um acusado pode ser suscitado como fator para sua suspeição.

ASSERTIVAS DE REFORÇO

1. ( ) O impedimento do magistrado é verificado diante da configuração de circunstâncias subjetivas aptas a comprometer sua imparcialidade, de forma que o próprio legislador, em rol taxativo, estabelece o impedimento do magistrado, em presunção absoluta de parcialidade.

2. ( ) O juiz não poderá exercer jurisdição no processo em que tiver funcionado seu cônjuge ou parente, consanguíneo ou afim, em linha reta ou colateral até o terceiro grau, inclusive, como defensor ou advogado, órgão do Ministério Público, autoridade policial, auxiliar da justiça ou perito.

3. ( ) Qualquer atuação do magistrado no processo em primeiro grau gera seu impedimento para atuação posterior em segundo grau no mesmo processo.

4. ( ) Não se verifica prejuízo quando Ministro impedido participa de julgamento cujo resultado é unânime, pois a subtração do voto desse magistrado não teria a capacidade de alterar o resultado da votação.

5. ( ). A atuação de um juiz suspeito é causa de nulidade absoluta do processo, podendo ser arguida a qualquer tempo pelas partes.

6. ( ) O impedimento ou suspeição decorrente de parentesco por afinidade cessará pela dissolução do casamento que lhe tiver dado causa, salvo sobrevindo descendentes; mas, ainda que dissolvido o casamento sem descendentes, não funcionará como juiz o sogro, o padrasto, o cunhado, o genro ou enteado de quem for parte no processo.

7. ( ) A participação de membro do Ministério Público na fase investigatória criminal acarreta sua suspeição para o oferecimento da denúncia.

8. ( ) Em todos os termos da ação pública, poderá intervir, como assistente do Ministério Público, o ofendido ou seu representante legal, ou, na falta, o cônjuge, ascendente, descendente ou irmão.

9. ( ) O poder público não pode se habilitar como assistente da acusação quando for vítima do delito, porquanto é defendido pelo Ministério Público.

10. ( ) O assistente da acusação somente poderá ser admitido até a prolação do acórdão em segundo grau, instância revisora fática, não se admitindo a possibilidade de admissão de assistente da acusação perante os Tribunais Superiores, haja vista que nada poderá contribuir em matéria probatória.

11. ( ) Para a participação em sessão plenária de julgamento do Tribunal do Júri, o assistente da acusação somente será admitido se tiver requerido sua habilitação até 3 (três) dias antes da data da sessão na qual pretenda atuar.

12. ( ) Do despacho que admitir, ou não, o assistente, não caberá recurso.

13. ( ) O não comparecimento ou prática de atos processuais pelo assistente, devidamente intimado, não implica o adiamento do ato, porquanto, como parte acessória, sua omissão não tem o condão de impedir a realização do ato em razão da participação da parte principal.

14. ( ) Por receber o processo no estágio em que se encontra, o STJ não admite que o assistente da acusação arrole testemunhas, haja vista a preclusão consumativa operada pelo oferecimento do rol pelo Ministério Público quando da denúncia.

15. ( ) O assistente da acusação não pode formular pedido de desaforamento, vez que cabe, exclusivamente ao Ministério Público, ao réu e ao juiz, provocar o Tribunal.

16. ( ) Por incompatibilidade lógica, por ser parte secundária, o assistente da acusação não pode ser ouvido como testemunha ou informante durante a audiência de instrução e julgamento.

17. ( ) O inimputável por doença mental não pode figurar como réu no processo penal.

18. ( ) Há situações nas quais a lei exige poderes especiais conferidos ao defensor, como na oposição de suspeição, impedimento ou incompatibilidade, arguição de falsidade documental e aceitação do perdão.

19. ( ) Para valer-se da prerrogativa da contagem de prazos em dobro, deve, o advogado, integrar o quadro da assistência judiciária organizado e mantido pelo Estado, não se aplicando tal benesse aos defensores dativos, aos núcleos de prática jurídica pertencentes às universidades particulares e ainda, aos institutos de direito de defesa.

20. ( ) Não se cogita, no processo penal, de impedimento do advogado do réu.

27.8.1 Gabarito

QUESTÕES DE CONCURSO

1	2	3	4	5
E	C	D	D	B

ASSERTIVAS DE REFORÇO

1	2	3	4	5	6	7	8	9	10
F	V	F	V	V	V	F	V	F	F
11	**12**	**13**	**14**	**15**	**16**	**17**	**18**	**19**	**20**
F	V	V	F	F	F	F	V	V	F

COMENTÁRIOS ÀS ASSERTIVAS FALSAS E JUSTIFICATIVAS IMPORTANTES

1. F. Circunstâncias objetivas.

2. V.

3. F. O impedimento exige que o magistrado tenha se pronunciado, de fato ou de direito, isto é, proferido decisão ou participado diretamente da colheita das provas em juízo, não se aplicando o impedimento, por exemplo, quando sua função no processo foi restrita a despachos de mero expediente, como um "cumpra-se" em uma carta precatória ou um simples despacho de "cite-se o réu" ou "Intime-se a testemunha".

4. V.

5. V.

6. V.

7. F. Súmula 234, STJ.

8. V.

9. F. Admite-se a habilitação. Há, inclusive, previsões expressa no art. 2º, §1º do Decreto-Lei 201/67 (Responsabilidade de prefeitos e vereadores), e art. 26, parágrafo único da Lei 7.492/86 (Crimes contra o Sistema Financeiro Nacional), que admite a habilitação da Comissão de Valores Mobiliários (CVM) nas hipóteses previstas.

10. F. Enquanto não houver o trânsito em julgado da decisão, haverá possibilidade de habilitação como assistente.

11. F. Cinco dias.

12. V.

13. V.

14. F. O STJ, enfrentando o assunto, decidiu que o assistente pode arrolar testemunhas, desde que respeitado o número legal e a tempestividade, fixada essa até o oferecimento da resposta à acusação. RHC 112147, DJe 06.06.19.

15. F. Nos termos do art. 427, *caput*, do CPP, o assistente expressamente poderá formular pedido de desaforamento.

16. F. A Sexta Turma do STJ, no AgRg no HC 531.009/AC, decidiu que "inexiste óbice à colheita de depoimento de pessoa que figura como assistente de acusação, cabendo ao magistrado aferir o valor probatório das declarações prestadas".

17. F. Tratando-se de agente inimputável em razão de doença mental ou de desenvolvimento mental incompleto ou retardado (art. 26, *caput*, CP), a aplicação da medida de segurança pressupõe a existência e desenvolvimento regular de processo válido, de forma que não há qualquer impedimento para os inimputáveis por questões relacionadas à mente figure como acusado.

18. V.

19. V.

20. F. Consoante se extrai do art. 267, CPP: "Nos termos do art. 252, não funcionarão como defensores os parentes do juiz". A norma cria uma espécie de impedimento para o advogado atuar no processo no qual o magistrado é seu parente. De fato, se o magistrado não pode atuar em processos conduzidos por seus parentes, esses, por via de consequência, também não poderão atuar em processos presididos por um magistrado parente.

28

Comunicação dos atos processuais

28.1 COMO O ASSUNTO É ABORDADO EM PROVAS E CONCURSOS

O tema "comunicação dos atos processuais" é corriqueiro nos concursos de Magistratura, Ministério Público, Defensoria Pública e Delegado de Polícia, em todas as suas etapas.

A normatização objetiva é exigida nas provas de múltipla escolha no tocante às citações, intimações e respectivos prazos e formas. Em provas discursivas, o tema normalmente é associado às peças, em análise transversal com o tema de nulidades, motivo pelo qual o leitor deve compreendê-lo e fixá-lo para ser capaz de identificar eventuais vícios processuais.

A ênfase no estudo, especialmente de revisão, deve ser realizada sobre a norma após a compressão básica da doutrina e conhecimento da jurisprudência bem consolidada que envolve a citação e cartas de comunicação.

28.2 INTRODUÇÃO

O processo inicia-se por provocação das partes, mas se desenvolve por impulso oficial. Nos impulsos oficiais, dentre as demais funções do magistrado, encontra-se o dever de dar ciência e oportunidade às partes para que se manifestem sobre as questões aduzidas pela parte contrária, sobre a necessidade de produção probatória, sobre o teor das decisões proferidas entre várias outras questões processuais que demandam a comunicação acerca de um ato processual passado ou futuro.

Doutrinariamente, em razão da ausência de técnica do legislador, que por vezes trata um por outro, temos três espécies de comunicações dos atos processuais: **a) citação; b) intimação; e c) notificação**. De forma inicial, pode-se afirmar que a citação é o ato pelo qual o acusado é chamado a promover sua defesa no processo, dando-lhe ciência acerca do teor da acusação. A intimação, por sua vez, é a comunicação acerca de um ato processual já praticado e a notificação a comunicação para chamamento para a prática de um ato futuro.

28.3 CITAÇÃO

A citação é o ato processual que cientifica o acusado acerca do recebimento da denúncia ou queixa e oportuniza o exercício formal do direito de defesa. Tratando-se o Processo Penal brasileiro de um processo fundado no devido processo legal e construído sob a égide do contraditório e ampla defesa, a citação revela-se como imprescindível no processo, tanto que sua inexistência ou deficiência conduz à nulidade absoluta (art. 564, III, "e", CPP).

Dada a importância da citação, a **circundução**, ato que declara nula ou ineficaz a citação, pode ser proclamada a qualquer tempo, em primeiro grau, em sede recursal, de *habeas corpus* ou revisão criminal. A chamada citação circunduta, portanto, macula o processo de tal forma, por violar direito fundamental, que o legislador confere a essa o *status* de nula.

Conforme vimos, a ausência de citação ou sua ineficácia revelam a nulidade absoluta do processo. Nesse sentido, o fato do agente ter constituído advogado ainda na fase de investigação não afasta a necessidade de citação, porquanto se trata a citação de ato de cunho pessoal, que assegura ao acusado o conhecimento acerca da acusação contra ele deflagrada. Isso não significa que eventual vício de citação não possa ser sanado. O art. 570 do CPP assinala que a falta ou a nulidade da citação, da intimação ou notificação estará sanada, desde que o interessado compareça, antes de o ato consumar-se, embora declare que o faz para o único fim de argui-la. Nesses casos, ainda segundo o dispositivo, o juiz ordenará a suspensão ou o adiamento do ato, quando reconhecer que a irregularidade poderá prejudicar direito da parte. Admite-se, em síntese, a possibilidade do comparecimento espontâneo do acusado como forma de suprir o vício citatório.

A citação visa, essencialmente, trazer ao acusado o conhecimento da acusação e oportunizar-lhe o direito de defesa, apresentando resposta à acusação (art. 396 e 406, *caput*, CPP). Logo, a citação, que ocorre o início do processo, é única, sendo os demais atos, independentemente da nomenclatura não técnica que lhe é conferida, notificações ou intimações. Não se exige, portanto, **salvo nos processos em que se executa a pena de multa aplicada**, a realização de uma nova citação em sede de execução penal.

➔ ATENÇÃO – ASSUNTO COBRADO NA DPE/PB – CONCURSO 2022

Em relação à citação no Processo Penal:

A. O processo penal seguirá sem a presença do acusado que, citado por edital, deixar de comparecer em qualquer ato sem motivo justificado.

B. O Código de Processo Penal nada dispõe acerca da citação por hora certa, modalidade ínsita ao Processo Civil.

C. As citações de pessoas que se encontrem em consulados e embaixadas estrangeiras no Brasil serão feitas por carta rogatória.

D. Se o réu estiver preso, será citado preferencialmente via WhatsApp ou e-mail do estabelecimento prisional.

E. O processo penal será suspenso se o acusado, citado pessoalmente, deixar de comparecer para qualquer ato sem motivo justificado.

28.4 EFEITOS DA CITAÇÃO VÁLIDA

Do art. 363 do CPP, pode-se extrair o primeiro efeito da citação: O processo terá completada a sua formação quando realizada a citação do acusado. A citação, portanto, estabelece a angularidade da relação processual, fazendo surgir a instância com a complementação do *actum trium personarum*, relação formada por acusação, juiz e acusado.

O segundo e último efeito da citação válida é o de assegurar a ciência e oportunidade para que o réu produza sua defesa, afastando a possibilidade de declaração de nulidade processual por tal motivo.

Diferentemente do processo civil, a citação válida no processo penal não induz litispendência (art. 240, CPP), pois essa restará caracterizada no processo penal tão somente pelo recebimento da inicial acusatória, sendo indiferente a realização da citação válida. No mesmo sentido, a citação válida no processo penal não torna litigiosa a coisa ou constitui em mora o devedor, haja vista que o objeto do processo penal envolve, via de regra, a discussão sobre a existência de um fato típico, ilícito e culpável.

Entretanto, há que se observar um especial recorte para o art. 91-A do CP, incluído pela Lei 13.964/19. O instituto do confisco alargado envolve uma verdade imputação patrimonial que, de certo modo, torna litigioso os "bens correspondentes à diferença entre o valor do patrimônio do condenado e aquele que seja compatível com o seu rendimento lícito", nos casos de condenação por infrações às quais a lei comine pena máxima superior a 6 (seis) anos de reclusão.

Ao se presumir a ilegalidade patrimonial do agente e se permitir ao condenado demonstrar a inexistência da alegada incompatibilidade ou a procedência lícita do patrimônio (§2º), parece-nos inafastável a conclusão de que a citação, nesses casos, torna litigiosa a coisa, porquanto, não obstante tratada como efeito da condenação, há, na realidade, uma verdadeira imputação acerca da ilegalidade patrimonial, com contraditório próprio, a despeito de acessório à causa principal.

28.5 ESPÉCIES DE CITAÇÃO

Sob uma perspectiva mais ampla, há duas espécies de citação:

a) Citação real ou pessoal: a citação real é a regra no processo penal e deve ser realizada na pessoa do próprio agente acusado. Normalmente é feita por mandado expedido pelo próprio juízo, que pode se valer de carta precatória, rogatória ou de ordem. Não obstante, mesmo nesses casos, a citação ainda será realizada por mandado (art. 355, CPP). Outra forma que pode ensejar a citação pessoal é realizada pelo escrivão ou chefe de secretaria, caso o acusado compareça pessoalmente em cartório.

A 5ª Turma do STJ proferiu julgado reconhecendo, em tese, a possibilidade de citação por meio do aplicativo de mensagem *WhatsApp*, asseverando, contudo, a necessidade de observância de três elementos indutivos da autenticidade do destinatário, quais sejam, "número de telefone, confirmação escrita e foto individual" (HC 641.877/DF, DJe 15.03.21).

Vale ainda destacar que o art. 246 do CPC, alterado pela Lei 14.195/21, passou a prever a citação por meio eletrônico no processo civil. Em razão da subsidiariedade da aplicação do CPC ao CPP (art. 3º, CPP), entendemos por possível a realização de citação por meio eletrônico, e-mail, por exemplo, na forma do referido dispositivo, desde que expedido regulamento pelo CNJ.

Nesse sentido, o art. 246 do CPC prevê que "a citação será feita preferencialmente por meio eletrônico, no prazo de até 2 (dois) dias úteis, contado da decisão que a determinar, por meio dos endereços eletrônicos indicados pelo citando no banco de dados do Poder Judiciário, conforme regulamento do Conselho Nacional de Justiça".

Referido dispositivo ainda exige no §1º-A a confirmação da citação eletrônica pelo citado no prazo de até três dias úteis, circunstância que, não verificada, impõe à necessidade de citação pelas formas previstas (correio, oficial de justiça, pelo escrivão ou chefe de secretaria, se o citando comparecer em cartório ou por edital). A previsão, portanto, é híbrida, pois ao ser confirmada a citação por meio eletrônico, estaremos diante de uma hipótese de citação real, ao passo que, não efetivada a confirmação em até três dias úteis, será necessária a realização de citação nas formas tradicionais (por mandado ou na secretaria no processo penal), motivo pelo qual, nesse caso, será concebida como ficta, ensejando a necessidade de prática de atos posteriores.

b) Citação ficta ou presumida: citação ficta é aquela à qual pressupõe realizada a citação, não obstante inexistir certeza quanto à satisfação de um dos seus efeitos, o de dar conhecimento da imputação ao acusado. É verificada no processo penal nas hipóteses de citação por hora certa ou citação por edital.

28.5.1 Citação pessoal por mandado

A citação no processo penal, em regra, deve ser realizada pessoalmente e por mandado expedido pelo juízo processante. Não se admite, portanto, a citação realizada na pessoa de procurador. Tratando-se de pessoa jurídica como acusada de crime ambiental, a citação deverá ser realizada na pessoa do representante legal da empresa, conforme contrato social.

Sendo inimputável o agente por doença mental ou desenvolvimento mental incompleto, a citação deverá ser realizada na pessoa de curador (art. 245, CPC), pois o mentalmente incapaz não dispõe de condições de compreender a natureza do ato citatório. Havendo dúvidas por parte do oficial de justiça quanto à capacidade do agente, deverá certificar suas considerações de forma a permitir ao magistrado a deflagração do incidente de insanidade mental, com a nomeação de curador para acompanhamento e eventual recebimento da citação. Com a entrada em vigor do Código Civil de 2002, não mais se exige a nomeação de curador ao agente menor de 21 anos, porquanto plenamente capazes.

28.5.1.1 Citação por carta precatória, rogatória e de ordem

Conforme vimos, a regra é que o agente seja citado por mandado expedido pelo juízo competente para julgamento do processo. Ocorre que a citação não poderá ser realizada pelo juízo competente quando o agente estiver, por exemplo, residindo em outra comarca ou país.

Segundo o art. 353 do CPP, quando o réu estiver fora do território da jurisdição do juiz processante, será citado mediante precatória, cuja carta deverá indicar, nos termos do art. 354 do CPP, I - o juiz deprecado e o juiz deprecante; II - a sede da jurisdição de um e de outro; III - o fim para que é feita a citação, com todas as especificações; IV - o juízo do lugar, o dia e a hora em que o réu deverá comparecer.

A carta precatória, portanto, revela-se como um expediente processual utilizado pelo juízo deprecante para que outro juízo preste cooperação, realizando um ato processual que não pode ser realizado diretamente pelo juízo deprecante por incompetência desse.

Expedida a carta precatória, o juízo deprecado a receberá e deverá expedir o mandado para realização da citação. Nos termos do art. 355 do CPP, a precatória será devolvida ao juiz deprecante, independentemente de traslado, depois de lançado o "cumpra-se" e de feita a citação por mandado do juiz deprecado. É possível, contudo, que no cumprimento da carta precatória, descubra-se que o agente a ser citado encontra-se em território sujeito à jurisdição de outro juiz, circunstância na qual o juízo deprecado, independentemente de pedido do juízo deprecante, remeterá a carta precatória ao novo juízo deprecado os autos para efetivação da diligência, desde que haja tempo para fazer-se a citação. O procedimento revela o atributo **itinerante das cartas precatórias**, previsto no art. 355, §1º do CPP.

O §2º do art. 355 do CPP prevê, de forma não sistemática, que certificado pelo oficial de justiça que o réu se oculta para não ser citado, a precatória será imediatamente devolvida, para o fim previsto no art. 362. O art. 362 do CPP, alterado pela Lei 11.719/08, que antes previa a citação por edital, passou a prever a citação por hora certa no processo penal, impondo ao oficial de justiça a realização da citação quando verificar que o réu se oculta para não ser citado, hipótese na qual deverá certificar a ocorrência e proceder à citação com hora certa, na forma estabelecida nos arts. 227 a 229 do CPC. Logo, se a própria norma impõe a conduta ao oficial de justiça, não há qualquer sentido na devolução da precatória sem o efetivo cumprimento (art. 355, §2º), perdendo sentido a menção ao art. 362 quando verificada a situação de ocultação para evitar a citação. Não obstante, frustrada a citação por precatória, essa será devolvida para que o juízo competente realize a citação por edital na forma do art. 363, §1º, CPP.

O art. 356 do CPP prevê que, se houver urgência, a precatória, que deverá observar os requisitos enumerados no art. 354, poderá ser expedida por via telegráfica, depois de reconhecida a firma do juiz, o que a estação expedidora mencionará. Com as alterações promovidas pela Lei 12.403/11, dúvidas não existem quanto à possibilidade de expedição de cartas precatórias por outros meios eletrônicos. Registre-se que o reconhecimento da firma do magistrado não se confunde com o ato realizado em cartório extrajudicial, pois se trata de mera formalidade que pode ser confirmada pelo escrivão por telefone ou qualquer outro meio de comunicação.

A carta rogatória, por seu turno, é uma espécie de colaboração requerida a um país estrangeiro para realização de um ato processual, *in casu*, a citação. Nesse sentido, o art. 368 do CPP assinala que estando o acusado no estrangeiro, em lugar sabido, será citado mediante carta rogatória, suspendendo-se o curso do prazo de prescrição até o seu cumprimento. Trata-se, em linhas gerais, de uma colaboração similar às solicitadas por meio de cartas precatórias, distinguindo-se dessas por quatro motivos: a) as cartas rogatórias são espedidas para Estados nacionais nos quais o Brasil não possui jurisdição; b) as cartas rogatórias são direcionadas ao Ministério da Justiça, que deverá solicitar ao Ministério das Relações Exteriores o seu cumprimento; c) as cartas rogatórias não são dotadas de caráter itinerante; d) as cartas rogatórias suspendem o curso do prazo prescricional até o seu efetivo cumprimento.

Por ausência de previsão expressa no CPP, há que se buscar os requisitos da carta rogatória no art. 260 do CPC, aplicável por subsidiariedade no processo penal. Destaque-se ainda que, conforme a previsão do art. 369 do CPP, as citações que houverem de ser feitas em legações estrangeiras (embaixadas e consulados) serão efetuadas mediante carta rogatória, a qual não suspenderá a prescrição por ausência de previsão expressa nesse sentido. Entendimento contrário conduziria à aplicação da analogia *in malam partem*, em flagrante prejuízo do réu.

Por fim, as cartas de ordem em muito se assemelham às cartas precatórias, distinguindo-se dessas pelo fato da origem ser um juízo de grau jurisdicional superior. Enquanto as cartas precatórias são expedidas por juízos sem hierarquia um sobre o outro, as cartas de ordem são expedidas pelos Tribunais para que os juízos inferiores a cumpram. Não por outra razão, é nomeada carta de ordem.

28.5.1.2 Requisitos da citação por mandado

Os requisitos da citação por mandado foram previstos nos artigos 352 e 357 do CPP. No art. 352 constam os chamados **requisitos intrínsecos**, isto é, aqueles que devem integrar o corpo do próprio mandado: Art. 352. O mandado de citação indicará: I - o nome do juiz; II - o nome do querelante nas ações iniciadas por queixa; III - o nome do réu, ou, se for desconhecido, os seus sinais característicos; IV - a residência do réu, se for conhecida; V - o fim para que é feita a citação; VI - o juízo e o lugar, o dia e a hora em que o réu deverá comparecer; VII - a subscrição do escrivão e a rubrica do juiz.

Não obstante a clareza da redação, destaca-se que o fim para o qual é feita a citação (inc. V) será o de apresentação de resposta à acusação, de forma que a previsão do inciso VI, referente ao juízo e lugar, dia e hora de comparecimento, não mais se faz necessária pela modificação do momento do interrogatório, realizado agora ao final do processo.

A efetivação da citação válida pressupõe ainda a realização de atos por parte do oficial de justiça, estranhos ao documento do mandado de citação, mas necessários à validade. No art. 357 do CPP constam os chamados **requisitos extrínsecos** do mandando de citação, isto é, que se encontram fora do documento em si, apesar de a ele conectados.

Assim, deverá o oficial de justiça promover a leitura do mandado ao citando e entregar-lhe a contrafé, na qual se mencionarão dia e hora da citação (inc. I); e declarar, na certidão, da entrega da contrafé, e sua aceitação ou recusa (inc. II).

Vale destacar que, diferentemente do processo civil, que impede a citação, salvo para evitar o perecimento do direito, de quem estiver participando de ato de culto religioso; de cônjuge, de companheiro ou de qualquer parente do morto, consanguíneo ou afim, em linha reta ou na linha colateral em segundo grau, no dia do falecimento e nos 7 (sete) dias seguintes; de noivos, nos 3 (três) primeiros dias seguintes ao casamento; e de doente, enquanto grave o seu estado (art. 244, CPC), o CPP não estabelece restrições, salvo as de ordem constitucional, como a inviolabilidade do domicílio (art. 5º, XI), por exemplo.

28.5.1.3 Citação pessoal na secretaria do juízo

A citação pessoal pode ser realizada na secretaria do juízo pelo escrivão ou chefe de secretaria, se o citando comparecer em cartório. Apesar de pouco usual, é perfeitamente possível que o agente a ser citado venha a comparecer na secretaria do juízo por algum motivo e venha ser citado *in loco*. No caso, deverá o escrivão ou chefe de secretaria certificar a citação e observar, no que for pertinente, o teor dos artigos 352 e 357 do CPP, de forma a assegurar a efetividade da citação.

28.5.1.4 Citações pessoais especiais

Não obstante a regra geral, há situações especiais previstas na legislação pátria nas quais o legislador impôs algumas particularidades que devem ser observadas sob pena de invalidade do ato.

28.5.1.4.1 Citação do militar

Nos termos do art. 358 do CPP, a citação do militar far-se-á por intermédio do chefe do respectivo serviço. Diferentemente da regra geral, que impõe a citação pelo oficial de justiça, no caso de militares a citação deverá ser realizada pelo chefe do militar, isto é, pelo Comandante da Organização Militar ao qual o acusado está subordinado diretamente.

A previsão visa não somente conferir a deferência necessária às instituições militares, mas assegurar que o militar chefe do acusado na ativa tenha ciência da acusação. Diferentemente da citação por oficial de justiça, não se exige o mandado de citação, bastando que o magistrado expeça um ofício contendo todas as informações necessárias para cientificação do acusado acerca da imputação formulada e que o oficial responsável dê ciência ao teor do ofício ao acusado, informando, posteriormente, a realização do ato ao juízo competente.

Tratando-se, contudo de citação de miliar na ativa no âmbito do CPPM, o art. 280 assinala que o ato será realizado mediante requisição à autoridade sob cujo comando ou chefia estiver, a fim de que o citando se apresente para ouvir a leitura do mandado e receber a contrafé.

28.5.1.4.2 Citação do funcionário público

Seguindo a regra geral, o funcionário público deve ser citado pessoalmente. Isso não significa, contudo, que no ato de citação do acusado funcionário público exista alguma peculiaridade. Ao contrário dos militares, a citação do funcionário público não precisa ser realizada pelo superior hierárquico, devendo ser ordinariamente efetivada por oficial de justiça.

O art. 359 do CPP dispõe que o dia designado para funcionário público comparecer em juízo, como acusado, será notificado assim a ele como ao chefe de sua repartição. A previsão legal, mantida erroneamente no capítulo das citações, não guarda conexão com a citação em si, porquanto, conforme vimos, a citação, atualmente, tão somente assegura ao acusado a ciência da acusação e oportuniza a apresentação da resposta à acusação, não mais indicando dia e hora para comparecimento em juízo para inquirição, último ato processual. Logo, a regra, a despeito de válida e necessária para assegurar a continuidade do serviço público, tem aplicação somente aos casos de notificações para comparecimento em juízo.

28.5.1.4.3 Citação do acusado preso

Nos termos do art. 360 do CPP, se o réu estiver preso, será pessoalmente citado. A regra, para nós, não admite exceções, sendo indiferente o fato do agente estar preso no local do processo que implicará a citação ou em outra unidade da federação.

Preso o agente, obrigatoriamente o Estado deverá saber a sua localização e atuar no sentido da realização da citação pessoal, expedindo, se for caso, carta precatória. Não há qualquer justificativa plausível para não realização da citação pessoal diante da necessidade de observância do teor do art. 289-A do CPP, que assinala que "o juiz competente providenciará o imediato registro do mandado de prisão em banco de dados mantido pelo Conselho Nacional de Justiça para essa finalidade", bem como da regra do §3º, que prevê que "a prisão será imediatamente comunicada ao juiz do local de cumprimento da medida o qual providenciará a certidão extraída do registro do Conselho Nacional de Justiça e informará ao juízo que a decretou". Logo, preso o agente, o Estado tem o dever de conhecer sua localização. E, como decorrência do dever, observar o teor do art. 360 do CPP, que impõe a realização da citação pessoal do acusado preso.

Assim, não entendemos como válida a citação por edital de réu preso, porquanto a previsão do §1º do art. 363 do CPP revela-se incompatível com o ordenamento jurídico. A citação por edital pressupõe que o agente não tenha sido encontrado e, estando preso, só não será encontrado se o Estado descumprir as próprias normas, circunstância que não pode impor ao acusado o risco de uma citação ficta. Nesse sentido é o entendimento mais recente do STJ:

> Há manifesta incompatibilidade em se considerar foragido o denunciado, se ele estiver preso, à disposição da Justiça, ainda que em outra unidade da Federação. Mormente se, como na espécie, o recorrente estava aprisionado na própria comarca para onde se encaminhou a carta precatória para citação, desde o início do processo penal. RHC 128996, Rel. Min. Rogério Schietti Cruz, DJe 23.09.20.

Vale destacar que a Súmula 351 do STF dispõe: "É nula a citação por edital de réu preso na mesma unidade da federação em que o juiz exerce a sua jurisdição". A súmula, cujo enunciado é de 1963, restringe, indevidamente, a declaração de nulidade às hipóteses citação por edital de presos na mesma unidade da federaçao em que o juiz exerce sua jurisdição, desconsiderando o teor do art. 289-A do CPP.

28.5.2 Citação por edital

Com as alterações promovidas pela Lei 11.719/08, o CPP passou a prever expressamente apenas uma hipótese de citação por edital. O art. 363, §1º, dispõe que não sendo encontrado o acusado, será procedida a citação por edital.

Considera-se não encontrado o acusado quando o oficial de justiça esgota as diligências que lhe eram cabíveis e os interessados na citação, autor da ação penal e Poder Judiciário, igualmente esgotam as tentativas de localização do paradeiro do agente, inclusive com a realização de requisições nos cadastros de órgãos públicos ou de concessionárias de serviços públicos, nos termos do §3º do art. 256 do CPC, aplicável por subsidiariedade.

De fato, há situações nas quais são esgotadas as fontes de informações sobre a localização do acusado, impondo-se a citação editalícia. Não obstante a possibilidade de aplicação subsidiária do CPC ao CPP no tocante à ignorância, incerteza ou inacessibilidade do lugar onde se encontra o citando (inc. II, art. 256, CPC), não nos parece aplicável a hipótese do inciso I do art. 256, correspondente à revogada previsão do art. 363, II, do CPP, pois não se afigura possível a realização de citação, no processo penal, de pessoa desconhecida ou incerta.

Conforme se extrai do art. 41 do CPP, é possível a realização da qualificação do acusado por esclarecimentos pelos quais se possa identificá-lo. Reforçando o teor do art. 41, o art. 259 do CPP assinala que a impossibilidade de identificação do acusado com o seu verdadeiro nome ou outros qualificativos não retardará a ação penal, quando certa a identidade física.

Não obstante a conjugação dos dispositivos permitir a conclusão pela possibilidade, em tese, de citação do agente não qualificado formalmente, desde que certa a identidade física do agente, a qual deve ser pormenorizada de tal forma a ponto de se permitir uma **identificação segura**, não nos parece razoável a percepção de uma citação editalícia que tão somente descreve características pessoais do indivíduo, especialmente em um país com mais de duzentos milhões de habitantes. Diante do risco de uma citação equivocada, que pode culminar na decretação de uma prisão preventiva de terceiro inocente, nos termos do art. 366 do CPP, por exemplo, parece-nos mais adequado, em um Estado Democrático de Direito, assumir o risco de deixar de responsabilizar um culpado a compelir um inocente a responder um processo penal.

O edital de citação será publicado com prazo de quinze dias, nos termos do art. 361 do CPP. Isso significa que o ato citatório não se perfaz com a mera publicação, mas com o decurso do prazo do próprio edital. Logo, na hipótese de publicação de um edital de citação na data de hoje, o prazo para apresentação da resposta à acusação só começará a fluir após o decurso do prazo de 15 dias.

Ainda no tocante ao prazo do edital, o art. 364 do CPP, que prevê os prazos de quinze a noventa dias na hipótese do inciso I do art. 363 do CPP e trinta dias na hipótese do inciso II do art. 363, CPP, foi tacitamente revogado, porquanto os incisos I e II do art. 364 do CPP foram expressamente revogados pela Lei 11.719/08, forma que no CPP há tão somente o prazo de quinze dias para citação por edital.

Nos termos do art. 365 do CPP, o edital de citação indicará: I - o nome do juiz que a determinar; II - o nome do réu, ou, se não for conhecido, os seus sinais característicos, bem como sua residência e profissão, se constarem do processo; III - o fim para que é feita a citação; IV - o juízo e o dia, a hora e o lugar em que o réu deverá comparecer; V - o prazo, que será contado do dia da publicação do edital na imprensa, se houver, ou da sua afixação. O parágrafo único do dispositivo, por sua vez, assinala que o edital será afixado à porta do edifício onde funcionar o juízo e será publicado pela imprensa, onde houver, devendo a afixação ser certificada pelo oficial que a tiver feito e a publicação provada por exemplar do jornal ou certidão do escrivão, da qual conste a página do jornal com a data da publicação.

Assim como analisamos nos requisitos do mandado de citação, destacamos que os fins para que será feita a citação será o de apresentação de resposta à acusação, de forma que a designação de dia, hora e lugar em que o réu deverá comparecer não mais se faz necessário, pois a previsão somente teria sentido se o interrogatório tivesse permanecido como primeiro ato processual de instrução.

28.5.2.1 Suspensão do processo e do curso do prazo prescricional (art. 366, CPP)

O art. 366 do CPP assim dispõe: "Se o acusado, citado por edital, não comparecer, nem constituir advogado, ficarão suspensos o processo e o curso do prazo prescricional, podendo o juiz determinar a produção antecipada das provas consideradas urgentes e, se for o caso, decretar prisão preventiva, nos termos do disposto no art. 312".

O dispositivo, alterado pela Lei 9.271/96, tem por objetivo assegurar a efetividade do contraditório e ampla defesa, porquanto parte da premissa que, citado o agente por edital, pode não ter tido conhecimento da acusação. Não é, contudo, toda e qualquer citação editalícia que implicará a suspensão do processo e do curso do prazo prescricional. Exige-se a satisfação de três requisitos para aplicação do dispositivo: **a) citação por edital; b) ausência de apresentação de resposta à acusação; e c) não constituição de defensor**.

Configurados os requisitos acima, o legislador presume que a citação ficta não alcançou seu objetivo, razão pela qual determina a suspensão do processo e do curso do prazo prescricional. A indagação que deve ser formulada diz respeito ao prazo de suspensão do processo e do curso do prazo prescricional ante a omissão normativa. O processo, enquanto não demonstrado que a citação alcançou sua finalidade, permanecerá suspenso até a ocorrência de alguma causa que destrave a suspensão, como o comparecimento do acusado, ou extinga o processo, como a morte do agente ou ocorrência da prescrição.

A prescrição, por outro lado, não pode permanecer indefinida, porquanto corre em favor do réu. Nesse sentido, o STJ editou a Súmula 415, dispondo que "o período de suspensão do prazo prescricional é regulado pelo máximo da pena cominada". Em síntese, o curso da prescrição ficará suspenso por tempo determinado, regulado pelo máximo da pena prevista para o delito, nos termos do art. 109, CP. Findo o prazo de suspensão da prescrição, o processo continuará suspenso até que lhe sobrevenha causa que retire o motivo da suspensão ou será extinto pela prescrição ou outra causa extintiva de punibilidade.

Tomemos um caso concreto, envolvendo um crime de furto simples. A pena máxima cominada ao delito previsto no art. 155 do CP é de quatro anos de reclusão, sendo que a prescrição em abstrato, caso não incida nenhuma das situações de redução pela metade previstas no art. 115 do CP, será de oito anos (art. 109, IV, CP). Assim, citado o réu por edital, a prescrição, que teve início com o recebimento da denúncia, ficará suspensa por oito anos. Alcançado o prazo de oito anos, o processo permanecerá suspenso, mas a prescrição voltará a fluir a partir da data da suspensão, com o saldo remanescente àquele já deflagrado quando do recebimento da denúncia.

No mesmo sentido e superando a divergência existente entre as Cortes, o STF fixou a seguinte tese no Tema de Repercussão Geral 438:

> Em caso de inatividade processual decorrente de citação por edital, ressalvados os crimes previstos na Constituição Federal como imprescritíveis, é constitucional limitar o período de suspensão do prazo prescricional ao tempo de prescrição da pena máxima em abstrato cominada ao crime, a despeito de o processo permanecer suspenso. RE 600851, Pleno, DJe 23.02.21.

28.5.2.1.1 Produção antecipada de provas

O art. 366 do CPP prevê, diante da suspensão do processo e do curso do prazo prescricional, a possibilidade de o magistrado determinar a produção antecipada das provas consideradas urgentes.

Conforme vimos nos capítulos pertinentes às provas, aos quais remetemos o leitor para evitarmos repetições em excesso, não obstante a existência de um momento de produção da prova, há situações nas quais a urgência impõe sua realização de forma antecipada. A oitiva de uma testemunha gravemente enferma ou a realização de uma perícia sobre um material perecível, por exemplo, precisam ser realizadas com urgência, sob pena de, ao se aguardar o momento processual adequado, a prova não mais ser passível de realização.

Não nos parece que o magistrado possa, de ofício, determinar a produção da prova, porquanto vige o sistema acusatório. O deferimento de antecipação de provas pressupõe um pedido das partes, vez que o ônus da prova é imposto a essas e não ao magistrado. A decisão que defere a produção antecipada de provas deve possuir fundamentação concreta, não podendo se lastrear apenas no mero decurso do tempo. Nesse sentido é o teor da Súmula 455 do STJ:

> A decisão que determina a produção antecipada de provas com base no art. 366 do CPP deve ser concretamente fundamentada, não a justificando unicamente o mero decurso do tempo.

No que tange ao **depoimento de policiais**, que invariavelmente acabam por se deparar com situações fáticas similares e, não de forma incomum, envolvendo os mesmos agentes, o STJ tem flexibilizado o teor da Súmula para admitir a produção antecipada de provas no tocante à prova testemunhal.

> A Terceira Seção do Superior Tribunal de Justiça, por ocasião do julgamento do RHC n. 64.086/DF (Rel. Ministro NEFI CORDEIRO, Rel. p/ Acórdão Ministro ROGERIO SCHIETTI CRUZ, julgado em 23/11/2016, DJe 9/12/2016), consignou a possibilidade de temperamento do disposto no enunciado sumular n. 455/STJ, para assentar a tese de que, não havendo outros meios de prova disponíveis, é de ser considerada a urgência da oitiva de testemunhas policiais, que, pela natureza de sua atuação profissional, tenham contato permanente com fatos criminosos que apresentem semelhanças em sua dinâmica, o que justifica a colheita antecipada dos depoimentos sob pena de perecimento da prova. EDcl no HC 283119/SP, DJe 14.11.17.

28.5.2.1.2 Decretação de prisão preventiva

O art. 366 do CPP prevê a possibilidade de decretação de prisão preventiva quando da aplicação do dispositivo. Contudo, não o faz de forma aberta e irrestrita, como prisão preventiva obrigatória. Ao contrário, a redação do art. 366 do CPP expressamente consigna a expressão "se for o caso", a qual deve ser interpretada sob a luz de toda a estrutura atinente à prisão preventiva, que envolve seus pressupostos e requisitos.

O simples fato do agente estar foragido, hipótese do art. 366 do CPP, nos permitiria concluir pela necessidade de decretação da prisão preventiva para assegurar a aplicação da lei penal. Contudo não sendo um delito que comporta a prisão, por exemplo, por ser culposo, não haveria a satisfação dos pressupostos legais para decretação medida. Logo, tem-se que a regra do art. 366 do CPP deve seguir a mesma construção atinente à prisão preventiva.

De bom alvitre seria a existência de possibilidade de condução coercitiva tão somente para fins de citação nos casos de aplicação do art. 366 do CPP, pois, atualmente, não tendo sido decretada a prisão preventiva, o agente permanecerá solto sem o efetivo conhecimento da acusação.

28.5.2.1.3 Retomada do curso do processo

Ocorrendo o comparecimento espontâneo do acusado, o processo perderá o fundamento da suspensão e retomará seu curso originário, conforme se infere do art. 363, §4º, CPP. Assim, do comparecimento espontâneo iniciará o prazo para apresentação de resposta à acusação, em observância ao teor do art. 396-A e parágrafos, do CPP.

Igualmente, é possível que, mesmo suspenso o processo, venha a se descobrir o paradeiro do acusado e se determine a realização da citação pessoal, de forma que, realizada a comunicação processual, o processo e o curso do prazo prescricional retomarão seus cursos regulares.

28.5.2.1.4 Aplicação do art. 366 na Lei de Lavagem de Capitais

O §2º do art. 2º da Lei 9.613/98 prevê que no processo por crime previsto nesta Lei, não se aplica o disposto no art. 366 do Decreto-Lei nº 3.689, de 3 de outubro de 1941 (Código de Processo Penal), devendo o acusado que não comparecer nem constituir advogado ser citado por edital, prosseguindo o feito até o julgamento, com a nomeação de defensor dativo.

Na exposição de motivos da lei consta a seguinte fundamentação: "Trata-se de medida de política criminal diante da incompatibilidade material existente entre os objetivos desse novo diploma legal e a macrocriminalidade representada pela lavagem de dinheiro ou ocultação de bens, direitos e valores oriundos de crimes de especial gravidade. A suspensão do processo constituiria um prêmio para os delinquentes astutos e afortunados e um obstáculo à descoberta de uma grande variedade de ilícitos que se desenvolvem em parceria com a lavagem ou a ocultação". (item 63, Exposição de Motivos 692/MJ).

Não obstante a tentativa hermenêutica de fundamentar a não aplicação do art. 366 aos crimes de lavagem de capitais, a questão versa sobre matéria processual e não material. Ao se valer da vedação à aplicação do art. 366 do CPP como forma de combate à criminalidade especializada, o legislador se perde na compreensão de processo como garantia e processo como meio de se combater a impunidade. Mera leitura da exposição de motivos nos evidencia sua possibilidade de aplicação a diversos outros delitos, especialmente os relacionados à corrupção passiva e peculato.

Não obstante ser compreensível a intenção do legislador, não podemos nos afastar do devido processo legal, que impõe a certeza de que a citação editalícia alcançou sua finalidade. Trata-se de garantia do contraditório e ampla defesa, que não pode ser afastada tão somente porque o legislador entendeu que o delito "A" ou "B" merece uma represália distinta. Admitir a possibilidade de condenação, sem que se tenha efetiva certeza quanto à observância do contraditório e ampla defesa, representa um risco ao próprio processo penal democrático, razão pela qual entendemos o dispositivo como inconstitucional.

28.5.3 Citação por hora certa

Com a redação dada pela Lei 11.719/08, o art. 362 do CPP passou a prever a citação por hora certa no processo penal. Segundo o dispositivo, verificando que o réu se oculta para não ser citado, o oficial de justiça certificará a ocorrência e procederá à citação com hora certa, na forma estabelecida nos arts. 227 a 229 da Lei nº 5.869, de 11 de janeiro de 1973 - Código de Processo Civil.

Por se tratar de norma processual em branco, a referência ao revogado CPC de 1973 deve ser compreendida de forma evolutiva, de forma a se buscar no novo CPC os dispositivos relacionados à citação por hora certa, atualmente previstos nos artigos 252 a 254 do CPC.

Nesse sentido, o art. 252 do CPC assinala que "quando, por 2 (duas) vezes, o oficial de justiça houver procurado o citando em seu domicílio ou residência sem o encontrar, deverá, havendo suspeita de ocultação, intimar qualquer pessoa da família ou, em sua falta, qualquer vizinho de que, no dia útil imediato, voltará a fim de efetuar a citação, na hora que designar".

Nos termos do art. 253 do CPC, no dia e na hora designados, o oficial de justiça, independentemente de novo despacho, comparecerá ao domicílio ou à residência do citando a fim de realizar a diligência. Conforme o §3º, da certidão da ocorrência, o oficial de justiça deixará contrafé com qualquer pessoa da família ou vizinho, conforme o caso, declarando-lhe o nome. Findo o ato, na forma do art. 254 do CPC, o escrivão ou chefe de secretaria enviará ao réu, no prazo de 10 (dez) dias, contado da data da juntada do mandado aos autos, carta, telegrama ou correspondência eletrônica, dando-lhe de tudo ciência.

O parágrafo único do art. 362 do CPP impõe a nomeação de defensor dativo ao acusado citado por hora certa que não comparecer. O comparecimento, no caso, deve ser concebido como a não apresentação de resposta à acusação, haja vista que não se exige mais o comparecimento do acusado no início do processo para fins de interrogatório, transferido para o final da instrução.

Não obstante se tratar de citação ficta, o legislador não seguiu na citação por hora certa a linha da suspensão da prescrição e do curso do prazo prescricional, previsto para a citação editalícia. Logo, o processo terá seu curso regular com a nomeação de defensor dativo.

28.6 INTIMAÇÕES E NOTIFICAÇÕES

Conforme vimos anteriormente, a intimação é a comunicação realizada a alguém sobre um ato processual já realizado, ao passo que a notificação é a ciência conferida a alguém para a prática de um ato processual. Intima-se, portanto, a parte da sentença condenatória, da decisão de impronúncia, da juntada de uma determinada prova. Por outro lado, notifica-se para comparecimento à audiência de instrução, comparecimento para fins de reconhecimento pessoal e etc.

Não obstante a distinção doutrinária, o legislador processual não é técnico, referindo-se às intimações e notificações de forma indistinta.

O art. 370 do CPP dispõe que nas intimações dos acusados, das testemunhas e demais pessoas que devam tomar conhecimento de qualquer ato, será observado, no que for aplicável, o disposto no Capítulo anterior. O tópico anterior, conforme vimos, refere-se às citações e, portanto, todo o regramento atinente à citação por edital e por hora certa podem ser aplicados para fins de intimações e notificações.

28.6.1 Notificações e intimações segundo a qualidade das partes ou representantes processuais

O Ministério Público, nos termos da Lei 8.625/93, art. 41, IV, possui o direito à intimação pessoal em qualquer processo e grau de jurisdição, através da entrega dos autos com vista. A intimação pessoal, portanto, formaliza-se com a entrega dos autos ao Ministério Público de forma a se permitir a realização do ato processual. Nesse sentido é a Tese em sede de Recursos Repetitivos firmada pelo STJ:

> O termo inicial da contagem do prazo para impugnar decisão judicial é, para o Ministério Público, a data da entrega dos autos na repartição administrativa do órgão, sendo irrelevante que a intimação pessoal tenha se dado em audiência, em cartório ou por mandado. (REsp 1349935/SE, Rel. Min. Rogério Schietti Cruz, 3ª Seção, DJe 14.09.17)

A despeito de não ser parte na relação processual, a Defensoria Pública também possui o direito à intimação pessoal, mediante entrega dos autos com vista (art. 44, I, LC 80/94), nos mesmos termos que o Ministério Público, isto é, a intimação será considerada efetivada com a entrega dos autos na instituição, de forma a se permitir o exercício do direito de defesa[18]. Nos termos do §4º do art. 370 do CPP, o **defensor nomeado igualmente possui o direito à intimação pessoal**.

O §1º do art. 370 do CPP dispõe que a intimação do defensor constituído, do advogado do querelante e do assistente será realizada por publicação no órgão incumbido da publicidade dos atos judiciais da comarca, incluindo, sob pena de nulidade, o nome do acusado.

O §2º do art. 370 do CPP ainda assinala que, caso não haja órgão de publicação dos atos judiciais na comarca, a intimação far-se-á diretamente pelo escrivão, por mandado, ou via postal com comprovante de recebimento, ou por qualquer outro meio idôneo. É perfeitamente possível que a intimação seja realizada por meio eletrônico, nos termos da Lei 11.419/06, haja vista que referido meio é idôneo para realização da intimação.

Vale destacar que o art. 201, §2º do CPP prevê que o ofendido será comunicado dos atos processuais relativos ao ingresso e à saída do acusado da prisão, à designação de data para audiência e à sentença e respectivos acórdãos que a mantenham ou modifiquem. Por sua vez, o §3º dispõe que as comunicações ao ofendido deverão ser feitas no endereço por ele indicado, admitindo-se, por opção do ofendido, o uso de meio eletrônico.

28.6.2 Início do prazo

Os prazos no processo penal são contínuos e peremptórios e, em regra, contados em dias corridos[19], de forma que não se interrompem por férias, domingo ou feriado, conforme dispõe o *caput* do art. 798, CPP.

Como regra geral, o prazo tem seu termo inicial ao dia útil seguinte ao da intimação, de forma que não se computa no prazo o dia do começo, incluindo-se, porém, o do vencimento (§1º). Nos termos do §3º, o prazo que terminar em domingo ou dia feriado considerar-se-á prorrogado até o dia útil imediato. Conforme o §2º, o fim do prazo será

18. STJ: HC 296.759/RS, 3ª Seção, Rel. Min. Rogerio Schietti Cruz, DJe 21/09/2017.

19. Há uma única exceção no art. 479 do CPP.

certificado nos autos pelo escrivão, não obstante poder se considerar findo o prazo, ainda que omitida aquela formalidade, se feita a prova do dia em que começou a correr.

O §4º do art. 798 do CPP dispõe que os prazos não correrão se houver impedimento do juiz, força maior, ou obstáculo judicial oposto pela parte contrária. Em acréscimo à previsão, a Lei 14.365/22 incluiu o art. 798-A no CPP para prever a suspensão dos prazos processuais no chamado "recesso forense", nos dias compreendidos entre 20 de dezembro e 20 de janeiro, inclusive, salvo nos casos: I - que envolvam réus presos, nos processos vinculados a essas prisões; II - nos procedimentos regidos pela Lei nº 11.340/06 (Lei Maria da Penha); e III - nas medidas consideradas urgentes, mediante despacho fundamentado do juízo competente. Em razão da suspensão, durante o período a que se refere o *caput* do art. 798-A, é vedada a realização de audiências e de sessões de julgamento, salvo nas hipóteses dos incisos I, II e III do *caput* do artigo (parágrafo único).

Nos termos do §5º do art. 798 do CPP, salvo os casos expressos, os prazos correrão: a) da intimação; b) da audiência ou sessão em que for proferida a decisão, se a ela estiver presente a parte; c) do dia em que a parte manifestar nos autos ciência inequívoca da sentença ou despacho.

Tratando-se de intimação por carta precatória, o termo inicial do prazo é computado a partir da data da intimação e não da juntada aos autos da carta precatória conforme dispõe a Súmula 710 do STF: "no processo penal, contam-se os prazos da data da intimação, e não da juntada aos autos do mandado ou da carta precatória ou de ordem".

Sendo a intimação realizada em final de semana ou feriado, será considerada realizada no primeiro dia útil subsequente e, por consequente, o prazo terá seu início no dia seguinte ao que se considera realizada a intimação. À guisa de exemplo, uma intimação realizada no sábado ou domingo, dias não úteis, será considerada realizada na segunda-feira se dia útil for na localidade. Logo, o início do prazo processual terá seu termo inicial na terça-feira, primeiro dia útil subsequente ao da efetiva intimação.

Na mesma lógica está o teor da Súmula 310 do STF: "quando a intimação tiver lugar na sexta-feira, ou a publicação com efeito de intimação for feita nesse dia, o prazo judicial terá início na segunda-feira imediata, salvo se não houver expediente, caso em que começará no primeiro dia útil que se seguir".

No caso de intimação em audiência, BRASILEIRO[20] (2020, p. 1387), sustenta que o prazo terá seu termo inicial no próprio ato se as partes estiverem presentes.

> Nas hipóteses em que a decisão é proferida em audiência (v.g., sentença proferida na própria audiência una de instrução e julgamento – CPP, art. 403, *caput*), o prazo recursal começa a fluir desse ato, se a ele estiverem presentes as partes. Logo, no âmbito do Tribunal do Júri, como a sentença é publicada em plenário, estando presentes o acusado e seu defensor, assim como o órgão do Ministério Público, o termo inicial do prazo recursal será a data da sessão de julgamento. Se, no entanto, o acusado optar por não estar presente à sessão de julgamento, o prazo recursal para ele somente começará a fluir a partir do momento em que for intimado da sentença.

Não nos parece, entretanto, seja a melhor exegese, haja vista o teor do §1º do art. 798 do CPP, que determina que não se computará o prazo do dia do começo, incluindo-se,

20. *op.cit.*

contudo, o do vencimento. De fato, parece-nos inegável que a intimação se considera realizada no momento da audiência, porquanto o conhecimento do teor da decisão será transmitido às partes. Não nos parece que o legislador tenha admitido que um ato processual que se encerra tarde da noite, como invariavelmente acontece, possa ter o condão de eliminar um dia de prazo do interessado. Intimadas as partes em audiência, o termo inicial deverá ocorrer no dia seguinte.

28.7 SÍNTESE GRÁFICA

Citação	• Chamamento do réu para promover sua defesa no processo
Intimação	• Comunição acerca de um ato processual já realizado
Notificação	• Comunicação para chamamento para a prática de um ato futuro

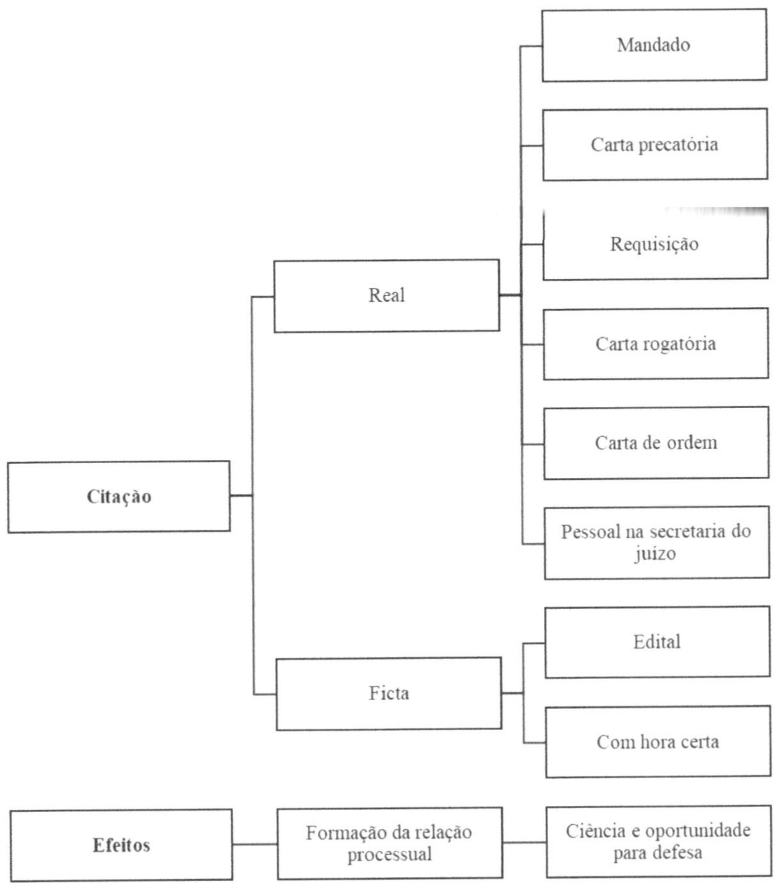

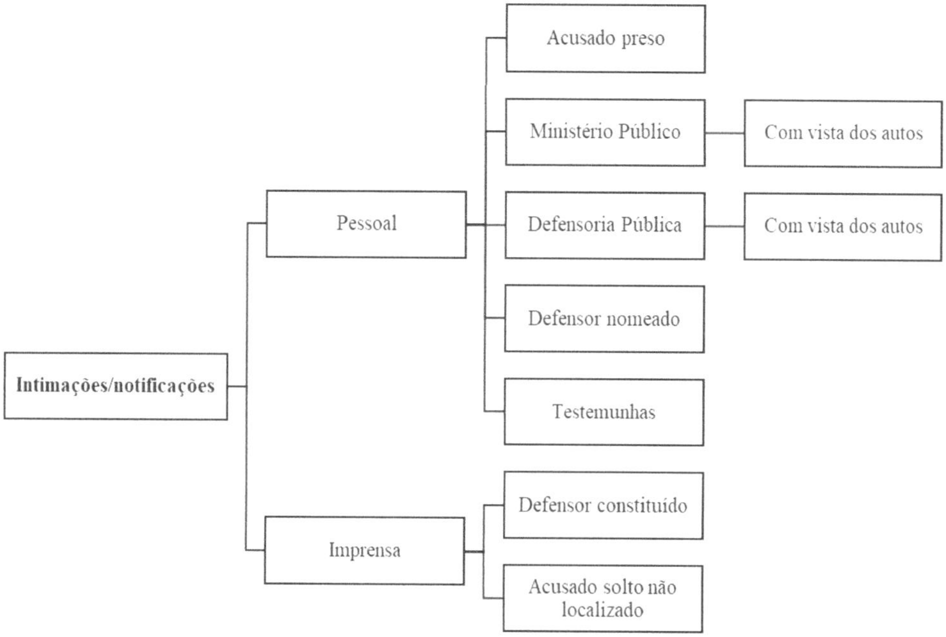

28.8 REVISÃO DO CAPÍTULO POR QUESTÕES DE CONCURSOS E ASSERTIVAS DE REFORÇO

QUESTÕES DE CONCURSO

1. (DPE/PB 2022 - FCC - DEFENSOR PÚBLICO). Em relação à citação no Processo Penal:

A. O processo penal seguirá sem a presença do acusado que, citado por edital, deixar de comparecer em qualquer ato sem motivo justificado.

B. O Código de Processo Penal nada dispõe acerca da citação por hora certa, modalidade ínsita ao Processo Civil.

C. As citações de pessoas que se encontrem em consulados e embaixadas estrangeiras no Brasil serão feitas por carta rogatória.

D. Se o réu estiver preso, será citado preferencialmente via WhatsApp ou *e-mail* do estabelecimento prisional.

E. O processo penal será suspenso se o acusado, citado pessoalmente, deixar de comparecer para qualquer ato sem motivo justificado.

2. (MP/SP 2022 - PROMOTOR DE JUSTIÇA SUBSTITUTO). Em matéria de citações e intimações no processo penal, é correto afirmar que

A. o processo será suspenso se o réu é citado por edital, mesmo que constitua advogado.

B. a citação por hora certa no processo penal caberá quando, por 3 (três) vezes, o oficial de justiça houver procurado o citando em seu domicílio ou residência sem o encontrar. Nesse caso, deverá o oficial de justiça, havendo suspeita de ocultação, intimar qualquer pessoa da família ou, em sua falta, qualquer vizinho de que, no dia útil imediato, voltará a fim de efetuar a citação, na hora que designar.

C. no processo penal, os prazos são contados da data da intimação, e não da juntada aos autos do mandado ou da carta precatória ou de ordem.

D. é nula a citação por edital que apenas indica o dispositivo da lei penal, sem transcrever a denúncia ou queixa, ou resumir os fatos em que se baseia.

E. estando o réu no estrangeiro, mesmo que em lugar incerto e não sabido, será citado mediante carta rogatória.

3. (DPE/SE 2022 - CESPE – DEFENSOR PÚBLICO). Com relação ao prazo prescricional na carta rogatória de citação, é correto afirmar que

A. se suspende o prazo até a intimação do acusado no exterior.

B. se suspende o prazo até a juntada no processo do êxito da citação no exterior.

C. não se suspende o prazo prescricional, que só poderá ser suspenso caso o réu não seja localizado, seja citado por edital e a este não responda.

D. não se suspende o prazo prescricional.

E. se suspende o prazo até a decisão do juiz declarando válida a citação.

4. (DPE/PR 2022 - AOCP - DEFENSOR PÚBLICO). Considere a seguinte situação hipotética: Alberto, corretor de imóveis, foi denunciado pela prática do crime de apropriação indébita. O Juiz recebeu a denúncia e determinou a citação do acusado. O oficial de justiça tentou, por três vezes, citá-lo nos endereços contidos nos cadastros das concessionárias de serviço público. Em um dos endereços, Maria, mãe de Alberto, informou que não tem contato com seu filho há mais de um ano, não podendo indicar seu paradeiro. No outro endereço, vizinhos informaram que Alberto reside no local e trabalha em home office, saindo poucas vezes de casa. O oficial de justiça, notando movimentação estranha na residência, certificou que Alberto se ocultava e realizou sua citação por hora certa. Diante dessa situação, assinale a alternativa correta.

A. Se o acusado não comparecer, nem constituir advogado, ficarão suspensos o processo e o curso do prazo prescricional.

B. O Juiz, em decisão fundamentada, pode determinar a produção antecipada de provas e decretar a prisão preventiva do réu.

C. O Defensor Público deverá arguir a nulidade da citação, já que não houve autorização judicial para a citação com hora certa.

D. O Juiz deverá decretar a revelia e suspender o curso do processo e do prazo prescricional.

E. O Juiz deverá intimar o Defensor Público ou nomear defensor dativo, prosseguindo o processo.

5. (PC/PB 2022 - CESPE – DELEGADO DE POLÍCIA). Assinale a opção correta em relação à citação e à intimação no processo penal.

A. Os prazos são contados da data da intimação, e não da juntada aos autos do mandado ou da carta precatória.

B. É válida a citação por edital de réu preso na mesma comarca do juízo processante quando este não tem ciência do fato.

C. O processo ficará suspenso caso o réu seja citado pessoalmente e, injustificadamente, deixe de comparecer em juízo.

D. A intimação do membro do Ministério Público, do assistente de acusação e do defensor do réu é pessoal.

E. É nula a citação por edital que indica o dispositivo da lei penal, mas não transcreve nem resume a inicial.

6. (TJ/AP 2022 – FGV – JUIZ DE DIREITO). A intimação de réu solto assistido pela Defensoria Pública ou patrocinado por advogado dativo, quanto à sentença penal condenatória, deve ocorrer:

A. por publicação no órgão da imprensa oficial;

B. por meio eletrônico;

C. pessoalmente;

D. na pessoa do seu patrono;

E. em audiência.

7. (TJ/SP 2021 - VUNESP – JUIZ DE DIREITO). Constata-se a aplicação, por analogia, das normas de processo civil ao Código de Processo Penal não só de forma subsidiária, mas também de forma expressa. Como exemplo de aplicação da forma expressa, afirma-se como correta

A. a citação por hora certa.

B. a instauração dos incidentes de resolução de demandas repetitivas.

C. o processamento dos embargos infringentes.

D. as medidas assecuratórias do sequestro e a hipoteca legal.

8. (PC/PR 2021 - DELEGADO DE POLÍCIA). P.W., citado por edital, não compareceu ao processo nem constituiu advogado. Diante disso, o juiz suspendeu o processo e o prazo prescricional, bem como determinou a produção antecipada de provas consideradas urgentes. Fundamentado na ausência de P.W., o juiz decretou a sua prisão preventiva, objetivando a instrução do processo até final julgamento. Diante do exposto, assinale a alternativa correta.

A. O juiz se equivocou ao suspender o processo e o prazo prescricional, pois a citação editalícia, como modalidade de citação ficta, permite o trâmite regular do feito.

B. O fato de o acusado não ter comparecido após a citação editalícia não autoriza o juiz a decretar a prisão, dado que são necessários outros requisitos.

C. O juiz agiu corretamente ao decretar a prisão, posto que somente dessa forma conseguirá dar andamento regular ao processo.

D. O juiz se equivocou ao determinar a produção antecipada das provas, pois o acusado deverá primeiro ser interrogado para, depois, possibilitar-se a produção dessas provas.

E. O juiz agiu corretamente ao suspender o processo e o prazo prescricional, mas deverá nomear defensor dativo que acompanhe o pedido de liberdade.

9. (TJ/PR 2021 – FGV – JUIZ DE DIREITO). Sobre a possibilidade de citação por meio de aplicativo de mensagens, em meio ao contexto de pandemia, é correto afirmar que:

A. não é possível, em razão de impedimento de ordem formal, haja vista a competência privativa da União para legislar sobre processo;

B. é excepcionalmente possível, desde que o Tribunal tenha expedido norma para regulamentar a citação eletrônica em situações determinadas;

C. não é possível, em razão de impedimento de ordem material, por ausência de previsão legal e possível malferimento do devido processo legal, do contraditório e da ampla defesa;

D. é excepcionalmente possível, desde que adotados os cuidados para se comprovar a autenticidade do número telefônico contatado e a identidade do destinatário das mensagens;

E. não é possível, ainda que atingida sua finalidade e demonstrada a ciência inequívoca do réu, em razão do rigor das formas no processo.

10. (MP/MG 2019 – PROMOTOR DE JUSTIÇA SUBSTITUTO). Assinale a assertiva incorreta:

A. Embora as disposições relativas à intimação da sentença aparentemente não o estabeleçam em tais casos, o acusado e seu defensor devem ser intimados pessoalmente quando a sentença for absolutória imprópria ou condenatória.

B. Prepondera nos tribunais, inclusive superiores, o entendimento, defendido por parte da doutrina, de que deve a intimação da sentença ao defensor ocorrer após a intimação do acusado, a partir daquela se contando o prazo recursal.

C. A intimação de acórdão, seja condenatório ou absolutório, entende-se realizada com a publicação da decisão no órgão oficial.

D. Deve entender-se nula a citação por edital do condenado que se ache preso na mesma unidade da Federação em que proferida a sentença.

ASSERTIVAS DE REFORÇO

1. ( ) A citação revela-se como imprescindível no processo, tanto que sua inexistência ou deficiência conduz à nulidade absoluta.

2. ( ) O fato do agente ter constituído advogado ainda na fase de investigação afasta a necessidade de citação.

3. ( ) Realizada a citação no processo, este terá prosseguimento até o final da execução de pena sem que se exija nova citação, isto é, nos processos de execução de penas, o magistrado tão somente realizará a audiência admonitória, sendo desnecessária nova citação para o trâmite da execução penal.

4. ( ) A citação válida no processo penal induz litispendência.

5. ( ) Admite-se, no processo penal, a citação realizada na pessoa de procurador.

6. ( ) No cumprimento da carta precatória para citaçao do acusado, descobrindo-se que o agente a ser citado encontra-se em território sujeito à jurisdição de outro juiz, o juízo deprecado, independentemente de pedido do juízo deprecante, remeterá a carta precatória ao novo juízo deprecado os autos para efetivação da diligência.

7. ( ) Estando o acusado no estrangeiro, em lugar sabido, será citado mediante carta rogatória, suspendendo-se o curso do prazo de prescrição até o seu cumprimento.

8. ( ) As cartas rogatórias são direcionadas ao Ministério da Justiça, que deverá solicitar ao Ministério das Relações Exteriores o seu cumprimento e, uma vez expedidas, gozam do caráter itinerante.

9. ( ) Não se realizará citação de quem estiver participando de ato de culto religioso.

10. ( ) No processo penal, contam-se os prazos da data da intimação, e não da juntada aos autos do mandado ou da carta precatória ou de ordem.

11. ( ) Ao contrário dos militares, a citação do funcionário público não precisa ser realizada pelo superior hierárquico, devendo ser ordinariamente ser efetivada por oficial de justiça.

12. ( ) Se o réu estiver preso, será pessoalmente citado.

13. ( ) O edital de citação será publicado com prazo de quinze dias, ao final do qual o acusado deverá apresentar resposta à acusação, sob pena de preclusão.

14. ( ) Se o acusado, citado por edital, não comparecer, nem constituir advogado, ficarão suspensos o processo e o curso do prazo prescricional, podendo o juiz determinar a produção antecipada das provas consideradas urgentes e, se for o caso, decretar prisão preventiva.

15. ( ) Em caso de inatividade processual decorrente de citação por edital, ressalvados os crimes previstos na Constituição Federal como imprescritíveis, é constitucional limitar o período de suspensão do prazo prescricional ao tempo de prescrição da pena máxima em abstrato cominada ao crime, a despeito de o processo permanecer suspenso.

16. ( ) Quando, por 3 (três) vezes, o oficial de justiça houver procurado o citando em seu domicílio ou residência sem o encontrar, deverá, havendo suspeita de ocultação, intimar qualquer pessoa da família ou, em sua falta, qualquer vizinho de que, no dia útil imediato, voltará a fim de efetuar a citação, na hora que designar.

17. ( ) Não obstante se tratar de citação ficta, o legislador não seguiu na citação por hora certa a linha da suspensão da prescrição e do curso do prazo prescricional, previsto para a citação editalícia.

18. ( ) A intimação é a comunicação realizada a alguém sobre um ato processual já realizado, ao passo que a notificação é a ciência conferida a alguém para a prática de um ato processual.

19. ( ) O termo inicial da contagem do prazo para impugnar decisão judicial é, para o Ministério Público, a data da entrega dos autos na repartição administrativa do órgão ou da data da intimação em audiência.

20. ( ) A intimação do defensor constituído ou nomeado, do advogado do querelante e do assistente será realizada por publicação no órgão incumbido da publicidade dos atos judiciais da comarca, incluindo, sob pena de nulidade, o nome do acusado.

28.8.1 Gabaritos

QUESTÕES DE CONCURSO

1	2	3	4	5	6	7	8	9	10
C	C	A	E	A	C	A	B	D	B

ASSERTIVAS DE REFORÇO

1	2	3	4	5	6	7	8	9	10
V	F	F	F	F	V	V	F	F	V
11	**12**	**13**	**14**	**15**	**16**	**17**	**18**	**19**	**20**
V	V	F	V	V	F	V	V	F	F

COMENTÁRIOS ÀS ASSERTIVAS FALSAS E JUSTIFICATIVAS IMPORTANTES

1. V.

2. F. O fato do agente ter constituído advogado ainda na fase de investigação não afasta a necessidade de citação.

3. F. Não se exige nova citação, salvo nos processos em que se executa a pena de multa aplicada.

4. F. Diferentemente do processo civil, a citação válida no processo penal não induz litispendência (art. 240, CPP), pois essa restará caracterizada no processo penal tão somente pelo recebimento da inicial acusatória, sendo indiferente a realização da citação válida.

5. F. Não se admite a citação realizada na pessoa de procurador.

6. V.

7. V.

8. F. Não gozam de caráter itinerante.

9. F. A previsão do CPC não se aplica ao processo penal.

10. V.

11. V.

12. V.

13. F. O edital de citação será publicado com prazo de quinze dias, nos termos do art. 361 do CPP. Isso significa que o ato citatório não se perfaz com a mera publicação, mas com o decurso do prazo do próprio edital. Logo, na hipótese de publicação de um edital de citação na data de hoje, o prazo para apresentação da resposta à acusação só começará a fluir após o decurso do prazo de 15 dias.

14. V.

15. V.

16. F. Por duas vezes.

17. V.

18. V.

19. F. O termo inicial da contagem do prazo para impugnar decisão judicial é, para o Ministério Público, a data da entrega dos autos na repartição administrativa do órgão, sendo irrelevante que a intimação pessoal tenha se dado em audiência, em cartório ou por mandado.

20. F. Nos termos do §4º do art. 370 do CPP, o defensor nomeado igualmente possui o direito à intimação pessoal.

29

Procedimentos

29.1 COMO O ASSUNTO É ABORDADO EM PROVAS E CONCURSOS

O tema "procedimentos" é usual em cobrança nos concursos de Magistratura, Ministério Público, Defensoria Pública e Delegado de Polícia, em todas as suas etapas.

A normatização objetiva é exigida nas provas de múltipla escolha no tocante às hipóteses de rejeição de inicial acusatória, diferenças entre os ritos previstos no Código de Processo Penal e inúmeras peculiaridades inerentes à cada rito, motivo pelo qual o leitor deve compreender bem a parte normativa para não perder preciosos pontos.

No rito ordinário, destacam-se o rito procedimental e absolvição sumária como temas de maior incidência, e no rito sumário, as particularidades distintivas com o rito ordinário. Por sua vez, o rito previsto na Lei 9.099/95 é o mais exigido, pois além das especificidades procedimentais, traz no seu regramento institutos com a transação penal e suspensão condicional do processo, potencializados para fins de cobrança após a entrada em vigor do ANPP.

A ênfase no estudo, especialmente de revisão, deve ser realizada sobre a norma, sendo imprescindível, contudo, a compressão básica da doutrina e conhecimento da jurisprudência, especialmente no tocante aos vícios processuais que incidem sobre o procedimento.

29.2 INTRODUÇÃO

O processo é uma entidade complexa, formada pelo conjunto de atos que visam dar uma solução jurisdicional em um caso concreto e pela construção da relação jurídico-processual. Logo, é o instrumento pelo qual o Estado exerce a jurisdição, dizendo o direito no caso concreto.

O procedimento, ao contrário, é o aspecto dinâmico do processo, isto é, o modo pelo qual o processo se materializa por meio de uma série de atos processuais que se relacionam na formação do processo.

O processo pode conter vários procedimentos, a exemplo do que se verifica no procedimento bifásico do Tribunal do Júri e nas hipóteses em que há recurso interposto contra a sentença, deflagrador do procedimento recursal.

Temos, portanto, que o processo, enquanto entidade complexa, envolve a formação da relação jurídica processual e o procedimento, instrumento por meio do qual os atos processuais serão conectados para permitir uma decisão sobre o provimento que se pede.

Em linhas gerais, o procedimento no processo penal é composto de três fases: **a) postulatória**, que envolve não somente a exposição da pretensão da acusação por meio da denúncia ou queixa-crime, mas também os atos de defesa do acusado por meio da resposta à acusação; **b) instrutória**, que engloba a produção das provas requeridas pelas partes na fase postulatória; e **c) decisória**, que envolve as alegações finais das partes acerca do mosaico probatório e a sentença em si. Uma quarta fase pode ser verificada quando há interposição de recursos, concebida como **fase recursal**, sujeita a um procedimento próprio.

29.3 CLASSIFICAÇÃO DOS PROCEDIMENTOS

Conforme prevê o art. 394 do CPP: o procedimento será comum ou especial.

Procedimento especial é aquele previsto no Código de Processo Penal ou em Legislação Especial, cuja aplicação pressupõe a satisfação de hipóteses legais específicas, a exemplo do procedimento relativo aos processos de competência do Tribunal do Júri (arts. 406 a 497, CPP), do procedimento dos crimes contra a honra (arts. 519 a 523, CPP), procedimento dos crimes de responsabilidade dos funcionários públicos (arts. 513 a 518), do procedimento afeto à Lei de Drogas (Lei 11.343/06) e procedimento dos crimes de competência originária dos tribunais (Lei 8.038/90), entre outros.

Por outro lado, **procedimento comum** é o rito padrão previsto no Código de Processo Penal, de aplicação subsidiária e residual, porquanto só deverá ser aplicado na hipótese de não aplicação de rito especial (art. 394, §2º, CPP). O §4º do art. 394 do CPP prevê uma etapa geral e comum a todos os procedimentos, comuns ou especiais. Prevê o dispositivo que "as disposições dos arts. 395 a 398 deste Código aplicam-se a todos os procedimentos penais de primeiro grau, ainda que não regulados neste Código.

Assim, temos que o teor dos arts. 395 (causas de rejeição da inicial acusatória), 396 (recebimento da inicial acusatória e citação), 396-A (resposta à acusação) e 397 (absolvição sumária) devem ser aplicados a todos os procedimentos[21].

O §5º do art. 394, por seu turno, dispõe que se aplicam-se subsidiariamente aos procedimentos especial, sumário e sumaríssimo as disposições do procedimento ordinário. Vale destacar que o art. 394-A do CPP, alterado pela Lei 14.994/24 assinala que os processos que apurem a prática de crime hediondo ou violência contra a mulher terão prioridade de tramitação em todas as instâncias. Segundo o §1º do dispositivo, os processos que apurem violência contra a mulher independerão do pagamento de custas, taxas ou despesas processuais, salvo em caso de má-fé. Por fim, o §2º assinala que as isenções de que trata o § 1º deste artigo aplicam-se apenas à vítima e, em caso de

21. O art. 398 foi revogado pela Lei 11.719/08.

morte, ao cônjuge, ascendente, descendente ou irmão, quando a estes couber o direito de representação ou de oferecer queixa ou prosseguir com a ação.

29.4 PROCEDIMENTO COMUM

O procedimento comum é classificado segundo a pena máxima cominada ao delito. Nos termos do §1º do art. 394, CPP:

> § 1º O procedimento comum será ordinário, sumário ou sumaríssimo:
>
> I - **ordinário**, quando tiver por objeto crime cuja sanção máxima cominada for **igual ou superior a 4 (quatro) anos** de pena privativa de liberdade;
>
> II - **sumário**, quando tiver por objeto crime cuja sanção máxima cominada seja **inferior a 4 (quatro) anos** de pena privativa de liberdade;
>
> III - **sumaríssimo**, para as **infrações penais de menor potencial ofensivo**, na forma da lei.

A clareza conceitual dos incisos I e II não demanda maior análise, diferentemente do inciso III, norma processual em branco, que exige a busca do conceito de infrações de menor potencial ofensivo, previsto no art. 61 da Lei 9.099/95. Logo, as contravenções penais e crimes cuja pena máxima não seja superior a dois anos, cumulada ou não com multa, ressalvadas as hipóteses de violência doméstica e familiar contra a mulher e violência e crimes contra a criança e adolescente previstos no ECA[22], serão processados pelo rito sumário previsto na Lei 9.099/95.

Não obstante, há situações nas quais os critérios do art. 394, §1º do CPP não são aplicáveis, mesmo diante da inexistência de previsão de procedimento especial.

a) Infrações penais praticadas com violência doméstica e familiar contra a mulher: a Lei Maria da Penha dispõe que "aos crimes praticados com violência doméstica e familiar contra a mulher, independentemente da pena prevista, não se aplica a Lei nº 9.099/95" (Lei 11.340/06, art. 41). Logo, diante do afastamento legal do rito sumaríssimo, tais infrações devem ser processadas e julgadas perante o juízo comum ou Vara especializada em Violência Doméstica e Familiar contra a mulher, independentemente da pena do delito não ser superior a dois anos. *In casu*, aplica-se o procedimento comum ordinário ou sumário, a depender do *quantum* de pena cominado ao delito, nos termos do art. 394, § 1º, I e II, do CPP.

b) Crimes previstos no ECA e violentos contra crianças e adolescentes: a Lei 14.344/22 (Lei Henry Borel), em seu art. 1º define parte do objeto da Lei ao estabelecer que "cria mecanismos para a prevenção e o enfrentamento da violência doméstica e familiar contra a criança e o adolescente". O art. 2º, por sua vez, diz que: "Configura violência doméstica e familiar contra a criança e o adolescente qualquer ação ou omissão que lhe cause morte, lesão, sofrimento físico, sexual, psicológico ou dano patrimonial: Parágrafo único. Para a caracterização da violência prevista no *caput*

22. Dada a regra amplificadora, entendemos que devemos somar as situações de crime que se enquadrem às hipóteses de violência previstas na Lei 13.431/17 (arts. 3º e 4º), concebida como vetor hermenêutico, quando os crimes praticados contra crianças e adolescentes envolverem violência doméstica ou familiar, física, psicológica, sexual ou institucional. Logo, entendemos que não se aplica a Lei 9.099/95 quando os crimes praticados contra crianças e adolescentes estiverem previstos no ECA ou quando envolverem violência doméstica ou familiar, e as demais formas de violência previstas pela Lei 13.431/17.

deste artigo, deverão ser observadas as definições estabelecidas na Lei nº 13.431, de 4 de abril de 2017".

Vejamos a Lei 13.431/17: Art. 4º Para os efeitos desta Lei, sem prejuízo da tipificação das condutas criminosas, são formas de violência: (...) e define as formas de violência nos incisos I a IV, que podem ser: I - violência física; II - violência psicológica; III - violência sexual; e IV - violência institucional. O art. 29, da Lei 14.344/22, alterou o teor do art. 226 do ECA para prever que: "Aos crimes cometidos contra a criança e o adolescente, independentemente da pena prevista, não se aplica a Lei nº 9.099, de 26 de setembro de 1995".

Analisando o dispositivo, em conclusão parcial, entendemos que o teor do art. 226, §1º do ECA, deve ser lido da seguinte forma: Aos crimes cometidos contra a criança e o adolescente, definidos nesta lei (ECA), independentemente da pena prevista, não se aplica a Lei nº 9.099, de 26 de setembro de 1995. Mas será que a *mens legis* foi somente a de afastar a aplicação da Lei 9.099/95 aos crimes previstos no ECA? Os crimes de abandono de incapaz (art. 133, CP), maus tratos (art. 136, CP), abandono material (art. 244, CP) e o novel crime de violência institucional (art. 15-A da Lei de Abuso de Autoridade), passíveis, em tese, de aplicação da Lei 9.099/95, estariam afastados *da mens legis* da Lei Henry Borel ou o legislador quis somente se valer do parâmetro do art. 88 da Lei 9.099/95, referente às lesões corporais, para fins de ação penal?

Entendemos que o conteúdo da norma do art. 226, §1º do ECA deve ser interpretado de forma mais ampla, mais abrangente, inclusive, do que a interpretação realizada no âmbito da Lei Maria da Penha, porque o art. 225 do ECA, prevê, no capítulo dos crimes, que "Este Capítulo dispõe sobre crimes praticados contra a criança e o adolescente, por ação ou omissão, sem prejuízo do disposto na legislação penal". Assim, dada a regra amplificadora, entendemos que devemos somar as situações de crime que se enquadrem às hipóteses de violência previstas na Lei 13.431/17 (arts. 3º e 4º), concebida como vetor hermenêutico, quando os crimes praticados contra crianças e adolescentes envolverem violência doméstica ou familiar, física, psicológica, sexual ou institucional. Logo, entendemos que não se aplica a Lei 9.099/95 quando os crimes praticados contra crianças e adolescentes estiverem previstos no ECA ou quando envolverem violência doméstica ou familiar, e as demais formas de violência previstas pela Lei 13.431/17.

c) Crimes previstos no Estatuto da pessoa idos cuja pena máxima não ultrapasse quatro anos: O Estatuto do Idoso, no artigo 94, determina a aplicação do procedimento previsto na Lei nº 9.099/95 aos crimes contra os idosos cujas penas privativas de liberdade não ultrapassem quatro anos. O dispositivo foi questionado no STF pela ADI 3096-5, tendo a Corte conferindo interpretação conforme a Constituição, dispondo que se aplica unicamente o rito sumaríssimo disciplinado na Lei 9.099/95. Excluiu, contudo, qualquer possibilidade de aplicação de medidas despenalizadoras e interpretação favorável ao autor do crime. Logo, estamos diante de uma hipótese de exclusão da regra geral do art. 394, §1º, II do CPP, porquanto por força de previsão especial, o rito a ser aplicado será o sumaríssimo e não o sumário.

d) Crimes falimentares: por expressa disposição do art. 185 da Lei 11.101/05, o rito a ser aplicado aos crimes falimentares é o sumário, independentemente da pena cominada ao delito. A menção legal ao rito previsto nos arts. 531 a 540, CPP, deve ser compreendida, atualmente, como o rito previsto nos arts. 531 a 536 do CPP, vez que a Lei 11.719/08, posterior à Lei de Falências, alterou a redação legal do CPP.

e) Crimes previstos na Lei 12.850/13 e conexos: nos termos do art. 22 da Lei 12.850/13, os crimes previstos na Lei de Organizações Criminosas e as infrações penais conexas serão apurados mediante procedimento ordinário. A previsão afasta a regra geral do CPP, sendo indiferente, portanto, a pena cominada ao delito ou às infrações penais conexas.

No que concerna à regra geral, ao se analisar a pena cominada à infração penal para definição do rito adequado, dever-se-á considerar a existência de eventuais qualificadoras, causas de aumento ou diminuição de pena, bem como possíveis figuras privilegiadas e concurso de crimes.

Deve-se buscar, portanto, independentemente da situação, o pior cenário possível para apuração da pena máxima cominada ao delito. Assim, tratando-se de delito qualificado, a pena a ser considerada será a do tipo penal qualificado e não do tipo penal base. Havendo causas de aumento de pena, deverá ser considerado o maior patamar de aumento previsto como forma de se alcançar a maior pena possível. De igual modo, existindo causas configuradoras de privilégio ou de redução de pena, deverá ser aplicado o menor patamar de redução de pena previsto, haja vista que o rito será definido pela maior pena possível cominada ao delito. As agravantes e atenuantes, por não possuírem patamares de aumento ou diminuição fixos, não podem ser consideradas para definição do rito legal.

Há que se registrar como exceção à regra do art. 394, §1º, CPP, os casos que houver infração penal conexa ou continente, que ensejará o julgamento conjunto. Nesses casos, há que se seguir, em regra, procedimento a ser observado no julgamento da infração penal que exerce a *vis atrativa*, a exemplo dos procedimentos afetos ao rito do Tribunal do Júri. Contudo, não se pode olvidar que a mera existência de conexão ou continência não tem o condão de afastar a necessidade de observância do devido processo legal, que impõe o julgamento pelo rito mais amplo, isto é, aquele que proporciona maior possibilidade de defesa.

Logo, havendo conexão entre processos que envolvem, simultaneamente, a aplicação do rito sumário e rito ordinário, sendo o primeiro prevalente e ensejador da conexão, o rito a ser aplicado será o ordinário, mais amplo e com maior possibilidade de defesa.

29.5 PROCEDIMENTO COMUM ORDINÁRIO

Oferecida a denúncia ou a queixa-crime, o magistrado será chamado a se manifestar quanto ao seu recebimento. Verificando-se competente e inexistente qualquer causa de impedimento ou suspeição, o juiz deverá realizar o juízo de prelibação quanto à acusação, recebendo ou rejeitando a petição inicial.

O CPP, com a reforma de 2008, trouxe uma certa confusão conceitual ao prever o recebimento da denúncia ou queixa no art. 396, *caput*, e no art. 399, *caput*, ambos do CPP, levando parte da doutrina a sustentar que o momento efetivo para o recebimento da petição inicial seria após a observância de uma espécie de defesa preliminar, concebida como resposta à acusação, prevista no art. 396, *caput,* do CPP.

Não nos parece, contudo, sustentável referido posicionamento, haja vista que não haveria sentido em se ordenar a citação para apresentação de resposta à acusação ou se absolver sumariamente o acusado (art. 397, CPP) se não houvesse, de fato, acusação formalizada e deflagradora do ato citatório. Se o processo tem completada sua formação quando realizada a citação (art. 363, CPP), há que se pressupor o recebimento da inicial previsto no art. 396, *caput*, como válido. Logo, o momento adequado para o recebimento da denúncia ou queixa é aquele imediatamente anterior à determinação da citação para apresentação da resposta à acusação.

29.5.1 Rejeição da inicial acusatória

A rejeição da exordial acusatória foi prevista no art. 395 do CPP:

> Art. 395. A denúncia ou queixa será rejeitada quando:
> I - for manifestamente inepta;
> II - faltar pressuposto processual ou condição para o exercício da ação penal; ou
> III - faltar justa causa para o exercício da ação penal.

29.5.2 Inépcia da denúncia ou queixa

Os requisitos da petição inicial foram elencados no art. 41 do CPP, de forma que a denúncia ou queixa devem conter a exposição do fato criminoso, com todas as suas circunstâncias, a qualificação do acusado ou esclarecimentos pelos quais se possa identificá-lo, a classificação do crime e, quando necessário, o rol das testemunhas.

O CPP não define os casos de inépcia da petição inicial como o CPC o faz no art. 330, §1º. Não obstante, em razão da aplicação subsidiária do CPC ao CPP, parece-nos perfeitamente possível trazermos o regramento processual civil para definirmos a inépcia da petição inicial no processo penal, adequando-se, naturalmente, às peculiaridades criminais.

Conforme o CPC, art. 330 (...), § 1º: Considera-se inepta a petição inicial quando:

I. lhe faltar pedido ou causa de pedir: o pedido, no processo penal, é a conclusão da exposição dos fatos e dos fundamentos jurídicos, isto é, da exposição do fato criminoso, que exprime aquilo que o autor pretende do Estado frente ao réu. Visa, portanto, a obtenção da tutela jurisdicional do Estado na esfera do *ius puniendi* estatal, com a condenação do acusado. Logo, entendemos que o pedido de condenação deve ser expresso, sob pena de caracterização de vício de natureza processual. Não obstante, há reiterados julgados no âmbito dos Tribunais de Justiça e Tribunais Regionais Federais aduzindo que a não formulação de pedido expresso de condenação na denúncia caracteriza mera irregularidade.

Há que se registrar que o pedido, no processo penal, não se restringe à condenação, vez que outros pedidos acessórios podem ser formulados, a exemplo do pedido de fixação de valor mínimo para reparação do dano à vítima (art. 387, IV, CPP), de aplicação do confisco alargado (imputação patrimonial, prevista no art. 91-A do CP) e de aplicação de efeitos não automáticos da condenação, a exemplo do art. 92, I, "a" e "b" do CP. Sobre o inciso IV do artigo 387 do CPP, vale destacar que o STJ tem entendido pela necessidade de pedido expresso e formal, por parte do Ministério Público ou da vítima, para a fixação de um valor a título reparatório[23]. Em todos os casos, entendemos que o pedido deve ser expresso. No tocante à causa de pedir, teremos uma denúncia inepta, por exemplo, nas hipóteses de denúncia alternativa, que imputa a prática do fato "A" ou "B", sem que fique clara a imputação, ou de denúncia genérica, da qual não se possa extrair, efetivamente, qual o comportamento praticado pelo agente imputado.

II. o pedido for indeterminado, ressalvadas as hipóteses legais em que se permite o pedido genérico: a indeterminação do pedido pode ser verificada, por exemplo, na hipótese de denúncia alternativa, na qual, indevidamente, o Ministério Público imputa ao agente a prática do crime de furto ou receptação, inviabilizando o correto exercício do direito de defesa. Admite-se, contudo, o pedido genérico no tocante à fixação de valor mínimo para reparação dos danos à vítima, porquanto a própria norma prevê a fixação de um valor mínimo (art. 387, IV, CPP).

III. da narração dos fatos não decorrer logicamente a conclusão: a regra processual civil encontra uma mitigação expressa no processo penal na hipótese do art. 383 do CPP, que prevê o instituto da *emendatio libelli*. Segundo o dispositivo, o juiz, sem modificar a descrição do fato contida na denúncia ou queixa, poderá atribuir-lhe definição jurídica diversa, ainda que, em consequência, tenha de aplicar pena mais grave. Como no processo penal o acusado se defende dos fatos imputados e não da classificação do delito, a errônea classificação delitiva realizada pelo Ministério Público quando da formulação do pedido de condenação pode ser ajustada pelo magistrado, de forma que a conclusão apresentada, ainda que inadequada, não impede o conhecimento da acusação e seu efetivo julgamento.

IV. contiver pedidos incompatíveis entre si: ainda que de forma bem remota, a previsão pode ser aplicada no processo penal quando, por exemplo, na denúncia for realizada uma imputação contra o agente e, simultaneamente, for formulado pedido de arquivamento por ocorrência de causa extintiva de punibilidade, como a prescrição.

Dessa forma, temos que a inépcia da petição inicial pode ser de natureza formal, quando não satisfaz os requisitos do art. 41 do CPP, ou de natureza material, quando apresentar, por exemplo, pedidos genéricos ou incompatíveis entre si ou, ainda, quando não se revestir de justa causa, isto é, de suporte mínimo probatório para a ação penal.

A rejeição da inicial acusatória por inépcia (art. 395, I, CPP) produz apenas coisa julgada formal, de forma que a acusação pode tanto ofertar nova petição, ajustada ao art. 41 do CPP ou, se for o caso, recorrer em sentido estrito (art. 581, I, CPP).

29.5.3 Falta de pressuposto processual ou condição para o exercício da ação penal

Os pressupostos processuais são concebidos como de existência ou de validade. Os pressupostos de existência representam a conformação de uma estrutura mínima necessária para formação do processo e se subdividem em subjetivos e em objetivos. Os **pressupostos de existência subjetivos** são aqueles cuja satisfação exige a presença de um **órgão jurisdicional** e a **capacidade de ser parte**, isto é, aptidão de ser sujeito processual. Por outro lado, o **pressuposto processual de existência objetivo** é aquele

23. AgRg no REsp 1497674/RS, 5ª Turma, DJe 22.02.16.

representado pela **provocação formulada pelo sujeito apto a ser parte**, por meio da apresentação da petição que instaura a provocação judicial.

Assim, havendo a formalização da demanda perante um órgão jurisdicional, apresentada pela petição inicial, por sujeito apto a ser parte, estarão satisfeitos os pressupostos processuais de existência. Não basta, contudo, para o fiel desenvolvimento do processo, que estejam presentes apenas os pressupostos processuais de existência, vez que os pressupostos processuais de validade igualmente devem ser observados.

Os **pressupostos processuais de validade também são subdivididos em subjetivos e objetivos**. Enquanto o aspecto **subjetivo** diz respeito ao magistrado (competência e imparcialidade) e às partes (capacidade processual e capacidade postulatória), o aspecto **objetivo** guarda relação com o desenvolvimento do processo, sendo **intrínseco** quando observado internamente em observância a adequada produção dos atos processuais, e **extrínseco ou negativo** quando determinada situação jurídica não deve se fazer presente no processo, como a litispendência ou coisa julgada.

Por outro lado, as condições da ação, estudadas no capítulo da ação penal, ao qual remetemos o leitor para evitarmos repetições, representam situações jurídicas sem as quais não haverá possibilidade de formação do processo, como nas situações de infração penal prescrita, que afeta interesse jurídico de agir estatal, de denúncia ofertada por fato atípico, representativa de pedido juridicamente impossível, e ação penal privada iniciada pelo Ministério Público, parte ilegítima para processamento de crimes aos quais o Estado conferiu legitimidade ao ofendido.

Em todos esses exemplos, de falta de pressupostos processuais ou condições da ação penal, o magistrado deverá rejeitar a inicial acusatória.

29.5.4 Falta de justa causa para a ação penal

A instauração do processo penal pressupõe a existência de um suporte mínimo probatório a lastrear a imputação, isto é, que a denúncia ou queixa seja acompanhada de elementos hábeis a fundamentar os fatos alegados, revelando o *fumus comissi delicti*, que se caracteriza pela plausibilidade da acusação.

Normalmente, o fundamento da denúncia decorre do inquérito policial, nada impedindo, entretanto, que advenha de outras fontes investigativas como o PIC. Visa, portanto, evidenciar, para o magistrado, que não se trata de denúncia temerária, sem qualquer sustentação quanto à autoria ou materialidade.

Logo, ausente a justa causa, outro caminho não haverá para o magistrado senão o de rejeitar a inicial acusatória, sob pena de instauração do processo penal sem o lastro mínimo de provas apto a sustentar a acusação, em flagrante violação aos interesses do acusado.

29.5.5 Rejeição parcial da petição inicial

É possível, para nós, que somente parte da petição inicial venha a ser recebida e, consequentemente, rejeitada em parte a acusação. Não há obstáculos processuais ao procedimento do magistrado que, por exemplo, recebe a denúncia pelo crime de falso e a rejeita com relação ao crime de estelionato por inexistir nos autos suporte mínimo probatório quanto à segunda imputação ou, ainda, quando recebe a denúncia pela prática do crime "A" e a rejeita com relação à imputação pelo crime "B", efetivamente prescrito.

A quebra da imputação, portanto, pode ser realizada pelo magistrado, vez que a análise das condições da ação e pressupostos processuais deve ser considerada com relação a cada fato imputado e agente acusado, sob pena de violação da sistemática processual. A lógica do "tudo ou nada" na imputação não contribui com o processo e pode dar causa a situações desproporcionais, seja ao se admitir o processamento de uma acusação em parte infundada, seja negando o processamento do todo porque a acusação apenas em parte não encontra supedâneo legal.

29.5.6 Recurso contra a rejeição da petição inicial

Segundo o art. 581, inciso I do CPP, cabe recurso em sentido estrito da decisão que não receber a denúncia ou a queixa. Substancialmente, não há diferença entre rejeição da petição inicial e não recebimento da petição inicial, pois o não recebimento implica a rejeição e essa, por sua vez, o não recebimento.

Ao analisarmos o art. 395 do CPP, podemos verificar que as causas de rejeição da denúncia são estritamente processuais, não se confundindo com o mérito do processo. Entretanto, a construção jurisprudencial pátria por vezes avança por caminhos que, em nossa compreensão, fogem à lógica processual. O STJ, por exemplo, admitiu a possibilidade de rejeição parcial da denúncia para admitir que o magistrado possa reconhecer a aplicação do princípio da consunção no momento do recebimento da denúncia no julgamento:

> Ao contrário do que aduz o MPF, não há qualquer óbice legal ao exame da aplicabilidade do princípio da consunção no momento de recebimento da denúncia. Quando a própria narrativa da exordial deixar clara a subordinação entre os crimes, é possível reconhecer, desde logo, a absorção do delito-meio pelo delito-fim. Afinal, é ônus da acusação bem formular sua imputação, sendo o recebimento da denúncia o momento processual adequado para corrigir eventuais vícios. Precedente: EREsp 1.154.361/MG, Rel. Ministra LAURITA VAZ, TERCEIRA SEÇÃO, julgado em 26/2/2014, DJe 6/3/2014). AgRg no AREsp 1236300, DJe 25.05.21.

A decisão do STJ permitiu o avanço sobre o mérito processual em sede de juízo de prelibação acerca da acusação, sem que sequer tenha sido reconhecida a existência de fato típico, ilícito e culpável. Parece-nos no mínimo estranha a possibilidade de reconhecimento do princípio da consunção em sede prefacial, porquanto a absorção delitiva pressupõe o reconhecimento da configuração das condutas típicas, incabível no estágio inaugural do processo em contrariedade à acusação.

Imaginemos uma situação oposta, na qual o Ministério Público descreve um fato que contempla o crime fim e o crime meio, mas na capitulação somente imputa o crime fim. O magistrado pode, perfeitamente, nos estritos termos do art. 383 do CPP, reconhecer a existência do crime meio, dando definição jurídica diversa ao fato, ainda que não capitulado pelo *parquet*, em sede de sentença. Logo, o momento adequado para o reconhecimento do fato é o da sentença, após a produção de provas e exercício do direito de defesa.

Ao admitir a possibilidade de reconhecimento da consunção no recebimento da denúncia, o STJ permitiu a realização de um julgamento antecipado de mérito sobre fato cujo reconhecimento depende de prova a ser produzida em juízo. Imaginemos, novamente, uma situação na qual o magistrado reconhece a absorção do crime meio pelo crime fim no recebimento da denúncia e, na sentença, por deficiência probatória, afasta a configuração do crime fim. Como ficará o crime meio, certo e provado, mas rejeitado de antemão? Poderia reconhecê-lo, mesmo tendo expressamente afastado a imputação na origem sob o pretexto da absorção por delito não provado? A inusitada situação não permite, para nós, que o magistrado condene pelo crime meio, haja vista que, com o afastamento da imputação, logo no início, o acusado não tinha porque se preocupar com a produção de defesa quanto a tal fato, expressamente afastado pelo magistrado. Logo, qualquer condenação pelo crime meio seria desprovida de imputação apta a fundamentá-la.

Vale destacar que, caso a rejeição da denúncia seja realizada em procedimento afeto ao rito da Lei 9.099/95, o recurso cabível será a apelação, nos termos do art. 82, *caput*, da referida Lei.

Não obstante a possibilidade de interposição de recurso, concordando a acusação com os motivos da rejeição e havendo condições de saneamento do vício que deu causa à rejeição, em estratégia mais razoável, poderá o acusador corrigir a mácula a ofertar a nova acusação de forma adequada.

29.5.7 Recebimento da denúncia ou queixa

Observada a forma legal e satisfeitos os pressupostos processuais, condições da ação penal e presente a justa causa, a denúncia ou queixa deve ser recebida pelo magistrado.

Uma vez recebida a petição inicial, não pode o magistrado revogar o ato de recebimento, ainda que verifique, posteriormente, que a recebeu de forma equivocada. Nesses casos, entendemos que poderá aplicar, por analogia, o teor do art. 485 do CPP, que prevê as causas de extinção do processo sem resolução do mérito. Conforme vimos, os pressupostos de constituição e desenvolvimento válido e regular do processo (inc. IV, art. 485, CPC) devem estar presentes, assim como as condições da ação (art. 485, inc. VI), durante todo o processo, de forma que, verificando o magistrado que o processo está maculado por causa que impede o seu desenvolvimento, deverá extingui-lo, a exemplo da configuração da ilegitimidade do Ministério Público, presente desde o oferecimento da denúncia por se tratar de crime sujeito a ação penal privada, mas não observada pela acusação ou magistrado quando do oferecimento e recebimento da inicial.

O STJ, todavia, admite a possibilidade de rejeição da denúncia em reconsideração à decisão de recebimento por entender que as matérias previstas no art. 395 do CPP não estão sujeitas à preclusão:

> O fato de a denúncia já ter sido recebida não impede o Juízo de primeiro grau de, logo após o oferecimento da resposta do acusado, prevista nos arts. 396 e 396-A do Código de Processo Penal, reconsiderar a anterior decisão e rejeitar a peça acusatória, ao constatar a presença de uma das hipóteses elencadas nos incisos do art. 395 do Código de Processo Penal, suscitada pela defesa. As matérias numeradas no art. 395 do Código de Processo Penal dizem respeito a condições da ação e pressupostos processuais, cuja aferição não está sujeita à preclusão (art. 267, § 3º, do CPC, c/c o art. 3º do CPP). Hipótese concreta

em que, após o recebimento da denúncia, o Juízo de primeiro grau, ao analisar a resposta preliminar do acusado, reconheceu a ausência de justa causa para a ação penal, em razão da ilicitude da prova que lhe dera suporte. Resp 1318180/DF, 6ª Turma, Rel. Min. Sebastião Reis Júnior, DJe 29.05.13.

Não nos parece, contudo, que processualmente seja essa a melhor decisão, porquanto o recebimento da denúncia, além dos efeitos de natureza processual, produz efeitos de ordem penal, a exemplo da interrupção da prescrição. O CPP não prevê o juízo de retratação da decisão de recebimento da denúncia, de forma que a construção jurisprudencial acarreta modificações na estrutura do próprio processo, podendo, inclusive, causar prejuízo ao próprio acusado. Ao se seguir a sistemática processual natural, verificando o magistrado que recebeu indevidamente a denúncia, deverá extinguir o processo sem resolução do mérito. Tal decisão, atacável por apelação (art. 593, II, CPP), não afasta a interrupção da prescrição realizada, de forma que eventual provimento do recurso ministerial fará com que o processo retome sua marcha original, com a prescrição em curso em prol do acusado.

Por outro lado, assumindo-se como adequada a decisão do STJ, a revogação do ato de recebimento da denúncia afasta todos os efeitos, inclusive o de interrupção da prescrição, de sorte que, sendo provido o recurso em sentido estrito interposto pelo Ministério Público, pois nesse caso a regra a ser aplicada será a do art. 581, I, CPP, o curso da prescrição somente será interrompido posteriormente, quando do julgamento do recurso e recebimento da denúncia pelo Tribunal.

Vale destacar que a 6ª Turma do STJ, no julgamento do REsp 1201963 / SP, DJe 06.03.23, entendeu que o magistrado, no próprio ato de recebimento da denúncia, pode promover a desclassificação da conduta, aplicando a *emendatio libelli,* caso isso represente algum benefício para o réu. De acordo com o Min. Relator, Rogério Schietti Cruz, a desclassificação da conduta no ato de recebimento da denúncia só é admitida pela jurisprudência do STJ em situações excepcionais, quando evidenciado que a alteração traz reflexos na competência do juízo ou na obtenção de algum benefício previsto em lei.

29.5.7.1 Fundamentação da decisão de recebimento da denúncia

Não obstante se tratar de decisão judicial, porquanto produtora de efeitos processuais e penais, o STF possui entendimento que o ato que formaliza o recebimento da denúncia não se qualifica como ato decisório para fins de aplicação do inciso IX do art. 93 da CF[24].

Não obstante, parece-nos inegável que a decisão que recebe a petição inicial, por produzir efeitos, demanda fundamentação, ainda que breve e de cunho processual. Isso porque, ao receber a petição inicial, o magistrado afasta as causas de rejeição previstas no art. 395 do CPP. De fato, ao analisar a denúncia ou queixa, o magistrado não deverá se imiscuir no mérito processual, sob pena de realização de pré-julgamento. Contudo, o dever de se abster quanto ao objeto do processo não afasta o dever de motivar as decisões judiciais. *In casu*, a decisão de recebimento da denúncia ou queixa deveria fundar-se na satisfação dos requisitos previstos no art. 41 do CPP, presença de

24. STF: 2ª Turma, HC 95.354/SC, Rel. Min. Gilmar Mendes, DJe 26.08.10.

justa causa e inexistência de vícios quanto aos pressupostos processuais e condições da ação penal.

29.5.7.2 Efeitos do recebimento da petição inicial

O recebimento da denúncia interrompe a prescrição nos termos do art. 117, I, CP, e tem o condão de fixar a competência por prevenção (art. 83, CPP), caso essa não tenha sido fixada anteriormente.

O recebimento da denúncia por juízo absolutamente incompetente não interrompe a prescrição, conforme o entendimento do STF[25] . Por outro lado, segundo o STJ, "tratando-se de incompetência relativa, o exame da prescrição da pretensão punitiva deve considerar o recebimento da denúncia realizado pelo juízo incompetente, e não a convalidação posterior do juízo que detém competência territorial, uma vez que este último ato possui natureza declarativa, prestando-se unicamente a confirmar a validade do primeiro. Em outros termos: pelo princípio da convalidação, o recebimento da denúncia por parte de Juízo territorialmente incompetente tem o condão de interromper o prazo prescricional"[26] .

29.5.7.3 Recurso contra a decisão que recebe a denúncia ou queixa

O CPP não prevê um recurso específico para impugnar a decisão que recebe a petição inicial. Isso não significa, todavia, que o acusado não possa impugnar referida decisão quando estiver diante de situação apta a causar-lhe risco à sua liberdade de locomoção. Para tanto, poderá se valer do remédio do *habeas corpus*.

O *habeas corpus*, contudo, deve atacar o aspecto formal da petição inicial, apontando a nítida atipicidade formal do comportamento, manifesta existência de causa extintiva de punibilidade ou a ausência dos pressupostos processuais ou das condições da ação penal ou de justa causa para a ação penal. Não se presta, portanto, para reavaliação das provas inquisitoriais ou questionamentos sobre a configuração do delito, que demandam dilação probatória. Em essência, o remédio deve atacar a própria constituição do processo, objetivando o trancamento do processo penal[27].

O STJ, ao decidir que o magistrado pode, em situações excepcionais, aplicar a *emendatio libelli* no ato de recebimento da denúncia (REsp 1201963 / SP, DJe 06.03.23), deu ensejo à possibilidade de interposição de recurso por parte do Ministério Público. Como o CPP não prevê recurso específico à espécie, temos que a solução acerca do recurso adequado dependerá da consequência processual.

Caso, na antecipação do mérito da ação penal, verifique-se, por exemplo, a presença de um causa extintiva da punibilidade como decorrência da decisão, estaremos diante de uma decisão terminativa de mérito e, por isso, atacável por apelação, nos termos do artigo 593, II, do CPP.

---

25. HC 104907/PE, Rel. Min. Celso de Mello, j. 10.05.11.

26. RHC 40.514/MG, Rel. Ministra Laurita Vaz, 5ª Turma, DJe 16.05.14.

27. Assim como Aury Lopes Jr. e Renato Brasileiro, não entendemos por correta a expressão trancamento da ação penal, porquanto o direito ao exercício da ação penal foi plenamente exercido pela acusação. Tranca-se o processo penal e o processamento da ação penal, mas não o exercício do direito à ação penal.

Por outro lado, caso a antecipação do mérito promova a conclusão pela incompetência do juízo, entendendo-se, por exemplo, que o delito é de pequeno potencial ofensivo, haverá o reconhecimento da incompetência do juízo e, por via de consequência, a impugnação adequada será por meio de recurso em sentido estrito, nos termos do art. 581, II, do CPP.

Não havendo, por fim, qualquer consequência processual subsequente, diante da ausência de previsão expressa, entendemos que a impugnação deve ser realizada por meio de correição parcial, ante a antecipação meritória desprovida de qualquer justificativa processual ou material, em situação de inversão tumultuária do processo.

29.5.8 Citação do acusado

Nos termos do art. 396, *caput*, do CPP, nos procedimentos ordinário e sumário, oferecida a denúncia ou queixa, o juiz, se não a rejeitar liminarmente, recebê-la-á e ordenará a citação do acusado para responder à acusação, por escrito, no prazo de 10 (dez) dias.

Conforme vimos no capítulo atinente às citações e intimações, ao qual remetemos o leitor para aprofundamento, o processo terá completada a sua formação quando realizada a citação do acusado (art. 363, CPP). Logo, a citação visa formar a relação processual e permitir o exercício do direito de defesa quanto à imputação formulada em juízo.

Segundo o parágrafo único do art. 396, CPP, no caso de citação por edital, o prazo para a defesa começará a fluir a partir do comparecimento pessoal do acusado ou do defensor constituído. Por outro lado, não comparecendo o acusado por meio de constituição de defensor ou apresentação de defesa, será a aplicada a regra do art. 366 do CPP, que impõe a suspensão do processo e do curso do prazo prescricional.

29.5.9 Defesa do acusado

Atualmente, há duas espécies de defesa que podem ser apresentadas pelo acusado no início do processo, a resposta à acusação e defesa preliminar, vez que foi extinta a chamada defesa prévia pela Lei 11.719/08, anteriormente prevista no art. 395 do CPP.

29.5.9.1 Defesa preliminar

A defesa preliminar, prevista apenas para alguns procedimentos, deve ser apresentada entre o oferecimento da peça acusatória e seu recebimento, sendo esse o marco distintivo da resposta à acusação, apresentada após o recebimento da denúncia. A defesa preliminar visa, portanto, oportunizar que o acusado se manifeste antes do juiz receber a peça acusatória, reduzindo a possibilidade de instauração de um processo temerário por violação ao art. 395 do CPP. A defesa preliminar, contudo, não abre um contraditório preliminar em sentido amplo, pois a única prova passível de produção neste momento é a documental.

A defesa preliminar, independentemente na nomenclatura atribuída, está prevista nos seguintes procedimentos:

a) Juizados Especiais Criminais - Lei 9.099/95: o art. 81 da Lei dos Juizados Especiais Criminais prevê que, aberta a audiência, será dada a palavra ao defensor para responder à acusação, após o que o Juiz receberá, ou não, a denúncia ou queixa. Logo, o dispositivo, ao permitir o exercício do direito de defesa, ainda que oralmente, em momento anterior ao do recebimento da denúncia, criou uma espécie de defesa preliminar.

b) Lei de Drogas – Lei 11.343/06: segundo o art. 55 da Lei de Drogas, "oferecida a denúncia, o juiz ordenará a notificação do acusado para oferecer defesa prévia, por escrito, no prazo de 10 (dez) dias". O §1º, por sua vez, dispõe que "na resposta, consistente em defesa preliminar e exceções, o acusado poderá arguir preliminares e invocar todas as razões de defesa, oferecer documentos e justificações, especificar as provas que pretende produzir e, até o número de 5 (cinco), arrolar testemunhas".

c) Procedimento originário dos Tribunais – Lei 8.038/90: Nos termos do art. 4º da Lei, "apresentada a denúncia ou a queixa ao Tribunal, far-se-á a notificação do acusado para oferecer resposta no prazo de quinze dias". Após ser observada a possibilidade de manifestação da acusação sobre os documentos no prazo de cinco dias (art. 5º), o art. 6º assinala que "a seguir, o relator pedirá dia para que o Tribunal delibere sobre o recebimento, a rejeição da denúncia ou da queixa, ou a improcedência da acusação, se a decisão não depender de outras provas", sendo permitido, neste ato, a sustentação oral pelo prazo de quinze minutos (art. 6º, §1º).

d) Crimes de responsabilidade de Prefeitos e Vereadores– Decreto-Lei 201/67: conforme assinala o inciso I do art. 2º, "antes de receber a denúncia, o Juiz ordenará a notificação do acusado para apresentar defesa prévia, no prazo de cinco dias. Se o acusado não for encontrado para a notificação, ser-lhe-á nomeado defensor, a quem caberá apresentar a defesa, dentro no mesmo prazo". Ocorre que, não obstante a previsão legal, os prefeitos municipais possuem foro por prerrogativa de função junto aos Tribunais de Justiça, nos termos do art. 29, X, da Constituição Federal. Logo, a regra a ser aplicada é a do art. 4º da Lei 8.038/90, nos termos do art. 1º da Lei 8.658/93, que determina a aplicação aos artigos 1 a 12, da Lei 8.038/90, às ações penais de competência originária dos Tribunais de Justiça dos Estados, do Distrito Federal e dos Tribunais Regionais Federais.

e) Crimes funcionais afiançáveis: nos termos do art. 514 do CPP, inserido no contexto do processo e julgamento dos crimes de responsabilidade dos funcionários públicos, "nos crimes afiançáveis, estando a denúncia ou queixa em devida forma, o juiz mandará autuá-la e ordenará a notificação do acusado, para responder por escrito, dentro do prazo de quinze dias".

Com as alterações promovidas pela Lei 12.403/11, todos os crimes funcionais típicos passaram a admitir a fiança, de forma que a regra, portanto, possui aplicação integral aos delitos funcionais típicos, isto é, aqueles cuja prática pressupõe a condição de funcionário público e que o delito tenha sido praticado no exercício ou em razão da função. Nesse sentido, entendemos por aplicável o procedimento da defesa preliminar aos delitos de abuso de autoridade, porquanto essencialmente típicos. Não basta, portanto, a condição de funcionário público para que seja atraída a norma, sendo necessária a vinculação do fato com a função pública exercida. Por essa razão, o STJ entende por inaplicável a previsão ao particular corréu[28] ou ao agente que, ao tempo do processo, não exerça mais função pública[29].

28. HC 79.220/DF, DJ 13.08.07.

29. RHC 7.944/GO, DJ 14.12.98.

Ainda com relação ao art. 514 do CPP, entendemos por inconstitucional a previsão do parágrafo único, que dispõe que se não for conhecida a residência do acusado, ou este se achar fora da jurisdição do juiz, ser-lhe-á nomeado defensor, a quem caberá apresentar a resposta preliminar. Um dos pilares do direito de defesa é o de escolher seu próprio defensor, de forma que a imposição de nomeação de defensor tão somente pelo fato de achar fora da jurisdição do magistrado, ou não ter endereço residencial conhecido, não afasta o direito ou a possibilidade do acusado, tendo ciência da acusação, constituir seu próprio defensor. A implícita vedação à expedição de carta precatória estatuída pelo parágrafo único do art. 514 do CPP viola, sensivelmente, o devido processo legal, sendo, para nós, inconstitucional.

29.5.9.1.1 Ausência de apresentação da defesa preliminar

A não observância do rito processual no tocante à defesa preliminar tem sido tratada pelos Tribunais Superiores como mera nulidade relativa, com lastro no princípio *pas de nullité sans grief*. Logo, em que pese a previsão legal, estritamente associada ao direito de defesa, não se atribui à omissão procedimental o *status* de nulidade absoluta.

Sobre o tema, o STJ editou a Súmula 330, que dispõe que "É desnecessária a resposta preliminar de que trata o artigo 514 do Código de Processo Penal, na ação penal instruída por inquérito policial". O STF, contudo, entende que o fato da denúncia ter por lastro o inquérito policial não dispensa a obrigatoriedade da notificação prévia do acusado para apresentar a defesa preliminar[30].

Não obstante, ambas as cortes entendem que a omissão quanto à intimação para apresentação da defesa preliminar caracteriza mera nulidade relativa, exigindo a demonstração da prova do prejuízo[31].

29.5.9.1.2 Defesa preliminar e resposta à acusação – duas defesas?

O §4º, do art. 394, CPP, prevê que "as disposições dos arts. 395 a 398 deste Código aplicam-se a todos os procedimentos penais de primeiro grau, ainda que não regulados neste Código".

Não obstante a previsão legal sugerir a necessidade de observância do teor dos dispositivos mencionados, à exceção do art. 398, expressamente revogado pela Lei 11.719/08, não se afigura minimamente razoável a realização de duas defesas de natureza inicial nos procedimentos que contemplam a previsão da defesa preliminar, quando nitidamente a defesa preliminar, prevista antes do recebimento da denúncia, visar o afastamento da própria acusação por questões formais ou relacionadas ao mérito, como nas hipóteses de absolvição sumária.

Nessa trilha sentido, não há o menor sentido em se aplicar o procedimento previsto no art. 394, §4º, do CPP, nos ritos da Lei 9.099/95 (Juizados Especiais Criminais) e Lei 11.343/06 (Lei de Drogas), porquanto tais procedimentos, ao preverem a defesa preliminar, a tratam como de matéria ampla de defesa.

30. HC 85.779/RJ, Tribunal Pleno, Rel. Min. Cármen Lúcia, DJe 28.06.07.
31. STJ: 6ª Turma, AgRg no REsp 1.133.603/MG, Rel. Min. Celso Limongi, DJe 09.03.11. STF: 1ª Turma, HC 91.760/PI, Rel. Min. Cármen Lúcia, DJe 28.02.08.

Assim, a leitura literal do art. 394, §4º, CPP, poderia conduzir à equivocada interpretação de que, ainda que prevista a defesa preliminar por outro fundamento, a ser apresentada antes do recebimento da denúncia, haveria que se observar a necessidade de apresentação da resposta a acusação, cujo objeto e prazo, em essência, seria similar à própria defesa preliminar. De fato, retomar-se-ia, na resposta à acusação, a pauta sobre questão recém decidida, sem nada agregar ao processo, salvo a morosidade no procedimento.

Vale destacar que o próprio §5º, do art. 394, CPP, nos traz a solução para a questão ao assinalar que as disposições do procedimento ordinário serão aplicadas de forma subsidiária aos procedimentos especiais, isto é, somente em casos não regulados pelos procedimentos especiais, sumário e sumaríssimo, as regras do procedimento ordinário deverão ser aplicadas. Logo, havendo expressa previsão de defesa preliminar, não se revela necessária a reabertura de prazo defensivo para se alegar, em síntese, aquilo que foi objeto da defesa preliminar, simplesmente porque, superada essa fase, foi recebida a denúncia. Nesse sentido também é o entendimento de BRASILEIRO[32] (2020, p. 1413):

> Sem embargo de opiniões em sentido contrário, pensamos que a apresentação de duas defesas de conteúdo, prazo e amplitude semelhantes, uma antes e outra depois do recebimento da peça acusatória em tais procedimentos seria (e será) um equívoco procedimental, em patente violação aos princípios do devido processo legal e da razoável duração do processo. A nosso juízo, há necessidade de apresentação de apenas uma defesa, a saber, a defesa preliminar, oportunidade em que deve haver a concentração de todas as teses da defesa, principais e subsidiárias, buscando-se a rejeição da peça acusatória, assim como eventual absolvição sumária, sem se olvidar da necessária especificação de provas, para o caso de eventual prosseguimento do processo.

Entretanto, não se pode olvidar que, nos crimes funcionais afiançáveis, o art. 518, CPP, expressamente determina a aplicação do Capítulo I, do Título I, do Livro II do CPP, formado pelos arts. 394 a 405 do CPP, de forma que, após o recebimento da denúncia, previsto no art. 517 do CPP, deverão ser observadas as regras do rito adequado ao delito imputado, citando-se o acusado para apresentar resposta à acusação.

Na mesma esteira, nos casos de aplicação do rito dos procedimentos originários dos Tribunais (Lei 8.038/90), além do procedimento preliminar previsto no art. 4º (defesa preliminar), recebida a denúncia nos termos do art. 7º, deverá o acusado ser citado para apresentação de defesa prévia no prazo de cinco dias (art. 8º).

Em caso particular, no qual o agente foi denunciado perante a Justiça Federal de primeira instância e, após o recebimento da denúncia, mas antes da citação, o réu foi diplomado deputado estadual, gerando a remessa dos autos do TRF da 1ª região, o STJ entendeu pela necessidade de observância da apresentação da defesa preliminar e prévia, nos termos dos arts. 4º, 6º e 8º:

> A Lei 8.038/1990 prevê dois momentos defensivos com objetivos próprios. No primeiro deles, o réu é notificado, após o oferecimento da denúncia, para responder à acusação no prazo de 15 dias (art. 4º), com o objetivo de buscar a rejeição da exordial ou sua improcedência (art. 6º). Recebida a denúncia, aí sim é que ocorre a citação do acusado, para apresentação de defesa prévia em 5 dias (art. 8º da Lei 8.038/1990). (...)

32. *op.cit.*

> [...] Consoante o entendimento do STF, "recebida a denúncia antes de o réu ter sido diplomado como Deputado Federal, apresentada a defesa escrita, é de ser examinada a possibilidade de absolvição sumária, segundo a previsão do art. 397 do Código de Processo Penal, mesmo que o rito, por terem os autos sido remetidos ao Supremo Tribunal Federal, passe a ser o da Lei 8.038/90" (AP 630 AgR, Rel. Min. RICARDO LEWANDOWSKI, Tribunal Pleno, julgado em 15/12/2011, DJe 22/3/2012).
>
> Destarte, caberá ao Tribunal de origem apreciar a possibilidade de absolvição sumária (ou reconsideração da decisão do juiz de primeiro grau que recebeu a denúncia), na forma do art. 6º da Lei 8.038/1990. Caso rejeite as alegações defensivas, aí sim o réu deverá ser notificado para apresentar a defesa prévia do art. 8º da mesma Lei. AREsp 1492099/PA, 5ª Turma, Rel. Min. Ribeiro Dantas, DJe 21.06.21.

29.5.9.2 Resposta à acusação

Salvo nos casos em que há a previsão de defesa preliminar, apresentada entre a propositura da ação e o recebimento da denúncia, a resposta à acusação deve ser oferecida após o recebimento da denúncia e realização da citação do acusado. Trata-se da primeira manifestação processual do acusado, efetivamente citado para responder ao processo, na qual poderá, nos termos do art. 396-A do CPP, arguir preliminares e alegar tudo o que interesse à sua defesa, oferecer documentos e justificações, especificar as provas pretendidas e arrolar testemunhas, qualificando-as e requerendo sua intimação, quando necessário.

Em síntese, a resposta à acusação é a oportunidade processual conferida ao acusado para afastar a imputação alegando a ocorrência de alguma causa apta a gerar a absolvição sumária (art. 397, CPP), apresentar as exceções processuais, que, tramitando em apartado (§1º), podem afastar a imputação, a exemplo das exceções de litispendência ou coisa julgada, ou simplesmente dar início à sua defesa formulando requerimento de produção de provas e oitiva de testemunhas, que devem ser arroladas neste momento processual.

Em termos estratégicos, não cabe à defesa, na resposta à acusação, antecipar-se ao mérito processual. Isso não significa que, havendo manifesta causa de exclusão da ilicitude ou culpabilidade, não deva o defensor buscar a absolvição sumária. Apenas não é recomendável que, não sendo a excludente clara e manifesta, venha a antecipar suas alegações, trazendo argumentos que poderão ser rebatidos ao longo da instrução. A defesa não possui o direito de se manifestar por último sem razão.

Ainda, é recomendável, por outro lado, que sendo passível a alegação de aplicação do princípio da insignificância, que ataca a própria tipicidade material do delito, a defesa o faça já na resposta à acusação, visando afastar a existência do próprio processo.

Conforme vimos anteriormente, o momento para apresentação do rol de testemunhas é o da resposta à acusação. Não apresentando a defesa o rol, ocorrerá a preclusão temporal, não sendo mais facultada a apresentação de testemunhas. Somente em situações excepcionais, quando, por exemplo, o acusado estiver preso em outro Estado e for representado pela Defensoria Pública, será possível se admitir a prorrogação do prazo para apresentação do rol de testemunhas caso o defensor demonstre a impossibilidade de contato com o acusado, hipótese na qual poderá ser aplicado, por subsidiariedade, o teor do art. 186, §2º do CPC.

O prazo para apresentação de resposta à acusação será de 10 dias, contados da efetiva intimação e não da juntada aos autos do mandado ou da carta precatória, conforme se infere do teor da **Súmula 710 do STF**: "No processo penal, contam-se os prazos da data da intimação, e não da juntada aos autos do mandado ou da carta precatória ou de ordem".

Para a Defensoria Pública (art. 44, I, art. 89, I, e art. 128, I da LC 80/94) e Núcleos de Assistência Jurídica mantidas pelo Estado[33], o prazo será contato em dobro, isto é, o defensor ou advogado terão 20 dias para apresentar a resposta à acusação.

A resposta à acusação é item de observância obrigatória no processo, não se admitindo, ainda que estrategicamente, a não apresentação da resposta[34]. É por essa que o magistrado toma efetiva ciência de que o acusado conhece os termos da acusação. Nesse sentido, nos termos do §2º do art. 396-A, CPP, não apresentada a resposta no prazo legal, ou se o acusado, citado, não constituir defensor, o juiz nomeará defensor para oferecê-la, concedendo-lhe vista dos autos por 10 (dez) dias. Contudo, tratando-se de citação realizada por edital, o magistrado deverá, nos termos do art. 366 do CPP, suspender o processo e o curso do prazo prescricional, deixando de adotar a medida prevista no §2º do art. 396-A.

Apresentada a resposta à acusação, o magistrado será chamado a proferir decisão sobre as matérias alegadas, especialmente quanto àquelas aptas a caracterizar hipóteses de absolvição sumária (art. 397, CPP). Sendo apresentados documentos ou arguidas preliminares aptas a influenciar na decisão, deve o magistrado, em homenagem ao contraditório[35], intimar o Ministério Público para que se manifeste sobre seu conteúdo, não caracterizando o procedimento qualquer espécie de prejuízo para a defesa conforme entendimento do STJ[36]. Tem-se aplicado, no caso, a previsão do art. 409 do CPP, que dispõe que "apresentada a defesa, o juiz ouvirá o Ministério Público ou o querelante sobre preliminares e documentos, em 5 (cinco) dias".

29.5.9.3 Revelia

Não obstante o termo revelia ser utilizado em algumas passagens do CPP, a bem da verdade não existe uma revelia ou contumácia no processo penal, vez que a inatividade processual do acusado não é punida com qualquer sanção, ao contrário do processo civil. Por não gerar a presunção de autoria ou de culpa, o acusado, apesar de chamado de "revel" pela omissão ou ausência, fruto de sua inatividade, não sofre qualquer ônus de natureza material, afastando o chamado "efeito da revelia".

O art. 367 do CPP dispõe que o processo seguirá sem a presença do acusado que, citado ou intimado pessoalmente para qualquer ato, deixar de comparecer sem motivo justificado, ou, no caso de mudança de residência, não comunicar o novo endereço ao

---

33. "para valer-se da prerrogativa da contagem de prazos em dobro, deve, o advogado, integrar o quadro da assistência judiciária organizado e mantido pelo Estado, não se aplicando tal benesse aos defensores dativos, aos núcleos de prática jurídica pertencentes às universidades particulares e ainda, aos institutos de direito de defesa (AREsp 398.352/SP, 5ª Turma, DJe 24.08.18).

34. Não obstante a obrigatoriedade da peça, não se exige que o defensor adentre ao mérito, podendo, por exemplo, reservar sua defesa para momento posterior.

35. STF: HC 105.739/RJ, 1ª Turma, DJe 27.02.12.

36. AgRg no RHC 124304/SP, DJe 15.05.20.

juízo. A hipótese trata tão somente da ausência do acusado na primeira parte e omissão quanto à segunda. Contudo, conforme se extrai da sistemática processual, a defesa técnica, independentemente da omissão pessoal do acusado, deverá ser assegurada. Logo, de fato, o processo não segue sem a presença do acusado, porquanto esse estará efetivamente representado pelo seu defensor, que deverá ser regularmente intimado de todos os atos processuais.

Assim, entendemos que a carga processual atraída pelo termo revelia não tem aplicação no processo penal, porquanto, de fato, não há sanções para o acusado. Chamá-lo de revel sem que sofra as consequências jurídicas da revelia é atribuir-lhe um adjetivo que não designa absolutamente nada. Isso porque a única consequência processual que pode ser imposta é a desnecessidade de intimação do acusado para a prática dos demais atos processuais, com exceção da intimação da sentença, que deve ser realizada em qualquer hipótese, porquanto o acusado possui capacidade postulatória autônoma para interposição de recursos em primeiro grau (art. 577, *caput*, CPP).

O fato do acusado não ser intimado para comparecer à audiência de instrução e julgamento não afasta a necessidade de intimação de seu defensor ou o direito pessoal de comparecimento, ainda que não intimado.

29.5.10 Absolvição sumária

Superada a fase de apresentação da resposta à acusação, o magistrado deverá analisar a possibilidade de absolver sumariamente o acusado. As causas de absolvição sumária foram previstas no art. 397 do CPP: "Após o cumprimento do disposto no art. 396-A, e parágrafos, deste Código, o juiz deverá absolver sumariamente o acusado quando verificar:"

I. a existência manifesta de causa excludente da ilicitude do fato: O art. 23 do CP prevê as chamadas causas excludentes de ilicitude, circunstâncias que, por atingirem a antijuridicidade da conduta, afastam, por via de consequência, o próprio crime. De fato, havendo, ainda que em juízo de cognição sumária, elementos de prova de que a conduta foi praticada com amparo em legítima defesa, estado de necessidade, exercício regular de um direito ou estrito cumprimento de dever legal, não há fundamento legal para prosseguimento do processo, porquanto sequer haverá delito a ser processado. O mesmo raciocínio deve ser aplicado, por analogia, às outras hipóteses de exclusão de ilicitude previstas na parte especial do CP ou legislação penal especial. A compressão da "manifesta" causa excludente de ilicitude deve se ancorar em *standard* probatório de certeza.

II. a existência manifesta de causa excludente da culpabilidade do agente, salvo inimputabilidade: As causas excludentes de culpabilidade, como a coação moral irresistível, obediência hierárquica ou a inexigibilidade de conduta diversa, são circunstâncias aptas a excluir o crime. Apesar do art. 397, II, do CPP, prever a existência manifesta de causa excludente da culpabilidade, salvo a inimputabilidade, como hipótese de absolvição sumária, a prova quanto inexigibilidade de conduta diversa ou ausência de potencial consciência da ilicitude não se revela tão simples diante de um juízo meramente cognitivo. Por essa razão, a compressão da "manifesta" causa excludente de culpabilidade deve se ancorar em *standard* probatório de certeza. O destaque para exceção relacionada à inimputabilidade do agente decorre do fato que o inimputável do art. 26, *caput*, do

CP, não pode ser absolvido sumariamente, ainda que seja esta sua única tese defensiva, haja vista a possibilidade de imposição de medida de segurança, que parte da premissa do reconhecimento da existência de um fato típico e ilícito e, portanto, da observância do devido processo legal. Isso não significa, contudo, que o inimputável não possa ser absolvido sumariamente por outro motivo, a exemplo da configuração de uma causa excludente de ilicitude.

III. que o fato narrado evidentemente não constitui crime: a hipótese contempla a situação na qual a conduta imputada ao agente não encontra ressonância na tipicidade formal ou material, seja pela não satisfação das elementares típicas, seja por ausência de lesão ou ameaça de lesão a bem jurídico penalmente protegido, a exemplo das hipóteses de aplicação do princípio da insignificância.

IV. extinta a punibilidade do agente: estando extinta a punibilidade do agente pela ocorrência de alguma das causas do art. 107 do CP, ou outras, previstas de forma esparsa (art. 89, §5º da Lei 9.099/95, *v.g.*) o magistrado deverá, de ofício, declarar extinta a punibilidade do agente (art. 61, CPP). A previsão do art. 397, IV, CPP, revela-se completamente desnecessária ante ao dever de declaração de ofício da extinção da punibilidade pelo juiz em qualquer fase do processo.

Apesar de proferida, em regra, no início do processo, a absolvição sumária produz coisa julgada formal e material, vez que há análise meritória por parte do magistrado, salvo nas hipóteses de reconhecimento de causa extintiva de punibilidade, cujo conteúdo da decisão é declaratório.

Logo, temos que, por regra, o recurso cabível contra a absolvição sumária será a apelação, pois se trata, em essência, de absolvição (art. 593, inc. I, CPP). Destaque-se que o recurso adequado será o RSE, com lastro no art. 581, VIII, CPP, nas hipóteses de declaração de extinção da punibilidade, vez que a natureza declaratória da decisão não se confunde com a absolvição, propriamente dita, de natureza diversa.

29.5.10.1 Absolvição sumária x absolvição sumária no Júri

O CPP utiliza a expressão "absolvição sumária" para designar duas situações distintas. A primeira, conforme vimos, é aquela operada na fase inicial do processo criminal, prevista no art. 397 do CPP. A segunda, por seu turno, foi prevista na primeira fase do procedimento do júri (art. 415, CPP), conhecida por juízo sumariamente, justificando a nomenclatura. Não obstante, os institutos não se confundem.

A primeira diferença residente no **momento da absolvição sumária**. Enquanto a prevista no art. 397 do CPP deve ser operada logo após a resposta à acusação, salvo nas hipóteses de extinção da punibilidade, que pode ser declarada a qualquer tempo, a absolvição sumária no procedimento do júri é realizada ao final da primeira fase do procedimento bifásico, isto é, após instrução criminal formalizada perante o juiz sumariante.

A segunda distinção pode ser extraída dos **fundamentos jurídicos** justificadores. A **absolvição sumária efetivamente sumária**, isto é, aquela prevista para análise logo após a resposta à acusação, funda-se nas hipóteses do art. 397 do CPP, ao passo que a absolvição sumária, realizada no procedimento sumário do júri, extrai seu fundamento no art. 415 do CPP, e pode ser decretada quando estiver: I – provada a inexistência do fato; II – provado não ser ele autor ou partícipe do fato; III – o fato não constituir infração penal; IV – demonstrada causa de isenção de pena ou de exclusão do crime.

Vale destacar que, apesar de não ser admitida a absolvição sumária imprópria no procedimento comum por inimputabilidade, é possível, segundo a doutrina dominante[37], que o acusado inimputável seja absolvido sumariamente na primeira fase do procedimento do júri, desde que a inimputabilidade seja a única tese defensiva (art. 415, parágrafo único, CPP), devendo o magistrado impor ao acusado a medida de segurança.

29.5.11 Suspensão condicional do processo

A suspensão condicional do processo[38] foi prevista no art. 89 da Lei 9.099/95, não se restringindo, contudo, aos procedimentos processados sob o rito sumaríssimo. Assim, nos crimes em que a pena mínima cominada for igual ou inferior a um ano, o Ministério Público, ao oferecer a denúncia, poderá propor a suspensão do processo, por dois a quatro anos, desde que o acusado não esteja sendo processado ou não tenha sido condenado por outro crime, presentes os demais requisitos que autorizariam a suspensão condicional da pena (art. 77 do Código Penal).

O CPP não especifica o momento de apresentação da proposta de suspensão condicional do processo, verdadeiro negócio jurídico realizado entre as partes. Por razões evidentes, a proposta de suspensão de condicional do processo deve ser apresentada ao acusado antes da realização da instrução processual, vez que o instituto, além de reunir o aspecto despenalizante, revela a nítida intenção estatal de redução do volume processual. Assim, seria um contrassenso se realizar toda a instrução criminal para, tão somente ao final do procedimento, propor-se a suspensão do processo.

Logo, oferecida a suspensão condicional do processo, o magistrado, após analisar a resposta à acusação e afastar qualquer causa apta a extinguir o processo ou a punibilidade, deverá designar audiência para oferecimento da proposta de suspensão processual, porquanto o §1º do art. 89 da Lei 9.099/95 exige a aceitação na presença do magistrado.

29.5.12 Audiência de instrução e julgamento

Nos termos do art. 399 do CPP, recebida a denúncia ou queixa, o juiz designará dia e hora para a audiência, ordenando a intimação do acusado, de seu defensor, do Ministério Público e, se for o caso, do querelante e do assistente. Conforme vimos anteriormente, o momento adequado para recebimento da petição inicial é anterior, de forma que a adequada leitura do art. 399 do CPP aponta para a informação acerca do recebimento tão somente como pressuposto anterior para o desenvolvimento do processo. Assim, não tendo sido rejeitada a petição inicial, não tendo sido o acusado absolvido sumariamente ou beneficiado com a suspensão condicional do processo, o magistrado deverá designar a audiência de instrução e julgamento, intimando-se, além das pessoas mencionadas no art. 399 do CPP, a vítima do delito nos termos do art. 201, §2º do CPP.

A lei não impõe um prazo de antecedência mínimo para intimação dos interessados para a audiência de instrução e julgamento, de forma que a aplicação subsidiária do

37. Voltaremos ao assunto nos capítulos referentes ao procedimento do júri e recursos.

38. O tema será estudado no rito sumaríssimo.

prazo mínimo de 48h, previsto no art. 552, §1º do CPC tem sido defendida com razão pela doutrina e jurisprudência[39], porquanto tal prazo foi consagrado legalmente como o mínimo necessário para preparação para a audiência, permitindo-se o efetivo contraditório e exercício da ampla defesa.

Nos termos do art. 400 do CPP, a audiência de instrução e julgamento deverá ser realizada no prazo máximo de sessenta dias[40], tendo a lei permanecido silente quanto ao fato do acusado estar ou não preso. Diante da omissão, há que se concluir que o prazo de sessenta dias deve ser aplicado em qualquer das situações. Tratando-se, contudo, de acusado preso, o atraso injustificado na realização da audiência de instrução pode ensejar o relaxamento da prisão, a ser analisado de forma conglobada com os demais prazos procedimentais, pois a simples não realização da audiência no prazo máximo de sessenta dias, por si só, não é apta a caracterizar a ilegalidade da prisão. Estando o acusado solto, a não realização da audiência no prazo legal caracteriza mera irregularidade, especialmente diante do grande volume de processos em trâmite.

Antes da abertura da audiência, o magistrado deverá verificar se todos os intimados estão presentes e, no caso de ausência, se foram observadas as formalidades das intimações, especialmente nas situações em que se exige a intimação pessoal, como nos casos do Ministério Público e Defensoria Pública, bem como se o réu, caso esteja preso, foi requisitado ao diretor do estabelecimento prisional (§1º, art. 399, CPP).

A audiência, em regra, deve ser una, concentrando a produção probatória, as alegações orais das partes e a sentença, consagrando-se o princípio da oralidade. Entretanto, situações particulares verificadas no processo podem inviabilizar a realização de uma única audiência, porquanto testemunhas imprescindíveis podem não comparecer ou a complexidade da causa pelo número de fatos e réus, igualmente, podem inviabilizar a apresentação de alegações orais logo no encerramento da instrução, dentre outros fatores. Nesses casos, sendo necessária a dilação probatória, o magistrado deverá designar audiência de continuação para finalização da produção da prova oral. Finda a produção da prova oral, havendo razoabilidade nos requerimentos, o magistrado poderá substituir a apresentação das alegações orais por memoriais escritos, sem que tal procedimento acarrete qualquer prejuízo às partes.

A **ordem da colheita dos depoimentos** em audiência foi prevista no art. 400, *caput*, do CPP. Primeiro, serão tomadas as declarações do ofendido e, na sequência, serão inquiridas as testemunhas arroladas pela acusação e pela defesa, nesta ordem, ressalvado o disposto no art. 222 do CPP (expedição de cartas precatórias). Após a inquirição das testemunhas, em sendo necessário, serão procedidos os esclarecimentos dos peritos, às acareações e ao reconhecimento de pessoas e coisas, interrogando-se, em seguida, o acusado.

Apesar da ordem estabelecida, não haverá qualquer prejuízo na realização do reconhecimento de pessoas e coisas de forma concomitante à inquirição do ofendido e testemunhas, devendo o magistrado apenas ter a cautela de observar a forma legal para a realização do reconhecimento.

39. STJ: HC 109.967/RJ, 5ª Turma, Rel. Min. Laurita Vaz, DJe 01.03.10.

40. No procedimento sumário, o prazo máximo é de 30 dias (art. 531, CPP).

Vale destacar que, em 25.09.23, foi publicado o resultado do julgamento do Resp 1946472/PR, processado pelo rito de recursos repetitivos (Tema 1114), o qual firmou a seguinte tese:

> O interrogatório do réu é o último ato da instrução criminal. A inversão da ordem prevista no art. 400 do CPP tangencia somente à oitiva das testemunhas e não ao interrogatório. O eventual reconhecimento da nulidade se sujeita à preclusão, na forma do art. 571, I e II, do CPP, e à demonstração do prejuízo para o réu.

Nos termos do §1° do art. 400 as provas serão produzidas numa só audiência, podendo o juiz indeferir as consideradas irrelevantes, impertinentes ou protelatórias. Provas irrelevantes são aquelas que visam provar fato que não é objeto do processo ou que não guarda relação com esse. São, nas palavras de DINAMARCO[41] (2009, p; 64-65) provas que "nenhuma utilidade o seu reconhecimento poderia ter para o julgamento da causa ou dos pedidos ou requerimentos incidentes ao processo. O fato é irrelevante quando, com ele ou sem ele, a decisão será a mesma".

Conforme se infere da lição de BADARÓ[42], o conceito de fato impertinente não tem qualquer significado prático, sendo de nenhuma utilidade. Para ser objeto de prova, e para que o requerimento probatório não pudesse ser indeferido, bastaria que o fato fosse relevante ou, o que seria o reverso da moeda, os fatos irrelevantes – sejam eles pertinentes ou não – não seriam objeto de prova. A pertinência, portanto, relaciona-se com o objeto do processo e sua relação com as demais provas.

Por sua vez, provas protelatórias são aquelas que objetivam tão somente prolongar a marcha processual e se referem a fatos que podem ser provados de outra forma, a exemplo da inquirição de testemunha meramente abonatória por carta precatória[43], sendo que outra, qualquer e residente no juízo da culpa, pode abonar a conduta do agente. Havendo, portanto, o pedido de produção de prova protelatória, o magistrado poderá indeferi-la sob a luz do princípio da duração razoável do processo.

No mesmo sentido, o art. 212 do CPP permite ao magistrado indeferir perguntas que não tiverem relação com a causa ou importarem na repetição de outra já respondida, e o art. 184 do CPP permite que o juiz negue a realização da perícia, salvo no caso de exame de corpo de delito, quando não for necessária ao esclarecimento da verdade.

Por outro lado, sendo imprescindível a prova, o juiz poderá adiar o ato processual e determinar a condução coercitiva de quem deveria ter comparecido à audiência, conforme se infere do teor do art. 535 do CPP, previsto para o procedimento sumário, mas cuja lógica é perfeitamente aplicável aos demais procedimentos.

Ainda no curso da audiência de instrução e julgamento, foi incluído o art. 400-A pela Lei Mariana Ferrer (Lei 14.245/21), que trouxe a previsão de que na audiência de instrução e julgamento, e, em especial, nas que apurem crimes contra a dignidade sexual, todas as partes e demais sujeitos processuais presentes no ato deverão zelar pela

41. DINAMARCO, Cândido Rangel. **Instituições de Direito Processual Civil**. V. III, 6 ed. São Paulo: Malheiros, 2009.

42. BADARÓ, Gustavo Henrique Righi Ivahy. **Direito à prova e os limites lógicos de sua admissão: os conceitos de pertinência e relevância**. Sistema penal e poder punitivo : estudos em homenagem ao prof. Aury Lopes Jr. Florianópolis: Empório do Direito, 2015.

43. Art. 222-A. As cartas rogatórias só serão expedidas se demonstrada previamente a sua imprescindibilidade, arcando a parte requerente com os custos de envio.

integridade física e psicológica da vítima, sob pena de responsabilização civil, penal e administrativa, cabendo ao juiz garantir o cumprimento do disposto neste artigo, vedadas: I - a manifestação sobre circunstâncias ou elementos alheios aos fatos objeto de apuração nos autos; II - a utilização de linguagem, de informações ou de material que ofendam a dignidade da vítima ou de testemunhas. O dispositivo visa, além de tutelar a integridade física e psicológica da vítima, trazer maior objetividade à audiência, evitando-se a revitimização.

Vale lembrar que, nos termos do art. 401 do CPP, na instrução poderão ser inquiridas até 8 (oito) testemunhas arroladas pela acusação e 8 (oito) pela defesa, sendo que nesse número não se compreendem as que não prestem compromisso e as referidas (§1º). Não há, ainda, qualquer impedimento para que a parte venha a desistir da inquirição de qualquer das testemunhas arroladas, ressalvado o disposto no art. 209 do CPP (§2º).

Encerrada a audiência, é possível que as partes verifiquem a necessidade e realização de diligências complementares ao esclarecimento dos fatos. Antes da reforma de 2008 (Lei 11.719/08), o art. 499 do CPP previa a abertura de vistas às partes, logo após a audiência, para que pudessem requerer diligências no prazo de 24h. Com as alterações legislativas, o requerimento de diligências deverá ser realizado ao final da própria instrução e julgamento, salvo nas hipóteses em que o interrogatório do acusado, último ato da instrução, tenha sido realizado por carta precatória, circunstância que, naturalmente, impede que as partes formulem o pedido de diligências na audiência, pois desconhecem o teor do interrogatório. Nesses casos, o juiz, após a juntada da carta precatória contendo o depoimento do acusado, deverá abrir vista às partes no prazo de cinco dias para se manifestarem quanto à necessidade de novas diligências.

Registre-se que a redação do art. 402 do CPP expressamente assegura ao Ministério Público, o querelante e o assistente e, a seguir, ao acusado, o direito de formular o requerimento de diligências cuja necessidade se origine de circunstâncias ou fatos apurados na instrução. A parte final do dispositivo revela a necessidade de elo causal entre a necessidade da diligência e sua origem em circunstâncias ou fatos apurados na instrução, posto que, sendo conhecida a necessidade desde o início do processo, o momento adequado para requerimento seria o do oferecimento da denúncia, por meio de cota de oferecimento, ou resposta à acusação. As diligências, portanto, ao menos em tese, devem se referir a questões cujo esclarecimento se faz necessário em razão da prova produzida em audiência. Não obstante, na prática os magistrados pouco observam o dispositivo e permitem a realização de diligências que já poderiam ter sido requeridas anteriormente, sem que, todavia, tal procedimento acarrete vícios processuais.

O art. 404 do CPP dispõe que ordenada a diligência considerada imprescindível, de ofício ou a requerimento da parte, a audiência será concluída sem as alegações finais. Há, portanto, a quebra da lógica da audiência uma quando a diligência não puder ser realizada durante o ato.

Nesse ponto, merece destaque especial a possibilidade de realização da *mutatio libelli* com aditamento por parte do Ministério Público, que será estudada com maiores detalhes no capítulo da sentença. O art. 384, *caput*, CPP, dispõe que encerrada a instrução probatória, se entender cabível nova definição jurídica do fato, em consequência de prova existente nos autos de elemento ou circunstância da infração penal não contida na acusação, o Ministério Público deverá aditar a denúncia ou queixa, no prazo de 5 (cinco) dias, se em virtude desta houver sido instaurado o processo em crime de ação pública, reduzindo-se a termo o aditamento, quando feito oralmente.

Do dispositivo se extrai a possibilidade de aditamento da denúncia para inclusão de elementar típica modificativa da imputação original com lastro na prova produzida. À guisa de exemplo, ofertada a denúncia pelo crime de furto, ao final da instrução a prova evidencia que o fato foi praticado com grave ameaça, circunstância especializante que transforma o crime de furto em roubo. Assim, necessário se faz que a acusação adite a inicial acusatória para inclusão da elementar, sob pena do magistrado não poder proferir sentença condenatória pelo fato mais grave e, de fato, não imputado. Logo, será possível a ruptura do prosseguimento do procedimento para a realização do aditamento, quebrando, novamente, a lógica da audiência una.

29.5.12.1 Alegações finais

Encerrada a instrução processual e não havendo requerimento de diligências, ou sendo esse indeferido, as partes deverão apresentar alegações finais orais por 20 (vinte) minutos, respectivamente, pela acusação e pela defesa, prorrogáveis por mais 10 (dez), proferindo o juiz, a seguir, sentença (art. 403, *caput*, CPP).

Verifica-se, portanto, que a regra procedimental decorrente da consagração da oralidade é a apresentação das alegações finais de forma oral, logo no encerramento da colheita das provas, permitindo-se que as partes e o magistrado avaliem a prova logo após sua produção.

Consoante o dispositivo, as alegações orais devem ser apresentadas inicialmente pela acusação, que terá o prazo de vinte minutos, prorrogáveis por mais dez, para se manifestar. Havendo assistente da acusação habilitado, serão concedidos dez minutos, logo após a manifestação da acusação, para que esse apresente suas alegações finais (§2º, art. 403, CPP). Encerrada a fase de apresentação das alegações da acusação, o réu terá o mesmo prazo concedido à acusação para realizar sua defesa, totalizando de 20 a 40 min, a depender das circunstâncias do caso concreto (prorrogação por mais dez minutos e participação do assistente da acusação – art. 403, *caput* e sua eventual combinação com o §2º).

Acusação	Assistente da acusação	Defesa
20 min		20 min
20 min	10 min	30 min
20 min + 10 min		30 min
20 min + 10 min	10 min	40 min

Nos termos do §1º do art. 403, CPP, havendo mais de um acusado, **o tempo previsto para a defesa de cada um será contado de forma individual**, ou seja, assegura-se, a cada réu, a isonomia com a acusação, de forma que **não computa um prazo único para a defesa dos acusados, ao contrário do que ocorre no plenário do júri**, que congloba o prazo da defesa dos diversos acusados, transformando-o em único, para a "defesa" (art. 477, *caput*, e art. 477, §2º, CPP).

Não obstante o silêncio legal quanto à possibilidade de prorrogação do prazo para acusação na hipótese de mais de um acusado, parece-nos que, em respeito ao contraditório, a regra do §1º do art. 403 deve ser aplicada também à acusação, sob pena de indevida violação à paridade de armas. Se à defesa se concede os prazos individualizados, à acusação também deve ser assegurado a mesma prerrogativa. De fato, não há qualquer sentido, em um processo que envolva, por exemplo, quatro réus, conceder-se 20 min ao Ministério Público para apresentação das alegações finais, que deverá abordar de forma individualizada a conduta de cada um dos agentes, e se conceder à defesa 80 min no total. A paridade de armas é da essência do devido processo legal, de forma que não se justifica a diferença de tratamento entre as partes no aspecto processual.

Tratando-se de ação penal privada, há que diferenciar o prazo ministerial de acordo com a natureza da ação. Sendo a ação penal privada subsidiária da pública e mantendo o *parquet* sua posição processual firmada de forma subsidiária, deverá o magistrado conceder o prazo de 10 min para que o Ministério Público apresente suas alegações orais, por analogia ao art. 403, §2º, CPP, porquanto atua como se assistente fosse, não obstante preservar a prerrogativa de reassumir a ação penal. Sendo, por outro lado, a ação penal privada regular, na qual atua como fiscal da ordem jurídica, deverá ser concedido ao Ministério Público o mesmo prazo concedido às partes.

Nos termos do §3º do art. 403, CPP, considerada a complexidade do caso ou o número de acusados, o juiz poderá conceder às partes o prazo de 5 (cinco) dias sucessivamente para a apresentação de memoriais, sendo que, nesse caso, terá o prazo de 10 (dez) dias para proferir a sentença. A previsão contempla as situações de complexidade processual, seja pela natureza da causa, seja pelo número de acusados. De fato, a depender da natureza da infração penal ou número de acusados, a apresentação das alegações finais orais pode ficar comprometida em seu conteúdo. Assim, de forma excepcional e fundamentada, o magistrado poderá substituir as alegações orais por escritas, assinalando-se o prazo sucessivo de cinco dias para a acusação e defesa.

Nesse particular, vale destacar que o prazo para defesa será único e não sucessivo para cada acusado. No prazo assinalado, sendo mais de um réu, cada defensor deverá produzir seus memorais escritos no prazo de cinco dias, sob pena se quebrar a isonomia não somente entre acusação e defesa, mas entre as defesas dos próprios acusados.

A substituição das alegações orais por escritas também pode ocorrer nas hipóteses de requerimento de diligências (art. 404, parágrafo único, CPP) ou realização do interrogatório por carta precatória, posto que na audiência não terá ocorrido o encerramento da instrução.

Apesar da ideia de que as alegações orais devem seguir uma lógica próxima à dos debates no plenário do júri, sem apego às transcrições, não é incomum, na prática, que as partes tragam parte de suas alegações em arquivos eletrônicos, especialmente quanto buscam fundamentar suas alegações na doutrina e jurisprudência, dando vazão ao que Renato Brasileiro chama de memorais por *pen drive*.

Não há, para nós, qualquer vedação legal para que as partes tragam apontamentos previamente construídos e, igualmente, não há qualquer obrigação legal imposta ao magistrado para que permita o uso dos computadores da sala de audiência pelas partes. A questão deve ser resolvida pelo bom senso do magistrado em estrita observância à isonomia.

Assim, se o juiz faculta ao *parquet* o uso do computador para registrar os apontamentos previamente construídos, deverá assegurar à defesa a mesma prerrogativa. O que não entendemos possível é se permitir a uma das partes e não se permitir à outra. Dessa forma, não observamos qualquer problema no fato do magistrado permitir ao Ministério Público o registro de apontamentos previamente construídos e negar à defesa a substituição das alegações orais por memorais escritos, requerida sob a alegação de violação da isonomia. Se a acusação teve o zelo de buscar fundamentação doutrinária e jurisprudencial para enriquecer suas alegações, a defesa não pode se considerar prejudicada, porquanto dispunha da mesma prerrogativa.

De igual modo, não observamos qualquer ilegalidade no fato da acusação apresentar suas alegações orais e a defesa se valer de apontamentos anteriormente construídos, lançando-os por arquivo eletrônico com permissão do magistrado. Não há quebra de isonomia porque a parte "A" ou "B" foi mais diligente ou precavida. O que não se admite, conforme reiteramos, é o tratamento não isonômico, concebido esse pela lógica excludente e não pela diligência da parte.

Nesse sentido, não concordamos com a compreensão de BRASILEIRO[44] (2020, p. 1435), que conclui que "caso o Ministério Público insista em trazer de seu gabinete alegações orais previamente concebidas e formuladas ao arrepio da instrução probatória, o juiz deverá abrir vista à defesa para apresentação de memoriais no prazo de 5 (cinco) dias". Conforme destacamos, a maior diligência da parte "A" ou "B" não pode ser concebida em seu prejuízo e como fonte de tratamento desigual. As partes devem estar preparadas para audiência, de forma que o magistrado, como imparcial e equidistante das partes, não tem a prerrogativa de substituir as alegações orais de apenas uma das partes tão somente porque a outra foi mais diligente e preparada para a audiência.

Caso permita ao *parquet* valer-se de apontamentos previamente produzidos, deverá assegurar à defesa o mesmo direito. Se, a defesa, contudo, não agiu de forma diligente, não cabe ao magistrado substitui-la e transformar as alegações orais em escritas apenas para a defesa. Ou o faz para todas as partes, ou para nenhuma, sob pena que flagrante quebra da isonomia.

Em linhas gerais, a alegações finais devem abordar todas as questões meritórias relevantes e eventuais causas de nulidade absoluta[45] e relativa, especialmente às relativas, que devem ser arguidas nas alegações finais (art. 571, II, CPP), porquanto sujeitas à preclusão. O art. 571, II, CPP, faz referência ao revogado art. 500 do CPP, que, em sua redação vigente anterior, direcionava-se ao prazo para apresentação das alegações finais escritas. A hipótese contempla a situação por nós definida como de **normas espirituais**, cujo corpo não mais existe, mas sua alma encontra-se presente.

A apresentação das alegações finais, nos processos de ação penal pública iniciados pelo Ministério Público, é obrigatória, tanto para a acusação como para a defesa. No tocante à acusação, sendo a ação penal pública, o Ministério Público dela não pode desistir e, atuando como parte processual, tem o dever de apresentar as alegações finais, previstas expressamente pelo procedimento legal, como forma de revalidar a *opinio delicti*

44. *op.cit.*
45. As nulidades absolutas podem ser arguidas a qualquer tempo e grau de jurisdição.

evidenciada quando do oferecimento da denúncia, desta vez com lastro na prova judicialmente produzida. A não apresentação das alegações pelo órgão ministerial não pode ser concebida como mera irregularidade processual ou faculdade de parte, porquanto sua intervenção é imperativa no processo penal. Assim, caso o membro do *parquet* se omita quanto à apresentação das alegações finais, deverá o magistrado provocar o Procurador-Geral de Justiça, aplicando o art. 28 do CPP, por analogia.

Tratando-se, todavia, de ação penal pública de iniciativa privada, a apresentação das alegações finais pela acusação, apesar de prevista como, não é obrigatória, porquanto a própria norma prevê a sanção pela não apresentação das alegações. O art. 60, III, do CPP, que dispõe sobre a causa extintiva da punibilidade decorrente da **perempção**, prevê que será considerada perempta a ação penal quando o querelante **deixar de formular o pedido de condenação nas alegações finais**. Logo, temos que a não apresentação das alegações finais culminará na não formulação do requerimento de condenação, pressuposto de validade da ação penal de iniciativa privada. Assim, estando a perempção prevista em norma, cujo conhecimento da parte é presumido, podemos concluir que a apresentação das alegações finais pela acusação não é obrigatória, pois assumindo as consequências pela não apresentação, o querelante anui com ocorrência da perempção, dando causa à extinção da punibilidade do agente. Por se tratar de ação penal dirigida pelo princípio da disponibilidade, não se pode conceber as alegações finais como obrigatória.

Não obstante, apresentadas as alegações finais pela acusação, em qualquer hipótese, independentemente da natureza da ação, as alegações finais defensivas deverão ser apresentadas de forma obrigatória, não havendo margem para se conceber a não apresentação como estratégia defensiva. A defesa técnica é imprescindível, não se tratando de mera exigência formal, de forma que sua não apresentação caracteriza nulidade absoluta. Caso o defensor do acusado se recuse ofertar as alegações finais, o magistrado deverá chamar o feito à ordem e intimar o acusado pessoalmente para que constitua outro para apresentação das alegações ou, diante da inércia desse, designar defensor *ad hoc* para apresentação da última manifestação defensiva, adotando os procedimentos legais junto à OAB para responsabilização administrativa do defensor omisso ou recalcitrante, sem prejuízo da aplicação da multa prevista no art. 265 do CPP.

Vale destacar que, dada a imperatividade das alegações finais, sua apresentação a destempo caracteriza, *a priori*, mera irregularidade, porquanto obrigatoriamente a manifestação deverá vir aos autos, independentemente de posterior responsabilização do defensor.

Apresentadas as alegações finais, o processo estará apto para ser julgado por meio de sentença[46] que, em regra, deverá ser proferida oralmente, no curso da própria audiência. Conforme vimos, substituídas as alegações orais por memoriais escritos, o magistrado terá o prazo de dez dias para proferir a sentença (art. 403, §3º do CPP).

Conforme o art. 405 do CPP, do ocorrido em audiência será lavrado termo em livro próprio, assinado pelo juiz e pelas partes, contendo breve resumo dos fatos relevantes nela ocorridos. Nos termos do §1º, sempre que possível, o registro dos depoimentos do investigado, indiciado, ofendido e testemunhas será feito pelos meios ou recursos de

46. A sentença será estudada em capítulo próprio.

gravação magnética, estenotipia, digital ou técnica similar, inclusive audiovisual, destinada a obter maior fidelidade das informações, sendo que, consoante o §2º, no caso de registro por meio audiovisual, será encaminhado às partes cópia do registro original, sem necessidade de transcrição.

29.6 PROCEDIMENTO COMUM SUMÁRIO

A lógica do procedimento comum sumário, previsto nos arts. 531 a 538 do CPP, não se diferencia do procedimento comum ordinário. Inicia-se com a propositura da petição inicial, a qual será recebida ou rejeitada, dando-se prosseguimento ao procedimento com o recebimento da denúncia ou queixa. Em sequência, o acusado será citado para apresentar resposta à acusação, ouvido o Ministério Público acerca dessa quando necessário, e analisadas as teses defensivas aptas a promover a extinção do processo, como a absolvição sumária e eventuais exceções opostas. Não sendo o caso de extinção abreviada do processo, serão realizadas a audiência de instrução de julgamento, apresentadas alegações finais e proferida sentença.

Não obstante a lógica procedimental idêntica e a aplicação subsidiária do procedimento comum ordinário ao procedimento sumário (art. 394, §5º, CPP), há pequenas diferenças entre os procedimentos, as quais veremos em forma de tabela para facilitar a compreensão, evitando-se repetições.

	Procedimento ordinário	**Procedimento sumário**
Audiência de instrução e julgamento	Prazo máximo para realização de 60 dias (art. 400, *caput*, CPP)	Prazo máximo para realização de 30 dias (art. 531, CPP)
Número de testemunhas	Oito arroladas pela acusação e oito arroladas pela defesa (art. 401, *caput*, CPP)	Cinco arroladas pela acusação e cinco arroladas pela defesa (art. 532, CPP)
Condução coercitiva de testemunha faltosa	Sem previsão expressa no procedimento, mas aplicável, por analogia, o art. 535 do CPP	Prevista expressamente no art. 535 do CPP
Requerimento de diligências	Previsão expressa no art. 402 do CPP	Sem previsão expressa, mas aplicável, por subsidiariedade, o art. 402 do CPP
Substituição de alegações orais por escrita	Expressamente prevista nas hipóteses de complexidade do caso ou número de acusados (art. 403, §3º, CPP), no caso de requerimento de diligências (art. 404, CPP) e, naturalmente, por juntada posterior de interrogatório realizado por carta precatória.	Sem previsão expressa, mas perfeitamente aplicável as regras do procedimento ordinário do quadro ao lado.

Apenas para registrarmos o texto legal, preservando o compromisso de estudo da legislação, transcrevemos o texto legal atinente ao procedimento comum sumário, com os grifos distintivos do procedimento ordinário.

Art. 531. Na audiência de instrução e julgamento, **a ser realizada no prazo máximo de 30 (trinta) dias**, proceder-se-á à tomada de declarações do ofendido, se possível, à inquirição das testemunhas arroladas pela acusação e pela defesa, nesta ordem, ressalvado o disposto no art. 222 deste Código, bem como aos esclarecimentos dos peritos, às acareações e ao reconhecimento de pessoas e coisas, interrogando-se, em seguida, o acusado e procedendo-se, finalmente, ao debate.

Art. 532. Na instrução, **poderão ser inquiridas até 5 (cinco) testemunhas arroladas pela acusação e 5 (cinco) pela defesa.**

Art. 533. Aplica-se ao procedimento sumário o disposto nos parágrafos do art. 400 deste Código.

§ 1º (Revogado pela Lei nº 11.719, de 2008).

§ 2º (Revogado pela Lei nº 11.719, de 2008).

§ 3º (Revogado pela Lei nº 11.719, de 2008).

§ 4º (Revogado pela Lei nº 11.719, de 2008).

Art. 534. As alegações finais serão orais, concedendo-se a palavra, respectivamente, à acusação e à defesa, pelo prazo de 20 (vinte) minutos, prorrogáveis por mais 10 (dez), proferindo o juiz, a seguir, sentença.

§ 1º Havendo mais de um acusado, o tempo previsto para a defesa de cada um será individual.

§ 2º Ao assistente do Ministério Público, após a manifestação deste, serão concedidos 10 (dez) minutos, prorrogando-se por igual período o tempo de manifestação da defesa.

Art. 535. **Nenhum ato será adiado, salvo quando imprescindível a prova faltante, determinando o juiz a condução coercitiva de quem deva comparecer.**

§ 1º (Revogado pela Lei nº 11.719, de 2008).

§ 2º (Revogado pela Lei nº 11.719, de 2008).

Art. 536. A testemunha que comparecer será inquirida, independentemente da suspensão da audiência, observada em qualquer caso a ordem estabelecida no art. 531 deste Código.

Art. 537. (Revogado pela Lei nº 11.719, de 2008).

Art. 538. Nas infrações penais de menor potencial ofensivo, quando o juizado especial criminal encaminhar ao juízo comum as peças existentes para a adoção de outro procedimento, observar-se-á o procedimento sumário previsto neste Capítulo.

§ 1º (Revogado pela Lei nº 11.719, de 2008).

§ 2º (Revogado pela Lei nº 11.719, de 2008).

§ 3º (Revogado pela Lei nº 11.719, de 2008).

§ 4º (Revogado pela Lei nº 11.719, de 2008).

Art. 539. (Revogado pela Lei nº 11.719, de 2008).

Art. 540. (Revogado pela Lei nº 11.719, de 2008).

Registre-se apenas, em comentário, o teor do art. 538 do CPP, que prevê a aplicação do **rito do procedimento sumário** aos processos que deveriam, **originalmente, serem processados pelo rito sumaríssimo,** mas que, por aplicação da regra do art. 66, parágrafo único, da Lei 9.099/95[47], foram encaminhados ao juízo comum. Nesses casos, aplica-se o procedimento comum sumário.

29.7 PROCEDIMENTO COMUM SUMARÍSSIMO

Conforme se infere do art. 98, I, da Constituição Federal, "a União, no Distrito Federal e nos Territórios, e os Estados criarão juizados especiais, providos por juízes togados, ou

47. Parágrafo único. Não encontrado o acusado para ser citado, o Juiz encaminhará as peças existentes ao Juízo comum para adoção do procedimento previsto em lei.

togados e leigos, competentes para a conciliação, o julgamento e a execução de causas cíveis de menor complexidade e infrações de menor potencial ofensivo, mediante os procedimentos oral e sumaríssimo, permitidos nas hipóteses previstas em lei, a transação e o julgamento de recursos por turmas de juízes de primeiro grau" (art. 98, I).

O mandamento constitucional foi efetivamente cumprido com a criação dos Juizados Especiais Criminais, cujo rito procedimental foi regulado pela Lei 9.099/95. Estimulando a solução negociada dos conflitos penais e buscando maior celeridade processual, foi desenvolvido o novo rito sumaríssimo para processamento das infrações penais de pequeno potencial ofensivo, concebidas como aquelas cuja pena máxima não seja superior a dois anos de prisão, cumulada ou não, com a pena de multa (art. 61).

29.7.1 Princípios informativos dos Juizados Especiais Criminais

O rito procedimental previsto na Lei 9.099/95, por envolver regras de procedimento, não se afasta dos princípios gerais do processo. Assim, os princípios do devido processo legal e seus corolários, a vedação de provas ilícitas, o juiz natural, entre outros, de cunho geral, possuem perfeita aplicação do rito sumaríssimo.

Não obstante, a Lei 9.099/95 expressamente consignou, em seu art. 2º, que o processo orientar-se-á pelos critérios da oralidade, simplicidade, informalidade, economia processual e celeridade, buscando, sempre que possível, a conciliação ou a transação. Da redação, portanto, extraímos os princípios informativos do processo perante os Juizados Especiais Criminais e orientação pela busca de soluções negociadas voltadas para reparação dos danos sofridos pela vítima e aplicação de pena não privativa de liberdade (art. 62). Vejamos os princípios, separadamente.

a) Princípio da oralidade: previsto de forma expressa no art. 98, I da Constituição Federal, o princípio da oralidade ganhou primazia no processo penal com a edição da Lei 9.099/95, transformando-se em tendência processual com a reforma de 2008, que modificou a sistemática das alegações finais e sentença, atribuindo a forma oral como regra procedimental para os demais procedimentos regulados pelo CPP. Em linhas gerais, o princípio da oralidade atribui à palavra falada primazia no processo penal, em detrimento da palavra escrita, dando vazão aos subprincípios da concentração, imediatismo e identidade física do juiz. Em especial, o princípio da oralidade chama maior atenção no âmbito dos Juizados Especiais Criminais pela previsão de oferecimento de denúncia e queixa orais (art. 77, *caput*, e §3º), bem como de apresentação de resposta preliminar igualmente de forma oral (art. 81, *caput*). Com o avanço da tecnologia e melhora no cenário do registro audiovisual dos atos processuais, a forma oral trilha a linha da celeridade e desburocratização, especialmente porque o §3º do art. 13 prevê que "apenas os atos considerados essenciais serão registrados resumidamente, em notas manuscritas, datilografadas, taquigrafadas ou estenotipadas. Os demais atos poderão ser gravados em fita magnética ou equivalente, que será inutilizada após o trânsito em julgado da decisão".

b) Princípio da simplicidade: a simplicidade opõe-se à complexidade, de forma que o procedimento sumaríssimo visa, nesse particular, reduzir complexidade das fórmulas burocráticas que ainda permeiam o processo comum ordinário. Assim, as previsões atinentes ao termo circunstanciado de ocorrência (art. 69, *caput*), em substituição ao inquérito policial, a desnecessidade de juntada da realização do exame de corpo de delito para oferecimento da denúncia quando a materialidade do crime estiver aferida por boletim médico ou prova equivalente (art. 77, §1º), e o afastamento da competência dos Juizados Especiais nos casos citação por edital (art. 66), entre outras, revelam que a *mens legis* busca, essencialmente, trazer ao rito sumaríssimo a simplicidade necessária para que se alcance um processo que respeite o devido processo legal, mas se desapegue de fórmulas documentais por vezes desnecessárias, como a expedição de uma formal e burocrática carta precatória para intimação, que poderia ser solicitada a realização da diligência por mero ofício transmitido por meio eletrônico.

c) Princípio da informalidade: anteriormente, destacamos que a forma é garantia. E, de fato, a observância da forma legal é um importante instrumento para se preservar direitos e garantias processuais. Não obstante, no âmbito do rito sumaríssimo, o próprio legislador propugnou o desapego às formas que, por vezes, possuem apenas um fim em si mesmo, sem qualquer racionalidade processual. O afastamento da formalidade, contudo, não pode ter o condão de trazer uma informalidade em flagrante prejuízo ao acusado. Um ponto é se afastar uma forma de intimação, outro é se afastar a necessidade da própria intimação. Em essência, cumprindo o ato sua finalidade e assegurado o direito de contraditório às partes, a forma pode ser afastada sem qualquer mácula processual, ainda que a forma legal não tenha sido observada. Nesse sentido, vale destacar o teor do art. 65 da Lei 9.099/95, que prevê, no *caput*, que os atos processuais serão válidos sempre que preencherem as finalidades para as quais foram realizados, atendidos os critérios indicados no art. 62 da Lei. Na mesma trilha, o §1º dispõe que não se pronunciará qualquer nulidade sem que tenha havido prejuízo, e o §2º assinala que a prática de atos processuais em outras comarcas poderá ser solicitada por qualquer meio hábil de comunicação. Consoante vimos anteriormente, na leitura do §3º do art. 13, o §3º do art. 65, repetindo em parte o conteúdo, prevê que serão objeto de registro escrito exclusivamente os atos havidos por essenciais, permitindo que os atos realizados em audiência de instrução e julgamento sejam gravados em fita magnética ou equivalente. Além do art. 65, outros podem exemplificar a buscada informalidade, a exemplo da previsão contida no art. 64, que permite a realização de atos processuais em horário noturno e em qualquer dia da semana; no art. 67, *caput*, que prevê que a intimação será feita por correspondência, com aviso de recebimento pessoal, ou por qualquer meio idôneo de comunicação; no art. 81, §3º, que dispensa o relatório na sentença; e no §5º do art. 82, que prevê que se a sentença for confirmada pelos próprios fundamentos, a súmula do julgamento servirá de acórdão.

d) Princípio da economia processual: de natureza geral, haja vista que a Administração Pública deve sempre buscar a eficiência, o princípio objetiva alcançar o melhor resultado processual possível com a realização do menor número de atos, reduzindo não somente a onerosidade para o Estado, mas também para o acusado. Não por outra razão, e repetindo previsões dos procedimentos regulados pelo CPP (art. 400, §1º, 411, §2º e 533), o art. 81, §1º da Lei 9.099/95, prevê a possibilidade do juiz poder limitar ou excluir as provas que considerar excessivas, impertinentes ou protelatórias.

e) Princípio da celeridade processual: princípio irmão do princípio da duração razoável do processo e, igualmente, de cunho geral, visa trazer agilidade ao processo para se alcançar o resultado final no menor tempo possível, afastando as críticas à morosidade e a própria impunidade em si, porquanto, por serem as infrações penais objeto do rito sumaríssimo de pequeno potencial ofensivo, os prazos prescricionais serão, naturalmente, reduzidos.

29.7.2 Finalidades

Além dos vetores maiores de celeridade e economia processual, o art. 62, da Lei 9.099/95, expressamente sinaliza que o processo perante os Juizados Especiais Criminais deve objetivar, sempre que possível, a reparação dos danos sofridos pela vítima e a aplicação de pena não privativa de liberdade.

O dispositivo consagra a instrumentalidade do processo como meio de solução de conflitos, dando primazia à reparação do dano vítima, trazendo à lume o procedimento como meio de realização da terceira via do Direito Penal, bem como observa a moderna corrente tendente ao não encarceramento por crimes de baixa potencialidade lesiva.

29.7.3 Competência dos Juizados Especiais Criminais

A competência dos Juizados Especiais Criminais é estabelecida por apenas um critério, o legal, que pode ser valer da natureza da infração penal, estabelecido pela Lei 9.099/95, ou de outros diplomas legais que expressamente determinem a aplicação do rito sumaríssimo conforme a matéria.

O art. 60 da Lei 9.099/95 expressamente prevê que o Juizado Especial Criminal, provido por juízes togados ou togados e leigos, tem competência para a conciliação, o julgamento e a execução das infrações penais de menor potencial ofensivo, respeitadas as regras de conexão e continência. O art. 61, por seu turno, dispõe que se consideram infrações penais de menor potencial ofensivo, para os efeitos dessa Lei, as contravenções penais e os crimes a que a lei comine pena máxima não superior a 2 (dois) anos, cumulada ou não com multa. No cálculo da pena máxima deverão ser consideradas eventuais causas de aumento ou diminuição da pena, conforme vimos anteriormente, aplicando-se a teoria do pior cenário possível.

O conceito de infração de pequeno potencial ofensivo, portanto, é legal, não admitindo interpretação extensiva, apesar de poder ser afastado por outras normas. Isso não significa, contudo, que toda infração penal de pequeno potencial ofensivo seja de competência do Juizado Especial ou que o rito sumaríssimo tenha aplicação sobre todas as infrações penais de pequeno potencial ofensivo, vez que algumas regras de exceção foram expressamente previstas pelo legislador.

A primeira norma excepcional pode ser extraída do parágrafo único do art. 60 da Lei 9.099/95, que dispõe que na reunião de processos, perante o juízo comum ou o tribunal do júri, decorrentes da aplicação das regras de conexão e continência, observar-se-ão os institutos da transação penal e da composição dos danos civis. Nitidamente se verifica que, havendo conexão ou continência de uma infração penal de pequeno potencial ofensivo com outra de competência do juízo comum, haverá o deslocamento da competência para o juízo mais amplo, afastando a competência do Juizado Especial Criminal e, por via de consequência, a aplicação do rito sumaríssimo. Não há, contudo, o afastamento necessário dos institutos despenalizantes da transação penal, suspensão condicional do processo e composição civil dos danos, devendo a análise ser realizada sob a luz do caso concreto.

Neste particular, compete-nos uma consideração com relação à doutrina majoritária, que sufraga o entendimento de que, mesmo nos casos de conexão e continência com delitos apenados com penas superiores a dois anos, não haveria impedimento à aplicação dos institutos da transação penal e composição dos danos civis em relação às infrações penais de pequeno potencial ofensivo, pois deveriam, sob a ótica majoritária, ser analisadas como de caráter autônomo, nos mesmos termos da prescrição (art. 119, CP).

Conforme BRASILEIRO[48] (2020, p. 1555-1556 e 1567)

> Caso, em virtude da aplicação das regras do art. 78 do CPP, venha a ser estabelecida a competência do juízo comum ou do tribunal do júri para julgar também a infração de menor potencial ofensivo, afastando, portanto, o procedimento sumaríssimo da Lei nº 9.099/95, isso não impedirá a aplicação dos institutos da transação penal e da composição dos danos civis em relação à infração de menor potencial ofensivo. (...)
>
> (...) caso, **em virtude da aplicação das regras do art. 78 do CPP, venha a ser estabelecida a competência do juízo comum ou do tribunal do júri para julgar também a infração de menor potencial ofensivo**, afastando, portanto, o procedimento sumaríssimo da Lei nº 9.099/95, **isso não impedirá a aplicação dos institutos da transação penal e da composição dos danos civis em relação à infração de menor potencial ofensivo**, desde que preenchidos seus pressupostos legais.
>
> (...) Portanto, com as modificações introduzidas na Lei dos Juizados pela Lei nº 11.313/06, pode-se dizer que, para efeito de incidência da composição dos danos civis e da transação penal, a pena da infração de menor potencial ofensivo não deve ser somada com a do delito conexo (e/ou continente). Em outras palavras, **ainda que haja conexão e/ou continência, os crimes devem ser analisados isoladamente para efeito da incidência de tais institutos despenalizadores, nos mesmos moldes do que ocorre com a prescrição (CP, art. 119)**. (grifamos).

A questão nos traz uma importante reflexão não somente sobre a fixação da competência nos casos de conexão entre infrações penais de pequeno potencial ofensivo, mas também sobre a consideração das infrações de forma individualizada.

Segundo o STJ, "é pacífica a jurisprudência desta Corte de que, no caso de concurso de crimes, **a pena considerada para fins de fixação da competência do Juizado Especial Criminal será o resultado da soma, no caso de concurso material, ou a exasperação, na hipótese de concurso formal ou crime continuado, das penas máximas cominadas aos delitos**; destarte, se desse somatório resultar um apenamento superior a 02 (dois) anos, fica afastada a competência do Juizado Especial. CC 101274/PR; Conflito de Competência 2008/0261931-6, Rel. Min. Napoleão Nunes Maria Filho, 3ª Seção, DJe 20/03/2009.

Com a inclusão do parágrafo único no art. 60 da Lei 9.099/95, parte da doutrina passou a entender que, ocorrendo o concurso crimes de menor potencial ofensivo entre si, não haveria um juízo prevalente e, portanto, atrativo, motivo pelo qual o procedimento afeto às diversas e conexas infrações penais de pequeno potencial ofensivo deveria permanecer no Juizado Especial Criminal, independentemente da somatória da penas, porquanto o fato de diversas infrações de menor potencial ofensivo terem sido praticadas em concurso entre si não retiraria a natureza de infração de menor potencial ofensivo.

O argumento, sob a luz estrita do parágrafo único, parece-nos válido. Contudo, como regra interpretativa, os parágrafos devem ser interpretados sob a luz do *caput*

48. *op. cit.*

do dispositivo. E, nesse sentido, o *caput* do art. 60 dispõe que cabe ao Juizado Especial Criminal a competência para a conciliação, o julgamento e a execução das infrações penais de menor potencial ofensivo, **respeitadas as regras de conexão e continência**. Surge, nesse ponto, a necessária indagação: as infrações penais de pequeno potencial ofensivo devem ser consideradas de forma isolada ou não, de forma a justificar não somente fixação da competência, mas também a análise dos benefícios despenalizantes, voltados, aprioristicamente, para a pequena criminalidade?

Tomemos um exemplo simples para estudo, imaginando que o autor do fato, em uma blitz de trânsito, tenha praticado, em único contexto, os crimes de desobediência, desacato e resistência por ameaça. Separadamente, os delitos são assim apenados, quando praticados em suas formas simples:

> **Resistência**
> Art. 329 - Opor-se à execução de ato legal, mediante violência ou ameaça a funcionário competente para executá-lo ou a quem lhe esteja prestando auxílio:
> Pena - detenção, de dois meses a dois anos.
> **Desobediência**
> Art. 330 - Desobedecer a ordem legal de funcionário público:
> Pena - detenção, de quinze dias a seis meses, e multa.
> **Desacato**
> Art. 331 - Desacatar funcionário público no exercício da função ou em razão dela:
> Pena - detenção, de seis meses a dois anos, ou multa.

Seguindo-se o entendimento atual do STJ[49], a competência será deslocada do Juizado Especial Criminal para o juízo comum, porquanto o somatório das penas dos três delitos, quatro anos e seis meses de detenção, ultrapassa o patamar de dois anos de pena privativa de liberdade previsto art. 61 e sua conjugação com o *caput* do art. 60 da Lei 9.099/95, que determina o respeito às regras de conexão e continência.

Para parcela da doutrina, o entendimento do STJ é equivocado, pois desconsidera da natureza individualizada das infrações penais, de forma que somente a conexão entre uma infração de pequeno potencial ofensivo e outra de competência do juízo comum poderia justificar o deslocamento da competência. Isso porque o suposto tratamento diferenciado trazido pelo parágrafo único do art. 60 somente justificaria o deslocamento da competência na reunião de processos perante o juízo comum ou o Tribunal do Júri, não havendo razões para se afastar a competência dos Juizados Especiais Criminais.

Em reforço ao referido entendimento, sustenta-se que o legislador, para fins de transação penal e composição dos danos civis, conferiu às infrações de pequeno potencial ofensivo o mesmo tratamento individualizado para fins de prescrição (art. 119, CP), de forma que, independentemente da situação, a análise de tais benefícios deve ser realizada de forma individualizada, independentemente da somatória da pena com os delitos conexos ou continentes. Em suma, segundo referido entendimento, um delito de ameaça

49. Na hipótese de apuração de delitos de menor potencial ofensivo, deve-se considerar a soma das penas máximas em abstrato em concurso material, ou, ainda, a devida exasperação, no caso de crime continuado ou de concurso formal, e ao se verificar que o resultado da adição é superior a dois anos, afasta-se a competência do Juizado Especial Criminal. RHC 084633/RJ, Rel. Min. Ribeiro Dantas, 5ª Turma, DJe 22.09.17.

(art. 147, CP), conexo a um crime de homicídio, por ser de pequeno potencial ofensivo, deveria receber o tratamento diferenciado para fins de transação penal e composição dos danos civis, independentemente da conexão, pelo menos no aspecto objetivo.

Não nos parece tenha sido essa a intenção do legislador e que, em parte, a doutrina apresenta uma solução que não se sustenta diante de determinados casos. À guisa de argumentação, vale frisar que, em momento algum, a norma impôs tratamento diferenciado às infrações penais de pequeno potencial ofensivo no tocante à conexão e continência, motivo pelo qual o paralelo com a prescrição penal, instituto de direito material, não deve ser invocado.

O Código Penal, ao dizer no art. 119, que no caso de concurso de crimes, a extinção da punibilidade incidirá sobre a pena de cada um, isoladamente, não criou qualquer regra de competência ou buscou interferir na fixação dessa. Ao contrário, expressamente consignou que as regras de concurso de infrações não afetam a prescrição penal, que deve ser analisada delito por delito.

Em outro aspecto, parece-nos que o conceito de infração penal de pequeno potencial ofensivo, amplamente difundido pela doutrina, merece uma avaliação conjugada com a própria norma que o institui. A Constituição Federal, em seu art. 98, I, não define as infrações penais de menor potencial ofensivo, mas tão somente remete sua definição à legislação infraconstitucional. E, nesse sentido, o art. 61 da Lei 9.099/95 expressamente assinala que se consideram infrações penais de menor potencial ofensivo, **para os efeitos desta Lei**, as contravenções penais e os crimes a que a lei comine pena máxima não superior a 2 (dois) anos, cumulada ou não com multa. Em particular, negritamos a expressão "para os efeitos desta Lei", pois parte da compreensão do conceito de infração penal de menor potencial ofensivo deve ser lida, para nós, sob a luz sistêmica da Lei 9.099/95.

O art. 60, *caput*, dispõe pela necessidade de respeito às regras de conexão e continência, ao passo que seu parágrafo único expressamente admite a possibilidade de reunião de processos perante o juízo comum ou Tribunal do Júri, decorrente da aplicação das regras de conexão ou continência. Assim, parece-nos claro que o próprio legislador admite a possibilidade de não aplicação da Lei 9.099/95 às situações de conexão e continência, aptas a afastar a competência dos Juizados Especiais Criminais, assim como a admite em outras situações normativas, conforme se infere do art. 41 da Lei 11.343/06 e parágrafo único do art. 226 do Estatuto da Criança e do Adolescente.

O STF, ao reconhecer a constitucionalidade do art. 41 da Lei Maria da Penha, pela via indireta nos disse que **o conceito de infração penal de menor potencial ofensivo não é constitucional**, pois se o fosse, não poderia a legislação ordinária afastar a aplicação da Lei 9.099/95. Fixada a premissa de que o conceito é legal e, como tal, admite exceções e interpretação não limitada ao texto constitucional, apesar de essencialmente dirigida por esse, entendemos que a compreensão de infração penal de menor potencial ofensivo deve ser realizada sob um prisma mais restrito, que se afasta da literalidade conceitual do art. 61, para restringir sua definição às hipóteses nas quais se aplica da Lei 9.099/95 em razão da expressão "para os efeitos desta Lei" que, conforme vimos, pode ser afastada por lei ordinária.

À guisa de exemplo, um crime de ameaça (art. 147, *caput*, CP) pode ser concebido, aprioristicamente, como infração penal de menor potencial ofensivo, porquanto a pena cominada é de um a seis meses de detenção, ou multa. Entretanto, conforme destacamos, a conceituação por literalidade de infração penal de menor potencial ofensivo decorrente do art. 61 da Lei 9.099/95 não explica o porquê do mesmo delito, quando praticado contra mulher, em situação de violência doméstica ou familiar, não poder ser concebido como de pequeno potencial ofensivo em razão do expresso afastamento da aplicação da Lei 9.099/95 pelo art. 41 da Lei Maria da Penha.

Ontologicamente, uma ameaça praticada pela esposa contra o marido em ambiente doméstico não se distingue de uma ameaça praticada pelo marido contra a mulher no mesmo ambiente. Juridicamente, a primeira será concebida como infração penal de menor potencial ofensivo, ao passo que a segunda, não, pois não nos parece razoável compreender a segunda conduta como de baixa ofensividade e não admitir, paradoxalmente, a aplicação de institutos despenalizadores.

Quando a Lei Maria da Penha afasta a aplicação da Lei 9.099/95 aos crimes praticados contra as mulheres em situação de violência doméstica, diretamente nos sinaliza que o legislador não concebe os comportamentos previstos na norma como de baixa ofensividade. Logo, o conceito de infração penal de menor potencial ofensivo, previsto no art. 61 da Lei 9.099/95, deve ser interpretado de forma restrita, apenas e tão somente quando aplicável a Lei dos Juizados Especiais Criminais.

E, nesse contexto, havendo a modificação da competência pela conexão ou continência para o juízo comum ou Tribunal do Júri, o tratamento a ser conferido à infração penal, para nós, deve seguir a sorte do crime que exerce a *vis atrativa*, sob pena de se extrair qualquer fundamento razoável para a modificação da competência.

Retomemos nosso exemplo, doravante sob a perspectiva que envolve a situação do autor do fato que, em uma blitz de trânsito, tenha praticado, em único contexto, os crimes de desobediência, desacato e resistência por ameaça. Conforme vimos, de acordo com o entendimento do STJ a somatória das penas cominadas aos delitos impede o processamento pelo rito sumaríssimo.

Conforme a doutrina dominante, o simples fato de ocorrer o deslocamento da competência não afasta a possibilidade de transação penal ou composição dos danos civis, vez que, ainda sob a perspectiva dominante, os delitos devem ser analisados isoladamente para efeito da incidência dos institutos despenalizadores, nos mesmos moldes do que ocorre com a prescrição (CP, art. 119).

Assim, a se seguir a linha da doutrina dominante, havendo a conexão entre um crime de furto qualificado, punido com a pena de dois a oito anos de reclusão, conexo e em concurso com um delito de desacato, apesar da reunião do julgamento perante o juízo comum, satisfeitos os requisitos legais, deverá ser oportunizado ao agente a composição dos danos civis ou proposta transação penal.

Ocorre que, para nós, a satisfação dos requisitos legais, a exemplo da fixação da competência, pressupõe a realização da soma das penas máximas cominadas aos delitos, sob pena de criação de uma situação, no mínimo, teratológica. Em nosso exemplo original, as penas somadas atingem o patamar de quatro anos e seis meses de reclusão. A se seguir a trilha da individualização das infrações penais, teremos os crimes de resistência e desacato, punidos individualmente com a pena máxima de dois anos, e o delito de desobediência, apenado com a sanção máxima de seis meses.

Admitindo, apenas por debate, a possibilidade de transação penal nos termos do parágrafo único do art. 60 da Lei 9.099/95, apenas um delito poderia ser objeto de transação penal, porquanto a somatória implicaria pena superior a dois anos e a aceitação com relação a um dos fatos criminosos impediria a proposta por outro pelo prazo de cinco anos (art. 76, §2º, II). Logo, a aceitação com relação a um dos delitos obrigaria o processo quanto aos demais, haja vista que o ANPP, em tese aplicável a toda empreitada criminosa, por possuir requisitos distintos (pena mínima não superior a quatro anos – art. 28-A, CPP), não poderia ser proposto ao agente por expressa vedação (§2º, inc. I, c/c inc. III do art. 28-A, CPP).

Nesse sentido e analisando a jurisprudência do STJ, parece-nos que a previsão do parágrafo único do art. 60 da Lei 9.099/95 tão somente reforça a possibilidade da composição dos danos civis e transação penal no juízo comum. Contudo, a previsão não afasta a necessidade de observância dos requisitos previstos para os institutos, de forma que a somatória da pena entre os delitos conexos, independentemente de sua caracterização como de pequeno potencial ofensivo, é imprescindível para análise do requisito objetivo. Nesse sentido é a jurisprudência do STJ:

> 1. Nos termos do enunciado 243 da Súmula deste Superior Tribunal de Justiça, "o benefício da suspensão do processo não é aplicável em relação às infrações penais cometidas em concurso material, concurso formal ou continuidade delitiva, quando a pena mínima cominada, seja pelo somatório, seja pela incidência da majorante, ultrapassar o limite de um (01) ano".
>
> 2. **O mesmo entendimento é aplicável à transação penal, que não pode ser ofertada aos acusados de crimes cuja pena máxima, considerado o concurso material, ultrapasse 2 (dois) anos, limite para que se considere a infração de menor potencial ofensivo.** Precedente. HC 309975, Min. Rel. Jorge Mussi, DJe 25.03.15.

A segunda norma que excepciona a competência do Juizado Especial Criminal é a prevista no parágrafo único do art. 66 da Lei 9.099/95. Como regra, a citação no rito sumaríssimo deve ser pessoal (art. 66, *caput*). Entretanto, não sendo encontrado o acusado para ser citado, o juiz encaminhará as peças existentes ao Juízo comum para adoção do procedimento previsto em lei, isto é, o sumário. Logo, frustrada a citação pessoal e sendo imperativa a citação ficta, haverá o deslocamento da competência para o juízo comum.

A terceira exceção prevista encontra-se no art. 94 da Lei 10.741/03 (Estatuto da Pessoa Idosa), que assinala que aos crimes previstos na Lei, cuja pena máxima privativa de liberdade não ultrapasse quatro anos, aplica-se o procedimento previsto na Lei 9.099/95. O dispositivo recebeu interpretação conforme à Constituição pelo STF no julgamento da ADI 3096, tendo o Pretório Excelso entendido que a norma deve ser interpretada em favor do seu específico destinatário – a própria pessoa idosa – e não de quem lhe viole os direitos.

Assim, vedou o STF a aplicação dos institutos despenalizantes aos crimes previstos no Estatuto da Pessoa Idosa, punidos com penas superiores a dois e inferiores a quatro anos, determinando, contudo, a aplicação da regra procedimental do rito sumaríssimo a esses casos, em razão do princípio da celeridade, de interesse à própria pessoa idosa. Vale destacar ainda que aos crimes previstos no Estatuto da Pessoa Idosa cuja pena máxima não seja superior a 2 (dois) anos, igualmente não serão aplicáveis os institutos despenalizadores, previstos na Lei dos Juizados 9.099/95.

Há situações, todavia, que mesmo caracterizada a hipótese de infração penal de pequeno potencial ofensivo, não será aplicado o rito sumaríssimo em razão da especialidade. Nesse sentido, apesar de possível a aplicação dos institutos despenalizantes, porquanto irradiam seus efeitos para além do rito procedimental sumaríssimo, não se aplica referido rito aos processos contra acusados com foro por prerrogativa de função, que seguirão o rito próprio aplicável à espécie (Lei 8.038/90, por exemplo), aos processos por crime eleitorais, sujeitos ao rito previsto no art. 355 e seguintes do Código Eleitoral, e outros que, eventualmente, determine-se a aplicação de rito especial.

No tocante aos crimes militares, o art. 90-A da Lei 9.099/95, julgado constitucional pelo STF no julgamento do HC 99.743, DJe 21.08.12, prevalece o entendimento pela não aplicação do rito e institutos despenalizadores no âmbito da Justiça Castrense. Não obstante, prevalece na doutrina que referida norma é inconstitucional no tocante à vedação à aplicação dos institutos despenalizantes quando aplicada à civil processado por crime militar, *obiter dictum*, inclusive pelo próprio STF: inconstitucionalidade da norma que veda a aplicação da Lei n. 9.099 ao civil processado por crime militar.

A Lei Maria da Penha (art. 41) e o art. 226 do Estatuto da Criança e do Adolescente[50], alterado pela Lei Henry Borel, vedam a aplicação da Lei 9.099/95. Logo, afastado o rito sumaríssimo, o rito a ser aplicado será o sumário ou ordinário, a depender da pena cominada ao delito. Em ambos os casos não se admite a aplicação dos institutos despenalizantes, conforme veremos oportunamente no tópico próprio.

A competência dos Juizados Especiais Criminais, para nós, é relativa, apesar de prevista pelo art. 98, I, da Constituição Federal. Isso porque existem situações, conforme vimos, que a própria legislação infraconstitucional afasta a competência dos Juizados Especiais, eliminando a improrrogabilidade e imodificabilidade, típicas da competência absoluta. De fato, o que efetivamente interessa na questão é a possibilidade de aplicação dos institutos despenalizadores previstos na Lei 9.099/95, no sentido de que, ainda que venha a ser julgado perante o juízo comum, há que se preservar, sob pena de nulidade absoluta, a análise quanto à aplicação das medidas despenalizadoras.

29.7.4 Processo consensual

O rito sumaríssimo, conforme vimos, confere primazia à reparação do dano e aplicação de pena não privativa de liberdade. Para tanto, a Lei 9.099/95 previu a realização de negócios jurídicos no curso do procedimento que podem impedir, inclusive, a deflagração do próprio processo penal acusatório.

Nesse sentido, os institutos da composição civil dos danos e da transação penal devem ser analisados na fase preliminar do procedimento, ao passo que a suspensão condicional do processo na fase processual, quando já instaurada a ação penal. Tais institutos, ao lado da representação, prevista expressamente para a lesão corporal leve e culposa (art. 88), formam o microssistema despenalizador construído pela Lei 9.099/95.

50. Com relação à previsão do ECA, remetemos o leitor para o tópico "Procedimento Comum", neste capítulo, para evitarmos repetições.

29.8 FASE PRELIMINAR

Lavrado o termo circunstanciado de ocorrência pela autoridade policial, essa o encaminhará imediatamente ao Juizado, com o autor do fato e a vítima, providenciando-se as requisições dos exames periciais necessários (art. 69, Lei 9.099/95).

Nos termos do art. 70, comparecendo o autor do fato e a vítima, e não sendo possível a realização imediata da audiência preliminar, será designada data próxima, da qual ambos sairão cientes. Por outro lado, conforme o art. 71, na falta do comparecimento de qualquer dos envolvidos, a Secretaria providenciará sua intimação e, se for o caso, a do responsável civil, na forma dos arts. 67 e 68 da Lei 9.099/95.

A audiência preliminar, prevista no art. 70 e seguintes da Lei 9.099/95, deflagra o início do procedimento pré-processual, que pode dar cabo ao próprio procedimento judicial mediante a realização de negócio jurídico entre os interessados. Trata-se, portanto, do momento procedimental no qual se permite a celebração de acordo entre a vítima e o autor do fato, ou entre o autor do fato e o Ministério Público, que trilhe a linha da reparação do dano e aplicação de pena não privativa de liberdade, afastando a necessidade de deflagração do processo penal.

Assim, na audiência preliminar deverão ser objeto de apreciação a composição dos danos civis e/ou a transação penal, conforme se infere do teor do art. 72 da Lei 9.099/95: Na audiência preliminar, presente o representante do Ministério Público, o autor do fato e a vítima e, se possível, o responsável civil, acompanhados por seus advogados, o Juiz esclarecerá sobre a possibilidade da composição dos danos e da aceitação da proposta de aplicação imediata de pena não privativa de liberdade. Conforme o art. 73 da mesma lei, a conciliação será conduzida pelo Juiz ou por conciliador sob sua orientação, sendo que os conciliadores são concebidos como auxiliares da Justiça, recrutados, na forma da lei local, preferentemente entre bacharéis em Direito, excluídos os que exerçam funções na administração da Justiça Criminal (parágrafo único).

29.8.1 Composição dos danos civis

A composição dos danos civis é um dos instrumentos negociais previsto pela Lei 9.099/95 e trilha a linha da efetiva reparação do dano causado à vítima e afastamento da pena privativa de liberdade, objetivos previstos na Lei dos Juizados Especiais Criminais.

A composição é celebrada entre o autor do fato e a vítima ou seus representantes legais e sua formalização por escrito, após ser homologada pelo magistrado por sentença irrecorrível, passa a gozar do **status de título executivo judicial**, apta a ser executada no juízo cível (art. 74).

Em síntese, trata-se de um acordo pactuado entre os atores do delito com o escopo de reparar o dano causado pelo autor do fato à vítima, diante do qual o Estado renuncia ao seu direito de punir por entender que a resposta pela violação à norma estatal, no caso, pode ser afastada diante da solução do conflito criado pelo autor do fato, que assume a responsabilidade pela reparação do dano causado em juízo.

A composição dos danos civis pode ocorrer em qualquer espécie de ação. Não obstante, produz efeitos distintos em razão das particularidades inerentes à cada espécie. Celebrada a composição em **ação penal pública de iniciativa privada**, a homologação do acordo gera a renúncia legal ao direito de queixa, isto é, a solução da questão passa a ter sede no juízo cível na hipótese de descumprimento (art. 74, parágrafo único), gerando a extinção da punibilidade do agente (art. 107, V, CP). Vale destacar que, por força do princípio da indivisibilidade da ação penal, a renúncia ao direito de queixa operada contra um dos agentes implica a sua extensão aos coautores e partícipes, independentemente do fato de se fazerem presentes à audiência preliminar.

Importante destacar que o art. 104, parágrafo único do CP, dispõe que não implica a renúncia ao direito de queixa o fato de receber o ofendido a indenização do dano causado pelo crime. Nitidamente, o art. 74, da Lei 9.099/95, caracteriza uma exceção ao dispositivo, porquanto a própria norma impõe a renúncia ao direito de queixa logo na composição dos danos civis, de forma que o recebimento do valor da indenização, consequência natural do acordo celebrado, será concebido como mero exaurimento desse.

Tratando-se de **ação penal pública condicionada à representação**, o acordo homologado acarreta a renúncia ao direito de representação (art. 74, parágrafo único), isto é, pactuada entre os interessados a reparação do dano, não poderá a vítima ou seus representantes legais manifestar o interesse na persecução penal. Apesar do art. 107 do CP não se referir expressamente à extinção da punibilidade como efeito da renúncia ao direito de representação, não há como não se interpretar extensivamente o art. 107, V, CP, para se concluir que a renúncia ao direito de representação implica a extinção da punibilidade do agente, porquanto a ação penal não mais poderá ser proposta. Logo, não havendo mais possibilidade de propositura da ação penal, em razão da renúncia ao direito de representação, eventual descumprimento do acordo por parte do autor do fato não terá repercussão na seara penal, devendo o interessado promover a execução do título executivo no juízo cível.

Por outro lado, na seara das **ações públicas incondicionadas**, a composição civil dos danos não atinge a punibilidade do agente, devendo o Ministério Público propor, em acréscimo à composição dos danos, a transação penal, se for o caso, ou a denúncia. O efeito da composição civil, nas ações penais públicas incondicionadas, em regra, será o da aplicação da regra do arrependimento posterior (art. 16, CP), que induz à diminuição da pena de um a dois terços nos crimes cometidos sem violência ou grave ameaça à pessoa.

Contudo, nada impede que norma especial venha a determinar a produção de outros efeitos, a exemplo do §3º do art. 312 do CP, que assinala que a reparação do dano, se precedente à sentença no peculato culposo, crime de pequeno potencial ofensivo, extinguirá a punibilidade do agente. Logo, celebrada a composição dos danos civis e efetuado o pagamento, o Estado perde o direito de punir pela extinção da punibilidade. Perceba-se que, no exemplo, a mera composição dos danos em si não afasta o *ius puniendi* estatal, que somente sofrerá impacto com o pagamento do valor pactuado.

Nos termos do art. 75 da Lei 9.099/95, não obtida a composição dos danos civis, será dada imediatamente ao ofendido a oportunidade de exercer o direito de representação verbal, que será reduzida a termo. Segundo o parágrafo único do dispositivo, o não oferecimento da representação na audiência preliminar não implica decadência do direito, que poderá ser exercido no prazo previsto em lei.

Proposta em audiência preliminar a composição dos danos civis, os interessados podem não chegar a um acordo. Nesses casos, tratando-se de ação penal pública condicionada à representação, ao ofendido ou seu representante legal, será a oportunizada, em audiência, o oferecimento da representação, se essa não tiver sido anteriormente ofertada perante a autoridade policial. Entretanto, é perfeitamente possível que o ofendido não apresente a representação de imediato, vez que dispõe do prazo de seis meses, contados do conhecimento da autoria do fato (art. 38, CPP). Logo, tem-se que a recusa no oferecimento da representação em audiência não implica a decadência, que somente ocorrerá após o decurso do prazo legal.

Não obstante a omissão legal, o mesmo raciocínio deve ser realizado com relação às ações penais públicas de iniciativa privada, no sentido de, não celebrada a composição dos danos civis, a vítima ou seu representante legal somente decairá do direito de queixa se não intentar a ação penal no prazo decadencial de seis meses. Em síntese, apesar de prevista a queixa oral no §3º do art. 77 da Lei 9.099/95, seu oferecimento estará sujeito ao critério de oportunidade e conveniência do detentor do direito de queixa, que poderá, ou não, ofertá-la em audiência, vez que dispõe do prazo de seis meses, contados do conhecimento da autoria do fato, para exercer referido direito.

29.8.1.1 Transação penal

A transação penal é, em regra, um negócio jurídico pré-processual consistente em um acordo celebrado entre o Ministério Público e o autor do fato, no qual se propõe a aplicação imediata de pena restritiva de direitos ou multas, evitando-se a deflagração do processo penal. Trazemos à transação penal a mesma lógica compreensiva do ANPP, no sentido de ser caracterizada também como ação penal. Remetemos o leitor ao tópico específico do ANPP para evitarmos repetições. Nesse sentido é o teor do art. 76, *caput*, da Lei 9.099/95: Havendo representação ou tratando-se de crime de ação penal pública incondicionada, não sendo caso de arquivamento, o Ministério Público poderá propor a aplicação imediata de pena restritiva de direitos ou multas, a ser especificada na proposta.

Apesar da omissão normativa quanto às ações penais públicas de iniciativa privada, não há como se afastar o direito à transação penal tão somente pela natureza privada da iniciativa do processo, porquanto há, tão somente, uma transferência de legitimidade *ad processum*, e não do direito de punir para o ofendido ou seu representante legal. Ademais, não se pode olvidar que o direito à transação penal é do autor do fato, que, satisfazendo os requisitos legais, faz *jus* à proposta, não obstante a divergência existente quanto à natureza jurídica da transação penal.

29.8.1.1.1 Direito público subjetivo ou poder/dever?

A caracterização da transação penal como direito público subjetivo do agente ainda suscita debates doutrinários. PACELLI[51] (2021, p. 952), por exemplo, aduz que a transação penal constitui direito subjetivo do réu, de forma que a discricionariedade que se reserva ao Ministério Público é unicamente quanto à pena a ser proposta na transação; restritiva de direitos ou multa, nos termos do art. 76 da Lei nº 9.099/95. A jurisprudência dos Tribunais

51. *op. cit.*

Superiores, todavia, entende que a transação penal, assim como a suspensão condicional do processo, é um poder-dever do Ministério Público, e não direito subjetivo do réu[52].

Apesar da consolidação da jurisprudência, o debate é importante porquanto a solução jurisprudencial revela uma inconsistência com relação aos objetivos da Lei 9.099/95, que trilha a solução consensual e despenalizante.

O primeiro ponto a ser analisado envolve os requisitos da transação penal, previstos no art. 76 da Lei 9.099/95, que veremos na sequência, em detalhes, em tópico próprio. No momento, basta-nos a fixação da seguinte hipótese: o autor do fato praticou crime de pequeno potencial ofensivo, é primário, ostenta bons antecedentes e não foi beneficiado no prazo de cinco anos com a transação penal. Ademais, possui boa conduta social e personalidade não indicativa de atividades ilícitas, bem como os motivos e as circunstâncias da infração penal apontam para o fato de que a transação penal se revela necessária e suficiente ao caso.

A indagação a ser feita é a seguinte: mesmo satisfazendo todos os requisitos legais, poderia o *parquet* ou o ofendido negar ao agente o direito à transação penal? No caso do Ministério Público, havendo recusa injustificada ou discordando o magistrado da justificativa ministerial, a solução será a remessa dos autos ao órgão superior com atribuições para revisão, Procurador-Geral de Justiça (art. 28, CPP), no âmbito da Justiça Estadual, e da Câmara de Coordenação e Revisão (art. 62, LC 75/93), na Justiça Federal. Pelo menos em tese, há alguma espécie de controle, apesar de não satisfatório para nós, conforme explicitaremos mais abaixo.

No caso de recusa justificada ou injustificada pelo ofendido, a norma não especifica qualquer espécie de controle, porquanto não se admite o oferecimento da proposta pelo magistrado, sob pena de indevida substituição à parte. No mesmo sentido, majoritariamente, entende-se que não cabe ao *parquet* atuar em substituição à parte, porquanto sua função nas ações penais de iniciativa privada, de fiscal da ordem jurídica, não permitiria a atuação supletiva. Consoante se infere do entendimento do STJ[53], "a jurisprudência dos Tribunais Superiores admite a aplicação da transação penal às ações penais privadas. Nesse caso, a legitimidade para formular a proposta é do ofendido, e o silêncio do querelante não constitui óbice ao prosseguimento da ação penal".

Em síntese, estamos diante do seguinte cenário: mesmo satisfazendo os requisitos legais, a jurisprudência entende pela inexistência de direito público subjetivo do autor do fato à transação penal, optando pela caracterização da fluida expressão "poder/dever" por parte do Ministério Público.

Não se questiona a margem de discricionariedade ministerial no tocante à análise dos motivos e circunstâncias da infração penal, bem como a necessidade e suficiência da transação penal para o atendimento dos fins maiores do instituto. O órgão de execução ministerial pode, perfeitamente, mesmo diante da satisfação dos requisitos objetivos, entender pela não satisfação dos requisitos subjetivos e deixar, fundamentadamente, de propor a transação penal.

52. STF: RE 296.185, 2ª Turma, Rel. Min. Neri da Silveira, DJ de 22.02.05 e HC 83.250/SP, 1ª Turma, Rel. Min. Joaquim Barbosa; STJ: APn 634/RJ, Rel. Min. Félix Fischer, Corte Especial, DJe 03.04.12.

53. RHC 102381, DJe 09.10.18.

Não se retira, igualmente, o poder do magistrado de discordar do entendimento ministerial e provocar o Procurador-Geral de Justiça nos termos do art. 28 do CPP, aplicável por analogia. Entretanto, a decisão final caberá ao chefe da instituição ministerial que poderá concordar com o órgão de primeiro grau e reiterar a denúncia, ou propor a transação penal em substituição à inicial acusatória. Em ambos os casos, o magistrado estará vinculado à decisão do Ministério Público, não podendo, em hipótese alguma, atuar em substituição à parte e ofertar a transação penal caso entenda ser essa cabível.

Por outro lado, deixando o ofendido de propor a transação penal, não existe qualquer regra processual expressa de controle. Nesses casos, de igual modo, não cabe ao magistrado atuar em substituição à parte. Indaga-se se seria possível a atuação supletiva do Ministério Público, como fiscal da ordem jurídica, para se permitir que esse propusesse a transação penal em substituição ao ofendido? Apesar da atuação ministerial peculiar nos processos de iniciativa privada, não nos parece razoável que o *parquet* tenha legitimidade para apresentar proposta de transação penal, porquanto tal procedimento traria para o Ministério Público o direito de escolha da natureza do processo penal, se acusatório ou conciliatório, ingressando em seara que, dada a natureza da ação penal, não lhe pertence por opção legislativa.

Logo acima afirmamos sobre a eventual escolha da natureza do processo penal, acusatório ou conciliatório. Afinal, existe tal direito de escolha? Pautando-nos pelo entendimento dos Tribunais Superiores, temos que compreender a resposta como positiva, haja vista que a caracterização da transação penal como poder/dever e não como direito público subjetivo, impede a adoção de qualquer procedimento pelo acusado ou pelo magistrado.

Em linhas gerais, ao se conferir ao Ministério Público a última palavra sobre a propositura da ação penal, afasta-se a possibilidade de atuação supletiva do Poder Judiciário. Ao *parquet* ainda se impõe o dever de fundamentação em suas manifestações e existe o controle interno institucional, reduzindo, sensivelmente, a possibilidade de abuso. Vale destacar ainda que a conduta de dar início à persecução penal sem justa causa fundamentada caracteriza crime de abuso de autoridade (art. 30. Lei 13.869/19). Em síntese, não se afasta a discricionariedade do Ministério Público quanto à transação penal, mas se exige fundamentação quanto às razões pela não propositura do instituto despenalizador.

Em via oposta e, nossa compreensão, violadora do devido processo legal, não se exige fundamentação por parte do querelante ao optar pelo processo penal acusatório e não pelo conciliatório quando satisfeitos os requisitos legais. O entendimento do STJ[54] que afirma que "o silêncio do querelante não constitui óbice ao prosseguimento da ação penal" revela, ainda que indiretamente, o direito da parte de eleição da natureza do processo penal.

Visando solucionar a questão, PACELLI (2021, p. 952) entende que:

> Nesse caso, **se o juiz entender que a hipótese era efetivamente de transação penal**, por preencher o acusado todos os requisitos previstos em lei e por se tratar de infração penal para a qual ela seja cabível, **deverá rejeitar a peça acusatória por falta de justa causa (art. 395, III, CPP), ou mesmo por falta de interesse de agir (art. 395, II, CPP)**. Fundamento:

54. RHC 102381, DJe 09.10.18.

> a existência de solução legal mais adequada ao fato e ao suposto autor, à disposição do autor da ação penal. Haveria, assim, uma alternativa legal ao processo condenatório escolhido pelo Ministério Público.
>
> A solução que ora nos parece mais adequada, de rejeição da denúncia oferecida (recusada pelo parquet a transação) por ausência de justa causa ou de interesse de agir, pode não ser a melhor, mas, inegavelmente, tem um mérito: o de manter em mãos do Judiciário o controle de legalidade dos atos praticados pelos órgãos estatais, inclusive em relação aos seus próprios atos. (grifamos).

Não entendemos como possível a rejeição da peça acusatória sob o fundamento da falta de justa causa, pois essa pressupõe a existência de suporte mínimo probatório para ação penal, que deve estar presente independentemente da opção pela transação penal ou processo-crime acusatório. Entretanto, entendemos por perfeitamente possível que o magistrado rejeite a denúncia ou a queixa por falta de interesse de agir, sob a perspectiva do binômio necessidade/adequação, haja vista que o modelo acusatório puro só será necessário se frustrada a tentativa de conciliação, oportunidade na qual se revelará igualmente adequado.

Sob a lógica dos institutos despenalizadores e da própria Lei 9.099/95, é dever do Estado impor a menor onerosidade ao autor do fato na persecução penal, tanto que um dos seus objetivos é a aplicação de pena não privativa de liberdade. Se, de fato, a transação penal impõe menos ônus e efeitos ao autor do fato, deve ter primazia sobre o processo penal acusatório.

Em reforço à tal compreensão, vale destacar o teor do §6º do art. 76 da Lei 9.099/95, que dispõe que a imposição da sanção de que trata o § 4º do artigo, a transação penal, não terá efeitos civis, cabendo aos interessados propor ação cabível no juízo cível. Isto é, mesmo a *mens legis* do art. 62 prevendo que, sempre que possível, o processo perante o Juizado Especial Criminal deverá ser orientado pela reparação dos danos sofridos pela vítima, o legislador expressamente afastou a necessidade da reparação como condição para a realização da transação penal, evidenciando a primazia da sanção transacionada em detrimento da impositiva de pena, motivo pelo qual entendemos por perfeitamente possível a rejeição da inicial acusatória que vise impor, injustificadamente, um processo penal sancionador.

Frise-se, novamente, que, não obstante admitirmos tal possibilidade, não cabe ao magistrado rejeitar a inicial tão somente quanto entender que a transação penal seria o melhor caminho levando em consideração os motivos e as circunstâncias ou a necessidade de suficiência da transação penal. A rejeição, para nós, não pode se fundamentar pura e simplesmente na discordância quanto ao mérito acerca da discricionariedade da acusação. Ao contrário, somente poderá ser realizada diante de critérios objetivos, sob pena de se transferir, para o magistrado, a *opinio delicti*.

29.8.1.1.2 Pressupostos e requisitos

A propositura da transação penal pressupõe a satisfação de pressupostos, gerais ou específicos, e a observância de requisitos analisados sob a perspectiva objetiva e subjetiva.

a) Pressupostos gerais positivos:

a.1) Infração penal cuja pena máxima cominada não seja superior a dois anos: a Lei 9.099/95 admite a aplicação da transação penal aos delitos de pequeno potencial ofensivo, concebidos, aprioristicamente, como aqueles cuja pena máxima cominada não seja superior a dois anos de prisão, cumulada ou não com a pena de multa, independentemente da existência de previsão de procedimento especial (art. 61). Assim, salvo disposição legal ou entendimento jurisprudencial vinculante em contrário, os crimes e contravenções que se enquadrem na concepção de pequeno potencial ofensivo admitem a transação penal. Conforme vimos no tópico "Competência dos Juizados Especiais Criminais", ao qual remetemos o leitor para evitarmos repetições, segundo o STJ, havendo conexão ou continência decorrente de concurso de infrações penais, a pena dos delitos deverá ser somada para análise do requisito objetivo.

a.2) Infração penal em que seja cominada isolada ou alternativamente a pena de multa: apesar do texto legal estabelecer parâmetro máximo de pena para a transação penal, há situações nas quais o legislador prevê a aplicação da pena de multa de forma isolada ou alternativa. Na primeira hipótese, não há maiores controvérsias, vez que a ausência de previsão de pena privativa de liberdade sinaliza que a pena corporal não poderá ser imposta, conduzindo à conclusão de que a infração penal é de menor potencial ofensivo, admitindo tanto a transação penal como a suspensão condicional do processo. Por outro lado, nos casos em que há previsão de pena privativa de liberdade ou multa, a exemplo do crime previsto no art. 7º da Lei 8.137/90, os Tribunais Superiores[55] vem entendendo que a pena de multa é a mais branda possível, admitindo a aplicação dos institutos despenalizadores. Segundo o STJ, "É cabível a suspensão condicional do processo e a transação penal aos delitos que preveem a pena de multa alternativamente à privativa de liberdade, ainda que o preceito secundário da norma legal ultrapasse os parâmetros mínimo e máximo exigidos em lei para a incidência dos institutos em comento"[56]. No tocante à suspensão condicional do processo, não observamos qualquer equívoco interpretativo nas decisões, porquanto essa se pauta na pena mínima. Contudo, na seara da transação penal, que se vale do parâmetro máximo de pena (pena não superior a dois anos), parece-nos inegável que, na hipótese de aplicação de pena de multa de forma alternativa, a pena mais gravosa – privativa de liberdade – deve nortear a interpretação quanto à aplicação da transação penal. Ao se valer da pena de multa como parâmetro, o STJ incorreu, em nossa compressão, em indevida inversão de parâmetro para considerar apenas a sanção penal menos gravosa.

a.3) Não ser o caso de arquivamento do TCO: a propositura da transação penal ou da própria ação penal sancionatória pressupõe a satisfação das condições da ação para a deflagração do processo penal. Logo, ausente qualquer das condições da ação (possibilidade jurídica do pedido, interesse de agir, legitimidade das partes ou justa causa), a ação penal sancionatória não será apta a ser iniciada, inviabilizando, por via de consequência, a própria propositura da transação penal, porquanto a imposição de sanção, ainda que pactuada, parte da premissa da satisfação das condições da ação penal sancionatória. Isso porque um dos efeitos da recusa da transação penal é a propositura da ação penal sancionatória e, sendo essa inviável na própria origem, afasta qualquer fundamento jurídico para a propositura da transação penal.

---

55. STF: 2ª Turma, HC 83.926/RJ, Rel. Min. Cezar Peluso, DJe 13.09.07.

56. RHC 054429/SP, Rel. Min. Maria Thereza de Assis Moura, DJe 29.04.15

b) Pressuposto geral negativo: sob o aspecto positivo, a previsão legal do art. 61 da Lei fixa o conceito primário de infrações penais de menor potencial ofensivo. Entretanto, há situações nas quais expressamente o legislador afasta a aplicação do conceito legal, impedindo a aplicação dos benefícios despenalizantes. Cria, de certo modo, pressupostos gerais negativos de aplicação do instituto. O art. 41 da Lei 11.343/06, por exemplo, afasta a aplicação da Lei 9.099/95 às infrações penais praticadas contra as mulheres no âmbito da Lei Maria da Penha. Não por outra razão, o STJ editou a súmula 536: "A suspensão condicional do processo e a transação penal não se aplicam na hipótese de delitos sujeitos ao rito da Lei Maria da Penha". No mesmo sentido, a Lei Henry Borel, Lei 14.344/22, alterou o art. 226 do ECA para expressamente prever aos crimes cometidos contra a criança e o adolescente, independentemente da pena prevista, não se aplica a Lei 9.099/95[57].

c) Pressuposto específico: segundo o art. 27 da Lei 9.605/98, Lei dos Crimes Ambientais, nos crimes ambientais de menor potencial ofensivo, a proposta de aplicação imediata de pena restritiva de direitos ou multa por meio da transação penal somente poderá ser formulada desde que tenha havido a prévia composição do dano ambiental de que trata o art. 74 da Lei 9.099/95, salvo em caso de comprovada impossibilidade. Exige-se, portanto, nos crimes ambientais, a **prévia composição do dano ambiental**, salvo em caso de comprovada impossibilidade.

d) Requisitos analisados objetivamente:

d.1) Não ter sido o autor da infração condenado, pela prática de crime, à pena privativa de liberdade, por sentença definitiva: a previsão do inciso I, do §2º, do art. 76 da Lei 9.099/95, não nos traz maiores dúvidas. Apesar de concebido doutrinariamente como requisito subjetivo, porquanto associado à pessoa do autor do fato, sua análise é realizada de forma objetiva. A previsão legal atinge o agente que tem contra si sentença condenatória com trânsito em julgado à pena privativa de liberdade pela prática de crime, de forma que, por exemplo, não alcança condenações anteriores à pena restritiva de diretos ou multa, ou condenações por contravenções penais. Da leitura do dispositivo pode se extrair que o legislador não fez qualquer espécie de referência à reincidência em sua acepção técnica, motivo pelo qual entendemos por incabível a transação penal quando o trânsito em julgado da sentença condenatória à pena privativa de liberdade ocorra após a prática da infração penal de pequeno potencial ofensivo, mas antes da audiência preliminar, isto é, após a prática do fato. Isso porque a transação penal, em razão de seus fins, revela-se incompatível com a condição de condenado do agente.

d.2) não ter sido o agente beneficiado anteriormente, no prazo de cinco anos, pela aplicação de pena restritiva ou multa: o inciso II, do §2º, do art. 76 da Lei 9.099/95, cria uma situação especial de impedimento ao assinalar que o agente, beneficiado com a transação penal, no prazo anterior de cinco anos, não faz a jus a nova transação penal. Entendemos que o prazo, contado para trás, tem como termo inicial a data do novo fato e não a data da realização da audiência preliminar, porquanto se trata de prazo de direito material. Vale destacar que a celebração anterior de ANPP, sob o aspecto objetivo, não

57. Com relação à previsão do ECA, remetemos o leitor para o tópico "Procedimento Comum", neste capítulo, para evitarmos repetições.

impede a realização da transação penal, não obstante a celebração de transação penal anterior impedir a celebração do ANPP (art. 28-A, §2º, III, CPP). Apesar da inexistência de vedação expressa, a proposta de transação penal poderá ser negada, de forma fundamentada, com lastro no inciso III, do §2º, do art. 76 da Lei 9.099/95.

e) Requisitos analisados subjetivamente: o inciso III, do §2º, do art. 76 da Lei dos Juizados Especiais Criminais, dispõe não ser admitida a proposta de transação penal quando não indicarem os antecedentes, conduta social, personalidade do agente, bem como os motivos e circunstâncias ser necessária e suficiente a adoção da medida. A análise, portanto, é subjetiva, e perpassa pelos antecedentes, conduta social e personalidade do agente, que podem indicar a insuficiência da medida. De igual modo, os motivos e circunstâncias do delito podem revelar a ineficiência da transação penal. Apesar do art. 76, da Lei 9.099/95, não disciplinar expressamente os fins da transação penal, entendemos como perfeitamente aplicável, por analogia, o trecho do art. 28-A do CPP, que prevê que o ANPP poderá ser proposto "desde que necessário e suficiente para reprovação e prevenção do crime". Isso porque o inciso III, do §2º, do art. 76 da Lei dos Juizados Especiais Criminais, ao mencionar a "necessidade e suficiência da medida", não o faz exclusivamente para atender aos interesses do autor do fato, mas de toda ordem jurídica. A transação penal, enquanto instituto despenalizador, deve abarcar os interesses do agente, sem se olvidar, contudo, dos interesses maiores da sociedade.

29.8.1.1.3 Proposta de transação penal

Diferentemente do ANPP, que exige forma escrita e audiência específica para análise de sua voluntariedade (art. 28-A, §§3º e 4º, CPP), a transação penal, apesar de igualmente poder ser formulada por escrito, possui sede natural na audiência preliminar e forma oral.

Conforme vimos anteriormente, nas infrações penais de ação penal de iniciativa pública, deverá ser ofertada pelo Ministério Público, ao passo que nas infrações penais de iniciativa privada pelo ofendido ou representante legal. Na proposta, o legitimado ativo deverá propor a aplicação imediata de pena restritiva de direitos ou multa, especificando seu conteúdo. Conforme o §1º do art. 76, nas hipóteses de ser a pena de multa a única aplicável, o juiz poderá reduzi-la até a metade.

Na linha do §3º do art. 76, que prevê a obrigatoriedade de defesa técnica, aceita a proposta pelo autor da infração e seu defensor, será submetida à apreciação do juiz para homologação. Assim, segundo o §4º, acolhendo a proposta do Ministério Público ou querelante, aceita pelo autor da infração, o juiz aplicará a pena restritiva de direitos ou multa, que não importará em reincidência, sendo registrada apenas para impedir novamente o mesmo benefício no prazo de cinco anos.

A exemplo do ANPP, o juiz exerce um controle de legalidade na transação penal, podendo recusar sua homologação quanto, por exemplo, entender por abusivas as condições impostas pelo legitimado ativo ou quanto a proposta contemplar, por exemplo, crime que não se enquadra no conceito de pequeno potencial ofensivo ou quando verificar que o autor do fato não satisfaz os requisitos subjetivos a serem analisados de forma objetiva (art. 76, I e II, Lei 9.099/95).

Nos termos do §5º do art. 76, da Lei 9.099/95, da decisão que homologa a transação penal caberá apelação. Apesar da ausência de previsão expressa na Lei 9.099/95, a apelação também será o recurso cabível contra a decisão que não homologar o acordo, com fundamento no art. 593, II, do CPP, aplicável por subsidiariedade, por se tratar de decisão interlocutória mista não terminativa. Em ambos os casos, o prazo será de dez dias nos termos do art. 82, §1º da Lei dos Juizados Especiais Criminais. Apesar da ausência de previsão expressa, entendemos que o ofendido pode interpor recurso de apelação como assistente, porquanto é possível que venha a demonstrar interesse na desconstituição do título transacionado, no caso de transação penal homologada em inobservância aos requisitos legais. Isso porque, se o autor do fato não teria direito à transação penal, o processo penal acusatório, apto a gerar um título executivo em favor do ofendido no tocante à reparação do dano, seria obrigatório. Logo, parece-nos patente a possibilidade de interesse recursal, pelo entendemos por possível a interposição do recurso de apelação pelo ofendido.

Apesar do momento natural da proposta de transação penal ser o da audiência preliminar, evitando-se a deflagração do processo penal sancionador, é perfeitamente possível que a transação penal venha a ser ofertada no curso do procedimento já iniciado quando, por exemplo, houver a desclassificação do delito, antes impeditivo à proposta, para outro, de menor potencial ofensivo.

Com a reforma de 2008 no CPP, o §1º do art. 383 passou expressamente a prever que se em consequência de definição jurídica diversa, houver possibilidade de proposta de suspensão condicional do processo, o juiz procederá de acordo com o disposto na lei, ou seja, provocar a acusação sobre a possibilidade de oferecimento da proposta. Na mesma esteira, o §2º estabelece que, tratando-se de infração da competência de outro juízo, a este serão encaminhados os autos.

As previsões acima indicam que o magistrado, reconhecendo a possibilidade de definição jurídica diversa do fato imputado, deverá manifestar-se nesse sentido e intimar as partes sobre seu entendimento, assegurando o direito de recurso e, na falta desse ou após o trânsito em julgado, a aplicação dos institutos despenalizadores. Apesar da previsão o §1º do art. 383 do CPP dirigir-se apenas à suspensão condicional do processo, a regra do §2º, que dispõe sobre a remessa para outro juízo competente, na realidade, por ser a competência do Juizado Especial Criminal relativa, conforme entendimento do STF, impõe a observância dos institutos despenalizadores previstos na Lei 9.099/95.

Logo, diante da situação prevista no art. 383 do CPP, que implicará o reconhecimento de delito de pequeno potencial ofensivo, o magistrado deverá encaminhar o processo ao Juizado Especial Criminal para que seja observado o direito à transação penal ou, dada a relatividade da competência, assegurar, no próprio juízo, que o legitimado ativo se manifeste quanto à transação penal, oferecendo-a ou recusando-a, de forma fundamentada. Assim, tem-se que é perfeitamente possível a celebração de transação penal no curso do processo penal já instaurado, não obstante a regra ser sua celebração na fase pré-processual.

29.8.1.1.4 Efeitos da homologação da transação penal

Homologada a transação penal, o primeiro efeito produzido é o da obrigação do autor do fato cumprir os termos da proposta.

A homologação da transação penal, contudo, não é apta a gerar reincidência ou qualquer espécie de reconhecimento de culpa. Na transação, não se adentra no mérito processual, pois se trata de acordo celebrado justamente para se afastar tal debate. Assim, sob a perspectiva do agente, os únicos efeitos gerados pela transação penal são a obrigação de cumpri-la, sob pena de deflagração da ação penal sancionatória, e o impedimento ao recebimento de nova transação penal ou ANPP pelo prazo de cinco anos (arts. 76, §2º, II, da Lei 9.099/95, e art. 28-A, §2º, III, CPP, respectivamente), sendo que a transação penal não deverá constar de certidão de antecedentes criminais, salvo para os fins específicos de impedir nova transação ou ANPP (§6º, Lei 9.099/95).

Não obstante a divergência doutrinária, que trilha a linha predominante da natureza declaratória da decisão homologatória, entendemos que a sentença que homologa da transação penal é constitutiva, porquanto cria uma situação jurídica que vincula as partes e impõe obrigações, às quais, se descumpridas, não acarretam o cumprimento da sentença.

Tem-se, portanto, que em razão da natureza conciliatória da transação penal, não se aplicam os efeitos da condenação previstos no art. 91 do CP. De forma expressa, conforme o §6º do art. 76, a transação penal sequer produz efeitos civis, de forma que cabe aos interessados a propositura de ação no juízo cível.

29.8.1.1.5 Cumprimento e descumprimento da transação penal

Cumprida a transação penal por parte do autor do fato, será declarada extinta a punibilidade do agente, haja vista que o cumprimento do acordo macula o interesse de agir estatal.

Não obstante, havendo o descumprimento do acordo por parte do autor do fato, as partes serão reconduzidas à posição anterior, podendo o Ministério Público dar prosseguimento à persecução penal, seja ofertando a denúncia ou pugnando pela condenação caso a transação penal tenha sido realizada no curso do processo penal. Tal entendimento, em superação às posições anteriores, foi erigido à categoria de Súmula Vinculante, nº 35, do STF:

> "A homologação da transação penal prevista no artigo 76 da Lei 9.099/1995 não faz coisa julgada material e, descumpridas suas cláusulas, retoma-se a situação anterior, possibilitando-se ao Ministério Público a continuidade da persecução penal mediante oferecimento de denúncia ou requisição de inquérito policial".

29.8.2 Fase processual

29.8.2.1 Propositura da ação penal

O procedimento sumaríssimo inicia-se com o oferecimento da denúncia ou queixa quando, a exemplo dos procedimentos ordinário e sumário, houver elementos para propositura da ação penal e não for o caso de requisição de diligências, arquivamento dos autos ou modificação da competência dos Juizados Especiais Criminais.

Vale destacar que, em previsão expressa, o §2º do art. 77 assinala que se a complexidade ou circunstâncias do caso não permitirem a formulação da denúncia, o Ministério Público poderá requerer ao Juiz o encaminhamento das peças existentes, na forma do parágrafo único do art. 66 da Lei 9.099/95, isto é, poderá pugnar pela remessa do procedimento ao juízo comum. Na mesma esteira, o §3º dispõe que na ação penal de iniciativa do ofendido poderá ser oferecida queixa oral, cabendo ao Juiz verificar se a complexidade e as circunstâncias do caso determinam a adoção das providências previstas no parágrafo único do art. 66 da Lei 9.099/95.

Segundo o art. 77, *caput*, da Lei 9.099/95, superada a fase preliminar, na ação penal de iniciativa pública, quando não houver aplicação de pena, pela ausência do autor do fato, ou pela não ocorrência da hipótese prevista no art. 76 desta Lei, o Ministério Público oferecerá ao Juiz, de imediato, denúncia oral, se não houver necessidade de diligências imprescindíveis. Conforme vimos, a queixa também poderá ser apresentada de forma oral (§3º).

Apesar da previsão de denúncia oral, é possível sua apresentação por escrito, sem qualquer espécie de violação à forma legal. A denúncia e a queixa, assim como nos demais procedimentos, devem observar os requisitos previstos no art. 41 do CPP, sendo que, com relação à queixa, deverão ser observadas as formalidades particulares, a exemplo da necessidade de procuração com poderes expressos. Ressalte-se que há divergência quanto ao número de testemunhas a serem arroladas no âmbito dos Juizados Especiais Criminais em razão da omissão legal.

Há quem sustente a aplicação subsidiária do procedimento comum, defendendo o número de 08 testemunhas. Há, igualmente, quem sustente aplicação da regra do procedimento sumário, com 05 testemunhas. E, há, ainda, assim como nós, quem defenda a aplicação do próprio microssistema do Juizado Especial, o qual prevê, além de 03 testemunhas para o procedimento cível, os princípios da celeridade, simplicidade e economia processual como regentes dos procedimentos cíveis e criminais previstos na Lei.

Em razão dos princípios elencados, o §1º, do art. 77, dispõe que para o oferecimento da denúncia, que será elaborada com base no termo de ocorrência referido no art. 69 da ei 9.099/95, com dispensa do inquérito policial, prescindir-se-á do exame do corpo de delito quando a materialidade do crime estiver aferida por boletim médico ou prova equivalente. Em síntese, o §1º dispensa a prova da materialidade por meio de exame de corpo de delito para admitir, para fins de propositura da ação penal, boletim médico ou prova equivalente.

Entendemos, na linha do STF[58], que a dispensa do exame do corpo de delito estende-se também para a prolação de sentença condenatória, porquanto os princípios reitores do procedimento sumaríssimo devem ser observados ao longo de todo procedimento e será oportunizada defesa ao acusado acerca dos elementos de materialidade. Não fosse assim, não haveria sentido na parte final do §1º, porquanto nos demais procedimentos, salvo em casos específicos (crime de drogas e propriedade imaterial), a prova da materialidade por meio de exame de corpo de delito não é exigida para deflagração do processo.

Na forma do art. 78, oferecida a denúncia ou queixa, será reduzida a termo, entregando-se cópia ao acusado, que com ela ficará citado e imediatamente cientificado da designação de dia e hora para a audiência de instrução e julgamento, da qual também tomarão ciência o Ministério Público, o ofendido, o responsável civil e seus advogados.

58. HC 80719/RS, 1ª Turma, Rel. Min. Sepúlveda Pertence, DJ 07.12.00.

Conforme se extrai do §1º, se o acusado não estiver presente, será citado na forma dos arts. 66 e 68 da Lei 9.099/95[59] (citação pessoal) e cientificado da data da audiência de instrução e julgamento, devendo a ela trazer suas testemunhas ou apresentar requerimento para intimação, no mínimo cinco dias antes de sua realização. Nos termos do §2º, não estando presentes o ofendido e o responsável civil, serão intimados, nos termos do art. 67 da Lei 9.099/95[60], para comparecerem à audiência de instrução e julgamento, sendo que as testemunhas arroladas serão intimadas na forma prevista no art. 67 da mesma Lei (§3º).

O art. 79 da Lei 9.099/95, coroando os objetivos de reparação do dano à vítima e aplicação de pena não privativa de liberdade (art. 62), dispõe que, no dia e hora designados para a audiência de instrução e julgamento, se na fase preliminar não tiver havido possibilidade de tentativa de conciliação e de oferecimento de proposta pelo Ministério Público, proceder-se-á nos termos dos arts. 72, 73, 74 e 75 da Lei 9.099/95, isto é, deverão ser observados os procedimentos relacionados à audiência preliminar, que envolvem a composição dos danos civis e oferecimento da proposta de transação penal.

29.8.2.2 Defesa preliminar

Oferecida a denúncia ou queixa e aberta a audiência, nos termos do art. 81, será dada a palavra ao defensor para responder à acusação, isto é, para apresentar a defesa preliminar, sendo que, após a manifestação defensiva, o juiz receberá ou não a denúncia ou queixa. Conforme vimos no estudo da defesa do acusado, a defesa preliminar no procedimento sumaríssimo antecede a análise do recebimento da petição inicial.

O §4º do art. 394 do CPP prevê que "as disposições dos arts. 395 a 398 deste Código aplicam-se a todos os procedimentos penais de primeiro grau, ainda que não regulados neste Código", de forma que a aplicação ao procedimento sumaríssimo deve ser observada.

Não obstante a previsão legal sugerir a necessidade de observância do teor dos dispositivos mencionados, à exceção do art. 398, expressamente revogado pela Lei 11.719/08, não se afigura minimamente razoável a realização de duas defesas de natureza inicial nos procedimentos que contemplam a previsão da defesa preliminar, quando nitidamente a defesa preliminar, prevista antes do recebimento da denúncia, visar o afastamento da própria acusação por questões formais ou relacionadas ao mérito, como nas hipóteses de absolvição sumária.

59. Art. 66. A citação será pessoal e far-se-á no próprio Juizado, sempre que possível, ou por mandado.
Parágrafo único. Não encontrado o acusado para ser citado, o Juiz encaminhará as peças existentes ao Juízo comum para adoção do procedimento previsto em lei.
Art. 68. Do ato de intimação do autor do fato e do mandado de citação do acusado, constará a necessidade de seu comparecimento acompanhado de advogado, com a advertência de que, na sua falta, ser-lhe-á designado defensor público.

60. Art. 67. A intimação far-se-á por correspondência, com aviso de recebimento pessoal ou, tratando-se de pessoa jurídica ou firma individual, mediante entrega ao encarregado da recepção, que será obrigatoriamente identificado, ou, sendo necessário, por oficial de justiça, independentemente de mandado ou carta precatória, ou ainda por qualquer meio idôneo de comunicação.
Parágrafo único. Dos atos praticados em audiência considerar-se-ão desde logo cientes as partes, os interessados e defensores.

Nessa linha, não há o menor sentido em se aplicar o procedimento previsto no art. 394, §4º do CPP nos ritos da Lei 9.099/95 (Juizados Especiais Criminais), porquanto o procedimento, ao prever a defesa preliminar, a trata como de matéria ampla de defesa.

Assim, a leitura literal do art. 394, §4º, CPP, poderia conduzir à equivocada interpretação de que, ainda que prevista a defesa preliminar por outro fundamento, a ser apresentada antes do recebimento da denúncia, haveria que se observar a necessidade de apresentação da resposta a acusação cujo objeto e prazo, em essência, seria muito similar à própria defesa preliminar. De fato, retomar-se-ia, na resposta à acusação, a pauta sobre questão recém decidida, sem nada agregar ao processo, salvo a morosidade no procedimento, em situação contraditória à busca pela celeridade processual do rito sumaríssimo.

Vale destacar que o próprio §5º, do art. 394 do CPP, nos traz a solução para a questão ao assinalar que as disposições do procedimento ordinário serão aplicadas de forma subsidiária aos procedimentos especiais, isto é, somente em casos não regulados pelos procedimentos especiais, sumário e sumaríssimo, as regras do procedimento ordinário deverão ser aplicadas. Logo, havendo expressa previsão de defesa preliminar, não se revela necessária a reabertura de prazo defensivo para se alegar, em síntese, aquilo que foi objeto da defesa preliminar, simplesmente porque, superada essa fase, foi recebida a denúncia.

29.8.2.3 Recebimento e rejeição da petição inicial

Apresentada a defesa oral, nos termos do art. 81, *caput*, da Lei 9.099/95, o magistrado deverá receber ou rejeitar a denúncia ou queixa. A rejeição da peça acusatória pode ser realizada com fundamento no art. 395 do CPP, isto é: inépcia da denúncia ou queixa; falta de pressuposto processual da condição de ação; e ausência de justa causa para a ação penal.

Rejeitada a petição inicial, o recurso cabível é a apelação nos termos do art. 82, *caput*, da Lei 9.099/95, diferentemente dos procedimentos comum ordinário e sumário, que preveem o ataque à decisão de rejeição por meio de RSE, nos termos do art. 581, I, CPP.

Na esteira do §1º do art. 82, a apelação será interposta no prazo de dez dias, contados da ciência da sentença pelo Ministério Público, pelo réu e seu defensor, por petição escrita, da qual constarão as razões e o pedido do recorrente. Por sua vez, o recorrido será intimado para oferecer resposta escrita no prazo de dez dias (§2º). De acordo com a súmula 707 do STF: "Constitui nulidade a falta de intimação do denunciado para oferecer contrarrazões ao recurso interposto da rejeição da denúncia, não a suprindo a nomeação de defensor dativo".

O recurso poderá ser instruído com a transcrição dos registros audiovisuais realizados em audiência a requerimento da parte, nos termos do §3º do art. 82. A apelação será ser julgada por turma composta de três juízes em exercício no primeiro grau de jurisdição, reunidos na sede do Juizado, que formam as chamadas Turmas Recursais (art. 82, *caput*). Segundo o §4º, as partes serão intimadas da data da sessão de julgamento pela imprensa. Vale destacar que a norma foi reputada válida pelos Tribunais Superiores mesmo nos casos que impõem a intimação pessoal dos membros do Ministério Público e Defensoria Pública[61].

61. RHC 79.148/MG, Rel. Min. Félix Fischer, 5ª Turma, DJe 03.05.17.

Coroando o julgamento e na trilha dos princípios reitores dos Juizados Especiais Criminais, o §5º assinala que se a sentença for confirmada pelos próprios fundamentos, a súmula do julgamento servirá de acórdão.

Por outro lado, sendo recebida a petição inicial, haverá a interrupção do prazo prescricional nos termos do art. 117, I, CP, aplicável por força do art. 92 da Lei 9.099/95, bem como será determinada a citação do acusado.

29.8.2.4 Citação do acusado

Sob a perspectiva processual, a citação somente poderá ocorrer após o recebimento da denúncia. Nesse sentido, há uma certa contradição entre os artigos 78 e 81 da Lei 9.099/95, haja vista que o primeiro enuncia que oferecida a denúncia ou queixa e reduzida essa a termo, será entregue cópia ao acusado, que com ela ficará citado e imediatamente cientificado da designação de dia e hora para a audiência de instrução e julgamento. O segundo, por sua vez, dispõe que aberta a audiência, será dada a palavra ao defensor para responder à acusação, após o que o juiz receberá, ou não, a denúncia ou queixa.

De fato, soa minimamente estranha a realização de citação antes do recebimento da denúncia, porquanto sequer há acusação acolhida em juízo. Assim, a melhor exegese dos dispositivos nos indica que, no sentido técnico, a chamada "citação" prevista no art. 78 da Lei 9.099/95 deve ser lida, na realidade, como notificação para comparecimento à audiência, oportunidade na qual poderá apresentar sua defesa preliminar visando afastar a acusação. Na audiência, afastada a defesa preliminar, deverá o acusado ser citado imediatamente.

Consoante vimos anteriormente, não se admite a citação por edital nos Juizados Especiais Criminais, vez que o art. 66, *caput*, expressamente enuncia que a citação será pessoal e far-se-á no próprio Juizado, sempre que possível, ou por mandado. O parágrafo único do dispositivo, por sua vez, dispõe que não sendo encontrado o acusado para ser citado, o Juiz encaminhará as peças existentes ao Juízo comum para adoção do procedimento previsto em lei, isto é, o procedimento sumário.

Não obstante, há entendimento doutrinário no sentido da admissão da citação por hora certa nos Juizados Especiais Criminais, com lastro no enunciado 110 do XXV FONAJE. O STF, no julgamento do tema de Repercussão Geral 613[62], reconheceu a constitucionalidade da citação por hora certa no processo penal, sem enfrentar, diretamente, a constitucionalidade da citação por hora certa no âmbito dos Juizados Especiais Criminais. O STJ, contudo, no julgamento do RHC 139059/RJ[63], decidiu pela impossibilidade da citação por hora certa no rito sumaríssimo:

> Iniciado o processo perante o Juizado Especial Criminal, com a denúncia oferecida pelo Ministério Público, e justificada a ausência de proposta porque o réu estava foragido, não se apresenta adequado o uso da citação por hora certa, como meio idôneo para chamar o acusado para a audiência de instrução e julgamento.

A matéria, destaque-se, merece acompanhamento jurisprudencial por parte do leitor, haja vista não estar pacificada. Particularmente, entendemos que a citação por hora certa revela certa incompatibilidade com os objetivos dos Juizados Especiais Criminais,

62. RE 635145, DJe 13.09.17.

63. 6ª Turma, DJe 01.07.14.

especialmente no tocante à reparação do dano à vítima e aplicação de pena não privativa de liberdade (art. 62).

Conforme entendimento doutrinário dominante, apesar de admitida a possibilidade de citação por carta precatória, não se admite a citação por carta rogatória, haja vista que o rito dessa não se revela compatível com a sistemática dos Juizados Especiais Criminais[64].

29.8.2.5 Suspensão condicional do processo

A suspensão condicional do processo é um instituto despenalizador, trazido à lume no sistema jurídico pátrio por meio do art. 89 da Lei 9.099/95, de aplicação a toda espécie de procedimento, desde que satisfeitos os requisitos legais. Trata-se de negócio jurídico processual, celebrado no curso do processo, entre a acusação e o acusado, no qual se suspende o trâmite processual por um período fixado desde que o acusado cumpra as condições das propostas.

Na suspensão condicional do processo o acusado não admite qualquer espécie de atribuição de culpa. O instituto não ingressa na seara do mérito processual, porquanto o legislador entendeu que a mera celebração do pacto e seu efetivo cumprimento caracteriza-se como medida adequada e suficiente como resposta estatal.

Satisfeitos os requisitos legais, a suspensão condicional deve ser proposta em conjunto com o oferecimento da denúncia, haja vista que um dos escopos do instituto é justamente impedir a marcha processual. Nada impede, todavia, a exemplo do que observamos na transação penal, que desclassificada a infração penal ou removido o excesso de acusação, a suspensão condicional do processo, antes impossível pela cominação de pena mínima superior a um ano, venha a ser proposta ao acusado no curso do processo penal, até a fase da sentença.

29.8.2.5.1 Direito público subjetivo ou poder/dever

O STJ vem, reiteradamente, afirmando que a suspensão condicional do processo não é um direito subjetivo do acusado, mas um poder-dever do titular da ação penal.

> A Proposta de suspensão condicional do processo não se trata de direito subjetivo do réu, mas de poder-dever do titular da ação penal, a quem compete, com exclusividade, sopesar a possibilidade de aplicação do instituto consensual de processo, apresentando fundamentação para tanto. A iniciativa para propor a benesse é do Parquet; não pode, pois, o Judiciário substituir-se a este. AgRg no HC 654.617/SP, Rel. Min. Rogério Schietti Cruz, 6ª Turma, DJe 11.10.21.

O entendimento segue a trilha hermenêutica conferida à transação penal, à qual remetemos o leitor para evitarmos repetições. Em particular, todavia, merece destaque a questão relacionada ao não oferecimento da suspensão condicional do processo ao acusado que satisfaz os requisitos legais.

A indagação a ser feita é a seguinte: mesmo satisfazendo todos os requisitos legais, poderia o *parquet* ou o querelante negar ao acusado o direito à suspensão condicional do processo? No caso do Ministério Público, havendo recusa injustificada ou discordando o magistrado da justificativa ministerial, a solução será a remessa dos autos ao órgão

64. STJ: 6ª Turma, RHC 10.476/SP, Rel. Min. Fernando Gonçalves, DJ 05.03.01.

superior com atribuições para revisão, Procurador-Geral de Justiça (art. 28, CPP), no âmbito da Justiça Estadual, e da Câmara de Coordenação e Revisão (art. 62, LC 75/93), na Justiça Federal, conforme se infere do teor da Súmula 696 do STF:

> "Reunidos os pressupostos legais permissivos da suspensão condicional do processo, mas se recusando o promotor de justiça a propô-la, o juiz, dissentindo, remeterá a questão ao procurador-geral, aplicando-se por analogia o art. 28 do Código de Processo Penal."

No caso de recusa justificada ou injustificada pelo ofendido, a norma não especifica qualquer espécie de controle, porquanto majoritariamente não se admite o oferecimento da proposta pelo magistrado, sob pena de indevida substituição à parte. No mesmo sentido, há entendimento que não cabe ao *parquet* atuar em substituição à parte, porquanto sua função, nas ações penais de iniciativa privada, de fiscal da ordem jurídica, não permitiria a atuação supletiva. O enunciado 112, aprovado no XXVII FONAJE (Fórum Nacional de Juizados Especiais, realizado em Palmas/TO), dispõe que: "Na ação penal de iniciativa privada, cabem transação penal e a suspensão condicional do processo, mediante proposta do Ministério Público".

Analisando o tormentoso assunto, AURY LOPES JR.[65] (2020, p. 1214) entende que, em substituição ao querelante, poderia o magistrado ofertar a proposta:

> Mas e se o querelante, em que pese estarem presentes os requisitos legais, não oferecer a suspensão condicional do processo? Aqui a discussão persiste, pois não há como invocar o art. 28, pois ele só tem aplicação quando a omissão é do Ministério Público. Não havendo o oferecimento, mas presentes os requisitos legais, muitos autores defendem que nada pode ser feito. Mas pensamos diferente. Trata-se de um direito público subjetivo do réu, e se, injustificadamente, o querelante não propõe a suspensão condicional do processo, caberá ao juiz fazê-lo, atuando como garantidor da máxima eficácia do sistema de garantias. Não há nenhuma violação dos postulados do sistema acusatório (tão defendidos por nós) e tampouco qualquer contradição com as críticas que sempre fizemos em relação ao ativismo judicial (juiz-ator, com iniciativa probatória). É o juiz desempenhando seu papel constitucional de guardião dos direitos fundamentais do réu.
>
> Em suma, é cabível a suspensão condicional do processo em crimes de ação penal de iniciativa privada, cabendo ao querelante o seu oferecimento. Contudo, se não for feita a proposta e estiverem presentes os requisitos legais, defendemos que caberá ao juiz fazê-lo.

Não obstante a solidez do argumento, não nos parece o melhor caminho a participação do magistrado, em substituição à parte, para ofertar ao acusado a suspensão condicional do processo. A uma porque, ao atuar em substituição à parte, torna-se proponente do acordo, o qual, se descumprido, pode proporcionar um sentimento negativo ao magistrado, tão combatido pelo próprio autor quando do combate à participação ativa do magistrado na colheita das provas. A duas, porque, também no caso de descumprimento, seria chamado a decidir sobre a revogação de um benefício por ele mesmo proposto e homologado, assumindo verdadeiro papel de protagonista processual, em detrimento das partes.

A intrincada situação passa, por nós, pelo papel do Ministério Público nas ações penais privadas. Conforme destacamos no início desta obra, no âmbito das ações penais privadas em geral, o Ministério Público atua como fiscal da ordem jurídica.

---

65. *op. cit.*

De acordo como o art. 46, §2º do CPP, "o prazo para o aditamento da queixa será de 3 dias, contado da data em que o órgão do Ministério Público receber os autos, e, se este não se pronunciar dentro do tríduo, entender-se-á que não tem o que aditar, prosseguindo-se nos demais termos do processo". O dispositivo, contudo, não permite que o Ministério Público adite a denúncia para incluir corréu ou inove quanto aos fatos imputados[66]. As omissões do querelante referentes à omissão de eventual corréu ou imputação deficiente sofrem consequências próprias e inerentes ao regramento da ação penal privada, como a renúncia tácita, por exemplo.

Sua função está restrita à verificação do respeito às normas regentes da ação penal privada e manifestação de mérito final, consoante entendimento majoritário. Para nós, sequer deveria exarar parecer meritório ao final, vez que a paridade de armas entre querelante e querelado é assegurada e eventual intervenção ministerial nesse sentido pode influir no julgamento pelo magistrado, quebrando a isonomia.

O Estado, quando conferiu ao ofendido a legitimidade para exercício do direito de ação, o fez de forma plena, sendo desnecessária a intervenção ministerial quanto ao mérito do processo. Sua atuação deve ser restrita à aplicação da lei penal como um todo, observando as formalidades típicas da ação penal privada e eventual aplicação de institutos despenalizadores, causas de extinção da punibilidade, entre outros.

Nesse sentido, entendemos que o *parquet*, enquanto fiscal da ordem jurídica, deve zelar pelo respeito às normas processuais, dentre as quais se insere a possibilidade de suspensão condicional do processo que, apesar de não concebida como direito público subjetivo do acusado, é tratada como poder-dever ministerial. Ainda que a concepção de poder-dever tenha sido atribuída no seio das ações penais de iniciativa pública, não concebemos a possibilidade de um Ministério Público inerte diante de uma flagrante violação a direito processual do acusado. Assim, entendemos que o *parquet* poderá atuar em suplementação ao querelante omisso, aplicando, por analogia, o disposto no §2º do art. 46 do CPP, para conceber, não como aditamento, mas como atuação processual apta a evitar eventual crise de instância, a possibilidade de propor a suspensão condicional do processo ao acusado, como forma de se preservar a boa-fé processual.

Entendimento contrário nos conduzirá à absurda situação na qual um processo movido por um ente público admitirá a suspensão condicional do processo, ao passo que outro, movido pelo ofendido, não admitirá a suspensão tão somente por capricho ou sentimento de vingança. O processo penal deve ser visto como instrumento de solução e pacificação social, e não utilizado como meio de vingança. Não obstante nossa compreensão, prevalece no âmbito do STJ[67] e do STF[68], que a legitimidade exclusiva é conferida ao querelante.

---

66. "Nos termos do artigo 45 do CPP, a queixa poderá ser aditada pelo Ministério Público, ainda que se trate de ação penal privativa do ofendido, desde que não proceda é inclusão de coautor ou participe, tampouco inove quanto aos fatos descritos, hipóteses, por sua vez, inocorrentes na espécie" (STJ: HC 85.039/SP, rel. Min. Felix Fischer, 5ª Turma, J. 05.03.2009).

67. A legitimidade para eventual proposta de *sursis* processual é faculdade do querelante. Ele decidirá acerca da aplicação do benefício da suspensão condicional do processo nas ações penais de iniciativa, exclusivamente, privada. HC 187090. DJe 21.03.11.

68. Suspensão condicional do processo instaurado mediante ação penal privada: acertada, no caso, a admissibilidade, em tese, da suspensão, a legitimação para propô-la ou nela assentir é do querelante, não, do Ministério Público. HC

29.8.2.5.2 Pressupostos e requisitos

A propositura da suspensão condicional do processo, assim como a transação penal, pressupõe a satisfação de pressupostos gerais e específicos, bem como de requisitos objetivos e subjetivos.

a) Pressupostos gerais positivos:

a.1) Infração penal em que a pena mínima cominada seja igual ou inferior a um ano: o art. 89, da Lei 9.099/95, admite a aplicação da suspensão condicional do processo às infrações penais cuja pena mínima seja igual ou inferior a um ano, independentemente de estarem abrangidas pela Lei dos Juizados Especiais Criminais. Naturalmente, as causas de aumento e diminuição de pena devem ser levadas em consideração para análise do *quantum* de pena, de forma que, ao contrário da transação penal, na qual se aplica a teoria do pior cenário possível, aumentando a pena cominada com o maior patamar previsto de aumento e diminuindo a pena com o menor patamar previsto, na suspensão condicional do processo busca-se a pena mínima, de sorte que se deve alcançar o melhor cenário possível, isto é, havendo causa de aumento a ser aplicada, deve ser cotejado o menor aumento possível; havendo causa de diminuição, deverá ser aplicado o maior patamar de redução. De igual modo, havendo concurso de crime, deve-se ser observar as regras do cúmulo material ou da exasperação, a depender do caso concreto, sendo que, em ambos os casos, deve-se buscar o melhor cenário possível para o agente, somando-se, no concurso material, as penas mínimas, e acrescendo, no caso de concurso formal ou crime continuado, o menor aumento possível, vez que o escopo da operação é buscar a pena mínima possível. Em qualquer dos casos, superando a pena o patamar de um ano, não será admitida a suspensão condicional do processo. Nesse sentido é o teor da Súmula 723 do STF: "não se admite a suspensão condicional do processo por crime continuado, se a soma da pena mínima da infração mais grave com o aumento mínimo de 1/6 (um sexto) for superior a 1 (um) ano"; e da Súmula 243 do STJ: "o benefício da suspensão do processo não é aplicável em relação às infrações penais cometidas em concurso material, concurso formal ou continuidade delitiva, quando a pena mínima cominada, seja pelo somatório, seja pela incidência da majorante, ultrapassar o limite de 1 (um) ano".

a.2) Infração penal em que seja cominada isolada ou alternativamente a pena de multa: apesar do texto legal estabelecer parâmetro mínimo de pena para a suspensão condicional do processo, há situações nas quais o legislador prevê a aplicação da pena de multa de forma isolada ou alternativa. Na primeira hipótese, não há maiores controvérsias, vez que a ausência de previsão de pena privativa de liberdade sinaliza que a pena corporal não poderá ser imposta, conduzindo à conclusão de que a infração penal é de menor potencial ofensivo, admitindo tanto a transação penal como a suspensão condicional do processo. Por outro lado, nos casos em que há previsão de pena privativa de liberdade ou multa, a exemplo do crime previsto no art. 7º da Lei 8.137/90, os Tribunais Superiores[69] vem entendendo que a pena de multa é a mais branda possível, admitindo a aplicação dos institutos despenalizadores. Segundo o STJ, "É cabível a suspensão

81720, DJ 19.04.02.

69. STF: 2ª Turma, HC 83.926/RJ, Rel. Min. Cezar Peluso, DJe 13.09.07.

condicional do processo e a transação penal aos delitos que preveem a pena de multa alternativamente à privativa de liberdade, ainda que o preceito secundário da norma legal ultrapasse os parâmetros mínimo e máximo exigidos em lei para a incidência dos institutos em comento"[70].

b) Pressuposto geral negativo: sob o aspecto positivo, a previsão legal do art. 89 da Lei 9.099/95 fixa o parâmetro objetivo para a suspensão condicional do processo – pena mínima não superior a um ano. Entretanto, há situações nas quais expressamente o legislador afasta a aplicação do conceito legal, impede a aplicação dos benefícios despenalizantes e cria, de certo modo, pressupostos gerais negativos de aplicação do instituto. O art. 41 da Lei 11.343/06, por exemplo, afasta a aplicação da Lei 9.099/95 às infrações penais praticadas contra as mulheres no âmbito da Lei Maria da Penha. Não por outra razão, o STJ editou a súmula 536: "A suspensão condicional do processo e a transação penal não se aplicam na hipótese de delitos sujeitos ao rito da Lei Maria da Penha". No mesmo sentido, a Lei Henry Borel, Lei 14.344/22, alterou o art. 226 do ECA para expressamente prever aos crimes cometidos contra a criança e o adolescente, independentemente da pena prevista, não se aplica a Lei 9.099/95[71]. Logo, temos que, apesar da possibilidade de enquadramento pelo aspecto positivo, o legislador pode afastar a aplicação da suspensão condicional do processo por outros diplomas legais.

c) Requisitos analisados objetivamente:

c.1) O acusado não esteja sendo processado ou não tenha sido condenado por outro crime: a previsão do *caput* do art. 89 da Lei 9.099/95, apesar de concebida doutrinariamente como requisito subjetivo, porquanto associada à pessoa do autor do fato, tem sua análise realizada de forma objetiva. A previsão legal, na primeira parte, atinge o agente que se encontra submetido a processo criminal pela prática de crime, isto é, está sendo formalmente acusado da prática de infração penal caracterizada como crime, não se aplicando a restrição se o processo ou condenação envolver a prática de contravenção penal. Objetivamente, portanto, a mera existência de inquéritos policiais instaurados contra o agente não impede a propositura da suspensão. A segunda parte do dispositivo impede a concessão da suspensão ao agente reincidente pela prática de crime. Apesar da ausência de previsão expressa quanto à reincidência, outra não pode ser a conclusão, haja vista que qualquer outra situação que envolva a existência de processo estará contida na primeira parte do dispositivo (não estar sendo processado). E, nesse sentido, ao considerarmos a segunda parte como reincidência, há que se aplicar a regra do período depurador do instituto previsto no art. 64, I, CP, isto é, não prevalece a condenação anterior, se entre a data do cumprimento ou extinção da pena e a infração posterior tiver decorrido período de tempo superior a 5 (cinco) anos, computado o período de prova da suspensão ou do livramento condicional, se não ocorrer revogação.

c.2) ter sido beneficiado anteriormente com a suspensão condicional do processo no prazo de cinco anos: Sob a perspectiva objetiva, ainda que analisada de forma subjetiva, o fato do agente ter sido beneficiado anteriormente com a suspensão condicional

70. RHC 054429/SP, Rel. Min. Maria Thereza de Assis Moura, DJe 29.04.15.

71. Com relação à previsão do ECA, remetemos o leitor para o tópico "Procedimento Comum", neste capítulo, para evitarmos repetições.

do processo, em outro feito, no período anterior há cinco anos, não impede, conforme entendimento dominante, a concessão de nova suspensão. Ao contrário da transação penal, que impede a concessão de nova transação caso o agente tenha se beneficiado com o instituto em período anterior a cinco anos, e do ANPP, que expressamente impede a celebração do acordo caso o agente tenha sido beneficiado nos 5 (cinco) anos anteriores ao cometimento da infração, com a suspensão condicional do processo, acordo de não persecução penal ou transação penal, a suspensão condicional do processo, prevista no art. 89 da Lei 9.099/95, não impede, de forma expressa, a concessão do benefício. Não obstante, não se pode olvidar do importante vetor interpretativo trazido pelo art. 28-A, §2º, III, do CPP. O legislador, ao vedar a celebração do ANPP ao agente beneficiado nos 5 (cinco) anos anteriores ao cometimento da infração, em acordo de não persecução penal, transação penal ou suspensão condicional do processo, nos disse que o agente que se amolde a essas situações deve ser processado, porquanto não merecedor do acordo pelo não processo. Assim, não nos parece absurdo concluir que, se o próprio legislador entendeu que o processo, nesses casos, é obrigatório, **não haveria sentido em se impor o processo e, simultaneamente, admitir-se a suspensão desse mesmo processo**. A situação, no mínimo paradoxal, cria uma situação de benesse não desejada pelo legislador, haja vista que as condições da suspensão condicional do processo são, pelo menos em tese, mais brandas que as previstas para o ANPP.

À guisa de exemplo, o STJ entendeu que não cabe a utilização de óbice previsto para o acordo de não persecução penal para negar o oferecimento da suspensão condicional do processo[72]. De acordo com a Corte:

> O instituto da suspensão condicional do processo (art. 89 da Lei n. 9.099/1995) se aplica nas hipóteses em que "a pena mínima cominada for igual ou inferior a um ano", "desde que o acusado não esteja sendo processado ou não tenha sido condenado por outro crime, presentes os demais requisitos que autorizariam a suspensão condicional da pena (art. 77 do Código Penal)".
>
> Contudo, no caso, o sursis processual foi negado com fundamento no art. 28-A, § 2º, inciso IV, do Código de Processo Penal, o qual dispõe que o acordo de não persecução penal não se aplica "nos crimes praticados no âmbito de violência doméstica ou familiar, ou praticados contra a mulher por razões da condição de sexo feminino, em favor do agressor."
>
> Relevante salientar que, embora a suspensão condicional do processo não se trate de mero direito subjetivo do réu, não pode ser obstado sem fundamentação idônea, em atenção à disciplina legalmente prevista. Não constitui direito subjetivo do réu nem mera faculdade do Ministério Público. Trata-se de um poder-dever do Parquet.
>
> Oportuno anotar que, ao contrário do que também afirma o Ministério Público para negar a benesse, a hipótese não atrai igualmente a vedação constante do art. 41 da Lei n. 11.340/2006, uma vez que o acusado não foi denunciado como incurso na Lei Maria da Penha. Como é de conhecimento, nem todo crime contra a mulher é praticado em violência doméstica e familiar, não tendo referida circunstância sido narrada na denúncia.
>
> Ademais, quando se examinou o Tema Repetitivo 1121, a Terceira Seção, fez constar expressamente na ementa do acórdão o cabimento da suspensão condicional do processo para o delito previsto no artigo 215-A do Código Penal Brasileiro. Eis o item 12 da referida Ementa: 12. Não é só. Desclassificar a prática de ato libidinoso com pessoa menor de 14 anos para

72. Processo em segredo de justiça, Rel. Ministro Reynaldo Soares da Fonseca, Quinta Turma, por unanimidade, julgado em 1º/10/2024.

> o delito do art. 215-A do CP, crime de médio potencial ofensivo que admite a suspensão condicional do processo, desrespeitaria ao mandamento constitucional de criminalização do art. 227, §4º, da CRFB, que determina a punição severa do abuso ou exploração sexual de crianças e adolescentes. Haveria também descumprimento a tratados internacionais. (REsp 1.954.997, Rel. Min. Ribeiro Dantas, Terceira Seção, DJe 1/7/2022).
>
> Nessa linha de intelecção, a fundamentação declinada pelo Ministério Público para impedir o benefício, por meio da transposição de óbice previsto para instituto distinto, denota verdadeira analogia in malam partem, o que não se admite no direito penal.

Em síntese, de acordo com o STJ, apesar do legislador ter vedado o ANPP, seja por entender incompatível com a aceitação de benefício anterior, seja por ausência de previsão expressa, não haveria, contudo, proibição para a suspensão condicional do processo, em situação, ao nosso ver, contraditória. Impõe-se o processo, que poderá ser suspenso. Por essas razões, apesar do entendimento do STJ, entendemos que a aceitação de suspensão condicional do processo anterior a cinco anos caracteriza impeditivo à nova propositura de suspensão do processo, por outro fato. Registre-se, apenas para fins de clareza, que nosso entendimento não é o predominante.

d) Requisitos analisados subjetivamente: o art. 89, *caput*, da Lei 9.099/95, prevê que além dos requisitos e pressupostos analisados acima, deverá se verificar a **presença dos demais requisitos que autorizam a suspensão condicional da pena.** O art. 77 do Código Penal dispõe que a execução da pena privativa de liberdade, não superior a 2 (dois) anos, poderá ser suspensa, desde que: I – o condenado não seja reincidente em crime doloso; II – a culpabilidade, os antecedentes, a conduta social e a personalidade do agente, bem como os motivos e as circunstâncias autorizem a concessão do benefício; III – não seja indicada ou cabível a substituição prevista no art. 44 do CP.

d.1) reincidência em crime doloso: a reincidência foi analisada no tópico anterior e, conforme vimos, o art. 89, da Lei 9.099/95, não estabeleceu qualquer diferença entre a reincidência por fato culposo ou doloso, assim como não previu distinções entre o fato do agente estar sendo processado por crime doloso ou culposo. Logo, o teor do inciso I do art. 77 do CP encontra-se previsto no *caput* do art. 89 da Lei 9.099/95, de forma que a reincidência por crime culposo também se revela apta a impedir a suspensão condicional do processo. Da leitura do art. 77 do CP, pode-se concluir que condenação anterior, à pena de multa, não impede a concessão da suspensão condicional do processo, vez que essa não se caracteriza como obstáculo à concessão do *sursis*, conforme se infere do teor do §1º do art. 77, CP.

d.2) a culpabilidade, os antecedentes, a conduta social e a personalidade do agente, bem como os motivos e as circunstâncias autorizem a concessão do benefício: o inciso II, do art. 77 do CP, dispõe que deverão ser analisadas "a culpabilidade, os antecedentes, a conduta social e personalidade do agente, bem como os motivos e as circunstâncias autorizem a concessão do benefício". Não andou bem o legislador com a previsão de análise do inciso II do art. 77 do CP na esfera da suspensão condicional do processo sem impor sua relação, prevista na transação penal e ANPP, com a necessidade e suficiência da medida. Não estamos a afirmar que a culpabilidade, os antecedentes, a conduta social e personalidade do agente, bem como os motivos e as circunstâncias do crime não devam ser analisados. Ao contrário, a análise revela-se de crucial importância sob o aspecto subjetivo. Contudo, a ausência de vinculação expressa à necessidade e, principalmente, suficiência da medida, chama-nos a atenção para o destaque. Não obstante, entendemos que o arcabouço subjetivo do agente deve ser necessariamente cotejado com a necessidade e suficiência da suspensão condicional do processo, por compreendermos que, apesar da norma não disciplinar expressamente os fins da suspensão condicional do processo, seria perfeitamente aplicável, por analogia, o trecho do art. 28-A do CPP, que prevê que o ANPP poderá ser proposto "desde que necessário e suficiente para reprovação e prevenção do crime". Isso porque a suspensão condicional do processo, enquanto instituto despenalizador, deve abarcar os interesses do agente, sem se olvidar, contudo, dos interesses maiores da sociedade.

d.3) Não seja indicada ou cabível a substituição prevista no art. 44 do CPP: o art. 44 do CP dispõe sobre a substituição da pena privativa de liberdade por restritivas de direito. Nesse sentido, toda a carga jurídica que impede ou não indica a substituição da pena privativa de liberdade deve ser analisada na esfera da suspensão condicional do processo. De fato, se processado o agente, houver indicativo claro da imposição de pena privativa de liberdade, seja por não cabimento ou existência de elementos aptos a impedir a substituição da pena, não haveria razões para se propor um instituto despenalizador se a pena privativa de liberdade, ao final, seria imperativa.

29.8.2.5.3 Proposta de suspensão condicional do processo

Conforme vimos, a proposta de suspensão condicional do processo deve ser apresentada pelo titular da ação penal[73] quando do oferecimento da denúncia ou queixa. Recebida a denúncia ou queixa e afastadas as causas de extinção prematura do processo por vícios formais ou absolvição sumária, o magistrado deverá, antes da realização da audiência de instrução, ouvir o acusado sobre a proposta de suspensão condicional do processo.

Em regra, no procedimento sumaríssimo, a suspensão condicional do processo deve ser apresentada na forma oral, porquanto deverá acompanhar a denúncia, igualmente oral. Nada impede, todavia, que a proposta seja formulada por escrito, a exemplo do que ocorre nos procedimentos ordinário e sumário.

Apresentada a proposta com suas condições, o magistrado, não observando qualquer impedimento de ordem legal, deverá ouvir o acusado e seu defensor sobre os termos apresentados. A aceitação da suspensão condicional do processo, portanto, deve ser realizada sob a assistência de defesa técnica e na presença do magistrado, nos termos do §1º, do art. 89 da Lei 9.099/95, que avaliará a regularidade e legalidade da proposta.

Assim como na transação penal, existindo divergência entre o acusado e seu defensor, deve prevalecer a vontade daquele, haja vista que o §7º, do art. 89 da Lei 9.099/95, expressamente prevê que se o acusado não aceitar a proposta, o processo prosseguirá em seus ulteriores termos.

A exemplo do ANPP e da transação penal, o juiz exerce um controle de legalidade na suspensão condicional do processo, podendo recusar sua homologação quanto, por exemplo, entender por abusivas as condições impostas pelo legitimado ativo ou quanto a proposta contemplar, por exemplo, crime cuja pena mínima seja superior a um ano

73. Remetemos o leitor ao tópico "direito público subjetivo ou poder/dever", para evitarmos repetições.

ou quando verificar que o autor do fato não satisfaz os requisitos subjetivos a serem analisados de forma objetiva (art. 89, *caput*, c/c art. 77, II e III, CP).

Homologada a suspensão condicional do processo, há divergência doutrinária quanto ao recurso cabível. Parcela da doutrina entende que a apelação é o recurso adequado, vez que a decisão proferida revela força definitiva, encerrando um incidente processual (art. 593, II, CPP). De outro lado, a parte da doutrina entende que o recurso adequado é o RSE, com fundamento no art. 581, inciso XI (que conceder, negar ou revogar a suspensão condicional da pena) ou XVI (que ordenar a suspensão do processo, em virtude de questão prejudicial).

Prevalece, no âmbito do STJ, que o recurso adequado é o recurso em sentido estrito:

> "contra decisão que **concede, nega ou revoga** suspensão condicional do processo cabe **recurso em sentido estrito.**" (RMS 23.516/RJ, Rel. Min. Felix Fischer, 5ª Turma, DJe 03.03.2008).

No tocante às decisões que negam ou revogam a suspensão condicional do processo, não se pode olvidar que a Lei 9.099/95 é posterior ao CPP e, apesar da possibilidade de alterações posteriores do dispositivo, não realizadas pelo legislador, o tema, suspensão do processo, é expressamente tratado pelo art. 581, XIV, do CPP, ainda que sob a rubrica da suspensão por questões prejudiciais.

Nesse sentido, parece-nos perfeitamente possível a realização de interpretação extensiva, não para abranger hipótese não prevista no art. 581, CPP, mas para se adequar o conteúdo da norma ao sistema processual. Não vemos como possível a aplicação da interpretação extensiva com lastro no inciso XI do art. 581, porquanto esse versa tão somente sobre um dos temas a serem analisados para concessão da suspensão condicional do processo. Por outro lado, a combinação dos incisos VIII e XVI nos fornece um importante vetor interpretativo para concluirmos pelo recurso em sentido estrito como adequado.

Ao analisarmos o inciso XVI, podemos verificar que o legislador tratou expressamente de hipótese de suspensão do processo, ainda que em virtude de questão prejudicial, isto é, prevê o RSE como adequado para atacar as decisões aptas a travar a marcha processual, como, analogicamente, ocorre com a suspensão condicional do processo. Por sua vez, o inciso VIII prevê o RSE como próprio a atacar as decisões que decretem a prescrição ou julguem, por outro modo, extinta a punibilidade. Não se pode olvidar que, concedida a suspensão condicional do processo e decorrido o prazo de suspensão sem revogação, o juiz deverá decretar extinta a punibilidade do agente. Logo, temos que, em termos sistêmicos, o RSE seria adequado tanto para atacar a suspensão condicional do processo, como o resultado do cumprimento dessa, isto é, preservaríamos uma linha sistêmica para o instituto criado após a vigência do CPP. Ao se entender pela apelação como recurso adequado para atacar a suspensão condicional do processo, teríamos recursos distintos incidindo sobre o mesmo assunto. Ainda que não exista qualquer prejuízo na segunda interpretação, não nos parece o melhor caminho processual pois, de fato, a suspensão condicional do processo atinge a marcha do processo, impondo a suspensão do trâmite processual, fazendo incidir, para nós, de forma extensiva, o teor do inciso XVI do art. 581 do CPP.

Por outro lado, no tocante à decisão que concede a suspensão condicional do processo, apesar de seguirmos a linha de entendimento do STJ, há que se diferenciar algumas situações. O juiz, ao homologar a suspensão condicional do processo, tão somente confirma, judicialmente, a vontade das partes. Essas, ao submeterem a proposta e aceitação ao magistrado, manifestam o seu interesse processual na suspensão, razão pela qual seria contraditório se admitir a interposição de recurso contra decisão cujo objeto foi justamente a homologação da vontade das partes. Admitir que a parte possa pugnar pela homologação de sua vontade e, na sequência, interpor recurso contra decisão que a acolhe, seria admitir um ataque à própria vontade, evidenciando a falta de interesse de agir, motivo pelo qual, nesses casos, entendemos por inadmissível o recurso que homologa a suspensão condicional do processo.

Entretanto, pode ocorrer do magistrado, ao homologar a suspensão condicional do processo, ultrapassar o limite da vontade das partes, impondo ao acusado ônus não pactuado entre as partes, indo além de suas prerrogativas. Pode ainda, erroneamente, propor de ofício a suspensão condicional do processo, contrariando a acusação, e homologar a decisão de proposta por ele mesmo formulada. Nesses casos, revela-se patente, para nós, a possibilidade de recurso em sentido estrito contra a decisão homologatória.

Apesar de entendermos como possível a atuação do assistente da acusação para impugnar a decisão que concede a suspensão condicional do processo, especialmente nos casos de violação de requisitos objetivos, vale destacar que, no entendimento do STJ, o assistente da acusação não possui legitimidade para interpor recurso em sentido estrito contra a decisão que concede a suspensão condicional do processo.

> Nos termos do entendimento da Terceira Seção desta Corte, a legitimidade do assistente da acusação para recorrer está restrita às hipóteses elencadas no art. 271 do CPP, entre as quais não se inclui a interposição de recurso em sentido estrito contra decisão que concede a suspensão condicional do processo. AgRg no Resp 1837403/ES, Rel. Min. Nefi Cordeiro, DJe 21.02.20.

Importante frisar que, conforme o entendimento predominante no STJ, a aceitação da suspensão condicional do processo não impede o manejo do *habeas corpus* visando o trancamento do processo penal:

> [...] "eventual aceitação de proposta de suspensão condicional do processo não prejudica a análise de *habeas corpus* em que se pleiteia o trancamento de ação penal (HC 532.052/SP, Rel. Min. Antônio Saldanha Palheiro, 6ª Turma, DJe 18.12.20)[74].

Apesar do momento natural da proposta de suspensão condicional do processo ser o do oferecimento da denúncia ou queixa, evitando-se o prosseguimento do processo penal sancionador, é perfeitamente possível que o *sursis* processual venha a ser ofertado no curso do procedimento quando, por exemplo, houver a desclassificação do delito, antes impeditivo à proposta, para outro que admite o benefício.

Com a reforma de 2008 no CPP, o §1º, do art. 383, passou expressamente a prever que se em consequência de definição jurídica diversa, houver possibilidade de proposta de suspensão condicional do processo, o juiz procederá de acordo com o disposto na lei, isto é, provocar a acusação sobre a possibilidade de oferecimento da proposta.

A previsão acima indica que o magistrado, reconhecendo a possibilidade de definição jurídica diversa do fato imputado, deverá manifestar-se nesse sentido e intimar as partes

74. No mesmo sentido: AgRg no RHC 138.532/RJ, Rel. Min. Laurita Vaz, 6ª Turma, DJe 04.11.21.

sobre seu entendimento, assegurando o direito de recurso e, na falta desse ou após o trânsito em julgado, a aplicação dos institutos despenalizadores.

Logo, diante da situação prevista no art. 383 do CPP, que implicará o reconhecimento de delito que objetivamente admite a proposta de *sursis* processual, o magistrado deverá observar o direito ao benefício e assegurar que o legitimado ativo se manifeste quanto à suspensão condicional do processo, oferecendo-a ou recusando-a, de forma fundamentada. Assim, tem-se que é perfeitamente possível o *sursis* processual na fase final do processo penal em curso, não obstante a regra ser sua celebração na fase inicial do procedimento.

Oferecida a proposta pela acusação, o momento adequado para análise do benefício é anterior à realização da audiência de instrução e julgamento. Assim, nos procedimentos ordinário e sumário, deverá o magistrado designar audiência para que o acusado, devidamente assistido por defensor, manifeste-se quanto à aceitação.

No procedimento sumaríssimo, o §1º do art. 89, da Lei 9.099/95, opera uma confusão estrutural ao prever que aceita a proposta pelo acusado e seu defensor, na presença do Juiz, este, recebendo a denúncia, poderá suspender o processo. A leitura literal sugere que a aceitação da suspensão condicional do processo deva ser realizada antes do recebimento da denúncia pelo magistrado, em situação, para nós, não condizente com o devido processo legal. Isso porque a suspensão de um processo só pode ocorrer após a efetiva formalização desse com a citação (art. 362, CPP). Admitir que o magistrado possa aferir a legalidade da proposta de suspensão condicional do processo antes de analisar a defesa preliminar do acusado, apta a promover a extinção prematura do próprio processo que se objetiva a suspensão, não se revela um procedimento adequado, não somente por antecipar um juízo valorativo indevido quanto ao recebimento da peça acusatória, mas por quebrar a sistemática processual.

Assim, entendemos que, ofertada a denúncia ou queixa e oportunizada a defesa preliminar, somente após recebida a peça acusatória e citado o réu, o magistrado deverá aferir a legalidade da proposta de suspensão condicional do processo e homologá-la, na hipótese de aceitação pelo acusado.

29.8.2.5.4 Efeitos da homologação da suspensão condicional do processo

Homologada a suspensão condicional do processo, diversos efeitos são produzidos. Como efeitos naturais, temos a suspensão do curso do processo e do prazo prescricional (§6º), além da obrigação do acusado de cumprir as condições da proposta, que veremos na sequência, sob pena de revogação (§4º). Além da obrigação do cumprimento das condições, a homologação da proposta gera o impedimento ao recebimento de nova suspensão condicional do processo[75] ou ANPP pelo prazo de cinco anos (art. 28-A, §2º, III, CPP).

A homologação do *sursis* processual, contudo, não é apta a gerar reincidência ou qualquer espécie de reconhecimento de culpa. Na suspensão condicional do processo, não se adentra no mérito processual, pois se trata de acordo celebrado justamente para se afastar tal debate. Ao contrário da transação penal, que prevê no §6º do art. 76, da Lei

75. Para evitarmos repetições, remetemos o leitor à explicação realizada no tópico "pressupostos e requisitos", item c.2.

9.099/95, a proibição de que a transação conste de certidão de antecedentes criminais, salvo para fins de impedimento de nova transação penal[76], a suspensão condicional do processo deve constar da certidão de antecedentes criminais, porquanto a suspensão processual não afasta o fato do agente estar sendo processado e pela necessidade de controle quanto ao impedimento de nova suspensão processual em novos processos no curso da suspensão, bem como para se facilitar a comunicação de um novo processo instaurado contra o agente, para fins de revogação a suspensão anteriormente deferida.

29.8.2.5.5 Condições

Como regra geral, a suspensão condicional do processo será concretizada pelo período de dois a quatro anos (art. 89, *caput*, Lei 9.099/95), não admitindo prorrogações, salvo nas hipóteses de crimes ambientais, que veremos em tópico apartado.

Por força do sistema acusatório, entendemos que o prazo da suspensão, dois a quatro anos, deve ser proposto pela acusação, não podendo ser alterado pelo magistrado, porquanto a lei somente permitiu a esse "especificar outras condições a que fica subordinada a suspensão, desde que adequadas ao fato e à situação pessoal do acusado" (§2º, art. 89, Lei 9.099/95). Ao contrário da transação penal, na qual expressamente a lei permitiu ao magistrado reduzir até a metade a pena de multa, quando for a única aplicável, a suspensão condicional do processo não prevê tal prerrogativa ao magistrado. Assim, caso discorde da proposta formulada em razão do prazo, deverá o magistrado rejeitar a homologação e provocar o Procurador-Geral de Justiça, aplicando por analogia o art. 28 do CPP.

Apesar do interregno legal de dois a quatro anos, entendemos que há situações nas quais o limite máximo imposto não pode ser superior a três anos, vez que seria desarrazoado se admitir a suspensão do curso do prazo prescricional por prazo superior ao próprio prazo prescricional previsto no art. 109, VI, CP, a exemplo do que ocorre com a aplicação do art. 366 do CPP, cujo entendimento jurisprudencial consagra o prazo máximo de suspensão da prescrição como aquele regulado pelo máximo da pena cominada (Súmula 415, STJ). Logo, se o prazo máximo da suspensão do curso da prescrição, por um delito cuja pena máxima é inferior a um ano, é de três anos, a suspensão do curso do prazo prescricional não poderia ser superior a três anos.

E, nesse sentido, parece-nos também necessária a análise quanto à suposta necessidade de adequação do prazo de suspensão da prescrição para as hipóteses em que no CP impõe a redução dos prazos prescricionais pela metade. Conforme se extrai do art. 115 do CP, são reduzidos de metade os prazos de prescrição quando o criminoso era, ao tempo do crime, menor de 21 (vinte e um) anos, ou, na data da sentença, maior de 70 (setenta) anos. Assim, se a Súmula 415 do STJ impõe que o período de suspensão do prazo prescricional é regulado pelo máximo da pena cominada, não haveria como se afastar a aplicação do entendimento sumulado. Entretanto, a despeito de não constar expressamente do enunciado da Súmula, verifica-se pela análise do AgRg 514.205/RS, originário do entendimento sumulado, que sua construção teve origem na aplicação do art. 366, o qual, de fato, não regula o prazo de suspensão.

---

76. E ANPP por força do art. 28-A, §2º, III, CPP.

Logo, como no caso da suspensão condicional do processo há previsão expressa de prazo no *caput* do art. 89 e sua combinação com o §6º, parece-nos perfeitamente admissível a suspensão do prazo prescricional por período superior aquele regulado pelo máximo da pena cominada, porquanto a Lei 9.099/95, nesse particular, revela-se incompatível com o CP, afastando a aplicação do art. 92 da referida lei.

Superada a questão do prazo de suspensão do processo e do curso do prazo prescricional, o §1º do art. 89 estabelece as condições que podem ser impostas para a suspensão do processo, a serem cumpridas durante o período de prova:

I. reparação do dano, salvo impossibilidade de fazê-lo: a previsão trilha a linha do objetivo previsto no art. 62 da Lei dos Juizados Especiais Criminais e da linha maior de se buscar a reparação dos danos sofridos pela vítima. Trata-se de medida obrigatória quando a infração penal impuser danos à vítima, não podendo ser afastada pelo magistrado quando da homologação. O §3º, do art. 89, prevê como causa de revogação da suspensão a não reparação injustificada do dano no curso do prazo da suspensão. Percebe-se, portanto, que a reparação do dano deve ser prevista na proposta homologada e, somente se o acusado conseguir comprovar a impossibilidade de fazê-lo, no curso do período de suspensão, o descumprimento não ensejará a revogação da suspensão. Logo, a fixação da obrigação é imperativa quando houver dano a ser reparado.

II. proibição de frequentar determinados lugares: a exemplo da medida cautelar diversa da prisão prevista no art. 319, II, do CPP, a proposta pode contemplar a proibição de que o agente frequente determinados lugares com o escopo de reduzir o risco de situações que possam implicar o descumprimento da condição pela prática de novas infrações penais. Não se trata, todavia, de condição obrigatória, pois sua necessidade deve ser avaliada sob a luz do caso concreto em observância à proporcionalidade.

III. proibição de ausentar-se da comarca onde reside, sem autorização do Juiz: a lógica do dispositivo reside na necessidade de o acusado manter o juízo atualizado quanto à sua localização, reduzindo-se o risco de revogação da suspensão pela não localizado do acusado em hipótese de intimação. A aplicação da condição não nos parece obrigatória e deve ser sopesada com a infração penal imputada, de forma que, a depender da natureza do delito, pode ser justificável no caso concreto.

IV. comparecimento pessoal e obrigatório a juízo, mensalmente, para informar e justificar suas atividades: a previsão, para nós de observância obrigatória, visa impor ao acusado o dever de cientificar o juízo acerca de suas atividades e manter seu endereço atualizado. Visa, portanto, não obstante a suspensão do processo, preservar o mínimo de controle sobre as atividades do acusado e assegurar que, a despeito de suspenso o processo, o acusado a ele ainda se encontra vinculado. Conforme entendimento dominante, o prazo mensal apenas estabelece um parâmetro mínimo, de sorte a se evitar abusos como a obrigação de comparecimento diário.

Além do conteúdo do §1º, o §3º do art. 89 da Lei 9.099/95, impõe ao acusado a obrigação de não se ver processado pela prática de crime durante o período de suspensão, sob pena de revogação obrigatória da suspensão. O §4º, por sua vez, igualmente estabelece a obrigação do agente não dar causa à instauração de processo penal pela prática de contravenção penal no curso da suspensão. Entretanto, no caso de contravenção penal, ao contrário do processo pela prática de crime, no qual o legislador empregou a expressão "a suspensão será revogada", a norma valeu-se da expressão "a suspensão poderá ser revogada", conferindo ao magistrado a faculdade de revogar ou não a suspensão condicional do processo.

O §2º do art. 89, por seu turno, dispõe que o magistrado poderá especificar outras condições a que fica subordinada a suspensão, desde que adequadas ao fato e à situação pessoal do acusado. Apesar de amplamente reconhecida a possibilidade pela doutrina, especialmente nos casos em que o juiz, analisando o fato e as condições pessoais do acusado, impõe ao acusado a frequência a estabelecimentos de apoio por alcoolismo ou tratamento por desintoxicação, entendemos o magistrado deve, sobremaneira, evitar de atuar de forma supletiva à proposta da acusação, porquanto sua função, ao analisar a suspensão do processo, é prioritariamente avaliar a satisfação dos requisitos legais.

É compreensível a *mens legis* de buscar a melhor solução ao caso concreto. Contudo, não podemos nos olvidar de que impera um sistema acusatório e que a função do juiz deve ser restrita à sua real finalidade no processo. Nosso destaque, apesar de admitirmos, com restrições, a atuação supletiva do magistrado, visa evitar que o magistrado venha a impor condições que, a despeito de louváveis, violam direitos e garantias fundamentais, como a imposição de doação de sangue, frequência a cultos religiosos e etc., que não guardam qualquer espécie de conexão com o fato em apuração.

Outro ponto a ser debatido envolve a possibilidade de imposição de obrigações que mais se assemelham ao cumprimento de penas restritivas de direitos. Doutrinariamente, há várias críticas à imposição de condições para suspensão do processo que impliquem cumprimento de condições tipicamente concebidas como penas. Isso porque, conforme destaque BRASILEIRO[77] (2020, p. 1559):

> As condições a serem cumpridas pelo acusado durante o período de prova **funcionam como restrições ao seu comportamento social** e não se identificam com as modalidades de sanção disciplinadas no Código Penal. Referidas condições são predispostas não para punir o acusado, mas para demonstrar sua autodisciplina e senso de responsabilidade na busca da extinção da punibilidade, como prova de sua ressocialização, corroborando a desnecessidade de aplicação da sanção penal. Ademais, é o próprio art. 89, § 2º, da Lei nº 9.099/95, que estabelece a possibilidade de especificação de outras condições, e não de outras penas. Inviável, portanto, a fixação de penas restritivas de direitos, como a prestação pecuniária, a perda de bens e valores, a prestação de serviço à comunidade, a interdição temporária de direitos e a limitação de fim de semana como condições para o oferecimento da proposta de suspensão condicional do processo.

A despeito das críticas doutrinárias, o STJ entende por possível a aplicação de condições diversas das previstas no §1º do art. 89, como a prestação pecuniária, perda do valor da fiança ou prestação de serviços à comunidade[78].

> Não há óbice legal, segundo o art. 89, § 2º, da Lei n. 9.099/1995, a que o réu assuma obrigações equivalentes, do ponto de vista prático, a penas restritivas de direitos

77. *op. cit.*

78. Tema 930, RR: Não há óbice a que se estabeleçam, no prudente uso da faculdade judicial disposta no art. 89, § 2º, da Lei n. 9.099/1995, obrigações equivalentes, do ponto de vista prático, a sanções penais (tais como a prestação de serviços comunitários ou a prestação pecuniária), mas que, para os fins do *sursis* processual, se apresentam tão somente como condições para sua incidência. A jurisprudência de ambas as Turmas do STJ e do STF é firme em assinalar que o § 2º do art. 89 da Lei n. 9.099/1995 não veda a imposição de outras condições, desde que adequadas ao fato e à situação pessoal do acusado. REsp 1498034/RS DJe 02.12.15.

(tais como a prestação de serviços comunitários ou a prestação pecuniária), visto que tais condições são apenas alternativas colocada à sua disposição para evitar sua sujeição a um processo penal e cuja aceitação depende de sua livre vontade (AgRg no RHC n. 83.810/PR, Ministro Rogerio Schietti Cruz, Sexta Turma, DJe 17/8/2017). 2. É legítima a fixação da perda do valor da fiança como condição do *sursis* processual. Precedentes. AgRg no RHC 97534/PR, 6ª Turma, Rel. Min. Sebastião Reis Júnior, DJe 13.06.18.

Seguindo a trilha traçada ao longo deste capítulo, de que o art. 28-A do CPP, que trata do ANPP, trouxe novos vetores interpretativos aos negócios jurídicos pré-processuais e processuais, especialmente no tocante à necessidade e suficiência das medidas "para reprovação e prevenção do crime", entendemos, na linha do STJ, por possível a cumulação de condições que se assemelham ao cumprimento de penas restritivas de direito, desde que observada a necessidade e suficiência para prevenção e reprovação do crime. Entretanto, conforme destacamos acima, e nesse ponto divergindo do STJ em razão da nossa reserva, a proposta deve ser formulada pela acusação, vez que não cabe ao magistrado, no processo penal acusatório, atuar em substituição às partes.

Registre-se, por oportuno, que nos casos em que pena máxima cominada for igual ou inferior a seis meses de privação da liberdade, não admitimos a possibilidade de cumulação de pena de prestação de serviços à comunidade, haja vista que, segundo o entendimento do STJ[79], "a interpretação das normas penais demonstra a impossibilidade de aplicação da pena de prestação de serviços à comunidade às condenações iguais ou inferiores a 6 meses de privação de liberdade". De fato, seria desproporcional aceitar-se a aplicação de medida condicionante que, no caso de condenação, não poderia ser imposta.

29.8.2.5.6 Revogação

Conforme vimos no tópico anterior, a revogação da suspensão condicional do processo pode ser obrigatória, no caso do acusado vir a ser processado por outro crime no curso da suspensão, ou facultativa, na hipótese do novo processo ter por objeto a prática de contravenção penal.

Parte minoritária da doutrina sustenta que a revogação obrigatória decorrente de novo processo pela prática de crime implica violação do princípio da presunção de inocência, propondo, nesses casos, a prorrogação automática do período de prova da suspensão condicional do processo, aplicando, por analogia, o teor do art. 81, §2º do CP. Ocorre que a prorrogação automática do período de prova importaria, também, na prorrogação automática da suspensão do curso do prazo prescricional, em flagrante prejuízo ao acusado. Por se tratar de regra mista, que abrange questões processuais e materiais, deve ser aplicada de maneira uniforme, não sendo admissível tão somente a prorrogação do prazo da suspensão condicional do processo e não da prescrição.

A suspensão condicional do processo é um negócio jurídico processual celebrado entre as partes e se sujeita ao cumprimento de determinadas condições, dentre as quais está a de não ser o agente processado no curso da suspensão. Exigir a ocorrência de condenação ou de trânsito em julgado da condenação para se analisar a revogação do benefício, sob o pretexto da presunção de inocência, ultrapassa os limites de um acordo que visa, em um primeiro momento, suspender a marcha processual, em prol do próprio

79. AgInt no REsp 1.833.793/RS, DJe 11.02.20.

agente. Conforme estudado, o *sursis* processual não é um direito público subjetivo do acusado, de forma que, cumprindo as condições impostas, a suspensão condicional do processo não será revogada.

Logo, e se extrai a conclusão de outras condições (art. 89, §1º, II e IV), o acordo passa pelo afastamento do agente do seio da criminalidade, de forma que a existência de novo processo pela prática de crime, ao menos como se pressupõe, revela a existência de prova da materialidade e indícios suficientes de autoria, *standard* probatório apto, não somente a promover a revogação da suspensão condicional do processo, mas como impedi-la na origem, porquanto estando o agente submetido a processo criminal, não poderia ser beneficiado com a suspensão condicional do processo em outro procedimento.

Além dessa hipótese de revogação obrigatória, o §3º do art. 89 expressamente dispõe que se o acusado não promover a reparação do dano, salvo por motivo justificado, a suspensão condicional do processo deverá ser revogada. Como justificativa apta a afastar a revogação encontram-se a situação de pobreza merecedora de recebimento de auxílios sociais, ausência de atividade laborativa remunerada e outras congêneres. Não sendo comprovada a reparação do dano, o magistrado deverá oportunizar ao acusado a produção de prova justificativa.

Vistas as hipóteses de revogação obrigatória, calha lembrar que, sendo o agente processado pela prática de contravenção penal no curso da suspensão condicional do processo, não necessariamente a suspensão será revogada, porquanto o §4º não impõe a revogação, mas tão somente assinala que o magistrado poderá revogá-la.

De igual modo, havendo o descumprimento de outras condições, que não as previstas no §3º (não ser processado por outro crime ou não efetuar, sem motivo justificado, a reparação do dano), a revogação será facultativa.

29.8.2.5.7 Extinção da punibilidade

Nos termos do §5º do art. 89 da Lei 9.099/95, expirado o prazo sem revogação, o juiz declarará extinta a punibilidade. Por longo tempo debateu-se na doutrina se o acusado deveria, para ter declarada extinta a punibilidade, cumprir todas as condições fixadas ou se bastaria o decurso do prazo sem revogação, conforme sugere a leitura literal do §5º.

A solução da questão passa pela natureza da decisão revogatória da suspensão condicional do processo. Conforme o entendimento do STJ, a decisão que revoga a suspensão é meramente declaratória, porquanto a revogação, automática, pode ser declarada mesmo após o decurso do prazo do período de prova, desde que a causa de descumprimento seja anterior ou não tenha havido decisão anterior declarando extinta a punibilidade do agente[80].

> PRIMEIRA TESE: Se descumpridas as condições impostas durante o período de prova da suspensão condicional do processo, o benefício poderá ser revogado, mesmo se já ultrapassado o prazo legal, desde que referente a fato ocorrido durante sua vigência.
>
> Da exegese do § 4º do art. 89 da Lei n. 9.099/1995 ("a suspensão poderá ser revogada se o acusado vier a ser processado, no curso do prazo, por contravenção, ou descumprir qualquer outra condição imposta), constata-se ser viável a revogação da suspensão condicional do

80. Tendo sido declarada extinta a punibilidade do agente, haverá coisa julgada material, a impedir a restauração do processo.

processo ante o descumprimento, durante o período de prova, de condição imposta, mesmo após o fim do prazo legal. Tema 920, RR, REsp 1498034/RS, DJe 02.12.15.

29.8.2.5.8 *Suspensão condicional do processo nos crimes ambientais*

A temática foi tratada no art. 28 da Lei 9.605/98:

> Art. 28. As disposições do art. 89 da Lei nº 9.099, de 26 de setembro de 1995, aplicam-se aos crimes de menor potencial ofensivo definidos nesta Lei, com as seguintes modificações:
>
> I - a declaração de extinção de punibilidade, de que trata o § 5º do artigo referido no *caput*, dependerá de laudo de constatação de reparação do dano ambiental, ressalvada a impossibilidade prevista no inciso I do § 1º do mesmo artigo;
>
> II - na hipótese de o laudo de constatação comprovar não ter sido completa a reparação, o prazo de suspensão do processo será prorrogado, até o período máximo previsto no artigo referido no *caput*, acrescido de mais um ano, com suspensão do prazo da prescrição;
>
> III - no período de prorrogação, não se aplicarão as condições dos incisos II, III e IV do §1º do artigo mencionado no *caput*;
>
> IV - findo o prazo de prorrogação, proceder-se-á à lavratura de novo laudo de constatação de reparação do dano ambiental, podendo, conforme seu resultado, ser novamente prorrogado o período de suspensão, até o máximo previsto no inciso II deste artigo, observado o disposto no inciso III;
>
> V - esgotado o prazo máximo de prorrogação, a declaração de extinção de punibilidade dependerá de laudo de constatação que comprove ter o acusado tomado as providências necessárias à reparação integral do dano.

O inciso I do art. 28, seguindo a trilha da reparação do dano prevista no art. 89 da Lei 9.099/95, condiciona a declaração de extinção de punibilidade do agente ao laudo de constatação de reparação do dano ambiental, ressalvada a impossibilidade de fazê-lo. Entendemos que a impossibilidade mencionada deve ser restrita às situações relacionadas à questão financeira do agente, que pode impedir a reparação do dano. Nesse sentido, entendemos não ser cabível a suspensão condicional do processo nos casos de irreparabilidade do dano ambiental, porquanto a medida não se revelará suficiente e necessária para a prevenção do crime. Situações de danos de proporções incalculáveis, para nós, são incompatíveis com a suspensão condicional do processo.

O inciso II do art. 28 da Lei dos Crimes Ambientais, por sua vez, prevê a possibilidade de **prorrogação do período de prova, não prevista na Lei 9.099/95**, na hipótese do laudo de constatação comprovar não ter sido completa a reparação. Conforme o dispositivo, o prazo de suspensão pode ser prorrogado pelo período máximo previsto no art. 89 da Lei 9.099/95, isto é, quatro anos, acrescido de mais um ano, com suspensão do prazo da prescrição. O inciso IV do art. 28, por sua vez, prevê que findo o prazo de prorrogação, proceder-se-á à lavratura de novo laudo de constatação de reparação do dano ambiental, podendo, conforme seu resultado, ser novamente prorrogado o período de suspensão, até o máximo previsto no inciso II deste artigo, observado o disposto no inciso III.

Logo, temos que a prorrogação poderá ocorrer por **no máximo dez anos**, isto é, dois períodos de cinco anos (inciso II + inciso IV). Verificas as prorrogações, independentemente de sua quantidade, o inciso III do art. 28 expressamente afasta a necessidade de cumprimento das condições previstas nos incisos II a IV do §1º do art. 89 da Lei dos Juizados Especiais Criminais (II - proibição de frequentar determinados lugares;

III - proibição de ausentar-se da comarca onde reside, sem autorização do Juiz; IV - comparecimento pessoal e obrigatório a juízo, mensalmente, para informar e justificar suas atividades).

Nos termos do inciso V, esgotado o prazo máximo de prorrogação, 10 anos, conforme vimos, a declaração de extinção de punibilidade dependerá de laudo de constatação que comprove ter o acusado tomado as providências necessárias à reparação integral do dano. Em síntese, o inciso admite a possibilidade de declaração de extinção da punibilidade quando o laudo evidenciar que o agente agiu no limite de suas condições para promover a reparação integral do dano, por vezes, de fato, impossível de realizar dentro do período de suspensão.

Consoante destacamos anteriormente, entendemos que o prazo de suspensão condicional do processo e, consequentemente, de suspensão do curso do prazo prescricional, merece análise mais detida, haja vista que o inciso IV do art. 28 da Lei 9.605/98 não determina a suspensão do curso do prazo prescricional, surgindo a necessária indagação acerca do prazo máximo de suspensão da prescrição previsto pela Lei dos Crimes Ambientais.

Para tanto, precisamos estabelecer a primeira e incontestável premissa: a prescrição corre em favor do acusado. Fixada a premissa 1, passamos para a segunda premissa: o curso do prazo prescricional só pode ser suspenso por lei. Estabelecidas as premissas 1 e 2, avançamos para a terceira premissa: o inciso II do art. 28 expressamente determina a suspensão do curso do prazo prescricional, ao passo que o inciso IV sequer menciona a prescrição ou remete ao inciso II nesse aspecto.

Logo, temos que, por força de lei, a prescrição só pode ser suspensa pelo período de suspensão original (dois a quatro anos) e pela primeira prorrogação (máximo de cinco anos), totalizando o prazo máximo de nove anos de suspensão do curso do prazo prescricional. Até compreendemos que o legislador, no inciso IV, objetivou também que o curso do prazo prescricional permanecesse suspenso, em conjunto com o processo. Contudo, por não ter determinado a suspensão da prescrição de forma expressa, não se pode, sob pena de interpretação *in malam partem*, compreendê-la como possível, porquanto prejudicial ao acusado.

Ocorre que a interpretação supra naturalmente produz efeitos no sentido contrário, haja vista que se a prescrição corre em favor do réu, há que se pressupor que o Estado possa atuar no sentido de evitá-la e, juridicamente, nesse caso, nada poderá fazer se o processo estiver suspenso aguardando o laudo. Logo, temos que, em nossa compreensão, **a segunda prorrogação do prazo da suspensão condicional do processo não encontra amparo sistêmico**, pois necessariamente a prescrição terá que seguir seu curso natural por ausência de fundamento legal apto a impedi-la. Em termos sistêmicos e de forma análoga, a prorrogação da prorrogação do curso da suspensão processual equivaleria à fluência do prazo prescricional após o decurso da suspensão previsto e amplamente aceito pelos Tribunais Superiores, no âmbito do art. 366 do CPP.

Em síntese, processualmente, não há qualquer razão de ser na segunda prorrogação da suspensão condicional do processo. Ainda, no mesmo sentido, entendemos que deverá ser observado o teor da súmula 415 do STJ, que assinala que o período de suspensão do prazo prescricional é regulado pelo máximo da pena cominada, ou seja, em um crime culposo de destruição de floresta considerada de preservação permanente, previsto no art. 38 da Lei dos Crimes Ambientais, e punido, em sua forma culposa, com a pena máxima de um ano e seis meses de detenção (parágrafo único), o máximo de suspensão do curso do prazo prescricional será de quatro anos, haja vista que o prazo de prescrição aplicável à espécie será de quatro anos (art. 109, V, CP).

29.8.2.6 Audiência de instrução e julgamento

Superada a fase preliminar e, após a apresentação da defesa preliminar, recebida a denúncia ou a queixa e não sendo o processo suspenso condicionalmente, o juiz dará início à audiência de instrução e julgamento, oportunidade em que todas as provas deverão ser produzidas nos termos o §1° do art. 81 da Lei 9.099/95. A previsão do §1°, entretanto, não afasta a possibilidade de expedição de carta precatória para oitiva de testemunhas ou interrogatório do acusado, porquanto o escopo da celeridade e concentração não afasta a necessária observância do devido processo legal.

Assim como nos demais procedimentos, inicialmente serão ouvidas a vítima e as testemunhas de acusação e defesa, interrogando-se a seguir o acusado, se presente, passando-se imediatamente aos debates orais e à prolação da sentença (art. 81, *caput*). Durante a audiência, o juiz poderá limitar ou excluir as provas que considerar excessivas, impertinentes ou protelatórias (§1°).

A Lei 14.245/21 inseriu o §1°-A no art. 81, de forma similar ao art. 400-A do CPP, para prever que durante a audiência, todas as partes e demais sujeitos processuais presentes no ato deverão respeitar a dignidade da vítima, sob pena de responsabilização civil, penal e administrativa, cabendo ao juiz garantir o cumprimento do disposto neste artigo, sendo vedadas: I - a manifestação sobre circunstâncias ou elementos alheios aos fatos objeto de apuração nos autos; II - a utilização de linguagem, de informações ou de material que ofendam a dignidade da vítima ou de testemunhas.

O tempo destinado às alegações orais das partes não foi estabelecido pela Lei 9.099/95, razão pela qual há que se aplicar a regra do procedimento ordinário prevista no art. 403 do CPP, aplicável por subsidiariedade.

Consoante o §2°, de todo o ocorrido na audiência será lavrado termo, assinado pelo juiz e pelas partes, contendo breve resumo dos fatos relevantes ocorridos em audiência e a sentença. O §3°, por sua vez, coroando o princípio da informalidade, dispensa a confecção do relatório na sentença, sem prejuízo, naturalmente, da menção aos elementos de convicção do juiz.

29.8.3 Recursos no Juizado Especial Criminal

O art. 98, I, da Constituição Federal, ao prever a criação dos Juizados Especiais Criminais, admitiu a possibilidade de construção de um novo sistema recursal ao autorizar que o julgamento dos recursos seja realizado por turmas de juízes de primeiro grau.

Em atenção ao comando constitucional, foram criadas as chamadas Turmas Recursais, formadas por três juízes de primeiro grau, com competência para apreciação dos recursos interpostos contra decisões proferidas por juízes que exercem suas funções no âmbito dos Juizados Especiais Criminais, sendo naturalmente vedada, por impedimento, a participação no julgamento do magistrado que atuou no processo na origem, conforme art. 252, III, do CPP.

Conforme destacamos anteriormente, o art. 82, § 4º, da Lei 9.099/95, estabelece que as partes serão intimadas da data da sessão de julgamento pela imprensa, mesmo nos casos que envolvam a atuação do Ministério Público e Defensoria Pública, por ser a norma do Juizado Especial concebida como especial. Nada obstante o entendimento, não nos parece a melhor exegese, especialmente quanto analisada as funções dos respectivos órgãos e as particularidades institucionais. No caso do Ministério Público, por exemplo, a previsão referente à intimação pessoal encontra-se no art. 41, IV, da Lei 8.625/93, que assinala a prerrogativa de receber intimação pessoal em qualquer processo e grau de jurisdição, através da entrega dos autos com vista. Em termos práticos e trazendo a pauta sob a luz da realidade, que não pode ser dissociada do caso, o Ministério Público atua em todos os processos criminais em andamento, sendo certo que, na maioria dos Estados, os diários oficiais são disponibilizados aos membros da instituição apenas na parte atinente às publicações ministeriais.

A dispensa da prerrogativa, não obstante a especialidade da Lei 9.099/95, impõe um ônus incompatível com a função ministerial, porque passa a exigir que o membro do Ministério Público acompanhe todas as publicações do Poder Judiciário na seara criminal, pois ou o *parquet* será autor ou atuará como fiscal da ordem jurídica. Em termos de racionalidade, por outro lado, apesar da existência de serviços de assinatura para intimações, a imposição ao membro do Ministério Público, atuante em todos os processos criminais, de acompanhamento das publicações, além de implicar maior ônus financeiro ao Estado, acarreta uma completa inviabilização da atuação ministerial, porquanto as intimações sequer são publicadas em nome do promotor de justiça, mas da instituição Ministério Público. Apenas a título ilustrativo, imagine-se a complexidade de acompanhamento das publicações no Estado de Minas Gerais, promovidas em 296 comarcas, que abrangem 853 municípios, cuja intimação constará a parte "Ministério Público do Estado de Minas Gerais", que obrigatoriamente participa de todos os processos criminais. A razão de ser da prerrogativa, em nossa compreensão, é diversa da previsão especial da Lei 9.099/95, motivo pelo qual não deveria ser afastada.

O §5º do art. 82 da Lei 9.099/95 assinala que se a sentença for confirmada pelos próprios fundamentos, a súmula do julgamento servirá de acórdão. A despeito da previsão e dos princípios reitores dos Juizados Especiais, não nos parece razoável a prolação de acordão que tão somente confirma a decisão pelos próprios fundamentos, sob pena de violação ao dever de motivação dos atos judiciais (art. 93, IX). Ainda que se admita a menção e referência aos fundamentos da sentença primeva, *per relationem*, sob pena de quebra da lógica do sistema, minimamente não há como se admitir um acórdão que tão somente confirme a decisão pelos seus próprios fundamentos.

Não podemos nos olvidar, igualmente, do teor do §2º do art. 315 do CPP, para nós de aplicação geral à todas as decisões judiciais, inclusive acórdãos, que dispõe que não se considera fundamentada a decisão, entre outras razões, que invocar motivos que se prestariam a justificar qualquer outra decisão (inc. III). E, de fato, o acordão que confirma a decisão pelos seus próprios fundamentos é aplicável a toda e qualquer decisão judicial.

O dispositivo, portanto, a despeito do entendimento do STF[81], fixado no Tema 451, de Repercussão Geral, deve ser interpretado no sentido de não se exigir uma fundamentação exauriente ou totalmente nova no acordão, no sentido de que a Turma Recursal não precisa, de fato, afastar toda a fundamentação de primeiro grau e produzir outra, completamente nova. É possível o uso de referências e menções, desde que, naturalmente, evidencie-se que a Turma Recursal debruçou-se sobre o caso concreto, apontando as particularidades pelas quais a sentença deve ser confirmada pelos seus próprios fundamentos. A previsão de um rito célere não tem o condão de afastar um dever constitucional, de fundamentar as decisões judiciais, sob pena de proliferação de acórdãos com conteúdo "A Turma mantém a decisão, pelos seus próprios fundamentos", sequer evidenciando que o caso, de fato, foi analisado.

O sistema processual previsto na Lei 9.099/95 apenas contempla dois recursos, apelação e embargos de declaração. Isso não significa que somente tais recursos poderão ser manejados no rito sumaríssimo, haja vista que o próprio art. 92 da referida Lei abre espaço para aplicação subsidiária do CPP, nos casos em que não houver incompatibilidade. Logo, o recurso em sentido estrito poderá ser utilizado nos casos em a decisão proferida não for atacável por apelação, como, por exemplo, nas hipóteses de declaração de extinção da punibilidade, atacável por RSE (art. 581, VIII, CPP).

29.8.3.1 Apelação

A apelação, no âmbito dos Juizados Especiais Criminais, foi expressamente prevista em três hipóteses:

a) Rejeição da denúncia ou queixa: conforme prevê o art. 82: "Da decisão de rejeição da denúncia ou queixa e da sentença caberá apelação, que poderá ser julgada por turma composta de três Juízes em exercício no primeiro grau de jurisdição, reunidos na sede do Juizado". O §1°, por sua vez, dispõe que "apelação será interposta no prazo de dez dias, contados da ciência da sentença pelo Ministério Público, pelo réu e seu defensor, por petição escrita, da qual constarão as razões e o pedido do recorrente". Verifica-se, portanto, uma distinção com relação aos demais procedimentos, porquanto prazo da apelação previsto no CPP é de cinco dias, ao passo que o recurso, quando interposto no rito sumaríssimo, deverá ser protocolizado no prazo de dez dias.

b) Sentença condenatória ou absolutória: assim como no CPP, o recurso adequado para atacar referidas decisões é a apelação, diferenciando-se com relação ao prazo, conforme vimos acima (dez dias).

c) Decisão que homologa a transação penal: §5° do art. 76, Lei 9.099/95.

Não se pode olvidar, igualmente, que a apelação residual, prevista no art. 593, II, do CPP, é perfeitamente aplicável no âmbito dos Juizados Especiais Criminais, de forma que, sendo proferida decisão, atacável por recurso, sobre tema que não se amolda à previsão de recurso em sentido estrito, o recurso adequado será apelação.

81. Não afronta a exigência constitucional de motivação dos atos decisórios a decisão de Turma Recursal de Juizados Especiais que, em consonância com a Lei 9.099/1995, adota como razões de decidir os fundamentos contidos na sentença recorrida. RE 635.729 RG/SP, Rel. Min. Dias Toffoli, DJe 24.08.2011.

Além da diferença do prazo, acima mencionado, outras distinções podem ser realizadas com relação à apelação prevista do CPP, conforme veremos em forma de tabela, para fins didáticos:

Apelação no CPP	**Apelação na Lei 9.099/95**
Prazo de cinco dias (art. 593, *caput*)	Prazo de dez dias (art. 82, §1º)
Interposição por escrito ou termo nos autos (art. 578, *caput*)	Interposição por escrito (art. 82, *caput*)
Apresentação de razões recursais no prazo de oito dias após o recebimento do recurso (art. 600, *caput*)	Apresentação de razões recursais concomitantes à interposição (art. 82, §1º)
Possibilidade de apresentação de razões no Tribunal	Possibilidade de apresentação de razões no Tribunal

A não apresentação das razões recursais, em conjunto com a interposição, a se seguir a lógica processual, teria o condão de gerar preclusão consumativa, impedindo o conhecimento do recurso. Contudo, é voz corrente na doutrina que a apresentação da petição de interposição desacompanhada das razões recursais não impede o conhecimento do recurso desde que as razões venham aos autos no prazo original de dez dias, independentemente da data da interposição do recurso no decêndio legal. Em síntese, interposta a apelação no quinto dia, a parte teria até o décimo dia para apresentar as razões do recurso. De toda forma, prevalece o entendimento[82] de que a não apresentação das razões no prazo legal caracteriza mera irregularidade, não afastando a possibilidade de conhecimento do recurso, não obstante a existência de decisão da 2ª Turma do STF no sentido de que a não apresentação das razões no prazo legal de dez dias impede o conhecimento do recurso[83].

29.8.3.2 Embargos de declaração

Os embargos de declaração foram previstos no art. 83 da Lei 9.099/95, e possuem diferenças com relação à previsão do art. 382 do CPP.

O art. 382 do CPP dispõe que qualquer das partes poderá, no prazo de 2 (dois) dias, pedir ao juiz que declare a sentença, sempre que nela houver obscuridade, ambiguidade, contradição ou omissão. O art. 83, *caput*, da Lei 9.099/95, por sua vez, dispõe que cabem embargos de declaração quando, em sentença ou acórdão[84], houver obscuridade, contradição ou omissão, sendo que o §1º assinala que os embargos de declaração serão opostos por escrito ou oralmente, no prazo de cinco dias, contados da ciência da decisão. Registre-se que os meros erros materiais podem ser corrigidos de ofício (§3º).

Da comparação, percebe-se que **os embargos de declaração no juízo comum deverão ser opostos no prazo de dois dias**, ao passo que **os opostos nos Juizados Especiais**

82. HC 85.344/MS, 1ª Turma, Rel. Min. Carlos Britto, DJ 31.03.06.

83. HC 85.210/SP, 2ª Turma, Rel. Min. Carlos Velloso, DJ 01.07.05.

84. De forma correlata no CPP: Art. 619. Aos acórdãos proferidos pelos Tribunais de Apelação, câmaras ou turmas, poderão ser opostos embargos de declaração, no prazo de dois dias contados da sua publicação, quando houver na sentença ambiguidade, obscuridade, contradição ou omissão.

Criminais deverão observar o prazo de cinco dias. A diferença de prazo chama-nos atenção, porquanto, a despeito do princípio informativo da celeridade, expresso na Lei 9.099/95, o prazo para oposição dos embargos é maior que o previsto para o juízo comum.

Outro ponto que merece destaque envolve o efeito da oposição dos embargos. Na seara do CPP, os embargos de declaração interrompem o prazo para a interposição de outros recursos, por qualquer das partes (art. 538, c/c art. 1026, *caput*, do CPC, aplicável por subsidiariedade ao CPP por força do art. 3º). Nos Juizados Especiais Criminais, igualmente, quando opostos contra sentença, os embargos de declaração, por força de regra expressa, interrompem o prazo para o recurso, nos termos do art. 83, §2º.

Em síntese, opostos os embargos de declaração, haverá a interrupção do prazo recursal para todas as partes, de forma que, julgados os embargos, o prazo integral para interposição do recurso adequado será restituído. Após a entrada em vigor do novo CPC, apenas permanece o efeito suspensivo aos embargos de declaração quando opostos contra decisão do STF (RISTF, art. 339).

29.8.3.3 Recurso especial e extraordinário

Dentre as hipóteses de manejo do recurso extraordinário, a Constituição Federal previu no art. 102, III, alíneas "a" a "d", a competência do STF para julgar, mediante recurso extraordinário, as causas decididas em única ou última instância, quando a decisão recorrida: a) contrariar dispositivo desta Constituição; b) declarar a inconstitucionalidade de tratado ou lei federal; c) julgar válida lei ou ato de governo local contestado em face desta Constituição; d) julgar válida lei local contestada em face de lei federal.

Ao analisar a possibilidade de interposição de recurso extraordinário contra decisão proferida por Turma Recursal, o STF expressamente reconheceu a viabilidade do RExt, fixando o entendimento na **Súmula 640**: "**é cabível recurso extraordinário contra decisão proferida por juiz de primeiro grau nas causas de alçada, ou por Turma Recursal de juizado especial cível e criminal**". Não obstante, o recurso extraordinário somente será cabível diante de decisão proferida por decisão colegiada da Turma Recursal, porquanto contra as decisões do relator da Turma Recursal, será cabível agravo para apreciação pela Turma[85].

No tocante ao recurso especial, é pacífico o entendimento, inclusive sumulado pelo STJ, Súmula 203, que "**não cabe recurso especial contra decisão proferida por órgão de segundo grau dos Juizados Especiais**". Referido entendimento decorre do fato que o art. 105, III, CF, ao estabelecer como pressuposto para o cabimento do REsp que as causas tenham sido decididas, em única ou última instância, pelos Tribunais Regionais Federais ou pelos Tribunais dos Estados, do Distrito Federal e Territórios, não contemplou expressamente as Turmas Recursais, sendo impossível a equiparação entre Turma Recursal e Tribunal.

85. STF: RE 311.382/RJ, 1ª Turma, Rel. Min. Sepúlveda Pertence, DJ 11.10.01.

29.8.3.4 Habeas corpus

Segundo entendimento dominante, a competência para o processo e julgamento de *habeas corpus* contra decisão de juiz singular do Juizado Especial Criminal é da Turma Recursal e não do Tribunal de Justiça[86].

Apesar de consagrado e pacífico o entendimento, fruto da tentativa de redução de processos em trâmite perante os tribunais, não nos parece o melhor caminho a ser seguido, especialmente após a entrada em vigor da nova Lei de Abuso de Autoridade, haja vista que, essencialmente, o *habeas corpus* será impetrado quando houver risco à liberdade do paciente, circunstância que, ao menos em tese, é apta a caracterizar abuso de autoridade praticado por juiz de direito, que tem foro por prerrogativa de função junto ao respectivo tribunal. E, nesse sentido, a Turma Recursal, ao conceder uma ordem de *habeas corpus*, poderá imiscuir-se em seara que não lhe compete nas razões de decidir, invadindo a competência do tribunal.

Por outro lado, tratando-se de *habeas corpus* impetrado contra decisão de Turma Recursal, caberá ao Tribunal de Justiça, na esfera estadual, e ao TRF, na seara federal, o julgamento.

Não prevalece, portanto, o teor da Súmula 690 do STF, que dispunha que "Compete originariamente ao Supremo Tribunal Federal o julgamento de "*habeas corpus*" contra decisão de Turma Recursal de Juizados Especiais Criminais", haja vista sua superação pelo julgamento do HC 86.834/SP[87]: "Estando os integrantes das turmas recursais dos juizados especiais submetidos, nos crimes comuns e nos de responsabilidade, à jurisdição do tribunal de justiça ou do tribunal regional federal, incumbe a cada qual, conforme o caso, julgar os habeas impetrados contra ato que tenham praticado".

29.8.3.5 Mandado de segurança

Conforme o enunciado da Súmula 376 do STJ: "Compete à Turma Recursal processar e julgar o mandado de segurança contra ato de juizado especial". Prevalece ainda o entendimento, fixado em sede repercussão geral pelo STF (tema 77), que não cabe mandado de segurança das decisões interlocutórias exaradas em processos submetidos ao rito da Lei 9.099/95:

> "não cabe mandado de segurança das decisões interlocutórias exaradas em processos submetidos ao rito da Lei n. 9.099/95. A Lei n. 9.099/95 está voltada à promoção de celeridade no processamento e julgamento de causas cíveis de complexidade menor. Daí ter consagrado a regra da irrecorribilidade das decisões interlocutórias, inarredável. Não cabe, nos casos por ela abrangidos, aplicação subsidiária do Código de Processo Civil, sob a forma do agravo de instrumento, ou o uso do instituto do mandado de segurança. Não há afronta ao princípio constitucional da ampla defesa (art. 5º, LV da CB), vez que decisões interlocutórias podem ser impugnadas quando da interposição de recurso inominado. RE 576847/BA, Órgão Pleno, Rel. Min. Eros Grau, DJ 07.08.09.

No tocante à competência para julgamento de mandado de segurança contra decisão de Turma Recursal, prevalece o entendimento no âmbito do STF de que a competência é da própria Turma Recursal:

---

86. STJ: HC 30.155/RS, 5ª Turma, Rel. Min. Jorge Scartezzini, DJ 01.07.04.
87. STF: Pleno, HC 86.834/SP, Rel. Min. Marco Aurélio, DJ 09.03.07.

Competência: Turma Recursal dos Juizados Especiais: mandado de segurança contra seus próprios atos e decisões: aplicação analógica do art. 21, VI, da LOMAN. A competência originária para conhecer de mandado de segurança contra coação imputada a Turma Recursal dos Juizados Especiais é dela mesma e não do Supremo Tribunal Federal. MS 24691/MG, Órgão Pleno, Rel. Min. Marco Aurélio, Min. Rel. para o acórdão Sepúlveda Pertence, DJ 24.06.05.

29.8.3.6 *Revisão criminal*

A despeito de não prevista expressamente na Lei 9.099/95, é perfeitamente possível a aplicação do instituto contra as decisões proferidas pelo Juizado Especial Criminal, porquanto se trata de procedimento amparado pelo devido processo legal. A competência para julgamento da revisão criminal será da própria Turma Recursal conforme entendimento do STJ:

> Apesar da ausência de expressa previsão legal, mostra-se cabível a revisão criminal no âmbito dos Juizados Especiais, decorrência lógica da garantia constitucional da ampla defesa, notadamente quando a legislação ordinária vedou apenas a ação rescisória, de natureza processual cível.
>
> É manifesta a incompetência do Tribunal de Justiça para tomar conhecimento de revisão criminal ajuizada contra decisum oriundo dos Juizados Especiais.
>
> A falta de previsão legal específica para o processamento da ação revisional perante o Colegiado Recursal não impede seu ajuizamento, cabendo à espécie a utilização subsidiária dos ditames previstos no Código de Processo Penal.
>
> Caso a composição da Turma Recursal impossibilite a perfeita obediência aos dispositivos legais atinentes à espécie, mostra-se viável, em tese, a convocação dos magistrados suplentes para tomar parte no julgamento, solucionando-se a controvérsia e, principalmente, resguardando-se o direito do agente de ver julgada sua ação revisional. CC 47718/RS, Rel. Min. Jane Silva, Des. convocada do TJ/MG, DJ 26.08.08.

29.8.4 Execução nos Juizados Especiais Criminais

O art. 60 da Lei 9.099/95 dispõe que cabe ao Juizado Especial Criminal a conciliação, o julgamento e a execução das infrações de menor potencial ofensivo. Entretanto, o art. 86 da mesma lei assinala que a execução das penas privativas de liberdade e restritivas de direitos, ou de multa cumulada com estas, será processada perante o órgão competente, nos termos da lei.

A análise dos dispositivos nos evidencia a especialidade do art. 86 com relação ao art. 60, porquanto remete a competência para execução das penas privativas de liberdade e restritivas de direitos, da multa com elas cumulada, ao órgão competente, isto é, a vara de execuções criminais. Remanesce a competência do Juizado Especial Criminal, portanto, somente quando for aplicada a pena de multa de forma isolada, haja vista que as demais hipóteses foram contempladas pela especialidade do art. 86.

Aplica-se, dessa forma, o teor do art. 84 da Lei 9.099/95, que prevê que, aplicada exclusivamente pena de multa, seu cumprimento far-se-á mediante pagamento na Secretaria do Juizado. Segundo o parágrafo único, efetuado o pagamento, o Juiz declarará extinta a punibilidade, determinando que a condenação não fique constando dos registros criminais, exceto para fins de requisição judicial.

O art. 85 da Lei 9.099/95 que prevê a possibilidade de, diante do não pagamento da pena multa, ser convertida essa em pena privativa da liberdade, ou restritiva de direitos, nos termos previstos em lei, foi tacitamente revogado pela Lei 9.268/96, que modificou a redação do art. 51 do CP para considerar a pena de multa não paga como dívida de valor a ser executada pelo Ministério Público e, portanto, insuscetível de conversão em outra modalidade.

29.9 PROCEDIMENTOS ESPECIAIS PREVISTOS NO CPP

No âmbito do CPP, foram previstos três procedimentos especiais: do processo e julgamento dos crimes de responsabilidade do funcionário público; do processo e julgamento dos crimes de calúnia e injúria, de competência do juiz singular; e do processo e julgamento dos crimes contra a propriedade imaterial.

29.9.1 Processo e julgamento dos crimes de responsabilidade do funcionário público

As particularidades procedimentais do processo e julgamento dos crimes de responsabilidade do funcionário público foram previstas nos arts. 513 a 518 do CPP. Apesar da nomenclatura – crimes de responsabilidade –, o procedimento versa sobre os crimes praticados por funcionários públicos contra a administração pública.

Com a entrada em vigor das alterações promovidas pela Lei 12.403/11, não mais se justifica a suposta e irrazoável diferenciação entre os crimes funcionais afiançáveis e inafiançáveis, porquanto todos, atualmente, são afiançáveis sob luz do art. 323 do CPP. Ainda que existente a distinção, o 513 do CPP assinala que "os crimes de responsabilidade dos funcionários públicos, cujo processo e julgamento competirão aos juízes de direito, a queixa ou a denúncia será instruída com documentos ou justificação que façam presumir a existência do delito ou com declaração fundamentada da impossibilidade de apresentação de qualquer dessas provas". O trecho em destaque contraria frontalmente a necessidade de demonstração da justa causa, razão pela qual não há como se admitir a possibilidade de deflagração do processo sem suporte mínimo probatório.

Nos termos do art. 514 do CPP, inserido no contexto do processo e julgamento dos crimes de responsabilidade dos funcionários públicos, "nos crimes afiançáveis, estando a denúncia ou queixa em devida forma, o juiz mandará autuá-la e ordenará a notificação do acusado, para responder por escrito, dentro do prazo de quinze dias". Com as alterações promovidas pela Lei 12.403/11, conforme vimos, todos os crimes funcionais típicos passaram a admitir a fiança, de forma que a regra, portanto, possui aplicação integral aos delitos funcionais típicos, isto é, aqueles cuja prática pressupõe a condição de funcionário público e que o delito tenha sido praticado no exercício ou em razão da função.

Nesse sentido, entendemos por aplicável o procedimento da defesa preliminar aos delitos de abuso de autoridade, pois essencialmente típicos. Não basta, portanto, a condição de funcionário público para que seja atraída a norma, sendo necessária a vinculação do fato com a função pública exercida. Por essa razão, o STJ entende por inaplicável a previsão ao particular corréu[88] ou ao agente que, ao tempo do processo, não exerça mais função pública[89].

88. HC 79.220/DF, DJ 13.08.07.

89. RHC 7.944/GO, DJ 14.12.98.

Ainda com relação ao art. 514 do CPP, entendemos por inconstitucional a previsão do parágrafo único, que dispõe que se não for conhecida a residência do acusado, ou este se achar fora da jurisdição do juiz, ser-lhe-á nomeado defensor, a quem caberá apresentar a resposta preliminar. Um dos pilares do direito de defesa é o de escolher seu próprio defensor, de forma que a imposição de nomeação de defensor tão somente pelo fato de achar fora da jurisdição do magistrado ou não ter endereço residencial conhecido não afasta o direito ou a possibilidade do acusado, tendo ciência da acusação, constituir seu próprio defensor. A implícita vedação à expedição de carta precatória estatuída pelo parágrafo único do art. 514 do CPP viola, sensivelmente, o devido processo legal, sendo, para nós, inconstitucional.

No tocante à falta de notificação para apresentação da resposta preliminar, prevista no art. 514 quando se tratar de crime funcional afiançável, há controvérsia entre o STF e o STJ. O Pretório Excelso entende por indispensável a defesa preliminar nas hipóteses do art. 514 do Código de Processo Penal, mesmo quando a denúncia é lastreada em inquérito policial, uma vez que o fim da defesa preliminar é afastar a propositura de ações penais temerárias contra funcionários públicos[90].

Por outro lado, o STJ editou a Súmula 330, assinalando por "desnecessária a resposta preliminar de que trata o art. 514 do Código de Processo Penal, na ação penal instruída por inquérito policial".

Não obstante, ambas as cortes entendem que a omissão quanto à intimação para apresentação da defesa preliminar caracteriza mera nulidade relativa, exigindo a demonstração da prova do prejuízo[91].

Conforme se extrai do art. 515 do CPP, durante o prazo concedido para a resposta, os autos permanecerão em cartório, onde poderão ser examinados pelo acusado ou por seu defensor, sendo que a resposta poderá ser instruída com documentos e justificações. Apesar da previsão, não verificamos qualquer óbice à concessão do pedido de carga dos autos em atenção ao contraditório e ampla defesa.

À vista da defesa preliminar, o art. 516 do CPP dispõe que o juiz rejeitará a queixa ou denúncia, em despacho fundamentado, se convencido, pela resposta do acusado ou do seu defensor, da inexistência do crime ou da improcedência da ação. As causas de rejeição da denúncia são aquelas previstas no art. 395 do CPP, contendo o dispositivo uma imprecisão terminológica quanto à "improcedência da ação" em razão da regra da abstração da ação com relação ao direito material.

Em sequência, recebida da inicial, o art. 517 do CPP dispõe que o acusado será citado, na forma estabelecida no CPP, em observância às regras gerais de citação. Segundo o art. 518 do CPP, a instrução criminal e demais termos do processo, deverão observar observar-se-á o disposto nos artigos 394 a 405 do CPP, haja vista que o Capítulo III, do Título I, do Livro II do CPP, foi revogado pela Lei 11.719/08.

---

90. HC 85.779/RJ, Tribunal Pleno, Rel. Min. Cármen Lúcia, DJe 28.06.07.

91. STJ: 6ª Turma, AgRg no REsp 1.133.603/MG, Rel. Min. Celso Limongi, DJe 09.03.11. STF: 1ª Turma, HC 91.760/PI, Rel. Min. Cármen Lúcia, DJe 28.02.08.

Vale destacar que o procedimento só será aplicável quando o funcionário público estiver no exercício da função e o crime tiver relação com essa segundo o STF[92].

29.9.2 Dos processos e julgamento dos crimes de calúnia e injúria

Apesar da previsão específica relacionada aos crimes de calúnia e injúria, o regramento se aplica ao crime de difamação, apenas não previsto no título porque à época da edição do CPP, o delito não era previsto de forma autônoma.

Ressalte-se, todavia, que sendo o crime contra honra especial, a exemplo dos crimes contra a honra tipificados no Código Eleitoral e Código Penal Militar, o rito a ser observado será o específico e não o previsto no CPP. No que toca ao rito previsto na Lei 9.099/95, sua aplicação aos crimes militares foi afastada pelo art. 91-A pelo referido diploma legal, sendo possível sua aplicação aos crimes eleitorais.

O art. 519 do CPP dispõe que no processo por crime de calúnia ou injúria, ao qual devemos acrescentar o crime de difamação, se não for observada outra forma estabelecida em lei especial, deverá ser observado o rito comum ordinário, com as modificações constantes dos artigos 520 a 523 do CPP.

A expressiva maioria dos crimes contra a honra caracteriza-se como de pequeno potencial ofensivo, devendo ser aplicado o rito sumaríssimo. Assim, o rito especial só será aplicável ao crime de calúnia (art. 138 do CP) quando conjugado com as causas de aumento previstas no art. 141 do CP, e injúria por preconceito (art. 140, §3º, CP). Em diálogo das fontes, o procedimento dos arts. 520 a 523 também deverá ser aplicado aos crimes contra a honra que envolvam violência doméstica e familiar contra a mulher, crianças e adolescentes, porquanto as Leis Maria da Penha e Lei Henry Borel afastam a aplicação da Lei 9.099/95.

Tratando-se o crime de ação penal pública não sujeito ao rito do Juizado Especial Criminal, o procedimento a ser aplicado é o rito comum ordinário nos termos do art. 519 do CPP. Tratando-se, todavia, de ação penal de iniciativa privada, o procedimento a ser observado será previsto nos arts. 520 a 523 do CPP.

Nos termos do art. 520 do CPP, antes de receber a queixa, o juiz oferecerá às partes oportunidade para se reconciliarem, fazendo-as comparecer em juízo e ouvindo-as, separadamente, sem a presença dos seus advogados, não se lavrando termo. Conforme o art. 521 do CPP, se depois de ouvir o querelante e o querelado, o juiz achar provável a reconciliação, promoverá entendimento entre eles, na sua presença. Havendo a reconciliação, depois de assinado pelo querelante o termo da desistência, a queixa será arquivada (art. 522, CPP).

Frustrada a conciliação, o juiz deverá receber a queixa-crime, citando-se o querelado para responder à acusação. Segundo o art. 523 do CPP, quando for oferecida a exceção da verdade ou da notoriedade do fato imputado, o querelante poderá contestar a exceção no prazo de dois dias, podendo ser inquiridas as testemunhas arroladas na queixa, ou outras indicadas naquele prazo, em substituição às primeiras, ou para completar o máximo legal.

92. AP 937, j. 03.05.18.

No que tange ao prosseguimento do procedimento, o juiz deverá observar as regras do procedimento comum ordinário.

29.9.3 Do processo e do julgamento dos crimes contra a propriedade imaterial

As peculiaridades do rito processual dos crimes contra propriedade imaterial são aplicáveis somente à fase pré-processual, porquanto o art. 524 do CPP determina a aplicação do rito ordinário ao procedimento.

Nesse ponto, vale destacar que na realidade existem dois procedimentos pré-processuais, destinados aos crimes iniciados por ação penal de iniciativa pública e privada, conforme se extrai do teor dos arts. 530-A e 530-I do CPP: Art. 530-A - O disposto nos arts. 524 a 530 será aplicável aos crimes em que se proceda mediante queixa; Art. 530-I - Nos crimes em que caiba ação penal pública incondicionada ou condicionada, observar-se-ão as normas constantes dos arts. 530-B, 530-C, 530-D, 530-E, 530-F, 530-G e 530-H.

29.9.3.1 Crimes processados por ação penal de iniciativa privada

Apesar da contradição assinalada no art. 525, que a despeito da regra do art. 530-A, ainda faz menção à denúncia, esse dispõe que no caso de haver o crime deixado vestígio, a queixa ou a denúncia não será recebida se não for instruída com o exame pericial dos objetos que constituam o corpo de delito. A previsão enceta, conforme entendimento doutrinário dominante, uma verdadeira condição de procedibilidade para a ação penal, conforme se infere do teor do art. 526 do CPP: "Sem a prova de direito à ação, não será recebida a queixa, nem ordenada qualquer diligência preliminarmente requerida pelo ofendido".

No que tange à busca e apreensão, possível na espécie, o art. 527 dispõe que a diligência de busca ou de apreensão será realizada por dois peritos nomeados pelo juiz, que verificarão a existência de fundamento para a apreensão, e quer esta se realize, quer não, o laudo pericial será apresentado dentro de 3 (três) dias após o encerramento da diligência.

Apesar da exigência específica de apreensão por dois peritos nomeados pelo juiz, regra especial, entendemos que a regra não se aplica quando realizada por apenas um perito oficial, diante da nova redação do art. 159, *caput*, do CPP, posterior à redação do art. 527. Apesar da especialidade, parece-nos um excesso de formalismo sequer exigido para crimes mais graves, de forma que entendemos por válida e legal a realização da diligência quando realizada por apenas um perito oficial.

Segundo o parágrafo único do art. 527 do CPP, o requerente da diligência poderá impugnar o laudo contrário à apreensão, e o juiz ordenará que essa seja efetuada, caso reconheça a improcedência das razões aduzidas pelos peritos. Encerradas as diligências, os autos serão conclusos ao juiz para homologação do laudo (art. 528, CPP). Vale destacar que essa homologação produz efeitos formais no tocante ao procedimento, sem qualquer juízo valorativo quanto ao mérito, razão pela qual entendemos por irrecorrível, ao contrário do sustentado por Norberto Avena[93], porquanto o mérito do laudo, apto

93. *op.cit.* p. 1556.

a fundamentar a justa causa, deverá ser apreciado quando do recebimento da inicial acusatória.

Registre-se ainda que a ciência da homologação do laudo fixa o prazo decadencial de 30 dias, previsto no art. 529 do CPP, quando a vítima conhecer autoria do fato. Nesse sentido, conforme o entendimento do STJ, é possível e adequado conformar os prazos previstos nos arts. 38 e 529, ambos do CPP, de modo que, em se tratando de crimes contra a propriedade imaterial que deixem vestígio, a ciência da autoria do fato delituoso dá ensejo ao início do prazo decadencial de 6 meses, sendo tal prazo reduzido para 30 dias se homologado laudo pericial nesse ínterim[94].

O parágrafo único do art. 529 do CPP ainda prevê que será dada vista ao Ministério Público dos autos de busca e apreensão requeridas pelo ofendido, se o crime for de ação pública e não tiver sido oferecida queixa no prazo fixado neste artigo.

Vale destacar que o art. 530 do CPP reduz sensivelmente o prazo decadencial para oito dias quando tiver ocorrido prisão em flagrante e o acusado não tiver sido posto em liberdade por decretação de prisão preventiva sob a luz do novo regramento atinente à prisão. De todo modo, proposta a ação penal, o rito seguirá a trilha do procedimento comum ordinário.

29.9.3.2 Crimes processados por ação penal pública

Por outro lado, no tocante aos crimes contra a propriedade imaterial processados por iniciativa pública, as peculiaridades procedimentais pré-processuais foram previstas nos arts. 530-B a 530-H do CPP.

Segundo o art. 530-B, nos casos das infrações previstas nos §§ 1º, 2º e 3º do art. 184 do Código Penal, a autoridade policial procederá à apreensão dos bens ilicitamente produzidos ou reproduzidos, em sua totalidade, juntamente com os equipamentos, suportes e materiais que possibilitaram a sua existência, desde que estes se destinem precipuamente à prática do ilícito. Na ocasião da apreensão será lavrado termo, assinado por 2 (duas) ou mais testemunhas, com a descrição de todos os bens apreendidos e informações sobre suas origens, o qual deverá integrar o inquérito policial ou o processo (art. 530-C, CPP). Verifica-se, portanto, que diferentemente dos crimes processados por ação penal de iniciativa privada, a apreensão pode ser determinada de ofício pela autoridade policial.

Nos termos do art. 530-D, CPP, subsequente à apreensão, será realizada, por perito oficial, ou, na falta deste, por pessoa tecnicamente habilitada, perícia sobre todos os bens apreendidos e elaborado o laudo que deverá integrar o inquérito policial ou o processo. Perceba-se que a redação legal não impõe a participação de dois peritos, contentando-se com apenas uma pessoa técnica habilitada.

Vale destacar que o STJ flexibilizou a redação do dispositivo no tocante à necessidade de realização de perícia sobre todos os bens apreendidos por meio da Súmula 574, admitindo a realização de perícia por amostragem.

> Súmula 574: "Para a configuração do delito de violação de direito autoral e a comprovação de sua materialidade, **é suficiente a perícia realizada por amostragem do produto**

94. REsp 1762142, Rel. Min. Sebastião Reis Júnior, j. 13.04.21.

> **apreendido**, nos aspectos externos do material, e é desnecessária a identificação dos titulares dos direitos autorais violados ou daqueles que os representem".

O art. 530-E do CPP dispõe que os titulares de direito de autor e os que lhe são conexos serão os fiéis depositários de todos os bens apreendidos, devendo colocá-los à disposição do juiz quando do ajuizamento da ação. Ressalvada a possibilidade de se preservar o corpo de delito, o juiz poderá determinar, a requerimento da vítima, a destruição da produção ou reprodução apreendida quando não houver impugnação quanto à sua ilicitude ou quando a ação penal não puder ser iniciada por falta de determinação de quem seja o autor do ilícito (Art. 530-F, CPP).

O art. 530-H do CPP prevê que as associações de titulares de direitos de autor e os que lhes são conexos poderão, em seu próprio nome, funcionar como assistente da acusação nos crimes previstos no art. 184 do Código Penal, quando praticado em detrimento de qualquer de seus associados.

Nos termos do art. 530-G do CPP, o juiz, ao prolatar a sentença condenatória, poderá determinar a destruição dos bens ilicitamente produzidos ou reproduzidos e o perdimento dos equipamentos apreendidos, desde que precipuamente destinados à produção e reprodução dos bens, em favor da Fazenda Nacional, que deverá destruí-los ou doá-los aos Estados, Municípios e Distrito Federal, a instituições públicas de ensino e pesquisa ou de assistência social, bem como incorporá-los, por economia ou interesse público, ao patrimônio da União, que não poderão retorná-los aos canais de comércio.

29.10 SÍNTESE GRÁFICA

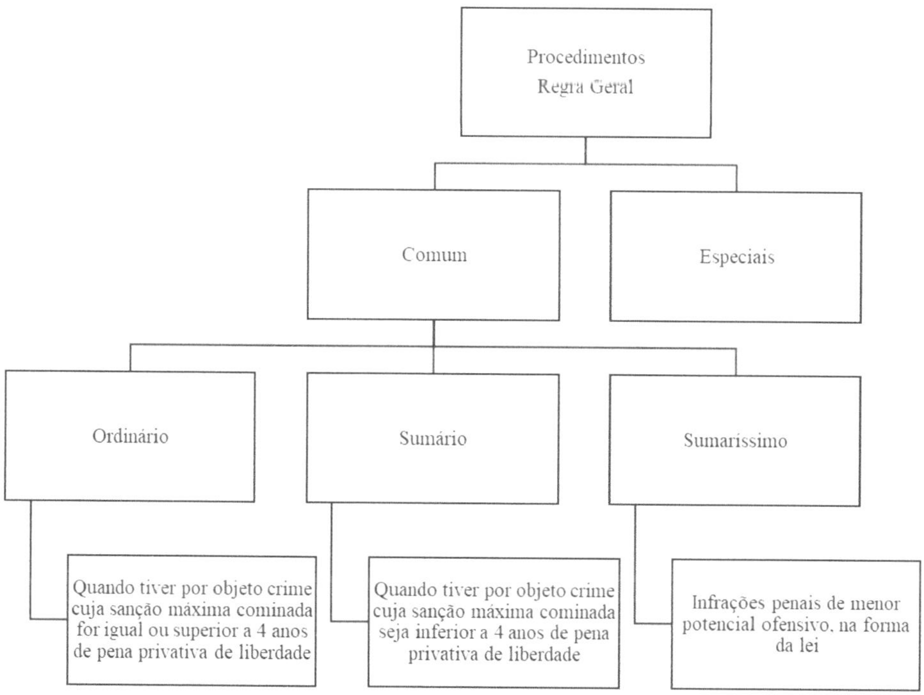

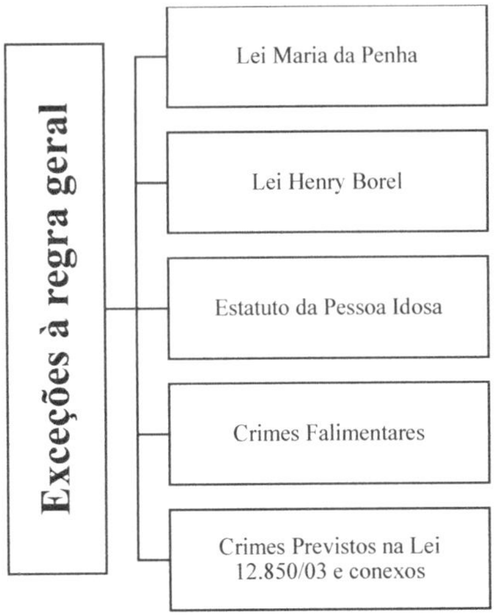
Exceções à regra geral
Lei Maria da Penha
Lei Henry Borel
Estatuto da Pessoa Idosa
Crimes Falimentares
Crimes Previstos na Lei 12.850/03 e conexos

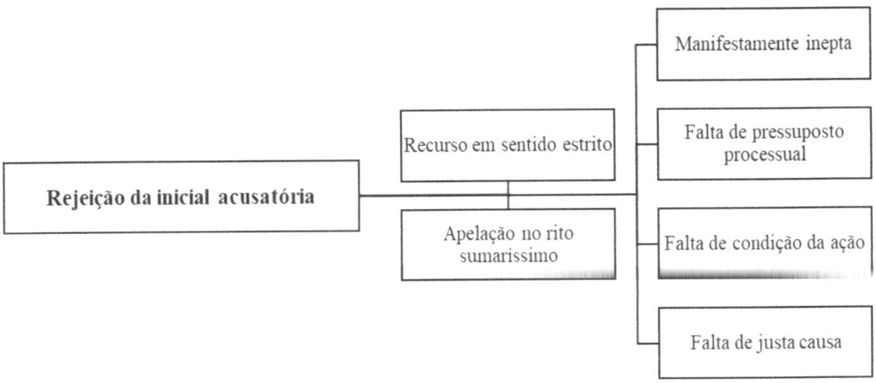
Rejeição da inicial acusatória
Recurso em sentido estrito
Apelação no rito sumaríssimo
Manifestamente inepta
Falta de pressuposto processual
Falta de condição da ação
Falta de justa causa

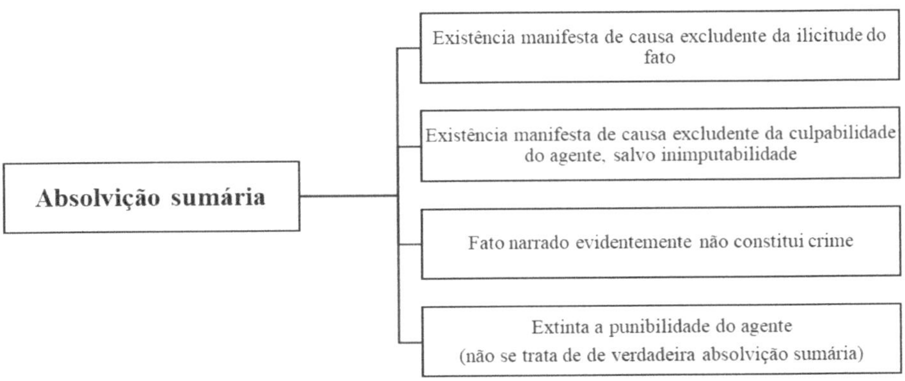
Absolvição sumária
Existência manifesta de causa excludente da ilicitude do fato
Existência manifesta de causa excludente da culpabilidade do agente, salvo inimputabilidade
Fato narrado evidentemente não constitui crime
Extinta a punibilidade do agente
(não se trata de de verdadeira absolvição sumária)

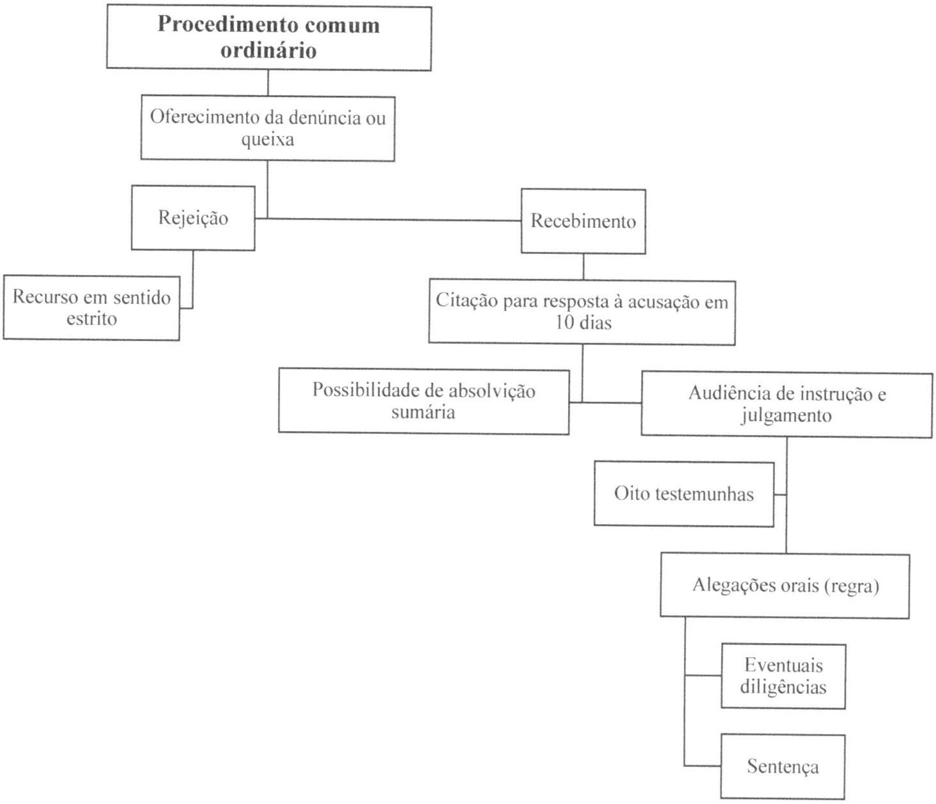

	Procedimento ordinário	**Procedimento sumário**
Audiência de instrução e julgamento	Prazo máximo para realização de 60 dias (art. 400, *caput*, CPP)	Prazo máximo para realização de 30 dias (art. 531, CPP)
Número de testemunhas	Oito arroladas pela acusação e oito arroladas pela defesa (art. 401, *caput*, CPP)	Cinco arroladas pela acusação e cinco arroladas pela defesa (art. 532, CPP)
Condução coercitiva de testemunha faltosa	Sem previsão expressa no procedimento, mas aplicável, por analogia, o art. 535 do CPP	Prevista expressamente no art. 535 do CPP
Requerimento de diligências	Previsão expressa no art. 402 do CPP	Sem previsão expressa, mas aplicável, por subsidiariedade, o art. 402 do CPP
Substituição de alegações orais por escrita	Expressamente prevista nas hipóteses de complexidade do caso ou número de acusados (art. 403, §3º, CPP), no caso de requerimento de diligências (art. 404, CPP) e, naturalmente, por juntada posterior de interrogatório realizado por carta precatória.	Sem previsão expressa, mas perfeitamente aplicável as regras do procedimento ordinário do quadro acima

Princípios informativos dos Juizados Especiais Criminais

- Oralidade
- Simplicidade
- Informalidade
- Economia processual
- Celeridade processual

Transação Penal

- Não se trata de direito público subjetivo
- Infração penal cuja pena máxima cominada não seja superior a 2 anos
- Infração penal em que seja cominada isolada ou alternativamente a pena de multa
- Não ter sido o autor da infração condenado, pela prática de crime, à pena privativa de liberdade, por sentença definitiva
- Não ter sido o agente beneficiado anteriormente, no prazo de cinco anos, pela aplicação de pena restritiva ou multa
- Antecedentes, conduta social, personalidade do agente, bem como os motivos e circunstâncias indiquem ser necessária e suficiente a adoção da medida

Suspensão condicional do processo

- Não se trata de direito público subjetivo
- Infração penal cuja pena mínima não sja superior a 1 ano
- Infração penal em que seja cominada isolada ou alternativamente a pena de multa
- Não esteja sendo processado por outro crime
- Não ser reincidente em crime doloso
- Antecedentes, conduta social, personalidade do agente, bem como os motivos e circunstâncias indiquem ser necessária e suficiente a adoção da medida
- Satisfação dos demais requisitos que autorizam o *sursis* e seja indicada ou cabível a substituição de pena (art. 44, CP)
- Não ter sido o agente beneficiado anteriormente, no prazo de cinco anos, pela suspensão condicional do processo (nosso entendimento)

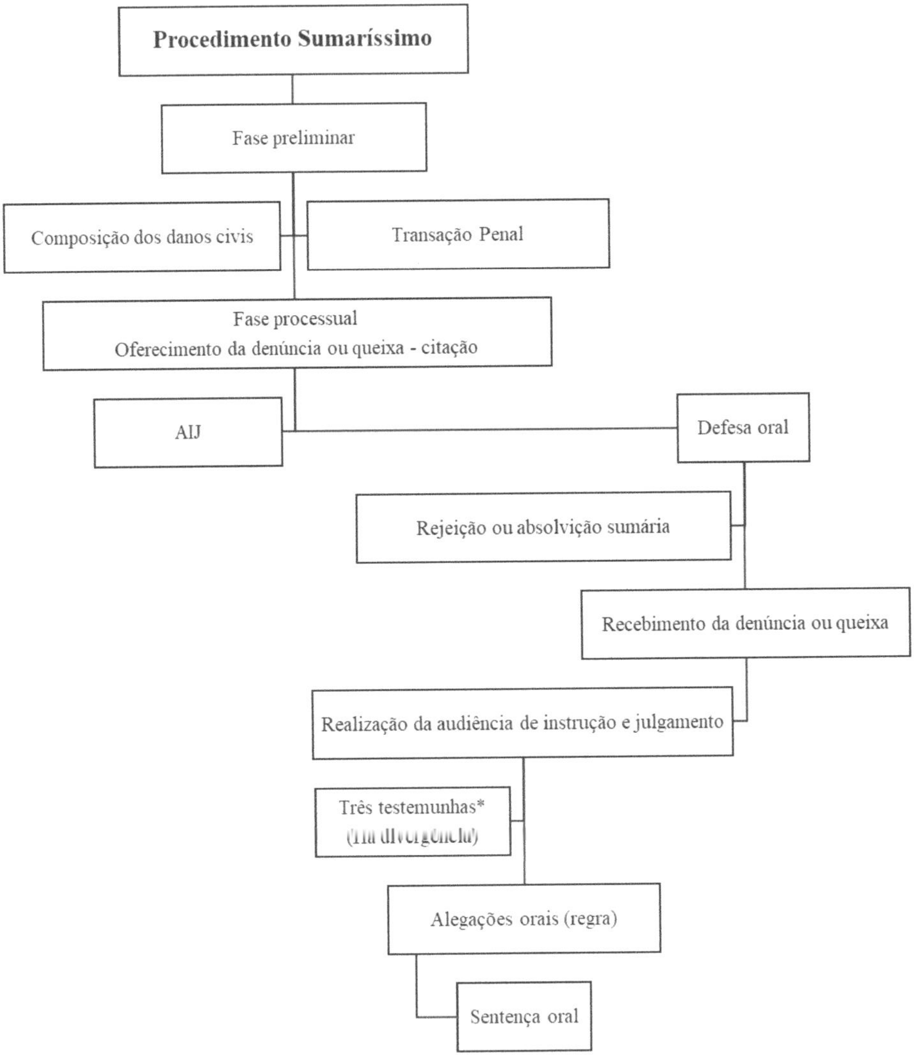

29.11 REVISÃO DO CAPÍTULO POR QUESTÕES DE CONCURSOS E ASSERTIVAS DE REFORÇO

QUESTÕES DE CONCURSO

1. (MP/RJ 2022 – PROMOTOR DE JUSTIÇA). Tendo em conta as disposições processuais constantes da Lei dos Juizados Especiais Criminais, da Lei Antidrogas e do Código de Trânsito Brasileiro (CTB), assinale a alternativa correta.

A. Por expressa determinação legal, a suspensão condicional do processo, prevista no art. 89, da Lei nº 9.099/95, não se aplica ao crime de embriaguez ao volante, previsto no CTB.

B. O instituto da transação penal, previsto no art. 76, da Lei nº 9.099/95, não se aplica às ações penais privadas, sendo previsto apenas para as ações penais públicas, condicionadas ou não à representação.

C. Ao agente que incorre no crime do art. 28, da Lei Antidrogas, não se imporá prisão em flagrante, devendo ser encaminhado imediatamente à autoridade judiciária, a quem compete, com exclusividade, lavrar termo circunstanciado.

D. No que concerne ao crime de embriaguez ao volante, previsto no CTB, a prova da materialidade far-se-á exclusivamente por perícia realizada por órgão oficial.

E. A apreensão e o sequestro de bens, direitos ou valores suspeitos de serem produtos ou de constituírem proveitos de crimes previstos na Lei Antidrogas não podem ser decretados de ofício pelo Juiz.

2. (PC/PB 2022 - CESPE – DELEGADO DE POLÍCIA). Considerando o sistema de juizados especiais criminais, previsto na Lei n.º 9.099/1995, e a jurisprudência do STJ e STF sobre a matéria, assinale a opção correta.

A. Tratando-se de crime de ação penal privada ou pública condicionada à representação, a realização de composição civil dos danos entre autor e vítima gera a extinção da punibilidade.
B. Admite-se transação penal para os crimes dolosos com pena máxima inferior ou igual a 2 anos e para os delitos culposos, independentemente da sanção aplicada.
C. A sentença que homologa a transação penal faz coisa julgada material, e o descumprimento do acordo deve ser resolvido por meio de execução na esfera cível.
D. O procedimento de apuração de infrações de menor potencial ofensivo não admite a realização de exames periciais, haja vista a necessidade de brevidade na conclusão do processo.
E. A despeito da omissão legislativa, é permitida a realização de transação penal para os crimes de ação penal privada, por se tratar de direito subjetivo do autor do fato.

3. (PC/PB 2022 - CESPE – DELEGADO DE POLÍCIA). Durante a pandemia, A, B e C foram encaminhados ao juizado especial criminal por terem praticado, respectivamente: omissão de notificação de doença (art. 269 CP, pena de detenção, de seis meses a dois anos, e multa); fornecimento de remédio em desacordo com receita médica (art. 280 CP, pena de detenção, de um a três anos, ou multa), e charlatanismo (art. 283 CP, pena de detenção, de três meses a um ano, e multa). Nesse caso,

A. são cabíveis transação penal e suspensão condicional do processo para A, B e C.
B. é cabível transação penal somente para C.
C. é cabível transação penal para A, B e C.
D. é cabível suspensão condicional do processo apenas para C.
E. é cabível suspensão condicional do processo para A, B e C.

4. (MP/TO 2022 - CESPE - PROMOTOR DE JUSTIÇA SUBSTITUTO). A respeito dos prazos no processo penal ordinário, é correto afirmar que

A. tais prazos são contados, em regra, apenas em dias úteis.
B. o prazo do Ministério Público para recorrer conta-se apenas a partir do termo de vista dos autos.
C. tais prazos começam a ser contados computando-se o dia da intimação.
D. tais prazos não correrão se for reconhecido o impedimento do juiz.
E. o dia do vencimento, se cair em dia útil, não é incluído no prazo.

5. (PC/MS 2021 - PC-MS - DELEGADO DE POLÍCIA). Sobre o procedimento nos Juizados Especiais Criminais, assinale a alternativa INCORRETA.

A. Consideram-se infrações penais de menor potencial ofensivo, para os efeitos da Lei nº 9.099/95, as contravenções penais e os crimes a que a lei comine pena máxima não superior a 2 (dois) anos, cumulada ou não com multa.
B. De acordo com a Lei nº 9.099/95, a competência do Juizado será determinada pelo lugar onde se consumar a infração penal.
C. O Supremo Tribunal Federal entende que a pessoa detida pelo crime previsto no art. 28 da Lei nº 11.343/2006 (posse de drogas para consumo pessoal) deve ser encaminhada imediatamente ao juiz e não à autoridade policial, e o próprio magistrado deve lavrar o termo circunstanciado e requisitar os exames e as perícias necessárias. Somente se não houver disponibilidade do juízo competente, deve o autor ser encaminhado à autoridade policial, que então adotará tais providências.
D. Para o Superior Tribunal de Justiça, no caso de concurso de crimes, a pena considerada para fins de fixação da competência dos Juizados Especiais Criminais será o resultado da soma, no caso de concurso material, ou a exasperação, na hipótese de concurso formal ou crime continuado, das penas máximas cominadas aos delitos. Assim, se desse somatório resultar uma pena superior a 2 (dois) anos, fica afastada a competência do Juizado. Dispõe a lei que a composição dos danos civis será reduzida a escrito e, quando homologada pelo juiz mediante sentença irrecorrível, terá eficácia de título a ser executado no juízo civil competente. Tratando-se de ação penal de iniciativa privada ou de ação penal pública condicionada à representação, o acordo homologado acarreta a renúncia ao direito de queixa ou representação.

6. (MP/PR 2021 - PROMOTOR DE JUSTIÇA SUBSTITUTO). Acerca dos Juizados Especiais Criminais, analise as assertivas abaixo e assinale a alternativa:

I - A partir da Lei 13.689/2020 (Pacote Anticrime) no processo de competência da justiça militar estadual expressamente passou a ser cabível a transação penal quando a pena máxima do crime é inferior a 2 anos.

II - No processo de competência da justiça eleitoral é cabível a suspensão condicional do processo quando a pena mínima cominada ao crime for igual ou superior a 1 ano, mesmo havendo conexão de crime não eleitoral em relação ao qual não caiba a suspensão.

III - Em conformidade com a Lei 9.099/1995 (Lei dos Juizados Especiais), no processo perante o Tribunal do Júri, admite-se a aplicação da transação penal.

IV - No processo de competência da justiça militar federal é cabível o julgamento de não militar, exclusivamente quando tratar-se de crime cometido em coautoria, diferentemente da competência da justiça militar estadual em que o não militar em crime cometido em coautoria não é julgado, e neste último caso, segundo a Lei 9.099/1995, é cabível a suspensão

condicional do processo quando a pena mínima atribuída ao crime for igual ou superior a 1 ano.
V - Da rejeição da denúncia no processo sumaríssimo previsto na Lei 9.099/1995 cabe apelação.
A. Estão corretas as alternativas I e V.
B. Estão corretas as alternativas I e III.
C. Estão corretas as alternativas II e IV.
D. Estão corretas as alternativas III e V.
E. Estão corretas as alternativas III e IV.

7. (DPE/SC 2021 - FCC - DEFENSOR PÚBLICO). Em relação ao procedimento processual penal relativo aos Juizados Especiais Criminais,
A. a composição civil dos danos realizada pelas partes em audiência preliminar não implica renúncia ao direito de representação ou queixa.
B. os principais objetivos da Lei nº 9.099/1995 na esfera processual penal são a aplicação da pena privativa de liberdade e a reparação dos danos sofridos pela vítima.
C. os embargos de declaração serão cabíveis quando, em sentença ou acórdão, houver obscuridade, contradição ou omissão, interrompendo o prazo para a interposição de posterior recurso.
D. da decisão que rejeitar a denúncia ou queixa caberá recurso em sentido estrito, no prazo de 10 dias.
E. caso o réu não seja encontrado pessoalmente para citação processual, o juiz suspenderá imediatamente o processo, arquivando os autos até ulterior localização.

8. (DPE/RR 2021 - FCC - DEFENSOR PÚBLICO). A revelia no Processo Penal
A. torna desnecessária a intimação do acusado para a prática dos atos processuais posteriores e da sentença judicial proferida.
B. mantém intacto o ônus probatório a cargo da acusação.
C. tem como consequência lógica a presunção de veracidade dos fatos trazidos na inicial acusatória.
D. não ocorre quando o réu é defendido pela Defensoria Pública, diante de sua hipossuficiência técnica e financeira.
E. é causa automática de decretação da prisão preventiva, diante do descumprimento da obrigação de comparecer a todos os atos judiciais.

9. (MP/AP 2021 - CESPE - PROMOTOR DE JUSTIÇA SUBSTITUTO). Com relação ao procedimento aplicável aos crimes de responsabilidade praticados por funcionários públicos contra a administração pública, assinale a opção correta.
A. Aplica-se o procedimento especial somente aos crimes inafiançáveis.
B. Aplica-se o procedimento especial aos delitos praticados por agentes políticos com prerrogativa de função.
C. Aplica-se o procedimento previsto na Lei dos Juizados Especiais Cíveis e Criminais caso o crime funcional seja de menor potencial ofensivo.
D. Aplica-se o procedimento especial mesmo que o funcionário público tenha deixado a função na qual estava investido.
E. Aplica-se o rito dos crimes funcionais ao crime fiscal praticado por funcionário público.

10. (TJ/MS 2020 – FCC – JUIZ DE DIREITO). Quanto aos aspectos processuais da Lei de Drogas, correto afirmar que
A. o agente surpreendido na posse de droga para consumo pessoal será processado e julgado perante o Juizado Especial Criminal, permitida a transação penal, ainda que haja concurso com o delito de tráfico de entorpecentes, a ser apurado no juízo comum.
B. o inquérito policial será concluído no prazo de 30 (trinta) dias, se o indiciado estiver preso, e de 90 (noventa) dias, quando solto, podendo haver duplicação de tais prazos pelo juiz, ouvido o Ministério Público, mediante pedido justificado da autoridade de polícia judiciária.
C. o juiz, oferecida a denúncia, ordenará a notificação do acusado para oferecer defesa prévia, por escrito, no prazo de 10 (dez) dias, decidindo a seguir em 05 (cinco) dias, apresentada ou não a resposta.
D. suficiente o laudo de constatação da natureza e quantidade da droga, firmado por perito oficial ou, na falta deste, por pessoa idônea, para efeito da lavratura do auto de prisão em flagrante e estabelecimento da materialidade do delito, ficando impedido, porém, o perito que o subscrever de participar do laudo definitivo.
E. o Ministério Público, recebidos os autos do inquérito policial, poderá, no prazo de 10 (dez) dias, requerer o arquivamento, requisitar diligências que entender necessárias ou oferecer denúncia arrolando até 08 (oito) testemunhas.

ASSERTIVAS DE REFORÇO

1. ( ) Os processos que apurem a prática de crime hediondo ou violência contra a mulher terão prioridade de tramitação em todas as instâncias.

2. ( ) O procedimento comum será ordinário quando tiver por objeto crime cuja sanção máxima cominada for igual ou superior a 4 (quatro) anos de pena privativa de liberdade.

3. ( ) O procedimento comum será sumário quando tiver por objeto crime cuja sanção máxima cominada seja igual ou inferior a 4 (quatro) anos de pena privativa de liberdade.

4. ( ) O Estatuto do Idoso determina a aplicação do procedimento previsto na Lei nº 9.099/95 aos crimes contra os idosos cujas penas privativas de liberdade não ultrapassem quatro anos. O STF, interpretando o dispositivo, admitiu sua constitucionalidade quanto ao rito processual.

5. ( ) Para o estabelecimento do rito processual adequado, salvo nas hipóteses que a lei expressamente determina a aplicação de determinado rito, independentemente da pena cominada, deve-se buscar o pior cenário possível para apuração da pena máxima cominada ao delito, levando-se em consideração, inclusive, as agravantes e atenuantes.

6. ( ) Da decisão que não receber a denúncia ou a queixa no procedimento comum caberá apelação, porquanto não há a instauração do processo.

7. ( ) Nos crimes de competência originária, apresentada a denúncia ou a queixa ao Tribunal, far-se-á a notificação do acusado para oferecer resposta no prazo de quinze dias.

8. ( ) O prazo para apresentação de resposta à acusação será de 10 dias, contados da efetiva intimação e não da juntada aos autos do mandado ou da carta precatória.

9. ( ) A única consequência processual que pode ser imposta ao acusado considerado revel é a desnecessidade de intimação do acusado para ciência ou prática de todos os demais atos processuais.

10. ( ) O inimputável por doença mental não pode, em qualquer hipótese, ser absolvido sumariamente, haja vista que a observância do devido processo legal é imperativa para aplicação da medida de segurança, inadmissível em mero juízo de cognição sumária.

11. ( ) Por regra, o recurso cabível contra a absolvição sumária será a apelação, pois se trata, em essência, de absolvição. O recurso adequado será o recurso em sentido estrito, contudo, nas hipóteses de declaração de extinção da punibilidade, vez que a natureza declaratória da decisão não se confunde com a absolvição, propriamente dita, de natureza diversa.

12. ( ) Na audiência de instrução do procedimento ordinário, poderão ser inquiridas até 8 (oito) testemunhas arroladas pela acusação e 8 (oito) pela defesa, sendo que nesse número se compreendem as que não prestem compromisso e as referidas.

13. ( ) Havendo mais de um acusado, o tempo previsto para a defesa de cada um será contado de forma individual, ou seja, assegura-se, a cada réu, a isonomia com a acusação, de forma que não computa um prazo único para a defesa dos acusados, ao contrário do que ocorre no plenário do júri, que congloba o prazo da defesa dos diversos acusados, transformando-o em único, para a defesa.

14. ( ) De forma excepcional e fundamentada, o magistrado poderá substituir as alegações orais por escritas, assinalando-se o prazo sucessivo de três dias para a acusação e defesa.

15. ( ) Nas infrações penais de menor potencial ofensivo, quando o juizado especial criminal encaminhar ao juízo comum as peças existentes para a adoção de outro procedimento, observar-se-á o procedimento sumário.

16. ( ) O conceito de infração de pequeno potencial ofensivo é legal, não admitindo interpretação extensiva, apesar de poder ser afastado por outras normas.

17. ( ) Toda infração penal de pequeno potencial ofensivo é de competência do Juizado Especial.

18. ( ) Nos crimes previstos no Estatuto da Pessoa Idosa, aplica-se o rito sumaríssimo aos crimes cuja pena máxima não ultrapasse quatro anos.

19. ( ) Não se aplica o rito sumaríssimo e os benefícios legais previstos na Lei 9.099/95 aos processos contra acusados com foro por prerrogativa de função, que seguirão o rito próprio aplicável à espécie.

20. ( ) A composição dos danos civis será reduzida a escrito e, homologada pelo Juiz mediante sentença irrecorrível, terá eficácia de título a ser executado no juízo civil competente.

21. ( ) O fato de receber o ofendido a indenização do dano causado pelo crime pode implicar a renúncia ao direito de queixa.

22. ( ) A recusa no oferecimento da representação em audiência implica a decadência.

23. ( ) A transação penal produz efeitos civis, podendo ser executada no juízo cível.

24. ( ) Segundo o STF, é cabível a suspensão condicional do processo e a transação penal aos delitos que preveem a pena de multa alternativamente à privativa de liberdade, ainda que o preceito secundário da norma legal ultrapasse os parâmetros mínimo e máximo exigidos em lei para a incidência dos institutos em comento.

25. ( ) A suspensão condicional do processo e a transação penal não se aplicam na hipótese de delitos sujeitos ao rito da Lei Maria da Penha.

26. ( ) Aa celebração anterior de ANPP, sob o aspecto objetivo, não impede a realização da transação penal, não obstante a celebração de transação penal anterior impedir a celebração do ANPP.

27. ( ) A Proposta de suspensão condicional do processo não se trata de direito subjetivo do réu, mas de poder-dever do titular da ação penal, a quem compete, com exclusividade, sopesar a possibilidade de aplicação do instituto consensual de processo, apresentando fundamentação para tanto. A iniciativa para propor a benesse é do *Parquet*; não pode, pois, o Judiciário substituir-se a este.

28. ( ) É cabível a suspensão condicional do processo nas infrações penais em que a pena máxima cominada seja igual ou inferior a um ano.

29. ( ) Não se admitirá a suspensão condicional do processo se o acusado estiver sendo processado ou condenado por outra infração penal.

30. ( ) A transação penal e a suspensão condicional do processo, por não implicarem reconhecimento de culpa, não podem constar de certidão de antecedentes criminais.

31. ( ) A prática de crime e contravenção penal, no curso da suspensão condicional do processo, implicam, obrigatoriamente, a revogação do benefício.

32. ( ) Conforme o entendimento do STJ, a decisão que revoga a suspensão é meramente declaratória, porquanto a revogação, automática, pode ser declarada mesmo após o decurso do prazo do período de prova, desde que a causa de descumprimento seja anterior ou não tenha havido decisão anterior declarando extinta a punibilidade do agente.

33. ( ) No âmbito do rito sumaríssimo, apelação será interposta no prazo de dez dias, contados da ciência da sentença, pelo Ministério Público, pelo réu e seu defensor, por petição escrita, da qual constarão as razões e o pedido do recorrente.

34. ( ) Os embargos de declaração serão opostos em primeiro grau, independentemente do rito aplicável, no prazo de dois dias.

35. ( ) Não cabe recurso especial contra decisão proferida por órgão de segundo grau dos Juizados Especiais

36. ( ) O procedimento da defesa preliminar é aplicável aos delitos de abuso de autoridade, porquanto essencialmente típicos. Não basta, portanto, a condição de funcionário público para que seja atraída a norma, sendo necessária a vinculação do fato com a função pública exercida. Por essa razão, o STJ entende por inaplicável a previsão ao particular corréu ou ao agente que, ao tempo do processo, não exerça mais função pública.

37. ( ) O rito especial previsto para os crimes contra honra no Código de Processo Penal somente se aplica ao julgamento dos crimes de Calúnia e Injúria, haja vista a literalidade legal.

38. ( ) Segundo o rito dos crimes contra a honra, quando for oferecida a exceção da verdade ou da notoriedade do fato imputado, o querelante poderá contestar a exceção no prazo de dois dias.

39. ( ) As peculiaridades do rito processual dos crimes contra propriedade imaterial são aplicáveis somente à fase pré-processual, vez que o Código de Processo Penal determina a aplicação do rito ordinário ao procedimento.

40. ( ) Nos crimes contra a propriedade imaterial, a queixa ou a denúncia não será recebida se não for instruída com o exame pericial dos objetos que constituam o corpo de delito.

29.11.1 Gabaritos

QUESTÕES DE CONCURSO

1	2	3	4	5	6	7	8	9	10
E	A	E	D	B	D	C	B	C	B

ASSERTIVAS DE REFORÇO

1	2	3	4	5	6	7	8	9	10
V	V	F	V	F	F	V	V	F	F
11	**12**	**13**	**14**	**15**	**16**	**17**	**18**	**19**	**20**
V	F	V	F	V	V	F	V	F	V
21	**22**	**23**	**24**	**25**	**26**	**27**	**28**	**29**	**30**
V	F	F	V	V	V	V	F	F	F
31	**32**	**33**	**34**	**35**	**36**	**37**	**38**	**39**	**40**
F	V	V	F	V	V	F	V	V	V

COMENTÁRIOS ÀS ASSERTIVAS FALSAS E JUSTIFICATIVAS IMPORTANTES

1. V.

2. V.

3. F. Sumário, quando tiver por objeto crime cuja sanção máxima cominada seja inferior a 4 (quatro) anos de pena privativa de liberdade. Não se olvida que as infrações penais de menor potencial ofensivo também fogem à regra da pena inferior a quatro anos.

4. V.

5. F. As atenuantes e agravantes não são levadas em consideração neste momento.

6. F. Segundo o art. 581, inciso I do CPP, cabe recurso em sentido estrito da decisão que não receber a denúncia ou a queixa.

7. V.

8. V.

9. F. Com exceção da intimação da sentença, que deve ser realizada em qualquer hipótese, porquanto o acusado possui capacidade postulatória autônoma para interposição de recursos em primeiro grau.

10. F. Nada impede que o inimputável seja absolvido sumariamente por outro motivo, a exemplo da configuração de uma causa excludente de ilicitude.

11. V.

12. F. Não se compreendem as que não prestem compromisso e as referidas.

13. V.

14. F. Cinco dias.

15. V.

16. V.

17. F. Há casos que o próprio legislador afasta a aplicação do rito, a exemplo dos crimes que envolvem a Lei Maria da Penha.

18. V.

19. F. Aplica-se o rito previsto na Lei 8.038/90, mas se admite a aplicação dos institutos despenalizadores.

20. V.

21. V.

22. F. A recusa no oferecimento da representação em audiência não implica a decadência, que somente ocorrerá após o decurso do prazo legal.

23. F. A transação penal não terá efeitos civis, cabendo aos interessados propor ação cabível no juízo cível.

24. V.

25. V.

26. V.

27. V.

28. F. Infração penal em que a pena mínima cominada seja igual ou inferior a um ano.

29. F. A norma faz referência à prática de crime e não infração penal. Logo, em tese, a prática de contravenção penal não impede o benefício.

30. F. Ao contrário da transação penal, que prevê no §6º do art. 76, da Lei 9.099/95, a proibição de que a transação conste de certidão de antecedentes criminais, salvo para fins de impedimento de nova transação penal, a suspensão condicional do processo deve constar da certidão de antecedentes criminais, porquanto a suspensão processual não afasta o fato do agente estar sendo processado e pela necessidade de controle quanto ao impedimento de nova suspensão processual em novos processos no curso da suspensão, bem como para se facilitar a comunicação de um novo processo instaurado contra o agente, para fins de revogação a suspensão anteriormente deferida.

31. F. No caso de contravenção penal, ao contrário do processo pela prática de crime, no qual o legislador empregou a expressão "a suspensão será revogada", a norma valeu-se da expressão "a suspensão poderá ser revogada", conferindo ao magistrado a faculdade de revogar ou não a suspensão condicional do processo.

32. V.

33. V.

34. F. No rito da Lei 9.099/95, o prazo para oposição é de cinco dias.

35. V.

36. V.

37. F. Apesar da previsão específica relacionada aos crimes de calúnia e injúria, o regramento se aplica ao crime de difamação, apenas não previsto no título porque à época da edição do CPP, o delito não era previsto de forma autônoma.

38. V.

39. V.

40. V.

30

Procedimento do Tribunal do Júri

30.1 COMO O ASSUNTO É ABORDADO EM PROVAS E CONCURSOS

O tema "procedimento do Tribunal do Júri" é bastante frequente em cobrança nos concursos de Magistratura, Ministério Público, Defensoria Pública e Delegado de Polícia, em todas as suas etapas, verificando-se exponencialmente um maior número de questões nas provas das três primeiras carreiras.

A normatização objetiva é exigida nas provas de múltipla escolha no tocante às decisões da primeira fase do Tribunal do Júri e segunda etapa completa do julgamento, extremamente rica em regramento para fins de provas objetivas, motivo pelo qual o leitor deve compreender bem a parte normativa para não perder preciosos pontos.

Além da temática normativa, o procedimento do júri é explorado em peças processuais, especialmente com paralelo com o tema nulidades, sendo imprescindível o conhecimento da jurisprudência atualizada sobre o tema.

A ênfase no estudo, especialmente de revisão, deve ser realizada sobre a norma, sendo imprescindível, contudo, a compressão básica da doutrina e conhecimento mais atual da jurisprudência, especialmente no tocante aos vícios processuais que incidem sobre o procedimento.

30.2 INTRODUÇÃO

O Tribunal do Júri foi previsto pela Constituição Federal no âmbito dos Direitos e Garantias Individuais (art. 5º, XXXVIII). Trata-se de um órgão do Poder Judiciário, com competência Estadual ou Federal, para julgamento de crimes dolosos contra a vida. É formado por um juiz de direito e vinte e cinco jurados que representam a sociedade, sendo que desses, sete comporão o Conselho de Sentença formado para o julgamento de um crime doloso contra a vida.

Segundo o art. 5º, XXXVIII, da Constituição Federal, é reconhecida a instituição do júri, com a organização que lhe der a lei, assegurados: a) a plenitude de defesa; b) o sigilo das votações; c) a soberania dos veredictos; d) a competência para o julgamento dos crimes dolosos contra a vida.

As decisões do Tribunal do Júri são tomadas de forma sigilosa, com base na íntima convicção, sendo dotadas de soberania. Extrai-se do Tribunal do Júri o fundamento democrático da participação popular no julgamento de delitos dolosos contra a vida.

ATENÇÃO – ASSUNTO COBRADO NO MPMT – CONCURSO 2014

Disserte sobre a instituição do Tribunal do Júri no Processo Penal brasileiro, abordando necessariamente: Os princípios constitucionais relativos ao júri; As características do júri; A constitucionalidade do art. 478, inciso I do Código de Processo Penal que dispõe: "Durante os debates as partes não poderão, sob pena de nulidade, fazer referências: I – à decisão de pronúncia, às decisões posteriores que julgaram admissível a acusação [...] como argumento de autoridade que beneficiem ou prejudiquem o acusado"; A possibilidade de a Revisão Criminal alterar e substituir decreto condenatório oriundo do Tribunal do Júri.

30.3 PRINCÍPIOS CONSTITUCIONAIS DO TRIBUNAL DO JÚRI

O Tribunal do Júri, enquanto órgão do Poder Judiciário, além dos princípios reitores do processo penal, é regido por princípios próprios, que lhe atribuem a especialidade não somente procedimental, mas de tratamento em razão das peculiaridades inerentes. Visando sistematizar o estudo, analisaremos os princípios constitucionais do Tribunal do Júri de forma separada.

30.3.1 Plenitude de defesa

Previsto na alínea "a" do inciso XXXVIII do art. 5º da CF, o princípio é concebido como uma verdadeira garantia ao indivíduo submetido ao julgamento perante do Tribunal do Júri. Não obstante, apesar da expressão "plenitude de defesa", não há, juridicamente, uma verdadeira "plenitude de defesa" no Tribunal do Júri, porquanto o direito de defesa não é absoluto no sentido estrito da palavra.

Pleno, pressupõe completude, ausência de espaço, absolutamente completo. E, de fato, ao se observar o procedimento do Tribunal do Júri, não há regulamentação nesse sentido. Ao contrário, a defesa no Tribunal do Júri deve observar o tempo regulamentar para debates orais (art. 477 do CPP), o prazo mínimo de três dias úteis de antecedência para de juntada documentos a serem lidos em plenário (art. 479, CPP), o prazo de cinco dias para arrolar testemunhas a serem inquiridas em plenário (art. 422) e etc.

Entretanto, como não existem palavras inúteis na lei, temos que conceber a plenitude de defesa na seara do Tribunal do Júri no sentido não técnico, isto é, admitindo que a defesa não se restrinja às questões e argumentos jurídicos, de sorte que teses sociais, políticas, emocionais, religiosas e outras, possam ser invocadas, especialmente em plenário, em razão do julgamento popular.

Não obstante, ainda que se compreenda a plenitude nesse sentido, não podemos nos olvidar que o STF, guardião da Constituição, no julgamento unânime da ADPF 779, fixou a tese de que a "legítima defesa da honra" não pode ser alegada em crimes de feminicídio:

> A "legítima defesa da honra" não pode ser invocada como argumento inerente à plenitude de defesa própria do tribunal do júri, a qual não pode constituir instrumento de salvaguarda

de práticas ilícitas. Assim, devem prevalecer a dignidade da pessoa humana, a vedação a todas as formas de discriminação, o direito à igualdade e o direito à vida, tendo em vista os riscos elevados e sistêmicos decorrentes da naturalização, da tolerância e do incentivo à cultura da violência doméstica e do feminicídio. 5. Na hipótese de a defesa lançar mão, direta ou indiretamente, da tese da "legítima defesa da honra" (ou de qualquer argumento que a ela induza), seja na fase pré-processual, na fase processual ou no julgamento perante o tribunal do júri, caracterizada estará a nulidade da prova, do ato processual ou, caso não obstada pelo presidente do júri, dos debates por ocasião da sessão do júri, facultando-se ao titular da acusação recorrer de apelação na forma do art. 593, III, a, do Código de Processo Penal. DJe 20.05.21.

Logo, mera análise do julgamento acima nos evidencia que a "plenitude" constitucional de fato, não é plena na acepção correta da palavra.

Superado esse aspecto, vale destacar que na esfera da autodefesa, realizada pelo próprio acusado, não há qualquer espécie de limitação. Para nós, mesmo no caso de alegação de legítima defesa da honra, o magistrado não poderá impedir o acusado de apresentar sua versão sobre os fatos. Nesse particular, não nos parece possível qualquer espécie de restrição, sob pena de comprometimento do direito de defesa e seu exercício pelo acusado. Ocorrendo tal alegação, por parte do acusado, a solução passa pela impossibilidade de quesitação acerca do tema e impedimento da defesa técnica sustentar as alegações do acusado em plenário, isto é, o acusado poderá apresentar seus argumentos, mas seu defensor estará proibido de se valer do tema em suas alegações orais, sendo que, em hipótese alguma, o magistrado deverá quesitar o tema para votação dos jurados.

No Tribunal do Júri há, de fato, uma ampla defesa qualificada por permitir argumentos extrajurídicos abertos, e não plena.

30.3.2 Sigilo das votações

O jurado, ao proferir seu o voto, o faz em sigilo. Os jurados, durante a sessão plenária, devem permanecer incomunicáveis, sob pena de nulidade absoluta (art. 564, III, "j",). O sigilo é, simultaneamente, uma garantia para o jurado, e outra para o processo, no sentido de que sua preservação garante que cada jurado vote, exclusivamente, de acordo com sua consciência.

Nesse sentido, não podem estabelecer qualquer espécie de comunicação entre si ou manifestar sua opinião sobre o caso em julgamento, sob pena de exclusão do Conselho de Sentença e multa, no valor de 1 (um) a 10 (dez) salários mínimos, a critério do juiz, de acordo com a condição econômica do jurado (art. 466, § 1º, CPP).

A incomunicabilidade dos jurados, **firmada a após o compromisso**, alcança o mundo exterior, não podendo, portanto, falarem ao celular ou trocarem mensagens por aplicativos, sendo tudo certificado pelo oficial de justiça. Como a votação, a despeito de realizada na frente de todos que participam do momento, é operada de forma individual, com os jurados recebendo duas cédulas (sim e não), qualquer espécie de quebra da incomunicabilidade pode influenciar no julgamento.

Visando assegurar o sigilo das votações, não se exige no Tribunal do Júri que a votação seja unânime para condenar ou absolver. Aliás, com a reforma promovida pela Lei 11.689/08, o art. 483, §1º do CPP, passou a prever que "a resposta negativa, de mais de 3 (três) jurados, a qualquer dos quesitos referidos nos incisos I e II do *caput* deste artigo encerra a votação e implica a absolvição do acusado". No mesmo sentido, o §2º previu que "respondidos afirmativamente por mais de 3 (três) jurados os quesitos relativos aos incisos I e II do *caput* deste artigo...".

Depura-se dos dispositivos que, alcançados quatro votos em um determinado sentido, caracterizador da maioria, a votação sobre aquele quesito deverá ser encerrada, justamente para impedir a quebra do sigilo, que se caracterizaria com uma votação unânime. Juridicamente, não haveria qualquer diferença em uma votação por 7x0 e outra, decidida por 4x3. Por essa razão, estabeleceu que, alcançados quatro votos em um único sentido, a votação deverá ser encerrada sobre o ponto apreciado.

A votação dos jurados deve ser realizada em sala especial, isto é, local próprio e adequado para a preservação da tranquilidade dos trabalhos. Visa-se evitar o eventual constrangimento dos jurados em votação pública. Restringe-se a publicidade, dessa forma, para que os esclarecimentos feitos pelo magistrado aos jurados possam ser promovidos sem qualquer intercorrência ou interferência externa. A votação deverá ser realizada com a presença do juiz presidente, jurados, o Ministério Público, o assistente, o querelante, o defensor do acusado, o escrivão e o oficial de justiça, que instrumentalizará a votação e certificará a incomunicabilidade dos jurados.

30.3.3 Soberania dos vereditos

Uma decisão soberana, pelo menos em tese, não deveria admitir revisão. No âmbito do Tribunal do Júri, a CF previu, no art. 5º, XXXVIII, "c", a soberania dos vereditos às decisões proferidas pelos jurados, impedindo, em tese, sua revisão por juízes e tribunais.

Entretanto, a existência de uma decisão soberana não significa que essa decisão seja irrecorrível e definitiva, sob pena de se afrontar outros valores constitucionais, como o devido processo legal e duplo grau de jurisdição. Isso porque, apesar do tribunal, em segundo grau, não poder alterar o mérito da decisão proferida pelos jurados, poderá, segundo o entendimento dominante, determinar a cassação da decisão para submeter o acusado a novo julgamento perante o Tribunal do Júri (CPP, art. 593, III, "d", e § 3º). O que não se admite é que o tribunal substitua os jurados para condenar ou absolver o acusado, vez que, mesmo na hipótese de recurso, a decisão continuará a ser proferida pelo tribunal popular.

Nesse sentido, não haveria incompatibilidade entre o art. 593, III, "d", do CPP e o art. 5º, XXXVIII, "c", da CF, porquanto o controle realizado em sede de apelação seria jurídico-processual, típico do Poder Judiciário.

Nesse contexto, o assunto promove um intenso debate na doutrina e jurisprudência sobre a possibilidade de interposição do recurso de apelação contra as decisões soberanas do Tribunal do Júri. Apesar da divergência em outros pontos, é pacífico que é cabível a apelação quanto a matéria não versar sobre o mérito da decisão dos jurados, mas sobre os aspectos da decisão conferidas ao magistrado, vez que a decisão do Tribunal do Júri é subjetivamente complexa, porquanto fundada em decisão dos jurados, mas proferidas pelo juiz de direito, que fixa a pena pelo crime reconhecido pelo Conselho de Sentença.

A parte da decisão que versa sobre os fatos objeto de julgamento, como a existência do crime, autoria, qualificadoras, causas de aumento e diminuição de pena, é apreciada pelos jurados, sendo, nesse aspecto, soberana. Entretanto, o magistrado, diante da decisão popular, será chamado a fixar a pena valendo-se dos critérios legais e, nesse particular, é perfeitamente cabível a apelação para atacar a dosimetria da pena.

Por outro lado, doutrinariamente se sustenta que, com fundamento na alínea "d" do inciso III do art. 593 do CPP, que trata de apelação interposta contra decisão dos jurados manifestamente contrária à prova dos autos, o Tribunal *ad quem* somente poderia realizar o juízo rescindente, isto é, cassar a decisão anterior e remeter o feito a novo julgamento, sob pena de violação da soberania dos veredictos. Na mesma esteira, sustenta-se que, caso a decisão proferida pelo magistrado seja contrária à decisão dos jurados, o Tribunal poderia promover não somente o juízo rescindente, mas também o rescisório, isto é, proferir decisão em substituição àquela impugnada, como na hipótese de *error in procedendo* na aplicação da pena.

A 2ª Turma do STF, no julgamento do AgRg no RHC 192.431[1], decidiu que é incongruente o controle judicial em sede recursal (CPP, art. 593, III, d), das decisões absolutórias proferidas pelo Tribunal do Júri com base no art. 483, III e § 2º, do CPP, quer pelo fato de que os fundamentos efetivamente acolhidos pelo Conselho de Sentença para absolver o réu (CPP, art. 483, III) permanecerem desconhecidos (em razão da cláusula constitucional do sigilo das votações prevista no art. 5º, XXXVIII, b, da Constituição), quer pelo fato de que a motivação adotada pelos jurados pode extrapolar os próprios limites da razão jurídica.

> I – Em razão da superveniência da Lei 11.689/2008, que alterou o Código de Processo Penal – CPP no ponto em que incluiu no questionário do procedimento do Tribunal do Júri o quesito genérico de absolvição (art. 483, III), "os jurados passaram a gozar de ampla e irrestrita autonomia na formulação de juízos absolutórios, não se achando adstritos nem vinculados, em seu processo decisório, seja às teses suscitadas em plenário pela defesa, seja a quaisquer outros fundamentos de índole estritamente jurídica, seja, ainda, a razões fundadas em juízo de equidade ou de clemência" (HC 185.068/SP, Rel. Min. Celso de Mello, Segunda Turma).
>
> II – Em face da reforma introduzida no procedimento penal do júri, é incongruente o controle judicial em sede recursal (CPP, art. 593, III, d), das decisões absolutórias proferidas pelo Tribunal do Júri com base no art. 483, III e § 2º, do CPP, quer pelo fato de que os fundamentos efetivamente acolhidos pelo Conselho de Sentença para absolver o réu (CPP, art. 483, III) permanecem desconhecidos (em razão da cláusula constitucional do sigilo das votações prevista no art. 5º, XXXVIII, b, da Constituição), quer pelo fato de que a motivação adotada pelos jurados pode extrapolar os próprios limites da razão jurídica.

Vale registrar que o entendimento doutrinário dominante e prevalente no STJ[2] preconiza a possibilidade de apelação com fundamento na decisão dos jurados que contraria, manifestamente, a prova dos autos, por uma única vez. Isso porque, conforme tal entendimento, o CPP, em seu art. 593, §3º, assegura ao Tribunal a análise única de conformidade entre a decisão dos jurados e a prova dos autos. Em síntese, havendo divergência entre a prova dos autos e o resultado do julgamento popular, o Tribunal poderia cassar a decisão proferida pelos jurados e determinar a realização de um novo julgamento, sem que tal procedimento viole a soberania dos veredictos, ainda que a absolvição tenha ocorrido por clemência do Tribunal do Júri.

1. J. em 23.02.21.
2. REsp 1.451.720/SP, 6ª Turma, Rel. Min. Nefi Cordeiro, DJe 24.06.15.

A matéria, portanto, não é pacífica, tanto que foi estabelecida repercussão geral no ARE 1.225.185, pelo STF, onde se discute, exclusivamente, se a soberania dos veredictos é violada ao se modificar uma absolvição assentada em resposta ao quesito genérico obrigatório, com a seguinte questão problema:

> A realização de novo júri, determinada por Tribunal de 2º grau em julgamento de recurso interposto contra absolvição assentada no quesito genérico (art. 483, III, c/c §2º CPP), ante suposta contrariedade à prova dos autos (art. 593, III, d, CPP), viola a soberania dos veredictos (art. 5º, XXXVIII, c, CF)?

Conforme a decisão que reconheceu a repercussão geral, "na prática, se o júri, soberano em suas decisões nos termos determinados pela CF/88, pode absolver o réu ao responder positivamente ao quesito genérico (O jurado absolve o acusado?) sem necessidade de apresentar motivação, isso autorizaria a absolvição até por clemência e, assim, contrária à prova dos autos?"

Apesar de intrincada, a solução jurídica passa, por nós, pela compreensão do conceito de soberania dos vereditos, prevista no art. 5º, inciso XXXVIII, alínea "d", CF. O fato de ser concebida como soberana não confere à decisão proferida pelo Tribunal do Júri o *status* de imutável, como se transitada em julgado fosse, tanto que admissível o recurso de apelação quando absolutamente contrária às provas dos autos (art. 593, III, "d", CPP). Logo, por ser a decisão dos jurados recorrível, a soberania prevista pela Constituição não é absoluta, mas sim relativa e, portanto, sob pena de inconsistência, em termos conceituais, não soberana em sua origem. Sobre a recorribilidade da decisão e mitigação do conceito de soberania, o STJ entende que:

> "A absolvição do réu pelos jurados, com base no artigo 483, III, do CPP, ainda que por clemência, não constitui decisão absoluta e irrevogável, podendo o Tribunal cassar tal decisão quando ficar demonstrada a total dissociação da conclusão dos jurados com as provas apresentadas em plenário. Assim, resta plenamente possível o controle excepcional da decisão absolutória do júri, com o fim de evitar arbitrariedades e em observância ao duplo grau de jurisdição. Entender em sentido contrário exigiria a aceitação de que o conselho de sentença disporia de poder absoluto e peremptório quanto à absolvição do acusado, o que, ao meu ver não foi o objetivo do legislador ao introduzir a obrigatoriedade do quesito absolutório genérico, previsto no artigo 483, III, do CPP" (HC 313251/RJ, Rel. Min. Joel Ilan Paciornik, 3ª Seção, DJe 27.03.18).

Parece-nos inegável que o próprio STF, no julgamento da ADPF 779, ao decidir, por unanimidade, pela impossibilidade de alegação da tese de "legítima defesa da honra" nos crimes de feminicídio, afastou não somente a plenitude de defesa, mas também, de forma indireta, a soberania dos vereditos, porquanto as decisões dos jurados não são motivadas e poderiam ser fundadas na simples clemência, em razão do, para nós, "assombroso" quesito genérico "o jurado absolve o acusado?", previsto no §2º do art. 484, c/c inc. III, do CPP.

Ao afastar a alegação de "legítima defesa da honra" nos crimes de feminicídio, o STF impediu, tão somente, que a defesa técnica sustente tal tese em plenário. Contudo, não se pode olvidar que os debates que envolvem a tese jurídica passam, necessariamente, pelos motivos do crime, os quais não podem ser afastados. Igualmente, não se admite que o acusado não possa, em seu interrogatório, alegar tal tese, sob pena de severa afronta ao direito de autodefesa. Ainda que a tese não possa ser sustentada ou quesitada, os motivos do crime serão, necessariamente, debatidos em plenário. Afinal, por que o acusado matou a vítima?

Anteriormente, criticamos a decisão por macular a plenitude de defesa. Nesse momento, a criticamos e, paradoxalmente, a utilizamos para sustentar a inexistência de uma efetiva soberania, em conclusão que, naturalmente, não nos parece mais adequada, não obstante dotada de juridicidade.

O jurado, ao proferir seu voto, o faz amparado pela íntima convicção e de forma sigilosa. Logo, nunca se saberá como e porque votou. Assim, à pergunta "o jurado absolve o acusado?", serão apresentadas as respostas "sim" ou "não". O porquê nunca será sabido, porquanto a decisão é imotivada. O jurado, portanto, pode absolver por entender que a conduta do agente foi amparada por legítima defesa, por compreender que a pena, no caso concreto, é desnecessária, por acreditar que o único julgamento possível é o realizado por Deus por não acreditar na Justiça dos homens e, até mesmo, por compreender que o acusado agiu em legítima defesa da honra, conceito tratado no mundo jurídico, mas de amplo domínio público, especialmente quando realizado sob a perspectiva da valoração paralela na esfera do profano, isto é, da compreensão do leigo.

Não obstante a vedação do STF quanto a alegação da tese, se o jurado compreender que a traição, motivo do crime, de inafastável alegação, caracteriza, sob a ótica do leigo, motivo para responder "sim" à pergunta "o jurado absolve o acusado?", nada poderia ser feito, se soberana fosse a decisão do júri.

Acreditamos que o leitor já tenha compreendido nossa visão acerca do quesito genérico, o qual trabalharemos com mais detalhes quando do estudo da quesitação. Sua inserção no art. 483, III, c/c §2º do CPP trouxe mais problemas do que soluções, além de inaugurar, no processo penal, a possibilidade de absolvição sem qualquer lastro jurídico, admitindo-se, para parte da doutrina, a absolvição por mera clemência.

Retomando os fundamentos pelos quais entendemos que a decisão dos jurados não é essencialmente soberana, o CPP admite, no art. 593, III, "d", a interposição de apelação contra decisão dos jurados que for manifestamente contrária à prova dos autos. Assim, a mera possibilidade de recurso afasta a soberania da decisão originária do Tribunal do Júri, porquanto o resultado do recurso pode implicar a cassação da decisão. O §3º do art. 593 do CPP assinala que se a apelação se fundar no nº III, "d", do art. 593 e, e o tribunal *ad quem* se convencer de que a decisão dos jurados é manifestamente contrária à prova dos autos, dar-lhe-á provimento para sujeitar o réu a novo julgamento. Entretanto, expressamente assinala que **não se admite pelo mesmo motivo, segunda apelação**.

Verifica-se, portanto, que a decisão original do Conselho de Sentença não é soberana, haja vista a possibilidade de cassação. Contudo, caso no novo julgamento ocorra nova absolvição, não se admitirá mais recurso com o fundamento de decisão contrária à prova dos autos, assumindo, nesse ponto, o caráter de soberana. O conceito de soberania dos vereditos, dessa forma, deve ser compreendido sob uma perspectiva mais ampla, no sentido de se preservar como decisão final, a proferida em observância à vontade popular, pelo órgão do Tribunal do Júri.

E, nesse particular, revela-se importante, até o julgamento do ARE 1225185, com repercussão geral reconhecida pelo STF, destacarmos que o próprio Pretório Excelso se colocou em posição de "xeque" ao sustentar a impossibilidade de alegação da tese de legítima defesa da honra no feminicídio no julgamento da ADPF 779, de forma que ao responder à pergunta formulada no ARE 1.225.185[3] terá que responder não à indagação, sob pena de contrariar o próprio julgamento da ADPF.

Isso porque, ao dizer sim à indagação, afastará o próprio conteúdo da ADPF que impede não somente a alegação de legítima defesa da honra nos crimes de feminicídio, mas, por via de consequência, também a absolvição por tal fundamento. Na prática, a conjugação do teor da decisão proferida na ADPF 779 e art. 483, III, c/c §2º, CPP, une a pólvora ao fogo no plenário do STF. Nesse sentido, a despeito da liberdade interpretativa da Suprema Corte, qualquer decisão contrária à possibilidade de recurso contra decisão manifestamente contrária não somente à prova dos autos, mas ao próprio teor da ADPF 779, por parte do STF, será, para nós, contraditória.

Por essas razões, ao assinalarmos anteriormente a inexistência de uma efetiva soberania, pautamo-nos justamente na impossibilidade de alegação de legítima defesa da honra firmada pelo STF, que, em franco ativismo judicial, criou barreiras à ampla defesa, à soberania dos vereditos e para si próprio, sob pena de contradição.

Não obstante, e nesse ponto registramos nossa **interpretação estrita sob a luz da Constituição e CPP**, parece-nos claro que o legislador, a despeito das nossas críticas ao dispositivo (art. 483, III c/c §2º, CPP), ao inserir a pergunta "o jurado absolve o acusado?" no CPP, conferiu aos jurados o direito de livremente absolver o acusado, reforçando a soberania na decisão tomada pelo Conselho de Sentença, pouco importando o fundamento interno adotado por cada um dos julgadores, que não poderia ser limitado por decisão do STF. E, por via consequência, igualmente parece-nos ter impedido a interposição de recurso por decisão manifestamente contrária à prova dos autos por parte da acusação, haja vista que a constitucional soberania dos vereditos deve ser respeitada, porquanto a decisão será imotivada.

Caso não houvesse a previsão do art. 483, III c/c §2º, CPP, e a **decisão absolutória** dos jurados fosse tomada sob a luz das teses defensivas apresentadas, poderíamos admitir a existência de uma soberania dos vereditos relativizada no primeiro julgamento e absoluta no segundo nos termos do §3º do art. 593 do CPP (segundo julgamento). Entretanto, conforme destacamos, não nos parece possível conciliar a regra do art. 593, III, "d", com o art. 483, III c/c §2º, todos do CPP, sem violar o teor do art. 5º, XXXVIII, "c", da Constituição Federal.

Destacamos a decisão absolutória acima porque o próprio STF reconhece, nos casos de condenação, a possibilidade de revisão criminal sem considerar a espécie como violação à soberania dos vereditos:

> O Tribunal de segunda instância, ao julgar a ação de revisão criminal, dispõe de competência plena para formular tanto o juízo rescindente ("judicium rescindens"), que viabiliza a desconstituição da autoridade da coisa julgada penal mediante invalidação da condenação criminal, quanto o juízo rescisório ("judicium rescissorium"), que legitima o reexame do mérito da causa e autoriza, até mesmo, quando for o caso, a prolação de provimento absolutório, ainda que se trate de decisão emanada do júri, pois a soberania do veredicto

---

3. "a realização de novo júri, determinada por Tribunal de 2º grau em julgamento de recurso interposto contra absolvição assentada no quesito genérico (art. 483, III, c/c §2º CPP), ante suposta contrariedade à prova dos autos (art. 593, III, d, CPP), viola a soberania dos veredictos (art. 5º, XXXVIII, c, CF)?".

do Conselho de Sentença, que representa garantia fundamental do acusado, não pode, ela própria, constituir paradoxal obstáculo à restauração da liberdade jurídica do condenado. Doutrina. Precedentes. ARE 674.151/MT, Rel. Min. Celso de Mello, DJe 18.10.13.

30.3.4 Competência para julgamento dos crimes dolosos contra a vida

O art. 5º, XXXVIII, "d", da Constituição Federal, estabeleceu a competência do Tribunal do Júri para julgamento dos crimes dolosos contra a vida, sem adentrar no mérito de quais delitos deverão ser concebidos com tal natureza.

O Código Penal prevê como dolosos contra a vida os crimes de homicídio (art. 121), induzimento, instigação ou auxílio a suicídio (art. 122), infanticídio (art. 123) e aborto (arts. 124, 125 e 126). No tocante ao art. 122 do CP, conforme destacamos em nosso Direito Penal, Parte Especial, o §6º do art. 122 do CP inovou ao transmudar a solução jurídica do §1º quando o resultado for lesão corporal gravíssima[4]. O crime, portanto, em razão do princípio da especialidade, deixa de ser doloso contra a vida para receber o tratamento de crime doloso de lesões corporais. Em termos processuais, a hipótese deixa de ser de competência do Tribunal do Júri para ser julgada pelo juízo singular. Logo, temos uma hipótese em que o crime de induzimento, instigação ou auxílio a suicídio ou a automutilação não será objeto de julgamento perante o tribunal popular.

A competência fixada pela Constituição Federal é mínima, de forma que pode ser ampliada pelo legislador infraconstitucional, a exemplo das hipóteses de conexão e continência, cuja *vis atrativa* do Tribunal do Júri que, em regra, impõe o julgamento conjunto das infrações penais, de sorte que um crime não doloso contra vida, por exemplo, pode ser julgado pelo tribunal popular quando conexo a um delito de homicídio.

Conforme vimos no estudo da competência, ao qual remetemos o leitor para evitarmos repetições, há situações nas quais, não obstante a ocorrência de morte, não se configura crime doloso contra a vida, a exemplo do latrocínio (art. 157, §3º, II, CP) e estupro seguido de morte (art. 213, §2º, CP), de competência do juízo singular, e ato infracional, cujo juízo competente é o da infância e juventude mesmo nos casos de atos infracionais análogos a crimes dolosos contra vida.

No mesmo sentido e, igualmente reforçando a remessa ao estudo do capítulo de "Competência", o **crime de genocídio**, previsto no art. 1º da Lei 2.889/56, é concebido como crime contra a humanidade, atentatório a bens de natureza coletiva, que se caracteriza pelas condutas de: a) matar membros do grupo; b) causar lesão grave à integridade física ou mental de membros do grupo; c) submeter intencionalmente o grupo a condições de existência capazes de ocasionar-lhe a destruição física total ou parcial; d) adotar medidas destinadas a impedir os nascimentos no seio do grupo; e e) efetuar a transferência forçada de crianças do grupo para outro grupo. Em regra, o crime em questão não atrai a competência do Tribunal do Júri, por não se tratar, necessariamente, de crime doloso contra a vida. Predomina, doutrinariamente, o entendimento de que a fixação da competência deve levar em consideração a natureza do bem jurídico diretamente afetado pela conduta do agente, avaliando-se se a conduta envolve crime doloso ou não doloso contra a vida. Assim, seria da competência do Tribunal do Júri os crimes de homicídio e aborto dolosos, conexos ao crime de genocídio.

4. O legislador não incluiu a lesão grave na hipótese.

No tocante ao **crime de remoção de órgãos**, a 1ª Turma do Supremo Tribunal Federal, em setembro de 2021, no julgamento do RE 1.313.494, afastou a competência do Tribunal do Júri para julgar crime de remoção ilegal de órgãos que resultam em morte. Consoante destacamos no capítulo de "Competência", não obstante o entendimento sufragado pelo STF, adotado em sede de repercussão geral, entendemos que a fixação da competência deve levar em consideração a potencialidade lesiva e não somente a finalidade da remoção dos órgãos e a natureza do bem jurídico protegido. Isso porque há situações nas quais a conduta do agente necessariamente conduzirá à morte da vítima, sendo inegável que, não obstante o fim colimado – remoção de órgãos – tem que se firmar como premissa a causação da morte dolosa da vítima. Contudo, conforme destacamos acima, o Supremo Tribunal Federal entendeu pela fixação da competência do juízo singular.

Outro ponto de destaque envolve o eventual conflito entre a competência constitucional do Tribunal do Júri e o **foro por prerrogativa de função**, igualmente com previsão na Constituição Federal, mesma sede de nascimento da competência do tribunal popular (art. 5º, XXXVIII). Nesses casos, há a prevalência do foro por prerrogativa de função, de forma que, por exemplo, se um juiz de direito pratica um delito de homicídio doloso na cidade de São Paulo, será julgado pelo Tribunal de Justiça de São Paulo e não pelo Tribunal do Júri da capital.

Ocorre que nem sempre o foro especial tem sede na Constituição Federal, pois pode ter previsão da Constituição dos Estados. Nesses casos, havendo a colisão entre o foro previsto na Constituição Federal – Tribunal do Júri – e o previsto na Constituição Estadual – Tribunal de Justiça – prevalecerá a competência prevista na CF. Nesse sentido é o teor da **Súmula Vinculante 45** do STF:

> A competência constitucional do Tribunal do Júri prevalece sobre o foro por prerrogativa de função estabelecido exclusivamente pela Constituição Estadual.

Tratando-se de crime doloso contra a vida, é importante diferenciar a natureza da vítima. Tratando-se de **vítima civil de conduta praticada por militar estadual**, a competência para processo e julgamento será do Tribunal do Júri (art. 125 §4º, CF). Por outro lado, tratando-se o caso de **crime doloso contra a vida praticado por militar contra militar, prevalece a competência da Justiça Castrense**, vez que a norma não fez qualquer ressalva nesse sentido, como a realizada com o civil.

Sob outra perspectiva, há que se analisar o sujeito ativo do delito doloso contra a vida de civil, pois sendo esse militar das Forças Armadas, a competência será da Justiça Militar quando o crime for praticado no contexto: I – do cumprimento de atribuições que lhes forem estabelecidas pelo Presidente da República ou pelo Ministro de Estado da Defesa; II – de ação que envolva a segurança de instituição militar ou de missão militar, mesmo que não beligerante; ou III – de atividade de natureza militar, de operação de paz, de garantia da lei e da ordem ou de atribuição subsidiária, realizadas em conformidade com o disposto no art. 142 da Constituição Federal e na forma dos seguintes diplomas legais: a) Lei 7.565, de 19 de dezembro de 1986 - Código Brasileiro de Aeronáutica; b) Lei Complementar nº 97, de 9 de junho de 1999; c) Decreto-Lei nº 1.002, de 21 de outubro de 1969 - Código de Processo Penal Militar; e d) Lei nº 4.737, de 15 de julho de 1965 - Código Eleitoral.

Prevalece ainda o entendimento de que não compete ao Tribunal do Júri o julgamento de civil que comete crime de homicídio doloso contra militar das Forças Armadas em serviço em lugar sujeito à administração militar (art. 9º, III, "b", CPM).

30.4 PROCEDIMENTO BIFÁSICO DO TRIBUNAL DO JÚRI

O procedimento do Tribunal do Júri é marcado pelo escalonamento em duas fases. A primeira, chamada de *judicium accusationis* (sumário da culpa ou juízo da acusação), e a segunda, denominada *judicium causae* (ou juízo da causa). Em linhas gerais, na primeira fase se realiza a verificação da justa causa da acusação, sob a perspectiva judicial, na qual magistrado pode entender pela existência de prova da materialidade e indícios suficientes de autoria ou participação, e reconhecer a existência de justa causa hábil a remeter o processo para julgamento final do caso pelos jurados, deflagrando, com a pronúncia, a segunda fase do procedimento que se encerrará com a prolação da sentença após a decisão pelo tribunal popular.

Em razão das peculiaridades inerentes à cada etapa procedimental, fragmentaremos o estudo visando facilitar a compreensão do leitor.

30.4.1 Sumário da culpa (*judicium accusationis*)

A primeira fase do procedimento do Tribunal do Júri em muito se assemelha ao rito comum ordinário, sendo presidido pelo juiz de direito e destinado à obtenção de provas acerca dos fatos objeto da imputação.

O procedimento tem início com o oferecimento da denúncia que contemple a imputação de crime doloso contra a vida e se instaura com o recebimento da denúncia pelo magistrado, que deverá, na sequência, ordenar a citação do acusado para responder à acusação, por escrito, no prazo de dez dias (art. 406). Apesar do art. 406 mencionar o recebimento da queixa, por serem todos os crimes dolosos contra a vida de ação penal pública incondicionada, **a queixa só será admitida quando for ofertada de forma subsidiária**, nos casos de inércia ministerial (art. 31, CPP) **ou quando ocorrer conexão ou continência entre o crime doloso contra a vida e outro de ação penal de iniciativa privada**, de titularidade do ofendido ou seu representante legal. Nos termos do §2º do art. 406, a acusação poderá arrolar no máximo oito testemunhas, mantendo o procedimento, até o presente momento, isonomia com o procedimento comum ordinário.

Nos termos do §1º do art. 406, CPP, o prazo para resposta à acusação será contado a partir do efetivo cumprimento do mandado ou do comparecimento, em juízo, do acusado ou de defensor constituído, no caso de citação inválida ou por edital.

Nos termos do §3º, o acusado, na resposta, poderá arguir preliminares e alegar tudo que interesse a sua defesa, oferecer documentos e justificações, especificar as provas pretendidas e arrolar testemunhas, até o máximo de 8 (oito), qualificando-as e requerendo sua intimação, quando necessário. Tratando-se de arguição de exceções, essas serão processadas em apartado, nos termos do art. 407, CPP.

Segundo o art. 408 do CPP, não apresentada a resposta no prazo legal, o juiz nomeará defensor para oferecê-la em até 10 (dez) dias, concedendo-lhe vista dos autos. Apresentada a defesa, consoante o art. 409, CPP, o juiz ouvirá o Ministério Público ou o querelante sobre preliminares e documentos, em 5 (cinco) dias. A previsão do art.

409, apesar de não expressa ou similar para o procedimento comum ordinário, tem sido observada também para referido procedimento.

A resposta à acusação no procedimento do Tribunal do Júri, segundo parcela da doutrina, não produz os mesmos efeitos do procedimento comum ordinário, porquanto o magistrado não poderia absolver sumariamente o acusado, haja vista que, segundo a mesma doutrina, o art. 397 do CPP não se aplica ao procedimento do Tribunal do Júri por dois motivos: **a absolvição sumária**, uma das decisões possíveis ao final da instrução (art. 415, CPP), **só poderia ocorrer após o encerramento dos debates em audiência** (art. 411, §9º, CPP); **o §3º do art. 394 do CPP prevê que nos processos de competência do Tribunal do Júri, o procedimento observará as disposições estabelecidas nos arts. 406 a 497 do CPP**, de forma que o §5º do mesmo artigo, que prevê a aplicação subsidiária do rito ordinário aos procedimentos especial, sumário e sumaríssimo, não seria aplicável ao procedimento do Tribunal do Júri.

O entendimento, sufragado pela doutrina majoritária, não nos parece o mais adequado sob a luz de um processo penal pretensamente democrático. Afastar a aplicação do art. 397 do CPP do rito do Tribunal do Júri tão somente porque o magistrado deverá analisar as mesmas circunstâncias ao final da instrução não guarda lógica com o sistema processual que pressupõe, minimamente, a possibilidade de condenação.

O art. 397, I, CPP, por exemplo, prevê a absolvição sumária quando o juiz verificar a existência de manifesta causa excludente de ilicitude de fato. O art. 415, inciso IV, CPP, por sua vez, dispõe que o juiz, fundamentadamente, absolverá desde logo o acusado, quando demonstrada causa de isenção de pena ou de exclusão do crime. Diante da redação de ambos os dispositivos, cumpre-nos indagar: há incompatibilidade legal?

Nenhuma, em nossa compreensão. A absolvição sumária, prematura no processo e promovida após a resposta à acusação, pressupõe a existência de manifesta causa excludente de ilicitude. E, por manifesta, há que se compreender aquela clara, indiscutível, ululante. Logo, se manifesta, porquanto induvidosa por inexistência de prova em sentido contrário, não há o menor sentido em se promover toda uma instrução criminal para que o magistrado possa, tão somente ao final do procedimento e após submeter o réu a um processo por crime doloso contra a vida, absolvê-lo por algo manifesto desde o início.

A absolvição sumária prevista no art. 415, inc. IV, CPP, por outro lado, pode ser reconhecida quando demonstrada causa de exclusão do crime. É aplicável, portanto, quando as provas da instrução, normalmente trazidas pela defesa, esclarecerem fatos não apurados durante a investigação criminal.

O que não se admite é que o magistrado, prematuramente, diante de uma situação de possível dúvida, na qual, por exemplo, uma das testemunhas ouvidas no inquérito policial, a despeito de ter presenciado o crime, não noticia o fato da vítima estar armada ou apontado arma para o acusado, contrariando todas as outras testemunhas, absolva sumariamente o acusado por legítima defesa, haja vista que, na hipótese, a configuração da excludente não é manifesta, porquanto, ainda que minimamente e de forma isolada, uma das testemunhas fornece a possibilidade de dúvida.

Não se admite, igualmente, que o magistrado absolva sumariamente o acusado quando, apesar de caracterizada a legítima defesa, imputa-se ao agente o excesso em razão do meio empregado ou falta de moderação na repulsa à injusta agressão. Todavia, à exceção desses casos ou similares, sendo manifesta a existência de causa excludente de ilicitude, que pressupõe, no caso de legítima defesa (art. 25, CP), a moderação e necessidade dos meios empregados diante de repulsa a injusta agressão, atual ou iminente, a direito seu ou de outrem, outro caminho não há senão o reconhecimento da excludente com a consequente absolvição sumária.

A não ser que se reconheça a possibilidade do processo como pena, sendo manifesta a causa de exclusão da ilicitude, a denúncia sequer deve ser oferecida, pois a prova, repetimos e pedimos vênia pelas sucessivas reiterações, manifesta, não traz dúvidas quanto à configuração da justificante. Exigir que o magistrado siga com o processo nitidamente abusivo significa afastar do Poder Judiciário o poder de conter os abusos flagrantes da acusação.

De igual modo, tomemos como hipótese a circunstância do fato evidentemente não constituir crime (art. 397, III, CPP) ou não constituir infração penal (art. 415, III, CPP). Se o fato evidentemente não constitui crime, a exemplo de uma mulher ingerir um medicamento abortivo sem estar grávida, seria o caso de se aguardar o final da instrução de um processo criminal por aborto para tão somente absolver sumariamente a acusada? O exemplo, que sequer deveria ter superado pelo filtro das condições da ação penal, porquanto inexiste interesse de agir na hipótese, caracteriza uma hipótese de extinção prematura do processo, não se justificando a necessidade de prosseguimento até o fim de instrução para que a acusada seja absolvida.

O inciso IV do art. 397 do CPP, por sua vez, dispensa qualquer espécie de comentários, haja vista que, reconhecida extinta a punibilidade, o juiz deverá declará-la de ofício em qualquer fase do processo, nos termos do art. 62 do CPP.

Dentre os incisos do 397 do CPP, o inciso II é o único que, para nós, sugere a necessidade de realização da instrução, porquanto a análise da coação moral irresistível, obediência hierárquica ou a inexigibilidade de conduta diversa, circunstâncias aptas a excluir o crime, não se revela tão simples diante de um juízo meramente cognitivo preambular. Por essa razão, a compressão da "manifesta" causa excludente de culpabilidade deve se ancorar em *standard* probatório de certeza.

Por essas razões, endentemos por aplicável o teor do art. 397 do CPP ao procedimento do júri, vez que não verificamos que a especialidade procedimental seja sustentável, formalmente, tão somente pelo teor do §3º, do art. 394, e art. 411, §9º, ambos do CPP.

Afastada a possibilidade da absolvição precoce, nos termos do art. 410 do CPP, o juiz determinará a inquirição das testemunhas e a realização das diligências requeridas pelas partes, no prazo máximo de 10 (dez) dias. Referido prazo, ao contrário do que parece, não significa que a audiência deverá ser realizada no prazo de dez dias. O prazo em questão, na realidade, é concedido ao magistrado para que designe a audiência de instrução e julgamento, haja vista que o prazo global para conclusão do procedimento é de 90 dias (art. 412 do CPP), de forma que não haveria sentido em se impor o exíguo prazo de dez dias para realização de um ato processual tão complexo como a realização de uma audiência de instrução e julgamento em crime doloso contra a vida.

Conforme o art. 411 do CPP, na audiência de instrução, proceder-se-á à tomada de declarações do ofendido, se possível, à inquirição das testemunhas arroladas pela acusação e pela defesa, nesta ordem, bem como aos esclarecimentos dos peritos, que dependerão de requerimento prévio e deferimento pelo magistrado (§1º), às acareações e ao reconhecimento de pessoas e coisas, interrogando-se, em seguida, o acusado e procedendo-se o debate. Como regra, a exemplo do procedimento ordinário, as provas serão produzidas em uma só audiência, podendo o juiz indeferir as consideradas irrelevantes, impertinentes ou protelatórias (§2º, art. 411, CPP).

Nos termos do §3º do art. 411, encerrada a instrução probatória, observar-se-á, se for o caso, o disposto no art. 384 do CPP, isto é, a necessidade de aplicação da *mutatio libelli* caso se entenda cabível nova definição jurídica do fato, em consequência de prova existente nos autos de elemento ou circunstância da infração penal não contida na acusação.

Antes dos debates orais, no rito do procedimento da primeira fase do Tribunal do Júri, ao contrário do rito ordinário, não há previsão de requerimento de diligências pelas partes. A ausência de previsão expressa funda-se no fato de que uma segunda etapa procedimental poderá ser deflagrada. Contudo, sendo imprescindível a realização de novas diligências, para subsidiar o julgamento interlocutório que se segue, nada impede que o magistrado defira a realização de diligências requeridas pelas partes.

Não havendo diligências a serem realizadas, as partes, nos termos do §4º do art. 411 do CPP deverão apresentar alegações orais, sendo a palavra concedida, respectivamente, à acusação e à defesa, pelo prazo de 20 (vinte) minutos, prorrogáveis por mais 10 (dez). Segundo o §5º do dispositivo, havendo mais de 1 (um) acusado, o tempo previsto para a acusação e a defesa de cada um deles será individual. O dispositivo, nesse particular, diverge da previsão do art. 403, §1º, atinente ao rito ordinário, que prevê somente para a defesa o prazo individualizado. Não obstante, conforme vimos e sustentamos anteriormente, o tempo para apresentação das alegações orais pela acusação deve ser o mesmo ofertado à defesa no caso de mais de um acusado, preservando-se a isonomia processual e a consequente paridade de armas. Em previsão similar ao rito ordinário, havendo assistente da acusação, após a manifestação deste, serão concedidos 10 (dez) minutos ao assistente, prorrogando-se por igual período o tempo de manifestação da defesa.

Como regra geral atinente aos procedimentos que contemplam a previsão de audiência una, o §7º reza que nenhum ato será adiado, salvo quando imprescindível à prova faltante, determinando o juiz a condução coercitiva de quem deva comparecer. Nessa linha, o §8º dispõe que a testemunha que comparecer será inquirida, independentemente da suspensão da audiência, observada em qualquer caso a ordem estabelecida no *caput* do art. 411 do CPP.

Apesar da previsão única de debates orais, de forma excepcional o procedimento oral poderá ser substituído por memoriais escritos nas mesmas hipóteses do procedimento ordinário. Seguindo-se a lógica do rito ordinário, nos termos do §3º do art. 403, CPP, considerada a complexidade do caso ou o número de acusados, o juiz poderá conceder às partes o prazo de 5 (cinco) dias sucessivamente para a apresentação de memoriais, sendo que, nesse caso, terá o prazo de 10 (dez) dias para proferir a sentença. A previsão contempla as situações de complexidade processual, seja pela natureza da causa, seja pelo número de acusados. De fato, a depender da natureza da infração penal ou número de acusados, a apresentação das alegações finais orais pode ficar comprometida em seu conteúdo. Assim, de forma excepcional e fundamentada, o magistrado poderá substituir as alegações orais por escritas, assinalando-se o prazo sucessivo de cinco dias para a acusação e defesa.

Nesse particular, vale destacar que o prazo para defesa será único e não sucessivo para cada acusado. No prazo assinalado, sendo mais de um réu, cada defensor deverá produzir seus memorais escritos no prazo de cinco dias, sob pena se quebrar a isonomia não somente entre acusação e defesa, mas entre as defesas dos próprios acusados.

A substituição das alegações orais por escritas também pode ocorrer nas hipóteses de requerimento de diligências (art. 404, parágrafo único, CPP) ou realização do interrogatório por carta precatória, posto que na audiência não terá ocorrido o encerramento da instrução.

Ao contrário dos demais procedimentos, nos quais os debates orais ou memoriais precedem a sentença absolutória ou condenatória, as alegações finais das partes não precisam tratar de todas as questões meritórias de forma detalhada, porquanto, no caso de pronúncia, haverá um segundo tempo no jogo processual. Assim, em suas alegações finais, o *parquet* pode, sem qualquer espécie de omissão, trabalhar a prova no sentido de demonstrar a comprovação da materialidade e apenas parte da prova atinente à autoria, apta a demonstrar os indícios de autoria ou participação, de forma que a análise da prova não precisa ser exaustiva, vez que não visa, nesse momento, a condenação.

De igual modo, não há qualquer nulidade na opção defensiva de apresentação de alegações de cunho genérico, no sentido de atacar, de forma aberta, os pressupostos da pronúncia. Isso porque, conforme destacamos, o jogo processual pode não se encerrar nesta etapa e não se pode exigir da defesa a apresentação de suas teses defensivas que podem estar sendo guardadas para plenário. Exigir da defesa a apresentação de suas teses significa preparar o Ministério Público para rebatê-las em plenário, afastando a prerrogativa defensiva de se manifestar por último. Não obstante, entendemos que a defesa não pode deixar de apresentar as alegações finais, sob pena de caracterização de abandono processual, apta a colocar o magistrado em dúvida se a omissão é estratégica ou decorrente de omissão.

Na hipótese de conexão com crime de ação penal de iniciativa privada, o querelante deverá apresentar as alegações orais logo após o Ministério Público ou, sendo essas substituídas por memoriais escrito, sucessivamente após o *parquet* e no mesmo prazo desse, haja vista que estando os autos em poder do Ministério Público, em razão da intimação pessoal, o querelante não terá acesso aos autos para fundamentar suas alegações. Não apresentando o querelante as alegações finais, ocorrerá a perempção, nos termos do art. 60, III, do CPP.

Cumpre registrar que, nos termos do art. 571, I, do CPP, as eventuais nulidades relativas da instrução criminal deverão ser apresentadas na fase das alegações orais, sob pena de preclusão.

Conforme se extrai do §9º do art. 411, CPP, e da lógica processual, encerrados os debates ou apresentados memoriais escritos, o juiz proferirá a sua decisão, ou o fará em 10 (dez) dias, ordenando que os autos para isso lhe sejam conclusos. Essa decisão, conforme veremos na sequência, pode ser de pronúncia, impronúncia, absolvição sumária ou desclassificação.

O art. 412 do CPP, por sua vez, dispõe que o procedimento deverá ser concluído no prazo máximo de 90 (noventa) dias. Assim como explicamos no procedimento ordinário, o eventual descumprimento prazo legal para encerramento do procedimento, no caso de réus presos, não implica concessão obrigatória de liberdade ao acusado, porquanto os prazos procedimentais deverão ser analisados de forma conglobada de sorte a se evitar não somente o constrangimento ilegal ao agente, mas os reiterados pedidos de relaxamento de prisão ou *habeas corpus* ante ao descumprimento do prazo A ou B.

30.4.1.1 Pronúncia

A pronúncia é uma das decisões possíveis ao magistrado no encerramento da primeira fase do Tribunal do Júri. Trata-se de decisão que reconhece a admissibilidade da acusação, em verdadeiro juízo de prelibação, que valora a existência positiva de justa causa para submissão do processo ao julgamento pelos jurados em plenário. Por meio da pronúncia, portanto, o juiz admite a acusação quando estiver **convencido da materialidade do fato e da existência de indícios suficientes de autoria ou de participação** (art. 413, *caput*).

30.4.1.1.1 Natureza jurídica

A decisão de pronúncia, não obstante julgar a admissibilidade da acusação, não é sentença. Trata-se de decisão interlocutória mista não terminativa, porquanto não julga o mérito da causa e não encerra o processo. A decisão, portanto, apenas encerra uma etapa procedimental, justificando sua classificação como interlocutória mista não terminativa.

A decisão de pronúncia, em razão de sua natureza processual, não faz coisa julgada material, mas tão somente preclusão *pro judicato* após o decurso do prazo recursal ou improvimento do recurso, não podendo, em regra, ser modificada. Entretanto, o **princípio da imodificabilidade** da pronúncia não é absoluto, haja vista que, excepcionalmente, a pronúncia poderá ser modificada quando ocorra circunstância superveniente que altere a classificação do crime, a exemplo da morte da vítima como consequência da conduta originalmente imputada ao agente como tentativa de homicídio.

30.4.1.1.2 In dubio pro societate?

Uma importante parcela da doutrina vem sustentando a inexistência do princípio *in dubio pro societate*, amplamente utilizado para fundamentar as decisões de pronúncia. Segundo o princípio, havendo dúvida quanto existência do crime ou no tocante à autoria ou participação, o juiz sumariante deverá pronunciar o acusado.

A crítica ao princípio reside no suposto retorno ao sistema inquisitorial e suposta violação às regras de valoração probatória, porquanto a dúvida no processo penal deveria ser interpretada em favor do réu.

Sobre o tema, em breve síntese, a 6ª Turma do STJ, no julgamento do Resp 2.091.647-DF, Rel. Min. Rogério Schietti Cruz, entendeu que: "Para a decisão de pronúncia, exige-se elevada probabilidade de que o réu seja autor ou partícipe do delito a ele imputado, não se aplicando o princípio in dubio pro societate".

Segundo as informações do interior teor da decisão:

> "[...] a desnecessidade de prova cabal da autoria para a pronúncia levou parte da doutrina, acolhida durante tempo considerável pela jurisprudência, a defender a existência do *in dubio pro societate*, princípio que alegadamente se aplicaria a essa fase processual.

Todavia, o fato de não se exigir um juízo de certeza quanto à autoria nessa fase não significa legitimar a aplicação da máxima *in dubio pro societate*, que não tem amparo no ordenamento jurídico brasileiro, e admitir que toda e qualquer dúvida autorize uma pronúncia.

Trata-se, apenas, de analisar os requisitos para a submissão do acusado ao tribunal popular sob o prisma dos *standards* probatórios, os quais devem seguir uma tendência geral ascendente/progressiva e representam, segundo a doutrina, "regras que determinam o grau de confirmação que uma hipótese deve ter, a partir das provas, para poder ser considerada provada para os fins de se adotar uma determinada decisão".

Essa tendência geral ascendente e progressiva decorre, também, de uma importante função política dos *standards* probatórios, qual seja, a de distribuir os riscos de erro entre as partes (acusação e defesa), erros estes que podem ser tanto falsos positivos quanto falsos negativos.

Quanto mais embrionária a etapa da persecução penal e menos invasiva, restritiva e severa a medida ou decisão a ser adotada, mais tolerável é o risco de um eventual falso positivo (atingir um inocente) e, portanto, é mais atribuível à defesa suportar o risco desse erro; por outro lado, quanto mais se avança na persecução penal e mais invasiva, restritiva e severa se torna a medida ou decisão a ser adotada, menos tolerável é o risco de atingir um inocente e, portanto, é mais atribuível à acusação suportar o risco desse erro.

Como a pronúncia se situa na penúltima etapa (antes apenas da condenação) e se trata de medida consideravelmente danosa para o acusado, que será submetido a julgamento imotivado por jurados leigos, o *standard* deve ser razoavelmente elevado e o risco de erro deve ser suportado mais pela acusação do que pela defesa, ainda que não se exija um juízo de total certeza para submeter o réu ao Tribunal do Júri.

Deve-se distinguir a dúvida que recai sobre a autoria, a qual, se existentes indícios suficientes contra o acusado, só será dirimida ao final pelos jurados, porque é deles a competência para o derradeiro juízo de fato da causa, da dúvida quanto à própria presença dos indícios suficientes de autoria (metadúvida, dúvida de segundo grau ou de segunda ordem), que deve ser resolvida em favor do réu pelo magistrado na fase de pronúncia.

Também na pronúncia, ainda que com contornos em certa medida distintos, tem aplicação o *in dubio pro reo*, pois, segundo a doutrina, "submeter a julgamento popular um acusado, mesmo quando há dúvidas da existência do crime ou de indícios suficientes de crimes, constitui uma temeridade. Isso porque não apenas se viola flagrantemente os direitos e as garantias constitucionais, como também porque aumenta a possibilidade de erros judiciais, tendo em vista que a condenação do acusado poderá ocorrer mesmo se os parâmetros probatórios necessários para a condenação não sejam atingidos".

À luz da efetividade e da utilidade do processo, é preciso, como regra, que toda decisão que implique o prosseguimento do feito em desfavor do imputado, com início de nova etapa processual, realize dois juízos: um diagnóstico (retrospectivo) sobre a suficiência do que se produziu até aquele momento; outro prognóstico sobre o que se projeta para a próxima etapa, a fim de verificar se será viável superá-la.

Na pronúncia, esse juízo prognóstico sobre a etapa vindoura (julgamento em plenário e condenação) seria ainda mais importante em virtude da ausência de fundamentação da decisão dos jurados; ou seja, considerando que, na etapa final do procedimento dos crimes dolosos contra a vida, o veredito é imotivado, adquire especial relevo o juízo prognóstico sobre a viabilidade da condenação. Isso esbarra, porém, em dois obstáculos impostos ao juiz togado: a) a impossibilidade de usurpar a competência constitucional dos jurados para o judicium causae e b) a necessidade de fundamentar de forma sucinta a decisão, sob pena de incorrer em excesso de linguagem, a teor do art. 413, § 1º, do CPP e influenciar negativamente os jurados contra o réu.

Assim, o *standard* probatório para a decisão de pronúncia, quanto à autoria e à participação, situa-se entre o da simples preponderância de provas incriminatórias sobre as absolutórias (mera probabilidade ou hipótese acusatória mais provável que a defensiva),

> típico do recebimento da denúncia, e o da certeza além de qualquer dúvida razoável (BARD ou outro *standard* que se tenha por equivalente), necessário somente para a condenação. Exige-se para a pronúncia, portanto, elevada probabilidade de que o réu seja autor ou partícipe do delito a ele imputado.
>
> A adoção desse *standard* desponta como solução possível para conciliar os interesses em disputa dentro das balizas do ordenamento. Resguarda-se, assim, a função primordial de controle prévio da pronúncia sem invadir a competência dos jurados e sem permitir que o réu seja condenado pelo simples fato de a hipótese acusatória ser mais provável do que a sua negativa".

O princípio, ao contrário do que se sustenta, não adentra na seara inquisitiva ou viola a valoração da atividade probatória. No âmbito da ação penal, momento em que normalmente o princípio é também invocado, não há, de fato, como se ter certeza da imputação, porque a prova ainda é inquisitorial e há, por consequência, dúvida. Entretanto, ao se exigir a justa causa para o oferecimento da denúncia, a causa, reputada por justa, nada mais representa do que a materialização da dúvida, passível de esclarecimento em juízo.

O juiz, portanto, só poderia receber a denúncia com fundamento no *in dubio pro societate* como causa subjacente ao elemento normativo "justa". O **princípio, portanto, situa-se no contexto das condições da ação penal para fundamentar o elemento normativo**, que, se inexistente, geraria o trancamento ou rejeição da ação penal. O "justa", nesse caso, justificaria a deflagração do processo em prol do *ius puniendi*, em detrimento da potencial violação ao direito de liberdade. Há outros pontos no CPP, como a prisão preventiva do §1º do 313, que poderiam, em tese, fundamentar o princípio.

Na seara da pronúncia, a invocação do princípio é comum para fundamentá-la. Entretanto, não nos parece que a decisão pronúncia demande a utilização do princípio, haja **vista que a própria norma traz o *standard* probatório mínimo que a justifica**. Mera análise perfunctória do *caput* do art. 413 do CPP nos evidencia que a decisão de pronúncia poderá ser proferida quando o juiz estiver convencido da materialidade do fato e da existência de indícios suficientes de autoria ou de participação.

Se, na fase inicial do processo, o lastro probatório exigido para oferecimento da denúncia é construído sobre a prova inquisitorial, no universo da pronúncia não se pode desconsiderar que a prova foi produzida em juízo. Logo, e não por outra razão, o legislador pressupôs que a decisão de pronuncia exige o **convencimento do magistrado**, que somente pode ser fundamentado em prova judicial, pois na decisão de pronúncia se admite a plausibilidade da acusação e remete o processo para julgamento popular.

No início do capítulo destacamos que, em linhas gerais, na primeira fase do processo do júri realiza-se a verificação da justa causa da acusação, sob a perspectiva judicial, na qual magistrado pode entender pela existência de prova da materialidade e indícios suficientes de autoria ou participação, e reconhecer a existência de justa causa hábil a remeter o processo para julgamento final do caso pelos jurados, deflagrando, com a pronúncia, a segunda fase do procedimento que se encerrará com a prolação da sentença após a decisão do tribunal popular.

Essa "justa causa" a que nos referimos, normalmente estudada somente na fase do oferecimento da denúncia, na decisão de pronúncia transforma-se em **justa causa qualificada**, haja vista que o *standard* probatório apto a fundamentá-la, prova da materialidade e indícios suficientes de autoria ou participação, é mais elevado, porquanto demanda prova judicial.

Assim, quando legislador exige o convencimento do magistrado, não impõe a necessidade de prova para além de qualquer dúvida razoável (*proof beyond a reasonable doubt*), ou se contenta com uma simples preponderância (*preponderance of evidence*). Ao contrário, exige prova clara e convincente (*clear and convincing evidence*), grau intermediário de probabilidade acerca de determinado evento a ser provado, sendo maior do que a simples dúvida, mas menor do que a certeza. Não à toa, exigiu o convencimento do magistrado no art. 413 do CPP.

A existência de prova clara e convincente não se confunde com certeza. A dúvida, nessa fase, ainda poderá existir, porquanto subjetiva e inerente à atividade judicante. O que se exige, na fase da pronúncia, não é convencimento do magistrado quanto ao mérito do processo, até porque sequer o julgará, mas tão somente quanto à existência de prova clara e convincente hábil a fundamentar a decisão que remete o julgamento do foro competente. Por essas razões e em reforço ao nosso entendimento, o STJ tem afastado, por ausência clareza e capacidade de convencimento em nossa compreensão, as decisões de pronúncia fundadas somente em provas inquisitórias e por ouvir dizer, inaptas, por si sós, a formar um juízo de convencimento:

> Não se desconhece que há o entendimento consolidado de que, na fase processual do *judicium accusationis*, eventual dúvida acerca da robustez dos elementos de prova resolve-se em favor da sociedade, consoante o princípio do *in dubio pro societate*. Ocorre, porém, que essa cognição vem sendo criticada por alguns doutrinadores, refletindo-se na jurisprudência, que ensina que, havendo dúvida quanto à materialidade delitiva ou em relação à existência de indícios suficientes de autoria ou de participação, deve prevalecer a presunção constitucional de inocência.
>
> No caso, o Tribunal de Justiça, ao julgar o Recurso em Sentido Estrito, invocando o princípio do *in dubio pro societate*, entendeu que a pronúncia do paciente deveria ser mantida, muito embora tenha se calcado em depoimentos de testemunhas não ouvidas em juízo.
>
> Demais disso, o testemunho **indireto não autoriza a pronúncia**, porque é mero depoimento de "ouvir dizer" - ou *hearsay testimony*, na expressão de língua inglesa -, **que não tem a força necessária para submeter um indivíduo ao julgamento popular**. AgRg no HC 729002/RS, 5ª Turma, Rel. Min. Ribeiro Dantas, DJe 29.06.22.

Vale registrar que o STF, ao contrário do que pensamos, não tem reconhecido a normatividade do princípio do *in dubio pro societate*, mas tem se contentado com o *standard* probatório da preponderância da prova para fins de pronúncia:

> 1. Penal e Processual Penal. 2. Júri. 3. Pronúncia e standard probatório: **a decisão de pronúncia requer uma preponderância de provas, produzidas em juízo**, que sustentem a tese acusatória, nos termos do art. 414, CPP. 4. **Inadmissibilidade in dubio pro societate**: além de não possuir amparo normativo, tal preceito ocasiona equívocos e desfoca o critério sobre o standard probatório necessário para a pronúncia. 5. Valoração racional da prova: embora inexistam critérios de valoração rigidamente definidos na lei, o juízo sobre fatos deve ser orientado por critérios de lógica e racionalidade, pois a valoração racional da prova é imposta pelo direito à prova (art. 5º, LV, CF) e pelo dever de motivação das decisões judiciais (art. 93, IX, CF). 6. Critérios de valoração utilizados no caso concreto: em lugar de testemunhas presenciais que foram ouvidas em juízo, deu-se maior valor a relato obtido somente na fase preliminar e a testemunha não presencial, que, não submetidos ao contraditório em juízo, não podem ser considerados elementos com força probatória suficiente

para atestar a preponderância de provas incriminatórias. 7. **Dúvida e impronúncia: diante de um estado de dúvida, em que há uma preponderância de provas no sentido da não participação dos acusados nas agressões e alguns elementos incriminatórios de menor força probatória, impõe-se a impronúncia dos imputados**, o que não impede a reabertura do processo em caso de provas novas (art. 414, parágrafo único, CPP). Primazia da presunção de inocência (art. 5º, LVII, CF e art. 8.2, CADH). ARE 1.067.392/CE, Rel. Min. Gilmar Mendes, DJe 02.07.20.

A decisão, para nós, revela uma certa contradição, que reforça nossa compreensão acerca da exigência de prova clara e convincente para efetivação da pronúncia. Conforme se extrai da ementa da decisão, o STF entendeu que "**a decisão de pronúncia requer uma preponderância de provas, produzidas em juízo**, que sustentem a tese acusatória, nos termos do art. 414, CPP". Por outro lado, assinalou que "**diante de um estado de dúvida, em que há uma preponderância de provas no sentido da não participação dos acusados nas agressões e alguns elementos incriminatórios de menor força probatória, impõe-se a impronúncia dos imputados**". Em síntese, o STF equiparou a pronúncia e a impronúncia, pendendo a balança por uma ou outra a depender da preponderância da prova.

Entretanto, não é o que se extrai do teor dos artigos 413 e 414 do CPP, o último, inclusive, citado de forma equivocada na decisão como fundamento da pronúncia. A lógica nos parece primária e sem maior complexidade. Vejamos os dispositivos:

Art. 413. O juiz, fundamentadamente, pronunciará o acusado, **se convencido** da materialidade do fato e da existência de indícios suficientes de autoria ou de participação.

Art. 414. Não se convencendo da materialidade do fato ou da existência de indícios suficientes de autoria ou de participação, o juiz, fundamentadamente, impronunciará o acusado.

Enquanto o art. 413, *caput*, exige o convencimento, o art. 414, *caput*, contenta-se com o não convencimento. Ocorre que, e nesse ponto brota a inconsistência do julgado, a decisão final do juízo sumariante destina-se a apreciar a viabilidade de uma imputação formulada pela acusação, deflagradora do processo, e não a impronúncia. Seu escopo, portanto, é responder à indagação: a acusação possui fundamento probatório?

Para dizer que a acusação é viável, o magistrado precisa, além de prova de judicial, de convencer-se acerca da sua viabilidade, porquanto o art. 413 expressamente assinala: "**se convencido**". E, minimamente, não nos parece razoável a formação de um convencimento sem prova clara e convincente. Por outro lado, para fins de impronúncia, que não é objeto primário da decisão, mas tão somente uma consequência da deficiência probatória por parte da acusação, detentora do ônus da prova, o art. 414 do CPP, ao prever que o não convencimento implicará a impronúncia, nos diz, implicitamente, que não há prova clara e convincente.

Não se trata, portanto, de mera análise de preponderância de provas, mas de necessidade de convencimento formado sobre a prova. Logo, ou a prova é clara e convincente e, por via de consequência, apta a convencer o magistrado, dando ensejo à pronúncia (art. 413, *caput*), ou não é clara e convincente, gerando a necessidade de impronúncia, não por preponderância de provas, mas por não satisfazer o *standard* probatório *clear and convincing evidence*, grau intermediário de probabilidade acerca de determinado evento a ser provado, maior do que a simples dúvida, mas menor do que a certeza.

Dessa forma, não obstante o entendimento do STF, firmamos posição de que o *standard* probatório exigido para a pronúncia é o de **prova clara e convincente, não obstante o STJ, no julgamento do REsp 2.091.647-DF, tenha se valido de um *standard* intermediário fundado na elevada probabilidade, em descompasso com a natureza da própria decisão de pronúncia, assinalando que** o "*standard* probatório para a decisão de pronúncia, quanto à autoria e à participação, situa-se entre o da simples preponderância de provas incriminatórias sobre as absolutórias (mera probabilidade ou hipótese acusatória mais provável que a defensiva), típico do recebimento da denúncia, e o da certeza além de qualquer dúvida razoável (BARD ou outro *standard* que se tenha por equivalente), necessário somente para a condenação. Exige-se para a pronúncia, portanto, elevada probabilidade de que o réu seja autor ou partícipe do delito a ele imputado".

Ademais, fosse o *standard* exigindo o da simples preponderância, por coerência o STF deveria reconhecer o princípio do *in dubio pro societate*, haja vista que para o *standard* da simples preponderância, a simples dúvida atinge o patamar necessário, de forma que a prova tida como mais robusta prevaleceria sobre a mais fraca sem, no entanto, afastar a dúvida, circunstância no mínimo contraditória com a exigência do convencimento do magistrado (art. 413, *caput*, CPP).

Por outro lado, a construção do STJ, pautada na "elevada probabilidade" de autoria ou participação para fins de caracterização do *standard* probatório necessário para a pronúncia, cria para o magistrado uma valoração fundada na "elevada probabilidade", conceito superado no âmbito penal quando associado à mera quantificação (de riscos), e ainda impreciso quando associado à sua qualificação (de riscos), exigindo desse a análise do contexto probatório para fins de mérito, cuja competência natural é do Conselho de Sentença.

De toda sorte, não havendo prova da materialidade, o acusado não poderá ser pronunciado. Igualmente, não existindo, no mínimo, indícios suficientes de autoria ou participação, com lastro em prova judicial, o acusado não poderá ser pronunciado.

30.4.1.1.3 Fundamentação e conteúdo da pronúncia

Nos termos do §1º do art. 413, CPP: "A fundamentação da pronúncia limitar-se-á à indicação da materialidade do fato e da existência de indícios suficientes de autoria ou de participação, devendo o juiz declarar o dispositivo legal em que julgar incurso o acusado e especificar as circunstâncias qualificadoras e as causas de aumento de pena".

Com as alterações promovidas pela Lei 11.689/08, o dispositivo passou a prever, de forma objetiva, a fundamentação da decisão de pronúncia, afastando, indiretamente, uma histórica fonte de nulidades processuais em plenário. Isso porque, no mesmo conjunto de alterações promovidas pela Lei 11.689/08, o art. 478, inc. I, passou a prever a impossibilidade de referência, durante os debates em plenário, à decisão de pronúncia.

Não era incomum que a acusação, em plenário, valesse-se do argumento de autoridade construído com a decisão de pronúncia e sua confirmação pelo tribunal. Afinal, a acusação ministerial foi acolhida e, sob o juízo do leigo, "deve ser verdade". Ao vedar a referência à decisão de pronúncia, o legislador também fixou os limites ao magistrado, haja vista que uma fundamentação excessiva ou exauriente pode sugestionar os jurados, que receberão cópia da pronúncia após prestarem o compromisso legal (art. 472, parágrafo único, CPP).

Assim, cabe ao magistrado, ao pronunciar o acusado, tão somente indicar a materialidade do fato, fazendo o apontamento do local da prova nos autos, e demonstrar, suscintamente, a existência de indícios suficientes de autoria ou de participação, sem valorar a prova de forma excessiva ou se valer de expressões que revelem certeza. Em síntese, o magistrado deve se abster, a todo o momento, de abusar da linguagem, evitando a chamada **eloquência acusatória**, fonte de nulidade absoluta da decisão. Ocorrendo a eloquência acusatória, o processo deve ser anulado e outra decisão deverá ser proferida, extirpando-se dos autos a decisão maculada, porquanto os jurados possuem acesso aos autos, na forma do art. 480, §3º, do CPP, e sua manutenção pode sugestionar os jurados, mesmo tendo sido anulada.

Na decisão de pronúncia, o magistrado deverá ainda declarar o dispositivo legal em que julgar incurso o acusado e especificar as circunstâncias qualificadoras e as causas de aumento de pena (art. 413, *caput*, CPP), vez que o conteúdo da pronúncia delimita o objeto da acusação em plenário. Assim, de acordo com a redação legal, sendo pronunciado o acusado pela prática do crime de homicídio qualificado pelo motivo fútil, o magistrado deverá indicar expressamente o art. 121, §2º, II, do CP, e especificar qual o motivo considerado como fútil a ser apreciado pelos jurados.

Por vezes, o tipo penal base demanda a aplicação de normas de extensão, a exemplo dos crimes tentados e comissivos por omissão, para formação da tipicidade. Assim, no crime tentado, por exemplo, a utilização da norma do art. 14, II, CP, é essencial para a caracterização da tipicidade a ser apreciada pelos jurados, pelo que deve constar expressamente da pronúncia. De igual forma, nos casos de crimes comissivos por omissão, de causalidade normativa, é imprescindível, para fins de tipicidade, o uso da norma do art. 13, §2º do CP, que trata da omissão penalmente relevante, sob pena de formação de uma tipicidade imperfeita. A mesma lógica se aplica ao concurso de pessoas (art. 29, CP), quando o concurso, por si, não caracterizar qualificadora ou causa especial de aumento de pena, hipótese em que igualmente constará, mas sob outro fundamento.

Nessa esteira, tratando-se de causas de aumento de pena previstas na parte geral, como o concurso formal (art. 70, CP) ou crime continuado (art. 71, CP), predomina na doutrina e jurisprudência que não devem constar da pronúncia, porquanto não formam o tipo base a ser julgado pelos jurados. Assim, somente as causas de aumento de pena previstas na Parte Especial do Código Penal devem ser lançadas na pronúncia. Havendo, naturalmente, crime conexo previsto em legislação especial, as eventuais causas de aumento de pena específicas igualmente deverão constar da pronúncia.

E, nesse sentido, a decisão de pronúncia não pode ficar restrita ao crime doloso contra a vida quando houver conexão ou continência. Independentemente da natureza da ação penal, ocorrendo conexão ou continência e tendo tramitado em conjunto as ações penais, no momento da pronúncia o magistrado deverá pronunciar o acusado pelo crime doloso contra a vida e pelos demais crimes conexos, que também serão apreciados pelos jurados. Assim, salvo nas hipóteses legais de afastamento do julgamento conjunto, a *vis atrativa* do Tribunal do Júri impõe não somente a pronúncia, mas o julgamento unificado de todas as infrações penais conexas.

Há que se destacar, contudo, que no caso das infrações penais conexas, prevalece na doutrina que a remessa ao plenário será automática no caso de pronúncia, não cabendo ao magistrado, sob pena de usurpar a competência do Tribunal do Júri, avaliar a existência de prova da materialidade ou indícios suficientes de autoria. Logo, segundo o entendimento dominante, nas infrações penais conexas não cabe ao magistrado qualquer análise ou decisão que não a remessa ao plenário caso pronuncie o acusado por crime doloso contra a vida.

Aury Lopes Jr., Paulo Rangel e Nestor Távora, entre outros, sustentam a necessidade do magistrado, na pronúncia, igualmente avaliar a plausibilidade jurídica da acusação com relação aos crimes conexos. Segundo AURY LOPES JR.[5] (2020, p. 1265):

> Para seguir o prevalente em caso de pronúncia, é preciso que existam os elementos probatórios exigidos pelo art. 413, pois a decisão penal que encerra a primeira fase do procedimento do Júri tem a essencial função de realizar um filtro de legalidade na acusação, decotando as imputações que não se revestirem de plausibilidade jurídica.

A decisão de pronúncia, *mutatis mutandis*, em muito se assemelha com a decisão que recebe a denúncia. Em que pese a primeira exigir uma fundamentação ainda que mínima, a segunda contenta-se, segundo o entendimento majoritário, com poucas palavras genéricas e aplicáveis a qualquer caso. Entretanto, ambas realizam um juízo de admissibilidade da acusação, ainda que em fases procedimentais distintas.

A tese que sustenta a remessa automática dos crimes conexos na decisão de pronúncia retira do magistrado uma prerrogativa que lhe é inerente, de avaliar a plausibilidade da acusação. Se o magistrado pode, no recebimento da denúncia, rejeitar a imputação por ausência de justa causa, não nos parece haver qualquer sentido em se negar a mesma possibilidade quando da realização da admissibilidade da acusação. Afinal, apesar de sua função peculiar no juízo sumariante, que somente se justifica pela existência de crime doloso contra a vida, não há como se impor ao magistrado o papel de mero despachante ministerial ao reconhecer a viabilidade da pronúncia pelo crime doloso contra a vida.

A trágica lógica da remessa automática não explica as hipóteses nas quais a própria acusação pede em alegações finais a pronúncia tão somente pelo crime doloso contra a vida, manifestando-se, expressamente, pela absolvição sumária quanto ao crime conexo por completa ausência de provas. Fosse a remessa automática, sob o fundamento da competência maior do Tribunal do Júri, o juiz deveria pronunciar o acusado não somente pelo crime doloso contra a vida, mas também pelo crime conexo ao qual o próprio Ministério Público manifestou-se pela não configuração. Exigir a adoção de um procedimento meramente burocrático pelo magistrado, de tão somente lavar as mãos e pronunciar o acusado pelo crime conexo, em contradição com o pedido da acusação e provas existentes, significa não somente reduzir o papel do magistrado no juízo sumariante, mas atribuir a esse o papel de "acusador por omissão". Ainda que de forma embrionária e minoritária, há decisões no âmbito do STJ reconhecendo a necessidade de o magistrado avaliar os elementos mínimos de prova nos crimes conexos:

> Sem olvidar da regra disposta no art. 78, inciso I, do CPP, nem da orientação jurisprudencial prevalente nesta Corte Superior, segundo a qual o julgamento dos crimes conexos aos

5. *op.cit.*

> dolosos contra a vida compete exclusivamente ao Tribunal popular, **certo é que a submissão de qualquer caso à apreciação do Júri depende, necessariamente, de um mínimo de tipicidade objetiva e indícios de autoria**, situação que não se verifica no caso concreto. AgRg no AREsp 1621078/PR, 5ª Turma, Rel. Min. Jorge Mussi, DJe 03.06.20.

Na decisão de pronúncia, conforme previsão do §2º do art. 413, CPP, se o crime for afiançável, o juiz deverá arbitrar o valor da fiança para a concessão ou manutenção da liberdade provisória. Segundo o §3º, na decisão de pronúncia o juiz decidirá, motivadamente, no caso de manutenção, revogação ou substituição da prisão ou medida restritiva de liberdade anteriormente decretada e, tratando-se de acusado solto, sobre a necessidade da decretação da prisão ou imposição de quaisquer das medidas cautelares diversas da prisão.

De acordo com a nova sistemática que rege o sistema das medidas cautelares pessoais, as previsões dos §§2º e 3º, impõem, na realidade, o dever do magistrado, nesta fase processual, reavaliar a prisão preventiva ou medida cautelar pessoal substitutiva eventualmente aplicada. A despeito da regra do §2º, que impõe a fixação do valor da fiança no caso de infrações penais afiançáveis, entendemos que o magistrado poderá, perfeitamente, substituir a fiança por outra medida cautelar ou simplesmente não impor qualquer medida cautelar caso o agente esteja solto sem qualquer imposição de medidas e não exista justificativa para decretação de prisão, passível de substituição pela fiança. Entendimento contrário nos conduzia à possibilidade de o acusado por crime inafiançável estar no gozo de liberdade plena, sem imposição de medidas cautelares, e o acusado por crime afiançável, em tese menos gravoso, ser compelido a prestar fiança.

É possível ainda, na análise da decisão de pronúncia, que o magistrado, verificando a existência de indícios de autoria ou de participação de outras pessoas não incluídas na acusação, na forma do art. 417 do CPP, ao pronunciar ou impronunciar o acusado, determine o retorno dos autos ao Ministério Público, por 15 (quinze) dias, aplicável, no que couber, o art. 80 do CPP, isto é, observar as regras de separação do processo caso o Ministério Público venha a aditar a denúncia ou oferecer nova denúncia envolvendo os agentes não incluídos na denúncia original caso entenda que o aditamento da denúncia, após a pronúncia do acusado, não é recomendável à marcha e celeridade processual.

30.4.1.1.3.1 *Emendatio* e *mutatio libelli* na pronúncia

A *emendatio libelli*, prevista no art. 383 do CPP, é perfeitamente aplicável ao procedimento do Tribunal do Júri, haja vista que juiz, sem modificar a descrição do fato contido na denúncia ou queixa, poderá atribuir-lhe definição jurídica diversa, independentemente da gravidade da pena. Isso porque o instituto trata tão somente da adequação da imputação formal à imputação material ou fática. Nesse sentido e, de forma expressa, é o teor do art. 418 do CPP: "O juiz poderá dar ao fato definição jurídica diversa da constante da acusação, embora o acusado fique sujeito a pena mais grave".

À guisa de exemplo, o procedimento pode ser aplicado quando o Ministério Público descreve a prática de um crime de infanticídio (art. 123, CP), com todas as suas circunstâncias, mas capitula a infração penal como homicídio, previsto no art. 121, §2º, IX, do CP. Ao pronunciar, o magistrado poderá promover o reenquadramento formal típico para o fato efetivamente imputado de infanticídio (art. 123, CP), sem qualquer necessidade de oitiva prévia da defesa, haja vista que no processo penal o acusado se defende dos fatos imputados e não da capitulação.

Por outro lado, a *mutatio libelli* foi prevista no art. 384 do CPP e ocorre quando, no curso da instrução processual, as provas indicarem a existência de elementar ou circunstância de infração penal não contida acusação. Logo, como o magistrado não pode sentenciar fato ou circunstância não imputada, deverá o Ministério Público aditar a inicial para permitir o exercício do contraditório e da ampla defesa, assegurando ao magistrado perfeita sintonia com o princípio da correlação.

A aplicação do procedimento da *mutatio libelli* foi previsto de forma expressa para o Tribunal do Júri no art. 411, §3º do CPP, de sorte que não há qualquer obstáculo na aplicação do teor do art. 384 do CPP ao procedimento. Assim, é possível que, durante a instrução se verifique que o então homicídio qualificado pelo motivo fútil, na realidade, também se caracteriza como feminicídio, circunstância qualificadora não imputada na inicial. Assim, como não cabe o magistrado acolher a qualificadora de ofício, deverá o Ministério Público aditar a exordial acusatória para incluir a circunstância qualificadora, permitindo-se o direito de defesa na forma do art. §2º do art. 384, CPP, assegurando-se ao magistrado a possibilidade de pronunciar o acusado em todas suas circunstâncias, porquanto formal e materialmente imputadas sob o crivo do devido processo legal.

BRASILEIRO[6] (2020, p. 1472), assinala, com lastro no julgamento do HC 82.980/DF pelo STF[7], que "não se admite a *mutatio libelli* na segunda fase do procedimento bifásico do Júri". Assim, contudo, não entendemos. Explicamos.

Nos termos do art. 421, §1º, do CPP, "Ainda que preclusa a decisão de pronúncia, havendo circunstância superveniente que altere a classificação do crime, o juiz ordenará a remessa dos autos ao Ministério Público". A despeito de não registrado de forma expressa, o §1º do art. 421 do CPP impõe a aplicação do art. 384 do CPP. Isso porque a referida "circunstância superveniente", capaz de alterar a classificação do crime, pode ocorrer após a preclusão da decisão de pronúncia, implicando a necessidade de alteração da própria pronúncia.

À guisa de exemplo, imagine-se que o acusado foi processado e pronunciado pelo crime de homicídio tentado, tendo a vítima permanecida internada, em estado grave, durante todo o trâmite processual. Preclusa a decisão de pronúncia, a vítima falece em decorrência das agressões originalmente impostas pelo acusado. Ao se admitir a impossibilidade de aplicação da *mutatio libelli* na segunda fase do procedimento do júri, o acusado seria julgado por homicídio tentado, não obstante ter efetivamente matado a vítima.

Nesses casos, é imperativo que o Ministério Público adite a denúncia para correção fática e adequação das elementares típicas, construídas, para fins de imputação, sob o alicerce da norma de extensão do art. 14, II do CP. De fato, ocorrendo a morte, perde sentido a norma de extensão, motivo pelo qual as elementares do tipo-base deverão ser readequadas.

Processualmente, é impositiva a reabertura da instrução, porquanto não somente o Ministério Público deverá provar que existe nexo de causalidade entre a morte posterior e

6. *op.cit.*

7. 1ª Turma, Rel. Min. Ayres Britto, DJe 22.10.09.

a conduta inicial, como a defesa poderá provar que a morte decorreu de fato superveniente absolutamente independente, haja vista a possibilidade de causalidade superveniente. Sob a perspectiva processual, a morte da vítima em circunstâncias que se presumem consequências naturais do fato imputado ao agente gerará a rescisão, anulação ou tão somente a necessidade de complementação da decisão de pronúncia?

Não nos parece ser o caso de anulação, haja vista que a decisão, quando proferida, não violou qualquer norma apta a maculá-la. Igualmente, não nos parece o caso de mera complementação, porquanto o fato típico[8], para sua formação, exige a análise da conduta, resultado, nexo de causalidade e tipicidade. O juiz, ao analisar a imputação original, para fins de pronúncia, realiza a análise sobre o resultado "lesões", nexo causal entre a conduta finalisticamente dirigida e as lesões, e sobre a tipicidade, igualmente tendo por origem a natureza das lesões sofridas pela vítima. Logo, referida análise não pode ser meramente complementada, pois o arremedo complementar teria não somente que realizar a mesma análise quanto ao resultado morte, mas também afastar a tipicidade extensiva da tentativa. Não se trata, portanto, de um mero acréscimo, mas também de uma supressão.

Assim, acreditamos que a morte em circunstâncias que se presumem consequências naturais do fato imputado ao agente tem o condão de rescindir a decisão original de pronúncia diante da nova imputação formulada em aditamento pelo Ministério Público. Entretanto, a rescisão operada vincula o magistrado quanto à pronúncia anterior, porquanto não poderá, por exemplo, entender que a conduta anteriormente concebida como crime doloso contra a vida, não mais assim se caracteriza.

Em reforço à nossa compreensão, vale lembrar que o magistrado, sendo chamado a decidir sobre o aditamento, não poderá afastar a imputação ministerial, haja vista que o nexo de causalidade entre a conduta e o resultado é matéria afeta aos jurados, não lhe competindo apreciar o mérito nesse sentido.

30.4.1.1.3.2 Decote de qualificadoras

Ao pronunciar o acusado, reconhecendo a admissibilidade da acusação pelo crime doloso contra a vida, o magistrado pode decotar as qualificadoras alinhavadas na denúncia e requeridas pelo Ministério Público em alegações finais?

A existência de uma qualificadora transforma um tipo penal base em um tipo derivado-qualificado ao trazer elementos especializantes que o diferenciam do tipo fundamental. Um homicídio qualificado pelo motivo fútil nada mais é do que um crime de homicídio simples ao qual o legislador optou por tratá-lo como qualificado em razão do motivo, especializando-o com relação ao tipo penal base.

Assim, as qualificadoras, por estarem afetas ao tipo penal, devem receber tratamento próximo ao conferido ao tipo fundamental no tocante ao *standard* probatório, sob pena de uma cisão típica injustificável. Não nos olvidamos que uma circunstância especializante não se confunde com o tipo fundamental, haja vista que tão somente o especializa. Logo, não podemos exigir prova da materialidade e indícios suficientes de autoria ou

8. Modernamente e, para nós, de forma correta, a imputação objetiva está inserida nesse contexto.

participação com relação a um motivo, porquanto esse, necessariamente, integra algo maior, o tipo fundamental.

Nessa esteira, parece-nos que o *standard* probatório da preponderância da evidência justifica a pronúncia pela forma qualificada. Não obstante, sendo manifestamente improcedente a qualificadora imputada, seja pela comprovação pela defesa ou total ausência de provas por parte da acusação, não há como se exigir que o magistrado pronuncie o acusado por um delito qualificado sem qualquer evidência acerca da qualificadora. Não por outra razão, em respeito à regra probatória, o STJ[9] tem, reiteradamente, decidido somente pela possibilidade de decote de qualificadora quando **manifestamente improcedente** ou **sem nenhum amparo nos elementos dos autos**, sob pena de usurpação da competência constitucional do Tribunal do Júri.

30.4.1.1.4 Efeitos da pronúncia

Pronunciado o acusado, podemos extrair os seguintes defeitos da decisão:

a) Encerramento da primeira fase do procedimento: proferida a decisão de pronúncia, o juízo sumariante cumpre e esgota o seu ofício jurisdicional nessa fase. Caso a Lei de Organização Judiciária local preveja vara específica para realização do julgamento em plenário, outro magistrado assumirá a presidência do processo. Não havendo previsão, haverá a prorrogação da competência do magistrado sumariante para também realizar a sessão plenária.

b) Submissão do acusado a julgamento perante o Tribunal do Júri: a pronúncia, conforme vimos, finaliza a primeira etapa procedimental e remete o processo para julgamento perante o júri popular, juiz natural da causa.

c) Estabelecimento de limites à acusação: sendo o rito do Tribunal do Júri bifásico, a pronúncia delimita a acusação a ser sustentada em plenário, impedindo, por exemplo, que o Ministério Público venha a sustentar qualificadora não contemplada pela pronúncia. Como consequência, a pronúncia fixa os quesitos acusatórios, de forma que se extrai uma correlação direta entre a pronúncia e os quesitos a serem apreciados pelos jurados.

d) Preclusão das nulidades relativas: como a pronúncia encerra uma etapa procedimental, por meio de decisão judicial, todas as nulidades relativas devem ser arguidas antes da decisão, permitindo-se ao magistrado sua avaliação e, sendo o caso, saneá-las antes de encerrar a primeira fase processual. Assim, não sendo arguidas nulidades relativas até o momento da decisão, a prolação dessa implicará a preclusão quanto a futuras alegações.

e) Interrupção da prescrição: nos termos do art. 117, II, do CP, a pronúncia é causa interruptiva da prescrição, sendo esse o único efeito material da decisão. Vale destacar que a posterior desclassificação do delito pelo Conselho de Sentença, para crime não doloso contra a vida, não afasta a interrupção da pronúncia promovida com a decisão. Nesse sentido é o teor da Súmula 191 do STJ: "A pronúncia é causa interruptiva da prescrição, ainda que o Tribunal do Júri venha a desclassificar o crime".

9. AgRg no REsp n. 1.935.486/SC, 5ª Turma, Rel. Min. Joel Ilan Paciornik, DJe 20.09.21. No mesmo sentido: AgRg no REsp 1948352/MG, 6ª Turma, Rel. Min. Antonio Saldanha Palheiro, DJe 12.11.21.

30.4.1.1.5 Intimação da decisão de pronúncia

> Art. 420. A intimação da decisão de pronúncia será feita:
> I – pessoalmente ao acusado, ao defensor nomeado e ao Ministério Público;
> II – ao defensor constituído, ao querelante e ao assistente do Ministério Público, na forma do disposto no § 1º do art. 370 deste Código.
> Parágrafo único. Será intimado por edital o acusado solto que não for encontrado.

Ao inciso I, que trata da intimação pessoal da decisão de pronúncia, deve se acrescentar o defensor público. A despeito de não ser parte na relação processual, a Defensoria Pública também possui o direito à intimação pessoal, mediante entrega dos autos com vista (art. 44, I, LC 80/94).

Frustrada a intimação pessoal do acusado solto, nos termos do art. 420, parágrafo único do CPP, esse será intimado por edital. A lei não dispõe o prazo do edital, de forma que deverá ser aplicado, por analogia, o prazo do art. 361 do CPP, isto é, quinze dias. Em síntese, o prazo recursal somente passará a fluir após o decurso do prazo de quinze dias. O não comparecimento do acusado solto para fins de julgamento não impede a realização desse (art. 457, *caput*, CPP). Estando preso, as intimações devem ser realizadas sempre pessoalmente, não podendo ser realizado o julgamento sem sua presença por deficiência na intimação.

30.4.1.1.6 Recursos

A decisão que pronuncia o acusado é atacável por meio de recurso em sentido estrito, nos termos do art. 581, IV, do CPP.

A não interposição de recurso contra a pronúncia no prazo legal de cinco dias ou a confirmação da decisão pelo tribunal acarretam a chamada preclusão *pro judicato*, isto é, impede a modificação do ato pelo magistrado. Conforme vimos, somente na hipótese de superveniência de circunstância que altere o fato típico, como a morte da vítima após a pronúncia, permitirá a alteração da pronúncia após a reabertura da instrução.

Vale destacar que, ocorrido o óbito após a realização da sessão de julgamento em plenário e trânsito em julgado da decisão, nada poderá ser feito, vez que o agente não pode ser processado duas vezes pelo mesmo fato. Entretanto, caso o óbito ocorra no curso do prazo recursal para a acusação, entendemos por perfeitamente possível, diante no novo evento, conectado ao fato objeto do julgamento, que o recurso ataque o próprio julgamento para promover sua rescisão, observando-se, na sequência, caso provido o recurso, o disposto no art. 421, §1º do CPP.

Importante destacar o entendimento consolidado do STF e do STJ[10] quanto à ausência de óbices para realização da sessão de julgamento diante da existência de recurso especial ou extraordinário:

> A preclusão da pronúncia, dada a ausência de efeito suspensivo aos recursos de natureza extraordinária (recursos especial e extraordinário – art. 637 do CPP), coincide com o

10. EDcl no AgRg no AgRg no AREsp 1027534/BA, Rel. Min. Félix Fischer, 5ª Turma, DJe 22.11.17.

exaurimento da matéria em recursos inerentes ao procedimento do júri apreciados pelas instâncias ordinárias. **A interposição de recursos especial ou extraordinário contra acórdão confirmatório da decisão de pronúncia não obstaculiza a realização do julgamento pelo Tribunal do Júri.** Precedente: HC 130.314/DF, Rel. Min. Teori Zavascki, 2ª Turma, DJe 05.12.2016. Nesse espectro, o acórdão atacado converge para jurisprudência desta Corte no sentido de que "o §2º do artigo 584 do Código de Processo Penal, a revelar a eficácia suspensiva do recurso da pronúncia, diz respeito à impugnação direta, não alcançando a que se faça mediante recurso de natureza extraordinária – sabidamente desprovido, por força de lei, da citada eficácia". (RHC 86.468/PB, Rel. Min. Marco Aurélio, 1ª Turma, j. 19.8.2008, DJe 20.02.2009). STF: HC 118357 AgR, Re. Min. Rosa Weber, 1ª Turma, DJe 17.10.17.

Assim, diante da preclusão da decisão de pronúncia na esfera da instância ordinária, é possível o prosseguimento do rito do júri, com a preparação e julgamento do processo em plenário do júri.

30.4.1.2 Impronúncia

Conforme se extrai do art. 414 do CPP, não se convencendo da materialidade do fato ou da existência de indícios suficientes de autoria ou de participação, o juiz, fundamentadamente, impronunciará o acusado.

A impronúncia é a antítese da pronúncia. Enquanto na última o magistrado reconhece a plausibilidade e viabilidade da acusação, na primeira o juiz admite a ausência de elementos de prova capazes de promover a continuidade do processo.

A impronúncia equivale ao arquivamento dos autos, operado na fase pré-processual, porquanto, nos termos do parágrafo único do art. 414 do CPP, enquanto não ocorrer a extinção da punibilidade, poderá ser formulada nova denúncia ou queixa se houver prova nova.

30.4.1.2.1 Natureza jurídica

A impronúncia é uma decisão interlocutória mista terminativa, haja vista que não se reveste de força definitiva por não apreciar o mérito da causa, não obstante encerrar uma fase do procedimento, revelando seu caráter misto. O atributo de terminativa decorre do fato de promover a extinção do processo antes do final do procedimento legal previsto.

A decisão de impronúncia, por não analisar o mérito, não produz coisa julgada material, mas tão somente coisa julgada formal, haja vista a possibilidade de formulação de nova denúncia diante do surgimento de novas provas (parágrafo único do art. 414 do CPP).

30.4.1.2.2 Surgimento de novas provas

A nova prova que permite a deflagração de outro processo, com nova denúncia, pode ser formalmente nova ou substancialmente nova. Uma prova formalmente nova é aquela já conhecida ou utilizada pelo Estado, mas cujo conteúdo ganha uma nova roupagem, a exemplo da testemunha que, tempos após prestar seu depoimento em juízo, noticia ter sido ameaçada pelo réu para não esclarecer os fatos como realmente ocorreram, contribuindo para a impronúncia.

Por sua vez, uma prova substancialmente nova é aquela até então desconhecida pelo Estado por estar oculta ou não poder ser produzida em tempo oportuno por ser desconhecida. Assim, a descoberta da arma do crime, que contém as impressões digitais do acusado, ocultada por esse no interior de uma parede, revela-se hábil a permitir a reabertura do processo.

A decisão de impronúncia é proferida com base na fotografia das provas produzidas e, por envolver tão somente a viabilidade da acusação, não adentra no mérito processual. Não se trata, portanto, de absolvição, haja vista que o fato não foi julgado pelo juízo natural, o Tribunal do Júri.

Parcela da doutrina sustenta a inconstitucionalidade da decisão de impronúncia em razão do suposto estado de incerteza que essa promove em razão possibilidade de deflagração de novo processo criminal pelo mesmo fato. Em forte crítica, AURY LOPES JR.[11] aduz que:

> O problema reside assim na possibilidade, prevista no parágrafo único, de o processo ser reaberto a qualquer tempo, enquanto não estiver extinta a punibilidade, se surgirem novas provas. A impronúncia não resolve nada. Gera um angustiante e ilegal estado de "pendência", pois o réu não está nem absolvido, nem condenado. E, o que é pior, pode voltar a ser processado pelo mesmo fato a qualquer momento. (...).
>
> (...) Trata-se de uma decisão substancialmente inconstitucional e que viola, quando de sua aplicação, a presunção de inocência. Se não há prova suficiente da existência do fato e/ou da autoria, para autorizar a pronúncia (e, recorde-se, nesse momento processual, vigora a presunção de inocência e o in dubio pro reo), a decisão deveria ser absolutória.

Não obstante as críticas apresentadas, assim não entendemos. O alegado "angustiante e ilegal estado de 'pendência', pois o réu não está nem absolvido, nem condenado", de fato e, juridicamente, não existe, vez que não há mais réu. O impronunciado não mais se submete ao processo penal e está no gozo de sua liberdade. Sequer se pode cogitar a menção ao princípio da presunção de inocência, porque não há processo. Sequer podemos falar em culpado ou inocente, porquanto não há fato criminoso em apuração.

Um ponto é a inconstitucionalidade da decisão de impronúncia, outro a inconstitucionalidade na reabertura de uma investigação sem novas provas ou elementos de informação hábeis a alcançar novas provas. A impronúncia do acusado não significa que a autoridade policial possa reabrir a investigação, instaurando um novo inquérito para, aleatoriamente, buscar novas provas que deveriam ter sido procuradas na primeira investigação.

A exemplo do que dispõe o art. 18 do CPP, depois de ordenado o arquivamento do inquérito pela autoridade judiciária, por falta de base para a denúncia, a autoridade policial poderá proceder a novas pesquisas, se de outras provas tiver notícia. A lógica da impronúncia é idêntica, ou seja, somente poderão ser realizadas novas pesquisas se de outras provas tiver notícias. Logo, inexistindo tais notícias, não haverá inquérito, investigação ou qualquer outra situação apta a gerar o alegado estado de pendência. O *status* do agente, portanto, equivale ao de qualquer um de nós, nem culpados, nem inocentes, apenas no exercício do direito de liberdade, pois não há qualquer investigação em curso.

Não obstante, apenas para enriquecer o debate, tomemos como verdadeira a inconstitucionalidade da impronúncia. Qual o procedimento a ser adotado pelo magistrado quando não se convencer da materialidade do fato ou da existência de indícios suficientes de autoria ou de participação? Absolver sumariamente? Absolver julgando o mérito?

---

11. *op.cit.*

A absolvição sumária não seria possível, primeiro, porque não caso não seria sumária, mas definitiva. Segundo, porque a decisão de impronúncia não se funda em prova da inexistência do fato ou não ser o agente autor ou partícipe do fato, porquanto tais hipóteses de absolvição sumária partem da premissa que tais situações devem ser efetivamente **provadas** (art. 415, I e II, CPP), **não compatíveis com o não convencimento do magistrado** da impronúncia. Por outro lado, se o fato não constituir infração penal (inc. III, art. 415, CPP), sequer poderá ser oferecida nova denúncia e, se for, o magistrado deverá rejeitá-la. Por fim, no caso de demonstração de causa de isenção de pena ou de exclusão do crime (inc. IV, art. 415, CPP), igualmente se pressupõe a existência de provas concretas, aptas a **demonstrar** sua ocorrência. Logo, sendo inconstitucional a decisão impronúncia, não será o caso, igualmente de absolvição sumária, restando-nos a análise da absolvição definitiva.

A Constituição Federal, no art. 5º, inc. XXXVIII, alínea "d", expressamente consagra a instituição do júri, formada por 1 (um) juiz togado, seu presidente, e por 25 (vinte e cinco) jurados que serão sorteados dentre os alistados, 7 (sete) dos quais constituirão o Conselho de Sentença em cada sessão de julgamento (art. 447, CPP), como competente para o julgamento dos crimes dolosos contra a vida. Como sabemos, a norma fundamental deve ser aplicada na sua integralidade e não de forma seletiva.

Se inconstitucional a decisão de impronúncia, não seria dotada do mesmo vício a decisão absolutória definitiva proferida pelo juízo sumariante? Ou, nesse caso, poderia o magistrado afastar a norma constitucional e, mesmo não sendo o caso de absolvição sumária, porque há tão somente um não convencimento, dizer: "apesar de não convencido e de não ser o juízo competente, absolvo o acusado?"

Com a devida vênia, não nos parece razoável se permitir ao magistrado, no caso de dúvida, suprimir a competência do Tribunal do Júri, juízo competente para julgar os crimes dolosos contra a vida. Havendo dúvidas em razão do não convencimento, aos jurados compete absolver o acusado e não o magistrado, sob pena de transformarmos o juízo sumariamente em definitivo, perdendo a razão de ser do julgamento popular.

E qual a solução, já que nem a absolvição sumária ou definitiva seriam possíveis? Pronunciar o acusado e remetê-lo ao julgamento popular, mesmo o juiz não se convencendo da materialidade do fato ou da existência de indícios suficientes de autoria ou de participação? Naturalmente e sob pena de flagrante contradição entre os artigos 413 e 414 do CPP, não. Logo, a impronúncia não nos parece dotada de qualquer inconstitucionalidade.

Ao contrário, por não impor qualquer ônus ao agente, porquanto livre e não investigado, promove a estabilização do sistema ao permitir, a exemplo da fase investigatória, que o surgimento de novas provas venha a permitir à sociedade a busca pela reparação do dano decorrente da prática de um delito.

30.4.1.2.3 Infrações penais conexas

Consoante destacamos anteriormente, a matéria objeto da decisão que encerra a primeira fase processual nos procedimentos do júri é a imputação formulada pela acusação pela prática de crime doloso contra a vida. Logo, o juízo sumariamente deverá, inicialmente, analisar a viabilidade da acusação com relação a tal imputação.

Afastada pela impronúncia a imputação de crime de doloso contra a vida pelo magistrado, por não se convencer acerca da materialidade ou a existência de indícios suficientes de autoria ou de participação, o juiz não poderá se pronunciar quanto às infrações penais conexas, vez que sua competência quanto a esses deriva da imputação principal por crime doloso contra a vida que, uma vez afastada, retira a competência do magistrado para apreciar os crimes conexos.

Assim, preclusa a decisão de impronúncia, o magistrado, se não for o competente para julgar os crimes conexos segundo a Lei de Organização Judiciária local, deverá encaminhar os autos ao juízo competente.

30.4.1.2.4 Despronúncia

O termo despronúncia não foi utilizado pelo CPP, sendo consagrado pela doutrina, e não se confunde com a impronúncia, apesar de conduzir a essa. Pronunciado o acusado, é possível que o magistrado, em sede de juízo de retratação no recurso em sentido estrito, venha a desconstituir a pronúncia e impronunciar o acusado. Igualmente, no julgamento do recurso pelo tribunal, é possível que esse casse a decisão de pronúncia e a substitua pela impronúncia. Em ambos os casos, a doutrina assinala ocorrer a chamada despronúncia como o fenômeno que transforma a pronúncia em impronúncia.

30.4.1.2.5 Recursos

Ao contrário da pronúncia, que não encerra o processo e impugnável por meio de RSE (art. 581, IV), a impronúncia pode ser atacada por meio de apelação (art. 416 do CPP).

Os legitimados para interposição de apelação contra a impronúncia são o Ministério Público, o querelante e o assistente da acusação. No tocante ao assistente, apesar da existência de certa divergência, não nos parece haver qualquer dúvida, haja vista que o art. 584, §1º, do CPP, a despeito de originariamente ter regulado o recurso em sentido estrito, com as alterações promovidas pela Lei 11.689/08, a decisão de impronúncia passou a ser atacável por apelação sem que, todavia, o fundamento original do art. 584, §1º, que admite a interposição de recurso contra a decisão de impronúncia pelo assistente, tenha se perdido.

Entretanto, vale destacar que o recurso do assistente será subsidiário, porquanto não apelando o Ministério Público, não mais haverá acusação a ser assistida[12]. Assim, o assistente somente poderá interpor o recurso se caracterizada a inércia ministerial. Na hipótese, se habilitado, terá o prazo de cinco dias para recorrer, ao passo que, não sendo habilitado, o prazo será de quinze dias, tendo o prazo início com o trânsito em julgado para o Ministério Público (Súmula 448, STF) ou da devolução dos autos pelo Ministério Público[13] à Secretaria do juízo de forma a se permitir o acesso aos autos pelo assistente habilitado.

12. Voltaremos ao tema no capítulo de recursos.

13. Nos termos da jurisprudência deste Tribunal Superior, se o assistente de acusação está habilitado nos autos, deve ser aplicado o prazo de 5 dias para apelação. Ainda, deve ser o assistente intimado da sentença, daí correndo o prazo referenciado, ou a partir do término do período conferido ao Ministério Público para interposição de seu apelo. Precedentes. 2. Na hipótese, consta do acórdão vergastado que os autos ficaram com carga ao Ministério Público por 3 (três) meses, tendo sido devolvido somente no final de julho, com a aposição do ciente pelo 'Parquet' em 25 de julho de 2013 (quinta-feira). O recurso do assistente de acusação, por sua vez, foi interposto em 5 de agosto de 2013

No que concerne ao querelante, não há qualquer divergência quando atuar no curso de queixa subsidiária. Entretanto, atuando o querelante nos autos em razão de conexão ou continência, não nos parece possível que o querelante venha a interpor recurso de apelação contra a decisão que impronuncia o acusado pelo crime doloso contra vida. Admitir a possibilidade do recurso pelo querelante implicaria reconhecer que esse será detentor do direito de sustentar as alegações em plenário na hipótese de ausência de recurso pelo Ministério Público. O querelante não detém legitimidade para atuar em substituição ao *parquet*, porquanto tutela tão somente o interesse abarcado pela ação penal de iniciativa privada.

Para verificar a inconsistência do argumento que defende a possibilidade de interposição de recurso pelo querelante, em razão da impronúncia pelo crime doloso contra a vida, basta se analisar a situação na qual o *parquet* concorda com a decisão e não recorre, mas o querelante interpõe o recurso. Quem sustentará a acusação em plenário, se a própria acusação não teve interesse em recorrer? Não obstante, é perfeitamente possível, na linha de nossa compreensão anteriormente esposada, de que os crimes conexos não devem ser remetidos automaticamente a plenário em razão da pronúncia pelo crime doloso contra a vida, que o querelante venha a interpor o recurso caso o magistrado impronuncie o acusado pelo crime conexo, apesar de pronunciá-lo pelo crime doloso contra vida.

Como a decisão de impronúncia não produz coisa julgada material, o impronunciado, por não ter sido absolvido, possui interesse recursal na mudança do título jurídico. Isso porque, no caso de impronúncia, podendo vir a ser processado diante do surgimento de novas provas, seu interesse na transformação da impronúncia em absolvição sumária é claro. Assim, afigura-se possível que o impronunciado recorra da decisão de impronúncia visando alcançar a absolvição sumária, formadora de coisa julgada material.

30.4.1.3 Absolvição sumária

A terceira decisão possível no encerramento da primeira fase do Tribunal do Júri é a absolvição sumária. O juiz, ao avaliar a admissibilidade da acusação, pode concluir pela ocorrência processual de situação que impede o prosseguimento do processo, porquanto a prova produzida evidencia, de forma patente, necessidade de absolvição do acusado.

Assim, deverá o magistrado absolver sumariamente o acusado, nos termos do art. 415 do CPP, quando: I – provada a inexistência do fato; II – provado não ser ele autor ou partícipe do fato; III – o fato não constituir infração penal; ou IV – demonstrada causa de isenção de pena ou de exclusão do crime.

Conforme vimos no estudo da **absolvição sumária prematura**, fundada no art. 397 do CPP, o CPP utiliza a expressão "absolvição sumária" para designar duas situações

(segunda-feira), exatos 5 (cinco) dias após o término do prazo ministerial. 3. Como bem consignado pelo Ministério Público Federal, 'se os autos permaneceram mais de três meses com o MP e se nesse período escoou o prazo recursal ministerial e, consequência, iniciou-se e se findou, idealmente, o prazo recursal do assistente da acusação, as vítimas do crime não podem, a essa circunstância sobre a qual não têm qualquer gerência, ser prejudicadas. Assim, correta a aferição da tempestividade da apelação supletiva do assistente da acusação, pela data de devolução dos autos pelo MP à Vara Criminal, momento que as vítimas ficaram cientes da não apresentação de razões recursais ministeriais [...]'(...). STF: RHC 165236 MC, Rel. Min. Celso de Mello, DJe 27.11.18.

distintas. A primeira, é aquela operada na fase inicial do processo criminal, prevista no art. 397 do CPP. A segunda, por seu turno, foi prevista na primeira fase do procedimento do júri (art. 415, CPP), conhecida por juízo sumariamente, justificando a nomenclatura.

A primeira diferença residente no momento da absolvição sumária. Enquanto a prevista no art. 397 do CPP deve ser operada logo após a resposta à acusação, salvo nas hipóteses de extinção da punibilidade, que pode ser declarada a qualquer tempo, a absolvição sumária no procedimento do júri é realizada no final da primeira fase do procedimento bifásico, isto é, após instrução criminal formalizada perante o juiz sumariante.

A segunda distinção pode ser extraída dos fundamentos jurídicos justificadores. A **absolvição sumária efetivamente sumária**, isto é, aquela prevista para análise logo após a resposta à acusação, funda-se nas hipóteses do art. 397 do CPP, ao passo que a absolvição sumária, realizada no procedimento sumário do júri, extrai seu fundamento no art. 415 do CPP.

30.4.1.3.1 Natureza jurídica

A decisão que absolve sumariamente o acusado no rito do procedimento do júri possui a natureza jurídica de sentença definitiva, pois o magistrado não somente encerra a primeira fase do procedimento do júri, mas também encerra o processo julgando o mérito da imputação. Logo, a decisão de absolvição sumária produz coisa julgada material, pois não admite a reabertura do processo, ao contrário da impronúncia.

30.4.1.3.2 Hipóteses

Conforme destacamos anteriormente, entendemos que o *standard* probatório necessário para a pronúncia é o da existência de prova clara e convincente e não somente o da simples preponderância conforme sustenta o STF. Não impera, no juízo valorativo acerca da admissibilidade da acusação, o princípio do *in dubio pro reo* em razão da natureza da decisão a ser proferida. Isso porque, se houver dúvidas por parte do magistrado quanto à ocorrência do fato, deve remeter o feito ao seu juízo natural do Tribunal do Júri, sob pena de usurpar-lhe a competência.

É necessário, nesse ponto, realizarmos um recorte explicativo, para evitarmos contradições, haja vista que a questão a ser analisada envolve elementos probatórios cuja análise deve ser realizada sob a perspectiva da viabilidade da acusação e não sob a ótica da responsabilidade penal pelo fato. O art. 413, *caput*, do CPP, exige que, para a pronúncia, o magistrado tenha se convencido da materialidade do fato e da existência de indícios suficientes de autoria ou de participação. Esse convencimento, entretanto, não envolve a avaliação de mérito, se o magistrado **acredita** que o acusado foi autor ou não do delito, ou se há ou não materialidade do fato.

O julgamento do magistrado nessa fase, por ser incompetente para apreciar o mérito, deve ser realizado sobre as provas, isto é, no tocante à materialidade, a prova dessa deverá ser clara e convincente, no sentido de conferir uma probabilidade defensável acerca do fato a ser provado. No que concerne ao convencimento do juiz sobre a existência de indícios suficientes de autoria ou de participação, a análise a ser realizada é sobre a existência e não sobre seu conteúdo, isto é, **a valoração tem sede na existência de**

prova clara e convincente, e não sobre o conteúdo que dela que se extrai, sob pena de trazermos o julgamento do mérito do processo para o magistrado singular, ao arrepio da competência do júri.

Logo, o convencimento do magistrado, exigido pelo art. 413, *caput*, do CPP, não pressupõe a realização de valoração do conteúdo de forma comparativa, pois a decisão, de natureza processual, tem por escopo avaliar a viabilidade acusatória. À guisa de exemplo, o magistrado não poderá pronunciar o acusado com lastro em provas "por ouvir dizer", conforme se infere do entendimento prevalente no STJ:

> Demais disso, o testemunho **indireto não autoriza a pronúncia**, porque é mero depoimento de "ouvir dizer" - ou *hearsay testimony*, na expressão de língua inglesa -, **que não tem a força necessária para submeter um indivíduo ao julgamento popular**. AgRg no HC 729002/RS, 5ª Turma, Rel. Min. Ribeiro Dantas, DJe 29.06.22.

O *hearsay testimony*, portanto, não se revela prova clara ou convincente, porquanto não é dotado da força necessária para formação do convencimento. Assim, não satisfaz o pressuposto de "indícios suficientes de autoria ou participação". Não obstante, havendo uma única testemunha que confirma os testemunhos "por ouvir dizer", essa prova se revela clara e convincente e, por via de consequência, hábil a formar a convicção do magistrado.

Assim, quando assinalamos a necessidade de observância do *standard* probatório de prova clara e convincente para fins de pronúncia, referimo-nos à sua valoração processual. O magistrado, ao valorar a prova, deve nortear seu convencimento à existência de indícios suficientes de autoria ou participação, e não sobre o aspecto material comparativo da prova com as demais produzidas, sob pena de realizar, de fato, um julgamento de mérito, ainda que não registrado na decisão. Busca-se, na pronúncia, avaliar a justa causa da acusação para prosseguimento do processo e não para fins de condenação.

Dessa forma, a título exemplificativo, imagine-se que no processo foram inquiridas oito testemunhas, quatro da acusação e quatro da defesa, nas quais apenas uma confirma ter presenciado o homicídio, indicando o acusado como autor. As demais, noticiaram apenas ter ouvido dizer que o acusado foi o autor do homicídio, sequer informaram ter ouvido dizer ou, ainda, especialmente as de defesa, noticiaram ter ouvido dizer que o autor do homicídio teria sido outra pessoa.

Existe prova para além de qualquer dúvida razoável? A pergunta não deve ser respondida por nós e, principalmente, pelo juízo sumariante, porque deve ser dirigida aos jurados, juízo natural do caso. A pergunta a ser formulada para o magistrado, ao contrário, é a seguinte: existe prova clara e convincente? O seu convencimento, processual, deve se ater a essa pergunta. A existência de uma única testemunha que noticia ter presenciado o acusado matar a vítima é uma prova clara e convincente e, portanto, apta a remeter o feito ao seu juízo natural?

O magistrado, na análise da pronúncia, pode, materialmente, nutrir dúvidas quanto à autoria ou participação, sem que isso implique prejuízo à valoração da prova, porquanto não é o órgão competente para julgar o fato. Não se admite, contudo, a dúvida quanto à **existência de indícios suficientes de autoria ou participação**, motivo pelo qual reforçamos a necessidade de prova clara e convincente, que pode ser única, mas inegavelmente clara e apta a convencer. Logo, o convencimento exigido para a pronúncia envolve apenas a existência da prova e seu grau de suficiência, de forma que não deve ser direcionado à valoração conjugada com as demais, a exemplo do que ocorre quando da prolação de sentença de mérito.

Quando tratamos do *standard* probatório da simples preponderância, destacamos que, para esse, a simples dúvida atinge o *standard* necessário, de forma que a prova tida como mais robusta prevalecerá sobre a mais fraca. A título exemplificativo, assinalamos que a simples dúvida acerca da capacidade mental do agente alcança o *standard* suficiente para deflagração do incidente de insanidade mental. Indagamos ao leitor: a simples dúvida pode ensejar a pronúncia? A exclusiva prova "por ouvir dizer", a despeito de apta a gerar dúvida, pode fundamentar a pronúncia? Em um processo penal democrático e acusatório, a resposta, para nós, é negativa.

Assim, temos que, no âmbito dos processos afetos ao procedimento especial do júri, a simples a prova da materialidade e a existência de indícios suficientes de autoria alcançam o *standard* suficiente para que se possa afirmar a existência de uma probabilidade suficiente para a pronúncia do acusado, de forma que a absolvição sumária pressupõe, em nossa compreensão, prova para além de qualquer dúvida razoável, porquanto havendo dúvida, essa deverá ser dirimida pelo juízo natural do feito, o Tribunal do Júri.

Registrada a questão, segundo o art. 415, CPP: o juiz, fundamentadamente, absolverá desde logo o acusado, quando:

I. Provada a inexistência do fato: o fato a que se refere o dispositivo é crime doloso contra a vida e não qualquer fato objeto de prova no processo. À guisa de exemplo, terá sido provada a inexistência do fato quando o acusado é processado por ter matado e vítima, cujo "cadáver" não foi localizado, sendo dada como desaparecida e morta pelos parentes. Na audiência, o próprio acusado traz a suposta vítima para ser inquirida, evidenciando que não houve a prática do crime de homicídio, isto é, que o fato não ocorreu. Isso não significa que não possamos ter a configuração de um delito de homicídio sem cadáver, pois inúmeras provas podem ser produzidas a demonstrar a prática do delito. Vale destacar que o *standard* probatório exigido é a prova **para além de qualquer dúvida razoável** (*proof beyond a reasonable doubt*), haja vista que a própria norma faz uso do termo "provada".

II. Provado não ser ele autor ou partícipe do fato: assim como na hipótese anterior, o *standard* probatório exigido é o de **prova para além de qualquer dúvida razoável** (*proof beyond a reasonable doubt*), porquanto se exige, sem qualquer espécie de dúvida, prova de que o acusado não foi autor ou partícipe do fato, como na hipótese em que o acusado ao qual se imputa da execução material do delito de homicídio demonstra, de forma cabal, que no dia dos fatos estava em outro Estado. Frise-se que não poderá existir dúvidas quanto à localização do acusado, pois, se houver, a decisão final deve ser proferida pelos jurados. O *standard* probatório exigido, portanto, é a prova **para além de qualquer dúvida razoável** (*proof beyond a reasonable doubt*), haja vista que a própria norma faz uso do termo "provada".

III. O fato não constituir infração penal: o inciso III, ao contrário dos anteriores, não remete à questão probatória de forma direta. Não obstante, a hipótese contempla a situação na qual a conduta imputada ao agente não encontra ressonância na tipicidade formal ou material, seja pela não satisfação das elementares típicas, seja por ausência de lesão ou ameaça de lesão a bem jurídico penalmente protegido, a exemplo da hipótese do agente que fornece substância abortiva para mulher que não está grávida.

IV. Demonstrada causa de isenção de pena ou de exclusão do crime: a previsão abarca, de forma genérica, o conteúdo dos incisos I e II do art. 397 do CPP: existência de causas excludentes da ilicitude e culpabilidade, aos quais remetemos o leitor para evitarmos repetições. De forma sucinta, as causas excludentes de ilicitude são circunstâncias que, por atingirem a antijuridicidade da conduta, afastam o próprio crime. Havendo elementos de prova robustos, isto é, prova para além de qualquer dúvida razoável, de que a conduta foi praticada com amparo em legítima defesa, estado de necessidade, exercício regular de um direito ou estrito cumprimento de dever legal, não há fundamento legal para prosseguimento do processo, pelo que o magistrado deverá absolver sumariamente o acusado. Por sua vez, no que tange às excludentes de culpabilidade, causas como a coação moral irresistível, obediência hierárquica ou a inexigibilidade de conduta diversa, são igualmente aptas a excluir o crime. Nesse contexto, a mesma lógica do art. 397, II do CPP deve ser aplicada, pois a compressão da "manifesta" causa excludente de culpabilidade, prevista no dispositivo, deve se ancorar em *standard* probatório de certeza, a exemplo do inciso IV do art. 415 do CPP, que parte da premissa da **demonstração** da excludente. Registre-se que não se aplica a absolvição sumária prevista no inc. IV ao inimputável do art. 26, *caput*, do CP, quando a inimputabilidade não for a única tese defensiva, nos termos do parágrafo único do art. 415, CPP, haja vista que, não sendo a única tese de defesa, o juiz, reconhecendo os requisitos para a pronúncia, deverá remeter o processo ao seu juízo natural, vez que, não obstante a inimputabilidade, o acusado pode vir a ser absolvido por outro fundamento. Ademais, nesses casos, a absolvição sumária na fase do juízo sumariante teria o condão de impor a medida de segurança, impedindo o exercício da defesa em plenário, que, a depender da decisão dos jurados, pode afastar a própria medida de segurança (ex. absolvição por legítima defesa). Voltaremos ao assunto do inimputável quando do estudo da quesitação, porquanto a existência do quesito genérico "o jurado absolve o acusado?", previsto no §2º, do art. 483, CPP, nos traz importantes reflexões.

O art. 415 do CPP não previu, como o art. 397, IV CPP, a existência de causa extintiva de punibilidade como hipótese de absolvição sumária. Conforme destacamos anteriormente, a previsão do art. 397, IV, CPP, revela-se completamente desnecessária ante ao dever de declaração de ofício da extinção da punibilidade pelo juiz em qualquer fase do processo, de modo que agiu bem o legislador ao não normatizar a redundância.

30.4.1.3.3 Infrações penais conexas

A decisão a ser proferida ao final da primeira fase do procedimento do júri pode ser, conforme vimos, de pronúncia, impronúncia, absolvição sumária ou desclassificação. O objeto dessa, portanto, é a imputação formulada pela prática de crime doloso contra a vida, e terá como consequência o encerramento prematuro do processo ou seu prosseguimento.

No caso de absolvição sumária, como o objeto precípuo da análise é o crime doloso contra a vida, o juiz deve se abster de analisar a infração conexa no tocante ao mérito. Conforme destacamos, o magistrado poderá analisar a justa causa, no caso de eventual impronúncia, mas não o mérito da imputação, de forma que a imputação conexa, acessória, deve seguir a sorte da principal no caso de pronúncia, mas não de absolvição sumária, porquanto a acessoriedade deixará de existir.

Assim, caso o magistrado absolva sumariamente o acusado quanto ao crime doloso contra a vida, não poderá julgar a infração penal conexa, salvo se competente for para apreciação do crime conexo, mas tão somente após o trânsito em julgado da decisão de absolvição sumária. Nesse sentido, o parágrafo único, do art. 81 do CPP, assinala que se o juiz desclassificar a infração, impronunciar ou absolver sumariamente o acusado, hipóteses que afastam a competência do júri, deverá remeter o processo ao juízo competente.

Assim, prolatada a decisão de absolvição sumária quanto ao crime doloso contra a vida, as partes deverão ser intimadas da decisão, podendo interpor o recurso de apelação. Não interposto recurso ou confirmada a decisão de absolvição sumária pelo tribunal, de forma definitiva estará afastada a competência do Tribunal do Júri, hipótese em que o magistrado, não sendo o competente para julgamento da infração penal conexa nos termos da Lei de Organização Judiciária local, deverá remeter o processo ao juízo competente. À guisa de exemplos, é perfeitamente possível que o acusado venha a ser absolvido sumariamente quanto à imputação pelo crime de homicídio por legítima defesa, mas a imputação pelo porte ilegal de arma de fogo persista[14], ou, absolvido sumariamente por estado de necessidade, venha a ocultar o cadáver, devendo as infrações conexas serem julgada pelo juiz singular diante do afastamento da competência do júri.

30.4.1.3.4 Recursos

A decisão de absolvição sumária, conforme se extrai do art. 416 do CPP, a exemplo da impronúncia, é atacável por meio de apelação.

Os legitimados para interposição de apelação contra a absolvição sumária são o Ministério Público, o querelante e o assistente da acusação. No tocante ao assistente, apesar da existência de divergência, não nos parece haver qualquer dúvida, haja vista se o assistente pode recorrer da absolvição, não haveria sentido no impedimento ao recurso nos casos de absolvição de sumária, porquanto em ambos os casos há o enfrentamento do mérito.

Entretanto, vale destacar que o recurso do assistente será subsidiário, vez que não apelando o Ministério Público, não mais haverá acusação a ser assistida. Assim, o assistente somente poderá interpor o recurso se caracterizada a inércia ministerial. Na hipótese, se habilitado, terá o prazo de cinco dias para recorrer, ao passo que, não sendo habilitado, o prazo será de quinze dias, tendo o prazo início com o trânsito em julgado para o Ministério Público (Súmula 448, STF) ou da devolução dos autos pelo Ministério Público à Secretaria do juízo de forma a se permitir o acesso aos autos pelo assistente habilitado.

Sobre o assunto, vale destacar o teor da Súmula 210 do STF: O assistente do Ministério Público pode recorrer, inclusive extraordinariamente, na ação penal, nos casos dos arts. 584, § 1º, e 598 do Cód. de Proc. Penal. De igual modo, o STF reconhece o direito de o assistente recorrer da decisão mesmo nos casos em que o Ministério Público pugnou pela absolvição:

> A manifestação do promotor de justiça, em alegações finais, pela absolvição da Paciente e, em seu parecer, pelo não conhecimento do recurso não altera nem anula o direito da

14. Não se comunica a excludente de ilicitude que é a legítima defesa, relativa ao homicídio, ao crime autônomo de porte ilegal de arma. STF: HC 120.678/PR, 1ª Turma, Rel. Min. Luiz Fux, j. 24.02.15.

assistente de acusação recorrer da sentença absolutória. HC 102.085, Rel. Min. Cármen Lúcia, DJe 27.08.10.

No que concerne ao querelante, não há qualquer divergência quando atuar no curso de queixa subsidiária. Todavia, estando o querelante nos autos em razão de conexão ou continência, não nos parece possível que o querelante venha a interpor recurso de apelação contra a decisão que absolve sumariamente o acusado pelo crime doloso contra vida. Admitir a possibilidade do recurso pelo querelante implicaria reconhecer que esse será detentor do direito de sustentar as alegações em plenário na hipótese de ausência de recurso do Ministério Público. O querelante não detém legitimidade para atuar em substituição ao *parquet*, porquanto tutela tão somente o interesse abarcado pela ação penal de iniciativa privada.

Para verificar a inconsistência do argumento que defende a possibilidade de interposição de recurso pelo querelante, em razão da absolvição sumária pelo crime doloso contra a vida, basta se analisar a situação na qual o *parquet* concorda com a decisão e não recorre, mas o querelante interpõe o recurso. Quem sustentará a acusação em plenário, se a própria acusação não teve interesse em recorrer? Ainda, vale lembrar que a decisão de absolvição sumária não tem por objeto as infrações penais conexas, de forma que admitir a interposição de recurso pelo querelante implicaria, em nossa compreensão, na transmudação da natureza pública da ação penal nos crimes dolosos contra a vida para ação penal de iniciativa privada.

Há que se registar ainda a legitimidade do acusado absolvido sumariamente de forma imprópria, isto é, quando o fundamento da decisão for a exclusão da culpabilidade por inimputabilidade, com a consequente imposição de medida de segurança, haja vista que essa, inegavelmente, impõe ônus ao agente. De igual modo, há que se admitir a possibilidade de interposição da apelação pelo agente absolvido quando pretender a modificação do fundamento da absolvição para produção de efeitos no juízo cível, visando por exemplo, alcançar o fundamento da legítima defesa (art. 65 do CPP), em detrimento do fundamento inexigibilidade de conduta diversa utilizado na sentença.

30.4.1.3.4.1 Recurso de ofício

O art. 574, II, do CPP, dispõe que os recursos serão voluntários, excetuando-se os seguintes casos, em que deverão ser interpostos, de ofício, pelo juiz: II - da que absolver desde logo o réu com fundamento na existência de circunstância que exclua o crime ou isente o réu de pena, nos termos do art. 411.

Com a reforma do CPP promovida pela Lei 11.689/08, o art. 411 passou a dispor sobre a audiência de instrução e julgamento e não mais sobre a absolvição sumária. Aliás, a redação anterior do art. 411 expressamente impunha o dever de recorrer de ofício pelo magistrado. Com a remessa do conteúdo do art. 411 para o art. 415, ambos do CPP, sem menção expressa ao recurso *ex officio*, é assente na doutrina que o teor do art. 574, II, do CPP, não é mais aplicável, tendo sido tacitamente revogado.

30.4.1.4 Desclassificação

Nos termos do art. 419 do CPP, quando o juiz se convencer, em discordância com a acusação, da existência de crime diverso dos referidos no §1º do art. 74 do CPP e não for competente para o julgamento, remeterá os autos ao juiz que o seja.

O ato de desclassificar significa atribuir uma classificação jurídica diversa da apresentada pela acusação, procedimento perfeitamente possível sob a luz dos arts. 383, 418 e 419 do CPP. Especificamente no que tange ao art. 419, todavia, o instituto atinge o aspecto fundamental que confere a competência ao Tribunal do Júri, o crime doloso contra a vida. Logo, a desclassificação do art. 419 não se refere à prevista no art. 418 do CPP, que admite, por exemplo, a desclassificação de um crime de infanticídio para o de homicídio por completa ausência de prova quanto ao estado puerperal ou quando se verificar que o evento ocorreu durante ou logo após o parto, mas tão somente aquela na qual o juiz afasta a competência do Tribunal do Júri, assinalando não ter ocorrido crime doloso contra a vida, conforme se verifica na hipótese de, narrada a subtração patrimonial na peça acusatória, se percebe que, na realidade, a morte foi produzida em razão da subtração, caracterizando o crime de latrocínio, de competência do juízo singular. A decisão, em razão da natureza, é atacável por RSE, nos termos do art. 581, II, do CPP.

A desclassificação não se confunde com a chamada desqualificação, hipótese na qual o magistrado afasta, por manifestamente improcedente, uma qualificadora descrita na inicial. Desclassificar significa modificar uma classe a que pertence, a exemplo da desclassificação operada quando o magistrado desclassifica o crime doloso para culposo, ou seja, modifica sua classificação. Por outro lado, desqualificar significa retirar sua qualificação, isto é, aquilo que o qualifica, como na hipótese do juiz desqualificar o homicídio qualificado para sua forma simples.

De modo simples, podemos verificar que a desclassificação é o gênero do qual desqualificação é uma espécie, porque ao desqualificar o delito, retirando a qualificadora, o delito deixa a classificação de tipo derivado e passa ser tipo simples. Logo, a desqualificação também gera a reclassificação por espécie.

Tratando-se de causa de aumento de pena, que não integra o tipo penal, por ser aplicável somente na terceira fase de fixação da pena, após o reconhecimento do fato típico e fixação das penas base e intermediária, tecnicamente não há desclassificação ou desqualificação, pois o tipo penal não sofre reclassificação. Nesses casos, há o afastamento sem modificação do tipo penal imputado.

30.4.1.4.1 Procedimento

Ao desclassificar a infração penal, o magistrado não deve se antecipar quanto ao juízo de mérito, indicando o dispositivo legal que entende como aplicável à espécie. A decisão que desclassifica o delito, portanto, deve se restringir a afastar a configuração de crime doloso contra a vida. Ainda que o juiz entenda, em um processo por tentativa de homicídio, por configurado o crime de lesão corporal grave, de competência do juiz singular, não poderá assinalar sua convicção na decisão, sob pena de antecipação do juízo meritório. No exemplo, deverá, tão somente, assinalar que entende por não configurado o crime doloso contra a vida, trazendo as razões de suas convicções, sem adentrar na classificação delitiva.

Não podemos nos olvidar que a desclassificação deve se fundar em elementos de prova robustos e seguros, prova para além de qualquer dúvida razoável, sob pena de indevida invasão na competência constitucional do Tribunal do Júri. Por vezes, a tênue linha distintiva entre um crime de lesão corporal seguida de morte residirá nos fiapos do elemento subjetivo do agente e, por mais que o magistrado acredite tratar-se de lesões corporais seguidas de morte, deverá pronunciar o acusado caso não se valha de prova para além de qualquer dúvida razoável. Isso porque, conforme reiteradamente destacamos, a sede natural dos crimes dolosos contra a vida é o Tribunal do Júri.

Por essas razões, entendemos por precipitadas as decisões que desclassificam o delito nos crimes de trânsito com resultado morte para crimes culposos na primeira fase do procedimento. O elemento dolo, subjetivo segundo a doutrina dominante, e o elemento normativo, culpa, integram a análise da conduta que, por sua vez, compõe o fato típico, que deve ser apreciado por seu juízo natural.

Promovida a desclassificação, antes de remeter o processo ao juízo competente, o juiz deverá aguardar o trânsito em julgado da decisão, vez que as partes podem interpor o recurso em sentido estrito contra a decisão desclassificatória (art. 581, II, CPP). Superada a fase de impugnação e não mais sendo impugnável a decisão, o juiz sumariante deverá remeter o processo ao juízo competente, caso não seja, segundo a Lei de Organização Judiciária local, o competente para julgar o mérito.

Abre-se, nesse particular, um importante debate sobre o procedimento a ser adotado pelo magistrado que recebe os autos, havendo quem sustente que pode proferir sentença de imediato, quem alegue a necessidade de renovação da instrução e quem aduz que basta a reabertura de prazo defensivo.

Não nos parece adequada a primeira compreensão, de julgamento imediato, obviamente após se observar a possibilidade de aplicação dos institutos despenalizantes, haja vista que a defesa realizada na primeira fase do procedimento do júri é distinta da dos demais procedimentos. A defesa, no procedimento do júri, sabe, de antemão, que uma segunda etapa do procedimento será realizada no caso de pronúncia e pode, desde o início, guardar suas teses para plenário, deixando de apresentar uma defesa completa. Admitir o julgamento imediato seria admitir a possibilidade de prolação de sentença sem que todas as teses defensivas sejam apreciadas.

De igual modo, não obstante o teor do §2º do art. 399 do CPP, que assinala que o juiz que presidiu a instrução deverá proferir a sentença, consagrando o princípio da identidade física do juiz no processo penal, não entendemos como exigível, porquanto irrazoável, a tese de que a instrução do processo deve ser renovada. Não são poucas as decisões no âmbito do STJ que reconhecem a mitigação do princípio da identidade física do juiz no processo penal[15], de forma que somente no caso de efetivo prejuízo, deverá ser renovada a instrução por completo:

> "Não obstante o princípio da identidade física do Juiz, expresso no artigo 399, § 2º, do Estatuto Processual Penal (com as alterações trazidas pela Lei nº 11.719/08), determinar que o magistrado que concluir a instrução em audiência deverá sentenciar o feito, tem-se que tal princípio não é absoluto. Na espécie, não tendo sido demonstrada a ocorrência de prejuízo concreto à defesa em razão da prolação da sentença por juiz substituto, distinto do magistrado que presidiu a instrução, não há falar em nulidade." (REsp 1598820/RO, Rel. Min. Maria Thereza de Assis Moura, 6ª Turma, DJe 01.08.16.

15. Mitigação por férias de magistrado, AgRg no HC 724093/RS, DJe 30.06.22; mitigação por afastamento autorizado, AgRg no AREsp 1715424/SC, DJe 19.10.21; mitigação por julgamento realizado em regime de mutirão, HC 441393/MG, DJe 24.08.20.

Entretanto, em razão da peculiaridade da defesa na primeira da fase procedimental do Tribunal do Júri, entendemos que, recebidos os autos, o magistrado deva reabrir prazo para que as partes se manifestem quanto ao recebimento do processo, eventual aditamento e necessidade de produção de novas provas, sob pena de nulidade. Isso porque, tendo ocorrido a desclassificação por ausência de dolo, o Ministério Público deverá aditar a denúncia para adequar a imputação para a modalidade culposa, sob pena do magistrado, ao sentenciar, violar o princípio da correlação entre a imputação e a sentença. Por outro lado, tendo a desclassificação se pautado apenas na ausência do dolo caracterizador de crime doloso contra a vida, ainda que desnecessário o aditamento em razão compreensão de um dolo geral, que, no homicídio, abarca o de lesões corporais, ainda assim nos parece adequada manifestação ao *parquet* quanto a outras provas.

De igual forma e, de certo modo, complementando a fundamentação anterior pela paridade de armas, conforme assinalamos acima, a defesa pode ter optado pela estratégia de enfrentamento de teses em plenário, restringindo-se ao pleito desclassificatório, sendo imprescindível que se oportunize a essa a reabertura da instrução. Entendemos que, nesses casos, deverá ser observado o rito do art. 384, §2º do CPP, aplicável por analogia.

O parágrafo único do art. 419 do CPP dispõe que remetidos os autos do processo a outro juiz, à disposição deste ficará o acusado preso. Naturalmente, há tão somente uma transferência de responsabilidade pelo acusado preso, de forma que, recebido o processo, o novo juízo competente será responsável por avaliar a necessidade da constrição da liberdade e possibilidade de substituição por medidas cautelares diversas da prisão, devendo fazê-lo, inclusive, imediatamente após receber o processo, pois não se pode olvidar o fato de que, operada a desclassificação, a prisão pode não se revelar mais necessária, como na hipótese de desclassificação de uma tentativa de homicídio para um delito de lesão corporal leve, infração de pequeno potencial ofensivo.

30.4.1.4.1.1 Conflito de competência

Promovida a desclassificação e transitada em julgado a decisão, ao receber o processo, o novo juízo poderá suscitar conflito negativo de competência por entender tratar-se de crime doloso contra a vida?

In casu, o novel juízo, salvo nas hipóteses de conflito de competência no tocante à Justiça competente (Estadual, Federal, Militar e etc.), não poderá suscitar o conflito negativo de competência, porquanto a decisão anterior é vinculante. Isso porque a suscitação do conflito poderia caracterizar hipótese de *reformatio in pejus* contra o acusado que, em exemplo, beneficiado pela desclassificação de um crime de homicídio tentado para o delito de lesões corporais, mesmo com a ausência de recurso da acusação, poderia ter sua situação agravada pelo tribunal que, no julgamento do conflito, poderia acolhê-lo, compreendendo tratar-se de crime doloso contra vida, em flagrante prejuízo ao acusado e subversão da lógica do sistema acusatório, porquanto estar-se-ia a admitir que o magistrado atue supletivamente à acusação, que não interpôs qualquer recurso.

30.3.1.4.2 Infração penal conexa

Reconhecendo o magistrado a incompetência do Tribunal do Júri para julgamento do processo por meio da decisão desclassificatória, igualmente estará a reconhecer a sua própria incompetência para julgamento dos crimes conexos. Assim, deverá proceder nos termos do parágrafo único do art. 81 e art. 419 do CPP, remetendo o processo ao juízo competente para julgamento após o decurso do prazo recursal, sem impugnação, ou após o trânsito em julgado da decisão proferida pelo tribunal no julgamento do recurso.

30.4.1.4.3 Recursos

A decisão de desclassificação, além de alterar a questão material atinente à imputação, afasta a competência do Tribunal do Júri. Logo, trata-se de decisão que conclui pela incompetência do juízo, atacável por RSE, nos termos do art. 581, II, CPP.

Assim como sustentamos quando da análise dos recursos contra as decisões de impronúncia e absolvição sumária, aos quais remetemos o leitor para evitarmos repetições, os legitimados para interposição do recurso são o Ministério Público, o querelante[16] e o assistente da acusação. Em particular, com relação ao assistente, ainda para aqueles que aduzem, na contramão da linha majoritária, que seu interesse é meramente o da reparação do dano civil, alcançável também por uma decisão por crime não doloso contra a vida, não se pode olvidar que a prática do crime de homicídio possui outras repercussões cíveis, conforme, por exemplo, se verifica do teor dos artigos 557 e 561 (doação), 948 (indenização), 1521 (impedimento para casamento), 1638 (poder familiar) e 1814 (exclusão da sucessão). Assim, independentemente dos efeitos civis, seguimos a trilha majoritária do poder do assistente de interpor o recurso.

Há que se registar ainda a legitimidade de o acusado interpor o recurso visando absolvição sumária ou mesmo impronúncia, porquanto a desclassificação não afasta a possibilidade de ser condenado, ainda que por outro delito.

30.4.2 Segunda fase do procedimento *(judicium causae)*

30.4.2.1 Desaforamento

Pronunciado o acusado, o procedimento deverá seguir seu rito regular, avançando para a segunda fase com a realização da sessão plenária e julgamento pelos jurados. Em regra, a competência para realização do júri será a mesma do local do trâmite da primeira fase processual. Há, portanto, uma fixação da competência territorial pelo CPP no início do procedimento, que deve ser observada para a fase seguinte.

Entretanto, há situações que geram a necessidade de modificação da competência territorial para outra comarca, expressamente previstas nos arts. 427 e 428 do CPP. Essa modificação, que não ocorre de forma automática por depender de decisão judicial originária do tribunal, deve ser proferida por Câmara ou Turma competente. Justifica-se a necessidade de decisão pelo órgão superior pelo fato da matéria envolver a modificação da competência originária de um Tribunal do Júri local, para outro, que passará a ser competente tão somente para a realização da sessão plenária e seus desdobramentos naturais. Não cabe, portanto, ao magistrado, decidir pela necessidade de desaforamento.

O desaforamento não viola o princípio do juiz natural, pois o julgamento ainda será realizado pelo tribunal popular, ainda que em comarca distinta. O interesse maior na realização de um julgamento justo e seguro, atento ao interesse público e do acusado,

16. Com a ressalva de que somente admitimos a interposição de recurso pelo querelante na queixa subsidiária, pelos mesmos fundamentos anteriores expostos no estudo da impronúncia e absolvição sumária.

deve preponderar sobre as regras de competência territorial, cuja modificação é expressamente permitida por lei nas hipóteses dos arts. 427 e 428. Logo, desde que não se crie um tribunal de exceção e se respeite as hipóteses legais, o desaforamento não caracteriza qualquer espécie de violação ao princípio e atrai, naturalmente, o julgamento dos crimes conexos.

30.4.2.1.1 Legitimidade

Nos termos do art. 427 do CPP, poderão provocar o desaforamento ao tribunal o Ministério Público, o assistente, o querelante, o acusado e o próprio juiz do processo. No tocante ao querelante, entendemos que somente aquele que atua em substituição ao Ministério Público na ação penal subsidiária da pública poderá provocar o desaforamento, vez que a atuação na seara privada, essencialmente acessória, não pode subverter a lógica do principal. Admitir o desaforamento do procedimento do júri com fundamento no interesse exclusivo do querelante não nos parece justificável.

A peculiaridade reside no fato de que o próprio magistrado poderá provocar o incidente. De toda forma, conforme se extrai do art. 427, §2º do CPP, o magistrado, se não o autor da solicitação, deverá ser ouvido pelo tribunal.

Por se tratar de incidente que versa sobre questão afeta a competência, tanto o Ministério Público como a defesa devem ser ouvidos. No tocante à defesa há, inclusive, a Súmula 712 do STF: "É nula a decisão que determina o desaforamento de processo da competência do júri sem audiência da defesa".

30.4.2.1.2 Momento processual

O desaforamento pressupõe o encerramento definitivo da primeira fase do procedimento do Tribunal do Júri, pois, somente após a preclusão da decisão de pronúncia, haverá, juridicamente, acusação a ser submetida ao tribunal popular. Logo, não se cogita no desaforamento durante o procedimento sumariante ou na pendência de recurso contra a decisão de pronúncia (art. 427, §4º, CPP).

Realizado o julgamento, em regra não se admite o desaforamento, salvo quando ocorrer fato durante ou após a realização do julgamento que venha a ser anulado. Não é qualquer fato que pode dar ensejo ao desaforamento, mas apenas aqueles que, originalmente, poderiam justificar o desaforamento (art. 427 e 428 do CPP). Além dessa condição, exige-se que o julgamento anterior tenha sido anulado, sendo indiferente as razões da anulação. Assim, nos termos do §4º do art. 427 do CPP, ocorrendo a anulação, haverá a necessidade de realização de novo julgamento. E, verificando-se fato novo, ocorrido durante o julgamento anulado ou posterior a esse, que se amolde às hipóteses de desaforamento, não há qualquer obstáculo a vedar a provocação do tribunal. A lógica restritiva visa evitar pedidos de desaforamento com o escopo de cassar a decisão anterior, em flagrante violação à soberania dos vereditos.

30.4.2.1.3 Hipóteses legais

As hipóteses legais de desaforamento foram previstas nos artigos 427 e 428 do CPP:

a) Interesse da ordem pública: a genérica previsão encontra ressonância na necessidade de assegurar a realização de um julgamento em ambiente seguro não somente para os atores do ato, mas para a própria comunidade local. Segundo o entendimento o STJ, as causas aptas a gerar risco social, como aquelas que envolvem julgamento de membros de organizações criminosas em cidades de pequeno porte e reduzida infraestrutura de segurança pública, justificam o desaforamento[17]. À guisa de exemplo: "Na espécie, o Relator, examinando as provas colacionadas nos autos, afirmou expressamente que é público e notório o latente prejuízo no que se refere à permanência do julgamento na região, mormente por tratar-se de uma pequena cidade de interior, sendo indiscutível a sensação de medo e de insegurança, inclusive em relação aos policiais, a quem tinha o dever de proteção. Portanto, permitir o julgamento por órgão jurisdicional sobre cuja imparcialidade pairam severas dúvidas, como na espécie, colocaria em risco a segurança e a soberania do corpo de jurados, assim como representaria irreparável afronta à garantia constitucional da ampla defesa"[18].

b) Dúvida sobre a imparcialidade do júri: qualquer julgamento a ser realizado pelo Poder Judiciário pressupõe a imparcialidade do julgador e, no caso do júri, não haveria razões para distinção. A previsão do art. 427, *caput*, CPP, aproxima-se, *mutatis mutandis*, da suspeição do magistrado, vez que apta a atacar imparcialidade dos jurados. A distinção com relação à suspeição reside do fato de que essa pressupõe uma ligação direta com o julgador, ao passo que a prevista para os jurados revolve fato que permeia a comunidade local, de onde serão selecionados os jurados. Assim, tanto a comoção social pela barbaridade do fato, antipatia ou ódio contra o acusado, como a veneração, idolatria, mitificação ou forte influência exercida pelo acusado[19] justificam o desaforamento. Uma sociedade que tem um pré-julgamento formado não se revela imparcial para julgar o crime doloso contra a vida.

c) Risco à segurança pessoal do acusado: o desaforamento permitido quando houver risco à segurança pessoal do acusado via de regra se associa à hipótese anterior, caracterizadora da imparcialidade do júri, haja vista que situações de comoção e indignação social, aptas a atacar a imparcialidade, igualmente podem caracterizar risco à segurança do acusado quando se verificar a existência de elementos que permitam presumir a possibilidade de linchamento. A análise fática da hipótese, todavia, pressupõe elementos de prova mais robustos a justificá-la do que a questão relacionada à falta de imparcialidade.

d) Excesso de serviço: nos termos do art. 428 do CPP, o desaforamento também poderá ser determinado, em razão do comprovado excesso de serviço, ouvidos o juiz presidente e a parte contrária, se o julgamento não puder ser realizado no prazo de 6 (seis) meses, contado do trânsito em julgado da decisão de pronúncia. Em razão

17. No caso, nas comarcas mais próximas de Aquidabã - SE permanecem os motivos que ensejaram a medida, pois nenhuma delas comporta condições de promover um julgamento desse jaez com isenção, segurança e infraestrutura, como o caso requer. Ademais, a Comarca de Aracaju - SE foi escolhida pelo Tribunal Pleno justamente porque detém todas as condições de realizar o julgamento de forma isenta e segura e, afinal, como o Estado de Sergipe é pequeno geograficamente, não deixa de ser próxima da Comarca de Aquidabã - SE (apenas 98 km). HC 414018/SE, 6ª Turma, Rel. Min. Rogério Schietti Cruz, DJe 23.08.18.

18. AgRg no HC 735863/RO, 5ª Turma, Rel. Min. Reynaldo Soares da Fonseca, DJe 30.05.22.

19. Havendo elementos concretos no sentido de que o réu, ainda que não exerça mais influência política, continua a exercer forte influência econômica e empresarial em comarca que possui pequena população, justifica-se o desaforamento, que dispensa certeza sobre a parcialidade dos jurados, sendo suficiente a existência de dúvidas quanto à sua imparcialidade. AgRg no AREsp 1784904/PR, 5ª Turma, Rel. Min. Ribeiro Dantas, DJe 19.03.21.

da redação legal, que impõe a oitiva do juiz presidente, a despeito da ausência de vedação legal, entendemos que o desaforamento por excesso de serviço não poderá ser provocado pelo magistrado, sob pena de se recompensar o próprio atraso. Na contagem do prazo não se computará o tempo de adiamentos, diligências ou incidentes de interesse da defesa (§1º). A previsão visa evitar que a própria defesa dê causa ao desaforamento por meio do atravessamento de petições infundadas ou meramente protelatórias. Nos termos do §2º o dispositivo, não havendo excesso de serviço ou existência de processos aguardando julgamento em quantidade que ultrapasse a possibilidade de apreciação pelo Tribunal do Júri, nas reuniões periódicas previstas para o exercício, o acusado poderá requerer ao Tribunal que determine a imediata realização do julgamento, dando causa à chamada **aceleração de julgamento** que, em nossa compreensão, também poderá ser requerida pelo Ministério Público, assistente ou querelante na queixa subsidiária.

30.4.2.1.4 Procedimento

O pedido de desaforamento, quando formulado pelos legitimados, será distribuído de forma imediata e terá preferência de julgamento na Câmara ou Turma competente no tribunal (§1º, art. 427, CPP). Sendo relevantes os motivos alegados, o relator poderá determinar, fundamentadamente, a suspensão do julgamento pelo júri (§2º). Sendo o pedido formulado pelo magistrado, deverá ser aberto o contraditório para oitiva das partes.

Tratando-se de pedido formulado pela defesa, após a oitiva do magistrado, a manifestação ministerial, em nossa compreensão, deverá ser formulada pelo procurador de justiça, no cumprimento de suas funções regulares junto ao Tribunal. De bom alvitre será que esse busque detalhes junto ao membro do Ministério Público em atuação no primeiro grau, porquanto mais próximo dos fatos. Sendo o pedido formulado pelo Ministério Público, após ouvido o juiz, deverá ser oportunizado o contraditório à defesa e, após, colhido o parecer ministerial em segundo grau.

30.4.2.1.5 Local da realização do novo julgamento

O art. 427, *caput*, do CPP, assinala que o desaforamento poderá ser realizado para outra comarca da mesma região, onde não existem aqueles motivos, preferindo-se as mais próximas.

De acordo com a norma, há, tão somente, uma preferência, de forma que a escolha da nova comarca ou subseção judiciária deverá observar o melhor interesse da Justiça e do processo, de forma que é perfeitamente possível o desaforamento para a capital do Estado quando se verifique que os motivos que ensejaram o desaforamento permanecem em âmbito regional.

Segundo o STJ:

> "(...). A jurisprudência desta Corte Superior firmou-se no sentido de que o desaforamento do processo, com sua transferência para a Comarca da Capital, não afronta o art. 427 do CPP, tendo em vista que a escolha da nova localidade deve ser feita levando-se em conta o caso concreto, não havendo obrigatoriedade de se remeter o feito à Comarca mais próxima. Persistindo nas comarcas circunvizinhas os mesmos motivos que levaram ao deslocamento do julgamento, correta foi a decisão tomada pelo Colegiado estadual para

garantir a imparcialidade do Júri. HC 307963/PI, 6ª Turma, Rel. Min. Antônio Saldanha Palheiro, DJe 0.08.17.

Na seara estadual, o desaforamento deverá ser realizado para uma das comarcas do Estado, não se admitindo a modificação da competência para outro Estado. No âmbito Federal, contudo, o desaforamento poderá ser realizado para outro Estado, desde que nos limites da competência territorial do respectivo TRF.

30.4.2.1.6 Recursos

Não existe previsão expressa de recurso contra a decisão que rejeita ou admite o pedido de desaforamento, tendo sido admitido o uso do *habeas corpus* em favor do acusado. De acordo com o STJ[20], "não se conhece de recurso especial quando se tratar de mera reiteração de outro feito já deduzido nesta Corte, no caso, de *habeas corpus* impetrado contra o mesmo acórdão e cuja alegação, referente à ilegalidade do desaforamento, já fora devidamente analisada naquele writ".

Não obstante, é possível que novo pedido de desaforamento seja realizado, desde que fundado em fatos diversos daqueles originalmente apreciados pelo tribunal.

30.4.2.1.7 Reaforamento

O reaforamento é retorno do processo à comarca de origem. O CPP não dispõe sobre o assunto, prevalecendo o entendimento de que o retorno à origem não é possível, haja vista que, uma vez modificada a competência, uma nova modificação, apesar de possível, teria que se fundar em novos fatos.

Assim, o simples desaparecimento dos motivos que ensejaram o desaforamento inicial não justifica o retorno do processo, pois a competência já fora modificada, não havendo mais competência do primeiro juízo. Não obstante, é plenamente possível que um novo desaforamento seja realizado caso, no local do novo julgamento, verifique-se a existência de um dos motivos aptos a ensejar o desaforamento.

Vale destacar que o desaforamento impacta, tão somente, na questão da realização do julgamento em plenário, não modificando a competência por completo. Nesse sentido, caso venha a ser interposto recurso contra a decisão e o tribunal, de ofício, venha a anular a instrução do juízo sumariante por nulidade absoluta, o processo deverá retornar à sua comarca de origem para realização da nova instrução. Inclusive, o desaforamento anterior perde validade, porquanto só atinge o julgamento plenário, de sorte que, pronunciado novamente o acusado, novo pedido de desaforamento deverá ser realizado como consequência da decisão anulatória e seu impacto sobre os atos subsequentes. Destaque-se, igualmente, que mesmo no caso de desaforamento, o cumprimento da pena deverá ter início na comarca de origem, isto é, do juízo sumariante.

30.4.2.2 Das atribuições do juiz presidente

Além de outras funções previstas no CPP, as funções específicas do juiz presidente no Tribunal do Júri foram previstas no art. 497 do CPP: I – regular a polícia das sessões

20. AgRg nos EDcl no AREsp 1366958/PE, DJe 04.06.19.

e prender os desobedientes; II – requisitar o auxílio da força pública, que ficará sob sua exclusiva autoridade; III – dirigir os debates, intervindo em caso de abuso, excesso de linguagem ou mediante requerimento de uma das partes; IV – resolver as questões incidentes que não dependam de pronunciamento do júri; V – nomear defensor ao acusado, quando considerá-lo indefeso, podendo, neste caso, dissolver o Conselho e designar novo dia para o julgamento, com a nomeação ou a constituição de novo defensor; VI – mandar retirar da sala o acusado que dificultar a realização do julgamento, o qual prosseguirá sem a sua presença; VII – suspender a sessão pelo tempo indispensável à realização das diligências requeridas ou entendidas necessárias, mantida a incomunicabilidade dos jurados; VIII – interromper a sessão por tempo razoável, para proferir sentença e para repouso ou refeição dos jurados; IX – decidir, de ofício, ouvidos o Ministério Público e a defesa, ou a requerimento de qualquer destes, a arguição de extinção de punibilidade; X – resolver as questões de direito suscitadas no curso do julgamento; XI – determinar, de ofício ou a requerimento das partes ou de qualquer jurado, as diligências destinadas a sanar nulidade ou a suprir falta que prejudique o esclarecimento da verdade; XII – regulamentar, durante os debates, a intervenção de uma das partes, quando a outra estiver com a palavra, podendo conceder até 3 (três) minutos para cada aparte requerido, que serão acrescidos ao tempo desta última.

30.4.2.3 Preparação do processo para julgamento pelo Tribunal do Júri

Preclusa a decisão de pronúncia, nos termos do art. 422 do CPP, ao receber os autos, o presidente do Tribunal do Júri determinará a intimação do órgão do Ministério Público ou do querelante, no caso de queixa, e do defensor, para, no prazo de 5 (cinco) dias, apresentarem rol de testemunhas que irão depor em plenário, até o máximo de 5 (cinco), oportunidade em que poderão juntar documentos e requerer diligências.

Como se percebe, essa fase processual, anteriormente iniciada com o libelo crime acusatório, deflagra uma verdadeira fase preliminar para o julgamento, vez que se instaura o efetivo contraditório com a possibilidade do arrolamento de testemunhas, juntada de documentos e requerimento de diligências. Afinal, um "novo julgamento" será realizado e o contraditório deve ser assegurado às partes.

No que toca às testemunhas, não há qualquer obrigatoriedade no arrolamento das mesmas testemunhas inquiridas na primeira fase procedimental, podendo ser arroladas outras, que sequer foram inquiridas anteriormente. Prevalece o entendimento na doutrina e jurisprudência de que, caso a parte entenda que o depoimento da testemunha é imprescindível, deverá arrolá-la em caráter de imprescindibilidade e pugnar por sua intimação por mandado, haja vista que o art. 461 do CPP dispõe que o julgamento não será adiado se a testemunha deixar de comparecer, **salvo se uma das partes tiver requerido a sua intimação por mandado**, na oportunidade de que trata o art. 422 deste Código, **declarando não prescindir do depoimento e indicando a sua localização**.

Não obstante, parece-nos um excesso de formalidade injustificável a declaração de imprescindibilidade, porquanto sendo o arrolamento das testemunhas pelas partes um ônus, a partir do momento em que a parte apresenta seu rol de testemunhas, há que se presumir o patente interesse em sua inquirição. Registramos a crítica ao modelo legal, vez que não é incomum verificarmos, na prática, que uma testemunha arrolada em caráter de imprescindibilidade venha a ser dispensa pela acusação ou defesa na hora do julgamento. De fato, a declaração de imprescindibilidade é uma mera formalidade apta a dar causa ao adiamento do julgamento.

A previsão normativa, todavia, guarda pleno sentido quando a parte apenas arrola a testemunha e informa que essa comparecerá independentemente de intimação, circunstância na qual não poderá ser determinada sua condução coercitiva ou gerar o adiamento do julgamento.

Conforme o art. 423 do CPP, deliberando o magistrado sobre os requerimentos de provas a serem produzidas ou exibidas no plenário do júri, e adotadas as providências devidas, o juiz presidente deverá ordenar as diligências necessárias para sanar qualquer nulidade ou esclarecer fato que interesse ao julgamento da causa (inc. I), e fazer um relatório sucinto do processo, determinando sua inclusão em pauta da reunião do Tribunal do Júri (inc. II). Esse relatório, estrito e objetivo, deverá ser entregue aos jurados imediatamente após a formação do Conselho de Sentença (art. 472, parágrafo único, CPP), sendo desnecessária sua leitura ao público.

Nitidamente, o CPP impôs, nessa fase, um saneamento do processo após a especificação das provas das partes. Não há recurso previsto caso o juiz indefira as diligências formuladas pelas partes, que poderão, em preliminar de eventual apelação (art. 593, III, "a", CPP), impugnar a decisão. Entendemos que o manejo do *habeas corpus* por parte da defesa é possível em situações que, de fato, possam interferir no julgamento e colocar em risco a liberdade do agente.

O art. 424 do CPP, por sua vez, dispõe que quando a lei local de organização judiciária não atribuir ao presidente do Tribunal do Júri o preparo para julgamento, o juiz competente remeter-lhe-á os autos do processo preparado até 5 (cinco) dias antes do sorteio a que se refere o art. 433 do CPP. Consoante o parágrafo único do artigo, deverão ser remetidos, também, os processos preparados até o encerramento da reunião, para a realização de julgamento.

30.4.2.4 Jurados

Conforme se extrai do art. 447 do CPP, o Tribunal do Júri é composto por **1 (um) juiz togado,** seu presidente, e por **25 (vinte e cinco) jurados** que serão sorteados dentre os alistados, 7 (sete) dos quais constituirão o Conselho de Sentença em cada sessão de julgamento.

Os jurados são pessoas do povo, previamente alistadas, sorteadas para composição do Tribunal do Júri, e novamente sorteadas, no dia do julgamento, para efetivamente julgarem os fatos postos em julgamento. Conforme destacamos nas inúmeras sessões plenárias nas quais participamos, os jurados exercem uma tríplice função no Tribunal do Júri, que passa pela essência e razão de ser todos os atores processuais: são juízes de fato e do fato, promotores de justiça e defensores não somente da sociedade, mas também dos direitos e garantias individuais do acusado.

Ao jurado cabe julgar o fato posto, decidindo sobre a existência do crime, se o acusado concorreu para a prática do crime como autor ou partícipe e se condena ou absolve o acusado. O julgamento realizado pelos jurados é escorado no sistema da íntima convicção, de sorte que não apresenta as razões de sua decisão. A fundamentação no júri é restrita ao juiz presidente, que deverá prolatar a sentença, trazendo à baila a fundamentação concreta quanto à dosimetria da pena. No júri, a decisão acerca dos fatos compete aos jurados, ao passo que a decisão atinente à pena, ao magistrado, motivo pelo qual o Tribunal do Júri é concebido como um órgão colegiado heterogêneo e temporário, pois estruturado apenas para aquele julgamento.

Conforme bem resume BRASILEIRO[21] (2020, p. 1488):

> Trata-se, portanto, de verdadeira espécie de **competência funcional horizontal por objeto do juízo**, pois ao Conselho de Sentença compete o julgamento da existência do fato delituoso e de sua autoria, por meio de respostas aos quesitos formulados, enquanto ao juiz-presidente compete prolatar a sentença condenatória ou absolutória de acordo com o decidido pelos jurados, fazendo a dosimetria da pena, além de decidir questões de direito que possam surgir ao longo da sessão de julgamento, tais como arguições de nulidades, suspeição, etc. Por isso, aliás, é que se diz que **a sentença no Júri é subjetivamente complexa.**

30.4.2.4.1 Quem pode e não pode ser jurado?

O serviço do júri é obrigatório, sendo que o alistamento compreenderá os cidadãos maiores de 18 (dezoito) anos de notória idoneidade (art. 436, *caput*, CPP). Do dispositivo, extrai-se que somente brasileiros natos ou naturalizados pode servir como jurados, porquanto a norma impõe o exercício da função ao cidadão. A despeito do importante debate acerca do conceito de cidadão realizado pelos constitucionalistas, a concepção adotada pelo CPP é a de cidadania político-formal, no sentido de exigir que o agente esteja no gozo pleno de seus direitos políticos. Os jurados devem integrar a comunidade local, vez que não há sentido em se trazer jurados de outra localidade para julgamento de um fato ocorrido em outro local.

Apesar do alistamento ser obrigatório para maiores de dezoito anos, sem qualquer limitação etária máxima, os cidadãos maiores de 70 (setenta) anos que requeiram sua dispensa não estarão obrigados a servir no júri (art. 437, IX). Logo, há a obrigatoriedade do serviço do júri para o grupo de cidadãos compreendido entre os maiores de 18 anos e menores de 70 anos. Para os maiores de 70 anos, há tão somente uma faculdade, a exemplo do exercício do direito de voto. Sobre o paralelo com o direito de voto, entendemos que o jurado não pode ser analfabeto, pois, apesar do analfabetismo não impedir o senso de justiça e compreensão dos fatos, há situações em plenário que podem exigir a compreensão formal e escrita da língua, como a leitura da pronúncia, do relatório do processo, de documentos constantes dos autos que ficam à disposição dos jurados e etc.

Nos termos do §1º do art. 436, CPP, nenhum cidadão poderá ser excluído dos trabalhos do júri ou deixar de ser alistado em razão de cor ou etnia, raça, credo, sexo, profissão, classe social ou econômica, origem ou grau de instrução. O dispositivo veda qualquer espécie de preconceito, em consonância com os ditames constitucionais. Registre-se, apenas, em razão da particularidade de nossa compreensão quanto ao analfabeto, que o grau de instrução a que se refere o dispositivo guarda relação apenas com o aspecto formal na categorização do ensino. Assim, pouco importa se o jurado possui ensino

21. *op.cit.*

fundamental, médio ou superior. Basta, para nós, que seja alfabetizado, independentemente de ter formação culta.

Apesar da inclusividade do jurado, há situações de ordem prática, contudo, que impedem a participação cidadão como jurado. Por ser o júri um procedimento oral que demanda compreensão pelos sentidos, não nos parece que o jurado cego ou surdo possa participar do julgamento. Quanto ao mudo, desde que não tenha afetada a capacidade auditiva, não vemos qualquer obstáculo quanto à sua participação, vez que eventuais perguntas ou esclarecimentos por ele formulados podem ser feitos por escrito, sem qualquer prejuízo ao procedimento.

O art. 426, §4º, do CPP, veda a participação do cidadão como jurado àquele que tenha integrado o Conselho de Sentença nos 12 (doze) meses que antecederem à publicação da lista geral, devendo desta ser excluído. A vedação não atinge o jurado que tenha, tão somente, participado da lista geral. Somente será excluído aquele que efetivamente tenha participado de julgamento em outro processo nos doze meses anteriores ao julgamento, com o escopo de se afastar a figura do **jurado profissional**. Nesse sentido é a jurisprudência do STJ:

> Deve ser reconhecida a nulidade absoluta de ação penal, desde a sessão de julgamento em Tribunal do Júri, na hipótese em que um dos jurados do Conselho de Sentença tenha integrado o júri de outro processo nos doze meses que antecederam à publicação da lista geral de jurados, considerando que o placar da votação tenha sido o de quatro a três em favor da condenação do réu, ainda que a defesa tenha deixado de consignar a insurgência na ata de julgamento da sessão. De acordo com o § 4º do art. 426 do Código de Processo Penal, não pode ser incluída na lista geral de jurados a pessoa que tenha integrado Conselho de Sentença nos doze meses que antecederem à publicação da lista. AgRg no Resp 1363403/SP, 6ª Turma, Rel. Min. Sebastião Reis Júnior, DJe 04.12.15.

Além desses casos de vedação, o art. 437 do CPP traz diversas hipóteses de isenção do serviço do júri. Em que pese o termo isenção induzir à compreensão da possibilidade de participação, porquanto não obrigatória, entendemos que, salvo nas hipóteses dos incisos IX e X, a isenção deve ser concebida como vedação. Vejamos o dispositivo:

> Art. 437. Estão isentos do serviço do júri:
>
> I – o Presidente da República e os Ministros de Estado;
>
> II – os Governadores e seus respectivos Secretários;
>
> III – os membros do Congresso Nacional, das Assembleias Legislativas e das Câmaras Distrital e Municipais;
>
> IV – os Prefeitos Municipais;
>
> V – os Magistrados e membros do Ministério Público e da Defensoria Pública;
>
> VI – os servidores do Poder Judiciário, do Ministério Público e da Defensoria Pública;
>
> VII – as autoridades e os servidores da polícia e da segurança pública;
>
> VIII – os militares em serviço ativo;
>
> IX – os cidadãos maiores de 70 (setenta) anos que requeiram sua dispensa;
>
> X – aqueles que o requererem, demonstrando justo impedimento.

Os incisos I a IV abarcam cargos políticos do Legislativo e Executivo. A isenção por si só encontra justificativa pela natureza dos afazeres dos ocupantes de tais cargos.

A vedação, em nossa compreensão, reside no fato de que a decisão do agente político, enquanto jurado, pode ter cunho político.

Os incisos V a VIII abrangem as pessoas que, de algum modo, podem estar conectadas com o processo de forma direta ou indireta, por via institucional. Além dos naturais afazeres, que por si só justificariam a isenção, parece-nos claro que as hipóteses devem ser concebidas como vedação em razão do interesse implícito. Admitir a participação de um promotor de justiça, um servidor da Defensoria Pública ou de um militar no serviço ativo, entre outros, implica assumir o risco de falta de imparcialidade.

No que tange aos incisos IX e X, não se trata de vedação, mas de simples isenção. Ao idoso maior de setenta anos, conforme vimos, não há qualquer obstáculo à sua participação, assim como não há obrigatoriedade. Basta que requeira a dispensa para não participar do júri. Àqueles que requerem a isenção, mediante justo impedimento a ser avaliado pelo magistrado, igualmente, não há qualquer vedação, mas tão somente uma isenção legalmente concedida, como na hipótese de uma mulher grávida, homem enfermo e etc.

30.4.2.4.2 Alistamento dos jurados

Segundo o art. 425 do CPP, anualmente, serão alistados pelo presidente do Tribunal do Júri de 800 (oitocentos) a 1.500 (um mil e quinhentos) jurados nas comarcas de mais de 1.000.000 (um milhão) de habitantes, de 300 (trezentos) a 700 (setecentos) nas comarcas de mais de 100.000 (cem mil) habitantes e de 80 (oitenta) a 400 (quatrocentos) nas comarcas de menor população. Nos termos do §1º, nas comarcas onde for necessário, poderá ser aumentado o número de jurados e, ainda, organizada lista de suplentes, depositadas as cédulas em urna especial, com as cautelas mencionadas na parte final do §3º do art. 426 do CPP.

O §2º, por sua vez, assinala que o juiz presidente requisitará às autoridades locais, associações de classe e de bairro, entidades associativas e culturais, instituições de ensino em geral, universidades, sindicatos, repartições públicas e outros núcleos comunitários a indicação de pessoas que reúnam as condições para exercer a função de jurado. A previsão visa atender o aspecto democrático do júri, permitindo a participação popular na formação da lista de jurados.

A lista geral dos jurados, que contém a transcrição das funções dos jurados (art. 426, §2º, c/c art. 436 *usque* 446, CPP) com indicação das respectivas profissões, será publicada pela imprensa até o dia 10 de outubro de cada ano e divulgada em editais afixados à porta do Tribunal do Júri (art. 426, *caput*, CPP). Essa lista poderá ser alterada, de ofício ou mediante reclamação de qualquer do povo ao juiz presidente até o dia 10 de novembro, data de sua publicação definitiva (§1º). A previsão do §1º previu expressamente a forma de impugnação da lista, motivo pelo qual entendemos por tacitamente revogado inciso XIV do art. 581 do CPP, que prevê a interposição de RSE contra a decisão que incluir jurado na lista geral ou desta o excluir.

Nos termos do §3º, os nomes e endereços dos alistados, em cartões iguais, após serem verificados na presença do Ministério Público, de advogado indicado pela Seção local da Ordem dos Advogados do Brasil e de defensor indicado pelas Defensorias Públicas competentes, permanecerão guardados em urna fechada a chave, sob a responsabilidade do juiz presidente. Anualmente, a lista geral de jurados será, obrigatoriamente, completada (§5º).

Conforme vimos anteriormente, nos termos do §4º, o jurado que tiver integrado o Conselho de Sentença nos 12 (doze) meses que antecederem à publicação da lista geral fica dela excluído.

30.4.2.4.3 Direitos dos jurados

Nos termos do art. 439 do CPP, o exercício efetivo da função de jurado constituirá serviço público relevante e estabelecerá presunção de idoneidade moral. Por efetivo exercício compreendemos a participação como jurado, em pelo menos um julgamento, compondo o Conselho de Sentença. A consideração como serviço público relevante e presunção de idoneidade moral não se restringe ao local do fato, podendo ser levantada em qualquer outro Estado da Federação.

A redação anterior do art. 439 do CPP conferia ao jurado o direito à prisão especial, não tendo sido repetida na redação vigente. Por essa razão, Gustavo Badaró, Renato Brasileiro e outros, sustentam que a nova redação do art. 439 do CPP, que removeu a parte final que previa o asseguramento à prisão especial em casos de crimes comuns aos jurados, até o julgamento, revogou tacitamente o inciso X do art. 295 do CPP. Não nos parece, todavia, seja a melhor conclusão, porquanto, na realidade, desde a redação original do CPP, havia reiteração normativa desnecessária ao firmar o direito à prisão especial nos artigos 295, X e 437 (reposicionado no atual art. 439).

A correção de uma repetição normativa não implica, necessariamente, a revogação dos outros dispositivos que regulam a matéria. A *mens legis* ainda é expressa no art. 295, X, e o fato do reforço normativo ter sido extraído do art. 439 do CPP não nos conduz à revogação tácita. Inegável é o fato de que o legislador, ao alterar o art. 439, poderia ter revogado expressamente o art. 295, X. Contudo, por não tê-lo feito, não há como se concluir pela revogação tácita, pois não há incompatibilidade entre os dispositivos. O raciocínio a ser entabulado é o inverso: se na redação original do art. 437 do CPP (atual art. 439), não houvesse a previsão de prisão especial, essa estaria amparada pela previsão do art. 295, que especificamente regulamenta a temática? Certamente, sim, posto que a norma específica é por demais clara. Não é outro o posicionamento de LOPES JR[22] (2020, p. 1067):

> (...) Mas essa alteração não tem qualquer relevância, pois apenas disciplinava e reforçava a possibilidade de prisão especial para o jurado. Era uma duplicidade de regulamentação da matéria, que agora passa a ser disciplinada, apenas, pelo art. 295 do CPP. Assim, pensamos que permanece a prisão especial em sua amplitude originária, inclusive para o jurado (que tenha exercido efetivamente a função).

O art. 440 do CPP, por sua vez, dispõe que também constitui direito do jurado, na condição do art. 439, preferência, em igualdade de condições, nas licitações públicas e no provimento, mediante concurso, de cargo ou função pública, bem como nos casos de promoção funcional ou remoção voluntária.

22. *op.cit.*

O art. 441 do CPP dispõe, em função da obrigatoriedade do serviço do júri, que nenhum desconto será feito nos vencimentos ou salário do jurado sorteado que comparecer à sessão do júri.

30.4.2.4.4 Recusa e não comparecimento injustificado

Nos termos do art. 442 do CPP, ao jurado que, sem causa legítima, deixar de comparecer no dia marcado para a sessão ou retirar-se antes de ser dispensado pelo presidente será aplicada multa de 1 (um) a 10 (dez) salários mínimos, a critério do juiz, de acordo com a sua condição econômica. De igual modo, nos termos do §2º do art. 436 do CPP, a recusa injustificada ao serviço do júri acarretará multa no valor de 1 (um) a 10 (dez) salários mínimos, a critério do juiz, de acordo com a condição econômica do jurado.

O não comparecimento injustificado do jurado não caracteriza crime de desobediência, pois a própria norma estabeleceu uma sanção administrativa específica para o caso. Segundo o STJ:

> Para a configuração do delito de desobediência, salvo se a lei ressalvar expressamente a possibilidade de cumulação da sanção de natureza civil ou administrativa com a de natureza penal, não basta apenas o não cumprimento de ordem legal, sendo indispensável que, além de legal a ordem, não haja sanção determinada em lei específica no caso de descumprimento HC 22.721, 5ª Turma, Rel. Min. Félix Fischer, DJ 30.06.03.

A recusa, contudo, pode ser fundamentada e justificada pelo jurado, por razões de ordem fática ou psicológica. Nos termos do art. 443 do CPP, somente será aceita escusa fundada em motivo relevante devidamente comprovado e apresentada, ressalvadas as hipóteses de força maior, até o momento da chamada dos jurados. A compreensão de motivo relevante deve analisada sob a luz do caso concreto, porquanto a dispensa do júri pela necessidade de exercício da profissão pode ser concebida como justa em um caso e indevida em outro. O magistrado, portanto, deve tratar o pedido de dispensa com prudência e razoabilidade, não se olvidando, todavia, da obrigatoriedade do serviço do júri. Havendo a dispensa, essa dependerá de decisão motivada do juiz presidente, consignada na ata dos trabalhos (art. 444, CPP).

Segundo o art. 438, CPP, que regula a escusa de consciência, a recusa ao serviço do júri pode ser fundada em convicção religiosa, filosófica ou política, e importará no dever de prestar serviço alternativo, sob pena de suspensão dos direitos políticos, enquanto não prestar o serviço imposto. Em síntese, o legislador reforçou a obrigatoriedade do serviço do júri, que pode não ser realizado por questões de ordem religiosa, filosófica ou política. Entretanto, para evitar que o jurado descumpra a obrigatoriedade tão somente pela alegação de questões religiosa, por exemplo, o legislador impôs o cumprimento de serviço alternativo substitutivo ao serviço do júri.

Nos termos do §1º do dispositivo, entende-se por serviço alternativo o exercício de atividades de caráter administrativo, assistencial, filantrópico ou mesmo produtivo, no Poder Judiciário, na Defensoria Pública, no Ministério Público ou em entidade conveniada para esses fins. Conforme o §2º, o serviço alternativo será fixado pelo juiz em atenção aos princípios da proporcionalidade e da razoabilidade.

30.4.2.4.5 Responsabilidade do jurado

Conforme o art. 445 do CPP, o jurado, no exercício da função ou a pretexto de exercê-la, será responsável criminalmente nos mesmos termos em que o são os juízes togados. Nesse sentido, jurado é equiparado a funcionário público nos termos do art. 327 do Código Penal, submetendo-se ao regramento dos crimes funcionais, como na possibilidade de incorrerem no delito de corrupção passiva.

O art. 446 do CPP, por sua vez, dispõe que aos jurados suplentes, quando convocados, serão aplicáveis os dispositivos referentes às dispensas, faltas e escusas e à equiparação de responsabilidade penal prevista no art. 445 deste Código.

30.4.2.5 Organização da pauta

A realização do julgamento pelo Tribunal do Júri normalmente é feita de forma conjunta, abrangendo os processos aptos a serem julgados pelo plenário. Como a organização da sessão envolve a prática de vários atos anteriores, os magistrados, em geral, planejam a pauta com mais de um julgamento.

E, nesse sentido, o art. 429 do CPP dispõe que, salvo motivo relevante que autorize alteração na ordem dos julgamentos, terão preferência: I – os acusados presos; II – dentre os acusados presos, aqueles que estiverem há mais tempo na prisão; III – em igualdade de condições, os precedentemente pronunciados.

A lógica da construção parte da premissa de que primeiro deverão ser julgados os que estão com a liberdade restrita, sendo que, dentre esses, aqueles que estiverem a mais tempo presos. Em sequência, estando soltos os acusados, terão precedência os que tiverem sido pronunciados a mais tempo em razão do princípio da duração razoável do processo e se evitar o risco da prescrição, interrompida, há mais tempo, pela pronúncia.

O §1° do dispositivo prevê que, antes do dia designado para o primeiro julgamento da reunião periódica, será afixada na porta do edifício do Tribunal do Júri a lista dos processos a serem julgados, obedecida a ordem prevista no *caput* do artigo. O §2°, por seu turno, dispõe que o juiz presidente reservará datas na mesma reunião periódica para a inclusão de processo que tiver o julgamento adiado.

O art. 431, CPP, por sua vez, dispõe que estando o processo em ordem, o juiz presidente mandará intimar as partes, o ofendido, se for possível, as testemunhas e os peritos, quando houver requerimento, para a sessão de instrução e julgamento, observando, no que couber, o disposto no art. 420 do CPP, isto é, a forma de intimação prevista no dispositivo.

Vale destacar que, para fins de participação da sessão de julgamento, o assistente somente será admitido se tiver requerido sua habilitação até 5 (cinco) dias antes da data da sessão na qual pretenda atuar (art. 430, CPP).

30.4.2.6 Sorteio e convocação dos jurados

Consoante o art. 432 do CPP, em seguida à organização da pauta, o juiz presidente determinará a intimação do Ministério Público, da Ordem dos Advogados do Brasil e da Defensoria Pública para acompanharem, em dia e hora designados, o sorteio dos jurados que atuarão na reunião periódica.

O sorteio, que será presidido pelo juiz, será realizado a portas abertas, cabendo-lhe retirar as cédulas até completar o número de 25 (vinte e cinco) jurados, para a reunião periódica ou extraordinária (art. 433, CPP). Conforme o §1° do dispositivo, o sorteio será realizado entre o 15º (décimo quinto) e o 10º (décimo) dia útil antecedente à instalação da reunião, sendo que a audiência de sorteio não será adiada pelo não comparecimento das partes (§2º). Realizado o sorteio, o jurado não sorteado poderá ter o seu nome novamente incluído para as reuniões futuras (§3º).

Nos termos do art. 434 do CPP, os jurados sorteados serão convocados pelo correio ou por qualquer outro meio hábil para comparecer no dia e hora designados para a reunião, sob as penas da lei. No mesmo expediente de convocação serão transcritos os arts. 436 a 446 do CPP (parágrafo único).

Finalizados os trabalhos, nos termos do art. 435, CPP, serão afixados na porta do edifício do Tribunal do Júri a relação dos jurados convocados, os nomes do acusado e dos procuradores das partes, além do dia, hora e local das sessões de instrução e julgamento.

30.4.2.7 Sessão de julgamento

A realização de uma sessão de julgamento ocorre no contexto das reuniões periódicas do Tribunal do Júri. Nos termos do art. 453 do CPP, o Tribunal do Júri reunir-se-á para as sessões de instrução e julgamento nos períodos e na forma estabelecida pela lei local de organização judiciária. Em síntese, diversas sessões plenárias são designadas para intervalos de tempo concentrados, que variam de acordo com as Lei de Organização Judiciária.

30.4.2.7.1 Suspeição, impedimento e incompatibilidade do juiz presidente ou do membro do Ministério Público

Ao disciplinar o procedimento do Tribunal do Júri, o CPP tratou as hipóteses de suspeição, impedimento ou incompatibilidade do juiz e do membro do Ministério Público tão somente no art. 470 do CPP. Não obstante, parece-nos que tais situações atingem a própria formação do teatro processual, vez que para a realização do julgamento, há que se pressupor que seus atores estejam aptos a contracenar.

De fato, não há qualquer sentido em se permitir a continuidade dos trabalhos, após sua abertura, se um dos atores não reunirá condições de prosseguir. Assim, entendemos que a alegação de suspeição, impedimento ou incompatibilidade do juiz e do membro do Ministério Público devem ser formuladas quando da abertura dos trabalhos, no mesmo momento em que o magistrado seria instado a decidir sobre os casos e isenção e dispensa dos jurados ou pedido de adiamento da sessão plenária (art. 454, CPP).

Não somente os jurados podem apresentam alguma espécie de vedação à participação no julgamento. Tanto o magistrado quanto o membro do *parquet* podem se enquadrar nas hipóteses de impedimento, suspeição ou incompatibilidade, previstas nos artigos 252 a 256 do CPP.

Tratando-se de alegação de impedimento, a suspeição ou incompatibilidade do juiz presidente do Tribunal do Júri, essa deverá ser feita oralmente, sendo que, acolhida pelo magistrado a exceção, deverá remeter os autos para seu substituto automático para designação de nova data. Não acolhendo a exceção, o juiz continuará presidindo os trabalhos e constará da ata os fundamentos da decisão, visando assegurar às partes do direito de posterior alegação de nulidade em preliminar de apelação.

Por outro lado, tratando-se de alegação de impedimento, a suspeição ou incompatibilidade do membro do Ministério Público, se esse reconhecer a circunstância, a sessão plenária será adiada. Não a reconhecendo, o magistrado proferirá decisão após a parte suscitante apresentar suas provas e ouvir o promotor de justiça. Acolhendo a alegação, adiará a sessão. Não a acolhendo, o julgamento prosseguirá, constando da ata o teor de todo o incidente processual.

30.4.2.7.2 Ausências

Antes de instalada a sessão de julgamento, o juiz presidente deverá verificar a presença das partes, cuja ausência implica soluções distintas.

30.4.2.7.2.1 Juiz presidente

Ocorrendo a ausência do juiz presidente da sessão do Tribunal do Júri, naturalmente o ato não poderá ser realizado, devendo ser designada, posteriormente, nova data para realização do ato, observando-se, por analogia, o teor do art. 455 do CPP, isto é, redesignação para a primeira data desimpedida no período da mesma reunião, sem prejuízo das partes provocarem a Corregedoria de Justiça para apuração de eventual falta disciplinar ou administrativa. Ao longo da sessão, o magistrado deverá acompanhar todos os atos, sendo que a ausência prolongada pode gerar a nulidade do julgamento.

30.4.2.7.2.2 Ministério Público

Nos termos do art. 455 do CPP, se o Ministério Público não comparecer, o juiz presidente adiará o julgamento para o primeiro dia desimpedido da mesma reunião, cientificadas as partes e as testemunhas. Nos termos do parágrafo único do dispositivo, se a ausência não for justificada, o fato será imediatamente comunicado ao Procurador-Geral de Justiça com a data designada para a nova sessão. Não se admitindo mais a designação de promotores *ad hoc*, a sessão obrigatoriamente deverá ser adiada e designada a primeira data desimpedida para o período da mesma reunião. Sendo justificada a ausência pelo órgão do Ministério Público, haverá tão somente o adiamento com consequente redesignação de data. Sendo injustificável a ausência, além do adiamento e redesignação, o magistrado deverá provocar o Procurador-Geral de Justiça com a data designada para nova sessão.

30.4.2.7.2.3 Defensor do acusado

Ausente do defensor do acusado, por **motivo justificável**, deverá ser observada mesma regra atinente ao Ministério Público, **redesignando-se o julgamento** para o primeiro dia desimpedido para mesma reunião, se a justificativa apresentada não englobar o período completo, a exemplo da ausência por motivo de saúde que abarca todo o período.

Por outro lado, tendo sido **injustificada a ausência**, o art. 456 do CPP dispõe que se a falta, sem escusa legítima, for do advogado do acusado, e se outro não for por este constituído, o fato será imediatamente comunicado ao presidente da seccional da Ordem dos Advogados do Brasil, com a data designada para a nova sessão.

Conforme o §1º, não havendo escusa legítima, o julgamento será adiado somente uma vez, devendo o acusado ser julgado quando chamado novamente. Na hipótese do §1º, o juiz intimará a **Defensoria Pública** para o novo julgamento, que será adiado para o primeiro dia desimpedido, observado **o prazo mínimo de 10 (dez) dias** (§2º). Ao contrário da previsão relacionada à ausência do órgão ministerial (art. 455, CPP), não se impôs ao magistrado, no caso de ausência do defensor, a redesignação do julgamento para a mesma reunião, não obstante ser recomendável, se possível, vez que a norma menciona tão somente o primeiro dia desimpedido, que pode ser na mesma reunião ou na próxima.

Registre-se que tanto no caso de ausência do Ministério Público como da defesa, havendo a redesignação para a próxima reunião, não haverá qualquer espécie de nulidade. O ponto de destaque no art. 456 do CPP reside no fato de que, não havendo escusa legítima para a ausência do defensor, a Defensoria Pública deverá ser intimada para o novo julgamento, observando-se o prazo mínimo de dez dias.

A medida, contudo, que visa tão somente assegurar a realização do julgamento e a própria defesa do acusado, não afasta a obrigatoriedade de intimação do acusado para constitua novo advogado, porquanto a medida decorre do direito à escolha do próprio defensor. Entretanto, a intimação da Defensoria Pública, nos termos do §2º do art. 456, objetiva assegurar a realização do julgamento, já adiado anteriormente. Isso significa que, mesmo que o acusado constitua Defensor, a Defensoria Pública deverá comparecer ao julgamento, pois, ausente o novo advogado, a representação processual será realizada pelo órgão defensivo.

30.4.2.7.2.4 Defensoria Pública

Apesar de não prevista pelo CPP, tratando-se de ausência de Defensor Público, originariamente incumbido da defesa do acusado, por se tratar de órgão público, entendemos deva ser aplicado o mesmo regramento previsto para o *parquet*, com a distinção da comunicação ser realizada ao Defensor Público-Geral.

30.4.2.7.2.5 Acusado

Estando o **acusado solto** e tendo sido regularmente intimado, seu não comparecimento não implicará o adiamento do julgamento (art. 457, *caput*, CPP). O adiamento, contudo, poderá ocorrer caso o magistrado acolha a justificativa apresentada pelo acusado. Segundo o §1º do art. 457, os pedidos de adiamento e as justificações de não comparecimento deverão ser, salvo comprovado motivo de força maior, previamente submetidos à apreciação do juiz presidente do Tribunal do Júri. Logo, demonstrando o acusado, de forma prévia e justificável, a impossibilidade de comparecimento, o julgamento será adiado caso o magistrado acolha a justificativa, que, excepcionalmente, poderá ocorrer no início dos trabalhos nos casos de força maior.

Por outro lado, estando **preso o acusado**, seu não comparecimento implicará o adiamento da sessão, pois os motivos de sua ausência decorrem exclusivamente de omissão estatal, não podendo o acusado ser prejudicado, vez que, por estar preso, nada poderia fazer para comparecer ao julgamento. Nesse sentido, o §2º do art. 457 do CPP dispõe que se o acusado preso não for conduzido, o julgamento será adiado para o primeiro dia desimpedido da mesma reunião, salvo se houver pedido de dispensa de comparecimento subscrito por ele e seu defensor. A previsão realizada na parte final do dispositivo afasta a obrigatoriedade de comparecimento do acusado preso, quando o próprio, em pedido de dispensa também subscrito por seu defensor, manifestar-se pelo direito de não comparecer à sessão de julgamento.

30.4.2.7.2.6 Assistente da acusação

Ausente o representante processual do assistente, o julgamento não será adiado (art. 457, *caput*, CPP), haja vista que a participação do assistente é meramente acessória no processo. Apesar do dispositivo fazer referência ao assistente da acusação, isto é, o ofendido, seu representante legal ou sucessor, na realidade a regra deve ser interpretada como o advogado que representa o assistente.

30.4.2.7.2.7 Advogado do querelante

Apesar do art. 457, *caput*, CPP, não fazer qualquer ressalva quanto ao não comparecimento justificado, **havendo justificativa apresentada pelo advogado do querelante** quanto ao não comparecimento, na forma do art. 457, §1º do CPP, não nos parece razoável o não adiamento do júri. Isso porque, no âmbito das ações penais de iniciativa privada, a tutela do interesse foi conferida pelo Estado ao querelante, de sorte que o não comparecimento, devidamente justificado, de seu advogado na sessão plenária, não pode ter o condão de prejudicá-lo. Tratando-se, todavia, de **ausência injustificada**, versando a ação penal sobre delito cuja iniciativa é privada, ocorrerá a **perempção**, porquanto não será formulado o pedido de condenação em plenário, de modo equivalente à não formulação do pedido nas alegações finais (art. 60, III, CPP).

Por outro lado, sendo a ação penal de iniciativa privada em substituição à ação penal de iniciativa pública – **ação penal privada subsidiária – o julgamento poderá ser adiado**, vez que o querelante, nessa modalidade, atua em substituição ao Ministério Público. Ocorrendo, portanto, a ausência justificada, o julgamento somente não será adiado se o Ministério Público se manifestar pela sua realização, reassumindo o polo ativo. Uma vez adiado, deverá o julgamento ser redesignado para a primeira data possível, nos termos do art. 455 do CPP. Sendo injustificada a ausência, o *parquet* deverá ser intimado para reassumir o polo ativo da ação nos termos do art. 29 do CPP.

30.4.2.7.2.8 Testemunhas

A ausência da testemunha no júri pode gerar o adiamento da sessão quando a parte a tiver arrolado e**m caráter de imprescindibilidade** e requerido sua **intimação por mandado** na fase do art. 422 do CPP. Verificada a ausência da testemunha devidamente intimada, o magistrado deverá indagar à parte se insiste na oitiva da testemunha em plenário, de forma que, insistindo na inquirição, deverá a parte indicar a localização da testemunha (art. 461, *caput*, CPP). Em sequência e diante da insistência da parte, o juiz presidente suspenderá os trabalhos e mandará conduzi-la ou adiará o julgamento para o primeiro dia desimpedido, ordenando a sua condução.

A decisão pela suspensão e consequente condução coercitiva ou pelo adiamento e remarcação para o primeiro dia desimpedido (§1º, art. 461, CPP) cabe ao magistrado.

Contudo, em sendo possível a realização da sessão no dia originalmente designado, deverá empreender esforços para tanto, porquanto a realização do julgamento é a regra, o adiamento, a exceção.

Nos termos do §2º do art. 461, CPP, o julgamento será realizado mesmo na hipótese de a testemunha não ser encontrada no local indicado, se assim for certificado por oficial de justiça. Por outro lado, não tendo sido a testemunha arrolada sob as condições do art. 461, *caput*, do CPP (intimação por mandado e caráter de imprescindibilidade), o julgamento não será adiado.

Não obstante as soluções acima, nos termos do art. 458 do CPP, se a testemunha deixar de comparecer sem justa causa, o juiz presidente, sem prejuízo da ação penal pela desobediência, deverá aplicar a multa prevista no § 2º do art. 436 do CPP. Apesar da redação legal indicar o sancionamento duplo – crime de desobediência e multa – entendemos que o crime de desobediência só poderá ensejar a ação penal quando todas as medidas anteriores forem frustradas, isto é, quando a condução coercitiva e aplicação da multa não forem exitosas a impedir nova ausência.

Vale destacar que, assim como os jurados não podem sofrer qualquer desconto em seus vencimentos ou salário, as testemunhas não podem sofrer impactos financeiros por atenderem ao chamado da Justiça (art. 469, CPP).

30.4.2.8 Formação do Conselho de Sentença

Conforme vimos, nos termos do art. 447 do CPP, o Tribunal do Júri é composto por 1 (um) juiz togado, seu presidente e por 25 (vinte e cinco) jurados que serão sorteados dentre os alistados, 7 (sete) dos quais constituirão o Conselho de Sentença em cada sessão de julgamento.

Antes de constituído o Conselho de Sentença, as testemunhas serão recolhidas a lugar onde umas não possam ouvir os depoimentos das outras (art. 460, CPP).

Nos termos do art. 462 do CPP, realizadas as diligências referidas nos arts. 454 a 461 do CPP, o juiz presidente verificará se a urna contém as cédulas dos 25 (vinte e cinco) jurados sorteados, mandando que o escrivão proceda à chamada deles. Segundo o art. 454 do CPP, o juiz presidente, até o momento da abertura dos trabalhos, em fase preliminar, decidirá os casos de isenção e dispensa de jurados e o pedido de adiamento de julgamento, mandando consignar em ata as deliberações.

Superada a fase preliminar, na qual se insere a chamada dos jurados e análise prévia dos casos de isenção e dispensa, comparecendo, pelo menos, 15 (quinze) jurados, o juiz presidente declarará instalados os trabalhos, anunciando o processo que será submetido a julgamento (art. 463, *caput*, CPP), realizando-se o pregão pelo oficial de justiça, que certificará a diligência nos autos (art. 463, §1º).

Nos termos do §2º do art. 463 do CPP, os jurados excluídos por impedimento ou suspeição serão computados para a constituição do número legal. Vale destacar que o impedimento ou suspeição serão apurados quando da formação do Conselho de Sentença, motivo pelo qual são aptos a formar o número mínimo de quinze jurados para instalação da sessão, ao contrário dos casos de isenção e dispensa prévia, cuja análise é realizada na fase preliminar (art. 454, CPP).

Não havendo o número mínimo de quinze jurados, deverá ser realizado o sorteio de tantos suplentes quantos necessários, e designada nova data para a sessão do júri (art. 464, CPP). Os nomes dos suplentes serão consignados em ata, remetendo-se o expediente de convocação, com observância do disposto nos arts. 434 e 435 do CPP (art. 465, CPP).

Presentes pelo menos quinze jurados para instalação da sessão, conforme o art. 466 do CPP, antes do sorteio dos membros do Conselho de Sentença, o juiz presidente esclarecerá sobre os impedimentos, a suspeição e as incompatibilidades constantes dos arts. 448 e 449 do CPP. Nos termos do §1° do dispositivo, o juiz presidente também advertirá os jurados de que, uma vez sorteados, não poderão comunicar-se entre si e com outrem, nem manifestar sua opinião sobre o processo, sob pena de exclusão do Conselho e multa, na forma do § 2° do art. 436 do CPP, sendo que a incomunicabilidade será certificada nos autos pelo oficial de justiça (§2°, art. 466, CPP).

30.4.2.8.1 Empréstimo de jurado

Verifica-se o chamado empréstimo de jurado quando realizada a chamada pelo oficial de justiça e analisadas as causas de isenção e dispensa, por não se atingir o número mínimo de quinze jurados para instalação da sessão, busca-se complementar o número mínimo em outro Plenário do Júri que se instala de forma concomitante.

A situação pode ocorrer em comarcas de porte maior, que concebem a realização de júris simultâneos. De forma exemplificativa, imagine-se que em um plenário apenas 12 jurados estejam aptos a serem sorteados e no plenário ao lado 25 jurados estejam habilitados. O empréstimo consistiria no fato de se buscar três dos 25 jurados do plenário ao lado para formar o número mínimo de 15 para instalação da sessão.

O STJ tem precedentes admitindo a prática do empréstimo de jurados, independentemente do jurado emprestado vir a integrar o Conselho de Sentença[23]:

> Declarada aberta a sessão plenária de julgamento, a defesa, em nenhum momento, se insurgiu contra a formação do Conselho de Sentença; pelo contrário, consta da referida ata que ambas as partes concordaram com o empréstimo de três jurados de outro plenário. Em nenhum momento, a defesa do paciente impugnou a ata de julgamento ou questionou a maneira pela qual foi formado o Conselho de Sentença, de modo que não se mostra possível, agora, suscitar eventual nulidade ocorrida na sessão de julgamento. Também não consta da ata nenhum requerimento, protesto, impugnação ou reclamação não atendida. HC 168263/SP, 6ª Turma, Rel. Min. Rogério Schietti Cruz, DJe 08.09.15.

Não obstante o entendimento do STJ, prevalece na doutrina e no âmbito do STF, em nossa compreensão, de forma adequada, que a prática do empréstimo de jurados é causa de nulidade absoluta (art. 564, III, "i", CPP), ainda que o jurado emprestado não venha a integrar o Conselho de Sentença. Isso porque as partes, ao exercerem o direito às recusas, motivadas e imotivadas, possuem o direito ao conhecimento prévio dos jurados convocados para a sessão plenária, circunstância que seria naturalmente prejudicada com o uso de um jurado substituto cooptado de forma aleatória em outro plenário.

O STF, enfrentando a questão, decidiu que:

23. HC 34357/SP, 6ª Turma, Rel. Min. OG Fernandes, DJe 19.10.09.

Júri: nulidade do julgamento pela utilização de jurados convocados para compor outro Plenário: demonstração de prejuízo: prova impossível. 1. Dada a relevância para as partes do conhecimento prévio dos jurados convocados para a sessão do Júri e que, assim, poderão compor o Conselho de Sentença, é de observância imprescindível o art. 442 C.Pr.Penal, segundo a qual a instalação da sessão depende do comparecimento de pelo menos 15 jurados, quorum que, se não atingido, implica nova convocação para o dia útil imediato. 2. Daí que, não alcançando o quorum legal entre os convocados para determinado julgamento, é inadmissível, para atingi-lo a chamada de jurados incluídos na lista convocada para outros julgamentos previstos para a mesma data em diferentes "plenários" do mesmo Tribunal do Júri (...). HC 88801, Rel. Min. Sepúlveda Pertence, DJ 08.09.06.

30.4.2.8.2 Procedimento

Segundo o art. 467 do CPP, verificando que se encontram na urna as cédulas relativas aos jurados presentes, o juiz presidente sorteará 7 (sete) dentre eles para a formação do Conselho de Sentença. Dificilmente os sete jurados sorteados originalmente integrarão o Conselho de Sentença, haja vista que deverão ser observadas não somente as causas de suspeição, impedimento e incompatibilidade, mas também as chamadas recusas pelas partes, que podem ser motivadas ou imotivadas, devendo o sorteio prosseguir até que se alcance o número de sete jurados que tenham sido aceitos pelas partes.

30.4.2.8.2.1 Suspeição, impedimento e incompatibilidade dos jurados

Estando presentes pelo menos quinze jurados e iniciada a sessão, antes do sorteio dos membros do Conselho de Sentença, o juiz presidente esclarecerá sobre os impedimentos, a suspeição e as incompatibilidades legais (art. 466, CPP). Dentre as causas legais, o magistrado deve esclarecer que as causas de impedimento, a suspeição e incompatibilidade aplicáveis aos magistrados também se aplicam aos jurados (§2º).

Conforme dispõe o art. 448 do CPP, são impedidos de servir no mesmo Conselho: I – marido e mulher; II – ascendente e descendente; III – sogro e genro ou nora; IV – irmãos e cunhados, durante o cunhadio; V – tio e sobrinho; VI – padrasto, madrasta ou enteado. Conforme o teor do §1º, o mesmo impedimento ocorrerá em relação às pessoas que mantenham união estável reconhecida como entidade familiar.

Sendo sorteados, por exemplo, ascendente e descendente, caracterizando a hipótese de impedimento entre si por parentesco, servirá aquele que tiver sido sorteado em primeiro lugar, porquanto o impedimento, em si, só ocorrerá para o segundo sorteado (art. 450, CPP).

Além dessas causas, de impedimento entre si (art. 448, CPP), e impedimentos legais (art. 448, §2º, CPP), o art. 449 do CPP dispõe que não poderá servir o jurado que:

I. tiver funcionado em julgamento anterior do mesmo processo, independentemente da causa determinante do julgamento posterior: a hipótese trata da situação do jurado que é novamente sorteado para o julgamento do mesmo caso. De fato, já tendo proferido sua decisão em júri anterior, parece-nos inegável a possibilidade de comprometimento da imparcialidade do jurado. Não por outra razão e reforçando a redação legal, o STF editou a Súmula 206: "É nulo o julgamento ulterior pelo júri com a participação de jurado que funcionou em julgamento anterior do mesmo processo".

II. no caso do concurso de pessoas, houver integrado o Conselho de Sentença que julgou o outro acusado: assim como na hipótese anterior, o jurado que teve acesso a julgamento anterior, proferindo decisão, pode ter sua imparcialidade comprometida. Na hipótese vertente, a situação se agrava, porquanto o julgamento anterior pode ter trazido elementos de prova distintos dos que serão apresentados no novo julgamento, situação que permitiria ao jurado proferir sua decisão com lastro em circunstância desconhecida dos autos e dos demais jurados.

III. tiver manifestado prévia disposição para condenar ou absolver o acusado: se os jurados devem ser imparciais, aquele que previamente manifesta disposição para condenar ou absolver o acusado não pode ser concebido como imparcial, estando impedido para o julgamento.

Sendo sorteado jurado que se encontre nas hipóteses do art. 449 do CPP, caso o jurado não se manifeste quanto à situação, porquanto previamente exortado a fazê-lo, a alegação deverá ser formulada de imediato pela parte e decidida pelo magistrado após ouvir o jurado e a parte contrária. A prova quanto à possível parcialidade do jurado, apta a caracterizar a suspeição ou impedimento, pode ser realizada por qualquer meio de prova disponível, como documentos, publicações de redes sociais, testemunhas e etc.

Reconhecida a circunstância impeditiva, o jurado será excluído por recusa motivada, não sendo computada como uma das três recusas peremptórias asseguradas à parte. Nos termos do art. 106 do CPP, a suspeição dos jurados deverá ser arguida oralmente, decidindo de plano o presidente do Tribunal do Júri, que a rejeitará se, negada pelo recusado, não for imediatamente comprovada, o que tudo constará da ata.

Noutro giro, o art. 452 do CPP dispõe que o mesmo Conselho de Sentença poderá conhecer de mais de um processo, no mesmo dia, se as partes o aceitarem, hipótese em que seus integrantes deverão prestar novo compromisso. A previsão legal, inserida no contexto da composição e formação do Conselho de Sentença, logo após as previsões de impedimento, incompatibilidade e suspeições, permite que o mesmo Conselho Sentença atue em mais de um processo por dia, caso as partes o aceitem. Por razões óbvias, o segundo processo não poderá versar sobre julgamento de corréu do processo anterior (art. 449, II) e, para nós, não poderá, igualmente, envolver o mesmo réu, pois amplificamos o teor do inciso III do art. 449 do CPP.

Apenas a título de reforço, vale lembrar que o art. 451 do CPP assinala que os jurados excluídos por impedimento, suspeição ou incompatibilidade serão considerados para a constituição do número legal exigível para a realização da sessão.

30.4.2.8.2.2 Recusas peremptórias

No item antecedente, estudamos as hipóteses de impedimento, suspeição e incompatibilidade dos jurados. Apesar dos jurados serem provocados a levantar a ocorrência dessas causas, pode ocorrer do jurado não se declarar impedido ou suspeito, circunstância que permite às partes a recusa fundamentada do jurado sorteado.

Nos termos do art. 468 do CPP, à medida em que as cédulas forem sendo retiradas da urna, o juiz presidente as lerá, a defesa e, depois dela, o Ministério Público, poderão recusar os jurados sorteados, até 3 (três) cada parte, sem motivar a recusa. O dispositivo prevê as chamadas **recusas peremptórias**, isto é, aquelas desprovidas de qualquer fundamentação. Logo, sorteado o jurado, duas espécies de recusa poderão ser feitas, **as motivadas**, fundadas em causas de impedimento, suspeição ou incompatibilidade, que serão apreciadas pelo juiz presidente após a oitiva da parte contrária e apresentação dos elementos de prova e fundamentos de quem arguir, e as **imotivadas**, devendo todo o procedimento ser registrado em ata.

Sendo fundamentada a recusa, acolhendo os fundamentos da parte, o magistrado excluirá o jurado do julgamento, sorteando outro na sequência. Não acolhendo os fundamentos, o sorteio prosseguirá regularmente, com o devido registro em ata.

No tocante às recusas imotivadas ou peremptórias, cada parte terá direito a recusar três jurados, sem explicitar qualquer motivo. Antes, todavia, é preciso destacar que a realização do julgamento pressupõe que as partes constituam um Conselho de Sentença por consenso, respeitadas as recusas peremptórias, isto é, o júri somente será realizado se acusação e defesa aceitarem os mesmos jurados.

Após o sorteio do jurado, a defesa será a primeira a se manifestar quanto à aceitação do jurado. Recusado pela defesa, automaticamente deverá o juiz realizar novo sorteio, porquanto a aceitação ou recusa pelo Ministério Público seria indiferente, já que o jurado não poderia participar do julgamento diante da recusa defensiva (parágrafo único do art. 468, CPP). Aceito o jurado pela defesa, o juiz indagará ao Ministério Público sobre sua aceitação. Aceitando o *parquet* o jurado, esse passará a compor o Conselho de Sentença, haja vista que sua aceitação é recíproca. Recusando o jurado, o magistrado deverá sortear novo jurado e reiniciar o procedimento, indagando primeiro à defesa e após ao Ministério Público.

Sob essa lógica, a defesa e o Ministério Público poderão, cada um, recusar até três jurados de forma imotivada. Sendo motivada a recusa, não há qualquer espécie de limite, porquanto o jurado impedido ou suspeito não poderá participar do julgamento. Não obstante a simplicidade da regra, necessário se faz alguns desdobramentos, haja vista a possibilidade do julgamento envolver mais de um réu ou ter a figura do assistente da acusação e querelante.

a) Assistente da acusação: a figura do assistente é meramente acessória, de forma que a aceitação ou recusa do jurado cabe ao Ministério Público. Nada impede que o assistente auxilie o *parquet* na decisão, mas a manifestação deve ser realizada pelo órgão ministerial.

b) Querelante: tratando de procedimento do júri deflagrado por **queixa subsidiária**, a manifestação **competirá ao querelante** e não ao *parquet*, que somente atuará no processo como fiscal da ordem jurídica. Por outro lado, presente a figura do querelante em razão da **conexão**, apesar do art. 468 do CPP referir-se apenas ao Ministério Público, entendemos que **o querelante possui o direito às recusas peremptórias**, pois não se pode desconsiderar seu **papel de parte** no processo. Contudo, dado o interesse primário do julgamento – crime doloso contra a vida – sua manifestação deverá ocorrer antes da do Ministério Público, em respeito ao art. 468 do CPP, que prevê a manifestação ministerial por último.

c) Acusado com mais de um defensor: o direito à recusa é conferido à parte e não ao advogado da parte. Assim, o fato do acusado estar assistindo por uma banca de advogado não implica o aumento do número de recusas.

d) Mais de um acusado com único defensor: logo acima, destacamos que o direito à recusa é conferido à parte e não ao defensor. Entretanto, prevalece na doutrina o entendimento de que o defensor, por ser único para os acusados, somente terá o direito a recusar três jurados de forma imotivada. Não nos parece, todavia, a melhor exegese, haja vista que o fato dos acusados serem assistidos por um único advogado não afasta o direito à recusa conferido à parte. Não se pode negar ao defensor o emprego de estratégias defensivas que seriam asseguradas aos acusados caso fossem representados por defensores distintos, a exemplo da busca pela separação do julgamento (§1º do art. 469, CPP). Impedir o direito às recusas múltiplas, mas individualizadas, significa restringir a ampla defesa[24]. Voltaremos ao tema logo abaixo, em tópico próprio, para análise das implicações práticas.

e) Mais de acusado com advogados distintos: nos termos do *caput* do art. 469 do CPP, se forem dois ou mais os acusados, as recusas poderão ser feitas por um só defensor. O dispositivo, ao fazer uso do verbo "poderão", nos permite concluir que a regra não é obrigatória e, por via de consequência, o direito à recusa é individualizado para os acusados, ainda que se valham, no momento, de um único defensor para expressar a aceitação ou recusa. Assim, a compressão do conteúdo do verbo "poderão" parte da premissa de acordo entre os defensores, vez que, não havendo pacto quanto às recusas, cada defensor falará exclusivamente por seu constituinte, com direito às três recusas.

30.4.2.8.2.3 Estouro de urna: quem será julgado primeiro?

Ocorre o chamado **estouro de urna** quando, diante das situações de impedimento, suspeição, incompatibilidade, dispensa ou recusa dos jurados, não houver número para a formação do Conselho de Sentença.

De forma simplificada, imagine a situação na qual apenas quinze dos vinte e cinco jurados sorteados compareceram para instalação da sessão. Satisfeito o número legal mínimo, foram iniciados os trabalhos, sendo que, dos quinze jurados presentes, três apresentaram situações de impedimento, como a participação no julgamento anterior de corréu. Dos doze jurados aptos a participarem do julgamento, tanto a defesa como a acusação fizeram uso da prerrogativa de recusarem três jurados de forma imotivada. Em mera operação aritmética, verifica-se que apenas seis jurados poderiam participar do julgamento, que exige o número mínimo de sete jurados, ocasionando o chamado estouro de urna. Ocorrendo tal hipótese, o julgamento será adiado, devendo o magistrado convocar os jurados suplentes.

Apesar de difícil configuração nos julgamentos de acusado único, a situação não se revela tão incomum quando o julgamento envolve mais de um acusado, trazendo à tona uma questão de difícil sistematização em razão do novo teor do §2º do art. 469 do CPP, conferido pela Lei 11.689/08, que prevê que determinada a separação dos

24. Há entendimento isolado no STJ no mesmo sentido: REsp 1.540.151/MT, 6ª Turma, Rel. Min. Sebastião Reis Júnior, DJe 29.09.15.

julgamentos, será julgado em primeiro lugar o acusado a quem foi atribuída a autoria do fato ou, em caso de coautoria, aplicar-se-á o critério de preferência disposto no art. 429 do CPP.

Consoante destacamos acima, entendemos que havendo um único defensor para mais de um acusado, o advogado poderá manifestar a aceitação ou recusa, em número de três, para cada acusado, devendo fazê-lo de forma individualizada, sob pena de, no caso de vários réus, se frustrar o próprio julgamento. Imagine um julgamento no qual o defensor assiste quatro réus (A, B, C e D). Ao exercer o direito de recusa, que não lhe pertence, mas à parte, não terá direito a doze recusas, mas três para cada um dos quatro réus, devendo se manifestar expressamente para cada um dos acusados.

Assim, em termos práticos e hipótese, o defensor, ao ser indagado sobre a aceitação ou recusa do jurado 1, deverá, primeiro, fazê-lo em nome do acusado A. Recusando-o, deverá se manifestar pela aceitação ou recusa em nome do acusado B, e assim sucessivamente, até que, ao final de sua manifestação, o jurado 1, por exemplo, tenha sido aceito pelos acusados C e D, e recusado pelos demais. Ao *parquet*, portanto, competirá se manifestar quanto à aceitação ou recusa apenas quanto aos acusados C e D, haja vista que, quanto aos demais, a própria defesa já externou sua recusa, circunstância que ensejará a separação do processo entre os grupos de acusados AB e CD, caso o Ministério Público aceite os jurados igualmente aceitos pela defesa dos acusados CD, e siga essa linha de votação até o alcance da separação obrigatória.

Nesse particular, vale destacar que a preservação do julgamento conjunto é a regra, a separação, a exceção. Logo, havendo mais de um acusado, a simples recusa pela defesa de um jurado e aceitação pelo outro acusado não implica a separação do processo. Essa somente ocorrerá quando, esgotados jurados presentes, não se formar o consenso entre as partes no entorno dos sete jurados.

A lógica acima exposta decorre da necessária compreensão de que, havendo mais de um acusado, a representação de cada um é realizada por um defensor diferente, de forma que as recusas poderão ser realizadas de forma individualizada por cada defensor.

Havendo mais de um acusado, qual deles apresentará sua aceitação ou recusa primeiro quanto ao jurado sorteado? O CPP não especifica a situação, mas diante da possibilidade de separação dos processos, ou o magistrado realiza um sorteio entre os acusados, ou emprega a lógica do §2º do art. 469 do CPP, isto é, primeiro se manifestará o defensor do acusado a quem foi atribuída a autoria do fato ou, em caso de coautoria, aplicar-se-á o critério de preferência disposto no art. 429 do CPP. Entendemos que ambas são aceitáveis, apesar da nossa preferência pelo sorteio, procedimento simplificado e isonômico.

A *mens legis* do §2º do art. 469 do CPP, de primeiro se realizar o julgamento do executor no caso de separação dos processos, impõe a observância de uma cautela especial no sorteio, vez que será possível que um Conselho de Sentença legalmente formado venha a não atuar no caso concreto por questões relacionadas às recusas.

Basta, para tanto, imaginarmos a situação na qual um executor e um mandante, assistidos por advogados distintos, aceitam todos os jurados até então sorteados e o Ministério

Público exerce a prerrogativa de recusar imotivadamente três dos jurados sorteados, passando a ser compelido a aceitar todos os seguintes, salvo por recusas motivadas.

No cenário construído, ao qual acrescemos as informações de que apenas quinze jurados compareceram, caso os defensores esgotem seus direitos de recusa, de forma estratégica, não haverá condições de formação do Conselho de Sentença para ambos os acusados. Isso porque, no jogo do "aceita/recusa", os acusados, estrategicamente, eliminarão seis jurados de forma alternada que, somados aos três jurados recusados pelo Ministério Público, totalizarão nove jurados recusados, inviabilizando a formação do Conselho de Sentença para ambos ante ao número mínimo de sete, considerando-se, frise-se, a hipótese de comparecimento de apenas quinze jurados.

Nesses casos, o magistrado deverá analisar a votação não mais de forma conglobada, mas individual, porquanto a separação do julgamento será factível. Assim, diante da regra do §1º do art. 469 do CPP, deverá dar prosseguimento à votação até o seu final visando alcançar o julgamento conjunto. Contudo, nos termos do §2º do art. 469 do CPP, sendo imperativa a separação, deverá analisar quais os jurados foram aceitos pelo Ministério e pelo defensor daquele a quem se imputa a autoria do fato, como forma de dar vazão ao comando do §2º.

Em síntese, o sorteio dos jurados somente se encerra quando formado o Conselho de Sentença em consenso para todas as partes. Sendo impossível o consenso entre todos, o magistrado deverá buscar o consenso entre acusação e defesa do executor para formação do Conselho de Sentença, observando, no caso de coautoria, o critério de preferência previsto no art. 429 do CPP.

30.4.2.8.2.4 Compromisso

Nos termos do art. 472 do CPP, formado o Conselho de Sentença, o presidente, levantando-se, e, com ele, todos os presentes, fará aos jurados a seguinte exortação:

> Em nome da lei, concito-vos a examinar esta causa com imparcialidade e a proferir a vossa decisão de acordo com a vossa consciência e os ditames da justiça.
>
> Os jurados, nominalmente chamados pelo presidente, responderão:
>
> Assim o prometo.

Na sequência, o jurado receberá cópias da pronúncia ou, se for o caso, das decisões posteriores que julgaram admissível a acusação e do relatório do processo.

30.4.2.9 Instrução em plenário

Prestado o compromisso pelos jurados, será iniciada a instrução plenária quando o juiz presidente, o Ministério Público, o assistente, o querelante e o defensor do acusado tomarão, sucessiva e diretamente, as declarações do ofendido, se possível, e inquirirão as testemunhas arroladas pela acusação (art. 473, *caput*, CPP).

Apesar das alterações ocorridas em 2008 no procedimento comum, deixando as perguntas do magistrado para depois das partes, no procedimento do júri foi preservado o início da inquirição pelo magistrado. Não nos parece tenha sido a melhor escolha, pois o argumento de que os jurados são leigos e poderiam ser induzidos pelas perguntas das partes não se ampara em qualquer elemento técnico hábil a justificar a distinção. Não obstante, o fato do magistrado não proferir a decisão sobre os fatos no Tribunal do Júri mitiga os problemas existentes na formulação inicial das perguntas pelo magistrado.

Inicialmente, se possível, será inquirido o ofendido e, na sequência, serão inquiridas as testemunhas de acusação, seguidas das arroladas pela defesa. Formuladas as perguntas pelo magistrado, os demais atores processuais formularão as perguntas às testemunhas diretamente, aplicando-se o sistema do *cross examination*, seguindo-se a ordem prevista no *caput* do art. 473, Ministério Público, assistente, querelante e o defensor do acusado. Finda a oitiva das testemunhas da acusação, no máximo de cinco, o mesmo procedimento será aplicado às testemunhas da defesa, com o mesmo limite máximo, invertendo-se, tão somente, a ordem de início da inquirição após as perguntas do magistrado, passando-se a palavra primeiro ao defensor do acusado (§1º).

Os jurados também poderão formular perguntas ao ofendido e às testemunhas, por intermédio do juiz presidente (§2º). Assim, após a inquirição realizada pelo juiz e pelas partes, o juiz presidente deverá indagar aos jurados se deseja algum esclarecimento, formulando as perguntas apresentadas pelos jurados às testemunhas e ao acusado.

A Lei 14.245/21 incluiu o art. 474-A do CPP, para expressamente prever que durante a instrução em plenário, todas as partes e demais sujeitos processuais presentes no ato deverão respeitar a dignidade da vítima, sob pena de responsabilização civil, penal e administrativa, cabendo ao juiz presidente garantir o cumprimento do disposto neste artigo, vedadas: I - a manifestação sobre circunstâncias ou elementos alheios aos fatos objeto de apuração nos autos; II - a utilização de linguagem, de informações ou de material que ofendam a dignidade da vítima ou de testemunhas.

O registro dos depoimentos será feito pelos meios ou recursos de gravação magnética, eletrônica, estenotipia ou técnica similar, destinada a obter maior fidelidade e celeridade na colheita da prova, sendo que a transcrição do registro, após feita a degravação, constará dos autos (art. 475, CPP).

Nos termos do §3º do art. 473, CPP, as partes e os jurados poderão requerer acareações, reconhecimento de pessoas e coisas e esclarecimento dos peritos, bem como a leitura de peças que se refiram, exclusivamente, às provas colhidas por carta precatória e às provas cautelares, antecipadas ou não repetíveis. A redação do dispositivo, alterada pela Lei 11.689/08, restringiu o procedimento abusivo da parte que solicitava a leitura integral dos autos para os jurados, em flagrante excesso na atuação.

Com a nova redação, a leitura de peças foi restrita às provas colhidas por carta precatória e às provas cautelares, antecipadas ou não repetíveis. De fato, tratando-se de carta precatória, os jurados não terão tido acesso formal à testemunha, razão pela qual a leitura será perfeitamente possível. No tocante às demais espécies, provas cautelares, antecipadas ou não repetíveis, a justificativa reside no fato que, dado risco de perecimento ou irrepetibilidade, assegura-se às partes o direito de solicitar a leitura de tais provas em plenário.

Não obstante a restrição quanto à leitura de peças prevista no §3º do art. 473 do CPP, o legislador não impediu que as partes venham a se valer, durante os debates, dos demais elementos de prova, especialmente porque os jurados possuem livre acesso aos autos e aos instrumentos do crime, mediante prévia solicitação ao juiz presidentes (art. 480, §3º, CPP).

30.4.2.9.1 *Interrogatório do acusado*

A seguir será o acusado interrogado, se estiver presente, devendo-se observar o procedimento previsto no arts. 187 a 196 do CPP – Do interrogatório do acusado (art. 474, *caput*, CPP).

Poucas são as diferenças do interrogatório previsto no procedimento comum. No interrogatório realizado durante a sessão plenária, as perguntas serão inicialmente formuladas pelo juiz presidente. Na sequência, deverá indagar aos jurados de desejam formular perguntas ao acusado (art. 474, §2º, CPP), que serão formuladas pelo juiz presidente. Finalizando o interrogatório, o Ministério Público, o assistente, o querelante e o defensor, nessa ordem, poderão formular, diretamente, perguntas ao acusado (art. 474, §1º, CPP). Vale lembrar que, havendo mais de um acusado, nos termos do art. 191 do CPP, os interrogatórios deverão ser realizados separadamente.

O registro do interrogatório será feito pelos meios ou recursos de gravação magnética, eletrônica, estenotipia ou técnica similar, destinada a obter maior fidelidade e celeridade na colheita da prova, sendo que a transcrição do registro, após feita a degravação, constará dos autos (art. 475, CPP).

30.4.2.9.2 *Uso de algemas durante sessão plenária e posição do réu durante o julgamento*

O art. 474, §3º, do CPP, dispõe que não se permitirá o uso de algemas no acusado durante o período em que permanecer no plenário do júri, salvo se absolutamente necessário à ordem dos trabalhos, à segurança das testemunhas ou à garantia da integridade física dos presentes.

A previsão legal visa impedir que os jurados venham a ser influenciados pela visão do acusado algemado em plenário, circunstância hábil a quebrar a imparcialidade no julgamento. Não por outra razão, inclusive, o legislador vedou, sob pena de nulidade, que as partes façam referências à determinação do uso de algemas como argumento de autoridade que beneficie ou prejudique o acusado (art. 478, I, CPP).

Isso não significa que o acusado, em situações excepcionais, não possa permanecer algemado durante o julgamento. Verificando-se juiz presidente que o uso de algemas é absolutamente necessário à ordem dos trabalhos, à segurança das testemunhas ou à garantia da integridade física dos presentes, poderá manter o uso do objeto. Nesse sentido, inclusive, é o teor da Súmula Vinculante 11 do STF:

> "Só é lícito o uso de algemas em caso de resistência e de fundado receio de fuga ou de perigo à integridade física própria ou alheia, por parte do preso ou de terceiros, justificada a excepcionalidade por escrito, sob pena de responsabilidade disciplinar, civil e penal do agente ou da autoridade e de nulidade da prisão ou do ato processual a que se refere, sem prejuízo da responsabilidade civil do Estado".

O STJ, no julgamento do AgRg no HC 768.422-SP, Rel. Ministra Daniela Teixeira, Quinta Turma, DJe 13/9/2024, entendeu ser possível a anulação de julgamento realizado pelo Tribunal do Júri quando o réu ficar sentado de costas para os jurados durante a sessão. De acordo com a Corte:

> O julgamento do Tribunal do Júri pode se estender por muitas horas e, durante esse período, os jurados dedicam atenção a todos os ritos, aos advogados e, principalmente, ao acusado,

que permanece exposto a análises até a decisão final. Desse modo, o local em que ele fica, a roupa que usa e a utilização de algemas, por exemplo, são fatores simbólicos observáveis e ponderados pelos jurados.

O prejuízo no caso concreto é constatado pelo desrespeito ao princípio da dignidade humana, uma vez que o poder judiciário tolheu do paciente a possibilidade de ser visto por seus julgadores, bem como pela condenação que suportou após a deliberação do Conselho de Sentença.

30.4.2.9.3 Debates

Os debates do Tribunal do Júri são o ápice do procedimento. Toda a jornada construída pelas partes ao longo de duas instruções criminais será levada aos jurados com o escopo de convencê-los. É, de fato, o momento em que as partes contracenam no palco do plenário, trazendo suas razões de convencimento.

Assim, encerrada a instrução, será concedida a palavra ao Ministério Público, que fará a acusação, nos limites da pronúncia ou das decisões posteriores que julgaram admissível a acusação, sustentando, se for o caso, a existência de circunstância agravante (art. 476, *caput*, CPP).

A sustentação oral da acusação deverá, sob pena de nulidade, restringir-se aos limites da pronúncia ou das decisões posteriores que julgaram admissível a acusação, sendo permitida a sustentação de circunstância agravante, tema afeto à dosimetria da pena que não deve constar da pronúncia.

A limitação conferida à acusação pela pronúncia não impõe o dever de acusar. Apesar de pronunciado o acusado, o *parquet*, no exercício da independência funcional do promotor de justiça, poderá, perfeitamente, pleitear a absolvição do acusado, desclassificação do delito, não acolhimento de uma determinada qualificadora ou causa de aumento de pena. Impõe-se à acusação, portanto, limites que não podem ser ultrapassados, dentre os quais se insere a inovação da tese principal. Nesse sentido é o entendimento do STJ:

> O Ministério Público não pode inovar sua tese principal durante o julgamento em Plenário, devendo ater-se ao que narrado na denúncia e contido na pronúncia, sob pena de ofensa ao contraditório expressamente garantido na Constituição Federal". (HC 125.069/SP, Rel. Min. Napoleão Nunes Maia Filho, Rel. p/ o acórdão Min. Jorge Mussi, 5ª Turma, DJe de 29.08.11.)

Havendo assistente da acusação habilitado, esse falará depois do Ministério Público (art. 476, §1º, CPP). Nos termos do §2º do art. 476 do CPP, tratando-se de ação penal de iniciativa privada, isto é, queixa subsidiária, falará em primeiro lugar o querelante e, em seguida, o Ministério Público, salvo se este houver retomado a titularidade da ação, na forma do art. 29 do CPP.

Conforme o teor do art. 477 do CPP, o tempo destinado à acusação será de 01h30min, sendo irrelevante o fato do Ministério Público estar assistido, ao contrário da primeira fase do procedimento, que prevê o acréscimo de dez minutos aos vinte previstos para a acusação nas alegações orais (art. 411, §4º e 6º). Nos termos do §2º do dispositivo, havendo mais de um acusado, o tempo para a acusação de acrescido de uma hora, podendo alcançar, portanto, 02h30min.

O §1º prevê que, havendo mais de um acusador, deverão combinar entre si a distribuição do tempo, que, na falta de acordo, será dividido pelo juiz presidente, de forma a não exceder o máximo previsto. A hipótese se aplica aos casos de conexão com crimes processados por ação penal de iniciativa privada, isto é, quando a legitimidade para sustentação em plenário não compete ao Ministério Público. De fato, sendo acusado processado por crime de tentativa de homicídio e calúnia, o *parquet* não poderia sustentar a condenação pelo crime contra a honra.

No caso de assistência da acusação, parte acessória, há quem sustente que participação do assistente nos debates depende exclusivamente do Ministério Público, haja vista a natureza da assistência. Não nos parece, todavia, a melhor compreensão, vez que o art. 268 do CPP expressamente assinala a permissão, que deve ser compreendida como direito, do assistente participar do debate oral. Ainda que não possamos compreender o assistente como "mais um acusador", na forma do §1° do art. 477, não há como se afastar a compreensão acerca do direito de participar dos debates orais.

Assim, deverão o Ministério Público e o assistente, caso manifeste a intenção de participar dos debates orais, pactuarem sobre a divisão do tempo. À míngua de acordo, deverá o Magistrado ser chamado a intervir e dividir o tempo entre o promotor de justiça o advogado do assistente. Diante da falta de previsão legal, um parâmetro que pode ser utilizado pelo magistrado é o previsto no art. 411, §4° e 6°, CPP, que prevê o prazo de 20 minutos para o Ministério Público se manifestar e 10 minutos para o assistente da acusação apresentar suas alegações orais. O parâmetro de 2x1, que transportado para júri, representaria 1h para o *parquet* e 30min para o assistente, pode balizar a divisão do tempo pelo magistrado, ressalvada, obviamente, as peculiaridades do caso concreto e a argumentação das partes.

Finda a sustentação da acusação, a palavra será passada para a defesa, que terá o mesmo prazo do Ministério Público para apresentar suas teses, isto é, 01h30min para um acusado ou 02h30min para mais de um acusado (art. 477, CPP). Nos termos do §1° do dispositivo, havendo mais de um defensor, combinarão entre si a distribuição do tempo, que, na falta de acordo, será dividido pelo juiz presidente, de forma a não exceder o prazo previsto.

Impera, ao menos em tese, a plenitude de defesa no Tribunal do Júri. Ao defensor, ao contrário do Ministério Público, não se impõe limites às teses previamente debatidas no rito do juízo sumariante. Logo, é perfeitamente possível que a defesa apresente uma nova tese, até então não levantada. Por força da APDF 779, julgada pelo STF, a despeito da plenitude de defesa, não se admite a alegação de legítima defesa da honra no crime de feminicídio.

Diante das inúmeras teses possíveis, a defesa deve, primordialmente, buscar a absolvição do acusado e, não sendo essa factível, trilhar a linha da solução menos gravosa para o acusado.

Encerrados os debates orais, o juiz indagará ao Ministério Público se deseja ir a réplica. Caso o *parquet* manifeste-se pela negativa, sem tecer qualquer consideração de mérito ou quanto à defesa apresentada, os debates serão encerrados, vez que a tréplica assegurada à defesa pressupõe a réplica ministerial. Não obstante, havendo assistente da acusação, o magistrado deverá indagar ao assistente se deseja replicar caso o Ministério Público tenha declinado a réplica. Nesse sentido é o entendimento do STJ:

> Os arts. 271 e 473 do Código de Processo Penal conferem ao Assistente da Acusação o direito à réplica, ainda que o Ministério Público tenha anuído à tese de legítima defesa do Réu e declinado do direito de replicar, razão pela qual deve ser anulado o julgamento.
>
> Recurso especial provido para determinar novo julgamento. (REsp 1343402/SP, Rel. Min. Laurita Vaz, 5ª Turma, DJe 03.09.14.

Manifestando-se a acusação pela réplica, será assegura a tréplica pela defesa. Sendo apenas um acusado, cada parte terá o tempo de uma hora para réplica e tréplica, sendo esse prazo duplicado no caso de mais de um acusado, chegando, portanto, ao máximo de duas horas (art. 477, *caput*, e §2º). Vale destacar que o §4º do art. 476 do CPP admite a reinquirição de testemunha já ouvida em plenário. Para que tal fato ocorra, contudo, partimos da premissa que a parte não tenha dispensado a testemunha.

Discute-se na doutrina se a defesa pode inovar na tréplica, isto é, trazer uma nova tese defensiva não sustentada anteriormente, tendo se formado três correntes. A primeira aduz que a inovação na tréplica representa uma violação ao contraditório, porquanto não haverá a oportunidade da acusação se manifestar quanto à nova tese.

A segunda corrente, por sua vez, sustenta, sob a luz da plenitude da defesa no júri, que a defesa poderá inovar em teses defensivas na tréplica, pois se no procedimento comum uma nova tese poderá ser apresentada em alegações finais, sem que se imponha a oitiva da acusação, com maior fundamento – plenitude de defesa –, o expediente poderia ser utilizado no Tribunal do Júri.

Por fim, a terceira corrente admite a possibilidade de inovação na tréplica, com a ressalva de que à acusação deverá ser concedida imediatamente a palavra na sequência, pelo mesmo prazo da tréplica, em observância ao contraditório.

Apesar de buscar a isonomia, não entendemos como admissível a terceira corrente, pois transferirá ao Ministério Público a última palavra à acusação, em flagrante prejuízo ao acusado e ao sistema processual.

A segunda corrente, apesar da sólida base da plenitude de defesa, não nos convence com o argumento comparativo com as alegações orais no procedimento comum, simplesmente porque o julgamento, no júri, será realizado por um jurado leigo, diferentemente do procedimento comum. Ao se negar o contraditório à acusação quanto à nova tese, se nega ao jurado leigo a oportunidade de ouvir os argumentos contrários, colocando-o em situação não desejada pelo constituinte originário.

Um julgamento justo pressupõe o devido processo legal e a inovação na tréplica viola um de seus corolários, o princípio do contraditório. Em decisões recentes, o STJ tem trilhado a linha da impossibilidade de inovação na tréplica por violar o princípio do contraditório:

> A inovação de tese defensiva na fase de tréplica, no Tribunal do Júri, viola o princípio do contraditório, porquanto impossibilita a manifestação da parte contrária acerca da quaestio. (...)
>
> (...) Embora a defesa técnica tenha assegurada a palavra por último - como expressão inexorável da ampla e plena defesa - tal faculdade, expressa no art. 477 do CPP, não pode implicar a possibilidade de que a defesa inove ao apresentar tese defensiva em momento que não mais permita ao titular da ação penal refutar seus argumentos. REsp 1577287, Rel. Min. Antônio Saldanha Palheiro, DJe 10.06.22.

30.4.2.9.3.1 Celebração de negócio jurídico processual

"Considerado o rigor formal do procedimento do júri, não é possível que, unilateralmente, o Juiz de primeiro grau estabeleça prazos diversos daqueles definidos pelo legislador (CPP, art. 477), para mais ou para menos, sob pena de chancelar uma *decisão contra legem*". O trecho citado refere-se à ementa do HC 703.912/RS[25], no qual, apesar de fixar a premissa da impossibilidade de alteração dos prazos pelo magistrado, reconheceu-se a possibilidade de celebração de negócio jurídico processual entre as partes para alteração do prazo dos debates orais.

No julgamento do emblemático caso da Boate Kiss, o STJ admitiu a aplicação subsidiária do art. 190 do CPC ao CPP, para reconhecer como válido acordo entre as partes para incremento do prazo para os debates orais em razão da complexidade do caso:

> (...) Não obstante, nada impede que, no início da sessão de julgamento, mediante acordo entre as partes, seja estabelecida uma divisão de tempo que melhor se ajuste às peculiaridades do caso em questão. (HC 703.912/RS, Rel. Min. Rogério Schietti Cruz, 6ª Turma, DJe 30.11.11.

Tem-se, portanto, como admissível a pactuação de prazos diversos para os debates orais, que deverão ser submetidos à homologação prévia do magistrado.

30.4.2.9.3.2 Exibição e leitura de documentos em plenário

Durante os debates, as partes poderão ler documentos ou exibir objetos em plenário. Contudo, nos termos do art. 479, *caput*, do CPP, durante o julgamento não será permitida a leitura de documento ou a exibição de objeto que não tiver sido juntado aos autos com a antecedência mínima de 3 (três) dias úteis, dando-se ciência à outra parte. Segundo o parágrafo único do dispositivo, compreende-se na proibição a leitura de jornais ou qualquer outro escrito, bem como a exibição de vídeos, gravações, fotografias, laudos, quadros, croqui ou qualquer outro meio assemelhado, cujo conteúdo versar sobre a matéria de fato submetida à apreciação e julgamento dos jurados.

A previsão objetiva evitar a surpresa e a consequente quebra da paridade de armas. E, nesse particular, o dispositivo revela uma impropriedade técnica ao se referir tão somente à juntada com antecedência de três dias úteis, com menção à ciência da outra parte.

O que de fato se extrai da *mens legis* é que o documento ou objeto juntado aos autos seja conhecido da parte contrária três dias úteis antes do julgamento, prazo, aliás, **único em dias úteis previsto no CPP**. De nada adiantaria se observar o teor literal do art. 479 do CPP e somente se intimar a parte contrária no momento do julgamento. Sem ciência prévia e oportunidade de impugnação, o contraditório estará maculado. Nesse sentido, é o entendimento do STJ:

> O art. 479 do Código de Processo Penal determina que, durante o julgamento, só será permitida a leitura de documento ou a exibição de objeto que tenham sido juntados aos autos com a antecedência mínima de 3 dias úteis e com a ciência da outra parte. Este prazo de 3 dias úteis se refere também à ciência da outra parte, ou seja, tanto a juntada aos autos do documento ou objeto a ser exibido quando do julgamento, bem como a ciência desta juntada à parte contrária, devem ocorrer no prazo de 3 dias úteis previsto no art. 479 do

25. J. 23.11.21.

Código de Processo Penal" (REsp n. 1.637.288/SP, Rel. Min. Rogério Schietti Cruz, relator p/ acórdão Min. Sebastião Reis Júnior, 6ª Turma, DJe 01.09.17.

A não observância do prazo legal para fins de intimação, por si só, não gera a nulidade absoluta. Primeiro porque, a despeito da ausência de intimação prévia, a parte contrária poderá anuir com a realização do julgamento, superando o vício. Segundo porque, mesmo não tendo sido dada ciência à parte contrária, o documento pode ser lido ou o objeto exibido aos jurados, circunstância que deve ser somada ao fato dos jurados não terem solicitado acesso aos autos. Não há, portanto, como se registrar a nulidade absoluta, pelo que somente a alegação de nulidade relativa, condicionada à demonstração do prejuízo, poderá ser alegada.

Entretanto, a questão merece um olhar distinto caso a juntada do documento ou objeto tenha sido realizada em violação ao prazo legal e a parte faça a leitura ou exibição em plenário. Verificando-se a ilegitimidade da prova e sua apresentação para os jurados, entendemos, em razão do sistema da íntima convicção aplicável aos jurados, que a nulidade é absoluta, porquanto o prejuízo será presumido em razão da inexistência de fundamentação na decisão. Exigir a demonstração do prejuízo seria exigir a produção de prova diabólica.

A vedação, contudo, restringe-se a documentos e objetos que versem sobre a matéria de fato objeto do julgamento, motivo pelo qual não há qualquer obstáculo na leitura de livros técnicos ou jurídicos.

30.4.2.9.3.3 Argumentos proibidos

Apesar da plenitude de defesa e da possibilidade de utilização de argumentos não jurídicos no júri, o art. 478 do CPP vedou às partes o emprego de algumas teses. Vejamos o dispositivo: Durante os debates as partes não poderão, sob pena de nulidade, fazer referências:

I. à decisão de pronúncia, às decisões posteriores que julgaram admissível a acusação ou à determinação do uso de algemas como argumento de autoridade que beneficiem ou prejudiquem o acusado: a menção à decisão de pronúncia ou à decisão do Tribunal que a confirme como argumento de autoridade foi expressamente vedada, pois não era incomum que a acusação se referisse à decisão de pronúncia como reforço à sua tese acusatória, explorando o desconhecimento jurídico dos jurados. A pronúncia, obrigatoriamente, será objeto de análise, de forma técnica, haja vista que os jurados receberão cópia da decisão (art. 472, parágrafo único). **Não se veda, portanto, a eventual leitura da decisão, mas tão somente sua exploração como argumento de autoridade**. De igual modo, o legislador vedou a referência ao uso de algemas, tanto pela acusação como defesa, como argumento de autoridade. Assim, o *parquet* não poderá, sob pena de nulidade, argumentar que o acusado merece ser condenado por ser perigoso, tanto que o juiz determinou o uso de algemas. De igual modo, a defesa não poderá se valer do argumento reverso, aduzindo que o acusado merece ser absolvido por não representar risco à sociedade, vez que o magistrado não impôs o uso de algemas.

II. ao silêncio do acusado ou à ausência de interrogatório por falta de requerimento, em seu prejuízo: o silêncio do acusado é um direito que não pode ser utilizado contra si. De igual modo, a não realização do interrogatório por estratégia defensiva é amparada pela ampla defesa. Em ambos os casos, estamos diante de situações legais admitidas pelo texto constitucional. Assim, a acusação não poderá se valer do exercício de um direito pelo acusado para prejudicá-lo em plenário.

O rol do art. 478 do CPP não é taxativo, haja vista que o STF, no julgamento da ADPF 779, vedou a alegação de "legítima defesa da honra" nos crimes de feminicídio, incluindo, portanto mais uma proibição nos debates:

> A "legítima defesa da honra" não pode ser invocada como argumento inerente à plenitude de defesa própria do tribunal do júri, a qual não pode constituir instrumento de salvaguarda de práticas ilícitas (...).
>
> (...) Na hipótese de a defesa lançar mão, direta ou indiretamente, da tese da "legítima defesa da honra" (ou de qualquer argumento que a ela induza), seja na fase pré-processual, na fase processual ou no **julgamento perante o tribunal do júri**, caracterizada estará a nulidade da prova, do ato processual ou, caso não obstada pelo presidente do júri, dos debates por ocasião da sessão do júri, facultando-se ao titular da acusação recorrer de apelação na forma do art. 593, III, a, do Código de Processo Penal.

No que toca à leitura de decisão que decretar a prisão preventiva do acusado, apesar do documento poder influir no ânimo dos jurados, não observamos qualquer ilegalidade, porquanto a prisão cautelar funda-se em fatos, que intrinsecamente permeiam o julgamento. Se o agente foi preso preventivamente por conveniência da instrução criminal, por ter ameaçado testemunhas, por exemplo, não nos parece que tal fato deva ser suprimido do conhecimento dos jurados.

De igual modo, a leitura de sentença anterior proferida em julgamento anterior de corréu não implica qualquer vício segundo o entendimento do STF:

> Leitura pelo Ministério Público, nos debates, de sentença condenatória de corréu proferida em julgamento anterior. Alegação de sua utilização como argumento de autoridade, em prejuízo do recorrente. Nulidade. Não ocorrência. Sentença que não faz qualquer alusão a sua pessoa nem a sua suposta participação no crime. Inaptidão do documento para interferir no ânimo dos jurados em desfavor do recorrente. Peça que não se subsome na vedação do art. 478, I, do Código de Processo Penal. Possibilidade de sua leitura em plenário (art. 480, *caput*, CPP). Inexistência de comprovação de que o documento, de fato, foi empregado como argumento de autoridade e de que houve prejuízo insanável à defesa (art. 563, CPP). Recurso não provido. 1. O art. 478, I, do Código de Processo Penal veda que as partes, nos debates, façam referência a decisão de pronúncia e a decisões posteriores em que se tenha julgado admissível a acusação como argumento de autoridade para beneficiar ou prejudicar o acusado. 2. Esse dispositivo legal não veda a leitura, em plenário, da sentença condenatória de corréu, proferida em julgamento anterior, a qual é admitida pelo art. 480, *caput*, do Código de Processo Penal. 3. A sentença, ademais, é desprovida de aptidão para interferir no ânimo dos jurados, como argumento de autoridade e em prejuízo do recorrente, uma vez que não faz qualquer alusão a sua pessoa nem a sua suposta participação no crime. 4. Ausente a comprovação de que o documento, de fato, foi empregado como argumento de autoridade e que houve prejuízo insanável à defesa (art. 563, CPP), não há nulidade a ser reconhecida. 5. Recurso não provido. RHC 118006, 1ª Turma, Rel. Min. Dias Toffoli, DJe 07.04.15.

30.4.2.9.3.4 Apartes

O aparte é uma manifestação formulada pela parte contrária durante as alegações em plenário, no qual se pleiteia uma breve interrupção na fala para apresentar uma observação, retificação ou questionamento. Antes das alterações promovidas pela Lei 11.689/08, não existia de fato, um direito ao aparte, cabendo à parte apartada anuir ou não com a interrupção.

Com a inclusão do inciso XII no art. 497 do CPP, que prevê a atribuição do juiz presidente para regulamentar a intervenção de uma das partes, quando a outra estiver com a palavra, não nos parece tenha sido afastada a possibilidade de anuência da parte apartada. A atribuição para regulamentar o aparte conferida ao magistrado só deve ser exercida quando a parte *ex adversa* não anuir com o aparte, oportunidade em que o magistrado será chamado a decidir, especialmente porque poderá ocorrer abuso no emprego dos apartes ou negativa injustificada.

Sendo o magistrado chamado a regulamentar o aparte durante os debates, **o juiz poderá conceder até 3 (três) minutos para cada aparte requerido**, que serão **acrescidos ao tempo original** da parte que sofre o aparte (Art. 497, XII, CPP).

Nos termos do art. 480, *caput*, do CPP, a acusação, a defesa e os jurados poderão, a qualquer momento e por intermédio do juiz presidente, pedir ao orador que indique a folha dos autos onde se encontra a peça por ele lida ou citada, facultando-se, ainda, aos jurados solicitar-lhe, pelo mesmo meio, o esclarecimento de fato por ele alegado.

30.4.2.9.3.5 Sociedade e acusado indefeso

Nos termos do art. 497, V do CPP, o juiz presidente poderá nomear defensor ao acusado, quando considerá-lo indefeso, podendo, neste caso, dissolver o Conselho e designar novo dia para o julgamento, com a nomeação ou a constituição de novo defensor. Em que pese o elevado grau de altivez da previsão, estruturalmente a norma apresenta problemas de ordem técnica.

Indefeso é o acusado cujo defensor não apresenta qualquer tese jurídica ou se resume a fazer considerações genéricas não relacionadas com o fato. Uma defesa ruim não se confunde com ausência de defesa ou ausência material de defesa, sob pena de transformarmos o juiz presidente em defensor do acusado.

O STF, no julgamento do AgRg no HC 164.535/RJ[26], decidiu que a realização da defesa, por apenas de três minutos, precedida de pedido de absolvição pelo Ministério Público, não caracteriza ausência de defesa. O STJ, por outro lado, possui decisões de que a defesa realizada em apenas quatro minutos caracteriza ausência de defesa[27] e de que a realizada em apenas sete minutos não caracteriza ausência de defesa[28]. Quanto ao último julgado, veja-se parte da ementa:

> Diante das peculiaridades do Tribunal do Júri, o fato de ter havido sustentação oral em plenário por tempo reduzido não implica, necessariamente, a conclusão de que o réu esteve indefeso, principalmente quando se verifica, como *in casu*, a ausência de recursos das partes, a sugerir a conformidade entre acusação e defesa.

Apesar de compreendermos por praticamente impossível a realização de uma defesa técnica em plenário por apenas três ou quatro minutos, somente as circunstâncias do

26. 2ª Turma, Rel. Min. Cármen Lúcia, j. 17.03.20.
27. HC 234.758, j. 19.06.12.
28. HC 365.008, DJe 21.05.18.

caso concreto serão aptas a revelar a ausência de defesa. O simples fato do defensor não se valer da tese A ou B, factíveis diante do mosaico probatório, não revela a ausência de defesa, pois se trata de estratégia defensiva.

Outro ponto de destaque no dispositivo é a nomeação ou a constituição de novo defensor pelo juiz presidente. Sendo declarado indefeso o acusado e dissolvido o Conselho de Sentença, não se pode afastar o direito de o acusado constituir novo defensor. Assim, entendemos que magistrado deverá proceder com extrema cautela e, se for o caso, aplicar, por analogia, o procedimento atinente à ausência injustificada do defensor (art. 456, §§1º e 2º, CPP), intimar a Defensoria Pública para comparecimento ao ato processual.

A cautela a que nos referimos diz respeito ao risco de prescrição, porquanto a ausência de defesa pode ter sido utilizada como estratégia para anulação do julgamento e dissolução do Conselho de Sentença com o escopo de se atingir a prescrição. Assim, verificando-se o magistrado que o risco de prescrição existe, deverá encaminhar o julgamento para a Defensoria Pública, porquanto a torpeza do acusado não pode ser considerada em seu benefício.

Não podemos nos olvidar das hipóteses de **colidência de defesas**, quando um único defensor atua na defesa de dois acusados, cujas teses se opõem. Nesses casos, apesar de não se caracterizar hipótese de acusado indefeso, não há como se prosseguir com o julgamento, vez que, inevitavelmente, a situação promove uma confusão de ordem técnica para os jurados. Segundo o STJ:

> A colidência de defesas só está configurada quando um réu atribui ao outro a prática criminosa que, por sua natureza, só pode ser imputada a um único acusado, de modo que a condenação de um ensejará, obrigatoriamente, a absolvição do outro, ou quando o delito tenha sido praticado de maneira que a culpa de um réu exclua a do outro. Não sendo tais situações analisadas pela Corte de origem, inviável o seu exame direto por este Tribunal, sob pena de indevida supressão de instância. RHC 39.287/PB, Rel. Min. Reynaldo Soares da Fonseca, 5ª Turma, DJe 01.02.17.

É perfeitamente possível que tenhamos, igualmente, a sociedade indefesa com a atuação do Ministério Público. Novamente, deverá o magistrado, ao aplicar por analogia o teor do art. 497, V, do CPP, e remeter aos autos ao Procurador-Geral de Justiça, igualmente por analogia com o art. 28 do CPP, atuar com extrema cautela, porquanto a sociedade não estará indefesa tão somente pelo fato do *parquet* pleitear a absolvição de forma fundamentada. Não cabe ao magistrado atuar de forma supletiva à acusação.

A hipótese se verifica quando o membro do Ministério Público, a despeito da vasta carga probatória, restringe-se a pedir a condenação de forma genérica, aduzindo que a prova dos autos sustenta o decreto condenatório, sem apontar qualquer elemento de prova apto a formar o convencimento dos jurados. Em síntese, somente em casos extraordinários poderá a sociedade ser declarada indefesa.

30.4.2.9.3.6 Esclarecimentos aos jurados

Nos termos do §1º do art. 480 do CPP, concluídos os debates, o presidente indagará dos jurados se estão habilitados a julgar ou se necessitam de outros esclarecimentos.

Havendo dúvida sobre questão de fato, o presidente prestará esclarecimentos à vista dos autos (§2º). Conforme o §3º do dispositivo, os jurados, nesta fase do procedimento, terão acesso aos autos e aos instrumentos do crime se solicitarem ao juiz presidente.

Nessa fase, os esclarecimentos, para nós, podem versar sobre matéria jurídica ou fática. Apesar do §2º expressamente consignar a dúvida sobre questão de fato como apta a esclarecimento, o §1º não o faz. É perfeitamente possível, para nós, que o jurado solicite algum esclarecimento de natureza objetiva quanto a matéria jurídica, ao pedir ao magistrado, por exemplo, para esclarecer quais os requisitos legais configuradores da legítima defesa, previsto no art. 25 do CP. O magistrado, diante da solicitação, deverá tão somente ler o dispositivo, sem tecer qualquer espécie de explicação acerca de seu conteúdo. Essa, de fato, revela-se impossível nessa fase processual, porquanto implicaria participação do magistrado nos debates.

Prestados os eventuais esclarecimentos, se não houver qualquer circunstância apta a gerar a necessidade de produção de prova (art. 481, CPP), ou causa de dissolução do Conselho de Sentença, estará encerrada a etapa dos debates, passando-se para a votação.

30.4.2.9.4 Dissolução do Conselho de Sentença

É possível que, durante os debates, as partes ou os jurados entendam por necessária a realização de alguma diligência essencial para o julgamento da causa. Nos termos do *caput* do art. 481 do CPP, se a verificação de qualquer fato, reconhecida como essencial para o julgamento da causa, não puder ser realizada imediatamente, o juiz presidente dissolverá o Conselho, ordenando a realização das diligências entendidas necessárias.

À guisa de exemplo, no julgamento de um crime de "homicídio sem cadáver", um jurado, durante os esclarecimentos, noticia, salvo engano, acreditar ter visto a vítima pouco tempo atrás em uma determinada localidade da zona rural. A circunstância, naturalmente, impedirá a realização do julgamento pelos jurados no momento, pois haverá necessidade de realização de diligência para apuração do fato. Sendo possível a realização da diligência imediatamente, o magistrado deverá ordenar sua realização. Não sendo possível, deverá dissolver o Conselho de Sentença e ordenar a produção da prova.

O Conselho de Sentença será também dissolvido quando, nos termos do parágrafo único do art. 481, CPP, a diligência consistir na produção de prova pericial, haja vista que, nesse caso, o juiz presidente deverá, desde logo, nomear perito e formular quesitos, facultando às partes também formulá-los e indicar assistentes técnicos, no prazo de 5 (cinco) dias.

Além dessas hipóteses, o Conselho de Sentença será dissolvido quando ocorrer: a) quebra da incomunicabilidade dos jurados; b) situação de acusado ou sociedade indefesa; c) situações que impedem o prosseguimento julgamento, como um dos jurados, juiz, promotor ou juiz passarem mal ou falecerem durante o julgamento.

30.4.2.10 Quesitação

Encerrados os debates e não havendo qualquer circunstância que impeça o julgamento, o juiz presidente formulará os quesitos que serão objeto de julgamento pelos jurados na sala especial, isto é, local próprio e adequado para a preservação da tranquilidade dos trabalhos.

Em linhas gerais, nos termos do art. 482 do CPP, o Conselho de Sentença será questionado sobre matéria de fato e se o acusado deve ser absolvido. A previsão consagra um sistema misto que contempla o sistema francês, composto por vários quesitos, e o sistema anglo-americano, que concentra a quesitação numa única indagação formulada sobre a culpa ou inocência do acusado.

Nos termos do parágrafo único do art. 482 do CPP, os quesitos serão redigidos em proposições afirmativas, simples e distintas, de modo que cada um deles possa ser respondido com suficiente clareza e necessária precisão. Na sua elaboração, o presidente levará em conta os termos da pronúncia ou das decisões posteriores que julgaram admissível a acusação, do interrogatório e das alegações das partes.

Os quesitos, portanto, devem ser elaborados pelo juiz presidente e serem fundados inicialmente no teor da pronúncia definitiva, delimitadora da acusação. Assim, se o acusado foi pronunciado pelo crime de homicídio simples, os quesitos não podem contemplar qualquer qualificadora, ainda que flagrante na prova produzida.

Havendo mais de um acusado ou crime, os quesitos devem ser formulados de forma seriada (art. 483, §6º, CPP), isto é, uma série para cada fato criminoso imputado e uma série para cada acusado, de forma que, por exemplo, havendo dois agente acusados da prática de dois crimes (homicídio "A" e furto "B"), deverão ser elaboradas quatro séries, de forma que os jurados serão chamados a decidir sobre as imputações "A" e "B" para o agente 1, de forma isolada, e sobre as imputações "A" e "B" para o agente 2, igualmente de forma isolada. Ou seja, proferirão decisões em quatro votações, efetivamente seriadas, sempre se iniciando pelo crime doloso contra a vida, porquanto delimitador da competência para os demais.

Elaborados os quesitos pelo magistrado, deverão ser lidos e indagadas as partes se têm requerimento ou reclamação a fazer, devendo qualquer deles, bem como a decisão, constar da ata (art. 484, *caput*, CPP). A previsão legal contempla o momento processual para impugnação de eventual omissão quanto a quesito obrigatório, tese defensiva não quesitada ou da própria redação dos quesitos, que pode trazer dubiedade e dificuldade de compreensão.

Tratando-se de omissão de quesito obrigatório, a **Súmula 156 do STF** chancela a **nulidade absoluta** do julgamento, podendo ser suscitada a qualquer tempo: É absoluta a nulidade do julgamento, pelo júri, por falta de quesito obrigatório. Nos demais casos, de omissão de tese defensiva por suposta incompatibilidade[29] ou redação dúbia, parece-nos o caso de nulidade relativa, devendo ser demonstrado prejuízo.

Não existindo impugnações ou afastadas essas, o juiz presidente explicará aos jurados o significado de cada quesito, abstendo-se de tecer qualquer consideração de mérito.

29. Há incompatibilidade quando a tese defensiva encontra-se inserida na quesitação especifica, como na alegação de desistência voluntária, afastada pelo reconhecimento da tentativa de homicídio. STF: HC 112197, Rel. Min. Gilmar Mendes, 2ª Turma, DJe 19.06.12.

30.4.2.10.1 Ordem dos Quesitos

Conforme dispõe o art. 483 do CPP, os quesitos serão formulados na seguinte ordem, indagando sobre: I – a materialidade do fato; II – a autoria ou participação; III – se o acusado deve ser absolvido; IV – se existe causa de diminuição de pena alegada pela defesa; V – se existe circunstância qualificadora ou causa de aumento de pena reconhecidas na pronúncia ou em decisões posteriores que julgaram admissível a acusação.

30.4.2.10.1.1 Materialidade do fato

O primeiro quesito deverá versar sobre a **materialidade do fato**, isto é, sobre os elementos fáticos quem envolvem a construção do fato típico – conduta, resultado e nexo de causalidade. A pergunta a ser formulada aos jurados, a título exemplificativo de crime de homicídio, poderia ser assim construída:

> ➔ **Materialidade**
> **1) No dia primeiro de janeiro de 2022, por volta de 22h, na rua das Flores, defronte ao número 22, Tício foi atingido por disparos de arma de fogo, sofrendo as lesões descritas no auto de necropsia de fls. 30, que lhe causaram a morte?**

Respondendo, por maioria de votos, "sim" à indagação, os jurados reconhecem a materialidade do fato, prosseguindo-se com a votação. Respondendo "não" ao quesito, o acusado estará absolvido e a votação estará encerrada nos termos do §1º do art. 483, CPP: A resposta negativa, de mais de 3 (três) jurados, a qualquer dos quesitos referidos nos incisos I e II do *caput* deste artigo encerra a votação e implica a absolvição do acusado.

O quesito, a depender das teses defensivas, pode ser desmembrado para facilitar a compreensão do jurado. À guisa de exemplo, havendo tese defensiva de concausa absoluta ou relativamente independente, o mesmo quesito poderia ser assim elaborado:

> **1.1) No dia primeiro de janeiro de 2022, por volta de 22h, na rua das Flores, defronte ao número 22, Tício foi atingido por disparos de arma de fogo, que causaram as lesões descritas no auto de necropsia de fls. 30?**
> **1.2) Essas lesões causaram a morte de Tício?**

De igual modo, os jurados deverão responder aos quesitos separadamente, de modo que, sendo respondido "não" à primeira pergunta, estará encerrada a votação. Apurado o "sim" quanto à primeira indagação, caso os jurados respondam novamente "sim", passa-se ao segundo quesito; respondendo "não" à pergunta, a votação deverá prosseguir para se apurar o dolo do agente, de lesão corporal ou tentativa de homicídio, observando-se a conjugação dos §§4º e 5º do art. 483, CPP:

> §4º Sustentada a desclassificação da infração para outra de competência do juiz singular, será formulado quesito a respeito, para ser respondido após o 2º (segundo) ou 3º (terceiro) quesito, conforme o caso.
> § 5º Sustentada a tese de ocorrência do crime na sua forma tentada ou havendo divergência sobre a tipificação do delito, sendo este da competência do Tribunal do Júri, o juiz formulará quesito acerca destas questões, para ser respondido após o segundo quesito.

Logo, o momento adequado será após o segundo quesito, porquanto havendo o reconhecimento da desclassificação e, portanto, da incompetência do Tribunal do Júri, não há razões para se indagar se "o jurado absolve o acusado".

Tratando-se de tentativa branca, na qual a vítima não sofre qualquer espécie de lesão, a leitura literal do inciso I impediria a formulação do quesito, porquanto não há materialidade a ser apurada. Assim, o quesito deve ser formulado sobre a luz do risco criado e potencialidade de lesão:

1) No dia primeiro de janeiro de 2022, por volta de 22h, na rua das Flores, defronte ao número 22, Tício foi alvo de disparos de arma de fogo?

30.4.2.10.1.2 Autoria ou participação

Verificada a materialidade, o segundo quesito deverá versar sobre a **autoria ou participação**, isto é, se ou agente concorreu de forma direta ou indireta para a configuração da materialidade delitiva anteriormente reconhecida. Exemplificativamente:

➔ **Autoria**

2) O acusado Caio foi o autor dos disparos efetuados contra Tício?

➔ **Coautoria ou participação**

2) O acusado Caio concorreu para que Tício fosse atingido por disparos de arma de fogo?

➔ **Coautoria**

2.1) O acusado Caio conduziu a motocicleta utilizada para abordagem de Tício, concorrendo como coautor para que terceira pessoa efetuasse disparos de arma de fogo contra Tício?

➔ **Participação**

2.1) O acusado Caio auxiliou materialmente terceira pessoa, emprestando arma de fogo para que essa efetuasse os disparos de arma de fogo contra Tício?

Nos exemplos acima, destacamos a importância da formulação do quesito genérico atinente à coautoria ou participação, haja vista que o Código Penal não distingue a coautoria da participação, restringindo-se, nos §§1º e 2º do art. 29, ao tratamento da participação de menor importância e cooperação dolosamente distinta. De toda forma, será necessário apurar a natureza da concorrência do agente caso a defesa alegue a participação.

A questão se torna mais complexa quando a defesa alega cooperação dolosamente distinta. Conforme destacamos em nosso Direito Penal, Parte Geral, o chamado desvio subjetivo entre os agentes ou participação em crime menos grave foi previsto no §2º do art. 29 do Código Penal: "Se algum dos concorrentes quis participar de crime menos grave, ser-lhe-á aplicada a pena deste; essa pena será aumentada até metade, na hipótese de ter sido previsível o resultado mais grave".

Como vimos acima, o Código Penal, ao prever o instituto da cooperação dolosamente distinta no §2º do art. 29 do CP, parece ter se aproximado da teoria dualista, vez que permite a aplicação da pena de crime menos grave quando algum dos concorrentes quis participar de crime menos grave. Ex.: dois agentes pactuam a prática de um crime de lesões corporais contra uma vítima. No local, deparam-se com a vítima e a agridem, sendo que um dos agentes encerra as agressões e deixa o local, enquanto o segundo permanece e continua a agredir a vítima com o escopo de matá-la, sendo certo que a vítima falece em razão das agressões sofridas.

O ponto crucial a ser analisado reside na esfera do conhecimento do agente que deixou de prosseguir na conduta. A despeito de terem pactuado a prática de um crime de lesões corporais, por desconhecer a real intenção de seu comparsa, só deveria responder pelos atos efetivamente praticados, o crime originalmente desejado, crime de lesões corporais. Isso porque, na realidade, não há concurso quanto ao fato mais grave, por ausência de conhecimento acerca das circunstâncias e liame subjetivo segundo a doutrina majoritária.

Assim, tendo em vista que o crime de lesões corporais não é de competência do Tribunal do Júri, salvo nas hipóteses e conexão ou continência, deverá ser formulado quesito específico quanto à cooperação dolosamente distinta, porquanto, negada a participação no crime mais grave, sequer haverá concurso de pessoas e, consequentemente, a competência do Tribunal do Júri. Nesse sentido é o entendimento do STJ:

> O reconhecimento, pelo Conselho de Sentença, da participação da recorrente para a prática do delito doloso contra a vida, indicando ao executor o local onde se encontrava a vítima e fornecendo a arma de fogo, não constitui óbice à conclusão de que quis participar de delito menos grave, em atenção ao disposto no artigo 29, § 2º, do Código Penal, que prevê exceção à teoria monista no concurso de pessoas ao tratar do desvio subjetivo de conduta ou da denominada cooperação dolosamente distinta.(...)
>
> (...) Afastada pelos jurados a intenção da recorrente em participar do delito doloso contra a vida em razão da desclassificação promovida em plenário, o juiz natural da causa não é mais o Tribunal do Júri, não competindo ao Conselho de Sentença o julgamento do delito, e sim ao juiz presidente do Tribunal do Júri, nos termos do que preceitua o artigo 492, § 1º, primeira parte, do Código de Processo Penal. Resp 1501270/PR, 6ª Turma, Rel. Min. Maria Thereza de Assis Moura, DJe 23.10.15.

30.4.2.10.1.3 Tentativa ou desclassificação

Respondidos afirmativamente os quesitos anteriores, o próximo quesito a ser votado seria o genérico, que envolve a absolvição do acusado. Contudo, tendo a defesa alegado tentativa ou desclassificação, deverão ser observados os §§4º e 5º do art. 483, CPP.

Nos termos do §5º, sustentada a tese de ocorrência do crime na sua forma tentada ou havendo divergência sobre a tipificação do delito, sendo este de competência do Tribunal do Júri, o juiz formulará quesito acerca dessas questões, para ser respondido após o segundo quesito.

➲ Tentativa/desclassificação

3) Caio, assim agindo, deu início à execução de um crime de homicídio, que não se consumou por circunstâncias alheias à sua vontade, pois a vítima foi socorrida por populares?

Caso a defesa tenha levantado a tese de desclassificação do crime de homicídio para o de lesão corporal, a resposta negativa dos jurados conduzirá à falta de *animus necandi*, implicando ausência de competência do Tribunal do Júri para julgamento do fato.

Assim, ocorrerá a desclassificação do delito, que deverá ser julgado pelo juiz presidente nos termos do §1º do art. 492 do CPP: §1º Se houver desclassificação da infração para outra, de competência do juiz singular, ao presidente do Tribunal do Júri caberá proferir sentença em seguida, aplicando-se, quando o delito resultante da nova tipificação for considerado pela lei como infração penal de menor potencial ofensivo, o disposto nos arts. 69 e seguintes da Lei nº 9.099, de 26 de setembro de 1995.

Na mesma esteira, estando o acusado sendo julgado pelo crime de homicídio tentado e sua única tese **defensiva for a desistência voluntária ou arrependimento eficaz**, art. 15 do CP, a resposta negativa ao quesito do crime tentado por parte dos jurados implica a desclassificação e o consequente o reconhecimento da incompetência do Tribunal do Júri, haja vista que a norma do art. 15 do CP impõe a responsabilidade tão somente pelos atos praticados. Nesse caso, aplica-se da mesma forma, o teor do art. 492, §1º do CPP, com a transferência do julgamento para o juiz presidente, encerrando-se a votação.

Por outro lado, quando a tese defensiva versar sobre a desclassificação para outro delito, também de competência do Tribunal do Júri, deverá ser formulado quesito próprio segundo a tese de defesa, a exemplo da desclassificação do crime de homicídio para o crime de infanticídio:

➔ **Desclassificação para infanticídio**

3) Semprônia, ao sufocar o próprio filho, agiu sob a influência do estado puerperal, matando-o logo após o parto?

Caso os jurados respondam "não", a votação seguirá normalmente quanto à imputação original de homicídio. Por outro lado, caso respondam "sim" à pergunta, terão promovido a desclassificação do delito para infanticídio, igualmente de competência do Tribunal do Júri, pelo que a votação deverá prosseguir, observando-se as peculiaridades do novo tipo penal.

30.4.2.10.1.4 O jurado absolve o acusado?

Finda a votação atinente à materialidade, autoria ou participação, tentativa ou desclassificação, tendo sido respondidos afirmativamente por mais de três jurados os quesitos relativos aos incisos I e II do *caput* do art. 483, CPP, será formulado o quesito genérico referente à absolvição do acusado, previsto no inciso III do mesmo artigo. Assim, os jurados deverão ser indagados da seguinte forma:

O jurado absolve o acusado?

Não obstante algumas críticas doutrinárias, não nos parece haver dúvidas quanto à obrigatoriedade do quesito, razão pela qual não compreendemos que somente deverá ser apresentado o quesito aos jurados quando não alegadas, restritivamente, as teses de inexistência do fato ou negativa de autoria, porquanto necessariamente negadas nos quesitos I e II, chamando a aplicação do parágrafo único do art. 490 do CPP: Se, pela resposta dada a um dos quesitos, o presidente verificar que ficam prejudicados os seguintes, assim o declarará, dando por finda a votação. Assim, não apresentado o quesito, estaremos diante de uma nulidade absoluta, havendo-se de aplicar o teor da Súmula 156 do STF[30].

Em análise inicial, destacamos que o quesito não apresenta maiores problemas quando, por exemplo, a legítima defesa for a única tese defensiva levantada. Com a adoção do modelo híbrido, os jurados foram dispensados de indagações técnicas. Assim, obtido o "sim" à pergunta, o acusado estará absolvido, não se prosseguindo na votação, inclusive para a verificação de eventual excesso doloso.

Entretanto, sendo mais de uma tese defensiva sustentada, a questão torna-se mais intricada, pois o resultado do julgamento pode trazer consequências cíveis. À guisa de exemplo, imagine-se que a defesa alegue inocência com base na legítima defesa real e, subsidiariamente, sustente o reconhecimento de inexigibilidade de conduta diversa. Como se sabe, a decisão absolutória com base em legítima defesa real faz coisa julgada no cível, ao passo que decisão fundamentada em inexigibilidade de conduta diversa não produz tal efeito. Nesse caso, ressai a importância do conhecimento acerca do fundamento da absolvição.

Não obstante, prevalece o entendimento que o desdobramento da votação para identificação do fundamento não é possível, pois induziria o jurado a decidir sobre matéria jurídica e não de fato. A ausência de desdobramento gera, portanto, uma situação no mínimo curiosa: ainda que o acusado tenha sido absolvido por legítima defesa, por não se exigir fundamentação, não haverá como se saber o real motivo da absolvição, impedindo que a decisão, ainda que nitidamente construída sob o império da excludente, faça coisa julgada no cível.

Ao estudarmos a soberania dos vereditos, antecipamos parte de nossas críticas ao quesito genérico. A despeito da boa intenção do legislador de simplificar a quesitação, fonte interminável de nulidades, a mescla do sistema francês com o sistema anglo-americano trouxe, para nós, mais problemas do que soluções.

Em nosso Direito Penal, Parte Geral, trouxemos, de forma inovadora, o paradoxo do Gato de Schrödinger para explicar a concessão de dolo quântico. Ao realizarmos o estudo para o presente tema, deparamo-nos, com grata surpresa, com o artigo escrito por Maria Jamile José[31], cujo título é: "O jurado absolve o réu: o veredicto de Schrödinger". Apesar de seguirmos uma trilha conclusiva distinta, inclusive quanto ao próprio veredicto, a referência ao paradoxo é importante para o desenvolvimento do tema.

O Gato Schrödinger é uma experiência mental, descrita por muitos como um paradoxo, desenvolvida pelo físico austríaco Erwin Schrödinger, em 1935. A experiência de Schrödinger visava mostrar a falta de lógica das partículas subatômicas e o conceito de superposição.

O paradoxo é verificado na experiência com um gato em uma caixa lacrada, acompanhado de uma fonte radioativa e um veneno, de forma que havendo a desintegração do átomo da substância radioativa, o veneno seria liberado na caixa. Sob a luz da experiência, portanto, enquanto a caixa estivesse fechada, o gato estaria "vivo e morto" ao mesmo tempo, criando o estado de superposição, pois não se saberia a condição real

30. É absoluta a nulidade do julgamento, pelo júri, por falta de quesito obrigatório.

31. https://www.prerro.com.br/o-jurado-absolve-o-reu-o-veredicto-de-schrodinger/. Acesso em 28.07.22, às 21h23min.

do animal. Assim, ocorrendo a abertura da caixa, chamada de salto quântico, o animal seria obrigado a ficar em um dos dois estados, vivo ou morto.

Logo, o simples olhar para dentro da caixa, um mínimo de interferência como uma fonte de luz utilizada para observar o fenômeno, as realidades paralelas do mundo subatômico entrariam em colapso e só veríamos uma delas.

Tomando por parâmetro o conceito de superposição, verificado com o estado de vivo-morto do animal, desenvolvemos o conceito de **dolo quântico ou dolo superposto**. Entretanto, dado o objeto desta obra, Processo Penal, restringiremos as observações ao quesito "o jurado absolve o acusado?"

Maria Jamile José aborda o paradoxo sob a perspectiva do quesito firmando a premissa de que o quesito obrigatório incluído pelo legislador com a reforma de 2008 "não pretendeu condicionar a absolvição à inexistência indícios de autoria ou de materialidade do delito", aduzindo ainda que caso fosse essa a intenção não se exigiria que os jurados respondessem sobre a possibilidade de absolvição mesmo depois de responderem afirmativamente ao primeiro e segundo quesitos – isto é, depois de asseverarem que o delito ocorreu e que foi praticado pelo réu. Conclui, parcialmente, que os jurados receberam uma carta branca para absolver por suas próprias razões, ainda que compreendam, a partir dos elementos de prova amealhados na ação penal, ter sido o réu o autor do delito – ou seja, independentemente das provas dos autos:

> "o jurado pode absolver, ainda que entenda que o acusado cometeu o delito; pode absolver, ainda que as provas dos autos apontem no sentido da condenação; pode absolver, ainda que não tenha sido veiculada em plenário qualquer tese de negativa de autoria. Goste-se ou não, o jurado pode absolver por clemência, por bondade, por empatia, por pena. Tal direito lhe é garantido textualmente pela nova redação do artigo 483, III, do Código de Processo Penal".

Ao fixar a premissa acima, a autora apresenta o paradoxo ao questionar a possibilidade de recurso contra decisão contrária à prova dos autos (artigo 593, III, "d", do CPP), porquanto se não se exige do jurado que profira decisão conforme as provas dos autos, porque pode absolver por qualquer motivo, então como seria possível conceber de uma decisão contrária à prova dos autos? Nesse sentido:

> A impossibilidade — e o paradoxo — são evidentes. Admitir o recurso ministerial com amparo no artigo 593, III, "d", do CPP na hipótese vertente equivale a considerar que a decisão dos jurados é contrária a algo que jamais precisou ser conforme. Tal como o gato, o veredicto dos jurados, na visão de parcela significativa de nossa jurisprudência, parece assumir dois estados opostos ao mesmo tempo.

E, ao encerramento do artigo, conclui que ao final do experimento mental realizado pelo físico austríaco, descobre-se que é o próprio observador que, com seu olhar, detém o poder de pôr fim às contradições e determinar o estado real das coisas.

O ponto a ser analisado, para nós, não se restringe à contraposição entre a soberania dos vereditos e a íntima convicção, fundador do suposto paradoxo, porquanto demanda avaliação sobre a própria perspectiva da íntima convicção e seus modelos de valoração racional.

O sistema da íntima convicção tem origem no Francês *Code d'Instruction Criminelle* de 1808, e se revela como a valoração das provas como livre de toda regra, inclusive das regras de racionalidade. Conforme destaca TARUFFO[32] (2009, p. 22), é "fruto de uma persuasão interior, inescrutável e irredutivelmente subjetiva", que nos conduz uma irracional, porquanto indemonstrável, decisão acerca dos fatos.

Nesse ponto, vale destacar que o dever de fundamentação das decisões judiciais deve ser concebido ao menos sob dois prismas: transparência e controle. A transparência segue a trilha da informação contida na decisão judicial motivada, que assegura ao público e aos interessados o conhecimento das razões adotadas na decisão. O controle, por sua vez, caminha na estrada de se permitir a revisão da decisão, pois seus fundamentos podem contrariar a prova produzida, a própria norma de regência ou precedentes judiciais consolidados.

A doutrina tradicional, ao tratar do sistema da íntima convicção no Tribunal do Júri, alicerça seus fundamentos na desnecessidade de motivação, de fato, existente. Não obstante, não nos parece que a ausência de motivação necessariamente conduza à irracionalidade, incontrolabilidade e arbitrariedade. Em um modelo que pressupõe o julgamento sobre a **matéria de fato e se o acusado deve ser absolvido**, obviamente do **fato imputado**, art. 482, *caput*, CPP, há que ser perquirir a correlação do enunciado final com os fatos.

Nesse sentido é a lição de GASCÓN ABELLÁN[33] (2010, p. 143-144), que preconiza que em um modelo cognocitivista, no qual se busca valorar a correspondência dos enunciados com os fatos, **a valoração não pode entender-se como uma convicção íntima**, livre, incomunicável, intransferível, e por isto, irracional, incontrolável e arbitrária, pois é óbvio que a íntima convicção não pode justificar por si mesma a verdade dos enunciados. Logo, segundo a autora, **o juiz deve ser livre para valorar discricionariamente a prova, mas não pode ser livre para deixar de observar uma metodologia racional na fixação dos fatos controvertidos**.

Estabelecidas as premissas acima, entendemos que, apesar da formação da íntima convicção, o segundo prisma da fundamentação das decisões judiciais, o controle, pressupõe a possibilidade de análise da valoração racional acerca dos fatos objeto da imputação e sua consequente proporcionalidade.

O modelo anglo-americano, do qual foi inspirado o quesito, "o jurado absolve ao acusado?", foi em parte importado, sem que, todavia, suas peculiaridades o tenham acompanhado. A pergunta, *guilty or not guilty*, no sistema anglo-americano, não é formulada ao jurado, mas ao Conselho de Sentença. No modelo americano, por exemplo, não se impõe aos jurados a incomunicabilidade na sala secreta ou o sigilo nas votações. A votação é conduzida pelo *foreperson*, na figura de coordenador/moderador, de forma que os jurados debatem, entre si, as teses da acusação, defesa e a prova dos autos, demovendo a frieza de uma decisão isolada sem qualquer troca de impressões entre os próprios pares.

---

32. TARUFFO, Michele. ***Consideraciones sobre prueba y motivación***. Madri: Fundación Coloquio Jurídico Europeo, 2009.

33. GASCÓN ABELLÁN, Marina. ***Los hechos en el derecho***. 3ª ed. Madri: Marcial Pons, 2010.

Ainda, não se pode olvidar que no juramento realizado pelos jurados no sistema americano[34] e inglês[35], os jurados prestam o compromisso de proferir o julgamento de acordo com as evidências, pressuposto inarredável de qualquer sistema de Justiça que tem por baliza o devido processo legal.

O compromisso do jurado no procedimento do júri pátrio foi previsto no art. 472 do CPP: "Em nome da lei, concito-vos a examinar esta causa com imparcialidade e a proferir a vossa decisão de acordo com a vossa consciência e os ditames da justiça. Os jurados, nominalmente chamados pelo presidente, responderão: Assim o prometo".

Ao assinalar que o juiz deverá exortar os jurados a proferirem a decisão de acordo com suas consciências e os ditames da Justiça, o CPP conjugou não somente a íntima convicção, mas também a necessidade de se observar os valores maiores da Justiça. A concepção do que são, e quais são os ditames da Justiça, varia de acordo com a perspectiva do aplicador do Direito, que pode se valer da teoria positivista de Kelsen, da teoria do discurso de Habermas, da teoria formal de Perelman ou, entre outras, da teoria social de Rawls. Em essência, pouco importa a teoria adotada, porquanto ao menos um vetor comum pode ser extraído de todas: a arbitrariedade não se confunde com Justiça.

Diogo Erthal[36], em bela síntese e valendo-se das lições de Kant, João Baptista Machado e Kaufman, indicadas em rodapé, nos ensina que:

> Não se pode, ainda, olvidar que o Código de Processo Penal dita que os jurados deverão decidir a causa de acordo com a sua consciência e os ditames da justiça (artigo 472). **É o Direito que permite a liberdade de todos ao conter o arbítrio de cada um, segundo uma lei universal de liberdade**[37]. A ideia de Direito não pode ser desvinculada de "**uma pretensão de validade, no sentido de pretensão de justiça**"[38]. Apesar da dificuldade de conceituar a justiça, com Radbruch ela pode ser compreendida em três vertentes, sendo a igualdade como forma, o bem comum como conteúdo e a segurança jurídica como função[39]. (...)
>
> (...) Assim, **a contenção do arbítrio no julgamento é um imperativo de justiça**, sendo injusto tanto a condenação de inocente quanto a absolvição de culpado. Se a conduta praticada pelo réu é em alguma medida desculpável, a absolvição ou atenuação da sanção, conforme o caso, lhe é devida, pode ser exigida, não se confunde com clemência. No tribunal do júri, a clemência teria lugar apenas após a comprovação da prática do delito, evidenciados todos os seus elementos constitutivos e afastadas as causas de justificação e desculpa. **A clemência arbitrária se choca frontalmente com este ideal de justiça**, pois permite o tratamento desigual entre iguais, ao autorizar a condenação de uns culpados e a absolvição de outros por puro subjetivismo dos julgadores, viola o bem comum ao desprezar o Direito Penal e as finalidades da pena e cobre de insegurança jurídica o julgamento no Tribunal do júri ao desfazer qualquer tipo de vinculação entre as provas e o veredicto. (grifamos).

---

34. "Do you and each of you solemnly swear that you will well and truly try and a true deliverance make between the United States and ______, the defendant at the bar, and a true verdict render according to the evidence, so help you God?"

35. "I swear by almighty God/by Allah/by Waheguru/on the Gita"; for an affirmation the wording is "I solemnly, sincerely and truly declare and affirm". This is followed in both cases by "that I will faithfully try the defendant and give a true verdict according to the evidence."

36. ALVES DA COSTA, Diogo Erthal. **A clemência no Tribunal do Júri no Brasil**. Revista do Ministério Público do Estado do Rio de Janeiro nº 71, jan./mar. 2019, p. 58-59.

37. KANT, Immanuel. **A metafísica dos Costumes**. Lisboa: Fundação Calouste Gulbenkian, 2004. p. 43.

38. MACHADO, João Baptista. **Introdução ao Direito e ao discurso legitimador**. Coimbra: Almedina, 2002. p. 33

39. KAUFMANN, Arthur. **Filosofia do Direito**. 5ª edição. Lisboa: Fundação Calouste Gulbenkian, 2014. p. 226-227.

Nessa trilha, não há como se negar o processo significativo existente na prolação de um voto, que pressupõe a captação das informações pelos sentidos e sua consequente internalização, isto é, sua decodificação pelo sujeito. Sob a perspectiva do realismo gnosiológico aristotélico, o *ontos*, "ser enquanto ser", deixa pistas, rastros ou sinais nos sentidos, de forma que a inteligência humana ao processar as sensações, identifica tais elementos.

Assim, diante das pistas e rastros, para nós, debates e provas, o jurado interpreta tais elementos, racionaliza as informações captadas pelos sentidos e as internaliza de forma a conhecer a essência do próprio ser, ultrapassando a camada apresentada pela realidade.

Tomando de indevido empréstimo da metafísica de Aristóteles, que se volta para a integridade do "ser", não se perquirir de forma racional os fundamentos, as condições, a estrutura básica, as causas ou princípios, bem como o sentido e a finalidade da realidade como um todo da decisão, significa assumir a possibilidade de arbitrariedade

A *New Evidence Scholarship*, que se dedica ao estudo dos métodos de valoração, divide-se basicamente em dois grupos, o probabilidade matemática-estatística como modelo de valoração racional, que engloba a fórmula Bayesiana, e o da plausibilidade relativa.

O primeiro modelo pauta-se na análise da probabilidade aplicada a eventos com a finalidade de se medir a frequência com que um evento se produz em uma sucessão de acontecimentos. Segundo o Teorema de Bayes, a análise probabilística afirma que a probabilidade de um evento X, diante de um evento Y, pode ser determinada em função da frequência estatística com a qual dado X se verifica Y e da probabilidade atribuída precedentemente ao evento X[40].

O segundo modelo, da plausibilidade relativa, prevalente na seara da doutrina da *New Evidence Scholarship*, potencializa a explicação da prova por não quantificar a evidência e fornecer uma concepção mais plausível do valor dessa. Além disso, o modelo se amolda aos processos de raciocínio dos investigadores de fatos, sendo capaz de fornecer uma explicação plausível de como os elementos dos casos se relacionam com o caso como um todo, de forma que sua natureza comparativa se ajuste tanto às práticas reais de prova no julgamento quanto às políticas subjacentes aos padrões de prova[41].

Ainda que o tema não seja objeto de análise, dada a análise e o escopo do trabalho, não se pode negar que, significativamente, o jurado, na sua íntima convicção, trabalhará com um modelo de valoração da prova. E, sob a lógica do devido processo legal e, por via de consequência, sob a luz dos fatos e ditames da Justiça, não se pode negar que um observador externo, ainda que sob valoração paralela da esfera do profano, ao analisar um enunciado absolutório ou condenatório, deva reunir, minimamente, condições de verificar a lógica empregada na decisão. Ao não se reconhecer tal possibilidade, instaura-se a arbitrariedade.

40. BUSTAMANTE, Evanilda Nascimento de Godoi. A valoração racional das provas no processo judicial: uma aproximação do tema. http://www.publicadireito.com.br/artigos/?cod=531d29a813ef9471. Acesso em 29.07.22, às 08h02min.

41. ALLEN, Ronald J. PARDO, Michael S. ***Relative plausibility and its critics***. https://doi.org/10.1177/1365712718813781. Acesso em 28.07.22, às 09h21min.

Retomando ao ponto do experimento do Gato de Schrödinger e suposto paradoxo lançado por Maria Jamile José, entendemos que a premissa de que o quesito obrigatório incluído pelo legislador com a reforma de 2008 "não pretendeu condicionar a absolvição à inexistência indícios de autoria ou de materialidade do delito", revela-se verdadeira apenas em parte, porquanto a absolvição pode se fundar nas excludentes de ilicitude ou culpabilidade. De igual modo, não se revela verdadeira, para nós, a premissa de que o jurado recebeu uma carta branca para absolver por suas próprias razões, ainda que se compreenda, a partir dos elementos de prova amealhados na ação penal, ter sido o réu o autor do delito – ou seja, independentemente das provas dos autos.

Sem aprofundarmos substancialmente o assunto, vale lembrar que o próprio STF, no julgamento da ADPF 779, reconheceu a impossibilidade de alegação de "legítima defesa da honra" nos crimes de feminicídio. Logo, não se admite, por via de consequência, absolvição por tal motivo. Nesse ponto, pode-se advertir que, de fato, nunca saberemos os motivos, porquanto as decisões dos jurados são imotivadas. Não por outra razão, destacamos que, em um sistema jurídico racional não se admite a arbitrariedade, sendo imperativa a possibilidade de controle acerca da valoração da prova, ainda que sem as razões da decisão. A intima convicção, expressa no art. 472 do CPP, por meio da expressão "a proferir a vossa decisão de acordo com a vossa consciência", não pode ser dissociada dos "ditames da justiça", igualmente previsto, de forma aditiva, no mesmo dispositivo legal.

Por essas razões e outras, estudadas no tópico "soberania dos vereditos", entendemos que a opção do legislador pelo quesito não foi feliz, porquanto induz diversas críticas. Acaso quisesse o legislador trabalhar a noção de clemência, melhor seria, ao final da votação, indagar ao jurado "se a pena é necessária".

30.4.2.10.1.5 Causas de diminuição de pena

Reconhecendo os jurados que o acusado não deverá ser absolvido, deverão responder se existe causa de diminuiçao de pena alegada pela defesa (art. 483, IV e §3º, I, CPP) antes de qualquer indagação sobre as circunstâncias agravantes ou qualificadoras. Nesse sentido é o teor da Súmula 162 do STF: "É absoluta a nulidade do julgamento pelo júri, quando os quesitos da defesa não precedem aos das circunstâncias agravantes".

Assim, alegando a defesa participação de menor importância (art. 29, §1º, CP), semi-inimputabilidade (art. 26, parágrafo único do CP), homicídio privilegiado (art. 121, §1º, CP), entre outras, a matéria deverá ser indagada aos jurados sob a perspectiva fática, vez que decidem com lastro na matéria de fato.

➲ **Homicídio privilegiado**

4) O acusado efetuou disparos de arma de fogo contra Tício sob o domínio de violenta emoção, logo em seguida a injusta provocação da vítima?

➲ **Semi-imputabilidade**

4) O acusado (...), em virtude de perturbação de saúde mental ou por desenvolvimento mental incompleto ou retardado, não era inteiramente capaz de entender o caráter ilícito do fato ou de determinar-se de acordo com esse entendimento?

30.4.2.10.1.6 Qualificadoras e causas de aumento de pena

Superada a votação das causas diminuição de pena, os jurados deverão ser indagados se existe circunstância qualificadora ou causa de aumento de pena reconhecidas na pronúncia ou em decisões posteriores que julgaram admissível a acusação (art. 482, V, CPP).

Primeiro deverão ser formuladas as questões relacionadas às qualificadoras, a exemplo do motivo torpe (art. 121, §2°, inciso I) (art. 121, §2º, VI, CP) e, na sequência, as causas de aumento de pena, como o homicídio praticado contra pessoa idosa (art. 121, §4º, CP). Somente poderão ser quesitadas as causas expressamente reconhecidas na decisão definitiva de pronúncia, sendo vedado ao *parquet* sustentar causa não admitida formalmente pelo juízo sumariante.

➔ **Feminicídio**

5) O acusado praticou o delito contra mulher por razões da condição do sexo feminino no contexto de violência doméstica ou familiar?

5) O acusado praticou o delito contra mulher por razões da condição do sexo feminino em menosprezo ou discriminação à condição de mulher?

➔ **Homicídio contra pessoa idosa**

5) A vítima era maior de sessenta anos?

30.4.2.10.1.7 Falso testemunho em plenário

É possível que durante a inquirição das testemunhas em plenário, verifique-se a configuração, em tese, do crime de falso testemunho. Prevalece na doutrina o entendimento de que o falso deve ser quesitado aos jurados a pedido das partes, afastando-se a possibilidade do magistrado ou do próprio jurado sugerir a inclusão do quesito.

Ainda que os jurados reconheçam a situação, a testemunha não será condenada pelo delito, pois haverá tão somente o encaminhamento dos autos à autoridade policial nos termos do art. 211 do CPP. Por outro lado, ainda que o Conselho de Sentença negue a prática do falso, nada impede que o Ministério Público ou a defesa provoquem a autoridade policial para instauração de inquérito policial, haja vista que referido delito processa-se por ação penal pública incondicionada.

Em análise crítica, a quesitação acerca do falso testemunho é completamente irrelevante, porquanto não produz qualquer efeito no julgamento, uma vez que, acaso quesitada, será o último da série. Some-se que o jurado será chamado a decidir sobre matéria jurídica em razão das elementares normativas do tipo penal previsto no art. 342 do CPP, e não de fato, contrariando a própria natureza do julgamento. Ademais, não impede, conforme destacamos, a ação posterior da acusação ou defesa.

30.4.2.10.1.8 Agravantes e atenuantes

Com a reforma produzida pela Lei 11.689/08, não cabe mais ao jurado votar sobre a existência ou não de circunstâncias agravantes ou atenuantes alegadas nos debates, conforme se extrai do teor do art. 492, I, "b" do CPP, e sua conjugação com o art. 483, que não prevê quesitação específica.

O art. 492, I, "b", do CPP, entra em contradição com o art. 385 do CPP, porquanto o último, ao contrário do primeiro, admite o reconhecimento de circunstância agravante ainda que não alegada. A solução, para nós, a exemplo do entendimento do STF[42], passa pela análise da natureza da circunstância, pois, sendo objetiva, carece de qualquer debate, a exemplo do fator etário previsto art. 65, I, CP (ser o agente menor de 21 (vinte e um), na data do fato, ou maior de 70 (setenta) anos, na data da sentença). Logo, entendemos que, sendo a circunstância objetiva, o reconhecimento poderá ocorrer de ofício.

30.4.2.10.1.9 Concurso de crimes

O concurso de crimes envolve matéria jurídica e tem sede natural na aplicação da pena, razão pela qual, segundo o entendimento dominante, **não deve ser quesitado** aos jurados por se tratar de tema afeto às funções do juiz presidente.

30.4.2.11 Votação

Nos termos do art. 485 do CPP, não havendo dúvida a ser esclarecida, o juiz presidente, os jurados, o Ministério Público, o assistente, o querelante, o defensor do acusado, o escrivão e o oficial de justiça dirigir-se-ão à sala especial a fim de ser procedida a votação. Na falta de sala especial, o juiz presidente determinará que o público se retire, permanecendo somente as pessoas mencionadas no *caput* do artigo (§1º). Nos termos do §2º do dispositivo, o juiz presidente advertirá as partes de que não será permitida qualquer intervenção que possa perturbar a livre manifestação do Conselho e fará retirar da sala quem se portar inconvenientemente.

Destaque-se que não se admite no Brasil, como ainda ocorre em alguns Estados Americanos, a figura do *Allen charge*[43] ou *dynamite charge*, isto é, a intervenção do magistrado no sentido de induzir os jurados a votação num ou noutro sentido.

Segundo dispõe o art. 486 do CPP, antes de proceder-se à votação de cada quesito, o juiz presidente mandará distribuir aos jurados pequenas cédulas, feitas de papel opaco e facilmente dobráveis, contendo 7 (sete) delas a palavra *sim*, 7 (sete) a palavra *não*. Para assegurar o sigilo do voto, o oficial de justiça recolherá em urnas separadas as cédulas correspondentes aos votos e as não utilizadas (art. 487, CPP). Após a resposta, verificados

---

42. HC 106.376/MG, 1ª Turma, Rel. Min. Cármen Lúcia, DJe 01.06.11.

43. No sistema americano alguns Estados ainda admite a intervenção do magistrado visando concitar os jurados a formarem o consenso. O nome *Allen charge* deriva do julgamento do caso *Allen v. United States* (1896). Members of the Jury: I am going to ask that you continue your deliberations in an effort to agree upon a verdict and dispose of this case; and I have a few additional comments I would like for you to consider as you do so. This is an important case. If you should fail to agree on a verdict, the case is left open and may be tried again. Any future jury must be selected in the same manner and from the same source as you were chosen, and there is no reason to believe that the case could ever be submitted to twelve men and women more conscientious, more impartial, or more competent to decide it, or that more or clearer evidence could be produced. Those of you who believe that the government has proved the defendant guilty beyond a reasonable doubt should stop and ask yourselves if the evidence is really convincing enough, given that other members of the jury are not convinced. And those of you who believe that the government has not proved the defendant guilty beyond a reasonable doubt should stop and ask yourselves if the doubt you have is a reasonable one, given that other members of the jury do not share your doubt. Remember at all times that no juror is expected to yield a conscientious opinion he or she may have as to the weight or effect of the evidence. But remember also that, after full deliberation and consideration of the evidence in the case, it is your duty to agree upon a verdict if you can do so without surrendering your conscientious opinion. You must also remember that if the evidence in the case fails to establish guilt beyond a reasonable doubt, the accused should have your unanimous verdict of Not Guilty. You may be as leisurely in your deliberations as the occasion may require and should take all the time which you may feel is necessary.
I will ask now that you retire once again and continue your deliberations with these additional comments in mind to be applied, of course, in conjunction with all of the instructions I have previously given to you.

os votos e as cédulas não utilizadas, o presidente determinará que o escrivão registre no termo a votação de cada quesito, bem como o resultado do julgamento, sendo que, do termo também constará a conferência das cédulas não utilizadas (art. 488, *caput*, e parágrafo único).

As decisões do Tribunal do Júri deverão ser tomadas por maioria de votos (art. 489, CPP), razão pela qual, verificando-se pela votação o alcance da maioria de quatro votos (art. 483, §§1º e 2º, CPP), a votação sobre o quesito deve ser encerrada para se evitar a possibilidade de unanimidade, circunstância hábil a permitir a identificação de como o jurado votou.

Se durante a votação se verificar que a resposta a qualquer dos quesitos está em contradição com outra ou outras já dadas, o juiz presidente deverá explicar aos jurados em que consiste a contradição e submeterá novamente à votação os quesitos a que se referirem tais respostas (art. 490, *caput*, CPP). Por outro lado, nos termos do parágrafo único do dispositivo, se pela resposta dada a um dos quesitos, o presidente verificar que ficam prejudicados os seguintes, assim o declarará, dando por finda a votação. Encerrada a votação, será o termo do ato assinado pelo presidente, pelos jurados e pelas partes.

30.4.2.11.1 O problema da absolvição imprópria

Reconhecida a inimputabilidade do acusado nos termos do art. 26, *caput*, do CP, caberá ao magistrado proferir sentença absolutória, fixando, contudo, a medida de segurança conforme a alínea "c" do inciso II do art. 492 do CPP. O problema surge em razão do quesito genérico "o acusado absolve o acusado?", pois os jurados, em tese, serão chamados a decidir pela condenação ou absolvição, pouco importando as razões da absolvição caso essa ocorra. Entretanto, os fundamentos da absolvição, conforme vimos, podem impactar não somente em questões cíveis, como no caso do reconhecimento da legítima defesa, mas também na seara penal, haja vista que, sendo o acusado absolvido por inimputabilidade, o juiz deverá fixar a medida de segurança. Mas qual o fundamento da absolvição, se a pergunta formulada aos jurados deveria ser, tão somente, se o jurado absolve o acusado?

Sendo a inimputabilidade a única tese defensiva, o acusado sequer deveria estar sendo submetido a julgamento perante o Tribunal do Júri, haja vista que a hipótese ensejaria a aplicação do art. 415, parágrafo único, do CPP, absolvição sumária por causa de isenção de pena. Logo, e novamente em tese, se o acusado foi submetido a julgamento perante o Conselho de Sentença, é porque sustentou mais de uma tese defensiva. E, tendo alegado mais de uma tese defensiva, caso absolvido, qual terá sido acolhida? Qual a solução para questão se o jurado será chamado a responder à indagação apenas sobre a absolvição?

Diante da inexistência de solução legal expressa, a doutrina sustenta a necessidade de o magistrado desdobrar o quesito genérico da absolvição para se verificar as razões da decisão, haja vista que, sendo absolvido o acusado por inimputabilidade, a lei impõe a fixação de medida de segurança. Assim, seriam realizadas duas indagações, precedidas de explicações:

1) O jurado absolve o acusado?

Ao formular o quesito acima, o juiz presidente deverá esclarecer aos jurados que esse se refere tão somente às demais teses defensivas alegadas e não sobre a inimputabilidade do agente. Respondendo "sim" ao quesito, os jurados acolherão outra tese, legítima defesa, por exemplo, afastando a necessidade de desdobramento da quesitação. Sendo a resposta negativa, deverá elaborar o seguinte quesito:

> 1.1) O acusado era, ao tempo da ação (ou omissão), inteiramente incapaz de entender o caráter ilícito do fato ou de determinar-se de acordo com esse entendimento em virtude de doença mental (ou desenvolvimento mental incompleto ou retardado)?

Acolhendo a tese da inimputabilidade, os jurados absolverão o acusado, impondo ao juiz presidente a fixação da medida de segurança. Em que pese adequada e necessária a solução proposta pela doutrina, não deixa de se revelar como um paliativo ao problema trazido pelo quesito genérico.

30.4.2.11.2 Desclassificação

Os jurados, competentes para julgamento de crimes dolosos contra a vida e os que lhe forem conexos, ressalvados os militares e eleitorais, ao julgarem o fato, podem entender que o crime principal posto em julgamento não é doloso contra a vida, desclassificando a infração penal.

Ocorrendo a desclassificação para outra, de competência do juiz singular, ao presidente do Tribunal do Júri caberá proferir sentença em seguida, aplicando-se, quando o delito resultante da nova tipificação for considerado pela lei como infração penal de menor potencial ofensivo, o disposto nos arts. 69 e seguintes da Lei nº 9.099/95 (§1º do art. 492, CPP).

A tese desclassificatória poderá ser alegada pela defesa subsidiária, como na hipótese de alegação de legítima defesa como principal, e ausência de *animus necandi* como subsidiária. Nesses casos, a tese principal deve ser quesitada antes da subsidiária, *ex vi* art. 483, §4º do CPP, que permite a quesitação acerca da desclassificação após o segundo ou terceiro quesito. Nesse sentido é a jurisprudência do STJ:

> Estando a defesa assentada em tese principal absolutória (legítima defesa) e tese subsidiária desclassificatória (ausência de *animus necandi*), e havendo a norma processual permitido a formulação do quesito sobre a desclassificação antes ou depois do quesito genérico da absolvição, a tese principal deve ser questionada antes da tese subsidiária, pena de causar enorme prejuízo para a defesa e evidente violação ao princípio da amplitude da defesa. Resp 1509504/SP, Rel. Min. Maria Thereza de Assis Moura, 6ª Turma, DJe 13.11.15.

Segundo a doutrina majoritária, a desclassificação operada pelos jurados pode ser própria ou imprópria.

a) Desclassificação própria: ocorre a desclassificação própria quando os jurados desclassificam o delito para outro que não é de competência do Tribunal do Júri sem especificar para qual crime, a exemplo da desclassificação operada quando os jurados negam o quesito atinente à tentativa de homicídio. No exemplo, havendo lesões corporais, sendo essas gravíssimas, o juiz presidente deverá proferir a sentença, porquanto o delito impede a aplicação dos institutos despenalizadores. Sendo graves as lesões, o magistrado deverá observar o teor do §1º do art. 383 do CPP, encaminhando os autos ao Ministério Público para que analise a possibilidade de proposta de suspensão condicional do processo. Por outro lado, sendo leves as lesões, deverá observar o §1º do art. 492 do CPP, dando o encaminhamento necessário para que se observe a possibilidade e composição dos danos civis e transação penal junto ao Juizado Especial Criminal.

b) Desclassificação imprópria: a desclassificação será caracterizada como imprópria quando os jurados, ao promoverem a desclassificação, indicarem o delito praticado pelo acusado. Segundo o entendimento majoritário, haveria a possibilidade de desclassificação imprópria diante do reconhecimento do excesso culposo na excludente ou participação dolosamente distinta, sendo que somente concordamos com a segunda hipótese, quando o julgamento dos acusados for conjunto, em razão da continência subjetiva.

Não nos parece que exista mais a desclassificação imprópria no sistema do júri na hipótese de excesso culposo, haja a vista a formulação do quesito genérico "o jurado absolve o acusado?". Isso porque o jurado só poderá absolver ou condenar o acusado caso o fato envolva crime doloso contra a vida, haja vista que não é competente para decidir, por exemplo, acerca da ocorrência de um crime culposo. A questão, por essência, não é processual, mas de natureza material. Vejamos.

No caso do excesso culposo, normalmente apontado pela doutrina como hipótese de desclassificação imprópria, não se pode negar que o excesso tem por premissa o reconhecimento da excludente de ilicitude. O excesso ocorre, portanto, quanto aos **limites da justificante**, apontado, de forma uníssona pela doutrina, como hipótese de erro de proibição, independentemente da teoria escolhida, limitada ou extremada da culpabilidade. Logo, não se trata de um problema de dolo, transferido para o tipo penal com o finalismo, mas de culpabilidade, de sorte que o dolo permanece hígido.

O chamado excesso culposo, portanto, deve ser receber o tratamento de erro de proibição, clamando a aplicação do teor do art. 21 do CP, isto é, se invencível o erro de proibição, isenta de pena; se vencível, autoriza a sua diminuição de um sexto a um terço. O erro de proibição, portanto, não modifica a essência da conduta, dolosa por natureza. Logo, não há desclassificação para crime culposo, vez que a conduta agressiva tem origem e natureza dolosa, ainda que destinada à defesa de bem jurídico. O erro sobre os limites na atuação somente incide depois que os jurados não absolverem o acusado na votação do quesito genérico e, por via de consequência, deve ser quesitado como causa de diminuição de pena (art. 483, §3º, I, CPP), não se tratando de desclassificação como se sustenta.

Há um inegável contrassenso ao se compreender o excesso culposo como hipótese desclassificatória, pois confere ao jurado, paradoxalmente, o direito de reconhecer o crime, em tese doloso, que fundamenta sua competência, à vista da votação dos dois primeiros quesitos e, posteriormente, dizer que o crime é culposo.

Em sentido distinto, mas na mesma trilha, a hipótese doutrinária aventada como segunda possibilidade de desclassificação imprópria, a cooperação dolosamente distinta, somente fundamenta a desclassificação imprópria quando reconhecida no mesmo julgamento, vez que a continência impõe o julgamento conjunto.

Sendo o julgamento dos acusados realizado de forma separada, o tema que envolve a cooperação dolosamente distinta deve ser indagado no quesito da coautoria ou participação, haja vista que, tecnicamente, o reconhecimento da cooperação dolosamente distinta afasta o próprio concurso de pessoas com relação ao fato principal, crime doloso contra a vida.

Logo, reconhecendo os jurados que a cooperação do agente não restou voltada para a prática de crime doloso contra a vida, se o julgamento daquele a quem se imputa a autoria do crime não estiver ocorrendo de forma conjunta, o júri terá assinalado sua incompetência para julgamento da cooperação dolosamente distinta, não havendo, portanto, desclassificação imprópria, mas reconhecimento da incompetência do Tribunal do Júri por meio de desclassificação própria.

30.4.2.11.3 Crimes conexos

Conforme vimos, ao Tribunal do Júri compete o julgamento dos crimes dolosos contra a vida e dos delitos conexos, à exceção dos crimes eleitorais e militares. Verificada a conexão e reconhecida a prática de crime doloso contra a vida, os jurados deverão julgar os crimes conexos, que serão quesitados em séries distintas.

Não obstante, é possível que os jurados, ao votarem sobre o crime doloso contra a vida, desclassifiquem a infração penal para outra que não seja de competência do Tribunal do Júri, afastando sua competência para julgamento de todos os delitos que compõem o processo. Nesses casos, há que se aplicar a regra do §2º do at. 492, CPP, que dispõe que em caso de desclassificação, o crime conexo que não seja doloso contra a vida será julgado pelo juiz presidente do Tribunal do Júri, aplicando-se, no que couber, o disposto no § 1º do art. 492 do CPP.

Destaque-se que, caso a votação acerca do crime doloso contra a vida implique absolvição do acusado, os jurados afirmarão a competência para julgamento do crime doloso contra vida, motivo pelo qual deverão, igualmente, julgar os crimes conexos.

30.5 SENTENÇA

A sentença será estudada com maiores detalhes em capítulo próprio. No momento, é importante registrar que a sentença proferida no julgamento perante o Tribunal do Júri revela algumas distinções com a sentença ordinariamente proferida pelo juiz de direito.

Isso porque, apesar de assegurado o poder de proferir a sentença ao juiz presidente, não se pode olvidar que a decisão do Tribunal do Júri é formada por maioria de votos dos jurados (art. 489, CPP), isto é, a decisão quanto à matéria fática cabe ao Conselho de Sentença, ao passo que ao juiz presidente cabe formalizar a decisão e aplicar a pena, sendo, por essa razão, concebida doutrinariamente como subjetivamente ou de formação complexa por envolver dois órgãos jurisdicionais distintos, o Conselho de Sentença e o juiz presidente.

A sentença no Tribunal do Júri foi regulada, em parte, pelo art. 492 do CPP, sendo que, independentemente de seu teor, deverá ser lida em plenário pelo presidente antes de encerrada a sessão de instrução e julgamento (art. 493, CPP).

30.5.1 Sentença condenatória

O juiz presidente, no caso de condenação (art. 492, I, CPP): a) fixará a pena-base; b) considerará as circunstâncias agravantes ou atenuantes alegadas nos debates; c) imporá os aumentos ou diminuições da pena, em atenção às causas admitidas pelo júri; d) observará as demais disposições do art. 387 deste Código; e) mandará o acusado recolher-se ou recomendá-lo-á à prisão em que se encontra, se presentes os requisitos da prisão preventiva, ou, no caso de condenação ~~a uma pena igual ou superior a 15 (quinze) anos de reclusão~~[44], determinará a execução provisória das penas, com expedição do mandado de prisão, se for o caso, sem prejuízo do conhecimento de recursos que vierem a ser interpostos; e f) estabelecerá os efeitos genéricos e específicos da condenação.

Ao proferir a sentença, o magistrado deverá restringir sua fundamentação à dosimetria da pena, em estrito respeito à decisão dos jurados pelo sistema da íntima convicção. Não há espaço, portanto, para que o magistrado fundamente o porquê da decisão tomada pelos jurados.

Inicialmente, o juiz deverá fixar a pena base nos termos do art. 59 do CP, atentando-se para a culpabilidade, antecedentes, conduta social, personalidade do agente, motivos, circunstâncias e consequências do crime, bem como ao comportamento da vítima, estabelecendo, ao final da primeira fase de fixação da pena, o *quantum* adequado conforme seja necessário e suficiente para reprovação e prevenção do crime.

Em sequência, deverá o juiz presidente seguir para a segunda fase de aplicação da pena visando alcançar a pena intermediária. Nessa etapa, deverá considerar as circunstâncias agravantes e atenuantes alegadas nos debates. Conforme destacamos anteriormente, o art. 492, I, "b" do CPP, entra em contradição com o art. 385 do CPP, porquanto o último, ao contrário do primeiro, admite o reconhecimento de circunstância agravante ainda que não alegada. A solução, para nós, a exemplo do entendimento do STF[45], passa pela análise da natureza da circunstância, pois, sendo objetiva, carece de qualquer debate, a exemplo do fator etário previsto art. 65, I, CP (ser o agente menor de 21 (vinte e um), na data do fato, ou maior de 70 (setenta) anos, na data da sentença). Logo, entendemos que, sendo a circunstância objetiva, o reconhecimento poderá ocorrer de ofício.

De toda sorte, a fixação da pena intermediária deverá levar em consideração as atenuantes e agravantes alegadas nos debates e, independentemente de alegação, aquelas de natureza objetiva.

Ao final da dosimetria da pena, na terceira fase de fixação da pena, o magistrado deverá aplicar as causas de aumento e diminuição de pena reconhecidas pelos jurados durante a votação. Destaque-se, portanto, que na fixação da pena, o magistrado estará obrigado a respeitar a decisão dos jurados no tocante às circunstâncias que conduzam às situações de fixação do tipo penal, estabelecedor do patamar mínimo e máximo para fixação da pena base, e quanto às causas de aumento e diminuição de aplicação na terceira e última fase da dosimetria da pena.

O art. 492, I, "d", ao determinar que o magistrado observe as disposições do art. 387 do CPP, além de assinalar a obrigação de observar as regras gerais da sentença, impõe ao juiz presidente que, na sentença, fixe valor mínimo para reparação dos danos causados pela infração, considerando os prejuízos sofridos pelo ofendido (art. 387, IV, CPP).

44. Trecho declarado inconstitucional pelo STF no julgamento do RE 1235340, Tema 1068.

45. HC 106.376/MG, 1ª Turma, Rel. Min. Cármen Lúcia, DJe 01.06.11.

Ademais, deverá decidir se a sentença deverá ser publicada na íntegra ou em resumo e designará o jornal em que será feita a publicação (art. 387, VI, CPP).

30.5.1.1 Efeitos da condenação

O art. 492, I, "f", CPP, dispõe que o juiz presidente deverá estabelecer os efeitos genéricos e específicos da condenação, previstos nos arts. 91 e 92 do CPP, além de outros eventualmente previstos para os crimes conexos, a exemplo do §5° do art. 1° da Lei 9.455/97 (Lei de Tortura), que prevê que a condenação acarretará a perda do cargo, função ou emprego público e a interdição para seu exercício pelo dobro do prazo da pena aplicada.

30.5.1.1.1 Confisco alargado no júri

Conforme trabalhamos em nosso Direito Penal, Parte Geral, a Lei 13.964/19, Lei do Pacote Anticrime, incluiu o art. 91-A no Código Penal, tratando do confisco alargado ou imputação patrimonial:

> "Art. 91-A. Na hipótese de condenação por infrações às quais a lei comine pena máxima superior a 6 (seis) anos de reclusão, poderá ser decretada a perda, como produto ou proveito do crime, dos bens correspondentes à diferença entre o valor do patrimônio do condenado e aquele que seja compatível com o seu rendimento lícito".

O *caput* do dispositivo traz a presunção de ilicitude entre a diferença do valor do patrimônio do condenado e seus rendimentos líquidos nos crimes cuja lei preveja pena superior a 6 (seis) anos de reclusão. Permite, contudo, no §2°, que o condenado possa demonstrar a inexistência da incompatibilidade ou a procedência lícita do patrimônio.

Nos incisos I e II do §1°, o legislador promoveu interpretação autêntica do que se deve considerar por patrimônio do condenado, bens de sua titularidade, ou em relação aos quais ele tenha o domínio e o benefício direto ou indireto, na data da infração penal ou recebidos posteriormente; e bens transferidos a terceiros a título gratuito ou mediante contraprestação irrisória, a partir do início da atividade criminal.

Prescreve o §3° que "a perda prevista neste artigo deverá ser requerida expressamente pelo Ministério Público, por ocasião do oferecimento da denúncia, com indicação da diferença apurada" e, o § 4°, que "na sentença condenatória, o juiz deve declarar o valor da diferença apurada e especificar os bens cuja perda for decretada".

Por fim, o §5°, dispõe que "os instrumentos utilizados para a prática de crimes por organizações criminosas e milícias deverão ser declarados perdidos em favor da União ou do Estado, dependendo da Justiça onde tramita a ação penal, ainda que não ponham em perigo a segurança das pessoas, a moral ou a ordem pública, nem ofereçam sério risco de ser utilizados para o cometimento de novos crimes", com clara intenção de reforçar o desmantelamento das organizações criminosas.

Em que pese nossas críticas à constitucionalidade do dispositivo no estudo das exceções, há que se indagar: a matéria deverá ser quesitada aos jurados ou sua apreciação compete exclusivamente ao magistrado como efeito da condenação?

Conforme vimos, os jurados serão chamados e decidir sobre matéria de fato e, de certo modo, parece-nos inegável que a questão atinente à "diferença entre o valor do patrimônio do condenado e aquele que seja compatível com o seu rendimento lícito" seja matéria fática. Não se olvide, outrossim, que a imputação patrimonial deve ser formulada por ocasião da denúncia, como verdadeira imputação. Entretanto, não obstante a natureza da imputação, o confisco alargado foi tratado no Capítulo VI, "Efeitos da Condenação", do Título V do CP, "Das Penas").

Ocorre que, conforme assinalamos, a diferença patrimonial é matéria de fato e, portanto, abrangida pelo contexto do art. 482 do CPP. Apesar de acreditarmos que a jurisprudência vá trilhar o caminho de que a matéria deva ser apreciada exclusivamente pelo juiz presidente, tão somente por ter sido tratada como efeito da condenação, entendemos que, por envolver a necessidade de imputação e apreciação de matéria de fato, seu juízo natural seria o do Tribunal do Júri, como matéria conexa, porquanto expressamente dependente da sorte do principal (julgamento e condenação por crime doloso contra a vida).

A lógica do raciocínio decorre do pressuposto da condenação previsto no art. 91-A do CP. Independentemente da natureza do procedimento, se comum ou especial, o confisco alargado só poderá ser aplicado caso o acusado seja condenado pelo crime imputado. E, no procedimento do júri, a condenação ou absolvição compete ao Conselho de Sentença. Por ser o confisco alargado uma verdadeira imputação fática – diferença patrimonial –, subtrair sua apreciação dos jurados equivaleria a mudar a conformação da regra do art. 482 do CPP: O Conselho de Sentença será questionado **sobre matéria de fato** e se o acusado deve ser absolvido.

Logo, entendemos que, no procedimento do júri, quem, de fato, deverá decidir sobre matéria de fato imputada na denúncia, é o Conselho de Sentença, por meio de quesitação própria, em série própria.

30.5.1.1.2 Execução provisória – pena igual ou superior a 15 anos

O art. 492, I, "e" do CPP, assinala que no caso de condenação, o juiz presidente mandará o acusado recolher-se ou recomendá-lo-á à prisão em que se encontra, se presentes os requisitos da prisão preventiva, ou, no caso de condenação a uma pena igual ou superior a 15 (quinze) anos de reclusão, determinará a execução provisória das penas, com expedição do mandado de prisão, se for o caso, sem prejuízo do conhecimento de recursos que vierem a ser interpostos.

A norma, quando da sua entrada em vigor, nitidamente contrariava o entendimento anterior do STF, que abriu a discussão, em sede de repercussão geral no RE 1235340, Tema 1068, com o levantamento de duas teses: 1) "A soberania dos veredictos do Tribunal do Júri autoriza a imediata execução de condenação imposta pelo corpo de jurados, independentemente do total da pena aplicada" (Min. Barroso); 2) "A Constituição Federal, levando em conta a presunção de inocência (art. 5º, inciso LV), e a Convenção Americana de Direitos Humanos, em razão do direito de recurso do condenado (art. 8.2.h), vedam a execução imediata das condenações proferidas por Tribunal do Júri, mas a prisão preventiva do condenado pode ser decretada motivadamente, nos termos do art. 312 do CPP, pelo Juiz Presidente a partir dos fatos e fundamentos assentados pelos Jurados" (Min. Gilmar Mendes).

Em julgamento, realizado pelo Plenário do STF, a Corte decidiu que a soberania das decisões do Tribunal do Júri (ou júri popular), prevista na Constituição Federal, autoriza o cumprimento imediato da pena imposta pelos jurados ao condenado. Para o colegiado, a prisão do condenado por decisão do tribunal popular não viola o princípio constitucional da presunção de inocência, pois a culpa do réu já foi reconhecida pelos jurados e não pode ser revista por juízes em eventual recurso.

Dessa forma, o STF declarou inconstitucional trecho do artigo 492 do Código de Processo Penal (CPP), introduzido pelo Pacote Anticrime, que prevê a execução imediata da pena imposta pelo Tribunal do Júri apenas se a condenação for de, no mínimo, 15 anos de reclusão, fixando a seguinte tese de julgamento: **"A soberania dos veredictos do Tribunal do Júri autoriza a imediata execução de condenação imposta pelo corpo de jurados, independentemente do total da pena aplicada"**.

Abstraindo a questão de política criminal que norteia o caso, não entendemos por razoável a tese vencedora, que autoriza a imediata execução de condenação imposta pelo corpo de jurados, independentemente do total da pena aplicada. Isso porque a soberania dos vereditos dos jurados funda-se no juízo de fato sobre o caso e não sobre a questão jurídica. Não nos parece adequado transferir para os jurados o poder de decidir sobre a liberdade do acusado, de forma cautelar, especialmente porque o julgamento é amparado pelo princípio da íntima convicção. Igualmente, não nos parece razoável a possibilidade de uma decisão, proferida por juízes leigos, ainda passível de recurso, fundamentar a prisão imediata tão somente por força do julgamento.

A temática, conforme tratamos quando do estudo do clamor público, revela-se mais densa do que o simples debate entre "prender ou não prender". Não se nega a presunção de inocência e, igualmente, não se nega a necessidade de uma rápida resposta estatal. Contudo, não nos parece adequada a abertura normativa para se permitir a prisão tão somente pela existência do título judicial, independentemente da gravidade do delito.

Se buscamos, essencialmente, uma pronta resposta estatal, melhor seria o estabelecimento de um exíguo prazo para que os Tribunais Superiores julgassem os recursos nos crimes dolosos contra a vida. O custo da morosidade da Justiça não pode recair sobre o indivíduo. Tal medida coroaria não somente o princípio da duração razoável do processo, como também permitiria uma pronta resposta estatal, sem qualquer espécie de violação à presunção de inocência.

Em reforço à argumentação contra a tese vencedora, o §3º do art. 492 do CPP prevê que o presidente poderá, excepcionalmente, deixar de autorizar a execução provisória das penas de que trata a alínea *e* do inciso I do *caput* deste artigo, se houver questão substancial cuja resolução pelo tribunal ao qual competir o julgamento possa plausivelmente levar à revisão da condenação. Parece-nos contraditório o argumento de que a prisão automática poderia ser imposta em observância à soberania dos vereditos e, simultaneamente, por questão jurídica, se permitir ao magistrado deixar de autorizar a execução provisória da pena.

Assim, reforçando a posição anterior, mesmo diante do cenário apresentado no julgamento do Tema 1068, entendemos que toda e qualquer prisão de natureza cautelar deve ser pautada em elementos concretos e justificadores, não podendo ser utilizada, *ex lege*, como forma de cumprimento antecipado de pena.

Vale registrar ainda, porquanto voltaremos ao tema no capítulo de recursos que, o §4º do art. 492, CPP, a ser modulado em interpretação para se afastar o parâmetro dos quinze anos de pena, dispõe que a apelação interposta contra decisão condenatória do Tribunal do Júri a uma pena igual ou superior a 15 (quinze) anos de reclusão não terá efeito suspensivo. Conforme o §5º, excepcionalmente, poderá o tribunal atribuir efeito suspensivo à apelação de que trata o § 4º deste artigo, quando verificado cumulativamente que o recurso: I - não tem propósito meramente protelatório; e II - levanta questão substancial e que pode resultar em absolvição, anulação da sentença, novo julgamento ou redução da pena para patamar inferior a 15 (quinze) anos de reclusão.

Por fim, o §6º prevê que o pedido de concessão de efeito suspensivo poderá ser feito incidentemente na apelação ou por meio de petição em separado dirigida diretamente ao relator, instruída com cópias da sentença condenatória, das razões da apelação e de prova da tempestividade, das contrarrazões e das demais peças necessárias à compreensão da controvérsia.

30.5.2 Sentença absolutória

Nos termos do inciso II do art. 492 do CPP, no caso de absolvição, o juiz presidente: a) mandará colocar em liberdade o acusado se por outro motivo não estiver preso; b) revogará as medidas restritivas provisoriamente decretadas; c) imporá, se for o caso, a medida de segurança cabível.

Sendo o acusado absolvido, qualquer medida restritiva pessoal ou patrimonial deverá ser imediatamente revogada, pois sua manutenção implicaria abuso de autoridade, haja vista que o recurso de apelação não possui efeito suspensivo.

Por outro lado, sendo o acusado absolvido com fundamento na inimputabilidade, gerando a absolvição imprópria, conforme destacamos anteriormente, o juiz presidente deverá impor a medida de segurança.

30.5.3 Ata

De cada sessão de julgamento o escrivão lavrará ata, assinada pelo presidente e pelas partes (art. 494, CPP), sendo que a falta da ata sujeitará o responsável a sanções administrativa e penal (art. 496, CPP). Por razões lógicas, a ata deverá ser formalizada ao final da sessão de julgamento.

Nos termos do art. 495 do CPP, a ata descreverá fielmente todas as ocorrências, mencionando obrigatoriamente: I – a data e a hora da instalação dos trabalhos; II – o magistrado que presidiu a sessão e os jurados presentes; III – os jurados que deixaram de comparecer, com escusa ou sem ela, e as sanções aplicadas; IV – o ofício ou requerimento de isenção ou dispensa; V – o sorteio dos jurados suplentes; VI – o adiamento da sessão, se houver ocorrido, com a indicação do motivo; VII – a abertura da sessão e a presença do Ministério Público, do querelante e do assistente, se houver, e a do defensor do acusado; VIII – o pregão e a sanção imposta, no caso de não comparecimento; IX – as testemunhas dispensadas de depor; X – o recolhimento das testemunhas a lugar de onde umas não pudessem ouvir o depoimento das outras; XI – a verificação das cédulas pelo juiz presidente; XII – a formação do Conselho de Sentença, com o registro dos nomes dos jurados sorteados e recusas; XIII – o compromisso e o interrogatório, com simples referência ao termo; XIV – os debates e as alegações das partes com os respectivos fundamentos; XV – os incidentes; XVI – o julgamento da causa; XVII – a publicidade dos atos da instrução plenária, das diligências e da sentença.

30.6 SÍNTESE GRÁFICA

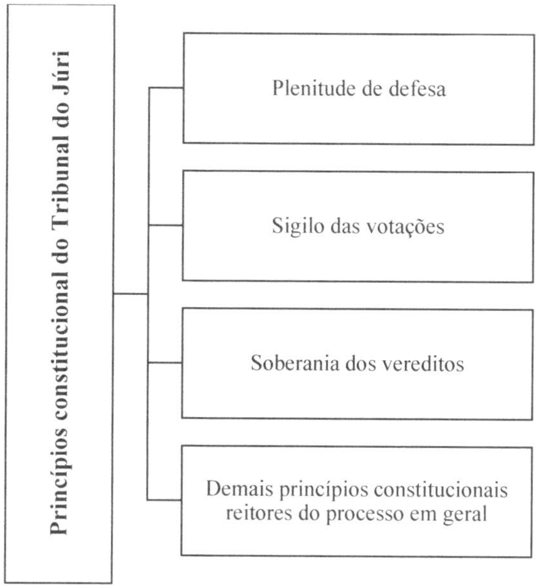

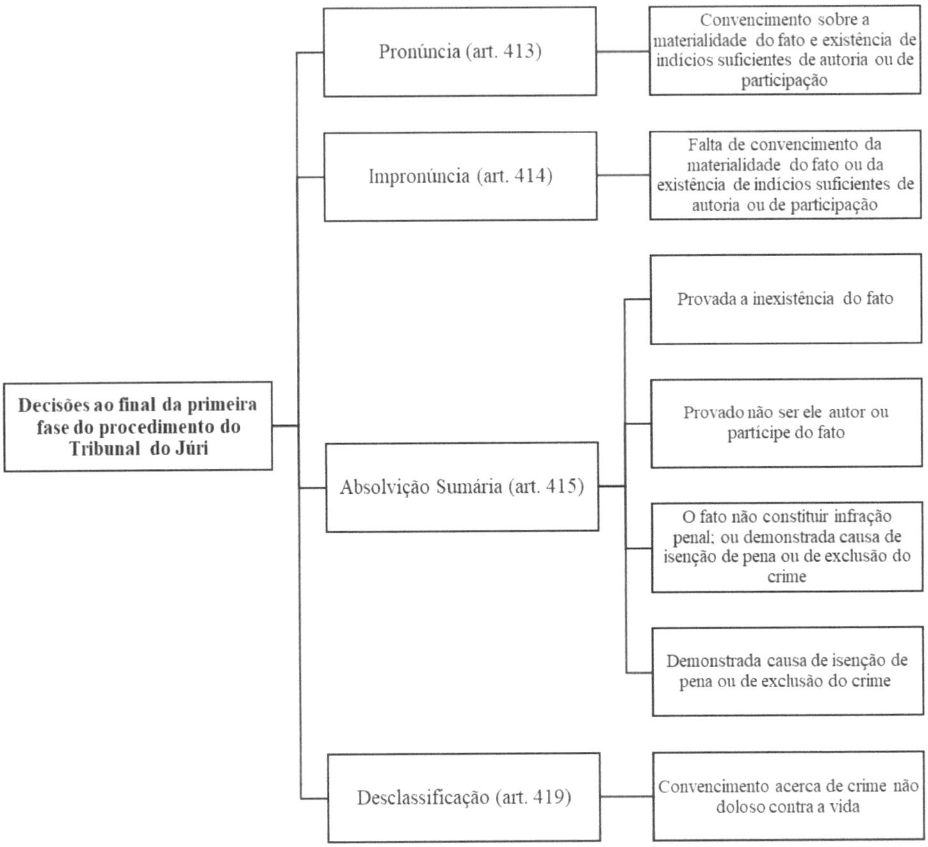
Decisões ao final da primeira fase do procedimento do Tribunal do Júri
Pronúncia (art. 413)
Convencimento sobre a materialidade do fato e existência de indícios suficientes de autoria ou de participação
Impronúncia (art. 414)
Falta de convencimento da materialidade do fato ou da existência de indícios suficientes de autoria ou de participação
Absolvição Sumária (art. 415)
Provada a inexistência do fato
Provado não ser ele autor ou partícipe do fato
O fato não constituir infração penal; ou demonstrada causa de isenção de pena ou de exclusão do crime
Demonstrada causa de isenção de pena ou de exclusão do crime
Desclassificação (art. 419)
Convencimento acerca de crime não doloso contra a vida

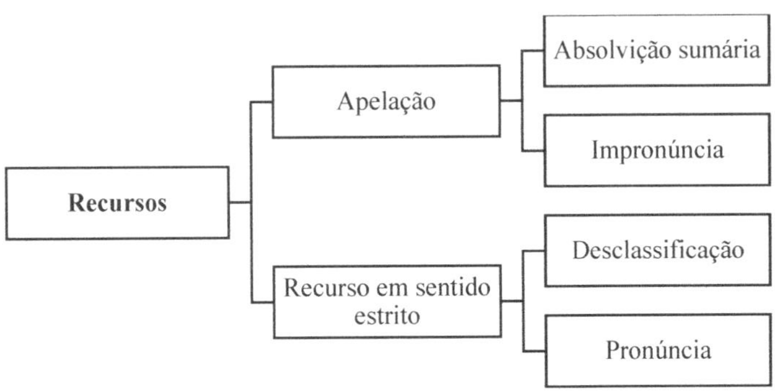
Recursos
Apelação
Absolvição sumária
Impronúncia
Recurso em sentido estrito
Desclassificação
Pronúncia

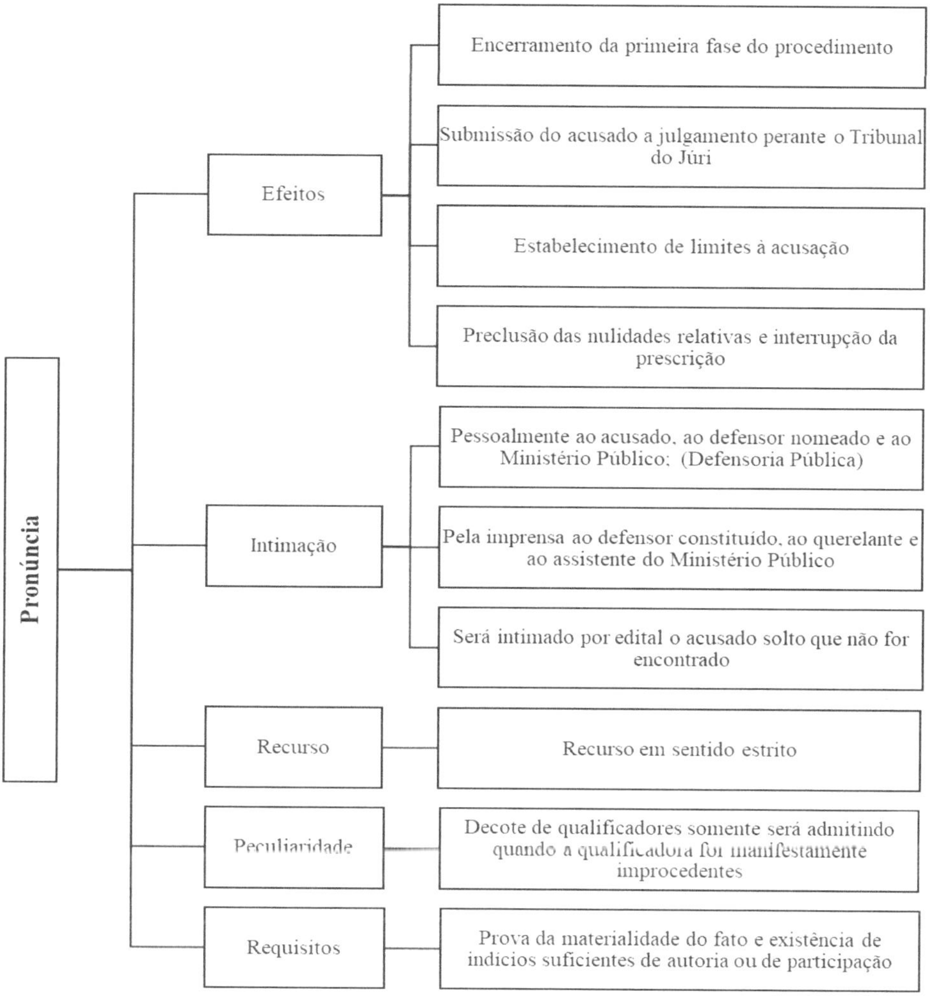
Pronúncia
Efeitos
Encerramento da primeira fase do procedimento
Submissão do acusado a julgamento perante o Tribunal do Júri
Estabelecimento de limites à acusação
Preclusão das nulidades relativas e interrupção da prescrição
Intimação
Pessoalmente ao acusado, ao defensor nomeado e ao Ministério Público; (Defensoria Pública)
Pela imprensa ao defensor constituído, ao querelante e ao assistente do Ministério Público
Será intimado por edital o acusado solto que não for encontrado
Recurso
Recurso em sentido estrito
Peculiaridade
Decote de qualificadores somente será admitindo quando a qualificadora foi manifestamente improcedentes
Requisitos
Prova da materialidade do fato e existência de indícios suficientes de autoria ou de participação

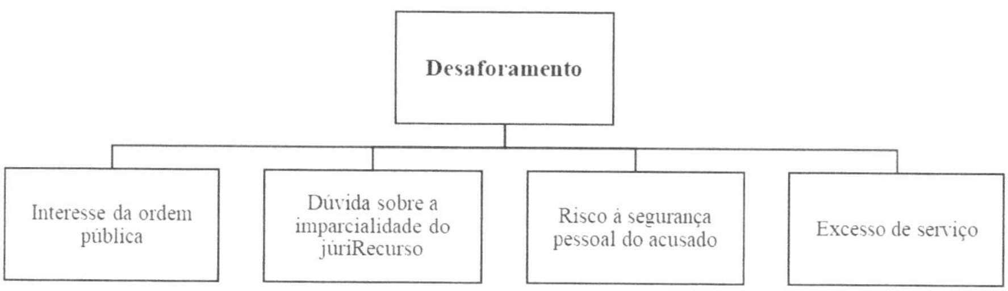
Desaforamento
Interesse da ordem pública
Dúvida sobre a imparcialidade do júriRecurso
Risco à segurança pessoal do acusado
Excesso de serviço

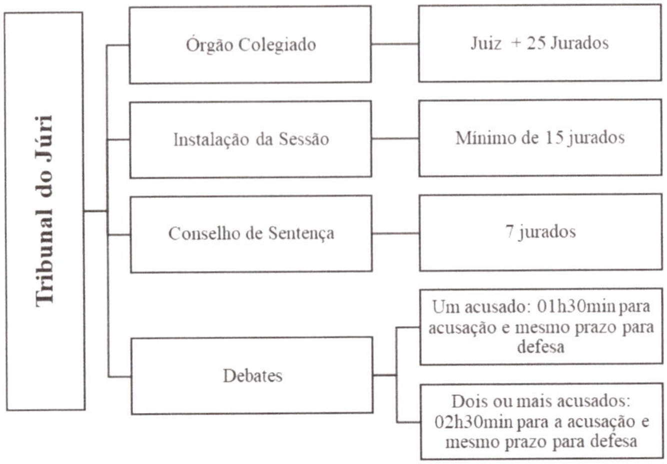

30.7 REVISÃO DO CAPÍTULO POR QUESTÕES DE CONCURSOS E ASSERTIVAS DE REFORÇO

QUESTÕES DE CONCURSO

1. (MP/PE 2022 - FCC - PROMOTOR DE JUSTIÇA SUBSTITUTO). Praticado crime doloso contra a vida na Comarca de Petrolina, o acusado foi pronunciado. Designada data para o julgamento em plenário, surge dúvida sobre a imparcialidade do júri. Em relação ao tema,

A. a dúvida sobre a imparcialidade do júri somente poderá ser arguida enquanto não preclusa a decisão de pronúncia.
B. deverá a defesa ou o Ministério Público arguir a suspeição do corpo de jurados e requerer ao presidente do tribunal do júri a transferência do julgamento para outra comarca.
C. é caso de desaforamento a ser apreciado pelo Tribunal de Justiça e o relator, sendo relevantes os motivos, poderá suspender o julgamento do júri.
D. o conselho de sentença deverá ser rejeitado pela acusação ou defesa e o presidente do tribunal do júri deverá convocar outros jurados da lista.
E. o Tribunal de Justiça poderá apreciar a exceção de suspeição ou impedimento e designar tribunal do júri, da mesma região, para proceder ao julgamento do pronunciado.

2. (MP/AC 2022 - CESPE - PROMOTOR DE JUSTIÇA SUBSTITUTO). Podem participar do mesmo conselho de sentença

A. indivíduos que sejam cunhados entre si.
B. sogro e nora.
C. avô e neto.
D. marido e mulher.
E. indivíduos que sejam primos entre si.

3. (DPE/SE 2022 - CESPE – DEFENSOR PÚBLICO). Segundo o entendimento do Superior Tribunal de Justiça, o Hearsay Testimony (depoimento indireto) no Tribunal do Júri

A. é plenamente válido.
B. deve ser retirado do inquérito policial.
C. deve ser mantido no inquérito policial, mas deve ser ignorado pelo órgão julgador no momento da pronúncia, devendo os jurados decidir sobre ele.
D. não pode servir de base para a decisão de pronúncia, caso o crime ou a qualificadora decorra exclusivamente dele.
E. deve ser informado necessariamente da sua natureza aos jurados.

4. (DPE/SE 2022 - CESPE – DEFENSOR PÚBLICO) Na Sessão Plenária do Tribunal do Júri, a oitiva de testemunhas de defesa deve ser iniciada com perguntas

A. do assistente de acusação
B. do juiz presidente.
C. do Ministério Público.
D. do defensor do acusado.
E. dos jurados.

5. (DPE/TO 2022 - CESPE – DEFENSOR PÚBLICO). Considerando o entendimento do STJ acerca do tribunal do júri, assinale a opção correta.

A. A ausência do oferecimento das alegações finais pela defesa em processo de competência do Tribunal do Júri acarreta nulidade absoluta.
B. Durante os debates no plenário do Tribunal do Júri, a leitura dos antecedentes criminais do acusado viola o dispositivo legal que proíbe a referência a decisões que o prejudiquem.

C. É válida a anulação parcial de decisão proferida pelo Conselho de Sentença acerca de qualificadora sem que haja a submissão do acusado a novo plenário do Tribunal do Júri.
D. Compete ao juiz do Tribunal do Júri decretar, motivadamente, como efeito da condenação, a perda do cargo ou função pública, inclusive de militar quando o fato não tem relação com sua atividade na caserna.
E. A complementação do número regulamentar mínimo de jurados por meio de sorteio de suplentes enseja nulidade do julgamento por violação do princípio do juiz natural.

6. (TJ/MG 2022 – FGV – JUIZ DE DIREITO). Acerca da pronúncia e do julgamento pelo Tribunal do Júri, considerando os dispositivos legais que regem a matéria e a jurisprudência atualizada dos Tribunais Superiores, analise as afirmativas a seguir.

I. Em um julgamento pelo Tribunal do Júri, compareceram 13 (treze) jurados, realizando-se o sorteio dos 7 (sete) jurados aptos a julgar o caso. Ao final do julgamento, o réu foi absolvido e o Ministério Público recorreu da sentença, pleiteando novo julgamento pelo fato de a decisão dos jurados estar manifestamente contrária às provas dos autos. Nesse caso, o Tribunal pode reconhecer, de ofício, nulidade absoluta do julgamento com base no Art. 564, inciso III, alínea *i*, do Código de Processo Penal, visto que não houve a presença mínima de 15 (quinze) jurados, determinando que seja realizado novo julgamento com a presença mínima de jurados exigida por lei.
II. Segundo o Superior Tribunal de Justiça, as qualificadoras do crime de homicídio fundadas somente em depoimento indireto violam o Art. 155 do Código de Processo Penal (o juiz formará sua convicção pela livre apreciação da prova produzida em contraditório judicial, não podendo fundamentar sua decisão exclusivamente nos elementos informativos colhidos na investigação, ressalvadas as provas cautelares, não repetíveis e antecipadas), devendo, para a prolação da decisão de pronúncia, existir prova produzida sob o crivo do contraditório.
III. A leitura em plenário, feita pelo Promotor de Justiça, de sentença condenatória de corréu, proferida em julgamento anterior, gera nulidade insanável de sessão de julgamento pelo conselho de sentença.

Está correto o que se afirma em

A. I, somente.
B. II, somente.
C. III, somente.
D. II e III, somente.

7. (DPE/PA 2022 - CESPE – DEFENSOR PÚBLICO). No que se refere ao procedimento relativo aos processos da competência do tribunal do júri, assinale a opção correta.

A. A fase do sumário de culpa constitui etapa de admissibilidade da acusação e, por isso, admite-se que as declarações de testemunhas indiretas ouvidas apenas no inquérito sejam suficientes para a pronúncia do denunciado.
B. O desaforamento pode ser requerido pelas partes ou por meio de representação do juiz competente se houver interesse de ordem pública, dúvida sobre a parcialidade dos jurados, risco à segurança do(s) acusado(s) ou excesso de serviço no juízo do tribunal do júri local.
C. A ausência do oferecimento de alegações finais defensivas é causa de nulidade, pois viola o princípio da ampla defesa.
D. De acordo com a jurisprudência do STJ, a leitura da sentença de pronúncia em plenário, por si só, é causa de nulidade.
E. Violará o princípio constitucional da soberania dos veredictos o acórdão que absolver o condenado por homicídio, em sede de revisão criminal, sem submetê-lo a novo julgamento pelo tribunal do júri.

8. (DPE/MS 2022 - FGV – DEFENSOR PÚBLICO) Em determinada comarca, ao proceder à sessão de julgamento de um crime doloso contra a vida, o juiz presidente se viu forçado a dissolver o Conselho e designar novo dia para o ato, haja vista o advogado constituído ter se apresentado muito embriagado em plenário. Na nova data, tendo comparecido o mesmo patrono constituído pelo réu, o juiz presidente, ao perceber que o causídico dormia ao longo da sustentação feita pelo Ministério Público, fez incidir a regra do Art. 497 do CPP, dissolvendo o Conselho e nomeando a Defensoria Pública para representar o acusado, por considerá-lo indefeso. O juiz presidente agiu:

A. corretamente, pois a função de proteção que emana do direito de defesa legitima plenamente a conduta judicial;
B. erroneamente, pois, com as alterações da Lei nº 13.964/2019, o juiz deveria aguardar a provocação do Ministério Público;
C. corretamente, pois o dispositivo resguarda a eficácia vertical do direito de defesa;
D. erroneamente, pois a nomeação de novo defensor deve ser precedida de consulta ao acusado.

9. (TJ/AP 2022 – FGV – JUIZ DE DIREITO). Em relação ao procedimento dos crimes dolosos contra a vida, é correto afirmar que é:

A. inadmissível a pronúncia do réu, sem qualquer lastro probatório produzido em juízo, fundamentada exclusivamente em elementos informativos colhidos na fase inquisitorial;
B. admissível a pronúncia do réu, sem qualquer lastro probatório produzido em juízo, fundamentada exclusivamente em elementos informativos colhidos na fase inquisitorial;
C. inadmissível a pronúncia do réu, com lastro probatório produzido em juízo, fundamentada supletivamente em elementos informativos colhidos na fase inquisitorial;
D. admissível a pronúncia do réu, sem qualquer lastro probatório produzido em juízo, desde que haja pedido de produção de provas em plenário;

E. inadmissível a pronúncia do réu, com lastro probatório produzido em juízo, sem que haja a reprodução perante o Conselho de Sentença.

10. (DPE/AM 2021 - FCC - DEFENSOR PÚBLICO). Sobre o procedimento afeto ao Tribunal do Júri:

A. Em condenação pelo Tribunal do Júri igual ou superior a 15 anos, o tribunal poderá dar efeito suspensivo ao apelo se este, de maneira cumulativa, não tiver mero propósito protelatório e levantar questão substancial que possa ensejar novo julgamento.

B. O juiz, ao término da primeira fase, não se convencendo da materialidade do fato delituoso ou da existência de suficientes indícios de autoria ou participação do acusado, motivadamente, o absolverá desde logo.

C. Se o interesse da segurança pública o reclamar ou houver dúvida sobre a imparcialidade do juiz togado, o Tribunal, a pedido do acusado, poderá determinar o desaforamento para a comarca mais próxima da região.

D. Na sessão plenária de julgamento, durante os debates, é defeso a qualquer das partes, sob pena de nulidade, fazer referências aos antecedentes penais do acusado como argumento de autoridade.

E. Da decisão, ao final da primeira fase, que desclassifica o crime doloso contra a vida, caberá o recurso de apelação, enquanto o recurso em sentido estrito é o cabível contra decisão que impronuncia o acusado.

ASSERTIVAS DE REFORÇO

1. ( ) O fato de ser concebida como soberana confere à decisão proferida pelo Tribunal do Júri o *status* de imutável.

2. ( ) A competência fixada pela Constituição Federal para o Tribunal do Júri é mínima, de forma que pode ser ampliada pelo legislador infraconstitucional.

3. ( ) A competência constitucional do Tribunal do Júri prevalece sobre o foro por prerrogativa de função estabelecido exclusivamente pela Constituição Estadual.

4. ( ) Por meio da pronúncia, o juiz admite a acusação quando estiver convencido da materialidade do fato e da existência de indícios suficientes de autoria ou de participação.

5. ( ) A decisão de pronúncia, em razão de sua natureza processual, não faz coisa julgada material, mas tão somente preclusão *pro judicato* após o decurso do prazo recursal ou improvimento do recurso, não podendo ser modificada em qualquer hipótese.

6. ( ) A fundamentação da pronúncia limitar-se-á à indicação da materialidade do fato e da existência de indícios suficientes de autoria ou de participação, devendo o juiz declarar o dispositivo legal em que julgar incurso o acusado e especificar as circunstâncias qualificadoras, as causas de aumento de pena e as agravantes.

7. ( ) O magistrado deve se abster, a todo o momento, de abusar da linguagem na decisão de pronúncia, evitando a chamada eloquência acusatória, fonte de nulidade absoluta da decisão.

8. ( ) Em respeito à regra probatória, o STJ tem, reiteradamente, decidido somente pela possibilidade de decote de qualificadora quando manifestamente improcedente ou sem nenhum amparo nos elementos dos autos, sob pena de usurpação da competência constitucional do Tribunal do Júri.

9. ( ) Não sendo arguidas nulidades relativas até o momento da decisão de pronúncia, a prolação dessa implicará a preclusão quanto a futuras alegações, que poderão, contudo, serem objeto de análise quando sustentadas em preliminar de apelação.

10. ( ) A pronúncia é causa interruptiva da prescrição, sendo esse o único efeito material da decisão. A posterior desclassificação do delito pelo Conselho de Sentença, para crime não doloso contra a vida, afasta a interrupção da pronúncia promovida com a decisão.

11. ( ) A intimação da decisão de pronúncia será feita pessoalmente ao acusado, ao defensor nomeado, ao Ministério Público e ao assistente da acusação.

12. ( ) A interposição de recursos especial ou extraordinário contra acórdão confirmatório da decisão de pronúncia não obstaculiza a realização do julgamento pelo Tribunal do Júri.

13. ( ) A impronúncia é uma decisão interlocutória mista terminativa, haja vista que não se reveste de força definitiva por não apreciar o mérito da causa, não obstante encerrar uma fase do procedimento, revelando seu caráter misto.

14. ( ) Afastada pela impronúncia a imputação de crime de doloso contra a vida pelo magistrado, por não se convencer acerca da materialidade ou a existência de indícios suficientes de autoria ou de participação, o juiz deverá também se pronunciar quanto às infrações penais conexas.

15. ( ) Ao contrário da pronúncia, que não encerra o processo e impugnável por meio de recurso em sentido estrito, a impronúncia pode ser atacada por meio de apelação.

16. ( ) Deverá o magistrado absolver sumariamente o acusado ao final do juízo sumariante quando provada a inexistência do fato, provado não ser o agente autor ou partícipe do fato, o fato não constituir infração penal ou restar demonstrada causa de isenção de pena, de exclusão do crime ou de concessão de perdão judicial.

17. ( ) A imputação conexa, acessória, deve seguir a sorte da principal no caso de pronúncia, mas não de absolvição sumária, porquanto a acessoriedade deixará de existir.

18. ( ) Promovida a desclassificação, antes de remeter o processo ao juízo competente, o juiz deverá aguardar o trânsito em julgado da decisão, vez que as partes podem interpor o recurso de apelação contra a decisão desclassificatória.

19. ( ) Cabe ao magistrado decidir pela necessidade de desaforamento.

20. ( ) É nula a decisão que determina o desaforamento de processo da competência do júri sem audiência da defesa.

21. ( ) O desaforamento pode ser deferido em qualquer das fases do procedimento do Tribunal do Júri, desde que satisfeitos os requisitos legais.

22. ( ) O desaforamento poderá ser determinado, em razão do comprovado excesso de serviço, ouvidos o juiz presidente e a parte contrária, se o julgamento não puder ser realizado no prazo de 6 (seis) meses, contado do trânsito em julgado da decisão de pronúncia.

23. ( ) O desaforamento, independentemente da natureza estadual ou federal do delito, deverá ser realizada para comarca ou seção judiciária do mesmo Estado, podendo ser deslocado o julgamento para a capital do Estado, caso essa reúna melhores condições para julgamento.

24. ( ) O Tribunal do Júri é composto por 1 (um) juiz togado, seu presidente, e por 25 (vinte e cinco) jurados que serão sorteados dentre os alistados, 7 (sete) dos quais constituirão o Conselho de Sentença em cada sessão de julgamento.

25. ( ) O serviço do júri é obrigatório, sendo que o alistamento compreenderá os cidadãos maiores de 21 (vinte e um) anos de notória idoneidade.

26. ( ) Salvo motivo relevante que autorize alteração na ordem dos julgamentos, terão preferência para julgamento os acusados presos, observado o maior tempo de prisão e, de formal sequencial, caso todos tenham sido presos no mesmo dia, aqueles precedentemente pronunciados.

27. ( ) Ausente, injustificadamente, o defensor do acusado à sessão plenária do júri, o julgamento será adiado somente uma vez, devendo o acusado ser julgado quando chamado novamente. Nesse caso, o juiz intimará a Defensoria Pública para o novo julgamento, que será adiado para o primeiro dia desimpedido, observado o prazo mínimo de 10 (dez) dias.

28. ( ) Estando o acusado solto e tendo sido regularmente intimado, seu não comparecimento não implicará o adiamento do julgamento.

29. ( ) Estando preso o acusado, seu não comparecimento não implicará o adiamento da sessão.

30. ( ) O juiz presidente, no momento do sorteio dos jurados, decidirá os casos de isenção e dispensa de jurados e o pedido de adiamento de julgamento, mandando consignar em ata as deliberações.

31. ( ) Os jurados excluídos por impedimento ou suspeição não serão computados para a constituição do número legal.

32. ( ) São impedidos de servir no mesmo Conselho como jurados: marido e mulher; ascendente e descendente; sogro e genro ou nora; irmãos e cunhados, durante o cunhadio; tio e sobrinho; e padrasto, madrasta ou enteado.

33. ( ) Há impedimento do jurado que tiver funcionado em julgamento anterior do mesmo processo, independentemente da causa determinante do julgamento posterior, mas não há impedimento no caso de, havendo o concurso de pessoas, houver integrado o Conselho de Sentença que julgou o outro acusado.

34. ( ) À medida em que as cédulas forem sendo retiradas da urna, o juiz presidente as lerá, e o Ministério Público e, depois dele, a Defesa, poderão recusar os jurados sorteados, até 3 (três) cada parte, sem motivar a recusa.

35. ( ) Ocorre o chamado estouro de urna quando, diante das situações de impedimento, suspeição, incompatibilidade, dispensa ou recusa dos jurados, não houver número para a formação do Conselho de Sentença.

36. ( ) A leitura de peças requerida pelas partes em plenário só pode versar sobre as provas colhidas por carta precatória e às provas cautelares, antecipadas ou não repetíveis.

37. ( ) Não se permitirá o uso de algemas no acusado durante o período em que permanecer no plenário do júri, salvo se absolutamente necessário à ordem dos trabalhos, à segurança das testemunhas ou à garantia da integridade física dos presentes.

38. ( ) O tempo destinado à acusação será de uma hora e meia, sendo irrelevante o fato do Ministério Público estar assistido, ao contrário da primeira fase do procedimento, que prevê o acréscimo de dez minutos aos vinte previstos para a acusação nas alegações orais.

39. ( ) Manifestando-se o Ministério Público pelo não exercício do direito de réplica, o assistente da acusação não poderá pugnar por essa, vez que sua atuação segue a sorte da parte principal nesse particular.

40. ( ) Segundo o STJ, é possível a celebração de negócio jurídico processual entre as partes para alteração do prazo dos debates orais no plenário do júri.

41. ( ) Durante o julgamento não será permitida a leitura de documento ou a exibição de objeto que não tiver sido juntado aos autos com a antecedência mínima de 3 (três) dias, dando-se ciência à outra parte.

42. ( ) A leitura da decisão de pronúncia é expressamente vedada em plenário.

43. ( ) Sendo o magistrado chamado a regulamentar o aparte durante os debates, o juiz poderá conceder até 5 (cinco) minutos para cada aparte requerido, que serão acrescidos ao tempo original da parte que sofre o aparte.

44. ( ) Reconhecendo os jurados que o acusado não deverá ser absolvido, deverão responder se existe causa de diminuição de pena alegada pela defesa antes de qualquer indagação sobre as circunstâncias agravantes ou qualificadoras.

45. ( ) Com a reforma produzida pela Lei 11.689/08, cabe ao jurado votar sobre a existência ou não de circunstâncias agravantes ou atenuantes alegadas nos debates.

46. ( ) O concurso de crimes, em razão da conexão e *vis attractiva* do Tribunal do Júri deve ser quesitado aos jurados.

47. ( ) Estando a defesa assentada em tese principal absolutória (legítima defesa) e tese subsidiária desclassificatória (ausência de animus necandi), e havendo a norma processual permitido a formulação do quesito sobre a desclassificação antes ou depois do quesito genérico da absolvição, a tese principal deve ser questionada antes da tese subsidiária, pena de causar enorme prejuízo para a defesa e evidente violação ao princípio da amplitude da defesa.

48. ( ) Ocorre a desclassificação própria quando os jurados desclassificam o delito para outro que não é de competência do Tribunal do Júri sem especificar para qual crime, a exemplo da desclassificação operada quando os jurados negam o quesito atinente à tentativa de homicídio.

49. ( ) Caso a votação acerca do crime doloso contra a vida implique absolvição do acusado, os jurados afirmarão a competência para julgamento do crime doloso contra vida, motivo pelo qual deverão, igualmente, julgar os crimes conexos.

50. ( ) Na sentença proferida pelo Tribunal do Júri, o juiz presidente deverá, em observância à decisão dos jurados, replicar o valor decidido por esses como mínimo para reparação dos danos causados pela infração, considerando os prejuízos sofridos pelo ofendido.

30.7.1 Gabaritos

QUESTÕES DE CONCURSO

1	2	3	4	5	6	7	8	9	10
C	E	D	B	D	B	B	D	A	A

ASSERTIVAS DE REFORÇO

1	2	3	4	5	6	7	8	9	10
F	V	V	V	F	F	V	V	F	F
11	**12**	**13**	**14**	**15**	**16**	**17**	**18**	**19**	**20**
F	V	V	F	V	F	V	F	F	V
21	**22**	**23**	**24**	**25**	**26**	**27**	**28**	**29**	**30**
F	V	F	F	V	V	V	V	F	F
31	**32**	**33**	**34**	**35**	**36**	**37**	**38**	**39**	**40**
F	V	F	F	V	V	V	V	F	V
41	**42**	**43**	**44**	**45**	**46**	**47**	**48**	**49**	**50**
F	F	F	V	F	F	V	V	V	F

COMENTÁRIOS ÀS ASSERTIVAS FALSAS E JUSTIFICATIVAS IMPORTANTES

1. F. O fato de ser concebida como soberana não confere à decisão proferida pelo Tribunal do Júri o *status* de imutável, como se transitada em julgado fosse, tanto que admissível o recurso de apelação quando absolutamente contrária às provas dos autos (art. 593, III, "d", CPP).

2. V.

3. V.

4. V.

5. F. P princípio da imodificabilidade da pronúncia não é absoluto, haja vista que, excepcionalmente, a pronúncia poderá ser modificada quando ocorra circunstância superveniente que altere a classificação do crime, a exemplo da morte da vítima como consequência da conduta originalmente imputada ao agente como tentativa de homicídio.

6. F. As agravantes não são registradas na pronúncia.

7. V.

8. V.

9. F. A preclusão da decisão de pronúncia impede a apreciação posterior das nulidades relativas anteriores à pronúncia.

10. F. Não afasta a interrupção da pronúncia promovida com a decisão.

11. F. O assistente da acusação será intimado na forma do art. 370, §1º do CPP.

12. V.

13. V.

14. F. O juiz não poderá se pronunciar quanto às infrações penais conexas, vez que sua competência quanto a esses deriva da imputação principal por crime doloso contra a vida que, uma vez afastada, retira a competência do magistrado para apreciar os crimes conexos.

15. V.

16. F. A decisão que concede o perdão judicial é meramente declaratória e pressupõe o reconhecimento prévio de fato típico, ilícito e culpável, cuja apreciação compete ao plenário do júri.

17. V.

18. F. Recurso em sentido estrito.

19. F. Cabe ao Tribunal a decisão.

20. V.

21. F. O desaforamento pressupõe o encerramento definitivo da primeira fase do procedimento do Tribunal do Júri, pois, somente após a preclusão da decisão de pronúncia, haverá, juridicamente, acusação a ser submetida ao tribunal popular. Logo, não se cogita no desaforamento durante o procedimento sumaríssimo ou na pendência de recurso contra a decisão de pronúncia.

22. V.

23. F. Na seara estadual, o desaforamento deverá ser realizado para uma das comarcas do Estado, não se admitindo a modificação da competência para outro Estado. No âmbito Federal, contudo, o desaforamento poderá ser realizado para outro Estado, desde que nos limites da competência territorial do respectivo TRF.

24. F. Maiores de dezoito anos.

25. V.

26. V.

27. V.

28. V.

29. F. Os motivos de sua ausência decorrem exclusivamente de omissão estatal, não podendo o acusado ser prejudicado, porquanto, por estar preso, nada poderia fazer para comparecer ao julgamento.

30. F. Segundo o art. 454 do CPP, o juiz presidente, até o momento da abertura dos trabalhos, em fase preliminar, decidirá os casos de isenção e dispensa de jurados e o pedido de adiamento de julgamento, mandando consignar em ata as deliberações.

31. F. Os jurados excluídos por impedimento ou suspeição serão computados para a constituição do número legal.

32. V.

33. F. Não poderá servir o jurado que, no caso do concurso de pessoas, houver integrado o Conselho de Sentença que julgou o outro acusado.

34. F. À medida em que as cédulas forem sendo retiradas da urna, o juiz presidente as lerá, e a defesa e, depois dela, o Ministério Público poderão recusar os jurados sorteados, até 3 (três) cada parte, sem motivar a recusa.

35. V.

36. V.

37. V.

38. V.

39. F. Segundo o STJ: Os arts. 271 e 473 do Código de Processo Penal conferem ao Assistente da Acusação o direito à réplica, ainda que o Ministério Público tenha anuído à tese de legítima defesa do Réu e declinado do direito de replicar, razão pela qual deve ser anulado o julgamento. REsp 1343402/SP, Rel. Min. Laurita Vaz, 5ª Turma, DJe 03.09.14.

40. V.

41. F. Antecedência mínima de 3 (três) dias úteis.

42. F. Não se veda a eventual leitura da decisão, mas tão somente sua exploração como argumento de autoridade.

43. F. Três minutos.

44. V.

45. F. Com a reforma produzida pela Lei 11.689/08, não cabe mais ao jurado votar sobre a existência ou não de circunstâncias agravantes ou atenuantes alegadas nos debates, conforme se extrai do teor do art. 492, I, "b" do CPP, e sua conjugação com o art. 483, que não prevê quesitação específica.

46. F. O concurso de crimes envolve matéria jurídica e tem sede natural na aplicação da pena, razão pela qual, segundo o entendimento dominante, não deve ser quesitado aos jurados por se tratar de tema afeto às funções do juiz presidente.

47. V.

48. V.

49. V.

50. F. O valor é estabelecido pelo juiz e não pelos jurados.

31

Sentença

31.1 COMO O ASSUNTO É ABORDADO EM PROVAS E CONCURSOS

O tema "sentença" é frequente em cobrança nos concursos de Magistratura, Ministério Público, Defensoria Pública e Delegado de Polícia, em todas as suas etapas, verificando-se, exponencialmente, um maior número de questões nas provas de magistratura.

A normatização objetiva exigida nas provas de múltipla escolha é acompanhada da jurisprudência e doutrina, especialmente quanto ao aspecto material da sentença, que atrai, naturalmente, a carga referente ao Direito Penal no tocante à dosimetria da pena, sendo imprescindível o aprofundamento sobre o tema.

A classificação das decisões, de cunho doutrinário, é exigida de forma pressuposta, ao passo que a estrutura formal da sentença assume especial relevo diante dos institutos da *emendatio* e *mutatio libelli*, muito exigidas em todas as carreiras, inclusive em peças práticas de Magistratura, Ministério Público e Defensoria Pública.

O estudo, especialmente de revisão, deve ser realizado sobre os aspectos doutrinários e jurisprudenciais, sendo imprescindível, contudo, a compressão básica da norma.

31.2 INTRODUÇÃO

Conforme se extrai do art. 203, *caput*, do CPC, os pronunciamentos do juiz consistirão em sentenças, decisões interlocutórias e despachos. Nos termos do §1º do dispositivo, sentença é o pronunciamento por meio do qual o juiz, com fundamento nos arts. 485 e 487, põe fim à fase cognitiva do procedimento comum, bem como extingue a execução.

Por sua vez, decisão interlocutória é todo pronunciamento judicial de natureza decisória que não se enquadre no conceito de sentença (§2º). Nos termos do §3º, são considerados despachos todos os demais pronunciamentos do juiz praticados no processo, de ofício ou a requerimento da parte. E, por fim, conforme o §4º, os atos meramente ordinatórios independem de despacho, devendo ser praticados de ofício pelo servidor e revistos pelo juiz quando necessário, a exemplo do como a juntada e a vista obrigatória.

Nos termos do art. 800 CPP, os juízes singulares darão seus despachos e decisões dentro dos seguintes prazos, quando outros não estiverem estabelecidos: I - de dez dias, se a decisão for definitiva, ou interlocutória mista; II - de cinco dias, se for interlocutória simples; III - de um dia, se se tratar de despacho de expediente. Segundo o §1º, os prazos para o juiz contar-se-ão do termo de conclusão. Em razão da dificuldade de cumprimento de tais prazos, diante do excessivo número de processos, o §3º do dispositivo assinala que, em qualquer instância, declarando motivo justo, poderá o juiz exceder por igual tempo os prazos a ele fixados neste Código.

O regramento dos atos processuais do juiz no CPC, mais recente e sistemático, é perfeitamente aplicável ao processo penal. Não obstante, em razão da ausência de clareza do CPP, a importação conceitual nos traz algumas dificuldades para identificar a natureza da decisão proferida na seara penal. Dificuldade, aliás, existente mesmo sem o aproveitamento dos conceitos do CPC.

31.3 CLASSIFICAÇÃO

Advertimos o leitor que não há consenso quanto à classificação dos provimentos judiciais. Não obstante, sob a luz sistêmica do CPC, propomos a classificação que se segue.

31.3.1 Despachos de mero expediente

Os despachos são todos os demais pronunciamentos do juiz praticados no processo, de ofício ou a requerimento da parte, não dotados de força decisória e destinados a impulsionar o processo, a exemplo da designação de audiências, intimação acerca da juntada de documento e etc.

Em regra, por não serem dotados de carga decisória, são irrecorríveis. Não obstante, caso o despacho venha a causar inversão tumultuária no processo, poderá ser objeto de ataque por meio de correição parcial.

31.3.2 Decisão interlocutória

De acordo com o CPC (art. 203, §2º), a decisão interlocutória é todo pronunciamento judicial de natureza decisória que não se enquadre no conceito de sentença. Diferentemente do CPC, o CPP, ao tratar da sentença no art. 381, a reserva para o objeto absolvição ou condenação, afastando-se da lógica processual civil, ao nosso entendimento, melhor construída. Não obstante, no âmbito do processo penal, a decisão interlocutória pode dar ensejo à extinção do processo sem que o mérito principal seja apreciado.

A **decisão interlocutória simples** é aquela que põe termo a questões processuais sem promover sua extinção, a exemplo da decisão que recebe a denúncia, que decreta a prisão preventiva, que concede liberdade provisória ou que nega a exceção de litispendência, entre outras. Em regra, são irrecorríveis, porquanto não há previsão cunho geral admitindo a interposição de recurso. Não obstante, estando a decisão listada no rol do art. 581 do CPP, será atacável por recurso em sentido estrito. Igualmente, caso a decisão promova inversão tumultuária no processo, poderá ser objeto de correição parcial. Ainda, ausentes as situações acima, nada impede que, a depender do objeto da decisão, as partes possam fazer uso do *habeas corpus* ou mandado de segurança.

Por outro lado, as **decisões interlocutórias mistas** são aquelas que extinguem o processo, sem julgamento de mérito, determinando o fim de uma etapa procedimental, ou que resolvem procedimentos incidentais de forma definitiva. A nomenclatura *interlocutória* advém do fato de ser proferida no curso do procedimento, sem enfrentamento do mérito principal, condenação ou absolvição. As decisões interlocutórias mistas podem ser atacadas por RSE, quando previstas no art. 581 do CPP, ou apelação, com fundamento no art. 593, II, CPP, quando não previstas no rol do art. 581 do CPP.

As decisões interlocutórias mistas dividem-se em terminativas e não terminativas.

Serão **mistas não terminativas** quando encerrarem uma etapa procedimental, sem, contudo, dar causa à sua extinção, a exemplo da decisão de pronúncia, que encerra a fase do juízo sumariamente no procedimento do júri, inaugurando a segunda fase procedimental.

Por outro lado, serão **mistas terminativas**, ou com força de definitiva, aquelas que extinguem o processo sem julgamento do mérito, ou que decidem um procedimento incidental de forma definitiva. Como exemplos, podemos citar a rejeição da denúncia, a decisão de procedência da exceção de coisa julgada e litispendência, a decisão que determina o cancelamento do sequestro, a impronúncia e etc.

31.3.3 Decisões definitivas

Uma decisão definitiva é a aquela que julga o mérito do processo, absolvendo ou condenando o acusado, gerando a extinção do processo. Haverá, igualmente, uma decisão definitiva quando acarretar a extinção do processo principal pela ocorrência de causa que afaste a possibilidade de enfrentamento do mérito principal por atacar a própria razão de ser do processo, o *ius puniendi* estatal, como nos casos de ocorrência de causa extintiva de punibilidade.

Não se pode olvidar que as ações autônomas de impugnação, como o *habeas corpus*, o mandado de segurança e a revisão criminal, possuem mérito próprio a desafiarem decisões definitivas.

As decisões definitivas são classificadas em sentenças definitivas e decisões terminativas de mérito.

A **sentença definitiva ou decisão definitiva em sentido estrito** é aquela na qual o magistrado enfrenta o objeto principal do processo, julgando procedente ou improcedente o pedido principal formulado pela acusação, absolvendo ou condenando o acusado.

Por outro lado, estaremos diante de uma **decisão terminativa de mérito ou definitiva em sentido amplo** quando o juiz, apesar de não condenar ou absolver o acusado, extingue o processo ao enfrentar o mérito de questão indireta, mas relacionada à causa principal, cuja decisão tem o condão de extinguir o processo. É possível, igualmente, que tenhamos uma decisão definitiva em sentido amplo, no curso de ação autônoma de impugnação que verse sobre questão estritamente processual, que tenha seu mérito próprio enfrentado sem que, todavia, promova a extinção do processo principal.

31.3.4 Decisões executáveis e não executáveis

Uma **decisão executável** é a aquela que reúne todos os elementos para execução imediata, a exemplo da decisão que absolve o acusado. **Não executável**, ao contrário, é a decisão que ainda não alcançou o status de executável, como a decisão condenatória passível de recurso pela defesa.

Doutrinariamente ainda se menciona as **decisões condicionais** como aquelas que dependem de um acontecimento futuro e incerto para se formar, a exemplo da decisão que julga extinta a punibilidade do agente diante do decurso do período de prova e do cumprimento das condições acordadas na suspensão condicional do processo (art. 89, §5º, Lei 9.099/95). Na realidade, não se trata de decisão condicional, porquanto a decisão que concede a suspensão condicional do processo tão somente fixa as condições e prazo a serem cumpridos pelo acusado, não adentrando na seara na extinção da punibilidade.

31.3.5 Decisões subjetivamente simples, subjetivamente plúrimas e subjetivamente complexas

A classificação foi desenvolvida levando-se em consideração o órgão prolator da decisão. A **decisão subjetivamente simples** é aquela proferida por apenas uma pessoa, isto é, pelo juízo monocrático ou singular, como as decisões ordinárias de absolvição ou condenação nos processos comuns ordinários.

Por outro lado, uma **decisão subjetivamente plúrima** é aquela proferida por órgão colegiado homogêneo, como seções, câmaras, turmas dos Tribunais. Por fim, a **decisão subjetivamente complexa** é aquela exarada por órgão colegiado heterogêneo, a exemplo da decisão que condena ou absolve o acusado no Tribunal do Júri, cuja decisão acerca dos fatos cabe ao Conselho de Sentença e a prolação da sentença, ao magistrado no tocante à pena.

31.3.6 Decisões suicidas, vazias e autofágicas

Decisão suicida é aquela cuja conclusão ou parte dispositiva é contrária à sua própria fundamentação, sendo concebida como nula. **Decisão vazia**, por sua vez, é aquela desprovida de fundamentação e, portanto, dotada de nulidade absoluta. Por fim, **decisão autofágica** é aquela na qual o juiz condena o acusado mas acaba por reconhecer e declarar extinta a punibilidade do agente pela prescrição ou perdão judicial.

31.3.7 Decisões condenatórias, declaratórias, constitutivas (positivas e negativas), mandamentais, executivas e homologatórias

Decisão condenatória é aquela na qual órgão judicial reconhece como provada a imputação formulada pela acusação e, diante da responsabilidade do agente pela prática do delito, impõe uma pena privativa de liberdade, restritiva de direitos ou de multa.

Por sua vez, as **decisões declaratórias** são aquelas que tão somente declaram uma situação jurídica preexistente, a exemplo da decisão concessiva do perdão judicial, meramente declaratória da extinção da punibilidade conforme o teor da Súmula 18 do STJ.

A **decisão constitutiva**, por seu turno, é aquela que modifica uma situação jurídica existente, alterando o *status* dessa. À guisa de exemplo, a decisão que concede a reabilitação criminal altera a condição do condenado para reabilitado, razão pela qual a doutrina a classifica como decisão constitutiva de **natureza positiva**. Sob outra perspectiva, a decisão que julga procedente a revisão criminal, concebida como de **natureza negativa**, desconstitui um *status* jurídico anterior de condenado, alterando-o.

As **decisões mandamentais** são aquelas nas quais o órgão prolator da decisão emite um comando normativo de cunho ordenatório, como as proferidas em sede de *habeas corpus* ou relaxamento de prisão, quando o órgão judicial, além de conceder a liberdade ao acusado, determina a expedição de alvará de soltura.

Nas **decisões executivas**, o preceito determina o que deve ser cumprido, a exemplo da medida assecuratória de sequestro (art. 125, CPP), na qual se extrai sua eficácia executiva quando o magistrado, nos termos do art. 133 do CPP, determina a avaliação e venda dos bens em leilão público cujo perdimento tenha sido decretado.

Por fim, as **decisões homologatórias** são aquelas que chancelam a vontade das partes, manifesta por meio de acordos que atingem a ação penal, a exemplo da homologação da transação penal, ANPP e suspensão condicional do processo.

31.4 SENTENÇA

Sob a luz do CPP, a sentença é o provimento judicial exarado pelo juiz monocrático que julga o mérito principal, absolvendo ou condenando o acusado. Para o CPP, a sentença pode ter formação complexa, a exemplo do procedimento do júri, no qual o aspecto decisório acerca dos fatos compete aos jurados e a formalização da decisão, com aplicação da pena, pelo juiz presidente. De toda forma, ainda que derivada de ato complexo, será proferida pelo magistrado.

No Processo Penal comum ainda se verifica a possibilidade de formação de um **juízo colegiado** nos processos ou procedimentos que tenham por objeto **crimes praticados por organizações criminosas**, hipótese na qual o juiz poderá decidir pela formação de colegiado para a prática de qualquer ato processual, inclusive a prolação de sentença (art. 1º, III, Lei 12.694/12). No Processo Penal Militar, registre-se, salvo nas hipóteses de competência do juiz singular, as decisões serão tomadas por órgaos colegiados.

De forma ampla, considera-se uma espécie de sentença as decisões de mérito proferidas pelos Tribunais, conhecidas por acórdãos que, transitados em julgado, assumem a nomenclatura de aresto.

31.4.1 Classificação das sentenças

a) Sentença definitiva: são aquelas que condenam ou absolvem o acusado, finalizando o processo no primeiro grau de jurisdição, conforme se extrai da essência do art. 593, I, CPP. Vale destacar que a expressão "sentença definitiva", prevista no art. 82 do CPP, não se confunde com sentença transitada em julgado, conforme se infere do §3º do art. 809 do CPP e 283 do CPP. O trânsito em julgado só ocorre quando a sentença definitiva não comporta mais recursos.

b) Sentença terminativa de mérito: são aquelas que, a despeito de não absolverem ou condenarem o acusado, encerram a relação processual ou o procedimento com julgamento de mérito próprio, a exemplo da decisão que decreta extinta a punibilidade do agente ou que decide o incidente de restituição de coisa apreendida ou pedido de levantamento de sequestro. Há, portanto, um conteúdo de mérito próprio na decisão, que não se confunde com o mérito principal da ação penal, em que pese poder encerrá-la como na decisão que extingue a punibilidade do agente.

c) Sentença terminativa sem resolução do mérito: são as decisões que, sem enfrentar o mérito posto, encerram a relação processual de forma prematura diante da não satisfação de algum requisito legal para prosseguimento do processo, a exemplo da decisão que rejeita a denúncia por inépcia ou decisão de impronúncia, que não adentram na questão atinente à condenação ou absolvição, mas encerram o processo.

31.4.2 Estrutura formal da sentença

A sentença é ato jurisdicional que revela o pronunciamento do juiz sobre os fatos que integram o objeto do processo e a responsabilidade penal do acusado, condenando-o ou absolvendo-o, pondo termo ao processo.

Sua construção estrutural parte da lógica da retrospectiva processual, de forma a evidenciar que o julgador efetivamente se debruçou sobre o processo. Assim, em regra a sentença deverá conter o **relatório, a fundamentação e a parte dispositiva**, de forma a se demonstrar que o juiz analisou todo o processo, registrando seus eventos principais no relatório, que suas razões de decidir encontram fundamento nas provas produzidas, e que a decisão final encontra ressonância no mosaico probatório.

Nesse sentido, o art. 381 do CPP dispõe que a sentença conterá: I - os nomes das partes ou, quando não possível, as indicações necessárias para identificá-las; II - a exposição sucinta da acusação e da defesa; III - a indicação dos motivos de fato e de direito em que se fundar a decisão; IV - a indicação dos artigos de lei aplicados; V - o dispositivo; VI - a data e a assinatura do juiz.

31.4.2.1 Relatório

O relatório representa o histórico processual dos autos. Nele, deverão constar apenas os eventos principais de cunho processual, sem necessidade de exposição detalhada acerca de todos os eventos e provas produzidas. No relatório, portanto, deverá o magistrado, essencialmente, apontar os eventos processuais e as alegações das partes, que serão objeto de julgamento.

O art. 381 do CPP, ao prever no inciso I a necessidade de registro dos nomes das partes ou, quando não possível, as indicações necessárias para identificá-las, visa delimitar os limites subjetivos da coisa julgada. No caso de ação penal de iniciativa pública, a parte é o Ministério Público, não havendo razões para indicação do nome do promotor de justiça.

Nos termos do inciso II do mesmo dispositivo, o magistrado deverá lançar no relatório a exposição sucinta da acusação e da defesa. Exposição sucinta não se confunde com cópia integral da denúncia ou queixa ou com a transcrição dos argumentos integrais da defesa. Assim, ao relatar a tese acusatória, o magistrado deverá fixar no relatório apenas os pontos essenciais que serão apreciados no julgamento, isto é, observar a lógica dos "**sete W dourados**" da doutrina alemã *Wer? Was? Wos? Womit? Warum? Wie? Wann?*[1], e o pedido formulado pela acusação.

No que tange à exposição sucinta da defesa, no relatório o magistrado deverá tão somente registrar a alegação defensiva e um brevíssimo "conector de porquês", se for

1. "Quem? O quê? Onde? Por quais meios? Por quê? Como? Quando?"

o caso, vez que as teses defensivas deverão ser analisadas, com profundidade, na parte da fundamentação. Não há, portanto, necessidade de, numa alegação de legítima defesa diante da imputação do crime de lesão corporal, o juiz registrar todo o argumento defensivo, bastando apontar que a tese defensiva alegada é a justificante, porquanto a vítima teria agredido inicialmente o acusado, gerando a reação do acusado em razão do exercício do direito de repelir injusta agressão.

Apesar de não ser parte no sentido formal e da ausência de previsão expressa quanto ao nome da vítima na sentença, parece-nos, diante do teor do §2º do art. 201 do CPP[2], que sua menção se faz necessária não somente para esse fim, mas porque, no caso de decisão condenatória, o magistrado deverá fixar o valor mínimo para reparação dos danos, que poderá ser executado no juízo cível.

Prevalece na doutrina que a não elaboração do relatório é causa de nulidade absoluta da decisão nos termos do art. 564, IV, CPP. Não obstante, entendemos que a ausência de relatório é incapaz de gerar qualquer espécie de prejuízo, haja vista que o coração da sentença não está localizado no mero registro das alegações das partes. Assim, caso o magistrado incorra na atecnia de não elaborar o relatório, mas se evidencie, pela fundamentação, que esse analisou todos os eventos processuais e alegações das partes, não há razões para se anular uma decisão para que, posteriormente, se produza o relatório, que nada decide.

Vale destacar que nos processos afetos à Lei 9.099/95, o art. 81, §3º, em atenção aos princípios reitores do procedimento sumaríssimo, dispensou a confecção do relatório.

31.4.2.2 Fundamentação

Na fundamentação, ponto nevrálgico da sentença, o magistrado deverá enfrentar as questões fáticas relevantes e de direito postas à sua apreciação. Será chamado a enfrentar, portanto, o processo sob dupla perspectiva: fática e jurídica.

Na perspectiva fática, o juiz deverá valorar os fatos alegados, conjugando-os com as provas produzidas, isto é, caberá magistrado dizer se o fato "A" ou "B" encontra amparo nas provas produzidas, indicando-as sob a luz do sistema da persuasão racional. Sob a perspectiva jurídica, o magistrado deverá enfrentar as teses sustentadas pela acusação e pela defesa, externando, de forma motivada, as razões pela qual as aceita ou rejeita. É o que se extrai do teor dos incisos III e IV do art. 381 do CPP, que impõe a indicação dos motivos de fato e de direito em que se fundar a decisão, bem como a indicação dos artigos de lei aplicados. Exige-se, portanto, a **controlabilidade** da decisão judicial por meio da possibilidade de um observador externo ser capaz de compreender as razões da decisão.

Especialmente no que tange às teses defensivas, ponto de maior conflito e apto a gerar nulidade, apesar do entendimento do STJ[3], para nós, o magistrado deve enfrentar

2. §2º O ofendido será comunicado dos atos processuais relativos ao ingresso e à saída do acusado da prisão, à designação de data para audiência e à sentença e respectivos acórdãos que a mantenham ou modifiquem.

3. Não subsiste a arguida contrariedade ao art. 381, inciso III, do Código de Processo Penal se a sentença e o acórdão que a manteve indicaram os motivos de fato e de direito em que se fundou a decisão condenatória, não estando o julgador obrigado a refutar expressamente todas as teses apresentadas nos memoriais defensivos. (HC 260.795/DF, Rel. Min. Laurita Vaz, 5ª Turma, DJe 28.02.13.

todas as teses levantadas pela defesa. Isso não significa, todavia, que o juiz deva analisar e refutar todos os argumentos que sustentam determinada tese.

A construção de uma tese pode fundar-se em argumento único ou em vários. O magistrado, ao analisar uma tese e formar sua convicção, deverá afastá-la ou aceitá-la, apresentando sua motivação, valendo-se, inclusive, de outros argumentos. Se a defesa, por exemplo, alega uma excludente de culpabilidade e funda sua construção na doutrina e jurisprudência alemã, sustentando que, na realidade, a excludente deve ser tratada como excludente de ilicitude, não significa que o magistrado, ao enfrentar a questão, tenha que refutar os entendimentos alienígenas, porquanto, apesar de poder se valer de posições estrangeiras, deverá aplicar o direito pátrio. O que se exige na motivação é a coerência e clareza, de forma que reste induvidoso o motivo pelo qual a tese foi rejeitada, independentemente da quantidade de argumentos levantados.

Nesse sentido é a jurisprudência do STJ:

> O julgador não está obrigado a refutar expressamente todos os argumentos declinados pelas partes na defesa de suas posições processuais, desde que pela motivação apresentada seja possível aferir as razões pelas quais acolheu ou rejeitou as pretensões deduzidas. AgRg no AREsp 463.300/PR, 5ª Turma, Rel. Min. Jorge Mussi, DJe 23.03.18.

Não se pode olvidar, conforme observamos no estudo da prisão, que o §2º do art. 315 do CPP, de cunho meramente explicativo, trouxe novos elementos a serem considerados em qualquer decisão judicial com a entrada em vigor da Lei 13.964/19. Apesar da posição não adequada no CPP, pois melhor teria sido integrado no capítulo da sentença, o dispositivo prevê que a fundamentação deve observar os seguintes itens:

I. limitar-se à indicação, à reprodução ou à paráfrase de ato normativo, sem explicar sua relação com a causa ou a questão decidida: o dispositivo visa afastar a mera indicação normativa, direta ou indireta por meio de paráfrases, impondo ao magistrado o dever de demonstrar a relação de causalidade entre o fato posto e a norma jurídica aplicada.

II. empregar conceitos jurídicos indeterminados, sem explicar o motivo concreto de sua incidência no caso: a previsão, de certo modo próxima à anterior, impõe ao magistrado o dever de subsunção do fato à norma. O Direito, por vezes, vale-se de expressões de cunho genérico, justamente porque seria inviável ao legislador prever todas as hipóteses possíveis. Expressões como "a prova robusta" ou "a farta prova", quando utilizadas de forma isolada e sem menção do porquê da suficiência probatória, são desprovidas concretude fática para obtenção de clareza e validade. Exige-se, portanto, à guisa de exemplo, a indicação das circunstâncias pessoais do agente como forma de se justificar o aumento da pena base, sob pena de falta de fundamentação.

III. invocar motivos que se prestariam a justificar qualquer outra decisão: a norma, novamente, visa coibir decisões genéricas, passíveis de aplicação a qualquer outra decisão, sem que nela se encontre qualquer elemento concreto a evidenciar ter sido tomada para o caso concreto. O objetivo do inciso é evitar decisões como "*condeno pela suficiência da prova*" ou "*absolvo por compactuar com a tese defensiva*", decisões que, extraídas dos autos, poderiam ser colacionadas em qualquer processo.

IV. não enfrentar todos os argumentos deduzidos no processo capazes de, em tese, infirmar a conclusão adotada pelo julgador: o dispositivo possui maior aplicação às sentenças e acórdãos, decisões proferidas em sede de juízo definitivo de mérito. Conforme destacamos acima, uma tese não se confunde com os argumentos que sustentam essa. A redação legal, apesar de indicar a necessidade de enfrentamento de todos os argumentos, peca pelo excesso, indevidamente, nas hipóteses em que a utilização de um argumento gera, por decorrência lógica, o afastamento de outros. À guisa de exemplo, se o magistrado, por exemplo, nega a ilicitude de uma prova, de forma fundamentada, não precisará analisar todas as demais provas dela decorrentes, porquanto a derivação da ilicitude das demais naturalmente estará afastada, não havendo razões, portanto, para fundamentar, prova a prova, o porquê devem ser tratadas como lícitas.

V. limitar-se a invocar precedente ou enunciado de súmula, sem identificar seus fundamentos determinantes nem demonstrar que o caso sob julgamento se ajusta àqueles fundamentos: os precedentes judiciais e enunciados de súmulas ganharam protagonismo, especialmente no processo penal. Atuam como balizas jurisprudenciais para nortear a aplicação do Direito. O inciso indica a obrigação do magistrado indicar, concretamente, com lastro nos elementos constantes dos autos, o motivo pelo qual um determinado precedente ou súmula é aplicável ao caso concreto.

VI. deixar de seguir enunciado de súmula, jurisprudência ou precedente invocado pela parte, sem demonstrar a existência de distinção no caso em julgamento ou a superação do entendimento: a previsão, em linha oposta à anterior, exige do magistrado que demonstre os motivos pelos quais deixou de seguir o enunciado de súmula, jurisprudência ou precedente invocado pela parte, promovendo o necessário *distinguishing* quanto ao caso concreto ou evidenciando a superação do precedente, o *overruling*, demonstrando as razões pelas quais o entendimento não mais possui força vinculante.

Importante lembrar que, no âmbito do Tribunal do Júri, a decisão dos jurados não demanda fundamentação, razão pela qual, nesse particular, foge à regra da valoração fático-probatória motivada. Isso não significa, contudo, que a decisão a ser proferida pelo magistrado seja desprovida de fundamentação, haja vista que esse, ao fixar a pena, deverá fundamentar sua decisão em observância ao critério trifásico.

Verificada a ausência de fundamentação, a sentença estará maculada pelo vício da nulidade absoluta, nos termos do art. 93, IX, CF, e art. 564, V, CPP. Vale destacar não se considera ausência de fundamentação a não menção expressa à tese levantada, desde que fique claro, pelo teor da decisão, que o objeto dessa foi enfrentado, ainda que indiretamente ou de forma sucinta.

Declarada nula a sentença condenatória, por ausência de fundamentação, os efeitos materiais da decisão serão afastados, circunstância que, por exemplo, eliminará a causa interruptiva da prescrição decorrente da publicação da sentença condenatória (art. 117, IV, CP), retomando-se o prazo em curso desde seu último marco interruptivo, o recebimento da denúncia (art. 107, I, CP).

A sentença carente de fundamentação ou com deficiência nessa pode ser atacada por embargos de declaração ou apelação, a depender da natureza do caso. Caberá, por exemplo, embargos de declaração por omissão quando o magistrado deixar de analisar uma das imputações formuladas pelo *parquet*, proferindo uma decisão *citra petita*, ou quando deixar de analisar uma tese defensiva apta a afastar a própria condenação, a exemplo da inimputabilidade, gerando, nesses casos, o caráter infringente aos embargos.

Por outro lado, sendo a decisão desprovida de fundamentação, o recurso próprio será a apelação por *error in procedendo*, haja vista o descumprimento do dever motivacional. Caso o tribunal acolha o recurso, conforme entendimento dominante, a sentença será cassada para que outra seja proferida, não se aplicando a teoria da causa madura[4] por caracterizar supressão de instância. Apesar desse entendimento ser majoritário na doutrina, seguimos a linha da possibilidade de aplicação da teoria da causa madura, pois se trata de regra expressa no CPC. Há julgados no âmbito do STJ[5] reconhecendo a aplicação da teoria no âmbito da 5ª e 6ª Turmas:

> Se a ação penal está em condições de julgamento, especialmente porque já realizada audiência de instrução e apresentadas alegações finais pelas partes, o Tribunal estadual, **ao afastar nulidade reconhecida pelo Juízo de origem na sentença**, pode passar ao exame do mérito da imputação, aplicando-se ao processo penal a teoria da causa madura. AgRg no AREsp 1.546.583/SP, Rel. Min. Laurita Vaz, 6ª Turma, DJe 03.02.20.
>
> Em reforço, a Teoria da Causa Madura, constante no Código de Processo Civil - CPC, aplicável no ponto por força do art. 3º do CPP, expressamente preconiza que **o Tribunal deve decidir desde logo o mérito quando decretar nulidade da sentença por não ser ela congruente com os limites do pedido ou da causa de pedir** (Art. 1.013, § 3º, II, do CPC). (REsp 1.731.183/BA, Rel. Min. Joel Ilan Paciornik, 5ª Turma, DJe 07.10.19.

31.4.2.2.1 A fundamentação per relationem *ou aliunde*

A fundamentação *per relationem* é a decisão por referência, isto é, aquela que se vale da justificação apresentada em outra decisão ou em manifestação das partes. O STJ tem admitido o uso da fundamentação **aliunde**, condicionando sua validade à adição de motivos justifiquem sua conclusão com menção a argumentos próprios[6]. Sobre o tema, firmou a tese nº 18: "A utilização da técnica de motivação *per relationem* não enseja a nulidade do ato decisório, desde que o julgador se reporte a outra decisão ou manifestação dos autos e as adote como razão de decidir".

31.4.2.2.2 Princípio da Correlação – Sentença citra, ultra *e* extra petita

➔ ATENÇÃO – ASSUNTO COBRADO NO MPPR – CONCURSO 2017

Defina o princípio da correlação entre a denúncia e a sentença. Há ofensa a este princípio quando o juiz, em procedimento comum ordinário e em crime de alçada pública, reconhece, na sentença, a agravante da reincidência que não tenha sido descrita na exordial acusatória? Justifique.

O juiz, ao proferir a decisão, deve se ater ao objeto do processo, estando limitado aos pedidos formulados. O **princípio da correlação**, também conhecido por **princípio da relatividade da congruência ou da correspondência**, dispõe que a decisão proferida deve preservar uma correlação entre a imputação e a condenação, ou seja, a sentença deve guardar estrita relação com o fato objeto da imputação, sob pena de violação da ampla defesa e contraditório.

---

4. Art. 1013, § 3º, IV, CPC.
5. No mesmo sentido: EDcl no AgRg no AgREsp 1792372/PR, Rel. Min. Joel Ilan Paciornik, 5ª Turma, DJe 07.02.22.
6. É válido o emprego da técnica da fundamentação per relationem, em que o magistrado usa trechos de decisão anterior ou de parecer ministerial como razão de decidir, desde que a matéria haja sido abordada pelo órgão julgador, com menção a argumentos próprios, como na espécie, uma vez que a instância antecedente, além de fazer referência ao parecer ministerial, indicou os motivos pelos quais considerava suficiente o acervo probatório para a condenação do réu. AgRg no HC 613.826/SC, 6ª Turma, DJe 02.12.20.

Não obstante, há situações nas quais a decisão judicial foge aos limites fixados, dando ensejo a situações passíveis de correção.

A sentença ***citra petita*** é aquela que não contempla a análise de todos os fatos imputados na petição inicial. Conforme vimos anteriormente, a sentença, por se omitir quanto a um fato articulado, pode ser atacada por meio de embargos declaratórios para que a omissão seja sanada.

Por sua vez, a sentença ***ultra petita*** é aquela que ultrapassa os limites do pedido formulado na inicial, como na hipótese do magistrado condenar o acusado por dois delitos a despeito de ter sido processado por apenas um, sem que a descrição fática da condenação em excesso conste da denúncia, sendo nula a decisão no tocante à condenação sem correlação com a imputação.

Por fim, sentença ***extra petita*** é aquela que identifica um objeto de natureza diversa ao delimitado na inicial, a exemplo de uma condenação por furto em uma acusação por estelionato não descrito na inicial. Tal decisão evidentemente é nula por violar o princípio da correlação entre a imputação e a decisão. Vale destacar que a chamada **sentença branca**, que encaminha para a instância superior a solução de pontos controvertidos de Direito Internacional, não é admitida no Brasil em razão do princípio da inafastabilidade ou indeclinabilidade da jurisdição, art. 5º, XXXV, CF.

Um ponto importante a ser lembrando, de pouca utilização no Processo Penal, envolve o chamado princípio da não surpresa. Conforme se extrai do 10 do CPC, aplicável ao CPP por subsidiariedade, o juiz não pode decidir, em grau algum de jurisdição, com base em fundamento a respeito do qual não se tenha dado às partes oportunidade de se manifestar, ainda que se trate de matéria sobre a qual deva decidir de ofício.

Nesse sentido, a proibição da "decisão surpresa" ou "decisão de terceira via"[7] confere às partes do direito de serem ouvidas, antecipadamente, sobre as questões relevantes do processo, ainda que passíveis de conhecimento de ofício pelo magistrado, em razão do princípio do contraditório. Assim, no Processo Penal, por exemplo, ainda que as partes não tenham se manifestado previamente sobre a ocorrência da prescrição, configurada de forma abreviada pelo fato do agente se tornar maior de setenta anos antes da sentença, a perfeita aplicação do art. 10 do CPC estaria a exigir do magistrado a oportunização do contraditório, antes do reconhecimento de ofício da prescrição.

31.4.2.2.2.1 *Emendatio libelli*

➔ ATENÇÃO – ASSUNTO COBRADO NO MP/ES – CONCURSO 2013

No sistema processual penal brasileiro, a violação do princípio da correlação entre o fato imputado pela acusação e o fato constante na sentença não se encontra entre as hipóteses expressamente

7. A proibição de decisão surpresa, com obediência ao princípio do contraditório, assegura às partes o direito de serem ouvidas de maneira antecipada sobre todas as questões relevantes do processo, ainda que passíveis de conhecimento de ofício pelo magistrado. O contraditório se manifesta pela bilateralidade do binômio ciência/influência. Um sem o outro esvazia o princípio. A inovação do art. 10 do CPC/2015 está em tornar objetivamente obrigatória a intimação das partes para que se manifestem previamente à decisão judicial. E a consequência da inobservância do dispositivo é a nulidade da decisão surpresa, ou decisão de terceira via, na medida em que fere a característica fundamental do novo modelo de processualística pautado na colaboração entre as partes e no diálogo com o julgador. Resp 1.676.027, Rel. Min. Herman Benjamim, DJe 11.10.17.

elencadas como causa de nulidade processual. Considerando a assertiva acima, responda justificadamente: (i) No que consiste esse princípio? (ii) É viável a alteração dos fatos imputados na denúncia no curso da instrução processual? Explique. (iii) É viável defender a tese de que a violação da regra constitui nulidade absoluta? Explique.

A *emendatio libelli* foi prevista na fase da sentença pelo art. 383, *caput*, do CPP, e na fase da pronúncia, no art. 418 do mesmo Código, podendo ser aplicada tanto nas ações penais de iniciativa pública como privada. Em linhas gerais, o juiz, sem modificar a descrição do fato contida na denúncia ou queixa, poderá atribuir-lhe definição jurídica diversa, ainda que, em consequência, tenha de aplicar pena mais grave no caso de sentença, ou pronunciar por crime mais grave.

No processo penal, o acusado defende-se dos fatos e não da capitulação. Vigora no processo penal, o princípio *iura novit curia, isto é*, o juiz conhece o direito. A fórmula geral *narra mihi factum dabo tibi ius* (narra-me o fato e te darei o direito) é perfeitamente aplicável ao processo penal, porquanto o magistrado, ao julgar o processo, o fará inicialmente sob a luz dos fatos articulados.

O instituto da *emendatio libelli* entra em cena quando não há alteração do fato imputado na acusação, mas erro na capitulação, ausência de prova ou prova em sentido contrário quanto a elementar típica, circunstância qualificadora ou causa de aumento de pena, ou divergência de entendimento quanto a elementar típica.

Nesse sentido, o art. 383 do CPP permite ao magistrado que atribua ao fato imputado definição jurídica diversa, isto é, que na indicação dos dispositivos legais nos quais o acusado encontra-se incurso, não se apegue à imputação formulada na denúncia ou queixa, pois o acusado se defende dos fatos e não da capitulação.

Na hipótese de ***emendatio libelli* por erro de capitulação**, imagine-se que o *parquet*, ao oferecer denúncia pelo crime de roubo, descreva as elementares típicas do art. 157 do CP e, por erro, ao capitular a imputação, indique o art. 155 do CP (furto). Nesse caso, é perfeitamente possível que o magistrado, na sentença, reconhecendo a imputação como verdadeira, condene o acusado pelo crime de roubo, haja vista que o contraditório e ampla defesa foram exercícios com relação à imputação (subtrair coisa móvel alheia, para si ou para outrem, mediante grave ameaça ou violência a pessoa, ou depois de havê-la, por qualquer meio, reduzido à impossibilidade de resistência).

O mesmo ocorre, por exemplo, no crime de estupro de vulnerável (art. 217-B, CP), na hipótese do *parquet* descrever o delito e a idade da vítima (13 anos), mas ao final classificar o delito como o estupro do art. 213 do CP. *In casu*, a sentença não somente poderá ser proferida com lastro no art. 217-B, mas deverá ser fundada no referido tipo penal, devidamente descrito na exordial acusatória.

Na *emendatio libelli*, apesar de poder ocorrer o aditamento para correção do erro material, sem que de tal aditamento se demande providências instrutórias, o aditamento não é exigível, haja vista que não há qualquer equívoco quanto à imputação fática, vez que o fato delituoso imputado será o mesmo a ser analisado na sentença.

Por outro lado, a *emendatio libelli* por ausência de prova ou prova em sentido contrário quanto à elementar típica, circunstância qualificadora ou causa de aumento de pena, ocorre quando a deficiência probatória trilhar a linha da falta de demonstração da ocorrência de uma circunstância relevante imputada na inicial.

No tocante à **ausência de prova ou prova em sentido contrário quanto a elementar típica**, o fenômeno se verifica, por exemplo, no crime estupro de vulnerável (art. 217-B, CP), na hipótese do *parquet* descrever o delito e a idade da vítima (13 anos), capitulando-o corretamente, mas ao final da instrução se demonstrar que a vítima, de fato, tinha 14 anos na data do crime, circunstância apta a modificar a classificação do delito para o crime de estupro, previsto no art. 213 do CP.

Na mesma esteira, **a ausência de prova ou prova em sentido contrário quanto a circunstância qualificadora ou causa de aumento de pena** induz à aplicação da *emendatio libelli* quando, por exemplo, em uma imputação por furto qualificado pelo rompimento de obstáculo (art. 155, §4º, I, CP), circunstância qualificadora, verificar-se, durante a instrução, que o acusado não rompeu o cadeado que supostamente protegia a coisa, porquanto a própria vítima, em seu depoimento, assevera ter encontrado o cadeado em sua residência posteriormente, afirmando que havia esquecido de utilizá-lo para guardar a coisa.

É possível ainda que a aplicação da *emendatio libelli* por **divergência de entendimento quanto a elementar típica**. Imagine o caso no qual o Ministério Público imputa a prática de um crime de estelionato eletrônico (art. 171, §2º-B, CP[8]), não obstante ter descrito a subtração posterior, em tese e segundo a imputação, *post factum* impunível, e o magistrado, ao proferir a sentença, entenda que a conduta, na realidade, amolda-se ao crime de furto eletrônico (art. 155, §4º-B, CP[9]). Nesse caso, poderá perfeitamente aplicar a *emendatio libelli*. Em outro exemplo de *emendatio libelli*, enfrentado pelo STJ, desta vez operada em sede de tribunal, não obstante o *parquet* ter ofertado a denúncia pelo crime de organização criminosa, o tribunal entendeu que o delito imputação amoldava-se ao tipo penal de associação criminosa, art. 288, CP:

> Na hipótese em foco, não há se falar em *mutatio libelli*; mas, sim, em *emendatio libelli*. A Corte originária não acresceu fato novo a imputação penal, o que implicaria em *mutatio libelli*. Em verdade, o Tribunal de origem deu novo enquadramento aos fatos em análise, de modo a afastar a aplicação do delito de organização criminosa e fazer incidir a figura típica do crime de associação criminosa. AgRg no HC n. 727.549/PR, Rel. Min. Jesuíno Rissato (desembargador Convocado do TJDFT), 5ª Turma, DJe 20.05.22.

Vale destacar ainda que, nesse mesmo julgado, o STJ reafirmou **que o momento adequado à realização da *emendatio libelli* pelo órgão jurisdicional é o momento de proferir sentença**:

> Alegação defensiva de ocorrência de *mutatio libelli*. Improcedência da pretensão. Nos termos do art. 383, do Código de Processo Penal, *emendatio libelli* consiste na atribuição de definição jurídica diversa ao arcabouço fático descrito na inicial acusatória, ainda que isso implique agravamento da situação jurídica do réu, mantendo-se, contudo, intocada a

8. § 2º-A. A pena é de reclusão, de 4 (quatro) a 8 (oito) anos, e multa, se a fraude é cometida com a utilização de informações fornecidas pela vítima ou por terceiro induzido a erro por meio de redes sociais, contatos telefônicos ou envio de correio eletrônico fraudulento, ou por qualquer outro meio fraudulento análogo.

9. 4º-B A pena é de reclusão, de 4 (quatro) a 8 (oito) anos, e multa, se o furto mediante fraude é cometido por meio de dispositivo eletrônico ou informático, conectado ou não à rede de computadores, com ou sem a violação de mecanismo de segurança ou a utilização de programa malicioso, ou por qualquer outro meio fraudulento análogo.

correlação fática entre acusação e sentença, afinal, o réu defende-se dos fatos no processo penal. **O momento adequado à realização da *emendatio libelli* pelo órgão jurisdicional é o momento de proferir sentença**, haja vista que o Parquet é o titular da ação penal, a quem se atribui o poder-dever da capitulação jurídica do fato imputado. Como corolário da devolutividade recursal vertical ampla, inerente à apelação, desde que a matéria tenha sido devolvida em extensão, plenamente possível ao Tribunal realizar *emendatio libelli* para a correta aplicação da hipótese de incidência, desde que dentro da matéria devolvida e não implique reformatio in pejus, caso haja recurso exclusivo da defesa. Precedentes. AgRg no HC n. 727.549/PR, Rel. Min. Jesuíno Rissato (desembargador Convocado do TJDFT), 5ª Turma, DJe 20.05.22.

Isso não significa que, em situações excepcionais, o magistrado não possa, a despeito de não alterar a classificação jurídica do fato, antecipar, de forma incidental e provisória, o juízo de valoração acerca da imputação quando a liberdade do agente estiver em risco e houver nítido excesso na acusação, como na hipótese de uma denúncia ofertada pelo crime de tráfico de drogas previsto no *caput* do art. 33 da Lei 11.343/06, e o mosaico probatório sustentar a conduta prevista no §4º do dispositivo (tráfico privilegiado). Nesses casos, ainda que a imputação permaneça em sua forma original, o juiz conferirá o tratamento do crime privilegiado para fins de concessão de liberdade provisória.

De igual forma, nas hipóteses de erro de capitulação o magistrado poderá antecipar-se à classificação na fase do recebimento da denúncia para ajustar a aplicação de eventual benefício despenalizante ou afastá-lo. Isso porque não é o tipo penal indicado que deverá ser analisado, mas a imputação fática para tal fim. Logo, se diante de um crime de violência doméstica contra a mulher, sujeito à aplicação da Lei Maria da Penha, que impede a concessão de benefícios despenalizantes, o *parquet*, equivocadamente, classificar o delito como o previsto no art. 129, *caput*, do CP, em que pese tal tipo penal admitir a aplicação, por exemplo, da transação penal, o magistrado, na condução do processo, deverá conferir à imputação fática o regramento próprio, afastando qualquer pleito acusatório ou defensivo nesse sentido.

A *emendatio libelli*, por envolver tão somente uma definição jurídica diversa da imputação, não pressupõe a necessidade de oitiva das partes quanto à decisão, porquanto o contraditório e ampla defesa foram exercidos sobre a imputação fática, que atrai, naturalmente, o debate acerca das matérias jurídicas que revolvem os fatos.

Recebida a denúncia e citado o acusado, a esse se assegura o exercício amplo de sua defesa quanto à matéria de fato e eventuais teses jurídicas que a permeiam, não se podendo, com fundamento no art. 10 do CPC, que impede ao juiz decidir com base em fundamento a respeito do qual não se tenha dado às partes oportunidade de se manifestar, ainda que se trate de matéria sobre a qual deva decidir de ofício, exigir que o magistrado dê ciência prévia às partes sobre a aplicação do art. 383 do CPP, haja vista que as partes tiveram plena oportunidade de se manifestar quanto às matérias de fato e jurídicas que envolvem o processo.

31.4.2.2.2.1.1 *Emendatio libelli* em segunda instância

O instituto da *emendatio libelli* pode perfeitamente ser aplicado em segunda instância no julgamento de recursos, limitada ao princípio do *non reformatio in pejus* quando aplicada de ofício. É possível, inclusive, a *emendatio libelli* da *emendatio libelli* na hipótese em que o tribunal, de forma diferente do magistrado, atribui outra definição jurídica ao fato, como na hipótese de, diante de uma imputação por peculato-furto (art. 312, §1º, CP) de material de salvamento durante uma calamidade, o magistrado em primeiro grau afaste o nexo funcional para fins de subtração e condene o acusado pelo crime de furto qualificado com abuso de confiança (art. 155, §4, II, CP), e o tribunal, em verdadeira *emendatio libelli*, atribua ao fato a definição jurídica do crime previsto no art. 257 do CP: Subtrair, ocultar ou inutilizar, por ocasião de incêndio, inundação, naufrágio, ou outro desastre ou calamidade, aparelho, material ou qualquer meio destinado a serviço de combate ao perigo, de socorro ou salvamento; ou impedir ou dificultar serviço de tal natureza.

Havendo recurso da acusação no qual se pleiteia expressamente que o tribunal confira definição jurídica diversa ao fato imputado, não há qualquer obstáculo jurídico para que o órgão revisor acolha a pretensão ministerial, vez que a matéria fática se encontra sob o crivo do duplo grau de jurisdição. Assim, se o magistrado, ao sentenciar, aplicou a *emendatio libelli* para afastar uma qualificadora alinhavada na inicial e o *parquet* recorreu de tal decisão, o tribunal estará livre para conferir o fato a definição jurídica requerida em sede de imputação pelo órgão ministerial. Não poderá, todavia, inovar para reconhecer outra qualificadora não requerida pelo Ministério Público, sob pena de *reformatio in pejus*.

O mesmo princípio norteia os recursos defensivos conforme se extrai do teor do art. 617 do CPP, que assinala que o tribunal, câmara ou turma, atenderá nas suas decisões ao disposto nos arts. 383, 386 e 387, no que for aplicável, não podendo, porém, ser agravada a pena, **quando somente o réu houver apelado da sentença**. Apesar do dispositivo restringir a questão à pena, a vedação também se aplica às situações nas quais, a despeito da pena não sofrer impacto, a situação do condenado se agrava, a exemplo do reconhecimento de um crime funcional, peculato-furto, por exemplo, que implica, para fins de progressão de regime, o ressarcimento do dano (art. 33, §4º, CP).

Nesse sentido é a lição de BRASILEIRO[10] (2020, p. 1665):

> Exemplificando, suponha-se que, no julgamento de recurso exclusivo da defesa, o Tribunal dê provimento à apelação para reformar a sentença condenatória impugnada no sentido de dar nova definição jurídica ao fato delituoso (*emendatio libelli*), desclassificando a condenação de furto qualificado praticado por um funcionário público (CP, art. 155, § 4º, II) para o crime de peculato (CP, art. 312, § 1º), porém mantida a pena imposta pelo juízo a quo. À primeira vista, como foi mantido o *quantum* de pena privativa de liberdade anteriormente aplicado, poder-se-ia concluir que não houve violação ao princípio da *non reformatio in pejus*. No entanto, se atentarmos para os efeitos da condenação pela prática de um crime de peculato, não se pode negar que houve, sim, *reformatio in pejus*. Ora, não se pode olvidar que a pena não é o único efeito ou única circunstância a permear uma condenação. Para condenados pela prática de crimes contra a Administração Pública, a exemplo do peculato, a progressão de regime do cumprimento da pena está condicionada à reparação do dano causado ou à devolução do ilícito praticado (CP, art. 33, § 4º).

Assim como ocorre em primeiro grau, a doutrina majoritária não exige a prévia oitiva das partes antes da aplicação da *emendatio libelli* no tribunal. Nesse sentido, entende-se não ser aplicável à espécie o teor do art. 933 do CPC, que prevê que "se o relator constatar a

10. *op.cit.*

ocorrência de fato superveniente à decisão recorrida ou a existência de questão apreciável de ofício ainda não examinada que devam ser considerados no julgamento do recurso, intimará as partes para que se manifestem no prazo de 5 (cinco) dias". Isso porque a suposta matéria de ofício ainda não examinada, na realidade, envolveria tão somente a possibilidade de nova definição jurídica do fato, atividade típica da função jurisdicional.

Não obstante entendermos por inaplicável a regra em primeiro grau, não se pode olvidar que a interposição de um recurso pressupõe a realização de uma atividade jurisdicional prévia, e que os recursos atacam, em regra, pontos específicos de uma decisão judicial. Há, portanto, um título jurídico, presumidamente idôneo, que delimita o objeto do recurso.

Assim, tratando-se de recurso exclusivo da defesa ou de recurso da acusação que não ataque o fato a ser alterado em sede de *emendatio libelli*, o tribunal poderá aplicar o instituto ainda que sem pedido formulado pela defesa nesse sentido, uma vez que a *reformatio in mellius* é perfeitamente possível de ofício, como na hipótese de exclusão de uma causa de aumento de pena, qualificadora, ou mesmo alteração típica, a exemplo do reconhecimento da tentativa. Nesses casos, contudo, entendemos por necessária aplicação do art. 933 do CPC, porquanto a aplicação da *emendatio libelli* traria uma surpresa à acusação por afastar, em parte, o título jurídico não impugnado e, minimamente, a segurança jurídica conferida pela decisão não atacada.

Apesar de não ser esse o entendimento dominante na doutrina e jurisprudência, não nos parece razoável exigir que a acusação, ao recorrer, tenha que, além de impugnar a matéria específica objeto do recurso, promover uma defesa integral da decisão para evitar o risco de surpresa com a aplicação da *emendatio libelli* no tribunal. O mesmo se diga quando houver recurso da defesa quanto a um ponto específico da sentença, dosimetria da pena, por exemplo. Por força do contraditório e objetividade que se impõe, não há razões para que a acusação, em sede de contrarrazões, venha a impugnar o objeto do recurso e, simultaneamente, sustentar os argumentos da sentença quanto à condenação em si, sequer impugnada pela defesa.

A surpresa da *emendatio libelli* para absolver de ofício o acusado no tribunal afasta a presunção de legalidade e veracidade da decisão e, por tal razão, parece-nos razoável a aplicação do teor do art. 933 do CPC, por subsidiariedade, para permitir à acusação o direito de se manifestar quanto a fato não impugnado e sobre o qual impera uma presunção de veracidade e legalidade, sob pena de afronta ao contraditório.

31.4.2.2.2.2 *Mutatio libelli*

O instituto da *mutatio libelli*, diferentemente da *emendatio libelli*, pressupõe que, no curso da instrução processual, a prova produzida revele a existência de elementar ou circunstância não contida na imputação original. Tal fato, nitidamente, modifica os fatos articulados na denúncia ou queixa, de forma que será necessário o ajuste material da imputação para preservação do princípio da congruência, vez que o acusado não pode ser condenado por fato não imputado na exordial. Conforme vimos no estudo do procedimento do Tribunal do Júri, nos termos do §3º do art. 411 do CPP, é perfeitamente possível a aplicação da *mutatio libelli* ao final do juízo sumariante caso se entenda cabível nova definição jurídica do fato, em consequência de prova existente nos autos de elemento ou circunstância da infração penal não contida na acusação.

No âmbito dos procedimentos comuns, a título de exemplo, imagine que o acusado tenha sido denunciado pelo crime de publicar, em site de internet, vídeo que contenha cena de estupro (art. 218-C, CP) e, durante a instrução, a vítima da divulgação reconhece o autor dessa como o próprio autor do crime de estupro (art. 213, CP). A nova prova implica o reconhecimento de outro delito que não foi imputado ao acusado, de forma que, sem a correção material fática da imputação, o acusado não poderá ser condenado por tal fato.

Em outro exemplo, imagine que o acusado esteja sendo processado pelo crime de furto (art. 155, CP) e, no curso da instrução, as testemunhas esclarecem que o acusado, para subtrair o bem da vítima, a agrediu com um soco no rosto, evidenciando a violência para a prática da subtração, elementar do crime de roubo (art. 157, CP). No mesmo exemplo do crime de furto, projete-se, desta feita, que durante a instrução criminal se verifique que o delito não foi praticado exclusivamente pelo acusado, mas que agiu em concurso com terceira pessoa, ainda que não identificada. A descoberta da nova circunstância implica o reconhecimento da causa de aumento de pena prevista no art. 157, §2º, II do CP, a qual assim como na situação anterior, exige a correção material da imputação.

Por força dos princípios da congruência, ampla defesa e contraditório, ainda que o novo crime, nova elementar ou causa de aumento de pena estejam provadas, o magistrado não poderá condenar o acusado por tais eventos caso não exista imputação fático-formal. Nesse sentido, o art. 384 do CPP prevê a solução para a questão por intermédio do instituto da *mutatio libelli*, *verbis*: "Encerrada a instrução probatória, se entender cabível nova definição jurídica do fato, em consequência de prova existente nos autos de elemento ou circunstância da infração penal não contida na acusação, o Ministério Público deverá aditar a denúncia ou queixa, no prazo de 5 (cinco) dias, se em virtude desta houver sido instaurado o processo em crime de ação pública, reduzindo-se a termo o aditamento, quando feito oralmente".

Não obstante o entendimento majoritário na doutrina, que só admite a *mutatio libelli* nos crimes de ação penal de iniciativa pública ou queixa subsidiária, por força da previsão restritiva do *caput* do art. 384 do CPP ("O Ministério Público deverá aditar a denúncia ou queixa"), não entendemos por razoável o impedimento de aditamento para o querelante nos crime de ação penal de iniciativa privada, desde que o novo fato ou circunstância qualificadora ou causa de aumento de pena surja durante a instrução criminal, gerando seu conhecimento, e o aditamento ocorra dentro do prazo decadencial.

Imagine-se, por exemplo, que durante a instrução criminal se descubra que o crime de calúnia foi praticado por paga ou promessa de recompensa (art. 141, §1º, CP), circunstâncias não imputadas na queixa-crime. Alijar o querelante do direito de promover o aditamento contraria a essência dos motivos pelos quais a iniciativa da ação penal foi transferida ao ofendido nesses casos.

31.4.2.2.2.2.1 Quando se impõe o aditamento?

Conforme se extrair do teor do art. 384 do CPP, havendo prova nos autos de elemento ou circunstância da infração penal não contida na acusação, a inicial deverá ser aditada para fiel observância do devido processo legal.

Em nosso Direito Penal, Parte Geral, destacamos que o tipo penal é composto por um **verbo nuclear**, descritor da conduta, e por elementos que podem ser **objetivos, subjetivos** ou **normativos**. Nas figuras circunstanciadas (qualificadas ou privilegiadas), existem as denominadas circunstâncias que tornam a figura especial em relação à previsão geral.

O verbo núcleo do tipo e os elementos que compõem o tipo penal formam, juntos, as chamadas **elementares típicas**, isto é, a estrutura completa da previsão legal. Ausente uma das elementares, a conduta será atípica. Portanto, para que o crime se configure, é necessário que todas as elementares típicas estejam satisfeitas.

Além das circunstâncias qualificadoras, que formam o tipo penal derivado, a ser observado na primeira fase da dosimetria da pena, as causas de aumento e diminuição da pena, conhecidas por majorantes e minorantes, respectivamente, são circunstâncias legais, obrigatórias ou facultativas, que podem estar previstas em toda a legislação penal, que aumentam ou diminuem a pena em patamares fixos ou variáveis. São concebidas como genéricas quando previstas na Parte Geral do Código Penal e específicas, quando presentes na Parte Especial do Código Penal ou legislação penal especial.

Nesta etapa, os patamares máximos e mínimos de pena previstos no tipo penal podem ser ultrapassados, vez que previamente o legislador estabeleceu seus limites de agravação e atenuação, diferentemente das circunstâncias judiciais e agravantes e atenuantes genéricas, previstas sem qualquer parâmetro legal. De fato, a tentativa, como minorante, deve trazer a pena do delito para um patamar inferior ao do crime consumado, sob pena de receber o mesmo tratamento do delito finalizado.

Por receberem um tratamento distinto quanto à pena, não se confundem com as qualificadoras e a diferença é de fácil constatação. Enquanto as qualificadoras trazem uma nova pena para o delito (homicídio simples, pena de 6 a 20 anos de reclusão; homicídio qualificado, pena de 12 a 30 anos de reclusão), as majorantes e minorantes trazem parâmetros máximo e mínimo para aumento e diminuição da pena (homicídio privilegiado (§1º), redução de 1/6 a 1/3 – homicídio agravado (§6º), aumento de 1/3 a 1/2). Assim, enquanto as qualificadoras atuam no primeiro passo da fixação da pena, as causas de aumento e diminuição representam o último estágio.

Independentemente de sua classificação, como elementar, qualificadora ou causa de aumento de pena, o art. 384 do CPP confere tratamento isonômico às espécies ao exigir que, existindo prova nos autos de sua caracterização, a inicial deverá ser aditada para inclusão e consequente adequação típica, sob pena impossibilidade de condenação por tal elementar ou circunstância periférica. A regra, contudo, **não se aplica às agravantes** previstas nos arts. 61 e 62 do CPP, haja vista que o art. 385 do CPP expressamente reconhece a possibilidade de acolhimento independentemente de alegação[11].

31.4.2.2.2.2.2 Aditamento para crime culposo

A regra do art. 384 do CPP não distingue se a pena pela nova classificação jurídica decorrente da nova prova de elementar ou circunstância será menor, igual ou maior

11. Conforme destacamos no estudo do Tribunal do Júri, entendemos que somente as agravantes objetivas podem ser reconhecidas sem alegação anterior. Não se exige, contudo, que as agravantes tenham sido imputadas na denúncia, bastando sua exposição em alegações finais, por não integrarem o tipo base ou derivado.

que a originalmente imputada. Ao contrário, pressupõe e exige que a condenação seja fundada na imputação fático-formal delimitadora da acusação, sob pena de violação dos princípios da correlação, contraditório e ampla defesa. O aditamento será necessário, portanto, quando a elementar ou circunstância não estiver contida na inicial, ainda que de forma implícita.

A regra impõe que a elementar ou circunstância esteja expressa na inicial acusatória, como forma de se assegurar a amplitude de defesa. Não obstante, há situações nas quais a descrição típica pode estar contida na imputação original, como a conduta típica do crime de lesões corporais, meio para a prática do crime de homicídio. Assim, havendo a desclassificação pelos jurados do crime de tentativa de homicídio para lesões corporais, não há necessidade de aditamento à denúncia, porquanto a conduta originariamente imputada, homicídio tentado, contempla o crime o crime meio, lesões corporais.

Tal fato, todavia, não ocorre no crime culposo, haja vista que os elementos dolo e culpa são distintos. O dolo é concebido, segundo o finalismo, como elemento subjetivo composto por consciência e vontade, ao passo que a culpa é concebida como elemento normativo.

O crime culposo, para sua formação, exige a satisfação de sete requisitos: 1) conduta voluntária; 2) resultado; 3) nexo de causalidade; 4) violação do dever objetivo de cuidado; 5) ausência de previsão; 6) previsibilidade objetiva e 7) tipicidade. Além de seus requisitos, há que se aferir a modalidade da culpa, para identificação de uma conduta fundada em imprudência, negligência ou imperícia.

E, nesse sentido, uma conduta imprudente, negligente ou imperita não pode, por incompatibilidade lógica, ser associada ao dolo direto como passagem necessária ou de forma implícita a ponto de justificar uma condenação por crime culposo em imputação dolosa. Sob a égide finalista, ou o funcionário público quer concorrer para o crime outrem no peculato, e, portanto, age de forma dolosa, ou concorre por negligência, por exemplo. Não há como se compatibilizar o dolo direto, marcado pelo "querer", com a ausência de previsão do crime culposo.

Nesses casos, parece-nos imperativa a necessidade de aditamento da denúncia, pois a incompatibilidade entre os institutos dolo e culpa não permite o reenquadramento de um crime doloso em culposo, sem que a modalidade da culpa esteja descrita.

A título exemplificativo, imagine que dois funcionários públicos tenham sido denunciados pelo crime de peculato doloso. O primeiro, por simular a contração de serviços advocatícios fraudulentos por meio de notas de empenho ideologicamente falsas, e o segundo, por efetuar o pagamento de tais notas em concurso com o primeiro. Não se pode afirmar, de antemão, se a conduta imputada ao segundo agente, no caso de reconhecimento de culpa, dependerá de aditamento. Somente a análise da imputação fática nos permitirá concluir pela necessidade de aditamento.

No exemplo, se na descrição da conduta imputada ao segundo agente constar a informação de que, apesar do dever legal de verificar a regularidade das contratações, o acusado deixou de observar seu dever legal, concorrendo para o resultado, não nos parece necessário o aditamento, porquanto o elemento culpa estará descrito, não obstante ter recebido a roupagem de dolo em razão da concorrência. Entretanto, se não registrada na descrição a omissão e a indicação do dolo fundar-se apenas na concorrência, o aditamento se impõe, haja vista que a transformação do elemento vontade, voltado para a produção do resultado, pertinente ao dolo direto, em negligência, não se afigura possível por incompatibilidade lógica, salvo se a imputação derivar de dolo eventual, que deverá, igualmente, ter sido descrito.

A situação, assim, é distinta quando a imputação versar sobre dolo eventual, no qual o agente, com seu comportamento, assume o risco de produzir o resultado, desde que, no contexto da assunção do risco, tenha sido descrita a conduta produtora do resultado a título de imprudência, negligência ou imperícia, ainda que sem menção expressa à modalidade da culpa.

À guisa de exemplo, em uma imputação por lesão corporal dolosa, praticada na condução de veículo automotor, imputada a título de dolo eventual, na qual o agente foi denunciado pelo resultado por ter avançado o sinal vermelho e permitido, anteriormente, que o passageiro permanecesse sem o cinto de segurança, tendo sido descritas as circunstâncias acima, parece-nos clara a possibilidade de reconhecimento da modalidade culposa sem necessidade de aditamento, haja vista que tanto a imprudência ao avançar o sinal vermelho como a negligência quanto à obrigação do uso do cinto de segurança, caracterizadoras do risco que fundamentam o dolo eventual, explicam a violação do dever objetivo de cuidado exigido no crime culposo.

Em outro exemplo, tomemos o crime de incêndio (art. 250 do CP), no qual o acusado foi denunciado pela modalidade dolosa, a título de dolo eventual, por ter causado o incêndio, expondo a perigo a vida de outrem, por não se certificar que o braseiro acesso para realização de um churrasco, em área aberta e próxima a um descampado, tivesse sido apagado. O risco criado, que fundamenta o dolo eventual, atrai a negligência em sua formação, de forma que no caso de condenação por crime culposo (art. 250, §2º, CP), não nos parece haver necessidade de aditamento porquanto a própria construção do dolo eventual engloba a culpa.

Sobre o tema, BADARO[12] (2013, p. 225) esclarece que:

> Na verdade, o que faz com que uma imputação por ato doloso dê origem a uma sentença por delito culposo é a descoberta de novos fatos que indicam que o agente não teve consciência e vontade do resultado, mas, sim, que sua maneira de agir representou uma violação do dever de cuidado a todos imposto.
>
> Assim, não se pode admitir alteração do elemento subjetivo do delito sem que ocorra uma alteração da imputação, com a possibilidade de reação defensiva. Embora o elemento subjetivo, em si, não integre o fato processual, somente a alteração dos fatos lançados no processo é que permitirá concluir pela alteração do elemento subjetivo.

Não obstante o que nos interessa seja a essência da lição, válida na generalidade, há que se registrar que, no caso da culpa, elemento normativo e não subjetivo, sendo essa elemento constitutivo da conduta, não nos parece haver qualquer obstáculo no seu reconhecimento quando a descrição fática percorrer a linha da imprudência, negligência ou imperícia. Isso porque, o que faz com que uma imputação por ato doloso dê origem a uma sentença por delito culposo não é somente a descoberta de novos fatos que indicam que o agente não teve consciência e vontade do resultado, haja vista que a consciência pode

12. BADARÓ, Gustavo. **Correlação entre acusação e sentença**. 3ª ed. São Paulo: Editora Revista dos Tribunais, 2013.

existir, mas, sim, que seu agir, devidamente descrito, tenha representado uma violação do dever de cuidado a todos imposto, que pode ser representada exclusivamente pela consciência e consequente criação do risco juridicamente não permitido, consoante se observa nas imputações dolosas a título eventual.

31.4.2.2.2.2.3 O aditamento não produz uma imputação alternativa

Ocorre a imputação alternativa quando a inicial atribuir ao acusado mais de uma conduta penalmente relevante, assinalando que apenas uma, de fato, foi praticado pelo acusado, apesar de todas se apresentarem como prováveis. Apesar de não admitida no processo penal, é o típico caso de o agente ser denunciado pelo crime de furto ou receptação da mesma coisa, por não poder se concluir, pela prova inquisitorial, qual a conduta efetivamente praticada pelo agente.

Em que pese a matéria ter sido estudada no capítulo da ação penal, seu contexto é perfeitamente aplicável na hipótese de aditamento por *mutatio libelli*, haja vista que, por exemplo, uma imputação culposa pode sobrevir a uma imputação dolosa, impedindo o magistrado de condenar pela modalidade dolosa.

Nesse sentido, ocorrendo o aditamento, nos termos do §4º do art. 384 do CPP, o magistrado, na sentença, estará adstrito aos termos do aditamento. Isso porque, em linhas gerais, a imputação ou será dolosa ou culposa e, tendo ocorrido o aditamento para a forma culposa, em correção à imputação original dolosa, o magistrado não poderá condenar por crime doloso, sob pena de estar diante de uma imputação alternativa, dolo ou culpa. Registre-se que a conclusão acima não afasta a conclusão do tópico anterior, quando não houver aditamento, haja vista que nas situações anteriormente analisadas, não estaremos diante de uma imputação alternativa, mas de simples possibilidade de aplicação dos princípios do *narra mihi factum, dabo tibi ius e iura novit curia*, vez que as condutas estão descritas na inicial acusatória, sendo hipótese de *emendatio libelli* e não *mutatio libelli*.

A adstrição ao aditamento, prevista no §4º do art. 384 do CPP, contudo, **não é absoluta**, haja vista que ocorrendo o aditamento para inclusão de outra elementar típica, que modifica a capitulação por dar ensejo à caracterização de um crime complexo, a exemplo do adiamento para incluir a elementar grave ameaça no furto, para formar o crime de roubo, não implica a necessidade do magistrado condenar pelo crime de roubo, vez que é perfeitamente possível que entenda por não caracterizada a elementar da grave ameaça e condene o acusado pelo crime de furto.

O mesmo se verifica na hipótese de aditamento para inclusão de qualificadora ou causa de aumento de pena, as quais o juiz na sentença poderá afastar sua aplicação ao caso concreto, condenando pela imputação original.

O que não se admite, em hipótese alguma, é a situação na qual o agente é denunciado pelo crime de receptação e, no curso o processo, o *parquet* adita a denúncia para imputar o crime de furto relacionado ao objeto da própria receptação e, ao final, o magistrado condene pelo crime parasitário, substituído pela nova imputação. Não fosse assim, estaríamos diante da absurda imputação alternativa, consolidada por duas peças acusatórias, ou receptação ou furto.

31.4.2.2.2.2.4 *Mutatio libelli* no Tribunal do Júri

A aplicação do procedimento da *mutatio libelli* foi previsto de forma expressa para o Tribunal do Júri no art. 411, §3º do CPP, de sorte que não há qualquer obstáculo na aplicação do teor do art. 384 do CPP ao procedimento. Assim, é possível que, durante a instrução se verifique que o então homicídio qualificado pelo motivo fútil, na realidade, também se caracteriza como feminicídio, circunstância qualificadora não imputada na inicial. Assim, como não cabe o magistrado acolher a qualificadora de ofício, deverá o Ministério Público aditar a exordial acusatória para incluir a circunstância qualificadora, permitindo-se o direito de defesa na forma do art. §2º do art. 384, CPP, assegurando-se ao magistrado possibilidade de pronunciar o acusado em todas suas circunstâncias, porquanto formal e materialmente imputadas sob o crivo do devido processo legal.

Em razão das particularidades do procedimento e necessidade e desdobramento, remetemos o leitor para o capítulo pertinente ao procedimento do Tribunal do Júri para aprofundamento e evitarmos repetições.

31.4.2.2.2.2.5 Procedimento

O aditamento deverá ser realizado pelo titular da ação penal, independentemente de provocação do magistrado, conforme se infere do *caput* do art. 384 do CPP. Doutrinariamente, confere-se à tal situação a nomenclatura de **aditamento espontâneo**, em detrimento ao chamado **aditamento provocado**, induzido pelo magistrado como fiscal do princípio da obrigatoriedade da ação penal.

Não obstante parcela da doutrina sustentar que o magistrado não mais exerce tal função diante da adoção do sistema acusatório, entendemos que ainda **persiste a função do magistrado de fiscal do princípio da obrigatoriedade da ação penal**, vez que pode, por exemplo, provocar o Ministério Público para que se manifestasse quanto ao fato X ou Y ou agente A ou B, não mencionados na promoção de arquivamento ou oferecimento da denúncia e, *mutatis mutandis*, no momento da sentença.

Assim, verificando o magistrado que o *parquet* não aditou a denúncia para incluir elementar típica ou circunstância especializante agravadora, mesmo havendo elementos de prova nesse sentido, deverá, inicialmente, provocar o órgão de execução, para análise de eventual aditamento, sem adentrar no mérito ou indicação das razões ou do porquê, sob pena de violação do sistema acusatório. Não promovendo o aditamento o órgão ministerial, o magistrado poderá provocar o Procurador-Geral de Justiça, nos termos do art. 384, §1º do CPP, por força do art. 28 do CPP, com sua redação vigente.

Não sendo realizado o aditamento, o juiz proferirá a sentença, absolvendo ou condenando o acusado, nos estritos termos da imputação. Assim, se diante de uma imputação pelo crime de furto, o magistrado antever o crime de receptação e provocar o *parquet* para analisar eventual aditamento, caso o aditamento não seja realizado, o magistrado, convencido da prática de receptação e não furto, deverá absolver o acusado. De igual forma, sendo o acusado processado por furto, não obstante a caracterização da elementar da grave ameaça, a ausência de aditamento impedirá o magistrado de condenar pelo crime de roubo, podendo condenar, tão somente, pelo crime de furto.

Realizado o aditamento, que pode ser escrito ou oral em audiência, o magistrado poderá ou não o receber (art. 384, §5º). Não recebendo o aditamento, a acusação poderá interpor recurso em sentido estrito nos termos do art. 581, I, CPP. Não entendemos por possível que o magistrado possa analisar o aditamento em sede de sentença, vez que o aditamento e consequente estabelecimento da imputação definitiva é prejudicial ao próprio julgamento de mérito. Entretanto, caso o magistrado assim o faça, o recurso cabível será a apelação.

Realizado o aditamento, o §2º do art. 384 do CPP assinala que deverá ser ouvido o defensor do acusado no prazo de 5 (cinco) dias, oportunizando-se a esse o direito de defesa quanto aos novos fatos imputados, em similitude a uma defesa preliminar. Apesar da previsão legal abreviada, o legislador olvidou-se de um aspecto crucial, que envolve a necessidade de citação. Afinal, trata-se de nova imputação e, portanto, exige-se o conhecimento dessa por parte do acusado, sob pena de nulidade absoluta em nossa compreensão.

Assim, entendemos que, a despeito da previsão do §2º, o acusado deve ser citado em observância ao teor do art. 396 do CPP, com o ajuste pertinente ao prazo para resposta à acusação para cinco dias, sob pena de nulidade, devendo ser observado, na sequência, quanto ao aditamento, o teor dos artigos 396-A e 397 do CPP, no que for pertinente, isto é, havendo a imputação de novo delito, a possibilidade de absolvição sumária, oposição de exceções e etc. Mesmo no caso de aditamento para inclusão de circunstância qualificadora ou causa de aumento de pena, a citação afigura-se indispensável porquanto o conhecimento da acusação exige a ciência de todas as suas circunstâncias (art. 41, CPP).

Superada essa fase e admitido o aditamento, o juiz, a requerimento de qualquer das partes, designará dia e hora para continuação da audiência, com inquirição de testemunhas, novo interrogatório do acusado, realização de debates e julgamento. Vale destacar que, por ocasião do aditamento e defesa, cada parte poderá arrolar até 3 (três) testemunhas, no prazo de 5 (cinco) dias. Esse prazo de cinco dias, previsto no §4º do art. 384 do CPP, na realidade, refere-se ao prazo para aditamento e para apresentação de defesa, *ex vi* art. 384, *caput*, e §2º, não havendo, de fato um novo prazo de cinco dias após o aditamento ou apresentação de defesa. Em síntese, as partes deverão arrolar suas testemunhas no aditamento e na defesa, sob pena de preclusão.

Ainda que as partes não requeiram a produção de novas provas, o juiz deverá, necessariamente, designar audiência de continuação, pois o acusado possui o direito de ser interrogado quanto à nova imputação fática gerada com o aditamento.

31.4.2.2.2.2.6 *Mutatio libelli* em segunda instância

A *mutatio libelli* é admitida no tribunal apenas nos processos criminais de competência originária, porquanto esse é o foro natural de processamento da ação penal.

Tratando-se de atuação do tribunal em segunda instância não se admite a aplicação do instituto por força do princípio do duplo grau de jurisdição, haja vista que o aditamento em segundo grau, além de extirpar a competência de primeiro grau, afastaria a possibilidade de revisão da matéria de fato, vez que apreciada diretamente pelo próprio tribunal. Não por outra razão o art. 617 do CPP limitou a atuação do tribunal às hipóteses dos artigos 383, 386 e 387 do CPP, omitindo-se com relação ao art. 384 do CPP. Vige, portanto, um limite processual à *mutatio libelli*: a prolação da sentença.

Salvo nos processos afetos ao Tribunal do Júri, em que a morte da vítima ocorre após a sentença, mas antes do trânsito em julgado, ou crimes qualificados pelo resultado, cujo óbito da vítima igualmente ocorre nessas circunstâncias, em relação nítida de causalidade, fundamento hábil a promover a rescisão da sentença, conforme estudamos no capítulo do Tribunal do Júri, uma vez prolatada a decisão, não mais poderá ocorrer o aditamento.

Reforçando a impossibilidade de aplicação da *mutatio libelli* em segundo grau, o STF editou a Súmula 453: "não se aplicam à segunda instância o art. 384 e parágrafo único do Código de Processo Penal, que possibilitam dar nova definição jurídica ao fato delituoso, em virtude de circunstância elementar não contida explícita ou implicitamente na denúncia ou queixa". Vale destacar que a súmula, editada antes da alteração do art. 384 do CPP, está plenamente vigente.

31.4.2.2.2.3 Regramento comum à *emendatio* e *mutatio libelli*

O §3º do art. 384 do CPP dispõe que se aplicam as disposições dos §§1º e 2º do art. 383 ao *caput* do dispositivo. O §1º do art. 383 do CPP, por sua vez, prevê que "se, em consequência de definição jurídica diversa, houver possibilidade de proposta de suspensão condicional do processo, o juiz procederá de acordo com o disposto na lei". Por seu turno, o §2º assinala que, tratando-se de infração da competência de outro juízo, a este serão encaminhados os autos.

Em linhas gerais, os dispositivos tratam da possibilidade de **aplicação da transação penal, suspensão condicional do processo e eventual modificação da competência** quando houver *emendatio* ou *mutatio libelli*.

De forma simplificada, a previsão do §1º do art. 383, e sua combinação com art. 384 do CPP, indica que o magistrado, reconhecendo a possibilidade de definição jurídica diversa do fato imputado ou recebendo o aditamento que impute fato cuja pena mínima não seja superior a um ano, deverá provocar as partes quanto à possibilidade de suspensão condicional do processo. Nesse sentido é o teor da **Súmula 337 do STJ**: "é cabível a suspensão condicional do processo na desclassificação do crime e na procedência parcial da pretensão punitiva".

Apesar da previsão do §1º do art. 383 dirigir-se apenas à suspensão condicional do processo, a regra do §2º, que dispõe sobre a remessa para outro juízo competente, na realidade, por ser a competência do Juizado Especial Criminal relativa, conforme entendimento do STF, impõe a observância dos institutos despenalizadores previstos na Lei 9.099/95.

Logo, diante da situação prevista no art. 383, §2º do CPP, que implicará o reconhecimento de delito de pequeno potencial ofensivo, seja por nova definição jurídica, seja em razão do aditamento, o magistrado deverá encaminhar o processo ao Juizado Especial Criminal para que seja observado o direito à transação penal ou, dada a relatividade da competência, assegurar, no próprio juízo, que o legitimado ativo manifeste-se quanto à transação penal, oferecendo-a ou recusando-a, de forma fundamentada. Assim, tem-se que é perfeitamente possível a celebração de transação penal no curso do processo penal já instaurado, não obstante a regra ser sua celebração na fase pré-processual.

No tocante ao ANPP, entendemos por sua inaplicabilidade à espécie, dada a própria natureza do instituto, de não persecução penal.

31.4.2.2.2.3.1 Mudança na espécie de ação penal

Há situações nas quais tanto a *emendatio* como a *mutatio libelli* podem influir na natureza da ação penal. À guisa de exemplo, o crime de lesão corporal grave, processado por ação penal pública incondicionada, pode sofrer *emendatio* ou mesmo *mutatio libelli* para o futuro reconhecimento do delito de lesão corporal leve em sua modalidade culposa, processado também por ação penal de iniciativa pública, mas condicionada à representação, a qual deverá ser ofertada no prazo decadencial, sob pena de decadência.

É possível, igualmente, que um crime processado por ação penal de iniciativa pública venha, diante da *emendatio libelli*, ser modificado para crime de ação penal de iniciativa privada, a exemplo do crime de dano contra o patrimônio público (art. 163, parágrafo único, III, CP), sobre o qual se opera a desclassificação para o crime de dano simples (art. 163, *caput*, CP). Nesse caso, deverá o magistrado reconhecer a ilegitimidade ativa do Ministério Público e anular o processo desde o oferecimento da denúncia. Como consequência, poderá o ofendido oferecer queixa-crime, desde que observado o prazo decadencial, contado, em nossa compreensão, da data que tomar ciência da decisão.

O inverso também é possível, isto é, um crime hoje processado por ação penal de iniciativa privada venha a se tornar de iniciativa pública, a exemplo do crime de exercício arbitrário das próprias razões, no qual, durante a instrução, se verifica a prática de violência. Nesses casos, o juiz deverá reconhecer a ilegitimidade do querelante e anular o processo desde o início, com fundamento no art. 564, II, do CPP. Não tendo ocorrido a prescrição, o *parquet* poderá oferecer denúncia.

31.4.2.2.3 Entre a racionalidade, controlabilidade, integridade e coerência

Apesar da independência funcional e de certa margem de discricionariedade na valoração da prova, a decisão judicial não pode se fundar em proposições meramente subjetivas ou pessoais, vez que deve ser adequada e ponderadamente motivada. O magistrado, portanto, tem o dever de construir sua decisão acerca dos fatos e provas sobre estruturas racionais e idôneas, permitindo o controle.

Nesse sentido, o modelo da plausibilidade relativa, prevalente na seara da doutrina da *New Evidence Scholarship*, potencializa a explicação da prova por não quantificar a evidência e fornecer uma concepção mais plausível do valor dessa. Além disso, o modelo se amolda aos processos de raciocínio dos investigadores de fatos, sendo capaz de fornecer uma explicação plausível de como os elementos dos casos se relacionam com o caso como um todo, de forma que sua natureza comparativa se ajuste tanto às práticas reais de prova no julgamento quanto às políticas subjacentes aos padrões de prova[13].

13. ALLEN, Ronald J. PARDO, Michael S. ***Relative plausibility and its critics***. https://doi.org/10.1177/1365712718813781. Acesso em 28.07.22, às 09h21min.

O magistrado, ainda que dotado do livre convencimento, deve observar um modelo de valoração da prova. E, sob a lógica do devido processo legal e, por via de consequência, sob a luz dos fatos e evidências, não se pode negar que um observador externo, ainda que sob valoração paralela da esfera do profano, ao analisar um enunciado absolutório ou condenatório, deva reunir, minimamente, condições de verificar a lógica empregada na decisão. Ao não se reconhecer tal possibilidade, instaura-se a arbitrariedade. Nessa senda, a construção da decisão, **de forma racional e demonstrável**, permite a verificação da decisão, conferindo a essa o necessário **atributo da controlabilidade**.

Noutra trilha, o art. 926, CPC, estabelece que os tribunais devem uniformizar suas jurisprudências e mantê-las estáveis, íntegras e coerentes. A regra, a despeito de dirigida aos tribunais, agasalha-se perfeitamente na atuação do magistrado. Dworkin[14], em sua Teoria da Integridade, ao tratar da decisão judicial sob a perspectiva do "Juiz Hércules", destaca que a proposta da integridade visa conferir legitimidade à decisão judicial que tenha considerado todos os aspectos fáticos, morais e normativos pertinentes à solução do caso. Cria, assim, barreiras mínimas a impedir o excesso de discricionariedade por parte do intérprete.

E, nesse sentido, se aos tribunais se exige o dever de uniformizar suas decisões e mantê-las estáveis, íntegras e coerentes, com maior razão há que se exigir tal postura do magistrado, tendo por parâmetro suas próprias decisões. **A coerência, portanto, soma-se à integridade, levando-se em consideração os precedentes**, sob pena violação da isonomia e consequente violação dos significados de Justiça, equidade e devido processo legal. Segundo o próprio DWORKIN[15]:

> A justiça diz respeito ao resultado correto do sistema político: a distribuição correta de bens, oportunidades e outros recursos. A equidade é uma questão da estrutura correta para esse sistema, a estrutura que distribui a influência sobre as decisões políticas da maneira adequada. O devido processo legal adjetivo é uma questão dos procedimentos corretos para a aplicação de regras e regulamentos que o sistema produziu. A supremacia legislativa que obriga Hércules a aplicar as leis, mesmo quando produz uma incoerência substantiva, é uma questão de equidade porque protege o poder da maioria de fazer o direito que quer. As doutrinas rigorosas do precedente, as práticas da história legislativa e a prioridade local são em grande parte, embora de maneira distintas, questões de processo legal adjetivo, porque estimulam os cidadãos a confiar em suposições e pronunciamentos doutrinários que seria errado trair ao julgá-los depois do fato

31.4.2.3 Dispositivo

O dispositivo, previsto no art. 381, V, CPP, representa a conclusão da decisão, sendo o momento em que o juiz condena ou absolve o acusado de acordo com a fundamentação exarada, indicando os dispositivos legais aplicados.

Tratando-se de sentença condenatória, o magistrado deverá registrar o tipo penal no qual a conduta do agente se amolda, indicando o dispositivo legal aplicado. A ausência de menção ao artigo, por si só, apesar de grave erro técnico, não gera nulidade da sentença se o juiz se valer do *nomen iuris* do delito de forma clara e induvidosa.

---

14. DWORKIN, Ronald. **O Império do direito**. 2ª ed. São Paulo: Martins Fontes, 2007.

15. *op.cit.* p. 483.

Por outro lado, sendo a sentença absolutória, o magistrado deverá indicar o fundamento da absolvição, dentre os previstos nos arts. 386, 397 ou 415, do CPP, haja vista que a depender fundamento, haverá ou não produção de coisa julgada no cível. Ausente a indicação, não restando clarividente o fundamento na decisão, a parte deverá opor embargos de declaração para saneamento da omissão.

Omitindo-se o magistrado quanto à parte dispositiva, não há, juridicamente, qualquer decisão, sendo a hipótese tratada pela doutrina como inexistência de decisão.

31.4.2.4 Autenticação

Ao proferir sua decisão, o magistrado deverá lançar a data e sua assinatura, como forma de autenticar o ato (art. 381, VI, CPP). Sendo a sentença datilografada ou digitada, o magistrado deverá rubricar todas as folhas (art. 388, CPP). A falta de assinatura do juiz na sentença torna o ato inexistente. Por outro lado, a ausência de rubrica em todas as folhas caracteriza mera irregularidade segundo o STJ[16].

É possível que a sentença seja proferida oralmente em audiência. Nesses casos, a deverá ser degravada na íntegra, pois a busca pela celeridade não afasta a forma escrita da sentença e a integridade da decisão, que deve trazer as razões da decisão, segundo o entendimento do STJ:

> (...) Degravação, na ata da audiência, tão somente a dosimetria das penas e o dispositivo.
>
> O art. 405 do Código de Processo Penal possibilita o registro dos termos da audiência de instrução em meio audiovisual. Tal regra, cuja redação foi conferida pela Lei n.º 11.719/2008, não tem o escopo somente de abreviar o tempo de realização do ato - em razão da desnecessidade da redução, a termo, dos depoimentos do acusado, vítima e testemunhas -, mas também o de possibilitar registro fiel da íntegra do ato, com imagem e som, em vez da simples escrita.
>
> Entretanto, **a busca da celeridade na prestação jurisdicional não dispensa a forma escrita da sentença, que deve vir acompanhada das razões de decidir**. Contrariedade ao disposto no art. 388 do Código de Processo Penal.
>
> O prejuízo à Defesa é evidente, com grave dano ao exercício do contraditório e ampla defesa, acarretando em nulidade absoluta do ato, por vício formal. Diante dessa situação, não há que se falar em preclusão da matéria (art. 563 do Código de Processo Penal).
>
> Ordem de *habeas corpus* concedida para determinar ao Juízo de primeiro grau a **degravação integral da sentença condenatória**. HC 470034/SC, Rel. Min. Laurita Vaz, 6ª Turma, DJe 19.11.18.

31.4.3 Sentença absolutória

A sentença absolutória é aquela que, em regra, julga improcedente o pedido de condenação formulado pela acusação. Em regra, porque, conforme veremos abaixo, há situações nas quais, a despeito da absolvição, será imposta a medida de segurança. Vejamos as espécies de sentença absolutória.

a) Sentença absolutória própria: é aquela que julga improcedente o pedido de condenação formulado pela acusação, produzindo a absolvição do acusado, com todos os efeitos legais, como a revogação de medidas cautelares pessoais e patrimoniais.

16. RHC 3.155/SP, Rel. Min. Luiz Vicente Cernicchiaro, DJ 13.12.93.

b) Sentença absolutória imprópria: é aquela que, não obstante reconhecer a prática de um fato típico e ilícito, igualmente reconhece a inimputabilidade do agente nos termos do art. 26 do CP. A sentença, portanto, reconhece o agente como autor do fato definido como crime, mas diante do reconhecimento a incapacidade completa, ao tempo da ação ou omissão, de compreender o caráter ilícito do fato ou de determinar-se de acordo com esse entendimento em virtude de doença mental ou desenvolvimento incompleto ou retardado, afasta a culpabilidade por ausência de um de seus elementos, mas aplica a medida de segurança nos termos do art. 386, III, CPP.

c) Absolvição sumária: conforme vimos no estudo dos procedimentos, a absolvição sumária, prevista no procedimento comum, art. 397 do CPP, e no procedimento do júri, do art. 415, CPP, encerra, por sentença, o processo de forma abreviada diante da análise do mérito processual. Vale destacar que, no tocante a previsão do art. 397, IV do CPP, absolvição sumária por declaração da extinção da punibilidade do agente é concebida, pela doutrina majoritária, como declaratória, por força do teor da Súmula 18 do STJ, que assinala que a decisão que reconhece a extinção da punibilidade possui natureza declaratória.

d) Absolvição sumária imprópria: em paralelo à absolvição imprópria, a chamada absolvição sumária imprópria somente pode ocorrer nos procedimentos afetos ao Tribunal do Júri, no encerramento da fase do juízo sumariante, porquanto nos demais procedimentos terá que ser instruído o processo para verificação dos fatos e circunstâncias jurídicas. No âmbito do procedimento do júri, portanto, entendemos por possível a absolvição sumária imprópria, com imposição de medida de segurança, caso a inimputabilidade seja a única tese defensiva.

Parte da doutrina ainda concebe a espécie de **sentença absolutória anômala**, como aquela decorrente da concessão do perdão judicial ao acusado, pois, na realidade, não há uma verdadeira absolvição, mas uma condenação à qual se aplica o perdão judicial. Não obstante o debate doutrinário, o STJ assinalou por meio da Súmula 18 que a "sentença concessiva do perdão judicial é declaratória da extinção da punibilidade, não subsistindo qualquer efeito condenatório".

31.4.3.1 Fundamentos da absolvição

Após a instrução criminal e alegações finais das partes, o magistrado deverá analisar a prova produzida. Entendendo que o melhor caminho é a absolvição do acusado, deverá absolvê-lo, mencionando na parte dispositiva o fundamento legal. Os fundamentos da absolvição foram previstos no art. 386 do CPP:

I. Estar provada a inexistência do fato: o reconhecimento da inexistência do fato pressupõe que o magistrado ateste a existência de provas de que o fato não ocorreu. Não se trata, portanto, de hipótese de dúvida ou deficiência probatória, prevista no inciso seguinte, mas de prova para além de qualquer dúvida razoável. A decisão **faz coisa julgada no cível** nos termos do art. 66 do CPP e 935 do CC.

II. Não haver prova da existência do fato: ao contrário da hipótese anterior, a absolvição com fundamento na dúvida acerca da existência do fato funda-se no *in dubio pro reo*, haja vista que se o mosaico probatório não se revela suficiente para convencer o magistrado acerca da existência do fato, que pode até ter ocorrido, o juiz deverá absolver o acusado. A **decisão criminal não impacta na ação cível**.

III. Não constituir o fato infração penal: a hipótese versa sobre as situações de atipicidade formal ou material. A tipicidade formal é aquela que se pressupõe a subsunção do fato à norma penal, e será afastada quando as elementares típicas não estiverem satisfeitas. A tipicidade material, ao contrário, exige a existência de lesão ou ameaça de lesão ao bem jurídico penalmente protegido, de forma que, não se verificando a agressão ao bem jurídico, seja pela inexpressividade da lesão, pela mínima ofensividade da conduta, ausência de periculosidade do agente e reduzido grau de reprovabilidade do comportamento, o magistrado deverá absolver o acusado pela aplicação do princípio da insignificância por ausência de tipicidade material. **Ainda que excluída a tipicidade nos crimes dolosos, a decisão não faz coisa julgada no cível, vez que o ilícito cível, apto a ter o dano reparado, não se confunde com o ilícito penal**.

IV. Estar provado que o acusado não concorreu para a infração penal: assim como no inciso I, exige-se prova para além de qualquer dúvida razoável. A previsão ataca a concorrência para o delito, seja na condição de autor, coautor ou partícipe. Configura-se diante da tese de negativa de autoria, na qual, por exemplo, o acusado demonstra ter sido impossível ter concorrido para o delito, porquanto, no dia dos fatos, encontrava-se internado do hospital para realização de uma cirurgia. A **decisão produz efeitos no cível.**

V. Não existir prova de ter o acusado concorrido para a infração penal: sob a mesma lógica do inciso II, a absolvição por falta de provas tem por fundamento a princípio do *in dubio pro reo*, pois o acervo probatório não se revela suficiente para formação do convencimento do juiz acerca da concorrência do acusado para a prática criminosa. **A decisão não produz efeitos na seara cível.**

VI. Existirem circunstâncias que excluam o crime ou isentem o acusado de pena (arts. 20, 21, 22, 23, 26 e § 1º do art. 28, todos do Código Penal), ou mesmo se houver fundada dúvida sobre sua existência: a menção aos dispositivos previstos na Parte Geral do Código Penal é meramente orientativa, porquanto podem ocorrer situações de excludentes de ilicitude ou culpabilidade previstas na Parte Especial ou legislação especial. De toda forma, o raciocínio a ser realizado diante da hipótese é inverso ao das situações anteriores, haja vista que a valoração será realizada sobre a tese defensiva. Se, para acusação, exige-se um juízo de certeza, para o reconhecimento da tese defensiva, ao contrário, se ao final da instrução o magistrado ainda tiver dúvida sobre a existência de causa de exclusão do crime ou isenção de pena, deverá absolver o acusado, pois a dúvida acerca da excludente implica, necessariamente, dúvida quanto à prova produzida pela acusação. Sobre os efeitos civis:

Provada a existência de causa excludente de ilicitude real	Art. 65 do CPP: Faz coisa julgada no cível a sentença penal que reconhecer ter sido o ato praticado em estado de necessidade, em legítima defesa, em estrito cumprimento de dever legal ou no exercício regular de direito. A redação do art. 65 do CPP só se aplica se quem deu causa à excludente for o ofendido, vez que há situações, como no estado de necessidade agressivo, nas quais o ofendido é terceiro inocente e, portanto, pode buscar a reparação do dano no cível.
Provada a existência de causa de justificação putativa e erro na execução	A absolvição com lastro em justificantes putativas, para nós, não afasta a responsabilidade civil em qualquer hipótese, pois o erro de compreensão de uma causa de justificação tem o condão, segundo a teoria limitada da culpabilidade, de afastar o dolo e culpa, no caso de erro sobre os pressupostos fáticos, e a culpabilidade, no caso de erro sobre a existência ou limites da justificadora. Logo, a eventual absolvição funda-se em erro, o qual não pode ser atribuído ao ofendido.
Provada a existência de causa excludente da culpabilidade	A absolvição por exclusão da culpabilidade não afasta a responsabilidade civil, vez que há o reconhecimento da existência de fato típico e ilícito, ensejando, portanto a possibilidade de indenização no cível.
Fundada dúvida acerca de causa excludente da ilicitude ou da culpabilidade	Nesta hipótese, a absolvição tem por fundamento a ausência de provas (*in dubio pro reo*), circunstância inábil a afastar a responsabilidade civil.

VIII. Não existir prova suficiente para a condenação: a genérica previsão parte da premissa que a condenação exige prova para além de qualquer dúvida razoável e, nesse sentido, não se configurando o *standard* probatório exigido para sustentação de um decreto condenatório, o magistrado deverá absolver o acusado com lastro na presunção de inocência. A **decisão não produz efeitos no cível**.

31.4.3.2 Efeitos da sentença absolutória

A importância da indicação do fundamento da absolvição revela-se nos efeitos que serão produzidos, pois o decreto absolutório, a depender do fundamento, pode expandir suas consequências em outras áreas do Direito.

Naturalmente, o **primeiro e crucial efeito da absolvição própria é o de restituir a liberdade do acusado caso esteja preso**, consoante se infere do teor o inciso I do parágrafo único do art. 386, CPP, porquanto a apelação não goza de efeito suspensivo e o art. 596 do CPP assinala que a apelação da sentença absolutória não impedirá que o réu seja posto imediatamente em liberdade.

O **segundo efeito** decorrente da sentença absolutória própria, nos termos do inciso II, parágrafo único, do art. 386 do CPP, **é o de cessar as medidas cautelares e provisoriamente aplicadas**, devendo o magistrado ordenar nesse sentido. Dentre esses efeitos, à guisa de exemplo, deverá ser restituído o valor integral da fiança (art. 337, CPP); levantamento do sequestro (art. 131, III, CPP), e arresto ou cancelamento da hipoteca legal (art. 141, CPP).

Ainda que não expresso no CPP, **a absolvição produz o efeito de impedir novo processo pelo mesmo fato por força do princípio do *ne bis in idem***, previsto na Convenção Americana sobre Direitos Humanos, dotada de status normativo supralegal (Dec. 678/92, art. 8º, nº 4). Registre-se que mesmo a absolvição tendo sido proferida por juízo absolutamente incompetente, haverá a produção do efeito, pois ninguém pode ser processado duas vezes pelo mesmo fato.

Por outro lado, tratando-se de sentença absolutória imprópria, isto é, aquela que reconhece a tipicidade e ilicitude, mas afasta a culpabilidade, o magistrado deverá impor a medida de segurança, se cabível (art. 386, parágrafo único, III, CPP). A imposição de medida de segurança exige uma cautela específica com relação aos seus efeitos, vez que, apesar de se tratar de absolvição, a liberdade do agente pode revelar risco à sociedade em razão da inimputabilidade. Assim, se tiver respondido ao processo em internação provisória, o magistrado deverá manter a medida até o trânsito em julgado da decisão, oportunidade que será executada a medida de segurança. Não há, portanto, medida de segurança provisória, pelo que o parágrafo único do art. 596 do CPP encontra-se em dissonância com a Constituição Federal.

Tendo o agente inimputável permanecido livre durante a instrução criminal, não sendo verificada nenhuma situação posterior hábil a demonstrar a necessidade de internação provisória (ar.t 319, VII, CPP), deverá aguardar em liberdade o julgamento de eventual recurso.

No tocante aos efeitos civis da absolvição, a fim de evitarmos repetições, remetemos o leitor para o capítulo da "ação civil *ex delicto*" para maiores detalhes.

31.4.4 Sentença condenatória

À vista das provas produzidas, convencendo-se o magistrado da existência de prova para além de qualquer dúvida razoável, deverá condenar o acusado, impondo-lhe a respectiva pena, o fazendo de forma individualizada, levando-se em consideração uma série de fatores. Vale destacar que o juiz pode condenar o acusado, mesmo diante de pedido de absolvição do formulado pelo Ministério Público, bem como reconhecer agravantes, embora não alegadas (art. 385, CPP).

A sentença condenatória foi regulada no art. 387, CPP, *verbis*:

> Art. 387. O juiz, ao proferir sentença condenatória:
>
> I - mencionará as circunstâncias agravantes ou atenuantes definidas no Código Penal, e cuja existência reconhecer;
>
> II - mencionará as outras circunstâncias apuradas e tudo o mais que deva ser levado em conta na aplicação da pena, de acordo com o disposto nos arts. 59 e 60 do Decreto-Lei nº 2.848, de 7 de dezembro de 1940 - Código Penal;
>
> III - aplicará as penas de acordo com essas conclusões;
>
> IV - fixará valor mínimo para reparação dos danos causados pela infração, considerando os prejuízos sofridos pelo ofendido;
>
> V - atenderá, quanto à aplicação provisória de interdições de direitos e medidas de segurança, ao disposto no Título XI deste Livro;
>
> VI - determinará se a sentença deverá ser publicada na íntegra ou em resumo e designará o jornal em que será feita a publicação (art. 73, § 1º, do Código Penal).

> §1º O juiz decidirá, fundamentadamente, sobre a manutenção ou, se for o caso, a imposição de prisão preventiva ou de outra medida cautelar, sem prejuízo do conhecimento de apelação que vier a ser interposta.
>
> §2º O tempo de prisão provisória, de prisão administrativa ou de internação, no Brasil ou no estrangeiro, será computado para fins de determinação do regime inicial de pena privativa de liberdade.

Conforme assinalamos em nosso Direito Penal, Parte Geral, do qual nos valeremos em parte nesta análise, o estudo da aplicação da pena guarda relevo, principalmente, nas penas privativas de liberdade e de multa, pois as restritivas de direitos normalmente são substitutivas e seguem a trilha da pena privativa de liberdade.

Vejamos primeiro a aplicação da pena no âmbito das penas privativas de liberdade e suas consequências sob a luz do art. 387 do CPP e legislação penal.

31.4.4.1 Fixação da pena privativa de liberdade

O Código Penal brasileiro adotou o sistema trifásico para o cálculo da pena privativa de liberdade. As três fases foram previstas no art. 68 do CP:

> Art. 68. A pena-base será fixada atendendo-se ao critério do art. 59 deste Código; em seguida serão consideradas as circunstâncias atenuantes e agravantes; por último, as causas de diminuição e de aumento.

A construção da pena pelo magistrado é um ato jurídico vinculado, com certa margem de subjetividade. Ao mesmo tempo que está adstrito aos parâmetros legais, preserva sua discricionariedade para valorar as situações fáticas e jurídicas que interferem na pena. Esse modelo de ato discricionário-vinculado é conhecido por *teoria das margens*.

Em síntese, o magistrado fixará a pena base valendo-se das circunstâncias judiciais do art. 59 do CP. Estabelecida a pena base, que deve ficar entre os patamares mínimo e máximo da pena cominada, o juiz aplicará eventuais circunstâncias agravantes e atenuantes previstas nos artigos 61, 62, 65 e 66 do Código Penal. Encerrada a segunda fase da fixação da pena, o magistrado deverá aplicar as eventuais causas de diminuição e aumento previstas nas partes geral e especial do Código Penal.

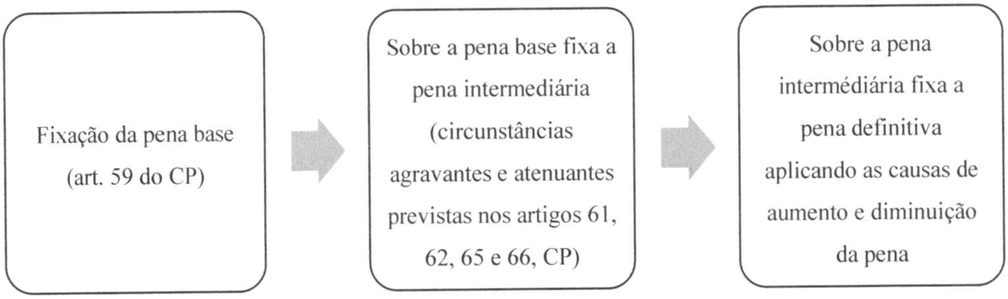

As qualificadoras não integram, de forma autônoma, as fases da aplicação da pena, pois já agravam o delito no próprio preceito secundário e, portanto, são levadas em consideração na fixação da pena base. O crime de homicídio simples prevê a pena de 6 a 20 anos de reclusão, ao passo que o homicídio qualificado é apenado com a pena de 12 a 30 anos de reclusão. Assim, o magistrado, ao fixar a pena base, utilizará o parâmetro legal de acordo com crime reconhecido. Sendo, por exemplo, o homicídio qualificado, a pena base será fixada entre 12 a 30 anos de reclusão, motivo pelo qual as qualificadoras não integram, de forma autônoma, a dosimetria da pena.

Fixada a pena definitiva, deverá o magistrado estabelecer o regime inicial de cumprimento da pena e analisar a possibilidade de aplicação de pena substitutiva não privativa de liberdade ou *sursis*.

Na aplicação da pena, é crucial que o magistrado fundamente cada situação de aumento ou diminuição para se assegurar o direito de defensa do réu. Analisemos as três fases separadamente.

31.4.4.1.1 Fixação da pena base (primeira fase)

A fixação da pena base, primeira fase da aplicação da pena, parte da pena cominada ao delito. Diante das margens mínima e máxima estabelecidas pelo legislador, o magistrado, valendo-se do teor do art. 59 do CP, fixará a pena base ao analisar, fundamentadamente, a culpabilidade, antecedentes, conduta social, personalidade do agente, motivos, circunstâncias e consequências do crime, bem como o comportamento da vítima.

O Código Penal não estabelece patamares de pena para cada uma das circunstâncias judiciais previstas no art. 59 do CP, de sorte que coube à doutrina e jurisprudência fazê-lo. Como são oito as circunstâncias, a doutrina entende que a pena mínima deve ser agravada na razão de 1/8 (um oitavo) por cada circunstância judicial desfavorável. Assim, partindo-se da pena mínima, por cada circunstância judicial desfavorável a pena mínima cominada ao delito seria agravada em 1/8. A jurisprudência, por outro lado, tem se firmado no patamar de 1/6, sem consenso. Independentemente da posição adotada, o juiz, em hipótese alguma, poderá fixar a pena base abaixo ou acima da previsão típica nessa fase.

Um ponto de relevo reside na coexistência de circunstâncias judiciais favoráveis e desfavoráveis. Não é incomum vermos sentenças em que o magistrado reconhece a coexistência de circunstâncias favoráveis e desfavoráveis e as compensa, anulando os efeitos das circunstâncias desfavoráveis. Parte da doutrina sustenta, em linha aproximada, que havendo a coexistência, deve-se aplicar, por analogia, o teor do art. 67 do CP, que determina que a pena deve se aproximar do limite das circunstâncias preponderantes (motivos determinantes do crime, personalidade do agente e reincidência).

Ocorre que, apesar de se tratar de entendimento dominante, nos parece que as soluções apresentadas negam seu ponto de partida. Se a construção da pena base deve partir do mínimo legal e a pena não pode ser fixada abaixo do mínimo legal, não há razões para se considerar as circunstâncias judiciais favoráveis. Isto é, se não houver nenhuma circunstância judicial desfavorável, a pena será fixada no mínimo. Se uma ou todas as circunstâncias forem favoráveis, também será fixada no mínimo. Logo, segundo a premissa da construção da pena partindo-se da pena mínima, as circunstâncias judiciais favoráveis pouco beneficiam o agente[17].

17. HC 92.322/PA. O próprio STF considera que não há nulidade na decisão que não analisa fundamentadamente as circunstâncias judiciais se a pena for fixada no mínimo legal por ausência de possibilidade de comprovação de prejuízo para o réu.

Ao contrário, se a fixação da pena partisse da pena média cominada ao delito, agravando-se a reprimenda diante da existência de circunstâncias favoráveis e reduzindo-a acaso favoráveis, a existência de circunstâncias judiciais favoráveis poderia beneficiar o réu. Todavia, apesar das circunstâncias favoráveis praticamente não trazerem benefício algum para o réu, posto que partimos da cultura da pena mínima, não há benefício maior para o acusado do que ver sua pena partir do patamar mais baixo.

Prevalece, no entanto, o entendimento doutrinário da aplicação analógica do art. 67 do CP, priorizando-se o valor da preponderante.

As circunstâncias judiciais possuem caráter subsidiário ou residual, pois somente podem influir na pena se não forem elementares típicas, qualificadoras ou privilégios, agravantes ou atenuantes, ou ainda causas de diminuição ou aumento de pena. Num crime praticado contra um idoso, por exemplo, existe a agravante genérica prevista no art. 61, II, "h" do CP, de forma que não pode se valer o magistrado da covardia do agente por ter praticado o crime contra pessoa maior de 60 anos para agravar a pena base, sob pena de caracterização de *bis in idem*.

Ocorrendo duas ou mais qualificadoras no delito, somente uma será considerada para fins de caracterização de crime qualificado. As demais podem funcionar como agravantes genéricas (arts. 61 e 62 do CP) caso tenham correspondência com norma e, na hipótese de não caracterizarem agravantes, podem fundamentar eventual aumento da pena base na análise das circunstâncias judiciais.

Imaginemos um homicídio triplamente qualificado, praticado mediante promessa de recompensa, com emprego de veneno e contra autoridade integrante do sistema prisional no exercício da função (art. 121, §2º, I, III e VII, CP). Na fixação da pena, o magistrado considera a qualificadora da promessa de recompensa como preponderante e qualifica o delito por tal circunstância. As demais qualificadoras, doravante, perdem o *status* jurídico de qualificadoras em concreto, assumindo outra natureza jurídica. A qualificadora da promessa de recompensa, utilizada para qualificar o delito, apesar de ser agravante (art. 62, IV do CP), não pode mais ser considerada, pois seus efeitos se esgotaram ao qualificar o delito. A "qualificadora" do emprego de veneno, como advertimos, não pode mais ser utilizada como qualificadora e nem haveria razão para tanto, pois o delito já foi caracterizado como qualificado em razão da promessa de recompensa. Logo, será considerada como agravante (art. 61, II, "d" do CP). Por fim, a "qualificadora" inerente à qualidade da vítima (autoridade integrante do sistema prisional no exercício da função), por não ser agravante prevista nos artigos 61 e 62 do CP, deve ser analisada como circunstância judicial (art. 59 do CP).

Melhor teria sido, portanto, que o magistrado considerasse o delito qualificado em razão da qualidade da vítima, pois as demais "qualificadoras" poderiam ser utilizadas como agravantes.

O STJ, no julgamento do Tema Repetitivo 1214, publicado em 12.09.24, fixou o entendimento acerca de obrigatoriedade de redução da pena base quando o tribunal, em segunda instância, em recurso exclusivo da defesa, afastar circunstância judicial negativa fixada na sentença. A tese compreende, igualmente, a possibilidade de uma espécie *emendatio libelli* para fins de reenquadramento jurídico de circunstância judicial:

> É obrigatória a redução proporcional da pena-base quando o tribunal de segunda instância, em recurso exclusivo da defesa, afastar circunstância judicial negativa reconhecida na sentença. Todavia, não implicam *reformatio in pejus* a mera correção da classificação de um fato já valorado negativamente pela sentença para enquadrá-lo como outra circunstância judicial, nem o simples reforço de fundamentação para manter a valoração negativa de circunstância já reputada desfavorável na sentença (Tema 1214).

31.4.4.1.1.1 Circunstâncias judiciais

Previstas no art. 59 do Código Penal, as circunstâncias inominadas, assim conhecidas por não terem recebido um título jurídico específico, orientam o magistrado na fixação da pena base. A análise de cada uma das circunstâncias deve ser realizada de forma fundamentada pelo juiz.

As circunstâncias previstas pelo art. 59 do CP são a culpabilidade, antecedentes, conduta social, personalidade do agente, motivos, circunstâncias e consequências do crime, bem como o comportamento da vítima.

O modelo adotado pelo legislador não é bom. Mistura questões atinentes à conduta social e personalidade do agente com aspectos relacionados ao crime. Não nos parece razoável que o magistrado seja capaz de avaliar a personalidade do agente por um fato, em um ou dois encontros em audiências. De igual forma, a conduta social não guarda qualquer importância para o fato objeto de julgamento diante de um Direito Penal democrático, do fato e não do autor. O indivíduo deve ser apenado por seu comportamento antijurídico, por quebrar as expectativas normativas e sociais, por não se comportar, juridicamente, de forma adequada em razão da prática do fato objeto de decisão.

O STJ, no julgamento do Tema 1214, sob o rito dos recursos repetitivos, decidiu, em 28.08.24, DJe 12.09.24, que:

> É obrigatória a redução proporcional da pena-base quando o Tribunal de segunda instância, em recurso exclusivo da defesa, afastar circunstância judicial negativa reconhecida na sentença. Todavia, não implicam reformatio in pejus a mera correção da classificação de um fato já valorado negativamente pela sentença para enquadrá-lo como outra circunstância judicial, nem o simples reforço de fundamentação para manter a valoração negativa de circunstância já reputada desfavorável na sentença.

a) Culpabilidade: a culpabilidade, prevista no art. 59 do CP, guarda relação com a culpabilidade estrato do crime, mas com ela não se confunde. Na realidade, a culpabilidade prevista no art. 59 do CP diz respeito ao grau de reprovação da conduta do agente e não à culpabilidade como categoria do delito, posto que essa já foi apreciada para a condenação. Para evitar a confusão, melhor teria sido o uso da expressão "reprovabilidade social da conduta".

A circunstância relaciona-se com o grau de reprovação que o comportamento antijurídico merece. A "culpabilidade" do art. 59 do CP substituiu as expressões "intensidade do dolo" e "graus de culpa", previstas no antigo art. 42 do CP. Ainda que de forma correta, porquanto dolo e culpa com o finalismo deixaram a culpabilidade e passaram a integrar o fato típico, a menção história evidencia a intenção do legislador ao fazer uso da palavra culpabilidade, de se referir ao juízo de reprovação. A substituição, ocorrida em 1984, ainda sob forte influência causalista, não mais atende à técnica exigida pelo sistema penal, pelo que entender merecer modificação.

b) Antecedentes: os antecedentes criminais do agente representam sua vida pregressa, seu grau de capacidade de agir contra o Direito, de agredir a norma e as expectativas sociais. Contudo, não é qualquer fato que pode ser concebido como antecedentes criminais. Os inquéritos policiais e ações penais em curso[18] ou finalizadas com absolvição não podem ser concebidos como antecedentes negativos. De igual forma, os atos infracionais praticados pelo agente enquanto menor também não podem ser utilizados como fator de consideração para fins de antecedentes criminais.

O conceito de antecedentes criminais, portanto, é construído por exclusão. Excluem-se as ações penais em curso, inquéritos policiais, ações penais em que o agente foi absolvido e, naturalmente, as condenações que geram a reincidência, posto que essa agrava a pena de forma autônoma (art. 61, I do CP). Resta, portanto, as condenações definitivas inaptas a caracterizar a reincidência (art. 63 do CP), ou seja, aquelas em que houve decurso do prazo de 5 anos após o cumprimento ou extinção da pena (art. 64, I do CP), decorrentes da prática de crime militar ou político (art. 64, II) ou aquelas decorrentes da prática de novo crime antes da condenação por outro delito.

Com relação à última hipótese, estando o agente sendo processado pela prática de um crime e, durante o processo pratica um novo delito, na sentença pela prática do novo crime a condenação pelo delito anterior não é capaz de gerar a reincidência, mas apta a caracterizar maus antecedentes.

A doutrina dominante entende que não existe limite temporal para caracterização dos maus antecedentes. O STJ possui entendimento nesse sentido[19]. O STF possuía posição distinta, compreendendo que não seria possível considerar a condenação como maus antecedentes após o período depurador de cinco anos, sob o argumento de que se a condenação anterior da qual decorreu o prazo de cinco anos após a extinção da pena não poderia ser considerada para fins de reincidência, com maior razão não poderia caracterizar maus antecedentes. O STF modificou o entendimento no julgamento do RE 5938184, em julgamento de agosto de 2020[20], passando a sufragar a posição do STJ, aplicando o sistema da perpetuidade.

Vale destacar que em maio de 2023, o STF revisitou o Tema 150 em sede de embargos de declaração e modificou sua posição original, fixando a seguinte tese: "Não se aplica ao reconhecimento dos maus antecedentes o prazo quinquenal de prescrição da reincidência, previsto no artigo 64, inciso I, do Código Penal, podendo o julgador, fundamentada e eventualmente, não promover qualquer incremento da pena-base em razão de condenações pretéritas, quando as considerar desimportantes, ou demasiadamente distanciadas no tempo, e, portanto, não necessárias à prevenção e repressão do crime, nos termos do comando do artigo 59 do Código Penal".

Em síntese, o STF afirmou que não é obrigatório que o magistrado considere condenações criminais extintas há mais de cinco anos como maus antecedentes para a fixação da pena-base em novo processo criminal. De acordo com a tese, o juiz poderá afastar os

18. Súmula 444 do STF: "É vedada a utilização de inquéritos policiais e ações penais em curso para agravar a pena-base".
19. AgRg no HC 323.661/MS, rel. Min. Reynaldo Soares da Fonseca, 5ª Turma, julgado em 01/09/2015.
20. Tema 150, repercussão geral.

maus antecedentes quando avaliar que as condenações anteriores têm pouca importância ou são muito antigas, e, portanto, desnecessárias à prevenção e repressão do crime.

Não obstante, entendemos que o posicionamento do STJ e STF amplia por demais os maus antecedentes, motivo que nos levou, em nosso Direito Penal, Parte Geral, ao qual remetemos o leitor em razão do objeto, a sustentar a tese da aplicação de um critério baseado no tempo de prescrição pela pena concretamente aplicada.

c) Conduta pessoal do agente: na circunstância da conduta social, avalia-se o comportamento do réu no meio social, perante a família, trabalho, vizinhança e etc.

A despeito de se tratar de norma imperativa a ser observada pelo magistrado, a avaliação da conduta pessoal do agente não guarda qualquer relação com o crime e não deveria, igualmente, fazer parte da dosimetria da pena. O que somos e fazemos não interessa ao Estado desde que nosso comportamento seja lícito ou, se ilícito, restringir-se a esfera privada. Se o devedor não arca com seus compromissos, podemos avaliar sua conduta pessoal como não positiva, mas isso não deveria interferir na fixação da pena por um crime de homicídio. De igual forma, se o indivíduo é coroinha da igreja ou presta serviços comunitários diariamente, mas estupra uma adolescente, o fato de rezar e ajudar o próximo, assim como na conduta pessoal negativa, não deveria influenciar na pena. A previsão é resquício do Direito Penal de autor, de um Estado controlador e intervencionista.

Em linhas gerais, a conduta pessoal é tratada por testemunhas de "canonização" ou "BHTs", "bom, honesto e trabalhador", que só ampliam o procedimento criminal e aumentam o tempo das audiências, posto que nada trazem de contribuição para o fato objeto do julgamento.

A conduta pessoal, segundo a concepção dos tribunais superiores, não pode ser confundida com os antecedentes criminais ou ser valorada em duplicidade com os antecedentes.

d) Personalidade do agente: outro resquício do Direito Penal do autor, a personalidade do agente é concebida como seu perfil subjetivo, sob os prismas moral e psicológico, voltado para identificação de seu perfil voltado ou não para a prática de crimes.

A personalidade é inata ao ser humano e tutelada constitucionalmente. Nossas expressões de sentido, manifestações internas e externas, pertencem somente a nós, e não guardam relação com a pena aplicada pela prática de um fato. A usual expressão "personalidade voltada para o crime" é irrelevante enquanto não expressar sentido externo e social na prática de um crime. De igual forma, é irrelevante quando se manifesta no delito, posto que o julgamento será realizado sobre o fato e não sobre o agente e, menos ainda, sobre sua personalidade. A personalidade é regida por direitos inatos e não por obrigações, posto que existe independente de norma. É pessoal e intransmissível, não podendo, em hipótese alguma, ser objeto de decisão judicial.

O delito pode até advir de uma personalidade voltada para a prática de crimes, mas essa personalidade, pessoal e juridicamente tutelada, não concebe julgamentos jurídicos. Não existe personalidade antinormativa. Logo, não poderia ser valorada como contrária ao Direito e interferir na dosimetria da pena.

e) Motivos do crime: os motivos do crime representam o caráter subjetivo por de trás da prática do delito. Revelam o porquê da prática infrativa, evidenciando as razões pelas quais o delito foi praticado. Não se confundem com o dolo, posto que se manifestam antes dele. Integram a fase de cogitação e antecedem a prática de qualquer ato. Podem se manifestar incidentalmente na fase de execução, quando há mudança de dolo para fins de progressão criminosa. Indicam o desejo do agente, nem sempre verificável no caso concreto.

A ausência de verificação do motivo não pode ser concebida como motivo fútil, pois enquanto a primeira decorre da incapacidade de se obter a motivação, o segundo exige comprovação efetiva.

Os motivos do crime, para serem considerados nessa fase, não podem integrar o tipo penal como elementares ou serem concebidos como dados qualificantes, agravadores ou atenuantes ou causas de aumento ou diminuição da pena.

f) Circunstâncias do crime: As circunstâncias do crime revelam sua história, como foi praticado, tempo, lugar, modo de execução, relação do agente com a vítima etc. Ao se pedir para alguém narrar como aconteceu o crime, na prática, estamos pedindo as circunstâncias do delito. A despeito de prevista no *caput* do art. 59 do CP, o art. 66 do mesmo diploma legal prevê que "a pena poderá ser ainda atenuada em razão de circunstância relevante, anterior ou posterior ao crime, embora não prevista expressamente em lei". Logo, a previsão do art. 59 do CP restringe-se à situação desfavorável ao réu, pois sendo as circunstâncias favoráveis, há que se aplicar a norma do art. 66 do CP, por ser atenuante genérica.

g) Consequências do crime: indicam os efeitos produzidos pela prática do crime contra a vítima, seus familiares e sociedade. A prática do crime, em geral, revela uma série de consequências: quebra de confiança na norma e nos aparatos organizados do poder estatal; lesões a bens jurídicos das vítimas; danos de ordem psicológica às vítimas e familiares; sensação de medo, insegurança e etc.

Ocorre que os efeitos genéricos e naturais não podem ser utilizados de forma ampla e irrestrita, vez que, de certa forma, as consequências já integram a previsão típica do preceito secundário. O legislador, ao prever a pena, também o faz em consideração aos efeitos advindos da prática do crime. A gravidade do delito não é só verificada pela descrição típica, mas também pela sanção que a integra.

Não por outro motivo, o STF[21] tem afastado argumentos como o enriquecimento ilícito e custos da atuação estatal para apuração do crime como hábeis a agravar a pena na fixação da pena base.

As consequências devem ser motivadas em situações concretas, como a necessidade de tratamento psicológico ou médico em decorrência da prática da infração, a perda do ente arrimo da família, o impacto gerado à coletividade por um dano ambiental de grande monta, como o rompimento de uma barragem e etc.

h) Comportamento da vítima: o comportamento da vítima revela o grau de contribuição dessa para a prática do delito. Trata-se de uma circunstância judicial que tem

21. HC 165.089/DF. rel. Min. Laurita Vaz. 5.ª Turma, j. 16.10.2012.

sido deturpada na prática para beneficiar o agente que se vale da prática de um ato lícito da vítima. A chamada **precipitação da vítima** é uma perspectiva valorativa de contribuição da vítima para o delito que deve ser afastada. A doutrina traz alguns exemplos de contribuição da vítima, como na hipótese da vítima que conta abertamente alta soma de dinheiro em um ônibus e do turista que entra com uma câmera de alto valor em uma "zona quente de criminalidade", situações em que a vítima teria agido sem a cautela necessária.

Não compactuamos com esse tipo de entendimento, haja vista que o comportamento da vítima é lícito e a prática do delito não pode ser com ela dividida. É vítima, não autora.

Pensamentos nesse sentido deturpam a perspectiva da vítima no Direito Penal. A mulher não pode ser corresponsabilizada pelo estupro tão somente porque usava uma roupa provocativa. O autor de uma violência doméstica não pode ser beneficiado na fase do art. 59 do CP porque a vítima, reiteradamente agredida, não deixou o lar ou pediu medidas protetivas. O idoso não pode ser correponsabilizado por fazer um saque no caixa eletrônico e, ao guardar o dinheiro na carteira na rua, ser assaltado, assim como aquele que deixa a janela aberta não pode dividir a responsabilidade com o ladrão. A oportunidade não faz o ladrão, mas o revela.

Esse tipo de subjetividade é perigoso no âmbito do Direito Penal, posto que a conduta será valorada por um ser humano, o magistrado, detentor de crenças, pensamentos e filosofia pessoais. Um beijo entre um casal homossexual pode ser concebido por alguém como algo ofensivo na hora do julgamento e valorar, favorável e absurdamente, a circunstância em prol do réu que agrediu o casal. É por essas razões que a análise do comportamento da vítima deve ser pautada na prática de uma conduta injusta. O pedestre, atropelado por um motorista que dirige em alta velocidade, colhido fora da faixa a ele destinada, certamente contraria as normas de trânsito e, ainda que vítima tenha contribuído para a prática do resultado.

31.4.4.1.2 Fixação da pena intermediária (segunda fase)

A segunda fase da aplicação da pena visa alcançar a pena intermediária. Partindo da pena base fixada na primeira fase, o magistrado deverá aplicar as circunstâncias atenuantes (arts. 61 e 62 do CP) e agravantes (arts. 65 e 66 do CP).

As circunstâncias agravantes e atenuantes são concebidas como genéricas ou gerais por terem sido previstas na Parte Geral do Código Penal. Podem ser previstas na legislação especial, como na Lei dos Crimes Ambientais (arts. 14 e 15) e Código de Trânsito brasileiro (art. 298). Percebam que no caso da legislação especial, as previsões genéricas encontram-se fora dos tipos penais, na "parte geral" das leis.

As agravantes genéricas são circunstâncias legais objetivas ou subjetivas que não fazem parte da estrutura do tipo penal, mas que se conectam a esse agravando ou diminuindo a pena. O rol das agravantes genéricas, previstas nos artigos 61 e 62 do CP, é taxativo, não admitindo qualquer espécie de ampliação por analogia. Por sua vez, o rol das atenuantes genéricas é exemplificativo, porquanto o art. 66 do CP[22] permite o acolhimento de atenuante não prevista em lei.

22. Art. 66 - A pena poderá ser ainda atenuada em razão de circunstância relevante, anterior ou posterior ao crime, embora não prevista expressamente em lei.

As circunstâncias genéricas são de aplicação compulsória pelo juiz. Obviamente, sendo a previsão das circunstâncias elementar típica, serão consideradas na fase de julgamento do crime, no estrato da tipicidade, perdendo seu caráter, no caso concreto, de circunstâncias genéricas. No homicídio qualificado pelo motivo torpe ou fútil, por exemplo, a torpeza e a futilidade dos motivos qualificam o delito, modificando o patamar para construção da pena base. Dessarte, como os motivos foram considerados para caracterização da qualificadora, não podem ser levados em conta para fins de agravação genérica sob pena de *bis in idem*.

De igual forma, assim como na primeira fase, a aplicação das circunstâncias atenuantes ou agravantes não permite ao juiz fixar a pena intermediária em patamar inferior ao mínimo ou superior ao máximo cominados ao delito.

Importante frisar que os Recursos Especiais n.º 1.869.764-MS, n.º 2.052.085-TO e n.º 2.057.181-SE foram afetados à Terceira Seção do Superior Tribunal de Justiça para reavaliação do enunciado da Súmula n.º 231 do STJ, que estabelece a impossibilidade de que a incidência de circunstância atenuante reduza a pena abaixo do mínimo legal. Apreciando o assunto, o STJ manteve a Súmula 231 da própria Corte, fixando a seguinte tese:

> "1. a incidência de circunstância atenuante não pode reduzir a pena abaixo do mínimo legal, conforme o entendimento vinculante do Supremo Tribunal Federal no Tema 158 da repercussão geral. 2. O Superior Tribunal de Justiça não possui competência para revisar precedentes vinculantes fixados pelo Supremo Tribunal Federal. 3. A circunstância atenuante não pode conduzir à redução da pena abaixo do mínimo legal".[23]

A lei não previu patamares de aumento para as circunstâncias genéricas, tendo ficado a cargo da jurisprudência sua construção. É pacífico hoje no STJ que o patamar de aumento e diminuição é de 1/6 da pena base.

Havendo o concurso entre circunstâncias agravantes e atenuantes, aplica-se a regra do art. 67 do CP, que prevê que a pena deve se aproximar do limite indicado pelas circunstâncias preponderantes, entendendo-se como tais as que resultam dos motivos determinantes do crime, da personalidade do agente e da reincidência. Dentre essas, a jurisprudência tem fixado o entendimento que as relacionadas à capacidade de conhecimento do caráter ilícito do fato, como a menoridade[24] e a senilidade gozam de primazia, seguidas da reincidência, atenuantes e agravantes subjetivas e, por fim as objetivas, nessa ordem.

Não havendo nenhuma agravante ou atenuante preponderante, a regra é que se anulam, isto é, uma compensa a eficácia da outra.

O problema surge quando se discute a coexistência da atenuante da confissão espontânea e a agravante da reincidência.

O STJ entende que a confissão espontânea é uma manifestação positiva da personalidade do agente, motivo pelo qual a considera como atenuante preponderante, podendo ser compensada com a reincidência, conforme decisão sede de recurso repetitivo (tema 585). E mais, decidiu que a especificidade da reincidência não obstaculiza

.23 DJe 18.09.24.

24. Não concebemos a menoridade como fator preponderante porquanto todos os agentes maiores de 18 anos hoje são capazes perante a lei civil, salvo nas hipóteses legais de incapacidade, perdendo sentido a construção jurisprudencial.

sua compensação com a atenuante da confissão espontânea. Ou seja, a reincidência, ainda que específica, deve ser compensada integralmente com a atenuante da confissão, demonstrando, assim, que não deve ser ofertado maior desvalor à conduta do réu que ostente outra condenação pelo mesmo delito. Todavia, tratando-se de réu multirreincidente, deve ser reconhecida a preponderância da agravante prevista no art. 61, I, do Código Penal, sendo admissível a sua compensação proporcional com a atenuante da confissão espontânea, em estrito atendimento aos princípios da individualização da pena e da proporcionalidade[25].

O STF, por outro lado, apesar de ter afastado a repercussão geral da matéria no tema 929, tem decidido que a confissão espontânea não pode ser concebida como manifestação positiva da personalidade, sufragando o entendimento de que a reincidência prepondera sobre a confissão espontânea[26].

Em que pese a posição de guardião da legislação federal do STJ no ordenamento jurídico pátrio, não compreendemos que a confissão espontânea possa ser concebida, de forma isolada e não isonômica, como manifestação positiva da personalidade do agente.

Vejamos as hipóteses legais de agravantes e atenuantes, iniciando pelas agravantes.

31.4.4.1.2.1 Agravantes genéricas

De acordo com o art. 61 do Código Penal, as circunstâncias agravantes sempre agravam a pena, quando não constituem ou qualificam o crime. O termo "sempre" deve ser lido com ressalvas, vez que estando a pena base fixada no máximo legal, o magistrado estará adstrito ao limite previsto pelo legislador. Isso não significa, contudo, que não deva apreciar e fixar o percentual de aumento para a agravante, posto que em sede de recurso a pena base pode ser alterada para baixo, fazendo incidir a agravante. Todavia, caso tenha fixado a pena base no máximo e aplicado a agravante, deverá limitar a pena intermediária no teto legal.

De igual sorte, conforme a própria redação do *caput* do artigo, as agravantes não serão consideradas quando elementares ou qualificadoras do crime. Ainda, havendo o concurso de agravantes e atenuantes, aplica-se a circunstância preponderante conforme o art. 67 do CP.

A lógica das agravantes e a jurisprudência caminham no sentido da aplicação das agravantes somente aos delitos dolosos. Contudo, há agravantes perfeitamente aplicáveis aos crimes preterdolosos e culposos. Com relação aos crimes preterdolosos, por terem condutas dolosas na origem e apenas o resultado a título involuntário, a jurisprudência

---

25. HC 365.963/SP. Tema 585, readequado pelo STJ: É possível, na segunda fase da dosimetria da pena, a compensação integral da atenuante da confissão espontânea com a agravante da reincidência, seja ela específica ou não. Todavia, nos casos de multirreincidência, deve ser reconhecida a preponderância da agravante prevista no artigo 61, I, do Código Penal, sendo admissível a sua compensação proporcional com a atenuante da confissão espontânea, em estrito atendimento aos princípios da individualização da pena e da proporcionalidade".

26. "O acórdão impugnado está em conformidade com a jurisprudência de ambas as turmas do Supremo Tribunal Federal, no sentido de que, a teor do art. 67 do Código Penal, "a agravante da reincidência prepondera sobre a atenuante da confissão espontânea, razão pela qual é inviável a compensação pleiteada" (rhc 110.727, Rel. Min. Dias Toffoli). 2. *Habeas corpus* extinto sem resolução de mérito por inadequação da via processual (STF; HC 105.543; MT; Primeira Turma; Rel. Min. Roberto Barroso; Julg. 29/04/2014; DJE 27/05/2014).

do STJ[27] tem atenuado o entendimento predominante sob o fundamento de, por terem o dolo na deflagração do ato criminoso, os crimes preterdolosos são compatíveis com as agravantes.

Com relação aos crimes culposos, não obstante o entendimento amplamente majoritário da doutrina e jurisprudência quanto à impossibilidade de aplicação das agravantes, o STF, no julgamento do caso *Bateau Mouche*[28], *naufrágio ocorrido nas festividades da virada do ano de 1988, entendeu que as agravantes são compatíveis com os crimes culposos:*

> "Não obstante a corrente afirmação apodíctica em contrário, além da reincidência, outras circunstâncias agravantes podem incidir na hipótese de crime culposo: assim, as atinentes ao motivo, quando referidas à valoração da conduta, a qual, também nos delitos culposos, é voluntária, independentemente da não voluntariedade do resultado: admissibilidade, no caso, da afirmação do motivo torpe - a obtenção do lucro fácil -, que, segundo o acórdão condenatório, teria induzido os agentes ao comportamento imprudente e negligente de que resultou o sinistro"[29].

De fato, a despeito do entendimento dominante, não podemos nos esquecer que nos crimes culposos o desvalor da ação é realizado sobre uma conduta voluntária. Ainda que a voluntariedade não se dirija à prática de um ilícito penal, há um fim na origem que pode revelar um motivo torpe ou fútil.

A título de exemplo, por mais paradoxal que possa parecer, pode ocorrer que o agente venha a praticar um crime culposo com embriaguez preordenada fazendo incidir a agravante do art. 61, II, "l" do CP. A embriaguez preordenada é aquela em que o agente faz uso do álcool ou substância entorpecente com a finalidade de praticar um delito. Ocorre que, no curso da empreitada criminosa, pode ocorrer um resultado involuntário decorrente justamente da embriaguez preordenada por motivo fútil ou torpe. Ex.: Caio, desejando matar Tício porque esse fez uma piada com seu time de futebol que havia caído para a série B, embriaga-se para criar coragem. Embriagado, ao municiar seu revólver, acaba acidentalmente disparando a arma e matando Mévio, seu amigo de infância. O crime é culposo porquanto o resultado morte de Mévio foi involuntário. A embriaguez

27. É possível a aplicação da agravante genérica do art. 61, II, "c", do CP nos crimes preterdolosos, como o delito de lesão corporal seguida de morte (art. 129, § 3º, do CP). De início, nos termos do art. 61, II, "c", do CP, são circunstâncias que sempre agravam a pena, quando não constituem ou qualificam o crime, ter o agente cometido o crime à traição, de emboscada, ou mediante dissimulação, ou outro recurso que dificultou ou tornou impossível a defesa do ofendido. De fato, apesar da existência de controvérsia doutrinária e jurisprudencial, entende-se que não há óbice legal ou incompatibilidade qualquer na aplicação da citada agravante genérica aos crimes preterdolosos. Isso porque, nos crimes qualificados pelo resultado na modalidade preterdolosa, a conduta-base dolosa preenche autonomamente o tipo legal e o resultado culposo denota mera consequência que, assim sendo, constitui elemento relevante em sede de determinação da medida da pena. Ademais, o art. 129, § 3º, do CP descreve conduta dolosa que autonomamente preenche o tipo legal de lesões corporais, ainda que dessa conduta exsurja resultado diverso mais grave a título de culpa, consistente na morte da vítima. Assim, no crime de lesão corporal seguida de morte, a ofensa intencional à integridade física da vítima constitui crime autônomo doloso, cuja natureza não se altera com a produção do resultado mais grave previsível mas não pretendido (morte), resolvendo-se a maior reprovabilidade do fato no campo da punibilidade. Além do mais, entende a doutrina que nos casos de lesões qualificadas pelo resultado, o tipo legal de crime é o mesmo (lesão corporal dolosa), não se alterando o tipo fundamental, apenas se lhe acrescentando um elemento de maior punibilidade. REsp 1.254.749-SC, Rel. Min. Maria Thereza de Assis Moura, julgado em 6/5/2014.

28. HC 70.362/RJ, rei. Min. Sepúlveda Pertence, 1ª Turma, j. 05. 10.1995.

29. O tema, inclusive, foi objeto de cobrança no Concurso do Ministério Público de Minas Gerais em 2017, questão 23, tendo como gabarito correto a assertiva: "Embora prepondere na doutrina o entendimento de que apenas a agravante genérica da reincidência se aplica aos crimes culposos, já admitiu o Supremo Tribunal Federal, como tal, em crime culposo, o motivo torpe".

preordenada, por sua vez, fundamenta a imprudência e, por si só, não pode caracterizar a agravante, pois evidencia a modalidade culposa, equivalendo, portanto, a elementar típica em razão do juízo normativo sobre a culpa. Ocorre que o motivo que fundamenta a embriaguez e, portanto, a culpa, é fútil. Por via de consequência, faz incidir a agravante de acordo com o raciocínio desenvolvido pelo STF.

Logo, o afastamento, em tese, da aplicação das agravantes aos crimes culposos pode conduzir a situações desproporcionais, razão pela qual entendemos que a análise deve ser realizada sobre o caso concreto, levando-se em consideração os motivos determinantes da culpa e eventuais peculiaridades do caso concreto, lembrando, todavia, que as agravantes não podem se caracterizar como o fundamento da negligência, imprudência ou imperícia sob pena de *bis in idem*.

31.4.4.1.2.1.1 Reincidência (art. 61, I, do CP)

A reincidência foi prevista como circunstância agravante no art. 61, I do CP e definida no art. 63 do CP:

> Art. 63 - Verifica-se a reincidência quando o agente comete novo crime, depois de transitar em julgado a sentença que, no País ou no estrangeiro, o tenha condenado por crime anterior.

O instituto representa a falha do sistema penal, posto que o agente, previamente condenado por outro crime, não se intimidou com a sanção anteriormente imposta e decidiu, novamente, agir contra o Direito, evidenciando também a falha do sistema preventivo especial e, quiçá, deficiência do próprio sistema penal ao propiciar reais condições de reabilitação motivacional na norma por parte do agente.

Trata-se de uma agravante de natureza pessoal relacionada com atributos subjetivos do agente, mas que são analisados objetivamente. Ao contrário da conduta pessoal e personalidade, circunstâncias judiciais às quais tecemos críticas pela valoração subjetiva, a reincidência não se confunde com os institutos sob a perspectiva valorada, pois sua natureza é distinta.

Não há dúvidas de que o instituto da reincidência "possui um pé" no famigerado Direito Penal de autor, mas também "possui o outro pé" no Direito Penal do fato, preservando um cunho democrático.

No Direito Penal de autor, pune-se o agente pelo que ele é, por sua conduta de vida. Tipos penais são criados especificamente para se punir o agente potencialmente perigoso. Penas são incrementadas por fatores pessoais e executadas de forma mais severa. A reincidência insere-se no contexto do aumento da pena no Brasil.

No Direito Penal do fato, pune-se a conduta típica e ilícita praticada por um agente culpável. Em tese, ignora-se fatores subjetivos e pessoais do autor. Busca-se, entre outras questões, respeitar-se o princípio da igualdade de tratamento. A Justiça é cega e, portanto, não deveria olhar para a pessoa do autor, mas de fato, olha. Olha porque busca a igualdade material, tratando de forma diferente os diferentes.

Ao se conceber a reincidência como agravante genérica, o legislador leva em consideração uma série de fatores. Primeiro, o indivíduo reincidente já sofreu uma condenação transitada em julgado e, portanto, conhece o sistema penal. Ainda assim, decide por agir novamente contra o Direito, revelando não uma maior periculosidade, pois existem inúmeros tecnicamente não reincidentes mais perigosos do que reincidentes, mas um grau de respeito menor à norma e às regras de convívio social. Revela que não se intimida com a previsão da pena e escancara as deficiências da pena retributiva. Age, portanto, com *maior intensidade contra a norma jurídica*. Logo, a despeito de ser um atributo temporário pessoal, o fato por ele praticado, e não ele, merece maior reprovação porque sua motivação na norma para agir conforme o Direito deve ser maior do que a do agente primário.

Segundo, porque os desiguais merecem ser tratados de forma desigual. O indivíduo que nunca enfrentou o sistema penal desconhece os caminhos, as consequências e não recebeu qualquer espécie de punição. Punição essa que, como vimos, visa reforçar o conteúdo da norma, sua eficácia, como forma de motivação não só para o próprio agente, mas também para a coletividade. Logo, ao agente primário não lhe foi dada uma "segunda chance" de se motivar pelo respeito à norma. Ao contrário, o reincidente recebeu a "segunda chance" e, novamente, demonstra o desrespeito para com a norma. Logo, os fatos, por ambos praticados, não merecem o mesmo tratamento, pois praticados com motivações normativas distintas.

E, terceiro, entre outros, ao se tratar os desiguais desigualmente se promove a proporcional individualização da pena, dando vazão à proteção constitucional do princípio da igualdade.

CONDE[30] (1988, p. 131), com a propriedade que lhe é peculiar, nos ensina que:

> A norma penal se dirige a indivíduos capazes de se motivarem, em seu comportamento, pelos mandamentos normativos. O importante não é que o indivíduo possa escolher entre várias ações possíveis: o importante é que a norma penal o motive, com seus mandamentos e proibições, a abster-se de realizar uma dessas várias ações possíveis, que é precisamente, o que a norma proíbe com a ameaça de uma pena.

Feito o registro, estabelecemos a primeira premissa, fundado na **teoria da motivação: o juízo de reprovação deve ser fundamentado na capacidade de motivação pessoal de atender ao mandamento normativo**.

Nossa segunda premissa decorre de norma legal: **a norma penal prevê abstratamente uma sanção mais grave para o reincidente que pratica o delito**.

Logo, em conclusão parcial, temos que se a norma prevê uma sanção mais grave para o reincidente que pratica o delito, é porque esse, não obstante sua capacidade de se motivar na norma agravante, optou por afrontá-la.

Ocorre que o déficit de fidelidade ao Direito, apresentado pelo autor reincidente, orientador do comportamento delitivo, na concepção funcional da culpabilidade de Jakobs, é um problema de culpabilidade. De igual forma, mas sob outra roupagem, a do conteúdo material da culpabilidade. CONDE[31] (1988, p. 131-132) nos ensina que:

> O fundamento material, comum a esses critérios que englobamos no conceito de culpabilidade, encontra-se, portanto, naquelas faculdades que permitem ao ser humano participar com seus semelhantes, em condições de igualdade, de uma vida em comum, pacífica e justamente organizada. A "motivação", a capacidade para reagir frente às exigências normativas, é, segundo acredito, a faculdade humana que, unida a outras (inteligência,

30. CONDE, Francisco Muñoz. **Teoria Geral do Delito**. Porto Alegre: Sergio Antonio Fabris Editor, 1988.

31. *op.cit.*

> afetividade, etc.), permite a atribuição de uma ação ao um sujeito e, em consequência, a exigência de responsabilidade pela ação por ele praticada.

Destarte, rememorando nossa conclusão parcial e concluindo de forma definitiva: **se a norma prevê uma sanção mais grave para o reincidente que pratica o delito, é porque esse, não obstante sua capacidade de se motivar na norma agravante, optou por afrontá-la.** O déficit de fidelidade ao Direito, decorrente da frágil capacidade de se motivar frente à norma, é uma faculdade que permite a atribuição de uma ação ao um sujeito e, em consequência, a exigência de responsabilidade pela ação por ele praticada. Logo, **a questão da reincidência é um problema afeto ao grau de culpabilidade que deveria, em tese, ser analisada na esfera da primeira fase da dosimetria da pena**, no âmbito do juízo de reprovação da conduta segundo a concepção da "culpabilidade" prevista no *caput* do art. 59 do CP, estudada neste capítulo.

Não é outra a conclusão de BUSATO[32] (2018, p. 861-862), ainda que sob fundamentos parcialmente distintos e caracterização da reincidência como maus antecedentes:

> Assim, a única solução adequada seria analisar o aspecto de voltar a delinquir no âmbito das circunstâncias judiciais, que podem pesar positiva ou negativamente, sob o epíteto dos antecedentes. Essa é a única proposta hermenêutica capaz de poupar o condenado de injustiças.
>
> Aliás, pouco importa o nome que se dê ao instituto, se reincidência ou antecedente. O importante é a transferência da análise para a sede das circunstâncias judiciais, excluindo-as das circunstâncias legais.

No que toca aos aspectos técnicos da reincidência, a legislação penal tratou de forma geral da reincidência em dois dispositivos específicos: art. 63 do CP e art. 7º da Lei de Contravenções Penais:

"Art. 63 Verifica-se a reincidência quando o agente comete novo crime, depois de transitar em julgado a sentença que, no País ou no estrangeiro, o tenha condenado por crime anterior".

"Art.7º. Verifica-se a reincidência quando o agente pratica uma contravenção depois de passar em julgado a sentença que o tenha condenado, no Brasil ou no estrangeiro, por qualquer crime, ou no Brasil, por motivo de contravenção".

Conjugando-se os dispositivos, podemos concluir:

1) As condenações definitivas no exterior por contravenção penal em hipótese alguma caracterizam a reincidência no Brasil;

2) Condenado definitivamente por crime[33], no Brasil ou exterior[34], que praticar novo crime, no Brasil ou exterior, será considerado reincidente.

3) Condenado definitivamente por contravenção no Brasil, que praticar nova contravenção no Brasil será considerado reincidente.

32. BUSATO, Paulo César. **Direito penal**: parte geral, v. 1. 4ª ed. São Paulo: Atlas, 2017.

33. Para os crimes cometidos no exterior, exige-se a dupla tipicidade, isto é, o fato deve ser crime no Brasil e no exterior. A condenação por crime previsto no estrangeiro, mas atípico no Brasil não gera reincidência.

34. De acordo com o art. 9º do CP, não há necessidade de homologação da sentença estrangeira para fins de reincidência.

4) Condenado definitivamente por contravenção no Brasil, que praticar novo crime em qualquer lugar não será considerado reincidente por ausência de previsão legal.

Infração penal anterior	Infração penal posterior	Reincidência
Crime	Crime	Sim
Crime	Contravenção	Sim
Contravenção	Crime	Não[35]
Contravenção	Contravenção	Sim

Do quadro acima podemos concluir que são requisitos para a reincidência: 1) trânsito em julgado de uma infração penal anterior; 2) prática de nova infração penal. Logo, só se verifica a reincidência quando o segundo crime for praticado após[36] o trânsito em julgado do primeiro. Ocorrendo posteriormente a desconstituição do julgado gerador do fundamento da reincidência, essa também é prejudicada[37]. Vale destacar que o STJ, no julgamento do Tema Repetitivo 1208 (DJe 20.10.23), firmou a tese de que a reincidência pode ser admitida pelo juízo das execuções penais para análise da concessão de benefícios, ainda que não reconhecida pelo juízo que prolatou a sentença condenatória.

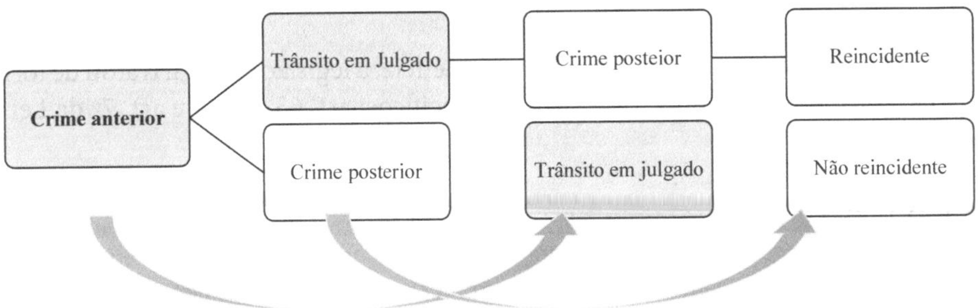

A espécie de pena fixada no delito anterior não interfere, em regra, na caracterização da reincidência, de forma que, por exemplo, a pena de multa fixada isoladamente é hábil a caracterizar a reincidência no crime posterior[38].

Por sua vez, a natureza do delito anterior pode afastar a ocorrência da reincidência, conforme se verifica do teor do art. 64, II, do CP, que impede que os crimes militares próprios[39] e os políticos (art. 2º da Lei nº 7.170/83) ensejem a reincidência.

35. Caracteriza maus antecedentes.

36. No mesmo dia do trânsito em julgado não caracteriza reincidência.

37. STF: RHC 88.022/RJ, rel. Min. Sepúlveda Pertence, 1ª Turma, J. 28.03.2006.

38. Há entendimento minoritário em sentido contrário, ao argumento de que a condenação anterior à pena de multa não impede o *sursis*, e, por tal razão, a pena de multa isoladamente aplicada não pode caracterizar a reincidência, haja vista que o reincidente não possui direito ao *sursis* (art. 77, I do CP).

39. A reincidência nos crimes militares próprios (tipificados apenas no CPM) é regulada pelo art. 71 do CPM. Admite-se, portanto, a reincidência entre dois crimes militares próprios.

De forma oposta ao STF, O STJ[40] tem se posicionado contrariamente à possibilidade da reincidência quanto a condenação anterior tiver por fundamento o art. 28 da Lei de Drogas, posicionamento por nós sufragado.

É usual na prática forense o uso da expressão "tecnicamente primário". Mas o que significa isso? É possível que o agente com várias condenações seja primário? Sim, basta que não tenha cometido nenhum crime após uma condenação definitiva transitada em julgado. Nesse caso, é considerado tecnicamente primário.

Vejamos o exemplo graficamente apresentado:

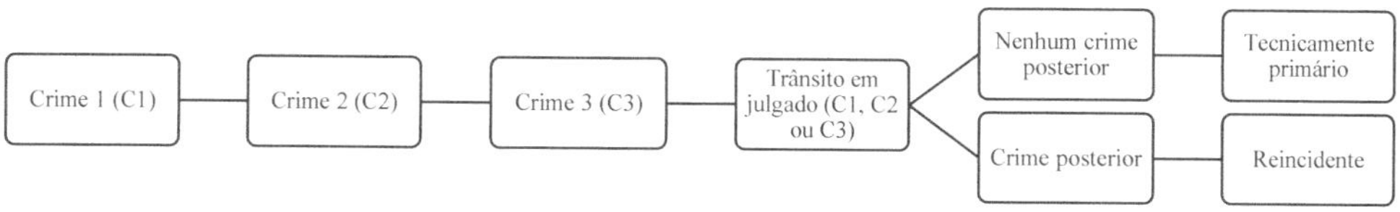

A ocorrência de causas extintivas de punibilidade pode interferir no fator reincidência, atuando sobre seus requisitos de formação, especificamente o trânsito em julgado da condenação por crime anterior.

Ocorrendo, por exemplo, a prescrição da pretensão punitiva estatal (art. 107, IV do CP), ainda que o agente tenha sido condenado e a sentença esteja em grau de recurso, o trânsito em julgado não ocorre em prejuízo do réu, pois a sentença condenatória perde seu efeito gerador da reincidência ante a falta do interesse de agir estatal.

Por outro lado, ocorrendo a prescrição da pretensão executória, que tem como pressuposto o trânsito em julgado, não há a perda dos efeitos da reincidência, vez que caracterizada a coisa julgada e a consequente produção de seus efeitos integrais. Salvo nos casos de anistia (art. 107, II, do CP), *abolitio criminis* (art. 107, III, do CP)[41] e perdão judicial (art. 107, IX c/c art. 120, ambos do CP), a ocorrência de causa extintiva da punibilidade após o trânsito em julgado não interfere na reincidência.

Por se tratar de circunstância de natureza pessoal, não se comunica aos coautores ou partícipes na forma do art. 30 do Código Penal. A prova da recidiva é feita, segundo o entendimento predominante, por simples certidão de antecedentes criminais, não se exigindo, em regra, certidão detalhada sobre o processo que originou o fator agravante.

O Brasil adota o sistema da temporariedade da reincidência ao prever o chamado período depurador da recidiva no art. 64, I, do CP:

> Art. 64. Para efeito de reincidência:
> I - não prevalece a condenação anterior, se entre a data do cumprimento ou extinção da pena e a infração posterior tiver decorrido período de tempo superior a 5 (cinco) anos, computado o período de prova da suspensão ou do livramento condicional, se não ocorrer revogação.

Assim, decorridos cinco anos do cumprimento ou extinção da pena, o condenado deixa de ser reincidente. Ex.: Caio foi condenado a uma pena de 4 anos de reclusão em 2011. A pena foi declarada extinta em 2015 em razão do cumprimento integral.

40. HC 453.437/SP, rel. Ministro Reynaldo Soares da Fonseca, 5ª Turma, DJe 15/10/2018.

41. A anistia e a *abolitio criminis* erradicam os efeitos da condenação.

Em 2021, pratica novo delito. Apesar de anteriormente condenado por outro crime, a nova infração penal não caracteriza a reincidência, vez que praticada após o decurso do período depurador de 5 anos do art. 64, I, do CP. A condenação anterior, contudo, funcionará como maus antecedentes[42] segundo o entendimento majoritário da doutrina e dos Tribunais Superiores.

A reincidência ainda pode ser genérica ou específica. Será genérica quando o novo delito praticado pelo agente for de espécie distinta da condenação anterior. Será específica quando o novo crime praticado for da mesma espécie da condenação anterior. Assim, o agente que tem como seu primeiro crime, caracterizador da reincidência, um delito de furto, será reincidente genérico se praticar posteriormente um crime de homicídio, e específico se praticar outro delito de furto.

Como regra geral, o Código Penal não promove distinção no tratamento entre a reincidência genérica e a específica. Há dispositivos, contudo, que estabelecem o tratamento diferenciado em razão da natureza da reincidência. O art. 44, §3º do CP[43], por exemplo, veda a substituição da pena no caso da reincidência específica. O art. 83, V, do CP, veda a concessão do livramento condicional para os reincidentes específicos em crimes dessa natureza. Além desses exemplos, a Lei 13.964/19, ao alterar a LEP, previu patamares diferentes para fins de progressão de regime para o apenado reincidente no art. 112 da LEP, considerando a natureza da infração penal, ampliando, dessa forma, o conceito de reincidência específica para considerar grupos de casos (crime cometido sem violência à pessoa ou grave ameaça; crime cometido com violência à pessoa ou grave ameaça; crime hediondo ou equiparado; e crime hediondo ou equiparado com resultado morte).

O STJ possui entendimento sumulado[44] de que a "a reincidência penal não pode ser considerada como circunstância agravante e, simultaneamente, como circunstância judicial". O STF[45], contudo, tem entendido que havendo diversas condenações hábeis a fundamentar a reincidência, uma pode ser considerada a título de agravante na segunda fase de aplicação da pena e as demais como maus antecedentes na primeira fase de fixação da pena.

31.4.4.1.2.1.2 Motivo fútil ou torpe (art. 61, II, "a", do CP)

Fútil é o motivo pequeno, insignificante, banal, que revela real desproporção entre o delito e sua motivação. Revela-se em pequenas motivações como uma fechada no trânsito, rompimento de um relacionamento, discussões por futebol e etc.

O ciúme, por si só, não se caracteriza como motivo fútil segundo o STJ, devendo ser analisado no caso concreto a proporcionalidade da conduta em relação ao sentimento motivador.

A ausência de verificação do motivo não pode ser concebida como motivo fútil[46], pois enquanto a primeira decorre da incapacidade de se obter a motivação, o segundo

42. Vide análise realizada no tópico "Circunstâncias judiciais" neste capítulo.

43. § 3º Se o condenado for reincidente, o juiz poderá aplicar a substituição, desde que, em face de condenação anterior, a medida seja socialmente recomendável e a reincidência não se tenha operado em virtude da prática do mesmo crime.

44. Súmula 241.

45. HC 96046/RS. Rel. Min. Ayres Britto.

46. Há entendimento contrário.

exige comprovação efetiva. Igualmente, não se confunde com motivo injusto, elemento integrante do delito.

Torpe é o motivo reprovável moralmente, vil, repugnante, ignóbil e abjeto. A vingança não necessariamente revela o motivo torpe, posto que pode ter por fundamento valores maiores e socialmente defensáveis, apesar de ilícitos, como no caso do pai que vinga a morte ou o estupro da filha.

31.4.4.1.2.1.3 Crime praticado para facilitar ou assegurar a execução, a ocultação, a impunidade ou a vantagem de outro crime (art. 61, II, "b", do CP)

O dispositivo trata das hipóteses de conexão entre dois ou mais delitos. Doutrinariamente, a conexão pode ser caracterizada como *teleológica*, quando visa facilitar ou assegurar a execução de outro crime, ou *consequencial*, quando voltada para facilitar ou assegurar a ocultação, impunidade ou vantagem de outro crime. Logo, enquanto a conexão teleológica se volta para o futuro, a consequencial para o passado.

O agente que subtrai uma arma para que seu comparsa pratique um crime de homicídio, independente da consumação do crime fatal, incorre na agravante porque visa assegurar a execução de outro crime. E, nesse particular, o "outro" crime pode ser praticado pelo próprio agente ou por terceiro.

Por outro lado, o indivíduo que mata uma testemunha de outro crime para assegurar a impunidade de outro delito, incorre na agravante por conexão consequencial. O crime anterior pode, igualmente, ter sido praticado por terceiro.

Em linhas gerais, a agravante nada mais é do uma espécie de motivo torpe.

31.4.4.1.2.1.4 Crime praticado com traição, emboscada, dissimulação ou outro recurso que dificulta ou torna impossível a defesa do ofendido (art. 61, II, "c", do CP)

O legislador pátrio vale-se de uma fórmula genérica e a apresenta de forma exemplificativa. A traição (ataque desleal), emboscada (ataque surpresa) e a dissimulação (fingimento) nada mais representam do que meios que dificultam ou tornam difícil ou impossível a defesa do ofendido.

Permite-se, no caso, a utilização da interpretação analógica por parte do intérprete, vez que ao legislador seria impossível se prever todas as formas de dificultar ou impossibilitar a defesa do ofendido. Não por outra razão, a surpresa e a superioridade expressiva de armas têm sido consideradas como agravantes.

31.4.4.1.2.1.5 Crime praticado com emprego de veneno, fogo, explosivo, tortura ou outro meio insidioso ou cruel, ou de que possa resultar perigo comum (art. 61, II, "d", do CP)

Novamente o legislador pátrio vale-se de uma fórmula genérica e a apresenta de forma exemplificativa, desta feita relacionando-as com os meios de execução.

O emprego de veneno, por exemplo, caracteriza o meio insidioso, sub-reptício, dissimulado. O emprego de fogo ou tortura, por sua vez, indica o meio cruel, posto que implica sofrimento intenso e desnecessário para a vítima. O próprio fogo, dependendo da forma de utilização, e os explosivos em geral, evidenciam a potencial capacidade de criação de perigo comum.

Autoriza-se, nas hipóteses, a utilização da interpretação analógica por parte do intérprete, vez que ao legislador seria impossível se prever todas as formas de execuções insidiosas, cruéis ou aptas a criar perigo comum, como no exemplo da asfixia, não prevista expressamente no dispositivo, mas denotador de meio cruel.

31.4.4.1.2.1.6 Crime praticado contra descendente, ascendente, irmão ou cônjuge (art. 61, II, "e" do CP)

A agravante fundamenta-se na facilidade para a prática do delito em razão da relação de parentesco e na fragilidade moral do agente, capaz de violar a norma para causar lesão a ente próximo.

Aplica-se às relações de parentesco civil e natural, posto que constitucionalmente são concebidas de forma isonômica. Não se aplica às hipóteses de parentesco por afinidade ou à união estável por falta de previsão legal e impossibilidade de aplicação da analogia *in malam partem* no Direito Penal.

A prova do parentesco deve ser realizada por meio de documento conforme o art. 155, parágrafo único do CPP.

31.4.4.1.2.1.7 Crime praticado com abuso de autoridade ou prevalecendo-se de relações domésticas, de coabitação ou de hospitalidade, ou com violência contra a mulher na forma da lei específica (art. 61, II, "f", do CP)

O abuso de autoridade previsto no dispositivo não se confunde com a figura conhecida pelo leigo, na qual a violação do dever advém de um agente público. Essa, especificamente, foi prevista na alínea "g" do mesmo dispositivo. O abuso, aqui referenciado, é o praticado no curso das relações privadas. Ocorre em relações em que prepondera a ascendência do autor sobre a vítima, como no caso do tutor e tutelado.

Por sua vez, no âmbito das relações domésticas, de coabitação ou de hospitalidade, a lei abarca todas as situações jurídicas insertas no mesmo contexto de convivência próxima, existente entre integrantes de uma família, parentes ou não, hóspedes, funcionários que trabalham na residência e etc. A companheira, por exemplo, apesar de não se enquadrar na hipótese da alínea "e", amolda-se perfeitamente à previsão da alínea "f".

No que toca à previsão atinente à violência contra a mulher, acrescida pela Lei Maria da Penha, a despeito das situações de violência contra a mulher já estarem inseridas nos contextos de relações domésticas ou coabitação e, portanto, não trazerem qualquer efeito prático, reforça a posição estatal no combate à violência contra a mulher e, consequentemente, a prevenção geral.

31.4.4.1.2.1.8 Crime praticado com abuso de poder ou violação de dever inerente a cargo, ofício, ministério ou profissão

Por abuso de poder ou violação de dever inerente a cargo deve-se compreender as condutas praticadas por funcionários públicos regidos pelo Direito Público onde se manifesta uma relação de dever público. A agravante pressupõe que o fato seja praticado no exercício do cargo ou em razão dele, sendo imprescindível que o agente se beneficie do atributo pessoal para o cometimento da infração. Contudo, a agravante não incide nos crimes especiais praticados por funcionários públicos, pois a condição de funcionário público é exigida pelo tipo penal e a aplicação da agravante caracterizaria *bis in idem*.

Por sua vez, por ofício se deve compreender o exercício de trabalhos manuais, como o artesanato. Por ministério, o exercício de atividade religiosa como o padre ou o pastor. E, por fim, a profissão como atividade regulamentada com preponderância de atividade intelectual. Em todos esses casos, exige-se, de igual sorte, que o delito tenha sido praticado valendo-se das facilidades inerentes ao ofício, ministério ou profissão. Assim, ao médico que subtrai um veículo na rua não se aplica a agravante, pois o fato não guarda qualquer relação com sua profissão.

31.4.4.1.2.1.9 Crime praticado contra criança, maior de 60 (sessenta) anos, enfermo ou mulher grávida (art. 61, II, "h", do CP)

Fundada na reduzida capacidade de resistência da vítima e na facilidade para a prática do delito, a agravante apresenta quatro situações:

a) *Criança*: é a pessoa menor de 12 anos de idade segundo o art. 2º, *caput*, do Estatuto da Criança e do Adolescente. Nesse particular, estamos diante de uma norma penal em branco.

b) Maior de sessenta anos: é aquele que superou o aniversário de sessenta anos em pelo menos um dia. O Estatuto da pessoa idosa considera a pessoa como idosa quando tiver idade igual ou superior a sessenta anos. O legislador penal, contudo, não fez referência ao idoso, mas ao maior de sessenta anos, de forma que sendo vítima do crime na data do seu aniversário, não incidirá a agravante por impossibilidade de interpretação prejudicial ao réu.

c) Enfermo: é a pessoa debilitada por alguma doença em seus aspectos físicos ou psicológicos. Não é qualquer enfermidade que faz incidir a agravante. Somente aquelas com capacidade de reduzir a resistência da vítima permitem sua incidência. Assim, não incidirá a agravante tão somente porque a vítima do roubo está resfriada. Exige-se a debilidade física ou mental proveniente da enfermidade e a conexão lógica entre a enfermidade e o crime.

d) Mulher grávida: também de natureza objetiva, incide a agravante independente do estágio da gravidez, exigindo-se somente o nexo lógico entre a gravidez e o crime.

Em todos os casos, exige-se do agente o conhecimento ou a possibilidade de conhecimento da condição de fragilidade da vítima, sob pena de responsabilidade penal objetiva.

31.4.4.1.2.1.10 Crime praticado quando o ofendido estava sob a imediata proteção da autoridade (art. 61, II, "i", do CP)

Por imediata proteção se compreende a relação de dependência, sujeição, guarda. Não se aplica a agravante tão somente porque a vítima estava próxima de um batalhão de polícia ou de um policial. Exige-se que se encontre sob proteção da autoridade, guardada por essa.

Fundamenta-se a agravante no grau de atrevimento do agente, capaz de ofender a vítima mesmo quando essa está protegida pelo Estado.

31.4.4.1.2.1.11 Crime praticado em ocasião de incêndio, naufrágio, inundação ou qualquer calamidade pública, ou de desgraça particular do ofendido (art. 61, II, "j", do CP)

Valendo-se novamente de hipóteses exemplificativas, a agravante tem por fundamento a insensibilidade moral do agente que se vale de situações de fragilidade individual ou coletiva para praticar crimes.

31.4.4.1.2.1.12 Crimes praticados em estado de embriaguez preordenada (art. 61, II, "l", do CP)

O legislador entende que o agente que se embriaga para se encorajar para prática de um delito merece uma reprovação maior.

31.4.4.1.2.1.13 Agravantes nos crimes praticados por duas ou mais pessoas (art. 62 do CP)

O nome conferido pelo legislador, "agravantes no concurso de pessoas, não representa a melhor escolha, pois o art. 62, incisos II e III, do CP, trata de hipóteses de autoria mediata que podem não caracterizar o concurso de agentes.

Dispõe o art. 62 do CP:

> Art. 62 - A pena será ainda agravada em relação ao agente que:
> I - promove, ou organiza a cooperação no crime ou dirige a atividade dos demais agentes;
> II - coage ou induz outrem à execução material do crime;
> III - instiga ou determina a cometer o crime alguém sujeito à sua autoridade ou não-punível em virtude de condição ou qualidade pessoal;
> IV - executa o crime, ou nele participa, mediante paga ou promessa de recompensa.

a) promove, ou organiza a cooperação no crime ou dirige a atividade dos demais agentes: versa a hipótese sobre os casos de coautoria intelectual, de autoria de escritório, de organizações verticalizadas de aparatos de poder contrárias ao Direito. Pune-se com a agravante o mentor do crime, aquele que detém o controle intelectual do fato. Não se pune o mero concurso de agentes no qual não há a predominância intelectual de um sobre o outro. Exige-se a atividade de organização ou direção da atividade dos demais agentes.

b) coage ou induz outrem à execução material do crime: aquele que se vale de coação física ou moral revela a necessidade de maior reprovação, posto que utiliza terceiro para prática de um crime, tratando a hipótese da autoria mediata. A indução à prática do crime também foi caracterizada como agravante, por compreender o legislador que aquele que planta a semente do crime na mente do executor merece maior reprovação;

c) instiga ou determina a cometer o crime alguém sujeito à sua autoridade ou não punível em virtude de condição ou qualidade pessoal: a hipótese retrata a clássica situação autoria mediata. Exige-se que o executor esteja sob a autoridade de quem instiga ou determina a prática do crime. Essa autoridade pode advir de relações públicas ou privadas, sendo imprescindível, contudo, que seja capaz de influenciar o executor.

d) executa o crime, ou nele participa, mediante paga ou promessa de recompensa: aquele que aceita recompensa ou promessa de recompensa equipara-se ao mercenário, revelando motivação abjeta e, portanto, merecer de maior reprovação.

31.4.4.1.2.2 Atenuantes genéricas

As atenuantes genéricas foram previstas nos artigos 65 e 66 do Código Penal. Em regra, as atenuantes sempre reduzem a pena. Naturalmente, não atenuarão a pena quando a pena intermediária já estiver no mínimo legal[47]. Quando a circunstância privilegia ou constitui o próprio crime, para nós, deve ser aplicada a previsão do privilégio e não a atenuante. De igual forma, quando a atenuante caracterizar elementar do próprio delito, entendemos por não aplicável.

31.4.4.1.2.2.1 Ser o agente menor de 21 (vinte e um), na data do fato, ou maior de 70 (setenta) anos, na data da sentença (art. 65, I, do CP)

A primeira parte do dispositivo estabelece um critério biológico que não guarda qualquer relação com a teoria das capacidades do Direito Civil. A redação do Código Penal é anterior ao do novo diploma civilista que reduziu a maioridade para os dezoito anos e seguia, até então, a lógica civilista.

A alteração, contudo, não interfere na previsão do CP, posto que o critério se funda na questão biológica, evidenciando o distanciamento da esfera penal da civil. Ademais, a norma penal é mais benéfica do que a prevista no art. 5º do Código Civil, de forma que sequer há que se cogitar em aplicação da norma civilista.

A prova da menoridade deve ser feita por meio de documento hábil conforme a Súmula 74 do STJ. A jurisprudência tem aceitado como documento a certidão de nascimento, carteira de identidade, carteira de habilitação e certificado de reservista.

A segunda parte do dispositivo traz outro critério biológico, desta vez para o idoso maior de setenta anos. Não gostamos do termo "senilidade", usualmente empregado pela doutrina, posto que o critério adotado foi o biológico e não o psicológico. Ademais, inúmeros idosos maiores de setenta anos estão muito mais íntegros mentalmente do que jovens com trinta anos.

A atenuante incide se, à época da sentença, o agente tiver mais de 70 anos. Por data da sentença há que se compreender a data de sua publicação. Apesar de não previsto legalmente, a atenuante pode incidir em sede de Tribunal, na publicação do acórdão. Isso ocorre porque o indivíduo pode ter sido absolvido em primeira instância e, perante o tribunal, ver sua absolvição ser reformada para uma condenação. Nesse caso, o acordão assume "ares" de sentença para fins penais, posto que se trata do momento em que a condenação aparece pela primeira vez e somente nesse momento será realizada a dosimetria da pena.

Ao contrário, tendo sido publicada a sentença antes de completar setenta anos, a decisão confirmatória da decisão pelo tribunal não implica na aplicação da atenuante, pois o acórdão tão somente confirma uma sentença já proferida.

47. Súmula 231 do STJ: A incidência da circunstância atenuante não pode conduzir à redução da pena abaixo do mínimo legal.

31.4.4.1.2.2.2 Desconhecimento da lei (art. 65, II, do CP)

O desconhecimento da lei é inescusável. O desconhecimento da lei, portanto, deveria gerar o erro de proibição e não funcionar como atenuante. Ocorre que os institutos são distintos e por vezes confundidos pela redação não muito feliz da atenuante.

No erro de proibição o foco não está efetivamente na lei, mas no potencial conhecimento da ilicitude do comportamento. Por vezes, o desconhecimento da ilicitude vem acompanhado do desconhecimento da lei, mas isso não é um requisito para a caracterização do erro de proibição, pois o agente pode conhecer a lei e compreendê-la mal.

No desconhecimento ou ignorância lei, atenuante do art. 65, II, do CP, o agente conhece a ilicitude de seu comportamento por se tratar de conduta socialmente reprovada, mas desconhece a lei, o fundamento legal da ilicitude. Para esses casos, aplica-se a atenuante.

Tratando-se de contravenção penal, o art. 8º da LCP prevê que a ignorância da lei, se escusável, permite a aplicação do perdão judicial.

31.4.4.1.2.2.3 Ter o agente cometido o crime por motivo de relevante valor social ou moral (art. 65, III, "a", do CP)

Os motivos do crime podem assumir distintas posições jurídicas no crime. Podem funcionar como qualificadoras ou privilégio, como no crime de homicídio, como agravantes ou atenuantes genéricas e, ainda como circunstâncias judiciais.

Especificamente, interessa-nos, no momento, sua análise como atenuantes genéricas. Assim como nas agravantes, se o motivo for considerado para fins de elementar típica ou causa de diminuição de pena, não será considerado para fins de atenuante porque implicaria em dupla redução pelo mesmo motivo, ferindo a lógica sistêmica dos benefícios.

O relevante valor moral é aquele assim concebido por uma dada sociedade e não pela perspectiva do agente. Enquanto a ética é um comportamento individual, a moral pertencente à sociedade. Logo, o relevante valor moral deve ser concebido com a "injustiça" ou "justificativa" do agente, perante a sociedade do seu comportamento. O pai que mata o estuprador de sua filha, a despeito de praticar um ato ilícito e agir por motivos éticos, o faz com reprovação moral diminuta.

O relevante valor social, ao contrário, é aquele que, apesar de ilícito, visa um fim social, de atender à coletividade. O indivíduo "Robin Hood" que furta um banco para ajudar entidades de assistência social pratica um ilícito penal e o não o faz para atender a interesses puramente pessoais, mas para auxiliar sua comunidade. O crime existe e seu comportamento é reprovável, mas o fim evidenciado vai ao encontro dos anseios sociais, motivo pelo qual sua reprovação também deve ser diminuída.

31.4.4.1.2.2.4 Ter o agente procurado, por sua espontânea vontade e com eficiência, logo após o crime, evitar-lhe ou minorar-lhe as consequências, ou ter, antes do julgamento, reparado o dano (art. 65, III, "b", do CP)

A atenuante em muito se parece com as figuras do arrependimento eficaz e com o arrependimento posterior, mas com elas não se confundem.

No arrependimento eficaz, o crime original não se consuma, ao passo que para a atenuante o delito deve estar consumado em razão da expressão "logo após". Assim, agente que visa evitar as consequências do crime ou minorá-las, faz *jus* ao benefício. Logo, enquanto no arrependimento eficaz o agente evita o crime original, na atenuante evita ou minora suas consequências, incidindo no exaurimento do crime. A distinção entre a voluntariedade do arrependimento eficaz e a espontaneidade da atenuante pouco interessa. A uma porque empiricamente indemonstráveis por serem impressões internas da mente do agente. E, a duas, porque qualquer magistrado levará em consideração e, com razão, o aspecto externo da conduta posterior realizada pelo agente, seja ela espontânea ou voluntária.

No que toca ao arrependimento posterior (art. 16 do CP), o legislador estabelece como requisito para sua aplicação que o delito não tenha sido praticado com violência ou grave ameaça à pessoa, circunstância não verificada na atenuante.

Por outro lado, o arrependimento posterior deve ser manifesto até o recebimento da denúncia ou queixa, enquanto a atenuante admite seus efeitos até o julgamento. Nesse sentido, salvo a amplitude da atenuante, aplicável aos delitos praticados com violência ou grave ameaça, a atenuante é o "arrependimento posterior tardio" em razão da possibilidade de reparação do dano até o julgamento.

A atenuante revela o aspecto positivo de buscar a terceira via do Direito Penal e minorar os efeitos do crime para a vítima.

31.4.4.1.2.2.5 Ter o agente cometido o crime sob coação a que podia resistir, ou em cumprimento de ordem de autoridade superior, ou sob a influência de violenta emoção, provocada por ato injusto da vítima (art. 65, III, "c", do CP)

As atenuantes previstas no dispositivo revelam que o legislador se preocupou em reduzir a pena daquele que age com reduzida capacidade de motivação na norma por fatores externos.

A coação, ainda que resistível, compromete a capacidade de julgamento, de avaliação dos fatos e respectivas consequências. Ainda que a conduta do agente seja reprovável, não pode ser comparada ao comportamento do agente que atua livre de influências externas.

De igual forma, no âmbito do cumprimento de ordem de autoridade superior, a capacidade de motivação na norma é reduzida, posto que há o inerente risco de sanção no caso de descumprimento.

Por fim, a influência de violenta emoção compromete, de forma sensível, a capacidade de compreensão normativa e deflagra sentimentos internos aptos a produzir comportamentos não refletidos.

Em todos os casos, portanto, atenua-se a pena pelo déficit cognitivo provocado por fatores não relacionados internamente ao agente.

31.4.4.1.2.2.6 Ter o agente confessado espontaneamente, perante a autoridade, a autoria do crime (art. 65, III, "d", do CP)

A confissão realizada livre de constrangimento perante a autoridade permite da atenuação da pena[48]. Apesar do dispositivo fazer referência à espontaneidade, pouco

48. STF HC 99.436/RS. rel. Min. Cármen Lúcia, 1ª Turma, j. 26.10.2010.

importa que seja espontânea ou voluntária. A concepção da espontaneidade como arrependimento real e sincero tem origem no pecado e sua consequente salvação bíblica, que não guarda qualquer relação com a expressão de sentido manifesto pela confirmação da prática de um delito por parte do agente. Basta, portanto, que a confissão seja livre na sua origem, ainda que tenha por finalidade tão somente alcançar a atenuante.

A autoridade mencionada no dispositivo é aquela responsável pela investigação (delegado de polícia, membro do Ministério Público) ou processo judicial (membro do Poder Judiciário).

A confissão pode ser parcial, desde que confirme a autoria do fato típico que lhe é imputado e seja utilizada como fundamento para a condenação. Não precisa, portanto, para aplicação da atenuante, que o acusado confirme todo o teor da peça acusatória, como qualificadoras e agravantes. Se, por exemplo, confessa somente parte do delito, de fato não confessa a imputação e a atenuante não lhe será aplicada se condenado pela imputação original, como na hipótese do agente que confirma a subtração patrimonial mas nega a prática da grave ameaça no roubo, sendo condenado pelo crime de roubo. Contudo, se confessa a prática da subtração, negando a grave ameaça e vem a ser condenado somente pelo crime de furto, há que se aplicar a atenuante da confissão por retratar a verdade jurídica dos fatos.

Ainda que o réu venha a se retratar em juízo da confissão realizada perante a autoridade investigante, a atenuante poderá ser aplicada caso o magistrado venha dela se valer na sentença condenatória. Não servindo de fundamento para a condenação, confissão retratada em nada beneficiará o réu. Não é outra a interpretação da Súmula 545 do STJ: "Quando a confissão for utilizada para a formação do convencimento do julgador, o réu fará jus à atenuante prevista no artigo 65, III, “d”, do Código Penal”.

Sobre o assunto há recente jurisprudência do STJ no julgamento do Resp 1.972.098:

> Em decisão unânime que alterou sua jurisprudência, a Quinta Turma do Superior Tribunal de Justiça (STJ) firmou a tese de que o réu terá direito à diminuição da pena pela confissão sempre que houver admitido a autoria do crime perante a autoridade, como prevê o artigo 65, inciso III, “d”, do Código Penal – independentemente de a confissão ser usada pelo juiz como um dos fundamentos da condenação, e mesmo que seja ela parcial, qualificada, extrajudicial ou retratada.

De acordo com o STF[49], ocorrendo a chamada confissão qualificada, quando o réu alega fato modificativo da imputação, como uma justificante ou dirimente, não se aplica a atenuante, posto que na realidade exerce direito de autodefesa e não tem o escopo de colaborar com a persecução penal.

Ainda sobre a confissão espontânea, vale destacar que a Sexta Turma do STJ, no julgamento do AgRg no REsp 2010303/MG, DJe 18.11.22, decidiu que “a atenuante da confissão, mesmo qualificada, pode ser compensada integralmente com a qualificadora do motivo fútil, que fora deslocada para a segunda fase da dosimetria em razão da pluralidade de qualificadoras no caso concreto. Isso, porque são circunstâncias igualmente preponderantes, conforme entende este Tribunal Superior, que define que ‘tal conclusão, por certo, deve ser igualmente aplicada à hipótese dos autos, por se tratarem de circunstâncias igualmente preponderantes, que versam sobre os motivos determinantes do crime e a personalidade do réu, conforme a dicção do art. 67 do CP”.

49. HC 119.671/SP, rel. Min. Luiz Fux, 1ª Turma, j. 05.11.2013;

31.4.4.1.2.2.7 Ter o agente cometido o crime sob a influência de multidão em tumulto, se não o provocou

Enquanto o agente que provoca o tumulto tem a pena agravada, aquele que age sob influência da multidão tem sua pena atenuada. A dinâmica dos comportamentos de massa produz uma transformação temporária da personalidade, desagregando aspectos antes conectados em prol do agir conforme ao Direito.

Essa deturpação mental temporária influenciada pelo comportamento de massa, amplamente explicado pela psicologia, evidencia uma menor capacidade de motivação normativa por parte do agente, razão pela qual se aplica a atenuante.

31.4.4.1.2.3 Atenuantes inominadas

O legislador, dada a incapacidade de prever todas as situações possíveis de redução da capacidade de motivação na norma, previu, no art. 66, do CP, uma fórmula geral e aberta, transferindo ao magistrado a responsabilidade, segundo seu senso maior de justiça, de atenuar a pena do agente. Também conhecida por **atenuante de clemência**, foi assim prevista: "A pena poderá ser ainda atenuada em razão de circunstância relevante, anterior ou posterior ao crime, embora não prevista expressamente em lei".

Zaffaroni e Pierangeli sustentam que o dispositivo permite a aplicação da denominada coculpabilidade, estudada no capítulo da culpabilidade, por entenderem que a sociedade e o Estado também podem possuir responsabilidade pelo crime ao não terem proporcionado ao agente reais condições para seu desenvolvimento como ser humano. Contudo, a aplicação da teoria tem sido afastada pelo STJ[50].

A atenuante, na prática, por envolver circunstâncias anteriores ou posteriores ao crime, confere ao magistrado um "cheque em branco" para fundamentar a atenuação da pena. Todavia, exige-se prudência e razoabilidade do magistrado, que deverá aplicar a atenuante somente em casos cujo fundamento seja relevante, não reprovável pela sociedade ou contrário aos fins do Direito.

31.4.4.1.3 Fixação da pena definitiva (terceira fase)

Na terceira e última fase da fixação da pena, chega-se à pena definitiva. Nessa etapa, o magistrado que já se valeu da pena base para fixar a pena intermediária, apoia-se na última para, observando as causas de aumento e diminuição de pena, estabelecer a pena final.

As causas de aumento e diminuição da pena, conhecidas por majorantes e minorantes, respectivamente, são circunstâncias legais, obrigatórias ou facultativas, que podem estar previstas em toda a legislação penal, que aumentam ou diminuem a pena em patamares fixos ou variáveis. São concebidas como genéricas quando previstas na Parte Geral do Código Penal e específicas, quando presentes na Parte Especial do Código Penal ou legislação penal especial.

Nesta etapa, os patamares máximos e mínimos de pena previstos no tipo penal podem ser ultrapassados, vez que previamente o legislador estabeleceu seus limites de agravação e atenuação, diferentemente das circunstâncias judiciais e agravantes e atenuantes genéricas, previstas sem qualquer parâmetro legal. De fato, a tentativa, como minorante, deve trazer a pena do delito para um patamar inferior ao do crime consumado, sob pena de receber o mesmo tratamento do delito finalizado.

50. HC 187.132/MG. Rel. Min. Maria Thereza de Assis Moura, 6ª Turma, j. 05.02.2013.

Por receberem um tratamento distinto quanto a pena, não se confundem com as qualificadoras, e a diferença é de fácil constatação. Enquanto as qualificadoras trazem uma nova pena para o delito (homicídio simples, pena de 6 a 20 anos de reclusão; homicídio qualificado, pena de 12 a 30 anos de reclusão), as majorantes e minorantes trazem parâmetros máximo e mínimo para aumento e diminuição da pena (homicídio privilegiado (§1º), redução de 1/6 a 1/3 – homicídio agravado (§6º), aumento de 1/3 a 1/2). Assim, enquanto as qualificadoras atuam no primeiro passo da fixação da pena, as causas de aumento e diminuição representam o último estágio.

Pode ocorrer de, sobre o fato, incidir mais de uma causa de aumento ou diminuição, ou causas de aumento e diminuição, simultaneamente.

De acordo com o art. 68, parágrafo único do CP: "No concurso de causas de aumento ou de diminuição previstas na parte especial, pode o juiz limitar-se a um só aumento ou a uma só diminuição, prevalecendo, todavia, a causa que mais aumente ou diminua".

O dispositivo nos permite extrair as seguintes conclusões:

a) como o parágrafo único do art. 68, do CP, só fez menção às causas de aumento e diminuição previstas na Parte Especial do Código Penal, não pode o magistrado escolher dentre as obrigatórias previstas na Parte Geral, devendo aplicá-las todas: Ex.: tentativa (art. 14, parágrafo único, do CP) e semi-imputabilidade (art. 26, parágrafo único, do CP);

b) sendo as causas de aumento e diminuição previstas na parte especial, o magistrado poderá limitar-se a um só aumento ou uma só diminuição, dando prevalência, contudo, à causa que mais aumente ou diminua;

c) as previstas na legislação especial, apesar de não contempladas na redação dos dispositivos, devem ser tratadas de forma analógica com o art. 68, parágrafo único, do CP, podendo o magistrado escolher dentre as causas.

d) ocorrendo simultaneamente uma causa de aumento e uma de diminuição, ambas deverão ser aplicadas. Aplica-se primeiro a causa de aumento e, após a causa de diminuição;

e) existindo duas causas de aumento ou duas causas de diminuição, uma prevista na Parte Geral e a outra na Parte Especial ou legislação especial, ambas deverão ser aplicadas. Primeiro se aplica as previstas especialmente e após as de cunho geral.

A ordem de aplicação das causas cumulativas tem causado divergência doutrinária.

Os defensores do *princípio da incidência isolada* compreendem que as causas de aumento ou diminuição devem ser aplicadas sempre sobre a pena intermediária, isto é, incidem uma após a outra, sendo que a aplicação da segunda não incide sobre a primeira.

Por outro lado, no *critério cumulativo, sucessivo ou de efeito cascata*, as causas de diminuição e aumento de pena deverão ter sempre incidência uma após a outra e sobre o resultado obtido na operação anterior.

Há ainda um *critério misto, intermediário*, que sufraga o entendimento de que as causas de aumento incidem sobre a pena intermediaria de forma isolada e as causas de diminuição em efeito cascata.

O princípio da incidência isolada pode conduzir a uma situação absurda, da pena zero ou negativa. Basta que incidem duas causas de diminuição de 2/3 sobre a pena intermediária que o Estado se tornará "devedor de pena". Ex.: agente condenado a pena de 6 anos. Possui o direito de redução da tentativa, aplicada no patamar máximo porque a execução foi interrompida no início, e ainda faz *jus* à redução de 2/3 por ser semi-imputável. Logo, em simples operação matemática, chegamos que a pena de 6 anos deverá ser reduzida de 4/3, isto é, quatro anos pela tentativa e quatro anos pela semi-imputabilidade, totalizando 8 anos. Deduzindo-se os 8 anos dos seis fixados, o Estado estaria devendo 2 anos de pena para o condenado.

O critério cumulativo, ao contrário, faz com que uma causa incida imediatamente sobre o resultado da operação anterior, em efeito cascata. Ex.: condenado a pena de 10 anos que tem contra si duas causas de aumento. Ambas no patamar de metade (1/2). Logo, a primeira elevará a pena para 15 anos e a segunda, incidente sobre a nova pena provisória, para 22,5 anos.

A posição intermediária entende estabelece um critério diferenciador de tratamento. Para as causas de diminuição, aplica-se o sistema cumulativo. Para as causas de aumento, o sistema isolado por ser mais benéfico para o réu.

Seguimos o entendimento da aplicação cumulativa, consoante a lição de SCHMITT[51](2018. p. 299-304):

> [...]a jurisprudência dos Tribunais Superiores (STF e STJ) não respalda a aplicabilidade do princípio do *favor rei* nessa etapa (terceira fase), por entender que a pena definitiva a ser dosada deverá se aproximar ao máximo da pena justa que se mostre a ideal diante da gravidade em concreto demonstrada pela prática do ilícito, no que tange às circunstâncias da infração ou à conduta do autor, o que conduziu, ainda, o próprio legislador a alçar tais circunstâncias como causas de aumento da sanção penal. [...] nossa posição repousa nesse entendimento, ou seja, a aplicabilidade do critério sucessivo, cumulativo ou de efeito cascata às causas de diminuição e aumento de pena, sem qualquer distinção

31.4.4.1.4 Fixação do regime de cumprimento da pena

De acordo com o art. 33 do CP, "a pena de reclusão deve ser cumprida em regime fechado, semiaberto ou aberto[52]. A de detenção, em regime semiaberto, ou aberto, salvo necessidade de transferência a regime fechado". Isso significa que no crime apenado com reclusão os três regimes poderão ser fixados inicialmente, observados os parâmetros do §2º do art. 33 do CP[53] e art. 59 do CP, segundo o §3º do art. 33 do CP[54].

Para os crimes apenados com prisão simples e detenção permite-se apenas os regimes iniciais semiaberto e aberto. Não significa, contudo, que o condenado por um crime apenado com detenção não possa vir a cumprir pena no regime fechado, pois o próprio *caput* do artigo faz a ressalva quanto a possibilidade de transferência de regime (regressão).

---

51. SCHMITT, Ricardo Augusto. **Sentença Penal Condenatória**: Teoria e Prática. 12. ed. Salvador: Juspodivm, 2018.

52. De acordo com §1º do art. 33 do CP, no regime fechado a execução da pena se dará estabelecimento de segurança máxima ou média. No regime semiaberto, a execução da pena deverá ser realizada em colônia agrícola, industrial ou estabelecimento similar. Por fim, no regime aberto, a execução da pena ocorrerá em casa de albergado ou estabelecimento adequado.

53. § 2º - As penas privativas de liberdade deverão ser executadas em forma progressiva, segundo o mérito do condenado, observados os seguintes critérios e ressalvadas as hipóteses de transferência a regime mais rigoroso: a) o condenado a pena superior a 8 (oito) anos deverá começar a cumpri-la em regime fechado; b) o condenado não reincidente, cuja pena seja superior a 4 (quatro) anos e não exceda a 8 (oito), poderá, desde o princípio, cumpri-la em regime semi-aberto; c) o condenado não reincidente, cuja pena seja igual ou inferior a 4 (quatro) anos, poderá, desde o início, cumpri-la em regime aberto.

54. Art. 33. § 3º - A determinação do regime inicial de cumprimento da pena far-se-á com observância dos critérios previstos no art. 59 deste Código.

Além da diferença no regime inicial, permitido apenas para a pena de reclusão, outras merecem destaque consoante o quadro abaixo:

	Reclusão	Detenção	Prisão Simples
Regime inicial	Fechado, semiaberto e aberto	Semiaberto e aberto	semiaberto e aberto
Efeitos da condenação	Arts. 90, 91-A e 92 do CP.	Os mesmos da reclusão, salvo o disposto nos arts. 91-A e 92, II do CP	Apesar de não haver vedação legal nos arts. 91, 91-A e 92 do CP, os requisitos exigidos afastam a aplicação dos efeitos[55]. Admite-se efeitos específicos nos arts. 50 e 51 da LCP
Medida de segurança	Internação	Internação ou Tratamento ambulatorial (art. 97 do CP)	Tratamento ambulatorial (exegese do art. 13 da LCP)
Cumulatividade	Havendo cumulação, executa-se primeiro a pena de reclusão (art. 69, *caput*, do CP)	Havendo cumulação, executa-se primeiro a pena de reclusão	Havendo cumulação, executa-se primeiro a pena de reclusão, depois a de detenção e posteriormente a prisão simples.
Interceptação telefônica	Admite como meio de prova	Em regra não admite (art. 2º, III da Lei 9.296/96)[56]	Em regra, não admite. Deve seguir a mesma lógica da detenção.

Cada regime possui suas regras próprias, trazidas pelo Código Penal e Lei de Execuções Penais. O juiz, ao fixar a pena, deverá observar a quantidade de pena imposta, as circunstâncias judiciais e a reincidência para estabelecer o regime inicial de cumprimento da pena.

A natureza do crime não influi no regime de fixação da pena, não obstante, em se tratando de delito de tortura, o STF[57] ter reconhecido, de forma paradoxal, a constitucionalidade do §7º do art. 1º da Lei de Tortura, que prevê o regime inicial fechado. O paradoxo advém do fato de que o próprio STF, no julgamento do HC 111.840/ES, declarou a inconstitucionalidade de dispositivo similar e que prevê o próprio crime de tortura, § 1º do art. 2º da Lei nº 8.072/90, sob fundamento maior da violação do princípio da individualização da pena. Na decisão proferida no HC 123316, chama-nos atenção o voto do Min. Luís Roberto Barroso:

> "Trouxe-me até alguma hesitação à luz da jurisprudência do Supremo, mas penso que esse dispositivo da lei específica em relação à tortura não foi objeto de declaração de inconstitucionalidade e, portanto, a decisão do Ministro Marco Aurélio está aplicando a lei tal como ela está posta, sem ter sido invalidada".

55. De forma remota, poder-se-ia cogitar a possibilidade de aplicação do art. 92, I, "a" à contravenção penal do art. 24, quando praticada por funcionário público.

56. Salvo se a prova da infração for descoberta em interceptação por crime de reclusão conexo com o crime apenado com detenção (HC 83.515 STF).

57. O condenado por crime de tortura iniciará o cumprimento da pena em regime fechado, nos termos do disposto no § 7º do art. 1º da Lei 9.455/1997 - Lei de Tortura. HC 123316/SE, rel. Min. Marco Aurélio, 9.6.2015. (HC-123316)

Parece-nos, portanto, que o STF sucumbiu à forma, ignorando o conteúdo material da norma. É no mínimo curioso que o regime inicial previsto para o crime de tortura na Lei dos Crimes Hediondos seja inconstitucional e não o seja na previsão idêntica formulada na Lei de Tortura.

A quantidade de pena imposta é requisito de análise obrigatória para fixação do regime fechado segundo a regra do §2° do art. 33 do CP:

> § 2° - As penas privativas de liberdade deverão ser executadas em forma progressiva, segundo o mérito do condenado, observados os seguintes critérios e ressalvadas as hipóteses de transferência a regime mais rigoroso:
>
> a) o condenado a pena superior a 8 (oito) anos deverá começar a cumpri-la em regime fechado;
>
> b) o condenado não reincidente, cuja pena seja superior a 4 (quatro) anos e não exceda a 8 (oito), poderá, desde o princípio, cumpri-la em regime semi-aberto;
>
> c) o condenado não reincidente, cuja pena seja igual ou inferior a 4 (quatro) anos, poderá, desde o início, cumpri-la em regime aberto.

De acordo com a leitura do dispositivo, o reincidente deveria sempre iniciar o cumprimento da pena em regime fechado. Contudo, o STF editou a súmula 269 e flexibilizou o dispositivo permitindo a adoção do regime semiaberto aos reincidentes condenados a pena igual ou inferior a 4 (quatro) anos se favoráveis as circunstâncias judiciais. Com lastro na súmula, entendemos que se o crime anterior gerador da reincidência tiver sido aplicado somente a pena de multa, não pode ser negado ao condenado o direito ao regime aberto, porquanto se a condenação anterior à pena de multa não impede o sursis, com maior razão não poderá impedir o regime inicial aberto.

Nesse sentido, verifica-se que as circunstâncias judiciais são igualmente importantes para fixação do regime inicial, posto que, além da previsão do §3° do art. 33 do CP, os Tribunais Superiores têm admitido a fixação de regime inicial mais severo do que o indicado pela regra substitutiva do §2° do art. 33, desde que com fundamentação idônea[58].

31.4.4.1.5 Detração penal

No curso da execução, deve se levar em consideração o instituto da detração penal, que é o desconto, na pena privativa de liberdade ou na medida de segurança, do tempo de prisão de prisão provisória, no Brasil ou no estrangeiro, ou da internação.

O instituto visa evitar o *bis in idem*, posto que, em essência, prisão provisória e prisão definitiva não se distinguem, são privações da liberdade em razão de um mesmo fato.

Assim, se o agente foi condenado a uma pena de seis anos e durante o processo, até o trânsito em julgado, permaneceu preso por um ano, deverá cumprir os cinco anos remanescentes, isto é, o tempo de prisão provisória, independentemente de seu fundamento (preventiva, temporária ou flagrante), deve ser abatido da penal total fixada.

58. Súmula 719 do STF: A imposição do regime de cumprimento mais severo do que a pena aplicada permitir exige motivação idônea.
    Súmula 718 do STF: A opinião do julgador sobre a gravidade em abstrato do crime não constitui motivação idônea para a imposição de regime mais severo do que o permitido segundo a pena aplicada.
    Súmula 440 do STJ: Fixada a pena-base no mínimo legal, é vedado o estabelecimento de regime prisional mais gravoso do que o cabível em razão da sanção imposta, com base apenas na gravidade abstrata do delito.

A detração penal é aplicada pelo magistrado que profere a sentença condenatória e sua incidência interfere no regime inicial a ser fixado conforme o art. 387, §2º, do CPP. Se o agente foi condenado a uma pena de dez anos de reclusão e permaneceu dois anos preso cautelarmente, o desconto do período cumprido realizado sobre a pena fixada traz a pena para o patamar de oito anos, permitindo, ao menos pela questão pena, a fixação do regime semiaberto (art. 33, §2º, "b", do CP).

31.4.4.2 Substituição da pena privativa de liberdade por restritiva de direitos

As penas restritivas de direitos visam, sobremaneira, evitar a aplicação da pena de prisão, reduzindo a exposição do agente que praticou delito de pequena ou média gravidade ao sistema carcerário. Também conhecidas por penas alternativas, ganharam corpo no ordenamento jurídico pátrio com a intensificação do debate sobre a falência da pena de prisão e os males do cárcere.

As penas restritivas de direitos foram previstas no art. 43, do CP:

> Art. 43. As penas restritivas de direitos são:
> I - prestação pecuniária;
> II - perda de bens e valores;
> III - (Vetado);
> IV - prestação de serviços à comunidade ou a entidades públicas;
> V - interdição temporária de direitos;
> VI - limitação de fim de semana.

Além dessas, o art. 8º, inc. V, da Lei dos Crimes Ambientais previu a pena de recolhimento domiciliar e a Lei de Drogas outras sanções no art. 28.

Como regra geral, não são previstas de forma autônoma, posto que substituem as penas privativas de liberdade previamente fixadas, surgindo daí sua principal característica, a substitutividade. De fato, o legislador não estabelece no preceito secundário as penas alternativas diretamente, pois se orientou pela previsão de penas de prisão e multa. Nada impede que preveja a pena restritiva de direito de forma autônoma, como de fato o fez no Código de Trânsito brasileiro e art. 28 da Lei de Drogas, ao prever, no preceito secundário, as sanções de advertência sobre os efeitos das drogas, prestação de serviços à comunidade e medida educativa de comparecimento a programa ou curso educativo.

Outra característica geral das penas restritivas de direito, mas que comporta exceções[59], é sua incompatibilidade com a pena privativa de liberdade, razão pela qual, uma vez substituídas, não comportam cumulação com a pena privativa de liberdade, assumindo o *status* que lhe falta de forma abstrata, de autonomia.

De fato, revela-se incompatível que o agente cumpra a pena de prisão e, simultaneamente, preste serviços à comunidade. O STJ[60], contudo, tem entendido que se permite

59. O Código de Trânsito brasileiro prevê diversas hipóteses de aplicação cumulada da pena privativa de liberdade e penas restritivas de direito (arts. 302, 303. 306, 307 e 308). Ademais, no art. 292, previu que "a suspensão ou a proibição de se obter a permissão ou a habilitação para dirigir veículo automotor pode ser imposta como penalidade principal, isolada ou cumulativamente com outras penalidades".

60. REsp. 1.728.864/MG. Havendo nova condenação no curso da execução e não sendo compatível o cumprimento concomitante da reprimenda restritiva de direitos com a privativa de liberdade anteriormente imposta, faz-se necessária a unificação das penas.

a cumulação da pena privativa de liberdade com a restritiva de direitos se houver compatibilidade entre as penas.

31.4.4.2.1 Espécies

a) Prestação pecuniária: conforme o teor art. 45, §1º e §2º, CP, a prestação pecuniária consiste no pagamento em dinheiro à vítima, a seus dependentes ou a entidade pública ou privada com destinação social, de importância fixada pelo juiz, não inferior a 1 (um) salário mínimo nem superior a 360 (trezentos e sessenta) salários mínimos. O valor pago será deduzido do montante de eventual condenação em ação de reparação civil, se coincidentes os beneficiários. Havendo aceitação do beneficiário, a prestação pecuniária pode consistir em prestação de outra natureza.

Não se confunde com a pena de multa, que se reveste de outras características que ainda veremos. Por se tratar de pena alternativa, o seu descumprimento pode gerar a conversão em pena privativa de liberdade.

b) Perda de bens e valores: trata-se do perdimento de bens e valores em favor do Fundo Penitenciário Nacional. De acordo com o §3º do art. 45 do CP, "a perda de bens e valores pertencentes aos condenados dar-se-á, ressalvada a legislação especial, em favor do Fundo Penitenciário Nacional, e seu valor terá como teto – o que for maior – o montante do prejuízo causado ou do provento obtido pelo agente ou por terceiro, em consequência da prática do crime".

Na clássica lição de BITENCOURT[61] (1999, p. 516):

> Há duas distinções básicas entre 'confisco-pena' e 'confisco-efeito da condenação': 1ª) o *confisco-efeito* destina-se à União, como receita não tributária, enquanto o *confisco-pena* destina-se ao Fundo Penitenciário Nacional; 2ª) o objeto do *confisco-efeito* são os instrumentos e produtos do crime (art. 91. II, do CP), enquanto o objeto do confisco-pena é o patrimônio pertencente ao condenado (art. 45, § 3º, do CP). Não é, lamentavelmente, nem a reparação do prejuízo causado nem o proveito do crime. Esses dois – prejuízo causado e proveito do crime - servem apenas de parâmetro para o cálculo.

c) Prestação de serviços à comunidade ou a entidades públicas: A prestação de serviços à comunidade ou a entidades públicas é aplicável às condenações superiores a seis meses de privação da liberdade (art. 46, *caput*, CP). Pode ser prestada em entidades assistenciais, hospitais, escolas, orfanatos e outros estabelecimentos congêneres, em programas comunitários ou estatais (§2º, art. 46, CP) e se caracteriza pela realização de tarefas gratuitas por parte do condenado (§1º, art. 46, CP).

d) Interdição temporária de direitos: o artigo 47, CP, traz o rol de direitos afetos pela pena: I. proibição do exercício de cargo, função ou atividade pública, bem como de mandato eletivo; II. proibição do exercício de profissão, atividade ou ofício que dependam de habilitação especial, de licença ou autorização do poder público; III. suspensão de autorização ou de habilitação para dirigir veículo; IV. proibição de frequentar determinados lugares; V. proibição de inscrever-se em concurso, avaliação ou exame públicos.

61. BITENCOURT. Cezar Roberto. **Manual de Direito Penal**: Parte Geral. 5ª ed. São Paulo: Revista dos Tribunais, 1999.

A pena de proibição do exercício de cargo, função ou atividade pública, bem como de mandato eletivo, para ser aplicada, exige correlação de pertinência lógica com o crime praticado em razão da violação dos deveres que lhes são inerentes (art. 56, do CP). A proibição é temporária e vinculada ao tempo efetivo imposto para seu cumprimento, não podendo ser confundida com o efeito da condenação da perda do cargo, função pública ou mandato eletivo previsto no art. 92, I, do CP.

Por sua vez, a pena de proibição do exercício de profissão, atividade ou ofício que dependam de habilitação especial, de licença ou autorização do poder público, também é específica e exige correlação de pertinência lógica com o crime praticado em decorrência dos deveres violados.

A pena de suspensão de autorização ou de habilitação para dirigir veículo, a despeito de regulada pelo CP (art. 57), foi amplamente pormenorizada no Código de Trânsito brasileiro.

A pena de proibição de frequentar determinados lugares consiste na restrição da liberdade do indivíduo pela prática do crime. É bastante criticada pela dificuldade de fiscalização e sua inocuidade. Contudo, com o advento das novas tecnologias, é possível que venha a ser utilizada com efetividade num futuro próximo.

A reprimenda da proibição de inscrever-se em concurso, avaliação ou exame públicos, para nós, exige correlação de pertinência lógica com o crime praticado, sob pena de reduzir, sem qualquer espécie de conexão, as oportunidades de trabalho e ressocialização do condenado.

Nos crimes ambientais, as penas de interdição temporária de direito são a proibição de o condenado contratar com o Poder Público, de receber incentivos fiscais ou quaisquer outros benefícios, bem como de participar de licitações, pelo prazo de cinco anos, no caso de crimes dolosos, e de três anos, nos crimes culposos (art. 10, da Lei dos Crimes Ambientais).

e) Limitação de fim de semana: A limitação de fim de semana consiste na obrigação de permanecer, aos sábados e domingos, por 5 (cinco) horas diárias, em casa de albergado ou outro estabelecimento adequado (art. 48, do CP). Durante a permanência poderão ser ministrados ao condenado cursos e palestras ou atribuídas atividades educativas (parágrafo único do art. 48, do CP).

31.4.4.2.2 Requisitos

A substituição da pena privativa de liberdade por restritiva de direitos pressupõe a satisfação de diversos requisitos objetivos e subjetivos por parte do agente, que foram previstos, inicialmente, no art. 44, inc. I a III, do Código Penal:

> Art. 44. As penas restritivas de direitos são autônomas e substituem as privativas de liberdade, quando:
>
> I. Aplicada pena privativa de liberdade não superior a quatro anos e o crime não for cometido com violência ou grave ameaça à pessoa ou, qualquer que seja a pena aplicada, se o crime for culposo;
>
> II. O réu não for reincidente em crime doloso;
>
> III. A culpabilidade, os antecedentes, a conduta social e a personalidade do condenado, bem como os motivos e as circunstâncias indicarem que essa substituição seja suficiente.

31.4.4.2.3 Substituição nos crimes dolosos

Nos crimes dolosos, é possível a substituição da pena ante a satisfação de quatro requisitos:

1) A pena aplicada não pode ser não superior a quatro anos: tratando-se de crime ambiental, a pena deve ser inferior a quatro anos (art. 7º, I, da Lei dos Crimes Ambientais);

2) O crime deve ter sido praticado sem violência ou grave ameaça à pessoa: Diverge a doutrina quanto à possibilidade no caso de violência imprópria, prevalecendo o entendimento pela sua permissibilidade. Entendemos, contudo, que não é possível a substituição porque se trata também de espécie de violência, cuja substituição o legislador pretendeu afastar[62]. É possível também sua aplicação no âmbito dos delitos de pequeno potencial ofensivo, ainda que praticados com violência contra a pessoa, vez que, por admitirem transação penal e composição civil dos danos, medidas mais benéficas ao agente, não há sentido em se proibir a substituição da pena.

3) Não ser o condenado reincidente em crime doloso: a própria lei flexibiliza o dispositivo no §3º do art. 44, do CP, ao prever que se o condenado for reincidente, o juiz poderá aplicar a substituição, desde que, em face de condenação anterior, a medida seja socialmente recomendável e a reincidência não se tenha operado em virtude da prática do mesmo crime. Logo, a medida precisa ser socialmente recomendável e o agente não ser reincidente específico.

4) Seja indicada e suficiente a substituição da pena: o art. 44, III, do CP, ao prever a possibilidade de substituição da pena quando a culpabilidade, os antecedentes, a conduta social e a personalidade do condenado, bem como os motivos e as circunstâncias indicarem que essa substituição seja suficiente, deu vazão ao chamado **princípio da suficiência da pena alternativa**.

Além dos casos gerais acima tratados, outros existem que impedem a substituição da pena.

Nos crimes hediondos e equiparados, apesar da divergência doutrinária, entendemos que não se admite a substituição da pena em razão da natureza dos delitos. Apesar da maioria dos crimes hediondos e equiparados não admitir a substituição por força do *quantum* de pena, não há vedação legal expressa vigente em abstrato. Contudo, toda a sistemática criada em torno dos crimes hediondos sugere a insuficiência das penas alternativas diante de tais crimes.

Ainda, não se admite a substituição de pena por crime ou contravenção penal praticados com violência ou grave ameaça no ambiente doméstico contra a mulher, de acordo com o art. 17 da Lei nº 11.340/06 e Súmula 588 do STJ[63].

Os crimes militares, por igual caminho, não permitem a aplicação por falta de previsão legal.

---

62. A situação, para nós, diverge da solução do arrependimento posterior, porquanto esse visa amparar a vítima com a reparação do dano, ao passo que na substituição da pena, a violência imprópria denota a periculosidade do agente, não condizente com a substituição da pena. Assim, o agente poderia ser beneficiado com arrependimento posterior na fixação da pena definitiva, mas não faria jus à substituição da pena em respeito à *mens legis*.

63. A prática de crime ou contravenção penal contra a mulher com violência ou grave ameaça no ambiente doméstico impossibilita a substituição de pena privativa de liberdade por restritiva de direitos.

31.4.4.2.4 Substituição nos crimes culposos e preterdolosos

Nos crimes culposos, por expressa previsão legal, admite-se a substituição da pena independente na natureza do crime e *quantum* de pena.

No que toca aos crimes preterdolosos, apesar da ocorrência do resultado involuntário, temos na origem uma conduta dolosa. Em razão disso, não obstante a existência de posicionamentos contrários, entendemos possível desde que o agente satisfaça todos os requisitos previstos para o crime doloso.

31.4.4.2.5 Regras da substituição

Fixada a pena e o regime inicial de cumprimento da pena, o magistrado deve verificar se o caso se amolda às hipóteses legais de substituição de pena. Constatado o direito do condenado à substituição, o juiz deverá seguir a regra do §2º do art. 44 do CP, que dispõe:

> **§ 2º Na condenação igual ou inferior a um ano, a substituição pode ser feita por multa ou por uma pena restritiva de direitos; se superior a um ano, a pena privativa de liberdade pode ser substituída por uma pena restritiva de direitos e multa ou por duas restritivas de direitos.**

Logo, se o agente foi condenado à pena privativa de liberdade igual ou inferior a um ano, o juiz poderá substitui-la por pena de multa ou uma pena restritiva de direitos. Sendo a pena privativa de liberdade superior a um ano, o juiz poderá substitui-la por uma pena de multa e uma pena restritiva de direitos ou duas penas restritivas de direitos.

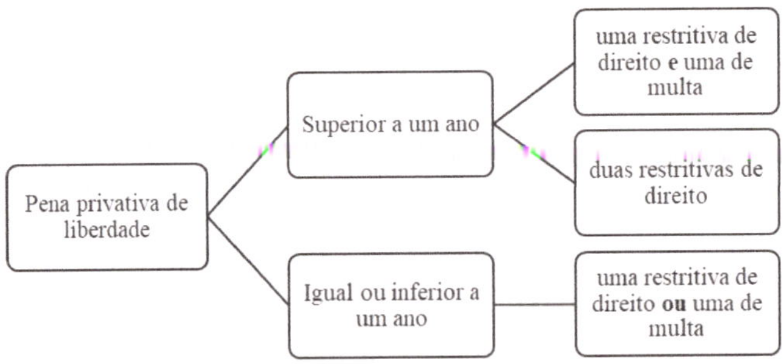

> **Tratando-se de pena de prestação de serviços à comunidade, exige-se o requisito da pena mínima ser superior a seis meses.**
>
> **Nos crimes ambientais as penas inferiores a um ano podem ser substituídas por apenas uma restritiva de direitos por terem regramento próprio.**

31.4.4.3 Fixação da pena de multa

A pena de multa é uma espécie de sanção de natureza patrimonial, consistente na obrigação fixada para o condenado de pagar certo valor em dinheiro ao Fundo Penitenciário Nacional. É calculada em dias-multa e deve respeitar o patamar mínimo de 10 e o máximo de 360 dias-multa. O valor do dia-multa será fixado pelo juiz não podendo ser inferior a um trigésimo do maior salário mínimo mensal vigente ao tempo do fato, nem superior a cinco vezes esse salário. O valor da multa deve ser atualizado, quando da execução pelos índices de correção monetária (art. 49, *caput*, §§1º e 2º, do CP).

Pode ser fixada de forma isolada, cumulada ou alternativa com a pena privativa de liberdade. Pode ainda, ser substitutiva da prisão na forma do art. 44, §2º, do CP.

Adota-se o sistema bifásico e não o trifásico adotado para a pena privativa de liberdade. Na *primeira fase*, o magistrado estabelece o número de dias multa, que deve respeitar o patamar previsto no *caput* do art. 49 do CP (10 a 360 dias multa). A fixação do número de dias multa, contudo, deve se aproximar da lógica da fixação da pena privativa de liberdade, levando-se em consideração as circunstâncias judiciais, atenuantes e agravantes genéricas e causas de aumento e diminuição de pena.

Superada a primeira etapa, o magistrado, na *segunda fase*, deve fixar o valor do dia-multa, que não pode ser inferior a um trigésimo do maior salário mínimo mensal vigente ao tempo do fato, nem superior a cinco vezes esse salário. Nesse particular, o juiz deverá levar em conta a condição econômica do réu (art. 60, *caput*, do CP), podendo elevá-la até o triplo se considerar que, em virtude da situação econômica do réu, a multa será ineficaz, embora aplicada no máximo (art. 60, §1º, do CP).

Quantidade de dias-multa	Valor do dia-multa
☐ Mínimo de 10 dias-multa	☐ Mínimo de 1/30 do salário mínimo
☐ Máximo de 360 dias-multa	☐ Máximo de 5 salários mínimos
☐ Parâmetros da pena privativa de liberdade	☐ Leva em consideração a condição econômica do réu

A pena pode ser elevada até o triplo se o juiz a entender ineficaz e insuficiente diante da condição econômica do réu.

A legislação especial pode estabelecer parâmetros diversos, como de fato o fez no art. 43, parágrafo único da Drogas[64].

31.4.4.3.1 Pena de multa no concurso de crimes

De acordo com art. 72 do Código Penal: "No concurso de crimes, as penas de multa são aplicadas distinta e integralmente".

Apesar da literalidade, a doutrina diverge quanto a extensão da regra, tendo-se formado duas correntes.

A primeira corrente defende que a regra não suscita dúvidas e a literalidade legal deve ser aplicada, somando-se as penas de multa individualmente aplicadas a cada delito integrante do concurso, especialmente em razão da posição do dispositivo, previsto logo na sequência do regramento das espécies de concurso de crimes.

64. Art. 43. Na fixação da multa a que se referem os arts. 33 a 39 desta Lei, o juiz, atendendo ao que dispõe o art. 42 desta Lei, determinará o número de dias-multa, atribuindo a cada um, segundo as condições econômicas dos acusados, valor não inferior a um trinta avos nem superior a 5 (cinco) vezes o maior salário-mínimo.
Parágrafo único. As multas, que em caso de concurso de crimes serão impostas sempre cumulativamente, podem ser aumentadas até o décuplo se, em virtude da situação econômica do acusado, considerá-las o juiz ineficazes, ainda que aplicadas no máximo.

A segunda corrente, ao contrário, apesar de conceber a aplicação da regra aos casos de concurso material e formal, diverge quanto a sua aplicação ao crime continuado ao argumento de que se a ficção jurídica do art. 71, do CP, implica a dosimetria da pena para um único crime, apenado somente com uma pena privativa de liberdade, não existe razão para a aplicação de múltiplas penas de multa.

A doutrina posiciona-se majoritariamente pela primeira corrente, ao passo que a jurisprudência na esteira da segunda corrente, conforme posicionamento do STJ:

> "As penas de multa, no caso de concurso de crimes, material e formal, aplicam-se cumulativamente, diversamente do que ocorre com o crime continuado, induvidoso concurso material de crimes gravado pela menor culpabilidade do agente, mas que é tratado como crime único pela lei penal vigente, como resulta da simples letra dos arts. 71 e 72 do Código Penal, à luz dos arts. 69 e 70 do mesmo diploma legal"[65].

Filiamo-nos à segunda corrente, porquanto, a despeito da literalidade legal, a pena de multa submete-se ao sistema bifásico, que não comporta aplicação de causas de aumento ou diminuição. Quando o legislador quis criar normas específicas para pena de multa, o fez diretamente, a exemplo do disposto no art. 60, do CP, que trata dos critérios especiais da pena de multa. Apesar do argumento ser passível de inversão, sob a lógica de que quando pretendeu disciplinar de forma diferente, o fez expressamente e, por não o ter feito no art. 72, não permite sua diferenciação, não podemos nos esquecer que o critério para fixação da pena de multa é diverso do da pena privativa de liberdade.

E, por se tratar de crime único para fins de dosimetria final, não obstante se tenha que se realizar a dosimetria de todos os delitos integrantes da cadeia criminosa para se alcançar o mais grave, juridicamente teremos um crime singular. Logo, em respeito ao sistema bifásico, entendemos por adequada a fixação de uma única pena de multa.

31.4.4.3.2 Multa substitutiva ou vicariante

A multa vicariante é aquela prevista no art. 60, §2º, do CP, que dispõe: "A pena privativa de liberdade aplicada, não superior a 6 (seis) meses, pode ser substituída pela de multa, observados os critérios dos incisos II e III do art. 44 deste Código". Parte da doutrina sustenta que o art. 44 do CP revogou, implicitamente, o teor do art. 60, §2º, do CP. Não é esse, contudo, o entendimento do STF[66].

STJ, sem qualquer fundamentação aparente, fixou ainda o seguinte entendimento, previsto na Súmula 171: "Cominadas cumulativamente, em lei especial, penas privativa de liberdade e pecuniária, é defeso a substituição da prisão por multa".

Registre-se, também, que o art. 17 da Lei Maria da Penha e o art. 226, §2º do ECA impedem o pagamento isolado de multa. Não impedem, por razões óbvias o pagamento da pena de multa quando essa for a única cominada ao delito.

---

65. AgRg no REsp 607.929/PR, rel. Min. Hamilton Carvalhido, 6ª Turma, j. 26.04.2007.
66. HC 98.995/RS, j. 19.10.2010. Rel. Min. Gilmar Mendes: "esta segunda turma já teve a oportunidade de afirmar a impossibilidade de substituição da pena privativa de liberdade por multa nas hipóteses de condenação superior a 6 (seis) meses e menor ou igual a 1 (um) ano, aplica-se uma restritiva de direitos; caso a pena imposta seja superior a 1 (um) ano, aplica-se duas restritivas de direitos.". Precedente HC 83.092.

31.4.5 Publicação da sentença

A sentença somente assume o *status* de ato processual com sua publicação, sendo, até então, mero ato particular do magistrado, irrelevante no mundo jurídico. Logo, a data lançada na sentença não necessariamente corresponde à data da publicação.

Nos termos do art. 389 do CPP, a sentença será publicada no momento em que é recebida pelo escrivão, que lavrará nos autos o respectivo termo, devendo registrá-la em livro especialmente destinado a esse fim. A publicação estará formalizada, dessa forma, com a juntada da sentença aos autos pelo escrivão e o termo por ele lavrado, bem como com seu registro com a transcrição em livro próprio. O escrivão, dentro de 3 (três) dias após a publicação, e sob pena de suspensão de cinco dias, dará conhecimento da sentença ao órgão do Ministério Público (art. 390, CPP).

A publicação tão somente torna pública a sentença, não se exigindo, de fato, o conhecimento por parte da sociedade. A publicação em cartório não se confunde com a intimação das partes, que deve ser realizada pessoalmente ou com a publicação na imprensa. A intimação das partes representa apenas o termo inicial para o exercício de um direito – o de recorrer – que preexiste, nascido no dia em que se proferiu o julgado.

Proferida a sentença oralmente em audiência, considera-se publicada nesse momento, sendo que as partes considerar-se-ão intimadas nesse momento (art. 798, § 5º, "b", CPP). Não obstante, conforme veremos no estudo da intimação da sentença, a intimação em audiência não deflagra o início do prazo recursal para o Ministério Público e Defensoria Pública, porquanto não poderão levar os autos consigo para eventual interposição de recurso. Nesse sentido é o Tema Repetitivo 959 do STJ: O termo inicial da contagem do prazo para impugnar decisão judicial é, para o Ministério Público, a data da entrega dos autos na repartição administrativa do órgão, sendo irrelevante que a intimação pessoal tenha se dado em audiência, em cartório ou por mandado.

A perquirição da efetiva data da pública é fundamental por trazer reflexos de ordem material quanto à prescrição, haja vista que essa é interrompida com a publicação da sentença ou acórdão recorríveis (art. 117, IV, CP). Ademais, o art. 115 do CP dispõe que o prazo prescricional será reduzido de metade se o criminoso era, na data da sentença, leia-se publicação da sentença, maior de setenta anos.

31.4.5.1 Esgotamento da instância

Ao publicar a sentença, o magistrado cumpre e esgota sua função jurisdicional, só podendo alterá-la em situações excepcionais. O chamado esgotamento da instância, entretanto, não é pleno, pois o magistrado ainda preserva algumas funções jurisdicionais, como a realização do juízo de admissibilidade dos recursos, expedição de mandados para cumprimento da sentença, reconhecimento de questões que podem ser analisadas de ofício como a prescrição, extinção da punibilidade pela morte e etc.

O art. 494 do CPC, aplicável por subsidiariedade ao CPP, dispõe que publicada a sentença, o juiz só poderá alterá-la: I - para corrigir-lhe, de ofício ou a requerimento da parte, inexatidões materiais ou erros de cálculo; II - por meio de embargos de declaração.

Os erros materiais são passíveis de correção de ofício ou a requerimento, como na hipótese de erro de digitação, do nome do acusado constando de forma equivocada na parte dispositiva ou inicial da sentença, cálculo equivocado quanto à pena em nítido erro material de soma ou subtração e etc.

De igual modo, ante a previsão dos embargos declaratórios no art. 382 do CPP, qualquer das partes poderá, no prazo de 2 (dois) dias, pedir ao juiz que declare a sentença, sempre que nela houver obscuridade, ambiguidade, contradição ou omissão. Ainda na seara recursal, havendo a interposição de recurso com efeito iterativo, isto é, que permite o juízo de retratação, como no RSE, o magistrado poderá rever a decisão anterior ante ao efeito regressivo próprio.

31.4.6 Intimação da sentença

Antes de iniciarmos o estudo da intimação da sentença, destacamos que as peculiaridades atinentes às intimações foram estudadas em capítulo próprio, ao qual remetemos o leitor para aprofundamento ou, se for o caso, esclarecimentos, com o escopo de evitarmos repetições.

Nos termos do art. 390 do CPP, o escrivão, dentro de três dias após a publicação, e sob pena de suspensão de cinco dias, dará conhecimento da sentença ao órgão do Ministério Público. Conforme vimos, a intimação do *parquet* deve ser pessoal e o prazo para eventual interposição de recurso só começara a fluir a partir do momento em que os autos derem entrada no Ministério Público. De acordo com o STJ:

> Assim, a não coincidência entre a intimação do ato decisório (em audiência ou por certidão cartorial) e o início do prazo para sua eventual impugnação é a única que não sacrifica, por meio reflexo, os direitos daqueles que, no âmbito da jurisdição criminal, dependem da escorreita e eficiente atuação do Ministério Público (a vítima e a sociedade em geral). Em verdade, o controle feito pelo representante do Ministério Público sobre a decisão judicial não é apenas voltado à identificação de um possível prejuízo à acusação, mas também se dirige a certificar se a ordem jurídica e os interesses sociais e individuais indisponíveis – dos quais é constitucionalmente incumbido de defender (art. 127, *caput*, da CF) – foram observados, i.e., se o ato para o qual foi cientificado não ostenta ilegalidade a sanar, ainda que, eventualmente, o reconhecimento do vício processual interesse, mais proximamente, à defesa. É natural que, nos casos em que haja ato processual decisório proferido em audiência, as partes presentes (defesa e acusação) dele tomem conhecimento. Entretanto, essa ciência do ato não permite ao membro do Ministério Público (e também ao integrante da Defensoria Pública) o exercício pleno do contraditório, seja porque o órgão Ministerial não poderá levar consigo os autos, seja porque não necessariamente será o mesmo membro que esteve presente ao ato a ter atribuição para eventualmente impugná-lo. Recurso especial provido para reconhecer a tempestividade da apelação interposta pelo Ministério Público Federal e determinar ao Tribunal Regional Federal da 5ª Região que julgue o recurso ministerial. REsp 1349935(2012/0224204-9 de 14/09/2017), Rel. Min. Rogério Schietti Cruz, j. 16.12.16, Tema 959 RR.

Por sua vez, o art. 391 do CPP assinala que o **querelante ou o assistente** serão intimados da sentença, **pessoalmente ou na pessoa de seu advogado**. Se nenhum deles for encontrado no lugar da sede do juízo, a intimação será feita mediante edital com o prazo de 10 dias, afixado no lugar de costume. Destaque-se que a não intimação do assistente da acusação impede o trânsito em julgado da decisão para a acusação, isto é, mesmo que intimado o *parquet* e decorrido o prazo recursal sem a interposição de recurso, não haverá o trânsito em julgado da decisão enquanto não intimado o ofendido habilitado e decorrido o prazo recursal que lhe é próprio.

Segundo a doutrina majoritária, a intimação do acusado, no processo penal, guarda a peculiaridade de ser dupla, no sentido de que além de seu defensor, o acusado também deverá ser intimado da decisão, haja vista que o art. 577 do CPP prevê a possibilidade de interposição do recurso tanto pelo acusado, como pelo defensor. Haveria, portanto, uma autonomia recursal que deve ser respeitada, impondo, por via de consequência, a necessidade de dupla intimação. De toda sorte, o defensor do acusado será regulamente intimado pela imprensa oficial, salvo quando a defesa tiver sido promovida pela Defensoria Pública ou defensor nomeado.

Cumpre registrar que a previsão da intimação dupla só se aplica à sentença, não sendo exigida no caso de julgamento de recursos, nos quais a intimação do acusado se aperfeiçoa com a mera publicação do respectivo decisório no órgão oficial de imprensa. Nesse sentido[67], é o entendimento do STJ:

> **Consoante o art. 392 do CPP, a intimação pessoal somente é exigida para o réu preso e para ciência da sentença condenatória e não se estende a decisões de segunda instância. Por conseguinte, nos termos da jurisprudência desta Corte, o paciente com advogado constituído, devidamente citado a fim de responder à ação penal e absolvido em primeiro grau, não detém a prerrogativa de ser intimado pessoalmente do acórdão.** AgRg no HC 600.187/RS, Rel. Min. Rogério Schietti Cruz, 6ª Turma, DJe 02.03.21.

Tratando-se, por outro lado, de decisão originária de tribunal, em processo por competência por foro por prerrogativa de função, entendemos, na linha da doutrina dominante, por desnecessária a intimação pessoal por inaplicabilidade do art. 577 do CPP. Não obstante, o STJ a entende por necessária:

> "o fato de a sentença condenatória ter sido proferida por órgão colegiado do Tribunal de Justiça do Estado de Minas Gerais não retira do acórdão o caráter de decisão final de primeiro grau, pois este se equivale à sentença proferida pelo Juízo monocrático, em virtude de ser o primeiro decisum e não reexame de condenação. As regras dispostas no art. 392 do CPP devem se aplicadas ao caso, pois não se trata de julgamento de segundo grau, no qual é abrandada a obrigatoriedade de intimação pessoal do réu e de seu defensor para que a publicação do acórdão ocorra na imprensa oficial". HC 74.550/MG, 5ª Turma, Rel. Min. Gilson Dipp, DJ 29.06.07.

Ainda na linha da intimação dupla, apesar do entendimento predominante na doutrina, com o qual concordamos, o STF entende pela desnecessidade da dúplice intimação no caso de réu solto, afirmado a constitucionalidade do art. 392, II, CPP. Nesse sentido, colacionamos trecho do voto da Min. Rosa Weber, proferido no julgamento do AgRg no HC 211.875/SC, realizado em 30.05.22:

> Nesse contexto, repiso que a solução do acórdão atacado está parametrizada com a jurisprudência desta Suprema Corte na direção de que, a teor do art. 392, II, do CPP, 'Estando solto o réu, prescindível é a intimação pessoal da sentença condenatória, sendo suficiente a do representante processual' (HC 185.428/SP, Rel. Min. Marco Aurélio); 'se tratando de acusado que respondeu em liberdade à ação penal originária, é dispensável intimação pessoal quando da prolação de sentença condenatória, pois o art. 392, II, do CPP expressamente permite a intimação do réu ou de seu patrono constituído' (RHC 146.320-AgR, Rel. Min. Edson Fachin); 'Sentença condenatória. Ausência de intimação pessoal. Tratando-se de réu solto, é suficiente a intimação de seu advogado' (ARE 1.146.403/SP-AgR, Rel. Min. Gilmar Mendes); e 'O art. 392, II, do CPP, preceitua que, **tratando-se de réu que responde a ação penal em liberdade, basta sua intimação ou a de seu defensor constituído para que se**

67. Em sentido contrário: STF: HC 105298/PR, Rel. Min. Gilmar Mendes, 2ª Turma, DJe 14.06.11. Alegação de nulidade, ao argumento de que somente o defensor dativo fora intimado do acórdão condenatório que reformara sentença absolutória, não tendo interposto qualquer recurso, o que permitiu o trânsito em julgado da condenação, impondo ao paciente grave prejuízo. Ocorrência. Afronta ao devido processo legal. Superação da restrição sumular 691. Ordem concedida para anular o trânsito em julgado do acórdão proferido pela 3ª Câmara Criminal do Tribunal de Justiça do Estado do Paraná na Apelação de n. 0462482-6, com a consequente reabertura do prazo para interposição de recursos.

considere válida a cientificação da sentença condenatória, assim não há como reputar inválida ou nula intimação mediante a qual, respeitando-se a respectiva lei de regência, é dada ciência da sentença apenas ao patrono do réu' (HC 192.612, Rel. Min. Dias Toffoli).

Não obstante, no que tange ao réu, em razão do risco pessoal de constrição da liberdade no caso de sentença condenatória, a doutrina majoritária ainda sustenta que sua intimação também deva ser realizada pessoalmente, independentemente de estar preso ou não. Salvo nos casos em que não for encontrado, situação que permitiria a intimação por edital, a intimação pessoal configurar-se-ia imprescindível como forma de se assegurar as garantias do contraditório e exercício da ampla defesa, sob pena de nulidade absoluta.

Nesse sentido, o art. 392, I, CPP, para a doutrina majoritária, seria taxativo ao assinalar que o réu preso deveria ser intimado pessoalmente da sentença. De fato, estando preso, não haveria como ser intimado de outra forma. Sustenta, assim, que o inciso II do mesmo dispositivo não foi recepcionado pela Constituição Federal por permitir a intimação alternativa do réu ou defensor, quando estiver solto. De igual modo, o inciso III também não teria sido recepcionado por permitir exclusivamente a intimação do defensor.

Sistematizando o art. 392 do CPP, para a doutrina majoritária o réu deverá ser intimado pessoalmente, independentemente estar preso ou não. Logo, se estiver preso em outra unidade da federação, o juiz deverá expedir carta precatória para tal fim. A intimação por edital somente será admitida quando não for encontrado para intimação. Tratando-se de réu assistido pela Defensoria Pública ou defensor dativo, seus patronos deverão também serem intimados pessoalmente. Nos demais casos, a intimação regular do defensor será realizada pela imprensa. Para o STF, estando o réu solto, não há necessidade de intimação pessoal do acusado quando seu defensor tiver sido intimado[68].

Conforme o §1º do art. 392, CPP, o prazo do edital será de 90 dias, se tiver sido imposta pena privativa de liberdade por tempo igual ou superior a um ano, e de 60 dias, nos outros casos. Nos termos do §2º, o prazo para apelação correrá após o término do fixado no edital, salvo se, no curso deste, for feita a intimação por qualquer das outras formas estabelecidas neste artigo.

Assim, publicado o edital, será contado o prazo de 60 ou 90 dias, a depender da natureza e *quantum* da pena e, somente após o decurso do prazo previsto no edital, terá início o prazo para interposição do recurso para o réu, independentemente do fato de seu defensor tenha sido intimado anteriormente.

68. O art. 392, II, do CPP, preceitua que, tratando-se de réu que responde a ação penal em liberdade, basta sua intimação ou a de seu defensor constituído para que se considere válida a cientificação da sentença condenatória, assim não há como reputar inválida ou nula intimação mediante a qual, respeitando-se a respectiva lei de regência, é dada ciência da sentença apenas ao patrono do réu' (HC 192.612, Rel. Min. Dias Toffoli).

31.5 SÍNTESE GRÁFICA

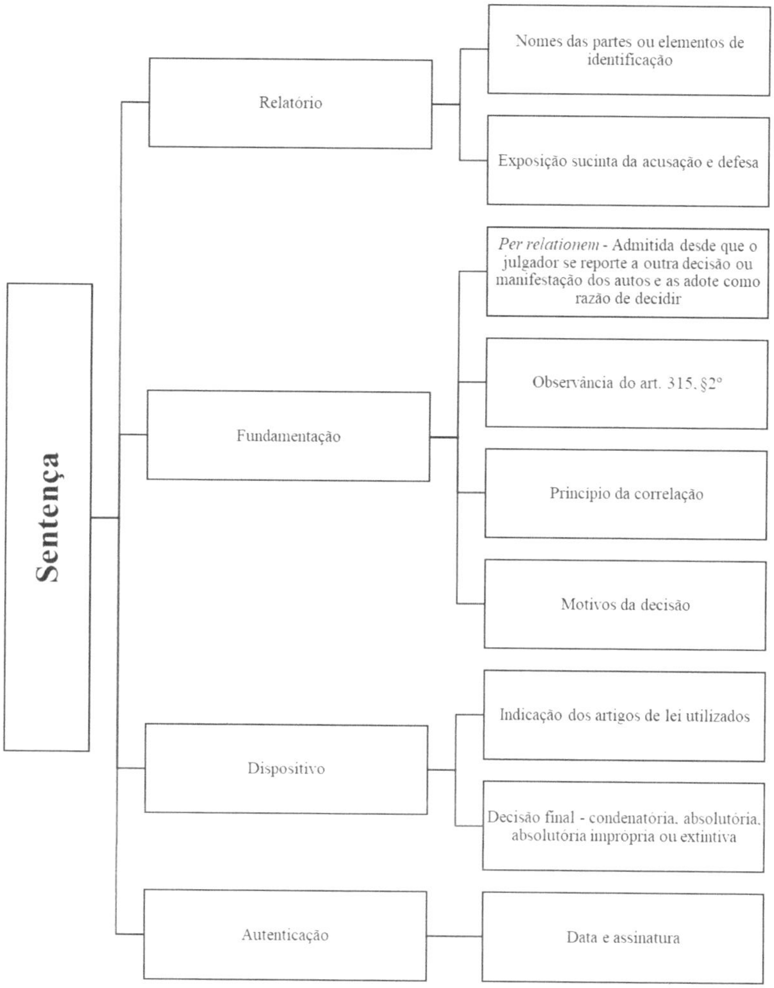

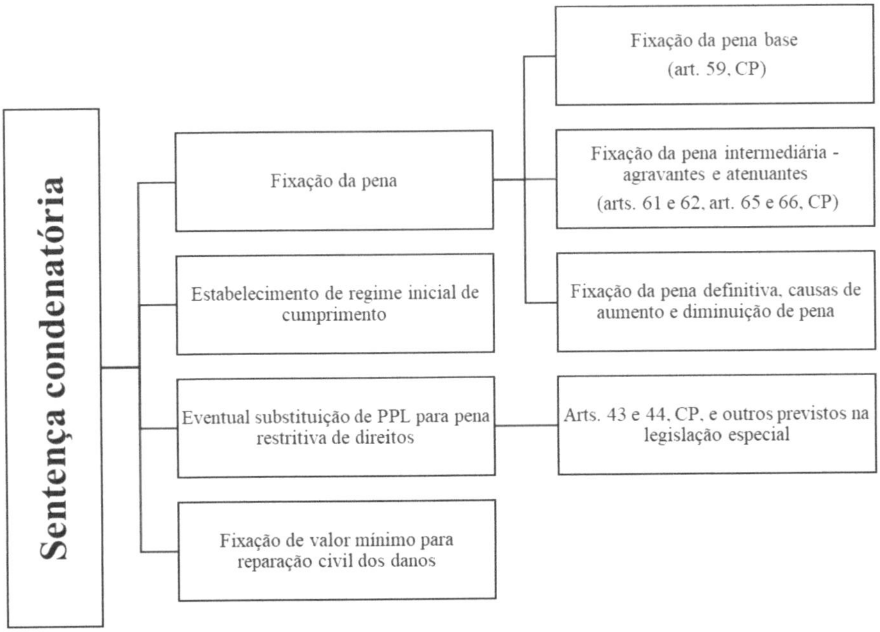
Sentença condenatória
Fixação da pena
Estabelecimento de regime inicial de cumprimento
Eventual substituição de PPL para pena restritiva de direitos
Fixação de valor mínimo para reparação civil dos danos
Fixação da pena base (art. 59, CP)
Fixação da pena intermediária - agravantes e atenuantes (arts. 61 e 62, art. 65 e 66, CP)
Fixação da pena definitiva, causas de aumento e diminuição de pena
Arts. 43 e 44, CP, e outros previstos na legislação especial

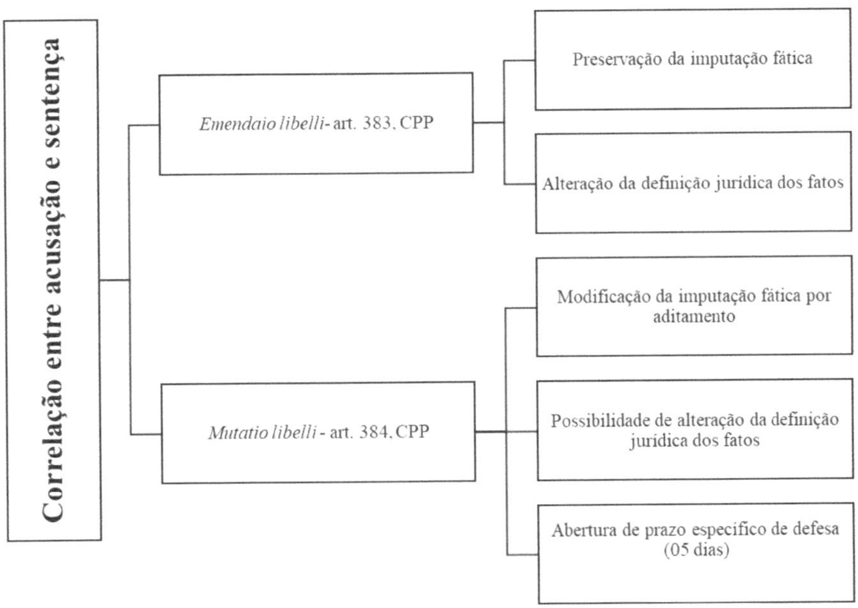
Correlação entre acusação e sentença
Emendaio libelli- art. 383, CPP
Mutatio libelli - art. 384, CPP
Preservação da imputação fática
Alteração da definição jurídica dos fatos
Modificação da imputação fática por aditamento
Possibilidade de alteração da definição jurídica dos fatos
Abertura de prazo específico de defesa (05 dias)

Sentença Absolutória

- Própria
  - Julga improcedente o pedido de condenação formulado pela acusação
- Imprópria
  - Reconhece a prática de um fato típico e ilícito e igualmente reconhece a inimputabilidade. Aplica medida de segurança
- Absolvição sumária
  - Reconhece por cabível a aplicação das hipóteses dos arts. 397 ou 415.
- Absolvição sumária imprópria
  - Somente no procedimento do júri quando for a única tese defensiva

Intimação da sentença

- Ministério Público e Defensoria Pública
  - Pessoal e com vista dos autos
- Defesa/acusado
  - Condenatória - de ambos: réu*, pessoalmente, defensor, na forma da lei
    *STF entende que estando solto, basta do defensor
  - Absolutória - pessoal do acusado ou defensor, na forma da lei
- Querelante ou assistente
  - Pessoalmente ou na pessoa de seu advogado
- Acusado solto não localizado
  - Edital

31.6 REVISÃO DO CAPÍTULO POR QUESTÕES DE CONCURSOS E ASSERTIVAS DE REFORÇO

QUESTÕES DE CONCURSO

1. (MP/AC 2022 - CESPE - PROMOTOR DE JUSTIÇA SUBSTITUTO). Considerando o princípio da congruência no processo penal, assinale a opção correta.

A. As regras de *emendatio libelli* e *mutatio libelli* não se aplicam às qualificadoras, devendo tais normas ser adotadas apenas no que se refere às circunstâncias elementares do tipo penal base.

B. O juízo competente deve ser definido de acordo com o pedido feito pelo *dominus litis*.

C. O oferecimento da ação penal que implique tipo penal diverso do correto resulta, por si só, na possibilidade de rejeição da denúncia.

D. O tribunal de justiça pode realizar eventual *mutatio libelli*, caso verifique a necessidade de uma nova definição jurídica ao fato delituoso, em razão de circunstância elementar não narrada na denúncia.

E. Caso o juiz julgue necessária uma nova definição jurídica do fato, sendo aplicada, assim, pena mais grave, sem que haja, entretanto, modificação da descrição do fato narrado na denúncia, poderá ele proferir decisão sem precisar abrir vista para manifestação da defesa.

2. (DPE/PR 2022 - AOCP - DEFENSOR PÚBLICO). O Ministério Público ofereceu denúncia contra Antônio, narrando que o réu teria, na companhia de terceira pessoa não identificada, subtraído aparelho celular de Carolina mediante emprego de violência física. Como o coautor não foi identificado, o Ministério Público classificou a conduta como roubo simples. Imagens da câmera de monitoramento de um estabelecimento foram juntadas nos autos, comprovando a coautoria de pessoa desconhecida. As testemunhas ouvidas na audiência de instrução relataram que viram duas pessoas roubando a ofendida, mas apenas Antônio foi preso em flagrante. Em alegações finais, o Ministério Público reiterou os termos da denúncia e requereu a condenação de Antônio por roubo simples. O juiz condenou Antônio pela prática de roubo, reconhecendo, de ofício, a causa especial de aumento de pena do concurso de agentes. **Nesse caso, a sentença é**

A. nula, pois o juiz realizou *mutatio libelli* sem o prévio aditamento da denúncia pelo Ministério Público.

B. válida, pois o juiz realizou *mutatio libelli* de ofício.

C. nula, pois o juiz superou os limites da *emendatio libelli*, já que reconheceu circunstância majorante da pena em prejuízo do réu.

D. nula, pois o juiz violou o princípio da correlação ou da congruência entre acusação e sentença.

E. válida, pois o juiz pode reconhecer circunstância narrada na denúncia, ainda que não haja sua capitulação jurídica na peça acusatória.

3. (TJ/GO 2021 – FCC – JUIZ DE DIREITO). Quanto à sentença penal, o Código de Processo Penal dispõe:

A. O juiz, ao proferir sentença condenatória, fixará valores mínimo e máximo para reparação dos danos causados pela infração, considerando os prejuízos sofridos pelo ofendido que tiverem sido apurados na instrução processual.

B. Ao proferir sentença condenatória, o juiz decidirá, fundamentadamente, sobre a manutenção ou, se for o caso, a imposição de prisão preventiva ou de outra medida cautelar, sem prejuízo do conhecimento de apelação que vier a ser interposta.

C. Na sentença absolutória, o juiz ordenará a cessação das medidas cautelares e provisoriamente aplicadas, salvo se devidamente justificada a necessidade de sua manutenção para fins de reparação do dano na esfera cível.

D. O juiz, sem modificar a descrição do fato contida na denúncia, poderá atribuir-lhe definição jurídica diversa, apenas se a pena aplicada for menos grave.

E. Se existirem circunstâncias que excluam o crime ou isentem o réu de pena, o juiz absolverá o réu por inexistência de prova suficiente para a condenação.

4. (DPE/GO 2021 - FCC – DEFENSOR PÚBLICO). Sobre a coisa julgada no processo penal brasileiro:

A. Dá-se o nome de função positiva da coisa julgada ao fato de o mesmo objeto do processo não poder voltar a ser discutido em outro processo envolvendo as mesmas partes.

B. As sentenças absolutórias relacionadas a crimes imprescritíveis não estão sujeitas à coisa julgada formal.

C. Havendo continuidade delitiva entre dois fatos delituosos, a condenação de um deles estende a coisa julgada para o outro, ainda que não objeto do mesmo processo.

D. Havendo condenação por crime permanente, a coisa julgada não impedirá novo processo por fatos que já integravam a permanência.

E. Havendo mais de uma condenação pelo mesmo fato, prevalecerá, segundo o Supremo Tribunal Federal, a primeira condenação que transitou em julgado, ainda que a posterior seja mais favorável ao réu.

5. (DPE/GO 2021 - FCC – DEFENSOR PÚBLICO). A sentença absolutória no juízo criminal impede o ajuizamento da ação civil para a reparação do dano quando o fundamento da absolvição consistir em

A. não existir prova suficiente para a condenação.

B. ocorrência de erro de proibição.

C. não haver prova da existência do fato.

D. que o fato imputado não constitui crime.

E. estar provado que o réu não concorreu para a infração penal.

ASSERTIVAS DE REFORÇO

1. ( ) Em todo e qualquer procedimento, a sentença deverá conter relatório, fundamentação e dispositivo.

2. ( ) O julgador não está obrigado a refutar expressamente todos os argumentos declinados pelas partes na defesa de suas posições processuais, desde que pela motivação apresentada seja possível aferir as razões pelas quais acolheu ou rejeitou as pretensões deduzidas.

3. ( ) A sentença proferida após o julgamento do processo no Tribunal do Júri não contém qualquer espécie de motivação, haja vista que os jurados decidem pelo sistema da íntima convicção.

4. ( ) A fundamentação aliunde é a decisão por referência, isto é, aquela que se vale da justificação apresentada em outra decisão ou em manifestação das partes.

5. ( ) A utilização da técnica de motivação *per relationem* não enseja a nulidade do ato decisório, desde que o julgador se reporte a outra decisão ou manifestação dos autos e as adote como razão de decidir.

6. ( ) A sentença *extra petita* é aquela que ultrapassa os limites do pedido formulado na inicial, como na hipótese do magistrado condenar o acusado por dois delitos a despeito de ter sido processado por apenas um, sem que a descrição fática da condenação em excesso conste da denúncia, sendo nula a decisão no tocante à condenação sem correlação com a imputação.

7. ( ) O juiz, sem modificar a descrição do fato contida na denúncia ou queixa, poderá atribuir-lhe definição jurídica diversa, ainda que, em consequência, tenha de aplicar pena mais grave no caso de sentença, ou pronunciar por crime mais grave.

8. ( ) Caso o *parquet*, ao oferecer denúncia pelo crime de roubo, descreva as elementares típicas do art. 157 do CP e, por erro, ao capitular a imputação, indique o art. 155 do CP (furto), o juiz deverá aplicar o instituto da *mutatio libelli*, haja vista a mudança da capitulação.

9. ( ) De acordo com o STJ, o momento adequado à realização da *emendatio libelli* pelo órgão jurisdicional é o momento de proferir sentença.

10. ( ) A *emendatio libelli*, por envolver uma definição jurídica diversa da imputação, pressupõe a necessidade de oitiva das partes quanto à decisão.

11. ( ) Não é possível a *emendatio libelli* da *emendatio libelli* em segundo grau.

12. ( ) Ocorrendo o aditamento da denúncia, o magistrado estará adstrito aos termos do aditamento, salvo quando o aditamento versar sobre crime culposo, hipótese na qual o magistrado poderá condenar tanto pelo crime doloso, originalmente imputado, quando pela modalidade culposa, constante do aditamento.

13. ( ) Ocorrendo o aditamento, sem que as partes tenham arrolado novas testemunhas ou requerido a produção de novas provas, não serão realizados novos atos de instrução, devendo as partes apresentarem alegações finais e o magistrado proferir a sentença.

14. ( ) É cabível a suspensão condicional do processo na desclassificação do crime e na procedência parcial da pretensão punitiva.

15. ( ) A decisão que reconhece a extinção da punibilidade possui natureza constitutiva.

16. ( ) Ocorrendo duas ou mais qualificadoras no delito, somente uma será considerada para fins de caracterização de crime qualificado.

17. ( ) A pena-base será fixada atendendo-se ao critério do art. 59 deste Código; em seguida serão consideradas as causas de diminuição e de aumento; por último, as circunstâncias atenuantes e agravantes.

18. ( ) As qualificadoras não integram, de forma autônoma, nenhuma fase da aplicação da pena, pois já agravam o delito no próprio preceito secundário e, portanto, são levadas em consideração na fixação da pena-base.

19. ( ) As circunstâncias judiciais possuem caráter subsidiário ou residual, pois somente podem influir na pena se não forem elementares típicas, qualificadoras ou privilégios, agravantes ou atenuantes, ou ainda causas de diminuição ou aumento de pena.

20. ( ) Ocorrendo duas ou mais qualificadoras no delito, ambas serão consideradas para fins de caracterização de crime qualificado.

21. ( ) Os inquéritos policiais e ações penais em curso ou finalizadas com absolvição não podem ser concebidos como antecedentes negativos.

22. ( ) Os atos infracionais praticados pelo agente enquanto menor podem ser utilizados como fator de consideração para fins de antecedentes criminais.

23. ( ) O rol das agravantes genéricas, previstas nos artigos 61 e 62 do CP, é taxativo, não admitindo qualquer espécie de ampliação por analogia. Por sua vez, o rol das atenuantes genéricas é exemplificativo.

24. ( ) Havendo o concurso entre circunstâncias agravantes e atenuantes, aplica-se a regra do art. 67 do CP, que prevê que a pena deve se aproximar do limite indicado pelas circunstâncias preponderantes, entendendo-se como tais as que resultam dos motivos determinantes do crime, da personalidade do agente e da reincidência,

25. ( ) As condenações definitivas no exterior por contravenção penal em hipótese alguma caracterizam a reincidência no Brasil.

26. ( ) Condenado definitivamente por crime, no Brasil ou exterior, que praticar novo crime, no Brasil ou exterior, será considerado reincidente.

27. ( ) Condenado definitivamente por contravenção no Brasil, que praticar nova contravenção no Brasil será considerado reincidente.

28. ( ) Condenado definitivamente por contravenção no Brasil, que praticar novo crime em qualquer lugar não será considerado reincidente por ausência de previsão legal.

29. ( ) Ocorrendo posteriormente a desconstituição do julgado gerador do fundamento da reincidência, essa não é prejudicada, vez que seus efeitos já foram aplicados concretamente em outro processo, não atacável por decisão em outro feito.

30. ( ) A espécie de pena fixada no delito anterior não interfere, em regra, na caracterização da reincidência, de forma que, por exemplo, a pena de multa fixada isoladamente é hábil a caracterizar a reincidência no crime posterior.

31. ( ) A prova da recidiva é feita, segundo o entendimento predominante, por simples certidão de antecedentes criminais, não se exigindo, em regra, certidão detalhada sobre o processo que originou o fator agravante.

32. ( ) A agravante do crime praticado contra descendente, ascendente, irmão ou cônjuge se aplica às hipóteses de parentesco por afinidade ou à união estável.

33. ( ) A atenuante da senilidade é aplicável aos agentes maiores de 60 anos na data da sentença.

34. ( ) Para obtenção do benefício da confissão espontânea, não é necessário que o acusado confirme todo o teor da peça acusatória, como qualificadoras e agravantes.

35. ( ) O Brasil não admite a atenuante da clemência, pois prevê o instituto do indulto.

36. ( ) Ocorrendo simultaneamente uma causa de aumento e uma de diminuição, ambas deverão ser aplicadas. Aplica-se primeiro a causa de aumento e, após a causa de diminuição.

37. ( ) O valor do dia-multa será fixado pelo juiz não podendo ser inferior a um trigésimo do maior salário mínimo mensal vigente ao tempo do fato, nem superior a cinco vezes esse salário.

38. ( ) Adota-se o sistema trifásico para aplicação da pena de multa.

39. ( ) O juiz pode elevar a pena de multa até o máximo do dobro da pena fixada em consideração à capacidade econômica do réu.

40. ( ) A cobrança da multa pode efetuar-se mediante desconto no vencimento ou salário do condenado quando a multa tiver sido aplicada isoladamente ou cumulativamente com pena restritiva de direitos ou ainda quando concedida a suspensão condicional pena.

41. ( ) O Código Penal consignou a competência do Juízo da Execução Penal para execução da pena de multa, disciplinando, igualmente, a aplicação das normas relativas à dívida ativa da Fazenda Pública, inclusive no que concerne às causas interruptivas e suspensivas da prescrição.

42. ( ) A pena privativa de liberdade aplicada, não superior a 6 (seis) meses, pode ser substituída pela de multa. Trata-se da multa vicariante.

43. ( ) O valor apurado com a pena de multa é destinado à reparação da vítima, quando houver dano. Não havendo dano, é direcionada para o Fundo Penitenciário Nacional.

44. ( ) A pena de multa pode ser fixada de forma isolada, cumulada ou alternativa com a pena privativa de liberdade.

45. ( ) A pena de multa na lei de drogas pode ser elevada até o quíntuplo.

46. ( ) Caso o parquet não promova a execução no prazo de 90 dias após o trânsito em julgado da sentença, o juízo da Vara de Execuções Penais deverá comunicar à Fazenda Pública para que, como legitimada subsidiária, promova a execução.

47. ( ) A data lançada na sentença corresponde à data da publicação.

48. ( ) A publicação em cartório não se confunde com a intimação das partes, que deve ser realizada pessoalmente ou com a publicação na imprensa.

49. ( ) O termo inicial da contagem do prazo para impugnar decisão judicial é, para o Ministério Público, a data da entrega dos autos na repartição administrativa do órgão, sendo irrelevante que a intimação pessoal tenha se dado em audiência, em cartório ou por mandado.

50. ( ) O querelante ou o assistente deverão ser intimados pessoalmente da sentença.

31.6.1 Gabaritos

QUESTÕES DE CONCURSO

1	2	3	4	5
E	E	B	E	E

ASSERTIVAS DE REFORÇO

1	2	3	4	5	6	7	8	9	10
F	V	F	V	V	F	V	F	V	F
11	**12**	**13**	**14**	**15**	**16**	**17**	**18**	**19**	**20**
F	F	F	V	F	V	F	V	V	F
21	**22**	**23**	**24**	**25**	**26**	**27**	**28**	**29**	**30**
V	F	V	V	V	V	V	V	F	V
31	**32**	**33**	**34**	**35**	**36**	**37**	**38**	**39**	**40**
V	F	F	V	F	V	V	F	F	V
41	**42**	**43**	**44**	**45**	**46**	**47**	**48**	**49**	**50**
V	V	F	V	F	V	F	V	V	F

COMENTÁRIOS ÀS ASSERTIVAS FALSAS E JUSTIFICATIVAS IMPORTANTES

1. F. Nos processos afetos à Lei 9.099/95, o art. 81, §3º, em atenção aos princípios reitores do procedimento sumaríssimo, dispensou a confecção do relatório.

2. V. O julgador não está obrigado a refutar expressamente todos os argumentos declinados pelas partes na defesa de suas posições processuais, desde que pela motivação apresentada seja possível aferir as razões pelas quais acolheu ou rejeitou as pretensões deduzidas.

3. F. A decisão a ser proferida pelo magistrado não é desprovida de fundamentação, haja vista que esse, ao fixar a pena, deverá fundamentar sua decisão em observância ao critério trifásico.

4. V.

7. V.

8. F. *emendatio libelli.*

9. V.

8. F. *emendatio libelli.*

9. V.

10. F. Não pressupõe.

11. F. É possível a *emendatio libelli* da *emendatio libelli* na hipótese em que o tribunal, de forma diferente do magistrado, atribui outra definição jurídica ao fato, como na hipótese de, diante de uma imputação por peculato-furto (art. 312, §1º, CP) de material de salvamento durante uma calamidade, o magistrado em primeiro grau afaste o nexo funcional para fins de subtração e condene o acusado pelo crime de furto qualificado com abuso de confiança (art. 155, §4, II, CP), e o tribunal, em verdadeira *emendatio libelli,* atribua ao fato a definição jurídica do crime previsto no art. 257 do CP: Subtrair, ocultar ou inutilizar, por ocasião de incêndio, inundação, naufrágio, ou outro desastre ou calamidade, aparelho, material ou qualquer meio destinado a serviço de combate ao perigo, de socorro ou salvamento; ou impedir ou dificultar serviço de tal natureza.

12. F. Ocorrendo o aditamento, nos termos do §4º do art. 384 do CPP, o magistrado, na sentença, estará adstrito aos termos do aditamento. Isso porque, em linhas gerais, a imputação ou será dolosa ou culposa e, tendo ocorrido o aditamento para a forma culposa, em correção à imputação original dolosa, o magistrado não poderá condenar por crime doloso, sob pena de estar diante de uma imputação alternativa, dolo ou culpa.

13. F. o juiz deverá, necessariamente, designar audiência de continuação, pois o acusado possui o direito de ser interrogado quanto à nova imputação fática gerada com o aditamento.

14. V.

15. F. Natureza declaratória.

16. V.

17. F. A pena-base será fixada atendendo-se ao critério do art. 59 deste Código; em seguida serão consideradas as circunstâncias atenuantes e agravantes; por último, as causas de diminuição e de aumento.

18. V.

19. V.

20. F. Somente uma será considerada para fins de caracterização de crime qualificado. As demais podem funcionar como agravantes genéricas (arts. 61 e 62 do CP) caso tenham correspondência com norma e, na hipótese de não caracterizarem agravantes, podem fundamentar eventual aumento da pena-base na análise das circunstâncias judiciais.

21. V.

22. F. Não podem.

23. V.

24. V.

25. V.

26. V.

27. V.

28. V.

29. F. A reincidência é prejudicada.

30. V.

31. V.

32. F. Não se aplica por se tratar de analogia in *malam partem.*

33. F. Maior de 70 anos.

34. V.

35. F. Prevista no art. 66, CP.

36. V.

37. F.
38. V.
39. F. Bifásico.
40. F. Até o triplo.
41. V.
42. V.
43. F. Diretamente para o Fundo Penitenciário Nacional.
44. V.
45. F. O valor do dia multa não pode superior a 5 (cinco) vezes o maior salário-mínimo. Não se confunde com a multiplicação do valor da pena de multa.
46. V.
47. F. A sentença somente assume o *status* de ato processual com sua publicação, sendo, até então, mero ato particular do magistrado, irrelevante no mundo jurídico. Logo, a data lançada na sentença não necessariamente corresponde à data da publicação.
48. V.
49. V.
50. F. O querelante ou o assistente será intimado da sentença, pessoalmente ou na pessoa de seu advogado.

32

Nulidades

32.1 COMO O ASSUNTO É ABORDADO EM PROVAS E CONCURSOS

O tema "nulidades" aparece com frequência nos concursos de Magistratura, Ministério Público, Defensoria Pública e Delegado de Polícia, em todas as suas etapas.

A normatização objetiva exigida nas provas de múltipla escolha é acompanhada da jurisprudência, certamente o ponto nevrálgico do assunto, em razão da imensidão de julgados que envolvem o assunto, que permeia todo o processo. É crucial que o leitor compreenda que o assunto pressupõe o conhecimento de todo o trâmite processual, razão pela qual o tema é tão querido pelas bancas examinadoras, especialmente em questões práticas e peças.

O estudo do sistema de nulidade não pode ser dissociado da doutrina que o fundamenta, vez que o estudo da norma, por si só, não nos fornece um parâmetro seguro para caracterização das nulidades.

O estudo, especialmente de revisão, deve ser realizado sobre os aspectos doutrinários e jurisprudenciais, sendo imprescindível, contudo, a compressão básica da norma.

32.2 INTRODUÇÃO: AINDA EXISTE UM SISTEMA DE NULIDADES? ENTRE *LUHMANN* E A *COMMON LAW*

Antes de respondermos à complexa indagação, precisamos, ainda que de forma superficial, estabelecermos algumas premissas que nos auxiliarão na busca pela conclusão.

O Processo Penal, não obstante seus princípios reitores e fundamentos constitucionais, é marcado pelo aspecto procedimental, que se concretiza por meio de atos processuais, os quais são regulados por normas jurídicas que lhe conferem regramentos próprios para sua realização.

Essas regras, pela própria razão de ser, não possuem um fim em si mesmo, porquanto se destinam a uma finalidade maior, limitar o poder estatal diante das garantias constitucionais conferidas ao acusado. O conflito poder/garantia impõe que o jogo processual seja pautado em regras minimamente seguras e isonômicas, pois, inegavelmente, estamos diante da lógica oculta da passagem bíblica de Davi x Golias, na qual Davi, heroicamente, venceu o gigante Golias, rendendo-lhe menções e o registro histórico. Se tal feito foi digno de perpetuação, é porque inúmeros outros Davis sucumbiram à força do gigante Golias, fatos, obviamente, desprovidos de registro histórico.

Um sistema processual sem freios ao poder conduz a um poder punitivo praticamente ilimitado e revela formas desprovidas de função, em flagrante contradição com um processo penal que se propõe democrático. A forma é uma garantia processual conferida precipuamente ao acusado, o escudo de Davi que minimamente o protege de Golias.

Ao se flexibilizar as formas, relativiza-se garantias fundamentais. A premissa parece-nos inegável, assim como nos afigura inquestionável a excessivo apego à construção de fórmulas desprovidas de qualquer razão prática, circunstância que conduz à quebra da lógica sistêmica, porquanto se instaura a busca de vícios formais não como regra, mas quase-regra. O sistema, que deveria ser fluido e previsível, com intercorrências como exceção, passa a ser objeto de ataque pelos seus próprios fundamentos, mal construídos pelo excesso de formas, transformando a exceção em regra.

Não por outra razão temos visto, ao longo dos anos, uma verdadeira desconstrução do sistema formal de nulidades pelos Tribunais Superiores, que erigiram o princípio do *ne pás de nullitè sans grief* como vetor interpretativo dominante, ampliando a carga valorativo-subjetiva do magistrado na análise dos defeitos processuais, transformando, de certo modo, o sistema cognitivamente fechado do CPP, em operativamente aberto do modelo da *common law*, representando pela casuística implementada pelos tribunais.

Percebemos, na atual construção da jurisprudência pátria sobre o sistema de nulidades, talvez ainda que de forma não intencional, uma influência da teoria dos sistemas sociais de Niklas Luhmann, à qual faremos, com a devida vênia e limitação, a adaptação para o sistema atual de nulidades, no que lhe for pertinente.

Referida teoria parte da impossibilidade de se estabelecer pressupostos axiomáticos, sendo rebelde frente à lógica e ao objetivismo, pois não possui um ponto de referência inicial, possuindo diversos caminhos de entrada, como em uma porta giratória[1].

Na sociedade moderna predomina uma diferenciação funcional. Os diferentes âmbitos sociais – sistemas – se organizam através de funções diferentes (à economia compete a função de conseguir satisfazer as necessidades presentes e futuras; à política tomar decisões e etc.). A característica principal é que qualquer dessas funções é absolutamente vital para o funcionamento da sociedade. Assim, nenhum dos seus domínios funcionais prevalece sobre o outro. Não há uma, mas várias portas de entrada, haja vista a multiplicidade de subsistemas (política, economia, educação, religião, família e etc.).

"Os sistemas são o resultado de um processamento seletivo da multiplicidade de possibilidades, fatos e circunstâncias que se apresentam na realidade"[2], sendo que a complexidade e contingência dos sistemas servem para explicar o motivo pelo qual uma sociedade se configura de certa maneira. Por complexidade se entende a existência de um conjunto de possibilidades superior às que de fato podem ser realizadas e exigem algum tipo de seleção – imperativo de seleção. A contingência, por sua vez, faz referência

1. LUHMANN, Niklas. ***Teoria politica en el Estado de Bienestar***. Madri: Alianza Universidad, 1997. **Sociologia do direito**. V. I. Rio de Janeiro: Tempo Universitário, 1983.
2. LUHMANN, Niklas. ***Teoría política en el Estado de Bienestar***. Madri: Alianza Universidad, 1997. p. 14.

à existência dessas outras possibilidades (complexidade), a presença de alternativas ou formas funcionais equivalentes de lidar com uma realidade complexa, explicando porque as sociedades resolvem problemas de formas diferentes[3].

Dessa forma, a teoria dos sistemas diferenciados visa reduzir a complexidade, ampliar e facilitar o acesso a um maior número de possibilidades de atuação social, sendo que a tentativa de redução da complexidade acaba por aumentá-la. E nesse particular, é nítido o aumento da complexidade no sistema de nulidades, vez que a tentativa de redução de sua complexidade por aplicação do princípio do *ne pás de nullitè sans grief*, como vetor interpretativo dominante, amplia a carga valorativo-subjetiva do magistrado na análise dos defeitos processuais.

Na mesma linha, Luhmann destaca a autorreferência dos sistemas como a capacidade que esses desenvolvem para tomar consciência de si e delimitar-se a respeito de um entorno próprio que os envolve, permitindo a intercomunicação entre os subsistemas que compõem o hiper-sistema. Assim, segundo VIDAL[4] "os sistemas autorreferenciais operam "necessariamente" a partir do autocontato e podem ser fechados e, ao mesmo tempo, abertos. O encerramento é feito por meio da circularidade reflexiva, ou seja, por sua capacidade estruturalmente assegurada dos elementos para a autorreprodução. As operações sistêmicas de autorregulação, autorreferencialidade e auto-organização são requisitos necessários para a criação de sistemas autônomos e também são as condições para a sobrevivência das organizações".

E VIDAL[5] ainda conclui, permitindo-nos a conexão com o sistema de nulidades:

> A *autorreferência* refere-se à operação na qual o sistema remete suas operações a si mesmo (sua estrutura), o que permite observar seu entorno e, por sua vez, fazer distinções para selecionar o que não está em sua capacidade estrutural. Ao operar o sistema de modo autorreferencial, o sistema pode tomar duas possíveis alternativas. A primeira alternativa consiste em assumir diversas funções com a respectiva estruturação e promover propostas de políticas independentemente do entorno. A segunda alternativa consiste em observar o entorno independentemente das ações estruturantes que são feitas, posto que se manifestaram em ações e propostas cuja efetividade poderá ser analisada empiricamente.

Luhmann renuncia a todo pressuposto ontológico capaz de assegurar um acesso direto aos objetos do conhecimento. Mostra-se de acordo com uma perspectiva cognitiva isenta a toda pretensão objetiva, que faz depender o conhecimento da realidade dos meios sua observação e compreensão.

Apregoa, portanto, que não são os indivíduos que constituem a sociedade ao decidirem entrar em vida comum, mas a sociedade que constitui os indivíduos ao tratá-los como tal, defendendo, desta forma, uma sociedade sem homens, composta de comunicações dotadas de sentidos, de sorte que essas constituem o modo particular em que se reproduz a autopoiese dos sistemas sociais.

3. LUHMANN, Niklas. **Sociologia do direito I**. Trad. brasileira de Gustavo Bayer. Rio de Janeiro: Tempo Universitário, 1983. p. 45.

4. VIDAL, Josep Pont. **A teoria neosistêmica de Niklas Luhmann e a noção de autopoiese comunicativa nos estudos organizacionais**. Disponível em https://doi.org/10.1590/1679-395157480. Acesso em 09.10.22, às 09h12min.

5. *op.cit.*

Em paralelo, segundo o princípio da instrumentalidade das formas, a existência do ato processual não constitui em um fim em si mesmo, mas representa um instrumento utilizado para se alcançar uma dada finalidade, ainda que sem a observância da solenidade, quando não causar prejuízo às partes. Logo, o sistema de nulidades não seria construído pelas nulidades, mas esse quem estruturaria os vícios processuais ao tratá-los como tais, defendendo um sistema formado por comunicações dotadas de sentidos, de sorte que os vícios processuais constituem o modo particular em que se reproduz a autopoiese do sistema.

Os sistemas funcionais estruturam sua comunicação valendo-se de códigos binários, que servem para acrescentar a identidade das operações próprias do sistema. Somente os sistemas mais abstratos e desenvolvidos produzem esses códigos. Luhmann exemplifica os códigos binários apresentando os seguintes modelos: econômico (propriedade/não propriedade), jurídico (legal/ilegal), religião (transcendente/não transcendente), ciência (verdadeiro/falso), política (governo/oposição), entre outros.

Os códigos binários não são mais do que regras de duplicação que permitem que a realidade possa ser processada e reprocessada. Não são atributos da realidade, mas meros recursos de técnica comunicativa dos sistemas[6].

Os subsistemas não são transparentes, sendo chamados de *black box*. Não veem os outros integralmente e não sabem o que se passa por dentro dos demais, limitando seu alcance à sua matéria específica, mantendo, contudo, contato com os demais através seus entornos. Entretanto, Luhmann, em sua teoria dos sistemas sociais, caracteriza o Direito como um subsistema autopoiético, isto é, operativamente fechado com código binário próprio (lícito e ilícito) e cognitivamente aberto para receber contribuições dos outros subsistemas em razão da dinâmica própria do Direito.

De acordo com VIDAL[7], "as ideias de autorreferência e autopoiese significam assumir uma série de estruturas, componentes, processos e operações, que estão imbricados em uma lógica de produção e operação cíclica e recursiva no sistema. Uma organização autopoiética pode ser definida como uma rede de produção de componentes que simultaneamente atuam de acordo com as seguintes condições: 1) participam de forma recursiva na mesma rede de produção de seus componentes; 2) compõem uma rede de produções e operações como uma unidade no espaço em que, por sua vez, os componentes existem. É por meio das organizações que os sistemas sociais funcionais realizam as operações e iniciam mecanismos de inclusão e exclusão na sociedade".

Assim, chegando ao subsistema jurídico, "na análise do direito, não entram em consideração as influências que sobre ele pode exercer a sociedade. O direito é, assim, tomado desde logo como pré-constituído, ficando sem contestação ou sem formulação a questão de como ele se torna possível na sociedade. Essa conclusão é consequência da ideia de que a unidade de um sistema pode ser produzida e reproduzida tão somente através do próprio sistema e não de fatores de seu ambiente"[8].

---

6. LUHMANN, Niklas. ***Teoría política en el Estado de Bienestar***. Madri: Alianza Universidad, 1997. p. 18.
7. *op.cit.*
8. TAVARES, Juarez. **Teoria do injusto penal**. Belo Horizonte: Del Rey, 2000. p. 68.

Como consequência, o subsistema jurídico, por integrar o sistema social como um todo, manifesta-se através de comunicações que, dado ao seu código binário próprio, são expressas por normas.

Segundo Luhmann, "o direito positivo é considerado pela teoria dos sistemas como o subsistema mais adequado funcionalmente para ofertar expectativas congruentes generalizadas dentro da ampla complexidade e contingência de possibilidade imanentes às sociedades modernas. Isto dá-se porque no esquema teórico luhmaniano apenas o direito, por ser vigente, válido e institucionalizado é capaz de generalizar expectativas de expectativas via positivação de normas que estabilizam, contrafaticamente, expectativas de comportamento"[9].

Com efeito, esse subsistema, por possuir características e peculiaridades próprias que o qualificam dessa forma, resta por se fechar aos demais, buscando as soluções de seus problemas no seio de suas comunicações, tendo sempre como fim a salvaguarda das expectativas.

Adaptando a lição de Juarez Tavares, à definição de nulidade, neste contexto, "embora não esteja filiada a uma lei natural, que se pudesse constatar empiricamente, não se afasta de um procedimento cognitivo, porque só adquire relevância na medida em que se veja inserida, como forma diferenciada da função jurídica da estabilização, num sistema autopoiético, que produz seus próprios elementos e sobre eles sua própria estrutura, quer dizer, redunda numa definição tautológica"[10].

Não podemos nos olvidar que sempre haverá um elemento de dúvida sobre a satisfação das expectativas, situação em que o direito, através da experiência das comunicações anteriores, procurará, criando uma expectativa normativa, estabilizar de modo contrafático as expectativas de observância normativa.

Deste modo, assim como o Direito não teria a missão de evitar conflitos, pois no seu próprio bojo prevê as hipóteses de cumprimento e descumprimento, mas tão somente de assegurar a manutenção da vigência da norma, **ao sistema de nulidade arroga-se a missão de preservação da norma como modelo de orientação para os atos processuais**, só possuindo vez diante de uma frustração de expectativa normativa.

Assim, partindo das premissas Luhmanianas e da teoria de Günther Jakobs, devidamente adaptada para o processo, o sistema de nulidades somente protege aquelas normas básicas para conformação do processo, que não podem ser renunciadas para a manutenção desse. Assim, com função nitidamente assecuratória, o sistema de nulidades seria o pedágio para a travessia do Estado de Natureza para o Estado Civil de Hobbes, pois ao mesmo tempo em que se identifica como uma restrição a direitos fundamentais em prol da segurança, configura-se como a última porta a evitar a violação de direitos fundamentais[11], mantendo, portanto, o sistema processual intacto em suas expectativas.

9. MIRANDA, Rosângelo Rodrigues de. **Unidade e diferença, kelsen e Luhmann a partir de Hobbes**. Revista da Faculdade de Direito do Alto Paranaíba, ano 4, v. 4. Araxá: FCA, 2000. p. 27.

10. TAVARES, Juarez. **Teoria do injusto penal**. Belo Horizonte: Del Rey, 2000, p. 68.

11. Para Hobbes, a passagem do Estado de Natureza para o Estado civil é originada por uma severa restrição de direitos dos indivíduos em prol da segurança. Assim dentre os direitos fundamentais, apesar estaria livre de disposição o direito à vida, sendo que os demais, liberdade, intimidade, vida privada, entre outros, cederiam lugar ante ao poder maior do soberano.

Assim, em resposta à nossa indagação inicial, entendemos que sim, existe um sistema de nulidades, marcado pela complexidade que lhe é inerente e decorrente da busca de soluções, que se vale da autopoiese e autorreferenciabilidade como características dominantes, e que parte de expectativas normativas precípuas da instrumentalidade das formas e demonstração de prejuízo diante da tipicidade das formas, propondo as respostas por meio de seu código binário próprio lícito/ilícito (validade/nulidade).

32.3 NATUREZA JURÍDICA

A nulidade é tratada pela doutrina majoritária como uma espécie de sanção aplicada ao ato processual defeituoso, contaminando-o de tal forma, a ponto a impossibilitar a produção de seus efeitos ordinários. Em linhas gerais, o sistema processual, ao prever uma determinada forma para realização do ato, estabelece uma espécie de modelo típico, que, se desviado, implica a defeituosidade do ato processual realizado em desacordo com a solenidade prevista.

Firma-se, portanto, a lógica de que "a consequência da inobservância da forma prescrita em lei é a de que o ato defeituoso não poderá produzir os efeitos que ordinariamente teria"[12].

Não obstante, como adequadamente esclarece AURY LOPES JR:

> A sanção é uma reação ao comportamento vedado pelo ordenamento; portanto, é um efeito. Já a nulidade conduz à "falta de efeito", ou seja, à ineficácia do ato. Logo, se pensarmos nulidade como sanção, isso pressupõe, necessariamente, a produção de um efeito. Mas não é esse o tratamento dado à nulidade, pois ela conduz à falta de efeito do ato. Portanto, pensar as nulidades como uma sanção seria o mesmo que afirmar ser um *efeito a falta de efeito*.
>
> Daí por que ocorre um esvaziamento do conceito de sanção e, sobretudo, uma confusão entre dois planos formalmente diversos. Na mesma linha, TOVO e MARQUES TOVO afirmam que – ao contrário de grande parte da doutrina brasileira – **nulidade não é sanção, pois nulidade/validade são qualidades do ato jurídico conforme ele se apresente perfeito ou não.** Sanção, por outro lado, é consequência objetiva, nunca uma qualidade da coisa. Então, explicam os autores, não se pode chamar a nulidade de sanção, pois ela não é uma consequência objetiva. Consequência objetiva é a ineficácia do ato, de modo que a imperfeição jurídica (defeito) pode tornar o processo, no todo ou em parte, ineficaz. (grifamos).

De fato, o instituto não se confunde com seu efeito. A nulidade, portanto, é o vício que atinge o ato processual, cujo efeito possível é a declaração de invalidade.

32.4 ESPÉCIES DE VÍCIOS PROCESSUAIS

Conforme vimos, ainda que de forma embrionária, os atos processuais são regidos pela forma legal, isto é, possuem um modelo típico previsto na norma, o qual, sendo cumprido, realiza a tipicidade do ato.

> **ATENÇÃO – ASSUNTO COBRADO NO MPGO – CONCURSO 2016**
> **Qual a relação existente entre a tipicidade processual e a teoria das nulidades no processo penal? Responda fundamentadamente.**

12. BRASILEIRO, *op. cit.* p. 1688.

O termo "tipicidade" nos é comum ao Direito Penal e representa a subsunção da conduta à norma, sob sua perspectiva formal, à qual se acresce a configuração da lesão ou ameaça de lesão ao bem jurídico protegido, dando vazão à chamada tipicidade material.

Conectando-se de forma direta à tipicidade material, o caráter fragmentário do Direito Penal representa a *ultima ratio* para tutela dos bens jurídicos, porque não atinge todos os fatos ilícitos, mas somente aqueles erigidos pelo legislador como absolutamente essenciais ao convívio social e, em razão disso, merecedores da tutela do Direito Penal. E, nesse contexto, os conceitos de tipicidade se apropriam de valores que lhe são comuns. Se no Direito Penal, a tipicidade modernamente concebida vai além da mera subsunção formal à norma para exigir a lesão ou ameaça de lesão ao bem jurídico, no Processo Penal, a despeito se impor a prática dos atos processuais em consonância com a Constituição Federal e com as normas reitoras do procedimento, os Tribunais Superiores vêm flexibilizando a "tipicidade formal" dos atos processuais, para atribuir-lhes uma perspectiva material, valorada, perigosamente, pela existência de prejuízo.

Assim, diante do descumprimento de regras procedimentais, os vícios que as atingem foram categorizados pela doutrina em diversas espécies, levando-se em consideração a natureza da norma, o grau de ataque à norma e prejuízo causado.

Especial atenção deve ser dedicada aos graus de ataque à norma, porquanto o produto da conformação de diferentes níveis de vícios implica a conclusão de que, quanto mais gravosa a lesão aos elementos do ato (natureza da norma e prejuízo causado), maior o grau de irregularidade. Nesse sentido, a construção sistêmica dos vícios processuais parte do degrau mais baixo de vício, a mera irregularidade, que admite violações à forma legal, alcançando o segundo degrau com os vícios intermediários, as nulidades relativas, que admitem uma tolerância à violação formal, e o terceiro degrau, que contempla os vícios não toleráveis, pois inadmissíveis, caracterizadores das nulidades absolutas.

Em razão da vasta jurisprudência, colacionaremos alguns julgados ao longo do capítulo para ilustrar não somente a posição dos Tribunais Superiores, mas a oscilação acerca do tema.

32.4.1 Atos inexistentes

➔ ATENÇÃO – ASSUNTO COBRADO NO MP/RJ – CONCURSO 2014

Uma sentença tida por inexistente pode gerar algum tipo de efeito jurídico no processo penal? Caso positivo, qual ou quais? Resposta objetivamente fundamentada.

Parece-nos inegável a existência de uma contradição terminológica na expressão "ato inexistente", pois se ato é, existe, e, portanto, não pode ser inexistente. Não obstante, é preciso distinguir os atos inexistentes dos atos juridicamente inexistentes.

Um ato inexistente é aquele que não existe, um não ato e, portanto, desprovido de qualquer interesse processual. O ato juridicamente inexistente, ao contrário, materializa-se no mundo dos fatos e, apesar de não reunir os requisitos necessários para configuração de ato processual, por serem desprovidos de validade, merecem atenção processual, a exemplo da "sentença" proferida por quem não exerce o poder jurisdicional.

Apesar da ausência de validade do ato e do corrente entendimento de que os atos juridicamente inexistentes não precisam de manifestação judicial, bastando o juiz desconsiderar sua materialidade, há casos em que o ato, a despeito de inexistente sob a perspectiva jurídica, pode vir a produzir efeitos, a exemplo uma sentença proferida por um magistrado aposentado que havia levado o processo para sua casa para decidir e somente profere a sentença após o seu ato de aposentadoria. Em que pese absurda a questão, sendo essa juntada aos autos, parece-nos inegável que essa possa produzir efeitos, como a expedição de mandado de prisão, até que seja declarada sua inexistência.

O vício de inexistência do ato não se convalida em hipótese alguma, isto é, nem o trânsito em julgado da decisão impede seu reconhecimento no processo, de forma que pode ocorrer a qualquer tempo.

Um ponto que nos chama a atenção nos atos juridicamente inexistentes envolve a natureza da eventual decisão, caso, de fato, revele-se pertinente. Dada a natureza do vício e possibilidade de produção de feitos por ter a aparência de ato processual, conforme vimos, o pronunciamento judicial declaratório revela-se útil para afastar o ato juridicamente inexistente, apesar de desnecessário. Por outro lado, tratando-se de nulidade, o pronunciamento, além de útil, revela-se necessário, haja vista a necessidade de desconstituição do ato nulo. Temos, portanto, que a decisão que reconhece um ato inexistente é declaratória, ao passo que a decisão que reconhece a nulidade é constitutiva.

32.4.2 Irregularidades

As irregularidades são vícios processuais por inobservância de forma que não produzem consequências processuais. A despeito de previsto o modelo legal, o órgão judicial realiza o ato sem atenção à forma. Dada a superficialidade do vício, não se impõem consequências processuais, seja pelo excesso na exigência da formalidade, seja porque a finalidade do ato foi atingida sem que se configure qualquer espécie de prejuízo.

À título exemplificativo, o STF reconheceu a existência de mera irregularidade na ausência de auto de apreensão da droga[13], apresentação de petição em forma física pelo Ministério Público[14], intempestividade na apresentação de razões recursais[15], ausência de inclusão do feito na pauta de audiência afixada no saguão do fórum[16], entre diversas outras.

Há situações, contudo, que não obstante a irregularidade não gerar consequências processuais, há produção de efeitos extraprocessuais, a exemplo do advogado que abandona o processo sem justificativa, na forma do art. 265 do CPP, e do membro do Ministério Público que deixa de ofertar a denúncia no prazo legal, sem qualquer justificativa, que pode ser responsabilizado administrativamente segundo sua Lei Orgânica de regência.

32.4.3 Nulidades

A nulidade é o vício processual que atinge a tipicidade do ato processual com graus de gravidade distinto, podendo, ou não, gerar a declaração de sua invalidação e consequente extinção dos efeitos produzidos. Ocorrendo o vício em matéria sensível, estar-se-á diante

13. HC 122.417, j. 10.06.14.
14. AgRg no ROHC 169.974, j. 23.28.19.
15. HC 112.355. j. 14.09.12.
16. HC 107882, j. 12.11.13.

um atentado contra o interesse das partes ou o interesse público, aptos a caracterizarem a nulidade como absoluta ou relativa.

Conforme nos ensina Ada Pellegrini, Antônio Scarance e Antônio Magalhães[17], independentemente da caracterização como nulidade absoluta ou relativa, o ato viciado produz efeitos até que a mácula seja reconhecida judicialmente, não havendo, portanto, como sustenta parte da doutrina, um vício congênito. Logo, o ato será válido e eficaz até que seja declarada a nulidade.

A diferenciação entre nulidade absoluta e relativa, criticada por parcela da doutrina por sua inadequação no Processo Penal, está longe de ser simples, especialmente diante das inúmeras decisões, por vezes contraditórias, no âmbito dos Tribunais. Não obstante, está pacificado na jurisprudência do STF a necessidade de demonstração do prejuízo, independentemente da caracterização, em tese, da nulidade absoluta ou relativa.

32.4.3.1 Nulidade absoluta

Sob a luz da doutrina e jurisprudência majoritárias, os vícios processuais de maior intensidade são concebidos como hipóteses de nulidade absoluta, por protegerem interesse processual de ordem pública.

Na seara doutrinária, sustenta-se que haverá nulidade absoluta quando houver violação de regra constitucional sobre o processo, porquanto as garantias constitucionais não se destinam apenas a tutelar o indivíduo. Por estarem inseridas no contexto do devido processo legal, destinam-se, igualmente, à legitimação da atividade jurisdicional.

O principal atributo da nulidade absoluta é sua insanabilidade, no sentido de que o vício é tamanho, que não permite sua correção sem que seja reconhecida a nulidade. Assim, pode-se distinguir as nulidades absolutas das relativas ao se identificar aquelas que permitem correção quando não alegadas no prazo legal (art. 571, CPP). Fixado o rol das nulidades que serão sanadas pela omissão da parte quanto à sua alegação, por exclusão alcançaremos as nulidades absolutas, porquanto insanáveis pela preclusão.

Em linhas gerais, por interpretação a *contrario sensu* do art. 572, I, CPP, são nulidades absolutas as previstas no art. 564, I, II, III, *a, b, c, d*, primeira parte, *e*, primeira e terceira partes, *f, i, j, k, l, m, n, o* e *p*. Além das previstas de forma direta no CPP, a doutrina assinala como nulidades absolutas as hipóteses de violação de normas constantes da Constituição Federal ou de Tratados Internacionais sobre Direitos Humanos, a exemplo do contraditório, ampla defesa, o juiz natural, duplo grau de jurisdição e etc.

O grau do vício na nulidade absoluta é tamanho que afasta a aplicação do princípio do interesse, de forma que mesmo a parte que tenha dado causa à nulidade poderá alegá-la. Não sem razão, a nulidade absoluta pode ser declarada de ofício e arguida a qualquer momento, inclusive em grau recursal, sendo a decisão que a reconhece de natureza constitutiva.

Conforme vimos, as nulidades absolutas, em regra, não podem ser sanadas ou convalidadas. Não obstante, caso o acusado venha a ser absolvido e transitada em julgado a decisão, mesmo com a existência de nulidade absoluta no bojo do processo, por não se

17. GRINOVER, Ada Pellegrini; FERNANDES, Antonio Scarance; GOMES FILHO, Antonio Magalhães. **As nulidades no processo penal**. 8ª ed. São Paulo: RT, 2004.

admitir revisão criminal *pro societate*, haverá a convalidação da nulidade, vez que não há instrumento hábil para a atacar a coisa julgada. Nesse sentido é o teor do art. 8, nº 4 da Convenção Americana de Direitos Humanos (Dec. 678/92): "o acusado absolvido por sentença passada em julgado não poderá ser submetido a novo processo pelos mesmos fatos". Assim, estamos diante de uma hipótese na qual uma sentença maculada por nulidade absoluta transitará em julgado, impedindo novo processo pelos mesmos fatos.

Não obstante a lógica do grau de ataque à norma e sua natureza, o STF tem reforçado a compreensão que **o prejuízo não pode ser presumido**, devendo ser demonstrado, mesmo nas nulidades absolutas:

> A jurisprudência desta Suprema Corte exige, como regra, a demonstração concreta de prejuízo tanto para as *nulidades absolutas* quanto para as *nulidades* relativas, marcadas que são pelo princípio do *pas de nullité sans grief* previsto no artigo 563 do CPP. Precedentes. HC 214906 AgR, 1ª Turma, Rel. Min. Rosa Weber, DJe 11.07.22.

32.4.3.2 Nulidades relativas

Conforme entendimento predominante na doutrina, há nulidade relativa quando o vício que atinge o ato processual violar interesse privado de uma das partes, ou de ambas as partes, normalmente tutelado por normas infraconstitucionais.

Ao contrário das nulidades absolutas, as nulidades relativas encontram-se sujeita ao instituto da preclusão e sua não arguição no momento adequado implica convalidação. Do art. 572, I, CPP, podemos assinalar que as previstas no art. 564, III, *d* e *e*, segunda parte, *g* e *h*, e IV, são nulidades relativas.

Por envolverem questões relacionadas aos interesses das partes, as nulidades relativas não podem ser declaradas de ofício pelo magistrado, dependendo, portanto, de alegação em tempo oportuno.

A título exemplificativo, colacionamos duas súmulas dos Tribunais Superiores:

> Súmula 155 do STF: "É relativa a nulidade do processo criminal por falta de intimação da expedição de precatória para inquirição de testemunha".
>
> Súmula 273 do STJ: "Intimada a defesa da expedição da carta precatória, torna-se desnecessária intimação da data da audiência no juízo deprecado

32.5 PRINCÍPIOS RELATIVOS ÀS NULIDADES

32.5.1 Princípio da instrumentalidade das formas

O princípio do prejuízo ou da instrumentalidade das formas, haja vista o atual sistema de nulidades, situa-se no vértice superior da pirâmide, como espécie de norma fundamental.

O art. 563 do CPP[18] inicia o título das nulidade fixando a premissa maior do sistema: **Nenhum ato será declarado nulo, se da nulidade não resultar prejuízo para a acusação ou para a defesa**. Ao dispositivo, que consagra a instrumentalidade das formas, isto é,

---

18. Na mesma linha está a previsão na Lei 9.099/95: Art. 65. Os atos processuais serão válidos sempre que preencherem as finalidades para as quais foram realizados, atendidos os critérios indicados no art. 62 desta Lei. § 1º Não se pronunciará qualquer nulidade sem que tenha havido prejuízo.

que a forma é meio e não fim, devemos somar o art. 566 do CPP, que prevê que não será declarada a nulidade de ato processual que não houver influído na apuração da verdade substancial ou na decisão da causa, dando vazão à máxima *pas de nullité sans grief*, que, em tradução literal, significa: **não há nulidade sem prejuízo**.

Confessamos que, ao chegarmos neste capítulo, o poder de sedução da repetição doutrinária, amparada pela reiterada jurisprudência do STF, quase nos conquistou como aquele *crush*, na linguagem moderna dos estudantes universitários. De fato, seria um maravilhoso sonho de uma noite de verão, na melhor versão shakespeariana, simplesmente assinalar que: "A **alegação e a demonstração do prejuízo** são condições necessárias ao reconhecimento de *nulidades*, sejam elas *absolutas* ou relativas, 'pois **não se decreta *nulidade* processual por mera presunção** (HC 132.149-AgR, Rel. Min. Luiz Fux)' (RHC 164.870-AgR/RR, Rel. Min. Roberto Barroso, 1ª Turma, DJe 15.52019). Incidência, na espécie, do princípio pas de nullité sans grief". HC 157560, 1ª Turma, Rel. Min. Rosa Weber, DJe 09.04.21.

As reiteradas decisões nesse sentido trilham a linha de uma perigosa e progressiva relativização das nulidades, na busca pelo eficientismo processual, razão pela qual, não obstante termos ciência da altura do muro a ser escalado, enfrentaremos alguns pontos que simbolizam o risco de eleição do referido caminho.

O primeiro ponto de destaque envolve a contradição sistêmica ao se criar uma forma legal para realização do ato e, simultaneamente, não se presumir o prejuízo por sua não observância

BADARÓ[19] (2021, p. 919), em perfeita lógica, nos ensina que "em regra, o não cumprir a forma ou não observar os elementos que integram o ato processual típico causará prejuízo, sob pena de se considerar que o legislador estabeleceu uma forma ou um elemento irrelevante e inútil para a consecução do fim que se pretende atingir". Não se pode partir, portanto, da premissa de que a inobservância da forma seja irrelevante.

O segundo ponto que nos chama a atenção é o relacionado ao prejuízo. O STF, ao assinalar que **não se decreta *nulidade* processual por mera presunção**, inverteu o sinal da lógica primária das nulidades, pois a leitura inversa implica a conclusão de que o ato praticado em inobservância da forma goza de presunção de legalidade, porquanto se a nulidade não pode ser decretada por mera presunção, é porque se presume válido o ato, mesmo diante do descumprimento da forma.

Um ato processual praticado em contrariedade à norma tem sua confiabilidade e, consequentemente, sua finalidade, prejudicadas. Isso não significa que o prejuízo tenha, de fato, sido caracterizado, pois o prejuízo à formalidade não implica, necessariamente, o prejuízo à finalidade.

A própria prova da demonstração do prejuízo, hoje exigida para a parte prejudicada, é de difícil produção, senão impossível, sendo necessária a realização de um juízo valorativo de cunho comparativo entre dois objetos distintos, o ato processual cuja omissão impediu a observância da formalidade, e outro, projetado, sobre o qual deverá ser exercido um juízo de futurologia, pois se pretende a renovação.

19. *op.cit.*

Para se preservar minimamente a regra do sistema, não se deve exigir da parte a demonstração do prejuízo, mas apenas que aponte a violação da tipicidade do ato, pois a normalidade conduz à lógica de que a atipicidade gere prejuízo, ou, conforme assinalamos, não teria sido prevista forma legal. A lógica, portanto, é inversa, pois apesar da violação da forma, sua inobservância de fato pode não causar qualquer espécie de prejuízo. Não obstante, o dever de demonstrar o prejuízo não incumbe à parte, que se escora na própria razão de ser da forma processual, mas do magistrado, responsável pela regularidade do processo, que deve demonstrar que, inobstante a violação da tipicidade, essa não produziu qualquer prejuízo por ter o ato atingido sua finalidade, indicando as razões de sua decisão.

A melhor compreensão do princípio da instrumentalidade das formas e da máxima *pas de nullité sans grief*, para nós, segue a lógica de que **nenhum ato será declarado nulo se demonstrada a ausência de prejuízo**, cabendo ao magistrado referida demonstração como responsável pela condução do processo e regularidade dos atos processuais.

32.5.2 Princípio da causalidade

O princípio da causalidade, aplicável tanto às nulidades absolutas como relativas, assinala que a nulidade de um ato acarreta a nulidade dos demais dele decorrentes, revelando seu **efeito expansivo**. Conforme dispõe o art. 281, primeira parte, do CPC, aplicável por subsidiariedade, "anulado o ato, consideram-se de nenhum efeito todos os subsequentes que dele dependam". A lógica é a mesma empregada na prova ilícita por derivação, no sentido que a prova originalmente contaminada macula as dela decorrentes.

A previsão encontra-se estampada no §1º do art. 573 do CPP: "A nulidade de um ato, uma vez declarada, causará a dos atos que dele diretamente dependam ou sejam consequência". O §2º, por sua vez, reforça o conteúdo ao prever que o "o juiz que pronunciar a nulidade declarará os atos a que ela se estende".

O princípio da causalidade, também conhecido como **princípio da extensão, da sequencialidade, da contaminação ou da consequencialidade**, norteia a lógica interpretativa no sentido de preservar os atos processuais cuja realização não guardem matriz consequencialista com a nulidade original. Pelo subprincípio da conservação dos atos processuais, os atos derivados de fontes independentes não devem ser maculados com o vício de um ato que com ele não guarde relação. À guisa de exemplo, um depoimento contaminado no curso da instrução probatória não vicia a prova pericial produzida, porquanto independente. Não há razão, portanto, para se anular toda a instrução criminal, em razão da máxima *utile per inutiler non viciatur*.

Seguindo-se a mesma lógica, no caso de atos complexos a nulidade de uma parte do ato não prejudicará as outras que dela sejam independentes (art. 281, parte final, CPC, c/c art. 3º, CPP). Referida previsão estampa o subprincípio do confinamento das nulidades, na medida em que o magistrado, ao indicar os atos atingidos pela nulidade, a confina e tais atos, mantendo válidos os independentes como forma de conservá-los.

32.5.3 Princípio do interesse

De acordo com o princípio do interesse, a parte que deu causa ao vício não poderá pugnar pela anulação do ato. Segundo o art. 565 do CPP, "nenhuma das partes poderá arguir nulidade a que haja dado causa, ou para que tenha concorrido, ou referente a formalidade cuja observância só à parte contrária interesse". Em síntese, segundo a lógica do princípio, a parte não pode alegar a própria torpeza como fundamento para anulação do ato.

Não obstante, o princípio só possui aplicação às causas de nulidade relativa, não se aplicando às hipóteses de nulidade absoluta, porquanto os vícios que as macula é tão severo e de interesse público, que pode ser declarada de ofício pelo magistrado.

Outra exceção à aplicação do princípio do interesse envolve a atuação do Ministério Público no processo, haja vista que, além de exercer a função de órgão acusador, antes lhe incumbe a defesa da ordem jurídica, do regime democrático e dos interesses sociais e individuais indisponíveis nos termos do art. 127 da CF. Nesse sentido, alijar o *parquet* de alegar uma nulidade que tenha dado causa, mas que favoreça ao réu, ou que tenha o condão de beneficiar o acusado, significa erigir a forma processual a uma posição superior às funções constitucionais da instituição. Antes de acusador, o promotor de justiça deve zelar pela ordem jurídica. Assim, não se aplica o princípio ao Ministério Público quando parte, desde que em benefício do réu[20], ou fiscal da ordem jurídica.

32.6 NULIDADES EM ESPÉCIE

Além das nulidades espalhadas ao longo do CPP, as nulidades em espécie foram previstas no art. 564 do CPP, as quais trabalharemos sob a luz da doutrina e da jurisprudência. Art. 564. A nulidade ocorrerá nos seguintes casos:

32.6.1 Por incompetência, suspeição ou suborno do juiz (art. 564, I)

O estudo da competência foi realizado em capítulo próprio, ao qual remetemos o leitor para aprofundamento e revisão, porquanto o assunto que envolve as nulidades pressupõe o conhecimento da matéria.

No momento, vale lembrar que no caso de incompetência relativa, tem prevalecido o entendimento de que se não arguida em tempo oportuno, haverá sua prorrogação, não gerando nulidade (art. 108, CPP). Segundo dispõe o art. 567, CPP, a incompetência do juízo anula somente os atos decisórios, devendo o processo, quando for declarada a nulidade, ser remetido ao juiz competente.

Vale lembrar que, nos termos do enunciado do **enunciado 706 da Súmula do Supremo Tribunal Federal**, "é relativa a nulidade decorrente da inobservância da competência penal por prevenção".

> O reconhecimento da incompetência relativa do Juízo não acarreta, por si só, a nulidade dos atos processuais, sendo legítimo que, posteriormente, o Juízo competente os ratifique, ainda que implicitamente, como ocorreu no caso em apreço. AgRg no RHC 134550/MG, Rel. Min. Laurita Vaz, 6ª Turma, DJe 04.04.22.
>
> Iniciadas as investigações, com a determinação de quebra de sigilo bancário e fiscal dos supostos envolvidos na prática de crimes, posterior descobrimento de novos delitos, suficientes para o deslocamento da competência inicialmente verificada, não se traduz em

20. A despeito de ter a missão de defender a ordem jurídica, o Ministério Público não possui um cheque em branco para, por exemplo, beneficiar-se de uma nulidade relativa a que deu causa, pleiteando a anulação do ato tão somente porque as consequências produzidas não permaneceram na linha de desdobramento planejada.

> nulidade da decisão judicial proferida por juízo aparente, sobretudo quando os referidos atos são ratificados pelo juízo competente. (AgRg no RHC n. 45.401/RJ, relator Ministro Rogerio Schietti Cruz, Sexta Turma, DJe de 30/10/2018.)

No tocante à incompetência absoluta, parte da doutrina sustenta a ocorrência de atos inexistentes, o qual não concordamos, vez que, mesmo incompetente, o magistrado exerce a jurisdição, tratando-se, para nós, nulidade absoluta.

> No caso dos autos, verifica-se que a Corte de origem invocou fundamentos para rechaçar a pretensão de anulação dos atos decisórios praticados pelo juiz estadual que estão em sintonia com o entendimento deste Tribunal, cuja jurisprudência se consolidou no sentido de que, mesmo em caso de reconhecimento da incompetência absoluta do Juízo estadual, é possível a ratificação dos atos decisórios pelo Juízo federal a quem será remetida a ação penal. HC 736886/MS, Rel. Min. Jesuíno Rissato, Des. convocado do TJDFT, 5ª Turma, DJe 20.06.22.

Vale destacar que, mesmo nos casos de incompetência absoluta, é possível a ratificação dos atos decisórios, razão pela qual as provas colhidas ou autorizadas por juízo aparentemente competente podem ser confirmadas *a posteriori*, consoante já decidiram o Supremo Tribunal Federal e o Superior Tribunal de Justiça[21].

O STF, em caso no qual o agente foi processado em juízo absolutamente incompetente, tendo sido absolvido, entendeu pela formação da coisa julgada pela adoção do princípio do *ne bis in idem*.

> *HABEAS CORPUS*. PROCESSUAL PENAL. PERSECUÇÃO PENAL NA JUSTIÇA MILITAR POR FATO JULGADO NO JUIZADO ESPECIAL DE PEQUENAS CAUSAS, COM TRÂNSITO EM JULGADO: IMPOSSIBILIDADE: CONSTRANGIMENTO ILEGAL CARACTERIZADO. ADOÇÃO DO PRINCÍPIO DO NE BIS IN IDEM. *HABEAS CORPUS* CONCEDIDO. 1. Configura constrangimento ilegal a continuidade da persecução penal militar por fato já julgado pelo Juizado Especial de Pequenas Causas, com decisão penal definitiva. 2. A decisão que declarou extinta a punibilidade em favor do Paciente, ainda que prolatada com suposto vício de incompetência de juízo, é susceptível de trânsito em julgado e produz efeitos. A adoção do princípio do *ne bis in idem* pelo ordenamento jurídico penal complementa os direitos e as garantias individuais previstos pela Constituição da República, cuja interpretação sistemática leva à conclusão de que o direito à liberdade, com apoio em coisa julgada material, prevalece sobre o dever estatal de acusar. Precedentes. 3. *Habeas corpus* concedido. HC 86606/MS, Rel. Min. Cármen Lúcia, DJe 03.08.07.

Por outro lado, tratando-se de condenação proferida por juízo absolutamente incompetente, em decisão prolatada no dia 08/03/2021, nos autos do *Habeas Corpus* 193.726/PR, de relatoria do Ministro Edson Fachin, posteriormente ratificada pelo Plenário do Supremo Tribunal Federal, reconheceu-se a *incompetência* da 13ª Vara Federal da Subseção Judiciária de Curitiba/PR para o processamento e julgamento das ações penais movidas, com a declaração de nulidade de todos os atos decisórios nelas prolatados, alcançando, inclusive, o *decisum* reclamado.

No que concerne à **suspeição**, estudada no capítulo dos sujeitos processuais, ao qual remetemos o leitor para evitarmos repetições, e de **impedimento ou incompatibilidade,** não previstas expressamente no art. 564, I, CPP, prevalece o entendimento que se trata de nulidade absoluta, porquanto impactam, diretamente, na imparcialidade do magistrado.

21. AgRg no RHC 109.684/BA, Ministro Jorge Mussi, Quinta Turma, DJe 07.06.19.

De igual modo, nos casos de **suborno**, palavra não técnica sob a luz do Direito Penal, e que, portanto, deve ser interpretada em seu sentido popular, igualmente haverá a nulidade absoluta por quebra da imparcialidade.

32.6.2 Ilegitimidade de parte (art. 564, II)

Tratada pelo CPP no Título das Nulidades, a ilegitimidade de parte, na realidade, é causa de extinção do processo sem resolução do mérito, pois ataca, diretamente, uma das condições da ação[22] (art. 395, II, CPP), a exemplo da denúncia ofertada pelo Ministério Público nos crime de ação penal de iniciativa privada.

Ocorrendo a situação de processamento do feito, ainda que com parte ilegítima, circunstância que pode ocorrer nas hipóteses de desclassificação de um delito inicialmente processado por ação penal de iniciativa pública, a exemplo do dano qualificado contra o patrimônio da União (art. 163, parágrafo único, III, CP) que, posteriormente, é desclassificado para dano simples, processado por ação penal de iniciativa privada, o processo deverá ser extinto, porquanto a convalidação não se torna possível. Nesses casos, a extinção do processo não impede que a parte legítima venha a intentar nova ação penal.

Tratando-se, contudo, de nulidade por ilegitimidade do representante da parte, essa poderá ser a todo tempo sanada, mediante ratificação dos atos processuais (art. 569).

32.6.3 Falta da denúncia, queixa, representação ou requisição do Ministro da Justiça (art. 564, III, a)

A falta de denúncia ou queixa, na realidade, é causa de inexistência jurídica do processo, que pressupõe a iniciativa das partes. Logo, não se trata de nulidade, mas de inexistência jurídica.

O art. 564, III, *a*, do CPP, menciona tão somente a falta de representação, mas naturalmente, a interpretação deve contemplar a requisição do Ministério da Justiça, haja vista que, nitidamente, o legislador quis se referir às ações penais públicas condicionadas.

A falta da condição de procedibilidade, para nós, caracteriza nulidade absoluta quando sua necessidade for conhecida *ab initio*, a exemplo do crime de estelionato (art. 171, §5º, CP), gerando a nulidade de todos os atos processuais, inclusive o recebimento da denúncia. Especial atenção deve ser dispensada, contudo, nas hipóteses de desclassificação do delito, originalmente processado por ação penal pública incondicionada, mas desclassificado, ao final, para crime que pressupõe a representação, a exemplo de uma denúncia pelo crime de lesão corporal grave (art. 129, I, CP), ao final desclassificado para sua modalidade leve (art. 129, *caput*, CP), que pressupõe a representação. Nesse caso, não se pode falar em nulidade de plano, porquanto a representação não era exigida segundo a imputação original. Assim, desclassificado o delito, o ofendido deverá ser intimado para se manifestar quanto à representação que, não sendo ofertada, dará ensejo à extinção do processo por ausência de condição de procedibilidade.

BRASILEIRO[23] (2020, p. 1713), ao comentar o dispositivo, sustenta que:

22. Remetemos o leitor aos capítulos da ação penal e procedimentos para aprofundamento.
23. *op.cit.*

> A nulidade absoluta a que se refere o art. 564, III, "a", do CPP, ocorrerá apenas na hipótese de ausência das peças processuais aí elencadas. Quando tais peças, embora presentes, não preencherem os requisitos legais, deve ser aplicado o disposto no art. 564, IV, do CPP, que se refere à omissão de formalidade que constitua elemento essencial do ato. Assim, **enquanto a ausência de denúncia é causa de nulidade absoluta, a inépcia da peça acusatória, em virtude da deficiência da narrativa do fato delituoso, por exemplo, é causa de mera nulidade relativa**, daí por que deve ser arguida oportunamente, sob pena de preclusão.

Com a devida vênia, não nos parece que a inépcia da petição inicial seja mera causa de nulidade passível de convalidação pela preclusão. Se inepta a denúncia, inapta será para deflagar o processo penal. Logo, entendemos que a hipótese impõe o reconhecimento da nulidade dos atos processuais e consequente extinção do processo sem resolução do mérito.

O dispositivo ainda se refere à nulidade por falta da portaria ou do auto de prisão em flagrante nos processos de contravenções penais. Conforme vimos, a ação penal de iniciativa pública não se inicia por portaria ou APFD, de sorte que o dispositivo, nesse trecho, não foi recepcionado pela Constituição Federal.

Por outro lado, tratando-se de meras omissões da denúncia ou da queixa, da representação, poderão ser supridas a todo o tempo, antes da sentença final (art. 569, CPP).

32.6.4 Ausência do exame do corpo de delito nos crimes que deixam vestígios (art. 564, III, b)

O exame do corpo de delito foi estudado no capítulo pertinente a provas, ao qual remetemos o leitor para complementação. O art. 158 do CPP dispõe que quando a infração deixar vestígios, será indispensável o exame de corpo de delito, direto ou indireto, não podendo supri-lo a confissão do acusado.

A norma assinala a obrigatoriedade na realização do exame de corpo de delito como forma de se comprovar, ainda que indiretamente, a materialidade delitiva. Contudo, há situações em que os vestígios do delito não mais subsistem para fins de realização do corpo de delito direto. Nesses casos, há que se aplicar a regra do art. 167 do CPP, expressamente excepcionada pelo art. 564, III, *b*, CPP.

Parcela majoritária da doutrina sustenta, com lastro no art. 564, III, "b", CPP, que a ausência de exame de corpo de delito produz nulidade no processo por crimes que deixam vestígios, com a ressalva do disposto no art. 167 do CPP. Destaca ainda a doutrina que a nulidade é absoluta, vez que o art. 572 do CPP não destaca a nulidade como sanável.

Não é esse, contudo, o entendimento predominante no STJ, que reiteradamente vem decidindo pela ausência de nulidade absoluta e flexibilizando a imperatividade probatória do exame de corpo de delito em situações distintas:

> Nos termos da jurisprudência desta Corte, o estupro se consuma independente da conjunção carnal e de vestígios, assim, até mesmo a ausência de exame de corpo de delito não acarretaria a nulidade do feito, sobretudo quando presentes outras provas aptas a comprovar a materialidade delitiva, como ocorreu na hipótese. Precedentes. AgRg no AREsp 1962527/MG, DJe 16.12.21.
>
> Embora não se desconheça a relevância do exame de corpo de delito quando a infração penal deixar vestígios, não há motivos para se declarar a nulidade processual quando a materialidade delitiva restar comprovada por outros elementos probatórios. AgRg no Resp 1918567/SP, DJe 14.06.21.

32.6.5 Falta de nomeação de defensor ao réu presente, que o não tiver, ou ao ausente, e de curador ao menor de 21 anos (art. 564, III, c)

A defesa técnica é imprescindível ao processo, de forma que, estando o acusado sem defensor, processo será nulo desde a não apresentação de defesa. A nulidade, *in casu*, é absoluta, pois nenhum acusado, ainda que ausente ou foragido, será processado ou julgado sem defensor (art. 261, CPP), como decorrência dos princípios da ampla defesa e contraditório, de matriz constitucional.

Não por outra razão o STF editou as Súmulas 523 e 708 versando sobre o tema:

> **Súmula 523**: "no processo penal, a falta de defesa constitui nulidade absoluta, mas a sua deficiência só o anulará se houver prejuízo para o réu".
>
> **Súmula 708**: "é nulo o julgamento da apelação se, após a manifestação nos autos da renúncia do único defensor, o réu não foi previamente intimado para constituir outro".

Vale lembrar que a expressão "réu ausente" deve ser compreendida como o acusado citado por edital que não comparece ou constitui defensor nos autos, circunstâncias que implicam a aplicação do art. 366 do CPP. Assim, suspenso o processo, não há razões para se nomear defensor quando da suspensão, vez que o processo não tramitará. Determinando o magistrado, todavia, a produção antecipada de provas, deverá nomear defensor para o acusado, sob pena de nulidade.

No que tange à parte final do art. 564, III, *c*, CPP, não mais se justifica a nomeação de curador para o agente menor de 21 anos, vez que, de acordo com o art. 5º do Código Civil, a menoridade cessa aos 18 anos completos, não havendo mais que se trabalhar com a ideia de incapaz menor de 21 anos. Apesar da ausência de previsão, não se pode olvidar da necessidade de nomeação de curador ao acusado incapaz por inimputabilidade por questões mentais (art. 151 do CPP), sob pena de nulidade.

32.6.6 Não intervenção do Ministério Público (art. 564, III, d)

O dispositivo prevê a situação de intervenção do Ministério Público em todos os termos da ação por ele intentada e nos da ação intentada pela parte ofendida, quando se tratar de crime de ação pública. Distingue, portanto, duas situações: ações penais de iniciativa do próprio órgão e ações penais de iniciativa pública movidas pelo ofendido por meio de queixa subsidiária.

A falta de intervenção do Ministério Público nas ações por ele movidas pode caracterizar nulidade absoluta ou relativa, a depender da situação. Caso a intervenção não se realize por ausência de intimação, entendemos tratar-se de hipótese de nulidade absoluta, por violação da paridade de armas e cerceamento da acusação.

Entretanto, tendo sido regularmente intimado e não existindo justificativa razoável para a não intervenção, tratando-se de atos de instrução, a doutrina majoritária entende pela ocorrência de nulidade relativa. Não obstante, não podemos nos esquecer do teor do art. 565 do CPP, que assinala que **nenhuma das partes poderá arguir nulidade a que haja dado causa**, ou para que tenha concorrido, ou referente a formalidade cuja observância só à parte contrária interesse. Assim, como o *parquet* não poderia alegar a nulidade, porque causador dessa, a nulidade relativa que se menciona só poderia ser alegada pela defesa. Na prática, para nós, não haverá qualquer nulidade, desde que o magistrado, ao formular suas perguntas, não assuma o papel de substituto da acusação, especialmente porque formula suas indagações após a defesa (art. 212, parágrafo único, CPP). Segundo o STF[24]:

> 1. Esta SUPREMA CORTE já decidiu que "**a ausência do representante do Parquet na audiência de instrução e julgamento, apesar de devidamente intimado, não impede que o Magistrado prossiga com o ato**", bem como "não obsta o Juiz de promover a inquirição das testemunhas, desde que respeitadas às formalidades previstas no Código de Processo Penal Brasileiro" (HC 135.371/SC, Rel. Min. GILMAR MENDES, DJe de 11/10/2016). No mesmo sentido: HC 204.775/MG, Rel. Min. Alexandre de Moraes, DJe de 17/8/2021. 2. Nessas circunstâncias, não há que se falar em violação do sistema acusatório, sobretudo porque a legislação processual penal, em decorrência dos princípios da busca da verdade real e do impulso oficial, previu hipóteses de atuação, como na espécie, pelo Juiz processante (CPP, arts. 209 e 212). 3. Além disso, ficou registrado que não se observa nenhum prejuízo à defesa, que, inclusive, esteve presente na audiência ora atacada. Ainda, o impetrante nem sequer indicou de que modo a renovação do referido ato processual com a presença do Ministério Público poderia beneficiar o acusado, limitando-se a apontar, mediante considerações genéricas, violação ao devido processo legal (HC 212669 AgR, Relator(a): Alexandre de Moraes, Primeira Turma, DJe 06.04.22).

Tratando-se, contudo, de atos postulatórios, como alegações orais e debates no plenário do Júri, não há como se afastar a nulidade absoluta quando não realizadas pelo *parquet*, porquanto aptas a caracterizar a tentativa de desistência da ação penal, procedimento incompatível com o princípio da indisponibilidade da ação penal pública (art. 42, CPP).

Por outro lado, na seara da queixa subsidiária, está consolidado o entendimento que a não intervenção ministerial caracteriza mera nulidade relativa, cujo reconhecimento pressupõe a alegação em tempo oportuno e a demonstração do prejuízo segundo a linha dominante.

32.6.7 Ausência de citação, do interrogatório do acusado e de concessão dos prazos à acusação e à defesa (art. 564, III, e)

O dispositivo legal contém três previsões: ausência de citação do réu; ausência de interrogatório, quando presente o réu; ausência de concessão de prazos à acusação e defesa.

No que toca à **ausência de citação**, vale lembrar que essa é o ato processual que cientificado o acusado acerca da propositura de uma ação penal contra sua pessoa e o chama a produzir sua defesa. Assegura, portanto, a ciência e a oportunidade que, no caso, é obrigatória, ainda que por defensor nomeado. A ausência de citação caracteriza, em regra, nulidade absoluta por violar os princípios do contraditório e ampla defesa. Dissemos em regra porque, ainda que não realizada a citação em seu sentido formal, havendo inequívoca ciência do processo pela outorga de procuração, inclusive com apresentação de defesa construída sobre a imputação e elementos de investigação,

24. No mesmo sentido é o entendimento do STJ: "Segundo o entendimento majoritário desta Corte, não há qualquer vício a ser sanado nas hipóteses em que, apesar de intimado, o Ministério Público deixa de comparecer à audiência e o Magistrado, condutor do processo, formula perguntas às testemunhas sobre os fatos constantes da denúncia, mormente nas hipóteses em que a defesa não se insurge no momento oportuno e que não há demonstração de efetivo prejuízo (art. 563 do CPP)." (REsp 1.348.978/SC, Rel. Ministro Rogério Schietti Cruz, Rel. p/ Acórdão Ministro Nefi Cordeiro, 6ª Turma, DJe 17.02.16). Hipótese em que a instrução processual foi encerrada sem qualquer manifestação da defesa acerca da nulidade ora arguida, que tampouco foi suscitada nas alegações finais, ou mesmo nas razões de apelação. (HC 661.506/MA, Rel. Ministro Ribeiro Dantas, 5ª Turma, DJe 28.06.21).

apresentada por comparecimento espontâneo, não há razões para se anular o processo, haja vista a satisfação da finalidade que se alcançaria com o ato formal.

Não por outra razão, o art. 570 do CPP dispõe que "a falta ou a nulidade da citação, da intimação ou notificação estará sanada, desde que o interessado compareça, antes de o ato consumar-se, embora declare que o faz para o único fim de argui-la. O juiz ordenará, todavia, a suspensão ou o adiamento do ato, quando reconhecer que a irregularidade poderá prejudicar direito da parte.

A situação não é incomum quando contra o acusado pesa a decretação de prisão preventiva, levando-o permanecer distante da Justiça, mas constitui advogado para produzir sua defesa. Nesse vetor interpretativo está a jurisprudência do STF:

> O ato dito coator está em consonância com a jurisprudência desta Suprema Corte no sentido de que **a irregularidade na citação fica sanada pelo comparecimento espontâneo do réu.** No caso, o Agravante compareceu voluntariamente à secretaria do Juízo de origem, momento em que tomou ciência da ação penal e requereu a constituição de defensor dativo para representá-lo em juízo, tendo este, inclusive, apresentado as peças de resposta à acusação e de alegações finais. HC 188593 AgR, Rel. Min. Rosa Weber, 1ª Turma, DJe 05.05.22.
>
> **Eventual nulidade da citação do acusado é sanada com a constituição de defesa técnica que passou a atuar desde o início do processo, com oferecimento de alegações preliminares, requerimentos e alegações finais** (HC nº 94.619/SP, Rel. Min. Ellen Gracie, 2ª Turma, DJ de 25/9/08).

Especial atenção deve ser prestada nas hipóteses de citação por edital, as quais exigem o esgotamento dos meios possíveis para a localização do réu, sob pena de nulidade conforme entendimento do STF[25].

No que concerne à **ausência de interrogatório**, por ser esse ato essencial de autodefesa, integrante da ampla defesa conferida constitucionalmente ao acusado, sua não realização poderá caracterizar a nulidade absoluta. A nulidade estará configurada quando não for oportunizado ao acusado o direito de exercer sua autodefesa, isto é, quando não for intimado para o ato. Entretanto, tendo sido regularmente intimado, caso opte por não comparecer à audiência para prestar sua versão sobre os fatos, não haverá qualquer nulidade, porquanto a autodefesa é renunciável, tanto que, ainda que presente, poderá permanecer em silêncio.

Cumpre destacar, contudo, que o STJ, no julgamento do Resp 1946472/PR, DJe. 25.09.23, fixou a seguinte tese, o rito de recursos repetitivos, afastando a nulidade absoluta no caso de inversão da ordem do interrogatório:

> O interrogatório do réu é o último ato da instrução criminal. A inversão da ordem prevista no art. 400 do CPP tangencia somente à oitiva das testemunhas e não ao interrogatório. O eventual reconhecimento da nulidade se sujeita à preclusão, na forma do art. 571, I e II, do CPP, e à demonstração do prejuízo para o réu.

Por fim, no que alude à parte final do art. 564, III, *e*, do CPP, não concessão de prazos à acusação e à defesa, vale destacar que a redução do prazo legalmente fixado igualmente é apta a caracterizar a nulidade. O vício é concebido como relativo pela doutrina majoritária, haja vista a previsão do art. 572, I e III, que admite a cessação da mácula

25. HC 125304 AgR, Rel. Min. Rosa Weber, 1ª Turma, DJe 26.05.17.

quando não arguidas em tempo oportuno e a parte, ainda que tacitamente, tiver aceito os seus efeitos, respectivamente.

O STJ, no julgamento do AgRg no HC 747251[26], entendeu que a concessão de prazo sucessivo de 5 dias, em sede do art. 422 do CPP, que não encontra previsão expressa, é medida discricionária, sendo necessário que a defesa demonstre o efetivo prejuízo causado, ao ter sido indeferido seu pedido de abertura de prazo sucessivo. Segundo a Corte, o artigo 422 do Código de Processo Penal permite que, na preparação do processo para julgamento em Plenário, o Ministério Público e a defesa juntem documentos, apresentem rol de testemunhas e requeiram diligências, sem referir se o prazo fluirá sucessiva ou simultaneamente para as partes, de forma que o prazo comum determinado pelo juízo de origem não configura violação à disposição legal.

A decisão, em nossa compreensão, equivoca-se quanto à possibilidade dos autos ainda serem físicos e a intimação pessoal do Ministério Público ser pessoal e com vista dos autos, circunstância impeditiva do prazo comum. Ademais, ainda que eletrônicos os autos, não se pode afastar da defesa o direito de manifestar após a acusação. No procedimento do júri, o arrolamento das testemunhas pela defesa depende, naturalmente, do rol apresentado pela acusação, sob pena de violação da ampla defesa.

32.6.8 No procedimento do Tribunal do Júri (art. 564, III, f, g, h, i, j, k e l)

Segundo o art. 564, III, *f*, CPP, a ausência da sentença de pronúncia, do libelo e a falta de entrega da respectiva cópia, com o rol de testemunhas, nos processos perante o Tribunal do Júri, caracteriza nulidade.

A falta da sentença de pronúncia impede o prosseguimento para a segunda etapa do procedimento bifásico, pois é a decisão de pronúncia que delimita a acusação para julgamento pelo tribunal popular. Não se trata, portanto, de nulidade, mas inexistência jurídica do ato, imprescindível para prosseguimento do processo.

O libelo acusatório, por sua vez, deixou de existir no ordenamento jurídico pátrio com as alterações promovidas pela Lei 11.689/08, tornando sem aplicação a segunda parte da alínea *f*.

A alínea *g* assinala a nulidade por falta de intimação do réu para a sessão de julgamento, pelo Tribunal do Júri, quando a lei não permitir o julgamento à revelia. Conforme vimos no estudo do procedimento do júri, a nulidade em questão somente ocorrerá **se não for realizada a intimação do acusado** ou se esse, **preso, não tiver dispensado sua presença em conjunto com o defensor**, nos termos do art. 457, *caput*, e §2º, do CPP[27]. Isso porque a reforma de 2008, promovida no CPP, passou a permitir o julgamento do réu solto, devidamente intimado, que não comparece à sessão de forma injustificada.

A alínea *h*, por sua vez, prevê a nulidade por falta de intimação das testemunhas arroladas no libelo e na contrariedade, nos termos estabelecidos pela lei. Conforme vimos, não há mais a figura do libelo crime acusatório, razão pela qual a compreensão

26. DJe 08.08.22.

27. Art. 457. O julgamento não será adiado pelo não comparecimento do acusado solto, do assistente ou do advogado do querelante, que tiver sido regularmente intimado.
§ 2º Se o acusado preso não for conduzido, o julgamento será adiado para o primeiro dia desimpedido da mesma reunião, salvo se houver pedido de dispensa de comparecimento subscrito por ele e seu defensor.

do dispositivo deve passar pelo atual art. 422, que assinala que o juiz presidente do Tribunal do Júri, ao receber os autos, determinará a intimação do órgão do Ministério Público ou do querelante, no caso de queixa, e do defensor, para, no prazo de 5 (cinco) dias, apresentarem rol de testemunhas que irão depor em plenário, até o máximo de 5 (cinco), oportunidade em que poderão juntar documentos e requerer diligência. Apesar da inexistência do libelo, o CPP previu o momento processual para intimação das partes para arrolarem testemunhas.

Arroladas as testemunhas, deverão ser intimadas regularmente para a sessão de julgamento. Caso a testemunha não seja intimada, por exemplo, por omissão do cartório judicial, e o julgamento seja realizado sem anuência da parte que a arrolou e registrou a necessidade de inquirição, a nulidade estará caracterizada. Entendemos que a nulidade é relativa, porquanto apregoadas as testemunhas e verificando-se a ausência de uma por ausência de intimação, a parte que a arrolou deverá se manifestar pelo adiamento do ato, haja vista que sua inquirição em plenário integra o exercício adequado da acusação e a ampla defesa.

A alínea *i* dispõe pela nulidade do processo se a sessão do Tribunal do Júri for instalada com a presença de menos de 15 jurados. Conforme estudamos no capítulo pertinente ao rito especial, o art. 463, *caput*, CPP, prevê o número de quinze jurados como o mínimo para instalação da sessão. Havendo violação a tal dispositivo, a nulidade será absoluta.

Ainda com relação aos jurados, a alínea *j* prevê que a falta do sorteio dos jurados do conselho de sentença em número legal e a quebra de sua incomunicabilidade caracterizam nulidade[28]. Registre-se que o vício no sorteio igualmente macula o ato processual, configurando nulidade absoluta por envolver a escolha dos julgadores do fato.

A alínea *k* apregoa que a falta dos quesitos e as respectivas respostas caracteriza nulidade. Por evidência, a ausência de tais atos impede o conhecimento do resultado da votação e se essa for realizada em observância à forma legal. O parágrafo único do art. 564 ainda assinala que ocorrerá ainda a nulidade, por deficiência dos quesitos ou das suas respostas, e contradição entre estas. No tocante à deficiência dos quesitos, a jurisprudência tem trilhado a linha de que se trata de nulidade relativa, devendo ser arguida tão logo os quesitos sejam lidos em plenário nos termos do art. 484, *caput*, CPP.

Apesar de compreendemos a lógica do entendimento jurisprudencial[29], oscilante dentro do próprio STJ[30], não nos parece, contudo, seja possível assinalar uma nulidade relativa diante de quesitos ambíguos ou de quesitação obrigatória omitidos, haja vista que o art. 572 do CPP não elenca a hipótese como sanável. A questão, para nós, gira em

28. Para aprofundamento, remetemos o leitor para o capítulo do Tribunal do Júri para evitarmos repetições.

29. Quanto à deficiência na redação do referido quesito, a pretensa nulidade apontada pela defesa não foi registrada em ata - documento que traduz o ocorrido em plenário - e, portanto, estaria preclusa. AgRg no AREsp 983479/MG, DJe 29.11.19.

30. A constatação de que ambiguidade na redação de quesito pode evidenciar ter sido a decisão dos jurados manifestamente contrária às provas dos autos - com possibilidade de ocorrência de grave prejuízo ao réu, que, a depender da interpretação do questionamento, poderia ter sido absolvido - impõe a anulação do julgamento. Tendo em vista que a deficiência na formulação do quesito em comento foi identificada em contexto no qual se apurava se a decisão dos jurados era contrária às provas dos autos, o defeito nessa questão implica revolvimento do fato em sua totalidade, de modo que não há que se falar em anulação parcial do julgamento. AgRg no AgRg no AREsp 393763/SP, DJe 28.06.21.

torno da natureza da deficiência, de forma que a categorização como nulidade absoluta ou relativa dependerá da natureza do vício.

A alínea *l* preconiza que a falta de acusação ou defesa, na sessão de julgamento, acarretam a nulidade processual. Vale destacar que a sessão de julgamento sequer pode ser instalada na ausência do *actum trium personarum* (arts. 456 e 457 do CPP), de forma que, na remotíssima possibilidade de ocorrência de tal situação, o julgamento deverá ser considerado inexistente por vício de origem. O dispositivo, portanto, deve ser lido sob sua perspectiva substancial[31], no sentido da ausência de acusação e defesa por incompleto trabalho de apresentação das provas e circunstâncias do fato, a exemplo do promotor que apenas requer a condenação por sustentar entender que a prova dos autos é suficiente, ou do defensor que se limita a alegar que não há provas nos autos, sem trabalhar o conteúdo de sua alegação.

32.6.9 Ausência de sentença (art. 564, III, m)

A ausência de sentença, por si só, representa um não ato, não havendo motivos para se cogitar nulidade em ato inexistente. Aportando nos autos uma "sentença" proferida por pessoa não dotada de jurisdição, igualmente estaremos diante de um não ato jurídico. O dispositivo, portanto, deve ser compreendido sob a luz da formalidade da sentença, no sentido da inobservância de seus requisitos pode dar azo à nulidade, como uma sentença[32] *citra*, *ultra* ou *extra petita*.

32.6.10 Falta do recurso de ofício nos casos que a lei o tenha estabelecido (art. 564, III, n)

A ausência do chamado recurso de ofício[33], na realidade hipótese de reexame obrigatório, impede o trânsito em julgado da decisão[34], porquanto essa, após proferida, precisa ser apreciada pelo tribunal. Não há, portanto, nulidade na sentença, mas na eventual certidão de trânsito em julgado emitida.

Não obstante, havendo recurso voluntário das partes, não haverá vício a ser sanado, pois a finalidade da norma estará alcançada com o reexame pelo tribunal. Tratando-se de recurso parcial com relação à decisão, entendemos por satisfeito o requisito, haja vista que por ser a sede natural de validação da sentença e poder avocar o processo para que seja submetido ao duplo grau de jurisdição (art. 496, §1º, CPC c/c art. 3º, CPP), não haveria vício a ser sanado na hipótese do magistrado não "recorrer de ofício" da parte não impugnada da decisão, haja vista que o efeito devolutivo no caso será integral[35], mesmo em recurso parcial.

---

31. Para aprofundamento remetemos o leitor para o capítulo do Tribunal do Júri, onde estudamos as hipóteses de ausência de acusação e defesa.
32. Para evitarmos repetições remetemos o leitor para o capítulo da Sentença.
33. Art. 574, I, CPP (concessão e *habeas corpus* em primeiro grau) e art. 746, CPP (decisão que concede a reabilitação criminal). A legislação especial prevê outras situações, que tratamos com maiores detalhes no capítulo de Recursos.
34. Súmula 423, STF: Não transita em julgado a sentença por haver omitido o recurso "ex officio", que se considera interposto "ex lege".
35. Súmula 160 do STF: "é nula a decisão do Tribunal que acolhe, contra o réu, nulidade não arguida no recurso da acusação, ressalvados os casos de recurso de ofício".

32.6.11 Ausência de intimação de decisões recorríveis (art. 564, III, o)

O dispositivo prevê a nulidade nas hipóteses de falta de intimação, nas condições estabelecidas pela lei, para ciência de sentenças e despachos de que caiba recurso. A intimação de um ato decisório tem por escopo cientificar a parte sobre seu teor e permitir a interposição de recursos.

A ausência de intimação não gera a nulidade da decisão, mas tão somente de eventual certidão que atesta o trânsito em julgado ou a preclusão da decisão, vez que a falta da intimação sequer deflagra o início do prazo recursal.

Vale destacar, sobre o tema, a Súmula 431 do STF: "é nulo o julgamento de recurso criminal, na segunda instância, sem prévia intimação, ou publicação da pauta, salvo em *habeas corpus*". Há que se ressalvar, todavia, que caso a defesa tenha se manifestado previamente o interesse em promover a sustentação oral do *habeas corpus* no tribunal, o intimação será obrigatória, sob pena de nulidade absoluta.[36]

32.6.12 Falta de quórum legal para o julgamento nos Tribunais Superiores e nos Tribunais de 2º grau (art. 564, III, p)

De acordo com art. 564, III, *p*, do CPP, haverá nulidade na hipótese de falta de *quorum* legal para o julgamento no Supremo Tribunal Federal e nos Tribunais de Apelação[37]. Apesar da restrição e menção apenas aos "Tribunais de Apelação", o dispositivo deve ser interpretado sob a perspectiva histórica, vez que, quando da entrada em vigor do CPP, o STJ, o TSE, os TRFs e os TREs não existiam, sendo instituídos posteriormente. Assim, a adequada compreensão da alínea pressupõe a lógica da observância do *quorum* exigido no âmbito dos tribunais.

32.6.13 Omissão de formalidade que constitua elemento essencial do ato (art. 564, IV)

O inciso IV do art. 564 não se confunde com o inciso III do mesmo artigo, pois, enquanto o primeiro assinala a nulidade por omissão de formalidade que constitua elemento essencial do ato, ou seja, o ato existe, o segundo se refere à falta do ato em si.

A redação do dispositivo não é isenta de críticas no tocante à expressão "elemento essencial do ato", vez que, sendo elemento essencial, sua omissão é apta a desnaturar sua própria essência e, por via de consequência, tornar o ato inexistente. Não obstante, o dispositivo tem sido interpretado como se o "elemento essencial" fosse, na realidade, "requisito ou formalidade legal".

A leitura isolada do art. 572 do CPP, que permite a convalidação do ato maculado na hipótese de omissão de formalidade que constitua elemento essencial do ato, sugere que as nulidades daí decorrentes sejam todas relativas. Contudo, não se pode olvidar que uma omissão de formalidade de requisito do ato pode atingir direitos previstos na

36. STF: HC 110.877/SP, Rel. Min. Ricardo Lewandowski, 2ª Turma DJe 13.02.12. HC 105.728/RJ, Rel. Min. Dias Toffoli, 1ª Turma, j. 30.08.11.

37. Os Tribunais de Apelação equivalem aos atuais Tribunais de Justiça dos Estados e Distrito Federal, e Tribunais Regionais Federais.

Constituição Federal e Pacto de São José da Costa Rica, razão pela qual, havendo o ataque às normas do devido processo legal, contraditório e ampla defesa, estaremos diante da possibilidade de nulidade absoluta, a depender, conforme vimos, da caracterização do prejuízo conforme o entendimento prevalente no STF.

32.6.14 Carência de fundamentação na decisão (art. 564, V)

O dispositivo foi incluído pela Lei 13.964/19, Lei do Pacote Anticrime, que trouxe, em seu bojo as alterações no art. 315 do CPP, que passaram a prever, no §2º, de forma exemplificativa, hipóteses nas quais não se deve considerar fundamentada uma decisão judicial: § 2º Não se considera fundamentada qualquer decisão judicial, seja ela interlocutória, sentença ou acórdão, que: I - limitar-se à indicação, à reprodução ou à paráfrase de ato normativo, sem explicar sua relação com a causa ou a questão decidida; II - empregar conceitos jurídicos indeterminados, sem explicar o motivo concreto de sua incidência no caso; III - invocar motivos que se prestariam a justificar qualquer outra decisão; IV - não enfrentar todos os argumentos deduzidos no processo capazes de, em tese, infirmar a conclusão adotada pelo julgador; V - limitar-se a invocar precedente ou enunciado de súmula, sem identificar seus fundamentos determinantes nem demonstrar que o caso sob julgamento se ajusta àqueles fundamentos; VI - deixar de seguir enunciado de súmula, jurisprudência ou precedente invocado pela parte, sem demonstrar a existência de distinção no caso em julgamento ou a superação do entendimento.

A nulidade que atinge a fundamentação por carência é absoluta por duas razões: a) não está listada entre as hipóteses de sanabilidade (art. 572, CPP); b) o vício atinge a própria Constituição Federal (art. 93, IX), que impõe o dever de fundamentação às decisões judicial. Para evitarmos repetições remetemos o leitor aos capítulos da Prisão e Sentença, onde o dispositivo foi amplamente debatido.

32.7 MOMENTO PARA ARGUIÇÃO DAS NULIDADES

Consoante vimos no estudo das nulidades absolutas, essas não são passíveis, em regra, de convalidação, podendo ser arguidas a qualquer tempo e grau de jurisdição, podendo, inclusive, serem declaradas de ofício. Por outro lado, as nulidades relativas devem ser alegadas no momento adequado, previsto no art. 571 do CPP, sob pena de preclusão.

Pedimos especial atenção ao leitor, pois, na análise do art. 571 do CPP, já faremos a substituição dos artigos mencionados quando alterados por legislação posterior, de forma que o número do dispositivo original estará entre parêntesis. Vejamos o dispositivo: art. 571. As nulidades deverão ser arguidas:

I. as da instrução criminal dos processos da competência do júri, nos prazos a que se refere o art. art. 411, §§ 4º, 5º e 6º (406): o antigo art. 406 fazia referência às alegações finais na primeira fase do procedimento do júri, de forma que o art. 571, I do CPP, deve ser lido atualmente como: "as nulidades relativas a instrução criminal do juízo sumariante devem ser arguidas em sede de alegações finais".

II. as da instrução criminal dos processos de competência do juiz singular e dos processos especiais, salvo os dos Capítulos V[38] e VII[39] do Título II do Livro II, nos

38. Procedimento sumário, com art. 537 revogado. Segue-se, portanto, a lógica do procedimento ordinário.

39. Tacitamente revogado.

prazos a que se refere o art. 403 (500): o revogado art. 500 fazia menção às alegações finais, de modo o art. 582, II do CPP deve ser lido atualmente como: "as nulidades relativas da instrução criminal devem ser arguidas em sede de alegações finais". Vale, contudo, registrar que a redação, tanto do inciso I como a do inciso II, sugestionam o conceito de instrução criminal como aquela realizada após a apresentação da resposta à acusação ou defesa preliminar, haja vista que, ocorrendo algum vício entre o recebimento da inicial e a apresentação defesa, o vício deve ser alegado na primeira oportunidade em que couber à parte falar nos autos, sob pena de preclusão (art. 278, CPC, c/c art. 3º, CPP), e quebra dos princípios da lealdade e boa-fé.

III. as do processo sumário, no prazo a que se refere o art. 537, ou, se verificadas depois desse prazo, logo depois de aberta a audiência e apregoadas as partes: o processo sumário, antes da CF/88, tinha início por portaria ou APFD, motivo pelo qual as nulidades deveriam ser arguidas no prazo a que se referia a defesa prévia, do revogado art. 537 do CPP. Com a regulamentação atual do procedimento sumário, prevalece o entendimento que devem ser alegadas nos mesmos termos do procedimento ordinário, isto é, ocorrendo algum vício entre o recebimento da inicial e a apresentação defesa, deverá ser alegado na resposta à acusação, sendo que as "nulidades relativas a instrução criminal do procedimento sumário devem ser arguidas em sede de alegações finais".

IV. as do processo regulado no Capítulo VII do Título II do Livro II, logo depois de aberta a audiência: o Capítulo VII do Título II do Livro II do CPP foi revogado tacitamente pela reforma da Parte Geral do Código Penal de 1984, porquanto não mais se admite a imposição de medida de segurança por fato não criminoso (art. 549 a 555, CPP). Logo, o dispositivo também foi tacitamente revogado.

V. as ocorridas posteriormente à pronúncia, logo depois de anunciado o julgamento e apregoadas as partes (art. 463, *caput*, e §1º) (antigo art. 447): apesar de não previsto no art. 571, o art. 422 do CPP passou a prever, em substituição ao libelo e contralibelo, a possibilidade de as partes apresentarem rol de testemunhas que irão depor em plenário, até o máximo de 5 (cinco), juntarem documentos e requererem diligências. O art. 423, por sua vez, previu, em seu inciso I, que o juiz, ao deliberar sobre os requerimentos de provas a serem produzidas ou exibidas no plenário do júri, e adotadas as providências devidas, ordenará as diligências necessárias para sanar qualquer nulidade ou esclarecer fato que interesse ao julgamento da causa. A previsão estabeleceu uma nova etapa para saneamento de nulidades, para alcançar os fatos posteriores à pronúncia, na fase de preparação do processo para julgamento em plenário. Logo, o art. 571, V deve ser lido com cautela, para se compreender que as nulidades relativas ocorridas após a preparação do processo para julgamento em plenário deverão ser arguidas logo depois de anunciado o julgamento e apregoadas as partes.

VI. as de instrução criminal dos processos de competência do Supremo Tribunal Federal e dos Tribunais de Apelação, nos prazos a que se refere o art. 11, *caput*, ou 12, inc. I, da Lei 8.038/90 (art. 500, CPP): com a edição das Leis 8.038/90 e 8.658/93, os processos de competência originária do STF, STJ, Tribunais Regionais Federais e Tribunais de Justiça dos Estados e do Distrito Federal, passaram a seguir o rito previsto na Lei 8.038/90. Tem-se, portanto, que as nulidades relativas da instrução criminal dos processos de competência originária dos Tribunais devem ser alegadas nas alegações escritas (art. 11, *caput*, Lei 8.038/90), ou na sustentação oral (Lei nº 8.038/90, art. 12, I), sob pena de preclusão.

VII. se verificadas após a decisão da primeira instância, nas razões de recurso ou logo depois de anunciado o julgamento do recurso e apregoadas as partes: o dispositivo prevê que as nulidades verificadas após a decisão de primeiro grau devem ser arguidas nas razões recursais. De fato, havendo nulidade posterior, como em uma intimação, por exemplo, o momento oportuno é das razões recursais. Registre-se que as nulidades verificadas na própria sentença, as afastadas pela sentença, ou aquelas que ocorram entre as alegações finais e a sentença, podem igualmente ser objeto de alegação nas razões de recurso. O dispositivo ainda admite a alegação da nulidade logo depois de anunciado o julgamento do recurso e apregoadas as partes, isto é, quando da sustentação oral no tribunal.

VIII. as do julgamento em plenário, em audiência ou em sessão do tribunal, logo depois de ocorrerem: o dispositivo prevê a imediatidade na alegação da nulidade ocorrida durante julgamento em plenário, audiência ou sessão do tribunal. De fato, verificando-se o vício processual durante a realização do ato, deverá alegá-la de plano, sob pena de reclusão.

32.8 CONVALIDAÇÃO DOS ATOS PROCESSUAIS

A convalidação de um ato, isto é, sanear o vício para conferir-lhe validade, aplica-se, em regra, somente às nulidades relativas, haja vista que no caso das absolutas, havendo o trânsito em julgado da decisão, estarão convalidadas pela impossibilidade de revisão criminal *pro societate*.

A convalidação de um ato não se confunde com sua substituição por outro ou pelo comportamento da parte, como no caso da citação nula, em que o comparecimento espontâneo do acusado não sana a nulidade, mas apenas substitui o ato nulo. Parte da doutrina sustenta que a ausência de instrumento adequado para se decretar a nulidade não se confunde com a convalidação, haja vista que o fato de não existir forma de se impugnar o ato não transforma o ato viciado em ato legal. Nesses casos, a nulidade persistirá, mas nada poderá ser feito porque os efeitos finais do processo devem prevalecer, a exemplo de uma sentença absolutória transitada em julgado.

Apesar da razoabilidade do entendimento, correto sob a luz de um ato processual singular, não podemos nos olvidar do fato de que um ato processual é praticado em razão e no contexto de um processo, de forma que o encerramento definitivo do processo afasta qualquer relevância do ato viciado nos casos de sentença absolutória. Não o compreender como convalidado significaria atribuir ao ato vida própria, a despeito de desprovida de significado. Assim, entendemos por caracterizada da convalidação, vez que o ato deve ser concebido sob a luz de seu contexto, o processo.

Não se pode, igualmente, confundir suprimento e retificação. No **suprimento**, admite-se a superação de omissões, como na denúncia, cujas omissões podem ser supridas a qualquer momento, antes da sentença final (art. 569, CPP). Na **retificação**, ao contrário, uma parte do ato processual viciado passa por correção.

Especial atenção deve ser dedicada à **preclusão, primeira forma de convalidação dos atos**. A preclusão representa a perda de uma faculdade ou direito, seja pela não realização de um ato, pela realização de um ato incompleto ou pela prática de um ato incompatível com a alegação. Como consequência, a preclusão impede o regresso às fases anteriores do processo.

Estaremos diante da **preclusão temporal** quando a parte não alegar a nulidade processual no momento adequado, isto é, quando, a despeito da nulidade, a parte deixar de observar o marco final para sua impugnação, a exemplo das nulidades relativas ocorridas após a preparação do processo para julgamento em plenário, que deverão ser arguidas logo depois de anunciado o julgamento e apregoadas as partes. Não havendo a arguição, sendo relativa a nulidade, ocorrerá a preclusão.

Por outro lado, ocorrerá a **preclusão consumativa** quando a parte praticar o ato processual, isto é, exercer seu direito ou faculdade no momento adequado, e quedar-se omissa quanto à arguição do vício, como nos casos das nulidades relativas da instrução, que devem ser alegadas até as alegações finais. Não alegando a parte em sua manifestação final, haverá a convalidação da nulidade.

Por fim, verifica-se a **preclusão lógica** quando a parte praticar um ato incompatível com a alegação de nulidade, a exemplo da parte pleitear a liberdade provisória com lastro no resultado da prova pericial e, nas alegações finais, requerer a declaração de nulidade da mesma prova.

A **segunda forma de convalidação dos atos é a prolação da sentença**. Consoante se extrai do art. 282, § 2º, do CPC, "quando puder decidir do mérito a favor da parte a quem aproveite a declaração de nulidade, o juiz não a pronunciará nem mandará repetir o ato, ou suprir-lhe a falta". Com lastro no dispositivo, se a decisão de mérito for favorável ao prejudicado pelo ato viciado, não haverá interesse em pugnar pela nulidade. De fato, se a nulidade levantada versar sobre cerceamento de defesa e o tribunal, no julgamento do recurso, ainda que entendendo pela configuração do vício, compreender que existem provas suficientes para a absolvição, não haveria sentido em se anular o processo para determinar a realização da prova, atrasando a marcha processual, que só viria em reforço a um entendimento já existente.

A terceira forma de convalidação dos atos processuais é a coisa julgada. Por não existir no sistema jurídico pátrio a revisão criminal *pro societate*, a formação da coisa julgada funciona como cláusula geral de convalidação das nulidades absolutas ou relativas potencialmente prejudiciais ao acusado. Em síntese, ainda que o processo esteja repleto de máculas, caso o acusado tenha sido absolvido, com o trânsito em julgado da decisão, todos os vícios serão esquecidos.

Por outro lado, tratando-se de nulidades absolutas que podem trazer benefício à defesa, será possível seu reconhecimento mesmo após o trânsito em julgado, diante da existência de instrumentos aptos a impugná-las, a exemplo do *habeas corpus* e revisão criminal.

A quarta e última forma de convalidação dos atos é a ratificação. Ocorrerá essa quando o ato permitir a superação do vício por um comportamento posterior da parte, a exemplo de uma queixa-crime oferecida por menor de dezoito anos, que pode ser convalidada por ratificação dos atos por seu representante legal (art. 568, CPP).

32.9 JURISPRUDÊNCIA DO STJ

Conforme destacamos desde o início do capítulo, o tema nulidades tem recebido forte construção jurisprudencial, a ponto de sugestionarmos sua aproximação com o modelo da *Common Law*. Ao longo da obra, colacionamos diversas decisões dos Tribunais Superiores, sem que, contudo, tivéssemos a pretensão de esgotar o assunto.

Em 2016, o STJ lançou a edição 69 de sua Jurisprudência em teses, de modo que nos parece importante trazer referidas teses ao corpo do texto, porquanto aptas a exemplificar grande parte dos comentários realizados neste capítulo. Para evitarmos o alongamento do texto, não faremos menção a todos os julgados de referência que lastreiam as teses e somente realizaremos apontamentos nos casos em houve superação da tese.

1) A decretação da nulidade de ato processual requer prova inequívoca do prejuízo suportado pela parte, em face do princípio *pas de nullité sans grief*, previsto no art. 563 do Código de Processo Penal[40].

2) As nulidades surgidas no curso da investigação preliminar não atingem a ação penal dela decorrente[41].

3) As irregularidades relativas ao reconhecimento pessoal do acusado não ensejam nulidade, uma vez que as formalidades previstas no art. 226 do CPP são meras recomendações legais[42].

4) A ausência de intimação pessoal da Defensoria Pública ou do defensor dativo sobre os atos do processo gera, via de regra, a sua nulidade[43].

5) A nulidade decorrente da ausência de intimação - seja a pessoal ou por diário oficial - da data de julgamento do recurso não pode ser arguida a qualquer tempo, sujeitando-se à preclusão temporal[44].

6) O defensor dativo que declinar expressamente da prerrogativa referente à intimação pessoal dos atos processuais não pode arguir nulidade quando a comunicação ocorrer por meio da imprensa oficial[45].

7) A ausência de intimação da defesa sobre a expedição de precatória para oitiva de testemunha é causa de nulidade relativa[46].

8) A falta de intimação do defensor acerca da data da audiência de oitiva de testemunha no juízo deprecado não enseja nulidade processual, desde que a defesa tenha sido cientificada da expedição da carta precatória[47].

9) A inversão da ordem prevista no art. 400 do CPP, que trata do interrogatório e da oitiva de testemunhas de acusação e de defesa, não configura nulidade quando o ato for realizado por carta precatória, cuja expedição não suspende o processo criminal[48].

10) O falecimento do único advogado, ainda que não comunicado o fato ao tribunal, poderá dar ensejo à nulidade das intimações realizadas em seu nome[49].

11) Na intimação pessoal do réu acerca de sentença de pronúncia ou condenatória, a ausência de apresentação do termo de recurso ou a não indagação sobre sua intenção de recorrer não gera nulidade do ato[50].

---

40. Vide informativo de jurisprudência n... 580.
41. RHC 71442/MT, Rel. Ministro Antônio Saldanha Palheiro, Sexta Turma, julgado em 18/08/2016, DJe 29/08/2016.
42. AgRg no AgRg no AREsp 728455/SC, Rel. Ministro Sebastião Reis Júnior, Sexta Turma, julgado em 28/06/2016, DJe 03/08/2016.
43. Vide informativo de jurisprudência n. 560.
44. Vide informativo de jurisprudência n. 504.
45. Vide informativo de jurisprudência n. 560.
46. Vide informativo de jurisprudência n. 479. Vide Súmula 155/STF.
47. Vide informativo de jurisprudência n... 73). Vide Súmula 273/STJ.
48. AgRg no RMS 48000/SP, Rel. Ministro Félix Fischer, Quinta Turma, julgado em 09/08/2016, DJe 26/08/2016.
49. Vide informativo de jurisprudência n. 350.
50. Vide informativo de jurisprudência n. 579.

12) A inquirição das testemunhas pelo Juiz antes que seja oportunizada às partes a formulação das perguntas, com a inversão da ordem prevista no art. 212 do Código de Processo Penal, constitui nulidade relativa[51].
13) A falta de comunicação ao acusado sobre o direito de permanecer em silêncio é causa de nulidade relativa, cujo reconhecimento depende da comprovação do prejuízo[52].
14) A ausência do oferecimento das alegações finais em processos de competência do Tribunal do Júri não acarreta nulidade, uma vez que a decisão de pronúncia encerra juízo provisório acerca da culpa[53].
15) As nulidades existentes na decisão de pronúncia devem ser arguidas no momento oportuno e por meio do recurso próprio, sob pena de preclusão[54].
16) A instauração de inquérito policial em momento anterior à constituição definitiva do crédito tributário não é causa de nulidade da ação penal, se evidenciado que o tributo foi constituído antes de sua propositura[55].
17) É relativa a nulidade decorrente da inobservância da competência penal por prevenção (Súmula n. 706/STF)[56].
18) A utilização da técnica de motivação *per relationem* não enseja a nulidade do ato decisório, desde que o julgador se reporte a outra decisão ou manifestação dos autos e as adote como razão de decidir[57].
19) São nulas as provas obtidas por meio da extração de dados e de conversas privadas registradas em correio eletrônico e redes sociais (*v.g. WhatsApp e Facebook*) sem a prévia autorização judicial[58].
20) O compartilhamento de dados obtidos pela Receita Federal com fundamento no art. 6º da Lei Complementar n. 105/2001, mediante requisição direta às instituições bancárias no âmbito de processo administrativo fiscal, é considerado nulo, para fins penais, se não decorrer de expressa determinação judicial[59].

51. Vide informativo de jurisprudência n... 577.

52. Julgados: AgInt no AREsp 917470/SC, Rel. Ministro Reynaldo Soares da Fonseca, Quinta Turma, julgado em 02/08/2016, DJe 10/08/2016,

53. Vide informativo de jurisprudência n. 399.

54. (Vide informativo de jurisprudência n. 377.

55. HC 269546/SP, Rel. Ministro Nefi Cordeiro, Sexta Turma, julgado em 03/05/2016, DJe 12/05/2016; RHC 28621/CE, Rel. Ministro Sebastião Reis Júnior, Sexta Turma, julgado em 18/02/2016, DJe 08/03/2016.

56. Julgados: HC 305387/SP, Rel. Ministro Jorge Mussi, Quinta Turma, julgado em 18/08/2016, DJe 24/08/2016.

57. Vide informativo de jurisprudência n. 557.

58. Vide informativo de jurisprudência n. 583.

59. Vide informativo de jurisprudência n. 543. A Quinta Turma do Superior Tribunal de Justiça (STJ) entendeu que não há ofensa ao princípio da reserva de jurisdição, em virtude do compartilhamento com o Ministério Público para fins penais, de dados bancários legitimamente obtidos pela Receita Federal e compartilhados no cumprimento de seu dever legal, sem autorização judicial, por ocasião do esgotamento da via administrativa fiscalizatória, em virtude da constatação de possível prática de crime tributário. (AgRg nos EDcl no AREsp 1361814/RJ, Rel. Ministro Reynaldo Soares da Fonseca, Quinta Turma, julgado em 19/05/2020, DJe 27/05/2020)
Embora o compartilhamento de dados entre os órgãos de inteligência e fiscalização e o Ministério Público para fins penais seja plenamente aceitável, o STF entendeu, no julgamento **RHC 119.297, em 04.07.22, que** ele não pode acontecer sem autorização judicial antes de concluída a fiscalização tributária do contribuinte suspeito.
A decisão foi proferia em embargos de declaração no âmbito de recurso em *Habeas Corpus* e caracteriza um *distinguishing* em relação à tese firmada pelo Supremo Tribunal Federal em 2019 sobre o Tema 990.

21) Tema RR 1114, DJe 25.09.23: O interrogatório do réu é o último ato da instrução criminal. A inversão da ordem prevista no art. 400 do CPP tangencia somente à oitiva das testemunhas e não ao interrogatório. O eventual reconhecimento da nulidade se sujeita à preclusão, na forma do art. 571, I e II, do CPP, e à demonstração do prejuízo para o réu.
22) A realização do julgamento de forma virtual, mesmo com a oposição expressa da parte, não é, por si só, causa de nulidade ou cerceamento de defesa. AgRg no RtPaut no REsp 2.125.449-SP, Rel. Ministro Antonio Saldanha Palheiro, Sexta Turma, por unanimidade, julgado em 26/8/2024, DJe 29/8/2024.
23) Verificada a atuação extra autos do magistrado que influencia no depoimento do acusado, não se pode cogitar da validade do ato, nem sequer a pretexto de ausência de prejuízo, visto que a quebra de imparcialidade do juiz gera nulidade absoluta. Processo em segredo de justiça, Rel. Ministra Daniela Teixeira, Quinta Turma, por unanimidade, julgado em 15/10/2024.

32.10 SÍNTESE GRÁFICA

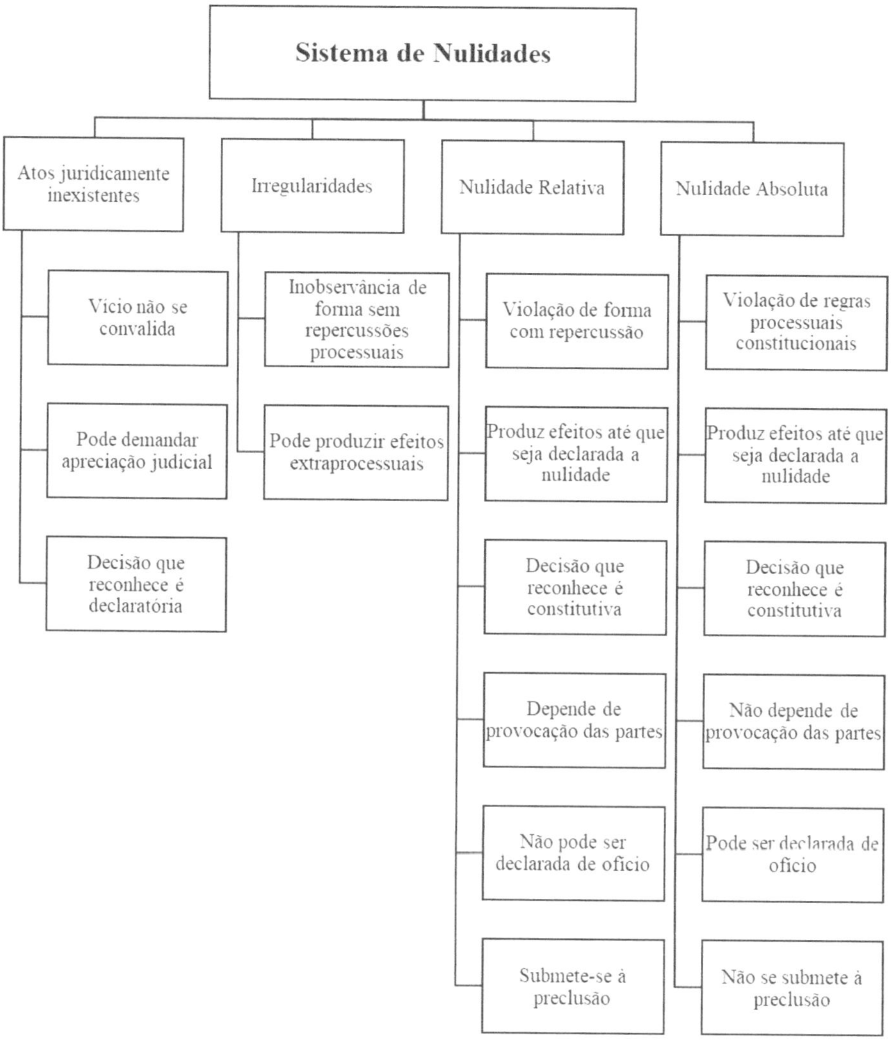

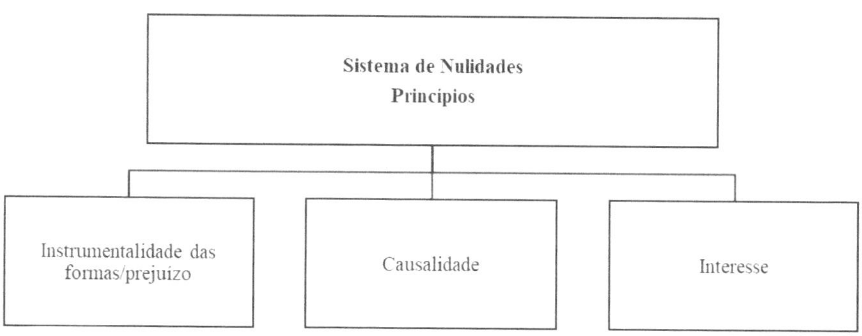

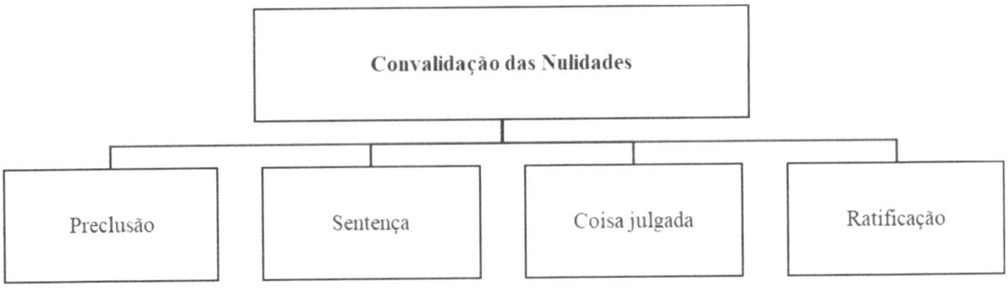

32.11 REVISÃO DO CAPÍTULO POR QUESTÕES DE CONCURSOS E ASSERTIVAS DE REFORÇO

QUESTÕES DE CONCURSO

1. (MP/SP 2022 - PROMOTOR DE JUSTIÇA SUBSTITUTO) Sobre o tema de nulidades no processo penal, é incorreto afirmar:

A. sem autorização judicial ou fora das hipóteses legais, é ilícita a prova obtida mediante abertura de carta, telegrama, pacote ou meio análogo.

B. no Plenário do Júri, a nulidade relativa ocorrida após a decisão de pronúncia deve ser arguida ao final do julgamento.

C. a falta ou vício da citação estará sanada, desde que o acusado compareça em juízo antes do ato consumar-se, embora declare que o faz para o único fim de argui-la. O juiz ordenará, todavia, a suspensão ou o adiamento do ato, quando reconhecer que a irregularidade poderá prejudicar direito da parte.

D. constatado o excesso de linguagem na decisão de pronúncia do magistrado, incide nulidade.

E. no caso de nulidade relativa, nenhuma das partes poderá arguir nulidade a que haja dado causa.

2. (DPE/PI 2022 - CESPE – DEFENSOR PÚBLICO). O tema das nulidades no processo penal é especialmente caro à atuação da Defensoria Pública, em razão da incumbência de velar pelo devido processo legal, pela validade dos atos processuais e pelo seu hígido desenvolvimento, até o final trânsito em julgado. A respeito desse assunto, com base na posição majoritária do STF, julgue os itens a seguir.

I Será válido o julgamento da apelação se, após a manifestação nos autos da renúncia do único defensor, houver nomeação de defensor público e este aceitar o encargo, sem necessidade da prévia intimação do acusado.

II É incabível a suspensão condicional do processo na sentença de desclassificação do crime e procedência parcial da pretensão punitiva.

III A falta de defesa no processo penal e sua deficiência implicam nulidade absoluta do processo, uma vez que o prejuízo está implícito na vulnerabilidade do *status libertatis* do acusado.

Assinale a opção correta.

A. Nenhum item está certo.

B. Apenas o item I está certo.

C. Apenas o item II está certo.

D. Apenas os itens I e III estão certos.

E. Apenas os itens II e III estão certos.

3. (PC/MS 2021 - PC-MS - DELEGADO DE POLÍCIA). Em relação às nulidades no Processo penal, tendo como parâmetro o Código de Processo Penal e a jurisprudência dos tribunais superiores, assinale a alternativa INCORRETA.

A. O Supremo Tribunal Federal entende que é indispensável que todo o conteúdo das conversas captadas através de interceptação telefônica seja degravado (transcrito) e colocado à disposição da defesa, sob pena de ofensa à paridade de armas e à ampla defesa e de consequente decretação de nulidade.

B. Para o Superior Tribunal de Justiça, é nula decisão judicial que autoriza o espelhamento do *WhatsApp* via Código QR para acesso via *WhatsApp Web*, como também são nulas todas as provas e os atos que dela diretamente dependam ou sejam consequência, ressalvadas eventuais fontes independentes.

C. Também é entendimento do STJ que, mesmo sem autorização judicial, é possível acessar dados de aparelhos telefônicos apreendidos no interior de presídio (e utilizados por presos), inclusive em relação ao aplicativo *WhatsApp*, não se podendo falar em ilicitude da prova angariada a partir desse procedimento.

D. De acordo com o STJ, a falta de comunicação ao acusado sobre o direito de permanecer em silêncio é causa de nulidade relativa, cujo reconhecimento depende da comprovação do prejuízo.

E. Para o STJ, são nulas as provas obtidas por meio da extração de dados e de conversas privadas registradas em correio eletrônico e redes sociais (v.g. *WhatsApp* e *Facebook*) sem a prévia autorização judicial.

4. (MP/CE 2020 - CESPE - PROMOTOR DE JUSTIÇA SUBSTITUTO). A ausência da assinatura das testemunhas em relatório circunstanciado de busca e apreensão legalmente realizada pela polícia consiste em

A. causa de nulidade absoluta da diligência realizada em qualquer tipo de procedimento penal.
B. causa de nulidade relativa da diligência realizada, que será validada somente se as testemunhas forem ouvidas em juízo posteriormente.
C. mera irregularidade formal na diligência realizada, não sendo causa de nulidade.
D. causa de nulidade relativa da diligência realizada, que será validada somente se o advogado de defesa tiver comparecido na delegacia após a realização do ato.
E. nulidade absoluta, desde que a diligência tenha sido realizada para atender procedimento da Lei de Combate às Organizações Criminosas.

5. (DPE/RJ 2021 - FGV – DEFENSOR PÚBLICO). Lúcia foi denunciada pela suposta prática do crime de ameaça (Art. 147 do Código Penal), pois teria prometido matar sua vizinha Nina. A denúncia foi rejeitada por falta de justa causa ante a ausência de elementos mínimos confirmatórios da ameaça. Inconformado, o Ministério Público recorreu, postulando a reforma da decisão. No dia seguinte, o juiz recebeu o recurso em seus regulares e legais efeitos, determinando a imediata remessa à Turma Recursal, que proveu o recurso ministerial para reformar a decisão, ordenando o regular desenvolvimento do processo. Analisando o caso de acordo com o entendimento das Cortes Superiores, é correto afirmar que:

A. não há necessidade de intimação de Lúcia para oferecer contrarrazões ao recurso interposto pelo Ministério Público, uma vez que ela ainda não integra a relação processual;
B. não há nulidade processual a ser arguida em razão da ausência de intimação de Lúcia se nomeado(a) Defensor(a) Público(a) para apresentar contrarrazões ao recurso interposto pelo Ministério Público;
C. deve ser nomeado(a) Defensor(a) Público(a) para oferecer contrarrazões ao recurso interposto pelo Ministério Público concomitantemente à intimação de Lúcia, sob pena de nulidade;
D. deve ser postulada pelo(a) Defensor(a) Público(a) a declaração de nulidade do julgamento do recurso, considerando a ausência de intimação de Lúcia para oferecer contrarrazões ao recurso interposto pelo Ministério Público;
E. considerando os princípios que norteiam o Juizado Especial Criminal, torna-se desnecessária a intimação de Lúcia para oferecer contrarrazões ao recurso interposto pelo Ministério Público.

6. (MP/GO 2022 - FGV - PROMOTOR DE JUSTIÇA SUBSTITUTO). Sobre as nulidades do processo penal, marque a alternativa incorreta:

A. Caso um Tribunal de Justiça deixe de conhecer recurso da defesa, sob o argumento de que o acusado não teria sido recolhido à prisão, deve ser declarada nula a decisão do tribunal (nulidade absoluta), já que a Convenção Americana sobre Direitos Humanos assegura expressamente o direito ao duplo grau de jurisdição, independentemente do recolhimento do acusado à prisão.
B. A incompetência relativa deve ser arguida no momento oportuno, sob pena de preclusão e consequente convalidação da nulidade. Ex. competência territorial, que deve ser alegada na resposta à acusação, sob pena de preclusão temporal.
C. as nulidades ocorridas posteriormente à pronúncia devem ser arguidas logo depois de anunciado o julgamento e apregoadas as partes. Caso a nulidade ocorra na própria decisão de pronúncia, deve ser alegada em recurso em sentido estrito, a ser julgado pelo tribunal competente.
D. Pelo princípio da ineficácia lógica dos atos processuais, a nulidade de um ato, uma vez declarada, causará a dos atos que dele diretamente dependam ou sejam consequência.

7. (TJ/PA 2019 – CESPE – JUIZ DE DIREITO). Acerca de nulidades no processo penal, julgue os itens a seguir.

I É relativa a nulidade do julgamento pelo júri quando os quesitos da defesa não precedem aos das circunstâncias agravantes.
II É válida a citação por edital que indica o dispositivo da lei penal, embora não transcreva a denúncia e não resuma os fatos em que se baseia.
III Constitui nulidade a falta de intimação do denunciado para oferecer contrarrazões ao recurso interposto da rejeição da denúncia.
IV É absoluta a nulidade decorrente da inobservância da competência penal por prevenção, independentemente de prejuízo às partes.
V É nula a decisão do tribunal que acolhe, contra o réu, nulidade não arguida no recurso da acusação ou em casos de recurso de ofício.

Estão certos apenas os itens

A. I e II.
B. I e IV.
C. II e III.
D. III e V.
E. IV e V.

8. (TJ/AL 2019 – FCC – JUIZ DE DIREITO). Em tema de nulidades, correto afirmar que

A. a deficiência da defesa, no processo penal, constitui nulidade absoluta, independentemente de prova de prejuízo para o réu.
B. não é nula a citação por edital que indica o dispositivo da lei penal, embora não transcreva a denúncia ou queixa, ou não resuma os fatos em que se baseia.
C. não é nula a decisão que determina o desaforamento de processo da competência do júri sem audiência da defesa.
D. é absoluta a nulidade do processo criminal por falta de intimação da expedição de precatória para inquirição de testemunha.
E. não é nulo o julgamento ulterior pelo júri com a participação de jurado que funcionou em julgamento anterior do mesmo processo.

9. (MP/SP 2019 PROMOTOR DE JUSTIÇA SUBSTITUTO). Em relação às causas de convalidação do ato processual, assinale a alternativa correta.

A. A nulidade por ilegitimidade do representante da parte não poderá ser sanada, ainda que haja ratificação dos atos processuais.

B. A falta ou a nulidade da intimação ou notificação não poderá ser sanada se o interessado comparecer em juízo, antes de o ato consumar-se e declarar que o faz para o único fim de argui-la.

C. Quando puder decidir o mérito a favor da parte a quem aproveite a decretação da nulidade, o juiz não a pronunciará.

D. A incompetência territorial ou relativa do juízo anula todos os atos instrutórios, devendo o processo, quando for declarada a nulidade, ser remetido ao juiz competente.

E. As omissões da denúncia ou da queixa poderão ser supridas a todo o tempo, até antes do encerramento da instrução criminal.

10. (DPE/MG 2019 – DEFENSOR PÚBLICO). Considere que, insatisfeito com o veredicto absolutório, o Ministério Público interpôs recurso de apelação, pretendendo exclusivamente a cassação do veredicto por manifesta contrariedade com a evidência dos autos. Ao apreciar o recurso, o Tribunal reconheceu de ofício nulidade absoluta, anulando o julgamento e determinando que outro fosse realizado.

Conforme entendimento pacificado perante ao Supremo Tribunal Federal, assinale a alternativa correta.

A. O Tribunal de Apelação poderia conhecer de ofício a nulidade absoluta por ser de ordem pública.

B. O Tribunal de Apelação poderia conhecer de ofício nulidade absoluta em prejuízo do acusado em recurso da acusação, salvo em se tratando de apelação do Tribunal do Júri.

C. O Tribunal de Apelação não poderia conhecer de ofício nulidade em prejuízo do acusado, mas poderia ter reformado o veredicto para condenar o acusado.

D. O Tribunal de Apelação não poderia conhecer de ofício nulidade em prejuízo do acusado nem qualquer matéria que não foi expressamente impugnada em recurso de apelação de decisão do Tribunal do Júri.

ASSERTIVAS DE REFORÇO

1. ( ) O vício de inexistência do ato não se convalida em hipótese alguma, isto é, nem o trânsito em julgado da decisão impede seu reconhecimento no processo, de forma que pode ocorrer a qualquer tempo.

2. ( ) A decisão que reconhece um ato inexistente é constitutiva, ao passo que a decisão que reconhece a nulidade é declaratória.

3. ( ) O grau do vício na nulidade absoluta é tamanho que afasta a aplicação do princípio do interesse, de forma que mesmo a parte que tenha dado causa à nulidade poderá alegá-la.

4. ( ) A nulidade absoluta pode ser declarada de ofício e arguida a qualquer momento, inclusive em grau recursal, sendo a decisão que a reconhece de natureza constitutiva.

5. ( ) A utilização da técnica de motivação *per relationem* sempre enseja a nulidade do ato decisório.

6. ( ) A jurisprudência do Supremo Tribunal Federal exige, como regra, a demonstração concreta de prejuízo tanto para as nulidades absolutas quanto para as nulidades relativas, marcadas que são pelo princípio do *pas de nullité sans grief*.

7. ( ) Por envolverem questões relacionadas aos interesses das partes, as nulidades relativas não podem ser declaradas de ofício pelo magistrado, dependendo, portanto, de alegação em tempo oportuno.

8. ( ) A nulidade de um ato, uma vez declarada, causará a dos atos que dele diretamente dependam ou sejam consequência.

9. ( ) No caso de atos complexos, a nulidade de uma parte do ato prejudicará as outras, ainda que dela sejam independentes.

10. ( ) É absoluta a nulidade decorrente da inobservância da competência penal por prevenção.

11. ( ) No que concerne à suspeição, impedimento ou incompatibilidade, prevalece o entendimento que se trata de nulidade absoluta, porquanto impactam, diretamente, na imparcialidade do magistrado.

12. ( ) Tratando-se de nulidade por ilegitimidade da parte ou do representante da parte, poderá ser a todo tempo sanado, mediante ratificação dos atos processuais.

13. ( ) A falta ou a nulidade da citação, da intimação ou notificação caracteriza, em qualquer situação, nulidade absoluta por macular o contraditório e ampla defesa.

14. ( ) A ausência de intimação não gera a nulidade da decisão, mas tão somente de eventual certidão que atesta o trânsito em julgado ou a preclusão da decisão, vez que a falta da intimação sequer deflagra o início do prazo recursal.

15. ( ) A preclusão representa a perda de uma faculdade ou direito, seja pela não realização de um ato, pela realização de um ato incompleto ou pela prática de um ato incompatível com a alegação, sendo aplicável tanto às nulidades absolutas como às relativas.

16. ( ) Segundo o STJ, as nulidades surgidas no curso da investigação preliminar não atingem a ação penal dela decorrente.

17. ( ) De acordo com o posicionamento do STJ, a nulidade decorrente da ausência de intimação - seja a pessoal ou por diário oficial - da data de julgamento do recurso não pode ser arguida a qualquer tempo, sujeitando-se à preclusão temporal.

18. ( ) O defensor dativo que declinar expressamente da prerrogativa referente à intimação pessoal dos atos processuais pode arguir nulidade quando a comunicação ocorrer por meio da imprensa oficial.

19. ( ) A inversão da ordem prevista no art. 400 do CPP, que trata do interrogatório e da oitiva de testemunhas de acusação e de defesa, não configura nulidade quando o ato for realizado por carta precatória, cuja expedição não suspende o processo criminal.

20. ( ) A inquirição das testemunhas pelo juiz antes que seja oportunizada às partes a formulação das perguntas, com a inversão da ordem prevista no art. 212 do Código de Processo Penal, constitui nulidade absoluta.

32.11.1 Gabaritos

QUESTÕES DE CONCURSO

1	2	3	4	5	6	7	8	9	10
C	A	A	C	D	D	C	B	C	D

ASSERTIVAS DE REFORÇO

1	2	3	4	5	6	7	8	9	10
V	F	V	V	F	V	V	V	F	F
11	**12**	**13**	**14**	**15**	**16**	**17**	**18**	**19**	**20**
V	F	F	V	F	V	V	F	V	F

COMENTÁRIOS ÀS ASSERTIVAS FALSAS E JUSTIFICATIVAS IMPORTANTES

1. V.

2. F. A decisão que reconhece um ato inexistente é declaratória, ao passo que a decisão que reconhece a nulidade é constitutiva.

3. V.

4. V.

5. F. A utilização da técnica de motivação *per relationem* não enseja a nulidade do ato decisório, desde que o julgador se reporte a outra decisão ou manifestação dos autos e as adote como razão de decidir.

6. V.

7. V.

8. V.

9. F. No caso de atos complexos, a nulidade de uma parte do ato não prejudicará as outras que dela sejam independentes (art. 281, parte final, CPC, c/c art. 3º, CPP). Referida previsão estampa o subprincípio do confinamento das nulidades, na medida em que o magistrado, ao indicar os atos atingidos pela nulidade, a confina e tais atos, mantendo válidos os independentes como forma de conservá-los.

10. F. Enunciado 706 da Súmula do Supremo Tribunal Federal, "é relativa a nulidade decorrente da inobservância da competência penal por prevenção".

11. V.

12. F. A ilegitimidade de parte não permite a convalidação por ratificação, haja vista que atinge uma das condições da ação.

13. F. A falta ou a nulidade da citação, da intimação ou notificação estará sanada, desde que o interessado compareça, antes de o ato consumar-se, embora declare que o faz para o único fim de argui-la.

14. V.

15. F. Somente às relativas.

16. V.

17. V.

18. F. Não pode. Informativo 560, STJ.

19. V.

20. F. Relativa.

TÍTULO IX

RECURSOS E IMPUGNAÇÕES

33

Teoria Geral dos Recursos

33.1 COMO O ASSUNTO É ABORDADO EM PROVAS E CONCURSOS

O tema "recursos e recursos em espécie" é um dos mais cobrados nos concursos de Magistratura, Ministério Público, Defensoria Pública e Delegado de Polícia, em todas as suas etapas.

A normatização objetiva exigida nas provas de múltipla escolha é acompanhada da jurisprudência, bem como da carga doutrinária que introduz o assunto. É crucial que o leitor compreenda a lógica recursal e sua respectiva falta de lógica em alguns pontos, razão pela qual o tema é tão querido pelas bancas examinadoras em todas as fases dos certames.

O estudo dos recursos parte da premissa doutrinária relacionada aos seus princípios, compreensão dos pressupostos de admissibilidade e efeitos recursais, temas imprescindíveis para adequada compreensão do assunto.

O estudo, especialmente de revisão, deve ser realizado sobre os aspectos doutrinários e jurisprudenciais, sendo imprescindível, contudo, a compressão básica da norma.

33.2 INTRODUÇÃO E CONCEITO

Os recursos são os meios de impugnação de decisões judiciais, colocados à disposição das partes por meio de lei, que devem ser manejados antes da formação da coisa julgada e no curso no processo no qual foi proferida a decisão.

Os recursos não se confundem com ações autônomas de impugnação, como o *habeas corpus*, e revisão criminal, pois não deflagram uma nova relação jurídica, mas tão somente dão continuidade a uma anteriormente existente.

Não obstante, não se pode negar que, apesar de não instaurar uma nova relação processual, os recursos submetem-se a um regramento próprio, devendo, à semelhança da ação penal, observar condições/requisitos que nos permitem concluir pela deflagração de uma nova instância, igualmente subordinada quanto à admissão dos recursos, conforme veremos no estudo dos pressupostos de admissibilidade recursal.

33.3 CLASSIFICAÇÃO

Os recursos podem ser classificados de acordo com sua **extensão, fundamentação e objeto.**

Quando à **extensão, os recursos podem ser totais ou parciais**, a depender da delimitação do objeto a ser apreciado pelo tribunal. Assim, será total o recurso que impugna toda a decisão e parcial aquele que tão somente questiona parte dela, a exemplo do recurso apenas contra a pena fixada.

No que toca ao **fundamento, os recursos podem ser de fundamentação livre ou vinculada**. São de fundamentação livre aqueles nos quais o legislador não impôs limite à matéria a ser enfrentada, a exemplo da apelação. Por outro lado, são de fundamentação vinculadas os recursos sobre os quais paira uma limitação de ordem legal para a matéria ser levantada, a exemplo dos recursos especiais e extraordinários, que não admitem o enfrentamento de questões fáticas, mas tão somente as jurídicas, que devem, em especial, serem previstas como admissíveis de julgamento pela instância revisora, a exemplo de um recurso especial que impugna da decisão do tribunal que deu à lei federal interpretação divergente da que lhe haja atribuído outro tribunal.

Por fim, no que concerne ao **objeto, os recursos serão ordinários ou extraordinários**, na medida em que o limite fixado para a matéria posta em apreciação pelo tribunal envolve toda a matéria ou apenas a matéria jurídica. Admitindo o recurso o revolvimento de questões fáticas ou jurídicas, o recurso será ordinário. Por sua vez, permitindo somente a análise de questões jurídicas, o recurso será concebido como extraordinário.

33.4 FUNDAMENTO – DUPLO GRAU DE JURISDIÇÃO

Os recursos fundam-se no princípio do duplo grau de jurisdição, de matriz constitucional, apesar de não expresso no corpo do texto da Constituição, motivo pelo qual é concebido como um princípio constitucional não implícito.

Registre-se que o duplo grau de jurisdição foi expressamente previsto no Pacto de São José da Costa Rica, Dec. 678/92, Item 8.2, *h*, que assinala à toda pessoa acusada o direito de recorrer da sentença para juiz ou tribunal superior. Dessa forma, por terem os tratados de direitos humanos *status* constitucional, não se pode negar que a garantia do duplo grau tenha seu fundamento extraído da Constituição Federal.

Há, ainda, um fundamento político no princípio do duplo grau de jurisdição, haja vista que os recursos revelam uma espécie de controle sobre a atividade judicial.

Trata-se, portanto, da garantia[1] conferida às partes processuais de poderem recorrer das decisões proferidas por juízes ou tribunais. Não obstante, o ordenamento pátrio prevê diversas situações de decisões irrecorríveis, como nos casos de denegação da suspensão do processo por questão prejudicial (art. 93, §2°, CPP), da admissão ou inadmissão do

1. Segundo o STF, o duplo grau não configura garantia prevista na CF. O duplo grau de jurisdição não configura garantia prevista na Constituição da República, traduzindo escolha política do legislador, consoante diversos precedentes desta Corte: HC 140213 AgR, Relator(a): Min. LUIZ FUX, Primeira Turma, julgado em 02/06/2017; RE 976178 AgR, Relator(a): Min. DIAS TOFFOLI, Segunda Turma, julgado em 09/12/2016; RHC 79785, Relator(a): Min. SEPÚLVEDA PERTENCE, Tribunal Pleno, julgado em 29/03/2000, DJ 22-11-2002 PP-00057 EMENT VOL-02092-02 PP-00280 RTJ VOL-00183-03 PP-0101. AP 470, DJe 14.10.20.

assistente de acusação (art. 273, CPP), da improcedência das exceções de incompetência, litispendência, coisa julgada e ilegitimidade de parte, por interpretação sistemática do art. 581, III, CPP, e ainda das decisões sobre a inexistência de repercussão geral dos temas constitucionais abordados em sede de recurso extraordinário no STJ, irrecorríveis nos termos do art. 102, § 3º, CF, art. 1.035, *caput*, do CPC, e art. 326 do Regimento Interno do STF.

No que toca aos acusados com foro por prerrogativa de função, não há previsão para o duplo grau de jurisdição, concebido como a possibilidade de reexame integral da sentença de primeiro grau por órgão distinto e hierarquicamente superior do Poder Judiciário.

O STF[2], no julgamento RHC 79.785/00, ao enfrentar a temática sob a luz do art. 8, item 2, *h*, do Pacto de São José da Costa Rica, decidiu que, pela inexistência de previsão de recursos ordinários próprios, não poderia a norma infraconstitucional institui-los no ordenamento jurídico pátrio.

Por outro lado, no julgamento da AP 470, o STF admitiu o cabimento dos embargos infringentes contra decisão não unânime do Plenário que julgar procedente a ação penal, **desde que haja pelo menos 4 (quatro) votos divergentes e vencidos pela absolvição**, nos termos do art. 333, I, do RISTF[3]. No julgamento, os Ministros entenderam que os embargos infringentes atenderiam à exigência do reexame previsto no Pacto de São José da Costa Rica.

Em síntese, de acordo com a compreensão do STF, apesar do duplo grau de jurisdição não configurar garantia prevista na Constituição da República, traduzindo-se em escolha política do legislador, havendo previsão no Regimento Interno do Tribunal a previsão

---

2. Tribunal Pleno, DJ 22.11.02. Para corresponder à eficácia instrumental que lhe costuma ser atribuída, o duplo grau de jurisdição há de ser concebido, à moda clássica, com seus dois caracteres específicos: a possibilidade de um reexame integral da sentença de primeiro grau e que esse reexame seja confiado à órgão diverso do que a proferiu e de hierarquia superior na ordem judiciária. Com esse sentido próprio - sem concessões que o desnaturem - não é possível, sob as sucessivas Constituições da República, erigir o duplo grau em princípio e garantia constitucional, tantas são as previsões, na própria Lei Fundamental, do julgamento de única instância ordinária, já na área cível, já, particularmente, na área penal. A situação não se alterou, com a incorporação ao Direito brasileiro da Convenção Americana de Direitos Humanos (Pacto de São José), na qual, efetivamente, o art. 8º, 2, h, consagrou, como garantia, ao menos na esfera processual penal, o duplo grau de jurisdição, em sua acepção mais própria: o direito de "toda pessoa acusada de delito", durante o processo, "de recorrer da sentença para juiz ou tribunal superior". (...)
(...) Em relação ao ordenamento pátrio, de qualquer sorte, para dar a eficácia pretendida à cláusula do Pacto de São José, de garantia do duplo grau de jurisdição, não bastaria sequer lhe conceder o poder de aditar a Constituição, acrescentando-lhe limitação oponível à lei como é a tendência do relator: mais que isso, seria necessário emprestar à norma convencional força ab-rogante da Constituição mesma, quando não dinamitadoras do seu sistema, o que não é de admitir. III. Competência originária dos Tribunais e duplo grau de jurisdição. 1. Toda vez que a Constituição prescreveu para determinada causa a competência originária de um Tribunal, de duas uma: ou também previu recurso ordinário de sua decisão (CF, arts. 102, II, a; 105, II, a e b; 121, § 4º, III, IV e V) ou, não o tendo estabelecido, é que o proibiu. 2. Em tais hipóteses, o recurso ordinário contra decisões de Tribunal, que ela mesma não criou, a Constituição não admite que o institua o direito infraconstitucional, seja lei ordinária seja convenção internacional: é que, afora os casos da Justiça do Trabalho - que não estão em causa - e da Justiça Militar - na qual o STM não se superpõe a outros Tribunais -, assim como as do Supremo Tribunal, com relação a todos os demais Tribunais e Juízos do País, também as competências recursais dos outros Tribunais Superiores - o STJ e o TSE - estão enumeradas taxativamente na Constituição, e só a emenda constitucional poderia ampliar. 3. À falta de órgãos jurisdicionais ad qua, no sistema constitucional, indispensáveis a viabilizar a aplicação do princípio do duplo grau de jurisdição aos processos de competência originária dos Tribunais, segue-se a incompatibilidade com a Constituição da aplicação no caso da norma internacional de outorga da garantia invocada.
3. AP 470 AgR – vigésimo sexto, Tribunal Pleno. DJe 17.02.14.

de embargos infringentes, haverá o atendimento aos ditames do Pacto de São José da Costa, no sentido de se preservar o reexame da decisão.

33.5 PRINCÍPIOS REGENTES

33.5.1 Princípio da taxatividade

De acordo com o princípio da taxatividade, deve-se analisar se a decisão é passível de recurso e, sendo recorrível a decisão, o efetivo recurso previsto em lei para impugná-la. A taxatividade se expressa, portanto, no rol de recursos previstos e nas hipóteses de cabimento.

Apesar da concepção que se extrai do termo taxatividade, é perfeitamente possível a interpretação extensiva ou analógica para o enquadramento de situações não previstas expressamente em lei, mas que, nitidamente, o legislador não afastou a possibilidade de recurso.

33.5.2 Princípio da unirrecorribilidade das decisões

Como consequência da unirrecorribilidade, a cada decisão corresponde um único recurso, isto é, por força do princípio da unicidade ou singularidade, uma decisão, como regra, não pode ser impugnada por mais de um recurso, conforme se depura da lógica do art. 593, §4º do CPP, que assinala a vedação de interposição de recurso em sentido estrito se da decisão couber apelação, a exemplo de uma sentença que condena o acusado (apelação, art. 593, I) e impõe o sursis (recurso em sentido estrito, art. 581, IX). No exemplo, um único recurso será interposto, a apelação, por ser mais ampla que o RSE.

Tratando-se de decisões de natureza objetivamente complexas, isto é, cujos temas enfrentados clamem a apreciação por Tribunais Superiores distintos, a exemplo uma parte da decisão violar a Lei Federal, e outra afrontar a Constituição Federal, haverá a necessidade de ataque à decisão por dois recursos distintos, REsp e RExt, respectivamente.

Outra exceção ao princípio pode ser verificada na oposição de embargos infringentes e de nulidade contra a parte não unânime de decisão proferida pelos Tribunais de Justiça ou TRFs no julgamento de apelações, RSEs e agravos em execução (art. 609, parágrafo único, CPP), cuja matéria de direito não relacionada à nulidade deverá ser atacada por REsp ou RExt, a depender de sua natureza.

33.5.3 Princípio da fungibilidade

O princípio da fungibilidade foi previsto no art. 579, *caput*, CPP, e dispõe que salvo a hipótese de má-fé, a parte não será prejudicada pela interposição de um recurso por outro. Segundo o parágrafo único do dispositivo, se o juiz, desde logo, reconhecer a impropriedade do recurso interposto pela parte, mandará processá-lo de acordo com o rito do recurso cabível.

A fungibilidade materializa-se, portanto, pela utilização de um recurso por outro em substituição, desde que essa não promova substancial alteração da lógica processual, respeite o prazo adequado para o recurso efetivamente interposto e não decorra de erro grosseiro da parte.

O princípio consagra o afastamento do formalismo em excesso e, por consectário lógico, igualmente afasta, para nós, a necessidade de observância do prazo recursal previsto para o recurso original, sob pena de quebra da lógica da própria fungibilidade recursal. De fato, havendo divergência quanto ao recurso a ser interposto, circunstância que afasta a má-fé prevista no *caput* do art. 579, não haveria razões para se exigir do recorrente a interposição do recurso, ainda que não adequado, no prazo de outro.

À guisa de exemplo, no tocante ao recurso cabível contra a não homologação da colaboração premiada, diante da ausência de previsão, foram produzidos diversos entendimentos na doutrina. FELIPPETTO e ROCHA (2017)[4] sustentam a interposição de apelação, na forma do art. 593, II do CPP; PACELLI[5] (2021), por sua vez, aduz tratar-se de hipótese de recurso em sentido estrito (art. 581, I, por analogia), por rejeição de iniciativa postulatória da acusação. Há vozes ainda pela possibilidade de reconhecimento da correição parcial e aplicação do art. 28 do CPP, por analogia.

O **STJ**, enfrentando a matéria no julgamento do REsp 1834215, 6ª Turma, DJe 12.11.20, entendeu que **a apelação residual é o recurso adequado para impugnação da decisão homologatória** por entender que o "ato judicial: a) não ocasiona uma situação de inversão tumultuária do processo, a atrair o uso da correição parcial e b) tem força definitiva, uma vez que impede o negócio jurídico processual, com prejuízo às partes interessadas. Ademais, o cabimento do recurso em sentido estrito está taxativamente previsto no art. 581 do CPP e seus incisos não tratam de hipótese concreta que se assemelha àquela prevista no art. 4º, § 8º, da Lei n. 12.850/2013".

Admitiu, contudo, ante a existência de dúvida objetiva quanto ao instrumento adequado para combater o provimento jurisdicional, que não constitui erro grosseiro o emprego da correição parcial, principalmente quando esse instrumento foi aceito em situações outras pelo Tribunal. Desde que interposta no prazo de cinco dias, afastando eventual intempestividade, o STJ entendeu por possível a aplicação do princípio da fungibilidade recursal.

Conforme se extrai da decisão, o STJ, na linha da doutrina majoritária, estampou a necessidade de observância do prazo do recurso original, sob pena de intempestividade, seguindo a trilha dos precedentes anteriores, conforme se verifica do julgamento do AgRg nos EDcl no AResp 2021684/SP, proferido em sede de embargos de declaração como agravo regimental:

> O STJ compreende que, "embora seja possível se conhecer de embargos de declaração como agravo regimental - quando evidente o seu caráter infringente -, a aplicação do princípio da fungibilidade pressupõe a tempestividade dos embargos, que, nos termos do art. 619 do CPP, devem ser opostos no prazo de 2 (dois) dias". Precedente da Corte Especial[6].

Nesse sentido, ao exigir o cumprimento do prazo previsto para o recurso efetivamente interposto – embargos de declaração –, parece-nos desprovida de sentido a exigência

4. FELIPPETTO, Rogério. ROCHA, Luísa Carolina Vasconcelos Chagas. **Colaboração Premiada: contornos segundo o sistema acusatório**. Belo Horizonte: 2017. Ed. D'Plácido.
5. *op.cit.*
6. DJe 27.06.22.

de interposição do recurso no prazo original daquele que seria o adequado[7] ou, de fato, não haveria, por essência, aplicação do princípio da fungibilidade, mas tão somente a desconsideração do *nomem iuris* atribuído à peça.

Não obstante, o STJ, no julgamento do Tema Repetitivo 1219 (DJe 13.09.24), fixou a seguinte tese:

> É adequada a aplicação do princípio da fungibilidade recursal aos casos em que, embora cabível recurso em sentido estrito, a parte impugna a decisão mediante apelação ou vice-versa, desde que observados a tempestividade e os demais pressupostos de admissibilidade do recurso cabível, na forma do art. 579, caput e parágrafo único, do Código de Processo Penal.

Parte da doutrina ainda faz menção ao **princípio da convolação**, que permite o recebimento um recurso como *Habeas Corpus*, por não satisfazer os pressupostos de admissibilidade recursal. Não se trata, a espécie, de fungibilidade recursal, porquanto o remédio constitucional não é recurso. Não se trata, por conseguinte, de princípio afeto à matéria recursal, haja vista sua aplicação somente às ações autônomas de impugnação.

33.5.4 Princípio da dialeticidade

Pelo princípio da dialeticidade, o recurso deve ser discursivo e argumentativo, como forma de se permitir o conhecimento pelo tribunal dos limites da impugnação e assegurar à parte contrária o contraditório, na medida em que a petição de interposição do recurso deve apontar o porquê do recurso e as razões recursais os seus fundamentos. Deve-se observar, portanto, a mesma estrutura dialética vigente em primeiro grau, em estrita observância ao contraditório, essência do princípio da dialeticidade.

BADARÓ[8] (2021, p. 946), destaca que:

> O art. 589, *caput*, prevê que o recurso em sentido estrito será encaminhado do Tribunal, com ou sem apresentação das contrarrazões recursais. De forma semelhante, o art. 601, *caput*, prevê que a apelação poderá subir aos Tribunais sem as razões e contrarrazões. Tais dispositivos violam a regra da dialeticidade dos recursos, impedindo o efetivo exercício do contraditório. Sem as razões ou contrarrazões, o Tribunal não terá como saber os fundamentos da impugnação (no caso das razões) ou os contra-argumentos que corroboram a sentença.

Como forma de se evitar a violação integral da regra no caso de apelação, o art. 600, §4º do CPP, dispõe que se o apelante declarar, na petição ou no termo, ao interpor a apelação, que deseja arrazoar na superior instância, serão os autos remetidos ao tribunal *ad quem* onde será aberta vista às partes, observados os prazos legais, notificadas as partes pela publicação oficial.

O princípio restou implicitamente consagrado pelo STF por meio da Súmula 707:

> "Constitui nulidade a falta de intimação do denunciado para oferecer contrarrazões ao recurso interposto da rejeição da denúncia, não a suprindo a nomeação de defensor dativo.

Por outro lado, não obstante a essência da Súmula, o STF possui decisões conflitantes, ora no sentido de que "a ausência de razões de apelação e de contrarrazões à apelação do Ministério Público não é causa de nulidade por cerceamento de defesa, se o defensor

---

7. No mesmo sentido, Gustavo Badaró, *op. cit.*, 2021, p. 944-945.

8. *op. cit.*

constituído pelo réu foi devidamente intimado para apresentá-las"[9], ora no sentido de que a ausência de apresentação de razões pela defesa implica violação à defesa técnica, com a consequente nulidade do feito[10].

Firmando nossa compreensão, uma vez interposto o recurso, a apresentação das razões recursais e contrarrazões recursais é obrigatória, vez que, tratando-se de recurso interposto pelo Ministério Público, dele não poderá desistir e o direito de defesa técnica é imperativo, ainda que por defensor nomeado para tanto. Tratando-se, por outro lado, de recurso interposto pela defesa, as razões recursais devem ser apresentadas não somente para permitir ao tribunal o conhecimento do porquê da impugnação, mas também para a assegurar o efetivo contraditório pelo Ministério Público, o qual, igualmente, estará obrigado a apresentar as contrarrazões recursais, sob pena de se considerar a omissão como tentativa de abandono da ação penal, procedimento não permitido pelo sistema processual penal.

Em se tratando de ação penal de iniciativa privada, a solução nos parece outra, haja vista que a não apresentação das razões recursais equivale, para nós, à desistência do recurso.

Registre-se que o princípio somente terá aplicação nos recursos que possuem o condão de modificar o conteúdo da decisão, não sendo aplicável, por exemplo, aos embargos declaratórios que objetivam tão somente o clareamento de pontos obscuros, ambiguidade, contradição ou saneamento de omissão, cuja decisão não implique modificação do conteúdo material do julgamento, isto é, que não possuam caráter infringente.

33.5.5 Princípio da disponibilidade

O ato de recorrer é voluntário, isto é, a parte não possui o dever de interpor o recurso. No caso da defesa, uma vez interposto o recurso, é perfeitamente possível sua desistência, desde que assinalada tanto pelo defensor como pelo acusado, haja vista que ambos possuem legitimidade para interposição do recurso e pode ocorrer conflito entre as vontades, devendo prevalecer a vontade daquele que deseja recorrer ou manter o recurso conforme se infere da essência da Súmula 705 do STF:

> A renúncia do réu ao direito de apelação, manifestada sem a assistência do defensor, não impede o conhecimento da apelação por este interposta.

Por outro lado, tratando-se de recurso interposto pelo Ministério Público, conforme o comando do art. 576 do CPP: **O Ministério Público não poderá desistir de recurso que haja interposto**. Em síntese, o *parquet* não é obrigado a interpor recurso. Contudo, uma vez interposto, desse não poderá desistir em razão da indisponibilidade da ação penal (art. 42, CPP). No mesmo sentido, pelo menos em tese, não poderá o Ministério Público restringir o recurso quando da apresentação das razões recursais caso o recurso tenha impugnado toda a decisão[11].

Situação interessante ocorre quando o membro do Ministério Público interpõe o recurso e, durante o trâmite desse, ainda em primeira instância, deixa a comarca por

9. HC 91.251/RJ, DJe 16.08.07.
10. HC 88.409/SP, DJe 25.06.09.
11. Vide tópico do efeito devolutivo.

razões de remoção ou promoção, sendo sucedido por outro promotor de justiça que, intimado para apresentar as razões recursais, discorda do entendimento do colega anterior por sequer compreender o motivo do recurso à vista da decisão.

Como se sabe, o *parquet* é uno, de forma que as razões deverão ser apresentadas de qualquer forma, ante a impossibilidade de desistência do recurso. Nesses casos, diante do princípio da independência funcional, entendemos que a melhor solução passa pelo registro da questão nos autos com o consequente pedido de provocação do Procurador-Geral de Justiça, por analogia ao art. 28 do CPP, para que oferte as razões ou designe outro membro da instituição para apresentá-las.

33.5.6 Princípio da complementariedade

Parte dos recursos previstos no CPP prevê a apresentação das razões recursais em prazo distinto da interposição do recurso. Em termos práticos, os recursos mais comuns no processo penal, apelação e recurso em sentido estrito, adotam tal modelo. Com a interposição do recurso, a parte exerce seu direito recursal e simultaneamente delimita o objeto do recurso, devendo as razões a serem apresentadas observar estritamente o escopo da petição de interposição, haja vista a ocorrência da preclusão consumativa.

Contudo, é possível que a parte contrária venha a opor embargos de declaração com efeito infringente contra a decisão já impugnada e tais embargos, no mérito, sejam acolhidos, modificando o conteúdo da decisão. Nesses casos, por força do princípio da complementariedade, admite-se que a parte que anteriormente havia apresentado seu recurso venha a complementar as razões de recurso já apresentadas, diante da ocorrência de uma nova sucumbência derivada do julgamento dos embargos, sendo que tal complementação estará limitada ao conteúdo da decisão dos embargos.

Nesse sentido é o teor do art. 1.024, §4º, CPC, aplicável por subsidiariedade ao processo penal, que prevê que "caso o acolhimento dos embargos de declaração implique modificação da decisão embargada, o embargado que já tiver interposto outro recurso contra a decisão originária tem o direito de complementar ou alterar suas razões, nos exatos limites da modificação, no prazo de 15 (quinze) dias, contado da intimação da decisão dos embargos de declaração". Destacamos, contudo, que o prazo de quinze dias, previsto no CPC, deve ser ajustado ao prazo das razões recursais no processo penal (oito dias para apelação, art. 600, e dois dias para RSE, art. 588, *caput*).

33.5.7 Princípio da variabilidade

O princípio da variabilidade assinala que o recorrente pode variar de recurso, isto é, pode interpor novo recurso em substituição a outro anteriormente interposto, desde que o faça dentro do prazo legal. À título exemplificativo, antes da reforma processual de 2008, havia a previsão do "protesto por novo júri", nos casos de condenação à pena superior a vinte anos de reclusão. O princípio era utilizado para fundamentar a substituição da apelação interposta, que demandava fundamento, pelo protesto por novo júri, condicionado, tão somente, ao *quantum* de pena fixado.

A doutrina sustenta que o princípio não encontra amparo no processo penal em razão de sua incompatibilidade com a preclusão consumativa pelo exercício anterior do direito de recorrer.

33.5.8 Princípio da substitutividade do recurso

Aos estudarmos os princípios da unirrecorribilidade, complementariedade e variabilidade, assinalamos que de cada decisão só pode ser interposto um único recurso como regra, que havendo alteração do conteúdo da decisão por embargos declaratórios com caráter infringente, a parte poderá complementar suas razões recusais, e que a parte não poderá variar o recurso apresentado, interpondo outro em substituição.

Não obstante, há situações nas quais o recurso originariamente interposto não mais atende ao seu escopo, de sorte que, não sendo apresentado outro, esse perderá o objeto. Imagine a situação na qual o acusado é pronunciado por homicídio simples, porquanto o magistrado entendeu que a qualificadora imputada pelo Ministério Público era manifestamente improcedente. Diante da decisão, o *parquet* interpõe, adequadamente, o recurso em sentido estrito com fundamento no art. 581, IV, do CPP.

Paralelamente, a defesa opõe embargos declaratórios com efeito infringente, para que o magistrado aprecie a alegação de ilicitude da prova e, reconhecendo essa, impronuncie o acusado. O magistrado, ao apreciar os embargos, reconhece a omissão e a ilicitude da prova, impronunciado o acusado por ausência de indícios suficientes de autoria, porquanto a prova remanescente tinha origem exclusiva no inquérito policial.

Conforme vimos anteriormente, o recurso adequado para atacar a impronúncia é a apelação (art. 416, CPP) e não o recurso em sentido estrito, inicialmente interposto pelo *parquet* contra o decote da qualificadora. Por força do princípio da unirrecorribilidade, não se trata, portanto, de mera aplicação do princípio da complementariedade, haja vista que o complemento pressupõe a integração de algo válido e potencialmente eficaz. A nova decisão, proferida por força dos embargos, somente poder ser atacada por apelação, dotada de abrangência maior que o RSE quando, da decisão, os fundamentos do recurso forem distintos a ensejar dois recursos diferentes (RSE e apelação).

In casu, a prolação de nova decisão, impronúncia do réu, substitui a anterior, de forma que o recurso de apelação devolverá a matéria na íntegra ao tribunal, que poderá reformar a decisão, pronunciando o acusado, inclusive com a qualificadora decotada, caso o *parquet* expressamente o requeira.

O ponto de análise envolve o limite da atuação do tribunal e a devolutividade do recurso de apelação. Em interpretação simples, podemos assinalar que a nova decisão, de impronúncia, substitui a anterior, de pronúncia com decote de qualificadora, devolvendo a matéria – pronúncia e seus consectários – na íntegra para o tribunal, de forma que esse estaria livre para proferir sua decisão de acordo com a imputação.

A pedra de toque envolve a impossibilidade de *reformatio in pejus* pelo tribunal, nos casos de recurso exclusivo da acusação. Nesse sentido, poderíamos cogitar sobre a **ultra-atividade da decisão original** – pronúncia com decote de qualificadora –, caso o *parquet*, no recurso de apelação interposto contra a novel impronúncia, não traga os fundamentos do RSE anteriormente interposto, cujo objeto, como recurso próprio, se esvaiu pela impronúncia, isto é, não questione a questão da qualificadora.

A questão envolve duas premissas jurídicas quanto às decisões proferidas pelo juiz natural: ao proferir sua decisão original, entendeu por não configurada a qualificadora; ao impronunciar, não afastou a baliza anterior referente ao decote da qualificadora, mas tão somente a tornou prejudicada pela decisão mais ampla e benéfica.

O reconhecimento da qualificadora pelo tribunal, em sede de recurso exclusivo da acusação, depende, em nossa compreensão, de impugnação pelo Ministério Público quanto à matéria, sob pena de *reformatio in pejus*, porquanto, apesar de afastada a decisão original pela impronúncia, conferir ao tribunal a devolutividade ampla, em prejuízo do réu, nesse caso, implicaria o julgamento primário de questão fática anteriormente decidida pelo juízo natural, cujo afastamento posterior somente ocorreu por prejudicialidade.

Nesse sentido, podemos trabalhar o conceito de substitutividade do recurso de apelação em relação ao recurso em sentido estrito quanto esse se tornar prejudicado pela prolação de nova decisão que modifique a natureza da decisão e, consequentemente, do próprio recurso. Isso porque, em razão da impossibilidade de *reformatio in pejus*, caso não exista impugnação ministerial quanto à premissa anteriormente assentada na decisão, ainda que substituída, estar-se-ia conferindo ao tribunal uma devolutividade ampla em prejuízo do próprio acusado, isto é, poderá ser submetido a um julgamento pelo crime de homicídio qualificado tão somente porque, em embargos declaratórios, conseguiu alcançar a impronúncia, sendo que, se não tivesse alcançado seu intento por meio dos embargos, o tribunal teria sido chamado a decidir, em grau recursal, pela procedência ou não da qualificadora, afastada pelo juízo de primeiro grau.

33.5.9 Princípio da colegialidade

O princípio da colegialidade extrai seu fundamento do duplo grau de jurisdição, no sentido de que as decisões de primeira instância devem ser reanalisadas por órgão colegiado.

Seu fundamento no processo penal pode ser extraído o art. 609, *caput*, e parágrafo único, CPP, que preveem que o julgamento dos recursos[12], apelações e embargos serão realizados pelos Tribunais de Justiça, câmaras ou turmas criminais, admitindo a possibilidade de decisão não unânime, o que pressupõe a colegialidade.

O destaque é importante porque o art. 932, incisos IV e V, do CPC, admite que o relator, nos processos cíveis, de forma singular, possa dar ou negar provimento ao recurso quando houver contrariedade da decisão impugnada ou do próprio recurso a: a) súmula do STF, do STJ ou do próprio tribunal; b) acórdão proferido pelo STF ou pelo STJ em julgamento de recursos repetitivos; c) entendimento firmado em incidente de resolução de demandas repetitivas ou de assunção de competência.

Assim, com lastro no art. 609 do CPP, prevalece o entendimento pela inaplicabilidade do art. 932, IV e V do CPC aos julgamentos dos recursos de apelação, recurso em sentido estrito e agravo em execução.

12. A previsão genérica deve ser lida como recurso em sentido estrito e agravo em execução, vez que enuncia rol, não sendo esclarecido por aposto explicativo na sequência.

Tal impossibilidade, todavia, não tem sido verificada no âmbito dos Tribunais Superiores. Não obstante as críticas doutrinárias à Súmula 568 do STJ[13], porquanto a previsão relacionada ao "entendimento dominante" teria sido superada – *overruling* –, nos termos do artigo 489, §1º, VI, do CPC, o STJ tem reiteradamente decidido pela possibilidade de julgamento pelo relator

> Não viola o princípio da colegialidade a decisão monocrática do relator calcada em jurisprudência dominante do Superior Tribunal de Justiça, tendo em vista a possibilidade de submissão do julgado ao exame do órgão colegiado, mediante a interposição de agravo regimental. Precedentes AgRg no HC 609.051/SC, Rel. Min. Nefi Cordeiro, DJe 08.02.21.
>
> A prolação de decisão unipessoal pelo Ministro Relator não representa violação do princípio da colegialidade, pois está autorizada pelo art. 34, inciso XX, do Regimento Interno desta Corte em entendimento consolidado pela jurisprudência do Superior Tribunal de Justiça por meio do enunciado n. 568 de sua Súmula. AgRg no RHC 166760 / RS, 5ª turma, Rel. Min. Reynaldo Soares da Fonseca, DJe 08.08.22.

33.5.10 Princípio da voluntariedade – recurso de ofício

Em razão da adoção do sistema acusatório, a interposição de um recurso depende da manifestação de vontade da parte, porquanto se pressupõe o interesse de agir como condição para interposição do recurso. É o que se extrai do art. 574, *caput,* primeira parte, do CPP, que expressamente consigna que os recursos serão voluntários.

O art. 574 do CPP, segunda parte, prevê, como exceção à voluntariedade, as hipóteses dos chamados "recursos de ofício", "interpostos", de ofício, pelo próprio juiz. Não obstante as críticas doutrinárias, por violação ao sistema acusatório, o "recurso de ofício", na realidade, reexame obrigatório como condição de eficácia e validade da decisão, foi reconhecido como constitucional pelo STF que, no julgamento do HC 75.417-1, entendeu que não é incompatível com o art. 129, I, da CF, o art. 574 do CPP[14]. Assim, não havendo a confirmação pelo tribunal, há o impedimento de formação do trânsito em julgado da decisão[15] caso a matéria não tenha sido impugnada por recurso voluntário, pois esse supre a omissão quanto ao cumprimento da norma, não havendo vício a ser sanado, pois a finalidade da norma estará alcançada com o reexame pelo tribunal.

Tratando-se de recurso parcial com relação à decisão, consoante destacamos, entendemos por satisfeito o requisito, haja vista que por ser a sede natural de validação da sentença e poder avocar o processo para que seja submetido ao duplo grau de jurisdição (art. 496, §1º, CPC c/c art. 3º, CPP), não haveria vício a ser sanado na hipótese do magistrado não "recorrer de ofício" da parte não impugnada da decisão, haja vista que o efeito devolutivo no caso será integral[16], mesmo em recurso parcial. Nesses e demais casos de recurso de ofício, será perfeitamente possível que o tribunal, no exercício da prerrogativa decorrente da devolução plena da matéria, possa, inclusive, reconhecer

---

13. "O relator, monocraticamente e no Superior Tribunal de Justiça, poderá dar ou negar provimento ao recurso quando houver entendimento dominante acerca do tema".
14. J. 12.08.97.
15. Nesse sentido está a Súmula 423 do STF: "não transita em julgado a sentença por haver omitido o recurso ex officio, que se considera interposto ex lege".
16. Súmula 160 do STF: "é nula a decisão do Tribunal que acolhe, contra o réu, nulidade não arguida no recurso da acusação, ressalvados os casos de recurso de ofício".

nulidade contra o réu não arguida no recurso da acusação, conforme se extrai do teor da Súmula 160 do STF: "É nula a decisão do Tribunal que acolhe, contra o réu, nulidade não arguida no recurso da Acusação, **ressalvados os casos de recurso de ofício**."

O reexame necessário não se subordina a prazo ou fundamentação, devendo o magistrado, ao proferir a decisão, "recorrer de ofício" para o tribunal. Caso não o faça, conforme assinalamos, não haverá a formação da coisa julgada, ainda que as partes não tenham recorrido da decisão, devendo o Presidente do Tribunal avocar o processo nos termos do art. 496, §1º do CPC, aplicável por subsidiariedade. Por obviedade, não se justifica o recurso de ofício quando a decisão for originária de órgão colegiado, somente se aplicando em decisões proferidas pelo juízo singular.

A legislação pátria prevê as seguintes hipóteses de remessa necessária:

a) Sentença que conceder habeas corpus (art. 574, I, CPP): a previsão, contestada por parte da doutrina pela possibilidade de recurso voluntário, somente se aplica às hipóteses de concessão do *habeas corpus* pelo juiz singular, não se aplicando aos casos de denegação ou concessão pelo tribunal.

b) Decisão que concede a reabilitação (art. 746, CPP): A reabilitação criminal é um instituto de natureza político-criminal que tem por finalidade a reinserção social do condenado, garantindo o sigilo de seus antecedentes criminais. Tem por efeito a suspensão condicional de certos efeitos secundários e específicos da condenação. O instituto não extingue a punibilidade do agente, vez que somente suspende alguns efeitos da condenação, tendo sido regulado nos artigos 93 a 95 do Código Penal. Concedida a reabilitação, deverá o juiz recorrer de ofício da decisão.

c) Absolvição de acusados por crimes contra a economia popular ou contra a saúde pública (art. 7º da Lei 1.521/51): a arcaica e desprovida de sentido previsão, estabelecida pela Lei 1.521/51, que previa inclusive o Júri para julgamento de determinados crimes contra a economia popular, ainda prevalece no ordenamento jurídico pátrio por ausência de revogação expressa, não se aplicando, todavia, aos crimes relacionados à Lei de Drogas, porquanto dotados de regulamentação específica pela Lei 11.343/06, que não prevê o reexame necessário. A parte final do art. 7º ainda prevê o recurso de ofício nos casos de arquivamento dos autos do respectivo inquérito policial. Com as alterações promovidas pela Lei 13.964/19, que modificaram a forma de arquivamento dos autos de inquérito policial, passando para o Ministério Público, isto é, afastando o tema do Judiciário, a previsão deixa de ter sentido, sendo tacitamente revogada.

d) sentença que conceder o mandado de segurança (14, §1º, da Lei 12.016/09): conforme previsão legal expressa na Lei de Mandado de Segurança (art. 14, §1º), concedida a segurança, a sentença estará sujeita obrigatoriamente ao duplo grau de jurisdição.

O art. 574, II, CPP, ainda prevê o recurso de ofício nos casos de absolvição sumária no procedimento do júri. Contudo, com a reforma processual de 2008 e o consequente tratamento integral da matéria conferido pelo Capítulo do Tribunal do Júri, o qual se quedou silente quanto ao recurso de ofício, a doutrina majoritária entende por sua revogação tácita pela Lei 11.689/08.

33.5.11 Princípio da *non reformatio in pejus*

ATENÇÃO – ASSUNTO COBRADO NO MPPR – CONCURSO 2014

Discorra sobre o princípio da *reformatio in pejus* abrangendo a) conceituação, b) exemplo prático; c) aplicabilidade aos casos do Júri e d) exponha como ocorre a *reformatio in pejus indireta*.

De acordo com a proibição da *reformatio in pejus*, reforma para pior, aquele que interpõe o recurso não pode ser prejudicado pelo julgamento do próprio recurso. Sob uma perspectiva ampla, o princípio deriva do **princípio da personalidade ou pessoalidade dos recursos**, que pressupõe que o recurso somente poderá beneficiar a parte que recorreu. O princípio é também conhecido por **efeito prodrômico da sentença**, por assinalar que em recurso exclusivo da defesa não se pode agravar a situação do acusado.

O princípio deriva do art. 617 do CPP, que impõe ao tribunal, câmara ou turma, o atendimento nas suas decisões ao disposto nos arts. 383, 386 e 387, no que for aplicável, não podendo, porém, agravar a pena, quando somente o réu houver apelado da sentença. A vedação, entretanto, aplica-se somente nos casos de recurso interposto pelo acusado, porquanto, pelo menos em tese, é possível a *reformatio in mellius* para o acusado, fruto da *reformatio in pejus* para o Ministério Público como decorrência da celeridade processual e simplicidade das formas.

Conforme assinala BADARÓ[17] (2021, p. 949), "uma vez possível a concessão de *habeas corpus ex officio*, seria um excesso de formalismo exigir que o Tribunal negasse provimento ao recurso, e concedesse *habeas corpus* de ofício, ou sugerir ao acusado a interposição de revisão criminal". A possibilidade de *reformatio in mellius* tem sido aceita de forma predominante no STJ[18]:

> 1. Esta Corte firmou compreensão no sentido de que é admitida a reformatio in mellius, em sede de recurso exclusivo da acusação, sendo vedada somente a reformatio in pejus. 2. A concessão da ordem, de ofício, para absolver o Réu, não se deu por meio da análise do recurso constitucional, mas sim nos autos de recurso de apelação. Divergência jurisprudencial não comprovada. 3. Ademais, é permitido à instância revisora o exame integral da matéria discutida na demanda, face ao amplo efeito devolutivo conferido ao recurso de apelação em matéria penal. REsp 628971/PR, 6ª Turma, Rel. Min. Og Fernandes, DJe 12.04.10.

Apesar do art. 617 do CPP referir-se tão somente à pena, o princípio da *non reformatio in pejus* também deve ser aplicado aos chamados efeitos da condenação específicos, quando não impostos, expressamente, na sentença. Assim, ocorrida a omissão, não poderá o tribunal trazer à tona um efeito específico da condenação (art. 92, I a III, CP), em sede de recurso exclusivo da defesa, sob pena de agravar a situação do recorrente.

De igual modo, não é possível, ainda que o contexto final da decisão melhore a situação do acusado, que o tribunal reconheça causa de aumento de pena de ofício em recurso exclusivo da defesa. À guisa de exemplo, decotando uma circunstância qualificadora do crime de furto, trazendo-o para sua forma simples, não poderá, ainda que patente nos autos, reconhecer a causa de aumento pelo repouso noturno de ofício, porquanto a situação caracteriza um agravamento na situação do recorrente, ainda que, ao final, a pena fixada seja inferior à originalmente imposta.

Não se admite ainda, sob a luz do princípio da *non reformatio in pejus*, que o tribunal converta em diligência o julgamento de apelação do acusado para determinar a instauração de incidente de insanidade mental (art. 149, CPP), sob pena de violação à Súmula 525 do STF: "A medida de segurança não será aplicada em segunda instância, quando só o réu tenha recorrido".

17. *op.cit.*

18. Em sentido contrário: REsp 72745/SP, DJ 22.04.97.

Vale destacar, todavia, que não há *reformatio in pejus* na sentença penal condenatória que, ao manter a pena definitiva anteriormente fixada, não agrava a pena aplicada na sentença anulada nem piora a situação do acusado, vez que o juízo de primeiro grau não está circunscrito ao reexame dos motivos da sentença anulada, detendo competência para reexaminar a causa à luz da nova instrução criminal e do art. 59 e seguintes do Código Penal, podendo, para manter a mesma pena da sentença penal anulada, substituir por outras as circunstâncias judiciais ou legais de exasperação a que a decisão anulada tenha relevado[19].

33.5.11.1 **Reformatio in pejus** *indireta*

Questão mais intricada envolve a chamada *reformatio in pejus* indireta, que decorre da anulação de decisão anterior como consequência de recurso exclusivo da defesa. Tal situação pode ocorrer, por exemplo, no acolhimento de nulidades processuais que implicam anulação da decisão que havia condenado o acusado à pena de dois anos de reclusão e, no novo julgamento, após a correção dos vícios, o acusado vir a ser condenado a uma pena superior a dois anos, em flagrante prejuízo advindo, exclusivamente, do julgamento favorável de um recurso por ele interposto. Chama-se indireta, portanto, porque o julgamento do recurso, em si, traz-lhe benefícios (anulação), mas o resultado final impõe-lhe prejuízos.

A impossibilidade da *reformatio in pejus* indireta extrai seu fundamento, segundo parte da doutrina, do art. 626, parágrafo único, do CPP, que ao regular a revisão criminal, assinala que, de qualquer maneira, não poderá ser agravada a pena imposta pela decisão revista. De fato, não haveria razões para se impedir o agravamento na revisão criminal, exclusiva da defesa, e não se impedir nos recursos interpostos pela defesa. Em lógica simples, se presente o risco de agravamento de ofício, talvez o acusado não exercesse o constitucional direito ao recurso. Logo, não pode ser prejudicado tão somente por ter exercido um direito.

A complexidade do tema apresenta-se em dois pontos específicos: a) julgamentos pelo Tribunal do Júri; b) julgamentos realizados por juízo absolutamente incompetente.

33.5.11.1.1 Reformatio in pejus *indireta nos julgamentos pelo Tribunal do Júri*

No que tange aos julgamentos pelo tribunal popular, duas situações distintas podem ocorrer. A primeira pode ser verificada quando, anulado o primeiro julgamento, os jurados, no segundo julgamento, proferem o julgamento nos mesmos termos, isto é, acolhem, por exemplo, a tese defensiva de exclusão da qualificadora, condenando o acusado por homicídio simples. Nesse particular, a solução apresenta-se sem maior complexidade, haja vista que o magistrado, ao fixar a pena, deverá respeitar o máximo de pena fixado no julgamento anterior, sob pena de *reformatio in pejus* indireta.

A questão se torna tormentosa, contudo, quando no novo julgamento os jurados reconhecem circunstância qualificadora não admitida no julgamento anterior, transformando o homicídio simples em qualificado.

19. STF: HC 113.512, 2ª Turma, DJe. 17.12.2013.

Analisando a questão, Renato Brasileiro entende que "anulada decisão do júri por conta de recurso exclusivo da defesa, os jurados que venham a atuar no segundo julgamento são absolutamente soberanos, podendo reconhecer qualificadoras, causas de aumento ou de diminuição de pena que não foram reconhecidas no primeiro julgamento. Em outras palavras, não se pode impedir que o júri decida como bem entender, inclusive reconhecendo qualificadoras antes afastadas, sob pena de se negar vigência à soberania dos veredictos"[20].

A indagação que deve ser formulada, portanto, envolve a possibilidade de limitação à chamada soberania dos vereditos. Debatemos o tema amplamente no Capítulo pertinente ao Tribunal do Júri, ao qual remetemos o leitor para maior compreensão, haja vista que, no momento, partiremos da premissa anteriormente fixada, de que a soberania dos vereditos, de fato, não é plena, ainda que paradoxal a conclusão sob a luz do verbete "soberania".

Tratando-se de recurso exclusivo da defesa, não nos parece razoável se admitir a possibilidade de piora na situação do réu tão somente pelo argumento de que o júri é soberano em sua decisão. A soberania foi conferida aos jurados para dar voz à sociedade nos crimes dolosos contra a vida, devendo ser respeitada pelo Poder Judiciário. Contudo, parece-nos que a existência de um júri popular soberano não é hábil a afastar a soberania de outro júri popular, mesmo que anulada a decisão por força de exclusivo recurso da defesa, haja vista que a anulação só ocorreu porque a própria defesa exerceu seu direito ao recurso.

Admitir a possibilidade de piora na situação jurídica no novo julgamento, decorrente de anulação da primeira decisão por acolhimento de tese defensiva, significa impor ao acusado uma escolha que a Constituição não lhe impôs. A ideia, "você pode recorrer, mas se anular, poderá pegar uma pena maior", não é condizente com o direito ao recurso, pois compele a defesa a correr um risco que não deveria existir. Se anulado o processo, é porque, em algum momento, o Estado falhou ao prestar a jurisdição. Logo, não pode, esse mesmo ente, beneficiar-se da própria omissão, ainda que por órgão independente, o Ministério Público, para lavar as mãos e justificar o agravamento da pena do réu com lastro na soberania dos vereditos.

O STF, enfrentando a questão em julgamento paradigmático, decidiu que:

> Homicídio doloso. *Tribunal do Júri*. Três julgamentos da mesma causa. Reconhecimento da legítima defesa, com excesso, no segundo julgamento. Condenação do réu à pena de 6 (seis) anos de reclusão, em regime semi-aberto. Interposição de recurso exclusivo da defesa. Provimento para cassar a decisão anterior. Condenação do réu, por homicídio qualificado, à pena de 12 (doze) anos de reclusão, em regime integralmente fechado, no terceiro julgamento. Aplicação de pena mais grave. Inadmissibilidade. *Reformatio in peius* indireta. Caracterização. Reconhecimento de outros fatos ou circunstâncias não ventilados no julgamento anterior. Irrelevância. Violação consequente do justo processo da lei (due process of law), nas cláusulas do contraditório e da ampla defesa. Proibição compatível com a regra constitucional da soberania relativa dos veredictos. HC concedido para restabelecer a pena menor. Ofensa ao art. 5º, incs. LIV, LV e LVII, da CF. Inteligência dos arts. 617 e 626 do CPP. **Anulados o julgamento pelo *tribunal do júri* e a correspondente sentença condenatória, transitada em julgado para a acusação, não pode o acusado, na renovação**

20. *op.cit.* p. 1750.

> **do julgamento, vir a ser condenado a pena maior do que a imposta na sentença anulada, ainda que com base em circunstância não ventilada no julgamento anterior**. HC 89544, 2ª Turma, Rel. Min. Cezar Peluso, DJe 15.05.09. (grifamos).

Em julgamento, para nós também paradigmático, a 1ª Turma do STF reconheceu a possibilidade de aplicação da prescrição com lastro no julgamento anterior, anulado, tomando por premissa a impossibilidade de *reformatio in pejus* indireta:

> O paciente foi condenado pela prática de crime de homicídio qualificado, por motivo que dificultou a defesa do ofendido (CP, art. 121, § 2º, inciso IV), na modalidade tentada (CP, art. 14, inciso II), tendo-se afastado a qualificadora do motivo fútil (CP, art. 121, § 2º, inciso II). Portanto, **em caso de nova condenação do paciente pelo *Júri* popular, ainda que reconhecida a presença de ambas as qualificadoras, a pena aplicada não pode superar a pena anteriormente cominada de 8 (oito) anos reclusão, sob pena de se configurar a *reformatio in pejus* indireta, a qual não é admitida pela Corte**. Fixada esta premissa, a prescrição, então, deve regular-se, na espécie, pela expressão em concreto da pena privativa de liberdade aplicada, qual seja, 8 (oito) anos de reclusão, cujo lapso prescricional é de 12 (doze) anos, com esteio no art. 109, inciso III, do Código Penal. HC 115428, 1ª Turma, Rel. Min. Dias Toffoli, DJe 23.08.13. (grifamos).

Assim, entendemos que a soberania dos vereditos não é apta a afrontar a impossibilidade de *reformatio in pejus* indireta. Isso não significa que os jurados não possam externar os seus votos segundo as teses apresentadas e reconhecer, por exemplo, uma qualificadora não reconhecida no primeiro julgamento. Entretanto, ao fixar a pena, o magistrado deverá limitá-la ao *quantum* anterior, dando vazão à aplicação do princípio da concordância prática. Sobre esse, vale trazer à colação trecho do voto do Ministro César Peluso no julgamento do HC 89.544/RN, acima indicado:

> Ambas essas garantias, eu constituem cláusulas elementares do princípio constitucional do justo processo da lei (*due processos of law*), devem ser interpretadas sob a luz do critério da chamada *concordância prática*, que, como se sabe, consiste "*numa recomendação para que o aplicador das normas constitucionais, em se deparando com situações de concorrência entre bens constitucionalmente protegidos, adote a solução que otimize a realização de todos eles, mas ao mesmo tempo não acarrete a negação de nenhum*".

33.5.11.1.2 Reformatio in pejus *indireta nos julgamentos realizados por juízo absolutamente incompetente*

Anulada a decisão por reconhecimento da incompetência absoluta, por força de julgamento de recurso exclusivo da defesa, doutrinariamente há divergência quanto à existência de limitação para que o juízo competente venha a aplicar pena superior à anteriormente fixada.

Parte da doutrina sustenta que a violação da garantia do juiz natural, por incompetência constitucional, em razão do grau do vício, dá causa à inexistência do processo, de forma que os efeitos do julgamento seriam inexistentes. Não nos parece, todavia, seja a melhor compreensão, porquanto a competência do magistrado é pressuposto de validade e não de existência do processo, isto é, ainda que viciada a decisão, será apta a produzir efeitos, diferentemente de uma decisão proferida por um magistrado aposentado, desprovido de jurisdição, cujo ato seria, de fato, juridicamente inexistente.

O STF, por seu turno, entende que a decisão proferida por juiz absolutamente incompetente não produz efeitos e, por conseguinte, não demarca nem vincula o juízo competente, de forma que no julgamento, poderá ser aplicada pena maior ao acusado.

> A decisão proferida por juiz absolutamente incompetente não produz efeitos e, por conseguinte, não demarca nem vincula a atuação daquele indicado para fazê-lo. 3. A competência penal em razão da matéria insere-se no rol de questões de ordem pública, podendo ser alegada ou reconhecida a qualquer momento. HC 107457, 2ª Turma, Rel. Min. Cármen Lúcia, DJe 22.10.12.

Não obstante a linha sustentada pelo Pretório Excelso, assim como nas decisões do Tribunal do Júri, reconhecer a possibilidade de, no novo julgamento, decorrente de anulação da primeira decisão por acolhimento da nulidade absoluta, significa colocar o acusado em posição de escolha entre o mal certo, ainda que fundado em nulidade, ou o risco de um mal maior, em completa dissonância com a lógica recursal, que objetiva melhorar uma situação existente.

Nesse sentido, se anulado o processo, é porque, em algum momento, o Estado falhou ao prestar a jurisdição. Logo, não pode, esse mesmo ente, beneficiar-se da própria omissão para justificar o agravamento da pena do réu com lastro em nulidade absoluta não detectada pelo próprio Estado.

33.6 PRESSUPOSTOS DE ADMISSIBILIDADE RECURSAIS

O estudo dos pressupostos de admissibilidade dos recursos passa, para nós, pela compreensão dos recursos como meio de deflagração de uma nova instância recursal, os quais, assim como a ação penal, pressupõe a satisfação de condições recursais.

Um recurso não instaura uma nova ação penal, mas equivale à sua instauração perante o juízo *ad quem*. Para que o direito de recurso seja exercido de forma regular, deve satisfazer as condições legalmente previstas pelo CPP, observando a possibilidade do jurídica do pedido, o interesse de agir, e a legitimidade da parte para sua interposição, conforme veremos sob a roupagem tradicional conferida pela doutrina de pressupostos de admissibilidade dos recursos.

O pressuposto basilar de um recurso é a existência de uma decisão judicial. O recurso, ao ser interposto, passa necessariamente pelo chamado **juízo de prelibação**, isto é, a verificação de satisfação dos seus pressupostos de admissibilidade. Somente após superada essa fase, que se encerrará no recebimento do recurso, o mérito desse será apreciado no exercício do **juízo de delibação**.

Como regra geral, o recurso é interposto perante o juízo que proferiu a decisão - juízo *a quo*. Como regra, igualmente, o julgamento do recurso será conferido a órgão distinto e hierarquicamente superior - juízo *ad quem*. Há situações, contudo, que, a despeito do recurso ser direcionado a instância superior, o próprio magistrado prolator da decisão poderá rever sua decisão, a exemplo do recurso em sentido estrito, que possui o chamado efeito regressivo. Há situações ainda nas quais o recurso é direcionado para próprio magistrado, competente para o julgamento, a exemplo dos embargos de declaração, que são julgados pelo próprio juízo decisório.

Assim, tem-se que o juízo de prelibação exercido pelo magistrado de primeiro grau é meramente provisório, porquanto caberá ao tribunal o juízo definitivo quanto à admissibilidade do recurso, de forma que os pressupostos de admissibilidade recursal, salvo nos casos de interposição direta ou encaminhamento direto para o tribunal[21], serão

21. Carta testemunhável.

analisados por duas vezes, no juízo perante o qual se interpôs o recurso – *a quo* –, e no juízo competente para apreciação do mérito recursal – *ad quem*.

Por se tratar a análise da admissibilidade do recurso realizada pelo juízo *a quo* meramente provisória, não admitindo o magistrado o recurso, a parte poderá recorrer quanto à decisão de não recebimento ao Tribunal, variando o recurso a depender da natureza do recurso originalmente interposto. Assim, à guisa de exemplo, da decisão que inadmitir a apelação, caberá RSE (art. 581, XV, CPP), da decisão que denegar o RSE e demais recursos em primeiro grau, caberá o recurso de carta testemunhável (art. 639, CPP).

Vejamos, separadamente, os pressupostos de admissibilidade dos recursos, cujo preenchimento integral permitirá o conhecimento do recurso pela instância revisora.

33.6.1 Pressupostos de natureza objetiva

Os pressupostos de natureza objetiva são aqueles inerentes ao próprio recurso, que conformam seu aspecto formal. Em voz assente na doutrina, são pressupostos objetivos: a) cabimento; b) adequação; c) tempestividade; d) regularidade formal; e) inexistência de fato impeditivo; e f) inexistência de fato extintivo.

33.6.1.1 Cabimento

Um recurso cabível é aquele possui previsão legal, de forma direta ou indireta no ordenamento jurídico. Logo, uma decisão à qual o legislador assinala sua irrecorribilidade ou não exista norma prevendo recurso à espécie de decisão, não haverá a satisfação do pressuposto por descabimento.

O ordenamento jurídico pátrio prevê diversas situações de decisões irrecorríveis, como nos casos de denegação da suspensão do processo por questão prejudicial (art. 93, §2º, CPP), da admissão ou inadmissão do assistente de acusação (art. 273, CPP), da improcedência das exceções de incompetência, litispendência, coisa julgada e ilegitimidade de parte, por interpretação sistemática do art. 581, III, CPP, e ainda das decisões sobre a inexistência de repercussão geral dos temas constitucionais abordados em sede de recurso extraordinário no STJ, irrecorríveis nos termos do art. 102, §3º, CF, art. 1.035, *caput*, do CPC e art. 326 do Regimento Interno do STF.

Sob a perspectiva do modelo proposto inicialmente, de análise sob a perspectiva das condições da ação penal, o cabimento insere-se no contexto da possibilidade jurídica do pedido.

33.6.1.2 Adequação

O recurso interposto deve se amoldar à previsão legal, isto é, além de ser cabível, deve ser o recurso adequado e, portanto, apto a atacar a decisão proferida, segundo sua espécie. Nesse sentido, se o legislador entende por cabível recurso contra a decisão de impronúncia, sua adequação será verificada pela subsunção da impugnação à previsão legal, *in casu*, expressa como apelação no art. 416 do CPP. Logo, o recurso adequado para impugnar a decisão de impronúncia será a apelação.

Apesar da maioria dos casos ser de fácil identificação por previsão expressa ou decorrente de exclusão de fácil compreensão, não se pode negar que há zonas cinzentas de interpretação em determinados casos, no quais o legislador não previu um recurso específico, a exemplo do recurso a ser interposto contra decisão que não homologa a coloração premiada.

O pressuposto sofre uma mitigação com o acolhimento do princípio da fungibilidade (art. 579, CPP), estudado anteriormente. Sob o modelo proposto, a adequação, assim como o cabimento, enquadra-se na condição da possibilidade jurídica do pedido.

33.6.1.3 Tempestividade

Um recurso, para ser conhecido, deve ser interposto no prazo previsto em lei, sob pena de preclusão. Assim, se ao recurso em sentido estrito o legislador previu sua interposição no prazo de cinco dias (art. 586, CPP), o não exercício do direito de recorrer no referido prazo, salvo nos casos de prazo em dobro, conferidos, por exemplo, à Defensoria Pública, ocorrerá a preclusão da decisão, não mais podendo ser impugnada pela via recursal prevista. Logo, o pressuposto amolda-se à figura geral da possibilidade jurídica do pedido.

A intempestividade, antes da entrada em vigor do CPC de 2015, era também assinalada nas hipóteses de **recurso prematuro**, isto é, aquele interposto antes da publicação da decisão recorrida, em situação na qual a parte, antes mesmo de ser intimada formalmente da decisão, toma ciência do resultado do julgamento e se antecipa, impugnando a decisão pela via recursal.

O art. 218, § 4º, CPC, prevê que "será considerado tempestivo o ato praticado antes do termo inicial do prazo". Com espeque no dispositivo e sob a luz dos princípios da celeridade, razoabilidade e acesso à Justiça, não mais se reconhece a intempestividade do chamado **recurso prematuro** conforme se extrai do entendimento do STF exarado no AI 703269 AgR ED-ED-EDv-ED[22], e consequente cancelamento da Súmula 418 do STJ[23].

Considera-se interposto o recurso no momento de seu protocolo em juízo, sendo irrelevante o momento do despacho do juiz[24]. Caso o protocolo seja impedido por erro, falta ou omissão dos funcionários da Justiça, a exemplo de problemas técnicos para manifestação em sistema eletrônico, os recursos não serão prejudicados, cabendo à parte recorrente, contudo, demonstrar a impossibilidade de interposição no prazo legal por circunstâncias externas alheias à sua vontade provocadas pela própria Justiça. Sobre o tema, vale lembrar o art. 575 do CPP: "Não serão prejudicados os recursos que, por erro, falta ou omissão dos funcionários, não tiverem seguimento ou não forem apresentados dentro do prazo".

Eventuais erros internos de processamento do recurso, quando interpostos no prazo legal, não são aptos a impedir seu conhecimento, especialmente quando se verifica erro interno do próprio sistema judiciário, conforme se extrai do entendimento do STF:

> Embargos de declaração no agravo regimental no recurso extraordinário. Efeitos infringentes. Possibilidade, em casos excepcionais. Corte de origem. Recebimento de petição. Erro do próprio órgão judiciário no processamento do recurso. Recurso de apelação tempestivo. 1.

22. Tribunal Pleno, DJe 08.05.15.
23. "É inadmissível o recurso especial interposto antes da publicação do acórdão dos embargos de declaração, sem posterior ratificação.
24. Súmula 428 do STF "não fica prejudicada a apelação entregue em cartório no prazo legal, embora despachada tardiamente".

> No caso concreto, o recebimento da petição de apelação no Tribunal a quo não poderia dar ensejo à declaração de intempestividade do recurso, haja vista ter sido protocolado dentro do prazo previsto em lei. 2. O erro não pode ser atribuído exclusivamente ao advogado do apelante, sendo da responsabilidade, também, do setor que recebeu a petição do recurso indevidamente. RE 755613 AgR-ED/ES, 1ª Turma, Rel. Min. Dias Toffoli, DJe 27.11.15.

O entendimento citado, contudo, não ampara o erro grosseiro do advogado, que, por exemplo, desejando interpor um recurso perante a Justiça Estadual, o faz em outro processo, em trâmite perante a Justiça Federal pela via eletrônica.

Conforme vimos, a regra geral dos recursos impõe sua interposição diretamente no juízo prolator da decisão, que deverá realizar o juízo provisório de prelibação. Contudo, tratando-se de carta testemunhável, ainda que intempestivo o recurso, esse deverá ser processado pela instância inferior e encaminhado para o tribunal, porquanto não se realizada o juízo prelibatório em primeiro grau no referido recurso, haja vista que seu processamento se dá perante o escrivão ou secretário do tribunal (art. 640, CPP).

33.6.1.3.1 Prazo recursal

O prazo recursal[25] varia de acordo com o recurso interposto e qualidade da parte que o interpõe. O prazo para interposição, contudo, não se confunde o início de sua contagem, que tão somente delimita o termo inicial e, consequentemente, seu termo final.

O termo inicial do prazo é definido, em regra, com a intimação da parte. Sua contagem, entretanto, inicia-se no dia útil seguinte ao da intimação, porquanto o dia do começo não é computado, incluindo-se, porém, o do vencimento (art. 798, §1º, CPP), o qual será prorrogado para o dia útil imediato se terminar em dia não útil (art. 798, §3º, CPP). Nos termos do art. 798, *caput*, CPP, os prazos recursais são contínuos e peremptórios, não se interrompendo por férias, domingo ou dia feriado, salvo nos casos de impedimento do juiz, força maior ou obstáculo judicial oposto pela parte contrária (art. 798, §4º, CPP).

O Ministério Público, nos termos da Lei 8.625/93, art. 41, IV, possui o direito à intimação pessoal em qualquer processo e grau de jurisdição, através da entrega dos autos com vista. A intimação pessoal, portanto, formaliza-se com a entrega dos autos ao Ministério Público de forma a se permitir a realização do ato processual. Nesse sentido é a Tese em sede de Recursos Repetitivos firmada pelo STJ:

> O termo inicial da contagem do prazo para impugnar decisão judicial é, para o Ministério Público, a data da entrega dos autos na repartição administrativa do órgão, sendo irrelevante que a intimação pessoal tenha se dado em audiência, em cartório ou por mandado. (REsp 1349935/SE, Rel. Min. Rogério Schietti Cruz, 3ª Seção, DJe 14.09.17)

Assim, a intimação pessoal do membro do Ministério Público formaliza-se com a entrega dos autos com vista, sendo irrelevante a data da aposição da ciência acerca da decisão, pelo que não se aplica na literalidade, ao *parquet*, o teor do §5º do art. 798 e 800, §2º, ambos do CPP.

A despeito de não ser parte na relação processual, a Defensoria Pública também possui o direito à intimação pessoal, mediante entrega dos autos com vista (art. 44, I, LC 80/94), nos mesmos termos que o Ministério Público, isto é, a intimação será considerada

---

25. Para aprofundamento quanto aos prazos e sua teoria geral, remetemos o leitor ao capítulo da "Comunicação dos atos processuais".

efetivada com a entrega dos autos na instituição, de forma a se permitir o exercício do direito de defesa[26]. Nos termos do §4º do art. 370 do CPP, o defensor nomeado igualmente possui o direito à intimação pessoal.

Nos termos do §5º do art. 798 do CPP, salvo os casos expressos, os prazos correrão: a) da intimação; b) da audiência ou sessão em que for proferida a decisão, se a ela estiver presente a parte; c) do dia em que a parte manifestar nos autos ciência inequívoca da sentença ou despacho.

Tratando-se de intimação por carta precatória, o termo inicial do prazo é computado a partir da data da intimação e não da juntada aos autos da carta precatória conforme dispõe a Súmula 710 do STF: "no processo penal, contam-se os prazos da data da intimação, e não da juntada aos autos do mandado ou da carta precatória ou de ordem".

Sendo a intimação realizada em final de semana ou feriado, será considerada realizada no primeiro dia útil subsequente e, por consequente, o prazo terá seu início no dia seguinte ao que se considera realizada a intimação. À guisa de exemplo, uma intimação realizada no sábado ou domingo, dias não úteis, será considerada realizada na segunda-feira se dia útil for na localidade. Logo, o início do prazo processual terá seu termo inicial na terça-feira, primeiro dia útil subsequente ao da efetiva intimação.

Na mesma lógica está o teor da Súmula 310 do STF: "quando a intimação tiver lugar na sexta-feira, ou a publicação com efeito de intimação for feita nesse dia, o prazo judicial terá início na segunda-feira imediata, salvo se não houver expediente, caso em que começará no primeiro dia útil que se seguir".

Apenas a título de registro, pois cada recurso será analisado de forma especifica, os prazos recursais no processo penal foram assim previstos:

Prazo	Recurso
48h	✓ Carta testemunhável (art. 640, CPP).
02 dias	✓ Embargos de declaração em 1ª e 2ª instância (arts. 382 e 619, CPP, respectivamente). ✓ Embargos de declaração contra os acórdãos proferidos pela Corte Especial, pelas Seções ou pelas Turmas do STJ (art. 263, RISTJ).
05 dias	✓ Apelação (art. 593, *caput*, CPP). ✓ Apelação subsidiária do assistente, caso este já esteja habilitado. ✓ RSE (art. 586, *caput*, CPP). ✓ Embargos de declaração nos Juizados Especiais Criminais (art. 83, §1º, Lei 9.099/95). ✓ Embargos de declaração no STF (art. 337, § 1º, RISTF). ✓ Recurso ordinário para o STJ e STF contra decisões denegatórias de *habeas corpus* (art. 30, *caput*, da Lei 8.038/90, e art. 310 do RISTF, respectivamente). ✓ Correição parcial (art. 6º, I, da Lei 5.010/66. ✓ Agravo em execução (art. 197, LEP). ✓ Agravo regimental contra decisão proferida em processos criminais no âmbito dos Tribunais Superiores pelo Presidente, por Seção, por Turma, ou por Relator (art. 39 da Lei 8.038/90)

26. STJ: HC 296.759/RS, 3ª Seção, Rel. Min. Rogerio Schietti Cruz, DJe 21/09/2017.

Prazo	Recurso
10 dias	✓ Embargos infringentes e de nulidade (art. 609, parágrafo único, CPP). ✓ Apelação nos Juizados Especiais Criminais (art. 82, §1º, Lei 9.099/95)
15 dias	✓ Recurso extraordinário e recurso especial (art. 1003, § 5º, CPC). ✓ Recurso ordinário para o STJ contra as decisões denegatórias de mandado de segurança (art. 33, Lei 8.038/90). ✓ Apelação subsidiária do ofendido, caso não esteja habilitado (art. 598, parágrafo único, CPP). ✓ Agravo contra a decisão que denega o recurso extraordinário ou especial (art. 1042, I, CPC)[27].
20 dias	✓ RSE contra lista dos jurados (art. 581, parágrafo único, CPP[28])

Vistos os prazos, vale destacar que a Defensoria Pública da União, da Defensoria Pública do Distrito Federal e dos Territórios, e da Defensoria Pública dos Estados têm prazo em dobro para recorrer, nos termos dos arts. 44, inciso I, 89, inciso I, e 128, inciso I, todos da Lei Complementar nº 80/94, respectivamente.

O prazo em dobro concedido à Defensoria Pública funda-se na busca da *par condicio* e da igualdade real, não sendo incompatível com a paridade de armas e princípio da isonomia, em razão das dificuldades inerentes à preparação da defesa dos seus assistidos. Tratando-se de Defensoria Público Federal, com atuação nos Juizados Especiais Federais, prevalece o entendimento, ao nosso sentir, equivocado, de que o art. 9º da Lei 10.259/01, que prevê que não haverá prazo diferenciado para a prática de qualquer ato processual pelas pessoas jurídicas de direito público, inclusive a interposição de recursos, é plenamente aplicável à Defensoria Pública Federal, de forma que, nesse particular, não se aplicará o privilégio do prazo em dobro.

Cumpre destacar que o *parquet*, no processo penal, assim como o defensor dativo, não integrante de serviço estatal de assistência judiciária, não gozam do privilégio do prazo em dobro[29].

33.6.1.4 Regularidade formal

O pressuposto da regularidade formal diz respeito à observância dos **requisitos inerentes** e à **forma de interposição do recurso**, que pode ser realizada por petição

27. Súmula 699 do STF: "O prazo para interposição de agravo, em processo penal, é de cinco dias, de acordo com a Lei nº 8.038/90, não se aplicando o disposto a respeito nas alterações da Lei nº 8.950/94 ao Código de Processo Civil". Não obstante o teor da súmula, com a entrada em vigor do novo CPC, há que se registrar que o prazo de cinco dias para a interposição de agravo no processo penal, fundamentador da súmula, extrai-se seu fundamento legal no art. 28, *caput*, da Lei 8.038/90. Com a revogação do dispositivo art. 1072, IV, do CPC, o fundamento legal da Súmula 699 do STF deixou de existir, motivo pelo qual o prazo para a interposição do agravo de instrumento previsto no cível deve ser o mesmo do penal, isto é, quinze dias.

28. Conforme assinalamos no estudo do Tribunal do Júri, entendemos o dispositivo por tacitamente revogado.

29. Nos termos da jurisprudência consolidada no âmbito deste Superior Tribunal, "para valer-se da prerrogativa da contagem de prazos em dobro, deve, o advogado, integrar o quadro da assistência judiciária organizado e mantido pelo Estado, não se aplicando tal benesse aos defensores dativos, aos núcleos de prática jurídica pertencentes às universidades particulares e ainda, aos institutos de direito de defesa" (AgRg no AREsp n. 1.328.889/RS, Sexta Turma, Rel. Min. Nefi Cordeiro, DJe 26/3/2019). (AgRg no AREsp 1780543/DF, Rel. Min. Félix Fischer, 5ª Turma, DJe 08.04.21.

ou termo nos autos (art. 578, CPP[30]), assinado pelo recorrente ou seu representante, ou ainda oralmente, a depender da modalidade recursal. Vale destacar que, não sabendo ou não podendo o réu assinar o nome, o termo será assinado por alguém, a seu rogo, na presença de duas testemunhas (§1º).

Amplamente mitigado pela instrumentalidade das formas, o pressuposto visa tão somente assegurar que o recurso seja interposto segundo os padrões ordinários e costumeiros de peticionamento em juízo.

Via de regra, o recurso é interposto por petição escrita, documento produzido e rubricado pela parte, no caso do Ministério Público, ou pelo representante processual da parte, no caso do réu. O art. 578, ao prever a possibilidade de interposição por termo, admite o recurso por meio de cota nos autos ou mesmo pela manifestação oral inequívoca da parte, certificada pelo oficial de justiça ou escrivão diante da intimação da sentença. Em síntese, não exige a formalidade da petição escrita.

Naturalmente, os recursos que admitem sua interposição por simples petição ou termo nos autos são aqueles que não exigem a apresentação das razões recursais em conjunto, vez que, de fato, a violação da forma seria evidente em razão da necessidade de fundamentação. Assim, admitem a interposição por petição ou termo nos autos os recursos: a) apelação, exceto nos Juizados Especiais Criminais, que exige a apresentação das razões em conjunto; b) recurso em sentido estrito; c) agravo em execução; e d) carta testemunhável. Nos termos do art. 83, §1º, da Lei 9.099/95, os embargos de declaração nos Juizados Especiais podem ser opostos por escrito ou oralmente.

Vale ressaltar que o avanço das novas tecnologias tem produzido alterações legislativas a se permitir a interposição de recursos por meio eletrônico, nos termos do art. 2º da Lei 11.419/06, que prevê que o envio de petições, de recursos e a prática de atos processuais em geral por meio eletrônico serão admitidos mediante uso de assinatura eletrônica, na forma do art. 1º da lei[31], sendo obrigatório o credenciamento prévio no Poder Judiciário, conforme disciplinado pelos órgãos respectivos.

No mesmo sentido, a utilização de *fax*, já em desuso, é amplamente admitida como forma de interposição de recursos (art. 2º, *caput*, da Lei 9.800/99), devendo os originais serem entregues em juízo, necessariamente, até cinco dias da data do término do prazo para o recurso segundo o entendimento do STF[32]. Frise-se, por oportuno, que o STF, no

---

30. §2º A petição de interposição de recurso, com o despacho do juiz, será, até o dia seguinte ao último do prazo, entregue ao escrivão, que certificará no termo da juntada a data da entrega. § 3º Interposto por termo o recurso, o escrivão, sob pena de suspensão por dez a trinta dias, fará conclusos os autos ao juiz, até o dia seguinte ao último do prazo.

31. Art. 1º O uso de meio eletrônico na tramitação de processos judiciais, comunicação de atos e transmissão de peças processuais será admitido nos termos desta Lei.
§ 1º Aplica-se o disposto nesta Lei, indistintamente, aos processos civil, penal e trabalhista, bem como aos juizados especiais, em qualquer grau de jurisdição.
§ 2º Para o disposto nesta Lei, considera-se:
I - meio eletrônico qualquer forma de armazenamento ou tráfego de documentos e arquivos digitais;
II - transmissão eletrônica toda forma de comunicação a distância com a utilização de redes de comunicação, preferencialmente a rede mundial de computadores;
III - assinatura eletrônica as seguintes formas de identificação inequívoca do signatário:
a) assinatura digital baseada em certificado digital emitido por Autoridade Certificadora credenciada, na forma de lei específica;
b) mediante cadastro de usuário no Poder Judiciário, conforme disciplinado pelos órgãos respectivos.

32. RHC 86.952/SP, 1ª Turma, Rel. Min. Marco Aurélio, DJe 17.05.07.

julgamento do HC 121.225/MG[33], expressamente consignou que "ordem jurídica não contempla a interposição de recurso via e-mail".

No âmbito dos Tribunais Superiores, em razão da própria particularidade inerente ao prequestionamento, os recursos só podem ser interpostos por petição escrita, acompanhada das respectivas razões. É o que se extrai, por exemplo, da Súmula 284 do STF: "É inadmissível o recurso extraordinário, quando a deficiência na sua fundamentação não permitir a exata compreensão da controvérsia".

No que tange aos **requisitos inerentes**, há recursos que demandam a formação de instrumento para seu conhecimento, devendo a parte providenciar sua formação, sob pena de não conhecimento, a exemplo do agravo de instrumento interposto para o processamento de recursos extraordinários não admitidos na origem, que pressupõe a formação completa do instrumento.

Nesse sentido é o entendimento do STF[34]:

> Agravo regimental nos embargos de divergência nos embargos de declaração no agravo regimental no agravo de instrumento. 2. Processo Penal. 3. Falta de assinatura do agravo de instrumento pelo advogado e má *formação do instrumento*, em desobediência ao art. 544, § 1º, do Código de Processo Civil e por incidência da Súmula n. 288/STF. Inviável o conhecimento destes embargos divergentes. 4. Inversão da ordem da oitiva das testemunhas de acusação e defesa. Ausência de demonstração de prejuízo. 5. Ausência de similitude fática entre o paradigma indicado e o acórdão impugnado. 6. Agravo regimental a que se nega provimento. AI 825534 AgR-ED-Edv-AgR, Tribunal Pleno, Rel. Min. Gilmar Mendes, DJe 20.05.14.

No mesmo sentido está o STJ, conforme se verifica pelo teor da Súmula 115: "na instância especial, é inexistente recurso interposto por advogado sem procuração nos autos".

Em linhas gerais, dada a objetividade da regularidade formal, o pressuposto enquadra-se na possibilidade jurídica do pedido segundo a trilha proposta.

33.6.1.5 Inexistência de fato impeditivo

Um fato impeditivo, como o próprio nome sugere, é aquele que impede o conhecimento do recurso em razão da ocorrência de alguma situação jurídica anterior. Atualmente, com a revogação da necessidade de recolhimento à prisão para recorrer, remanescem como fatos impeditivos a renúncia e a preclusão.

A **renúncia** ao direito de recorrer decorre do princípio da voluntariedade dos recursos e se verifica quando a parte, antes do fim do prazo recursal, expressamente manifesta

33. 1ª Turma, Rel. Min. Marco Aurélio, j. 14.03.17.

34. Ainda sobre o tema: Súmula 288. Nega-se provimento a agravo para subida de recurso extraordinário, quando faltar no traslado o despacho agravado, a decisão recorrida, a petição de recurso extraordinário ou qualquer peça essencial à compreensão da controvérsia.
A nomeação de defensor no interrogatório judicial do réu dispensa a juntada de instrumento procuratório. É ônus do agravante providenciar a correta formação do instrumento, juntando as peças necessárias. Na ausência de instrumento procuratório deverá anexar certidão da secretaria da vara, informando que sua nomeação se deu no ato de interrogatório judicial, ou cópia do termo de interrogatório no qual consta a nomeação. A falta de diligência da defesa em juntar prova de sua nomeação não pode prejudicar o réu que foi defendido desde o interrogatório, até a fase recursal, pelo mesmo defensor. *Habeas corpus* deferido para que a autoridade apontada como coatora conheça do Agravo de Instrumento, sob pena de cerceamento de defesa. HC 87008, 2ª Turma, Rel. Min. Joaquim Barbosa, DJ 08.06.07.
Esta Corte Suprema firmou entendimento no sentido de que cabe exclusivamente à parte agravante o dever de zelar pela correta *formação do instrumento*, não se permitindo sua complementação após a subida dos autos ao Supremo Tribunal Federal. Precedentes. Ai 835527 AgR, Tribunal Pleno, Rel. Min. Ricardo Lewandowski, DJe 21.03.16.

a intenção de não impugnar a decisão. A renúncia não se confunde com a desistência, haja vista que enquanto a primeira ocorre antes do fim do prazo recursal, a segunda ocorre após a interposição do recurso.

Qualquer das partes, inclusive o Ministério Público, pode renunciar ao direito de recorrer. No tocante ao *parquet*, não procedem os argumentos de que a renúncia acarretaria uma violação ao princípio da indisponibilidade da ação penal de iniciativa pública, haja vista que o simples fato de não interpor o recurso no prazo cabível produzirá o mesmo efeito da renúncia. Logo, se poderá não recorrer, gerando o trânsito em julgado para a acusação, não há razões para se deixar fluir o prazo recursal quando, expressamente, o *parquet* não tiver interesse em recorrer.

A questão, portanto, não envolve o princípio da indisponibilidade da ação penal, cujo atendimento pode ser sanado pela atuação do magistrado ao provocar o Procurador-Geral de Justiça, a exemplo do não oferecimento da denúncia ou de alegações finais, mas a discricionariedade do órgão ministerial, no exercício de sua independência funcional. A renúncia apresentada pelo promotor de justiça não pode ser sanada pela instância revisora pelo mesmo motivo que essa mesma instância não pode intervir nos autos e interpor o recurso sob pena de violação dos princípios do promotor natural e da voluntariedade dos recursos. O que não se admite, conforme estudamos anteriormente, é a desistência de um recurso interposto pelo Ministério Público.

Por outro lado, no que tange à defesa, tanto o defensor como o próprio acusado possuem legitimidade para interposição de recursos. Assim, para que tenhamos a renúncia em sua plenitude, ambos terão que apresentar o termo de renúncia. Não se pode olvidar que, dada a particularidade acima, atinente à legitimidade autônoma, havendo renúncia por parte do defensor e manifestação recursal pelo acusado, deverá prevalecer a manifestação pelo recurso, e vice-versa.

Nessa linha é o enunciado da súmula 705 do STF: "A renúncia do réu ao direito de apelação, manifestada sem a assistência do defensor, não impede o conhecimento da apelação por este interposta".

O segundo fato impeditivo aplicável na seara recursal é a preclusão que, conforme vimos no estudo das nulidades, pode ser temporal, consumativa ou lógica. Em particular, a única modalidade de preclusão apta a gerar fato impeditivo autônomo é a preclusão consumativa, haja vista que a preclusão temporal encontra amparo na tempestividade e a preclusão lógica na própria renúncia. Assim, a preclusão consumativa pode ensejar um fato impeditivo quando, por exemplo, a parte interpuser o recurso de forma restrita, isto é, delimitando o seu objeto e, posteriormente, interpuser outro, em substituição, ampliando o objeto do recurso. O segundo, naturalmente, não poderá ser conhecido, posto que exercida a faculdade processual anteriormente.

Em linhas gerais, dada a objetividade do assunto, a inexistência de fato impeditivo deve ser concebida no contexto da possibilidade jurídica do pedido segundo a trilha proposta.

33.6.1.6 Inexistência de fato extintivo

A chamada extinção anômala do recurso ocorre, segundo a doutrina dominante, por desistência ou deserção por falta de preparo por parte do querelante nas ações penais de iniciativa exclusivamente privada, uma vez que a fuga do preso foi expressamente revogada pela Lei 12403/11.

Não concebemos a desistência como um pressuposto de admissibilidade de recursal, porquanto se amolda a outras figuras. A desistência pressupõe a interposição do recurso. Ocorrendo antes de seu recebimento pelo magistrado, sequer recurso haverá para serem analisados seus pressupostos. Ocorrendo posteriormente ao recebimento do recurso, haverá pura e simplesmente a desistência, haja vista que seus pressupostos de admissibilidade já foram analisados. Logo, na primeira situação não haverá mais recurso e, na segunda, a fase de prelibação já terá sido realizada, não havendo razões, portanto, para se tratar a desistência como fato extintivo na seara dos pressupostos de admissibilidade dos recursos. Trata-se, tão somente, de extinção do recurso.

No tocante à **deserção por falta de preparo por parte do querelante nas ações penais de iniciativa exclusivamente privada**, vale destacar que, nas ações penais de iniciativa exclusivamente privada, para que o querelante possa recorrer da decisão, deve efetuar o pagamento do preparo, isto é, das despesas processuais que incluem as custas, o porte de remessa e retorno dos autos e as despesas postais. A regra não se aplica às ações penais subsidiárias da pública, porquanto, a despeito de movidas pelo querelante, a natureza da iniciativa pública é preservada.

O art. 806, *caput*, do CPP, estabelece que, salvo na hipótese de comprovada pobreza, nas ações intentadas mediante queixa, nenhum ato ou diligência será realizado, sem que seja depositada em cartório a importância das custas. Conforme a previsão do §2º do art. 806, CPP, a falta do pagamento das custas, nos prazos fixados em lei, ou marcados pelo juiz, importará renúncia à diligência requerida ou deserção do recurso interposto.

A regra possui aplicação tão somente ao querelante, não se aplicando ao querelado, que só será chamado ao pagamento de suas despesas após o trânsito em julgado da sentença penal condenatória, caso não tenha sido beneficiado com a assistência judiciária gratuita.

Em linhas gerais, dada a objetividade do assunto, a inexistência de fato extintivo deve ser concebida no contexto da possibilidade jurídica do pedido segundo a linha proposta.

33.6.2 Pressupostos de natureza subjetiva

Os pressupostos de admissibilidade recursal de natureza subjetiva subdividem-se em: a) legitimidade para recorrer; b) interesse recursal.

33.6.2.1 Legitimidade

Consoante assinala o art. 577 do CPP, o recurso poderá ser interposto pelo Ministério Público, ou pelo querelante, ou pelo réu, seu procurador ou seu defensor. Nos termos do parágrafo único, não se admitirá, entretanto, recurso da parte que não tiver interesse na reforma ou modificação da decisão. Apesar da previsão geral, há outros legitimados para a interposição de recursos, a exemplo do assistente da acusação.

De forma específica, apesar de entendemos pela revogação tácita do dispositivo, o CPP admite o recurso em sentido estrito contra a lista geral dos jurados, previsto no inciso XIV do art. 581. Parcela da doutrina ainda admite a possibilidade de interposição de RSE por parte de terceiro nos casos de quebramento de fiança, ou quando for julgado perdido o seu valor, em razão do potencial efeito para terceiro que a presta (art. 581, VII, CPP). Assim, contudo, não entendemos, vez que o CPP, diferentemente do CPC (art. 996), não previu expressamente o recurso para terceiro prejudicado[35].

No âmbito da LEP, a legitimidade para interposição do agravo em execução segue a legitimidade para deflagração dos procedimentos judiciais e medidas no curso da execução da pena, conforme se infere da conjugação dos arts. 195 e 197 da LEP. Nesse sentido, adequando-se a previsão do art. 195, entende-se por possível a interposição de recurso por parte de seu representante, cônjuge, parente ou descendente e, para nós, pela Defensoria Pública, ainda que não assista o sentenciado (art. 81-B, I, III).

O pressuposto recursal possui nitidamente caráter subjetivo, e se associa perfeitamente com a legitimidade estudada no contexto da ação penal. Em sede recursal, perquire-se se o autor detém autorização estatal para o manejo do recurso e se o acusado satisfaz os requisitos necessários para interpor o recurso, como, por exemplo, ser parte na relação processual.

Consoante adiantamos em outras oportunidades, no processo penal, em **primeiro grau**, tanto o defensor como o acusado possuem legitimidade autônoma para recorrer, prevalecendo, no caso de divergência, a vontade de quem deseja interpor o recurso.

A legitimidade do acusado é prevista de forma excepcional, de forma que, mesmo não sendo profissional habilitado, pode praticar atos de postulação, sendo dotado, portanto, de capacidade postulatória, ainda que restrita e destinada apenas ao impulsionamento ou deflagração do processo, porquanto, obrigatoriamente, deverá ser assistido por advogado, sob pena de nulidade. Salvo nos casos de advogado atuando em causa própria, a defesa técnica é imprescindível.

Não por outra razão, o CPP admitiu a possibilidade do acusado interpor recursos (art. 577), impetrar *habeas corpus* (art. 654, *caput*) e deflagrar a revisão criminal (art. 623). No âmbito da LEP, igualmente se admite a possibilidade de formular pedidos relativos à execução da pena (art. 195, *caput*). Conforme destacamos acima, ainda que o acusado possa impulsionar ou deflagrar o processo, salvo nos casos de advogado atuando em defesa própria, deverá ser observada imperatividade da defesa técnica, haja vista que o direito a provocar o Judiciário não se confunde com o direito de apresentar e sustentar as teses jurídicas sem a assistência de um advogado ou Defensor Público.

Nesse sentido, recorrendo o acusado pessoalmente da sentença condenatória, caso seu defensor discorde da interposição e renuncie ao mandato, o magistrado deverá intimar o acusado para constituir outro defensor para apresentar as razões recursais ou nomear-lhe outro, caso esse não faça espontaneamente. Não se admite, portanto, razões recursais apresentadas pelo próprio acusado, haja vista a necessidade de observância da forma e liturgia típica dos procedimentos judiciais.

Por essa razão, não se admite a interposição do recurso diretamente pelo acusado nos recursos que exigem a apresentação das razões recursais de forma simultânea, a exemplo dos recursos especial e extraordinário junto aos Tribunais Superiores.

35. Há previsão de embargos de terceiro no art. 129 do CPP.

33.6.2.1.1 Legitimidade recursal do assistente da acusação

Nos termos do art. 271 do CPP, ao assistente será permitido propor meios de prova, requerer perguntas às testemunhas, aditar o libelo e os articulados, participar do debate oral e arrazoar os recursos interpostos pelo Ministério Público, ou por ele próprio, nos casos dos arts. 584, § 1º, e 598[36].

Não obstante o assistente possa recorrer diretamente, interposto o recurso pelo Ministério Público, o assistente poderá arrazoá-lo, não podendo, contudo, ampliar o objeto recursal, vez que, caso entenda pela necessidade de ampliação, pode recorrer em nome próprio. Igualmente, o assistente poderá contrarrazoar os recursos interpostos pela defesa.

Sob a estrita luz do CPP, a legitimidade recursal do assistente da acusação estaria restrita à impronúncia, absolvição e extinção da punibilidade. Nos termos do art. 598 do CPP, nos crimes de competência do Tribunal do Júri, ou do juiz singular, se da sentença não for interposta apelação pelo Ministério Público no prazo legal, o ofendido ou qualquer das pessoas enumeradas no art. 31, ainda que não se tenha habilitado como assistente, poderá interpor apelação, que não terá, porém, efeito suspensivo. Segundo o parágrafo único, o prazo para interposição desse recurso será de quinze dias e correrá do dia em que terminar o do Ministério Público.

Como desdobramento natural desses recursos, o assistente igualmente poderia interpor os recursos internos nos tribunais e os recursos especial e extraordinário. Nesse sentido, aliás, é a Súmula 210 do STF: "o assistente do Ministério Público pode recorrer, inclusive extraordinariamente, na ação penal, nos casos dos arts. 584, § 1º, e 598, do Código de Processo Penal".

Com o aumento das vozes no sentido de buscar a terceira via do Direito Penal, relacionada à reparação do dano, tem-se ampliado, não somente na doutrina, mas também na jurisprudência, o entendimento de que a atuação do assistente da acusação não visa tão somente buscar a reparação do dano, pois interessa à vítima também uma condenação justa e proporcional. Assim, por exemplo, parece-nos perfeitamente possível que o assistente recorra de decisão concede absolvição sumária nas fases dos art. 397 e 415 do CPP, vez que possui expressa legitimidade para recorrer da sentença absolutória ao final.

No mesmo sentido, parece-nos perfeitamente que o assistente recorra da decisão de pronúncia que decotou uma qualificadora[37] ou mesmo da própria sentença condenatória para aumentar a pena fixada. Sobre o último, colacionamos o entendimento do STJ:

> A legitimidade do assistente de acusação para apelar, quando inexistente recurso do Ministério Público, é ampla, podendo impugnar tanto a sentença absolutória quanto a condenatória, visando ao aumento da pena imposta, já que a sua atuação justifica-se pelo desejo legítimo de buscar justiça, e não apenas eventual reparação cível. Doutrina. Precedentes do STJ e do STF. (...) (HC 137.339/RS, Rel. Min. Jorge Mussi, 5ª Turma, j. 09.11.10).

Sobre o recurso contra decisão concessiva de *habeas corpus*, o STF ainda mantém como válida a Súmula 208, que prevê que "o assistente do Ministério Público não pode

---

36. Os dispositivos precisam de uma releitura após a reforma de 2008, vez que o art. 416 do CPP passou a prever a apelação contra decisão de impronúncia, de forma que o assistente também poderá recorrer das decisões de impronúncia e de extinção de punibilidade.

37. STF: HC 54.022/CE, 2ª Turma, Rel. Min. Carlos Velloso, DJ 01.10.04.

recorrer, extraordinariamente, de decisão concessiva de *habeas corpus*", *conforme se extrai do julgado abaixo colacionado:*

> Em caso de omissão do Ministério Público, a legitimidade do *assistente da acusação* para recorrer, inclusive extraordinariamente, é ampla, salvo contra decisão concessiva de *habeas corpus* (súmulas 208 e 210 do STF). Portanto, o assistente de acusação possui legitimidade para recorrer da decisão do Tribunal de Justiça que, revertendo a sentença condenatória, anula a ação penal desde o início. RE 979659 AgR-segundo, Rel. Min. Roberto Barroso, 1ª Turma, DJe 04.08.21.

O entendimento, em nossa compreensão, não reflete as reformas promovidas pela Lei 13.964/19, haja vista que a nova redação do art. 311 do CPP passou a prever, expressamente, a possibilidade de requerimento de prisão preventiva por parte do assistente da acusação. Soa, no mínimo paradoxal, admitir-se a possibilidade de requerimento de decretação preventiva, cujo escopo é a restrição da liberdade do agente, e, paralelamente, impedir o assistente de recorrer da decisão concessiva de *habeas corpus*, que efetivamente resgata da liberdade do agente.

Vale ressaltar que o recurso do assistente será sempre supletivo ao do *parquet*, isto é, só poderá recorrer caso o Ministério Público não o faça ou o recurso se restrinja a ponto específico da decisão, circunstância que permite ao assistente recorrer da parte não impugnada conforme entendimento do STJ:

> "O assistente de acusação tem legitimidade para recorrer quando o Ministério Público abstiver-se de fazê-lo, como na hipótese dos autos, ou ainda, quando o seu recurso for parcial, não abrangendo a totalidade das questões discutidas". REsp 828.418/AL, 5ª Turma, Rel. Min. Laurita Vaz, DJ 23/04/2007.

Para exercer o direito ao recurso, não se exige que o assistente da acusação esteja habilitado no processo, servindo a petição de interposição do recurso como instrumento de habilitação, desde que, naturalmente, esteja acompanhada dos documentos comprobatórios de sua legitimidade como ofendido ou seu representante legal, ou, na falta desses, cônjuge (ou companheiro), ascendente, descendente, ou irmão.

O prazo para o ofendido ou sucessores apelar da sentença varia de acordo a existência de prévia habilitação. Estando habilitado nos autos, o prazo será de cinco dias nos termos do art. 593 do CPP. Não sendo habilitado, o prazo será de quinze dias, nos termos do art. 598, parágrafo único, do CPP. Em ambos os casos, o prazo só terá início após a intimação da sentença e encerramento do prazo ministerial, conforme se extrai da Súmula 448 do STF e entendimento do STJ, abaixo colacionados:

> Súmula 448: O prazo para o assistente recorrer, supletivamente, começa a correr imediatamente após o transcurso do prazo do Ministério Público.
>
> O prazo para o assistente de acusação habilitado nos autos apelar é de 5 (cinco) dias, após a sua intimação da sentença, e terminado o prazo para o Ministério Público apelar. Incidência do enunciado da Súmula n.º 448 do STF. STJ. 5ª Turma. HC 237574/SP, Rel. Min. Laurita Vaz, j. 13.11.12.

33.6.2.2 Interesse recursal

O interesse de agir no processo penal decorre expressamente da Constituição Federal, que dispõe, no art. 5º, LIV, que "ninguém será privado da sua liberdade ou de seus bens sem o devido processo legal". O Estado, para exercer o *ius puniendi*, precisa, necessariamente, de se valer da ação penal, pois não pode impor a pena sem que essa seja amparada por um procedimento contraditório e sujeito à ampla defesa. Revela-se, nesse aspecto, o elemento da necessidade do interesse de agir.

De igual sorte, a movimentação da máquina estatal precisa revelar-se útil, isto é, que a sentença a ser proferida ao final caminhe nos fins da concretização do direito estatal. Logo, o interesse revela a **necessidade e a utilidade** do processo.

Na seara recursal, o parágrafo único do art. 577 do CPP expressamente consigna que não se admitirá recurso da parte que não tiver interesse na reforma ou modificação da decisão. O interesse, evidentemente, decorre da sucumbência, que pode existir mesmo quando o magistrado acolhe todos os pedidos ministeriais, mas o *parquet* entende que a pena foi fixada abaixo do esperado. Logo, a percepção da sucumbência não deve ser avaliada tão somente com relação aos pedidos formulados, mas também com perspectiva de satisfação da parte processual, conforme veremos na sequência.

33.6.2.2.1 Interesse do Ministério Público

No caso de sucumbência do órgão ministerial, essa poderá ocorrer de diversas formas, que passam pela absolvição do acusado, reconhecimento da tentativa, afastamento de qualificadora, fixação de pena no mínimo legal e etc. Admite-se, inclusive, a interposição de recurso pelo Ministério Público para buscar a absolvição do acusado, caso entenda por ilegal ou injusta a decisão, ou ainda para mudar o fundamento da sentença absolutória para não impedir a possibilidade de reparação do dano no juízo civil. A mesma lógica se aplica às ações penais subsidiárias, cuja natureza e iniciativa, a despeito de promovida pelo querelante subsidiário, nunca deixam de ser públicas.

Por outro lado, tratando-se de ação de iniciativa exclusivamente privada, o *parquet* não detém legitimidade recursal para recorrer de forma supletiva, quando o querelante, por exemplo, conforma-se com a sentença absolutória, sob pena de ataque ao princípio da disponibilidade que norteia as ações de iniciativa exclusivamente privada. BADARÓ[38] (2021, p. 975) entende que no caso de condenação, mesmo que o querelante não recorra, o Ministério Público pode apelar pleiteando aumento de pena ou a revogação de determinado benefício.

Conforme destacamos no capítulo pertinente à "Ação Penal", entendemos que o papel do Ministério Público nas ações penais de iniciativa exclusivamente privada não comporta atuação supletiva sob pena de quebra da paridade de armas. Sua atuação, em nossa compreensão, deve ser restrita à aplicação da lei penal como um todo, observando as formalidades típicas da ação penal privada, eventual aplicação de institutos despenalizadores, causas de extinção da punibilidade, nulidades processuais, entre outros.

Assim, entendemos que o *parquet* somente possui legitimidade para recorrer da sentença condenatória quando restar caracterizada alguma nulidade absoluta[39], vício de ordem pública que clama a atuação ministerial, ou quando, da decisão, se extrair violação de garantias do acusado por inobservância durante o trâmite processual.

38. *op.cit.*

39. Nesse caso, também, da sentença absolutória.

33.6.2.2.2 Interesse da defesa

Sendo proferida uma sentença condenatória, o maior interessado na reforma da decisão é o acusado, haja vista que pesa contra si um decreto que lhe impõe alguma espécie de pena, normalmente privativa de liberdade. Patente, portanto, o interesse nesses casos, assim como aquele relacionado à redução de pena, reconhecimento de nulidades e etc.

O destaque reside no fato da existência de interesse em recorrer nas hipóteses de absolvição ou impronúncia, decisões que, em tese, beneficiam o acusado. Isso porque, na absolvição, por exemplo, o interesse pode ser manifesto na modificação do fundamento decisório, para impedir a propositura de ação civil de reparação dos danos, como na mudança de fundamento do inciso II para o inciso I do art. 386 do CPP (I - estar provada a inexistência do fato; II - não haver prova da existência do fato). No caso da impronúncia, revela-se mais gritante o interesse para modificação para absolvição sumária, porquanto a impronúncia não impede a propositura de uma nova ação penal pelo mesmo fato com lastro em novas provas.

Há que se registrar ainda a legitimidade do acusado absolvido de forma imprópria, isto é, quando o fundamento da decisão for exclusão da culpabilidade por inimputabilidade, com a consequente imposição de medida de segurança, haja vista que essa, inegavelmente, impõe ônus ao agente.

No que concerne à decisão que decreta a extinção da punibilidade, prevalece o entendimento que o acusado não possui interesse em apelar para postular a absolvição, porquanto a admissão e improvimento do recurso poderia implicar, pela via indireta, a responsabilidade penal do agente ao assinalar que não deve ser absolvido.

BADARÓ[40] (2021, p. 976) discorda do referido entendimento, sob o fundamento de que o acusado tem o direito de buscar um pronunciamento de mérito sobre sua inocência, ainda que já tenha sido extinta sua punibilidade, conforme se depura da garantia da presunção de inocência. Não obstante ser defensável a tese, posto que amparada pela Constituição Federal e Pacto de São José da Costa Rica, não nos parece a melhor trilha a seguir, haja vista os fins do processo penal.

O processo penal, apesar de funcionar como garantia do acusado, serve, essencialmente, ao Estado, que se vale do processo para promover a responsabilidade penal do agente que descumpre a norma jurídico-penal com a prática da infração penal. Assim, restando extinta a punibilidade do agente, deixa de existir o interesse estatal no prosseguimento do processo, porquanto desse, nenhum resultado será possível. Admitir o recurso pelo réu contra a decisão extintiva de punibilidade significa reconhecer, por coerência, a transmudação do processo em ação penal declaratória de inocência, como se, mesmo com a extinção da punibilidade, o réu não o fosse *ab initio* em razão do estado constitucional de inocência até o trânsito em julgado da decisão. Não há, portanto, interesse em se buscar uma declaração, porquanto constitutiva não será a decisão, de algo estampado na Constituição Federal[41].

40. *op.cit.*

41. Nessa linha: STJ, REsp 908.863/SP, 6ª Turma, Rel. Min. Og Fernandes, DJe 05.04.11.

33.7 EFEITOS DOS RECURSOS

A interposição de um recurso pode produzir uma série de efeitos, assim como seu provimento, os quais analisaremos separadamente.

Antes, contudo, vale destacar a nova redação do §1º do art. 615 do CPP, alterado pela Lei 14.836/24, que fixa uma regra de tratamento no julgamento dos recursos: Em todos os julgamentos em matéria penal ou processual penal em órgãos colegiados, **havendo empate, prevalecerá a decisão mais favorável ao indivíduo imputado**, proclamando-se de imediato esse resultado, ainda que, nas hipóteses de vaga aberta a ser preenchida, de impedimento, de suspeição ou de ausência, tenha sido o julgamento tomado sem a totalidade dos integrantes do colegiado.

33.7.1 Efeito obstativo

A interposição de um recurso impede a ocorrência da preclusão temporal e, consequentemente, o trânsito em julgado da decisão. Obsta, portanto, a formação da coisa julgada, razão pela qual o primeiro e natural efeito recursal é o obstativo da preclusão temporal.

33.7.2 Efeito devolutivo

De forma geral, concebe-se o efeito devolutivo como uma manifestação do princípio dispositivo, e não uma mera técnica do processo. Por isso, em regra, como o juiz somente deve julgar nos limites do pedido, delimitados na inicial, o tribunal somente poderá julgar o que o recorrente tiver requerido nas suas razões de recurso, dando vazão à *máxima tantum devolutum quantum appellatum.*

O efeito devolutivo "consiste em devolver ao tribunal *ad quem* o conhecimento da matéria impugnada, julgada no grau inferior de jurisdição, bem como da cognoscível de ofício"[42], isto é, devolve-se ao Poder Judiciário a análise da matéria, já apreciada, nos estritos limites da impugnação.

O efeito devolutivo, portanto, deve ser compreendido pela lógica de sua extensão, haja vista que a devolução da matéria ao tribunal poderá ser total, quando a impugnação versar sobre toda a decisão, ou parcial, quando o objeto do recurso cingir-se a apenas alguns pontos da sentença, a exemplo da insurgência apenas quanto à dosimetria da pena.

Apesar da lógica da devolução da matéria impugnada, não se pode olvidar da profundidade do efeito devolutivo, que permite ao tribunal considerar tudo aquilo que for relevante para nova decisão, podendo, inclusive converter o julgamento em diligência, dando vazão à máxima *vel appellari debebat*, que se soma, nas lições de Ada Pellegrini Grinover, Antônio Magalhães e Antônio Scarance Fernandes, ao brocardo *tantum devolutum quantum appellatum* para formar a extensão do conhecimento e profundidade do efeito devolutivo[43].

42. GRINOVER, Ada Pellegrini; GOMES FILHO, Antonio Magalhães e FERNANDES, Antonio Scarance. Recursos no processo penal brasileiro. 6ª ed., revista atualizada e ampliada. São Paulo: Editora Revista dos Tribunais, 2009, p. 44.

43. *op. cit.* p. 45-46.

Em regra, portanto, todo recurso é dotado de efeito devolutivo, variando somente em sua extensão e profundidade. A primeira, associa-se ao plano horizontal, e a segunda, ao plano vertical.

Em seu plano horizontal, a extensão, a devolução da matéria é delimitada pelo objeto da impugnação, estabelecida pelo fundamento do recurso, isto é, "do que se recorre", vez que o recurso pode ser parcial ou total. Assim, a devolução da matéria, delimitada pela impugnação recursal, confere ao tribunal um conhecimento condicionado, restrito ao objeto do recurso.

Sob a ótica do plano vertical, isto é, sobre a profundidade da decisão, não ficará o tribunal restrito a conhecer e decidir apenas sobre o plano da extensão, porquanto poderá modificar o fundamento da decisão, a exemplo do julgamento do recurso interposto contra uma sentença absolutória, na qual o tribunal vai além e afasta a absolvição por mera ausência de provas para absolver pela atipicidade da conduta, vez que, no processo penal, o efeito devolutivo é mitigado pelo princípio da *reformatio in mellius.*

Por outro lado, não se admite a *reformatio in pejus* em razão da devolução da matéria, caso não impugnada, isto é, se a matéria for capaz de prejudicar a situação jurídica do acusado e não tiver sido impugnada pela acusação, o tribunal não poderá apreciá-la. Não por outro motivo, a Súmula 160 do STF assinala que: É nula a decisão do Tribunal que acolhe, contra o réu, nulidade (absoluta ou relativa) não arguida no recurso da acusação, ressalvados os casos de recurso de ofício".

Normalmente, a devolução do conhecimento da matéria impugnada é realizada para um órgão jurisdicional de hierarquia superior, nada impedindo, contudo, que seja feita para o mesmo órgão prolator da decisão em recursos específicos, como os embargos de declaração, ou, ainda para ambos, nos casos em que a lei prevê o juízo de retratação, a exemplo do recurso em sentido estrito.

Salvo nas hipóteses de aplicação da *reformatio in mellius*, o objeto do recurso e, consequentemente, do efeito devolutivo, será fixado pela petição de interposição, isoladamente apresentada nos casos em que lei assim admite, que pode ser restringida posteriormente pelas razões recursais, ou pela petição interposição acompanhada das razões de recurso. Nesse particular, há que distinguir os recursos de fundamentação livre e vinculada.

Fala-se em recurso de fundamentação livre quanto o recorrente não delimita a matéria impugnada em sua petição de interposição, devolvendo a matéria na íntegra para o tribunal. Nesse particular, cumpre indagar se, não obstante a interposição do recurso de forma irrestrita, poderia o recorrente restringir o objeto do recurso em suas razões recursais. No que toca à defesa, nenhuma divergência existe, não somente pela possibilidade de *reformatio in mellius*, mas também porque o recurso é disponível, isto é, a qualquer momento a defesa pode dele desistir. Assim, pela teoria dos poderes implícitos, se pode desistir do recurso na íntegra, por que não poderia, simplesmente, desistir de levar adiante parte da impugnação, que somente poderia trazer-lhe benefícios diante da impossibilidade de *reformatio in pejus*?

Por outro lado, tratando-se de recurso interposto pelo Ministério Público, a questão se torna mais tormentosa, haja visa que o *parquet* não pode desistir do recurso que haja interposto (art. 576, CPP). Logo, a apresentação da petição de interposição recursal de forma ampla, ao menos em tese, geraria para o *parquet* a obrigação de impugnar, em suas razões, toda a decisão, sob pena de, indiretamente, desistir parcialmente do recurso, em flagrante violação ao teor do art. 576 do CPP.

Apesar da lógica acima, a interpretação deve ser realizada não somente sob a perspectiva da suposta violação ao dever funcional, mas também sob a perspectiva processual que envolve os princípios do contraditório e ampla defesa. Isso porque, ao se considerar a petição de interposição ampla como delimitadora do objeto recursal e se ignorar a restrição realizada quando da apresentação das razões recursais, o recurso devolveria ao tribunal toda a matéria, ainda que sem a fundamentação recursal adequada e necessária para assegurar o exercício do direito de defesa por meio das contrarrazões recursais, conferindo ao tribunal um "cheque em branco" para decidir como bem entender, ainda que as partes não tenham debatido processualmente alguns pontos da decisão, justamente porque o *parquet*, em suas razões, simplesmente entendeu por não questioná-los.

Imagine, por exemplo, um recurso de apelação, cuja petição de interposição tenha sido apresentada de forma ampla, sem restringir o objeto do recurso e, nas razões recursais, o Ministério Público insurge-se apenas contra a dosimetria da pena, não aduzindo considerações acerca do decote da qualificadora realizado pelo magistrado. A defesa, por obviedade, apenas apresentará suas contrarrazões recursais rebatendo a tese ministerial relacionada à dosimetria da pena, porquanto, de fato, não haveria razões para sustentar a decisão de primeiro grau que afastou a circunstância qualificadora, haja vista a ausência de impugnação fundamentada ministerial.

Ao se admitir a petição de interposição como delimitadora do recurso, estar-se-ia conferindo ao tribunal o direito de decidir sobre a qualificadora, ainda que não trabalhada nas razões e contrarrazões recursais, trazendo, não somente surpresa, mas um severo risco ao contraditório e ampla defesa, inclusive com possibilidade de *reformatio in pejus* de ofício, porquanto a matéria, a despeito de impugnada formalmente pela interposição geral, não o foi materialmente.

Assim, há duas premissas alternativas a serem observadas e uma única conclusão, que não varia em razão da escolha da premissa. Se o magistrado entender que a apresentação das razões está em contrariedade à amplitude da interposição, por implicar desistência parcial, deverá provocar o órgão ministerial para completá-las, podendo, inclusive, acionar o Procurador-Geral de Justiça por analogia ao art. 28 do CPP, fixando, definitivamente, a matéria que será apresentada à defesa em respeito ao contraditório e ampla defesa com a manifestação do PGJ. Ou, ainda, receberá as razões recursais e intimará a defesa para contrarrazoar o recurso, fixando, igualmente, os pontos objeto do recurso. Em ambos os casos, e daí surge nossa conclusão, o tribunal, no que toca ao recurso ministerial, somente poderá proferir decisão sobre a matéria impugnada de forma fundamentada, isto é, constante das razões recursais ministeriais.

E, nesse sentido, surge o conceito de recurso de fundamentação vinculada, no qual a parte é obrigada declinar pelo menos um dos fundamentos legais do recurso, como nas apelações contra decisões do Tribunal do Júri, de forma que o tribunal, ao julgar o recurso, ficará adstrito aos motivos e fundamentos do recurso, delimitados tanto pela petição de interposição, como pelas razões recursais. Diante dessa premissa, podemos concluir que, para a acusação, diante do princípio da não *reformatio in pejus*, todos os recursos serão de fundamentação vinculada, sob pena de violação do contraditório e ampla defesa. Nesse sentido, é o teor da Súmula 713 do STF, ao qual ampliamos, conceitualmente, sua abrangência por conexão: "O efeito devolutivo da apelação contra decisões do Júri é adstrito aos fundamentos da sua interposição".

Doutrinariamente ainda se diferencia, sob a perspectiva da devolutividade, os chamados **recursos de instância iterada** dos **recursos de instância reiterada**. Não vemos razão prática para a distinção, haja vista que os termos "iterado" e "reiterado" são tratados como sinônimos pelos dicionários pátrios, de forma que a classificação, a pretexto de diferenciar o objeto do recursos, vale-se da mesma terminologia. Ademais, a adoção da classificação nos traz uma confusão inexplicável com o efeito iterativo, que veremos na sequência.

De toda sorte, apenas para registro, os chamados recursos de instância iterada seriam aqueles que devolveriam ao tribunal apenas o conhecimento de decisão de cunho processual, ao passo os nomeados recursos de instância reiterada seriam aqueles cuja devolução da matéria seria integral, englobando temas processuais e de direito material.

33.7.3 Efeito suspensivo

BADARÓ[44] (2021, p. 953) aduz que "a expressão 'efeito suspensivo', embora consagrada na doutrina, é incorreta, por induzir a ideia equivocada de que o recurso é que suspende a eficácia da decisão. Não é o recurso que suspende a eficácia da decisão, mas sim a recorribilidade, isto é, a simples possibilidade de interposição do recurso, que impede que o ato produza os seus efeitos desde logo. A interposição do recurso prolonga a condição de ineficácia da decisão".

De fato, o efeito suspensivo surge não com a interposição do recurso, mas com a prolação de uma decisão sujeita a recurso dotado de efeito suspensivo, porquanto sua eficácia automaticamente estará suspensa diante da possibilidade de recurso.

Não obstante, há que se conceber o "efeito suspensivo" do recurso como a impossibilidade de execução da decisão enquanto não for julgado o recurso interposto, haja vista que a condição suspensiva, recurso dotado de efeito que prolonga e impede a formação da coisa julgada, somente deixará de existir quando o julgamento do recurso.

33.7.3.1 Atribuição anômala de efeito suspensivo

Há situações extraordinárias nas quais, apesar da inexistência de efeito suspensivo, será permitido, por meio de **medida cautelar inominada**, atribuir-se efeito suspensivo um recurso. Em linhas gerais e de forma ordinária, os recursos interpostos pelo Ministério Público não gozam de efeito suspensivo, a exemplo da apelação interposta contra sentença absolutória (art. 596, CPP) ou da revogação de prisão preventiva (art. 581, V, CPP).

Tomemos um exemplo como parâmetro. Imagine que o magistrado revogue a prisão preventiva de um agente acusado da prática de diversos crimes de estupro, não obstante ser clarividente a satisfação dos requisitos para manutenção do decreto preventivo. A decisão será atacável por RSE, com fundamento no art. 581, VI, do CPP, desprovido, todavia, de efeito suspensivo. Diante da teratologia da decisão, manifestamente abusiva

44. *op.cit.*

e ilegal, o *parquet* interpõe o RSE, o qual não impedirá, por si só, que a decisão produza efeitos imediatos.

Diante desse cenário, em diversas oportunidades foi impetrado o mandado de segurança visando a obtenção do efeito suspensivo da decisão, a ponto do STJ sumular a questão afastando o emprego do *mandamus* para tal fim:

> **Súmula 604**: "o mandado de segurança não se presta para atribuir efeito suspensivo a recurso criminal interposto pelo Ministério Público".

Não obstante a existência de algumas decisões em sentido contrário à Súmula, prevalece a lógica, com a qual concordamos, de que se a própria lei não atribuiu efeito suspensivo ao recurso, não haveria direito líquido e certo a ser tutelado através do mandado de segurança.

Em sentido diverso, a doutrina, a exemplo de Renato Brasileiro[45], aduz que se "a própria Lei nº 12.016/09 confirma essa possibilidade ao prever que não será concedido mandado de segurança quando se tratar de decisão judicial da qual caiba recurso com efeito suspensivo (art. 5º, II). Ora, interpretando-se a *contrario sensu* esse dispositivo, é de se concluir que é possível a impetração do *mandamus* quando o recurso cabível contra a decisão judicial não for dotado de efeito suspensivo".

Em que pese o raciocínio lógico e coerente, parece-nos que a questão não envolve necessariamente a ausência de vedação, extraída por interpretação, mas da própria natureza do que se concebe como direito líquido e certo. Tem-se admitido, contudo, o emprego de medidas cautelares inominadas, em situações excepcionais, no âmbito do STJ, para concessão de efeito suspensivo em recursos especiais[46] e outros:

> Quanto à alegação de burla à Súmula 604/STJ, aduzindo que o mandado de segurança não se presta para atribuir efeito suspensivo a recurso criminal interposto pelo Ministério Público, esta Corte já salientou, em diversos precedentes, o cabimento da ação cautelar inominada para o fim de obter efeito suspensivo ativo a recurso em sentido estrito. (Precedentes). AgRg no HC 726814/SP, Rel. Min. Jesuíno Rissato, Des. Convocado do TJDFT, 5ª Turma, DJe 05.05.22.
>
> Segundo a orientação firmada por esta Corte, é admissível a utilização de medida cautelar inominada para atribuir efeito suspensivo a recurso interposto pelo Ministério Público contra decisão proferida pelo Juízo da execução. AgRg no HC 737084/PR, Rel. Min. Rogério Schietti Cruz, 6ª Turma, DJe 16.05.22.

33.7.4 Efeito regressivo, iterativo ou diferido

Conforme vimos, há recursos que devolvem a apreciação da matéria para o próprio órgão prolator da decisão, a exemplo do RSE, agravo em execução e carta testemunhável. Nesses casos, quando a norma permite o juízo de retratação ou de confirmação, antes de remeter o recurso ao tribunal, ocorre chamado efeito regressivo, iterativo ou diferido.

O efeito iterativo pode dar ensejo ao chamado **recurso invertido**, na medida em que o magistrado, ao retratar sua decisão no RSE, por exemplo, permite que a parte contrária, por simples petição, possa recorrer da nova decisão, se couber recurso, não sendo mais

45. *op.cit.* p. 1789.

46. HC 351.114/SP, Rel. Min. Jorge Mussi, DJe 29.06.16.

lícito ao juiz modificá-la. Neste caso, independentemente de novos arrazoados, subirá o recurso nos próprios autos ou em traslado (art. 589, parágrafo único, do CPP).

33.7.5 Efeito extensivo

O art. 580 do CPP dispõe que, no caso de concurso de agentes, a decisão do recurso interposto por um dos réus, se fundado em motivos que não sejam de caráter exclusivamente pessoal, aproveitará aos outros. Em linhas gerais, o dispositivo assinala que os agentes que se enquadrem na mesma situação jurídica deverão receber o mesmo tratamento, como decorrência lógica do princípio da isonomia. Assim, estando caracterizado, por exemplo, o crime de roubo em concurso de pessoas, não havendo situações jurídicas especiais que distingam os agentes, deverão, pelo menos em tese, receber a mesma pena.

Nesse sentido, o efeito extensivo se materializa quando o resultado favorável ao recurso de um dos acusados se estende ao coautor ou partícipe, ainda que não tenha recorrido da decisão. Em exemplo, se Caio e Tício foram processados e condenados pelo crime de furto qualificado pelo emprego de chave falsa e, no recurso exclusivo de Caio, o tribunal reconhece a não configuração da qualificadora do emprego de chave falsa, o resultado final será aplicável a ambos os agentes, ainda que Tício não tenha recorrido da decisão. De fato, seria irrazoável se reconhecer um furto simples para um dos agentes e o furto qualificado para o outro, tão somente porque não recorreu da decisão.

Tratando-se, contudo, de circunstância ou motivo de caráter estritamente pessoal, a exemplo da reincidência, a exclusão da agravante da pena fixada no recurso exclusivo de um dos agentes não alcança o outro, haja vista que o motivo do provimento é exclusivamente pessoal.

A incidência do efeito extensivo não exige que os coautores ou partícipes tenham sido processados em um único processo, pois a extensão o julgado alcança o fato processado e não o processo.

O próprio tribunal pode, de ofício, determinar a extensão dos efeitos aos coautores e partícipes, sem que se exija uma atuação desses nesse sentido. Contudo, omitindo-se o tribunal quando à declaração da extensão dos efeitos do julgado, os acusados poderão provocar o tribunal competente por meio de *habeas corpus*.

O efeito extensivo não se restringe ao tema que envolve os recursos, haja vista que, por essência, visa conferir aos réus, em situações equivalentes, o mesmo tratamento, sob pena de violação da isonomia. Nesse sentido, é possível que uma decisão proferida em primeiro grau possa ter seus efeitos ampliados para atingir o coautor ou partícipe. Nesse sentido é o entendimento do STJ:

> 1. Os corréus foram denunciados por tentativa de homicídio doloso por acidente causado em razão da prática de racha. O feito foi desmembrado e o corréu que deu causa direta ao acidente, ao se chocar com o carro da vítima, foi beneficiado com a desclassificação para crime de lesões corporais graves, em decisão do Tribunal do Júri. 2. Possibilidade de extensão da decisão, nos termos do art. 580 do Código de Processo Penal, em favor de corréu ainda não julgado pelo Tribunal do Júri. 3. **É possível a extensão de decisão benéfica em processo penal a corréu mesmo se proferida em sede não recursal, considerando-se que tal dispositivo tem como objetivo dar efetividade, no plano jurídico, à garantia de equidade** (precedentes do STF). 4. Denúncia e sentença de pronúncia que reconhecem que o recorrente e o corréu agiram em concurso e com unidade de desígnios. Situação

que autoriza a extensão ao recorrente de decisão benéfica proferida em favor do corréu. 5. Ausência de ofensa à competência do Tribunal de Júri, considerando-se que a decisão que beneficiou o corréu, desclassificando o crime a ele imputado, de delito de homicídio tentado para lesão corporal grave, foi proferida pelo Tribunal popular. RHC 67383/SP, Rel. Min. Maria Thereza de Assis Moura, 6ª Turma, DJe 05.05.16.

33.7.6 Efeito substitutivo

Conforme se extrai do teor do art. 1008 do CPC, aplicável por subsidiariedade: "O julgamento proferido pelo tribunal substituirá a decisão impugnada no que tiver sido objeto de recurso". Pode se concluir, pela simples leitura do dispositivo, que, sendo conhecido e julgado o recurso, a decisão proferida pelo tribunal substituirá a original nos pontos da impugnação.

Antes do julgamento do Tema 1100 de Recursos Repetitivos pelo STJ, podia-se concluir, objetivamente, que caso o recurso fosse parcial e promovesse a aplicação do efeito substitutivo, teríamos um título judicial definitivo misto, isto é, parte formada em primeira instância, parte em segunda. À guisa de exemplo, no julgamento de um recurso do Ministério Público, no qual o objeto da impugnação restringia-se à inclusão de qualificadora, caso o tribunal desse provimento ao recurso, a condenação teria origem em primeiro grau, e a circunstância qualificadora em segunda instância, somando-se para formação do título.

Com o julgamento do tema[47], que versava sobre interrupção da prescrição[48], o STJ entendeu, em superação a entendimento anterior e na linha do STF, que após a publicação da sentença condenatória, há outro marco interruptivo, a saber, o acórdão confirmatório da condenação, que, nos termos da orientação firmada no Plenário do Supremo Tribunal Federal no julgamento do HC 176.473/RR, configura marco interruptivo da prescrição, ainda que não modifique o título condenatório (meramente confirmatório da condenação).

De acordo com o STJ, segundo a interpretação da lei pelo método histórico, é idôneo o entendimento de que a alteração promovida no art. 117, IV, do CP, pela Lei 11.596/07, visou adicionar nova causa de interrupção da prescrição superveniente, a saber, a publicação do acórdão condenatório em primeira instância recursal, e, desse modo, evitar que recursos meramente protelatórios alcançassem o lapso prescricional.

Nesse sentido, a Corte entendeu que a alta carga de substitutividade, translatividade e devolutividade, inerente ao recurso de apelação, propicia que o acórdão condenatório resultante de seu julgamento, ainda que confirmatório de sentença condenatória, seja hábil para sucedê-la, de modo que, sob o aspecto sistemático-processual, não se percebe incompatibilidade sistêmica que impossibilite que ele constitua marco interruptivo prescricional, nem mesmo sob o aspecto de postulados inerentes ao Direito Penal relacionados à obrigatoriedade de clareza e precisão de uma norma penal.

47. REsp 1.930.130-MG, Rel. Min. João Otávio de Noronha, Terceira Seção, por unanimidade, julgado em 10/08/2022.

48. Prescrição da pretensão punitiva. Acórdão condenatório (art. 117, IV, do Código Penal). Confirmação da sentença condenatória. Configuração de marco interruptivo do prazo prescricional. Alteração promovida pela Lei n. 11.596/2007.

Diante do notório cenário em que o sistema recursal propicia elevada recorribilidade com fins procrastinatórios, de modo a ensejar a não punibilidade do acusado, é legítimo, segundo interpretação finalística, instituir como marco prescricional a data de publicação de acórdão condenatório resultante da interposição de apelação contra sentença condenatória, visto que impede o fomento da impunibilidade e, por conseguinte, o descrédito do Poder Judiciário.

O entendimento acima, extraído da fundamentação do STJ, nos conduz a um caminho conclusivo distinto do anterior, pois o STJ, ao assinalar que o acórdão, mesmo o meramente confirmatório da condenação, configura marco interruptivo da prescrição, ainda que não modifique o título condenatório, afirmou a substitutividade plena do acórdão, ainda que para fins materiais (interrupção da prescrição). Logo, a regra do art. 1008 do CPC[49]sucumbe diante do novo entendimento, haja vista que a produção dos seus efeitos não se restringirá ao objeto da impugnação. Há, portanto, uma substitutividade plena.

33.7.7 Efeito translativo

O efeito translativo é concebido como aquele que devolve ao tribunal toda a matéria não preclusa, isto é, permite o tribunal o julgamento na íntegra do objeto da demanda inicial. Não obstante tratado pela doutrina, não há, de fato, referido efeito em sede recursal, haja vista que o fenômeno da translatividade somente existe nos chamados recursos de ofício que, juridicamente, não são recursos, mas mero reexame necessário como condição de eficácia da decisão.

33.7.8 Efeito dilatório-procedimental

Doutrinariamente, menciona-se ainda o chamado efeito dilatório-procedimental, no sentido de que a instauração da instância recursal amplia o rito procedimental. Trata-se de mera decorrência natural da interposição do recurso em razão da previsão de um devido processo legal inerente ao trâmite recursal.

33.8 DIREITO INTERTEMPORAL

As regras processuais são regidas pelo princípio do *tempus regit actum*. Assim, o ato processual adequado será realizado de acordo com a norma vigente no momento de sua concretização.

Nesse sentido, a existência de um procedimento penal previamente instaurado não gera para as partes um direito subjetivo à interposição dos recursos previstos quando da instauração do processo, isto é, os recursos cabíveis serão aqueles previstos no momento da intimação da decisão impugnável.

De forma exemplificativa, a Lei 11.689/08 extinguiu o chamado "protesto por novo júri", previsto para a condenação pelo Tribunal do Júri à penas iguais ou superiores a vinte anos de reclusão. Assim, o fato do processo criminal ter se iniciado anteriormente à alteração legal, não confere ao acusado o direito de se valer de um recurso não mais existente no ordenamento jurídico. Não se trata de norma de direito material, à qual se impõe a ultra-atividade, mas de norma processual, impondo a aplicação do *tempus regit*

49. O julgamento proferido pelo tribunal substituirá a decisão impugnada no que tiver sido objeto de recurso.

actum. Assim, realizado o julgamento após a entrada em vigor da referida lei, os recursos cabíveis serão aqueles previstos pela lei no momento da realização do ato.

Outro ponto de destaque envolve a alteração da espécie do recurso no curso do prazo recursal, a exemplo do ocorrido com a decisão de absolvição sumária no júri. Antes da lei 11.689/09, a decisão era atacável por RSE e, após a entrada em vigor do novo regramento, o recurso adequado passou a ser apelação. *In casu*, parece-nos nítido que a intimação firma a espécie recursal, de forma que o recurso adequado, no caso da alteração da espécie no curso do prazo recursal, no exemplo, será o RSE, não obstante, naturalmente, poder-se a aplicar a fungibilidade em razão ausência de má-fé.

Nos casos de "recursos de ofício", o tema torna-se mais interessante, porquanto envolve a compreensão da natureza do instituto. Conforme assinalamos, o recurso de ofício não é verdadeiramente um recurso, mas meramente um reexame necessário como condição de eficácia da decisão. Com a entrada em vigor da lei 11.689/08, que revogou tacitamente o teor do art. 574, I, CPP, que previa a remessa necessária nos casos de absolvição sumária no júri, o STJ entendeu que os "recursos de ofício", pendentes nos tribunais que versassem sobre referido tema, perderiam o objeto, pois as decisões, cujas eficácias encontravam-se condicionadas à reapreciação pelo tribunal, passariam a ser plenamente eficazes no momento da entrada em vigor da lei.

> Por força do que dispõe o art. 2º, do Código de Processo Penal, as normas processuais possuem aplicação imediata quando de sua entrada em vigor. Portanto, os recursos de ofício não remetidos aos Tribunais de 2ª instância ou não julgados por aquelas Cortes até 8 de agosto de 2008, data em que a Lei n. 11.689/08 passou a ser exigida, não mais poderão ser apreciados, uma vez que tal procedimento, necessário apenas para dar eficácia à sentença de absolvição sumária no procedimento do Tribunal do Júri, já não mais estaria em vigor, por força do princípio *tempus regit actum*. HC 278124/PI, Rel. Min. Leopoldo de Arruda Raposo, Des. Convocado do TJPE, Rel. para o acórdão Min. Félix Fisher, 5ª Turma, DJe 30.11.15.

33.9 SÍNTESE GRÁFICA

Princípios	Taxatividade	A taxatividade se expressa, portanto, no rol de recursos previstos e nas hipóteses de cabimento
	Unirrecorribilidade	Cada decisão corresponde um único recurso
	Fungibilidade	Salvo a hipótese de má-fé, a parte não será prejudicada pela interposição de um recurso por outro
	Disponibilidade	MP não pode desistir Os demais podem desistir
	Dialeticidade	O recurso deve ser discursivo e argumentativo
	Complementariedade	Admite-se que a parte que anteriormente havia apresentado seu recurso venha a complementar as razões de recurso já apresentadas. Caso de embargos que confiram caráter infringente à decisão

Variabilidade	O recorrente pode variar de recurso, isto é, pode interpor novo recurso em substituição a outro anteriormente interposto, desde que o faça dentro do prazo legal. Não admitido.
Substitutividade	A decisão proferida substitui a anterior
Colegialidade	Extrai-se seu fundamento do duplo grau de jurisdição, no sentido de que as decisões de primeira instância devem ser reanalisadas por órgão colegiado
Voluntariedade	A interposição de um recurso depende da manifestação de vontade da parte
Non reformatio in pejus	Aquele que interpõe o recurso não pode ser prejudicado pelo julgamento do próprio recurso

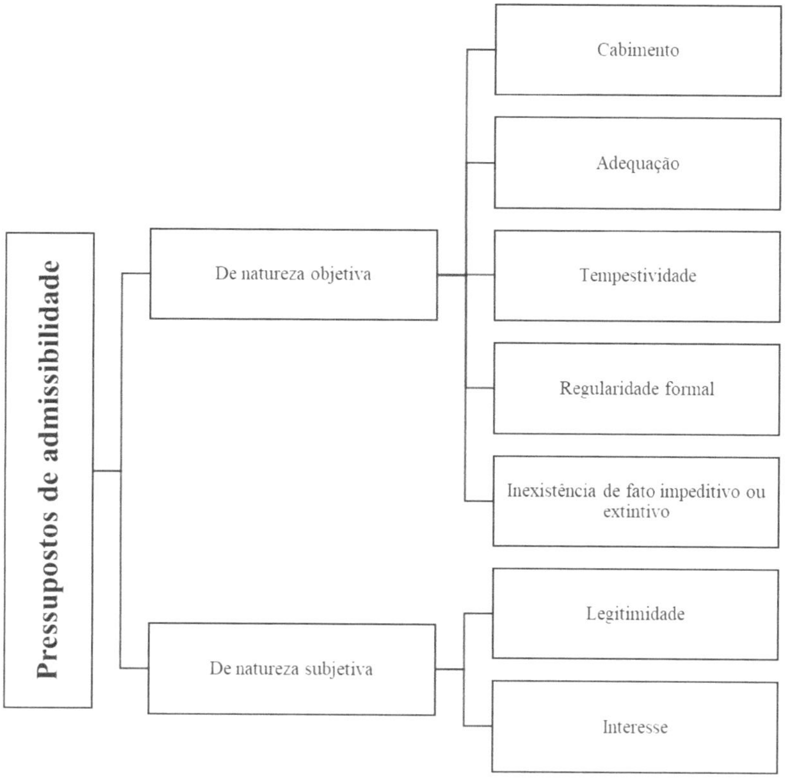
Pressupostos de admissibilidade
De natureza objetiva
Cabimento
Adequação
Tempestividade
Regularidade formal
Inexistência de fato impeditivo ou extintivo
De natureza subjetiva
Legitimidade
Interesse

Efeitos		
	Obstativo	A interposição de um recurso impede a ocorrência da preclusão temporal e, consequentemente, o trânsito em julgado da decisão. Obsta, portanto, a formação da coisa julgada
	Devolutivo	O tribunal somente poderá julgar o que o recorrente tiver requerido nas suas razões de recurso, dando vazão à *máxima tantum devolutum quantum appellatum*
	Suspensivo	Não é o recurso que suspende a eficácia da decisão, mas sim a recorribilidade, isto é, a simples possibilidade de interposição do recurso, que impede que o ato produza os seus efeitos desde logo
	Regressivo	A norma permite o juízo de retratação ou de confirmação, antes de remeter o recurso ao tribunal, ocorre chamado efeito regressivo, iterativo ou diferido
	Extensivo	No caso de concurso de agentes, a decisão do recurso interposto por um dos réus, se fundado em motivos que não sejam de caráter exclusivamente pessoal, aproveitará aos outros
	Substitutivo	O julgamento proferido pelo tribunal substituirá a decisão impugnada no que tiver sido objeto de recurso
	Translativo	Devolve ao tribunal toda a matéria não preclusa, isto é, permite o tribunal o julgamento na íntegra do objeto da demanda inicial
	Dilatório-procedimental	A instauração da instância recursal amplia o rito procedimental

33.10 REVISÃO DO CAPÍTULO POR QUESTÕES DE CONCURSOS E ASSERTIVAS DE REFORÇO

QUESTÕES DE CONCURSO

Em razão da íntima conexão entre os temas tratados nos capítulos 33 e 34, circunstância que praticamente impede o fracionamento das questões para tratamento nos capítulos de forma individualizada, optamos por colacionarmos as questões referentes ao tema recursos ao final do capítulo 34, permitindo ao leitor a realização do treino de forma sistêmica.

ASSERTIVAS DE REFORÇO

1. ( ) Os recursos extraordinário e especial são de fundamentação livre.

2. ( ) Não cabe recurso das decisões de denegação da suspensão do processo por questão prejudicial e da admissão ou inadmissão do assistente de acusação, mas cabe recurso contra a decisão que julga improcedente as exceções de incompetência, litispendência, coisa julgada e ilegitimidade de parte.

3. ( ) Apesar de não previsto o duplo grau de jurisdição para os acusados detentores de foro por prerrogativa de função, tratando-se de competência da Suprema Corte, o STF admitiu o cabimento dos embargos infringentes contra decisão não unânime do Plenário que julgar procedente a ação penal, desde que haja pelo menos 4 (quatro) votos divergentes e vencidos pela absolvição.

4. ( ) O princípio da unirrecorribilidade é absoluto, não comportando exceções, haja vista que, de fato, de uma decisão proferida, somente cabe a interposição de um recurso.

5. ( ) Constitui nulidade a falta de intimação do denunciado para oferecer contrarrazões ao recurso interposto da rejeição da denúncia, não a suprindo a nomeação de defensor dativo.

6. ( ) O não encaminhamento pelo magistrado do processo ao tribunal, nos casos em que a lei impõe o recurso de ofício, impede a formação da coisa julgada, não sendo suprido o vício pelo recurso voluntário das partes.

7. ( ) É nula a decisão do Tribunal que acolhe, contra o réu, nulidade não arguida no recurso da Acusação, ressalvados os casos de recurso de ofício.

8. ( ) O princípio da *non reformatio in pejus* é também conhecido como efeito prodrômico da sentença.

9. ( ) Segundo o entendimento do STF, a decisão proferida por juiz absolutamente incompetente não produz efeitos e, por conseguinte, não demarca nem vincula a atuação daquele indicado para fazê-lo.

10. ( ) Não se admite a figura do recurso prematuro no ordenamento jurídico pátrio.

11. ( ) Considera-se interposto o recurso no momento de seu protocolo em juízo, sendo irrelevante o momento do despacho do juiz.

12. ( ) O prazo recursal varia somente de acordo com o recurso interposto.

13. ( ) O termo inicial da contagem do prazo para impugnar decisão judicial é, para o Ministério Público, a data da entrega dos autos na repartição administrativa do órgão, sendo irrelevante que a intimação pessoal tenha se dado em audiência, em cartório ou por mandado.

14. ( ) Uma intimação realizada no sábado ou domingo, será considerada realizada na segunda-feira se dia útil for na localidade, iniciando-se, nesse dia, o prazo recursal.

15. ( ) Em razão do avanço tecnológico e dos meios de comunicação, tem se admitido a interposição de recurso via e-mail.

16. ( ) A renúncia ao direito de recorrer decorre do princípio da voluntariedade dos recursos e se verifica quando a parte, antes do fim do prazo recursal, expressamente manifesta a intenção de não impugnar a decisão.

17. ( ) A renúncia do réu ao direito de apelação, manifestada sem a assistência do defensor, não impede o conhecimento da apelação por este interposta.

18. ( ) A deserção por falta de preparo por parte do querelante pode ocorrer em qualquer ação penal promovida pelo querelante.

19. ( ) Admite-se, no agravo em execução a interposição de recurso por parte do representante, cônjuge, parente ou descendente do sentenciado.

20. ( ) O direito de recorrer, conferido pessoalmente o réu, assegura-lhe o direito de impulsionar a segunda instância, inclusive apresentado as razões recursais.

21. ( ) Não obstante o assistente possa recorrer diretamente, interposto o recurso pelo Ministério Público, o assistente poderá arrazoá-lo, não podendo, contudo, ampliar o objeto recursal, vez que, caso entenda pela necessidade de ampliação, pode recorrer em nome próprio.

22. ( ) A legitimidade do assistente de acusação para apelar, quando inexistente recurso do Ministério Público, é ampla, podendo impugnar tanto a sentença absolutória quanto a condenatória.

23. ( ) Segundo o STF, o assistente do Ministério Público não pode recorrer, extraordinariamente, de decisão concessiva de *habeas corpus*.

24. ( ) O assistente da acusação possui ampla e plena liberdade para recorrer das decisões.

25. ( ) Para exercer o direito ao recurso, exige-se que o assistente da acusação esteja habilitado no processo.

26. ( ) A sucumbência, para fins de análise do interesse recursal, deve levar em consideração os pedidos formulados pela acusação. No caso do Ministério Público, por exemplo, acolhendo o magistrado todos os pedidos formulados na denúncia, não haverá sucumbência e, portanto, interesse recursal.

27. ( ) O efeito devolutivo consiste em devolver ao tribunal *ad quem* o conhecimento da matéria impugnada, julgada no grau inferior de jurisdição, bem como da cognoscível de ofício.

28. ( ) A devolução do conhecimento da matéria impugnada é realizada para um órgão jurisdicional de hierarquia superior, nada impedindo, contudo, que seja feita para o mesmo órgão prolator da decisão em recursos específicos.

29. ( ) O mandado de segurança não se presta para atribuir efeito suspensivo a recurso criminal interposto pelo Ministério Público.

30. ( ) Segundo o STJ, é inadmissível a utilização de medida cautelar inominada para atribuir efeito suspensivo a recurso interposto pelo Ministério Público contra decisão proferida pelo juízo da execução.

31. ( ) O recurso em sentido estrito, agravo em execução e carta testemunhável admitem o juízo de retratação.

32. ( ) O efeito iterativo pode dar ensejo ao chamado recurso invertido, na medida em que o magistrado, ao retratar sua decisão no recurso em sentido estrito, por exemplo, permite que a parte contrária, por simples petição, possa recorrer da nova decisão, se couber recurso, não sendo mais lícito ao juiz modificá-la.

33. ( ) No caso de concurso de agentes, a decisão do recurso interposto por um dos réus, se fundado em motivos que não sejam de caráter exclusivamente pessoal, aproveitará aos outros, dando ensejo ao chamado efeito diferido dos recursos.

34. ( ) Por razões lógicas, a incidência do efeito extensivo exige que os coautores ou partícipes tenham sido processados em um único processo.

35. ( ) O próprio tribunal pode, de ofício, determinar a extensão dos efeitos aos coautores e partícipes, sem que se exija uma atuação desses nesse sentido. Contudo, omitindo-se o tribunal quando à declaração da extensão dos efeitos do julgado, os acusados poderão provocar o tribunal competente por meio de *habeas corpus*.

36. ( ) É possível a extensão de decisão benéfica em processo penal a corréu mesmo se proferida em sede não recursal, considerando-se que tal dispositivo tem como objetivo dar efetividade, no plano jurídico, à garantia de equidade.

37. ( ) O efeito translativo é concebido como aquele que devolve ao tribunal toda a matéria não preclusa, isto é, permite o tribunal o julgamento na íntegra do objeto da demanda inicial.

38. ( ) A existência de um procedimento penal previamente instaurado gera para as partes um direito subjetivo à interposição dos recursos previstos quando da instauração do processo.

39. ( ) Com a entrada em vigor da lei 11.689/08, que revogou tacitamente o teor do art. 574, I, CPP, que previa a remessa necessária nos casos de absolvição sumária no júri, o STJ entendeu que os recursos de ofício, pendentes nos tribunais que versassem sobre referido tema, perderiam o objeto, pois as decisões, cujas validades encontravam-se condicionadas à reapreciação pelo tribunal, passariam a ser plenamente válidas no momento da entrada em vigor da lei.

40. ( ) O efeito suspensivo, quando previsto, surge com a interposição do recurso.

33.10.1 Gabarito

ASSERTIVAS DE REFORÇO

1	2	3	4	5	6	7	8	9	10
F	F	V	F	V	F	V	V	V	F
11	**12**	**13**	**14**	**15**	**16**	**17**	**18**	**19**	**20**
V	F	V	F	F	V	V	F	V	F
21	**22**	**23**	**24**	**25**	**26**	**27**	**28**	**29**	**30**
V	V	V	F	F	F	V	V	V	F
31	**32**	**33**	**34**	**35**	**36**	**37**	**38**	**39**	**40**
V	V	F	F	V	V	V	F	V	F

COMENTÁRIOS ÀS ASSERTIVAS FALSAS E JUSTIFICATIVAS IMPORTANTES

1. F. São de fundamentação vinculadas os recursos sobre os quais paira uma limitação de ordem legal para a matéria da ser levantada, a exemplo dos recursos especiais e extraordinários, que não admitem o enfrentamento de questões fáticas, mas tão somente as jurídicas.

2. F. O ordenamento pátrio prevê diversas situações de decisões irrecorríveis, como nos casos de denegação da suspensão do processo por questão prejudicial (art. 93, §2º, CPP), da admissão ou inadmissão do assistente de acusação (art. 273, CPP), da improcedência das exceções de incompetência, litispendência, coisa julgada e ilegitimidade de parte, por interpretação sistemática do art. 581, III, CPP, entre outras.

3. V.

4. F. Tratando-se de decisões de natureza objetivamente complexas, isto é, cujos temas enfrentados clamem a apreciação por Tribunais Superiores distintos, a exemplo uma parte da decisão violar a Lei Federal, e outra afrontar a Constituição Federal, haverá a necessidade de ataque à decisão por dois recursos distintos, REsp e RExt, respectivamente. Outra exceção ao princípio pode ser verificada na oposição de embargos infringentes e de nulidade contra a parte não unânime de decisão proferida pelos Tribunais de Justiça ou TRFs no julgamento de apelações, RSEs e agravos em execução (art. 609, parágrafo único, CPP), cuja matéria de direito não relacionada à nulidade deverá ser atacada por REsp ou RExt, a depender de sua natureza.

5. V.

6. F. Não havendo a confirmação pelo tribunal, há o impedimento de formação do trânsito em julgado da decisão caso a matéria não tenha sido impugnada por recurso voluntário, pois esse supre a omissão quanto ao cumprimento da norma, não havendo vício a ser sanado, pois a finalidade da norma estará alcançada com o reexame pelo tribunal.

7. V.

8. V.

9. V.

10. F. O art. 218, § 4º, CPC, prevê que "será considerado tempestivo o ato praticado antes do termo inicial do prazo". Com espeque no dispositivo e sob a luz dos princípios da celeridade, razoabilidade e acesso à Justiça, não mais se reconhece a intempestividade do chamado recurso prematuro conforme se extrai do entendimento do STF exarado no AI 703269 AgR ED-ED-EDv-ED, e consequente cancelamento da Súmula 418 do STJ.

11. V.

12. F. O prazo recursal varia de acordo com o recurso interposto e qualidade da parte que o interpõe.

13. V.

14. F. Uma intimação realizada no sábado ou domingo, dias não úteis, será considerada realizada na segunda-feira se dia útil for na localidade. Logo, o início do prazo processual terá seu termo inicial na terça-feira, primeiro dia útil subsequente ao da efetiva intimação.

15. F. HC 121.225, STF.

16. V.

17. V.

18. F. A deserção por falta de preparo por parte do querelante só ocorre nas ações penais de iniciativa exclusivamente privada.

19. V.

20. F. Não se admite razões recursais apresentadas pelo próprio acusado, haja vista a necessidade de observância da forma e liturgia típica dos procedimentos judiciais.

21. V.

22. V.

23. V.

24. F. O assistente de acusação tem legitimidade para recorrer quando o Ministério Público abstiver-se de fazê-lo, como na hipótese dos autos, ou ainda, quando o seu recurso for parcial, não abrangendo a totalidade das questões discutidas.

25. F. Para exercer o direito ao recurso, não se exige que o assistente da acusação esteja habilitado no processo, servindo a petição de interposição do recurso como instrumento de habilitação, desde que, naturalmente, esteja acompanhada dos documentos comprobatórios de sua legitimidade como ofendido ou seu representante legal, ou, na falta desses, cônjuge (ou companheiro), ascendente, descendente, ou irmão.

26. F. O interesse, evidentemente, decorre da sucumbência, que pode existir mesmo quando o magistrado acolhe todos os pedidos ministeriais, mas o *parquet* entende que a pena foi fixada abaixo do esperado. Logo, a percepção da sucumbência não deve ser avaliada tão somente com relação aos pedidos formulados, mas também com perspectiva de satisfação da parte processual.

27. V.

28. V.

29. V.

30. F. É admissível.

31. V.

32. V.

33. F. Efeito extensivo.

34. F. A incidência do efeito extensivo não exige que os coautores ou partícipes tenham sido processados em um único processo, pois a extensão o julgado alcança o fato processado e não o processo.

35. V.

36. V.

37. V.

38. F. A existência de um procedimento penal previamente instaurado não gera para as partes um direito subjetivo à interposição dos recursos previstos quando da instauração do processo.

39. V.

40. F. O efeito suspensivo surge não com a interposição do recurso, mas com a prolação de uma decisão sujeita a recurso dotado de efeito suspensivo, porquanto sua eficácia automaticamente estará suspensa diante da possibilidade de recurso.

34

Recursos em Espécie

34.1 COMO O ASSUNTO É ABORDADO EM PROVAS E CONCURSOS

O tema "recursos e recursos em espécie" é um dos mais cobrados nos concursos de Magistratura, Ministério Público, Defensoria Pública e Delegado de Polícia, em todas as suas etapas.

A normatização objetiva exigida nas provas de múltipla escolha é acompanhada da jurisprudência, bem como da carga doutrinária que introduz o assunto. É crucial que o leitor compreenda a lógica recursal e sua respectiva falta de lógica em alguns pontos, razão pela qual o tema é tão querido pelas bancas examinadoras em todas as fases do certame.

O estudo dos recursos parte da premissa doutrinária relacionada aos seus princípios, compreensão dos pressupostos de admissibilidade e efeitos recursais, temas imprescindíveis para adequada compreensão do assunto.

No mesmo sentido, a compreensão sobre cada espécie recursal no tocante aos prazos, cabimento, efeitos e procedimento é fundamental, especialmente para provas objetivas.

O estudo, especialmente de revisão, deve ser realizado sobre os aspectos doutrinários e jurisprudenciais, sendo imprescindível, contudo, a compressão básica da norma.

34.2 APELAÇÃO

Doutrinariamente, a apelação é concebida como o recurso ordinário por excelência, pois se destina à reapreciação de matéria de fato e de direito. Sempre voluntária, a apelação é um recurso amplo, porquanto pode devolver ao tribunal o conhecimento de toda a matéria, a depender da interposição ou interposições, haja vista que tanto o acusado quanto a acusação podem recorrer da mesma decisão.

A amplitude da apelação é tamanha que, havendo na mesma decisão pontos a serem atacados por RSE e outros por apelação, pelo princípio da unirrecorribilidade, o recurso cabível será a apelação conforme se extrai do §4º do art. 593 do CPP, que dispõe que quando cabível a apelação, não poderá ser usado o recurso em sentido estrito, ainda que somente de parte da decisão se recorra.

34.2.1 Espécies

34.2.1.1 Apelação ampla e apelação restrita

Conforme se extrai do art. 599 do CPP, as apelações poderão ser interpostas quer em relação a todo o julgado, quer em relação a parte dele. Isso significa, portanto, que a apelação poderá ser ampla ou plena, quanto atacar toda a decisão, e restrita ou parcial, quando versar apenas sobre parte do julgado.

Sua interposição, dessa forma, delimita o objeto do julgamento. Conforme destacamos anteriormente, entendemos que o objeto do recurso deve ser extraído não somente da petição de interposição, mas do seu cotejo com as razões recursais, como forma de assegurar o efetivo contraditório e ampla defesa, trazendo segurança jurídica à espécie, sob pena de se constituir uma "carta branca" para o tribunal reapreciar toda matéria, ainda que não impugnada[1].

A Súmula 713 do STF dispõe que "o efeito devolutivo da apelação contra decisões do Júri é adstrito aos fundamentos da sua interposição". Não vemos razões para sua não aplicação às demais espécies de apelação interpostas sob o rito ordinário e sumário, vez que a competência do tribunal deve ser delimitada pelo efetivo objeto do recurso, isto é, os temas sobre os quais o apelante apresentou sua impugnação de forma fundamentada.

34.2.1.2 Apelação principal e apelação subsidiária

BRASILEIRO[2] (2020, p. 1818) assinala que "a apelação principal é aquela interposta pelo Ministério Público. Apelação subsidiária (ou supletiva) é aquela interposta pelo ofendido, habilitado ou não como assistente da acusação, cabível apenas quando verificada a inércia do órgão ministerial (CPP, art. 598, *caput*)".

O adjetivo "subsidiária" advém do paralelo com as ações penais privadas subsidiárias da pública, vez que, por essência, o comportamento do ofendido que apela da decisão após o decurso do prazo ministerial sem a interposição do recurso é idêntico. Não há razões, portanto, para se criticar o emprego analógico da terminologia.

Entretanto, como forma de distinguir a apelação interposta pelo assistente da acusação daquela fundada no art. 593, II, CPP, também concebida doutrinariamente como apelação subsidiária, porquanto residual por só poder ser interposta contra as decisões definitivas ou com força de definitiva quando não cabível o RSE, optamos por tratar a apelação interposta pelo assistente como supletiva, vez que, ao se seguir o modelo inicialmente proposto, teríamos uma situação no mínimo inusitada de concebermos uma apelação principal-subsidiária, quando fundada no art. 593, II, do CPP, e uma apelação subsidiária-principal, quando interposta pelo assistente da acusação.

34.2.1.3 Apelação de rito ordinário e sumário

A classificação da apelação em ordinária e sumária, na realidade, diz respeito ao rito a ser aplicado, conforme se tratar de crime punido com reclusão ou detenção.

1. Vide análise realizada no Capítulo da Teoria Geral dos Recurso, tópico "Efeito Devolutivo".
2. *op.cit.*

Nos termos do art. 610 do CPP, a apelação receberá o rito sumário nas hipóteses de crime punido com pena de detenção e contravenção penal, hipótese em que os autos irão imediatamente com vista ao Procurador-Geral pelo prazo de cinco dias e, em seguida, passarão, por igual prazo, ao relator, que pedirá designação de dia para o julgamento. Anunciado o julgamento pelo presidente, e apregoadas as partes, com a presença destas ou à sua revelia, o relator fará a exposição do feito e, em seguida, o presidente concederá, pelo prazo de 10 (dez) minutos, a palavra aos advogados ou às partes que a solicitarem e ao Procurador-Geral, quando o requerer, por igual prazo (parágrafo único).

Por outro lado, segundo o art. 613 do CPP, a apelação receberá o rito ordinário quando o crime for punido com pena de reclusão, que se diferencia do rito sumário por ter os prazos duplicados (art. 613, II), tempo para os debates de quinze minutos (art. 613, III), e pelo fato de, depois de passarem pelo relator, os autos serem encaminhados a um revisor, que terá o prazo de dez dias para o exame do processo, sendo que, retornando os autos ao relator, este pedirá dia para julgamento (art. 613, I).

Em síntese, temos o seguinte quadro:

Rito Sumário	Rito Ordinário
Do relator, passa-se o processo imediatamente para o Procurador-Geral, que terá o prazo de cinco dias.	Do relator, os autos serão enviador ao Procurador-Geral, que terá o prazo de dez dias para se manifestar. Após, voltarão os autos para o relator que, exarado o relatório no prazo de dez dias, encaminha o processo imediatamente para o revisor, que terá o mesmo prazo de dez dias para exame do processo.
Voltando os autos para o relator, esse terá o prazo de cinco dias para pedir dia para o julgamento.	Voltando os autos para o relator, esse pedirá, em dez dias, dia para o julgamento.
Tempo para debates orais de dez minutos	Tempo para debates orais de quinze minutos

Apesar da preservação do rito com lastro na natureza da pena, reclusão ou detenção, aplicável anteriormente para distinção dos procedimentos ordinário e sumário, com as alterações promovidas pela Lei 11.719/08, que fixou novos parâmetros de distinção entre o rito ordinário e sumário, entendemos que o julgamento das apelações deve seguir o novo modelo proposto, isto é, os processos cujo rito aplicado tenha sido o ordinário, serem julgados em grau recursal pelo rito ordinário, e os processos que tramitaram pelo procedimento sumário, seguirem, no tribunal o rito sumário das apelações, preservando a coerência anteriormente existente no CPP.

34.2.1.4 Apelação adesiva

O chamado recurso adesivo ou subordinado foi previsto no art. 997, §1º do CPC, na hipótese de, sendo vencidos autor e réu, ao recurso interposto por qualquer deles poderá aderir o outro. Segundo o §2º do art. 997 do CPP, o recurso adesivo fica subordinado ao recurso independente, sendo-lhe aplicáveis as mesmas regras deste quanto aos requisitos de admissibilidade e julgamento no tribunal, salvo disposição legal diversa, observado, ainda, o seguinte: I - será dirigido ao órgão perante o qual o recurso independente fora interposto, no prazo de que a parte dispõe para responder; II - será admissível na apelação, no recurso extraordinário e no recurso especial; III - não será conhecido, se houver desistência do recurso principal ou se for ele considerado inadmissível.

Em síntese, trata-se do recurso interposto no prazo de contrarrazões do recurso apresentado pela parte contrária, como forma de se contrapor ao recurso oferecido pela outra parte, diante da sucumbência recíproca.

Não se admite, no âmbito do CPP, o recurso adesivo, porquanto o permissivo na processualística cível trilha a linha, entre outras, da possibilidade de celebração de acordo e consequente desistência dos recursos, inadmissível no processo penal quando a parte for o Ministério Público. Enfrentando a questão, o STJ reforçou o entendimento doutrinário pelo descabimento do recurso adesivo no processo penal:

> A defesa não impugnou nenhum dos fundamentos utilizados para inadmitir o recurso especial (Súmula 284/STF e Súmula 7/STJ), limitando-se a sustentar que o agravante deveria ser absolvido pela ausência de provas para a condenação. Incidência da Súmula 182/STJ. (...). O Código de Processo Penal brasileiro não prevê o instituto do recurso adesivo, não cabendo, ao intérprete, ampliar as modalidades recursais além daquelas previstas em lei, em respeito ao princípio da taxatividade. A defesa sempre pode peticionar provocando a ação do Tribunal, pela admissão da *reformatio in mellius*, não podendo, todavia, admitir-se a ampliação do limite recursal após ter perdido o prazo. Ressalva do entendimento do Relator que entendia ser possível, à defesa, a interposição de recurso adesivo em matéria penal. A admissão do recurso adesivo não pode sequer ser discutida quanto ao Ministério Público, pois representaria diretamente a reformatio in pejus (em sede de recurso interposto exclusivamente pela defesa) e geraria indiretamente a revisão da coisa julgada (já ocorrida) em favor da acusação. (REsp 1595636/RN, Rel. Min. Sebastião Reis Júnior, 6ª Turma, DJe 30.05.17).

34.2.2 Requisitos e processamento

34.2.2.1 Cabimento e adequação

34.2.2.1.1 Sentenças definitivas de condenação ou absolvição proferidas por juiz singular

De acordo com o inciso I do art. 593 do CPP, caberá apelação das sentenças definitivas de condenação ou absolvição proferidas por juiz singular.

A sentença condenatória é aquela que, ao enfrentar o mérito, reconhece como verdadeira pelo menos parte da imputação, julgando procedente, ainda que parcialmente, os pedidos formulados pela acusação, impondo ao acusado uma pena. Por outro lado, a sentença absolutória é aquela na qual o juiz julga improcedente a imputação, fundamentando a decisão em uma das causas previstas no art. 386 do CPP. Em síntese, há o pleno enfrentamento do mérito em tais decisões.

O recurso de apelação, com fundamento no inciso I do art. 593, também será cabível contra a decisão de absolvição sumária prevista no art. 397, incisos I a III do CPP (existência manifesta de causa excludente da ilicitude (I), a existência manifesta de causa excludente da culpabilidade, salvo inimputabilidade (II), e o fato narrado evidentemente não constitui crime (III)). No tocante ao inciso IV, "absolvição por causa extinção da punibilidade", a decisão, a despeito de se tratar, em sentido lato, de decisão de mérito, não se trata, verdadeiramente, de decisão absolutória, haja vista que seu conteúdo é meramente declaratório, *ex vi* interpretação decorrente do teor da Súmula 18 do STJ[3]. Logo, na hipótese do inciso IV, o recurso cabível será o RSE, com fundamento no art. 581, VIII, CPP.

34.2.2.1.2 Decisões definitivas, ou com força de definitivas, proferidas por juiz singular nos casos de não cabimento de RSE

De acordo com o inciso II do art. 593 do CPP, caberá apelação das decisões definitivas, ou com força de definitivas, proferidas por juiz singular nos casos não previstos no Capítulo anterior, isto é, quando não couber recurso em sentido estrito. A doutrina não é clara quanto a exata concepção de decisão definitiva e com força de definitiva, tanto que exemplos comuns são citados como enquadrados em ambas as classificações[4].

Não obstante, ainda que a questão não traga maiores problemas de ordem prática, posto que basta a sua definitividade, o descabimento de RSE e o não enquadramento nas hipóteses de condenação ou absolvição (arts. 386 e 387 do CPP), propomos a distinção com lastro na extinção do processo principal como parâmetro para fins recursais.

A concepção de decisão definitiva, sob a luz do art. 593, II, CPP, deve ser compreendida como aquela que põe termo à relação processual, julgando questão de mérito, mas não se amolda a qualquer das previsões dos arts. 386 e 387 do CPP e não seja atacável por RSE. Equivale, portanto, à decisão terminativa de mérito ou definitiva em sentido amplo.

Por outro lado, as decisões com força de definitiva ou mistas terminativas, são aquelas que extinguem o processo sem julgamento do mérito, ou que decidem um procedimento incidental de forma definitiva, a exemplo das decisões que julgam o pedido de restituição (art. 120, § 1º, CPP), que ordenam ou não o sequestro (art. 127, CPP) ou autorizam ou não seu levantamento (art. 131, CPP), entre outras.

34.2.2.1.3 Decisões do Tribunal do Júri

Grande parte do conteúdo que trabalharemos na sequência foi abordado nos capítulos pertinentes ao Tribunal do Júri e Nulidades. Todavia, com o fim de sistematizarmos a questão apenas sob a perspectiva recursal, analisaremos o inciso III do art. 593 do CPP na íntegra e de forma separada. Segundo o art. 593 do CPP: Caberá apelação no prazo de 5 (cinco) dias, das decisões do Tribunal do Júri quando:

a) **Ocorrer nulidade posterior à pronúncia**

As nulidades anteriores à pronúncia, quando relativas, devem ser atacadas por recurso em sentido estrito. Assim, em se tratando de nulidade relativa, sua não arguição e não impugnação por meio de RSE dará ensejo à preclusão. Firma-se com a pronúncia, portanto, um marco delimitador entre o recurso em sentido estrito e a apelação, vez que se uma nulidade relativa anterior à pronúncia não for impugnada a tempo e modo

3. A sentença concessiva do perdão judicial é declaratória da extinção da punibilidade, não subsistindo qualquer efeito condenatório.

4. Badaró (2021, p. 978), por exemplo, situa a decisão que autoriza o levantamento do sequestro como "com força de definitiva", ao passo que Brasileiro se vale do mesmo exemplo como hipótese de decisão definitiva (2020, p. 1820).

adequado (RSE), a preclusão impedirá a alegação da matéria em sede de eventual apelação interposta contra a sentença do Tribunal do Júri.

Tratando-se de nulidade absoluta, dada sua natureza, não se opera a preclusão, podendo ser alegada em sede de apelação caso não tenha, anteriormente, sido objeto de RSE não provido, por força da coisa julgada.

Apesar de não previsto no art. 571, o art. 422 do CPP passou a prever, em substituição ao libelo e contralibelo, a possibilidade de as partes apresentarem rol de testemunhas que irão depor em plenário, até o máximo de 5 (cinco), juntarem documentos e requererem diligências. O art. 423, por sua vez, previu, em seu inciso I, que o juiz, ao deliberar sobre os requerimentos de provas a serem produzidas ou exibidas no plenário do júri, e adotadas as providências devidas, ordenará as diligências necessárias para sanar qualquer nulidade ou esclarecer fato que interesse ao julgamento da causa.

A previsão estabeleceu uma nova etapa para saneamento de nulidades, para alcançar os fatos posteriores à pronúncia, na fase de preparação do processo para julgamento em plenário. Logo, o art. 571, V, deve ser lido com cautela, para se compreender que as nulidades relativas ocorridas após a preparação do processo para julgamento em plenário deverão ser arguidas logo depois de anunciado o julgamento e apregoadas as partes.

O introito visa apenas fixar a existência de fase anterior para saneamento de nulidades após a pronúncia, as quais, sendo relativas e não alegadas, estarão sujeitas à preclusão. Contudo, as nulidades após a pronúncia, além de passíveis de caracterização como absolutas e, portanto, não sujeitas à preclusão, podem ocorrer em situações diversas, sendo atacáveis por apelação.

A título exemplificativo, podemos mencionar a inexistência do número mínimo de 15 jurados para instalação da sessão (art. 463, *caput*, CPP); a menção, durante os debates, de referências à decisão de pronúncia, às decisões posteriores que julgaram admissível a acusação ou à determinação do uso de algemas como argumento de autoridade que beneficiem ou prejudiquem o acusado (art. 478, I, CPP); a quebra da incomunicabilidade dos jurados (art. 466, §1º, CPP); a leitura de documentos ou a exibição de objetos não juntados aos autos com antecedência mínima de três dias úteis (art. 479, CPP); vícios na quesitação (art. 483, CPP) e etc.

Registre-se que, nesse momento processual, a espécie de nulidade não interfere na natureza do recurso, sendo cabível a apelação para ambas as espécies, exigindo-se quanto às nulidades relativas apenas a prévia impugnação quando ocorridas após a fase da preparação para o julgamento para se evitar o saneamento pela preclusão, ou seja, a existência de impugnação pela parte prejudicada logo depois de anunciado o julgamento e apregoadas as partes ou logo após sua ocorrência (art. 571, V e VIII, CPP).

b) **Sentença do juiz-presidente contrária à letra expressa ou à decisão dos jurados**

Uma sentença contrária à letra expressa de lei pode ocorrer por diversas razões, bastando, para tanto, que o magistrado se funde em premissas legais contrárias à norma, a exemplo da fixação do regime de cumprimento da pena integralmente fechado em desacordo com o teor do art. 2º, § 1º, da Lei 8.072/90.

Por outro lado, verifica-se a sentença contrária à decisão dos jurados quando o *decisum* não corresponde à decisão soberana do júri, valendo-se o magistrado de premissas contrárias às fixadas pelos jurados, à exemplo de uma sentença que condena o acusado por homicídio qualificado, quando os jurados expressamente afastaram a circunstância qualificadora.

Em ambos os casos, há nítido erro por parte do juiz, seja pela eleição de premissa jurídica contrária à lei ou premissa diversa da fixada pelos jurados. Nesses casos, conforme o §1º do art. 593, o tribunal *ad quem* fará a devida retificação.

c) **Erro ou injustiça no tocante à aplicação da pena ou medida de segurança**

Configura-se a hipótese de erro quando o magistrado, na sentença subjetivamente complexa do Tribunal Júri, fugir da aplicação das regras do sistema trifásico de aplicação da pena, quando, por exemplo, fixar a pena abaixo do mínimo legal ou considerar uma eventual causa de aumento de pena na fixação da pena base e não na terceira fase de aplicação pena, entre outros.

A injustiça no tocante à aplicação da pena, por outro lado, não deriva de erro, de plano verificável, pois depende não somente de uma valoração subjetiva, mas também normativa. Nesse sentido, haverá injustiça na aplicação da pena, por exemplo, quando o magistrado a individualizar de forma inadequada, considerando, por exemplo, circunstâncias judiciais valoradas negativamente em excesso ou desconsiderando as favoráveis ao acusado ou reduzir a pena pela tentativa em seu patamar mínimo de um terço, quando nitidamente a hipótese for de redução pelo máximo e etc.

É importante lembrar que, após a reforma promovida pela Lei 11.689/08, os jurados não mais são chamados a decidir sobre agravantes e atenuantes, de análise obrigatória na segunda fase de aplicação da pena, sendo matéria estrita ao magistrado. Assim, não se revela incomum a reforma de decisões no âmbito do Tribunal do Júri nas quais o tribunal reconhece agravantes ou atenuantes não reconhecidas pelo juiz presidente. Naturalmente, não há qualquer violação à soberania dos vereditos, haja vista que a matéria é estritamente jurídica e de competência exclusiva do magistrado. Aliás, é o que se extrai o §2º do art. 593 do CPP: "Interposta a apelação com fundamento no nº III, *c*, deste artigo, o tribunal *ad quem*, se lhe der provimento, retificará a aplicação da pena ou da medida de segurança.

O erro ou a injustiça igualmente podem ser verificados com relação à medida de segurança, quando, por exemplo, o juiz estabelece o regime de internação quando o caso claramente comporta o tratamento ambulatorial.

d) **Decisão manifestamente contrária à prova dos autos**

A previsão do art. 593, III, *d*, do CPP, é, certamente, a mais polêmica dentre as hipóteses de apelação, não somente por induzir reflexões acerca da soberania dos vereditos, mas também por envolver a necessidade de controle sobre os atos jurisdicionais

No estudo do Tribunal do Júri, ao qual pedimos vênia pela repetição parcial em razão da importância do assunto, destacamos que uma decisão soberana, pelo menos em tese, não deveria admitir revisão. Entretanto, a existência de uma decisão soberana não significa que essa decisão seja irrecorrível e definitiva, sob pena de se afrontar outros valores constitucionais, como o devido processo legal e duplo grau de jurisdição. Isso porque, apesar do tribunal, em segundo grau, não poder alterar o mérito da decisão proferida pelos jurados, poderá, segundo o entendimento dominante, determinar a cassação da decisão para submeter o acusado a novo julgamento perante o Tribunal do Júri (CPP, art. 593, III, "d", e § 3º). O que não se admite é que o tribunal substitua os jurados para condenar ou absolver o acusado, vez que, mesmo na hipótese de recurso, a decisão continuará a ser proferida pelo tribunal popular.

Nesse sentido, não haveria incompatibilidade entre o art. 593, III, "d", do CPP e o art. 5º, XXXVIII, "c", da CF, porquanto o controle realizado em sede de apelação seria jurídico-processual, típico do Poder Judiciário.

Nesse contexto, o assunto promove um intenso debate na doutrina e jurisprudência sobre a possibilidade de interposição do recurso de apelação contra as decisões soberanas do Tribunal do Júri com fundamento na alínea *d*.

Doutrinariamente, sustenta-se que, com fundamento da alínea "d" do inciso III do art. 593 do CPP, o Tribunal *ad quem* somente poderia realizar o juízo rescindente, isto é, cassar a decisão anterior e remeter o feito a novo julgamento, sob pena de violação à soberania dos veredictos. Na mesma esteira, sustenta-se que, caso a decisão proferida pelo magistrado seja contrária à decisão dos jurados, o Tribunal poderia promover não somente o juízo rescindente, mas também o rescisório, isto é, proferir decisão em substituição àquela impugnada, como na hipótese de *error in procedendo* na aplicação da pena.

A 2ª Turma do STF, no julgamento do AgRg no RHC 192.431, julgado em 23.02.21, decidiu que é incongruente o controle judicial em sede recursal (CPP, art. 593, III, d), das decisões absolutórias proferidas pelo Tribunal do Júri com base no art. 483, III e § 2º, do CPP, quer pelo fato de que os fundamentos efetivamente acolhidos pelo Conselho de Sentença para absolver o réu (CPP, art. 483, III) permanecem desconhecidos (em razão da cláusula constitucional do sigilo das votações prevista no art. 5º, XXXVIII, b, da Constituição), quer pelo fato de que a motivação adotada pelos jurados pode extrapolar os próprios limites da razão jurídica.

> I – Em razão da superveniência da Lei 11.689/2008, que alterou o Código de Processo Penal – CPP no ponto em que incluiu no questionário do procedimento do Tribunal do Júri o quesito genérico de absolvição (art. 483, III), "os jurados passaram a gozar de ampla e irrestrita autonomia na formulação de juízos absolutórios, não se achando adstritos nem vinculados, em seu processo decisório, seja às teses suscitadas em plenário pela defesa, seja a quaisquer outros fundamentos de índole estritamente jurídica, seja, ainda, a razões fundadas em juízo de equidade ou de clemência" (HC 185.068/SP, Rel. Min. Celso de Mello, Segunda Turma).
>
> II – Em face da reforma introduzida no procedimento penal do júri, é incongruente o controle judicial em sede recursal (CPP, art. 593, III, d), das decisões absolutórias proferidas pelo Tribunal do Júri com base no art. 483, III e § 2º, do CPP, quer pelo fato de que os fundamentos efetivamente acolhidos pelo Conselho de Sentença para absolver o réu (CPP, art. 483, III) permanecem desconhecidos (em razão da cláusula constitucional do sigilo das votações prevista no art. 5º, XXXVIII, b, da Constituição), quer pelo fato de que a motivação adotada pelos jurados pode extrapolar os próprios limites da razão jurídica.

Vale registrar que o entendimento doutrinário dominante e prevalente no STJ[5] preconiza a possibilidade de apelação com fundamento na decisão dos jurados que contraria, manifestamente, a prova dos autos, por uma única vez. Isso porque, conforme

---

5. REsp 1.451.720/SP, 6ª Turma, Rel. Min. Nefi Cordeiro, DJe 24.06.15.

tal entendimento, o CPP, em seu art. 593, §3º, assegura ao Tribunal a análise única de conformidade entre a decisão dos jurados e a prova dos autos. Em síntese, havendo divergência entre a prova dos autos e o resultado do julgamento popular, o Tribunal poderia cassar a decisão proferida pelos jurados e determinar a realização de um novo julgamento, sem que tal procedimento viole a soberania dos veredictos, ainda que a absolvição tenha ocorrido por clemência do Tribunal do Júri.

A matéria, portanto, não é pacífica, tanto que foi estabelecida repercussão geral no ARE 1225185, pelo STF, onde se discute, exclusivamente, se a soberania dos veredictos é violada ao se modificar uma absolvição assentada em resposta ao quesito genérico obrigatório, com a seguinte questão problema:

> a realização de novo júri, determinada por Tribunal de 2º grau em julgamento de recurso interposto contra absolvição assentada no quesito genérico (art. 483, III, c/c §2º CPP), ante suposta contrariedade à prova dos autos (art. 593, III, d, CPP), viola a soberania dos veredictos (art. 5º, XXXVIII, c, CF)?

Conforme a decisão que reconheceu a repercussão geral, "na prática, se o júri, soberano em suas decisões nos termos determinados pela CF/88, pode absolver o réu ao responder positivamente ao quesito genérico (O jurado absolve o acusado?) sem necessidade de apresentar motivação, isso autorizaria a absolvição até por clemência e, assim, contrária à prova dos autos?

Apesar de intrincada, a solução jurídica passa, por nós, pela compreensão do conceito de soberania dos vereditos, prevista no art. 5º, inciso XXXVIII, alínea "d", CF. O fato de ser concebida como soberana não confere à decisão proferida pelo Tribunal do Júri o *status* de imutável, como se transitada em julgado fosse, tanto que admissível o recurso de apelação quando absolutamente contrária às provas dos autos (art. 593, III, "d", CPP). Logo, por ser a decisão dos jurados recorrível, a soberania prevista pela Constituição não é absoluta, mas sim relativa e, portanto, sob pena de inconsistência, em termos conceituais, não soberana em sua origem. Sobre a recorribilidade da decisão e mitigação do conceito de soberania, o STJ entende que:

> "A absolvição do réu pelos jurados, com base no artigo 483, III, do CPP, ainda que por clemência, não constitui decisão absoluta e irrevogável, podendo o Tribunal cassar tal decisão quando ficar demonstrada a total dissociação da conclusão dos jurados com as provas apresentadas em plenário. Assim, resta plenamente possível o controle excepcional da decisão absolutória do júri, com o fim de evitar arbitrariedades e em observância ao duplo grau de jurisdição. Entender em sentido contrário exigiria a aceitação de que o conselho de sentença disporia de poder absoluto e peremptório quanto à absolvição do acusado, o que, ao meu ver não foi o objetivo do legislador ao introduzir a obrigatoriedade do quesito absolutório genérico, previsto no artigo 483, III, do CPP" (HC 313251/RJ, Rel. Min. Joel Ilan Paciornik, 3ª Seção, DJe 27.03.18).

Parece-nos inegável que o próprio STF, no julgamento do da ADPF 779, ao decidir, por unanimidade, pela impossibilidade de alegação da tese de "legítima defesa da honra" nos crimes de feminicídio, afastou não somente a plenitude de defesa, mas também, de forma indireta, a soberania dos vereditos, porquanto as decisões dos jurados não são motivadas e poderiam ser fundadas na simples clemência, em razão do, para nós, assombroso quesito genérico "o jurado absolve o acusado?", previsto no §2º do art. 484, c/c inc. III, do CPP.

Ao afastar a alegação de "legítima defesa da honra" nos crimes de feminicídio, o STF impediu, tão somente, que a defesa técnica sustente tal tese em plenário. Contudo, não se pode olvidar que os debates que envolvem a tese jurídica passam, necessariamente, pelos motivos do crime, os quais não podem ser afastados. Igualmente, não se admite que o acusado não possa, em seu interrogatório, alegar tal tese, sob pena de severa afronta ao direito de autodefesa. Ainda que a tese não possa ser sustentada ou quesitada, os motivos do crime serão, necessariamente, debatidos em plenário. Afinal, por que o acusado matou a vítima?

Anteriormente, criticamos a decisão por macular a plenitude de defesa. Nesse momento, a criticamos e, paradoxalmente, a utilizamos para sustentar a inexistência de uma efetiva soberania, em conclusão que, naturalmente, não nos parece mais adequada, não obstante dotada de juridicidade.

O jurado, ao proferir seu voto, o faz amparado pela íntima convicção e de forma sigilosa. Logo, nunca se saberá como e porque votou. Assim, à pergunta "o jurado absolve o acusado?" serão apresentadas as respostas "sim" ou "não". O porquê nunca será sabido, porquanto a decisão é imotivada. O jurado, portanto, pode absolver por entender que a conduta do agente foi amparada por legítima defesa, por compreender que a pena, no caso concreto, é desnecessária, por acreditar que o único julgamento possível é o realizado por Deus por não acreditar na Justiça dos homens e, até mesmo, por compreender que o acusado agiu em legítima defesa da honra, conceito tratado no mundo jurídico mas de amplo domínio público, especialmente quando realizado sob a perspectiva da valoração paralela na esfera do profano, isto é, da compreensão do leigo.

Não obstante a vedação do STF quanto a alegação da tese, se o jurado compreender que a traição, motivo do crime, de inafastável alegação, caracteriza, sob a ótica do leigo, motivo para responder "não" à pergunta "o jurado absolve o acusado?", nada poderia ser feito, se soberana fosse a decisão do júri.

Firmada nossa visão acerca do quesito genérico, o qual trabalhamos com mais detalhes quando do estudo da quesitação no capítulo do Tribunal do Júri, entendemos que sua inserção no art. 483, III, c/c §2º do CPP trouxe mais problemas do que soluções, além de inaugurar, no processo penal, a possibilidade de debate sobre a absolvição sem qualquer lastro jurídico, admitindo-se a absolvição por mera clemência.

Retomando os fundamentos pelos quais entendemos que a decisão dos jurados não é essencialmente soberana, o CPP admite, no art. 593, III, "d", a interposição de apelação contra decisão dos jurados que for manifestamente contrária à prova dos autos. Assim, a mera possibilidade de recurso afasta a soberania da decisão originária do Tribunal do Júri, porquanto o resultado do recurso pode implicar a cassação da decisão. O §3º do art. 593 do CPP assinala que se a apelação se fundar no nº III, d, do art. 593 e, e o tribunal *ad quem* se convencer de que a decisão dos jurados é manifestamente contrária à prova dos autos, dar-lhe-á provimento para sujeitar o réu a novo julgamento. Entretanto, expressamente assinala que **não se admite pelo mesmo motivo, segunda apelação**. Esse "mesmo motivo" deve lido sob o "mesmo fundamento", isto é, decisão contrária à prova dos autos (art. 593, III, *d*).

Vale destacar, nesse particular, a lição de BRASILEIRO (2020, p. 1827):

> Ainda em relação ao disposto no art. 593, § 3º, in fine, do CPP, é bom lembrar que pouco importa qual parte interpôs o recurso primeiro. Portanto, se o Ministério Público recorre de um decreto absolutório e invoca o art. 593, III, "d", vindo o Tribunal a determinar novo julgamento, que culmina com a condenação do acusado, não poderá agora a Defesa apelar sob o argumento de que teria havido manifesta divergência com a prova. Ainda que não houvesse previsão legal nesse sentido, essa vedação é evidente. Afinal, se o primeiro julgamento absolutório do júri foi considerado manifestamente contrário à prova dos autos pelo Tribunal de Justiça, daí por que foi cassada a decisão, submetendo-se o acusado a novo julgamento, na hipótese de ser proferido um decreto condenatório pelo segundo júri, tal decisão não será considerada manifestamente contrária à prova dos autos pelo juízo ad quem, sob pena de o Tribunal contrariar o quanto decidido por ele mesmo na apelação anteriormente apreciada.

Verifica-se, portanto, que a decisão original do Conselho de Sentença não é soberana, haja vista a possibilidade de cassação. Contudo, caso no novo julgamento ocorra nova absolvição, não se admitirá mais recurso com o fundamento de decisão contrária à prova dos autos, assumindo, nesse ponto, o caráter de soberana. O conceito de soberania dos vereditos, dessa forma, deve ser compreendido sob uma perspectiva mais ampla, no sentido de se preservar como decisão final, a proferida em observância à vontade popular, pelo órgão do Tribunal do Júri.

E, nesse particular, revela-se importante, até o julgamento do ARE 1225185, de repercussão geral, pelo STF, destacarmos o próprio Pretório Excelso se colocou em posição de "xeque" ao sustentar a impossibilidade de alegação da tese de legítima defesa da honra no julgamento da ADPF 779 no crime de feminicídio, de forma que ao responder à pergunta formulada no ARE 1225185[6] terá que responder não à indagação, sob pena de contrariar o próprio julgamento da ADPF.

Isso porque, ao dizer "sim" à indagação, afastará o próprio conteúdo da ADPF que impede não somente a alegação de legítima defesa da honra nos crimes de feminicídio, mas, por via de consequência, também a absolvição por tal fundamento. Na prática, a conjugação do teor da decisão proferida na ADPF 779 e art. 483, III, c/c §2º, CPP, une a pólvora ao fogo no plenário do STF. Nesse sentido, a despeito da liberdade interpretativa da Suprema Corte, qualquer decisão contrária à possibilidade de recurso contra decisão manifestamente contrária não somente à prova dos autos, mas ao próprio teor da ADPF 779, por parte do STF, será, para nós, contraditória.

Por essas razões, ao assinalarmos anteriormente a inexistência de uma efetiva soberania, pautamo-nos justamente na impossibilidade de alegação de legítima defesa da honra firmada pelo STF, que, em franco ativismo judicial, criou barreiras à ampla defesa, à soberania dos vereditos e para si próprio, sob pena de contradição.

Não obstante, e nesse ponto registramos nossa **interpretação estrita sob a luz da Constituição e CPP**, parece-nos claro que o legislador, a despeito das nossas críticas ao dispositivo (art. 483, III c/c §2º, CPP), ao inserir a pergunta "o jurado absolve o acusado?" no CPP, nitidamente conferiu aos jurados o direito de livremente absolver o acusado, reforçando a soberania na decisão tomada pelo Conselho de Sentença, pouco

6. "a realização de novo júri, determinada por Tribunal de 2º grau em julgamento de recurso interposto contra absolvição assentada no quesito genérico (art. 483, III, c/c §2º CPP), ante suposta contrariedade à prova dos autos (art. 593, III, d, CPP), viola a soberania dos veredictos (art. 5º, XXXVIII, c, CF)?".

importando o fundamento interno adotado por cada um dos julgadores, que não poderia ser limitado por decisão do STF. E, por via consequência, igualmente parece-nos ter impedido a interposição de recurso por decisão manifestamente contrária à prova dos autos por parte da acusação, haja vista que a constitucional soberania dos vereditos deve ser respeitada, porquanto a decisão será imotivada.

Caso não houvesse a previsão do art. 483, III c/c §2º, CPP, e a **decisão absolutória** dos jurados fosse tomada sob a luz das teses defensivas apresentadas, poderíamos admitir a existência de uma soberania dos vereditos relativizada no primeiro julgamento e absoluta no segundo nos termos do §3º do art. 593 do CPP (segundo julgamento). Entretanto, conforme destacamos, não nos parece possível conciliar a regra do art. 593, III, "d", com o art. 483, III c/c §2º, todos do CPP, sem violar o teor do art. 5º, XXXVIII, "c", da Constituição Federal.

Destacamos a decisão absolutória acima porque o próprio STF reconhece, nos casos de condenação, a possibilidade de revisão criminal sem considerar a espécie como violação à soberania dos vereditos:

> O Tribunal de segunda instância, ao julgar a ação de revisão criminal, dispõe de competência plena para formular tanto o juízo rescindente ("judicium rescindens"), que viabiliza a desconstituição da autoridade da coisa julgada penal mediante invalidação da condenação criminal, quanto o juízo rescisório ("judicium rescissorium"), que legitima o reexame do mérito da causa e autoriza, até mesmo, quando for o caso, a prolação de provimento absolutório, ainda que se trate de decisão emanada do júri, pois a soberania do veredicto do Conselho de Sentença, que representa garantia fundamental do acusado, não pode, ela própria, constituir paradoxal obstáculo à restauração da liberdade jurídica do condenado. Doutrina. Precedentes. ARE 674.151/MT, Rel. Min. Celso de Mello, DJe 18.10.13.

34.2.2.2 Tempestividade

A apelação, em regra, deverá ser interposta no prazo de cinco dias (art. 593, *caput*, CPP). Conforme destacamos no estudo do "Prazo Recursal", no capítulo anterior, ao qual remetemos o leitor para as especificidades, o prazo de cinco dias valerá para todas as partes, à exceção de acusado assistido pela Defensoria Pública ou núcleos de assistência judiciária organizado e mantidos pelo próprio Estado, que possuem o prazo em dobro para recorrer.

A interposição do recurso de apelação não exige, salvo no procedimento dos Juizados Especiais Criminais, que também se distingue pelo prazo dilatado de dez dias para interposição (art. 82, §1º, Lei 9.099/95), a apresentação das razões recursais em conjunto com a petição de interposição.

Tratando-se de assistente da acusação, a apelação supletiva do assistente, caso este já esteja habilitado, deverá ser interposta no prazo de cinco dias e, caso não esteja habilitado (art. 598, parágrafo único, CPP), deverá interpô-la no prazo de quinze dias.

Conforme se extrai do teor do art. 600, *caput*, do CPP, assinado o termo de apelação, o apelante e, depois dele, o apelado terão o prazo de oito dias cada um para oferecer razões, salvo nos processos de contravenção[7], em que o prazo será de três dias. Apesar da

7. Há que se destacar que as contravenções penais atualmente são julgadas pelos Juizados Especiais Criminais, devendo observar a regra da apelação do referido rito. Somente nos casos de contravenções processadas pela Justiça comum,

redação sugerir que a apresentação das razões recursais tenha o fluxo do prazo iniciado de forma automática com a petição de interposição, prevalece o entendimento de que o início do prazo só terá início com a intimação para tanto.

Nos termos do §1º do art. 600, CPP, se houver assistente, este arrazoará, no prazo de três dias, após o Ministério Público. Tratando-se de ação penal de iniciativa privada, conforme se extrai do §2º do dispositivo, após a apresentação de razões e contrarrazões recursais, o Ministério Público terá vista dos autos, no prazo de três dias.

O §3º do art. 600 do CPP prevê que "quando forem dois ou mais os apelantes ou apelados, os prazos serão comuns". A redação, bastante questionada pela doutrina pela necessidade de abertura de prazos separados para efetivo exercício do contraditório, ainda que adequada a compreensão, faz-se mais adequada atualmente do que à época de sua inserção. Isso porque a inauguração dos processos eletrônicos, curiosamente, atende à finalidade preconizada pela doutrina, trazendo o §3º do art. 600 aos tempos atuais, a despeito de sua previsão original de 1941.

O §4º do dispositivo dispõe que se o apelante declarar, na petição ou no termo, ao interpor a apelação, que deseja arrazoar na superior instância, serão os autos remetidos ao tribunal *ad quem* onde será aberta vista às partes, observados os prazos legais, notificadas as partes pela publicação oficial. A previsão, a despeito de válida, não guarda qualquer sentido nos dias atuais. Além de não trazer qualquer benefício de ordem prática, especialmente pela implementação dos processos eletrônicos, impõe ao tribunal uma série de atos burocráticos que envolvem a intimação posterior das partes, muitas das vezes por carta de ordem, para que as partes apresentem as razões e contrarrazões recursais, que deveriam ser apresentadas em primeira instância.

Sob a luz da jurisprudência, vale destacar o teor da Súmula 428 do STF, que dispõe que "não fica prejudicada a apelação entregue em cartório no prazo legal, embora despachada tardiamente", e o consagrado entendimento de que a apresentação as razões e contrarrazões recursais caracteriza mera irregularidade[8].

A título de registro, no CPPM, o prazo para apresentação de razões e contrarrazões é de dez dias para cada parte, sucessivamente (art. 531, *caput*).

34.2.2.3 Regularidade formal e procedimento

Como regra geral, a apelação pode ser interposta por petição escrita ou termo nos autos, inclusive de forma oral, devidamente certificada pelo oficial de justiça ou escrivão (art. 578, CPP).

No âmbito dos Juizados Especiais Criminais, a apelação possui a peculiaridade de sua interposição ser acompanhada das razões recursais, de modo que, ao menos em tese, a inobservância da forma afastaria o conhecimento do recurso. Entretanto, o STF possui precedentes flexibilizando a regra da apresentação das razões conjunto com a petição de interposição:

nos casos de conexão e aplicação do parágrafo único do art. 66 da Lei 9.099/95 é o que o prazo do CPP deverá ser observado.

8. STF: HC 84.135/RJ.

Juizados Especiais Criminais: apelação não conhecida por intempestividade das razões, que - além de inexistente no caso -, não prejudicaria o recurso. I. A apelação para a Turma Recursal deve ser interposta com as razões, no prazo de 10 dias (L. 9.099/95, art. 82, § 1º); no entanto, se, ajuizada no prazo de 5 dias, o Juiz a recebe e abre prazo para as razões, entende-se que adotou o rito da lei processual comum (C.Pr.Pen., art. 593), não se podendo reputar intempestivas as razões oferecidas no prazo do art. 600 do C.Pr.Penal (HC 80121, 1ª T., 15.08.00, Gallotti, DJ 7.12.2000). II. De qualquer modo, também no processo dos Juizados Especiais, a ausência ou a intempestividade das razões não prejudicam a apelação interposta no prazo legal (C.Pr.Penal, art. 601). HC 80947, 1ª Turma, Rel. Min. Sepúlveda Pertence, DJ 19.10.01.

34.2.3 Competência

Como regra geral, a competência para o julgamento da apelação é atribuída às Câmaras dos Tribunais de Justiça e Turmas dos Tribunais Regionais Federais.

Embora de raríssima possibilidade, o STF pode funcionar como juízo *ad quem*, como verdadeiro *Tribunal de Apelação*, com competência para julgamento de recurso de apelação, nas hipóteses em que a ação em que todos os membros da magistratura sejam direta ou indiretamente interessados, e aquela em que mais da metade dos membros do tribunal de origem estejam impedidos ou sejam direta ou indiretamente interessados (art. 102, I, *n*, CF). Nesse sentido:

Contando o Tribunal de Justiça do Rio Grande do Norte com quinze desembargadores, tendo oito deles se declarado impedidos ou suspeitos para atuar no processo, a 2ª Turma do STF reconheceu, por determinação constitucional expressa (art. 102, I "n"), a sua competência para o julgamento de apelação criminal: AO 2.093/RN, 2ª Turma, Rel. Min. Cármen Lúcia, DJe 09.10.19.

Ainda funcionando como *Tribunal de Apelação*, mas não especificamente no julgamento de recurso de apelação, mas ordinário, o STF possui competência para julgamento, como instância revisora primária, de recurso ordinário interposto contra decisão que envolve os chamados *crimes políticos*, cuja competência originária para o processo e julgamento do juiz federal de primeira instância, nos termos do art. 109, inciso IV, da CF, mas o recurso cabível contra decisão proferida não é a apelação e não dirigido ao respectivo TRF, competindo ao STF, nos termos do art. 102, II, "b", da CF, julgar, em recurso ordinário, a decisão proferida pela Justiça Federal de primeira instância em relação a crimes políticos.

34.2.4 Efeitos

Naturalmente, como todo e qualquer recurso, a **apelação possui efeito devolutivo**, que pode ser **pleno ou parcial**, a depender do objeto da interposição do recurso. Tratando-se, contudo, de questão afeta a nulidade absoluta, reconhecível de ofício, será sempre plena.

O **efeito suspensivo**, por sua vez, pode ser verificado na apelação, a depender da natureza da decisão. Tratando-se de **sentença absolutória própria**, o recurso ministerial interposto **não goza de efeito suspensivo**, *ex vi* art. 596, *caput*, CPP: "A apelação da sentença absolutória não impedirá que o réu seja posto imediatamente em liberdade". No mesmo sentido, o art. 386, parágrafo único, I, do CPP, assinala que, na sentença absolutória, o juiz mandará, se for o caso, pôr o acusado em liberdade.

Por outro lado, sendo a **sentença absolutória imprópria**, a questão se apresenta mais complexa, pois, apesar de absolutória a sentença, há imposição de medida de segurança. Conforme entendimento pacificado no âmbito dos Tribunais Superiores, não se admite a execução provisória de medida de segurança[9]:

> 1. Nos termos do art. 171 da Lei de Execuções Penais, é necessário o trânsito em julgado da sentença absolutória imprópria para o início do cumprimento de medida de segurança imposta ao réu inimputável. (...) *Habeas corpus* concedido para garantir ao paciente o direito de que não seja iniciada a medida de segurança de internação até o trânsito em julgado da sentença absolutória imprópria. HC 466145/PR, 6ª Turma, Rel. Min. Nefi Cordeiro, DJe 02.08.19.

Não há, portanto, como se executar a medida de segurança, motivo pelo qual **a apelação interposta contra a medida de segurança goza de efeito suspensivo indireto**, expressão utilizada pelo STJ para as hipóteses em que a execução da pena fica sobrestada enquanto não forem julgados os recursos interpostos[10].

Tratando-se, em outra linha, de **sentença condenatória, a apelação, *em regra*, goza de efeito suspensivo**[11], haja vista que a segunda parte do art. 597 do CPP não mais possui aplicação prática: a) pela revogação do art. 393 do CPP; b) pelo impossibilidade de aplicação provisória de interdições de direitos e medidas de segurança (art. 374 e 378); c) pela necessidade de, no *sursis*, ser realizada audiência admonitória perante o juízo da execução (art. 160, LEP), o que pressupõe, necessariamente, a formação de título condenatório definitivo.

No parágrafo anterior, assinalamos e destacamos a expressão "em regra", porque o art. 492, I, "e" do CPP, assinala que no caso de condenação, o juiz presidente mandará o acusado recolher-se ou recomendá-lo-á à prisão em que se encontra, se presentes os requisitos da prisão preventiva, ou, **no caso de condenação a uma pena igual ou superior a 15 (quinze) anos de reclusão, determinará a execução provisória das penas**, com expedição do mandado de prisão, se for o caso, **sem prejuízo do conhecimento de recursos que vierem a ser interpostos**. Em síntese, a norma afasta o efeito suspensivo à apelação nessa hipótese.

Em setembro de 2024, o Supremo Tribunal Federal decidiu que a soberania das decisões do Tribunal do Júri, prevista na Constituição Federal, justifica a execução imediata da pena imposta. Como consequência, os condenados por júri popular podem ser presos imediatamente após a decisão.

O entendimento foi firmado por maioria de votos, no julgamento do Recurso Extraordinário (RE) 1235340, em sede de repercussão geral (Tema 1068).

A Suprema Corte entendeu que o artigo 492 do Código de Processo Penal (CPP), na parte que condiciona a execução imediata apenas das condenações a penas de no mínimo 15 anos de reclusão, é inconstitucional por relativizar a soberania do júri.

---

9. Nesse sentido, o parágrafo único do art. 596 do CPP, "a apelação não suspenderá a execução da medida de segurança aplicada provisoriamente", encontra-se em dissonância com a jurisprudência dominante.
10. RHC 161100, Rel. Min. Antônio Saldanha Palheiro, DJe 03.03.22.
11. Súmula nº 347 do STJ: "o conhecimento do recurso de apelação do réu independe de sua prisão".

Conforme destacamos anteriormente, abstraindo a questão de política criminal que norteia o caso, não entendemos por razoável a tese vencedora, que autoriza a imediata execução de condenação imposta pelo corpo de jurados, independentemente do total da pena aplicada. Isso porque a soberania dos vereditos dos jurados funda-se no juízo de fato sobre o caso e não sobre a questão jurídica. Não nos parece adequado transferir para os jurados o poder de decidir sobre a liberdade do acusado, de forma cautelar, especialmente porque o julgamento é amparado pelo princípio da íntima convicção. Igualmente, não nos parece razoável a possibilidade de uma decisão, proferida por juízes leigos, ainda passível de recurso, fundamentar a prisão imediata tão somente por força do julgamento.

A temática, conforme tratamos quando do estudo do clamor público, revela-se mais densa do que o simples debate entre "prender ou não prender". Não se nega a presunção de inocência e, igualmente, não se nega a necessidade de uma rápida resposta estatal. Contudo, não nos parece adequada a abertura normativa para se permitir a prisão tão somente pela existência do título judicial, independentemente da gravidade do delito.

Se buscamos, essencialmente, uma pronta resposta estatal, melhor seria o estabelecimento de um exíguo prazo para que os Tribunais Superiores julgassem os recursos nos crimes dolosos contra a vida. O custo da morosidade da Justiça não pode recair sobre o indivíduo. Tal medida coroaria não somente o princípio da duração razoável do processo, como também permitiria uma pronta resposta estatal, sem qualquer espécie de violação à presunção de inocência.

Em reforço à argumentação contra a tese fixada, o §3º do art. 492 do CPP prevê que **o presidente poderá, excepcionalmente, deixar de autorizar a execução provisória das penas** de que trata a alínea *e* do inciso I do *caput* deste artigo, **se houver questão substancial cuja resolução pelo tribunal ao qual competir o julgamento possa plausivelmente levar à revisão da condenação**. Parece-nos contraditório o argumento de que a prisão automática poderia ser imposta em observância à soberania dos vereditos e, simultaneamente, por questão jurídica, se permitir ao magistrado deixar de autorizar a execução provisória da pena.

Assim, reforçando a posição anterior, entendemos que toda e qualquer prisão de natureza cautelar deve ser pautada em elementos concretos e justificadores, não podendo ser utilizada, *ex lege*, como forma de cumprimento antecipado de pena.

Vale registrar ainda que a redação original do §4º do art. 492, CPP, dispõe que a apelação interposta contra decisão condenatória do Tribunal do Júri a uma pena igual ou superior a 15 (quinze) anos de reclusão não terá efeito suspensivo. Com a decisão do STF, há, contudo, que se decotar a expressão "a uma pena igual ou superior a 15 (quinze) anos de reclusão não terá efeito suspensivo", de forma que o texto a ser interpretado está restrito ao seguinte conteúdo: **"A apelação interposta contra decisão condenatória do Tribunal do Júri não terá efeito suspensivo"**.

Conforme o §5º, excepcionalmente, **poderá o tribunal atribuir efeito suspensivo à apelação** de que trata o § 4º deste artigo, quando verificado cumulativamente que o recurso: I - não tem propósito meramente protelatório; e II - levanta questão substancial e que pode resultar em absolvição, anulação da sentença, novo julgamento ou redução da pena para patamar inferior a 15 (quinze) anos de reclusão. Com a decisão do STF, o trecho "ou redução da pena para patamar inferior a 15 (quinze) anos de reclusão" **não mais deverá ser aplicado, por incompatibilidade com a tese fixada**.

Por fim, o §6º prevê que o pedido de concessão de efeito suspensivo poderá ser feito incidentemente na apelação ou por meio de petição em separado dirigida diretamente ao relator, instruída com cópias da sentença condenatória, das razões da apelação e de prova da tempestividade, das contrarrazões e das demais peças necessárias à compreensão da controvérsia.

Por derradeiro, tratando-se de **apelação interposta pelo assistente**, por expressa disposição do art. 598, *caput*, CPP, **não haverá efeito suspensivo**.

No que concerne ao **efeito obstativo**, impeditivo da formação da coisa julgada, todos os recursos são dotados de tal efeito, porquanto a matéria, ainda que em parte, pende de decisão. A apelação, por não admitir o juízo de retratação, **não possui o efeito regressivo** (diferido ou iterativo).

A apelação **pode dar ensejo à aplicação do efeito extensivo**, haja visa que julgamento do recurso pode beneficiar o coautor ou partícipe. De igual modo, a apelação possui o efeito dilatório-procedimental, pois amplia o rito procedimental. No que toca ao que chamamos de efeito substitutivo, aplicável quando do julgamento do recurso, a decisão proferida na apelação substitui a decisão anterior.

Efeitos[12]	**Apelação**	
Devolutivo	Plena ou parcial, a depender da interposição	Sim
Suspensivo	Absolvição própria Absolvição imprópria Condenatória Tribunal do Júri Tribunal do Júri Apelação interposta pelo assistente da acusação	Não Sim (indireto) Sim Não[13] (regra) Possível[14] Não
Obstativo	Impede a formação da coisa julgada	Sim
Regressivo	Admite juízo de retratação	Não
Extensivo	Extensão a coautor ou partícipe	Possível
Substitutivo	Substitui a decisão anterior com o julgamento	Sim
Translativo	Devolve ao tribunal toda a matéria não preclusa	Não
Dilatório-procedimental	Amplia o rito processual	Sim

12. A completa compreensão dos quadros pressupõe a leitura do texto e entendimento dos efeitos.
13. Regra. Vide explicação anterior à tabela no tocante a constitucionalidade do art. 492, §4º do CPP.
14. §3º e §5º do art. 492 do CPP.

34.3 RECURSO EM SENTIDO ESTRITO

O recurso em sentido estrito tem sua sede natural em impugnações de decisões interlocutórias, expressamente previstas em lei. Excepcionalmente, sentenças[15] poderão ser atacadas por RSE, conforme veremos na sequência.

O RSE é concebido como um recurso ordinário, pois se destina à reapreciação de matéria de fato e de direito. Sempre voluntário, o RSE é um recurso estrito, pois somente devolve ao tribunal a matéria impugnada devidamente fundada em norma específica, a depender da interposição ou interposições, haja vista que tanto o acusado quanto a acusação podem recorrer da mesma decisão.

Em razão da amplitude da apelação, havendo na mesma decisão pontos a serem atacados por RSE e outros por apelação, pelo princípio da unirrecorribilidade, o recurso cabível será a apelação conforme se extrai do §4º do art. 593 do CPP, que dispõe que quando cabível a apelação, não poderá ser usado o recurso em sentido estrito, ainda que somente de parte da decisão se recorra.

O art. 581, *caput*, do CPP, contém uma imprecisão terminológica. Ao prever que "caberá recurso, no sentido estrito, da decisão, despacho ou sentença", traz à tona uma modalidade de ato judicial irrecorrível por meio de RSE, os despachos, que são atos de mera movimentação processual sem caráter decisório, que somente poderão ser impugnados por correição parcial quando implicarem ato tumultuário – *error in procedendo* –, contra o qual não existe outra modalidade de impugnação prevista.

34.3.1 Requisitos e processamento

34.3.1.1 Cabimento e adequação

O art. 581 do CPP lista uma serie de decisões impugnáveis por meio de recurso em sentido estrito, existindo outras previstas na legislação especial. O rol, por sua vez, traz em seu conteúdo previsões revogadas pela LEP. Discute-se se o rol do art. 581 do CPP é taxativo ou exemplificativo, prevalecendo na doutrina e jurisprudência que o rol é taxativo, não obstante admitir a aplicação da interpretação extensiva.

A interpretação extensiva não amplia o conteúdo da norma, mas tão somente ajusta o conteúdo da norma para abranger situações que deveriam ter sido previstas de forma expressa, mas não o foram. Em síntese, o legislador disse menos do que gostaria, seja por omissão, seja pelo avanço processual. À guisa de exemplo, o art. 581 do CPP prevê RSE da decisão que rejeita a denúncia e, por interpretação extensiva, o mesmo recurso será cabível da decisão que rejeita o aditamento à denúncia. Nesse sentido, o STJ entende pela taxatividade do rol:

> "O artigo 581 do Código de Processo Penal regula as hipóteses de cabimento do recurso em sentido estrito. Em geral, esse recurso serve para impugnar decisões interlocutórias, no entanto, ele não se iguala ao agravo previsto no Código de Processo Civil, pois sua hipótese de incidência é taxativa. Ademais, em alguns casos, esse recurso também é cabível contra sentenças e decisões administrativas. Em essência, é um recurso que se dirige a impugnar decisões de juiz singular.

15. Há quem entenda possível o RSE contra decisões administrativas (inclusão ou exclusão de jurado na lista geral).

Embora seja um rol taxativo, em razão das mudanças da legislação processual penal, não é aceitável a estagnação das hipóteses de cabimento. Ademais, em razão da paridade de armas, não se pode permitir um desequilíbrio entre as partes, de tal forma que a acusação fique privada de um instrumento de impugnação das decisões proferidas por juiz de primeiro grau, considerando que a defesa sempre poderá impetrar ordem de *habeas corpus*. De fato, não se admite a ampliação das hipóteses para abranger situação que evidentemente o legislador quis excluir. No entanto, diante de uma omissão involuntária do legislador, a hipótese pode ser suprida por meio de interpretação extensiva." (REsp 1550458/SP, trecho de voto da Min. Maria Thereza de Assis Moura, 6ª Turma, j. 05/04/2016).

O STJ vem admitindo o cabimento de recurso em sentido estrito mesmo a hipóteses não descritas textualmente no artigo 581 do Código de Processo Penal[16], desde que sua utilização atenda à essência da norma.

Vejamos o art. 581 do CPP.

34.3.1.1.1 Rejeição da denúncia ou queixa (inc. I)

A decisão que rejeita a denúncia ou a queixa é terminativa. Abrevia o processo em seu próprio nascedouro, pois o extingue logo no início, seja liminarmente, quando da análise inicial da exordial acusatória, seja após a análise da defesa apresentada consoante o entendimento do STJ[17]:

> 1. O fato de a denúncia já ter sido recebida não impede o Juízo de primeiro grau de, logo após o oferecimento da resposta do acusado, prevista nos arts. 396 e 396-A do Código de Processo Penal, reconsiderar a anterior decisão e rejeitar a peça acusatória, ao constatar a presença de uma das hipóteses elencadas nos incisos do art. 395 do Código de Processo Penal, suscitada pela defesa.
>
> 2. As matérias numeradas no art. 395 do Código de Processo Penal dizem respeito a condições da ação e pressupostos processuais, cuja aferição não está sujeita à preclusão (art. 267, § 3º, do CPC, c/c o art. 3º do CPP).
>
> 3. Hipótese concreta em que, após o recebimento da denúncia, o Juízo de primeiro grau, ao analisar a resposta preliminar do acusado, reconheceu a ausência de justa causa para a ação penal, em razão da ilicitude da prova que lhe dera suporte. (REsp 1318180/DF, Rel. Min. Sebastião Reis Júnior, 6ª Turma DJe 29.05.13.

É possível que a rejeição da denúncia ou queixa sejam parciais, isto é, atinja apenas parte da imputação. Nesse caso, a despeito de não encerrar o processo, o recurso cabível ainda será o RSE. Vale lembrar, contudo, que em se tratando de rito sumaríssimo, Lei 9.099/95, o recurso cabível contra a decisão que rejeita a denúncia é a apelação (art. 82).

Conforme vimos a pouco, da decisão de rejeita o aditamento cabe RSE:

> Consoante entendimento antigo desta Corte, "da decisão monocrática que rejeita o aditamento à denúncia cabe recurso em sentido estrito, por interpretação extensiva do art. 581, I, do Código de Processo Penal" (REsp n. 184.477/DF, rel. Min. Gilson Dipp, 5ª Turma, DJ 25/03/2002, p. 302). Precedente. AgRg nos EDcl no REsp 1706412/SP, Rel. Min. Antônio Saldanha Palheiro, 6ª Turma, DJe 21.06.19.

16. É cabível recurso em sentido estrito para impugnar decisão que indefere produção antecipada de prova, nas hipóteses do art. 366 do CPP. EREsp 1.630.121-RN, 3ª Seção, Rel. Min. Reynaldo Soares da Fonseca, j. 28.11.18.

17. No mesmo sentido, AgRg no REsp 1610964/RJ, DJe 30.04.19.

No que toca à alteração da definição jurídica do fato em juízo de recebimento da inicial acusatória, o STJ entende que o momento propício para realização da *emendatio libelli* é o da sentença e não do recebimento da denúncia[18]. Isso não significa que, em situações excepcionais, o magistrado não possa, a despeito de não alterar a classificação jurídica do fato, antecipar, de forma incidental e provisória, o juízo de valoração acerca da imputação quando a liberdade do agente estiver em risco e houver nítido excesso na acusação, como na hipótese de uma denúncia ofertada pelo crime de tráfico de drogas previsto no *caput* do art. 33 da Lei 11.343/06, e o mosaico probatório sustentar a conduta prevista no §4º do dispositivo (tráfico privilegiado). Nesses casos, ainda que a imputação permaneça em sua forma original, o juiz conferirá o tratamento do crime privilegiado para fins de concessão de liberdade provisória.

De igual forma, nas hipóteses de erro de capitulação o magistrado poderá antecipar-se à classificação na fase do recebimento da denúncia para ajustar a aplicação de eventual benefício despenalizante ou afastá-lo. Isso porque não é o tipo penal indicado que deverá ser analisado, mas a imputação fática para tal fim. Logo, se diante de um crime de violência doméstica contra a mulher, sujeito à aplicação da Lei Maria da Penha, que impede a concessão de benefícios despenalizantes, o *parquet*, equivocadamente, classificar o delito como o previsto no art. 129, *caput*, do CP, em que pese tal tipo penal admitir a aplicação, por exemplo, da transação penal, o magistrado, na condução do processo, deverá conferir à imputação fática o regramento próprio, afastando qualquer pleito acusatório ou defensivo nesse sentido. Nesses casos, havendo discordância da acusação, entendemos que o recurso próprio e adequado é o RSE, porquanto o recebimento com alteração significa sua rejeição quanto à capitulação.

Em todos os casos de RSE, há que se observar o teor da **Súmula 707 do STF**: Constitui nulidade a falta de intimação do denunciado para oferecer contrarrazões ao recurso interposto da rejeição da denúncia, não a suprindo a nomeação de defensor dativo.

Vale destacar que a decisão que recebe a denúncia ou a queixa não admite recurso, podendo, contudo, ser atacada por *habeas corpus*.

34.3.1.1.2 Concluir pela incompetência do juízo (inc. II)

Reconhecida de ofício a incompetência do juízo, o recurso cabível para ambas as partes é o RSE, com fundamento no inciso II do art. 581 do CPP. Todavia, caso a decisão pela incompetência advenha do julgamento de exceção de incompetência, o recurso será o mesmo, mas com fundamento no inciso III do art. 581 do CPP.

No âmbito do Tribunal do Júri, ao final da fase do juízo sumariamente, caso o magistrado desclassifique a infração penal, nos termos do art. 419 do CPP, alterará de ofício a competência do Tribunal do Júri, razão pela qual a decisão de desclassificação no júri, operada ao final do juízo sumariante, para crime não doloso contra a vida, será atacável por RSE, com fundamento no inciso II do art. 581, CPP.

18. AgRg no HC n. 727.549/PR, Rel. Min. Jesuíno Rissato (desembargador Convocado do TJDFT), 5ª Turma, DJe 20.05.22.

Negando o magistrado a arguição de incompetência, não caberá recurso em sentido estrito, podendo a matéria ser suscitada por meio de *habeas corpus*.

34.3.1.1.3 Julgar procedente as exceções, exceto a de suspeição (inc. III)

Segundo o art. 95 do CPP, poderão ser opostas exceções de suspeição, incompetência de juízo, litispendência, ilegitimidade de parte e coisa julgada. A previsão do art. 581, III, CPP, de forma expressa, exclui o RSE da decisão que julga procedente a exceção de suspeição, porquanto seu julgamento cabe ao tribunal e o RSE só é cabível contra decisões de juízos de primeiro grau.

As decisões que julgam improcedentes as exceções não admitem recurso, podendo, todavia, ser questionadas por *habeas corpus*.

Tratando-se, contudo, de suspeição do membro do Ministério Público, o art. 104 do CPP prevê a irrecorribilidade da decisão que a reconhece. Não obstante, parece-nos clara a possibilidade de impugnação da decisão por meio mandado de segurança ou cautelar inominada, haja vista que, não reconhecendo o órgão ministerial sua suspeição, em tese possui o direito/dever de atuar no processo.

34.3.1.1.4 Pronúncia (inc. IV)

A pronúncia foi estudada no capítulo específico do Tribunal do Júri, ao qual remetemos o leitor para eventuais dúvidas e complementações. Conforme previsão expressa do art. 581, IV, do CPP, contra a decisão que pronuncia o réu, cabe RSE. Da decisão que impronuncia o acusado, contudo, cabe apelação nos termos do art. 416 do CPP.

Eventualmente, mesmo havendo a pronúncia, o recurso adequado será a apelação, quando, por exemplo, a decisão de pronúncia for atacável, em outros pontos, por apelação. À título exemplificativo, sendo dois os acusados (A e B) e, tendo o magistrado pronunciado "A", mas sem a qualificadora pleiteada pelo *parquet*, e impronunciado "B", em razão da unirrecorribilidade, o recurso cabível será a apelação, porquanto o objeto do RSE, em tese cabível contra a decisão proferida em desfavor de "A", deverá ser contemplado pela espécie mais ampla (art. 593, §4º, CPP).

34.3.1.1.5 Decisões acerca de prisão e liberdade provisória (incs. V e VII)

O inciso V do art. 581 assim dispõe: V - que conceder, negar, arbitrar, cassar ou julgar inidônea a fiança, indeferir requerimento de prisão preventiva ou revogá-la, conceder liberdade provisória ou relaxar a prisão em flagrante. Por sua vez, o inciso VII prevê: VII - que julgar quebrada a fiança ou perdido o seu valor[19].

De antemão, vale destacar que as mudanças promovidas pela Lei 12.403/11, que criou diversas medidas cautelares diversas da prisão, enseja a interpretação extensiva dos dispositivos para contemplar as novas medidas, sob pena de quebra da lógica sistêmica. Nesse sentido, há que se compreender o conteúdo das normas, além das próprias

19. Para evitarmos repetições quanto as hipóteses de concessão, negativa, arbitramento, cassação, quebra ou julgamento de inidoneidade e perda da fiança, indeferimento e revogação de prisão preventiva, concessão de liberdade provisória ou relaxamento a prisão em flagrante, remetemos o leitor aos capítulos Prisão, Fundamentos da Liberdade e Medidas Cautelares Pessoais.

especificidades, como cabível o recurso em sentido estrito da decisão que conceder, negar, cassar, revogar ou substituir qualquer das medidas cautelares previstas nos arts. 319 e 320 do CPP, aplicando-se a regra também nas hipóteses de nova concessão (cumulação) e alteração das condições fixadas (reforço ou abrandamento).

Feito o registro e restringindo-nos aos incisos específicos, no caso da fiança, não se aplica a regra quando concedida pela autoridade policial, haja vista que o controle dessa será realizado pelo magistrado de primeiro grau, a pedido do Ministério Público ou do afiançado, sendo que, somente após a decisão judicial, poder-se-á cogitar do RSE.

No tocante à prisão, o conteúdo do inciso V, especificamente no tocante à previsão "indeferir requerimento de prisão preventiva ou revogá-la", deve ser ampliado, por força de interpretação extensiva, para contemplar os pedidos de prisão temporária, além das já assinaladas medidas cautelares pessoais alternativas à prisão.

O CPP não prevê o cabimento de recurso contra a decisão que decreta a prisão preventiva ou medidas cautelares diversas da prisão ou indefere pedido de revogação ou substituição. Não obstante, será perfeitamente possível o manejo do *habeas corpus* contra tais decisões, remédio, inclusive, bem mais célere que o RSE.

34.3.1.1.6 Declara ou rejeita pedido de extinção da punibilidade (incs. VIII e IX)

Os incisos VIII e IX, do art. 581, CPP, foram assim previstos: VIII - que decretar a prescrição ou julgar, por outro modo, extinta a punibilidade; IX - que indeferir o pedido de reconhecimento da prescrição ou de outra causa extintiva da punibilidade.

O ato que consubstancia a decisão que decreta a extinção da punibilidade é sentença *lato sensu*, sendo atacável por RSE. Apesar da redundância, porquanto a prescrição também é causa extintiva da punibilidade, as normas remetem o objeto de análise do recurso a outras normas a título de complemento acerca da configuração das causas de extinção da punibilidade. Tratando-se, todavia, de decisão que indefere o pedido de extinção da punibilidade, sua natureza será de decisão interlocutória, igualmente impugnável por RSE, sem prejuízo da possibilidade de manejo do *habeas corpus* (art. 648, VII, do CPP).

Previstas, em sua maioria por rol exemplificativo, no art. 107 do CP, as causas de extinção de punibilidade encerram o interesse de agir estatal, impondo a necessidade de extinção do processo, sem julgamento do mérito, pois a decisão, segundo entendimento majoritário, é declaratória, isto é, não condena nem absolve o acusado.

Estando extinta a punibilidade do agente pela ocorrência de alguma das causas do art. 107 do CP ou outras, previstas de forma esparsa (art. 89, §5º da Lei 9.099/95, *v.g.*) o magistrado deverá, de ofício, declarar extinta a punibilidade do agente (art. 61, CPP). A previsão do art. 397, IV, CPP, que trata a extinção da punibilidade como absolvição sumária, revela-se completamente desnecessária e inconsistente, ante ao dever de declaração de ofício da extinção da punibilidade pelo juiz em qualquer fase do processo.

Apesar de proferida, em regra, no início do processo, a absolvição sumária produz coisa julgada formal e material, vez que há análise meritória por parte do magistrado, salvo nas hipóteses de reconhecimento de causa extintiva de punibilidade, cujo conteúdo da decisão é declaratório.

Logo, temos que, por regra, o recurso cabível contra a absolvição sumária será a apelação, pois se trata, em essência, de absolvição (art. 593, inc. I, CPP). Destaque-se que o recurso adequado será o RSE, com lastro no art. 581, VIII, CPP, nas hipóteses de declaração de extinção da punibilidade, vez a natureza declaratória da decisão não se confunde com a absolvição, propriamente dita, de natureza diversa.

Registre-se, por oportuno, que caso a declaração de extinção da punibilidade seja proferida no curso da execução penal, o recurso adequado será o agravo em execução (art. 197, LEP).

Especial atenção deve ser conferida à decretação da extinção da punibilidade pelo óbito do agente (art. 107, I, CP), quando fundada em documento falso.

Tratando-se de extinção de punibilidade fundada em título material ou ideologicamente falso, o STF[20] e STJ[21] entendem que poderá haver a desconstituição da coisa julgada, haja vista que essa teve por fundamento fato inexistente. Como consequência, admite-se a anulação da decisão declaratória extintiva da punibilidade e, consequentemente, o prosseguimento do processo ou execução da pena. Ressalte que, nesses casos, a decisão será proferida pelo magistrado de primeiro grau, cabendo, em nossa compreensão, o RSE por parte da defesa, por extensão do inc. IX (indeferir o pedido de reconhecimento de causa extintiva de punibilidade). Naturalmente, o *habeas corpus* também será cabível.

34.3.1.1.7 Decisão que concede ou nega habeas corpus *(inc. X)*

A decisão que concede ou nega o *habeas corpus* somente poderá ser atacada por recurso em sentido estrito quando o *habeas corpus* tiver sido objeto de decisão contra ato do juiz de primeiro grau, analisando, por exemplo, o *HC* impetrado contra ato do delegado de polícia, vez que não se admite o RSE em segundo grau.

No caso de concessão da ordem de *habeas corpus* pelo magistrado de primeiro grau, a decisão estará sujeita ao reexame necessário (art. 574, I, CPP), de forma que, independentemente de recurso, a decisão será reapreciada pelo tribunal, sob pena de não formação do trânsito em julgado, nos termos da Súmula 423 do STF.

Apesar da previsão do RSE contra a decisão que nega o *habeas corpus*, nada impede que o interessado se valha de outro *habeas corpus* perante o tribunal, porquanto, com a decisão judicial, a autoridade coatora passa a ser o magistrado.

34.3.1.1.8 Anula o processo no todo ou em parte (inc. XIII)

Não obstante a previsão do inciso XIII referir-se apenas à anulação do processo da instrução criminal, o dispositivo deve ser compreendido como a anulação que também atinge atos do processo, independentemente da fase judicial em primeiro grau. Trata-se

20. "[...] a extinção da punibilidade em razão da morte do agente seria fato observado independentemente de qualquer decisão judicial e, nesse sentido, aduziu que o formalismo da coisa julgada haveria de ser superado, tendo em vista que uma decisão meramente declarativa não poderia existir se o seu pressuposto fosse falso" (HC 104998/SP, rel. Min. Dias Toffoli, j. 14.12.2010).

21. "O desfazimento da decisão que, admitindo por equívoco a morte do agente, declarou a extinção da punibilidade, não constitui ofensa à coisa julgada" (HC 31.234, rel. Min. Felix Fischer, 5ª Turma, j. 16.12.2003).

de decisão interlocutória, que pode ou não extinguir o processo, a depender da causa de anulação.

BRASILEIRO[22] (2020, p. 1808), destaca que:

> Mais uma vez, é importante que se tenha em mente que a utilização do RESE é residual, ou seja, **sua interposição somente será possível se essa anulação não ocorrer em sede de sentença condenatória ou absolutória**. De fato, considerando-se que a Lei nº 11.719/08 passou a prever uma audiência una de instrução e julgamento, é possível que o reconhecimento dessa nulidade ocorra por ocasião da prolação de sentença condenatória ou absolutória, hipótese em que o recurso adequado será o de apelação, ainda que o recorrente queira impugnar apenas o reconhecimento da nulidade (CPP, art. 593, § 4º). (grifamos).

Apesar de compreendermos a lógica do raciocínio, não nos parece ser a melhor exegese sem que façamos o devido recorte, haja vista que o inciso XIII expressamente prevê a anulação do processo, no todo ou em parte, e não o reconhecimento de nulidade, que, a despeito do vício, pode não impedir a prolação de uma sentença condenatória ou absolutória.

A prolação de uma sentença condenatória ou absolutória tem por premissa a existência de um processo que, se anulado, não se encontra pronto para análise de mérito absolutório ou condenatório. Por essa razão, compreendemos a previsão do inciso XIII de forma mais ampla, para abranger as nulidades decretadas no curso do processo e antes da fase decisória. Isso porque, mesmo diante de uma nulidade, o magistrado poderá reunir elementos de prova suficiente para decisão favorável àquele a quem a nulidade beneficia, independentemente da repetição do ato viciado.

É a compreensão que se extrai da lição de AURY LOPES JR.[23] (2020, p. 1579)

> Quando o juiz, de ofício ou mediante invocação de qualquer das partes, verificar que um determinado ato processual foi praticado com defeito e que essa violação da forma prejudicou a eficácia do princípio constitucional tutelado, deverá analisar se: a) o ato pode ser refeito sem defeito, sendo que isso é suficiente para obter-se a eficácia desejada do princípio constitucional violado; ou, b) a repetição não é possível ou não é suficiente para obter-se a eficácia principiológica desejada.
>
> No primeiro caso, estamos diante de um defeito sanável. O ato deverá ser refeito com plena observância da tipicidade processual prevista, não sendo necessária a decretação da nulidade. **No segundo caso, o defeito é insanável, não havendo nada mais a ser feito para restabelecer a regularidade do processo, sendo a decretação da nulidade, com a respectiva ineficácia e o desentranhamento das peças, o único caminho possível**.
>
> **Essa distinção é fundamental, pois o recurso em sentido estrito somente poderá ser utilizado no segundo caso, quando efetivamente há a decretação da nulidade**. A mera constatação da prática de um ato defeituoso, com a determinação de repetição – saneamento –, não é passível de recurso em sentido estrito. (grifamos).

O dispositivo apenas prevê o cabimento do RSE contra a decisão que anular o processo, no todo ou em parte, de forma que, indeferida a anulação do processo, a matéria poderá ser levada ao tribunal por meio de preliminar de apelação no momento oportuno ou *habeas corpus*.

---

22. *op.cit.*
23. *op.cit.*

34.3.1.1.9 Denega a apelação ou a julga deserta (inc. XV)

A decisão que denega ou julga deserta a apelação é interlocutória. Denegar a apelação significa reconhecer a ausência de pressupostos recursais, exigidos para o fiel conhecimento e prosseguimento do recurso, dentre os quais se insere a própria deserção.

Assim, interposta apelação, caso o juízo de primeiro grau não conheça do recurso, a parte poderá interpor o RSE visando a retratação da decisão que negara seguimento ao recurso. O RSE, nesse caso, atribui uma espécie de efeito iterativo restrito à apelação, na medida em que, admitindo o juízo de retratação, caso o magistrado se retrate, em essência, se retratará da decisão anterior que denegou a apelação. Na hipótese de o juiz não modificar a decisão anterior e não der seguimento ao RSE ou denegar-lhe, caberá o recurso de carta testemunhável (ar. 639, I, CPP).

34.3.1.1.10 Ordena a suspensão do processo por questão prejudicial (inc. XVI)

O curso do processo pode ser suspenso por algumas razões no processo penal, dentre as quais se insere a previsão de RSE do inciso nas hipóteses de suspensão por questões prejudiciais. As questões prejudiciais foram previstas nos artigos 92 e 93 do CPP. Na primeira, que envolve questão de estado de pessoas, a suspensão é obrigatória. Na segunda, facultativa. Em ambos os casos, ordenada a suspensão e entendendo a parte decisão por equivocada, poderá fazer uso do RSE.

Não há previsão de recurso para a decisão que nega o pedido de suspensão, podendo o interessado, contudo, valer-se de mandado de segurança, correição parcial ou *habeas corpus*, a depender do risco criado.

No tocante à suspensão condicional do processo, não prevista expressamente no art. 581 do CPP, em reforço à linha da possibilidade de interpretação extensiva, o STJ entende pela possibilidade de interposição de RSE, não somente para os casos de suspensão, mas nas hipóteses de negativa e revogação.

> A teor do entendimento desta Corte, "contra decisão que concede, nega ou revoga suspensão condicional do processo cabe recurso em sentido estrito." (RMS 23.516/RJ, Rel. Min. Félix Fischer, 5ª Turma, DJe 03.03.08.

34.3.1.1.11 Decide incidente de falsidade documental (inc. XVIII)

O incidente de falsidade documental foi previsto nos arts. 145 a 148 do CPP, cabendo o RSE tanto da decisão acolhe quanto da decisão que o rejeita. Julgado procedente o incidente, haverá a exclusão do documento impugnado dos autos e, denegado, será mantido nos autos.

O inc. IV do art. 145 do CPP dispõe que "se reconhecida a falsidade por decisão irrecorrível, mandará desentranhar o documento e remetê-lo, com os autos do processo incidente, ao Ministério Público". A redação, ao contrário que possa sugerir, não assinala que a decisão é irrecorrível, mas tão somente que, preclusa a impugnação quanto à decisão, os documentos deverão ser encaminhados ao *parquet*, em razão da falsidade.

34.3.1.1.12 Recusa a homologação de ANPP (inc. XXV)

Com o advento o acordo de não persecução penal no Código de Processo Penal, estabeleceu-se formalmente, no inciso XXV do art. 581 do CPP, o RSE como meio hábil a impugnar a decisão que recusa a homologação do acordo. A recusa por parte do magistrado somente pode recair sobre os aspectos da voluntariedade[24] e legalidade, de forma que qualquer das partes interessadas terá legitimidade para impugnar a decisão.

Tratando-se de recurso que homologa o ANPP, há três posicionamentos possíveis: a) correição parcial, por *error in procedendo*; b) recurso em sentido estrito e b) apelação, nos termos do inciso II do art. 593 do CPP.

Embora os três posicionamentos encontrem alguma espécie de fundamento e lógica, parece-nos que o instrumento mais adequado para se atacar a homologação do ANPP seja a correição parcial, haja vista que somente haverá sentido na interposição de recurso contra um acordo celebrado entre as partes interessadas se a homologação não guardar estrita conexão com o instrumento submetido à homologação. E, para que tenhamos o interesse recursal evidenciado, a homologação por meio de decisão deverá conter algum *error in procedendo* ou abuso de poder, como na hipótese do magistrado inserir cláusula no acordo não pactuada entre as partes, ultrapassando sua função fiscalizatória da legalidade e voluntariedade do ANPP.

Contudo, para os que sustentam a possibilidade de interposição de recurso contra a homologação do ANPP por parte do assistente da acusação, por coerência o recurso adequado seria o de apelação residual, pois não teria por fundamento erro ou abuso de poder por parte do magistrado, que tão somente homologa a vontade das partes.

34.3.1.1.13 Decisão que inclui ou exclui jurado da lista geral (inc. XIV)

A lista geral dos jurados, que deve conter a transcrição das funções dos jurados (art. 426, §2º, c/c art. 436 *usque* 446, CPP) com indicação das respectivas profissões, será publicada pela imprensa até o dia 10 de outubro de cada ano e divulgada em editais afixados à porta do Tribunal do Júri (art. 426, *caput*, CPP). Essa lista poderá ser alterada, de ofício ou mediante reclamação de qualquer do povo ao juiz presidente até o dia 10 de novembro, data de sua publicação definitiva (§1º). A previsão do §1º consagrou expressamente a forma de impugnação da lista, motivo pelo qual entendemos por tacitamente revogado inciso XIV do art. 581 do CPP, que prevê a interposição de RSE contra a decisão que incluir jurado na lista geral ou desta o excluir.

34.3.1.1.14 Decisões que versam sobre pena e medida de segurança (incs. XI, XII, XVII, XIX, XX, XXI, XXII, XXIII e XXXIV)

Os incisos XI, XII, XVII, XIX, XX, XXI, XXII, XXIII e XXXIV do art. 581 do CPP versam sobre questões relacionadas à pena ou medida de segurança. Vejamo-los, de forma simplificada:

a) que conceder, negar ou revogar a suspensão condicional da pena (IX): o dispositivo está tacitamente revogado, porquanto se a decisão concessiva ou negativa do sursis ocorrer em sede de sentença, o recurso cabível será apelação (art. 593, §4º, CPP).

24. Sobre o tema, remetemos o leitor ao Capítulo do ANPP.

A revogação, por sua vez, só pode ocorrer no curso da execução penal, atraindo a interposição do agravo em execução (art. 197, LEP).

b) que conceder, negar ou revogar livramento condicional (XII): o dispositivo está tacitamente revogado, pois o instituto do livramento condicional tem sede e juízo natural na execução penal, igualmente atraindo a interposição do agravo em execução (art. 197, LEP).

c) que decidir sobre a unificação de penas (XVII): novamente, o dispositivo está tacitamente revogado, pois a unificação de penas tem sede e juízo natural na execução penal, igualmente atraindo a interposição do agravo em execução (art. 197, LEP).

d) que decretar medida de segurança, depois de transitar a sentença em julgado (XIX): as previsões relacionadas à medida de segurança, com a reforma penal de 1984, passaram a ser de competência do juízo de execuções penais, haja vista que a "nova" Parte Geral do Código Penal afastou a possibilidade de aplicação de medida de segurança após o trânsito em julgado pelo juízo da instrução, que somente pode aplicá-la na sentença absolutória imprópria.

e) que impuser medida de segurança por transgressão de outra (XX): assim como no inciso anterior, o dispositivo foi tacitamente revogado, vez que não mais se admite a aplicação de medida de segurança por transgressão de outra.

f) que mantiver ou substituir a medida de segurança, nos casos do art. 774 (XXI): por se tratar de matéria afeta a execução penal, a manutenção ou substituição (modificação) da medida de segurança desafiará o agravo em execução (art. 197, LEP).

g) que revogar a medida de segurança (XXII): por se tratar de matéria afeta a execução penal, decisão sobre a medida de segurança desafiará o agravo em execução (art. 197, LEP).

h) que deixar de revogar a medida de segurança, nos casos em que a lei admita a revogação (XXIII): por se tratar de matéria afeta a execução penal, decisão sobre a medida de segurança desafiará o agravo em execução (art. 197, LEP).

i) que converter a multa em detenção ou em prisão simples (XXIV): o dispositivo foi revogado tacitamente, haja vista que não mais se admite a conversão da pena de multa em detenção ou prisão simples.

34.3.1.1.15 Hipóteses de recurso em sentido estrito previstas na Legislação Especial

O Código de Trânsito Nacional prevê, no art. 294, que "em qualquer fase da investigação ou da ação penal, havendo necessidade para a garantia da ordem pública, poderá o juiz, como medida cautelar, de ofício, ou a requerimento do Ministério Público ou ainda mediante representação da autoridade policial, decretar, em decisão motivada, a suspensão da permissão ou da habilitação para dirigir veículo automotor, ou a proibição de sua obtenção". Abstraindo a previsão da decretação de ofício pelo magistrado, o parágrafo único do dispositivo prevê que da "decisão que decretar a suspensão ou a medida cautelar, ou da que indeferir o requerimento do Ministério Público, caberá recurso em sentido estrito, sem efeito suspensivo".

O parágrafo único do art. 6º da Lei 1.508/51 prevê o recurso em sentido estrito na hipótese de arquivamento das contravenções do jogo do bicho e de corrida de cavalos fora do hipódromo, a ser interposto pelo autor da representação.

Ainda, não se pode olvidar do art. 2º, inc. III do Decreto-Lei 201/67, que admite o recurso em sentido estrito com efeito suspensivo no prazo de cinco dias contra a decisão, concessiva ou denegatória, de prisão preventiva, ou de afastamento do cargo do acusado. *In casu*, a regra se aplica apenas aos vereadores e ex-Prefeitos, haja vista que a responsabilização do Prefeito dar-se-á perante o tribunal em observância ao rito previsto nos arts. 1º a 12 da Lei 8.038/90.

34.3.1.2 Tempestividade

Segundo o art. 586, *caput*, do CPP, o recurso em sentido estrito deve ser interposto no prazo de cinco dias, salvo no caso de recurso contra a lista geral dos jurados (art. 581, XIV), para os que entendem por vigente o dispositivo, cujo o prazo é de 20 (vinte) dias, contados da data da publicação definitiva da lista de jurados.

Conforme destacamos no estudo do "Prazo Recursal", no capítulo anterior, ao qual remetemos o leitor para as especificidades, o prazo de cinco dias valerá todas as partes, à exceção de acusado assistido pela Defensoria Pública ou núcleos de assistência judiciária organizado e mantidos pelo próprio Estado, que possuem o prazo em dobro para recorrer.

Uma vez interposto o recurso no prazo legal de cinco dias, o magistrado fará o juízo de admissibilidade, recebendo ou não o recurso. Dando seguimento ao recurso, o juiz intimará o recorrente para que apresente suas razões recursais no prazo de dois dias e, na sequência, o recorrido, para que apresente suas contrarrazões ao recurso também no prazo de dois dias (art. 588, *caput*), valendo destacar que referido prazo não flui automaticamente da apresentação da petição de interposição, mas da intimação realizada pelo juízo. Por outro lado, negando recebimento ao recurso, a parte recorrente poderá se valer da carta testemunhal para fazê-lo subir ao tribunal (art. 639, I, CPP).

Diferentemente da apelação, o RSE não admite que as razões sejam apresentadas diretamente no tribunal, haja vista que tal procedimento afastaria o exercício do juízo de retratação pelo magistrado de primeiro grau.

A título de registro, no CPPM o prazo para interposição do RSE é de três dias e o prazo para apresentação de razões e contrarrazões é de cinco dias para cada parte (arts. 518 e 519, respectivamente).

34.3.1.3 Regularidade formal e procedimento

O recurso em sentido estrito pode ser interposto por petição ou por termo nos autos, inclusive de forma oral em audiência ou sessão plenária. Dada sua semelhança histórica com o agravo de instrumento do processo civil, em regra é processado por instrumento, isto é, em autos apartados que serão instruídos com os documentos necessários para formação do instrumento, como cópia de documentos, peças trasladadas e etc.

Nos termos do *caput* do art. 587 do CPP, quando o recurso houver de subir por instrumento, a parte indicará, no respectivo termo, ou em requerimento avulso, as peças dos autos de que pretenda traslado. Conforme o parágrafo único do dispositivo, o traslado será extraído, conferido e concertado no prazo de cinco dias, e dele constarão **sempre a decisão recorrida, a certidão de sua intimação**, se por outra forma não for possível verificar-se a oportunidade do recurso, e **o termo de interposição**. Além desses documentos obrigatórios, revela-se importante a juntada da denúncia e, quiçá imprescindível, a da procuração outorgada, para evitar a aplicação da Súmula 115 do STJ[25].

Conforme se extrai do art. 590 do CPP, quando for impossível ao escrivão extrair o traslado no prazo de lei (cinco dias), poderá o juiz prorrogá-lo até o dobro. Nos termos do art. 588, *caput*, dentro de dois dias, contados da interposição do recurso, ou do dia em que o escrivão, extraído o traslado, o fizer com vista ao recorrente, este oferecerá as razões e, em seguida, será aberta vista ao recorrido por igual prazo.

Após, com a resposta do recorrido ou sem ela, será o recurso concluso ao juiz, que, dentro de dois dias, reformará ou sustentará o seu despacho, mandando instruir o recurso com os traslados que lhe parecerem necessários (art. 589, *caput*). Vale destacar que, conforme salientamos anteriormente, entendemos que as contrarrazões recursais são obrigatórias.

Nos termos do parágrafo único do art. 589, CPP, se o juiz reformar o despacho recorrido, a parte contrária, por simples petição, poderá recorrer da nova decisão, se couber recurso, não sendo mais lícito ao juiz modificá-la. Neste caso, independentemente de novos arrazoados, subirá o recurso nos próprios autos ou em traslado. A previsão contempla o chamado recurso invertido.

Não obstante a formação do instrumento ser a regra, há casos nos quais o RSE deve ser encaminhado para o tribunal nos próprios autos do processo. Nesse sentido, o art. 583 do CPP assinala que subirão nos próprios autos os recursos:

I. quando interpostos de ofício: conforme vimos, o recurso de ofício não se trata de verdadeiro recurso, mas hipótese de reexame necessário. Nesse sentido, em razão da revogação tácita do art. 574, II, do CPP, subsiste somente a hipótese de recurso de ofício pelo juiz quanto à decisão concessiva de *habeas corpus* (art. 574, I, c/c art. 581, X, CPP);

II. nos casos do art. 581, I, III, IV, VI, VIII e X: quando se tratar de recurso em sentido estrito contra a decisão que não receber a denúncia ou a queixa (art. 581, I), que julgar procedentes as exceções, salvo a de suspeição (art. 581, III), que pronunciar o acusado (art. 581, IV), que julgar extinta a punibilidade (art. 581, VIII) e que conceder ou negar a ordem de *habeas corpus* (art. 581, X). Com relação ao RSE interposto contra a pronúncia, segundo o parágrafo único do art. 583, CPP, o recurso subirá em traslado, quando, havendo dois ou mais réus, qualquer deles se conformar com a decisão ou todos não tiverem sido ainda intimados da pronúncia. Nesses casos, ocorrerá a separação do processo.

III. quando o recurso não prejudicar o andamento do processo: a ideia de encaminhamento do recurso por traslado é evitar o prejuízo à marcha processual. Contudo, há casos em que a remessa dos autos junto ao recurso não traz qualquer prejuízo processual,

25. Na instância especial é inexistente recurso interposto por advogado sem procuração nos autos.

a exemplo de um recurso interposto contra uma decisão que determina a suspensão do processo nos termos do art. 366 do CPP.

34.3.2 Competência

Como regra geral, a competência para o julgamento do RSE é atribuída às Câmaras dos Tribunais de Justiça e Turmas dos Tribunais Regionais Federais. No caso do RSE interposto contra decisão que inclui ou exclui jurado da lista geral, para os entendem ainda por vigente a previsão, a competência será do Presidente do Tribunal.

34.3.3 Efeitos

Naturalmente, como todo e qualquer recurso, o **recurso em sentido estrito possui efeito devolutivo**, limitado ao objeto da impugnação. Tratando-se, contudo, de questão afeta a nulidade absoluta, reconhecível de ofício, será sempre plena.

O **efeito suspensivo**, por sua vez, pode ser verificado no RSE, a depender da natureza da decisão, não obstante não ser a regra geral. Como exceções à regra geral, podemos destacar:

a) Perda da fiança: segundo o art. 581, inciso VII, do CPP, a decisão que decreta a perda é atacável por RSE, dotado de efeito suspensivo quanto à destinação do valor remanescente (art. 584, *caput*, CPP). Vale destacar que, via de regra, a perda da fiança é declarada pelo juízo da execução penal, após o trânsito em julgado de sentença penal condenatória, sendo que, nesses casos, o recurso cabível será o agravo em execução (art. 197, LEP).

b) Decisão que julga quebrada a fiança: o quebramento injustificado da fiança importa a perda de metade do seu valor, conforme se extrai do art. 343, CPP. Entretanto, não se pode olvidar que o magistrado poderá, na mesma decisão, entender pela imposição de outras medidas cautelares pessoais. Como o §3º do art. 584 do CPP prevê que "o recurso do despacho que julgar quebrada a fiança suspenderá unicamente o efeito de perda da metade do seu valor", havendo a aplicação de outras medidas cautelares pessoais, somente gozará de efeito suspensivo a parte da decisão que determinar a perda de metade do valor da fiança prestada por força de quebramento.

c) Decisão que denega a apelação ou a julga deserta: art. 581, inciso XV, c/c art. 584, *caput*, CPP.

d) Recurso contra a pronúncia: nos termos do §2º do art. 584, do CPP, o recurso da pronúncia suspenderá tão somente o julgamento. A previsão, contudo, não se encontra de acordo com a sistemática processual vigente, haja vista que, conforme se extrai do art. 421, *caput*, do CPP, os autos somente serão encaminhados ao juiz presidente, para fins de início da preparação do processo para julgamento em plenário, após a preclusão da decisão de pronúncia. Logo, o efeito suspensivo possui uma amplitude maior do que a prevista no §2º do art. 584, CPP. Some-se à tal lógica o fato de que no RSE interposto contra a pronúncia (art. 581, IV, CPP) deverá subir nos próprios autos (art. 583, II, CPP), inviabilizando o trâmite processual até o julgamento do recurso. De fato, não há sentido na previsão do §2º do art. 584 do CPP, porquanto todo o trâmite processual pressupõe a preclusão da decisão de pronúncia. Ainda nesse contexto, vale destacar que o art. 585 do CPP – "O réu não poderá recorrer da pronúncia senão depois de preso, salvo se prestar fiança, nos casos em que a lei a admitir" – encontra-se tacitamente revogado.

e) Decisão que não homologa ANPP: apesar de não previsto no art. 584, não nos parece razoável que a decisão que não homologa o ANPP não possa receber o efeito suspensivo, haja vista que o instituto, por essência, visa o não processamento da ação. Sendo o ANPP pactuado na seara pré-processual, não se justifica, para nós, a ausência de previsão quanto à possibilidade de atribuição de efeito suspensivo ao RSE, mormente quando interposto pelo Ministério Público.

No que concerne ao **efeito obstativo**, impeditivo da formação da coisa julgada, todos os recursos são dotados de tal efeito, porquanto a matéria, ainda que em parte, pende de decisão. O RSE, por admitir o juízo de retratação, **possui o efeito regressivo** (diferido ou iterativo).

O RSE **pode ensejar a aplicação do efeito extensivo**, haja visa que julgamento do recurso pode beneficiar o coautor ou partícipe. De igual modo, o RSE possui o efeito dilatório-procedimental, pois amplia o rito procedimental. No que toca ao que chamamos de efeito substitutivo, aplicável quando do julgamento do recurso, a decisão proferida no RSE substitui a decisão anterior.

Efeitos[26]	**Recurso em Sentido Estrito**	
Devolutivo	Plena ou parcial, a depender da interposição	Sim
Suspensivo	Regra	Não
	Perda da fiança	Sim
	Decisão que julga quebrada a fiança	Sim
	Decisão de denega a apelação ou a julga deserta	Sim
	Recurso contra pronúncia	Sim
	Decisão que não homologa o ANPP[27]	Possível
	Decisão concessiva ou denegatória de prisão preventiva ou afastamento do vereador afastado do cargo (art. 2º, III, Decreto-Lei 201/67	Sim
Obstativo	Impede a formação da coisa julgada	Sim
Regressivo	Admite juízo de retratação	Sim
Extensivo	Extensão a coautor ou partícipe	Possível
Substitutivo	Substitui a decisão anterior com o julgamento	Sim
Translativo	Devolve ao tribunal toda a matéria não preclusa	Não
Dilatório-procedimental	Amplia o rito processual	Sim

26. A completa compreensão dos quadros pressupõe a leitura do texto e entendimento dos efeitos.

27. Não há previsão expressa. Contudo, entendemos por possível em determinadas situações.

34.4 EMBARGOS DE DECLARAÇÃO

A doutrina diverge quanto à natureza de recurso dos embargos de declaração, porquanto não se destinam à instancia superior, mas ao próprio órgão prolator da decisão. Não obstante, predomina o entendimento de que se trata de recurso, haja vista que tem por escopo promover uma alteração da decisão judicial para afastamento de erros materiais, ambiguidade, obscuridade, contradição ou omissão, sendo aptos, portanto, a alterar o título judicial.

Uma decisão judicial deve ser clara quanto ao seu conteúdo e contemplar a matéria posta sob apreciação judicial. Diante de tal premissa, o CPP promoveu um tratamento dúplice para os embargos de declaração: a) embargos de declaração contra a sentença (art. 382, CPP); b) embargos de declaração contra os acórdãos proferidos pelos tribunais (art. 619 e 620, CPP).

Segundo o art. 382 do CPP, qualquer das partes poderá, no prazo de 2 (dois) dias, pedir ao juiz que declare a sentença, sempre que nela houver obscuridade, ambiguidade, contradição ou omissão. Por outro lado, o art. 619, CPP, dispõe que aos acórdãos proferidos pelos Tribunais de Apelação, câmaras ou turmas, poderão ser opostos embargos de declaração, no prazo de 2 (dois) dias contado da sua publicação, quando houver na sentença ambiguidade, obscuridade, contradição ou omissão.

Os embargos de declaração reproduzem um cenário similar, de via dúplice, do termo ***gaslighting***, oriundo do filme "Gas Light" ("À Meia Luz", 1944), no qual a tentativa severa de manipulação foi assim caracterizada. A parte, ao se valer de repetidos embargos declaratórios, visando supostamente clarear obscuridade, contradição ou omissão inexistente, tenta manipular o magistrado ou tribunal reiterando argumentos já refutados, com o escopo de promover uma verdadeira dúvida acerca da percepção exarada. Por outro lado, e daí surge a segunda via, a omissao quanto ao enfrentamento dos argumentos de forma desmedida pelo Judiciário igualmente caracteriza uma espécie de manipulação, mais severa inclusive, pois apta a formar coisa julgada.

Assim, quando o magistrado ou tribunal assinala que "a parte visa a rediscussão do mérito" ou simplesmente decide que "nada há a ser esclarecido", coloca em xeque não somente o sistema processual, mas a própria percepção da parte.

Em que pese a mão dupla do *gaslighting*, não se pode negar que seu berço reside no excesso, amplo e quase irrestrito, emprego dos embargos de declaração, utilizados sucessivamente, em diversas oportunidades, com nítido caráter protelatório. A mea-culpa, portanto, é imperativa. Entretanto, o sistema processual urge de regramento mais severo quanto ao manejo imoderado e irrazoável dos embargos de declaração, especialmente na seara dos Tribunais Superiores.

34.4.1 Cabimento e adequação

Apesar de não previsto expressamente no CPP, é assente o cabimento dos embargos de declaração contra decisões interlocutórias, especialmente após a expressa previsão do recurso contra qualquer decisão judicial pelo art. 1.002, *caput*, do CPC, aplicável por subsidiariedade ao processo penal.

No caso de acórdãos de tribunais, os embargos de declaração podem se destinar aos supostos vícios em qualquer dos votos, especialmente porque podem viabilizar a oposição de embargos infringentes no caso de votos vencidos.

Em linhas gerais, além do aspecto material, os embargos de declaração podem atacar não somente a fundamentação e dispositivo, mas também o relatório quando trouxer premissa inexistente ou contiver erro material, e até a ementa do julgado nos casos dos tribunais, caso sua redação original conduza a dúvida ou incompreensão interpretativa.

Feitos os registros acima, vejamos as hipóteses de cabimento de embargos de declaração:

a) Erros materiais: os erros materiais são aqueles que revelam vícios facilmente perceptíveis que não alteram a essência do julgado, apesar de poderem alterar seu conteúdo. São erros de nomes, cálculos na dosimetria da pena, menção a lugares equivocados e etc. Apesar de não previstos expressamente no CPP, os erros materiais podem ser corrigidos de ofício pelo magistrado, ou serem atacados por embargos de declaração conforme se extrai do art. 1.022, III, do CPC, e art. 83, §3º da Lei 9.099/95, sendo o primeiro aplicável por subsidiariedade e o segundo por analogia a todo o processo penal.

Os erros materiais podem ter o condão de modificar o resultado da decisão, a exemplo de um erro de cálculo, que inicialmente conduz à uma determinada pena, passível de substituição e, com sua correção, eleva a pena a um patamar superior a quatro anos de reclusão, inadmitindo a substituição da reprimenda.

b) Ambiguidade: ocorre a ambiguidade quando de uma expressão ou trecho do texto da decisão possa se extrair mais de uma conclusão, não havendo a clareza necessária para se compreender a essência do comando normativo. Trata-se de um grau menor de obscuridade, porquanto as interpretações são possíveis, em mais um sentido.

c) Obscuridade: a obscuridade, grau maior de vício, não permite uma conclusão clara acerca de parte do conteúdo da decisão. Na obscuridade, a decisão permite que a parte apenas vislumbre seu conteúdo, não reunindo a clareza necessária para o ato decisório.

d) Contradição: ocorre a contradição quando uma afirmação nega outra ou quando existem propostas inconciliáveis, que podem ser verificadas na própria fundamentação, ou entre a fundamentação e a parte dispositiva, como na hipótese de absolvição por reconhecimento da atipicidade da conduta (art. 386, III) na fundamentação, e, na parte dispositiva, o fundamento ser lançado como não concorrência do réu para a infração penal (inc. IV).

No caso de decisões de tribunais, entendemos pela possibilidade de oposição de embargos de declaração quando houver divergência entre o conteúdo do *decisum* e a ementa publicada, haja vista que, diante da existência de um sistema de precedentes, o comando constante da ementa, eventualmente contraditório com parte da decisão, pode induzir a erro. Isso não significa que se admitam embargos declaratórios para incluir na ementa trechos do julgado que a parte repute importante, haja vista que não será a ementa que norteará o título judicial que lhe aproveita ou prejudica.

e) Omissão: ocorre a omissão quando o julgador deixa de se manifestar sobre questão de fato ou de direito invocada pela parte, ou o faz somente em parte do julgado, sem permitir uma conclusão certa, tornando-a incompleta. Assim, caracteriza-se a omissão, por exemplo, quando o magistrado deixa de analisar questão de ofício que lhe competia, lança sua argumentação na fundamentação, mas se olvida de aplicá-la na parte dispositiva, ou no dispositivo aplica determinado comando normativo desprovido da respectiva fundamentação esclarecedora.

Os embargos de declaração são frequentemente utilizados para fins de prequestionar matéria visando a interposição de recurso especial ou extraordinário, vez que a admissão de tais recursos pressupõe a discussão da matéria nas instâncias superiores. Assinalando a possibilidade o manejo dos embargos declaratórios para tal finalidade, a Súmula 356 do STF dispõe que: "o ponto omisso da decisão, sobre o qual não foram opostos embargos declaratórios não pode ser objeto de recurso extraordinário por faltar o requisito do prequestionamento".

34.4.2 Tempestividade

O prazo para interposição dos embargos de declaração opostos contra decisão de primeira ou segunda instância, conforme se extrai dos arts. 382 e 619 do CPP, é de dois dias. Na seara dos procedimentos afetos aos Juizados Especiais Criminais, o prazo para interposição é de cinco dias (art. 83, §1º da Lei 9.099/95).

No âmbito dos Tribunais Superiores, nos termos do art. 263 do RISTJ, aos acórdãos em matéria penal proferidos pela Corte Especial, pelas Seções ou pelas Turmas, poderão ser opostos no prazo de dois dias, contados de sua publicação, em petição dirigida ao Relator, na qual será indicado o ponto obscuro, duvidoso, contraditório ou omisso, cuja declaração se imponha. Por outro lado, tratando-se de embargos de declaração opostos contra decisão do STF, o prazo será de cinco dias, art. 337, §1º do RJSTF.

34.4.3 Regularidade formal e procedimento

Nos procedimentos regulados pelo CPP, os embargos de declaração podem ser opostos por petição contendo as respectivas razões, não se admitindo a oposição por termo nos autos. Tratando-se de decisão de primeiro grau, deverão ser endereçados ao juiz prolator da decisão e, no caso de acórdão do tribunal, ao relator. Na esfera dos Juizados Especiais Criminais, os embargos de declaração podem ser opostos por escrito ou oralmente (art. 83, § 1º, Lei 9.099/95).

Sendo os embargos opostos contra a decisão de primeiro grau, não havendo circunstância alegada que tenha o condão de modificar o conteúdo do julgado, como no caso de simples esclarecimento de ambiguidade, desnecessário se faz a intimação da parte contrária para apresentação de contrarrazões, devendo o magistrado proferir sua decisão, independentemente da oitiva da parte contrária.

Contudo, verificando-se que o objeto da impugnação é capaz de modificar o julgado, isto é, conferir efeito infringente, em respeito ao contraditório, deverá o magistrado intimar a parte contrária para apresentar suas contrarrazões recursais antes de proferir a decisão. É o que se extrai do teor do art. 1.023, §2º do CPC, aplicável por subsidiariedade: "O juiz intimará o embargado para, querendo, manifestar-se, no prazo de 5 (cinco) dias, sobre os embargos opostos, caso seu eventual acolhimento implique a modificação da decisão embargada". Registre-se, todavia, que o prazo de cinco dias previsto na lei adjetiva civil deverá ser ajustado para o processo penal para dois dias, mesmo prazo para oposição dos embargos, sob pena de quebra da isonomia processual.

É possível, igualmente, a oposição de embargos de declaração contra embargos de declaração, quando a decisão proferida nos primeiros embargos contiver omissão, ambiguidade, contradição ou obscuridade.

Sob o aspecto procedimental em segundo grau, o §1º do art. 620 do CPP prevê que o requerimento será apresentado pelo relator e julgado, independentemente de revisão, na primeira sessão. Nos termos do §2º do dispositivo, se não preenchidas as condições enumeradas no art. 620, o relator indeferirá desde logo o requerimento.

34.4.4 Competência

A competência para o julgamento dos embargos de declaração é do próprio órgão prolator da decisão, haja vista que se trata de recurso com objeto restrito e voltado para o saneamento de omissão, ambiguidade, obscuridade ou contradição do *decisum*.

34.4.5 Efeitos

Os embargos de declaração possuem **efeito devolutivo**, limitado ao objeto da impugnação. Tratando-se, contudo, de questão afeta a nulidade absoluta, reconhecível de ofício, será sempre plena.

O **efeito suspensivo**, por sua vez, guarda certa particularidade nos embargos de declaração. Parcela da doutrina sustenta que o recurso não goza de efeito suspensivo, pois via de regra não possui efeito modificativo (infringente). Não nos parece, contudo, a melhor exegese, haja vista que a essência dos embargos de declaração é a de aclarar uma decisão judicial, permitindo seu ataque por outro recurso, próprio e adequado, que pode, a depender de sua natureza, ser dotado de efeito suspensivo.

A regra geral pressupõe que a decisão seja clara e precisa, isto é, que uma vez intimadas as partes, caso discordem de seu teor, dela recorram se valendo dos recursos próprios e adequados. A oposição de embargos de declaração, portanto, é a exceção, pois visa clarear e tornar precisa a decisão. Logo, não nos parece adequada a compreensão de que, por exemplo, uma apelação contra decisão condenatória seja dotada de efeito suspensivo e os embargos de declaração, opostos contra a mesma decisão condenatória, que visam sanar, por exemplo, contradição na decisão, não gozem dos mesmos efeitos[28]. Isso porque os embargos de declaração interrompem o prazo recursal e impedem a formação da coisa julgada. Dessa forma, entendemos que a existência ou não de efeito suspensivo nos embargos deverá ser analisada sob luz do recurso cabível à espécie, caso a decisão não fosse objeto de embargos, bem como o objeto da impugnação pela via dos embargos, isto é, se possuem caráter infringente ou não.

Com bem salienta BADARÓ[29] (2021, p. 1010), valendo-se das lições de Camargo Aranha e Florêncio de Abreu:

> Todavia, como a decisão que julga os embargos de declaração passa a incorporar sentença ou acórdão esclarecido, explicado ou completado, formando com este um conjunto uniforme de incindível, é de se concluir que antes do julgamento dos embargos de declaração não uma decisão integral apta a produzir efeitos. Com base em tais premissas, mas tendo por norte constitucional a firma convicção de que a presunção de inocência se aplica, no processo penal, até o trânsito em julgado da sentença condenatória, defendeu-se que os

28. Em sentido favorável ao efeito suspensivo: STF: HC 73186/SP, DJ 29.03.96 e STJ HC 31.970/RS, DJ 16.11.04. Em sentido contrário, STF: HC 81.901/PE, DJe 01.02.13.

29. *op.cit.*

embargos de declaração suspendem os efeitos da sentença ou do acórdão embargado até que eles seja, esclarecidos ou completados pelo julgamento dos declaratórios.

Ainda nesse contexto, de interferência dos embargos no prazo dos demais recursos, diante da omissão do CPP, prevalece o entendimento de que se aplica subsidiariamente o teor do art. 1.026 do CPC, que prevê que a oposição dos embargos de declaração interrompe o prazo para o recurso cabível, que somente terá seu curso natural após a decisão dos embargos. No mesmo sentindo, há posicionamento doutrinário pela aplicação do §2º do art. 83 da Lei 9.099/95, que confere o efeito interruptivo dos prazos para interposição de recursos na seara dos Juizados Especiais Criminais. Independentemente do fundamento, é pacífico o entendimento de que a oposição dos embargos declaratórios interrompe o prazo recursal para interposição de outros recursos, ainda que não acolhidos no mérito, com algumas ressalvas jurisprudenciais:

> É pacífica a jurisprudência do Superior Tribunal de Justiça no sentido de que os embargos de declaração, quando não conhecidos em razão de serem manifestamente protelatórios, não interrompem ou suspendem o prazo para interposição de outro recurso. AgRg no AREsp 1870916/ PR, Rel. Min. Sebastião Reis Júnior, 6ª Turma, DJe 09.05.22.

Vale destacar que, segundo a Súmula 98 do STJ, "embargos de declaração manifestados com notório propósito de prequestionamento não tem caráter protelatório".

No que concerne aos embargos de declaração opostos no âmbito do STJ, o art. 265, *caput,* do RISTJ, dispõe que sua oposição acarretará a interrupção do prazo para a interposição de recursos por qualquer das partes. Na seara do STF, os embargos de declaração tão somente suspendem o prazo para interposição de outro recurso, salvo quando reconhecido seu caráter protelatório (art. 339, *caput,* e § 2º, RISTF).

No que concerne ao **efeito obstativo**, impeditivo da formação da coisa julgada, todos os recursos são dotados de tal efeito, porquanto a matéria, ainda que em parte, pende de decisão. Os embargos de declaração, por admitirem a modificação do julgado, **possuem o efeito regressivo**[30] (diferido ou iterativo).

Os embargos declaratórios **podem ensejar a aplicação do efeito extensivo**, haja visa que julgamento do recurso pode beneficiar o coautor ou partícipe. De igual modo, o recurso possui o efeito dilatório-procedimental, pois amplia o rito procedimental. No que toca ao que chamamos de efeito substitutivo, aplicável quando do julgamento do recurso, a decisão proferida não substitui a anterior quando não houver caráter infringente, só possuindo tal efeito quando o acolhimento dos embargos de declaração modificar o conteúdo material da decisão.

Efeitos[31]	**Embargos de declaração**	
Devolutivo	Plena ou parcial, a depender do objeto da oposição	Sim
Suspensivo	Regra	Não
	Com feito infringente	Sim

30. Badaró entende que não há efeito regressivo, *op.cit.* p. 1011.

31. A completa compreensão dos quadros pressupõe a leitura do texto e entendimento dos efeitos.

Obstativo	Impede a formação da coisa julgada	Sim
Regressivo	Admite alteração pelo próprio órgão	Sim
Extensivo	Extensão a coautor ou partícipe	Possível
Substitutivo	Substitui a decisão anterior com o julgamento	Possível
Translativo	Devolve toda a matéria não preclusa	Não
Dilatório-procedimental	Amplia o rito processual	Sim

34.5 EMBARGOS INFRINGENTES E DE NULIDADE

No processo penal comum, diferentemente do processo penal militar, que admite a oposição dos embargos também pela acusação (art. 538, CPPM), os embargos infringentes e de nulidade são recursos privativos da defesa.

Os recursos foram previstos no art. 609, parágrafo único do CPP. São admitidos nas hipóteses de decisão não unânime de segunda instância, desfavorável ao réu, que admitem a oposição dentro de 10 (dez) dias, a contar da publicação de acórdão, na forma do art. 613 do CPP. Se o desacordo for parcial, os embargos serão restritos à matéria objeto de divergência.

Há que se diferenciar os embargos infringentes dos embargos de nulidade, porquanto são recursos autônomos. Os embargos infringentes são cabíveis quando o acórdão impugnado revelar divergência quanto a matéria de mérito, quando, por exemplo, buscar modificar a decisão de condenatória para absolutória, ao passo que os embargos de nulidade revelam a impugnação contra acórdãos divergentes no tocante a nulidade processual.

Nitidamente, se extrai do parágrafo único do art. 609 do CPP o fundamento dos recursos: ausência de unanimidade, fulcrada na existência de voto divergente. Com tal premissa, permite-se a ampliação da composição da turma julgadora para realização do julgamento ampliado sobre o objeto do recurso, a divergência apresentada.

34.5.1 Requisitos e processamento

34.5.1.1 Cabimento e adequação

De forma objetiva, a análise acerca do cabimento e adequação dos recursos de embargos infringentes e de nulidade deve ser realizada sob três prismas: a) natureza da decisão; b) origem da decisão; e c) caracterização da divergência.

No âmbito dos Tribunais de Justiça e Tribunais Regionais Federais, os recursos só serão cabíveis no julgamento de apelação e recurso em sentido estrito por força do título do Capítulo V do Título referente aos Recursos no CPP, "Do processo e julgamento dos recursos em sentido estrito e das apelações, nos Tribunais de Apelação". Apesar de não previsto no CPP, o agravo em execução, previsto no art. 197 da LEP, por seguir o mesmo rito do RSE, tem admitido a oposição dos embargos infringentes e de nulidade[32]. Assim,

32. STJ: HC 10.556, DJ 14.02.00.

prevalece na jurisprudência o entendimento de que os recursos não são adequados nos casos de *habeas corpus*[33], recurso ordinário de *habeas corpus*[34], revisão criminal[35] e no julgamento de ações penais de competência originária dos TJs e TRFs[36].

No que toca à origem da decisão, a despeito de às Turmas Recursais dos Juizados Especiais Criminais competir o julgamento de apelações na seara da Lei 9.099/95, não se admitem os embargos infringentes e de nulidade contra decisões das Turmas, porquanto a previsão do Capítulo V do Título II do CPP, "Do processo e julgamento dos recursos em sentido estrito e das apelações, nos Tribunais de Apelação", não permite a equiparação das Turmas Recursais aos Tribunais de Apelação (TJs e TRFs)[37].

No que concerne à **divergência, pode ser total ou parcial**, versar sobre questão preliminar, como o conhecimento do recurso, ou sobre o mérito da impugnação. Assim, por exemplo, caberá embargos infringentes contra decisão na qual dois julgadores absolveram e um condenou, ou quando dois aplicaram uma pena superior à mínima e outro, a pena mínima. O que se pressupõe, portanto, é a ausência de unanimidade, que pode ser explorada pela defesa. Logo, é perfeitamente possível que todos os votos trilhem a mesma linha, da condenação, por exemplo, mas divirjam quanto à pena.

Como regra, a questão objeto dos embargos envolve a parte dispositiva, isto é, a conclusão do acórdão. Não obstante, é possível o manejo dos embargos quanto à fundamentação, quando, por exemplo, houver divergência no dispositivo absolutório, apto a produzir efeitos no cível (ex. dois julgadores absolvem o acusado com fundamento no inc. II do art. 386 do CPP, e outro pelo inc. I do mesmo artigo).

Não se pode olvidar que o julgado pode conter três votos distintos, como na hipótese de penas fixadas de forma distinta pelos julgadores (quatro, cinco e seis anos de reclusão, por exemplo). Nesses casos aplica-se a teoria do **voto médio**, isto é, obter-se-á a pena média auferida (cinco anos), permitindo, na hipótese, os embargos infringentes para buscar a menor pena aplicada (quatro anos).

No âmbito do STF, também são admitidos embargos infringentes em sede de processo penal originário, nos termos do art. 333, I, do RISTF:

> Os *embargos infringentes* do julgado proferido pelo Supremo Tribunal Federal em sede de processo penal originário ainda subsistem em nosso ordenamento positivo, eis que a norma inscrita no art. 333, inciso I, do RISTF foi recebida pela vigente Constituição da República com força e eficácia de lei. Precedente: AP 470-AgR-vigésimo sexto/MG, Pleno, julgado em 18/09/2013. – Essa modalidade recursal – de que somente a Defesa pode utilizar-se contra condenações penais originárias proferidas pelo Supremo Tribunal Federal – depende, quanto à sua admissibilidade, da existência, em favor do réu, de, pelo menos, 04 (*quatro*) votos vencidos de conteúdo absolutório em sentido próprio, não se revelando possível, porém, para efeito de compor esse número mínimo, a soma de votos minoritários de conteúdo diverso, como, p. ex., a soma de 03 (três) votos absolutórios com 02 (dois) votos meramente declaratórios de prescrição penal. Precedentes do Plenário do Supremo Tribunal Federal. – Distinção necessária, para os fins do parágrafo único do art. 333 do RISTF, entre votos minoritários de conteúdo absolutório em sentido próprio e aqueles que

33. STF: RHC 60.907-4, DJ 01.07.83.
34. STF: RHC 59597 EI, DJ 26.11.82.
35. STJ: AgRg no AREsp 1291623/SP, Rel. Min. Ribeiro Dantas, 5ª Turma, DJe 23.11.20.
36. STF: HC 72.465/SP, DJ 24.11.95.
37. STF: HC 76.294, DJ 27.11.98.

> meramente declaram consumada a prescrição penal. Doutrina. Jurisprudência. AP 409, EI-AgR-segundo, Tribunal Pleno, Rel. Min. Celso de Mello, DJe 01.09.15.

Ainda na seara o STF, reconhece-se a possibilidade dos embargos infringentes em matéria penal[38], nos termos do art. 333 do RISTF, quando: a) julgar procedente ação penal; b) julgar improcedente *revisão criminal*; c) julgar ação rescisória; d) julgar representação de inconstitucionalidade; e d) em recurso *criminal* ordinário, for desfavorável ao acusado:

> 1. Os embargos infringentes são cabíveis em face de decisão não unânime do Plenário[39] ou da Turma que: i) julgar procedente ação penal; ii) julgar improcedente revisão criminal; iii) julgar ação rescisória; iv) julgar representação de inconstitucionalidade; e v) em recurso criminal ordinário, for desfavorável ao acusado. Precedentes: ARE 1.216.724-AgR-ED-EDv-EI-ED, Tribunal Pleno, Rel. Min. Alexandre de Moraes, DJe de 12/02/2020; e ARE 1.244.153-AgR-EI-AgR, Tribunal Pleno, Rel. Min. Ricardo Lewandowski, DJe de 08/07/2020. ARE 1316560 AgR-EI, Rel. Min. Luiz Fux, DJe 08.09.21.

No âmbito do STJ, a previsão dos embargos infringentes foi revogada pela Emenda Regimental 22/16, que, em substituição, previu os embargos de divergência nos art. 266 a 267 do RISTJ[40].

34.5.1.2 Tempestividade

Nos termos do art. 609, parágrafo único, CPP, o prazo para oposição dos embargos infringentes e de nulidade é de dez dias, contados da publicação do acórdão. No âmbito do STF, art. 334 do RISTF, o prazo será de quinze dias.

34.5.1.3 Regularidade formal e procedimento

A oposição dos embargos infringentes e de nulidade somente pode ser realizada por petição, devidamente acompanhada das razões recursais. O CPP não prevê um procedimento próprio para os recursos, fazendo tão somente referência ao art. 613 do CPP, que versa sobre a apelação, razão pela qual remetemos o leitor ao tópico "Apelação de rito ordinário e sumário" no estudo da apelação para evitarmos repetições, pois colacionaremos apenas o quadro resumo neste momento:

---

38. Os embargos serão opostos no prazo de 15 (quinze) dias, perante a Secretaria, e juntos aos autos, independentemente de despacho (RISTF, art. 334).

39. Segundo o voto do Min. Luiz Fux: "o cabimento dos embargos, em decisão do Plenário, depende da existência, no mínimo, de quatro votos divergentes, salvo nos casos de julgamento criminal em sessão secreta".

40. Art. 266. Cabem embargos de divergência contra acórdão de Órgão Fracionário que, em recurso especial, divergir do julgamento atual de qualquer outro Órgão Jurisdicional deste Tribunal, sendo: I - os acórdãos, embargado e paradigma, de mérito; II - um acórdão de mérito e outro que não tenha conhecido do recurso, embora tenha apreciado a controvérsia. §1º Poderão ser confrontadas teses jurídicas contidas em julgamentos de recursos e de ações de competência originária. §2º A divergência que autoriza a interposição de embargos de divergência pode verificar-se na aplicação do direito material ou do direito processual. §3º Cabem embargos de divergência quando o acórdão paradigma for do mesmo Órgão Fracionário que proferiu a decisão embargada, desde que sua composição tenha sofrido alteração em mais da metade de seus membros. § 4º O recorrente provará a divergência com certidão, cópia ou citação de repositório oficial ou credenciado de jurisprudência, inclusive em mídia eletrônica, em que foi publicado o acórdão divergente, ou com a reprodução de julgado disponível na internet, indicando a respectiva fonte, e mencionará as circunstâncias que identificam ou assemelham os casos confrontados.

Rito Sumário	Rito Ordinário
Do relator, passa-se o processo imediatamente para o Procurador-Geral, que terá o prazo de cinco dias.	Do relator, os autos serão enviados ao Procurador-Geral, que terá o prazo de dez dias para se manifestar. Após, voltarão os autos para o relator que, exarado o relatório no prazo de dez dias, encaminha o processo imediatamente para o revisor, que terá o mesmo prazo de dez dias para exame do processo.
Voltando os autos para o relator, esse terá o prazo de cinco dias para pedir dia para o julgamento.	Voltando os autos para o relator, esse pedirá, em dez dias, dia para o julgamento.
Tempo para debates orais de dez minutos	Tempo para debates orais de quinze minutos

Independentemente da situação, deverá ser observado o contraditório à parte contrária que, no caso do *parquet*, manifestar-se-á por meio da Procuradoria de Justiça. Havendo assistente da acusação, esse deverá ser intimado para se manifestar logo após ao Ministério Público. Nos casos de ação penal privada, o querelante deverá ser intimado para se manifestar antes do Ministério Público, pois a atuação desse, nesses casos, não é de parte, mas de fiscal da ordem jurídica.

Existindo divergência parcial, isto é, acórdão com parte unânime e parte não unânime, serão cabíveis embargos infringentes ou de nulidade quanto à parte não unânime, e recurso especial e extraordinário quanto à parte unânime, a depender na natureza da violação (Lei Federal ou Constituição Federal). Ressalte-se que a afirmação não viola o princípio da unirrecorribilidade, porquanto o objeto dos recursos é distinto.

Diante da inexistência de previsão específica quanto à contagem do prazo nas hipóteses de embargos infringentes e REsp ou RExt simultâneos, conforme leciona BADARÓ[41] (2021, p. 1017), "mais seguro será a interposição do recurso especial e extraordinário, em relação à parte unânime do acórdão, tendo por termo inicial a data de sua publicação. Isto é, a partir do mesmo *dies a quo*, começam a correr os prazos de 10 dias para os embargos infringentes, quanto à parte não unânime, e o prazo de 15 dias para recurso especial e extraordinário, quanto ao capítulo unânime". Em complemento: "Isso porque, sem regra que determine uma suspensão do prazo recursal, é de se considerar definitivo o julgamento quanto ao capítulo unânime e, consequentemente, se o recurso para o impugnar for interposto somente após o julgamento dos infringentes, fatalmente será considerado intempestivo".

Aplica-se, portanto, o teor das Súmulas 354 e 355 do STF, *verbis*:

> Súmula 354: Em caso de embargos infringentes parciais, é definitiva a parte da decisão embargada em que não houve divergência na votação.
>
> Súmula 355: Em caso de embargos infringentes parciais, é tardio o recurso extraordinário interposto após o julgamento dos embargos, quanto à parte da decisão embargada que não fora por eles abrangida.

41. *op.cit.*

34.5.1.4 Efeitos

Os **embargos infringentes e de nulidade possuem efeito devolutivo**, limitado ao objeto da impugnação e voto divergente. Tratando-se, contudo, de questão afeta a nulidade absoluta, reconhecível de ofício, será sempre plena. O **efeito suspensivo**, por sua vez, é de rigor quanto à parte impugnada, vez que não se admite, como regra, execução provisória da pena[42].

No que concerne ao **efeito obstativo**, impeditivo da formação da coisa julgada, todos os recursos são dotados de tal efeito, porquanto a matéria, ainda que em parte, pende de decisão. Por devolverem a matéria à apreciação dos mesmos julgadores originais, acrescidos de outros, os recursos **possuem o efeito regressivo** (diferido ou iterativo) parcial, no tocante aos julgadores que originais.

Os recursos **podem dar ensejo à aplicação do efeito extensivo**, haja visa que julgamento pode beneficiar o coautor ou partícipe. De igual modo, os embargos infringentes e de nulidade possuem o efeito dilatório-procedimental, pois ampliam o rito procedimental. No que toca ao que chamamos de efeito substitutivo, aplicável quando do julgamento do recurso, a decisão proferida substitui a decisão anterior na parte impugnada.

Efeitos[43]	**Embargos infringentes e de nulidade**	
Devolutivo	Parcial (divergência). Plena, no caso de nulidade absoluta.	Sim
Suspensivo	Matéria divergente	Sim
Obstativo	Impede a formação da coisa julgada (divergência)	Sim
Regressivo	Admite reapreciação pelo próprio órgão acrescido	Sim (parcial)
Extensivo	Extensão a coautor ou partícipe	Possível
Substitutivo	Substitui na divergência a decisão anterior	Sim
Translativo	Devolve ao tribunal toda a matéria não preclusa	Não
Dilatório-procedimental	Amplia o rito processual	Sim

34.6 CARTA TESTEMUNHÁVEL

A carta testemunhável é um recurso que tem por escopo levar ao conhecimento do tribunal uma decisão do órgão hierarquicamente inferior que denegou recurso contra decisão proferida ou obstou seu seguimento, apesar de admitido o recurso interposto.

Apesar de predominar o entendimento de que se trata de recurso, pois instrumentaliza o conhecimento de um recurso anterior pelo Tribunal, há entendimento de que não se trata, efetivamente, de recurso, pois seu objeto visa tão somente levar ao conhecimento

42. O STF reconheceu a possibilidade de execução provisória da pena nos casos de julgamento pelo Tribunal do Júri (Tema de Repercussão Geral nº 1068).

43. A completa compreensão dos quadros pressupõe a leitura do texto e entendimento dos efeitos.

e julgamento de um recurso anteriormente interposto. O objeto da decisão, portanto, seria, o recurso anterior e não a carta testemunhável.

A origem da nomenclatura advém o protesto anterior ao escrivão, manifesto na presença de testemunhas, para que esse formalizasse, por escrito, a carta atestatória do incidente[44]. Diz-se testemunhante o recorrente, e testemunhado o recorrido.

34.6.1 Requisitos e processamento

34.6.1.1 Cabimento e adequação

Nos termos do art. 639 do CPP, dar-se-á carta testemunhável: I - da decisão que denegar o recurso; e II - da que, admitindo embora o recurso, obstar à sua expedição e seguimento para o juízo *ad quem*.

A carta testemunhável é um recurso subsidiário, que deve ser utilizado de maneira residual, isto é, somente será admissível quando a hipótese não comportar outra espécie de recurso contra a decisão que denega ou nega seguimento ao recurso. Logo, não se aplica a qualquer espécie de recurso, como na hipótese do não conhecimento de apelação interposta, atacável por RSE (art. 581, XV), não acolhimento de embargos declaratórios e embargos infringentes nos tribunais (em regra combatidos por agravo regimental), denegação de recurso especial ou extraordinário, confrontado por agravo de instrumento (art. 1042, I, CPC).

34.6.1.2 Tempestividade

Nos termos do art. 640, CPP, o prazo para interposição da carta testemunhável é de 48h seguintes ao despacho que denegar o recurso.

34.6.1.3 Regularidade formal e procedimento

De acordo com a sistemática vigente, a carta testemunhável somente é cabível contra as decisões que denegam ou obstam seguimento ao RSE e agravo em execução, recurso ao qual se aplicam as disposições do RSE.

Conforme se extrai do teor do art. 640 do CPP, a carta testemunhável será requerida ao escrivão, ou ao secretário do tribunal, conforme o caso, nas quarenta e oito horas seguintes ao despacho que denegar o recurso, indicando o requerente as peças do processo que deverão ser trasladadas. Nitidamente, percebe-se que a carta testemunhável é formalizada por instrumento.

Nos termos do art. 641 do CPP, o escrivão, ou o secretário do tribunal, dará recibo da petição à parte e, no prazo máximo de cinco dias, no caso de recurso no sentido estrito, fará entrega da carta, devidamente conferida e concertada. Consoante o art. 342, CPP, o escrivão, ou o secretário do tribunal, que se negar a dar o recibo, ou deixar de entregar, sob qualquer pretexto, o instrumento, será suspenso por trinta dias. O juiz, ou o presidente do Tribunal de Apelação, em face de representação do testemunhante, imporá a pena e mandará que seja extraído o instrumento, sob a mesma sanção, pelo substituto do escrivão ou do secretário do tribunal. Se o testemunhante não for atendido,

44. A lição de Francisco Morato foi extraída da obra de Gustavo Badaró, *op. cit.* p. 1021.

poderá reclamar ao presidente do tribunal *ad quem*, que avocará os autos, para o efeito do julgamento do recurso e imposição da pena.

Extraído o traslado das peças indicadas pelo testemunhante, a carta testemunhável deverá seguir o rito do recurso denegado (RSE) conforme dispõe o art. 645 do CPP. Apesar do dispositivo referir-se apenas a aplicação do rito na instância superior, não há razões de ordem prática para não se aplicar o rito integral do recurso desde a origem, especialmente porque o art. 643 do CPP determina a observância do procedimento previsto nos arts. 588 a 592 do CPP, isto é, a intimação do testemunhante para apresentar razões recursais em dois dias, observado o contraditório para o testemunhado no mesmo prazo, com a posterior conclusão ao magistrado para que possa exercer o juízo de retratação quanto à decisão que denegou ou deixou de dar seguimento ao recurso. Retratando-se o magistrado ou dando seguimento ao recurso originalmente interposto, não poderá a parte contrária valer-se do parágrafo único do art. 589 do CPP, porquanto não existe recurso contra a decisão que recebe ou dá seguimento ao recurso.

O art. 644 do CPP prevê que o tribunal, câmara ou turma a que competir o julgamento da carta, se desta tomar conhecimento, mandará processar o recurso, ou, se estiver suficientemente instruída, decidirá logo, *de meritis*. A providência somente será possível se o instrumento formalizado contiver todos os elementos necessários para julgamento, em especial, a observância do contraditório quanto ao mérito do recurso original.

Não sendo possível a providência, por conter a carta, por exemplo, apenas os argumentos e contraditório referentes à questão processual da denegação do recurso, o Tribunal, dando provimento à carta, determinará o processamento do recurso na instância inferior para que suba a permita o julgamento do recurso.

34.6.1.4 Efeitos

A **carta testemunhável possui efeito devolutivo**, limitado ao objeto da impugnação, isto é, o juízo de admissibilidade do recurso denegado ou com seguimento obstado. Poderá, contudo, ter **efeito devolutivo ampliado, mas restrito ao objeto da impugnação principal**, quando estiver devidamente instruída e permitir o julgamento do mérito do recurso original. Tratando-se, contudo, de questão afeta a nulidade absoluta, reconhecível de ofício, será sempre plena. O **efeito suspensivo**, por sua vez, é expressamente afastado pelo art. 646 do CPP.

No que concerne ao **efeito obstativo**, impeditivo da formação da coisa julgada, todos os recursos são dotados de tal efeito, porquanto a matéria, ainda que em parte, pende de decisão. Por devolver a matéria à apreciação do julgador original, por força do juízo de retratação, o recurso **possui o efeito regressivo** (diferido ou iterativo).

A carta testemunhável **não possui efeito extensivo**, salvo se, na forma do art. 644 do CPP, o Tribunal decidir o mérito do recurso original. Isso porque, na carta, objetiva-se tão somente o conhecimento ou seguimento a recurso previamente interposto e não o mérito desse, nesse caso, passível de efeito extensivo. De igual modo, a carta possui o **efeito dilatório-procedimental**, pois amplia o rito procedimental. No que toca ao que chamamos de **efeito substitutivo**, aplicável quando do julgamento do recurso, a decisão proferida substitui a decisão anterior na parte impugnada.

Efeitos[45]	Carta Testemunhável	
Devolutivo	Parcial ou ampliado	Sim
Suspensivo		Não
Obstativo	Impede a formação da coisa julgada	Sim
Regressivo	Admite reapreciação pelo próprio órgão	Sim
Extensivo	Extensão a coautor ou partícipe	Não
Substitutivo	Substitui na divergência a decisão anterior	Sim
Translativo	Devolve ao tribunal toda a matéria não preclusa	Não
Dilatório-procedimental	Amplia o rito processual	Sim

34.7 CORREIÇÃO PARCIAL

A correição parcial é expediente destinado a impugnar ato judicial que, por *error in procedendo*, provoque inversão tumultuária do processo, cuja norma não preveja outro recurso específico para impugnação. Em regra, a inversão tumultuária é uma desordem processual, provocando o desenvolvimento do processo com inobservância do rito.

O instrumento não está previsto no Código de Processo Penal, havendo divergência doutrinária quanto à sua natureza de recurso ou medida administrativa, prevalecendo, no âmbito do STJ, sua compreensão como recurso. Não obstante a ausência de previsão no CPP, o instrumento é previsto em diversas Leis de Organização Judiciária, como correição parcial, ou como reclamação, que não deve ser confundida com a reclamação prevista em sede constitucional.

No âmbito do STF, no julgamento da AP 488/SE[46], a Min. Rel. Ellen Gracie, em julgado do Tribunal Pleno, a destacou como uma "providência administrativo-judicial cabível contra despachos do juiz que possam importar em inversão tumultuária do processo sempre que não houver recurso específico previsto em lei".

34.7.1 Requisitos e processamento

34.7.1.1 Cabimento e adequação

Os pilares da correição parcial fundam-se na inexistência de recurso específico para atacar o ato judicial que provoque a inversão tumultuária do processo, pois se volta para correção de *error in procedendo*, vez que o instituto não se presta, pelo menos em regra, à correção de *error in judicando*. O instrumento possui, portanto, caráter subsidiário.

A correição parcial destina-se apenas a correção de atos tumultuários praticados pelo magistrado, derivados de erro ou abuso, não sendo o remédio adequado para impugnação de atos das partes ou serventuários da Justiça.

45. A completa compreensão dos quadros pressupõe a leitura do texto e entendimento dos efeitos.

46. DJe 23.10.08.

À guisa de exemplo, reconhece-se a possibilidade de correição parcial contra as decisões judiciais que indeferem pedido de dilação do prazo para diligências necessárias à formação da convicção do titular da ação penal pública[47], decisão que nega a suspensão do processo e do curso do prazo prescricional, determinando o prosseguimento do feito contra acusado citado por edital na forma do art. 366 do CPP[48], e etc.

No âmbito do STJ, igualmente se reconheceu a viabilidade da correição parcial como providência destinada a ordenar a administração do processo, afastando os obstáculos (inversão tumultuária, paralisação, dilatação de prazos) que impeçam de alcançar os seus fins, em decorrência de omissão ou ação do juiz, por erro ou abuso de poder[49].

34.7.1.2 Tempestividade

A correição parcial deve ser utilizada no prazo específico previsto pela Lei de Organização Judiciária local. Em regra, esse prazo tem sido fixado em cinco dias.

34.7.1.3 Regularidade formal e procedimento

Conforme vimos, a correição parcial sujeita-se ao prazo e rito definido pela Lei de Organização Judiciária local, sendo imprescindível o conhecimento da norma específica. À título de exemplo, no âmbito do TJSP, TJPR e TJMG (art. 212 do RJTSP, art. 353 do RITJPR e art. 290 do RITJMG, respectivamente), determina-se a aplicação do rito do agravo de instrumento.

Vale destacar apenas, de forma geral, que o STJ entende que, na correição parcial, "a autoridade judiciária é quem ocupa o polo passivo do pedido correicional, razão pela qual não padece de nulidade absoluta o julgamento da Correição Parcial sem a oitiva prévia das partes em conflito na Ação Penal originária. Ademais, o julgamento do referido recurso prescinde de inclusão em pauta, a exemplo do que ocorre com outros recursos, como o Agravo Interno ou Regimental"[50].

34.7.1.4 Efeitos

A **correição parcial possui efeito devolutivo**, limitado ao objeto da impugnação. O **efeito suspensivo**, por sua vez, apesar de não ser concebido como regra, poderá ser concedido diante da existência de risco de dano ou impossível reparação, sendo importante, novamente, a verificação do Regimento Interno do Tribunal.

No que concerne ao **efeito obstativo**, impeditivo da formação da coisa julgada, todos os recursos são dotados de tal efeito, porquanto a matéria, ainda que em parte, pende de decisão. A depender do rito empregado pelo Regimento Interno do Tribunal, caso se admita o juízo de retratação, a correição parcial poderá **possuir efeito regressivo** (diferido ou iterativo).

A correição parcial **não possui efeito extensivo**, porquanto se destina à correção de *error in procedendo*, que alcançará o processo e, pelo menos em primeira ordem,

47. HC 90.584/RS, DJe 23.09.09.
48. HC 154.941/RJ, DJe 28.02.11.
49. RMS 5272/ES, DJ 12.06.95.
50. HC 102082/GO, Rel. Min. Napoleão Nunes Maia Filho, 5ª Turma, DJe 17.11.08.

não atinge interesses de ordem material dos acusados. De igual modo, a carta possui o **efeito dilatório-procedimental**, pois amplia o rito procedimental. No que toca ao que chamamos de **efeito substitutivo**, aplicável quando do julgamento do recurso, a decisão proferida substitui a decisão anterior na parte impugnada.

Efeitos[51]	**Correição Parcial**	
Devolutivo	Parcial	Sim
Suspensivo		Possível
Obstativo	Impede a formação da coisa julgada	Sim
Regressivo	Admite reapreciação pelo próprio órgão	Possível
Extensivo	Extensão a coautor ou partícipe	Não
Substitutivo	Substitui na divergência a decisão anterior	Sim
Translativo	Devolve ao tribunal toda a matéria não preclusa	Não
Dilatório-procedimental	Amplia o rito processual	Sim

34.8 AGRAVO EM EXECUÇÃO

O agravo em execução é o recurso típico para impugnação das decisões proferidas no juízo das execuções penais. Previsto no art. 197 da Lei de 7.210/84 (Lei de Execuções Penais), o recurso foge, em linhas gerais ao escopo da obra, que se destina ao estudo do processo penal e não da execução penal em si, merecedora de abordagem específica.

Não obstante, apenas para fins de firmarmos uma luz interpretativa, vale registrar que o art. 197 da LEP não disciplinou o rito do agravo em execução. Diante da lacuna legal, firmou-se a compreensão de que o procedimento a ser aplicado é do recurso em sentido estrito, inclusive com observância do mesmo prazo para interposição, conforme se extrai da Súmula 700 do STF: "é de cinco dias o prazo para interposição de agravo contra decisão do juiz da execução penal".

Assim, dada a semelhança ao RSE, remetemos o leitor ao estudo do procedimento do referido recurso, apenas com o destaque quanto ao efeito suspensivo, expressamente negado pelo art. 197 da LEP, mas possível na hipótese do art. 179 da Lei de Execuções Penais, cessação da periculosidade, que pressupõe o trânsito em julgado da decisão, afastado pela interposição do agravo em execução.

34.9 RECURSO ESPECIAL E EXTRAORDINÁRIO

A nova redação do art. 638 do CPP, conferida pela Lei 13.964/19, expressamente consignou que "o recurso extraordinário e o recurso especial serão processados e julgados no Supremo Tribunal Federal e no Superior Tribunal de Justiça na forma estabelecida por leis especiais, pela lei processual civil e pelos respectivos regimentos internos". Assim, percebe-se que o regramento de tais recursos foi excluído do CPP, devendo ser observados outros diplomas legais.

51. A completa compreensão dos quadros pressupõe a leitura do texto e entendimento dos efeitos.

Os recursos especial e extraordinário são meios de impugnação de natureza extraordinária, vez que não reexaminam todo o julgado, mas tão somente o aspecto jurídico da decisão impugnada. Por consequência, são recursos de fundamentação vinculada, haja vista que o objeto de análise foi delimitado pela Constituição Federal.

Não há, portanto, análise da prova sob a perspectiva dos fatos. A assertiva é confirmada pelas seguintes súmulas dos Tribunais Superiores:

- **Súmula 07 do STJ:** A pretensão de simples reexame de prova não enseja recurso especial.
- **Súmula 279 do STF:** Para simples reexame de prova não cabe recurso extraordinário.

A restrição, todavia, não atinge o aspecto formal da prova, no sentido da observância de sua licitude, matéria de direito. O que não se admite é o reexame das provas, realizado sob a luz dos fatos demonstrados no processo.

Ambos os recursos, por força constitucional, objetivam impugnar as decisões proferidas em única ou última instância, arts. 102, III e art. 105, III, da Constituição Federal, diferenciando-se pelo Tribunal competente em razão da matéria impugnada. Os recursos, portanto, pressupõem o exaurimento das instâncias ordinárias[52].

34.9.1 Conceitos comuns a ambos os recursos

34.9.1.1 Órgão prolator da decisão impugnada

a) Recurso Especial: conforme dispõe o art. 105, III, CF, cabe ao STJ julgar, em recurso especial, as causas decididas, em única ou última instância, pelos Tribunais Regionais Federais ou pelos tribunais dos Estados, do Distrito Federal e Territórios (...). Verifica-se, portanto, que a CF conferiu ao STJ o poder de julgar as causas decididas em única (competência originária do TJ e TRF) ou última instância, pelos Tribunais de Justiça e Tribunais Regionais Federais. Não cabe o STJ, dessa forma, o julgamento de "recursos especiais" oriundos da Justiça Eleitoral[53], recurso proveniente da Justiça Militar ou dos Juizados Especiais Criminais[54].

b) Recurso Extraordinário: segundo o art. 102, III, da CF, compete ao STF julgar, mediante recurso extraordinário, as causas decididas em única ou última instância (...). Ao contrário da previsão específica para o recurso especial, o recurso extraordinário exige, no tocante à origem do órgão prolator da decisão impugnada, que a causa de tenha sido decidida em única (competência originária) ou última instância. Assim, cabe recurso extraordinário de decisões proferidas pelos TJs dos Estados e Distrito Federal, TRFs, TSE, STM e, até mesmo de decisões das Turmas Recursais dos Juizados Especiais Criminais (Súmula 640, STF[55]).

52. Súmula 281 do STF: É inadmissível o recurso extraordinário, quando couber na Justiça de origem, recurso ordinário da decisão impugnada.

53. Art. 276, I, Código Eleitoral. O recurso é dirigido para o TSE.

54. Súmula 203 do STJ: Não cabe recurso especial contra decisão proferida por órgão de segundo grau dos Juizados Especiais.

55. É cabível recurso extraordinário contra decisão proferida por juiz de primeiro grau nas causas de alçada, ou por turma recursal de juizado especial cível e criminal.

34.9.1.2 Causa decidida em única ou última instância

Uma causa decidida em única instância é aquela cujo processamento foi conferido a um único juízo, a exemplo dos crimes de competência originária processados nos Tribunais de Justiça dos Estados. Por outro lado, uma causa decidida em última instância é aquela cuja análise passou por mais de um grau de jurisdição e não mais comporta a interposição de recursos ordinários. Pressupõe-se, portanto, o esgotamento da instância. Nesses sentido estão as Súmulas 281 do STF[56] e 207 do STJ[57].

34.9.1.3 Questão de fato e questões de direito

Apesar das válidas críticas doutrinárias quanto à compreensão geral de que os recursos extraordinários só comportam discussão quanto às questões jurídicas, porquanto, por vezes a matéria de fato não pode ser dissociada da jurídica, a compreensão deve ser dirigida no sentido de que, nos recursos especial e extraordinário, não se admite o mero reexame de prova, sob a perspectiva de valoração quanto à caracterização do fato "A" ou "B".

Assim, não se admitirá o recurso especial, por exemplo, para se discutir se Caio estava ou não no local do crime, quando o juízo de última instância entendeu por caracterizada sua presença no local. Não obstante, caso o Tribunal tenha alcançado tal conclusão com lastro em prova ilícita, a matéria poderá ser apreciada pelo STJ, haja vista que o pano de fundo da discussão - o fato - funda-se em prova cuja licitude se questiona.

Mesmo se tratando de questão de direito, não se admite recurso extraordinário por ofensa a direito local, conforme se extrai do teor da Súmula 280 do STF.

34.9.1.4 Prequestionamento

➔ ATENÇÃO - ASSUNTO COBRADO NO MPPR - CONCURSO 2016

Discorra sobre o prequestionamento nos recursos extraordinário e especial, declinando seu conceito e classificação, e esclarecendo, justificadamente, à luz das Súmulas dos respectivos Tribunais, se há o preenchimento do referido requisito de admissibilidade nas hipóteses de (a) não conhecimento dos embargos declaratórios deduzidos com o fim de prequestionamento, (b) conhecimento e desacolhimento destes mesmos embargos, ou (c) conhecimento e acolhimento destes mesmos embargos.

O prequestionamento não foi previsto expressamente pela Constituição Federal, tendo origem na construção lógica da jurisprudência que parte da premissa de tratamento anterior da matéria pelo órgão judicial contra o qual se impugna a decisão. Prequestionar é questionar de forma antecedente, isto é, a questão já ter sido objeto de valoração judicial anterior. De fato, como nos recursos especial e extraordinário se pressupõe o julgamento em única ou última instância, não haveria sentido em se impor, ao STJ e STF, a análise, em primeira mão, de questões não previamente debatidas e valoradas.

56. É inadmissível o recurso extraordinário, quando couber na Justiça de origem, recurso ordinário da decisão impugnada.

57. É inadmissível recurso especial quando cabíveis embargos infringentes contra o acórdão proferido no tribunal de origem.

Para fins de prequestionamento, não basta a mera discussão. É imprescindível que a questão tenha sido analisada pelo último órgão julgador, devendo constar do acórdão a manifestação sobre o tema, ainda que lançado de ofício pelo Tribunal, isto é, sem alegação das partes.

O requisito do prequestionamento foi concretizado em duas súmulas do STF e duas do STJ:

> Súmula 282, STF: é inadmissível o recurso extraordinário, quando não ventilada, na decisão recorrida, a questão federal suscitada.
>
> Súmula 356, STF: o ponto omisso da decisão, sobre o qual não foram opostos embargos declaratórios, não pode ser objeto de recurso extraordinário, por faltar o requisito do prequestionamento".
>
> Súmula 211, STJ: inadmissível recurso especial quanto à questão que, a despeito da oposição de embargos declaratórios, não foi apreciada pelo tribunal *a quo*.
>
> Súmula 320, STJ: A questão federal somente ventilada no voto vencido não atende ao requisito do prequestionamento.

Em nossa compreensão, com entrada em vigor do novo CPC, as Súmulas oriundas do STF permanecem hígidas, ao passo que as Súmulas 211 e 320 do STJ foram superadas, não obstante o Tribunal assim não admitir.

A superação, para nós, advém do teor do §3º do art. 941 e art. 1.025 do CPC:

> Art. 941 (...) §3º O voto vencido será necessariamente declarado e considerado parte integrante do acórdão para todos os fins legais, inclusive de pré-questionamento.
>
> Art. 1.025. Consideram-se incluídos no acórdão os elementos que o embargante suscitou, para fins de pré-questionamento, ainda que os embargos de declaração sejam inadmitidos ou rejeitados, caso o tribunal superior considere existentes erro, omissão, contradição ou obscuridade.

Se o voto vencido integra o acórdão, não há razões para aplicação da Súmula 320 do STJ. No mesmo sentido, à vista do art. 1.025 do CPC, se os elementos levantados nos embargos se consideram incluídos no acórdão, ainda que os embargos de declaração sejam inadmitidos ou rejeitados, caso o tribunal superior considere existente erro, omissão, contradição ou obscuridade, não haveria porque se aplicar a Súmula 211 do STJ, pois o prequestionamento – constar do acórdão – estaria satisfeito. De toda sorte, conforme destacamos, o STJ ainda entende por válidas referidas súmulas.

Sustenta-se, na doutrina e na jurisprudência, três espécies de prequestionamento: o explícito, o implícito e o ficto.

Ocorre o **prequestionamento explícito** quando houver enfrentamento expresso da matéria na decisão recorrida, com menção dos artigos de lei ou da Constituição Federal, havidos por violados pelo recorrente. Não há o prequestionamento, portanto, caso o tribunal apenas mencione o princípio do devido processo legal, sem apontar, expressamente, o art. 5º, LIV, da CF.

Por outro lado, ocorre o **prequestionamento implícito** quando a questão constitucional ou federal de fundo é enfrentada de forma expressa, mas não há menção aos artigos de norma tidos como violados, à exemplo da hipótese acima descrita, quando o tribunal faz menção ao princípio, mas deixa de indicar o artigo de lei ou da Constituição Federal.

Por sua vez, o chamado **prequestionamento ficto** ocorre quando a parte, apesar de tentar obter uma decisão do Tribunal, por oposição de embargos de declaração com o fim prequestionatório, não receber a devida decisão por omissão do Tribunal ao enfrentamento do tema.

Segundo o STJ, "para que se admita a figura do prequestionamento ficto, **é necessário que a parte tenha veiculado, no recurso especial, a alegação de ofensa ao art. 619 do Código de Processo Penal**, indicando a existência de **omissão acerca do ponto** cuja apreciação é pretendida. Somente após a constatação, por esta Corte Superior, de que realmente o Tribunal de origem omitiu-se na análise de tema que deveria ter sido por ele enfrentado, é que se pode considerar fictamente prequestionada a matéria de natureza estritamente jurídica"[58].

Na jurisprudência, o STF admite os prequestionamentos explícito e ficto[59], afastando o implícito[60]. O STJ, por sua vez, admite todas as modalidades.

34.9.2 Requisitos e processamento

34.9.2.1 Cabimento e adequação

O RExt e o REsp foram previstos, respectivamente, nos arts. 102, III e art. 105, III, da Constituição Federal. Vejamo-los, separadamente.

34.9.2.1.1 Recurso Extraordinário

a) **Contrariar dispositivo constitucional (art. 102, III, *a*)**

A contrariedade ao dispositivo constitucional deve ser clara, uma ofensa direta e frontal, de forma que a contrariedade reflexa não atende o pressuposto, conforme se extrai do entendimento exarado pelo Min. Cezar Peluso, no julgamento do AI-AgR 208.260/PA[61]: "não se admite recurso extraordinário que teria por objeto alegação de ofensa que, irradiando-se de má interpretação, aplicação, ou, até, inobservância de normas infraconstitucionais, seria apenas indireta à Constituição da República".

Tratando-se de dispositivo infraconstitucional que tão somente repete o texto constitucional, a exemplo do art. 1º do CP, que repete o art. 5º, XXXIX da CF, há ofensa direta, e não reflexa, ao texto constitucional. A questão passa longe da simplicidade, haja vista que diversos temas tratados pela Constituição Federal, especialmente associados a garantias processuais, cada vez mais positivadas em Leis Federais, acabam recebendo o tratamento pelo STJ e não pelo STF, deturpando a razão de ser do Pretório Excelso. À guisa de exemplo, BADARÓ[62] (2021, p. 1039), indicando a jurisprudência correlata, esclarece que "há inúmeros julgados reconhecendo ser incabível em recurso extraordinário apreciar a

58. AgRg no AREsp 1460994/MG, Rel. Min. Laurita Vaz, 6ª Turma, DJe 15.06.20.

59. O entendimento dominante no STF sempre foi no sentido de que o ponto omitido pelo acórdão recorrido, desde que opostos embargos de declaração e diante da recusa da instância de origem em se manifestar sobre ele, é passível de apreciação no recurso extraordinário, sem a necessidade de arguição de nulidade do acórdão. Ou seja, o STF sempre admitiu o prequestionamento ficto, suavizando, claramente, a austeridade literal do enunciado constante de sua Súmula nº 356/STF. AgRg no RExt com Ag 1.271070/SP, Rel. Min. Dias Toffoli, Pleno, j. 08.09.20.

60. ARE 1374062 AgR, Rel. Min. Ricardo Lewandowski, 2ª Turma, DJe 01.06.22.

61. STF: DJe 01.02.08.

62. *op.cit.*

violação ao princípio da legalidade (CR, art. 5º, *caput*, II), à coisa julgada (art. 5º, *caput*, XXXVI, parte final), ao devido processo legal (art. 5º, *caput*, LIV), ou ao contraditório e à ampla defesa (art. 5º, *caput*, LV) em razão da interpretação de normas infraconstitucionais pertinentes[63]". Aos exemplos, segundo o autor, some-se a eventual violação do princípio do juiz natural[64] e a invocação do princípio da inafastabilidade do controle jurisdicional[65].

O art. 1.033 do CPC, contudo, trouxe uma importante inovação na matéria: se o Supremo Tribunal Federal considerar como reflexa a ofensa à Constituição afirmada no recurso extraordinário, por pressupor a revisão da interpretação de lei federal ou de tratado, remetê-lo-á ao Superior Tribunal de Justiça para julgamento como recurso especial. De forma invertida, o art. 1.032 do mesmo diploma legal, assinala que: se o relator, no STJ, entender que o recurso especial versa sobre questão constitucional, deverá conceder o prazo de 15 dias para que o recorrente demonstre a existência de repercussão geral e se manifeste sobre a questão constitucional. Conforme o parágrafo único do dispositivo, cumprida a diligência, o relator remeterá o recurso ao Supremo Tribunal Federal, que, em juízo de admissibilidade, poderá devolvê-lo ao Superior Tribunal de Justiça.

Segundo AURY LOPES JR.[66] (2020, p. 1685):

> Ambos os artigos buscam "salvar" o recurso interposto e evitar a chamada **"jurisprudência defensiva"**, ou seja, a situação em que um tribunal diz que a competência é do outro e nenhum dos dois julga. Talvez com essas duas inovações diminuam os casos em que existe um "jogo de empurra": o STF não conhece do recurso extraordinário porque entende que a violação à Constituição é reflexa; e o STJ não julga o recurso especial por entender que o tema extrapola a dimensão da lei infraconstitucional... Ademais, é sabido que muitas matérias penais e processuais penais (especialmente) situam-se no entrelugar, ou seja, são simultaneamente passíveis de análise sob a ótica da principiologia constitucional e também sob a perspectiva infraconstitucional (CPP). Mais do que isso, a distinção entre ofensa direta e ofensa reflexa à Constituição é tênue e, ainda, discursivamente manipulável. Novamente, esperamos que os dispositivos encontrem eficácia e efetividade no STF e no STJ, para reduzir os espaços impróprios da discricionariedade judicial e do decisionismo, em nome de uma tutela jurisdicional realmente efetiva.

Nessa cinzenta jornada, cuja solução tem sido pautada pela discricionariedade maior do STF, vale lembrar a, para nós, tenebrosa Súmula 400 do Pretório Excelso: "Decisão que deu razoável interpretação à lei, ainda que não seja a melhor, não autoriza recurso extraordinário pela letra "a" do art. 101, III, da Constituição Federal". Contentar-se com a "razoável" interpretação, com o destaque de "ainda que não seja a melhor" não nos parece adequado para órgão maior do Poder Judiciário, que deve buscar a maior efetividade constitucional, interpretando-a, de forma ótima, porquanto se trata da nossa norma fundamental.

b) **Declarar a inconstitucionalidade de tratado ou lei federal (art. 102, III, *b*)**

A previsão contempla as hipóteses de declaração de inconstitucionalidade de normas federais consubstanciadas em leis ou tratado. Assim, sempre que o tribunal declarar a

63. STF, AI 796.905-AgR/PE; STF, AI 622.814-Agr/PR; STF, ARE 642.062-AgR/RJ.
64. STF, ARE 835.556 AgRg/ES.
65. STF, AgRg no ARE 915.565/BA.
66. *op.cit.*

inconstitucionalidade de uma lei federal, é cabível o controle por parte do STF, guardião da Constituição, pela via do recurso extraordinário.

c) **Julgar válida lei ou ato de governo local contestado em face da Constituição (art. 102, III, *c*)**

O dispositivo segue a lógica a previsão anterior, atinente ao controle de constitucionalidade. Em razão da competência privativa da União para legislar sobre matéria penal e processual penal (art. 22, I), poucas são as hipóteses de aplicação do dispositivo. Somente nos casos de normas penais em branco que buscam seu complemento em atos administrativos ou legislação não federal poderão satisfazer a moldura típica da alínea *c*.

d) **Julgar válida lei local contestada em face de lei federal (art. 102, III, *d*)**

O contencioso constitucional previsto na alínea *d* envolve, na realidade, uma discussão constitucional acerca de competência constitucional, razão pela qual passou a desafiar o recurso extraordinário em detrimento do recurso especial, conforme previsão original da Constituição, alterada pela Emenda 45/04. Em linhas gerais, sua aplicação à matéria processual penal é restrita aos comentários da hipótese anterior.

e) **Repercussão Geral de matéria constitucional**

O §3º do art. 102 da CF foi incluído pela Emenda Constitucional 45/04 e dispõe: No recurso extraordinário o recorrente deverá demonstrar a repercussão geral das questões constitucionais discutidas no caso, nos termos da lei, a fim de que o Tribunal examine a admissão do recurso, somente podendo recusá-lo pela manifestação de dois terços de seus membros.

Com a previsão, inaugurou-se um novo pressuposto de admissibilidade do recurso extraordinário, a chamada repercussão geral, atualmente regrada pelo art. 1.035 do CPC. Do referido artigo, nitidamente se extrai a conjugação da relevância e transcendência como vetores para identificação da repercussão geral. De fato, o §1º assinala que, "para efeito de repercussão geral, será considerada a existência ou não de **questões relevantes** do ponto de vista econômico, político, social ou jurídico que **ultrapassem os interesses subjetivos do processo**".

O §3º do art. 1.035 do CPC, por sua vez, cria outras duas hipóteses de repercussão geral *ope legis*: Haverá repercussão geral sempre que o recurso impugnar acórdão que: I - contrarie súmula ou jurisprudência dominante do Supremo Tribunal Federal; III - tenha reconhecido a inconstitucionalidade de tratado ou de lei federal, nos termos do art. 97 da Constituição Federal. Do §2º do art. 1.035, extrai-se que a competência para análise da repercussão geral é do STF.

Reconhecida a repercussão geral, o relator no Supremo Tribunal Federal determinará a suspensão do processamento de todos os processos pendentes, individuais ou coletivos, que versem sobre a questão e tramitem no território nacional (§5º). Negada a repercussão geral, o presidente ou o vice-presidente do tribunal de origem negará seguimento aos recursos extraordinários sobrestados na origem que versem sobre matéria idêntica (§8º). A decisão que não reconhece a repercussão geral é irrecorrível (art. 1.035, *caput*, CPC).

34.9.2.1.2 Recurso Especial

a) **Contrariar ou negar vigência de tratado ou lei federal (art. 105, III, *a*)**

Caberá recurso especial quando a decisão do tribunal *a quo* for contrária a algum tratado internacional ou lei federal. A compreensão acerca de "lei federal" deve compreender a legislação federal em sentido amplo, para abranger os decretos e regulamentos. Não se insere nesse contexto os Regimentos Internos dos Tribunais, *ex vi* Súmula 399 do STF[67]. Será admitido o recurso especial, igualmente, quando o for negada a vigência de tratado ou federal, isto é, quando a norma deixar de ser aplicada quando pertinente.

A hipótese é bastante comum, especialmente no tocante à inobservância da forma processual prevista para realização dos atos processuais (princípio da tipicidade das formas), porquanto tal comportamento equivale à negativa de vigência de lei federal.

No tocante aos tratados internacionais, há que observar, todavia, a forma de ingresso no sistema jurídico pátrio. Isso porque, caso tenha sido aprovado nos termos do art. 5º, §3º da Constituição Federal, assumirá o *status* de emenda constitucional, devendo sua conformação ser realizada perante o STF, por meio de recurso extraordinário.

b) **Julgar válido ato de governo local contestado em face de lei federal (art. 105, III, *b*)**

O dispositivo segue a lógica da previsão similar para o recurso extraordinário, destinada agora, ao controle judicial sobre aplicação da lei federal. Em razão da competência privativa da União para legislar sobre matéria penal e processual penal (art. 22, I), poucas são as hipóteses de aplicação do dispositivo.

c) **Der a lei federal interpretação divergente da que lhe haja atribuído outro tribunal (art. 105, III, *c*)**

Ocorre o chamado **dissídio jurisprudencial** quando o Tribunal local conferir à lei federal interpretação divergente da concebida por outro Tribunal. Na hipótese, por exemplo, o TJSP diverge da interpretação dada pelo TJRJ em relação a um mesmo dispositivo legal, não se aplicando às situações de divergência interna, no mesmo Tribunal conforme a Súmula 13 do STJ: A divergência entre julgados do mesmo Tribunal não enseja recurso especial.

A prova da divergência deverá ser realizada por certidão, cópia ou citação do repositório de jurisprudência, oficial ou credenciado, inclusive em mídia eletrônica, em que houver sido publicado o acórdão divergente, ou ainda com a reprodução de julgado disponível na rede mundial de computadores, com indicação da respectiva fonte, devendo-se, em qualquer caso, mencionar as circunstâncias que identifiquem ou assemelhem os casos confrontados (art. 1029, §1º, CPC).

Do dispositivo, na linha do §1º do art. 255 do RJSTJ, extrai-se a necessidade de demonstração analítica da divergência, isto é, da demonstração das circunstâncias que identifiquem ou assemelhem os casos confrontados. Vale destacar o teor da Súmula 83 do STJ, que, em síntese, afasta a divergência quando o próprio tribunal tiver modificado sua orientação: "Não se conhece do recurso especial pela divergência quando a orientação do Tribunal se firmou no mesmo sentido da decisão recorrida".

A Emenda Constitucional 125/22, incluiu o §2º no art. 105 da CF para prever que: "No recurso especial, o recorrente deve demonstrar a **relevância das questões de direito federal infraconstitucional discutidas no caso**, nos termos da lei, a fim de que a admissão do recurso seja examinada pelo Tribunal, o qual somente pode dele não conhecer com base nesse motivo pela manifestação de 2/3 (dois terços) dos membros do órgão competente

67. Não cabe recurso extraordinário, por violação de lei federal, quando a ofensa alegada for a regimento de tribunal.

para o julgamento. O §3º, igualmente incluído, estabelece, *ope lege*, a relevância nos casos de: I - ações penais; II - ações de improbidade administrativa; III - ações cujo valor da causa ultrapasse 500 (quinhentos) salários mínimos; IV - ações que possam gerar inelegibilidade; V - hipóteses em que o acórdão recorrido contrariar jurisprudência dominante o Superior Tribunal de Justiça; VI - outras hipóteses previstas em lei.

Diante da previsão expressa de relevância nas ações penais, a alteração legal não nos traz maiores problemas para interposição do recurso especial.

34.9.2.2 Tempestividade

O prazo para interposição de ambos os recursos é de quinze dias (art. 1.003, §5º), a contar de intimação do acordão. Interposto o recurso, será aberto o prazo de 15 dias para contrarrazões (art. 1.030, CPC). Havendo a interposição simultânea dos recursos especial e extraordinário, e admitidos, serão enviados ao STJ e, concluído o julgamento do recurso especial, será enviado ao STF se o recurso extraordinário não tiver sido prejudicado (art. 1.031, § 1º, CPC).

34.9.2.3 Regularidade formal e procedimento

O recurso extraordinário e o recurso especial serão interpostos perante o presidente ou o vice-presidente do tribunal recorrido, em petições distintas que conterão: I - a exposição do fato e do direito; II - a demonstração do cabimento do recurso interposto; III - as razões do pedido de reforma ou de invalidação da decisão recorrida (art. 1.029, *caput*, CPC). Interposto o recurso, será aberto o prazo de 15 dias para contrarrazões (art. 1.030, CPC).

Havendo vício formal em recurso tempestivo, o Supremo Tribunal Federal ou o Superior Tribunal de Justiça poderá desconsiderá-lo ou determinar sua correção, desde que não o repute grave (§3º do art. 1.029, CPC).

Recebida a petição do recurso pela secretaria do tribunal e apresentadas as contrarrazões recursais os autos serão conclusos ao presidente ou ao vice-presidente do tribunal recorrido, que deverá (art. 1.030, *caput*):

> I – negar seguimento:
>
> a) a recurso extraordinário que discuta questão constitucional à qual o Supremo Tribunal Federal não tenha reconhecido a existência de repercussão geral ou a recurso extraordinário interposto contra acórdão que esteja em conformidade com entendimento do Supremo Tribunal Federal exarado no regime de repercussão geral;
>
> b) a recurso extraordinário ou a recurso especial interposto contra acórdão que esteja em conformidade com entendimento do Supremo Tribunal Federal ou do Superior Tribunal de Justiça, respectivamente, exarado no regime de julgamento de recursos repetitivos;
>
> II – encaminhar o processo ao órgão julgador para realização do juízo de retratação, se o acórdão recorrido divergir do entendimento do Supremo Tribunal Federal ou do Superior Tribunal de Justiça exarado, conforme o caso, nos regimes de repercussão geral ou de recursos repetitivos;
>
> III – sobrestar o recurso que versar sobre controvérsia de caráter repetitivo ainda não decidida pelo Supremo Tribunal Federal ou pelo Superior Tribunal de Justiça, conforme se trate de matéria constitucional ou infraconstitucional;
>
> IV – selecionar o recurso como representativo de controvérsia constitucional ou infraconstitucional, nos termos do § 6º do art. 1.036;

V – realizar o juízo de admissibilidade e, se positivo, remeter o feito ao Supremo Tribunal Federal ou ao Superior Tribunal de Justiça, desde que:

a) o recurso ainda não tenha sido submetido ao regime de repercussão geral ou de julgamento de recursos repetitivos;

b) o recurso tenha sido selecionado como representativo da controvérsia; ou

c) o tribunal recorrido tenha refutado o juízo de retratação.

§ 1º Da decisão de inadmissibilidade proferida com fundamento no inciso V caberá agravo ao tribunal superior, nos termos do art. 1.042.

§ 2º Da decisão proferida com fundamento nos incisos I e III caberá agravo interno, nos termos do art. 1.021.

Segundo o art. 1.032, CPC, se o relator, no Superior Tribunal de Justiça, entender que o recurso especial versa sobre questão constitucional, deverá conceder prazo de 15 (quinze) dias para que o recorrente demonstre a existência de repercussão geral e se manifeste sobre a questão constitucional. Conforme o parágrafo único, cumprida a diligência, o relator remeterá o recurso ao Supremo Tribunal Federal, que, em juízo de admissibilidade, poderá devolvê-lo ao Superior Tribunal de Justiça.

Se o Supremo Tribunal Federal considerar como reflexa a ofensa à Constituição afirmada no recurso extraordinário, por pressupor a revisão da interpretação de lei federal ou de tratado, deverá remetê-lo ao Superior Tribunal de Justiça para julgamento como recurso especial (art. 1.033, CPC). Admitido o recurso extraordinário ou o recurso especial, o Supremo Tribunal Federal ou o Superior Tribunal de Justiça julgará o processo, aplicando o direito (art. 1.034, CPC). Admitido o recurso extraordinário ou o recurso especial por um fundamento, devolve-se ao tribunal superior o conhecimento dos demais fundamentos para a solução do capítulo impugnado (parágrafo único do art. 1.034, CPC).

No tocante ao julgamento dos recursos extraordinário e especial repetitivos, o procedimento foi regulamentado nos arts. 1.036 a 1.041, CPC.

34.9.2.4 Efeitos

Os **recursos especial e extraordinário possuem efeito devolutivo**, limitado ao objeto da impugnação. Tratando-se, contudo, de questão afeta a nulidade absoluta, reconhecível de ofício, será sempre plena. O **efeito suspensivo**, por sua vez, no caso de condenação anterior, é de rigor em razão da presunção de inocência, não se admitindo a execução provisória da pena como regra[68]. Tratando-se de recurso interposto pela acusação quanto à absolvição ou situação que o recurso possa trazer prejuízos ao réu, não há efeito suspensivo.

No que concerne ao **efeito obstativo**, impeditivo da formação da coisa julgada, todos os recursos são dotados de tal efeito, porquanto a matéria, ainda que em parte, pende de decisão. REsp e RExt **não possuem o efeito regressivo** (diferido ou iterativo), pois não devolvem a matéria para reapreciação ao mesmo órgão. Excepcionalmente, o efeito iterativo poderá ocorrer nos casos de julgamento de recursos repetitivos (art. 1.040, *caput*, II, CPC),

68. Vide comentários quanto ao recurso de apelação no âmbito do Tribunal do Júri.

Os recursos **podem dar ensejo à aplicação do efeito extensivo**, haja visa que julgamento pode beneficiar o coautor ou partícipe. De igual modo, possuem o **efeito dilatório-procedimental**, pois ampliam o rito procedimental. No que toca ao que chamamos de efeito substitutivo, aplicável quando do julgamento do recurso, a decisão proferida substitui a decisão anterior na parte impugnada.

Efeitos[69]	**Recursos Extraordinário e Especial**	
Devolutivo	Parcial (divergência). Plena, no caso de nulidade absoluta.	Sim
Suspensivo	Interposto contra absolvição Interposto contra condenação	Não Sim
Obstativo	Impede a formação da coisa julgada (divergência)	Sim
Regressivo	Admite reapreciação pelo próprio órgão acrescido	Não (regra)
Extensivo	Extensão a coautor ou partícipe	Possível
Substitutivo	Substitui na divergência a decisão anterior	Sim
Translativo	Devolve ao tribunal toda a matéria não preclusa	Não
Dilatório-procedimental	Amplia o rito processual	Sim

69. A completa compreensão dos quadros pressupõe a leitura do texto e entendimento dos efeitos.

34.10 SÍNTESE GRÁFICA

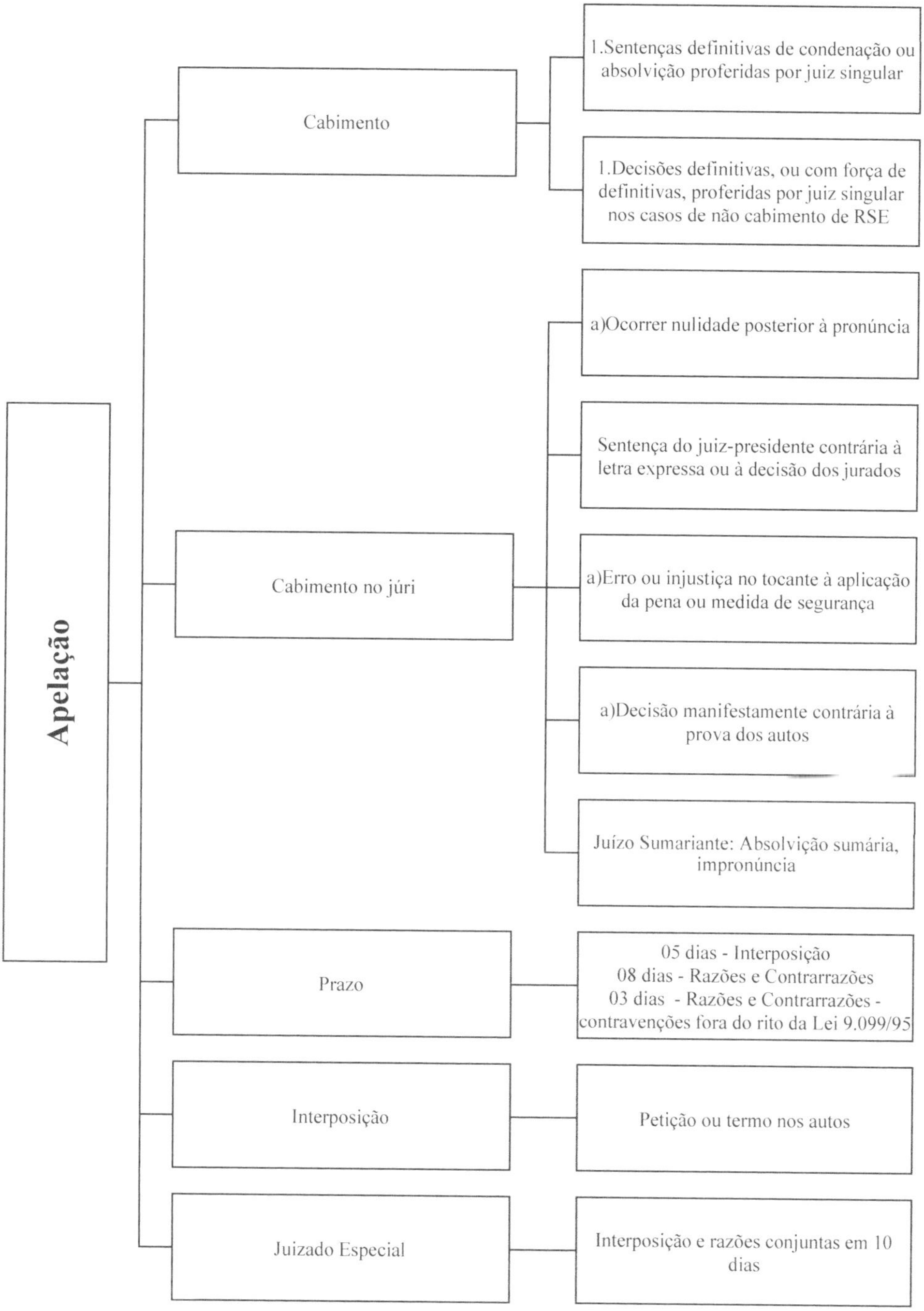

Efeitos[70]	Apelação	
Devolutivo	Plena ou parcial, a depender da interposição	Sim
Suspensivo	Absolvição própria	Não
	Absolvição imprópria	Sim (indireto)
	Condenatória	Sim
	Tribunal do Júri	Não[71] (regra)
	Tribunal do Júri	Possível[72]
	Apelação interposta pelo assistente da acusação	Não
Obstativo	Impede a formação da coisa julgada	Sim
Regressivo	Admite juízo de retratação	Não
Extensivo	Extensão a coautor ou partícipe	Possível
Substitutivo	Substitui a decisão anterior com o julgamento	Sim
Translativo	Devolve ao tribunal toda a matéria não preclusa	Não
Dilatório-procedimental	Amplia o rito processual	Sim

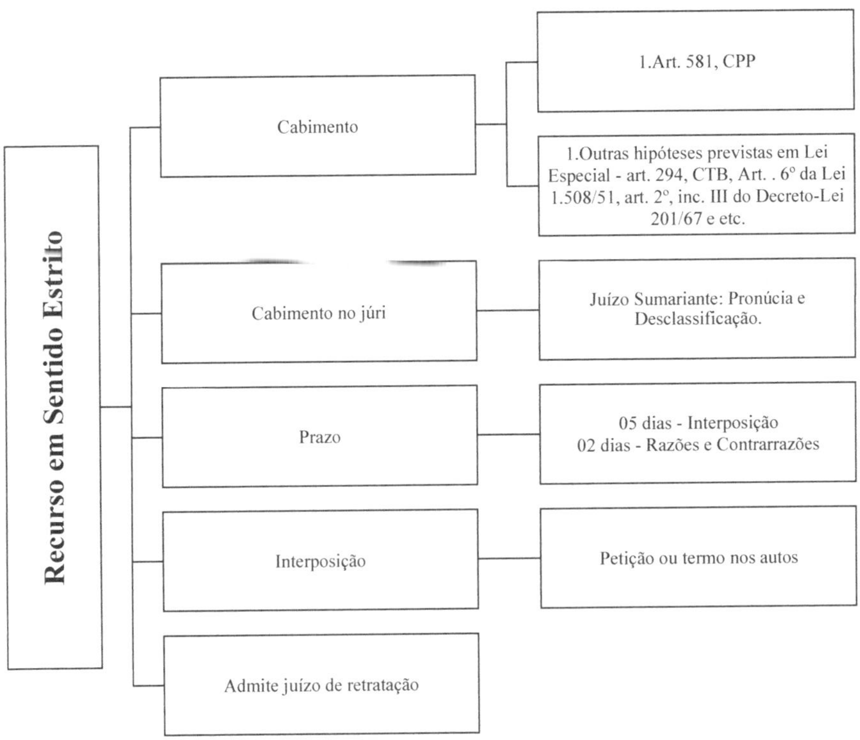

70. A completa compreensão dos quadros pressupõe a leitura do texto e entendimento dos efeitos.

71. Regra. Vide explicação anterior à tabela no tocante a constitucionalidade do art. 492, §4º do CPP.

72. §3º e §5º do art. 492 do CPP.

Efeitos[73]	Recurso em Sentido Estrito	
Devolutivo	Plena ou parcial, a depender da interposição	Sim
Suspensivo	Regra	Não
	Perda da fiança	Sim
	Decisão que julga quebrada a fiança	Sim
	Decisão de denega a apelação ou a julga deserta	Sim
	Recurso contra pronúncia	Sim
	Decisão que não homologa o ANPP[74]	Possível
	Decisão concessiva ou denegatória de prisão preventiva ou afastamento do vereador afastado do cargo (art. 2º, III, Decreto-Lei 201/67	Sim
Obstativo	Impede a formação da coisa julgada	Sim
Regressivo	Admite juízo de retratação	Sim
Extensivo	Extensão a coautor ou partícipe	Possível
Substitutivo	Substitui a decisão anterior com o julgamento	Sim
Translativo	Devolve ao tribunal toda a matéria não preclusa	Não
Dilatório-procedimental	Amplia o rito processual	Sim

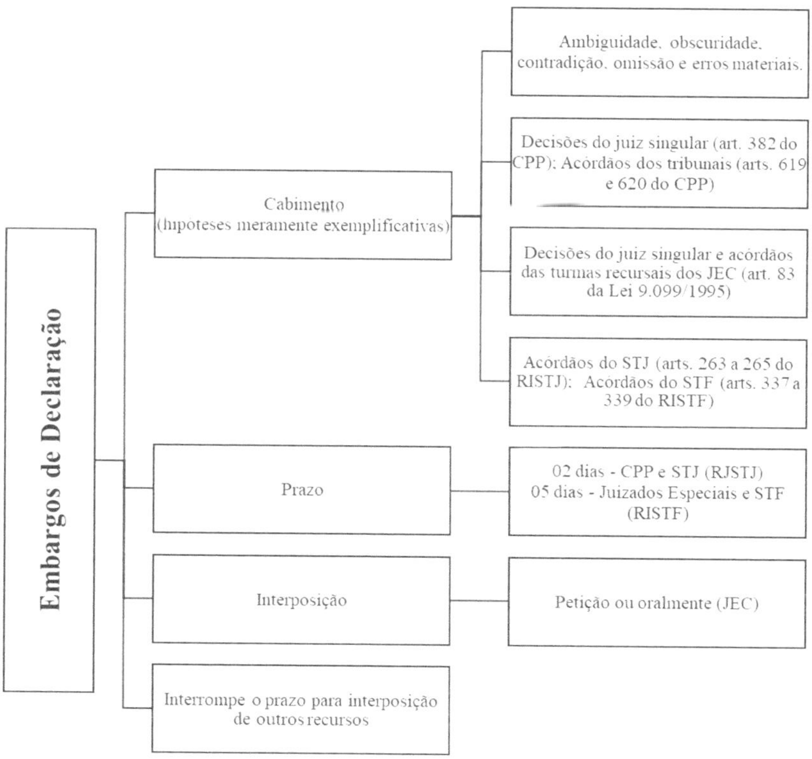

73. A completa compreensão dos quadros pressupõe a leitura do texto e entendimento dos efeitos.

74. Não há previsão expressa. Contudo, entendemos por possível em determinadas situações.

Efeitos[75]	**Embargos de declaração**	
Devolutivo	Plena ou parcial, a depender do objeto da oposição	Sim
Suspensivo	Regra Com feito infringente	Não Sim
Obstativo	Impede a formação da coisa julgada	Sim
Regressivo	Admite alteração pelo próprio órgão	Sim
Extensivo	Extensão a coautor ou partícipe	Possível
Substitutivo	Substitui a decisão anterior com o julgamento	Possível
Translativo	Devolve toda a matéria não preclusa	Não
Dilatório-procedimental	Amplia o rito processual	Sim

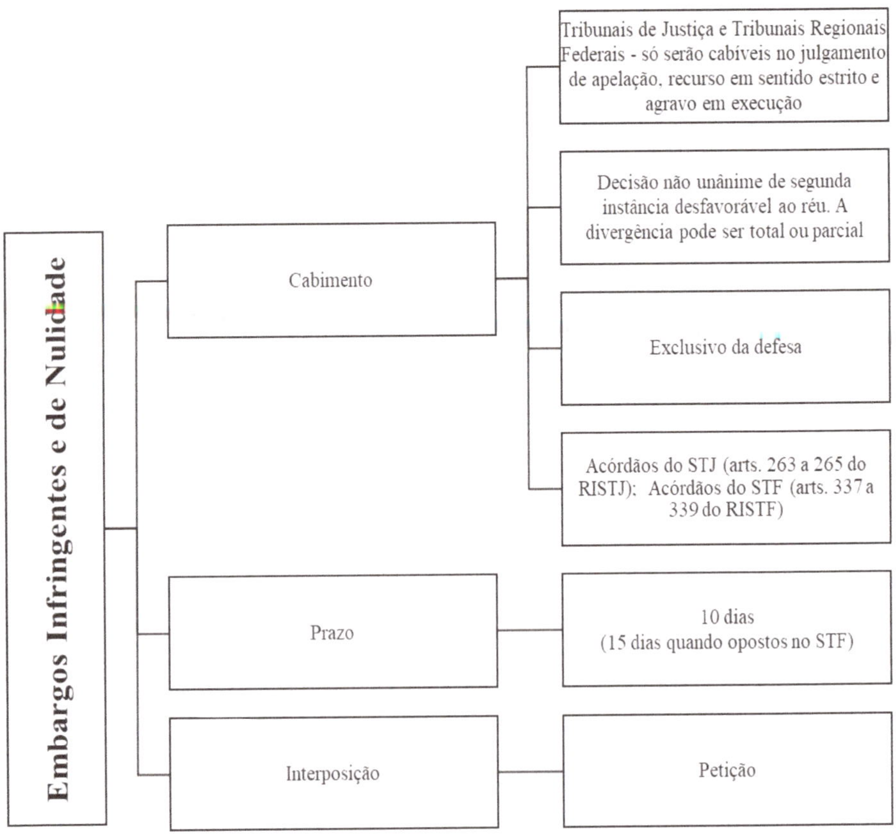

75. A completa compreensão dos quadros pressupõe a leitura do texto e entendimento dos efeitos.

Efeitos[76]	Embargos infringentes e de nulidade	
Devolutivo	Parcial (divergência). Plena, no caso de nulidade absoluta.	Sim
Suspensivo	Matéria divergente	Sim
Obstativo	Impede a formação da coisa julgada (divergência)	Sim
Regressivo	Admite reapreciação pelo próprio órgão acrescido	Sim (parcial)
Extensivo	Extensão a coautor ou partícipe	Possível
Substitutivo	Substitui na divergência a decisão anterior	Sim
Translativo	Devolve ao tribunal toda a matéria não preclusa	Não
Dilatório-procedimental	Amplia o rito processual	Sim

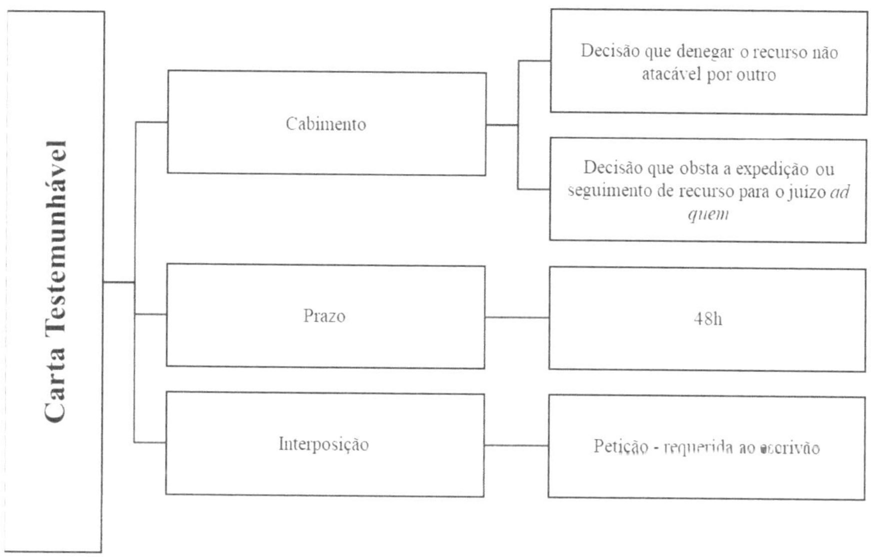

Efeitos[77]	Carta Testemunhável	
Devolutivo	Parcial ou ampliado	Sim
Suspensivo		Não
Obstativo	Impede a formação da coisa julgada	Sim
Regressivo	Admite reapreciação pelo próprio órgão	Sim
Extensivo	Extensão a coautor ou partícipe	Não
Substitutivo	Substitui na divergência a decisão anterior	Sim
Translativo	Devolve ao tribunal toda a matéria não preclusa	Não
Dilatório-procedimental	Amplia o rito processual	Sim

76. A completa compreensão dos quadros pressupõe a leitura do texto e entendimento dos efeitos.

77. A completa compreensão dos quadros pressupõe a leitura do texto e entendimento dos efeitos.

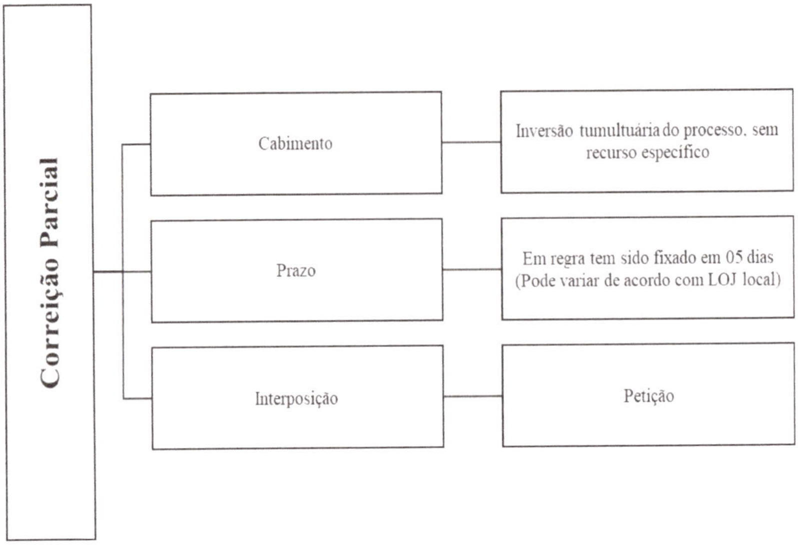

Efeitos[78]	Correição Parcial	
Devolutivo	Parcial	Sim
Suspensivo		Possível
Obstativo	Impede a formação da coisa julgada	Sim
Regressivo	Admite reapreciação pelo próprio órgão	Possível
Extensivo	Extensão a coautor ou partícipe	Não
Substitutivo	Substitui na divergência a decisão anterior	Sim
Translativo	Devolve ao tribunal toda a matéria não preclusa	Não
Dilatório-procedimental	Amplia o rito processual	Sim

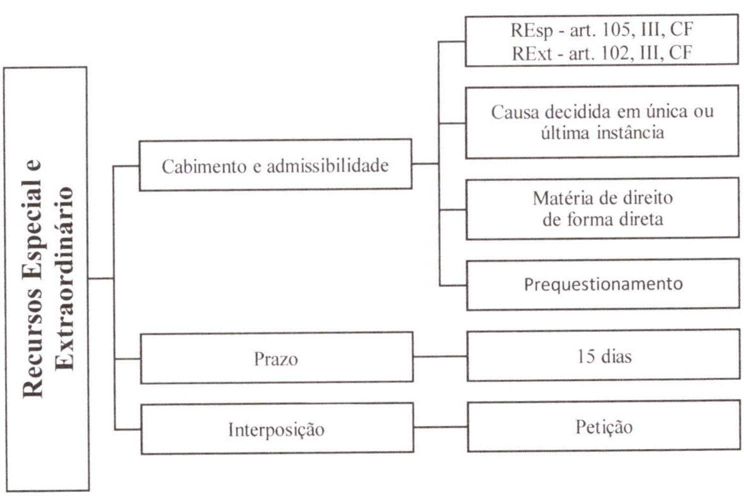

78. A completa compreensão dos quadros pressupõe a leitura do texto e entendimento dos efeitos.

Efeitos[79]	Recursos Extraordinário e Especial	
Devolutivo	Parcial (divergência). Plena, no caso de nulidade absoluta.	Sim
Suspensivo	Interposto contra absolvição Interposto contra condenação	Não Sim
Obstativo	Impede a formação da coisa julgada (divergência)	Sim
Regressivo	Admite reapreciação pelo próprio órgão acrescido	Não (regra)
Extensivo	Extensão a coautor ou partícipe	Possível
Substitutivo	Substitui na divergência a decisão anterior	Sim
Translativo	Devolve ao tribunal toda a matéria não preclusa	Não
Dilatório-procedimental	Amplia o rito processual	Sim

34.11 REVISÃO DO CAPÍTULO POR QUESTÕES DE CONCURSOS E ASSERTIVAS DE REFORÇO

QUESTÕES DE CONCURSO

1. (MP/SP 2022 PROMOTOR DE JUSTIÇA SUBSTITUTO). Em matéria de recurso em sentido estrito, é incorreto afirmar:

A. cabe recurso em sentido estrito no caso de decisão que indefere pedido ministerial de prisão preventiva.
B. não cabe recurso em sentido estrito contra decisão que indefere pedido de livramento condicional.
C. não cabe recurso em sentido estrito contra decisão que indefere reabilitação.
D. não cabe recurso em sentido estrito contra decisão que decide sobre a unificação de penas.
E. cabe recurso em sentido estrito no caso de não recebimento da denúncia, inclusive no caso de lesão leve envolvendo violência doméstica e também no caso de crimes de competência dos juizados especiais criminais.

2. (MP/SP 2022 PROMOTOR DE JUSTIÇA SUBSTITUTO). Não cabe recurso de ofício (duplo grau de jurisdição obrigatório):

A. no caso de absolvição sumária no rito do júri, encerrado o sumário de culpa.
B. no caso de juiz de primeiro grau que concede o *habeas corpus*.
C. no caso de absolvição do réu por crime contra a economia popular (Lei nº 1.521/51).
D. no caso de decisão que concede a reabilitação.
E. no caso de absolvição do réu por crime contra a saúde pública (Lei nº 1.521/51).

3. (MP/RJ 2022 – PROMOTOR DE JUSTIÇA). Tendo em vista a teoria geral dos recursos, bem como os recursos em espécies previstos no Código de Processo Penal e em legislações especiais, assinale a alternativa correta.

A. Em caso de condenação, decretada em primeiro grau e mantida pelo Tribunal, para fins de início de prazo recursal, exige-se a dupla intimação do Acórdão, feita tanto na pessoa do defensor como na do acusado.
B. A voluntariedade é característica inerente aos recursos e, justamente por isso, a menção a recurso de ofício constante do Código de Processo Penal, em realidade, é caso de reexame necessário.
C. O prazo para a defensoria pública e para o Ministério Público conta-se sempre em dobro.
D. No procedimento da Apelação, previsto no Código de Processo Penal, bem como no previsto na Lei dos Juizados Especiais, a apresentação das razões do recurso pode se dar em momento posterior à interposição.
E. Da decisão que rejeita a denúncia nos procedimentos ordinário, sumário e sumaríssimo cabe recurso em sentido estrito.

4. (PC/AM 2022 - FGV - DELEGADO DE POLÍCIA). Contra a decisão que determina a soltura do acusado preso preventivamente é cabível o recurso em sentido estrito. No entanto, tal recurso é despido de efeito suspensivo.

Caso se pretenda atribuir efeito suspensivo a esse recurso, é admissível o manejo de

A. agravo regimental.
B. correição parcial.
C. mandado de segurança.
D. ação cautelar inominada.
E. poder geral de cautela.

5. (DPE/PA 2022 - CESPE - DEFENSOR PÚBLICO). O MP ofereceu denúncia contra Álvaro, José e Marcos, atribuindo ao grupo a receptação de um celular furtado. O primeiro foi absolvido. Os dois últimos foram condenados. José foi intimado da sentença por oficial de justiça e informou que não tinha interesse em recorrer, antes mesmo de consultar o DP que o assistia. Este, por sua vez, interpôs apelação, alegando excesso na

79. A completa compreensão dos quadros pressupõe a leitura do texto e entendimento dos efeitos.

pena aplicada. A defesa de Marcos apelou, pleiteando a absolvição com fundamento na atipicidade da conduta, pois o referido telefone celular não era produto de crime. O MP também apresentou recurso. Acerca dessa situação hipotética, assinale a opção correta.

A. Os recursos são voluntários. Porém, em se tratando de pessoa assistida por DP ou dativo, este deverá necessariamente impugnar a decisão que contrarie o interesse da parte. Na situação hipotética apresentada, o DP cumpriu seu encargo corretamente.
B. Caso haja manifestações antagônicas entre José e o seu defensor, deverá prevalecer a posição da parte, pois é ela quem efetivamente suportará as consequências do processo.
C. Após a subida dos autos ao tribunal, não pode o MP ou a defesa desistir do recurso.
D. Álvaro não tem interesse recursal em apelar contra a sentença, independentemente do fundamento utilizado na decisão absolutória.
E. Caso acolha o pedido de absolvição de Marcos pela atipicidade da conduta, o tribunal deverá estender os efeitos da decisão e absolver também José, julgando prejudicado o seu recurso.

6. (TJ/RS 2022 – FAURGS – JUIZ DE DIREITO). Sobre os recursos e as ações de impugnação no processo penal, assinale a afirmativa INCORRETA.

A. Conforme o STJ, o mandado de segurança é meio idôneo à atribuição de efeito suspensivo a recurso criminal interposto pelo Ministério Público.
B. Da decisão que rejeitar a denúncia no procedimento da Lei nº 9.099/95 caberá apelação.
C. A revisão criminal, que independe de capacidade postulatória, poderá ser requerida antes ou após a extinção da pena, sendo possível ao requerente formular pedido de cunho indenizatório por eventuais prejuízos sofridos.
D. Contra a decisão de primeiro grau que denegar a apelação caberá recurso em sentido estrito.
E. Contra a decisão que absolver sumariamente o réu, no procedimento comum ordinário, caberá apelação.

7. (MP/TO 2022 - CESPE - PROMOTOR DE JUSTIÇA SUBSTITUTO). Não sendo hipótese de *habeas corpus*, o recurso correto a ser interposto no curso de um processo penal contra decisão do juiz de primeira instância que indeferir o pedido de reconhecimento da prescrição apresentado antes do trânsito em julgado será

A. a apelação.
B. o agravo.
C. o recurso no sentido estrito.
D. a correição parcial.
E. o recurso especial.

8. (TJ/AP 2022 – FGV – JUIZ DE DIREITO). Nos processos envolvendo pluralidade de réus ou de fatos imputados, o juízo progressivo de admissibilidade da imputação pode resultar no acolhimento parcial da pretensão acusatória, comportando uma única demanda múltiplos resultados: recebimento da denúncia em relação à parte dos réus ou dos fatos, rejeição da denúncia em relação à parte dos réus ou dos fatos e/ou absolvição sumária em relação à parte dos réus ou dos fatos.

No caso de absolvição sumária parcial, seja em relação a um crime, seja em relação a um acusado, com base no Art. 397, inciso III, do Código de Processo Penal, será cabível:

A. apelação, com interposição em primeiro grau e apresentação das razões diretamente no tribunal;
B. recurso em sentido estrito, com interposição em primeiro grau e apresentação das razões diretamente no tribunal;
C. apelação, com a formação de instrumento por meio da extração de traslado dos autos;
D. recurso em sentido estrito, com a formação de instrumento por meio da extração de traslado dos autos;
E. correição parcial, com reprodução integral dos autos para instruir o recurso.

9. (MP/GO 2022 - FGV - PROMOTOR DE JUSTIÇA SUBSTITUTO). Ao realizar o juízo de admissibilidade de uma imputação envolvendo pluralidade de sujeitos, o juiz de direito recebeu a denúncia em relação a sete réus, rejeitou a imputação em relação a dois e absolveu um sumariamente. Na sequência, determinou dia e hora para a realização da audiência de instrução, debates e julgamento, determinando que o Ministério Público fosse cientificado do conjunto de decisões. Considerando o caso concreto no texto 1, caso o Ministério Público deseje suspender a audiência de instrução, debates e julgamento aprazada, enquanto aguarda o julgamento da sua pretensão recursal, evitando a duplicidade de instruções e oitivas, deverá se valer de:

A. *habeas corpus*;
B. mandado de segurança;
C. reclamação;
D. correição parcial;
E. ação cautelar inominada.

10. (MP/PR 2021 - PROMOTOR DE JUSTIÇA SUBSTITUTO). Quanto ao tema referente a recursos, assinale a alternativa correta:

A. Nomina-se de "recurso de instância iterada" quando a matéria que se devolve ao Tribunal é reexaminada integralmente, sendo um exemplo típico o recurso de apelação.
B. Nomina-se de "recurso de instância reiterada" quando se devolve ao Tribunal apenas o conhecimento de uma decisão de cunho processual, ou seja, o Tribunal poderá apenas conhecer do teor daquela decisão. Um exemplo é o recurso em sentido estrito.
C. O efeito regressivo dos recursos consiste na devolução da matéria impugnada e a ser reexaminada para órgão jurisdicional diverso do qual proferiu a decisão.
D. Recursos reiterativos são aqueles em que o exame da matéria recursal cabe exclusivamente ao órgão ad quem, como o recurso em sentido estrito.
E. Recursos iterativos são aqueles nos quais se permite que o mesmo órgão que prolatou a decisão realize o seu reexame, como os embargos de declaração.

11. (MP/PR 2019 - PROMOTOR DE JUSTIÇA SUBSTITUTO). Sobre recursos e ações impugnativas em geral, analise as assertivas abaixo e assinale a alternativa incorreta:

A. Deserção por falta de preparo é uma espécie de extinção anômala da via recursal prevista no Código de Processo Penal.

B. A iteratividade é uma espécie de efeito recursal e a extensividade pode ser um efeito da decisão do recurso.

C. O juízo de prelibação pode ser feito de ofício pelo juízo ad quem.

D. O Promotor de Justiça pode ser parte legítima passiva em "*habeas corpus*".

E. No mandado de segurança impetrado pelo Ministério Público contra decisão proferida em processo penal, é desnecessária a citação do réu como litisconsorte passivo.

12. (DPE/MG 2019 - DEFENSOR PÚBLICO). Considere que, insatisfeito com o veredicto absolutório, o Ministério Público interpôs recurso de apelação, pretendendo exclusivamente a cassação do veredicto por manifesta contrariedade com a evidência dos autos. Ao apreciar o recurso, o Tribunal reconheceu de ofício nulidade absoluta, anulando o julgamento e determinando que outro fosse realizado. Conforme entendimento pacificado perante ao Supremo Tribunal Federal, assinale a alternativa correta.

A. O Tribunal de Apelação poderia conhecer de ofício a nulidade absoluta por ser de ordem pública.

B. O Tribunal de Apelação poderia conhecer de ofício nulidade absoluta em prejuízo do acusado em recurso da acusação, salvo em se tratando de apelação do Tribunal do Júri.

C. O Tribunal de Apelação não poderia conhecer de ofício nulidade em prejuízo do acusado, mas poderia ter reformado o veredicto para condenar o acusado.

D. O Tribunal de Apelação não poderia conhecer de ofício nulidade em prejuízo do acusado nem qualquer matéria que não foi expressamente impugnada em recurso de apelação de decisão do Tribunal do Júri.

13. (MP/GO 2019 - PROMOTOR DE JUSTIÇA SUBSTITUTO). Sobre o tema referente aos recursos no processo penal, assinale a alternativa correta:

A. O termo inicial do prazo recursal para o Ministério Público se dá com o "ciente" aposto nos autos pelo membro do Parquet, tendo em vista sua prerrogativa de receber a intimação pessoal mediante a entrega dos autos com vista.

B. Assim como a Defensoria Pública, o Ministério Público também tem prazo em dobro para recorrer, sendo que tal prerrogativa não se estende ao defensor dativo.

C. A jurisprudência dominante do STJ tem entendido que com o advento do novo Código de Processo Civil, os prazos no âmbito penal também devem ser computados apenas nos dias úteis.

D. Suponha a seguinte situação: ao final da ação penal, o réu foi absolvido. O Promotor de Justiça, irresignado, interpôs recurso de apelação, visando a condenação do acusado, no entanto, pediu nova vista dos autos para apresentar posteriormente as respectivas razões recursais. Ocorre que quando os autos foram remetidos ao Ministério Público, outro Promotor estava respondendo pela Promotoria. Este novo Promotor, caso concorde com a sentença absolutória, pode apresentar razões recursais no sentido de se manter a absolvição do réu, mesmo contrariando os termos da interposição do recurso pelo outro Promotor, que buscava a condenação do réu, sem que isso configure desistência tácita do recurso.

14. (DPE/MG 2019 - DEFENSOR PÚBLICO). Analise a situação hipotética a seguir. Proferida sentença condenatória em procedimento comum ordinário, a defesa apresentou recurso de apelação. Recebido, arrazoado e contrarrazoado, o recurso foi remetido ao Tribunal para reexame da decisão. Nas razões de apelação, a defesa técnica impugnou exclusivamente a aplicação da pena promovida pela sentença, pretendendo a redução da pena-base pela revaloração das circunstâncias judiciais e o abrandamento do regime prisional inicial.

Ao julgar o recurso de apelação exclusivo da defesa, o Tribunal

A. não poderá absolver o acusado, pois não foi ponto da decisão devolvido pelo recurso.

B. não poderá valorar como positiva circunstância judicial reputada desfavorável pela sentença e revalorar como negativa circunstância judicial de fixação da pena-base considerada neutra pela sentença apelada para justificar a manutenção da mesma quantidade de pena-básica.

C. poderá reconhecer circunstância legal agravante que não tenha sido reconhecida pela sentença, desde que tenha sido descrita na denúncia.

D. poderá agravar o regime prisional inicial, por ser questão de ordem pública e, portanto, cognoscível de ofício.

15. (MP/PR 2019 - PROMOTOR DE JUSTIÇA SUBSTITUTO). Sobre o recurso de apelação, nos termos da Legislação Processual Penal e Súmulas dos Supremo Tribunal Federal e Superior Tribunal de Justiça, analise as assertivas abaixo e assinale a alternativa incorreta

A. É cabível contra a sentença de impronúncia e absolvição sumária no procedimento nos processos de competência do Tribunal do Júri.

B. É cabível da decisão de rejeição de denúncia no procedimento sumaríssimo.

C. É cabível ao ofendido, não estando habilitado como assistente, interpô-la contra a decisão do tribunal do júri, após o transcurso do prazo recursal para o Ministério Público.

D. É cabível contra decisão do Tribunal do Júri em hipóteses restritas legalmente previstas e o efeito devolutivo é adstrito aos fundamentos da sua interposição.

E. É cabível se de parte da sentença definitiva ou com força de definitiva proferida pelo juiz singular não for previsto recurso em sentido estrito.

16. (MP/PR 2019 - PROMOTOR DE JUSTIÇA SUBSTITUTO). Sobre o recurso em sentido estrito, carta testemunhável e embargos de declaração, nos termos do Código de Processo Penal e Súmulas dos Supremo

Tribunal Federal e Superior Tribunal de Justiça, analise as assertivas abaixo e assinale a alternativa incorreta:

A. Constitui nulidade a falta de intimação do denunciado para oferecer contrarrazões ao recurso interposto do indeferimento do decreto de prisão preventiva, não a suprindo a nomeação de defensor dativo.

B. Não há previsão legal de efeitos infringentes aos embargos de declaração interposto pelo réu ou seu defensor.

C. É cabível recurso em sentido estrito contra a decisão que reconhece a competência ou incompetência do juízo.

D. O juiz não pode modificar a decisão do recurso em sentido estrito interposto por simples petição contra retratação da decisão em recurso anteriormente interposto pela parte contrária.

E. O tribunal a que competir o julgamento da carta testemunhável, se desta tomar conhecimento, mandará processar o recurso, ou, se estiver suficientemente instruída, decidirá logo, o mérito do recurso não recebido.

17. (PC/SP 2018 - VUNESPE - DELEGADO DE POLÍCIA). Na teoria geral dos recursos fala-se em efeito iterativo ou diferido. Assinale a alternativa que contempla recurso ou ação autônoma em que referido efeito está presente.

A. Apelação.
B. Revisão criminal.
C. Recurso extraordinário.
D. Mandado de segurança.
E. Recurso em sentido estrito.

18. (DPE/AM 2018 - FCC - DEFENSOR PÚBLICO). O Recurso Especial NÃO

A. é admitido em questões decididas em processo de execução penal.
B. possui efeito suspensivo.
C. conhecido impõe ao relator reconhecer a prescrição superveniente.
D. admite juízo de retratação.
E. admite a utilização de acórdãos oriundos de julgados proferidos em *habeas corpus*, mandados de segurança e conflitos de competência como paradigma para configuração da divergência.

19. (DPE/MA 2018 - FCC - DEFENSOR PÚBLICO). Acerca dos recursos no processo penal, é correto afirmar que

A. o prazo para o Ministério Público e Defensoria Pública oporem embargos infringentes será de 10 dias, a contar da intimação pessoal do respectivo profissional.
B. a Defensoria Pública e o Ministério Público possuem prazo em dobro para interpor recurso de apelação criminal, contado a partir da entrada do processo na respectiva repartição.
C. constitui nulidade a falta de intimação do denunciado para oferecer contrarrazões ao recurso interposto da rejeição da denúncia, não a suprindo a nomeação de defensor dativo.
D. da decisão que pronunciar o réu caberá apelação.
E. segundo entendimento dominante dos Tribunais Superiores, a apresentação tardia das razões implica em intempestividade do recurso, ainda que interposto dentro do prazo legal.

20. (TJ/BA 2019 - CESPE/CEBRASPE - JUIZ DE DIREITO). Assinale a opção correta, acerca de recursos no processo penal.

A. Em razão do princípio da voluntariedade, havendo conflito entre a manifestação do acusado e a de seu defensor a respeito da interposição de recurso, deverá prevalecer a vontade do réu.
B. Em caso de inércia do MP, o assistente de acusação não terá legitimidade para interpor recurso de apelação.
C. Em razão do princípio da voluntariedade dos recursos, o defensor dativo regularmente intimado não estará obrigado a recorrer.
D. O termo inicial para a interposição de recurso pelo MP é a data de prolação da sentença em audiência em que haja promotor de justiça presente.
E. Determinado órgão do MP não terá interesse na interposição de apelação contra sentença absolutória quando outro órgão, em alegações finais, tiver se manifestado pela absolvição do réu.

ASSERTIVAS DE REFORÇO

1. ( ) Os recursos extraordinário e especial são de fundamentação livre.

2. ( ) O Código de Processo Penal brasileiro não prevê o instituto do recurso adesivo, não cabendo, ao intérprete, ampliar as modalidades recursais além daquelas previstas em lei, em respeito ao princípio da taxatividade.

3. ( ) O recurso de apelação, entre outras hipóteses, será cabível contra a decisão de absolvição sumária, decisão que reconhece a existência manifesta de causa excludente da culpabilidade, salvo inimputabilidade, decisão assinala que o fato narrado evidentemente não constitui crime e decisão de absolvição por causa extinção da punibilidade.

4. ( ) A apelação no procedimento comum ordinário deverá ser interposta impreterivelmente em cinco dias.

5. ( ) Tratando-se de assistente da acusação, a apelação supletiva do assistente, caso este já esteja habilitado, deverá ser interposta no prazo de cinco dias e, caso não esteja habilitado deverá interpô-la no prazo de dez dias.

6. ( ) Assinado o termo de apelação, o apelante e, depois dele, o apelado terão o prazo de oito dias cada um para oferecer razões, salvo nos processos de contravenção, em que o prazo será de três dias.

7. ( ) Cabe ao STF julgar, em recurso ordinário, a decisão proferida pela Justiça Federal de primeira instância em relação a crimes políticos.

8. ( ) A apelação interposta contra a medida de segurança goza de efeito suspensivo indireto.

9. ( ) Independentemente do procedimento, contra a decisão que rejeita a denúncia, o recurso cabível será a apelação.

10. ( ) A decisão que recebe a denúncia ou a queixa admite a interposição de recurso em sentido estrito.

11. ( ) Reconhecida de ofício a incompetência do juízo, o recurso cabível para ambas as partes é o recurso em sentido estrito.

12. ( ) Cabe recurso em sentido estrito das decisões que julgam procedentes as exceções de suspeição, incompetência de juízo, litispendência, ilegitimidade de parte e coisa julgada.

13. ( ) O Código de Processo Penal não prevê o cabimento de recurso contra a decisão que decreta a prisão preventiva ou medidas cautelares diversas da prisão ou indefere pedido de revogação ou substituição.

14. ( ) A declaração de extinção da punibilidade, independentemente da fase processual, será atacável por recurso em sentido estrito.

15. ( ) A decisão que concede ou nega o *habeas corpus* somente poderá ser atacada por recurso em sentido estrito quando o *habeas corpus* tiver sido objeto de decisão contra ato do juiz de primeiro grau.

16. ( ) Não há previsão de recurso para a decisão que nega o pedido de suspensão do processo por questão prejudicial.

17. ( ) Contra decisão que concede, nega ou revoga suspensão condicional do processo cabe recurso em sentido estrito.

18. ( ) Cabe apelação contra a decisão que recusa a homologação do acordo de não persecução penal.

19. ( ) Cabe apelação na hipótese de arquivamento das contravenções do jogo do bicho e de corrida de cavalos fora do hipódromo.

20. ( ) Assim como na apelação, o recurso em sentido estrito admite que as razões sejam apresentadas diretamente no tribunal.

21. ( ) Com relação ao recurso em sentido estrito interposto contra a pronúncia, o recurso subirá em traslado, quando, havendo dois ou mais réus, qualquer deles se conformar com a decisão ou todos não tiverem sido ainda intimados da pronúncia.

22. ( ) A decisão que decreta a perda é atacável por recurso em sentido estrito, dotado de efeito suspensivo quanto à destinação do valor remanescente.

23. ( ) No procedimento ordinário, os embargos de declaração deverão ser opostos em primeiro grau no prazo de dois dias, ao passo que, no tribunal, no prazo de cinco dias.

24. ( ) O ponto omisso da decisão, sobre o qual não foram opostos embargos declaratórios não pode ser objeto de recurso extraordinário por faltar o requisito do prequestionamento.

25. ( ) É pacífica a jurisprudência do Superior Tribunal de Justiça no sentido de que os embargos de declaração, quando não conhecidos em razão de serem manifestamente protelatórios, não interrompem ou suspendem o prazo para interposição de outro recurso.

26. ( ) Os embargos de declaração manifestados com notório propósito de prequestionamento não tem caráter protelatório.

27. ( ) No que concerne aos embargos de declaração opostos no âmbito do STJ, o Regimento Interno do STJ dispõe que sua oposição acarretará a interrupção do prazo para a interposição de recursos por qualquer das partes. Na seara do STF, contudo, os embargos de declaração tão somente suspendem o prazo para interposição de outro recurso.

28. ( ) No processo penal comum, diferentemente do processo penal militar, que admite a oposição dos embargos também pela acusação, os embargos infringentes e de nulidade são recursos privativos da defesa.

29. ( ) No âmbito dos Tribunais de Justiça e Tribunais Regionais Federais, os recursos de embargos infringentes e de nulidade só serão cabíveis no julgamento de apelação.

30. ( ) Não são admitidos embargos infringentes quando todos os votos caminham no mesmo sentido, ainda que estabelecendo penas diferentes, pois, no caso, não há divergência quanto ao mérito principal.

31. ( ) O prazo para interposição dos embargos infringentes e de nulidade é de dez dias, contados da publicação do acórdão. No âmbito do STF, o prazo será de quinze dias.

32. ( ) Admite-se a carta testemunhável da decisão que denegar o recurso da que, admitindo embora o recurso, obstar à sua expedição e seguimento para o juízo *ad quem*.

33. ( ) A carta testemunhável não se aplica a qualquer espécie de recurso, como na hipótese do não conhecimento de apelação interposta, atacável por recurso em sentido estrito, não acolhimento de embargos declaratórios e embargos infringentes nos tribunais, em regra combatidos por agravo regimental, e denegação de recurso especial ou extraordinário, confrontado por mandado de segurança.

34. ( ) O prazo para interposição da carta testemunhável é de cinco dias, seguintes ao despacho que denegar o recurso.

35. ( ) A autoridade judiciária é quem ocupa o polo passivo do pedido de correição parcial, razão pela qual não padece de nulidade absoluta o julgamento da Correição Parcial sem a oitiva prévia das partes em conflito na ação penal originária.

36. ( ) A pretensão de simples reexame de prova não enseja recurso especial.

37. ( ) É cabível recurso extraordinário contra decisão proferida por juiz de primeiro grau nas causas de alçada, ou por turma recursal de juizado especial cível e criminal.

38. ( ) Para fins de prequestionamento, basta a mera discussão no seio do processo.

39. ( ) Ocorre o prequestionamento implícito quando a questão constitucional ou federal de fundo é enfrentada de forma expressa, mas menção aos artigos de norma tidos como violados não é registrada no acórdão.

40. ( ) No recurso extraordinário o recorrente deverá demonstrar a repercussão geral das questões constitucionais discutidas no caso, nos termos da lei, a fim de que o Tribunal examine a admissão do recurso, somente podendo recusá-lo pela manifestação de um terços de seus membros.

34.11.1 Gabaritos

QUESTÕES DE CONCURSO

1	2	3	4	5	6	7	8	9	10
E	A	B	D	E	A	C	C	E	E
11	**12**	**13**	**14**	**15**	**16**	**17**	**18**	**19**	**20**
E	D	D	B	E	C	E	E	C	C

ASSERTIVAS DE REFORÇO

1	2	3	4	5	6	7	8	9	10
F	V	F	F	F	V	V	V	F	F
11	**12**	**13**	**14**	**15**	**16**	**17**	**18**	**19**	**20**
V	F	V	F	V	V	V	F	F	F
21	**22**	**23**	**24**	**25**	**26**	**27**	**28**	**29**	**30**
V	V	F	V	V	V	V	V	F	F
31	**32**	**33**	**34**	**35**	**36**	**37**	**38**	**39**	**40**
V	V	F	F	V	V	V	F	V	F

COMENTÁRIOS ÀS ASSERTIVAS FALSAS E JUSTIFICATIVAS IMPORTANTES

1. F. São de fundamentação vinculadas os recursos sobre os quais paira uma limitação de ordem legal para a matéria a ser levantada, a exemplo dos recursos especiais e extraordinários, que não admitem o enfrentamento de questões fáticas, mas tão somente as jurídicas.

2. V.

3. F. A decisão que "absolve" por causa extintiva de punibilidade é atacável por RSE (art. 581, VIII).

4. F. Sendo o acusado assistido pela Defensoria Pública, o prazo será em dobro.

5. F. Tratando-se de assistente da acusação, a apelação supletiva do assistente, caso este já esteja habilitado, deverá ser interposta no prazo de cinco dias e, caso não esteja habilitado deverá interpô-la no prazo de quinze dias.

6. V.

7. V.

8. V.

9. F. Será apelação apenas no rito sumaríssimo. Nos procedimentos comuns ordinário e sumário, RSE.

10. F. A decisão que recebe a denúncia ou a queixa não admite recurso.

11. V.

12. F. A previsão do art. 581, III, CPP, de forma expressa, exclui o RSE da decisão que julga procedente a exceção de suspeição, porquanto seu julgamento cabe ao tribunal e o RSE só é cabível contra decisões de juízos de primeiro grau.

13. V.

14. F. Caso a declaração de extinção da punibilidade seja proferida no curso da execução penal, o recurso adequado será o agravo em execução. Sendo proferida na sentença, em conjunto com outras matérias, caberá apelação.

15. V.

16. V.

17. V.

18. F. Recurso em sentido estrito, art. 581, XXV.

19. F. Recurso em sentido estrito.

20. F. RSE não admite.

21. V.

22. V.

23. F. Segundo o art. 382 do CPP, qualquer das partes poderá, no prazo de 2 (dois) dias, pedir ao juiz que declare a sentença, sempre que nela houver obscuridade, ambiguidade, contradição ou omissão. Por outro lado, o art. 619, CPP, dispõe que aos acórdãos proferidos pelos Tribunais de Apelação, câmaras ou turmas, poderão ser opostos embargos de declaração, no prazo de 2 (dois) dias contado da sua publicação, quando houver na sentença ambiguidade, obscuridade, contradição ou omissão.

24. V.

25. V.

26. V.

27. V.

28. V.

29. Apelação, RSE e agravo em execução.

30. F. É perfeitamente possível que todos os votos trilhem a mesma linha, da condenação, por exemplo, mas divirjam quanto à pena.

31. V.

32. V.

33. F. Denegação de recurso especial ou extraordinário, confrontado por mandado de segurança.

34. F. O prazo para interposição da carta testemunhável é de 48h seguintes ao despacho que denegar o recurso.

35. V.

36. V.

37. V.

38. F. Para fins de prequestionamento, não basta a mera discussão. É imprescindível que a questão tenha sido analisada pelo último órgão julgador, devendo constar do acórdão a manifestação sobre o tema, ainda que lançado de ofício pelo Tribunal, isto é, sem alegação das partes.

39. V

40. F. Dois terços.

35

Revisão Criminal

35.1 COMO O ASSUNTO É ABORDADO EM PROVAS E CONCURSOS

O tema "revisão criminal" não se encontra no rol dos assuntos mais cobrados nos concursos de Magistratura, Ministério Público, Defensoria Pública e Delegado de Polícia, evidenciando-se uma leve prevalência natural nos certames de Defensoria Pública.

O assunto assume protagonismo legal e jurisprudencial, especialmente quando cruzado com o *habeas corpus*. A maioria das questões versa sobre as hipóteses de cabimento sob a luz da norma e jurisprudência dos Tribunais Superiores, motivo pelo qual dedicamos a parte final do capítulo para o destaque das decisões.

O estudo, especialmente de revisão, deve ser realizado sobre os aspectos legais e jurisprudenciais, sendo imprescindível, contudo, a compressão básica da doutrina.

35.2 INTRODUÇÃO

A revisão criminal encontra seu fundamento na falibilidade humana, passível de caracterizar erros que conduzam a uma condenação equivocada. Apesar da necessária busca pela segurança jurídica, formada pela coisa julgada, há situações nas quais o Estado, responsável pelo erro, não pode quedar-se inerte diante da injustiça. Para tanto, previu o instituto da revisão criminal, isto é, um meio de impugnar uma sentença penal transitada em julgado, sobre a qual paira fundada suspeita de erro judiciário.

Trata-se, portanto, de meio de impugnação exclusivo da defesa, verdadeira ação autônoma de impugnação, porquanto não se admite a chamada revisão criminal *pro societate*, por força do art. 8.4 da Convenção Americana de Direitos Humanos, que prevê que "o acusado absolvido por sentença transitada em julgado não poderá ser submetido a novo processo pelos mesmos fatos".

A revisão criminal possui a vestimenta de garantia fundamental do indivíduo, haja vista que a Constituição Federal, de forma implícita, a ela se refere no inc. LXXV do art. 5º, ao prever a indenização por erro judiciário, assim como para aquele que ficar preso além do tempo fixado na sentença. Diretamente, a CF se refere à revisão criminal ao prever a competência do STF e do STJ (art. 102, I, *j*, e art. 105, I, *e*, respectivamente).

35.3 NATUREZA JURÍDICA – AÇÃO AUTÔNOMA DE IMPUGNAÇÃO

Não se pode recorrer do que é irrecorrível. Logo, a revisão criminal não é recurso, mas ação autônoma de impugnação. Ao se estabelecer a premissa de que a revisão criminal é o meio de impugnar uma decisão amparada pela coisa julgada, afasta-se, naturalmente, sua índole de recurso.

Apesar da força da coisa julgada e sua necessidade em prol da segurança jurídica, a revisão criminal, nas hipóteses taxativamente previstas no art. 621, I, II e III, CPP, configura-se como instrumento apto à busca maior de uma decisão efetivamente justa.

Logo, a revisão criminal é uma verdadeira ação exclusiva da defesa, de competência originária dos tribunais, que visa desconstituir a coisa julgada formada em sede de decisão condenatória, exigindo, para sua utilização, a satisfação das condições da ação.

35.4 CONDIÇÕES DA AÇÃO

35.4.1 Possibilidade jurídica do pedido

A possibilidade jurídica do pedido na revisão criminal configura-se pela existência de uma condenação ou absolvição imprópria, isto é, quando se verificar que a decisão é apta a impor uma pena ou medida de segurança com força em sentença penal transitada em julgado, conforme se extrai da conjugação dos artigos 621, I e II e art. 625, §1º, do CPP, ou quando, mesmo já cumprida a pena, o erro judiciário for revelado, sendo passível de indenização.

O art. 621 prevê, em seus incisos I e II, que a revisão dos processos findos será admitida: I - quando a sentença condenatória for contrária ao texto expresso da lei penal ou à evidência dos autos; II - quando a sentença condenatória se fundar em depoimentos, exames ou documentos comprovadamente falsos. Apesar de não mencionar a absolvição imprópria e se referir à sentença condenatória, a doutrina é pacífica quanto à possibilidade de revisão criminal, haja vista que a medida de segurança é apta e impor limites à liberdade do agente, revelando uma "carga condenatória".

O §1º do art. 625, por sua vez, assinala que "o requerimento será instruído com a **certidão de haver passado em julgado a sentença condenatória** e com as peças necessárias à comprovação dos fatos arguidos", evidenciando que a revisão criminal só tem sede após o trânsito em julgado da decisão.

Nos termos do art. 622, *caput,* do CPP, **a revisão criminal pode ser proposta em qualquer tempo, antes da extinção da pena ou após.** Ao contrário do *habeas corpus,* que tem por finalidade atacar a violação ao direito de liberdade atual ou iminente, a revisão criminal, nesse particular, revela-se mais ampla, pois se destina a reparar o erro judiciário tido como definitivo.

Na mesma linha, é possível o uso da revisão criminal mesmo que tenha sido declarada extinta a punibilidade do agente após o trânsito em julgado da sentença penal condenatória, como nas hipóteses de concessão de anistia, graça ou indulto.

Doutrinariamente, prevalece o entendimento de que a revisão criminal é perfeitamente possível diante de decisões proferidas pelo Tribunal do Júri, sem que o julgamento implique caracterização de violação da soberania dos vereditos.

Há duas correntes sobre o tema. Conforme destaca BADARÓ[1] (2021, p. 1124), a primeira, majoritária e à qual anuímos, sustenta que o tribunal de justiça possa exercer o *judicium rescindens*, cassando a coisa julgada, e também o *judicium rescisorium*, substituído a condenação por absolvição, porquanto referida posição parte da premissa de que a soberania dos vereditos é uma garantia do acusado, que não pode ser utilizada em seu desfavor, impedindo a revisão criminal. A segunda corrente, por seu turno, sustenta que o tribunal só poderia exercer o juízo rescindente, afastando a coisa julgada da condenação anterior proferida pelo júri, e determinando a realização de um novo julgamento.

Por outro lado, não se admite como possível a revisão criminal para alteração do fundamento da sentença absolutória própria, porquanto seu reflexo é meramente cível e, portanto, sujeito à cognição própria em outra seara. Ainda na esfera da impossibilidade, não se admite revisão criminal *pro societate*.

35.4.2 Interesse de agir

O interesse de agir revela-se patente na revisão criminal diante de uma sentença condenatória ou de absolvição imprópria, transitada em julgado, ainda que pendente de cumprimento integral, pois o agente não dispõe de outra forma de fazer cessar a injustiça diante do trânsito em julgado da decisão, em estrita observância às hipóteses de cabimento. Logo, a revisão criminal é o instrumento necessário, adequado e útil para reparar o erro judiciário.

Tratando-se de decisão já cumprida, com efeitos esgotados, a revisão criminal igualmente será necessária, adequada e útil, porquanto se trata do único meio disponível ao agente para resgatar sua condição de inocente, verdadeiro *status* de dignidade.

Não se exige que o agente tenha esgotado todos os recursos disponíveis antes da decisão definitiva para mover a revisão criminal, pois basta que a decisão tenha transitado em julgado. Assim, o fato de não ter recorrido em todas as instâncias durante o trâmite que deu ensejo à condenação é irrelevante.

35.4.3 Legitimidade

Nos termos do art. 623 do CPP, a revisão criminal poderá ser pedida pelo **próprio réu ou por procurador legalmente habilitado ou, no caso de morte do réu, pelo cônjuge, ascendente, descendente ou irmão**. À previsão, naturalmente, estende-se ao companheiro por força do art. 226, §3º da CF.

No caso de morte do condenado, há que se diferenciar as situações conforme o momento da propositura. Se a ação foi movida pelo próprio condenado e esse, no curso da revisão, falecer, o presidente do tribunal nomeará curador para a defesa (art. 632, CPP). Por outro lado, caso o condenado faleça antes da propositura, aplica-se a regra do art. 623, com legitimidade para o cônjuge (companheiro), ascendente, descendente ou irmão.

1. *op.cit.*

A doutrina diverge quanto à legitimidade do *parquet* para mover a revisão criminal em prol do condenado, prevalecendo o entendimento pela impossibilidade[2]. Não obstante, apesar da ausência de previsão expressa, não vemos qualquer obstáculo à propositura pelo Ministério Público nos casos de ação penal de iniciativa pública, haja vista que, de certo modo, sua atuação processual contribuiu para a condenação indevida e, pelo senso maior de defesa da ordem jurídica e princípio da autotutela, negar-lhe a legitimidade significa o impedir a correção de um erro judiciário para o qual contribuiu a acusação.

No que toca à legitimidade passiva, apesar de sua materialização no Estado, é preciso distinguir duas situações. Tratando-se de revisão criminal pura, na qual se objetiva tão somente a desconstituição do julgado condenatório, o legitimado para sustentar a decisão impugnada será o Ministério Público. Por outro lado, sendo a revisão criminal cumulada com pedido de indenização, a questão torna-se mais complexa. Isso porque, por força de dispositivo constitucional expresso, ao Ministério Público é vedada a representação judicial e a consultoria jurídica de entidades públicas (art. 129, IX, CF). Logo, não nos parece que o *parquet* possa atuar na defesa patrimonial do Estado no caso de revisão criminal, sob pena de flagrante afronta ao texto constitucional.

Parcela majoritária da doutrina entende que a manifestação do Ministério Público corresponde a uma verdadeira resposta à ação, sendo o *parquet* o único legitimado passivo, inclusive no caso de pedido de indenização, em que atuará como substituto processual da Fazenda Pública[3].

Em que pese a prevalência do entendimento, parece-nos inconciliável o rito da revisão criminal com o pedido de indenização, que deverá, para nós, ser formulado em ação própria. Explicamos.

Se a revisão criminal não prevê um efetivo contraditório e contenta-se com a manifestação do Ministério Público, que por vedação constitucional expressa não pode atuar como representante processual do Estado, eventual indenização fixada em revisão criminal violaria o art. 5º, LIV da Constituição Federal, pois o Estado seria privado de seus bens sem o devido processo legal, em flagrante violação aos princípios do contraditório e ampla defesa.

Assim, as soluções possíveis seriam admitir a Advocacia Geral do Estado ou da União, a depender do caso, como parte no processo, para exercício da ampla defesa e contraditório, haja vista que o Ministério Público não detém legitimidade para atuar na defesa *strictu senso* do Estado, quebrando a lógica processual da revisão criminal, ou se remeter o objeto do pedido indenizatório ao juízo cível, preservando-se somente o julgamento da questão criminal, com a efetiva participação do *parquet* (art. 625, §5º, CPP). Particularmente, entendemos por mais adequada a segunda solução.

2. O Estado-acusador, ou seja, o Ministério Público, não tem legitimidade para formalizar a revisão criminal, pouco importando haver emprestado ao pedido o rótulo de *habeas corpus*, presente o fato de a sentença já ter transitado em julgado há mais de quatro anos da impetração e a circunstância de haver-se arguido a competência da Justiça Federal, e MO da Justiça Estadual, sendo requerente o Procurador da República (STF: RHC nº 80796, Rel. Min. Marco Aurélio, Segunda Turma, julgado em 29/05/2001).

3. Gustavo Badaró, *op. cit.* p.1133.

Vale destacar que o CPP não prevê a intervenção do ofendido na revisão criminal, embora essa possa trazer repercussão nos interesses civis da vítima.

35.5 PRESSUPOSTOS PROCESSUAIS

Assim como no *habeas corpus*, **não se exige capacidade postulatória para o manejo da revisão criminal**, conforme se extrai da previsão do art. 623 do CPP: a revisão criminal poderá ser pedida pelo próprio réu (...). Apesar da previsão e das críticas de parte da doutrina, melhor nos parece se admitir a propositura diretamente pelo agente, e se nomear um defensor para acompanhamento da revisão.

A revisão criminal não se sujeita a prazo, podendo ser proposta até mesmo após o óbito do agente (art. 622, CPP).

35.6 COMPETÊNCIA

A competência para processamento e julgamento da revisão criminal foi prevista no art. 624 do CPP, que deve ser lido em conjunto com a Constituição Federal.

Nos termos do inciso I, a ação será processada e julgada pelo Supremo Tribunal Federal, quanto às condenações por ele proferidas. Da Constituição se extrai a do art. 102, I, *j*, a competência do STF para julgar a revisão criminal e a ação rescisória de seus julgados.

No caso do STJ, não previsto no art. 624 do CPP, há que se buscar a competência no art. 105, I, *e*, que prevê a competência da Corte para julgamento das revisões criminais e ações rescisórias de seus julgados. Do RISTJ, igualmente, extrai-se que à Corte Especial caberá a revisão de decisões criminais que tiver proferido, e à Seção, das decisões suas e das Turmas (art. 239), e que no caso do inciso I, primeira parte, do artigo 621 do Código de Processo Penal, caberá a revisão, pelo Tribunal, do processo em que a condenação tiver sido por ele proferida ou mantida no julgamento de recurso especial, se seu fundamento coincidir com a questão federal apreciada (art. 240).

O inciso II do art. 624 prevê a competência pelo Tribunal Federal de Recursos (TRFs), Tribunais de Justiça ou de Alçada (TJs), nos demais casos. Nos casos do TRF, a competência foi também prevista no art. 108, I, *b*, da CF: as revisões criminais e as ações rescisórias de julgados seus ou dos juízes federais da região.

Logo, aos Tribunais de Justiça dos Estados e Distrito Federal e Territórios, caberá o julgamento das revisões criminais das decisões proferidas pelos juízes de primeiro grau e pelo próprio Tribunal. Nesses casos, deverá ser observado o teor do §2º do art. 624, que dispõe que nos Tribunais de Justiça, o julgamento será efetuado pelas câmaras ou turmas criminais, reunidas em sessão conjunta, quando houver mais de uma, e, no caso contrário, pelo Tribunal Pleno. Ainda, segundo o §3º, nos tribunais onde houver quatro ou mais câmaras ou turmas criminais, poderão ser constituídos dois ou mais grupos de câmaras ou turmas para o julgamento de revisão, obedecido o que for estabelecido no respectivo regimento interno.

Tratando-se de decisões proferidas pelos Juizados Especiais Criminais, apesar da Lei 9.099/95 ter, implicitamente, afastado a competência do Juizado para julgamento da revisão, conforme se extrai da lógica do art. 59, que exclui a possibilidade de ação rescisória nas pequenas causas civis, sem dispositivo correlato quanto à revisão criminal, o STJ, no julgamento do *habeas corpus* 47718/RS, decidiu que **a competência para processar e julgar** infrações de menor potencial ofensivo, emitidas pelos Juizados Especiais Criminais, **em sede de revisão, é da Turma Recursal**:

> 1. Apesar da ausência de expressa previsão legal, mostra-se cabível a revisão criminal no âmbito dos Juizados Especiais, decorrência lógica da garantia constitucional da ampla defesa, notadamente quando a legislação ordinária vedou apenas a ação rescisória, de natureza processual cível. 2. É manifesta a incompetência do Tribunal de Justiça para tomar conhecimento de revisão criminal ajuizada contra decisum oriundo dos Juizados Especiais. 3. A falta de previsão legal específica para o processamento da ação revisional perante o Colegiado Recursal não impede seu ajuizamento, cabendo à espécie a utilização subsidiária dos ditames previstos no Código de Processo Penal. 4. Caso a composição da Turma Recursal impossibilite a perfeita obediência aos dispositivos legais atinentes à espécie, mostra-se viável, em tese, a convocação dos magistrados suplentes para tomar parte no julgamento, solucionando-se a controvérsia e, principalmente, resguardando-se o direito do agente de ver julgada sua ação revisional. 5. Competência da Turma Recursal. (STJ - CC: 47718 RS 2005/0000421-7, Rel. Min. Jane Silva, Des. Convocada do TJMG, j. 13.08.08).

Por fim, no que tange às decisões oriundas da Justiça Eleitoral, em razão da aplicação subsidiária do CPP ao Código Eleitoral (art. 364, CE), a lógica da competência segue a mesma trilha das demais, com análise pelo TRE das decisões proferidas pelo próprio tribunal e pelo juiz eleitoral, e pelo TSE das suas próprias decisões.

35.7 HIPÓTESES DE CABIMENTO

As hipóteses de cabimento da revisão criminal foram previstas no art. 621 do CPP.

35.7.1 Contrariar texto expresso de lei penal (art. 621, I)

A expressão "lei penal" deve ser compreendida de forma ampla, para alcançar qualquer ato normativo que tenha embasado a condenação, inclusive de instrumentos legais de outras áreas do direito, na hipótese, por exemplo, de normas penais em branco. Logo, há que se interpretar a expressão como violação à norma utilizada para fundamentar a condenação, inclusive a processual, porquanto a revisão pode vir a anular o processo (art. 626). Nesse sentido é o entendimento do STJ[4]:

> "(...) a expressão 'texto expresso da lei penal', contida no inciso I do art. 621 do CPP, não deve ser compreendida apenas como a norma penal escrita, abrangendo, também, qualquer ato normativo que tenha sido utilizado como fundamento da sentença condenatória (por exemplo, portarias, leis completivas empregadas na aplicação de uma lei penal em branco etc.), a norma penal processual, a norma processual civil (aplicável subsidiariamente no processo penal, na forma do art. 3º do CPP) e a norma constitucional. Nessa mesma linha, a melhor exegese da norma indica que o permissivo de revisão criminal constante no inciso I do art. 621 do CPP compreende, ainda, as normas processuais não escritas e que podem ser depreendidas do sistema processual como um todo, como ocorre com o direito ao duplo grau de jurisdição, a proibição de supressão de instância e a obrigação do

4. RvCr 4.944/MG, 3ª Seção, Rel. Min. Reynaldo Soares da Fonseca, DJe 20.09.19.

julgador de fornecer uma prestação jurisdicional exauriente. Assim sendo, é admissível a revisão criminal fundada no art. 621, I, do CPP ainda que, sem indicar nenhum dispositivo de lei penal violado, suas razões apontem tanto a supressão de instância quanto a ausência de esgotamento da prestação jurisdicional como consequência de error in procedendo do julgado que se pretende rescindir"

Ocorrendo nulidades no processo e, consequentemente, violação a texto expresso lei, há que diferenciar a solução quanto a nulidade absoluta e relativa. Sendo relativa a nulidade, sua não impugnação gera a preclusão, razão pela qual não se admite a revisão criminal. Por outro lado, tratando-se de nulidade absoluta, em razão da incapacidade de formação da coisa julgada, poderá ser alegada a qualquer tempo, inclusive por revisão criminal.

Há que se atentar, contudo, quanto ao remédio próprio para alegação da nulidade absoluta, vez que o *habeas corpus* igualmente poderá ser utilizado para trazer à tona o vício insanável quando existente do risco à liberdade de locomoção. Assim, é possível assinalarmos que, diante de uma pena integralmente cumprida, o remédio adequado será a revisão criminal, haja vista a inexistência de risco à liberdade do condenado. Por outro lado, estando a pena em aberto ou com cumprimento parcial, circunstâncias caracterizadas do risco ou efetiva constrição da liberdade, ambos os remédios poderão ser utilizados pelo condenado.

A afirmação acima não colide, para nós, com o entendimento do STF no sentido de não admitir o *habeas corpus* em substituição à revisão criminal[5]. Isso porque, de fato, o remédio do *habeas corpus* não se reveste de natureza desconstitutiva do julgado. Entretanto, como o próprio STF[6] admite a concessão da ordem de *habeas corpus* de ofício em situações extraordinárias, não nos parece contraditória a compreensão de que o *habeas corpus*, quando atacar somente a questão da liberdade, sem o escopo de desconstituir o julgado, seja admissível.

Segundo o entendimento majoritário, ocorrendo a anulação do processo e não estando prescrito o delito, o processo deverá retomar seu curso natural, a partir do ponto fixado pela decisão. Entretanto, em razão do princípio da *non reformatio in pejus*, no caso de nova condenação, a sentença condenatória não poderá agravar a condição anteriormente fixada pela sentença anulada.

Situação peculiar deve ser enfrentada nos casos de divergência de interpretação sobre retroatividade da jurisprudência. Conforme esclarecemos em nosso Direito Penal, Parte Geral, prepondera o entendimento de que a jurisprudência não retroage para alcançar os fatos praticados sob a vigência de uma posição jurisprudencial diversa, pois tanto a Constituição Federal como o Código Penal somente fizeram menção à retroatividade da lei.

---

5. O Supremo Tribunal Federal não admite a utilização do *habeas corpus* em substituição à ação de revisão criminal." (HC 128693 AgR, Relator(a): Min. Roberto Barro, Primeira Turma, julgado em 04/08/2015. Extraído do HC 214260/PE.

6. HC 214260/PE. Análise da possibilidade de concessão da ordem de ofício no caso concreto: Devido ao caráter excepcional da superação da jurisprudência da Corte, a concessão da ordem de ofício configura providência a ser tomada tão somente em casos absolutamente aberrantes e teratológicos, em que a ilegalidade deve ser cognoscível de plano, sem a necessidade de produção de quaisquer provas ou colheita de informações, o que, no caso concreto, não se verifica. Destarte, como não se trata de decisão manifestamente contrária à jurisprudência do STF ou de flagrante hipótese de constrangimento ilegal, não é o caso de concessão da ordem de ofício.

O STJ possui posicionamento pela impossibilidade de aplicação retroativa de jurisprudência[7] e de súmula[8] tanto em sede de revisão criminal quanto em agravo em execução.

Há que se destacar, contudo, que existe posição minoritária a admitir a aplicação retroativa de entendimentos jurisprudenciais mais benéficos, quando o aplicador da lei também esteja produzindo "norma".

Segundo BUSATO[9] (2017, P. 137/138):

> Obviamente, a retroatividade é um aspecto axiológico e, como tal, valorativo e não meramente descritivo. Assim, tomada a questão do princípio de retroatividade apenas sobre a lei mais benigna, estaria representando apenas o aspecto interno, o veículo da norma, e não sua essência. Desse modo, seria simplesmente impossível qualificá-la de mais ou menos benéfica. Somente é possível afirmar se estamos diante de uma lei mais ou menos benéfica mediante a análise valorativa de seu conteúdo e, mais, mediante o cotejo desse conteúdo com o conteúdo da lei anterior. Desse modo, a análise é do conteúdo da lei, portanto, da norma. Se a norma é criada no caso concreto por cada juiz, é claro que a norma aplicada pelo juiz deve sofrer o influxo geral do dispositivo constitucional e legal da retroatividade. [...] Se o entendimento fosse de que o juiz não cria norma, procedendo apenas uma anódina subsunção, seria o caso de óbvia rejeição da aplicação da interpretação jurisprudencial dos dispositivos legais. Porém, é óbvio que há uma crucial diferença entre norma e lei e, nesse diapasão, o juiz resulta ser criador de norma para o caso concreto, construindo a realidade de sua aplicação. Ao construir a realidade da aplicação da norma, na segunda etapa do processo de criminalização (criminalização secundária) é o juiz que dá concreção à norma que efetivamente existe, à lei em concreto, à lei que é dado conhecer ao seu destinatário. Sendo assim, a consequência direta é a necessidade de verificação dos limites do princípio de legalidade também ao campo jurisprudencial, para determinar a retroatividade da jurisprudência mais benigna e irretroatividade daquela que venha em prejuízo do réu, sempre e quando se trate de entendimento jurisprudencial consolidado.

Busato, assim como Juarez Tavares, entendem que somente haverá a retroatividade quando o entendimento jurisprudencial for pacífico e consolidado para se preservar a segurança jurídica. De acordo com TAVARES[10] (1987, p. 768):

> Para determinar se há ou não submissão à regra geral, o decisivo não é a forma, mas o grau de intensidade vinculante de interpretação judicial, isto é, a medida em que essa interpretação se converte em uma norma para todos. A vinculação da jurisprudência como decisão de aceitação geral, integradora da proteção à confiança, se faz através de sua reiteração. É essa reiteração que a faz conhecida, que gera confiança, que estabiliza a imparcialidade.

7. "[...] II - No caso, porém, o recorrente pleiteia o reconhecimento, em sede de execução penal, da confissão qualificada como atenuante, com base em aplicação retroativa de entendimento jurisprudencial - e não em lei mais benéfica - firmado após a formação da coisa julgada, procedimento inviável. AgRg no REsp 1617575/RO, rel. Min. Felix Fischer, DJe 26/10/2016. No mesmo sentido, AgRg nos EDcl na RvCr 5544/DF, DJe 17.08.22.

8. HC 182776/RJ, rel. Min. Marilza Maynard Desembargadora convocado do TJ/SE. 5ª Turma. DJe 13/09/2013. *Habeas corpus* substitutivo de revisão criminal. Descabimento. Roubo circunstanciado. Concurso de pessoas e uso de arma. Continuidade delitiva. Aplicação retroativa da súmula n. 443/STJ. Ausência de previsão legal.

9. BUSATO, Paulo César. **Direito penal: parte geral**, v. 1. 4ª ed. São Paulo: Atlas, 2017.

10. TAVARES, Juarez. **Interpretación, princípio de legalidad y jurisprudência**, in Revista anuário de Derecho Penal y Ciencias Penales, vol. 40, tomo 3. Madrid: Ministerio de Justicia, 1987.

A questão, ao nosso sentir, cinge-se à preservação da segurança jurídica, pois muito se discute sobre a retroatividade da jurisprudência, mas pouco se debate sobre a ultra-atividade dessa.

Imagine que um indivíduo pratique um delito sob a vigência de um determinado entendimento jurisprudencial benéfico, alterado no curso do processo para outro mais grave. Haveria sentido em se defender a aplicação da interpretação jurisprudencial menos grave como se norma penal fosse, atribuindo-lhe ultra-atividade? Em nossa compreensão a resposta, em regra, é negativa, porquanto não houve alteração legislativa, mas somente a interpretação da norma pelo aplicador do Direito sofreu modificação.

Todavia, pode ocorrer de, na jurisprudência, surgir *uma interpretação criativa da norma*, como no caso da Súmula 554 do STF[11], interpretada a contrário senso[12], que criou causa extintiva da punibilidade não prevista em norma jurídica. Nessa hipótese, há equivalência entre a norma penal advinda de lei formal e norma geral extraída do entendimento sumulado, de forma que poderia haver a retroatividade da jurisprudência mais benéfica.

Destarte, entendemos que poderá ocorrer a retroatividade da jurisprudência nos casos de interpretação criativa de norma, corroborando nossa posição da jurisprudência como fonte formal imediata do Direito Penal. E, como consequência, nesses casos, será admitida a revisão criminal.

35.7.2 Contrariar a evidência dos autos (art. 621, I)

Na hipótese em estudo, a contrariedade deve ser frontal e não pressupõe nova prova, mas tão somente uma reanálise do conjunto probatório original, como se fosse, na expressão de Florêncio de Abreu[13], uma espécie de apelo para a terceira instância. Nao por outra razão, o STJ entende que "o acolhimento da pretensão revisional, na seara criminal, deve ser excepcional, limitando-se às hipóteses em que a suposta contradição à evidência dos autos seja patente, estreme de dúvidas, dispensando a interpretação ou análise subjetiva das provas constantes dos autos (...)".[14]

A expressão "evidência dos autos", para fins de revisão criminal, deve ser vista sob o *standard* probatório exigido para a condenação e não como mera divergência ou fragilidade da prova. Não se pode desconsiderar a valoração razoável e margem interpretativa do órgão julgador anterior, sob pena de se abrir à revisão criminal um campo interminável de discussão. Destina-se a revisão à correção de erros e não a funcionar como terceira ou quarta instância de revisão de decisões judiciais. O erro, portanto, deve ser patente.

11. O pagamento de cheque emitido sem provisão de fundos, após o recebimento da denúncia, não obsta ao prosseguimento da ação penal.
12. Se o pagamento de cheque emitido sem provisão de fundos for realizado antes do recebimento da denúncia, obsta-se o prosseguimento da ação penal.
13. *Apud*, Gustavo Badaró, *op. cit.*, p. 1126.
14. AgRg no REsp 1572883/SC, Rel. Min. Maria Thereza de Assis Moura, 6ª Turma, DJe 15.04.16.

35.7.3 Decisão fundada em depoimentos, exames ou documentos comprovadamente falsos (art. 621, III)

A prova falsa, naturalmente, se utilizada para embasar a condenação, permite a revisão criminal. Logo, não se pode afirmar que a mera existência de uma prova falsa no processo fundamente a revisão criminal, porquanto se exige o nexo de causalidade entre a falsidade e a condenação, isto é, que a prova tenha sido utilizada na fundamentação para sustentar o decreto condenatório.

A prova da falsidade, em nossa compreensão, deve ser realizada de forma prévia, por meio de condenação por falso testemunho ou perícia, ou por decisão em ação declaratória de falsidade documental (art. 19, II, CPC). Não entendemos como possível a produção da prova da falsidade no âmbito da própria revisão criminal, haja vista que a tipicidade do inciso II do art. 621 exige prova pré-constituída pela expressão "comprovadamente falsos".

35.7.4 Descoberta de novas provas de inocência do condenado ou de circunstância que determine ou autorize diminuição especial da pena (art. 621, III)

Por novas provas há que compreender aquelas descobertas após o trânsito em julgado da decisão condenatória, ainda que existentes anteriormente. O fundamento, portanto, reside na descoberta por parte do condenado da existência de uma prova anterior, não utilizada no julgamento, ou no surgimento de uma nova prova, seja por novas tecnologias, seja pelo fato da prova somente ser revelada posteriormente, como na hipótese de uma confissão do verdadeiro autor do crime, até então inexistente.

Não entendemos por possível, com lastro no inciso III, a valoração da prova não apreciada anteriormente, como fundamento da revisão criminal. É possível que uma prova desconsiderada pelo julgador venha a fundamentar a revisão criminal, mas não com fundamento nesse inciso, pois melhor se amolda à previsão do inciso I (evidência dos autos).

Tratando-se de prova testemunhal, em razão da natureza da revisão criminal, que pressupõe prova pré-constituída, sua realização deve seguir o rito da produção antecipada de provas, previsto nos arts. 381 a 383 do CPC, com observância do contraditório, porquanto o novo CPC não reproduziu o anterior procedimento de "justificação"[15].

A "nova prova" deverá ser, de fato, decisiva, seja no sentido de afastar a condenação anterior, seja na linha de trazer dúvida razoável ao julgamento anterior. Logo, uma "nova prova" que tão somente corrobora provas anteriores não se reveste do caráter de novidade no sentido estrito do "mundo dos autos", vez que seu conteúdo, a despeito de produzido de outra forma, já se encontrava no processo.

35.8 PROCEDIMENTO

A petição inicial da revisão criminal deve ser instruída com a certidão de haver passado em julgado a sentença condenatória e com as peças necessárias à comprovação dos fatos arguidos (art. 625, §1º).

15. Registra-se no STJ ainda o seguinte entendimento: A justificação criminal é via adequada à obtenção de prova nova para fins de subsidiar eventual ajuizamento de revisão criminal. Precedentes: AgRg no AREsp 859395/MG, Rel. Ministro Reynaldo Soares da Fonseca, 5ª Turma, DJe 16/05/2016.

Na hipótese de requerimento de revisão criminal formulado pelo próprio condenado, a ausência da juntada da certidão de trânsito em julgado da sentença condenatória não caracteriza óbice ao conhecimento da revisão, haja vista que tal providência pode ser sanada diretamente pelo tribunal.

Por outro lado, sendo a inicial protocolizada por advogado, deverá ser juntado o instrumento de procuração, sendo desnecessária a outorga de poderes especiais. Em se tratando de defensor público, não se exige a procuração.

O requerimento, apresentado por meio de petição inicial, será distribuído a um relator e a um revisor, devendo funcionar como relator um desembargador que não tenha pronunciado decisão em qualquer fase do processo (art. 625, *caput*, CPP). O CPP não prevê, à espécie, a possibilidade de concessão de medida liminar, especialmente porque tal medida iria de encontro à coisa julgada. Não obstante, nada impede para nós que, no caso de revisão criminal proposta com pena em curso, diante da plausibilidade da alegação, corroborada pelo *periculum in mora* e flagrante prova do erro judiciário, o tribunal conceda medida liminar, antecipando os efeitos da tutela. Nessa linha de compreensão está o STJ:

> A liminar em Revisão Criminal com base em violação a texto expresso de lei constitui medida excepcional, somente se justificando quando a ofensa se mostre aberrante, cristalina, em respeito à segurança jurídica decorrente da coisa julgada. (AgRg na RvCr 5.560/DF, Rel. Min. Félix Fischer, 3ª Seção, DJe 02/03/2021)

Antes de apreciar o pedido, o relator poderá determinar que se apensem os autos originais, se daí não advier dificuldade à execução normal da sentença (art. 625, §2º). Se o relator julgar insuficientemente instruído o pedido e inconveniente ao interesse da justiça que se apensem os autos originais, indeferi-lo-á *in limine*, dando recurso para as câmaras reunidas ou para o tribunal, conforme o caso (art. 625, §3º). Contra essa decisão liminar, caberá recurso inominado, uma espécie de agravo regimental[16], que como tal deve ser processado. Nos termos do §4º interposto o recurso por petição e independentemente de termo, o relator apresentará o processo em mesa para o julgamento e o relatará, sem tomar parte na discussão.

Conforme destacamos anteriormente, o procedimento da revisão criminal não prevê expressamente um efetivo contraditório, porquanto, no §5º do art. 625 do CPP, apenas prevê que se o requerimento não for indeferido *in limine*, abrir-se-á vista dos autos ao Procurador-Geral, que dará parecer no prazo de dez dias. Em seguida, examinados os autos, sucessivamente, em igual prazo, pelo relator e revisor, julgar-se-á o pedido na sessão que o presidente designar.

Em linha de coerência com o entendimento anterior, firmamos a compreensão que o rito da revisão criminal somente comporta a pureza da questão criminal, que fundamenta a ação. E, nessa esteira, após a manifestação do Ministério Público e observância do §5º do art. 625, CPP, o Tribunal julgará a revisão.

---

16. Art. 628. Os regimentos internos dos Tribunais de Apelação estabelecerão as normas complementares para o processo e julgamento das revisões criminais.

Nos termos do art. 626, julgando procedente a revisão, o tribunal poderá alterar a classificação da infração, absolver o réu, modificar a pena ou anular o processo. Segundo o parágrafo único do dispositivo, de qualquer maneira, não poderá ser agravada a pena imposta pela decisão revista. A absolvição implicará o restabelecimento de todos os direitos perdidos em virtude da condenação, devendo o tribunal, se for caso, impor a medida de segurança cabível (art. 627, CPP). À vista da certidão do acórdão que cassar a sentença condenatória, o juiz mandará juntá-la imediatamente aos autos, para inteiro cumprimento da decisão (art. 629, CPP).

35.9 INDENIZAÇÃO POR ERRO JUDICIÁRIO

Segundo a Constituição Federal, "as pessoas jurídicas de direito público e as de direito privado prestadoras de serviços públicos responderão pelos danos que seus agentes, nessa qualidade, causarem a terceiros, assegurado o direito de regresso contra o responsável nos casos de dolo ou culpa" (art. 37, § 6º).

O dispositivo firma a responsabilidade objetiva do Estado que independe, para sua caraterização, da demonstração de dolo ou culpa. À espécie criminal, revela-se nítido o dever de indenizar nos casos de condenação indevida por patente erro judiciário e manutenção de prisões para além do tempo de pena fixado, entre outras possibilidades.

Conforme assinalamos anteriormente, entendemos que o rito da revisão criminal não é condizente com a cumulação do pedido indenizatório, a não ser que se abra o efetivo contraditório à Fazenda Pública. Não obstante, como prevalece o entendimento pela possibilidade de cumulação, por força do art. 630 do CPP, vejamos o dispositivo.

O art. 630 do CPP assinala que o tribunal, se o interessado o requerer, poderá reconhecer o direito a uma justa indenização pelos prejuízos sofridos. Logo, firma-se a necessidade de pedido expresso por parte do interessado. Nos termos do §1º, pela indenização, a ser liquidada no juízo cível, responderá a União, se a condenação tiver sido proferida pela justiça do Distrito Federal ou de Território, ou o Estado, se o tiver sido pela respectiva justiça. Nesse ponto, novamente frisamos a incompatibilidade, porquanto sem a observância do contraditório e ampla defesa, o tribunal terá fixado uma indenização, a ser liquidada, sem que o "condenado" tenha tido a oportunidade de se defender.

Apesar da nossa crítica, destacamos que o §2º do art. 630 assinala que a indenização não será devida: a) se o erro ou a injustiça da condenação proceder de ato ou falta imputável ao próprio impetrante, como a confissão ou a ocultação de prova em seu poder; b) se a acusação houver sido meramente privada.

No tocante à primeira espécie, o dispositivo consagrou a culpa exclusiva da vítima como excludente da responsabilidade estatal. Quanto à segunda, prevalece o entendimento pela sua não recepção pela CF/88, haja vista que o poder punitivo pertence ao Estado e o simples fato desse ter transferido a iniciativa da ação penal não afasta sua responsabilidade como Estado-Juiz.

35.10 CASUÍSTICA JURISPRUDENCIAL

Conforme vimos, a revisão criminal não se trata de recurso. Várias são as decisões proferidas, principalmente no âmbito do STJ. Dada a relevância jurisprudencial do assunto, acreditamos por importante trazermos, de forma objetiva, alguns entendimentos marcantes da referida Corte:

- É inadmissível *habeas corpus* em substituição ao recurso próprio, também à revisão criminal, impondo-se o não conhecimento da impetração, salvo se verificada flagrante ilegalidade no ato judicial impugnado apta a ensejar a concessão da ordem de ofício. AgRg no HC 671663/SC, Rel. Min. João Otávio de Noronha, 5ª Turma, DJe 15/08/22.
- A revisão criminal não é meio adequado para reapreciação de teses já afastadas por ocasião da condenação definitiva. Precedentes: RvCr 2877/PE, Rel. Ministro Gurgel de Faria, Revisor Ministro Reynaldo Soares da Fonseca, 3ª Seção, DJe 10/03/2016.
- O julgamento pelo Supremo Tribunal Federal de *habeas corpus* impetrado contra decisão proferida em recurso especial não afasta, por si só, a competência do Superior Tribunal de Justiça para processar e julgar posterior revisão criminal. Precedente: RvCr 2877/PE, 3ª Seção, Rel. Ministro Gurgel de Faria, Revisor Ministro Reynaldo Soares da Fonseca, DJe 10/3/2016.
- É assegurada à defesa a sustentação oral em sessão de julgamento de revisão criminal. Precedentes: HC 274473/SP, Rel. Nefi Cordeiro, 6ª Turma, DJe 28/05/2015.
- É possível a correção da dosimetria da pena em sede de revisão criminal. Precedentes: AgRg no AREsp 318060/SC, Rel. Ministro Félix Fischer, 5ª Turma, DJe 27/04/2016.
- O ajuizamento de revisão criminal não importa em interrupção da execução definitiva da pena, tendo em vista a ausência de efeito suspensivo. Precedentes: AgRg no HC 347878/RJ, Rel. Ministro Rogério Schietti Cruz, 6ª Turma, DJe 18/04/2016.
- A justificação criminal é via adequada à obtenção de prova nova para fins de subsidiar eventual ajuizamento de revisão criminal. Precedentes: AgRg no AREsp 859395/MG, Rel. Ministro Reynaldo Soares da Fonseca, 5ª Turma, DJe 16/05/2016.
- A revisão criminal não pode ser fundamentada no arrolamento de novas testemunhas, tampouco na reinquirição daquelas já ouvidas no processo de condenação. Precedentes: AgRg no AREsp 859395/MG, Rel. Ministro Reynaldo Soares da Fonseca, 5ª Turma, DJe 16/05/2016.
- A retratação da vítima ou das testemunhas constituem provas novas aptas a embasar pedido de revisão criminal. Precedentes: AgRg no AREsp 635778/PE, Rel. Ministro Gurgel de Faria, 5ª Turma, DJe 17/02/2016.
- O atraso no julgamento da revisão criminal provocado exclusivamente pela defesa não caracteriza excesso de prazo. Precedentes: HC 351741/SP, Rel. Ministro Jorge Mussi, 5ª Turma, DJe 19/05/2016.

35.11 SÍNTESE GRÁFICA

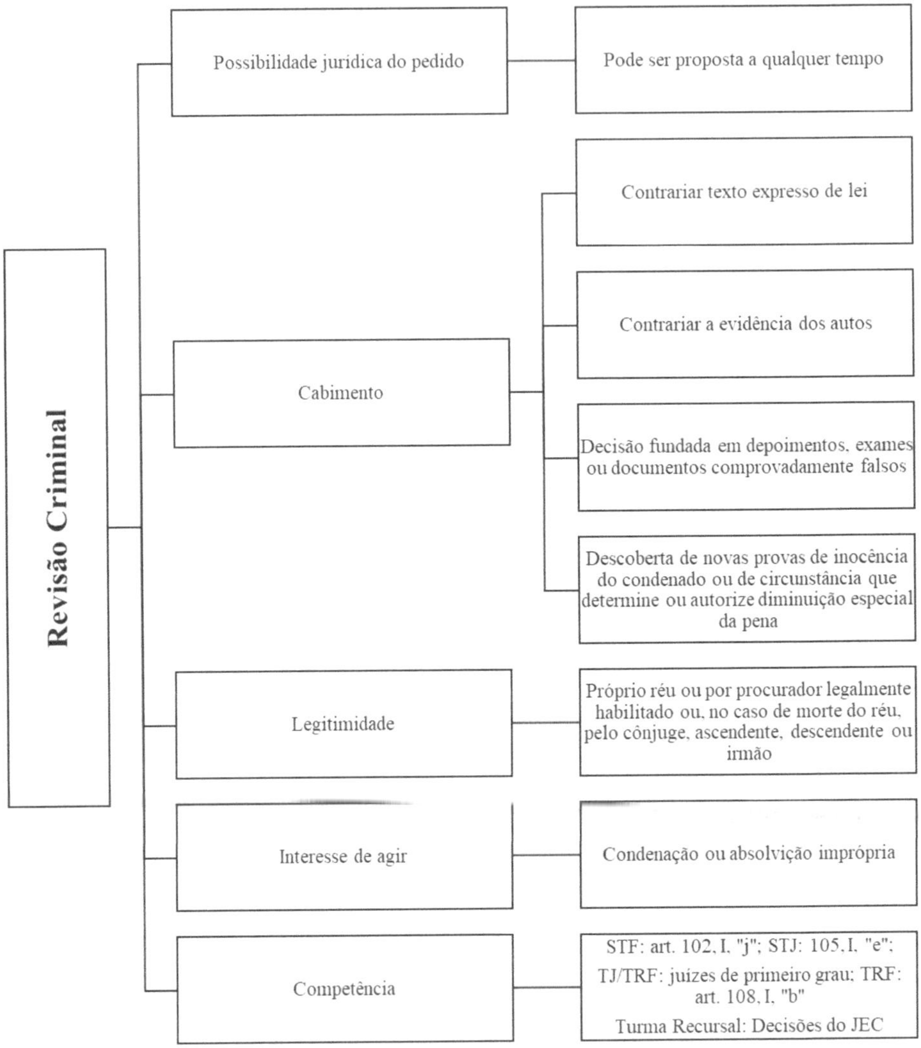

35.12 REVISÃO DO CAPÍTULO POR QUESTÕES DE CONCURSOS E ASSERTIVAS DE REFORÇO

QUESTÕES DE CONCURSO

1. **(DPE/PB 2022 - FCC - DEFENSOR PÚBLICO).** De acordo com o Código de Processo Penal, a revisão criminal

A. poderá ser solicitada pelo réu ou por terceiro juridicamente interessado no processo.
B. será extinta no caso de falecimento da pessoa cuja condenação tiver de ser revista.
C. admite pedido de mudança de fundamentação nos casos de sentença absolutória imprópria.
D. poderá agravar a pena imposta pela decisão revista a requerimento do Ministério Público.
E. admite pedido de reconhecimento do direito à indenização pelos prejuízos sofridos.

2. **(PC/PB 2022 - CESPE – DELEGADO DE POLÍCIA).** No processo penal brasileiro, a revisão pro *societate*

A. permite que o réu seja indiciado e processado mais de uma vez pelo mesmo fato.
B. não é admitida, mesmo que o réu tenha sido absolvido injustamente por decisão já transitada em julgado.

C. é admitida quando a sentença absolutória for proferida por juízo incompetente.
D. não admite o reexame de sentença que extingue a punibilidade com base em falsa certidão de óbito do réu.
E. é assegurada devido à possibilidade do Poder Judiciário de rever os próprios atos de ofício quando eivados de nulidade.

3. (MP/SC 2021 - CESPE - PROMOTOR DE JUSTIÇA SUBSTITUTO). Acerca dos aspectos processuais no direito penal, julgue o item subsequente. Ainda que não haja indicação de nenhum dispositivo de lei penal violado, a revisão criminal é cabível no caso de ter ocorrido violação processual relevante, como a ausência de esgotamento da prestação jurisdicional no acórdão que se pretenda rescindir.
( ) Certo ( ) Errado

4. (TJ/MS 2020 – FCC – JUIZ DE DIREITO). No tocante à revisão criminal, correto afirmar que
A. será processada e julgada em primeira instância, por juízo diverso da condenação, se a decisão condenatória transitou em julgado sem a interposição de recurso.
B. será julgada extinta se o condenado falecer em seu curso e requerida a absolvição por contrariedade à evidência dos autos.
C. inadmissível, em qualquer situação, a reiteração de pedido já apreciado em revisão anterior.
D. possível, no julgamento de procedência, a absolvição do réu, a alteração da classificação da infração, a modificação da pena ou a anulação do processo.
E. inadmissível sem recolhimento do condenado à prisão, se imposta pena privativa de liberdade em regime fechado.

5. (MP/MG 2019 – PROMOTOR DE JUSTIÇA SUBSTITUTO). Em relação aos recursos e ações de impugnação no processo penal, assinale a alternativa correta:
A. Compete aos tribunais de justiça respectivos o julgamento das revisões criminais propostas contra decisões dos juizados criminais estaduais monocráticos e das turmas recursais correspondentes.
B. Consoante entendimento já consolidado na doutrina e na jurisprudência do STF, a falta do juízo de retratação é mera irregularidade, não sendo impeditiva do conhecimento e julgamento do recurso em sentido estrito.
C. Denomina-se "recurso invertido" a hipótese em que, cabível um recurso, maneje a parte outro, ensejando-se assim a aplicação do princípio da fungibilidade recursal.
D. O agravo em execução tem, em regra, efeito suspensivo, devolutivo e regressivo.

ASSERTIVAS DE REFORÇO

1. ( ) A revisão criminal é uma verdadeira ação exclusiva da defesa, de competência originária dos tribunais, que visa desconstituir a coisa julgada formada em sede de decisão condenatória, exigindo, para sua utilização, a satisfação das condições da ação.

2. ( ) Caberá revisão criminal quando a sentença condenatória for contrária ao texto expresso da lei penal ou à evidência dos autos.

3. ( ) Caberá a revisão criminal quando a sentença condenatória se fundar em depoimentos, exames ou documentos, com suspeita de falsidade.

4. ( ) O CPP não prevê a intervenção do ofendido na revisão criminal, embora essa possa trazer repercussão nos interesses civis da vítima.

5. ( ) Não se exige capacidade postulatória para o manejo da revisão criminal.

6. ( ) A revisão criminal não se sujeita a prazo, podendo ser proposta até mesmo após o óbito do agente.

7. ( ) Segundo o STJ, é manifesta a incompetência do Tribunal de Justiça para tomar conhecimento de revisão criminal ajuizada contra decisum oriundo dos Juizados Especiais.

8. ( ) Em razão da estrita legalidade, a expressão contrariar texto expresso de "lei penal", prevista como hipótese de cabimento da revisão criminal, deve ser interpretada em sentido estrito.

9. ( ) Não se admite a revisão criminal na hipótese alegação de nulidade relativa.

10. ( ) A mera existência de uma prova falsa no processo fundamenta a revisão criminal.

11. ( ) A liminar em Revisão Criminal com base em violação a texto expresso de lei constitui medida excepcional, somente se justificando quando a ofensa se mostre aberrante, cristalina, em respeito à segurança jurídica decorrente da coisa julgada.

12. ( ) A petição inicial da revisão criminal deve ser instruída com a certidão de haver passado em julgado a sentença condenatória e com as peças necessárias à comprovação dos fatos arguidos.

13. ( ) Antes de apreciar o pedido de revisão criminal, o relator deverá determinar que se apensem os autos originais.

14. ( ) Julgando procedente a revisão, o tribunal poderá alterar a classificação da infração, absolver o réu, modificar a pena ou anular o processo. De qualquer maneira, não poderá ser agravada a pena imposta pela decisão revista.

15. ( ) Na revisão criminal, a indenização será devida ainda que o erro ou a injustiça da condenação tenha origem em ato ou falta imputável ao próprio impetrante, vez que cabe ao Estado, no exercício de suas prerrogativas, coibir tais práticas.

16. ( ) A revisão criminal não é meio adequado para reapreciação de teses já afastadas por ocasião da condenação definitiva.

17. ( ) O julgamento pelo Supremo Tribunal Federal de *habeas corpus* impetrado contra decisão proferida em recurso especial afasta, por si só, a competência do Superior Tribunal de Justiça para processar e julgar posterior revisão criminal.

18. ( ) É possível a correção da dosimetria da pena em sede de revisão criminal.

19. ( ) O ajuizamento de revisão criminal não importa em interrupção da execução definitiva da pena, tendo em vista a ausência de efeito suspensivo.

20. ( ) A revisão criminal não pode ser fundamentada no arrolamento de novas testemunhas, tampouco na reinquirição daquelas já ouvidas no processo de condenação.

35.12.1 Gabaritos

QUESTÕES DE CONCURSO

1	2	3	4	5
E	B	C	D	A

ASSERTIVAS DE REFORÇO

1	2	3	4	5	6	7	8	9	10
V	V	F	V	F	V	V	F	V	F
11	**12**	**13**	**14**	**15**	**16**	**17**	**18**	**19**	**20**
V	V	F	V	F	V	F	V	V	V

COMENTÁRIOS ÀS ASSERTIVAS FALSAS E JUSTIFICATIVAS IMPORTANTES

1. V.

2. V.

3. F. Documentos comprovadamente falsos.

4. V.

5. F. Não se exige, art. 623, CPP.

6. V.

7. V.

8. F. A expressão "lei penal" deve ser compreendida de forma ampla, para alcançar qualquer ato normativo que tenha embasado a condenação, inclusive de instrumentos legais de outras áreas do direito, na hipótese, por exemplo, de normas penais em branco.

9. V.

10. F. Não se pode afirmar que a mera existência de uma prova falsa no processo fundamente a revisão criminal, porquanto se exige o nexo de causalidade entre a falsidade e a condenação, isto é, que a prova tenha sido utilizada na fundamentação para sustentar o decreto condenatório.

11. V.

12. V.

13. F. Antes de apreciar o pedido, o relator poderá determinar que se apensem os autos originais, se daí não advier dificuldade à execução normal da sentença (art. 625, §2º).

14. V.

15. F. A indenização não será devida: a) se o erro ou a injustiça da condenação proceder de ato ou falta imputável ao próprio impetrante, como a confissão ou a ocultação de prova em seu poder.

16. V.

17. F. O julgamento pelo Supremo Tribunal Federal de *habeas corpus* impetrado contra decisão proferida em recurso especial não afasta, por si só, a competência do Superior Tribunal de Justiça para processar e julgar posterior revisão criminal.

18. V.

19. V.

20. V.

36

Habeas Corpus

36.1 COMO O ASSUNTO É ABORDADO EM PROVAS E CONCURSOS

O tema "*habeas corpus*" não se encontra no rol dos assuntos mais cobrados nos concursos de Magistratura, Ministério Público, Defensoria Pública e Delegado de Polícia, evidenciando-se uma leve prevalência natural nos certames de Defensoria Pública e Magistratura.

O assunto assume protagonismo legal e jurisprudencial, especialmente quando cruzado com o tema de nulidades. A maioria das questões versa sobre as hipóteses de cabimento sob a luz da norma e jurisprudência dos Tribunais Superiores, motivo pelo qual dedicamos a parte final do capítulo para o destaque das decisões.

O estudo, especialmente de revisão, deve ser realizado sobre os aspectos legais e jurisprudenciais, sendo imprescindível, contudo, a compressão básica da doutrina.

36.2 INTRODUÇÃO

A expressão *habeas corpus*, na literalidade, significa "tome o corpo", sendo compreendida no sentido de exiba, traga o corpo. Com origem na Magna Carta de João Sem-Terra de 1215, o instrumento atualmente é reproduzido pela expressiva maioria dos Estados Modernos como uma espécie de garantia do indivíduo para assegurar-lhe o direito de liberdade, quando exposto ao arbítrio estatal ou, até mesmo, particular.

Apesar de tratado como recurso no CPP, o *habeas corpus* é uma ação constitucional que visa tutelar o direito liberdade. Seu fundamento encontra-se no artigo 5º, LXVIII, da Constituição Federal: "conceder-se-á *habeas corpus* sempre que alguém sofrer ou se achar ameaçado de sofrer violência ou coação em sua liberdade de locomoção, por ilegalidade ou abuso de poder".

O *habeas corpus* também foi previsto na Declaração Universal dos Direitos Humanos de 1948 (artigo 8º) e foi disciplinado no Código de Processo Penal nos arts. 647 a 667.

36.3 NATUREZA JURÍDICA – AÇÃO CONSTITUCIONAL

Apesar de ser utilizado em determinadas situações como recurso, o *habeas corpus* é uma verdadeira ação, conhecida por remédio constitucional ou *writ*. E, como tal, subordina-se à satisfação das condições da ação.

36.4 CONDIÇÕES DA AÇÃO

36.4.1 Possibilidade jurídica do pedido

Como regra geral, não há vedação ao uso do *habeas corpus*. Na legislação há apenas uma vedação expressa em abstrato[1], fundada no regime de disciplina e hierarquia, prevista no art. 142, §2º da CF, que prevê: Não caberá *habeas corpus* em relação a punições disciplinares militares. A vedação alcança nos somente os militares das forças armadas, mas também os militares que integram as polícias e corpos de bombeiros militares dos Estados, forças auxiliares e reserva do Exército (art. 144, §6º, CF).

36.4.2 Interesse de agir

Havendo violência à liberdade ou risco quanto à integridade dessa, o remédio, em tese, poderá ser utilizado. O *habeas corpus* deve ser manejado contra evento concreto, não se admitindo a ação contra **ato normativo em tese**.

O interesse revela-se não somente pela iminência e plausibilidade, mas pelo efetivo risco criado à liberdade do paciente, que pode ser, inclusive, futuro, nas hipóteses de *habeas corpus* preventivo. Não se exige que o *habeas corpus* ataque diretamente um ato que decreta, por exemplo, a prisão do agente, circunstância imediatamente apta a violar o direito de liberdade. É possível que o *writ* seja manejado contra aplicação de medidas cautelares ou penas restritivas de direitos, porquanto aptas, em futuro próximo, a colocar em risco a liberdade do paciente no caso de eventual descumprimento e conversão.

De toda sorte, o *habeas corpus* deve revelar o ato concreto, ilegal ou abusivo, praticado pela autoridade apontada como coatora, como apto produzir riscos à liberdade de locomoção do paciente. Não se admite o *habeas corpus*, portanto, nos casos em que o risco criado implica tão somente a possibilidade de aplicação de **pena de multa**, não passível de conversão em pena privativa de liberdade, conforme entendimento sumulado do STF[2] (Súmula 693).

Ainda como exemplos quanto à inexistência de interesse agir, a Súmula 694 do STF assinala que "Não cabe *habeas corpus* contra a imposição da pena de exclusão de militar ou de perda de patente ou de função pública" e a Súmula 695 apregoa que "não cabe *habeas corpus* quando já extinta a pena privativa de liberdade".

Na seara do *habeas corpus*, o interesse de agir é flexibilizado, haja vista o bem jurídico em risco. Sob a perspectiva tradicional, o interesse de agir materializa-se na necessidade,

---

1. A previsão do §2º do art. 650 do CPP não foi recepcionada pela CF: §2º Não cabe o *habeas corpus* contra a prisão administrativa, atual ou iminente, dos responsáveis por dinheiro ou valor pertencente à Fazenda Pública, alcançados ou omissos em fazer o seu recolhimento nos prazos legais, salvo se o pedido for acompanhado de prova de quitação ou de depósito do alcance verificado, ou se a prisão exceder o prazo legal.
2. Súmula 693: Não cabe *habeas corpus* contra decisão condenatória a pena de multa, ou relativo a processo em curso por infração penal a que a pena pecuniária seja a única cominada.

adequação e utilidade. Parece-nos ululante a adequação e utilidade do *writ* como instrumento de salvaguarda da liberdade, assim como de simples constatação sua necessidade.

Entretanto, a adequação é flexibilizada, pois essa, em linhas gerais, trilha a linha da utilização do instrumento próprio para impugnação de uma decisão judicial na seara recursal. Na esfera do *habeas corpus*, em se tratando de ato judicial abusivo, além o recurso próprio e adequado, o remédio poderá ser utilizado, de forma alternativa e em situações excepcionais, para afastar o risco à liberdade do paciente. Logo, a adequação no *habeas corpus* deve ser vista sob uma perspectiva mais aberta, no sentido de compreender que, a despeito de outros instrumentos existentes, o *writ*, a depender do caso, poderá ser utilizado.

Diante do excesso de *habeas corpus* impetrados, especialmente nos Tribunais Superiores, o STF, em mudança de posição, passou a não admitir o *habeas corpus* originário como substitutivo de recurso em *habeas corpus*, isto é, não ser admissível o *habeas corpus*, em regra, como meio de impugnação de decisão denegatória de *habeas corpus* anterior[3].

No entanto, referido entendimento tem sido flexibilizado no âmbito dos Tribunais Superiores, especialmente pela possibilidade de concessão de ordem de *habeas corpus ex officio*. A título exemplificativo:

> O STJ não admite que o remédio constitucional seja utilizado em substituição ao recurso próprio (apelação, agravo em execução, recurso especial), tampouco à revisão criminal, ressalvadas as situações em que, à vista da flagrante ilegalidade do ato apontado como coator, em prejuízo da liberdade da paciente, seja cogente a concessão, de ofício, da ordem de *habeas corpus*. (HC 306677/RJ, Rel. Min. Ericson Maranho, Des. Convocado do TJSP, Rel. p/ Acórdão Min. Nefi Cordeiro, 6ª Turma, DJe 28/05/2015.

Sobre a concessão da ordem de ofício, o §2º do art. 564 do CPP não deixa qualquer dúvida: Os juízes e os tribunais têm competência para expedir de ofício ordem de *habeas corpus*, quando no curso de processo verificarem que alguém sofre ou está na iminência de sofrer coação ilegal.

36.4.3 Legitimidade

36.4.3.1 Legitimidade ativa

O *habeas corpus* é uma ação tida por popular, vez que pode ser impetrado por qualquer pessoa nos termos do art. 654, *caput*, CPP: O *habeas corpus* poderá ser impetrado por qualquer pessoa, em seu favor ou de outrem, bem como pelo Ministério Público. Não por outra razão, a doutrina considera o *habeas corpus* como verdadeira **ação penal popular**.

Não se pode confundir impetrante com paciente, não obstante possam ser a mesma pessoa. **Impetrante é quem, de fato, ingressa com o *habeas corpus*, ao passo que paciente é a pessoa que está com sua liberdade em risco**. No tocante ao impetrante, verdadeiro substituto processual, não se exige sequer a capacidade postulatória. O paciente, por outro lado, pode ser qualquer pessoa, inclusive estrangeiro em trânsito no território nacional. Não se admite, contudo, *habeas corpus* em favor de pessoa jurídica, haja vista que, por se tratar de ficção jurídica, é desprovida do direito de liberdade de locomoção.

3. HC 109.956/PR, Rel. Min. Marco Aurélio, 1ª Turma, j. 07.08.12

Conforme a previsão do art. 654 do CPP, o próprio Ministério Público, como fiscal da ordem jurídica, possui legitimidade para impetração do *habeas corpus* em favor do paciente.

36.4.3.2 Legitimidade passiva

O legitimado passivo no *habeas corpus* é a autoridade coatora, que não se confunde com a instituição à que pertence. Assim, o *habeas corpus* manejado como ato da autoridade policial terá como impetrada a própria autoridade coatora e não a Polícia Civil. Não se pode confundir, todavia, as figuras da autoridade coatora com a do detentor, prevista no art. 658 do CPP. A autoridade coatora é aquela quem fundamenta o ato, isto é, cria o risco à liberdade do paciente, ao passo que o detentor é apenas quem executa ato, como o investigador, carcereiro e etc.

O particular, igualmente, poderá assumir o polo passivo da ação de *habeas corpus* quando der causa à liberdade de locomoção em situações especiais, como na hipótese de um diretor de clínica para tratamento de usuários de drogas ou de um asilo que nega o direito de liberdade ao paciente, voluntariamente ali colocado para tratamento ou cuidado.

36.4.3.3 Concessão de ofício

A Lei 14.836/24 incluiu o art. 647-A do CPP, com o seguinte teor:

> "Art. 647-A. No âmbito de sua competência jurisdicional, qualquer autoridade judicial poderá expedir de ofício ordem de habeas corpus, individual ou coletivo, quando, no curso de qualquer processo judicial, verificar que, por violação ao ordenamento jurídico, alguém sofre ou se acha ameaçado de sofrer violência ou coação em sua liberdade de locomoção.
> Parágrafo único. A ordem de habeas corpus poderá ser concedida de ofício pelo juiz ou pelo tribunal em processo de competência originária ou recursal, ainda que não conhecidos a ação ou o recurso em que veiculado o pedido de cessação de coação ilegal."

A concessão de *habeas corpus* de ofício já encontrava previsão legal no art. 654, §2°, do Código de Processo Penal, sendo plenamente aceito pelas Cortes Superiores.

A novidade envolve a previsão expressa de concessão do *habeas corpus* coletivo de ofício, reforçando o entendimento de parcela da doutrina que defende a possibilidade de atuação de ofício pelo magistrado nas questões de natureza coletiva, conforme veremos no tópico específico relacionado ao *habeas corpus* coletivo, ao qual remetemos o leitor.

Outro ponto de destaque na normativa reside na expressa previsão de concessão da ordem ainda que não conhecidos o recurso ou ação em que veiculado o pedido de cessação da coação ilegal. A previsão, na prática, já era observada pelos tribunais mesmo antes da alteração legislativa.

36.4.4 Pressupostos processuais

A impetração de *habeas corpus* não exige capacidade postulatória, haja vista que o Estatuto da OAB não elenca o ato como privativo de advogado. Aliás, o exclui expressamente no art. 1°, §1°, da Lei 8.906/94.

Apesar de não expresso no art. 654 do CPP, apesar de não exigida a capacidade postulatória, minimante parece-nos exigível a capacidade processual, isto é, a capacidade para o exercício de direitos, sob pena de infundada ampliação da legitimidade.

Não se exige, em regra, a existência de procuração para impetração do *habeas corpus*, vez que a legitimidade é conferida a qualquer pessoa. A exceção tem sido registrada em reiteradas decisões do STJ nos casos de recursos em *habeas corpus*, ainda que sem fundamento expresso em norma.

Nos termos do §1º do art. 654 do CPP, a petição de *habeas corpus* deverá conter: a) o nome da pessoa que sofre ou está ameaçada de sofrer violência ou coação e o de quem exercer a violência, coação ou ameaça; b) a declaração da espécie de constrangimento ou, em caso de simples ameaça de coação, as razões em que funda o seu temor; c) a assinatura do impetrante, ou de alguém a seu rogo, quando não souber ou não puder escrever, e a designação das respectivas residências.

Em razão da própria natureza da ação de *habeas corpus*, não se exige a observância de maiores formalidades, sobretudo quando lembramos que a ordem poderá ser concedida *ex officio* (art. 654, §2º, CPP).

36.4.5 Competência

A competência para o julgamento do *habeas corpus* é fixada por dois critérios primários: território e hierarquia. Em linhas gerais, será competente para julgamento do *habeas corpus* o juízo do local do risco à liberdade de locomoção, quando o ato não for proveniente de juiz de direito ou promotor de justiça. Assim, o *habeas corpus* impetrado contra ato da autoridade policial deverá ser julgado pelo juiz de direito do local do ato ilegal ou abusivo.

Nas demais hipóteses, deverá ser observada não somente a questão da hierarquia, mas também a lógica que envolve a competência por prerrogativa de função, pois, de forma inegável, a análise da prática de um ato abusivo ou ilegal pressupõe a hierarquia ou, no mínimo, competência para processamento de eventual ação penal por ato de abuso de autoridade.

Por essas razões, pode-se afirmar que, sob a lógica do art. 650 do CPP, será competente para apreciar o *habeas corpus* o tribunal imediatamente superior, competente para julgar eventuais recursos ordinários em relação à matéria. No mesmo sentido, tratando-se de ato ilegal ou abusivo praticado por promotor de justiça[4], a competência será do Tribunal de Justiça, haja vista ser esse órgão competente para julgamento dos eventuais desdobramentos do ato abusivo ou ilegalidade (ação penal por abuso de autoridade).

Especial atenção deve ser dispensada aos **Juizados Especiais Criminais**, haja vista que, em parte, fogem à lógica acima exposta. Sendo a autoridade coatora juiz de direito com atuação no Juizado, o *habeas corpus* deverá ser impetrado perante a **Turma Recursal**, ao passo que, sendo a autoridade coatora a própria Turma, a competência será dos TJs ou TRFs, a depender da origem, estadual ou federal.

4. STF: RE 141.209-7/SP.

Destacamos a necessidade de "especial atenção" pois, a despeito do poder revisional das Turmas Recursais quanto às decisões proferidas pelo juiz com atuação no Juizado Especial, não nos parece coerente com o sistema de competências que a Turma Recursal possa, além de rever um ato judicial, decidir pela prática de ato abusivo ou ilegal contra a liberdade de alguém, premissa inafastável do *habeas corpus*, em tese praticado por magistrado. Não há como se confundir a instância revisora de atos judiciais, com instância competente para julgamento do magistrado, especialmente porque o ato imputado como ilegal ou abusivo pode caracterizar crime de abuso de autoridade, prevaricação, desobediência e etc., ou mesmo infrações administrativas, sujeitas a apreciação pelo Tribunal de Justiça e não pelo magistrado par, apenas hierarquicamente superior para fins de revisão de atos processuais.

Ao se firmar a competência da Turma Recursal, para julgamento dos *habeas corpus* impetrados contra atos do juiz de direito dos Juizados Especiais Criminais, cria-se o risco de decisões conflitantes, uma vez que a Turma Recursal pode compreender pela inexistência de ilegalidade e o Tribunal de Justiça, no caso de ação penal deflagrada pelo mesmo ato, reconhecer a prática de crime. Melhor seria, para nós, que os *habeas corpus* impetrados contra atos do juiz de direito dos Juizados Especiais Criminais fossem julgados pelo Tribunal de Justiça, em observância e sintonia com o teor do art. 96, III, da Constituição Federal.

36.5 *HABEAS CORPUS* PREVENTIVO E LIBERATÓRIO – CABIMENTO

Normalmente, o *habeas corpus* é utilizado para afastar um ato ilegal já praticado ou que está em curso (liberatório). Não obstante, o *writ* pode ser utilizado de forma preventiva, de sorte a se evitar a prática iminente de uma coação ilegal e, consequentemente, a ocorrência da lesão, conforme se infere do teor do art. 647 do CPP, diante da previsão a "iminência de sofrer violência ou coação ilegal na sua liberdade de ir e vir".

O *habeas corpus* preventivo visa a obtenção de uma ordem de salvo-conduto direcionada à autoridade apontada como possível coatora, com o escopo de se evitar a efetiva prática do ato lesivo. A ordem, em nossa compreensão deve ser por demais clara quanto ao objeto e duração, sob pena de se conferir um salvo-conduto irrestrito ao paciente.

À guisa de exemplo, é comum a impetração de *habeas corpus* preventivo contra atos de CPIs, quando pessoas, de fato investigadas pela comissão, são intimadas como meros informantes ou testemunhas, em circunstância claramente violadora de garantias processuais, como a do exercício ao direito ao silêncio, assegurada aos investigados, mas não às testemunhas.

No tocante ao *habeas corpus* liberatório, apesar de inúmeras decisões ampliadoras, o CPP previu, no art. 648, hipóteses em que a coação será considerada ilegal. Destacamos, com antecedência, que o estudo que se segue parte da premissa do conhecimento de temas como prisão e nulidades, aos quais remetemos o leitor para aprofundamento. Vejamos as hipóteses do art. 648, separadamente.

I. quando não houver justa causa: a prática de um ato capaz de limitar a liberdade de alguém pressupõe não somente um fundamento legal, mas também a correlação do ato com a medida decretada ou atitude tomada. Em sentido diverso, mas no mesmo contexto, a justa causa, condição para a ação penal, por exemplo, exige suporte mínimo probatório para deflagração da ação penal, sob pena de rejeição. De igual modo, a decretação da prisão ou imposição de medida cautelar diversa da prisão pressupõe a satisfação de pressupostos e requisitos. Assim, não haverá justa causa para o ato constritor ou potencialmente lesivo quando, por exemplo, o agente for preso sem ordem judicial ou em situação que não caracterizadora do flagrante, quando se determina a condução coercitiva para interrogatório, quando a prisão preventiva ou temporária for decretada em inobservância ao *fumus comissi delicti* ou *periculum libertatis* e etc.

II. quando alguém estiver preso por mais tempo do que determina a lei: a previsão contempla não somente as situações de prisões definitivas, cuja pena do sentenciado foi integralmente cumprida, mas também as hipóteses de prisões cautelares que fogem ao prazo legal, quando existente (prisão temporária, por exemplo), e as prisões preventivas que evidenciam um constrangimento ilegal pela inobservância da duração razoável do processo.

III. quando quem ordenar a coação não tiver competência para fazê-lo: se ninguém será privado da liberdade ou de seus bens sem o devido processo legal (art. 5º, LIV, CF) e o devido processo legal pressupõe o processo pela autoridade competente (art. 5º, inc. LIII, CF), qualquer ordem de prisão ou apta a causar coação ao direito de ir e vir será tida como ilegal quando expedida por autoridade incompetente, sendo atacável pela via do *habeas corpus*. A questão relacionada à competência deve ser lida sob a forma estrita, isto é, no sentido de autoridade judiciária, porquanto não existe qualquer ilegalidade na prisão em flagrante realizada pela polícia civil em crime de competência da Justiça Federal.

IV. quando houver cessado o motivo que autorizou a coação: a decretação de um ato de constrição de liberdade pressupõe a fundamentação em motivos concretos. Cessando esses motivos, não há razão para preservação do ato que, após o desaparecimento dos motivos determinantes, passa a ser ilegal, a exemplo da prisão preventiva decretada para conveniência da instrução criminal, que carrega seu fundamento até o final dessa, não podendo subsistir por tal motivo.

V. quando não for alguém admitido a prestar fiança, nos casos em que a lei a autoriza: a compreensão da previsão, em nossa perspectiva, deve ser ampliada para contemplar eventuais excessos na fixação do valor da fiança, haja vista que o valor irrazoável pode caracterizar uma forma de inadmissão da fiança. Logo, caberá *habeas corpus* tanto sob a perspectiva formal, não possibilitar a fiança quando possível, ou sob a perspectiva material, quando fixada em valor que ultrapasse o razoável.

VI. quando o processo for manifestamente nulo: a nulidade do processo ou, de forma ampliada, de um ato processual, cria um risco à liberdade do acusado, sendo atacável por meio de *habeas corpus*[5]. *Não se trata, contudo, de qualquer nulidade, porquanto a previsão do inciso VI registra a possibilidade quando o processo for* **manifestamente** nulo. A ideal compreensão da previsão parte da premissa do conhecimento das nulidades e formas de saneamento, sob pena de se transformar o *habeas corpus* em uma ação por demais ampla, em prejuízo de institutos como a preclusão e do próprio interesse na

5. Art. 652, CPP: Se o *habeas corpus* for concedido em virtude de nulidade do processo, este será renovado.

declaração da nulidade na seara das nulidades relativas. Tratando-se, todavia de nulidade absoluta, declarável de ofício e a qualquer tempo, a restrição não se impõe.

VII. quando extinta a punibilidade: a configuração de uma causa extintiva de punibilidade afasta o interesse de agir estatal, de sorte que o processo em trâmite deixa de possuir fundamento jurídico apto a sustentá-lo. Assim, caracterizada a causa extintiva não reconhecida pelo magistrado, o *habeas corpus* poderá ser manejado para tutelar a liberdade do paciente.

36.5.1 *Habeas corpus* coletivo

O STF, ao julgar o HC 143.641[6], reconheceu a possibilidade *habeas corpus* coletivo por analogia ao art. 12 da Lei 13.300/16 (Lei do Mandado de Injunção Coletivo), para a assegurar a legitimidade ativa ao Ministério Público, partidos políticos com representação no Congresso Nacional, organizações sindicais, entidades de classe ou associação, observada a representação adequada e pertinência temática, e Defensorias Públicas.

A Lei 14.836/24 incluiu o art. 647-A do CPP, para prever, expressamente, que "no âmbito de sua competência jurisdicional, qualquer autoridade judicial poderá expedir de ofício ordem de habeas corpus, individual ou coletivo, quando, no curso de qualquer processo judicial, verificar que, por violação ao ordenamento jurídico, alguém sofre ou se acha ameaçado de sofrer violência ou coação em sua liberdade de locomoção".

Não obstante o reconhecimento pela 2ª Turma do STF e do registro da existência de entendimento contrário na 1ª Turma[7], o *habeas corpus* coletivo, agora previsto de forma expressa em norma, pressupõe, em nossa compreensão, a delimitação do grupo favorecido, por meio da especificação da questão comum (*commonality*), isto é, que o grupo, dada a próxima homogeneidade jurídica e fática, receba um tratamento isonômico.

A questão, contudo, nos parece por demais complexa para se conferir um trato coletivo na seara penal, a exemplo do HC 143.641, no qual foram apontadas como coatores todos os juízes estaduais, federais e distritais com competência criminal, bem como todos os tribunais de justiça, tribunais regionais federais e o Superior Tribunal de Justiça.

Não se nega a possibilidade do *habeas corpus* coletivo, apenas se questiona a amplitude a ser conferida ao remédio constitucional, especialmente em razão da complexidade de situações irradiadas e da posição constitucional dos Tribunais Superiores, chamados a decidir, por exemplo, *habeas corpus* coletivos impetrados contra situações sequer apresentadas em primeiro grau ou pendentes de julgamento em segundo grau, isto é, sem a homogeneidade necessária.

Um ponto é o vetor hermenêutico que pode ser extraído o julgamento HC 596.603/SP[8], no qual a Sexta Turma do STJ concedeu *habeas corpus* coletivo para fixar

6. 2ª Turma, Rel. Min. Ricardo Lewandowski, DJe 09.10.18.

7. Na 1ª Turma, há decisão monocrática do Min. Alexandre de Moraes negando seguimento liminarmente em *habeas corpus* coletivo, por ausência de indicação, de maneira individualizada, do específico constrangimento ilegal sofrido pelos pacientes (HC 148.459).

8. Rel. Min. Rogério Schietti Cruz, DJe 22.09.20. (...) A moldura fática trazida pela Defensoria Pública do Estado de São Paulo – mais de mil presos, que, a despeito da reconhecida prática de crime de tráfico privilegiado, cumprem pena de um ano e oito meses, em regime fechado, com respaldo exclusivo no ultrapassado entendimento de que a conduta caracteriza crime assemelhado a hediondo – permite solução coletiva, por reproduzirem a mesma situação

o regime aberto a todas as pessoas condenadas no estado por tráfico privilegiado, com pena de um ano e oito meses, porquanto a moldura fática reproduzia uma mesma situação fático-jurídica. Outro, é a decisão proferida no HC 143.641, na qual se requereu a concessão da ordem para revogação da prisão preventiva decretada contra todas as gestantes puérperas e mães de crianças, ou sua substituição pela prisão domiciliar. No julgamento, o STF decidiu por:

> (...) XIII – Acolhimento do writ que se impõe de modo a superar tanto a arbitrariedade judicial quanto a sistemática exclusão de direitos de grupos hipossuficientes, típica de sistemas jurídicos que não dispõem de soluções coletivas para problemas estruturais.
>
> XIV – Ordem concedida para determinar a substituição da prisão preventiva pela domiciliar - sem prejuízo da aplicação concomitante das medidas alternativas previstas no art. 319 do CPP - de todas as mulheres presas, gestantes, puérperas ou mães de crianças e deficientes, nos termos do art. 2º do ECA e da Convenção sobre Direitos das Pessoas com Deficiências (Decreto Legislativo 186/2008 e Lei 13.146/2015), relacionadas neste processo pelo DEPEN e outras autoridades estaduais, enquanto perdurar tal condição, excetuados os casos de crimes praticados por elas mediante violência ou grave ameaça, contra seus descendentes ou, ainda, em situações excepcionalíssimas, as quais deverão ser devidamente fundamentadas pelos juízes que denegarem o benefício.
>
> XV – Extensão da ordem de ofício a todas as demais mulheres presas, gestantes, puérperas ou mães de crianças e de pessoas com deficiência, bem assim às adolescentes sujeitas a medidas socioeducativas em idêntica situação no território nacional, observadas as restrições acima.

No acordão, registrou-se ainda que "quando a detida for tecnicamente reincidente, o juiz deverá proceder em atenção às circunstâncias do caso concreto, mas sempre tendo por norte os princípios e as regras acima enunciadas, observando, ademais, a diretriz de excepcionalidade da prisão. Se o juiz entender que a prisão domiciliar se mostra inviável ou inadequada em determinadas situações, poderá substitui-la por medidas alternativas arroladas no já mencionado art. 319 do CPP. Para apurar a situação de guardiã dos filhos da mulher presa, dever-se-á dar credibilidade à palavra da mãe. Faculta-se ao juiz, sem prejuízo de cumprir, desde logo, a presente determinação, requisitar a elaboração de laudo social para eventual reanálise do benefício. Caso se constate a suspensão ou destituição do poder familiar por outros motivos que não a prisão, a presente ordem não se aplicará".

Ao final, "a fim de se dar cumprimento imediato a esta decisão, deverão ser comunicados os Presidentes dos Tribunais Estaduais e Federais, inclusive da Justiça Militar Estadual e Federal, para que prestem informações e, no prazo máximo de 60 dias a contar de sua publicação, implementem de modo integral as determinações estabelecidas no presente julgamento, à luz dos parâmetros ora enunciados".

Percebam, por mera análise perfunctória da ementa e acordão, que falta à decisão a questão comum (*commonality*). A expressiva quantidade de pacientes e autoridades coatoras encontravam-se em situações diversas, em verdadeira dupla heterogeneidade no tocante à legitimidade, observada sob uma perspectiva ampla. A decisão, a despeito de proferida pelo STF, em sede de uma infundada competência originária, não se coaduna com a razão de ser do *habeas corpus* coletivo, destinado a enfrentar homogeneidades.

---

fático-jurídica. Precedente (HC n. 575.495/MG, Rel. Ministro Sebastião Reis Júnior, 6ª T, julgado em 2/6/2020, DJe 8/6/2020).

Não por outra razão, o próprio STF previu que "nas hipóteses de descumprimento da presente decisão, a ferramenta a ser utilizada é o recurso, e não a reclamação, como já explicitado na ADPF 347". Em síntese, o STF limitou seu próprio controle, reduzindo o próprio instrumento.

36.6 PROCEDIMENTO

O procedimento do *habeas corpus* é relativamente simples e segue a lógica da impetração, seguida do pedido de informações[9] à autoridade coatora[10] e, após a apresentação dessas, oitiva do Ministério Público e decisão.

O procedimento do *habeas corpus* não prevê a possibilidade de concessão de medida liminar, não obstante nos parecer clara a hipótese diante do *fumus boni iuris* e *periculum in mora*. Caso seja requerida e indeferida a liminar, não se admite recurso ou, em regra, a impetração de outro *habeas corpus* contra a decisão denegatória da liminar. Não obstante, o STJ tem firmado posição no sentido de sua possibilidade, nos casos de flagrante ilegalidade ou teratologia da decisão impugnada:

> Segundo orientação pacificada neste Superior Tribunal, é incabível *habeas corpus* contra indeferimento de medida liminar, salvo em casos de flagrante ilegalidade ou teratologia da decisão impugnada, sob pena de indevida supressão de instância. Exegese da Súmula 691/STF. AgRg no HC 318035/RJ, Rel. Min. Jorge Mussi, 5ª Turma, DJe 25.05.15.

In verbis, a Súmula 691 do STF, mencionada no julgado pelo STJ:

> Não compete ao Supremo Tribunal Federal conhecer de *habeas corpus* impetrado contra decisão do Relator que, em *habeas corpus* requerido a tribunal superior, indefere a liminar.

Na prática, a despeito da súmula e da compreensão majoritária, há um intenso grau de discricionariedade no tocante à aceitação do *habeas corpus* como medida de impugnação à negativa de concessão de liminar em outro *habeas corpus*.

O *habeas corpus*, em razão de suas características da simplicidade e sumariedade, não admite, em regra, dilação probatória, isto é, não possui uma fase destinada à instrução processual. Isso não significa, contudo, que o procedimento será desprovido de provas. Ao contrário, seguindo a linha dos *writs* em geral, o conhecimento do *habeas corpus* pressupõe prova pré-constituída acerca da existência de um direito líquido e certo quanto ao constrangimento ilegal.

Logo, o *habeas corpus* deverá ser devidamente instrumentalizado com todos os elementos de prova aptos a demonstrar o abuso ou ilegalidade, bem como o direito sobre o qual se funda a alegação.

---

9. O pedido é facultativo, *ex vi* art. 664, *caput*, do CPP: Art. 664. Recebidas as informações, ou dispensadas, o *habeas corpus* será julgado na primeira sessão, podendo, entretanto, adiar-se o julgamento para a sessão seguinte.

10. Art. 662. Se a petição contiver os requisitos do art. 654, §1º, o presidente, se necessário, requisitará da autoridade indicada como coatora informações por escrito. Faltando, porém, qualquer daqueles requisitos, o presidente mandará preenchê-lo, logo que lhe for apresentada a petição. O art. 656 do CPP, que prevê a possibilidade de apresentação do preso ao juízo encontra-se em desuso, porquanto em regra os magistrados determinação a intimação para apresentação das informações por escrito, sendo desnecessária a presença do paciente. Não obstante, para conhecimento, transcrevemos o dispositivo: Art. 656. Recebida a petição de *habeas corpus*, o juiz, se julgar necessário, e estiver preso o paciente, mandará que este lhe seja imediatamente apresentado em dia e hora que designar. Parágrafo único. Em caso de desobediência, será expedido mandado de prisão contra o detentor, que será processado na forma da lei, e o juiz providenciará para que o paciente seja tirado da prisão e apresentado em juízo.

Nesse sentido, entendemos que o ônus da prova no *habeas corpus* compete ao impetrante e não à acusação. Se para essa se impõe o ônus da prova para decretação da prisão ou medida cautelar diversa da prisão, não haveria sentido em se transferir novamente à acusação o ônus de provar aquilo que já provou, a ponto de convencer a autoridade indicada como coatora. De fato, o *habeas corpus* funciona, certo modo, como um instrumento de verificação da legalidade da decretação da prisão ou imposição de medida cautelar.

Superada a fase da apresentação das informações pela autoridade coatora, o Ministério Público deverá ser ouvido, apresentando sua manifestação[11]. Após, o juiz ou o tribunal proferirá sua decisão[12], concedendo ou não a ordem. Em segundo grau, a decisão será tomada por maioria de votos. Havendo empate, se o presidente não tiver tomado parte na votação, proferirá voto de desempate; no caso contrário, prevalecerá a decisão mais favorável ao paciente (art. 664, parágrafo único, CPP).

No caso de concessão da ordem, é perfeitamente possível a aplicação do efeito extensivo previsto no art. 580 do CPP, haja vista que, a depender da questão, o coautor ou partícipe pode ser beneficiado, a exemplo das hipóteses de trancamento do processo por ausência de justa causa para ação penal.

36.7 RECURSOS

Conforme se extrai do art. 581, X, do CPP, caberá recurso em sentido estrito contra a decisão que conceder ou negar a ordem de *habeas corpus*. Naturalmente, a previsão somente será aplicável quando a competência para julgamento do *habeas corpus* seja do juiz de direito de primeiro grau, a exemplo da impetração contra ato de delegados de polícia.

Diante do expressivo número de *habeas corpus* impetrado, tanto o STF como o STJ vêm tentando limitar o uso do *habeas corpus*, especialmente como substitutivo de recurso próprio:

> O *habeas corpus* não pode ser utilizado como substitutivo de recurso próprio, a fim de que não se desvirtue a finalidade dessa garantia constitucional, com a exceção de quando a ilegalidade apontada é flagrante, hipótese em que se concede a ordem de ofício. (STJ: AgRg no HC 636.054/MG, Rel. Min. Reynaldo Soares da Fonseca, 5ª Turma, DJe 21.06.21.

Não obstante, as exceções têm sido verificadas nos casos de flagrante ilegalidade e os Tribunais Superiores aplicado a exceção para, de ofício, conceder ordens de *habeas corpus*. Percebe-se, portanto, uma alta discricionariedade no enfrentamento da questão, pois ora se admite, ora não.

Assim, não obstante a previsão do cabimento do RSE, consoante afirmado anteriormente, havendo flagrante ilegalidade, não existem obstáculos ao manejo de novo *habeas corpus* em prol do paciente, impetrado contra a mesma decisão. Assim, negada a ordem

11. Não há previsão no CPP quanto à participação do Ministério Público nos procedimentos em primeiro grau, mas tão somente em segundo grau (art. 1º, §2º do Decreto-Lei 552/69, prazo de dois dias). Não obstante, não nos parece razoável alijar o titular da ação penal de participar do procedimento inverso àquele que pode ter sido deflagrado por sua atuação, o pedido de prisão preventiva ou imposição de medida cautelar. O contraditório não possui mão única.

12. Art. 664. Recebidas as informações, ou dispensadas, o *habeas corpus* será julgado na primeira sessão, podendo, entretanto, adiar-se o julgamento para a sessão seguinte.

de *habeas corpus* pelo magistrado de 1º grau, poderá ser impetrado novo *habeas corpus* à instância superior competente.

Na prática, cria-se a figura do *habeas corpus* em cadeia, com origem em um único fato. Isso porque a possibilidade de impetração de *habeas corpus* para uma instância superior contra decisão denegatória em *habeas corpus* anterior não se restringe às decisões de juízes de 1º grau, pois alcançam também as decisões proferidas pelos TJs, TRFs e Tribunais Superiores. Nesse sentido, se um Tribunal de Justiça denega a ordem de *habeas corpus*, a regra será o manejo do recurso ordinário constitucional para o STJ (art. 105, II, "a", CF), não obstante se admitir um novo *habeas corpus* para o STJ (art. 105, I, "c", CF) quando flagrante a ilegalidade.

Por outro lado, nos casos de decisões concessivas de *habeas corpus* em primeira instância, remanesce a previsão do reexame necessário prevista no art. 574, I do CPP. Sendo a decisão proferida em segundo grau, não se impõe o reexame necessário.

36.7.1 Recurso ordinário constitucional

O recurso ordinário é o meio constitucionalmente previsto para impugnação de decisões denegatórias ou de não conhecimento do *habeas corpus*. Caberá o julgamento ao STF quando a decisão denegatória ou de não conhecimento for proferida, em única instância, pelo STJ, nos termos do art. 102, II, "a", da CF. Por outro lado, caberá o julgamento pelo STJ quando a decisão denegatória ou de não conhecimento do *habeas corpus* for proferida em única ou última instância, pelos tribunais de justiça ou tribunais regionais federais, conforme estabelece o art. 105, II, "a", CF.

A Constituição previu apenas as hipóteses de cabimento e competência para julgamento, tendo sido o procedimento regulado pelos arts. 30 a 32 da Lei 8.038/90.

Trata-se de recurso exclusivo da defesa. O prazo para a interposição do recurso ordinário constitucional é de cinco dias, nos termos do art. 30, *caput*, da Lei 8.038/90, art. 310 do RJSTF, que versam, respectivamente, sobre o recurso ordinário para o STJ e STF. Nesse sentido é o teor da Súmula 319 do STF: O prazo do recurso ordinário para o Supremo Tribunal Federal, em *habeas corpus* ou mandado de segurança, é de cinco dias.

Além do recurso ordinário constitucional, admite-se, regularmente, a interposição de recursos especial e extraordinário, desde que satisfeitos seus pressupostos de admissibilidade recursal. Entretanto, ao contrário do recurso ordinário, cabível apenas no caso de denegação, o RExt e o REsp poderão ser interpostos contra decisões denegatórias e concessivas da ordem de *habeas corpus*.

No que toca à forma, apesar do *habeas corpus* poder impetrado por qualquer pessoa, o recurso ordinário deverá ser subscrito por advogado, remanescendo, contudo, a dúvida sobre a necessidade de procuração. O STF possui decisão no sentido da inexigibilidade do instrumento[13], posto que o *writ* não a exige. O STJ, todavia, firmou compreensão diversa, estampada na Súmula 115: Na instância especial é inexistente recurso interposto

13. HC 86.307-8, DJ 26.05.06.

por advogado sem procuração nos autos. Não obstante o teor da Súmula, há decisões na Corte no sentido da não exigência da procuração:

> Muito embora a falta de instrumento de mandato para o advogado subscritor da petição de recurso ordinário tenha causado o não conhecimento de vários recursos, lembro que o apontado constrangimento ilegal sempre foi avaliado nesses casos. De qualquer maneira, gostaria de alinhar-me ao precedente desta Turma segundo o qual, sendo desnecessária a capacidade postulatória para a impetração do *habeas corpus* originário, igual solução merece o decorrente recurso ordinário em *habeas corpus*, assim garantindo informalidade e plenitude de acesso jurisdicional na proteção à liberdade (RHC n. 48.662/RS, Ministro Nefi Cordeiro, DJe 18/6/2015). Levo em consideração também precedentes do Supremo Tribunal Federal nesse mesmo sentido (RHCs n. 60.421, 73.455, 80.123 e HC n. 86.307). RHC 61.741/SP, Rel. Min. Sebastião Reis Júnior, 6ª Turma, DJe 10.11.15.

O ROC não exige preparo, por estar vinculado ao *habeas corpus* na origem, e possui efeito devolutivo restrito ao objeto da impugnação. Não possui, igualmente, efeito suspensivo, nada impedido que o Tribunal Superior conceda antecipação dos efeitos da tutela para colocar o paciente em liberdade. O recurso não admite juízo de retratação, não sendo dotado de efeito iterativo. Em razão do objeto, o julgamento do ROC pode conduzir à aplicação do efeito extensivo, previsto no art. 580 do CPP.

36.8 CASUÍSTICA JURISPRUDENCIAL

Conforme vimos, o *habeas corpus* não se trata de recurso, apesar de ser utilizado, em diversas oportunidades, como via impugnativa. Inúmeras são as decisões proferidas em sede de *habeas corpus*, tendo sido algumas tratadas no corpo o texto. Entretanto, dada a relevância do assunto, acreditamos por importante trazer, de forma objetiva, alguns entendimentos marcantes dos Tribunais Superiores quanto ao assunto, sem prejuízo dos já citados anteriormente:

- É cabível *habeas corpus* preventivo quando há fundado receio de ocorrência de ofensa iminente à liberdade de locomoção. (STJ. RHC 49307/MS, Rel. Ministro Jorge Mussi, 5ª Turma, DJe 31/03/2015).
- O "habeas corpus" pode ser empregado para impugnar medidas cautelares de natureza criminal diversas da prisão. (HC 147303/AP, rel. min. Gilmar Mendes, julgamento em 18.12.2017) / (HC 147426/AP, rel. min. Gilmar Mendes, julgamento em 18.12.2017).
- O *habeas corpus* não é via idônea para discussão da pena de multa ou prestação pecuniária, ante a ausência de ameaça ou violação à liberdade de locomoção. (STJ. HC 314876/MG, Rel. Min. Ericson Maranho, Des. Convocado do TJ/SP, 6ª Turma, DJe 25/05/2015).
- Não se conhece de recurso de *habeas corpus* cujo objeto seja resolver sobre o ônus das custas, por não estar mais em causa a liberdade de locomoção. (Súmula 395 do STF).
- Não cabe *habeas corpus* contra decisão condenatória a pena de multa, ou relativo a processo em curso por infração penal a que a pena pecuniária seja a única cominada. (Súmula 693 do STF).
- Não cabe *habeas corpus* contra a imposição da pena de exclusão de militar ou de perda de patente ou de função pública. (Súmula 694 do STF).
- O *habeas corpus* não pode ser impetrado em favor de pessoa jurídica, pois o writ tem por objetivo salvaguardar a liberdade de locomoção. (STJ. RExt no RHC 42618/SP, Rel. Ministro Gurgel de Faria, 5ª Turma, DJe 19/05/2015).

- É incabível a impetração de *habeas corpus* para afastar penas acessórias de perda de cargo público ou graduação de militar imposta em sentença penal condenatória, por não existir lesão ou ameaça ao direito de locomoção. (STJ. AgRg no HC 96807/MS, Rel. Ministro Nefi Cordeiro, 6ª Turma, DJe 03/11/2014).
- Não cabe *habeas corpus* para tutelar o direito à visita em presídio. (HC 128057/SP, rel. Min. Marco Aurélio, red. p/ o ac. Min. Alexandre de Moraes, julgamento em 01.08.2017).
- Compete aos Tribunais de Justiça ou aos Tribunais Regionais Federais o julgamento dos pedidos de *habeas corpus* quando a autoridade coatora for Turma Recursal dos Juizados Especiais. RHC 030946/MG, Rel. Ministro Jorge Mussi, 5ª Turma, DJe 03/02/2014.
- O conhecimento do *habeas corpus* pressupõe prova pré-constituída do direito alegado, devendo a parte demonstrar de maneira inequívoca a pretensão deduzida e a existência do evidente constrangimento ilegal. (STJ. AgRg no HC 317874/GO, Rel. Ministro Jorge Mussi, 5ª Turma, DJe 21/05/2015).
- O trancamento da ação penal pela via do *habeas corpus* é medida excepcional, admissível apenas quando demonstrada a falta de justa causa (materialidade do crime e indícios de autoria), a atipicidade da conduta ou a extinção da punibilidade. (STJ. RHC 55701/BA, Rel. Min. Félix Fischer, 5ª turma, DJe 27/05/2015).
- O reexame da dosimetria da pena em sede de *habeas corpus* somente é possível quando evidenciada flagrante ilegalidade e não demandar análise do conjunto probatório. (STJ. HC 292119/AM, Rel. Ministro Félix Fischer, 5ª Turma, DJe 21/05/2015).
- A jurisprudência do STJ admite a reiteração do pedido formulado em *habeas corpus* com base em fatos ou fundamentos novos. (STJ. HC 260160/SP, Rel. Ministro Min. Ericson Maranho, Des. Convocado do TJSP, 6ª Turma, DJe 25/03/2015).

36.9 SÍNTESE GRÁFICA

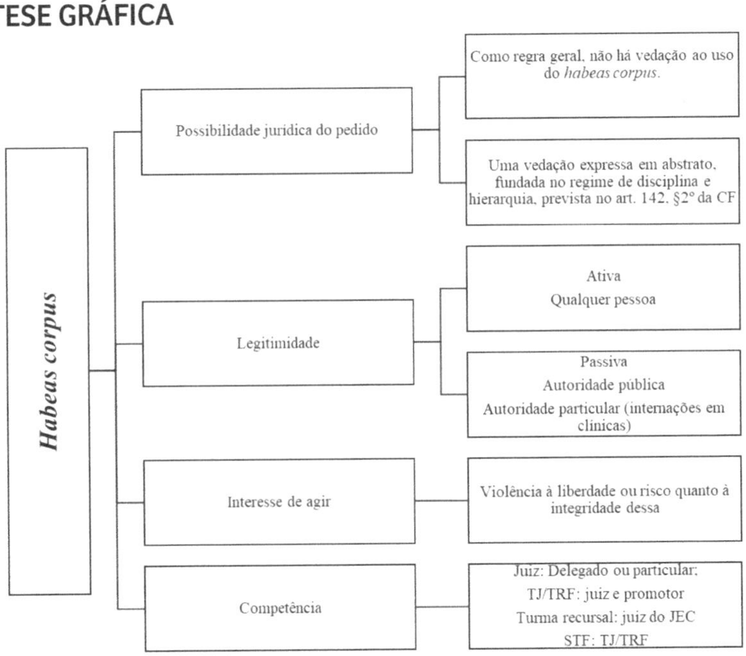

36.10 REVISÃO DO CAPÍTULO POR QUESTÕES DE CONCURSOS E ASSERTIVAS DE REFORÇO

QUESTÕES DE CONCURSO

1. (DPE/TO 2022 - CESPE – DEFENSOR PÚBLICO). Acerca de nulidades, recursos e *habeas corpus*, assinale a opção correta à luz do entendimento dos tribunais superiores.

A. É nula a sentença proferida de forma oral na audiência e registrada em meio audiovisual sem a juntada aos autos da transcrição integral.

B. A nulidade decorrente da ausência de intimação, pessoal ou por diário oficial, da data de julgamento do recurso pode ser arguida a qualquer tempo.

C. A intimação pessoal da Defensoria Pública quanto à data de julgamento de *habeas corpus* só é necessária se houver pedido expresso para a realização de sustentação oral.

D. O *habeas corpus* não é admitido para impugnar as medidas cautelares de natureza criminal diversas da prisão por não haver ofensa ou ameaça à liberdade de locomoção.

E. Admite-se *habeas corpus* contra decisão que apenas autoriza visita pelo parlatório, negando o direito de familiar de preso internado em unidade prisional de ter encontro direto.

2. (DPE/PB 2022 - FCC - DEFENSOR PÚBLICO). Maria, com 23 anos à época do acontecimento, foi denunciada pelo delito de receptação dolosa (art. 180, *caput*, CP) de um celular, por fatos datados de 05/06/1999. O recebimento da denúncia se deu em 22/06/2005. Ato contínuo, após a instrução realizada, o magistrado de primeira instância condenou a ré à pena de 03 anos de reclusão, em regime inicial fechado, mas por fatos tipificados como furto mediante fraude (art. 155, §4º, II, CP). Irresignada, a defesa apelou, sendo que, em 21/10/2010, o Tribunal de Justiça do Estado da Paraíba anulou a sentença proferida, diante da ausência de aditamento da denúncia originalmente oferecida. Assim, realizado agora o aditamento, desta feita imputando a Maria o crime de furto mediante fraude, foi a peça acusatória recebida em 12/05/2011. Todavia, desta feita, o julgador de primeira instância absolveu a ré dos fatos, diante da ausência de provas conclusivas. O Ministério Público do Estado da Paraíba apelou ao Tribunal de Justiça, que deu provimento ao reclamo, condenando a ré à pena de 02 anos e 06 meses de reclusão, em regime inicial semiaberto, publicado o acórdão em 02/08/2013, com trânsito em julgado para acusação e defesa em 02/09/2013. Maria, anteriormente representada por advogado particular, procura desesperada a Defensoria Pública. No caso dos autos, a defesa deve, perante o Superior Tribunal de Justiça,

A. interpor recurso especial, haja vista que o instituto da coisa julgada não é aplicável ao réu no Processo Penal, gerando como efeito automático a não sanção processual pelo descumprimento de prazos.

B. interpor revisão criminal, no prazo de seis meses a contar do trânsito em julgado, buscando restaurar a absolvição imposta em primeira instância.

C. impetrar *habeas corpus* requerendo o reconhecimento da prescrição retroativa da pretensão punitiva entre a data do recebimento da denúncia pelo delito de receptação e a publicação do acórdão condenatório.

D. impetrar *habeas corpus*, buscando a nulidade do acórdão condenatório proferido pelo Tribunal de Justiça, diante de reformatio in pejus em relação ao primeiro acórdão que anulou a sentença de primeira instância.

E. impetrar *habeas corpus* requerendo o reconhecimento da prescrição retroativa da pretensão punitiva entre a data dos fatos e o recebimento do aditamento da denúncia.

3. (DPE/SE – 2022 – CESPE – DEFENSOR PÚBLICO) Foi impetrado *habeas corpus* no STF. Impugnava-se decisão monocrática que indeferiu liminar em *habeas corpus*, requerido junto ao STJ, sem que estivesse configurada teratologia, ilegalidade flagrante ou abuso de poder. Considerando a situação hipotética descrita, assinale opção que corresponde à posição sumulada do STF a respeito do tema.

A. O *habeas corpus* deve ser conhecido, ainda que se trate de ofensa indireta à liberdade de locomoção, ante a especial proteção conferida a esse direito fundamental.

B. O *habeas corpus* não deve ser conhecido por restar configurada hipótese de supressão de instância.

C. O *habeas corpus* deve ser conhecido, desde que se trate de ofensa direta à liberdade de locomoção, ante a especial proteção conferida a esse direito fundamental.

D. O *habeas corpus* deve ser conhecido, pois a denegação da liminar em *habeas corpus* corresponde ao exame de mérito, possibilitando a impugnação em instância superior.

E. O *habeas corpus* não deve ser conhecido, pois a decisão denegatória de liminar em *habeas corpus* é irrecorrível.

4. (DPE/PR 2022 - AOCP - DEFENSOR PÚBLICO). A respeito do *habeas corpus*, analise as assertivas a seguir e assinale a alternativa correta.

I. A Defensoria Pública impetrou *habeas corpus* em favor de réu em processo penal, alegando a ausência de justa causa para a acusação, posto que baseada em elementos de informação obtidos em busca e apreensão ilegalmente realizadas. Antes do julgamento do mérito do *habeas corpus*, foi proferida sentença condenatória. Nesse caso, não haverá prejuízo ao julgamento do *habeas corpus*.

II. João foi condenado definitivamente ao cumprimento de pena de 3 anos de reclusão e 10 dias-multa, a ser cumprido em regime inicial semiaberto. Finalizado o cumprimento da pena privativa de liberdade, João procurou a Defensoria Pública, alegando que não possui recursos financeiros para pagar a multa aplicada e, por causa de seus antecedentes, não consegue emprego. Nesse caso, por se tratar de dívida de valor submetida ao regime de execuções fiscais, a Defensoria Pública poderá impetrar *habeas corpus*, requerendo a declaração da extinção da punibilidade.

III. O Ministério Público do Estado do Paraná instaura, de ofício, procedimento investigatório direcionado a apurar a prática reiterada de crime de receptação supostamente praticado por Carlos. O procedimento tramita há 8 anos e, até a presente data, não houve oferecimento de denúncia. Carlos procura a Defensoria Pública alegando prejuízos de ordem moral e material decorrentes da persistência da investigação contra sua pessoa. Nesse caso, o membro da Defensoria Pública deverá impetrar *habeas corpus*, perante o Juízo de primeiro grau, postulando o trancamento da investigação preliminar.

IV. O *habeas corpus* não comporta legitimação extraordinária, pois se trata de remédio constitucional que pode ser impetrado por qualquer pessoa, sem auxílio de advogado.

V. Augusto, professor de nível primário, foi denunciado por suposto estupro de vulnerável. O Ministério Público requereu sua prisão preventiva, mas o Juiz indeferiu o pedido e decretou medida cautelar de afastamento da função pública. Nesse caso, a decisão não poderá ser atacada por *habeas corpus*, pois não há ofensa ao direito ambulatorial de Augusto.

A. Apenas as assertivas I e II estão corretas.
B. Apenas as assertivas III e IV estão corretas.
C. Apenas a assertiva V está correta.
D. Nenhuma assertiva está correta.

5. (TJ/AL 2019 – FCC – JUIZ DE DIREITO). Cabível *habeas corpus* quando

A. o processo for manifestamente nulo, mas não para o reconhecimento de extinção da punibilidade do paciente.
B. não houver justa causa para o inquérito policial, mas não quando já extinta a pena privativa de liberdade.
C. relativo a processo em curso por infração penal a que a pena pecuniária seja a única cominada, mas não quando já proferida decisão condenatória exclusivamente a pena de multa.
D. imposta pena de exclusão de militar ou de perda de patente ou de função pública.
E. não for admitida a prestação de fiança e quando seu objeto consistir em resolução sobre o ônus das custas.

ASSERTIVAS DE REFORÇO

1. ( ) Conceder-se-á *habeas corpus* sempre que alguém sofrer ou se achar ameaçado de sofrer violência ou coação em sua liberdade de locomoção, por ilegalidade ou abuso de poder.

2. ( ) Não cabe *habeas corpus* em relação a punições disciplinares militares.

3. ( ) O *habeas corpus* deve revelar o ato concreto, ilegal ou abusivo, praticado pela autoridade apontada como coatora, como apto produzir riscos à liberdade de locomoção do paciente, sendo admissível, contudo, contra ato normativo em tese.

4. ( ) Cabe o *habeas corpus* quando o agente estiver submetido a qualquer espécie de pena ilegal.

5. ( ) Não cabe *habeas corpus* contra a imposição da pena de exclusão de militar ou de perda de patente ou de função pública.

6. ( ) Não cabe *habeas corpus* quando já extinta a pena privativa de liberdade.

7. ( ) O STF, em mudança de posição, passou a não admitir o *habeas corpus* originário como substitutivo de recurso em *habeas corpus*, isto é, não ser admissível o *habeas corpus*, em regra, como meio de impugnação de decisão denegatória de *habeas corpus* anterior.

8. ( ) Em razão do princípio da impessoalidade, o *habeas corpus* impetrado contra o delegado de polícia deve ter como impetrada a Polícia Civil.

9. ( ) A impetração de *habeas corpus* não exige capacidade postulatória.

10. ( ) Sendo a autoridade coatora juiz de direito com atuação no Juizado Especial Criminal, o *habeas corpus* deverá ser impetrado perante o Tribunal de Justiça.

11. ( ) O *habeas corpus* preventivo visa a obtenção de uma ordem de salvo-conduto direcionada à autoridade apontada como possível coatora, com o escopo de se evitar a efetiva prática do ato lesivo.

12. ( ) Não compete ao Supremo Tribunal Federal conhecer de *habeas corpus* impetrado contra decisão do Relator que, em *habeas corpus* requerido a tribunal superior, indefere a liminar.

13. ( ) Caberá recurso em sentido estrito contra a decisão que conceder a ordem de *habeas corpus* e correição parcial da que negar o *habeas corpus*.

14. ( ) O prazo do recurso ordinário para o Supremo Tribunal Federal, em *habeas corpus* ou mandado de segurança, é de cinco dias.

15. ( ) O recurso ordinário constitucional admite juízo de retratação, sendo dotado de efeito iterativo.

16. ( ) O *habeas corpus* pode ser empregado para impugnar medidas cautelares de natureza criminal diversas da prisão.

17. ( ) O *habeas corpus* não pode ser impetrado em favor de pessoa jurídica, pois o writ tem por objetivo salvaguardar a liberdade de locomoção.

18. ( ) É incabível a impetração de *habeas corpus* para afastar penas acessórias de perda de cargo público ou graduação de militar imposta em sentença penal condenatória, por não existir lesão ou ameaça ao direito de locomoção.

19. ( ) Cabe *habeas corpus* para tutelar o direito à visita em presídio.

20. ( ) O reexame da dosimetria da pena em sede de *habeas corpus* não é possível em qualquer hipótese, vez que existe próprio para tanto.

36.10.1 Gabaritos

QUESTÕES DE CONCURSO

1	2	3	4	5
C	E	B	D	B

ASSERTIVAS DE REFORÇO

1	2	3	4	5	6	7	8	9	10
V	V	F	F	V	V	V	F	V	F
11	**12**	**13**	**14**	**15**	**16**	**17**	**18**	**19**	**20**
V	V	F	V	F	V	V	V	F	F

COMENTÁRIOS ÀS ASSERTIVAS FALSAS E JUSTIFICATIVAS IMPORTANTES

1. V.
2. V.
3. F. Não se admite contra ato normativo em tese.
4. F. Não cabe *habeas corpus* contra pena de multa.
5. V.
6. V.
7. V.
8. F. O *habeas corpus* manejado como ato da autoridade policial terá como impetrada a própria autoridade coatora e não a Polícia Civil.
9. V.
10. F. Turma recursal.
11. V.
12. V
13. F. Caberá recurso em sentido estrito contra a decisão que conceder ou negar a ordem de *habeas corpus*.
14. V.
15. F. O recurso não admite juízo de retratação, não sendo dotado de efeito iterativo.
16. V.
17. V.
18. V.
19. F. Não cabe.
20. F. O reexame da dosimetria da pena em sede de *habeas corpus* somente é possível quando evidenciada flagrante ilegalidade e não demandar análise do conjunto probatório.

REFERÊNCIAS BIBLIOGRÁFICAS

ABREU, Fernando. **Direito Penal para concursos**. Parte Geral. 2ª ed. São Paulo: Juspodivm, 2022.

ABREU, Fernando. **Direito Penal para concursos**. Parte Especial. São Paulo: Juspodivm, 2022.

ALEXY, Robert. **Teoría de los derechos fundamentales**. Traducción de Ernesto Garzón Valdés. Madrid: Centro de Estudios Constitucionales, 1993.

ALLEN, Ronald J. PARDO, Michael S. ***Relative plausibility and its critics***. https://doi.org/10.1177/1365712718813781.

ALMEIDA, Joaquim Canuto Mendes de. **Princípios fundamentais do processo penal**. São Paulo: Editora Revista dos Tribunais, 1973.

ALVES DA COSTA, Diogo Erthal. **A clemência no Tribunal do Júri no Brasil**. Revista do Ministério Público do Estado do Rio de Janeiro nº 71, jan./mar. 2019.

ARANHA, Adalberto José Q. T. de Camargo. **Da prova no processo penal**. 7ª ed. São Paulo: Editora Saraiva, 2006.

ARISTÓTELES. **Metafísica**. Trad. Leonel Vallandro. Porto Alegre: Globo, 1969.

AVENA, Norberto. **Processo penal**. 12ª ed. Rio de Janeiro: Forense; São Paulo: Método, 2020.

ÁVILA, Humberto. **Teoria dos princípios da definição à aplicação dos princípios jurídicos.** 13ª ed. São Paulo: Malheiros Editores, 2012.

ÁVILA, Thiago André Pierobom de. **Provas Ilícitas e proporcionalidade**. Rio de Janeiro: Lumen Juris, 2007

AVOLIO, Luiz Francisco Torquato. **Provas ilícitas: interceptações telefônicas, ambientais e gravações clandestinas**. 3ª ed. São Paulo: Editora Revista dos Tribunais, 2003.

BADARÓ, Gustavo. **Correlação entre acusação e sentença**. 3ª ed. São Paulo: Editora Revista dos Tribunais, 2013.

__________. **Ônus da prova no processo penal**. São Paulo: Editora Revista dos Tribunais, 2003.

__________. **Processo Penal**. 9ª ed. São Paulo: Thomson Reuters Brasil, 2021

BARBOSA MOREIRA, José Carlos**. Julgamento e ônus da prova**. Temas de direito processual: 2ª série. São Paulo: Saraiva, 1980.

BARROSO, Luís Roberto. **Interpretação e Aplicação da Constituição**. São Paulo: Saraiva, 1999.

__________. **O novo direito constitucional e a constitucionalização do direito**. In: Diálogos constitucionais: direito, neoliberalismo e desenvolvimento em países periféricos. Rio de Janeiro: Renovar, 2006.

BATISTA, Nilo. **Introdução Crítica ao Direito Penal Brasileiro**. 11ª ed. Rio de Janeiro: Revan, 2007.

BECK, Ulrich. **Sociedade de risco**: rumo a uma outra modernidade. Trad. Sebastião Nascimento. São Paulo: Ed. 34, 2010.

BEDÊ JR, Américo; SENNA, Gustavo. **Princípios do Processo**: entre o garantismo e a efetividade da sanção. São Paulo: Revista dos Tribunais, 2009.

__________. **Garantismo e (des)lealdade processual**. In: CALABRICH, Bruno; FISCHER, Douglas; PALELLA, Eduardo (Org.). Garantismo Penal Integral: questões penais e processuais, criminalidade moderna e a aplicação do modelo garantista no Brasil. 3ª. ed. São Paulo: Atlas, 2015.

BITENCOURT, Cezar Roberto. **Tratado de Direito Penal**: parte geral, vol. 1. 17ª ed. São Paulo: Saraiva, 2012.

BOBBIO, Norberto; MATTEUCCI, Nicola; PASQUINO, Gianfranco. **Dicionário de política**. Tradução de Carmen C. Varriale et al. 13ª. ed. Brasília: UnB, 2008. Título original: Dizionario di política. 2 v.

BOIANI E AZEVEDO, André; BALD AN, Edson Luís. **A preservação do devido processo legal pela investigação defensiva (ou do direito de defender-se provando.** Boletim do IBCCrim, nº 137.

BONFIM, Edílson Mougenot. **Curso de processo penal**. 13ª ed. São Paulo: Saraiva Educação, 2019.

BRANDALISE, Rodrigo da Silva. **O consenso processual penal analisado a partir de hipóteses negociais colombianas**. Revista do Ministério Público do Estado do Rio de Janeiro, nº 71, jan/mar. 2019. http://www.mprj.mp.br/documents/20184/1287128/Rodrigo_da_Silva_Brandalise.pdf.

BRANDÃO, Cláudio. **Teoria jurídica do crime**. Rio de Janeiro: Forense, 2002.

BREIER, Ricardo. **Tendências atuais da ciência penal**: breves apontamentos. In: Revista Ibero-Americana de Ciências Criminais. Porto Alegre: ESPM, Ano 4, número 9, maio/agosto, 2003.

BUSATO, Paulo César. **Direito penal**: parte geral, v. 1. 4ª ed. São Paulo: Atlas, 2017.

BUSTAMANTE, Evanilda Nascimento de Godoi. **A valoração racional das provas no processo judicial: uma aproximação do tema**. http://www.publicadireito.com.br/artigos/?cod=531d29a813ef9471.

CABRAL, Rodrigo Leite Ferreira. **Manual do acordo de não persecução penal**. Salvador: 2020, Juspodivm.

CANOTILHO, José Joaquim Gomes. **Direito Constitucional e teoria da constituição**. 3ª ed. Coimbra: Almedina, 1999.

CARVALHO, Dimitre Braga Soares. LIRA, Daniel Ferreira de. **Por que não estamos fazendo audiência de custódia para os presos por dívida de alimentos?** Disponível em https://ibdfam.org.br/artigos/1633/Por+que+n%C3%A3o+estamos+fazendo+audi%C3%AAncia+de+cust%C3%B3dia+para+os+presos+por+d%C3%ADvida+de+alimentos%3F.

CASTRO, Carlos Roberto Ibanez. **O direito fundamental à verdade: divulgação e acesso à informação**. Tese de doutorado. São Paulo: PUC, 2016

CEREZO MIR, José. **Curso de Derecho Penal español**. T. II. Parte General. 6ª ed. Madrid: Tecnos, 1998.

__________. **Curso de Derecho Penal español**: Parte General, T.III. Madrid: Tecnos, 2001.

CONDE, Francisco Muñoz. **Teoria Geral do Delito**. Porto Alegre: Sergio Antonio Fabris Editor, 1988.

CUNHA, Leonardo José Carneiro. **Jurisdição e competência**. São Paulo: Editora Revista dos Tribunais, 2008.

CUNHA, Rogério Sanches. **Manual de Direito Penal:** parte geral (arts. 1º ao 120), 4ª ed. Salvador: Juspodivm, 2016.

__________. **Pacote Anticrime – Lei 13.964/2019**: Comentários às Alterações no CP, CPP e LEP. Salvador: Juspodivm, 2020.

DEZEM, Guilherme Madeira. SOUZA, Luciano Anderson de. **Comentários ao pacote anticrime**. São Paulo: RT, 2020.

DINAMARCO, Cândido Rangel. **Instituições de Direito Processual Civil**. V. III, 6. ed.: São Paulo: Malheiros, 2009.

DWORKIN, Ronald. **O Império do direito.** 2ª ed. São Paulo: Martins Fontes, 2007.

EDINGER, Carlos. **Cadeia De Custódia, Rastreabilidade Probatória**. Revista Brasileira de Ciências Criminais, v. 120, p. 237-257, mai.-jun./2016

FARALDO CABANA, Patrícia. **Las causas de levantamiento de la pena**. Valencia: Tirant lo Blanch, 2000.

FEITOZA, Denílson. **Direito processual penal**: teoria, crítica e práxis. 7ª edição. Niterói/RJ: Editora Impetus, 2010.

FERNANDES, Antônio Scarance. **Processo penal constitucional**. 3ª ed. São Paulo: Editora Revista dos Tribunais, 2002.

__________. **A reação defensiva à imputação**. São Paulo: Editora Revista dos Tribunais, 2002.

FERRAJOLI, Luigi. **Direito e razão: teoria do garantismo penal**. 2ª ed. São Paulo: Editora Revista dos Tribunais, 2006.

FISCHER, Douglas. **Garantismo penal integral (e não o garantismo hiperbólico monocular) e o princípio da proporcionalidade:** breves anotações de compreensão e aproximação dos seus ideais. Revista de Doutrina da 4ª Região, Porto Alegre, n. 28, mar. 2009. Disponível em https://revistadoutrina.trf4.jus.br/artigos/edicao028/douglas_fischer.html.

GASCÓN ABELLÁN, Marina. ***Los hechos en el derecho***. 3ª ed. Madri: Marcial Pons, 2010.

GOMES FILHO, Antônio Magalhães: **Estudos em homenagem à professora Ada Pellegrini Grinover**. Coord.: Flávio Luiz Yarshell e Maurício Zanóide de Moraes. São Paulo: DPJ Editora, 2005.

GRINOVER, Ada Pellegrini; GOMES FILHO, Antonio Magalhães e FERNANDES, Antonio Scarance. **Recursos no processo penal brasileiro**. 6ª ed., revista atualizada e ampliada. São Paulo: Editora Revista dos Tribunais, 2009.

__________. **As nulidades no processo penal.** 8ª ed. São Paulo: RT, 2004.

HASSEMER, Winfried. **Introdução aos fundamentos do Direito Penal**. Porto Alegre: Sérgio Antônio Fabris Editor, 2005.

__________.. **Los elementos característicos del dolo**. Anuario de derecho penal y ciencias penales, Tomo 43, Fasc/Mes 3, p. 909-932. 1990.

__________. **Persona, Mundo y Responsabilidad.** Valência: Marcial Pons, 1999.

HASSEMER, Winfried; MUÑOZ CONDE, Francisco. **Introducción a la Criminología y al Derecho penal**. Valencia: Tirant lo Blanch, 2001.

HESSE, Konrad. **A força normativa da Constituição**. Traduzido por Gilmar Ferreira Mendes. Porto Alegre: Sergio Antonio Fabris, 1991.

HUNGRIA, Nélson. **Comentários ao código penal**, vol. 1. Rio de Janeiro: Forense, 1949.

IENNACO, Rodrigo. **O juiz de garantias e o conhecimento (*a posteriori*) do conteúdo da investigação pelo juiz do processo – primeiras impressões.** Disponível em: https://www.observatoriodajusticamilitar.info/single-post/2020/01/15/O juiz de garantias-e-o-conhecimento-a-posteriori-do-conte%C3%BAdo-da-investiga%C3%A7%C3%A3o-pelo-juiz-do-processo-%E2%80%93-primeiras-impress%C3%B5es.

JAKOBS, Günther. **Derecho Penal**: Parte General: Fundamentos y teoria de la imputación. Madrid: Marcial Pons, 1997.

__________. **Direito Penal do Inimigo.** In: MOREIRA, Luiz; OLIVEIRA, Eugênio Pacelli (orgs.). Direito Penal do Inimigo. Rio de Janeiro: Lumen Juris, 2009.

__________. **Dogmática de derecho penal y la configuración normativa de la sociedad**. Civitas Ediciones, Madrid: 2004.

__________. **Fundamentos del derecho penal**. Buenos Aires: Ad-Hoc, 1996.

__________. **Sociedad, norma y persona en una teoría de un Derecho penal funcional**. Bogotá: Universidad Externado de Colombia, 1996. p. 49.

__________. **Tratado de Direito Penal: Teoria do Injusto Penal e Culpabilidade**. Belo Horizonte: Del Rey, 2009.

JARDIM, Afrânio Silva. **Direito Processual Penal**. 9ª ed. Rio de Janeiro: Forense, 2000.

JESCHECK, Hans-Heinrich; WEIGEND, Thomas. **Tratado de derecho penal**: parte general. Traducción de Miguel Olmedo Cardenete. 5ª ed. Granada: Comares Editorial, 2002.

JESUS, Damásio de. **Direito penal**: parte geral, vol. 1. 32ª. ed. São Paulo: Saraiva, 2011.

JIMÉNEZ DE ASÚA, Luis. **La Ley y el Delito:** Principios de Derecho Penal. México-Buenos Aires: Ed. Hermes, 1954.

JOSÉ, Maria Jamile. **O jurado absolve o réu: o 'veredicto de Schrödinger'**. https://www.prerro.com.br/o-jurado-absolve-o-reu-o-veredicto-de-schrodinger/.

KARAM, Maria Lúcia. **Competência no processo penal**. 4ª ed. São Paulo: Editora Revista dos Tribunais, 2005.

KELSEN, Hans. **Teoria Geral do Direito e do Estado.** Tradução: Luís Carlos Borges. 3ª ed. São Paulo: Martins fontes, 1998.

KNIJNIK, Danilo. **Temas de Direito Penal, Criminologia e Processo Penal**. A trilogia Olmstead-Katz-Kyllo: o art. 5º da Constituição Federal do século XXI. Porto Alegre: Livraria do Advogado editora, 2015.

LIMA, Marcellus Polastri. **Manual de processo penal**. 2ª ed. Rio de Janeiro: Editora Lumen Juris, 2009.

LIMA, Renato Brasileiro de. **Manual de processo penal**: volume único. 8ª ed. Salvador: Juspodivm, 2020.

LUHMANN, Niklas. **Teoria politica en el Estado de Bienestar**. Madri: Alianza Universidad, 1997. Sociologia do direito. V. I. Rio de Janeiro: Tempo Universitário, 1983.

LUHMANN, Niklas. **Sociologia do direito I**. Trad. brasileira de Gustavo Bayer. Rio de Janeiro: Tempo Universitário, 1983

LOPES JR., Aury. **Direito processual penal e sua conformidade constitucional**. Vol. II. Rio de Janeiro: Editora Lumen Juris, 2009.

LOPES JR., Aury Lopes; BADARÓ, Gustavo Henrique Righi Ivahy. **Direito ao Processo Penal no prazo razoável.** Rio de Janeiro: 2009, Lumen Juris, p. 54.

MALAN, Diogo Rudge. **Direito ao confronto no processo penal**. Rio de Janeiro: Editora Lumen Juris, 2009.

MALATESTA. Nicola Framarino Dei. **A lógica das provas em matéria criminal**. 2ª ed. Campinas, 2001: Bookseller.

MARÇAL, Vinícius. MASSON, Cléber. **Crime organizado**. 2ª ed. São Paulo: MÉTODO, 2016.

MARINONI, Luiz Guilherme. ARENHART, Sérgio Cruz. MITIDIERO, Daniel. **Novo curso de processo civil: teoria do processo civil**, vol. 1. São Paulo: 2017, Revista dos Tribunais.

MAXIMILIANO, Carlos. **Hermenêutica e Aplicação do Direito**. 20ª ed. Rio de Janeiro: Forense, 2011.

MAZZUOLI, Valério de Oliveira. **Curso de Direitos Humanos**. São Paulo: Método, 2014.

MENDES, Gilmar Ferreira. **Direitos fundamentais e controle de constitucionalidade**: estudos de direito constitucional. 3ª ed. São Paulo: Saraiva, 2004.

MIR PUIG, Santiago. **Derecho Penal**: Parte General. 8ª ed. Barcelona: Reppertor, 2010.

MIRANDA, Rosângelo Rodrigues de. **Unidade e diferença, kelsen e Luhmann a partir de Hobbes**. Revista da Faculdade de Direito do Alto Paranaíba, ano 4, v. 4. Araxá: FCA, 2000.

MORO, Sérgio Fernandes. MOSER, Manoela Pereira. **Provas Ilícitas no Processo Penal e a Teoria dos Frutos da Arvore Envenenada**. Economic Analysis of Law Review (EALR), V. 10, nº 1. Universidade Católica de Brasília: 2019.

MOSSIN, Heráclito Antônio. **Nulidades no direito processual penal**. 3. ed. São Paulo: Manole, 2005.

NICOLITT, André Luiz. **As subversões da presunção de inocência: violência, cidade e processo penal**. Rio de Janeiro: Lumen Iuris, 2006.

NUCCI, Guilherme de Souza. **Manual de Processo Penal e Execução Penal**. 5ª ed. São Paulo: Editora Revista dos Tribunais, 2008.

__________. **Tribunal do júri**. São Paulo: Editora Revista dos Tribunais, 2008.

__________. **Código de Processo Penal Comentado**. 4ª ed. São Paulo: Editora Revista dos Tribunais, 2005.

PACELLI, Eugênio. **Curso de processo Penal**. 25. Ed. São Paulo: Atlas, 2021.

PEDROSO, Fernando de Almeida. **Competência penal: doutrina e jurisprudência**. 2ª ed. São Paulo: Editora Revista dos Tribunais, 2007.

PEREIRA, Marcela Harumi Takahashi. **Sentença Estrangeira**: efeitos independentes da homologação. Belo Horizonte: Del Rey, 2010.

PIERANGELI, José Henrique; ZAFFARONI, Eugenio Raúl. **Manual de Direito Penal Brasileiro.** 6ª Ed. São Paulo: RT, 2006.

PIOVESAN, Flávia. **Direitos Humanos e o Direito Constitucional Internacional**. 15ª. ed. São Paulo: Saraiva, 2015.

PRADO, Geraldo. **Prova penal e sistemas de controle epistêmicos**. A quebra da cadeia de custódia das provas obtidas por métodos ocultos, São Paulo: Marcial Pons, 2014.

PRADO, Luiz Régis. **Curso de Direito Penal Brasileiro**: Vol. 1. 4ª Ed., São Paulo: Revista dos Tribunais, 2004.

QUANDT, Gustavo de Oliveira. **A Teoria da Actio Libera in Causa e a Inimputabilidade por Embriaguez**: limites e possibilidades no Direito Penal Brasileiro. Dissertação de mestrado – UFPR. Curitiba, 2016.

QUEIJO, Maria Elizabeth. **O direito de não produzir prova contra si mesmo**: (o princípio nemo tenetur se detegere e suas decorrências no processo penal). São Paulo: Saraiva, 2003.

RAMOS, Enrique Peñaranda. **Sobre la influencia del funcionalismo y la teoria de sistemas en las actuales concepciones de pena y del concepto de delito.** Disponível em http://publicaciones.ua.es, 12.11.2003.

REZEK, Francisco. **Direito Internacional Público**. 16ª ed. São Paulo: Saraiva, 2016.

RIBAUX, O.; BAYLON, A.; ROUX, C.; DELEMONT, O.; LOCK, E.; ZINGG, C.; MARGOT, P. **Intelligence--led crime scene processing**. Part I: Forensic intelligence. Forensic Science International, v.195, p.10-16, 2010.

RORTY, Richard. ENGEL, Pascal. ***What´s the use of truth?*** New York: Columbia University Press, 2007.

ROXIN, Claus. **Derecho Penal**: Parte General. Tomo I. Fundamentos. La Estructura de la Teoria del Delito.2ª ed. Trad.: Diego-Manuel Luzon Peña *et. al.* Madrid: Editorial Civitas, 1997.

__________. **Derecho Penal**: Parte General. Tomo II: especiales formas de aparición del delito. Madrid: Civitas, 2014.

__________. **Estudos de direito penal**. Trad. Luís Greco. Rio de Janeiro: Renovar, 2006.

__________. **Política Criminal e Sistema Jurídico-Penal**. Tradução Luís Greco. Rio de Janeiro - São Paulo: Renovar, 2000.

__________. **A proteção de bens jurídicos como função do direito penal**. Tradução de André Luis Callegari e Nereu José Giacomolli. 2ª. Ed. Porto Alegre: Livraria do Advogado, 2013, p. 18.

SALVADOR NETTO, Alamiro Velludo. **Tipicidade penal e sociedade de risco**. 1ª. ed. São Paulo: Quartier Latin, 2006.

SICA, Leonardo. **Direito Penal de Emergência e Alternativas à prisão**. São Paulo: Revista dos Tribunais, 2002.

SCHMITT, Ricardo Augusto. **Sentença Penal Condenatória**: Teoria e Prática. 12. ed. Salvador: Juspodivm, 2018.

SCHÜNEMANN, Bernd. **La Reforma del Proceso Penal**. Madrid: Dykinson, 2005.

SIEGEL, J.A. **Collection and chain of evidence**. In: SIEGEL, J.A.; SAUKKO, P.J.; KNUPPER, G.C. (Org.) Encyclopedia of Forensic Science. London: Academic Press Limited, 2000.

SILVA, Franklyn Roger Alves. **Investigação criminal pela defesa**. Salvador: Editora Juspodivm, 2019

SILVA, Viviani GHIZONI; MELO E SILVA, Philipe Benoni; MORAIS DA ROSA, Alexandre. **Fishing Expedition e Encontro Fortuito na Busca e Apreensão**. Florianópolis: EMais, 2019.

SILVA JÚNIOR, Walter Nunes. **Curso de direito processual penal: teoria (constitucional) do processo penal**. Rio de Janeiro: Renovar, 2008.

TARUFFO, Michele. **Consideraciones sobre prueba y motivación**. Madri: Fundación Coloquio Jurídico Europeo, 2009.

TAVARES, Juarez. **Teoria do injusto penal**. Belo Horizonte: Del Rey, 2000.

TAVARES, Juarez. **Interpretación, princípio de legalidad y jurisprudência**, in Revista anuário de Derecho Penal y Ciencias Penales, vol. 40, tomo 3. Madrid: Ministerio de Justicia, 1987.

TÁVORA, Nestor; ALENCAR, Rosmar Rodrigues. **Curso de direito processual penal**. 4ª ed. Salvador: Editora Juspodivm, 2010.

TOLEDO, Francisco de Assis. **Princípios básicos de Direito Penal.** 4ª. ed. São Paulo: Saraiva, 1991.

TORNAGHI, Hélio Bastos. **Curso de Processo penal**. Vol. 2. 10ª ed. São Paulo: Saraiva, 1997.

__________. **Instituições de processo penal**. São Paulo: Saraiva, 1959, v. 4.

TOURINHO FILHO, Fernando da Costa. **Processo Penal**. Vol. 1, 20ª ed. São Paulo: Saraiva, 1999.

TROIS NETO, Paulo Mário Canabarro. **Direito à não autoincriminação e direito ao silêncio**. Porto Alegre: Editora Livraria do Advogado, 2011, p. 104.

TUCCI, Rogério Lauria. **Teoria do direito processual penal: jurisdição, ação e processo penal (estudo sistemático).** São Paulo: Editora Revista dos Tribunais, 2002.

VÁRIOS AUTORES. **A prova no enfrentamento à macrocriminalidade.** Org. Daniel de Resende Salgado e Ronaldo Pinheiro de Queiroz. 3ª Ed. Salvador: Juspodivm, 2019.

VIDAL, Josep Pont. **A teoria neosistêmica de Niklas Luhmann e a noção de autopoiese comunicativa nos estudos organizacionais**. Disponível em https://doi.org/10.1590/1679-395157480.

VIVES ANTÓN, Tomás Salvador. **Fundamentos del Sistema penal**. Valencia: Tirant lo Blanch, 1996.

WEISSMANN, Karl. **O hipnotismo**: Psicologia, Técnica e Aplicação. Prado: Rio de Janeiro, 1958.

WELZEL, Hans. **Derecho penal aleman**: Parte general. 11ª ed. Santiago de Chile: Editorial Jurídica de Chile, 1997.

__________. **Direito Penal**. 1ª ed., 2ª tir. Campinas: Romana. Trad. Afonso Celso Rezende, 2004.

WESSELS, Johannes. **Direito Penal:** Parte Geral (Aspectos Fundamentais). Trad. Juarez Tavares; Porto Alegre: Sergio Antonio Fabris editor, 1976.

WITTGENSTEIN, L. (2005). **The Big Typescript**. Oxford: Basil Blackwell.

ZAFFARONI, Eugênio Raul. **Em busca das penas perdidas**: a perda da legitimidade do sistema penal. 5ª. ed. Rio de Janeiro: Revan, 2001.

__________. **Manual de Derecho Penal**, 6ª. ed. Buenos Aires: Ediar, 1991.

ZAFFARONI, Eugênio Raúl; SLOKAR, Alejandro; ALAGIA, Alejandro. **Derecho Penal**: parte general, 2ª ed. Buenos Aires: Ediar, 2002.

__________. **Direito Penal Brasileiro**: Teoria do Direito Penal, Vol. 1. 2ª ed. Rio de Janeiro, Revan, 2003.

EDITORA
JusPODIVM
www.editorajuspodivm.com.br

COLOR
system

JUS4074